사랑의 별자리

Linda Goodman's Love Signs

A New Approach To The Human Heart

인간의 마음을 이해하는 새로운 길

사랑의 별자리

린다 굿맨 지음 | 고미솔, 김선화, 이순영 옮김

북극곰

당신이 지금 만나는 그 사람이
정말로 당신에게 맞는 사람일까요?

당신이 만약…

사수자리라면, 당신은 양자리에게 바로 끌릴 것입니다. 사자자리 남성이라면, 당신은 염소자리 여성과 돈 문제로 옥신각신하게 될 것입니다. 물병자리와 만나고 있는 쌍둥이자리라면, 관계가 너무 무난할 때 불만일 것입니다. 염소자리 남성이라면, 커리어를 계속 쌓으려는 물고기자리 여성에게 화가 날 것입니다. 황소자리라면, 전갈자리를 증오하거나 사랑하거나 둘 중 하나일 것입니다. 그 중간은 없습니다. 게자리 여성이라면, 쌍둥이자리 남성에게 정말 중요한 것이 무엇인지를 가르쳐 줄 수 있습니다.

당신이 만약…

처녀자리 여성이라면, 사수자리 남성의 씀씀이를 잘 감시해야 할 것입니다. 물병자리라면, 당신의 괴짜 같은 행동 때문에 전갈자리는 당신에게 흥미를 잃을 겁니다. 전갈자리를 탓할 수 없지요. 양자리 여성이라면, 당신의 양자리 남자 친구는 항상 자기가 당신보다 더 똑똑하다고 설득할 겁니다. 천칭자리라면, 당신은 자신의 매력을 한껏 동원해서 전갈자리의 우울한 분위기를 참아줘야 합니다. 전갈자리 여성이라면, 사수자리 남성이 자기가 저지른 죗값을 치르기를 바랄 겁니다. 양자리 남성과 사랑에 빠진 물고기자리 여성이라면 별들이 당신을 위해 빛나고 있다는 걸 알게 될 것입니다.

★ 당신의 태양별자리

'태양별자리' 혹은 우리가 익히 사용하는 '별자리'라는 것은, 예를 들어 당신이 쌍둥이자리라면, 당신이 태어나 첫 숨을 들이마시던 순간 태양이 황도(태양의 길)에서 쌍둥이자리라고 불리는 영역에 있었다는 뜻입니다. 5월 22일부터 6월 21일까지가 쌍둥이자리에 해당되지요. 책이나 자료에 따라, 각 별자리의 그 날짜가 조금씩 다르기 때문에 혼란스러울 수 있습니다. 그렇게 날짜가 조금씩 다른 이유는 각 별자리가 끝나고 다음 별자리가 시작하는 날이 서로 겹칠 수 있기 때문에, 혼란을 초래하지 않기 위해 임의로 날짜를 정해두었기 때문입니다. 모든 별자리가 밤 12시를 기해 정확하게 다음 별자리로 바뀐다면 정말 편리하겠지만, 실제로는 그렇지 않으니까요.

예를 들어 4월 20일은 양자리가 끝나고 황소자리가 시작되는 날입니다. 양자리일 수도 있고 황소자리가 될 수도 있습니다. 정확한 출생 시간과 장소 데이터를 가지고 출생차트를 뽑아 보아야 어느 별자리에 해당되는지 알 수 있답니다.

'달별자리'라는 말은 당신이 태어났을 때, 달이 해당 별자리 영역에 위치하고 있었다는 뜻입니다.

'동쪽별자리'는 당신이 태어나던 순간, 동쪽 지평선에 있던 별자리 영역을 의미합니다. 동쪽별자리는 날이 같더라도 태어난 시간과 장소에 따라 달라집니다.

앞서 설명한 바와 같이 별자리가 바뀌는 경계선상의 날짜에 태어난 사람들은 양쪽 별자리의 특성을 모두 가지고 있다고 생각하는 경우가 많습니다. 예를 들어 1월 20일에 태어난 사람은 자신이 염소자리처럼 행동할 때도 있고 물병자리처럼 행동할 때도 있다고 생각합니다. 어떤 천문해석가들은 이런 경우 양쪽 별자리의 특징을 모두 보여준다고 설명하기도 합니다. 하지만 수년간 저의 경험과 조사를 바탕으로 판단해보건대, 그것은 사실이 아닙니다. 달별자리나 동쪽별자리의 영향으로 다른 특징을 보일 수는 있지만, 경계선상에 태어났다고 해서 양쪽 별자리의 특성을 모두 가지고 있지는 않습니다. 동시에 두 가지 태양별자리일 수는 없습니다. 누구나 하나의 특정한 별자리로 태어납니다. 경계선에 태어났다고 해서 부분적으로 염소자리이고 부분적으로 물병자리일 수는 없습니다.

당신이 태어나 첫 숨을 들이쉬던 그 순간, 태양의 막강한 영향력은 이미 염소자리라고 불리는 일정한 영역을 지배하고 있었기 때문에 염소자리의 특성이 당신의 성격에 각인되는 것이지요. 이것이 바로 당신의 별자리가 가진 각각의 특성을 규정하는 시간–에너지 힘입니다. 이 과정은 전자기파와 같습니다. 전기 불빛이 동시에 반은 꺼져 있고, 반은 켜져 있을 수 없는 것과 같은 이치입니다. 꺼져 있거나 켜져 있거나 둘 중 하나이지요. 동시에 둘 다인 상태는 불가능합니다. 마찬가지로 태양별자리도 동시에 두 별자리에 영향력을 행사할 수는 없습니다.

　태양이 염소자리에 영향력을 행사할 때는 오로지 염소자리에만 영향을 미칩니다. 특정한 시간에 태양이 물병자리로 넘어가면, 그때부터 물병자리에 영향을 미치게 되며 더 이상 염소자리의 영향을 받지 않습니다. 태양은 동시에 염소자리와 물병자리의 특징을 발현할 수 없습니다. 우주와 천문해석학의 원리상 불가능한 일입니다.

★ 열두 별자리 개요

별자리	상징	기간	지배행성	구성 원소	상태
양자리 *Aries*	♈	3. 21. ~ 4. 20.	화성 *Mars*	불	시작
황소자리 *Taurus*	♉	4. 21. ~ 5. 21.	금성 *Venus*	흙	유지
쌍둥이자리 *Gemini*	♊	5. 22. ~ 6. 21.	수성 *Mercury*	공기	변화
게자리 *Cancer*	♋	6. 22. ~ 7. 23.	달 *Moon*	물	시작
사자자리 *Leo*	♌	7. 24. ~ 8. 23.	태양 *Sun*	불	유지
처녀자리 *Virgo*	♍	8. 24. ~ 9. 23.	수성 *Mercury*	흙	변화
천칭자리 *Libra*	♎	9. 24. ~ 10. 23.	금성 *Venus*	공기	시작
전갈자리 *Scorpio*	♏	10. 24. ~ 11. 22.	명왕성 *Pluto*	물	유지
사수자리 *Sagittarius*	♐	11. 23. ~ 12. 21.	목성 *Jupiter*	불	변화
염소자리 *Capricorn*	♑	12. 22. ~ 1. 20.	토성 *Saturn*	흙	시작
물병자리 *Aquarius*	♒	1. 21. ~ 2. 19.	천왕성 *Uranus*	공기	유지
물고기자리 *Pisces*	♓	2. 20. ~ 3. 20.	해왕성 *Neptune*	물	변화

목차

이 책을 읽는 독자들에게

이 책에는 도덕적인 측면과 철학적인 측면 그리고 과학과 종교라는 측면에서 논란이 될 수 있는 내용이 제법 있습니다.

어떤 독자에게는 이 책의 내용이 영감을 줄 수 있고 어떤 독자에게는 이상하고 놀랍게 들릴 수도 있습니다. 어떤 독자에게는 충격일 수도 있지요. 하지만 이 책의 내용은 모두 진실입니다. 어떤 독자들은 진실로 받아들일 것이고 어떤 독자들은 그러지 못할 것이라는 사실을 압니다.

제가 개인적으로 발견한 진실을 독자들과 공유하려는 이유는 바로 그 내용에 타인과 공유해야 한다는 의무가 포함되어 있기 때문입니다. 이 지구상의 궁극적 평화를 위해 사람들에게 조화롭게 살기를 촉구해야 하기 때문이지요.

하지만 제 생각을 진실로 받아들이라고 여러분에게 요구하거나 기대하지 않습니다. 여러분 개개인의 깨우침과 신념에 부합하지 않는다면 말이지요.

지혜의 씨앗이 되는 진실의 조각들은 여러 분야에서 찾을 수 있습니다. 현실적인 법체계, 사회적인 관습, 과학적인 조사, 철학 그리고 종교 교리에서도 원초적인 본능에 가까운 진실의 조각을 찾을 수 있습니다. 지혜의 씨앗은 역사상 존재하는 모든 종교의 경전에도 담겨 있으며 미술과 음악과 시에도 그리고 무엇보다도 자연 자체에도 담겨 있습니다.

하지만 진정한 의미의 진실은 단 한 곳에서만 찾아볼 수 있습니다. 바로 인류의 지식을 담고 있는 영원한 근원인 모든 남성과 여성의 교감에서입니다. 그러므로 우리 각각은 스스로 그 지식을 찾아야 합니다.

우리는 다른 사람들에게 그 길을 가리켜줄 수는 있지만 결국 그 길은 각자가 혼자 걸어가야 합니다. 우리 '길 잃은' 각자가 그 전체 여정을 수행해야 하며, 그 길의 끝에서 마침내 우리 모두는 지혜의 광명에 도달하게 될 것입니다. 우리 인류가 오래전 시작된 바로 그 길의 끝에서 말입니다.

서문

어떤 모임을 가도 이런 질문을 하는 사람이 꼭 있습니다. "사수자리는 물고기자리랑 잘 맞나요?" 라디오나 텔레비전 쇼에서도 천문해석가들은 이런 질문을 받는 경우가 많습니다.

"제 남편은 사자자리이고 저는 물병자리인데요, 그래서 우리가 그렇게 싸우는 건가요?" 아니면 "쌍둥이자리는 어떤 별자리랑 결혼하는 게 가장 좋을까요?"

누구나 태양별자리의 관계에 대해 토대가 되어줄 원칙을 알고 싶어합니다. 저도 이를 뽑느라 치과 침대에 누워 있다가 이런 질문을 받은 적이 있답니다. "제가 별자리를 믿는 건 아닌데요, 제가 염소자리 여자랑 잘 맞을까요?"

어릴 적에 읽었던 「피터 팬」에서 팅커벨이 피터에게 한 말을 기억하고 계신 분들이 있을 겁니다. "어린아이가 요정을 믿지 않는다고 말할 때마다 요정이 한 명씩 죽는다." 마찬가지로 누군가 "난 별들을 믿지 않아."라고 말할 때마다 어딘가에서 관계가 깨집니다. 천문해석학의 기초만 알아도 얻을 수 있는 인간에 대한 이해가 부족해서이지요. 꾸며낸 이야기가 아닙니다. 사실입니다. 천문해석학은 세상에서 가장 오래된 기술이자 과학이지요. 신비로울 것은 아무 것도 없습니다.

천문해석학을 통해 얻은 사랑과 관용을 신비로 규정하지 않는다면요. 그걸 무어라고 부르든 중요한 것은 그것이 실제로 작용한다는 사실입니다.

네버랜드에 사는 유명 스타 피터 팬은 태양별자리가 쌍둥이자리였을 것입니다. 어른이 되고 싶지 않고, 한 번도 발견한 적이 없는 무언가를 찾아다니고, 자기 그림자 이외에는 아무도 믿지 못했지만 마침내는 사랑의 가치를 깨닫게 되지요.

웬디는 분명히 게자리일 것입니다. 자애롭고, 소유욕이 강하며, 부드러우면서도 상상력이 풍부하고, 달이 뜨는 밤이면 아름다운 비행을 하려고 하지요. 대부분의 게자리들이 그런 것처럼요. 여러분도 아시다시피 쌍둥이자리와 게자리는 특별히 조화로운 관계는 아니기 때문에 두 사람은 자주 다투고 서로 다른 꿈을 가지고 있습니다. 이야기가 끝날 때쯤 웬디는 게자리답게 안정을 찾습니다. 다시 날고 싶은 마음이 아무리 간절해도 웬디의 마지막 선택은 집과 결혼 그리고 자녀들이었지요. 반면에 피터는 대부분의 쌍둥이자리들처럼 저 너머 어딘가 더 밝은 무지개를 찾아 나섭니다. 웬디와 정착을 하고 싶은 마음과 자유롭게 살고 싶은 강렬한 염원이라는 서로 다른 욕망에 동시에 사로잡힌 채로 말이지요.

하지만 웬디는 분명 달별자리가 물병자리였을 것입니다. 피터의 태양별자리인 쌍둥이자리와 조화로운 각도인 120도를 맺고 있는 별자리이지요. 그렇기 때문에 처음 피터를 만났을 때 함께 날아갔던 겁니다.

두 사람의 별자리가 얼마나 잘 맞는지 비교하는 일은 시간과 노력을 투자할 만한 가치가 있습니다. 두 사람의 태양별자리가 같거나 서로 120도나 60도이거나 같고, 서로의 태양별자리와 달별자리가 120도나 60도이거나 같다면, 그리고 동쪽별자리까지 서로의 태양별자리나 달별자리와 조화로운 각도에 있다면 두 사람의 사랑은 훨씬 깊기 때문입니다. 물론 세상의 모든 사랑은 간절히 소망하면 현실로 이루어질 수 있는 힘을 가지고 있습니다. 하지만 별자리 에너지가 조화로운 사람들끼리 만나면, 시에 나오는 것과 같은 환상적인 마법을 더 쉽게 보여줄 수 있지요.

우리는 지구상의 수많은 사람들 속에서 충만한 합일을 이룰 수 있는 영혼의 짝을 찾아 헤맵니다. 하지만 그런 영혼의 짝을 찾는 일은 쉽지 않습니다.

가끔은 첫눈에 상대가 자신의 또 다른 반쪽이라는 것을 알아보기도 합니다. 그런 경우에는 상대방의 목소리가 귀에 익숙한 음악처럼 아주 친근하게 들리기도 하지요. 두 사람은 원래 하나였고 앞으로도 영원히 하나일 거라는 불변의 진실을 깨닫습니다. 운명을 상대로 아무리 오랫동안 싸워도, 그 운명을 피해 달아나려 해도 소용없지요. 두 사람이 처음 만나 서로의 눈을 응시하는 순간, 두 영혼은 서로를 알아보았다는 환희를 느끼게 되고 세상의 모든 관습과 전통 그리고 사회적인 행동 규범 따위는 모두 무시하게 됩니다. 설명할 수는 없지만, 말 한마디 하지 않아도 두 사람은 함께 일체의 합일을 이룰 수 있다는 것을 알게 됩니다. 두 사람은 함께해야만 모든 면에서 완벽해지는 사람들이지요.

이런 사람들은 불멸의 영혼을 가지고 있다고 느끼기도 합니다. 진정한 사랑은 수세기에 걸쳐서 지속되어온 생명력을 획득하는 일이며, 그 육체의 껍질만 바뀔 뿐 영혼은 똑같은 의식을 유지하는 상태에서 이루어지는 것이기 때문입니다.

영혼의 짝을 만난 사람들은 사랑한다고 말로 표현할 필요가 거의 없습니다. 두 사람은 이번 생이 아니라면 다음 생에서라도 함께할 수 있다는 것을 분명히 알기 때문입니다. 어떤 누구도 이 두 사람을 갈라놓을 수 없지요. 우주의 어떤 힘이라도 불가능합니다. 이들을 창조한 힘은 너무나 막강해서 파괴할 수 없습니다.

이런 식으로 서로 즉각적으로 강하게 이끌리는 것을 사람들은 "첫눈에 반했다."라고 합니다. 우연히 만나는 것이 아니라 운명인 것입니다. 이렇게 넓은 세상에서 자신의 영혼의 짝을 같은 시간, 같은 장소에서 만나게 되는 것은 참으로 신기한 우연이 아닐 수 없습니다. 두 사람의 길이 이렇게 한 지점에서 교차하도록 고차원의 의식 세계가 미리 정해놓은 것입니다. 새들의 이동이나 혜성의 이동도 유사한 우주의 법칙에 따라 진행되는 것처럼, 어떤 영적인 에너지가 두 사람의 만남을 만들어놓은 것입니다. 두 사람이 함께하게 된 것은 전생의 카르마에 따라 이번 생에 반드시 만나도록 예정된 것입니다. 영혼의 짝이 환생할 때가 되면 두 사람을 지구로 보내, 육체라는 옷을 입혀서 별들의 위치에 따라 정해진 시간에 특정한 조건을 만들어 두 사람을 만나게 하는 것입니다. 이렇게 정해지는 시간 에너지는 자연에 존재하는 전기 파장과 같은 종류이지만 훨씬 더 복잡한 에너지입니다.

우리는 전생에 쌓아놓은 업에 따른 결과를 마음대로 통제할 수 없습니다. 우리는 그런 과거의 업이 현재에 결과로 나타날 때 반응을 통제할 수 있을 뿐입니다. 이러한 카르마에 따른 사건들을 바꿀 수 있는 '자유의지'는 우리의 무의식 속에 있는 초자아와의 교류를 통해 얻을 수 있습니다. 하지만 우리가 의식할 수 있는 차원 내에서의 자유의지란 결국 미래에만 실현될 수 있습니다. 우리가 현재 행하는 여러 행위나 이미 존재하는 여러 원인에 대한 반응을 통해서만 이루어질 수 있지요. 그리고 그 미래란 우리가 필연적으로 만날 수밖에 없는 미래의 조건들을 의미하지요.

두 사람의 출생차트에서 특정 행성들의 위치를 보면 천문해석가들은 그 두 사람이 영혼의 짝인지 아닌지 알 수 있습니다. 두 사람 각각의 차트가 영혼의 짝임을 보여주는 경우 두 사람은 필연적으로 만나게 되며 죽음도 이들을 갈라놓을 수 없을 것입니다. 두 사람이 시험에 들 때도 있을 것입니다. 하지만 헤어져 있는 기간 동안 양쪽 모두 외롭고 공허하고 불완전한 느낌이 들 것입니다. 그리고 아무리 떨어져 있어도 두 사람은 늘 이어져 있다고 느낄 것입니다.

이런 현상을 과학적으로 설명하는 것은 불가능합니다. 과학계에서는 증거를 대라고 외치지요. 천문학과 과학은 수학과 물리학이라는 나무만을 볼 뿐 형이상학이라는 거대한 숲을 보지 못합니다. 형이상학metaphysics에서 meta라는 말은 그리스어로 '너머'를 의미합니다. physics는 '물질, 사실'을 의미하지요. 사실 그 너머에 진실이 있습니다. 추상적인 아인슈타인은 이 사실을 인지하고 있었습니다.

우리는 아이가 차 밑에 깔리는 사고를 당했을 때 몸무게가 50킬로도 나가지 않는 아이의 엄마가 괴력을 발휘해서 차를 들어 올렸다는 얘기를 듣습니다. 물리학의 법칙을 완전히 뒤집는 것이지요. 사랑은 단순한 감정이나 느낌이 아닙니다. 사랑은 긍정적인 에너지 파장입니다. 과학은 이런 파장을 감지할 만큼 섬세하고 복잡한 장비를 아직 개발하지는 못했지만, 분명히 그 파장은 존재합니다. 과학자들은 무선전파를 실제로 측정할 수 있을 때까지 그 존재를 믿지 않았습니다. 무선전파는 늘 존재했지요.

자신만의 영혼의 짝을 찾는 지난한 과정에서 처음엔 진짜인 것처럼 보이는 관계도 여러 번 있을 것입니다. 하지만 진짜가 아니라면 관계는 곧 무관심과 지루함으로 멀어져갈 것입니다. 마침내 영혼의 짝을 찾아도 처음에는 일시적인 고통이 따를 수 있습니다. 관용과 용서를 지속적으로 실천하면 그런 초기의 아픔은 치유될 수 있습니다. 고통을 고통으로 되돌려주려 한다면 더 큰 고통을 낳을 뿐이지요.

때로 사랑하는 사람과의 관계에서 문제가 해결될 기미가 없어 보일 때도 있습니다. 두 사람을 갈라놓은 벽이 너무 높아 보일 수도 있습니다. 하지만 두 사람이 손을 잡고 마음을 열어 "마법!"이라고 속삭이기만 해도 그런 문제는 모두 해결되거나 사라져버릴 것입니다. 사랑은 마법 자체이니까요. 본인은 깨닫지 못하더라도 사랑하는 사람이라면 누구나 가지고 있는 비밀스러운 힘이랍니다. 아무리 상처가 깊더라도, 아무리 고통스럽더라도 사랑은 언제 그랬냐는 듯 그 상처와 고통을 모두 치유해준답니다. 하지만 상처를 준 사람도 상처를 받은 사람도 의지가 있어야 가능한 일입니다. 열망과 노력 그리고 용서가 한데 모였을 때, 사랑의 힘은 더욱 강력해질 수 있습니다.

상대가 자신의 반쪽이라고 진심으로 믿으며 서로를 깊이 사랑하는 사람들은 굳이 싸움을 걸거나 상대방을 지배하려 들지 않습니다. 그런 사랑은 로미오와 줄리엣처럼 죽음에 이르러도 원수이던 두 가문을 화해시켜줄 것입니다. 영혼의 짝을 찾은 연인들은 인류를 영원한 평화와 선의 속에 결합시켜주는 힘을 가지고 있습니다.

섹스는 죄악이 아닙니다. 그 에너지를 잘못 사용하는 것이야말로 개개인이 가지고 있는 초월적 자아에 대해 죄를 짓는 일이지요. 사랑하는 사람들 사이의 성적인 결합은 남녀가 우주와 자연 속에 어우러져 합일을 이루는 깊은 환희입니다. 무엇이 먼저인지가 문제이지요. 우리는 사랑에 빠질 때 먼저 눈으로 빠집니다. 그다음에 마음으로 사랑하게 되고 그다음에 심장으로 사랑하게 되지요. 우리가 인지하든 인지하지 못했든, 영혼이 먼저 사랑에 빠지고 그다음에 몸으로 사랑하게 됩니다.

순서가 바뀌어서는 안 됩니다. 눈으로 사랑을 해야 그다음에 마음으로 이어지고 그런 다음에야 심장으로 사랑을 하게 됩니다. 그리고 심장만이 사랑하는 사람과의 결합으로 이끌어갈 수 있습니다. 성적인 결합을 통해 하나가 되는 황홀경을 경험하는 것이지요.

하지만 몸으로 먼저 사랑을 한다면 어떨까요? 몸은 그다음에 사랑을 어디로 이끌어야 할지 모릅니다. 보다 감각적인 육체적 사랑으로만 깊어질 뿐이어서 사랑의 염원을 만족시킬 힘을 가지고 있지 않습니다. 진정한 사랑 없이 몸을 섹스를 위한 도구로 사용하는 관계라면, 마치 아름다운 교향곡을 한쪽 스피커로만 듣는 것과 같을 것입니다.

진정으로 깊이 사랑하고 오랫동안 그 사랑을 유지할 수 있다면 우리는 스스로 기적을 만들어낼 수 있습니다. 고대의 신들처럼 강력한 힘을 갖는 것이지요. 우리가 이룰 수 없는 꿈은 없고 바꿀 수 없는 법칙도 없습니다. 충분히 사랑할 수만 있다면 어떤 상황도 바꿀 수 있습니다.

하지만 충분히 사랑한다는 것이 말처럼 쉽지는 않겠지요. 충분히 사랑한다는 것은 당신을 사랑하는 친절하고 배려가 깊고 관대한 그 사람만을 사랑한다는 뜻이 아닙니다. 충분히 사랑한다는 것은 당신을 배척하고 미워하고 동정과 섬세함이 없어 보이는 사람들까지도 모두 사랑해야 한다는 뜻입니다. 자신을 사랑해주는 사람을 사랑하는 일은 쉽습니다. 하지만 그런 사랑은 영광도 힘도 없습니다. 우리는 사랑을 더 깊이 배우기 위해, 사랑할 수 없는 사람들을 사랑하는 보다 어려운 교훈을 배우기 위해 이 지구상에 계속 환생합니다. 그 교훈을 배우기 위해서는 참된 열정의 에너지가 필요합니다. 대부분은 고통스러운 노력이 될 것이지만 달성했을 때 보상은 우리의 상상을 초월합니다. 충분히 사랑할 수만 있다면 우리 모두는 성자가 될 수 있습니다.

천문해석학에서 볼 때 사자자리와 양자리 그리고 황소자리와 염소자리 같은 조합의 경우는 사랑하는 데 있어 별로 노력이 필요하지 않습니다. 하지만 예를 들어 양자리가 게자리와 만나거나 사자자리가 전갈자리와 만나거나, 황소자리가 물병자리와 만나서 조화를 이루기 위해서는 더 큰 사랑이 필요합니다. 이 책은 자신의 태양별자리와 잘 맞는 별자리의 사람과 만나는 운이 좋은 사람들을 위한 안내서이자, 동시에 충돌되는 별자리와의 관계로 인해 시험에 든 사람들에게 관용과 조화에 이르는 길을 보여주기 위한 안내서입니다.

두 사람의 태양별자리와 달별자리가 조화롭다고 해도 출생차트상에서 덜 조화로운 다른 행성이 언제나 있기 마련이어서 일시적으로 마찰이나 긴장감이 생길 수도 있습니다. 이를 극복하기 위해서는 초자아에 귀를 기울여 깨우침의 길에서 기적을 만들어내야 합니다.

우리 모두 한 번쯤은 사랑을 잃고 방황한 적이 있을 것입니다. 그런 순간에는 사랑을 가장 필요로 하게 되지요. 불친절하게 대했던 사람에게 "잔인한 말 했던 거 정말 미안해요."라고 얘기할 때 "무슨 잔인한 말이요? 난 들은 적이 없는데?"라고 대답해주는 사람을 만나는 기적이 생긴다면 얼마나 좋을까요? 그러면 우리는 기쁨으로 가슴이 터질 듯하고 다시 사랑이 넘쳐날 것입니다. 세상에서 가장 오래된 연금술의 비결은 아주 간단하답니다.

"그것이 나쁜 일이라면, 현실에서는 일어나지 않았다. 그저 환상 속에서 존재할 뿐."

그러니 이제 사랑의 가호가 여러분께 함께하길 빕니다. 그리고 그 가호 아래 세상의 모든 불행이 사라지고, 그 가호가 사랑하는 사람과의 이별도 막아주기를 빕니다.

사랑에 관한 열두 가지 수수께끼

사랑은 여성과 남성 모두에게 가장 기본적인 욕구입니다. 사랑은 질병이나 가난처럼 인간의 마음을 짓밟는 위협은 아니지만 진정으로 사랑하고 이해할 사람이 없다는 두려움에서 시작합니다. 건강하거나 부자거나 현명하거나 말거나 간에 인간이라면 모두 필사적으로 사랑을 추구합니다. 외롭기 때문이지요. 천국에서도 지옥에서도, 성자도 죄인도 사랑을 원합니다. 그런데 이 물병자리 시대에서는 성의 혁명이라는 복잡한 미로를 따라가다보면 낯선 곳에 도착할 수도 있습니다.

자유분방한 사람이나 이상주의자, 불감증이거나 바람을 피우는 사람, 남성 우월주의자나 여성 해방론자, 브라우닝의 시를 읽는 사람이나 플레이보이 잡지를 보는사람, 누구나 같은 것을 찾아 헤맵니다. 행복을 추구하기 위해 어떤 길을 여행하든지 사람들의 내면에는 사랑이라는 똑같은 소망이 자리하고 있습니다. 사랑을 받기만을 원하는 것은 아닙니다. 사랑을 주고받는 공유를 원하는 것입니다.

왜 서로 오래도록 변치 않는 사랑을 찾기가 어려울까요? 또 다른 반쪽과의 완전하고도 영원한 결합에 이르려면 여성과 남성은 열두 태양별자리의 교훈을 알아야합니다. 사랑하는 이와 정신적이고 육체적이며 감정적이고도 이상적인, 궁극의 조화를 이루기를 원하시나요? 그렇다면 반드시 열두 별자리의 사랑의 수수께끼가 가지고 있는 지혜를 터득해야만 합니다.

우리는 모두 다양한 윤회를 통해 천문해석학적인 여행을 하고 있습니다. 열두 태양별자리의 영향을 받으며 다시 태어나는 과정을 통해, 사람마다 고유의 속도로 진화하고 있습니다. 그 과정에서 가끔은 빠르게 진화하기도 하고 가끔은 한곳에 머물기도 하지만, 대다수의 경우는 오래된 교훈을 다시 배우기 위해 특정 태양별자리로다시 돌아갑니다. 우리 자신의 초월적 자아는 그런 과정을 통해 우리가 열두 가지별자리의 긍정적인 자질을 완벽하게 익히고 부정적인 자질은 버리도록 이끕니다. 우리 각자가 궁극적으로는 완벽하게 진화된, 정제된 금과 같은 독립체가 되어 우리의 또 다른 반쪽과 결합할 수 있는 자격을 갖추도록 조종합니다. 우리가 또 다른 반쪽인 소울 메이트를 갈망하는 것에는 형이상학적인 지혜가 내재되어 있는 것입니다. 이것이 바로 우리 삶의 비밀, 그 자체입니다. 아주 소수만이 알고 있는 숨겨진 진실이지요.

모든 태양별자리는 장점을 가지고 있는데, 이것은 또한 약점이 될 수도 있습니다. 또한 모든 별자리가 가지고 있는 약점은 반대로 장점이 될 수 있지요. 긍정과 부정의 극성 법칙에 의한 것입니다. 황소자리의 완고함이 황소자리의 인내심과 어떤 차이가 있을까요? 양자리의 충동에서 부정적인 모습을 뺀다면, 화성인 양자리의 긍정적인 용기가 되지 않을까요? 사자자리는 타고난 자부심과 고귀함을 힘없는 사람들을 보호하기 위해 사용할까요? 아니면 약자들 위에 군림하는 오만한 폭군이 되기 위해 사용할까요? 합리적인 게자리의 조심성은 두려움이나 공포가 될까요? 물고기자리의 동정심과 겸손함은 기만과 도피라는 부정적인 해왕성의 에너지로 바뀔까요? 태양별자리가 가지고 있는 두 가지 측면 중 어떤 것을 선택하는가는 우리 자신에게 달렸습니다. 그리고 잘못된 선택을 하게 되면, 그 태양별자리의 경험을 반복하기 위해 다시 태어나게 됩니다. 그 별자리의 긍정적인 에너지를 완벽하게 배울 때까지 반복되는 것이지요.

사랑의 열두 가지 속성

아래에 열거하는 각 별자리별 경험 단계에서 첫 번째 사랑의 속성을 나누고 가르치는 일은 아주 쉽지만, 두 번째 속성을 배우는 일은 힘겨운 과정입니다. 두 번째 속성을 첫 번째 속성과 똑같은 수준으로 이해하게 되면 그 별자리를 완벽하게 통달하는 것입니다. 우리 영혼은 다음 첫 번째 여섯 가지의 입문 과정을 최소한 한 번 이상 거쳐야 합니다.

양자리	신생아	"나는 존재한다"	사랑은 순수하다는 것을 가르치고 믿음이라는 것을 배우는 단계
황소자리	아기	"나는 소유한다"	사랑은 인내라는 것을 가르치고 용서라는 것을 배우는 단계
쌍둥이자리	어린이	"나는 생각한다"	사랑은 인식이라는 것을 가르치고 느낌이라는 것을 배우는 단계
게자리	사춘기	"나는 느낀다"	사랑은 헌신이라는 것을 가르치고 자유라는 것을 배우는 단계
사자자리	십 대	"나는 할 것이다"	사랑은 기쁨이라는 것을 가르치고 겸손이라는 것을 배우는 단계
처녀자리	성인	"나는 분석한다"	사랑은 순수라는 것을 가르치고 만족이라는 것을 배우는 단계

처음 여섯 단계에서 감정적인 성숙함을 얻고 나면 나머지 여섯 가지 입문 과정을 통해 더 깊은 영적인 의미를 발견하는 단계를 거치게 됩니다.

천칭자리	결혼	"나는 균형을 잡는다"	사랑은 아름다움이라는 것을 가르치고 조화라는 것을 배우는 단계
전갈자리	성	"나는 갈망한다"	사랑은 열정이라는 것을 가르치고 스스로 내어주는 것이라는 것을 배우는 단계
사수자리	지식	"나는 본다"	사랑은 정직이라는 것을 가르치고 충성심이라는 것을 배우는 단계
염소자리	경험	"나는 사용한다"	사랑은 지혜라는 것을 가르치고 이타적이라는 것을 배우는 단계
물병자리	이상주의	"나는 안다"	사랑은 관용이라는 것을 가르치고 하나됨이라는 것을 배우는 단계
물고기자리	순종	"나는 믿는다"	사랑은 동정심이라는 것을 가르치고 사랑이야말로 '모든 것'이라는 것을 배우는 단계

그리고 이 모든 과정을 거치면서 우리는 '사랑, 그것만이 불멸'임을 마침내 깨닫게 됩니다.

열두 별자리 사랑의 비밀

12가지 사랑의 신비 편에서 담고 있는 명상이 왜 중요한지에 대한 심오하고도 중요한 이유가 있습니다. 그 열쇠는 숫자 12입니다. 동종요법에는 12가지 기본적인 미네랄 소금이 사용됩니다. 동종요법은 약 중에서 가장 효과적인 방법이지요. 이 12가지 소금은 인간의 건강에 긍정적인 영향을 주는 힘을 가지고 있는데, 각각 열두 개의 태양별자리에 해당합니다. 이것은 극히 예외적인 경우를 제외하면 전통적인 의사들이 아니라 동종요법 전문의들만이 이해하고 있는 사실이지요. 흙에 포함되어 있는 미네랄 성분은 12진법에서처럼 12가지로 구성되어 있습니다. 예를 들어 다이아몬드는 12개의 면이 있어서 아름다운 휘도를 얻기 위해서는 그 면을 따라 잘라야 합니다. 마니교 시스템에는 통치자가 12명이며, 솔로몬의 교회당에는 12개의 구획이 있으며 헤라클레스는 12가지 과업이 있었고, 성 제임스 궁에는 제단이 12개가 있으며 그리스 신도 12명입니다.

야곱의 열두 명의 아들이 이스라엘의 열두 부족의 기원이 되기 전까지 고대에서는 13이라는 숫자가 신령스러운 의미를 지녔습니다. 예를 들어 원탁의 기사는 열두 명이고 아서왕이 열세 번째 구성원입니다. 고대 이집트에서 신들의 왕이었던 오시리스는 열두 명의 하위 왕들과 교류하며 자신이 열세 번째 구성원이 되었습니다. 기독교에서도 불교에서도 이슬람교에서도 늘 열두 명의 제자와 한 명의 스승이 있습니다. 열두 명의 제자는 열두 가지 별자리의 배움의 단계를 뜻하며, 숫자 13으로 상징되는 '스승'은 다른 열두 가지가 완벽하게 섞여 이루는 하나의 완전한 전체를 의미합니다.

영적인 지식이 없는 대중들은 이런 사실을 모르기 때문에 13이라는 숫자에 대해 미신적인 공포를 갖습니다. 서양의 호텔에는 13층이 없습니다. 손님을 초대할 때도 열세 명을 초대하는 경우는 거의 없습니다. 하지만 이 신성한 숫자의 진정한 의미는 지혜입니다. 그것을 악하게 사용하면 더 큰 파괴를 초래할 뿐입니다. 하지만 선하게 사용하면 더 큰 갱생을 가져올 수 있습니다. 숫자 13은 모든 열두 가지 별자리의 교훈이 합쳐진 '스승'으로 상징되는데, 부정적인 의미로 사용되면 그 스승이 루시퍼와 같은 타락한 천사가 되는 것입니다. 반면, 긍정적인 의미로 사용한다면 그 정반대를 의미하게 되지요. 변치 않는 자세로 힘과 지혜를 행사하며, 정의와 자애로움이 넘쳐 나는 천사입니다. 그리고 무엇보다도 사랑을 가지고 있는 천사입니다.

수비학은 천문해석학과 떼려야 뗄 수 없는 관계입니다. 수비학이라는 주제는 너무 광범위하고 복잡해서 이 책에서는 상세하게 다루기 어렵습니다. 하지만 열두 가지 별자리의 사랑의 신비를 이해하기 위해서는 행성의 숫자를 간단하게 언급해야 합니다. 각 별자리는 태양과 달 그리고 행성들과 조화를 이루며 지배를 받습니다. 마찬 가지로 각 행성은 특정한 숫자와 조화를 이루며 지배를 받습니다.

사자자리의 지배행성인 태양은 숫자 1 또는 10에 해당됩니다. 10의 각 자릿수를 더하면 1이 되지요. 게자리의 지배행성인 달은 숫자 2에 해당됩니다. 사수자리의 지 배행성인 목성은 숫자 3에 해당됩니다. 물병자리의 지배행성인 천왕성은 숫자 4에 해당됩니다. 쌍둥이자리와 처녀자리의 지배행성인 수성은 숫자 5에 해당됩니다. 황 소자리와 천칭자리의 지배행성인 금성은 숫자 6에 해당됩니다. 물고기자리의 지배 행성인 해왕성은 숫자 7에 해당됩니다. 염소자리의 지배행성인 토성은 숫자 8에 해 당됩니다. 양자리의 지배행성인 화성은 숫자 9에 해당됩니다.

위에서 빠진 것이 전갈자리인 명왕성입니다. 대부분의 천문해석가들은 명왕성은 숫자 9에 해당된다고 합니다. 양자리의 지배행성인 화성과 함께 말이지요. 하지만 그렇지 않습니다. 명왕성도 다른 행성들처럼 고유의 숫자가 있습니다. 위에서 숫자 1에서부터 9까지 모두 사용했는데 어떻게 명왕성이 고유의 숫자를 가질 수 있을까 요? 이제 곧 알게 됩니다.

우선 화성의 숫자인 9는 우리 삶과 사랑에서 남성적인 원리와 에너지를 상징합니 다. 금성의 숫자 6은 반대로 우리 삶과 사랑에서 여성적인 원리와 에너지를 상징하 지요. 이렇게 숫자 9와 6은 각각 남성과 여성의 에너지입니다. 양과 음이지요. 6이 라는 숫자를 거꾸로 하면 9가 됩니다. 반대로 9를 거꾸로 해도 6이 되지요.

이렇게 여성과 남성은 뗄 수 없는 존재입니다. 각각은 서로 동등한 서로의 일부분 입니다. 여성적인 원리와 남성적인 원리는 완벽하게 상호 호환이 가능합니다. 하지 만 늘 서로 반대 방향을 향하고 있지요.

숫자 6과 9에서 꼬리 부분을 없애면 원이 됩니다. 이 원은 영혼의 쌍둥이 짝이 합 쳐지는 비밀이자, 놀랍고 강력한 전갈자리의 지배행성인 명왕성의 가장 심오한 미 스터리입니다. 명왕성에 해당하는 숫자는 0입니다. 원이지요. 원은 자신의 꼬리를 먹는 뱀을 상징하므로 영원을 나타냅니다. 뱀의 남성성을 상징하는 머리는 남성– 양 에너지가 뱀의 꼬리인 여성–음에너지로 흘러갑니다. 동시에 뱀의 꼬리인 여성

(음)은 그 에너지가 뱀의 남성적인(양) 머리로 흘러갑니다.

이것이 바로 성 에너지를 나타내는 전갈자리의 비밀입니다. 전갈자리의 지배행성인 명왕성의 막강한 힘 뒤에 있는 에너지인 것입니다. 0이자 원이지요. 뱀은 자신의 꼬리를 먹습니다. 영원성의 상징입니다. 세상의 모든 상반되는 에너지, 남성과 여성, 젊음과 늙음, 어둠과 빛, 밤과 낮 에너지는 서로에게 에너지를 공급해주며 그 에너지가 합쳐집니다. 계속 서로 반대로 남아 있는 것이 아니지요. 그렇게 해서 진정한 힘으로 존재할 수 있게 됩니다.

명왕성이 대변하는 숫자 0은 기독교의 성삼위일체의 비밀스러운 신비함을 간직하고 있습니다. '성부와 성자와 성신(Father-Son-and-Holy Ghost)'입니다. 여기서 Son(남녀를 모두 포함한 인간)은 남성적인 에너지입니다. Holy Ghost(기독교 정신)은 여성적인 에너지입니다. 두 에너지가 각각 서로에게 동시에 작용하여 (계속 정반대에 남아 있는 것이 아니라) 제3의 에너지가 창조되는 것입니다. 둘 다이기도 하며 동시에 둘 다가 아닌 중립적이고도 아주 강력한 The Father(God)가 되는 것입니다. 이 제3의 에너지는 남성적인 에너지와 여성적인 에너지가 합쳐져서 대칭점에 계속 남아 있지 않고 서로에게 작용하며 수많은 기적을 만들어냅니다. 바로 신성이지요. 아이들을 의미합니다. 유기화학의 이론에 초석이 된 벤진 링 구조를 발견한 독일의 화학자 케쿨레가, 그 개념이 떠오르기 전에 '꼬리를 먹는 뱀'에 관한 꿈을 반복적으로 꾸었던 것은 우연이 아닙니다.

그러므로 신비스러운 명왕성-전갈자리 힘이 남성적 에너지와 여성적 에너지가 완벽하게 합쳐져서 제3의 에너지를 창조한다는 영(zero)의 원칙에 대한 무의식적인 지식에서 나오는 것입니다. 제3의 에너지는 남성적 에너지와 여성적 에너지 둘 다이기도 하며 동시에 둘 다 아닌, 중성적이면서도 강력한 에너지입니다. 서로 겨루는 것이 아니라, 섞이는 동시에 서로에게 작용을 하기 위한 극성을 만들어내기 때문입니다.

명왕성이 0에 해당된다는 또 다른 비밀을 말해주는 예가 또 있습니다. 다른 수에 0을 추가하면 어떻게 될까요? 은행원이나 수학과 학생이라면 그 수의 힘을 '증가'시켜준다고 말하겠지요. 돈 액수의 끝자리에 0을 추가하면 돈의 액수가 더 커집니다. 1달러는 10달러가 되고 100달러가 되고 1000달러가 됩니다. 그러므로 zero 즉 0은 힘과 동일한 의미가 됩니다. 모든 전갈자리가 이 사실을 알고 있다면 좋겠지요? 무엇이 그 힘을 발생시키는지만 잊지 않는다면요. 자신의 꼬리를 먹는 뱀, 즉 영원성의 비밀입니다.

인간은 천문상의 윤회의 수레바퀴를 따라 진화합니다. 자기와 다른 별자리의 자질을 흡수하면서, 어떤 것들은 가르쳐주고 또 어떤 것들은 배우면서요. 그러므로 우리 각자는 이번 생의 자기 별자리를 긍정적으로 완성해야 하는 영적 의무를 가지고 있습니다. 동시에 다른 별자리의 권리도 존중해야 할 의무가 있습니다. 사자자리는 위엄을 갖추어야 하고 게자리는 안전에 매달려야 합니다. 염소자리는 전통을 존중하고 쌍둥이자리는 자유를 주장해야 합니다. 진정한 자신이 되기 위해서, 우리는 물병자리 시대의 금언, '각자 자기식대로'에 따라야 합니다. 그리고 다른 이들도 자기다울 권리가 있다는 것을 깨달아야 하지요. 사랑의 궁극적인 의미를 이해하고 그 절대충만을 즐기기 위한 첫 번째 단계는 자신과 다른 별자리의 속성을 미워하기보다는 관용으로 감싸는 것을 배우는 것입니다.

열두 별자리 사이의 관계를 통해 조화로운 부분과 충돌하는 부분을 모두 살펴보면서, 우리는 우리 개개인의 영혼의 최종 목표는 그 길에서 만나는 모든 다른 사람들과 서로의 별자리 교훈을 주고받는 것임을 잊지 말아야 합니다. 이 여정을 통해 우리는 신생아의 영혼에서부터 청년의 영혼, 중년의 영혼, 노년의 영혼 그리고 죽음과 재탄생이라는 과정으로 영혼의 성장을 추구하게 됩니다. 우리의 영혼이 출생과 죽음이라는 끝없는 윤회의 고리에서 벗어나려면, 죽음으로부터 육체를 자유롭게 하는 방법을 배워야 합니다. 그런 일은 장담컨대, 지금 우리가 생각하는 것보다 훨씬 더 빨리 일어날 것입니다.

열두 별자리를 통한 영혼의 상징적인 여행은 몸과 마음을 통해 남성과 여성이 짝을 찾는 과정으로 이해할 수 있습니다. 우선 영혼이 첫 단계에 들어가는 것은 지구에 태어나는 단계와 유사합니다. 그런 다음 지구상의 삶과 유사하게 다양한 다음 단계를 통해 진화합니다. 각 단계에서 영적인 경험을 쌓게 되지요. 우리 육체가 유사한 형태의 여행을 통해 정신적이고 육체적인 경험을 쌓는 것과 유사합니다. 영혼이 태어날 때는 신생아로 상징되는 양자리에서 태어납니다.

양자리 사랑의 비밀

상징적인 의미의 신생아로 양자리에서 탄생한 영혼은 (그렇다고 반드시 지구상에 처음 태어난다는 의미는 아닙니다.) 새벽, 일출, 봄 그리고 부활절, 혹은 바로 앞의 별자리인 물고기자리에서 맞았던 '죽음'으로부터의 부활과 연관됩니다.

양자리는 첫 번째 불의 별자리며, 시작하는 기운을 가지는 첫 번째 별자리입니다. 양자리는 그 지배행성인 화성의 폭발적인 생명력을 통해, 적극적이고 남성적인 낮의 에너지를 드러냅니다. 상징적인 신생아 영혼으로서 양자리는 완전히 자신에게 몰두해 있습니다. 자기의 발가락과 손가락만으로도 마냥 즐겁고 신기한 갓난아기와도 같습니다. 아기는 필요한 게 있으면 그냥 웁니다. 그러면 어른들이 즉시 달려와 문제를 해결해주지요. 이들은 아무것도 의심하거나 두려워하지 않습니다. 마찬가지로 양자리에서 태어난 '갓난아기' 영혼들은 기적처럼 모든 소망을 들어주는, 눈에 보이지 않는 힘을 자연스럽게 믿습니다. 그 믿음은 아주 굳건하지요.

실제로 이 보이지 않는 힘들은 세상의 부모가 갓난아기를 돌보듯이 갓 태어난 영혼인 양자리를 돌봅니다. 부모가 아기를 부드럽게 쳐다보며 그 순진무구함을 보호해주면서, 어떤 요구들은 현명하게 거절하는 것과 같습니다. 양자리는 '나는 나다 I AM.' 혹은 '나는 존재한다 I EXIST.'는 느낌으로 삽니다. 갓난아기가 그렇듯이, 양자리 사람은 살면서 사고가 날 수 있다거나 고통 또는 잔인함을 겪을 수 있다는 생각을 거의 못합니다. 이런 부정적인 경험들은 살아가면서 다른 별자리 사람들을 통해서 배우지요.

종교적인 속담에 따르면 아기는 죽으면 바로 천사가 된다고 합니다. 순수한 상태에서 죽기 때문이지요. 당연하겠지요? 유혹이라는 악마를 아직 만나지 못했으니까요. 하지만 아기 때 죽지 않고 살아남는다면 누구도 천사로 남아 있을 수 없겠지요. 아기는 자라면서 그 순진무구한 믿음 덕에 끔찍한 실망을 반복적으로 겪어야 합니다. 양자리의 삶이 그렇습니다. 양자리는 불친절하고 연민이라고는 없으며 양보할 줄 모르는 사람들의 희생자가 됩니다. 이 갓난아기는 충격과 놀라움과 버려진 느낌을 받으면 관심을 끌기 위해 더 크게 소리를 지르지요. 그러므로 상처받고 환멸을 느끼는 양자리에게 필요한 것은 거부가 아니라 수용입니다. 이들은 무시당하면 격렬한 감정적 반응을 보인답니다.

갓난아기와도 같은 양자리의 긍정적인 자질은 마음을 끄는 천진함과 맹목적인 믿음과 원초적인 용기입니다. 양자리의 자질이 부정적으로 드러나면, 이기적이고 남에 대한 배려가 없으며 공격적이고 결과를 생각하지 않는 충동적인 성향이 됩니다.

양자리에게 사랑은 없어서는 안 될 삶의 필요조건입니다. 어린 아기에게 사랑과 자신의 존재는 같은 의미지요. 이들은 본능적으로 사람들이 자신에게 헌신해줄 것을 기대하고, 남들의 헌신을 기쁘게 받아들입니다. 하지만 어떻게 보답할지에 대해서는 거의 이해하지 못하지요. 양자리는 마치 어린 아기처럼 사랑을 요구합니다. 양자리는 사랑 없이는 살 수 없습니다. 이들에게 감정적으로 버림을 받는다는 것은 곧 죽음을 의미하지요. 양자리는 그런 생각만으로도 설명할 수 없는 극심한 공포심에 사로잡힙니다. 이런 두려움은 반복적으로 안심을 시켜주어야 진정됩니다. 양자리에게는 '겨울이 왔다는 것은 봄의 기적이 멀지 않다'는 의미라는 것을 계속 상기시켜주어야 합니다.

황소자리 사랑의 비밀

진화하는 영혼은 불의 요소인 양자리 다음으로 흙의 요소인 황소자리에 들어섭니다. 황소자리 단계에서는 양자리의 상징이었던 신생아가 건강하고 통통한 아기가 되어, 여성적인 밤의 에너지를 들려줍니다.

황소자리는 까닭 없이 소리를 지르거나 공포나 외로움에 떨지 않습니다. 뭔가 필요할 때마다 소리를 질러대지도 않지요. 양자리 시절과 달리 원하는 것은 부모가 모두 해준다는 것을 이들은 이미 알고 있습니다.

황소자리는 착한 행동을 하면 부모나 주변의 어른들을 구워삶을 수 있다는 사실도 배우게 됩니다. 웃어주고 순종하면 보상이 따르지요. 황소자리는 무언가를 배우는 일에 좀 더딘 편이지만 한 번 배운 것은 잊는 법이 없답니다. 하지만 이 시기는 여전히 어린 아기 단계이므로 인식의 범위에는 한계가 있지요. 황소자리는 그 상징인 아기처럼 낯설고 시끄러운 바깥세상보다는 가족이라는 테두리와 친숙하고 가시적인 범위 안에서 행복을 찾습니다.

황소자리는 미각, 후각, 시각, 청각 그리고 촉각을 사용하는 즐거움을 발견하는 영혼의 단계입니다. 아기는 거의 모든 장난감의 냄새를 맡고, 입에 물고, 그 소리를 들어보고, 들여다보고, 느끼지요. 또 황소자리는 유지하는 힘을 가진 조직가의 별자리입니다. 무언가를 소유하는 즐거움을 알고 그것들을 붙잡아두려 합니다. '내 것'이라고 부르기를 좋아하고 소유의 기쁨을 누리고자 하지요. 황소자리의 표어는 '나는 소유한다 I HAVE.'입니다. 곰 인형이나 좋아하는 담요에 집착하는 단계이지요. 황소자리의 아기 영혼은 사랑하는 사람들과 손을 잡거나 안거나 키스하는 식의 신체 접촉에 무척 의지합니다. 금성이 지배하는 황소자리는 달콤하게 속삭이고 깔깔거리는 것을 좋아합니다. 이들은 구체적인 감각을 통해서만 사랑을 이해합니다. 아기들은 장난감과 부모의 관심에 대한 소유욕이 엄청납니다. 장난감을 잃어버리거나 부모의 관심을 받지 못하면 엄청난 충격을 받으며, 물론 남들과 공유하는 것도 완강히 거부합니다. 황소자리가 자신의 은행 통장과 연인 또는 배우자를 대하는 태도가 바로 이와 같지요.

황소자리의 긍정적인 자질은 목적의식, 인내심, 꾸준함 그리고 강한 신념입니다. 이 자질들이 부정적으로 표현되면, 완고하고 편견이 심하며 비이성적인 사람들이 됩니다.

이 유쾌하고 독선적인 황소자리 아기에게, 사랑이란 신체로 표현하는 것이며 아무런 이유 없이 주고받는 것입니다. 아기에게 사랑은 기쁨과 행복감을 의미하지요. 그래서 황소자리는 사랑을 그저 단순하게 감사하며 즐깁니다. 황소자리는 감각을 통해 사랑을 받아들이고 또 되돌려줍니다. 하지만 그 진정한 가치에 대해서는 아직 모르는 상태랍니다.

쌍둥이자리 사랑의 비밀

황소자리의 상징이었던 아기는 쌍둥이자리 영혼의 단계에서 걷기 시작하는 어린아이의 세상으로 들어갑니다. 양자리의 신생아 단계처럼, 다시 적극적이고 남성적인 낮의 에너지로 변하는 것입니다. 쌍둥이자리에서 영혼은 처음으로 '변화하는 의사 전달자'에 도달합니다. 쌍둥이자리는 자신의 사고방식을 의식하는 동시에 혼자가 아니라는 사실도 인지하게 되지요. 이들은 단어를 조합하고 연결하여 말하는 것을 배움으로써, 언어를 통해 의사소통하는 방법을 배웁니다. 부모를 비롯한 주변 사람들이 하는 말을 귀 기울여 들으며 모든 새로운 단어에 즐거워하지요. 말하는 것이 재미있습니다. 사람들의 관심을 받으니까요. 과자 상자로 기어가거나 걸어갈 수 있는 능력도 생깁니다. 양자리처럼 소리를 지르거나 황소자리처럼 가만히 기다릴 필요가 없습니다. 처음 경험하는 '독립'은 황홀합니다. 또 쌍둥이자리는 당장 손에 잡히는 지식만으로도 너무나 즐겁습니다. '나는 생각한다 I THINK!'를 외치는 쌍둥이자리에게 세상은 넓고, 흥미진진한 일로 가득 차 있습니다.

어린이의 의식 단계인 쌍둥이자리 영혼은 자신에게 두 개의 인격이 있음을 배우게 됩니다. 그 이중성 또는 양극성은 애써 노력할 때에만 서로 조화를 이룰 수 있지요. 하지만 노력해도 잘 안 될 때가 많습니다. 쌍둥이자리에 접어들면 갑자기 집 밖의 즐거움을 추구하게 되기 때문에, 이 어린아이들은 생각하지도 못한 위험을 향해 달려드는 행동으로 벌을 받게 되곤 합니다. 세상은 쌍둥이자리를 초대해서 탐험하도록 합니다. 그 세상에서 무엇을 발견하게 될지는 아무도 모르지요. 이제 근거를 대고 추론을 하는 새로운 정신적 능력을 가지게 된 쌍둥이자리는, 이미 본 것 너머 다른 세상에 있는 것을 소망하며 꿈을 꾸기 시작합니다.

쌍둥이의 반쪽 영혼은 여전히 불안한 아기 상태여서 익숙한 것을 원합니다. 다른 반쪽은 뭔가를 동경하며, 손에 잡히지 않는 바깥세상의 것들에 호기심을 갖습니다. 쌍둥이자리의 영혼은 이미 불과 흙 요소를 경험했으며, 이제 처음으로 공기 요소를 사용하는 법을 배웁니다. 쌍둥이자리 사람들은 반짝이는 눈빛과 기대에 가득 찬 마음으로 쌍둥이자리 단계의 속성들을 시험해나갑니다. 매일의 새날들이 마법처럼 쌍둥이자리의 마음을 흔듭니다. 그것은 그동안 가지고 놀던 장난감과 따뜻한 부모님의 애정보다 더 흥미진진합니다. 쌍둥이자리가 창문 너머로 보는 것은 신비에 싸여 있는 금지된 에덴동산입니다. 그리고 지배행성인 수성은 저 너머에 있는 길로 오라고 손짓하지요.

쌍둥이자리는 다재다능하고 정신적으로 민첩하며, 인지가 빠르고 추론 능력과 융통성이 있습니다. 이 자질들이 부정적으로 표현되면, 부산하고 말만 청산유수이고 얄팍하며 횡설수설할 수 있고 신뢰성이 부족하며 자기기만적일 수 있습니다.

쌍둥이자리 어린아이에게 사랑은 초기의 신기함을 이미 상실한 상태입니다. 아직은 스스로 깨닫고 있는 것보다는 더 많이 사랑을 필요로 하는 단계이지만, 이들에겐 이미 사랑보다 더 신나는 일들이 많습니다. 당신을 방해하는 것이 사랑인가요? 현관문으로 달려가 세상으로 나가려는 당신을 사랑이 붙잡나요? 사랑은 즐거운 것이지만 제약적이기도 하지요. 쌍둥이자리 사람들은 더 이상 사랑을 필요로 하지 않는 것은 아니지만 사랑을 갈망하지도 않습니다. 사랑이 자신의 자유에 장애가 된다면, 그들은 성급하게 사랑을 버리고 그 따스함과 안정감을 놓치게 될 것입니다. 언젠가 길을 잃거나 집으로 다시 돌아오는 길을 못 찾게 될지도 모르지만 신경 쓰지 않습

게자리 사랑의 비밀

게자리 단계에 이르면 어린아이였던 영혼은 사춘기를 맞이합니다. 어린이와 어른의 중간쯤에서 어른이 되고는 싶지만 선뜻 선을 넘어가기를 주저하는 단계이지요. 게자리 시기에는 다시 소극적이고 여성적인 밤의 에너지를 의식하게 됩니다. 하지만 두 번째로 맞는 밤 에너지는 새롭고 더 풍부하며, 훨씬 더 감각적인 느낌이지요. 하지만 이것은 앞서 겪었던 황소자리의 현실적 감각이 아니라, 보다 시적인 영감에 해당되는 감각입니다. 계절이 봄에서 여름으로 바뀌었기 때문입니다. 봄의 깨어남은 이제 게자리의 성숙하고 향기로운 매력 속에 한여름 밤의 꿈이 깊어집니다.

감정 기복이 심하고 예민한 청소년의 영혼은 어린아이 같은 의존성을 가지고 있으면서도, 동시에 유혹적인 어른의 세계 사이에서 이리저리 방황합니다. 황소자리였던 셰익스피어는 이런 방황을 '인간과 요정 세계를 오가는 모험'이라고 아름답게 표현한 바 있지요.

장난기 많은 청소년으로 상징되는 게자리는 주변에 있는 어른들을 관찰하고, 듣고 보는 모든 것을 놀라울 정도로 잘 인지합니다. 하지만 어른들의 물질세계는 자주 환멸을 느끼게 하지요. 그처럼 게자리의 환상도 난관에 부딪히게 되고, 게자리는 한밤중에 잠 못 들고 곧잘 울기도 합니다. 아무도 보지 않을 때는 황소자리 시절의 곰 인형을 꺼내다가 끌어안고 있기도 하지요. 실제로 게자리와 상응되는 청소년 시기의 변덕스러운 마음은 가족들을 당황하게 할 뿐 아니라, 스스로도 당혹스럽지요. 게자리는 어른이 되면 부모님(특히 엄마)이 쳐주던 든든한 울타리를 잃게 될 거라는 두려움에 사로잡히곤 합니다. 그 누가 엄마처럼 무조건적인 사랑을 주고 보살펴줄 수 있을까요? 게자리는 누구도 그러지 못할 거라고 생각합니다.

게자리는 납득하기 어려운 이유로, 입을 꾹 다문 채 혼자만의 몽상에 빠지거나 시무룩해져서는 자기를 이해하는 사람은 아무도 없다는 상상을 하곤 합니다. 게자리의 단계에서는 부모의 보호를 잃을 수 있다는 생각이 무의식을 지배합니다. 아마도

어린 시절 친구들은 이사를 가버렸고, 형제들도 하나둘 집을 떠났을 수 있지요. 게자리는 뭔가 위험을 감지하기 시작하는 순간, 세상이 더 이상 즐겁지 않습니다. 게자리 사람들은 어른이 되면 무언가 예상치 못한 상처를 받게 될 것이므로, 자신들이 믿을 수 있다고 생각하는 것을 붙잡습니다. 바로 과거이지요.

게자리는 새로운 것을 인식하는 능력이 아주 예리합니다. 처음으로 민감한 물의 원소로 들어가면서 날카로운 지각력이 더욱 확장되지요. 그 인식력으로 게자리는 삶이 비극과 희극의 조합이라는 것을 봅니다. 내면에 자리 잡고 있는 수줍음에도 불구하고, 게자리 영혼은 주변인으로 물러나려 하지 않습니다. 게자리는 양자리에 이어 '시작하는 에너지를 가진 지도자'로서 두 번째 경험을 하는 단계이기 때문이지요. 이런 이유로 비논리적이던 공포심은 신중함으로 변하게 됩니다. 게자리는 보름달과 초승달을 보며 자신이 무엇을 비는지도 모르는 채, 그리고 딱히 그것을 알려 하지 않은 채 막연한 소망을 빕니다. 내일은 무슨 일이 일어날까에 대한 두려움으로, 사춘기인 게자리 영혼은 눈물을 흘리기도 합니다. 자신의 진짜 감정을 숨겨야 한다는 마음을 가진 채 게자리는 선포합니다. '나는 느낀다 I FEEL.'라고. 그러면 사람들은 게자리가 주변 사람들을 무시한다는 것을 눈치채지 못할 것입니다. 영혼의 발달단계상 중요한 시기에 있는 게자리를 부드럽게 잘 대해주지 않으면, 잔인한 세상을 뒤로 한 채 딱딱한 보호 껍데기 속에 영원히 자신을 가둘 것입니다.

게자리의 긍정적인 자질들은 상상력과 끈기, 부드러움, 감수성, 남들을 잘 돌봄, 신중함 등입니다. 이런 자질이 부정적으로 나타나면, 완고하고 과민하며 우울하고 집착하며 두려움이 많고 소유욕이 강하며 감정의 변화가 심할 수 있습니다.

불안하고 감수성이 예민한 사춘기 청소년처럼, 게자리에게는 다시 사랑이 무엇보다 중요해집니다. 하지만 이번에는 사랑이 집과 동의어가 되며 정서적인 안정감을 의미하게 됩니다. 그리고 게자리는 사랑을 너무나도 필요로 하기 때문에, 오히려 잦은 눈물과 가끔 미친 듯이 웃어대는 가면 속에 위장을 하고 있어야 한답니다.

사자자리 사랑의 비밀

게자리의 사춘기 영혼은 사자자리로 들어서면서 아주 **빠르게** 십 대로 변합니다. 개인의 자신감과 자존심을 처음으로 표현하지요. 이제 자신이 누구인지를 알거나, 혹은 추측할 수 있게 됩니다. 사자자리는 남성적이고 적극적인 낮의 에너지와 함께, 양자리 단계에서 느꼈던 것보다 더 강력한 불 에너지를 느끼게 됩니다. 세상은 사자자리의 것입니다. 이들은 거울 속에 비친 자신의 모습에 경탄하며 '나는 할 것이다 I WILL.'라고 외치게 됩니다. 사자자리가 게자리의 자의식과는 상반되는 자신감 넘치는 자의식의 단계로 들어가면서, 여름은 야생의 아름다움과 강력한 햇빛 그리고 나른한 오후로 절정을 치닫게 됩니다.

젊음의 이상주의는 사자자리의 심장을 뒤흔들고, 이제 막 알게 된 성은 이들의 혈기를 왕성하게 합니다. 겉으로 드러나는 허영심 속에는 가치에 대한 내적인 의문이 숨겨져 있는 시기지요. 사자자리 영혼은 두 번째로 경험하는 '유지하는 조직가'로서 무엇을 해야 할지 알고 있습니다. 확고한 자신감으로 사람들을 가르치고 자신의 삶을 책임지며, 사자자리의 보호가 필요한 사람들을 통치하면서 살게 되지요. 하지만 사자자리 사람들은 겉으로 보이는 것과는 달리, 아직 성인이 되지는 못했습니다. 그래서 자신의 존재 가치를 확인받으려고 호들갑을 피우지요. 놀림을 받으면 속으로 눈물을 흘린답니다.

사자자리의 영혼은 고통스러운 신생아, 아기 그리고 어린이와 사춘기 시절을 이미 경험했습니다. 그래서 이제 자신보다 더 나약한 존재를 연민으로 배려함으로써 그들을 이끌어줄 수 있습니다. 양자리, 황소자리, 쌍둥이자리, 게자리 단계를 통해 수많은 좌절을 겪었으므로 사자자리는 관대함의 자질이 각인되는 시기입니다. 하지만 적을 용서하고 관용을 베푸는 법을 배웠다고 하더라도, 연장자들의 지혜를 존중하는 방법은 아직 배우지 못한 상태지요. 현실의 십 대들처럼 사자자리는 자신들이 모든 답을 알고 있다고 생각하며, 그에 대해 의구심을 제기하는 사람들을 못 참는 경향이 있습니다. 사자자리 영혼은 사자자리의 지배행성이자 모든 생명의 근원이며, 사자자리가 지닌 힘의 근원인 태양을 숭배합니다. 사자자리는 숭배하고 숭배받기를, 사랑하고 사랑받기를 열망합니다. 사자자리의 풋사랑은 밝고 따뜻합니다. 십 대인 사자자리는 그 사랑에 기고만장해지기도 하도 상처를 받기도 하겠지요. 사자자리는 이성과의 만남을 통해 개인적인 위엄과 존엄성을 느낍니다. 더 이상 부모의 통제 같은 딱딱한 권위로 사자자리를 가둘 수 없습니다. 이미 어린 시절에서 어른으로 가는 다리를 건너고 있는 시기거든요. 어른이 된다는 것에 대한 책임감도 느끼기 시작했지만, 아직은 부담이 될 정도는 아닙니다. 어두운 과거는 이미 지나갔고 인생에는 찬란한 기적 같은 미래가 기다리고 있습니다. 그리고 현재는 편안하게 즐기는 시기지요. 사자자리는 세상이 자신들이 지닌 참신한 지혜를 필요로 하고 있다고 여기며, 그것을 기꺼이 나누어주려 합니다. 이들은 자신보다 더 어리고 약한 아이들을 통솔하는 훈련을 통해 사자자리의 우월성과 자존심을 확인하지요.

사자자리의 긍정적인 자질은 따뜻함, 관대함, 고결함, 강인함, 충직함, 지도력 그리고 약한 자를 지켜주려는 마음 등입니다. 이런 자질들이 부정적인 형태로 나타나면 오만함, 헛된 자만심, 허영심, 전제주의, 건방짐 그리고 복잡한 연애 관계 등으로 표출됩니다.

십 대로 상징되는 사자자리 단계에서 사랑은 모든 이상과 아름다움을 충족시켜주는 연애를 의미합니다. 사자자리는 사랑과 사랑에 빠져 있거나 자신과 사랑에 빠져 있습니다. 사자자리 남녀는 사랑을 관대하게 베풉니다. 이들에겐 왕처럼 베푸는 것 자체가 큰 즐거움이기 때문입니다. 하지만 그 상대에게 감사와 존중을 요구합니다. 사랑을 베풀고도 겸손해져야 하는 경우라면 화를 낼 겁니다. 아직 사랑의 깊이와 희생의 미덕을 잘 이해할 수 없는 시기이기 때문입니다.

처녀자리 사랑의 비밀

젊은 사자자리의 영혼은 아쉽게도 여름이 끝나가고 있다는 것을 감지하게 됩니다. 그리고 처녀자리라는 인디언 서머 시기의 영혼을 통해, 곧 수확기가 다가오고 있다는 것을 인지하는 단계로 넘어갑니다. 소극적이고 여성적인 밤의 에너지가 다시 돌아옵니다. 어른이 된다는 것에는 엄중한 의무와 책임이 따른다는 것을 상기시켜주는 때입니다. 완벽을 추구하는 처녀자리의 표어는 '나는 분석한다 I ANALYZE.' 입니다.

진화하는 영혼은 처녀자리에 이르러 처음으로 성인이 됩니다. 이들은 사회의 규칙과 제약을 준수하도록 강요받으면서 좌절하기는 하지만, 공손함을 타고났기에 잘 순응합니다. 처녀자리의 에너지는 사람이 자유롭게 즐기기 위해서는 반드시 일을 해서 돈을 벌어야 한다고 가르칩니다. 또 처녀자리는 어떤 식으로든 사람들에게 봉사해야 한다는 필요성을 느낍니다. 두 번째로 경험하는 흙의 별자리인 처녀자리는 '변화하는 의사 전달자'로서 두 번째 경험이기도 합니다.

처음 갖게 된 직업은 실망스럽습니다. 마음에 품고 있던 이상은 직장이나 대학의 문 앞에서 무릎을 꿇습니다. 아니 꿈꿀 시간조차 없습니다. 처녀자리는 사회의 치열한 경쟁에서 처지지 않기 위해 학위를 따는 것에 모든 노력을 집중합니다. 배우고 경쟁하는 일은 피할 수 없으며, 반드시 그 속에서 생존해야 한다고 생각하지요.

처녀자리가 상징하는 것은 청년 시절입니다. 청년들이 그렇듯 처녀자리는 세상 돌아가는 일에 비판적입니다. 내심 어린 시절의 순수함을 잃어버린 것을 속상해합니다. 미래에 대해선 확신이 없습니다. 할 일은 점점 더 많아지고, 공부도 더 해야 하고, 책임감만 더 커지는 게 삶인 걸까요? 그렇다면 가능한 빨리 현실에 부딪히는 게 나을지도 모릅니다.

처녀자리 단계에서는 인간의 약점과 불완전한 면이 좀 더 강조됩니다. 이 시기는 여름의 끝자락인 동시에 가을의 시작입니다. 곧 겨울이 닥칠 것입니다. 그러니 웃고 떠들며 놀고 있을 때가 아닙니다. 처녀자리는 축제의 계절이 끝나가는데도 아무 생각이 없는 사람들에게 어떻게 경고를 할지 고심합니다. 처녀자리의 마음은 아직 순수한 소망으로 가득 차 있지만, 머리는 냉정하답니다.

사자자리 시절의 열정은 이제 체념과 작은 소망으로 바뀌었습니다. 처녀자리는 자신이 누군가에게 의지하게 될까 봐 두려워합니다. 그 두려움 때문에 시간을 낭비하거나 의무를 게을리하지 않으려고 합니다. 이들은 단호하게 행동하고 신중하게 기다리며, 더 나은 사람이 되기 위해 의식적으로 노력합니다. 쌍둥이자리에 이어 다시 수성의 지배를 받지만, 처녀자리에 와서는 쌍둥이자리 단계에서처럼 에너지를 분산시키지 않는 방법을 배웁니다. 상징인 처녀처럼, 처녀자리는 예리한 인식력을 가지고 있습니다.

처녀자리의 긍정적인 자질은 명확한 사고, 분별력, 예의, 타인에 대한 봉사심, 실용주의와 정직성 등입니다. 이런 자질이 부정적으로 나타날 때는 자주 남을 비판하고, 짜증을 잘 내며, 소심하고 수동적이며, 열등감이 있고, 사소한 것을 골치 아프게 따지는 경향으로 나타날 수 있습니다.

처녀의 영혼은 자아도취라는 측면을 가지고 있습니다. 뜨거웠던 젊은 날에 대한 기억을 간직한 채 이제 다가올 열정의 시간을 기다리고 있지요. 처녀자리에게 사랑이란 자신을 내어주는 것이며, 별로 풀고 싶지 않은 수수께끼 같은 것입니다. 그러므로 처녀자리는 그 에너지를 일에 집중합니다. 하지만 처녀자리 가슴속에는 헌신적인 마음과 사랑의 진정한 의미가 깊이 자리하고 있답니다.

천칭자리 사랑의 비밀

처녀자리의 외로운 자기 수양의 길은 이제 적극적인 낮의 에너지로 변합니다. 천칭자리에서는 '시작하는 에너지의 지도자'의 길을 인식하고 인정하는 시기로 접어듭니다. 천칭자리의 의식 세계에서 영혼은 이제 완전하게 성숙하여 빛과 그림자를 모두 알게 됩니다. 처녀자리에서 정점을 찍었던 성숙함으로 가는 투쟁 기간 동안 이 세상과 사람들에게는 낮과 밤, 선함과 악함, 빛과 어둠이 모두 존재한다는 사실을 알게 되었지요.

이제 천칭자리는 주변 사람들을 공정하게 평가하는 법을 배웁니다. 천칭자리 이전 단계까지 영혼의 주된 관심사는 자기 자신이었습니다. 천칭자리에 들어서면, 처음으로 다른 인간과 관계를 맺어야 한다는 필요성을 인식하게 됩니다. 영혼은 이제 지난 여섯 가지 별자리에서 얻은 교훈으로 논리와 힘 모두를 사용해서 사람들을 이끄는 능력을 갖추었습니다. 천칭자리는 물의 별자리로 한 번, 그리고 불, 흙의 별자리로 두 번 그리고 공기 별자리로 한 번의 여정을 통해 얻은 지혜를 바탕으로 행동합니다. 사물의 양쪽 측면을 모두 볼 수 있는 자신에 대한 자부심으로 넘쳐나는 천칭자리의 표어는 '나는 균형을 잡는다 I BALANCE.'입니다. 자신이 불공정하다고 느끼면 마음이 불편해지기 때문에, 천칭자리는 결정을 내리는 것이 몹시 어렵고 고통스럽습니다. 사회적 정의감에 눈뜨기 시작했기 때문에, 편견이나 편협에 대해서는 끝없는 논쟁을 벌이기도 합니다. 이들은 쌍둥이자리 시절에 배우고 처녀자리 시절을 통해 더욱 날카로워진, 냉철한 논리를 이용합니다. 하지만 천칭자리는 매력이라는 장점을 사용하는 것이 상대방을 이길 수 있는 확실한 방법임을 깨닫는 시기이기도 합니다. 그래서 이들은 부드러운 목소리와 매력적인 미소를 활용하여 자신이 원하는 것을 얻거나 상대방을 회유합니다.

천칭자리는 음악, 미술 그리고 연애 관계에서 조화의 아름다움에 대해 인식하기 시작합니다. 또한 천칭자리는 무의식적으로 처녀자리 시기의 외로움을 떠올리기 때문에, 짝을 찾고자 하는 근원적이고도 깊은 충동을 갖고 있습니다. 천칭자리는 감성적이지만 실용적이기도 합니다. 그래서 일이든 사랑이든 누군가와 함께하는 것이 좋다는 것을 본능적으로 알고 있습니다. 천칭자리의 지배행성인 금성은 이들로 하여금 삶의 균형과 조화를 추구하게 합니다. 하지만 천칭자리는 공기 별자리이므로 사랑의 짝을 찾는 것이 쉽지 않습니다. 천칭자리의 저울로 짝이 될 사람의 장단점을 이리저리 재어보다가 끝내 결정을 내리지 못하고 그만 혼란에 빠지는 경우가 많지요. 그럼에도 불구하고 천칭자리들은 삶의 희로애락을 함께 나눌 수 있는 상대를 부단히 찾아 헤맨답니다. 상쾌한 가을은 곧 저물 것이고 봄의 따뜻한 기억은 너무 멉니다. 천칭자리가 분명히 알고 있는 것이 있지요. 추운 겨울에 혼자 지내서는 안 된다는 사실입니다. 천칭자리는 석양을 볼 때, 그 아름다움 너머에는 결국 밤이 다가오고 있다는 것을 지각한답니다.

천칭자리의 긍정적인 자질은 정의감, 지력, 매력, 부드러움 그리고 균형 잡힌 감정 상태입니다. 이 자질들이 부정적으로 나타나면 게으름, 지연, 논쟁적, 쾌락 추구 그리고 괴팍함 등으로 나타날 수 있습니다.

천칭자리에게 사랑은 정신과 마음을 잇는 것입니다. 지나치게 정열적이지 않으면서 너무 무심하지도 않은, 그 중간 어딘가에서 행복하게 공유하는 것입니다. 하지만 천칭자리 영혼은 사랑의 외면적인 아름다움에 너무 열중하는 경향이 있어서, 그 깊은 의미를 완벽하게 알지는 못합니다. 자신들이 사랑하는 대상만 알아볼 뿐이지요. 왜 사랑하는지에 대한 생각은 못한답니다.

전갈자리 사랑의 비밀

전갈자리 단계는 두 번째로 물 요소를 경험하게 됩니다. 이제 성숙한 전갈자리 의식은 다시 수동적이고 여성적인 밤의 에너지를 통해 명상을 할 기회를 맞이합니다. 사람들과의 관계에서 전갈자리는 '유지하는 성향의 조직가'로서 익숙한 의무들을 완벽하고 뛰어나게 수행합니다. 하지만 개인적인 차원에서 전갈자리는 자기라는 존재야말로 경이로운 미스터리라는 것을 처음으로 깨닫게 되면서 혼란을 겪습니다. 나는 어디에서 왔으며 어디로 가는 것일까? 그리고 왜 여기에 있는 걸까? 전갈자리는 쉼 없이 방황하는 영혼을 구원하기 위해, 어떤 비용을 치르고라도 삶에 드리운 베일을 걷어내야 합니다. 이들은 이전 단계까지 그들을 채우고 있던 현실적인 욕구에서 벗어나 외칩니다. '나는 갈망한다 I DESIRE.'라고요.

전갈자리 영혼은 이미 많은 것을 알고 있고 점점 더 많은 것들을 감지하게 됩니다. 하지만 그것들을 뭐라고 규정할지 알 수 없습니다. 전갈자리는 미지의 것들을 통찰하고자 하는 열망에 불타오릅니다. 그 열망은 조용한 표정 아래 깊이 감춰진 채, 그들의 정신과 영혼을 상하게 할지도 모릅니다. 천칭자리 시기에 얻은 부드러움과 공정함 덕분에, 전갈자리는 의견을 표현함에 있어 조심스럽습니다. 전갈자리의 강력한 생존 본능은 경계하지 않으면 자신이 파괴될 것이라는 원초적인 두려움에서 나옵니다. 한 번 패배할 때마다, 강한 것이 전부라는 이들의 신념이 강화되지요. 전갈자리는 자기를 잃으면 모든 것을 잃는다고 생각합니다.

전갈자리의 의식 단계에서 영혼은 탄생, 죽음, 섹스 그리고 종교가 갖는 연관성에 대해 인식합니다. 전갈자리는 이 모든 것들이 서로 얽혀 있다는 것을 저절로 이해합니다. 그러므로 이들은 다른 별자리 사람들은 알 수 없는 그런 강렬함으로 섹스를 탐험합니다. 전갈자리는 신뢰할 가치가 있는지 검증한 후에야 사랑합니다. 하지만 일단 누군가에게 헌신하기로 결심하면, 그 사랑은 절대로 흔들리지 않고 영원히 지속됩니다. 전갈자리는 자신과 자신이 사랑하는 사람들을 보호하려는 강렬한 욕구를 지닙니다. 그래서 '눈에는 눈, 이에는 이'라는 복수심을 가지게 되지요.

지배행성인 명왕성의 영향으로, 전갈자리는 종종 죽음을 경험하게 됩니다. 친구나 가족이 세상을 떠날 때면, 무의식 세계에 묻혀 있는 지식을 파헤치고 싶어하는 전갈자리의 욕망이 더욱 깊어지기도 합니다. 전갈자리 영혼은 중력을 거스르며 독수리처럼 높이 날아오릅니다. 반면 전갈자리의 세속적인 욕망이나 열정은 자신이 가치 있는 존재인지를 묻는 질문으로 스스로를 밀어붙이며 더욱 강렬해집니다. 전갈자리는 누구보다 예민하지만 그런 예민함을 완벽하게 위장할 수 있습니다. 그들은 자신이 가지고 있는 의지력의 놀라운 힘을 알고, 남들이 따라할 수 없도록 그 힘을 은밀하게 사용할 줄 압니다. 전갈자리의 의식은 영혼의 시험 단계입니다.

전갈자리의 긍정적인 자질들은 충직함, 의지력, 강한 매력, 부드러움, 통찰력 그리고 놀라운 자기 통제력입니다. 부정적인 형태로 표현될 때는 잔인함, 광적임, 복수, 가학적 태도, 의심, 자기 증오 등으로 나타날 수 있습니다.

전갈자리에게 사랑은 타오르는 불꽃과 같습니다. 어떤 희생을 치러도 될 만큼 가치 있지요. 전갈자리는 성적으로는 거리낌이 없지만 감정적으로는 두려움이 많고 머릿속으로는 의심이 많습니다. 그럼에도 불구하고 육체적인 동시에 영적인 사랑의 에너지를 결합하기 위해 필사적으로 노력합니다. 하지만 아무리 욕망을 충족시켜도 무언가 허전함은 여전히 남아 있을 것입니다.

사수자리 사랑의 비밀

전갈자리의 긴 밤의 명상에서 나와 이제 영혼은 적극적이고 남성적인 낮의 에너지로 갑니다. 사수자리의 의식을 통해 가을과 겨울을 연결하는 다리가 되는 것입니다. 이제 세 번째로 가변성의 에너지를 경험하며 의사 전달자로서 충동적인 불의 원소를 마지막으로 경험하게 됩니다.

사수자리에서 인간은 모든 것을 의심하는 철학자가 되고 예언자가 됩니다. 하지만 삶의 수수께끼에 대한 해답에는 여전히 확신이 없습니다. 그러므로 사수자리는 예리한 논리와 당황스러울 정도의 솔직함으로 더 깊이 탐색하며 '나는 본다 I SEE.'라는 목성의 주장에 타당성을 부여합니다.

사수자리 시기에서는 다시 한번 자신의 이중성에 대해 인식합니다. 사수자리는 고차원적인 철학적 견지에서 인간 행동의 비밀을 풀어보려는 열망을 갖습니다. 하지만 동시에 이들의 영혼은 복잡한 교육의 엄격한 요구 사항들에 분개하며, 삶이라는 학교로부터 땡땡이를 치고 싶어합니다. 사수자리는 낙관주의와 맹목적인 믿음이라는 높은 점프대와 냉소주의 사이를 오갑니다. 까불까불 명랑한가 하면 어느새 진지하고 지적인 태도를 보입니다. 사수자리의 상징은 반인반마의 켄타우루스지요. 이들은 호기심이라는 날카로운 화살을 지식의 핵심을 향해 겨냥합니다. 진실을 향한 사수자리의 탐구는, 사수자리 영혼을 철저한 무신론자로 이끌거나 열성적인 종교인으로 이끕니다.

사수자리 단계에서 영혼은 은퇴라는 상징적 시점에 도달합니다. 목성의 지배를 받는 사수자리는 여행을 동경하며, 이국의 태양 아래 낯선 문물과 사람들을 만나고 배우고 싶어합니다. 마지못해 일을 하면서 의무와 책임을 떠맡지만, 사수자리는 자신의 꿈을 이루는 데 방해가 되는 것들에 대해서는 인내심이 별로 없답니다. 끊임없이 방황하는 마음을 감추기 위해, 사수자리는 희극과 비극을 한데 섞어 사람들을 즐겁게 해줄 수 있는 배우가 되기도 합니다. 연극의 가면 뒤에서 늘 마음속에 간직하고 있는 철학적인 질문들을 추구하며 자유롭게 살 수 있기 때문이지요.

이 단계에서는 요령을 피울 시간이 거의 없습니다. 사수자리는 삶이 끝나기 전에 해답을 찾기 위해 늘 돌진하니까요. 가을이 끝나가고 처음으로 겨울의 찬바람이 불어오면, 쾌청한 날씨는 사수자리를 유혹합니다. 인간이 자연보다 더 강인하다는 것을 증명하기 위해 운명을 시험하게 만들지요. 아직 은둔하기에는 이른 초겨울입니다. 사수자리는 눈송이를 보고 즐거워하면서 그 모양과 근원에 대해 생각합니다. 그러고는 눈을 뭉쳐 보다 얌전한 영혼을 가진 사람들에게 경고도 없이 던져버리지요. 이 시기에는 본능적으로 지혜와 평화가 보장된 노년이 멀지 않다는 것을 감지합니다. 하지만 피할 수 없는 노년의 삶을 받아들이고 우아하게 은퇴하기에는, 이들은 지나간 봄과 근심 걱정 없던 여름의 젊은 시절을 너무나 동경한답니다.

사수자리의 긍정적인 자질은 낙관주의, 솔직함, 쾌활함, 논리력, 정직함, 대범함 그리고 열정입니다. 이런 자질들이 부정적으로 표현되면 사수자리는 무모함, 감정적 혼란, 무신경함, 요령 없음, 무례함 그리고 변덕스러움을 보입니다.

영혼의 중년으로 상징되는 사수자리에게 진정한 사랑은 지금 찾지 않으면 영원히 없습니다. 사수자리들은 사랑에 대한 맹목적인 이상주의와 도전 정신을 가지고 늘 짝을 찾아다닙니다. 그래서 사랑의 현실에 상처를 입기도 하지요. 사수자리의 끊임없는 탐색에도 자신의 마음속에 꼭꼭 숨어 있는 진정한 사랑으로 가는 길을 아직은 찾지 못했기 때문입니다.

염소자리 사랑의 비밀

이제 겨울의 차가운 바람이 점점 더 세지고, 지친 영혼은 가족이라는 울타리 안으로 다시 후퇴합니다. 다시 명상에 잠기는 소극적이고 여성적인 밤의 에너지를 맞이하게 되지요. 염소자리라는 의식 단계는 네 번째이자 마지막으로 '시작하는 기운을 가진 지도자'로서의 강력한 힘을 느끼게 됩니다. 하지만 이번에는 안정적인 흙의 요소를 통해 발현되지요. 그래서 남들에게 찬양받기 위해 꽁꽁 얼어붙은 바깥세상에 굳이 나갈 필요가 없답니다.

염소자리 영혼은 이제 지도자로서 자신의 능력과 권한을 확신합니다. 대중의 칭찬을 받거나 자신감을 얻기 위해 자신의 힘을 남들에게 과시할 필요가 없습니다. 이 단계에 이른 영혼은 진정한 평화는 내면에서 우러난다는 것을 알게 됩니다. 지도자로 선택된다는 것은 신중하게 그 책임을 수행해야 한다는 의미이며, 그 의무를 수행한다고 해서 특별히 남들의 찬사를 받을 일이 아니라는 것을 알지요.

노년으로 상징되는 염소자리 단계에 오면 삶의 우선순위에 대한 지각이 생기는데, 그중에서도 소유물의 안전이 가장 중요해집니다. 젊은 날의 낭만과 자유에 대한 흥분은 염소자리에게 별로 매력적이지 않습니다. 그보다는 자신을 아끼는 사람들이나 의지할 수 있는 사람들과 함께 안락하게 만족하며 살고 싶어하지요. 염소자리 영혼은 내심 자신의 의무를 내팽개치고 싶어하기도 합니다. 하지만 단순한 이상주의는 실용적이지 않으며, 즉흥적인 열정은 경험을 대체할 수 없다는 것을 이미 알았습니다. 충동적인 행동으로 인한 위험에 대해 정확하게 알고 있기 때문에, 염소자리 영혼은 보다 더 보수적이 됩니다. 그래서 불이나 공기 별자리 사람들은 염소자리를 정이 없는 냉정한 사람이라고 비난하기도 합니다.

염소자리는 권위를 존중합니다. 이들은 속으로 유명인이나 성공한 사람들을 숭배합니다. 염소자리의 지배행성인 토성이 성과를 숭배하라고 가르치기 때문입니다. 보다 자유로운 영혼들에게 염소자리는 심각하고 융통성이 없어 보일 수 있지만, 염소자리도 유머 감각은 있습니다. 염소자리의 미묘한 농담은 삶의 모순에 대한 역설로 채색되어 있지요. 그리고 토성의 새로운 임무인 바보들의 상담원 역할이 너무 부담스럽기 때문에, 염소자리는 가끔 인생의 쾌락에 온몸을 맡기기도 합니다. 나중에 맨정신이 돌아오면 금지된 욕망에 굴복했다는 사실 때문에 후회하고 우울해하지요. 염소자리는 실용적인 사람이 되어야 한다는 욕구가 있어서 '나는 사용한다 I USE.'를 외칩니다. 하지만 염소자리 영혼이 지닌 부드러움은 토성이 명한 엄격함을 완화시키고, 인간이 저지르는 실수에 대해 연민을 갖게 해줍니다. 앞선 열 가지 단계의 삶과 사랑의 미스터리를 통해 얻은 깨달음이지요.

염소자리의 긍정적인 자질은 결단력, 안정감, 지혜, 믿음직함, 확신 그리고 차분함입니다. 염소자리의 자질이 부정적으로 나타나면 이기심, 편협함, 무자비한 야망, 엄격함, 오만함, 우울증 그리고 외로움 등이 됩니다.

염소자리에게 사랑은 차분하며 아무것도 요구하지 않는 상호 교감입니다. 염소자리는 사랑은 감정으로는 평가할 수 없다는 소중한 교훈을 얻었습니다. 하지만 이들은 사랑을 상호간의 필요와 욕망이라고 생각합니다. 그래서 염소자리는 내면의 열망을 발산하지 못합니다.

물병자리 사랑의 비밀

물병자리에 들어서면 영혼은 그동안 축적해온 것들에게로 돌아가야 한다고 느낍니다. 그래서 물병자리는 '두 번째 어린아이 시절'을 시작합니다. 이 별을 떠나 미지의 다른 세계로 가기 전에 자신의 지식을 쏟아내 사람들과 공유하려는 것이지요.

물병자리는 남성적이고 적극적인 낮의 에너지로, 마지막으로 경험하는 '유지하려는 성향의 조직가'입니다. 초연하고 예측할 수 없는 공기 별자리로서도 마지막 여정이지요. 물병자리는 친구나 가족에게 수수께끼 같은 존재들입니다. 이들은 마음이 젊고 독특한 패션 감각을 자랑합니다. 또 이들은 특이합니다. 보통 사람들과는 완전히 다른, 자유로우면서도 별난 가치관과 태도를 가지고 있지요.

과거에는 조사할 시간이 없어서 놓쳐버린 수수께끼가 많았습니다. 이제 물병자리는 그것들을 모두 맛보고 요모조모 살펴볼 것입니다. 그 미스터리를 탐구하는 즐거움에 빠져 있다 보면, 어느 순간 갑자기 미래를 엿보는 신비한 능력을 발견하게 되지요. 물병자리들은 놀라운 직관력과 텔레파시처럼 눈앞에 출몰하는 이미지들을 통해, 감정을 철저히 배제한 채 인간과 개념에 대해 조사하고 진실에 도달합니다. 대단한 논리나 특별한 노력 없이도 말이에요.

물병자리 영혼은 법과 권위를 무시하는 경향이 있습니다. 물병자리는 사실상 미래에 존재하는 사람들이기 때문이지요. 이들은 현재의 엄격한 규칙들이 조만간 효력을 잃게 될 것이라는 걸 알고 있습니다. 내일이면 다른 새로운 것으로 바뀔 현재의 법체계나 권위를 존중할 이유가 없는 거지요. 뿐만 아니라 관용과 인류애를 위해서라면, 물병자리는 폭력적인 혁명도 불사합니다. 이렇게 세상의 변화를 옹호하는 물병자리지만, 사생활이나 개인적인 의견이나 생활 방식 면에서는 전혀 그렇지 않습니다. 물병자리는 유지하는 기운이 강한 별자리이기 때문입니다.

물병자리 영혼은 이제 진정한 휴머니즘을 압니다. 물병자리는 편견이 없습니다. 물병자리에게 모든 인간은 그 사람의 가치를 떠나 누구나 동등한 친구입니다. 인간은 모두 평등한 존재라는 사실을 알고 있지요. 하지만 물병자리는 사회 차원의 이상주의를 추구하기 때문에 개인적인 인간관계에는 좀 소홀할 수 있습니다.

물병자리 단계에 이른 영혼은 영적인 깨달음을 위해 오래된 관습과 낡은 관념을 철폐해야만 한다고 믿습니다. 이들은 그 이후에 올 아름답고 위대한 미래를 봅니다. 보수주의자들은 반감을 갖겠지만 개인주의적인 물병자리들은 코웃음으로 넘깁니다. 물병자리는 타고난 직관을 통해 미래를 내다보기 때문에 '나는 안다 I KNOW.'라며 모든 질문에 답을 제시합니다. 하지만 어떻게 아는지는 절대 설명하지 않습니다. 하지만 아이들은 압니다. 아이들은 그 특유의 순수함으로 세상을 단순 명료하게 보기 때문입니다. 물병자리 영혼은 '두 번째 어린아이 시절'로 돌아간 것입니다.

물병자리의 긍정적인 자질은 선견지명, 개성, 관용, 친절함, 창의력 그리고 천재성 등입니다. 물병자리의 자질이 부정적으로 표현되면 괴팍함, 신경증, 무심함, 건성 그리고 협력에 대한 거부 등으로 나타납니다.

물병자리에게 사랑이란 초연하고 사심 없는 태도로 탐구하고 즐길 만한 감정입니다. 물병자리는 사랑이라는 영역을 이해하고 그 여러 측면을 조사합니다. 하지만 아무렇지 않게 사랑을 깨거나 우정과 사랑을 혼동하기도 하지요. 육체적인 만족은 물병자리를 공허하게 만들며, 진정한 합일을 이루는 사랑의 수수께끼는 풀지 못합니다. 사랑의 궁극적인 진실은 어둠 속에서 조용히 기다리고 있습니다. 그 비밀은 천왕성의 이해 범위를 넘어 해왕성에 의해 인도되는 길이지요.

물고기자리 사랑의 비밀

양자리에서 순진무구한 상태로 태어난 영혼은 물고기자리에서 '죽어서', 또는 이

고통스러운 세상을 벗어나서 동정심과 겸손함과 신비로 가득한 의식의 세계로 들어갑니다. 물고기자리에 도달한 인간은 영원히 지속되는 '지금 이 순간'이야말로 '시간'의 비밀임을 막연하게 이해하기 시작합니다. 정도에 따라 다르지만 과거와 현재 그리고 미래를 하나로 볼 수 있는 능력이 생기지요. 이 단계는 세 번째이자 마지막으로 예민한 물 원소를 경험하며, 네 번째이자 마지막으로 '변화하는 속성을 가진 의사 전달자'로서의 경험을 합니다. 그리고 마지막으로 여성적이며 소극적인 밤의 에너지를 경험하게 되지요.

영혼이 물고기자리 단계에 이르면, 앞선 열한 가지 별자리의 신비스러운 사랑의 경험을 통해 긴 여행을 마치고 영적인 깨달음을 얻게 됩니다. 이상적이라면 그렇습니다. 하지만 그렇지 못하다면 어떤 별자리로 돌아갑니다. 전생에서 너무 성급하게 지나쳤던 교훈을 다시 경험하게 되지요. 이미 진화된 영혼이라면, 물고기자리 단계에 도착했을 때 아직 어둠 속에 있는 사람들을 구하기 위해 다시 지구에 환생할 것인지 선택할 수도 있을 것입니다. 하지만 여기에서는 일반적인 물고기자리의 의무와 유형에 대해 살펴보기로 하지요.

물고기자리 사람들은 적어도 한 번씩은 열두 별자리를 경험했을 것입니다. 하지만 많은 사람들이 열두 별자리 중에서도 특히 물고기자리 단계로 수백 번은 다시 돌아가야 했을 것입니다. 물고기자리는 열두 별자리 중에 가장 이해하기 어려운 별자리이기 때문입니다. 물고기자리를 이해하고 통달할 수 있으려면 한 번으로는 거의 불가능합니다. 물론 전혀 불가능하다는 뜻은 아닙니다. 하지만 아직까지는 그렇게 선택받은 사람이 거의 없지요. 이런 이유로 천문해석학에서 물고기자리는 '오래된 영혼'이라고 부르는 것입니다. 또한 모든 물고기자리가 영적인 아름다움을 보여주지 못하는 이유이기도 합니다.

물고기자리는 두 개의 세상에서 삽니다. 천국과 지옥을 동시에 경험하면서 살지요. 지배행성인 해왕성이 들려주는 비밀스러운 지혜를 통해 이들은 압니다. 슬픔과 추함은 신이 창조한 것이 아니라는 것을요. 물고기자리는 진실의 아름다움을 이미 보았습니다. 그 빛나는 환상은 이들로 하여금 삶의 부정적인 에너지들로부터 도망가고 싶은 충동을 느끼게 합니다. 그래서 물고기자리는 종종 약물이나 알코올, 몽상, 예술적인 작품, 철학적 이론, 명상 또는 종교에의 귀의 등으로 도망을 쳐서 대립이나 긴장 관계를 회피하려고 합니다. 물고기자리는 교사, 수도승, 수녀, 신비주의자, 화가, 연주가, 작곡가, 이론 수학자, 직관력이 뛰어난 과학자가 될 수 있습니다. 진흙탕 속을 헤엄치기로 선택한 물고기자리는 알코올중독이나 마약중독자, 심지어 정신병자가 되기도 합니다. 물고기자리에게 삶은 온갖 유혹으로 넘쳐나기 때문에 어렵고 복잡한 그 무엇입니다.

물고기자리는 앞선 모든 별자리를 지나온 상태이기 때문에, 주변 사람들의 어려움에 대해서 자연스럽게 연민을 느낍니다. 해왕성의 영혼은 삶의 우여곡절에 익숙하고 인간의 약한 모습을 이해합니다. 그래서 타인의 실패에 대해서 나무라기보다는 연민으로 대합니다. 이런 이유로 사람들은 물고기자리에게 은밀한 비밀과 고민과 근심 걱정을 털어놓게 됩니다. 하지만 물고기자리는 어떤 식이든 사람들과 너무 깊이 얽히는 것을 두려워하는 본능이 있습니다. 하지만 만일 용기를 낸다면 자신과 타인을 모두 구원할 수 있는 해왕성의 힘을 체험할 수 있을 겁니다.

이 단계의 상징적인 죽음을 통해 물고기자리 영혼은 더 용서하고, 더 관대해집니다. 그리하여 물고기자리는 '나는 믿는다 I BELIEVE.'라고 선언하지요. 사랑의 모든 영광과 진실을 깨닫기 위해서 물고기자리는 마음만 먹는다면, 앞선 별자리의 모든 지혜를 빌릴 수 있습니다. 양자리의 순수함, 황소자리의 인내심, 쌍둥이자리의 지각력, 게자리의 직관, 사자자리의 고귀함, 처녀자리의 분별력, 천칭자리의 판단력, 전갈자리의 통찰력, 사수자리의 솔직함, 염소자리의 지혜, 물병자리의 인류애까지 모두요. 하지만 이런 수많은 지식의 편린들이 물고기자리에게 오히려 혼란을 줄 수도 있습니다. 그 때문에 이들은 더 소극적이고 더 쉬운 길을 선택하기도 합니다.

물고기자리의 긍정적인 자질은 겸손함, 연민, 섬세함, 영적인 지각력, 영감, 철학적 통찰력 그리고 치유의 에너지입니다. 물고기자리의 자질들이 부정적으로 표현되면 소심함, 걱정, 자학적 기질, 게으름, 거짓말 그리고 의지박약으로 나타납니다.

물고기자리에게 사랑이란, 전체에 통합되고자 하는 욕망을 위해 자기 자신을 포기하는 이타심입니다. 물고기자리는 받을 때보다 줄 때 더 기쁩니다. 남들이 자신을 위해 뭔가를 해줄 때보다는 자신이 남들을 위해 뭔가를 해줄 때 더 큰 행복을 느끼지요. 하지만 해왕성의 불가사의한 에너지는 물고기자리를 종종 시험에 들게 합니다. 이들은 끊임없이 사람을 바꿔가면서 섹스와 연애를 즐기기도 합니다.

그런 문란함과 반대로 연애와는 완전히 담을 쌓는 태도에는 똑같이, 영원한 책임을 약속해야하는 상태에 빠져들지 않으려는 도피주의가 있습니다. 하지만 도피의 유혹과 사랑의 쾌락만을 누리고 싶은 욕망을 이겨낸 물고기자리에게는 사랑의 최종적인 비밀을 풀 수 있는 자격이 보상으로 주어집니다. 물고기자리는 정신과 마음과 영혼이 삼위일체된 진정한 열정을, 기나긴 영혼의 여행길에서 처음으로 살짝 볼 수 있을 것입니다. 그 결과 오래전 양자리의 봄 시절에 약속했던 기적처럼, 궁극적인 물고기자리의 사랑의 충족감을 만끽할 수 있게 됩니다.

양자리와

열두 별자리가 만났을 때

Aries, the Ram

양자리 Aries

Aries 양자리

불 · 시작하는 · 능동적
지배행성: 화성
상징: 숫양
양(+) · 남성적

불 · 시작하는 · 능동적
지배행성: 화성
상징: 숫양
양(+) · 남성적

양자리와 양자리의 관계

그러곤 이상하게도 둘은 똑같은 말을 내뱉었다.

"입 닥쳐!"

"입 닥쳐!"

좀 망설여지기는 합니다. '양자리'인 제가, 서로 잘 어울리는 동시에 폭발하기도 쉬운 성향을 가진 두 명의 양자리가 만났을 때 어떤 일이 발생할지를 분석하는 것이 과연 적절할까요? 권위가 설까요? 잠깐 생각해보죠. 네, 좋습니다. 생각해봤는데요, 물론 타당한 일입니다. 누가 저보다 더 잘 할 수 있겠어요? 권위에 대한 거라면, 저는 권위를 중요하게 생각하는 사람은 아니랍니다. 그러니 문제될 것이 없네요. 그럼, 어서 시작해볼까요? 일이 벌어질 때까지 기다릴 수 없는 사람이 저랍니다. 여러분은 어떠세요?

우선, 두 명의 양자리가 만났을 때 얼마나 많은 실수가 발생할지를 생각해보아야 합니다. 어마어마할 겁니다. 정말 엄청날 거예요. 하지만 동시에 두 사람이 일구어낼 성취 또한 그 못지않게 막대하다는 사실을 알아야 합니다. 게다가 양자리는 일단 머리부터 점프해서 들어가는 경향이 있는데(양자리는 늘 머리가 앞서 나가는 사람들입니다.), 진흙탕에 거꾸로 처박히게 되어도 비슷한 사람이 옆에 하나 더 있을 테니 외롭지도 않을 겁니다.

강렬한 개성의 양자리 두 명이 처음 만나면, 주변이 정리되고 로켓 발사를 위한 카운트다운이 시작됩니다. 둘은 한순간에 서로를 알아보고 빠져들지요. 지금껏 만나왔던 사람들은 하나같이 앞뒤가 꽉꽉 막혔거나, 지루하고 속을 알 수 없는데다 분위기를 망치는 데 일가견이 있거나 인색했지요. 때로는 얼음장처럼 차가워서 다가가기조차 힘들었던 사람들도 많았고요. 그런데 지금, 낙천적인데다 열정적이면서 활짝 열린 마음의 소유자인 양자리가 눈앞에 나타난 겁니다. 서로 첫눈에 반할 수밖에요. 양자리에게는 과소비나 충동적인 행동, 성급한 발언, 약속에 늦는 일 따위에 대해 잔소리를 늘어놓지 않는 상대를 만난 것만으로도 축복입니다. 뿐만 아니라 양자리는 치과에도 함께 가준답니다. 겁쟁이라고 놀리지도 않고요.

대부분의 양자리는 치과 가기와 증명사진 찍기를 똑같이 싫어합니다. 스튜디오에서 사진사가 조명을 맞추는 동안 가만히 앉아 있는 것은 어금니를 빼거나 신경 치료를 받는 것만큼이나 끔찍한 일입니다. 왜냐면 그 시간 동안 자신이 추해질 것이 자명하기 때문입니다. 자의식 강한 양자리에게 그 사실은 치통만큼이나 고통스럽습니다. 양자리는 자신의 외모가 남들에게 어떻게 보이는지에 지나칠 정도로 신경을 쓰지요. (천문해석학에서도 양자리는 외모를 관장합니다.) 양자리는 사진관에 가는 것만큼이나 치과를 싫어하지만 용기가 없기 때문은 아닙니다. 양자리의 지배행성인 화성은 이들에게 무한한 용기를 제공합니다. 양자리는 필요할 때면 언제라도 용감해질 수 있고, 아무리 위급한 순간에도 용기를 잃지 않습니다. 어쩌면 치과의 드릴은 양자리에게 유일한 공포의 대상이라고 할 수도 있지요. 하지만 단순히 누군가가 자신의 얼굴과 머리 부분에 손을 대는 것이 싫은 것일 수도 있습니다. 거기엔 눈, 귀, 코, 입 그리고 뇌까지 포함되지요. 그러니 이들 기관이 내리는 판단에 대해서 함부로 토를 달지 않는 게 좋을 것입니다.

예컨대 양자리 여성들은 미용실에 가는 것을 별로 좋아하지 않습니다. 미용사들은 자기주장이 강해서 남의 머리카락을 자기들 마음대로 합니다. 우리가 원하는 대로 머리를 해주지도 않고 가르마 방향도 자기들 마음대로 정하지요. 1센티만 잘라달라고 해도 4센티를 잘라내는 건 어떻고요. 양자리 여성은 충동적으로 자신의 머리카락을 직접 자르곤 합니다. 너무 짧게 자르거나 비뚤게 잘라서 후회를 하는 경우가 많지요. 하지만 남이 자신의 머리카락을 그렇게 만들었을 때는 이야기가 달라집니다. 제대로 분노를 터뜨리지요. 보기 민망할 정도로 화를 냅니다. (양자리는 화가 나면 때와 장소를 가리지 않습니다.) 이런 이유로, 양자리 여성들은 남에게 머리를 맡기느니 집에서 직접 머리를 감고 다듬느라 사서 고생을 하는 편이지요. 머리 부분에 대해서만큼은, 양자리는 정말 예민하고 단호하답니다.

말이 나온 김에 짚고 넘어가자면, 양자리는 '사서 고생'하면서 '일을 벌이는' 재능이 있습니다. 이들은 스스로를 위해서든 남을 위해서든 '사서 고생'하는 것을 대수롭지 않게 여깁니다. 남을 위한 경우에는, 양자리 지배행성인 화성의 관대함 때문에 필요 이상의 시간이나 돈, 사랑, 충성심 등을 주려다가 고생을 자초합니다. 자신들을 위한 경우에는, 가만히 두면 아무 일 없을 것을 굳이 일을 벌여서 골칫거리를 만들고 그 때문에 고생을 합니다. '있는 그대로가 최선'이라는 오래된 경구는 양자리에게는 어리석은 말처럼 들립니다. 조금만 노력하면 더 나아질 수 있는데 왜 있는 그대로에 만족해야 하냐는 것이지요. (양자리는 더 노력하는 경우에 더 나빠질 수도 있다는 생각은 전혀 못한답니다.)

자, 이런 두 양자리가 만났을 때 또 어떤 일이 벌어질까요? 일단 두 사람은 서로에게 돈을 빌리는 일이 쉬울 것이고, 빌린 돈을 즉각 갚지 않아도 크게 문제가 되지 않을 것입니다. 양자리는 돈 문제를 포함해서 어떤 것에 대해서든 솔직합니다. 상대방이 자신을 속일 수 있다는 생각은 전혀 못하지요. 사실 양자리는 속이는 법을 모릅니다.

이들은 종종 자신의 지불 능력을 과대평가하기도 하고, 심지어는 빚을 갚는 일 따위는 까맣게 잊어버리기도 합니다. 하지만 양자리는 부정직하거나 교활한 사람들은 절대로 아닙니다. 부당하게 의심을 받는 것보다 더 양자리를 상처주거나 분노하게 만드는 일은 없지요. 전형적인 양자리라면 약속을 지키지 못하게 되었을 때 몹시 굴욕스러워할 것입니다. 양자리는 잘 잊어버리거나 체납을 하기는 하지만, 결국에는 빌린 돈을 모두 갚을 것입니다. 사실 빌린 돈 이상을 갚는 경우도 많습니다. 양자리는 지출에 있어서는 의심할 줄도 모르고 신중하지도 않거든요. 그래서 이들에게는 필요 이상의 물건을 부풀린 가격에 판매하기도 쉽답니다. 양자리는 돈이란 사라지면 곧 더 많이 생기는 거라고 믿는 사람들이니까요. 어디서 생기냐고요? 그야 모르지요. (갓난아기가 마른 기저귀와 우유를 어디서 구할지 걱정하지는 않지요? 필요하면 신기하게도 늘 나타나주니까요.)

양자리와 양자리가 처음 만났을 때에는 마치 회전목마를 탄 것처럼 행복만이 가득합니다. 하지만 분홍색 솜사탕은 녹아버리고 환상이 깨지는 순간이 옵니다. 불과 불이 만나면 어떻게 되나요? 불꽃이 더 높게 더 뜨겁게 치솟지요. 두 마리의 거친 털북숭이 동물이 만났을 때 어떤 결과가 초래될지 짐작이 가지요? 양자리의 정신은 상처받기 쉽지만, 절대로 꺾이는 법이 없고 정복 또한 불가능합니다. 그런데 그걸 이겨보겠다고 서로 뿔을 맞대고 버티기 시작하면, 대체 무슨 일이 벌어질까요?

화성과 화성의 충돌은 곧 만국기가 펄럭이는 전면전입니다. 용맹스럽고도 원색적인 전쟁이지요. 특히 서로 떨어져서 지내는 시간 없이 일상의 대부분을 함께한다면 주기적인 충돌을 피할 수는 없을 겁니다. 여기 둘을 위한 해법이 하나 있습니다. 매주 월요일, 수요일, 금요일에는 한 명이 자기 마음대로 할 수 있도록 해줍니다. 다른 한 명은 일요일, 화요일, 목요일에 대장 노릇을 하기로 하고요. 매주 토요일에는 둘이 끝까지 싸워서 더 힘센 뿔을 가진 양이 이기는 걸로 합니다. 물론 이긴 쪽은 양자리 특유의 즉각적인 뉘우침과 따뜻한 관용으로 상처 입은 다른 양을 보듬어줄 것입니다. 이 방식은 대부분 성공적일 것입니다. 양자리는 일시적으로 2인자 역할을 하는 것을 개의치 않기 때문입니다. 다만 다음 날은 자신이 다시 지휘권을 갖는 것이 확실해야 합니다.

양자리 두 명이 함께 하면 필연적으로 주도권을 놓고 싸움을 벌이게 됩니다. 그러나 이 투쟁의 경험은 꼭 필요한 교훈을 줄 것입니다. 누군가와 함께한다는 것은 힘든 일이지요. 그런데 그 누군가가 자기만큼이나 아무 생각없이 단순하고 이기적이며 공격적이라면, 그 어떤 난폭한 양이라도 조금은 순해지지 않을까요? 물론 이 교훈을 습득하게 되기까지 여기저기 흉터가 생기겠지요. 양자리의 가슴에는 언제나 보이는 것보다 많은 상처가 있답니다.

두 사람이 알아두어야 할 진실이 또 있습니다. 양자리는 천문해석학에서 신생아, 인격이 형성되는 여명기, 새벽을 상징합니다. 또 해가 뜨는 동쪽과 낮의 힘을 대변하지요. 대부분의 양자리가 왜 그토록 잠과 평온함과 휴식에 맞서는지, 왜 그렇게나 운명에 복종하기를 거부하는지 이제 이해가 가시지요? 비판이나 비관주의 같은 부정적인 에너지를 만나면, 양자리가 있는 동쪽 하늘은 이내 어두워지고 영혼의 기세는 몰라보게 꺾입니다. 하지만 어린아이 같은 천진한 믿음을 가진 양자리에게는 원망도 일시적입니다. 아무리 쓰라린 상처도 영원히 남는 경우는 좀처럼 없습니다. 양자리는 누구와 싸워도 금방 화해할 수 있다고 믿습니다. 관계가 깨지더라도 원한다면 언제든 다시 회복할 수 있다고 생각합니다. 이들은 어떤 상황이 자신이 이해한 것과 다를 수도 있다는 사실을 상상하지 못한답니다. 양자리처럼 신속하게 자신의 잘못된 관점을 바꾸고, 어제의 불행과 상처를 완전히 잊어버릴 수 있는 사람은 없습니다. 조건이 있지요. **친절하고 상냥한 대접을 받을** 때만 그렇습니다. 남녀노소를 막론하고 양자리는 매일 아침 산산조각 나버린 꿈과 이상과 목표와 우정이 부활하고 복원될 거라는 믿음이 생겨납니다. 이미 지나버린 과거를 돌아보며 왜 걱정해야 할까요? 그게 무슨 도움이 되겠어요? 희망으로 가득 찬 오늘이 있는데 말이에요.

그런데 바로 위에서 제가 강조해놓은 부분을 눈치채셨나요? '친절하고 상냥한 대접을 받을' 이 부분 말이에요. 양자리들은 다른 사람에게서 친절하고 상냥한 대접을 받고 싶어합니다. 그러나 문제는 양자리 자신은 다른 사람들에게 그다지 상냥하지 않다는 것이지요. 양자리의 행동에는 일관된 원칙이 없는 것 같습니다. 그들이 다른 이들에게 바라듯이, 그 자신들 또한 타인을 상냥하고 부드럽게 대해야 한다는 것을 이해하지 못합니다. 양자리는 어느 누구라도 자신을 밀어붙이거나 쥐고 흔드는 것은 용납할 수 없습니다. 그 대상이 자기보다 명백히 강한 사람이라도 마찬가지입니다. (전형적인 양자리는 자기한테 총을 겨누는 사람 앞에서도 겁내지 않고 할 말을 다 합니다.) 화성의 지배를 받는 양자리들은 사람들이 가능한 한 빨리 자신이 원하는 대로 해주기를 바랍니다. 명령에 복종하기를 바라지요. 이들은 새로운 길을 개척하고 사람들을 이끌려는 충동이 아주 강합니다. 그러니 양자리 두 명이 만나면 어떻겠어요? 이들이 어떤 관계로 만나든 서로의 강압적인 요구는 물론 우정 어린 제안조차도 참을 수 없는 간섭으로 받아들일 겁니다.

만약 두 양자리 중 한 사람이 훨씬 더 강하다면, 더 현명한 게 아니라 그냥 성격이 더 강한 사람이라면, '더 약한' 양은 신경증에 걸려 전전긍긍하며 기운을 잃어갈 것입니다. 양자리 특유의 원기 왕성한 자부심은 퇴색되고 유약함과 눈물만 남은 채, 자기를 지배하는 양의 화를 달래려고 할 것입니다. 상대를 달래려고 부드러운 미소를 짓지만 그 마음은 잔뜩 억압되어 좌절감이 가득하지요. 슬픈 일입니다. 천문해석학의 첫 번째 원칙에도 정면으로 위배되는 상황입니다. 그 첫 번째 원칙이란 '당신의 태양별자리의 본성에 충실해라. 그렇지 않으면, 당신이 타고난 고유하고도 막강한 잠재력은 상실될 것이다.'라는 것입니다.

양자리 두 사람이 사이좋게 조용히 지내기란 쉬운 일이 아닙니다. 두 사람은 서로의 감정이 끓어올랐을 때 상대방을 몰아세우는 경향을 자제해야 합니다. 하지만 그들은 아마도 상대에게 호된 한 방을 날리고 난 후에야 자신의 성급함에 죄책감을 느낄 것입니다. 그러면 무차별적인 애정 공세를 펼쳐서라도 이미 퍼부은 분노를 보상해 주려 애쓸 것입니다. 아니면 화려하고 사치스러운 선물로 평화를 제안하든지요. 양자리에게 선물이란 "당신을 좋아합니다." 혹은 "당신을 사랑합니다."라고 말하는 방법이지요. 가끔은 사과의 뜻으로 주기도 하고요. 그러나 우정을 살 속셈으로 선물을 하는 일은 절대로 없습니다. 화성의 지배를 받는 사람들은 자신이 원하는 것을 돈 주고 사는 행위를 경멸합니다. 그래서 진실성을 의심받거나 불순하다고 비난받으면 몹시 분개하고 상처받습니다. 양자리의 선물은 항상 마음 깊은 곳에서 우러나온 것으로서 겉으로 드러나는 직설적인 표현 그대로 정직한 마음의 선물입니다. 그럼에도 불구하고, 아무 사심 없이 선물을 한다는 것 자체를 이해하기 어려운 계산적인 사람들은 종종 이들의 동기를 오해합니다. (사람이란 자신의 행동 방식대로 다른 사람들도 행동할 것이라고 생각하지요.)

다행히도 양자리끼리는 서로에게 이런 식의 상처를 주지는 않습니다. 양자리는 화성인의 본성이기도 한 이 선물 주기의 의미를 누구보다도 잘 이해합니다. 그래서 양자리 두 사람은 서로 번갈아가며 기쁘게 선물을 주고받을 것입니다. 양자리에게는 선물을 주는 것도 즐거운 일이니까요. 전형적인 양자리라면 특히 깜짝 선물을 받았을 때 아이처럼 좋아 어쩔 줄 몰라 하지요. 그러다 보면 언젠가 양자리 두 사람이 빈털터리가 될 수도 있을 겁니다. 자신의 열정을 선물로 표현하고 싶은 충동을 억누르지 못하고 맘껏 누린 결과로요. 하지만 빈털터리가 되어서도 둘은 신나고 행복할 것입니다.

인류 역사에서 양은 종교적 광신도들에게 줄곧 희생의 상징이었습니다. 구약에서 아브라함은 전지전능한 이를 기쁘게 하기 위해 기꺼이 친아들을 죽이려 하지요. 그리고 아들을 죽이려는 마지막 순간에 형 집행을 제지하는 신의 음성을 듣게 됩니다. 대신 양을 죽이라는 명도 듣게 됩니다. 이런 양자리의 슬픈 운명은 성서뿐만 아니라 '제이슨과 황금 양피(그리스 신화에 나오는 황금빛 숫양의 모피. 오르코메노스의 왕 아타마스의 아들 프릭소스가 목숨을 노리는 계모의 손아귀에서 누이동생과 탈출할 때 이들을 태우고 날아 간 양의 모피—옮긴이)'를 비롯한 신화에서도 반복됩니다. 그 운 없는 양은 위험한 바다를 건너 질투에 불타는 계모의 손아귀에서 남매를 구해내려 합니다. 하지만 물에 빠져 허우적거리는 여동생은 구하지 못했습니다. 양은 오빠를 싣고 무사히 해변에 도착하지만 그 용감한 행위의 대가는 죽음이었습니다. 필사적으로 구하려 했지만 결국 실패했다는 이유로 살해당하고 마는 것이지요.

여러 가지 면에서 온갖 시도와 노력을 다하는 양자리의 상징적인 운명이 이와 같을 수 있습니다. 열정적인 노력과 진실한 마음에도 불구하고, 양자리들은 바로 자신들이 도우려 했던 사람들에게서 무시당하곤 합니다. 양자리식의 단순한 목적과 솔직한 접근이 냉소적인 세상 사람들에게 언제나 환영받는 것은 아닙니다.

팀을 이룬 두 양자리는 서로에게 매우 이로운 존재가 될 수 있습니다. 이들은 서로를 도와 '제물'이 되는 것을 막을 수도 있고, 세속적으로 한 수 위인 사람들의 계략에 희생되는 것도 피할 수 있습니다. 무방비 상태의 양을 공격하려고 호시탐탐 노리는 나쁜 사람들이 늘 있기 마련이니까요. 혈기 왕성하고 불같은 양자리를 '무방비 상태'의 양이라고 묘사하다니, 선뜻 이해가 되지 않으실 겁니다. 인정합니다. 하지만 양자리가 자신들의 정직함을 이용하려 드는 사람들에 대해서는 속수무책의, 아주 상처받기 쉬운 사람들인 것도 분명한 사실이랍니다.

양자리 두 사람의 관계에서는 가족의 울타리 안이든, 사무실이든, 사랑과 우정의 다리를 건너는 중이든, 한 가지만은 분명합니다. 둘 사이에는 감정이 정기적으로 격앙되어 수면까지 치솟아 오를 것입니다. 카툴루스(고대 로마 공화정 말기의 서정시인. 사랑과 실연의 감정을 노래한 연애시의 선구자. 서사시 「펠레우스와 테티스의 결혼」이 있음—옮긴이)는 양자리가 자신의 감정적인 미성숙함에 대해 어떤 태도를 가지고 있는지 잘 묘사했지요. "나는 증오하면서도 사랑한다. 내가 왜 그랬는지 묻고 싶겠지. 하지만 나도 이유를 모른다. 어쨌든 나는 느낀 대로 행동했고, 지금은 고통에 빠져 있다."

양자리와 양자리 사이에는 속임수나 기만, 위선 따위는 좀처럼 없을 것입니다. 하지만 조심성이나 이성적 근거, 현실성도 역시나 매우 부족할 것입니다. 또한 화성의 에너지가 이중으로 겹쳐 있는 이 1-1 태양별자리 관계 유형에서 중립지대는 지극히 드물 것입니다. 이 두 사람은 저 먼 곳에 있는 천상의 행복까지 도달할지도 모릅니다. 아니면 격렬한 분노와 무분별한 이기심을 유치하게 표출하느라 에너지를 다 소모하게 될지도 모릅니다. 하지만 어떤 경우든, 그들은 먼지 낀 다이아몬드 같은 서로의 꿈을 세상 누구보다 이해하고 공감할 것입니다. 특히나 이런저런 이유로 좀처럼 실현되지 않는 꿈들에 대해서요. 둘은 아마도 함께 시도해보겠지요. 어떻게든지, 어떤 식으로든지, 언젠가는 이뤄낼 것입니다. 몽상가들이 늘 그렇듯이요.

양자리 여성과 양자리 남성

그들은 정말 떠들썩하게 춤을 추었다. 침대 위에서 서로 치고받고 때리다가
바닥으로 떨어지기도 하며 얼마나 재미있게 놀았던지!
그것은 춤이라기보다는 차라리 베개 싸움이었다.
춤이 끝나고 잠잠해지는가 싶더니, 베개들이 한바탕 더 오갔다.

양자리 여성만큼 지독하게 독립적이고, 생기발랄하며, 영리한 사람이 있을까요? 하지만 양자리 남성은 자신이 훨씬 더 독립적이고, 혈기 왕성하고, 영특하다고 생각합니다. 양자리 남성은 그 사실을 인정받기 위해 몸부림을 칩니다. 처음 만날 때, 양자리 여성은 양자리 남성에 앞서서 먼저 문을 열곤 합니다. 양자리 남성은 그녀를 가르쳐야겠다고 생각하지요. 소녀 양과 소년 양이 만났을 때는 어떤 경우를 막론하고, 결국은 남성 쪽이 이긴다는 사실을 말이에요. 소녀 양이 이 사실을 이해하기까지, 사소한 언쟁으로 제법 시끄러울 것이고 간간이 눈물을 쏟기도 할 것입니다. 하지만 소녀가 여인이 될 즈음에는 눈부신 꽃으로 피어나는 기적을 보게 될 것입니다.

그렇지만 양자리 여성에게 일을 다 집어치우고 온종일 양자리 남성의 기분에 맞춰 시중을 들라고 요구하는 건 어리석은 일이지요. 그건 그녀의 여성다움을 펼치고 그의 남성다움을 확고히 하는 데 전혀 도움이 되지 않습니다. 다른 방법이 있습니다. 만약, 양자리 여성이 양자리 남성의 슬리퍼를 따뜻하게 데워주는 일에 자신을 희생

할 마음이 없거나, 자신을 잊으면서까지 양자리 남성의 개인적인 목표에 동참할 생각이 없다면 그녀가 원하는 대로 하도록 해주세요. 그의 수입으로 집세나 대출금, 식비, 공공요금을 지불하던 관행은 그대로 유지하고, 그녀가 번 돈으로는 평소 금전적 압박으로 엄두를 내지 못했던 호사 취미를 누리는 겁니다. 그러면 양자리 남성은 그가 원하는 남자다운 이미지 굳히기에 성공하게 될 것입니다. 하지만 중요한 것은 시작부터 똑바로, 명확히 해야 한다는 점입니다.

제 말은 그는 **남성**이고 그녀는 **여성**이라는 사실을 그저 단순하게 이해하자는 것입니다. 실제로 이 관계에서는 누가 어떤 부분을 맡을지 고민하게 될 기회가 많을 것입니다.

화성에서 온 여인은 남성의 전유물로 여겨졌던 적극성에 주저 없이 도전합니다. 이 도전은 자신이 마음속으로 점찍은 양자리 남성을 향해 저돌적으로 내달릴 때 처음 시작됩니다. 그녀는 일상의 모든 요소들을 다 헤쳐 모아 재배치하며 그를 쫓을 겁니다. 그가 그녀의 손이 닿지 않는 곳에 있게 된다면, 양자리 여성은 전화, 이메일, 편지를 모두 동원해서 그를 지배하려 들 것입니다. 하지만 양자리 남성은 어느 누구도 자신을 지배하게 두지 않지요. 그러니 양자리 여성과 주도권을 놓고 줄다리기를 하고 있다는 느낌이 들면, 그 순간 집어치우고 싶은 마음이 생길 수도 있습니다. 하지만 양자리 남성은 그보다는 영리하답니다. 짜증이 나도 참으며 대신 그녀를 길들이려 하지요.

모든 양자리 여성의 마음 깊은 곳에는 자기 남자에게 보호받고 싶은 욕망이 감춰져 있답니다. 은밀하게 꾸는 백일몽에서 그녀는 언제나 사랑스럽고 지체 높은 귀족 여성이지요. 그리고 그는 다정하고 힘센 기사고요. 양자리 여성을 기쁘게 해주려어서 빨리 친절하고 다정하며 강한 기사가 되어야 합니다. 남자답게 한껏 몸을 젖히고 멀찌감치 뒤에서 걷거나, 온갖 책임을 다 짊어지고 앞으로 숙인 채 한참 앞서 걸어가는 것은 좋지 않습니다. 바람직하지 않은 결과가 발생할 수 있지요.

양자리 남성이 알아두어야 할 사실이 있습니다. 양자리 여성이 갈망하는 것은 순전히 낭만적이고 성적인 압도입니다. 자기 삶의 다른 영역을 정복하고 지도해주기를 바라는 것이 아닙니다. 양자리 남성 특유의 마초 기질은 침실에서 그녀를 황홀하게 만들어주겠지만, 로맨스가 아닌 상황에서 나타난다면 별로 환영받지 못할 것입니다. 양자리 여성은 사랑을 나눌 때는 순종적인 태도를 취할 수 있지만, 그렇지 않을 때는 순종적인 태도를 취하는 법이 없습니다. 양자리 남성이 그녀와의 관계를 지키고 싶다면 이런 점을 빨리 깨달아야 합니다. 이 숙녀가 양자리 남성이 정한 귀가 시간이나 명령에 가까운 다른 요구를 따를 것이라고 기대하는 것은 현명하지 못한 일입니다. 더구나 이 숙녀를 무시하는 것은 지극히 위험한 일이지요. 그녀는 그와 똑같은 태양별자리의 거푸집에서 주조되어 나온 존재라는 사실을 알아야 합니다. 그녀가 시키는 대로 하는 여성이 아닐 뿐더러 독재 자식으로는 결코 굴복시킬 수 없다는 것을 알게 될 때까지, 양자리 남성은 많은 실수를 반복하게 될 것입니다.

양자리 여성이 양자리 남성에게서 가장 먼저 파악하게 되는 것은, 이 남성이 자기보다 훨씬 더 우두머리 행세하기를 좋아하고 호전적이며 공격적이라는 사실입니다. 분명히 그렇지요. 하지만 다행이기도 합니다. 양자리 여성에게 음양의 이치가 다소 혼란스럽다고 해도, 그녀가 평생 사랑하는 요정 이야기를 생각해보면 어렴풋이 이해가 갈 것입니다.

양자리 여성은 어릴 때 「잠자는 숲속의 공주」를 읽을 때마다 매번 눈물을 흘리곤 했답니다. 용감한 왕자가 마침내 공주를 찾아내고 진실한 사랑의 입맞춤으로 공주를 깊고 외로운 잠에서 깨어나게 하는 그 부분에서요. (진실한 사랑, 영원히 지속될 것 같은 이상적인 연애를 생각만 해도 양자리 여성의 마음은 촉촉해진답니다.) 자, 솔직하게 터놓아볼까요? 왕자가 아니라 어떤 용감무쌍한 공주가 말을 타고 숲으로 진군하여 사악한 마녀로부터 어떤 왕자를 구해내었더라면 어땠을까요? 더할 나위 없이 근사했을까요? 양자리 여성이 굳게 믿고 있는 다른 동화들도 생각해볼까요? 우아한 신데렐라가 왕자님 발에 유리 구두를 신겨보며 땀을 흘리고 있는 모습을 상상해보세요!

그러니 양자리 남성이 양자리 여성으로 하여금 고함을 지르지 못하도록 할 수 있다면, 둘은 성공적인 관계로 안착할 확률이 더 높아집니다. 어쨌거나 고함은 양자리 남성의 입에서 나오는 것이 더 자연스러워 보이지요. 하지만 강인함에 관해서라면 양자리 여성도 문외한이 아니지요. 그러니 그녀가 곰곰이 생각해보면 금세 깨닫게 될 것입니다. 양자리 남성의 박력 넘치는 겉모습은 남들 눈에 띄는 존재가 되고 싶은, 양자리 특유의 간절한 열망을 숨기기 위한 위장이라는 것을요.

맞습니다. 양자리 남성이 백마 위에 잔뜩 위세를 부리며 앉아 있는 것은, 실은 자신이 요구하지 않으면 원하는 만큼 사랑받지 못할 것 같은 두려움을 감추기 위해서입니다. 양자리 남성은 그 위풍당당함에도 불구하고 아주 다정하고 부드러운 면을 가졌답니다. 하지만 아무리 깊은 상처를 받아도 겉으로는 아무렇지 않은 척하지요. 전문 배우 뺨치는 연기 실력입니다. 그리고 양자리 여성은 그게 어떤 심정인지 잘 압니다. 이렇게 두 사람이 서로의 비밀을 잘 알고 있으니 서로에게 격하게 화를 내는 일은 좀 줄어들 거라 생각하시나요? 그게 쉽지가 않습니다. 둘은 매번 서로의 자존심에 도전할 것이고 고통스러운 교훈을 얻습니다. 그들은 상대방을 거의 잃는 수준의, 끔찍한 재앙이 발생하기 직전에야 깨닫지요. 힘을 힘으로 맞서는 것으로는 결코 답이 나오지 않는다는 소중한 교훈을요.

만일 양자리 여성이 자신의 화성 에너지를 양자리 남성이 아니라 그의 적들에게 향한다면, 양자리 남성은 그녀를 숭배할 것입니다. 그리고 아낌없는 충성으로 그녀에게 갚아줄 겁니다. 공정거래지요. 하지만 누가 먼저 시작하느냐가 문제랍니다.

처음에는 이 두 사람이 성적으로도 아주 잘 맞는 듯 보일 수 있습니다. 본질적으로 두 사람은 사랑할 때 똑같은 것을 필요로 하니까요. 그것은 시인들이 말하는 '영혼의 반려자' 사이에서나 볼 수 있다는, 육체와 감정이 하나로 합쳐진 그런 사랑입니다. 거의 모든 양자리는 그런 사랑을 믿는답니다. 사랑에 빠졌을 때, 양자리는 그 만남이 하늘에서 정해준 운명이라고 믿습니다. 뿐만 아니라 그 사랑이 평생토록 혹은 저세상에 가서도 영원히 지속될 거라 굳게 믿는답니다. 하지만 이렇게 환상적인 믿음이 현실이 되려면 넘어야 할 산이 하나 있습니다. 제법 심각한 장애물이지요. 거의 모든 양자리가 가진 본능적인 이기심입니다.

모두가 궁금해하는 섹스에 대한 얘기로 돌아가볼까요? 양자리의 섹스는 자기의 기쁨을 위해서라면 상대방을 기꺼이 이용하는 이기심에 근거하고 있답니다. 고의적이든 아니든 그렇습니다. '어떻게 하면 상대방을 더 충족시켜줄 수 있을까?'가 아니라, '어떻게 하면 내가 더 만족할 수 있을까?'인 것이지요. 킨제이와 프로이트를 비롯한 수많은 석학들이, 섹스를 설명하고 시험하고 연구하고 분석하고 관찰하고 사진 찍고 녹음하고 듣고 글로 썼지요. 대중 앞에서 실제로 시범을 보이는 것 빼고는 거의 다 했습니다. 그런데도 대부분의 남녀는 여전히 섹스에 대해 잘 모릅니다.

화성에서 온 두 연인은 큼지막한 포스터를 하나 사는 게 좋을지도 모릅니다. 행복해 보이는 한 쌍의 남녀가 손에 손을 잡고 서로의 눈을 지그시 바라보며, 산이나 바다 아니면 옥수수 밭 사이를 걸어가는 모습이 담긴 포스터요. 포스터 아래에 이런 글귀가 있으면 좋겠지요. **사랑은 당신의 요구보다 상대방의 요구가 더 중요해지는 순간에 시작됩니다.**

이 포스터를 침대 곁에 잘 붙여두세요. 실제 벽이 아니라면 영혼의 벽에라도요. 모두가 알다시피, 로미오와 줄리엣은 영혼의 동반자들이었습니다. 그리고 그들은 이기적인 연인이 아니었지요. 양자리 남성과 여성이 이기적이지 않다는 것을 증명하기 위해 신혼 첫날밤을 이중 자살로 마감할 필요는 없습니다. 단지 서로가 조금만 더 세심하게 배려한다면, 그것으로 충분할 것입니다.

유아적인 이기심을 극복한다면 두 양자리의 섹스는 황홀경의 교감이 될 것입니다. 그것은 직접적이고 날카로우며 불처럼 뜨겁고 걷잡을 수 없는 욕망과, 빗속에 흩날리는 아름다운 꽃잎들, 볼을 간질이는 바람, 반짝이는 눈의 결정체 같은 느낌들이 놀랍게도 잘 어우러진 것입니다. 이것이 바로 막강한 두 프로펠러가 기세를 늦추고 부드러워져서, 양자리의 상징인 갓난아기 같은 천진난만함과 경이감을 보여줄 때 경험할 수 있는 순간이지요. 모든 것을 태워버릴 듯한 정열과 금세라도 스러질 듯한 순수함이 어우러져 만들어내는 연금술은 신성, 바로 그것에 가깝습니다. 이렇게 두 양자리의 성적인 결합은 소중한 경험이 될 수 있답니다. 최악의 경우라도 여전히 흥미진진할 겁니다.

양자리 남성이 다른 여인들에게 추파를 던진다면, 양자리 여성은 어떤 행동을 할까요? 양자리 여성이 다른 남자들에게 추파를 던지면요? 답은 같습니다. 엄청난 규모의 수소폭탄이 터지는 것과 같은 수준의 감정적인 폭발이 일어납니다. 지구에 수소폭탄을 터뜨리는 것이 어리석은 공멸이듯이, 양자리에게는 이보다 한심한 자멸의 길도 드뭅니다. 양자리는 개인의 자유를 제한하는 것은 절대로 참을 수 없음을 서로 강조할 것입니다. 그러나 그것은 어디까지나 한쪽에서만 주장하는 자유지요. 질투에 눈이 먼 상대방이 자신의 목을 조르도록 가만히 용인하는 양자리는 없을 테니까요. 양자리는 떡을 먹고도 싶고, 계속 가지고 있고도 싶습니다. 유난히 그렇지요. 그래서 먹는다면 가질 수 없고 계속 가지고 있으려면 먹을 수 없다는 것을 배울 때까지 소란스럽고 격한 장면을 여러 번 연출해야만 합니다. 이들이 알아야할 게 있습니다. 사랑은 이기려고 벌이는 게임이나 전쟁도 아니고, 경쟁에서 이기고 따내야 하는 메달도 아니라는 사실을 말입니다. 사랑은 선물이지요. 양자리는 인생에 바라는 것도 많고 또 많은 것을 성취하기도 합니다. 하지만 세상 어느 누구도 심지어 양자리조차도 사랑을 그저 달라고 요구할 수는 없다는 것을 배워야 하지요.

양자리 남성의 입장은 확실합니다. 양자리 여성은 감히 그를 질투해서는 안 되는 동시에 절대로 어떤 다른 남자도 힐끗거려서는 안 됩니다. 하지만 양자리 여성도 확실한 입장을 밝힐 것입니다. 양자리 남성은 질투 따위로 그녀를 질식시키려 해서는 안 됩니다. 동시에 그는 다른 여성을 향해 단 일초라도 관심 어린 시선을 던져서는 안 되지요.

이게 뭔지 아시겠어요? 이기심입니다. 양자리는 상대방이 잠결에 짓는 미소에도 질투합니다. 도대체 꿈속에서 누구를 만나는 거예요? 아침이면 많은 양자리 커플 사이에 질문이 쏟아질 겁니다. "당신 어젯밤에 무지하게 즐거운 꿈을 꾸는 것 같던데요? 옛날 애인 만났어요?" 그리고 이런 대답이 이어질 겁니다. "내가 꿈에 누구를 만나든 그건 당신이 알 바가 아니죠. 게다가 방금 전 내가 모닝 키스를 할 때 당신도 그다지 깨고 싶어하지 않던걸요? 지난 주 슈퍼마켓에서 만난 여자랑 텔레파시를 시도하고 있었던 거 아녜요?" 대화는 다양하게 변주될 것입니다. 결혼식장에서 두 양자리는 서로를 사랑하고 존중할 것을 서약했지만 서로에게 복종을 약속한 것은 아니니 이런 대립과 충돌은 당연한 것일까요?

방법이 있긴 합니다. 그것은 죽을 때까지 헌신하겠다는 약속을 계속 반복해서 서로의 불안을 해소해주는 것입니다. 상징적으로 신생아인 양자리에게는 사랑을 잃어 버릴지도 모른다는 잠재적인 공포가 있습니다. 과도한 질투심의 저변에 그 불안이 깔려 있지요. 양자리는 독립적인 인간이고자 하는 화성의 욕망으로 이 공포에 맞서 싸운답니다. 이런 속내는 같은 태양별자리인 양자리들만이 서로 이해할 수 있지요.

몇 년 전에 저는 양자리 남성과 결혼한 양자리 여성에게서 편지 한 통을 받았습니다. 그 편지의 한 대목을 인용할까 합니다. 같은 태양 별자리인 1–1 관계 유형이 빚 어낼 수 있는 행복을 너무나 잘 묘사하고 있거든요.

『당신의 별자리』를 읽다가, 역시나 양자리인 제 남편에게 양자리 여성 편 마지 막 문단을 큰 소리로 읽어줬답니다. 책 내용은 이랬지요. "때로는 충동적이고 대장 노릇도 하고 지나치게 독립적이겠지요. 모든 걸 다 가질 수는 없는 법이 죠." 그랬더니 제 남편이 묻더군요. "아니, 남자가 뭘 더 바랄 수 있지?" 양들의 뿔이 부딪혀 요란스러울 때 제가 그만 떠나버리겠다고 위협을 해도, 제 양자리 남편은 저를 이해하기 때문에 언제나 저를 꼬옥 안아준답니다. 당신이 책에서 도 말했듯이 말이에요. 제가 세상이 어둡고 울적하다고 느낄 때 그의 품속으로 달려 들어가면, 그가 나를 꼬옥 안고서 위로해줍니다. 멋쟁이 천칭자리 남성 처럼 "당신이 도대체 뭘 했다고 위로를 받아야 하지?"라고 말하는 법은 절대로 없답니다. 절대로요. 전에는 이것이 얼마나 제게 소중한지 깨닫지 못했지요.

이제 이해하셨지요? 양자리 남성과 양자리 여성의 관계는 잘 풀릴 수 있습니다. 두 양자리 중 어느 누구도 화성인 특유의 용기와 개척자 기질과 독립심을 희생할 필 요가 없습니다. 편지의 주인공인 양자리 여성은 다음과 같은 추신으로 편지를 마쳤 습니다.

물병자리 인사 목록에 아인 랜드를 추가하는 것은 어때요? 그녀야말로 꼭 들 어맞는 사람이거든요. 설마, 제가 당신 일에 아무런 참견도 하지 않고 편지를 마칠 거라 생각지는 않으셨겠죠?

역시나 편지의 주인공은 양자리 여성다웠습니다. 매사에 주도하려는 화성인의 욕 구를 인정할 수 있게 되었고, 자기 기질을 농담 삼아 웃을 수 있는 경지에까지 도달 했습니다. 자신의 기질을 부인하거나 부끄러워하는 대신 말이에요. 그녀는 매우 중 요한 교훈을 터득한 것입니다. 다른 누군가가 당신을 사랑하기 전에 당신이 먼저 자 신을 사랑해야 합니다. 그러기 위해선 정직과 유머가 필요하지요. 편지를 보낸 여성의 이름과 주소를 잃어버려 속상합니다. 이 글을 읽는다면, 다시 저에게 편지를 보내주길 바랍니다. 당신이 던졌던 생생한 질문에 답을 할 수 있을 것 같습니다.

만약 양자리 커플 양쪽이 모두 황금률을 실천할 수 있다면, 즉 '타인에게 바라는 그대로 서로에게 해줄' 수 있다면, 두 사람은 많은 보상을 받게 될 것입니다. 그들은 감정적으로 성숙해질 것이고 거부당할 수 있다는 공포로부터 해방될 것입니다. 또한 두 사람은 함께하면서도 독자적인 완전한 자유를 누리게 될 것입니다.

싸울 때 극도로 화가 치밀어 오르면, 양자리 남성은 떠나버리겠다고 위협할지도 모릅니다. 하지만 아마도 그러지 않을 것입니다. 어떻게든 관계를 유지하기 위해서가 아니라, 일단 양자리 여성을 사랑하고 나면 다른 여성들은 지루할 테니까요. (평화롭기는 하겠지요.)

양자리 여성도 마찬가지입니다. 떠나겠다고 위협하지만 결코 그러지 않을 겁니다. 하지만 양자리 여성이 기억해두어야 할 것이 있습니다. 그녀가 사랑하는 양자리 남성이 단단한 장작을 가볍게 패고, 바위도 격파하며, 한 도시나 한 주 혹은 한 나라를 지배할 수 있는 남성이라는 사실을요. 타이어를 가볍게 갈아 끼우고, 의학이나 법률을 유능하게 활용하며, 영화를 제작하고 감독할 수 있는 남성이라는 사실을요. 또 트랙터를 운전하고 눈을 삽으로 말끔히 치울 수 있는 남성이기도 하지요. 그모든 일들을 적어도 양자리 여성인 자신이 할 수 있는 만큼이나 잘해내는 흔치 않은 남성이라는 사실을, 그녀는 잊지 말아야 합니다.

한 여성을 위한 자리가 집 안으로 고정되다니요. 양자리 여성에겐 어울리지 않는 이야기입니다. 하지만 양자리 여성을 위한 자리는 그녀가 사랑하는 남자의 마음속이라는 것 또한 영원히 변치 않을 진실이랍니다.

양자리 Aries

불 · 시작하는 · 능동적
지배행성: 화성
상징: 숫양
양(+) · 남성적

Taurus 황소자리

흙 · 유지하는 · 수동적
지배행성: 금성
상징: 황소
음(-) · 여성적

양자리와 황소자리의 관계

고요하던 땅 위에서 날카로운 비명과 칼 부딪치는 소리가 울려 퍼지기 시작했다.
땅속 집에는, 죽음 같은 정적만이 흘렀다.

양자리와 황소자리는 둘 다 강인한 뿔을 가졌기 때문에, 양자리의 단호함과 황소자리의 완고함이 비슷해 보일 수 있습니다. 하지만 둘은 다릅니다. 양자리와 황소자리가 만나면 서로를 뚜렷하게 구별해주는 수많은 사건들이 일어날 것입니다.

예를 들어, 양자리 부모는 황소자리 아이에게 음식을 먹일 때 화성 특유의 명령조로 말합니다. "입안에 있는 걸 모두 삼키고 나서 숟가락을 들어. 내 말 알겠니?" 이건 단호함이지요. 황소자리 아이는 그 자리에 앉은 채 눈 한 번 깜빡이지 않으며 가만히 쳐다보면서 말합니다. "싫어요." 이건 완고함입니다. 양자리 사장이 주말 특근을 원할 때는 이렇게 말합니다. "토요일에 온종일 일해야 하니까 다른 개인적인 스케줄을 비워두세요." 이건 단호함입니다. 황소자리 직원은 차분히 대답합니다. "저는 토요일에 바쁜데요. 다른 직원에게 말씀하세요." 이건 완고함이지요.

몇 번 이렇게 부딪히고 나면 두 성격의 차이점은 명확해집니다. 단호함이 먼저 시작하고 완고함은 그에 반응합니다. 전자는 적극적인 행동이고 후자는 수동적인 반응입니다. 그러므로 양자리와 황소자리 사이에 발생하는 모든 충돌에서, 양자리는 촉발하고 황소자리는 마무리를 합니다.

양자리 사람들은 이리저리 뛰어다니면서 화재를 일으키거나 함부로 총을 쏘아댄다는 비난을 받기는 하지만, 이들도 유순해지는 순간이 있습니다. 황소자리는 늘 뚱해 있고 화나는 일을 곱씹어대며, 양자리의 열정을 부정적인 침묵으로 질식시키는 사람들이라고 비난을 받지요. 하지만 황소자리도 적절한 기회만 오면 상상력을 발휘한답니다. 황소자리는 그 실용적인 겉모습 뒤에 사려 깊은 지혜와 놀라울 정도로 따뜻한 유머 감각을 가지고 있습니다. 그럼에도 두 별자리 사이의 근본적인 차이점은 어쩔 수 없지요.

양자리는 공격적이고 충동적이며 대장 노릇을 좋아하는데다, 사치스럽고 수다스러우며 낙천적인 경향이 있습니다. 이들은 신나는 일과 신속한 결과를 추구하며, 보다 재미있는 삶을 위해 약간의 마법이 필요하다고 생각하는 사람들입니다.

황소자리는 속을 잘 드러내지 않는 실용주의자이고 대체로 말을 아끼며 알아서 일을 처리하지만 약간 수동적입니다. 이들은 안정과 고독과 확실한 결과를 추구합니다. 삶을 견뎌내기 위해선 충분한 휴식과 고요함이 필요한 사람들이지요.

그러니 양자리와 황소자리가 비슷한 점이 많지 않다는 것은 금세 알 수 있습니다. 두 별자리는 외적인 행동은 물론이거니와 내적인 동기도 상반되는 성향을 띱니다. 하지만 가끔은 우리가 가지고 있지 않은 자질을 가진 사람들과 어울리는 것도 도움이 되지요. 두 별자리 관계는 2-12 태양별자리 관계 유형으로, 열두 별자리 중에서 바로 앞뒤에 있는 별자리끼리의 만남입니다. 이 경우, 뒤에 오는 황소자리가 양자리를 더 잘 참아주고 공감해줄 가능성이 높습니다. 대신 양자리는 황소자리의 차분한 안정감을 따라해보려고 할 것입니다. 차분한 안정감이 보다 더 힘이 세기 때문입니다. 양자리의 본성에는 어울리지 않지만 더 큰 힘을 갖기 위해서라면 이런저런 시도를 해봐야 하지요. 나약함이란 말은 양자리도 황소자리도 죽어라 싫어하는 낱말이랍니다.

황소자리도 양자리만큼이나 힘을 좋아하기는 하지만, 금성의 지배를 받기 때문에 전체적으로 유순한 경향을 띱니다. 그래서 화성의 지배를 받는 양자리처럼 자신이 가진 힘을 증명해 보이려 하거나 과시하려 들지는 않습니다. 황소자리는 양자리의 용기나 특별한 독립심 뒤에 있는 충동을 이해합니다. 모든 별자리가 바로 앞 별자리에 대한 윤회의 기억을 가지고 있기 때문이지요. 기억하시지요? 영혼의 여행에서 양자리 다음이 황소자리랍니다. 또한 황소자리는 이미 경험을 해봤기 때문에, 양자리의 충동적 성향은 어떻게 해도 제어할 수 없다는 사실을 압니다. 하지만 재정적인 안정이라는 황소자리의 목표는 지칠 줄 모르는 추진력과 정열을 가진 양자리와의 협력을 통해 얻어낼 수 있답니다. 황소자리는 본능적으로 이 사실을 알며, 바로 이런 점이 양자리를 보고 첫눈에 호감을 갖게 되는 이유 중 하나입니다. 반면에 양자리는 내심 황소자리의 신중함과 지각 있는 통찰력을 부러워합니다. 양자리가 황소자리의 현실적인 접근 방식을 따라할 수만 있다면 분명 살아가는 데 큰 도움이 되겠지요. 모든 별자리는 무의식적으로 바로 앞이나 바로 뒤의 별자리로부터 배울 점이 있다는 것을 압니다. 바로 2-12 태양별자리 관계에서 나타나는 특별한 에너지이지요. 이런 이유로 양자리는 황소자리의 믿음직한 모습에 매료됩니다. 황소자리는 화성의 경솔함이 문제를 일으킬 때 의지하고 싶은 그런 대상이지요.

화성과 금성의 에너지가 섞일 때 발생할 수 있는 위험은 양자리가 황소자리의 인내심의 한계를 넘을 정도로 화나게 만들 수 있다는 것입니다. 황소자리가 오래 생각한 끝에 최종적으로 결심하고 나면 아무리 풀려고 해도 소용이 없습니다. 반대로 황소자리는 양자리의 수많은 반짝이는 아이디어들을 무시하곤 합니다. 그러면 더는 우울해지기 싫은 양자리는 어느 날 훌쩍 황소자리를 떠날 수 있습니다. 남녀노소를 불문하고 양자리는 우울하고 힘든 상황을 오래 참을 수 없답니다.

양자리는 황소자리가 주기적으로 보여주는 우울하고도 내성적인 모습에 당황스러워하고 좌절할 것입니다. 이런 황소자리의 우울함은 파티나 사교 활동을 통해 누그러질 수 있고, 지나치지만 않다면 황소자리의 '고독 본능'에 균형감을 줄 수 있지요. 음악과 미술에 대한 황소자리의 타고난 애정을 표현할 수 있도록 격려해주거나, 자연스럽게 들과 산으로 나가도록 돕는다면 황소자리는 한결 평화로워질 거예요. 황소자리는 겉으로 드러내지 않을지라도 자연을 몹시 사랑한답니다.

대부분의 양자리가 황소자리 친구나 가족, 사업 파트너 또는 연인에게 범하는 치명적인 실수가 있습니다. 바로 황소자리에게 어떤 결정을 내리도록 압력을 넣는 것이지요. 그런 압력은 절대로 통하지 않습니다. 절대로 절대로요. 황소자리가 결정을 내리려면 시간이 필요합니다. 양자리가 뭔가를 돌파하고 싶을 때 전형적으로 취하는 그 태도, 즉 요구하고 밀어붙이고 고집을 부리는 방식은 황소자리를 더욱 요지부동으로 만들 수 있습니다. 뿐만 아니라 오히려 전혀 의사소통을 할 수 없는 상태로 몰아넣게 되지요. 상대방의 제안이 의미가 있고 말이 된다고 생각하면, 황소자리는 그 제안을 고려해보고 결국은 승낙할 것입니다. 그때까지는 어떤 외부의 압력도 결론을 앞당길 수 없답니다. 누구도, 아무리 성격이 불같은 양자리라도 이런 황소자리 방식을 바꿀 수는 없습니다.

황소자리가 양자리에게 실용적이 되기를 지나치게 바라지 않는다면, 두 사람의 관계는 훨씬 더 원만해질 것입니다. 양자리는 양자리식으로 자신을 표현할 수 있도록 해주어야 합니다. 양자리의 방식은 어느 정도 거친 감정 기복을 보이는데, 늘 성급한 행동을 한 후에야 뒤늦게 후회를 하지요. 양자리는 문제가 생길 때 의지할 수 있는 안정적인 황소자리의 옆에서 얻는 것이 있습니다. 양자리는 놀라울 정도로 고분고분하게 황소자리의 충고를 받아들일 것입니다. 양자리가 답답하다는 느낌이 들 정도로 너무 자주 혹은 위압적으로 말하지 않고 부드럽게 달래주듯 말한다면 더욱 좋을 것입니다.

양자리는 남녀노소를 불문하고 지나친 제약이나 반대 없이 앞으로 전진할 수 있어야 합니다. 이 밝고 희망에 부풀어 있는 별자리는 사람들이 드러내놓고 반대하는 것보다 말없이 못마땅해하는 경우에 더 의기소침해집니다. 어떤 이유에선지 말없이 거부당하는 것이 직설적인 양자리에겐 더 무섭게 느껴집니다. 양자리는 갓 태어난 신생아를 상징하며, 황소자리는 조금 더 큰 유아를 상징한다는 것 아시죠? 황소자리의 묵직한 거부의 메시지가 양자리의 즉흥적인 열정을 계속 짓누르면, 양자리는 자아의 새싹이 잔인하게 잘린 채 좌절한 양이 될 수 있습니다. 양자리의 과도한 흥분 상태에 대해서는 가끔 주의를 줘야겠지만, 아주 가볍고 부드럽게 해야 한다는 사실을 잊지 마세요.

양자리는 지도상에 있건 정신세계에 있건 늘 새로운 국가를 발견해냅니다. 양자리는 어떤 상황이든 그 핵심으로 바로 돌진하는 저돌성으로 국가나 혁신적인 아이디어를 이끌고 개척합니다. 그다음에는 황소자리가 나서지요. 그들은 양자리가 발견하거나 개척한 국가나 아이디어 위에 건설 활동을 펼쳐서, 보다 활기찬 사회를 만들거나 더 실용적이고 쓸모 있는 개념으로 바꿉니다.

황소자리에게 삶 자체인 모든 인간관계는 뚜렷한 목적과 확실한 기능이 있습니다. 그 목표가 실용적이지 않거나 그저 산재해 있는 아이디어들 그리고 목적이 없는 활동은 황소자리를 혼란스럽게 만들고 결국엔 발을 빼게 만듭니다. 황소자리는 감각과 경험을 통해서만 배우며 흔들리지 않는 목적을 수행함으로써만 스스로에게 진실될 수 있습니다. 황소자리에게 모든 사물과 사람은 있어야 할 곳에 있으면서 본연의 임무를 수행해야 합니다. 자신이 아닌 다른 것을 흉내 내서는 안 되지요. 양자리는 직선을 따라서 행동하고 꿈을 꾸며 늘 앞으로 전진합니다. 그 길 끝에서 운명의 광풍에 노출될 수밖에 없다는 사실을 무시합니다. 반면에 황소자리는 정해진 테두리 안에서 행동하며 꿈을 꿉니다. 거기에는 과거에 얻은 소중한 교훈과 미래를 위한 신중한 계획이 포함되어 있기에 무책임한 행동으로 실패를 초래할 가능성은 없습니다.

양자리는 황소자리가 틀을 깨고 나가 낙천주의와 새로운 사고를 받아들이도록 도울 수 있습니다. 황소자리는 양자리가 화성의 직선을 구부려서 적어도 반원 모양 안에서 활동하고 느끼도록 도울 수 있습니다. 그렇게 함으로써 양자리의 롤러코스터 같은 삶에서 불가피하게 생기는 실망을 줄여줄 수 있지요. 참으로 이상하고도 아름다운 일은 음악이 늘 양자리와 황소자리가 서로를 이해할 수 있도록 다리를 놓아주는 역할을 한다는 것입니다. 두 사람의 극과 극인 성격 차이로 인해 생긴 상처를 치유하는 것을 비롯해 음악의 역할은 무한합니다.

태양은 양자리에서 뜨기 때문에 양자리들은 싸우기도 전에 승리한 듯한 기분을 자주 느낄 것입니다. 모든 양자리는 탄생, 봄 그리고 부활절의 황홀경이 자신과 같다는 느낌을 받습니다. 그것이 바로 양자리의 존재 이유입니다. 자신이 가지고 있는 기적을 다른 별자리들에게 천진난만하게 권하는 것이지요. 양자리가 인류와 자신의 진정한 자아에게 봉사하는 방법입니다. 양자리는 삶이 죽음을, 신뢰가 불신을 이긴다고 믿습니다. 하지만 양자리의 이런 허세 이면에는 아주 특이한 양자리의 불안감이 도사립니다. 그 불안은 아마도 양자리 바로 전에 있는 물고기자리를 지나던 시절의 기억에서 비롯되었을 것입니다. 이런 양자리의 감춰진 약점은 흙 별자리인 황소자리가 어떤 식으로든 자신을 저지하면 더 증폭됩니다. 그렇게 되면 양자리는 자신을 옥죄던 황소자리와의 모든 관계를 갑작스럽고 폭력적인 방식으로 부숴버립니다. 아니면 황소자리에게 복종해버립니다. 그러면 양자리의 천성에는 전혀 어울리지 않는 슬픈 우울증에 빠지게 되지요.

화성의 결단력과 황소자리의 의지력이 결합되면 엄청난 힘을 만들어낼 수 있습니다. 그래서 고대의 천문해석가들은 양자리-황소자리의 에너지가 신중하게 균형을 이루지 않으면, 무지막지한 잔인함이 빚어질 수 있다고 경고했습니다. 태양별자리인 황소자리와 동쪽별자리인 양자리가 충돌 관계에 있었던 아돌프 히틀러는 이러한 경고의 전형적인 예라고 할 수 있습니다. 그의 출생차트에는 이외에도 다른 부정적인 각도들이 있었지요. 한 사람의 출생차트에 이러한 조합이 있을 수도 있고, 양자리와 황소자리가 만났을 때 이런 일이 생기기도 합니다. 물론 양자리와 황소자리가 파트너가 되어 친절과 선행을 베푸는 경우도 많습니다. 하지만 불행하게도 양자리의 용기와 황소자리의 강인함을 잔인한 방식으로 표출해서 스포츠로 사냥을 하는 사람들이 있기도 합니다. 자신들의 에너지를 최악의 방법으로 표현하는 것이지요. 야생동물을 잔인하게 총으로 잡아 남성성 혹은 여성성을 자랑하는 것은 안타까운 일입니다.

출생차트에서 양자리와 황소자리의 태양과 달별자리가 서로 조화롭지 못한 각도를 맺고 있다면 잔인함이 발현될 수 있는 가능성을 경계해야 합니다. 하지만 출생차트에서 두 사람의 태양과 달이 조화로운 각도를 이루거나 두 사람의 동쪽별자리가 조화로운 각도를 맺는 경우 황소자리는 양자리가 행복과 즐거움을 만끽하도록 도와줄 수 있습니다. 양자리가 감정적인 마법의 풍선 여행을 할 수 있도록 따뜻하고 친절한 인내심을 가지고 후원해줄 수 있지요. 혹시 줄이 끊어져서 땅으로 떨어지더라도 황소자리가 부드러운 쿠션으로 받쳐줄 수 있습니다. 그리고 양자리는 황소자리를 더 높은 상상의 세계로 이끌어, 미래에 대한 광활한 포부를 황소자리의 견고한 꿈만큼이나 원대하게 만들 수 있습니다.

양자리 여성과 황소자리 남성

"피터, 빨리 준비해." 그녀는 간청했다.
"싫어." 피터가 대답했다. "너랑 같이 안 가."
"가, 피터."
"안 가."

양자리 여성과 교제하는 일은 황소자리 남성에게는 분명히 가치 있는 경험이 될 것입니다. 양자리 여성은 움직일 수 없는 대상(여기서는 황소자리 남성)은 그냥 발로 차서 옆으로 치워두고 그 위로 넘어 다니거나 아니면 양자리의 열기로 꼼짝 못하게 녹여버릴 수 있다고 생각합니다. 하지만 황소자리 남성은 그렇게 할 수가 없지요.

양자리 여성이 밀치면 황소자리 남성은 앉습니다. 그녀가 밀어붙이면 그는 뿌루퉁해집니다. 그래도 그녀가 계속 요구하면 그는 발을 구르기 시작합니다. 그다음에는 조심해야지요. 다음 단계는 그녀가 울고 그가 돌진을 시작합니다. 살려면 도망쳐야 합니다. 하지만 황소자리와 양자리는 함께할 수 있는 다른 일들도 많습니다. 예를 들어, 그녀가 웃으면 그는 부드러워집니다. 그녀가 애무해주면 그는 안아줄 것입니다. 그녀가 꼭 안아주면 그는 활짝 웃을 것입니다. 그러고 보니 항상 먼저 시작하는 쪽이 양자리 여성이라는 것을 알 수 있지요?

두 사람은 돈 문제로 다툴 수 있습니다. 황소자리 남성의 돈을 그녀가 펑펑 쓰기 때문에 문제가 생기지요. 또는 양자리는 신나는 것이 필요하고 황소자리는 평화와 고요함이 필요해서 대립하기도 합니다. 하지만 이렇게 서로 다른 천성과 성격에 서로 맞추려고 조금만 노력한다면 황소자리 남성과 양자리 여성은 아주 귀하고도 만족스러운 합의점을 찾을 수 있습니다.

양자리 여성은 보통 사람보다 훨씬 더 많은 자유를 필요로 하기 때문에, 황소자리가 지나치게 질투심이 많지 않은 점도 참으로 다행입니다. 하지만 황소자리는 소유욕이 많답니다. 질투심과 소유욕의 차이점은 사전에서 찾아볼 수도 있겠지만, 함께 살아보면 확실히 알 수 있습니다. 양자리 여성은 질투심이 많답니다. 황소자리 남성은 소유욕이 강하지요. 사전에서 이 말뜻을 정확하게 확인하는 것부터 시작하는 것이 좋을 것입니다.

네, 황소자리 남성은 고집이 셉니다. 천문해석학적 사실을 부인할 수는 없습니다. 그는 낮잠을 자고 싶은데 그녀가 밖에 나가 꽃을 꺾어오라고 하거나, 그는 조용히 책을 읽고 싶은데 그녀가 자신의 친구들을 함께 만날 것을 강요하면, 황소자리의 걷잡을 수 없고 도무지 이해할 수 없는 고집불통을 볼 수 있을 겁니다. 황소자리 남성의 수입보다 훨씬 더 많은 돈을 양자리 여성이 계속 써대는 경우에도 마찬가지입니다. 그렇지만 사랑을 듬뿍 받는 황소자리 남성이라면 아무리 상대방이 화를 많이 내도, 시끄러워도, 말도 안 되는 소리를 해도 침착하게 참아줄 것입니다. 일반적으로 황소자리는 양자리 여성이 직장 상사와 싸워서 혹은 치통 때문에 괴성을 지르거나 심지어 약혼반지를 잃어버린다 해도, 평상시의 차분하고 온화한 성격으로 그녀를 받아줄 겁니다. 삶이 만족스럽다면, 황소자리 남성은 너무 세게, 너무 자주 압박을 받지 않는 한 어디로 튈지 모르는 양자리의 열정을 대부분 끈기 있게 받아줍니다. 하지만 압박을 받는다면, 보기 드물지만 항상 내재되어 있는 무시무시한 황소자리의 분노를 표출할 수 있습니다. 그때만큼은 양자리도 행운에 기댈 수는 없을 것입니다. 황소자리의 유머 감각이라고는 찾아볼 수 없는 아주 심각한 상황이 될 테니까요.

감정을 잘 배려해주고 부드럽게 대해준다면, 황소자리 남성은 아무리 험난한 폭풍 속에서도 꿈쩍하지 않는 바위처럼 사랑하는 양자리 여성의 곁을 지킬 것입니다. 양자리 여성의 실수를 따뜻하고도 헌신적으로 보호해주면서요. 양자리 여성에게 그것은, 아무도 자신을 이해해주지 않고 신경 써주지 않는 악몽 같은 세상으로부터 안전하고 든든한 집으로 돌아오는 것 같은 경험일 겁니다. 황소자리 남성은 양자리 여성의 순간적인 감정 변화를 잘 이해할 수는 없지만 그래도 관심을 가져줍니다. 그리고 든든한 은행 잔고와 빗물이 새지 않는 튼튼한 지붕도 함께 제공하지요. 먹을 것이 가득 찬 냉장고는 말할 것도 없고요. 또 있습니다. 황소자리 남성은 보다 더 든든하고 더 풍족한 미래를 위해 꾸준하게, 최선을 다해 노력합니다. 황소자리 남성과 양자리 여성의 관계에서는 일반적으로 양자리가 아이디어와 에너지를 제공하고 황소자리가 안정감과 든든한 보장을 제공합니다. 일적인 면이나 사적인 면 모두 그렇습니다.

황소자리 남성은 사랑에 관해 실용적인 태도를 지닙니다. 다른 모든 일을 대할 때와 같지요. 하지만 동시에 이들은 다정다감하고 낭만적이며 감수성도 아주 풍부하답니다. 양자리 여성은 처음에는 애정 표현을 별로 하지 않는 황소자리 남성을 보고 사랑이 식었다고 생각하기도 할 겁니다. 하지만 밸런타인데이에 값비싼 선물을 받거나, 기념일에 황소자리의 수줍은 고백을 담은 사랑스럽고 정성스러운 카드를 받으면 오해는 사라집니다.

하지만 천문해석학에서 양의 에너지와 음의 에너지를 대변하는 양자리와 황소자리가 자석처럼 이끌려 사랑에 빠진 다음에는 육체적인 사랑에서 조금 문제가 생길 수 있습니다. 양자리 여성에게 섹스는 일종의 발산입니다. 정신적이고도 감정적이며 육체적이면서 동시에 영적인 발산이지요. 양자리의 신념과 힘이 결합되어 강력한 욕구를 가시적으로 표현하는 것입니다. 양자리 여성에게 성생활은 황홀한 판타지입니다. 자신만 알던 기적 같은 방법으로 그녀의 꿈은 현실이 되는 것이지요. 황소자리 남성에게 섹스는 두 가지 목적을 지닌 일상적이고 자연스러운 기능입니다. 두 가지 목적은 바로 감각적인 만족과 2세를 낳는 것입니다. 가족 말입니다.

양자리 여성은 큰 의미는 없어도 화성의 성적 에너지를 분출해야 합니다. 그리고 상상력으로 충만한 연애가 그녀에겐 꼭 필요합니다. 황소자리 남성은 실용적이고 유용한 것을 만들어내는 경우가 아니라면, 어떤 형태든 에너지를 발산하는 것은 의미가 없다고 생각합니다. 전형적인 황소자리는 몽상은 무의미하고 비생산적이라고 생각하지요. 따라서 양자리 여성은 황소자리 남성이 너무 솔직하게 성적인 표현을 하거나 무미건조한 섹스를 하는 것으로 인해 점점 인내심을 잃어갈 수 있습니다. 황소자리 남성은 양자리 여성이 원하는 열정의 세계로 가고자 하는 욕망에 약간 당황스러워하면서도 내심 그 꿈을 이루어주고 싶은 마음이 생깁니다. 하지만 두 사람이 길을 잃을지도 모른다고 느끼지요. 어디로 가야 할지 확신이 서지 않기 때문입니다. 결국 황소자리 남성을 안내해줄 지도 같은 건 없으니까요.

서로의 태양과 달과 동쪽별자리가 조화로운 관계라면, 이렇게 다른 성격도 기적처럼 극복하게 될 것입니다. 두 사람이 함께하는 모든 일뿐만 아니라 성적인 결합을 통해서도 최상의 만족감을 얻을 수 있습니다. 하지만 출생차트에서 달이나 동쪽별자리가 서로 긴장 관계에 있는 경우라면, 양자리 여성이 황소자리 남성을 자신의 목장에 묶어두는 것은 쉽지 않을 것입니다. 양자리 여성이 황소자리 남성을 즐겁게 해주려고 끊임없이 의식적으로 노력하지 않는다면요. 전형적인 양자리 여성에게는 자연스럽지 않지만 이타적인 행동이 필요하지요. 자신이 한때 사랑했던 여인을 떠나거나 떠나보내는 일은 황소자리 남성에게 말로 표현할 수 없을 만큼 엄청난 고통과 분노가 따르는 일입니다. 하지만 황소자리 남성이 한 번 떠나면 그걸로 끝이랍니다. 매일 조금이라도 친절함을 베푼다면 비극을 막을 수 있지요.

두 사람은 공동의 혹은 각자의 경제 상황에 대해 무수한 논쟁을 피할 수 없습니다. 그렇지만 양자리 여성은 황소자리 남성의 돈에 대한 태도에 감동적인 진실이 있음을 곧 배우게 될 것입니다. 자신이 가지고 있는 것과는 무척이나 다른 태도이지요.

양자리 여성은 처음에는 황소자리 남성을 너무 심한 구두쇠라고 생각합니다. 황소자리 남성은 양자리 여성을 앞날은 전혀 내다보지 않고 경솔하게 돈을 쓰는, 유지비가 많이 드는 여성이라고 생각합니다. 하지만 시간이 지날수록 양자리 여성이 돈을 경솔하게 쓰는 것이 대부분 즉흥적인 관대함 때문이라는 것을 알게 되지요. 양자리 여성은 자기 자신을 위해서도 돈을 많이 쓰지만 (양자리는 열두 별자리 중에 첫 번째 영역에 해당하기 때문에 본인의 외모에도 상당히 신경을 쓴답니다.) 어린아이처럼 순수하게 남들을 즐겁게 하기 위해, 그들이 웃는 모습을 보고 싶어서 돈을 쓰는 경우도 많습니다. 이런 사실을 알게 되면, 황소자리 남성은 그녀의 무신경한 지출에 대해 가지고 있던 못마땅한 생각을 누그러뜨리게 됩니다. 나중에는 그런 점 때문에 그녀를 더 사랑하게 될 수도 있지요.

황소자리 남성이 양자리 여성의 헤픈 씀씀이에 익숙해지는 법을 배울 때쯤, 양자리 여성은 황소자리 남성이 처음에 생각했던 심각한 구두쇠는 아니라는 것을 알게 됩니다. 그가 돈에 대해 신중한 것은 미래에 대한 보장을 확실히 하고 싶은 욕구 때문이라는 것을 이해하게 되지요. 황소자리는 갑자기 거리에 나앉거나 정부에서 제공하는 빈민 지원 대상이 될지도 모른다는 두려움을 가슴속에 깊이 간직하고 있습니다. 그러면 황소자리가 자랑스러워하는 자수성가 정신을 상실하겠지요. 두 사람의 미래가 어느 정도 보장되어 있다는 확신이 생기면, 황소자리 남성도 아주 관대해질 수 있습니다. 양자리 여성도 그런 사실을 알게 되지요. (전형적인 게자리나 염소자리라면 어느 정도의 보장으로는 만족을 못하겠지만요.) 흙이나 물 원소에 있는 달이나 동쪽별자리가 충돌 각도를 맺고 있지 않다면, 황소자리 남성은 양자리 여성만큼이나 친구들이나 가족들에게 경제적인 도움을 주고 싶어하고 그 돈을 갚을 것을 강요하지도 않습니다. 미래를 위한 자금이 충분하다면요. 전형적인 황소자리 남성은 미래의 노후 자금을 가지고 큰 도박을 하지 않을 것입니다. 양자리 여성이 월급이 오를 예정이니 더 좋은 집으로 이사를 가자고 설득을 해도 전혀 통하지 않을 것입니다. 황소자리 남성은 추가되는 비용을 감당할 수 있다는 확신이 있어야 움직입니다. 황소자리 남성에게 단순한 말로 된 약속은 약속이 아니랍니다.

양자리 여성에게는 황소자리 남성의 완고함이 세상에서 가장 잔인하게 느껴지는 순간이 있을 것입니다. 예를 들어 그녀가 황소자리 남성의 취향에 대해 지나치게 놀리거나 과장을 하면, 그는 사람들 앞이라도 그녀에게 불친절한 말을 할 수 있습니다. 그러면 양자리 여성은 공개적으로 사과를 하거나 아니면 적어도 그럴 의도가 아니었다고 인정하라고 강요할 것입니다. (물론 그럴 의도는 아니었지요. 양자리 여성도 잘 알고 있습니다.) 그러면 황소자리 남성은 시무룩하게 앉아 그녀가 원하는 말을 해주기를 거부할 것입니다. 양자리 여성은 처음에는 명령조로 말하겠지만 나중에는 거의 애원하겠지요. 하지만 그러면 그럴수록 황소자리 남성은 점점 더 말수가 적어지며, 마치 아무것도 듣지도, 보지도, 느끼지도 못하는 대리석처럼 굳어갈 것입니다.

마침내 양자리 여성은 분노의 눈물을 터뜨리며 자리를 박차고는 어두운 밤거리로 뛰쳐나갑니다. 그녀는 그가 세상에서 가장 잔인하고 냉정한 사람이라고 원망하지요. 두 사람의 관계는 그걸로 끝입니다. 자기에게 그렇게 잔인하게 굴다니요. 그녀가 어딘지도 모르고 걷다보니 커피숍이 보입니다. 안에 들어가서 혼자 앉아 커피와 도넛을 시켜놓고 나니 그 사람이 점점 더 미워집니다. 그런데 갑자기 둘이 좋아하던 노래가 스피커에서 흘러나옵니다. 그 순간 그녀는 그렇게 뛰쳐나오면서 자신이 잃어버린 것이 무엇인지 깨닫게 되지요. 계산을 하고 급히 나와서는 거리로 나섭니다. 혼자 서 있자니 무척이나 쓸쓸합니다. 집으로 돌아가려고 택시를 잡으려는데, 맙소사 택시도 보이지 않습니다. 그리고 정말로 겁이 납니다. 늦은 시간이고 택시는 보이지도 않고 집까지 걸어가야 합니다. 걸으면서 이런저런 생각을 하지요. 길거리는 유난히도 조용하고 황량하게까지 느껴집니다.

그런데 갑자기 어떤 그림자가 보입니다. 길 건너에 어떤 남자가 벽에 기대어 서서, 차분히 그녀를 기다리고 있습니다. 그 사람입니다. 그 사람이 여전히 그 자리에 있었던 거지요. 양자리 여성은 갑자기 너무 기뻐, 달려가 황소자리 남성의 품에 안깁니다. 황소자리 남성은 결국 그녀를 떠나지 않은 것입니다. 이제 다시 두 사람 사이는 괜찮아졌습니다. 아니, 이번에는 괜찮아졌다고 해야 할까요? 다음에도 양자리 여성은 화를 내고 감정적으로 변해 이별을 고하는 장면을 연출할 겁니다. 아마도 여러 번. 하지만 황소자리 남성은 인내심을 가지고 기다려줄 것입니다. 하지만 늘 그럴까요?

양자리 여성이 현명하다면, 너무 늦기 전에 자신의 행운을 잘 관리하겠지요.

양자리 남성과 황소자리 여성

"만일 이 넥타이를 내 목에 매지 못하면, 오늘 저녁 파티에 안 갈 거요.
오늘 밤 파티에 안 간다면, 다시는 사무실에도 출근하지 않을 거요.
그리고 만일 내가 회사에 가지 않으면, 당신과 나는 굶어죽게 될 거고…."
그 순간에도 달링 여사는 평온했다. "제가 해볼게요. 여보."
그녀는 그렇게 말하고는, 침착하고 맵시 있게 넥타이를 매주었다.

양자리와 황소자리 관계에서 여성이 황소자리이고 남성이 양자리인 경우라면, 그 반대인 경우보다 성공할 확률이 조금 더 높습니다. 황소자리의 수동성과 지속성 그리고 조용한 수용성은 여성을 통해 발현될 때 더 자연스럽지요. 양자리의 저돌성과 독립성 그리고 단호한 행동은 남성을 통해 발현될 때 더 자연스럽습니다. 남녀평등의 시대에 무슨 말이냐고요? 그렇다 하더라도 자연이 가지고 있는 음양의 이치는 변하지 않는 법이니까요. 아무튼 이 관계에서는 여성이 황소자리이고 남성이 양자리일 때 충돌이 더 적습니다. 하지만 두 사람의 관계에 더 영향을 미치는 것은 충돌의 횟수보다는 충돌의 강도이지요. 그러니 이 두 사람의 관계도 그리 낙관적이지만은 않답니다.

황소자리 여성은 출생차트에서 네 번째 영역에 심각한 문제가 없다면 타고난 주부입니다. (그녀의 배우자는 얼마나 좋을까요!) 출생차트의 다른 영향으로 인해 드물게 '놀기 좋아하는' 경향이 있더라도, 황소자리 여성의 기본적인 욕망은 안락한 가정을 꾸려서 좋은 가구를 채우고, 좋은 음식을 만들고, 자녀를 기르고, 음악이 흐르는 집을 갖는 것입니다. 물론 좋은 침대가 있어야 하고 구석구석 깨끗해야 하며, 옷가지들은 깔끔하게 정리되어야 하고, 각종 고지서도 밀리지 않아야 합니다. 또 뒤뜰에는 꽃이 피는 정원이 있어야 하고, 욕실이 두 개 이상이어야 하며, 거기에는 향 좋은 목욕용품들이 채워져 있어야 하지요. 황소자리 여성은 타당한 이유 없이 질투하지 않으며 인내심이 많고 잔소리는 거의 하지 않습니다. 남편의 사업상 지인들을 초대할 때는 따뜻하고 품위 있는 안주인 역할도 잘해냅니다. 그리고 남의 얘기도 잘 들어주지요.

양자리 남성은 어떨까요? 그는 제일 좋아하는 주제를 얘기하는 동안 들어줄 청중이 늘 필요한 사람입니다. 그 주제란 바로 자신입니다. 양자리 남성은 새로운 프로젝트나 새로운 아이디어를 홍보하려고 사람들을 자주 집으로 초대합니다. '절약'이라는 낱말의 뜻을 제대로 배운 적이 없기에 집안 경제가 어떻게 돌아가는지는 별로 관심이 없습니다. 그러니 황소자리 여성이 얼마나 살림을 잘하는지 아시겠지요?

문제는 두 사람이 결혼하기로 결정하고 보금자리를 꾸밀 준비를 시작하면서부터 발생합니다. 황소자리 여성은 시골이나 도시 근교에 사는 것을 더 좋아합니다. 대부분 양자리 남성은 신나는 도시 생활 없이는 오래 버티지 못하지요. 버틸 수 있는 양자리 남성이 좀 있을 수는 있지만 그 수가 극히 적을 뿐더러, 그렇다 하더라도 주말에는 도심의 화려한 불빛 속에서 지내는 것을 좋아할 것입니다. 캠핑이나 하이킹을 제외하면, 양자리 남성은 전원생활을 좋아하는 유형이 아닙니다. 그의 달이나 동쪽별자리가 황소자리라면 채소를 기르거나 소젖도 짜보았을 수는 있겠지만, 기본적으로 양자리 남성은 그런 일보다는 택시를 잡아타고 기적을 쫓는 것을 더 좋아합니다.

두 사람의 공동재산과 관련해서도 마찰이 생길 수 있습니다. 돈에 대한 두 사람의 태도가 전혀 다르기 때문이지요. 양자리 남성은 새로운 자동차를 사고 싶어하고, 황소자리 여성은 냉장고를 바꾸고 싶어합니다. 양자리 남성이 은행 직원 중에 가장 좋아하는 사람은 대출 담당 직원이고, 황소자리 여성이 가장 좋아하는 직원은 적금 담당 직원입니다. 하지만 양자리 남성이 그녀에게 줄 보석을 살 때는 황소자리 여성도 조금은 너그러워집니다. 황소자리 여성은 좋은 보석이나 집 안에 둘 고가의 장식품 같은 것을 좋아하지요. 물론 실용적인 것이어야 합니다. 최소한 몇 백 년은 쓸 수 있는 훌륭한 물건이어야 하지요.

황소자리 여성은 보통 아주 차분합니다. 하지만 양자리 남성이 새로 산 소파에 담배로 구멍을 낸다거나 카펫에 포도 주스를 쏟을 때는 그녀의 침착함이 온데간데없이 사라집니다. 그는 그녀가 왜 그렇게 작은 일에 화를 내는지 도무지 이해할 수 없습니다. 엎질러진 물을 보고 통탄하는 것은 양자리에겐 시간 낭비이니까요. 뭔가를 잃어버리거나 부서졌다면 다시 사면 그만이지요. 하지만 황소자리는 그렇게 생각하지 않습니다.

다행스럽게도 두 사람 사이에 발생하는 이런저런 불협화음은 침대에서 화해할 수 있답니다. 두 사람 사이의 육체적인 관계는 편안하고 만족스럽습니다. 양자리 남성은 황소자리 여성이 가진 감각적이고 에로틱한 능력을 결코 싫어하지 않습니다. 다만 사랑을 나눌 때 황소자리 여성이 창의적이지 못한 것에 대해서는 약간 절망할 수도 있습니다. 황소자리 여성은 감각의 충만함에다 보너스로 뛰어놀 자녀를 얻을 수 있다는 면에서, 섹스를 실용적이고 즐길 만한 활동으로 반깁니다. 같은 이유로 황소자리 여성은 왜 섹스가 두 사람의 영혼을 마치 티베트에 있는 산꼭대기로 데려다주는 듯한, 혹은 로마의 트레비 분수에 동전 세 개를 던져서 기적이 일어나는 것 같은 야한 꿈이어야 하는지 잘 이해하지 못합니다. 그녀에게 섹스는 그냥 섹스입니다. 그것이 왜 지저분한 분수에 애꿎은 동전을 던지는 일과 관련이 있는지 도무지 이해할 수가 없지요. 황소자리의 여성은 섹스에 대해서도 독특한 유머 감각을 가지고 있답니다. 황소자리의 유머 감각은 삶의 모든 면에서 다양하게 나타나지요. 아주 광범위하게요. 양자리 남성이 신혼여행 첫날밤 열정적으로 침대로 달려들다가 압정을 밟았다고 해보죠. 황소자리 여성은 갑자기 웃음이 터져서 멈출 수가 없답니다. 양자리 남성의 반응은 어떨까요? 그 일 때문에 아마도 첫날밤이 며칠 미뤄질 겁니다. 그의 자존심이 회복될 때까지요.

황소자리 여성은 양자리 남성과 연애를 하는 내내 양자리 남성의 낭만적인 이상주의로 인해 어리둥절할 겁니다. 하지만 그 때문에 두 사람의 속궁합이 나빠지지는 않습니다. 황소자리 여성은 깊은 감정의 옹달샘을 가지고 있답니다. 그녀는 양자리 남성의 강력하고도 직선적인 사랑의 열정에 황소자리의 특별한 여성성으로 응답할 수 있지요. 그리고 양자리 남성의 남성적인 카리스마에 대해 그녀가 보여주는 기쁨은, 그로 하여금 행복을 찾기 위해 왜 굳이 산을 올라야 했는지를 후회하게 한답니다. 그녀와 있는 것만으로 이렇게 행복한 것을요.

한 가지 경고해둘 것이 있습니다. 황소자리 여성이 양자리 남성의 성적인 뉘앙스를 다 이해하는 것은 아니라고 해서, 그녀가 감성이 부족하다거나 낭만적이지 않다는 뜻은 아닙니다. 황소자리 여성은 분명 감성도 풍부하고 낭만적입니다. 만약 배려가 부족하고 생각이 없는 양자리 남성이 밸런타인데이를 잊고 지나거나 두 사람이 처음 만나던 날을 잊어버린다면(처음 사랑을 나누던 날, 처음 결혼을 결심했던 날, 결혼하던 날 등도 모두 포함됩니다.), 그다음엔 무슨 일이 일어날지 아무도 모른답니다. 황소자리 여성은 개인적으로 상처를 받거나 감정이 다칠 때는 절대로 절대로 절대로 잊지 않습니다.

어떤 천문해석가는 황소자리 여성을 마치 목초지에 있는 태평하고 만족스러운 소처럼 묘사하는 경우가 있는데, 이건 그녀에 대한 모독입니다. 물론 그녀는 화려하게 치장하지도 않고, 사람들의 관심의 중심에 서 있지도 않습니다. 하지만 그녀의 아름다움은 고요한 우물 같아서 근처에 향기로운 백합이 피어 있는, 깊고 깊은 소나무 숲의 향기가 난답니다. 황소자리의 매력은 남성들의 마음을 강력하게 사로잡습니다. 특히, 쉴 줄 모르는 양자리의 마음에 평화로움과 함께 다채로운 모험을 약속해주지요. 양자리 남성은 너무나도 차분하고 침착한(양자리 남성은 자신이 늘 그런 사람이 되고 싶어한답니다.) 이 여성이 자신의 영혼을 싱싱한 꽃으로 채워주고, 자신의 집을 사랑과 동료애라는 음악으로 흘러넘치게 해줄 거라는 사실을 금방 알게 됩니다. 게다가 그녀는 보기 드문 훌륭한 요리사이기도 하지요. 또 있습니다. 황소자리 여성은 양자리 남성의 마음을 웃음으로 채우는 동시에 영원히 변치 않을 충성심으로 충만하게 한답니다. 그녀는 심지어 돈을 어떻게 불리고 저축할지도 잘 알지요. 어떤 소가 그런 걸 다 할까요? 이 여성은 짙은 화장을 하지 않아도 남들보다 더 여성다움을 잘 간직할 수 있습니다. 마음이 따뜻한 황소자리 여성은 자신의 여성성을 증명하기 위해 짙은 마스카라를 칠할 필요가 없답니다.

하지만 그녀는 가끔 틀에 박힌 생활에서 과감하게 벗어날 필요가 있습니다. 황소자리 여성이 뭔가에 대해 결심을 하면, 다정다감하고 열린 마음을 가진 양자리 남성에게는 상당히 냉정하고 무정해 보일 수 있답니다. 그녀는 더는 어떤 토론도 거부하고 문을 쾅 닫고 나가버리지요. 그런 순간에 그가 그녀에게 너무 고집을 부린다고 소리를 치면 별로 득이 될 것이 없습니다. 황소자리 여성이 양자리 남성에게 아주 단호하게 이기적인 응석받이라고 말하는 것과 같은 효과가 나타날 테니까요. 한마디로 아무 소용이 없을 거라는 뜻입니다.

누가요? 황소자리 여성이 고집이 세다고요? 누구요? 양자리가 이기적이고 응석받이라고요? 두 사람이 상대방의 단점을 인정할 때까지 화를 내는 것은 현명한 방법이 아닙니다.

황소자리 여성의 마음을 얻기 위해서는 네 가지 길이 있습니다. 많이 사랑해줄 것, 야망을 품을 것, 정직할 것, 경제적인 안정을 보장할 것, 이렇게 네 가지입니다. 양자리 남성은 처음 세 가지는 문제없이 제공해줄 수 있습니다. 하지만 네 번째를 위해서는 자신의 생활 방식을 수정해야 할 것입니다. 양자리 남성의 수입은 좀 오락가락하는 편이라서, 이 때문에 황소자리 여성의 신경이 날카로워질 수 있지요.

물론, 대체로 황소자리 여성은 그다지 신경이 날카롭지 않습니다. 감정적인 혹은 재정적인 안정감이 위협을 받을 때만 그렇지요. 그렇지 않은 대부분의 경우, 황소자리 여성은 고요한 신비로움을 풍기기 때문에 특히 양자리 남성에게는 아주 달콤한 위안이 됩니다. 또한 이런 면은 역동적인 양자리의 화성 에너지가 다양한 정신적, 감정적, 육체적 과로로 고갈되었을 때 재충전하는 데도 큰 도움이 된답니다. (양자리 남성은 지쳐 쓰러질 때까지 조깅하지요.) 하지만 아주 드문 경우로 황소자리 여성이 한번 화를 낼 때는, 마치 화산 폭발이 일어나는 것 같은 분노가 표출되기도 합니다. 사전 경고도 없이 갑작스럽게 일어납니다. 차분하던 신비로움은 오간 데 없습니다. 하지만 이런 경우는 매우 드물어서 두 사람의 관계에 크게 문제가 되지는 않습니다. 양자리가 현명하지 못해서 이런 위험한 순간에도 이겨보려고 한다면 다른 문제이지만요. 절대로 이길 수 없답니다. 후퇴가 최선의 방책이지요. 차라리 지진에 맞서 싸우세요.

양자리 Aries

불 · 시작하는 · 능동적
지배행성: 화성
상징: 숫양
양(+) · 남성적

Gemini 쌍둥이자리

공기 · 변화하는 · 능동적
지배행성: 수성
상징: 쌍둥이
양(+) · 남성적

양자리와 쌍둥이자리의 관계

진짜 토요일 밤은 아니었다. 아니, 어쩌면 진짜 토요일이었는지도 모른다.
날짜를 세지 않은 지가 오래되었으니까.
단지 그들은 무언가 특별한 일을 하고 싶을 때는 언제나
"오늘은 토요일 밤이야."라고 말했다. 그럼 그 일을 할 수 있으니까.

양자리와 쌍둥이자리가 한 팀으로 일하면 등화관제용품, 인도악어, 고물 전동차, 분리수거를 하지 않은 쓰레기 등 모든 것을 팔 수 있습니다. 그들은 맨해튼을 인디언에게 다시 팔아버릴 수도 있습니다. 물론 처음부터 인디언들이 형편없는 조건에 계약을 했다는 사실을 알게 되면, 덤으로 뉴욕도 주고 백인들이 빼앗았던 다른 모든 권리도 함께 주려고 하겠지요. 할 수만 있다면 그렇게 할 겁니다. 두 사람은 이상주의자니까요.

양자리와 쌍둥이자리는 둘 다 대의명분을 좋아하고, 창의적이고 끈질긴 영업 능력을 똑같이 가지고 있지요. 그래서 둘이 함께라면 기발하고도 환상적인 전략을 구사할 수 있습니다. 하지만 두 별자리는 권력이나 돈에 대해서는 공통적으로 무심한 태도를 보여서, 능력에 비해서는 크게 성공하는 경우가 드물기도 합니다. 어떤 분야에 관심이 생기면, 양자리는 감정적 에너지를 쌍둥이자리는 지적 에너지를 한순간에 쏟아냅니다. 하지만 그뿐이지요. 그 어떤 것도 양자리와 쌍둥이자리의 관심을 오래

붙잡아둘 수 없습니다.

양자리는 순진무구한 성급함으로 부풀어 오르고, 쌍둥이자리는 자신을 얽어매는 모든 고리를 끊음으로써 완전한 독립을 얻고 싶어합니다. 두 사람 사이에서는 성숙한 사고는 없습니다.

3-11 태양별자리 관계에서 나타나는 특징은 기본적으로 낙관주의적인 태도입니다. 양자리와 쌍둥이자리가 이웃이나 친구, 사업 파트너, 친척, 연인 등의 관계로 만나면 자유에 대한 두 사람의 의지는 배가됩니다. 전통과 신중함으로 옥죄려는 모든 이들로부터 자유로워지고자 하는 의지가 더 강렬해지지요.

양자리와 쌍둥이자리는 각자 따로 있어도 함께 있어도 젊어 보이고 행동도 젊게 합니다. 종종 어린아이처럼 굴기도 합니다. 어린아이들은 사랑스럽고 천진난만하지요. 동시에 의도하지는 않지만 이기적이고 비이성적이며 생각이 없을 수도 있습니다. 두 사람이 만났을 때도 같습니다. 두 사람 모두, 아니면 적어도 둘 중 한 사람은 성숙해져야 합니다. 그렇지 않다면 두 사람이 함께하는 시간은 대부분 모래성을 쌓으며 놀게 될 것입니다. 알록달록한 통과 커다란 삽을 가지고요.

기본적으로 양자리와 쌍둥이자리는 모두 정직합니다. 특히 양자리가 더 그렇지요. 하지만 두 사람은 어디까지 정직했고 어디부터 자기기만이 시작되었는지조차 모르게, 서로를 속일 수 있습니다. 두 사람이 각자 가지고 있는 순진함 혹은 무지 때문입니다. 다른 측면에서 보자면, 두 사람은 모두 서로에게든 대중에게든 무언가를 파는 일에 전문가들이기 때문이기도 합니다. 만약 판매하는 제품이 진짜가 아니라면, 두 사람 중 쌍둥이자리가 먼저 수성의 예리하고도 분석적인 지성으로 그것을 의심하기 시작할 것입니다. 하지만 쌍둥이자리는 그것이 처음에 믿었던 것과 같이, 여전히 진짜라고 자신을 속일 수 있을 만큼 똑똑하답니다. 양자리는 화려하게 반짝이기만 하는 것과 진짜 보석의 차이를 구별해내기가 정말 어렵습니다. 그 차이를 식별해낼 수 있을 때까지, 양자리는 수없이 반복하여 상처받고 실망해야 할 것입니다.

제가 지금까지 두 사람이라고 언급했는데요, 사실은 세 사람이라고 해야할지도 모릅니다. 양자리는 확실히 한 명이지만 쌍둥이자리는 두 사람이니까요. 쌍둥이자리 한 명은 진짜 자신이고 다른 한 명은 되고 싶은 자신이랍니다. 쌍둥이니까요. 그 두 명에다 화성의 자의식을 가진 양자리가 더해져서 만들어진 에너지는 사람들을 유혹하고 반항하고 어울리고 충돌하면서 대단히 북적댈 것입니다. 양자리와 쌍둥이자리는 기본적으로 아주 잘 맞습니다. 하지만 그 때문에 가끔은 서로 거리를 두고 서서, 낯선 시각으로 서로를 바라보는 시간이 필요할지도 모릅니다. 그러면 두 사람 사이에 쌓일 수밖에 없는 안개를 조금은 걷어낼 수 있을 테니까요.

둘은 잘 어울리지만 차이도 많습니다. 양자리는 본능적으로 앞으로 치고 나갑니다. 궁극적으로 승리할 것을 확신할 뿐만 아니라, 그 명분의 진정성에 대해서도 확신을 가지고 있기 때문입니다. 어떤 상황이나 문제에 대해서도 장단점을 검토해볼 시간이 거의 없지요. 반대로 쌍둥이자리는 모든 가능한 책략과 결과를 공기 별자리 특유의 냉정하고도 객관적인 논리로 이리저리 판단합니다. 하지만 뛰어난 쌍둥이자리의 지적 활동에는 아쉽게도 실용성이 빠졌답니다. 또 쌍둥이자리는 어떤 문제가 생길 것인가는 재빠르게 추론해낼 수 있지만, 영리한 수성의 전략으로 운명이나 심지어 자기 자신마저도 속여 넘기려는 경향이 있지요.

양자리와 쌍둥이자리의 접근 방식에는 다른 점도 있습니다. 시작하는 에너지를 가진 양자리는 뭐든 대장 역할을 하려고 합니다. 대범한 열정을 가지고 앞서서 도전하고, 항상 나서서 일을 시작하며 영감을 주려고 하지요. 양자리는 자신의 감정을 끌어내는 것이라면, 말이 되든 안 되든 무조건 수락하는 경향이 있습니다. 그 감정이란 게 자신의 자존심을 세워주는 것이라면요.

변화하는 에너지를 가진 쌍둥이자리는 어떤 것도 개인 감정과 연결 짓지 않는 것을 선호합니다. 수성의 이성에 따른 논리와 명석함을 통해 자신의 지성에 호소하는 아이디어를 받아들이지요. 진정한 자기 자신은 뒤에 남아 있습니다. 쌍둥이자리의 매력에 최면당한 사람들이 전혀 눈치채지 못하게 말이에요.

양자리는 대열의 맨 앞에 서서 사람들을 향해 손을 흔드는 것을 좋아합니다. 반면 쌍둥이자리는 그런 영웅이 되고 싶은 욕구가 전혀 없습니다. 쌍둥이자리는 지도자의 숨 막히는 의무를 모두 다른 사람에게 위임하고 싶어합니다. 그들은 책임으로부터 자유로운 상태로 지내면서 새로운 아이디어, 사람, 장소를 탐험하고 싶어하지요. 쌍둥이자리식의 분석은 양자리보다는 열정이 덜합니다. 모든 가능한 결함이나 잠재성에 대해, 컴퓨터 같은 지성으로 냉정하게 확인을 하기 때문이지요. 사실 쌍둥이자리는 양자리의 감정적인 태도에 공감하는 편입니다. 수성이 지배하는 쌍둥이자리 사람들은 화성의 무모한 충동을 잘 이해한답니다. 다만 자신은 감정적 개입을 가능한 한 피하고 싶어합니다.

쌍둥이자리는 자신의 꿈이나 날개를 꺾어버릴 그 어떤 것도 믿지 않는답니다. 질식할 것 같은 친밀한 인간관계나 변화나 도전이 없는 장기 고용계약 같은 것들이요. 자신들의 정신이 속박당하는 것을 두려워하기 때문이지요. 공기 별자리인 쌍둥이자리는 불 별자리인 양자리의 불꽃 근처까지 치솟습니다. 하지만 쌍둥이자리와 양자리가 동시에 추구하는 자유를 누리기 위해서는, 조금 거리를 두는 것이 더 좋습니다. 물론 정신적으로나 감정적으로나 자유가 지나칠 경우에는 쌍둥이자리도 혼란스러워질 수 있지요. 그런 때는 양자리의 단순 명쾌함이 그 매듭을 푸는 데 도움을 줄 수 있습니다.

다행스럽게도 전형적인 양자리는 쌍둥이자리의 이중성을 감지할 뿐만 아니라, 기꺼이 그 이중성을 배려해주려고 합니다. 이런 이유로 양자리와 쌍둥이자리 관계는 쌍둥이자리에게 도움이 더 많이 되지요. 쌍둥이자리가 가지고 있는 꿈이 실현될지는, 그 꿈을 얼마나 이해해주는가에 달려 있기 때문입니다. 쌍둥이자리는 영원히 꿈을 쫓지만 그 꿈을 좀처럼 잡지 못합니다. 쌍둥이자리는 아주 어릴 적부터 다 큰 어른이 되어서까지 꿈을 꿉니다. 대부분의 사람에게 이들의 호기심과 실험 욕구는 그때그때의 변덕스러운 관심사로밖에 보이지 않습니다. 하지만 양자리는 압니다. 쌍둥이자리가 수많은 관심사를 쫓는 것은, 다양한 자신의 개성을 통합하기 위해 노력하는 것이라는 것을 이해하고 받아들입니다. 또한 양자리에게는 그런 면이 매력으로 다가오지요.

대화 중에 쌍둥이자리가 끊임없이 상상력을 펼치며 이리저리 주제를 바꾸는 것에 대해서도, 양자리는 남들보다 화를 덜 냅니다. 말을 하고 있는 쌍둥이자리를 방해하는 것은 나비를 잡으려 하는 것과 같다는 것을, 양자리는 이상하게도 잘 알고 있습니다. 남의 말을 중간에 끊기로 유명한 양자리가 말이에요. 양자리와 쌍둥이자리가 서로 별로 화를 내지 않으면서 서로의 말을 끊어가며 대화를 나누는 것은, 이 조합이 보여주는 가장 즐거운 모습이랍니다.

물론 조금 다른 상황이 전개될 수도 있습니다. 양자리는 쌍둥이자리가 공상만 많이 하고 구체적인 행동을 하지 않는다고 비난할 수 있습니다. 당장 해답을 내놓으라고 윽박지를 수 있지요. 그러면 쌍둥이자리는 그 비꼬는 말투로 상처받기 쉬운 양자리의 자존심을 건드릴 수 있습니다. 그런 쌍둥이자리의 공기 별자리 태도는 불 별자리인 양자리의 불꽃을 부채질해서 불꽃이 튀는 전쟁으로 이어질 수도 있습니다. 하지만 잠시 뒤면 분위기는 바뀐답니다. 아무리 치열한 전투를 벌였다 해도, 두 사람에게는 그 잔재가 오래 남지 않는답니다. 모든 3-11 태양별자리 관계에서처럼, 양자리와 쌍둥이자리는 기본적으로 좋은 친구입니다. 또 대부분은 좋은 친구로 남을 것입니다. 두 사람은 서로 다른 의견을 가지고 있어도 분위기를 바꿔가며 사이좋게 대화를 나눌 수 있답니다.

수성이 지배하는 쌍둥이자리의 지성은, 비록 차분하고 매력적인 가면을 쓰고 있어도 팽이를 닮았습니다. 늘 빠르게 돌지요. 양자리는 그 위에 즐겁게 올라타서는 어지러운 속도를 즐길 것입니다. 양자리가 너무 많은 질문과 요구로 쌍둥이자리의 자유로운 정신을 얽매려고 하지만 않는다면, 두 사람 사이는 아주 원만할 것입니다. (실은 둘이 아니라 셋입니다. 양자리 한 명과 쌍둥이니까요. 아니, 넷일 수도 있습니다. 양자리 한 명, 쌍둥이 그리고 양자리의 강력한 자아까지 포함해서요.) 양자리와 쌍둥이자리는 두 사람이 생각하는 이미지를 합쳐서 별까지 닿는 높은 모래성을 쌓을 수도 있습니다. 하지만 그 기초가 튼튼하고 안정되어야 할 겁니다. 아니라면 땅위로 곤두박질칠 테니까요. 그러므로 처음에 기초공사를 튼튼히 한다면, 두 사람은 무지개와 요정들을 볼 수 있는 높은 곳까지 올라갈 수 있습니다.

꿈의 이상향인 샹그릴라를 찾아 헤매는 영원한 청춘들, 양자리와 쌍둥이자리 커플에게는 인내심이 중요한 열쇠가 됩니다. 두 사람에게는 늘 옆집 잔디가 푸르러 보이지요. 하지만 두 사람이 함께라면, 다른 사람들보다, 혹은 혼자 하는 것보다 샹그릴라를 찾을 확률이 훨씬 높답니다.

양자리 여성과 쌍둥이자리 남성

"날 잊지 않을 거지? 그지? 봄이 오기 전까지는 말이야."
물론 잊지 않을 거라고 피터는 약속했다. 그러곤 날아갔다.

손을 잡은 채, 마치 어린아이들처럼 깡충깡충 길을 따라 걷는 양자리 여성과 쌍둥이자리 남성이 있습니다. 또 다른 양자리 여성과 쌍둥이자리 남성 커플은 아침에 눈뜰 때부터 잠들 때까지, 그리고 심지어 꿈을 꾸면서도 끊임없이 언쟁을 벌입니다. 양자리와 쌍둥이자리가 연인으로 만나면 독특한 화학작용이 일어납니다. 솜사탕처럼 달콤한 관계가 지속되는가 싶다가도, 갑자기 날카로운 상처를 입지요. 두 사람은 승리의 영광도 재난도 함께 만들어냅니다. 다른 공기 별자리들(물병자리, 천칭자리)과는 달리, 쌍둥이자리는 찬양과 경멸을 너무나도 또렷하고 정확하게 말로 표현합니다. 다른 불 별자리들(사자자리, 사수자리)과는 달리, 양자리는 사랑이든 증오든 그 순간에 너무 많은 열정을 쏟는 나머지 나중에 후회할지도 모른다는 생각을 못하지요.

3-11 태양별자리 관계는 다정하면서도 의사소통이 매우 원활합니다. 그래서 두 사람은 가끔, 아니 자주 다툽니다. 하지만 남들보다 열정적인 논쟁 덕분에, 둘 사이엔 새로운 관계가 싹트고 미래에 대한 새로운 기약도 생겨날 수 있지요. 두 사람 사이의 다툼은 극단적인 말싸움으로 치닫지만 그리 심각해지지는 않습니다. 그들은 두 사람 모두 전쟁 중에도 휴전의 가능성을 인지하고 있는 것처럼 보인답니다.

두 사람은 자신들을 이렇게 표현할 수 있습니다.

어떤 이들은, 언젠가는 서로 미워할 것처럼 사랑하지만
우리는, 언젠가는 서로 사랑할 것처럼
조금 조심스럽게, 서로를 미워한다네.
_『금성은 한밤에 120도를 맺는다』 (린다 굿맨)

양자리와 쌍둥이자리의 사랑에는 제약이 거의 없습니다. 이 두 사람이 서로 사랑에 빠지면 시간을 낭비하지 않습니다. 이 둘은 결혼하면 행복할 수 있을까, 아니면 비극으로 끝날까를 망설이는 법이 없습니다. 두 사람은 처음 만날 때부터 서로의 낙천적인 성격에 이끌리며 어떤 의심도 없이 서로에게 뛰어듭니다. 먼 미래에 대한 걱정 같은 것은 없습니다. 이혼이든 사별이든 그것이 어떤 형태이든, 마침내 이별이라는 상황이 올 수도 있겠지요. 하지만 크리스마스이브의 어린아이처럼 순수하고 맹목적인 믿음으로 사랑했던 행복한 시간이, 그들의 슬픔이나 상처를 달래줄 것입니다. 이것이 바로 3-11 태양별자리 관계의 미덕입니다. 이들은 처음 만나는 그 순간부터, 진정한 우정으로 서로에 대한 공감을 쌓게 된답니다.

두 사람 사이에서는 질투가 골칫거리가 될 수 있습니다. 전형적인 양자리 여성은 세상 어떤 여성보다도 질투심이 많은데, 구체적인 근거 없이 발생하는 질투심이므로 이성적인 판단이 불가능합니다. 이것은 소유욕이 아니라, 거부당하는 것에 대한 양자리 갓난아기 특유의 공포심으로 인한 것입니다. 또 자신이 소중한 존재라는 것을 끊임없이 확인받고 싶은 욕구 때문이기도 하지요. 갓난아기에게 거부라는 것은 곧 죽음을 의미합니다. 그러니 다른 사람에게 사랑을 빼앗길 수 있다는 이들의 걱정이 비록 지나치기는 하지만, 지속적인 애정에 의존할 수밖에 없는 무력한 신생아의 관점에서 보면 이해할 수도 있는 부분입니다. 겉으로 보이는 양자리의 밝고 독립심이 강한 모습 뒤에는 이런 두려움이 늘 존재하지요. 그 두려움은 현실이 아니라 허상이기는 하지만, 상처를 받고 싶지 않은 보호 본능으로 인해 생기는 감정입니다.

전형적인 쌍둥이자리 남성은 심하게 질투심이 많은 편은 아닙니다. 그래서 두 사람 사이에 어려움이 발생합니다. 양자리 여성은 내심 쌍둥이자리 남성이 질투해주기를 바라기 때문입니다. 스스로 깨닫건 깨닫지 못하건, 양자리 여성은 자기 남자의 질투심을 유발하는 것을 즐긴답니다. 자신이 얼마나 중요한 존재인지를 확인하려는 것이지요. 아무리 자주 확인해도 양자리는 늘 더 확인하고 싶어합니다. 양자리 여성이 너무 심하게 선을 넘으면 쌍둥이자리 남성은 어쩔 수 없이 그녀의 소원대로 질투를 표현할 겁니다. 하지만 대부분의 경우 쌍둥이자리 남성은 자신의 옷이나 기분, 아이디어, 꿈을 바꾸느라 너무 바쁘답니다. 그런 이유로 양자리 여성이 무심한 그의 질투를 불러일으키겠다고 다른 남자들과 수작을 부려도 눈치채지 못하는 경우가 많습니다.

　반대로 쌍둥이자리 남성은 양자리 여성의 분노를 사려고 다른 여성에게 수작을 걸 필요가 없습니다. 길모퉁이 과일 가게 아가씨에게 너무 친근하게 아침 인사를 건네기만 해도 화를 면치 못할 테니까요. 양자리 여성은 질투심이라는 공포를 숨기거나 자제하는 법을 배워야만 합니다. 하지만 쌍둥이자리 남성도 양자리 여성이 그렇게 행동할 수밖에 없는 내면의 동기를 이해해주어야 합니다. 양자리 여성은 자신이 별로 여성스럽지 못하기 때문에 남자를 빼앗기지 않을까 하는 두려움을 늘 가지고 있습니다. 세상에 넘쳐나는 광고 탓입니다. 광고 속의 섹시하고, 늘씬하고, 달콤하며, 보호해주고 싶은 여성들을 보세요. 직설적이고 남성적인 별자리로 태어난 양자리 여성을 탓할 수만은 없지 않겠어요?

　양자리 여성은 용기와 결단력이 있으며 열정적이고 야망이 있습니다. 모두 남성적인 특징이지요. 이런 양자리 여성이 여성스럽게 보이려면 어떻게 해야 할까요? 우아하게 앉아 여성 잡지를 읽으며, 남자에게 "당신 너무 멋져요!"라는 말이나 해야 할까요? 아무것도 스스로 하는 일 없이요? 아니면 요리하고 설거지하고 아기 기저귀를 갈아주고, 쇼핑이나 다니며 수다나 떨고, 다림질하고 또 설거지하고 요리하고 아기를 돌보며 음… 제가 아까 했던 말인가요? 죄송해요. 벌써 지루해지기 시작했거든요. 양자리인 저로서는, 자기 생각을 정확하게 알고 표현하는 여성들에게 왜 '주장이 강하다'는 딱지가 붙어야 하는지 이해할 수 없답니다. 만약 남성들이 진짜 여성보다 고분고분한 로봇이 더 좋다면 어쩔 수 없지요. 그들의 문제니까요.

　양자리 여성은 기적에 대한 순수한 믿음을 가지고 있습니다. 진정한 여성을 찾는 남자가 언젠가는 양자리 여성에게도 나타날 것이라는 믿음이지요. 그 남자가 쌍둥이자리일 수도 있습니다. 쌍둥이자리 남성은 아마 머리도 둘이고 욕망도 두 가지겠지만, 또한 사랑하는 여성과 정신적인 체스 게임을 벌이고 싶은 욕구도 가지고 있답니다. 쌍둥이자리는 먼저 머리로 사랑에 빠집니다. 그런 다음 마음이 따라오고 육체적인 욕망이 따라옵니다. 양자리 여성은 순서가 다릅니다. 먼저 마음으로 사랑에 빠지고, 그다음에 머리로 옮겨간 후에 마지막으로 육체적인 욕망이지요. 처음 두 가지의 순서가 다른 것은 전혀 문제되지 않습니다. 두 사람 모두 정신적이고 감정적인 확신 후에, 육체적인 사랑까지 갈 수 있다는 공통점이 있다는 게 중요합니다. 성공 확률이 아주 높은 공식이지요.

　쌍둥이자리 남성은 양자리 여성의 지속적인 지적 도전을 좋아할 것입니다. (양자리는 머리를 다스리고 쌍둥이자리는 지성을 다스리지요.) 양자리 여성도 쌍둥이자리 남성이 있는 그대로의 자신을 사랑해주는 모습을 신뢰하게 될 것입니다. 그러면 양자리 여성은 자신의 사랑스럽고 부드러운 면을 보여줄 것입니다. 더 잘났다고 주장하는 그런 남자들에게는 보여주지 않는 모습이지요. 고난도의 기술이 필요하지만, 할 수 있는 사람이 있다면 바로 쌍둥이자리 남성입니다. 그는 타고난 매력과 사교성(어떤 이들은 감언이설이라고 부르지만)으로 양자리 여성의 허영심과 자존심을 달래줄 수 있답니다. 또 양자리 여성이 시작하는 어떤 종류의 언쟁도 분명히 잘 감당해낼 것입니다. 양자리 여성은 제법 자주 그런 언쟁을 도발하지요.

양자리 여성은 쌍둥이자리의 전형적인 지각에 적응하느라 고생을 좀 할 겁니다. 그녀 자신도 시간을 정확하게 지키는 편은 아니지만, 거꾸로 그런 경험을 당해야 하는 상황에 부닥치면 좀 이기적인 반응을 보인답니다.

어떤 쌍둥이자리 남성이 한번은 저와 약속 시간에 세 시간 정도 늦은 적이 있지요. 저는 천문해석가인지라 그가 어떤 변명을 늘어놓을지 기대하면서, 기다리는 동안 이런 글을 썼답니다.

> 당신을 기다리게 해서 미안해요.
> 울지 마세요, 겨우 한두 시간인데,
> 그동안 뭐 다른 거라도 좀 하고 있지 그랬어요?
> 내가 당신이라면 그랬을 거예요.
> _『금성은 한밤에 120도를 맺는다』(린다 굿맨)

마침내 그 쌍둥이자리 남성이 약속 장소에 나타나서는 제가 쓴 글을 보고 탄성을 질렀습니다. "와! 제가 하려고 했던 말과 어쩜 이렇게 똑같아요?"

머리가 두 개인 데다 욕망도 둘인 쌍둥이자리 남성과 사랑에 빠진 여성이라면 '남들과 어울리기 좋아한다'는 말과 '외도를 한다'는 말의 차이를 잘 연구할 필요가 있습니다. 두 가지는 엄연히 다르니까요. 양자리 여성은 또한 '자유'라는 말과 '사랑'이라는 말의 차이도 연구해야 합니다. 그리고 쌍둥이자리 남성에게는 그 두 가지 말이 같은 뜻이라는 것도 이해해야 한답니다. 그러면 많은 언쟁을 피해갈 수 있지요.

두 사람의 섹스는 어떨까요? 쌍둥이자리 남성은 양자리 여성에게 섹스를 떠올리게 만드는, 그런 환상적인 자질을 가진 몇 안 되는 남성이랍니다. 양자리 여성은 성적인 사랑 표현을 이상화하는 경향이 있습니다. 그동안 읽었던 모든 책과 울며불며 보았던 모든 영화들 그리고 마음속 깊이 간직하고 있는 반짝이는 꿈들을 모두 합친 화려한 겹겹의 천 조각들을 짜깁기해놓은 것처럼 완벽한 이상이지요. 양자리 여성은 두 사람이 하나가 되는 순간, 실제로 종소리가 은은하게 들려야 한다고 생각합니다. 쌍둥이자리 남성과 함께라면 그런 종소리를 들을 수 있을 겁니다. 쌍둥이자리 남성의 상상력은 그녀의 낭만적인 신데렐라 꿈을 충족시켜줄 수 있을 테니까요.

두 사람이 이렇게 서로 공감을 할 수 있으므로, 둘은 처음 만나는 순간부터 사랑에 빠진답니다. 게다가 두 별자리 모두 행동이 빠른 편이지요. 하지만 양자리 여성의 사랑을 계속 불타오르게 하려면 단순한 환상보다 더 많은 것이 필요할지도 모릅니다. 양자리 여성은 구체적인 느낌도 필요합니다. 또한 양자리 여성은 두 사람이 가장 친밀한 순간에도, 쌍둥이자리 남성이 무언가 감추고 있다는 느낌이 들기 시작합니다. 그리고 그 느낌은 틀리지 않는답니다. 양자리 여성은 자신을 완전히 내어주는 본능으로 인해 아무것도 감추지 않습니다. 화성은 늘 직접적인 행동을 취하기 때문에 사랑을 주고받을 때도 전부를 보여줍니다. 쌍둥이자리 남성은 사랑을 나눌 때도 공기 별자리의 차가운 태도를 보이기 때문에, 양자리 여성의 육체적인 열정을 충분히 끌어내지 못할 수 있습니다. 그러면 양자리 여성은 동화 속 사랑 이야기는 공허할 뿐이고 사랑을 훨훨 타오르게 하는 불길 같은 것도 없다고 느끼게 됩니다. 그러고는 지루해하기 시작하지요. 더 나쁘게는 마음이 점점 굳어져버립니다.

쌍둥이자리 남성의 달이나 동쪽별자리가 불의 별자리라면 두 사람의 관계가 성공할 확률이 더 높습니다. 그렇지 않다면 쌍둥이자리 왕자님이 양자리 공주님에게 키스해서 잠을 깨우더라도, 그녀가 곧 다시 잠들어버릴지도 모릅니다. 열정이 없다면 말이에요. 그러면 양자리의 불은 양자리의 얼음으로 돌변합니다. 안타까운 일이지요. 양자리가 가진 불 에너지는 격려하고 보듬어주면 한없이 따뜻하고 관대해질 수 있거든요.

쌍둥이자리 남성이 도저히 이해할 수 없는 태도를 보일 때면, 양자리 여성은 아마 이렇게 말할지도 모릅니다. "당신이 내가 방금 한 말을 이해했다고 믿는 것처럼 보이네요. 하지만 제가 믿는다고 생각하는 것을 잘못 이해할까 봐 그러는데, 당신이 내가 의도하지 않은 뜻을 이해했는지 궁금해요." 그 말에 쌍둥이자리 남성이 어리둥절해하면, 양자리 여성은 이렇게 덧붙일 것입니다. "좋아요. 이제 자기 자신에게 말하는 게 어떤 느낌인지 알겠죠? 자신들이라고 해야 하나요?"

이 책을 읽는 양자리 여성이라면 아마도 이 부분을 열어서 쌍둥이자리 남성에게 보여주고 싶을 것입니다. 자신이 쌍둥이자리 남성의 마음을 잡아주지 않았다면, 그의 삶이 얼마나 지루했을지 상기시켜주고 싶을 것입니다. 하지만 그녀는 이 책을 쌍둥이자리 남성에게 들이밀고 당장 읽어보라고 명령하고 싶은 충동을 참는 게 좋습니다. 동화 속 공주는 절대로 그렇게 안 하니까요.

양자리 남성과 쌍둥이자리 여성

피터가 다시 웬디 쪽으로 돌아왔다. 그의 눈빛에는 탐욕이 어렸다.
그 눈빛에 웬디는 겁을 먹어야만 했다. 하지만 웬디는 놀라지 않았다.

양자리 남성과 쌍둥이자리 여성이 고등학교 시절 첫사랑으로 만나 결혼하지 않은 이상, 양자리 남성은 쌍둥이자리 여성의 과거 때문에 몹시 화가 날 수 있습니다. 보통 사람들보다 좀 심하게 화를 낼 수 있습니다. 그 대상에는 전남편이나 헤어진 약혼자, 희미한 옛사랑의 그림자까지 모두 포함됩니다.

쌍둥이자리 여성은 달이나 동쪽별자리가 염소자리, 처녀자리, 게자리 또는 황소자리가 아니면 일찍 결혼해서 고생하는 예가 많습니다. 쌍둥이자리 여성이 변덕이 심하거나 바람을 피워서가 아닙니다. 쌍둥이자리 여성이 모든 투수의 명단을 검토한 뒤 자신이 던지는 공을 평균적으로 잘 치는 선수를 고르기 때문입니다. 물론 일반적으로는 투수는 타자가 아니므로 공을 치지 않지요. 하지만 쌍둥이자리 여성은 두 가지를 동시에 잘하는 사람을 선택하고 싶어한답니다. 양자리 남성이라면 뭐든지 남들보다 더 잘하니 크게 신경 쓸 일은 아니지만, 이 점을 기억해둔다면 더 좋겠지요?

쌍둥이자리 여성은 언덕 위에 금빛 창문틀을 가진 집을 꿈꿉니다. 그래서 언덕을 올라가지요. 하지만 정상에서 다시 아래를 내려다보면, 거기 아랫마을에 금빛 창문틀을 가진 집이 또 보입니다. 다시 언덕을 내려와 그 집을 보러 가지만, 창문틀은 처음에 생각했던 것처럼 금빛이 아니라 그냥 평범한 색깔입니다. 그녀는 다시 언덕 위의 빛나는 금빛 창문틀의 집을 바라봅니다. 자신이 잘못했다는 사실을 깨닫고 다시 언덕을 오르지요. 결과는 또 실망이겠지만요. 금빛 창문틀은 왜 그렇게 찾기 힘든 걸까요? 언덕 위를 올랐다 다시 내려왔다가는 또다시 올라가는 일을 반복하다 보면, 그녀의 마음은 지칩니다. 마침내 그녀는 깨닫지요. 그 금빛은 실제로 금빛이 아니라 태양의 반사로 생긴 환영이었으며 시간과 장소에 따라 위치도 달라진다는 사실을요.

쌍둥이자리 여성이 옛사랑이 진정한 사랑이었다고 결론을 내리는 때가 있습니다. 하지만 그것 역시 환영이라는 것을 깨달을 즈음에는, 양자리 남성을 저기 언덕 위

아니면 언덕 아래 혼자 남겨두고 오는 실수를 하고 난 후입니다. 양자리 남성은 그녀가 가지고 있는 옛사랑에 대한 향수를 절대로 이해해주지 않을 것입니다. 정작 자신은 가끔 혼자 숲속에 들어가 촛불을 켜놓고 옛사랑을 추억하면서 말이에요. 자기중심적인 성향을 가진 양자리니까요! 양자리는 그렇게 해도 됩니다. 하지만 쌍둥이자리 여성은 그렇게 하면 안 됩니다. 왜 자신은 되고 그녀는 안 될까요? 양자리 남성은 자신의 옛사랑에 대한 추억이 순수하며 큰 의미가 없다는 것을 알고 있습니다. 하지만 쌍둥이자리 여성의 추억도 그런지는 확신이 서질 않는답니다.

두 사람의 관계는 큰 즐거움이지만 동시에 몇 가지 위험 요소가 있습니다. 의지력과 안정성이 부족할 수 있다는 게 그중 하나입니다. 양자리는 추진력과 열정을 많이 가지고 있지만 시작한 일에 매달리는 힘은 없습니다. 남성들은 무의식적으로 부족한 점을 여성에게 의지하지요. 하지만 쌍둥이자리 여성에게 의지하는 것은 허공에 떠 있는 깃털에 의지하는 것과 마찬가지랍니다. 의지력과 믿음직함은 쌍둥이자리 여성의 장점도 아니니까요. 결과적으로 이 두 사람(아니, 세 사람이나 네 사람일 수도 있지요.)은 사랑의 불꽃을 높이 피워 올릴 수는 있지만, 결국 서로의 약점으로 쉽게 맥이 빠질 수 있습니다.

양자리 남성은 쌍둥이자리 여성이 집 안에 틀어박혀 앞치마를 두른 채 청소를 하거나 화초에 물이나 주기를 바라지 않습니다. 그는 자신의 사업이나 일에 대해 쌍둥이자리 여성이 다재다능한 판단력과 창의적인 아이디어를 제공할 수 있다는 것을 압니다. 그래서 두 사람은 결혼 전이나 후에 함께 일을 하게 되는 경우가 많습니다. 두 사람은 환상의 짝을 이룹니다. 양자리 남성은 자신이 무엇을 원하는지 정확하게 알고, 쌍둥이자리 여성은 그것을 도울 여러 아이디어를 제공해주지요. 또 양자리 남성은 쌍둥이자리 여성과 온종일 함께 있으면서 더 가까이서 그녀를 감시할 수 있겠지요. 집에 오는 택배 직원이나 경비원, 건물에 있는 잘 생긴 엘리베이터 수리공을 신경 쓰지 않아도 됩니다. 쌍둥이자리 여성은 의도하지는 않지만 사람들에게 추파를 던지는 듯한 에너지가 있기 때문에, 양자리 남성의 질투심에 기름을 붓는 경우가 많습니다. 그러니 그런 상황을 만들지 않을 수 있다면 좋지요. 실제로 양자리 남성은 자신의 아내를 비서로 두거나 사업 동반자로 삼고 일하는 경우가 무척 많습니다. 이를 통계로 낼 수 있다면, 천문해석학적으로도 상당히 흥미로운 결과가 나올 거로 생각합니다. 또 재미있는 사실은 이 커플이 실제로 일하다가 만나는 경우도 많다는 점입니다. 두 사람 모두 같은 일에 흥미를 가지고 있으므로, 두 사람이 같은 분야에서 만나게 될 확률이 당연히 높은 거겠지요.

대부분의 커플은 결혼 후 달콤한 신혼이 지나고 나면, 식당에 갔을 때 서로에게 무심한 채 신문을 읽거나 주변을 둘러보며 시간을 보냅니다. 하지만 양자리 남성과 쌍둥이자리 여성은 아무리 오래 함께한 커플이라도 그렇게 되지 않습니다. 이 커플은 항상 서로 뭔가 할 말이 있습니다. 가끔은 너무 많아서 탈이지요. 어떤 경우라도 두 사람 사이의 대화는 줄어들지 않습니다. 대부분의 경우 두 사람의 대화는 서로에게 자극을 주고 재기로 넘쳐납니다. 그러던 중에 쌍둥이자리 여성이 특유의 냉소적인 말로 양자리의 예민한 자존심을 건드릴 수도 있지요. 그러면 재기 넘치는 대화는 깊은 상처를 남기는 언쟁으로 번질 수 있습니다. 하지만 다행스럽게도 두 사람은 쉽게 그리고 아주 빨리 그런 상처를 용서하고 잊는답니다.

이상하게도, 이 두 사람의 사랑은 자신들에게보다 남들에게 더 힘든 경우가 있습니다. 두 사람의 사랑이 크면 클수록, 깊으면 깊을수록 주변 사람들이 화를 입을 가능성이 커집니다. 이유는 이렇습니다. 쌍둥이자리 여성은 가끔 주변 사람들에 대해 사실이 아닌 상상을 이야기하는 경우가 있습니다. 수성의 상상력은 재미없는 부분을 창의적으로 꾸며내는 재주가 있지요. 그래서 그녀가 누군가와 나눈 어떤 이야기를 양자리 남편에게 얘기하는 과정에서 오해가 발생할 수 있지요. 즉, 누군가를 모함하게 될 수 있다는 얘깁니다. 아내를 열렬히 사랑하는 양자리 남편은 조금 과장된 아내의 이야기를 듣고 그것이 아내에 대한 모욕이라고 판단되면, 엄청난 화성의 분노를 표출합니다. 양자리 남성은 친구나 가족, 특히 배우자에 대한 의리가 대단하답니다. 아무것도 모르는 상대방은 충격에 빠지겠지요.

나중에 쌍둥이자리 자아 중 정직한 한 명은 이야기에 색깔을 입혀 남편에게 얘기한 것에 대해 조금이긴 하지만 계속해서 양심의 가책을 느낍니다. 그래서 어쩌면 남편에게 사실을 털어놓게 되겠지요. 그때 양자리 남성은 화를 내는 대신, 그녀가 현실과 상상을 구분하려고 애썼다는 것 자체를 격려해주는 것이 좋습니다. 쌍둥이자리 여성에게는 양자리 남성처럼 자신을 지켜주는 강력한 무기가 없답니다. 무기는 예측이 불가능한 마법사 수성만 가지고 있지요. 그런데 수성은 가끔 그 지혜가 간절하게 필요한 순간에 숨어버리기도 한답니다.

쌍둥이자리 여성의 마음은 너무나 다양한 곡조의 음악들로 이뤄져 있습니다. 쌍둥이자리 여성은 그 자체로 사랑스러움과 빛, 추함과 그림자가 한데 섞여 있는 기억의 심포니라고 할 수 있지요. 쌍둥이자리 여성을 사랑하는 단순한 양자리 남성은 가끔 궁금해집니다. '이렇게 익숙하고 친근한 저 사람은 도대체 누굴까? 누구일까? 도대체 정체가 뭘까?'

누구냐고요? 그 순간 어떤 쌍둥이 자아가 나타나는가에 따라 다르지요. 정체가 뭐냐고요? 3학년 때 선생님 책상에 놓여 있던 파란 꽃병 속에 담긴 금잔화였다가, 서커스를 구경하다가 광대가 건넸던 과자에 행복했던 순간이기도 하고, 스카우트 캠프에서 소나무 숲을 마치 히아신스 꽃향기처럼 향기롭게 해주었던 여름 바람이기도 하지요. 스코틀랜드를 떠올리게 하는 자주색 헤더꽃이기도 하고, 자신이 직접 먹이를 주면서 돌봐주던, 다섯 살이 되자 마침내 다 커서 날아갔던 작은 새이기도 합니다. 이 모든 것들이 쌍둥이자리 여성의 정체랍니다. 전부 다요.

그러니 쌍둥이자리 여성은 자신의 상상력에 대해 약간 훈련을 할 필요는 있지만, 단순하고 정직한 양자리 남성과 조화를 이루고 싶다면 그 상상력을 너무 묶어만 두어서도 안 된답니다. 쌍둥이자리 여성을 아름답고 여성스럽게 보이게 만드는 것이 바로 그 상상력이니까요. 아이들처럼 생생한 그 상상력 말이에요. 양자리 남성은 쌍둥이자리 여성이 알고 있는 것보다 더 자주 그녀에 대해 생각합니다. 따뜻하게 보호해주어야 할 어린 소녀라고 생각하지요. 물론 쌍둥이자리 여성이 두뇌 게임에서 양자리 남성을 완전히 눌러버렸을 때는 빼고요. 그럴 때는 그 보호해줘야 할 것 같은 이미지가 그만 산산이 부서져버리니까요. 실제로 어떤 쌍둥이자리 여성들은 예리한 칼처럼 날카로운 언변에 명석함으로 무장한 두뇌를 사용해서 무시무시한 테러를 감행할 수 있답니다. 양자리 남성의 남성 우월주의적인 자신감에 쓰라린 상처를 줄 수 있지요. 하지만 그녀는 눈 깜짝할 사이에 또다시, 예쁜 파란색 꽃병에 담긴 금잔화가 된답니다.

양자리 남성도 원초적 용기라는 거친 직물로 만든 멋진 예복을 입고, 허세라는 선홍색 끈을 허리에 맨 그런 존재만은 아닙니다. 양의 뿔에는 아름다운 시절의 기억이 담겨 있습니다. 처음 수영했던 날 머리 위를 흐르던 물길, 망가져버린 팽이, 조각난 꿈들, 지금은 잊었지만 어린 시절 꾸었던 악몽들, 산타 할아버지가 강아지를 선물로 주는 걸 잊었던 크리스마스, 분수에 침을 뱉었던 아홉 살 독립기념일, 말을 처음으로 타던 날 맡았던 마구간의 지독한 냄새, 조용한 밤이 얼마나 신성한지 처음으로 알았던 어떤 날에 아무도 들을 수 없는 노래를 그에게만 들려주었던 수많은 반짝이는 별들 등입니다. 그리고 별들은 양자리와 쌍둥이자리, 이들 두 별자리의 환상의 땅을 아주 비슷하게 꾸며두었답니다. 그래서 두 사람은 서로의 꿈으로 들어가 함께 춤출 때 더 행복합니다.

두 사람의 육체적인 사랑은 어떨까요? 처음에는 두 사람 모두 서로가 궁합이 잘 맞는다고 믿을 것입니다. 양자리는 날아다니는 마법의 양탄자를 타고 사랑의 정원으로 가는 꿈을 꿉니다. 쌍둥이자리 여성은 양자리 남성의 드라마 속에서 완벽한 여성의 역할을 수행하지요. 그녀는 단순히 그 게임을 따라가는 것뿐만 아니라, 신혼이 한참 지나도 양자리 남성을 계속 매료시킬 수 있도록 새로운 상황을 전개해나갈 것입니다. 쌍둥이자리 여성은 평범한 침대를 술탄 왕의 왕국처럼 만들 수 있답니다. 누구도 그녀처럼 할 수는 없습니다. 양자리 남성에게는 너무나 흡족한 일이지요. 이 남성은 자신의 짝이 지극히 여성적인 여성이기를 바라거든요. 쌍둥이자리 여성과 함께라면 한밤의 침실에 어떤 여인이 자신을 기다리고 있을지 절대로 알 수가 없답니다. 그녀는 클레오파트라가 될 수도 있고, 마타 하리가 될 수도 있고, 빨강머리 앤일 수도 있습니다. 한동안 양자리 남성은 무척 설렐 것입니다. 하지만 시간이 지나면, 옷장이나 침대 밑에 혹시 다른 더 농염한 여인이 숨어 있지는 않은지 찾아보기 시작할 것입니다.

양자리 남성은 직접적이고 강렬하게 사랑을 표현합니다. 쌍둥이자리 여성의 사랑 표현은 뭔가 포착하기 어렵고 복잡합니다. 양자리 남성이 상상력을 동원한 섹스를 즐기기는 하지만, 궁극적으로는 순수하고도 정직한 열정 속에 자신의 갈증을 해소할 수 있기를 기대합니다. 쌍둥이자리 여성은 육체적인 사랑에 대한 태도가 약간 구체적이지 않을 때가 있습니다. 사랑을 나누는 순간에도 어딘가 다른 곳에 있는 것 같은 인상을 줄 때가 있어서, 양자리 남성의 비난을 살 수 있습니다. 그러면 쌍둥이자리 여성은 자신만의 성스러운 장소(그녀의 마음)를 양자리 남성이 침범한다고 화를 내겠지요.

양자리 남성은 쌍둥이자리 여성이 이 세상에 존재하지 않는 무언가를 찾아 헤매고 있다는 느낌을 받곤 합니다. 자신이 조금만 더 다정하게 행동하면, 쌍둥이자리 여성이 그 생생한 상상력의 세계를 멋진 현실로 바꿀 수 있는 능력이 있다는 것을 잘 이해하지 못합니다. 쌍둥이자리는 잘 배려해주면 상상의 세계를 진짜처럼 느낄 수 있습니다. 하지만 그녀의 이중적인 의식 세계는 그 두 세상 사이의 의사소통을 왜곡할 수 있지요. 그런데도 사랑은 부정적인 에너지 없이 수성의 기능을 유지해줍니다. 사랑만 있다면 문자 그대로 불가능은 없습니다.

양자리 남성과 쌍둥이자리 여성은 둘 다 영원히 늙지 않는 마음의 소유자들입니다. 그들은 같은 음악을 함께 듣고 같은 드럼 소리에 장단을 맞추며 오랫동안 행복한 나날을 함께할 수 있습니다. 그러려면 쌍둥이자리 여성은 양자리 남성이 가지고 있는 질투심과 성급한 분노를 이해해야 합니다. 그것이 양자리 특유의 상처받기 쉬운 감정에서 기인한다는 것을 알아야만 합니다. 양자리 남성은 쌍둥이자리 여성의 또 다른 자아가 다른 남자에게 호기심을 갖는 것을 존중해주어야 합니다. 가끔 쌍둥이자리 여성은 양자리 남성이 따라갈 수 없을 만큼 빨리 달려나가기도 할 것입니다. 하지만 그녀는 재충전되어 돌아온답니다. 새로운 지평을 향해 그와 함께 보조를 맞출 준비가 되어서 말이에요.

양자리 남성은 명랑하고 용감하고 다정하며 마음이 열려 있고 열정이 많습니다. 쌍둥이자리 여성은 너무나 여성스럽고 매력적이고 다재다능하며 즉흥적이지요. 서로 상대방을 바꾸려 들지만 않는다면, 두 사람은 영원히 소년과 소녀로 남을 수 있습니다. 우리 모두가 아는 것처럼 아이들은 우주에서 가장 운이 좋은 사람들이지요.

양자리 Aries

불 · 시작하는 · 능동적
지배행성: 화성
상징: 숫양
양(+) · 남성적

Cancer 게자리

물 · 시작하는 · 수동적
지배행성: 달
상징: 게
음(−) · 여성적

양자리와 게자리의 관계

··· 하지만 물론 둘 중 어느 쪽도 상대방의 말을 이해할 수 없었다.

게자리는 양자리의 회전목마에 올라타면 약간 긴장하고 초조해집니다. 달이 지배하는 게자리의 신체와 감정의 신진대사는 양자리보다 더 섬세하고 변화가 많지요. 양자리는 그 지나친 열정으로 게자리를 지치게 할 수 있습니다. 아무리 조용하고 순한 양자리라도 마찬가지입니다. 그래서 단호하고 약간 부주의한 유형의 양자리라면, 종종 게자리가 자신의 행동을 못마땅해하는 듯한 느낌을 받을 수 있습니다. 양자리는 의아해합니다. 상대를 만족시키기 위해 자신감을 묻어버리고 열등감을 꺼내 보여야 하는 걸까요?

꼭 그럴 필요는 없답니다. 양자리가 속도를 조금 늦추고 음악도 차분한 파이프오르간 연주로 바꿔준다면 게자리로선 훨씬 편안한 느낌이 드는 것은 사실이겠지요. 하지만 양자리가 게자리의 레퍼토리인 "아무도 날 사랑하지 않아. 다들 나만 미워해." 타령에 참여한다고 해서, 게자리가 가진 원초적 불안감을 해소하는 데 도움이 되지는 않을 것입니다. 이들의 관계에서는 한 사람만 콤플렉스가 있어도 충분합니다. 굳이 두 사람 다 그럴 필요는 없겠지요?

양자리가 특유의 충동적이고 경솔한 방식으로 사람들로부터 거부당하는 것을 애써 자처하는 것이, 실은 너무나 간절히 사람들로부터 인정을 받고 싶어서라는 사실을 사람들은 잘 모릅니다. 그런데 그 사실을 알고 있는 몇 안 되는 이들 중의 하나가 게자리랍니다. 그들 자신도 상처에는 비정상적으로 예민하니까요. 양자리의 성급함에 눈살을 찌푸리기는 하지만, 양자리가 드러내 보이는 것처럼 그렇게 늘 강한 사람이 아니라는 사실을 게자리는 알고 있습니다. 이런 이해가 있으므로 양자리와 게자리 사이에는 다정하고도 탄탄한 관계가 성립될 수 있습니다. 하지만 두 사람의 관계는 4-10 태양별자리 관계 유형으로 연인보다는 일이나 사업 혹은 가족 관계로 나타나는 경우가 더 많습니다. 물론 양자리와 게자리 사이에도 사랑과 결혼 관계가 있기는 합니다. 하지만 그런 관계보다는 친척이나 일, 동료, 고용인과 피고용인 같은 관계에서 이 조합을 더 많이 볼 수 있다는 뜻입니다. 그리고 연인 관계도 처음에는 일이나 다른 관계에서 시작된 경우가 많을 것입니다.

두 사람의 출생차트에서 태양과 달별자리가 서로 조화롭다면, 이 조합은 경제적으로 엄청난 성공을 가져올 수 있으며 마음도 아주 잘 맞는 관계가 될 수 있습니다. 하지만 달이나 동쪽별자리가 서로 조화롭지 못하다면, 이 관계가 성공에 이르기까지는 대단히 험난한 여정이 될 것입니다. 단지 관계를 유지하는 데에도 많은 시험을 치러야 할 것입니다.

양자리는 이기는 것을 좋아하고 또 그래야만 합니다. 양자리는 또한 앞서서 이끄는 것을 좋아하지요. 게자리는 어떨까요? 이기고 지는 것은 문제가 되지 않습니다. 하지만 지휘권에 관해서라면 게자리 역시 시작하는 에너지를 가진 지도자의 별자리라는 점을 생각해야 합니다. 물론 게자리는 나서서 이끌고 싶은 욕망을 무심한 척 베일 속에 감추려고 하겠지만요. 게자리처럼 양자리도 시작하는 에너지의 별자리이고, 양의 뿔은 게의 껍데기만큼이나 단단합니다. 그러니 두 사람의 관계에서는 누가 이끌고 누가 따라갈 것인가에 관한 충돌이 제법 있을 것입니다. 지도자가 두 명인 것은 골치 아픈 문제입니다. 두 사람 모두 따를 의향이 없으면 특히 그렇지요. 해결 가능성이 없어 보이는데도 해결책이 있기는 합니다. 두 사람이 나란히 걸으면 됩니다. 타협이라고 하지요. 게자리는 양자리보다 타협을 더 쉽게 할 수 있을 겁니다. 그러니 게자리가 먼저 그런 타협안을 제시하는 게 좋습니다. 양자리가 먼저 시도할 수도 있겠지만, 대체로 잘못된 방식으로 엉뚱한 말을 하게 될 것입니다. 자존심이 너무 강해서지요. 결국, 게자리로 하여금 화가 나서 딱딱거리게 만들거나 가눌 수 없는 슬픔에 눈물짓게 만드는 결과를 초래할 겁니다.

자, 그럼 이제 두 사람이 우승자의 깃발을 향해 나란히 걷습니다. 그러다 갑자기 성격이나 방식의 차이가 불거져 나옵니다. 게자리는 절대로 직선으로 가지 않고 지그재그 방식으로 전진합니다. 양자리는 직선으로 나가지요. 게자리는 모든 일에 대해 신중하게 위장을 한 채 조심스럽게 접근합니다. 자신의 기예를 눈치채지 못하도록 온갖 농담을 해가면서요. 양자리는 앞에 놓인 장애물을 서슴지 않고 치우지만 게자리는 돌다리도 두들겨보고 건너고 싶어합니다. 두 사람은 마치 다른 별이나 우주에서 온 사람들처럼 다르답니다.

양자리에게 삶은 거대한 도전 그 자체입니다. 무턱대고 머리부터 내밀어서 장애물에 부딪히기 일쑤입니다. 장애물이 없다면 일부러라도 만들 것입니다. 극복할 장애물이 없는 시합은 재미가 없지요. 실제로 양자리에겐 마치 자석처럼 장애물이 따라옵니다. 어딜 가나 계속 동의를 받으면 양자리는 짜증이 나고 지겨워집니다. 양자리는 상대방이 싸우거나 논쟁하기를 거부할 때 실망하거나 화가 납니다. 싸움과 논쟁이야말로 정말 신나는 일이지요. 반대에 부딪힐 때, 양자리는 아드레날린이 솟구치고 힘이 더 생깁니다. 분쟁의 기미를 보여주세요. 양자리는 용감하게 도전하고 영광스러운 승리의 흥분에 들뜰 것입니다. 양자리들이 가끔 멈춰 서서 세상에는 자신 이외에도 다른 사람들이 있으며 그들도 감정이 있다는 것을 기억해낸다면 문제는 없습니다. 다른 사람의 감정을 짓밟을 의도라곤 전혀 없지만, 양자리는 목적지에 도착하려는 마음이 너무 크기 때문에 배려가 없고 생각이 짧을 수밖에 없습니다. 태양이나 화성이 심각하게 충돌 각도를 맺고 있는 드문 경우를 제외하고, 전형적인 양자리는 의도적으로 남의 마음을 다치게 하지 않습니다. 하지만 그런 일은 생깁니다. 특히 예민한 게자리들의 마음에 상처를 주지요.

이제 양자리와 게자리 사이의 문제 중 하나가 예민함에 상처를 입는 것이라는 것을 알게 되었습니다. 양자리는 자신들에게도 이런 약점이 있다는 것을 거의 모르고 있었습니다. 강인한 이미지와 부합되지 않으니까요. 그래서 양자리가 마음에 상처를 입으면 즉각 부인하거나 방어적으로 화를 냅니다. 전형적인 게자리는 상처를 받으면 껍데기 속으로 기어 들어가서는 시무룩해집니다. 말 그대로 게처럼 행동하는 것이지요. 상처가 너무 깊을 땐 펑펑 울기도 하며, 게자리 특유의 유머 감각 속에 달의 예민한 감정이 비치기도 합니다. 양자리는 게자리의 후퇴 전략에 좌절합니다. 불협화음을 해결하기 위해 어떻게 행동해야 할지 모르겠다는 무력감을 느낍니다. 그러다가 화가 나서는 심한 말이나 행동을 하지요. 결국, 게자리는 뿌루퉁해진 채 모래 속으로 더 깊이 파고들어 갑니다.

두 별자리의 상징인 게와 양의 천성에 대해 잠깐 생각해볼까요? 화가 난 양이 꿈쩍도 않는 게의 단단한 껍데기를 뿔로 받으려 하고, 게는 미친 듯이 해변의 모래 속으로 점점 더 파고들어 가는 장면을 상상해보세요. 잠깐, 해변이라고요? 양이 신비한 바닷가 모래사장에서 도대체 뭘 하고 있었던 걸까요? 양자리에게 익숙한 환경이 아니지요. 게가 양의 동네인 험준한 산속에서 비탈을 기어오르려고 애쓰는 것과 마찬가지겠지요. 완전히 다른 특징을 가진 양자리와 게자리가 서로의 공감을 얻어내려면, 두 사람 모두 엄청난 끈기와 인내심을 가져야 합니다. 심지어 서로를 인내하는 법을 배워 서로의 성장을 도와주고 깨우쳐주게 되더라도, 두 사람 사이의 차이는 여전히 너무나 극명하게 남아 있을 것입니다.

게자리는 마음에 상처를 입었을 때 벽장 같은 곳에 숨기를 좋아하지요. 그들은 대체로 조용하고 사색적인 사람들임엔 틀림없습니다. 하지만 게자리는 쉽게 조종할 수 있거나 수동적인 사람들은 아닙니다. 다만 양자리처럼 불꽃이 튀는 무기를 들고 맞서 싸우지 않을 뿐입니다. 더욱 신중하고 은밀하게, 끈기를 가지고 장애물을 다루는 것을 좋아하지요. 그렇다고 해서 이들이 무서운 것을 보면 덜덜 떠는 사람들이라는 뜻은 아닙니다. 아니, 게자리가 무서운 것을 보고 나약하게도 덜덜 떨고 있다고 칩시다. 하지만 그럴 때도 양자리는 게자리가 감추고 있는 딱딱한 껍데기를 절대로 잊어서는 안 됩니다. 손가락을 가져다대서도 안 되지요. 안전에 위협을 받을 때, 양자리는 즉각적으로 확실하게 공격합니다. 게자리는 가능한 한 드러내지 않으면서 문제의 근원이 되는 뿌리를 먼저 찾으려고 합니다. 그다음에 은밀한 전략과 놀라운 집요함으로 하나하나 작전을 수행하지요. 게가 당신의 발가락이나 귀나 손가락 혹은 어떤 생각에 매달리는 능력을 절대로 과소평가해선 안 됩니다. 게는 목적을 이룰 때까지 절대로 잡은 것을 놓지 않습니다.

양자리와 게자리는 삶을 대하는 태도와 동기 그리고 목표가 서로 다릅니다. 두 사람의 관계는 불과 물의 조합으로 각자는 무의식적으로 상대방이 자신을 파괴할 수 있다는 것을 인식하고 있습니다. 양자리의 불이 너무 많으면 게자리의 섬세한 감정을 메마르게 할 수 있겠지요. 게자리의 물이 너무 많아도 양자리의 열정적이고 빛나는 희망을 꺼트릴 수 있습니다. 천문해석학에서 불은 낙관주의를 물은 비관주의를 상징합니다. 이 두 가지 요소는 서로 호환이 불가능한 것처럼 보입니다. 하지만 비관주의를 다른 말로 하면 '신중함'이 됩니다. 양자리가 실천하면 좋은 덕목이지요. 또한, 낙관주의는 다른 말로 하면 '믿음'이 될 수 있습니다. 게자리에게 아주 유용한 덕목이지요.

두 사람이 서로를 잘 이해하려고 시간을 들여 노력한다면, 양자리와 게자리가 함께 도달할 수 있는 꿈이 얼마나 클지는 아무도 모른답니다. 어쩌면 달이나 화성까지도 닿을 수 있는 원대한 꿈이 될 것입니다.

양자리 여성과 게자리 남성

그녀는 어떤 결과가 닥치든 위험을 감수해보고 싶었지만, 그의 방식은 달랐다.

남성적인 별자리로 태어나고 남성적인 별인 화성의 지배를 받는 양자리 여성은 자신의 여성성에 대해 의구심이 들 때가 있습니다. 댄스 레슨을 받던 시절부터 내내, 그녀는 파트너가 자신을 리드하는 게 영 못마땅했습니다. 그녀와 함께 왈츠를 춘 대부분 사내아이는 자기들이 박자와 리듬을 결정할 수 없다는 것을 알고 당황스러워했지요. 그들은 남성의 우월성에 대한 환상을 우스꽝스럽게 만들어버리는 이 이상한 여자애를 슬금슬금 피하기 시작했습니다. 양자리 여성은 남성들에게 말과 행동의 주도권을 내어주는 척하면서 뒤에서는 웃음을 참느라 고생하는 다른 별자리 여성들을 따라 하기에는 너무 정직합니다. 의도는 좋지만, 결론적으로 남성들을 모욕적으로 기만하는 여성의 전형은 영화 「바람과 함께 사라지다」에서 볼 수 있습니다. 멜라니가 죽어가면서 말하지요. "그 사람을 돌봐줘, 스칼릿. 하지만 네가 돌보고 있다는 것을 그 사람이 눈치채게 해서는 안 돼."

양자리는 가슴이 찢어지는 경험을 몇 번 하고서야, 남녀 관계에서 정직이 늘 최선은 아니라는 사실을 깨닫습니다. 그러고 나면, 양자리 여성은 자신의 여성적 매력에 대해 심리적인 장애에 시달리기 시작합니다. 그러다 게자리 남성이 그녀에게 다가오지요. 그는 마치 동화 속에서 튀어나온 왕자님처럼 극진한 예의를 갖춰 그녀를 에스코트합니다. 게자리 남성은 그녀를 엄청 웃게 한답니다. 그 웃음과 함께 양자리 여성은 점점 더 밝아지고 점점 더 사랑스러운 여인이 되어갑니다. 게자리 남성은 처음 만났을 때부터 양자리 여성이 자신을 신나고 흥분하게 만든다는 것을 명확히 합니다. 누가 먼저 문을 열지, 누가 먼저 전화를 할지는 상관없습니다. 양자리 여성은 드디어 남성 앞에서 자연스럽게 행동하고 말할 수 있게 되었습니다. 그래도 이 남성은 여전히 그녀를 사랑합니다. 양자리 여성에게는 너무나 행복한 경험입니다. 태어나서 처음으로 자신이 여자가 되었다는 느낌이 듭니다. 게자리 남성은 양자리 여성에게 속삭입니다. 그녀는 만인의 사랑을 받는 사랑스러운 백설 공주이며 절대로 사악한 늙은 마녀가 아니라고요. 양자리 여성은 너무나 행복합니다. 두 사람의 출생차트가 조화롭다면 양자리 여성의 오랜 꿈이 실현될 가능성이 아주 높습니다. 반대 경우라면 그 백설 공주는 일곱 난쟁이 중 투덜이 한 명과만 살게 되고, 계속 왕자를 기다리겠지만, 헛수고일 것입니다.

양자리 여성은 자신을 진정으로 열린 마음으로 사랑하고 원하는 남자를 만나고 싶어합니다. 누가 먼저 굿나잇 키스를 할지에 대해 잔소리를 늘어놓지도 않고, 그녀가 갑자기 그의 말을 끊고 신나는 수다를 떨기 시작할 때도 시무룩해지지 않는 그런 남자가 필요합니다. 그녀를 있는 그대로 사랑해준다면, 양자리 여성은 상대 남성이 스스로 강인하고 남자답다고 느낄 수 있도록 모든 사랑을 줄 것입니다. 그저 "당신이 뭐라고 하든, 당신이 어떻게 결정하든."이라고 중얼거리는 것은 사랑이 아닌 위선입니다. 헌신을 모방하는 것에 불과하지요. 양자리 여성의 사랑은 직설적입니다. 여성성과 남성성의 차이가 무엇인지에 대해 시시콜콜 따지기 시작하면 양자리 여성의 사랑은 움츠러들 수밖에 없습니다. 양자리 여성은 그녀의 온 마음과 영혼을 다해 존재 자체를 사랑합니다. 그 정도면 충분하지 않나요? 그럼요. 충분하지요. 특히나 게자리 남성에게는 무척 충분하답니다. 하지만 양자리 여성과 게자리 남성이 마찰을 빚는 것은 또 다른 부분입니다.

두 사람은 모두 질투심이 아주 많답니다. 차이점이 있다면, 게자리가 양자리보다 질투를 더 즐긴다는 것입니다. 게자리에게 질투는 다만 자신이 얼마나 사랑을 받는지, 상대방이 얼마나 자신을 필요로 하는지를 증명해줄 뿐입니다. 양자리 여성과 함께라면, 게자리 남성은 그 증거를 충분히 모을 수 있을 것입니다. 어쩌면 자신이 감당할 수 있는 것 이상이 되기도 하지요. 가끔은 양자리에게도 질투심이 어느 정도 감정적인 위안을 줄 때가 있습니다. 가끔, 약간이라면 그렇지요. 하지만 그게 지나쳐서 숨 막히는 소유욕으로 번지게 되면, 다정다감하고 자유로우며 사교적인 양자리 여성의 삶은 급격하게 위축될 수 있습니다. 게자리 남성은 연애 시절 정중하게 모시던 시기가 끝나고 내 여자라는 것을 확신하면 심하게 간섭하기 시작합니다. 물론 게처럼 꽉 잡고 놓아주지 않는 것은 충성심과 신뢰의 표시일 수 있습니다. 양자리 여성은 진정한 사랑이라면 어느 정도는 그렇게 해야 한다고 생각합니다. 하지만 게자리 남성의 충직한 헌신이 조금씩 집착으로 변하기 시작해서 양자리 여성이 갇히는 듯한 느낌이 들게 되면, 분노 어린 반항이 시작되지요.

이 두 별자리는 모두 돈과 지위와 명성을 좋아합니다. 하지만 게자리는 그 야망을 보다 잘 숨기지요. 두 사람 모두 감정적인 안정감과 경제적인 성공을 기본적인 목표로 하지만, 그것을 달성하는 방법과 달성 후에 그 돈을 어떻게 사용할 것인가에 대해서는 심각한 의견 충돌이 있습니다. 대체로 양자리 여성은 원활한 현금의 흐름을 위해, 돈을 쓰거나 사람들에게 주고 싶어할 것입니다. 게자리 남성은 그 돈을 저축하고 불려서 더 큰 돈을 벌고 싶어할 것입니다. 실은 두 사람이 물질적인 성공을 이루기 전부터 의견 충돌이 생기기 시작합니다. 양자리는 낙관적이고 긍정적이며 이 길 수 있다는 확신이 있습니다. 게자리는 종종 비관적이고 소극적이며 미래에 대한 두려움을 가지고 있지요. (게자리는 그걸 신중함이라고 말합니다.) 이렇게 다르니 두 사람의 의사소통을 위해서는 통역이 필요할 정도랍니다.

양자리는 게자리가 질 생각을 하면서 어떻게 동시에 이기기를 바라는지 이해할 수 없습니다. 어느 철학자가 이런 게자리의 태도에 대해 잘 묘사한 적이 있습니다. "부자가 되기를 열망하지만 늘 가난해질 것을 생각하는 것, 자신이 염원하는 것을 달성할 수 있을지 말지 자신의 능력을 의심하는 것은 서쪽으로 가면서 동쪽에 닿기를 원하는 것과 마찬가지다. 자신의 능력을 항상 의심하는 사람을 도울 수 있는 철학은 없다. 그런 사람은 실패를 끌어들이기 때문이다." 그런데 세계 인명사전에는 7월에 태어난 게자리들이 다른 별자리(황소자리와 염소자리를 제외하고)보다 많습니다. 그 이유는 게자리가 양자리의 용감한 낙관주의보다 더 강한, 끈질긴 목적의식을 가지고 있기 때문일 것입니다.

이런 내용을 양자리 여성에게 설명하려고 애써도 별 소용이 없습니다. 양자리 여성은 '결단력' 같은 말에는 친근하지만, '집요함'이라는 말은 이해하지 못합니다. '집요함'은 그녀가 가지고 있는 특징인 '성급함'과 어느 모로 보나 상반되기 때문입니다. 집요함이라는 말은 기다림을 내포하지요. 양자리 여성은 버스든 적색 신호등이든 남자 친구든 남편이든 기다리는 건 질색이랍니다. 상대방이 5분이라도 늦는다면, 양자리 여성은 부글부글 끓어오르기 시작합니다. 상대방이 도착할 즈음이면 폭발해버리고 말지요. 그러므로 게자리 남자 친구가 가지고 있는 야망이나 성공에 대한 태도는 양자리 여성을 완전히 헷갈리게 합니다. 그녀는 자신이 가고자 하는 방향으로 바로 움직여야 한다고 생각합니다. 캘리포니아를 향해 가는데 뉴욕에 도착하면 안 되지요. 좋아요, 뭐 세상은 둥그니까 언젠가는 도착할 수도 있겠지요. 하지만 시간이 너무 오래 걸리지 않을까요?

이런 딜레마로 인해, 두 사람 사이에 몇 가지 문제가 발생할 수 있습니다. 우선 양자리 여성은 게자리 남성이 가지고 있는 우울한 분위기 앞에서 외로워지다가 마침내 도망쳐야 한다고 결론을 내립니다. 자신이 가진 불꽃 같은 열망들이 하나 둘 게자리의 비관주의의 바다에 빠져 익사하는 운명을 피하기 위해서지요. 아니면 게자리 남성이 우울해질 때마다 자신의 강력한 화성의 믿음을 가지고, 용기와 유머 감각으로 격려해볼 수도 있겠지요. 한편 게자리 남성은 양자리 여성의 충동적인 감정과 경제적인 낭비에 두 손을 들고, 우표를 모은 앨범과 낡은 낚시 모자를 챙겨서 혼자 떠날 수도 있습니다. 아니면 인내심을 가지고, 신중함도 가끔은 필요하다는 것을 가르쳐보려고 할 수도 있지요.

두 사람의 관계에서 또 문제가 될 수 있는 것은 게자리 남성의 비밀주의입니다. 양자리 여성은 게자리 남성만큼 불가사의한 존재가 아니랍니다. 게자리가 마음속에 있는 무언가를 말해주기를 거부할 때마다, 양자리 여성은 온갖 종류의 상상을 하면서 화성의 히스테리로 자신을 고문합니다. 게자리가 입을 꽉 다물면 양자리 여성은 계속 캐묻기 시작합니다. 아무리 캐물어도 소용이 없으면, 그렇게 애를 쓰고 골머리를 앓는 것은 무의미하다고 판단 내립니다. 그러고는 떠나지요. 어떤 경고도 없습니다. 양자리는 상황을 바꿀 수 없다는 판단이 들면 시간을 낭비하는 법이 없답니다. 양자리 여성은 이런 노래를 부르며 떠나겠지요. "세상은 넓고 나는 집을 떠나 멀리 간다네. 로마에서 사랑에 빠졌던 그 사람은 이제 잊어야지." 게자리 남성은 눈물을 흘리겠지요.

두 사람 사이를 가로막는 문제가 또 있습니다. 바로 게자리 남성의 '엄마'입니다. 게자리 남성의 어머니가 살아 계신다면, 양자리 여성은 게자리 남성의 사랑을 놓고 그 어머니와 치열한 경쟁을 벌여야 할 것입니다. 절대로 피할 수 없답니다. 만약 게자리 남성의 어머니가 이미 돌아가셨다면 그녀의 흔적과 싸워야 할 것입니다. 그의 어머니는 빨래하다 옷에 잘못 물을 들인 적도 없고, 반죽을 너무 묽게 해서 비스킷이 납작해진 적도 없고, 노래하다 음이 틀린 적도 없고, 돈을 낭비한 적도 없고, 화를 낸 적도 없는 걸까요? 네, 절대로 그런 적이 없답니다. 단 한 번도요. 그럼 그의 어머님은 항상 저축을 잘하셨고, 옷은 직접 만들어 입으셨는데도 늘 남들보다 아름다웠고, 콩은 직접 길러서 드셨고, 화장은 너무 지나치지도 모자라지도 않았고, 아들이 우울할 땐 언제든 기분을 북돋워주는 방법도 알고 있었을까요? 네, 항상 그랬답니다. 이상하지만 게자리 남성의 엄마에 관한 것이라면 모든 것이 칭찬뿐이랍니다. 양자리 여성에게 게자리 남성의 엄마는 분명 도전입니다. 그리고 그녀는 도전을 피할 수가 없지요. 결국, 양자리 여성은 게자리 남성이 생각하기에 엄마 수준으로 거의 완벽한 여성이 될 수도 있습니다. 그녀는 누구도 양자리보다 잘난 사람은 없다는 것을 증명하기 위해 애를 쓸 테니까요.

두 사람의 섹스에서는 조금 조정이 필요합니다. 처음 사랑에 빠졌을 때는 게자리 남성이 양자리 여성의 욕구를 잘 배려해줍니다. 그래서 양자리 여성은 자신이 소중한 대접을 받는다는 느낌을 받고 정서적으로 안정감을 느끼지요. (두 사람 모두 감정적인 안정감에 대해 놀라울 정도로 집착한답니다.) 게자리 남성은 처음에는 환상적인 연인이 될 것입니다. 그는 상상력이 풍부하고 섬세하며, 은행에서 그런 것처럼 침실에서도 아주 똑똑하니까요. 또한 양자리 여성의 섹스에 대한 솔직한 태도, 상처받기 쉬운 연약함은 게자리 남성의 마음을 깊이 흔들어놓습니다. 과거의 경험과 상관없이, 양자리 여성은 섹스를 대할 때 늘 새롭고 순수한 면을 가지고 있습니다. 또 그녀가 사랑할 때는 열정이고도 뜨거우므로 자신의 모든 것을 내어주지요. 이런 모습은 게자리 남성이 감정적인 안정감을 느끼게 해줍니다. 하지만 게자리 남성의 기분이 괴팍하고 우울해졌을 때 양자리 여성의 다정한 접근을 거부하기라도 한다면, 그녀는 그토록 잘 맞는 섹스의 기쁨을 잊습니다. 그녀의 열정은 거부당한 것 같은 느낌으로(실제로는 그렇지 않지만) 차갑게 식어버립니다.

문제는 달입니다. 양자리 여성은 달이 바뀌어서 게자리 남성의 감정을 이리저리 끌고 다니지 않기를 기다릴 수밖에 없습니다. 게자리 남성이 달의 영향을 받아, 비록 일시적이지만 두 사람의 행복이 끝날 것 같은 상황을 만드는 것이지요. 그 기간 동안 양자리 여성이 절대로 해선 안 되는 일이 있습니다. 화를 내거나 나중에 후회할 말을 해서 그에게 상처를 주는 것입니다. 게자리는 너무나 민감하므로, 그런 일이 벌어지면 껍데기 속으로 들어가 한동안 거기에 머물 것입니다. 게자리 남성은 성적으로 마음에 상처를 입으면 꽤 오랫동안 마음을 닫은 채 시무룩해져 있을 겁니다. 더 심하면 술을 위안으로 삼을 수도 있답니다.

이 관계의 좋은 점은 게자리가 아주 재미있고 사람들을 즐겁게 해줄 수 있다는 것입니다. 그는 돈을 세는 것부터 조개를 파는 일까지 모든 걸 한바탕 웃음으로 승화시킬 수 있지요. 또 게자리의 섬세함과 여성을 보호하려는 멋진 모습 때문에, 양자리 여성은 자신의 여성성을 마음껏 발현할 수 있습니다. 그는 양자리 여성의 어린아이 같은 면에 불평할 수 있지만, 속으로는 그녀의 용기와 쾌활한 정신을 자랑스러워하며 점점 더 그녀의 감정적인 지지에 의지하게 될 것입니다.

부정적인 측면은 양자리 여성이 느끼기에 게자리 남성이 때로 너무 엄격하고, 호들갑을 떨거나 인색하다는 점입니다. 반대로 게자리 남성이 보기에 양자리 여성은 돌봐주는 사람이 없으면 자신을 감당할 수 없는 사람처럼 보이지요. 또 게자리 남성은 가끔 실망에 젖어 술이나 약물을 찾는 경우가 생기는데, 이런 습관은 물의 별자리가 항상 조심해야 하는 부분입니다. 한편, 양자리 여성은 가끔 불같이 버럭 화를 낼 수 있는데, 그로 인해 발생하는 고통에 대해서는 오랫동안 두고두고 속죄하게 됩니다.

게자리 남성은 자신이 감상적이라는 사실을 부끄러워하지 않습니다. 그는 음악과 미술과 시에 마음이 움직이고, 그렇게 마음이 움직이면 눈물이 나기도 한답니다. 반면, 양자리 여성은 감정적으로는 유아의 단계이기 때문에 극진하고도 부드러운 보살핌이 많이 필요한 사람입니다. 양자리 여성의 추진력과 게자리 남성의 집요함을 합치면 두 사람은 기적을 이룰 것입니다. 하지만 두 사람의 태양별자리가 서로 90도를 이루기 때문에 인내심과 사랑이 아주 많이 필요합니다. 세상 모든 일이 그렇지 않은가요?

양자리 남성과 게자리 여성

"안녕, 웬디." 항상 자기 생각에만 푹 빠져 있는 피터는 달라진 점을 아무것도 눈치채지 못했다.

"안녕, 피터." 웬디는 자기 몸을 최대한 작게 보이려고 잔뜩 움츠리면서,

작은 소리로 대답했다. 그녀의 마음속에서 무언가가 울고 있었다.

처음에 양자리 남성은 게자리 여성이 너무나 도움이 필요하고 연약한 여성처럼 보여서 매료됩니다. (연약한 여성처럼 보인다고 했습니다.) 그녀는 기대어 울 수 있는 양자리 남성의 강인하고 다부진 어깨가 필요하고 또 정서적인 지원도 필요해 보입니다.

그런 달의 아가씨가 양자리 남성에게 관심을 보이기 시작합니다. 그러면 양자리 남성은 자신을 거부할 수 있는 여성은 어디에도 없다는 평소의 신념이 또다시 증명되었다고 생각합니다. 게자리 여성은 그를 위해 요리를 해줄 것이고, 아이를 낳아줄 것이고, 그의 농담에 웃어줄 뿐 아니라 그 자신도 꽤 재미있는 농담을 더할 것입니다. 그의 삶을 재미있는 가사가 있는 달콤하고 평화로운 노래로 만들어주지요. 하지만 그가 듣는 음악은 숨막힘의 전주곡이 될 수도 있습니다. 여러분이 별자리에 익숙하다면 아시겠지만, 양자리는 담요든 권위든 심지어 그게 사랑이라도 질식할 것 같은 느낌을 좋아하지 않는답니다. 숨 막히는 관심 자체는 괜찮습니다. 하지만 그의 자유를 너무 옥죄려 든다면 선을 명확히 그을 것입니다. 문제는 게자리 여성만큼 남자의 자유를 힘들이지 않고 즐겁게 쥐어짤 수 있는 여성은 없다는 것이지요.

이제 게자리 여성의 연약함에 관해 얘기해볼까요? 양자리 남성은 곧 그 모습이 환상이었다는 것을 알게 됩니다. 언젠가는 그녀가 은행을 설립하거나, 친구 집 인테리어 공사를 해주거나, 의원직에 출마하거나, 현장에 있던 인명 구조 요원을 제치고 바다에 빠진 어린아이를 구조해내는 그런 순간이 오니까요. 게자리는 시작하는 에너지의 별자리입니다. 그래서 게자리 여성들은 달빛의 여린 모습과 함께 엄청난 지구력과 끈기를 가지고 있답니다. 충격이 좀 가시고 나면, 양자리 남성은 게자리 여성의 그런 모습을 존경하게 될 것입니다. 양자리 남성은 모든 종류의 힘을 존경하지요. 게자리 여성이 좋은 게 좋다는 식의 호락호락한 사람이 아니라는 걸 알고 나면 더욱 깊이 사랑하게 됩니다. 양자리 남성은 기본적으로 가끔은 자신과 함께 싸워줄

여인이 필요하니까요.

양자리 남성은 그리 오래지 않아 게자리 여성이 변덕스럽다는 것을 알게 됩니다. 물론 양자리 남성도 기분파지요. 하지만 자신의 변덕은 다른 종류이며 이해해줄 수 있다고 생각합니다. 양자리 생각에는 자신이 하면 모든 게 다르고 다 이해될 수 있습니다. 다 정당한 이유가 있고 용납되는 일이지요. (양자리는 사랑스럽지만, 완전히 자기 밖에 모르는 신생아 상태라는 것을 기억하세요.) 하지만 게자리 여성의 기분 변화는 불필요한 우울증의 눅눅한 감옥이라고 생각하며, 자기보다 게자리 여성의 우울함이 더 깊고 더 오래간다고 생각합니다. 양자리 남성은 단순한 낙관주의로 주기적으로 우울해지는 게자리 여성의 기분을 북돋워주기도 합니다. 하지만 언젠가는 자신이 게자리 여성의 우울함에 반기를 들게 될지도 모른다는 생각에 무서워집니다. 그 무시무시한 생각 때문에 괴로움을 겪으니 헤어지자고 결심할 수도 있습니다. 그래도 멀리 가지는 못합니다. 게자리 여성은 집으로 다시 돌아와 화해하기에 좋은 상대이기 때문입니다. 누가 양자리 남성의 자존심을 그녀처럼 부드럽게 어루만져줄 수 있을까요? 게다가 게자리 여성은 재미있고 다정다감합니다. 그리고 양자리 남성이 머리부터 곤두박질쳐 들어간 구멍에서 항상 그를 꺼내줄 수 있는 사람이랍니다. 더 있습니다. 환상적인 블루베리 머핀을 구워주지요. 그리고 두 사람 사이의 섹스 궁합도 빼놓으면 안 됩니다. 처음 두 사람을 매료시켰던 그런 마력은 아니지만, 두 사람의 관계에서는 무척 긍정적인 작용을 하지요.

게자리 여성의 상상력은 화성인의 성적 취향에 빠른 속도로 불꽃을 일으킵니다. 그리고 양자리 남성의 열정적이고도 이상적인 섹스는, 게자리 여성을 수줍음의 껍데기 속에서 나오게 해서 잠재되어 있던 열정을 만족하게 해줍니다. 섹스에 대한 양자리 남성의 태도는 게자리 여성이 미친 듯한 웃음소리 뒤에 소심하게 감춰둔 그녀의 어떤 부분을 일깨워주는 다정다감한 매력이 있습니다. 게자리 여성에게서 그 모습을 찾아내주는 상대는 드뭅니다. 하지만 불행히도 게자리 여성의 실용성은 "사람은 꽃향기만 맡으며 살 수 없다. 빵이 필요하다."라고 속삭이기 시작합니다. (게자리는 신기하게도 긍정적인 면을 빼고 부정적인 면만 보는 재주가 있답니다.) 두 사람이 막 하나가 되려는 황홀한 순간에 느닷없이 게자리 여성이 돈 얘기를 꺼냅니다. 그 순간 성적인 친밀감은 감정 폭발로 바뀌지요.

양자리와 게자리의 관계는 대체로 돈 때문에 싸우는 경우가 많답니다. 돈을 어떻게 벌고 어떻게 쓸 것인가에 관한 문제이지요. 양자리 남성은 돈을 잘 쓰고 게자리 여성은 근검절약합니다. 적어도 게자리 여성은 대체로 경제관념이 투철합니다. 달의 영향을 받아 저하된 자신감을 회복하기 위해 흥청망청 쇼핑하는 순간을 제외하고는요. 이 경우를 제외하면 게자리 여성은 돈을 쓰는 것 자체를 별로 내켜하지 않는답니다.

게자리 여성은 확실히 돈을 모으고 싶어합니다. 어쩌면 화장실이나 부엌의 휴지와 아이들 방의 벽지도 함께요. (게자리 여성이 가장 좋아하는 장소 세 곳입니다.) 그녀에게 경제적 안정과 감정적 안정은 동의어입니다. 그 두 가지는 분리될 수 없습니다. 양자리 남성도 돈을 좋아합니다. 그는 돈을 멋지게 쓸 방법을 수백 가지 이상 생각할 수 있습니다. 그러나 언젠가 닥칠 위기에 대비해 다락방의 낡고 오래된 트렁크나 은행의 저장고에 그 돈을 갈무리해둔다는 생각은 양자리의 머리에는 없습니다. 양자리에게 돈은 쓰기 위한 것입니다. 그들의 표어는 '행복은 돈으로 살 수 없다.'입니다. 둘이 서로 사랑하고 행복하다면, 누가 돈 걱정을 할까요? 그녀요. 그녀는 걱정합니다. 아시다시피 게자리 여성의 표어는 '행복으로는 돈을 살 수 없다.'이니까요. 그러니 양자리 남성이 달 아가씨와의 즐거운 놀이를 할 때는 이 부분에 대해 깊이 생각해야 합니다.

두 사람이 예민한 경제문제를 극복하기만 한다면, 양자리와 게자리는 함께 탄탄한 꿈의 성곽을 쌓을 수 있는 잠재력을 가진 커플입니다. 게자리 여성이 가지고 있는 돈에 대한 창의적인 환상과 상식적인 태도(게자리가 가지고 있는 특이한 모순이지요.)에 양자리의 대담함과 결단력이 합쳐지면, 국가에서 제공하는 복지 정책에 기대지 않아도 될 정도의 능력을 갖추게 됩니다. 여전히 문제는 끝나지 않습니다. 게자리 여성의 기분이 계속 그 능력을 갉아먹을 수 있답니다.

양자리 남성은 게자리 여성이 가지고 있는 감정적인 욕구의 예민함과 계속 변하는 기분 상태를 이해하지 못할 수도 있습니다. 양자리가 상대방의 기분을 잘 파악하는 편은 아니지요. 그 결과 양자리 남성은 혼란에 빠질 수도 있습니다. 도대체 내가 무슨 잘못을 한 걸까? (잘못한 것은 없습니다. 계속 말씀드리지만, 모두 달 때문이랍니다.) 방금 전에 게자리 여성은 이리저리 깡충거리면서 종달새처럼 수다를 떨고 깔깔거리고 노래를 읊조렸습니다. 고양이에게 먹이도 주고요. 얼굴에는 미소가 가득했지요. 그런데 지금은 울고 있습니다. 도대체 무슨 일일까요? 음력 날짜를 확인해보세요. 아마 보름일 겁니다. 아니면 양자리 남성이 깨닫지도 못한 사이, 그가 한 말에 상처를 받았을지도 모릅니다. 아니면 게자리 여성이 새로 산 드레스를 입은 것을 그가 눈치채지 못했거나, 저녁에 만들어준 당근 케이크가 얼마나 맛있는지 얘기해주는 걸 잊었을 수도 있습니다. 어린 시절부터 게자리 여성은 아무도 자신을 사랑하지 않을 거라는 두려움을 간직하고 있답니다. 양자리 남성은 사랑을 받는 가장 좋은 방법은 사랑을 주는 것이라고 부드럽게 가르쳐주어야 합니다. (쉽지는 않을 겁니다. 양자리 남성 자신도 이 교훈이 절실히 필요한 사람이거든요.) 또한 게자리 여성을 행복하게 하려면, 그녀가 항상 사랑을 듬뿍, 음식도 듬뿍, 돈도 듬뿍 받도록 해주어야 한다는 사실을 잊지 말아야 합니다. 게자리 여성이 욕심이 많다는 뜻이 아닙니다. 그녀는 그저 안정감에 목말라하는 사람일 뿐이랍니다. 둘은 전혀 다르지요. 아, 하나 빠뜨렸네요. 전형적인 게자리 여성이라면 아이들도 많아야 한다는 것을 목록에 넣어주세요. 몇 명이어야 하냐고요? 적어도 서넛은 되어야 하지요.

양자리 남성은 아버지가 되는 것에 대해 항상 들떠 있습니다. 게자리 여성도 그의 그런 점을 무척 좋아한답니다. 하지만 아이들이 자라면서, 두 사람은 전혀 다른 방향으로 부모의 역할을 이끌고 가려고 할 것입니다. 양자리 남성은 아이들에게 독립심을 가르쳐야 한다고 생각합니다. 그는 아이들에게 요구도 많고 대장 노릇도 하지만, 기본적으로 아이들에게 스스로 자랄 수 있도록 기회를 주어야 한다고 생각합니다. 게자리 여성은 엄마라는 역할을 진지하게 받아들입니다. 너무 진지하게 받아들이지요! 게자리 엄마는 아이들이 먹는 것과 입는 것, 연애, 직업 그리고 건강까지 직접 꼼꼼히 챙깁니다. 아이들은 늘 배불리 먹고 엄마의 치마폭에 싸인 채 감시당하면서 지내게 됩니다. 물론 모두 애정이 넘치기 때문에 하는 일이지요. 엄마는 뭐가 가장 좋은지, 뭘 먹어야 하는지, 뭘 입어야 하는지, 누구랑 연애하고 누구랑 결혼해야 하는지 가장 잘 알고 있답니다. 양자리 남편은 엄마가 아이들을 질식시킨다고 나무랍니다. 반대로 게자리 엄마는 남편이 아이들에게 너무 엄하게 한다고, 너무 무심하다고 비난합니다. 그 사이에서 자녀들은, 가끔 콘크리트 벽이 양쪽에서 자신들을 압박해온다고 느낍니다. 아이들 양육 문제에 관한 한 두 사람 사이에는 타협이 반드시 필요합니다. 그렇지 않으면 두 사람의 관계가 돌이킬 수 없는 상태가 될 수도 있습니다.

양자리 남성이 사랑을 잘 주고받을 수 있는지 여부는 그가 스스로 강한 남자라는 자부심을 가졌는지 여부에 달렸습니다. 그러니 양자리 남성의 여인은 그가 산도 옮길 수 있는 능력이 있다고 전적으로 믿어야 합니다. 그렇지 않으면, 양자리 남성은 좌절감을 느끼고는 이상한 정신 분열을 일으킵니다. 용감한 양자리에서 온순하지만 불행한 양으로 바뀌어버리지요. 마치 마녀의 마법에 걸린 것처럼요. 게자리 여성은 은행 잔액을 다루는 것을 비롯한 그 어떤 것도 양자리 남성보다 더 잘한다고 느끼게 해서는 안 됩니다. 아무리 사실이라 해도 안 됩니다. 그러면 양자리 남성의 남성성에 큰 상처를 주게 될 테니까요. 게자리 여성이 양자리 남성의 꿈에 젖은 담요를 덮어씌우는 것 같은 행동을 자제한다면, 양자리 남성은 행복하게 가정을 지킬 것입니다. 양자리 남성이 가정을 이끌도록 해주고 그 희망에 찬물을 끼얹지 않는다면, 양자리 남성은 게자리 여성이 가지고 있는 은밀한 걱정과 두려움이라는 큰 산을 영원히 사라지게 할 것입니다. 하지만 게자리 여성의 절망스러운 침묵과 부루퉁한 성격 그리고 가끔 신경질을 부리는 모습도 양자리 남성으로 하여금 집을 뛰쳐나가도록 만들 가능성이 있습니다. 또한 양자리 남성의 경솔한 말과 충동적인 행동도 게자리 여성의 민감한 감수성을 부글부글 끓게 하여 양자리 남성의 가치를 무효화시킬 수 있지요.

게자리 여성이 울 때, 양자리 남성은 그 이유를 알 수 없다고 성급하게 밖으로 뛰쳐나가서는 안 됩니다. 그녀를 품에 안고 부드럽고 따뜻한 목소리로 자장가를 불러주어야 합니다. 게자리 여성의 마음속에 차오르는 두려움과 외로움을 가라앉혀 주어야 하지요. "울지 말아요. 걱정하지도 말아요. 세상 모든 사람이 당신을 사랑해요. 당신은 너무나 똑똑하고 너무나 예쁘고 재미있는 얘기도 잘하잖아요. 게다가 우린 곧 부자가 될 거예요. 그리고 나는 다른 어떤 사람보다도 당신을 사랑해요. 정말 정말 많이요. 그러니 다른 일을 할 필요도 없어요. 우리가 그렇게 가난한 것도 아니니까요. 우린 절대로 가난해지지 않을 거예요. 이제 가서 세수 좀 하고 머리도 빗고 코도 풀고 예쁜 옷으로 갈아입어요. 같이 밖에 나가서 맛있는 거 먹어요."이렇게 말입니다. 시내에 있는 가장 비싸고 특별한 식당에 가자고 하세요. 게자리 여성은 눈물을 뚝 그칠 겁니다.

"코스 아홉 가지 하고 디저트도 포함해서요?" 게자리 여성은 약간 머뭇거리며 이렇게 묻고는 특유의 눈빛을 반짝일 겁니다.

"그럼요! 아홉 가지 코스에 디저트도요. 그리고 나서 영화를 보러 가는 거예요. 뭐든지 당신이 보고 싶은 거로요."

마지막에 약속한 부분으로 걱정은 끝났습니다. 이기적이고 배려도 없는 천하의 양자리가 그 오랜 결혼 생활 동안 처음으로 아내가 보고 싶은 영화를 선택할 수 있도록 해주었으니까요. 영화든 뭐든요.

양자리 Aries

불 · 시작하는 · 능동적
지배행성: 화성
상징: 숫양
양(+) · 남성적

Leo 사자자리

불 · 유지하는 · 능동적
지배행성: 태양
상징: 사자 혹은 수줍은 고양이
양(+) · 남성적

양자리와 사자자리의 관계

"그러니까, 너는 비겁한 겁쟁이라는 거지?"

"난 겁 안 나."

"나도 겁 안 나."

"그럼, 약 먹어."

"좋아. 그러니까, 네가 먼저 먹어."

누구나 사자자리의 상징이 사자라는 것을 압니다. 사자에게 복종하는 즐거움을 배웠다면, 양자리는 완벽한 어린 양이 될 수 있습니다. 성경에서는 '양이 사자와 함께 누워 있는' 경우를 두고 사회의 붕괴 아니면 천 년 동안의 평화를 예고한다고 합니다. 그 결말이 행복인지 비극인지에 대해서는 신학자와 형이상학자들 사이에 논쟁이 좀 있습니다. 둘 다일 수도 있지요. 삶의 대부분이 그런 것처럼요. 하지만 사자옆에 누워 있는 양이 영원한 평화를 가져올 거라 믿어보도록 하지요. 사실 이 두 동물이 함께 어울려 다니는 모습은 세상의 끝처럼 보이기도 합니다. 두 동물이 원만하고 빈둥빈둥하는 관계가 되었다는 것은 어떤 일의 최종적 상태일 수 있지요. 어쩌면 결승선까지 누가 먼저 가느냐 하는 내기나, 더 약한 동물들의 찬양을 누가 더 많이 받는가 하는 경쟁 같은 과정을 모두 지나서 도착한 최종 단계일지도 모릅니다.

당연히 양자리가 승리합니다. 논쟁의 여지가 없습니다. 이기는 것은 양자리의 장기지요. 이력서에도 써넣을 것입니다. **직업: 이기는 것 어떤 게임이든.** 사랑, 우정, 사업, 가족생활 등 모든 면에서 양자리는 승리할 겁니다. 그러니 양자리가 가장 꼭대기에 있게 됩니다.

사자자리는 그게 뭐든 이기려고 애쓰면서 소중한 시간을 낭비하지 않습니다. 이들은 누구와 경쟁을 할 필요가 없답니다. 그 어떤 누구보다도 더 우월하게 태어났으니까요. 사랑이든 일이든 우정이든 가족들끼리의 경합에서든 이들은 가장 중요한 사람입니다. 그러니 사자자리도 가장 꼭대기에 이름을 올립니다. 뭐, 별로 애쓰지 않아도 됩니다. 자, 이제 문제는 꼭대기에 자리가 있느냐는 것이지요.

네, 야외의 큰 경기장에서라면 양자리와 사자자리는 함께 조명과 환호를 받을 수 있습니다. 하지만 사무실이나 교실이나 집 안과 같은 더 좁은 장소에서라면 어떨까요? 너무 좁겠지요? 누군가는 양보해야 합니다. 누군가는 엄청난 자존심을 접어야 하는 순간이지요.

돌려서 말하지 않겠습니다. 양자리의 자존심이 먼저 사자자리에게 머리를 굽혀야 한답니다. 사자자리는 무리를 이끌고 명령을 내리기 위해 태어났으니까요. 그들은 첫째가 되기 위해 태어난 사람들입니다. 공짜로 태어난 사람들이지요. 누군가를 공짜로 지배하기 위해 태어났다는 뜻입니다. 국가일 수도 있고, 정부 기관일 수도 있고, 직원일 수도 있고, 교사, 이웃들, 친구들, 친척들, 천문해석가들 등 모두가 포함됩니다. 이 조합의 반인 양자리들은 다른 모든 별자리와는 싸워서 이길 수 있지만 (어쩌면 전갈자리는 제외하고요.) 사자자리는 이길 수 없다는 사실에 동의해야 할 것입니다.

그렇다고 다 잃는 건 아닙니다. 사실 양자리는 어떤 것도 잃는다고 생각하지 않는답니다. 그저 순간적으로 위치가 달라질 뿐이지요. 양자리가 사자자리를 이길 수 없다고 말한 것은 청중 앞에서 트로피를 잡는 것이 사자자리라는 뜻입니다. 두 사람 사이의 내밀한 관계에서는 양자리가 여러 가지 방법으로 사자자리를 이길 수 있습니다. 길고 긴 사자자리의 연설을 존중하며 들어주거나, 칭찬을 많이 해주거나, 개인적인 의견이 있더라도 말하지 않는 것 등 몇 가지만 잘하면 그렇게 됩니다. 처음 두 가지는 쉽습니다. 양자리는 남들의 기운을 북돋워주는 것을 좋아하고, 그들이 존경할 만한 능력과 힘을 가지고 있는 사람들이라면 칭찬을 쏟아내는 걸 즐기니까요. 하지만 궁극적인 목표를 혼자 간직하라는 것은 양자리에게는 참으로 어려운 주문이랍니다. 양자리는 선거에서 당선되거나, 아니면 축제에서 인형을 얻기만 해도 자랑하는 것을 좋아하지요. 하지만 이 두 불의 별자리 조합에서 자랑을 너무 심하게 하면, 사자자리는 자존심에 상처를 입고 조용히 사라질 수 있답니다. 상대방이 자신을 조종한다거나 중심에서 밀려난다는 느낌이 확실해지면 사자자리의 자존심은 상처를 입게 되지요. 사자 무리를 자존심이라는 뜻의 영어 단어 'Pride'라고 하는 것은 우연의 일치가 아닙니다.

자존심에 상처를 입고도 조용히 떠날 수 있는 위치가 아니라면(미성년자이거나 법적으로 부부이거나) 사자자리는 구석으로 가서는 다친 허영심을 어루만지며 원망에 찬 슬픈 눈빛을 한 채, 시무룩하게 앉아 있을 것입니다. 하지만 그러다가도 영화사 엠지엠의 사자처럼 으르렁거리며 맹렬하게 공격할 수 있지요. 하찮은 평민에게 침해당한 부당함에 대해서 말이죠. 무시무시한 꿩음일 겁니다. 남녀를 불문하고, 사자자리와 둘이서만 하는 게임에서는 사자자리가 이겼다고 믿도록 해주는 것이 안전하답니다. 마음과 몸을 모두 다독거려주면, 사자자리는 그 어떤 동물보다 너그럽고 쾌활하며 따뜻한 동물이 된답니다. 하지만 그렇게 응석을 받아주는 일은 분명 양자리가 잘할 수 있는 분야가 아니지요.

이솝 우화를 보면 사자가 자기보다 덩치가 작은 동물인 자칼에게 얼마나 쉽게 조종당하는지 알 수 있습니다. 사자가 분노해서 난폭하게 으르렁거리기 시작하면 똑똑한 자칼은 말합니다. 사자는 정글의 왕이며 모든 짐승의 지배자이니, 자기처럼 하찮은 자칼에게 너무 큰 기대를 해서는 안 된다고요. 사자의 자존심을 북돋워주는 거지요. 그것은 마치 마법처럼 작용합니다.

문제는 숫양은 자칼이 아니라는 점입니다. 전투 상황에서 양자리는 사자자리에게 항복하거나 아니면 꺼져버리라고 명령을 내릴 확률이 높습니다. 그 순간 두 사람 사이는 감정적으로 막다른 길목에 다다릅니다. 사자자리에게 항복은 전적으로 불가능한 일이며 그냥 물러나는 것도 백수의 제왕으로서는 비겁한 행동이지요. 그러니 사자자리는 더욱더 크고 오만하게 으르렁거리는 것 말고는 달리 선택할 길이 없습니다. 결국 양자리가 자신의 강인한 뿔도 웅장한 사자의 용기와 힘(감정적, 정신적 그리고 육체적인 것을 포함해서)을 이길 수는 없다는 것을 깨닫게 됩니다. 그러면 서로 고함을 지르는 장면이 연출됩니다. 그 장면은 상당히 오래 지속되지요. 양자리도 사자자리도 극적인 연설과 행동을 무척 좋아하니까요.

"감히 어떻게 나한테!", "나한테 목소리 높이지 마세요!", "나한테 이래라저래라 명령하지 말아요!", "그렇게 말하고도 무사할 줄 알아요?", "당신 말은 절대로 듣지 않을 거예요!", "아뇨! 내 말대로 하게 될 거예요!", "너무 심한 거 아니에요?", "당신 지금 누구에게 이래라저래라 하는지 알고 있어요?", "내가 말한 대로 해요!", "절대로 안 해요! 내 말 알겠어요? 절대로 안 한다고요!"

대화는 이런 식으로 이어질 것입니다. 이 광경을 관람하라고 티켓을 판매한다면 아마 완전히 매진될 것입니다. 브로드웨이를 포함한 어떤 연극도, 양자리와 사자자리가 자존심 대결을 펼치는 광경보다 극적이고 긴장감이 넘치는 무대는 없을 테니까요. 당연히 앙코르 감이지요.

최종 분석에서는 사자자리가 이기는 것으로 나옵니다. 하지만 사자자리는 전쟁의 전리품을 낚아채고, 상대를 짓밟으며 승리의 미소를 짓는 무자비한 정복자는 아닙니다. 사자자리는 패자에게 관대하고 예우를 갖추는 것으로 유명합니다. 물론 양자리에게는 어떤 패배든 익숙하지 않지만요. 하지만 양자리가 품위 있게 질 수 있다면 그건 사자자리에게 질 때일 것입니다.

양자리와 사자자리는 서로 120도를 맺고 있는 조화로운 관계로서 5-9 태양별자리 관계 유형에 해당합니다. 두 사람은 상대방이 어떤 점에서 우월한지를 잘 알고 있습니다. 늘 서로에 대해 진심 어린 존경심을 가지고 있으므로, 휴전이 선포되고 평화가 찾아오면 서로에 대한(당연히 극적인) 영원한 충성과 헌신으로 굽신거립니다. 물론, 다음 전쟁까지만이지요. 전쟁이 선포되면 모든 것이 다시 시작됩니다.

가족 구성원으로서나 교실 또는 직장에서, 혹은 연인이나 법적인 부부로 두 사람은 다정하고 행복한 관계를 유지할 수 있습니다. 다만 양자리가 사자자리를 지도자나 훈계자, 조언자, 교사로 인정해줄 의향이 있고, 사자자리가 태양의 친절함과 남을 보호하려는 따뜻한 마음으로 양자리를 계속 감싸 안아준다는 전제하에서 그렇습니다. 양자리와 사자자리 관계는 마법 같은 5-9 태양별자리 관계이므로 늘 조용하지는 않겠지만 전반적으로 성공적인 조합입니다. 사자자리는 마치 꽃에 단비가 내리는 것처럼, 양자리가 필요로 하는 진심 어리고도 풍성한 칭찬을 많이 해줄 것입니다. 양자리와 사자자리는 모두 상대방으로부터 감사받고 싶어할 뿐만 아니라, 그것을 솔직하게 요구하는 사람들이지요. 때로 두 사람 사이의 다툼은 심각할 수도 있을 것입니다. 하지만 결국에는 서로를 용서하면서 해결되는 경우가 많을 것입니다.

문제는 사자자리가 자신의 지혜를 길게 늘어놓는 연설을 할 때 발생합니다. 사자자리는 종종 이렇게 연설을 시작합니다. "자, 너의 문제가 뭔지 내가 설명해줄 테니까 잘 들어." 양자리는 자기에게 대장 노릇을 하려 드는 사람들과 이미 충분히 문제가 많지요. 그러니 매일 저녁 식사 시간마다 같은 일을 당해야 한다면, 화성의 기질은 폭발할지도 모릅니다. 하지만 비밀을 하나 알려드릴게요. 양자리는 겉으로 표현하는 것보다 사자자리를 더 많이 신뢰한답니다. 아무 대가 없이 지속적으로 제공되는 조언에 대해서도 진심으로 존중하지요. 양자리는 애정 어린 지도 편달을 절실히 필요로 하는데, 그것은 사자자리로부터 얻을 확률이 높습니다. 오만하고 권위적인 조언이 아니라, 진심 어린 애정에서 나온 조언이라면요.

또 다른 문제는 양자리가 "지금 당장 해. 이유는 묻지 말고!"라는 식으로 사자자리에게 명령을 할 때 발생합니다. 그렇게 하는 대신, 양자리는 어떤 일을 부탁할 수 있는 다른 방법을 배우는 게 좋을 겁니다. 아무도 왕에게 그런 식으로 명령하지 않으니까요. 화성의 지배를 받는 양자리로서는 예의 바르게 행동하는 방법을 배우려면 꽤 많이 노력해야 한답니다. 하지만 반드시 노력해야 합니다. 그렇지 않으면, 서로 우위를 점하려는 투쟁으로 인해 두 사람의 관계는 불화의 연속일 테니까요.

두 사람이 서로 배려해줄 수 있다면, 이 관계는 아주 남다른 관계가 될 수 있습니다. 사자자리는 양자리의 극적이고도 용감한 성격 이면에 숨겨져 있는 불안함과 의존성을 감지합니다. 겉으로 보여주는 확신과는 달리, 양자리의 마음속에는 강한 신념이 부족하다는 것을 알지요. 그러므로 양자리는 점점 사자자리에게 의지하게 됩니다. 사자자리가 꾸준하고 자기 관리를 잘하기 때문입니다. 또한 삶의 매 순간을 따뜻하고 의미 있게 채워나가는, 사자자리의 밝은 성격을 존중하기 때문이기도 합니다. 양자리는 사자자리의 마음이 얼마나 떨리고 예민한지 잘 압니다. 그래서 사자자리가 겉으로 드러내는 거만함과 허세는 별로 신경 쓰지 않습니다. 이 두 사람은 자연스럽게 서로에 대해 연민의 감정을 갖게 됩니다. 두 사람이 서로 마주보며 미소를 짓는 모습을 보면 알 수 있지요. 마치 "날 이해해줘서 고마워요. 나도 당신을 이해해요."라고 서로 말하는 것 같은 미소입니다.

양자리와 사자자리는 자신들이 줄곧 찾아 헤매던 신나는 일을 서로에게서 발견할 수 있을 겁니다. 두 사람은 기본적으로 역동적인 성격인 데다 삶의 그 어느 것도 놓치지 않고 온전하게 체험하고 싶은 욕망에 이끌립니다. 두 사람은 지루한 일상 너머 저 높은 어딘가에서는 별들이 마치 데이지 꽃밭처럼 반짝인다는 것을 알고 있습니다. 두 사람의 목표가 비록 다를지라도 둘 중 한 사람의 달이나 동쪽별자리가 게자리나 전갈자리 또는 흙의 별자리가 아닌 한은, 두 사람 모두 목적지에 퍼스트 클래스를 타고 도달할 거라는 것을 알고 있습니다. 물질적 측면과 아울러 모든 면에서요.

우리는 다른 사람들이 만들어놓은 세상을 받아들일 수도 있고 스스로 새로운 세상을 상상할 수도 있습니다. 양자리와 사자자리는 새로운 세상을, 아마도 어린 시절부터 꿈꿔왔던 그런 세상을 직접 구현하고 싶어합니다. 두 사람이 만나면 바로 그 순간이 왔음을, 적어도 새로운 세상을 시작할 때가 왔음을 알게 됩니다. 어디로 간다고 말할 수는 없지만, 두 사람이 함께하면 절대 지루하지는 않을 것입니다.

양자리 여성과 사자자리 남성

"난 정말 너무나 똑똑한 것 같아!" 피터는 기뻐서 날뛰며 떠들어댔다.
웬디는 충격을 받고 소리쳤다. "우쭐대기는! 그래, 난 아무것도 안 했지!"
"너도 조금은 했지." 피터는 무심하게 이렇게 말하곤 계속 춤을 췄다.

양자리 여성과 사자자리 남성이 연애하면 따뜻하고 신나는 경험이 될 수는 있지만, 잦은 감정적 폭풍을 동반할 것입니다. 특히 서로의 어마어마한 자존심을 고드름 속에 얼려버릴 때 그렇습니다. 하지만 고드름조차도 이 두 불의 별자리 사이에서는 더 빨리 녹아버리고, 폭풍 또한 분위기를 전환해주는 역할을 하지요. 그래서 폭풍이 지나고 나면 다시 신선한 평화가 찾아온답니다.

주로 이렇게 시작됩니다. 사자자리 남성이 양자리 여성에게 오후 다섯 시에 전화를 하겠다고 약속을 하고선 한밤중이 될 때까지 전화하지 않습니다. 사과는 없습니다. 사자자리 남성은 양자리 여성에게 철자법을 잘 모른다거나 화장이 너무 진하다고 지적합니다. 그러고 나선 그녀에게 입 다물고 자기 말을 좀 들으라고 합니다. 이 남자, 지금 뭘 한 거죠?

네, 그걸로 끝났습니다. 양자리 여성은 사자자리 남성의 참을 수 없는 오만함에 진저리가 나서 충동적으로 관계를 끝내기로 합니다. 나폴레옹 같은 그런 독재자를 도대체 누가 원하겠어요? 그런데 양자리 여성에겐 필요하답니다.

양자리 여성은 늘 '혼자 알아서 잘하는' 독립심을 강조합니다. 하지만 실제로는 그녀가 혼자 알아서 잘 못한다는 사실을 알고 있으며, 그녀를 허풍쟁이라고 부르는 남성을 드디어 만나게 된 것입니다. 그러니 사자자리 남성에게 꺼져버리라고 말하는 것은 현명하지 못합니다. 사자자리는 그냥 꺼지지도 않습니다. 마침내 그가 다시 전화를 했을 때, 양자리 여성은 그의 목소리가 얼마나 따뜻하고 부드러웠는지 새삼 깨닫습니다. 전화가 늦은 것에 대해선 상관하지 않습니다. 그녀는 보라색 눈 화장이 너무 진하다거나 단어 철자가 틀렸다고 그녀를 나무랄 때, 사자자리 남성의 목소리가 얼마나 다정했는지를 기억해낼 것입니다. 어쩌면 그는 잘난 체한 것이 아니라 그저 부드럽게 그녀를 보호해주었을 뿐입니다. 그러니 그를 용서해야겠지요. (용서하는 것이 좋습니다. 이미 정복당했으니까요.)

이제 사자자리 남성은 온갖 종류의 일들에 대해 양자리 여성을 가르칠 것입니다. 사자자리 남성이 지적해주지 않았다면 양자리 여성이 모르고 있다는 사실도 몰랐을 많은 것들을요. 게다가 양자리 여성 자신도 그 혜택을 감사하게 여긴다는 사실에 놀랄 것입니다. 물론 양자리 여성이 사자자리 남성을 몇 번 이기기도 할 것입니다. 너무 수세에 몰리는 것을 방지하기 위해서지요. 그러면 사자자리 남성은 조련사의 철창 속에 갇힌 사자의 마음을 이해하게 될 것입니다. 처음에는 놀라고 다음엔 괘씸하다고 생각합니다. 그다음엔 화가 나지요. 하지만 결국엔 마음을 가라앉힙니다. 아니면 최소한 자신의 우월 콤플렉스를 누그러뜨려야겠다는 생각이 듭니다. 실제로 양자리 여성의 불같은 성격은 사자자리 남성에게는 큰 문제가 되지 않습니다. 자신의 성질을 크게 돋우지만 않는다면요. 절대로 그럴 일은 없을 것입니다. 사자자리 남성은 별로 신경 쓰지 않으니까요. 우주가 생긴 이래로 화성이 태양보다 더 빛난 적이 있던가요? 하지만 사자자리 남성의 성질을 정말 돋운다면 그것은 또 다른 문제입니다.

양자리 여성과 사자자리 남성의 관계는 서로 자석처럼 이끌리는 5-9 태양별자리 유형입니다. 거기에 만일 이 두 불의 별자리의 금성까지 같은 별자리라면, 아주 낭만적인 장면이 연출됩니다. 사자자리 남성이 한쪽에 팽개쳐두었던 오래된 꿈은 불가능한 것이 아니었던 겁니다. 양자리 여성으로 말하자면, 그 꿈들이 현실로 이루어질 것이라는 생각만으로도 산을 날아오를 수 있지요. 양자리 여성을 올바른 방향으로 지도하려는 사람에게는, 화성의 군림하려 드는 태도와 겉만 화려한 독립심이 유일한 고충이 될 것입니다. 하지만 사자자리가 가장 잘하는 일은 다른 사람들의 삶을 지도해주고 실수를 방지하도록 해주는 것이지요. 양자리 여성은 분명 도전 과제가 되겠지만 사자자리가 도전 앞에서 그냥 도망치는 법은 없으니까요. 양자리 여성이 사자자리 남성의 남성성을 몇 번 세게 강타하겠지만 사자자리는 약골이 아니지요. 사자자리 남성은 택시를 부르기 위해 휘파람을 부는 사람은 자신이어야 한다는 것을 양자리 여성에게 가르쳐줄 수 있을 것입니다. 사자자리 남성이 양자리 여성의 화성 에너지를 자신의 리듬에 조율해놓은 후에는 안심해도 됩니다. 양자리 여성은 사자자리 남성이 필요로 하는 모든 불을 제공해줄 겁니다. 사자자리는 정말로 불이 필요하답니다.

사자자리는 고정된 에너지의 별자리로 양자리보다 실용적이고 합리적입니다. 그래서 양자리 여성은 가끔 사자자리 남성이 너무 답답한 성격이라고 비난을 할 겁니다. 반면, 양자리 여성은 시작하는 에너지를 가진 별자리로서 순간적인 활력을 가지고 있지요. 그래서 사자자리 남성은 그녀가 자기를 너무 지치게 만든다고 비난하지요. 결국은 서로 비기게 될 겁니다. 양자리 여성은 사자자리 남성을 조금 더 여유롭게 만들 것이고, 사자자리 남성은 양자리 여성을 조금 더 느긋하게 만들 테니까요. 둘 다 발전하는 것이랍니다. 두 사람 사이의 다툼은 대부분 무의식적인 단계에서 시작되는 경우가 많습니다. 실은 서로의 사랑을 재확인하고 화해하는 기쁨을 위한 과정이지요. 화해하고 나면 기적이 일어나는 것 같은 즐거움을 다시 느끼게 되니까요. 이 커플의 친구들은 그렇게 싸우면서 왜 둘이 같이 붙어 있는지 궁금해하지만, 본인들은 그 이유를 잘 알고 있습니다.

두 사람이 싸우는 데만 시간을 쓰는 것은 아닙니다. 두 사람은 5-9 태양별자리 관계의 특별한 에너지 덕분에 놀랍고도 즐거운 기적 같은 순간도 많고, 라일락 향과 아침 이슬처럼 달콤한 순간과 회전목마를 탄 것 같은 행복한 순간도 많을 것입니다. 양자리 여성의 통통 튀는 즐거움은 전염성이 강해서 사자자리 고유의 밝은 열정과 조화를 이룹니다. 양자리는 열두 별자리 중에서 신생아로 상징되므로, 그녀의 순수함은 사자자리 남성의 마음속 저 깊은 곳에 있는 다정함을 흔들어놓습니다. 사자자리 남성은 진짜 신생아처럼 순진무구한 양자리 여성을 보호해주고 싶은 마음이 생기지요. 신생아는 세상에 어떤 위험이 숨어서 도사리고 있는 줄 전혀 모르니까요. 사자자리 남성은 양자리 여성이 위험을 피할 수 있도록, 다정하고도 현명하게 더욱 어른스러운 판단을 내려줄 것입니다.

사자자리의 따뜻한 헌신을 경험한 양자리 여성은 뭐든 요구만 하던 행동을 멈추게 되고, 추락할 때 아무도 잡아줄 사람이 없을 거라는 두려움도 잊게 됩니다. 혹시 떨어진다고 해도 사자자리의 강인한 팔뚝이 그녀를 잡아줄 것이며, 그는 양자리 여성의 어떤 요구도 다 들어줄 만큼 능력이 있으니까요. 화성이 지배하는 사람들은 정신적인 능력과 육체적인 능력을 존중하지요. 바로 사자자리 남성이 그 두 가지를 모두 가지고 있답니다. 양자리 여성은 어떤 다른 남성에게도 느낄 수 없었던 신뢰를 사자자리 남성에게서 느낄 수 있습니다. 그래도 여전히 복종한다는 것에는 좀 어려움이 있겠지만요.

양자리와 사자자리는 육체적으로도 서로 강한 울림을 불러일으키며 감정의 자극이 지속되면 육체적인 매력도 증가합니다. 두 사람의 성적 표현은 서로에게 놀라울 정도로 치유 효과가 있습니다. 이들의 사랑은 열정이 있어야 하는데 서로가 그것을 충족시켜줄 수 있기 때문이지요. 하지만 사자자리는 그런 행복한 관계에서도 소유당하는 느낌을 좋아하지는 않습니다. 사자자리는 질투심이라는 쇠사슬에서 해방된 상태로 자유롭게 초원을 어슬렁거리고 싶어하지요. 물론 양자리 여성도 마찬가지입니다. 그렇다면 '자유'라는 것이 쌍방에게 가능할까요?

그렇지 않습니다. 양자리 여성은 사자자리 남성의 목줄을 아주 느슨하게 해줘야 할 것입니다. 사자자리 남성이야, 양자리 여성에게 딱 필요한 만큼의 목줄만 허락하겠지요.

양자리 여성은 좀 별난 구석이 있답니다. 한 번도 연애 경험이 없는 남자를 찾을 가능성이 얼마나 희박한지를 알지만 머리로만 알고 있답니다. 화성이 지배하는 양자리 여성의 마음은 생각과 다르지요. 놀랍게도, 양자리 여성은 어떤 남성을 처음으로 만지고 속삭이고 성적으로 정복하는 첫 번째 여인이라고 믿고 싶어합니다. 그 상대가 사자자리 남성이라면, 그에게는 연애가 숨을 쉬는 것처럼 자연스러운 일이기 때문에 양자리 여성이 헛된 꿈을 꾸는 것입니다. 사자자리 남성에게 과거에 열렬히 사랑했던 여성들의 이름과 장소와 날짜를 다 대라고 찔러보면, 그 사실을 알게 될 겁니다. 네, 사자자리 남성이 과거에 다른 여인과 사귄 적이 있다고 치지요. 양자리는 피할 수 없다는 것을 알게 되면, 아무리 고통스럽고 불쾌한 진실이라도 용기를 내서 받아들인답니다. 하지만 아직도 인간 본성의 냉정하고 엄연한 현실에 굴복하지 않은 양자리만의 꿈이 남아 있지요. 사자자리 남성이 과거에 연애했다 해도 그리 행복하지는 않았을 수도 있지 않을까요? 아마도 그는 어떤 여자의 유혹에 넘어간 것일 뿐이고, 그 여우 같은 여자는 필사적으로 도망치려는 그를 밧줄로 꽁꽁 묶어두었거나 수갑을 채워두었을 것입니다. 그래서 사자자리 남성은 아직도 그때의 힘든 기억 때문에 악몽을 꾸는 게 아닐까요?

하지만 사자자리는 자존심이 너무나도 강하고 정직한 사람입니다. 그는 수갑에 채워져 있던 것도 아니고 밧줄로 침대에 묶여 있었던 것도 아닙니다. (두 사람이 만나기 전의 일을 얘기하고 있으니 과거형으로 해야 합니다. 현재 진행되고 있는 연애라면 그녀가 절대로 용서해줄 리가 없지요. 설사 아직 두 사람이 미래를 약속하지 않았더라도, 동시에 다른 사람을 만나는 것을 양자리 여성은 절대로 용납하지 않는답니다. 용납하지 않는 게 아니라 용납하지 못한답니다. 그게 양자리 스타일이지요.) 어쨌든 사자자리 남성은 과거의 사랑에서 자신은 한 번도 마음을 온전히 내어준 적이 없다고 서둘러 말할 것입니다. 그녀를 만나기 전까지는요. 하지만 양자리 여성은 그 얘기가 들리지 않을 것입니다. 사자자리 남성의 과거 사랑을 상상하느라 머릿속이 너무 바쁘니까요. 사자자리 남성은 온전히 그녀의 소유가 되지는 않습니다. 그것은 그저 환상일 뿐입니다. 빛나는 갑옷을 입은 백마 탄 기사가 실은 발이 진흙투성이이고 그가 탄 말도 회색 당나귀임이 밝혀집니다.

연애 경력이 화려한 사자자리 남성과 이상주의자 양자리 여성의 성적인 조화는, 이렇게 신비로운 꿈이 깨질 때마다 함께 무너집니다. 양자리 여성의 과거 연애사는 어떠냐고요? 그야 다르지요. 그걸 정당화할 수 있는 이유는 열 가지도 넘습니다. 양자리 여성은 결코 과거의 연애를 즐기지 않았답니다. (양자리는 무의식적으로 이기적인 사람이라는 걸 제가 계속 말씀드리고 있는 겁니다.)

이 문제를 해결할 수 있는 방법이 두 가지 있습니다. 첫 번째는 양자리 여성이 정서적으로 성숙해지는 것입니다. 그래서 현재의 사랑이 탄탄하고 아름다운 것이라면, 과거에 의해 얼룩져서는 안 된다는 것을 깨닫는 것이지요. 과거는 이미 지나갔고 잊어야 하니까요. 하지만 전형적인 화성인이라면 이 해결책은 별로 가능성이 없습니다. 가장 좋은 해결책은 사자자리 남성이 자주 그리고 주기적으로 과거의 사랑은 행복하지 않았노라고 양자리 여성에게 말해주는 것입니다. 그리고 지금 양자리 여성과의 사랑이 얼마나 만족스러운지 일일이 열거해주는 겁니다. 이전의 사랑들에 비해 성적으로도 훨씬 더 충만할 뿐만 아니라 이런 경험은 처음이라는 것도 강조해줘야 합니다. 처음이라는 것이 어떤 의미인지 설명할 필요는 없을 것 같네요. 양자리-사자자리 커플이라면 바로 이해할 것입니다.

양자리 여성은 사자자리 남성의 용기와 자신감 그리고 지혜를 존경한다는 것을 솔직하게 표현합니다. 이런 점은 사자자리 남성의 남성성을 고취시켜주지요. 또한 사자자리 남성은 지배당하기를 완강하게 거부합니다. 하지만 그 때문에 양자리 여성으로 하여금 자신이 가지고 있는지도 몰랐던 여성스러운 측면을 발현하게 만들 수도 있습니다. 사자자리 남성은 목마른 자존심을 채우기 위해 언제라도 더 많이 숭배받고 싶어합니다. 하지만 양자리 여성에게 숭배라는 말은 유약함과 동의어로 그녀가 전혀 배우지 못한 자질이지요. 사자자리 남성은 그 자질을 개발할 수 있는 기회를 많이 줄 것입니다. 독립심 강한 양자리 여성이 매사 남성 우월주의적인 사자자리 남성에게 자신의 권리를 요구하면, 그는 "내가 우월하다는 것을 당신이 먼저 인정할 때만 당신이 나와 동등하다는 것을 허락하겠소!"라고 으르렁거릴 것입니다. 똑똑한 양자리 여성이라면 그 말의 뜻을 쉽게 이해할 것입니다. 자존심이 센 사자자리 왕은 자신의 우월한 통치권이 제대로 인정받는다는 전제하에, 자신의 양자리 여인을 자신과 동등하게 여왕의 권좌에 앉게 해주고 자신의 곁에서 통치할 수 있도록 해주겠다는 것입니다. 양자리 여성에게는 다이아몬드가 박힌 티아라를 씌워주고, 통치자를 상징하는 왕관은 자신이 쓰겠지요.

양자리 여성은 사자자리 남성을 존경하며 열렬히 그를 사랑할 것입니다. 그녀는 아주 만족해 자기 일들을 해나갈 것입니다. 가끔은 그녀가 자기의 일을 어떻게 해야 할지에 대해 사자자리 남성이 지도 편달해주는 것을 허락해줘야 하겠지요. 사자자리 남성 특유의 실용주의로 양자리 여성의 희망을 나무라는 바람에 화성의 열정에 찬물을 끼얹는 순간도 있을 것입니다. 양자리 여성 또한 사자자리 남성의 말을 중간에 끊거나 조언을 **부탁**하는 걸 잊어서, 그 특별한 자존심에 상처를 주는 때가 있을 것입니다. 그러면 사자자리 남성은 왕의 위엄으로 양자리 여성을 얼어붙게 만들고, 양자리 여성은 불같이 화를 내서 사자자리 남성의 분노를 사겠지요. 하지만 사자자리 남성의 얼음장 같은 냉담함이 녹고 양자리 여성의 화가 사그라들고 나면, 행복은 언제든 다시 두 사람 곁으로 찾아옵니다. 한 번 분노의 불길이 타올랐다가 꺼지면, 서로를 용서하고 다시 화해해야겠다는 욕구가 치솟기 때문입니다. 두 사람은 언제든 다시 봄의 기적을, 그 영원한 마법을 만들어낼 수 있답니다.

5-9 태양별자리 관계인 양자리와 사자자리는 서로를 위해 더 헌신할 때, 더 큰 사랑과 공감으로 이어진다는 것을 깨닫게 됩니다. 서로 120도를 맺고 있는 두 별자리는 목성의 자비로움에 영향을 받지요. 모든 5-9 태양별자리 관계는 목성의 은혜로운 기운을 느낄 수 있습니다. 당신이 어떤 사람을 오랫동안 진실로 사랑해본 적이 있다면, 다른 사람의 감정을 더 잘 이해하게 되지요. 상처받거나 외로울 때가 어떤지를 알게 됩니다. 그래서 당신의 평화와 기쁨을 나누고 싶어하지요. 어떤 식으로든 함께 나눌 방법을 찾게 됩니다.

양자리와 사자자리의 사랑은 축복입니다. 서로의 눈을 깊이 바라보면 알 수 있으니까요. 사자자리 남성은 양자리 여성이 상처를 잘 받는 사람이라는 것을 알 수 있습니다. 그런데도 자기에게 도전할 정도로 독립적인 사람이라는 것도 알게 되지요. 양자리 여성은 사자자리 남성이 한없이 부드럽고 다정한 사람이지만, 자신을 보호해주고 또 정복할 만큼 강인한 사람이라는 것도 알게 됩니다. 그리고 두 사람은 모두 과거의 신비와 내일의 약속을 봅니다. 뭐라 규정할 수는 없는 그런 약속이지요. 양자리와 사자자리의 기운은 잘 맞습니다. 이들이 서로 마주치는 순간, 이른 아침 하늘에서 반짝이는 금성에 소원을 빌게 됩니다. 그리고 오래전 이 세상에 평화를 예견한 '양이 사자 옆에 누울지니'라는 말처럼, 사랑이 탄생하는 것이지요.

양자리 남성과 사자자리 여성

그들은 입을 다문 채로, 다들 팔이 축 늘어져 있었다.
땅 위의 대혼란은 시작할 때만큼이나 갑작스럽게 멎었다.
그것은 한줄기 거센 돌풍처럼 지나가버렸다.
하지만 그들은 알았다. 그 바람이 지나갈 때 그들의 운명도 결정되었음을.

사자자리 여성은 함께 살기가 쉽지 않습니다. 가끔은 다루기가 완전히 불가능하지요. 사자자리 여성은 자존심이 세고 냉담하며 허영심이 많고 자기중심적이며 오만

합니다. 그런데 사자자리 여성은 또한 강인하고 활력이 넘치며 따뜻하고 관대한 여성이기도 합니다. 사람들이 자신의 우월성을 알아주고 존중해준다면 말입니다. 사자자리 여성은 쉽게 자신을 굽히지 않습니다. 하지만 양자리 남성이 그녀의 품위를 해치지 않도록 조심하고 그녀를 얼마나 존경하는지 명확하게 해준다면, 사자자리 여성은 예상외로 유순해질 것입니다. 그녀의 주변 사람들은 놀랄지도 모릅니다. 그녀가 양자리 남성에게 하는 것처럼 남의 말을 잘 듣는 모습을 한 번도 본 적이 없기 때문입니다.

천문해석학에서는 이런 5-9 태양별자리 관계 유형에 대해서는 조화로움과 행복을 거의 보증합니다. 양자리 남성은 사자자리 여성의 사치스러움을 다른 별자리 남성들만큼 신경 쓰지 않을 것입니다. 오히려 사치스러움을 더 장려하지요. 자신도 그러니까요. 물론 사자자리 여성은 자신이 사치스럽다는 것을 인정하지 않으려고 합니다. 자신을 아주 알뜰한 사람이라고 말합니다. 어떤 면에서는 그렇다고 할 수도 있습니다. 사자자리는 일반적인 지출에 대해서는 신중하고 실용적이기도 하니까요. 하지만 사치품에 대해서는 정신을 못 차리는 경향이 있지요. 적은 돈은 현명하게 쓰고 큰돈은 어리석게 쓰는 편이랄까요. 양자리 남성은 적은 돈도 큰돈도 현명하게 쓰지 못합니다. 그리고 두 사람은 모두 선물을 주고받는 것을 무척 좋아한답니다.

사자자리 여성을 사랑하는 양자리 남성은 그녀가 타고난 자존심과 위엄에 맞춰 살도록 격려해줍니다. 그는 그녀에게는 여왕 같은 태도가 어울린다고 생각하지요. 양자리 남성은 다른 여성들이 자기 시중을 들어주고 자신의 욕망을 충족시키는 대상으로 생각하지만, 사자자리 여성에게는 그렇게 하지 못합니다. 사자자리 여성의 소망을 좀 더 배려해주지요. 어쩌면 그는 사자자리 여성을 높은 자리에 경건히 모셔두고 싶은지도 모릅니다. 자신이 쟁취한 그녀의 여왕다운 모습을 지켜주기 위해서 말이에요. 그는 사자자리 여성은 숭배받아 마땅하다고 느낍니다. 그녀가 너무나 특별하기 때문이지요. 그 자신만큼이나요!

제가 아는 사자자리 여성과 양자리 남성 커플 중에 가장 행복한 커플은 제 친구 로즈메리와 노먼입니다. 몇 년 동안이나 노먼은 로즈메리의 식사를 즐겁게 차려주었고, 집 안을 깔끔하게 정리하고 그녀가 충분히 쉴 수 있도록 배려해주었습니다. 그녀는 여유 있게 의대와 대학원을 졸업하고 마침내 성공적인 정신과 의사가 되었지요. 그 덕에 양자리 남성의 '나 먼저' 성향은 상당히 부드러워졌고, 그렇다고 해서 그 남성성에 흠이 가지도 않았습니다. 노먼은 자신의 아름다운 사자자리 아내인 로즈메리를 소중히 여겼고, 그녀도 양자리 남편인 노먼을 정중하게 대하면서 누가 타잔이고 제인인지를 명확하게 해주었지요. 그녀가 쉴 때는 직접 남편의 식사를 챙겼고 사랑이 넘치는 눈빛으로 남편을 바라보았으며, 완전한 충만감을 느끼고 있는 여성에게서 나올 수 있는 조용하면서도 사랑스러운 태도로 그를 대했답니다. 노먼은 항상 존경의 눈빛으로 그녀를 바라보았고, 집에 손님이 와도 아내가 모든 관심의 중심이 되도록 해주었답니다.

그렇다고 두 사람의 의견이 늘 일치하는 것은 아니었습니다. 정신과 의사라고 감정적인 긴장감을 겪지 않고 살 도리는 없지요. 하지만 불의 별자리 사이에서는 일시적인 의견 충돌이 삶의 즐거움이 됩니다. 그리고 화해를 하고 나면 서로를 더 갈망하게 되지요. 양자리와 사자자리의 다툼은 오히려 사랑을 당연히 여기게 되는 것을 방지해줍니다. 그런 관계는 지루하고 영감이 없지요. 이 연인들은 처음에 가졌던 열정을 가끔 재충전할 필요가 있답니다.

양자리 남성은 늘 목표를 향해 매진합니다. 목표 지점만 바라보며 돌진하기 때문에 가끔 사자자리 여성을 충분히 찬양해주지 못하는 경우가 생깁니다. 사자자리 여성은 제대로 대접받고 있지 않다는 느낌이 들면, 냉정하고 무심해지고 심지어 게을러지기도 한답니다. 그녀는 자신의 여성성을 내버려두면서 외모에 전혀 신경을 쓰지 않게 됩니다. 심각한 내적 고통을 겪고 있다는 경고입니다. 슬프고도 끔찍한 일이지요. 또는 정반대로 돌변하기도 합니다. 화려한 치장에 지나치게 관심을 쏟으며 노골적으로 다른 남성들의 관심을 얻으려고 합니다. 자신의 여인이 다른 남자에게 추근대거나 바람피우는 것을 인정해주는 양자리 남성은 아직 태어난 적이 없답니다. 부정의 흔적이 조금이라도 발견된다면 질투로 한바탕 난리가 나지요. 길게 보면 그리 나쁜 일은 아닙니다. 양자리 남성은 자신이 뭘 잘못했는지 알게 될 테니까요. 그는 사자자리 여성이 살아 있는 동안 변함없이 추구하게 될 낭만적인 숭배를 소홀히 했던 것입니다.

사자자리 여성은 가능한 한 자주, 얼마나 그리고 왜 자신을 사랑하는지 들어야 합니다. 그러면 양자리 남성이 자신과 떨어져 시간을 보내도 그렇게 의심하지 않을 것입니다. 여왕 폐하인 아내를 두면 그 정도는 해야 합니다. 사자자리 여성은 좀 요구하는 것이 많을 수도 있지만, 무시당할 때 나타나는 그녀의 태도보다는 다루기가 훨씬 쉽습니다. 자신이 무시당했다는 생각을 하면 사자자리 여성은 아주 사소한 것에도 터무니없는 중요성을 부여하기 시작합니다. 무시당할 때의 반응은 양자리 남성도 똑같습니다. 양자리 남성은 충분한 사랑이나 주목을 받지 못한다는 생각이 들면, 거의 어린애같이 유치한 요구 사항들이 생깁니다. 제대로 심통을 부리지요. 두 사람 모두 칭찬을 듣고 싶은 욕구가 무척 중요합니다. 하지만 자존감을 위해서는 어쩔 수 없답니다. 바깥세상에서 칭찬을 충분히 듣지 못하면(그런 경우는 별로 없지만) 두 사람은 서로에게 소중한 선물을 주어 결핍을 보상하기도 합니다.

두 사람은 대체로 속궁합이 무척 좋습니다. 둘 다 거리낌 없는 열정을 타고나는데,

이것은 따뜻한 애정이 있어야 하는 두 사람의 기질과 잘 어우러지지요. 두 사람은 또한 낭만주의자들입니다. 부드럽게 뺨에 키스해주는 것이 열정적인 섹스로 하나가 되는 것만큼이나 중요하지요. 양자리 남성은 감성과 열정을 모두 충분히 가지고 있으므로 사자자리 여성을 어렵지 않게 만족하게 할 수 있답니다. 두 사람은 채털리 부인과 그 연인처럼 거칠고 원초적인 모습과 엘리자베스 배럿과 로버트 브라우닝처럼 부드럽고 시적인 모습이 똑같이 공존하는 사랑을 추구합니다. 두 사람은 다른 사람들에 비해 이 드문 사랑을 찾을 확률이 높습니다. 그 낭만적인 사랑을 방해할 만한 것이 있다면, 그건 바로 사자자리 여성의 옛사랑에 대한 양자리 남성의 질투일 것입니다. 사자자리 여성은 옛사랑의 추억을 절대로 잊지 않는답니다. 수년이 지나도 그 불꽃이 잘 꺼지지 않지요. 하지만 옛사랑을 다시 불 피우고 싶어서가 아니라, 그녀가 과거에 받았던 숭배와 흠모를 버리고 싶어하지 않아서입니다.

사자자리 여성은 굶주린 연애 감정을 충족시키기 위해 오래된 연애편지를 늘 간직해두고 주기적으로 읽어본답니다. 그걸 양자리 남성이 발견하기라도 하는 날에는, 마치 그녀가 실제로 바람을 피우는 현장을 목격한 것처럼 상처받고 분노하지요. 양자리 남성은 그녀의 과거 사랑에 대해 힐난조로 꼬치꼬치 캐물을 겁니다. 사자자리 여성은 부분적으로 약간 허풍을 떨거나 아니면 전체 이야기를 과장하는 버릇이 있으므로, 양자리 남성은 자신이 그녀를 정복한 유일한 남자라는 환상을 잃게 됩니다. 그것은 두 사람의 성적인 조화에 해가 되지요. 양자리 남성은 다른 모든 일에서처럼 사랑 게임에서도 늘 첫 번째가 되어야 합니다. 그는 파티에서도 가장 먼저 관심을 끌고 싶어합니다. 그러니 관심을 보이며 그를 쳐다보는 여성을 무시할 수가 없지요. 자, 다음엔 무슨 일이 벌어질까요? 사자자리 여성은 그녀를 사랑하도록 자기가 허락해준 남성으로부터 모든 사랑을 받는다는 사실을 모든 사람이 알기를 원합니다. 기억하시지요? 양자리 남성이 사람들 앞에서 사자자리 여성에게 그런 모욕을 주는 것은 전혀 현명하지 못한 행동입니다. 그녀는 자신의 품위에 상처를 주는 행동은 참지 않습니다. 사자자리 여성은 연인이나 남편의 그녀에 대한 사랑을 의심하지 않습니다. 그녀 자신의 매력에 대해 대단한 자부심을 가지고 있으니까요. 하지만 그녀는 그런 사실을 남들도 똑같이 알기를 바랍니다. 그녀에게는 이 점이 몹시 중요하지요. 그녀의 남자가 사람들 앞에서 다른 여인에게 과일이라도 집어준다면, 쾌활하고 다정다감하던 사자자리 부인이 순식간에 발톱을 세운 고양이로 변신하는 모습을 보게 될 것입니다. 심하게는 차가운 대리석으로 변할지도 모릅니다. 나중에 두 사람만 남게 되면 그때야 감정이 폭발하겠지요.

하지만 두 사람은 눈물이 마르기도 전에 화해할 것입니다. 양자리 남성은 사자자리 여성이 얼마나 사랑스러운 사람인지에 대한 새로운 근거들을 제시하겠지요. 그 말은 진심입니다. 사자자리 여성에게는 자신이 얼마나 그를 필요로 하는지 그에게 알려줄 수 있는 또 다른 기회가 생기는 것이지요. 그렇게 두 사람은 자신들의 사랑과 우정이 얼마나 깊은지를 확인하면서, 반면 다른 커플들의 관계가 얼마나 얄팍한지에 대해서도 새삼 깨닫게 된답니다. 양자리 남성과 사자자리 여성은 신으로부터 가장 은총받은 커플입니다. 연인이자 동시에 친구가 될 수 있는 자질을 부여받았으니까요. 두 사람은 서로 번갈아가며 의도하지 않게 마음의 상처를 주고받을 수 있지만, 그 밖의 모든 면에서는 다른 어떤 사람보다도 서로를 신뢰한답니다. 의견 충돌이 있어도 상황이 종료되면 늘 행복한 결말이 찾아오지요. 양자리와 사자자리 사이에 벌어지는 다툼의 특별한 면모입니다. 그것은 다른 별자리들의 전쟁과는 사뭇 다릅니다. 추운 겨울이 지나면 봄이 옵니다. 상처 난 자존심 때문에 고통스럽다가도, 화해를 하고 나면 두 사람은 이전보다 훨씬 더 행복해집니다.

충동적이고 성급한 양자리 남성은 사자자리 여성의 가슴에서 따뜻한 안식처를 찾을 것입니다. 사자자리 여성은 자신의 양자리 짝을 왕처럼 떠받들어줄 겁니다. 그 보답으로 양자리 남성은 아주 멋진 선물을 준답니다. 바로 자신이지요. 자신의 모든 것 말이에요. 이전에는 누구에게도 준 적이 없는 선물이랍니다. 그녀를 만나기 전에는요.

양자리 Aries

불 · 시작하는 · 능동적
지배행성: 화성
상징: 숫양
양(+) · 남성적

Virgo 처녀자리

흙 · 변화하는 · 수동적
지배행성: 수성
상징: 처녀
음(−) · 여성적

양자리와 처녀자리의 관계

실제로 그들은 계속 부딪혔다. 눈앞에 구름이 있는 것을 보고
피하려고 하면 할수록, 더 정확하게 구름에 부딪혔다.

양자리는 일반화하기를 좋아하고, 세부 사항을 들먹이는 걸 싫어합니다. 꼼꼼한 분석은 지루해하지요. 처녀자리는 꼼꼼하고, 세부 사항을 분석하기를 좋아합니다. 일반화하는 것을 몹시 싫어하지요. 양자리와 처녀자리 사이가 얼마나 먼지 대충 짐작이 가시나요? 이건 시작에 불과합니다.

양자리의 모든 행동은 순수한 감정에서부터 시작됩니다. 그들은 자신들의 감정을 믿습니다. 그리고 지나친 실용주의에 대해서는 미심쩍어합니다. 처녀자리는 실용적입니다. 자신들의 사고방식을 믿지요. 그리고 순수한 느낌과 감정에 대해서 회의적입니다. 양자리가 화가 날 때는 주로 지붕에 올라가 큰 소리로 왜 화가 났는지 얘기합니다. 그런 식으로 자신들의 불평불만을 분출합니다. 처녀자리는 화가 나면 마음속에 묻어둡니다. 불평을 입 밖에 내지 않고 푹푹 삭힙니다. 양자리는 신체 건강에 대해 별로 관심이 없지만 심각하게 아픈 적은 별로 없습니다. 처녀자리는 건강에 극단적으로 신경을 쓰지만 자주 다양한 질병의 증상을 호소합니다. 두 사람의 차이점은 아직도 많습니다.

두 사람은 남을 돕는 일에 빨리 나섭니다. 물론 두 사람의 동기는 다릅니다. 양자리가 남을 돕는 이유는 누군가를 행복하게 해주는 게 기분이 좋아서입니다. 언제든 기회가 생기면, 자신들이 작은 기적을 불러올 수 있다는 것을 증명할 수 있기 때문에 좋아하지요. 처녀자리가 남을 돕는 이유는 혼란스러운 상황이 커지는 것을 그냥 두고 볼 수가 없기 때문입니다. 그들의 실용적인 견해로는, 조금만 명확하게 생각하면 모든 일의 실마리를 풀 수 있으니까요. 처녀자리는 나서서 여기저기 잘라내고 마무리해주는 걸 좋아합니다. 하지만 고맙다는 인사를 바라거나 기다리지 않고 가던 길을 가지요. 양자리도 감사 인사를 듣겠다고 오래 기다리지는 않을 것입니다. 하지만 단언컨대 양자리는 감사 인사를 바랍니다. 상대가 감사 인사를 할 것 같지 않으면, 양자리는 상처받고 화가 납니다. 처녀자리는 그렇지 않습니다. 처녀자리는 사람들한테 별로 기대하는 것이 없습니다. 그래서 사람들이 감사할 줄 몰라도 그저 어깨나 으쓱하고 맙니다. 인간이 지닌 수많은 결함 중에 하나려니 하고 넘어가지요.

두 사람 모두 목적은 순수합니다. 둘 다 아름다운 영혼을 갈망하고 반짝이는 이상을 추구합니다. 양자리와 처녀자리는 진실과 사랑스러움을 찾아 함께 말을 타고 나설 수 있습니다. 하지만 두 사람이 탄 백마가 갈림길에 이르면, 두 사람은 서로 다른 쪽을 향합니다. 양자리는 아무리 실망하고 성공이 불가능해 보여도 그가 찾는 것에 도달할 수 있다고 맹목적이고도 본능적으로 믿습니다. 처녀자리는 실제로 성배를 찾을 수 있을 거라고는 거의 생각하지 않습니다. 설사 찾는다고 해도 그 성배는 깨졌을 거라고 생각합니다.

이렇게 성격이 다른데도, 양자리와 처녀자리가 삶의 교차로에서 마주치게 되면 이상하게도 서로 편안한 느낌을 받습니다. 일로 만난 사이라면 서로 존중하고 도와주고 싶은 마음이 듭니다. 친구 사이라도 언젠가는 일로 엮이게 될 수도 있고, 가족 구성원이라면 서로 다른 성격이 합쳐져서 아주 따뜻하고 만족스러운 관계가 됩니다.

양자리와 처녀자리는 다른 사람들에게는 절대로 말하지 않을 것들을 서로에게 고백하기도 합니다. 은밀한 고백을 해도 신뢰가 깨지지는 않을 것을 서로 느낍니다. 양자리는 처녀자리의 설명을 이해하는 것이 몹시 어렵지만, 그래도 두 사람의 신뢰는 깨지지 않습니다. 처녀자리는 속으로는 도대체 왜 일이 그 지경이 되도록 내버려 뒀는지 이해할 수 없지만, 양자리를 진심으로 가엾게 여깁니다.

하지만 두 사람이 아무리 가까워진다 하더라도 극복하기 어려운 차이가 있습니다. 양자리는 자신이 약속 시간에 늦거나 빈둥거리거나 경솔하고 무책임한 행동을 했을 때, 처녀자리가 못마땅해서 얼굴을 찌푸리는 것을 느낍니다. 양자리로서는 처녀자리처럼 일을 즐기면서 하기가 쉽지 않지요. 일을 미루는 것이 별로 나쁜 일이라고 생각하지도 않습니다. 하지만 처녀자리는 그것을 소중한 시간을 낭비하는 죄악이라고 생각한답니다. 물론 처녀자리도 걱정하는 마음을 내려놓고 아주 특별한 삶을 영위할 수 있습니다. 하지만 그전에 먼저 일이나 공부, 또는 가족에 대한 의무를 다해야만 하지요. 모든 일이 다 제대로 돌아가고 있어서 아무런 부담감이 없다는 것을 확인하는 게 먼저랍니다.

두 사람이 함께한다면, 양자리는 처녀자리에게 걱정을 지나치게 많이 한다고 지적하게 될 겁니다. 그러면 처녀자리는 분명히 이렇게 대답할 겁니다. "무슨 걱정을 지나치게 한다고 그래요? 전 뭐든 지나치게 하는 건 못 참아요." 양자리는 이렇게 반박합니다. "그럼 지난 수요일에 당신이 쓰는 아이보리 비누를 못 찾아서 샤워를 못한 건 어쩌고요? 다른 비누는 절대로 쓰지 않잖아요. 운동화에 잉크가 한 방울 떨어져서 속상해했던 거랑 점심 때 먹었던 수프에서 파리를 찾아낸 건요? 그러고 나서 며칠 동안이나 편두통이랑 신경성 위염으로 고생했잖아요."

그럼 처녀자리는 이렇게 항변하겠지요. "그건 좀 과장이 심하네요. 정확하지도 않고요. 소화가 안 된 건 3시간 45분 동안이었어요. 또 수프가 느끼해서 그런 거지 신경성이 아니었어요. 두통은 65분 지속됐어요. 며칠이 아니라고요. 그것도 그 전날 잠을 충분히 못 자서 그런 거예요. 제가 강박증이 있어서가 아니고요. 또 샤워도 그래요. 내가 매일 쓰던 비누를 못 찾아서 샤워를 못한 게 아니라 약속 시간에 늦어서 못한 거라니까요. 그리고 잉크 문제는 내 220달러짜리 신발을 망쳐버렸으니 당연히 조금 화가 났죠. 그건 2년밖에 안 된 신발이거든요. 나는 당신처럼 돈을 막 쓸 형편은 아니라서요."

마지막 말은 처녀자리가 양자리의 낭비벽을 은근히 꼬집는 말입니다. 처녀자리는 화가 났을 때도 예의를 갖추려고 세심하게 노력한답니다. 그래서 화가 나도 그 특유의 예의를 갖춘 말투 때문에 표현은 부드럽지요.

처녀자리는 분석적이고 명확한 것을 참으로 좋아합니다. 양자리는 그런 처녀자리를 까다롭고 냉정하다고 생각하지요. 하지만 처녀자리는 냉정한 것과는 거리가 멉니다. 처녀자리는 열두 별자리 중에 가장 내면의 감수성이 풍부한 사람들이거든요. (하지만 '내면의'라는 말에 주목해야 합니다.) 처녀자리의 분별력은 그 자체로 드높은 이상을 의미합니다. 일이든 사람이든 그 이상적 기준에 부합되어야 하지요. 그게 안 될 때는 뭐, 누구라도 실망을 거듭하게 되면 가끔 짜증을 부리겠지요. 그래서 처녀자리는 양자리와 함께 있을 때 자주 신경이 곤두섭니다. 처녀자리는 드러내놓고 단호한 행동을 취하는 것을 싫어하는데, 양자리의 요구 조건들을 다룰 때는 단호한 행동을 취해야 하거든요. 양자리의 충동적인 기질은 처녀자리가 스스로를 무능하다고 느끼게 합니다. 상황을 개선할 수 없다는 생각 때문이지요. 그래서 비판적인 태도를 보임으로써 진심을 숨깁니다. 침묵을 통한 거부라고 할까요. 그런데 양자리는 어떤 종류의 거부에도 짜증이 납니다. 그것이 구체적인 말이 아니고 희미한 암시라도 양자리는 압니다. 전형적인 양자리는 냉정하고 분별력 있는 처녀자리를 상대로 무엇이 옳은지 그른지, 무엇이 타당한지 아닌지, 실용적인지 그렇지 않은지 등 합리적인 토론을 할 의사가 없습니다. 양자리는 타인의 관대한 정신에 대해서는 잘 응대하지만, 고루함이나 비평에 대해서는 상당히 불쾌하게 대응합니다. 그래서 양자리는 종종 처녀자리에게 반항하거나 힘겨워할 수 있습니다. 처녀자리는 비록 차갑더라도 차분하고 이성적인 대화야말로 애정 어린 다정함과 친절함 그리고 열린 마음보다 낫다고 여기기지요.

하지만 양자리와 처녀자리도 조화를 이룰 수 있답니다. 양자리는 자신도 놀랄 정도로 처녀자리의 착실한 모범을 따르며, 그 충고에도 진지하게 귀를 기울이게 될 수 있습니다. 처녀자리 또한 놀랄 겁니다. 양자리 덕분에 늘 하던 여러 가지 습관 중에 상당 부분을 안 하게 되고, 몇 겹씩 싸여 있던 절제된 행동들도 조금씩 완화될 테니까요. 하지만 이 조합이 잘 맞으려면 서로의 차이점보다는 장점에 주목하려고 노력해야 합니다.

슈퍼마켓 계산대에 서서, 눈살을 찌푸리며 당신에게 줄을 제대로 서라고 나무라는 직원이 있다면 아마 처녀자리일 것입니다. 하지만 살짝 미소 띤 얼굴에 온화하고 쾌활한 태도로 당신에게 콩 통조림이 어디 있는지, 신선한 멜론은 언제 입고되는지를 친절하게 가르쳐주고 카트에서 떨어진 물건을 대신 주워주는 그 직원 또한 처녀자리일 것입니다.

옷 가게에서 누구보다 점원에게 요구 사항이 많고, 입어본 옷들을 드레스룸에 아무렇게나 내팽개쳐놓으며 옷들이 다 이상하다며 불평을 하는 손님은 아마 양자리일 것입니다. 하지만 한적한 시골에서 처음 보는 사람에게 이유도 묻지 않고 돈을 빌려주는, 친절하고 남을 잘 믿는 사람 또한 양자리일 것입니다.

양자리와 처녀자리는 무척 다른 사람들입니다. 하지만 엉겅퀴도 피하고 가시덤불도 피하며 함께 하이킹을 하다 보면, 생각지 못했던 행복한 경험을 하게 됩니다. 처녀자리는 양자리가 도와줄 만한 가치가 있는 사람이며, 도움을 받으면 열정적이고 감동적인 감사를 할 줄 아는 사람이라는 것을 알게 됩니다. 어쩌면 처녀자리의 은밀한 소망으로 가는 작은 문을 열어줄 수도 있는 사람이라고 생각하게 될 겁니다. 양자리는 처녀자리가 자신들이 그토록 갈구하는 진정한 감사를 할 줄 아는 사람이라는 사실을 알게 됩니다. 처녀자리가 자기만큼이나 정직하고 충직한 마음을 가지고 있는 사람이라는 것도 알게 되지요. 또 처녀자리는 양자리가 작은 것들에서 아름다움을 찾을 수 있도록 도와줄 것입니다. 인내를 가지고 기다리면 결국 성공한다는 믿음을 양자리에게 가르쳐줄 것입니다. 또 양자리는 처녀자리에게 진정한 자신을 발견하고 믿도록 가르칠 수 있답니다.

양자리 여성과 처녀자리 남성

그는 무리 중에 가장 겸손한 사람이었다. 실제로는 유일하게 겸손한 사람이었다.
그래서 웬디는 특별히 그에게 더 다정하게 대했다.

양자리 여성이 지나치게 밀어붙이고, 대장 노릇을 하려 들고, 감정적이고 충동적이며 비실용적인 데다, 믿을 수 없을 정도로 어린애같이 구는 사람이라고 말해보세요. 양자리 여성을 사랑한 적이 있는 처녀자리 남성은 이 말에 동의하지 않을 것입니다. 처녀자리 남성은 그녀에게서 그런 모습을 거의 보지 못했으니까요.

처녀자리 남성이 기억하기에 양자리 여성은 정말 여성스러웠답니다. 그가 다루기 힘들 정도로요. 하지만 동시에 딱 부러지고 정직하며 생기 넘치고 순진무구한 사람이었지요. 그는 "그녀는 늘 돈과 시간에 관대했던 사람이었어요."라고 말할 것입니다. "사랑에 대해 내가 가지고 있던 이상을 함께 해줬고, 많은 걸 저에게 가르쳐주었지요. 또 언제나 부드럽고 친절하게 대해줬고요. 가끔은 속이 상하거나 질투가 날 때도 있었을 텐데, 그래도 아주 난폭한 행동을 한 적은 없답니다. 그녀는 그런 일이 있으면 항상 대화로 풀려고 했어요. 작은 다툼 후에 화해하고 나면, 그녀는 처음 만났을 때처럼 다시 저를 행복하게 해줬지요. 그녀는 부드럽고 정이 많고 절대로 늙지 않는 그런 사람이었어요."

처녀자리 남성이 감상에 젖어 이렇게 말하고 나면 그의 친구는 아마 이렇게 물을 것입니다. "그 사람 양자리 맞아?"

네, 그녀는 양자리였답니다. 전쟁과 공격성의 별인 화성에 의해 지배를 받는 양자리였지요. 하지만 양자리 여성은 놀랄 만큼 자주, 숨어 있던 부드러운 여성성과 이타적인 사랑을 보여줍니다. 친절하고 배려가 깊으며, 자신의 용기와 밝은 마음을 존중해주고, 자신과 경쟁하려 하지 않고 친절하게 가르쳐주며, 자신의 결점에 대해 너그럽고, 그녀의 꿈을 믿어주는 그런 남자를 만난다면요. 양자리 여성은 온 마음을 다해 그를 신뢰할 것입니다. 마음속에 숨겨둔 불안과 자신이 부족하다는 남모르는 두려움은 녹아버리지요. 전쟁에서처럼, 사랑도 정복하는 것이 이기는 거라는 잘못된 주장을 밀어붙여야 할 필요성도 함께 사라진답니다. 그렇게 애타게 찾던 완전한 사랑이 선물처럼 그녀에게 찾아왔는데, 전쟁할 이유가 없지요. 그리고 처녀자리 남성은 늘 사랑을 줄 준비가 되어 있답니다. 아무런 조건도 바라지 않지요.

그렇다면 그 사랑은 왜 끝이 났을까요? 그 이유는 처녀자리가 가지고 있는 결혼 생활에 대한 본능적인 두려움 때문입니다. 양자리 여성은 인내심을 장점이라고 생각하지 않습니다. 원하는 것은 곧바로 이뤄지기를 바란답니다. 기다림에 지친 그녀는 결국 눈물을 흘리며 도망을 치게 되지요. 그러고는 그 관계는 그저 아주 친밀한 우정이었을 뿐이라고 믿습니다. 이상하게도 처녀자리와 양자리는 연애 관계가 끝나도 친구 사이로 남는 경우가 많답니다. 처녀자리의 타고난 예의범절과 이성에 대한 정중한 태도 덕분에, 다른 별자리들 사이에서 연애가 깨진 후에 남는 씁쓸한 기억이 이 두 사람 사이에서는 덜합니다.

하지만 양자리와 처녀자리의 사랑을 영원히 지속하는 경우가 있습니다. 그럴 땐 정말 인생이 아름답다는 것을 느끼게 되지요. 물론 살다보면 구름이 태양을 가릴 때도 적잖이 있을 것입니다. 그런 순간에는 감정적인 접근이 아니라 현실적인 접근이 필요합니다. 처녀자리 남성은 무엇이든 자기기만 없이 현실을 있는 그대로 직면하려고 합니다. 하지만 양자리 여성은 그게 좀 어렵습니다. 문제에 직면했을 때, 양자리 여성의 본능적인 반응은 망치로 일단 내려치고 그다음에 양의 뿔로 받아버리는 것입니다. 그냥 파괴해버리겠다는 것이지요. 그렇게 해도 안 되면, 양자리 여성은 그 문제의 장단점을 따져봅니다. 하지만 장점은 모두 그녀의 몫이고 단점은 모두 처녀자리 남성의 몫이 되지요. 그러므로 양자리 여성이 차분하고 이성적인 태도로 논쟁을 할 수 있는 법을 배운다면 칭찬받아 마땅합니다. 불가능한 일을 해냈으니까요.

앞에서 말했던, 양자리 여성에 대해 처녀자리 남성이 기억하고 있는 모든 내용은 두 사람의 사랑이 막 시작되었을 때 생긴 것들입니다. 두 사람의 사랑이 더 오래 지속되었거나 결혼으로 발전했다면, 처녀자리 남성에게 양자리 여성은 거의 천사처럼 보였을 것입니다. 또한, 처녀자리 남성도 양자리 여성에겐 거의 성자와 같은 존재가 되었겠지요. 둘 사이에 생기는 대부분의 다툼은 처녀자리 남성이 양자리 여성을 비난할 생각이 있는가에 달렸습니다. 그에 따라 뜨거운 바람이 불기도 하고 찬 바람이 불기도 하지요. 처녀자리 남성이 제대로 된 분석을 한다면, 양자리 여성과의 관계에서는 바람이 차가울 때보다 뜨거울 때 더 안전하다는 것을 깨닫게 될 것입니다. 제가 계속 반복해서 말씀드리는 것처럼, 양자리의 얼음이 양자리의 불보다 더 무서우니까요. 불은 곧 타버리고 맙니다. 하지만 얼음은 정말 충격을 줄 수 있지요. 양자리 여성이 울부짖는 대신 작별을 고하니까요. 양자리 여성은 한번 떠나면 더 이상 과거에 연연하지 않습니다. 과거의 고통보다는 현재의 자유가 훨씬 더 흥미진진하지요. 양자리는 난로에 화상을 입어도 또다시 난로에 손을 가져다대는, 경험으로부터 배우는 것이 없는 사람들이라고들 합니다. 어쩌면 그럴지도 모릅니다. 하지만 같은 난로에 또 손을 가져다대지는 않을 겁니다. 그 정도만 기억해도 충분하지요.

자, 비평 얘기로 돌아가봅시다. 신기하게도 처녀자리 남성은, 그가 그녀를 비판한다고 해서 그녀를 사랑하지 않는다는 뜻은 아니라고 믿게 합니다. 하지만 사랑이야 어쨌든, 양자리 여성은 자기의 장점보다 단점이 더 많이 열거된 목록을 보는 것을 좋아하지 않습니다. 양자리 여성과 평화로운 관계를 원한다면, 처녀자리 남성은 그녀의 취향과 살림 실력에 대해 감사하는 법을 배워야 합니다. 청소 상태가 깨끗한지 보려고 손가락으로 선반에 먼지를 닦아보는 식의 행동은 삼가야 하지요. 양자리 여성은 선반 같은 부분까지는 청소하지 않았을 테니까요. 그런 청소는 다른 사람이 해야 합니다. 아마도 그 자신이 직접, 아니면 청소 도우미를 고용하든가요.

양자리 여성에게는 처녀자리 남성의 신경을 거슬리게 하는 또 다른 습관이 있습니다. 버는 돈은 그때그때 다 써버리는 버릇입니다. 그가 아무리 상심해도, 잔소리를 해도, 신용카드를 감춰도, 양자리 여성에게는 소용없습니다. 가장 좋은 해결책은 양자리 여성이 일을 하게 하고, 본인이 버는 돈을 마음대로 쓰게 하는 것입니다.

양자리와 처녀자리는 6-8 태양별자리 유형입니다. 즉 두 사람 관계에는 늘 헌신과 봉사, 함께 일하는 에너지가 있다는 뜻이지요. 또한 천문해석학이 익숙하지 않는 사람들에게는 놀랍겠지만, 이상하게도 둘 사이엔 성적 끌림이 작용합니다. 처녀자리 남성은 양자리 여성에게서 성적인 신비함을 느낍니다. 양자리 여성에게 처녀자리 남성은 안심이 되는 성관계를 의미하지요. 두 사람의 성격이 서로 매우 다른데도 육체적인 욕구와 표현에서는 드물게 궁합이 잘 맞습니다. 어쩌면 천문해석학에서 천진난만한 신생아인 양자리와 순결함의 상징인 처녀자리이므로, 그 에너지가 잘 맞아서일 것입니다. 처녀자리 남성의 타고난 정직함이 보기에 양자리 여성의 솔직함과 단순함이 매력적일 수 있습니다. 여성의 욕구를 잘 배려해주는 처녀자리 남성의 마음이 양자리 여성에게는 감동적으로 여겨질 수 있지요. 그리고 처녀자리 남성에게는 육체적인 사랑을 잠깐의 쾌락이 아니라 더 숭고한 차원으로 끌어올리고 싶어하는 바람이 있는데, 거기에 동참하는 사람과 함께할 때만 그의 잠재된 열정이 발현된다는 사실도 중요합니다.

이유가 뭐든지 간에 양자리 여성과 처녀자리 남성의 성적인 관계는 대체로 강력한 힘을 발휘합니다. 섹스를 통해 감정적인 평화와 육체적인 만족감을 얻을 수 있지요. 그 덕분에 두 사람 사이에서 발생하는 많은 차이와 긴장감을 더 잘 참을 수 있습니다. 대부분의 처녀자리 남성은 양자리 여성이 자신이 원하고 필요로 하는 여성 그 자체라고 느낍니다. 하지만 양자리 여성은 처녀자리 남성이 자발적이지도 않고 충분히 열정적이지도 않다고 느낄 수 있습니다. 잠든 처녀자리 남성 곁에 누워 사랑이라는 것이 이게 다일까 하고 궁금해하는 때가 생기지요. 그녀가 꿈꾸던 사랑은 보다 격정적이고 열광적인 것이었으니까요. 그녀는 처녀자리 남성의 부드러움과 배려 깊음을 정말로 좋아하지만, 그가 가끔은 자신을 완전히 제압하고 정복해주기를 바란답니다. 「폭풍의 언덕」에서 히스클리프와 캐시가 나누던 사랑처럼요.

그녀는 자신이 사랑하는 남성에 대해 이해해야 할 것이 있습니다. 처녀자리 남성의 지배행성은 수성입니다. 그래서 그는 때때로 어떤 생각이 그 최종 결론에 다다를 때까지 맹렬한 사고 활동 속에 빠져들곤 합니다. 그럴 때는 양자리 여성이 자신을 무시한다고 비난해도 이해하지 못합니다. 마치 아메바가 증식하는 것처럼 생각이 꼬리에 꼬리를 물어서 머릿속이 꽉 찰 테니까요. 그녀는 처녀자리 남성의 무심함에 화가 나겠지요. 그렇지만 양자리 특유의 격한 방식으로 자신에 대한 관심을 요구하고 주장한다면, 두 사람 사이에는 언짢은 장면이 연출될 것입니다. 처녀자리 남성은 양자리 여성이 고집스럽게 직접적인 답을 요구하며 몰아세우는 것을 정말로 싫어한답니다. 특히나 처녀자리가 주기적으로 보이는 우울과 공허감에 빠져 있을 땐 더 그렇지요.

이럴 때 처녀자리 남성을 다루는 유일한 방법은, 그의 우울함이나 슬픔을 전혀 눈치채지 못했다는 듯 행동하는 것입니다. 양자리 여성은 자신의 기분을 좋게 유지하려고 의식적으로 노력해야 합니다. 본인이 아니라 그에 대한 걱정과 연민에만 집중해야 합니다. 두 사람이 함께할 수 있는 즐거운 일을 제안하거나 미래의 긍정적인 계획에 관해 얘기하는 것이 좋습니다. 하지만 속사포처럼 너무 빠르고 수다스럽게 말하지는 마세요. 그러면 그는 더욱 깊이 정신적 은둔의 세계로 들어가버릴 수 있습니다. 가능한 한 차분하고 조심스럽게 말하는 것이 좋답니다. 처녀자리 남성은 걱정이 있을 때 수다스럽지 않습니다. 자신을 괴롭히는 것이 무엇인지 말해주지도 않는답니다. 다만 그녀가 옆에 있다는 것만 알면 됩니다. 곁에서 자기 일을 자신 있게 해나가면서 콧노래를 부르면 됩니다. 그러면 처녀자리 남성은 마음이 안정된답니다. 어딘가에 가자는 제안을 못 들은 척하거나 분위기를 바꾸려는 제안을 거절해버린다 해도, 너무 심하게 압박을 주지만 않는다면 차차 분위기가 나아질 것입니다. 제안은 한 번이면 족합니다. 거절한다 해도 조금만 기다리면 됩니다. 그가 일시적으로 마음도 감정도 멀어져 있는 이 기간에, 양자리 여성이 할 수 있는 최악의 선택은 바로 자기 연민에 빠지는 것입니다. 무시당하는 느낌에 빠지거나 그의 침묵에 울거나 하면, 그는 미안함 때문에 더 우울해질 겁니다. 인내심, 다정함, 부드러움 그리고 그녀가 필요할 때를 대비해 곁에 있어 주는 것, 이 정도면 됩니다. 처녀자리 남성은 반짝이는 수성의 힘으로 차분하고 총명한 눈빛을 하고 다시 돌아온답니다.

처녀자리 남성의 단점을 들춰내는 일도 멈춰야 합니다. (양자리는 모방 능력이 뛰어납니다. 그래서 어느 정도 시간이 지나고 나면 처녀자리의 비판 증후군에 걸릴 수 있습니다.) 대신, 자신이 얼마나 축복받은 사람인지 헤아려보는 것이 좋습니다. 처녀자리 남성은 그녀의 활동을 불필요하게 제약하지 않습니다. 좀처럼 그녀의 자유를 방해하지 않지요. 현명한 처사입니다. 양자리 여성은 어쨌거나 원하는 일을 할 테니까요. 처신을 어떻게 하고 어디를 가고 언제 돌아올지에 대해 잔소리하면, 그녀는 화를 낼 겁니다. 하지만 때때로 그가 처녀자리의 예리하고 냉소적인 말로 양자리 여성의 민감한 자신감에 깊은 상처를 남기는 일을 피할 수 없을 겁니다. 또한, 그는 그녀가 원하는 것만큼 애정 표현을 많이 하지도 않을 겁니다. 처녀자리 남성은 애정을 표현하는 것이 쉽지 않습니다. 하지만 양자리 여성을 잡고 싶다면 애정을 표현하는 기술을 잘 갈고닦아야 할 겁니다. 양자리 여성은 실제 행동으로 드러나는 헌신을 원한답니다. 꼭 안아주거나, 뺨에 키스해주거나, 집 안에서 마주쳐도 윙크를 해주거나, 아니면 손을 꼭 잡아주는 그런 작은 행동들을 바라지요. 그녀에게는 지속적으로 사랑을 확인시켜줘야 합니다. 그녀의 감정적인 굶주림에 비례해서 그 반항심과 공격성도 함께 자라날 테니까요.

양자리 여성은 쾌활하고 다정다감하며 애정 표현을 잘합니다. 자신이 사랑하는 남성이 혼자서 뭔가를 하고 싶어하면, 그녀는 상처받고 걱정을 합니다. 처녀자리 남성은 다른 대부분 남성보다도 혼자 있는 시간이 많이 필요합니다. 그런 시간이 부족하면, 그는 괴팍하고 신경질적이며 초조한 모습을 점점 더 많이 드러내게 되지요. 양자리 여성은 처녀자리 남성이 그렇게 자주 혼자 있어야 한다는 것에 대해 이해하기 힘들겠지만 안심해도 됩니다. 혼자 있는 시간에 다른 여성에게 한눈을 팔 가능성은 거의 없으니까요. 양자리처럼 처녀자리도 사랑에 빠지면 그 사랑을 유지하고 싶어합니다. 물론 영원히 지속되는 사랑이란 거의 기적에 가까운 것이지요. 하지만 정말 바란다면, 언제든지 기적을 찾을 수 있답니다.

양자리 남성과 처녀자리 여성

"제발, 좋다고 말해줘요!" 닙스는 간청했다.

그는 얇은 잎사귀들과 나무의 수액으로 만든 옷을 입은 사랑스러운 소년이었다.

무엇보다 마음을 끄는 건 소년의 이가 아직 모두 젖니라는 점이었다.

소년은 달링 부인이 어른인 것을 보고는, 진주 같은 젖니를 뽀드득 갈았다.

슬픈 일이지만 사실인 경우가 많습니다. 양자리 남성이 처녀자리 여성과 사귈 때, 가끔 자신이 합리적이며 감정적으로도 성숙한 사람이라는 것을 그녀에게 증명해야 할 것 같은 느낌이 듭니다. 그리고 자신의 계획과 야망 그리고 감정에 대해 처녀자리 여성의 열정을 이끌어내려고 노력합니다.

전형적인 처녀자리라면, 양자리 남성의 말에 뭔지 모르게 동의하지 않는다는 듯한 인상을 줍니다. 마음에 들지 않아서가 아닙니다. 오히려 동의하는 쪽일 겁니다. 그녀는 양자리 남성이 기획하고 생각하는 대부분을 온 마음으로 후원합니다. 하지만 그녀는 양자리 남성이 하는 말이 뭔가 요점에서 벗어나 있거나 불충분한 것 같은 느낌이 듭니다. 처녀자리는 그렇습니다. 약한 고리를 찾아내고, 그 고리가 끊어지기 전에 당신에게 경고해주는 그런 사람이지요. 사실 우리는 모두 처녀자리에게 감사해야 합니다. 그들이 정확함으로 너무 늦기 전에 결함을 찾아내주고, 일이 완벽하게 굴러가도록 해주니까요. 대부분의 사람은 혼란 속에 질서를 가져오는 처녀자리의 능력에 대해 이미 고마워할 것입니다. 양자리만 빼고요. 양자리 남성은 자신의 대의명분과 감정, 분노, 꿈 그리고 자신의 우월성을 전적으로 믿어주지 않는 처녀자리 여성에게 불같이 화를 낼 것입니다. 심지어 섬세함이나 상상력이라곤 하나도 없는 사람이라고, 처녀자리 여성을 맹비난할 수도 있습니다.

하지만 그건 아니지요. 처녀자리 여성은 아주 뛰어나고 섬세한 상상력을 보유하고 있답니다. 부모님이 주신 별 모양 시리얼을 다른 아이들이 아무 생각 없이 받아먹을 때, 어린 처녀자리 아가씨는 시리얼 그릇을 쳐다보며 이렇게 말한답니다. "와! 내 그릇에 별들이 떠 있네!" 또 있습니다. 어느 날 누군가 탄산음료를 유리잔에 따라주었는데 마침 햇빛이 유리잔에 비칩니다. 그때 꼬마 아가씨는 이렇게 말한답니다. "와! 거품 속에 무지개가 떴어!" 물론 아주 조용하고 수줍게 한 혼잣말이겠지만요.

처녀자리 꼬마 아가씨는 자기 느낌이나 상상을 자기만 알고 있는 비밀 친구에게만 속삭였답니다. 입 밖으로 크게 말하거나 감탄하는 대신에요. 그래서 사람들은 그녀가 상상력이 전혀 없는 무미건조한 사람이라고 생각했습니다. 빛나는 지성과 내밀한 감수성을 과시하지 않았으니까요. 그런데 그가 나타났지요. 잘생기고 적극적인 양자리 남성의 구애에 그녀는 자신이 특별한 사람처럼 느껴졌답니다. 양자리 남성은 냉정한 처녀자리 여성의 마음을 따뜻하게 녹였고, 그녀 자신을 그 어느 때보다더 확신할 수 있게 만들어주었지요. 그런데 이제 그 양자리 남성이 다른 사람들과똑같이 그녀를 상상력이 없다고 비난합니다. 그녀가 둔감하다고요? 아마도 정말 둔감한 사람은 양자리 남성일 것입니다.

처녀자리 여성의 내면세계가 매일 매 순간 상상의 요정들로 가득 차 있는 것은 아닙니다. 그렇지만 그 마음속은 아름답고 놀라운 세계이지요. 그녀는 아주 사소하고평범한 것에서도 아름다움을 봅니다. 양자리 남성은 고함을 치거나 무시하는 대신그녀의 이런 면을 봐야 합니다. 그러면 그녀는 마음에 간직했던 온갖 동경과 비밀스러운 환상들을 꺼내 그에게 보여줄 겁니다. 그가 노력한다면, 처녀자리 여성은 편두통을 비롯한 모든 통증과 질병의 원인이 되는 상처들을 마음속에 간직하지 않고 배출할 수 있게 될 것입니다. 그런 방식으로 양자리 남성은 처녀자리 여성에게 많은것을 줄 수 있답니다.

양자리 남성도 처녀자리 여성에게서 많은 것을 배울 수 있습니다. 타인을 위한 신중한 배려나 베풂을 통해 느끼는 평화와 행복 같은 것들이지요. 두 사람이 함께 있을 때 처녀자리가 매일 보여주는 모습입니다. 양자리 남성은 좀처럼 알아채지 못하지만요. 예컨대 몹시 힘든 일을 하는 중이거나 고민거리가 생겼을 때, 그는 요정이라도 나타나서 도와주면 좋겠다고 생각합니다. 바로 그 순간, 그는 보지 못했지만처녀자리 여성은 아주 부드러운 미소를 지었답니다. 그녀는 너무나 자연스럽게 혼란스러운 상황 속으로 들어와서는 어떤 요청도 하지 않았는데 모든 문제를 해결해준답니다. 처녀자리 여성은 칭찬을 바라지도 않습니다. 감사의 표시를 하면 기뻐서얼굴이 상기되겠지만 절대로 요구하지는 않지요. 그녀로서는 당연한 일을 하는 것뿐이니까요. 처녀자리 여성은 남을 도울 때 칭찬을 바라지 않습니다. 이기심과 출세같은 것은 그녀의 동기가 아닙니다. 하지만 그녀의 노력을 알아봐준다고 해서 양자리 남성이 손해 볼 일은 없지요. 가끔은 고맙다고 인사를 해주는 것이 좋답니다. 어쩌면 이런 인사가 좋을 겁니다. "날 사랑해줘서 고마워요." 처녀자리 여성의 순수한사랑은 가치를 매길 수 없는 소중한 선물입니다. 아무한테나 주는 선물이 절대로 아니지요.

전형적인 처녀자리 여성은 너무 야단스럽지 않으면서도 명랑하고 쾌활합니다. 함게 있으면 즐거운 사람입니다. 조용하고 예의가 바르며 애정이 많이 필요한 사람이지요. 절대로 애정을 요구하지는 않습니다. 감사 인사를 요구하지 않는 것처럼요. 가끔 비판적이긴 합니다. 하지만 이것저것 따지는 순간에도 예의는 갖춘답니다.

처녀자리는 자신에게 무척 가혹합니다. 그녀가 작은 실수 때문에 우울해하거나 풀이 죽어 있을 때, 양자리 남성은 전지전능한 신이라도 실수는 하는 법이라고 말하며 달래줘야 합니다. 유사 이래의 위대한 인물들이 저질렀던 실수담을 잔뜩 들려주는 게 좋을 겁니다. 이미 지나간 실수를 걱정해봐야 소용없다는 사실을 그녀에게 일깨워줄 수 있을지도 모르니까요. 또 자신을 인정하기 위해 반드시 완벽해져야 할 필요는 없다는 사실을 깨닫는 데에도 도움이 되겠지요.

양자리 남성과 처녀자리 여성의 육체적인 사랑은 종종 신비로운 황홀감이 내재되어 있습니다. 이 두 사람은 노골적이고 적나라한 섹스 문화에 오염되지 않은 사람들입니다. 양자리 남성은 단호한 이상주의자입니다. 처녀자리 여성은 대체로 선정적이거나 야한 기질이 없지요.

두 사람의 섹스에는 이상주의와 순수함을 추구하는 서로의 무의식이 반영됩니다. 두 사람의 육체적인 사랑에 열정이 부족하다는 뜻은 아닙니다. 지배행성인 화성의 영향을 받는 양자리 남성은 열정으로 똘똘 뭉쳐진 사람입니다. 하지만 동시에 다정다감하지요. 그는 육체적 합일에 대해서는 아주 작은 부분까지도 잘 배려한답니다. 처녀자리 여성은 이런 모습에 참된 기쁨으로 응답하게 되지요. 그녀는 그의 사랑의 기술에 대해 비판하지 않도록 조심해야 합니다. 또한, 타고난 무심한 태도로 양자리 남성의 불꽃을 꺼버리지 않도록 조심해야 합니다. 반면에 양자리 남성은 두 사람의 섹스에서 최대한 부드러움을 유지해야 합니다. 처녀자리 여성의 민감함에 상처를 주지 않도록 조심해야 하지요. 또 그녀가 육체적 방식이 아닌 다른 방식으로 애정을 표현하고 싶어할 때, 너무 속상해하지 말아야 합니다. 양자리 남성의 활발한 성적 에너지는 처녀자리 여성보다 넘칠 때가 자주 있을 것입니다. 하지만 그녀가 욕구를 다시 찾을 수 있을 때까지 충분히 쉬도록 배려해야 합니다. 또 성가신 일이나 걱정거리들이 많을 때는 그녀의 열정이 저하된다는 사실도 이해해야 합니다. 어떤 상황이건 처녀자리 여성이 사랑에 전부를 내던지는 일은 별로 없답니다. 양자리 남성은 다르지요. 이런 차이점들은 두 사람이 조심스럽게 다루어야 할 부분입니다.

시간이 지날수록, 두 사람의 사랑은 감정적이기보다는 정신적인 것으로 변할 수 있습니다. 그런데도, 전형적인 처녀와 양이 서로에게 헌신을 맹세한 경우에 설령 극단적인 도발이 있더라도 상대방을 떠나는 경우가 드뭅니다. 처녀자리 여성은 무언가에 헌신하기 위해서는 먼저 분석합니다. 헌신은 감성보다는 책임이지요. 따라서 처녀자리 여성이 그런 책임을 버리기로 한다는 것은 충분히 검토하고 숙고한 후에 내려진 최종적인 결론이 됩니다. 그것은 도망이나 회피일 수도 있고, 신경쇠약에 걸려서 내린 결론입니다. 처녀자리 여성의 면역 체계는 지나치게 오래 지속되는 정신적, 감정적 압박을 견디지 못하니까요.

양자리 남성은 처녀자리 여성과는 정반대의 이유로 자신의 잘못을 인정하지 못합니다. 그는 '책임감'이 아니라 '감상' 때문에 계속 노력합니다. 그는 온 마음을 다 바쳐 사랑을 믿었는데, 그 사랑에 실패했다는 것을 상상하는 것 자체가 어렵답니다. 양자리 남성은 모든 일에 온 힘을 쏟으며 모든 도전에 의지를 불태웁니다. 사랑도 마찬가지입니다. 로미오가 줄리엣을 그만 사랑하는 것이 가능했을까요? 줄리엣이 로미오에게 싫증을 냈던가요? 당연히 아니지요. 양자리 남성은 이런 식으로 사랑을 이해한답니다. 그는 중세 시대 사랑에 빠졌던 그 남녀가 스무 살이 되기도 전에 죽었다는 사실을 놓치고 있지요. 아마 더 오래 살았다면, 두 사람 사이에도 서로 이해하지 못할 일과 의견 충돌이 생겼을 것입니다. 인간이라면 누구나 그렇듯이요. 이상하게도 양자리 남성은 사랑에서는 완벽주의자랍니다. 처녀자리 여성은 사랑을 제외한 모든 일에 완벽주의자이지요.

처녀자리 여성은 사랑에 결함이 있을 거라고 이미 예상을 했기 때문에, 그 결함이 실제로 나타나도 그렇게 놀라지 않는 것처럼 보입니다. 삶의 다른 부분에서는 결함이 없는 완벽한 것을 찾아 헤매면서도요. 양자리 남성은 그 반대입니다. 그는 살면서 겪는 대부분의 실망에 대해서는 그냥 어깨를 한 번 으쓱하면 그만입니다. 하지만 사랑에 대해서는 완벽함을 요구한답니다. 이렇게 서로 뒤바뀐 관점의 중간 어딘가에서 서로를 이해할 수 있는 근거를 찾으면 좋겠지요.

두 사람의 관계에서 문제가 생기면, 두 사람의 애정이 식어서가 아니라 외부의 압력 때문에 관계가 깨지는 경우가 종종 있습니다. 때로는 일이나 집안에서의 책임에 대해 처녀자리 여성이 과도하게 집착하기 때문에, 때로는 양자리 남성의 불타는 야망과 하나밖에 모르는 목적의식 때문에 그런 일이 생기지요. 그러면 그녀는 사적으로나 공개적으로나 그를 비난하게 되고, 그는 처음엔 좌절감을 느끼고 그다음엔 모욕감을, 나중엔 화성의 맹렬한 분노를 느끼게 됩니다. 그러면 양자리 남성은 얼음처럼 차갑게 식어버리지요. 그렇게 둘은 헤어질 수도 있습니다.

두 사람의 관계에서 어두운 면을 예로 든 겁니다. 밝은 부분은 양자리 남성과 처녀자리 여성이 두 사람을 연결하고 있는 줄이 끊어질 때마다, 줄을 다시 이을 수 있다는 것입니다. 어떻게 하냐고요? 사랑의 신비로운 치유력이지요. 하지만 그것은 양자리 남성이 상대의 요구를 배려해주는 사랑을 할 때만 가능합니다. 동시에 처녀자리 여성이 그의 꿈을 신뢰해주고 열정을 간직하는 사랑을 할 때만 가능하지요. 두 사람이 사랑에 대해 이렇게 바른 태도를 가지고 있다면, 둘의 사랑은 영원히 지속될 것입니다. 서로에 대한 배려로, 그들은 두 사람 관계에 금이 간 것을 흔적도 없이 말끔히 수리할 수 있습니다. 처녀자리가 돋보기를 들고 그 흔적을 계속 찾아보려 하거나, 양자리가 충동적이고 경솔하게 그것을 다시 깨버리지만 않는다면요. 사랑은 귀한 도자기와 같답니다. 깨어지기가 쉬워서 아주 조심스럽게 다뤄야 하며, 세월이 더해질수록 더 아름다워지고 더 가치 있는 작품이 되지요.

양자리 Aries

불 · 시작하는 · 능동적
지배행성: 화성
상징: 숫양
양(+) · 남성적

Libra 천칭자리

공기 · 시작하는 · 능동적
지배행성: 금성
상징: 천칭
양(+) · 남성적

양자리와 천칭자리의 관계

그래서 아이들은 더러는 티격태격해가면서,

그러나 대부분은 유쾌하게 웃고 떠들어대면서 네버랜드를 향해 날아갔다.

달이 여러 번 뜨고 진 후, 마침내 네버랜드에 도착했다.

네버랜드까지 내내 꽤 곧바로 날아간 것이었다.

이 장을 읽는 천칭자리라면, 제가 양자리이기 때문에 천칭자리에 대해 공정하지 못하다고 주장할 수 있습니다. (천칭자리는 늘 누군가가 자신을 불공평하게 대한다고 주장합니다.) 경솔한 양자리는 천칭자리가 가끔 완벽하게 균형을 잡고 있는 순간의 그 완벽한 고요함을 부러워할까요? 아니요. 양자리는 천칭자리의 고요함을 부러워하지 않습니다. 두 별자리가 180도를 맺고 있으므로, 천문해석학가들이 천칭자리와 양자리는 서로 갖고 있지 않은 자질들을 부러워할 거라고 주장하기는 합니다. 하지만 전형적인 양자리라면 아무리 천칭자리의 사랑스러운 고요함과 균형을 마음속으로 부러워할지라도, 절대 공개적으로 그 사실을 인정하지는 않을 겁니다. 균형이라는 말을 다른 말로 하면 천칭이라고 할 수 있겠지요. 천칭을 다른 말로 하면 균형 상태가 되고요. 어쨌거나 천칭자리에게 균형이라는 말처럼 중요한 것은 없습니다. 그러므로 균형이 깨지는 것을 극도로 싫어합니다. 문제는 자주 균형이 깨진다는 것이지요.

양자리가 천칭자리를 부러워하는 순간이 있습니다. 양자리가 화성인답게 신속한 결정을 내린 후에 늘 뒤따르는 감정적인 트라우마를 겪을 때입니다. 내가 제대로 했나? 아니면 잘못한 건가? "네."라고 답할 걸 그랬나? "아니요."라고 해야 했나? 이미 아무것도 바꿀 수 없는 상황인데도 양자리는 괴로워합니다. 사건 발생 후에 양자리가 겪는 우유부단함은 사건 발생 전에 천칭자리가 겪는 우유부단함보다 훨씬 고통스럽답니다. 그리고 전혀 생산적이지 않지요.

양쪽의 천칭을 단단히 잡고 균형을 유지하는 천칭자리만큼 매력적이고 똑똑하고 낙관적인 사람은 없답니다. 이들은 사람들을 조화롭게 어우러지도록 만들고 긴장감을 완화해주는 데 탁월한 능력을 갖고 있습니다. 양자리는 자신들에게 없는 금성인의 이런 미덕을 감탄하고 존경합니다. 하지만 양자리가 천칭자리와 180도 관계이니, 천칭자리도 화성인의 미덕에 감탄하고 존경해야 합니다. 명령처럼 들리나요?

양자리와 천칭자리의 가장 눈에 띄는 차이점 중 하나는, 단순한 양자리의 말이 입 밖으로 나오면 이상하게 명령하는 것처럼 들린다는 것입니다. 심지어 뭔가 부탁을 할 때조차도 지시하는 것처럼 들립니다. 반면에(양쪽 측면을 고루 살펴야 합니다. 특히 천칭자리에 관해 얘기할 때는요.), 금성이 지배하는 천칭자리가 질문을 하거나 뭔가 말을 할 때는 다릅니다. 당신이 좋은 느낌이 들도록 매력을 발휘하기 때문에 당신은 완전히 무방비 상태가 되고 말지요. "당신 왜 그렇게 무식해요?"라거나 "교육을 제대로 못 받은 걸 지금 증명하는 중이에요?"라는 말도 천칭자리가 하면 마치 뮤지컬 대사처럼 들립니다. 부드러운 금성의 목소리는 마치 꿀 위에 달콤한 시럽을 또 얹은 것 같은 느낌이 들지요. 두 사람이 몇 시간 동안 논쟁을 해도 양자리는 너무나 무례하고 고집불통인 사람처럼 보이는 데 반해 천칭자리는 멋지고도 합리적인 논리를 주장한다는 인상을 줍니다. 이게 불공평한 게 아니라면 뭘까요? 천칭자리가 모든 재판에서 이기는 유능한 변호사가 될 수 있는 것은 놀랄 일이 아니지요. 그들은 판사를 손바닥 위에서 데리고 놀고 배심원들의 마음을 얻을 수 있답니다. 이런 천칭자리와 충동적인 데다 성격도 급하고 감정적인 양자리가 싸울 때 어떻게 될지는 누구라도 상상할 수 있을 것입니다. 절대로 대적할 수 없지요. 아마도 천칭자리는 양자리가 타당한 판단을 하기에는 너무 서두르고, 결과에 대해 아무 생각이 없이 행동한다고 비난할 것입니다. 그러고는 정의의 여신이 들고 있는 균형 잡힌 천칭에 대해 상기시키겠지요.

양자리: 그렇긴 하죠. 하지만 정의의 여신은 눈을 가리고 있잖아요. 그런데 뭐가 옳고 그른지 어떻게 볼 수 있다는 거죠?

천칭자리: 눈을 가린 이유는 편견을 갖지 않기 위해서랍니다.

그러면 양자리는 어느 쪽의 풀을 먼저 먹을지 고민하다 굶어죽은 나귀 이야기를 아냐고 물을 것입니다. 하지만 결국 천칭자리가 미소를 지을 겁니다. 양자리는 눈부신 금성의 광휘에 그만 아무 생각도 할 수가 없게 되지요. 결국, 양자리의 불꽃은 꺼져버립니다. 정이 많고 개방적인 양자리는 천칭자리의 멋진 미소와 친절한 말을 거부할 수 없습니다. 양자리는 순진해서 천칭자리가 자신의 매력을 무기로 사용하고 있다는 의심은 하지 못합니다. 하지만 천칭자리는 그렇게 한답니다.

두 사람의 관계에서 대부분의 시간 동안 천칭자리는 냉정하고 침착한 상태를 유지할 겁니다. 하지만 양자리의 공격성이 참을 수 없을 정도에 이르면, 그렇게 친절하던 사람이 마치 천둥 번개가 치는 것처럼 엄청난 긴장감을 조성할 수 있습니다. 천칭자리는 불쾌한 충돌을 본능적으로 주저합니다. 하지만 심각하게 위협을 받는다고 느끼면, 단호하고 때로는 충동적이기까지 한 행동을 취할 수도 있습니다. 고요함을 얻기 위해서지요. 조금 혼란스러운가요? 이를 이해하기 위해선 천칭자리의 논리를 적용해야 합니다. 천칭자리와의 관계에서는 항상 결과가 수단을 정당화한다는 것을 말씀드리고 싶습니다. 사실 대부분의 양자리도 이 논리에 동의할 것입니다.

180도 관계에 있는 별자리를 만나면 보통 존경심을 느끼지만, 양자리는 천칭자리의 판단력을 높이 평가하지 않으려고 합니다. 양자리는 천칭자리가 공정하고 논리적이며 명확하게 사고한다는 것을 알고 또 천칭자리의 결정이 거의 옳다는 것도 알지만, 그들이 결정을 내리는 과정을 앉아서 지켜보고 있는 것이 좀 힘듭니다.

대부분의 천칭자리는 '결정'이라는 말을 듣는 순간 갑자기 도망가고 싶은 마음이 듭니다. 양자리는 별로 그 말에 신경 쓰지 않지요. 결정을 내려야 한다고요? 얼마든지요. 동전을 던지거나, 아니면 본능적으로 옳다고 믿는 쪽으로 결정하고 그다음에는 잊어버리면 되는데요, 뭐. 양자리식입니다. 바로 뛰어들지요. 웅덩이의 물이 말라버렸다면 웅덩이 바닥에 부딪혀서 상처가 나겠지만, 밴드 하나만 붙이면 됩니다. 그러곤 다시 하던 대로 열정을 다해 움직이지요. 천칭자리가 택하는 우회로가 성공할 가능성이 있다는 것을 모르는 것은 아닙니다. 하지만 양자리는 곧바로 가는 길을 선택할 뿐입니다. 일단 찔러보고 무슨 일이 일어나는지 보는 거지요. 그게 재미있다고 생각합니다. 바로 이런 점이 천칭자리가 반대편에 있는 양자리의 성격 중에 부러워하는 점입니다. 둘 다 서로 부러운 자질들이 있지요.

천문해석학을 잘 아는지 확인해보려면 양자리와 천칭자리 중 누가 더 강한 성격인지 물어보면 됩니다. 성급하게 결론을 내리기 전에 찬찬히 생각을 해보세요. 천칭자리는 공기 별자리이고 양자리는 불 별자리입니다. 불이 공기보다는 더 변덕스럽고 난폭해 보이지요. 하지만 천칭자리는 공기 별자리 중에서도 시작하는 에너지의 별자리입니다. 시작한다는 것은 특히 '리더'라는 말과 연결됩니다. 그리고 자연을 관찰해보면 공기도 순해 보이는 것과는 전혀 딴판으로 공격적으로 변하곤 합니다. 태풍이나 허리케인이 부드럽고 조용하고 '비폭력적인' 경우를 본 적이 있나요? 끓는 주전자 주둥이에서 나오는 '공기'로 이루어진 조용한 수증기를 생각해보세요. 그 증기에 손이라도 데면 한참 동안을 펄쩍펄쩍 뛰게 되지요. 자, 그럼 누가 더 위험한 성격을 가지고 있을까요? 양자리일까요? 아니면 천칭자리일까요? 화가 났을 때 누가 더 목소리가 큰지를 말하는 것이 아닙니다. 더 위험한 쪽이 누군지를 묻는 겁니다. 대부분 천문해석학 책은 금성의 지배를 받는 천칭자리를 평화롭고, 부드럽고, 아름답고, 사랑스러우며, 차분한 사람들이라고 설명합니다. 물론 이 설명은 맞습니다. 하지만 늘 그런 것은 아니라는 게 문제지요.

양자리와 천칭자리는 7-7 태양별자리 관계입니다. 대부분의 경우에는 아주 운이 좋은 커플이라고 할 수 있습니다. 전형적인 천칭자리라면 양자리를 상냥하게 대합니다. 독단적이거나 심한 말은 거의 하지 않습니다. 이런 태도는 양자리가 타고난 좋은 점들을 끌어내지요. 그들은 또한 특정한 행동 규범을 강요하는 일 없이 양자리의 개성을 잘 이해해주고 존중해줄 것입니다.

모든 별자리는 본능적으로 반대편에 있는 별자리를 닮고자 합니다. 양자리는 천칭자리 친구나 가족, 사업 파트너, 연인 또는 친구들과의 관계를 통해 인내심이 많고 균형 잡힌 금성의 영향을 받아 자신이 좀 더 부드러워지는 것을 느낍니다. 하지만 화성의 용기는 더 고취되고 강렬한 추진력도 꺾이지 않는다는 것 또한 깨닫게 되지요. 반대로 천칭자리 사람들은 양자리와의 관계에서 자신의 우유부단함이 보다 구체적인 목적을 가지게 된다는 것을 깨닫습니다. 양자리의 야망에 영향을 받아, 개인적인 차원이나 사회적인 관계에서 더욱 높은 성취를 이룰 수 있게 되지요. 7-7 태양별자리 관계이므로, 두 사람은 동성이 아니라 이성의 조합일 때 더 조화로운 팀워크를 자랑하게 됩니다. 동성인 경우에는 일종의 질투심과 경쟁심으로 관계가 힘들어질 수 있습니다.

양자리는 화성의 에너지가 넘치는 자신과는 달리, 천칭자리에게는 에너지를 잘 보존하면서 불필요하게 낭비하지 않으려는 욕구가 있다는 것을 이해해야만 합니다. 그것은 게을러서가 아니라 육체적, 감정적 균형을 유지하려는 천칭자리의 방법이지요. 두 사람 사이에 의견이 다를 때 양자리가 공정한 태도로 천칭자리의 금성 에너지를 이해해주려고 노력한다면, 천칭자리도 그에 보답할 것입니다. 더욱 더 다정하고 쾌활하게 양자리의 기운을 북돋워주려고 하지요. 양자리가 공정하게 대하기만 한다면, 천칭자리는 괴팍하고 논쟁적이기보다는 행복하고 유쾌한 사람으로 남을 수 있습니다.

누군가 천칭자리는 윤회의 살아 있는 긍정적인 증거라고 언급한 적이 있습니다.

한 번의 삶으로 그렇게 되는 것이 불가능하기 때문이지요. 이 이론을 천칭자리에게 얘기하면 이렇게 말할 것입니다. "양자리에 대해선 들어본 적이 있는데 천칭자리 얘기는 들어본 적이 없어요. 천칭자리의 상징이 정의와 진실의 여신이 들고 있는 천칭이잖아요? 합리적인 상태가 되는 것이 '불가능한' 일이라는 건 이해할 수 없어요. 반면에 양자리는 그 상징이 가장 터무니없는 것 같아요…" 현명한 양자리라면 이쯤에서 천칭자리에게 치즈 케이크 한 조각을 권할 것입니다. 그러면 천칭자리는 보조개가 드러나는 미소를 지으며 다시 사랑스러운 사람으로 돌아올 것입니다. (천칭자리는 달콤한 것을 사랑한답니다.) 그러면 논쟁은 끝나지요. 어떻게 해도 양자리가 그 논쟁에서 이길 방법은 없답니다. 게다가 천칭자리와의 논쟁에서 지는 것이 멀리 보면 양자리에겐 더 득이 됩니다. 금성의 판단은 거의 늘 옳으니까요. 그렇게 끝없이 이리저리 재고, 균형을 잡고, 토론하고 논쟁하는데 분명 옳지 않겠어요?

양자리 여성과 천칭자리 남성

피터는 어떤 여인도 거부할 수 없을 것만 같은 목소리로 말을 이어갔다.

"웬디, 여자 한 명이 남자 스무 명보다 나아."

"그렇게 말해줘서 정말 고마워."

웬디가 말했다. 웬디는 또 그가 좋다면 키스를 해주겠다고 했다.

앞에서 말씀드린 것처럼 양자리와 천칭자리는 천궁도에서 서로 정반대 편에 위치합니다. 천문해석학에서는 서로 반대편에 자리하고 있는 별자리의 이성에게 강렬한 매력을 느낀다고 합니다. 그러니 양자리 여성과 천칭자리 남성은 서로 자연스럽게 사랑에 빠지고, 그 후로도 오래 행복하게 함께할 수 있을 것처럼 보입니다.

자연스럽게 사랑에 빠지는 것은 맞습니다. 하지만 행복하게 오래오래 잘 사는 일은 쉽지 않을 수도 있습니다. 두 사람이 어떻게 하느냐에 달렸지요. 둘은 잠깐 사랑에 빠졌다가 그냥 지나가버릴 수도 있습니다. 아니면 각자 뒤돌아서 원래 있던 쪽으로 다시 돌아가게 될 수도 있지요.

천문해석가들은 천칭자리 남성이 여성에게 발산하는 치명적인 매력에 대해 끊임없이 말해왔습니다. 사실 천칭자리 남성은 아주 어릴 적부터 자신의 매력을 연습합니다. 그때마다 성공하지요. 누군가 그 매력에 대해 칭찬을 하면, 그는 다만 보조개가 드러나는 천칭자리의 미소를 지어 보이고는 이렇게 중얼거린답니다. "계속 하세요." 천칭자리 남성은 자신이 타고난 금성의 은총을 잘 압니다. 하지만 양자리 여성과 엮일 때는 그런 매력이 저주가 될 수도 있습니다.

천칭자리 남성이 어디를 가든 그를 사모하는 여성들이 줄을 서기 때문에, 양자리 여성은 순한 양에서 귀에서 불을 내뿜는 용으로 변합니다. 화성의 질투심은 때로 비이성적이어서 천칭자리 남성의 체면을 구기는 경우도 생깁니다. 천칭자리 남성은 그녀가 자신의 즐거움을 망친다는 이유로 그녀를 떠나기로 마음먹을 수도 있지요. 하지만 그전에 '사랑'이라는 말에 대해 깊이 생각해볼 수도 있을 것입니다. 그 말을 오래 가슴속에 담아 사랑이 깊어지게 하면 할수록, 그것은 더 강렬하고 만족스러운 감정이 되지요. 사랑을 참았다가 어떤 특별한 순간에 특별한 사람에게 온전히 그 사랑을 주면, 육체적인 황홀감과 더불어 정신적인 평화도 얻을 수 있습니다. 사랑 자체와 사랑에 빠지고 결혼 자체 때문에 결혼을 하는 것이 천칭자리가 일반적으로 저지르는 실수입니다. 하지만 아무리 사랑스럽고 호감이 가는 여성이라도, 그녀가 천칭자리 남성에 대적해서 논쟁할 만큼 똑똑하지 않다면 그의 섬세한 정신은 녹이 슬것입니다. 하지만 양자리 여성이라면 그럴 일이 없습니다. 몇 평생을 지속해도 남을만큼 충분한 지적 도전과 논쟁들을 충분히 제공해줄 것입니다.

하지만 천칭자리 남성의 마음은 들썩이기 시작할 겁니다. 수많은 여성의 관심을 받을 수 있는 곳으로 가서 홀로 자유로이 배회하고 싶어지겠지요. 그때 양자리 여성은 왜 떠나는지 수줍게 물어보지 않을 것입니다. 도대체 어디를 가느냐며 소리를 지르겠지요. 그러면 천칭자리 남성은 해안가에 조개껍데기가 너무 많아 새로운 조개껍데기를 찾아 떠난다고 말할 것입니다. 이럴 때 한바탕 성질부터 부려선 안 됩니다. 천칭자리 남성이 놀라서 자신이 아끼던 레코드판과 하늘색 샤워 가운도 내팽개쳐둔 채 그냥 달아나버릴지도 모르니까요. 그녀가 화성의 분노를 조금 자제하고 천칭자리의 논리를 무기로 사용한다면 이길 승산이 더 많을 것입니다. 양자리는 늘 이기고 싶어하잖아요?

"여보, 인생은 와인과 여자와 음악으로 어우러진 파티의 연속이 아니에요. 계속 그렇게 가볍게 연애만 하면서 와인을 다 따라 마시고 나면 병은 텅 비고 말 거예요. 그러면 파티도 끝이죠. 당신의 사랑을 표현하고자 하는 욕구를 뭔가 다른 창조적인 분야로 바꿔보는 건 어때요? 그림이나 음악이나 글쓰기나, 아니면 연기를 해보면 어때요? (특히 이 부분을 얘기할 때, 천칭자리 남성이 제일 좋아하는 하늘색 샤워 가운을 입고 있다면 더욱 효과가 있을 겁니다.) 내가 도울 수 있어요. 나도 당신만큼 머리는 똑똑하니까요. 우리 몸은 전혀 다르지만요. 당신은 남자고 나는 여자잖아요."

마지막 말은 반드시 해야 합니다. 천칭자리 남성은 남녀 간의 차이에 대해 생각하기 시작하면 완전 속수무책이 된답니다. 물론 전형적인 양자리 여성이라면 제가 말한 조언을 받아들일 인내심이 없을 것입니다. 오히려 이렇게 소리치겠지요. "가버려요! 누가 당신 같은 사람을 필요로 하기나 한대요?" 그녀는 문밖으로 그를 밀어내곤 쾅! 하고 문을 닫아버리겠지요. 그가 좋아하던 레코드판과 샤워 가운은 창문 밖으로 집어 던져버릴 테고요. 그러곤 방 안에 앉아 분노와 후회로 밤새 울 것입니다. 하지만 어쨌거나 저는 제가 생각하는 조언을 드리는 게 좋을 것 같습니다. 천칭자리 남성을 진정시킬 수 있을 만큼, 감정적으로 성숙한 양자리 여성들이 있을지도 모르니까요. 천칭자리 남성에게는 이 방법밖에 없답니다. 공정함과 논리 그리고 합리적인 근거만이 천칭자리 남성을 움직일 수 있습니다. 분노를 표출시키는 건 도움이 되지 않습니다. 그 결과는 잘해봤자 시소처럼 준 만큼 되돌아오는 것뿐입니다. 게다가 앞에서 설명한 것처럼, 공기 별자리는 양자리도 도망가고 싶을 정도의 무시무시한 토네이도가 될 수 있다는 걸 명심하세요.

양자리와 천칭자리의 공기와 불이 섞이면 좋은 점도 많은데, 서로 다투느라 세월을 낭비하는 건 안타까운 일입니다. 전형적인 양자리 여성은 근육질 몸매를 가진 남성을 찾는 게 아닙니다. 정신이 근육질인 연인을 원하지요. 천칭자리 남성의 정신이 그렇습니다. 그는 양자리 여성을 정신적으로 그리고 정서적으로 자극하고 일깨워줍니다. 그녀는 주제만 고르면 됩니다. 그러면 그는 그 주제에 대해 수백 수천 가지를 얘기할 수 있습니다. 논쟁한다는 그 자체만으로도 양자리 여성은 즐거워집니다. 두 사람이 서로의 약점을 공격한다거나 예민한 아킬레스건을 건드리지만 않는다면, 그 논쟁은 무척 즐거울 것입니다. 천칭자리 남성은 양자리 여성보다는 이 조언을 더 쉽게 받아들일 겁니다. 천칭자리에겐 요령과 깍듯함이 자연스러우니까요. 하지만 양자리는 상대방을 배려하는 게 쉽지 않습니다.

양자리 여성은 이기적인 게 아니라 생각이 짧답니다. 그녀는 절대로 의도적으로 무례하거나 불쾌하게 하려고 하는 것이 아닙니다. 특히나 사랑하는 남성에게는요. 그저 자신의 마음을 얘기하기 전에 전혀 생각하지 않고, 바로 말을 해버리지요. 그리고 자기 의견을 강하게 고집하는 편이고요. 양자리는 남녀를 불문하고 자비로운 독재자라는 사실을 잊지 마세요. 그들은 진심으로 사람들을 염려하고, 동정심이 많으며, 관대하고, 모두를 위한 복지 증진이라는 대의명분에 헌신합니다. 하지만 양자리는 자신들이 그토록 열렬히 옹호하려는 사람들이 정말 원하는 게 뭔지는 묻지 않습니다. 그들은 사람들이 원하는 게 무엇인지 자기가 더 잘 안다고 합니다. 자애로움과 오만함은 섞이기 힘들지만, 모든 불의 별자리들은 이런 조합을 가지고 있습니다. 이들은 주변의 친구들이나 친척이나 연인을 사랑하면서도 동시에 목을 조르고 싶어하지요.

누군가 양자리 여성에게 터무니없고 충동적이라고 지적할 때는 요령 있고 부드럽게, 애정을 가지고 얘기하는 게 좋습니다. 그러면 그녀도 분명히 그 말에 귀를 기울일 것입니다. 그리고 원래 가지고 있던 생각을 바꿔 상대방을 기쁘게 해주려고 열심히 노력할 것입니다. 하지만 실수한 것을 스스로 알고 있더라도 누군가 그만두라고 명령하거나 강요한다면, 그녀는 절대로 포기하지 않을 것입니다. 그건 후퇴하는 것이나 마찬가지지요. 양자리는 절대로 절대로 후퇴하지 않는답니다. 전쟁 그 자체를 의미하는 행성인 화성이 후퇴한다고요? 절대로 그럴 일은 없지요. 화성이 양자리의 지배행성이기 때문에 양자리 여성의 모든 동기와 능력 그리고 행동은 화성의 영향을 받습니다. 그러므로 양자리 여성이 타인의 지배나 냉혹한 비판을 고분고분하게 받아들일 거라고 기대해서는 안 됩니다. 양자리 여성을 순한 양으로 바꿀 수 있는 사람이 있다면 바로 천칭자리 남성입니다. 천칭자리 남성은 부드럽게 그녀를 교정할 겁니다. 그의 다정한 방식이라면 그녀가 자신의 실수를 볼 수 있도록 만들어 줄 수 있습니다. 90%는 기적처럼 성공할 것입니다. 10%는 운에 맡겨야 하지요. 매번 이길 수는 없으니까요. 문제는 천칭자리가 모든 논쟁과 토론에서 이기고 싶어한다는 것입니다. 양자리도 마찬가지고요. 그러니 두 사람 중 한쪽이 가끔은 우아하게 패배를 인정하지 않는 한, 이들의 관계에는 평화가 찾아올 수 없습니다. 그리고 평화는 천칭자리 남성이 절실하게 필요로 하는 것입니다. 하지만 양자리 여성은 흥분과 자극을 절실하게 필요로 하지요.

양자리 여성은 천칭자리 남성이 간절히 바라는 평화를 주려고 노력하는 게 좋습니다. 그렇게 하다 보면 본인에게도 평화의 기운이 찾아와, 실망해도 크게 좌절하지 않고 거부당할지도 모른다는 두려움도 수그러들 것입니다. 천칭자리 남성 또한 양자리 여성이 필요로 하는 신나는 일을 제공해주려고 노력하면 도움이 됩니다. 그의 무기력한 분위기도 바꿔주고, 천칭이 한쪽으로 기울어지지 않도록 흔들어줄 테니까요.

천칭자리 남성은 기분이 가라앉지 않을 때는 긍정적인 낙관주의자랍니다. 양자리 여성이 지닌 미래에 대한 희망찬 믿음과도 잘 어울리지요. 양자리 여성의 순진무구한 자신감은 너무나도 강렬하고 오랫동안 지속되기 때문에, 천칭자리 남성에게도 전염이 되곤 합니다. 감수성이 무척 예민한 천칭자리 남성이 가끔은 감동으로 눈물을 흘릴 정도지요. 양자리 여성은 그녀가 추구하던 강인함과 부드러움을 모두 가지고 있는 천칭자리 남성의 모습을 좋아할 것입니다. 애초에 천칭자리 남성을 사랑하게 된 이유이기도 하지요.

하지만 양자리 여성은 점점 인내심을 잃을 것이고 천칭자리 남성을 게으르다고 비난할 겁니다. 천칭자리 남성은 역동적인 활동 기간 사이에 휴식 기간을 필요로 합니다. 하지만 양자리 여성은 왜 휴지기가 필요한지 이해하지 못합니다. 양자리의 성향은 무척 다르지요. 그녀는 생명력으로 넘쳐나기 때문에 쉴 필요가 거의 없답니다.

7-7 태양별자리 관계 유형인 천칭자리 남성과 양자리 여성 사이에서는, 침실로 들어가거나 나오는 방식에서는 거의 논쟁이 없답니다. 특히 천칭자리 남성에게 킹 사이즈 물침대를 사준다면 더더욱 그럴 일이 없답니다. 천칭자리 남성에게 물결이 파동 치는 포근한 이불 속에서 로맨스나 꿈의 나라로 들어가는 것은 천국과도 같은 즐거움입니다. 주방이나 현관문, 뒤뜰, 정원, 지하실, 다락방, 창고 같은 장소에서는 다툴 수 있지만, 잠자리에 드는 시간은 화해할 때입니다. 두 사람 사이에는 부인할 수 없는 성적 끌림이 있습니다. 천칭자리 남성은 부드럽고, 시적이며, 상상력이 풍부하고, 배려도 깊고, 매력적이며, 낭만적입니다. 그런 모습 전부가 양자리 여성에게는 머리끝에서부터 발끝까지 관통하는 자극이 되어 그녀를 떨게 하지요. 두 사람의 육체적인 관계는, 처음에는 그녀가 꿈꾸던 이상형의 남성이 현실에 나타나 모든 사랑 노래가 현실로 이루어진 것처럼 보입니다.

그런데 바로 이런 점이 문제가 됩니다. 이 남성을 현실의 삶에 등장시킨 것 자체가 문제입니다. 천칭자리 남성이 섹스에 접근하는 방식은 지적이고 가볍고 공기 같습니다. 천칭자리 남성은 막연한 이상과 파격적이며 선정적인 표현과 감각을 추구합니다. 너무나 파격적이어서 가끔은 양자리 여성의 키보다 훨씬 높이 치솟곤 합니다. 양자리 여성은 뭔가 손에 잡히는 것을 갈망하지요. 꿈꾸는 것뿐만 아니라, 직접 만질 수 있는 따뜻한 두 팔과 불타는 열정이 필요합니다. 이상주의적인 사랑과 너무나 심미적인 섹스 방식은 양자리 여성을 약간 식게 만들 수 있습니다. 양자리 여성이 육체적인 관계에서 만족하려면 따뜻한 애정을 듬뿍 담은 열정적인 섹스가 필요합니다. 그래서 천칭자리 남성과는 약간 공허한 느낌이 남을 수도 있습니다. 뭔가가 빠진 거지요. 그게 뭔지는 구체적으로 말할 수 없지만, 마치 노래의 마지막 소절을 부르지 않은 듯한 느낌입니다. 두 사람이 그 소절을 영영 찾지 못할 수도 있습니다. 하지만 둘이 함께 그 소절을 찾기 위해 노력해본다면 분명 보람이 있을 것입니다.

많은 차이에도 불구하고 둘 사이에는 여전히 든든한 감정적 기반이 있습니다. 양자리 여성이 가장 좋아하는 천칭자리 남성의 성격은 친절함과 다정함입니다. 천칭자리 남성도 양자리 여성의 같은 면을 좋아합니다. 두 사람은 모두 친절하고 다정합니다. 냉정하고 차갑고 서로에게 무관심한 사람들로 가득 찬 이 세상에, 이런 공통점은 둘 사이를 든든하게 만들어주는 소중한 밑받침입니다.

그런데 양자리 여성은 천칭자리 남성이 우아하게 시내를 여기저기 돌아다니며 동네 여성들을 매혹시키고 다니거나, 도서관에 가서 지식을 갈고닦는 동안 집 안에 희희낙락 앉아 있을 사람이 아니니까요. 결혼했다고 해서 그녀가 자신의 천칭의 균형을 잡아줄 거라고 기대해서는 안 됩니다. 균형을 잡으려면 먼저 정신적으로나 감정적으로 완벽한 파트너십을 다져야 하지요. 하지만 천칭자리 남성이 정직하다면, 양자리 여성이야말로 자신이 정말로 필요로 하는 사람이라는 것을 알게 될 겁니다. 그 모든 파티가 끝나면요.

양자리 남성과 천칭자리 여성

"네가 말을 할 때까지 문을 열지 않을 거야!" 피터가 외쳤다.
그러자 마지막 방문자가 달콤하고 낭랑한 목소리로 말했다.
"들어가게 해줘, 피터." 팅커벨이었고 피터는 바로 문을 열었다.

천칭자리 여성이 양자리 남성을 설득해서 마음의 문을 여는 것은 별로 어렵지 않습니다. 양자리 남성은 천칭자리 여성이 시키는 대로 한답니다. 그런데 잘 아시겠지만, 양자리는 일반적으로는 누구 말도 잘 듣지 않습니다. 그렇게 고분고분한 사람이 아니지요. 이들은 강철로 만들어졌거든요. 하지만 천칭자리 여성을 만나면 그는 한여름 눈사람처럼 사르르 녹아버립니다. 양자리 남성은 천칭자리 여성의 매력을 거부할 수 없습니다. 그녀는 자기가 알고 있는 모든 장점에 대해 칭찬을 해준답니다. 다른 사람들은 그런 장점을 무시하기만 했지요. (양자리 남성에게는 그렇게 보입니다.) 또한 두 사람 사이에는 부인할 수 없는 성적 호감이 작용합니다. 천칭자리 여성은 여성적인 사랑스러움으로 넘쳐나지요. (처음에는 그렇습니다. 나중에는 이 '여성적인 사랑스러움'에 대해 놀라운 경험을 좀 하게 됩니다.) 게다가 그녀는 대부분의 천칭자리 여성들이 그렇듯이 무척 아름다울 겁니다. 모든 양자리 남성은 초콜릿 컵케이크 같은 미소를 띠고 있는 그녀를 여자 친구나 아내로 삼고 싶어하지요. 모든 남성이 천칭자리 여성을 차지한 그를 부러워할 게 틀림없습니다. 양자리 남성은 자신이 사랑하는 여인이 남들에게 자랑할 수 있는 사람이어야 합니다. 그의 여인은 다른 여성들보다 예뻐 보이고 똑똑해 보여야 하지요. 자기가 사랑의 마켓에서 1등 상을 쟁취했다는 것을 남들이 다 알 수 있도록요. (아시겠지만 양자리들은 이겨야 하는 유전인자가 있답니다.)

천칭자리 여성은 아마도 대부분의 다른 여성들보다 우월할 것입니다. 엄청 똑똑하고 눈이 부시도록 매력적이며 몸매도 좋지요. 양자리의 요구 조건에 딱 부합됩니다. 그래서 두 사람이 사귀기 시작하는 초기에는 모든 것이 향기로워서 달콤한 로맨스를 즐길 수 있습니다.

하지만 양자리 남성과 사랑에 빠진 천칭자리 여성은 자주 균형이 깨진다는 것을 느끼게 됩니다. 그녀는 자신이 무엇을 하고 싶은지 완전히 확신하기 전에, 즉각 행동을 취하도록 계속 강요받는 상황에 부닥치게 될 겁니다. 성질 급한 그녀의 연인은 "후식으로 뭘 먹을 거예요? 파인애플 샤베트? 아니면 애플파이? 당신 결정을 기다리느라 웨이터의 수염이 점점 자라고 있잖아요!"라고 소리칠 것입니다. 그녀의 신경은 날카로워지고 두 사람의 관계도 힘들어집니다. 양자리 남성은 바로바로 일이 해결되기를 원합니다. 그런데 그런 요구를 꼭 마지막 순간에야 합니다. 그러고도 가능한 시간보다 더 빨리 일이 진행되기를 바라지요. "여보, 그거 오늘 안으로 해야 하는 거예요? 아니면 내일 해도 될까요?" 천칭자리 아내는 조심스럽게 묻습니다. (양자리 남편이 가장 좋아하는 빨간 스웨터를 세탁소에 맡기는 일이나, 수첩에 있는 주소록을 새로 하나 정리해서 원본을 잃어버릴 때를 대비하는 일 등입니다. 양자리는 늘 물건을 잘 잃어버리지요.) 그러면 양자리는 이렇게 말합니다. "오늘이요! 오늘 다 해주면 좋겠어요." 당연하지요. 내일 마무리되어야 하는 일이라면 분명 내일이 되어야 부탁할 테니까요. 아마도 대부분의 양자리는 자기들이 오늘 '요청'하는 일이 어제 이미 다 완료되었기를 바랄 것입니다.

이렇게 터무니없고 인내심이 없는 화성인식의 사고방식 때문에, 섬세한 금성인인 천칭자리 여성의 정신 상태는 엉망이 됩니다. 그녀는 물을 것입니다. "미리미리 계획을 세워서, 그다음 날 할 수 있도록 하면 안 될까요?" 그러면 양자리 남성은 이렇게 소리치겠지요. "나랑 말싸움하지 말아요! 그냥 내가 말한 대로 해줘요. 제발."

양자리 남편에게 생일 선물을 손수 만들어주었다는 천칭자리 아내 얘기를 들은 적이 있습니다. 벨벳과 공단으로 만든 벽걸이였는데, 화성인들이 좋아하는 붉은색 톤에 이렇게 글자를 새겨 넣었다지요. "주여, 제게 인내심을 선물로 주십시오. 하지만 빨리 주세요." 양자리 남편은 기뻐했답니다. 전형적인 양자리들이 가지고 있는 장점이지요. 그들은 자신을 놀림감으로 삼을 줄도 알고, 자신의 결점을 지적받아도 좀처럼 딱딱하게 받아들이지 않습니다. 하지만 가끔 이렇게 지적받을 필요가 있습니다. 그러면 자신이 얼마나 이기적인지 깨닫게 되지요. 죄책감에 부끄러워하며 사과하고 두 번 다시 그러지 않겠다고 약속할 것입니다. 물론 시간이 지나면 다시 예전으로 돌아가 그 과정이 반복됩니다. 평균적인 양자리 남성이라면 사과하는 일은 그리 어렵지 않습니다. 그의 사랑스러운 면 중의 하나이지요. 양자리는 빨리 결함을 인정하고 그 비난을 받아들입니다. **하지만** 그렇게 공개적으로 인정한 나쁜 버릇을 빨리 버리지는 못한답니다. 그런데도 자신의 실수를 인정하는 것은 분명 장점이지요. 개선하려고 노력도 합니다. 항상 성공하는 것은 아니지만요. 그가 노력한다는 것을 신은 아시지요.

천칭자리 여성은 사과도 사랑스럽게 합니다. 천칭자리도 실수를 인정하거나 미안하다고 말하는 일에는 소극적이지 않습니다. 천칭자리 여성에 관해서라면, 실수를 인정할 준비가 너무 되어 있다고 표현해야 할지도 모르겠습니다. 더 정확하게 표현하자면, 자신의 결정이 잘못되었을지도 모른다고 인정할 준비가 지나치게 많이 되어 있다고 해야겠지요. 그녀는 자신의 말이나 행동이 양자리 남성의 마음을 다치게 하는 경우에는 매우 정중하게 속죄하고자 합니다. 양자리 남성과의 관계에서는 그럴 일이 많을 것입니다. 양자리 남성은 무척 예민하니까요. 그는 모두가 자기를 좋아하기를 바라고 가족이나 친구나 심지어 낯선 사람들도 자기를 사랑해주기를 원합니다. 그러니 자기 연인이라면 말할 필요도 없지요. (양자리 남성은 자기가 그녀를 소유하고 있다고 생각합니다. 어느 크리스마스 아침 나무 아래서 찾은 아주 특별하고 소중한, 아주 오래 기도를 해서 얻은 선물 같은 존재라고 생각하지요.) 양자리 남성은 의도하지는 않지만, 아주 자기중심적인 사람입니다. 천칭자리 여성은 점차 이런 사실을 이해하기 시작하지만, 그 전에 이미 그녀의 연약한 감성은 수차례 멍이 들 것입니다.

그녀는 세상의 모든 사람이 그를 사랑할 수 있는 건 아니라고, 천칭자리의 논리와 설득력을 모두 이용해서 그가 이해하도록 노력할 것입니다. 하지만 양자리 남성에게는 거의 효과가 없답니다. 그는 자신의 말이나 행동으로 사람들을 얼마나 화나게 하는지는 상관하지 않습니다. 다만 세상 모든 사람이 자신을 좋아해주지 않는다는 사실을 이해할 수 없을 뿐이지요. 결국 그가 옳았으며, 그가 일부러 남들에게 해를 가하려는 것이 아니었다는 것을 세상 사람들이 알아야 한다고 생각합니다. 양자리 남성은 사람들이 자신에게 부정적으로 대하는 것에 대해 자신을 방어하려고 했던 것뿐입니다. 왜 사람들은 더 친절하지 못한 걸까요? 왜 사람들은 그가 했던 성급한 말들에 대해 미안해하고 있다는 것을 모르고, 그가 화를 냈던 걸 얼른 잊어버리지 않는 걸까요? 양자리는 사람들이 자기처럼 빨리 상처를 잊어버리기를 기대합니다. 양자리 남성은 자신이 이미 지나간 일이고 잊었다고 생각하는 일에 대해 사람들이 화가 나 있거나 유감을 가지고 있을 때, 늘 깊은 상처를 받습니다.

양자리 남성에게 오늘의 적은 내일의 친구가 됩니다. 누군가에게 잔뜩 화가 나서 집으로 옵니다. 자신을 화나게 한 사람에 대해 자신의 천칭자리 여성도 함께 화를 내주기를 기대하면서요. 만약 그녀가 그렇게 해주지 않고 그 상대방의 관점에서 상황을 공정하게 이해해보려고 하면 문제가 생깁니다. 그녀가 자신의 양자리 연인이 잘못했을지도 모른다는 지적을 하려고 하면 어쩌면 난폭하게, 가끔은 눈물까지 쏟으면서 그녀가 자기 편을 들어주지 않는다고 비난할 것입니다. 그녀는 그를 사랑하지 않는 거지요. 그를 사랑한다면 그의 편을 들어주어야지 어떻게 적의 편을 들어주겠어요? 양자리 남성은 천칭자리 여성의 공정함에는 관심이 없습니다. 오직 자신의 관점만이 공정한 것이지요. 그러니 천칭자리 여성이 그를 진정으로 사랑하고 아낀다면, 그런 양자리의 관점을 이해해주어야 합니다.

양자리가 화가 나 있을 때는 자신의 관점밖에 볼 수 없습니다. 그러니 자신이 사랑하는 여인이 자신을 열렬하게 지지해주기를 기대하는 건 너무나 당연합니다. 그다음 날이 되면 전날 소동에 대해 무척 부끄러워하면서 성급했던 자신을 뉘우치고 어리석은 실수를 만회하려 할 것입니다. 그때가 되면 그의 잘못에 관해 얘기해주어도 괜찮습니다. 이미 스스로 깨달았으니까요. 하지만 스스로 깨닫기 전에는 절대로 지적해서는 안 된답니다.

금성의 지배를 받는 천칭자리 여성은 자신이 사랑하는 남성의 급한 성격에 대해 다른 여성들보다 균형을 더 잘 잡을 수 있는 능력이 있습니다. 그녀는 부드럽고 여성적이면서도 논리적이고 똑똑하고 현명하지요. 하지만 천칭자리는 남성적인 별자리이기 때문에, 양자리 남성이 완전히 부당하다고 느낄 때는 가끔 멈칫할 때가 있습니다. 그러면 양자리 남성은 구석에서 시무룩해 있거나 아니면 그녀가 자신을 미워한다고 확신하면서 문을 쾅 닫고 나가버리기도 합니다.

양자리 남성에게는 천칭자리 여성이 부드러운 벨벳 장갑 속에 강철 주먹을 숨기고 있다는 것을 너무 자주 드러내는 것은 현명하지 못합니다. 얼마 지나지 않아서 그는 자신이 조종당하고 있다는 것을 눈치챌 것입니다. 처음에는 순진하게 받아들이지만(양자리는 교활하지 못해서 지나치게 의심하는 경우가 거의 없답니다.) 일단 그녀가 자신을 어떤 행동 규범 안에 가두려고 한다는 것을 깨닫고 나면, 그는 무척 완고해지거나 화를 낼 것입니다. 아무도 양자리 남성에게는 이래라저래라 할 수 없습니다. 양자리 남성은 자신이 대장입니다. 그는 설령 어떤 행동을 진정으로 하고 싶어도, 그녀가 자신이 그 행동을 하기를 원한다고 생각하면 거부할 가능성이 높습니다. 그녀의 동기를 의심해서가 아니라 다른 누군가가 제안하는 대로 하는 것에 대해 공포심을 가지고 있기 때문입니다. 특히 누군가 드러내놓고 지시를 하면 더욱 그렇답니다.

천칭자리 여성은 크고 작은 모든 상황에서 논쟁하기를 좋아합니다. 전형적인 양자리 남성에게는 이런 부분은 크게 문제가 되지 않습니다. 양자리 남성은 그것을 도전이나 흥미진진한 일로 받아들입니다. 오히려 자신에게 대적하지 않는 여성은 지루해서 참을 수가 없지요. 양자리의 화성 기질은 싸움이 예상되는 일이 생기면 더 힘이 납니다. 어떤 영화를 볼까, 어떤 자동차를 살까 하는 것처럼 사소한 말싸움이 될 수도 있고, 포르노그래피, 태양열 에너지, 원자력발전소, 정치 부패에 관한 토론까지 주제는 다양합니다. 양자리 남성은 자신이 이길 때까지, 혹은 영리한 천칭자리 여성이 그가 이겼다고 믿도록 해줄 때까지 한 치도 양보하지 않을 것입니다. 그러고 나면 양자리 남성은 자랑스럽고 만족감이 넘쳐 행복해져서는 자신의 천칭자리 여성을 모든 여성이 바라는 것처럼 사랑과 애정으로 따뜻하게 대해줄 것입니다.

　양자리 남성은 사랑하는 여성의 눈에 자신이 늘 옳고 승리할 수 있는 능력을 갖춘 남성으로 비친다고 생각합니다. 그러므로 연인으로서 자신의 강력한 화성의 능력이 제대로 표출되려면, 늘 존중받아야 하고 언제나 동의를 받아야 합니다. 양자리 남성은 어떤 식으로든 거부당하는 느낌이 들면 얼음처럼 굳어버립니다. (양자리의 불 또는 분노보다 양자리의 얼음이 훨씬 심각하고 오래갑니다.) 두 사람의 섹스는 보통 수준 이상의 행복감과 합일감을 줍니다. 천칭자리 여성의 여성성과 양자리 남성의 남성성은 가장 자연스러운 방식으로 아름답고 원만하게 조화를 이룹니다. 천칭자리 여성이 자신의 남성적인 측면을 드러내지 않고 양자리 남성이 육체적으로 그녀를 온전하게 정복한다는 느낌이 들도록 해준다면, 그 조화로움은 유지될 수 있습니다. 그는 다른 모든 면에서처럼 섹스에서도 주도하는 위치에 있어야 합니다. 그녀가 그 욕구를 이해해준다면, 양자리 남성은 그녀가 상상할 수 있는 최고의 섬세하고 낭만적이며 서정적이고 다정다감하며 동시에 열정적인 연인이 될 수 있습니다. 하지만 그녀가 양자리 남성이 절대적으로 필요로 하는 자신감을 깨뜨린다면, 그는 요구하는 것이 많은 독재자가 될 수도 있습니다. 천칭자리 여성이 그럴 가능성은 별로 없습니다. 그녀는 재치 있고 사려 깊으므로 양자리의 강력한 추진력이나 저돌적인 본능과 잘 섞입니다.

　두 사람이 타고난 천성은 명확하게 반대 지점에 있지만, 화성이 지배하는 남성과 금성이 지배하는 여성은 절묘하게 잘 어울립니다. 어쨌거나 마르스와 비너스는 비너스가 불카누스와 결혼했음에도 서로 사랑에 빠졌으니까요. 두 사람은 불카누스가 만든 눈에 보이지 않는 그물에 걸리기는 했지만, 불카누스의 분노도 두 사람의 열정을 약하게 만들지 못했습니다. 그리스 신화를 공부하면 열두 별자리를 이해하는 데 도움이 많이 된답니다.

　양은 험난한 산비탈을 이리저리 뛰어다니기를 좋아합니다. 한편 금성의 여인은 이리저리 흔들리는 황금 저울 속에서 조금만 바람이 불어도 내면의 조화와 평화가 깨지는 위태로운 삶을 삽니다. 그런데도 이 두 사람의 사뭇 다른 성격은 놀라울 정도로 잘 맞는 경우가 많습니다. 천칭자리 여성은 양자리 남성을 통해 자신이 추구하는 자유와 흥미진진한 지적인 활동이 가능합니다. 양자리 남성은 야생초와 나비를 따라 천칭자리의 서늘한 숲으로 걸어 들어가는 것이 무척 즐거울 것입니다.

천칭자리 여성은 여성 중에서도 아주 특별한 여성입니다. 남성적인 결단력과 우아하고 앙증맞은 매력이 강력한 조화를 이루지요. 그녀를 거부할 수 있는 남성은 극히 드뭅니다. 양자리 남성은 그런 천칭자리 여성에게 도전하고 쟁취할 수 있는 몇 안 되는 남성에 들어가지요. 천칭자리 여성에게 도전해서 승리하면 그 보상은 참으로 큽니다. 모든 남성은 마음속으로는 어린 소년이지만 특히 양자리 남성은 더 그렇답니다. 하지만 겉으로는 전혀 그런 모습이 없습니다. 양자리 남성은 강인하고 단호하지요. 사람들이 남자 중의 남자라고 부르는 그런 유형입니다. 불가능한 꿈과 동경을 가지고 있어서 젊은 패기가 넘쳐납니다. 하지만 순수한 염원을 가지고 있는 눈빛은 상처받기 쉽습니다. 천칭자리 여성이 금성의 매력과 인내심으로 양자리 남성의 불타는 야망과 에너지를 본연의 목표에 사용할 수 있도록 이끌어준다면, 양자리 남성은 선량함과 영광의 표본이 될 수 있습니다. 두 사람 모두 약한 자에 대한 자비로움을 많이 가지고 있으며 부당함에 대해서는 분노할 줄 알지요. 천칭자리 여성은 양자리 남성의 열정적인 자발성을 냉혹한 비판이나 냉소주의로 위축시키거나 못마땅해하지 않습니다. 이런 면이 그를 즐겁게 만들어주지요. 양자리 남성도 대화와 토론을 좋아하는 천칭자리 여성의 욕구를 무시하지 않습니다. 이런 점이 그녀에게는 위안이 됩니다.

두 사람 사이에 문제가 발생한다면, 그것은 양자리와 천칭자리가 모두 시작하는 에너지를 가졌기 때문입니다. 두 사람 모두 대장 기질을 가지고 있지요. 누가 대장인지에 대해 끊임없이 다툰다면, 두 사람의 관계는 좀처럼 안정이 되지 않을 것입니다. 두 사람은 동등하게 나란히 말을 타고 달리면서, 서로 주종 관계가 아니라 평등한 관계임을 배울 때 원만해질 수 있습니다. 그것이 두 사람이 다투거나 서로 깊은 상처를 받았을 때 화해하고 서로의 마음을 이해할 수 있는 유일한 길입니다. 그렇지 않으면 마치 헨젤과 그레텔처럼 길을 잃을 수 있습니다. 마침내 둘이 집으로 돌아왔을 때 얼마나 행복해했는지 기억하시죠? 사람은 장단점을 있는 그대로 인정해주고 사랑해주는 사람이 있을 때, 진정한 내면의 안정감을 찾을 수 있습니다. 아무리 나쁜 행동을 하더라도 상대방이 자신을 저버리지 않을 것이라는 확신을 주는 그런 사람이 필요하지요. 그것이 안정감이지요. 정서적인 안정감입니다. 그것이 바로 집이지요. 사랑이 있는 집 말이에요.

양자리 Aries

불 · 시작하는 · 능동적
지배행성: 화성
상징: 숫양
양(+) · 남성적

Scorpio 전갈자리

물 · 유지하는 · 수동적
지배행성: 명왕성
상징: 전갈 또는 독수리
음(−) · 여성적

양자리와 전갈자리의 관계

해적들이 한데 모였다면, 당연히 그들이 이겼을 것이다.

그러나 전쟁 개시는 그들이 흩어졌을 때 시작되었다.

해적들은 각자 자신이 최후의 생존자인양,

이리저리 날뛰면서 마구 칼을 휘둘렀다.

일대일로 싸웠다면 해적들이 더 강했을 것이다. 그러나 그들은 너무 방어에만 급급했다.

양자리 남성과 여성은 마음속으로는 자신들을 화려하고 맹렬한 해적이라고 상상하고 싶어합니다. 해적들은 용감하고 낭만적이면서도 늠름하니까요. 하지만 네버랜드의 해적들처럼 양자리는 감정적인 반응을 미성숙하게 드러냄으로써 화성의 에너지를 낭비하는 경우가 자주 있습니다. 양자리는 상대방이 먼저 공격을 하지 않는 한 절대로 먼저 공격을 하지 않습니다. 천문해석학에서 양자리는 신생아를 상징한다는 것 기억하시죠? 신생아는 무시당하거나 누군가 먼저 때리지 않는 한 소리를 지르지 않습니다. 결국, 양자리는 고통스러울 때나 무시당할 때 유일한 방어 수단이 소리를 지르는 것이지요. 더 큰 위험이 있을 때는 그들의 지배행성인 화성이 구출을 하러 옵니다.

하지만 전갈자리는 공격의 달인입니다. 그 공격은 영리함, 냉철한 전략, 엄청난 인내심을 갖추었습니다. 또한 이들은 상대방의 약점을 본능적으로 감지하지요. 침착함을 잃고 펄쩍펄쩍 뛰는 전갈자리는 찾아볼 수 없습니다. 이곳저곳을 세게 가격하지도 않습니다. 전갈자리가 공격할 때는 목표 지점을 아주 정확하게 조준합니다. 전갈에게 쏘이면 쏘였다는 것을 알지요. 그래서 사람들이 두 번 다시는 명왕성의 힘을 가진 사람들에게는 함부로 하지 않습니다. 한 번으로 충분하니까요.

누구든 전갈자리에게 연민을 느끼는 것은 거의 불가능합니다. 전갈자리를 동정하는 것은 마치 세계에서 가장 돈이 많은 가문에 1달러를 빌려주는 것 같은 느낌이지요. 사람들은 누군가 전갈자리라는 것을 알게 되면 자연스럽게 움츠러들곤 합니다.

예전에 제 양자리 친구에게는 세상에서 가장 유능하고 성실하다고 평가했던 비서가 한 명 있었지요. 그런데 어느 날 그 비서가 전갈자리라는 것을 알게 되었습니다. 제 친구는 충격에 빠졌답니다. 사무실에서 뱀을 키운 꼴이었으니까요. 그 충직한 비서가 전갈자리라니요! 제 양자리 친구는 이 무시무시한 사실에 자신감이 바닥으로 곤두박질쳤습니다. 나중에 정신을 차리고 나니 그 비서가 수년 동안 열심히 일했던 모습이 떠올랐지요. 의무감을 넘어 용맹스럽기까지 했던 모습과 비상시에도 냉정함을 잃지 않았던 모습 그리고 가끔 나오던 거친 말들까지요.

바로 그 순간 비서는 우편물들을 살펴보다 봉투 하나를 들어 보이며 말했습니다. "이거 사장님이 쓰신 편지 맞죠? 별로 나쁘지 않네요?"라고요. 전갈자리의 말을 번역하자면 '사장님의 창의적인 표현이 점점 좋아지고 있다.'는 뜻입니다.

양자리 친구는 마치 윗사람에게 칭찬을 받은 것처럼 얼굴이 붉어졌답니다. 정말로 그랬지요. 그래서 친구는 용기를 내서 이렇게 말했답니다. "저기, 당신이 전갈자리라는 거 말이에요…." 그 말에 전갈자리 비서는 갑자기 행동을 멈추더니 사장을 뚫어져라 쳐다보면서 이렇게 말했답니다. "네? 그게 뭐요?" 양자리는 말을 더듬기 시작했습니다. "아, 아무것도 아니에요. 진짜 아무것도 아니에요. 생일에 뭘 선물해줄까 생각했어요."

이런 태도는 우리가 일반적으로 알고 있는 양자리 사장의 태도가 전혀 아니지요. 사장이 아니라 어떤 양자리도 이런 식으로 행동하지 않습니다. 누구로부터도 물러서지 않으니까요.

양자리는 전갈자리에게만큼은 다른 별자리에게 하는 것처럼 바로 돌진하지 못합니다. 강렬한 전갈자리의 눈빛에는 숨어 있는 어떤 힘이 있어서, 마치 양자리에게 메시지를 전하는 것 같습니다. "조심하세요. 이쪽에 흐르는 고요한 물은 아주 깊답니다. 당신이 빠져 죽을 수도 있어요. 나와 함께 있으면 당신의 불은 소용이 없어요. 당신은 드넓은 대양에 있고 머리 위엔 상어가 득실거려요. 해초와 다양한 야행성 동물들과 숨어 있는 암초와 비밀이 가득하답니다."

모든 전갈자리의 원래 고향이 바로 바다입니다. 오늘날에는 사막에서도 발견할 수 있지만요. 그런데 사막의 뜨거운 모래는 양자리에게도 낯선 환경이 아닙니다. 양자리는 본능적으로 전갈자리의 메시지를 이해합니다. 바로 '위험'하다는 메시지이지요. 위험이라는 말은 양자리를 흥분시켜 행동을 유발합니다. 그래서 처음에는 조심하지만 곧 양자리의 돌진하는 에너지로 바뀌어 도전에 맞서게 되지요. 하지만 대부분은 실수로 끝나게 됩니다. 실제로 최후의 결전이 오면 양자리는 전갈자리보다 더 강인하고 목소리도 더 크고 훨씬 단호합니다. 하지만 그 정도 상황이라면 전갈자리는 이미 사라지고 없답니다. 침묵 속에 몸을 감추지요. 양자리는 혼자 남아 수수께끼에 빠져 고민을 하게 됩니다. 졌다고 생각해서 떠난 것일까? 아니면 내가 너무 심했나? 다른 말로 설명하면, 전갈자리를 이긴 것처럼 보일 때조차 확신할 수가 없다는 것입니다. 늘 추측할 수밖에 없지요.

보통의 양자리라면 전갈자리를 대하는 가장 좋은 방법은 협력이라는 것을 곧 배우게 됩니다. 서로 존중하는 안전한 감정적인 거리를 지키면서요. 하지만 로맨스가 가지고 있는 친밀감은 좀 다릅니다. 지금은 사업, 우정, 가족 관계에서 나타나는 양자리와 전갈자리의 6-8 태양별자리 유형에 관해서 얘기하는 중입니다. 사실 양자리-전갈자리의 상호작용은 남녀노소에 상관없이 비슷합니다.

몇 해 전 여름, 저의 열 살짜리 전갈자리 아들이 눈에 띄게 살이 찌면서 게을러진다는 것을 눈치챘습니다. 모든 아이들이 좋아하는 아이스크림, 케이크, 사탕, 탄산음료 그리고 인스턴트 식품을 너무 많이 먹은 탓이었지요. 저는 양자리의 단호함과 직설적인 말로 좀 큰 소리로 화를 내며 아들에게 말했습니다. "마이클, 이제 그런 쓰레기 같은 음식은 그만 먹어. 당장! 이제 달콤한 음식은 절대로 네 방에 가지고 갈 수 없고, 선반에 숨겨놓아서도 안 돼! 앞으로 엄마 몰래 파이랑 초콜릿도 못 먹어. 내 말 알아듣겠니? 내 말 들었어?"

전갈자리 아들은 아무 말이 없었습니다. 2주가 지나자 아들은 몸무게가 또 늘었지요. 저는 아들을 혼내주기 위해 용돈을 전혀 주지 않기로 했습니다. 그때 아들이 저에게 복수하기 위해 어떻게 했는지 아세요? 제가 보기에 그건 분명 복수였습니다.

그다음 주에 저는 아들의 학교 선생님 여러 명으로부터 전화를 받았답니다. 아들이 학교에서 제멋대로 굴고 숙제도 거부한다는 것이었습니다. 그때야 저는 제가 천문해석가라는 사실을 떠올렸지요. 달콤한 음식과 인스턴트 음식을 금지한 것이 원인이었습니다.

이번에는 아들에게 부드럽고 나지막하게 말했습니다. "마이클, 난 네가 몸과 마음에 나쁜 음식이 뭐고 좋은 음식이 뭔지 그 누구보다 더 잘 안다고 믿는단다. 넌 태양계에서 가장 현명하고 강력한 행성인 명왕성의 지배를 받는 아이야. 지난번에 너한테 소리쳐서 미안해. 엄마는 학교에서 아이들이 너를 "고래."라고 부른다고 해서 너무 속상했단다. (이 부분에서 저는 계산을 좀 했답니다. 지금에서야 인정하지만요.) 너 같은 독수리에게는 어울리지 않는 별명이잖아. 그냥 장난으로 부르는 별명이겠지만…." 저는 말끝을 흐렸습니다. 이번에는 아들이 가만히 저를 응시하면서 아주 희미하고 알 듯 모를 듯한 미소를 지었습니다. 마음속으로 저는 만세를 불렀지요.

그다음에 어떤 일이 일어났는지 여러분은 믿기 어려울 겁니다. 직접 겪은 저로서도 믿을 수 없었으니까요. 그 단호한 전갈자리 아들은 내면의 힘과 진실함을 스스로 깨닫고는 방과 후에 직접 채소가 잔뜩 들어간 샐러드를 만들어 먹었답니다. 어떻게 만드는지 저에게 묻지도 않았지요. 아들은 디저트도 전혀 먹지 않았고, 식사 시간 전에 배가 고프면 사과나 귤을 먹었답니다. 요가 수행자들도 울고 갈 다이어트 식단을 직접 실천한 것이지요. 그리고 선반에 숨겨두었던 초콜릿들도 사라졌습니다. 제가 더는 한마디도 하지 않았는데도요. 그렇게 엄청난 실천력을 보여주어서 저는 사실 좀 놀랐답니다.

아들은 보상으로 가라테 레슨을 계속 받게 되었습니다. 강사들은 아들의 왕성한 체력에 놀랐지요. 하지만 아들은 검은 띠를 따려는 마음은 없었습니다. 아이들을 못 살게 구는 학교 형들에 대한 일종의 경고로 단련을 하고 싶었던 것뿐입니다. 힘을 보여줘야 한다는 것을 본능적으로 알았던 것이지요.

두 달이 지나자 아무도 제 아들을 "고래."라고 부르지 않았습니다. 새로운 별명은 아들이 직접 만들었는데 '영지'였습니다. 영원의 지배자라는 뜻이었답니다. 전갈자리의 지배행성인 명왕성과도 통하는 별명이었지요. 그 영원의 지배자는 친한 친구들을 모아 PEARLS라는 조직도 만들었습니다. (그 뜻은 비밀이었지요. 저는 지금까지도 그게 무슨 뜻인지 전혀 감을 잡지 못하고 있답니다.) 어쨌든 이 조직은 맨해튼의 불량배들로부터 어린아이들과 노약자를 보호하기 위한 모임이었습니다.

전갈자리 아들과 양자리인 저의 일화였습니다. 충동적이고 대장 노릇을 하는 양자리가 전갈자리를 제대로 존중해줄 때, 이런 일이 생길 수 있답니다. 양자리가 6-8 태양별자리 관계에 있는 전갈자리를 어떻게 대해야 하는지 알려주는 소중한 교훈이었지요.

양자리는 전갈자리에게 천칭자리의 공정함이나 물고기자리의 연민, 사자자리의 관대함 같은 것을 기대해서는 안 됩니다. 전갈자리는 양자리만큼은 아니더라도 염소자리를 능가하는 이기심을 가졌습니다. 하지만 전갈자리는 의리를 무척 중요하게 생각하고, 절대로 원칙을 버리고 타협하지 않습니다. 바로 이런 점이 양자리와 잘 통하는 부분입니다. 양자리도 누구 못지않게 충직하고, 이상이나 진실을 놓고 타협하는 것을 경멸하는 사람이니까요. 전갈자리는 절대로 항복하지 않습니다. 결코 패배를 인정하지 않지요. 양자리도 이와 마찬가지로 이기는 게임을 하기 위해 헌신합니다. 겁쟁이들이나 포기하고 항복합니다. 누구나 다 아는 사실이지요. 전갈자리와 양자리도 이 점을 분명히 압니다.

하지만 전갈자리에겐 양자리가 잘 헤아릴 수 없고 규정할 수도 없는 성격이 또 있습니다. 의지력이라고 해야 할까요? 아니면 단순히 의지일까요? 아마도 후자라고 봐야겠지요. 조용해 보이고 누구도 해칠 것 같지 않은 전갈자리를 둘러싼 강력한 에너지가 바로 그 의지입니다.

그렇다고 해서 모든 전갈자리가 드라큘라 같은 모습을 하고 있다는 뜻이 아닙니다. 많은 전갈자리들이 의외로 사랑스럽고 유쾌한 성격을 가졌습니다. 그들은 흥미롭고 똑똑하고 예의도 바른 사람들입니다. 하지만 부끄럼을 타거나, 불안해하거나, 자신을 방어할 능력이 없는 사람들은 분명 아니지요. 부드러운 목소리와 눈길을 끌지 않는 차분한 태도 그리고 겉으로 보기엔 공격적인 느낌이 전혀 없는 전갈자리의 모습에 속아서는 안 됩니다. 양자리와 전갈자리, 두 사람의 관계에서는 물과 불이 만나면 서로를 파괴할 수 있는 잠재력이 있다는 것을 기억하는 것이 좋습니다.

제가 아는 한 전갈자리 남성이 오랜 약혼 기간 끝에(당연히 둘의 교제는 비밀이었지요.) 어떤 전갈자리 여성과 결혼을 했습니다. 두 사람의 첫 아이가 4월에 태어났는데, 저는 그 아이를 입양하고 싶은 충동을 느꼈지요. 자유를 구속하는 두 전갈자리 사이에 태어난 어린 양자리라니요! 저는 자유를 허락하지 않는 전갈자리 부모의 손에서 양자리 아기를 구출해야 한다고 생각했습니다. 결론부터 말씀드리자면, 그 양자리 아기는 전갈자리 부모의 조용한 훈육과 본능적인 지혜 아래에서 잘 자랐답니다. 깨우친 독수리 부모는 양자리 어린아이에게 도덕적인 용기와 인간의 존엄성을 잘 보여주는 훌륭한 모범이 되었지요. 양자리 어린아이에겐 올바른 방향으로 이끌어주는 지도가 필요하고 자신도 그것을 원합니다. 열정으로 폭발했다가도 그 불꽃이 제대로 타오르기도 전에 이내 관심을 잃어버리고 마는 양자리에게는, 전갈자리야말로 의지력과 안정감을 가르쳐줄 수 있는 완벽한 교사가 됩니다.

물론 전갈자리를 지배하는 명왕성의 힘은 양자리에게는 너무나 가혹할 수 있습니다. 양자리는 나이에 상관없이 전갈자리의 물에 너무 노출되면 좋지 않습니다. 너무 신중하고 고분고분한 양이 될 수 있지요. 타고난 천성과 맞지 않게 내성적이고 자신을 드러내지 않는 양자리가 될 위험이 있습니다. 그건 절대로 바람직한 현상이 아닙니다. 양자리의 타고난 천성을 부정하는 것이니까요. 하지만 행복한 양자리−전갈자리 관계에서라면 양자리는 전갈자리 친구, 이웃, 친척, 사업 파트너의 힘에 조화롭게 대처할 수 있습니다. 명왕성의 침착함을 모방하려고 하지요. 두 사람의 관계에서 볼 수 있는 긍정적인 결과 중의 하나입니다. 동시에 전갈자리는 양자리의 보다 개방적인 성격과 인생에 대한 보다 자유롭고 즐거운 접근 방법을 보면서, 자신도 융통성이 있는 관점을 취하기 위해 노력할 것입니다.

가끔 전갈자리의 감정적인 냉정함 때문에 양자리의 따뜻한 마음과 정신 그리고 자신감이 다칠 수 있습니다. 전갈자리가 화가 나 동의를 하지 않거나 뜻대로 되지 않아 무섭게 째려볼 때, 양자리는 등골이 오싹해지면서 화성의 용기를 잃은 채 마음속으로 덜덜 떨리는 순간이 있을 것입니다. 제가 아는 어떤 전갈자리 아빠는 아들 세 명과 의견 충돌로 뭔가 토론을 하다가 좌절하면, 몇 초 동안 돌처럼 꿈쩍도 하지 않은 채 침묵을 지키곤 했습니다. 그러곤 음산한 목소리로 끔찍한 명왕성의 말을 내뱉지요. "기억해두겠다." 전갈자리와 관계를 맺고 있는 모든 양자리는 이걸 기억해두는 것이 건강에 좋답니다. 전갈자리는 상처를 절대로 잊지 않습니다. 절대로요. 동시에 전갈자리는 누군가 사랑이나 친절을 베풀었을 때도 마찬가지로 잊지 않습니다. 그러니 가능하다면, 전갈자리에게는 좌절감을 주는 것보다는 사랑의 기억을 주는 것이 더욱 안전하고 행복할 것입니다.

어떤 전갈자리는 자신의 의지의 노예가 되기도 합니다. 어떤 목적을 끊임없이 추구하는데, 그 목적이 자기 파멸로 가는 길임이 명확해지고 나서도 계속하는 경우가 있습니다. 양자리는 그렇게 강렬하고도 나중에 후회할 충동에 대해서 잘 이해하고 있지요.

하지만 양자리는 긍정적인 불의 별자리입니다. 경솔한 화성의 지배를 받는 전사이기 때문에, 어떤 대의명분에 헌신하기를 좋아하고 위험한 임무를 수행할 때 짜릿함을 느낍니다. 전갈자리는 수동적인 물의 별자리입니다. 경험이 많은 베테랑이며 현실에 대한 감각이 뛰어나고 역경을 견딜 수 있는 강인함을 가지고 있지요. 전진하는 군악대의 화려함, 용맹을 과시하기 위한 제복이나 장식 등에 대한 환상은 없습니다. 양자리는 전열의 맨 앞에 서서 맹렬하게 싸웁니다. 전갈자리는 후방에 있다가 예상치 못한 순간에 갑작스럽게 공격을 감행합니다. 전쟁에서 이 두 별자리는 자연스럽게 적이 됩니다. 하지만 늘 평화가 더 좋지요. 그 평화는 사랑과 함께 시작됩니다.

양자리 여성과 전갈자리 남성

그 키스는 피터를 제외하곤 누구도 쉽게 허락할 수 없었다.
웃겼다. 하지만 그녀는 만족해 보였다.

전갈자리 남성은 삶의 핵심을 꿰뚫어 보는 능력을 가지고 있습니다. 자신을 포함해 사람들에 대한 사실을 직시하는 초인적 능력을 갖추고 있답니다. 그러니 그가 당신을 무대 뒤로 데려가 견고한 자신감의 마스크 뒤에서 실제로 무슨 일이 일어나는지 보여주려고 하면, 좀 두려워질 수도 있습니다. 누군가 그런 비밀을 나누려고 할때, 보통 여성들은 어떻게 하나요? 그녀가 양자리라면 믿기 힘들 정도로 강렬하게 사랑에 빠지게 된답니다.

전갈자리 남성은 이전에 그 어떤 누구에게도 보여주지 않았던 자신의 일부를 보여줄 것입니다. 양자리 여성은 천성적으로 여성적인 간교함이 없는데, 전갈자리 남성은 그런 점을 무척 존경하지요. 그는 양자리 여성의 순진무구함과 그에 대한 믿음에 마음이 움직이고, 그녀의 충직함에 감동합니다. 양자리 여성은 다른 별자리의 여성들과 달라서, 전갈자리 남성이 보여준 내면의 모습을, 그를 공격하기 위해서 사용하지 않습니다. 복수는 양자리의 무기가 아니니까요. 정작 전갈자리 남성 자신은 복수의 화신이지만, 양자리가 그런 모습이 없다는 점을 이상하게도 높이 삽니다. 결국 양자리와 전갈자리는 순수하고 열정적인 헌신이나 영적인 친밀감에서 어떤 커플보다도 깊이 있는 사랑이 가능합니다.

두 사람 모두 사랑이라면 마지막 한 방울의 기쁨까지 모두 소진해야 만족하기 때문에, 두 사람은 감정적으로 잘 맞습니다. 하지만 정신적으로는 같은 인간이라는 점 외에 공통점이라고는 찾아볼 수 없을 정도로 전혀 다릅니다.

전갈자리 남성을 지배하는 명왕성은 상황 판단이 빠르고 비판적이며 신중하고 의심이 많습니다. 양자리 여성의 화성은 경솔하고 직설적이며 충동적이고 단순합니다. 두 사람의 정신적인 관점이 이렇게 다르므로 두 가지 길 중 하나의 모습을 띕니다. 극과 극은 끌린다는 원칙으로 서로 강한 호기심과 매력을 느낄 수도 있고, '모든 법칙에는 예외가 있다.'는 원칙으로 서로 소통하는 것이 불가능하다고 느낄 수도 있습니다.

하지만 두 사람의 연애가 어떤 결론에 다다르기 전에, 전갈자리 남성은 면밀하게 몇 가지 질문을 하지요. 전갈자리보다 더 철저하게 질문을 하는 사람은 없습니다. 설사 눈으로만 질문하더라도 마찬가지입니다. 전갈자리 남성이 건네는 차갑고 엄중한 현실을 양자리 여성은 온순하게 받아들일까요? 아니요, 그렇지 않을 겁니다. 전갈자리의 독침이 그녀를 살짝만 쏘아도 무너져버릴까요? 아니요, 절대로 무너지지 않을 겁니다. 상처에 대한 양자리 여성의 반응이라면 어린아이처럼 엄살을 부리거나 난폭한 분노를 표출하는 것이지요. 전갈자리 남성이 어떤 예쁜 아가씨와 고대 마녀들의 의식이나 우주의 운행에 대해, 몇 시간 동안이나 따로 대화를 나눈다면 어떨까요? 양자리 여성은 투덜거리거나 눈물을 흘릴까요? 그가 뭘 한다고요? 아니요, 그녀는 투덜거리지도 훌쩍거리지도 않을 것입니다. 대신 **다른** 걸 하지요. **그녀만의** 행동을요.

전갈자리 남성이 이 부분을 읽는다고 가정해보죠. 양자리 여성이 위에서 설명한 것처럼 행동한다면 결혼 생활은 어떻게 될까요? 흠, 벌써 생각을 다 마치셨군요. 그렇습니다. 전갈자리가 이미 알고 있지 않은 것에 대해 말하기란 어렵습니다. 하지만 전갈자리 남성이 생각하기에 아무도 모를 거라고 여겨지는 부분이 있지요. 두 사람이 얼마나 잘 맞을지에 대한 질문의 답이 나왔음에도 불구하고, 전갈자리 남성은 양자리 여성이 침착함을 유지하도록 가르칠 수 있다고 믿습니다. 게다가 양자리 여성의 활기 넘치는 정신과 대단한 독립심은 전갈자리 남성에게는 상당한 매력입니다.

전갈자리 남성이, 자신의 침착한 태도에 맞게 양자리 여성의 감정을 통제할 수 있도록 가르치는 것이 불가능하다는 사실을 깨닫는 시점이 되면 문제가 생길 수 있습니다. 그때가 되면 그토록 매력적으로 보이던 양자리 여성의 활기 넘치는 정신과 대단한 독립심도 더는 멋져 보이지 않습니다. 사이가 좋을 때는 양자리 여성의 공격적인 방식도 괜찮습니다. 심지어 그런 면을 즐기기도 하지요. 하지만 양자리 여성이 그녀의 감정적 방식에 그가 맞춰주기를 강요한다면, 전갈자리 남성은 꼬리를 바짝 세운 전갈로 변합니다. 그리고 공격을 하지요. 전갈자리는 자신을 짓밟는 사람에 대해 복수하는 것으로 유명합니다. 사고로 밟았다 해도 마찬가집니다. 그런데 누가 일부러 전갈의 꼬리를 밟겠어요? 없을 것 같지만 있습니다. 바로 양자리랍니다.

더 이상 참을 수 없는 상황이 오면, 전갈자리는 시간을 낭비하지 않습니다. 천칭자리처럼 피할 계획을 세우거나 물고기자리처럼 운명으로 받아들이는 법은 없습니다. 마음의 평화를 찾을 때까지, 완벽하게 그 대상을 파괴해버리는 것 이외에는 어떤 것도 하지 않습니다. 예를 들어 그 대상이 어떤 종교적 독선이라고 치면, 명왕성의 힘을 가진 전갈자리가 그 해당 교회를 공격하는 것쯤은 아무 일도 아닙니다. 모든 종교의 뿌리와 가지를 파괴해버리기 위한 계획에 착수할 것이고, 아주 공격적인 무신론자가 될 것입니다. 상습절도범이 그의 집에 침입해서 물건을 훔쳐간다면, 그 절도범이 얼마나 극악무도한지를 이해시키기 위해 법정을 도울 것입니다. 부정행위가 그를 위협했다면, 부정행위 자체가 완벽하게 근절되어야 합니다. 그것이 상대를 사형시키는 결과로 이어지거나, 초콜릿을 훔친 죄로 6년 형을 선고받게 되어도 그는 상관하지 않습니다. 전갈자리 남성이 감정적인 고통을 받는 원인이 애정 문제라면, 단순히 그녀와의 관계를 끝내는 것만으로는 충분하지 않습니다. 그는 세상의 모든 친밀한 관계뿐만 아니라, 결혼 제도 자체에 대해서도 냉소적이고 심한 저주를 퍼부을 것입니다. 전갈자리 남성은 어떤 것도(헌신, 의리, 그리고 물론 진실성까지 포함해서) 적당히 하는 법이 없습니다. 명왕성의 남성들은 천국에 닿을 때까지 높이 떠받들거나 지옥까지 파괴해버립니다. 전갈자리가 그토록 흥미로운 이유는 바로 이런 점 때문이랍니다.

'흥미롭다.'는 표현은 어쩌면 정확한 표현이 아닐 수도 있지만, 화성이 지배하는 양자리 여성이라면 어떤 의미인지 감이 잡힐 겁니다. 그건 남성성, 정력 그리고 강인함 같은 전통적 매력을 풍긴다는 뜻이지요. 그렇지만 전갈자리 남성과 사귀려는 양자리 여성이라면, 시작하기 전에 먼저 전갈자리의 천성에 대해 신중하게 고려해보는 게 좋습니다. 다른 선택은 없는지에 대해서요. 아마 없을 것입니다. 전갈자리는 자석 같은 마력을 가졌지요. 그래서 전갈자리 남성은 자신이 쫓는 것은 뭐든지 가질 수 있습니다. 전갈자리 남성의 사랑은 그 대상이 명확합니다. 양자리에게는 없는 능력이지요. 양자리는 전갈자리에게는 6번째 영역인 봉사를 의미합니다. 양자리에게 전갈자리는 8번째 영역인 섹스를 의미하지요. 이것이 두 사람의 관계를 잘 말해줍니다. 양자리 여성은 여러 면에서 놀라울 만큼 고분고분하게 전갈자리 남성에게 봉사합니다. 그리고 전갈자리 남성은 양자리 여성에게 성적인 충족감을 제공해주지요. 자연히 두 사람의 교류는 그리 평범하고 단순하지 않습니다. 하지만 기본적으로 두 사람 관계에서는 양자리 여성이 더 호기심을 가지고 전갈자리 남성에게 복종하며, 자신을 이끄는 역할을 하도록 해줍니다. 전갈자리 남성은 양자리 여성이 필요로 하는 가장 깊은 욕구를 만족하게 해줍니다. 두 사람의 성적인 끌림은 노년이 되어서도 계속 유지되며 그 열정이 식지 않습니다.

두 사람 사이에서 섹스가 문제가 될 수도 있습니다. 그녀는 전갈자리 남성이 가지고 있는 성적 매력을 너무 과장해서, 그가 다른 여성들과 불륜을 저지를 수 있다고 비난할 수 있습니다. 아니면 그가 전형적인 전갈자리의 의심으로, 양자리 여성이 모든 남성을 대하는 자유롭고 다정한 태도로 추파를 던지는 것으로 오해할 수 있습니다. 전갈자리 남성은 양자리 여성이 너무나 정직하고 이상주의자이기 때문에 바람을 피우기에는 적절하지 않다는 것을 알아야 합니다. 설령 그런 일이 있다고 하더라도 그 일이 일어나기 전에 고백할 것입니다. 양자리 여성도 알아야 할 게 있습니다. 전갈자리 남성이 아무리 섹스에 대해 열정적인 태도를 가졌더라도, 사랑에 대한 명왕성의 개념은 순수함과 진실성에 근거합니다. 언제나 왕성한 그의 욕구가 집에서 완전히 만족된다면, 다른 여성들이 아무리 유혹해도 전혀 흔들림이 없을 것입니다. 누군가 길거리에서 공개적으로 유혹해도 말입니다. (전갈자리에게는 이런 일이 일어나지요.) 그러니 전갈자리 남성이 성적으로 얼마나 충직할지는 전적으로 양자리 여성이 하기에 달렸습니다.

양자리 여성은 전갈자리 남성과 영원한 행복을 누릴 수 있습니다. 단, 전갈자리 남성의 말없는 우월감과 숨 막히는 고요함, 깊은 비밀의 샘, 돈 쓰는 일에 대한 인색함(양자리보다), 옳고 그름에 대한 단호한 기준(자신과는 무척 다른) 등을 참아내야 합니다. 사실 양자리 여성이 참아내기에는 너무나 많은 인내심을 필요로 하지요. 전갈자리가 그렇게 끈질기고 강렬하게 매달리는 옳고 그름에 대한 단호한 신념이, 사실은 바로 앞에 지나온 천칭자리의 경험으로 인해 무의식적으로 형성된 것이라는 점을 이해한다면 좀 도움이 될 수도 있을 것입니다. 끊임없이 저울질하고 균형을 맞추려는 천칭자리의 에너지가 전갈자리에 와서 단단하게 구축된 것입니다. 모든 것이 전갈자리의 영적인 성장의 과정이지요. 전갈자리도 어쩔 수 없는 부분이랍니다.

반면, 전갈자리 남성은 그가 꿈꾸던 바로 그 여성을 양자리 여성에게서 찾을 수 있을 겁니다. 그녀의 강한 질투심과 사치스러운 소비 활동과 관심을 집중해달라는 너무 잦은 요구 그리고 모든 문제에 대해 감정적이고 미성숙한 태도로 접근하는 방식을 눈감아줄 수 있다면 말입니다. 양자리 여성의 달이나 동쪽별자리가 물이나 흙의 별자리(황소자리 제외)이거나 전갈자리 남성의 달이나 동쪽별자리가 불이나 공기 별자리(천칭자리 제외)라면, 두 사람은 함께 독수리가 날고 신기한 꽃들이 피어나는 동산을 찾을 수 있는 기회를 잡을 것입니다.

출생차트에서 그런 조화로움이 없더라도, 두 사람은 본인들이 가진 자유의지를 이용해서 조화로운 관계를 이룰 수도 있습니다. 명왕성과 화성이 힘을 합치면 두 사람이 이루지 못할 소망이 없습니다. 행복도 마찬가지입니다. 전갈자리 남성과 양자리 여성이 각자의 별에 소원을 빌면 우주가 진동하고, 혜성들이 날고, 수천수만 개의 별들이 반짝이면서 공손하게 합창을 할 것입니다. "걱정하지 말아요!"

양자리 남성과 전갈자리 여성

"하지만 내가 약한 남자였더라면,"
그는 말했다.
"세상에나, 만일 내가 약한 남자였다면!"

전갈자리 여성과 막 사랑에 빠지려고 하는 양자리 남성을 위해 천문해석가의 입장에서 조언을 하나 드릴까요? 입센의 희곡「헤다 가블러」를 꼼꼼히 읽어보세요. 헤다는 분명히 전갈자리 여성입니다. 헤다의 이해하기 힘든 행동들에 대한 묘사는 양자리 남성이 모든 가능성에 대비할 수 있도록 도와줄 것입니다. 양자리 남성이 사랑하는 여인이 평균적인 전갈자리여서 명왕성의 힘이 좀 억제되어 있더라도 분명 도움이 될 것입니다. 최고의 상황을 기대하더라도 최악의 상황에 대비해두는 것이 현명하겠지요. 유비무환입니다. 특히 전갈자리를 대할 때는 미리 경계하는 것이 좋답니다.

불행했던 헤다의 이야기는 좀 극단적인 예이기는 하지만, 전갈자리에 대해 알고 싶은 사람들에게는 흥미로운 공부가 됩니다. 헤다는 차갑고 조용하면서도 여성적인 신비로움을 간직한 여성입니다. 하지만 가끔은 갑작스럽게 난폭한 광기를 드러내지요. 평상시에 그토록 부드럽고 평온하던 사람에게서 나오는 행동이 맞을까 싶을 정도로 당황스러운 모습을 연출하기도 합니다. 착하고 느긋한 황소자리(혹은 물고기자리) 남편은 헤다의 감정적인 욕구를 이해하기 쉽지 않습니다. 영리하고 세속적이며 분명히 양자리일 것 같은 한 남자가 등장해서 자신의 남성적인 우월함으로 그녀의 마음 깊은 곳까지 파헤치고 그녀를 점령합니다. 마침내 그녀가 자살하고 나자, 혼란에 빠진 그 남자는 가까스로 이렇게 중얼거리지요. "어떻게 사람이 그런 짓을 할 수 있을까?"

전갈자리는 그런 짓을 할 수 있답니다. 전갈자리는 이상하고 놀라운 혹은 독특하고도 멋진 모든 일을 할 수 있습니다. 그리고 그런 행동을 하기 전에 먼저 경고하는 법이 없지요.

제가 이미 말씀드린 것처럼 헤다는 전갈자리 여성을 약간 과장해서 표현한 인물입니다. 보통의 전갈자리 여성은 불행했던 헤다처럼 그렇게 드높은 황홀경에 오르지도 않고 그토록 깊은 절망의 우물에 몸을 던지지도 않습니다. 하지만 남편이 운전을 하지 못하게 할 때 남편의 자동차 바퀴에 펑크를 내거나 남편이 다른 여성과 전화 통화할 때 전화선을 잘라버리는 식의 복수를 했더라면, 헤다의 삶이 그렇게까지 충격적이지는 않았을 것입니다.

양자리 남성과 전갈자리 여성의 사랑에서 긴장감을 유발할 수 있는 것은 전갈자리 여성의 갑작스러운 복수라기보다는 가슴속에 품고 있는 저항입니다. 양자리 남성은 자신에게 알리지 않고 벌인 행동에 대해 매우 화를 냅니다. 전갈자리 여성은 행동을 취하기 전에 숨기는 경향이 있으므로, 그녀가 갑자기 복수를 감행하면 양자리 남성을 완전히 격노하게 만들 수 있습니다. 본인도 갑작스러운 충동 기질이 있기 때문에, 양자리는 일반적으로 누가 버럭 화를 내는 것은 참을 수 있습니다. 하지만 이런 식의 불쾌한 깜짝 선물은 좋아하지 않습니다. 자신이 그걸 미리 몰랐다는 사실을 참을 수 없어하지요. 하지만 전갈자리 여성은 새로 산 그의 운동화를 불태워버린다거나, 그가 가장 좋아하는 청바지를 불에 그슬리기 전에 어떤 힌트도 주지 않습니다. 월요일 아침, 전갈자리 여성의 목소리는 냉정하고 차분했습니다. 그녀의 눈빛은 여전히 열정적이었고 출근할 때 그녀가 해준 키스도 여느 때와 다르지 않았습니다. 그런데 저녁에 퇴근해서 집에 돌아와보니, 운동화는 불에 타버렸고 청바지는 망가져서 못 입게 되어 있을 거라고 누가 짐작이나 할까요? 지난 일요일 저녁, 그녀와 함께 영화를 보러 가는 대신 친구들과 숲으로 하이킹을 가고 싶다고 말한 것이 그 이유라면요?

어떻게 감히 그에게, 이미 다 지난 일을 가지고 이렇게 놀라운 충격에 빠뜨릴 수 있을까요? 양자리 남성도 전갈자리 여성에게 뭔가 보여줄 것입니다. 그런데 보여줄 준비가 되고 나면, 전갈자리 여성은 더는 양자리 남성의 모습을 보고 있지도 않습니다. 그녀는 이미 차가운 침묵으로 들어갔습니다. 스위치가 꺼진 것입니다. 그녀는 무심하고 냉정합니다. 그에게 아무런 관심도 없어진 상태이지요.

이런 식의 장면은 양자리의 뿔을 끝까지 뒤흔들어놓을 수 있습니다. 양자리 남성이 화가 난 이유는 그녀가 몰래 뒤통수를 쳤기 때문입니다. 그것도 아주 도발적인 방법으로요. 더 화가 나는 건, 그가 공격을 감행하기도 전에 전갈자리 여성이 이미 냉정함을 되찾았다는 점입니다. 그러니 양자리 남성은 혼자 점점 더 화가 나서, 허공에 대고 마구잡이로 펀치를 날립니다. 전갈자리 여성의 턱(상징적인 말입니다.)은 한 번도 제대로 맞히질 못하지요. 더욱 놀라운 것은, 이 과정에서 전갈자리 여성이 취한 모든 일이 양자리 남성을 이기기 위해 신중하게 계산된 행동이 아니라는 것입니다. 사실 그녀는 게임에서 지고 양자리 남성을 잃을 수도 있었습니다.

사실은 양자리가 전갈자리 여성을 이기게 해주거나 그녀가 이겼다고 믿게 해준다면, 양자리 남성은 자존심에 상처를 입지 않아도 될 것입니다. 전갈자리 여성과 소모적인 감정 싸움을 하는 것은 결국 아무런 득이 없지요. 전갈자리 여성이 당신에게 상처를 받았을 때는 그 상처를 갚아주고 스스로 만족할 수 있도록 해주세요. 그리고 더는 그 일에 대해 말하지 마세요. 전갈자리 여성과 잘 지내는 유일한 길입니다. 전갈자리 여성이 패를 쥐고 있는 쪽입니다. 바로 자기 통제력이라는 카드입니다. 그런 여성을 잃지 않으려면 당신도 통제력을 잃지 말아야 합니다.

그녀에게 아무리 실망했을 때라도, 양자리 남성이 기억해야 할 것이 있습니다. 전갈자리 여성의 사랑은 충직합니다. 전갈자리 여성이 사랑에 빠지면 그녀의 친구들, 가족들, 일, 명성 그리고 그녀의 고통은 무의미해집니다. 그녀는 두 사람의 행복에 방해가 되거나 사랑하는 사람에게 해가 될 수 있는 위협에 대해서는 일말의 주저도 없이 경멸을 퍼부을 것입니다. 이 정도의 맹렬한 헌신을 가졌다면, 둘 사이에서 발생하는 소소한 다툼은 눈감아줘야 할 것입니다. 양자리는 완전한 사랑을 받거나, 아니면 전혀 받지 못하거나 둘 중 하나여야 합니다. 그게 바로 전갈자리가 사랑하는 방식이지요. 전부 아니면 아무것도 아닌, 둘 중 하나입니다.

전갈자리 여성과 최근에 사귀기 시작한 양자리 남성이라면, 앞에서 설명한 내용들이 전갈자리 여성의 성격이나 특징을 좀 부당하게 표현했다고 생각할지도 모릅니다. 물러난 것처럼 보이다가 바로 복수해버리는 모습은 무시무시한 독거미가 움직이는 모습처럼 보이기 때문이지요. 그렇게 다정한 속삭임을 주는 그녀가 어떻게 독거미라는 걸까요? 물론 전갈자리 여성은 독거미가 아닙니다. 그게 중요한 부분입니다. 명왕성의 복수는 뱀파이어 호러 무비에 나오는 장면과 유사할 필요가 없습니다. 전갈자리 여성은 오히려, 사랑스러우면서도 부끄러움이 많고 가끔 혼자 조용히 보낼 시간이 필요한 아주 예민한 여성일 뿐이랍니다.

두 사람이 결혼하고 나면 알게 되지요. 양자리 남성은 어느 날 천문해석학의 가르침을 깨닫게 됩니다. 전갈자리 여성에게 이런 식으로 말했다고 생각해보죠. "내 사업 파트너가 아내를 동반하고 집으로 올 거예요. 그 전에 당신, 미용실에 가서 머리 좀 해요. 지금 스타일은 너무 촌스럽고 어울리지도 않아요." (양자리는 천궁도에서 열두 가지 영역 중 첫 번째인 외모의 영역에 해당합니다. 그래서 양자리들은 본인과 사랑하는 사람의 외모에 신경을 많이 쓰지요. 사자자리도 유사합니다.) 전갈자리 여성은 자신이 혹평을 받았다고 해서 화내거나 바로 소리를 지르지 않습니다. 그녀는 사랑스럽게 웃으며 말할 것입니다. "네, 그럴게요." 남편이 저녁에 사업 파트너인 그림플 씨와 보석으로 치장한 그의 아내를 동반하고 집에 도착했을 때도, 전갈자리 아내는 완벽한 천사의 모습을 하고 있을 것입니다. 전갈자리 아내의 목소리는 벨벳처럼 부드럽고 다정하며, 침실에서 속삭일 때는 관능적이기까지 합니다.

"여보, 당신이 그럼플 씨에게 잘 좀 설명해드려요. 내가 두통이 너무 심해서 오늘 누굴 접대할 상황이 아니라고요."

"뭐라고요?" 양자리 남편은 소리를 지르겠지요. "그걸 어떻게 말해요? 그는 지금 거실에서 당신을 기다린단 말이에요! 그런데 아직 잠옷을 걸치고 있고, 저녁 식사 준비를 시작도 안 했단 말이에요? 어떻게 이렇게 내 일을 망칠 수가 있어요! 당신이 지금 무슨 짓을 한 건지 알기나 해요?"

양자리 남편이 아무리 화를 내도 전혀 소용이 없습니다. 전갈자리 아내는 이미 눈을 감고 머리에 얼음찜질 팩을 올려놓고 있으니까요. 여전히 입가에 미소를 머금은 채로요. 이제 남편이 혼자 손님들을 접대하게 생겼습니다. 아시겠지요? 뱀파이어 영화에 나오는 장면과는 거리가 멉니다. 그녀는 그저 두통이 있는 사랑스러운 여인이고, 남편을 그렇게 당황스럽게 해서 무척 미안해하는 그런 사람이랍니다. (다음번에는 절대로 전갈자리 아내의 머리 스타일을 모욕하지 마세요.)

양자리 남성은 자신이 이해할 수 있는 상황에 있을 때는 유능하고 대범한 사람입니다. 하지만 자신의 범위를 넘어선 부분에서는 설득력 있게 항변하는 능력이 부족합니다. 자신이 무기를 들었는데 상대방이 싸우기를 거부해버리면 당황하지요. 하지만 길게 보면 그를 진정시키는 효과가 있어서 감정적으로 성숙해지는 결과를 나을 것입니다. 비록 전갈자리 여성을 사랑하고 함께 사는 일이 우여곡절이 좀 있기는 하겠지만, 양자리의 불같은 성격을 부드럽게 완화해줄 것입니다. 또 누구도 지적해주지 않았던 자신의 이기적이고, 경솔하고, 충동적인 언행에 대해 자각하는 기회가 될 것입니다. 양자리 남성이 전갈자리 여성을 진정으로 사랑한다면 그녀가 가르쳐줄 수 있는 게 아주 많습니다. 물론 그 반대도 마찬가지지요.

1970년에 캘리포니아에서 저는 아주 매력적인 전갈자리 여성을 만났습니다. 그녀는 양자리 남편과 막 헤어진 상태였지요. (남편은 전형적인 양자리 직업 군인이었는데, 영적으로 그리 진화되었거나 깨달은 사람은 아니었던 것 같습니다.) 두 사람 모두 천문해석학에 대해서는 잘 모르기 때문에 서로의 성격을 잘 참지 못했습니다. 그 전갈자리 여성은 결혼을 통해 절대로 잊지 못할 천문해석학적인 교훈을 배웠다고 했습니다. (전갈자리는 늘 경험으로부터 배우지요.) '남자들은 전갈자리를 만나면 늘 겁을 낸다'는 사실이었습니다. "남자들은 전갈자리 여성들이 다 치명적이고 위험하다고 생각하는 것 같아요. 그래서 지금은 사람들이 제 별자리가 뭐냐고 물어보면, 저는 그냥 눈을 깜박이며 물고기자리라고 말해요. 그러면 정말 잘 먹힌답니다."

얼마나 많은 전갈자리 여성들이 물고기자리인 척하면서 사는지는 모르겠지만, 그런 사람들이 있다는 것은 이제 아시겠지요? 별자리에 대한 무지함으로 인해, 그렇게 불필요하게 위장을 하면서 사는 전갈자리 여성들이 생겨난 것입니다. 전갈자리 여성은 제대로 이해해주는 사람이 있다면, 누구보다도 부드럽고 사랑할 능력이 넘쳐나는 아름다운 사람들이랍니다.

양자리 남성과 전갈자리 여성은 만나자마자 바로 자석처럼 이끌립니다. 두 사람의 육체적인 사랑도 아주 적극적이고 정열적입니다. 사랑과 결합된 섹스는 전갈자리가 개인적인 구원을 찾는 데 기본적인 공식입니다. 양자리도 아련한 이상을 만족시키기 위해 이것을 추구하지요. 양자리 남성은 성적으로 상대방을 정복해야 하는데, 전갈자리 여성은 그렇게 해줄 것입니다. 하지만 전갈자리 여성도 수동적이지는 않습니다. 전갈자리 여성은 육체적으로 기꺼이 복종하려는 의지를 가지고 양자리 남성의 섹스에 강렬하게 응함으로써, 진정한 여인을 찾아 헤매는 양자리 남성과 궁극적인 합일을 이루게 될 것입니다. 그녀는 너무 소극적이지도 않고, 그렇다고 상대방을 제압할 정도로 너무 적극적이지도 않은 파트너가 될 것입니다. 양자리 남성의 마음속에서 그는 독창적이고 정력이 넘치면서도 순수한 아담이며, 전갈자리 여성의 마음속에서 그녀는 독창적이며 유혹적이면서도 신비스러운 이브가 됩니다.

전갈자리 여성은 침실에서건 침실 밖에서건 제대로 사랑받지 못하면 용서하지 않는답니다. 양자리 남성이 생각 없이 그녀에게 상처를 준다면, 복수로 섹스를 거부하기도 합니다. 그런데 이건 사실 전갈자리 여성의 실수입니다. 양자리 남성을 불안하게 만들어 이기적인 연인으로 만들 수 있기 때문입니다. 그러면 양자리 남성은 육체적인 사랑에서 처음부터 다시 장악력을 확립하려고 애를 쓸 것입니다.

전갈자리 여성은 미지의 세계에 가보고 싶은 욕구가 있습니다. 미지의 세계를 알고 싶어하지요. 알고 난 다음에는, 그 비밀을 지킵니다. 양자리 남성은 진실과 행복을 탐험하기 위해 성급하게 몸을 던집니다. 그러고는 모든 것을 열정적이고 공개적으로 공유하려고 하지요. 두 사람 사이의 기본적인 차이점이랍니다. 서로 용서와 믿음이 있어야 두 사람 사이에 가교가 놓일 것입니다. 양자리 남성이 감정을 경솔하게 드러내면, 전갈자리 여성에겐 잊지 못할 상처와 고통을 초래할 수 있습니다. 겉으로는 양자리의 불꽃놀이에 부드럽게 대꾸할 수도 있겠지요. "여보, 당신 지나치게 행동하는 거 아니에요?"라는 식으로요. 하지만 그렇게 말하는 순간에도, 전갈자리 여성의 침착한 표정 뒤 마음속에서는 어떤 일이 벌어지는지 알 수 없답니다. 그런 질문에는 답이 한 가지밖에 없답니다.

"아니에요. 과하게 행동하는 거 아니에요. 그저 나답게 행동하는 거예요. 내가 당신하고는 다른 별에서 태어났잖아요. 난 내 감정을 표현해야 하는 것뿐이에요. 내가 나다운 게 싫어요?" 아니요, 전갈자리 여성은 그가 자기답게 살기를 원합니다. 비록 절대로 그것을 드러내거나 인정하지는 않을지라도요. 하지만 분명히 자신의 남자가 그 자신답게 살기를 원한답니다.

양자리 Aries

불 · 시작하는 · 능동적
지배행성: 화성
상징: 숫양
양(+) · 남성적

Sagittarius 사수자리

불 · 변화하는 · 능동적
지배행성: 목성
상징: 궁수와 켄타우루스
양(+) · 남성적

양자리와 사수자리의 관계

하지만 그 모든 것 중에서도 가장 커다란 모험은 잘 시간을 몇 시간이나 넘긴 것이었다.
너무나 신이 난 아이들은 조금이라도 더 늦게 자려고
반창고를 갖다달라는 둥, 온갖 법석을 부려댔다.

양자리와 사수자리는 모두 늦게까지 깨어 있고 싶어합니다. 이 두 사람은 자기들이 뭔가를 놓칠까 봐 걱정하지요. 그래서 일찍 은퇴하는 것도 싫어하고, 파티에서 일찍 나오는 것도 싫어하고, 길거리에서 낯선 사람들이 싸우는 장면도 그냥 지나치지 못합니다.

"남 일에 끼어들지 말고 네 일이나 신경 써라. 네가 걱정할 바가 아니다. 명분 없는 일이다."

양자리와 사수자리가 친구들에게 늘 듣는 선의의 충고랍니다. 그런데 마지막 충고는 실수입니다. 양자리와 사수자리는 대의명분을 위해서라면 수천 킬로미터도 걸어갈 사람들이고, 대의명분이 없다면 대의명분을 만들지 않고는 못 견디는 사람들이니까요. 네가 걱정할 바가 아니라고 얘기하면 이 두 사람은 더욱 흥미를 느낄 것입니다. 자신들은 모든 해답을 알고 있다고 확신하는 사람들이기 때문이지요.

양자리와 사수자리는 늘 반창고가 필요한 사람들입니다. 열두 별자리 중에 사고를 당할 가능성이 가장 높기 때문입니다. 이유는 뻔합니다. 위에서 열거한 특징들 이외에도, 양자리는 뒷발을 들고 살금살금 걸어갈 장소에도 뿔부터 들이미는 습관이 있지요. 또 사수자리는 하체는 말인데 상체는 활을 들고 하늘을 겨누는 사람으로 상징되지요. 당연히 실수를 자주 할 수밖에 없습니다. 반인반마이니 몸의 균형을 잡기가 쉽지 않겠지요. 또한, 반은 철학자이고 반은 광대이기 때문에 성격의 균형을 잡기가 쉽지 않습니다.

양자리와 사수자리는 대부분 잘 어울립니다. 두 사람은 공통점이 많습니다. 예를 들면 둘 다 이상주의자들입니다. 세상 어떤 누구도 양자리만큼 이상주의자일 수는 없습니다. 그들은 '원하는 대로 이뤄진다.'는 어린아이 같은 믿음을 가졌답니다. 또 사람의 눈으로는 볼 수도 없는 우주를 향해 활을 겨누는 사수자리보다 더 이상주의자가 되기는 힘들겠지요.

두 사람의 또 다른 공통점은 열띤 토론을 좋아한다는 것입니다. 논쟁 벌이는 것을 이들만큼 즐기는 유일한 별자리는 천칭자리입니다. 하지만 논리적인 천칭자리는 공정하게 사물을 판단하고, 정의가 실현되는 것을 보고 싶어하는 욕구에 근거하고 있지요. 양자리와 사수자리는 그저 말싸움을 무시하는 것이 체질적으로 불가능합니다. 양자리는 누군가 감히 자신이 잘못되었다고 말하기 때문에 논쟁을 합니다. 양자리는 자기가 늘 틀림없이 옳다고 믿거든요. 사수자리는 진실이 외면당할까 봐 논쟁을 합니다. 사수자리가 참을 수 없는 것은 진실이 왜곡되는 것이랍니다.

임금님의 새 옷에 관한 우화가 아주 적절한 예가 될 수 있습니다. 임금님이 벌거벗고 행차를 하는데도, 수천수만의 세뇌당한 사람들은 줄지어 선 채 손뼉을 치지요. 임금님은 그들의 지도자이므로 절대로 잘못된 일을 할 수가 없습니다. 그러니 벌거벗은 왕을 보고도 고급스러운 천에 반짝이는 보석이 달린 의복을 입었다고 믿는 것입니다. 더 나아가 사람들은 감탄합니다.

"임금님이 입은 저 아름다운 옷을 좀 봐!"

그때 어떤 꼬마가 외칩니다.

"우아! 저것 좀 봐! 할아버지가 아무것도 안 입었어!"

이야기에서는 이후에 어떤 일이 벌어졌는지에 대해서 말이 없습니다. 저는 그 꼬마가 황제의 호위대에 붙잡혀 고초를 당하지 않았기를 바랄 뿐입니다.

사수자리를 친구로 둔 사람이라면 누구나 말 때문에 상처를 받은 경험이 있을 것입니다. 이 쾌활하고 친근한 강아지는, 길을 걷고 있는 당신 뒤에서 갑자기 나타나 이렇게 말을 시작합니다. "어이, 안녕! 잘 지내? 이야, 다시 보니 정말 반갑네! 근데 네 얼굴은 거의 몰라보겠다. 세상에 너 살 빠졌니?" 그러고는 늘 그러듯 자신의 무례함에 대해 사수자리식으로 사과합니다. 기본적으로 마음이 친절한 사람들이라, 아주 드물게 진화가 덜 된 사수자리나 고의로 상대방에게 상처를 줍니다. "세상에!

내가 또 실수했지? 그렇지? 바보 같은 실수를 해버렸네. 비쩍 마른 것 때문에 신경이 날카로울 텐데, 그렇지?"

또는 이런 장면도 가능합니다. "어이, 친구, 요즘 어떻게 지내? 너 술을 너무 많이 마셔서 해고됐다던데. 그거 별로 부끄러워할 일은 아니야. 앤드루 존슨 대통령을 봐. 알코올 중독자라고 사람들이 그를 해고하려고 했잖아. 다음 직업으로 와인 감별사를 생각해보는 건 어때? 그럼 여기저기 다니며 공짜로 술을 마실 수 있잖아. 네가 사귀던 그 유부녀랑 우리 집에 한번 놀러와. 걱정하지 마, 우리 집사람한테 술은 감춰두라고 할게. 패트릭 성인이 뭐라고 했는지 알아? 신은 아일랜드인들이 세상을 지배하는 걸 막기 위해 위스키를 발명했다!"

양자리는 일반적으로 사수자리의 정직함을 칭찬하며 옹호합니다. 양자리도 스스로 진실을 말하는 것에 자부심을 가지고 있기 때문이지요. 하지만 자신들에 대한 진실을 듣는 일에는 선을 긋습니다. 이것이 바로 양자리와 사수자리의 두드러진 차이점입니다. 사수자리는 아주 솔직하기 때문에 그 자신에 대해서 전혀 꾸미지 않습니다. 자신의 결함을 사람들 앞에서 말하는 것에 대해서도 마찬가지로 솔직하지요. 반면에 양자리는 자신들의 단점이나 결함을 스스로 깨닫거나 받아들이는 일에는 별로 재주가 없습니다.

사수자리의 화살은 대부분 좋은 의도를 가지고 출발합니다. 가끔 깨우침이 부족한 사수자리가 일부러 상처를 주기 위해, 진실과는 거리가 먼 잔인한 말로 양자리의 분노를 폭발시키기는 합니다. 그런 경우에 사수자리는 곧 깨닫게 됩니다. 대부분 사람들과는 잘 넘어갈 수 있지만, 양자리를 활로 쏘아 맞추는 것은 현명한 일이 아니라는 사실을 말입니다. 그 화살은 양자리에게 갔다가 분노의 힘을 더 실어 바로 되돌아올 것입니다. 되돌아온 화살은 바로 표적을 맞추지는 않을지도 모르지만(양자리의 겨냥은 사수자리만큼 정확하지는 않답니다.) 언젠가는 결국 발사되었던 지점으로 되돌아옵니다. 사수자리에게로요.

하지만 두 사람은 5-9 태양별자리 관계 유형입니다. 그래서 아무리 마찰이 잦아도, 금세 후회하고 서로 용서해주지요. 양자리와 사수자리는 서로에게 무례하게 굴었거나 불친절한 행동을 했을 때도 사과를 잘하는 편입니다. 양자리도 사수자리도 화를 오래 가슴속에 품고 있지 못합니다. 두 별자리는 아무리 순간적으로 악의적인 마음을 품었더라도 그것이 오래 지속되지 않습니다. 다만 달별자리가 전갈자리라면 상처를 며칠 더 기억할 것입니다. 하지만 그렇다 하더라도 태양별자리가 달별자리보다 훨씬 더 강력하므로, 결국엔 양자리와 사수자리의 밝은 성격으로 두 사람 사이는 다시 조화로움을 회복할 것입니다.

사수자리는 이리저리 방황하느라 마음이 쉴 틈이 없습니다. 여러 일과 활동에 관심을 갖지요. 사파리 탐험에서 도박이나 주식시장까지, 말이나 개 키우기에서 종교까지, 의학에서부터 법률까지 그 영역은 한계가 없습니다. 사수자리는 움직일 수 있고 말을 할 수 있다면, 어떤 기회라도 잡아서 모험을 즐길 것입니다.

양자리도 다양한 직업과 일에 매료됩니다. 하지만 대장이 될 수 있다면, 양자리는 직업의 종류에는 별로 까다롭게 굴지 않습니다. 양자리는 시작하는 에너지를 가진 지도자의 별자리입니다. 사수자리는 변화하는 에너지를 가지고 있어서 권위를 추구하는 성향은 덜합니다. 게다가 리더 역할을 하려면 책상에 얽매여 있어야 하고, 직원들보다 휴가를 더 많이 쓸 수도 없지요. 사수자리는 휴가를 정말 좋아한답니다! 어쨌든 양자리와 사수자리는 모두, 누가 언제 무엇을 해야 할지 지시하는 사람이 없는 직업에 끌립니다.

양자리와 사수자리 둘 다 기본적으로는 긍정적이고 남성적인 낮의 에너지를 가진 외향적인 사람들입니다. 둘은 닮은 점이 상당히 많아 보여서 차이점을 찾기가 쉽지 않습니다. 하지만 둘은 다릅니다. 사수자리와 양자리의 기본적인 차이점을 이해하기 위해서는, 두 별자리를 지배하는 행성의 차이점을 이해할 필요가 있습니다. 목성과 화성이지요.

목성은 사수자리 사람들에게 확장하는 에너지를 불러일으킵니다. 경험이나 감정을 과장하게 하지요. 하지만 사실에 대해서는 좀처럼 과장하지 않습니다. 또한 인생의 모든 영역에서 잔인할 정도로 정직하고, 지나치게 실험 정신이 강하게 하지요. 목성의 에너지는 사수자리에게 엄청난 방랑벽을 심어주기도 합니다. 또 가끔은 예언자적인 능력을 주기도 하지요. 반인반마의 켄타우루스로 상징되는 사수자리는, 양자리보다 개인적인 자신감과 확신이 훨씬 큽니다. 사수자리는 인간과 짐승의 경험을 모두 가졌으니까요.

화성은 양자리 사람들이 모든 면에서 단호하고 직설적인 태도를 보이게 합니다. 누군가 공격하면 맹렬하게 자신들을 방어하지요. 그리고 어떤 비상사태나 위기에서도 가장 용감한 면모를 보입니다. 이 같은 화성의 방어력은 양자리에게는 꼭 필요한 자질입니다. 양자리는 신생아로 상징되지요. 말 그대로 애정이나 돌봄이 없으면 살아가기 힘듭니다. 그러니 화성의 보호가 필요합니다. 사수자리만큼 현명한 예지력을 갖추지는 않았지만, 양자리는 모든 것의 심장을 바로 꿰뚫어 봅니다. 화성이 가지고 있는 핵심을 관통하는 능력과 갓난아기의 순수함이 결합하여 축복을 받은 것이지요.

하지만 두 사람 사이의 가장 중요한 차이점은 양자리가 훨씬 상처를 받기 쉽다는 것입니다. 사수자리는 (영혼의 측면에서 볼 때) 훨씬 더 오래 살았기 때문에 세상 물정에 더 밝습니다. 사수자리에게는 위대한 이상주의와 분발심이 있지만 천진난만함은 없습니다. 사수자리는 생각하고, 지성을 이용하며 예언하고, 철학하는 방법을 배웠습니다. 반면에 양자리는 사랑과 친절함에 본능적으로 반응하는 신생아와 같은 방법 외에는, 행복에 이르는 다른 길을 모릅니다. 화성의 맹렬한 보호만이 완전히 무방비 상태인 양자리를 보호해줍니다.

두 사람은 5-9 태양별자리 유형으로 신의 축복을 받은 관계입니다. 두 사람은 다른 별자리들보다 상대적으로 쉽게 잘 맞습니다. 이들은 정신적으로나 육체적으로 활발하게 뭔가를 배울 때 훨씬 더 행복합니다. 사수자리는 태어난 곳으로부터 멀어질수록 더 잘하고, 목적지에 도착하는 과정의 즐거움을 즐깁니다. 두고 온 뿌리에 대한 향수는 거의 없답니다. 양자리는 두고 온 '안전'이라는 기억에 대한 향수를 진하게 느끼지만, 용감하게 사수자리와 함께하며 그의 빠른 속도를 따라잡으려 애씁니다. 양자리와 사수자리가 함께 여행하면, 약간 시끄럽긴 하겠지만 절대로 지루할 일은 없답니다. 두 사람은 자신들을 위협하는 악당들에 대항하며 서로를 잘 보호해줄 것입니다. 다툼은 좀 잦겠지만, 사수자리의 식을 줄 모르는 이상주의는 양자리를 감동시키고 특별한 연민을 느끼게 합니다. 마찬가지로 사수자리는 양자리의 순진무구함과 정직함에 감동하지요. 사수자리는 양자리가 절대로 위선을 부리거나 배신하지 않는 믿음직스러운 사람이라는 사실을 압니다. 모든 안개가 걷히면, 결국 두 사람은 여전히 그곳에 선 채로 서로를 마주 보며 온 마음으로 미소를 지을 것입니다. 양자리와 사수자리가 만나면 폭발 대신 애정이 만발하게 된다고 할 수 있지요.

양자리 여성과 사수자리 남성

네버새는 그가 무슨 일을 하려고 하는지 한눈에 알아보았다.
새는 소리를 질렀다.

사수자리식으로 천문해석학의 진실을 솔직하게 받아들이자면, 사수자리 남성은 (쌍둥이자리를 제외한) 어떤 남성보다도 충실하지 못할 확률이 높습니다. 심각하게는 아니더라도 악의 없는 추근거림 같은 행동으로 정신적인 외도를 할 수도 있지요. 물론 일반적으로 그렇다는 뜻입니다. 모든 사수자리 남성이 다 그렇지는 않겠지요. 하지만 양자리 여성과 '살짝' 문란한 사수자리 남성이 불장난을 하며 즐거운 시간을 보낼 수 있을 정도로는 사실입니다. 하지만 양자리 여성을 상대로 그런 사랑의 불장난을 하는 것은 몹시 위험한 일이지요. 자기가 사랑하는 남자가 다른 여성에게 관심을 둬도 전혀 질투하지 않는다고 말하는 양자리 여성이 있다면, 그녀는 거짓말을 하고 있거나 그녀가 알고 있는 생일이 잘못되었을 것입니다. 내기를 해도 좋습니다. 천문해석학이 보증합니다.

양자리 여성이 질투하지 않는 경우가 있기는 합니다. 안타깝게도 더는 그를 사랑하지 않을 때입니다. 머지않아 그녀는, 그에게 관심이 없다는 사실을 말해줄 것입니다. 질투하지 않는 것은, 사랑에 불만족스러울 때 나타나는 화성의 경고랍니다. 그 신호를 보냈다면, 양자리 여성은 이제 곧 작별을 고할 것입니다.

양자리와 사수자리는 둘 다 불 별자리입니다. 불은 근처에 있는 불을 유인하지요. 사수자리 남성은 처음 만나는 순간부터 양자리 여성에게 호감을 느낍니다. 그 목적이 사랑이건 우정이건 상관없이요. 5-9 태양별자리 관계인 두 사람의 태양별자리는 120도 각도를 맺고 있으므로, 서로 강한 유대감을 느낄 수밖에 없답니다. 사수자리 남성이 한 남자와 한 여자의 관계로 정착할 준비가 되어 있지 않은 상태라면, 사랑이 아니라 우정을 목표로 다가가는 것이 좋을 것입니다. 사수자리 남성은 영화에 나오는 것처럼 여러 명이 한 침대에 뒤엉켜 있는 모습을 즐기겠지만, 양자리 여성은 그런 장면을 보면 극장을 떠나는 편입니다. 들고 있던 팝콘을 던져버리고 얼굴은 빨갛게 상기된 채로 극장을 나올 겁니다.

전형적인 사수자리 남성의 편에서 한 가지 말씀을 드리자면, 그는 새로운 사랑에 빠질 것 같으면 양자리 여성처럼 거의 바로 고백을 하는 편입니다. 목성의 지배를 받는 사수자리 남성은 기본적으로 진실하고 정직합니다. 두 사람 모두 오랫동안 상대방을 속이는 일은 하지 않습니다. 그런데 양자리 여성에게라면 그렇게 진실하게 행동하지 않는 편이 더 나을지도 모릅니다. 어떤 여성이 자기에게 윙크를 했는지 안 했는지, 일일이 보고할 의무감을 느낄 필요가 없다는 뜻입니다. 양자리 여성은 그가 부정을 저지르는 상상으로 이미 충분할 만큼 시달리고 있습니다. 그러니 굳이 누가 윙크를 보냈다는 식의 무의미한 정보를 더 보태줄 필요가 없답니다.

그렇게 자신감 넘치고 당당하고 독립적인 양자리 여성이 마음에 상처를 잘 받는다는 게 이상해 보이긴 하지만, 양자리 여성은 그렇답니다. 양자리는 남성적인 별자리이지요. 그래서 양자리 여성은 자신의 여성성에 대해 늘 확신이 없습니다. 그래서 자신보다 훨씬 덜 똑똑하고 덜 예쁜 여성이라도 여성스러운 태도를 가지고 있다는 이유만으로, 그녀가 더 매력적으로 보일 거라고 걱정합니다. 이런 고민을 하는 것 자체만으로 엄청난 고문일 것입니다. 하지만 불행하게도, 사수자리는 양자리 여성의 질투심이 폭발할 때 연민이나 동정을 보이지 않습니다. 개인의 자유와 사랑하는 사람들 사이의 신뢰를 중요하게 생각하기 때문이지요.

그런 태도도 나쁠 것은 없습니다. 다만 사수자리 남성은 양자리 여성을 좀 더 부드럽게 대할 수 있도록 노력하는 게 좋습니다. 그녀의 숨겨진 두려움에 관한 얘기를 들어주고 진정시키려 노력할 필요가 있지요. 그렇지 않으면 곧 그녀를 잃게 될 테니까요. 그리고 양자리 여성이 떠난 자리는 사수자리 남성이 생각하는 것만큼 쉽게 채워지지 않을 것입니다. 태양별자리가 120도인 사람들이 서로 진심으로 사랑하다가 헤어지는 경우, 양쪽 모두 혹독한 외로움에 시달리게 됩니다. 사랑이라고 생각했던 감정이 실제로는 우정에 불과했다면 그 이별은 덜 고통스럽습니다. 심지어 다시 친구로 지낼 수 있기도 하지요. 하지만 서로 깊이 사랑했다면 다시 친구로 돌아가기는 힘듭니다. 이별의 고통이 너무 크기 때문입니다.

두 사람 사이에 신뢰가 쌓일 수만 있다면, 양자리 여성과 사수자리 남성은 서로 감정적인 조화를 이룰 승산이 아주 높습니다. 사수자리 남성은 성적으로 안정되어 있고 믿을 만합니다. 이들의 사랑에서는 언제나 신나고 자극적인 감정을 느낄 수 있고, 마음의 평화와 만족감을 얻을 수 있습니다. 불의 별자리는 이런 식으로 마음의 평화와 만족감을 얻습니다. 다른 별자리는 또 다를 수 있지요.

양자리와 사수자리는 모두 낙천적이고 마음이 열려 있으며 다정하고 친절합니다. 이들은 모두 선견지명이 있지만, 사수자리 남성이 더 실용적인 시각을 유지합니다. 사수자리는 양자리와는 다르게, 처음부터 자신이 가지고 있는 꿈의 결과를 예측할 수 있는 예지능력이 있습니다. 뿐만 아니라, 망상에 가까운 단순한 환상과도 거리를 둘 수 있습니다. 스스로에 대해 정직하기 때문이지요. 두 사람 모두 그림의 떡을 꿈꾸는 데는 일가견이 있지만, 사수자리의 떡은 절대로 설익은 꿈이 아니랍니다.

두 사람이 사랑에 빠지면, 화성의 열정과 목성의 대범함 덕분에 절대로 심심할 일은 없습니다. 새로운 아이디어에 대한 열정과 늙지 않는 정신을 함께 나누는 커플은 좀처럼 관계가 냉담해지지 않습니다. 아마도 두 사람은 투표도 같은 쪽에 할 것입니다. 양자리와 사수자리는 정치적으로 둘 다 진보적인 경향을 띠니까요. 물론 이 별자리 사람들 중에도 가끔 보수주의자들이 있기는 합니다. 어떤 경우든, 양자리보다는 사수자리가 보수 쪽으로 조금 더 기울어져 있을 확률이 높지요. 어쨌거나 두 사람은 모두 당대의 뜨거운 이슈에 관심이 많답니다.

이쯤에서 사수자리 남성이 다른 별자리보다 결혼을 늦게 할 확률이 높다는 사실을 알려드리는 게 좋을 것 같습니다. 사수자리 남성은 다정다감하고 충동적인 성향 때문에 연애를 쉽게 시작합니다. 또 자신은 준비가 되어 있지 않음에도 불구하고, 양자리 여성이 평생의 약속을 강요하면 즉흥적으로 받아들일 수도 있습니다. 그런데 대부분의 사수자리는 결혼 서약의 순간에 거짓을 말하고 싶어하지 않습니다. 그래서 약혼을 깨버리거나, 결혼 전에 사라져버리는 사수자리 신랑이 있을 수 있답니다. 잔인하게 굴려는 것이 아니라 스스로 정직하려는 것입니다. 제가 아는 한 사수자리 남성은, 어떤 매력적인 여인과 결혼하기로 오랫동안 약속만 해왔습니다. 너무 오래되어서 두 사람도 정확히 기억할 수가 없을 정도지요. 하지만 그 여성은 게자리의 집요함으로 계속 기다렸답니다. 만약 그 여인이 양자리였다면, 당장 그 사수자리 남성의 짐을 밖으로 내던지고 집 열쇠와 전화번호를 바꿔버렸을 것입니다. 사수자리 남성이 그 여인을 진정 사랑한다면, 그런 갑작스러운 행동으로 정신을 차리기도 한답니다. 그가 진정으로 사랑한 게 아니라면, 탓할 사람은 그런 사수자리 남성을 그동안 받아주었던 여성밖에 없겠지요. 이런 경우라면 사수자리 남성은 아마도 그녀에게 사랑한다는 말을 한 번도 한 적이 없을 것입니다. 사수자리 남성은 "사랑한다."라는 말을 하지 않으려고 몹시 조심한답니다. 진짜 사랑할 때만 그 말을 하지요. 다음의 대화를 잘 읽어보세요.

여성: 자기야, 나 사랑하지, 그렇지?
사수자리 남성: (상처받고 화가 난 듯) 어떻게 그런 어리석은 질문을 할 수 있어? 여태 내가 당신에 대해 어떻게 생각하는지 모른단 말이야?

다음과 같은 예도 가능합니다.

여성: 당신, 정말 나 사랑해요? 정말?
사수자리 남성: 당신은 어떻게 생각해요? 당신이 왜 그런 걸 묻는지 이해할 수가 없네. (그러곤 바로 열정적인 키스를 퍼붓는다.)

이 여성은 나중에 사수자리 남성이 사랑의 약속을 어겼다고 비난할 겁니다. 하지만 그가 거짓말한 것은 아닙니다. 그녀가 그의 말을 제대로 듣지 않았던 것입니다. 사수자리는 절대로 거짓말을 하지 않습니다. 이제 아셨지요?

일반적으로 사수자리 남성은 가정적인 유형이 아닙니다. 가족을 대하는 태도를 보세요. 무심하기 이를 데 없습니다. 친척들을 대하는 방식은 어떻고요? 멀찌감치 거리를 둔답니다. 하지만 양자리 여성도 그렇게 얽매이는 유형은 아닙니다. 그래서 사수자리가 자신을 함께 데리고 가주기만 한다면, 여기저기 방황하는 것도 마다하지 않습니다. 양자리 여성은 곧 동물을 사랑하는 법도 배워야 할 것입니다. 사수자리 남성은 개나 말을 집에 데려올 테니까요. 집이 좁다면, 말이 아니라 개이기를 바라야겠지요?

사수자리 남성은 헛간이나 숲속에서 캠핑이나 하이킹을 하며 보내는 시간이 많을 것입니다. 또 직접 스포츠를 하거나 경기를 관람하는 일도 많을 것입니다. 보다 지적인 유형이라면 자연이나 스포츠 대신, 독서와 철학에 더 많은 시간을 보내겠지요. 하지만 어떤 쪽이든 그의 관심사는 집 밖에 있는 경우가 많습니다. 그렇다고 해서 아내를 사랑하지 않는 게 아닙니다. 양자리 여성이 사수자리 남성을 지키고 싶다면 이 점을 반드시 기억해야 합니다.

두 사람의 궁합은 안 봐도 뻔합니다. 둘 다 정이 많고, 늘 열정이 넘쳐나지요. 두 사람 모두 불의 별자리이기 때문입니다. 사수자리 남성은 육체적인 사랑에 대해 양자리 여성보다 조금 무심한 편이어서, 그렇게 강렬하지는 않을 수 있습니다. 하지만 두 사람은 서로 따뜻하게 반응하기 때문에, 둘의 사랑은 놀라울 정도로 만족스러울 것입니다. 둘 다 성적으로 이기적인 태도는 좀 있을 것입니다. 진정한 행복은 사랑받고 싶은 욕구가 아니라, 사랑하고자 하는 내면의 욕구에서부터 시작되지요. 두 사람이 반드시 배워야 할 교훈입니다. 두 별자리 모두 베푸는 일에 대해서는 남다른 감각을 가지고 있으므로 쉽게 배울 수 있을 것입니다. 정신적으로도 감정적으로도 두 사람은 호흡이 잘 맞기 때문에 육체적인 관계에서도 이상적일 것입니다. 질투심과 부정만 없다면요.

양자리 여성은 사수자리 남성이 지키지 못할 약속을 할 때 못마땅해합니다. 사수자리는 자신의 능력 밖의 일을 충동적으로 약속하는 경향이 있습니다. 또 사수자리 남성이 그녀의 예민한 감정에는 아랑곳없이 별로 유쾌하지 않은 진실을 부주의하게 내뱉을 때면, 분노의 눈물을 흘리기도 할 것입니다. 사수자리가 때에 맞지 않게 어설픈 농담을 시도할 때도 짜증이 날 수 있습니다. 사수자리는 여러분도 아시다시피 반은 광대입니다. 광대의 행동은 섬세한 면이 없지요. 양자리 여성은 광대를 무척 좋아합니다. 그러니 사수자리 광대가 주는 솜사탕을 받아들고, 함께 웃고 즐기는 게 좋겠지요? 양자리 여성이 사수자리 남성의 자유나 시간을 속박하려 할 때 더러 화를 내기는 하지만, 사수자리 남성은 양자리 여성의 밝은 성격을 좋아하고 그녀의 독립성도 존중해줄 것입니다.

사수자리의 목성이 가지고 있는 바람기 때문에 양자리의 질투심을 폭발시킬 가능성에 대해서라면, 너무 걱정하지 않아도 됩니다. 사수자리도 정직함과 진실함이 있는 사람들이니까요. 사수자리는 사람들이 기대하고 신뢰하는 바대로 행동한답니다. 기적처럼 작용하는, 오래된 형이상학적 진리지요. 제 친구인 행크 포트는 우주의 절대 불변의 법칙에 대해 노래를 만든 적이 있습니다. 노래 가사의 일부를 소개하면 다음과 같습니다.

'베풂은 베풂을 낳고 욕심은 욕심을 낳는다네. 꽃은 꽃을 낳고 씨앗은 씨앗을

낳는다네. 청결함은 청결함을 낳고 먼지는 먼지를 낳는다네. 의심은 의심을 낳고 신뢰는 신뢰를 낳는다네.'

사수자리 남성과 사랑에 빠진 양자리 여성은 마음이 속상해질 때마다, 노래의 마지막 부분을 반복하는 게 좋겠습니다. 그러면 눈물을 흘릴 일보다 웃을 일이 더 많아지는 기적을 체험하게 될 것입니다. 진실은 진실을 낳고 거짓은 거짓을 낳는 법이니까요!

양자리 남성과 사수자리 여성

피터는 웬디를 붙잡고 창 쪽으로 끌고 가기 시작했다.
"나를 놔줘!" 웬디는 말했다. 물론 그녀는 피터의 초대가 무척 기뻤다.

사수자리 여성이 양자리 남성에게 반하는 것은 너무나도 자연스러운 일입니다. 사수자리 여성은 용기를 숭배하며 흥미진진한 일을 갈망하고 재미있는 일을 좋아하니까요. 무엇보다 양자리는 늘 새로운 것을 시도하는 사람이랍니다. 양자리 남성이 약간 대장 노릇을 하려 들고, 자기 식대로만 하려는 경향이 있는 것은 사실입니다. 하지만 동시에 아주 감상적인 낭만주의자이기도 하며, 그건 바로 사수자리 여성이 찾는 이상형이기도 합니다. 비록 누군가 그 사실을 지적해주기 전에는, 사수자리 여성은 자신의 이상형이 어떤 사람인지조차 모를 수도 있긴 하지만요. 이상형을 깨달았더라도, 사수자리 여성은 잘못된 공간과 시간에서 그 이상형을 찾으려고 합니다. 그래서 마음에 상처가 제법 생길 것입니다. 하지만 사수자리 여성은 그런 상처를 광대의 탈로 숨기려고 합니다. 사수자리는 목성의 이상주의가 상처를 입을 때마다 농담을 하지요. 일종의 자기방어 수단입니다. 사수자리 여성은 로맨스가 절실히 필요합니다. 로맨스만이 그녀의 본능적인 냉소주의를 치유해줄 수 있기 때문이지요. 사수자리 여성은 의심이 많은 회의론자로 태어납니다. 하지만 아무리 자주 사랑에 빠져도, 그녀의 의심이 누그러지기보다는 오히려 더 예리해지는 경향이 있습니다.

양자리 남성은 그렇게 예민한 편은 아니어서 인간의 성격을 분석하는 일에는 별로 재주가 없습니다. 그는 자신이 보는 대로 사람들을 받아들입니다. 그래서 사수자리 여성이 그 특유의 냉소적인 웃음소리와 함께 성해방론에 대한 책을 끼고 그에게 다가오면서도 한편으로는 그녀 자신을 허락하지 않는 태도를 보이면, 그녀가 사랑이 필요한 사람인지 아닌지 이해하기 어렵습니다. 또한 사수자리 여성이 그 특유의 연극적인 가면을 쓰고 익살스러운 강아지로 변신하거나, 수줍음이 많고 내성적인 아가씨로 변신했을 때도 마찬가지입니다.

사수자리 여성은 지적이고 정직한 남성을 갈망합니다. 동시에 그녀를 따뜻한 품에 끌어안고 영원히 보호해줄 수 있는, 그런 남성을 바라지요. 양자리 남성이 그렇게 할 수 있으려면 사수자리 여성의 분장을 먼저 지워줘야 합니다. 그리고 그녀에게 연극은 이제 끝났다고 단호하게 얘기해주어야 하지요. 사수자리 여성은 항의하겠지요. 그녀는 극장을 무척 사랑하는 데다, 자정이 되면 마차가 호박으로 변할까 봐 두려워하는 신데렐라처럼 귀가 시간이 오는 걸 두려워하거든요. 하지만 어쩔 수 없습니다. 사수자리 여성은 검소한 차림에 맨발로 호박 속에 앉아 있을 때, 화려한 무도회장에서 남성들을 향해 추파를 던지고 있을 때보다 훨씬 더 다루기 쉬우니까요. 사수자리 여성이 일단 한번 고분고분해진다면(물론 승마 경주에서 거북이를 타고 우승하는 것만큼 어려운 일이겠지만) 그녀는 세상에서 가장 사랑스러운 여인이 될 수 있습니다. 하지만 사수자리 여성을 잡으려면 정말 재빠른 거북이가 있어야 할 것입니다.

하지만 양자리 남성이 위안 삼을 만한 사실이 있습니다. 사수자리 여성은 몸을 쓰는 일에만 어설픈 게 아니라 정서적으로도 서투릅니다. 그녀는 곧 발을 헛디며 넘어질 것입니다. 양자리 남성은 그때를 이용해야 합니다. 재빨리 사수자리 여성을 따뜻하고 이해심이 넓은 품 안에 안아서 호박 속에 잘 넣어주고는, 인생의 진실을 설명해주는 거지요. 그는 남성이고 그녀는 여성이라는 단순한 진실이요. 사수자리는 남성적인 별자리이기 때문에, 사수자리 여성에겐 이런 깨우침이 필요하답니다. 하지만 어쩌면 양자리 여성을 길들이는 것보다 사수자리 여성에게 그녀가 여성이라는 사실을 깨닫게 해주는 것이 더 어려울지도 모릅니다. 그런데도 양자리 남성을 전적으로 사랑하고 의지해도 된다는 확신이 들면, 사수자리 여성은 그 보답으로 자유와 흥미로운 대화와 헌신적인 우정, 애정, 따뜻함과 관대함으로 보답할 것입니다. 처음에 조금만 고생하면 이 모든 것을 보장받는 것이지요.

직설적으로 말하고 남자의 자존심을 배려해주지 않는 사수자리 여성의 모습에 처음에는 화가 치밀 것입니다. 모노폴리 게임을 할 때마다 아이템을 사들여서 게임에 이기는 것도 그렇고, 친구들 앞에서 너무나 솔직하게 말해서 양자리 남성의 어리석음을 드러낼 때도 그렇습니다. 양자리 남성은 어떤 대가를 치르더라도 남성적인 우월함과 독립심과 개인의 자유를 지키려고 합니다. 이런 의지를 사수자리 여성에게 전달하는 것이 너무 어려운 경우에는, 역사의 예를 들어 시도해볼 수도 있습니다. "여보, 세상에서 가장 위대한 자유에 대한 선언인 독립선언서를 누가 썼는지 알아요? 바로 양자리였던 토머스 제퍼슨이에요. 양자리 말고 누가 그렇게 멋진 독립선언문을 쓸 수 있는 권한을 가질 수 있겠어요?" 이렇게 말하면 사수자리 여성은 좀 감동을 할 수도 있습니다.

물론 이렇게 역사를 예로 들어 가르치려다 보면, 예기치 않게 다른 사실들도 알려주게 됩니다. 예컨대, 양자리는 겸손함이 부족하다는 사실 같은 것이지요. 양자리였던 토머스 제퍼슨은 양자리의 겸손함을 보여주는 전형과도 같은 묘비명을 쓰기도 했답니다. "여기, 독립선언문의 저자이며, 버지니아 종교자유령의 저자이자, 버지니아 대학의 설립자인 토머스 제퍼슨 잠들다." 자신이 대통령이었다는 사실은 언급할 필요가 없었습니다. 전통에 따라 묘지 어딘가에 이미 표시가 되어 있었으니까요. 그래서 자신이 직접 작성한 묘비명에는 그 내용을 넣지 않아도 되었답니다. 토머스 제퍼슨은 모든 양자리가 그렇듯 급진적이었으며, 새로운 아이디어를 가진 혁신주의자였으며, 독립을 열렬히 사랑했으며, 좀처럼 부끄럼을 타는 사람이 아니었지요. 부끄럼을 탈 이유가 없습니다. 그가 양자리의 열정과 용기를 가지고 그 모든 것들을 개척하고, 개발하고 구현해냈는데, 그런 모든 광채를 위선적인 겸손함 속에 감출 필요가 어디 있겠어요.

이기심에 대해서라면, 양자리 남성과 사수자리 여성은 별로 긴장감을 느끼지 않을 것입니다. 어쩌면 약간은 긴장감이 조성될 수도 있지만 그리 크지는 않을 것입니다. 시작하는 에너지를 가진 별자리이기 때문에, 양자리 남성은 이끌고자 하는 본능을 어찌할 수가 없습니다. 변화하는 에너지를 가진 사수자리 여성은 자존심에 그리 얽매이지 않습니다. 그런 것들이 자기 생각이나 몸이 마음껏 여행하는 것을 방해한다면, 저만큼 안 보이는 곳으로 치워버리는 편입니다. 변화하는 에너지를 가진 별자리 세 개(쌍둥이자리, 처녀자리와 함께) 중에서도 사수자리가 자신에 대해 가장 많이 의식하는 별자리인데, 그런 사수자리의 자의식도 지나친 경우는 거의 없습니다. 어쨌든 양자리 남성보다는 약하답니다.

전부는 아니지만, 대개 사수자리 여성들은 여자 친구보다는 남자 친구를 더 좋아하는 편입니다. 질투심이 많은 양자리 남성은 혼자서 마음을 다독여야 하는 순간이 많을 것입니다. 그가 사랑하는 여성은 그 남자 친구들과 심각한 사이가 아니라 그저 다정하고 쾌활하게 대해주는 것뿐이며, 그녀의 성격이 사교적인 것뿐이라고 말입니다. 사수자리 여성도 자극을 받으면 질투심이 생기긴 하지만 양자리 남성만큼은 아니랍니다. 아무리 마음속에서는 질투심이라는 괴물이 살더라도, 그 괴물이 모습을 드러내는 경우는 많지 않습니다. 왜냐하면, 양자리 남성이 연인이거나 남편일 경우, 그 자신도 남성들과 어울리는 것을 좋아하기 때문입니다. 운이 좋지요?

운이 좋다는 것이 바로 사수자리 여성의 또 다른 특징입니다. 사수자리가 최악의 상황에 부닥칠 때면, 그 지배행성인 목성의 힘으로 결과가 완전히 뒤집히는 경우가 종종 있습니다. 목성이 마치 요정 대부처럼 사수자리를 축복하는 것인지도 모릅니다. 목성의 믿음과 낙관주의가 합쳐지면 마치 자석처럼 행운을 불러오지요. 우리가 상상하는 것은 현실에서 이루어집니다. 그리고 사수자리 여성은 늘 행복한 생각을 한답니다.

사수자리 여성은 일반적으로 사회적인 규범에 대해 느슨하고 전통을 잘 따르지 않습니다. 하지만 목성은 모든 종교의 영적인 통찰과 예언적인 정수를 관장한다는 것을 기억해두세요. 사수자리 여성은 내면의 순진함과 사람들에 대한 감동적인 믿음을 가지고 있습니다. 그런 탓에 그녀는 가끔 실제보다 더 남들에게 추근거리는 것처럼 보이기도 합니다. 모두 너무나 순진해서 발생하는 일들이지요.

양자리 남성: 크롬웰 씨가 당신 상사고 당신을 필요로 했다는 이유로, 그 사람의 별장에서 밤을 보냈단 말이에요? 그 영감이야 당연히 당신이 필요했겠죠. 그런데 당신이 무슨 길거리 고양이예요? (양자리는 화가 폭발했을 때는 할 말 못 할 말을 잘 구분하지 못한답니다.)

사수자리 여성: 크롬웰 씨네 개가 새끼를 낳으려는데 아무도 개를 돌봐줄 사람이 없다고 했어요. 그 불쌍한 걸 누군가 돌봐줘야 했다고요.

양자리 남성: 자기 비서를 꼬드겨서 같이 자려고 하는 추잡한 늙은이가 뭐가 불쌍하다는 거예요?

사수자리 여성: 개 말이에요. 크롬웰 씨는 치사한 사람이에요. 먼저 자러 가버려서 나 혼자 주방에서 새끼들을 받아야 했다고요. 그중에 한 녀석은 죽은 채로 태어났어요. 너무나 슬퍼서 집에 오는 택시에서 내내 울었단 말이에요.

양자리 남성: 계속 울면서 왔단 말이에요? 그래서 당신 화장이 다 뭉개졌구나. 여보 미안해요. 그런 줄 몰랐어요.

사수자리 여성: 당신은 날 믿지 못했다는 거네요? 사과할 필요 없어요. 나보고 뭐 길거리 고양이라고요? 당신이 동물들을 얼마나 증오하는지 바로 보여주네요. 불쌍한 길 고양이를 매춘부에다 갖다대다니! 게다가 내가 그렇다고 생각하는 거잖아요! 당장 내 앞에서 사라져요. 두 번 다시 당신을 보고 싶지 않아요!

사람 이름과 장소와 상황만 바뀔 뿐, 비슷한 장면을 몇 번이나 연출하고 나서야 양자리 남성은 깨닫게 됩니다. 사수자리 여성을 완전히 잃어버리기 전이길 바라야겠지요. 사수자리 여성은 근거 없는 질투심을 참아주지 않습니다. 왜냐하면 그런 질투심은 자신이 부정직하다고 비난하는 것인데, 모든 사수자리는 진실과 정직함에 대해 유별나게 민감하지요. 만약 그녀가 상사의 유혹에 넘어갔더라면, 아마 솔직하게 모든 과정을 다 말했을 것입니다. 그렇게 직접적인 고백이 없다면 양자리는 사수자리 여성을 믿어야 합니다.

다른 별자리 여성들에 비한다면, 쌍둥이자리와 물고기자리 그리고 사수자리 여성이 여러 남성을 동시에 사귀는 실험을 할 확률이 높은 건 사실입니다. 왜냐하면 이 세 별자리는 변화하는 에너지를 가진 별자리이며, 쌍둥이와 물고기자리는 이중성의 별자리이기 때문입니다. 하지만 사수자리는 그렇게 엉큼하지 않습니다. 양자리 남성이 사수자리 여성을 여러 이유로 비난할 수 있지만, 기만을 이유로 비난해서는 안 됩니다. 사수자리 여성은 늘 자신과 자신이 사랑하는 남성에게 진실하기 때문입니다. 적어도 그 사랑이 깨지기 전까지, 혹은 양자리 남성이 그녀를 부당하게 의심하기 전까지는 진실합니다. 부당하게 의심을 받는 경우라도, 그를 벌주기 위해 외도를 하기보다는 화가 나서 두 사람의 관계를 끝내버리는 편입니다. 사수자리 여성의 달별자리나 동쪽별자리가 전갈자리가 아니라면요. 아무렇지 않게 짝을 바꿨던 경력이 있는 사수자리 여성이라도 일반적으로는 한 번에 한 명과 사랑에 빠지는 편입니다.

사수자리와 양자리는 모두 자만심이 넘치고 대장 노릇을 좋아하며 경솔한 사람들입니다. 하지만 본인들은 그런 모습을 장점이라고 생각하지요. 둘은 또한 주의, 신중함, 인내심을 범죄로 여기며 경멸합니다. 하지만 두 사람이 서로 의견이 충돌할 때, 그 다툼을 해결할 가장 좋은 방법이 서로 타협하는 길이라는 것을 깨달아야 합니다. 그러면 두 사람은 정신적으로도 정서적으로도 조화로움을 경험할 수 있습니다. 육체적인 조화는 말할 것도 없지요. 두 사람의 육체적인 관계는 자극적이면서도 평화롭고, 따뜻하면서도 창의적인, 별똥별로 가득한 세계일 것입니다. 사랑을 나누는 동안만큼은 사수자리 여성이 '침묵이 금이다.'는 말을 잊지 말고, 사수자리 특유의 공격적인 말로 양자리의 열정을 찔러버리지 않도록 조심하면 됩니다. 사랑을 나누는 시간은 즐거운 수다나 솔직한 관찰 활동에는 적합한 시간이 아니지요. 그런 실수만 하지 않는다면, 두 사람은 사랑을 표현하고 나누는 그 시간이 아주 만족스러울 것입니다.

양자리 남성이 꼭 알아야 하는 부분은, 사수자리 여성도 양자리만큼이나 사랑과 삶에 대해 이상주의적이라는 것입니다. 어쩌면 더 이상적일 수도 있습니다. 남성들에게 인기가 많고 열린 태도를 가지고 있다고 해서 그녀의 진실성이 달라지지는 않습니다. 양자리 남성이 여성들을 순수하고 악의 없는 마음으로 존경한다고 해서 그것이 외도를 의미하는 것은 아니니까요. 그렇지요? 사수자리 여성처럼, 양자리 남성도 사랑이 끝나기 전에는 신의를 저버리지 않을 것입니다. 더는 사랑이 남아 있지 않다면 숨기기보다는 솔직하게 말할 것입니다. 자신에게 정직하기만 하다면, 사수자리 여성도 온 마음을 다해 양자리 남성을 사랑할 것이며 그가 원하는 곳이라면 어디든 용기를 내서 함께 달려줄 것입니다. 사수자리 여성은 가끔 화도 내고 뜻하지 않은 말도 할 것입니다. 하지만 양자리 남성이 정말로 상처를 받았다는 것을 알게 되면, 그녀는 곧바로 달려가 그의 상처를 보듬어줄 것입니다. 몸이든 마음이든 가리지 않고요. 사수자리 여성은 예상치 못한 따뜻함으로 상대를 달래줄 것입니다. 그러고 나면 두 사람의 구성 원소인 불이 다시 붙고, 사랑은 다시 처음처럼 불타오르게 됩니다.

양자리 남성이 반드시 기억해야 하는 또 다른 하나는, 사수자리 여성에게는 늘 정직하게 대해야 한다는 것입니다. 꿈과 모험을 잃지 않도록 하고 화가 나도 성급한 말을 하지 않는 것입니다. 사수자리 여성도 양자리 남성과의 관계에서 똑같은 사실을 반드시 기억해야 합니다. 두 사람은 아주 닮았습니다. 자존심이 강하고 용감하고 관대하지요. 그리고 충동적이고 열정이 넘치며 독립적이고 이상주의적입니다. 그리고 냉정함과 거부에 대해서는 너무도 상처를 받기 쉬운 존재들입니다. 특히 서로에게 그렇습니다. 두 사람이 서로의 무의식적인 이기심을 영원히 잠재울 수만 있다면, 두 사람 사이를 갈라놓을 것은 아무것도 없습니다. 두 사람의 사랑의 힘은 천하무적입니다. 화성과 목성이 뭉치면 정말 강적이 된답니다.

양자리 Aries

불 · 시작하는 · 능동적
지배행성: 화성
상징: 숫양
양(+) · 남성적

Capricorn 염소자리

흙 · 시작하는 · 수동적
지배행성: 토성
상징: 염소
음(−) · 여성적

양자리와 염소자리의 관계

"즐겁고 순수하고 무심한 사람만 날 수 있단다."

"즐겁고 순수하고 무심한 게 뭐죠? 저는 정말로 즐겁고 순수하고 무심했으면 좋겠어요."

「피터 팬」에 나오는 이 부분은, 행복하고 자유롭게 그리고 매인 데 없이 이곳저곳 날아다니는 능력을 갖춘 양자리를 부러워하는 염소자리의 한탄일지도 모르겠습니다. 하지만 양자리의 무심함을 부러워할 필요는 없습니다. 무심함이라는 말은 이기심이라는 말과 같은 말이고, 이기심은 모든 양자리가 예외 없이 가지고 있는 공통점이지요. 그런데 염소자리도 이기심이라면 남부럽지 않을 만큼 가졌답니다.

양자리의 이기심은 양자리의 경솔함과 유아적인 욕망에 따른 결과로 나타납니다. 양자리는 원하는 것은 어떤 식으로든 얻어내지요. 염소자리의 이기심은 누가 뒤쳐졌는지 뒤돌아보지 않으려고 하는 마음에서 생겨납니다. 그렇게 하면 자신의 목표 달성이 지연될까 봐 두렵기 때문이지요. 동기가 무엇이든 이기적인 건 이기적인 것입니다. 양자리도 염소자리도 종종 이기적이라는 비난을 듣습니다.

날아다니는 데 필요한 다른 두 가지 필요조건인 즐거움과 순수함에 대해서라면, 염소자리는 양자리를 부러워할 만합니다. 즐거움은 토성이 지배하는 사람들과 연관 지을 수 있는 단어는 아니랍니다. 염소자리였던 험프리 보가트, 에드거 앨런 포또는 하워드 휴 같은 사람들에게 그 말을 적용해보세요. 보가트는 유쾌하게 권총을 당겼다? 포는 즐겁게 까마귀를 읊었다? 하워드 휴가 뭔가를 유쾌하게 한다? 순수함도 염소자리의 특징은 아니랍니다. 염소자리는 아무리 어린 아기 시절이라도 절대로 순진하지 않지요. 염소자리는 나이가 몇 살이건 상관없이 약간 늙은 사람으로 살아갑니다. 마치 한 백 살은 되어야 얻을 수 있을 것 같은 지혜와 인내심을 평생 간직하며 살아갑니다.

그러니 염소자리가 양자리식의 쾌활함과 악의 없는 순진무구함으로 날아다닐 수 있는 가능성은 별로 없답니다. 적어도 사람들이 중년이라고 말하는 나이가 훨씬 지날 때까지는요. 중년이 지나면 염소자리는 나이를 거꾸로 먹기 시작하기 때문에, 가끔은 양자리보다 더 높이 솟구쳐 날아오를 수 있답니다. 그래서 양자리는 나이가 많은 염소자리를 더 편하게 느낍니다. 상대적으로 젊은 염소자리는 양자리를 긴장하게 만들지요.

양자리가 어떤 종류든지 인간관계를 맺을 때는, 늘 충동적이고 이상적이며 감정에 지배를 받는 상태입니다. 염소자리는 보다 실용적인 동기가 있습니다. 천문해석학에서 볼 때 염소자리는 결혼을 신분 상승을 위한 도구로 활용하는 경향이 있습니다. 염소자리는 이런 말에 화를 내지만, 양자리보다 염소자리에게 그런 일이 더 많이 일어나는 것은 사실이랍니다. 염소자리가 냉정하고 계산적이어서가 아닙니다. 그저 아직 태어나지 않은 2세를 생각하는 것뿐이랍니다. 미래에 태어날 자신의 아이는 아주 좋은 신발을 신어야 하니까요. 자신의 애정사로 인해 미래에 아이들을 고생시킬 수는 없지요. 염소자리는 결혼식을 올리지 않은 채로 동거하면서 일을 그만두고 한 1년간 유럽 여행을 할 거라는 친구의 얘기를 들으면 경악을 금치 못합니다. 염소자리를 불편하게 만드는 것이 결혼 증명서는 아닙니다. 그러다가 임신이라도 하면 어떻게 될까? 그러다가 그 좋은 직장을 잃게 되면 어쩔까? 아이들 치아 교정 비용은 어떻게 마련할까 하는 걱정이랍니다. 염소자리는 두 사람이 가족을 평생 부양할 수 있을 준비가 충분히 되었다는 확신이 들어야, 뻐드렁니를 가진 아이를 낳을 수 있다고 생각합니다. 그런 준비가 되지 않으면 두 사람은 그저 친구로 남을 것입니다. 슬프기는 하겠지만 그쪽이 훨씬 현명하다고 생각하지요.

전형적인 양자리는 이런 상황에 대해서 감동적일 만큼 감상적이고 낭만적인 희망을 가지고 있습니다. 두 사람이 서로 진정으로 사랑한다면 그 사랑이 영원할 거라는 것을 두 사람이 알 것이고, 그럼 그냥 결혼하는 것이 당연하다고 생각한답니다. 전형적인 염소자리도 양자리와 똑같이 생각합니다. 사랑하면 결혼한다. 여기까지는 두 사람이 똑같다니까요. 그러나 다음 순간부터 화성과 토성은 각자의 길을 가게 됩니다.

염소자리는 여전히 궁금합니다. '집세는 누가 내지?' 아마도 염소자리 여성이 내야 할 것입니다. 그녀가 사랑하는 남자는 아마도 시인이 되고 싶어해서, 그녀는 한동안 두 사람 모두를 책임져야 할 것입니다. 양자리는 그런 현실에 아무런 문제의식을 느끼지 못합니다. 적어도 염소자리만큼은 아니지요. 염소자리들은 그녀에게 조언할 것입니다. "그에게 당분간 그 귀신 씻나락 까먹는 시는 그만 쓰고 돈을 벌어오라고 하세요. 안 그러면 신사답게 그냥 헤어져 달라고 해요. 후회할 필요는 없어요."

염소자리는 양자리가 자신을 야망이 지나친 사람이라고 비난하면 늘 마음에 상처를 받는답니다. 염소자리는 아무도 그 사실을 모른다고 생각하지요. 누구요? 염소자리가 야망이 많다고요? 네, 염소자리는 야망이 있습니다. 염소자리는 토성의 또다른 특징도 가지고 있습니다. 정기적으로 찾아오는 우울한 비관주의, 사회 최고층에 이르는 사다리를 오르려는 갈망, 기존 질서에 반항하는 일을 싫어하는 것 그리고 전통이나 가족, 법질서 등 모든 형태의 권위에 맹목적으로 복종하는 것 등등입니다. 염소자리였던 에드거 후버(1924년부터 죽을 때까지 48년 동안 미국 FBI 수장을 역임—옮긴이)는 결국 타고난 토성의 에너지를 살다 갔지요.

양자리도 역시 야망이 있지만 염소자리와는 다르게 그 사실을 공개적으로 드러냅니다. 이들은 비관주의 대신 가끔 너무나 어리석은 낙관주의에 빠져들지요. 양자리 대부분은 신분 상승을 위한 사다리가 뭔지도 모르며 기존 질서에 반항하는 것을 즐깁니다. 그리고 어떤 형태의 권위든 존중해야 한다는 의무감은 전혀 느끼지 않으며, 맹목적인 복종이라면 자신 스스로나 자기 생각과 욕망에 대해 갖습니다.

양자리로서 제가 이런 고백을 하기는 정말 싫지만, 양자리와 염소자리 사이의 에너지를 이해하는 데 도움이 될 테니 말씀드리겠습니다. 제 딸 질은 염소자리랍니다. 질은 태어나던 날부터 엄마보다 훨씬 현명했지요. 더 현명할 뿐만 아니라 더 차분하고 실용적이고 더 지각 있는 아이였으며, 짜증이 날 만큼 늘 옳았답니다. 더 신중하다는 것도 넣었나요? 분명히 저보다 훨씬 더 신중한 아이였습니다.

저는 상당히 일찍부터 질을 쇼핑할 때 데리고 나갔답니다. 제가 지갑이나 짐들을 잃어버리지 않도록 해줄 뿐만 아니라, 이성을 잃지 않도록 도와주는 아이라는 것을 알았거든요. 아마 질이 여덟 살 때부터 크리스마스 쇼핑 때 데리고 다니기 시작했던 것 같습니다. 그리고 그 효과는 정말 대단했지요. 질을 데리고 다니기 전에는 저는 매번 지갑이나 선물 보따리를 잃어버리기 일쑤였답니다. 염소자리 자녀가 있는 양자리 부모님들께 강력히 추천합니다. 보호자로 꼭 염소자리 자녀를 쇼핑에 데리고 가세요.

제 첫 책 『당신의 별자리』의 편집자였던 염소자리 밥스 핑커튼은 따뜻하고 현명한 사람이었습니다. 그녀는 자신이 밝은 색깔을 무척 좋아하므로 전형적인 염소자리는 아닐 거라고 말한 적이 있답니다. 그녀는 자신이 "밝은색에 열광한다."라고 표현했지요. 그래서 우리는 내기를 했답니다. 당연히 내기의 금액은 적었지요. 염소자리가 내기에 큰돈을 걸 리가 없으니까요. 우리는 그녀의 옷장에 있는 옷들을 확인해 보기로 했습니다.

옷장에는 대부분이 블랙(아주 약간 흰색 줄이 들어간 경우는 있었지만), 청색, 진초록 그리고 브라운 계열이었답니다. 마지막으로 그녀는 옷장 맨 구석에 있던 아주 밝은 노란색의 점프 슈트를 꺼냈습니다. 나프탈렌 냄새가 진동했지요. 제가 의심스러운 눈초리로 쳐다보자, 그녀는 얼굴을 붉히며 말했습니다. "뭐, 집에서만 입는 옷이긴 해요. 너무 세일을 많이 해서 안 살 수가 없었지요." 그녀는 자신이 내기에 졌다는 것을 깨닫고는, 내기로 걸었던 돈을 정확하게 세어서 저에게 바로 건넸답니다. 염소자리는 이렇게 냉정하게 현실을 직면하며, 자신들의 실수를 억제하고 장점을 최고로 활용하는 놀라운 능력을 갖추고 있답니다. 양자리들도 이런 염소자리를 따라해보면 좋겠지요.

모든 염소자리 여성이 할머니처럼 옷을 입는다고 생각하면 오산입니다. 염소자리 남성도 늘 고지식하고 단정하게 입는 것은 아니지요. 염소자리도 가끔 사생활에서는 양자리가 놀랄 만큼 예상치 못한 제안이나 행동을 합니다. 양자리는 염소자리가 동정심이 없다고 비난하지만, 정말 가치가 있다고 생각하는 사람들에 대해서는 연민과 걱정이 전혀 없지만은 않습니다. 물론 전체적으로 볼 때, 염소자리의 마음은 보수적인 성향이 두드러지는 것이 사실입니다. 하지만 양자리와 염소자리가 함께 했을 때는 생각지도 못한 성공을 이룰 수 있습니다. 단, 각자의 뿔을 서로를 향해 들이대기보다는 같은 편이 되어 외부의 적에 맞서 싸워야만 합니다.

수줍음이 많지만, 발을 단단히 딛고 서 있는 강인한 산양의 모습을 떠올려보세요. 그들은 신중하면서도 자신감과 확신을 가지고, 이 바위에서 저 바위로 발을 옮기며 귀한 풀들을 찾아 양분을 채웁니다. 필요하면 두꺼운 종이나 캔도 우적우적 씹어먹지요. 진실과 지혜 그리고 정의의 정상을 향해가는, 느리지만 꾸준한 그 발걸음을 늦출 수 있는 것은 아무것도 없습니다.

이번에는 험준한 산에 사는 숫양을 떠올려보세요. 염소와는 달리 양은 비옥한 풀밭이 필요합니다. 비판의 녹슨 못과 실망의 깨진 유리 조각들을 차분히 소화시키고 있는 것은 불가능하지요. 그리고 가끔 거리를 잘못 판단해서 바위 꼭대기에서 떨어져 뿔을 부딪치기도 하고요. 꿈꾸는 자의 이상이 험준한 길로 유인하기는 하지만, 큰 뿔의 숫양은 그 길을 갈 때 가끔 예정에 없는 우회로를 택해야 한답니다.

염소자리와 양자리의 기본적인 차이점이 바로 그런 것이지요. 두 별자리 모두 강인한 산악인입니다. 하지만 염소자리가 최종적으로 향하는 목적지는 산의 가장 높은 꼭대기입니다. 자신이 진정으로 안전하다고 느끼는 유일한 곳이지요. 드물지만 그 정상까지 가는, 보다 사교적인 양자리에게는 그 꼭대기가 외로운 곳입니다. 더 이상 도전할 것도 없고 긴장감이 넘치지도 않으며 위험이라고는 없는 인생은 양자리에게 매력이 없지요. 염소자리에게 평화로운 것은 양자리에게는 지루하답니다.

양자리 여성과 염소자리 남성

"이제, 내가 키스를 줄까?" 피터가 말했다.
웬디는 몸을 기울여 뺨을 피터 쪽으로 향했다.
그러나 피터는 도토리 하나를 웬디의 손에 떨어뜨렸을 뿐이었다.
그래서 웬디는 천천히 뺨을 원래 있던 곳으로 가져왔다.
그러고는 피터의 키스를 목걸이로 만들어서 목에 걸겠다고, 다정하게 말했다.

　사람들이 가득 찬 곳에서도 염소자리 남성은 눈에 띄게 외로워 보이기 때문에 양자리 여성은 그 곁으로 다가가게 됩니다. 감상적이고 자기중심적인 양자리 여성이 보기에 염소자리 남성의 외로움에는 분명한 이유가 있습니다. 그는 양자리 여성이 나타나 인생이 얼마나 아름다운지 보여주기를 기다리는 것입니다. 그래서 그녀가 직접 보여주려고 하지요. 양자리는 좀처럼 에둘러 표현하지 않는답니다.
　하지만 염소자리 남성의 느린 반응은 그녀의 열정을 이내 얼어붙게 합니다. 양자리 여성의 불같은 카리스마에 염소자리 남성은 현실적인 면역력으로 대처합니다. 그러면 양자리 여성은 그 충동적인 감정으로, 염소자리 남성이 너무 딱딱하고 냉담하고 무심하다는 결론을 내리게 되지요. 그토록 끔찍하게 일에만 매달리는 염소자리 남성에게 어떻게 햇볕을 쬘 수 있도록 도울 수 있겠어요? 그 신성한 부모님뿐 아니라 고모할머니와 사촌들까지 일일이 챙겨야 하는 사람을 말이에요. 염소자리 남성은 자기의 일 그리고 가족들과 이미 결혼한 사람이랍니다. 그러니 언제 틈이 나서 양자리 여성과 사귀고 결혼하겠어요? 가망이 거의 없지요.
　경제적으로도 성공적이며 정신적으로도 아주 만족스러운 관계는 애초에 불가능한 것인지도 모릅니다. 그러니 양자리 여성 입장에서는, 염소자리 남성이 혼자만의 고독을 즐기고 있는데 굳이 그 외로움을 깨고 인생은 아름답다는 걸 보여주겠다고 시간을 낭비할 필요가 없지요. 천하의 미인이 그 앞에서 얼쩡거려도, 염소자리 남성은 알아보지도 못할 거라고 양자리 여성은 생각합니다. 과연 그럴까요?

염소자리들도 아름다움의 진가를 알아본답니다. 하지만 학교 다닐 때 선생님이 안 보실 때 몰래 그렸던 그림이나 우울할 때 아무도 몰래 혼자 듣던 음악들에 대해선, 쉽게 그녀에게 얘기하지 않을 것입니다. 그녀가 자신을 정말로 사랑한다는 생각이 들지 않는다면요.

감정을 소통하지 못해 사랑하는 사람을 잃는다면 상처가 될 수 있지요. 그런데 이런 일은 조용한 염소자리 남성과 공격적인 양자리 여성 사이에서 너무나 자주 일어나는 일이랍니다. 그녀에게 주고 싶었던 그 수많은 마음속 꿈들을 어떻게 그녀에게 알려줄 수 있을까요? 염소자리의 수줍음 많은 마음속에는 평생토록 지속할 수 있는 낭만이 깊이 숨어 있다는 사실을, 어떻게 그녀에게 보여줄 수 있을까요? 어쩌면 신나는 것만 좋아하고 특별한 것을 볼 줄 모르는 양자리 여성이라면, 염소자리 남성에게 맞는 짝이 아닐지도 모릅니다.

그러니 화성이 지배하는 양자리의 본능이 옳았던 건지도 모릅니다. 염소자리 남성은 정말로 그녀를 기다리고 있었던 것인지도 모릅니다. 그녀가 다가와 무지개를 어떻게 그리는지 보여주기를 말이에요. 하지만 내성적인 염소자리에게는 양자리 여성이 처음 접근해오는 방식이 좀 당황스러울 수도 있습니다. 비록 사랑이라고 하더라도, 염소자리는 경솔한 행동이나 자유분방함에는 잘 대처하지 못한답니다. 염소자리 남성은 사랑을 현실로 받아들이기까지 시간이 필요하고, 그런 다음에도 아주 신중하게 진행한답니다. 실수하지 않도록 최선을 다함으로써 나중에 후회할 일을 만들지 않으려고 하지요. 반면에 양자리는 후지급제를 좋아합니다. 먼저 누리고 나중에 지급하는 방식이지요. 염소자리는 먼저 대가를 지급하고 나중에 즐기고 싶어합니다. 선급제를 좋아하지요.

염소자리와 양자리가 삶을 대하는 관점에는 정말로 많은 차이가 있습니다. 이들이 함께하려면, 그 차이들을 극복하거나 아니면 모른 척할 수 있어야 합니다. 염소자리 남성은 차이에 대해 눈감아보려고 노력할 것입니다. 양자리 여성은 극복하려고 애쓰겠지요. 두 사람은 이렇게 그 차이를 다루는 방식에서도 다르답니다. 상황에 대한 접근 방법이 다른 것입니다. 예를 들어보죠.

염소자리 남성이 막 무릎을 다쳐서, 의사는 적어도 3주 동안은 걷지 말라고 주의를 주었습니다. 더 나빠질 수 있으니까요. 염소자리는 늘 무릎을 다치거나 치과를 다니거나 뼈가 부러지거나 관절염으로 고생하는 경향이 있답니다. 이런 문제만 빼면 건강은 무척 좋은 편이지요. 어쨌거나, 무릎을 다치는 바람에 두 사람이 계획했던 스키 여행에 차질이 생겼지요.

양자리: 여보, 같이 못 가게 돼서 정말 속상해요. 나 혼자라도 다른 친구들하고

가서 즐겁게 놀다 와도 되죠?

염소자리: 당신 어떤 줄 알아요? 정말 이기적이에요.

양자리: 그럼, 나도 주말 내내 여기 앉아서 당신 손이나 붙잡고 있기를 바라는 거예요? 내가 이번 여행을 얼마나 기다려왔는지 알면서? 스키는 못 타더라도 같이 가주면 안 돼요?

염소자리: 안 돼요. 이렇게 절뚝거리면서 가고 싶은 마음 없어요. 그리고 맞아요. 당신이 날 사랑한다면 옆에서 내 손을 잡고 함께 있어 주면 좋겠어요.

양자리: 당신 어떤 줄 알아요? 정말 이기적이에요!

(사실, 두 사람은 모두 옳습니다. 둘 다 이기적이지요.)

양자리 여성이 일시적으로 은행 잔고가 바닥나서, 염소자리 남성은 그녀의 차량 정비에 필요한 돈과 집세를 빌려주기로 합니다. 양자리 여성은 그런 부탁을 하는 게 전혀 거리낌이 없지요. 두 사람은 사랑하는 사이니까요. 그런데 몇 달이 지나도 양자리 여성은 그 돈을 갚지 않습니다. 사실 양자리 여성은 돈을 빌렸다는 것조차 완전히 잊어버렸지요. 그래서 염소자리 남성은 그녀에게 그 사실을 상기시켜줍니다. 하지만 양자리 여성은 그가 장난을 치는 걸로 생각하지요. 그동안 양자리 여성은 그에게 비싼 텔레비전을 사줬고, 크리스마스 선물로 고급스러운 실크로 된 샤워 가운을 사줬으며, 생일에는 세인트버나드 강아지와 순금 손목시계까지 선물했답니다. 모두 신용카드로 긁었지요. 염소자리 남성은 진심으로 감동을 하고 그녀에게 감사 편지를 썼습니다. 그 편지에는 빌려주었던 200달러를 갚으라는 추신이 붙어 있었지요. (어떤 염소자리들은 200달러에 그동안의 이자까지 합한 금액을 갚으라고 요구하기도 한답니다.) 결국 화성의 폭죽이 터지는 바람에 사랑도 창밖으로 날아가버렸습니다.

양자리 여성: 어떻게 감히 사랑 편지에 저속하게 돈 얘기를 할 수 있어요?

염소자리 남성: 어떻게 감히 당연한 의무를 무시하면서 우리 사이를 깨버릴 수가 있어요?

이런 식으로 계속 부딪히고 금이 가고 폭탄이 터집니다.

육체적인 사랑에 관해 얘기하자면, 두 사람이 성적인 만족감을 찾기까지는 비슷한 종류의 장애물을 극복해야만 합니다. 양자리나 염소자리는 각각 불과 흙이지요. 그런데 불과 흙은 일반적으로 그리 잘 맞는 원소가 아닙니다. 염소자리의 성욕은 토성이 주관하는데, 토성은 완강한 저항, 자제력, 영구성의 행성입니다. 양자리 여성은 화성의 지시를 받지요. 화성은 플레밍의 법칙에서 양극을 상징하는 행성입니다. 염소자리는 일시적으로 타오르는 열정에 화상을 입을 위험을 감수하느니, 차라리 사랑에 굶주린 채 외롭게 지내는 쪽을 택할 것입니다. 양자리는 시도도 해보지 않는 쪽보다는 화상을 입는 쪽을 택할 것입니다. 따라서 양자리 여성은 주로 육체적인 사랑에서도 먼저 앞으로 나아가는 쪽입니다. 운이 따른다면, 염소자리 남성은 양자리 여성의 신선하고도 열정적인 사랑 표현에 염소자리만의 방식으로 반응하게 될 것입니다. 토성인만이 가진 심오한 강렬함과 아주 깊은 애정으로 반응하기 때문에, 양자리 여성은 놀라고 기쁠 것입니다.

염소자리 남성과 양자리 여성이 사귀는 기적이 일어난다면, 아마도 염소자리 남성의 달별자리가 양자리, 사수자리, 사자자리, 쌍둥이자리 혹은 물병자리일 것입니다. 아니면 양자리 여성의 달별자리가 염소자리, 황소자리, 처녀자리, 물고기자리 또는 전갈자리일 것입니다. 이런 경우라면, 두 사람의 차이점들이 오히려 더 매력으로 작용할 수 있습니다. 즉, 양자리는 염소자리 남성의 신중함과 안정감 그리고 평정심에 화가 나기보다는 존경을 느끼겠지요. 자기에게 부족한 면이니까요. 염소자리 남성도 양자리 여성의 단호함과 추진력에 초조해지지 않을 것입니다. 오히려 그런 성격을 부러워하고 존경할 것이며, 자신도 고삐를 약간 늦추게 될 것입니다. 두 사람의 사랑은 깊고 오래가며 서로 헌신하는 관계가 될 수도 있습니다.

염소자리와 양자리의 뿔은 끊임없이 부딪힐 수도 있습니다. 두 사람 사이에서는, 염소자리 남성의 남을 잘 믿지 못하는 내성적인 에너지가 양자리 여성이 타고난 낙천적 연애 기질을 억누를 가능성이 있습니다. 그래서 함께 영화를 보는 것 이상의 데이트를 하거나, 서로의 눈을 마주 보며 지키지도 못할 약속을 하는 등의 행동을 하게 될 확률은 거의 없답니다.

염소자리와 양자리는 4-10 태양별자리 관계 유형입니다. 이 관계에서는 공통된 실수가 발생합니다. 두 사람은 서로 다른 색깔의 안경을 쓰고 있지요. 두 사람은 상대방의 모습을 바꾸려고 안달합니다. 염소자리 남성이 처음 양자리 여성을 사랑하기로 결정할 때는 그녀의 낙천적이고 쾌활한 대화에 감동을 해서입니다. 심지어 그녀의 경솔함조차도 익숙하지는 않지만 존중합니다. 그녀가 낭비해도 그저 웃어주고 그녀의 실수에도 관대한 미소를 보여줍니다. 하지만 나중에는 양자리 여성의 성격을 전통적이고 사회적으로 쉽게 용인되는 그런 틀에 맞추려고 고집을 부리지요. 하지만 양자리 여성은 절대로 그렇게 틀에 맞출 수 있는 사람이 아니랍니다.

한편, 양자리 여성이 처음 염소자리 남성을 사랑하기로 할 때는 그의 강인하면서도 조용한 힘에 감동해서입니다. 양자리 여성은 그런 모습에 대해 혼란스러우면서도 가슴이 뛴답니다. 염소자리의 인내심과 온화함은 복잡한 감정을 가진 그녀에게 위안이 됩니다. 그렇게 다정하고, 조용하면서도 유머 감각이 있고, 현명하며 꾸준한 남성과 연인이 되다니요! 상상만 해도 그녀의 심장박동은 빨라집니다. 하지만 곧 양자리 여성은 숨 막힐 것 같은 기분을 느낍니다. 그녀는 염소자리 남성을 꼬드겨 그 신중함을 던져버리게 하려고 애를 쓸 것입니다. 함께 구름을 잡으러 가자고 유혹하겠지요. 여름 소나기를 뚫고 향기로운 풀밭 속으로 달려가보자고 제안할 것입니다. 그래 봤자 염소자리 남성은 우산을 가지고 오겠지만요.

염소자리 남성은 끝없이 돌아가는 회전목마를 타고 즐거워하는 양자리 여성을 이해할 수가 없습니다. 본인은 어지럽기만 하니까요. 하지만 양자리 여성은 그 증기 오르간 멜로디와 회전목마가 돌 때 머리를 날리는 그 바람이 좋답니다. 그녀는 염소자리 남성이 왜 그렇게 마음을 꼭꼭 걸어 잠가두는지 궁금해합니다. 염소자리 남성은 그냥 그게 더 안전하다고 말할 것입니다. 하지만 마음이란 건 훔쳐갈 수 없지요. 마음은 주기 위한 것이니까요.

염소자리 남성과 양자리 여성이 헤어진다면, 함께 들었던 음악의 선율이 계속 두 사람을 쫓아다닐지도 모릅니다. 하지만 염소자리 남성은 그녀를 잃은 고통을 겉으로 드러내지 않을 것입니다. 고요한 물은 깊이 흐른다지요. 흙 별자리의 슬픔은 그보다 더 깊이 흐른답니다. 양자리 여성도 슬픔을 가눌 수 없어서 몇 날 며칠을 눈물로 보내겠지만, 그다음에는 곧 불의 감정 패턴으로 돌아옵니다. 날이 갈수록 점점 잊게 되긴 하겠지요. 하지만 매일 해가 뜰 때마다 아쉬운 마음은 계속될 것입니다. 하지만 양자리 여성은 자기 마음이 얼마나 아픈지 말하지 않을 것입니다. 그럴 이유가 없지요. 염소자리 남성은 너무나 냉정하고 무심해 보여서 길거리에서 마주쳐도 인사조차 하지 않는 걸요. 지난번에도 길모퉁이에서 마주쳤는데, 겨우 서로 손을 들어 인사를 나누었으니까요. 그 남자는 심지어 웃지도 않았답니다. 하지만 그녀가 모르는 게 있습니다. 그의 마음속 깊은 곳에는 어쩌면 그녀가 내심 바라는, 바로 그 생각들이 감춰져 있을지도 모른답니다. 이런 것들이지요.

내가 몇 살이냐고요?
이번에 크리스마스가 되면 아흔두 살이 될 거예요.
하지만 스무 살이 넘고 나서부턴 한 살도 인정하지 않았어요.
그동안 수도 없이 생일카드를 받기는 했지만요.
내가 당신을 처음 마주친 이후로 아마 적어도 오백 년은 됐을 거예요.
그래도 난 여전히 동화 같은 사랑을 믿어요.
개구리 왕자의 이야기를요.
그리고 당신은 내가 한 세 살쯤밖에 되지 않았기를 바라고 있다고 믿어요.

당신은 내가 몇 살인지 절대로 모를 거예요.

내가 말해줄게요.

난 당신을 만났던 순간 태어났고 오늘 죽은 거예요.

하지만 양자리 여성은 염소자리 남성의 마음이 그녀에게 조용히 건네는 이야기를 듣지 못했답니다. 그녀는 자기 생각에 빠져 있었거든요. 어느 새벽 두 사람이 해변을 걷다가 그는 조용히 그녀를 품에 안으며 이렇게 말했지요. "언제까지나 내 마음속에 머물러줘요. 당신이 떠날 때라고 생각할 때까지." 그녀가 물었지요. "그 떠날 때란 언제일까요?" 그 질문에 그는 답하지 않았고 그녀는 두 번 다시 물어보지 않았지요. 양자리는 자존심이 세답니다.

별들의 메시지를 기억해두세요. 이 두 사람은 4-10 태양별자리 관계가 주는 어려운 시험을 거친 연인들입니다. 금성의 축복을 받은 사람들이라는 뜻이지요. 둘 다 남성적인 별인 화성과 토성의 영향을 받는 사람들이어서, 두 사람의 마음을 부드럽게 하기 위해선 금성이 역할이 필요하답니다. 금성과 음악, 시 그리고 기억들 말입니다.

두 사람이 겪어야 하는 긴장감과 골칫거리들과 오해 그리고 소통의 부재 등은 실제로 만만치 않을 것입니다. 하지만 서로 그런 시련을 끈기 있게 잘 견디고 사랑의 지혜를 활용한다면, 그 사랑은 영원히 지속될 수 있습니다. 양자리 여성은 이제 후회한답니다. 그때 염소자리 남성이 무릎을 다쳤을 때, 손을 잡고 곁에 함께 있어 주었더라면 좋았을 걸 하고요. 정말 너무 이기적이었지요. 염소자리 남성은 눈 덮인 언덕을 바라보며 생각한답니다. 그녀가 스키 타는 모습을 지켜보기만 하더라도 함께 가겠다고 했으면 좋았을 걸 하고요. 정말 이기적이었지요.

뒤늦게 후회하지 않도록 선견지명이 있었다면 얼마나 좋을까요? 하지만 지금이라도 미안하다고 말하기에 그리 늦은 것은 아닌지도 모릅니다. 진정으로 사랑하는 사람에게라면 절대로 늦은 게 아니지요. 한때 사랑했던 염소자리와 양자리가 서로 헤어졌다고 하더라도, 금성은 늘 두 사람을 향해 윙크를 보내며 두 사람의 외로움에 사랑의 빛줄기를 보내고 있을 테니까요.

양자리 남성과 염소자리 여성

처음부터 끝까지, 달링 부인은 달링 씨보다 현명했다.
안타깝게도, 달링 씨는 뭘 하든 너무 지나치거나 아니면 중도에 그만두곤 했다.

양자리 남성과 염소자리 여성이 어떤 영향을 주고받을지는, 두 사람이 처음 만났을 때 염소자리 여성이 몇 살인지에 달렸답니다. 염소자리 여성이 아직 십 대이거나 삼십 대 미만이라면, 양자리 남성은 자기주장이 강한 유인원처럼 보이기 때문에 별로 미래가 없어 보일 것입니다. 그리고 양자리 남성이 보기에 그녀는 늘 뚱해 있거나, 아니면 좀 괴짜 할머니 취향이거나, 또는 은둔자처럼 보일 것입니다.

염소자리 여성이 서른이 넘었을 때 두 사람이 만난다면(나이가 더 많을수록 좋습니다.), 그녀는 잘 웃고 세상의 여러 주제에 대해 신선한 아이디어가 넘쳐날 것입니다. 두 사람에게 공통점이 더 많아진 것이지요. 양자리 남성은 그녀가 자기처럼 충동적이고 조심성이 없다고 생각하게 될지도 모릅니다. 하지만 그것 역시 양자리의 성급한 판단일 뿐입니다. 결국 염소자리는 염소자리니까요. 강철 같은 토성의 지배를 받기 때문에, 아무리 나이를 거꾸로 먹는 염소자리일지라도 안정에 대한 기본적인 생각이 사라지거나 바뀌는 일은 절대로 없답니다. 어떤 것도 성공과 든든한 은행 잔액을 숭배하는 염소자리의 마음을 바꿀 수 없지요. 대부분의 양자리 남성들은 성공할 수 있는 잠재성이 아주 많습니다. 마치 무슨 표식처럼, 얼굴에는 빛이 나고 걸음걸이나 자세에서도 그런 기운이 감돕니다. 하지만 양자리는 잔액이 두둑한 은행 계좌를 만들 것처럼 보이지는 않습니다. 적어도 서른이 넘을 때까지는 그런 모습이 보이지 않지요. 어쩌면 50대, 아니 60대라면 다를지도 모릅니다. 한 삼백 년 정도 살 수 있다면, 양자리도 충분히 성숙해질 수 있겠지요.

염소자리 여성은 정상에 있는 사람들에게 본능적으로 이끌립니다. 결국엔 어느 가문인지 직업은 뭔지 알게 되어 있지요. 그리고 책임감이라는 것이 그리 나쁜 건가요? 아니지요. 하지만 그 낱말은 양자리를 불안하게 만듭니다. 책임감이라는 말은 신중함과 겸손함이라는 말을 연상시키는데, 양자리는 불행하게도 그 말들을 배운 적이 없답니다. 사실 양자리는 그 두 낱말에 원초적 콤플렉스를 가지고 있지요. 두 낱말은 양자리가 가장 두려워하는 것을 상징합니다. 바로 양자리의 열정을 억압하지요.

　이런 이유로 두 사람이 일을 통해 만나는 경우에는 연인으로 발전하는 일이 거의 없습니다. 예를 들어, 양자리가 사장이고 염소자리 여성이 비서인 경우에 말이지요. 양자리 사장은 그녀가 완벽한 보물이라는 것을 바로 알아차릴 것입니다. 약간 억압되어 있기는 하지만, 눈에 띄는 성적 매력을 갖춘 그런 직원이지요. 게다가 그녀는 능력도 있고 효율적이며 뛰어난 유머 감각까지 가지고 있습니다. 또한 그녀는 자신이 아랫사람이므로 윗사람에게 배울 점이 많다는 것을 정확하게 인지하고 있지요. 그런 태도는 양자리의 자존심을 만족하게 해줍니다. 그러던 어느 날 양자리는 알게 되지요. 그 염소자리 여직원이 모든 업무를 조용히 익히고 있으며, 상사인 자신을 대체하고 싶어한다는 사실을요. 위협을 느낀 양자리는 상대방의 성적 매력에 대해서는 새까맣게 잊고는 곧바로 그녀를 해고할 것입니다. 하지만 그런 경우에도, 양자리 직장 상사는 그녀를 유능한 직원으로 늘 기억할 것입니다. '조용하지만 야망이 있는' 직원으로도 기억되겠지요. 두 사람이 서로 경쟁하는 관계가 아니라면, 염소자리와 양자리는 흥미로운 짝이 될 수 있습니다. 제가 멋지다거나 환상적이라고 표현하지는 않았지요? 흥미롭다고 했습니다.

　이제 여러분들은 염소자리의 상징이 산양이라는 것을 알고 계실 겁니다. 하지만 염소자리는 그리스-로마 신화에서 두 개의 얼굴을 가진 야누스에 해당합니다. 야누스의 두 얼굴 중 하나는 과거를 향해 있고, 다른 하나는 미래를 향해 있습니다. 염소자리에게 미래는 과거와 관련이 있을 때만 중요합니다. 그래서 염소자리 여성은 유명한 조상을 둔 훌륭한 가문의 사람을 좋아한답니다. 염소자리 여성의 가문에 대해서 말하자면, 글쎄요. 염소자리 여성에겐 굳이 훌륭한 조상이 필요 없습니다. 그들은 스스로 훌륭한 조상이 되니까요. 무슨 뜻이냐고요? 한번 잘 생각해보세요. 주변에 전형적인 염소자리들이 있다면 무슨 뜻인지 이해가 될 겁니다.

　염소자리 여성은 자신이 알고 있는 것보다 훨씬 따뜻하고 사랑스러운 사람인 경우가 많습니다. 본인은 절대로 믿지 못하겠지만, 육감적인 매력도, 본인 평가보다는 훨씬 많이 가지고 있지요. 그것만이 아닙니다. 그녀는 마음 상태가 언제나 안정적이므로 변덕을 부리지도 않는답니다.

　그녀가 꽤 괜찮은 여성이라는 사실을 스스로 믿을 수 있을지 말지는, 양자리 남성이 어떻게 하느냐에 달렸습니다. 양자리 남성은 늘 열정적으로 칭찬하는 재주가 있고, 자신이 사랑하는 여인을 숭배하기를 좋아하지요. 수줍음을 많이 타고 자신감이 부족한 염소자리 여성이라도, 양자리가 돕는다면 껍데기를 깨고 나올 수 있습니다. 양자리는 염소자리 여성이 자신의 여성성에 대해 스스로 비하하는 태도를 버리고 당당한 자신감을 느끼도록 만들어줄 수 있는 별자리입니다. 물론 그런 작은 기적을 이뤄냈다고 하더라도, 그녀를 바로 품에 안을 수는 없을 겁니다. 그녀의 가족들이 기다리고 있으니까요.

부모로부터 심각한 상처를 받지 않은 한, 일반적인 염소자리 여성은 가족에게 심할 정도로 헌신적입니다. 그래서 가족이 그 양자리 남성을 받아들이지 않는 경우에는 자신도 그를 받아들이지 않는답니다. 가족의 경제적인 상황이 좋지 않거나 아픈 가족이 있는 경우에도, 염소자리 여성은 양자리 남성의 차지가 될 수 없습니다. 가족에 대한 자신의 의무를 다하기 위해, 가족이 필요로 하는 한 가족 곁에 남아 있을 테니까요. 사랑을 희생하더라도 말이지요. 염소자리 여성을 가족들로부터 빼내 올 수 있는 방법이 하나 있습니다. 방이 많은 집을 구해서, 결혼 후에도 염소자리 여성의 부모님과 함께 사는 것입니다. 그 외에는 어떤 설득도 통하지 않을 것입니다. 만일 가족들 일은 스스로 알아서 하게 내버려두라고 설득하는 데 성공한다 하더라도, 그녀는 우울증에 빠질 것입니다. 자신을 탓하면서 끝없는 죄책감에 시달리게 될 테지요. 우울함과 죄책감에 빠진 여인과 사랑을 나누는 일은 쉽지 않을 것입니다. 특히 언제나 요구 사항이 많고 자신에게 집중해주기를 바라는, 욕심꾸러기 양자리 남성에게는 더더욱 힘든 일이 되겠지요.

양자리 남성이 천문해석학적인 측면에서 토성의 타고난 감정 상태가 어떤지를 공부한다면, 두 사람 사이의 성적인 관계가 훨씬 나아질 것입니다. 가끔 염소자리 여성이 성적 무관심의 탈을 쓸 때가 있는데, 고통스러운 열정을 숨기고 있는 겁니다. 염소자리 여성은 신체적인 애정 표현을 억누릅니다. 토성이 조용하게 그녀에게 주의를 주기 때문이지요. 조심하라고, 감각에 속지 말라고요. 감각은 믿을 것이 못되며 그녀를 속일 수 있다고, 토성은 한결같이 경고합니다.

사랑을 육체적으로 표현하고 싶은 욕구가 불타오르는데 이를 통제하는 마음속 목소리를 계속 들어야 한다면, 불만과 좌절감이 쌓일 수밖에 없습니다. 이런 억압은 다양한 형태로 표출됩니다. 염소자리들은 내적인 공허함을 권력에 대한 야망이나 경제적인 안정을 지나치게 추구하는 형태로 채우려 합니다. 또는 골동품을 수집하기도 하지요. 또 다른 염소자리들은 괴팍해질 수도 있는데, 상당수는 고독이야말로 영적인 성숙의 증표라고 믿는 척하며 자신의 운명을 그저 받아들이기도 할 것입니다. 기백이 넘치는 양자리는 염소자리의 무관심한 척하는 가면을 벗겨내서, 그녀의 숨겨진 열정을 드러내기를 두려워하지 않습니다. 문제는 섬세하지 못한 양자리가 그 가면만 보고, 이면에 숨겨진 감정의 깊이를 생각할 줄 모른다는 사실입니다. 그래서 싸움이 시작되기도 전에 포기하는 경우가 있지요.

염소자리 여성이 자신을 보호하기 위한 망토로 연인으로서의 양자리 남성의 능력을 짓밟아버린다면, 두 사람 사이의 사랑의 불꽃은 꺼져버릴 수 있습니다. 사랑의 행위를 통해 염소자리 여성이 그 자신처럼 강렬한 느낌을 경험할 수 있도록 만들어주지 못하면, 양자리 남성은 열등감에 시달리게 됩니다. 그녀가 아무리 열정적으로 그를 사랑하고 싶어하더라도, 그녀의 감정과 느낌을 믿지 못하지요. 이런 경우 양자리 남성의 통찰력은 무딥니다. 염소자리 여성에게도 그의 열정에 화답하고자 하는 은밀한 욕망이 있다는 것을 알아차리지 못하지요. 그래서 상당수의 양자리-염소자리 관계는 깊은 감정에 도달하기도 전에 끝나버릴 수 있습니다.

양자리와 염소자리 관계에 대해서 보다 정확하게 파악하려면, 두 사람의 달별자리를 먼저 확인해야 합니다. 서로의 태양과 달별자리가 조화롭지 못하다면, 두 사람의 인연은 아마도 다음 생으로 넘겨야 할지도 모릅니다. 하지만 그렇게 조화롭지 않은 경우는 드물지요. 대부분의 양자리와 염소자리는, 처음엔 힘들어도 결국엔 서로 화합을 이룰 수 있을 것입니다. 산을 오를 때는 언제나 처음이 어려운 법이지요. 하지만 정상에 가까워지면 질수록 점점 더 쉬워지고, 공기도 더 맑아지고, 태양도 더 밝게 빛나는 법입니다. 우리의 마음도 꿈이 이루어지는 순간에 더 가까이 다가간다면 더 즐거워지겠지요.

염소자리의 사고방식의 기차는 절대로 철로를 이탈하는 것을 허락하지 않습니다. 그래서 평화롭던 상황을 위협하는 어떤 예상치 못한 상황이나 비상식적인 일들이 생기면, 염소자리 여성은 화가 납니다. 염소자리가 화가 나면 양자리 남성은 더 긴장감을 느끼게 됩니다. 염소자리 여성은 보통 강철 같은 단단한 신경에 매처럼 예리한 눈 그리고 엄청난 인내심을 가진 사람입니다. 인내심이 없는 양자리는 염소자리의 자기 통제력을 보면 열등감을 느낄 수도 있습니다. 그럴 필요는 없답니다. 염소자리의 자기 통제력은, 자신의 마음이 너무 멀리 날아가지 못하도록 묶어놓은 밧줄에 불과하니까요. 그녀가 추락할 때, 아무도 잡아줄 사람이 없을지도 모르니까요. 양자리 남성이라면, 그런 염소자리 여성을 안전하게 받아줄 수 있을 만큼 튼튼한 양팔이 있습니다. 그는 이 사실을 충분히 이해시키고 결연함도 보여줘서, 그녀를 안심시켜줄 수 있는 남성입니다. 인내심만 있다면요. 양자리 남성은 떠오르는 태양을 쫓을 텐데, 사랑하는 그녀가 그와 함께해주지 않는다면 상심이 클 것입니다. 염소자리 여성은 부드럽고 다정해서 양자리 남성을 웃게 만들어줄 것입니다. 하지만 염소자리 여성의 태도에서는 이런 뉘앙스가 느껴집니다. "너무 가까이 다가오지 마세요."

똑똑한 양자리 남성을 위해, 굳이 이 말의 천문해석학적 의미를 말씀드려야 할 필요가 있을까요? 그 뜻은 이렇습니다. "당신이 다가와주길 바란답니다. 하지만 당신이 원하는 것이 나의 성실함뿐일까 봐 두려워요. 당신이 나를 여성으로서 사랑하는 것이 아닐까 봐 두렵답니다." 물론 양자리 남성이라면, 이 외롭고 조용한 눈빛이 말하는 침묵의 간청에 어떻게 답해야 하는지 잘 알고 있을 것입니다. 시간이 지나고 그녀와 정말로 가까워지면 더는 달콤한 말을 속삭이지는 않겠지요. 하지만 잘 관찰해보세요. 부드럽고, 작고, 은밀한, 염소자리 여성의 미소를 볼 수 있을 겁니다. 재빨리 포착하지 않으면 놓칩니다. 그것은 자신이 사랑받고 있다는 것을 아는, 그런 아름다운 미소랍니다. 그 양자리 남성은 정말 운이 좋은 사람이지요. 염소자리 여성은 그 순간에 정말 아름다울 것이며, 한 해 두 해 지날수록 점점 더 사랑스러워질 테니까요. 이것은 토성이 보증하는 것이랍니다. 토성은 염소자리 여성의 감정을 엄격하게 제한하기도 하지만, 절대로 약속을 어기지 않는답니다. 염소자리 여성도 토성과 같지요. 마침내 양자리 남성은 믿을 수 있고 계속 간직할 수 있는 사랑을 만난 것입니다. 이기심이라는 괴물과 맞서 싸울만한 가치가 있는 도전이지요. 모가 난 자신의 태양별자리를 잘 갈아서, 이해심이라는 원으로 만들 만한 가치가 충분히 있는 도전이지요.

양자리 Aries

불 · 시작하는 · 능동적
지배행성: 화성
상징: 숫양
양(+) · 남성적

Aquarius 물병자리

공기 · 유지하는 · 능동적
지배행성: 천왕성
상징: 물병을 들고 있는 사람
양(+) · 남성적

양자리와 물병자리의 관계

그들은 시를 짓기 시작했다.
하지만 결코 시를 끝내지는 못했다.

　양자리와 물병자리에게는 눈에 띄는 공통점이 있답니다. 둘 다 새로운 것에 매료되고 재미와 진실을 추구한다는 것입니다. 그러고 나면 내팽개치고 또 다른 새롭고 흥미로운 모험을 찾아가지요. 이 두 사람은 뒤돌아보거나 지난 일로 눈물짓는 일이 없습니다. 양자리에게 오늘은 어제보다 훨씬 흥미롭고 신납니다. 물병자리에게 내일은, 어제나 오늘보다 천 배 정도는 더 환상적인 시간이 될 것입니다.

　가끔 두 사람이 각각의 시간 궤도에서 벗어나, 과거 현재 그리고 미래 그 중간 어딘가에서 서로 마주칠 때가 있습니다. 의식적으로 일정을 잡는 것은 아닙니다. 그 만남은 두 사람이 태어나기 훨씬 전부터 계획되어 있던 것이지요. 그것은 운명적인 만남으로서 무척 흥미로운 순간이랍니다. 양자리와 물병자리는 3-11 태양별자리 관계 유형의 영향을 받습니다. 여행, 교육 그리고 영적인 발견에 있어 서로의 에너지를 공유하며, 전생의 기억과 함께 현생의 소망과 꿈도 공유합니다. 이런 이유로 두 사람이 만나면 늘 매료되곤 하는 것이지요. 하지만 두 사람 사이엔 차이점도 많습니다.

　양자리는 순간에 충실합니다. 늘 온 마음과 몸을 던져, 현재 벌어지고 있는 일에 열정적으로 참여하지요. 물병자리도 열정적이기는 하지만, 이들은 어떤 것에도 자신을 내던지는 일은 없습니다. 물병자리는 모든 일에 약간 거리를 둔 채, 기웃거리고 머리를 긁적이고 귀를 쫑긋거립니다. 언제나 안전한 거리를 유지하지요. 얽히거나 꼼짝 못 하는 상황에 빠지는 일 없이 즐기는 것이 그들의 방식입니다. 물론 이런 미묘한 차이점은 그냥 길거리에서 지나치면서 볼 때는 드러나지 않습니다. 차이점을 알 수 있는 다른 방법들이 있지요.

양자리는 머리를 약간 앞으로 내민 채로 달립니다. 쏟아지는 색종이 조각들을 맞으며 로켓을 쏘아 올리면서요. 물병자리는 외바퀴 자전거를 탄 채 피클을 아삭아삭 씹어먹는 중이거나, 어깨에 예쁜 새 한 마리를 앉혀놓고는 훌라후프를 돌리고 있을 것입니다. 둘 다 군중 속에서도 눈에 띄는 사람들이지요.

3-11 태양별자리 관계에 있는 친구, 친척, 사업 파트너, 연인, 부부 사이에는 숙명적인 의무가 있습니다. 이 관계에서는 큰 축복이 있거나, 서로 혹은 한쪽이 다른 한쪽에게 커다란 슬픔을 주지요. 어떤 의무나 책임과 관련되는 경우가 많습니다.

문제가 생겼을 때나 병이 들었는데 누구도 도와주는 사람이 없을 때, 곁에서 몇 달 동안이나 보살펴주는 양자리의 은총을 입어본 물병자리라면, 양자리가 도대체 왜 그랬을까 궁금하게 여긴 적이 있을 것입니다. 양자리는 아주 오래전 전생에서 받았던 도움에 대해 보답한 것입니다. 물병자리를 돕는 과정에서, 아마도 양자리는 어떤 깨달음을 얻을 수 있을 것입니다. 그전에는 한 번도 생각해보지 못했던, 자신의 향후 인생을 열어갈 어떤 새로운 목표나 꿈을 얻게 될지도 모릅니다. 그리고 둘의 역할이 바뀌었을 때도 비슷한 일이 벌어집니다.

어떤 물병자리는 양자리의 사업적인 문제를 도와줄 것입니다. 세금이나 채권 문제를 해결해주고, 자금 상황을 원활하게 해주고, 불가능한 조건을 가지고도 기적처럼 대출을 받아줍니다. 역시 전생의 어느 곳에서 양자리로부터 받았던 지원을, 영혼이 무의식 속에서 기억하고 있기 때문이지요. 전생의 빚을 갚는 것입니다. 양자리의 친한 친구 중에는, 두 사람의 우정에 대해 달가워하지 않는 물병자리 아내를 가진 친구가 있을 수도 있습니다. 그 친구의 물병자리 아내는 이 양자리가 믿음이 가지 않고, 양자리도 친구의 아내가 나타나면 긴장하게 됩니다. 결국 양자리 남성은 그 친구가 물병자리 아내와 헤어지게 만들 수도 있습니다. 반대로 그 물병자리 아내가 남편과 양자리 친구를 떼어놓을 수도 있지요. 결과는 그 양자리와 그 물병자리가 얼마나 영혼이 진화한 사람인가에 달렸습니다. 업보란 단순하지가 않지요. 이 두 별자리의 관계에서는, 모든 3-11 태양별자리 관계에서 그렇듯이 두 사람이 빚어내는 선과 악이 극명하게 엇갈립니다. 두 사람의 만남은 우연이 아니며, 그 만남의 결과에 대해서도 의식적으로 통제할 수 있는 경우가 거의 없답니다. 그들이 카르마의 법칙이나 윤회에 대해 이해한다면 업보의 순환 고리를 끊을 수 있을 것입니다. 왜 한쪽이 다른 쪽을 무조건 돕는지, 왜 무의미하게 서로 상처를 주는지 알 수 있게 된다면요. 그렇지 않으면 다음 생에 또 다른 의무를 추가하게 됩니다. 그들은 작용과 반작용의 법칙을 통해 계속 가까운 관계로 환생하게 될 것입니다.

물병자리는 별자리 중에서 인간을 상징하는 네 개의 별자리 중 하나입니다. 인간을 상징하는 다른 세 별자리는 쌍둥이자리, 처녀자리, 천칭자리이지요. 그래서 물병자리의 열정은 양자리보다는 훨씬 더 제어가 잘 됩니다. 본능적인 사랑과 미움이라는 감정 때문에, 양자리는 종종 동물적인 단순한 충동에 따라 행동하거나 자존심을 충족시키기 위해 행동하게 됩니다. 천왕성이 지배하는 물병자리는 본능적인 행동보다는 고차원적인 정신세계와 순수한 직관의 세계에 있는 경우가 더 많습니다. 이런 이유로 물병자리는 믿기 힘든 신통력이나 직관력을 가지고 있는 경우가 많습니다.

실제로는 그렇지 않지만, 가끔 양자리도 신통력을 가지고 있는 것처럼 보이는 경우가 있습니다. 양자리는 지배행성인 화성의 에너지에 따라, 어떤 상황의 핵심으로 곧바로 접근하고 관통해서 정확한 답을 얻어내기 때문이지요. 양자리는 문제의 핵심에 바로 접근합니다. 논리나 이성적인 추론을 사용하지 않습니다. 어떤 상황이든 직접 몸을 던져 그 바닥을 보고 싶은 욕구가 있습니다. 물병자리는 다릅니다. 전기와 번개 등을 상징하는 물병자리는 지배행성인 천왕성의 영향을 받아 더 빠르고 복잡한 전자기파를 발산합니다. 물병자리는 공기 중의 어떤 느낌을 손쉽게 포착합니다. 또는 일종의 삼투압 현상을 통해 느낌들을 순식간에 흡수하지요. 양자리가 같은 결론에 도달하려면 열 배는 더 많은 에너지를 쏟아야 가능할 것입니다.

양자리와 물병자리는 기본적으로 잘 맞습니다. 두 사람 사이에는 마치 이해의 코드가 연결되어 있는 것 같습니다. 두 사람의 의견이 완전히 다를 때도 두 사람이 마음만 먹는다면 긴장감을 조화로움으로 바꿀 수 있지요. 불의 별자리와 공기 별자리 사이에 존재하는 자연스러운 공감 때문에 가능한 일입니다. 드문 경우를 제외하면, 두 사람은 특별한 노력을 하지 않아도 의사소통이 쉽습니다. 3-11 태양별자리 관계가 모두 그렇지요. 세 번째 하우스는 모든 종류의 의사소통을 뜻합니다. 인쇄되어 있는 말을 통한 시각적 의사소통과, 머리가 머리에게 혹은 마음이 마음에게 전하는 말로 된 의사소통이 모두 포함되지요.

양자리는 주로 순진하고 비실용적인 몽상가라는 비난을 받습니다. 물병자리는 그냥 미쳤다는 비난을 듣는 경우가 자주 있습니다. 두 사람이 잘 어울리는 또 다른 이유지요. 두 사람 모두 이 세상이 자신을 잘 이해해주지 않는다는 느낌을 받습니다. 하지만 둘 다 스스로는 제대로 된 길을 가고 있다고 믿지요. 잘못된 길을 가고 있거나 중심을 이탈한 쪽은 오히려 다른 사람들이랍니다. 이런 면에서 둘은 자연스럽게 서로에게 매력을 느낍니다. 기존 질서로부터 서로를 보호하고, 서로에게 위안을 줄 수 있다고 느끼지요. 양자리는 무모하고 물병자리는 괴짜 같습니다. 하지만 두 사람은 그런 재능을 한데 섞어, 요정도 만들고 기적도 일구고 무지개도 만듭니다. 두 사람이 만든 꿈의 비행선은 남들이 보기에는 말도 안 되는 것 같지만, 실제로 파란 하늘을 날아 엄청난 성공을 거두기도 합니다.

물병자리는 천왕성이 준 참을성 때문에 양자리의 갑작스러운 기분이나 극단적으로 독창적인 충동들에 대해 초연합니다. 양자리는 종종 물병자리들이 진심으로 자신을 상대하지 않는다고 느낄 것이고, 물병자리도 가끔은 양자리의 뜨거운 기질을 견디기 힘들 것입니다. 하지만 두 사람은 대체로, 미친 것 같지만 아주 멋지고 또 아주 특별한 관계를 즐길 것입니다. 물병자리는 고정된 에너지를 가진 별자리입니다. 그래서 물병자리는 양자리보다 조금 더 고집이 셉니다. 하지만 완고함은 양자리에게 별로 효과가 없습니다. 사랑과 친절만이 효과가 있지요. 양자리에게는 사랑과 친절함을 듬뿍 베풀어야 한답니다.

물병자리는 가끔 양자리에게 자존심을 누르는 것에 대해 가르치려고 하기도 합니다. 그게 평화와 행복을 가져온다고 설득하려고 하지요. 하지만 양자리에게 자존심을 누르는 것은 두려운 일입니다. 마치 캄캄한 굴속에 내팽개쳐지는 기분이랄까요? "그러면 나는 어디에 있게 되는 거예요? 나 말이에요. 나요. 그저 텅 빈 공허함 속에 갇히는 건가요?" 양자리는 궁금해하지요. 양자리는 요가에서 말하는 열반의 상태에 어울리지 않는답니다. 자신을 의식하지 않는 상태가 되는 것, 그게 황홀경이라고요? 이런 면에서 양자리는 직관적으로 옳습니다.

물병자리의 인식은 시대를 조금 앞서 있는 편입니다. 하지만 양자리의 인식보다 더 나을 것은 없답니다. 물병자리는 '인간의 모든 문제는 감정을 지나치게 강조하고 인간의 감정을 과장하기 때문에 생긴다.'고 주장합니다. 양자리는 '자신의 감정을 부정하고 감정을 묻어버리는 사람은, 냉정하고 무자비하며 깨우침과 인식력이 부족한 사람들이다.'고 반박하지요.

이 막다른 골목에서 두 사람은 어디로 갈까요? 요정과 기적과 무지개 그리고 꿈의 비행선으로 다시 돌아갈 수 있지요.

양자리 여성과 물병자리 남성

피터는 거의 울 뻔했다.

하지만 우는 대신 웃어준다면 웬디가 얼마나 약이 오를까 하는 생각이 들었다.

그래서 그는 호탕하게 웃어댔다. 그렇게 웃다가는 잠이 들어버렸다.

양자리 여성이 딱 한 가지만 명심한다면, 두 사람은 함께 아름다운 시간을 보낼 수 있습니다. 물병자리 남성이 웃을 때는 그가 아주 슬프기 때문이라는 것을 기억하세요. 물병자리 남성이 울 때는 아주 행복하기 때문이라는 것도요.

양자리 여성이 이런 물병자리 남성의 중요한 놀이를 잘 이해하기만 한다면, 다른 속임수에도 훨씬 쉽게 대처할 수 있을 것입니다. 물병자리 남성이 그녀를 좋아하는지 좋아하지 않는지 알아맞히지 못하게 하는 게임을 말하는 겁니다. 또한 그녀가 이미 알아낸 후에도, 그가 그녀를 얼마나 좋아하는지 알지 못하게 하려고 쓰는 속임수들이 있지요. 스스로 사랑에 푹 빠졌다는 걸 알면서도, 그 관계를 다시 그저 친구 사이로 되돌릴 수 있다고 자신을 설득하려 애쓰는 속임수도 잊지 말아야 합니다. 당신이 게임을 좋아한다면, 이 물병자리 남성은 신문의 낱말 맞추기나 포커 게임보다 훨씬 재미있을 것입니다. 양자리 여성은 게임을 좋아합니다. 하지만 그녀의 게임 규칙은 그녀가 항상 이겨야 한다는 것이지요.

물병자리 남성은 양자리 여성의 게임 규칙을 배려하지 않는 상대입니다. 그녀가 화를 내고 운다고 해서 봐주거나 주사위를 다시 던지게 해주는 일은 없습니다. 양자리 여성은 여자치고는 너무 독립적이고 공격적이어서, 물병자리 남성은 아마 이렇게 말할 것입니다. "내 말 좀 들어보게, 친구(물병자리는 모든 사람을 친구라고 부른답니다.) 당신이 그렇게 연약한 사람이라면, 지난주에 여성해방 시위 행렬에서 행진하던 당신 모습은 뭐지? 남녀평등을 주장하려면 가구를 옮기거나, 배수관을 고치거나, 타이어를 교체하거나, 전쟁에 나가서 함께 싸우는 것까지도 모두 감수할 각오가 되어 있어야 하는 것 아닌가?"

물병자리 남성이 잘못 생각한 것입니다. 양자리 여성이 그 행렬에 참여하게 된 것은 드럼 소리가 주는 흥분을 뿌리치지 못해서랍니다. 양자리 여성은 절대로 여성해방단체의 정식 회원이 될 리가 없습니다. 양자리 여성이요? 이미 자유롭게 태어났으며 자기가 훨씬 우월한데, 겨우 동등하다는 것을 증명하기 위해 여성으로서의 특권을 포기할 생각은 전혀 없답니다. 양자리 여성은 가끔 남녀평등에 대한 이슈들을 거론하는 걸 좋아하는 것뿐이랍니다. 이런 식이지요.

양자리 여성: 남녀평등이라는 게 여자도 군복을 입어야 하고 총을 들고 사람을 죽이는 것이라고 주장하는 당신 논리는 기만적이고 현실성이 없어요. 여자들이 이 나라를 경영한다면 더는 전쟁은 없을 테니까요. 육체적인 폭력과 싸움, 전쟁을 좋아하는 건 남자들이지 여자가 아니에요.

물병자리 남성: 아, 그래요? 세일할 때 백화점 지하에 한번 가보세요. 전쟁터거든요. 오죽하면 응급처치 요원이 있겠어요. 거기에선 아무리 용감한 장군이라도 금방 백발이 되어버리고 말 거예요. 냉혈하고 잔혹하기 이를 데 없던데요. 당신네 여자들은 눈물로 가면을 쓰고 있어요. 완전한 속임수죠!

곧 양자리 여성은 물병자리 남성이 냉담하고 무심하다고, 혹은 너무나 잔인하고 가학적이라고 불평하기 시작할 것입니다. (사실 양자리에게는 전자나 후자나 똑같습니다. 그녀가 보기에는 냉담함은 잔인함과 같은 말이고, 무심함은 가학적인 것과 같은 말이니까요.) 물병자리 남성의 사소한 개인 감정이 전혀 섞이지 않은 폭넓은 식견은 존경스러울 정도입니다. 하지만 솔직히 짜증나는 구석이 있지요. 인류애라는 드높은 이상을 전파하려는 것도 마찬가집니다. 물병자리는 누가 재채기를 할 때, 티슈를 건네기보다는 감기를 영구히 치료할 방법에 더 관심이 많은 사람들입니다. 노인이 길을 건너는 것을 돕는 것보다는, 일반적인 노인병학과 노화의 문제에 더 관심을 두는 사람들이지요. 물병자리의 지배행성인 천왕성은 세상에 존재하는 모든 불행과 악을 줄여서 더욱 밝은 미래를 만드는 쪽에 마음과 정신을 쏟도록 합니다. 그러니 주변의 개인적인 고통에 대해 그가 쓸 수 있는 동정심은 별로 남아 있지 않답니다.

물병자리 남성은 기본적으로 천성이 착하고 친절합니다. 곤경에 처한 친구들에게는 낙천적이고 연민 어린 태도를 보이려고 하지요. 하지만 물병자리 남성의 동정심은 막연한 일반론으로 구성된 경우가 너무 잦습니다. 천왕성의 선견지명으로 물병자리 남성은 슬픔의 더 깊은 의미를 이해합니다. 고통을 경험함으로써 우리 인간의 영혼이 더 완전해진다는 것을 그는 압니다. 그래서 그는 운명이 하는 일을 방해하는 것을 싫어합니다. 운명의 계획에 누가 감히 돌멩이를 던질까요? 물병자리 남성에게 운명은 신과 동의어랍니다.

다시 말씀드리지만, 물병자리 남성은 친절하고 예의 바르고 사랑스럽고 재미있는 사람이 될 수 있습니다. 자기만의 방식으로요. 그래서 감상적이고 예민하고 열린 마음을 가진 양자리 여성의 눈에는 냉정하고 무자비한 사람일 수도 있습니다. 두 사람의 타고난 차이점은 가끔 타협을 통해 조정되기도 하지만, 완벽하게 극복하기는 어렵답니다.

물병자리 남성은 친구가 수백, 아니 수천 명입니다. 그리고 그가 친구들과 더 많은 시간을 보낼수록 그녀가 질투할 가능성도 커지지요. 두 사람의 관계를 위해서라면, 물병자리 남성은 친구들을 밖에서 만나기보다 집으로 초대하는 것이 더 좋습니다. 양자리 여성이 아무리 애를 써도 친구를 좋아하는 물병자리 남성의 천성을 바꿀 수는 없답니다. 그는 인도주의자입니다. 사람을 좋아하지요. 양자리 여성은 그 점을 인정해주어야만 합니다.

양자리 여성은 먼저 물병자리 남성의 장점에 대해 모두 잊는 것이 좋습니다. 그의 식견, 창의성, 선견지명, 우정, 인도주의 같은 것들이요. 그리고 나쁜 점들에 집중하는 겁니다. 물병자리 남성은 단점이 무척 많지요. (이상한 조언처럼 들리겠지만 물병자리 남성을 다루고 있으니까요. 그러니 지금까지 배운 것들을 모두 뒤집어야 할지도 모릅니다.) 이제 두 사람을 함께 묶어주는 것은 그의 장점들이 아니라 단점들일 것입니다. 몇 가지만 살펴볼까요?

물병자리 남성은 예측할 수 없습니다. 양자리 여성은 그런 면을 흥미로워하지요. 화성의 도전 의식을 불러일으키기 때문입니다. 물병자리 남성은 또한 괴팍하고, 이상하며, 전통을 따르지 않고, 독특합니다. 양자리 여성은 이런 면을 멋지다고 생각합니다. 앞뒤 꽉 막힌 보수적인 남성을 정말 싫어하거든요. 물병자리 남성은 이상한 음악을 듣고 멀리서 들려오는 야생의 드럼 소리를 쫓습니다. 모든 양자리도 행진을 좋아하지요! 물병자리 남성은 양자리 여성의 손을 잡고 나란히 행진에 참여할 수 있게 해줄지도 모릅니다. 물병자리가 쫓아가는 드럼 소리는 양자리에게도 들립니다. 모든 타악기 소리는 양자리 여성의 심장을 뛰게 만들고 희망으로 가슴이 벅차오르게 합니다.

하지만 그렇게 뛰던 가슴은 물병자리 남성과의 성적인 충족감이라는 부분에 이르러 약간 차분해집니다. 처음에는 양자리 여성의 직접적이고 불타오르는 화성의 추진력으로, 물병자리 연인의 머리 위를 휙 지나갈 것입니다. 어, 그런데 이 남자 어떻게 된 거죠? 방금 여기 있었는데요? 아, 저기 있군요. 양자리 여성은 다시 되돌아와 그를 데리고 가야 할 것입니다. 물병자리 남성은 여전히 그곳에 앉아 왼쪽 귀를 긁으며, 두 사람의 첫 키스를 분석해보려고 애쓰고 있을 테니까요. 거기에 뭔가 더 있다는 건가요? 뭐, 확실히 흥미롭긴 하지요.

물병자리 남성은 기꺼이 배우려고 할 것이고 양자리 여성이 그를 가르치도록 허락합니다. 공부가 언제 끝날지, 끝나기는 하는 건지 모르지만요. 그렇다고 해서 물병자리 남성이 처음 사랑을 해보는 것은 아니랍니다. 물론 그럴 수도 있지요. 하지만 물병자리 남성이 경외심과 놀라움을 갖는 진짜 이유는 따로 있습니다. 전형적인 물병자리에게는 삶의 모든 경험이 모두 처음 겪는 것처럼 느껴진다는 게 그 이유입니다. 일단 시험해보고 나서는 간직하거나 버리거나 하지요. 물병자리가 사랑을 대하는 태도도 다르지 않습니다. 양자리와 물병자리가 서로 끌리는 것은 기본적으로 정서적인 매력과 지적인 호기심에서 시작되므로, 두 사람의 섹스도 예측이 불가능합니다. 다시 원래 문제로 돌아왔네요. 물병자리 남성은 너무나 무심합니다. 양자리 여성은 바로바로 만족할 수 없으면 못 참지요. 그런데도 두 사람이 훈련을 한다면, 육체적으로 사랑을 표현하는 일에도 점점 나아질 것입니다. 양자리 여성의 참신하면서도 솔직한 에너지는 물병자리 남성에게는 무척 매력적입니다. 물병자리 남성을 부드러운 남자로 만들어주지요. 하지만 양자리 여성은 늘 첫 유혹의 이상적인 이미지와 순수함을 간직해야 할 것입니다. 물병자리 남성도 그래야 하겠지요.

두 사람 사이의 문제들은 양자리가 시작하는 에너지이고, 물병자리가 고정적인 에너지라는 점에서 발생합니다. 양자리 여성은 관계를 주도하고 싶어하는데 물병자리는 따라가기를 거부하지요. 또 두 사람은 모두 남성적인 별자리이며 남성적인 행성의 지배를 받습니다. 화성과 천왕성은 둘 다 강력하고 예측이 불가능한 행성들이지요. 두 행성은 모두 폭발력이 있고 강력합니다. 이들이 지배하는 연인도 이런 행성의 에너지에 따라 행동하게 되지요. 두 사람 사이의 갈등은 3-11 태양별자리 관계가 주는 편한 우정과 원활한 의사소통으로 좀 약화될 수는 있습니다. 그리고 이 둘을 위한 천문해석학적인 처방을 한 가지 소개하자면, 천문해석학에서는 두 별자리의 관계가 60도 각도로, 눈꽃이나 별 모양의 기호(*)로 표시됩니다. 따라서 60도 각도는 반짝이며 쏟아지는 눈송이와 별들 같은 이미지를 연상시키지요. 눈송이와 별들보다 더 사랑스러운 이미지가 또 있을까요?

눈송이가 모두 특별하고 그 모양이 모두 다양한 것처럼 물병자리 남성도 그렇습니다. 어떤 눈송이도 같지 않지요. 지구상의 물병자리 남성도 모두 다르답니다. 별에 대해서 말하자면, 아이들은 늘 하늘에서 다이아몬드처럼 반짝이는 별들에게 소원을 빌지요. 어린아이처럼, 양자리 여성의 마음은 언제나 마법과 기적을 믿으며 봄과 일출을 사랑합니다. 그녀는 순수하고 남을 잘 믿고 다정한 마음을 가졌지요. 겉으로 보이는 독립적인 태도와 허세에도 불구하고, 마음속은 상처받기 쉬운 여린 사람들입니다.

이런 이미지를 마음속 깊이 받아들이고 이에 대해 명상한다면, 두 사람 사이의 문제는 훨씬 가벼워질 것입니다. 양자리 여성은 눈송이를 볼 때마다 물병자리 남성의 특별함을 생각하게 될 것입니다. 물병자리 남성은 별을 볼 때마다 양자리 여성의 어린아이 같은 순수함을 생각하게 될 겁니다. 두 사람 사이의 긴장은 눈처럼 녹아 이해의 바다를 이루고, 별이 빛나듯 새로운 약속들로 반짝이게 될 것입니다. 눈송이와 별은 3-11 태양별자리 관계의 연인들에게, 특히 양자리 여성과 물병자리 남성에게 마법의 주문이 될 수 있답니다. 떨어지는 눈송이와 별똥별은 두 사람 사이의 은밀한 사랑의 신호랍니다.

이 두 별자리는 옛날 우화를 생각나게 합니다. 약간 변형되기는 했지만요. 요정이 양자리 여성과 물병자리 남편에게 세 가지 소원을 들어주기 위해 나타납니다. 전형적인 천왕성의 성격에 따라, 물병자리 남편은 블루베리 푸딩이 먹고 싶다고 합니다. 자신에게 소원을 물어보지 않고 경솔한 소원을 얘기한 남편에게 화가 난 양자리 아내는 이렇게 소리칩니다. "그 멍청한 푸딩이 당신 코에 달리면 좋겠어요!" 세 번째 소원은 어쩔 수 없이 코에 달린 푸딩을 떼어내는 데에 썼지요.

서로 사랑하는 두 사람이 이렇게 소원을 다 써버리다니 정말 슬픈 일이지요. 그래도 과거의 무언가가 남아서, 미래로 가는 다리로 쓸 수 있는 것이 있을 것입니다. 그 헛소리 같던 꿈들은 어떨까요? 잠깐만요! 들어보세요! 멀리서 북소리가 들리지 않나요? 맞지요? 분명히 두 사람 모두 들었습니다. 다퉜던 것은 잊어버리세요. 물병자리 남성은 이제 그녀의 손을 꼭 잡고 행진을 따라잡기 위해 달리기 시작합니다. 물론 양자리인 그녀가 좀 앞서서 달리겠지요. 이제 물병자리 남성이 암컷 코끼리를 사귀는 것만 막을 수 있다면, 그리고 양자리 그녀가 광대들을 보고 눈물을 흘리는 것만 막을 수 있다면 좋겠지요.

알고 있나요? 눈이 와요! 그리고 별들도 빛나고 있답니다.

양자리 남성과 물병자리 여성

피터는 눈살을 찌푸렸다.
"나 왔어, 왜 기뻐하지 않는 거야?"

4월 9일, 자신의 생일이었던 그날, 양자리 남성은 엄마에게 축하 메시지를 전했지요. 그러고는 사랑하는 물병자리 여성의 품으로 달려갔답니다. 문을 활짝 열어젖히고 들어선 그는 그녀를 열정적으로 안고 뺨에 키스를 퍼부은 후에 이렇게 말했습니다. "오늘 밤 내 생일을 축하할 멋진 방법이 있어요. 시내에 나가서 우리가 처음 만났던 그 이탈리아 식당에 가서 저녁을 먹은 후에 알리 맥그로와 라이언 오닐이 나오는「러브 스토리」를 보러 가요."

물병자리 여성은 그의 어깨너머 어딘가를 멍하니 쳐다보다가 중얼거립니다. "어떻게 천장에 구두약이 묻었을까요? 저걸 가리려면 그 위에 꽃이라도 그려 넣어야 할까 봐요. 멋지게요. 그럼 로마의 무슨 성당 벽화처럼 보이지 않을까요?"

양자리: 그게 내 생일하고 무슨 상관이에요?
물병자리: 어머, 미안해요. 분명히 미켈란젤로는 이탈리아에서 태어났을 거예요. 아니면 프랑스에선가?

물병자리 여성이 양자리의 열띤 웅변 속에서 잡아낸 건 '이탈리아'라는 낱말밖에 없습니다. 자격을 갖춘 천문해석학가라면, 오늘 밤 두 사람에게 문제가 생길 거라는 걸 예상할 수 있을 것입니다. 하지만 물병자리 여성이 대체로 늘 흐릿하고 무심한 것처럼 보인다고 해서, 정확하게 상황을 파악하지도 못 한다고 생각하면 오산입니다. 실제로 물병자리 여성은 하나도 놓치지 않는답니다. 증거를 대라고요? 그럼, 아까 대화로 다시 돌아가볼까요?

물병자리: 왜요, 뭐가 잘못됐어요? 당신 화난 거 같아요.
양자리: 화난 거 아니에요. 당신이 너무 한 거지.
물병자리: 그 여자는 동쪽별자리가 황소자리예요.
양자리: 누가 뭐라고요?
물병자리: 「러브 스토리」여자 주인공 알리 맥그로요. 당신처럼 태양별자리는 양자린데 동쪽별자리가 황소자리예요. 난 그 소설 첫 문장부터 눈물이 나서, 계속 울면서 읽었어요.
양자리: 당신이 무슨 말을 하는지 도무지 모르겠어요.
물병자리: 스물한 살에 삶을 마감한 아가씨라니, 도대체 무슨 말이 더 필요하겠어요.
양자리: 자살 얘기하는 거예요? 내가 그 정도로 화난 건 아니에요.
물병자리: 그 소설이 그렇게 시작하거든요. 그 영화 정말 기다려져요. 그리고 우리가 연인인 줄 알고는 초랑 꽃이랑 와인 가져다줬던, 그 곱슬머리에 콧수염 있던 이탈리아 웨이터 생각나요? 아, 그러고 보니 생각나네. 이번 당신 생일에

그날 우리가 마셨던 와인이랑 같은 거로 사주고 싶었는데. 잊지 않게 잘 적어 둬야겠어요. 다음 달 맞죠? 왜 그렇게 쳐다봐요? 지난달이었어요?

음, 몇 개 놓친 것도 있긴 하네요.

물병자리 여성에겐 아무 생각 없는 듯한, 초연한 분위기가 있답니다. 어떤 사람들은 그것을 백일몽이라고 해석하기도 하지요. 할머니들은 '얼빠진' 사람들이라고 표현합니다. 양자리라면 그것을 용서할 수 없고 잔인무도한 행위라고 말합니다. 기억하세요. 그는 리더의 별자리입니다. 양자리 남성을 무시하는 일은 엄청난 죄악이지요. 물론 엄밀히 말해 그녀가 그를 무시한 건 아닙니다. 하지만 그렇다고 해서, 딱히 아니라고 할 수도 없지요. 어쨌든 물병자리 여성이 바로 앞에서 벌어지고 있는 일과는 전혀 상관없는 뭔가에 집중할 때는, 늘 그렇게 현실의 사안을 무시하곤 합니다.

평균적인 양자리 남성은 충동적으로 사랑에 빠지고 언제나 즉각적인 답변을 요구합니다. 짧은 시간 안에 답을 듣지 못하면 혼자 결론을 내립니다. "누가 자기가 꼭 필요하대?" 상처를 받을까 봐, 자기방어 심리가 작동하는 것이지요. 양자리 남성은 아마도 그녀를 무척 필요로 할 것입니다. 하지만 양자리는 짝사랑의 위험을 감수하는 별자리가 아니랍니다.

반면에 물병자리 여성은 자신이 어떤 남성에게 호감을 느낄 때, 그것이 사랑인지 아닌지 확신하기가 쉽지 않습니다. 천왕성이 가지고 있는 우정의 저주, 혹은 축복 때문이지요. 물병자리 여성은 그녀가 아는 모든 사람은 물론이거니와, 새로 만나는 거의 모든 낯선 사람들에게서도 완전히 매력적이고 강렬한 어떤 면을 발견해냅니다. 그런 매력과 사랑을 어떻게 구분할까요? 솔직히 말해서 물병자리 여성은 우정과 사랑을 구분하는 게 좀 어렵답니다. 하지만 한 가지 분명한 것은 물병자리의 사랑은 우정에서부터 시작되어야 한다는 것입니다. 육체적인 매력만으로는 안 됩니다. 물병자리의 구성 원소는 공기지요. 정신적인 별자리로 태어났습니다. 그러므로 그녀가 연인 관계로 가기 위해서는 상대 남성에게 지적으로 먼저 매력을 느껴야 합니다. 그래서 다른 별자리 여성들보다는 실수를 적게 하는 편이랍니다.

물병자리 여성은 추구하는 게 다릅니다. 그것이 딱히 무엇인지는 자신도 잘 알지 못합니다. 하지만 뭔가 다른 것이라는 사실은 확실합니다. 그것이 무엇인지 찾으면 육체적인 사랑에도 아주 강렬한 관심을 갖게 되겠지만, 그 전에는 그저 감각적인 쾌락만을 추구하는 일반적인 남성에게는 잘 유혹당하지 않는답니다. 충동적인 감정으로 영원한 사랑을 고백하는 양자리 남성에게도 쉽게 매료당하지 않지요. 하지만 물병자리 여성은 수줍음이 없기 때문에, 상대가 흥미롭고 가치가 있다고 생각되면 숨기지 않습니다. 그녀는 느닷없이, 벼락처럼 예상치 못한 발표를 하는 편입니다.

"내가 당신을 좋아하는 것 같아요. 오늘 함께 있을래요?" 아니면 "같이 살까요?" 이렇게요.

양자리 남성은 처음에는 무척 충격일 것입니다. 잠깐 동안은요. 하지만 그도 물병자리 여성만큼이나 직설적이고 솔직하기 때문에, 바로 정신을 차리고 그녀의 제안을 받아들일 것입니다. 두 별자리 모두 위선을 싫어하고, 남들이 어떻게 생각할까 신경 쓰지 않는 사람들이지요. 본인들이 좋다면 어리석은 규칙이나 전통은 무시한답니다.

하지만 두 사람 사이에서는 성 평등이라는 문제가 관계를 위협하는 중요한 요인으로 작용합니다. 남성적인 별자리인 물병자리 여성은 역시나 남성적인 행성인 천왕성의 영향을 받아 적극적인 태도를 가지고 있습니다. 양자리도 마찬가지로 남성적인 별자리이며 역시나 남성적인 화성의 지배를 받아 적극적인 태도를 보입니다. 게다가 물병자리 여성은 고정된 에너지를 가진 별자리여서 고집이 있는데, 양자리는 시작하는 에너지를 가지고 있어서 단호하지요. 자칫하면 어린 시절 짝과 책상에 줄을 그어놓고 서로 넘어가지 못하게 하는 모습처럼 절망스러운 상태가 됩니다.

그렇다고 두 사람 사이가 늘 밀고 당기기만 하는 건 아니랍니다. 가장 좋은 것은 3-11 태양별자리 관계가 선물하는 우정입니다. 이 관계는 연인이면서 동시에 친구가 될 수 있습니다. 그 덕분에 물병자리 여성의 친구 집착증 때문에 겪는 양자리 남성의 괴로움은 상당히 줄어들 수 있습니다. 또한 두 사람 사이에는 자유롭고 원활하게 의사소통을 할 수 있는 분위기가 있습니다. 다른 사람들보다 훨씬 쉽게, 의견이 다른 부분에 대해서나 서로에 대한 감정에 대해 대화할 수 있지요. 물병자리 여성은 공기 별자리인데 공기 별자리는 말하는 것을 즐깁니다. 양자리 남성은 불의 별자리인데 말하는 것을 더 즐깁니다. 3-11 태양별자리 관계의 이런 장점들 덕분에, 고정된 에너지와 시작하는 에너지 사이의 갈등은 희석될 수 있습니다. 그렇다고 문제가 완전히 해결되는 것은 아니지만요.

양자리 남성과 물병자리 여성의 육체적인 사랑은 아주 드물고도 아름다운 결합이 될 잠재력이 있습니다. 잠재력이란 북돋워주어야 발현되는 것이지요. 물병자리 여성은 양자리 남성이 사랑을 나눌 때 보여주는 강렬한 욕망과 압도하는 열정에 당황할 수도 있습니다. 당황한다는 것은, 호기심이 많고 그 궁금증을 해결할 때까지는 절대로 쉬지 않는 물병자리 여성에게는 좋은 현상이지요. 하지만 물병자리 여성은 궁금증을 해결하고 나면 쉽게 지루함을 느낍니다. 두 사람의 육체적인 합일이 늘 처음처럼 황홀하기 위해서는, 두 사람의 섹스를 어떤 식으로든 특별하고 색다르게 느낄 수 있도록 만들어야 합니다. 그는 섹스에 대한 접근 방법에 다양한 변화를 주어야 합니다. 물병자리 여성은 다투고 난 후에 갑작스럽게, 아무 말 없이 열정적인 섹스를 함으로써 우회적인 사과를 하는 것도 싫어하지 않습니다. 그리고 늘 정해진 밤이 아니라 낮에, 갑작스럽고 충동적인 섹스를 하는 것도 마다하지 않습니다. 양자리 남성이 그 시간 동안 클래식 음악을 너무 크게 틀어놓아서 사랑을 나누는 동안 상대방의 말이 전혀 들리지 않아도 괜찮습니다. 평소에 사랑을 나누면서 서로 많이 속삭이는 경우라도요. 아니면 사랑을 나누면서 시를 읊어주거나 캥거루에 대한 웃긴 얘기를 해주는 것도 싫어하지 않습니다. 그가 부드럽게 대하거나 거칠고 야생적인 태도로 임해도 상관없습니다. 절대로 지루하게 반복되는 의식은 안 됩니다. 양자리 남성은 물병자리 여성이 끊임없이 변화를 갈망한다는 것을 꼭 이해해야 합니다.

물병자리 여성은 그녀가 육체적인 사랑에 무심하다는 느낌을 보일 때, 양자리 남성이 깊이 상처받는다는 것을 꼭 알아야 합니다. 그러면 그는 그녀가 자신을 필요로 하지 않는다고 생각한답니다. 양자리 남성이 육체적인 접근을 해올 때는 늘 진지하고 열정을 다해 응하는 것은 물론 즐거움과 기대를 하고 대해주어야 합니다. 그렇지 않으면, 양자리 남성은 일시적으로 성 기능이 마비되거나 육체적인 사랑을 표현하는 것이 불가능해질 수 있습니다. 물병자리 여성에게 섹스는 삶의 다양한 면 중에 하나이고 자기표현 방법의 하나입니다. 하지만 양자리 남성에게 섹스는 정말로 중요하답니다. 어쨌거나 양자리 남편이 괴로움과 좌절감을 느끼고 있는 시기에도, 물병자리 아내는 이를 전혀 눈치채지 못할 것입니다. 그녀는 즐겁게 자동차 점검을 하거나 꽃을 따러 숲으로 갈 겁니다. 하지만 그런 때는 양자리 남성의 분위기를 더 신경 써서 살펴야 합니다. 공구 상자는 내려놓으세요. 숲에서 꺾은 야생화도 잊어버리고요. 대신 남편에게 좀 쉬어야겠다고 속삭이세요. 그런데 조심하세요. 자신이 주도하고 있다는 인상은 절대로 주지 말아야 합니다. 양자리 남성이 성적으로 만족하고 행복할 수 있도록 해주려면 신중하게 여러 가지를 배려해야 합니다. 하지만 물병자리 여성은 의도적으로 무심한 게 아니라 관심사가 너무 많고 다양하지요. 그래서 중요한 한 가지, 사랑을 소홀히 하는 경우가 생길 수 있답니다.

물병자리의 실험 정신과 예상치 못한 행동들은, 양자리 남성이 그녀를 변덕스럽고 집중력이 안타까울 정도로 짧은 사람으로 보게 할 수 있습니다. 하지만 그녀를 지배하려고 하는 대신 그녀의 개성을 발휘하도록 충분한 자유를 허락하세요. 언젠가 그녀는 자신의 매력으로 그 흩어지는 관심들을 모두 끌 것입니다.

양자리 남성의 강렬한 야망과 끝없이 솟구치는 에너지와 혜성처럼 나타나는 수많은 꿈들은, 물병자리 여성에게 마치 폭죽과 함께 사는 것 같은 기분이 들게 합니다. 성냥만 가져다대도 터질 것 같지요. 양자리 남성에게 생각을 좀 더 하라거나 속도를 늦추라고 설득하는 것은 힘들어 보입니다. 하지만 양자리 남성이 승리하고 고양되어 있을 때만큼이나 그가 넘어졌을 때도 그를 사랑하고 있다는 것을 알게 해준다면,

그도 달라질 것입니다. 그는 감정적으로 점점 성숙해질 것이고, 안정감을 찾으면 자신감도 더 커질 것입니다. 그러고 나면 물병자리 여성은 그가 다시 어린아이처럼 충동적인 모습을 보여주기를 바랄지도 모릅니다. 그의 즉흥성이 그립기 때문이지요. 물병자리는 변화의 행성인 천왕성의 지배를 받지요. 아마도 물병자리 그녀는 화성이라는 폭죽 더미에 계속 성냥을 던질 것입니다. 그가 여전히, 자신이 슬펐을 때 웃게 하고 행복했을 때 울게 하였던 그 남자가 맞는지 확인하기 위해서지요.

고민하지 않아도 됩니다. 낭만적이던 촛불은 여전히 타고 있으니까요. 양자리 남성은 겉으로만 어른인 척, 안정된 척하는 것뿐이랍니다. 그리고 그런 모습은 괴짜 취향에 거꾸로 가는 물병자리 그녀를 몹시 행복하게 해줍니다. 너무나 행복해서 두 사람이 언젠가 그의 생일에 마셨던 와인을 다시 가져와 그를 놀라게 해줄 것입니다. 물론 지금은 8월이고 그의 생일은 4월이지만 양자리 남편도 상관하지 않습니다. 그리고 물병자리 아내는 오디오 볼륨을 높일 것입니다. 「바르샤바 협주곡」일 수도 있고 거쉰의 「랩소디 인 블루」일 수도 있고 아니면 베토벤의 「운명」일 수도 있습니다. 이 물병자리 여인은 이국적인 매력과 신비한 광기로 양자리 남성을 완전히 사로잡는답니다. 나중에 두 사람이 '휴식'을 취할 때, 그는 천장을 바라보며 말할 것입니다. "여보, 구두약 흔적을 가린다고 당신이 천장에 그려 넣은 벽화를 보니까, 미켈란젤로가 생각나요."

"와, 정말요?" 그녀는 신나서 소리치겠지요. "내가 이번 가을에 이탈리아 가고 싶어하는 거 어떻게 알았어요?" 어떻게 알았냐고요? 간단하지요. 양자리 남성은 마침내 고주파수를 파악하기 시작했고, 그녀의 천왕성 채널을 듣기 시작했으니까요. 게다가 그도 늘 이탈리아의 멋진 성당들을 보고 싶어했답니다. 그녀의 생일을 기념해서 갈 수도 있겠지요. 10월에요. (물병자리가 태어난 1월이나 2월이 아니라요. 10월은 천칭자리나 전갈자리랍니다.) 그러면 그녀도 미소를 지으며 정말 좋은 생각이라고 할 겁니다. 그녀는 늘 천칭자리 여성으로 태어나면 어떨까 궁금했거든요. 양자리 남성도 좋아합니다. 그는 늘 천칭자리 여성과 사귀어보고 싶었거든요. 이제 두 사람은 베개 싸움을 시작하겠지요. 아마도 물병자리 여성이 이길 겁니다. 여기저기 베개에서 나온 솜털이 날립니다. 양자리 남성은 져도 신경 쓰지 않습니다. 네, 이제 두 사람은 마침내 서로를 이해하게 되었답니다.

양자리 Aries

불 · 시작하는 · 능동적
지배행성: 화성
상징: 숫양
양(+) · 남성적

Pisces 물고기자리

물 · 변화하는 · 수동적
지배행성: 해왕성
상징: 물고기, 고래
음(-) · 여성적

양자리와 물고기자리의 관계

설사 그때 그들이 재빨리 일어났고, 누구도 절대 침입할 수 없는

그들의 방진 속에 모일 시간이 있었다 하더라도, 이것은 전통적으로 금지되었다.

헤드헌터가 면접을 볼 때 양자리와 물고기자리를 구분하는 것은 무척 쉬운 일입니다. 약간의 경험과 천문해석학에 대한 아주 조금의 이해만 있으면 가능합니다.

면접관: 가장 최근에 일했던 곳은 어디입니까?
양자리: 저는 83번가 42번지에 있는 OO출판사에서 제작부장을 역임했습니다.
면접관: 그렇군요. 그 회사에 한번 연락을 해보겠습니다. 43번가 82번지라고 하셨죠?
양자리: 아니요, 그렇게 말씀드리지 않았는데요. 번지수와 길을 거꾸로 알아들으셨어요. 잘 안 들리세요? 아니면 저를 시험하시는 건가요?

면접관: 현재 사는 곳의 주소를 말씀해주시겠어요?
물고기자리: 물론이죠! 저는 6번가 7000번지 맥칼 아파트에 삽니다.
면접관: 그렇군요. 기록해둘게요. 7번가 6000번지 바칼 아파트 맞지요?
물고기자리: (혼란스러워하는 것이 눈에 보인다.) 음, 거기가 더 살기 좋은 곳

이면 혹시 저도 이사할 빈집이 있나 알아볼게요.

양자리에게 가서 "양자리니까 당신은 창의적인 사람이겠군요."라고 말하면, 양자리는 말할 겁니다. "두말하면 잔소리죠! 저는 창의적인 아이디어로 가득 찬 사람이랍니다. 그중에 하나 들어보실래요?"

물고기자리에게 "물고기자리니까 당신은 서핑이나 스쿠버다이빙 같은 해상 스포츠를 하고 계시겠군요?"라고 묻는다면, 물고기자리는 이렇게 대답할 것입니다. "음, 저는 수영을 못해요. 뭘 하나 하는 게 좋을까요? 둘 중에 하나는 배울 수 있을 것 같은데…."

양자리에게 다가가서 "당신이 지금처럼 계속하면 절대로 리더가 될 수 없을 거예요."라고 말하면, 양자리는 이렇게 대답하겠지요. "맞고 싶어서 근질근질하신가 봐요?"

물고기자리에게 같은 말을 하면, 물고기자리는 이렇게 대답할 겁니다. "정말요? 아휴, 당신 말이 틀리지 않아야 할 텐데."

양자리에게서 드러나는 면모는 공격성입니다. 가끔은 좀 지나칠 정도의 공격성을 띠지요. 물고기자리에게서 드러나는 면모는 수용성입니다. 역시나 가끔은 좀 지나치다 싶을 정도의 수용성이지요. 양자리는 불의 별자리이고 물고기자리는 물의 별자리입니다. 양자리의 공격성과 물고기자리의 수용성은 완전히 다릅니다. 얼마나 다른지 다시 한번 확실하게 설명해드리기 위해, 다른 예를 들어보겠습니다. 양자리가 테이크아웃용 피자를 주문합니다.

> 점원: 네. 피자 한 판! 곧 준비하겠습니다. 버섯하고 피망 중에 어떤 거로 드릴까요?
> 양자리: 둘 다 아니고요. 블랙 올리브와 양파를 넣어주세요. 지난번처럼 태우지 말아주세요.

자, 이번엔 물고기자리가 피자를 주문합니다.

> 점원: 네. 피자 한 판이요! 어떻게 해드릴까요? 버섯 아니면 피망이요?
> 물고기자리: 글쎄요…. 뭐가 제일 인기가 많아요?
> 점원: 버섯을 주문하는 분들이 제일 많아요.
> 물고기자리: 그럼 저도 버섯으로 해주세요.
> 점원: 네, 그런데 저는 개인적으로 피망을 더 좋아해요.

물고기자리: 아, 그래요? 음. 그럼 주문을 바꿔주실래요? 테이크아웃용 피자 한 판 피망으로요.

점원: 네, 알겠습니다. 그런데 고객님이 원하시는 거로 주문하시지 그러세요? 제 말은 신경 쓰지 마시고요.

물고기자리: 음…. 그럼 피자 두 판으로 할게요. 하나는 버섯, 다른 하나는 피망으로 해주세요.

물고기자리의 수용적 태도를 잘 보셨지요? 이런 물고기자리의 수용성에는 다양한 동기들이 있습니다. 우선, 마음씨 착한 물고기자리는 할 수만 있다면 사람들을 기쁘게 해주고 싶어합니다. 또 물고기자리는 누군가와 대립해야 하는 상황을 몹시 두려워합니다. 그리고 자신들에게 관심이 집중되는 것도 좋아하지 않지요. 하지만 물고기자리들이 개인적인 의견을 주장하는 것을 꺼리는 데는 복잡한 이유가 있답니다. 바로 귀찮게 참견하는 사람들을 경계하기 때문입니다. 물고기자리들은 독재자에 대한 공포심을 가지고 있답니다. 물고기자리는 공항 같은 곳에서 어떤 모르는 사람이 CIA나 FBI 같은 이니셜이 있는 여행 가방을 끌고 가는 모습만 봐도, 거의 발작을 일으킵니다. 그 이니셜이 정부 기관을 뜻하는 것이 아니라 개인 이름이라고 설득하려 해도 소용이 없답니다. 언젠가 주변의 물고기자리 친구들의 목록을 만들어 확인해보세요. 그중에 전화번호부에 번호를 공개해놓은 사람이 몇 명이나 되는지 말이에요. 아마 거의 없을 것입니다.

양자리가 물고기자리를 만나면 양자리는 자신이 원하는 대로 물고기자리를 이리저리 끌고 다닐 수 있어서 좋아합니다. 안타깝지만 불의 양자리가 물의 물고기자리를 만날 때 나타나는 현상이지요. 하지만 양자리는 자연과학과 성경을 반드시 공부해두는 것이 좋을 겁니다.

양자리가 흙, 공기, 불 그리고 물이라는 네 가지 구성 원소에 배우게 되면, 불의 입장에서는 물이 위험할 수 있다는 것을 알게 될 것입니다. 라이터의 불꽃을 있는 힘껏 키운 다음에 물속에 집어넣어보세요. 치지직 소리를 내면서 꺼져버리지요. 물이라는 구성 원소가 네 가지 원소 중에 가장 약해 보이지만 실제로는 가장 강력하답니다. 뉴저지에 있는 어떤 아파트의 양자리 집주인이 집세를 충동적으로 올렸습니다. 세입자였던 물고기자리 매리언은 집주인이 해달라는 대로 흔쾌히 따라주었지요. 그런데 그 양자리 집주인은 최근 8개월 동안 법원을 오가는 신세가 되었답니다. 매리언이 그 집의 누수 배수관에 대해 작은 문서를 하나 보냈거든요. 집주인은 그동안 집세를 1달러도 받지 못했답니다. 아마 그 소송이 모두 끝나기 전에 그 집주인은 집세를 다시 내릴 거예요.

물이 가진 가장 강력한 힘의 비밀은 비저항성입니다. 물은 저항하지 않지요. 강에 조약돌을 던져보세요. 어떻게 될까요? 물은 자신의 평정을 뚫고 들어오는 그 물건을 내치지 않습니다. 강은 마음을 열어 그 조약돌을 받아들인 다음 다시 갈 길을 갑니다. 예수도 이런 물의 강력한 수동성을 인간의 성격에 연관 지었습니다. "사탄에 저항하지 말라."라고 말씀하셨지요. 예수가 태어났던 시기는 약 2000년 전인 물고기자리 시대였습니다.

물고기자리는 신비롭고도 무한한 지혜의 행성인 해왕성의 영향을 받습니다. 그들은 불의 에너지를 가진 화성의 지배를 받는 공격적인 양자리를 좀처럼 내치지 않습니다. 물고기자리 사람들은 양자리의 뜨거운 좌절감을 편안하게 식혀주는 능력을 가졌지요. 열두 별자리는 모두 전생의 기억을 간직하므로 바로 이전 별자리의 경험으로부터 배운 것이 있습니다. 바꿔 말하면 모든 별자리가 자기 다음에 오는 별자리에게 배울 점이 있다는 뜻이 되지요.

이 관계는 2-12 태양별자리 관계 유형으로, 양자리는 물고기자리의 입장에서 볼 때 두 번째 하우스 영역을 의미하게 됩니다. 물고기자리는 양자리에게는 열두 번째 하우스 영역을 의미하게 되지요. 그 뜻은 이렇습니다. 양자리는 늘 어떤 식으로든 물고기자리에게는 돈을 상징하게 됩니다. 돈은 두 사람 사이의 가장 중요한 주제가 되기도 하고 자주 대화에 등장하기도 할 겁니다.

양자리에게 물고기자리는 많은 비밀을 의미하게 됩니다. 물고기자리는 주로 비밀을 간직하며 말을 해주지 않는데, 양자리는 그런 모습에 무척 짜증이 납니다. 또는, 두 사람은 비밀이나 과거의 슬픔에 관해 얘기하는 시간이 많을 것입니다. 이렇게 양자리와 물고기자리 사이에서는 돈과 비밀 유지가 다양한 방식으로 두 사람 관계의 토대를 이루게 됩니다. 친구 사이건, 가족이건, 사업 관계이건 연인이건 상관없이요. '비밀'에는 다양한 신비주의적 요소와 형이상학적인 여러 주제가 포함될 수 있습니다. 천문해석학, 최면술, 텔레파시 같은 것도 포함될 수 있지요. 이런 주제들은 양자리와 물고기자리 관계에서 상호 관심사가 됩니다. 다른 2-12 태양별자리 관계 사람들도 마찬가지입니다.

물고기자리가 천궁도에서 양자리 바로 앞에 있으므로 양자리는 물고기자리의 별난 성격에 대해 본능적으로 인내심을 갖게 됩니다. 자기와는 너무나 다른데도, 양자리는 어떤 식으로든 물고기자리의 행동을 이해하지요. 모든 양자리는 영적으로 물고기자리의 수용성과 순응하는 에너지를 이미 경험한 바 있습니다. 그래서 현생에서는 완전히 정반대에 있음에도 불구하고, 양자리는 물고기자리의 겸손한 자아에 무척 의지합니다. 양자리가 경솔하기는 하지만 이전 별자리인 물고기자리의 카르마를 영혼이 기억하는 듯한 모습을 보여줄 때가 있습니다. 상처를 잘 받고, 연민과 동정심을 나타낼 때가 바로 그런 순간입니다.

하지만 이번 생에서는 양자리가 물고기자리 같은 피학적 순응성을 나타낼 가능성은 없습니다. 양자리는 물고기자리의 영혼 학교를 이미 졸업했기 때문에 다시 돌아갈 마음이 없답니다. 그 학교 선생님인 해왕성을 그리 좋아하지 않았거든요. 다른 별자리들도 모두 천궁도의 열두 가지 별자리라는 윤회의 수레바퀴를 돌고 돕니다. 필요한 모든 공부를 통해 영혼이 마침내 의식과 존재라는 지구의 물질적 육체 단계를 졸업할 때까지, 더 높은 차원의 의식 세계로 들어갈 수 있을 때까지 그 진화는 계속됩니다.

2-12 태양별자리 관계의 영향으로 물고기자리는 늘 양자리를 우러러봅니다. 물고기자리에게 뭔가 중요한 것을 가르쳐줄 사람이라고 느끼지요. 물고기자리는 차분하게 양자리를 따라 하거나 배우려고 노력합니다. 2-12 태양별자리 관계라고 해서 모든 별자리가 다 이렇게 하는 것은 아닙니다. 물은 네 가지 구성 원소 중에 가장 강력할 뿐만 아니라 가장 현명하기도 하지요. 그래서 강력한 것이랍니다.

대체로 양자리와 물고기자리는 서로 잘 맞습니다. 삶에 대한 각자의 태도를 지나치게 간섭하지 않지요. 오히려 보완하는 편입니다. 하지만 언젠가는 뜨겁거나(양자리) 차가운(물고기자리) 순간이 올 것입니다. 저돌적인 양자리는, 교묘히 빠져나가기를 잘해서 좀처럼 손에 잘 잡히지 않는 물고기자리의 요령을 참지 못합니다.

어느 날, 콜로라도에 사는 어떤 물고기자리가 저에게 유쾌하게 말했답니다. 물고기자리는 거의 늘 유쾌하지요. "제가 늘 하는 말 아시잖아요. 뭐든 일단 약속해주고 빠져나올 고민은 나중에 하자. 그게 제 신조예요." 물고기자리는 자신들의 작은 단점을 고백하는 일조차도 그렇게 유쾌하답니다. 약속해놓고 뒤로 물러나는 이런 태도는, 순수할 정도로 정직하고 직접적인 양자리에게 고통을 안깁니다. 물고기자리가 가끔 혼자 헤엄쳐서 어디론가 가버리는 때가 있는데, 이럴 때 양자리는 숨김없는 분노를 드러냅니다. 물고기자리는 깊은 바닷속에 비밀을 속삭이기 위해서 그렇게 가끔 사라지곤 한답니다. 지친 영혼을 쉬게 하기 위해, 도대체 어디에 있는지 단서를 남기지도 않은 채 시원한 해초 뒤로 숨어버리지요. 그럴 때 무시당한 느낌에 상처를 받는 사람들이 있을 겁니다. 하지만 물고기자리는 전혀 상처를 주려는 의도가 없습니다. 물고기는 양자리처럼 단단한 뿔도 없고, 화성의 감정적이고도 영적이며 지적인 강인함도 없습니다. 숨는 것은 매일매일의 거친 세상 속에서 물고기자리의 영혼을 보호하는 유일한 방법이랍니다.

'일단 약속하고, 나중에 도망가기'라는 물고기자리의 표어는 **기만적으로** 들릴 수도 있습니다. 하지만 그것은 물고기자리를 신선하고 차분하게 유지해주며, 정신과 상담을 받지 않을 수 있도록 지켜주는 철학이랍니다. 그렇게 비축한 힘으로, 물고기자리는 다른 이들의 근심과 걱정을 밤새도록 들어줄 수 있지요. 그래도 양자리가 보기에 교활한 건 교활한 것일 뿐입니다.

양자리 여성과 물고기자리 남성

"그게 무슨 얘기였는데?"
"유리 구두를 신은 아가씨를 못 찾아낸 어떤 왕자에 대한 거였어."
"피터." 웬디는 흥분해서 말했습니다.
"그건 신데렐라야. 그리고 왕자님은 그녀를 찾았어."

유리 구두의 꿈을 깨고 싶지는 않지만, 이 조합은 주로 여성이 물고기자리이고 남성이 양자리인 경우가 더 잘 어울린답니다. 양자리 여성은 더 다부지고 단호한 남성을 필요로 하거든요. 필요할 때 "닥치고 내 말 들어요."라고 공격적으로 말할 수 있어야 하지요. 단언컨대 양자리 여성에게는 정말로 그렇게 말해야 할 때가 있답니다.

물론 예외가 있습니다. 예를 들어 물고기자리 남성의 달별자리나 동쪽별자리가 불별자리인 경우라면, 불의 명령하는 태도와 물의 부드러운 태도를 알맞게 가지고 있답니다. 그와 함께라면 양자리 여성은 투지에 넘치다가도 순한 양이 되곤 하지요. 뭐, 그렇게 순한 것은 아니더라도 다른 별자리와 있을 때보다는 훨씬 온순하고 감당할 수 있는 정도가 됩니다.

어떤 면에서는 그게 바로 양자리 여성이 남몰래 갈망하던 이상형인지도 모릅니다. 반 정도는 자신이 대장 노릇을 하도록 해주면서도, 가끔은 자신을 단호하게 통제해주는 그런 남자 말이에요. 양자리 여성은 그녀를 보호해줄 듬직한 큰오빠와 동등하게 인정해주는 동료 그리고 육체적으로 자신을 압도해줄 연인과 자신의 개성을 있는 그대로 봐주고 자신을 소유하려고 하지도 않는 지혜로운 남성이 필요합니다. 그가 시인이라면 더 좋겠지요.

물론 그 남성은 기꺼이 그녀의 적들로부터 그녀를 충직하게 방어해주어야 합니다. (그녀가 그 적들을 용서해준 다음에는 그도 그 적들을 다시 사랑해야 하죠.) 그녀도 그의 적들에 대항해서 그를 열렬히 방어해줄 겁니다. (그가 그녀에게 그걸 원하든 말든 그건 중요하지 않습니다.) 그리고 참, 그는 또한 그녀를 존경하고 존중해야 하며 아주 자주 그 사실을 그녀에게 말해주어야 합니다. 그리고 장작도 잘 패야 하고 집 안에 물건이 부서지면 수리도 잘해야 합니다. (그녀의 마음이 다쳤을 때도 잘 달래주어야 하지요.) 그는 어떤 비상사태가 발생해도 침착한 태도를 유지하며 용기를 가지고 위기에 맞서야 합니다. 어떤 순간에도 완벽한 인격을 가져야 하고, 그녀에 대해 순백의 순수하고 열정적인 애정을 품어야 합니다. 하지만 그는 지루해도, 너무 겸손해도 안 됩니다.

양자리 여성은 그 남성이 「바람과 함께 사라지다」의 레트 버틀러와 시인 로버트 브라우닝, 권투 선수 무하마드 알리, 극작가 마이크 토드, 링컨 그리고 그녀가 제일 좋아하는 성인 한 명을 모두 골고루 합친 것 같은 사람이기를 바랍니다. 어쩌면 찰튼 헤스턴, 워렌 비티, 지미 스튜어트, 말론 브란도, 스티브 맥퀸의 분위기가 살짝 나도 좋겠지요. 그리고 괜찮다면 노먼 메일러까지요. 너무 요구가 많은가요?

어쨌든 물고기자리 남성이 양자리 여성의 낭만적인 이상형에 맞출 가능성은 다른 남성들과 같습니다. 그 가능성이란 바로 0이지요. 즉 물고기자리 남성도 남들과 같은 상태에서 출발한다는 뜻입니다.

양자리 여성은 재미있고 참신합니다. 그녀는 예쁘고 씩씩하고 활력이 넘치고 통통 튀며 따뜻하고 관대합니다. 하지만 가끔은 얌전히 앉아 있을 필요가 있답니다. 그녀를 사랑하는 남자의 마음의 평화를 위해서 그런 때가 필요하지요. 물고기자리 남성은 심지어 "입 닥치고 내 말 들어요."라고 말할 때조차도 그리 단호하게 들리지 않는답니다. 물고기자리는 추상적인 물리학이나 수학 이론을 설명할 때나 공간과 시간의 상대성을 계산할 때, 혹은 테니슨의 시를 읊을 때 훨씬 물의 별자리다워 보입니다. 양자리와 물고기자리가 친구나 연인이 되어 평생 귓가에 달콤한 말들을 속삭이며 사는 것은 가능합니다. 그럴 수 있지요. 자주 있는 일은 아니지만 가능하긴 합니다. 기적을 믿으셔야죠.

물고기자리 남성은 양자리 여성이 믿고 있는 환상의 세계를 누구보다도 더 진심으로 믿을 수 있는 사람입니다. 그래서 양자리 여성이 물고기자리 남성을 사랑하지요. 그녀는 물고기자리 남성의 꿈을 믿고 그의 견해를 신뢰하며(처음에는), 그의 예민함과 친절함에 두근거리는 마음으로 응합니다. 그를 미래가 없는 게으른 몽상가로 판단하는 사람들에 맞서 그를 옹호해주고 싶은 충동도 느낄 것입니다. (양자리 여성은 그럴 기회가 무척 많을 거예요.)

대부분의 사람들은 모든 물고기자리가 알코올 중독자 협회에 가입할 확률이 아주 높다고 생각합니다. 너무 단순화시킨 천문해석학 지식 때문이지요. 물고기자리가 복잡하고도 쉽지 않은 별자리임은 틀림없습니다. 물고기자리는 아련한 백일몽 사이를 뚫고 자신의 길을 선택해야 하는 운명을 타고났습니다. 아무리 자기의 일에만 신경 쓰려고 애써도 결국 다른 사람들의 고민거리에 붙잡힐 수밖에 없는 운명을 타고나기도 했습니다. 물고기자리의 지배행성인 해왕성이 그를 너무나도 신비롭고 흥미로운 상황으로 끝없이 이끌고 다니는 것처럼 보입니다. 물고기자리 여성과 남성 모두 마찬가지입니다. 유명한 물고기자리를 만나게 되면 한번 진지하게 얘기해보세요. 모두 그런 경험을 해봤을 테니까요. 어디서든 한번쯤은 모두 겪어보았을 겁니다.

경박한 천문해석가들은 물고기자리를 '열두 별자리의 쓰레기통'이라고 표현하기도 합니다. 실제로 물고기자리는 다른 열한 개 태양별자리를 한 몸에 모두 구현하고 있는 화신이랍니다. 그래서 그 마음이 그리 가볍지 않을 것입니다. 그런데 물고기자리 남성은 자신의 의식을 더 정신없게 만드는 예지력이 자주 번뜩여서 그 짐이 더해진 상태입니다. 그뿐만이 아닙니다. 물고기자리를 지배하는 해왕성의 동정심은 도대체 이상하다고밖에 표현할 수 없는 상황으로 그를 계속 유혹합니다. 그래서 물고기자리의 겉모습은 종잡을 수가 없습니다. 괴팍하고 신경질적인 모습에서 술에 찌든 모습까지, 혹은 현실 세상을 멀리 떠난 환각 여행까지 정말 다양하지요. 이런 상황 때문에 실제로 물고기자리 남성이 열두 별자리 중 가장 여린 사람이라는 사실은 묻히곤 합니다. 또 물고기자리 중에는 상상력이 풍부한 작가와 화가와 과학자나 이론가들도 많답니다. 아마도 이들은 해왕성을 다루는 방법을 터득한 사람들이겠지요. 그 혼란스러운 역류에서 잘 빠져나온다면 모든 물고기자리가 이렇게 될 수 있습니다.

양자리 여성과 물고기자리 남성의 관계가 안고 있는 또 다른 위험은 성 역할에 혼동이 올 수 있다는 것입니다. 물고기자리 남성은 남자치고는 무척 민감합니다. 양자리 여성은 여자치고는 무척 의지가 강하고 독립적인 사람이지요. 충돌을 피하려는 본능 때문에, 물고기자리 남성은 양자리 여성의 불에 정면 대응하기보다는 후퇴하는 것을 더 선호할 것입니다. 양자리 여성이 그걸 좋아할 리가 없지요. 의견이 충돌했을 때 서로 맞붙지 못하는 상황이 되면, 양자리는 더 화가 난답니다. 그런데 물고기자리는 수동적인 비저항 전술의 달인들이고요.

또한 양자리 여성은 물고기자리 남성이 다른 사람들에게도 의견을 강하게 주장하기 싫어하는 모습에도 화가 납니다. 어떻게 그렇게 쉽게 남들에게 져주는지 이해할 수가 없지요. 반면에 계속 사람들과 싸우고 공격하고 되받아치는 양자리 여성을, 물고기자리 남성은 이해하기 어렵답니다. 물고기자리 남성의 유약한 모습에 결국 양자리 여성의 화는 폭발합니다. 그녀는 무척이나 신랄할 뿐 아니라 상대에게 상처가 되는 말들을 쏟아붓습니다. 그건 아주 사소한 일에서부터 시작됩니다.

물고기자리: 다음 주에 내 그림들이 전시될 거예요. 여기 프로그램이에요. "프라이드 핫Fried Hot이 전하는 도발적인 형식 미술 특별 전시."

양자리: 화가를 소개하는 거예요? 아님 감자튀김을 소개하는 거예요? 이게 어떻게 당신이에요? 당신 이름은 프레드 호트Fred Haught 잖아요!

물고기자리: 내 이름 철자를 잘 몰랐나 봐요. 그리고 프레드를 프라이드로 잘못 쓴 건 인쇄 사고인 거 같고. 그래서 어떻게 할까 생각해봤는데….

양자리: 어떻게 할지 말 안 해도 다 알 것 같아요. 내가 맞춰볼게요. 당신 이름을 그렇게 바꿀 거죠, 맞죠?

물고기자리: 글쎄, 그렇게까진 생각 안 해봤는데, 내가 그렇게 하는 게 좋을까요?

양자리: 그 미술관 큐레이터의 멱살을 잡고 "이 멍청한 큐레이터 양반, 당신이 프로그램북에 내 이름을 잘못 넣어놨어요. 프로그램북을 다시 인쇄하세요. 그렇지 않으면 이번 전시에서 내 작품들 빼겠어요."라고 말해요.

물고기자리: 아휴, 그렇게까지 모욕을 줄 수는 없죠. 그 사람 기분이 나빠지면, 이렇게 큰 기회에 내 작품을 전시할 기회를 잃어버릴지도 모르는데.

양자리: 당신이 그렇게 안 하면, 당신은 나를 당신의 아내로서 보여줄 큰 기회도 잃을 거예요. 프라이드 핫 부인으로 전시회에서 소개되고 싶은 마음은 전혀 없다구요. 그러니 당장 오늘 그 망할 놈의 큐레이터 멱살을 잡아서 새 프로그램북을 만들게 하세요. 아니면 내가 당신 인생에서 빠질 테니까. 무슨 말인지 제대로 알아들었어요?

물고기자리 남편은 거부하지 않을 것입니다. 아내에게 동의해주고 미술관으로 향하겠지요. 하지만 집으로 돌아오지 않을지도 모릅니다. 그는 아내의 불기운에 산 채로 삶아지느니 감자튀김으로 사는 게 낫다고 생각할 겁니다. 물론 이건 아주 극단적인 경우입니다. 그래도 물고기자리 남성의 수동적인 에너지와 양자리 여성의 지배하려는 에너지가 만날 때, 어떤 일이 일어나는지 잘 보여주는 예입니다. 하지만 두 사람은 아주 이상적인 관계가 될 수도 있습니다. 양자리 여성은 물고기자리 남성이 큰 성취를 이룰 수 있도록 촉발할 수 있는 불을 충분히 가지고 있답니다. 그를 믿어주고 그의 꿈도 믿지요. 또한 물고기자리 남성은 양자리 아내의 두려움을 진정시킬 만큼 충분한 양의 물을 가지고 있습니다. 그 물은 양자리 여성의 감정을 안정시켜주지요. 하지만 그렇다 해도 두 사람은 적지 않은 어려움을 만나게 될 겁니다.

두 사람의 섹스는 폭발적인 활발함과 서늘한 고요함으로 서로를 끌어당기는, 영원하고도 아름다운 관계가 될 것입니다. (드문 경우에 한쪽은 지배자로 다른 한쪽은 희생자로서 서로 매력을 느끼게 될 수도 있답니다. 운이 좋기를 빌어야겠지요.) 두 사람이 삶을 대하는 철학적인 태도는 무척 다르지만, 사랑의 목표는 똑같답니다. 두 사람은 모두 아주 강렬한 섹스 경험을 절실히 추구하며 매우 감성적이고 상상력이 풍부하지요. 두 사람은 육체적인 결합을 통해 표현하는 사랑 속에서 서로의 비밀스러운 환상을 만족하게 할 수 있습니다. 두 사람은 그들만의 동화 나라로 숨어들어가 바깥세상과 연결된 문을 굳게 닫아버릴 수도 있답니다.

양자리 여성이 자신의 연못에서 유유히 떠다니기를 바라는 물고기자리 남성이라면 알아두어야 할 것이 있습니다. 양자리 여성에게 모든 것을 털어놓기로 결정을 하고, 그 원칙을 지켜야 합니다. 물고기자리의 비밀을 좋아하는 성격과 감정을 반만 솔직하게 얘기하는 버릇을 양자리 여성은 절대로 참아주지 않는답니다. 물고기자리 남성은 깨닫게 될 것입니다. 양자리 여성에게는 그의 어떤 것도, 그의 가슴속 깊은 곳의 감정조차도 비밀로 할 수 없다는 사실을요. 마침내 자신의 내밀한 동경을 그녀에게 고백해야만 하는 상황이 올 것입니다. 그녀를 사랑한다는 바로 그 고백입니다. 물고기자리 남성으로부터 처음 항복을 받아내는 순간이 되겠지요.

그렇다고 해서 결혼 생활에서까지 내내 항복만 하게 된다는 보장은 없습니다. 물고기자리 남성은 마음을 주는 일과 법적인 관계가 되는 것, 두 가지 사안이 지닌 그 복잡함을 무척이나 싫어합니다. 결혼에 대한 물고기자리들의 보편적 정의는 '경찰이 승인하는 가까운 우정 관계'입니다. 결국에 가서는 물고기자리 남성도 미끼를 덥석 물 것이고, 낚싯대에 끌려가도록 자신을 허락하겠지요. 하지만 양자리 여성이 여전히 경찰 승인이 필요 없는 연애를 하는 것처럼 행동한다면, 결혼이라는 그물 속에서도 물고기자리 남성의 몸부림은 다소 덜해질 것입니다. 저는 실제로 샴고양이를 가족으로 삼은 물고기자리 남성을 알고 있답니다. (전형적인 물고기자리는 국세청이나 CIA나 FBI 같은 기관에서 개인의 삶에 참견하는 것을 두려워하는 만큼이나, 가족에 대한 책임감을 두려워합니다.) 그 물고기자리 남성은 종종 이런 표어를 읊었답니다. "기저귀보다 고양이 집이 더 싸다."

양자리 여성은 두 사람이 결혼을 한 후에도 물고기자리 남성과 연애만 하고 있는 것처럼 행동해야 합니다. (절대로 결혼이란 말을 사용하지 말아야 합니다.) 그렇게 행동하는 것이 물고기자리 남성을 더 행복하게 만들고 더 자유로운 느낌이 들게 한다면, 그렇게 독신에 대한 환상 속에 살도록 해준다고 손해볼 건 없겠지요?

물고기자리 남성은 그녀를 떠났다가 다시 돌아왔다가를 반복할지도 모릅니다. 자신의 헌신적인 사랑에 대해 그녀를 어떻게 이해시켜야 할지 몰라서지요. 하지만 양자리여성이 원하는 것은 그녀를 있는 그대로 받아들여주고, 사랑해주고, 이해해주고, 절대로 자신을 의심하지 않는 것뿐입니다. 그런데 물고기자리 남성이 원하는 것도 바로 그런 것입니다. 양자리와 물고기자리 사이에 버티고 있는 것처럼 보이는 그 용은 해왕성의 환상일 뿐입니다. 본인들에게는 현실처럼 보이지만 실제로는 환상이지요. 하지만 물고기자리 남성의 수동적인 태도와 양자리 여성의 성급함은 서로를 예민하고 쉽게 상처받는 존재로 만들어버립니다. 두 사람은 그런 환상을 깨고 나와야 합니다. 동화 속 사랑 이야기에서는 늘 그렇게 되지요. 적어도 끝이 행복한 이야기에서는요.

양자리 남성과 물고기자리 여성

그녀가 소녀였을 때 소년이었던 수많은 신사들이
동시에 그녀를 사랑하게 되었다는 사실을 깨달았다.
그녀에게 청혼하기 위해, 그들은 일제히 그녀의 집으로 달려갔다.
달링 씨만 빼고. 그는 택시를 타고 제일 먼저 도착했다. 그래서 그녀를 차지했다.

양자리 남성보다 더 남자다운 남자는 없고, 물고기자리 여성보다 더 여성스러운 존재는 없습니다. 그래서 이 두 사람이 사랑할 때 성 역할에 대해서는 어떤 혼란도 없답니다. 적당한 말을 상상해낼 수 없을 정도로 둘은 이상적인 조합입니다. 양자리 남성과 물고기자리 여성이 사랑에 빠지면 대자연도 그들을 축복해준답니다.

이 관계가 이상적일 때는, 양자리 남성은 그 용감함이 빛을 발하고 물고기자리 여성은 그 헌신으로 아름답게 빛납니다. 두 사람은 마치 로미오와 줄리엣이 다시 태어난 것 같습니다. 이 관계가 가장 부정적일 때는, 양자리 남성 안에 잠재된 가학적인 모습이 드러나고 물고기자리 여성 안에 잠재되어 있는 해왕성의 피학적인 모습이 나타날 수 있습니다. 그런 경우라 하더라도 두 사람이 서로의 역할을 즐기면 남들이 뭐라고 할 건 없지요.

저는 예전에 웨스트버지니아에서 양자리 남편과 그의 물고기자리 아내와 함께 보냈던 어떤 저녁을 잊지 못합니다. 일곱 명이나 되는 자녀들이 모두 잠자리에 든 후에, 잘생긴 양자리 남편은 아름다운 물고기자리 아내의 어깨를 감싸면서 단호하게 말했지요. "내 아내는 밖에 나가 경력을 추구하거나 클럽에 놀러 다니지 않아. 내가 여름엔 임신을 시키고 겨울엔 맨발로 다니게 하거든. 그녀에 대해서라면 아무 걱정할 일이 없지."

제가 그의 이마에 던져버리라고 재떨이를 그 아내에게 건네려고 했을 때, 저는 이상한 점을 눈치챘답니다. 그 물고기자리 아내는 절대적인 존경과 순수한 경의의 눈빛으로 남편을 향해 미소를 짓고 있었습니다. 두 사람은 결혼 50주년이 지나도 여전히 손을 잡고 함께 해지는 모래사장을 거닐 것입니다. 남편은 여전히 크고 건장한 모습이겠지요. 그녀 또한 여전히 가냘픈 몸집에 맨발일 것입니다. 상상만 해도 눈물이 날 것 같지 않으나요? 저에게는 너무나도 충격적인 경험이었기에 저는 그다음 날 외출해서 새 신발 다섯 켤레를 사서는 침대 밑에 넣어두었습니다. 제 물고기자리 친구가 궁금해하길래 그녀에게 말해주었지요. "곧 겨울이잖아. 새벽 4시에 갑자기 뭘 사고 싶어서 밖으로 달려나가게 될지도 모르니까." 그 물고기자리 친구가 제 말뜻을 이해한 것 같지는 않았지만 저는 더 안심되었답니다.

양자리와 물고기자리는 일반적으로는 서로 잘 맞지 않습니다. 두 사람은 기본적으로 무척 다릅니다. 그리고 다르기 때문에 처음에 서로 매력을 느낍니다. 하지만 안정적인 관계로 가려면 많은 장애를 넘어야 하지요.

물고기자리 여성이 결혼하기 전에는 남자들이 끊임없이 데이트를 요청한답니다. 톰, 딕 혹은 해리 중에 누구를 선택할지 무척 괴로운 시간을 보내야 하지요. 빌과 존과 밥에게 상처를 주기 싫어서요. 어쨌거나 그녀가 제일 사랑하는 남자는 잭입니다. 로저를 잊을 수만 있다면요. 그녀의 인생은 좌절의 연속입니다. 어떤 남자와 결혼할지를 결정해야 하는 일처럼 힘든 일이 너무나 많지요. 여성해방운동은 물고기자리 여성에겐 별 감동을 주지 못합니다. 한 귀로 듣고 한 귀로 흘리게 되지요. 그녀 생각에 해방이라는 것은, 무엇으로부터 해방되고 싶은가에 달렸다고 느낍니다. 물론 그렇지요.

물고기자리 여성이 결혼을 한 후에도 전화기는 여전히 불이 납니다. 이번에는 남자들이 아니라 이웃들이나 친척들, 친구들이지요. 비밀을 털어놓거나, 기대어 눈물을 흘릴 대상을 찾는 사람들입니다. 그녀의 양자리 남편도 간간이, 그 사이사이에 전화를 해서 엄살을 부립니다. 물고기자리 아내가 집 안을 무슨 심리 상담소처럼 운영하기 때문이랍니다. 물고기자리 여성은 남편의 걱정거리를 들어주어야만 합니다. 가끔이 아니라 언제나 들어주어야 합니다. 남편이 휴가 중이거나 잠자고 있을 때, 또는 친구들을 상담해주러 나갈 때만 빼고요.

물고기자리 여성은 남의 말을 정말 잘 들어주는 사람입니다. 초등학교 때부터 그녀를 좋아하는 친구들이 많은 이유지요. 물고기자리 여성은 또한 너무나도 겸손하고 동정심이 많습니다. 그래서 자신의 해왕성의 거미줄에 잡혀 있기도 할 정도입니다. 물고기자리 여성은 마침내, 사랑하는 양자리 남편의 이기심 때문에 질식할 것만 같은 기분이 듭니다. 하지만 평상시에는 별로 크게 반항하거나 심하게 논쟁을 하지 않습니다. 아무리 마음속으로는 절망감이 커져도 겉으로는 계속 웃고 있을 겁니다. 하지만 그녀의 눈빛은 점점 공허해질 겁니다. 양자리 남편이 아주 사소한 것에 버럭 화를 내도 그녀는 맞서 싸우지 않는답니다. 그저 몇 번 눈을 깜박이고는 하품을 하겠지요. 하지만 그 하품은 소리 없는 비명이랍니다.

물고기자리 아내가 꿈꾸는 듯한 표정을 짓고 있거나, 생각이 딴 곳에 가 있거나, 그 미소가 공허해지고 집중력이 산만해지면 문제가 생겼다는 뜻입니다. 양자리 남편은 자신의 주장만 펼치느라 아내가 바라는 것을 무시하지는 않았는지 자문해보아야 합니다. 양자리 남성은 자신이 원하는 것에만 신경 쓰느라 남의 요구 사항에는 관심을 두지 않는 경우가 많지요. 하지만 양자리 남성은 자신이 그렇게 이기적인 사람이라는 것을 잘 인식하지 못합니다. 사실 이기심이라기보다는 경솔함이라고 봐야합니다. 그는 매 순간 너무나 자신의 목적에 충실하므로 주변을 둘러볼 여유가 없답니다. 자신이 무례했거나 배려가 깊지 않았다는 지적을 받으면, 그는 늘 놀라고 당황합니다. 그리고 미안해하지요.

그는 절대로 의도적으로 잔인하거나 무심하게 굴었던 건 아니랍니다. 양자리보다 더 감상적이고 따뜻하고 바보같이 너그럽고 열렬하게 의리를 지키는 사람은 드물답니다. 하지만 물고기자리 여성의 수동적인 태도는 그의 경솔한 이기심과 우월주의를 부추깁니다. 그뿐만 아니라, 그녀에게 자신이 어떤 상처를 주고 있는지 전혀 모르도록 만들 수 있습니다. 양자리 남성이 그 사실을 깨닫게 되면 극진하게 사과를 하고 천사처럼 행동할 것입니다. 그러므로 두 사람 사이의 문제를 양자리 남성의 탓으로만 돌릴 수는 없답니다. 물고기자리 여성은 자신이 불행한 것에 대해, 적어도 절반은 자신에게 책임이 있다는 사실을 인정해야 합니다. 희생자 역할에 지나치게 빠져 있는 것은 아닌지도 자문해보아야 합니다.

두 사람의 섹스에 대해 굳이 구체적으로 분석할 필요는 없습니다. 앞에서 말한 것처럼 두 사람은 마치 로미오와 줄리엣이 환생한 것 같은 모습일 테니까요. 혹은 타잔과 제인의 모습이기도 합니다. 두 사람의 신체적인 궁합이 어떨지는 쉽게 추측할 수 있습니다. 물고기자리 여성은 양자리 남성의 기분과 열망에 예민할 뿐만 아니라, 그것을 이해하고 만족하게 하려고 한답니다. 그러면 양자리 남성은 그 보답으로 그녀에게 화성의 강렬함과 부드러운 감수성을 다 보여줄 것입니다. 그 전에 수없이 전화를 해대었던 남자 중 그 어떤 이도, 양자리 남성의 마음속에 솟구치는 것과 같은 그런 정열을 보여준 남자는 없었지요. 양자리 남성은 온전히 자신의 여자라고 부를 수 있는 여성을 만나게 되면 누구보다 강렬한 열정이 생긴답니다.

이제 섹스 혹은 정신적 사랑의 성실성에 대한 얘기를 좀 해볼까요? 물고기자리 여성의 행동은 추파를 던지는 것이 아닙니다. 그렇다면 뭐냐고요? 음, 그건 남자들이 그녀에게 추근거리는 것입니다. 물고기자리 여성은 문란하지 않습니다. 그녀는 그저 남자들의 사랑을 받는 것이, 여자로 태어나서 가장 좋은 점이라고 생각하는 것뿐입니다.

양자리 남성에 대해 말하자면, 이쪽도 플레이보이 유형은 아닙니다. 하지만 가끔 이성들이 그에게 존경심을 표할 때 딱히 돌멩이를 집어 던지지도 않는답니다. 그의 자존심을 드높여주니까요. 남자에게는 그 또한 삶의 일부라고 생각하지요.

각자의 이런 태도가 두 사람 사이에 실제로 문제를 크게 일으키지는 않습니다. 하지만 가끔은 그럴 수도 있습니다. 물고기자리 여성은 자신이 사랑하는 남성을 다 이해하고 믿으려는 경향이 있는 데 반해서, 양자리 남성은 자신이 누리는 자유를 상대방에게는 보장해주지 않으려 하기 때문이지요. 양자리 생각에는 그가 가끔 다른 여인을 만나는 것은 순수합니다. 하지만 물고기자리 여성이 그런 행동을 하는 것은 전혀 순수하지 않을 뿐 아니라, 지극히 고의적인 부정이지요.

물론 공평하지 않습니다. 양자리 남성이 이기적이어서 그렇다기보다는 사람들이 잘 모르는 그의 마음속 열등감 때문이라는 사실을 이해하면 더 도움이 될 것입니다. 해왕성의 연민을 지닌 물고기자리 여성은, 아마도 그의 비밀스러운 공포를 이해할 것이며 적절히 대응할 것입니다. 양자리 남성이 옳든 그르든, 그는 충실하지 않은 여성에게는 인내심이 없답니다. 물고기자리 여성은 시간과 정성을 다해 그녀가 온전히 그의 것이라는 확신을 주어야 한답니다.

완전히 다른 두 사람을 함께 붙여놓으면 시간이 지날수록 점점 더 사랑하게 될까요? 아니면 사랑이 점점 줄어들까요? 양자리—물고기자리 경우에는 두 사람의 차이점은 문제가 되지 않는답니다. 문제는 공통점이지요. 바로 상처받을까 봐 두려워하는 마음입니다. 물고기자리 여성이 쉽게 상처를 받는 사람이라는 것은 누구라도 알 수 있습니다. 화성의 용맹스러움과 경솔함으로 위장하고 있지만, 양자리 남성 또한 물고기자리 여성만큼이나 고통스러운 두려움을 가지고 있답니다.

황소자리와

열두 별자리가 만났을 때

Taurus, the Bull

황소자리 Taurus

흙 · 유지하는 · 수동적
지배행성: 금성
상징: 황소
음(−) · 여성적

Taurus 황소자리

흙 · 유지하는 · 수동적
지배행성: 금성
상징: 황소
음(−) · 여성적

황소자리와 황소자리의 관계

떨어져 쌓인 나뭇가지를 아무 소리도 내지 않고 밟으며 가는 그들의 모습을 보라.
유일하게 들리는 소리라곤 그들의 다소 거친 숨소리뿐이었다.

어떤 이유에서인지 황소자리는 과체중이라는 소문이 있지요. 사실이 아닙니다. 어떤 황소자리는 약간 통통하기는 합니다. 하지만 대부분은 그렇지 않답니다.

황소자리는 요리하는 것을 좋아하고 먹는 것도 좋아합니다. 하지만 초과된 칼로리가 단단한 근육으로 바뀌는 환상적인 몸을 가졌지요. 황소자리 여성의 경우 좋은 음식을 먹으면 살이 찌기보다는 견고한 느낌을 주며, 좀 느린듯하지만 감각적인 우아함이 더해집니다. 황소자리 여배우였던 오드리 햅번이 뚱뚱했던가요? 물론, 늘 예외는 있는 법이지요. 하지만 실제로 게자리나 천칭자리가 황소자리보다 훨씬 더 비만에 걸리기 쉽답니다.

황소자리에 대한 또 다른 오해는 게으르다는 것입니다. 황소자리는 게으르지 않습니다. 이들은 그저 에너지를 낭비하는 것은 죄악이라고 믿을 뿐입니다. 이런 이유로 황소자리가 급히 서두르는 모습을 보기가 힘들지요. 프레드 아스테어(미국의 무용가, 가수, 배우—옮긴이)처럼 발 빠르고 날렵한 황소자리도 드물게 있지만, 이 경우는 출생차트에 쌍둥이자리 영향이 많은 경우랍니다. 황소자리가 힘이 센 이유는 이들이 돈을 절약하는 것처럼 에너지도 늘 아끼기 때문입니다. 황소자리 두 명을 붙여두면 즉각적인 행동을 취하기 어렵습니다. 실제로 황소자리 두 명을 움직이는 일은 황소자리 한 명을 움직이게 하는 것보다 두 배나 더 힘듭니다. 비옥한 흙더미가 나란히 두 개 있다고 생각해보세요. 무척 평화롭겠지요? 어느 쪽도 그 평화로운 정적을 깨고 싶어하지 않을 겁니다. 황소자리 두 사람이 처음 만났을 때가 이렇습니다. 둘은 조용하게 상대방을 파악합니다. 모든 가능성을 신중하게 판단하고 진지하게 고려하지요. 그들은 결코 충동적인 관계를 만들지 않습니다.

황소자리에 대한 세 번째 오해로 넘어갈까요? 그들은 고집이 세다는 소문이 있습니다. 그렇지 않습니다. 황소자리는 그저 신념이 확고할 뿐입니다. 그들은 계속해서 마음을 바꾸며 허둥대는 예민한 수다쟁이들이 결코 아니지요. 황소자리가 마음을 바꾸는 경우는 드뭅니다. 허둥대는 황소자리는 더더욱 볼 수 없지요. 신중하게 판단하고 진지하게 고려해본 후에 도달한 신념이라면, 그것을 확고하게 견지하는 것이 합리적인 게 아니고 무엇이겠습니까? 문제는, 다른 의견을 가진 황소자리 두 명이 만났을 때는 다른 별자리와 있을 때보다 그 합리성이 더 강력해진다는 것이지요.

예전에 제가 작가로 일했던 어느 대형 텔레비전 방송사에 한 프로듀서가 있었습니다. 황소자리였지요. 방송사 측에서는 그 프로듀서에게 유명 가수와 함께 황금 시간대에 화려한 쇼 프로그램을 제작하는 일을 맡겼습니다. 그 유명 가수도 황소자리였지요. 어느 조용하고 평화롭던 아침, 황소자리 가수가 쇼의 포맷에 대해 의논하려고 프로듀서의 사무실을 찾아왔습니다. 두 황소자리는 회의실 안에 들어가 거의 여섯 시간 동안 휴식도 없이 함께 앉아 있었지요. 그들은 누구를 게스트로 초대할지, 어떤 노래를 부를지, 주제곡은 무엇으로 할지, 세트 배경과 조명 효과는 어떻게 할지 등을 의논했습니다. 황소자리 가수가 마침내 사무실을 떠나자, 황소자리 프로듀서의 비서와 제작진이 몰려들어 "그 가수는 어땠어요?"라고 물었습니다. 프로듀서는 신중하게 생각해보더니, 그 가수는 좋은 사람이고 친절하고 똑똑하며 창의적이기까지 하다고 답했습니다. 그러고는 잠시 말을 끊었다가 이렇게 말했지요. "하지만 쇼 프로그램 포맷같이 단순한 걸 결정하는 데 얼마나 시간이 걸렸는지 봐. 어리석은 자기 생각을 계속 주장하고 주장하고 또 주장하는 거야. 그러더니 결국엔 내 말이 옳았다는 걸 깨닫더군. 그 무슨 시간 낭비야! 그렇게 고집이 센 사람은 처음이야." 갑자기 주변에 있던 모든 사람들이 폭소를 터뜨렸답니다. 한 3~4분 동안 웃음을 멈출 수 없었지요. 황소자리 프로듀서는 물었답니다. "내 말이 뭐가 그렇게 웃겨?"

그다음 날, 그 황소자리 유명 가수의 에이전트가 프로듀서에게 전화를 해서는 그 가수가 사과의 뜻을 표했다고 전했습니다. 전날 함께 의논했던 쇼를 하지 않기로 했고 다른 방송사와 계약을 했다는 말과 함께요. 그걸로 끝이었지요.

혹시 미국 가수인 바브라 스트라이샌드가 함께 일하기 까다로운 사람이라는 부당한 소문을 들어보셨나요? 바브라도 황소자리입니다. 분명히 말하지만 그런 소문은 다 거짓이랍니다. 제가 앞에서 말한 것처럼 황소자리는 **합리적인** 사람들이기 때문입니다.

가수들 얘기가 나와서 짚고 넘어가자면, 황소자리는 적어도 음악적인 재능이 없다는 평가를 받은 적은 거의 없습니다. 모든 황소자리는 태어나면서부터 노래를 아름답게 합니다. 프로건 아마추어건, 무대에서 하든, 샤워하면서 하든 상관없어요. 그렇지 않은 경우라면, 최소한 음악 듣는 것을 무척 좋아하고 노래를 잘하고 싶은 꿈을 간직하고 있답니다.

황소자리 두 사람이 만나면 차분하고 안정적이면서도 서로 위안이 되는 관계가 만들어집니다. 황소자리는 대체로 사랑스럽고 인내심 많은 곰돌이형으로, 상대방의 권리를 존중하며 조용하게 헌신하고 말할 나위 없이 충실합니다. 하지만 그 삶은 특별한 사건 없이 정체된 느낌이 들 수도 있습니다. 황소자리는 보수적이기 때문에 변화를 신뢰하지 않습니다. 이건 잘못된 소문이 아니랍니다. 변화, 특히나 갑작스러운 변화를 즐기는 황소자리가 있다면, 그 사람은 달별자리나 동쪽별자리가 양자리나 쌍둥이자리 혹은 물병자리일 것입니다. 전형적인 황소자리는 신속한 개혁이나 갑작스러운 전환을 경계합니다. 세상이 수 세기 동안 천천히 조금씩 발전해왔는데, 갑자기 삶의 규칙이나 규율을 바꿔서 혼란을 초래할 필요가 없다고 생각합니다. 황소자리의 굳어진 습관(황소자리는 유지하는 기운을 가진 별자리입니다.)을 급진적으로 혼란스럽게 하는 것은 현명한 일이 아닙니다. 습관은 세월을 통해 이미 검증된 것이지만, 검증되지 않은 새로운 아이디어는 무모한 계획일 뿐이지요. 재앙을 초래할 위험한 행동이 될 수도 있고요. 황소자리가 자신의 마음을 바꿀 때는 방법론적으로 모두 검토하고 실용적인 측면에서 필요한 근거를 모두 파악했다고 확신해도 됩니다.

물론 미국의 1960년대를 풍미했던 혁명 운동에 참여했던 황소자리 커플도 상당수 있기는 합니다. 하지만 일일이 조사해본다면, 양심적 병역 거부를 위해 징병 카드를 불태우고 캐나다 등으로 도망을 간 경우는 극히 일부일 것입니다. 황소자리는 여러 사안에 대해 '양심적 거부'를 할 수는 있지만 신체적인 위험에 처하는 일은 안합니다. 태양별자리 중에서 황소자리는 천문해석학에서 게자리와 함께 애국심을 관장합니다. 그래서 처음엔 자신의 양심을 따랐던 황소자리조차도 나중에는 죄책감에 시달렸답니다. 물론 현재에도 생태계, 태양열 에너지, 그린피스, 여권 신장 운동 등 새로운 대의명분에 기꺼이 참여하는 황소자리도 있습니다. 하지만 어떤 경우라도 황소자리가 시위에 참여하기로 결정하기까지는 상당한 시간이 걸립니다.

환경보호를 위해 평화 행진에 참여한 황소자리가 있다고 해도, 금성의 지배를 받는 황소자리는 그 시위가 평화롭기를 바랍니다. 경찰을 '짭새'라고 부르거나, 정부 청사 앞에 오물을 투척하거나, 방화하거나, 나체 시위를 하는 식으로 법 체계를 무시하는 사람들 중 황소자리는 극소수에 불과합니다. 나체 시위의 경우에는, 관심을 가지고 재미있게 지켜보는 쪽이 오히려 황소자리일 것입니다. 나체 시위의 슬랩스틱적인 면이 황소자리의 상상을 자극하지요. '혁명적인' 황소자리 시위자들은 피켓이나 초, 꽃, 향 등을 들고 조용하게 자리를 지킵니다. 심지어 아무것도 들지 않고 그냥 서 있는 황소자리도 있을 것입니다.

사회적 관습을 지키고 권위를 존중하는 태도로 인해 황소자리들은 처음부터 친밀감을 느낍니다. 황소자리는 변화가 필요하다면 그 변화를 가져올 유일한 **합리적인** 방법은 기존의 체계 안에서여야 한다고 생각합니다. 우리는 냉철한 이성에 헌신하는, 기본적으로 마음씨 곱고 믿음직스러운 황소자리에게 감사할 필요가 있습니다. 지구의 평화를 유지하기 위해서는 열두 별자리의 다양한 관점이 모두 필요하지요. 하지만 황소자리 두 사람이 만나 타고난 황소자리 특성이 두 배로 더해지면, 지나치다 싶을 정도로 완고한 자신들의 틀 안에 굳어질 수 있습니다. 두 사람은 자신들의 소유물과 가족과 사랑하는 사람들을 분노에 찬 급진주의자로부터 보호하기 위해 진심으로 깊이 걱정합니다. 물론 황소자리에게 '분노에 찬 급진주의자'는 '전쟁에 나가느니 섹스를 하겠다'는 피켓을 들고 거리에서 포옹하고 있는 다정한 커플일 수도 있다는 것을 알고 계셔야 합니다. 나라를 지키기보다 섹스를 하겠다고요?! 황소자리에게 이런 생각은 무정부주의처럼 보입니다.

황소자리는 사과하는 것을 무척이나 싫어합니다. 황소자리−황소자리 조합에 내재되어 있는 가장 힘든 부분이지요. 황소자리는 마음속으로는 자신이 실수했다고 인정하더라도, 자신이 한 어리석은 행동이나 말을 정당화하려는 고집을 부립니다. 실수를 인정한다는 것은 약하다는 것을 인정하는 것이지요. 황소자리에게 '약하다'는 말은 황소 앞에서 붉은 깃발을 흔들어대는 거나 마찬가지입니다. 가끔 미안하다고 말하거나 화해를 하려고 시도하는 황소자리도 있기는 하지만 자주 있는 일은 아닙니다. 몸을 간질이면 도움이 될 수 있습니다. 그러면 황소자리는 웃느라 얼굴이 빨개져서는 마침내 이렇게 웅얼거립니다. "이런 제길, 난 절대 그러려던 게 아니었다구." 황소자리에게는 자신의 실수를 인정하는 치욕스러움을 유머로 포장해서 전하는 게 훨씬 쉽습니다.

황소자리의 인내심은 품위 있고 매우 바람직한 덕목이지만, 다른 한편으로는 재미없고 완고한 고집이 될 수도 있다는 사실을 이해해야 합니다. 그러면 상대방 황소자리를 용서하기가 훨씬 쉬워질 것입니다. 자신도 그러니까요. 황소자리는 함께 잘 놀고 일할 수 있습니다. 멋진 태도로 서로를 대하면서요. 그들은 서로의 말을 잘 들어줄 것이며, 신뢰할 수 있고, 규칙도 잘 지킵니다. 거의 모든 황소자리는 환상적인 유머 감각을 가지고 있는데, 스스로를 비웃으며 놀릴 수 있는 경지까지 간다면 둘 사이의 문제는 완벽하게 해결된 것입니다. 고집 센 황소자리를 움직이게 하는 데는 유머가 최고입니다. 유머는 인간이 가질 수 있는 가장 훌륭한 자질 중에 하나일 것입니다. 믿음직한 황소자리의 성품과 유머 감각이 적절히 합쳐지면, 사랑스러운 황소자리 사람들은 보다 융통성이 있는 **합리성**을 갖추게 될 겁니다.

유명한 텔레비전 진행자였던 황소자리 톰 스나이더는 농담이 아니라 실제로 자신의 곰 인형을 가지고 다녔답니다. 프로그램을 진행하는 동안 그 곰 인형을 카메라가 안 보이는 곳에 잘 두었는데 가끔은 보이는 곳에 두기도 했지요. 또 가끔은 그걸 가지고 청중들과 숨바꼭질 놀이를 하기도 했습니다.

모든 황소자리는 남성이건 여성이건 정서적인 안정감을 위해 상징적인 곰 인형을 붙잡고 있습니다. 그러니까 황소자리 커플은 가끔씩 보이는 모습처럼 그렇게 완고한 사람들이 아니라는 얘깁니다. 실제로는 아주 사랑스러운 사람들이지요.

또 모든 황소자리가 그 조용한 얼굴 뒤에 멋진 유머 감각을 가지고 있다는 것도 잊지 마세요. 황소자리 커플은 풍부한 유머 감각을 서로 나누면서 행복의 단비를 맞을 수 있습니다. 그들의 멋진 유머 감각을 살린다면, 서로에게 상처를 주는 고집스러움은 전혀 문제가 되지 않을 것입니다.

황소자리 여성과 황소자리 남성

그는 주식이나 배당 같은 것에 대해서 아는, 깊이 있는 사람이었다.
물론 누구도 그런 걸 정말 알지는 못하겠지만, 그는 꽤 아는 것처럼 보였다.
그가 가끔 주식이 올랐다거나 배당이 줄었다고 말하는 모습을 보면,
어떤 여성이라도 그를 존경하지 않을 수 없었다.

황소자리 남성은 똑바로 한 발 한 발 목표를 향해 다부지게 걷습니다. 절대로 껑충껑충 뛰지 않습니다. 때가 되어 자신이 노력한 만큼 얻는 데 만족하며 운이 나쁜 경우에도 좀처럼 평정심을 잃지 않습니다. 어쩌면 막중한 책임을 용감하게 떠안고 있을 수도 있습니다. 무수히 많은 과거의 실망에 대한 고통스러운 기억으로 그 넓은 마음이 찢어질 만큼 무거울 수도 있지요. 하지만 어쨌거나, 강인한 황소자리는 아무

일도 없었다는 듯 똑바로 걷습니다. 그리고 그렇게 인내심을 가지고 꾸준하게 한 발한 발 내딛다보면 결국엔 달콤한 성공을 쟁취하는 경우가 많습니다.

전형적인 황소자리 남성은 그 상징인 황소처럼 차분하고 조용하지만, 강력한 목적의식을 가지고 있습니다. 영적으로 진화된 황소자리인 경우에 더 그렇습니다. 히틀러 같은 돌연변이 황소자리라도 강력한 결단력은 가지고 있었습니다. 황소자리 남성은 황소라는 상징이 가진 용기와 강철 의지를 분명히 타고났으며 그것을 탁월하게 활용합니다. 그들은 자신이 원하는 것이 무엇인지 잘 알고 있습니다. 그 목적을 위해 어떤 희생이라도 감수할 준비가 되어 있지요. 그들은 자신이 찾는 푸른 초원에 도착할 때까지 엄살을 부리거나 투덜거리지 않습니다.

이런 황소자리 남성의 모습은 황소자리 여성에게 가장 깊은 인상을 줍니다. 다른 여성들은 온종일 맨발로 풀밭을 거닐며 허풍이나 늘어놓고, 기타나 튕기며 빈둥거리는 남자들과 낭만적이고 황홀한 시간을 보내라고 하세요. 황소자리 여성에게는 신발을 신고 있는 실용적인 황소자리 남자가 필요합니다. 황소자리 남성이 사랑의 증표로 목걸이를 걸어준다면 거기엔 말린 커피콩 따위가 달려 있지 않을 것입니다. 적어도 진짜 보석 가게에서 산 목걸이일 것이고 그 값도 이미 다 지불했을 것입니다. 만약 황소자리가 기타를 튕긴다면 여름밤 센트럴파크나 런던의 켄싱턴 가든에서 달을 향해 공허하게 노래하는 것이 아니라, 밥벌이를 하기 위해 음악인으로서 연주를 할 겁니다.

황소자리 여성과 남성은 공통점이 많습니다. 여성 쪽은 핸드백을, 남성 쪽은 지갑을 꼭 쥐고 있을 것입니다. 둘 다 자연을 사랑하기 때문에 식물을 좋아합니다. 그들은 마치 크리스마스 쇼핑용 계좌에 돈이 쌓이는 모습을 보듯, 식물이 자라는 것을 지켜보기를 좋아하지요. 공통점이 또 있습니다. 둘 다 산타클로스가 속임수라는 걸 알고 있습니다. 산타는 북극에 살지 않는답니다. 그럴 리가 없지요. 산타는 두 사람이 거래하는 은행의 은행장입니다. 사슴이 끄는 썰매 대신 멋진 중형 세단을 타고 다니지요. 두 사람이 일 년 동안 열심히 저축하면 산타는 양말에 이자를 듬뿍 넣어준답니다. 평화로운 시골 마을에 집을 마련할 수 있게 해줄 돈이지요. 두 사람은 언젠가는 시끄러운 경적 소리와 매연과 험한 십 대들과 매캐한 나이트클럽이 있는 도심에서 멀리 떨어져 있는 평화로운 시골 마을로 갈 거랍니다. 황소자리였던 미국의 영화배우 글랜 포드를 아시나요? 1978년 봄, 어떤 유력 신문에 이런 인터뷰 기사가 실렸답니다. "제가 호주에 얼마나 많은 땅을 사들이고 있는지 안다면 놀랄 걸요? 제가 그곳에 가서 살 계획을 한다는 것을 알면, 제 주변에 있는 사람들 모두 아마 엄청 놀랄 것입니다."

겉으로 화려해 보이는 직업(정치를 포함해서)을 가진 황소자리라도 마음속에서는 북적대는 도시를 떠나 평화롭고 공기가 맑은 전원으로 가고 싶다는 욕망을 키웁니다. 그곳에선 건초 더미, 말, 퇴비 등으로 구수한 시골 냄새가 나겠지요. 황소자리는 반드시 그런 꿈을 드러낼 겁니다. 보험회사 직원의 꼬드김에 넘어가 예상 수명의 마지막 삼 분의 일이 남을 때까지 그 꿈이 미뤄지더라도요.

황소자리 남성이 음악이든 예술이든 사업이든 은행업이든 정치든 함께 미래를 꾸려갈 기반을 건설하는 데 계획보다 시간이 더 걸리더라도, 황소자리 여성은 충분히 기다려줄 수 있습니다. 그가 열심히 일을 하는 척하면서 실제로는 어디서 공짜로 굴러 들어오는 돈이 없을까 궁리만 하고 있더라도, 황소자리 여성은 불평하지 않고 기다릴 것입니다. 정말 감동적이지요? 황소자리 남성과 황소자리 여성은 결코 깨지지 않는 환상의 커플이랍니다.

다들 알다시피, 우선 둘은 사랑에 푹 빠집니다. 그다음엔 주례 선생님 앞에서 서로의 차분한 눈동자를 응시하며 "네."라고 말하며 혼인 서약을 하지요. 그리고 신혼 기간이 지나갑니다. 이제 둘은 서로에게 "싫어요."라는 말을 자주 하게 됩니다. 황소자리 아내는 아이를 원하지만, 황소자리 남편은 재정 상태가 좀 더 탄탄해진 후에 아기를 갖는 것이 더 현명하다고 생각합니다. 그래도 아내는 아이를 한두 명쯤 낳습니다. 남편이 자기에게 이래라저래라 할 수 없다는 것을 보여주기 위해서라도 반드시 그렇게 하지요.

또 황소자리 아내는 연주하고 노래하는 것을 좋아하기 때문에 값비싼 전자 피아노를 사고 싶어합니다. 황소자리 남편은 "안 돼요. 그럴 형편이 아니잖아요."라고 말하지요. 아내가 비위를 맞추며 구슬리려고 하면 남편은 더 단호하게 반대합니다. "안 된다니까요!" 그러면 아내는 카드로 결제를 하고 피아노를 집으로 배달시킵니다. 그다음 날, 남편은 그 피아노를 반품해버리지요. 아내가 자신에게 이래라저래라 하지 못한다는 것을 보여주기 위해서입니다.

황소자리 아내에게 보고 싶은 영화가 생겼습니다. 그래서 아내는 남편에게 키스도 해주고 온갖 달콤한 말들을 귓가에 대고 속삭입니다. "자기~ 오늘 영화 보러 갈래요? 나의 귀염둥이 곰돌이!" 모두가 그렇지는 않지만 황소자리 연인들은 대부분 심하다 싶을 정도로 닭살스러운 대화를 나눈답니다. 천칭자리도 그렇고요. 지배행성인 금성 때문이지요.

　　남자: 싫어요.
　　여자: 우리 곰돌이, 왜 싫어요?
　　남자: 그냥 싫어요.

영화 보러 가는 일에 대해서는 이걸로 대화 끝입니다. 나중에 잠자리에 들어서 불을 끄고 나면 남편이 말합니다. "여보! 오늘 나한테 굿나잇 키스해주는 거 잊었잖아요! 나 지금 엄청 로맨틱하거든요. 키스해줘요. 무슨 일이 일어나는지 좀 보자고요." 대부분의 황소자리는 성적인 문제에 있어서 아주 솔직하게 말하는 편입니다. 물론 사적인 관계에서요.

여자: (달콤하고 감미로운 목소리로) 싫어요.
남자: 왜, 자기?
여자: 그냥 싫어요.

(잠깐 동안 무거운 침묵이 흐르고)

남자: 나 호텔 가서 잘게요.
여자: (놀라서) 왜요?
남자: 그냥 그러고 싶어서요.

이렇게 대화는 끝납니다. 어떤 때는 그날 하룻밤만, 그가 좋아하는 담요를 가지고 나가 거실에서 잡니다. 하지만 어떤 때는 몇 주나 몇 달 동안 나가서 잠을 잘 수도 있답니다.

이건 실제로 있었던 이야기입니다. 로스앤젤레스에 사는 한 헌신적인 커플이 있었습니다. 둘 다 황소자리였지요. 남자는 작곡가인데 할리우드 영화 주제곡을 많이 만들었습니다. 여자는 독일 출생으로 은퇴한, 베를린 신문의 리포터였습니다. 두 사람이 사귀고 있을 때, 작곡가는 그녀와 결혼을 계속 거부했습니다. 결혼이라는 엄청난 관문으로 들어가기 위해서는 두 사람의 사랑이 얼마나 공고한지, '타당한' 기간 동안 검증해야 한다고 생각했기 때문입니다. 그렇게 몇 년이 지났습니다. 울며불며 애원하던 황소자리 여인도 마침내는 화가 났습니다. 그녀는 논리적으로 따지기로 했지요. 하지만 그는 꿈쩍도 하지 않았습니다. "날 사랑하지 않는 거예요?" 물론 그는 그녀를 사랑했습니다. 그것도 몹시요. 하지만 결혼이라는 중대사를 치를 준비가 되어 있지 않을 뿐이었습니다.

지금 이 글을 쓰고 있는 현재, 그 둘이 사귄 지 약 10여 년이 지났습니다. 두 사람은 여전히 몹시 사랑하며 자녀도 네 명이나 낳았지요. 하지만 아직도 둘은 법적인 부부가 아닙니다. 지금 결혼을 원치 않는 사람은 그가 아니라 그녀입니다. 나중에 남자가 울며불며 애원했고 화가 나서 그녀에게 따지기도 했었지요. 하지만 그녀는 꿈쩍도 하지 않았답니다. 그는 심지어 '장모님'에게 설득을 좀 해달라고 애원하기까지 했지요. 황소자리에게 그건 엄청난 양보랍니다. 황소자리 남성은 사적인 문제에 가족이 간섭하는 것을 좋아하지 않습니다. 하지만 결론은 실패였습니다.

> 그녀: 아이들 모두 당신의 성을 쓰고 사랑하는 부모가 있어요. 당신 상속 명단과 보험 명단에도 다 올라 있고 좋은 집도 있죠. 우린 따뜻하고 행복한 가정을 꾸리고 있잖아요. 굳이 이걸 법적으로 만들 종잇장 따위가 뭐가 필요해요?
>
> 그: 여보, 당신은 날 사랑하지 않아요?
>
> 그녀: 물론 사랑하죠. 아주 많이요.
>
> 그: 법적으로 결혼한 상태의 부모가 있다는 정서적인 안정감을 아이들에게 주기 위해서라도 결혼하면 안 돼요? 당신이 날 사랑하고 함께 있는 것이 행복하다면, 그리고 영원히 우리가 이렇게 서로 사랑한다는 걸 확신한다면, 법적으로 결혼하는 게 왜 그렇게 싫어요?
>
> 그녀: 그냥 싫어요.

물론 모든 황소자리 커플이 모두 이 정도까지는 아닙니다. 일반적인 황소자리 남성과 여성은 사업이든 결혼이든 파트너십을 구축할 때는 법을 준수하고 싶어합니다. 대부분 황소자리에게 사업과 결혼은 유사한 점이 많지요. 그럼에도 황소자리와 황소자리가 만나면 고집과 완고함 때문에 서로 소통하는 것이 어렵다고 느끼는 경우가 많습니다. 하지만 이 조합의 좋은 점은 좌절에 굴하지 않고 경험으로부터 배울 수 있는 능력을 가졌다는 것입니다.

황소자리는 잊지 않습니다. 하늘이 두 쪽 나도 잊지 않습니다. 그런 황소자리에게는 절대 쉽지 않은 일이지만 이 둘이 용서를 배우려고 노력한다면, 둘은 서로의 손을 꼭(황소자리는 뭐든 단단하게 합니다.) 맞잡고 완고함의 어두운 터널을 무사히 빠져나갈 수 있을 것입니다.

제가 아는 어떤 황소자리 여성의 철학은 '모든 경험은 좋은 것이다.'는 것이었습니다. 정말 훌륭한 태도지요. 하지만 그녀조차도 나쁜 경험을 잘 잊지 못한다는 것을 저는 눈치챘습니다. 한 번 안 좋게 여겨지면, 그녀는 다시 노력도 안 해보고 어떤 상황이나 사람을 외면하곤 했답니다. 나쁜 경험에서도 배울 수 있지만 이런 경우라면 안 배우느니만 못하겠지요.

섹스는 인간이 경험하는 여러 가지 중 하나이지만, 황소자리에게는 특별히 매우 중요한 주제입니다. 황소자리는 처음에 매우 강력한 육체적인 매력을 발산하고, 정신적이고 감정적인 매력이 나중에 합쳐집니다. 마치 당근 케이크 표면에 달콤한 시럽이 감싸고 있는 모습 같지요. 일반적으로 사랑에 이르는 이상적인 순서는 아니지만, 황소자리 커플에게는 이 순서가 놀라울 정도로 잘 맞습니다. 어쩌면 그리 놀랄 일도 아닙니다. 일반적인, 혹은 전형적인 황소자리에게 섹스라는 것은 총체적인 관능을 담은 운동이며, 황소자리 남녀 간에 신체적인 사랑 표현은 점차 거의 환각제에 가까운 실험으로 발전할 수 있습니다. 물론 대부분의 황소자리는 환각제라는 말만 들어도 인상을 잔뜩 찌푸리는 사람들이기는 하지만요. 당신이 마리화나를 피운다면, 황소자리는 당신이 어리석고 나약한 사람이라고 생각합니다. 환각제를 복용하면 의심할 여지 없이 정신적으로 건강하지 않은 사람이라고 생각하지요. 난폭한 운전, 코카인, 헤로인 같은 문제가 있으면 정신적인 자살을 향해가는 얼빠진 자유주의자라고 생각합니다. 실제로 진짜 자살로 이어질 수 있다고 생각하지요. 그게 아니더라도 사회 붕괴를 초래할 수 있다고 생각합니다.

황소자리는 자신들이 생각하는 것보다 훨씬 더 진실에 다가가 있습니다. 우주에 대한 인식에 있어서는, 물병자리 시대의 새로운 전망이라는 인식의 시대가 활짝 열리는 데 약물의 도움이 필요했을 것입니다. 하지만 이제는 멈춰 서서 한발 물러나, 그렇게 얻어진 통찰에 대해 고심해볼 때입니다. 모든 태양별자리는 각각 특별하면서도 고유한 임무를 가지고 있습니다. 황소자리는 염소자리와 함께 이러한 문제들에 대해 두 발을 땅 위에 굳건히 딛고 서 있도록 해주는 사명을 가지고 태어납니다.

황소자리들은 약물을 사용하는 것이 '인스턴트 신'처럼 심오한 진실을 아주 짧게 잠깐 보는 것과 같다고 생각합니다. 그런 식으로 심오한 진실을 잠깐 보는 것은 아직 충분히 진화하지 않은 영혼을 가진 사람에게는 위험합니다. 그의 영혼은 말할 것도 없거니와 마음에도 큰 충격이 될 수 있지요. 심원한 우주의 관점에서 보자면, 그리고 고대의 지혜에 따르자면 황소자리는 다른 모든 일에서처럼 정확하게 **진실**을 보고 있는 것입니다.

황소자리는 어쩌면 마리화나 흡연의 위험에 대해 너무 고지식하게 걱정하는지도 모릅니다. 물론 마리화나는 알코올이나 니코틴, 또는 백설탕 중독의 파괴적인 효과에 비해 상대적으로 덜 해롭습니다. 하지만 그렇다 하더라도 감정적이나 정신적으로 거기에 의존하게 된다면 결코 바람직하다고는 할 수 없을 것입니다. 실험을 위해 목발을 일정 기간 사용해보세요. 짧은 시간 안에 다리 길이가 얼마나 짧아지는지 확인하고 놀라게 될 겁니다. 계속 사용하면 다리에는 결국 위축증이 생기고 마비가 오지요. 다리를 사용하지 않는다는 단순한 이유 때문입니다. 못 믿겠다면 의사에게 물어보세요.

여기에서 목발은 마리화나나 콜라나 헤로인 같은 것입니다. 육체의 다리는 정신 능력과 예민함 그리고 영적인 지혜에 상응하지요. 무엇이든 사용하지 않으면 수축

되다가 결국은 영구적으로 그 기능을 잃게 됩니다.

황소자리는 팔이든 다리든 신비한 제3의 눈이든, 어떤 신체의 일부라도 고의적으로 무기력하게 만드는 것은 어리석다는 것을 본능적으로 알고 있습니다. 그래서 진실을 직시합니다.

표면적으로 황소자리는 열두 별자리 중 가장 덜 심원한 것처럼 보입니다. 그들이 약물과 관련하여 영적인 진실에 이렇게 가깝다는 것이 이상해 보일 수도 있습니다. 하지만 천문해석학자에게는 그렇게 이상해 보이지 않습니다. 누구나 무의식에서는 자신의 태양별자리의 반대편으로 자석처럼 강하게 이끌리는 느낌을 받습니다. 황소자리의 반대쪽 별자리는 영적이고 심령적이며 예민한 통찰력의 별자리인 전갈자리입니다. 강력한 명왕성의 지배를 받는 별자리로, 물고기자리의 지배행성인 해왕성과 긴밀한 공조 관계를 통해 앞서 말한 모든 주제를 관장하는 별자리이지요.

천문해석학을 공부하는 사람 중에 황소자리인 사람이 이 글을 읽고 있다면, 전갈자리와의 피할 수 없는 유대 관계에 대해 돌이켜보게 될 것입니다. 천문해석학적으로 황소자리는 목과 성대를 관장합니다. 반대쪽 별자리인 전갈자리는 여러 가지를 관장하지만 그중에서도 성기를 관장합니다. 남성의 경우 사춘기가 되어 성적인 변화가 생길 때면 동시에 목소리에도 변화가 오지요. 황소자리가 다스리는 성대와 전갈자리가 다스리는 성기는 그렇게 긴밀하게 연결되어 있답니다. 180도 별자리 사이의 유대 관계를 증명하는 것은 여러 분야에서 다양하게 찾을 수 있습니다. 열두 별자리가 모두 해당되지요. 상세한 분석은 다음 책에서 논의하겠습니다.

자, 다시 섹스 이야기로 돌아가볼까요? 인내심이 많은 황소자리는 흥미로운 이 주제로 다시 돌아오기를 조용하게 기다렸을 겁니다.

아무리 약물을 이용해서 감각을 증대시킨다 하더라도, 황소자리 남녀가 사랑을 나눌 때만큼 감각적인 표현과 경험을 얻지는 못할 것입니다. 약물에 취하면 커다란 버섯 위에 올라앉아 비누 향에 대해, 복잡한 꽃잎 모양이나 아주 섬세한 물맛이나 그 폭발하는 생생한 에너지에 대해, 또는 째깍거리는 시계 소리에서 심포니를 떠올리며 명상에 빠질 수도 있을 것입니다. 하지만 이렇게 약에 취해 멍한 사람들을 황소자리 연인들에 비교할 수는 없습니다.

황소자리 커플은 같은 버섯(훨씬 더 안락하고 발도 뻗을 수 있도록 충분히 넓은) 아래서 몇 시간이고 명상에 빠져들 수 있습니다. 비옥하고 향기로운 땅에 누운 채, 사랑하는 연인의 손에 요정이 짜놓은 복잡하고도 섬세한 손금을 들여다보거나 연인의 부드러운 머리칼을 매만지고 달콤한 귓불을 음미하면서, 또는 연인의 심장 박동 소리가 점점 더 빨리 쿵쿵거리는 소리에 심취해 한없는 열락으로 젖어들 수 있답니다.

황소자리는 사랑을 나누면서 시를 읊지는 않습니다. 섹스에 있어 감성적이고 섬세한 부분에 과민하지도 않습니다. 황소자리는 대부분의 사람들과는 달리 여섯 번째 감각에 대한 결핍을 잘 느끼지 않습니다. 대신 나머지 오감에 대해 정확하게 인지하고 있고 그 감각에 의존합니다. 잘 맞는 황소자리 커플이라면 성적인 결합에서는 심각한 의견 차이가 좀처럼 없답니다. 다른 한쪽이 무엇인가 때문에 토라져서 사랑을 나누기를 거부할 때를 제외하고는요. 그럴 때는 여섯 번째 감각도 쓸모가 있을 것입니다. 상대방이 왜 그렇게 고집을 부리는지, 상대방이 원하는 게 진짜로 무엇인지를 알아내기 위해서는 초감각적 지각을 활용하는 것도 좋겠지요. 어쨌거나 그 또는 그녀는 혼자 남겨지는 것을 원하지는 않을 겁니다. 아무리 겉으로 그렇게 보이더라도요. 어쩌면 위로받고 싶은 숨겨진 욕망일 것입니다.

황소자리 커플의 다른 면도 살펴볼까요? 이 막강한 커플은 상당한 재력과 물질적인 소유를 축적할 수 있는 잠재력이 있습니다. 그리고 그것을 잘 유지할 수 있습니다. 두 사람은 모두 정서적이며 따뜻하고 서로를 아낄 것입니다. 그들의 감정은 지배행성인 금성의 가르침을 부드럽게 따르지요. 금성은 황소자리의 천성을 대체로 다정하고 부드럽게 만든답니다. 하지만 동시에 음식이나 술이나 돈에 대해 탐욕을 부리거나, 섹스 또는 그 밖의 여러 가지 부정적인 것들에 지나치게 탐닉할 수 있는 유혹도 함께 내재되어 있지요. 앞서 말한 것처럼 약물은 제외입니다. 약물 남용에 빠지는 황소자리는 정말 드물답니다. 황소자리 남녀는 둘 다 강인하고 인내심이 깊으며 정서적으로 안정되어 있습니다. 제대로 열 받으면 일어나는, 10년에 한 번 볼 수 있을까 말까 하는 폭풍 진노의 순간을 제외하고는요. 이럴 때는 정말 조심해야 하지요.

앞에서 말씀드린 것처럼 황소자리 남녀는 완벽한 조합입니다. 일시적으로 둘의 의사소통에 어려움이 있더라도 걱정 마세요. 황소자리는 말하지 않고도 '미안하다.'고 말하거나 '당신이 필요하다.'고 표현할 수 있는 능력을 가지고 있답니다. 특유의 황소자리식 침묵 화법이라는 게 있지요. 상대방 황소자리는 그 '침묵 화법'을 해석하는 방법을 정확하게 알고 있답니다. 어두운 방 안에서 손만 살짝 만져도 다른 말은 필요 없을 정도니까요.

이제 황소자리 커플을 좀 내버려둘까요? 이 몇 쪽을 읽는 동안 이들이 얼마나 조용해졌는지 눈치채셨을 것입니다. 즉 황소자리가 그의 연인과 무언가를 의사소통하고 있는 중이라는 뜻입니다. 두 사람만 남기를 바라면서 말이에요. 예의 없이 굴지 말고, 캐묻지도 말고, 특히 그들의 영체를 읽어내려 하지 마세요. 황소자리 연인들을 평화롭게 내버려두세요. 황소자리를 방해하지 마세요. 그러면 황소자리도 당신을 방해하지 않을 것입니다. 다시 말해, 우리는 우리 일이나 신경 쓰자는 얘깁니다. 황소자리들이 늘 그들 자신의 일에만 신경을 쓰는 것처럼요.

황소자리 Taurus

흙 · 유지하는 · 수동적
지배행성: 금성
상징: 황소
음(−) · 여성적

Gemini 쌍둥이자리

공기 · 변화하는 · 능동적
지배행성: 수성
상징: 쌍둥이
양(+) · 남성적

황소자리와 쌍둥이자리의 관계

피터는 항상 같이 다니던 벗을 잃어버린 악어의 심정 따위는 안중에도 없었다.

대신 이 비극적인 사건을 어떻게 써먹을 수 있을까 머리를 굴렸다.

황소자리 남녀는 조용하고 꾸준하며 실용적인 사람들이어서 자기 일에만 신경을 쓰려고 합니다. 가끔 불같이 화를 낼 수는 있지만, 대체로는 놀라울 정도로 침착함을 유지합니다. 눈앞에서 태풍이 몰아쳐도 눈 하나 깜짝하지 않고 지켜볼 수도 있습니다. 하지만 이런 놀라운 능력도, 두 사람이 한 사람인 척 위장하여 번갈아 나타나는 쌍둥이자리 앞에서는 무용지물이 됩니다. 쌍둥이자리는 어떤 황소자리의 협박 앞에서도 영리하게 요리조리 길을 찾아 도망가기 때문이지요.

제 이웃 중에 황소자리가 있었는데 딸도 황소자리였습니다. 그런데 그 딸이 매력적인 쌍둥이자리와 사랑에 빠졌지요. 6개월쯤 지났는데도 딸이 남자 친구를 소개하지 않자, 제 이웃은 궁금해하다가 마침내 걱정이 되었지요. "웬 신비주의 전략이냐? 남자 친구가 창피하니? 머리가 두 개라도 되는 거니?" 그는 이 말이 얼마나 진실에 가까웠는지 몰랐지요. 어느 오후, 길거리에서 딸과 마주쳤는데 그 쌍둥이자리 남자 친구와 함께였습니다. 그래서 세 사람(아니, 네 사람이었는지도 모릅니다.)이 함께 점심 식사를 하며 얘기를 나누었지요. 다행히도 황소자리 아버지는 미래의 사위가 똑똑하고, 미남이고, 예의도 바른데다, 재주도 많다는 것을 알아냈습니다. 그 미래의 사윗감은 외국어 여섯 개를 구사할 줄 알고, 자가용 경비행기도 직접 몰고, 학위도 두 개나 있었으며, 색소폰 연주도 잘한다는 것이었습니다. 후식으로 치즈 수플레를 먹으면서 그 쌍둥이자리 사윗감은 자신의 경력(직업은 홍보 자문이었습니다.)과 정치적 견해와 종교적 믿음에 대해 멋지게 피력했지요. 완전히 넋이 나간 황소자리 미래의 장인이 쌍둥이자리가 손가락에 끼고 있던 큼지막한 다이아몬드 반지에 대해 묻자, 그 청년은 이렇게 대답했습니다. "아, 이건 고조부님 때부터 물려받은 반지예요. 7만 불짜리 보험에 들어 있지요." 그 미래 사윗감의 경제적인 능력에 대해서는 더 이상 의심할 여지가 없었지요. 마침내, 그 쌍둥이자리는 증권 중개인을 만나러 가야 한다며 얼굴에 미소를 머금고 작별 인사를 했답니다. 그는 계산서를 가지고 가는 것을 잊었지만, 그 정도야 뭐 사람이니까 실수할 수 있는 거지요. 고객들 생각하랴 그 사이사이에 월스트리트에 투자해놓은 자금 생각하랴, 그 머릿속이 좀 복잡하겠어요? 게다가 사랑에도 빠졌잖아요.

그다음 주에 제 이웃은 이발소에 갈 일이 있었지요. 그런데 운명의 장난처럼, 그 이발사가 하필이면 그 쌍둥이자리 미래 사윗감의 처남이었답니다. 그리고 진실이 밝혀졌지요. 사윗감은 홍보 자문가가 아니었고 수의사 보조였습니다. 아내가 두 명에 아이들도 다섯 명이나 있었고요. 대학은커녕 고등학교에 준하는 졸업장을 겨우 받았을 뿐이었고, 직접 몬다던 경비행기는 주말에 공원에 나가 날리는 모형 비행기였답니다. 그리고 그 '다이아몬드'는 모조품이었는데 색소폰 레슨 비용을 벌려고 인터넷 판매하는 거였다고 하네요. 색소폰을 그럭저럭 불기는 했던가봅니다. 그 처남은 이렇게 평가했지요. "젊은 케니 지 정도라고 할까요? 그런데 너무 팝 스타일의 재즈라. 뭔지 아시겠죠?"

황소자리 아버지가 그 역겨운 배신에, 그것도 사랑하는 딸이 연루된 일에, 자신의 형편없는 안목에 대해, 어떻게 대응했을까요? 물론 완전히 격분하여 광폭한 상태가 되었답니다. 다행스럽게도 제 이웃이 그 쌍둥이자리 집에 도착했을 때는 그는 이미 멕시코로 떠난 후였습니다. 무슨 록그룹의 남미 순회공연에 참여하게 되었다나요. 2년 후, 그 쌍둥이자리는 돌아왔고 황소자리 여자 친구의 집으로 찾아왔습니다. 황소자리 딸은 처음에는 그의 사과를 받아주지 않았지만, 삼십 분도 채 안 되어 다시 그 쌍둥이자리의 품에 안기게 되었지요. 또 다른 운명의 장난처럼, 바로 그 순간 황소자리 아버지가 현관문으로 나왔습니다. 그는 거의 뚫고 나오는 것처럼 보였지요. 그다음에 일어난 끔찍한 장면은 여러분의 상상에 맡기겠습니다. 나중에 실밥을 풀 때쯤, 그 쌍둥이자리는 이번엔 멕시코로 아주 살러 떠났답니다. 현명한 선택이었지요.

남성이든 여성이든 아이든 어른이든, 황소자리가 뭔가를 배우는 데는 시간이 좀 걸립니다. 하지만 한 번 배운 것은 절대로 잊어버리지 않는답니다. 절대로요. 특히 상처에 대해서라면 더욱더 그렇지요. 물론, 모든 쌍둥이자리가 그 색소폰 연주자처럼 완전히 동떨어진 자아상을 가지고 있는 것은 아닙니다. 대부분의 쌍둥이자리는 두 개의 다른 자아를 잘 섞어서 똑똑하고, 재치 있고, 재미있고, 제법 정직하며 놀라울 정도로 적응력이 빠른 인간으로 살아갑니다. 그리고 쌍둥이자리는 생존을 위해 필요하다고 판단되면 자기 의견을 완전히 바꾸기도 합니다. 그런데 바로 이런 면이 황소자리로 하여금 상당히 불편한 느낌이 들게 하지요. 그들은 쌍둥이자리를 이해할 수도 없고 신뢰하지도 못한답니다.

둘은 2-12 태양별자리 관계 유형입니다. 두 별자리가 나란히 있다는 뜻입니다. 천문해석학의 천궁도에서 황소자리는 쌍둥이자리 바로 앞에 있는 별자리지요. 그러므로 쌍둥이자리는 황소자리의 지나친 조심성 때문에 놓쳤던 기회들에 대한 기억을 간직하고 있는 별자리입니다. 이런 이유로 쌍둥이자리는 남자든 여자든 어리든 늙었든 모두, 정신적인 틀에 갇히거나 정체되는 것을 피하기 위해 몹시 애를 씁니다. 하지만 쌍둥이자리는 황소자리를 어떤 다른 별자리보다 잘 이해합니다. 불확실한 것을 위해 안정감을 버리기 싫어하는 그 모습까지도요. 그들이 그 경험의 영역을 이미 겪어보았고 무의식의 차원에서 그것을 기억하기 때문이지요.

황소자리 입장에서는 쌍둥이자리가 바로 다음에 오는 별자리입니다. 그래서 모든 황소자리는 이 총명하고 날렵한 사람들로부터 무언가 배울 것이 있다는 것을 어렴풋이 느낍니다. 하지만 황소자리는 쌍둥이자리가 가르치고 싶어하는 것들을 이해하기 힘듭니다. 황소자리는 보다 태평스럽게 인생을 받아들이고 싶어하지요. 생각은 발이 하고, 과거는 후회 없이 던져버리고, 매일매일 행복하게 새로운 모험을 시작할 수 있기를 바랍니다. 하지만 황소자리는 쌍둥이자리가 가진 영혼의 자유를 갈망하기도 합니다. 쌍둥이자리는 한참은 앞서 달려나가면서 느린 황소자리 앞을 이리저리 왔다 갔다 반짝이며 유혹하지요. 하지만 황소자리가 쌍둥이자리와 함께 밖에 나가 반딧불이를 쫓고 있을 때, 누군가 집에 침입해서 황소자리의 소중한 물건들을 훔쳐가면 어떻게 될까요? 쌍둥이자리를 따라 조깅을 하다가 넘어져서 발가락이라도 부러지면 어쩌고요? 차가운 밤공기 때문에 목감기라도 걸린다면요? 불쌍한 황소자리를 누가 간호해주고 보살펴줄까요?

생명보험이나 건강보험 상품은 쌍둥이자리보다는 황소자리에게 판매하는 것이 더 쉽습니다. 천문해석학적 관점에서 보면 쌍둥이자리는 보험회사에서 나온 영업 담당입니다. 말을 빨리해서 황소자리 고객이 여러 가지 옵션에 연금보험까지 포함되어 있는 계약서에 서명하도록 만들지요. 황소자리는 보통 수성인의 말솜씨에 넘어가지 않으려고 신중한 편이지만, 든든한 노후 보장이나 가족과 재산을 보호하는 일에서만큼은 예외입니다. 미래의 수입을 보장하는 일은 말할 것도 없지요. 그래서 황소자리는 언제나 매력적인 쌍둥이자리의 손바닥 위에 있게 된답니다.

황소자리는 가끔 검증된 사실만 고수하려고 고집을 부립니다. 보다 자유분방하고 열린 마음을 가진 쌍둥이자리가 보기에 그것은 편견을 고집하는 것으로 보이지요. 입장을 바꿔서 생각해보자면, 황소자리로서는 정확하고 훌륭한 쌍둥이자리의 달변의 이면에는 거짓과 사기성이 내포되어 있다고 느낄 수 있습니다. 실제로 황소자리는 처음 쌍둥이자리를 볼 때 선뜻 믿지 못하는데, 그 이유가 바로 쌍둥이자리의 놀라운 말솜씨 때문입니다. 황소자리는 말을 청산유수로 하면서 재치와 달변으로 사람에게 최면을 거는 사람을 수상쩍게 여깁니다. 황소자리로 말하자면 드물게 말을 하더라도 입 밖으로 내뱉은 단어 수를 손가락에 꼽을 정도지요. 말로 하는 쇼맨십에서는 쌍둥이자리가 가장 뛰어납니다. 논리적이고 명확해 보이기도 하지요. 천칭자리 정도나 쌍둥이자리의 설득력에 대적할 만할 것입니다. 하지만 황소자리는 그렇게 빨리 설득당하지는 않는답니다.

쌍둥이자리들은 논쟁을 할 때 자꾸 주제에서 벗어나곤 합니다. 그런 태도는 황소자리로 하여금 화가 나서 소리치게 합니다. "요점에서 벗어나지 마세요! 합리화 좀 그만해요!" 쌍둥이자리는 장황하게 늘어놓거나 반복적으로 같은 말을 하기도 합니다. 그런 경우, 황소자리 친구나 친척이나 사업 동료나 애인은 세 번이나 네 번 반복될 때부터는 아예 듣지를 않는답니다. 고정된 에너지를 갖는 별자리의 습관이지요.

천문해석학자였던 에반젤린 아담스는 신약에 있는 바울의 편지를 예로 들어 쌍둥이자리의 뛰어난 언변을 강조한 적이 있습니다. 특히 2장의 25절에서 29절까지, 3장의 1절에서부터 11절까지는 수성의 얼버무림 실력으로 완성된, 쌍둥이자리의 달변과 매력을 제대로 보여주는 구절입니다. 쌍둥이자리임에 틀림없는 사도 바울은 구원을 받기 위해 할례 의식이 반드시 필요한 것이 아니라고 말하도록 로마인들에게 강요받습니다. 하지만 사도 바울은 이미 구원을 위해서는 할례가 필요하다고 유대인들에게 말한 바 있었지요. 이 모순을 해결하기 위해 사도 바울이 노력하는 모습은 쌍둥이자리의 진면목이라 할 수 있습니다. 그는 결국 양쪽을 다 헷갈리게 만들고 양쪽 모두에게서 승인을 받아내지요. 왜 쌍둥이자리들이 정치가로 선택받는지 알 수 있는 대목입니다. 쌍둥이자리는 전혀 반대되는 의견을 모아서 진실이라는 실로 꿰고 매력과 논리를 덧입힌 뒤, 양쪽 모두에게 긍정적인 평가를 이끌어냅니다. 쌍둥이자리가 아무런 근거 없이 '소통하는 사람Communicator'으로 불리는 것이 아니랍니다. 존 에프 케네디 대통령도 모든 면에서 전형적인 쌍둥이자리였지요.

쌍둥이자리의 무심함은 황소자리 마음에 상처를 주거나 화를 돋울 수도 있습니다. 황소자리는 누군가 무심하게 대하면 무시당했다고 느끼거나 아랫사람 취급을 받은 기분이 됩니다. 두 가지 모두 황소자리에게는 유쾌한 경험이 아니지요. 어떤 황소자리들은 공기 별자리들로부터 받은 거부감(진짜든 상상이든) 때문에 오랫동안 상처 입은 채 지내기도 합니다. 종종 이것 때문에 황소자리의 고집이 유발되기도 합니다. 쌍둥이자리 입장에서는 사람이 어떻게 그렇게 모든 논리와 근거를 무시하고 편협한 생각을 할 수 있는지, 이해할 수 없지요. 하지만 필요한 것은 따뜻한 말 한두 마디뿐이랍니다. 또는 상대방의 목에 팔을 감싼다거나 부드럽게 손을 잡아주기만 해도, 금성이 지배하는 황소자리의 마음은 솜사탕처럼 녹아버리지요. 쌍둥이자리는 똑똑한 사람들이지만, 고집스럽고 딱딱한 황소자리의 마음을 부드럽게 할수 있는 이 마술 같은 비법을 잘 이해하지 못하는 경우가 많습니다. 지적인 별자리인 쌍둥이자리가 냉담하게 행동하면, 황소의 고집스러운 흙더미는 더욱 단단하게 얼어붙습니다. 꽁꽁 얼어붙은 땅은 삽질하기도 훨씬 어렵다는 것 아시지요?

쌍둥이자리는 항상 지름길을 찾지요. 네, 좋아요. 황소자리와 마음을 맞출 수 있는 지름길을 가르쳐드릴게요. 쌍둥이자리와 황소자리 사이에 긴장감이 조성되는 주된 원인이 있답니다. 황소자리는 생각을 해야 할 때 감정을 느끼고, 쌍둥이자리는 감정을 느껴야 할 때 생각하는 습관이 그것입니다. 당신의 영리함으로 어지럽게 만드는 대신, 따뜻하게 안아주어서 황소자리를 당황스럽게 만들어보세요.

황소자리 여성과 쌍둥이자리 남성

피터에게는 지난 몇 년이 바로 어제와 같다는 사실을 알고,

웬디는 무척이나 마음이 아팠다.

웬디에게는 그토록이나 오랜 기다림이었는데 말이다.

하지만 피터는 예전과 똑같이 여전히 멋졌다….

황소자리 여성이 장미 덩굴 아래 앉아서 「즐거운 나의 집」을 부르며 한 땀 한 땀 바느질을 하는 동안, 쌍둥이자리 남성은 창턱에 걸터앉아 손가락을 퉁기며 휘트먼의 명시 「열린 길의 노래」를 읊고 있을 것입니다. 이 두 사람(쌍둥이자리 남성의 자아가 여럿인 점을 감안한다면 세 사람이나 네 사람일 수도 있습니다.)이 인생의 어느 구비에서 만났든 간에, 갈림길에 서서 동전을 던질 수밖에 없는 순간이 옵니다. 안락하고 전통적인 결혼 생활의 길로 갈 것인가, 아니면 그냥 가벼운 로맨스의 길로 갈 것인가. 아, 정정할게요. 쌍둥이자리 남성은 동전을 던질 것입니다. 황소자리 여성

은 동전을 던지는 대신, 자신이 잘못된 길로 들어서는 것은 아닌지 상식에 비추어 판단해볼 것입니다.

일단 황소자리 여성이 쌍둥이자리 남성을 사랑한다는 확신이 들면, 그녀는 먼저 사회적이고 법적인 테두리 안에서 승인을 받을 수 있도록 그 남성을 유혹하기 위해 온 힘을 쏟을 것입니다. 황소자리 여성은 여러분이 생각하는 것보다 많은 유혹의 기술을 가지고 있답니다. 도발적인 선정성, 다정다감함, 풍부한 유머 감각, 집에서 만든 기가 막힌 맛의 쿠키 그리고 인내심과 두둑한 배짱이 있지요. 이런 막강한 전술들이 하나도 먹히지 않는다면, 그녀는 크게 숨을 한 번 들이마시고는 노골적인 유혹의 길로 들어설 수도 있습니다. 앞의 무기들도 여전히 몰래 사용하면서 쌍둥이자리 남성이 그녀의 빛을 알아봐줄 때를 기다리지요. "기다리는 자에게 복이 온다."라는 금언은 바로 황소자리 여성의 철학입니다. 황소자리 여성은 처음에는 사랑이라는 달콤한 마법에 빠지는 것을 조심스러워합니다. 은은한 달빛과 장미 그리고 덧없는 약속에 넘어가기까지는 조금 시간이 걸릴 수 있지요. 하지만 일단 사랑에 빠지면 제대로 빠진답니다. 그녀를 건져내려면 몇 톤 트럭이 와서 끌어도 쉽지 않습니다. 때로는 황소자리의 상식이 그녀를 구덩이에서 건져내기도 하지만 때로는 그렇지 않을 수도 있지요.

쌍둥이자리도 사랑에 빠지는 일에 신중하기는 마찬가지입니다. 하지만 이 수성의 새는 사랑의 포로가 된 후에도, 한 발은 침실에 두지만 다른 한 발은 언제든지 날아갈 수 있도록 현관쯤에 둔답니다. 그는 두 개의 마음 중 하나는 기꺼이 사랑하는 사람이 가질 수 있도록 내어줍니다. 하지만 다른 마음 하나는, 만약 그녀에게 줘버린 마음이 더러워지거나 금이 갈 때를 대비해서 본인이 잘 가지고 있습니다. 금이 간 마음이 쌍둥이자리 남성에게 가치가 있냐고요? 새것처럼 다시 팔 수는 없겠지요. 그것은 단지 비극적인 환멸에 대비하는 쌍둥이자리의 보험 정책이랍니다. 이렇게 황소자리 여성과 쌍둥이자리 남성은 다릅니다. (여러 다른 점들 중 하나라는 뜻입니다.)

황소자리 여성은 온갖 종류의 보험을 무척이나 소중히 여깁니다. 하지만 다른 사람에게 자신의 충성심을 한 번 내어주고 나면, 감정적 상처에 대해서는 보험 정책이 전혀 없습니다. 황소자리 여성은 그저 끝까지 기다립니다. 다른 여성이라면 몇 번이고 포기할 시간 동안 기다리지요. 그녀는 변화무쌍하고 괴상한 쌍둥이자리 남성의 변덕을 무시하며 차분히 기다립니다. 그리고 항상은 아니지만 결국에는 그녀가 이깁니다. 아주 드문 경우에는, 황소자리 여성이 단순히 상대를 괴롭히기 위해 엉뚱한 사랑을 쫓아다닐 수도 있습니다. 상처받기 쉬운 쌍둥이자리 남성의 마음을 아프게 하기 위해서 말입니다. 하지만 흔한 경우는 아니랍니다. 보통의 황소자리 여성은 난롯가 옆에 차분하게 앉아 불을 쬐며, 사랑하는 사람이 찾아오지 않은 날이 얼마나 되었는지 계산하고 있을 것입니다.

황소자리 여성의 친구들은 시간 낭비라며 잊으라고 조언하겠지만, 그녀는 절대로 듣지 않습니다. 계속 결혼이 미뤄지고 있기는 하지만, 기다리는 것은 의미가 있는 일이고 언젠가는 다 잘 해결될 거라고 고집을 부리지요. 둘은 서로 사랑하고 있다고, 사랑은 어떤 불가능한 일도 가능하게 할 수 있다고 그녀는 믿습니다. 맞습니다. 사랑은 강하지요. 하지만 눈먼 사랑이 아닌 경우에 그렇지요. 황소자리는 가끔 눈먼 사랑을 하는 경우가 있답니다. 자신이 옳다고 확신하는 동안, 황소자리 여성은 현실을 제대로 인식하기가 쉽지 않습니다. 그녀는 세상일이 그렇게 모두 핑크빛이 아닐 수 있다는 사실을 인정하려고 하지 않습니다. 그녀는 다른 모든 일에는 그렇게 분별력이 있으면서도, 유독 자신의 감정을 보호해야 하는 연애 관계에서 만큼은 믿을 수 없을 정도로 어리석어집니다.

쌍둥이자리 남성은 한 여성에게는 금세 싫증을 느낍니다. 그가 불성실하다는 의미는 아닙니다. 쌍둥이자리 남성은 그가 사랑하는 여인의 여러 가지 얼굴을 조사하고 다양한 기분 상태의 느낌들을 확인해보는 것을 좋아하지요. 하지만 황소자리 여성에게는 세 가지 기분 상태밖에 없답니다. 만족, 시무룩함, 불같이 화남. 이 세 가지입니다. 쌍둥이자리 남성은 내심 그녀가 조금 더 변덕스럽거나 경솔하게 들떠서라도 표정이 더 다양해지면 좋겠다고 생각합니다. 황소자리 여성은 변화를 싫어하겠지만, 쌍둥이자리 남성과 사랑에 빠졌다면 새로운 방식에 적응하는 법을 배울 필요가 있습니다.

매주 새롭고 신선한 것을 시도해보는 것도 그렇게 나쁘지는 않을 것입니다. 우주여행이나 마리화나 파티처럼 극적일 필요도 없습니다. 기분 전환 삼아 가르마를 바꾸어보거나, 아니면 목욕 용품을 바꾸어보거나 요리에 새로운 재료를 넣거나 하는 일 정도라도 좋습니다. 황소자리 여성에게는 이런 것들조차 제법 큰 변화이지만요. 또 자신이 잘못했을 때 시무룩해져 있는 대신 미안하다고 얘기해보는 것도 좋은 방법입니다. 황소자리 여성은 어떤 입장을 선택하고 나면, 그것을 고수하면서 상대방의 사과를 받아들이지도 않고 타협도 거의 하지 않는 편이지요. 황소자리 여성이 뭔가를 결정 내리고 어떤 타협도 거부한 채 문을 쾅 닫고 나가버릴 때, 얼마나 잔인하고 냉정해 보이는지 그녀 자신은 모른답니다.

사랑을 나누는 일에서도 변화 대 고집의 문제가 발생할 수 있습니다. 황소자리 여성은 육체적인 애정 표현은 만찬처럼 풍부하고 풀코스처럼 완전해야 한다고 생각합니다. 연인이 완벽한 감각적인 만족을 주기를 바라며 자신도 그만큼 돌려주려 하지요. 그녀는 섹스를 멋진 일이라고 생각합니다. 사랑스러운 2세를 출산할 수 있는 기회를 주는 동시에 감정적인 평화와 육체적인 만족을 주기 때문이지요. 세 가지 축복이 다 있는 것입니다. 그리고 황소자리 여성이 사랑을 나눌 때는 분명한 입장이 있습니다. 사랑하는 사람이 자신의 곁에 있다는 것을 느끼고 싶어합니다. 일부가 아니라 온전한 그 사람을 느끼고 싶어하지요. 하지만 쌍둥이자리 남성은 좀처럼 완전히 집중하지 못하는 것처럼 보입니다. 그의 정신이 딴 데 팔려 있는 것처럼 보이면, 황소자리 여성은 그가 진지한 열정이 없고 무심하다고 해석하기 때문에 화가 날 수 있습니다. 반면 쌍둥이자리 남성은 자신의 신성한 공상의 시간을 침해당했다고 여겨서 화가 날 수 있습니다. 아무리 사랑을 나누는 그런 결정적인 순간에라도 상상의 자유는 지켜져야 하니까요.

황소자리 여성이 쌍둥이자리 남성을 구름 속에서 빼내어 자신의 팔에 다시 안기게 하려면 다양한 시도를 해야 할 것입니다. 그렇지 않으면, 쌍둥이자리 남성은 단단한 벽에 끊임없이 날개를 부딪치며 점점 더 지치고 마음도 더 멀어질 것입니다. 하지만 쌍둥이자리 남성은 자신이 생각하는 것보다 훨씬 더 행복해질 수 있답니다. 황소자리 여성이 지닌 금성의 자질을 신뢰하고 그녀가 더 깊은 사랑으로 가는 길을 보여줄 수 있도록 기회를 준다면요. 또 그녀가 그를 절실히 필요로 할 때, 어딘가 멀리 가서 혼자 방황하는 일도 그만둬야겠지요. 하지만 모든 공기 별자리는 섹스를 별로 신뢰하지 않습니다. 쌍둥이자리 남성은 허구와 환상으로 자신의 성적인 경험을 다양하게 채색하고 싶어하지요.

제가 아는 황소자리 중에 일반적인 황소자리와는 달리 아주 특별한 심령술을 가진 여인이 있습니다. 그 황소자리 여성이 캘리포니아 출신의 쌍둥이자리 남성과 깊이 사랑에 빠진 적이 있습니다. 잊을 수 없을 만큼 깊이 사랑했지요. 어쩌면 지금도 여전히 그녀의 고집스러운 방식으로 그 쌍둥이자리 남성을 좋아하고 있는지도 모르겠습니다. 두 사람의 출생차트에는 해왕성이 120도를 맺는 경우가 몇 개 있었는데, 이 때문에 드물게도 둘 사이에 감정적인 텔레파시 능력이 있었답니다. 두 사람은 서로 전화나 편지를 이용하지 않고도 소통할 수 있었는데, 가끔은 서로 수백 마일 떨어진 곳에 있어도 함께 있는 것처럼 느낄 수 있었습니다. 감정적으로만이 아니라 육체적으로도 서로 일체감을 느낄 정도였지요. 정말로 강력한 결합이었습니다.

하지만 그 쌍둥이자리 남성은 한 가지 꿈만을 꾸는 사람이 아니었습니다. 마침내 그녀는 사랑하는 사람의 마음을 읽었습니다. 다른 말로 하면 수성의 속임수를 꿰뚫어본 것이지요. 그녀는 둘 사이에 미래가 없다는 것을 알았습니다. 결국 그녀는 황소자리의 결단력으로 냉정하고 차갑게 둘 사이의 텔레파시 선을 차단해버렸습니다. 이제 그는 더 이상 영적으로도 물리적으로도 그녀에게 닿을 수 없게 되었습니다. 그녀가 전화도 받지 않았고 마음에서 올리는 벨도 받기를 거부했기 때문입니다. 전화를 거는 사람이 그 사람이라는 것을 알고 있었지만 그녀의 마음을 움직이지 못했습니다. 아무리 영적인 능력이 있는 경우라도 황소자리는 황소자리지요. 형이상학적인 재능도 황소자리의 강철 같은 의지에는 당할 수가 없답니다. 한번 마음을 먹으면 그걸로 끝입니다.

황소자리 여성과의 관계가 이런 식으로 고집스러운 매듭에 묶여버렸을 때는 쌍둥이자리 남성의 잘못도 있습니다. 쌍둥이자리 남성은 자신만의 습성에 빠질 수 있습니다. 회전목마의 조명과 음악이 바뀔 때, 그도 가끔은 멈춰서 그 음악이 처음에 들었던 그 음악인지 아닌지 확인할 때가 있기는 하겠지만요. 노래가 없는 멜로디와 끝이 없는 이야기로 계속 돌고 돌면, 어디에도 가지 못하고 결국은 시작점으로 다시 돌아가기 마련이지요. 순금으로 된 반지를 찾을 때까지, 그는 얼마나 많은 구리 반지들을 줍고는 실망을 거듭하게 될까요?

황소자리 남성과 쌍둥이자리 여성

그는 꽃을 사랑했다(어디서 들은 얘기지만).
그리고 달콤한 음악도 사랑했다. 그는 상당한 실력의 하프시코드 연주자였다.
솔직히 말하자. 그 목가적인 풍경에 그의 마음은 무척이나 흔들렸다.
만일 그의 보다 나은 쪽 자아에 이끌렸다면, 그는 나무 위로 돌아갈 수도 있었다.

아무도 단념시킬 수 없었던 어떤 남자에 대해 누군가 이런 시를 썼지요. "비가 오거나 폭풍이 몰아쳐도, 밤의 어둠이 내린다 해도, 정해진 그의 배달 일정을 막을 수는 없었다." 이 시는 어느 우편배달부에 대한 것이었습니다. 그 우편배달부는 분명 황소자리였을 것입니다. 아마도 밸런타인데이에 사랑의 편지라도 배달하는 중이었을까요?

느리게 천천히 불타오르는 황소자리의 열정은 쉽거나 빠르게 시작되지 않는답니다. 그것은 그의 마음속에서 은밀하게 조금씩 커지다가 마침내 강력한 힘을 갖게 되지요. 일단 그의 감각이 무언가에 사로잡히면, 황소자리 남성은 좀처럼 마음을 돌이키지 않습니다. 아무리 비가 오고 눈보라가 몰아쳐도 그는 한번 정한 마음을 바꾸지 않습니다. 쌍둥이자리 여성이 갑자기 화를 내거나 극심한 감정의 소용돌이에 빠져도, 그의 태도는 변하지 않습니다. 그는 매일 가는 노선을 한 번도 거르지 않는 그 우편배달부랍니다.

그 무엇도 그 누구도 황소자리 남성을 변하게 할 수 없습니다. 황소자리는 대체로 사람들의 시선을 신경 쓰는 편이지요. 하지만 한 번 사랑에 빠지면 친구나 친척들이 아무리 부정적인 의견을 제시해도 황소자리는 미동도 하지 않습니다. 평상시에는 그렇게도 분별 있고 실용적인 태도를 취하는 황소자리이지만, 한번 사랑의 그물에 걸리면 그의 상식은 온데간데없이 사라집니다. 그 대신 그 여성을 만지고 듣고 보고 냄새 맡는, 새롭게 발견한 감각의 지배를 받게 됩니다. 황소자리는 영원히 신의를 지키겠다는 약속을 할 수 있으며, 그 약속을 목숨처럼 한결같이 믿음직스럽게 지켜나갑니다. 진실한 사랑에 빠지면 황소자리는 그것을 지키기 위한 사랑을 합니다. 그 사랑이 동화 속의 사랑처럼 해피엔딩으로 끝나지 않는다면, 황소자리는 마음의 상처로 여위어 가거나 다른 감각적인 경험에 빠져들 것입니다. 우울한 알코올 중독자가 되거나(황소자리가 범할 수 있는 가장 끔찍한 실수 중 하나입니다.) 지나친 식탐에 빠져들 수 있지요. 물론 양쪽 다 황소자리에게는 몹시 부자연스러운 상태이지요. 황소자리의 고결한 본능은 무엇이든 지나친 것은 피하려는 마음이 있기 때문입니다.

황소자리 남성은 모든 여성이 꿈꾸는 이상형입니다. 그런데 쌍둥이자리 여성은 그 모든 여성에 포함되지 않습니다. 쌍둥이자리가 꿈꾸는 이상형은 그렇게 많은 것들을 포함하고 있지도 않고 그렇게 현실적이지도 않지요. 쌍둥이자리는 비현실적인 사람들입니다. 연처럼 자유롭게 날아다니면서, 가끔은 바람에 이리저리 흔들리다 밑으로 떨어지기도 하지요. 또 그러다가는 부드러운 미풍을 타고 다시 하늘로 오르기도 하고, 구름 사이로 비치는 햇살을 받기도 하고, 그 햇빛을 다시 반사하기도 하면서 아름답게 날아다닙니다.

코미디언이자 배우였던 오손 빈은 자신이 알던 쌍둥이자리 여성에 대해 명확하게 묘사한 적이 있습니다. 그가 하루는 그 여성에게 "남편 생일이 언제예요?"라고 물었습니다. 그녀는 즉시 이렇게 대답했답니다.

"세상에! 전 남편 같은 건 안 키워요."

"남성을 별로 좋아하지 않는 것처럼 들리네요?"

오손은 이렇게 질문했다가, 그녀가 한 대답에 놀라고 말았습니다.

"아니요! 물론 남성을 사랑하죠. 하지만 남편이란 사람들은 참을 수 없어요."

"왜요? 남편들이 뭐가 문젠데요?"

쌍둥이자리 여성은 아주 잠깐 생각하더니 이렇게 말했습니다.

"남편이란 사람들은 너무 소유욕이 강해요. 내가 누구랑 데이트하는지 늘 알고 싶어하잖아요. 그리고….." 그녀는 말끝을 흐렸답니다.

당신이 보통 사람이거나 황소자리라면, 분명히 위의 대화를 보고 저 쌍둥이자리 여성이 너무 문란한 사람이라 생각할 겁니다. 천문해석가에게는 아니랍니다. 쌍둥이자리의 지배행성인 수성의 횡설수설을 이해하기 때문에 저는 다르게 해석합니다. 저도 이렇게 횡설수설할 때가 있으니까요. 저 쌍둥이자리 여성은 자신이 지닌 두 개의 자아에 진실한 것뿐입니다. 쌍둥이자리에게 '데이트'란 미용사나 메이크업 컨설턴트 같은 사람을 별 의미 없이 만나는 일이 될 수도 있고, 스케일링을 받으러 치과에 가는 일이 될 수도 있으며, 상담을 받으러 가거나 형부를 만나는 일이 될 수도 있지요. 쌍둥이자리 여성은 항상 누군가와 만날 약속을 합니다. 그러고는 곧잘 지각을 하거나 아예 약속을 잊는 것도 예사지요. 함께 있는 게 재미있고 자신의 상상력을 자극해주는 흥미로운 대화를 나눌 수 있는 사람이라고 해서, 그녀가 항상 연애를 하고 싶어하는 것은 아닙니다. 적어도 만남이 시작될 때는 아니랍니다. 사람들이 그런 그녀의 태도를 잘 이해해주기만 한다면 그런 관계가 잘 유지될 수 있습니다. 쌍둥이자리 여성에게는 늘 두 명의 자아가 있다는 걸 잊지 마세요. 어떻게 시시각각 변하는 두 명의 자아를 늘 행복하게 해줄 수 있을까요? 결국은 수학적인 문제가 되는 거지요. 황소자리라면 잘 이해가 안 될 겁니다.

쌍둥이자리 여성은 남녀를 가리지 않고 이 사람 저 사람과 어울리고 싶어하는 욕구가 있습니다. 하지만 그 때문에 연애 관계에 상처 입을 필요는 없습니다. 쌍둥이자리 여성은 마음속으로는 한 남성에게 깊이 충실하답니다. 가끔은 열 명이 넘는 친구가 필요하다고 해도 말이에요. 하지만 소유욕이 강한 황소자리 남성에게 쌍둥이자리 여성의 그런 관계 욕구를 이해시키려면 노력이 필요합니다. 어쨌거나 시도는 해봐야겠지요. 결혼하기 전에 이런 것들에 대해 모두 얘기를 하는 것이 좋을 겁니다. 황소자리 남성이 할 수 있는 일이라곤 화가 점점 더 치밀어 올라 결국 떠나버리는 것이겠지요. 나중에, 황소자리 남성이 쌍둥이자리 여성을 평생 간직하고 싶은 소유물로 확정하게 될 때까지 기다렸다가 말하면 어떨까요? 너무 지루하고 심심해서 가끔은 놀이공원에 가서 한바탕 놀이 기구라도 타지 않으면 미쳐버릴 것 같다고 말한다면요? 황소자리 남성의 반응은 똑같을 것입니다. 하지만 이번에는 그의 분노가 잘 제어가 되지 않을 것입니다. 전형적인 황소자리 남성은 자신의 아내가 2주일에 한 번씩 축제에 가고 싶어한다는 사실을 그리 달가워하지 않을 것입니다. 내기를 해도 좋습니다.

물론 모든 것이 평화로울 수도 있습니다. 만일 황소자리 남성에게 공기 에너지와 불 에너지가 많아서 그녀의 열정과 변덕을 이해할 수 있다면요. 또 만약 쌍둥이자리 여성에게 황소자리를 이해할 수 있는 물이나 흙 에너지가 많아도 도움이 됩니다. 그런 쌍둥이자리 여성이라면 대부분의 시간을 황소자리 남성 곁에서 차분하고 안락하게 앉아서 서로 조용히 쓰다듬어주는 것만으로도 만족할 수 있지요.

이런 경우들이 아니라면, 황소자리 남성은 쌍둥이자리 여성과 소통하는 것이 어렵다고 느낄 것입니다. 쌍둥이자리 여성도 황소자리 남성을 대하기가 어렵다고 느낍니다. 돈을 예로 들어볼까요? 쌍둥이자리 여성은 돈 쓰는 것을 좋아하고, 황소자리 남성은 돈을 모으는 일에 더 관심이 많습니다. 음식을 예로 들어볼까요? 그는 먹는 것에 집착할 정도로 좋아하고 그녀는 요리하는 것을 싫어합니다. 그녀는 한 손으로 간단하게 만들 수 있는 음식이 아니라면, 좋아하는 프랑스 식당에 가서 주방장의 요리 솜씨를 즐기는 것을 더 좋아하지요.

황소자리 남성은 쌍둥이자리 여성의 변덕도 이해하기 무척 어려울 것입니다. 그녀는 마치 열대지방에서 티셔츠를 갈아입는 것만큼이나 기분이 자주 변하지요. 그녀의 변덕은 아주 어릴 때부터 시작되었답니다. 제일 처음에는 수녀가 되고 싶었지요. 그다음에는 학자가 되고 싶었고요. 그녀는 기분이 명랑했다가 갑자기 우울해지기도 하고, 너그러웠다가 갑자기 인색해집니다. 영화배우가 되고 싶었다가는 어느새 인류학을 전공하고 싶어지지요. 당연히 황소자리는 이런 급격한 변화에 몹시 불안해진답니다.

어느 날, 퇴근해서 집에 돌아온 황소자리 남편은 다정하게 쌍둥이자리 아내를 안아줍니다. 그런데 그녀는 거의 쓰러질 것처럼 보여서 그를 깜짝 놀라게 합니다.

> **황소자리:** 왜 그래요, 여보? 얼굴이 창백해요!
> **쌍둥이자리:** 힘이 없어요. 나 좀 소파로 데려다줘요.
> **황소자리:** 근데 왜 그런 건데요?
> **쌍둥이자리:** 눈앞에 별이 보이고 방이 빙글빙글 돌아요. 너무 어지러워요. 두통도 심하고. 팔다리에 감각이 없어요. 이것 봐요. 손가락을 움직일 수가 없어요.
> **황소자리:** 세상에! 당장 의사를 불러야겠어요. 일단 여기 가만히 누워 있어요. 움직이지 말고요.
> **쌍둥이자리:** 당신 어깨에 기대고 있어도 되죠?
> **황소자리:** 물론이죠.
> (정확하게 5초가 지난 후)
> **황소자리:** 좀 어때요? (전화기를 들고 의사에게 전화를 걸려고 한다.)
> **쌍둥이자리:** 환상이에요! 우리 수영하러 가요! 누가 더 빨리 가나 내기할까요?

어쩌면 결국엔 황소자리가 다른 대부분의 남성보다는 이런 상황에 더 잘 대처할지도 모르겠다는 생각이 드네요. 하루에도 몇 번이나 이런 상황을 겪으려면 정말 강철 인내심이 필요할 테니까요. 인내는 황소자리가 세상에서 가장 잘하는 거잖아요?

사랑을 나누는 일에도 변덕은 계속됩니다. 어느 날, 저녁 식사를 마치자마자 쌍둥이자리 아내가 남편에게 속삭입니다. "자기, 우리 오랜만에 신혼여행 때처럼 분위기 좀 내볼까요?" 이 정도도 이해 못 할 남자는 없지요.

> **황소자리:** (가슴이 쿵쿵 뛰면서) 여보, 그럼 불만 좀 끄고 올게요. 잠깐만 기다려요.
>
> **쌍둥이자리:** (벌써 침대에 누워서) 빨리 와요, 빨리! 어머 저 달 좀 봐요. 너무 예쁘지 않아요? 별도 너무 밝아요. 별 하나에다 소원을 빌어야겠어요.
>
> **황소자리:** (이미 가장 좋아하는 곰돌이 담요 속으로 들어가) 여보, 창문 그만 쳐다보고 이리 가까이 와요.
>
> **쌍둥이자리:** 좋아요, 근데 우리 줄자가 어디 있는지 알아요? 지금 뭐 좀 재봐야겠어요.
>
> **황소자리:** 뭘 하겠다고요?
>
> **쌍둥이자리:** 이쪽 벽 길이를 좀 재봐야겠어요. 여기다 벽난로를 설치할 수 있을까요? 신혼여행 때 그 방에 있던 벽난로 생각나요? 그런 게 있으면 정말 낭만적이지 않겠어요? 그 전화기 좀 줘봐요. 당장 집수리하는 사람한테 전화해봐야겠어요. 사무실 문 닫기 전에. 불 좀 켜봐요. 전화번호부 책을 찾을 수가 없잖아요!

네, 강철 인내심이 필요합니다. 황소자리는 감각적이면서도 아주 에로틱하고 정열적인 연인이랍니다. 쌍둥이자리는 섹스를 마치 상상 속 마법의 요정 나라로 가는 흥미진진한 탐험처럼 여기지요. 황소자리들은 모두 기본적으로 섹스에 대해 유머 감각을 가지고 있습니다. 하지만 상대가 자신만의 환상의 세계로 빠져들어 둘의 친밀감이 방해를 받으면, 황소자리의 유머 감각은 실종됩니다. 황소자리는 요정이나 영체가 아닌 진짜 여성의 몸을 안고 싶어합니다. 하지만 쌍둥이자리 여성의 마음은 환상적인 이미지들로 가득 차 있는 놀이터지요. 그곳은 황소자리 손에는 잘 잡히지 않는 너무 먼 곳이랍니다. 황소자리의 발은 현실을 딛고 서 있으니까요. 둘 사이에는 절충이 필요합니다.

쌍둥이자리 여성을 사랑하는 황소자리 남성을 혼란스럽게 하는 것은 딱 한 가지 의문점으로 귀결됩니다. 그녀는 도대체 누굴까? 평생, 오래도록 함께하려고 기다려 온 나만의 여인이 맞을까? 아니면 내 소원이 만들어낸 가공의 인물일까? 황소자리 남성도 그녀와 함께 구름 속을 날고 싶어합니다. 하지만 어떻게 해야 할지를 잘 모른답니다. 황소자리 남성의 그런 소망은 다음과 같은 시에 잘 담겨 있지요.

그게 정말 당신인가요?
아니면, 내가 어린 시절 모래사장에서
파도에 견딜 만큼 튼튼한 모래성을 쌓았던 그때부터
오랫동안 키워온 내 사랑의 예복을
내가 당신에게 입힌 걸까요?

누가 처음 이런 말을 했는지는 모르겠어요.
"모르는 것은 당신을 해칠 수 없다."
하지만 그 아무개 씨는 틀렸어요.
이 나무 꼭대기까지 올라와서 보니
알게 되었지요. 당신이, 정말로 아니라는 걸.

하지만 이제 저 혼자 여기서 어떻게 내려갈까요?
저는 항상 높은 곳이 무서운 걸요.
_『금성은 한밤중에 120도를 맺는다』 (린다 굿맨)

황소자리 Taurus

흙 · 유지하는 · 수동적
지배행성: 금성
상징: 황소
음(−) · 여성적

Cancer 게자리

물 · 시작하는 · 수동적
지배행성: 달
상징: 게
음(−) · 여성적

황소자리와 게자리의 관계

그들이 어디에 있는지 얘기하겠다.

그들은 이미 땅속에 있는 그들의 집에 있다. 아주 쾌적한 은신처에.

게자리는 엄마, 집, 돈 그리고 음식을 사랑합니다. 황소자리는 돈, 집, 엄마, 음식 그리고 아기들을 사랑하지요. 좋아하는 순서만 제외한다면, 이 두 별자리가 얼마나 비슷한지 아셨지요?

황소자리와 게자리는 둘 다 사람들이 자신에게 친절하기를 바랍니다. 가끔 이들이 행동하는 방식을 보면 전혀 그런 생각이 들지 않을 수도 있지만, 이들은 필사적으로 사람들이 친절하게 대해주기를 바란답니다. 게자리가 황소자리에게 해줄 수 있는 가장 좋은 일을 알려드릴까요? 풍성한 저녁 식사를 준비해서, 어떻게 하면 돈을 더 많이 벌까를 얘기하며, 함께 식사를 하는 것입니다. 황소자리가 게자리에게 해줄 수 있는 가장 친절한 일은 뭘까요? 천문력을 하나 사서 달이 기울고 차는 주기를 확인한 후, 그에 따라 변하는 게자리의 기분에 맞추어주는 것입니다. 게자리들은 달의 지배를 받기 때문에 달의 변덕스러운 변화에 계속 영향을 받는답니다.

실용적인 황소자리는 달에 이리저리 끌려다니기에는 너무나 상식적인 사람들이지요. 하지만 그 때문에 게자리에 대해 연민을 느끼고, 바로 그런 점이 게자리에게는 커다란 위안이 된답니다. 의식적으로 남들의 동정을 바라지는 않지만, 게자리는 자신들이 매일 겪는 비극을 과장한다고 사람들이 비난하는 대신 이해해주기를 원한답니다. 누가 비극을 과장하고 싶겠어요? 뭐가 좋다고요. 비극은 그냥 비극일 뿐이지요. 하지만 게자리는 자신들의 비극을 심각하게 받아들인답니다.

게자리는 대부분 심각할 뿐 아니라 신중하기도 합니다. 존 록펠러나 넬슨 록펠러처럼 심각하면서도 진지한 게자리 명사들이 많지요. 슬픈 얼굴을 한 시무룩한 표정의 코미디언이 있다면, 말이 안 된다고 생각하시나요? 영국 영화배우였던 아서 트레처를 떠올려보세요. 늘 집사 역을 맡았던 배우지요. 강박적인 아내이자 어머니여서 자식에 대한 걱정과 근심이 끊이지 않는 여성인데, 그 사람의 직업이 사람들을 웃기는 일이라면 어떤가요? 말이 안 되나요? 미국의 여성 코미디언 필리스 딜러를 생각해보세요. 아서 트레처와 필리스 딜러는 둘 다 게자리였지요. 또한 둘 다 게자리답게 자신들의 미친 연기를 통해 상당한 부를 축적하기도 했습니다. 게자리는 가끔은 조용하고 소심하지만 가끔은 귀가 따가울 정도로 수다스럽기도 합니다. 이미 말씀드렸던 것처럼 기분이 변덕스러운 사람들이지요.

황소자리와 게자리가 이렇게 공통점이 많음에도 불구하고, 황소자리는 게자리의 기분을 이해하는 것이 어렵습니다. 황소자리는 어떤 상황이 벌어졌을 때 울고 한탄하는 것은 시간 낭비일 뿐 아니라 상식적이지 않다고 생각합니다. 그래서 좀처럼 그렇게 행동하지 않지요. 가끔 소처럼 음매 하고 울기는 하겠지만요. 그리고 기분 변화도 많지 않습니다. 하지만 황소자리가 한번 마음먹고 우울해지기 시작하면(아주 드문 경우긴 하지만) 절대로 농담을 하지 않는답니다. 얼굴이 제대로 일그러지지요. 황소자리가 한번 심기가 불편해지기로 마음먹으면 그것은 정당한 일일 것이며 몇 달이나 몇 년 동안 지속될 수 있다는 것을 알고 계셔야 합니다. 아무리 옆에서 웃겨보려고 해도 소용없답니다.

이와는 반대로 게자리의 기분은 몇 시간, 아무리 길어야 며칠 이상 지속되지 않는답니다. 그 기분도 아주 여러 상태가 섞여 있습니다. 온화한 유머에서 고약한 비평까지, 재치 있고 쾌활하게 대화하다가도 갑자기 수줍음을 띠기도 하고요. 울다가 웃고, 믿음을 보여주다가는 갑자기 냉소적인 모습이 되기도 하지요. 비통해하다가도 갑자기 즐거워합니다. 그러다가 갑자기 정색을 하고 이렇게 묻지요. "내가 기분이 잘 변한다니, 그게 무슨 뜻이에요? 당신이야말로 참기 힘든 사람이에요!" 게자리가 다시 기분이 좋아질 때까지는 이 말에 대해 반박을 하지 않기로 할게요. 그랬다가는 제대로 논쟁거리를 제공해주는 것일 테니까요.

게자리는 무척 민감하기 때문에 사람들이 마음속으로 무슨 생각을 하는지 잘 알고 있으며 그렇기 때문에 동정심도 많답니다. 하지만 그 동정심이라는 것이 생기다가 마는 경우가 있습니다. 사람들이 동정을 바랄 때 그렇습니다. 이런 경우가 자주 있지요. 특히 돈 문제를 수반할 때는요. 그럴 때는 동정심이 잘 생기지 않는답니다. 게자리는 돈을 쓰기 전에 두 번 생각합니다. 황소자리와 게자리의 또 하나 커다란 공통점입니다. 황소자리는 돈을 지출할 때 두 번 생각할 뿐만 아니라, 확실하게 하기 위해 한 번 더 생각합니다. 하지만 황소자리와 게자리는 모두 연장자와 어린아이에 대해서는 진심으로 관대합니다. 어린아이를 위해 따뜻한 밥 한 끼를 제공해주는 일이거나 친척이나 절친한 벗의 집세를 도와주는 일이라면, 황소자리나 게자리도 지출 문제에 있어 긴장을 풉니다. 혹은 사랑에 빠졌을 때도 그렇습니다. 사랑은 이들의 마음을 따뜻하게 덥혀주고 기적처럼 주머니를 열게 만들지요.

이 두 별자리가 돈을 쓰는 일에 느린 것은 인색해서가 아닙니다. 미래를 생각하기 때문입니다. 살다보면 힘든 시기가 있기 마련이잖아요? 게자리와 황소자리가 이 부분을 읽고 있다면 머리를 끄덕이며 아마도 조용하게, 하지만 너무나도 진지하게 "정말 그렇지 않니?"라고 말하는 모습이 눈앞에 생생히 그려지네요.

네, 그럼요. 물론입니다. 살다 보면 힘든 시절이 오기 마련이지요. 그런데 천문해석학의 시각으로 보면, 그런 시절에 대해 생각하는 만큼 그때가 옵니다. 그런 힘든 시절을 대비한 황소자리나 게자리 중에서 힘든 시절을 겪지 않은 사람을, 저는 아직 보지 못했습니다. 고대로부터 내려오는 신비한 지혜는 이렇게 경고합니다. **당신이 원하는(혹은 그리는) 것을 조심하라. 원하면 이루어질 테니.** 확실합니다. 예외가 없답니다. 어려운 시절을 대비해서 절약하는 것에 에너지를 집중하면 곧 어려운 시절이 옵니다. 그렇다면 대신 사랑과 행복과 안정감을 머릿속에 그려보면 어떨까요? 이런 식의 '바람'과 상상은 우주의 법칙대로 정확하게 현실에서 이루어집니다.

모든 게자리와 황소자리가 가지고 있는 은밀한 비밀이 있습니다. 자산을 잘 관리하지 않으면 언젠가 부랑자 수용소에 가게 될 것이라는 걱정이지요. 하지만 전혀 필요 없는 걱정입니다. 풍요의 별자리인 황소자리와 게자리는 절대 부랑자 수용소에 갈 일이 없답니다.

솔직히 말해 저 같은 불 별자리와 공기 별자리는 물 별자리인 게자리와 흙 별자리인 황소자리의 걱정 근심에 대해, 보다 긍정적으로 받아들일 필요가 있다고 생각합니다. 게자리가 없다면 비상사태에 사람들이 받는 구호물자나 고아원, 무기한 임대주택 같은 것도 없을 것입니다. 미국이 게자리 나라라는 것을 아시지요? 황소자리가 아니었다면, 수만 명을 고용할 수 있는 거대 기업 허스트 신문사(사주인 윌리엄 랜돌프 허스트가 황소자리였지요.)를 비롯한 수많은 대기업도 없었을 것입니다. 부동산 기업(대부분이 황소자리 사장입니다.)이나 은행(금융기업의 대표도 대부분 황소자리나 게자리랍니다.)이나 농장(또한 대부분이 황소자리에 의해 운영되지요.)도 마찬가지입니다. 게자리와 황소자리들이 가지고 있는 보살핌, 신중함, 걱정 그리고 보수성 덕분에 우리 모두가 제정신으로 안전하게 살고 있다는 것을 인정해야만 합니다. 모든 염소자리와 처녀자리(그리고 일부 전갈자리)들이 이들을 돕고 있지요.

우리는 황소자리와 게자리의 유머 감각에 대해서도 감사해야 합니다. 유머 감각은 청결함과 함께 신성함 바로 다음으로 중요한 덕목이지요. 진정한 유머는 비극에서 생겨납니다. 진지한 게자리와 황소자리가 그렇게 자주, 정말로 웃기는 이유랍니다. 특히 두 사람이 일이나 사랑, 혹은 우정이나 가족으로 짝을 이룰 때 그렇습니다.

황소자리와 게자리는 둘 다 먹는 걸 좋아하고 요리하는 것도 좋아합니다. 둘이 함께 시간을 많이 보내면 체중 조절에 실패할 가능성이 크겠지요. 황소자리와 게자리 커플을 알고 있다면, 크리스마스 선물로 가장 좋은 것은 영양에 관한 책일 것입니다. 건강 음식으로 유명한 식당의 이용권 같은 것도 좋겠지요. 마실 거리에 있어서는 게자리가 황소자리보다 조금 더 독한 술을 즐기는 편입니다. 게자리는 물의 별자리이므로 황소자리보다는 술이 더 센 편이지요. 만약 게자리가 황소자리에게 자주 술을 권한다면 문제가 생길 수도 있습니다. 황소자리는 뭐든 지나친 것을 싫어하기 때문에 좀처럼 문제가 되지는 않지만, 만약 술을 즐기게 된다면 다른 것들을 하는 방식으로 하게 되기 때문입니다. 바로 규모가 커지는 거지요.

황소자리와 게자리는 무난하게 잘 맞습니다. 그렇지 않다고 해도 별로 큰 소리를 내지 않으며 좀처럼 열띤 논쟁을 벌이지도 않습니다. 그들이 상대의 화를 돋우거나 상처 주는 방법은 혼자 시무룩해지는 것입니다. 물론 늘 완전히 조용하지는 않습니다. 가끔은 화가 잔뜩 난 황소자리가 구석에 웅크리고 앉은 채 숨을 몰아쉬며 웅얼거릴 때, 약간의 소리가 나지요. 그러는 동안 게자리는 혼자 벽장에 들어가 여러 장의 화장지를 쓰며 구슬프게 울며 흐느끼는 소리를 낼 것입니다. 그래도 여전히 변덕스러운 별자리들이 내는 고함보다는 훨씬 평화롭습니다. (한 10년에 한 번씩 황소자리가 좋아하는 비누 가게에 들어가 흥분했을 때나, 누군가가 정말로 열 받게 했을 때 발생하는 아주 드문 무서운 순간들을 제외한다면요.)

황소자리와 게자리의 만남은 운명적인 만남일 경우가 많습니다. 3-11 태양별자리 유형으로, 여기엔 의미심장한 카르마가 내재되어 있기 때문입니다. 두 사람은 가볍게 만나지 않습니다. 두 사람이 어느 정도 지속적으로 만나게 된다면, 서로의 삶에 오랫동안 영향을 미칠 도움을 주거나 해를 끼치게 되지요.

황소자리와 게자리는 모든 종류의 사업이나 협업 관계, 주식거래, 은행업, 조경업, 농장, 정치 또는 부동산업 등에서 환상의 팀을 이룹니다. 황소자리는 조심스럽게 그 기반을 구축해서 감각적으로 운영할 것이고, 게자리는 신중하고 효율적으로 그 조직을 운영해서 두 사람의 노력이 최대한의 주목을 받을 수 있도록 만듭니다. 게자리는 외향적이지 않을 수는 있지만, 신문 지면이나 TV 화면에 스스로를 노출하는 일에 놀라운 재주를 가지고 있답니다. 황소자리와 게자리가 함께하면 사업이 잘되어 흑자를 기록할 확률이 아주 높습니다. 만약 적자를 기록한다면, 성공을 확실하게 만들기 위해 투자 중인 프로젝트가 있기 때문일 것입니다. 황소자리와 게자리는 모두 명사 인명록에 오를 가능성이 아주 높고, 그 관계도 대체로 조화롭고 긴장감이 적을 것입니다. 가끔은 시무룩해지거나 투덜거리고 훌쩍거리는 시간도 있겠지만, 다른 별자리 조합보다는 서로 화해하기가 쉽습니다. 둘 다 차분하고 내면의 순수한 평화와 조용함을 갈망하는 별자리이기 때문이지요.

황소자리가 흙의 별자리이고 게자리가 물의 별자리이기 때문에, 게자리가 점차적으로 황소자리의 확고한 습성을 따라 하게 될 가능성이 높습니다. 왜냐고요? 물은 융통성이 있고 거부하지 않기 때문이지요. 이것이 바로 물의 지혜입니다. 물은 담는 그릇에 형태를 맞춥니다. 그 그릇이 황소자리라면 그 모양은 균형이 잡혀 있고 기분도 좋은 상태가 됩니다. 형태에 대한 황소자리의 훌륭한 취향과 색상에 대한 게자리의 민감함을 고려해볼 때, 둘이 함께 그 그릇에 멋진 그림을 그릴 수도 있을 것입니다. 그런 다음, 두 사람은 그 그릇에 가격표를 붙여서 시장에 내놓겠지요. 결국 두 사람은 두둑한 이윤을 챙겨 함께 집으로 돌아올 것입니다.

황소자리 여성과 게자리 남성

그날 밤 피터는 그가 평소에 꾸던 꿈들 중 한 꿈을 꾸었다.
피터는 꿈을 꾸면서 울었는데, 그 울음은 오랫동안 이어졌다.
웬디는 그런 피터를 꼭 안아주었다.

게자리 남성은 자신의 여인이 그를 아기처럼 다루어주기를 바라는 은밀한 욕구를 가지고 있습니다. 황소자리 여성은 자기 남자에게 너무 잘해줘서 버릇을 잘못 들이는 경향이 있지요. 이 두 가지 천문해석학적인 요인을 합치면 어떤 결과가 나올까요? 첫눈에 반하는 사랑이요? 아니요, 별로 그렇지는 않답니다.

게자리는 사랑을 포함해 그 어떤 일에도 쉽게 뛰어들지 않습니다. 원하는 목표물에 바로 뛰어들지 않을 뿐만 아니라, 목표물을 향해 직접 접근하는 것도 불가능하답니다. 이상하게 모든 게자리는 옆으로 걷는 습관이 있지요. 실제로 게를 관찰해보신 적이 있나요? 게는 먼저 오른쪽으로 방향을 바꾸는 듯하다가, 갑자기 왼쪽으로 급

선회합니다. 그런 다음에는 뒤로 약간 물러나는 듯하다가, 목표물이 도망이라도 치려고 하면 갑자기 앞으로 돌진해서는 꽉 움켜쥐고 매달립니다. 그러다가 발을 잃기도 하지만, 그렇다고 해도 게는 발이 다시 자라나지요. 그래서 게자리들을 '집요하다'고 합니다. 실은 이 표현도 게자리에게는 너무 완곡한 표현이랍니다.

황소자리 여성도 영원한 사랑의 노래를 부르며 열정의 바다에 풍덩 뛰어드는 유형은 아닙니다. 황소자리 여성은 먼저 구애받기를 원한답니다. 제대로 된 구애를 바라지요. 자신의 사랑을 인정하기 전에 사랑하는 이로부터 다양한 증명을 원합니다. 그러니 흙의 별자리인 황소자리와 게자리 같은 물의 별자리가 만났을 때는 '첫눈에 반하는 사랑'은 일어나기 어렵습니다. 두 사람의 사랑은 시간이 걸리지요. 몇 달, 혹은 몇 년이 걸리기도 합니다. 하지만 일단 마음을 정하고 나면, 황소자리 여성은 자신의 남성을 행복하게 해줍니다. 게자리 남성도 한번 앞으로 몸을 던지기로 결심을 하면, 상당한 집요함으로 끝내 자신의 사랑을 쟁취하는 유형이지요.

게자리가 상대방의 마음을 얻으려고 하는 시기에는 자신의 감정과 의도를 드러내지 않는다고 하는 말은 과장이 아닙니다. 1973년 봄, 저는 런던에 사는 한 게자리 남성으로부터 제 첫 번째 책인 『당신의 별자리』 양장본을 우편으로 받았습니다. 이런 쪽지가 들어 있었지요.

'굿맨 양에게, 저는 정말 멋진 황소자리 여성에게 반해 있답니다. 그 사람은 당신이 『당신의 별자리』의 '황소자리 여성' 편에서 설명하고 있는 그대로인 사람입니다. 저는 그 사람과 결혼하려고 합니다. 당신이 이 책에 '사랑스러운 황소자리 매기에게'라고 사인을 해서 저에게 보내주신다면 정말로 고맙겠습니다.'

그 쪽지에는 추신이 있었는데 이런 내용이었지요.

'게자리에 대해서는 아무 말도 적지 말아주세요. 그녀는 제가 지금 당신에게 책을 보내고 편지를 쓴 것에 대해 전혀 모른답니다. 친구가 저 대신 그녀가 일하는 히드로 공항에 가서 이 책을 전달해줄 예정입니다. 제가 이 책을 준다는 사실은 전혀 모르지요. 제가 어떤 감정인지 눈치채지 못하게 하고 싶습니다. 저희는 만난 지 몇 달밖에 안 되었거든요. 고맙습니다.'

저는 그 매기라는 여성이 약간 걱정되긴 했지만 괜한 조언은 하지 않기로 했습니다. 황소자리 여인이라면 그 남성이 자신의 사랑을 공개할 때까지 기다릴 인내심을 가지고 있을 테니까요. 그게 몇 년 전 일이니, 아마도 지금쯤 둘은 행복하게 결혼해서 아기도 낳고 잘 살고 있으리라 믿습니다. 만약 그렇다면, 이 기회에 두 사람을 축하해줘야겠네요!

게자리와 황소자리의 관계는 거의 완벽해 보일 수 있습니다. 일반적인 남녀 관계보다는 분명히 좋지요. 하지만 둘의 관계에 결함이 전혀 없다는 것은 아닙니다. 예컨대 게자리에게는 엄마와 관련된 콤플렉스가 있지요. 게자리 남성은, 엄마가 바라보는 아들이 아니라 그냥 한 사람의 남자로 자신의 삶을 살아가는 행운아일 수도 있습니다. 만일 그렇다면 황소자리 여성이 운이 좋은 겁니다. 게자리 남성은 엄마를 너무나 많이 존경하고 숭배하는 경향이 있지요. 그리고 다른 모든 여성이 엄마처럼 자기에게 헌신해주기를 바란답니다.

운이 나쁘다면, 게자리 남성이 엄마에 대한 집착 문제를 제대로 해결하지 못한 사람일 수도 있습니다. 이런 유형의 게자리 남성(기억하세요. 게자리의 상징은 모성애를 의미하며 신체에서는 가슴을 의미합니다.)은 젖을 떼는 것에 대해 무의식적인 분노를 가지고 있답니다. 그러므로 그들은 엄마를 냉정하게 거절함으로써 자신의 비밀스러운 딜레마를 해결하려 하거나 아니면, 엄마에게 완벽하게 의존하는 상태로 남아 있게 됩니다. 두 경우 모두 긍정적인 감정 상태는 아니지요. 이런 게자리 남성과 결혼하는 여성은 가끔 그 파급효과를 겪게 됩니다. 그가 의존을 택한 게자리 남성이라면, 상대의 인내심을 시험하게 할 만큼 많은 문제점이 발생하게 될 것입니다. 다행스럽게도 황소자리 여성은 인내심에 있어서라면 일반적인 여성보다 훨씬 강하지요. 인내심뿐만 아니라 성격도 그만큼 강해서, 화가 한번 제대로 나면 아주 명확하게 의사표시를 합니다.

게자리: 자기, 너무 늦어서 미안해요. 오는 길에 엄마네 들러서 옛날얘기 좀 하다가 왔어요. 그리고 이것 좀 봐요. 엄마가 뒤뜰에서 딴 딸기를 자기 갖다주라고 이만큼이나 주셨지 뭐예요. 정말 맛있어 보이지요?

황소자리: 전 딸기 먹으면 두드러기가 나요. 제가 당신하고 어머님한테 수천 번도 더 말했을 걸요. 딸기에 알레르기가 있다고. (임신한 배를 쓰다듬으며) 당신이 없어서 제가 혼자 창문 셔터를 다 내려야 했다구요. 보여요?

게자리: 으응, 잘 했어요, 자기. 근데….

황소자리: 근데 뭐요?

게자리: 아니, 그냥 엄마가 말하길, 창문 셔터는 필요한 때보다 불필요한 때가 더 많다고 그랬거든요. 자꾸 부서지기도 하고 먼지 털기도 힘들고…. 그리고 엄마가 그냥 커튼이 훨씬 더 다채로운 색깔이 많다는데, 당신은 그렇게 생각 안 해요?

황소자리: 아뇨. 전 생각을 안 해요. 뇌가 없거든요. 전 그냥 무위도식하는 로봇이나 마찬가지잖아요.

게자리: 화내지 말아요, 자기. 일을 너무 많이 해서 스트레스를 받아서 그래요. 이제 좀 쉬어요. 오늘은 외식하고 영화나 보면 어때요?

황소자리: 전 그냥 집에서 텔레비전으로 아카데미 시상식이나 볼래요. 피자나 주문해서 먹든가요.

게자리: 엄마가 그러는데 장님이 될 수도 있대요. 피해망상증이 생길 수도 있고요.

황소자리: 뭐가요? 피자를 먹으면요?

게자리: 아니, 텔레비전을 너무 많이 보면요.

황소자리: 저는 피자를 먹으면서 오스카 시상식 보고 싶어요. 그러니 더 이상 그걸로 얘기하지 말아요.

게자리: 그래요 그럼…. 하지만 엄마가 그러는데 동맥경화를 유발할 수도 있다던데….

황소자리: 아니, 도대체 텔레비전이 어떻게 동맥경화를 유발한다는 거예요? 그것 참 환상적인 의학 이론이네요.

게자리: 아니, 피자 말예요. 엄마 말이 탄수화물 덩어리인 피자 빵이랑 매운 양념은 독이래요. 우리가 요즘 그런 음식을 너무 많이 먹었잖아요. 이러면 어때요? 엄마 집에 가서 같이 저녁을 먹는 거예요. 혼자 계시잖아요. 게다가 오늘은 닭튀김을 만드셨더라고요…. 그리고….

황소자리: 닭튀김에는 탄수화물이 없어요?

게자리: 엄마가 만드는 방식은 탄수화물이 별로 안 들어가잖아요…. 엄마가…. 당신 뭐 하는 거예요?

황소자리: 여보세요? 피자집이죠? 여기 게르트루드 글라스버그인데요, 작은 피자 하나만 보내주세요. 아뇨, 이번엔 저 혼자 먹을 거예요. 남편이랑 좀 떨어져 지내기로 했거든요.

게자리: 뭐라고요? 여보, 내 생각엔….

황소자리: (엄청 무섭게) 가방 싸요. 빨리요. 어머님 닭튀김이 다 식겠어요.

황소자리의 인내심에도 한계는 있지요. 물론 모든 게자리 남성이 다 이렇게 엄마의 치마폭에 싸여 있는 건 아닙니다. 그럼에도 불구하고, 완벽한 여성상을 가지고 있는 남성과 사는 일은 힘든 일일 것입니다. 황소자리 여성도 직접 맛난 튀김을 만들고, 자기 옷은 직접 만들어 입기도 하며 근검절약하고, 좋은 향기가 나며(황소자리 여성들은 향이 좋은 비누와 목욕용품을 사랑한답니다.) 성적 매력도 아주 풍부합니다. 엄마가 절대로 따라올 수 없는 여러 장점이 있지요.

황소자리와 게자리의 육체적인 관계는 이상적입니다. 그런데 그들이 원하는 만큼, 또는 장려하는 만큼만 이상적이지요. 분명히 조화를 이룰 수 있는 잠재성은 있답니다. 황소자리 여성의 성적인 성향은 애정이 깊고 부드러우며 전혀 복잡하지 않습니다. 게자리 남성 또한 정이 깊고 부드럽습니다. 하지만 황소자리 여성보다는 조금 더 복잡하지요. 황소자리 여성은 감각적인 만족을 직접 느끼고 싶어하며 현실적인 열정이 중요합니다. 반면 게자리 남성은 성적인 결합을 통해 감정을 표현하는 것이 중요합니다. 하지만 이런 약간의 차이점이 있다고 해도 충돌되지는 않습니다. 대신 이 두 가지가 섞여서 드물게 완벽한 육체적인 관계를 만들어낼 수 있지요. 황소자리 여성이 사랑을 성적으로 표현하는 방법은 어딘가 따뜻하게 보호해주는 듯한 면이 있는데, 이는 게자리의 조용한 울음에 응답하는 것처럼 보입니다. 게자리 남성으로 하여금 따뜻한 구름 속에 안긴 채 누군가 자신의 눈물을 닦아주고, 아무도 원하지 않는 외로운 사람이 될까 봐 두려웠던 마음을 어루만져주는 것처럼 느껴지게 하지요. 황소자리 여성이 사랑을 나누면서 자신의 헌신을 표현할 때는 더 이상 단순한 놀이도, 판타지도, 꾸며낸 겸손함도 없습니다. 그녀는 편안하게 그저 내준답니다. 게자리 남성은 사랑을 나누는 일에 보다 상상력이 풍부한 접근을 취합니다. 그가 마음속에 은밀하게 염원해왔던 성적인 안정감을 얻는 방법이지요.

사랑하는 사람들은 가끔 불가피하게 서로에게 상처를 줍니다. 황소자리와 게자리는 다른 별자리들보다 그 상처가 더 오래갈 수 있습니다. 두 사람 모두, 의도적인 것이 아닌 상처를 붙잡고 있는 것은 시간과 감정의 불필요한 낭비라는 사실을 알아야 합니다. 두 사람은 쌍둥이자리나 천칭자리처럼 문제에 대해 이야기하지 않습니다. 양자리나 사자자리, 또는 사수자리처럼 화를 바로 표출해버리지도 않지요. 그렇다고 물고기자리나 물병자리처럼 무심해지지도 못합니다. 황소자리와 게자리는 상처를 가슴속에 담고 계속 자라게 합니다. 마침내 서로에게 냉담해지는 결과를 초래할 때까지요. 작은 오해가 둘의 관계를 위험에 빠뜨릴 수도 있습니다. 황소자리 여성이 화가 나면 시무룩해지지요. 그러다가 아무도 깨뜨릴 수 없는 완고한 돌덩이처럼 굳어버립니다. 게자리가 상처를 받으면 껍데기 속으로 들어갑니다. 혼자 울고 한탄하면서 사과든 용서든 어떤 행동도 하지 못하는 채로, 상처를 점점 더 크게 키워갑니다. 상황이 이해되시죠? 고집이 센 황소자리는 정말로 미안해하면서도 "미안하다."라는 말을 하지 않으려고 합니다. 설사 상대방이 용기를 내서 먼저 사과의 뜻을 전한다 해도, 사과를 받아들일까 말까를 놓고 시간을 보냅니다. 지친 게자리는 단단한 껍데기 속에서 밖을 조심스럽게 내다보며 고통스러워합니다. 가끔은 버림받은 상처를 숨기기 위해 더 괴팍스럽게 발을 딱딱거리기도 합니다. 그러니 두 사람이 화해할 수 있는 분위기가 조성되기가 쉽지 않답니다.

이런 식으로 생각해보면 어떨까요? 아무 말도 없이 시무룩한 상태로 있는 것은 비실용적입니다. 두 사람 다 비실용적인 것을 싫어하지요. 그리고 더 외로운 터널로 가는 것 말고는 어떤 해결책도 제시해주지 못합니다. 둘 다 외로운 걸 싫어합니다. 황소자리 여성은 고집을 부리는 대신 금성이 주는 인내심을 활용해야 합니다. 달이 바뀔 때까지 기다렸다가 웃으면서 "사랑해."라고 한마디만 해주세요. 게자리 남성은 바로 껍데기에서 튀어나와 그녀 품에 안길 것입니다.

게자리 남성은 어떻게 해야 할까요? 달의 영감을 받는 게자리의 통찰력을 이용하기만 하면 됩니다. 황소자리가 달콤한 말보다 신체적인 애정 표현에 훨씬 더 민감하다는 것을 알고 계시지요? 사과의 쪽지를 써서 "나 누구게?"라고 끝에 적고, 그녀가 빨래할 때 발견하기를 바라며 세탁통에 넣어두는 방법은 안 됩니다. 대신 그녀의 손을 단단히 잡고(게자리가 제일 잘하는 것이지요?) 열렬한 애정을 담아 키스해주세요. 황소자리 여성은 곧바로 게자리 남성의 옆자리로 와 웅크려 앉을 것입니다. 원래 그녀가 있던 자리로 돌아온 것이지요.

게자리 남성의 어머님은 아무래도 닭튀김을 고양이와 나눠드셔야 할 것 같네요.

황소자리 남성과 게자리 여성

'달링 부인은 내가 창문을 열어주기를 바라고 있어. 하지만 난 절대로 그러지 않을 거야.'
피터는 생각했다. 피터는 다시 안을 들여다보았다. 달링 부인은 여전히 울고 있었다.
어쩌면 또 다시 울기 시작한 것인지도 모른다.

당신이 거대한 바위이고 산꼭대기에 앉아 있다고 상상해보세요. 당신을 겁주거나 움직일 수 있는 것은 아무것도 없습니다. 당신은 너무나 강인해서, 수천 년 동안 몰아친 폭풍우도 흠집 하나 내지 못했답니다. 다른 작은 바위들은 힘없는 조약돌로 만들어버렸지만요. 그러던 어느 추운 날, 물방울 하나가 당신 위에 떨어져서는 당신 몸을 간질이다 당신의 가슴에 나 있던 깊은 틈 속으로 파고들어갑니다. 그 틈은 태어날 때부터 있었지요. 하지만 비바람은 그 깊은 틈을 무시해왔답니다. 이제 어떻게 될까요?

당신은 아무것도 하지 않을 것입니다. 그 오랜 시간 동안 홍수와 폭풍을 견디고 서있었던 당신은 작은 물방울 하나쯤은 전혀 두렵지 않습니다. 그런데 다음 날, 기온이 영하로 떨어져 당신의 틈 사이로 파고들었던 그 물방울도 얼어붙었습니다. 물이얼면 부피가 팽창하지요. 그래서 물방울이 당신을 아프게 합니다. 어떤 것도 당신의강인함을 약하게 할 수 없었지만, 이제 당신의 가슴속을 파고든 작은 물방울 때문에당신이 쪼개질 것 같은 위협을 받게 되었습니다. 기분이 어떠신가요?

이 이야기로 흙의 별자리인 황소자리 남성이 부드러운 물의 별자리인 게자리 여성과 사랑에 빠진다면 어떻게 될지 알 수 있답니다. 물방울은 황소자리 남성의 근본까지 뒤흔들 수 있습니다. 벌써 늦었지요. 그녀는 어떤 누구도 닿지 못했던, 그의 마음속에 있는 비밀스러운 곳을 이미 관통했으니까요. 황소자리의 마음은 그의 넓은 등만큼이나 강인하기 때문에 둘로 쪼개지지는 않을 것입니다. 하지만 게자리 여성을만나고 그녀와 한밤중에 해변으로 나가서는 게처럼 이리저리 뛰어다니고 미친 듯이울다가 웃다가 한 이후로, 황소자리 남성은 더 이상 예전 같지 않습니다. 황소자리는 감각에 대해서는 누구보다 잘 알지만, 감정은 또 다른 것이지요. 게자리 여성은감정의 의미와 그 유사한 말들을 그에게 가르쳐줄 것입니다.

가끔 어떤 게자리 여성은 자신은 요리하는 것도 싫어하고, 아기도 원하지 않고, 집에 있는 것도 싫어한다고 말하면서 전형적인 게자리가 아니라고 주장합니다. 속지마세요. 그녀 자신도 스스로를 속이는 거랍니다. 그녀가 옆으로 가는 게처럼 삐딱한이유는 그녀가 내심 동경하던 남성을 아직 찾지 못해서입니다. 그녀를 보호해주고헌신이라는 두꺼운 이불로 감싸줄 그런 남성 말입니다. 속으로는 아기도 좋아하고요리도 좋아하고 집 안 가꾸는 일도 좋아하지만, 아무 남자를 위해 뜨거운 오븐 앞에 서 있거나 아기를 돌보고 싶지는 않다는 뜻이지요. 그 꿈의 남성이 그녀의 달빛꿈속에서 걸어 나와 현실로 나타나기 전까지, 게자리 여성은 자신의 따뜻한 모성애와 감상적인 여성성을 감춰둘 것입니다. 재정적인 안정과 성공적인 경력을 위한 야망, 대중들의 관심, 어딜 가든 빛나는 유머 그리고 특유의 낄낄거리는 듯한 웃음으로 위장한 채 "신경 안 써."라고 말하며 다닐 것입니다. 하지만 그녀의 달빛 웃음에숨어 있는 의미를 잘 파악해보면 이런 아쉬움을 말하고 있을 겁니다. "저는 외롭고무섭고 슬퍼요. 왜 꿈은 현실로 이루어지지 않는 걸까요?"

갈릴레오 시대 사람들은 이런 식으로 말했지요. "당신이 무엇을 꿈꾸든, 이미 그꿈이 이루어진 것처럼 기도하라. 그러면 이루어질 것이다." 정말입니다. 당신이 뭔가를 진정으로 원한다면 그것은 더 이상 꿈이 아닙니다. 당신이 머릿속에 그리는 이미지는 빠르든 늦든 현실이 될 것입니다. 하지만 게자리 여성들은 '이미 꿈이 이루어진 것처럼' 기도하는 것이 아니라, 운명이 절대로 그 꿈이 이루어지지 않게 만들 것처럼 기도합니다. 그러므로 운명도 그렇게 하지 않는 것뿐입니다. 그녀가 내뿜는 부정적인 에너지를 긍정적인 에너지로 바꿀 수 있느냐 하는 것이 문제입니다.

황소자리 남성은 로맨스에서는 성적이 좋은 편은 아닙니다. 사랑에 대한 능력은 어마어마하지만 하룻밤에 사랑을 고백할 수 있는 사람은 아니니까요. 하지만 사랑이 꽃피기 시작하면 그 꽃들은 정말로 아름답고 천년만년이 가도 지지 않습니다. 영원성이야말로 감정이 갈대처럼 흔들리는 게자리 여성에게 필요한 것이지요. 하지만 그녀처럼, 황소자리 남성도 자신이 원하는 이상형의 여성이 눈앞에 나타날 때까지는 전부를 내주지 않습니다. 결정하는 데까지 시간이 오래 걸리지요. 하지만 결정의 순간이 오면 즉시 결정을 내립니다. 그리고 상대에 대한 충성심은 영원합니다.

황소자리 남성 대부분은 이십 대가 되기 전에는 이성 관계를 경험하지 못하는 경우가 많습니다. 이십 대가 훨씬 지나 친구들이 여러 번의 연애를 하고 결혼을 할 때까지도 그런 사랑을 경험하지 못하는 경우가 많지요. 하지만 황소자리는 그 잃어버린 시간을 보상하는 능력이 탁월합니다. 그 사랑의 깊이와 강렬함은 기다릴만한 가치가 있지요. 이런 황소자리 남성의 면모는 게자리 여성에게는 분명 매력적입니다. 게자리도 역시 뭔가를 잡기 전에 시간을 끌지요. 놓는 일에는 더 시간이 걸립니다. 무엇이든지요. 낡은 숄, 고장 난 우산, 깨진 유리, 식당에서 음식을 싸온 봉투, 다 쓴 립스틱 케이스, 아기 턱받이에 붙어 있던 분홍색 리본, 뚜껑이 없어진 주전자, 온갖 남은 뚜껑들, 반쪽만 남은 커튼 봉, 기사를 잘라내고 남은 신문들, 유효기간이 지난 쿠폰 그리고 옛날 남자 친구들까지도요. 물병자리나 쌍둥이자리가 동쪽별자리나 달별자리라면 예외입니다. 이 경우에는 갑자기 소중한 뭔가를 쓰레기통에 버리고는 몇 주 후에 어디에 뒀는지 찾기 일쑤지요.

황소자리는 소유욕이 강합니다. 질투심과는 다릅니다. 그리고 사랑에 다가가는 방식은 견고하고 상식적이며 실용적입니다. 좀처럼 순간적인 감정에 따르거나 변덕스럽거나 지나치게 열정적이지 않습니다. 하지만 편안하지요! 황소자리와 게자리는 여러 면에서 공통점이 많지만 이 부분만큼은 다릅니다. 게자리 여성은 확실하지도 않은 질투심으로 자신을 힘들게 만듭니다. 깊은 우울함에 빠지거나, 아니면 냉혹하게 대하거나 또는 매달리는 방법으로 황소자리의 분노를 살 수 있답니다. 매달리는 건 혹시 모르겠지만 의심은 정말로 안 되지요. 하지만 사실보다는 공상에서 출발하는 게자리의 활발한 상상력은 두려움으로 발전하고 눈물바다를 만들거나 히스테리 증상을 일으킬 수 있습니다. 그럼에도 불구하고 황소자리 남성과 게자리 여성 각자가 자신이 누구인지 상대가 어떤 사람인지를 명확히만 이해한다면, 다른 별자리 커플보다는 훨씬 더 성공할 가능성이 높습니다.

황소자리는 자신에 대해 이미 잘 알고 있습니다. 조화와 평화를 지향하는 금성의 지배를 받는 황소자리는 차이를 보다 쉽게 받아들입니다. 게자리는 달의 지배를 받습니다. 달은 빛을 반사하지요. 그래서 게자리는 주변의 분위기를 본능적으로 반사합니다. 마치 거울처럼 그녀의 마음과 머리에서 주변의 모든 변화를 투영합니다. 가끔은 그 반사 자체가 진정한 그녀 자신을 가려버립니다. 그러므로 게자리는 자신이 누구인지 어디로 가고 있는지 알기가 쉽지 않습니다. 다른 사람들의 감정과 의도에 대해서는 믿을 수 없을 정도로 잘 감지하면서도 말이에요. 많은 사람이 그녀에게는 안심하고 비밀을 털어놓고 연민과 현명한 조언을 받아갑니다. 하지만 그녀의 비밀을 캐내기란 하늘의 별을 따는 것보다 더 어렵답니다.

황소자리 남성은 게자리 여성에게 이렇게 말할지도 모릅니다. "당신을 이해할 수가 없어요. 나를 사랑한다고 해놓고선 정작 당신은 나를 위해서는 시간을 안 쓰잖아요. 애들 돌보고, 쇼핑하고, 친구들한테 생필품 보내고, 그린피스 활동하고, 정원 가꾸는 모임에 나가고, 음악 듣고, 그림 그리고, 은행 업무 보고, 불어 배우고, 천문대에 가고, 뒤뜰에 앉아서 혼자 달까지 쳐다보잖아요. 당신은 내가 필요 없어요. 나는 그냥 배경에 불과하다고요." 게자리 여성은 그 말을 듣고 나서야 문제가 무엇인지 깨달을 것입니다. 그는 상처받은 겁니다. 그도 관심을 받고 싶고, 머리도 쓰다듬어주면 좋겠고, 따뜻하게 안기고 싶고, 키스도 받고 싶은 거지요. 그래야 사랑받고 있다는 안정감을 느낄 수 있을 테니까요. 하지만 황소자리는 이해하지 못합니다. 열거한 그 모든 다양한 활동들과 함께 꿈을 꾸는 일이 그녀 삶에 얼마나 필요한지 말이에요. 그녀는 그런 다양한 삶을 통해 모든 것을 흡수해야 그것들을 다시 삶에 투영할 수 있답니다.

이제 화해를 위해 누가 먼저 나서야 하는지 분명하지요? 상대방에 대해 더 잘 이해하고 있는 사람입니다. 이 경우에는 물론 게자리 여성이지요. 하지만 직접적이고 단순한 황소자리 입장에서는 게자리의 화해 방법은 분명하지 않고 우회적입니다. 게자리 여성은 먼저 눈물을 보이며 물러났다가 옆으로 접근합니다. 황소자리는 혼란스럽지요. 베개 밑에 구운 사과를 넣어둔다거나 욕실의 비누 밑에 감상적인 시를 적은 쪽지를 둔다면, 그가 어떻게 그녀의 메시지를 해석할 수 있겠어요? 종이는 달라붙어버리고 글씨는 다 번져서 화해의 쪽지인지 헤어지자고 하는 건지 알 수도 없는데요. 그냥 말로 해주면 얼마나 좋을까요. 당신이 필요해요. 당신 없이는 살 수 없어요. 하지만 내가 항상 다른 일들로 바쁜 이유는…. 이렇게 직접 말해주면 어디가 덧나나요? 그녀는 또한 마음뿐만 아니라 몸으로도 증명을 해 보여야 합니다. 황소자리 남성이 유일하게 잘 이해하는 언어입니다. 간단, 명료, 정직, 현실적 그리고 감각적일 것. 황소자리 남성은 누가 놀리는 것을 좋아하지 않습니다. 어떤 황소자리도 놀림받는 것을 좋아하지 않는답니다.

두 사람의 성적인 궁합은 대체로 아주 훌륭한 편입니다. 게자리 여성은 가끔 황소자리 남성이 사랑에 대해 좀 더 세련되게 표현하기를 바라고, 뜨거운 열정을 표현할 때도 좀 더 섬세한 언어를 사용해주기를 바랄 것입니다. 하지만 대신 황소자리는 더 이상 바랄 것 없이 고상하고 섬세한 촉각을 가지고 있지요. 황소자리의 남성적인 에너지는 소설에서나 볼 수 있는 만족스러움으로 불신에 차 있던 게자리를 껍데기에서 나오게 합니다. 그는 그녀에게 따뜻하게 사랑받고 있다는 느낌과 함께 그녀를 간절히 원한다는 느낌을 줄 것입니다. 그리고 물론 성적으로 지배당하는 느낌까지요. 게자리 여성이 아무도 몰래 은밀하게 가지고 있는 욕망이랍니다.

황소자리 남성은 게자리 여성이 어릴 때부터 쌓아온 두려움을 모두 떨쳐낼 만큼 충분한 사랑을 줄 수 있습니다. 게자리 여성은 다들 자기보다 뛰어나니, 누구도 자신을 좋아해주지 않을까 봐 두려웠습니다. 황소자리 남성은 '누구도'가 아닙니다. 그는 그녀를 좋아하며 그녀를 필요로 합니다. 황소자리 남성은 그가 그녀를 얼마나 좋아하며 필요로 하는지를 의심의 여지가 없는 방식으로 보여줄 것입니다. 게자리 여성이 마음만 연다면요.

이 여성이 진실한 사랑을 거부하기는 쉽지 않습니다. 황소자리 남성처럼 진지하게 구애를 한다면 더욱 그렇지요. 그녀는 그런 그를 너무나도 사랑하게 될 것입니다. 보름달이 뜰 때는 너무 지나칠 정도로요. 그리고 아마도 절대로 그를 떠나지 않을 것입니다. 그가 그녀의 가족과 불화를 빚어서 그녀를 곤란하게 만들거나, 그녀의 어머니를 모욕하는 일만 없다면요. 그런 일이 생기면 한동안은 그녀를 못 볼지도 모릅니다. 그녀는 아주 극진한 효녀거든요. 특히 엄마에게요. 하지만 달이 바뀌면 그녀는 다시 황소자리 남성에게 돌아올 것입니다. 물론 황소자리 남성이 사과를 한다는 전제하에요. 하지만 황소자리 남성은 고집불통이기 때문에, 게자리 여성 쪽에서 이해주지 않으면 둘 사이의 화해는 절대로 이루어지지 않을지도 모릅니다. 그는 용서해달라고 부탁하기 전에 먼저 용서를 해주어야 합니다. 황소자리는 절대로 애원하지 않는 사람이니까요.

게자리 여성은 정말 변화가 심합니다. 변덕스럽다고 할까요? 황소자리 남성은 인내심이 많습니다. 아니면 고집이 센 걸까요? 어느 쪽이 맞을까요? 어떤 시각으로 보느냐에 따라 답은 달라집니다. 황소자리 남성이 눈도 귀도 막고 있다면 진실을 볼 수 없을 것입니다. 그래서 고집불통이라고 하지요. 게자리 여성이 거울을 들여다보는 동안에도 진실은 왜곡될 수 있습니다. 그래서 감정도 따라 흔들리는 것처럼 보입니다. 하지만 고대의 지혜를 기억한다면 아무리 두꺼운 구름 속이라도 두 사람은 길을 찾을 수 있을 것입니다. **진리를 구하라. 진리가 너희를 자유롭게 하리라.** 진리란 무엇일까요? 사랑입니다. 이타적이고 용서하는 사랑이지요. 바로 진정한 사랑입니다.

황소자리 Taurus

흙 · 유지하는 · 수동적
지배행성: 금성
상징: 황소
음(−) · 여성적

Leo 사자자리

불 · 유지하는 · 능동적
지배행성: 태양
상징: 사자 혹은 수줍은 고양이
양(+) · 남성적

황소자리와 사자자리의 관계

"우린 밤에 이불을 덮어주는 사람이 없어."

황소자리가 자신이 사랑받고 인정받고 있다는 것을 확신하려면 두터운 신의와 애정을 듬뿍 받아야 합니다. 사자자리는 열렬한 흠모와 칭찬을 듬뿍 받아야, 자신이 사랑받고 인정받고 있다는 사실을 확신합니다. 두 별자리 모두 자신들이 소중한 사람이라는 것을 증명하기 위해서, 아무리 증거가 많아도 늘 부족하답니다. 그렇게 계속 상대로부터 충분한 애정 표현을 갈망하는 사이 스스로 심한 좌절감에 빠지기도 하지요.

이 두 별자리는 그리 쉽게 조화를 이루지는 못합니다. 4-10 태양별자리 관계 유형으로 서로 긴장감을 조성하는 경우가 많지요. 하지만 충분한 인내심과 이타심을 보여준다면 어마어마한 평화와 조화라는 보상을 누릴 수 있습니다.

황소자리와 사자자리의 관계에서는 이런 식으로 긴장 관계가 시작됩니다. 조용하면서도 강한 황소자리는 늘 상대방이 자신에게 절대적으로 헌신하고 따라주기를 바랍니다. 하지만 사자자리는 그렇게 하기에는 너무 자기중심적입니다. 한편, 허영심이 많고 자부심이 강한 사자자리는 사람들이 계속 자신에게 절대적으로 숭배하기를 원합니다. 그러나 황소자리는 그러기엔 고집이 너무 셉니다. 둘 다 유지하는 성향을 가진 별자리이기 때문에, 둘 다 훌륭한 관리자이며 정서적으로 매우 안정되어 있습니다. 하지만 동시에 둘 다 뭔가를 유지하는 데는 일가견이 있지요. 제가 보기엔 '유지'라는 말보다는 '옹고집'이란 표현이 더 적당합니다.

사자자리는 가끔 유쾌하지 않은 상황을 대처하면서 안정적이고 차분한 황소자리에게 의지합니다. 그러고는 그 결과에 대한 공을 가로채곤 하지요. 하지만 황소자리는 이런 상황을 크게 신경 쓰지 않습니다. 황소자리가 가장 관심이 없는 것 중 하나가 개인적인 영광이지요. 자신의 영광을 빛낼 기회가 주어진다고 해도 이들은 별로 관심을 갖지 않는답니다. 황소자리는 오히려 물질적인 보답이나 정서적인 평화에 더 관심이 있습니다.

예전에 뉴저지에 있는 미용 학교 교장의 비서로 일하던 황소자리를 만난 적이 있습니다. 그 교장은 사자자리였는데 마음이 따뜻하고, 능력도 있고, 관대하면서도 사자자리의 전형적인 자부심을 가진 사람이었습니다. 이름은 앤드류 줄리언 **박사**였지요. 아직까지도 그는 앤드류 줄리언 **박사**라는 호칭을 쓴답니다. 바꿀 이유가 없지요. 와이셔츠며 가방이며 심지어 속옷에까지 금박으로 앤드류 줄리언 박사라고 새겨져 있는 걸요. 제 황소자리 친구와 줄리언 박사는 태양별자리와 달별자리가 조화로운 출생차트를 가지고 있었습니다. 그래서 같이 일을 하지 않는 지금까지도, 여전히 서로 칭찬하는 사이입니다. 그럼에도 불구하고 일 관계에서는, 4-10 관계가 일반적으로 그런 것처럼 신경이 곤두서는 순간이 많았다고 하네요. 서로 유익하면서도 단점이 있는 관계였지요. 한 장면을 소개하겠습니다.

줄리언 박사가 그 미용 학교의 지분을 사고 싶어하는 어떤 투자자와 개인적인 미팅을 가졌습니다. 그 투자자는 상당한 자산가였고 드물게 씀씀이가 관대한 편이었지요. 자신이 학교 운영에 참여하고, 자신이 미용 관련 경력은 전혀 없었지만 학교 측에서 자신의 이름을 대표로 올려주기만 한다면 금액이 얼마든 투자하겠다는 것이었습니다.

사자자리 교장은 자신의 권위와 특권에 대한 이중의 도전에 대해 예민한 반응을 보였습니다. 몇 시간 동안 교장의 사치스러운 사자굴(사자자리는 자기 거처를 화려하게 꾸미지요. 그게 사무실이라도요.) 밖으로 목소리가 높아졌다 낮아졌다 하는 소리가 들렸습니다.

마침내 문이 열리고 줄리언 박사가 나오더니, 아주 거만하게 명령했습니다. "데이빗, 당장 이리 와봐!" 사자자리는 뭔가를 지시할 때는 좀처럼 물어보지 않습니다. 왕들이 그러는 것처럼요. 신중한 황소자리가 천천히 다가오자, 사자자리 교장은 화가 잔뜩 난 투자자를 가리키며 당당하게 지시를 내렸습니다. "저 사람하고 얘기 좀 해봐." 그러더니 그는 회전의자에 앉아 빙글빙글 돌면서 창문 밖을 내다보기 시작했습니다. 마치 그 두 사람이 그곳에 없는 것처럼 행동했지요. 왕들이 길가는 농부들을 신경이나 쓰던가요?

황소자리 비서는 몇 분 동안 차분히 질문을 해보고는 근본적인 문제가 무엇인지 파악했습니다. 그 미래의 투자자는 양자리였습니다. **자신**의 돈을 투자해서 **자신**이 대장이 되어야 하고 자기 이름이 학교에 붙어야 한다는 것이었지요. 그리고 아무도 그에게 지시를 내릴 사람은 없어야 한다는 것이었습니다. 황소자리는 사자자리 교장이 교사와 학생들로부터 얼마나 사랑받고 있는지(실제로 사랑을 많이 받았답니다. 교장의 자부심과 도도함 그 모든 것을 좋아했지요.), 학교와 연관된 사업가들이 그를 얼마나 존경하는지, 그가 대외 관계를 얼마나 돈독하게 맺어오고 있는지를 차분하게 설명했습니다. 모든 게 사실이었습니다.

이런 멋진 칭찬을 사자자리가 놓칠 리가 없었겠지요. 창문을 향해서 뒤돌아 앉아 있는 사자자리에게 그것은 하늘에서 내리는 장미 꽃송이들 같았을 것입니다. 황소자리 비서의 부드러우면서도 풍부한 목소리가 다시 들립니다. "줄리언 박사의 이름이 학교의 공식 문서와 학교 정문 그리고 모든 광고에 남아 있는 게 더 현명하다고 생각되지 않으세요? 줄리언 박사는 40년 동안 이 학교를 운영해온 경험이 있으니 계속 운영하게 하는 게 더 좋지 않을까요? 그 대신 당신이 학교에서 발행하는 모든 수표에 서명해서, 은행에서는 당신이 우리 학교의 재정적인 후원자이며 운영 자문이라는 것을 알 수 있게 하면 될 것 같은데요. 굳이 당신이 매일 이곳으로 출근해서 12시간 동안 자리를 지킬 필요가 뭐가 있나요? 당신은 더 중요한 할 일이 많은데요. 귀중한 당신의 시간을 새벽부터 밤까지 일주일 내내, 여기 책상에 묶여 보낼 수는 없지요."

이 최고의 제안을 들은 양자리 투자자는 사탕 과자뿐 아니라 학교를 하루 빼먹어도 좋다는 허락을 동시에 얻은 어린아이처럼 행복하게 얼굴을 빛냈습니다. 그는 '재정적인 후원자'이며 '운영 자문'으로서 은행과 그 관계자들에게 존경받을 거라는 사실에 무척 기뻐했습니다. 돈을 아무리 많이 가지고 있어도 양자리가 은행 측의 존경을 받는 일은 이상하게도 무척 드물답니다. 게다가 일주일 내내 출근해서 일하지 않아도 된다는 사실에 감사했지요.

그제야 사자자리 교장은 회전의자를 돌리고는 모두에게 시가를 권하여 회담을 종결지었습니다. 양자리 투자자가 떠난 다음, 이제 완전히 그 권위를 되찾은 줄리안 박사가 바쁘게 일하는 황소자리 비서의 책상으로 다가왔습니다. 사자자리의 멋진 갈기와 자존감이 한껏 고양된 교장은 이렇게 말했습니다. "내가 그에게 분명히 가르쳐줬지. 누가 이 학교를 운영하는 사람인지를 말이야. 어려운 상황을 내가 꽤나 잘 해결한 것 같아. 그렇게 생각하지 않나?" 황소자리 비서는 참을성 있게 그리고 존경심을 가지고 교장의 말이 맞다고 확인해주었답니다.

황소자리와 사자자리가 의기투합할 수 있는 분야 중의 하나가 바로 홍보와 건설입니다. 사자자리는 거창한 아이디어를 홍보하는 것을 좋아하고, 황소자리는 그곳에서 어떤 결실을 얻을 수 있으며 재정적인 수익은 얼마나 될지 생각하는 것을 좋아합니다. 황소자리는 꾸준하고 목적의식에 투철하며 끈질기게 길을 갑니다. 장애물이 나타나도 사자자리처럼 불안해하거나 화를 내지 않습니다. 황소자리는, 궁극적으로 성공하기 위해서는 어느 정도의 제한이나 지체가 반드시 따른다는 것을 인정합니다. 황소자리가 가장 좋아하는 금언 중의 하나가 바로 "할 만한 가치가 있는 일이라면 잘해야 하고, 그러기 위해서는 기다릴 줄도 알아야 한다."입니다.

한편 자유를 열광적으로 좋아하는 사자자리는 제약이라는 것을 인정하지도 인식하기도 싫어합니다. 이들은 정말 희망적이고 완강한 태도를 가지고 있습니다. 주사위를 한 번 던져서 모든 돈을 딸 수 있다는 생각을 늘 하지요. 사업이든, 우정이든, 사랑이든, 결혼이든 혹은 도박이든 마찬가지입니다. 사자자리는 영국의 소설가이자 시인이었던 키플링의 말과 같습니다. "번 돈을 모두 모아 한 번에 다 걸고, 잃고 그리고 처음부터 다시 시작한다. 잃어버린 것에 대해서는 절대로 말하지 않는다."

사자자리는 손해 본 것에 대해 절대로 입 밖에 내지 않습니다. 스스로는 잃지 않았다고 확신하기 때문입니다. 모두 신기루처럼 헛된 것이기 때문입니다. 황소자리는 자신의 돈을 걸거나 마음을 거는 일에 있어 절대로 빨리 결정하지 않습니다. 그리고 손해를 보면 그 기억을 오랫동안 잊지 못하지요. 그 경험을 통해 결국에는 이득을 볼 때까지 잊지 않습니다. 하지만 칩이 다 떨어졌을 때, 황소자리와 사자자리가 그 불행을 무시하는 태도는 막상막하입니다. 둘 다 돈이 다 떨어졌다고 해서 크게 개의치 않습니다. 마음속으로는 쓰린 고통에 남몰래 눈물을 흘릴지언정 겉으로는 아무렇지 않은 듯 행동하지요. 황소자리와 사자자리는 둘 다 사람들 앞에서 눈물을 보이거나 실패를 공개적으로 인정하는 것을 무척이나 싫어한답니다.

궁극적으로는, 황소자리는 돈을 두 배로 늘리는 가장 안전한 방법은 돈을 잘 접어서 주머니에 넣어두는 것이라고 믿습니다. 사랑이든 일이든 모든 도박에 대한 황소자리의 철학을 총체적으로 보여주는 믿음입니다. 젊은 황소자리는 두둑한 은행 잔액과 이성에게 헌신적인 사랑을 받는 것, 이 두 가지가 인생에서 가장 중요한 일이라고 생각합니다. 그리고 나이가 들수록 점점 더 그렇게 생각하지요.

사자자리는 스스로 일과 사랑에서 성공할 수 있는 능력을 가지고 있다고 생각합니다. 사자자리는 실제로 사랑과 일, 양쪽 다 성공할 기회를 많이 갖게 됩니다. 그 따뜻한 마음과 고귀한 정신력이 스스로에 대한 신념과 어울려 사람들의 주목을 끌고, 행운의 여신까지 가세하기 때문이지요.

이 위풍당당한 사람들은 사랑하는 사람들을 보호하기를 즐거워하고 선물과 친절을 후하게 베풀기를 좋아합니다. 세상 모든 왕과 여왕도 자신의 백성에게는 똑같지 않나요? 황소자리는 사자자리의 보호해주려는 태도를 마음 깊이 만족스러워합니다. 솔직한 애정 표현과 자신의 행복을 염려해주는 마음에 감동하지요. 겉으로는 아무리 완강하게 부인하더라도, 황소자리들만큼 친절과 애정을 필요로 하고 고마워하는 사람들은 없습니다. 황소자리의 충직하고 신뢰할 만한 마음은 절실하게 사랑과 친절을 원합니다. 사자자리와 황소자리 사이의 또 하나 서로 닮은 점이지요. 사자자리와 황소자리의 마음은 똑같이 충직합니다. 사자자리가 보여주는 따뜻한 우정과 관심은 황소자리에게 푸근함과 안정감을 느끼게 해준답니다. 둘 사이에는 공감대가 있습니다.

문제는 사자자리가 이래라저래라 지시를 하면서 시작됩니다. 이럴 때 황소자리는 난폭하게 떠밀리는 느낌을 받습니다. 사자자리의 밝은 불이 황소자리의 인내심을 모두 태워버릴 수도 있습니다. 그러면 황소자리는 완고함과 부정적인 반응으로 일관하게 됩니다. 하지만 사자자리는 태양의 지배를 받지요. 이 우주의 생명력의 원천이자 따뜻함과 밝음을 상징하는 태양 말입니다. 황소자리는 금성의 지배를 받습니다. 금성은 지구의 평화와 사랑과 조화로움을 상징합니다. 그러니 실은 사자자리와 황소자리, 이 두 별자리가 세상을 돌아가게 만들고 있는 것입니다. 다른 모든 행성들은 그들을 도와주고 있고요. 태양은 생명입니다. 금성은 사랑이지요. 더 중요한 것이 있을까요?

황소자리 여성과 사자자리 남성

예전에 그녀는 그를 절대적으로 믿었다.
결혼하고 난 지금에는, 그런 남자가 존재했었는지조차 의심스러울 정도였다.

황소자리 여성은 누구나 음악과 밀접한 관계가 있습니다. 오페라하우스에서 카르멘을 부를 때나 그저 "오늘은 크림 두 통 더 주세요."라고 말할 때나, 그녀의 그윽하고 듣기 좋은 목소리를 숨길 수 없답니다. 황소자리들은 작곡을 하기도 하고 지휘를 하기도 하고 노래를 하기도 합니다. 음악과 관련된 어떤 분야에서든 빛을 발하지요. 그리고 잔잔한 음악은 황소자리를 진정시키는 효과가 있습니다.

그렇다면, 황소자리 여성과 결혼한 사자자리 남성이 음악을 하고 싶어한다면 어떨까요? 마찰이 생길까요? 답부터 얘기하자면 네, 마찰이 생길 수 있습니다. 황소자리와 사자자리는 긴장이 유발되는 관계인 4-10 태양별자리 유형입니다. 다른 사람들과의 사이에서라면 별로 기분 나쁠 일도 아닌 것이, 이 두 사람에게는 화산 폭발처럼 커질 수 있습니다. 어려움이 있지요.

몇 해 전에 캘리포니아에 사는 카멜 씨 집에 방문한 적이 있습니다. 몇 년 동안이나 서로 유별난 헌신과 신의를 보여주고 있는 부부였지요. 아내는 황소자리였고 남편은 사자자리였답니다. 아내는 가라테 강사였고 남편은 시인이자 동양 미술품 딜러였지요. 그날 저녁, 황소자리 아내가 해준 맛있는 저녁 식사를 즐기고 난 후에 우리 세 명은 음악에 대한 이야기를 나누었습니다. 저와 사자자리 남편은 「아베마리아」의 여러 버전 중에서 어떤 특정한 버전을 둘 다 좋아한다는 사실을 알게 되었습니다. 사자자리 남편이 레코드판을 걸었고, 저는 음악을 즐기려고 소파에 느긋하게 기대었지요. 그 사자자리 남편이 직접 설치한 여러 대의 스피커를 통해 음악이 집 안 곳곳으로 퍼졌습니다.

그런데 음악이 막 방 안을 채우기 시작했을 때, 저는 황소자리 아내가 없어졌다는 사실을 깨달았습니다. 그 순간 문이 쾅 닫히는 소리가 났지요. 아주 세게요. 남편은 얼굴이 약간 상기되어 해명을 했습니다. "아내는 제가 음악을 트는 걸 못 참아요. 그래서 아마 자러 갔나 봐요." 저는 너무 놀라서 음악을 감상할 수가 없었답니다. 평상시에는 그렇게 우아하고 따뜻하게 손님을 대접하는 황소자리 아내가, 손님에게 이렇게 무례한 행동을 한 것이 이해되지 않았습니다. 게다가 금성이 지배하는 황소자리 여성이 음악을 싫어한다고요? 천문해석학적으로는 불가능한 일이지요.

다음 날 아침 식사 때, 황소자리 아내는 평상시의 매력적이고 차분한 모습으로 돌아와 있었습니다. 제가 왜 음악을 싫어하는지 물었더니, 그녀는 담담하게 대답하더군요. "어머, 음악을 싫어하는 게 아니에요. 사랑하죠. 어릴 때부터 줄곧요." 제가 다시 물었습니다.

"그런데 왜…?"

"아, 어젯밤 일이요?" 그녀는 아주 차갑게 비웃는 듯 말했습니다.

"저는 남편이 레코드를 틀 때, 그 옆에 있기가 힘들 뿐이에요. 볼륨을 너무 높여서 모든 음색을 다 들을 수 없는 데다 귀가 아프거든요. 그렇게 음악을 크게 틀어대는 건 음악을 낭비하는 거라고 생각해요. 그런데 남편한테는 그 얘기가 안 통하지요. 그래서 그런 거예요." 황소자리가 불가피한 상황에서 물러나는 방식이지요. 그녀는 또 이렇게 말했습니다. "당신은 천문해석가니까 얘기 좀 해보세요. 사자자리는 다 귀가 먹었나요?" 절대로 섬세하지 않은 황소자리식의 유머입니다.

물론 사자자리 남편은 귀가 잘 안 들리는 사람이 아니었답니다. 그저 모든 일을 할 때, 최대한 웅장한 스케일로 하려는 사자자리의 욕구를 숨길 수 없었을 뿐이지요. 그 사자자리는 얌전한 고양이 스타일이었는데도 그랬지요. 어떤 유형이건, 사자자리 남성은 적당한 규모로 일하는 것을 못 견딘답니다. 모든 사자자리가 가진 충동이지요. 집이라면 무조건 크고 화려해야 하고, 개인 공간(일종의 왕의 개인 집무실 같은)이 있어야 하며, 모든 것은 번쩍번쩍 빛이 나야 하고, 방도 그럴 듯해야 합니다. 사자자리가 울 때는 강물처럼 눈물을 펑펑 쏟으며 울고 웃을 때는 아주 크게 오래 웃지요. 음악을 들을 때는 마음과 영혼과 귀를 가득 채울 만큼 크게 들어야 한답니다. 사자자리가 상처를 받으면 어떨까요? 아주 극적으로 고함을 지르거나 굴욕감에 사로잡혀 얼굴이 발갛게 상기되지요. 제가 머물렀던 그 집의 사자자리 남편처럼요. 제가 있는 동안, 그는 몇 번이나 더 그렇게 얼굴을 붉혔답니다.

황소자리 여성이라면 대개 남편이 음악을 아무리 크게 틀어도 절대로 반대하지 않을 것입니다. 하지만 사자자리와 있을 때는 달라집니다. 제가 아는 다른 황소자리 여성도 사자자리 남자 친구가 우쿨렐레를 연주할 때마다 무척이나 지겨웠다고 고백했답니다. 이 두 황소자리 여성이 보여준 것은 음악에 대한 반감이 아닙니다. 이 경우에는, 음악이 두 사람 관계에서 4-10 태양별자리 관계의 긴장감을 조성하는 매개가 된 것이지요.

사자자리 남성은 마치 왕처럼 자신의 아내를 포함해서 주변의 모든 사람들을 지배하려고 합니다. 황소자리 여성은 본능적으로 자신의 짝에게 복종하려는 욕구가 있지요. 비가 오나 눈이 오나 그 옆을 충성스럽게 지키려고 합니다. 하지만 지배받는다는 말은 그녀에게는 이리저리 떠밀린다는 말처럼 들리지요. 어떤 황소자리도 누군가의 지배를 받는 것을 참지 않습니다. 또 황소자리 여성은 깊은 마음으로 오랫동안 상대에게 헌신하며 따뜻한 사랑을 베푸는 능력을 가졌지만, 상대방에 대해 성의 없는 칭찬을 남발하지는 않는답니다. 그녀는 아첨에는 재주가 없습니다. 무엇인가를 숭배하는 것은 약한 사람들이나 하는 행동이라고 믿지요. 불행하게도 사자자리는 칭찬과 아첨과 숭배를 누구보다 필요로 하고 요구하는 사람들입니다. 이 관계에서 무엇이 문제인지 아시겠지요?

사자자리는 대단히 자부심이 강한 불의 사람들로 자신이 지휘봉을 직접 휘둘러야 하는 사람들입니다. 누군가의 2인자가 되는 것은 있을 수 없는 일이지요. 아무리 수줍음을 타는 고양이 유형이라고 해도, 마땅히 차지해야 하는 태양의 자리를 갖지 못하면 분노로 이글이글 타오를 것입니다. 하지만 그 오만함과 우월감에도 불구하고, 궁극적으로 사자자리는 웅장하고 관대합니다. 그 지배행성이 태양이기 때문이지요. 그러므로 사자자리가 우주의 중심이지요. 태양을 중심으로 행성들이 돌듯이 그를 중심으로 가족(친구도 포함되면 좋겠지요.)이 돌고 있는 것입니다.

그 기질이 거만해서 약간 독재자 같은 면모를 풍길 수는 있겠지만, 사자자리 남성은 싸우고 난 후에도 다정하고 너그러운 연인입니다. 귀족적인 영혼을 가졌기 때문에 사자자리는 화해하려는 마음이 자연스럽습니다. 말로 사과하는 것은 잘 못합니다. 사자자리의 허영심을 만족시켜주지 못하니까요. 대신 다양한 로맨틱한 방법으로 진심에서 우러나오는 사과를 합니다. 그렇기 때문에 사자자리와 황소자리는 악기를 함께 연주할 때보다, 육체적인 관계에서 보다 더 자주 공감과 조화를 느낄 수 있습니다.

황소자리 여성과 싸운 후에 사과를 하려면, 몸으로 직접 애정을 표현하는 것이 유일한 방법일 때가 있습니다. 그녀는 화려한 미사여구와 설득하려는 태도에는 얼음처럼 굳은 얼굴로 일관합니다. 전혀 영향을 받지 않지요. 황소자리 여성은 감각을 통해서만 느낍니다. 말이 아니라 행동을 원한답니다. 사자자리가 열정적인 사랑의 표현을 한다면 그녀도 자연스럽게 반응할 것입니다. 그러면 모두 해결된 거지요. 이런 식으로, 자존심 강한 사자자리는 자신의 체면을 잃지 않고도 화해할 수 있습니다. 사자자리는 사랑을 나누는 일에 자존심을 따지지 않는답니다. 아무리 심각하게 다툰 후라도, 설사 싸운 바로 직후라도요. 사자자리는 자신이 주는 깊고 열정적인 사랑을 받아들이고 간직할 수 있는 여성을 필요로 합니다. 황소자리 여성은 할 수 있답니다. 그리고 황소자리 여성의 감각적인 사랑 표현도 사자자리를 실망시키지 않지요. 그녀는 사자자리 남성을 '왕처럼 느끼게' 해줄 것입니다. 사자자리는 멋진 여자를 만나 성적인 만족감을 느낄 때의 기분을 그렇게 표현하지요. '왕처럼 느끼게 해주는'이라고요.

하지만 침실 밖에서는 말을 아끼는 황소자리 여성의 특성이 사자자리에게 별로 위안이 되지 않습니다. 사자자리가 감정적으로 들떠서 청중이 필요할 때, 황소자리는 별로 열광해주지 않습니다. 심지어 사자자리가 극적인 연설이나 강의를 하는 도중에 하품을 하기도 합니다. 사자자리 남성의 예민한 자의식을 무참히 짓밟는 짓이며 사랑하는 여인이 그런 행동을 한다면 더욱 치명적이지요. 황소자리 여성이 사자자리 남성을 진실로 영원히 붙잡아두고 싶다면(모든 황소자리 여성은 영원한 사랑이라는 안정감을 추구하니까요.) 그가 무대에 서 있을 때는 진한 커피를 한 잔 마시고, 눈을 동그랗게 뜨고 있는 것이 현명하답니다.

사자자리 남성이 황소자리 여성에 대해 가장 일반적으로 느끼는 불만은 열정이 부족하다는 것입니다. 그는 종종 그녀의 어깨를 잡아 흔들면서 "말 좀 해봐! 아니면 뭘 좀 하든지! 뭐든지 좋으니 제발 그렇게 앉아만 있지 말고!"라고 외치고 싶을 것입니다. 황소자리 여성이 사자자리 남성에 대해 갖는 공통된 불만 사항은 셰익스피어의 작품 제목으로 정리할 수 있습니다. 바로 '헛소동'이랍니다.

사자자리 남성은 빗물 새는 천막을 안락한 성으로 바꿀 수 있는 황소자리 여성의 능력을 사랑합니다. 1달러를 수천 달러로 만들 수 있는 능력과 그녀의 풍부한 유머 감각을 사랑합니다. 물론 자신의 위엄을 조롱하는 농담이나 자존심에 큰 상처를 입히는 잔인한 농담은 싫어하지요. 황소자리 여성은 사자자리 남성이 품에 따뜻하게 안아주는 걸 좋아합니다. 꿈을 단단한 현실로 이루어가는 그의 능력을 존경합니다. 물론, 사자자리의 사치스러움이나 더 많은 갈채를 받고 싶어서 밖으로 나가 사람들을 불러 모아야 하는 성격은 별로라고 생각하지요. 그래서 두 사람 사이에서는 항상 주기적으로 긴장감이 조성됩니다. 둘 다 유지하려는 성향의 별자리들이니까요. 하지만 내심 서로 존경하는 마음이 있어서, 의견 충돌에도 불구하고 갑자기 부드러운 분위기가 조성되기도 한답니다.

황소자리 여성은 자주 화를 드러내는 것을 스스로 허락하지 않습니다. 인생의 어리석음과 슬픔을 지나친 감정 동요 없이 기꺼이 감내하려고 하지요. 그녀가 한번 화를 내면 당장 피하는 것이 좋습니다. 제법 멀리 피하는 것이 좋을 거예요. 아예 다른 도시로 피하는 것도 좋은 방법입니다. 그녀 스스로 화를 가라앉히고 다시 차분해질 때까지요. 그녀가 다시 돌아오지 않을까 봐 두렵다고요? 걱정하지 마세요. 황소자리 여성은 아무리 화가 나도 늘 다시 차분하게 돌아온답니다. 황소자리 여성은 감정을 통제하지 못하고 버럭 화를 냈던 자신의 나약함을 깊이 후회합니다. 화가 나면 크림처럼 부드러운 금성의 목소리는 마치 훈련 교관처럼 쩌렁쩌렁한 목소리로 변하지요. 그녀는 자신의 행동에 균형을 잡기 위해 더 수줍게 더 다정다감하게 행동할 것입니다. 하지만 조심해야 합니다. 황소자리 여성은 아무리 세월이 흘러도 과거에 자신이 무엇 때문에 그토록 화가 났었는지를 또렷하게 기억한답니다.

사자자리와 함께인 황소자리 여성은 보통보다 좀 더 자주 화를 낼 수 있습니다. 사자자리 남성이 주기적으로 일장 연설을 늘어놓거나 쓸데없는 훈계를 해대는 경우에 특히 그렇습니다. 그럴 땐 황소자리 여성도 고분고분하지 않지요. 그녀가 그렇게 나올 때면 사자자리 남성은 등을 돌리고 오랫동안 시무룩한 상태가 됩니다. 그게 너무 오랫동안 지속된다면 황소자리뿐 아니라 어떤 흙의 별자리라도 화가 날 수밖에 없겠지요.

황소자리 여성은 특유의 고집 외에도 많은 것을 가지고 있습니다. 꾸준함과 용기와 변함없는 헌신과 차분함과 깊고 깊은 감정을 가졌지요. 정도 엄청 많고 헌신적입니다. 자기 자신도 농담거리로 삼을 줄 아는 타고난 능력은 그녀의 가장 사랑스러운 면이지요. 황소자리 여성에게는 불합리라고는 찾아볼 수 없습니다. 그녀는 합리적이고, 현실적이며, 절대로 위선을 부릴 줄 모릅니다. 정말 찾기 힘든 정직하고 믿을 만한 사람이지요. 그러니 곁에 꼭 잡아두는 것이 현명할 겁니다.

사자자리 남성은 자부심과 허영심덩어리이지요. 자기중심적인 사람입니다. 하지만 낙천성과 희망과 자신감으로 차 있기도 하지요. 자신이 정말로 필요한 상황에서라면, 그 빛나는 지혜와 자비심을 따를 자가 없습니다. 사자자리 남성은 마음속에 옳다고 믿는 것을 위해서는 군대에 맞설 수도 있습니다. 자신이 사랑하는 연인을 위협한다면 그 어떤 것에도 당당히 맞서 싸울 것입니다. 아무리 불리해 보이거나 불공평한 싸움이라도 말이지요. 사랑하는 여인에게 고통을 준다면 그 사람은 바로 사자자리 남성의 적이 됩니다. 자신의 가치를 사랑하는 사람에게 입증하기 위해서라도 그 적을 반드시 물리치지요. 아서왕을 위해 싸우던 기사들과 흡사합니다. 그런데 사자자리는 기사인 동시에 왕이랍니다.

사자자리의 마음은 중세 낭만 시대에 살고 있습니다. 지배해야 할 세상이 있고 따라야 하는 이상이 확고하던, 지금과는 전혀 다른 시대지요. 사자자리에게 지금은 그 훌륭한 리더십이 더 이상 필요하지 않고, 사람들이 이제 이상에 환호하지 않는 엉뚱한 시대일 수 있습니다. 하지만 사자자리는 여전히 최선을 다하려고 합니다. 그가 타고 다닐 백마도 없고, 성배에 대한 기억 또한 오래전에 잊혔는데도 말이에요. 그러므로 사자의 마음을 가진 사자자리는 그의 오만한 겉모습과는 달리, 진정한 왕이나 기사에 대해 아무 것도 이해하지 못하는 다른 별자리 사람들에 비해 훨씬 더 많이 상처받고 외로운 존재입니다.

사자자리 남성과 황소자리 여성이 서로 마음을 맞춘다면 아무리 많은 장애물이 닥친다고 해도 문제없을 것입니다. 이 둘은 서로의 곁을 지키며 필요하다면 세상 전체와도 맞설 것입니다. 그 운명이 슬픔이나 비극으로 이어진다 해도 두 사람 중 누구도 신의를 저버리지 않을 것입니다. 그것이야말로 가장 오래 지속될 만한 사랑의 노래이지요. 배경음악이야 있든 없든 무슨 상관이겠어요?

황소자리 남성과 사자자리 여성

맙소사, 달링 씨는 도대체 들으려고 하지 않았다.
그 집에서 누가 주인인지 보여주기로 작정을 한 것이었다.

황소자리가 여왕을 얻고 싶어할까요? 대부분 황소자리는 왕족 앞에 있는 것보다는 도자기 가게에 있는 것이 더 편합니다. 도자기 가게에 가면 그들은 정신을 못 차린답니다. 황소자리들이 화려한 왕실 행사를 두려워하는 것은 아닙니다. 하지만 굽실거리며 절을 해대면서 황금 마차를 타고 다니거나, 며칠 동안이나 계속되는 대관식 축제에 사람들이 일을 멈추고 술에 취하는 그런 풍경은 지각 있는 황소자리 남성에게는 그저 '지나친 소동'일 뿐입니다.

아름다움을 보는 눈이 없는 것이 아닙니다. 오히려 대부분 황소자리는 그림이나 춤, 조각 또는 음악에 대한 재능이 잠재되어 있지요. 하지만 황소자리의 가장 큰 재능은 세상을 실용적인 안경을 통해 볼 줄 아는 것이랍니다. 황소자리는 꼭 필요할 때를 위해 자신의 돈과 감정을 잘 저축해둡니다. 화려한 행사나 왕관에 돈과 감정을 쏟아붓는 것은 황소자리 입장에서는 좋은 대의명분이 아니지요.

사자자리 여성은 자신을 여왕으로 알아봐주는 남성을 찾습니다. 자신을 아낄 뿐 아니라 숭배하며, 자신이 마땅히 누려야 하는 삶을 제공해줄 수 있는 남성을 찾지요. 그녀는 유명하고 교양 있는 친구들에 둘러싸여, 아름다운 옷과 파티와 고상한 대화를 나눌 수 있는 환경을 원한답니다. 손에는 아름다운 반지가 끼워져 있고, 가끔은 아프리카 초원으로 사진을 찍으러 갈 수도 있고, 여름에는 지중해 고급 휴양지로 피서를 떠날 수 있어야 하지요. "7, 8월에 맨해튼에 있는 건 정말 끔찍한 일이야. 관광객들이 너무 많아." 여기서 관광객이란 촌뜨기란 뜻입니다.

그러니 황소자리 남편이 사자자리 여성을 작은 아파트에 모셔놓고는 스낵에 맥주를 마시면서 TV나 보고 주식 현황이나 살피고 있다면, 그녀가 안절부절못하게 될 거란 건 자명합니다. 그녀에겐 너무 남루한 평민의 일상이니까요. 그래서 그녀는 어느 날 남편을 놀래주기로 합니다. 일단 시원한 페리에를 한 병 가져옵니다. 얇게 썬 라임도 함께요. 그리고 캐비아를 바른 비스킷을 우아한 접시에 담아 내옵니다. 그러면서 고급 잡지를 함께 내밀지요. 잡지의 뒤쪽에는 고급 주택들 목록이 있는데, 그녀 그 부분을 특별히 접어두었습니다. 마지막으로 그녀는 남편의 발에 백화점에서 사온 고급 실내화를 신겨줍니다. 황소자리 남편은 고맙다고 웅얼거리며 그녀를 향해 사랑스럽게 미소 짓지요.

그다음 날 저녁 사자자리 아내가 미용실에서 좀 늦게 돌아왔을 때(남편이 택시비를 주지 않아서 지하철을 탔는데 사람이 많았답니다.), 남편은 여전히 같은 자리에 앉은 채 아내의 귀가가 너무 늦었다고 불평을 합니다. 그는 스낵과 맥주를 옆에 끼고 저녁 뉴스를 시청하면서 신문의 주식 현황을 살피고 있습니다. 실내화는 보이지 않습니다. 너무 꽉 조여서 불편하기도 하거니와 그는 남자가 실내화를 신는 것이 좀 닭살스럽다고 생각합니다. 그 잡지는 어떻게 됐냐고요? 무슨 잡지요? 고급 주택 목록이요? 그게 뭐죠? 나중에 아내는 그 잡지가 베란다에 있는 고양이 상자 바닥에 쫙 펼쳐져 있는 것을 발견합니다. 져주는 쪽이 있어야 하긴 합니다. 하지만 황소자리는 아닐 겁니다.

황소자리는 물러서지 않습니다. 그 자리에 굳건히 서 있거나 아니면 돌진하지요. 사자자리 여성은 남편이 그냥 그 자리에 버티고 서 있을 때 단념하는 것이 좋습니다. 절대로 그가 돌진할 때까지 자극하는 위험을 감수하려고 하지 마세요. 제 말을 믿는 게 좋습니다. 몰아세우지 않고 차분하게 기다린다면 언젠가 황소자리 남편은 그녀가 원하던 모든 것을 제공해줄 것입니다. 예쁜 반지와 교외의 예쁜 집, 아니면 새로 리모델링한 따뜻하고 아름다운 펜션이라도 마련해줄 것입니다. 그 집에는 벽난로가 있고 창문으로는 새로 깎은 잔디에서 풀 냄새가 향긋하게 들어올 것입니다. 황소자리 남편은 하룻밤 사이에 큰돈을 벌어오지는 못합니다. 하지만 나중에라도 그녀가 다스릴 작은 왕국을 선물해줄 사람을 찾는다면 황소자리가 가장 가능성이 높답니다. 물론 사자자리 아내의 지원이 필요합니다. 황소자리 남편에게 시간을 주세요. 절대로 잔소리는 하지 마세요.

1971년에 저는 캘리포니아에 있는 윌리엄 랜돌프 허스트(미국의 허스트 신문 제국을 만든 신문 경영자—옮긴이) 캐슬에 간 적이 있는데, 그곳에는 허스트의 사진이 여기저기 걸려 있었습니다. 그는 뚝심 있는 황소자리답게 천천히, 그리고 아주 굳건하게 신문 제국을 건설해나갔고 백만장자가 되었습니다. 그러고는 아주 멋진 동화 속 궁전을 지었답니다. 지극히 낭만적인 감상에서 시작된 이미지를 좇은 거였지요. 윌리엄 랜돌프 허스트 캐슬은 수백 개가 넘는 방에 엄청난 규모의 가구들로 가득 차 있었습니다. 그 성에 있는 모든 것이 실제로 필요한 크기보다 더 컸지요. 황소자리에겐 크면 클수록 좋으니까요. 또 가는 곳마다 금성의 화려한 취향이 느껴졌습니다. 금장으로 된 욕조, 실크 벽지, 두꺼운 페르시아 카펫, 화려하고 값비싸고, 물론 커다란 대리석 조각상이 가득했습니다. 사치품이긴 했어도 그것들은 하나같이 실생활에 필요한 것이었지요.

황소자리 남성이라면 황소자리의 꿈이 마침내 실현될 때 어떤 모습인지 보기 위해서라도 꼭 허스트 캐슬에 가봐야 합니다. 사자자리 여성과 사랑에 빠진 황소자리라면 그녀를 데리고 가는 게 좋을 겁니다. 아마 그녀는 완전히 넋을 빼앗길 것이고 집으로 돌아가는 동안에도 내내 흥분을 감추지 못할 것입니다. 그녀는 당신이 실내화를 신지 않아도 그 궁전으로 향해가는 과정이라는 것을 깨닫게 될 것입니다. 언젠가 아내의 생일 선물로 요트를 사줄 그 사람이 바로 당신일지도 모른다는 사실을 알게 되지요. 생일 선물보다는 결혼기념일 선물로 기대하는 것이 더 나을지도 모릅니다. 황소자리에게는 아내의 생일보다는 둘의 결혼기념일이 훨씬 더 감동적인 날이니까요.

황소자리 남성이 마침내 인생에서의 사명을 완료하면(즉 안락한 집과 다양한 위인들이 그려져 있는 지폐를 충분히 모으고 난 다음을 말하는 겁니다.) 사자자리 아내도 자신의 귀족적인 성향을 충분히 발휘하면서 남편의 환경을 풍요롭게 채워줄 수 있을 것입니다.

하지만 황소자리 남성이 아직 주춧돌을 세우기 위해 땅을 파는 기초공사를 하고 있는 동안에는 여유를 부리며 파티를 열고 싶어하지 않을 것입니다. 그가 만일 파티에 따라다녀야 하거나, 사자자리 아내의 친구들의 비위를 맞춰줘야 하거나, 그녀가 명령을 내릴 때를 기다리면서 그녀의 왕관에서 먼지를 닦아줘야 하는 상황이 된다면 분개할 것입니다. 그는 사자자리 아내의 자존심을 세워주는 어리석은 짓을 시간 낭비라고 생각합니다. 황소자리는 돈을 낭비하는 것을 싫어하는 만큼이나 시간을 낭비하는 것도 싫어한답니다.

두 별자리는 90도 관계이므로 두 사람의 차이는 심하게 부딪힐 수 있습니다. 하지만 노력 끝에 경제적인 상황이 좋아진다면 둘의 관계는 환상적일 수 있습니다. 둘이서 함께 멋진 방을 누비고, 연못의 백조에게 먹이를 주고, 촛불 아래에서 로맨틱한 식사를 즐기고, 하인에게 수입산 침대들에 공단으로 된 커버를 깔아놓으라고 지시를 내리게 된다면 말이지요. 네, 침대가 아니라 침대들입니다. 둘은 아마 방을 따로 쓸 것입니다. 사자자리 아내는 자신만의 드레스룸이 필요하니까요.

두 사람이 인내심만 있다면… 음, 황소자리는 인내심이 많지요. 그러니 적어도 문제의 반은 해결이 됐네요. 하지만 사자자리 여성은 불 별자리이므로 인내심은 좀 부족합니다. 그래서 성을 건설하는 준비 기간에는 짜증도 낼 것이고 긴장도 감돌 것입니다. 두 사람의 이니셜이 모든 도자기와 손수건과 옷에 새겨질 그날을 꿈꾸는 동안에는 황소자리 남편이 낼 수 있는 드문 여가 시간에, 그들은 사랑을 나눌 수 있습니다. 두 사람이 완벽하게 맞는 몇 안 되는 순간이지요. 물론 아닐 수도 있습니다. 두 사람의 태양-달별자리 궁합에 달렸지요.

두 사람의 육체적 궁합은 대체로 좋을 것입니다. 사자자리 여성은 자존심이 세고 무심하며 낯선 사람들에게는 거리를 좀 두는 편입니다. 하지만 사랑하는 사람의 품 안에 있을 때는 완전히 달라진답니다. 애정 표현에서 대단히 적극적이지요. 황소자리 남성은 사자자리 여성이 자신의 머리를 쓰다듬어주고 애무를 해주는 동안에는 그녀와 싸우지 않습니다.

황소자리 남성은 감촉이나 소리 그리고 향기에 대해서 대책 없이 약합니다. 사자자리 여성이라면 누구나 향수를 사랑하므로, 황소자리 남성은 황홀하게 그 향기에 빠져들 것입니다. 황소자리 남성은 강한 체력을 타고납니다. 하지만 언제라도 관능적인 델릴라의 손아귀에 사로잡힌 삼손으로 변할 수 있지요. 금성의 지배를 받는 황소자리에게 열정적인 사자자리 여성과 함께 자신의 깊은 낭만적 욕망을 충족시키는 순간만큼 마음과 영혼에 평화를 주는 경험이 더 있을까요? 물론, 새로 발행된 빳빳한 지폐를 세는 순간이나 오븐에서 갓 꺼낸 애플파이 냄새를 맡는 순간은 제외하고 말이에요.

두 사람의 관계에 부정적인 측면도 있습니다. 사자자리 여성을 끝도 없이 즐겁게 해주고 그 자존심에 맞춰주려고 노력하는 일에 황소자리 남성이 그만 지칠 수도 있습니다. 하지만 낮 동안 그녀에게 충분히 소중한 사람이라는 느낌을 주지 못했다면, 밤에 여왕의 특별한 보살핌을 받는 것을 기대할 수 없답니다.

어쩌면 황소자리 남성이 자신의 강렬한 느낌과 욕망을 성적으로 만족시켜주기를 은밀하게 바라다 못해, 사자자리 여성이 먼저 지칠 수도 있습니다. 황소자리는 관능적이지만 지나치게 현실적이고 다소 상상력이 부족한 사랑을 하지요. 그래서 그녀는 가끔 남편 옆에 누운 채 혼자 잠 못 들고 깨어 있을 수도 있습니다. 어쩌면 동화 속 왕자님을 꿈꾸며 혼자 눈물을 흘릴지도 모릅니다. 자존심이 너무 강하기 때문에 절대로 그런 모습을 드러내 보이거나 말을 꺼내지는 않겠지만요. 그리고 얼마 지나지 않아, 그 따뜻하던 마음과 진취적인 기상을 가진 다정다감한 사자자리 아내는 성적으로 완전히 무감각해질 수도 있습니다.

원초적으로 열정적인 사자자리 여성에게 불감증은 늘 잠재된 위험이기도 합니다. 어린 시절부터 불태워오던 꿈과 욕구를 계속해서 무시당하면, 그녀는 사자자리의 차가운 무심함으로 일관할 수 있습니다. 사자자리에게는 자연스럽지 않고 슬프기만 한 자기방어 기재이지요. 어떤 여왕도 자신이 온전하게 숭배받지 못한다는 사실을 사람들이 눈치채게 하고 싶지 않을 겁니다. 그러니 사람들과 거리를 두는 것이지요. 그녀는 남편에게도 자신의 상처 입은 마음을 들여다볼 수 있도록 허락하지 않을 것입니다. 자신의 끔찍한 공허함과 외로움을 알게 하지 않지요. 비뚤어진 자존심이야말로 모든 사자자리의 최대 약점이랍니다.

황소자리의 황소고집과 사자자리의 비뚤어진 자존심이 합쳐지면, 다투거나 불만족스러운 상태가 계속됩니다. 두 사람 사이에는 솔직한 의사소통이 어렵습니다. 섹스의 불만에 대해 서로 솔직하게 얘기하지 못하고, 그저 일종의 편안한 익숙함과 동료애 정도로 그 관계가 굳어지게 됩니다. 헤어지는 경우도 있겠지요. 더 나쁜 경우에는 둘 중 한 사람이 술이나 마약 또는 다른 사람을 만나는 식으로 탈출구를 찾으려 할지도 모릅니다. 두 사람은 남들 앞에 자신의 실패를 드러내기엔 명예를 너무 소중히 여깁니다. 하지만 원만한 해결책을 찾기에는 둘 다 너무 고집이 세고(황소자리) 너무 자존심이 강하지요(사자자리). 그래도 솔직하게 고백하거나 조금만 겸손해진다면, 아무리 늦더라도 예상치 못한 기적은 일어난답니다.

황소자리 남성은 아내가 호사스러운 음식을 만들어주거나, 집에서나 사람들 앞에서 고상한 척하도록 그를 압박하는 것을 좋아하지 않습니다. 남편이 처음으로 소리를 지르던 날 사자자리 아내도 그 사실을 깨달았을 것입니다. 저녁 식사를 하던 중에 그는 이렇게 소리를 질렀지요. "케첩 어디 있어요?", "이걸 샌드위치라고 만들었어요? 가져가서 뭘 좀 더 넣어와요.", "큼지막한 머그잔은 어디다 두고, 이런 코딱지만한 찻잔을 써요?"

'코딱지'라는 말에 대해 너무 예민하게 굴지 마세요. 황소자리는 칭찬을 할 때든 욕을 할 때든 뭔가 재미있는 소리가 나는 말을 좋아한답니다.

사자자리 여성은 황소자리 남성이 약간 거칠고 거의 항상 고집이 세다고 비난합니다. 뭐, 사실이기는 하지요. 황소자리 남성은 사자자리 여성이 오만하고 불손하며 고상한 척한다고 비난합니다. 뭐, 이것도 사실이네요. 상대방에 대해 가지고 있는 가장 심각한 불만이 실제로는 매우 정당하고 타당한 사실이라면 어떻게 하시겠어요? 간단합니다. 그녀는 황소자리 남성의 거친 면을 이해해야 합니다. '고상함'이 부족한 것은 그가 현실적이며 믿음직스러운 기질을 가졌다는 뜻이고, 가볍고 진짜가 아닌 것을 경멸한다는 의미입니다. 이런 면은 그녀도 한 번 따라 해보면 좋을 것입니다. 또 그의 완고함은 그 성격의 강인함을 나타내는 것이랍니다. 그러니 맘에 안 드는 일이 생겼을 때, 괜히 시무룩해져서 버릇없는 여왕처럼 구는 행동을 멈춰야 합니다. 대신 그를 안아주거나 키스해준다면 아주 쉽게 그의 완고함을 누그러뜨릴 수 있지요.

황소자리 남성도 그녀에 대해 이해해야 할 것이 있습니다. 사자자리 여성의 오만함은 자신이 부족하다는 두려움을 드러내기 싫어 무의식 중에 방어 본능이 발생하는 것이랍니다. 그녀는 자신이 부족해서 사람들 앞에서 체면을 구기거나 고통스러운 조롱을 받게 될까 봐 늘 두렵답니다. 사자자리 여성을 설득하는 방법은 간단합니다. 번쩍거리는 멋진 장소에 보다 자주 데려가주는 것입니다. 그리고 모든 면에서 완벽한 그녀와 결혼해서 얼마나 운이 좋은지 시시때때로 표현해주면(물론 말로 해주는 것이 좋겠지요.) 됩니다. 모든 사자자리 여성은 실제로 모든 면에서 거의 완벽하답니다. 작은 흠 몇 개 정도는 잊어버리세요. 사자자리 여성은 사랑을 주고받는 능력이 탁월하답니다. 다만 제대로 찬사를 받고 사랑을 받는 경우에만 그렇습니다.

황소자리 남성은 나이에 상관없이 마음으로는 곰 인형입니다. 한번은 자신의 황소자리 남편이 '곰 인형과'라는 사실을 전혀 깨닫지 못한 사자자리 여성을 만난 적이 있습니다. 그녀가 보기에 그는 '실용적'인 것 이외에는 아무것도 믿지 않고, 모든 감상은 어리석은 감정의 쓰레기일 뿐이라고 믿는 고집 센 어른이었지요. 저는 아주 커다랗고 털이 복슬복슬한 황소 인형을 남편에게 사다주라고 그녀를 구슬렸답니다. 아기들한테 사주는 그런 인형이었지요. 그녀의 남편은 심드렁한 표정을 지었습니다. 고맙다는 말 한마디도 하지 않았지요.

황소자리 남편은 자신을 닮은 그 인형을 몇 주 동안이나 못 본 척했답니다. 상처를 받은 사자자리 아내가 그 인형을 남편이 계속 보고 있는 텔레비전 위에 올려놓았지만, 그는 아무런 반응도 하지 않았습니다. 그러던 어느 날, 그 남편이 몸이 아파 드러눕게 되었답니다. 남편이 잠들어 있는 사이, 아내가 청소를 하느라 그 황소 인형을 다른 곳으로 옮겨놓았지요. 물론 아무 생각 없이요. 그런데 남편이 잠에서 깨더니 갑자기 청천벽력 같은 소리를 질렀답니다. "내 황소 인형 어디로 갔어? 당신, 그걸 어떻게 한 거야?!!!!" 그녀도 이제는 자신의 남편에 대해 좀 더 알게 되었겠지요.

황소자리 남성과 사자자리 여성은 상대방이 소리 없이 호소하고 있는 마음을 서로 듣기 시작해야 합니다. 그녀의 오만함은 간청합니다. '나를 얼마나 사랑하고 있는지 제발 보여줘요.' 그의 완고함은 애원하지요. '내 곁에 머물러 있겠다고 약속해줘요. 절대로 나를 떠나지 말아요.'

황소자리 Taurus   Virgo 처녀자리

흙 · 유지하는 · 수동적
지배행성: 금성
상징: 황소
음(-) · 여성적

흙 · 변화하는 · 수동적
지배행성: 수성
상징: 처녀
음(-) · 여성적

황소자리와 처녀자리의 관계

하지만 전체적으로 볼 때, 아이들의 네버랜드는 가족처럼 서로 닮아 있었다.
한 줄로 쭉 세워놓고 보면, 코가 똑같이 생겼다거나 그런 식으로 말이다.

처녀자리는 황소자리의 강한 목적의식을 존경합니다. 하지만 황소자리가 분명히 실수하고 있는데도 고집을 부릴 때는 참기가 좀 힘들지요. 황소자리는 처녀자리의 재빠른 두뇌 회전에 대해 일종의 경외감을 가지고 있습니다. 하지만 처녀자리가 가지고 있는 건강염려증이나 아주 작은 일에도 꼬치꼬치 따지는 모습에는 별로 공감하지 못합니다.

하지만 친구 사이에는 늘 다른 점이 있기 마련이지요. 처녀자리와 황소자리는 일반적으로는 전혀 상식적이지 않은 부분도 서로 공감할 수 있는 경우가 아주 많답니다. 세상이 미친 비극과 경박한 어리석음에 흥분하고 있을 때, 둘은 서로의 원칙을 굳건히 지켜나갑니다. 이 두 별자리는 비극과 어리석음의 차이를 크게 구분하지 않습니다. 이들의 합리적인 견해에 따르면 어리석음은 비극으로 가는 지름길이기 때문입니다.

처녀자리는 자신이 발견한 모든 흠을 정확하게 기억합니다. 샤워 커튼의 박음질이 잘못되었다거나 친구들의 성격적 결함 같은 것이지요. 그 기억들은 처녀자리로 하여금 인간의 본성에 대해 비관적으로 생각하고 심지어 환멸을 느끼게 만듭니다. 하지만 어떤 면에서 보면, 처녀자리는 삶의 균열과 먼지 쌓인 구석에 대한 기억을 거의 즐기는 듯한 인상을 풍기기도 합니다. 그것들은 처녀자리의 명석하고 빠른 지성을 써야 할 거리를 제공해주지요. 황소자리는 한 번 본 모든 것을 기억합니다. 정작 자신은 별로 기억하고 싶어하지 않지만요. 황소자리의 마음속에는 시간을 낭비하는 것은 죄라고 계속 잔소리하는 목소리가 있습니다. 바꿀 수 없는 과거의 일들에 시간을 낭비하는 것처럼 어리석은 일도 없지요. 그럼에도 불구하고 황소자리는 어쩔 수 없이, 과거의 기억과 경험을 통해 배운 교훈에 매달립니다. 마치 그 교훈들을 이마에 새겨놓은 것처럼 행동하지요. 전체적으로 볼 때 처녀자리가 황소자리보다 더 복잡한 두려움을 가지고 있습니다. 자신의 건강 문제와 사고의 위험 등을 포함해서요. 황소자리가 두려워하는 것이 있다면 그것은 절대로 몸에 대한 것이 아닙니다.

이 두 사람은 브루클린 다리를 서둘러 매각하거나, 동화를 쓰거나, 저가 항공권을 신속하게 팔아치워야 한다거나, 라스베이거스에서 블랙 잭을 운영해야 할 때는 별로 권장할 만한 커플이 아닙니다. 두 사람 모두 여성적이며 음성적인 태도를 지닌 흙의 별자리들이지요. 다시 말해, 두 사람 모두 진실함과 신뢰성(흙)으로 무장되어 있기는 하지만, 수동적이며 수용적(여성적 에너지)이고 의심이 많으며 두려움이 많다(음성적 에너지)는 뜻입니다. 그래서 처음에 두 사람이 만나 친해지는 것도 기적이지요. 하지만 일단 서로에게 첫인사를 건넬 수만 있다면, 둘은 분명히 다시 만날 날을 잡게 될 것입니다. 물론 그 날짜는 정확하게 지켜질 테고요. 그것이 단순한 친분이든 일이든 또 다른 어떤 관계든 간에 천천히, 하지만 확실하게 아름다운 관계로 발전할 것입니다. 가족 구성원이라면, 두 사람은 잘 어울리지만 나머지 과격한 가족 구성원들로부터는 약간 소외감을 느낄 것입니다.

예전에 황소자리 작곡가와 처녀자리 가수가 있었습니다. 둘은 뉴욕의 브로드웨이 작곡가 협회 본부가 있는 건물 앞에서 매일 아침 만나곤 했습니다. 황소자리는 정말 유능한 작곡가였습니다. 그녀는 분명히 그 분야에서 최고가 될 사람이었지요. 하지만 그녀는 황소자리 특유의 운명에 대한 분노를 가지고 있었답니다. 가족을 부양하느라 줄리아드 음대에 가지 못했고, 어깨에 늘 무거운 짐을 지고 있었거든요.

그 황소자리 작곡가는 먼저 돈을 지불하지 않거나, 계약을 정식으로 체결하지 않은 상태에서 자신의 노래를 부르려고 하는 가수를 못 미더워했습니다. 그리고 자신과 맞지 않는 가수라면 절대로 자기 곡을 주지 않으려고 했지요. 하지만 그 처녀자리 가수는 그 작곡가와 어떤 얘기든 다 할 수 있었습니다. 그 가수는 원래 작곡가가 사용하는 악기에 대해서도 까다로웠고 여기저기 멜로디와 가사도 바꾸고 싶어하는 사람이었습니다. 그는 자신의 목소리와 완벽하게 맞아떨어지고 대중의 취향에도 잘 부합되는 곡이 만들어질 때까지 심하게 고치는 사람이었습니다. 하지만 황소자리의 곡에 대해서는 고치려고 하는 부분이 훨씬 적었답니다. 바로 5-9 태양별자리 관계 유형에 영향을 받은 황소자리와 처녀자리의 조화로움 덕분이었지요. 황소자리의 곡은 그 비판적이고 예민한 감각의 소유자인 처녀자리 귀에도 명확하고 진실하게 들렸던 것입니다.

그 두 사람이 한번은 출판사를 함께 시작하는 것에 대해 검토한 적이 있었습니다. 하지만 처녀자리는 조급한 성격인 수성의 지배를 받지요. 그 가수는 황소자리 작곡가가 공격적인 추진력이 부족한 것을 못 참고 화를 내더니 결국 뉴욕을 떠났답니다. 그러고는 샤론이라는 이름의 명랑한 사수자리 아가씨와 결혼을 해버렸지요. 그는 사수자리 아내의 격려를 받아 최근에는 쇼비지니스에 진출했답니다.

황소자리는 기타를 맨 다부진 어깨를 한 번 으쓱하고는 가던 길을 계속 갔지요. 그녀는 조용히 큰 기회가 오기를 기다렸답니다. 황소자리는 큰 기회를 기다립니다. 최근에는 그녀가 톱스타들이 출연하는 할리우드 영화의 음악을 작곡하고 있다는 얘기를 들었습니다.

인내심에 있어서만큼은, 황소자리가 이런 식으로 처녀자리를 이긴답니다. 황소자리는 대부분 인내심을 무기로 결과를 만들어냅니다. 처녀자리는 대체로 인내심이 조금 부족하지요. 처녀자리는 겉으로 보기에는 차분하고 침착해 보이지만 마음속은 항상 분주하답니다. 일이 생각처럼 빨리 원하던 대로 이뤄지지 않으면 조바심을 많이 냅니다. 몸은 기꺼이 현실에 남아 있으려고 하고 또 그럴 능력도 되지만, 마음은 자꾸 변하고 가만히 있지 못합니다. 공기 별자리인 쌍둥이자리의 지배행성이기도 한 수성은 흙 별자리인 처녀자리의 지배행성으로서는 결코 편하지 않지요. 결과적으로 수성은 처녀자리로 하여금 천성에 반하는 행동을 하게 만들곤 합니다. 어쨌든 황소자리는 처녀자리보다 더 대범한 성향을 가졌습니다. 황소자리는 유지하는 에너지를 가진 별자리지요. '유지한다'는 의미는 천문학적으로, 꾸준하고 체계적이어서 일이나 가정을 꾸림에 있어 보다 단단한 기초를 마련할 능력이 있다는 뜻입니다. 처녀자리는 변하는 에너지를 가진 별자리이지요. '변한다'는 것은, 잘 변하고 움직이고 사람 사이에 소통을 주관한다는 뜻입니다. 정보와 사실과 다양한 의견들을 여기저기 나른다는 의미이지요. 처녀자리는 거대한 제국을 건설하거나, 으리으리한 자동차를 타고 환호 소리를 듣고 싶어하는 욕구가 없습니다. 머리 위에서 뿌려대는 색종이 조각 때문에 잘 빗은 머리카락이 흐트러지는 것도 싫답니다.

처녀자리는 이 세상과 사람들이 지닌 결함을 지적함으로써 혼란과 무정부 상태의 세상에 질서를 부여하려 합니다. 만약 처녀자리가 운명의 장난으로 화려한 명성과 조명을 누려야 된다면 잠깐은 얼굴을 붉히면서도 그 영광을 즐길 것입니다. 하지만 곧 비판적인 기사를 쓰는 언론을 멀리하게 될 겁니다. 대중들의 아우성에도 짜증이

나기 시작할 것입니다. 마침내는 모든 처녀자리가 가장 중요하게 생각하는, 자신만의 개인적인 삶으로 돌아가기 위해 단호하고도 명확한 결정을 내릴 것입니다.

황소자리도 호젓한 은둔 생활을 원합니다. 어디에서 살고 싶은지도 아주 명확하지요. 시골입니다. 모든 황소자리는 남녀노소를 불문하고 언젠가는 전원생활을 바라게 됩니다. 시끄럽고 어리석은 사람들의 방해를 받지 않을 수 있는 곳, 비옥한 땅과 나무와 풀과 조용한 시냇물이 있는 한적한 전원에서 살고 싶어하지요. 하지만 황소자리는 재정적인 안정을 변덕스러운 자연에 의존하고 싶어하지는 않습니다. 이런 이유로 황소자리가 오랜 시간 도시의 복잡함과 경박함을 참아내는 것입니다. 황소자리가 마침내 도시를 떠날 때는 두둑한 돈 가방을 가지고 떠나겠지요. 그 가방은 국가에서 발행한 아름답고 빳빳한 녹색 지폐로 가득 채워져 있을 것입니다.

황소자리와 처녀자리는 5-9 태양별자리 유형으로 타고난 조화로움을 가지고 있는 관계입니다. 이변이 없다면 둘은 함께 행복하게 시골로 은퇴할 수 있습니다. 황소자리는 자신의 터전에 만족스럽게 앉아 있을 것이고, 처녀자리는 시내로 왔다 갔다 하면서 생활에 필요한 물건을 사다 나르겠지요. 처녀자리가 잔소리를 좀 할 수도 있고 더러는 옥신각신하는 일도 생길 겁니다. 하지만 대체로 두 사람은 잘 맞을 것입니다.

처녀자리도 황소자리만큼 자기주장을 강하게 표현할 수 있습니다. 차이점이라면 황소자리는 일반적인 것에 대해 자기 의견이 분명하고 처녀자리는 세밀한 부분에서 의견이 강합니다. 찰스라는 처녀자리 소년이 있었지요. 어느 날 선생님이 실수를 했습니다. 교사라면 누구나 할 수 있는 아주 작은 실수였지요. 하지만 어린 처녀자리 아이는 참을 수 없었습니다. 선생님은 칠판에 두 개의 점을 다음과 같이 찍었습니다.

. .

선생님은 두 점을 가리키며 말했지요. "오늘은 이 두 개의 점 사이에 직선을 그리면, 그것이 두 점 사이의 가장 짧은 거리라는 사실을 증명하는 방법에 대해 공부할 거예요. 누구 도전해볼 사람?" 그러자 어린 찰리가 걱정스러운 얼굴을 하고 손을 들었습니다.

찰리는 아주 예의 바르고 공손하게 말했지요. "선생님, 두 점 사이에 직선을 그리는 게 항상 가장 짧은 거리는 아닌 것 같아요." 선생님은 화가 나서 얼굴이 붉어졌답니다. "그래?" 선생님은 열한 살짜리 학생에게 주문했습니다. "여기 칠판 앞으로 나와서, 수학의 이 단순한 이론에 대한 너의 반론을 제시해보겠니?" 처녀자리 소년은 바로 칠판으로 나가더니 분필을 집어 들었답니다. 그리고 자신이 한 말을 증명해 보였지요. 교실은 찰리의 증명으로 웃음이 터져버렸고 선생님의 얼굴은 더 빨갛게 달아울랐답니다. 찰리가 증명한 방법은 이런 식이었습니다.

.I.

아이들의 웃음소리가 잦아들자 찰리는 공손하게 말했답니다. "그러니까요, 선생님. 이 선은 원한다면 중국까지도 갈 수 있겠지요. 이렇게 세로로 선을 그리면 무한정 길게 그릴 수 있는 걸요. 그러니 어떻게 두 점 사이에 직선이 가장 짧은 거리라고 할 수 있겠어요?"

선생님은 선을 세로로도 그릴 수 있다는 점을 소홀히 했던 겁니다. 그리고 두 점 사이에 직선을 그린다고 표현하는 대신, 두 점을 연결하는 직선이라고 표현해야 했지요. 다른 교사나 학식이 높은 수학 교수도 아주 쉽게 하는 일반적인 실수이지요. 하지만 처녀자리 찰리는 그런 식의 실수를 교정해주지 않고는 못 배겼던 것입니다. 아마도 찰리는 커서 인류에 도움이 되는 획기적인 발명을 하지 않을까요?

황소자리와 처녀자리가 함께 책을 집필해야 하는 경우가 생긴다면, 황소자리는 구성이 가장 중요하다고 생각할 것입니다. 처녀자리는 대화 부분을 넣고, 오타를 잡아내고, 어법에 맞지 않는 말을 수정할 것입니다. 황소자리는 거기에 유머 감각을 추가하고 시장에 내놓아서 수익이 발생하도록 할 것입니다. 가끔 사람들은 처녀자리가 너무 소심하고 겸손하고 예의를 갖추는 사람이라 진정한 비평을 하기는 어려울 거라 생각합니다. 그렇게 생각하는 사람을 위해 제가 『당신의 별자리』를 출간한 바로 다음에 받았던 편지를 하나 공개하겠습니다. 편지의 내용을 그대로 옮기면 다음과 같습니다.

굿맨 선생님께
『당신의 별자리』 문고판 78쪽 첫 번째 줄에서 실수를 하나 발견했습니다. 책을 그대로 인용하자면 '칼데아의 샌달족'이라고 하셨는데 그 표현은 '칼데아 사람들 중 샌달을 신는 사람들'이라고 수정하셔야 합니다. 안 그러면 독자들은 칼데아 사람들은 샌달만 신는 사람들이라고 오해할 것 같습니다.
제니 하트만 올림
추신. 저는 처녀자리입니다.

이 기회를 빌어 제니 씨에게 감사 인사를 드립니다. 다른 독자들에게도 이 자리를 빌어 양해를 구합니다. 겸손한 처녀자리나 전통적인 황소자리에게, 칼데아 사람들이 마치 샌달만 신은 채 알몸으로 다니는 듯한 인상을 주었던 것에 대해서 말이에요. 그 책의 편집자인 염소자리 밥스 핀커튼도 야단을 맞아야 합니다. 저 같은 경솔한 양자리에게 이런 실수는 흔한 일이지만, 조심성 많고 완전 똑똑한 염소자리는 절대로 안 되지요! 제니가 추신에서 처녀자리라고 밝힌 것도 참 다행입니다. 그렇지 않았다면 제니가 처녀자리라는 것을 누가 상상이나 했겠어요? 고백을 하자면 덤벙대는 양자리답게, 그때 제니가 보냈던 편지의 봉투를 잃어버렸답니다. 하지만 제니가 이 책의 처녀자리와 처녀자리의 관계 편을 읽는다면 분명히 다시 연락을 할 것 같습니다. 이번에는 꼭 제니의 주소를 잘 간직하겠다고 약속합니다. 제니는 정말 훌륭한 사람이라고 생각합니다. 지금 편집자인, 학구적인 황소자리 찰즈 무제 박사도 저의 이런 견해에 백 퍼센트 동의한답니다.

황소자리 여성과 처녀자리 남성

"… 여기 바위가 있네."

황소자리 여성이 처녀자리 남성을 유혹할 수 있을까요? 거의 불가능합니다. 그렇다고 해도 그녀가 열등감을 느낄 필요는 없습니다. 처녀자리 남성을 유혹할 수 있는 여성은 거의 없으니까요. 아마도 나르시스는 처녀자리였을 겁니다. 동쪽별자리는 양자리였을 것이고 달별자리는 아마도 사자자리였을 겁니다. 천문해석학에서 나르시스를 처녀자리라고 추정하는 이유는 처녀자리가 대부분 자기중심적인 경향을 보이기 때문입니다. 물론 사자자리의 독선적인 자기중심이나 양자리처럼 버릇없는 이기적인 모습은 아닙니다. 하지만 처녀자리는 여성이건 남성이건 스스로 도취되어 있습니다.

황소자리와 처녀자리는 처음부터 인연이 될 수 있는 요소가 많습니다. 두 사람은 성격, 목표 그리고 욕망이 비슷합니다. 둘은 거의 항상 조화로운 5-9 태양별자리 관계지요. 꾸준하고 현명한 황소자리와 처녀자리는 환상이나 무책임함이나 변덕으로 일을 망치지 않습니다. 황소자리 여성은 차분하고 듣기 좋은 목소리를 가졌고, 처녀자리 남성은 부드러우면서도 똑똑한 말투를 가졌지요. 그러니 상대방의 신경을 건드릴 일도 없답니다.

황소자리 여성은 처녀자리 남성을 제대로 요리할 수 있습니다. 그렇게 감각적이고 느리게 말하고 행동하는 여성은 실수를 거의 하지 않지요. 당신이 처녀자리 남성이 아니라면 절대로 상상할 수 없을 것입니다. 매 순간 고쳐주고 싶은 마음이 들게 하는 실수를 전혀 저지르지 않는 사람과 함께한다는 게 얼마나 편안한 일인지 말이에요. 계속 강박증 환자처럼 남을 비판하는 게 얼마나 재미없는 일인지 모르셨다고요? 정말 피곤한 일이랍니다.

황소자리 여성도 처녀자리 남성도 자주 혹은 쉽게 화를 내는 사람이 아닙니다. 둘 다 아주 차분하고 평화로운 태도를 가졌지요. 물론, 처녀자리 남성이 황소자리 여성보다는 손톱을 더 물어뜯을 것이고 눈을 더 자주 깜박거릴 것입니다. 하지만 황소자리 여성은 한번 화가 나면 제대로 폭발합니다. 깊은 상처를 남길 수 있지요. 처녀자리 남성이 한계에 다다라 화가 날 때는 상대적으로 가볍고 표면적인 감정입니다. 그리 오래 가지도 않고 가슴 깊이 그 화를 끌고 가지도 않지요. 걱정을 하는 모습은 좀 다릅니다. 처녀자리 남성이 걱정을 할 때는 무척 진지합니다. 영혼을 잠식할 정도는 아니지만요. 주로 위나 장에 영향을 미치지요. 황소자리 여성의 집에서 식사할 때, 그들이 항상 소화제나 지사제를 찾아 여기저기 뒤지는 이유랍니다. 황소자리 여성이 다른 여성들처럼 성격이 급하다면 자기 요리에 대한 비방으로 받아들일 수도 있겠지요. 하지만 그녀는 처녀자리 남성의 별난 성격을 침착하게 받아준답니다.

처녀자리는 자신의 걱정을 매 순간 조목조목 말하지 않습니다. 시간마다 걱정 근심을 외쳐대지도 않습니다. 그들은 일 년에 한 번씩이라도 걱정 근심을 입 밖으로 내어 말할 이유를 느끼지 못합니다. 어떤 처녀자리는 수십 년 동안 떨림을 마음속에 가둬두기도 합니다. 이런 경우에 무의식이나 정신 상태에 미치는 영향은 제외하고라도, 소화기관에 어떤 영향을 미칠지 상상할 수 있겠어요? 그것은 또한 관절염과 류마티스의 주된 원인이 되기도 한답니다.

저는 햄릿의 달별자리가 처녀자리였을 거라고 생각합니다. 이런 대사를 보면 알 수 있지요. "내가 꿈을 꾸지 않는다면, 호두 껍데기 속에 갇힌 채로 무한한 우주를 다스리는 왕이라고 생각하며 살 것이다." 처녀자리는 보통 자신의 자존심과 야망을 펼 수 있는 아주 좁은 견과류 껍데기 같은 공간에 만족한답니다. 자신만의 작은 희망의 거미줄을 쳐가면서 다른 사람들을 짓밟는 일 없이 기꺼이 열심히 일하고 깍듯하게 행동하며 사람들을 돕습니다. 누구나(특히 처녀자리들은) 억압된 감정에서 생기는 악몽은 위경련이나 위궤양에서부터 암까지, 다양한 질병의 원인이 될 수 있다는 것을 알고 있습니다. 바로 이 부분에서 황소자리 여성이 역할을 할 수 있습니다. 처녀자리 남성을 간호해주는 것이 아니라 악몽에 대한 실용적인 철학으로 위로해주는 거지요.

황소자리: 몸과 마음이 건강하고 정서적으로 만족스러우면 악몽 같은 건 없어요. 간단해요.

처녀자리: 하지만 어떻게 몸과 마음이 건강하고 정서적으로 만족할 수 있죠? 우리 주변의 모든 것이 다 망가져 가고, 세상은 온통 미치광이들이 조종하고, 차는 변속장치가 고장 났고, 우산도 잃어버렸고, 보험 청구도 잊었고, 양말에는 다 구멍이 나 있는데 그리고 또….

황소자리: (단호하게) 제대로 사랑을 받은 사람이라면 몸도 마음도 정신도 건강하고 만족스러운 상태가 될 수 있어요. 따뜻하게 목욕을 하고 맛있는 영양죽 한 그릇만 먹으면 풀지 못할 문제가 없답니다. 당신 양말 줘봐요. 내가 꿰매줄 게요.

황소자리 여성이 너무나 간단한 것처럼 말해서(실제로도 간단하지요.) 처녀자리 남성은 걱정을 멈출 것입니다. 합리적인 동시에 감각적인 여성의 사랑을 제대로 받고 있으니까요. 적어도, 그녀가 만들어준 식감 좋은 브라우니를 먹으며 향기로운 그녀의 귓볼에 키스를 하는 동안만큼은 세상 걱정을 잊을 것입니다. 처녀자리 남성은 대부분의 인공적인 향기에는 거부반응을 보입니다. 그는 창조된 그대로의 자연적인 것을 사랑합니다. 그럼에도 향이 좋은 비누 가게에서 풍기는 상큼하고 여성적인 향기, 특히 자신의 걱정거리를 당황하지 않고 차분하게 들어주는 마음씨 고운 여인의 귓가에서 나는 향기를 좋아하지요. 또 황소자리 여성은 남의 이야기를 잘 들어주고 처녀자리 남성은 멋진 달변가가 될 수 있습니다. 처녀자리 남성의 대화는 아주 지적이고 명석하며 똑똑하고 흥미롭답니다. 간결하면서도 효과적이지는 않지만요.

성적인 면에서는 두 사람 모두 조용한 유형에 속합니다. 황소자리 여성은 말로 하는 사랑의 속삭임 때문에 주의가 산만해지는 것보다는, 사랑하는 남성과의 완벽한 결합에 집중하는 것을 좋아합니다. 처녀자리 남성은 섹스에 대해서는 별로 격렬하거나 즉흥적인 것들을 생각할 수 없기 때문에 말이 적습니다. 설령 그런 말을 생각해낼 수 있다 해도 이성에게 그런 말을 하기에는 너무 부끄럼을 탑니다. 그는 불감증도 아니고 섹스에 반대하는 것도 아닙니다. 실제로 처녀자리 남성은 정신적인 자극을 받았을 때, 육체적 욕구와 정서적인 부드러움이 결합해서 육체적으로도 아주 아름답게 사랑을 표현할 수 있답니다. 하지만 진정한 사랑이 없는 육체적 관계에는 전혀 감동하지 않습니다.

그렇다고 처녀자리 남성이 사랑에 가볍게 접근하는 방법을 모르는 것이 아닙니다. 원한다면 그렇게 할 수 있지요. 어떤 처녀자리 남성들은 가벼운 사랑에 탐닉하기도 합니다. 그들은 사랑 놀이에서는 아주 전문가이기 때문에 성적으로 자유분방한 여성에게 매력적인 상대가 되기도 합니다. 여인들은 그와 함께라면 안심합니다. 처녀자리 남성은 그런 관계를 가볍게 받아들이기 때문에 질투 같은 불필요한 감정 문제가 없거든요. 하지만 처녀자리 남성은 자신의 배우자로 파티 걸을 원하지는 않습니다. 가벼운 사랑 놀이에서는 곧 은퇴를 하고 평생의 짝을 구하게 되지요. 그럴 때쯤 우연히 황소자리 여성의 정원을 지나가게 된다면, 진지한 관계로 발전하고 결혼으로 이어질 가능성이 높습니다. 간단하게 말해서 그는 그 정원에 눌러앉는 오리가 될 겁니다.

황소자리 여성이 기억해야 할 것이 있습니다. 처녀자리 남성에게 결혼은 자연스러운 상태가 아니라는 사실입니다. 물론 처녀자리 남성에게 혼자 사는 것보다 더 아늑하다고 느끼게 해줄 수 있는 사람이 있다면, 그건 바로 황소자리 여성일 겁니다. 그녀가 자신을 소유하려 한다는 느낌만 주지 않는다면, 처녀자리 남성은 그녀의 손바닥 위에서 하라는 대로 하면서 살 겁니다. 그녀가 아무리 많은 자유의 밧줄을 줘도, 그는 그 밧줄을 어둠 속에서 집으로 돌아가는 길을 찾는 데만 쓸 겁니다. 처녀자리 남성은 습관의 동물에 가깝기 때문에 말한 대로 행동하는 것이 전부입니다. 그녀의 얼굴과 그 귓가의 향기, 혼자 고요하게 하는 목욕과 아침마다 그녀가 만들어주는 신선한 오렌지 주스 그리고 서랍 안에 깔끔하게 정리된, 옷깃이 빳빳한 옷에 점점 익숙해질 것입니다. 그러니 어떻게 남의 집에 가서 편하게 양말이라도 벗어놓을 수 있겠어요? 더군다나 깔끔하게 정리된 발톱과 뒤꿈치를 보면 그녀 생각이 나서 아마 죄책감에 사로잡혀버릴 겁니다.

처녀자리 남성은 황소자리 여성이 왜 그렇게 많은 비싼 물건들을 사는지 이해하지 못할지도 모릅니다. 황소자리 여성은 처녀자리 남성이 너무 검소하다고 불평을 할 수도 있습니다. 하지만 둘 다 절대로 돈을 부주의하게 내다 버리는 사람은 아니기 때문에 돈 문제로 다툴 일은 거의 없습니다. 두 사람 사이의 태양과 달별자리가 어떻든 간에, 처녀자리 남성과 황소자리 여성은 5-9 태양별자리 관계의 부드러운 감정이입에 의존할 수 있습니다. 둘 사이에서는 오해가 서로에 대한 공감으로 무뎌지고 언쟁은 용서로 마무리됩니다. 처녀자리를 만족시키는 것은 쉽지 않지만 황소자리 여성은 거의 근접하게 해낼 수 있답니다. 그녀 특유의 따뜻하고 이타적인 헌신으로 처녀자리 남성의 의심 많은 마음을 어루만져줄 수 있지요. 그녀가 계속 그렇게만 할 수 있다면(황소자리의 진정한 재능이지요. 무언가를 계속 하는 것.) 얼마 가지 않아 처녀자리의 비평 요령을 직접 배울 수도 있을 것입니다. 그리고 나면 밸런타인데이에 이런 편지를 보낼 수도 있을 겁니다.

··· 당신이 내게 가르쳐준 대로
정말로 정직하게 말하는 건데
당신은 진실을 탐구하지만

결과는 없고
여전히 삶의 균형을 잡지 못하고 있어요.
당신은 부처에 관한 책을 읽고
빤한 얘기들을 하지요.
제대로 살아보기도 전에 어떻게 죽을까를 배우려 하지요.
당신의 감정일랑 체로 걸러내어 가면서 억누르고
매일 아침 수세미로
고결한 당신의 상아탑을 문질러 닦지요.
그래도… 당신은 나아지고 있어요.
_『금성은 한밤중에 120도를 맺는다』(린다 굿맨)

황소자리 남성과 처녀자리 여성

"이걸 닦지 않다니 정말 너무해."
웬디가 한숨을 쉬며 말했다. 그녀는 깔끔한 소녀였던 것이다.

처녀자리 여성은 뒤죽박죽 상황에서 등장합니다. 그리고 자로 잰 듯 정확하고 깔끔하게 그 상황을 정리해줍니다. 물론 주변을 어질러놓은 처녀자리도 있을 것입니다. 하지만 그 머릿속만큼은 깔끔하고 정확한 생각으로 정리 정돈이 잘 되어 있으며, 가방 안에 담뱃가루가 돌아다니는 경우는 없을 겁니다.

1974년 8월 저는 처녀자리 신문기자와 점심을 먹고 있었습니다. 우리는 그 기자의 태양별자리에 대해 얘기를 나누었는데 그녀가 이렇게 말했지요. "저는 처녀자리의 깔끔 떠는 성격과는 거리가 멀어요. 며칠 동안 쓰레기통을 비우지 않아서 쓰레기통이 거의 넘칠 때까지 놔두기도 하거든요."

"당연하죠. 손이 더러워지는 걸 싫어하니까 그런 거예요." 제가 이렇게 말하곤 그녀의 손가락들을 쳐다보았지요. 처녀자리 기자는 당황하기 시작했답니다. 그녀는 말했지요.

"뭘 그렇게 보는 거죠? 아, 이 얼룩이요? 이건 때가 아니라 반지 때문에 그래요. 몸에 산도가 높아서 금이 닿으면 신경이 날카로워질 때마다 파랗게 변하거든요. 한 시간 전에 손 씻을 때 다 지운 줄 알았는데… 때처럼 보인다는 건 아는데요, 진짜 아니라니까요. 여기요! 여기 화장실이 어디에요?"

처녀자리와 황소자리 사이에 놓인 장벽 중의 하나는 황소자리 남성이 아주 조금 깔끔하지 못하다는 것입니다. 어떤 황소자리 남성들은 정말 후줄근합니다. 그리고 제법 많은 황소자리 남성들은 정말 지저분합니다. 황소자리는 주변에 아름답고 화려한 물건들을 두는 걸 좋아하지만, 빵을 만드느라 너무 바쁜 나머지 바지에 붙어 있는 보푸라기를 떼어내거나, 곱슬머리를 가지런히 빗어 넘기거나, 바닥에 떨어진 빵가루를 쓸거나, 질감 좋은 셔츠를 옷걸이에 걸어두거나, 신발에 광택을 내는 일에는 신경을 쓸 수가 없답니다. 황소자리는 현금을 숭배하기는 하지만 지폐를 깨끗하게 씻어서 다림질하고 싶은 충동을 느끼지는 않습니다. 황소자리에게는 구겨진 지폐도 여전히 귀중한 돈이랍니다. 구겨진 셔츠를 입은 남자도 여전히 남자인 것처럼요. 가끔 황소자리 남성 중에 옷차림에 많은 신경을 쓰는 사람도 있지만 집착할 정도는 아닐 겁니다. 그는 신발이 깨끗이 손질만 되어 있다면, 구두끈이 나비매듭으로 묶여 있는지 양말 한 쪽이 다른 쪽보다 6밀리 정도 더 낮은지에 대해서는 걱정하지 않는답니다.

처녀자리 여성에 대해 사람들이 오해하는 부분이 있습니다. 황소자리 남성이 알게 되면 깜짝 놀라겠지만, 당연하게도 모든 처녀자리가 실제로 처녀는 아닙니다. 그녀들의 비판적인 태도와 예리한 통찰력, 질서를 좋아하는 성향은 처녀자리를 매우 전통적인 청교도적 가치관을 지닌 사람으로 보이게 합니다. 하지만 처녀자리는 **작은 아씨들**의 베쓰가 아닙니다. 처녀자리의 청교도적인 도덕관념은 천문해석학적인 신화지요. 얌전한 척하지 않아도 예의 바르고 우아하고 분별력 있는 사람이 될 수 있답니다. 처녀자리 여성은 사실을 조사하고 행동을 관찰합니다. 그러고는 자신의 수학적인 사고 체계에 따라 사람들에게 최선이 무엇인지를 명확한 의견으로 만들어내지요. 하지만 그 결론은 수녀원을 더 많이 지어야 한다는 의견에서부터 누드 테라피를 장려해야 한다는 것에 이르기까지 다양할 수 있답니다. 도덕적인 입장에 대해 말하자면, 처녀자리 여성은 지적이고 감정이 개입되어 있지 않은 태도를 가지고 있는 경우가 많습니다. 세간의 오해와는 달리 그녀들의 도덕관념은 전혀 고루하지 않답니다.

황소자리는 자신의 윤리나 도덕관념에 대해 별로 얘기하지 않습니다. 그냥 무엇이 옳거나 그르다고 느끼면 맹목적인 결단력을 가지고 행동에 옮기지요. 그 사안의 복잡함에 대해서는 별로 고민하지 않습니다. 처녀자리와 황소자리가 같은 도덕적 결론에 도달했을 때는 문제가 없습니다. 하지만 결론이 다르면, 이 흙 별자리의 연인은 얼음장 같은 침묵과 절대로 굽히지 않는 완강함으로 서로를 괴롭힐 수 있습니다.

한번은 저의 처녀자리 친구와 그녀의 황소자리 연인이 싸우는 틈에 끼어 구경꾼이 된 적이 있었답니다. 우리 셋은 우리 시대의 성적인 혁명에 대해, 그 의미와 다양한 파생물에 대해 대화를 나누었습니다. 검열 폐지라는 미명하에 발호하는 신문지면의 음란함에서부터 영화 속의 성적 욕망과 폭력의 자본화 등에 대해 수다를 떨고 있었지요. 그런데 두 사람이 서로 대립각을 세우기 시작했습니다.

황소자리: 섹스, 섹스, 섹스! 이젠 정말 보기도 듣기도 지겨워. 신문 지면에서 마치 새로 발견한 뭐라도 되는 것처럼, 매일 헤드라인으로 장식되고 있잖아.

처녀자리: (골똘히 생각하며) 만약 매춘이 합법화되면 좀 도움이 될지도 몰라.

황소자리: 뭘 도와? 매춘을?

처녀자리: 아니, 섹스가 사라질 건 아니니, 매춘부도 고객을 위해 그 필요성을 제공할 수 있다는 거지.

황소자리: (목부터 벌겋게 달아오르며, 화가 슬슬 오르기 시작한다.) 뭐라고? 매춘부의 '고객'은 결국 위선을 사는 거야.

처녀자리: 그렇긴 하지. 그래도 그 위선이라는 게, 정서적으로 장애가 있는 사람이 필요로 하는 환상이잖아. 매춘부는 그런 사람을 위해 일종의 정신적인 테라피를 제공하는 거지.

황소자리: (슬슬 땅을 구르기 시작하며) 당신하고 결혼하기 전에 당신의 도덕적인 입장을 알게 돼서 정말 다행이군.

처녀자리: (여전히 냉정하고 침착한 상태로) 인간의 잘못된 행동을 고발하거나 저주하거나 벌하는 것으로는 아무것도 바꿀 수 없어. 굳이 평가하려면 매춘부 말고 매춘 자체를 미워해야지. 죄는 미워하되 사람은 미워하지 말라는 말도 있잖아. 당신의 문제는 너무 독단적이라는 거야. 분별력을 가지려고 시도하지도 않잖아. (분별이라는 말은 처녀자리가 가장 좋아하는 말입니다.)

황소자리: (이제 엄청난 분노에 완전히 사로잡혀) 당신의 문제는 어떤 것이든 단호한 입장을 취하지 못한다는 거야. (단호하다는 말은 황소자리가 가장 좋아하는 말이지요.) 도대체 자기 의견이 없잖아. 감정엔 금전적인 가치를 두면 안 되지. 인간이 먼저라고. 당신이 그런 것에 의존하고 있을 거라곤 생각도 못 해 봤어. 당신은 훌륭하고 멋진 여자라고 생각했는데 말이야. 잘못된 건 잘못된 거야. 사랑을 파는 건 분명히 잘못된 일이지. 그런 거라구.

처녀자리: 정말 본질적인 진실이 있지. 남자는 여자가 인간의 감정을 '돈 받고 팔기'보다는 '무료로' 주는 걸 더 좋아한다는 거야.

황소자리: 페미니스트의 이중적인 논리는 집어치워.

처녀자리: 매춘에 대해 그렇게 비판적인 대부분의 사람들이, 외도에 대해서는

아주 수용적이라는 점도 참 신기해. 매춘을 경멸하는 바로 그 사람이, 책임질 필요가 없는 가벼운 섹스에 대해 멋지다고 생각한단 말이지. 그리고 그것에 동의하지 않는 사람은 경직되고 앞뒤가 막혔다고 생각하지. 그건 정말 역겨운 위선이야. 내 말은, 매춘은 그 자체로 사회의 질병을 다루기 위해 존재한다는 거야. 그런데 그 사회가 매춘을 저주하고 있는 거고.

황소자리: 증상을 다루는 거지.

처녀자리: 그니까 내 말은 왜 그 원인을 다루지는 않냐는 거지.

두 사람의 대화가 어떻게 마무리되었는지는 안타깝게도 말씀드릴 수가 없네요. 결론이 나기 전에 택시가 오는 바람에 저는 먼저 그 자리를 떠났답니다. 하지만 이 두 사람의 대화를 통해 한두 가지 천문해석학의 오해는 확실히 풀 수 있습니다. 바로 모든 처녀자리 여성이 수녀처럼 순진하지는 않고, 모든 황소자리 남성이 욕망에 사로잡힌 호색한은 아니라는 것이지요.

만약 캐리 네이션(미국의 금주운동가—옮긴이)이 현재에 다시 태어나서 길거리에 서 있는 매춘부에게 도끼를 휘두른다면, '금욕주의자'이어야 할 처녀자리보다는 '감각적인' 황소자리나 섹시한 전갈자리가 그 뒤를 더 많이 따르며 추종할 것입니다. 처녀자리라면 그 달변으로 가장 먼저 성 상품화를 조장하는 포르노 극장과 뉴스가판대를 가장 먼저 도끼로 내려치라고 설득할 것입니다. 처녀자리의 진정한 재능은 냉정함을 유지하면서 분석하고 구별하는 것입니다. 문제의 가지가 아니라 근본적인 뿌리를 공격하는 것이지요.

아동 성 학대, 성병, 낙태가 급증하고 페미니스트가 그토록 증오하는 강간이 증가하는 것은 매춘 때문이 아니지요. 매춘은 늘 있어 왔습니다. 정서적인 문제가 있거나 장애가 있는 사람을 위한 필요악으로서 존재해왔지요. 처녀자리라면 정신적으로 건강한 사람이 그 대열에 합류하거나, 다양한 방법으로 거짓을 일삼고 있다는 것이 진짜 문제라는 것을 냉정하게 이해합니다.

나중에 황소자리 남성은 처녀자리 여성이 가진 특별한 정직함에 대해 점점 더 높이 평가하게 될 것입니다. 선입견을 갖지 않으려는 노력과 성급하게 판단하기 전에 먼저 분석해보려고 하는 것은 결코 나쁜 것이 아니고 오히려 훌륭한 장점이라는 사실을 깨닫게 될 것입니다. 물론 시간이 걸리겠지요.

처녀자리 여성의 공적인 도덕적 신념이 사생활에서도 반드시 반영되는 것은 아닙니다. 그녀는 사랑하는 남성이 이런 사실을 잘 이해하도록 만들어야 합니다. 시저처럼, 황소자리 남성은 자신의 여인이 나무랄 데 없는 사람이기를 기대합니다. 그녀가 바로 그런 사람일 수 있습니다. 황소자리 남성이 섹스를 유머의 주제로 삼을 때 그를 책망하는 경우만 빼고요. 처녀자리 여성에게 섹스는 아름다운 것이며 순수한 감정이기 때문에 존중받아야 한다고 생각합니다. 완벽한 섹스를 위해 집중이 필요하고 훈련도 필요하지요. 그녀의 차분하고도 분석적인 접근 방법 때문에 처음에는 황소자리 남성의 보다 직접적이고 감각적인 사랑을 반감시킬 수 있습니다. 하지만 둘은 아마도 그런 일시적인 난관을 잘 헤쳐나갈 것입니다. 5-9 태양별자리 관계에서 흔히 그렇듯, 이 둘의 성적 결합에서는 낭만적이고 감성적인 사랑이 열정만큼이나 중요합니다. 대부분의 경우에 두 사람은 서로의 조용한 욕구를 멋지게 만족시켜줄 것입니다. 두 사람은 서로 공감하는 5-9 태양별자리 관계 중에서도 특히, 흙의 감각적 요소들을 공통적으로 잘 이해하는 드문 친밀감을 가졌답니다.

실용성이라는 말은 그렇게 낭만적인 말로는 들리지 않을 수도 있습니다. 하지만 이 두 사람 사이에서는 둘의 사랑을 아우르는 깊은 유대감과 위안을 제공할 수 있답니다. 처녀자리도 황소자리도 이유 없이 열정적인 감정에 빠져들거나, 감정만으로는 해결이 안 되는 일에 격분하는 사람이 아닙니다. 두 사람의 신조는 같습니다. '내가 할 수 있다면 변하도록 해주시고, 바꿀 수 없는 것은 그냥 인정하게 하소서. 그리고 그 두 가지의 차이를 알 수 있는 지혜를 갖게 해주소서.' 이 말은 알코올중독자들의 표어인데, 좀 이상하기는 하지요. 흙의 별자리는 좀처럼 알코올이나 마약중독이 되지 않으니까요. 세상이 아무리 미친 듯이 돌아가도, 처녀자리 여성은 황소자리 남성과 함께라면 안전하다고 느낍니다. 황소자리 남성도 통제가 안 되는 거친 이방인을 만나게 되면 처녀자리 여성의 품으로 달려가 차분하게 쉬고 싶어할 것입니다. 그리고 황소자리는 풍부한 유머로 처녀자리를 깔깔 웃게 만들어주지요. 이쯤 되면 '실용성'이라는 말도 아주 낭만적인 단어가 될 수 있답니다. 처녀자리 여성이 까다롭다고요? 네. 하지만 터무니없게 까다롭다고요? 절대로 그렇지 않답니다.

처녀자리 여성이 '사소한 일'에 집착하는 것과 황소자리 남성이 감각을 즐기는 것은 유사한 감성으로 연결되었습니다. 황소자리 남성은 새 연필에서 향나무 냄새가 나는 것을 좋아합니다. 처녀자리 여성은 새 연필을 뾰족하게 깎아두는 걸 좋아하지요. 황소자리 남성은 뺨에 눈을 맞을 때의 그 청명하고 차가운 느낌을 좋아합니다. 처녀자리 여성은 쌓인 눈이 반짝반짝 빛나는 모습을 좋아합니다. 황소자리는 신선하고 톡 쏘는 크리스마스 냄새를 맛보기 위해 크리스마스 트리의 솔잎을 씹어보고 싶어합니다. 처녀자리 여성은 그런 솔잎을 하나하나 가지런히 쌓아두는 것을 좋아하지요.

두 사람은 주변을 둘러싼, 모든 작고 일상적인 놀라움에 대한 황홀경에 빠진 채 평생을 함께 보낼 수 있습니다. 너무 기대치가 높아 서로를 숨 막히게 하지만 않는다면, 그 삶은 참으로 아름다운 자연의 삶 그 자체일 것입니다. 처녀자리 여성이 추구하는 궁극의 완벽함은 신기루입니다. 황소자리 남성이 추구하는 궁극의 안정감 역시 그렇지요. 둘은 모두 확실한 것을 추구합니다. 하지만 두 사람이 찾을 수 있는 가장 확실한 것은 아마도 서로일지도 모릅니다.

황소자리 Taurus

흙 · 유지하는 · 수동적
지배행성: 금성
상징: 황소
음(-) · 여성적

Libra 천칭자리

공기 · 시작하는 · 능동적
지배행성: 금성
상징: 천칭
양(+) · 남성적

황소자리와 천칭자리의 관계

"음, 글쎄, 만일 네가 그런 식으로 본다면…."
"다른 식으로 볼 방법이 있어?"

황소자리와 천칭자리는 공통적으로 금성의 지배를 받습니다. 하지만 그 구성 원소가 다르지요. 황소는 흙 별자리이고 천칭은 공기 별자리입니다. 이 차이가 이들의 관계를 이해하는 첫걸음이 됩니다.

흙 별자리인 황소자리가 공기 별자리인 천칭자리보다 훨씬 강력할 것이고, 둘 다 격렬한 불의 별자리를 만나면 한 줌의 재로 타버릴 거라고 성급하게 판단해서는 안 됩니다. 흙은 일단 공기보다 무겁지요. 불은 공기보다 더 강렬합니다. 실제로 지진이나 화산 폭발은 막강하지요. 분명히 공기는 여리고 끊임없이 움직이기 때문에 황소자리처럼 단단한 흙에 비해서는 그리 해가 될 수 없을 겁니다.

하지만 진실은 이렇습니다. 공기는 생명체에게 중요한 요소이지요. 우리 모두 숨을 쉬기 위해서는 공기가 필요합니다. 그런데 통계적으로 볼 때 공기로 인한 연간 사망자가 다른 모든 요소로 인한 사망자 합계보다 더 높다는 걸 알고 계신가요? 공기는 보이지 않습니다. 정해진 형태도 없고 흙과 같은 물질보다 별로 영향력도 없어 보입니다. 하지만 만일 태풍이 몰아칠 때 해안가에 있어본 적이 있다면 항상 그렇지는 않다는 것을 알 것입니다. 공기의 움직임이 특히 그렇지요. 그러니 세 공기 별자리 중에서도 활동하는 에너지를 가진 천칭자리가 어떨지 상상해보세요. 천문해석학에서 천칭자리는 구성 원소인 공기를 가장 활발한 형태로 대변합니다. 천칭자리 수업은 이걸로 끝입니다. 경고해줄 다른 사항은 없냐고요? 글쎄요. 천칭자리의 저울에 육중한 발을 올려놓고, 이 유쾌한 천칭자리 사람들을 굴복시킬 수 있다고 생각하는 황소자리에게 드리는 경고는 이게 전부입니다.

황소자리 여러분, 천칭자리는 전혀 수동적인 사람들이 아니랍니다. 성격이 강한 사람들에게는 천칭자리가 호락호락해 보일 수도 있습니다. (고약한 악어처럼 변하는 순간만 제외한다면) 천칭자리는 그지없이 매력적인 사람들이지요. 보조개가 있는 선남선녀에 총명하게 빛나는 눈빛, 보기만 해도 행복해지는 미소, 맑은 성품, 온화하면서도 순진무구한 표정, 알프스 어느 마을에서 울려 퍼지는 종소리 같은 낭랑한 목소리, 이런 모든 것들을 가지고 있습니다. 이렇게 상냥한 사람들이 누군가에게 위협이 될 수는 없겠지요.

아, 그런데 문제가 하나 있군요. 천칭자리의 그 부드러운 태도는 그들의 명석하고 논리적인 지성의 창으로 사람들을 꿰뚫어 보기 위한 위장일 뿐이랍니다. 그들 앞에서 사람들은 속수무책이 되지요. 천칭자리는 양자리의 미성숙한 경솔함과 사수자리의 무례한 솔직함, 사자자리의 오만함과 꿈쩍도 않는 황소자리의 고집이 모두 성공에 있어서 방해가 될 뿐이라는 것을 잘 안답니다. 그런 성격은 인간이 진정한 목표를 수행할 때 불리한 점이지요. 천칭자리는 그들만의 고유한 논리를 사용해 자신의 주장을 관철하고 승리를 쟁취합니다.

천칭자리였던 지미 카터 대통령과 일했던 공화당 상원의원이나 하원의원들, 혹은 천칭자리였던 아이젠하워 장군의 바로 밑에서 일했던 군인들, 또는 천칭자리였던 브리짓 바르도의 전 남편들에게 물어보면 잘 알 수 있을 것입니다. 유혹적인 금성은 잊어버리세요. 금성을 지배행성으로 가졌기 때문에, 천칭자리 남녀는 모두 전통적인 또는 여성적인 금성의 스타일대로 행동하는 것이 당연합니다. 남성 우월주의자 여러분들은 여성이 적을 달콤하게 유혹해서 항복하게 만드는 그 특유의 방식을 잘 알고 있을 것입니다. 이런 면에서는 천칭자리 남성도 천칭자리 여성과 같답니다.

황소자리도 금성의 지배를 받는다고요? 물론 그렇습니다. 하지만 황소자리에게는 보다 진지한 태도가 있지요. 황소자리가 금성의 달콤함과 온화함을 가지고 있기는 하지만, 천칭자리가 가지고 있는 금성의 비밀스러운 전략을 다 부여받지는 못했습니다. 모든 남성에게가 아니라 자신의 마음을 사로잡는 진정한 연인에게만 자신의 비밀을 말해주는 여인과 같다고 할까요?

황소자리는 남성, 여성, 어린이 할 것 없이 어떤 무력감 같은 것이 있어서 속한 집단이나 회사, 학교, 가족 사이에서 사회나 정부가 정해놓은 원칙에 본능적으로 순응하는 경향이 있습니다. 하지만 황소자리에게 자세히 질문해보면 그런 사람들이나 법규가 옳다고 믿기 때문에 순종하는 것은 아니라는 사실을 알게 됩니다. 다만 황소자리는 전통이나 법을 무시하면 문제와 부조화를 야기할 수 있다고 생각합니다. 지배행성인 금성은 그런 상태를 어떤 대가를 치르서라도 피하라고 경고하지요. 당연히 금성은 천칭자리에게도 같은 조언을 한답니다. 황소자리와 천칭자리는 같은 조언을 받아들여 각기 다르게 활용하는 것이랍니다.

황소자리를 강하게 몰아붙인다고 그들의 힘이나 용기가 약해지지는 않습니다. 오히려 그 반대지요. 밀고 당기는 문제라면, 황소자리는 남녀노소를 불문하고 자신의 원칙과 사랑하는 사람을 맹렬하게 두둔합니다. 하지만 사소한 일에서 이기기 위해 진흙탕 싸움을 벌이거나 폭력적인 시위를 벌이는 것은 전혀 의미가 없다고 생각합니다. 천칭자리는 다릅니다. 사소한 문제이건 큰 문제이건 간에 지적인 논쟁이나 결정을 할 때 자신의 주장을 관철하는 것은 천칭자리의 존재 이유입니다. 즉, 천칭으로 상징되는 완벽한 조화와 정의를 구현하는 일이 되지요. 논란이 될 수 있는 문제가 제기되면, 전형적인 황소자리는 그저 하품을 하거나 별일 아니라는 듯 어깨를 한 번 으쓱일 겁니다. 그러고는 차분한 목소리로 말할 것입니다. 천칭자리의 기름지면서도 달콤한 목소리와 비교되는 황소자리의 풍부하면서도 부드러운 목소리로 너무 사소하거나 너무 중차대한 문제들이므로 어떤 결론이 나든 상관없다고 말이지요. 하지만 천칭자리에게는 신중하게 판단하고 균형적인 결론을 내릴 때 너무 사소하거나 너무 중차대한 문제란 있을 수 없습니다.

욕실은 핑크로 칠해야 할까, 녹색으로 칠해야 할까? 대통령을 탄핵해야 할까? 전동 칫솔은 치아를 더 깨끗하게 해주는가? 경찰은 이상주의를 표현하는 젊은이들의 클럽을 단속해야 하는가? (1960년대 천칭자리들에게 중요한 이슈였지요.) 한편, 젊은이들은 자신의 의무를 다하고 평화를 유지하려고 할 뿐인 경찰을 '돼지'라고 부르며 모욕해도 되는 걸까? 생각과 의사 표현의 자유가 있는 민주국가에서 검열을 허용해야 하는가? 공평하게 **다른 측면을 보자면**, 검열이 부족해서 오늘날 젊은이들의 도덕적인 타락이 야기되는 것은 아닐까? 지나친 자유방임적인 태도로 인해 바빌론, 아틀란티스 그리고 로마의 위대한 문명이 소멸했던 것처럼 미국도 멸망으로 가는 것은 아닐까? 하지만 또 다시 **생각해보자면** 검열이 존재하는데 어떻게 자유가 존재할 수 있는가? 달리기가 건강에 이로울까, 해로울까? 환경문제를 생각한다면, 모든 사람이 원자력 에너지 대신 태양에너지를 사용하고 물 없는 화장실을 만들어야 하지 않을까? 욕실을 녹색 대신 핑크로 칠한다면, 노란색 타월과 색이 안 어울릴까? 녹색으로 칠한다면 병실처럼 보일까?

이제 천칭자리가 왜 많이 쉬어야 하는지 이해가 되지요? 이런 천칭자리를 게으르다고 한다면 부당한 것입니다. 천칭자리는 아침에 눈을 뜨면서부터 침대의 어느 쪽으로 나올지를 고민하면서 활발한 정신 활동을 시작하고, 잠들 때는 어떤 옷을 입고 잘지 결정하지 못해서 고심합니다. 그러니 가끔은 완전히 지쳐서 기진맥진해지는 것이 당연합니다. 이따금 날카로워지는 건 말할 필요도 없지요.

일반적인 황소자리라면 천칭자리가 모든 결정을 숙고하는 과정을 듣고 있는 것만으로도 지치고 피곤해질 수 있습니다. 황소자리에게는 그 모든 게 미친 소리로 들리지요. 옳다고 느껴지는 대로 행동하기. 절대로 남들에게 휘둘리지 말기. 다른 말은 전혀 필요 없음. 바로 이게 황소자리가 결정을 내릴 때 취하는 태도입니다. 단순하지요. 황소자리에게 논쟁을 계속하는 일은 가장 무의미하고 헛된 일이므로 죄악과도 같습니다. 논쟁에서 진짜 이기는 사람은, 논쟁이 끝나기 전에 다행히 잠들어서 논쟁이 끝날 때까지 코를 고는 사람이지요. 논쟁을 통해서 진정한 승자가 나오는 경우는 거의 없거든요. 아닌가요?

아닙니다. 천칭자리는 이깁니다. 모든 논쟁에서 기어이 승자가 됩니다. 중간에 너무 빨리 지겨워지지만 않는다면요. 금성이 감춰둔 천칭자리의 무기를 생각해보면 놀랄 일은 아니지요. 그 무기란 바로 매력, 재치, 보조개(얼굴이 아니더라도 몸 어딘가에 보조개가 있답니다. 예외가 없지요. 보이는 곳이든 보이지 않는 곳이든, 몸 어딘가에 옴폭 패인 곳이 있습니다.), 어디까지 했죠? 아, 보조개. 아직 많이 남아 있습니다. 명석한 두뇌, 기분 좋게 하는 말투, 낙관주의, 조용하고 부드러운 태도, 낭랑한 목소리, 햇살이 번지듯 빛나는 미소, 매력적인 웃음. 그리고 이 모든 강력한 무기 이외에도 전혀 예상하지 못하는 순간에 논리적인 추론이라는 날카로운 창으로 찌르는 기습 능력도 있답니다. 황소자리에게는 이런 위험을 아무리 강조해도 잘 듣지 않습니다. 황소자리는 주변의 천칭자리 친구나 친척, 일로 만난 사람, 애인 등이 자신을 부드럽게 재촉해서 어떤 말이나 행동을 하게 하려고 할 때, 황소자리 특유의 수동적인 저항으로 결국엔 지치게 만들 수 있다고 믿는답니다.

하지만 천칭자리는 황소자리와 논쟁을 시작하고 그를 조종하고, 마침내는 이깁니다. 그 논쟁은 정치에서부터 종교까지 모든 주제를 포괄하지요. 저는 어느 천칭자리 가톨릭 신부님과 고집 센 젊은 황소자리 사이의 대화를 우연히 들은 적이 있습니다. 그 황소자리 고집불통은 성당에서 주는 장학금을 거부하고 축구 선수가 되겠다고 생고집을 부렸습니다. 하지만 그들의 논쟁에서 축구라는 주제는 전혀 언급되지도 않는답니다.

천칭자리: (논쟁을 시작하며) 신이 있다고 생각하니?

황소자리: 네, 물론이죠.

천칭자리: 그렇다면, 네가 법을 공부하고 싶은지 아닌지 확실하지 않으니 직업에 대해서 하나님께 기도를 해보는 건 어떠니?

황소자리: 법을 공부하고 싶지 않다는 건 확실해요. (천칭자리는 첫 번째 논거를 상실합니다. 하지만 상관없습니다. 이번에는 기술이 먹히지 않았지만 기회는 또 있으니까요.)

천칭자리: (바로 받아치며) 하지만 혹여 네가 실수할 수도 있으니 기도를 해보는 게 어때?

황소자리: 바보 같은 기분이 들어서 하기 싫어요. 기도는 과학적이지 않아요.

천칭자리: 하지만 너는 하나님을 믿는다고 하지 않았니?

황소자리: (고집스럽게) 물론 믿죠. 아까도 말씀드렸잖아요.

천칭자리: (부드럽게) 그럼, 하나님이 너를 인도해주실 만큼 현명하지도 자비롭지도 않다고 생각하는 거니?

황소자리: 하나님이 말씀하시는 걸 한 번도 들어본 적이 없는 걸요. 아무도 들은 사람이 없잖아요? 과학적이지 않다니깐요.

천칭자리: 하나님이 너의 기도에 응답해주실 수 있다는 걸 믿지 않는구나? 네가 그렇게 믿는 하나님이? 하나님이 그렇게 힘이 없는 분이시니?

황소자리: 제가 말씀드렸잖아요. 말씀하시는 걸 들어본 적이 없다고. 과학적으로도 하나님이 말씀하실 수 있다는 건 말이 안 돼요.

천칭자리: 그렇구나. 그럼 하나님이 실제로 네 앞에 나타나셔서 "얘야, 과학자가 되는 건 어떠니? 너는 훌륭한 과학자가 될 거다. 로스쿨은 생각도 말아라. 네 운명은 다른 곳에 있다."라고 마치 불타는 숲 뒤에서 모세에게 말씀하신 것처럼 말씀하실 때까지는 만족을 못 하겠구나!

황소자리: (정말로 놀라서) 제가 법관보다는 과학자가 되고 싶어하는 걸 어떻게 아셨어요?

천칭자리: (금성의 상큼한 승리의 미소를 날리며) 오늘 아침에 너를 위해 기도를 했는데, 갑자기 하나님께서 내 무의식 속에서 말씀해주셨지. 그것 봐라. 하나님은 내 기도에 말씀 한마디 하지 않으시고도 기도에 응답해주셨단다.

황소자리: 치, 알겠어요, 신부님. 지금부터는 제가 뭔가 결정해야 할 일이 있을 때마다 기도를 드릴게요. 장학금을 법대에서 생물학부 쪽으로 옮길 수 있는지 알아봐 주시겠어요? 신부님이 제가 볼 수 있도록 해주시기 전까지는 제가 뭘 원하는지 확신이 서지 않았어요. 이런 걸 계시라고 하나요?

천칭자리: 바로 그거야. 우리가 기도할 때 신의 계시를 받는 거지. 내일 성당에 있는 친구한테 확인하고 내일 중으로 알려줄게.

논쟁 끝. 천칭자리는 토론할 때 '소크라테스식 문답법'이라는 것을 사용합니다. 집중해서 잘 들어보세요. 황소자리는 천칭자리의 논리를 거부하려고 너무 바쁜 나머지 자신의 고집에 걸려 넘어질 수 있습니다.

두 사람의 관계는 6-8 태양별자리 유형의 영향을 받습니다. 즉, 황소자리가 천칭자리에게 (많은 주제들 중에서도) 미스터리에 대한 관심을 촉발하는 천문의 여덟 번째 영역을 의미한다는 뜻입니다. 당연하지요. 천칭자리는 황소자리의 미스터리를 풀고 싶어합니다. 그들이 주변의 사람들과 대중적인 논란에 전혀 영향을 받지 않고, 그렇게 차분한 상태를 유지할 수 있는 그 미스터리를 말이지요. 왜 황소자리에게는 정신적인 트라우마가 없는지, 밤에는 평화로운 아기처럼 잘 자는지, 천칭자리를 고문하는 의사 결정 문제 같은 것으로 새벽까지 불면증에 시달리는 일이 왜 그들에게는 없는지 말입니다. 천칭자리가 평형감각을 유지하기 위해서는 황소자리만큼이나, 아니 그들보다 더 많은 휴식이 필요하답니다.

황소자리에게 천칭자리는 천문에서 여섯 번째 영역인 서비스를 대변합니다. 미래의 과학자가 될 황소자리 청년도 천칭자리 신부가 성당의 장학금을 자신에게 제공하도록 잘 설득했지요.

황소자리 여성과 천칭자리 남성

지금까지 나를 괴롭힌 것이 무엇인지 이제야 알겠다.
… 그 속임수가 내내 그의 머리를 떠나지 않았던 것이다.

그녀는 무언가 슬픈 일이 있습니다. 무엇이든 상관없습니다. 세상은 암울하고 변할 수 있는 희망도 없습니다. 삶은 현실이며 진실이고 심각하며 단조롭습니다. 그녀는 황소자리 여성으로 살면서 정말 드문 경우이지만, 아주 우울한 공허함에 빠져 허우적거리고 있습니다.

그 옆에 천칭자리 남성이 있습니다. 그녀의 옆에 조용히 앉아 그녀의 손을 부드럽게 잡아주고 다정하게 얼굴을 쳐다보며 아무 말 없이 자신의 크고 깨끗한 손수건을 건넵니다. 남자들이란! 남자들은 문제가 있을 때 늘 거기에 있지요. 여기 이 남성도 그녀를 어떻게든 유혹해보려고 아첨을 떨었습니다. 그런데 잠깐만요. 이 남성은 한마디도 하지 않는군요. 그저 그녀의 옆에 아주 가까이 앉은 채 침묵으로 그녀를 감싸 안고 있네요. 마치 부드러운 올리브 오일처럼요. 그리고 다정한 눈빛으로 바라만 봅니다. 흠모의 눈빛일까요? 그 눈빛이 어떤 의미이든 아주 낭만적인 눈빛이라는 것은 확실합니다. 그는 한참이 지나서야 이렇게 말합니다.

"괜찮아요, 내일이면 기분이 나아질 거예요." 그의 목소리는 솜사탕처럼 달콤합니다! 황소자리 여성은 솜사탕을 정말 좋아하지요! 천칭자리 남성도 솜사탕을 좋아하지요. 물론 솜사탕은 둘 다에게 나쁘긴 하지만요. 하지만 아무리 달콤한 목소리도 그녀의 기분을 나아지게 하지는 못합니다. 쉽지 않지요. 삶은 현실이고 지루하며 공허함 그 자체이니까요. 삶은 인간을 기만하기도 하고 바보로 만들기도 하지요.

"아니에요, 내일이 와도 제 기분은 나아지지 않을 거예요. **그렇지 않을 거예요, 절대로, 절대로.**"

천칭자리는 여전히 달콤한 목소리로 다시 말합니다. "당신은 슬플 때도 참 아름답네요. 눈물 때문에 당신 눈이 마치 비취처럼 빛나요. 당신의 불행으로 내 마음이 이렇게 찢어지지만 않는다면, 난 늘 당신의 눈물을 보고 싶을 거예요. 하지만 이번엔 웃으면 눈이 어떻게 되는지 보여줄래요?"

삶은 현실이고, 삶은… 글쎄요, 점점 흥미로워지는 것도 같네요. 하지만 "안 돼요, 웃을 수가 없어요. 웃고 싶지만 할 수가 없다구요. 그냥 **불가능해요.**"

"웃어야 해요. 깊은 믿음을 가지면 좋은 일만 생길 거예요. 감정을 잘 조절하고 밝은 면을 보려고 계속 노력한다면 당신의 모든 꿈은 현실이 될 거예요." 그리고 그는 미소를 짓습니다. 천칭자리의 미소는 법으로 금지해야 할 만큼 강력한 무기랍니다. 그 무기를 써서 불쌍한 황소자리 여성을 달콤한 크림처럼 사르르 녹게 만들지요. 아직까지는 법으로 금지되지 않거든요. 그러니 천칭자리 남성이 미소를 지으면 어떻게 될까요?

"아니, 그렇지 않을 거예요. 기분이 나아지고 싶지만, 전 알아요. 변하지 않을 거라는 걸."

이제 그가 그녀에게 키스를 합니다. **나아질 거예요.**

정말, 내일부터는 모든 게 다 좋아질 겁니다. 태양이 밝게 빛나고 꽃은 활짝 필 것이며 아침 이슬은 야생화 위에 초롱초롱 맺힐 것입니다. 그리고 황소자리 여성은 그저 친절하려고 했을 뿐이었던 매력적인 천칭자리 남성과 교제를 하게 되어 황홀한 시간을 보내게 될 것입니다. 천칭자리 남성은 약간 혼란스러울 수도 있을 겁니다. 자신의 낭만적인 감상이 황소자리 여성에게는 사랑의 맹세라는 것을 알게 되면 말이지요. 좋을 때나 나쁠 때나, 아플 때나 건강할 때나, 부유할 때나 가난할 때나, 일년 365일, 한평생 지켜야 할 사랑의 맹세 말이에요.

"**맹세합니다.**"

이 말은 목사님께 천칭자리 남성이 한 말입니다. 황소자리 여성에게 상처를 주고 싶지도 않았고 어떤 핑계를 대야 할지도 몰라서 '에라, 모르겠다!' 하는 심정으로 한 말이지요. 천칭자리 남성은 대체로 욕설을 내뱉지 않습니다. 그리고 어릴 때가 아니라면 절대로 맹세를 하지 않습니다. 하지만 결혼에서 몇 번 실수를 하고 나면, 자신들을 그토록 매혹시키는 결혼이라는 제도에 대해 욕을 하고 싶어질지도 모릅니다.

그러니… 될 대로 되라지요. 여인의 향기에 취하고, 그녀가 열정적인 키스를 퍼붓도록 내버려두는 거지요. "왜 안 돼? 결혼하면 안 된다는 법은 없지. 내 인생이니까. 결혼은 아름다운 것이고 그녀는 아름다운 사람이야. 그러니 그녀와 결혼하는 게 뭐가 문제야?"

아시겠어요? 그는 벌써 천칭자리 남성들이 늘 그러듯, 이미 마음속에서 논쟁을 시작하고 있는 겁니다. 아무도 그녀와 결혼하면 안 된다고 하는 사람은 없지요. 제가 그렇게 말했나요?

하지만 천칭자리 남성은 알게 될 것입니다. 그의 황소자리 여인으로부터 빠져나오기 위해 그의 간계를 사용하지 않은 것이 좋은 결정이었다는 사실을 말이에요. 둘은 아마도 한 쌍의 멧비둘기처럼 다정한 커플이 될 겁니다. 그들은 방마다 장미로 가득한 시골집에서 행복하게 살 겁니다. 꿈이 조금 지연된다면 도시의 매연 가득한 집에서 살 수도 있지만요.

가장 편안하게 쉬는 공간은 거실이며 그곳을 서재로 꾸밉니다. 두 사람은 이 부분에 있어서는 완벽하게 일치합니다. 황소자리 여성은 부드러운 색상의 천으로 장식된, 아름답고 고급스러우면서도 따스하고 아늑해 보이는 방을 좋아합니다. 천칭자리 남성은 색상이 잘 어우러진 파스텔 색을 좋아하지요. 책이 잔뜩 꽂혀 있는 커다란 책장이 있는, 조용하면서도 차분한 분위기를 좋아한답니다. 전통적인 스타일이냐 모던한 스타일이냐에 대해 약간은 의견 충돌이 있을 수도 있습니다. 의자나 전등의 스타일에도 약간은 차이가 있을 수 있지요. 하지만 둘은 대체로 의견이 잘 맞습니다. 오디오 시스템에는 돈이 적잖이 들어갈 겁니다. 둘 다 정신을 못 차리는 항목이니까요. 천칭자리도 황소자리도 음악 없이는 살 수 없답니다.

주방을 살펴볼까요? 주방에서도 둘은 여전히 손을 잡고 조화로운 풍경을 연출합니다. 황소자리 여성은 요리하는 것을 좋아합니다. 본인은 감자나 가지 같은 채소 요리를 더 좋아하지만, 사랑하는 천칭자리 남성의 접시에는 보다 이국적인 음식을 담아서 황홀경에 빠지게 해주고 싶지요. 그리고 나면 천칭자리 남성은 시내에 나가 친구들과 시간을 보낼 것입니다. 남자끼리의 수다가 있잖아요. 하지만 다음 식사 시간 전에는 귀가할 것입니다.

침실은 어떨까요? 침실에서는 둘이 손을 잡고 있는 것만으로는 충분하지 않지요.

두 사람은 아마도 매일 밤 밤새 내내 꼭 안고 있을 것입니다. 사랑이 이 세상에서 가장 중요한 누군가는 오랜 방황이 이제 끝났다는 것을 깨닫게 해주는 황홀경을 경험하겠지요. 천칭자리 남성에게 그 대상은 황소자리 여성이랍니다. 황소자리 여성에게 그 대상은 천칭자리 남성이고요. 둘은 모두 금성의 지배를 받지요. 그러므로 성적인 문제는 두 사람 걱정리스트의 맨 끝에 있답니다. 하지만 천칭자리 남성이 사랑을 몸으로 표현하는 방식은 황소자리 여성에게는 좀 약할 수도 있습니다. 그녀는 그가 사랑을 좀 더 육체적으로 표현해주기를 내심 바랍니다. 말로만 아름답게 사랑을 표현하는 것보다는요. 반면에 천칭자리 남성은 그녀가 사랑을 나눌 때 풍부한 상상력과 시적인 방식을 좀 더 사용해주기를 내심 바랄 것입니다. 그저 단순한 신체 접촉보다는 말이에요. 하지만 두 사람은 신체적인 사랑과 정신적인 사랑 그리고 영혼, 그 어딘가 중간 지점에서 1차원적인 사랑만을 나누는 커플보다는 훨씬 만족스러운 관계를 만들어갈 것입니다.

자, 욕실로 넘어가보지요. 두 사람은 욕실에서도 여전히 부리를 비벼대며 구구거릴 것입니다. 아니, 천칭자리 남성은 부리를 비벼대며 구구거리고 황소자리 여성은 부드럽게 음매~ 하려나요? 천칭자리 남성은 오랫동안 고급스러운 목욕을 즐깁니다. 폭신한 발 매트와 두툼한 타월과 값비싼 로션 그리고 천칭자리의 미소를 빛내줄 무지개 색깔 치약을 사용할 겁니다. 황소자리 여성은 거품이 풍부한 목욕 오일과 화장품과 향수 그리고 두툼한 발 매트와 폭신한 타월 그리고 향이 좋은 비누를 사용할 것입니다.

두 사람이 사는 공간에는 어느 곳도 마음이 맞지 않는 곳은 없습니다. 어쩌면 현관 정도가 유일하게 견해가 다른 곳일 수는 있습니다. 천칭자리 남성이 운동하러 갔다가 시내에서 친구들(그녀는 남자 친구들이기를 바라지요.)과 시간을 보내는 동안, 황소자리 여성은 현관에 웅크리고 앉아 그를 기다릴 것입니다. 어쩌면 지하실도 서로의 견해가 다른 장소겠네요.

지하실은 황소자리 여성이 시간을 많이 보내는 공간이 될 것입니다. 천칭자리 남성이 멋진 매력남으로서의 카리스마를 유지하려면 깔끔한 셔츠와 양말은 기본이지요. 양말이 어울리지 않거나 새로 산 스웨터의 염색이 하얀 셔츠에 배기라도 한다면, 천칭자리 남성은 불안해집니다. 그는 자신의 매력을 무기 삼아 은근한 방법으로 아내를 들볶아서는 가사 노동의 노예로 만들지요. 여기서 문제가 생깁니다. 황소자리 여성은 지하실에 너무 오래 머무르고, 천칭자리 남성은 밖에서 시간을 너무 많이 보냅니다. 남편은 저축한 돈을 골프 클럽 회원권을 사느라 썼고 아내를 놀래주려고 자동차를 바꾸는 데 썼습니다. 하지만 아내는 기뻐하기는커녕 화가 나서 몇 주 동안이나 시무룩해 있었습니다. 상황이 좀 복잡해지면 천칭자리 남편은 그 총명한 논리로 상황을 정리하려 합니다. 하지만 어쩌면 아내는 고집을 부리며 듣기를 거부할지도 모릅니다.

천칭자리 남성은 삶의 모든 지식과 마지막 한 방울의 기쁨까지도 빨아들이려고 하는 것처럼 행동합니다. 베스트셀러 책을 읽고 지식으로 무장하고, 최신 영화와 연극과 콘서트를 관람하며, 파티에 참석해서 예쁜 여인에게 찬사를 보냅니다.

황소자리 여성은 집에서 난롯가에 앉아 있는 것을 더 좋아하고, 일주일에 한 번 정도 사교 활동을 위해 외출하는 정도입니다. 천칭자리 남성과는 다른 관심사를 가지고 있는데 그 관심사의 대부분도 둘이서 함께하는 것입니다. 같이 숲속으로 산책을 가거나, 캠핑을 하거나, 집 안을 리모델링하는 일이지요. 그녀는 지금 이 순간에 무언가를 함께 느끼고 공유하고 싶어합니다. 함께 미래를 계획하고 시골에 집을 사서 미친 듯 돌아가는 도시를 떠나고 싶어합니다.

모든 천칭자리 남성이 바람둥이 유형은 아니랍니다. 다만 많은 수가 그렇지요. 바람둥이 유형이건 아니건 간에 천칭자리 남성은 늘 지식을 갈고닦는데, 그 방법 중에 하나가 사교적인 모임을 통해서입니다. 천칭자리 남성은 고대 문명에 대해 공부하고 싶어할 것이고, 미술에도 손을 대보고 싶어하며, 학위를 한 두 개쯤 더 따고 싶어하고, 담배 연기 자욱한 나이트클럽에도 가고 싶어할 것입니다. 황소자리 여성은 그와 행복하게 살고 싶다면 천칭자리 남성의 사교 활동을 인정해야만 할 것입니다. 그리고 지하실을 그만 벗어나고 현관 앞에서 기다리는 것도 그만두는 게 좋습니다. 그 대신 제일 예쁜 드레스를 입고서 밝은 표정으로 천칭자리 남성의 곁을 지키도록 해보세요.

천칭자리 남성만큼은 안 되겠지만 그 시간들을 즐기는 척해야 합니다. 언젠가 그와 함께 한적한 시골 마을의 전원주택으로 이사 가기를 바란다면 말이에요. 현재의 상황을 멋진 유머 감각으로 웃어넘기도록 노력해야 합니다. 결국 내일은 더 나아질 테니까요. 음… 나아지지 않을지도 모르지요. 하지만 생각해보면 완벽한 건 아무것도 없으니까요. 결혼 서약을 할 때 맹세했잖아요. 삶이 좋을 때나 나쁠 때나….

"아뇨." 천칭자리 남성은 슬프게 대답합니다. "내일이 되어도 더 좋아지지 않을 거예요. 확신해요. 삶은 현실이고, 무거우며, 거짓말이고 그저 볼품없는 뚱보일 뿐이에요. 나도 별 볼 일 없는 뚱보구요."

황소자리 여성이 천칭자리 남성을 달랠 때는 목소리가 마치 크림 캐러멜처럼 부드럽습니다. "여보, 당신은 별 볼 일 없는 뚱보가 아니에요. 당신은 잘생기고, 똑똑하고 그리고… 당신의 눈에 눈물이 가득 찰 때는 에메랄드처럼 빛나요. 당신이 가슴 깊이 믿음을 잃지만 않는다면 우리에게 좋은 일이 생길 거예요. 마음을 가라앉히고 밝은 면을 보도록 노력해요." 그리고 그녀가 미소를 짓습니다. 황소자리의 눈부신 미소이지요. 그러면 천칭자리의 마음도 바뀌게 됩니다.

"정말 아름다운 생각이에요, 여보. 정말 현명해요. 그렇게 아름다운 인생철학을 어디서 배웠어요?" 이제 천칭자리 남성도 그녀를 향해 미소 지으며 묻습니다.

"음… 아주아주 오래전에 제가 알던 어떤 사람한테서요. 그 사람이 저에게 인생과 사랑에 대한 모든 걸 가르쳐주었죠. 그 사람이 그리워요. 그 사람을 다시 찾을 수 있다면 좋겠어요. 다시 집으로 돌아오면 좋겠어요."

이상하게도 두 사람은 다시 서로의 품에 안깁니다. 이제 둘만의 시간을 줘야겠지요. 천칭자리 남성이 방금 아내에게 이렇게 속삭였거든요. "이렇게 집에 머무르려고 돌아왔어요."

그런데 잠깐만요. 조금만 더 들어볼까요? 황소자리 아내가 한숨지으며 동의하는 듯한 구애의 소리를 내는군요. "다음 주에 하루 정도 시간을 내서 전원주택 좀 보러 갈래요?", "다음 주까지 뭐하러 기다려요? 지금 바로 가요."

네, 내일은 더 좋아질 거예요. 완벽하지는 않겠지만 분명히 더 좋아질 겁니다. 시골로 이사를 간 어느 날, 벽난로 앞에 앉아 있던 천칭자리 남성은 황소자리 아내를 슬쩍 쳐다볼 것입니다. 그리고 다시 천칭자리의 논리와 지식을 갈고닦기 시작하겠지요. "내가 무슨 생각하는지 알아요? '모든 좋은 일이 다가올 것이다.'는 그 예언 말인데요, 실제로 그 말의 뜻은 '모든 좋은 일이 다가온다. 그리고 지나간다.'는 거예요. 어떤 것도 계속 남아 있는 건 없어요. 모든 건 늘 변하니까요. '이 또한 지나가리라.'는 성경 구절처럼요. 그 말은 기쁨만이 아니라 슬픔도 함께 말하고 있는 것 같아요. 인내하고 기다리면 기쁨은 언젠가 다시 돌아오겠죠."

아시겠어요? 시골의 청명한 공기와 푸른 초원과 가축들도 결코 천칭자리 남성의 지성을 무디게 만들 수는 없답니다. 하지만 '인내하며 기다리라.'는 것에 대해서는 아내를 가르칠 필요가 없답니다. 인내심은 황소자리 여성의 비밀스러운 능력이니까요. 인생에 대해서, 사랑에 대해서 그리고 천칭자리 남성에 대해서도 말입니다.

황소자리 남성과 천칭자리 여성

존이 바닥에서 너무나 평온하게 계속 자고 있어서, 그녀는 그를 그대로 두었다.
"네가 잘해주려고 그랬다는 거 알아." 그녀는 마음을 누그러뜨리며 말했다.
"그러니 나에게 키스를 해도 돼."

천칭자리 여성은 예측할 수 없습니다. 그녀가 어디로 어떻게 이끌고 갈지 절대로 알 수 없습니다. 확실한 것은 그녀는 어떻게든 원하는 것을 얻어낸다는 사실이지요. "뭐라고요?" 당신은 깜짝 놀라겠지요. "그렇게 사랑스럽고 여성스러운 천칭자리 여자가 대장 노릇을 한다고요?" 네, 그렇습니다. 그렇게 사랑스럽고 여성스러운 천칭자리 여성이 항상 대장입니다. 천칭자리 여성은 평화, 사랑, 아름다움, 조화 그리고 세상의 모든 맛있는 음식을 상징하는 부드러운 금성의 지배를 받습니다. 황소자리 남성 또한 금성의 지배를 받지요. 하지만 황소자리는 여성적인 별자리입니다. 그리고 천칭자리는 남성적인 별자리입니다. 그렇다고 해서 천칭자리 여성이 남성적이고 황소자리 남성이 여성적이라는 뜻은 아닙니다. 그보다는 더 깊은 의미가 있답니다. 남성은 남성적인 별자리로 태어나는 것이 쉽고, 여성은 여성적인 별자리로 태어나는 게 좀 더 편하겠지요. 자연스러울 테니까요. 하지만 그 반대라고 해서 불행한 건 아닙니다. 대체로 남성적인 별자리의 파동은 여성을 더욱 용감하게 만들어주고 여성적인 별자리의 파동은 남성을 더욱 섬세하게 만들어주지요. 물론 이것도 지나치면 문제가 되겠지만 황소자리와 천칭자리 경우에는 그럴 염려가 없답니다.

여성적인 별자리는 수동성, 묵인, 복종 같은 성향이 지나칠 수 있는데 황소자리 남성은 절대 그렇지 않습니다. 오히려 황소의 남성미와 여성적인 부드러움이 적당히 어우러져 매력적이지요. 천칭자리 여성의 경우는 남성성과 여성성의 균형을 맞추는 데 조금 더 어려울 수 있습니다. 천칭자리의 상징은 천칭인데 이것은 조정을 위한 아주 섬세한 장치입니다. 천칭자리 본연의 공평하고 균형 잡힌 판단력과 남성적인 별자리의 파동이 만나면 이렇게 될 수도 있습니다. "여보, 저는 여성해방운동 시위에 참여할 거예요. 백악관 앞에서 피켓 시위를 한대요."

전통과 권위를 존중하고 남녀의 역할에 대해 확고한 신념을 지닌 황소자리는 이렇게 대꾸하겠지요. "대통령 앞에서 당신을 바보로 만들 셈이요? 당신이 정신을 차릴 때까지 침대에 묶어두어서 해방시켜주겠소." 그리고 이런 식의 독재적인 태도는 밀로의 비너스를 스톤월 잭슨(미국 남북전쟁 당시 남군의 장군―옮긴이)으로 변하게 할 수 있습니다. 그녀의 천칭이 여성적인 태도에서 남성적인 태도로 불안하게 기울어질 테니까요.

천칭자리 여성은 거의 늘 아름답습니다. 아무리 외모가 평범하다고 해도 그 멋진 미소를 보면 아름답다는 생각이 듭니다. 보조개가 있고 눈빛은 부드럽고 목소리는 맑은 데다 사랑스럽고 태도는 우아하지요. 그녀를 보면 자기도 모르게 의자를 당겨주고 문을 대신 열어주고 짐을 대신 들어주게 됩니다. 그녀는 무언가 도와주어야 할 것 같은 분위기를 풍기지요. 그럴 정도로 천칭자리 여성의 외모는 너무나도 여성적인 천사의 모습입니다. 하지만 내적으로는 활동적인 남성적 원칙에 따라 움직이는 리더입니다. 힘과 용기가 있고 적극적이며 정복하고 지배하려는 에너지이지요. 자신만의 경력을 추구하며 삶에서든 남성으로부터든 원하는 것은 뭐든지 얻을 수 있는 사람입니다. 상처를 받지 않는다는 뜻은 아니지만 외모가 풍기는 것보다는 훨씬 더 강력한 갑옷을 입고 자신을 보호하는 사람입니다. 그녀는 회복도 빠르답니다.

황소자리는 마음에 상처를 입었을 때 회복이 더딥니다. 그런 이유로 천칭자리 여성과 사랑 게임을 하기 전에 모든 규칙을 확실하게 알고 있는 것이 좋습니다. 황소자리 남성은 신중하게 고려한 후에만 결정합니다. 마음속에서 완전히 정리된 사안에 대해서만 토론합니다. 그러고는 신중하게 행동에 옮기고 좀처럼 마음을 바꾸지 않습니다. 천칭자리 여성도 마찬가지로 신중하게 행동하고 좀처럼 의견을 바꾸지 않습니다. 천칭자리 여성이 일단 마음먹으면 놀랄만한 에너지와 목적의식을 가지고 실행에 옮깁니다. 그래서 그녀는 사람들이 천칭자리를 우유부단하다고 비난하는 것에 대해 부당하다고 생각합니다. 하지만 천칭자리가 최종적으로 마음을 먹기까지는 이리저리 재고 판단하느라 상당한 시간이 걸리는 것이 사실이지요. 어떤 결정을 하려면 황소자리는 주로 조용하게 생각을 합니다. 천칭자리는 밤새도록 찬반 의견을 토론하지요. 그녀는 그 기나긴 토론 마라톤에 대해 황소자리가 열의를 보이지 않는다고 화를 낼 수도 있습니다.

천칭자리 여성: 내 생각에는 낙태를 합법화해야 해요. 여성에게 아이에 대해 제삼자가 이래라저래라 할 권리가 있다고 생각해요?
황소자리 남성: 한 번도 생각해본 적은 없어요. 내 몸에 대해 누가 이래라저래라 훈계하려 한 적이 없어서.
천칭자리 여성: 그러니까 한번 생각해봐요. 당신이 강간을 당했는데 임신이 되면 어떻게 하겠어요?

황소자리 남성: (하품하며) 이름을 바꾸겠어요.

천칭자리 여성: 여보, 좀 진지하게 생각해봐요. 가톨릭에서 낙태를 살인이라고 규정하면서 불법화하려고 로비하는 게 옳다고 생각하냐고요.

황소자리 남성: 성경과 헌법에 따르면 옳은 거예요.

천칭자리 여성: 당신 말이 맞는지도 몰라요. 하지만 다른 한편으로는 인구가 폭발적으로 늘어나는 문제가 있잖아요.

황소자리 남성: (또 하품하며) 예방보다 나은 처방은 없다는 말이 있잖아요. 우리 할아버지가 늘 하시던 말씀이죠.

천칭자리 여성: 그 말이 맞죠. 낙태를 하면 여성에게도 남성에게도 감정적으로 상처를 남기니까요. 형이상학적으로 말하자면 어떤 영혼도 그 탄생의 경로를 부정당해서는 안 되는 거죠. 그렇지만 또 다른 쪽을 생각해보면, 결혼도 하지 않은 어린 여자애가 임신을 했고 부모도 도와주지 못하는 상황이라면….

황소자리 남성: 그럼 미혼모의 집에 전화를 하면 되지. 근데 당신 임신했어요?

천칭자리 여성: 아이참! 그러니까 내 말이 그 말이잖아요. 미혼모의 집에서 낙태에 반대하는 것처럼 아이를 입양시켜야 한다고 강요해도 되냐는 거예요. 그렇다면 그건 공평한 게 아니… 여보? 여보!

황소자리 남성: 드르렁드르렁 쿨쿨.

황소자리 남성을 타박할 수만은 없습니다. 노력했으니까요. 하지만 논의 중인 문제가 자신과 직접 관련된 문제가 아니라는 안심을 한 순간 흥미를 잃어버린 것입니다. 천칭자리 여성은 불을 켜거나 해서 황소자리 남성을 깨우고 전혀 관계가 없는 주제는 아니라는 점을 은근히 알려줄 수도 있을 것입니다. 언어를 통해 열정적인 토론으로 이끌지는 못하더라도, 육체적으로는 그를 열정적으로 만들 수 있을 테니까요. 황소자리 남성은 열정에 대해서라면 언제든 환영이지요.

황소자리 남성과 천칭자리 여성 사이의 육체적인 끌림은 아주 강력해서 처음에 서로 매력을 느끼는 이유가 됩니다. 공통점이 있다는 것은 서로를 무시하게 될 가능성을 줄여주고, 사랑의 표현에 깊이를 더해줄 가능성을 높여주지요. 감각적이고 현실적인 황소자리의 욕구에 비해 천칭자리 여성의 접근 방법은 너무 추상적입니다. 하지만 두 사람은 모두 에로티시즘과 애정을 어떻게 적절히 섞어야 하는지 잘 알고 있는 낭만주의자들이지요. 6-8 태양별자리 관계는 성적인 호기심과 만족을 강조하는 동시에 이타적인 헌신과 봉사 또한 강조하는 관계입니다.

황소자리 남성은 천칭자리 여성에게는 종종 큰 축복입니다. 황소자리 남성의 존재 자체가, 쉬지 못하는 영혼을 가진 천칭자리 여성에게 위안이 되지요. 그녀가 고통스럽게 망설이는 순간에 황소자리 남성만큼 견고하고 듬직하게 그리고 편안하게 이끌어줄 수 있는 사람은 없습니다. 그가 가지고 있는 따뜻함과 유머 감각 그리고 믿음직한 모습과 상식은 천칭자리 여성이 구름 속에서 헤맬 때 가장 필요한 자질입니다. 결국 새도 가끔은 안전하고 든든한 둥지에서 쉬어야 하니까요. 아무리 날아다니는 걸 좋아해도 말이에요.

이 두 사람의 관계에서 사랑스러운 부분이 또 있습니다. 천칭자리 여성의 지나친 낙관주의가 선천적으로 비관주의에 끌리는 황소자리 남성에게 아름다운 균형을 제공해준다는 것이지요. 황소자리가 우울함에 풍덩 빠져 있을 때, 매력적인 천칭자리 여성만큼 쉽게 기분을 북돋워줄 수 있는 사람은 없습니다. 그녀가 사람들을 만나는 자리에 그를 끌고 나가려고 하거나, 시위 행렬에 쓸 풍선을 불어달라고 할 때는 그가 조금 머뭇거릴 수는 있습니다. 하지만 천칭자리 여성이 환한 미소로 구슬리거나 달콤한 시럽 같은 목소리로 달래면, 황소자리 남성은 사랑스러운 곰돌이 인형처럼 순해질 수밖에 없답니다. 그는 내심 천칭자리 여성의 똑똑함을 존경합니다. 다만 그녀가 남성적인 권위에 대해 인정만 해준다면요. 황소자리 남성은 남성과 여성이 모든 면에서 평등하다는 사실을 좀처럼 진심으로 믿지는 않는답니다. 그래도 천칭자리 아내가 모든 일을 유능하게 처리해내는 모습을 자랑스러워할 것입니다. 하지만 비밀이 있지요. 그녀의 진정한 재능은 황소자리 남편이 눈치채지 못하도록 그를 잘 관리하는 데 있다는 사실입니다.

황소자리: 내가 면도해야 한다고 생각하고 있었죠? 사흘 동안이나 캠핑을 하고 막 돌아왔잖아요. 그리고….

천칭자리: 어머, 여보, 정말 좋은 생각이에요! 수염을 기르기로 했다고 왜 말 안 했어요?

황소자리: 수염을 기른다고요? 사이코 히피처럼 보이게요? 내가요? 당신 제정신이에요? 절대로 그럴 일은 없어요!

천칭자리: 다른 남자들이라면 그렇게 보일 수 있죠. 하지만 당신이 기르면 12사도처럼 보일 거예요. 완전히 기르려면 얼마나 걸려요?

황소자리: 막 면도하려고 했는데… 어… 몇 주는 걸리겠죠. 12사도요?

천칭자리: 음, 제 생각에는 성 마테오나 성 마르코 정도요? 언제 기르기로 결심한 거예요?

황소자리: 아니, 그게 뭐 숲속에서 캠프파이어 옆에 앉아서 시간을 보내다 보니까… 어쨌든 그러다 보니 사물의 여러 측면을 보게 되는 것 같아요….

황소자리 Taurus

흙 · 유지하는 · 수동적
지배행성: 금성
상징: 황소
음(−) · 여성적

Scorpio 전갈자리

물 · 유지하는 · 수동적
지배행성: 명왕성
상징: 전갈 또는 독수리
음(−) · 여성적

황소자리와 전갈자리의 관계

무서운 일은 차라리 먼저 당하는 편이 낫다.

　두 사람이 만난다고 항상 공포 영화가 되는 것은 아닙니다. 물론 가능성은 있지만
요. 황소자리와 전갈자리도 서로 잘 어울릴 수 있고 가끔은 정말 잘 어울리기도 합
니다. 한 사람의 달별자리가 다른 사람과 같거나 60도 또는 120도를 이루는 경우에
는, 범우주적으로 혹은 지구에서 새로운 정신세계를 함께 창조해내는 기록을 세울
수도 있습니다. 둘은 과학, 문학, 예술 영역에서 아름답고 지속적인 유대를 맺을 수
있습니다. 그저 좋은 동료가 될 수도 있고요. 하지만 두 사람의 태양과 달별자리가
충돌하는 경우에는, 둘 중 한 사람이 초월적인 이타심과 인내심을 가지지 않는 한
강력한 적대적 관계일 것입니다.

　다른 모든 7-7 태양별자리 유형과 마찬가지로 전갈자리와 황소자리는 상대방에
게서 자신에게는 없는 자질을 감지합니다. 천궁도에서 서로 반대편에 위치한 이 두
별자리는 자석의 극과 극처럼 아주 강하게 끌립니다. 좋은 의미로 끌릴 수도 있고
나쁜 의미로 끌릴 수도 있습니다. 전갈자리는 황소자리가 되고 싶은 모든 것입니다.
황소자리는 전갈자리가 되고 싶은 모든 것이지요. 하지만 양쪽 다 그 사실을 인정하
느니 말 그대로 죽는 게 낫다고 여깁니다.

　전갈자리는 이중적인 별자리는 아니지만, 전갈자리의 또 다른 상징인 독수리는 동

시에 두 개의 세계에서 삽니다. 충동적인 영혼이 이끄는 세계와 일반인들이 속해 있는 물질세계입니다. 전갈은 그 두 세계의 중간쯤 어딘가를 떠다니면서, 이집트의 피라미드처럼 불가사의하게 독자적으로 살아갑니다. 자신이 그렇게 떠다니는 것을 사람들이 볼 수 없도록 대부분의 전갈자리는 가면을 쓰고 살아갑니다. 부드러운 가면일 수도, 초연함의 가면일 수도, 실용성의 가면일 수도 있습니다. 하지만 그 가면 뒤에는 전갈자리의 강렬한 감정이 뜨거운 가마솥처럼 부글부글 끓는답니다.

황소자리는 가면이 없습니다. 흙 별자리인 황소자리는 사람들을 놀리거나 혹은 놀래주기 위해 핼러윈 의상을 차려입는 것을 달가워하지 않습니다. 그저 사람들을 웃기고 싶어합니다. 그리고 사람들이 예의 바르게 행동하기를 바라지요. 황소자리는 오직 하나의 세상, 흙(지구)이라는 세상에서 굳건하게 발을 딛고 살아갑니다. 아주 오래되고 익숙하며 안전한 대지 위에서 말이에요. 황소자리는 있는 그대로가 다입니다. 믿음직스러움과 용기와 인내와 단호함으로 진정한 산의 모습으로 살아가고자 태어난 이들을, 그 누구도 그 무엇도 바꿀 수 없습니다. 황소자리는 전갈자리의 통찰력과 강철 같은 의지와 놀라운 재생 능력을 가지고 태어나지는 않았습니다. 하지만 황소자리는 전갈자리가 그토록 간절히 원하는 진정한 내적 평온함을 가졌지요. 그것은 감정적인 명왕성이 지배하는 전갈자리에게는 허락되지 않은 미덕입니다. 전갈자리는 그런 척할 수 있을 뿐이지요. 이런 이유로 전갈자리는 금성의 지배를 받는 황소자리를 부러워합니다. 황소자리는 명왕성의 지배를 받는 전갈자리의 감정적 강렬함을 부러워하지는 않습니다. 하지만 전갈자리의 능력 중에서 묻고 따지지 않아도 그냥 아는 능력, 그 통찰력을 얻기 위해서라면 수천수만 마일도 걸을 수 있을 것입니다. 심지어 아무도 보지 않는다면 울타리도 뛰어넘을 것입니다. 전갈자리처럼 누군가의 영혼을 들여다보거나 그의 비밀을 알 수 있는 능력을 가질 수 있다면, 황소자리는 자신이 가진 모든 금은보화를 쓸 것입니다. 이러한 능력이 있다면 그는 자신의 황소 제국을 더 빨리 건설할 수 있을 테니까요. 반면, 전갈자리가 삶의 감정적인 소용돌이 속에서 무덤덤할 수 있는 황소자리의 능력을 터득할 수만 있다면, 내면의 고통을 덜 겪고서도 신비한 자신의 목적을 달성할 수 있을 것입니다.

그러니 황소자리와 전갈자리가 일, 가족, 우정, 사랑 어떤 형태로든 함께하면서 상대방의 능력과 덕목을 빌리기로 한다면 운명도 바꿀 수 있답니다.

황소자리와 전갈자리가 만나면 절대로 단조롭거나 재미없는 삶이 되지는 않을 것입니다. 아마도 덜컹거리고 기복이 심하겠지요. 전갈자리 남동생을 둔 황소자리 친구가 있었습니다. 둘은 모두 물고기자리 어머니에게 똑같이 헌신적이었지요. 하지만 황소자리 친구가 새집으로 이사를 가고 난 후, 경제적인 압박 때문에 너무 바빠서 물고기자리 어머니에게 잘 연락을 하지 못했습니다. 자신의 개인적인 문제로 어머니를 걱정하게 하고 싶지도 않았고요. 어느 날 황소자리 형은 전갈자리 남동생을 저녁 식사에 초대했습니다. 황소자리 형 부부는 동생이 제일 좋아하는 음식을 준비했고, 아이들도 깨끗이 씻겨 단정하게 옷을 입혔지요. 아이들은 삼촌이 온다고 무척 들떠 있었답니다. 그런데 전갈자리 동생은 나타나지 않았습니다. 집에 전화해보았지만 없었지요. 도대체 그 전갈자리 동생에게 무슨 일이 있었는지 며칠 동안이나 파악이 되지 않았습니다. 어느 날 아침, 연락이 닿지 않았던 전갈자리 동생으로부터 편지가 왔습니다. 이렇게 적혀 있었지요.

'형한테서 오랫동안 소식을 듣지 못한 외로운 여인이 브롱스에 있습니다. 먼저 그 여인에게 연락을 하시면 저도 기꺼이 저녁 식사에 가겠습니다.'

단도직입적이고 단순한 황소자리는 동생이 저지른 기만적인 행동에 화가 머리끝까지 났습니다. 왜 처음 초대받았을 때 바로 설명하지 않았는지, 왜 이해할 수 없는 행동을 하고 연락도 하지 않았는지 이해할 수가 없었습니다.

왜 그랬냐고요? 동생은 전갈자리이고 전갈자리 방식대로 한 것뿐이랍니다. 단순하고 직접적인 방식은 쏘는 맛이 없지요. 전갈자리 동생은 형에게 따끔한 통증을 주기로 한 것입니다. 효과적인 전갈자리의 보복을 위해서는 놀라움이라는 요소가 필요합니다. 하지만 얼마 지나지 않아 황소자리 형의 재정적인 상태가 정말 나빠졌을 때, 그 전갈자리 동생은 형이 부탁하지도 않았는데 돈을 빌려줬답니다. 이것 또한 전갈자리 방식이지요.

황소자리는 대부분 가지고 있는 반면에 전갈자리는 대부분 갖지 못한 재능이 있습니다. 유머 감각이랍니다. 물론 전갈자리 중에서도 아주 섬세한 유머를 구사하는 사람들이 있지만 황소자리의 유머처럼 웃기지는 않지요. 농담은 사람들을 매료시킵니다. 그리고 당신이 스스로를 농담거리로 삼을 때, 사람들은 당신을 좋아하게 됩니다. 자신도 인간이고 실수하는 사람이라고 인정한다는 뜻이니까요. 그 순간만큼은 사람들로 하여금 스스로의 약점을 잊어버리고 웃을 수 있도록 해주지요. 전갈자리는 이렇게 사람들을 매료시키는 편안하고 순발력 있는 유머 감각이 없습니다. 전갈자리가 종종 자신의 신분을 숨기고 혼자서 여행하는 것을 더 좋아하는 이유가 어쩌면 여기에 있는지도 모릅니다. 자신도 실수할 수 있는 인간임을 인정하는 척하는 것이 전갈자리에게는 어려운 일이랍니다. 게다가 전갈자리는 남들에게 사랑받을 필요를 느끼지도 않지요.

황소자리는 그 특유의 유쾌한 방식으로 전갈자리에게 다가가며 말할 것입니다.

"이봐요! 왜 그렇게 덥수룩한 수염과 선글라스 속에 숨어 있어요? 당신이 뱀파이어라는 걸 누가 알아챌까 봐 두려운 거예요? 아, 알았다! 턱수염과 선글라스가 있으면 안심이 되는 거죠? 그렇죠?" 이 전갈자리가 여성이라면 턱수염은 없겠지요?

"맞죠? 어릴 때 맨날 끌고 다니던 그 담요 대신이죠?" 황소자리는 자신이 어릴 때 늘 인형이나 담요를 끌고 다니던 것을 생각하고 있습니다.

전갈자리는 웃지 않을 것입니다. 전갈자리는 수염도 거의 움직이지 않고 조용히 중얼거릴 것입니다. "아마도."라고요.

하지만 황소자리는 끈질기지요.

"농담이겠죠! 감기약 상표에 나오는 털보 같은 모습을 하는 게 더 안전한 느낌이 든다고요?" 이 정도쯤 되면 전갈자리는 치명적인 공격을 하기 직전에 명왕성이 보여주는 희미한 경고의 미소를 머금으며, 깊고 부드러운 목소리로 말할 것입니다.

"질투하는 건가요? 당신은 수염이 없는데 저한테는 있어서 부러운 거 아니에요? 수염은 남성의 상징이죠. 당신은 무슨 이유인지는 모르겠지만, 그 부분에 예민하시군요?"

넘치는 남성적 활력을 자랑하는 황소자리 남성에게, 그 **부분**에 대해 은근히 빗대거나 농담하는 것만큼 잔인하게 상처를 입힐 수 있는 것은 세상에 없습니다. 그 전갈자리가 반격에 성공한 것입니다. 상대가 피를 흘리게 한 거지요. 황소자리는 이 패배에 상처를 받고 당황합니다. 악의 없는 단순한 농담이 실패해서 황소자리의 머릿속은 허둥댑니다. 여기서 더 심하게 밀어붙이면 황소자리도 그냥 물러서지만은 않습니다. 땅을 구르기 시작하고 콧김을 내뿜으며 돌진해서 전갈자리를 완벽하게 파괴해버릴 것입니다. 그러면 전갈자리는 그 위험한 꼬리를 휘둘러 치명적인 독을 쏠 것이고 둘은 모두 파멸을 맞이할 것입니다. 물론 두 별자리의 상징을 가지고 상상해본 장면입니다. 이런 사람들을 만나면 여러분의 방식으로 적용해볼 수 있겠지요.

그런데 별자리의 상징에 대해서 한 가지 짚어두어야겠네요. 명왕성이 지배하는 전갈자리를, 제가 가끔은 전갈로, 가끔은 독수리로 표현하고 있는 것을 눈치채셨겠지요? 혼란스러워하시지 않기를 바랍니다. 독수리는 전갈이 더 높은 단계로 진화한 모습으로, 전갈자리의 모든 섬세하고 긍정적인 특징을 나타냅니다. 모든 전갈자리는 인생의 어떤 부분에서는 독수리로 살아갑니다. 노력한다면 전갈자리는 숨어 있던 모래에서 나와 한층 발전된 독수리의 하늘로 날아오를 수 있습니다. 복수를 그만두고 힘없는 사람들을 보호해주는 사명을 품을 수 있답니다. 더 높은 하늘로 독수리가 되어 날아오를 수 있지요.

다시 유머로 돌아가자면, 전갈자리는 특정 개인과 관계가 없는 경우에만 유머를 즐기는 경향이 있습니다. 무대나 영화 속의 유머를 즐기고 친구들 사이에서는 그저 지켜보는 편이지요. 누가 웃기려고 노력하는 경우에는 절대로 웃지 않습니다. 박장대소를 하면서 맞장구를 쳐주는 편도 아니고요. 황소자리라면 즐거울 때는 박수를 치면서 웃어줍니다. 전형적인 전갈자리는 친하고 믿을만한 친구들 사이에 있을 경우에만 씩 미소를 지어줄 뿐입니다.

전갈자리였던 마이크 니콜스(재능이 아주 뛰어난 미국의 희극 작가, 저자, 배우 및 감독—옮긴이)는 개인적인 삶에서는 전혀 웃기지 않았던 사람으로 알려져 있습니다. 여성 코미디언이었던 미니 펄도 마찬가지였습니다. 무대에서는 왁자지껄 재미있는 사람이었지만 개인적인 삶은 긴장되어 있었고, 정치적인 성향과 신념이 뚜렷한 전형적인 전갈자리 여성이었지요.

이렇게 다른 두 별자리이지만, 전갈자리와 황소자리는 공통점이 있답니다. 둘 다 낯선 사람들에게 적극적이지 않다는 것입니다. 둘 다 말수가 적고 정말 중요하게 할 말이 있지 않는 한 말을 길게 하지 않습니다. 둘 다 호기심 많은 사람이 무례하게 이런저런 질문을 해대는 것을 싫어합니다. 하지만 둘의 반응은 사뭇 다르지요. 전갈자리는 자신의 비밀을 비밀로 간직하기 위해 섬세한 전략을 씁니다. 섬세한 전략이 실패하면 간단하게 거짓말을 합니다. 자신의 신성한 사생활을 침범하려고 하는 사람들을 다룰 때는 거짓말도 할 수 있다고 정당화하지요. 이런 경우를 제외하고는 전갈자리는 아주 정직한 사람들입니다. 즉, '당신이 내 개인사를 캐고 다녔으니 당연한 대접을 받는다.'는 뜻입니다. 꼬치꼬치 사생활을 캐고 다니는 사람은 거짓말에 감사해야 할 것입니다. 전갈자리의 독침을 맞는 것보다는 나으니까요. 가끔은 동시에 독침을 쏘는 경우도 있기는 하지만요.

황소자리도 사생활에 대해서는 비슷한 태도를 가졌습니다. 전갈자리만큼이나 자신이 알고 있는 것을 일일이 말하지 않는 사람들이지요. 하지만 황소자리는 섬세하지 않아서 거짓말을 하는 것조차 귀찮아할 때가 있습니다. 황소자리는 꼬치꼬치 캐묻는 사람에게 직접, 아주 명쾌하게 말합니다. "당신 일이나 신경 쓰시고 꺼져요."

황소자리와 전갈자리보다 더 효과적으로 정확하게 말할 수는 없을 것입니다. 만약 황소자리와 전갈자리가 서로에게 이런 말을 하게 된다면 어떨까요? 그것으로 그냥 끝입니다. 하지만 두 사람이 서로에게 "예."라고 말한다면, 둘은 견고하고 오랫동안 지속되는 우정 관계를 쌓을 수 있습니다. 두 별자리의 또 다른 공통점 때문입니다. **충성심**이지요. 사랑하고 신뢰하는 사람들을 위해서라면 이 사람들은 산도 움직일 수 있답니다. 둘은 친절함을 마치 은행에서 대출을 받는 것처럼 여깁니다. 즉, 갚아야 하는 것으로 여긴다는 뜻입니다. 물론 이자까지 더해서요.

황소자리 여성과 전갈자리 남성

소년은 잠이 든 걸까? 아니면, 손에 단검을 든 채 계속 기다리는 걸까?
알 길이 없었다….

황소자리 여성은 처음에 전갈자리 남성이 최면적인 눈빛으로 조용하게 초대하는 것에 응하는 것이 조심스러울 것입니다. 전갈자리 남성에 대해 신경 쓰이는 소문을 들었거든요. 무자비하고 섹시하다고 말입니다. 이런 강력한 성격의 조합에 대한 얘기를 듣는다면, 누구라도 조심스러울 수밖에 없지요.

전갈자리 남성은 부정적인 결함을 상쇄시키고 남을 만큼 많은 장점을 가졌지만, 인간의 본성이 선하다고 믿는 순진한 소년은 아닙니다. 전갈자리 남성은 명왕성이 허락한 통찰력의 창을 통해 너무 많은 것을 보았습니다. 그래서 인간의 선함을 믿지 않지요. 진실과 예의에 대해서라면 자신의 본능을 더 신뢰합니다. 신은 믿습니다. 그 밖의 사람들에 대해서는 의심합니다. 이런 이유로 전갈자리는 무자비한 사람으로 보입니다. 하지만 전갈자리는 두 종류지요. 독침을 쏘는 전갈이라면 모르지만, 독수리라면 자신이나 힘없는 사람들을 파괴하려고 하는 적들만 파괴합니다. 전갈자리는 이들을 구별해낼 수 있습니다. 실수로 전갈의 꼬리를 밟은 사람에 대해서는 살짝 쏘아줍니다. 그것으로 자신이나 혹은 힘없는 친구들에게 두 번 다시 나서지 말라는 명왕성의 메시지를 전하고, 제 갈 길을 가도록 해줍니다. 교훈을 주는 것입니다. 그게 전부입니다. **알아두라**는 무언의 경고. **다음에 만날 때는 조심하라**는 것이지요.

실제로 전갈자리의 행동은 흠잡을 데 없이 공평하고 공정하며 절대로 옹졸한 법이 없습니다. 그들은 늘 자신의 엄격한 도덕에 따라 행동합니다. 전갈자리는 자신이 기꺼이 줄 준비가 되어 있지 않은 것에 대해서는 남들에게도 요구하지 않습니다. 그렇다고 모든 전갈자리 개인이 비난을 면할 수 있는 것은 아닙니다. 이 그룹에는 좋은 의도도 있고 사악한 영혼도 모두 있습니다. 하지만 우리는 지금 일반적인 전갈자리에 대해 이야기하고 있습니다.

그러니, 황소자리 여성은 전갈자리 남성의 무자비함에 대해 처음에 가졌던 걱정을 곧 떨쳐내게 될 거라고 말해도 되겠지요?

실제로 황소자리는 실재하는 것에 대해서는 거의 두려움을 느끼지 않습니다. 게다가 전갈자리 남성은 이미 그녀의 남동생을 여름 캠프에 보내주었고, 그녀의 어머니에게 꽃을 사주었습니다. 자신을 숙녀로 대해주고 그녀의 아버지는 존경받아야 하는 웃어른으로 대접해주었지요. 그녀는 이미 그에게 따뜻하고 안정적인 느낌을 받고 있습니다. 하지만 황소자리는 전갈자리가 섹시하다는 소문 같은, 만질 수 없고 보이지도 않는 감정적인 문제에 대해서는 그렇게 용감하지 않습니다.

제가 무슨 말을 해드릴 수 있을까요? 이미 말씀드렸듯이, 아마도 그 소문은 사실일 것입니다. 전갈자리 남성은 모든 면에서 진정한 남성이지요. 양자리만큼 정력이 강하고, 천칭자리만큼 감성적이며, 사자자리만큼 열정적이고, 물고기자리만큼 민감하고, 황소자리 여성 자신만큼이나 관능적입니다. 이 모든 걸 다 합치면 딱 한마디, 섹시함으로 정리할 수 있겠지요. 그게 불평할 일은 아니겠지요?

황소자리 여성은 자신의 깊은 감정을 육체적으로 증명하고 싶어합니다. 그러니 전갈자리 남성의 지나친 '섹시함' 때문에 그의 사랑을 경험해볼 기회를 포기하지는 않을 것입니다. 그녀는 전갈자리 남성의 모든 면과 그의 다양하고도 미묘한 뉘앙스, 분위기 그리고 말투를 모두 경험하게 되겠지요. 전갈자리는 흥미롭다고 생각하는 것에 대해서 철저하게 조사하고 그 가장 깊은 의미를 꿰뚫어 봅니다. 반면에 가치가 없다고 생각하는 것에 대해서는 마치 존재하지 않는 듯 냉담하게 무시함으로서 사라지게 만듭니다. 그것들은 적어도 자신의 인지 범위나 눈앞에서는 존재하지 않게 되지요. 사람이나 사물이나 마찬가지입니다. 그래서 이 두 사람 사이에서는 사물이나 사람에 대한 취향이 중요하게 됩니다. 같은 사물이나 사람을 함께 좋아하거나 혹은 싫어할 수 있어야 하지요. 그렇지 않으면 감정적인 혼란이 생길 수 있습니다. 황소자리 여성은 사람이나 대상에 마치 풀처럼 달라붙기도 합니다. 그런데 자신이 사랑하는 남자가 열정이나 취향을 공유하지 않아서 가까운 친구나 친척, 소중한 양념통이나 아끼던 양탄자를 잃어버려야 한다면 당황스러운 일이 아닐 수 없겠지요.

두 사람은 7−7 태양별자리 유형입니다. 전갈자리 남성은 황소자리 여성이 필요로 하는 것을 가지고 있고, 황소자리 여성은 전갈자리 남성이 원하는 것을 가지고 있습니다. 앞 장에서 이 부분에 대해 설명했으니 참조하세요. 이런 이유로 두 사람이 만나면 마치 극이 다른 자석이 서로 끌어당기듯 서로 이끌리게 됩니다. 두 사람 모두 싱글이고 더 깊은 관계로 발전시키고 싶은 의지가 있는 경우라면 정말 멋지겠지요. 하지만 가끔은 그런 경우가 아니어도 끌리는 마음을 어쩔 수 없을 겁니다. 극이 다른 자석이 붙어 있을 때 떼어보려고 한 적이 있나요? 혹시 자석을 구할 수 있다면 한번 실험해보세요. 별자리상으로 얼마나 잘 맞는지에 따라 끌어당기고 밀어내는 자석의 법칙을 제대로 확인할 수 있을 것입니다.

황소자리 여성은 실용적입니다. 변덕스럽거나 충동적이지 않으며 안개 속을 헤매는 몽상가도 아니지요. 안정된 마음에서는 열정이 쉽게 갑자기 불타오르지 않습니다. 조금씩 자라나고 커집니다. 하지만 일단 누군가에게 감각적으로 이끌리게 되면 완전히 달라집니다. 그녀는 어떤 남성의 향기로운 머리카락 냄새를 맡거나 목소리만 들어도 떨게 됩니다. 그 사람의 걸음걸이나 미소만 보아도 마음이 녹아버리지요. 그가 자신의 손을 잡아줄 때면 늘 실용적이던 상식은 온데간데없이 사라져버린답니다. 안정적인 정서 상태를 타고난 황소자리 여성이지만 사랑에 빠졌을 때는 물고기자리 여성보다도 더 상처를 입기 쉬운 연약한 여인이 됩니다.

황소자리 여성은 유지하는 성향의 별자리이기 때문에 자신이 기다리던 이상형의 남성을 찾으면 좀처럼 마음을 바꾸지 않을 것입니다. 그 남성이 전갈자리라면 황소자리 여성만큼 충직하니 믿어도 좋습니다. 황소자리 여성은 소유욕이 강하지만 갑작스러운 분노나 터무니없는 질투심과는 상당히 거리가 있습니다. 황소자리는 질투심은 없습니다. 질투심은 근본적으로 자기 확신이 없어서 생기는 감정이지요. 소유욕에 대해서라면, 황소자리 여성이 소유하는 모든 것에 대한 자부심과 그것에 쏟아붓은 헌신의 다른 표현이라고 할 수 있습니다. 그 대상은 남성이 될 수도 있고 조상 대대로 물려받은 침대보일 수도 있습니다.

전갈자리 남성은 이 두 낱말이 다르다는 것을 이해할 것이며 황소자리 여성이 질투심을 느낄 만한 구실을 거의 만들지 않습니다. 오히려 그녀의 소유욕을 즐기는 편이지요. 전갈자리 남성은 섹스 심벌이라는 명성을 가지고 있기는 하지만, 실제로는 섹스를 시간 때우기용으로 생각하거나 일회성 만남을 추구하지 않습니다. 그에게 섹스는 삶과 죽음 모두의 이유이며 각각으로 이르는 통로이자, 아직 완전하게 풀지 못한 유일한 미스터리입니다. 그러므로 섹스는, 전갈자리 남성에게는 마치 종교와 흡사합니다. 그가 제 짝을 찾았을 때는 그 섹스가 순수하고도 강렬할 것이며, 실험적인 외도 같은 것은 없습니다. 별자리에서 전갈자리 남성에 대해 뭐라고 말하든 간에 그는 다른 대부분의 남성보다 외도할 확률이 낮습니다. 특히 상대방 여성이 흙 별자리나 물 별자리일 경우에는 그녀를 기만할 확률이 더 낮아집니다. 흙 별자리인 황소자리 여성은 전갈자리 남성의 마음속에서 타오르고 있는 열정을 다른 어떤 여성보다도 잘 이해할 것입니다. 또 그녀 자신도 그에 상응할 만한 강렬한 육체적인 표현으로 부응할 겁니다. 하지만 황소자리 여성이 받아들일 수 있는 뜨거움은 거기까지입니다. 육체적인 관계. 전갈자리 남성이 가지고 있는 또 다른 열정이나 신념에 대해서는 그녀가 그리 뜨겁게 반응해주지 않을지도 모릅니다.

전갈자리 남성은 냉철한 이성과 뜨거운 감정이 신비롭게 섞여 있는 존재입니다. 냉철한 이성은 드러내지만 뜨거운 감정은 비밀처럼 깊이 간직하지요. 황소자리 여성은 그의 냉철한 이성이 지배하는 침착함과 실용성을 좋아할 것입니다. 자신도 그러니까요. 하지만 그의 강렬한 감정은 그녀를 냉담하게 만듭니다. 전갈자리 남성은 감정의 흐름에 따라 몰두하는데 그것은 깊이 흐르는 고요한 물과 같습니다. 감정이 깊다는 것은 그만큼 열정적이기 쉽다는 뜻이지요. 정치, 지역사회, 경력, 생태, 우주여행, 친척, 낙태 등 그 주제가 무엇이든 상관없습니다. 전갈자리는 열정적이고 감정적인 입장을 취하거나 완전하게 무관심을 표하거나 둘 중 하나입니다. 반면 황소자리는 사랑이든 증오든 격렬하고 극단적인 감정에 대해서는 별로 공감하지 못합니다. 그녀가 보기에는 그런 감정 상태는 사람을 지치게 만들고 불필요한 긴장을 유발할 뿐입니다. 이런 차이가 전갈자리 남성과 황소자리 여성 사이에 생겨나는 크고 작은 불일치와 마찰의 원인이 되곤 합니다.

사랑하는 전갈자리 남성과 다퉈서 속상하고 외로운 황소자리 여성이 있다면 제가 비밀을 하나 알려드리겠습니다. 제가 예전에 써놓은 글인데요, 전갈자리 남성이 가진 명왕성의 미스터리를 풀지 못해 고생하는 모든 여성을 돕기 위해 쓴 것이었습니다. 전갈자리 남성은 이렇게 말합니다.

> 당신의 차가운 목소리 때문에 별빛도 꺼지고
> 내 마음은 금이 가 산산조각으로 부서졌어요.
> 당신의 목소리는 콜로라도의 겨울처럼 춥지요.
>
> 하지만 우리가 거의 계약에 이를 뻔했던 기억을
> 나는 곧 잊으리라 약속할게요.
> 우리의 꿈이 희미해져 가면서 그대도 나의 반응을 느끼게 되겠지요.
> 나는 당신을 거짓된 친절함과 친절을 위장한 눈빛에 빠뜨릴 거예요.
> 나는 기회를 기다리며 당신을 주시할 거예요.
> 당신의 눈이 멀어가는 것을 상상하지요.
> 그러다 갑자기, 잔인하게 알게 해줄 거예요.
> 당신을 보내는 일이 얼마나 쉬웠는지를.

바로 전갈자리의 독침이라고 불리는 그것입니다. 전갈자리 남성은 그녀를 보내는 것이 쉽지 않았습니다. 마음이 찢어지는 아픔이었지요. 하지만 그는 전갈자리의 초연함 속에 자신의 슬픔과 고통을 감쪽같이 숨긴 것입니다. 황소자리 여성은 아마도 그의 위장을 꿰뚫어 보고, 그 조각난 마음을 치료해줄 수 있을 것입니다. 다만 한 가지를 기억해두세요. 황소자리 여성은 한번 화가 나면 '얼음장같이 차가운 목소리'와

'냉담한 말투'를 보인답니다. 그녀가 고집이라는 눈가리개를 쓰고 있다면, 어떻게 전갈자리 남성이 마음속에서 느끼고 있는 것을 볼 수 있을까요? 그런 식의 태도는 '그만큼 빠른 반응'을 불러올 뿐이며, 전갈자리 남성은 실제로 많은 면에서 황소자리 여성과 동급이지요. 유지하려는 성향, 인내심, 충실함에서요. 또한 상처를 오래 기억하는 것도 같습니다. 두 사람 다 용서하는 방법을 배울 필요가 있지요.

황소자리 남성과 전갈자리 여성

그는 용감한 사람이었지만, 잠시 멈춰 서서 땀을 훔쳐야만 했다.
땀이 마치 촛농처럼 뚝뚝 떨어지고 있었던 것이다.
그런 다음, 그는 조용히 미지의 어둠을 향해 나아갔다.

전갈자리 여성의 자석 같은 매력에 빠진 황소자리 남성은 인생에서 가장 커다란 상처가 될 경험을 하거나, 아니면 반대로 가장 멋진 경험을 앞두고 있습니다. 어떤 쪽이든 결과는 그 중간이 아닙니다.

이 깊이를 알 수 없는 전갈자리 여성과 함께 사랑의 강물에 빠져들 때, 한 손에는 성경을 가지고 가는 게 좋을지도 모릅니다. 전갈자리 여성과 가까워지기 전에 성경을 공부하는 게 좋습니다. 전갈자리는 항상 자신들을 정당화할 수 있는 부분을 성경에서 찾아낼 것입니다. 자신들의 동기를 탓할 수 없다는 것을 확실히 하기 위해 성경을 인용할 것입니다. 전갈자리는 신약과 구약 모두 정통한 사람들일 뿐더러 성경의 행간을 읽어낼 수 있는 능력도 가지고 있답니다.

물론, 모든 전갈자리 여성이 성경을 완벽하게 기억하고 있다는 건 아닙니다. 하지만 그럴 가능성이 매우 높다는 것을 알아두어서 나쁠 일은 없습니다. 남자를 사랑하거나 독침을 쏠 때 성경을 인용하지 않는다면, 아마도 『티벳 사자의 서』의 한 구절을 읊을지도 모릅니다. 적어도 크리슈나 모임에 몇 번 다녀왔거나, 몸 어딘가에 고대 이집트인이 사용하던 왕 쇠똥구리 모양의 문신을 새기고 있을 것입니다. 아니라고요? 그렇다면 옷장 서랍을 확인해보세요. 열쇠를 찾을 수만 있다면요. 타로 카드 한 세트가 있거나 중국에서 점을 치는 팔괘 세트가 나올지도 모릅니다.

황소자리 남성이 다루기에 그녀가 너무 정열적이라거나, 도대체 이해할 수 없는 신비스러운 정신세계를 가지고 있다는 뜻은 아닙니다. 황소자리도 어느 별이 반짝이는 밤, 사랑스러운 콧김을 내뿜으며 전갈자리 여성의 텐트에 몰래 들어갈 수 있는 능력이 있습니다. 그녀는 천문해석학에서 180도 반대쪽에 있는 황소자리 남성에게 본능적으로 끌리기 때문에, 어쩌면 맨발로 텐트 밖으로 마중을 나올지도 모릅니다. 그렇게 된다면, 그녀는 달빛에 빛나는 이집트의 왕비가 될 것입니다. 두 사람이 특별한 관계를 맺을 수 있는 것은 이런 이유 때문입니다. 조용한 곳에 두 사람만 단둘이 있으면, 전갈자리 여성은 황소자리 남성에게 세대를 통틀어 모든 사랑의 여신의 이미지를 합쳐놓은 듯한 사람이 됩니다. 낮에는 전갈자리의 가면을 쓰고 수줍음을 타는 평범한 비서 수잔이거나, 정숙한 종업원 에밀리거나, 길 잃은 소녀 같은 표정의 로리가 되겠지요.

걸으로 보이는 차분함과 사랑스러운 이미지에도 불구하고, 전갈자리 여성은 함께 살기 쉬운 사람은 아니랍니다. 전갈자리 여성은 매력적이고, 여성스럽고, 지적이며, 충실하고 열정적입니다. 하지만 그녀는 쉽게 사랑의 대상이 되고 싶어하는 순진한 아가씨가 아니랍니다. 전갈자리는 감정 속에 사는 사람이지만, 가끔은 감정을 수년 동안 병 속에 꽉꽉 담아놓습니다. 아주 유순해 보이다가도 아무런 경고도 없이 불같은 화를 내기도 하고, 얼음장 같은 침묵 속으로 사라져버리기도 합니다. 대하기도 어렵고 이해하기는 더 어려울 수 있지요.

전갈자리 여성은 한동안은 사랑하는 남자가 하는 말을 따라줄 겁니다. 너무 요구사항이 많지만 않다면요. 그러다가 어느 날 감춰두었던 힘을 드러내겠지요. 요령과 타협은 전갈자리 여성의 장점이 아닙니다. 그 문제에 관해서라면 황소자리 남성도 다를 게 없지요. 황소자리도 전갈자리도 상대방의 입장을 이해하는 것에 대해서는 별생각이 없습니다. 아니, 이건 정확한 표현이 아니지요. 황소자리는 다른 사람의 입장에서 보는 것이 어렵습니다. 전갈자리는 놀라운 인지능력으로 다른 사람의 입장을 명확하게 볼 수 있습니다. 상대방의 입장보다는 자신의 입장을 더 좋아합니다. 이 부분에 있어서 두 사람은 조정이 필요합니다. 그렇지 않으면 평생 등을 돌리고 팔짱을 낀 채로 고집스러운 침묵 속에서 살게 될 수도 있으니까요. 두 사람 모두 유지하는 성향의 별자리입니다. 또 두 사람 모두 여성적인 별자리이기도 하지요. 그래서 그런 여성적인 에너지를 쓰고자 마음만 먹는다면, 두 사람 모두 부드럽고 연민이 많은 사람이 될 수 있답니다. 태양별자리 중에서 음(여성적)의 기운을 가진 별자리에 대한 보상이지요.

황소자리 남성은 평화와 사랑의 행성인 금성의 지배를 받습니다. 전갈자리 여성은 폭발적인 열정과 신비의 행성인 명왕성의 지배를 받지요. 그러므로 두 사람의 성적인 궁합은 대체로 낯선 놀라움과 감각적인 황홀함으로 가득 찹니다. 전갈자리 여성은 자신이라는 존재의 신비와 섹스를 연결 지으며, 신성한 사랑의 행위로 섹스를 존중합니다. 또한 그녀는 사랑이 내포하는 비밀의 언어들에 대해 왕성한 호기심을 가지고 있는데, 그 호기심은 자신이 사랑하는 남성과 더 친밀한 관계를 맺음으로써만 충족시킬 수 있는 것이지요. 그럼에도 그녀의 욕망에는 늘 순수한 분위기가 있습니다. 전갈자리 여성에게 섹스는 절대로 가볍지 않습니다. 그녀는 자신의 육체만이 아니라 자신의 전체가 사랑받기를 원합니다. 황소자리 남성은 그렇게 해준답니다.

황소자리 남성은 전갈자리 여성만큼 사랑을 완전하게 이해하지는 못합니다. 그렇다고 사랑의 즐거움에 방해가 될 정도는 아니지요. 전갈자리에게 그런 것처럼 황소자리에게도 육체적 사랑은 하나의 의식입니다. 열정을 주고받는 행위를 통해 영적인 힘을 지속적으로 재생시키는 의식이지요. 하지만 황소자리와 전갈자리는 7-7 태양별자리 관계입니다. 섹스만으로는 두 사람의 결합이 오랫동안 이어지기 힘들 수 있지요. 두 사람의 사랑에는 지속적인 관심이 필요합니다. 이 경우에는 심각하게 다투고 나면 화해하는 것이 쉽지 않습니다. 두 사람 다 유지하려는 성향을 가졌기 때문에 냉전이 오래갈 수 있지요.

전갈자리는 말합니다. "당신을 용서할게요. 하지만 절대로 눈감아줄 수는 없어요." 황소자리는 아주 약간 다르게 조용히 말합니다. "당신을 용서할게요. 하지만 절대로 잊지 않을 거예요." 둘은 스스로에게 거짓말을 하고 있습니다. 두 사람의 말이 실제로 의미하는 것은 "당신을 용서할 수 없어요."랍니다. 진정한 용서는 눈감아주는 것이며 진심으로 용서한다면 잊어야지요. 용서하기를 거부하는 것은 어둡고 사악한 일입니다. 그 씨앗은 두 사람의 마음속에서 자라 냉담하고 외로운 고립을 만들고, 마음을 병들게 하고, 만성질환과 신경증을 만듭니다. 작은 도토리 하나가 거대한 참나무가 되는 것과 같지요.

황소자리 남성의 유머 감각도 두 사람 사이의 긴장을 조성하는 또 다른 원인이 될 수 있습니다. 황소자리의 삶에는 실용적인 농담과 유머 감각이 필요하지요. 물론 진지하고 기발하고 참을 만한 것들입니다. 전갈자리 여성도 황소자리의 농담에 웃을 수는 있습니다. 하지만 그 눈은 웃고 있지 않답니다. 그녀가 놀림당하는 것을 참지 못한다는 사실을 황소자리 남성도 곧 알게 되지요. 그녀는 결코 스스로를 웃음거리로 삼을 수 없습니다. 풍부한 유머 감각은 황소자리를 따뜻한 인간으로 만드는 요인입니다. 그녀가 그의 농담에 짜증을 내기보다는 그 웃음을 마음속에 간직한다면 좋을 텐데요. 그렇게 한다면 그녀도 조금은 더 밝은 감정의 색깔들이 필요하다는 사실을 깨닫게 될지도 모를 텐데 말이에요.

황소자리와 전갈자리의 사랑 관계는 문제작이었던 루돌프 발렌티노의 「미지의 여인」이라는 독특한 영화를 보면 잘 나타나 있습니다. 소문은 많지만 정체를 알 수 없는 여인에 관한 이야기이지요. 그 여주인공 이름은 잘 기억이 나지 않지만 아마도 태양별자리나 달별자리가 전갈자리였을 것입니다. 정체성의 단서가 되는 부분이지요. 그녀는 남편과 사별하고 자신이 사랑했던 황소자리 남편의 무덤에 외롭게 찾아갑니다. 머리끝에서 발끝까지 검은색 옷을 입고, 얼굴은 베일로 가리고 살았지요. 그녀는 매해 남편의 기일에 찾아가 자신의 열정과 슬픔과 충실함을 꽃으로 바치는 그런 여인이었습니다.

황소자리와 전갈자리가 만나면 절대로 가벼운 관계는 없습니다. 완벽한 무관심이 되거나, 재앙이거나, 아니면 평생의 헌신이 됩니다. 죽음도 뛰어넘는 헌신이지요. 전부 아니면 아무것도 아닙니다. 어쨌거나 성경은 유용할 것입니다.

황소자리 Taurus

흙 · 유지하는 · 수동적
지배행성: 금성
상징: 황소
음(−) · 여성적

Sagittarius 사수자리

불 · 변화하는 · 능동적
지배행성: 목성
상징: 궁수와 켄타우루스
양(+) · 남성적

황소자리와 사수자리의 관계

··· 행진은 무한히 계속되어야 한다. 한쪽이 멈추거나 속도를 바꾸지 않는 한···.

황소자리와 사수자리가 6-8 태양별자리 유형의 에너지가 주는 몇 가지 보상을 받으려면, 방법은 한 가지밖에 없습니다. 황소자리는 절대로 자신의 느리고 꾸준한 속도를 바꾸지 않을 것입니다. 그러니 사수자리가 가끔은 달리는 것을 잠깐 멈춰줘야 한답니다.

사수자리는 켄타우루스로 상징되는데 반은 사람이고 반은 말입니다. 반인반마의 괴물인 켄타우루스이므로 인생의 반은 여기저기 뛰어다닐 겁니다. 실제로 사수자리는 자주 외국으로 나가거나 외국으로 가는 꿈을 꿉니다. 거의 모든 사수자리가 여행과 일이 함께하는 직업을 동경하며 어떤 식이든지 그런 일을 하는 경우가 많지요.

사수자리가 광대 역할을 할 때나 즐거운 철학자의 역할을 할 때, 혹은 자신의 반쪽 캐릭터인 동물의 모습으로 사람들을 즐겁게 해줄 때, 황소자리는 무척 재미있어합니다. 황소자리는 사수자리의 몸 개그나 말실수에 박장대소를 합니다. 황소자리는 명랑하고 악의가 없는, 그리고 약간 서툰 이 사수자리들을 보면 그들을 보호해주고 싶다고 느낍니다. 하지만 사수자리가 반인반마의 모습 중 인간의 모습을 할 때, 황소자리는 당황하고 짜증이 납니다. 사수자리가 법정에서, 교실에서, 텔레비전 화면에서 혹은 정치판에서 맹렬하게 싸우는 심각한 이상주의자 역할을 할 때가 그런 때지요. 그래서 황소자리는 이들을 격려해야 할지 두려워해야 할지 확신이 서질 않습니다.

순간에 모든 것을 거는 목성의 에너지는 사수자리를 기득권층에 대항하여 격렬하게 싸우도록 만듭니다. 이런 모습은 보다 보수적인 성향을 가진 황소자리에게는 거칠어 보입니다. 황소자리는 놀라서 몸을 움츠리며, '단단한 사회라는 풍차를 향해 돌진하는 저 술 취한 듯한 몽상가는 도대체 뭘까?'라는 의문을 갖게 됩니다. 서툴러 보이지만 한편으로는 마치 경주마를 닮은 듯 우아해 보이기도 하고, 배꼽을 잡고 웃게 만들기도 하는 동시에 제도라는 편안한 이불에 구멍을 내겠다고 위협을 하기도 하는 부주의한 이상주의자라니요. 황소자리는 사수자리를 어떻게 대해야 할지 판단이 잘 서지 않습니다.

모든 사수자리는 외향적이든 내성적이든 예외 없이 영리한 눈과 털북숭이 꼬리를 가진 낙천주의자입니다. 그들은 마음으로부터 굳게, 모든 일이 잘 풀릴 거라고 믿지요. 그러다가 일이 잘 안 되면 매우 극적으로 눈물을 흘립니다. 하지만 황소자리가 보기에는 그들의 기대가 너무 컸기 때문에 어쩌면 당연한 결과일 뿐이지요.

황소자리는 현실적이고 신중한 비관주의자들입니다. 모든 일이 잘될 거라고는 절대로 기대하지 않습니다. 그러니 한두 번쯤 일이 잘못된다고 해도 항상 부정적인 결과를 상상하고 있는 황소자리에게는 당연한 일입니다. 적어도 사수자리가 보기에는 그렇답니다. 사수자리는 우울한 분위기를 풍기며 다니는 황소자리를 잘 이해할 수 없습니다. 사수자리는 남성이건 여성이건 아이건 어른이건 한 번 울면 눈물을 많이 흘리지만, 목성의 무지개가 나와서 젖은 어깨를 순식간에 말려주고 다시 희망적인 분위기로 만들어버립니다.

6-8 태양별자리 유형에 해당하는 두 사람의 관계는 서비스, 건강 그리고 다양한 종류의 미스터리를 강조하는 관계입니다. 사수자리가 황소자리에게는 천궁도에서 여덟 번째 영역인 '타인의 돈'을 대변하므로, 사수자리는 황소자리를 위해 자금을 조성해주는 역할을 할 수 있습니다. 한편, 황소자리는 사수자리에게 여섯 번째 영역인 일, 의무 그리고 서비스를 의미하지요. 그래서 사수자리의 홍보 및 영업 능력과 황소자리의 튼튼한 기초를 건설하는 능력이 뭉쳐서 공동의 프로젝트를 맡는 경우를 심심치 않게 볼 수 있습니다. 사수자리는 말 끝에 앉아 있다가 떨어져버리는 경우가 많기 때문에 기초를 튼튼히 건설하는 황소자리의 능력은 정말 중요합니다. 황소자리는 사수자리가 만들어내는 흥미진진한 구상을 존경합니다. 하지만 사수자리가 선을 너무 두껍게 그리거나 지나치게 화려한 색상으로 칠하면, 실용적인 황소자리는 안절부절못하고 의심을 하기 시작합니다.

사수자리는 여기저기 돌아다니며 어이없는 실수를 하고 잘 넘어지지만, 넘어져도 신기하게도 또 다른 행운과 맞닥뜨립니다. 행운을 만나는 것은 사수자리의 놀라운 신념과 용기 그리고 낙관주의 덕분이고, 실수를 하고 넘어지는 것은 앞만 보고 달리기 때문입니다. 하늘을 바라보며 미래를 향해 화살을 쏘면서 자신이 어디로 뛰고 있는지 발밑을 보지 않는다면, 구덩이에 빠질 가능성은 높아질 수밖에 없겠지요.

황소자리는 대체로 시선을 땅에 단단히 고정하기 때문에 하수구 구멍이나 다른 덫을 조심하도록 도와줄 수 있습니다. 두 사람은 주식거래나 다양한 형태의 도박에서 환상적인 팀이 될 수 있습니다. 두 사람의 출생차트가 조화롭다면 단시간에 수백억 대 자산가가 될 수도 있습니다. 어떤 일이든 관계없이 돈과 관련된 프로젝트라면 두 사람은 아주 잘해낼 것입니다. 이 조합은 영화제작에서부터 경주마 사육 사업이나 미디어 산업에서 종교 산업까지 다양하게 존재합니다. 황소자리는 종교적인 신념에서 독선적인 경향이 있는데, 특히 어린 시절부터 지켜온 종교적 가치에 매우 충성스럽습니다. 사수자리도 대부분 어릴 적부터 종교와 연관이 매우 깊습니다.

일반적으로 황소자리는 가족과 긴밀한 유대감을 가지고 있습니다. 황소자리는 자신이 사랑하는 사람들을 위해서라면 많은 희생과 고충을 감내합니다. 사수자리 또한 친척들을 위해서라면 기꺼이 손을 내밀고 격려합니다. 다만 거리를 유지하지요. 전형적인 사수자리는 가족과 서로 의지하는 편이 아닙니다. 사수자리는 가족에게 관심을 쏟기보다는 인류 전체의 복지에 더 관심이 많습니다.

황소자리와 사수자리는 위선자나 사기꾼을 멀리서도 알아볼 수 있습니다. 두 사람 모두 체면을 위해서 또는 친절을 위해서 거짓말을 하는 사람들이 아닙니다. 황소자리는 보이는 대로 명확하게 진실을 말합니다. 하지만 상대방이 마음을 다칠 수도 있다는 생각이 들면, 불필요한 악감정을 만들기보다는 입을 다물고 아예 말을 하지 않을 것입니다. 반면에 사수자리는 이런 문제에 있어 거리낌이 없습니다. 모든 사수자리들은 특별한 정직함을 가지고 있지요. 좀 잔인한 정직함이랍니다. 진실은 가끔은 상처가 되지만, 사수자리는 다행인지 불행인지 이 사실을 알지 못한답니다. 물론 이들도 나름대로는 그 가혹한 진실성을 조금은 희석하려 노력한답니다.

사수자리: 당신이 안짱다리라서 뒤뚱거리며 걷는다고 말했다고, 그렇게 화가 났어요? 그래도 귀여운데요, 뭘. 왜 나를 미워하는 것처럼 그렇게 인상을 쓰고 그래요? 제가 뭘 그렇게 잘못했다고요. 당신이 나를 좋아하는 줄 알았는데.

황소자리: 맞아요. 다들 당신을 좋아하죠. 당신은 마음이 정말 따뜻하고 다정하고 열정이 넘치니까요. 하지만 당신은 너무 눈치가 없어요. 자, 제가 솔직히 말하니까 어때요?

사수자리: 맞아요. 저는 정말 눈치 없는 사람이에요. 하지만 그게 당신이 안짱

다리라서 뒤뚱거리며 걷는 거랑 무슨 상관이죠?

소용이 없습니다. 나름대로 극약 처방을 한다 해도 사수자리에게는 통하지 않지요. 어떤 것도 사수자리를 수호하는 목성의 거침없는 쾌활함을 주눅들게 하지 못한답니다. 대부분의 사수자리는 진실을 즐겁게 초연하게 받아들입니다. 그래서 다른 사람들이 단순한 사실에 그렇게 긴장하는 것을 보면 진정으로 당황합니다. 날카로운 정직함의 화살이 자신을 겨냥했든 다른 희생자를 겨냥했든 마찬가지입니다. 사수자리는 이렇게 행복하게 재잘거립니다. "수표 위조하다 잡혔다고 기사 난 사람이 당신 남편의 남동생이었어요? 꼭 가족 중에 그런 사람이 있다니깐요! 제 여동생도 가게에서 물건 훔치다 두 번이나 잡혔잖아요. 지금은 정신 치료 받고 있어요. 그런데 아직도 그 도벽은 고치지 못했죠."

가족 중에 문제가 있는 사람이 있어도 사수자리는 전혀 신경 쓰지 않습니다. 그러니 다른 사람의 가족이라고 신경 쓸 일이 없지요. 그게 바로 목성의 해맑은, 하지만 짜증 나는 관점이지요.

사수자리는 삶이나 사람을 있는 그대로 받아들입니다. 여기저기 다니며 특유의 유쾌한 목성의 파장과 즐거움을 퍼뜨리고 진실을 폭로합니다. 황소자리는 미간 사이를 정통으로 맞으면 화를 낼 수 있지만 일상적으로는 차분하고 인내심이 많은 사람입니다. 불행하게도 이런 평온함과 인내심은 보다 충동적인 사수자리에게 견디기 힘든 모습일 수 있지요. 사수자리에게 독단적이고 신중한 황소자리는 마치 달팽이처럼 느리게 보일 수 있습니다.

그럼에도 불구하고, 두 사람이 함께 도박을 하기로 결정하면 큰돈을 벌 가능성이 높습니다. 목성의 행운과 논리를 황소자리의 치밀함과 상식과 결합한다면 말이에요. 돈이라는 말은 두 사람 모두에게 아주 크고 또렷하게 다가온답니다. 황소자리는 돈을 은행에 보관하는 것을 좋아합니다. 사수자리는 돈을 굴리는 것을 좋아하지요.

황소자리 여성과 사수자리 남성

마이클은 당장이라도 나갈 태세였다. 그는 십억 킬로미터를 날아가는데
과연 몇 시간이나 걸릴지 궁금했다. 하지만 웬디는 망설였다….

여기, 전형적인 목성의 고무공처럼 행복하게 통통 튀는 남자가 있습니다. 그는 멋
진 새 친구를 만났다고 생각하지요. 더구나 그 친구는 여성입니다. 하지만 누가 알
겠어요? 아름다운 로맨스가 될 수도 있고 그보다 더 좋을 수도 있겠지요. 어쩌면 평
생 가는 우정이 될 수도 있고요. 하지만 사수자리는 진실을 무척이나 좋아하니까,
진실을 직면하도록 하지요. 만약 그 상대가 황소자리 여성이라면, 그녀는 사수자리
의 친구로도, 가벼운 로맨스의 반쪽으로도 자신을 내던지지 않을 것입니다. 그녀는
마음속에 다른 역할을 염두에 두고 있으니까요.

사수자리가 이 글을 읽는다면 놀란 척하며 이렇게 중얼거리겠지요. "그게 무슨 뜻
이야?" 무슨 뜻이냐 하면 바로 결혼을 의미하는 것이랍니다. 그리 놀랄 일도 아니지
요. 사수자리는 정직하기로 잘 알려진 사람들인 만큼 로맨스에 있어서도 쉽게 태도
를 바꿉니다. 그들은 '지금은 사랑하고, 그다음엔 떠나는' 사랑이라는 게임에서 항
상 이길 거라고 생각할지도 모릅니다. 하지만 그 상대가 황소자리라면, 그 게임에서
지거나 아니면 그녀를 잃을 각오를 해야 합니다.

황소자리 여성이 사수자리 남성과 사랑에 빠지는 것은 당연히 그럴 만하기 때문입
니다. 사수자리는 이상주의자이고, 꿈을 꾸는 사람이고, 철학자이지요. 그녀가 우
울할 때는 쾌활한 동료가 되어주고, 원한다면 언제든지 지적인 대화를 나눌 수 있는
상대입니다. 또한 날카로운 사업자인 데다가 보살핌이 필요한 어린 소년이기도 하
지요. 황소자리 여성이라면 이런 남성을 거부할 수가 없습니다. 데이트하던 첫날,
사수자리 남성이 무심하게 자신의 실상을 얘기했을 때도 그녀는 듣지 않았을 겁니
다. 그녀는 그가 뿌려놓은 열정이라는 구름 위를 떠다니고 있었을 테니까요. 사수자
리의 즐거움에는 전염성이 있지요. 하지만 사수자리 남성은 가끔 자신이 불의 별자
리라는 것을 잊습니다. 불이 어떤지 아시죠? 불꽃을 내며 타오르지요. 그 불길은 점
점 거세집니다. 그러니 자신의 불꽃에 스스로 데지 않으려면 불을 줄여야 합니다.
황소자리 여성의 사랑에 불을 지펴놓고 그 불꽃을 끄는 데 실패한다면, 산사태처럼

쏟아져 내리는 분노의 흙더미 속에 깔리게 될 테니까요.

황소자리 여성은 사랑에 빠졌다고 해도 내연의 관계로 만족할 수 있는 사람이 아닙니다. 사수자리의 여러 내연녀 중의 한 명이 되는 것은 결코 참을 수 없지요. 황소자리 여성은 불의 별자리 같은 비이성적인 질투심을 가지고 있지는 않습니다. 하지만 소유욕이 강하답니다. 그녀에게 사랑이라는 것은 독점적인 관계라는 전제가 있지요. 황소자리 여성은 절대로 일부다처주의자의 청혼을 받아들이지 않습니다. 타당한 이유가 없이는 자신의 남자를 의심하지 않겠지만, 동시에 자신의 남자에게 그녀를 끌고 다닐 줄을 주지도 않을 것입니다.

사실, 사수자리 남성은 정말로 사랑하는 여인에게는 아주 충직할 수 있는 능력을 가지고 있습니다. 문제는 잘못된 선택을 하는 바람에 제짝을 놓치게 된다는 것이지요. 황소자리 여성은 처음에는 사수자리 남성의 솔직함과 거리낌 없는 태도가 진실하고 좋아 보입니다. 위선적인 면이 없는 것도 마음에 듭니다. 거짓말이나 하는 위선자에게는 자신의 시간을 절대로 낭비하지 않을 그녀이기에 사수자리 남성의 정직함을 높이 사지요. 하지만 그런 존경의 시간은 사수자리 남성이 이렇게 말하는 순간 끝이 납니다.

"자기, 내 생각에는 우리가 처음부터 서로 솔직하게 터놓으면 더 행복한 시간을 함께 보낼 수 있을 것 같아요. 그래서 말인데, 어제 내가 옛날 여자 친구를 만났거든요. 나보고 주말에 스키 타러 가자고 하더군요. 내가 스키 타는 걸 얼마나 좋아하는지 알죠? 주말에 내가 없는 동안, 혼자 재밌게 놀거리를 좀 찾아볼래요?" 사수자리가 이런 식으로 정직해지면, 황소자리는 그 사람의 스키로 머리를 내려침으로써 재밌게 놀거리를 찾을 가능성이 높답니다.

사수자리 남성은 로맨스에서 진지할 수는 있지만 상대방의 감정을 섬세하게 배려하지는 못합니다. 그럼에도 황소자리 여성이 인내심을 발휘한다면, 성격 급한 다른 여성들은 절대로 알지 못할 사수자리 남성의 다른 측면들을 발견할 수 있을 것입니다. 진정한 사랑과 신뢰를 받는다면, 사수자리는 누구보다 열정적인 연인이자 헌신적인 남편이 될 수 있답니다. 덩치가 크고 상냥한 양치기 개처럼 약간은 어설프지만 따뜻하고 행복하고 충직한 남편이 될 수 있지요. 사수자리 남성은 그의 모든 꿈을 믿어주는 여성이 필요합니다. 의심과 잔소리로 계속 그의 꿈의 풍선을 터뜨려버리는 여성은 필요하지 않습니다.

사수자리 남성에게는 함께 하이킹을 가줄 명랑한 친구가 필요합니다. 자신만의 독립성으로 그에게 도전하고, 신선한 아이디어로 되받아쳐주고, 충분한 자유를 누리게 해주며 또한 애정을 듬뿍 줄 그런 친구가 필요합니다. 보통 여성들에게는 좀 지나친 요구 사항이겠지만 황소자리 여성이라면 그 모든 것을 충족시켜줄 수 있을 것입니다. 딱 한 가지, 신선한 아이디어 부분은 좀 어려울 수 있습니다. 황소자리 여성은 똑똑하지만(어쩌면 너무 똑똑한지도 모릅니다.) 브레인스토밍을 하는 쪽보다는 잘 들어주는 사람이랍니다. 그녀가 엉뚱하고 기발한 아이디어를 내려면 심사숙고하는 시간이 좀 필요합니다. 게다가 황소자리는 툭툭 쉽게 나오는 아이디어에 대해서는 별로 신임을 하지 않는답니다. 하지만 그녀의 실용성과 상식은 사수자리의 모아니면 도 하는 식으로 주사위를 던지는 무모함에 균형을 맞추어줄 수 있지요. 그러니 사수자리 남성은 자신의 부산하기 이를 데 없는 창의적 충동에 그녀가 맞춰줄 것을 기대하기보다는, 황소자리의 지극히 현실적인 접근 방식에 감사하는 게 좋습니다. 가끔은 부드러운 쿠션 같은 황소자리의 여성성에 기대어 쉬는 것도 좋지요.

상대방으로부터 이런저런 제약을 받을 때, 사수자리 남성은 처음에는 복종하는 것처럼 보입니다. 그는 모든 상황을 낙관적으로 보려고 하지요. 하지만 그런 상황은 점차 그를 초조하게 만들고 냉소적으로 만듭니다. 그는 전혀 행복하지 않게 되지요. 두 사람의 관계는 가끔 흔들릴 것입니다. 사수자리 남성은 산을 함께 오를 정신적인 동지를 찾고 있습니다. 황소자리 여성은 손을 잡고 벽난로 앞에 다정히 앉아 있을 수 있는, 믿음직하고 예측이 가능한 남성을 필요로 하지요. 황소자리 여성이라고 평생을 주방에서 밥이나 지으며 살고 싶어하는 것은 아닙니다. 하지만 평생을 회전목마 위에서 보내거나 야생 과일을 따먹으며 살고 싶어하지도 않는답니다. 황소자리 여성은 충직하고 마음이 따뜻한 사람입니다. 인내심도 많고 자기 조절력이 강하며, 마음씨가 곱고 쾌활한 사람이지요. 유머 감각이 뛰어나고 사람들을 늘 환대하며, 친절하고 느긋합니다. 너무 부드럽고 너무 친절해서, 절대로 화를 내지 않을 것처럼 보이기도 합니다. 하지만 인내심이 한계에 다다르면, 그녀는 갑자기 비이성적인 분노를 폭발할 것입니다. 논리도 이성도 없는 상태가 되지요. 그리고 사수자리는 보기 드문 황소자리의 대지진 같은 분노를 곧잘 일으키는 편에 속합니다. 사자자리, 전갈자리 그리고 물병자리 다음으로 그럴 가능성이 높지요.

황소자리 여성은 사수자리가 질문을 하는 방식으로 그녀를 가르치는 방법에 대해서 경계를 늦추지 말아야 할 것입니다. 그는 전문가입니다. 날카로운 질문들을 통해서, 그는 황소자리 여성의 가장 은밀한 감정과 가장 사적인 견해를 끄집어내지요. 하지만 그녀는 그런 내밀한 부분들을 드러내는 것을 좋아하지 않는답니다. 황소자리 여성은 타인의 삶을 캐고 다니지 않습니다. 그런데 왜 사람들은 그녀의 사생활을 꼬치꼬치 파고들까요? 따라서, 사수자리 남성의 탁월하고도 논리적인 정신생활의 한 측면인 불타는 호기심은, 가끔 그녀의 심기를 불편하게 할 것입니다. 그녀가 혼자만 간직하고 싶은 비밀이 있을 때는 특히 그렇겠지요.

서로 다른 천성과 성적인 욕구를 이해하려고 노력한다면. 두 사람의 육체적 관계는 좋을 수 있습니다. 황소자리 여성은 사수자리 남성으로 하여금 가장 멋진 남자가 되고 싶게 만드는 매력을 가졌습니다. 사수자리 남성은 그녀를 점점 더 많이 원하게 됩니다. 그리고 사수자리 남성의 불같은 감정은 황소자리 여성의 차분한 감정을 깊이 휘저어놓습니다. 사수자리 남성은 그녀가 만족해하는 모습을 보며 자부심을 느끼게 되지요. 하지만 사수자리 남성은 열정 그 이상의 어떤 감정적인 경험을 원합니다. 그것이 무엇인지는 자신도 확실하지 않습니다. 그러니 황소자리 여성도 그의 열망이 무엇인지 전혀 추측할 수 없을 것입니다. 결국 두 사람은 정체를 알 수 없는 미묘한 불만족의 느낌을 감지하게 될 것입니다.

황소자리 여성은 따뜻하면서도 감각적인 사람이지만, 느끼는 감정을 강렬하게 표현하는 것이 쉽지 않습니다. 접촉과 감각을 통해 자신의 사랑을 보여줄 수 있을 뿐이지요. 그녀는 그 정도도 충분하다고 느낍니다. 그리고 사랑을 나눌 때는 침묵이 금이라고 생각하지요. 하지만 이상주의자인 사수자리는 육체와 언어를 함께 사용해서 충만함의 기적을 분석하고 표현하려고 합니다. 결국 사수자리 남성은 자신이 스핑크스를 애무하고 있다고 느낄지도 모릅니다. 황소자리 여성은 자신이 반은 동물적인 열정으로, 반은 현실을 뛰어넘는 추상적인 생각에 잠긴 전설의 켄타우루스로부터 사랑을 받고 있다고 생각할지도 모릅니다.

두 사람은 소크라테스와 그의 아내 크산티페의 결혼 생활처럼 헌신과 짜증으로 가득 찰 수도 있습니다. 하지만 사수자리 남성이 황소자리 여성의 이해심을 필요로 할 때 그녀가 침묵이라는 얼음을 기꺼이 녹일 수 있다면, 혹은 사수자리 남성이 자신의 뜻대로 뭔가를 할 수 없을 때 그 불같은 성질을 누그러뜨릴 수 있다면, 두 사람은 행복으로 가는 길을 함께 찾을 수 있습니다. 두 사람이 기억해야 할 금언이 있습니다. **잘못된 자부심은 진정한 사랑을 밀어냅니다.**

황소자리 남성과 사수자리 여성

팅크는 다시 대꾸했다. "멍청이 같으니라고." 피터는 그 이유를 알 수 없었다.

사각형 모양의 못을 둥근 모양의 구멍에 억지로 넣으려고 하면 잘 안 되겠지요? 황소자리의 차분함과 사수자리의 생동감을 섞으려고 할 때도 그와 비슷합니다.

하지만 거울처럼 자신과 똑같은 사람만 사귀는 것이 항상 좋은 것만도 아니지요. 가끔은 당신과 전혀 다른 사람을 만나는 것이 더 즐거울 수 있습니다. 당신에게 모자라는 부분과 상대방의 넘치는 부분이 합쳐질 수 있다면, 둘은 서로에게 필요한 짝이 될 수 있지요.

예를 들어볼까요? 한 커플이 백화점에서 아이쇼핑을 하고 있습니다. 속내를 들여다보자면, 여성은 아이쇼핑을 하고 있지만, 남성은 속으로 숫자를 세며 차오르는 짜증을 참고 있지요.

사수자리 여성: 와! 저거 정말 죽인다! 저 끈 비키니 좀 봐요. 당장 할부로 긁어야겠어요. 내일 해변에서 섹시해 보이게 입어야지!
황소자리 남성: (침묵)

아주 완벽하고도 불길한 침묵뿐입니다. 뭐가 자신을 가장 짜증 나게 하는지 잘 판단이 서지 않습니다. 여자 친구가 조신하지 않아서 그런지, 사람들이 다 듣는데 비속어를 남발해서 다들 쳐다보게 된 것 때문인지, 아니면 돈이 언제 들어올지 기약도 없으면서 카드 할부로 물건을 사겠다고 하는 사치 성향 때문인지, 청구서가 날아올 때가 되어도 여전히 돈이 없을 텐데 돈을 자신에게서 빌리려고 하는 건 아닌지 의심이 들기 때문인지 머릿속이 복잡합니다. 그의 생각이 맞습니다. 분명히 돈을 빌리려고 할 것입니다. 그러니, 황소자리는 침묵을 지킬 뿐입니다.

이제 장면을 바꿔볼까요?

사수자리 여성: 여보, 우리 개 맥베스 여사에게 친구가 되어줄 세인트버나드를 하나 키워요. 이름은 메를린으로 하고. 그럼 정말 재미있지 않을까요? 아니면 우리 맥베스 여사 이름을 엘리자베스로 바꾸고, 새로 들여올 세인트버나드는 로버트라고 부를까요? 브라우닝의 시처럼. 개들도 시를 이해할까요? 제 생각엔 이해할 것 같은데. 당신보다는 아마 훨씬 잘 이해할 거예요. 솔제니친이 원래 새스콰치(미국 북서부 산속에 산다는 사람 같은 큰 짐승—옮긴이)인 거 모르죠? 둘이 친구가 될 수 있을까요?
황소자리 남성: 솔제니친하고 새스콰치요?
사수자리 여성: 아뇨, 멍청하긴. 개 말이에요. 우리 콜리랑 세인트버나드 말이에요. 어떻게 러시아 시인이 새스콰치랑 친구가 돼요? 당신은 왜 새스콰치가 원인(Big Foot)의 이름인 것도 모르는 거죠? 그 왜 시에라 산맥에서 발견된다는 그 짐승 말이에요. 물론, (혼자 생각에 빠져 즐거워하며) 그 원인이 수컷인지

암컷인지도 모르니까 친구가 될 수 있다고 치고. 그런데….

황소자리 남성: 원인이라. 그건 당신이잖아요. 늘 당신이 그 커다란 발을 입에다 넣으니까(본의 아니게 말실수를 한다는 뜻). 오늘부터 당신을 빅풋이라고 불러야겠어요.

사수자리 여성: 당신은 개들이 지능이 떨어진다고 생각하는 거예요?

황소자리 남성: 솔제니친의 지능이요? 아님 새스콰치의 지능이요?

사수자리 여성: 농담 그만 해요. 근데, 우리 고양이 메이벨이 곧 새끼를 낳을 것 같다고 내가 얘기했던가요?

황소자리 남성: 빅풋, 잘 들어요. 난 개 키우는 사람도 아니고 고양이 조산사도 아니에요. 제발 냉정하게 생각해요. 난 내가 잠자려고 하는데 털북숭이 고양이들이 나한테 기어오르는 건 별로 내키지 않아요. 우리 집이 무슨 동물학대방지협회도 아니고.

혹은 이런 장면도 가능합니다.

사수자리 여성: 왜 내가 환경보호 시위에 참여하는 걸 싫어하는 거예요? 지금 당장 우리가 뭔가를 하지 않으면, 지구 수명은 10년밖에 남지 않게 된다구요. 당신 같은 탐욕스러운 기업가 때문에 물이 오염되고, 그래서 바다에서 자라던 플랑크톤이 사라지면 산소를 만들지 못하고, 그래서 결국 10년 안에 질식사로 죽고 싶어요?

황소자리 남성: 난 탐욕스러운 기업가가 아니에요. 겨우 음료수 파는 가판대를 하나 가지고 있을 뿐이거든요. 당신이 어떤 공산주의자한테 영향을 받아서 당신 개인시간에 시위에 참가하든 말든 나는 신경 안 써요. 하지만 지금은 막 퇴근해서 집에 왔고 밥도 못 먹었어요. 배고파요. 그러니 진정하고 밥 좀 차려줘요.

사수자리 여성: 아니, 내가 당신 전유물이에요? 난 당신 노예가 아니에요. 내가 집에서 늘 대기해야 하는 사람이냐고요! 오늘은 나가서 아무거나 사 먹어요. 난 오늘 요리 안 할 거예요.

황소자리 남성: 당신 말하는 것 좀 봐요. 칼 마르크스 추종자처럼 얘기하네요.

사수자리 여성: 아무리 질투가 나서 없는 얘기를 지어내더라도, 그런 독일 공산주의자 이름은 들먹이지 마세요. 내가 공산주의자랑 얘기하는 걸 누가 보기라도 했대요? 이번 주 내내 내가 대화를 했던 사람은 혈액은행에 있는 그 인턴사원밖에 없거든요. 그 사람은….

황소자리 남성: 입 닥쳐요.

사수자리 여성: 지금 뭐라고 했어요?

황소자리 남성: 입 닥치라고요.

사수자리 여성: 그런 말까지 들을 필요는 없죠. 나갈래요.

황소자리 남성: (하품하며) 어디로 갈 건데요? 장모님도 당신을 받아주시지 않을 걸요? 지난 5년 동안 한 번도 연락을 안 드렸잖아요.

사수자리 여성: 엄마 집으로 갈 생각은 없어요. 그건 당신 같은 남자랑 사는 것보다 더 끔찍하니까. 옛날 남자 친구인 케빈 집으로 갈 거예요.

황소자리 남성: (하품을 멈추고 이제 슬슬 열을 받고 씩씩거리기 시작하며) 내가 살아 있는 한 절대로 그렇게 못 해요.

사수자리 여성: 괜찮아요. 심각한 상상은 하지 말아요. 케빈은 결혼했으니까. 그 사람 아내도 신경 안 쓸 거예요. 먼저 전화부터 하고 갈 거니까.

황소자리 남성: (이제 정말 화가 나서) 그 사람 아내가 신경 안 쓴다고요? 뭘 걸고 내기할래요? 뭐 삼자 동거라도 하겠다는 거예요? 그런 뜻이에요?

사수자리 여성: 소리 좀 그만 질러요. 당신 얼굴까지 벌겋게 달아올랐네요. 내가 도박하는 거 그렇게 싫어하더니, 이젠 말도 안 되는 의심을 하면서 내기를 하자는 거예요? 당신이 얼마나 변덕쟁이인 줄 알겠죠? 황소자리 남자는 늘 차분하고 믿음직스러운 줄 알았더니. 내가 당신하고 왜 결혼했는데요. 천문해석가가 그러는데 당신은 늘 한결같고 신뢰할 수 있는 사람이라고 했단 말이에요. 하여튼, 천문해석가들을 몽땅 구속해야 한다니깐. 3자 동거요? 나를 모욕할 거면 적어도 내가 알아들을 수 있는 말로 해요. 그건 도대체 어느 나라 말이에요?

황소자리 남성: 내가 졌어요, 졌어! 이리 와요, 새스콰치. 밖에 나가서 저녁 먹고, 공연이라도 보러 가요. 오늘 우리 결혼기념일이잖아요. 물론, 당신이 그렇게 사소한 걸 기억해주리라 기대도 안 하지만.

사수자리 여성: 어머, 여보! 정말요? 그럼 우리 「맨 오브 라만차」 보러갈래요? 케빈 부부한테도 전화해서 혹시 우리랑 같이 갈 건지 물어볼까요?

상황에 따라 약간은 달라질 수 있겠지만, 주로 이런 식으로 진행된답니다. 칼 마르크스에 대한 혼동에 대해서는 신경 쓰지 마세요. 사수자리 여성이 정치학에 박사 학위를 가지고 있다면 외국어 몇 개쯤은 할 테니(실제로 많은 사수자리 여성들이 외국어에 능통하답니다.) 더 화를 낼지도 모릅니다. 사수자리는 자신이 무슨 얘기를 하고 있는지 잘 알고 있을 때나 모르는 때나, 똑같이 화를 내고 독선적이지요. 사수자리가 여러 가지 중에서도 특히 고등교육을 관장하기 때문에, 그들은 학위를 한두 개쯤 가지고 있을 확률이 높습니다. 어느 쪽이든, 사수자리 여성은 냉정한 논리와 잔인한 정직함으로 분석할 주제가 매일 넘쳐난답니다. 그러고는 목성의 낙관주의로 문제가 해결되지요. 그러니 매일 아침 식사는 조간신문과 함께하는 활기찬 시간이 될 겁니다. 토스트가 좀 타거나 자몽을 통째로 접시에 담아 와도 재기발랄한 토론이 보상해줍니다. 그녀는 아마도 요리에 대한 학위는 따지 않았을 겁니다.

두 사람은 좀 다릅니다. 우선 정치적인 견해에서 차이가 있습니다. 황소자리는 보수적이고(좀 극단적으로) 사수자리는 진보적(좀 극단적으로)이지요.

사수자리 여성은 패기가 넘치기 때문에 여간 불행이 닥쳐도 마치 고무줄처럼 바로 회복이 됩니다. 사수자리 여성은 늘 긍정적인 면을 보지요. 황소자리 남성은 그녀의 이런 밝은 태도의 이면에 있는 순진함과 이상주의를 사랑할 수밖에 없답니다. 하지만 사수자리 여성도 사랑에 상처를 받았을 때는, 야망이 좌절되거나 꿈이 무산되거나 가난한 시절을 겪을 때만큼 빨리 회복되지 않습니다. 상대방이 알아주지 않는 짝사랑 때문에 기분이 우울해지고 가끔은 그 상태에서 헤어 나오지 못하기도 합니다. 하지만 인내심이 많은 황소자리 남성은 사수자리 여성의 감정적인 상처를 부드러운 인내심으로 치료해줄 수 있지요. 또한 세상 모든 남자가 약속을 저버리는 변덕스러운 괴짜가 아니라는 사실을 가르쳐줄 수 있습니다. 실제로 황소자리 남성이 큰오빠처럼 다정하게 사수자리 여성의 상처받은 마음을 달래주다가 연인으로 발전하는 경우가 종종 있답니다. 황소자리 남성의 믿음직스러운 모습은 사수자리 여성에게 위안을 주지요. 그녀를 끈기 있게 믿어주는 마음 덕분에 상처받은 영혼을 달랠 수 있거든요. 그러면 사수자리 여성은 처음으로 별을 향해 활을 겨누며 불가능한 꿈에 닿고자 꿈꾸기 시작했던 그날부터 자신이 찾던 그 남성이 바로 이 황소자리 남성이라고 결론을 내리게 됩니다. 정말 그럴지도 모릅니다. 아닐 수도 있고요. 두 사람은 따뜻하면서도 만족스러운, 절대로 지겨워질 틈이 없는 안정적인 관계를 이룰 수 있습니다. 하지만 그렇지 않은 경우라면 용기가 필요합니다.

사수자리 여성은 논쟁을 좋아합니다. 악의 없이 상대방의 견해에 적대적인 입장을 취하는 것을 즐기지요. 번득이는 논리와 예리한 통찰력을 지녔기에, 사수자리 여성은 논쟁에 능하고 동시에 아플 만큼 정직합니다. 하지만 황소자리 남성은 논쟁이나 언쟁을 좋아하지 않지요. 적대적인 논쟁이 아니더라도 너무 길게 이어지면 싫어합니다. 그래서 사수자리 여성은 다양한 친구들을 불러 밤새 시간을 함께 보내면서 자신의 재치를 갈고닦게 됩니다. 상황은 악화되겠지요. 황소자리 남성은 자신의 집이 시끄러운 이방인들로 가득 차는 것을 싫어하거든요.

두 사람이 만들어내는 희비극에서 대부분의 주제는 황소자리 남성의 완고함과 사수자리 여성의 과도함입니다. 둘의 다툼이 얼마나 오래갈지는 사수자리 여성이 황소자리 남성을 얼마나 이해하는가에 달렸지요. 사수자리 여성은 화를 내도 아주 빨리 잊어버립니다. 황소자리 남성은 사수자리 여성이 그의 마음을 풀어줄 때까지 몇 날 며칠이고 시무룩해져 있지요. 하지만 황소자리 남성의 고집스러운 방어를 푸는 방법은 아주 쉽답니다. 그를 꼭, 힘껏 안아주세요. 그리고 부드럽게 키스해주세요. 그거면 모든 것이 해결됩니다.

두 사람의 성적인 조화는 어떨까요? 불과 흙의 만남은 꽤나 흥미진진한 관계가 될 겁니다. 서로에게 풍부한 즐거움을 제공함으로써 서로의 차이점 따위는 잊어버리게 되지요. 두 사람은 처음부터 강한 육체적 매력을 느낍니다. 섹스에 대해 솔직하고 건강한 사수자리 여성의 태도는, 퇴짜 맞을까 두려워 움츠려 있던 황소자리 남성의 마음을 활짝 열어줍니다. 사수자리 여성은 황소자리 남성의 다정함과 부드러운 보호 본능에 이끌립니다. 단순한 욕망의 대상이 아니라 완전한 사랑을 받고 있다고 느끼게 해주지요. 그녀 또한 황소자리 남성이 그녀를 충족시켜주는 것 이상으로 완벽하게 그의 육체와 감정을 만족시켜줄 것입니다.

사수자리 여성은 종종 환상의 연인에 집착하는 경우가 있습니다. 사춘기 시절부터 간직하던 환상 속에서 자신을 구름 위로 데려가주겠다고 약속한 그 상상의 연인이지요. 그 때문에 황소자리 남성은 가끔 사수자리 여성과 사랑을 나눌 때, 그녀가 완벽하게 빠져들지 못하는 듯한 느낌을 받을 때가 있을 것입니다. 그럴 때는 사수자리 식의 논쟁을 시작하기보다는 아무 말 하지 않는 것이 좋습니다. 사수자리 여성이 결정적인 순간에 화살을 마구 쏘아대서 황소자리 남성의 남성성에 영원히 상처를 입힐 수도 있기 때문입니다. 하지만 사수자리 여성이 가지고 있는 그런 환상에도 불구하고, 그녀가 그 환상의 연인을 여기저기 늘 찾아다니는 것은 아니랍니다. 그녀의 쉼 없이 바쁜 마음속에서만 그렇지요. 진짜로 살아 있는 따뜻하고 아늑한 곰돌이 인형 같은 남자 친구가 생기면 그렇지 않습니다. 사수자리 여성이 진정한 사랑을 찾지 못해 좌절할 때마다 끌어안고 자던 곰 인형은 이제 황소자리 남성으로 대체됩니다.

사수자리 여성은 그녀가 꼭 움켜잡은 손이 우정을 보여줄 때, 사랑으로 발전할 가능성이 더 많습니다. 사수자리 여성은 충동적이고 지적 자극에 민감하지만, 누군가와 진심으로 가까워지면 매우 충성스럽습니다. 황소자리 남성도 마찬가지입니다. 하지만 황소자리 남성은 늘 외식을 하지는 않을 것입니다. 황소자리 남성에게 여성이 있어야 할 곳은 집 안이며, 특별히 주방과 침실이지요. 사수자리 여성에게도 집이 가장 행복한 공간이 될 수 있다면, 그녀가 남편과 함께 집에서 보내는 시간을 가장 소중하게 여기게 된다면, 두 사람은 영원히 행복할 수 있을 것입니다. 하지만 그녀가 밖에 나가서 광대들과 함께 어울리는 것을 더 좋아한다면, 글쎄요, 곰돌이와 새스콰치는 무언가 타협이 필요할 것입니다. 진정한 사랑이라면 언제나 타협점이 있기 마련이지요.

사수자리 여성이 그를 "내 사랑."이라고 불러주면(제발 다른 사람들 앞에서는 자제해주세요.) 황소자리 남성은 그녀를 "이쁜이."라고 불러줄 것입니다. 그녀가 황소자리 남성의 귓불을 간질이고 머리를 쓰다듬어주면, 그는 사랑스럽고 귀엽고 다루기 쉬운 남자가 될 것입니다. 황소자리 남성이 그녀에게 닥치라고 말하는 것을 그만두고, 그녀의 솔직함을 이해하려고 노력하고, 그녀의 생각과 그녀가 관심 있는 것에 대해 진지하게 관심을 보인다면, 사수자리 여성의 화살도 조금은 뭉툭해질 것입니다. 그녀는 어쩌면 그를 위해 가정식 요리를 해줄지도 모릅니다.

황소자리 Taurus

흙 · 유지하는 · 수동적
지배행성: 금성
상징: 황소
음(−) · 여성적

Capricorn 염소자리

흙 · 시작하는 · 수동적
지배행성: 토성
상징: 염소
음(−) · 여성적

황소자리와 염소자리의 관계

이게 다라면 지도가 그렇게 복잡하지는 않을 것이다.
하지만 거기엔 또 입학, 종교, 아버지들….
동사들, 초콜릿 푸딩 먹는 날, 멜빵바지 입기, 입을 크게 벌리기,
스스로 이를 뽑고 받은 3펜스 그리고 또….

황소자리와 염소자리에게는 견고함과 믿음직스러움이라는 미덕이 확실성이라는 흙의 빛깔을 감싸고 있습니다. 황소자리와 염소자리에게 삶은 회색과 갈색만은 아니며, 검정과 파랑만도 아닙니다. 하지만 두 사람의 삶에서는 쓸모없는 파스텔 색이나 태평한 노랑 또는 외향적인 빨강은 좀처럼 찾아보기 힘듭니다. 황소와 염소가 동물원에서 만난다면 운명이라는 울림으로 땅이 흔들릴 것입니다. 황소와 염소가 함께 마차를 끈다면 그 앞에 어떤 성공이 기다리고 있을지 아무도 모를 겁니다. 하지만 두 사람은 알고 있답니다.

두 사람은 자신들이 향하는 곳을 확실히 압니다. 정상이지요. 대도시에서든 작은 마을에서든 그들은 정상을 향합니다. 평화롭고, 조용하고, 재정적으로 안락한 곳이지요. 그 높은 곳에선 어리석은 환상과 공상과 호도된 이상주의로 실패할 수밖에 없는 한심한 망상주의자를 만날 필요가 없습니다.

황소자리와 염소자리는 둘 다 겸손하고 속내를 잘 드러내지 않습니다. 두 사람 모

두 야망이 있으며 거친 감정은 자제합니다. 이들이 둔하고 따분하고 유머 감각이나 상상력이라곤 없으며, 그저 묵묵히 일만 하는 사람이라는 뜻은 아닙니다. 우선 염소자리에 대해 말하자면, 거의 모든 염소자리가 창의적이거나 예술적인 재능을 타고납니다. 염소자리 중 많은 이들이 일하는 틈틈이 그저 취미로 낙서를 해도 전문적인 화가만큼이나 뛰어난 실력을 보이곤 한답니다. 그런 사람들 중 많은 이들이 실제로 성공적인 화가나 작가가 되기도 하지요. 염소자리 소설가였던 헨리 밀러가 이 경우에 해당됩니다. 황소자리에 대해서 말하자면, 이들은 아무리 상식적인 사람이라 하더라도 영혼에 음악을 담고 있답니다. 황소자리 중 많은 이들이 유명한 가수이거나 연주가이거나 작곡자이지요. 유명한 음악가가 되지 않아도, 황소자리는 대개 건반이나 하모니카를 직접 연주할 실력을 지녔답니다. 거의 모든 황소자리가 아무도 들을 사람이 없다는 걸 확신할 때는 샤워를 하면서 노래를 부르지요. 유머 감각에 있어서는 그야말로 발군입니다. 황소자리는 재미난 대사나 짤막한 농담거리를 무한대로 가지고 있는 코미디언이지요. 그들은 회사나 가족들 앞에서 즐거운 1인극 무대를 제공해주곤 한답니다.

염소자리도 천연덕스럽고 괴짜 같은 유머 감각을 가지고 있습니다. 삶의 희극성에 대한 예리한 관찰로부터 나오는 이들의 유머 감각은 재치가 넘칩니다. 특히, 무뚝뚝한 표정으로 웃긴 얘기를 하기 때문에 더 재미나지요. 제대로 분위기를 타면, 이들은 전문 코미디언도 혀를 내두를 정도로 웃기고 기발한 유머를 구사한답니다. 이런 이유로, 황소자리와 염소자리가 만나면 따뜻하면서도 재미있고 안정적이며 오래가는 관계가 형성됩니다.

그렇다고 해서 마르크스 형제(미국의 희극 영화배우 치코, 하포, 그르초, 제포 4형제를 일컬으며 슬랩 스틱 코미디로 유명함—옮긴이)를 기대해서는 안 됩니다. 황소자리와 염소자리는 모두 부정적인 흙 별자리이기 때문에, 찧고 까부는 가벼운 유머를 구사하기에는 적합하지 않은 사람들이랍니다. 두 별자리 모두 재밌기는 하지만 법석을 떨지는 않으며, 유머를 구사할 때도 근엄함을 전혀 잃지 않는답니다. 시끄러운 클럽에서 춤을 추는 황소자리나 염소자리를 보는 일은 드물 것입니다. 집에서 편안하고 조용하게 저녁 시간을 보내며, 가족 영화를 보는 것이 두 사람의 속도에 더 잘 맞습니다. 황소자리와 염소자리는 함께 '국가의 근간'이라 불릴 만한 사람들이랍니다.

5-9 태양별자리 유형인 황소자리와 염소자리 관계에서는 사랑, 아이들, 종교, 여행, 교육 그리고 엔터테인먼트 같은 분야가 공통적인 관심사가 될 것입니다. 두 사람은 이 공통의 관심사에서 출발해서 엄청난 노력과 목표 의식을 가지고 하나가 될 수 있습니다. 물론 반대로 가망 없는 고집과 지루함에 빠져들 수도 있겠지요. 하지만 후자의 경우라 할지라도 5-9 태양별자리 관계가 가지고 있는 공감과 호의로 어

려움을 극복해낼 것입니다. 5-9 태양별자리 관계에서는 서로에게 오랫동안 화를 내거나 적대적인 마음을 품고 있는 것이 어렵답니다. 이들은 마음만 먹는다면 언제든 쉽게 화해할 수 있지요.

가끔, 요란한 치장에 공원에서 마리화나를 피우고 대놓고 전통을 무시하는 염소자리를 만날 수도 있습니다. 그 사람은 방황하는 영혼이며 무언가를 증명해 보이려고 필사적으로 애쓰는 사람일 것입니다. 고루하고 형식적인 염소자리에게 그런 행동은 자연스럽지 않답니다. 또는, 요란한 색의 스포츠카를 은행에 몰고 가서 어마어마한 현금을 맡기며 분홍색 탬버린을 흔들어대는 황소자리를 보게 될지도 모릅니다. 하지만 그는 은행 여직원의 환심을 사려는 것뿐일 것입니다.

결국 내가 누구이며 어떤 사람인지, 무엇이 내 태양별자리 고유의 성격인지를 아는 것이 중요합니다. 양자리가 고분고분해지거나 온순해지려고 애쓰면 안 됩니다. 처녀자리가 무심하고 대충대충 하려고 하면 아마 비참해질 것입니다. 황소자리와 염소자리는 야성의 집시가 될 수 없는 사람들입니다. 그들답지가 않지요. 물병자리에게는 어울릴지 모르지만, 황소자리와 염소자리에게는 절대로 아닙니다.

이 두 별자리가 개입될 가능성이 거의 없는 분야 중에 하나가 마약입니다. 황소자리는 대부분 따로 황홀경을 체험할 필요가 없습니다. 이들의 감각은 너무나도 예리하게 자신의 환경에 조율되어 있기 때문이지요. 황소자리는 좋은 꽃향기만 맡아도, 그 모양과 색깔과 향을 음미하며 몇 시간 동안 완벽한 황홀경을 체험할 수 있습니다. 전형적인 염소자리라면 법을 위반하는 쾌락에 빠져드는 꿈은 꾸지 않습니다. 정상으로 향해 가는 일을 지연시키거나 방해하는 일, 또는 사회적으로 물의를 빚을 만한 행동은 절대로 하지 않지요.

염소자리는 무엇보다도 친구들과 가족, 이웃, 크게는 사회로부터 존경받고 인정받고 싶어합니다. 주류 과학이 아닌 천문해석학에 몰두하는 황소자리와 염소자리는 극히 드뭅니다. 약물이나 알코올중독 치료 센터에서도 이 두 별자리는 찾아보기 어렵습니다. 다른 별자리에 비해서 말이에요. 물론 예외는 있지만 드뭅니다.

예전에 콜로라도에 살 때 알게 된 염소자리 보석상이 있습니다. 스티브라는 사람이었지요. 스티브는 그 작은 마을에서 신비의 약초로 알려진 야생 딸기가 있는 장소를 모두 찾아냈답니다. 그 약초를 모아 말려서는 금으로 도장을 하거나, 그 위에 색을 칠해서 서부의 풍경을 추상화로 만들어 관광객들에게 판매했지요. 염소자리라면 무엇이든 실용적인 관점에서 볼 수 있다고 믿어도 좋습니다.

보석에 대한 얘기가 나왔으니 말인데, 염소자리와 황소자리는 사자자리와 함께 보석이나 귀한 금속을 사랑하는 사람들입니다. 화려한 사자자리는 그런 보석이나 금속을 몸에 다는 것을 좋아합니다. 화려할수록 더 좋아합니다. 황소자리는 그런 보석이나 금속을 땅속에서 캐내는 것을 좋아합니다. 터키석, 금, 은 또는 다이아몬드 같은 것을 찾아 땅을 파면서, 발견하는 순간의 흥분을 상상하며 즐거워하지요. 염소자리는 보석이나 귀한 금속을 실용적인 예술품으로 만드는 것을 좋아합니다. 염소자리는 금속을 녹이며 감춰두었던 그들의 예술적인 갈망을 충족시킨답니다. 하지만 황소자리와 염소자리의 최종 목표는 허영심 많은 사자자리가 자신들이 만든 제품을 사게 해서 돈을 버는 것이랍니다. 한마디로 확실한 보장이 이 두 별자리의 최종적인 목표인 셈이지요. 어쨌거나 염소자리 보석상 스티브는 늘 황소자리 채광업자에게 재료를 사지는 않았답니다. 고대 이집트 왕에게 어울릴 만한 보석으로 바뀌는 재료들을 쓰레기 더미에서도 많이 찾아냈으니까요. 산양이 배회하기에 쓰레기 더미보다 더 어울리는 곳이 있을까요? 토성이 지배하는 염소자리의 가장 큰 능력은 숨어 있는 보석을 찾아내는 일이랍니다. 버려진 인생의 쓰레기 더미나 구겨진 깡통, 깨진 유리 조각 사이에서 말이에요. 실제로도 그렇고 상징적인 의미로도 그렇답니다.

염소자리는 서너 살 정도가 되면 어른이 된답니다. 황소자리도 그 정도 나이가 되면 어떤 분야에서 미래의 재정적인 제국을 구축할지 결정합니다. 그러니 염소자리와 황소자리가 짝이 된다면 나이가 얼마인지는 상관이 없답니다. 두 사람의 목표는 같습니다. 황소자리와 염소자리는 둘 다 바깥세상에 대해서는 아주 현명하지요. 문제가 되는 것은 내면세계입니다. 두 사람은 절대로 밖으로는 보여주지 않는 어떤 감정으로 가득 차 있고, 양쪽 모두 겉으로는 표현하지 않는 애정과 감사에 목말라하지요. 그러니 두 사람은 마치 두 개의 산처럼 나란히 선 채, 타인의 위로와 친밀함을 갈망할 것입니다. 상대방이 수줍게 우정이나 애정을 보여도 완강하게 거부하면서요.

어린이들은 어른들이 살면서 잃어버린 마법을 단순하게 이해하는 동시에 보여주지요. 황소자리와 염소자리는 어린 시절이 아주 짧기 때문에(서너 살이면 다 자라니까요.) 마법 같은 것은 놓쳤을 것입니다. 그들은 잃어버린 어린 시절을 어떻게 보상받을까요? 간단합니다. 황소자리는 염소자리에게 이렇게 말할 겁니다. "알몸으로 누가 빨리 헤엄쳐서 건너는지 내기해요. 지는 사람이 악당이에요!" 그러면 염소자리는 황소자리에게 이렇게 말할 겁니다. "쓰레기장에서 가서 불꽃놀이 해요!" 그렇게 함께 놀면서 사과나무도 오르고, 개구리와 원반던지기도 하고, 꽃향기도 맡고, 그네도 타고, 술래잡기도 할 겁니다. 두 사람은 아주 잘 지낼 겁니다.

황소자리 여성과 염소자리 남성

그들은 아이들 방에 제때에 도착할 수 있을까?

만일 그렇다면, 그들은 기뻐할 것이고 우리는 안도의 한숨을 내쉴 것이다.

하지만 이야기는 여기서 끝날 것이다. 반면, 만일 그들이 제때에 도착하지 못한다면?

내가 엄숙하게 맹세하건대, 그래도 끝에 가서는 모든 일이 잘 해결될 것이다.

작은 별들이 그들을 지켜보지 않았더라면, 그들은 제때에 아이들 방에 도착했을지도 모른다.

이번 황소자리−염소자리 장은 모든 흙 별자리 남성과 여성이 꼭 알아야 할 것들을 위해 좀 많은 쪽수를 할애해야 한다고 생각합니다. 이것은 수업인 동시에 흙 별자리의 숙명에 대한 경고이기도 합니다.

사람들이 무언가를 잊었을 때 그것이 별로 중요하지 않았던 것처럼 행동하려는 모습을 눈치챈 적이 있나요? 황소자리 여성은 그런 가식적인 행동은 별로 하지 않습니다. 그리고 뭘 많이 잊어버리지도 않습니다. 그녀에게는 모든 것이 중요하답니다. 모든 황소자리는 기억력이 아주 뛰어나지요.

그러니 황소자리 여성은 당연히 염소자리 남성을 처음 만났던 그날을 정확히 기억합니다. 어쩌면 시간까지도요. 그 사람의 달별자리와 동쪽별자리가 흙 별자리인지 물 별자리인지도 기억합니다. 두 사람은 서로 화합이 잘 되는 5−9 태양별자리 유형이지요. 거기에 달과 동쪽별자리까지 조화로운 경우, 두 사람이 함께 만들어갈 행복한 미래의 부드러운 흥얼거림을 바로 알아듣지 못하면 희귀한 황소자리와 염소자리일 것입니다. 그동안 도박으로 날린 꿈이 셀 수 없이 많은 상황에서 마지막 남은 믿음이라는 동전으로 사랑의 잭팟을 터뜨리는 것과 같습니다. 황소자리와 염소자리에게는 이보다 더 행복한 순간은 없을 것입니다. 좀처럼 도박을 하지 않는 이들이지만요.

흙 별자리는 자신의 개인사에 대해 별로 말하지 않습니다. 황소자리와 염소자리는 흙 별자리이지요. 그래서 사람들은 영혼의 짝을 운명적으로 만나는 일은, 불이나 공기 혹은 물의 별자리에게만 일어나는 일이라고 생각합니다.

그렇지 않습니다. 운명적 만남은 황소자리와 염소자리(또는 처녀자리) 사이에도 일어납니다. 흙 별자리도 그 어떤 만남이 이미 예정되었고 피할 수 없는 운명이라는 사실을 깨닫기도 하고, 가슴 깊은 곳에서 전율을 느끼기도 합니다. 다른 원소의 별자리와 마찬가지지요. 다른 원소의 별자리와 다른 점이 있다면, 이들은 소리 내어 떠들지 않는답니다. 조용히 침착하게 그 운명을 받아들이지요.

염소자리와 황소자리는 자연스럽게 서로에게 이끌립니다. 문제가 전혀 없다고는 말할 수 없겠지요. 하지만 5-9 태양별자리 관계는 같은 원소의 조화로움으로 인해, 부담이나 스트레스를 좀 더 잘 참을 수 있는 혜택을 가지고 있습니다. 긴장감이 보다 쉽게 해소되고, 서로 상처를 주고받아도 좀 덜 고통스러우며 더 쉽게 화해할 수 있다는 뜻입니다. 이 관계가 진지해지고 나면, 이들이 영원히 결별하기 위해서는 정말 큰 문제가 있어야 가능할 것입니다.

황소자리와 염소자리는 둘 다 안정감이라는 것에 의해 동기부여가 됩니다. 감정적인 안정감과 재정적인 안정감이지요. 이들은 시인과 몽상가가 사랑에 필수불가결한 요소라고 믿는 넘치는 상상력은 가지고 있지 않습니다. 하지만 모든 인간관계에서 가장 필요한 인내심이라는 미덕을 공통으로 가지고 있지요. 그리고 인내심이라는 미덕은 거의 항상 또 다른 세 가지 미덕을 수반합니다. 바로 헌신과 신뢰 그리고 충직함이랍니다. 이 세 가지 기적의 지팡이는 단순한 사랑의 열병을 더 깊고 오래가는 사랑으로 변화시킬 수 있지요.

시인과 몽상가가 사랑을 위해 필요한 것으로 꼽는 것 중 또 다른 하나는 바로 감정입니다. 황소자리 여성은 처음 봤을 때는 별로 감정이 넘치는 사람으로 보이지 않을 수 있습니다. 하지만 그렇지 않답니다. 제짝을 만날 경우, 그녀의 마음속에서는 깊은 감정의 우물이 샘솟게 됩니다. 실용주의적인 성향에도 불구하고, 황소자리 여성은 집과 집에 있는 물건들, 오래된 연애편지들, 아이들 그리고 남편에 대해서는 강한 집착을 보입니다. 황소자리 여성은 크든 작든 모든 변화에 완강하게 저항합니다. 그녀가 감정이 없어서 그렇다고 사람들은 생각합니다. 그 반대입니다. 그것은 그녀가 가진 것들에 대해 지나칠 정도로 애착한다는 사실을 의미합니다.

네, 황소자리 여성은 그렇게 감성적이랍니다. 마음도 연약하지요. 그렇다고 어리석은 사람은 아닙니다. 그녀는 자신이 무엇을 원하는지 압니다. 그것을 자신만의 단호한 태도로, 하지만 서두르지 않고 차분한 태도로 이루는 방법도 압니다. 황소자리 여성은 언제든 기다릴 준비가 되어 있으며 성급하게 밀어붙이지 않지요. 염소자리 남성이 보기에 그녀의 이런 모습은 거부할 수 없는 매력입니다. 여성성(수동적)의 궁극이라고 여기지요. 그녀에게서 지배적인 남성성에 복종하는 듯한 미묘하고도 신비한 느낌을 받습니다. 이런 매력은 다소 남성 우월주의 경향이 있는 염소자리 남성을 만족시켜주고 감정적으로 이끌리게 하는 결정적 요인이 되지요. 염소자리 남성은 스스로의 남성미 넘치는 정복자의 모습에 도취되어, 황소자리 여성의 부드러운 태도 이면에 있는 단호함을 눈치채지 못합니다. 황소자리 여성의 깊고도 허스키한 감미로운 목소리와 껴안아주고 싶은 매력적인 몸매도 여기에 한 몫하지요.

가끔은 황소자리 여성과 염소자리 남성이 공통점이 너무 많아서 구분하기 어려울 정도입니다. 하지만 천문해석가의 입장에서는 명백하게 구분이 갑니다. 예를 들면 이런 부분입니다. 황소자리 여성은 대중의 칭송을 받기 위해서나 혹은 누군가의 인정을 받기 위해 자신의 신중한 에너지를 낭비하는 일이 별로 없습니다. 자신이 옳다고 결론을 내리면 그걸로 끝이고 정답입니다. 다른 사람들의 생각은 그녀를 흔들 수 없지요. 전형적인 황소자리 여성에게 남들이 그녀에 대해 수군거린다거나 누군가 그녀를 싫어한다고 말해보세요. 그녀는 그저 어깨를 한 번 으쓱하고는 이렇게 말할 것입니다. "그래서요? 그 사람들은 그렇게 할 일이 없대요? 남의 인생에 참견이나 하고? 분명히 불만에 가득 찬 외로운 사람들인가 봐요." 그러고는 하던 일을 계속할 것입니다. 여전히 스스로에 대해 만족하면서 말이에요.

반대로 염소자리 남성은 공적인 평판과 타인으로부터 인정받는 일에 대해 무척 신경을 씁니다. 그는 은밀하게 자신의 목표나 꿈의 정상을 향해 다가가려 합니다. 권력을 갖는 위치에 이르고 싶어하지요. 불평불만이 많은 시끄러운 대중으로부터 충분히 멀어져서, 사람들의 한심한 행동으로 인해 더 이상 짜증이 날 필요가 없는 충분히 높은 위치 말이에요. 조용한 염소자리일수록 내면에서는 최선을 다합니다. 그 위치에 제일 먼저 도착하고자 하는 열망이 강렬하지요. 염소자리 남성에게 누군가가 그를 인정하지 않는다고 말해보세요. 그는 황소자리 여성처럼 어깨를 으쓱할 것입니다. 어쩌면 전혀 신경 쓰지 않는다는 반응을 보일지도 모릅니다. 하지만 남몰래 인상을 찌푸릴 것입니다. 그 때문에 치통이나 위통이 생길지도 모르고, 일주일 사이에 몇 번이나 무릎을 접지를 수도 있습니다. 예민해져서 사람들에게 짜증을 낼 수도 있지요. 그는 최대한 빨리 자신에 대한 평판을 높이려고 애쓸 것입니다. 사업 파트너나 친구, 친척 그리고 이웃으로부터의 존중과 존경은 염소자리 남성에게 무척이나 중요합니다. 황소자리 여성은 염소자리 남성이 다른 사람들로부터 충분한 인정을 받지 못하면 고통스러워한다는 비밀을, 아마도 짐작할 것입니다. 하지만 황소자리 여성은 대체로 너무나 친절하고 요령이 있기 때문에, 그런 사실을 자신이 알고 있다는 것을 염소자리 남성에게 들키지 않을 것입니다. 황소자리 여성과 염소자리 남성 사이에는 여러 감정들이 조용하게 말없이 지나갑니다. 하지만 둘은 서로 깊이 연결되어 있기 때문에 마음으로 들으며 소통한답니다.

육체적인 사랑에 있어서, 황소자리 여성은 가끔 염소자리 남성을 향해 약간 잘난 체하는 태도를 보일 수도 있습니다. 황소자리 여성은 보통의 염소자리 남성보다 성적인 면에서 더 준비되어 있지요. 그녀는 잘 발달된 청각, 시각, 후각, 미각 그리고 촉각 덕분에 보다 섬세한 방법으로 육체적인 사랑을 표현할 줄 아는 능력을 지녔답니다. 또한 그녀는 감정을 감성적인 말과 행동으로 표현하는 데도 능숙합니다. 이런 이유로 연애 초반에는 염소자리 남성이 스스로를 연인으로서 부적합하다고 느낄 수도 있습니다. 염소자리 남성이 육체적인 사랑을 표현하는 방식은 강렬하고 직접적이지요. 또 자신의 성적인 욕망을 표현하는 것도 너무 빠르거나 너무 억누르는 경향이 있답니다. 섬세함도 부족하고요. 별다른 기교 없이 열정만을 추구하는 경향으로 인해, 황소자리 여성은 염소자리 남성에게 다정함이 결여되어 있다고 느낄 수 있지요. 하지만 염소자리 남성은 따뜻한 사람입니다. 현실주의적인 성격 저 깊은 곳에 숨겨져 있기는 하지만 파헤쳐볼 가치가 있는 보물이지요. 염소자리 남성은 자신의 강렬한 열망을 표현하는 것이 결코 쉽지 않습니다. 황소자리 여성이라면, 염소자리 남성이 한편으로는 부끄럽게 여기면서도 한편으로는 늘 풀어놓고 싶어하는 감정을 자유롭게 해줄 수 있을 것입니다.

토성이 지배하는 염소자리가 가지고 있는 불행한 습관 중의 하나는 사랑을 비극이라고 생각하는 경향입니다. 아마도 어린 시절 맛보았던 사랑의 쓴맛 때문일 것입니다. 하지만 육체적인 욕구는 다른 남성과 마찬가지로 강렬하지요. 그래서 가끔 사랑과 섹스를 분리해서 생각하는 염소자리 남성이 있을 수 있습니다. 섹스는 육체적인 욕구를 만족하기 위한 실용적인 행위일 뿐이며 상처를 받지 않겠다는 것이지요. 황소자리 여성은 사랑의 여신인 금성의 지배를 받습니다. 그녀라면 사랑하는 염소자리 남성에게 가장 중요한 진실을 가르쳐줄 수 있을 것입니다. 진정한 사랑으로 나누는 섹스라면, 두 가지는 절대로 분리해서 생각할 수 없다는 진실 말이에요. 사랑 없는 섹스는 절대로 사람의 마음을 따뜻하게 해주지 못하지요. 그리고 섹스 없는 사랑은 영혼을 텅 비게 만든답니다.

염소자리 남성 중에서 이기적이고 냉정하며 실용성과 야망으로 똘똘 뭉친 사람처럼 보이는 사람이 더러 있습니다. 또 가끔 황소자리 여성 중에서 상식적인 감각과 완고함, 야망 그리고 고질적인 습관을 버리지 못하는 세속적인 물질주의자처럼 보이는 사람이 있습니다. 하지만 두 경우 모두, 자신들이 좋아하는 방식대로 거리를 유지하면서 사랑을 지키기 위한 또 다른 모습일 뿐이랍니다.

왜 굳이 자기의 마음을 공개적으로 보여주면서 사랑을 흥정해야 하지요? 염소자리 남성과 황소자리 여성은 사랑에 너무나 큰 가치를 부여하기 때문에 사랑을 흥정할 줄 모릅니다. 하지만 황소자리 여성이 염소자리 남성의 손을 부드럽게 만지며 그의 눈을 조용하고도 그윽하게 쳐다보면, 그는 자신의 마음을 기꺼이 그녀에게 내어줄 것입니다. 또한 염소자리 남성이 자신의 비밀을 알아냈다는 것을 눈치채면, 황소자리 여성은 자신의 손을 그에게 줄 것입니다. 그 비밀은 바로, 그녀가 낭만적인 몽상가라는 사실이지요.

염소자리 남성과 황소자리 여성은 그 어떤 별자리 커플보다 강력한 운명의 상대가 될 수 있답니다.

황소자리 남성과 염소자리 여성

"나는 안 잘 거야." 그는 마치 자신이 최종 결정권자라도 되는 양 소리쳤다.
"안 자, 안 자…." 그때 새하얀 드레스를 입은 달링 여사가 들어왔다.

황소자리 남성의 실용주의적 취향은 염소자리 여성의 실용주의에 흥분해서(황소자리가 할 수 있는 최대한의 흥분) 반응할 것입니다. 황소자리 남성은 염소자리 여성의 자립적인 태도에 감탄할 것이고, 잘 교육받은 듯 기품이 있는 분위기에 매료될 것입니다. 그녀의 조용한 아름다움은 말할 것도 없지요. 황소자리 남성은 사랑을 포함해서 그 어떤 것도 너무 쉽게 다가오는 것을 좋아하지 않습니다. 염소자리 여성의 사랑은 절대로 쉽게 다가오지 않지요. 황소자리는 열심히 노력할 필요 없이 얻을 수 있는 것은 별로 가치가 없다고 생각합니다. 그래서 염소자리 여성에게 바로 끌린답니다. 염소자리 여성은 속마음을 가볍게 혹은 빨리 내보이지 않기 때문에 그 사랑을 얻기도 쉽지 않지요. 황소자리 남성에게 염소자리 여성은 추구할 만한 가치가 있다고 여겨지는 상 같은 존재랍니다.

같은 흙 별자리라고 해서 둘 다 감성이 부족한 것은 아닙니다. 염소자리 여성은 다소 부족할 수 있지만 황소자리 남성은 아닙니다. 늘 사랑에 대해서 별로 관심이 없는 척하지만, 황소자리는 모든 별자리 중에 가장 감성적인 별자리랍니다. 잘 내보이지는 않지만, 황소자리의 마음은 다른 사람들이 잘 볼 수 없는 곳에 자리 잡고 있답니다. 그리고 그 마음은 두 사람이 좋아하는 노래가 들리거나, 어디선가 그녀의 향수 내음이 나거나, 그녀를 연상시키는 웃음소리가 들리면 쿵쾅거리기 시작합니다.

염소자리 여성은 로맨스가 끝난 뒤까지 그 추억을 간직하는 유형이 아닙니다. 사랑을 하는 동안에도 문득문득 사랑을 떠올리는 사람도 아니지요. 그렇다고 사랑에 깊이 헌신하는 것이 불가능한 여성이라는 뜻은 아닙니다. 일단 사랑할 만한 가치가 있다고 판단되는 남성을 찾고 나면, 그녀는 다른 어떤 별자리 여성보다도 충실하게 사랑을 지키지요. 염소자리 여성도 다른 여성들처럼 부드럽고 재미있고 다정다감한 여인이 될 수 있습니다. 염소자리는 여성적인 별자리이니까요. 하지만 동시에 부정적인 성향을 지닌 흙 별자리이고 시작하는 에너지를 가지고 있기 때문에, 남성에게 완벽하게 지배당하는 것을 원하지는 않는답니다. 또한 자신의 목표를 흐리거나 책임져야 할 실수를 저지를 만큼 감상에 빠지지도 않습니다.

후회할 실수라는 표현 대신 책임져야 한다는 표현을 썼다는 것을 눈치채셨는지요? 염소자리는 후회로 시간을 낭비하지 않는답니다. 염소자리에게 후회는 무의미한 넋두리에 불과하답니다. 하지만 자신의 행동에 대해서는 책임져야 한다는 의무를 느낍니다. 그것은 자신이 어리석은 실수를 할 때마다 토성이 벌을 주는 것으로, 다시는 실수를 하지 말라는 엄격한 경고 같은 것입니다. 염소자리 여성에게 '책임진다'는 것은 훌쩍거리는 대신 바로 약을 먹는다는 뜻입니다.

예쁘고 여성적인 염소자리 여성은 가장 가깝고 아끼는 사람들에게는 놀라울 정도로 다정하고, 자신이 선택한 배우자에게도 충직한 사람입니다. 하지만 대체로는 금광을 캐는 광부의 낡은 부츠만큼이나 강인합니다. 가끔 그녀가 실수를 해서 마음이 혼자 움직이게 되면, 그녀의 이성은 쉽게 그녀를 용서하지 않는답니다. 어떤 식으로든 토성의 엄격한 원칙에 따라 스스로 벌을 받아야만 하지요. 염소자리 여성은 유쾌하지 않은 진실을 장막 뒤로 가려두거나 감상적으로 회피하는 사람이 아닙니다. 그녀는 자신의 실수를 바로잡고, 곧장 다시 뚜벅뚜벅 걸어나갑니다. 뒤를 돌아보지도 않지요. 염소자리 여성은 매우 실용적이며 엄청난 상식을 보유하고 있습니다. 예를 들어, 염소자리 여성 중에는 매춘부가 되는 경우가 거의 없는데 이것은 감성적인 도덕성과는 거의 상관이 없습니다. 예전에 염소자리 여성과 매춘에 대해 대화를 나눈 적이 있습니다. 그녀는 성적인 서비스를 상업적으로 제공하는 여성들에 대해 단호한 입장을 취했는데, 도덕적이거나 감성적인 거부감 때문이 아니었습니다. 그녀는 그 이유를 아주 간단한 말로 설명했습니다. "그런 직업은 대부분 중년 남성을 겨냥하기 때문에 결국엔 경제적으로 어려워질 수밖에 없어요. 또 사회적으로도 버림받을 수밖에 없는 데다, 아주 한정된 기간만 일할 수 있지요. 그다음엔 뭘 하겠어요? 전혀 실용적인 직업이 아니죠."

이제 처음에 얘기했던 부분으로 돌아가봅시다. 황소자리 남성은 염소자리 여성이 가지고 있는 상식과 실용주의에 감탄합니다. 자신도 그러하니까요. 하지만 염소자리 여성의 감성이 그토록 메말라 있다는 사실에는 충격을 받거나 심지어 상처를 받을 수도 있습니다. 그녀를 계속 만나야 할지 말아야 할지 망설이게 되지요. 하지만 두 사람은 너무나 잘 어울리기 때문에, 황소자리 남성이 충격과 상처를 참아내는 쪽이 현명할 것입니다. 염소자리 여성의 감성과 이성이 합의해서 그를 사랑하고 결혼하겠다고 결정을 내리면 많은 것이 달라질 테니까요. 일단 결정을 내리고 나면, 염소자리 여성은 황소자리 남성과 그의 가족에게 더할 나위 없이 다정다감하게 대할 것입니다. 제짝을 만난 염소자리 여성만큼 훌륭한 아내와 엄마가 되는 여성은 없을 것입니다. 염소자리 여성은 다른 사람들이 보기에는 좀 콧대가 높고 냉정하며 명성을 쫓는 사람처럼 보이지만, 그녀의 남편과 자녀들과 친척들은 그녀의 따뜻함과 사랑만을 보게 될 것입니다.

두 사람 사이에 질투심은 큰 문제가 되지 않을 겁니다. 황소자리도 염소자리도 배우자가 한 번 바람을 피웠다고 해서 감정적으로 치명적인 상처를 입지는 않습니다. 적어도 불이나 물 별자리만큼은 아니지요. 황소자리와 염소자리에게는 그런 일이 마치 귀중한 소유물을 훔친 것 같은 효과를 나타냅니다. 황소자리 남성은 누군가가 아내의 마음을 훔쳐내면, 자신의 차나 수표를 도둑맞은 것처럼 화를 낼 것입니다. 그는 두 가지를 대하는 감정이 흡사하답니다. 염소자리 여성도 마찬가지입니다. 다른 여성이 자신의 남편을 유혹하려 한다면 차갑게 화를 낼 것입니다. 마치 자신의 어머니가 가보로 물려준 침대 커버나 아버지의 앤틱 시계를 훔치려는 현장을 잡은 것처럼 말이에요.

황소자리와 염소자리가 현금이나 귀중품을 포기하는 것이 얼마나 고통스러운 일인지를 이해한다면, 배우자의 부도덕도 더 감정적인 다른 별자리들만큼이나 견디기 힘든 일이라는 것을 알 수 있을 것입니다. 하지만 두 사람은 상대방이 한 번 바람을 피웠다고 해서, 그 관계를 내동댕이쳐버릴 의향은 전혀 없답니다. 현재의 상황을 변경하거나 파괴할 마음이 거의 없기 때문이지요. 아주 드물게 그럴 마음을 먹더라도 다음 세 가지는 확실합니다. 첫째, 절대로 용서하지 않는다. 둘째, 절대로 잊지 않는다. 셋째, 절대로 다시 돌아가 새로 시작하지 않는다. 잃어버린 것은 잃어버린 것입니다. 지나간 일은 지나간 일이지요. 황소자리나 염소자리는 찾은 것을 지키는 사람들이지만, 잃어버린 것에 대해 눈물을 흘리는 사람들은 아니랍니다.

깊이 상처를 받기는 마찬가지겠지요. 하지만 그들은 결코 이웃 사람들 앞에서 훌쩍거리지는 않습니다. 혼자 끔찍한 우울에 빠져 몇 주 혹은 몇 달, 심지어 몇 년 동안이나 슬픔에서 헤어나지 못하겠지만, 결국은 엎질러진 물을 두고 계속 슬퍼하는 것은 실용적인 행동이 아니라고 결론 내리게 됩니다. 그러고 나면 조금 더 밝아지겠지요. 두 사람의 관계는 5-9 태양별자리 관계 유형으로, 두 사람이 정성껏 쌓아온 인연을 끊는 것은 정말로 심각한 재앙이 될 것입니다.

두 사람의 육체적인 관계는 아주 긴밀하고 편안할 것입니다. 두 별자리의 육체적인 사랑에서는 남성이 황소자리이고 여성이 염소자리인 경우가 그 반대보다 더 만족스럽습니다. 황소자리 남성은 조용하면서도 감각적인 연인이지요. 염소자리 여성의 열정을 불태워줄 수 있는 에로틱한 자질이 충만하면서도, 자신의 순수한 애정을 표현할 수 있는 능력을 가지고 있답니다. 염소자리 여성은 육체적인 합일에 앞서 전희 시간을 길게 갖거나 온갖 달콤한 속삭임들을 기대하는 유형은 아닙니다. 또한 사랑의 열정이 충족된 후에 몇 시간 동안이나 달콤한 속삭임을 계속해주기를 기대하지도 않습니다. 성적인 합일 뒤에 오는 자연스럽고도 조용한 친밀감이면 충분히 만족합니다. 사족을 달 필요가 없지요.

하지만 감성적인 황소자리 남성은 자신의 헌신을 증명하기 위해 조금 더 시간이 필요할 수 있습니다. 염소자리 여성도 사랑을 함께 나누는 배우자로서의 역할을 소홀히 할 의향이 전혀 없기 때문에, 황소자리 남성의 보다 느긋한 섹스 스타일에 잘 맞춰줄 것입니다. 그러므로 두 사람은 낭만적이면서도 성적 매력이 넘치는 연인으로 함께 나이 들어갈 수 있습니다. 금혼식 기념일이 되어도 그들은 여전히 사랑과 섹스가 아름답게 결합한 다정한 커플일 것입니다. 가끔 어린 시절 상처로 인해, 사랑과 섹스를 따로 떼어 생각하려는 염소자리 여성이 있을 수는 있습니다. 황소자리 남성도 같은 이유로 유사한 입장을 취하게 되는 경우가 간혹 있습니다. 염소자리와 황소자리는 모두 기억력이 무지 좋답니다. 하지만 두 사람이 함께라면 서로를 잘 인도할 수 있습니다. 황소자리 남성의 다정함은 염소자리 여성으로 하여금, 너무나 조숙했던 탓에 잃어버렸던 어린 시절의 꿈과 순수함을 다시 찾을 수 있게 해줄 것입니다. 황소자리 남성은 염소자리 여성의 따뜻함과 사랑으로 과거의 고통스러운 기억들을 잊을 수 있을 것입니다.

전형적인 황소자리는 유난히 가족에게 헌신하는 편입니다. 다행이지요. 염소자리 여성이 가족에 지나치게 집착하는 것을 참아줄 수 있으니까요. 가족 관계에 대한 염소자리 여성의 헌신은 밀른(1882~1956, 영국의 소설가, 극작가, 동화 작가―옮긴이)의 시로 요약할 수 있습니다.

> 제임스 제임스 모리슨 모리슨
> 웨더바이 조지 듀프리는
> 어머니를 잘 보살폈다네.
> 그의 나이는 아직 세 살이었다네.

이 시는 남녀를 불문하고, 토성이 지배하는 모든 염소자리에게 참 잘 어울립니다. 여성이라면 제임스 대신 제인을 넣고 바꾸기만 하면 됩니다. 그들은 세 살 아니라 백 살이 되도록, 어머니뿐 아니라 온 가족을 잘 보살필 것입니다. 아주 비극적인 상처가 있지 않는 한 황소자리와 염소자리는 명절을 절대로 외롭게 보내지 않을 것입니다. 그들의 집은 사람들로 북적거릴 것입니다. 황소자리 남성은 자신의 가족과 친척을 대하는 염소자리 여성의 사랑스러운 태도를 보며 흐뭇해하겠지요. 그의 어머니가 게자리인 경우에는 조금 불편할 수 있습니다. 게자리 어머니는 아들에 대한 소유욕이 대단한데, 염소자리 아내도 남편에 대한 소유욕이 엄청나지요. 질투가 아니라 소유욕입니다. 둘은 다르지요. 염소자리 아내는 양쪽에서 동시에 잡아당기는 느낌을 받을 수 있습니다. 그러다 마침내는 자신의 강인한 뿔을 어느 한쪽을 향해 들이미는 상황이 생길 수 있답니다. 하지만 황소도 뿔이 있지요. 염소자리 여성은 이 사실을 기억해야 할 겁니다. 염소자리 여성이나 달 또는 동쪽별자리가 게자리인 황소자리 남성에게는 사랑과 가족 사이에서 하나를 선택하라는 강요를 받는다는 것은 끔찍한 고문이나 마찬가지랍니다.

어쨌든, 두 사람은 여러 면에서 아주 잘 어울립니다. 시간이 좀 지나면 상대방의 생각을 금방 읽어낼 수 있고 평생을 함께하며 서로 잘 맞춰줄 수 있습니다.

남성: 여보, 그 영화 볼래요?

여성: 네, 조조 상영 시간에 맞출 수만 있다면요. 근데….

남성: 아니에요. 부르지 마세요. 그냥 우리끼리 가요. 기억나요?

여성: 우리 첫 번째 결혼기념일이요? 어디 갈 만한 사정이 안 돼서 그냥 집에 있었잖아요. 그런데….

남성: 당신이 흰색 드레스를 골랐고 내가….

여성: 당신이 그 위에다 포도 주스를 쏟았죠. 그래서….

남성: 그래서 당신이 막 웃었죠. 다른 사람 같았으면 울었을 텐데… 그래서 내가….

여성: 그래서 당신이 나랑 결혼해서 참 다행이라고 했죠….

남성: 그게 좀….

여성: 닭살이었다고요? 그랬죠, 하지만 전 그 말을 잊을 수가 없어요. 어머, 시간 좀 봐요. 서두르지 않으면 첫 번째 상영 시간을 놓치겠어요. 근데 당신….

남성: 여전히 가고 싶냐고요? 아뇨. 오늘은 그냥 집에서….

여성: 그래요.

황소자리 Taurus

흙 · 유지하는 · 수동적
지배행성: 금성
상징: 황소
음(−) · 여성적

Aquarius 물병자리

공기 · 유지하는 · 능동적
지배행성: 천왕성
상징: 물병을 들고 있는 사람
양(+) · 남성적

황소자리와 물병자리의 관계

아이들은 그냥 그런 척하는 것뿐이라는 사실을 알았다.

하지만 그에게는, 그런 척하는 것은 실제로 그런 것과 정확히 같았다.

이게 가끔씩 아이들을 힘들게 했다. 예를 들어, 저녁을 안 먹고도 먹은 척해야 하는 경우가 그랬다.

고대 인디언 노래 중에 이렇게 시작하는 노래가 있습니다.

대초원을 바라보면
나는 봄에도 여름을 느낀다네.

이 노래는 분명 어떤 물병자리 인디언이 불렀을 것입니다. 봄에 여름을 느끼고 가을에 겨울을 느끼는, 누구보다도 계절을 앞서가는 물병자리의 정수를 너무나도 잘 표현했지요. 1년, 10년 그리고 심지어 세기를 가로지르는 천왕성의 선견지명 덕분에, 물병자리는 남들보다 1,2차원을 더 인식할 수 있는 혜택을 받고 있답니다. 물병자리의 어딘지 모호한 눈빛을 설명해주는 부분입니다.

아직 오지 않은 시대를 꿰뚫어 볼 수 있는 드문 능력을 가졌으면서, 현재에 대해서도 날카로운 인식을 지니기 위해서는 지성과 직관 그리고 상상력이 필요합니다. 이세 가지가 함께 삼위일체로 원활하게 그리고 동시에 작용해야 하지요. 물고기자리가 미래를 내다볼 때는 현재를 종종 무시하곤 합니다. 사수자리도 가끔 미래를 내다보는 때가 있는데 아주 잠깐의 예언에 불과합니다. 전갈자리는 자신이 몸담고 있는 차원이 어디든 간에 너무 강렬하게 몰입해 있기 때문에 동시에 다른 차원에 관심을 갖기가 어렵습니다. 물병자리만이 지성과 직관 그리고 상상력 세 가지를 동시에 자유자재로 활용하지요. 이들은 과거, 현재, 미래의 3개 차원의 이미지를 동시에 완벽하게 형상화할 수 있답니다. 물병자리를 왜 '천재의 별자리'라고 하는지 아시겠지요?

어떤 물병자리들은 내일이나 어제에 있는 것을 너무 좋아해서, 육체는 현재에 남겨둔 채로 영체는 과거나 미래를 오랫동안 방문하곤 합니다. 영체가 부재중인 동안 현재에 남아 있는 육체는 어떻게 하냐고요? 좀비처럼 듣지도 보지도 못하면서 말도 안 되는 헛소리를 해대면서 겨우 버티지요. 물병자리를 왜 '괴짜의 별자리'라고 하는지도 아시겠지요?

천재와 괴짜! 둘은 동전의 양면처럼 함께 존재합니다. 모든 물병자리는 천재라고 불리는 동시에 가끔 정신병자라고 오해를 받을 수 있답니다. 미아 패로에서 루이스 캐럴까지, 에이브러햄 링컨에서부터 탈룰라 뱅크헤드까지, 아인 랜드와 텔리 사바라스에서 바네사 레드그레이브와 찰리 브라운에 등장하는 개 스누피(일명 조 쿨과 붉은 남작)까지, 모든 물병자리는 자신들이 이러한 능력을 보유하고 있다는 것을 잘 압니다. 하지만 그 때문에 괴로워하는 대신 이런 유별난 점을 행복하게 인정합니다. 물병자리 천문해석가인 캐럴 라이터는 재담가였는데, 그의 어머니가 "별난 오리 새끼."라고 부르면 "꽥꽥." 하고 응답했다고 하지요.

라디오 스타였던 미니 펄은 고향 마을에 살던 어떤 남자에 대해 얘기한 적이 있었습니다. 평상시에 그는 그리 똑똑해 보이지는 않았는데, 그가 한번 입을 열면 그 자리에서 자기가 알고 있는 모든 것에 대해 얘기하곤 했다지요. 그 사람은 아마도 다른 차원으로의 여행을 하는 물병자리였을 것입니다. 어쩌면 그의 타임머신이 다른 시간, 다른 어딘가에 붙잡혀 아직 돌아오지 않았던 것일 수도 있습니다. 하지만 그는 언젠가 돌아올 것입니다. 물병자리는 항상 '내일'에서부터 카운트다운을 시작하고, 돌아올 때는 더 밝은 모습으로 나타납니다. 하지만 물병자리는 다른 차원 어디에선가 길을 잃을 때보다는 삼위일체의 균형을 잡는 경우가 더 많습니다. 그래서 선견지명을 가지고 있는 창조적이고도 혁신적인 천재가 되는 경우가 많습니다. 이들은 별난 과학자, 발명가, 음악가, 화가, 작가, 정치가, 택시 운전사, 이발사 그리고 인디언 추장 등의 모습으로 위장하고 있지요. 그 어떤 모습으로든 미래의 깊은 우물에서 지혜와 심오한 진실의 샘물을 길어 올려 끊임없이 세상에 부어주고 있답니다.

황소자리는 그들이 있는 시간과 장소를 아주 빨리 파악할 수 있습니다. 황소자리는 '지금, 여기'에 단단하고 만질 수 있는 형태로 존재하니까요. 그 이전과 이후에 대해서는 신경 쓰지 않습니다. 황소자리 여성과 남성에게는 1차원이면 충분하고도 남습니다. 황소자리에게는 과거나 미래의 차원을 날아다니지 않아도, 지금 현재 차원에서 해결해야 할 문제가 충분히 많지요. 내일은 다른 사람들에게는 의미가 있을 수 있습니다. 하지만 황소자리에게 내일은 절대로 오지 않을 수 있습니다. 오늘, 지금 이 순간을 살펴야지요.

물병자리와 달리 황소자리는 괴상하지도 유별나지도 않습니다. 전형적인 황소자리는 노먼 록웰(미국의 화가 겸 삽화가─옮긴이)의 그림에서 만날 수 있습니다. 황소자리의 눈빛에서는 물병자리가 가지고 있는 몽롱함은 찾아볼 수 없습니다. 그들 눈빛은 부드럽고 차분합니다. 화가 났을 때는(이런 경우는 정말 드물지만) 반짝거리지요. 하지만 황소자리도 물병자리처럼, 이해할 수 없는 짧은 말을 중얼거릴 때가 있기는 합니다. 예를 들어, "넵.", "아뇨.", "아하.", "허어." 그리고 "으으으으." 같은 말들입니다. 이런 면에서 본다면, 황소자리와 물병자리 사이에는 약간 비슷한 구석이 있다고도 할 수 있지요. 또 두 별자리는 모두 고정된 에너지의 별자리로 두 별자리 모두 목적의 단호함 같은 것(완고함이라고 해야 할까요?)이 있습니다. 하지만 이런 유사성을 제외한다면, 황소자리와 물병자리는 같은 지구상에서 태어났다고 믿기 어려운 만큼 극과 극의 모습을 띱니다. 솔직하게 말하자면, 실제로 황소자리와 물병자리는 종종 서로 같은 별 사람이라는 걸 인정하지 못한답니다. 황소자리는 현재의 상황을 유지하고 싶어합니다. 물병자리는 현재의 상황을 바꾸고 싶어하지요.

이런 두 사람이 한 공간에서 혹은 길거리에서 마주쳤다고 생각해보세요. 물병자리는 통통 튀는 수정 구슬이고, 황소자리는 꼼짝도 하지 않는 사랑스러운 흙덩이입니다. 혹시라도 두 사람이 서로 다가가서 대화를 나눈다고 상상하는 것 자체가 참 어렵지요. 사랑스럽지만 꼼짝도 않을 것 같은 흙덩이가 통통 튀는 수정 구슬에게 도대체 무슨 말을 하겠습니까? "으으으으?" 그럼 통통 튀는 수정 구슬은, 사랑스럽긴 하지만 꼼짝도 않는 흙덩이에게 뭐라고 할까요? "안뇽?!??"

황소자리는 낯선 이에게 자신이 알고 있는 모든 것을 나불나불 말하는 수다쟁이가 아닙니다. 하지만 황소자리가 신중하게 쌓아온 실용적인 정보와 상식은 대단하지요. 마음먹고 그 정보와 상식을 갈고닦으면, 집을 짓거나 재정적인 제국을 건설하거나 경력을 쌓을 때 아주 유용합니다. 또는 사랑이나 우정에 견실하게 다가갈 때도 유용하고요. "으으으으." 같은 웅얼거림이 황소자리가 아는 모든 단어인 것은 아니라는 얘깁니다. 하지만 황소자리라면 누구라도, 잘 모르는 물병자리에게는 그 정도 말밖에는 안 할 것입니다. 그 물병자리가 계속 대화를 할 만큼 가치가 있는 사람인지 판단할 때까지는요.

물병자리는 남자든 여자든 그들의 작은 갈색 물병에서 부주의하게 물을 흘리는 것보다는 훨씬 아는 것이 많습니다. 물속에서 코미디를 하면서, 산스크리트어를 말하면서, 가끔은 역할을 바꾸어서 악당이나 괴물을 연기하거나 영화감독을 하면서, 물속에서 풍선껌을 씹으면서도 그들은 삶의 기쁨을 느낍니다. 물병자리의 대화는 종종 테이프를 고속으로 거꾸로 플레이하는 것 같은 느낌이 들지요. 이들의 말이 테이프를 정상적으로 플레이하고 있는 것처럼 또렷할 경우라도, 마치 테이프가 지워진 것처럼 말과 말 사이에 공백이 많답니다. 눈치를 못 채셨다고요? 황소자리는 그걸 자주 눈치채고는 불만스럽게 투덜거리거나, "으으으으." 같은 반응을 보이지요. 그런 헛소리를 상대하지 않으려는 듯 말입니다. 어쩌면 물병자리들은 평범한 대중이 이해하기에는 너무 앞서간 생각이나 아이디어나 느낌 또는 개념에 골몰할 때, 이따금 스위치를 홱 돌려서 알아듣지 못하도록 하는 것은 아닐까요? 어쨌든 요점은 이렇습니다. 황소자리와 물병자리는 자신만의 시간에 자신만의 방식으로 서로 의사소통한다는 것입니다.

황소자리와 물병자리는 4-10 태양별자리 관계 유형입니다. 이 두 별자리가 잘 지내려면 노력을 해야만 한다는 뜻이며, 그 노력이 결실을 보게 된다면 기분 좋은 성취감을 맛볼 수 있습니다. 두 사람이 "으으으으."와 "안뇽!" 같은 말로 대화를 시작했을 때, 황소자리의 수줍음과 물병자리의 무심함이라는 장애물을 대체 어떻게 극복할 수 있을까요?

우선 황소자리는 상냥한 수다쟁이인 물병자리보다는 훨씬 내성적인 태도를 가지고 있습니다. 아무리 수줍음이 많은 물병자리라도 우편배달부에서 어떤 단체의 회장(예를 들어 공해방지연합의 회장이나 미합중국의 대통령이나 물병자리에게는 그 차이가 전혀 없답니다.)까지 다 '친구'라고 생각합니다. 이것이 물병자리들이 여자와 남자, 맨 꼭대기와 바다, 위와 아래, 검은색과 하얀색, 차가움과 뜨거움 같은 것의 차이를 극복하는 방법입니다. 전형적인 물병자리는 친구를 선택할 때도 편견이 없습니다. 물병자리는 연인, 남편, 아내, 고양이, 개, 다람쥐, 자녀, 이웃, 돌고래, 강도, 소매치기, 친척 등을 표현할 때, 모두 같은 단어를 씁니다. 물병자리에게 이들은 모두 '친구'입니다. 가끔은 '벗'이라던가 '오랜 친구' 또는 '좋은 친구', '내 친구'입니다. 물병자리는 친구들을 대할 때 치우침이 없답니다. 그러니 누구도 물병자리의 '제일 친한 친구'는 될 수 없지요.

그런 물병자리에게 황소자리는 군중의 한 명에 불과합니다. 황소자리가 빈 컵을 들고 나온다면 물병자리가 그 컵을 채워줄 수 있을 것입니다. 하지만 천왕성의 지배를 받는 물병자리는 황소자리가 가지고 있는 긴 침묵과 시무룩한 분위기를 잘 견디지 못합니다. 물병자리의 시간과 관심 그리고 지혜의 샘물을 필요로 하는 목마른 사람들이 너무 많기 때문입니다.

　보통의 황소자리가 친척 말고 진짜 친구를 사귀는 데 걸리는 시간은 3~4년 정도입니다. 물병자리는 단 5초도 걸리지 않습니다. "안녕, 친구!" 한마디면 되지요. 그러고 나면 자신이 알고 있는 모든 것을 천왕성의 산스크리트어나 혹은 물병자리식 상형문자로 모두 얘기해줄 텐데, 그럼 친구 아닌가요? 하지만 황소자리는 금방 친해지고, 가볍게 대하고, 모호하게 규정짓는 우정에 대해서는 의심을 합니다.

　하지만 황소자리와 물병자리도 결국엔 한 언어로 말하고 소통할 수 있습니다. 그렇게까지는 안 되더라도, 서로에게서 소중한 교훈을 얻을 수 있지요. 서로를 정신적으로나 감정적으로 자극하여 성장할 수 있도록 도와줄 수 있답니다. 영혼도 몸이 그런 것처럼 성숙하려면 운동이 필요하지요. 그게 바로 4-10 태양별자리 관계의 목적이랍니다.

　황소자리는 저기 구름 위에서 사람들을 깔보면서 가르치려 드는 듯한 물병자리의 냉담한 태도가 꺼려질 것입니다. 물병자리는 그가 멀리 딴 세상으로 여행을 떠나려 할 때, 황소자리가 그 육중한 무게로 잡아당기는 느낌을 받습니다.

　황소가 한 번 뛰면 경치를 다 망가뜨린다는 얘기가 있긴 하지만, 황소가 아무리 힘이 세다 해도 달까지 닿는 것은 불가능하겠지요. 그렇지만 물병자리를 묶어둘 정도는 된답니다. 평화롭지만 단조롭기 그지없는 그의 목장 울타리에 말이에요. 하지만 '접시는 숟가락과 달아났네.'라는 동요도 있는데, 황소자리라고 물병자리와 즐겁게 뛰어놀지 말라는 법이 있을까요? 황소의 인내심과 물병자리의 유쾌한 나라에서는 아마도 고양이가 바이올린을 켜고 황소도 달까지 뛰어오를 수 있을 겁니다. 방금 확인해보니, 우주 비행사 중에 황소자리도 몇 명 있네요. 우리가 아는 게 다는 아니겠지요. 물병자리들이 늘 말하는 것처럼, 인생은 놀라움으로 가득 차 있는 걸요. 굳이 원하지 않아도 말이에요.

황소자리 여성과 물병자리 남성

"웬디, 웬디, 그 이상한 침대에서 잠이나 잘 시간에
나랑 함께 하늘을 날면서 별들이랑 수다를 떤다고 생각해봐."
"아!"… 그녀는 고민에 빠진 듯, 몸을 꼼지락거렸다.

　물병자리 남성은 직관이 강하기 때문에 놀라는 일이 별로 없습니다. 하지만 황소자리 여성과 함께했을 때 어떤 일이 발생할지에 대해서만큼은 준비가 되어 있지 않을 것입니다. 물병자리는 견고한 도덕심을 가지고 있습니다. 그 도덕심은 좀 유별날 수 있고, 자기식의 가치이기는 하지만 어쨌거나 굳건합니다. 고정되어 있다는 표현이 맞을지도 모르지요. 엄청난 인류애도 가지고 있습니다. 남녀를 불문하고 어떤 사람에게도 편견이 없으며 모든 사람에게 관심을 가지고 있습니다. 하지만 본인도 모르는 사이에 황소자리 여성에게 어떤 상처를 줬는지 보세요. 어떻게 황소자리 여성에게 상처를 줄 수 있냐고요? 그저 동물원에서 재미있는 시간을 보냈을 뿐이라고요? 네, 물병자리 남성은 그녀에게 그저 큰오빠처럼 대하려고 했을 뿐입니다. 그녀의 친구, 벗, 동료가 되려고 했을 뿐이지요.

　하지만 대지의 여신은 황소자리 여성을 사랑을 위해 태어나도록 했답니다. 그리고 이 여성은 대지 여신에게 토를 다는 사람이 아니지요. 물병자리 남성이 그녀에게 실수를 한 것은 첫 시작부터입니다. 그가 그녀에게 호감을 느끼고 집중하기 시작했을 때, 그녀에게 아주 사적인 주제에 대해 충격적인 질문을 했을 때, 그녀가 울며 자신의 귀를 애처롭게 잡아당겼을 때, 그런 모든 순간에 물병자리 남성은 그녀가 여성이라는 사실을 알아차리기 위해 특별한 노력을 기울였어야 했습니다. 황소자리 여성은 그가 남성이라는 사실을 처음부터 분명히 알고 있었답니다. 그녀에게 로맨스의 수학은 아주 간단합니다. 한 남성에 한 여성을 더하면 황홀한 로맨스가 되지요. 굳이 감각적인 신체적 접촉이 없어도 여러 단계에서 말입니다.

　이 부분을 읽고 있는 물병자리에게 '접촉'이라는 말에 대한 해석을 해드려야 할지도 모르겠네요. '접촉'이란 말은 키스, 포옹, 손잡기 등을 말합니다. 다시 말해 사람과 사람이 신체적으로 접촉하는 걸 의미하는 것이지요. 전부는 아니더라도 대다수의 물병자리는 전염병이 두려워 신체 접촉을 무서워합니다. 두 사람이 하나가 아니라 둘인 채로 남아 있을 때 더 안전하다고 느낍니다. 물병자리의 입장은 분명합니다. 혼자 있고 싶어합니다. 아무런 의무도 없고 자신의 개성을 잃을 위험도 없는 혼자 말이에요.

물병자리 남성은 모든 형태의 실험에 매료됩니다. 어쩌면 그는 황소자리 여성이 스스로를 객관적으로 볼 기회를 주기 위해 그녀에게 봉사를 했던 것인지도 모릅니다. 하지만 황소자리 여성은 자신이 그의 호기심을 위한 실험체였다는 것을 깨닫지 못했답니다. 그의 초대로 그녀가 직접 만든 피자와 크림소다를 가지고 놀러가 그의 지붕 위에서 추수감사절 행렬을 구경했을 때, 솔직히 말해 그녀는 그가 약간 이상하다고 생각했답니다. 하지만 신중하게 생각해본 후에(황소자리가 항상 하는 것이지요.) 좋은 쪽으로 이상하다는 결론을 내렸지요. 그가 아무 여성이나 초대해서 지붕 위에 올라가 함께 시간을 보내지는 않을 것이라고 생각했던 것입니다. 그러고 보니, 그 사람이 자신을 사랑한다는 의미가 되었지요.

어쩌면 그랬는지도 모릅니다. 하지만 물병자리 남성은 첫눈에 반한 사랑을 우정으로 바꾸는 재주가 있답니다. 진정한 가치를 실험하는 것이라고 할까요? 문제는 우정으로 바꾼 후에는 녹슬도록 내버려둔다는 것이지만요. 황소자리 여성은 서로의 감정적인 욕구를 무시하는 것은 바보 같은 짓이라고 생각합니다. 진정한 사랑은 평생에 한 번 어쩌면 그것보다 더 희박하게 온다고 믿거든요. 그러니 그 사랑을 알아보지 못하고 사랑을 놓치는 실수를 할 수는 없지요. 천문해석학적으로도 황소자리 여성이 옳습니다. 진정한 사랑은 귀하고 아름다운 것이지요. 그걸 놓치고 다음 생을 기약하는 것은 슬픈 일입니다. 물병자리들은 이걸 놓치는 경향이 제법 있습니다. 독신주의를 지향하면서 결혼이라는 제도의 구속을 피하고 싶어하기 때문입니다. 처녀자리와 사수자리도 비슷하지요. 이런 태도에도 좋은 면이 전혀 없지는 않습니다. 실수를 피할 수 있지요. 사실 황소자리와 물병자리가 4-10 태양별자리 관계라는 것을 고려할 때, 서로를 피하는 것도 나쁘지는 않습니다. 두 사람이 만나 결혼을 했는데 결국 그것이 실수였다는 게 드러나서 그 매듭을 풀기 위해 애를 쓰는 일은 없을 테니까요.

물론 예외는 있겠지만, 두 사람의 관계가 제대로 풀리지 않았을 때 황소자리 여성이 받는 상처가 물병자리 남성보다 더 깊습니다. 황소자리 여성은 한번 사랑에 빠지면 그 관계를 평생 가져가고 싶어하지요. 물론 물병자리 남성도 처음에는 같은 의도를 가지고 있었을 것입니다. 물병자리도 고정된 에너지를 가진 별자리이기 때문에 제짝을 만난다면 평생 만족하며 살아갈 수 있습니다. 하지만 만족하지 못하는 경우라면, 그의 천왕성의 에너지는 황소자리 여성보다 더 쉽게 이별을 선택할 수 있을 것입니다.

물병자리는 일상생활의 개인적인 습관에서는 고정된 성향을 보이지만, 필요하다면 변화에 유연하게 적응합니다. 심지어 가끔은 필요하지 않을 때도요. 황소자리는 그렇지 않습니다. 황소자리 여성에게 변화는 두려운 것입니다. 그녀에게 변화란 이전과는 다르고, 낯설고, 겪어보지 못한 것을 의미합니다. 황소자리 여성은 사랑하는 이의 팔에 안겨 있을 때 정서적으로 안전하다고 느낍니다. 안심이 되고 보호받는 느낌이 들지요. 그에게 익숙해진 것입니다. 익숙한 낡은 청바지, 오래된 레코드판, 고장 난 커피포트 같은 것들처럼요. 그녀는 물병자리 남성과 사는 일이 더 이상 참을 수 없을 정도로 마찰이 많다고 하더라도, 여전히 희망이 있다고 고집스럽게 믿으며 그 상태를 끝내는 것을 계속 미룹니다. 그런 지구력은 존경해야 하지요. 하지만 마침내 그 사람을 떠나기로 마음을 먹으면 그녀는 그냥 떠날 것입니다. 그 어떤 것도 그녀를 되돌릴 수 없습니다. 또는 관계의 개선을 위한 최후의 수단으로 집을 나가는 경우도 있지요. 후자라면 효과가 꽤 있습니다. 단조로운 일상이 깨지고 변화가 생기면, 그 새로운 국면에 물병자리 남성이 흥미를 느끼기 때문입니다. 실제로 어떤 황소자리 여성은 그녀가 마치 잘생긴 바람둥이 남성과 사랑에 빠진 것 같은 전략을 사용해서, 자기 세계에만 빠져 있던 물병자리 남성을 정신 차리게 합니다. 물병자리 남성이 그저 편안한 우정 이상의 것을 잃을 수 있다는 것을 일깨워주는 것이지요. 물병자리 남성은 갑자기 그녀가 웃을 때 생기던 콧등의 주름과 샤워를 할 때 부르던 콧노래 소리, 수건을 따로 쓰던 모습, 일요일 아침에 잠이 덜 깬 모습, 그녀가 만들어주던 블루베리 팬케이크, 사랑을 나눌 때 들려주던 달콤한 속삭임, 웃기던 농담, 빛나던 머리카락, 좋은 향기가 나던 살결 등이 그리워집니다. 흠, 그러고 보니 그녀는 그저 한 명의 친구였던 것만은 아니었네요. 그녀는 발가락에 박힌 가시도 정말 잘 빼줬고, 등 마사지도 환상적으로 해주었으며, 자신의 선견지명을 믿어주었고, 집 안을 아늑하게 해주었으며, 가난해도 웃을 수 있도록 해주었고, 두통도 낫게 해줬고, 감자 수프도 끓여줬고, 돈도 빳빳하게 다려주었고, 사랑도 나누었으며… 아, 알겠네요. 그녀는 분명히 단순한 친구 이상입니다. 그녀는 친구가 아니라 더 소중한 존재였지요.

　자, 이제 물병자리 남성은 화해를 하기 위해 그녀의 집으로 자전거를 타고 갑니다. 그녀에게 애완용 쥐 한 마리와 시들시들해져버린 민들레 한 다발을 쥐여주고는 멋쩍게 씩 웃습니다. 그러곤 수줍게 말하지요. "안녕, 귀염둥이! 하우스 게임 다시 할래요?" 하지만 그녀가 전략적으로 가출을 한 게 아니었다면, 그는 그 쥐와 민들레를 다시 자기 주머니 속에 넣어야 할 것입니다. 사랑을 되찾기 위한 전략으로 가출을 했다면 신중하게 생각해보겠지만요. 황소자리가 한번 떠나면 정말 떠나는 것입니다. 두 사람 사이가 정말로 끝났다고 믿는 황소자리 여성의 마음을 되돌리는 것보다 큰 산을 옮기는 것이 더 쉬울 것입니다.

이 4-10 태양별자리 관계에서는 바람이 조금만 불어도 배가 흔들려 난파될 수 있습니다. 물병자리의 반사 속도가 황소자리보다 빠르기 때문에, 물병자리 남성은 황소자리 여성에게 무슨 일이 일어났는지 깨닫기도 전에 다른 배를 타고 가버릴 수 있습니다. 그러면 황소자리 여성은 구명대도 없이 감정의 바다를 떠다니게 될 것입니다. 황소자리의 구성 원소는 물이 아니라 흙인데 말이에요. 이런 이유로 두 사람의 사랑이 깨지면 물병자리보다 황소자리가 더 위험에 처하게 됩니다. 하지만 두 사람이 풍랑 속에서도 잘 견디면서 삶과 사랑이라는 퀼트를 짜고, 그 속에 연민과 애정이라는 부드러운 깃털을 채워 넣을 수도 있습니다. 그러면 두 사람은 주기적으로 싸우고 화해해가면서도 따뜻하고 훈훈하게 지낼 수 있겠지요.

두 사람의 섹스는 황소자리 여성이 물병자리 남성의 변화 욕구를 맞춰주지 못할 경우, 절망스럽고 불만족스러울 것입니다. 물병자리 남성은 도널드 덕 가면을 쓰고 잠자리에 들거나 애완용 쥐를 침대 속에 풀어놓을 수도 있습니다. 그래도 황소자리 여성은 심각하게 짜증을 내거나 다른 방에 가서 잠을 자서는 안 됩니다. 차라리 그녀도 민들레꽃을 머리에 꽂고 침대에 들어가거나, 낡은 국기로 침대 커버를 만들고 영국 국가를 틀어놓거나, 침실 천장을 형광 별들로 장식해서 사랑을 나눌 때 물병자리 남성이 북두칠성을 찾아볼 수 있게 하는 등 자신만의 깜짝쇼로 받아주는 것이 좋습니다. 깜짝쇼는 다양할수록 좋겠지요.

물병자리 남성이 황소자리 여성의 관능적인 섹스에 대한 깊은 갈증을 이해하고 만족시키기 위해서는 시간이 걸립니다. 황소자리 여성은 섹스 이외에도 가끔 애정을 표현해주기를 바라요. 황소자리 여성이 인내심을 가져준다면 물병자리 남성도 섬세하고 사려 깊은 연인이 될 수 있답니다. 황소자리 여성은 그가 가지고 있는 열정이 육체적인 것과 동시에 정신적이라는 것을 인식해야만 할 것입니다. 그녀의 전통적인 성적 욕구들과 물병자리 남성의 추상적인 욕구를 잘 통합할 수 있도록 상상력을 발휘해야만 하지요. 물병자리 남성을 열정의 순간까지 끌어올리려면 노력을 많이 해야 하지만 그만한 가치가 있습니다. 물병자리 남성은 하나가 되는 순간에 예상치 못한 마법을 부려 육체적인 감각뿐만 아니라 마음과 영혼까지 모두 일깨워줄 수 있답니다.

한 가지 주의 사항이 있습니다. 두 사람이 다퉜을 때, 화해를 위해 사용할 애완용 쥐는 황무지 쥐(건조하고 모래가 많은 곳에 서식)가 좋습니다. 황소자리는 그냥 암소가 아닙니다. 코끼리 정도는 될 강력한 에너지를 가지고 있답니다. 코끼리가 쥐를 보면 어떻게 하는지 아시죠? 황소자리 여성도 그렇게 할 가능성이 높답니다. 그녀는 깜짝 놀라 소리를 지르면서, 그 긴 코를 공중에 휘저으며 물병자리 남성의 품으로 뛰어들 것입니다. 아, 이제야 알겠네요. 그래서 쥐를 가져간 거군요! 흠… 물병자리 남성의 놀라운 계산을 절대로 과소평가해선 안 된다니까요. 물병자리 남성은 아무리 바보같이 보여도 자신이 무얼 하고 있는지 늘 정확하게 알고 있답니다.

두 사람은 다릅니다. 한 명은 여성이고 한 명은 남성이지요. 황소자리 여성은 여성으로 대접받고 싶어하고 물병자리 남성은 남성으로 대접받고 싶어합니다. 황소자리 여성은 그럴 자격이 있습니다. 하지만 물병자리 남성은, 글쎄요…. 하지만 남자 어른들은 따분하기 이를 데 없는 존재들이지요. 어린 남자아이들이 더 재미있기는 합니다. 황소자리 여성은 두꺼운 카페트와 안락하고 튼실한 가구를 좋아합니다. 물병자리 남성은 텐트에서 막 자도 상관없습니다. 황소자리 여성은 향이 좋은 거품 목욕을 하면서 목욕 솔로 등을 미는 것을 좋아합니다. 물병자리 남성은 샤워를 하면서 일본식으로 대나무 잎 같은 걸로 등을 미는 것을 좋아합니다. 황소자리 여성은 평화와 한적함을 좋아하지만 물병자리 남성은 그걸 지루함이라고 표현하지요. 물병자리 남성은 흥분과 논쟁을 좋아하지만 황소자리 여성이 보기엔 난리법석에 불과합니다.

황소자리 여성은 결국 그녀의 자랑이던 평정심과 인내심을 잃어갈 것입니다. 그러곤 발가락에 가시를 빼내어줄 다른 사람을 찾아보라고 선언할 것입니다. 그래도 **만약** 물병자리 남성이 그녀에게 날 수 있는 방법을 조금 가르쳐줄 수 있다면, **만약** 황소자리 여성이 그에게 평온하게 지내는 방법을 가르쳐줄 수 있다면, 글쎄요, 그들이 어떻게 될지 누가 알겠어요? **만약**이라는 말은 작지만 큰 의미를 가졌잖아요. 그리고 **사랑**이라는 말은 겨우 두 글자밖에 되지 않지만, 무한한 힘을 가진 말이지요.

황소자리 남성과 물병자리 여성

가엾은 투틀즈, 위험이 널 기다리고 있단다.
요정 팅크가 오늘 밤 못된 짓을 할 때 써먹을 아이를 찾고 있지.
그리고 그녀는 아이 중에서 너를 가장 만만하게 생각한단다.

물병자리 여성은 아주 특별한 남성을 필요로 하는 아주 특별한 여성입니다. 그런데 어떤 사람은 이렇게 말합니다. 물병자리 여성은 아주아주 인내심이 많은 남성을 필요로 하는, 아주 이상한 여성이라고요.

그렇게 말하는 사람은 아마도 대부분 황소자리일 것입니다. 자신들이 다른 장점들도 많지만 그중에서도 인내심이 특히 많은 사람이라는 사실을 우리에게 알려주려는 것이겠지요. 물병자리 여성의 성격은 독특합니다. 우리 대부분에게 독특하다는 것은 특별하다는 의미로 들립니다. 하지만 흙 별자리에게 독특하다는 것은 그저 이상하다는 뜻입니다. 이상하고 믿을 것이 못 된다는 뜻이지요. 하지만 중요한 것은 낱말의 정의가 아닙니다. 황소자리에게 물병자리 여성은 다르다는 사실이지요. 황소자리 남성은 물병자리 여성이 신비롭기 때문에 끌립니다. 전갈자리 여성에게서 느껴지는 그런 신비로움하고는 다릅니다. 전갈자리 여성에게 느껴지는 신비로움은 그녀가 마녀일까, 순수한 사람일까, 냉정할까, 다정할까에 대한 궁금함이지요. 물병자리 여성에게서 느껴지는 신비로움은 그녀가 진짜인지 아닌지에 대한 것입니다. 이런 면이 황소자리 남성을 매료시키지요.

물병자리 여성에게는 뭔가 즐거운 모호함이 있습니다. 타고난 것이지요. 물병자리 여성은 공기 별자리니까요. 뭐라 정의를 내리기는 어렵습니다. 예를 들어 뭔가 말을 시작하다가 말고 그만둔다거나, 남자가 "사랑해."라고 말하는데 허공을 쳐다보는 듯한 눈빛으로 그 남자의 이름을 떠올리려 애쓰는 모습 같은 것입니다. 황소자리 남성이 보기에 그녀가 정신을 집중하지 못하고 있었다고 생각되었던 순간에도, 정작 그녀는 너무나 또렷하게 그 순간에 집중했고 그때 벌어진 모든 것을 다 인지하고 있었습니다. 그녀는 한순간도 놓치지 않습니다. 그녀가 멍해 보이는 것은 정신적인 방랑 때문입니다. 그녀가 가 있는 곳에 현실의 장면이 따라올 때를 기다리고 있다는 의미지요. 상대가 그녀의 주파수를 따라 함께 여행하지 못해서, 그녀가 본능적으로 사라져버리거나 다른 채널을 접하는 상태가 되면 정말 지루한 일이지요. 물병자리 여성은 여기에도 있을 수 있고 저기에도 있을 수 있지만, 여기건 저기건 그녀는 항상 어딘가 멀리 있는 느낌을 줍니다.

물병자리 여성은 다른 모든 것에 그렇듯 연애에 있어서도 개인주의적입니다. 자기만의 원칙이 확고하지요. 다른 사람들의 기준으로 볼 때, 그 원칙들이 금욕주의적인지 수용 가능한지는 중요하지 않습니다. 물병자리 여성은 자신의 원칙에 진실하며 자신에게 솔직합니다. 황소자리 남성이 물병자리 여성에게 자석처럼 이끌리는 것은 바로 이런 스스로에게 정직한 자세와 진실성 때문입니다. 그렇기 때문에 자신의 원칙과 부딪힘에도 불구하고 물병자리 여성의 원칙을 놀라울 만큼 많이 참아낼 수 있지요. 황소자리 남성이 보기에는 물병자리 여성이 세상에 남아 있는 몇 안 되는 진짜 정직한 사람으로 보입니다. 윤리적이고 믿을 수 있고 의지할 만한… 어, 그런데 잠깐만요… 물병자리 여성이 정직하고 윤리적인 건 맞습니다. 그런데 물병자리 여성을 믿을 수 있고 의지할 만한 사람이라고 기대하기 시작했다면, 그 황소자리 남성은 이제 곧 문제에 부딪힐 것입니다.

물병자리 여성이 황소자리와 마찬가지로 고정적인 별자리이므로 목적과 의도가 확고하다는 것은 맞습니다. 물병자리 여성은 또한 기만적으로 모호한 태도를 취함에도 불구하고 정리 정돈을 잘하는 사람입니다. 그녀는 황소자리 남성처럼 물건을 모으고 저축하는 것도 좋아합니다. 알뜰해서도 아니고 구두쇠여서도 아닙니다. 별로 필요도 없는 물건들을 모아두는 사람이어서도 아니고 상식적이고 실용적인 이유가 있어서도 아닙니다. 물병자리 여성은 우연히 끌리는 물건들을 모으고 쌓아두는 것뿐입니다. 어떤 유명 인사가 아기 때 입던 옷에 달려 있던 술을 경매에서 우연히 샀다거나, 초등학교 5학년 때 선생님이 책상에 놓고 쓰시던 종의 추 같은 물건들이 그것들입니다. 물병자리 여성은 오래된 물건에 끌리는 경향이 있으며, 터무니없는 물건들을 버리지 않고 모아둔답니다. 오래된 삼총사 모자나, 아버지가 쓰시던 면도 컵이나, 어느 해 여름에 일광욕을 하던 중에 친구가 찍어줬던 누드 사진 같은 것들이지요. 아, 오해하지 마세요. 그 친구는 여자 친구였으니까요. 물병자리 여성은 아무도 보지 않는 숲속 같은 곳에 동성 친구들과 함께 있을 때 별로 얌전하지 않답니다. 어떤 물병자리들은 대중 앞에서도 별로 얌전하지 않지만 그런 경우는 논외로 하는 게 좋겠네요. 장담컨대 황소자리 남성이 그런 유형의 물병자리 여성에게 반하지는 않았을 테니까요. 물병자리 여성이 골동품을 좋아하는 것 때문에 황소자리 남성은 불만이 생길 수도 있습니다. 그 역시도 장인이 만든 오래된 가구 같은 것은 좋아합니다. 하지만 앉자마자 무너져버릴 것 같은, 망가지기 쉬운 작은 골동품에는 취미가 없답니다. 많은 황소자리 남성이 물병자리 아내가 사온 18세기식 의자에 앉아 신문에 난 주식시세를 보다가, 의자가 부서지는 바람에 바닥으로 주저앉아본 경험이 있을 것입니다. 황소자리 남성은 그 문제의 의자를 번쩍 집어 들고는 냅다 내동댕이쳐서 산산조각으로 만들지도 모릅니다. 동시에 물병자리 그녀에게 이렇게 말해서 가슴을 찢어놓겠지요. "이 망할 놈의 의자 좀 치워요! 이따위 골동품에다가 그만 돈 갖다 바치고, 탄탄하고 멀쩡한 가구에 돈을 써요! 이 방에 최신형 안락의자가 있으면 좋겠어요. 오늘 당장이요! 내가 오늘 퇴근해서 집에 돌아오면 이 자리에 그 의자가 있는 게 좋을 거예요. 당신이 직접 지고 오더라도 사다 놔요!" 황소자리 남성은 집에서는 항상 대장입니다.

자, 이제 공기 별자리인 물병자리 여성은 의자 때문에 잔뜩 화가 난 황소자리 남편에게 뭐라고 할까요? 아마 이렇게 답할 것입니다. "어이, 덩치 아저씨, truck과 운율이 맞는 네 글자 낱말이 뭐예요?" 그녀는 남편이 보지 않은 신문의 낱말 맞추기를 하는 중입니다. 화가 난 남편은 'schmuck(얼간이)'이라며 가장 무례하고 상스러운 답을 할 것입니다. 갑자기 물병자리 아내는 밝아져서 이렇게 말할 것입니다. "아, 알았다. luck이네! l을 쓰는 게 맞는 것 같아요. 가로로 lixiviate라는 말이 있으니. buck

이라고 쓰려고 했는데 B는 가로 방향이랑은 맞지 않네. 그러면 lithoid라는 말하고도 맞고. 어쨌든 고마워요. 하지만 s는 필요 없어요. 게다가 schmuck은 일곱 글자잖아요. 네 글자가 필요하다니깐. 근데, 당신 lithoid가 무슨 뜻인지 알아요? 돌로 만들어진, 돌을 닮은, 또는 돌로 된 구조물이라는 뜻이래요. 귀엽네. 이제부터 당신을 덩치 대신 lithoid라고 불러줄게요."

황소자리 남편은 완전히 할 말을 잃고 아내를 노려봅니다. 그러다 아무런 예고도 없이, 천왕성의 번개가 내리칩니다. 물병자리 아내가 신문을 남편 얼굴에 던지며 이렇게 소리치지요. "사고 싶으면 그 망할 놈의 의자를 당신이 직접 지고 와요, 돌덩이 씨. 난 내일 혼자 캠핑 갈 거예요. 한 두 주 걸릴 거예요. 전화하지 마세요. 전화하고 싶으면 내가 할 테니까. 아마 그럴 일은 없겠지만!" 물병자리 아내는 문을 쾅 닫고 나가서는 차에 올라 시동을 켜고 엄청난 속도를 내며 떠납니다. 조용히 생각할 장소를 찾아서요. 두 사람의 고정적인 에너지를 가진 별자리가 의견 충돌이 생길 때 예상되는 장면입니다. 둘 중의 한 명이, 이 경우에는 물병자리 아내가 예기치 못한 천왕성의 대폭발을 일으켰네요.

이 두 사람은 4-10 태양별자리 유형의 긴장 관계라고 말씀드렸지요. 4-10 관계는 문제를 일으키기 쉬운 에너지 파장으로 인해 종종 충돌이 발생하고 불안해집니다. 전혀 예상치 못한 순간에 두 사람 모두 화가 폭발할 수 있다는 것을 알아야 합니다. 황소자리가 정말 화가 나면 사람들을 깜짝 놀라게 하거나 충격에 빠뜨리는데, 그 이유는 그런 일이 거의 없기 때문입니다. 물병자리 여성이 화를 내면 연인이나 남편을 놀라게 하기 쉽습니다. 그 이유는 지배행성인 천왕성의 영향으로, 무슨 일을 하든 사전 경고가 없이 하는 경향이 있기 때문이지요. 하지만 그 때문에 화가 나서 집을 나가더라도 15분 정도가 지나면 화가 가라앉을 수 있습니다. 그러면 화해의 뜻으로 선물을 하나 들고 돌아올 수도 있지요. 선물은 어쩌면 길거리를 헤매던 떠돌이 강아지가 될 수도 있습니다. 강아지가 따뜻하고 촉감이 부드러우면 황소자리 남편도 마음이 녹아서 강아지와 아내를 둘 다 꼭 안아줄 것입니다. 강아지를 집에서 기르자고 하겠지요. 하지만 대소변을 가리게 잘 가르친다는 전제하에서요. 물병자리 아내도 순순히 약속을 합니다. 그렇게 다시 평화가 찾아옵니다. 하지만 그것 또한 일시적인 휴전이 될 수 있습니다. 두 사람의 관계가 오래 유지되기 위해서는 마음공부가 필요할 것입니다. 둘이 함께 행복하기를 원한다면, 먼저 둘 사이의 불안한 분위기를 없애버려야 한다는 사실을 꼭 기억해두세요.

두 사람이 모두 가지고 있는 절약 정신으로 돌아가볼까요? 4-10 태양별자리 관계의 사람들은 생각이라는 기차가 자주 탈선하는 경향이 있답니다. 물병자리 여성처럼 황소자리 남성도 오래된 기억을 간직하는 것을 좋아한답니다. 그 모양새가 고물처럼 보이지만 황소자리 남성은 수줍고 고집스럽게 그 물건이 쓸모가 있다고 주장할 것입니다. 전혀 쓸모가 없는 물건이더라도, 물병자리 여성은 황소자리 남성이 그렇게 생각하도록 내버려두는 것이 좋습니다. 물병자리 여성도 황소자리 남성도 고정 에너지를 가진 별자리이기 때문에, 둘 다 정리 정돈을 잘하며 물건을 모아두는 경향이 있습니다. 하지만 신뢰성의 질로 따지자면, 물병자리는 고정된 에너지를 갖는 별자리 중에서는 흑양(black sheep)에 해당됩니다. 흑양은 부정적인 의미가 아니라 남들과 다를 수 있는 진취성을 가진 양이라는 뜻입니다. 고정된 에너지를 가진 다른 세 별자리인 황소자리, 사자자리, 전갈자리도 물론 충분히 의지할 만한 사람들이지만 물병자리는 좀 다르답니다.

물병자리 여성은 약속을 칼같이 실천하고 약속 시간을 지키기 위해서도 온 힘을 다합니다. 진심으로 한 말이라면 철회하는 법이 거의 없습니다. 하지만 옷 입는 스타일이나 태도가 별나지요. 지배행성인 천왕성의 돌발 행동과 갑작스럽게 돌변하는 태도를 가졌고 남들을 놀라게 하는 재주가 있습니다. 이 때문에 믿을 만하다고는 표현할 수 없는 것입니다. 이런 태도를 사람들은 불안하다고 표현하지요.

황소자리 남성은 전통적이며 예측이 가능한 사람이고 이랬다저랬다 하는 것을 싫어합니다. 그를 가장 싫어하는 적이라도 그를 별나다고 표현할 수는 없지요. 황소자리는 뼛속까지 순응주의자이기 때문에 지금과 같은 물병자리 시대는 그를 절망적인 상태로 몰아넣습니다. 미쳐 날뛰는 젊은 세대들, 특히 성 혁명을 주장하고 반정부 시위나 나체 시위를 하고 여성이 남성과 대등하다고 믿는 무모한 젊은 여성에게 대체 어떻게 대응을 하면 좋을까요? 황소자리는 다만 인내심을 가지고 앉은 채, 마음속 깊이 걱정을 하면서 과격한 사람들로부터 자신의 재산을 지킬 뿐입니다. 그는 그리스 철학자 디오게네스(금욕적 자족을 강조한 그리스 철학자―옮긴이)처럼 정직한 사람을 열심히 찾습니다. 최소한 자신을 위한 정직한 여성을 찾지요.

그러니 자신의 신념을 굳건하게 지키는 물병자리 여성을 만나면, 황소자리 남성은 그 정직한 사람을 마침내 찾았다고 생각하게 됩니다. 하지만 그녀의 별난 점은 어떻게 할까요? 입고 있는 우스꽝스러운 옷들 하며 독특한 머리 모양, 게다가 그녀는 그 위험한 급진 세력에 대해서 동정심을 가지고 있습니다. 그녀는 세상에서 일어나고 있는 일에 대해 판단할 수 있는 능력이 충분하지 않는 여성인 것일까요? 어쩌면 그녀는 보호가 필요한 사람인지도 모릅니다.

물병자리 여성이 보호가 필요할 수도 있다는 것을 부인하지는 않겠습니다. 하지만 그녀가 세상 때문에 불안함을 느끼지 않는 이유는 뭘 몰라서가 아닙니다. 물병자리 시대는 바로 그녀의 시대이지요. 그녀는 이 시대의 주인인 물병자리이므로 무엇에도 자신을 맞출 필요가 없이 자신이 가진 모습 그대로면 된답니다. 그녀는 그 사실을 알지요. 물병자리 여성은 바닷가에 사는 것을 좋아하면서도 산을 더 좋아하는 사람들을 비판하지 않습니다. 대다수 친구들이 어떤 머리 모양을 하고 있건, 그녀는 언제나 자기만의 스타일로 머리 가르마를 타지요. 일요일 낮에 교회에 다녀와서 무신론자 친구들과 점심을 먹는 게 뭐 잘못된 일인가요? 그녀가 황소자리 남성에게 주변에서 일어나는 일에 대해 그렇게 빡빡하게 대응할 필요가 없다는 것을 이해시킬 수 있다면 얼마나 좋을까요. 진정한 자기 자신이 되는 새로운 시대가 열린 것이라는 걸 알게 해줄 수 있다면요. 보수든 진보든, 맨발이든 신발을 신든, 긴 머리든 짧은 머리든 뭐 어때요? 그저 자기 삶을 살면 되고 남들이 사는 방식도 그대로 인정하면 된답니다.

바로 위의 마지막 문장을 황소자리는 이해할 것입니다. 그는 상황이 자기한테 맞지 않을 경우, 약간의 불평만 할 수 있다면 각자 자기 방식대로 사는 것에 전혀 문제가 없는 사람입니다. 황소자리와 물병자리는 둘 다 '그냥 내버려두는' 경향이 있지만, 그 철학을 자신에게뿐만 아니라 바깥세상에도 적용해서 타인의 신념을 비웃지 않도록 해야 합니다. 4-10 태양별자리 커플은 상대방의 스타일을 약간 간섭해서 힘들게 하는 경향이 있답니다.

물병자리 여성은 성적인 욕망에서 추상적인 경향을 띠는데, 황소자리 남성의 성적인 욕망에는 추상적인 부분이라곤 전혀 없기 때문에 잠 못 드는 밤이 생길 수도 있습니다. 물병자리 여성은 선정적인 감각에 집착하지 않습니다. 무척 궁금해하기는 하지만요. 섹스에 대한 태도에서 물병자리 여성은 구체적이지 않고 복잡합니다. 황소자리 남성은 단순하고 현실적입니다. 물병자리 여성의 육체적인 욕구는 황소자리 남성처럼 강력하거나 깊지 않습니다. 하지만 황소자리 남성의 따뜻하고도 다정다감한 성향은 물병자리 여성의 마음을 움직여서, 그녀도 그를 기쁘게 해주고 싶은 기분이 들게 합니다. 또한, 물병자리 여성의 색다른 열정에는 정직하면서도 솔직한 무언가가 있기 때문에 황소자리 남성에게 인내심을 갖게 합니다. 보호해야 할 것 같은 충동이지요. 자신의 남성성에 해가 되지도 않으니까요.

물병자리 여성은 어떤 날은 사랑에 대한 격렬한 갈망으로 황소자리 남성을 압도하기도 하고, 그다음 날은 만지는 것조차 피하기도 합니다. 그녀는 그가 아침을 준비하면서 어설프게 과일을 깎으며 휘파람을 부는 모습에 흥분이 되기도 합니다. 또는 겨울날 창유리에 낀 서리가 만들어낸 환상적인 풍경을 볼 때나, 저녁 뉴스에서 전 세계적으로 시간당 얼마나 많은 아기와 어린이들이 굶주림으로 세상을 떠나는지에 관한 소식을 전해줄 때도 그럴 수 있습니다. 그런데 물병자리 여성은 모릅니다. 황소자리 남성이 얼마나 많이 다독여주고 안아주어야 충분히 행복해하는 사람인지요. 그는 머리도 긁어주고, 손도 잡아주고, 코에도 키스해주고, 달콤한 사랑의 말을 주기적으로 속삭여주어야 하는 사람이라는 걸 잘 모르지요.

아무리 사랑을 많이 받아도, 황소자리 남성은 늘 더 많은 사랑을 원하는 욕심꾸러기입니다. 반면에 물병자리 여성은 아무리 남편에게 헌신적이더라도, 자신의 사랑을 늘 친구들을 포함해서 전체 인류와 나누려는 기질이 있답니다. 가끔은 이 두 사람에게는 서로에게 돌아갈 사랑이 충분하지 않은 것처럼 보이기도 합니다. 사랑을 받기만 할 때는 늘 충분하지 않지요. 사랑을 줄 때는 가능합니다. 두 사람은 멈추지 않고 끊임없이 사랑을 주어야 합니다.

황소자리 Taurus

흙 · 유지하는 · 수동적
지배행성: 금성
상징: 황소
음(-) · 여성적

Pisces 물고기자리

물 · 변화하는 · 수동적
지배행성: 해왕성
상징: 물고기, 고래
음(-) · 여성적

황소자리와 물고기자리의 관계

그리하여 겁에 질린 세 아이는 상상 속의 네버랜드와 실제의 네버랜드가
어떻게 다른지를 분명하게 깨닫게 되었다.

    네, 세 명이 있는 거나 마찬가지입니다. 물고기자리는 두 마리의 물고기가 서로 반대 방향으로 헤엄치고 있는 모습으로 상징되는 이중성의 별자리니까요. 어떤 면에서 이 상징은 늘 조절하려고 고군분투하는 물고기자리의 양극성, 즉 영성과 인간성을 표현합니다. 다른 면에서는 깨우침을 향해 물길을 거슬러 올라가는 힘겨운 여행을 하기보다는, 아무런 노력 없이 물이 흐르는 방향에 몸을 맡긴 채 하류로 흘러가고 싶은 유혹을 의미하기도 합니다.

    물고기자리는 현실적인 지식의 한계 그 너머의 세상을 동경합니다. 물의 별자리로 태어났고 지배행성인 해왕성이 물고기자리의 영혼에 우주의 영적인 파장의 빛을 비춰주기 때문입니다. 물고기자리의 약물중독, 알코올중독, 천재, 성자 등의 경향은 모두 하나를 얻으려고 노력하는 것입니다. 차이라면 각각의 삶에서 얻는 경험의 밀도가 다른 정도일 것입니다.

    황소자리는 물고기자리가 구체적인 현실을 통해 경험할 수 있도록 도와줄 수 있습니다. 하지만 황소자리는 꽤 오랫동안 물고기자리가 환상의 바다를 헤엄치며 헛된 백일몽이나 좇는 어리석은 인간이라고 생각할 것입니다. 서로를 잘 이해하게 될 때까지는요.

물고기자리는 황소자리의 머릿속이 고집스러운 주장으로 가득 차 있다고 생각할 것입니다. 더러운 돈이나 추구하는 위험한 동물이라고요. 대부분의 물고기자리에게 돈은 그 자체가 더러운 것입니다. 물고기자리는 돈을 어떻게 벌고 유지하고 쓰고 분배하고 예산을 세우고 저축을 할지, 돈에 집중해야 하는 것 자체에 분개하는 사람들입니다. 돈은 다른 사람이 대신 다뤄주기를 바라지요. 그들이 원하는 것은 음식과 마실 거리와 연극이나 공연을 볼 수 있는 티켓과 몇 벌의 옷과 파란 물 위를 항해할 수 있는 휴가, 발명품이나 예술 작품을 만들거나 과학적인 조사를 할 수 있는 충분한 여유 시간 정도입니다. 그 외에 남는 건 모두 보육 시설이나 동물 보호시설, 배우 조합, 그린피스, 세금 등으로 쓰여도 된답니다.

전형적인 물고기자리는 돈을 침대 밑에서 먼지를 뒤집어쓰고 있게 두거나 은행에 넣어두는 것을 이해할 수 없습니다. 물고기자리는 돈이 없을 때만 돈 걱정을 합니다. 돈이 없어져야만 그들에게 돈이 얼마나 절대적으로 필요한 것인지 깨닫지요. 변화가 많고 몽상가이며 다중적인 물고기자리의 삶을 계속 영위해가려면 돈이 필요하다는 사실을요. 그렇지 않은 경우라면 물고기자리에게 돈은 그저 성가신 것입니다. 이들에게는 부자들의 재산도 종이 쪼가리에 불과하답니다. 그러니 물고기자리가 황소자리(화폐라는 개념에 대해 완벽하게 이해하고 있는)와 돈에 대해 얘기할 때, 그 대화는 생텍쥐페리의 주인공인 어린 왕자(해왕성이 지배하는 물고기자리를 닮은)가 자신이 소유한 돈과 별(아무도 자신의 것이라 주장할 생각을 못 했기 때문에)을 세느라 바쁜 어느 사업가(조금 탐욕적인 황소자리를 닮은)와 대화를 나누는 것 같은 모습일 것입니다.

"오억하고 일백만, 육십이만 이천칠백삼십일… 나는 중요한 일에만 관심이 있다."

"별들이 아저씨 거예요?"

"그렇다."

"그 별들로 뭘 하시는데요?"

"별들을 관리한다. 세고 또 세지. 어려운 일이긴 하지만, 난 중요한 일에만 관심을 갖도록 타고난 사람이니까…."

"하지만 하늘에서 별을 가져올 수도 없잖아요."

"없지. 하지만 내가 은행에 넣어둘 수는 있다."

"도대체 그게 무슨 뜻이에요?"

"무슨 뜻이냐면, 먼저 별이 몇 개인지 숫자를 종이에 적어. 그다음에 그 종이를 서랍에 넣고 열쇠로 잠그는 거야."

"그게 다예요?"

"그러면 된다."

어린 왕자는 한숨을 쉬었어요.

"흥미롭긴 하지만, 그게 그렇게 중요한 일은 아닌 것 같네요."

중요한 일이라는 것에 대해, 전형적인 물고기자리는 일반적인 황소자리와는 아주 다른 개념을 가지고 있답니다. 어린 왕자처럼 물고기자리도 멀리 다른 행성에서 온 존재입니다. 그 별에는 어린 왕자가 온 힘을 다해서 사랑하고 돌보았던, 세상에서 가장 아름다운 장미가 있지요. 그토록 아름다운 기억이며 고통스러운 그리움인 그 장미에게로, 어린 왕자는 몹시도 돌아가고 싶어하지요.

물고기자리인 클리브 벡스터(1924~2013)에 대해서 얘기를 들려드릴게요. 1970년 뉴욕의 한 대형 출판사는 클리브가 식물, 달걀, 정자 등의 다양한 세포를 가지고 실험을 한 연구 결과에 대해 출판계약을 하고 싶어했습니다. 모든 생명은 서로 연결되어 있고 서로 떼어놓을 수 없다는 세계적으로 유명한 연구 결과였지요. 그런데 출판사의 편집자가 갑자기 기발한 생각을 해냈습니다. 천문해석학자에게 클리브의 출생차트를 해석해달라고 부탁한 것이지요. 저자로서 얼마나 믿을 수 있고 능력이 있는 사람인지 확인해서 출판사의 위험을 줄이려고 한 것입니다.

결과는 끔찍했습니다. 편집자는 착잡한 심정으로 클리브를 찾아갔습니다. 깔끔하게 타이핑된 그에 대한 천문해석 결과를 건넸지요. 그 내용 중에 "이 사람은 항상 조직과 함께 일해야 한다. 혼자 전체 책임을 질 수 없는 사람이기 때문이다. 그의 비즈니스 감각은 제로다."라는 부분이 있었습니다.

편집자는 말했지요. "안 좋은 소식을 전하게 돼서 미안해요. 하지만 최악의 경우를 알고 계셔야 할 것 같아서요."라고요. 그런데 클리브는 너무나 기쁜 듯 작은 귀를 꿈틀거리며 이렇게 말했답니다. "정말 맞네요! 제 성격을 정확하게 설명하고 있어요. 늘 천문해석학이 정확한 과학인지 의심했는데 이젠 완전히 믿을 수 있게 됐어요. 이거 제가 가져도 되죠?" 편집자는 의외의 반응에 충격을 받고 어찌할 바를 몰랐답니다. 클리브는 진짜로 즐거워 보였거든요. 몇 년 후에 클리브 벡스터가 원고를 주기로 한 기한이 한참이나 지났는데도 단 한 장의 원고도 주지 않자, 출판사는 그에게 경고의 편지를 보냈습니다. 클리브는 유쾌하게 답장을 보냈지요. "처음에 제 캐릭터를 분석한 사람은 제가 아니고 출판사 쪽입니다. 저는 제가 책임을 즐기거나 비즈니스 감각이 있다고 주장한 적이 결코 없습니다."

제가 아는 한 물고기자리 은행원은 동쪽별자리가 염소자리이고 달별자리가 황소자리입니다. 온종일 동전과 지폐를 신중하게 세지요. 그리고 그는 늘 천식에 시달리고 발이 아팠답니다. 저는 이유를 압니다. 물고기자리이기 때문에 그는 돈에 알레르기가 있는 것입니다. 하지만 출생차트의 흙 별자리 영향 때문에 돈 통을 그냥 내팽개치고 빠져나갈 수 없는 것이지요.

제가 아는 어떤 황소자리 음악가는 달별자리와 동쪽별자리가 물고기자리입니다. 그는 늘 술집에서 팁을 두둑이 주고 경마에 돈을 탕진한답니다. 돈을 잃을 때마다, 진토닉을 몇 잔 마시며 황소자리의 양심의 가책을 진정시키지요.

이처럼 출생차트상에 충돌되는 행성들 때문에 태양별자리가 지향하는 것과는 다른 삶을 살아갈 수 있습니다. 하지만 우리는 자신의 태양별자리에 충실하려고 애써야 합니다. 열두 별자리는 개인의 진화에서 각각 고유의 목적이 있기 때문입니다. 그래서 게으르고 사치스러운 황소자리가 있을 수는 있지만, 그는 늘 마음이 불편할 것입니다. 냉철하고 돈 버는 일에 관심이 많은 물고기자리가 있을 수도 있지만, 그 사람은 항상 슬프고 신경이 예민할 것입니다.

물고기자리는 황소자리에게 보다 창의적으로 돈을 버는 방법을 보여줄 수 있으며, 그렇게 번 돈을 남들과 나누는 즐거움을 가르쳐줄 수 있습니다. 더 많이 나누면 나눌수록 그만큼 빨리 배가 된다는 우주의 법칙도 함께 말이에요.

반대로 황소자리는 그 우주의 법칙이 효과를 드러내기 전에 힘든 시절이 올 경우를 대비해야 한다는 점을 물고기자리에게 가르쳐줄 수 있습니다. 백 달러를 남에게 주더라도 몇 달러 정도는 저축하는 것이 현명하다는 사실을요. 비 오는 날 길모퉁이에 깡통을 놓고 앉아 있는 일은 정말 힘들 테니까요. 그런 생각만으로도 황소자리는 가슴이 두근거리고 머리카락이 쭈뼛쭈뼛 섭니다.

물론 환경의 영향으로 가난에 대한 걱정과 조바심이 많은 물고기자리도 있을 것입니다. 그런 경우라면 평소에 몇 달러 정도는 챙겨두겠지만, 속으로는 구두쇠처럼 구는 자신이 몹시 싫을 것입니다. 신기하게도 물고기자리는 돈을 챙겨두는 일을 멈췄을 때, 예기치 않은 곳에서 마치 마술처럼 돈이 다시 생긴답니다. 물고기자리의 행운이지요. 그들이 내면의 소리에 귀 기울인다면 가난은 문제가 되지 않습니다.

황소자리와 물고기자리 사이의 이상하고도 흥미로운 차이점 중에는 이름에 관한 것도 있습니다. 황소자리는 별명이 있는 경우가 거의 없는데, 만약 있다 해도 황소자리는 그 별명을 좋아하지 않는답니다. 전형적인 황소자리라면 자신의 이름이 아무리 기이해도 법적으로 바꾸는 일은 없을 것입니다. 어린 시절에는 이상한 이름 때문에 마음고생을 하겠지만, 어른이 되고 나면 그 이름이 부르기에도 좋다고 생각하게 되지요. 그렇지 않은 사람은 무시하면 그만입니다.

물고기자리는 대부분 별명이 있거나 내심 별명이 있기를 바라는 경우가 많습니다. 시간이 지나도 친구들이 별명을 지어주지 않으면 스스로 가명을 쓰기도 합니다. Catherine이라는 이름을 가진 물고기자리 여성은 Kathryn이라는 식으로 철자를 바꿀 수도 있습니다. John이라는 이름의 물고기자리 남성이라면 Joshua라고 바꾸거나 보다 낭만적인 Jonathan라는 이름으로 바꿀 것입니다. 실은 어떤 이름이라도 상관 없답니다. 더욱 이국적인 느낌을 준다면요. 그리고 사생활을 캐고 다니는 사람들로 부터 정체성을 숨길 수 있다면요.

물고기자리는 직접적인 질문을 받거나 확실한 입장을 취해야 하는 상황을 견디기 힘들어합니다. 어떤 상황이 벌어지면, 물고기자리는 그 주위를 이리저리 헤엄쳐 다니며 모든 면을 살펴보고 다양한 의미를 흡수합니다. 그런 후에는 자신의 평정을 위협할 만한 논쟁거리로부터 조용히 도망치지요.

황소자리는 그 반대입니다. 황소자리는 매사에 용기를 가지고 직면하며, 자신의 입장을 완고하게 주장하고 고집합니다. 아무리 노력해도 자신의 주장이 받아들여 지지 않는다면, 완강하게 등을 돌리고 떠나버립니다. 그냥 도망치는 것과는 다르지 요. 육중한 가슴 위로 팔짱을 끼고선 자신의 의견을 그대로 간직한 채, 원래 출발했 던 지점으로 성큼성큼 되돌아가는 것뿐입니다.

두 사람이 언쟁을 벌일 때 주로 이런 모습이 나타납니다. 그들은 좀처럼 만족스러 운 해결책을 얻을 수 없습니다. 하지만 웃음으로 마무리할 수는 있답니다. 황소자리 는 풍부하고 감칠맛 나는 환상의 유머 감각을 가지고 있지요. 영리하고 섬세하며, 신랄한 위트가 아니라 일상생활의 다채로움에서 우러나오는 따뜻한 유머 감각입니 다. 똑똑하고 가끔은 너무나 머리가 좋은 물고기자리도 유머를 좋아합니다. 그래서 둘이 서로 웃다 보면 차이점은 잊게 됩니다. 결국에는 흙과 물 원소의 타협으로 해 결이 되는 경우가 많습니다. 별자리의 구성 원소 중 흙과 물은 서로 잘 어울리지요. 물은 흙을 풍부하게 하고, 흙은 물을 위한 집을 제공하기 때문입니다. 하지만 이 두 가지 요소가 잘못 섞이게 되면 곤란합니다. 진흙탕이나 유사(流沙: 바람이나 물에 의 해 아래로 흘러내리는 모래. 사람이 들어가면 늪에 빠진 것처럼 헤어 나오지 못함—옮긴이) 를 만들 수도 있으니까요.

황소자리와 물고기자리 관계는 3-11 태양별자리 유형입니다. 두 사람이 만날 때 는 우연이거나 예상 밖의 만남인 경우가 거의 없답니다. 다른 모든 3-11 유형의 관 계에서처럼 이 두 사람도 운명적인 만남인 경우가 많습니다. 전생에서 한 사람이 다 른 사람에게 헌신했거나 상처를 준 것 때문에, 그것을 갚기 위해 운명적으로 다시 만나는 것이지요. 이들은 만나고 헤어짐을 결정할 수 있는 선택의 권한이 없다는 것 을 느낍니다. 두 사람은 자석처럼 서로 끌립니다. 두 사람의 의식 너머에 있는 자아 가 이끄는 대로 따라가게 되지요.

황소자리와 물고기자리는 다른 3-11 태양별자리 유형의 사람들이 그렇듯, 이번 생에서 함께 행복할 수 있답니다. 다만, 두 사람 사이에 종종 발생할 수 있는 긴장 상태를 참아내고 서로의 부담을 기꺼이 짊어져야 하지요. 지난 생의 의무와 책임을 받아들일 의지가 있어야 합니다. 그 의무를 불평 없이 받아들인다면 보상은 무척 클 것입니다.

기본적으로 황소자리와 물고기자리는 서로의 단점에 관대합니다. 하지만 황소자리는 현실을 직면해야 하는 필요성을 깊이 느끼고 있지요. 황소자리는 인간의 진화에 있어 '현실성을 견지할' 필요성을 가르치기 위해 태어납니다.

반면에 물고기자리는 전혀 다른 여행을 위해 태어납니다. 이들은 물길을 거슬러 올라가는 물고기자리이든 물길에 몸을 내맡기고 떠내려가는 물고기자리이든, 모두가 아주 오래된 영혼입니다. 그러므로 물고기자리는 세상 사람들이 말하는 '현실'을 직면하는 것이 어렵습니다. 물고기자리는 우리가 원래 조화와 아름다움만을 간직하도록 태어났음에도 불구하고, 서로에게서 슬픔과 추함을 보고 인식하는 것 자체가 진짜 '원죄'라는 것을 알고 있습니다. 물고기자리는 무의식 속에서 둥근 수도원 천장에 울려 퍼지던 티벳 승려들의 읊조림을 듣는답니다. "이곳은 환영의 세상이다… 이곳은 환영의 세상이다…."

황소자리는 영혼을 발전시키고 궁극의 구원을 얻기 위해서는 그런 원죄를 인정해야 한다고 느낍니다. 황소자리는 물고기자리에게 강요합니다. 그들이 스스로를 기만하면서 환상을 쫓고 있다는 것을 인정하고 현실을 있는 그대로 보라고요. 그렇게 해서 물고기자리의 투명하고 반짝이는 환상의 시냇물이 황소자리의 풍요롭고 안정적인 대지로 돌아갈 수 있도록 해주지요.

"Jonathan은 당신의 진짜 이름이 아니에요. 당신은 또 환상의 세계에 빠져 있어요." 라고 황소자리는 물고기자리를 꾸짖을 것입니다. 꾸지람을 들은 물고기자리의 눈물이 황소자리의 현실성에 반대하는 해왕성의 도전일 뿐만 아니라, 이 '환영의 세계'에 사는 모든 길 잃은 영혼들을 위한 것이라는 사실은 전혀 생각하지 못할 것입니다.

"Jonathan, 정말 잘못했다는 생각이 들지 않아요?" 황소자리는 고집스럽게 다그칠 것입니다.

"어, 그래… 그래요."라고, 물고기자리는 대답하겠지요.

황소자리 여성과 물고기자리 남성

마이클에게 혼자라는 건 두려웠다.
"무슨 소리라도 나면 좋겠는데!" 그는 소리쳤다.
마치 그의 요청에 응답하기라도 하듯, 생전 처음 듣는 엄청난 굉음이 공기를 갈랐다.
그 울림은 온 산으로 메아리쳤다.

황소자리와 관계를 맺는 물고기자리는 곧 황소자리의 침묵과 으르렁거림을 모두 경험하게 됩니다. 특히 물고기자리 남성이라면 더욱 제대로 경험하게 됩니다.

황소자리 여성이 사랑의 구슬치기 놀이를 할 때는 이기려고 합니다. 모든 구슬을 갖기 위해 구슬을 던지지요. 하지만 황소자리 여성이 잠깐 상식을 잊고 있을 때는 눈을 가린 채 구슬 놀이를 할 수도 있습니다. 가끔 눈가리개 사이로 살짝 밖을 보는 반칙을 하지 않는다면요. 물고기자리 남성과 이런 놀이를 할 때는 아마도 반칙을 하게 될 것입니다. 물고기자리 남성 또한 어떻게 하면 이 관계를 주도할 수 있을까 고심하며 살짝 엿보는 반칙을 할 수 있습니다.

두 사람의 관계가 영원한 구속으로 가는 것처럼 보이면, 물고기자리 남성은 얼른 도망쳐버릴지도 모릅니다. 하지만 그런 행동은 그저 해왕성의 에너지를 반영하는 행동일 뿐 곧 다시 돌아옵니다. 물고기자리의 회귀본능이 잘 안내해주지요. 물고기자리 남성과 황소자리 여성은 오래도록 지속되는 행복을 약속받았으니까요. 두 사람은 매우 희망적인 관계랍니다.

황소자리 여성과 물고기자리 남성은 모두 평화와 고요를 좋아합니다. 둘 다 긁어 부스럼 만들지 않는 것이 현명하다는 것을 알고 있습니다. 왜 굳이 문제를 만들겠어요? 황소자리 여성은 일부러 문제를 찾아다니지 않아도 매일 수많은 걱정거리가 발생한다는 것을 압니다. 물고기자리 남성도 전적으로 동의합니다. 물고기자리 남성은 문제라는 녀석을 향해 휘파람만 불어도, 그 순간 그 문제가 바로 코앞으로 달려오는 것처럼 느껴집니다. 그러니 불행의 여신이 들을 수 있게 휘파람을 불면 안 됩니다. 그 소리를 듣자마자 판도라의 상자가 활짝 열릴 테니까요. 다른 사람을 탓할 수도 없답니다. 그런데… 항상 그렇지는 않습니다. 물고기자리의 불행은 본인 탓인 경우가 드뭅니다. 물고기자리는 천성적으로 다른 사람의 불행에 잘 엮이는 경향이 있답니다. 남의 이야기를 잘 들어주는 사람이기 때문이지요.

두 사람에게는 또 다른 공통점이 있습니다. 물고기자리가 끈적끈적한 해초를 피하기 위해서 선택하는 방법과 황소자리가 가시철망이나 가시덤불을 피하기 위해 선택하는 방법이 같습니다. 또 다른 우울함으로 빠져드는 것입니다. 두 사람이 모두 생각을 곱씹는 내성적인 성향이 있기 때문이지요. 하지만 황소자리 여성이 물고기자리 남성보다 대체로 더 인내심이 많고, 결과에 대해서도 보다 많은 확신을 가지고 있습니다. 황소자리 여성은 자신이 원하는 사물이나 사람을 갖기 위해 레이다를 설치해놓고 기다리는 것을 마다하지 않습니다. 아무런 불평 없이요. 필요하다면 말 한마디 하지 않고 묵묵히 기다릴 수 있지요. 실제로 황소자리 여성은 약속 시간에 늦는 사람을 기다려야 하는 상황도 즐길 수 있답니다. 비상시에 자신의 침착함을 훈련할 수 있는 기회가 된다고 생각하지요.

물고기자리 남성과 진지한 관계를 희망한다면 딱히 나쁜 습관이라고는 할 수 없겠지요. 대부분 물고기자리 남성은 약속 시간에 맞춰서 나타나는 법이 거의 없으니까요. 동쪽별자리나 달별자리가 처녀자리 같은 보다 안정적인 별자리가 아니라면요. 어떤 물고기자리는 회사에도 지각하고, 극장에도 늦게 나타나고, 치과 예약 시간이나 송년회 파티에도, 심지어 자기 결혼식에도 지각합니다. (이런 약속이나 행사를 아예 하지 않기도 합니다만.)

물고기자리 남성은 황소자리 여성에게 자신의 모습이 어떻게 비쳐질까 궁금합니다. 그런데 궁금하기는 하지만 딱히 신경을 쓰는 것은 또 아닙니다. 물고기자리는 사랑에 빠졌을 때 노심초사하는 스타일이 아닙니다. 적어도 표면적으로는요. 집세 문제나 진정한 삶의 의미나 미래는 어떨지 등에 대해 조금 고민하기는 하겠지만, 물고기자리에게 로맨스는 그냥 자연스러운 상태입니다. 이 발랄하고 다정하면서도 낭만적인 물고기자리 남성은 아마도 놀랄 만큼 어린 나이에 로맨스의 강물에 뛰어들었을 것입니다. 그 강물 속에서 수영과 다이빙을 배웠을 것입니다. 황소자리 여성이 아직 어린이 만화 영화에 빠져 있을 그때, 물고기자리 남성은 이미 태어나서 처음으로 누군가를 흠모하는 마음을 경험했을 것입니다. 평균적인 황소자리 여성에게 사랑의 감정은 좀 늦게 찾아오는 편입니다. 어쩌면 그래서 다른 별자리 여성보다 사랑에 대해 더 감사하고 고마워하는지도 모릅니다. 기다림이 있어야 소중함을 아는 법이지요. 크리스마스도 그렇고 봄도 그렇고 달콤한 첫 키스도 그렇고요.

물고기자리 남성의 첫인상이 어떻든 황소자리 여성이 그를 이해하려고 조금은 노력해보기를 바랍니다. 처음 만났을 때 물고기자리 남성은 황소자리 여성에게 분명 낯설고 이해할 수 없는 사람일 것입니다. 그는 그동안 그녀가 알았던 어떤 남성과도 다르지요. 하지만 그 때문에 그녀는 왠지 모르게 끌리는 매력을 느낄 것입니다. 보통 땐 너무 복잡해 보이거나 변화무쌍한 캐릭터를 잘 믿지 않는 황소자리 여성이지만요. 두 사람은 3-11 태양별자리 관계로 서로 자석처럼 이끌리는 사이랍니다. 그래서 남녀로 만나는 경우에는 강한 충동을 느끼게 됩니다. 황소자리 여성은 전갈자리 남성에게도 강한 매력을 느끼는데, 그 경우에는 육체적인 끌림이지요. 물고기자리 남성과의 관계에서는 단순히 육체적인 매력을 넘어서 어떤 깊은 끌림을 느끼게 됩니다. 물고기자리 남성은 자신을 위해 음식을 만들어주고, 믿어주고, 위로해주고, 사랑해줄 사람을 필요로 하지요. 황소자리 여성만큼 그런 것을 잘해내는 사람은 없답니다.

황소자리 여성은 가끔 자기 연민이나 불길한 예감에 울적해질 수 있습니다. 하지만 곧 균형을 다시 찾고 금성의 다정한 태도를 회복하게 됩니다. 황소자리 여성은 따뜻한 반신욕과 뜨끈한 수프 한 그릇 그리고 농담 몇 마디면 어떤 상처도 치유된다고 믿습니다. 사소한 분노에서 엄청난 비극까지 다 해당되지요. 물고기자리 남성의 우울함은 보다 광범위하고 복잡해서 아주 특별한 치료법이 필요할 수 있습니다. 어쨌거나 물고기자리 남성은 황소자리 여성의 돌봄을 즐겁게 받아들일 것입니다. 황소자리 여성은 물고기자리 남성이 마음을 다쳤을 때 누구도 부정할 수 없는 차분한 위로의 힘을 가지고 있답니다.

성적인 면에서 황소자리 여성과 물고기자리 남성은 서로 잘 맞습니다. 물고기자리 남성이 가지고 있는 육체적인 사랑에 대한 해왕성식 태도는 딱 두 단어로 설명할 수 있습니다. 감각과 낭만입니다. 황소자리 여성의 태도도 같지요. 두 사람은 육체로 느낄 수 있는 모든 감각적인 경험을 느끼고 싶어합니다. 그러니 두 사람 사이에는 아주 친밀한 육체적 관계가 가능하지요. 물고기자리 남성은 거의 모든 신경 감각을 다 사용합니다. 그가 사랑을 나눌 때는 이 세상이 아니라 다른 세상으로 가고 싶어하는 열망이 담겨 있습니다.

황소자리 여성은 본능적으로 감각을 통해 느낍니다. 그녀는 차분한 카리스마와 위로를 주는 듯한 분위기를 가지고 있으며 너무나도 부드럽게 어루만져줍니다. 사랑하는 사람을 따뜻하게 덮어주고 싶은 본능적인 욕구와 함께 유머 감각을 살살 간질여주고 싶어하는 마음이 동시에 작용합니다. 게다가 허스키한 속삭임과 금성의 가호를 받은 완만한 곡선의 몸매를 하고 있지요. 두 사람이 왜 대체로 같은 감정적인 리듬을 탈 수 있는지 이해하시겠지요? 황소자리 여성이 가지고 있는 여성적인 성향은 사랑하는 남성을 점유하려하기보다는 복종하려는 경향을 가지고 있는데, 물고기자리 남성은 이런 태도를 무척 좋아합니다. 특히나 공격적인 여성 때문에 악몽을 겪어본 물고기라면 더더욱 만족할 것입니다. 두 사람은 자신이 원하는 것을 상대방에게 명확하게 잘 전달할 수 있고, 상대가 원하는 것을 어떻게 만족시켜줄지도 명확하게 알고 있습니다. 그래서 두 사람의 육체적인 사랑은 아주 세속적인 열정이면서 동시에 신성한 황홀경을 모두 느낄 수 있는 아름다운 경험이 될 수 있습니다.

하지만 두 사람이 얼마나 행복할 수 있을지는 물고기자리 남성이 어떤 유형인지에 달렸습니다. 그가 물살을 거슬러 올라가는 유형인지, 그저 흐름에 몸을 맡겨서 자꾸만 가라앉는 물고기자리인지에 따라 다르지요. 가라앉는 유형이라면 대양의 맨 밑바닥에 있는 소라들 사이를 어슬렁거리며 사라진 아틀란티스 제국을 찾아 헤매고 있을 것입니다. 아니면 그 서늘하고 조용한 물속에서 어떤 추상적인 이론에 대해 명상 중일지도 모르고요. 아, 물고기자리라면 인어가 나타나 아무리 유혹해도 별 감흥이 없을 것입니다. 인어가 아주 현실적이어서 물고기자리 남성이 꿈을 이룰 때까지 기꺼이 정신적으로 경제적으로 후원해줄 존재가 아니라면요. 황소자리 여성이라면 그런 환경을 한동안은 잘 감내할 것입니다. 하지만 시간이 좀 지나면 슬슬 화가 나기 시작할 것입니다. 물고기자리 남성이 그녀의 인내심에 너무 오랫동안 의지하면, 황소자리 여성은 분별도 없고 안정을 무시하는 태도라고 판단하게 될 것입니다. 결국 그녀는 좀처럼 보이지 않는 어마어마한 천둥 번개 같은 분노를 표출하게 됩니다. 하지만 그 천둥 번개가 가라앉았을 때는 이미 물고기자리는 조용히 사라지고 없을 것입니다. 그리고 물고기자리가 사라져도 황소자리 여성은 별로 신경 쓰지 않을 것입니다. 황소자리 여성은 한번 마음을 먹으면 절대로 뒤돌아보지 않기 때문이지요. 예전에 누군가 뒤를 돌아보았다가 소금 기둥으로 변했다는 얘길 들은 적이 있거든요.

아무리 물고기자리 남성이 튼튼한 꼬리와 지느러미를 가진 펄떡거리는 물고기 유형이라고 해도, 황소자리 여성은 그가 어떻게 모든 사람들의 눈물과 한숨을 받아주는지 얼마나 물질세계에 대한 감각이 뛰어난지 잘 이해하지 못합니다. 물고기자리는 깨끗한 물속에서는 놀랍도록 총명하고 창의적인 사람이 됩니다. 하지만 황소자리 여성이 특유의 현세적인 고집으로 물을 계속 흐리게 만들고, 사람들이 계속 그의 시간과 연민에 부담을 주면 물고기자리 남성은 술집을 전전하며 술로 위안을 삼을 수도 있습니다. 그러면 황소자리 여성은 얼굴을 찌푸리기 시작하겠지요. 그렇게 두 사람의 종말이 시작됩니다.

황소자리 여성의 마음을 아프게 하는 세 가지 공식이 있습니다. 바로 거짓된 약속과 기만과 게으름입니다. 황소자리 여성의 마음을 치유할 수 있는 공식도 세 가지 있습니다. 정직과 신의와 믿음입니다. 물고기자리 남성이 이것만 기억한다면 평생의 외로움을 끝낼 수 있는 기회를 잡을 수도 있을 것입니다.

물고기자리 남성은 얽힌 실타래 같은 신경을 풀기 위해 한동안 혼자 명상의 시간이 필요합니다. 황소자리 여성이 이런 점을 이해해준다면 물고기자리 남성은 언제나 그녀의 따뜻한 품으로 돌아올 것입니다. 유쾌한 농담과 따뜻한 목욕과 뜨끈한 수프 그리고 깊은 밤 속삭여주는 허스키한 목소리가 그리워서 말이에요. 그러면 크리스마스이브처럼 아주 특별하고 기다릴 가치가 있는 사랑의 시작이 될 수도 있습니다. 뜨거운 열정 속에는 3-11 태양별자리 관계가 가지고 있는 진실한 우정이 든든하게 바치고 있을 것입니다. 오랜 시험 기간을 모두 거친 아주 탄탄한 우정이지요.

황소자리 남성과 물고기자리 여성

고요한 밤이면, 그는 종종 갑판에서 자신과 대화를 나누었다.

그녀는 피터 때문에 마음 아파하는 어린 소녀가 아니었다.

그녀는 그 모든 것에 웃을 수 있는 다 자란 여인이었다. 하지만 그녀의 웃음은 젖어 있었다.

어린 시절 마술사가 하얀 토끼나 장미를 눈앞에서 사라지게 만드는 장면을 본 적이 있는지요? 황소자리 남성이 물고기자리 여성과 사랑에 빠지면, 황소자리 남성은 마법의 '마' 자도 모르는 물고기자리 여성이 그런 마법을 부리는 것을 보게 됩니다. 물고기자리 여성이 사라지는 마술을 배우려면 몇 달이나 몇 년이 걸릴 수도 있습니다. 그리고 그녀는 자신이 곧 사라진다고 미리 발표를 하지도 않을 것입니다. 물고기자리는 논란의 중심이 되거나 끝없이 이어지는 비난의 표적이 되는 걸 무척이나 싫어하니까요. 그냥 특별할 것 하나 없던 어느 날 이렇게 말할 것입니다.

"여보, 오늘 저녁에 시 낭독 모임에 초대받았어요. 나 내려주고 혼자 영화라도 한 편 보고 다시 데리러 와요."

"혼자 영화 보기 싫은데."

"그럼 저랑 같이 모임에 가실래요? 그 모임은…."

"싫어요. 난 그런 뜬구름 잡는 소리 하는 모임은 별로 안 좋아하는 거 알잖아요."

"그래요, 그럼. 저도 낭독 모임에 안 갈래요. 당신이랑 같이 영화 보러 갈게요. 이 새로 산 원피스 어때요?"

"너무 짧지 않아요? 술집에서 일하는 아가씨들 같아요. 다른 걸 좀 입어요. 그 원피스는 입고 싶으면 치마 단을 좀 내려요."

"알겠어요. 그럴게요. 하지만 다른 사람들은 다…."

"그렇겠죠. 다른 사람들은 다 섹스와 약물과 폭동과 혁명 그리고 여성해방에 미쳐 있겠죠. 그렇다고 내가 사랑하는 내 여자도 그들을 꼭 따라 해야 하는 거예요?"

"물론 아니죠. 알았어요. 내 생각엔 그냥….."

"당신은 생각할 필요 없어요. 생각이란 건 당신 머리를 복잡하게만 해서 혼란스러운 의견을 만들어낼 뿐이니까. 당신은 여자다운 게 뭔지만 생각해요. 자, 영화 늦겠어요. 여보? 여보, 어디 가는 거예요?"

그녀는 가버렸습니다. 어릴 때 봤던 그 하얀 토끼처럼 그렇게 갑자기, 감쪽같이 사라져버렸답니다. 그녀는 황소자리 남성이 자신의 섬세한 감정에 너무나 무딘 것에, 그녀와 어떤 타협도 하지 않으려고 하는 고집에 지쳐 마침내 포기하기로 한 것입니다. 어쩌면 잠시 혼자만의 시간을 갖기 위해 사라진 것일 수도 있습니다. 그를 정말로 사랑한다면 시간이 지난 후에 다시 활력을 되찾고 돌아와, 그에게 다시 순응할 준비가 될 수도 있습니다. 해왕성이 지배하는 여성에게는 자학적인 성향이 약간 있지요. 하지만 영원히 사라져버릴 수도 있습니다. 특히나 물고기자리 여성의 달별자리나 동쪽별자리가 공격적인 별자리인 경우라면요. 그러니 황소자리 남성은 사전에 이런 가능성을 염두에 두고 현실적으로 대비할 수 있어야겠지요.

두 사람의 태양별자리와 달별자리가 조화롭다면, 두 사람은 아주 특별하고 만족스러운 연인으로 발전할 수 있습니다. 두 사람에게는 잘 맞는 부분이 많답니다. 삶이 황소자리 남성에게 너무 시끄럽고 정신없을 때나 혹은 물고기자리 여성에게 너무 혹독하고 추할 때, 두 사람은 서로를 깊이 위로해줄 수 있습니다. 예쁘고 말도 잘 들어주며 목소리도 사근사근하고 다정다감한 여성을 어떤 남자가 싫어할까요? 하지만 세상의 법칙은 이상해서 남성들은 인내심과 이해심이 깊은 여성을 보면 어디까지 가나 시험해보고 싶어합니다. 황소자리 남성도 예외가 아닙니다. 황소자리 남성과 사랑에 빠진 물고기자리 여성은 스스로 자존감을 높여야 할 겁니다. 그를 아주 사랑스러운 곰돌이 인형으로 바꿀 수 있는 마법을 배우고 싶다면요.

물고기자리 여성에게는 대단히 멋진 재능이 있습니다. 상냥하게 상대방의 말을 들어주는 겉모습 뒤에, 그녀는 아주 날카롭고 총명한 고도의 인지능력을 숨기고 있지요. 황소자리 남성이 혹시 다른 여성에게 추파를 던진 사실을 그냥 넘어가려고 한다면, 그가 전혀 예상치 못한 순간에 물고기자리 여성이 그 사실을 알아차릴 것입니다. 물론 그녀는 너무 빨리 그를 용서해주겠지만요. 적어도 한 번은요. 또는 황소자리 남성이 그녀의 꿈을 무시하려 한다거나 물고기자리 여성의 유연한 성격을 자기 고집대로 움직이게 하려고 하는 경우에도 마찬가지입니다.

두 사람 사이의 문제가 비단 황소자리 남성의 지나친 남성 우월주의 때문에 빚어지는 것만은 아닙니다. 어떤 경우에는 물고기자리 여성의 자꾸만 미루는 버릇이나 짜증스러울 만큼의 모호함, 비밀주의, 지나친 의존성 혹은 눈물 한 바가지가 동반되는 자신감 부족 등으로 문제가 발생하기도 합니다. 그녀는 그에게 정말 완벽 그 자체라고, 황소자리 남성이 수천수만 번 얘기해도 소용없습니다. 특히 출생차트에서 태양이 다른 행성과 충돌 각도를 맺고 있거나 변화하는 에너지의 동쪽별자리 또는 달별자리를 가지고 있는 경우에는, 그런 말을 듣고도 자기를 놀리는 것이거나 농담이 아닐까 의심하고 걱정합니다.

　황소자리 남성이 물고기자리 여성을 잘 이해하려면 기억해야 하는 것이 있습니다. 물고기자리 여성은 바로 옆에 있는 사람의 감정적인 파장을 바로 반사할 뿐 아니라, 그런 감정을 해왕성의 영적 공감을 통해 스폰지처럼 내면으로 흡수하기도 한다는 것입니다. 황소자리 남성이라면 자신의 지배행성이 여기저기 다니며 사람들의 눈물을 닦아주고 두려움도 덜어주면서, 기쁨에서 히스테리까지 어떤 감정이든 다 반사하고 흡수한다면 어떨까요? 보통 사람이라면 가끔은 불안하고 위태롭게 느낄 것입니다.

　모든 황소자리 남성이 다 거칠고 드세며 무심한 유형이라고 생각하면 안 됩니다. 그 좋은 예로 황소자리였던 영화배우 제임스 메이슨이 있지요. 제임스는 아주 세련된 매너를 지닌 배우였지요. 하지만 고집은 무지 셌고요. 마찬가지로 모든 물고기자리 여성이 매일 눈물만 짜는 울보에 겁이 많고 공격성이라고는 전혀 없는 소심한 사람들은 아니라는 것을 명심하셔야 합니다. 그 예로 제임스 메이슨의 전부인 파멜라 메이슨이 있지요. 그녀는 물고기자리였는데 황소자리를 비롯해 어떤 누구에게도 밀리지 않고, 자기가 원하는 것을 정확하게 알고 있던 사람이었습니다. 하지만 그녀는 다정하고 정이 많은 사람이었지요.

　황소자리 남성을 괴롭히는 것 중에 하나는 바로 사랑하는 물고기자리 여성이 해왕성식으로 어떤 진실을 바라본다는 것입니다. 그녀는 진실을 그 순간의 느낌으로 인식하지요. 그래서 그것은 늘 상처받기 쉽고 변화에 민감합니다. 사람들은 쉽게 그녀에게 이런저런 영향을 줄 수 있지요. 물고기자리는 진실이라는 것을 정해진 것으로 보지 않고 지속적으로 변경되는 것으로 인식합니다. 그것은 해석에 따라서 달라지지요.

　황소자리는 진실은 곧 사실이고 영원하며 불변하는 것으로 인식합니다. 정말 극과 극일 수밖에 없지요. 과연 누가 옳을까요? 실제로 두 사람 다 옳기도 합니다. 다만 경우에 따라, 어떤 진실을 의미하는지에 따라 다르겠지요. 어떤 진실은 보편적이며 영원히 바뀌지 않기도 합니다. 어떤 진실은 여러 가지 측면이 있고 개별적인 것이기도 합니다. 또 다른 진실은 계속되는 상태이기도 합니다. 사람들의 감정이나 느낌에 관련되어 있다면요. 또 어떤 진실은 반박할 여지가 없는 사실에 근거하기도 합니다. 예를 들면 "당신은 한 시간 전에 욕실에 있었나요?" 같은 질문이라면 분명 답은

"네." 혹은 "아니요." 둘 중에 하나이겠지요. 우주에 있는 모든 것은 서로 연관되어 있는데 진실이 예외가 될 수는 없겠지요? 욕실 문제는 바로 직전 과거에 관한 것입니다. 좀 더 먼 과거에 대한 질문을 해볼까요? "링컨은 피살되었는가?", "나폴레옹은 마지막 전투에서 패했는가?" 같은 질문이 있을 수 있습니다. 또는 아인슈타인의 상대성이론과 관련된 더 형이상학적이고 정신적인 범주에 들어가는 문제도 있지요.

하지만 진실이 아무리 그 상태와 형태가 다양하다 해도, 황소자리 남성과 물고기자리 여성의 사랑의 표현 방식에는 별로 영향을 미치지 않습니다. 이 부분에서만큼은 두 사람 사이에 충만한 평화가 유일한 진실이기 때문입니다. 두 사람의 태양과 달별자리가 심각한 충돌이 있는 경우라면 관계가 어려울 수도 있습니다. 하지만 대체로 황소자리 남성과 물고기자리 여성 사이의 육체적인 사랑은 부인할 수 없는 진실과 아름다움으로 조화를 이룹니다. 흙은 물에 강렬하게 이끌리고, 마찬가지로 물도 흙에 강하게 이끌리게 마련입니다. 서로의 태양과 달별자리가 긍정적인 관계라면, 두 사람은 공기나 불의 별자리가 상상할 수 있는 것보다 훨씬 더 강력한 교감을 통해 그들만의 세상 속에서 살아갈 수 있습니다. 서로의 필요를 의심하지 않으며 서로의 부름에 응답하는 황소자리와 물고기자리의 사랑은 어떤 종류의 인간 경험도 줄 수 없는 위로를 줄 수 있습니다. 다른 별자리 커플처럼 폭발적인 열정을 담보한 관계는 아니지만, 너무나 따뜻하게 서로를 내어주고 받는 부드럽고 다정한 관계입니다. 두 사람의 육체적인 사랑에 대해서는 늘 미스터리 같은 느낌이 있습니다. 두 사람은 그런 미스터리를 있는 그대로 즐기는 편입니다. 그걸 파헤치면 두 사람의 열정을 훼손시킬 우려가 있으니까요.

황소자리 남성이 물고기자리 여성의 사랑을 어떤 특정한 형태로 강요하려 한다면, 아마도 그녀는 떠나버릴 것입니다. 최악의 경우엔 주변을 계속 맴돌면서 황소자리의 화를 돋우며 그의 소유욕을 자극할 수도 있습니다. 황소자리 남성은 가끔 너무 바쁘거나 물고기자리 여성의 느낌을 공감해주지 못할 정도로 다른 일에 몰두해 있을 때 물고기자리 여성을 외롭게 만들기도 할 것입니다. 하지만 물은 흙을 풍요롭게 만들지요. 흙은 물을 받아들여 흙을 더 단단하게 만듭니다. 두 사람은 서로의 차이점을 토대로 함께 성장하는 동시에 서로의 공통점에서 위안을 찾기도 할 것입니다. 물고기자리 여성이 황소자리 남성에게 애정의 표현을 충분히 구체적으로 해줄 수 있다면요. 그럼 황소자리 남성은 자신의 든든함을 그녀에게 빌려줄 겁니다. 물고기자리 여성의 꿈이 그녀를 현혹하거나 그녀의 열망이 스스로 슬프게 할 때 의지할 수 있도록 해주지요.

언젠가 두 사람은 한밤에 같이 산책을 나갈 겁니다. 그녀는 하늘을 보며 그에게 속삭이겠지요.

"들어봐요."

그는 묻겠지요.

"뭘 들어요?"

"별이 하는 말이요! 저기 저 반짝이는 별들이 하는 얘기요. 정말 아름답지 않아요?"

물고기자리 여성의 당황스러운 말에 얼굴을 찌푸리는 대신, 황소자리 남성은 그녀의 손을 더 꼭 잡고 그녀의 말에 귀를 기울일 것입니다. 별이 나올 때, 눈송이가 날릴 때는 정말 아름다운 음악을 만든답니다. 당신이 불안할 때 누군가 당신의 팔짱을 껴주거나 혹은 따뜻한 미소를 지을 때도 그렇지요. 물고기자리 여성은 이런 순간에 황소자리에게 그 소리를 들을 수 있게 알려준답니다.

쌍둥이자리와

열두 별자리가 만났을 때

Gemini, the Twins

쌍둥이자리 Gemini

공기 · 변화하는 · 능동적
지배행성: 수성
상징: 쌍둥이
양(+) · 남성적

Gemini 쌍둥이자리

공기 · 변화하는 · 능동적
지배행성: 수성
상징: 쌍둥이
양(+) · 남성적

쌍둥이자리와 쌍둥이자리의 관계

그들은 그 섬을 돌고 또 돌았지만, 서로 같은 속도로 돌았기 때문에 한 번도 마주치지 않았다.

쌍둥이자리와 쌍둥이자리라는 1-1 태양별자리 관계 유형을 분석하기 전에 먼저 산수 문제를 하나 풀어야 합니다. 쌍둥이자리 한 명과 쌍둥이자리 한 명을 더하면 몇이 될까요? 다양한 아이디어와 꿈과 도전을 서로 얘기하는, 활기차고 총명한 사람 네 명이 됩니다.

이 네 명의 쌍둥이는 가끔 서로의 시야를 가리기도 합니다. 각기 다른 렌즈로 서로 다른 관점에서 인생을 바라보기 때문이지요. 걷거나 뛰는 속도도 다 다릅니다. 하지만 어떤 면에서 이 네 명은 같은 속도로 여행하고 있으며 서로 자유가 필요하다는 것도 잘 알고 있습니다. 네 사람의 파장은 모두 같은 주파수에서부터 나오기 때문에 리듬이 깨진다고 해도 대체로 조화로운 편입니다. 클래식은 아니더라도 멋진 재즈가 탄생하지요. 문제는 네 명이 여기저기 다니면서 재즈 음악을 만들어내는 동안 서로 못 보고 지나칠 수도 있다는 것입니다.

쌍둥이자리 두 명이 합쳐져서 그들의 느낌과 리듬 그리고 지적인 관점이 서로 조화를 이루면 네 명이 함께 연대하는 것이 됩니다. (잊으면 안 됩니다. 쌍둥이자리 한 명은 두 명입니다.) 자신을 잘 이해해주는 든든한 지지자가 있으니, 그들은 밖으로 달려나가 마음껏 세상을 유혹할 수 있습니다. 이해받고 싶은 마음이 들 때면 잠깐씩 돌아오겠지만 새로운 지적 도전을 위해 다시 떠나지요. 지금 이 부분이 잘 이해가 되나요? 그렇다면 당신도 쌍둥이자리일 확률이 높습니다. 천문해석학적으로는 맞는 설명이지만 수성의 다중성 때문에 이야기가 좀 복잡해 보이니까요. 잘 이해가 되지 않는다면, 주변의 쌍둥이자리들을 이해할 수 있는 방법을 배운다고 생각하시고 조금만 참아주세요. 뇌 운동을 좀 해야 하니 각오하시고요. 아, 낙하산도 잊지 마세요.

철학자이자 천문해석가였던 알란 와츠는 창조자가 개인화한 것이 바로 인간이라고 정의했습니다. 그는 창조자는 지구상의 무수한 영혼을 통해 자신의 전체를 표현한다고 생각했지요. 그는 '신이 자신과 숨바꼭질 놀이를 하는' 형국이라고 이 상황을 설명했습니다. 인간을 설명하는 말 중에 제가 가장 좋아하는 말입니다. 저는 인간과 창조자가 하나의 통합체라고 생각해왔습니다. 창조자가 인간을 자신들의 모습으로 창조했다고 기록된 기독교 창세기의 신비를 곰곰이 생각해본 후에 내린 결론이지요. 하지만 이 정의에 대해 저는 한 가지 결함을 지적해야겠습니다. 창조자를 지칭할 때 1인칭이 아니라 2인칭을 써야 합니다. 창조자는 1인이 아니라 2인, 즉 한 쌍의 남성과 여성이었을 테니까요. 그들은 아마도 부부였거나 연인이었을 것입니다. 반드시 그랬을 것이라고 저는 믿습니다. 그래서 저는 **창조자**가 아니라 **창조자들**이라고 그들을 지칭할 것입니다.

어쨌든 제가 말하려는 요점은 이렇습니다. 쌍둥이자리들은 우리의 창조자들의 숨바꼭질 놀이를 훨씬 재미있게 만들어줄 것입니다. 보통의 인간들과 할 때보다 숨바꼭질의 속도가 빨라질 것이고 숨을 곳도 훨씬 많을 테니까요. 게다가 그 쌍둥이들이 사실은 한 명이라는 사실에 창조자들은 좀 혼란스러워질지도 모릅니다. 하지만 알아두어야 할 또 한 가지가 있습니다. 쌍둥이자리로부터 분화된 이 각각의 존재들이 실은 그 자체로 잘 통합된 하나의 고유한 영혼이라는 사실입니다.

불교의 해탈이라는 개념은 몹시 왜곡되어 있습니다. 해탈이라는 뜻은 영원히 위대한 전체 속에 융합되어 있다는 것으로 그 자체가 말이 되지 않습니다. 형이상학적으로도 오류가 있고 말 그대로도 불가능한 일입니다. 상징적으로 볼 때, 우리는 합쳐져 있으면서도 동시에 떨어져 있는 우리의 창조자들의 일부입니다. 양자리는 창조자들의 '머리' 부분에 해당합니다. 쌍둥이자리는 '팔과 손, 손가락'에, 사자자리는 '심장'에 가깝습니다. 그런데 코는 입이 될 수 없고(코가 옥수수를 먹었다는 말은 들어본 적 없지요?) 눈은 손이 될 수 없으며 귀는 심장이 될 수 없습니다. 다른 말로 하면 우리는 모두 각자가 **고유한** 존재라는 사실입니다. 언제나 고유한 존재였고 앞으로도 그럴 것이고, 의식적으로도 그럴 것입니다. 우리가 잠깐 창조자들로부터 멀어지게 되는 순간에도 그럴 것이고 다시 그들과 가까워지는 순간에도, 가끔 그들과 완벽하게 하나가 되는 순간에도 그럴 것입니다.

완벽한 평화와 지혜 그리고 힘을 갖추는 비결은 '속죄하다'라는 말에 담겨 있습니다. '속죄하다'라는 말은 '하나가 되다'라는 말이기도 하지요. 속죄는 곧 하나가 된다는 의미입니다. 이 의미를 진정으로 이해해야만 창조자들과 하나가 될 수 있을 것입니다. 그런 '하나됨'을 정기적이고 반복적으로 경험하는 것은 영광스러운 일이지요. 하지만 영원히 그들과 하나로 남아 있을 필요는(실제로는 그렇게 할 수도 없는) 없답니다. 그렇게 된다면 개개인에게는 끔찍할 만큼 지루한 일이 될 것입니다. 섹스는 두 사람에게 더할 나위 없는 황홀한 일체감을 주지만, 그 상태가 영원히 계속된다면 지루하고 재미없을 것입니다. 영원히 신에 합일된 상태라는 것도 이와 같지 않을까요? 그것은 영원히 빛만 있고 그림자는 없는 상태와도 같습니다.

우리 존재의 핵심은 빛과 그림자입니다. 빛과 그림자라는 양극성을 통해 균형을 맞추려고 하는 것이 우리의 삶이지요. 끊임없는 갈등 속에서도 빛과 그림자는 어느 쪽도 죽지 않고 균형을 맞춥니다. 이것이 바로 우주적 숨바꼭질의 대원칙입니다.

잠깐만요, 그러고 보니 쌍둥이자리가 실은 여럿이라는 얘기를 하다가, 창조자가 창조자들이라는 얘기로 가서는 우리 존재의 고유성에 대한 이야기로 넘어갔네요. 자, 이제 여러분은 우리 각자의 신성하고도 고유한 '자아'가 어떤 경우에도 절대로 파괴될 수 없다는 사실을 알게 되었습니다. 어떤 종류의 '신'조차도 이것을 파괴할 수는 없다는 것을요. 그리고 우리 존재는 빛뿐 아니라 그림자도 필요로 한다는 사실을요.

존재의 신비에 대해서는 그렇다 치고, 이제 쌍둥이자리로 돌아가서 말씀드릴 것이 있습니다. 솔직히 말하자면, 제가 지금까지 아주 진지하게 고대의 진실에 입각해서 말씀드리면서도 의도적으로 주제들을 계속 빠르게 바꾸고 있답니다. 물론 다른 주제인 듯 보여도 서로서로 다 연결되어 있기는 하지만, 쌍둥이자리와 토론할 때는 실제로는 여러 명과 얘기하고 있기 때문에 잠시도 긴장을 늦추면 안 된다는 것을 알려드리려는 목적도 있답니다. 그리고 가끔은 쌍둥이자리의 앞뒤가 맞지 않는 것 같은 말이 도움될 때가 있습니다. 이들은 명백하게 반대되는 두 가지 의견을 3차원적으로 통합시켜서 이해할 수 있도록 도와줄 수 있지요. 거울 속에 비친 쌍둥이자리를 쳐다보면서 주거니 받거니 말 게임을 하려면, 말로 하는 놀이에 익숙해져야 한답니다. 자, 이제 보다 더 정확하게 보이나요?

모든 쌍둥이자리는 각각 자신의 쌍둥이 거울을 가졌답니다. 다시 말해 자신의 부정적인 극과 긍정적인 극을 가졌다는 뜻이지요. 천문해석학에서 볼 때, 쌍둥이자리는 카르마의 순환과정 중에서도 우주에서 혼자가 아니라는 자각을 하는 단계이기 때문입니다. 모든 인간의 내면에는 전혀 다른 두 가지 면이 있고, 타인과 관계를 맺으려면 자기 내면의 양극성을 잘 조화시켜야 한다는 것을 인식하는 단계이기도 하지요. 문제는 쌍둥이자리가 좀처럼 자신의 어떤 쪽이 진짜인지를 모른다는 것입니다. 쌍둥이자리에게 "두 쌍둥이 중에 진짜 자아는 일어나주세요."라고 말한다면, 전혀 다른 두 사람이 동시에 나올 것입니다. 숨바꼭질 게임이 다시 시작되겠지요.

두 명의 쌍둥이 자아가 상황을 복잡하게 만들기로 작정하면, 좀 어려워질 수 있습니다. 무수히 많은 자신의 가면과 서로 충돌하고 있는 욕망 속에서, 진짜 자신이 누구인지를 잘 구분해낼 수 있는 쌍둥이자리는 거의 없습니다. 쌍둥이자리는 하늘의 장난꾸러기이며 사기꾼이자 마법사이자 책략가인 수성의 지배를 받습니다. 수성은 번개같이 빠른 속도를 자랑하지요. 그래서 쌍둥이자리는 수천 가지 얼굴을 가지고 있고 순식간에 얼굴을 바꾸기도 합니다. 그런데 이 모든 과정은 정체성을 찾기 위한 노력의 일환입니다.

이 가장무도회의 목적은 소년에서 남성을, 소녀에서 여성을 그리고 쌍둥이자리와 전갈자리를 구분해내려는 것입니다. 헷갈리는 사람을 위해서요. 전갈자리도 가면을 잘 바꾸지만 그 목적은 완전히 다르지요. 전갈자리는 진짜 자신을 숨기려고 의도적으로 가면을 씁니다. 반면 쌍둥이자리는 어떤 얼굴이 적당한지를 몰라서 가면을 계속 바꿉니다. 아니, 결정하지 못하는 건 천칭자리네요! 다시 설명해볼게요. 쌍둥이자리는 자신이 진정 누구인지를 찾기 위한 노력으로 이런저런 가면을 써보는 것입니다. 엄밀히 분석하자면 결정을 못하는 것과는 거리가 멀지요. 아, 제가 벌써 그렇게 설명해드렸다고요? 네, 그랬군요. 막 깨달았습니다. 똑같은 말을 바로 위에서 이미 했군요.

뭐, 익숙해지셔야지요. 쌍둥이자리는 종종 했던 말을 다시 반복하는 경향이 있답니다. "지금 몇 시지?"라고 말하고는 불과 몇 초도 지나지 않아서, 당신이 미처 답할 시간도 주지 않고 "지금 몇 시야?"라고 재차 묻지요. 그래서 쌍둥이자리들과는 시간 차를 두고 서로 주거니 받거니 하는 대화가 어려울 수 있답니다.

지적인 공기 별자리인 쌍둥이자리는 잠자는 동안에도 뇌가 거의 쉬지 않고 활동합니다. 생각하고, 이론화하고, 계산하고, 기획하고, 비난하고, 지지하고, 버리고, 구분하고, 어려운 사실을 냉정하게 분석하지요. 그리고 그와 동시에 꿈을 좇기도 합니다. 왜 쌍둥이자리들을 인간 조각 퍼즐이라고 하는지 아시겠지요?

수성이 지배하는 쌍둥이자리는 몸도 마음도 세상을 배회합니다. 완벽한 진실과 완전한 행복을 찾아 헤매고 다니지요. 그러다가 문득 키 큰 나무 위에 앉아 있는 새의 노랫소리를 들으러 다시 집으로 돌아옵니다. 어릴 때부터 알고 있던 바로 그 나무이고, 그 새이고, 늘 듣던 노래지요. 하지만 상상 속에 존재하는 정신의 대륙 횡단 여행이 끝난 후에야 마침내 쌍둥이자리는 깨닫습니다. 자신이 진정 추구하는 것은 어른들의 논리와 냉소주의에 오염되기 전, 그가 어린 시절에 품었던 바로 그 꿈이라는 사실을 말입니다.

쌍둥이자리 두 사람이 만나면 1-1 태양별자리 관계가 됩니다. 같은 별자리가 만난 1-1 관계에는 특별한 친밀감이 있지요. 둘은 똑같기 때문에 서로에게 거부당할 것에 대한 두려움이 거의 없고 서로 잘 이해합니다. 하지만 동시에 비슷한 성격이 과도해질 위험도 항상 존재하지요. 쌍둥이자리 두 사람이 만나면, 네 명의 자아는 위안을 받습니다. 자기처럼 똑같이 정신없는 친구나 이웃, 친척, 혹은 동료나 연인을 만난다는 것은 그들에게 안도감을 줍니다. 피곤하게 계속 설명하거나 사과할 필요가 없어지니까요. 하지만 동시에 무척 피곤할 수도 있습니다. 자신의 계략과 합리화를 훤히 꿰고 있는 상대 여러 명을 속이는 것은 무척 힘든 일일 테니까요.

적어도 쌍둥이자리 두 사람은 서로를 잘 알아봅니다. 남들이 보기엔 네 명으로 보이지만요. 어제 그는 다정하고, 부끄럼도 많이 타고, 자신을 별로 드러내지 않는, 어쩌면 좀 무심하고, 조용하고, 수용적인 태도를 가지면서도 동시에 가끔 뭔가 동경과 염원을 담은 듯한 눈빛을 가진 사람이었지요. 그런데 오늘 그는 냉소적이고, 빈정대며, 초조해하고, 너무나 예민하게 신경이 곤두선 채 남을 모욕하는 사람이 됩니다. 그러다가는 또 어떤 예고도 없이 신출귀몰한 마술사로 변해 레몬 방울처럼 꿈을 흩뿌리고, 색종이 조각처럼 아이디어를 뿌리며 무언가를 꿈꿉니다. 그는 수다스럽고 감정적으로도 차분하지 못한 만큼이나 몸도 활발하게 움직입니다. 주변 사람들은 정말 당황스럽지요. 하지만 쌍둥이자리 자신은 더 당황스럽답니다. 특히 또 다른 쌍둥이자리와 만나 짝으로 엮일 때는 더더욱 혼란스럽지요. 그런 상황이라면 혼란도 두 배 더 고통스러울 것입니다.

쌍둥이자리의 지배행성인 수성이 가지고 있는 사기꾼 기질은, 쌍둥이자리의 예리한 지성 이면에 늘 숨어 있으면서 다양한 방식으로 그 힘을 발휘합니다. 그 예로 밥 호프를 들 수 있습니다. 밥 호프는 속사포같이 빠른 농담을 뱉어내던 코미디언이었지요. 밥 호프가 15분이나 30분 정도 좀 길게 혼자 코미디를 하는 장면을 자세히 살펴보면 특이한 점을 발견하게 됩니다. 그는 수성 특유의 재치로 사람들을 속이고 바보로 만들어버린답니다.

밥 호프는 대략 2분 정도마다 어떤 말을 반복합니다. 그 말은 기본적으로 '자, 준비하세요. 저는 곧 마무리할 겁니다.'라는 뜻이 담긴 말입니다. 하지만 그렇게 말하고 나서도 그의 대사는 계속되지요. 한 2분쯤 후에 그는 또다시 이제 마무리하겠다는 뜻의 대사를 반복합니다. 물론 그의 코미디는 끝나지 않고 계속 이어지지요. 기회가 된다면 그의 대사를 잘 새겨들어보세요. 이것이 바로 쌍둥이자리 밥 호프의 일관된 코미디 패턴이라는 것을 알게 될 것입니다. 쌍둥이자리를 지배하는 수성은 그로 하여금 반복적으로 청중들에게 속임수를 쓰게 만듭니다. 무척 영악한 수법이지요. 그 결과 청중들은 매번 마지막 대사라고 믿으면서 집중을 할 수밖에 없지요.

밥 호프의 코미디 감각이나 타이밍은 그 지배행성인 수성의 직접적인 영향을 받은 재능입니다. 또 다른 코미디언 베아 릴리의 재담이나 타이밍 감각도 밥 호프만큼이나 예리하고 통통 튀었지요. 두 사람은 놀랄 만큼 코가 닮았으며, 청중을 즐겁게 해주는 것으로 유명한 사람들이었습니다. 이 둘은 생년월일이 같답니다. 태어난 시간이 단지 몇 분 차이로 다를 뿐입니다. 가히 우주의 쌍둥이라고 할 수 있지요.

쌍둥이자리와 쌍둥이자리가 만나면, 사고와 움직임이 자유로운 분위기를 만들어내는 장점이 있습니다. 두 사람의 지성이 합쳐지면 바로 행동에 돌입할 수 있지요. 옹졸한 질투심이나 의심이나 상대를 구속하려는 마음 따위에 방해받지 않고 말이에요. 다소 보수적인 쌍둥이자리라도 두 사람은 상대적으로 자유롭고 편할 것입니다. 함께 세상을 골탕 먹이고, 수많은 꿈을 함께 꿀 수 있지요. 그들은 서로의 재치를 더욱 갈고닦을 것이고 쉽게 용서하고 잊을 것입니다. 무엇보다 절대로 심심할 일은 없을 것입니다.

하지만 이 관계에도 약점은 있습니다. 보다 평범하고 덜 복잡한 별자리들이 가지고 있는 안정감이 부족하다는 것이지요. 쌍둥이자리 두 사람은 서로의 재능을 살려주기보다는 흩어지게 만들 수 있습니다. 성공을 위해 필요한 인내심이나 든든한 지원을 제공하지 못할 수 있습니다. 두 사람은 잔뜩 부푼 두 개의 예쁜 풍선처럼 구름 사이를 떠다니며 즐겁고 행복한 시간을 보냅니다. 하지만 이들에게는 목적지가 없지요. 최소한 주변에서 보기엔 그렇습니다.

이 관계에서는 두 사람의 달별자리가 이야기의 마지막 부분을 담당할 것입니다. 두 사람은 함께 아름다운 시를 쓰거나, 재즈를 작곡하거나, 구름을 멋지게 색칠하거나, 마을을 온통 빨강으로 페인트칠할 수 있을 것입니다. 하지만 두 사람의 달별자리가 부정적인 각도를 맺고 있다면, 두 사람의 꿈이나 계획은 실제로 이륙하는 경우가 적을 것이고, 설령 이륙한다고 해도 엄청난 충돌과 함께 착륙할지도 모릅니다. 아니면 둘의 풍선이 너무 빨리 하늘로 날아가서 눈에 보이지 않는 곳으로 사라져버릴 수도 있습니다. 땅에 고정된 것이 없기 때문이지요. 그래도 두 사람 사이의 호흡은 여전히 잘 맞을 것이고 함께 많은 일을 시도할 수 있을 것입니다. 그럼에도 두 사람은 신중함을 기르고 대충대충 하려는 성향을 줄여야 할 것입니다.

두 사람은 과학적인 발견, 지적인 업적, 경제적인 안정감, 심지어 영적인 통찰력까지, 창의적인 에너지에 한계가 없을 정도로 무궁무진한 발전을 이룰 수도 있습니다. 정서적인 행복감도 성취할 수 있냐고요? 음, 이 부분은 전적으로 두 사람의 선택에 달렸답니다. 쌍둥이자리는 자신의 감정을 자신이 직접 제조해서 팔기도 하고, 갖고 있기도 하고, 그냥 나눠주기도 하니까요. 쌍둥이자리가 새처럼 저 바람 속을 날아다니면서 추구하는 것은 무엇일까요? 그게 무엇이든, 눈에 보이지도 만져지지도 않는 어떤 것일 겁니다. 쌍둥이자리 중 한 명이 다른 한 명에게 물어볼 수는 있겠지요. 하지만 그 답은 쌍둥이자리가 자기 속에 있는 다른 자아에게 물었을 때 얻을 수 있는 답과 똑같을 것입니다.

> 쌍둥이자리: 도대체 뭘 찾는 거예요?
> 쌍둥이자리: 잘 모르겠어요. 그게 뭔지는 모르지만 찾으면 알겠죠.
> 쌍둥이자리: 그럼, 도대체 어디서 그걸 찾을 수 있을 것 같아요?
> 쌍둥이자리: 어디에서요? 글쎄요, 어디든지 가능하지 않을까요?

하지만 두 사람은 뒤뜰을 들여다볼 생각은 좀처럼 하지 못할 것입니다. 쌍둥이자리가 찾아 헤매는 기적은 어쩌면 그곳에서 내내 그들을 기다리고 있을지도 모르는데 말이에요.

쌍둥이자리 여성과 쌍둥이자리 남성

"음, 그럼 계속 가면 되겠네." 존이 말했다.
"그게 바로 끔찍한 일이라니까. 어차피 우린 계속 갈 수밖에 없다구. 멈추는 방법을 모르잖아!"

쌍둥이자리 남성과 여성(실제로 이들이 몇 살로 보이는지 상관없이 소년과 소녀라고 부르는 것이 쌍둥이자리에게는 더 잘 어울리기는 하지만)은 가끔 아주 단순한 이유로 서로에게 끌립니다. 혼자 길을 건너는 것보다는 누군가 같이 가는 게 좋을 때가 있는 것 같은, 그런 단순한 이유이지요. 당신이 선택한 그 누군가가 쌍둥이자리라면, 신호등이 바뀌기 전에 건널목을 건널 수 있을지에 대해 내기를 할 수도 있을 것입니다. 교차로의 신호등이 지금은 파란불인데 언제 빨간불로 바뀔지 모르는 그런 상황에서 말입니다. 흥미진진하지요. 위험하지만 흥미진진한 내기입니다.

이 장면을 건널목에서 거실이나 사무실 또는 교실로 바꿔도 상관없습니다. 쌍둥이자리가 자신의 다른 자아들과 어떻게 체스를 두는지, 어떻게 자신들의 지적 능력을 확인하는지를 보여주는 훌륭한 예이지요. 누구라도 자주 혼자 있으면 이상한 생각을 많이 하지요. 쌍둥이자리는 외로워 보이지 않지만 실제로는 외롭답니다. 늘 호기심에 가득 찬 채로 헤매고 다니며, 남들에게 설교를 하려 드는 사람들과 어울리는 것은 외로운 일이랍니다. 대다수 사람에게 중요한 것은 늘 살아남는 것만이 이기는 그런 게임뿐이지요. 쌍둥이자리는 단순히 살아남는 것 외에도 충분히 매력적이고 중요한 일들이 많다고 생각하는 사람들입니다. 쌍둥이자리라면 대부분, 쌍둥이자리인 피터 팬이 "죽는 건 정말로 끔찍하고도 엄청난 모험이구나."라고 했던 말에 진심으로 동의한답니다. 죽음은 어쩌면 모든 모험 중에서도 가장 위대할지도 모르지요.

당신이 쌍둥이자리라면 당신의 삶 전체를 뭔가 조사하고 배우는 데 쓸 것입니다. 그러니 죽음에 대한 태도도 다를 바가 없겠지요. 어떻게 표현하거나 정의해야 할지 모르는, 당신이 다섯 살 때부터 고민해온 어떤 것처럼요. 쌍둥이자리가 내면의 외로움을 좀처럼 드러내지 않는 것은 사실입니다. 하지만 그들이 자신의 외로움을 깨닫지 못해서 그런 것만은 아닙니다. 어떤 사람들은 외로운 상태에 잘 적응합니다. 훈련을 통해서요. 마치 자전거를 타는 것과 같습니다. 처음에는 집중을 필요로 합니다. 하지만 시간이 지나면, 자신이 균형을 잡고 있다거나 페달을 밟고 있다는 사실도 잘 느끼지 못하지요. 그저 머리칼을 스치는 바람과 흔들림만 느끼게 됩니다.

전형적인 쌍둥이자리는 말솜씨가 뛰어납니다. 그래서 쌍둥이자리 두 사람이 처음 만나면 서로 말을 많이 하기 때문에, 상대방을 진지하게 생각하지 않는 것처럼 보일 수도 있습니다. 하지만 그런 수다 이면에는 겉으로 드러나는 것 이상으로 진지한 태도를 가지고 있답니다. 두 사람 사이의 대화는 번뜩이는 위트와 반짝이는 상상력으로 가득 차 있습니다. 두 사람은 대화를 꽃피우면서 서로에 대해 알아가는 시간을 갖습니다. 하지만 이들은 마음속에 있는 것을 모두 말하지는 않습니다. 서로를 완전히 신뢰할 수 있을 만큼 충분히 오랫동안 사랑한다 해도 이것은 변하지 않습니다. 뭔가 마음속에 감춰두지요.

쌍둥이자리 여성은 아마도 이렇게 생각할 것입니다. '어떤 사람을 아무리 사랑한다 해도, 아무리 그 사람과 가까워졌다 해도 말하지 않아야 하는 것이 있지. 재미있어. 절대로 남들과 공유할 수 없는 것이 있는 법이니까.' 쌍둥이자리 여성이 감추는 부분이 있는 것처럼 쌍둥이자리 남성도 그녀에게 말하지 않는 것이 있답니다. 쌍둥이자리 두 사람이 앉아서 수다를 떨 때, 두 사람이 느끼는 모든 것을 폭포처럼 쏟아낼 것이라고 상상하시나요? 절대로 그렇지 않답니다. 그렇게 생각하셨다면 쌍둥이자리 여성과 남성을, 쌍둥이자리 소녀와 소년을 잘 모르시는 겁니다.

수성이 지배하는 쌍둥이자리 여성이 또 다른 쌍둥이자리 남성과 사랑에 빠졌다면 마이크 토드가 했던 말을 알아두는 것이 좋을 것입니다. 마이크는 언제 어디서나 어떤 상황에서도 말이 무척 많은 사람으로 유명했지요. 하루는 어떤 통찰력이 뛰어난 리포터가 그에게 이런 질문을 했답니다. "마이크, 당신이 왜 그렇게 계속 말을 하는지 아세요? 어떤 말을 하지 않기 위해서예요. 내가 보기엔 그래요." 마이크는 갑자기 조용해졌습니다. 경계심을 느꼈지요. 그 리포터는 말을 이어갔습니다. "저는 정말 궁금해요. 그게 뭔지요. 도대체 뭘 감추려고 당신이 그토록 끊임없이 말하는지요. 어때요, 제 말이 맞죠?" 마이크는 쌍둥이자리 특유의 알 수 없는 미소를 띠면서 대답했습니다. "내가 말을 멈추면 다들 먹는 걸 멈추게 돼요."

물론 그 말은 사실이었지요. 생각을 아주 생생한 이미지의 언어로 표현하는 쌍둥이자리의 재능이 없었다면, 이 우울하고 칙칙한 세상에는 마법도 더 적을 것이고, 사람들이 꿈을 꾸는 일도 줄어들 것이고, 그 꿈이 실현되는 횟수도 적어질 것입니다. 하지만 쌍둥이자리 여성에 대해 기억해야 하는 부분은, 마이크가 그 리포터의 진짜 질문에 답하는 것을 피했다는 사실입니다. 쌍둥이자리를 지배하는 수성의 정신적인 노련함이 있다는 것이지요.

마이크 토드가 실제로 정확하게 언제 태어났는지는 아무도 모릅니다. 그래서 사람들은 제가 왜 그를 쌍둥이자리라고 하는지 종종 묻는답니다. 쌍둥이자리와 사랑에 빠진 여성이라면 그 이유를 알 겁니다. 그는 자신의 생일에 대해 공식적으로 약 다섯 가지 정보를 언론에 제공했답니다. 심지어 그의 가족들도 그 날짜들에 대해 의견이 엇갈리지요. 그 날짜들은 모두 6월 18일에서 6월 23일 사이에 분포해 있습니다. 쌍둥이자리일 수도 게자리일 수도 있는 시기이지요. 그런데 저는 어떻게 마이크가 쌍둥이자리라는 것을 알까요? 마이크의 감언이설과 마술 능력도 한 이유지요. 하지만 더 중요한 이유는 마이크가 자신의 생일에 대한 정보를 정확하게 공개하지 않으면서 스스로 중년의 나이와 싸우고 있다는 사실입니다. 마치 세월을 이길 거라고 확신하는 듯 말이지요. 실제로 마이크는 언제 보아도 실제 나이보다는 스무 살쯤 더 적어 보이고, 전혀 성장하지 않는 사람처럼 보일 때가 있답니다. 마이크의 천칭자리 아들인 마이크 토드 주니어는 이런 말을 한 적이 있습니다. "아빠는 돈이 하나도 없을 때나 지금이나 똑같이 엄청 많이 쓰세요." 마이크는 비 오는 날을 대비하는 법이 없었습니다. 그러니 마이크에겐 비 올 일도 없었지요. 아주 잠깐 빗방울이 떨어졌던 적은 있지만요. 하지만 봄날의 소나기 두어 번 정도밖에 없었습니다. 마이크는 네버랜드를 발견한 것이 아니라 그걸 발명했지요. 불멸의 쌍둥이자리 피터 팬처럼, 마이크는 호기심이 많은 어른의 질문 공세에도 나이를 비밀로 지켜냈답니다. 그리고 몇 가지 비밀도 더 간직했지요.

쌍둥이자리 중에 적어도 75% 정도는 별명이나 필명 또는 가명이 있으며 살면서 적어도 두 개 이상의 이름을 갖게 됩니다. 마이크도 이름이 두 개였답니다. 태어날 때는 이름이 아브롬 골드보겐이었지만, 어느 날 특별한 이유 없이 충동적으로 이름을 마이크 토드로 바꾸었답니다. 이미 아들이 태어나서 이름을 마이크라고 지어준

후였지요. 결국 쌍둥이자리 마이크 토드는 자기 아들의 이름을 따서 마이크라는 이름을 짓게 된 꼴이 되었지요. 보통은 아버지의 이름을 따서 아들 이름을 짓는데 그는 거꾸로 한 셈입니다. 큰일이건 작은 일이건 순서를 거꾸로 하는 건 분명히 쌍둥이자리 에너지입니다.

그 리포터가 추측한, 마이크가 숨기려고 했던 그 '비밀'에 대해 말해볼까요? 물고기자리나 게자리 그리고 전갈자리도 비밀을 간직합니다. 하지만 쌍둥이자리는 그들과는 다른 방식과 이유로 비밀을 갖지요. 그 비밀이란, 실은 언변 능력이 뛰어난 쌍둥이자리조차도 말로 표현할 수 없는 생각들이 마구 솟구쳐서 그런 거랍니다. 그것이 실재하는지조차 모르고 어디에 있는지는 더욱 모르는 미지의 이상향 '샹그릴라'를 찾아내고 싶은, 그 간절한 열망을 어떻게 말로 설명할 수 있을까요?

'여기에 이렇게나 아름다운 것이 있으니, 분명 저 어딘가에는 더 아름다운 것도 있을 거야.' 쌍둥이자리는 속으로 이렇게 생각한답니다. 아무리 사랑스러운 상대를 찾아도 수성은 그 기쁨을 아주 잠시만 허락하지요. 곧 자신의 또 다른 자아가 유혹적으로 속삭입니다. '아, 그래! 하지만 보다 더 완벽한 걸 찾을 수 있지 않을까? 지금 맛보는 이 영광은 저기 어딘가 더 큰 즐거움이 있다는 증거는 아닐까? 그걸 찾으려는 용기만 있다면 더 진실하고 더 흥미진진하고 더 충만한 기쁨을 찾을 수 있을 거야. 다음 모퉁이를 돌면, 다음번 키스에는, 다음번 꿈에는, 다음번 약속에는 뭐가 있을지 어떻게 알겠어? 그러니 지금 멈추지 마, 포기해선 안 돼! 계속 가!' 이것은 「로렐라이 언덕」 노래보다도 더 매혹적인 부름입니다. 수성이 지배하는 모든 쌍둥이자리의 마음을 홀리지요.

쌍둥이자리 여성은 주로 웃고 있습니다. 우는 경우는 아주 가끔입니다. 쌍둥이자리 여성이 울 때는 마음속의 외로움이 너무 커져서 턱까지 차올라 눈물로 변한 경우이거나, 그 감정 때문에 거의 죽을 것 같은 경우입니다. 내 쌍둥이 반쪽! 이렇게 필요할 때 도대체 어디에 있니? 별을 쫓아다니고 바람과 술래잡기라도 하는 거니? 쌍둥이자리 남성은 이런 쌍둥이자리 여성의 비관적인 세계관을 잘 이해합니다. 너무 냉정하고 무심하다고 늘 사람들의 비난을 받던 쌍둥이자리 남성이지만, 쌍둥이자리 여성에 대해서만큼은 놀라울 만큼 섬세하게 모든 것을 파악합니다. 쌍둥이자리 남성은 호기심이 많아서 늘 질문을 해대는 성격이지만, 자신이 사랑하는 쌍둥이자리 여성(그녀의 다른 반쪽이 일시적으로 그녀를 버렸기 때문에)이 말 못할 끔찍한 외로움을 겪고 있다는 것을 느끼면 절대로 질문을 하지 않습니다. 그는 가벼운 말로 자신이 걱정하고 있다는 것을 숨길 것입니다. 대신 그는 말합니다. "소원을 비는 우물에 동전을 던지는 대신에 우리가 직접 들어가봐요. 무슨 일이 일어날까요?" 또는 "아일랜드행 왕복 티켓을 두 장 사서 블라니 돌(아일랜드 코크 부근의 성안에 있는 돌로 여기에 키스를 하면 아침을 잘하게 된다고 함—옮긴이) 위에서 사랑을 나누는 거예요!"라고요. 그리고 나선 그녀의 뺨에 부드럽게 키스를 해주며 이렇게 말할 것입니다. "괜찮아요. 내가 여기 있잖아요."

네, 쌍둥이자리 남성은 쌍둥이자리 여성의 또 다른 자아가 사라져버려서, 마치 반쪽 인간처럼 느껴질 때 찾아오는 공포를 잘 이해합니다. 자신의 반쪽도 가끔 그런 장난을 치니까요. 그런 순간에 나타나는 쌍둥이자리 남성의 섬세함과 부드러움은 같은 별자리라서 잘 이해하는 수준 이상이랍니다. 그것은 바로… 음… 아, 정확한 표현이 생각났습니다. 쌍둥이자리는 절대로 일을 서툴게 하지 않습니다. 사랑하는 사람이 어떤 상황에 처해 있건, 즐겁거나 우울하거나 긴장되어 있거나를 불문하고 쌍둥이자리는 그 상황에 맞게 행동합니다. 아주 여유 있고 우아하게 공을 다루지요. 쌍둥이자리는 당황스러움, 두려움, 분노 등의 감정들을 믿을 수 없을 정도로 가볍게 잘 다룹니다. 마치 마법사가 지팡이를 다루듯이 하지요. 사실 상당수 쌍둥이자리가 전문적인 마법사랍니다. 물병자리, 물고기자리, 전갈자리 중에도 마법사가 많지요. 하지만 비율로 따져봤을 때 쌍둥이자리 마법사가 훨씬 많답니다. 쌍둥이자리들은 놀라울 정도로 손재주가 비상하고 두뇌 회전도 뛰어나기 때문입니다. 또한 그들의 마음속에는 수없이 많은 작은 비밀의 방들이 있는데 그 안에는 연민, 다정함, 놀람, 유머, 소망, 햇빛 등이 담겨 있지요. 하지만 그 방들 중에 어떤 방들은 평생 잠겨 있는 경우도 있습니다. 또 다른 쌍둥이 자아만이 그 방의 열쇠를 가지고 있지요.

사랑에 빠진 쌍둥이자리 두 사람은 상대방이 지닌 그 수많은 방들 중에 '충성심'이나 '신의'라는 자질의 방이 있을지 궁금해합니다. 네, 있습니다. 하지만 쌍둥이자리의 마음속에 있는 그 특별한 방은 너무 단단하게 봉인되어 있으므로 열쇠만으로는 열기 어렵답니다. 믿음이 필요하지요. 두 가지의 믿음이 필요합니다. 서로에 대한 완벽한 신뢰와 자신에 대한 신뢰입니다. 당신이 사랑하는 것은 당신이 정말로 필요로 하는 것이며, 앞으로도 필요할 모든 것이라는 믿음이지요. 이런 믿음을 갖게 되려면 시간이 필요하겠지요. 많은 시간이 필요합니다. 하지만 시간은 공짜니까요. 두 사람이 해답을 찾고 싶다면 시간은 필요한 만큼 써도 됩니다. 쌍둥이자리가 마침내 그 방을 찾아 열기만 한다면 그 후로 영원히 충실하고 진실할 것입니다.

그럼에도 불구하고 너무 큰 기대는 하면 안 됩니다. 쌍둥이자리 여성이나 남성은 이성에게 추파를 던지거나 유혹하기, 놀리기, 설득하기, 혹은 단순히 말 걸기 등을 영원히 그만두지는 못할 테니까요. 또 쌍둥이자리는 상대에 대해서 이런저런 상상을 하는 것을 즐깁니다. 환상 속의 그와 그녀는 이런저런 다양한 모습으로 변해서 정신적인 만족을 주지요. 그렇지만 쌍둥이자리 남성의 환상 속에 있는 여성은 아마 실제로도 그녀일 것이고, 쌍둥이자리 여성의 환상 속에 있는 그 남자도 실제의 그 쌍둥이자리 남성일 것입니다. 가끔 아닌 척하는 것이 재미있을 뿐이랍니다. 개인적으로 능력이 뛰어나서 삶이나 경력에서 성공적일수록, '만약에 그녀가 어떠어떠하다면 어떨까?'라든가 '만약 그가 이러저러한 사람이라면 어떨까?'라는 상상을 할 필요성은 적어집니다.

어떤 **만약**이냐고요? 성격에 대한 것? 아니면 그 사람 자체에 대한 것이냐고요? 뭐든 다입니다. 쌍둥이자리는 어떤 것에 대해서든 '만약… 라면?'이라는 궁금증을 갖습니다. 어떤 쌍둥이자리 커플은 상처나 분노라는 감정이 궁금해서, 이별을 겪으면 어떤 느낌이 드는지 궁금해서 실제로 헤어지기도 합니다. 어떤 느낌인지 알고 난 뒤에는 사랑의 진실을 재발견하기 위해 다시 만나지요. 꿈이 아니었네, 세상에! 정말 황홀한 경험이었지? 사랑은 진짜로 있었던 거야. 정말 진짜로! 정말로, 거의 믿을 수 있을 정도야. 맞아, 거의 정말로! 이런 발견은 보통 사람들의 마음에는 큰 감동을 주지는 않을 것입니다. 하지만 쌍둥이자리는 확실한 것과 단지 확실할 가능성이나 개연성이 있는 것을 구분하는 일에, 그들의 인생 전체를 건다는 사실을 기억해야 합니다. 그리고 쌍둥이자리에게 사랑은 '샹그릴라'를 잠깐이나마 엿볼 수 있는 멋진 경험을 주지요.

쌍둥이자리 남녀의 육체적 관계에 대해 얘기해볼까요? 공기와 공기의 결합은 변덕스러운 수성의 가호 아래에 있으므로 변화무쌍한 장면을 연출합니다. 가볍다가도 때로는 감정의 폭풍이 몰아치거나 열정의 허리케인이 몰아치기도 하고, 또 가끔은 아주 차분하고 조용하고 부드러운 사랑을 나누기도 합니다. 두 사람이 사랑을 표현하는 방식은 매우 다층적입니다. 섬세하기도 하고 변화무쌍하기도 하지요. 육체적으로나 정신적으로나 감정적으로나 모두 같습니다. 두 사람은 아일랜드의 블라니 돌 위에서 사랑을 나누기 위해 거의 곡예를 펼칠 수도 있습니다. 물속이나 헬리콥터 위에서도 사랑을 나눌 수 있지요. 쌍둥이자리 한쪽이 가지고 있는 욕망이라면 그것이 무엇이든 다른 쌍둥이자리가 채워줄 수 있답니다. 두 사람이 육체적으로 얼마나 잘 맞을지를 알아보려면 두 쌍둥이자리의 상상력을 이용하면 됩니다. 두 사람의 사랑에 어울리지 않는 말은 '깊은' 또는 '감각적인', '관능적인'이라는 단어들일 것입니다. 하지만 쌍둥이자리와 쌍둥이자리가 만나면 서로 만족할 만한 다른 단어들을 생각해낼 수 있지요. '마법' 같은 말이 그중에 하나일 것입니다.

어떤 쌍둥이자리 여성들은 영화 「오즈의 마법사」 주인공이었던 쌍둥이자리 주디 갈랜드처럼 영원히 자신을 유혹하는 무지개를 동경합니다. 그리고 프랭크 시나트라의 쌍둥이자리 딸 낸시처럼 밝고 희망에 찬 쌍둥이자리 여성들도 있지요. 어떤 쌍둥이자리 남성들은 쌍둥이자리였던 영화배우 에롤 플린처럼 산만하고 정신적으로 불안한 사람들이 있습니다. 하지만 마이크 토드나 앨 졸슨처럼 대담하고 자신감이 넘치는 남성들도 있지요. 누가 어느 쪽에 해당하는지 구분하기는 쉽지 않습니다. 늘 뭔가를 동경하며 길을 잃은 듯한 쌍둥이자리 여성도 밝고 희망에 찬 순간들이 있으니까요. 산만한 쌍둥이자리 남성도 갑자기 아주 안정적으로 변할 수 있고, 자신감에 넘치던 쌍둥이자리 남성도 가끔은 불안해질 수 있습니다.

천문해석학도 궁극적인 답을 주지는 못합니다. 다만, 사랑에 빠진 쌍둥이자리 소년과 소녀는 '하나가 되는' 사랑의 공식 같은 것은 잊어버려야 할지도 모릅니다. 그들은 늘 네 사람이 될 테니까요. 하지만 행복으로 가는 가능성도 네 배가 되지요. 그러니 전망은 밝습니다. 큰 믿음과 인내심으로 무장할 수만 있다면요.

쌍둥이자리 Gemini

공기 · 변화하는 · 능동적
지배행성: 수성
상징: 쌍둥이
양(+) · 남성적

Cancer 게자리

물 · 시작하는 · 수동적
지배행성: 달
상징: 게
음(−) · 여성적

쌍둥이자리와 게자리의 관계

"그러니까, 실은 우리 집에 거실이 있다고 말하기에는 조금 그렇단다.
그래도 그냥 있는 셈 치지 뭐. 야호!"
달링 씨는 춤을 추기 시작했고,
모두 덩달아서 "야호!" 하고 소리치곤 달링 씨를 따라서 춤을 추며 거실을 찾아다녔다.
그들이 결국 거실을 찾았는지는 잘 기억나지 않는다.
어쨌든 아이들은 자투리 공간을 찾아냈고, 그럭저럭 모두 들어갈 자리가 있었다.

　파티가 열렸습니다. 치즈와 버섯 요리가 가득 쌓인 테이블 근처에서 어떤 목소리가 들립니다. 풍부하고 따뜻하며 사람들을 집중하게 만드는 목소리입니다. 가끔 킬킬거리는 웃음소리도 들리네요. 여성의 목소리입니다.
　"… 거기 간 첫날에 저는 산에서 말을 타기로 했지요. 아무도 보는 사람이 없는 것 같아서 저는 웃옷을 벗었어요. 상체에 골고루 태닝을 하려고요. 무슨 말인지 아시겠죠? 그래서 상반신을 벌거벗은 채로 말 위에 올라탔죠. 원래는 제가 얼마나 얌전한 사람인지 아시죠? 이건 거의 폭동 수준이었죠. 그런데 한두 시간 지나고 나니까 제가 랍스터처럼 빨갛게 익어버린 거예요. 그래서 말을 빌렸던 마구간에 말을 반납할 때가 됐다고 생각했죠. 그런데 벗어놨던 셔츠를 다시 입으려고 했더니 글쎄 셔츠가 없어진 거예요. 산길 어딘가에 떨어뜨렸던 거죠. 마구간에 있는 모든 남자들이 쳐다보는 가운데, 제가 거의 반라 상태로 말을 타고 돌아오는 모습을 상상하실 수 있겠어요? 저는 너무나 창피해서 울음을 터뜨리고 말았죠. 도대체 제가 감당할 수 있는 일이 아니었거든요…."

같은 시간에 페리에 물병과 과일 주스와 레드 와인과 화이트 와인이 쌓인 다른 테이블 근처에서 또 다른 목소리가 들려옵니다. 또렷하고 흥미로우면서도, 정확한 타이밍에 강약 조절을 잘하는 목소리가 다른 그룹의 사람들을 모으고 있었습니다.

"… 아무튼 인디애나에 사는 그 남자는 몇 년 동안이나 매일 밤 취해서 귀가했대요. 아내는 마침내 폭발해서 집을 나가겠다고 협박했지요. 남편은 아내를 너무나 사랑했기에 몇 달 동안은 술을 끊고 착실하게 귀가했어요. 그러던 어느 날, 다시 술을 입에 댔는데 완전히 만취해버렸지요. 몇 날 며칠 동안 자기가 어디에 사는지도 잊어버릴 정도로 마셔댔지요. 술이 깨고 나자 그는 아내가 용서해주지 않을 거란 생각에 집에 가기가 정말 두려워졌죠. 그래서 그는 머리를 굴렸어요. 그는 공중전화 박스로 가서 동전을 몇 개 집어넣고 집으로 전화를 걸었답니다. 아내가 전화를 받자, 그 남자는 전화기에 대고 막 소리를 지르기 시작했어요. "여보! 헬렌? 아, 당신 목소리 들으니까 너무 다행이다! 다시는 못 들을 줄 알았거든! 지금부터 내 말 잘 들어. 난 여기 지금 애리조나에 있어. 내일쯤이면 집에 도착할 거야. 내가 전화를 끊자마자 경찰한테 전화를 도청해달라고 해. 내가 집에 도착하기 전에 그놈들이 전화해도 **절대로 몸값을 지불하면 안 돼! 지금 막 도망쳐 나왔거든!**"

쌍둥이자리도 게자리도 모두 달변가들입니다. 게자리는 세부 사항을 잘 기억하고 아주 섬세한 통찰력을 가지고 있는데다, 달의 상상력과 유머 감각까지 동원해서 이야기를 하기 때문에 듣는 사람들로 하여금 넋을 잃게 만듭니다. 같은 공간 안에 쌍둥이자리가 있다면 재치와 매력으로 긴 이야기를 지어낼 것이고 동시에 카드 묘기도 보여줄 것입니다. 구경하는 사람들은 어디를 봐야 할지 난감해질 것입니다. 게자리를 봐야 할지, 쌍둥이자리 두 명을 쳐다봐야 할지 당혹스럽지요. 아시죠? 쌍둥이자리는 뭘 해도 둘 이상이니까요.

파티가 끝나기 전에 게자리나 쌍둥이자리 중에 한 명이 혹은 둘 다 사진기를 꺼내서 사진을 찍기 시작할 것입니다. 쌍둥이자리와 게자리는 모두 사진을 무척 좋아한답니다. 사자자리와 물고기자리도 마찬가지고요. 이 네 개의 별자리 사람들 중에는 아마추어 사진작가들이 많습니다. 모두 이유는 다르지만요. 최고의 사진작가들 중 대부분은 이 네 태양별자리로 태어나거나 달 또는 동쪽별자리가 이 넷 중에 하나일 것입니다. 그 사람들은 또한 카메라 산업에도 많은 영향을 미치고 있지요.

게자리와 쌍둥이자리가 또 닮은 점은 그들이 다양한 색채를 띠고 있다는 것입니다. 두 별자리는 모두 기분 변화가 아주 심하지요. 게자리는 우울함의 깊은 파란색에서부터 감상적인 장미색을 오가고, 괴팍한 갈색 언저리에서 철벅거리거나 두려움과 우울증의 라임 그린 진흙 속에서 허우적거리기도 합니다. 그러다가는 또 라벤더 색깔의 향수로 움츠러들기도 하고 연한 핑크색 웃음소리로 밝아지기도 하지요.

쌍둥이자리는 밝은 노란색의 쾌활함에서 절망의 인디고 블루로 휙휙 변하다가, 희미하게 빛나는 은색의 꿈과 희망의 황금색으로 실험을 하고, 문득 의기소침해져서는 회색 속으로 몸을 던지기도 합니다. 물론, 그러다가도 어느새 어린아이처럼 순수한 믿음의 순백색으로 반짝이기도 한답니다.

두 사람의 기운이 섞이면 모든 색색의 스펙트럼이 나타날 겁니다. 투명한 천상의 색에서부터 아직 그 누구도 보지 못한, 이름도 없는 다양한 색조와 음영으로 다채로워지지요.

쌍둥이자리와 게자리는 둘 다 꿈꾸는 자들이며 유명세를 떨치는 데 전문가들입니다. 게자리는 유명세에 관심이 없는 척하지만 사람들은 다 안답니다. 게자리는 관심받는 것을 무척 좋아하지요. 이들은 또한 생생한 상상력을 가지고 있습니다. 그리고 둘 다 사람들 앞에서는 웃고 혼자서 조용히 우는 사람들이기도 합니다. 둘 다 자주 웃고 아무런 경고도 없이 갑자기 변하는 성향도 가지고 있습니다. 그래서 쌍둥이자리와 게자리를 구분하는 것이 어려운 것처럼 보일 수도 있습니다. 하지만 그렇지 않답니다. 그들을 구분하는 것은 하늘을 나는 새와 해변에 있는 게를 구분하는 것만큼 쉽습니다. 하나는 바람이나 역풍을 타고 날지요. 날개를 파닥거리며 반짝이는 두 눈을 이리저리 재빠르게 움직입니다. 다른 하나는 해변의 물 근처에서 달빛을 받으며 조심스럽게 기어 다닌답니다. 느리고 신중하며 뒤로 가기도 하고 옆으로 가기도 하지요.

쌍둥이자리와 게자리는 2-12 태양별자리 관계입니다. 그들이 아무리 유사한 행동을 하더라도 쌍둥이자리와 게자리의 기본적인 성향은 낮과 밤처럼, 음과 양처럼, 남극과 북극처럼 다릅니다. 이 경우에는 특히 공기와 물처럼 다르지요. 그리고 공기와 물은 우리가 다 아는 것처럼 전혀 다른 성질을 가지고 있습니다.

쌍둥이자리는 변화하는 별자리입니다. 그들은 끊임없이 여기저기 다니면서 생각과 꿈을 소통하고 대장이 되어 쇼를 진행합니다. 게자리는 시작하는 에너지를 가지고 있지요. 게자리는 의사소통하는 것을 전혀 즐기지 않습니다. 특히 자신들의 비밀은 남들과 절대로 공유하지 않으려 하지요. 그리고 뭔가를 이끌되 굳이 드러나게 대장이 돼서 앞장설 필요를 느끼지는 않는답니다. 이들은 아주 조용하게 모든 걸 장악하지요.

2-12 태양별자리 관계이기 때문에 쌍둥이자리는 게자리에게 배울 것이 많다는 사실을 감지합니다. 게자리가 천궁도에서 쌍둥이자리 앞에 있는 별자리이기 때문이

지요. 그것은 게자리의 따뜻한 마음과 조심스러움과 비밀을 유지하는 모습 같은 것들입니다. 인내심을 가지고 앉아서 기다리는 태도나 어떤 하나에 충분히 오래 집중해서 무에서 유를 만들어내는 그런 능력들이지요.

　반면에 쌍둥이자리는 게자리가 이미 지나온 별자리입니다. 그래서 게자리는 수성의 다양한 열망에 따라 사는 것이 어떤 것인지, 희미하게나마 무의식 속에서 기억하고 있습니다. 쌍둥이자리는 정착할 곳을 찾아 전 세계를 헤매지만, 뭔가 더 재미있는 것을 놓칠까 봐 두려워하는 마음 때문에 어느 한곳에도 오래 머무를 수 없지요. 게자리는 그런 쌍둥이자리의 에너지를 이해합니다. 무의식 속에서 그 경험을 기억하고 있기 때문이지요. 네, 게자리가 가장 잘하는 것이 바로 기억이지요.

　차고 기우는 달의 지배를 받기 때문에 게자리들은 주기적으로 방랑벽에 시달립니다. 쌍둥이자리처럼 그들도 뭔가를 잃어버릴까 봐 두려워하며 몸을 움츠리곤 합니다. 게자리 안에는 쌍둥이자리 에너지가 들어 있습니다. 물론 게자리들은 주로 상상 속에서만 날아다니지요. 절대로 둥지를 멀리 떠나지는 않습니다. 하지만 게자리들은 쌍둥이자리들이 가만히 머물지 못하는 것을 다른 어떤 별자리들보다도 잘 참아준답니다.

　쌍둥이자리는 친구든 사업 파트너든 연인이든, 그 어떤 관계에서도 매달리는 편이 아닙니다. 대상이 무엇이든, 쌍둥이자리는 너무 가볍게 잡고 있거나 너무 빨리 그냥 떠나게 내버려둡니다. 가끔은 너무 빨리 버리기도 하지요. 게자리는 소중한 삶에 집착합니다. 전형적인 게자리는 잡고 있는 것을 느슨하게 하는 것을 어려워합니다. 낯설고 새로운 물결에 휩싸여 닻을 잃거나 안락하고 익숙한 환경을 모두 잃어버릴까 봐 두려워하지요.

　물론 어떤 게자리들은 이런 특징을 아주 격렬하게 부정할 것입니다. 출생차트에 양자리나 쌍둥이자리, 사수자리의 달별자리나 동쪽별자리를 가지고 있는 경우에 특히 심합니다. 하지만 어떤 경우라고 해도 게자리의 그 집요한 성향은 어디 가지 않습니다. 각각의 게자리마다 교묘한 보호색을 띠고 있을 뿐이랍니다. 잘 관찰해보면 찾을 수 있지요.

　제가 살던 건물의 1층에 쌍둥이자리 정신과 의사의 사무실이 있었습니다. 그는 가벼운 신경쇠약 증상이 있었던 어떤 게자리 환자에 대해 제게 얘기한 적이 있습니다. 그 정신과에 처음 왔던 날, 그 게자리가 향수나 경제적인 안정에 대해 너무나 강조를 많이 해서 게자리일 거라는 추측을 했다고 합니다. 처음 한두 시간 동안 잘 들어주던 그 쌍둥이자리 의사는 결국 참지 못하고 들썩거리기 시작했습니다. 그는 기회를 잡아 다른 주제로 화제를 바꾸려고 이렇게 말했습니다. "당신이 게자리라는 것에 내기를 걸죠.", "네, 저 게자리예요." 그 환자는 놀라서 대답했답니다. "저는 게자리의 특징이 전혀 없는데, 어떻게 알아내셨어요? 천문해석학에서는 게자리가 집착하면서 매달린다고 하잖아요. 저는 아니거든요. 전혀 안 그래요. 그리고 저는 전혀 소유욕도 없어요. 절약도 안 하고요. 뭘 붙들고 있지도 못 해요.", "그래요? 어쩌면 당신의 달별자리 때문인지도 모르죠. 그럼, 다음 주에는 언제로 예약하시겠어요?" 그 쌍둥이자리 의사는 재빠르게 말을 이어갔습니다.

> **게자리:** 선생님은 제가 가기를 바라시는군요. 그렇죠? 제가 빨리 가버리기를 바라시는 거잖아요. 제가 환자로서 선생님을 너무 지루하게 해서, 제 상태가 너무 심각하다고 생각하시는 건가요? 지금 그런 뜻이죠?
>
> **쌍둥이자리:** 아녜요, 아녜요. 무슨 말씀을요! 전혀 그런 뜻이 아니에요. 그냥 제가 오늘 저녁에 시카고에서 연설을 할 일이 있어서요, 15분 내로 공항으로 출발하지 않으면 비행기를 놓칠 것 같아서요.
>
> **게자리:** 아, 그러세요? 어쨌거나 지금 제가 가야된다는 거죠? 저한테 이제 그만 가라고 힌트를 주신 거잖아요. 그렇죠?
>
> **쌍둥이자리:** 아니, 그게 아니라, 그렇긴 하죠. 하지만 환자분이 그만 가주기를 원한다, 이런 뜻은 아니고요. 제가 비행기를 놓칠 것 같아서 걱정이라는 뜻이죠.
>
> **게자리:** 그럼, 공항까지 가는 택시를 같이 타고 가도 될까요? 그리고 내일 돌아오시면, 혹시 저희 집에 저녁 식사 하러 오실래요? 제가 고기 안 넣고도 완전 맛있는 스파게티를 할 줄 알거든요.
>
> **쌍둥이자리:** 그러고는 싶은데요, 내일 돌아오면 저녁에 선약이 있어서요.
>
> **게자리:** (흐느끼면서) 선생님은 절 싫어하시는군요. 알겠어요. 이제 그만 가볼게요.
>
> **쌍둥이자리:** 울지 마세요. 오해하신 거예요. 환자분을 빨리 보내버리려고 하는 게 정말 아니에요. 시카고까지라도 함께 갈 수 있으면 좋겠어요. 함께 있어서 즐거운 걸요. 정말이에요.
>
> **게자리:** (얼굴이 엄청 밝아지면서) 정말요? 좋아요. 그럼, 다음 주 말고 내일 모레로 예약할까요?

이 이야기의 가장 재미있는 부분은 그 게자리 환자는 여성이었으며, 지금은 그 정신과 의사와 결혼해서 행복하게 살고 있다는 것입니다. 저는 이 짧은 이야기가 게자리와 쌍둥이자리의 관계를 잘 설명해준다고 생각합니다. 어떤 식으로든 쌍둥이자리가 게자리한테 엮이면, 그 날쌘 쌍둥이자리는 조용한 게자리의 발에 걸려 넘어진답니다. 둘의 관계가 가족이든 연인이든 카드 게임 상대이든 사업적인 거래 대상이든 거의 모두 그렇습니다.

게자리는 감수성이 예민하고 민감한 사람들입니다. 남성도 여성도 어린아이도 마찬가지입니다. 게자리들은 정기적으로 어떤 생각에(그것이 진짜든 상상이든) 빠져서는 기분이 정반대가 되거나 시무룩해집니다. 그리고 쌍둥이자리들은 이들을 껍데기 밖으로 다시 기어 나오게 만드는 달변가들이지요. 쌍둥이자리는 정신적(혹은 실제적) 방랑자들이며 외로운 떠돌이들이고 얽매인 곳이 없는 사람들입니다. 정서적으로(가끔은 실제로도) 집이 없는 사람들이며 길을 잃고 뭔가를 찾아 헤매는 영원한 어린아이지요. 게자리는 불멸의 어머니(혹은 아버지)로서 사람들을 보호하고 따뜻하게 대해주며 다정하게 위로해주는 사람들입니다. 그러니 이 두 사람이 서로 끌렸다가 헤어지고 다시 돌아왔다가 다시 헤어지고를 반복하는 게 전혀 놀랄 일이 아닙니다.

게자리의 구성 원소인 물이 쌍둥이자리의 구성 원소인 공기를 충분한 습기로 적시면, 공기 중의 먼지와 오해를 깨끗하게 없애주는 소나기가 됩니다. 게자리는 쌍둥이자리의 이중적 열망들을 쏟아낼 수 있게 해주며 정직한 눈물을 흘리게 해준답니다. 그리고 이따금씩 잠깐 멈춰 서서, 정말 중요한 게 뭔지 기억하도록 도와줄 수 있습니다.

쌍둥이자리 여성과 게자리 남성

"내가 쌍둥이가 될 수 있을까?"

"아니, 전혀. 쌍둥이가 되는 건 정말 힘든 일이거든." 쌍둥이들이 대답했다.

"난 정말 희망이 없어." 그가 말했다.

"그게 바로 끔찍한 일이라니까. 어차피 우린 계속 갈 수밖에 없다구. 멈추는 방법을 모르잖아!"

게자리 남성은 자신만의 감각과 감정 그리고 상상 속에 삽니다. 그는 역사를 사랑합니다. 비잔틴 문명에서부터 중세와 르네상스까지, 지나간 시대의 찬란한 문명에 관한 책을 좋아하지요. 게자리 남성은 과거에 대해 좀 낭만적인 태도를 가지고 있답니다. 그 자신의 과거도 역사적인 인물들에 대해서도 마찬가지로요. 그렇기 때문에 원탁의 기사들에게 어떤 단점들이 있었는지 같은 것은 떠올리고 싶어하지 않는답니다. 예를 들어, 그들이 타던 말의 꼬리가 뭉쳐서 단단해졌을 수도 있다는 것, 갑옷

속에 셔츠를 입었다는 사실, 그들이 손으로 식사를 했다는 점과 가끔은 어여쁜 처녀와 지저분한 볏짚 위에서 잠을 잤을 수도 있다는 것 같은 얘기들 말이에요.

게자리의 감상적인 마음속에서 원탁의 기사는 흠잡을 데 없는 존재들입니다. 그들은 식사 예절을 잘 지켰고 순백의 백마를 타고 다녔지요. 물론 그 말들의 꼬리는 복스럽고 늘 깨끗하게 손질되어 있었지요. 십자군 전쟁에서 돌아왔을 때도, 기사들은 땀 한 방울 흘리지 않고 여전히 옷이 말끔한 채로 사랑하는 여인의 향기로운 손수건을 차지했답니다. 그러니 게자리가 쌍둥이자리 여성을 기사도의 마음으로 대하는 것은 잘못이라 할 수 없습니다. 하지만 쌍둥이자리 여성은 중세 기사들에 관한 역사적 사실들을 정확하게 알아두어야 할 필요가 있습니다. 그 기사들은 아름다운 여인의 향기로운 손수건을 빛나는 갑옷 속에 집어넣은 다음, 그녀에게 채워둔 무시무시한 정조대의 열쇠를 투구에서 꺼냈답니다. 가끔은 다른 여인에게 채운 정조대의 열쇠를 꺼내기도 했지요. 게자리들은 이 기사들과 비슷합니다. 그들이 처음에 얼마나 예의 바르게 접근하고 구애하는지에 상관없이, 손수건을 받아 간직하는 것 이상의 친밀함을 계획하지요.

쌍둥이자리 여성은 게자리 남성의 정중한 관심으로 낭만적인 상상을 하고 감정에 휩쓸릴 수 있습니다. 쌍둥이자리 여성은 공상을 좋아하지요. 그녀는 해자를 건너고 클로버 언덕을 달려가서 그를 만나는 모습을 상상합니다. 그녀의 길고 반짝이는 금발(혹은 삼단 같은 검은 머리카락)은 바람에 나부끼겠지요. 그녀는 말을 타고 있는 그녀의 게자리 기사에게 우아한 예를 갖춥니다. 이제 쌍둥이자리 여성은 발그레하게 상기된 얼굴로 수줍게, 그녀의 손수건을 그에게 건네려고 합니다. 하지만 조심하세요! 이때쯤 되면 게자리 남성은 그녀의 앙증맞은 손을 단단하게 움켜잡았을 테니까요. 그는 그 손을 영원히 놔주지 않는답니다.

게자리의 소유욕이 쌍둥이자리의 자유를 고집하는 성향과 맞부딪히면, 두 사람의 꿈은 잔인하게 산산조각이 날 수 있습니다. 쌍둥이자리 여성이 정말로는 두 사람이라는 사실을 알게 된다면 게자리 남성은 화가 날 것입니다. 게다가 그중 한 명은 성의 맨 꼭대기 층에서 그와 함께 행복하게 둥지를 틀고 싶어하지만, 다른 한 명은 밧줄을 타고 내려가 여기저기 다니며 영양들과 놀고 사냥개들을 쫓아다니고 싶어한다는 것을 알게 된다면요. 어쩌면 그는 그녀의 뺨을 때릴 수도 있습니다. 아니면 게처럼 지하 감옥 속의 어둠으로 들어가 웅크린 채, 그녀가 다가와 그를 다시 유혹해주기를 기다릴 수도 있지요.

쌍둥이자리 여성은 쉽게 잊어버리는 사람들로 유명합니다. 사랑하는 사람이 지하 감옥에 갇혀 있다는 재미없는 책임감 같은 것도 예외는 아니지요. 그녀가 환상 속으로 비행을 하는 중이거나 변덕을 부릴 때는 특히 잘 잊어버립니다. 쌍둥이자리 여성의 기억력이 나빠서 그런 것은 아닙니다. 다만 그녀에게는 가끔 사랑보다 다른 일들이 더 중요해진답니다. 그러다 외로워지면 사랑도 다시 중요해지지요. 그러면 용서와 위로를 찾아 다시 돌아옵니다. 결국 두 사람의 이야기는 해피엔딩이 될 수도 있습니다. 게자리 남성은 열두 별자리 중에서도 가장 위로를 잘하는 사람들이니까요. 길 잃고 혼란스러운 쌍둥이자리 여성을 게자리 남성만큼 부드럽고 다정하게 이해해주는 사람은 없을 것입니다. 무뚝뚝하지만 상냥하고 보호를 잘해주는 황소자리도 게자리만큼은 못하지요. 두 사람의 달별자리가 서로 조화롭다면, 해지는 저녁에 두 사람을 돌계단 위에 남겨둬도 괜찮습니다. 두 사람에게 축복이 함께할 거라는 믿음을 가진 채로요. 쌍둥이자리 여성은 늘 방황할 것이고 게자리 남성은 늘 화를 내겠지요. 하지만 그녀는 다시 돌아올 것이고, 그는 늘 그렇게 그녀를 다독거리며 용서해줄 테니까요.

하지만 두 사람이 함께 행복을 나누기 위해 필요한 것이 있습니다. 쌍둥이자리 여성에겐 인내심이 필요합니다. 게자리 남성에게는 융통성이 필요합니다. 하지만 쌍둥이자리 여성의 지배행성은 수성이지요. 수성은 인내심이라는 에너지가 없답니다. 또 게자리 남성의 지배행성은 달입니다. 달은 너무나 빨리 변하는 성질을 가지고 있어서 어떤 한 성질을 지속하기가 쉽지 않지요. 게자리 남성은 쌍둥이자리 여성만큼이나 경솔하고 자유분방한 시기를 지나서는, 쌍둥이자리 여성이 그것을 채 즐기기도 전에 다시 자신의 딱딱한 껍데기 속으로 돌아갑니다. 양쪽 다 훈련과 헌신이 필요하답니다.

두 사람이 공통적으로 기분이 잘 변한다는 것은 많은 문제의 원인이 됩니다. 갑작스럽게 기분이 변하기 쉬운 쌍둥이자리 여성과 게자리 남성을 붙여두었을 때는, 딱히 누구의 잘못인지 가려내기가 어렵지요. 예컨대 게자리 남성의 기분이 한껏 고양되어 신나게 웃고 있을 때, 쌍둥이자리 여성은 어느새 어둡고 사색에 잠기는 시기로 들어가 있습니다. 쌍둥이자리 여성은 게자리의 즐거운 분위기에 맞추기 위해 애를 쓰겠지요. 하지만 쌍둥이자리 여성이 간신히 기어를 바꿀 즈음이면 게자리 남성에게선 이미 웃음기가 사라져 있습니다. 하현달의 영향으로 조용한 은둔자의 모습으로 바뀌었답니다. 그래서 이번엔 게자리 남성이 쌍둥이자리 여성의 즐거운 분위기에 맞추려고 노력합니다. 그다음에는 게자리 남성이 보름달의 부름을 받아 미친 듯이 웃어대는 종달새로 변할 것입니다. 하필 그때쯤 수성은 쌍둥이자리 여성을 조종하여 게자리의 농담에 대해 빈정거리고 냉혹하게 비평하도록 만듭니다. 게자리 남성은 깊이 상처를 받게 되지요. 그래서 쌍둥이자리 여성은 또 다시 애를 쓰게 되고요. 이런 식으로 계속 반복되면, 어느 시점에 이르러 둘은 신경쇠약에 걸릴 지경이 됩니다. 해결책이 없을까요? 있습니다.

먼저 두 사람이 출발 지점으로 돌아가는 것입니다. 예를 들어 두 사람의 행성이 같은 리듬을 갖는 어떤 날이라고 해두지요. 그리고 서로 변하는 기분에 맞추도록 노력하는 것입니다. 함께 웃고, 함께 울고, 함께 우울해하고, 함께 희망하고, 함께 대처하는 것입니다. 두 사람의 별이 각기 너무나 다른 파장을 가지고 있다 해도, 적어도 서로의 목적이 달라서 싸우는 일은 멈출 수 있을 것입니다. 그리고 약속을 하는 겁니다. 쌍둥이자리 여성이 기분이 처져 있고 게자리 남성의 기분이 유쾌한 때에는 게자리 남성이 쌍둥이자리 여성의 기분을 북돋워줄 수 있도록 노력할 것. 그리고 게자리 남성의 기분이 격렬해져 있을 때 쌍둥이자리 여성이 반대로 차분한 상태라면, 그를 무시해서 더 깊은 껍데기 속으로 들어가게 만들기보다는 그의 걱정들을 달래줄 것. 게자리가 괴팍할 때는 냉정한 거부가 아니라 동정이 필요한 때입니다. 쌍둥이자리 여성은 무심함이 아니라 다독거림이 필요하지요. 서로 이런 약속을 지킬 수 있다면 두 사람은 점점 같은 리듬을 탈 수 있게 될 것입니다. 물론 주기적으로 교착상태에 빠지는 것만은 어쩔 수 없을 것입니다.

이 관계는 2-12 태양별자리 유형이지요. 게자리는 쌍둥이자리의 분주함과 무심함을 참아줄 것입니다. 쌍둥이자리는 게자리의 인내심과 섬세함을 배우려고 노력할 것입니다. 하지만 쌍둥이자리 여성이 게자리에게 배우고 싶지 않은 것도 있습니다. 그중 하나는 돈을 보다 신중하게 쓰는 방법이지요. 전형적인 쌍둥이자리 여성은 게자리 남성이 구두쇠나 고리대금업자 같다고 생각할 것입니다. 쌍둥이자리 대부분은 돈을 새 모이처럼 뿌리고 다니지요. 게자리 대부분은 미다스 왕처럼 돈을 잘 모으고요. 돈 문제에 관한 한, 두 사람은 그 중간 어디쯤에서 서로 합의할 수 있는 지점을 찾아야 할 것입니다. 하지만 게자리의 돈에 대한 인색함이나 쌍둥이자리의 돈에 대한 변덕스러움, 이 두 개의 극과 극에서는 해결책을 찾기가 쉽지 않습니다. 이 문제의 해결책은 다른 측면에서 찾아야 할지도 모릅니다.

게자리가 돈에 매달리는 것은 언젠가 궁핍해질 것을 두려워하는 마음에서 기인하기도 하지만, 안정에 대한 욕구 때문이기도 합니다. 그래서 애정에 대한 굶주림이 만족된다면 가난에 대한 두려움도 줄어들 수 있습니다. 만일 게자리 남성이 감정적인 안정감을 충분히 느낄 수만 있다면 재정적인 안정감은 그렇게 많이 필요로 하지 않을지도 모릅니다.

게자리가 물질을 축적하고자 하는 소유욕이 있는 반면 쌍둥이자리는 소유에 발목 잡힐까 봐 두려워합니다. 쌍둥이자리 여성은 돈을 모으는 것보다는 쓰는 것이 더 흥미진진하다고 생각하기 때문에 돈을 내다버리는 경향이 있습니다. 하지만 정서적인 자유와 지적인 도전거리를 충분히 가지고 있다면 그녀의 사치성도 줄어들 것입니다. 수성의 구매 욕구가 이미 충족되었으니까요.

쌍둥이자리는 사교적인 별자리이며 정신적으로나 육체적으로나 활동적이어야 한답니다. 쌍둥이자리 여성은 두 가지 이유로 외식을 좋아합니다. 우선 요리하는 것 자체를 그리 좋아하지 않습니다. 또 하나는 주변 풍경에 자주 변화를 주어야 하기 때문입니다. 게자리는 집에서 식사하는 것을 더 좋아할 것입니다. 어린 시절의 아늑함을 연상시키기 때문이지요. 그는 부모님 댁에서 밥을 먹는 것도 좋아합니다. 어린 시절의 안정감을 아주 제대로 일깨워주니까요. 이런 차이만으로도 게자리와 쌍둥이자리 관계에서는 우여곡절이 있을 수 있답니다. 처음부터 명확하게 이 문제에 대한 해결책을 만들어놓는 것이 좋겠지요?

이들의 육체적인 관계에 대해서 말하자면, 게자리 남성은 감각적인 섬세함과 애정을 제공하고 쌍둥이자리 여성은 상상력과 다양성을 불어넣습니다. 그녀는 갑자기 어떤 아이디어를 내는 사람입니다. 열정에 대해서도 생각이 여러 번 바뀔 수 있지요. 하지만 그는 자신의 욕망을 그녀에게 맞출 수 있을 만큼 통찰력이 있습니다. 그리고 사랑에 대해 전혀 지루하지 않은 자신만의 생각을 가지고 있지요. 두 사람의 사랑은 좀처럼 똑같지 않습니다. 달이 차오르고 이지러지는 것처럼, 감정의 조수 간만에 따라 그들의 사랑도 다양한 모습을 띱니다. 쌍둥이자리 여성은 게자리 남성이 섹스에 접근하는 방식에서 자신을 따뜻하게 보호해주는 듯한 느낌을 갖게 될 것입니다. 그의 팔이 자신을 감싸 안을 때, 길 잃은 아이 같던 그녀의 마음은 눈 녹듯 녹아내립니다. 게자리 남성은 쌍둥이자리 여성이 사랑을 추구하는 방식이 무척이나 섬세하고 부드럽다고 느낍니다.

그는 사랑하는 쌍둥이자리 여성을 너무나 존중하는 나머지 자신의 열정을 완전히 불태우지 못하는 경향이 있습니다. 그녀가 너무 연약한 꽃처럼 느껴져서 혹시라도 다치게 할까 걱정하는 마음이지요. 하지만 그녀는 그가 생각하는 것처럼 그렇게 연약하지 않답니다. 그녀가 주는 섬세하고 부드럽고 비현실적인 느낌 같은 것들은 약한 것과는 상관없습니다. 그녀가 필요로 하고 원하는 것은 그녀를 어린아이가 아니라 성인으로 대해주는 것이랍니다.

그녀가 어둠 속에서 그와 가까이 있을 때 그녀는 그에게 의지할 것입니다. 그녀의 두려움은 사라지지요. 쌍둥이자리 여성들 중 다수는 캄캄한 상태로 잠을 자는 것을 싫어합니다. 하지만 게자리 남성과 함께라면 기꺼이, 깜깜한 어둠 속에서라도 잠을 청해볼 것입니다.

게자리 남성들도 잘 때 불을 다 끄는 것을 싫어합니다. 하지만 쌍둥이자리 여성과 함께라면 어둠도 친구가 될 수 있다는 것을 알게 될 것입니다. 그녀의 머리에 팔베개를 해주고 함께 자면, 자주 그를 괴롭히던 악몽도 더 이상 꾸지 않을 것입니다. 두 사람이 육체적인 합일을 경험하고 나면 생각이 끊이지 않던 그녀의 분주한 머릿속도 훨씬 차분해지고 평화로워집니다. 눈에 띄게 달라지지요. 가끔은 그런 차분함이 몇 날 며칠 동안 지속되기도 한답니다. 하지만 곧 그녀의 다른 쌍둥이 자아가 그녀를 다시 불러내고 뭔가 다른 생각에 사로잡히게 만들겠지요. 그때가 바로 게자리 남성이 그녀를 붙잡아야 하는 때랍니다. 그녀가 멀리 날아가버리기 전에 말이에요.

게자리 남성은 사람과 파티를 즐깁니다. 음악과 춤을 즐기지요. 하지만 그런 사실을 좀처럼 인정하지 않는답니다. 쌍둥이자리 여성은 수줍은 게자리 남성을 어르고 달래서 은둔자의 생활에서 벗어나 밝은 세상으로 나오게 할 수 있는 사람이랍니다. 그녀는 함께 춤을 추러 가자고, 하이킹, 승마, 항해, 크로스컨트리 스키 등을 하러 가자고 그를 꼬드깁니다. 유럽 여행을 가자고, 고대 유적을 보면서 이전 생에서 겪었을지 모르는 어떤 추억들을 떠올려보자고 설득합니다. 그 어느 생에서 지금은 유물이 된 컵들로 그들이 건배를 했을 수도 있다고 그녀는 말하지요. 지금은 영국 박물관에 전시되어 있는 어떤 목걸이가 실은 서로 열렬히 사랑했던 고대 이집트 시절에 그녀가 하고 있던 그 목걸이일 수도 있다고 속삭인답니다.

쌍둥이자리 여성은 게자리 남성으로 하여금 거의 모든 일을 하도록 만들 수 있습니다. 그중에서도 가장 쉬운 것은 여행을 가자고 설득하는 일이지요. 특히 고대 유적이나 유서가 깊은 박물관은 게자리 남성을 끌어당기는 힘이 있습니다. 게자리 남성은 과거에 살지요. 그래서 그런 곳을 사랑하는 여인과 함께 방문하는 일은 그의 가장 멋진 꿈 중에 하나랍니다. 깨어나고 싶지 않을 만큼 근사하지요. 쌍둥이자리 여성과 함께라면 깨어나지 않을 수도 있을 겁니다. 쌍둥이자리는 바람 위에서 살지요. 그곳에서 꿈은 곧 현실이랍니다. 현실은 꿈이고요. 게자리 남성은 곧 이런 사실을 깨닫게 될 것입니다. 쌍둥이자리 여성은 늘 그보다 앞서서 나갑니다. 그가 여전히 잘 있는지 뒤돌아보지도 않고 머리카락을 바람에 날리며 앞서가지요. 사실 뒤돌아볼 필요는 없습니다. 그가 여전히 그곳에 있다는 것을 그녀도 아니까요. 쌍둥이자리 여성은 게자리 남성의 사랑이 꾸준하고 그의 헌신이 변치 않는다는 것을 안답니다. 그것은 그녀가 평생을 찾아다녔던 그런 사랑이지요. "집으로 돌아오세요."라고 속삭이는 사랑 말이에요. 그리고 게자리 남성은 "별들 사이로 함께 달려가요!"라고 속삭여줄 사람을 찾아왔지요.

두 사람은 각자 가슴속에만 품고 있었던 소망을 서로의 눈빛에서 봅니다. 복잡한 거리에서나 어느 모임에서 처음 서로를 바라보던 그 순간, 그들은 둘 다 시선을 거둘 수가 없었지요. 그때 갑자기 알 수 없는 눈물이 흘렀다는 사실을 두 사람은 몇 년 동안이나 얘기합니다. 그 순간에는 서로의 이름도 알지 못했지만 그건 문제가 되지 않았지요. 지금은 거의 잊어버린 음악을 배경으로, 그때 이미 두 사람은 서로의 마음속 비밀을 보았고 서로를 애타게 부르고 있었으니까요.

두 사람이 사귀게 되면 쌍둥이자리 여성은 게자리 남성에게 다양한 선물을 줄 것입니다. 조심스러운 게자리 남성은 그런 충동적이고 값비싼 선물에 기겁을 하겠지요. 하지만 그녀가 보지 않을 때면, 그녀가 자신을 그렇게나 사랑하고 소중히 여겨주는 것에 대해 기쁨의 눈물을 흘릴 것입니다. 또 그 선물들을 친구들에게 자랑할 것입니다. 그가 사랑받고 있다는 것을 증명해주는 것이니까요. 쌍둥이자리 여성은 번뜩이는 직감으로 이런 사실을 감지해낸답니다. 그녀는 이 게자리 남성이 어린 시절, 어떤 크리스마스 아침에 겪었던 실망을 보상해주고 싶어합니다. 그녀가 어떻게 알까요? 한 번도 말한 적이 없는데 말이에요. 그녀는 안답니다. 그를 사랑하니까요. 사랑이란 이렇게 신비한 일이지요. 그렇게 시간이 좀 지나면, 쌍둥이자리 여성은 게자리 남성의 마음을 기적처럼 바꾸어놓을 수 있답니다. 게자리 남성도 마음을 열고 그녀를 위해서 색색의 리본을 묶은 깜짝 선물을 준비하지요. 게자리는 포근한 사랑을 받으면 그 사랑을 수천수만 배로 되돌려준답니다. 그는 너무나도 행복한 나머지 부끄러운 줄도 모르고 엉엉 울지도 모릅니다.

게자리 남성은 쌍둥이자리 여성을 언제나 여인으로 대접합니다. 쌍둥이자리 여성은 그런 사랑스러운 대접에 감동하고 그에 맞게 행동하려고 노력한답니다. 쌍둥이자리 여성에게 게자리 남성은 아주 가끔 소년처럼 행동하면서도 언제나 감동을 주는 정중한 신사랍니다. 이제 쌍둥이자리 여성도 눈물이 납니다. 게자리 남성이 표면의 단단하고 무감각한 껍데기 뒤에 너무나 상처받기 쉬운 연약한 모습을 감추고 있다는 것을 알기 때문이지요. 그는 시인이랍니다. 그리고 쌍둥이자리 여성은 아마도 그 사실을 제일 처음 알아차리는 사람일 것입니다. 쌍둥이자리는 추측에 능하기 때문에 늘 알아맞히기 게임에 이겨 사랑을 받는 사람들이랍니다.

쌍둥이자리 소녀 또는 여성은 현실주의자입니다. 처음엔 엉뚱하다가도 바로 냉소적으로 변하고, 자주 가면을 바꾸기는 하지만요. 그들은 늘 게자리 남성을 매료시킨답니다. 게자리 남성의 표정은 달의 영향으로 변화무쌍하지요. 즐거움과 기쁨, 차분함 또는 걱정 등 다양합니다. 쌍둥이자리 여성은 게자리 남성의 그런 표정을 지켜보기를 좋아합니다.

쌍둥이자리 여성의 물리적인 나이가 몇 살이건 간에, 그녀는 늘 젊고 꿈이 많으며 사려 깊고 다정합니다. 그녀의 피부와 눈빛은 어린아이처럼 투명하며 몽롱한 꿈으로 가득 차 있지요. 하지만 동시에 냉정한 논리에 따라 움직이지요. 어떤 꿈들은 부주의로 잃어버리기도 하고 어떤 꿈들은 새로운 재미있는 일이 나타나면 그냥 잊혀져가기도 합니다. 하지만 정말로 소중하고 신성한 꿈은 가슴 깊은 곳에 잘 간직하고 있답니다. 끈질긴 게자리 남성이라면 그녀를 달래서 그 꿈을 공유할 수 있을 것입니다. 쌍둥이자리 여성은 금방 다른 자아로 바뀔 수 있으니 최대한 재빨리 움직여야 하지요. 하지만 게자리 남성이 확신을 가지려면 시간이 필요하고, 또 그는 너무 오래 기다리지는 못한답니다. 쌍둥이자리 여성은 어느 날, 게자리 남성이 갑자기 말이 없어졌다는 것을 눈치챕니다.

그녀는 막연한 걱정에 휩싸여 묻겠지요.

"무슨 문제가 있어요? 제가 뭘 잘못 말했어요?"

"아니에요, 그냥 내가 당신을 사랑하는 것 같은 생각이 들어서. 그런데 확실하지는 않아요."

쌍둥이자리 여성은 게자리 남성이 무슨 말을 하는지 이해하지 못할 것입니다. 쌍둥이자리에게는 확실한 것이 거의 없지요. 사랑에 대해서 특히 그렇습니다. 하지만 가보기 전에는 뭐든 알 수 없지요. 그러니 왜 머뭇거리느라 시간을 낭비하겠어요?

쌍둥이자리 남성과 게자리 여성

그는 그녀에게서 눈길을 돌렸다. 하지만 그녀는 여전히 그를 놔주지 않았다.

그는 깡충거리며 웃긴 표정을 지어보았다.

하지만 그녀가 그의 마음속에 들어와 문이라도 두들긴 것처럼, 그것도 그만두고 말았다.

일반적으로 쌍둥이자리 남성은 순간적이고 확실한 통찰력으로 사람들을 재빨리 분석할 수 있습니다. 일반적으로 게자리 여성은 사람의 본성을 예리하게 꿰뚫어 봅니다. 그러니 둘이 함께하면 물병자리와 물고기자리 커플처럼 막강한 탐정 팀이 됩니다. 쌍둥이자리도 게자리도 탐정소설을 좋아하는 데는 다 이유가 있답니다. 전갈자리도 탐정소설을 좋아하지만, 이들은 보다 으스스한 살인 사건이나 유령 이야기에 더 끌린답니다.

하지만 쌍둥이자리 남성의 민첩한 두뇌 활동과 게자리 여성의 비밀을 잘 캐내는 능력에도 불구하고, 그들 둘 다 잘 풀지 못하는 퍼즐이 있습니다. 바로 상대방입니다. 쌍둥이자리 남성에게 그가 사랑하는 게자리 여성의 어떤 점이 가장 힘든지 물어본다면 이렇게 말할 것입니다.

"그녀가 도대체 무슨 생각을 하는지 절대로 알 수가 없어요."

게자리 여성도 같습니다.

"그 사람이 뭘 원하는지 알 수가 없어요."

쌍둥이자리 남성과 게자리 여성이 만나면 늘 이런 식의 문제가 생깁니다. 게자리 여성의 비밀주의와 상처를 받았을 때 입을 다물고 말하기를 거부하는 태도는 쌍둥이자리 남성을 난폭하게 만듭니다. 감정에 초연한 쌍둥이자리 남성에게는 자연스러운 상태가 아니지요. 게자리 여성이 무슨 생각을 하는지 절대 얘기하지 않고 단단하게 껍데기를 닫아버리면, 쌍둥이자리 남성은 좌절과 무력감에 빠집니다. 하지만 비난이나 냉소로 그녀를 다그쳐도 소용이 없습니다. 게자리 여성은 자신의 마음이 다시 좋아지고 준비가 되기 전에는 절대로 밖으로 나오지 않는답니다. 밖으로 나오고 나면, 그녀는 자신을 우울하고 괴팍하게 만들었던 것이 뭔지를 잊었다고 주장할 것입니다. 잊어버렸을 리가 없지요. 비밀로 간직하는 것이 더 안전하다고 느낄 뿐입니다. 가끔은 게자리 여성이 울면서 자신의 걱정을 쏟아낼 때도 있습니다. 그럴 때조차도 쌍둥이자리 남성은 그녀가 가지고 있는 고통의 근본적이고 실질적인 이유는 알 수가 없습니다. 이유에 대한 설명은 없으니까요. 쌍둥이자리 남성은 모든 실타래를 풀어, 문제의 원인이 무엇인지 밝혀내기 전에는 만족할 수가 없습니다. 그래서 게자리 여성의 수수께끼 같은 행동은 그로 하여금 막연한 불안감을 느끼게 합니다. 그녀는 그 단서를 다락방에 있는 트렁크 속에 감춰뒀으므로, 그녀의 기분에 대한 수수께끼를 풀어볼 길이 없습니다. 쌍둥이자리 남성은 어쩌면 그것을 풀지 못하기 때문에 다시 돌아와서 또 시도하고 또 시도해보는 것인지도 모릅니다. 하지만 그는 흐느낌과 웃음과 차분함 사이에 존재하는 그녀의 진짜 생각을 절대로 알 수 없을 것입니다. 가끔씩 그녀의 마음이라는 다락방에 들어갈 수 있도록 허락해줄 때만 몇 조각 얻을 수 있을 뿐이지요.

게자리 여성은 할 수만 있다면 그에게 달도 따다 줄 것입니다. 게자리 여성은 자신의 연인에게 아낌없는 사랑을 쏟아붓습니다. 그를 보호하고 소중히 여기고 싶은 마음으로 가득 차지요. (둘 사이에 자녀가 끼어들면 그 헌신과 사랑의 크기가 갑자기 반으로 줄어들기는 하지만요.) 게자리 여성은 쌍둥이자리 남성을 배불리 먹이고 긍휼히 여겨줄 것이며 익살스러운 달의 유머 감각으로 기분을 전환시켜줄 것입니다. 하지만 쌍둥이자리 남성이 자신의 행복을 위한 요리법을 계속 바꿔대는데, 어떻게 그의 굶주림을 만족시켜줄 완벽한 요리를 할 수 있을까요? 게자리 여성이 그가 원하는 것이 무엇인지 찾았다고 생각하는 순간, 쌍둥이자리 남성은 교묘하게 주제를 바꿔서 그녀를 눈물짓거나 짜증나게 만듭니다. 그녀는 쌍둥이자리 남성이 진짜로 원하는 게 뭔지를 절대로 알아낼 수 없을지도 모릅니다. 실은 쌍둥이자리 남성 자신도 그걸 모르니까요. 설령 안다고 하더라도 그는 자신의 또 다른 쌍둥이 자아하고만 그것을 공유할 것입니다. 게자리 여성을 믿지 못해서가 아닙니다. 다만 자신의 쌍둥이 자아만이 복잡한 수성의 꿈을 잘 해석하기 때문입니다.

게자리 여성은 매우 민감하고 감정을 잘 흡수하기 때문에, 쌍둥이자리 남성의 주변에만 있어도 그의 전략 중 일부는 흡수할 수 있습니다. 그녀는 쌍둥이자리 남성의 지적인 속임수에 대해 모든 것을 알게 될 것입니다. 어떻게 사용하는지만 모를 뿐이지요. 두 사람의 속도가 다르기 때문입니다. 게자리 여성은 겉으로는 바삐 움직이는 것처럼 보이지만 느리고 신중합니다. 쌍둥이자리 남성은 빠르고 경솔하지요. 냉정하고 침착해 보이는 겉모습은 잊어버리세요. 쌍둥이자리 남성의 마음은 연료가 꽉 찬 제트 비행기와 같아서, 어느 순간에도 이륙할 준비가 되어 있답니다.

두 사람의 관계는 2-12 태양별자리 관계 유형입니다. 쌍둥이자리와 게자리는 바로 앞뒤에 위치해 있지요. 그래서 게자리 여성은 쌍둥이자리의 안절부절못하는 성향을 이해합니다. 영혼의 기억으로, 부주의하고 즉흥적이며 감정적인 유대감으로부터 자유롭다는 것이 어떤지를 무의식적으로 알기 때문입니다. 그런 기억은 게자리 여성을 극단적인 반대 방향으로 몰고 가기도 하지요. 감정적인 안정은 물론이고 경제적인 안정에도 필사적으로 매달리는 게 그것입니다. 반면에 쌍둥이자리는 게자리 여성에게서 배워야 한다는 것을 압니다. 자신이 아직 모르는 삶의 태도를 그녀가 가르쳐줄 수 있다는 것을 알지요. 쌍둥이자리 남성은 빨리 배우기 때문에 게자리 여성과 함께 있으면 여러 면에서 지혜를 키우게 될 것입니다. 하지만 성장에는 고통이 따르는 법이지요.

쌍둥이자리 남성은 자신에게 더 이상 필요하지 않은 것을 간직하지 않습니다. 이미 사용한 영화표나 무뎌진 면도날은 물론이고 인간관계조차도 서로 필요가 없어졌다면 버립니다. 그는 게자리 여성이 사물이나 사람에 집착하는 것을 이해할 수 없습니다. 아마도 그녀가 끔찍한 가난을 견뎌야 했기 때문에 그렇게 된 것이라고 생각할지도 모릅니다. 그래서 별것 아닌 쿠폰에서부터, 혹시 외계인들에게 포위당할 것을 대비해 몇 달 동안 가족을 먹일 수 있는 통조림 식량까지 비축해두려고 하는 거라고 이해하지요. 하지만 그는 잘못 생각하는 것입니다. 물론 게자리 여성에겐 우주 전쟁이 발발할 가능성은 언제든 있습니다. 그녀가 어린 시절에 가난했는지 아닌지와는 아무 관계없습니다. 게자리 여성에게는 그 어떤 일도 일어날 가능성이 있답니다. 그러니 대비를 해두고 싶은 거지요. 상자 바닥에 잘 숨겨놓은 지폐들은 언젠가 상자를 비워야 할 때를 대비하는 그녀의 마음을 안심시켜줍니다. 좀약과 함께 싸두었던 드레스는 유행이 지났지만, 그래도 윗부분을 좀 잘라내면 멋진 스커트로 변신할 것입니다. 돈을 들이지 않고도 스커트가 생기는 것이지요. 그리고 그녀는 오랜 우정이나 관계를 성급하게 버리지 않는답니다. 쌍둥이자리 남성과는 다르지요.

인간관계에 대해 무심한 쌍둥이자리의 태도는 게자리 여성을 당황하게 합니다. 그녀는 유용성 때문에 사람들과 친하게 지내지는 않지요. 그녀가 친한 사람들에게 느끼는 것은 더 밝고 안전하고 따스했던 과거가 주는 편안하고 익숙한 감정 때문입니다. 게자리 여성은 사랑에 대해서도 비슷하게 느낍니다. 그녀의 사랑에는 근거나 논리가 없습니다. 그러니 사랑을 파괴하면 그녀도 무력해집니다. 다른 사람들의 사랑은 떠나고 싶으면 떠나고, 마음먹으면 잊을 수도 있고, 화나서 헤어지기도 하고 내동댕이쳐지기도 합니다. 하지만 게자리 여성의 사랑은 닳아서 없어질 때까지입니다. 그러니 세월이 오래 걸릴 수도 있지요. 세월이 지나도 닳은 곳을 꿰매고 덧붙여서 어떻게든 다시 고쳐보려고 합니다. 이것은 게자리 여성이 쌍둥이자리 남성에게 줄 수 있는 가장 소중한 교훈 중에 하나랍니다. 가슴이 머리에게 주는 교훈이지요.

주변에 변덕스럽고 자유분방한 게자리 여성이 있을 수도 있습니다. 하지만 그 모습을 다 믿지는 마세요. 그녀의 단단한 껍데기 속에는 오래되고 희미해진 옛사랑이 고이 접힌 채 잘 간직되어 있을 것입니다. 그녀는 그 사랑이 다시 쓸모가 있게 되기를 간절히 바란답니다.

낭만적인 휴가 중인 쌍둥이자리 남성에게는 늘 다음으로 이동할 순간이 옵니다. 옛사랑이라는 기억의 가방을 끌고 다니면 일정이 지체될 뿐입니다. 그는 여행 가방 속에 비상 전등을 넣어 다니지 않습니다. 늘 가볍게 다니지요. 그는 어느 곳에도, 누구에게도 속하지 않는 사람입니다. 가족에게도 매이지 않습니다. 그는 가족들이 자신을 사랑한다는 것은 알지만, 어쩐 일인지 거리감을 느낍니다. 가족들한테만 그런 것이 아니라 이 세상과도 거리감을 느끼지요. 그런 쌍둥이자리 남성의 마음을 어떻게 붙잡아야 하는지를 아는 여성을 찾을 때까지는 그렇습니다. 붙잡고 매달리는 것은 게자리의 재능이지요. 하지만 그녀의 소유욕은 쌍둥이자리 남성에게 오히려 거부감을 들게 해서 떠나게 만들기도 합니다. 그래서 게자리 여성은 인내심으로 무장하고, 쌍둥이자리 남성이 방황할 수 있는 공간을 충분히 주어야 한답니다. 그가 춥고 외로워지는 때가 오면, 그때 그를 유혹해서 따뜻하게 해주면 됩니다. 게자리 여성이 놓는 법을 터득하고 사랑만이 서로를 묶는 유일한 고리가 되도록 할 수만 있다면, 그녀도 쌍둥이자리 남성도 알게 될 것입니다. 자유란 곧 신의를 뜻한다는 것을 말입니다.

두 사람의 섹스에서는 육체적인 감각보다는 정신적 몰입과 감정적 도발이 더 강조될 것입니다. 게자리 여성의 다정다감함과 생생한 상상력은 쌍둥이자리 남성의 섬세하고도 감각적인 성향과 잘 균형을 이룰 것입니다. 두 사람이 육체적인 사랑을 표현할 때는 마치 잃어버린 퍼즐 조각을 찾은 것처럼, 잠깐 동안이지만 완전한 전체가 되는 느낌을 경험할 것입니다. 게자리 여성은 자신이 정말로 필요한 존재인지에 대해 지속적이고도 구체적인 증거를 필요로 하지요. 그녀는 쌍둥이자리 남성이 그녀를 가볍게 안아주기보다는, 더 가깝게 꼭 안아주기를 바랍니다. 두 사람은 보름달이 뜨는 날에 가장 만족스러운 경험을 할 수 있을 것입니다. 게자리 여성의 감수성이 최대로 풍부해지는 때이고, 그녀가 그 어느 때보다 쌍둥이자리 남성을 잘 이끌 수 있기 때문입니다.

쌍둥이자리 남성이 참기 힘든 것이 있습니다. 게자리 여성이 깊이 뿌리박힌 경제적인 두려움을 그에게까지 전달하는 것입니다. 그녀는 이렇게 묻지요. "가난해진다는 게 어떤 건지 알아요? 그건 정말 악몽이라구요. 당신처럼 그렇게 돈을 펑펑 쓰기만 하고 저축을 하지 않으면 그 악몽을 경험하게 될 거예요. 낭비가 필요를 만든다는 말, 못 들어봤어요?" 쌍둥이자리 남성은 그저 어깨를 한 번 으쓱거리고는 이렇게 대꾸할 것입니다. "그런 건 난 모르죠. 물론 빈털터리가 된 적은 있지만 그때도 가난하지는 않았으니까요. 무일푼이 되는 것은 일시적이고 가난하다는 건 마음의 상태일 뿐이에요."

이 세상에 그가 어떤 사람으로 비쳐지든, 쌍둥이자리 남성은 하늘 높은 곳에서 마법의 비행기를 조종해본 영원한 소년이랍니다. 게자리 여성이 이 사실을 알면 그를 훨씬 더 잘 이해하게 될 것입니다. 그는 마법의 비행기를 타고 회전을 하고 묘기 비행을 합니다. 그러면서 더 예쁜 구름을 찾아다니고 더 아름다운 일몰이나 일출의 광경을 찾아다니지요. 그는 우주가 온통 그가 경험해보지 못한 멋진 것들로 반짝이고 있다는 것을 알고 있습니다. 게자리 여성이 진심으로 쌍둥이자리 남성을 사랑하고 함께하고 싶다면 그의 자유로운 영혼이 들썩일 때 그녀도 흔쾌히 짐을 싸서 함께 떠날 준비가 되어 있어야 합니다. 게자리 여성만이 그렇게 할 수 있지요. 한편, 게자리 여성은 그녀가 머무는 곳을 전통이라는 향기로운 꽃들이 만개하는 정원으로 만드는 힘이 있답니다. 그러면 쌍둥이자리 남성은 이리저리 헤매고 다니면서도 집에 머물 수 있지요. 그리고 이런 상태야말로 그가 가장 바라는 것이랍니다. 그렇게 게자리 여성은 쌍둥이자리 남성의 동경 속에 자신을 점점 더 많이 심을 겁니다. 마침내는 그녀의 사랑스러운 웃음소리를 들을 수 있는 곳이라면 어디든 쌍둥이자리 남성의 집이 되겠지요.

쌍둥이자리 Gemini

공기 · 변화하는 · 능동적
지배행성: 수성
상징: 쌍둥이
양(+) · 남성적

Leo 사자자리

불 · 유지하는 · 능동적
지배행성: 태양
상징: 사자 혹은 수줍은 고양이
양(+) · 남성적

쌍둥이자리와 사자자리의 관계

"돌아와, 쌍둥이들아…."

쌍둥이자리의 계산에 따르면, 사자자리는 아주 밝은 사람들이지만 한편으로는 터무니없이 웃기기도 한 사람들입니다. 그들은 궁금해합니다. "저 큰 고양이가 정말로 그렇게 완벽한 자신감을 가지고 있을까? 아니면, 사자자리가 항상 공명정대하고 용감하다는 **이미지**를 **사실**로 증명하기 위해 애쓰는 것에 불과한 건 아닐까?" 전형적인 쌍둥이자리의 생각입니다.

사자자리가 느긋하게 쌍둥이자리를 연구해본 결과, 그들도 비슷한 생각을 하게 됩니다. "저렇게 머리도 몸도 많이 쓰면 뭔가 보상이 있을까? 그저 살아남기 위해서라면, 저렇게까지 능수능란함을 부릴 필요는 없을 텐데. 어쩌면 저들은 고장 난 나침반을 들고 숲속에서 길을 잃었다는 사실을 감추려고, 저렇게 사방팔방으로 동에 번쩍 서에 번쩍하는 것이 아닐까?"

양쪽 모두 서로에 대한 진실을 제대로 추측했습니다. 사자자리는 세상을 향해 오만한 허세를 부립니다. 그럼으로써 사자자리가 겉으로 보이는 것만큼이나 실제로도 용감하다는 것을, 세상 사람들과 스스로에게 증명하려고 하지요. 쌍둥이자리도 자신의 또 다른 자아와 세상 사람들에게 증명하려고 애쓰는 중입니다. 자신들이 쳇바퀴 돌듯이 한자리를 도는 것이 아니라 제대로 된 방향으로 달린다는 것을요.

이들의 태양별자리는 서로 60도를 맺으며 3-11 태양별자리 관계를 이룹니다. 그래서 서로에 대해 직관적인 이해를 가지고 있지요. 서로가 아주 다른 기질을 가졌음에도 불구하고 우정으로 이끌립니다. 그리고 둘 다 어둠 속에서 길을 잃었을 때도 기운을 잃지 않은 척 휘파람을 부는 재주를 가지고 있지요. 두 사람이 함께 화음을 이뤄 휘파람을 분다면 세상은 그들에게 쉽게 설득될 것입니다.

사자자리는 자기가 속으로는 두려워하고 있다는 것을 아무도 의심하지 않게 하려면 크게 으르렁거려야 한다고 믿습니다. 백수의 제왕인 사자는 왕국의 신민들 앞에서 체면을 구겨서는 안 되지요. 그 왕국이 초원이든 교실이든 가족이든 마찬가집니다. 통치자라면 어떤 크고 작은 비상사태에도 제왕에게 걸맞은 근엄함과 지혜로 헤쳐나갈 수 있어야 하지요. 유약한 대중과는 다른 숭고한 정신력과 강인함이야말로 왕이 지닌 최상의 자질이니까요. 백성이 왕을 숭배하는 이유도 거기에 있지요. 이상하게도, 아니 놀랍게도 이런 모습인 척 애쓰는 동안, 사자자리는 실제로 그런 사람이 됩니다. 위기 상황에서 사자자리의 용맹함이 실제로 강력하게 발휘됩니다. 사자자리 스스로에게도 놀랍고 기쁜 일이지요.

쌍둥이자리 또한 비슷한 행운을 가지고 있습니다. 쌍둥이자리가 남들에게 꿈을 팔 때는, 동시에 자기 안의 또 다른 자아들에게도 그 꿈의 정당성을 판답니다. 쌍둥이자리가 들려주는 이야기는 늘 재미있습니다. 흥밋거리를 더하기 때문이지요. 어떤 이야기들은 오 헨리식의 반전에 반전을 거듭하기도 하고요. 이런 이야기들은 보다 고지식한 현실주의자들에게 열정과 영감을 불러일으킵니다. 쌍둥이자리는 상상력이라는 붓을 사용해서, 말이 되지 않는 상상들을 멋진 한 폭의 그림 같은 문장으로 형상화해냅니다. 사람들에게 진짜처럼 보이고 논리적으로 들리게 해서, 결국은 믿게 만들지요. 그런데 바로 그렇게 얻은 신뢰를 통해 수성의 꿈들 역시 구체화되고 명확해집니다.

사자자리는 쌍둥이자리들이 진실을 말한다는 것을 압니다. 적어도 쌍둥이자리가 보는 그대로의 진실이라는 사실을요. 사자자리의 관대한 마음은 쌍둥이자리를 영혼의 짝이라고 생각하게 됩니다. 당연하지요. 사자자리는 이해한답니다. 영화 「왕과 나」에서 나오는 노래처럼요. '용감한 척하면 그 속임수가 통할 것이다. 믿는 만큼 용감해질 것이다.'

하지만 대부분의 사람들은 쌍둥이자리의 재주란 상상력을 부풀리는 것뿐이라고 생각하지요. 다른 사람들이 같은 행동을 하면 창의적이고 상상력이 뛰어나다거나 주도면밀한 사업가라고 평가합니다. 하지만 쌍둥이자리가 그렇게 하면 사기꾼, 거짓말쟁이 혹은 기껏해야 겉만 번드르르하다거나 요령을 부린다고 합니다. 도대체 그 이유가 뭘까요? 쌍둥이자리는 세상 모든 사람들을 다 낱낱이 분석해서 이해할 수 있다고 또는 이해해야 한다고 생각합니다. 하지만 그 규칙에 어긋나는 경우를 피할 수 없고, 마침내 세상은 예외투성이라는 결론을 내리게 되지요. 당연합니다. 쌍둥이자리 그 자신들이 바로 예외적인 사람들이니까요.

어린 시절부터 쌍둥이자리는 환상이야말로 세상 어떤 것보다도 신뢰할 만한 것이라는 것을 압니다. 어떤 브로드웨이 무대도 상상 속의 연극만큼 멋진 드라마와 색채를 가지고 있지는 않지요. 상상 속 무대에서 쌍둥이자리는 온갖 역할들을 연기합니다. 개성이 강한 역할부터 순진한 아가씨까지, 슈퍼스타부터 단역배우까지 온갖 역할을 직접 맡지요. 심지어 가끔은 직접 무대나 음악을 담당하기도 합니다. 못할 것도 없지요. 자신들이 프로듀서이자 감독이기 때문에 뭐든지 원하는 역할을 할 수 있답니다.

하지만 사자자리와 함께 무대에 설 때는 슈퍼스타나 감독 또는 프로듀서 같은 중요한 역할을 낚아채지 않도록 조심해야 합니다. 언제 어디서건, 진짜건 가짜건, 어떤 형태의 쇼가 진행되고 있다면, 장담컨대 사자자리가 그것을 감독하고 프로듀서 역할을 하겠다고 주장할 것입니다. 그리고 본인이 주연을 하겠다고 고집을 부릴 것입니다. 아무도 사자자리보다 더 중요한 역할을 할 수 없고 더 빛나서도 안 됩니다.

약간 차갑고 현실에 초연한 성격인 쌍둥이자리에게는 이런 상황이 크게 상관이 없습니다. 솔직히 말하자면, 쌍둥이자리는 인기를 독차지하는 것보다는 장면을 바꾸는 것에 더 관심이 많습니다. 물론 이들도 사자자리만큼이나 언론의 관심과 좋은 평판을 원합니다. 하지만 전형적인 쌍둥이자리라면, 허영심이 더 많은 사자자리가 청중의 갈채를 가장 많이 받을 수 있도록 우아하게 한옆으로 비켜줄 것입니다.

쌍둥이자리가 변화하는 에너지를 가진 별자리여서 그럴까요? 꼭 그렇지는 않답니다. 쌍둥이자리는 본인들이 열광하는 것이 따로 있습니다. 맨 앞에 서 있으면 호기심이 많은 낯선 이들의 집중적인 관심을 받게 되지요. 실제로 엔터테인먼트 산업 분야에 있는 쌍둥이자리는 색색의 망토를 바꿔가며 다양한 캐릭터로 위장할 수 없는 경우에 불편해하는 경우가 많습니다.

통통한 쌍둥이자리는 보기 드문 이유도 같습니다. 말라야 동에 번쩍 서에 번쩍하는 능력을 더 잘 활용할 수 있고, 또 말랐기 때문에 눈에 덜 띌 수 있지요. 마른 것이 위장하기에 더 효과적이라는 얘깁니다. 그래서 쌍둥이자리는 살이 쪘을 때 다른 별자리보다 훨씬 더 우울해한답니다. 몸무게가 좀 더 나간다는 그 사실 자체가 중요한 것도 아니고, 건강에 대해 지나치게 신경을 쓰는 사람들은 더더욱 아닙니다. 다만 뚱뚱한 만큼 눈에 더 잘 띄기 때문에 좋아하는 '위장과 변신'의 즐거움을 망치기 때문이지요.

대중의 눈에 노출되는 부분에 대해, 쌍둥이자리와 사자자리의 차이점을 잘 설명해주는 일화가 있습니다. 저는 1971년 워싱턴 D.C.에서 청중 대부분이 언론인이었던 파티에서 강연을 할 기회가 있었지요.

강연 중에 제가 청중들에게 사자자리가 얼마나 있는지 손을 들어보라고 하자 여기 저기서 동시에 손들이 올라왔습니다. 그들은 손을 아주 높이 쳐들고는 눈에 띄기를 바라며 있는 힘껏 손을 흔들어댔답니다. 그래서 제가 사자자리는 자리에서 일어나 달라고 부탁을 했지요. 그랬더니 역시 여기저기서 사람들이 일어나기 시작했습니다. 어쩌다가 청중들이 박수를 치기 시작했습니다. 그러자 마치 예정되어 있던 것처럼, 사자자리는 아주 정중하고도 우아하게 허리를 굽혀 인사를 하며 그 환호에 응대했습니다. 그들은 관심을 받는 것과 박수를 즐겼지요. 천문해석학적으로는 너무나 당연한 일이지만 한편으로는 무척 우스꽝스러운 장면이었습니다. 그날 촬영한 영상을 보면 그 자리에 있던 다른 별자리 사람들은 한참 동안이나 웃으면서 박수를 쳤고, 일어서 있던 사자자리들은 계속해서 머리를 굽혀 인사를 했답니다.

한바탕 소란이 지나간 후, 저는 시험 삼아 쌍둥이자리에게도 손을 들어보라고 했습니다. "자, 오늘 밤 이 자리에 계신 쌍둥이자리는 모두 손을 들어주세요." 저는 재촉했지요. 하지만 그 넓은 파티장에서 단 한 명도 손을 들지 않았답니다. 사람들은 수군거리기 시작했지요. 하필이면 그 직전에 제가 전 세계적으로 다른 어떤 달보다도 6월생이 가장 많다는 설명을 했던 터였습니다. 그 군중 속에 쌍둥이자리가 한 명도 없다는 것은 말이 되지 않았습니다.

청중들은 의아해했지만 저는 그렇지 않았답니다. 저는 결과를 예상했으니까요. 그들은 자기 정체를 드러내지 않고 관찰하는 것을 더 좋아하지요. 사람들의 주목을 받는 것도 그리 즐기지 않는답니다. 무척 개인주의적인 성향을 지녔으니까요.

저는 이런 내용을 모두 청중들에게 말했습니다. 그리고 다시 한번 쌍둥이자리들에게 재촉했지요. 그때서야 서너 명이 아주 천천히, 무척이나 망설이면서 손을 들었습니다. 동시에 뒤쪽에서 웃음소리가 터져 나오기 시작했습니다. 사람들이 모두 뒤쪽을 쳐다봤지요. 열 명도 넘는 사람들이, 마치 콩가 춤을 추듯 줄을 지어 몰래 빠져나가려고 했습니다. 웃음소리가 커지고 그 도망가려는 사람들의 이름을 여기저기서 불러대기 시작했지만, 그들은 모두 놀란 표정을 하고 서 있던 도어맨 앞을 지나 파티장을 떠나버렸답니다. 그 자리에 있던 사람들은 물론 저도 박장대소를 했지요.

그렇게 순전히 우연으로, 저는 많은 사람들 앞에서 태양별자리의 특성을 입증할 수 있었답니다. 한 가지 덧붙이자면, 그 자리에 좀처럼 대중 앞에 모습을 드러내지 않았던 FBI 수장 에드거 후버가 있었답니다. 에드거 후버는 그날 몰래 빠져나갔던 사람들에게 관심을 가지더군요. 그는 부하 직원들에게 신호를 보내 빠져나간 사람들의 신원을 확인하라고 지시하는 것 같았습니다. 어쩌면 그 사람들을 미행했을지도 모르겠습니다. 하지만 에드가 후버는 염소자리였으므로 그 파티를 망칠 수 있는 부적절한 행동을 하지는 않았지요. 규칙에 어긋나니까요.

수성이 준 매력과 뛰어난 언변 능력 덕분에, 전형적인 쌍둥이자리는 훌륭한 사자자리 조련사가 된답니다. 특유의 감언이설로 사자로 하여금 쌍둥이자리의 후프를 뛰어넘게 만들지요. 예를 들어 사자자리는 쌍둥이자리에게 이렇게 물어볼 것입니다. "내가 실제로는 어떤 사람이야? 사람들한테 어떻게 보이지?" 쌍둥이자리는 대답하겠지요. "음, 너는 믿을 수 없을 정도로 이기적이고 오만해. 하지만 동시에 마음이 넓고 친절하고 관대하기도 하지." (사자자리에게 말할 때는 아픈 진실을 먼저 말해주고, 재빨리 칭찬으로 마무리하는 것이 좋답니다.) 그러면 사자자리는 자신의 허영심을 더 만족시키고 싶어서 이렇게 묻지요. "다른 사람들도 너처럼 그렇게 정확하게 내 장점을 잘 볼까? 그런데 왜 사람들은 나를 늘 과소평가하지?" 쌍둥이자리의 대답은 이렇습니다. "물론 사람들도 네가 정말 멋진 사람이라는 걸 잘 알지. 좀 자만심이 많고 자기 생각으로 꽉 차 있지만, 훌륭한 조직가라는 걸 알아. 너는 분명히 보통 사람들보다 훨씬 현명한 머리와 침착한 감정을 가지고 있으니까. 너를 칭찬하지 않는 사람들은 질투가 나서 그런 거니까, 전혀 신경 쓸 것 없어."

쌍둥이자리가 왜 훌륭한 사자자리 조련사인지 아시겠지요? 사자자리와 대화를 할 때는 샌드위치 화법이 필요합니다. 따뜻한 아첨을 두툼하게 썰어 넣고, 그 사이에 냉정한 진실을 넣은 샌드위치지요. 사실을 말하면서도 기분 나쁘지 않게 하는 것은 쌍둥이자리가 자랑하는 기술이랍니다.

사자자리는 탁월한 조직가들로서 직무 권한을 위임하는 데 전문가들입니다. 그리고 유지하는 성향을 가진 별자리이므로 규모가 큰 사업의 최종적인 성공을 침착하게 기다릴 수 있는 능력을 타고났습니다. 사자자리는 쌍둥이자리의 변화무쌍함을 잘 참아주지 못합니다. 사자자리는 너무 재빠르게 변하는 쌍둥이자리의 모습에 분개합니다. 쌍둥이자리는 기존의 신념을 지난 신문처럼 내다버리고, 조금만 흠이 있어도 집이나 일자리 그리고 친구마저도 쉽게 버리지요. 이들은 과거를 전혀 돌아보지 않고 새로운 관심사가 나타나면 바로 거기에 몰두합니다. 의리가 강하고 보다 느릿느릿 움직이는 사자자리에게는 빠른 것이 늘 좋거나 옳지는 않습니다. 그래서 사자자리는 자신의 신조로 쌍둥이자리를 일깨워야 한다는 의무감을 느끼게 됩니다.

"당신은 다양한 일에 잠깐씩 겉핥기식으로 하는 일은 잘하지만, 그 결과는 늘 좋지 않을 거예요. 당신이 대단하다고 생각하는 영리함은 실제로는 너무나도 허술한 구멍투성이죠. 그래서 당신이 전혀 상상하지 못하는 순간에도 발목을 잡히는 일이 생길 거예요. 언젠가는 내가 이렇게 경고해준 걸 감사할 날이 올 걸요."

이렇게 사자자리는 늘 큰 형님 노릇을 합니다. 그들이 호의적으로 조언을 베풀고 잘 지도해준 사람들이 언젠가는 그들에게 감사하며 우러러 볼 것이라고 믿기 때문입니다. 사자자리는 자신의 보석 같은 지혜를 나눠주었던 것에 보답받을 날이 반드시 올 것이라고 믿는답니다. 그래서 사자자리는 쌍둥이자리들이 그가 내린 지혜의 말들을 의무 사항 목록으로 작성해서 수행할 것처럼 믿습니다. 하지만 쌍둥이자리는 너무나 바쁘답니다. 사자자리가 조심하라고 경고했던 구멍에 대해서라면, 쌍둥이자리는 그저 그 구멍을 건너뛰어서는 그 얇은 얼음판 위로 여전히 스케이트를 신고 활주하지요. 사자자리는 심술궂게 물을 것입니다. "구멍에 한 번도 빠지지 않았단 말이야?"

아, 물론 쌍둥이자리는 실제로 그 영리한 머리 때문에 함정에 빠지는 일이 있기는 합니다. 하지만 걱정할 필요가 없답니다. 용감한 사자 왕(또는 여왕)이 언제나 마지막 순간에 멋지게 꺼내줄 테니까요. 그러면 쌍둥이자리는 사자자리가 가장 좋아하는 칭송의 노래를 부를 테고, 사자자리는 얼굴을 붉히며 겸손하게 답례를 하겠지요. "세상에! 정말 당신이 말한 모든 게 맞았어요! 제때에 경고해줘서 정말 고마워요. 당신이 없었으면 어쩔 뻔했어요." 쌍둥이자리는 아마도 무척 진지하게 이렇게 외칠 것입니다. 양손에 떡을 들 수 있게 된 거지요. 왕이 보호해주고 게다가 자유까지 얻었으니까요.

"그 정도 가지고 뭘….." 사자자리는 겸손하게 답은 하겠지만 쌍둥이자리의 칭송에 어쩔 줄 몰라 하며 행복해할 것입니다. "강하고 더 현명한 사람의 의무라고나 할까요? 더 약하고 어리석은 자들이 어리석은 행동을 하지 않도록 보호해주어야 하니까요. 다음번에도 내가 말한 것만 잊지 않는다면, 큰 문제는 없을 거예요."

"그래요, 꼭 그럴게요!" 쌍둥이자리는 쾌활하게 대답하고는 급히 작별 인사를 하고 자리를 떠날 것입니다. 하지만 쌍둥이자리의 마음 깊은 곳에서는 알고 있답니다. 사자자리의 말이 진실이라는 것을요. 좌절감을 느끼고 화가 나고 가끔은 분하기도 하지만, 그 말이 진실이라는 것을 말이에요.

쌍둥이자리 여성과 사자자리 남성

웬디가 피터에 대한 이야기를 들려주면, 피터는 아주 열심히 들었다.

사자자리 남성은 종종 자신이 남들보다 우월하다고 생각하는 것을 부인하고, 사람들로부터 존경받고 싶어하는 엄청난 욕구도 감추려고 합니다. 하지만 사자자리 남성을 사랑하는 똑똑한 쌍둥이자리 여성의 눈을 속일 수는 없지요. 제가 아는 어떤 쌍둥이자리 여성은 거실에 많은 친구들이 앉아 있는 앞에서 사자자리인 자기 남편에게선 사자자리 특징을 전혀 볼 수 없다고 주장한 적이 있답니다. "필립은 허영심도 없고 남을 지배하려 들지도 않아요. 잘난 체하지도 않고 남들보다 우월하다고 생각하지도 않는 사람이죠." 그녀는 이렇게 주장을 했습니다.

함께 있던 남편도 수긍하며 조용하게 말했습니다. "난 다른 사람들보다 더 우월해지고 싶은 마음은 없어요. 그저 평범한 사람이죠." 남편의 말에 쌍둥이자리 아내가 재빨리 덧붙였답니다. "그냥 평범한 사람은 아니죠. 아주 특별한 사람이에요. 내 말은 이기적이고 잘난 척하면서 남들을 쥐고 흔드는 사람이 아니라는 뜻이에요."

거실에 있던 사람들은 모두 그 말을 믿을 수밖에 없었습니다. 친절하고 다정하면서도 깍듯한 집주인은 분명 으르렁거리는 유형의 사자는 아니었습니다. 그는 부드럽고 따뜻한 인상을 풍기며 남들 눈에 띄지 않는 한쪽 구석에 앉아 있었고, 대화를 주도할 의도 같은 것은 내보이지 않았지요. 물론 그때 제가 사자자리에 대해 제대로 말해줄 수도 있었지요. 하지만 그 쌍둥이자리 친구가 사자자리 남편을 영리하게 잘 달래서 만족스러운 상태로 만들어놓았기 때문에, 그녀의 쌍둥이자리 게임을 방해하고 싶지 않았답니다.

그 사자자리 남편이 자기를 내세우지 않으면서 집에서 느긋하게 앉아 있지 않을 때 무슨 일을 하는 사람일지 생각해보셨나요? 그는 아주 까다로운 국제 석유산업과 관련된 법률 업무를 하고 있었답니다. 그는 실로 엄청난 수입을 지출한답니다. 그는 자신의 소중한 시간을 투자해서 거대 규모의 산업체들에게 해도 되는 일과 하면 안 되는 일에 관해 자문해주고 돈을 벌지요. 세계적인 거대 석유 회사들이 귀찮은 일이 생겼을 때 조언을 제공하는 전문가라면, 집에서 쉬는 시간에 사자자리의 자존심을 굳이 드러낼 필요가 없을 겁니다.

일터에서 무대 중앙에 서는 사자자리는 자신의 허영심을 충분히 행사하고 본인의 지혜를 남들에게 충분히 나눠주기 때문에, 그 밖의 생활에서는 온순하게 지내도 괜찮습니다. 특히 그를 어떻게 다뤄야 하는지 잘 아는 쌍둥이자리 아내를 둔 사자자리 남편이라면, 굳이 자신이 직접 나서서 자기 자랑을 할 필요가 전혀 없답니다. 아내가 대신 그를 아주 잘 포장해주니까요.

쌍둥이자리와 사자자리는 3-11 태양별자리 관계 유형입니다. 이 관계에서는 종종 희생이 필요합니다. 두 사람 관계에서는 숙명적으로 한쪽이 희생을 해야 큰 보상을 받을 수 있습니다. 대부분의 3-11 태양별자리 관계는 운명적입니다. 거부하기 힘든 만남이지요. 가족이든 일이든 우정이든 연인이든 두 사람은 피할 수 없는 관계가 됩니다. 사자자리 남성은 다른 사람들에게보다 특히 쌍둥이자리 여성에게 그녀의 삶을 바꿀 수 있도록 가르쳐주고 싶은 마음이 듭니다. 사자자리 남성은 그녀의 단점을 끊임없이 지적하고 그녀의 행동이나 생각이 뭐가 잘못되었는지 가르쳐줄 것입니다. 식이요법에서부터 그녀가 입는 옷까지, 정치적인 견해에서부터 종교적인 관념까지, 주제는 다양하지요. 그런데 실은 사자자리 영혼은 쌍둥이자리에게 전생으로부터 유래한 감사의 마음을 지니고 있습니다. 그래서 이들은 늘 쌍둥이자리를 보호하려고 하는 것이랍니다.

마찬가지로 쌍둥이자리 여성은 그녀의 사자자리 연인을 옹호해주려고 합니다. 남들이 무심코 그의 엄청난 자존심에 상처를 주려고 할 때, 그녀는 그것을 막아주고 싶어합니다. 사자자리 남성에게 어떤 말과 행동을 해야 하는지, 그의 따뜻한 관용과 아량이 발현되게 하려면 어떻게 해야 하는지를 쌍둥이자리 여성은 직관적으로 알 수 있습니다. 또 쌍둥이자리 여성에게 사자자리 남성은, 자신을 이해해주지 않는 차가운 세상에서 안전하고 사랑이 가득한 피난처입니다. 이런 사실은 당연히 사자자리 남성의 자존심을 한껏 높여줍니다. 사자자리 남성은 보통 남성들보다 훨씬 자존심이 세답니다. 그러니 사자자리 남성의 입장에서는 쌍둥이자리 여성이 소중할 수밖에 없지요. 이렇게 두 사람은 천천히 서로 존중하는 관계로 접어듭니다.

기본적으로 잘 맞는데도 불구하고, 두 사람이 공통적으로 가지고 있는 반항적인 기질은 문제가 됩니다. 쌍둥이자리의 차가운 무관심은 사자자리의 성질에 불을 붙일 수 있지요. 실제로 불이 붙기까지는 시간이 걸리지만 한번 붙으면 그 불을 끄기는 쉽지 않답니다. 또 그렇게 되면, 쌍둥이자리 여성은 그 다툼을 자신의 어법과 냉소주의를 갈고닦는 기회로 활용할 수 있습니다. 이런 태도는 사자자리의 자존심에 큰 상처를 주지요. 쌍둥이자리 여성의 여러 자아가 가지고 있는 다양한 관심사로 인해, 사자자리를 매일매일 숭배하는 일을 소홀히 할 수도 있습니다. 그러면 사자자리는 궁금해하지요. 말하자면, 자신의 백성이 자신이 지나는 길옆에 줄을 서서 그에게 환호를 보내주지 않는 것이니까요. 보통의 군주라면 어떻게 생각할까요? 그녀가 더 이상은 왕에게 충성하지 않는다는 뜻이 아닐까요? 아니면, 더 많이 숭배할 다른 사람이 생긴 것은 아닐까요?

이 딱한 쌍둥이자리 여성은 자신이 지금 어떤 위험을 무릅쓰고 있는지 전혀 깨닫지 못하고 있습니다. 그의 말에 따르면, 그녀 이전에 그가 사랑했다가 떠났던 여성들은 모두 엄청난 슬픔과 충격을 받아야만 했습니다. 그러니 그녀도 행실을 조심해야만 하지요. 그러지 않으면, 그는 여자 친구들의 전화번호가 적힌 손때 묻은 수첩을 꺼내서 그녀의 번호를 기록할 것입니다. 물론 사자자리 남성의 옛날 여자 친구들 대부분은 지금 결혼해서 잘 살고 있답니다. 그중에 한두 명이 수녀원에 가기는 했지만요. 하지만 사자자리는 자기가 버린 과거의 노예들은 다시 폐하의 시중을 들 수 있는 희망이 조금이라도 생긴다면, 기뻐서 펄쩍펄쩍 뛸 거라고 확신한답니다.

사자자리는 유지하는 에너지를 가지고 있기 때문에 변화하는 에너지를 가진 쌍둥이자리보다 더 현실적입니다. 그래서 쌍둥이자리 여성의 변덕스러운 행동은 사자자리를 괴롭힙니다. 쌍둥이자리 여성은 새로 읽기 시작한 책에 흠뻑 빠져서 저녁 차리는 걸 깜빡 잊기도 하고, 사자자리 남성이 청중을 절실히 필요로 할 때 전화기를 붙잡고 수다를 떨기도 합니다. 이미 예약을 해놓은 공연을 갑자기 보러가지 않겠다고 한다거나, 어디에 차를 주차해두었는지 잊어버린다거나, 자동차 키를 잃어버린다거나 하는 일 등은 다반사이지요. 이 모든 행동들은 사자자리를 분노하게 한답니다. 사자자리 남성이라면 절대로 그렇게 부주의한 행동은 하지 않습니다. 정말 약오르는 일이지만, 사자자리는 능력이 뛰어나기 때문에 위급한 상황도 아주 손쉽게 처리하고는 아무것도 아니라는 듯 어깨를 으쓱하곤 합니다. 그들은 마치 이렇게 말하는 것 같습니다. "다들 이 정도는 할 수 있는 거 아냐?"

쌍둥이자리 여성은 사자자리 남성의 강인한 목적의식과 의리, 탁월한 총명함 그리고 진솔함을 사랑합니다. 하지만 그녀는 가끔씩 이유도 없이 기분이 우울해져서는 그가 일을 하거나, 공부를 하거나, 아니면 그저 쉬려고 할 때 그를 방해합니다. 또 어떤 때는 아주 비싼 패키지여행을 가자고 졸라서 그의 열등감을 자극하기도 합니다. 하필이면 은행 잔액이 완전히 바닥난 상태인데도 체면상 말을 못하는 그런 시기에 말이지요.

사자자리 남성은 으르렁거릴 것입니다. 하지만 분노는 얼마 가지 못할 것입니다. 쌍둥이자리 여성이 변덕스럽고 경솔하고 독설을 하는 여인에서 지각 있고 여성스러우며 헌신적인 여인으로 재빨리 변신해서 특유의 감언이설을 날리는 순간, 사자자리 남성은 앞서의 모든 만행을 용서해줄 테니까요.

사자자리 남성은 쌍둥이자리 여성이 가지고 있는 수많은 외부적 관심사에 관해 상관하지 않습니다. 그녀가 일을 하건, 발레를 하건, 조깅을 하건, 미라를 수집하건, 나비를 찾아다니건 말이지요. 다만, 일이든 취미이든 그 우선순위가 사자자리 남성 자신보다 절대 높지 않다는 전제하에서 그렇습니다. 그리고 쌍둥이자리 여성이 절대로 해서는 안 되는 일이 또 있습니다. 자존심 센 사자자리 남성에게, 대자연에서는 수사자가 낮잠을 자는 동안 암사자들이 사냥을 하기도 한다는 사실을 지적하는 일은 절대 하면 안 됩니다. 그랬다가는 영원히 집 안에만 머물면서 그에게 헌신하고 봉사해야 할 것입니다. 그건 진짜 사자에게나 해당되는 이야기지 인간 사자의 이야기는 아니랍니다. 사자자리 남성은 태어나면서부터 왕의 특권을 타고났답니다. 왕이 잠시 궁을 비운 사이, 왕비가 나라의 정세와 재정 문제에 개입하는 것을 허락할까요?

어쩌면 그럴지도 모르지요. 왕비가 겸손한 태도만 갖춘다면요. 왕비에게도 삶의 가치 있는 목표가 있어야 하지요. 바로 왕이 행복하고 만족스러워하는 모습을 보는 것입니다. 하지만 왕이 가장 좋아하는 사람인 이 여인에게도 분명 보상은 있습니다. 사자자리는 재미있고 자신의 시간과 돈에 너그러우며, 강인하고 용맹스러운데다가 다정하기까지 합니다. 그리고 마지막으로 연인으로서도 아주 훌륭하지요. 본인이 행복하고 만족스러울 때는요. 그리고 쌍둥이자리 여성의 타고난 상상력은 두 사람이 사랑을 나눌 때 흥미를 더해줄 것입니다. 그가 육체적으로 온전히 그녀를 정복하는데 성공했다는 사실을 계속 확인시켜준다면, 사자자리 남성은 아주 만족스러운 일부일처제 왕국을 유지해나갈 것입니다.

쌍둥이자리 여성이 가진 경쾌하고 소유욕이 없는 성향 덕분에 사자자리 남성은 사랑의 언약을 지킬 수 있게 됩니다. 쌍둥이자리 여성이 섹스에 대해 별로 연연하지 않는 듯한 태도는, 처음에는 오히려 사자자리 남성의 욕망을 더 부채질한답니다. 하지만 그는 점점 뭔가가 빠진 듯한 느낌이 들 것입니다. 사랑을 나눌 때, 쌍둥이자리 여성의 자아 중 하나가 두 사람을 차분하게 지켜보고 있기 때문입니다. 그는 그녀 전부가 아니라 일부와만 사랑을 나누는 듯한 충격에 빠질 수 있습니다.

마음이 따뜻한 사자자리 남성에게 섹스는 애정과 열정을 의미합니다. 하지만 쌍둥이자리의 사랑에는 뭔가 무심한 듯한 느낌이 있지요. 사자자리 남성은 그녀의 감정과 육체를 유혹할 수는 있지만, 그녀의 마음은 감각의 세상으로 온전히 빠져들기를 거부합니다. 그녀를 완벽하게 정복할 수 없다는 사실은 사자자리 남성의 혈기 왕성한 남성성에 타격을 줄 수 있습니다. 그러면 쌍둥이자리 여성은 그가 사랑을 나누는 일에 관심이 없다고 불평을 하겠지요. 하지만 사실은 그녀의 서늘한 무심함과 이중적인 태도 때문에 그는 섹스에 대한 두려움이 생긴 것입니다. 물론 사자자리 남성은 그런 마음을 절대로 들키고 싶어하지 않지요. 비록 의혹에 불과할지라도, 사자자리 남성에겐 완벽한 연인이 못 된다는 것보다 더 큰 고통은 없으니까요. 쌍둥이자리 여성은 사자자리 남성이 육체적인 사랑에서는 이상주의자라는 것을 기억해야 합니다. 낭만과 감성에 굶주린 그를 기쁘게 하기 위해서는 수성의 상상력을 동원해서 새로운 방법을 계속 개발해야 합니다. 마치 사랑을 나눌 때 배경음악이 필요한 것처럼요. 사랑하는 여인이 자신의 품에 기대어 쉬고 있다는 사실을 확인해야 하는 바로 그 순간에 구름을 타고 날아가버리는 쌍둥이자리식 행동을 해서는 안 된답니다.

쌍둥이자리는 타고난 달변가이기 때문에 사자자리 남성의 오만하고도 거창한 명령들에서 그의 진심과 소망을 해석해낼 수 있어야 합니다.

"당신은 말을 너무 많이 해요. 가끔은 좀 가만히 있으면 안 돼요?" 이 말은 그녀가 또 특유의 신속함과 영리함으로 사자자리 남성의 말을 가로챘기 때문에, 그의 허영심이 상처를 받았다는 뜻입니다.

"저녁 식사는 안 차려도 돼요. 난 어디 가서 혼자 먹을 테니까." 이 말은 그녀가 자기 관심사를 온종일 쫓아다니는 동안 사자자리 남성이 너무 많이 무시를 당했기 때문에 그의 자존심을 좀 달래줘야 할 때가 되었다는 뜻입니다.

"토요일 저녁에 초대받은 그 파티에 못 간다고 취소해요. 아무 핑계나 대고요. 우리는 그냥 집에 있어요." 이 말은 주말에 옷을 차려입고 사람들의 동경의 대상이 되기보다는, 쌍둥이자리 여성의 두 자아와 그냥 집에 있고 싶다는 뜻입니다. 바로 사자자리를 위한 그 여성이지요. 그게 바로 **사랑**입니다!

쌍둥이자리 남성과 사자자리 여성

> "내 생각엔 이건 여자인 것 같아…. 어쩌면 우리를 돌봐줄 여자인지도 몰라."
> 쌍둥이 중에 한 명이 말했다.

사자자리 여성에게는 자신이 사랑하는 남자를 자기만의 소유물로 길들이고 싶은 본능적인 욕구가 있습니다. 그녀는 절대적으로 신뢰할 수 있고, 자신보다도 더 강인하면서도 그 어떤 의구심 없이 자신을 소중하게 여길, 그런 남자를 필요로 합니다. 요구 조건이 좀 많지요. 특히 쌍둥이자리 남성을 길들이기 시작하면 요구 조건은 더욱 까다로워집니다.

쌍둥이자리 남성은 인생이라는 게임에서와 마찬가지로 사랑이라는 게임에서도 구경꾼입니다. 그는 에이스 몇 장을 소매 속에 숨기고선 여기저기 다니면서 다른 사람들의 카드를 들여다봅니다. 자기가 필요하면 언제든 최고의 패를 만들 수 있는 것처럼 행세하지요. 그는 모르는 게 없는 사람이지만 그랜드슬램을 할 정도는 아니고, 또 그렇게나 흥미진진한 도전거리를 끝낼 정도도 아닙니다. 쌍둥이자리에게는 한 분야의 전문가보다는 다양한 분야의 팔방미인이 되는 것이 더 의미가 있습니다. 한 번 어떤 분야의 전문가가 되면, 사람들은 그가 그 분야에 영원히 머물러서 한 길을 가기를 바라는 고약한 습관이 있지요. 하지만 쌍둥이자리는 공기 별자리여서 어떤 형태든 계속 변화해야 하는 욕구가 있습니다.

사자자리와 사수자리도 도박을 좋아합니다. 하지만 방식이 다르지요. 쌍둥이자리가 도박을 하는 방식은 재빨리 게임에 들어가 잃거나 따거나 하고는 또 재빨리 나가는 것입니다. 새로운 게임을 계속 시도하는 것이지요. 게임에 충분히 오래 투자를 하면, 판단력도 생기고 불운도 극복할 수 있다는 사실을 쌍둥이자리도 압니다. 하지만 전형적인 쌍둥이자리 남성이라면 일이나 가족, 친구, 혹은 연애에 충분히 오랜 시간을 투자하는 법이 절대 없답니다. 젊을 때는 특히 그렇지요. 그런데 쌍둥이자리는 절대로 어른이 되지 않으니, 그 젊은 시절은 꽤나 길어질 것입니다.

전형적인 쌍둥이자리 남성에게, 인생은 날카로운 핀을 숨긴 악동들과 함께하는 놀이 같습니다. 장난감 비행기 날리기와 비눗방울 불기의 연속이지요. 그러니 다른 아이들을 다 제치고 장난감 비행기를 날리고 비눗방울을 잘 불어대려면 민첩해야 합니다. 그런데 장난감 비행기와 비눗방울은 어디에서 났을까요? 그건 궁금하지 않습니다. 늘 어디에선가 생긴다는 것만 중요하지요. 그냥 동작이 빨라야 합니다. 비눗방울이 터지기 전에 좋은 걸 골라야 하니까요. 비눗방울은 예쁘고 부는 것도 재미있지만 금세 사라지지요. 하지만 쌍둥이자리 남성은 비눗방울이 터지지 않게 하려고 애쓰거나 아쉬워하지는 않습니다. 장난감 비행기라면 얘기가 다르지요. 어쩌면 그중에 하나는 쌍둥이자리 남성의 꿈으로 그를 싣고 날아가줄지도 모르는 일이니까요.

여성에 대해서는 어떨까요? 쌍둥이자리 남성은 어떤 여성이 자신과 함께 날 것인지, 어떤 여성이 자기 소매에 매달려서 자기 속도를 늦출지를 잘 압니다. 어떤 여성들은 새들이나 날 수 있는 거라고 생각하기 때문에, 그를 피해 뒷걸음친다는 것도 알지요. 맞는 말이지만 수성의 새들은 날 수 있답니다. 쌍둥이자리 남성은 처음에는 사자자리 여성이 그 첫 번째 그룹에 해당될 거라고 생각합니다. 확실히 사자자리는 소매에 매달리는 사람들은 아니지요. 하지만 그녀는 그의 속도를 늦출 수 있는 보다 섬세한 방법들을 알고 있답니다.

여러분들도 알다시피 이 관계는 3-11 태양별자리 관계로서, 아주 오래전부터 운명적으로 예정되었던 만남입니다. 그것이 어떤 관계이든 특별한 전생의 의무를 다하는 느낌을 강하게 풍기게 되며, 한쪽 혹은 양쪽의 특별한 희생이나 헌신을 포함하는 경우가 자주 있습니다. 그리고 이 관계는 오래도록 변치 않는 연인이나 플라토닉한 사랑으로 만나는 경우가 많습니다.

하지만 사자자리 여성이 이 관계를 평생 가져가고 싶다면 먼저 쌍둥이자리 남성을 길들여야 합니다. 그것은 다른 별자리 남성을 길들이는 일과는 무척 다를 것입니다. 더 까다롭지요. 쌍둥이자리 남성은 더 약삭빠르고 교묘하게 빠져나간답니다. 게다가 늘 두 명 이상을 동시에 대해야 한다는 사실도 염두에 두어야 합니다. 쌍둥이자리의 매력적인 언행 때문에 여성들은 그와의 원하지 않는 이별 후에도 그 매력에 흠뻑 젖어 있을 수 있습니다. 하지만 사자자리 여성은 이 같은 수성의 계략에 상대적으로 유리하답니다. 사자자리 여성은 남성의 매력에 흠뻑 빠지지 않으니까요. 남성들이 그녀의 매력에 푹 빠지지요. 이 점을 명심하세요.

쌍둥이자리 남성을 길들일 때 사자자리 여성을 괴롭히게 될 진짜 장애물이 있습니다. 그것은 쌍둥이자리 남성이 모든 여성을 비슷하게 본다는 사실입니다. 그에게 여성이란 그의 자유를 위협하는 존재이며, 어제도 오늘도 똑같이 사랑해주기를 바라면서 그 스스로도 예측 불가능한 자신의 행동을 끝없이 의심하는 존재입니다. 감정이란 것은 그 깊이와 넓이가 무척 다른데, 어떻게 어제도 오늘도 감정이 똑같기를 기대할 수 있을까요? 또 여성들은 그에게 구체적인 목표가 없다고 잔소리를 시작할 것입니다. 탄탄한 목표를 원하다니, 그가 시멘트라도 되어주길 바라는 걸까요? 그래서 쌍둥이자리 남성은 대부분의 여성들에게 곧 싫증을 느낍니다. 그러니 사자자리 여성은 자신이 다른 여성들과는 다르다는 것을 먼저 증명해야 합니다. 사자자리 여성은 자기의 발소리와 웃음소리 그리고 자기의 목소리에 귀를 기울이도록 쌍둥이자리 남성을 잘 훈련시켜야 합니다. 그녀가 이 세상의 다른 어떤 여성들과도 다르다는 것을 깨닫게 해줘야 하지요. 어쩌면 그녀 눈동자에 있는 황금색 점이 고운 호박색과 같다는 것을 깨달을 수 있도록 훈련시킬 수도 있습니다. 그러면 그가 호박으로 된 반지나 팔찌를 볼 때마다 그녀를 떠올리게 되겠지요.

이제 호박이라는 보석은 그에게는 최고로 아름다운 것이 됩니다. 호박을 보면 늘 그녀의 따뜻한 미소와 자신감 넘치는 마음과 빛나는 눈동자를 떠올리게 될 테지요. 그래서 언제든 그는 다시 그녀에게로 돌아가게 될 것입니다. 그가 그리워하는 건 그녀의 미소와 마음씨와 눈동자뿐만이 아니랍니다. 그의 옆에서 우아한 사자의 자태로 함께 언덕을 오를 때의 그 쾌활함과, 말을 탈 때 피곤한 기색이라곤 없이 허리를 곧게 펴고 안장 위에 앉아 있는 모습과, 물속으로 다이빙하던 자태와 스키를 타고 내려오던 모습과 골프공을 멋지게 칠 때의 모습 등이 모두 그리워집니다. 사자자리 여성은 야외 스포츠도 한두 가지 이상은 합니다. 실내 스포츠는 말할 것도 없지요. 그녀는 춤도 잘 추고 연기도 잘하며 사랑도 잘합니다. 그리고 사진도 잘 찍지요. 사자자리 여성은 이런 모든 기억들을 그의 마음속에 심어주고, 그녀가 아주 특별하다는 사실을 그에게 확신시킵니다. 결국, 쌍둥이자리 남성은 그녀를 이 세상에서 자기가 아는 사람 중에 가장 특별한 여인이라고 생각하기 시작할 것입니다. 하지만 그 여인이 앞으로 남은 삶을 통틀어서도 가장 특별한 여인이라고 생각하게 될 때까지는 아직 **쌍둥이자리 남성 길들이기**가 다 끝난 것이 아닙니다.

사자자리 여성은 정말로 특별합니다. 그녀는 타고난 '여인'입니다. 그런 여인은 이 세상에 많지 않지요. 사자자리 여성은 풀밭 위를 구를 수도 있고, 나무 위에도 올라갈 수 있으며, 타이어도 교체할 수 있습니다. 전통적으로 여성이 하는 일이 아닌 일들을 척척 해내지요. 하지만 그녀의 태도는 마치 즉위식을 향하는 레드카펫을 막 걸어온 듯 아주 우아한 모습입니다. 그녀의 여왕 같은 분위기는 무엇을 하든 한결같습니다. 그녀가 먼저 친근함을 표하지 않았는데 누군가 그녀에게 낄낄거리거나 놀리거나 친밀감을 표하기라도 한다면, 그녀는 얼음장처럼 딱딱하게 굳어버립니다. 상대방은 쥐구멍이라도 찾거나, 갑자기 땅이 꺼져서 자신을 삼켜버렸으면 하고 바라게 되지요. 전형적인 염소자리 여성처럼, 전형적인 사자자리 여성도 우월한 유전자를 타고난 사람이라는 티가 확연하게 납니다. 실제로야 어떻든 너무나 확연하게 그런 태도를 보이지요. 사자자리 여왕 폐하의 유일한 약점은 아첨에 매우 약하다는 것입니다. 그것만 빼고는 왕족의 푸른 피가 흘러 여왕처럼 냉담하면서도 위풍당당한 태도를 결코 잃는 법이 없답니다.

쌍둥이자리 남성은 사자자리 여성이 대중의 절을 받는 것에 익숙해져야 할 것입니다. 사자자리 여성은 의도하지 않아도 거의 늘 사람들의 관심을 독차지합니다. 사자자리에게는 희한하게도 충성하고 싶게 하는 에너지가 따라다닙니다. 사자자리 여성이 아무리 옆에 있는 쌍둥이자리 남성에게 달콤하게 속삭여도, 마치 슈퍼스타인 것처럼 그를 동경의 눈빛으로 쳐다봐도, 사람들은 그를 보지 않고 그녀에게 더 집중합니다. 그가 아무리 미남이고 대범하고 재치 있고 똑똑해도 말이지요. 그녀가 가지고 있는, 뭔가 느릿느릿하면서도 자신감 넘치는 태도와 무심하게 머리카락을 쓸어 넘기는 태도는 여왕다운 카리스마를 풍깁니다.

그녀는 남을 해칠 의도는 전혀 없답니다. 진실되고 고결하며 마음 따뜻한 사랑에 빠진 사자자리 여성은 절대로 연인의 지위를 고의적으로 빼앗지 않습니다. 다른 사람들의 자리만 빼앗지요. 다만, 그녀는 사람들이 자신에게 집중하는 것을 막을 수가 없습니다. 다행스럽게도 쌍둥이자리 남성은 소유욕이 많지 않기 때문에 그녀의 인기를 그저 그녀의 특별함 중에 하나라고 여길 것입니다. 쌍둥이자리 남성이 점점 길들여지고 있는 것을 아시겠지요? 쌍둥이자리 남성은 케네디의 일화로 스스로를 위로해야 할지도 모르겠습니다. 쌍둥이자리 대통령이었던 케네디가 '재클린 여사와 함께 온 남자'로 자기를 소개했던 적이 있다지요? 짐작하시겠지만 재클린은 사자자리였답니다.

두 사람의 육체적인 궁합 면에서는 서로 조정과 타협이 필요합니다. 그 첫째로 사자자리 여성은 상대방의 기만이나 부정이 있는 경우, 그 따뜻함이 꽁꽁 얼어붙어버립니다. 아주 가벼운 행동에서 실질적인 부정행위까지 모두 포함됩니다.

하지만 일단 사자자리 여성이 쌍둥이자리 남성을 제대로 길들이고 나면 두 사람 사이에 질투심은 전혀 문제가 되지 않습니다. 그저 단순한 연애의 기술 중에 하나가 되는 거지요. 사랑을 충분히 받는 사자자리 여성은 누구보다도 다정다감한 사람이 됩니다. 사자자리 여성은 타오르는 열정과 나른한 관능미를 모두 가졌답니다. 하지만 사랑을 제대로 받지 못한 사자자리 여성은 불감증에 걸릴 확률이 매우 높지요. 사자자리 여성은 고릴라 같은 유형의 연인도 좋아하지 않고 수줍음 많은 어리숙한 연인도 좋아하지 않습니다. 사자자리 여성은 사랑을 나누는 일에서 남성이 우아하고 능숙하기를 기대합니다. 쌍둥이자리 남성이야말로 능숙함과 매력 그리고 섬세함을 빼면 시체인 사람들이지요. 하지만 쌍둥이자리 남성의 태도는 가끔 너무나 가벼워서 그녀를 불안하게 합니다. 두 사람이 함께 육체적인 만족에 이르기 전에 그녀의 눈앞에서 그가 사라져버릴지도 모른다고 느끼지요. 열정적인 사자자리 여성의 더 깊은 욕구를 충족하기 위해서, 쌍둥이자리 남성은 가끔씩 더 황홀하고 더 극적인 장면을 만들어내려고 애써야 하며 그녀의 발밑에서 굽신거리는 것을 마다하지 않아야 한답니다.

또 가끔은 그가 그녀의 매력에 자석처럼 이끌리는 것을 거부할 수 없다는 사실을 드러내어 표현해야 합니다. 사자자리 여성에게 육체적인 결합은 수성의 지적인 도전이나 감정적인 훈련 그 이상을 의미합니다. 그녀에게는 여전히 야생에서 부르는 희미한 소리가 들릴 것입니다. 하지만 그녀는 쌍둥이자리 남성의 상상력이 넘치는 접근 방식을 부드럽게 받아들일 것입니다. 쌍둥이자리 남성이 강렬함을 조금씩 더해가고, 그녀가 얼마나 아름답고 얼마나 사랑받고 있는지를 때때로 확인시켜준다면요. '여인은 사랑을 받을 때만 아름답다.'는 말이 있지요. 특히 사자자리 여성이 그렇답니다.

쌍둥이자리 남성과 사자자리 여성은 모두 말과 돈을 낭비하는 사람들입니다. 양쪽 모두 아름다운 것을 즐기는 취향을 가지고 있고, 멋진 옷을 차려입기를 좋아하며, 여행과 문학과 예술을 사랑합니다. 또한 두 사람은 자기가 원하는 것을 잘 얻어냅니다. 사자자리 여성은 당연히 그래야 한다는 듯한 태도를 통해서, 쌍둥이자리 남성은 거부할 수 없는 달변을 통해서 원하는 것을 얻어내지요.

사자자리 여성이 쌍둥이자리 남성을 길들이려면 우선 인내심이 필요합니다. 그리고 거리를 둔 채, 얼굴에는 미소를 머금으면서 시작해야 합니다. 절대로 너무 빨리 움직이면 안 된답니다. 새가 무서워서 날아가버리니까요. 처음에는 무언의 교감이 가장 좋습니다. 그렇게 그녀가 조금씩 더 그에게로 가까이 다가갑니다. 매일매일 조금씩 다가가면, 쌍둥이자리 남성도 자신의 자유가 위협받고 있다고 느끼지 않을 것입니다.

쌍둥이자리 남성은 자존심이 센 사자자리 여성에게 길들여진 후에 더 행복해질 것입니다. 이제 그가 호박을 볼 때면, 늘 사자자리 여성의 아름다운 황금빛 눈동자가 떠오른답니다.

쌍둥이자리 Gemini

공기 · 변화하는 · 능동적
지배행성: 수성
상징: 쌍둥이
양(+) · 남성적

Virgo 처녀자리

흙 · 변화하는 · 수동적
지배행성: 수성
상징: 처녀
음(-) · 여성적

쌍둥이자리와 처녀자리의 관계

우리는 세상에서 가장 무정한 사람처럼 빠져나가요.

어린아이들이란 원래 그렇잖아요. 무정하지만 너무나 사랑스럽지요.

그러고는 우리들만의 완벽하게 이기적인 시간을 갖는 거죠.

그러다 특별한 관심을 받고 싶으면, 당당하게 돌아가서 요구하면 그만이에요.

엄마들은 매를 들기는커녕 꼭 껴안아줄 게 틀림없으니까요.

분별력 있고 진지한 처녀자리가 보기에, 쌍둥이자리는 정이라고는 없는 어린애들입니다. 언제나 집 밖에서 거미줄이나 신기루를 찾아다니거나 메뚜기처럼 폴짝폴짝 뛰어다니다가, 갑자기 내리는 한여름 소나기에 갇히지요. 그들은 동시에 두 장소에 존재하려고 애쓰는 사람들처럼 보입니다. 감정과 마음을 순식간에 획획 바꾸는 쌍둥이자리의 모습은, 전형적인 실용주의자인 처녀자리가 보기엔 하루빨리 고쳐야 하는 단점투성이지요.

쌍둥이자리는 완벽주의라는 자질을 애써 갈고닦지는 않습니다. 물론, 쌍둥이자리는 처녀자리가 가진 차분한 태도를 보다 높이 사며 존경합니다. 본인들도 그런 자질이 필요하다는 것을 알지요. 그래서 그들이 몇 시간 혹은 몇 주나 몇 달 동안 산 너머 저쪽에서 무슨 일이 일어나는지 알아보기 위해 사라졌다가 다시 돌아왔을 때, 처녀자리 친구나 동료나 연인이나 가족이 여전히 그 자리에 그대로 있다는 사실에 안도를 하곤 합니다. 하지만 그들이 꾸중을 한다면 쌍둥이자리는 다시 사라져버립니다. 아이들은 혼나는 걸 좋아하지 않지요. 모든 쌍둥이자리는 기본적으로 마음이 어린아이들이랍니다. 처녀자리는 그렇지 않지요.

처녀자리는 삶에 대해 무거운 책임감을 가지고 있습니다. 그들은 자신의 별자리가 가진 이런 책임을 다하려고 애씁니다. 그러지 못할 경우에는 죄의식을 느낍니다. 그 결과 두드러기가 나거나 위궤양이 생기거나 딸꾹질을 하지요. 반대로 쌍둥이자리는 죄책감을 느끼는 일이 거의 없습니다.

처녀자리의 지적 능력은 쌍둥이자리만큼 날카롭습니다. 두 별자리 모두 지배행성이 수성이지요. 하지만 처녀자리는 쌍둥이자리처럼 우유부단하거나 변화가 심하지 않습니다. 쌍둥이자리는 신속하게 생각을 하고 아이디어를 냅니다. 마치 쌍둥이자리의 구성 요소인 공기 중에서 생각과 아이디어를 자유자재로 뽑아내는 것처럼 보입니다. 하지만 처녀자리는 여러 가지 생각으로 묘기를 부리거나 아이디어를 만들어내지 않습니다. 환상과 실제를 식별해내고 차별화하고 정리하느라 너무나 바쁘기 때문입니다. 처녀자리는 불필요할 만큼 정확성을 기합니다. 탐험가이자 실험가인 쌍둥이자리가 법의 정신을 추구한다면, 순수한 통계주의자인 처녀자리는 법을 글자 그대로 따릅니다.

처녀자리 대부분은 100달러라는 돈을 잘 가늠하지 못합니다. 그 안에 수많은 페니와 달러가 있으니까요. 처녀자리는 작은 동전들만 잘 세면 큰돈이 저절로 모일 거라고 생각합니다. 쌍둥이자리는 보다 크게 생각합니다. 그래서 작은 동전들은 세어보지도 않고 소원을 비는 분수대에 그냥 던져버리지요. 어리석은 미신 때문에 소중한 동전을 분수대에 던진다고요? 처녀자리는 살짝 이맛살을 찌푸립니다. 그 총명하고 아름다운 눈 위에 있는 이마에 주름살이 생기기 시작하는 것이지요. 자, 이제 쌍둥이자리와 처녀자리가 가진 확연한 차이점을 이해하셨지요?

쌍둥이자리와 처녀자리의 관계는 4-10 태양별자리 유형입니다. 두 사람은 단순한 장난이나 현실 도피에 근거하는 관계가 아닙니다. 이 두 사람 사이에는 진지함과 존경이, 또는 그 반대의 감정이 지그재그로 짜여 연결되어 있습니다. 이 두 사람은 서로의 참된 목적과 기본적인 관점을 완전히 이해하는 것이 어렵답니다. 그렇다고 해서 서로 조화될 수 없다는 뜻은 아닙니다. 함께 벽난로 앞에 앉아 행복하기 위해서는 서로에 대한 이해와 관용이라는 땔감이 좀 많이 필요할 뿐입니다.

처녀자리는 문제를 일으키는 일이 좀처럼 없습니다. 문제가 발생했을 때도 그리 신속하게 대응하지 않지요. 하지만 쌍둥이자리들은 작은 일에도 늘 부산을 떱니다. 이들은 처녀자리의 사소한 한마디에도 허리케인처럼 대응하지요. 물론, 쌍둥이자리에게 다툼이란 진짜 싸움이 아닙니다. 단순히 지능을 겨루는 시합일 뿐이지요. 하지만 흙의 별자리인 처녀자리는 논쟁이 깊어질수록 상처도 더 오래 남습니다.

대부분의 처녀자리는 겸손하고 자신을 내세우지 않는답니다. 좀처럼 위엄이나 자존심을 지나치게 드러내지도 않지요. 하지만 쌍둥이자리는 중요한 순간에 그 예리한 혀를 잘 참아야 합니다. 처녀자리는 자신들이 가지고 있는 그 약간의 위엄이나 자존심에 대해 무척이나 예민하기 때문입니다. 사실, 다른 공격적인 별자리들은 처녀자리를 전혀 이해하지 못합니다. 하지만 쌍둥이자리가 보기에 양자리는 너무 피곤하고 사자자리는 너무 거만하며 전갈자리는 너무 냉정하지요. 그런데 처녀자리는 사랑스럽고 예의가 바르기 때문에 함께 있으면 편하게 느낍니다. 다른 별자리와 함께 있을 땐 뭔가를 해야만 할 것 같은 느낌이 드는데, 처녀자리와 있을 때는 안도감이 듭니다.

하지만 쌍둥이자리가 호들갑을 떨게 되는 경우가 있습니다. 자기보다 느리고 늘 일등을 자신에게 내주는 처녀자리가, 요령을 피우거나 매달리지 않았는데도 좋은 직업을 얻게 된다는 사실을 깨달을 때입니다. 처녀자리는 질투나 적개심을 거의 일으키지 않는, 특별하고 매력적인 겸손함을 가지고 있습니다. 그 덕분에 이들은 종종 이해가 대립되는 두 개 집단의 타협안으로 선택받기도 합니다. 그 자리를 노리고 있었고 자신감에 넘치던, 보다 외향적인 별자리 사람들은 분개할 수밖에 없지요. 하지만 이렇게 느닷없이 선택된 처녀자리가 전면으로 나서면 난맥상으로 얽힌 상황이 정리됩니다. 예컨대 린든 존슨(미국의 36대 대통령―옮긴이)은 처녀자리였습니다. 똑똑하고 영리한 쌍둥이자리 존 케네디가 심사숙고 끝에 그를 선택했지요. 그리고 그는 케네디 사후의 어지러운 사태를 잘 수습해냈지요.

쌍둥이자리와 처녀자리가 논쟁을 하면 주요 쟁점에서는 늘 쌍둥이자리가 이깁니다. 반박하고 주장을 펼치는 일에 빠르고 능하니까요. 하지만 논쟁에서 이긴다고 모든 게 다 해결되는 건 아니지요. 처녀자리는 완벽한 사실에 입각한 말이라도 실수나 잘못된 암시로 인해 오해할 소지가 있다고 생각합니다. 그래서 논쟁에서 이기는 것 자체는 어떤 것도 해결하지 못한다는 걸 잘 압니다. 모든 쌍둥이자리가 가지고 있는 가장 위대한 능력은 진실과 거짓을 교묘하게 비틀어 잘 섞는 것입니다. 그리하여 진실이 거짓인 것처럼 거짓이 진실인 것처럼 보이게 만들지요. 쌍둥이자리는 그 능력으로 거의 모든 사람을 속일 수 있지만 처녀자리는 속일 수 없습니다. 어떤 쌍둥이자리 자동차 영업 사원이 너무 많은 얘기를 하면, 처녀자리 고객은 그 자동차에서 눈을 돌려버릴 수 있습니다. 놀이공원에 가도 처녀자리들은 회전목마를 잘 타지 않습니다. 쌍둥이자리는 회전목마를 타고 한 방향으로 도는 것을 좋아하지요. 처녀자리는 쌍둥이자리가 좋아하는 솜사탕도 별로 좋아하지 않습니다. 솜사탕은 설탕과 공기뿐이고 아무런 영양가도 없으니까요.

물론, 쌍둥이자리는 소심한 처녀자리를 유혹하고 즐겁게 만드는 신비로운 매력을 가지고 있습니다. 문제는 처녀자리가 그 신비로운 마법이 정확하게 어떻게 이루어지는지 알아낼 때까지 만족하지 못한다는 것입니다. 쌍둥이자리의 존재 이유 그 자체가 아무것도 아닌 걸로 뭔가를 입증하는 것이며 완전한 환상에서 현실을 제조해 내는 것인데 말이지요.

　실용적인 태도를 가진 처녀자리에게 현실은 절대로 환상이 아니며, 환상은 현실이 될 수 없답니다. 그런 것은 쌍둥이자리의 애매모호한 말일 뿐입니다. 쌍둥이자리는 나이 서른 정도가 되면 열 개도 넘는 직업을 경험해보았을 것입니다. 처녀자리는 직장에서 정해진 일과에 조금의 변화가 생길 조짐만 보여도 불안합니다. 직업을 바꾸는 일은, 처녀자리에게는 대통령을 뽑는 일만큼 심각하게 고민한 후에야 결정할 수 있는 일입니다. 경우에 따라서는 그보다 더 심각하게 고민해야 하지요.

　쌍둥이자리와 처녀자리 사이에는 두 별자리의 날 선 차이점들과 영혼을 시험하는 긴장감이 있습니다. 그럼에도 불구하고, 두 사람은 모두 귀여운 호기심과 비범한 지능과 매력적이고 우아한 태도를 가지고 있지요. 그래서 오즈의 옥수수밭 사이를 나란히 행복하게 걸어갈 수 있답니다. 하지만 오즈의 마법사가 있는 곳에 도착할 때까지 계속 함께 있으려면, 두 사람은 가끔 타협도 하고 서로에게 맞춰줄 줄도 알아야 할 것입니다.

　쌍둥이자리는 신기한 것에 늘 매혹되지요. 그래서 도로시와 그녀의 친구들과 함께 그 길을 갔던 양철 인간만이 처녀자리였다는 것을 기억해야 합니다. 이미 친절하고 다정하면서도 자신이 차갑다고 느끼면서 따뜻한 감정을 갖고자 원했던 인물이지요. 그 처녀자리가 차가운 갑옷 속에 숨겨진 심장을 가지고 있다는 사실을 안 사람은 오즈의 마법사였습니다. 그리고 그 마법사는 바로 똑똑한 쌍둥이자리였답니다. 처녀자리가 가지고 있었던 심장은 그 어떤 사람보다 더 큰 심장이었지요. 그게 바로 마법이랍니다!

쌍둥이자리 여성과 처녀자리 남성

달링 씨의 방식은 연필과 종이를 가지고 계산을 하는 것이었다.
부인이 말참견을 하는 바람에 헷갈리기라도 하면, 그는 처음부터 다시 계산을 했다.
"자, 이제 제발 방해 좀 하지 말아요." 그는 그녀에게 애원하곤 했다.

이 남녀가 마주칠 첫 번째 문제는 두 사람의 대조적인 성격입니다. 쌍둥이자리 여성이 가진 사교성과 처녀자리 남성의 은둔 성향이 부딪치지요. 전형적인 처녀자리 남성이라면, 그의 깊은 무의식 속에서는 진정으로 혼자 살고 싶어합니다. 그녀가 아무리 똑똑하고 예쁘고 나긋나긋하고 사랑스럽다고 해도, 이 사실은 변하지 않습니다. 그는 아내만 쳐다보며 시간을 보낼 수 없습니다. 몇 시간은 좀 더 나은 미래를 위해 써야 하니까요. 다행히 쌍둥이자리 여성은 주기적으로 자유를 원합니다. 그녀의 처녀자리 연인 혹은 남편은 겉으로는 불평하겠지만, 속으로는 안도의 한숨을 쉴 것입니다. 드디어 혼자만의 평화로운 시간을 가질 수 있으니까요. 분자를 만들려면 원자가 몇 개나 필요한지 계산도 하고, 지난주에 주식시장을 요동치게 한 원인이 무엇인지도 살펴보고, 알람 시계도 고치고, 세탁물도 구분해놓고, 고양이 수염도 하나하나 세어보고 우주의 수수께끼도 풀어볼 수 있는 시간이 생겨서 얼마나 다행인지 모릅니다. 게다가 수다스럽거나 야단법석을 떠는 사람 없이 혼자 차분하게 그 모든 일을 할 수 있지요. 처녀자리 남성은 그의 쌍둥이자리 여인을 진실로 사랑하기는 하지만, 그의 마음속에는 숨겨진 방이 있답니다. 그녀는 그곳을 방문하거나 들여다볼 수가 없지요. 쌍둥이자리 여성이 향수와 애교와 재치로 그를 계속 정신없게 만들면, 그는 혼란스러워져서는 어느 방에 어떤 생각을 넣어두었는지 헷갈리게 됩니다. 그래서 그는 쌍둥이자리 아내가 외출하면 어디에 가는지 물어보지도 않습니다. 혼자 평화롭고 조용한 사색의 시간을 가질 수 있다는 것에 무척 흡족해하지요.

가끔 질투심을 보이는 처녀자리 남성이 없는 것은 아닙니다. 제법 있지요. 하지만 잘 분석해본다면, 쌍둥이자리 여성의 다양성에 대해 화를 내는 것이 실수라는 것을 알게 될 것입니다. 분석은 처녀자리 전문이지요. 다양한 사람들(반은 남성들이겠지요?)과 의사소통하고 싶은 쌍둥이자리 여성의 욕구를 외도로 오해해서는 안 됩니다. 물론, 가끔은 실제로 외도로 이어지는 경우가 있을 수는 있겠지요. 하지만 대부분은 그럴 의도가 전혀 없답니다. 외도로 발전하는 경우는 처녀자리 남성의 잔소리와 비판 때문에 쌍둥이자리 여성이 날개가 꺾였다고 느낄 때입니다. 쌍둥이자리 여성이 참을 수 없는 것이 있다면 그것은 바로 날개가 꺾이는 것입니다. 새들은 날아야만 합니다. 새를 새장 속에만 가두어두는 것은 자연의 법칙을 거스르는 잔인한 행동이지요.

처녀자리 남성의 기본적인 성향이 독신을 원하기는 하지만, 마음만 먹는다면 누군가와 함께 사는 것도 생각보다 훨씬 더 잘 해낼 수 있답니다. 처녀자리는 흙의 별자리이고 흙은 지진이나 태풍 같은 재난이 벌어지지 않는 한 원래 있던 곳에 그대로 있는 성질이 있지요. 자신의 일에만 신경 쓰며 그곳에 계속 있는 게 흙의 잘못은 아니겠지요.

지금까지 쌍둥이자리 여성과 처녀자리 남성의 관계를 결혼한 상태인 것처럼 설명했습니다. 처녀자리 남성에게 정식 혼인 절차 없이 여성과 함께 동거를 하는 일은 자연스럽지 않기 때문입니다. 다 그렇다는 것은 아니지만 대부분 그렇습니다. 하지만 쌍둥이자리 여성은 혼인 절차 없이 함께 사는 것이 그리 어렵다고 느끼지 않습니다. 쌍둥이자리 여성은 그 안에 '자유'라는 말만 담겨 있다면 뭐든 상관없답니다. 그러므로 두 사람이 함께하고자 할 때, 결혼을 할 것인가 말 것인가 하는 문제가 가장 먼저 논쟁거리가 될 수 있습니다.

어떤 관계에서든 처녀자리 남성은 상대방의 우위에 서려고 하지 않습니다. 훌륭한 파트너가 되려고 하지요. 처녀자리 남성은 사랑이나 결혼 관계에서도 사업 파트너를 대하듯 하는 경향이 있습니다. 매사에 상대를 배려하고 기념일을 잘 챙기며 쓰레기 분리수거도 잘하고 집 안에 비타민이 떨어지지 않도록 하지요. 물론 쌍둥이자리 여성은 달력에 빨간색 펜으로 기념일을 표시해두고 식당을 예약하기보다는 예고 없이 열정적이고 감상적인 추억을 만들기를 원합니다. 하지만 그녀가 불평을 할 처지는 아니지요. 쌍둥이자리 여성은 날짜 관념이 없기 때문에 가끔 어버이날에 남편에게 카드를 쓴답니다. 집을 산 날을 결혼기념일이라고 착각하기도 하지요. 집 얘기가 나왔으니 말인데, 두 사람이 집을 산다면 먼저 사자고 하는 쪽은 열에 아홉은 처녀자리 남성일 것입니다. 전형적인 쌍둥이자리 여성이라면 전세나 월세를 더 선호하지요. 그래야 지겨워졌을 때 옮길 수 있으니까요. 처녀자리 남성은 연극 무대처럼 세트를 바꾸는 일을 그다지 좋아하지 않습니다. 실용적이지 않으니까요. 바로 그 실용성은 두 사람이 벌이는 많은 논쟁의 주요 원인이 됩니다. 어쨌거나, 처녀자리 남성은 쌍둥이자리 여성을 기쁘게 해줄 수 있는 것이 너무나 많습니다. 하지만 쌍둥이자리 여성은 처녀자리 남성에게 줄 수 있는 것이 너무나 적습니다. 두 사람이 각각 전형적인 처녀자리 남성이고 쌍둥이자리 여성인 경우에 특히 그렇습니다.

두 사람의 육체적인 궁합을 살펴볼까요? 처녀자리 남성은 상냥함과 예의 바름과 배려와 약속을 잘 지키는 태도를 타고났습니다. 그래서 신경질적이고 괴팍한 여성이라면 그의 짝이 되기 힘듭니다. 물론, 모든 쌍둥이자리 여성이 신경질적이라는 건 아닙니다. 하지만 쌍둥이자리의 여러 자아 중 한 명은 그럴 것입니다. 다른 자아는 무심할 수 있지요. 처녀자리 남성은 여러분도 알다시피 그렇게 감정적인 사람이 아닙니다. 또 아주 다정다감하지도 않지요. 전설에 따르면 나르시스는 자신의 모습에 속절없이 사랑에 빠진 처녀자리였습니다. 그래서 처녀자리 남성은 자주 냉정하고 자기중심적이라는 비난을 사곤 하지요.

완전한 섹스란 서로를 위해 자신을 온전히 버리고 마음과 영혼 그리고 몸이 완벽한 일체를 이루는 것이지요. 전형적인 처녀자리 남성은 그 비밀스러운 신비를 좀 더 터득해야 합니다. 그에게 자신을 온전히 버린다는 개념은, 마치 다른 사람이 쓰던 연고를 바르는 일처럼 꺼려지는 일입니다. 실제로 제가 아는 어떤 처녀자리 남편은 상처에 바르는 연고를 두 개 준비해서 자기 것과 아내 것을 구별해야 한다고 주장한 적이 있답니다. 거의 모든 처녀자리는 세균이라는 말만 들어도 펄쩍 뜁니다. 물병자리도 이런 사람들이 제법 있지요.

처녀자리 남성은 성적으로든 무엇으로든 항복하고 포기하는 것을 믿지 않을 뿐만 아니라, 누군가를 정복하는 일에도 별로 관심이 없습니다. 그러니 처녀자리 남성 스스로도 열정을 불태우기 힘들 뿐더러 상대로 하여금 열정이 불타오르게 만들기가 쉽지 않지요. 하지만 바로 이런 모습 때문에 쌍둥이자리 여성은 그에게 반합니다. 대다수 쌍둥이자리 여성은 사랑을 역할 게임 놀이처럼 할 수 있을 때 더 안전하다고 느낀답니다. 쌍둥이자리가 사랑을 나누는 방식은 공기처럼 가볍고 섬세합니다. 그리고 처녀자리 남성은 가볍게 사랑을 나누는 방식에 잘 적응하지요. 그래서 그녀와 역할 놀이하기를 거부하는 다른 남성들과는 달리 쌍둥이자리 여성의 마음을 쉽게 얻을 수 있는 것입니다.

쌍둥이자리 여성은 처녀자리 남성과 함께할 때 안전하다고 느낍니다. 본능적으로 그렇게 느낀답니다. 안정감은 두 사람 사이가 더 깊은 열정으로 발전할 수 있는 기반이 되지요. 하지만 처녀자리 남성은 섹스 전과 바로 후에 샤워하는 것을 좋아한답니다. 그 사실을 알게 되면 쌍둥이자리 여성은 좀 당황스러울 것입니다. 반면에 쌍둥이자리 여성은 키스를 하다가 갑자기 주말에 꾸었던 꿈 얘기를 해서 김이 새게 만드는 버릇이 있지요. 그런 일이 반복되면 처녀자리 남성도 조금 실망하겠지요. 하지만 두 사람 모두 그런 일로 감정을 다치는 일은 없을 것입니다.

이렇게 두 사람에게는 크고 작은 차이점들이 있답니다. 대부분의 쌍둥이자리 여성은 늦게 자는 것을 좋아하고 불면증에 시달리는 일이 많습니다. 처녀자리 남성도 불면증으로 고생을 합니다. 뭔가 걱정이 있을 때는—늘 그렇긴 하지만—잠을 잘 못 들지요. 하지만 처녀자리 남성이 정오가 될 때까지 자는 일은, 이들이 화려한 꽃무늬 청바지를 입은 모습을 보는 것만큼이나 드문 일이랍니다. 처녀자리에게는 늦잠을 자는 일이 거의 죄악이나 마찬가지니까요. 처녀자리 남성은 늘 집 안이 깔끔하기를 바라고 정해진 시간에 식사하기를 원합니다. 하지만 그는 쌍둥이자리 여성이 그런 부분에서는 별로 완벽해지고 싶어하지 않는다는 걸 곧 알게 될 것입니다. 쌍둥이자리 여성은 분명 아주 멋진 안주인 역할을 해낼 수 있답니다. (처녀자리 남성이 사람들을 집으로 데려오는 경우가 거의 없기는 하지만요.) 마음만 먹는다면, 그녀는 아주 즐거운 집 안 분위기를 만들어낼 수도 있습니다. 하지만 그녀가 신이 나서 집 안을 청소할지는 의문입니다. 혹시 그녀가 흡연가라면 집 안에는 지저분한 재떨이가 여기저기 있을 것입니다. 이런 모습은 처녀자리 남성에게는 그리 매력적인 모습이 될 수 없겠지요. 처녀자리 남성은 일단 담배 피우는 것을 무척 싫어하고, 특히 꽉 찬 재떨이의 역겨운 냄새를 경멸하니까요.

하지만 일상에서 매순간 부딪칠 수밖에 없는 이런 차이들에도 불구하고, 두 사람이 크게 다투는 경우는 거의 없답니다. 처녀자리 남성은 연애나 결혼 생활에서 뭘 크게 요구하지 않기 때문입니다. 그저 상처에 바르는 연고를 따로 쓰는 정도나 바랄 뿐이지요. 물론 식사 시간이 정해져 있고, 겉으로라도 신의를 지켜준다면 무척 고마워할 것입니다. 처녀자리 남성은 사랑이나 결혼이 천국이나 지옥이 아니고 그 중간쯤이라는 것을 알만큼 현실적입니다. 마찬가지로 쌍둥이자리 여성도 크게 바라지 않습니다. 또 쌍둥이자리 여성에게는 다른 여성들이라면 무척 절망스러워할 수 있는 일들에 잘 대처하는 능력이 있습니다. 그래서 두 사람은 다른 별자리들의 조합에 비해 서로에게 지나친 요구를 하지 않을 것입니다.

처녀자리 남성은 쌍둥이자리 여성의 변덕스러운 성격이나 이랬다저랬다 하는 모습에 당황하기도 하고 화가 나기도 할 겁니다. 처녀자리 남성이 말하기를 거부하고 침묵을 지킬 때면 쌍둥이자리 여성은 마치 죽을 것처럼 괴로울 것입니다. 어떤 때는 처녀자리 남성이 쌍둥이자리 여성을 울고 싶도록 지겹게 만들 것이고, 어떤 때는 쌍둥이자리 여성이 처녀자리 남성을 소화불량에 걸리도록 불안하게 만들 것입니다. 하지만 쌍둥이자리 여성은 처녀자리 남성이 너무나도 바라는, 열정과 즐거움으로 가득한 삶을 제공해줄 수 있습니다. 처녀자리 남성은 쌍둥이자리 여성에게 안정감을 제공해줄 수 있습니다. 그것은 쌍둥이자리 여성 자신도 몰랐지만, 실은 그녀가 가장 간절히 추구하는 것이지요.

쌍둥이자리는 공기 별자리이고 처녀자리는 흙 별자리입니다. 공기와 흙은 공통점이 거의 없지요. 하지만 4-10 태양별자리 관계에서는 상호 존중하는 마음이 두 사람의 인연을 만들어줍니다. 그 어떤 관계로 맺어지건 강한 책임감이 두 사람을 결속시켜줄 것입니다.

처녀자리 남성은 사수자리 남성보다 더 진실하고, 더 솔직합니다. 그래서 처녀자리 남성에게는 진실을 말하는 것이 문제를 훨씬 줄일 수 있습니다. 그의 할머니는 늘 이렇게 말씀하셨지요. "누군가를 속이려면, 먼저 아주 복잡한 거미줄부터 짜야 한다네." 그때 그는 알았답니다. 기만하는 것은 불필요한 짐을 만드는 일이라는 사실을요. 그는 결심했지요. 어떤 거미줄도 만들지 않을 것이며, 그 어떤 거미줄에도 붙잡히거나 얽매이지 않겠다고요. 그래서 전형적인 처녀자리는 어떤 상황에서도 정확한 진실만을 꺼내놓습니다. 남들에게 사랑받고 싶어서 그러는 게 아닙니다. 처녀자리의 가장 훌륭한 특징 중에 하나는 남들에게 사랑을 받으려고 애를 쓰지 않는다는 것이지요. 몇몇 친구들을 제외하고요. 사람들이 그를 좋아하면, 그는 자신이 아는 최선의 방식으로 그들에게 헌신할 것입니다. 그것으로 충분합니다. 처녀자리 남성은 존재를 인정받거나 인기를 얻기 위해 남들과 경쟁할 필요가 없습니다. 처녀자리 남성은 그에게 부드럽고 다정하게만 대해준다면 멋진 인생과 사랑을 만들 수 있습니다.

처녀자리 남성이 가는 길은 화려한 꽃길이 아닙니다. 하지만 쌍둥이자리 여성이 그의 곁에서 함께 해준다면 처녀자리 남성의 마음은 훨씬 가볍고 맑아질 것입니다. 그가 외로운 순간에 그녀의 사랑스러운 웃음소리를 들려준다면요. 또 그녀가 손에 바람이라도 낚아챈 듯 시원한 숲 같은 목소리로 "잘 잤어요?" 하고 아침 인사를 건네준다면 말이에요. '불가능'이라는 말은 쌍둥이자리 여성의 사전에는 없습니다. 어떤 일이 이루어질 수 없다면, 그녀는 더 새롭고 더 나은 방법을 생각해낼 것입니다. 처녀자리 남성에게는 정말로 도움이 되는 재능이지요. 쌍둥이자리 여성은 제멋대로 구는 사람이지만, 동시에 거부할 수 없는 힘을 가졌습니다. 그러니 두 사람은 함께 멋진 탐험을 할 수 있는 가능성을 가지고 있답니다.

하지만 쌍둥이자리 여성은 쌍둥이거나 가끔은 세쌍둥이가 되기도 합니다. 처녀자리 남성은 골칫거리를 너무 많이 가지고 있기 때문에 한 여성을 대처하기에도 벅찰 수 있지요. 그는 일부다처제를 감당할 수 있는 사람이 아니랍니다. 처녀자리 남성과 함께 행복을 이루고 싶다면, 쌍둥이자리 여성은 먼저 자신이 누구인지를 결정해야 합니다. 그리고 나서는 영원히 그 사람으로 남아 있어야 합니다.

쌍둥이자리 남성과 처녀자리 여성

그래서 늘 예의 바르게 행동하기를 좋아하는 웬디가 피터에게 나이를 물었다.

하지만 그것은 피터에게 그리 유쾌한 질문이 아니었다.

그것은 영국 왕에 대한 시험을 준비한 사람에게 엉뚱하게 문법 시험지를 내민 것과 같았다.

쌍둥이자리 남성과 처녀자리 여성은 만나자마자 자동적으로 황홀한 사랑에 빠지는 관계는 아닙니다. 4-10 태양별자리 유형의 혹독한 시험을 치러야만 하는 관계이지요. 시련도 그 혜택도 결코 적지 않답니다. 두 사람이 함께 농사를 지으려면 장애가 무척 많다는 뜻입니다. 그렇다고 해서 두 사람이 함께 배추를 기르지 못한다는 얘기는 아닙니다. 다만, 이들의 사랑의 농장에서는 잡초를 자주 뽑아주어야 한다는 뜻입니다.

두 사람은 장미꽃을 심을지 채소를 심을지를 놓고, 처음부터 다투기 시작할 것입니다. 물론 채소를 심는 것이 더 상식적이기는 하지요. 그녀는 빈민 국가와 다락방의 흰개미와 인플레이션과 남편의 셔츠에서 떨어진 단추에 관심이 많은 처녀자리이니까요. 분명, 답은 채소지요. 기아와 인플레이션이라는 늑대가 문 앞에서 어슬렁거리고 있는데, 장미로 뭘 할 수 있겠어요?

하지만 향기를 맡아보세요. 향기가 나잖아요. 쌍둥이자리 남성은 아무리 배가 고파도 꽃의 향기를 마실 수 있는 사람이랍니다. 로마가 불타는 동안 네로가 시를 지었던 것처럼요. 물론 정원 얘기나 네로 이야기는 모두 상징에 불과합니다. 그런 면에서 쌍둥이자리에게는 학문이든 수사법이든 모든 것이 상징적이지요. 쌍둥이자리는 수수께끼에 싸여 태어났고 은유와 비유로 보살핌을 받았을 것입니다. 또 그들은 한 손에는 전화기를, 다른 한 손에는 노트북을 들고 있는 사람이지요. 반면에 처녀자리 여성은 컴퓨터와 수세미를 합쳐놓은 존재로 태어났습니다. 전혀 어울리지 않는 조합이지만요.

쌍둥이자리 남성과 처녀자리 여성이 서로 매력을 느끼지 못한다는 뜻은 아닙니다. 서로 불만스러워한다는 것뿐입니다. 대부분의 쌍둥이자리 남성은 스무 살이 넘어가기 시작하면, 의도하건 의도하지 않건 본인의 생일을 잊어버립니다. 반면에 처녀자리 여성은 자기가 태어난 날짜와 시간을 아주 정확하게 기억합니다. 게다가 그녀는 영원한 청춘은 불가능할 뿐더러 지겹다고 생각하지요. 쌍둥이자리 남성은 영원한 청춘이 가능할 뿐 아니라 아주 매력적이라고 생각한답니다. 두 사람의 차이점은 이외에도 많습니다.

깃털을 공중에 던져 방향을 정하는 방식에 매력을 느끼는 처녀자리가 아주 드물게 있을 수도 있습니다. 하지만 전형적인 처녀자리 여성이라면 그런 방식으로 뭔가를 결정하는 것을 좋아하지 않습니다. 그녀가 여행을 할 때는 여행 책자와 여행사 그리고 할인 쿠폰 등을 활용하는 것을 좋아합니다. 처녀자리를 위해, 항공사들은 보다 저렴한 심야 비행기를 운영합니다. 처녀자리는 돈에 민감하니까요. 쌍둥이자리라면 언제든 깃털이 가리키는 방향으로 가고 싶어할 것입니다. 여행에 대해서라면, 런던에서 아침 식사를 하고 점심은 이탈리아에서 먹으라고 유혹하는 광고에 끌리는 사람들이지요. 돈과는 상관없이요.

두 사람이 사랑에 빠진다면 아마도 호기심 때문일 겁니다. 처녀자리 여성은 쌍둥이자리 남성을 보면 가슴이 설렐 것입니다. 그들이 열정적으로 주장하는, 가볍고 초연한 삶이 가능할 것 같은 느낌이 들거든요. 반면에 쌍둥이자리 남성은 처녀자리 여성이 자신에게 집중해주는 게 좋습니다. 그녀는 늘 초롱초롱하고 아주 여성스러운 태도를 가지고 있기 때문에 반하지 않을 수 없지요. 시간이 흐르면, 처녀자리 여성은 몸과 마음이 늘 방황하는 것처럼 보이는 남성에게 자신의 삶을 거는 것이 현명한 일인지 의문을 갖기 시작합니다. 쌍둥이자리 남성의 생각과 행동은 날씨보다 더 변덕스럽지요. 쌍둥이자리 남성도 가끔은 그녀가 너무 진지하게 자신에게 집중해서 개인적인 자유가 제한된다고 느낍니다. 그러면 두 사람 사이에 갈등이 생기지요. 사랑하는 사람들 사이의 모든 다툼은 그 자체로는 별로 중요해 보이지 않습니다. 하지만 그 사소해 보이는 다툼들은 두 사람 마음속 깊은 곳에 자리 잡고 있는 근원적인 문제들로부터 발생하지요. 그것은 두 사람 모두가 정면으로 마주하고 싶지 않은, 숨어 있는 진실일 때도 있습니다.

처녀자리 여성은 지극히 분석적이고 날카로운 지성을 가지고 있음에도 불구하고, 아주 민감하고 상대방의 인정을 바랍니다. 쌍둥이자리 남성은 공기 별자리이기 때문에 그런 분야에 별로 재주가 없답니다. 동정심이 없는 것은 아니지만, 공기 별자리들에게는 어떤 무관심과 차가운 분위기가 있지요. 그래서 처녀자리 같은 흙 별자리들은 뭔가 허탈하고 채워지지 않는 느낌을 받게 된답니다. 그럼에도 쌍둥이자리 남성의 지적인 능력과 매력으로 그녀를 임시방편으로 달래줄 수는 있을 것입니다.

두 사람은 지적으로나 감정적으로나 흥미진진하고 즐거운 관계가 될 수 있습니다. 처녀자리 여성이 쌍둥이자리 남성을 너무 진지하게 받아들이지만 않는다면요. 하지만 불행하게도 처녀자리는 모든 게 너무나 진지하지요. 연인이나 남편도 예외가 될 수 없답니다. 아마도 쌍둥이자리 남성쪽에서도 그녀를 더 **진지하게** 받아들여야 할 것입니다. 처녀자리는 종종 '죽음이 우리를 갈라놓을 때까지' 같은 태도로 살다가, 갑자기 아주 깔끔하고 신속한 이혼 절차를 밟아서 상대방을 충격에 빠뜨리기도 하니까요. 처녀자리가 하는 일은 늘 깔끔하고 신속합니다. 그런 면에서는 쌍둥이자리와 많이 닮았지요. 두 사람 모두 틀에 박힌 일상에 대해서는 별로 참을성이 없고, 생각은 명쾌하며, 옷을 단정하게 입는 사람들입니다.

그녀는 쌍둥이자리 남성보다 애정을 육체적으로 많이 표현해주기를 바랍니다. 그는 처녀자리 여성보다 더 다채롭고 낭만적인 섹스를 원합니다. 이렇게 두 사람 사이에는 섹스를 대하는 태도에서 미묘한 차이가 있답니다. 처녀자리 여성은 아주 강렬하거나 열정적이지는 않지만, 자기의 남자가 곁에 있다는 것을 확인하고 싶어합니다. 그의 마음뿐만이 아니라 그의 심장과 그의 영혼과 그의 모든 것이 그 순간 함께하고 있는지 알고 싶어하지요. 처녀자리 여성은 처녀자리 남성과 마찬가지로 육체적인 사랑을 좀 대수롭지 않게 받아들이는 경향이 있습니다. 하지만 공기 별자리인 쌍둥이자리보다는 더 감각의 지배를 받지요. 그리고 처녀자리 여성은 자신감이 있고 느긋합니다. 그래서 상대에게 안정감과 친숙함을 느낄 수 있다면 아주 만족스러운 파트너가 될 수 있습니다. 그런데 쌍둥이자리 남성과는 쉽지가 않습니다. 쌍둥이자리 남성은 자아가 여러 명이어서 잘 변하지요. 그는 어느 날에는 그녀에게 열정적이다가도 다음 날에는 완전히 무관심해질 수 있는 사람입니다.

쌍둥이자리 남성의 이런 면은 처녀자리 여성을 말없는 절망으로 내몰 수 있습니다. 그녀는 그의 사랑이 변하는 것이 자기 잘못이라고 자책할 수 있습니다. 처녀자리 여성은 타인에 대해서도 비판적이지만 스스로에 대해서 가장 날카로운 비판의 잣대를 들이대니까요. 그러므로 두 사람 사이에는 늘 뭔가 망설임이 있습니다. 두 사람이 자신을 온전히 잊고 육체적인 사랑을 나누는 일은 좀처럼 드문 일입니다. 매번 감정적으로 보호막을 치거나 절제하지요.

두 사람 관계에서 정신적으로 망설이는 경우는 거의 없습니다. 두 사람 모두 언어 능력이 뛰어난 사람들입니다. 이런 커플 중에는 말을 심각한 무기로 삼는 경우가 있지요. 말은 상처를 줍니다. 하지만 말 때문에 상처가 치유되기도 하지요. 어쨌거나 쌍둥이자리와 처녀자리는 말을 좋게도 나쁘게도 쓸 수 있습니다. 융통성 없고 의심 많고 소심한 처녀자리 여성을 구슬려서 장미꽃 정원으로 나오도록 하는 일이라면, 쌍둥이자리 남성보다 더 잘할 수 있는 사람은 없답니다. 또 신경이 예민한 쌍둥이자리 남성을 처녀자리 여성만큼 부드럽고 현명하게 달래줄 수 있는 사람은 없지요. 두 사람이 서로 사랑으로 동기부여가 되어 있을 때에는 그렇답니다.

두 사람은 서로에 대한 애정을 공개적으로 표현하는 것을 지나치게 억누르는 경향이 있습니다. 두 사람 모두 정서적 유대의 필요성을 이해하지 못하는 것 같아 보이기도 합니다. 처녀자리 여성은 쌍둥이자리 남성에 대한 모든 의무를, 어떤 세부 사항도 소홀히 하지 않고 모두 다할 것입니다. 그녀는 떨어진 단추도 달아주고, 혹시 그가 원하면 그의 일과 관련된 멋진 조언도 해줄 수 있습니다. 그녀는 영화나 TV를 볼 때 자극이 되는 멋진 동료가 되어줄 것이고 둘이 구독하는 책, 잡지, 신문 등에 대해서도 아주 지적인 대화를 나눌 수 있는 여성입니다. 그녀의 헌신에는 '의무감'의 분위기가 조금 풍기기는 할 겁니다. 하지만 꾸준하고 존경할 만하지요.

쌍둥이자리 남성은 시간을 내서 그녀의 모든 걱정에 대해 얘기할 겁니다. 그녀가 마음에 두고 있는 것은 무엇이든 함께 얘기해보자고 제안을 할 겁니다. 그녀만의 생각과 이상과 목표를 발전시킬 수 있도록 충분한 시간과 공간을 배려해줄 겁니다. 쌍둥이자리 남성은 질투심이나 소유욕으로 그녀를 숨 막히게 하지 않습니다. 물론 가끔은 지나치게 꼬치꼬치 캐묻는 통에 답답한 느낌이 들 때도 있겠지만요.

초기의 낭만이 살짝 빛이 바래지면, 처녀자리 여성은 쌍둥이자리 남성의 지적인 호기심과 에너지가 너무 얄팍하고 넓게 퍼져 있기만 하다고 불평을 시작할 수도 있습니다. 처녀자리 여성 역시 지식에 대한 갈망을 가지고 있지만 산만하게 흩어지는 경향은 없답니다. 그래서 쌍둥이자리 남성의 지적인 호기심이란 게, 그저 계속되는 즐거움과 새로움만을 추구하는 것으로 보일 수 있지요. 또 그녀는 쌍둥이자리 남성의 여행에 대한 열정에도 공감하지 않는답니다.

대부분의 처녀자리는 아이들에 대해 신기할 만큼 공감 능력을 가지고 있습니다. 처녀자리 자체는 어느 모로 보나 무척 어른스러운데 아이들에게 공감한다니 신기한 일이지요. 하지만 어린아이는 늘 처녀자리 여성에게 감춰져 있는 귀여움과 아름다움과 상상력 그리고 엄청나게 다정한 모습을 발현시켜준답니다. 게다가 처녀자리 여성은 어린아이의 모든 절망과 기쁨에 대해 진실로 관심을 가지고 경청해주는 능력을 지녔지요. 그녀는 아이들을 다정하게 지도해줄 수 있는 지혜를 가졌답니다. 모든 쌍둥이자리 남성은 마음은 언제나 어린아이이기 때문에, 처녀자리 여성이 가지고 있는 이런 자질은 무척 매력적일 수밖에 없습니다.

하지만 처녀자리 여성은 잘 열리지 않는 문이 삐걱거리면서 열리는 것처럼 아주 천천히 마음을 엽니다. 쌍둥이자리 남성은 늘 무척 서두르지요. 게다가 처녀자리 여성에게 자유는 안정감만큼 중요하지 않답니다. 그런데 쌍둥이자리 남성에게 안정감이라는 말은, 계획을 바꿀 수 있는 모든 가능성을 제한하는 정신적인 감옥과 동의어입니다. 쌍둥이자리 남성은 뭔가를 바꾸는 것이야말로 살아가는 의미라고 느끼지요.

처녀자리 여성은 아침에 남편이나 연인이 잠들어 있는 침대로 식사를 가져다주는 사람입니다. 그런데 불행하게도 쌍둥이자리는 늦잠을 좋아하지 않는답니다. 쌍둥이자리 남성은 침대에서 벌떡 일어나 샤워를 하고 자전거를 타거나 조깅을 하거나 신문을 훑어보는 사람입니다. 토스트나 시리얼이 준비되기 전에 말이지요. 처녀자리 여성의 다정한 행동에 쌍둥이자리 남성이 가끔은 너무나 무심하게 반응하기 때문에, 그녀는 생각보다 훨씬 크게 상처를 받을 수 있습니다. 수성이 지배하는 마음은 무척이나 분석적이지요. 쌍둥이자리 남성은 역시나 수성의 지배를 받는 처녀자리 여성의 진실한 마음을 보다 신중하게 분석할 필요가 있습니다. 그녀를 잃고 싶지 않다면요.

어떤 처녀자리 여성은 오랫동안 순결을 지키며 연애에 무심한 시절을 보내다가도, 한순간의 불같은 열정에 모든 것을 걸기도 합니다. 처녀자리 여성은 보이는 것처럼 그렇게 냉정하고 잘 통제되는 사람이 아닐 수도 있답니다. 쌍둥이자리 남성은 진정한 사랑을 찾다가 끝내 늙어버릴 수도 있습니다. 그사이에 웬디는 모험보다는 자기를 더 사랑해주는 다른 남자와 결혼을 해버렸지요. 그래서 처녀자리 여성과 쌍둥이자리 남성은 후회 속에서 괴로워하며 각자 우울하게 살 수도 있습니다. 아니면, 두 사람은 차분하고 안전하며 서로에게 많이 요구하지 않는 짝을 만날 수도 있습니다. 두 사람이 찾던 것이 바로 이런 관계지요. 두 사람이 서로의 눈을 조금만 더 오랫동안 바라보기만 한다면 이루어질 수 있습니다. 하지만 두 사람은 자기 마음을 들킬까 봐, 충분히 오랫동안 서로를 바라보지 못할 수도 있습니다. 처녀자리 여성은 그저 바닥이나 쓸 것이고, 쌍둥이자리 남성은 집 주변을 맴돌면서 휘파람이나 불어댈 것입니다. 그녀 혹은 그가 자기의 마음을 알아주기를 바라면서도 사랑의 감정은 입 밖으로 표현하지 못하지요.

두 사람의 별자리는 태어나면서부터 90도를 맺고 있기 때문에, 서로 이해하기 어려운 부분들은 피할 수 없답니다. 하지만 오랫동안 사랑하고 만족하는 관계를 만들 수 있는 가능성은 언제나 있습니다. 사랑이라는 것이 늘 열정과 환상으로 폭발할 필요는 없지요.

행복은 그저 조용하고 차분하게 쉬는 순간일 수도 있습니다. 행복은 석양을 조금 덜 슬프게 만들어주고, 차분한 희망들로 아침을 조금 더 밝게 만들어주는 그런 것일 수도 있습니다.

쌍둥이자리 Gemini

공기 · 변화하는 · 능동적
지배행성: 수성
상징: 쌍둥이
양(+) · 남성적

Libra 천칭자리

공기 · 시작하는 · 능동적
지배행성: 금성
상징: 천칭
양(+) · 남성적

쌍둥이자리와 천칭자리의 관계

때로는 캄캄했고 때로는 환했다. 그리고 아주 추웠다가는 이내 너무 더워지곤 했다.

공기 별자리 두 사람이 함께 있으면 마치 공중그네 서커스를 보는 것처럼 재미있습니다. 두 사람의 두뇌 체조는 화려하기도 하고 어지럽기도 합니다. 공기는 손에 잡히지 않고 보이지도 않으며, 늘 이리저리 움직입니다. 동시에 어느 곳에도 없지요.

천칭자리는 늘 마음을 결정하지 못하고, 쌍둥이자리는 늘 마음을 바꿉니다. 그러니 두 사람 사이에서 무슨 일이 일어날지 예상하기란 참 어렵습니다. 그 관계가 가족이건, 부부건, 친구건, 사업 파트너이건, 연인이건, 부부이건, 그 어떤 관계라도 그렇습니다. 제가 뭐라고 쓰든 그것을 다 읽거나 이해하기도 전에 바뀔지도 모릅니다. 그래도 용기를 내어 말해보겠습니다. 쌍둥이자리와 천칭자리는 5-9 태양별자리 관계입니다. 이 관계는 천칭의 저울이 어느 쪽으로 기울어지든, 쌍둥이의 여러 자아가 뭐라고 논쟁을 하고 싶어하든 간에 대체로 균형을 잘 잡습니다.

더 예리하고 초롱초롱하고 셈이 빠른 쌍둥이자리는 천칭자리를 섣불리 판단할 수도 있습니다. 그들이 그저 하얀 뭉게구름 같은 존재들이라고 믿는 경우가 있지요. 하지만 천칭자리는 시작하는 에너지를 가진 공기 별자리입니다. 쌍둥이자리는 변화하는 에너지를 가진 공기 별자리이지요. 시작한다는 것은 주도한다는 의미입니다. 변화한다는 것은 소통을 뜻하지요. 즉, 쌍둥이자리는 천칭자리와 의사소통을 할 때에는 토론을 이끌어가려고 하거나 논쟁에서 이기려고 하지 말아야 합니다. 그러면 두 사람은 아주 원활한 의사소통을 할 수 있답니다.

천칭자리는 시작하는 에너지를 가진 별자리이므로 이겨야만 합니다. 그리고 매사 주도해야 하지요. 또 천칭자리는 논리적입니다. 그리고 늘 옳아야만 합니다. 천칭자리의 예쁜 막대 사탕 같은 얼굴과 사랑스러운 보조개만 봐서는 곤란합니다. 그런 것들은 천칭자리가 원하는 것을 얻도록 도와주는 무기에 불과하답니다. 그들은 우월한 지능과 추론 능력에 더해 바이올린과 하프 중간쯤 되는 매끄러운 목소리로 속삭이는 천사 같은 모습을 지녔지요. 만일 이걸로도 자기가 원하는 것을 얻지 못하면 그다음이 더 있답니다. 그들은 천진난만한 눈빛을 반짝이며 귀여운 보조개가 포함된 금성의 미소를 날립니다. 그러면 상대방은 도저히 녹지 않을 수 없답니다.

누가 그런 아름다움과 우아함, 매력, 논리, 지능, 재기 발랄함 그리고 아첨을 합쳐 놓은 존재를 거부할 수 있을까요? 쌍둥이자리는 가능합니다. 그것도 아주 자주요. 쌍둥이자리는 천칭자리의 달콤한 속임수 예술에 잘 넘어가지 않는답니다. 사실, 매력과 위트로 다른 사람들을 설득하고 속이고 달래는 것은 다름 아닌 쌍둥이자리가 발명한 것이고 그들의 전매특허이니까요. 쌍둥이자리가 열두 별자리 중에서 천칭자리보다 먼저 있지요. 그러므로 그 게임은 쌍둥이자리가 고안해낸 것이고 천칭자리는 그저 모방하는 것뿐이랍니다.

모든 쌍둥이자리가 저에게 동의할 거라고 확신합니다. 천칭자리에게는, 제가 두 별자리의 차이점을 구분해내려고 애쓰는 중이니 잠시만 참아달라고 정중하게 부탁을 해야겠지요?

공기는 특정한 형태가 없습니다. 여기저기로 막힘없이 다니는 귀신들처럼 그저 공간을 떠다닐 뿐입니다. 그러므로 이 두 별자리가 가정이나 사무실 혹은 학교 등에서 짝을 이루면 처음에는 이들을 보는 것이 쉽지 않을 것입니다. 하지만 이들의 말을 듣는 것은 어렵지 않지요.

쌍둥이자리와 천칭자리는 어떤 주제에 대해서도 아주 기나긴 토론을 펼칠 수 있는 사람들입니다. 그리고 둘 다 엄청난 상상력의 보유자들이지요. 가끔은 사이좋게 토론을 하지만 가끔은 그렇지 않답니다. 어쨌거나 둘은 침묵을 지키기보다는 주로 토론을 하고 있습니다. 정말 말하는 것을 좋아하는 사람들이니까요. 둘 다 듣는 것은 별로 좋아하지 않지요.

천칭자리의 상징은 천칭입니다. 어떤 천칭자리는 천칭이 그런 것처럼 마음이 너무나도 예민하게 맞춰져 있어서, 어떤 말을 듣자마자 자동적으로 반대 의견을 제시합니다. 누군가 "뜨겁다."라고 말하면, 천칭자리의 컴퓨터에서는 "차갑다."라는 단어가 깜박입니다. 누군가 "길다."라는 말을 쓰면 자동적으로 "짧다."라는 말이 튀어나오고, "빨리."라는 말을 들으면 순간적으로 "느리게."라는 말이 생각납니다. 기분이 좋으면 얼굴은 우울해 보이고, 기분이 다운되면 얼굴은 즐거워 보입니다. 이런 마음 상태로 살아가는 것은 쉽지 않은 일이지요. 이제, 왜 천칭자리 대부분이 그렇게 예쁜 얼굴로 반쯤은 멍한 표정을 짓고 다니는지 이해하시겠어요? 하지만 나머지 시간 동안은 아마도 정반대로 하고 다닐 것입니다. 초롱초롱한 눈빛으로 당신을 똑바로 쳐다보거나, 아주 우아하고 감동적인 연설을 하고 있을 것입니다. 바로 이런 식이랍니다. 천칭자리는 무슨 일이 일어나든 바로 그 반대쪽을 강조해야만 한답니다.

콜로라도에 조지라는 천칭자리 남성이 있었습니다. 어느 날, 지금은 사라진 정부 기관으로부터 제가 계속 감시와 핍박을 받았던 일을 조지에게 설명했지요. 제가 간단하게 요약한 이야기를 듣더니, 조지는 얼굴에 보조개 미소를 지으며 이렇게 말했답니다. "지난 몇 년 동안 당신에게 일어난 사건들은 분명히 그 안에 **사악한** 근거가 있다고 생각해요. 하지만 다른 한편으로는 당신은 작가이고 생생한 상상력을 가지고 있기 때문에, 그 전부가 실제로는 **순수한** 상상일 가능성도 충분히 있어요."

조지는 자신의 생각의 절차를 인식하고 있지도 않았습니다. 여러분은 천칭자리의 마음이 어떻게 작동하는지 천문해석학의 설명을 들었기 때문에, 그가 무의식적으로 "사악하다."라는 말과 그 정반대 뜻인 "순수."라는 말을 연이어 한 것에 대해 이해할 것입니다. 이것이 아주 흔한 천칭자리의 딜레마랍니다. 그가 말하고자 한 진실은 무엇일까요? 어떤 말이 최종적인 답이어야 했을까요? 사악함? 아니면 순수함? 이게 바로 결정을 내리지 못하는 천칭자리의 트라우마입니다.

양자리인 저는 이런 문제에 대해서는 아주 간단하게 정리할 수 있습니다. 답은 사악함이지요. 그 사건들은 사악한 상황 속에서 일어난 일들이었습니다. 하지만 저는 양자리이고 이미 지난 일이기 때문에 그 사건들을 과거의 쓰레기통에 다 버렸답니다. 더는 신경 쓰지 않지요. 쌍둥이자리도 그렇게 합니다. 과거는 잊어버리고 현재를 즐기며, 내일이 오기 전까지는 내일을 신경 쓰지 않습니다. 천칭자리는 그렇게 하지 못합니다. 그 요약이 잘못되었으면 어떻게 할까? 물론 옳을 수도 있지만, 만에 하나 잘못되어서 버림을 받았다면 어떻게 제대로 고치지? 사악함일까, 순수함일까? 나쁠까, 좋을까? 실제일까, 상상일까? 긍정일까, 부정일까? 이렇게 늘 극과 극을 오갑니다. 천칭자리는 혹시 유일하게 옳은 결론을 버리는 것이 아닐까 두려워서 아무것도 버리지 못한답니다.

쌍둥이자리는 천칭자리와 다릅니다. 속에 있는 쌍둥이 자아의 이중적인 생각들을 따라, 극단과 모순을 순차적으로가 아니라 동시에 곡예를 하듯 사용합니다. 못할 것도 없지요. 뭐든 처리할 사람이 늘 두 명 이상 있으니까요. 왜 이 두 별자리가 지구상에서 가장 믿을만한 사람들이 아닌지 아시겠지요? 천칭자리가 완벽하게 좌우 균형을 맞추고 있을 때 본다면 좋겠지요. 그리고 쌍둥이자리가 자기 자아 중 나머지는 모두 잠재우고, 한 명만 보여주는 순간에 만난다면 좋을 것입니다. 하지만 쌍둥이 혹은 세쌍둥이나 네쌍둥이 자아들은 거의 언제나 함께 북적거린답니다.

두 공기 별자리의 이런 비슷한 점들에도 불구하고, 두 사람이 서로 다른 방향으로 향하는 경우가 제법 많습니다. 특히나 뭔가를 결정할 때요.

쌍둥이자리는 눈 깜짝할 사이에 결정하고 그걸로 끝입니다. 후회도 걱정도 하지 않습니다. 바로 행동하는 스타일이지요. 천칭자리는 비교해보고, 요모조모 따져보고, 판단해보고, 생각해보고, 궁금해하고, 충분히 파악해보고, 그런 후에도 행동은 그다음 날로 미룹니다. 그리고 가끔 그다음 날은 절대로 오지 않기도 합니다. 하지만 수성이 지배하는 쌍둥이자리가 일단 신속한 결정을 한다고 해도, 몇 분만 지나면 마음이 변해서 계획을 바꿀 수 있다는 것을 생각해야 합니다. 반면에 천칭자리가 섬세한 조율 끝에 마침내 뭔가를 결정하고 나면, 그들은 엄격하게 그 결정을 고수합니다. 이미 아주 신중하게 모든 검토를 마쳤기 때문이지요. 천칭자리는 쌍둥이자리보다 더 조심스럽습니다. 쌍둥이자리가 매듭을 성급하게 잘라내는 경향이 있다면, 천칭자리는 느리지만 신중하게 매듭을 푸는 쪽을 선택합니다. 아직 드러나지 않은 새로운 조건들로 인해, 어쩌면 다시 되돌아가야 할지도 모르는데 성급하게 행동할 이유가 없지요.

쌍둥이자리는 어린아이 같은 매력을 가지고 있습니다. 가끔씩 아주 특이한 행동을 할 때가 있지요. 이를테면 별똥별을 보고 소원을 비는 주문을 스물일곱 번 왼다든가, 친절한 다람쥐나 메뚜기를 만나서 그 등에 올라타는 상상을 한다든가, 눈 속에서 장미꽃 정원에 숨어 있는 다이아몬드를 찾는다든가 하는 일들이지요. 천칭자리는 그런 말도 안 되는 일들에 시간을 낭비하지 않습니다. 낙천적이고 상냥한 성격이나 쾌활하면서도 햇살 같은 얼굴과는 아주 대조적으로, 천칭자리는 무척 논리적인 사람들이지요.

다시 극과 극 이야기를 해야겠네요. 천칭자리는 극과 극 사고방식 때문에, 드러나는 모습이나 얼굴과는 정반대의 정신세계를 가지고 있습니다. 천칭자리가 추구하는 것은 중용입니다. 쌍둥이자리는 중용 같은 것에는 전혀 신경을 쓰지 않습니다. 쌍둥이자리가 즐기는 것은 과정 자체이지 목적이 아니랍니다. 쌍둥이자리와 천칭자리는 모두 생각을 좀 줄일 필요가 있습니다. 대신 더 많이 느끼려고 노력한다면 훨씬 행복해질 것입니다.

쌍둥이자리 여성과 천칭자리 남성

그들은 변해도 된다는 허락을 받았다. 하지만 반드시 완전히 변해야만 했다.

쌍둥이자리 여성과 천칭자리 남성은 비슷한 점이 무척 많기 때문에 서로 잘 맞고 비교적 행복할 수 있답니다. 하지만 둘이 비슷한 점이 많다는 것은 문제의 출발점이 되기도 하지요.

두 사람은 서로를 너무나 잘 알고 서로의 꿈과 별난 성격도 잘 이해합니다. 서로의 카멜레온 같은 성격에도 차분하게 잘 대처하고 시시각각 변하는 다양한 기분을 이해해주며, 공기 별자리의 사고방식을 이해하지 못하는 타인들을 향해 함께 맞섭니다. 5-9 태양별자리 관계인 두 사람은 사랑의 퍼즐 조각을 완벽한 그림으로 만들려는 대부분의 커플보다는 훨씬 잘 맞는 사람들입니다.

쌍둥이자리와 천칭자리 모두 미적 취향이 까다로운 사람들로, 아름다운 것을 보면 감동하고 어수선하거나 추하거나 무질서한 것을 보면 많이 불행해지는 사람들입니다. 그렇지만 이런 공통된 성향에도 불구하고, 이 둘에게는 정작 활발한 사수자리와 열정적인 양자리 그리고 효율적인 처녀자리 가정부가 필요합니다. 물론, 깔끔한 쌍둥이자리와 천칭자리도 있지요. 하지만 그렇다고 해도, 자신들이 어지럽혀 놓은 것을(실제로든 감정적으로든) 누군가 다른 사람이 깔끔하게 치워주는 것을 더 좋아한답니다. 둘뿐이라면 행동이 더 민첩한 쌍둥이자리 여성이 주로 천칭자리 남성의 주변을 따라다니며, 그가 벗어놓은 양말이나 바나나 껍질 같은 것을 주워줄 것입니다. 천칭자리 남성은 두 사람의 주거 공간을 보다 안락하고 아름답게 꾸미는 일에 돈을 쓸 것입니다. 두 사람이 사는 집은 매력적이고 고상하며 쾌적하고 책이 아주 많을 것입니다. 설령, 두 사람이 텐트에 산다고 해도 말뚝이 단단하게 박혀 있는 탄탄한 텐트일 것이며 늘 아름다운 음악이 부드럽게 흐를 것입니다. 부드럽게라고 했습니다. 음악이 너무 커서 방해가 되면 안 된답니다. 천칭자리는 소음, 뒤뚱거리는 의자 그리고 균형이 안 맞는 텐트 말뚝 같은 걸 참지 못하니까요.

천칭자리 남성과 쌍둥이자리 여성이 다툰다면, 싸움을 먼저 거는 쪽은 쌍둥이자리 여성이고 싸움을 끝내는 건 천칭자리 남성입니다. 보기에는 그렇습니다. 쌍둥이자리 여성은 고상하고 섬세한 여성스러움을 간직하고 있지만 예리하고 풍자적인 말투도 가지고 있지요. 그래서 빨리 의견을 표현하고 싶어질 때는 그것을 과감하게 사용한답니다. 천칭자리 남성은 무례하거나 너무 솔직한 말들은 진심을 전달하는 데 걸림돌이 된다는 것을 압니다. 그래서 그는 아주 온화한 태도를 유지하며, 자신의 열정과 의도를 부드러운 미소와 호소력 짙은 목소리 뒤에 잘 감추어둡니다. 네, 쌍둥이자리 여성이 말로 싸움을 시작한 게 맞겠지요. 하지만 어쩌면 천칭자리 남성이야말로 그 싸움의 근원적인 이유를 제공한 사람일 것입니다. 휴가를 이번 달에 갈지 다음 달에 갈지 결정하지 못하고 거의 2주를 보내버렸으니까요. 그동안 쌍둥이자리 아내는 항공사에 전화해서 그 바쁜 성수기에 예약한 좌석을 유지해달라고 애걸복걸해야 했답니다. 그러므로 겉으로 보기에 누가 그 야단법석을 시작했든지 간에 천칭자리 남성이 무죄인 경우는 거의 없답니다.

천칭자리 남성의 외모나 목소리 때문에 사람들은 그가 천진난만할 거라고 믿을 수 있습니다. 하지만 그는 순진한 사람이 절대로 아닙니다. 천칭이 한쪽으로 기울어졌을 때는 아주 괴팍해지기도 하지요. 하지만 대부분의 경우에는 천칭자리 특유의 매력으로 쌍둥이자리 여성을 꼼짝 못하게 만듭니다. 너무나도 사랑스럽게 사과를 하기 때문에 그가 얼마나 끔찍하게 행동했었는지를 잊어버리게 만들지요. 천칭자리 남성의 매끄럽고 부드러운 겉모습만 보는 주변 사람들은 그들이 정말로 친한 사람에게 가끔씩 얼마나 괴팍하게 행동하는지 전혀 모를 것입니다.

쌍둥이자리 여성은 어느 날 갑자기 의상 디자이너가 되기로 결심합니다. 그러다가 갑자기 비행 조종사 자격증을 따야겠다는 생각에 푹 빠집니다. 그다음에는 산스크리트어를 번역해서 사해사본을 연구해야겠다고 마음먹습니다. 애완동물 가게를 열거나 로스쿨에 가야겠다고 결심하기도 합니다. 하지만 천칭자리 남성은, 다른 흙 별자리의 남성 같으면 화산 폭발이 일어나고도 남을 것 같은 상황에서도, 그녀의 수많은 결심과 감정들을 잘 이해해줍니다. 불의 별자리라면 그녀의 열정이라는 산소를 모두 태워버렸을 것이고, 물의 별자리라면 그녀의 흥분을 젖은 담요로 적시고 말았겠지요.

천칭자리 남성은 쌍둥이자리의 마음과 감정이 방황하는 것을 잘 이해해주는 동시에 그녀의 충동들을 잘 조절해줍니다. 차분하고도 논리적인 태도로 그녀에게 장단점을 설명해서 더 가까운 곳에서도 파랑새를 찾을 수 있다는 결론을 내리게 하지요.

평온하다는 표현이 맞을 것입니다. 천칭자리는 쌍둥이자리에게 평온한 영향을 미칩니다. 가끔 괴팍스러워지는 순간만 빼고요. 다행히 쌍둥이자리 여성은 자신에게 평온함이 필요하다는 것을 압니다. 그녀는 가만히 있지 못하고 뭔가를 끊임없이 찾아 헤매는 영혼이지요. 그녀는 자신이 무엇을 원하는지, 어디에 서 있어야 하는지, 자기가 누구인지 그리고 왜 어딘가로 가야 하는지 와야 하는지를 사무치게 알고 싶어합니다. 천칭자리 남성은 그런 모든 것을 설명해줄 가장 논리적인 사람입니다. 하지만 뭐랄까요… 쌍둥이자리 여성은 너무 많은 것들로 만들어져 있지요. 예를 들면, 꿀이나 각종 양념들 그리고 다른 모든 근사한 것들이요. 그 모든 걸 합친 것 그리고 그 이상이지요. 쌍둥이자리 여성은 그동안 읽었던 모든 책이기도 하고, 서로 다른 의견들을 가지고 있는 여러 쌍둥이 자아들의 모든 아이디어와 철학이기도 합니다. 또 어린 시절에 타던 그네의 밧줄이기도 하고, 갈매기들의 구슬픈 울음소리이기도 하고, 언젠가 걸었던 해변에서 도요새들에게 속삭여주었던 비밀이기도 하며 처음 춤을 추었던 기억이기도 하고요. 들풀이기도 하고, 태풍이기도 하며, 새해 전날 거의 잊었던 깜박이는 촛불이기도 하답니다. 이런 헤아릴 수 없이 많은 조각들이 쌍둥이자리 여성의 고유한 세계를 만들고 있기 때문에, 천칭자리 남성이 그녀를 아무리 사랑하더라도 절대로 자유롭게 그녀의 세계 안을 누빌 수는 없답니다. 멀리서 그녀를 안내할 수는 있지만요.

천칭자리 남성은 그 매력적이고 다정한 모습에도 불구하고 남을 판단하는 냉정한 면을 가지고 있지요. 그래서 그는 쌍둥이자리 여성이 사는 변화무쌍한 요정의 나라에 깊이 들어가는 것을 스스로에게 허락하지 않는답니다. 천칭자리 남성은 그녀가 맨발로 잔디밭을 달려가는 모습을 사랑스럽게 지켜봅니다. 그리고 그녀가 그 동화 속 나라에서 돌아올 때까지 문 앞에서 기다려줄 겁니다. 하지만 진정으로 그녀와 동행할 수는 없답니다. 왜냐고요? 그녀와 함께 발을 내딛기 전에 먼저 그 위치를 지도에서 확인해보고, 항공 노선이 있는지도 확인해보고, 그곳의 인구도 알아보고, 주요 산업 분야가 무엇인지도 확인해보아야 하기 때문입니다. 그렇지 않으면, 그런 곳이 실제로 존재한다는 것을 어떻게 논리적으로 입증할 수 있을까요? 그리고 그런 곳이 존재하지 않는다면 처음부터 갈 이유가 없지요. 천칭자리 남성과 쌍둥이자리 여성은 비슷한 점이 많지만, 둘 사이에는 이렇게 보이지 않는 장막이 존재한답니다.

두 사람의 육체적인 관계는 공기 별자리들끼리만 누릴 수 있는, 축복받은 관계가 될 수 있습니다. 천칭자리 남성은 밤에 쌍둥이자리 여성의 옆에 혼자(네, 그 옆에서 혼자요.) 누워 있다가 쌍둥이자리 여성이 환상의 세상에서 돌아와 그의 품 안에 안기면 너무나도 고마워합니다. 그녀의 일부가 아직 그 환상의 세계에 남아 달빛을 쫓아다니고 별들과 숨바꼭질을 하고 있는지 궁금해하지 않는답니다. 물론 쌍둥이자리 여성의 반은 그곳에 계속 남아 있습니다. 나머지 반은 그와 함께 있지요. 그녀에게 또 다른 자아 즉, 아무리 부탁해도 순종하지 않고 늘 고집을 피우는 다른 자아에 대해서는 설명을 기대하지 않는 게 좋습니다. 그냥 내버려두는 게 훨씬 낫지요.

두 사람의 섹스는 불 별자리나 흙 별자리들 사이의 섹스만큼 그렇게 강렬하지는 않지만, 천둥과 번개를 동반한 여름 폭우처럼 신선하고 상쾌할 것입니다. 두 사람 모두 비현실적이며 정신적인 영혼들로서, 감정 속에 살기보다는 생각 속에 사는 사람들이기 때문에 폭발적인 열정은 없답니다. 하지만 평화롭고 차분하게 서로의 애정을 교환할 것입니다. 5-9 태양별자리 관계에서 섹스는 중요하기는 하지만 행복을 위한 필수 조건은 아닙니다. 두 사람에게는 낭만적인 사랑이 육체적인 사랑만큼이나, 혹은 더 많이 필요합니다. 또 그게 바로 두 사람이 서로에게 매력을 느끼는 진정한 근거가 된답니다.

두 사람이 사랑을 나눌 때는 서로가 번갈아가며 적극적인 역할을 할 것입니다. 두 사람 모두 능동적인 태도에서 수동적으로, 남성적인 태도에서 여성적인 태도로, 이상하고도 신비로운 방법으로 전환이 가능하지요. 두 사람의 섹스는 계속되는 변화와 즐거움일 것입니다. 침대가 트윈이라면 누가 창문 쪽 침대에서 잘 것인지를 놓고 의견 조율이 좀 필요하기는 합니다. 그런 사소한 분쟁을 제외한다면 두 사람은 서로의 품에서 잠을 깰 것이고, 지난밤의 논쟁은 모두 녹아 사라진 행복한 아침을 맞이할 것입니다.

천칭자리 남성은 쌍둥이자리 여성의 몸보다는 정신이나 영혼을 더 사랑할 수도 있습니다. 쌍둥이자리 여성도 천칭자리 남성의 성적인 매력보다는 그의 지성과 영혼에 더 관심이 많을 것입니다. 두 공기 별자리의 관계는 현실적이고 열정적이고 감각적이기보다는, 희미하고 정신적이며 변화무쌍합니다. 모든 쌍둥이자리 여성이 아이를 원하는 것은 아니며, 특히 대가족을 원하는 경우는 거의 없습니다. 하지만 자녀를 두는 경우에는 아이들의 아버지가 천칭자리 남성인 경우가 많답니다. 다른 남성들과의 사이에서와는 달리, 쌍둥이자리 여성은 천칭자리 남성과 함께할 때 모성애를 느끼는 경우가 많습니다.

쌍둥이자리 여성이 천칭자리 남성과 결혼한다면, 그가 노래를 하거나 춤을 추거나 휘파람을 부는 모습 그리고 그가 움직이고 걷고 말하고 윙크하는 모습이 좋아서입니다. 그녀는 그가 옷을 입는 스타일도 좋아합니다. 물론 나중에는 그의 옷 입는 스타일을 이리저리 바꾸려고 하겠지요. 수성의 지배를 받으니까요. 금성의 지배를 받는 천칭자리 남성은 그녀를 기쁘게 해주기 위해 참고 노력할 것입니다. 그녀를 사랑하니까요. 하지만 그녀는 곧 깨달을 것입니다. 천칭자리에게 너무 많은 변화는 그의 균형 감각에 나쁜 영향을 미친다는 사실을요. 때가 오면, 천칭자리 남성은(부드럽게) 으르렁거리면서 (살짝) 화를 낼 것입니다. 자신이 남성적이며 시작하는 에너지의 별자리라는 것을 보여주겠지요. 그러고는 결국 자신의 옛날 방식으로 돌아가지요. 사실 두 사람을 위해서는 그게 좋답니다.

두 사람은 함께 여행도 많이 다닐 것이고 어쩌면 여행 중에 만날 수도 있습니다. 천칭자리 남성이 혹시라도 UFO에 관심을 갖게 된다면 그건 쌍둥이자리 여성 때문입니다. 쌍둥이자리 여성은 천칭자리 남성에게 영감을 줄 것이고, 그는 그녀가 없었더라면 꿈꾸지 않았을 높은 곳에 도달할 수도 있습니다. 두 사람 모두 발뒤꿈치에 (그리고 마음에도) 날개를 달기라도 한 것처럼, 다른 별자리의 연인이나 배우자와 함께할 때보다 훨씬 더 자주 이사를 다닐 것입니다.

쌍둥이자리 여성은 가끔 천칭자리 연인이나 배우자를 혼란스럽게 만들 것입니다. 그녀 안에 여러 명의 여인들이 있기 때문이지요. 하필이면 천칭자리 남성이 생각을 좀 하려고 하거나 어떤 결정을 내리려고 몸부림칠 때, 그녀는 가장 수다스러운 사람이 됩니다. 드물게 천칭자리 남성이 화가 났을 때 가장 예쁘기도 하고요. 또 그가 자기 친구들에게 쌍둥이자리 연인을 자랑하고 싶어할 때, 하필이면 가장 말이 없기도 하지요. 잠잘 시간이 되었는데 갑자기 활력이 넘치기도 하고, 그가 달걀 요리를 기다리는 아침에 가장 게으른 사람이 되기도 합니다. 이 세상 어떤 여인이 슬픔과 기쁨, 분노와 행복, 당황과 초조함, 즐거움과 좌절감을 모두 동시에 가진 신비의 여성이 될 수 있을까요? 게다가 최소한 두 명 이상으로 된 패키지로요.

쌍둥이자리 여성이 좀 지저분하고, 자동차 열쇠를 잘 잃어버리고, 은행 잔액을 엉망으로 만들고, 남편의 시간과 돈을 낭비하고, 그의 위엄을 짓밟아버리고, 그를 열받게 할 수 있다는 것은 맞습니다. 하지만 그 때문에 그가 막 가출하려고 할 때, 그녀는 어린아이처럼 눈물을 쏟기 시작하거나 갑자기 사랑스러운 쌍둥이자리 웃음을 터뜨린답니다. 그리고 천칭자리 남성은 수많은 여인들이 숨어 있는 소녀에게 다시 붙잡혀버리지요. 그 소녀가 숲속에서 빠져나오는 길을 찾으려면 그의 힘이 필요하답니다.

천칭자리 남성은 쌍둥이자리 여성에게 보다 논리적이고 차분해지라고 끈질기게 강요하고, 그녀의 결점을 비판하고, 들꽃을 꺾어달라는 그녀의 청을 차갑게 거절하고, 그녀의 신경에 거슬리게 굴고, 가끔은 무슨 엄격한 판사라도 되는 것처럼 행동하고, 그녀의 자유로운 영혼에다 대고 같은 말을 계속 되풀이하기도 합니다. 하지만 그녀의 꿈이 산산조각 났을 때, 그녀의 집과 머리카락이 둘 다 엉망진창이 되었을 때, 그녀가 스스로를 바보 같은 어린아이라고 느낄 때, 천칭자리 남성은 미소 지으며 이렇게 말해줄 것입니다.

"왜 그런지는 모르겠지만, 나는 당신을 참 많이 사랑하는 것 같아요."

그러면 쌍둥이자리는 다시 여인이 될 수 있지요.

두 공기 별자리의 동맹에서 발생하는 심각한 불협화음은 천칭자리 남성이 사물을 이리저리 재고 판단하는 성향에서 비롯된 것입니다. 그는 세상과 사람과 상황을 가장 타당한 관점과 균형 잡힌 시각으로 바라보고, 냉정하고도 논리적으로 파악하려고 애를 씁니다. 그런데 이런 면은 낙천적이고 남을 잘 믿는, 자신의 원래 타고난 성향과 충돌합니다. 또한 세상 모든 사물을 있는 그대로 보는 대신, 마땅히 그래야만 하는 모습으로 보려고 하는 쌍둥이자리 여성의 성향과도 부딪힙니다. 쌍둥이자리 여성은 보고 싶은 것을 봅니다. 사실에 환상의 색깔을 입히고 환상 속에 흠뻑 빠져 생각을 하지요. 천칭자리 남성이 애정을 가지고 그녀의 태도를 이해하려고 노력하지 않는다면, 쌍둥이자리 여성은 자신의 관점을 비호하기 위해 약간의 거짓말을 할 수밖에 없을 것입니다. 쌍둥이자리 여성은 자신에게 '어쩌면', '아마도', '만약에' 같은 말을 전혀 쓰지 못하게 하고, 항상 정확하고 간결하고 있는 그대로의 진실만을 말할 것을 요구하는 사람들을 보면 겁을 먹을 것입니다. 그러면 그녀는 오히려 비현실 속으로 더 깊이 도망갈지도 모릅니다. 천칭자리 남성이 그렇게 모든 문제에 진지하게 균형을 잡으려고 하는 대신 쌍둥이자리의 상상력을 조금 가미해도 나쁠 것은 없을 겁니다. 종종 논리적으로 보이는 것이 실제로는 거짓일 수도 있다는 것을 쌍둥이자리 여성은 알고 있답니다.

별이 반짝이는 아주 추운 밤, 그 빛나는 별빛 뒤에 여름 소나기가 숨어 있을 거라고 그 누가 생각할 수 있을까요? 쌍둥이자리는 그걸 안답니다. 그들은 진정한 지혜는 지속적으로 변하는 삶에 적응함으로써 얻어진다고 생각합니다. 하지만 천칭자리 남성은 현재의 모습을 과거와 미래의 모습과 이리저리 비교해본 후에 받아들일 만한 가치가 있다고 인정하기 전에는 받아들일 수 없답니다. 이 두 개의 극과 극의 가운데 그 어디쯤에서 천칭자리와 쌍둥이자리는 만날 것입니다. 서로를 가볍게 건드려보고, 머뭇거리겠지만, 그들은 결국 사랑하게 될 것입니다.

쌍둥이자리 남성과 천칭자리 여성

피터는 자기 나이를 정말로 몰랐다. 대충 어림짐작만 할 뿐이었다.
하지만 대담하게도 그는 이렇게 말했다.
"웬디, 난 내가 태어나던 날 집을 나왔어."
웬디는 무척 놀랐지만 호기심이 생겼다. 그래서 사교계의 격식을 차려 그녀의 잠옷을 살짝 여몄다.
피터가 가까이 와서 앉을 수 있도록 허락한다는 표시였다.

5-9 태양별자리 관계 유형이니 별다른 말은 필요 없습니다. 쌍둥이자리 남성은 특별히 애를 쓰지 않고도 불쌍한 천칭자리 여성으로 하여금 그 쾌적하고 균형 잡힌

삶을 버리도록 만듭니다. 그녀가 불확실한 미래를 위해 서약을 하게 만들고, 쌍둥이자리 남성과 함께 온갖 종류의 상상들과 도시들과 분위기를 찾아다니는 여정을 따라나서게 하지요. 그는 도저히 저항할 수 없는 사람입니다. 물론 그 반대도 마찬가집니다. 쌍둥이자리와 천칭자리라면 모든 것이 양방향으로 가능하지 않겠어요?

거부할 수 없는 매력을 지닌 천칭자리 여성은 불쌍한 쌍둥이자리 남성을 향해 그 여성적인 매력을 맘껏 발산합니다. 그것은 너무나 사랑스럽고 보호 본능을 불러일으키는 특별한 매력입니다. 사랑에 빠져버린 쌍둥이자리 남성은 결혼하고 취직하고 정착해서 가족을 부양하기를 바랍니다. 그리고 자신의 쌍둥이 자아들을 모두 다 처리할 수 있는 사람, 즉 천칭자리 그녀와 함께 사는 것만이 가장 상식적이고 논리적이라고 스스로 설득합니다.

흥미로운 장면이 아닐 수 없습니다. 이 사랑 게임의 최종 승자는 과연 누굴까요? 대부분은 천칭자리 여성이 이깁니다.

누가 먼저 다가가든 두 사람은 친밀한 관계를 맺게 됩니다. 천칭자리 여성은 향기롭고 관대하고 사랑스럽지요. 쌍둥이자리 남성은 신속하고 똑똑하고 재치가 넘칩니다. 그래서 체스 게임에서 그가 그녀를 이길 수 있습니다. 천칭자리 여성은 자기보다 더 똑똑하지 않은 남자는 두 번 쳐다보지 않습니다. 쌍둥이자리 남성 또한 자신의 생각과 꿈에 대해 함께 대화할 수 없는 여인을 위해 자신의 소중한 자유를 희생할 의향이 없지요.

쌍둥이자리 남성은 평생 여자들을 유혹했고 연애를 해왔습니다. 연애가 끝나는 이유는 대부분 상대방의 잘못이었거나 그런 것처럼 보였지만 언제나 다시 친구로 돌아갈 수 있었지요. 걸어 다니는 사전 같은 박학다식함에 더해 어린 소년처럼 순진한 매력을 가진 쌍둥이자리 남성은 거의 모든 상황을 질투 날 정도로 능수능란하게 다뤄왔습니다.

자, 이제 쌍둥이자리 남성은 자신에게 필적할 만한 간교함을 가졌고, 자기 말을 바로 되받아치는 그런 여성을 만납니다. 마침내 그는 자신의 자유로운 영혼을 결혼이라는 제도 안에 가두도록 허락해줌으로써, 그녀의 마음을 완전히 사로잡았다고 믿지요. 하지만 그녀에 대해 몰랐던 사실을 깨닫게 되는 것도 그때쯤입니다. 천칭자리 여성은 다정하고 부드럽고 쾌활한 태도 이면에, 냉정함과 번뜩이는 지성과 강한 의지 그리고 원하는 것을 얻고야 마는 강철 같은 투지를 감춰두고 있었답니다. 그녀는 부드러운 털로 된 토끼 인형이 아니라 여장군이었던 것이지요.

천칭자리 여성은 공정함, 여성스러움 그리고 보호 본능을 불러일으키는 태도로 위장한 채 자신이 원하는 것은 모두 얻어냅니다. 하지만 제가 여러 번 언급했듯이 천칭자리는 남성적인 별자리이지요. 쌍둥이자리 남성이 마침내 천칭자리 여성의 이러한 정체를 알고 나면 제법 놀랄 것입니다. 그녀가 일부러 기만하려고 한 것은 아닙니다. 천칭자리에게 남녀 사이의 사랑과 전쟁은 공정해야 하며, 그렇기 때문에 남성보다는 여성에게 더 치명적이라고 믿는 것뿐입니다.

연애 초기에 쌍둥이자리 남성을 사로잡았던 천칭자리 여성의 매력적인 지성은 둘의 언쟁에서 그녀를 위험한 적수로 만들어주는 무기로 변합니다. 그녀는 쌍둥이자리 남성이 화를 내도록 유발하고 그가 냉정을 잃도록 만들어서 불리한 위치에 놓이게 하는 탁월한 기술을 가지고 있습니다. 그러고 나면 그녀는 쌍둥이자리 남성을 맘껏 요리할 수 있습니다. 그녀는 울면서 그가 너무나 잔인하다고 주장합니다. 그가 화를 내는 것은 그에게 뭔가 잘못한 것이 있다는 명백한 증거라고 공격하지요. 그녀는 남이 했던 말과 의도를 비트는 쌍둥이자리의 기술을 활용해서, 거꾸로 쌍둥이자리 남성의 허를 찌릅니다. 그는 천칭자리 여성의 논점에서 틈을 찾을 수 없습니다. 너무나도 정교하게 가공되었기 때문이지요. 그녀가 뭘 특별히 하는 것은 아닙니다. 그저 자신의 입장을 공정하고 정당하게 방어하는 것뿐이지요.

천칭자리 여성은 자신을 옥죄는 제약에 대해서 인내심이 없습니다. 쌍둥이자리, 물병자리, 사수자리 그리고 양자리만큼은 아니지만요. 쌍둥이자리 남성이 그녀를 어떤 형태로라도 제약하려고 한다면 그건 현명한 생각이 아니랍니다. 그는 절대로 그녀를 100% 이길 수 없습니다. 쌍둥이자리 남성이 그녀가 주장하는 거의 모든 논점들을 다 깼다고 생각하는 바로 그때, 천칭자리 여성은 또 다른 기술이나 감정적인 전략을 꺼내서 그를 흔듭니다. 하지만 그는 천칭자리의 특별한 초연함을 염두에 두어야 합니다. 천칭자리 여성은 이기기 위해 엄청난 고통을 감수하지만 실패했을 때도 그 원인을 분석하는 즐거움을 누립니다. 쌍둥이자리 남성도 똑같은 면이 있지요. 두 사람은 여러 면에서 닮은 점이 많습니다. 서로 잘 맞는 5-9 태양별자리 관계니까요. 이 두 사람은 마음이 잘 맞고, 서로 다른 부분이 있다 해도 보완할 수 있답니다.

두 사람 사이에도 장애는 있습니다. 기본적으로 두 사람은 각자의 사고방식과 개인 생활 등을 존중합니다. 하지만 쌍둥이자리 남성이 천칭자리 여성에게 깊은 상처를 줄 때가 있습니다. 천칭자리 여성은 예상치 못하게 격렬한 감정을 드러내서 당황할 때가 있지요.

쌍둥이자리 남성과 사귀는 천칭자리 여성이라면, 그가 생각하느라 너무 바빠서 찬찬히 생각할 시간이 없다고 사람들이 말하는 이유를 이해할 것입니다. 쌍둥이자리 남성은 상대를 공격할 마음이 전혀 없지만, 그가 쏟아내는 말은 천칭자리 여성에게는 무척 날카롭게 가슴을 찌르는 것처럼 느껴질 수 있습니다. 그럼에도 불구하고 쌍둥이자리가 타고난 특유의 매력으로, 그의 날카로운 말이 실제로는 그럴 의도가 아니었다는 사실을 천칭자리 여성이 믿게 만듭니다. 물론 그는 의도하지 않았을 겁니다. 쌍둥이자리가 한 말은 한두 시간이 지나면 대부분 다른 의미가 되니까요.

두 사람의 육체적인 관계는 불이나 흙 별자리로 태어난 사람들에게는 잘 이해되지 않을 수도 있습니다. 하지만 본인들은 만족감과 평화를 느낄 수 있습니다. 두 사람 모두 기본적으로 섹스에는 별로 열정적이지 않습니다. 감정적인 사람들이 하는 것 같은 강렬한 사랑을 하기가 어렵습니다. 두 사람이 사랑을 나눌 때는 늘 뭔가 아주 섬세하지만 거리를 두는 듯한 느낌이 있습니다. 시적이고 잊을 수 없는 것일 수는 있지만 전혀 감각적이지는 않답니다. 하지만 쌍둥이자리 남성과 천칭자리 여성의 육체적인 합일 속에 타오르는 불길은 여느 격정적인 연인들 못지않게 매력적이며 강력한 흡인력이 있습니다. 두 사람에게는 언제나 섹스보다는 로맨스가 훨씬 더 중요하답니다. 이런 태도가 두 사람의 관계를 보다 아름답게 물들이지요.

두 사람은 사랑을 육체적인 욕구라고 생각하지 않습니다. 오히려 육체적 욕망이 정제되어야 완성되는 예술로 보지요. 욕망이 아니라 함께 누리는 즐거움이고, 탐욕스럽게 무턱대고 꿀꺽꿀꺽 마시는 것이 아니라 천천히 조금씩 음미하는 것이지요. 천칭자리 여성에게는 부정할 수 없는 관능적인 분위기가 있지만, 동시에 정제된 분위기를 풍기지요. 상스러움, 조악함, 음란함 그리고 천박함은 천칭자리 여성을 불편하게 만듭니다.

쌍둥이자리 남성이 위와 같은 방식으로 그녀를 기분 나쁘게 할 가능성은 적습니다. 그는 그녀보다는 두 사람의 섹스에서 보다 다양한 표현 방법이 필요하다고 느끼기는 할 것입니다. 네, 결국 그녀는 쌍둥이자리 남성의 아내가 되거나 아니면 떠나거나 둘 중 하나를 택하겠지요. 천칭자리의 키워드 중에는 결혼도 있습니다. 천칭자리는 결혼 말고 다른 방식으로 감정적인 관계에 만족하는 경우가 아주 드물답니다.

천칭자리 여성을 괴롭히는 많은 주제들이 있지만, 그녀는 유독 사랑에 대해 마음의 결정을 내리기가 어렵답니다. 천칭자리 스타일로 여러 측면을 다 고려하고 재지 않고 충동적으로 결혼을 결정하는 경우는 없습니다. 더구나 천칭자리는 팔고 싶은 상품을 놓고 사람들을 싸우게 만드는 능력을 가진 확실한 세일즈맨입니다. 팔고자 하는 품목이 바로 자신이라 하더라도 마찬가집니다. 하지만 이 지각 있고 똑똑하며 통찰력 있는 천칭자리 여성이 반짝이는 눈빛과 경쾌하며 멋진 꿈을 가진 쌍둥이자리 남자에게 마음을 뺏기고 나면, 그 모든 능력들은 무용지물이 되어버린답니다.

돈 문제는 쌍둥이자리 남성보다는 천칭자리 여성에게 조금 더 중요합니다. 현금을 축적하고 자금을 운용하는 것은 천칭자리에게도 쌍둥이자리에게도 주된 관심사가 아닙니다. 아주 가끔 이 별자리들이 실수로 금융업에 종사하는 경우는 제외하고요. 쌍둥이자리에게 돈이란, 돈이 하나도 없어서 절실히 필요할 때만 중요해집니다. 천칭자리에게 돈은, 그것으로 좋은 물건과 안락함 그리고 아름다움을 살 수 있기 때문에 중요합니다. 인색함이나 탐욕은 공기 별자리들에게서는 찾아볼 수 없는 특성이지요. 따라서 두 사람은 돈에 관해 논쟁을 벌일 일은 별로 없습니다. 쌍둥이자리 남성이 예산을 넘는 돈을 쓴다면, 그것은 새로운 아이디어나 홍보 계획, 휴가 혹은 이사, 아니면 최소한 주변에 보이는 풍경을 조금이라도 바꾸기 위해서일 것입니다. 천칭자리 여성은 주로 옷, 춤, 노래, 음악 레슨, 조각, 드라마 혹은 요가 수업 등과 같은 곳에 돈을 많이 씁니다. 가끔은 집 안 실내 장식이나 미용실에 돈을 쓰기도 하지요. 두 사람은 기본적으로 돈에 대한 태도가 비슷합니다. 가끔씩 돈을 사용하는 방식이 좀 다른 정도지요.

두 사람의 집은 음악과 꽃과 책 그리고 아이들로 채워질 것입니다. 5-9 태양별자리 관계의 연인들은 원래는 아이들을 원치 않던 경우에도 종종 함께 가족을 만들고 부양하기로 결심합니다. 둘은 물리적이든 정신적이든 함께 여행도 많이 할 것이고 서로의 가족들이 두 사람의 관계에서 중요한 우선순위를 차지할 것입니다. 또 종교나 교육에 대해 토론을 하거나 논쟁하는 일도 자주 있겠지요.

특히 달별자리가 조화롭다면, 둘의 관계는 반짝이는 파도 위를 순항하게 될 것입니다. 가끔은 폭풍과 암초를 만나겠지만 대체로는 순풍에 돛을 단 듯 원활하게 항해할 것입니다. 달별자리가 서로 긴장 관계에 있다면, 두 사람의 공기는 습도가 높고 후텁지근하며 가끔은 안개도 낄 것입니다. 하지만 두 사람은 아무리 심각하게 다투더라도, 늘 다시 서로의 품으로 돌아와 용서를 빌 기회를 얻을 수 있을 것입니다.

쌍둥이자리 남성은 사과의 마음을 담은 꽃다발을 보낼 것이고, 천칭자리 여성은 어린 소년처럼 밝게 빛나던 그의 눈빛을 다시 기억해낼 것입니다. 그러면 그의 단점들은 사소해 보이고 그녀는 다시 그의 사랑으로 녹아들 것입니다. 그녀는 왜 그를 사랑할 수밖에 없는지 다시 분석해볼 것입니다. 하지만 그가 쌍둥이라는 것을, 한 사람 속의 두 사람이라는 것을 진정으로 깨달을 때까지는 그 수수께끼를 풀지 못할 것입니다. 천칭자리 여성은 지배행성인 금성의 영향으로 그 이중적인 자아와도 조화를 이뤄야 한다는 의무감 같은 것을 갖게 됩니다. 아마도 천칭자리 여성은 그 두 명의 자아와 완벽하게 조화를 이루지는 못할 것입니다. 하지만 지금껏 쌍둥이자리 남성이 허락했던 그 어떤 다른 여성들보다도 훨씬 더 그의 마법에 가깝게 다가갈 수 있을 것입니다. 물론, 거기에 가장 가깝게 다가갈 수 있는 존재는 쌍둥이자리 남성의 또 다른 자아겠지만요.

쌍둥이자리 Gemini

공기 · 변화하는 · 능동적
지배행성: 수성
상징: 쌍둥이
양(+) · 남성적

Scorpio 전갈자리

물 · 유지하는 · 수동적
지배행성: 명왕성
상징: 전갈 또는 독수리
음(−) · 여성적

쌍둥이자리와 전갈자리의 관계

해적이라면 누구나 미신을 믿는다. 쿡슨이 소리쳤다.
"배가 저주받았다는 가장 확실한 징후는 아무도 모르게 한 사람이 더 배에 타고 있을 때라고 했어!"

타고나기를 미신적으로 태어난 전갈자리는 쌍둥이자리를 대할 때 두 명 중 한 명을 대상으로 마술을 좀 부릴 자격이 있습니다. 물론, 쌍둥이자리의 여러 자아 중 한 명만 보이고 나머지 쌍둥이 자아들(세쌍둥이가 될 수도, 네쌍둥이가 될 수도 있지요.)은 공기 중에 잘 숨어 있다가 가장 당황스러운 순간에 나타날 준비를 하고 있답니다.

대부분 사람들은 쌍둥이자리를 만날 때 이렇게 여러 명을 상대하고 있다는 사실을 잘 모르지만 전갈자리는 이런 사실을 바로 의심한답니다. 전갈자리는 무엇이든 즉각 의심하지요. 전갈자리를 오랫동안 속이는 것은 전혀 불가능한 일은 아니지만 지극히 어려운 일이랍니다. 의심하는 천성 덕분에 전갈자리는 셜록 홈스처럼 사물의 이면을 꿰뚫어 보는 통찰력을 갖고 있습니다. 하지만 셜록 홈스와는 달리 옆에 왓슨 박사를 두거나 매사를 누군가와 의논하지는 않지요. 전갈자리는 자신이 아는 것을 혼자만 간직합니다. 전갈자리는 다른 어떤 것보다도 힘을 추구하기 때문입니다. 지식도 한 가지 힘이지요. 그러니 그걸 왜 남들에게 그냥 던져주겠어요? 이 부분에서 대부분의 쌍둥이자리가 가진 두드러지는 특징에 대해 생각하지 않을 수 없습니다.

바로 수다입니다. 쌍둥이자리에게 불가능한 것이 있는데 뭔가를 입 밖으로 내어 말하기 전에 열까지 세는 것입니다. 설사 쌍둥이자리의 말이 사랑스러운 비눗방울처럼 환희와 즐거움을 준다고 하더라도, 그들의 수다스러운 태도는 과묵하고 내향적인 전갈자리를 화나게 할 수 있답니다.

전갈자리라고 해서 모두 말수가 적은 것은 아닙니다. 전갈자리도 수다스러울 수 있습니다. 하지만 아주 드물지요. 대부분의 전갈자리는 들리지는 않고 보이기만 하는 경우가 더 많답니다. 할 수만 있다면, 그들은 남들에게 보이지도 않고 싶어하지요. 전갈자리는 남녀노소를 불문하고 검은 선글라스를 쓰는 걸 좋아하는데, 자신들의 정체를 숨기고 싶어하는 본능 때문이랍니다. 수다스러운 전갈자리도 정말로 중요한 건 빼놓고, 다른 얘기들로 수다를 떤답니다. 정말 개인적인 얘기는 좀처럼 하는 법이 없지요. 다른 사람들의 개인적인 이야기에 대해서는 얼마든지 즐겁게 얘기할 것입니다. 비밀로 하겠다고 약속한 경우는 빼고요. 그런 경우에는 마치 입을 봉인한 것처럼 비밀을 지킵니다. 전갈자리가 약속을 깨는 경우는 좀처럼 없습니다. 전갈자리에게 약속을 지키는 것은 명예를 지키는 일입니다. 그렇기 때문에, 쌍둥이자리가 천진난만한 어린아이처럼 재미로 장난을 치거나 말재주를 부리는 모습은 전갈자리를 화나게 할 수 있습니다. 달별자리나 동쪽별자리가 공기나 불의 별자리가 아니라면요. 전갈자리는 말이 많은 사람을 일단 의심의 눈초리로 봅니다. 어린아이같이 순진한 태도를 가진 사람도 별로 신뢰하지 않지요. 전갈자리를 설명하는 단어는 다양하지만, '순수함'이라는 말은 천문해석학에서 전갈자리를 설명할 때 쓰는 용어가 아니랍니다. 전갈자리는 일이 뜻대로 되지 않을 때면 눈에 띠게 시무룩해지거나 냉정하게 철수합니다. 그들은 가끔 오만해 보이기도 합니다. 그렇지 않을 때는 다정하고 섬세하며 동정심이 많고 의리를 목숨처럼 지킵니다. 하지만 결코 따뜻한 사람이라고 말할 수는 없지요.

쌍둥이자리도 마찬가지로 따뜻함이 부족한 사람들이라는 비난을 듣습니다. 사실, 물과 공기 별자리는 불이나 흙 별자리보다는 더 냉정하고 무심한 사람들처럼 보입니다. 의리에 대해 말하자면, 이제는 다들 아시겠지만 쌍둥이자리가 특별히 의리에 강한 사람들은 아니랍니다. 의리라는 말이 어떤 사람이나 어떤 생각 혹은 어떤 이상에 대해 평생토록 변함없이 헌신한다는 뜻이라면 특히 그렇습니다. 쌍둥이자리도 변함없는 것을 좋아하긴 합니다. 그저 하루 24시간 동안 한 가지 주제에만 관심을 두는 것이 어려울 뿐입니다. 그러니 이 땅에 태어나서 사는 평생 동안이라면 말하나 마나겠지요. 주기적으로 변화를 줄 수 없다면, 보통의 쌍둥이자리는 지겨워서 아마 죽을 것만 같은 기분이 들 것입니다.

이 둘은 6-8 태양별자리 관계입니다. 이 두 별자리는 가족이거나 사업 파트너가 아니라면, 일부러 누가 소개해주지 않는 이상 만날 일이 거의 없답니다. 두 사람이 공감할 수 있는 부분이 거의 없기 때문에 서로 아는 사이가 되려면 제3자가 개입되어야 하지요. 하지만 공기와 물의 별자리가 섞이면 매우 특별한 화학작용이 일어납니다. 또 6-8 태양별자리들은 그 관계가 친구든 일이든 무엇이든, 한쪽에서는 헌신과 봉사를 하게 되고 다른 한쪽에서는 설명할 수 없는 이끌림을 느끼는 관계가 형성됩니다. 이 경우에 헌신과 봉사는 주로 전갈자리가 쌍둥이자리에게 제공합니다. 자석 같은 이끌림은 쌍둥이자리가 전갈자리에게서 느끼지요. 전갈자리가 누군가에게 헌신과 봉사를 하다니 상당히 낯선 상황이 아닐 수 없습니다. 어떤 이들은 쌍둥이자리가 전갈자리도 꿰뚫어 볼 수 없는 수수께끼 그 자체이기 때문이라고 설명합니다. 전갈자리가 꿰뚫어 볼 수 없는 것은 거의 없는데 말이에요. 당연히 전갈자리에게는 절망스러운 상황이 되겠지만, 절망이라는 것은 그 크기가 너무 크지만 않다면 매력이라는 말과 같은 뜻이 되기도 하지요.

똑똑하고 지적인 쌍둥이자리는 걸어 다니고 말하는 물음표랍니다. 호기심은 끝이 없고 가끔씩 거짓말을 하지요. 쌍둥이자리는 대체로 집중하는 데 문제가 있어서, 마치 나비가 이 꽃 저 꽃 날아다니는 것처럼 아주 잠깐 동안만 관심을 유지할 수 있습니다. 전갈자리는 아주 확고한 마침표 같은 사람입니다. 엄청난 집중력으로 그 어떤 일에든 마침표를 찍지요.

때로는 아주 심하게 군림하려는 태도를 취하기도 하지만, 대체로 넘치는 자신감과 야망을 조용히 감추고 있습니다. 전갈자리는 모든 것이 강렬합니다. 엄청 무자비하고, 의리도 아주 강하며, 동정심도 무척 많고, 냉정할 때는 엄청 냉정하고, 비밀도 무척 많고, 아주아주 신비로운 사람들이지요. 전갈자리는 겉으로는 악의가 전혀 없고 아주 순한 사람들처럼 보이지만 뭐든 어정쩡하게 하지 않습니다. 그러니 전갈자리가 당신의 친구가 되었다면 천국을 가든 지옥을 가든 언제나 당신의 친구입니다. 전갈자리가 당신의 적이라면 죽을 때까지 당신의 적으로 남을 것입니다.

이렇게 전갈자리가 뭐든 중간이 없는 사람들인데 반해 쌍둥이자리는 뭐든 중간만 하는 사람입니다. 쌍둥이자리는 절대로 어떤 사람이나 아이디어 또는 계획에 온전히 헌신하는 법이 없습니다. 늘 아주 조금만 투자합니다. 그러니 왜 사람들이 많은 곳에서 전갈자리와 쌍둥이자리가 서로 알아보지 못하는지 이해하겠지요?

하지만 쌍둥이자리와 전갈자리가 그렇게 다른 것 자체가 서로에게 흥미로울 수 있습니다. 전갈자리는 쌍둥이자리에 대해 절대로 모든 걸 다 알지 못할 것이고, 그 자체를 무척 속상해합니다. 쌍둥이자리는 절대로 전갈자리의 놀라운 깊이를 전부 알 수는 없을 것이며, 그렇다 해도 별로 신경을 쓰지 않습니다.

쌍둥이자리는 수수께끼가 풀리면 재미도 모두 사라진답니다. 수성인을 흥분시키는 것은 다양한 대화와 전체 구성을 추측하는 즐거움이지 마지막 장면을 보는 것이 아니랍니다. 쌍둥이자리는 추측하고 분석하는 성향이 있어서 행간의 의미를 잘 파악합니다. 그래서 사람들의 말 뒤에 숨겨진 의미를 늘 상상하곤 합니다. 전갈자리도 이 분야에는 전문가입니다. 하지만 그렇게 하는 이유는 전혀 다르지요. 쌍둥이자리의 능력은 빠른 두뇌 회전과 수성의 호기심 그리고 분석하려는 욕구에서 비롯됩니다. 전갈자리는 단순하고 오래된 두려움과 의심에서 시작하지요.

쌍둥이자리에게 어떤 특정한 의자에 앉으라고 얘기하면, 그 의자에 자신을 앉히려는 사람에게 심리적이고 감정적인 의도가 있을 것이라고 의심합니다. 반면에 전갈자리는 그 의자에 폭탄이 설치되어 있을 것이라고 생각한답니다. 두 사람의 태도는 다르지만 결과는 비슷합니다. 두 별자리한테 비밀을 지키거나 사생활을 지키는 것은 불가능합니다. 그러니 쌍둥이자리와 전갈자리가 서로 의심하게 되는 경우에는 마치 꽈배기가 꼬여 있는 것과 같은 형국이 될 겁니다. 두 사람은 고유의 신비한 분위기를 자아내는 동시에 서로에 대해 수수께끼를 풀고 싶어합니다. 쌍둥이자리가 알 수 없는 이유는 태평스럽다가도 느닷없이 변하는 변화무쌍한 색깔 때문입니다. 생각도 순식간에 획획 바뀌지요. 반면에 적포도주 색을 띠는 전갈자리의 신비로운 분위기는 훨씬 더 복잡합니다. 그림자가 짙게 드리워진, 깊고 깊은 우물 속에 누워 있는 것만 같습니다. 명왕성의 부정적인 영향을 받을 때는 사악한 분위기가 감돌기도 하지요.

다른 사람들이 천천히 움직이는 모습을 보면, 총명하고 늘 긴장 상태이며 참을성 없는 쌍둥이자리는 초조해집니다. 쌍둥이자리는 주기적으로 극도로 예민하고 불안해집니다. 전갈자리도 역시나 주기적으로 예민하고 불안해지기는 하지만 아무에게도 그런 모습을 보이지 않도록 태어났답니다. 불안한 마음이 들수록 마음속에서만 느끼고, 보다 확실하고 자신감이 있을 때는 겉으로 드러납니다.

쌍둥이자리는 내적으로 느끼는 감정도 얼굴에 모두 드러나기 때문에 이들과 포커 게임을 하는 사람들은 쉽게 그들을 읽을 수 있습니다. 그러니 쌍둥이자리와 전갈자리가 포커 게임을 한다면 전갈자리가 이길 확률이 훨씬 높습니다. 하지만 쌍둥이자리는 내기의 규모에 상관없이 그 모든 것은 그저 게임에 불과하다고 생각합니다. 이번 게임에 진다고 해도 또 금방 다른 게임을 만난다고 생각하지요. 전갈자리는 어떤 게임도 가볍게 받아들이지 않습니다. 지는 것을 무척 싫어하지요. 전갈자리에게 잃는다는 것은 모욕이고 내적인 공포의 원인이 되기도 합니다. 하지만 겉으로 공포를 드러내지 않지요. 쌍둥이자리는 무심하게 인생의 주사위를 던집니다. 전갈자리도 무심하게 던지지만, 그 가능성에 대해 아주 신중하게 계산한 후에야 던지는 것입니다. 인생의 주사위니까요. 실제로 주사위 게임을 해보면 쌍둥이자리도 냉정하게 계산을 합니다. 두뇌 회전이 몹시 빠르기 때문에 눈 깜짝할 사이에 계산해낼 수 있지요.

자, 두 사람을 비교해볼까요? 어떤 방에 둘이 막 들어옵니다. 한 명은 아무 소리도 없이 들어와서는 남들이 거의 알아채지 못할 정도로 조용히 선 채, 당신의 눈을 계속 쳐다봅니다. 당신이 뭔가 질문을 해도 그 사람은 바로 대답을 하지 않고 침묵을 지킵니다. 다른 한 명은 깡충거리며 들어옵니다(혹은 날아옵니다.). 어쩌면 기타를 치면서 혹은 테니스 라켓을 휘두르면서 들어옵니다. 당신이 뭔가를 물어보면 그는 난해한 답을 재빠르게 내놓습니다. 그러고는 테이블 위에 놓여 있는 호두 그릇으로 머리를 향합니다. 누가 쌍둥이자리이고 누가 전갈자리인지 아시겠어요?

답을 알려드릴까요? 먼저 등장한 사람이 쌍둥이자리이고 나중에 말한 사람이 전갈자리입니다. 네? 아니라고요? 혼란스럽다고요? 이 책에서 설명하는 여러 유형의 쌍둥이자리와 전갈자리에 대한 설명을 자세하게 읽지 않으셨군요! 쌍둥이자리는 자신이 침착하고 느긋한 사람이라고 믿게 만들려고 속임수를 쓴 것입니다. 쌍둥이의 여러 자아를 이용해서 아주 노련한 배우처럼 말이에요. 전갈자리는 명왕성의 핼러윈 마스크를 쓰고 내면의 긴장감을 숨기기 위해 무심하고 가볍게 행동한 것입니다. 자, 이제 문제가 뭔지 이해하셨나요?

두 사람은 서로를 전혀 눈치채지 못했답니다. 두 사람에게 다가가서 서로를 소개해주세요. 물론 그 결과에 따른 책임은 제게 묻지 마세요. 두 사람의 달별자리가 서로 조화롭다면 절대로 잊을 수 없는 아름다운 꿈을 함께 만들 수 있습니다. 공기와 물이 섞이면 희뿌연 안개가 생기겠지요? 하지만 이 두 사람이 만난 결과는 아주아주 짙은 안개가 될 수도 있습니다. 그러면 수성의 새들은 날지 못하고, 전갈자리는 해안가를 따라 아주 느리게 움직일 겁니다.

쌍둥이자리 여성과 전갈자리 남성

그를 화나게 한 건 둘이 하나를 괴롭히는 것이었다.

공기와 물의 별자리가 만나서 성공적인 커플이 되는 경우도 있다는 것을 먼저 인정하고 이야기를 시작해야 할 것 같습니다. 어떤 쌍둥이자리와 전갈자리 커플의 사랑은 상호 존중이라는 단단한 기초 위에서 오래 지속되는 경우가 있지요. 많지는 않지만 그런 경우가 있기는 합니다. 두 사람은 행복한 관계를 유지할 수도 있습니다.

하지만 이들은 열정이라는 거센 바람과 영원한 서약이라는 더 깊은 물을 피한 채로 그냥 친구로 지내는 것이 더 편하고 안전할 수도 있습니다. 서로 맞는 부분이 많이 있을 수도 있지만, 두 사람은 끊임없이 노력을 해야 하는 관계입니다.

우선 '영원히'라는 말은 쌍둥이자리 여성을 놀라게 합니다. 마치 전갈자리 남성에게 '임시'라는 말처럼 무서운 말이지요. 쌍둥이자리 여성이 한 남성과 진실한 사랑을 유지할 수 없기 때문은 아닙니다. 많은 쌍둥이자리 여성이 그런 사랑을 합니다. 하지만 쌍둥이자리 여성에게는 그런 신뢰와 영원함은 천천히 아주 조금씩, 자기도 깨닫지 못하는 사이에 형성되어야 합니다. '영원히'라는 말을 너무 빨리 쓰거나 그 관계의 결과를 너무 빨리 단정 지어버리면, 쌍둥이자리 여성이 기대하는 흥미진진함이 사라지기 때문입니다.

전갈자리 남성은 어떨까요? 그가 '임시'라는 말을 싫어하는 이유는 거기에 대처할수 없어서가 아닙니다. 다만 그런 말을 사용하는 것 자체로 그는 즉각적인 의구심과 의심을 느끼고, 상황을 우세한 입장에서 장악하지 못하게 될까 봐 두려워하지요.

전갈자리 남성은 처음에는 쌍둥이자리 여성이 가진 거부할 수 없는 매력과 통통 튀는 목소리, 총명함, 유려한 대화 능력 그리고 모든 상황에 가볍게 대처하는 능력에 완전히 빠져들 것입니다. 당연하지요. 전갈자리 남성도 어쨌거나 남성이니까요. 아무리 가면을 쓰고 배트맨 이미지를 만들어도, 다른 별자리 남성들과 마찬가지로 이브의 유혹에는 약한 평범한 남성입니다. 하지만 시간이 조금 흐르고 나면, 그는 쌍둥이자리 아가씨가 했던 그 재미있던 이야기가 두 번째 들을 때는 약간 바뀌었다는 것을 눈치챕니다. 쌍둥이자리는 늘 이야기를 조금 보태고 빼고 해서 좀 더 재미있게 만든답니다. 그녀는 데이트 시간에 두세 번쯤 늦을 것이고, 전갈자리 남성이 상당히 들뜬 목소리로 두 사람의 미래 계획을 얘기할 때 갑자기 자동차 키를 차에 꽂아두고 왔다며 그의 얘기를 중단시킬 것입니다. 뿐만 아니라 그녀가 이중 주차를 했다며 태평하게 벌금을 대신 내달라고 하지요.

이제 전갈자리 남성은 눈에 씌었던 콩깍지를 벗겨내고, 자기 마음을 거의 훔쳤던 이 여인을 찬찬히 꿰뚫어 보기 시작합니다. 그리고 평생 그녀만을 사랑하고 아끼겠다는 서약을 조금 더 뒤로 늦추기로 결정합니다. 전갈자리는 내심 아주 종교적인 사람이 많답니다. 전갈자리 남성이 한번 말을 내뱉고 난 뒤에 그것을 깨려면 영혼이 깨어지는 아픔을 감내해야 합니다. 그래서 그녀가 더 이상 그를 놀라게 할 것이 없는지 확신이 들 때까지 결혼을 늦추려고 합니다. 그녀가 깜박 잊고 말하지 않았던 두 번의 이혼 경력 같은 것들도 여기에 포함되겠지요.

쌍둥이자리 여성은 전갈자리 남성의 그 미세한 변화를 거의 눈치채지 못할 것입니다. 그녀는 그가 자신의 사생활에 대해 정밀 조사를 하고, 자기의 비밀들을 캐내고,

질투를 하는 것에 대해 얼마나 더 참을 수 있을지 고민하느라 너무 바쁩니다. 서점 직원한테 웃으며 말을 걸어도 안 되고, 길거리에서 만난 어떤 낯선 남자와 우연히 애완견의 짝짓기 문제를 의논해서도 안 되는 건가요? 전갈자리 남성이 만나는 모든 여자들을 뚫어지게 쳐다보는 건 어쩌고요? 쳐다보고 또 쳐다보고 또 쳐다보는 건 어쩌고요?

쌍둥이자리 여성은 자신의 딜레마에 대해 자신 말고는 탓할 사람이 없답니다. 사전을 뒤져서라도 전갈자리 남성에 대해 알았어야 했던 거지요. 전갈자리 남성은 깊고 풍부한 목소리와 안정적이고 현명해 보이는 눈빛과 치명적인 섹시함을 지닌 사람들이라는 사실을 말이에요. 전갈자리 남성은 외모로 풍기는 어마어마한 강인함과 차분함만큼이나, 그 내면에도 웬만한 여성이라면 거부할 수 없는 침묵의 마력을 지녔답니다.

쌍둥이자리 여성이 전갈자리 남성에 대해 가장 먼저 발견하게 되는 점은 믿기 힘든 의지력입니다. 그것은 말 그대로 믿기 어려운 의지력입니다. 전갈자리 남성은 마음먹은 일이면 뭐든지, 말 그대로 뭐든지 다 할 수 있습니다. 한 달 동안 단식을 하겠다고 결심을 하면, 별로 투덜거리거나 고생하지 않으면서도 물만 먹으며 한 달을 살 수 있습니다. 그가 어떤 단체나 회사에서, 심지어는 국가에서 대표가 되기로 마음먹으면 그는 그 목표를 달성하고야 맙니다. 그가 어떤 여인을 아내로 삼기로 결정하면 그 여성은 시작도 하기 전에 그 게임에서 진 것입니다. 전갈자리 남성은 반드시 그녀를 아내로 삼을 테니까요.

이런 모든 것들이 늘 호기심에 반짝이는 눈빛을 한 쌍둥이자리 여성에게는 좀 으스스하게 느껴질 수 있을 것입니다. 쌍둥이자리 여성은 약간의 변화와 재미와 유쾌함 그리고 뭔가 지적인 도전을 하는 것 말고는 살면서 바라는 게 거의 없답니다. 그런 쌍둥이자리 여성에게 명왕성의 에너지가 다가온다면 그녀가 도망갈 거라고 생각하시겠지요? 아마도 여러분은 야생에서 고릴라를 피해 도망가는 사슴처럼 그녀가 도망을 칠 거라고 생각하실 겁니다. 저는 그렇게 생각하지 않습니다. 전갈자리 남성은 때로 고릴라이기보다는 순수하고 부드러운 사슴이 된답니다. 그는 너무나도 다정하고 섬세한 남성이자 위로와 애정을 간절히 필요로 하는 사람이 되곤 하지요. 그런 그에게 상처를 주면서 도망치려면 벽돌보다 단단한 심장을 가진 여성이라야 가능합니다. 하지만 쌍둥이자리 여성의 마음은 벽돌처럼 단단하지 않습니다. 불 같은 감정을 가진 양자리나 사자자리나 사수자리 여성보다 온도는 좀 낮겠지만, 쌍둥이자리 여성의 마음은 너무나 여립니다. 이글이글 불타는 눈빛으로 그녀를 꿰뚫어 보는 똑똑한 전갈자리 남성은 그 사실을 정확하게 알아봅니다. 전갈자리 남성은 지극히 부드러운 태도로 그녀에게 다가갑니다. 그래서 쌍둥이자리 여성은 그의 꿰뚫어

보는 차가운 눈빛을 그만 까맣게 잊고 맙니다. 그런 눈빛을 대면할 기회는 나중에 자주 생길 것입니다.

어쨌거나 이 두 사람이 만나서 사랑에 빠지려면 너무나 특별한 이유와 특별한 방식이 필요합니다. 그리고 그 사랑을 유지하려면 그보다 더 큰 노력이 필요하지요. 전갈자리는 지속하려는 에너지의 별자리이기 때문에 자기 조절 능력이 뛰어납니다. 쌍둥이자리 여성이 카멜레온 같은 카리스마와 시시각각 변하는 기분, 무심하면서도 복잡한 의도로 그의 인내심을 시험할 때면 그런 자기 조절 능력을 모두 써야 한답니다. 쌍둥이자리는 변화하는 에너지의 별자리이기 때문에 변하는 상황과 감정에 대처하는 적응력이 뛰어납니다. 전갈자리 남성과 함께하게 되면 결국에는 필요하게 될 그런 능력이지요. 전갈자리 남성은 평상시에는 한없이 너그러운 천사처럼 행동하다가도, 아주 조금이라도 무시를 당하면 엄청난 고집을 피우거나 감정적으로 격해집니다. 그럴 때 쌍둥이자리가 여전히 무심하고 느긋하고 침착하게 유지하려면 온 힘을 다해야 할 것입니다. 전갈자리가 천사인지 악마인지 판단하는 것은 늘 어렵습니다. 천국도 지옥도 그에게는 무척 자연스러워 보인답니다. 양쪽에 발을 하나씩 담고 있는 것처럼 보이지만, 한편으로는 그 중간 어딘가에 존재하는 사람처럼 보입니다.

전갈자리 남성은 24시간 전부는 아니더라도 대부분의 시간 동안에 그녀가 어디에서 무엇을 하는지 알고 싶어합니다. 그는 또한 쌍둥이자리 여성이 웬만하면 한곳에 머물러 있기를 기대합니다. 쌍둥이자리 여성이 그녀의 쉴 틈 없는 수성의 부름에 이끌려 어떤 행동을 할 때마다, 이 전갈자리 남성은 이맛살을 찌푸립니다. 과거의 연인을 그리워하며 향수 어린 눈물을 보인다거나, 너무나 마음에 드는 물건을 봤을 때 드러내는 돈에 대한 무심한 태도에, 또는 노래, 춤, 그림, 인테리어, 고고학, 의학 등으로 휙휙 바뀌는 취미 생활이나, 계절이 바뀔 때마다 여행을 가고 싶어 몸살이 나거나 하는 등 그를 불편하게 하는 건 한두 가지가 아니지요.

전갈자리 남성은 쌍둥이자리 여성의 분절된 여러 모습에 만족해야만 합니다. 가끔 헌신, 가끔 키스 그리고 짜증, 믿기 힘든 수준의 순수함과 무심함과 애정, 종잡을 수 없는 마음과 끝없는 변덕 같은 것들이지요. 전갈자리 남성이 날 때부터 가지고 있는 자신감과 감정 조절 능력 같은 것이 그녀에게 손톱만큼이라도 있을 거라고 기대해서는 절대로 안 된답니다.

그녀는 전갈자리 남성과 그의 남성성에는 분명히 도전입니다. 쌍둥이자리 여성 대부분이 여성적인 책략과 속임수에 능하고 매력적인 향기를 풍기며, 보통 때는 얌전하고 상냥하며 재치가 넘치고 재주도 많고 똑똑하기 때문입니다. 하지만 쌍둥이자리의 지배행성인 수성은 마치 바람이 그 방향을 마음대로 바꾸는 것처럼 예상치 못한 순간에 그 성별을 바꾸어버린답니다. 그래서 어떤 때는 쌍둥이자리 여성이 전갈자리 남성의 남성성을 공격할 것이고 다른 때에는 그 남성성을 치켜세울 것입니다.

그녀의 지성은 언제나 그를 반하게 만들지만, 그녀의 지식이라는 것이 대부분 주제의 표면만 건드리는 수준이라는 사실을 알게 되면 실망할 수도 있습니다. 죄악에서부터 섹스까지, 종교에서부터 환생까지, 정치에서부터 일부다처제까지, 쌍둥이자리들은 분석을 해본 후에는 금방 버리지요. 전갈자리 남성처럼 끝까지 파고들어 갈 필요는 못 느낀답니다.

예를 들어, 그녀가 몰몬교에 대해 알아야 하는 건 브라이엄 영이라는 이름과 유타주의 솔트레이크 시티에 관한 정보뿐입니다. 지질학에 대해서 그녀가 알아야 하는 건 터키석과 석영의 차이뿐입니다. 골드러쉬는 파이크스 피크 근처의 콜로라도에 있었던 일이었고, 미국이 금본위제로 다시 돌아간다면 골드러쉬가 다시 일어날 수 있는 일이라는 것을 아는 정도로 만족하지요.

전갈자리 남성은 브라이엄 영이 왜 한 명 이상의 여인과 살림을 차리고 아이를 낳아 길렀는지 그 숨겨진 이유에 대해서까지 알아야 합니다. 금에 대해서도 전갈자리는 표면적인 이야기 말고 더 깊이 알아야 하지요. 들쑥날쑥하는 금 가격의 추이에 대해서도 모두 알아야 하고, 순도 분석과 갱도 함몰 사고의 모든 자세한 내용을 다 알아야만 하는 사람입니다.

육체적인 사랑에 관해 얘기하자면, 전갈자리는 강력한 섹스 에너지를 가지고 있음에도 불구하고 성욕을 억제하거나 순결을 지키는 힘(마치 스님들이나 성직자들처럼)도 그만큼 강하답니다. 그런 그가 쌍둥이자리 여성과 사랑에 빠졌다면, 그는 아마도 엄격한 금욕 원칙을 선택한 전갈자리는 아닐 것입니다. 하지만 그렇다고 해서 섹스를 게임으로 생각하며 그저 시간 때우기용이나 난잡한 스포츠로 생각하지도 않을 것입니다. 전갈자리 남성에게 섹스는 삶의 비밀 자체입니다. 그녀가 그의 더 깊은 욕망을 이해하고 만족시켜주는 그런 여성이라면 그가 부정을 저지를 거라고 걱정할 필요가 없습니다.

전갈자리 남성은 젊은 시절에는 섹스에 대해 무척 호기심이 많답니다. 하지만 결혼한 즈음이 되면 그런 호기심은 다 충족되었을 것입니다. 섹스에 대한 전갈자리의 태도는 깊고 열정적이고 아주 감각적인 동시에 그 안에 순수함이 내재되어 있지요. 그래서 적지 않은 수의 전갈자리들은 종교적인 열정에 이르기도 합니다.

문제는 쌍둥이자리 여성에게는 섹스가 대단한 삶의 비밀이 아니라는 데 있습니다. 그녀는 섹스에 대해 실험적인 태도를 가지고 있고, 육체적인 합일이 지닌 더욱 심오한 비밀은 그녀에게 부차적인 것이지요. 쌍둥이자리는 섹스의 신비를 진짜 감정이나 강렬함으로 꿰뚫어 보고자 하는 마음이 거의 없습니다. 쌍둥이자리에게 섹스란 그저 즐거운 시간 때우기지요. 쌍둥이자리 여성이 가지고 있는 바로 이런 무심한 태도는 전갈자리 남성으로 하여금 더 강한 성적 끌림을 느끼게 만듭니다. 전갈자리 남성은 쌍둥이자리 여성에게 섹스의 진정한 의미와 가치를 증명하고 싶어합니다. 하나의 도전으로 받아들이는 것이지요. 전갈자리가 지는 걸 얼마나 싫어하는지 잘 아시지요? 두 사람만의 육체적인 합일이라는 분야에서도 전갈자리는 이겨야만 하는 사람입니다. 그는 두 가지 태도 중 하나를 취할 것입니다. 사랑하는 쌍둥이자리 여성이 섹스는 모든 신비 중에서도 가장 위대한 신비라는 것을 경험할 수 있도록 계속 노력하는 것이 하나입니다. 다른 하나는 관계를 깨는 것입니다. 그는 온전한 사랑을 받지 못하는 것을 참을 수 없다는 이유로 이별을 합리화할 것입니다. 전갈자리는 반쪽짜리 사랑은 할 수 없답니다.

하지만 쌍둥이자리에게 전갈자리는 여러 가지 키워드 중에서도 섹스(여덟 번째 하우스)를 의미합니다. 그래서인지 쌍둥이자리 여성은 전갈자리 남성에게 강렬한 매력을 느낀답니다. 그래서 전갈자리 남성은 그녀와 함께 육체적인 황홀경을 누릴 수도 있고, 그녀 또한 완벽한 합일이라는 사랑의 신비를 배울 수 있을지도 모릅니다. 전갈자리 남성의 노력이 좀 더 필요하겠지요.

전갈자리 남성과 쌍둥이자리 여성은, 두 사람의 표면적인 차이점들만 보는 가족이나 친지들로서는 어리둥절할 만큼 아주 행복한 관계를 만들어갈 수 있습니다. 반대로 6-8 태양별자리 관계에서 종종 그렇듯이, 서로에게 아주 깊은 절망을 줄 수도 있습니다.

쌍둥이자리 여성은 전갈자리 남성이 자신을 깊은 의심의 바다에 빠뜨리려고 하는 느낌을 받을 수 있습니다. 전갈자리 남성이 이해할 수 없을 정도로 냉정하게 자신만의 세계로 침잠해 들어가면, 그녀는 당황스럽고 두려워질 것입니다. 전갈자리 남성은 쌍둥이자리 여성이 마치 거대한 토네이도가 나무의 뿌리를 송두리째 뽑아버리는 것처럼 그의 영혼을 찢어놓으려고 한다고 느낄 수 있습니다.

하지만 이런 상태에서라도 쌍둥이자리 여성은, 마음만 먹는다면, 둘의 관계가 원만해질 수 있는 방법을 모색할 수 있을 정도로 똑똑합니다. 전갈자리 남성도 두 사람 관계의 갈라진 틈을 메울 방법을 찾을 수 있을 만큼 직관이 뛰어나기 때문에, 위기 뒤에 두 사람의 관계는 그 이전보다 훨씬 더 탄탄해질 수도 있습니다. 다만 두 사람이 모두 그렇게 되기를 원하는 경우에 그렇습니다. 두 사람이 원하는지가 가장 중요한 열쇠이지요. 두 사람이 처음 만났을 때의 그 광채를 다시 찾아서 간직하기를 서로 절실하게 원한다면, 그것은 서로가 아직 사랑한다는 의미입니다. 그리고 사랑은 무엇이든 다시 붙일 수 있지요. 산산조각 나버린 마음까지도요.

쌍둥이자리 남성과 전갈자리 여성

"분명히 말하는데 좀 아플 거야." 그녀가 경고했다.

"괜찮아. 난 안 울어."

여태껏 자기가 한 번도 운 적이 없다고 굳게 믿고 있는 피터는 이를 악물고 울음을 참았다.

곧 그림자가 다시 정상적으로 움직이기 시작했다. 좀 구겨지긴 했지만.

쌍둥이자리 남성은 영원히 늙지 않을 것 같은, 정말 보기 드문 매력을 가졌답니다. 매일 새로 태어나는 쌍둥이자리한테는 당연한 일이겠지만, 전갈자리 여성은 도대체 무엇이 그를 그렇게 다채로운 분위기로 빛나게 하는지 궁금합니다. 그리고 전갈자리 여성은 뭔가 궁금하기 시작하면 완벽한 해답을 찾을 때까지 포기하지 않지요. 즉 그녀는 그에게 점점 더 가까이 다가가게 된답니다.

전갈자리 여성이 어느 순간 깜짝 놀라 주위를 둘러보면, 자신이 두 사람 사이에 서 있는 것을 발견합니다. 양쪽에 있는 두 사람은 전혀 다른 사람입니다. 그녀가 가까이 다가가려고 했던 사람은 과연 어느 쪽일까요? 둘 다입니다. 둘 다 같은 한 사람이니까요. 여러분은 이미 알고 계시겠지요. 하지만 이런 상황은 차분하고 침착하고 어떤 상황이든 잘 처리할 수 있다고 자신하던 전갈자리 여성을 당황스럽게 합니다. 그녀는 이 상황을 잘 대처할 수 있을까요? 내성적인 동시에 외향적이고, 기쁨으로 가득 차 있는 동시에 슬픔으로 가득 차고, 무자비하게 냉정한 동시에 예민하고 다정한 이 남자에게, 그녀는 과연 잘 대처할 수 있을까요? 불합리, 모순, 부정 그리고 확신이 모두 합쳐진 미로 같은 존재인 쌍둥이자리 남자를 도대체 어떻게 대처할 수 있을까요?

걱정 마세요. 그녀라면 할 수 있습니다. 그녀는 전갈자리랍니다. 아무리 불가능해 보이는 상황도 그녀는 대처하고, 해결하고, 물리치고, 이기고, 정복할 수 있답니다. 그게 가능하냐고요? 글쎄요, 전 잘 모르겠네요. 하지만 전갈자리 여성 자신은 그렇게 확신한답니다. 쌍둥이자리 남성은 전갈자리 여성이 어떻게 하건 별로 신경 쓰지 않습니다. 이 매력적이고 강렬하면서도 침착하고 여성스러우면서도 신비한 여인이 관심 가져주는 것 자체가 행복할 뿐이지요.

사랑과 관련해서 전갈자리 여성이 알아야 할 사실이 있습니다. 전갈자리 여성은 사랑을 영원히 타오르는 열정으로 이해하지요. 쌍둥이자리 남성은 그렇게 생각하는 것이 선천적으로 불가능합니다. 한 여성을 평생토록 사랑하는 쌍둥이자리 남성이 있을 수도 있습니다. (저는 그런 사람을 한 명 알고 있지요.) 하지만 이런 쌍둥이자리들은 극히 소수이고 드뭅니다. 보다 전형적인 쌍둥이자리 남성은 여러 여성 중에 누구를 고를까 고심하는 그 순간을 즐깁니다. 그러다가 자신이 고른 귀여운 종달새 같은 여성이 사실은 전갈(또는 독수리)이라는 사실을 깨닫고 충격을 받겠지요. 전갈자리의 또 다른 상징인 독수리는 일부일처제 동물입니다. 그러니 전갈자리 여성들도 당연히 그렇습니다. 물론 다 그런 건 아니지만 대부분 그렇습니다.

쌍둥이자리는 수성의 지배를 받습니다. 사랑의 행성은 금성입니다. 그런데 수성이 금성에 영향을 미치면 감정이 이리저리 흩어지고 가벼워집니다. 명왕성은 전갈자리의 지배행성이지요. 명왕성이 금성에 영향을 미치면 아주 진지해지고 강력해지지만, 그 힘은 숨기게 됩니다. 사랑의 여신인 금성은 이렇게 어떤 영향을 받는지에 따라 극명한 차이를 보입니다. 그러니 수성과 명왕성이 합쳐져서 서로 극명하게 다른 파장을 함께 쏘기 시작하면, 금성은 완전히 당황하게 됩니다. 쌍둥이자리 남성과 전갈자리 여성은 이런 사실을 바로 알아차리지 못할 수 있습니다. 서로의 낯선 모습에 매혹되어 정신이 없으니까요.

하지만 얼마 지나지 않아서 쌍둥이자리 남성은 전갈자리 여성이 가지고 있는 강력한 명왕성의 질투심을 느끼고 당황할 것입니다. 쌍둥이자리 남성은 질투심이라면 종류를 불문하고 이해할 수 없습니다. 물론 그도 다른 평범한 남자들처럼 자기가 사랑하는 여인을 다른 사람에게 잃을까 봐 두려워하기는 합니다. 하지만 전갈자리 여성이 뿜어내는 폭풍 같은 질투심은 쌍둥이자리 남성이 이해할 수 있는 감정이 아니랍니다. 전갈자리의 질투심은 사랑 때문에 생기는 감정이지만 가끔은 사랑 그 자체보다 더 커지기도 합니다. 전갈자리 여성이 마음의 상처를 입거나 혹은 상처를 입을 것 같은 의심이 들면, 그녀는 전갈의 독침으로 죄가 있건 없건 쌍둥이자리 남성의 자존심에 심각한 상처를 입힐 수 있습니다. 전갈자리 여성 대부분은 복수가 무척 달콤하다고 느낍니다. 그러므로 자신이 기만당하거나 그럴 거라고 의심이 들 때가 오면 그 복수는 무척 신속하고 잔인할 것입니다. 지나친 경우에는 그 복수가 비열한 수준까지 갈 수도 있답니다.

그러니 타고난 천성이 가볍고 변덕이 심한 쌍둥이자리 남성은 전갈자리 여성의 사랑법에 대해 분명히 알고 있어야 할 것입니다. 절대로 연애를 가볍게 하지 않는 전갈자리 여성에게 쌍둥이자리식 실수를 범했을 때 어떤 일이 닥칠지에 대해서 말입니다. 양자리 여성을 제외하고는 전갈자리 여성이 열두 별자리 중에 가장 질투심이 강합니다. 하지만 양자리 여성은 전갈자리 여성과 달리 복수하려는 충동이 크지는 않답니다. 황소자리와 게자리도 질투심이 많다고요? 아니요. 황소자리와 게자리는 소유욕이 많은 것이지 질투심이 많은 건 아니랍니다. 이들은 많이 울고 속으로 깊이 상처를 받기는 하지만 폭력적인 장면을 연출하지는 않지요.

쌍둥이자리와 전갈자리의 관계는 6-8 태양별자리 유형입니다. 전갈자리는 쌍둥이자리로부터 여섯 번째에 있는 별자리이고, 쌍둥이자리는 전갈자리로부터 여덟 번째에 있는 별자리이지요. 이 관계에는 이타적인 헌신과 봉사라는 의무와 아주 강력한 성적 매력, 이렇게 두 가지의 에너지가 작동합니다. 물론 두 사람의 관계가 연인인 경우에만 그렇습니다. 둘의 관계가 가족이거나 친구 혹은 사업 파트너인 경우에는 여덟 번째 하우스의 다른 키워드가 강조될 것입니다.

이 관계에서 봉사와 헌신은 주로 전갈자리가 쌍둥이자리에게 제공하게 됩니다. 성적인 매력은 쌍둥이자리가 전갈자리에게 발산하는 매력입니다. 그런데 성적인 매력이란 것은 쌍둥이자리에게는 가장 어울리지 않는 매력이지요. 쌍둥이자리 남성에게 섹스는 주요 관심사도 아닙니다. 시와 함께하거나, 어떤 실험이거나, 아주 파격적인 이상이나 복잡한 지적 게임과 함께 동반되지 않는다면요. 쌍둥이자리 남성은 남성성과 지성미와 낭만적인 매력을 풀풀 풍기지만 성적인 매력을 발산하는 편은 아니랍니다. 그러므로 전갈자리 여성이 쌍둥이자리 남성으로부터 거부할 수 없는 육체적인 매력을 느낀다는 것은 좀 이상한 일이지요. 마찬가지로 쌍둥이자리 남성도 전갈자리 여성에게 매력을 느끼는데, 이건 쉽게 이해가 가지요?

전갈자리 여성은 아마도 쌍둥이자리 남성이 지닌 소년 같은 매력이나 무수한 속임수 그리고 순식간에 변하는 모습이 도대체 어디에서 연유하는지 꿰뚫어 보고 싶을지도 모릅니다. 육체적 합일이라는 관계를 통해서 말이에요. 쌍둥이자리 남성이 지닌 비밀이나 미스터리 같은 것들은 전갈자리를 유혹합니다. 그런데 전갈자리 여성의 마음을 충족시키려면 쌍둥이자리 남성을 속속들이 제대로 알아야 한답니다. 그래서 그녀는 두 사람의 육체적인 사랑에 완전히 빠져들 수 있습니다. 어느 날 그녀가 쌍둥이자리 남성을 다 알 수 있는 사람은 그 누구도 없다는 사실을 깨달을 때까지는요. 비슷한 시기에 쌍둥이자리 남성도 깨닫게 될 것입니다. 가장 좋아하는 게임인 '내가 누구인지 맞혀보세요.'와 '나는 무엇일까요?' 놀이를 이 전갈자리 여성과는 계속할 수 없다는 사실을요. 전갈자리 여성은 쌍둥이자리 남성의 모든 꿈을 남김없이 확인하지는 못하겠지만, 그가 바라던 것 이상으로 상대방에게 드러나고 있다는 느낌에 공포스러워질 만큼은 충분히 그 영혼의 실타래들을 풀게 될 것입니다. 그러면 아주 흥미로웠던 육체적 사랑도 점점 차갑게 변해갈 겁니다. 마침내는 섹스를 전혀 하지 않게 될 수도 있지요. 두 사람이 문제에 대해 정직하게 직면하고 진심으로 소통하려는 노력이 없다면 그렇게 될 수 있답니다. 또 전갈자리 여성은 두 사람의 관계를 너무 분석하려 들지 않는 편이 나을 겁니다.

쌍둥이자리 남성은 전갈자리 여성이 결코 가볍지 않은 비밀로 가득 차 있기 때문에 그녀를 비평하고 분석하려고 할 수 있습니다. 하지만 그렇게 하다가는 쌍둥이자리 남성 자신이 의심했던 것보다 훨씬 더 깊은 물속을 떠다니게 될 수도 있답니다. 전갈자리는 남들이 자신을 분석하려는 태도를 친절하게 받아주지 않습니다. 쌍둥이자리 남성의 끈질긴 질문 공세는 전갈자리 여성을 몰아붙여서 화가 나도록 만들거나 난폭한 반응을 불러일으킬 수 있습니다. 전갈자리 여성은 쌍둥이자리 남성만큼이나 개인의 사생활을 신성하게 여깁니다. 어쩌면 쌍둥이자리 남성보다 더요. 두 사람은 이런 서로의 태도를 인정하고 서로에 대해 궁금한 것을 캐내려고 고집을 부리지 말아야 합니다. 그러지 않으면 분노가 두 사람 사이에 거대한 벽을 만들게 될 수 있으니까요. 그 장벽을 부수기 위해, 쌍둥이자리 남성은 자신의 매력과 농담과 상상력이 풍부한 섹스와 다양한 연애 기술을 활용할 것입니다. 전갈자리 여성도 다양한 유혹의 기술을 시도할 것입니다. 두 사람은 감춰두었던 모든 기술을 동원할 것입니다. 두 사람은 그런 걸 많이 가지고 있답니다. (쌍둥이자리를 고려해보면 세 사람이나 네 사람이 될 수도 있습니다.) 하지만 그럴수록 장벽은 더 높아지고 두꺼워질 것입니다. 그 장벽을 넘을 방법은 따로 있습니다.

두 사람은 각자가 시도하지 않는 유일한 방법을 사용하는 게 좋습니다. 두 사람이 약간의 거리를 둬서 서로의 사랑이 자유롭게 숨 쉴 수 있도록 하는 것입니다. 쌍둥이자리 남성은 할 수 있을 것입니다. 하지만 전갈자리 여성은 새롭고 낯선 공간이 두 사람 사이에 생기는 것이 두려울 수 있습니다. 공간이란 기본적으로 공기로 구성되어 있지요. 쌍둥이자리의 구성 원소가 공기이기 때문에 그는 공간이 넉넉할 때 더 편하게 느낍니다. 하지만 전갈자리는 구성 원소가 물이기 때문에 두 사람이 함께 흐르는 강물 속에 둘러싸여 있지 않으면 숨쉬기가 어렵답니다.

한때는 사랑했던 쌍둥이자리 남성과 전갈자리 여성 커플이 행복으로 가는 길을 잃고 헤매는 경우를 보면 참 슬픕니다. 쌍둥이자리 남성은 컴퓨터 같은 두뇌를 가지고 있음에도 마음속으로는 마법이나 불가사의한 일들을 믿지요. 전갈자리 여성도 마찬가지입니다. 그녀는 쌍둥이자리 남성보다도 더 낯설고 더 놀라운, 그런 보이지 않는 세상을 믿는답니다. 하지만 명왕성의 비밀스럽고 불가해한 힘이 그녀를 침묵하게 합니다. 그녀의 입과 마음을 봉해버려서 쌍둥이자리 남성처럼 드러내놓고 말하지 못하게 하지요. 전갈자리 여성은 그녀의 깊은 꿈들을 쌍둥이자리 남성처럼 유창하게 표현할 수 없답니다. 바로 이런 부분이 슬픕니다.

쌍둥이자리 남성이 전갈자리 여성이 가진 강렬한 열정과 감정적인 깊이에 대해 이해할 수 있다면 그리고 성급하지 않게 행동할 수 있다면 얼마나 좋을까요? 그리고 전갈자리 여성이 쌍둥이자리 남성의 방황하는 영혼에게 조용히 속삭여줄 수 있다면 얼마나 좋을까요? 그녀도 자유롭게 숨을 쉬고 바람을 따라 달리며 반쯤은 잊어버린 어린 시절의 기적들을 찾아 나서고 싶다고 그리고 별들 속에 숨어 있는 모든 비밀을 풀고 싶다고 말이에요.

쌍둥이자리 남성과 전갈자리 여성은 서로를 향해 팔을 뻗지만 서로 닿지 않는 경우가 너무 많습니다. 서로를 부르지만, 쌍둥이자리 남성은 봄바람의 음률만 듣고 전갈자리 여성은 해변을 치는 파도 소리만 듣습니다. 두 사람이 서로의 비밀스러운 울음소리를 듣기 위해서는 일단 멈춰서 충분히 기다려야 합니다. 그럴 수만 있다면 두 사람은 둘의 관계를 포함해서 모든 것을 새로운 시각으로 볼 수 있을 것입니다.

두 사람이 귀를 기울인다면 서로의 별이 도와줄 수 있습니다. 수성과 명왕성은 천왕성과 함께 멀린(아서왕에 나오는 마법사—옮긴이)에게 자신들이 아는 모든 것을 가르쳐준 별들이고, 또한 양자리 후디니(미국의 마술사—옮긴이)도 은밀하게 지도했으니까요. 그러니 그 별들이 쌍둥이자리와 전갈자리가 함께 행복으로 가는 마법을 가르쳐줄 수도 있을 것입니다. 한 커플의 수호성이 이렇게 두 명의 마법사인 경우에는, 두 사람은 현실과 환상을 구분할 수 있어야 합니다. 또한 현실과 환상은 서로 뒤바뀔 수 있다는 사실도 깨달아야만 한답니다.

쌍둥이자리 Gemini　　　　Sagittarius 사수자리

공기 · 변화하는 · 능동적　　　　　　　　　　　　불 · 변화하는 · 능동적
지배행성: 수성　　　　　　　　　　　　　　　　　지배행성: 목성
상징: 쌍둥이　　　　　　　　　　　　　상징: 궁수와 켄타우루스
양(+) · 남성적　　　　　　　　　　　　　　　　양(+) · 남성적

쌍둥이자리와 사수자리의 관계

… 세 명이 아니라 네 명이네!

　사수자리라고 해서 늘 위선과 거짓을 향해 활을 겨누거나 큰 목소리에 활달한 모습으로 살지는 않습니다. 어떤 사수자리는 소심하고 내성적이어서 대단히 진지하고 단호한 평화주의자 같은 태도를 가진 경우도 있습니다. 단호한 평화주의자란 평화에 대한 본인의 입장을 주장하기 위해 가끔은 주먹을 쓰는 사람을 뜻합니다. 이렇게 단호하게 평화를 주장하는 사수자리지만 그 주장의 방식 자체는 평화와는 좀 거리가 있지요. 어쨌거나, 소심하건 진취적이건 모든 사수자리는 진실이라는 눈을 통해 세상을 바라봅니다. 사수자리는 반은 말이고 반은 인간인, 이중적인 모습을 가진 별자리입니다. 사수자리에는 두 가지 유형이 있습니다. 전방을 맡는 인간 쪽과 후방을 맡는 말 쪽이지요. 아마 두 가지 유형의 사수자리를 모두 만나보셨을 겁니다.

　그리고 쌍둥이자리가 이중적인 별자리라는 것은 이제 다들 아시지요? 그들은 쌍둥이로 상징되며 성격도 여러 가지이고 말과 행동을 동시에 할 수 있으며 다양한 재주를 타고난 사람들이지요. 두 사람 사이의 복잡한 관계를 제대로 설명하려면, 쌍둥이자리의 여러 자아를 정리해서 각각의 경우의 수를 계산해봐야 합니다. 생각만 해도 머리가 아프지요.

　여러분 주위에 있는 사수자리 친구나 이웃을 한번 떠올려보세요. 그 사람은 아마

요령 없이 너무나 솔직하게 말하는 경향이 있지만, 파티에서는 마치 어린아이처럼 순진하게 행동하는 유형일 것입니다. 목성의 자녀들은 모두 명석하고 재치가 넘치지만, 부끄러움을 타는 드문 사수자리의 경우는 그런 재능을 숨기고 있어서 낯선 사람들 앞에서는 자기를 거의 내세우지 않습니다. 잊지 마세요. **드문** 경우라고 분명히 말씀드렸습니다.

자, 이제 명랑하고 반짝이는 사수자리 눈을 가졌던 윈스턴 처칠과 뉴욕 시장이었으며 전형적인 사수자리였던 존 린지, 상대적으로 좀 조용한 편이었던 뉴욕 저널의 아더 브리스베인 등을 떠올려 보세요. 그리고 꼬리를 흔들며 친근하게 사람들에게 달려드는 강아지도 떠올려보세요. 이들의 공통점이 뭘까요?

천문해석학을 연구하는 제가 여러분에게 말씀드리는 것이 낫겠지요? 이들은 모두 정직함, 젊은 기상, 공정함, 지혜와 재치 그리고 품위와 함께 섞여 있는 어설픔 등을 공통적으로 가지고 있답니다. 이런 공통적인 모습을 외향적인 사수자리와 내향적인 사수자리가 모두 가지고 있다는 점부터 출발하면 됩니다. 명심하세요. 사람들은 가끔 이렇게 반문한답니다. "제가 아는 어떤 사수자리는 너무 조용한 걸요." 혹은 "제 사수자리 친구는 부끄러움을 많이 타요." 네, 어떤 사수자리는 소심하고 조용하며 부끄러움을 많이 타기도 합니다. 하지만 대다수 사수자리는 수다스럽고 활달한 성격을 가지고 있지요.

이중적인 별자리에 대해 얘기할 때는 늘 사람들의 반문을 받습니다. 다행히도 이중적인 별자리는 세 가지 밖에 없답니다. 쌍둥이자리, 사수자리, 물고기자리이지요. 천칭자리도 여기에 넣을 수 있습니다. 천칭은 어쨌거나 저울이 두 개니까요.

쌍둥이자리는 어떤 경우라도 공통된 특징이 없습니다. 각각 양면 거울 같은 이미지를 가지고 있어서 적어도 두 가지 이상의 기질과 성격이 있는데, 전환이 아주 자연스럽고 빠르지요. 쌍둥이자리는 공기 별자리이고 사수자리는 불 별자리입니다. 이 책의 뒷부분에 공기와 불이 섞이면 어떻게 되는지 설명해두었습니다만, 공기와 불은 대부분 아주 잘 어울린답니다. 아주 가끔 재앙일 때도 있기는 합니다. 하지만 쌍둥이자리와 사수자리는 상당히 잘 어울리는 편이지요. 쌍둥이자리는 사수자리로 하여금, 쌍둥이자리가 부채질하지 않았으면 절대로 하지 않을 행동을 하게 합니다. 공기는 항상 불꽃을 더 높게 타오르도록 하지요. 사수자리는 쌍둥이자리로 하여금 가끔 숨 막히는 기분이 들게 할 수도 있습니다. 불은 공기 중의 산소를 연소시키니까요. 하지만 불은 공기를 따뜻하게 데워주기도 하지요.

두 사람의 관계는 7-7 태양별자리 관계로서 서로가 서로를 약간 부러워합니다. 자기한테는 없지만 내심 갖고 싶은 자질을 상대방이 가지고 있기 때문입니다. 쌍둥이자리는 사수자리의 높은 동기부여, 이상, 따뜻함, 열정 그리고 솔직함이 필요합니다. 또한 사수자리가 별을 향해 화살을 날리는 것 그리고 그 별에 닿기 위해 정신적으로나 정서적으로 또는 지리적으로도 한계를 넘는 여행을 할 수 있는 능력도 부럽습니다.

사수자리는 쌍둥이자리의 침착한 태도와 매력을 동경합니다. 아무리 심각한 상황이 닥쳐도 냉정함과 평온한 표정을 유지하는 능력을 부러워하지요. 사수자리는 특히 쌍둥이자리의 타고난 언변 능력을 필요로 합니다.

두 사람이 만나면 두 가지 중에서 하나를 선택할 수 있습니다. 서로 상대방의 특징을 존중하며 영적으로 성숙하기 위해 상대방을 배우려고 노력할 수 있지요. 아니면 상대방의 자질을 부러워하면서도, 두려움 때문에 상대방의 자존심을 짓밟으려 할 수 있습니다.

쌍둥이자리와 사수자리는 견실하기보다는 재기가 넘치고, 믿을 수 있고 인내하기보다는 대범한 편입니다. 둘 다 모두 지적 능력은 뛰어나지만, 어떤 계획을 오랫동안 유지하면서 달성하기에 적합한 성격은 아닙니다. 물론 다른 행성들의 영향으로 이런 자질이 발달해 있는 경우가 제법 많기는 합니다.

두 사람의 생각은 꾸준한 태양이라기보다는 유성이나 혜성과 같습니다. 쌍둥이자리와 사수자리는 짧은 시간 안에 아주 훌륭한 업적을 만들 수 있지만, 장기 프로젝트는 성공하지 못하는 경우가 많습니다. 반짝이는 수성과 자비로운 목성이 지배하는 두 사람은 쉽게 감정이입이 되고 마음이 잘 맞기 때문에 대체로 잘 어울립니다. 하지만 영리한 수성은 솔직한 목성을 어떤 식으로든 속일 수밖에 없고, 그로 인한 목성의 분노는 무척이나 난폭해질 수 있답니다. 사수자리는 불의 별자리이니까요.

사수자리는 가끔은 지나칠 정도로 감정적이지만 간교한 속임수는 부리지 않습니다. 똑똑하고 말솜씨가 청산유수인 쌍둥이자리는 사수자리와 늘 두뇌 게임을 하려고 하는데, 의도하지 않았지만 상대에게 상처를 주는 경우가 생겨서 나중에 후회하게 됩니다. 고대 전설에 따르면 신들은 별자리 중에서도 사수자리 아이들에게 특별한 애정을 갖고 있기 때문에, 이들을 해치려는 사람들로부터 잘 보호해준다고 합니다. 이른바 목성의 '행운'의 근거가 여기에 있지요. 현명한 사람들이라면 말 한마디로 충분하겠지만, 모든 쌍둥이자리가 항상 현명하지는 않답니다. 이들은 그저 똑똑하지요. 가끔은 똑똑함이 지나쳐서 가장 예상치 못한 순간에 자기 덫에 걸려 넘어질 수 있답니다.

날렵한 재치와 빠른 두뇌 회전과 자유자재로 구사하는 언변 능력으로 인해 쌍둥이자리들은 탁월한 사기꾼의 재능을 타고납니다. 능수능란한 자동차 판매원이나 정치가, 협잡꾼, 마약 밀매상, 혹은 그냥 단순한 사기꾼 등이 될 수도 있지요. 물론 뛰어난 교사, 천재 문학가, 화가, 음악가, 수학자, 과학자, 진솔하고 능력 있는 영업 사원 등이 될 수도 있습니다. 쌍둥이자리의 이중성은 이들을 양쪽 방향으로 유혹합니다. 이중적인 자아가 각각의 방향으로 이끄는 거지요. 낮과 밤, 어둠과 밝음, 옳고 그름에 대한 영적인 투쟁이 계속되는데, 아무리 평범한 쌍둥이자리라도 이런 갈등을 내면에 안고 있답니다.

쌍둥이자리는 너무 똑똑하고 자유를 너무 좋아하기 때문에 법을 어겨서 체포 구금되는 위험을 감수하지는 않습니다. 하지만 반사회적인 행동으로 기우는 일부 쌍둥이자리는 가벼운 범죄를 저지르기도 합니다. 금고의 비밀번호를 맞추거나 화폐를 위조하거나 공문서를 날조하는 등입니다. 살인을 저지르는 경우는 별로 없습니다. 살인을 한다는 것은 대부분 쌍둥이자리가 발휘할 수 있는 것보다 훨씬 더 강도 높은 공격력이 필요하기 때문이지요. 폭력은 민감한 쌍둥이자리에게 반감을 불러일으킵니다. 살인의 공범이 될 수는 있겠지요. 쌍둥이자리는 주로 범죄를 기획하고 남들에게 실행에 옮기도록 하는 경향이 있으니까요.

모든 쌍둥이자리는 남녀노소를 불문하고 활발하고 풍부한 지적 능력을 보유하고 있습니다. 이들의 두뇌는 언제나 엄청난 속도로 회전합니다. 겉으론 아무리 침착하고 조용해 보여도 그 두뇌는 계속 바쁘게 돌아가고 있답니다. 말하는 스타일만 가지고 쌍둥이자리를 평가해서는 안 됩니다. 그 결과를 잘 살펴보세요. 쌍둥이자리는 마음만 먹으면 아무리 행동이 느려 보여도 무척 신속하게 결과를 낸답니다. 느린 행동은 완벽한 속임수지요.

실제로 쌍둥이자리 다수는 일부러 사람들을 속이기 위해 그런 위장을 선택합니다. 여러 자아 중에 '조용한' 자아를 앞에 내세우고, 빠르고 똑똑하고 쉴 틈 없이 움직이는 다른 자아는 뒤에 감춰둡니다. 뒤쪽의 자아가 모든 전략을 지휘하지요. 천문해석학을 잘 모르는 사람들은 전혀 의심하지 못할 것입니다. 기만적으로 고요한 쌍둥이자리의 눈빛을 잘 살펴보세요. 계속 빠르게 움직이면서 어떤 상황이든 한 번만 쳐다봐도 현미경처럼 들여다보는 것 같습니다. 눈빛은 많은 것을 말해주지요.

수성이 지배하는 사람들의 가장 기본적인 성향은 목성이 지배하는 사수자리의 밝고 쾌활하고 낙천적인 성향과 아주 비슷합니다. 쌍둥이자리는 아무리 어린아이라 해도 절대로 사수자리처럼 순진하지 않다는 점만 빼고요. 하지만 둘은 나중에 나이가 들어 냉소적으로 변하더라도, 여전히 어린아이 같은 희망을 간직하고 있을 것입니다. 네, 좀 모순처럼 들리는 거 압니다. 하지만 모든 이중적인 별자리의 성격은 이렇게 모순적이지요. 모든 게 다 이중적이고 두 개이니까요.

사수자리는 쌍둥이자리처럼 그렇게 설득력이 있는 사람들이 아니랍니다. 이들은 불편한 진실을 얼떨결에 말해버려서 곧잘 곤경에 처합니다. 사수자리는 매력적입니다. 하지만 섬세함이나 기교라고는 없는 말들을 불쑥 내뱉고 나면 그 매력은 빠르게 반감된답니다. 퉁명스럽다고 표현하는 것이 적당할 것입니다. 그런데 퉁명스러워서는 절대로 게임에서 이길 수 없지요. 적어도 아주 우아하게 말하고 두뇌 회전이 빠른 쌍둥이자리를 이길 수는 없을 것입니다. 쌍둥이자리는 말을 무기로 삼을 수도 있답니다. 원한다면 냉소주의라는 무기를 쓸 수 있지요.

사수자리는 냉소적으로 행동하는 것이 불가능합니다. 사수자리의 예리한 말들은 사람들이 듣고 싶어하지 않는 현실을 그대로 담고 있기 때문에 상처가 되지요. 냉소적인 말을 하려면 진실을 비꼬아서 그 진실을 더 명확하게 하는 기술이 필요합니다. 그것은 사수자리가 사용하거나 이해할 수 있는 기술이 아니랍니다.

아무리 말수가 적고 조용한 사수자리와 쌍둥이자리라도 둘이 함께 있을 때는 좀처럼 침묵을 지키는 경우가 없습니다. 쌍둥이자리는 자신의 에너지를 이용해서 온순한 사수자리를 수다쟁이가 되도록 부채질할 수 있습니다. 때로는 행복하고 열정적인 말들을 또 때로는 분노에 찬 말들을 쏟아내게 하지요. 이와 비슷하게 사수자리도 (겉으로는) 온순해 보이는 쌍둥이자리의 욕망을 자극해서 보다 수다스러운 쌍둥이자리로 만들 수 있습니다. 하지만 두 사람이 일단 대화로 서로를 자극하고 나면 두 사람은 서로의 말을 별로 귀담아 듣지 않을 수 있습니다. 듣는 것처럼 보일지 몰라도 실제로는 그저 상대의 말이 끝나기를 기다리는 것입니다. 두 사람 사이에 극명하게 의견이 다를 때는 무척 시끄러워지지요. 그럴 땐 제3자가 심판을 봐줘야 할 정도입니다. 만일 한쪽이 다른 한쪽을 완전히 진압하게 된다면, 눌린 쪽은 최대한 빨리 기회를 엿봐서 그런 굴레를 벗어나려고 할 것입니다. 즉 떠납니다. 가끔은 그렇게 떠나서 영원히 돌아오지 않는 경우도 있지요.

사수자리가 쌍둥이자리에게 감정적으로 상처를 주는 경향이 더 많습니다. 쌍둥이자리는 그 상처를 무관심이나 지겨움 등으로 위장하려고 하겠지요.

쌍둥이자리는 사수자리의 정신을 이상하게 만드는 경향이 있습니다. 그래서 낙천적인 사수자리에게 우울증을 앓게 할 수도 있습니다.

하지만 이 두 사람(혹은 네 사람)은 즐거운 커플이 될 수도 있습니다. 늘 상대방을 이기려고 하겠지만 힘든 부분을 서로 도와줄 것이고, 그들만의 고유한 방식으로 의사소통을 할 것입니다.

종종 사수자리와 쌍둥이자리는 음악과 시와 그림으로 혹은 몸짓으로 서로의 영혼과 정신에 말을 걸 것입니다. 두 사람은 보이지 않는 열정과 흥분의 파장을 쫓아 서로에게 다가간답니다. 그들은 함께 불가능한 꿈을 꾸고 네 잎 클로버를 찾아다니지요. 목성의 행운과 수성의 기민한 시각 능력 덕분에 그들은 놀라울 정도로 자주 네 잎 클로버를 찾을 수 있습니다. 모든 180도 별자리 관계처럼 그들의 눈빛에는 서로를 모방하고자 하는 욕구와 그것을 이해하는 마음이 함께 담겨 있습니다. 두 사람은 정반대이지만 함께함으로써 완전해지려고 하지요.

쌍둥이자리 여성과 사수자리 남성

부하들은 광란의 춤을 추기 시작했다. 그러자 후크가 벌떡 일어났다.
물이라도 한 양동이 뒤집어쓴 것처럼, 그에게서 인간적인 나약함은 싹 씻겨나가고 없었다.

잘 믿는 사수자리 남성에게 쌍둥이자리 여성이 재미 삼아 사실을 왜곡하거나 기만하기 시작하면, 사수자리 남성은 이상하게도 정신과 감정이 무기력해지는 느낌이 듭니다. 그러고 나면 갑자기 자기를 놀리는 쌍둥이자리 여성의 이중성을 명확하게 직시하려는 마음이 생기지요.

사수자리 남성은 여러 면에서 아주 놀라운 사람입니다. 특별한 선견지명과 관대함을 지녔고 사려 깊은데다 말도 잘하지요. 그가 자신의 이상에 대해 열정적으로 말하는 것을 듣는 것은 쌍둥이자리 여성에게는 특별한 경험이 됩니다. 사랑에 빠지려면 먼저 지적으로 매혹당해야 하는 사람들이 바로 쌍둥이자리 여성들이니까요. 사수자리 남성은 그동안 자신이 이룬 것들과 수많은 꿈들에 대해 얘기할 것이고(사수자리는 그다지 겸손한 사람들은 아니랍니다.) 그녀에게는 언제나 솔직할 것입니다. 가끔은 잔인할 정도로 솔직할 수도 있고요. 쌍둥이자리 여성이 연인이나 남편감으로 요구하는 모든 요구 조건들에 부합하지는 않겠지만, 어차피 쌍둥이자리 여성이 원하는 요구 조건을 다 충족하는 남자는 이전에도 이후에도 없을 것입니다.

다른 모든 복잡한 성격을 가진 사람들을 대할 때처럼, 사수자리는 쌍둥이자리 여성에 대해서도 아주 천천히 이해하게 될 것입니다. 그녀는 다양한 성격들을 감춰두고는 한 번에 한 가지 성격만 보여줍니다. 처음에는 당연히 사수자리 남성을 유혹할 수 있는 자아를 보여주겠지요. 물론 쌍둥이자리 여성은 한 가지 행동 양식만을 보여줄 수도 있습니다. 아주 드문 일이긴 하지만요. 상대의 이야기를 즐겁게 들어주고 별로 말을 많이 하지 않으며, 상대가 말하는 중간에 끼어들지도 않을 수 있지요. 그럴 땐 정말 완벽하게 기분 좋은 여성이 되지요! 정말이랍니다.

쌍둥이자리는 나이와 상관없이 왠지 소녀라고 불러야 할 것 같은 느낌을 줍니다. 하지만 그녀가 아무리 어리게(또는 여리게) 보이더라도, 쌍둥이자리가 남성적인 에너지를 가진 별자리라는 사실을 간과해서는 안 된답니다. 즉 쌍둥이자리 여성은 자신이 무엇을 원하면 반드시 그걸 얻어야 하고, 대체로는 그것을 얻어낸다는 뜻입니다. 문제는 그 욕망과 동기가 모두 이중적이라는 것이지요. 그래서 쌍둥이자리 여성은 자신이 원하는 것을 확신하지 못한답니다. 월요일에 그녀가 원했던 것은 목요일이 되면 이미 빛이 바래고 매력이 없어집니다. 어떤 때엔 바로 그다음 날인 화요일에 이미 그런 현상이 생기기도 하지요. 쌍둥이자리 여성은 종종 가능한 두 가지 선택을 놓고 고민할 뿐만 아니라, 그 각각의 선택에 따른 두 가지 결과를 놓고도 고민한답니다. "네."라고 할까, "아니요."라고 할까? 각각의 경우에 그 결과가 행복할까, 불행할까? 사수자리 남성은 이런 쌍둥이자리 여성에 대해 약간의 동정심을 가져야 합니다. 이런 유형의 여성에게 삶은 결코 쉽지 않고, 사랑은 더 심각한 문제를 야기하기도 하니까요. 예컨대 그녀가 마침내 믿기로 결심한 사수자리 남성에게 그녀가 가진 여러 가지 감정의 결에 대해 설명하려고 할 때, 사수자리 남성으로부터 위선적이라거나 기만적이라는 비난을 들을 감수를 해야 한답니다.

솔직하고 열려 있으며 정직한 사수자리 남성은 이 여성의 기만적인 언동에 대해 인내심을 잃을 때가 있습니다. 아무리 그녀의 수성이 영리한 핑계를 댄다 해도 소용없습니다. 그러면 쌍둥이자리 여성은 사수자리 남성도 두 가지 면을 가지고 있다고 반박할 것입니다. 그는 대범하고 용감하며 지칠 줄 모르는 사람이지만, 한편으로는 민감하고 감수성이 예민하며 남과 잘 어울리지 못한다고요. 실제로 사수자리 남성은 기분 상태에 따라 확연하게 다른 두 가지 모습을 보입니다. 특히 연애 관계가 긴장 상태거나 조화롭지 않을 때, 후자의 모습이 확연하게 드러나지요. 즉 사수자리 남성은 쌍둥이자리 여성 특유의 에둘러 말하기가 시작되면 불안해집니다. 곧이어 사수자리가 폭발할 수도 있습니다. 쌍둥이자리 여성이 사수자리가 이해해주지 않을 게 뻔한 상황에서 솔직하게 말하는 위험을 감수하느니, 차라리 속을 다 드러내지 않는 쪽을 택하는 것이 당연하지요. 사수자리가 뭔가 못마땅하다는 표현을 할 때는 심한 상처를 줄 정도로 아주 무뚝뚝하고 잔인하니까요. 이런 일이 몇 번 반복되고 나면 쌍둥이자리의 유명한 냉소주의라는 무기도 점점 날카로워져서, 두 사람의 사랑의 둥지를 흔들어댈 수 있습니다. 쌍둥이자리 때문에 사수자리는 정신적으로 혼란스러워질 것이고, 쌍둥이자리는 사수자리 때문에 그 연약한 감정에 깊은 상처를 남기게 됩니다.

두 사람의 태양과 달별자리의 각도가 조화롭다면, 이런 작은 의견 차이와 논쟁은 언제나 시적이고(쌍둥이자리 여성에게) 극적으로(사수자리 남성에게) 서로의 사랑을 재확인하는 것으로 끝날 것입니다. 하지만 두 사람의 태양과 달별자리가 서로 90도나 180도를 맺고 있다면, 두 사람은 계속 언쟁을 하고 서로 마음이 상할 것입니다. 해가 갈수록 점점 심각하게 대립할 수 있지요. 쌍둥이자리와 사수자리에 대한 이야기를 하고 있으니 '해가 간다'는 표현보다는 '달이 간다' 혹은 '주가 간다'는 표현이 더 맞을지도 모르겠습니다. 두 사람은 삶의 속도가 남들에 비해 빠른 경향이 있으니까요.

쌍둥이자리 여성의 요정 나라식 상상력은 사수자리 남성에게는 너무나 막연하고 불가사의합니다. 목성은 비현실적인 상상은 하지 않지요. 사수자리 대부분은 어떤 계획의 초기 단계에서 이미 그 결과를 미리 예측할 수 있는 능력이 있습니다. 쌍둥이자리들은 전혀 그렇지 않지요. 그래서 쌍둥이자리 여성은 사수자리를 모방하려고 합니다. 특히 일관되고 성실하게 목표를 향해 매진하는 점을 닮고 싶어하지요.

공기 별자리인 쌍둥이자리 여성은 사수자리 남성보다는 감정적으로 차분하고, 사수자리는 불의 별자리이므로 보다 뜨겁고 열정적입니다. 그러므로 두 사람 사이에서는 사수자리 남성이 사랑을 육체적으로 표현하는 일이 더 많을 것이고 더 많은 신체 접촉을 원할 것입니다. 하지만 쌍둥이자리 여성은 누군가 자신의 생각을 자극해줄 때 더 행복하지요. 그럼에도 불구하고 두 사람은 보기 드물게 조화로운 성적 관계에 도달할 수 있습니다. 섹스의 궁극적인 의미란 결국 두 사람이 완벽하게 혼연일체가 되어 영혼과 몸과 마음이 모두 하나가 되는 것이기 때문입니다. 서로 극과 극에 위치한 이 두 별자리처럼 육체적인 결합에서 성공적인 경우는 드뭅니다. 7-7 태양별자리 관계인 남녀에게 섹스는 서로 상대방이 되고자 하는, 그럼으로써 완전에 이르고자 하는 기본적인 욕구가 있기 때문입니다.

쌍둥이자리와 사수자리 커플이 친구들이나 이웃들에게 두 사람이 다투는 모습을 별로 들키지 않는 경우도 있습니다. (가족들은 여기에 포함되지 않습니다. 두 사람 모두 혈연관계에 헌신적이지는 않답니다.) 이런 경우, 쌍둥이자리 여성이 가지고 있는 '불쾌한 상황에서 도망치기 능력'의 혜택을 많이 보는 것입니다. 쌍둥이자리 여성은 장애에 맞서거나 싫은 사람에 대처하는 능력은 별로 뛰어나지 못합니다. 하지만 예민한 감각기관이나 신경 기관이 다가오는 폭풍을 미리 경고해주기 때문에 비와 번개를 피해 나무 아래에 숨을 수 있답니다.

그녀는 수성의 명민함으로 문제를 교묘하게 피하거나 상대방이 왜 그렇게 화가 났는지 이해하지 못하는 척합니다. 그는 결국 제대로 된 토론을 하는 것을 포기해버리지요. 이런 유형이 반복되면, 그녀는 몰라도 그는 정신적으로나 감정적으로 지치게 됩니다. 그 결과 그는 신문에 얼굴을 박고 있는 시간이 늘어나거나 밖으로 돕니다. 또는 혼자 잠자리에 일찍 들게 되지요. 이런 상태는 결코 바람직하다고 할 수 없습니다. 하지만 의견이 상충할 때마다 정확하고도 큰 소리로 의사 표현을 하면서 밤새도록 싸우는 쌍둥이자리―사수자리 커플보다는, 이런 커플이 이웃들에게 더 환영을 받는 것은 사실입니다.

두 사람의 태양과 달별자리가 아무리 조화로운 관계라고 하더라도 쌍둥이자리 여성과 사수자리 남성 커플은 늘 긴장감이 감돕니다. 7-7 태양별자리 관계는 서로 균형을 잡아줘야 하는 충돌 지점이 늘 있기 마련인데, 균형을 맞추는 것은 아주 오랫동안 훈련을 거쳐야 통달할 수 있는 기술이지요. 둘은 너무 균형을 맞추려 애쓰다가 지치기도 하지만, 전혀 공통점이 없고 서로의 장단점에 대한 존중도 없는 커플들보다는 낫습니다. 쌍둥이자리와 사수자리는 공통점이 있답니다. 둘 다 책 읽는 것을 좋아하고 말하는 것도 좋아하지요. 물론 쌍둥이자리 여성은 그녀가 읽은 내용에 생생한 상상력을 덧입힐 것이고, 사수자리 남성은 그가 읽은 내용에 대해 그녀가 듣고 싶어하는 것보다 더 있는 그대로의 진실을 말할 것입니다.

쌍둥이자리 여성은 세상이 좀 더 나은 곳이어야 한다고 믿습니다. 그녀는 다채로운 형상들을 엮어서 현존하는 진실을 왜곡한답니다. 그녀 자신을 위해서요. 그게 뭐 잘못된 일인가요?

사수자리 남성에게는 잘못된 일입니다. 그 역시 세상이 좀 더 나은 곳이 되기를 원하지만, 세상을 바꾸기 위해서는 먼저 적나라한 현실을 직시해야 한다고 주장합니다. 이런 면에서 두 사람은 완전히 다릅니다.

사수자리 남성과 쌍둥이자리 여성은 부부가 되어 함께 도와 출판이나 미술, 과학, 의학 등에 종사하면 행복해질 수 있습니다. 둘이 함께 꾸는 꿈 때문에 사소한 돌풍은 그냥 뚫고 지나갈 수 있습니다. 두 사람이 서로만 바라보고 있는 대신 하늘에 있는 별을 함께 본다면, 모든 면에서 환상적인 팀이 될 수 있습니다. 그리스 신화에서 "머큐리는 주피터에게 즐거움을 준다."라고 합니다. 실제로 쌍둥이자리 여성은 사수자리 남성에게 큰 기쁨을 줄 수 있답니다. 그러면 사수자리 남성은 쌍둥이자리 여성에게 무엇을 줄 수 있을까요? 그는 그녀의 속도를 늦춰주고, 그의 큰 날개로 그녀를 보호해줄 수 있습니다. 사수자리 남성도 마음속으로는 그가 쏜 화살처럼 높이 날고 싶어합니다. 하지만 두 사람은 자신들의 야망이라는 연을 날릴 때는 조금 거리를 두고 있어야 할 것입니다. 둘이 너무 가까이 있으면, 하필 바람이라도 부는 날이라면 두 사람의 연은 풀 수 없을 정도로 꼬여버릴 수 있답니다.

사수자리 남성은 이상(ideals)을 가득 안고 태어났습니다. 쌍둥이자리 여성은 아이디어(ideas)를 넘치게 가지고 태어났지요. 두 낱말에는 차이가 있습니다. 영어로 이상이라는 말에는 아이디어에 없는 엘(l)이 있습니다. love를 뜻하는 엘(l)이라고들 합니다. 아이디어는 사랑으로 키워주면 스스로 높이 비상해서 ideal 즉, 이상이 됩니다. 두 사람이 충분히 사랑하면 사수자리 남성은 쌍둥이자리 여성의 아이디어를 받아들여 목성의 이상으로 변화시키고, 쌍둥이자리 여성의 총명한 지성을 '서로 다름'이라는 조명으로 빛나게 해줄 것입니다.

쌍둥이자리 남성과 사수자리 여성

또한 그는 변덕이 심해서, 어떤 놀이에 푹 빠져 있다가도 갑자기 관심을 잃곤 했다.
그러니 다음번에 누군가 떨어질 때는 얼마든지 못 본 척 그냥 내버려둘 수도 있는 사람이었다.

　사수자리 여성이 사랑에 빠지면, 그녀의 온 마음은 마치 충성스러운 강아지처럼 애정을 갈구하며 그 애정을 더 크게 되돌려주려고 합니다. 그녀는 수많은 실수를 거듭한 후에야 의심과 냉소주의의 가면을 쓰게 되지요. 타고난 광대의 얼굴을 가리려는 것입니다. 사수자리 여성의 타고난 정직함과 솔직함은 가장 단단한 남성의 마음도 감동시킬 수 있답니다. 하지만 어떤 쌍둥이자리 남성들은 그녀의 진실성과 이상과 심지어 그녀의 사랑을 시험에 들게 합니다. 수성의 영리함을 활용해서 그녀를 정신 차리기 힘든 게임으로 끌어들이지요. 쌍둥이자리 남성의 이런 행동은 재앙을 부릅니다. 물론 재앙은 쌍둥이자리 남성에게가 아니라 사수자리 여성에게 닥치지요. 어떤 연유에서인지, 쌍둥이자리는 마지막에 잘 탈출하는 능력이 있습니다. 그래서 쌍둥이자리가 자신의 총명함을 남용한 결과와 그 상처는 고스란히 사수자리 여성의 몫이 됩니다. 그 상처는 너무나 깊어서, 몇 달이 지나도 아무리 세월이 흘러도 아물지 않기도 합니다. 하지만 사수자리 여성도 그냥 끝내지는 않았습니다. 그녀는 목성의 넘치는 에너지로 쌍둥이자리 남성이 소중히 여기는 자유의 예복에 날카로운 구멍을 몇 개 낼 수 있었을 겁니다.

　사수자리 여성은 따뜻하고 열린 마음의 사랑과 정서적인 안정감을 누구보다 절실히 필요로 하는 사람이랍니다. 그녀는 아마도 짝을 잘못 찾았는지도 모릅니다. 쌍둥이자리는, 특히 부정적인 자아가 지배할 때는, 잔인할 정도로 무심하고 냉담하고 동점심이라고는 찾아볼 수 없기 때문입니다. 경쾌하고 유쾌하며 다정하고 사랑스럽다고 생각했던 그 남자는 도대체 어디로 간 걸까요? 그렇게나 감동적인 시를 그녀에게 써주고, 하늘 끝까지라도 그녀를 따르며, 그 사랑스러운 소년의 미소로 그녀에게 키스해주던 사람이었는데 말이에요. 그 사람은 여전히 거기에 있답니다. 하지만 그 복잡한 여러 자아의 다양한 이미지들 속에서 숨바꼭질을 하는 중이지요. 그러니 울고 있는 그녀를 그대로 내버려두고 떠날 수도 있답니다. 일말의 후회도 없이요. 그리고 다음 날이 되면, 들꽃을 한 아름 꺾어 들고 새로 쓴 시와 함께 예전의 그 다정한 모습으로 돌아와 용서를 빌겠지요.

이런 모습은 그녀가 원하는 것과는 거리가 멉니다. 사수자리 여성은 상처받기 쉬운 사람입니다. 쌍둥이자리 남성은 뱀조차 유순하게 만들어버릴 수 있는 매력으로 아름다운 로맨스를 선물합니다. 하지만 때로는 잔인할 만큼 냉정하고 무관심의 끝을 보여주며 완전히 기만적인 행태를 보여주기도 하지요. 이런 관계는 그녀의 영혼을 흔들고 여성으로서나 한 인간으로서의 자신감을 상실하게 만듭니다. 그러면 쌍둥이자리 남성은 사이비 정신분석을 시작합니다. 심리 치료가 필요한 사람은 본인이 아니고 그녀인 것이지요. 그는 이 그럴듯한 거짓말을 사수자리 여성이 믿도록 만듭니다. 쌍둥이자리는 어떤 사람이든 처음 한 열두 번 정도는 무조건 믿게 만들 수 있습니다. 상대가 속임수를 완전히 파악할 때까지요. 수성이 지배하는 쌍둥이자리 남성은 정말 충격적인 행동을 하고서도, 자신을 사랑하는 여성으로 하여금 그녀가 잘못한 것처럼 사과해주기를 기대한답니다. 왜 쌍둥이자리 남성들이 탁월한 세일즈맨들인지 아시겠지요? 이들은 어떤 사람에게든 어떤 물건이든 팔 수 있는 사람들입니다. 게다가 교묘하게 어떤 선을 넘어도 잘 잡히지 않습니다. 법을 잘 피해 다니기도 하지요.

물론 모든 쌍둥이자리 남성이 다 이렇다는 것은 아닙니다. 모든 쌍둥이자리 남성-사수자리 여성의 관계가 비극적인 결말로 끝을 맺지는 않습니다. 대다수의 쌍둥이자리 남성은 고맙게도 결점보다는 재능과 재치를 더 많이 가지고 있답니다.

그렇지만 부정적인 유형의 쌍둥이자리 남성들은 많은 여성들의 마음과 삶을 산산조각 내기 때문에 아무리 초강력 접착제를 써도 다시 붙이기 어렵게 만들어놓는 경우가 많다는 걸 잊어서는 안 됩니다. 그들은 무정함과 잔인함 그리고 정신적인 게임에서 항상 이겨야 한다는 욕구와 호기심 때문에 재앙을 초래합니다. 후회하고 반성해야 마땅하지요. 그럼에도 불구하고 막상 이런 짓을 한 당사자들은 때로 아주 순진한 얼굴로 "누구요? 저 말씀이신가요?"라며 반문하지요. 네, 당신이요. 이런 유형의 사람들은 익명이나 필명도 아주 여러 개 가지고 있습니다. 보통의 쌍둥이자리들도 이름을 몇 개씩 쓰면서 재미로 자신의 정체를 숨기려고 하기는 합니다. 하지만 부정적인 유형의 쌍둥이자리는 악의적인 이유로 가명을 여러 개 사용한답니다. 짐, 그렇지 않아요? 데이빗, 아니 멜? 프레드였나요? 뭐든지요.

어쨌거나, 쌍둥이자리 남성은 사수자리 여성에게는 상당히 매력적입니다. 반면에 사수자리 여성도 쌍둥이자리 남성에게 매력적이지요. 서로 반대편인 180도에 위치한 별자리들이 늘 서로 매력을 느끼는 것은 아니지만 이성인 경우에는 종종 그렇습니다. 쌍둥이자리와 사수자리는 천궁도 위치상 서로 반대편에 있지요. 둘은 자신에게는 없는 부러운 자질을 상대방이 가지고 있다는 사실을 느끼기 때문에 서로에게 강력하게 끌립니다. 두 사람 사이에 느껴지는 육체적인 매력도 거부하기 쉽지 않습니다. 정신적이고 감정적인 에너지들도 마찬가지입니다. 두 사람 사이에는 서로를 향해 끌어당기는 마법 같은 힘이 있습니다.

두 사람에게는 공통점도 있습니다. 둘 다 마음이 젊고 호기심이 많고 꼬치꼬치 캐묻기 좋아하지요. 두 사람 사이에는 자유와 공간이 있기를 바랍니다. 그래야 자신들의 목표를 향해 움직일 수 있으니까요. 두 사람 모두 어떤 때는 혼자 꿈을 꾸고 싶어 하지만, 어떤 때는 위로와 격려를 바라며 서로의 품으로 돌아옵니다. 물론 혼자라고 해서 외롭다는 뜻은 아닙니다. 쌍둥이자리 남성과 사수자리 여성은 양쪽 다 외로움에 대한 공포가 있기 때문에 여러 사람과 어울리기를 좋아합니다.

사수자리 여성은 애완동물을 기를 확률이 높습니다. 고양이나 강아지를 기르지요. 그들에게 아주 독특한 이름을 지어주는 편입니다. 제가 가장 아끼는 사수자리 딸은 고양이를 두 마리 길렀는데, 한 녀석에게는 '개구리'라는 이름을 지어줬고 다른 녀석은 그냥 '고양이'라고 불렀답니다. 쌍둥이자리 남성도 애완동물을 좋아하기는 하지만 사수자리 여성처럼 헌신적으로 돌보지는 않는답니다. 쌍둥이자리는 애완동물이 자신의 즐거움을 방해하지 않고 너무 많은 돈을 들여야 하는 경우가 아닐 때만 애완동물을 좋아합니다. 하지만 사수자리 여성은 애완동물을 위해서 자신의 안락함도 기꺼이 희생하는 경우가 많지요. 두 사람의 성격에는 이렇게 미세한 차이점들이 있답니다. 쌍둥이자리 남성은 늘 솟구쳐 오를 새로운 지평선이 필요합니다. 사수자리 여성도 그렇지요. 하지만 사수자리 여성은 그렇게 치솟아 오를 때에도, 누군가 늘 따뜻하게 손을 잡아줄 사람이 필요합니다. 쌍둥이자리 남성도 손을 잡는 것을 좋아하긴 하지만, 그녀가 손을 놓더라도 유쾌하게 작별의 손을 흔들 것입니다. 반면 쌍둥이자리 남성이 손을 놓으면 사수자리 여성은 아마 길을 잃을 것입니다.

두 사람은 7-7 태양별자리 관계가 가진 여러 면에서의 충돌에 대한 위안을 섹스에서 찾을 수 있습니다. 두 사람 사이의 강력한 매력은 시간이 갈수록 점점 커집니다. 때로 그 매력이 줄어드는 것처럼 보이더라도, 둘 관계에 혹시 금이라도 가면 그것을 수리하기 위해 다시 나타나는 경우가 많습니다.

두 사람 사이에는 어떤 특별한 열정이 있어서, 그것이 두 사람이 나누는 육체적인 관계의 자양분이 됩니다. 이들은 종종 남들이 잠자리에 드는 시간보다 훨씬 일찍, 이를테면 아침 식사를 하다가도 눈빛이 통하면 바로 섹스를 할 수 있답니다. 또는 사랑의 쪽지를 전하거나, 두 사람만이 아는 특별한 미소를 짓거나, 둘만 아는 비밀의 언어를 사용할 수도 있습니다.

두 사람의 섹스에서 한 가지 위험 요소는 쌍둥이자리 남성이 가끔 사수자리 여성에게 속임수를 쓸 수 있다는 것입니다. 쌍둥이자리 남성은 파트너의 감정이나 욕구를 더 강하게 이끌어내기 위해 일부러 다툼을 만들기도 합니다. 노여움은 이 두 사람 사이에는 이상하게도 열정을 고취시키는 작용을 합니다. 결국 다툼은 두 사람의 육체적인 결합으로 결말을 맺는 경우가 많지요. 또 그래야 하고요. 하지만 정말 그럴까요? 쌍둥이자리 남성은 둘이 함께 친밀한 시간을 보낸 후의 그 멋진 순간에 다시 긴긴 토론을 끄집어내는 재주가 있답니다. 공정하게 얘기하자면 사수자리 여성도 그런 경향이 있습니다. 두 사람 모두, 섹스 후에는 그 전에 다퉜던 일은 모두 깨끗이 묻어두는 방법을 배워야 합니다. 섹스를 서로를 향한 무기로 사용할 이유가 뭐가 있겠어요? 쌍둥이자리와 사수자리는 불행하게도 자주 그렇게 한답니다. 질투심도 두 사람의 다툼에 많은 이유가 됩니다. 그럴 만도 하지요. 두 별자리 모두 상대방에 대한 신의로 유명한 별자리는 아니니까요. 두 사람은 순백의 충절을 지키기에는 너무나 호기심이 많고, 변덕도 심하고, 기분도 잘 바뀌고, 너무 다양한 것을 원하는 사람들이랍니다.

아주 특별한 경우가 아니라면, 두 사람은 살면서 배우자를 배신하는 경우가 있을 것입니다. 쌍둥이자리 남성은 사수자리 여성보다 더 방황할 가능성이 높습니다. 하지만 사수자리 여성도 이 수성의 새들이 가르쳐준 다양한 게임들을 빨리 따라할 수 있답니다. 그리고 나면 새들은 날아가버리지요.

쌍둥이자리 남성은 정말로 기분이 잘 변합니다. 우선 행복해지면 얼굴이 갑자기 발그레해지고 흥분해서 날개를 퍼덕입니다. 그러다 갑자기 아무 사전 경고 없이 얼굴을 찌푸립니다. 눈을 피하지요. 깊은 우울 속으로 빠져듭니다. 잠시 후에는 수성의 변덕이 심한 미소가 다시 나타납니다. 그는 호수에서 조약돌로 물수제비를 뜨거나, 자기만 알고 있는 마법의 숲에서 개구리들이 부르는 사랑 노래를 듣자고 초대합니다. 처음에는 시나몬 빵을 만들어달라고 합니다. 그러다 갑자기 배가 고프지 않다고 하지요. 경우에 따라 조금씩 변화는 있겠지만 두 사람의 연애는 대체로 이런 식으로 진행될 것이고, 사수자리 여성은 그래도 용감하게 노래를 함께 불러보려고 노력할 것입니다.

사수자리 여성도 기분이 다양하게 변하기는 합니다. 사수자리 역시 이중적인 별자리이기 때문에 그녀 또한 예민하게 굴다가도 자기반성을 하기도 하고, 성질을 부리면서 신랄한 상태가 되기도 합니다. 한쪽이 '다운'되어 있을 때 다른 쪽은 '업'되어 있고 그 반대로도 가능하다면, 두 사람은 힘든 시기도 서로에게 의지하며 보낼 수 있습니다. 둘 다 '업'되어 있으면 좋겠지만, 그런 경우엔 나머지 시간에 둘 다 '다운'되어 있을 것이라는 의미가 되지요. 이 두 사람에게는 바이오리듬이 엇갈리게 가는 것이 훨씬 도움이 될 것입니다.

쌍둥이자리 남성은 화가 났을 때 냉소적인 경향을 좀 누그러뜨려야 합니다. 사수자리 여성은 무뚝뚝하고 퉁명한 말들을 자제해야 합니다. 사수자리 여성이 내뱉는 무뚝뚝한 진실은 거의 상처가 되지요. 쌍둥이자리의 냉소주의도 마찬가지입니다. 순진무구한 정직함을 가진 사수자리 여성은 어떤 말의 개념을 전혀 인지하지 못합니다. 다시 말해, 냉소주의는 당신이 실제로 생각하고 믿는 것과 정반대로 말함으로써, 그 진실을 강조하기 위해 거짓을 과장하는 것이지요. "물론 전화 요금 삼백만 원을 못 내겠다는 말이 아니에요. 낼 수 없다는 게 아니에요, 여보. 우리가 올해 여름휴가를 취소하는 한이 있더라도 전화 요금은 꼭 내야한다고 생각해요." 이해가 되시는지요? 이런 게 냉소주의지요. 사수자리 여성은 마음도 다치고 혼란스럽기도 합니다. 왜 전화 요금이 너무 많이 나와서 자기에게 화가 났고, 여름휴가를 취소해야 할지도 모르니 상심했다고 직접적으로 말하지 않는 걸까요? 그렇게 말하면 미안하다고 하고 몇 주 동안 야근을 해서라도 돈을 더 벌 텐데요. 그래도 그녀는 결국 미안하다고 말하지 않을 거랍니다.

그러면 왜 쌍둥이자리 남성은 그냥 그렇게 말하지 않을까요? 왜냐하면 그는 몽상가이자 시인이라서, 자신이 의미하고자 하는 것을 정확하게 있는 그대로 말하는 것이 불가능하기 때문이랍니다. 이 똑똑하고 매력적인 남자와 잘 지내려면, 그가 하는 말에 집중하지 말고 그의 눈빛에서 진실을 읽어내야 합니다. 하지만 그는 늘 두리번거리기 때문에 그 눈빛을 읽어내기 쉽지도 않고 눈빛도 계속 바뀐답니다.

쌍둥이자리 남성의 날카로운 냉소주의만큼이나 아픈 것이 바로 사수자리 여성의 불편한 정직함입니다. 이 두 가지가 잘못 만나면 말 그대로 서로의 마음을 산산조각 낼 수 있습니다. 하지만 두 사람 사이에는 더 밝은 면이 있답니다. 이중적인 별자리 두 사람이 만나면 좋건 나쁘건 늘 다른 측면이 있기 마련이지요. 이 경우엔 좋은 다른 면입니다. 두 사람은 적어도 서로의 지적 능력을 존중합니다. 그리고 지루하도록 닮은 것보다는 서로 다른 느낌을 매력적이라고 생각합니다.

쌍둥이자리 남성은 하늘을 바라보며 우주의 무궁무진한 공간에 대해 생각하는 것을 좋아합니다. 그러다 갑자기 자신에 대한 자각으로 생각이 이어지며 궁금증이 생깁니다. "나라는 존재 속에도 내가 탐험할 수 있는 무궁무진한 세상이 존재할까?" 늘 함께 있는 쌍둥이 자아는 "물론이지!"라고 외칩니다. 그리고 또 다른 탐험이 시작되지요. 사수자리 여성이 이 남성을 잡고 싶다면, 늘 함께 다니는 제3의 존재인 쌍둥이 자아에 대해 화내지 않으려고 애쓰면서 네버랜드로 가는 탐험에 동참해야 합니다. 웬디가 피터에게 그랬듯이, 그의 또 다른 자아를 그에게 단단히 붙들어 매어 놓으려고 노력해야 할지도 모릅니다. 쌍둥이자리 남성이 자신의 또 다른 자아를 그렇게 자주 잃어버리지 않을 수 있도록 말이에요. 상당히 어려운 수수께끼가 되겠지만, 그녀가 귀를 기울이면 목성이 그녀의 마음에 답을 속삭여줄 것입니다.

쌍둥이자리 Gemini

공기 · 변화하는 · 능동적
지배행성: 수성
상징: 쌍둥이
양(+) · 남성적

Capricorn 염소자리

흙 · 시작하는 · 수동적
지배행성: 토성
상징: 염소
음(−) · 여성적

쌍둥이자리와 염소자리의 관계

대포 소리가 산을 따라 메아리쳤다. 사납게 으르렁거리며, 메아리는 이렇게 외치는 것 같았다.

"이 녀석들 어디 있어, 이 녀석들 어디 있어, 이 녀석들 어디 있어?"

쌍둥이자리들은 뭘 하려는 걸까요? 어디에 서 있는 거죠? 도대체 어디에 있는 거예요? 쌍둥이자리를 이해하려고 애쓰는 염소자리들은 이렇게 울부짖을 것입니다. "그들은 아무 곳에도 있지 않습니다." 천문해석학자들은 이렇게 답하겠지요. "쌍둥이자리들은 아무 곳에도 있지 않지만, 동시에 모든 곳에 있습니다. 모든 쌍둥이자리에게 최소한 두 명 이상의 자아가 있다는 것을 고려해보면 좀 더 쉽게 이해할 수 있습니다."

염소자리가 그렇게 두루뭉술한 답변을 참고 들어줄 거라고 잠깐이라도 생각하셨나요? 절대로 그럴 리가 없지요. 문제에 대한 실용적인 해결책을 원하는 염소자리에게 이것은 너무나 추상적이고 허무한 설명입니다. 쌍둥이자리 한 명 속에 있는 쌍둥이 자아들의 터무니없는 행동들 때문에 힘들어하는 염소자리에게 천문해석학을 이해시키려고 해서는 안 됩니다. 통하지 않을 테니까요.

쌍둥이자리는 수성이 지배하는 공기 별자리이기 때문에 바람과 같지요. 바람은 보이지는 않지만 힘이 세답니다. 친구일 수도 적일 수도 있지요. 대체로는 중립적이라고 해야겠지만, 가끔은 건물 전체를 바람으로 날려버릴 수도 있습니다. 바람이나 쌍둥이자리에 대해서는 예측할 수가 없답니다. 그들은 자유롭고 그 방향을 예상하는 것은 불가능하지요. 그러니 그들에 대해 답을 찾으려는 천문해석학자들은 어리석은 사람들이라고 할 수 있습니다. 그럼에도 불구하고, 쌍둥이자리에 대한 이런 모든 설명은 염소자리를 이해시킬 수 없습니다. 그들은 바람이 어느 방향으로 불 것인지를 알 때까지 포기하지 않을 겁니다. 그냥 북쪽이라고 하세요. 그러고는 잊어버리세요. 쌍둥이자리 바람이 그 순간에 어느 쪽으로 불든, 한두 시간만 있으면 북쪽으로 불 게 확실하니까요. 이제 감을 잡으셨나요? 노력만 한다면 이런 문제를 해결하는 방법은 늘 있답니다.

말수가 적은 염소자리는 쌍둥이자리가 너무 말이 많을 때는 그들의 말솜씨를 별로 존중하지 않을 것입니다. 염소자리는 유명인들에 대한 뒷이야기를 듣는 것은 즐기지만, 자신이 뒷이야기의 주인공이 되는 것은 별로 달가워하지 않습니다. 물론 명성은 기꺼이 즐기지요. 염소자리의 지배행성인 토성에게 신중함은 모든 지혜의 시작입니다. 말과 행동 모두에서의 신중함을 뜻합니다. 상징적으로, 토성은 윤회를 여러 번 거치면서 수많은 통과의례를 치른 결과로 얻은 지혜의 별입니다. 그래서 토성은 꽤나 거만한 고용주, 조부모, 정부 등을 포함하는 모든 권위를 상징합니다. 그들은 또한 "안 돼."라고 불허함으로써 쾌감을 느끼는 사람들입니다. 그들은 "절대로 안 돼."라고 말하지요. 물론 당신을 위해서요. "그래." 라는 표현은 전형적인 염소자리에게는 낯선 말이랍니다.

염소자리는 "예."라는 말을 발음하는 것도 어렵습니다. 그래서 "그러지요."라거나 "그렇게 생각해요."라는 말로 대체하는 경우가 많습니다. 제가 아는 어떤 염소자리는 "예." 대신 "아하."라는 말을 더 자주 합니다. 이해할 수도 없고 일반적이지도 않지요. 아무튼 결론적으로 염소자리는 "네."라는 말을 하기 싫어합니다.

쌍둥이자리와 염소자리는 6-8 태양별자리 관계입니다. 쌍둥이자리가 염소자리에게 매력을 느끼지요. 그 매력에는 불가사의한 것들 즉 죽음, 섹스, 환생, 최면, 정신의학 등이 연관되어 있습니다. 한편 염소자리는 쌍둥이자리에 대해 뭔가 유용한 면을 발견합니다. 그래서 쌍둥이자리들은 염소자리의 목적을 위해 대체로 어떤 봉사를 하게 됩니다. 일종의 자기희생은 필연적이겠지요. 가족 관계에서든 일에서든 혹은 연인 관계에서든 마찬가지입니다. 이 관계에서는 기본적으로 한쪽의 희생이 있을 수밖에 없습니다.

염소자리는 클래식한 옷을 입고 아주 우아한 태도를 가지고 있습니다. 토성의 경험을 통한 지혜와 숙련된 기술을 발산하기 위해서는 격식을 차린 고상한 분위기가 어울리지요. 하지만 어떤 염소자리의 태도는 케케묵은 장롱 속 겨울 코트 냄새처럼 느껴지기도 합니다. 염소자리는 현대적인 가구를 경멸합니다. 전통적이고 오래되고 **오래갈 수 있는** 가구를 선호하지요. 현대적인 개념을 도입해서 집 안을 플라스틱과 반짝이는 색상으로 장식하는 것은 쌍둥이자리한테나 하라고 하세요. 염소자리에게는 익숙한 것이 더 나은 것으로 여겨집니다. 장인들의 뛰어난 솜씨는 아무도 반박할 수가 없지요. 저라면 반박하지 않겠습니다. 하지만 쌍둥이자리는 그럴지도 모릅니다. 쌍둥이자리들은 어떤 작은 약점에 대해서도 그럴듯하고 타당하게 들리도록 주장을 펼칠 수 있지요. 하지만 염소자리에게는 예외랍니다. 염소자리는 쌍둥이자리 방식의 설득에 넘어가는 경우가 별로 없습니다. 물론 그런 일이 일어날 때도 있지만 몹시 드물지요. 염소자리는 쌍둥이자리가 교묘하게 조종하는 것을 금세 알아챕니다. 자신에게 뭔가 불리한 것이 감지되면 그들은 바로 물러섭니다. 두 번 다시는 그런 게임에 말려들지 않겠다고 결심하지요.

염소자리에게는 자연의 웅장함과 평화로움이 있습니다. 거기에 더해 산양의 숭고한 인내심을 지녔지요. 이런 특징들은 쌍둥이자리들을 매료시킵니다. 쌍둥이자리는 겉으로 보이거나 스스로 인정하는 것보다 훨씬 더 간절하게 정신의 평화를 추구하는 사람들이니까요. 심각하지만, 동시에 친절하고 다정한 염소자리는 쌍둥이자리에게 위안과 안정감을 줍니다. 비행과 비행 사이에 잠시 날개를 접고 쉴 수 있는 그런 순간이지요. 쌍둥이자리에게는 삶이 너무나 빨리 움직입니다. 때로 그들도 무서울 정도지요. 그래서 가끔은 내면의 광기를 차분히 가라앉혀야 합니다. 염소자리는 차분함의 대가라고 불러도 될 만한 사람들이지요. 고요하고 깊은 숲속 같은 사람들이어서, 잠깐씩 쉬러 들르는 쌍둥이자리에게 무척 유용한 평온함을 제공합니다. 염소자리와 함께라면, 쌍둥이자리도 삶과 사랑의 여러 형태를 보다 느린 토성의 속도로 연구할 수 있습니다.

염소자리가 쌍둥이자리에게 배울 수 있는 점들도 있습니다. 쌍둥이자리는 천진난만할 정도로 자기중심적이고, 지적으로 독립적이며 호기심이 많지요. 그들은 모든 책, 보았던 영화 그리고 들어본 음악의 해당 분야에 푹 빠질 수 있는 능력을 가지고 있습니다. 마치 자신이 태어난 왕국이기라도 한 것처럼, 그 상상의 세계 속에서 자연스럽고 자유롭게 활동할 수 있습니다. 따라서 쌍둥이자리들은 문학, 음악, 미술 세계에 대한 소중한 지식을 염소자리에게 전해줄 수 있습니다. 쌍둥이자리는 대개 백일몽에 푹 빠져 있다가 어쩔 수 없이 육신이라는 감옥으로 돌아오는 사람들이지요. 반면에 염소자리는 지구라는 장소 이외의 세계에 대해서 이해하는 것이 어렵습니다. 그들은 이 땅에 너무 깊숙이 뿌리박고 살고 있기 때문에, 의식 세계에서든 무의식 세계에서든 언제나 실용적이며 현실적인 사람들이지요. 그래서 이들에게는 쌍둥이자리의 비현실적인 지식과 태도가 도움이 될 수 있습니다.

별들이 반짝이는 조용한 밤에는 마음이 방황하고 유머 감각을 자랑하는 염소자리가 있을 수도 있습니다. 염소자리임에도 외계인, 텔레파시, 피라미드의 신비 같은 것들에 관심을 갖는 경우도 있겠지요. 하지만 전형적인 염소자리는 설계도에 따라 자신이 직접 분해할 수 있고 다시 조립할 수 있는 것이 아닌 것들에 대해서 고민하느라 시간을 낭비하지 않는답니다. 염소자리가 비행을 할 때는 안전하게 일찍 예약을 합니다. 자동차로 이동할 때는 지도를 잘 챙깁니다. 하지만 윤회의 수레바퀴의 여행자에게는 설계도도 지도도 없지요. 물질과 현실의 감각을 넘어선 세상으로의 여행에는 예약이 소용없답니다. 믿음이 필요하지요.

물론, 쌍둥이자리가 다른 세상에 대해 탐색할 때 신념이나 정신적인 동기를 갖고 하는 것은 아닙니다. 쌍둥이자리는 그저 단순한 호기심으로 그 일들을 한답니다.

놀라울 정도로 많은 염소자리들이 예술의 세계에서 토성의 방식으로 영혼의 굶주림을 만족시킵니다. 그들은 미술품을 수집하기도 하고 예술가의 후원자가 되기도 하며, 직접 그림을 그리기도 합니다. 연기를 전문적으로 하거나 드라마 작가가 되기도 하고, 몇몇은 음악의 길을 걷기도 합니다. 하지만 염소자리는 무엇을 하든 두 발을 땅 위에 굳건히 뿌리내리고 있답니다. 두 발이 땅 위에 고정되어 있는데 별에 얼마나 가까이 갈 수 있을까요? 또 우주로 가려면요? 하지만 어떤 분야든 창작을 위한 노력은 오감을 넘어서게 만들어주는 힘이 있습니다. 여섯 번째 감각이나 일곱 번째 감각의 존재에, 어쩌면 그보다 많은 감각의 세계에 눈뜨게 하지요. 고대인들은 토성이 7차원의 행성이라고 주장했습니다. 우리는 3차원의 세계에서 일상생활을 하고 있으며, 아인슈타인이 알아낸 것처럼 영원한 현재인 시간 자체는 4차원입니다. 분명 7차원의 세계에서는 쌍둥이자리가 생각할 수 있는 것보다 더 높은 차원의 지혜가 있겠지요. 하지만 토성은 그 토성의 과묵함과 침묵으로 그 비밀을 잘 지키고 있답니다.

염소자리는 고민을 남들에게 드러내지 않습니다. 반면 쌍둥이자리는 타인과 의사소통을 하기 위해 태어난 사람들입니다. 어느 쪽이 옳은 걸까요? 둘 다 각자의 방식으로 사는 거지요. 상대방이 자기 일을 하고 있을 때 참견하지 않고 말이에요. 하지만 이 두 별자리가 '자신들의 일만 하기'는 드뭅니다. 서로를 참견하지 않기가 어렵지요. 하지만 사전적인 정의로 '드물다'라는 표현은 '일반적이지 않은'이라는 뜻 외에도 '몹시 아름다운'이라는 뜻을 지니고 있다는 사실을 명심하세요.

쌍둥이자리 여성과 염소자리 남성

그 섬이 그들을 찾아 나섰다.

사실은 이것이 네버랜드의 마법 해안에 도착할 수 있는 유일한 방법이기도 했다.

"저기야."

피터가 차분하게 말했다.

"어디, 어디?"

"모든 화살표들이 가리키는 바로 저기."

염소자리 남성이 아무리 오랫동안 쌍둥이자리 여성과 함께한다 해도 결코 이해할 수 없는 부분이 있습니다. 염소자리 남성이 보기엔 너무나 분명한 것들을 쌍둥이자리 여성은 왜 제대로 보지 못하는지 하는 것입니다. 그것이 보상이든 처벌이든 말과 행동에는 결과가 따른다는 평범한 진리 말이에요. "모든 작용에는 반작용이 따른다."라는 뉴턴의 법칙처럼 명확하지요. 그런데도 왜 쌍둥이자리 여성은 그걸 이해하지 못하는 걸까요?

쌍둥이자리 여성이 볼 때는 염소자리 남성이 실수하는 겁니다. 그는 물질세계만 현실이라고 믿고, 상상의 세계는 그저 시간 때우기용 취미 생활쯤으로 취급하지요. 물론 쌍둥이자리 여성은 바람 속을 방황합니다. 하지만 그 속에서 조사하고 해부하고 탐구하고 계산한답니다. 이를 통해 상상과 현실이라는 두 세계를 하나로 녹여내지요. 상상을 현실과 가능성의 세계로 변화시키는 것입니다.

염소자리 남성은 쌍둥이자리 여성의 이런 모습에 처음에는 흥미로워합니다. 하지만 시간이 지나면 흥미는 우려로 바뀝니다. 염소자리의 논리적이고 실용적인 관점에서 봤을 때, 쌍둥이자리 여성의 말과 행동은 말이 안 됩니다. 결국 그의 우려는 엄격함으로 바뀌고, 더 나중에는 관심이 없어집니다. 염소자리는 어떤 주제가 토론할 가치가 없다고 결정을 하고 나면 그걸로 끝입니다. 그는 통명스럽고 단호해지지요. "그 부분에 대해서는 더 얘기하지 말기로 합시다. 그 주제는 종결입니다." 쌍둥이자리 여성의 입장에서는 어떤 주제도 완벽하게 종결되는 법이 없습니다. 늘 새로운 논쟁과 새로운 관점을 향해 열려 있지요. 하지만 그녀가 가진 모든 매력에도 불구하고, 염소자리 남성이 한번 마음을 접으면 그 마음을 다시 돌리는 것은 쉽지 않답니다.

염소자리 남성이 보기에 쌍둥이자리 여성은 경솔합니다. 삶에 대한 애착도 분명 부족하지요. 하지만 쌍둥이자리 여성은 얽힌 매듭을 너무나 쉽게 푸는 놀라운 지력을 가졌고 공부도 잘하지요. 이 부분에 대해서는 염소자리 남성도 감탄을 금치 못합니다. 쌍둥이자리 여성도 처음에는 염소자리의 지혜를 존경합니다. 그녀가 가지고 있는 빠른 두뇌 회전과 총명함과는 전혀 다르지만요. 이런 이유로 두 사람 사이에는 서로 동경하는 유대감이 형성됩니다. 서로를 정화시켜주고 강화시켜줄 수 있지요. 하지만 시간이 조금 지나고 나면, 두 사람이 지닌 성향의 차이점들이 점점 눈에 보이기 시작합니다. 염소자리 남성에게는 어떤 중력 같은 게 있어서 쌍둥이자리 여성을 우울하게 만들고, 그녀가 위장하고 있는 호기심 많은 변덕은 염소자리 남성을 산만하게 만듭니다. 또한 두 사람의 기질과 성격과 특징과 동기는 정말 극과 극인 경우가 많답니다.

서로의 가족을 예로 들어보지요. 전형적인 염소자리 남성은 엄마, 아버지, 고모, 삼촌 그리고 자동차 한 대에 다 들어가지 않는 수많은 사촌들과 무척이나 가깝게 지낼 것입니다. 그의 자녀들을 깜박했다고요? 이들은 당연히 늘 함께 있기 때문에 언급할 필요조차 없답니다. 쌍둥이자리 여성은 어떨까요? 그녀도 진심으로 가족들을 좋아합니다. 심지어는 자기만의 방식으로 애정 표현도 할 것입니다. 하지만 염소자리 남성 같은 단단한 유대감을 느끼지는 않습니다. 그녀는 그녀의 길을 가고 가족들도 그들의 길을 가는 거지요. 그러다 언젠가 길이 교차하면 그것도 좋고요. 하지만 그녀는 가족들과 늘 함께 여행을 다니거나 가족에 대한 얘기로 시간을 때우는 것을 그리 즐기지는 않을 것입니다.

다음으로는 돈에 대한 태도를 살펴볼까요? 두 사람 모두 돈을 좋아합니다. 쌍둥이자리 여성은 돈을 유통시키는 사람이지요. 돈을 소비하고 즐기는 데 사용합니다. 염소자리 남성은 감정적인 안정제 용도로 돈을 사용하지요. 그는 돈이 은행에 잘 있다는 것을 알고 있는 것 자체로 안정이 되고 숨을 잘 쉴 수 있습니다. 스스로를 예상치 못한 재정 위기가 일어날 일이 없는 견실한 시민이라고 확신할 때 자신감이 넘치지요. 염소자리는 돈을 가장 안전하게 보관하는 것은 땅속이라고 했던 황금시대의 제왕들과 같은 생각을 한답니다. 즉 그에게 돈을 가장 안전하게 보관하는 방법은 은행에 넣어두는 것이지요. 쌍둥이자리 여성은 돈을 은행에 넣어두고 아무것도 하지 못하게 하는 것이 뭐가 좋은지 이해할 수 없습니다. 이자가 불어난다고요? 쌍둥이자리 여성은 이렇게 냉소할 것입니다. "그렇게 해봤자 돈만 더 생기는 거잖아요? 아무것도 안 하면서요." 아무것도 안 한다는 건 무슨 뜻일까요? 실은 그것도 뭔가를 하고 있는 거지요, 그렇지 않나요? 게다가, 그것이야말로 염소자리 남성에겐 마음의 평화를 가져다주는 일인 걸요. 하지만 쌍둥이자리 여성에게는 괴로운 일이지요. 돈을 가지고 아무것도 안 하다니요!

염소자리 남성은 화가 나거나 짜증이 나거나 기분이 언짢을 때면, 시무룩해지고 말이 없어지고 뿌루퉁해집니다. 쌍둥이자리 여성은 더 신랄해지고 말이 격렬해지고 냉소적으로 됩니다. 염소자리 남성의 기분은 짙은 갈색이나 푸른색 그리고 검정색이며, 어느 정도는 예측이 가능합니다. 쌍둥이자리 여성의 기분은 예측이 불가능합니다. 봄바람처럼 부드럽다가도 다음 순간에는 토네이도처럼 파괴적인 상태가 되지요. 쉴 새 없이 활동적이다가도 어느 순간 수동적으로 변하고 말이 없어집니다. 쌍둥이자리 여성이 미소를 지을 때, 그녀의 눈빛은 사랑스럽게 반짝거리고 매혹적입니다. 그러다 갑자기 이마가 찌푸려집니다. 느닷없이 눈에서 눈물이 쏟아져 내립니다. 입술이 떨립니다. 그녀는 슬퍼도 아름답습니다. 그녀는 문득 아주 즐거운 생각이 떠올라서 팔짝팔짝 뛰고, 그를 팔로 감싸 안으며 그의 콧등에 키스합니다. 쌍둥이자리 여성의 잘 변하는 기분은 마치 팅커벨처럼 가볍고 까불거리고 계속 바뀝니다. 대단히 지적이다가도 느닷없이 몹시도 추상적인 신비주의에 빠져들지요. 하지만 쌍둥이자리 여성은 그런 몽상의 상태에 그리 오래 머물러 있지는 않습니다. 신비주의에 완전히 빠지기에는 타고난 의심이 너무 많지요.

가끔 수수께끼 풀기나 퀴즈 맞히기를 좋아하는 염소자리가 있습니다. 이런 염소자리 남성이 쌍둥이자리 여성을 보면 그 매력에 압도될 것입니다. 그녀는 마치 누군가 맞춰주기를 기다리고 있는 색색의 흩어진 퍼즐 조각 같습니다. 게다가 앙증맞고 여성스럽고 웃음소리가 경쾌하지요. 그녀는 염소자리 남성의 품에 있을 때 잘 어울립니다. 염소자리 남성은 다른 사람들 앞에서 자랑할 수 있는 여성을 소유하고 싶어하지요. 토성이 지배하는 염소자리는 성취욕이 많습니다. 쌍둥이자리 여성처럼 흥미로운 존재의 사랑을 얻는다는 것은 분명 큰 성취라고 할 수 있습니다. 또한 염소자리는 정상을 향해 올라가야만 합니다. 이들은 산 정상에서 바라보는 풍경을 즐긴답니다. 남들이 자신을 우러러보고 존경해주기를 바라지요. 한 명 속에 서너 명의 여성이 있는 쌍둥이자리 아내나 여자 친구(염소자리 남성에게는 아마도 아내 쪽이겠지요.)를 과시하면 뭇 남성들은 그를 부러워할 것입니다.

어떤 염소자리 남성들은 젊어서는 너무 서두르거나 너무 수줍어서, 혹은 너무 바빠서 발견하지 못했던 것을 나이 들어서 추구합니다. 또는 행동이나 말이 더 빠르고, 신중하기보다는 경솔한 쪽에 가까운 염소자리 남성도 있지요. 하지만 지극히 예외적인 경우입니다. 염소자리는 대부분 자제력의 대가들입니다. 대개 염소자리 남성은 처음 사귀기 시작할 때 너무 떨고 너무 느리고 너무 신중하기 때문에 쌍둥이자리 여성은 머리를 갸웃합니다. 하지만 그는 아마도 차분하면서도 스타일이 있는 옷을 입을 것이며, 호감 있는 눈빛으로 그녀를 향해 미소를 지을 것입니다. 더불어 그의 다정함과 부드러운 안정감은 쌍둥이자리 여성으로 하여금 이 남자야말로 자신을 이해해줄 남성이라고 생각하게 만듭니다.

염소자리 남성은 그녀를 즐겁게 만드는 것이 행복하고, 자기가 즐겁게 해줄 여성이 있다는 것 자체에 무척 감사합니다. 사랑을 하고 있다는 것 자체가 그에게는 만족감을 주지요. 쌍둥이자리 여성은 염소자리 남성이 한번 헌신하기로 하면 그 약속을 지킬 사람이라는 것을 감지합니다. 그런데 심술궂게도 바로 그 즈음에 그녀는 불안해집니다. '약속'이라는 말 때문입니다. 쌍둥이자리는 약속이라는 말의 '약'자만 들어도 경기를 일으킵니다. 사랑이 현실이라면 평생 갈 것입니다. 쌍둥이자리 여성도 물론 그런 사랑을 하고 싶습니다. 하지만 사랑을 걸고 장기 계약서에 서명을 하고 싶지는 않답니다. 사랑이 자연스럽게 진행되도록 내버려두고 싶어하지요. 다행히 평생토록 가는 사랑이 된다면 그보다 더 좋을 수 없습니다. 하지만 보증을 요구한다면, 쌍둥이자리 여성으로서는 쉽지가 않습니다.

육체적인 사랑에서는 두 사람은 놀랄 정도로 서로의 갈망을 본능적으로 이해하고 그것을 서로 교감합니다. 두 사람 모두에게 섹스는, 통제할 수 없는 열정의 불꽃이 마구 타오르는 그런 상태는 아닙니다. 염소자리와 쌍둥이자리에게 섹스는 휴식과 위안을 위한 수단입니다. 두 사람은 서로에게 지나친 감정적인 요구를 하지도 않습니다. 가끔씩 느끼는 사소한 불만과 좌절감을 제외한다면 염소자리와 쌍둥이자리의 육체적인 사랑은 비교적 잘 맞습니다. 두 사람은 6-8 태양별자리 관계의 영향을 강하게 받기 때문에, 섹스는 두 사람 관계에서 굉장히 많은 부분을 차지하는 중요한 요소가 될 수 있습니다. 두 사람의 태양과 달별자리가 조화롭다면, 염소자리 남성은 쌍둥이자리 여성의 육체적인 매력에 강하게 끌릴 것이고 시간이 지나도 그 매력은 사라지지 않을 것입니다. 그리고 설령 연인 관계가 끝난다고 해도 두 사람은 친구로 남을 것입니다. 6-8 태양별자리 관계에 있는 모든 커플이 그런 것은 아니지만, 쌍둥이자리와 염소자리는 그럴 가능성이 매우 높답니다.

사랑은 토성이 지배하는 염소자리의 마음속 얼음을 녹이는 힘이 있습니다. 얼음이 녹은 염소자리 남성은 쌍둥이자리 여성에게 큰 기대감을 줍니다. 그와 함께 있으면 그 관계는 아주 견고하게 지속될 것이고, 그는 그녀에게 최고의 행복을 누리도록 해주겠다고 약속하는 것 같은 기대감을 줄 거랍니다. 나중에 쌍둥이자리 여성은 그 무언의 약속이 깨진 것처럼 느낄 수도 있습니다. 안정적이긴 하지만 재미라고는 없는 염소자리 남성의 삶에 속박당한 것 같은 느낌이 들기도 할 것입니다. 그래도 염소자리 남성은 가장 훌륭한 연인 또는 남편 후보자이지요. 그는 또한 나이가 들수록 더 젊어지고 자유로워지는 남자랍니다. 그녀가 기다려주기만 한다면 염소자리 남성의 약속은 결국 지켜질 수도 있습니다.

쌍둥이자리는 인내심이 없고 기다리는 걸 싫어합니다. 그래도 노력을 해야 합니다. 그렇게 하면 그만한 보상이 따를 테니까요. 인내심이 필요합니다. 인내심이 바로 염소자리 남성과 함께할 수 있는 중요한 열쇠입니다. 반드시 인내심을 길러야 합니다.

지금 이 부분을 읽고 있는 쌍둥이자리 여성 중에 염소자리 남성과 사랑에 빠진 분이 있으시겠지요. 이런 조언이 왜 필요한지 의아할 수도 있을 것입니다. 이미 행복한데 말이에요. 글쎄요, 이미 물에 가라앉고 있는 사람에게 수영을 가르칠 수야 없지요. 사전에 가르쳐야 한답니다. 만약의 경우에 대비해서요. 그러니 쌍둥이자리 여러분, 다시 한번 **인내심**을 기억하세요.

쌍둥이자리 남성과 염소자리 여성

"물러서요, 아줌마. 누구도 나를 잡아서 어른으로 만들 수는 없어요."
그래서 그녀는 그에게 말하지 않을 수 없었다.
"피터, 나는 나이가 들어버렸어. 벌써 스무 살도 넘게 먹어버린 걸. 이미 오래전에 난 어른이 됐어."
"안 그러겠다고 약속했잖아요!"
"어쩔 수가 없었어."

염소자리 여성은 본인도 어쩔 수 없이 나이보다 훨씬 현명합니다. 쌍둥이자리 남성은 때때로 무책임한 어린 소년처럼 행동하는 걸 어쩔 수 없습니다. 아주 최근까지도 우리 사회에는 남성은 강하고 어른스러워야 하며 현실적이어야 한다는 고정관념이 있었습니다. 여성은 변덕이 심하고 예측이 불가능하고 감정을 잘 참지 못한다는 고정관념도 있었지요. 하지만 지금은 남성들도 예민하고 변덕을 부릴 수 있고, 여성도 꾸준하고 상식이 있는 사람들일 수 있다는 사실을 인정합니다. 염소자리 여성과 쌍둥이자리 남성에게는 다행스러운 일입니다. 염소자리 여성은 현실적이고 똑똑하다는 것을, 쌍둥이자리 남성은 종종 백일몽을 꾸고 아름다움에 감동을 받으면 눈물을 흘리기도 한다는 것을 인정하게 되었으니까요.

두 사람의 성격적인 차이는 서로 감당할 수 있는 수준입니다. 서로 다른 성향들 중에서 비교적 서로 맞는 부분을 찾아내는 복잡한 취미 활동으로 조금 바쁠 수 있는 정도이지요.

두 별자리는 성별로 보면 잘 어울리는 것처럼 보입니다. 염소자리 여성은 여성적인 별자리이고 쌍둥이자리 남성은 남성적인 별자리이니까요. 그런데 그게 그렇게 간단하지가 않습니다. 염소자리가 여성적인 별자리인 것은 맞지만, 지배행성이 토성입니다. 토성은 매우 남성적인 별이지요. 그리고 쌍둥이자리가 남성적인 별자리임에는 틀림없지만, 까다로운 수성의 지배를 받지요. 수성은 속이기 좋아하는 별입니다. 눈 깜짝할 사이에 남성에서 여성으로, 여성에서 남성으로 전환이 가능한 별이기도 하지요. 이런 점은 문제일 수밖에 없습니다. 해결할 수 없는 문제는 아니지만 가끔 성가시게 하는 문제이지요.

어떤 때에는 쌍둥이자리 남성이 염소자리 여성을 냉담하고 동정심이 없다고 비난하는 때가 있을 것이고, 어떤 때에는 염소자리 여성이 쌍둥이자리 남성을 감정적으로 어른스럽지 못하고 변덕스럽다고 비난할 때가 있을 것입니다. 하지만 염소자리 여성도 다정다감하고 의리를 지키며 온갖 유머를 구사할 수 있습니다. 안전하다고 느낄 때는요. 상황이 계속 변화하고 움직이는 상태에서는 그럴 수 없지요. 쌍둥이자리 남성도 마찬가지입니다. 상대방이 자신을 의심하며 미래가 우울하다고 불평을 하거나 잔소리를 하고 있을 때 말고, 그에게 필요한 만큼의 표현의 자유가 있을 때는 그도 진실을 쏟아내지요. 비판과 냉혹함으로는 쌍둥이자리 남성의 좋은 면을 끄집어낼 수 없습니다.

돈은 염소자리 여성이 관리해야 합니다. 염소자리 여성의 선택이라면 분명히 두 사람은 가족이 될 것입니다. 염소자리는 잠깐 만나는 로맨스의 상대에게 돈을 빌려주는 경우가 거의 없답니다. 그녀는 가볍게라도 어떤 상대와 만나기 전에 미래의 계획에 대해 잘 파악하고 있어야 한답니다. 어쨌든 돈지갑의 끈을 잡고 있기에는 염소자리 여성이 최고입니다. 쌍둥이자리 남성이 셈이 느리다는 뜻은 아닙니다. 오히려 너무 빠르고 계산에 능하지요. 다만 염소자리 여성이 돈을 더 분별 있게 쓰고 더 현명하게 투자하며, 마법이라도 쓰는 것처럼 은행 잔액를 점점 늘려가는 재주가 있을 뿐이랍니다. 반면에 쌍둥이자리 남성은 희한하게도 잔액이 점점 줄어들게 하는 재주가 있지요.

이 두 별자리는 친구들이나 가족들은 물론이거니와 천문해석학에서도 감정이 '차가운' 사람들로 불립니다. 염소자리 여성은 토성이 그녀의 행동을 엄격하고 냉엄하게 통제하고, 쌍둥이자리 남성은 늘 조금은 무심한 공기 별자리이기 때문입니다. 하지만 토성이 아무리 철통같이 그녀의 감정을 통제한다고 하더라도, 염소자리 여성 또한 격렬한 사랑을 할 수 있습니다. 두 사람의 관계가 영원하고 진정한 사랑이라는 것을 확신할 때까지는 감정을 드러내지 않도록 토성이 압력을 행사하더라도요.

쌍둥이자리 남성의 영혼은 사랑의 진정한 황홀감이나 고통을 아직 배우지 못한 상태입니다. 영적인 진화의 단계로 볼 때, 아직 사랑의 진정한 깊이를 경험하지 못한 상태인 거지요. 하지만 그는 특별한 설렘으로 그런 사랑을 고대하고 있답니다. 뭔가를 기대한다는 것 자체가 마법 아닐까요? 쌍둥이자리 남성이 진정한 사랑을 찾아 헤매는 모습은 염소자리 여성의 꿈도 함께 자라게 합니다. 그리하여 그녀의 느리고 꾸준히 타오르는 사랑의 불꽃이 그의 길을 밝혀주고, 그가 헤맬 때 안식처가 되어 줍니다.

염소자리 여성은 쌍둥이자리 남성이 상대하기에는 너무 훌륭하고 너무 완벽하고 너무 믿음직스러울 때가 있습니다. 쌍둥이자리 남성은 뭐라 설명하기는 어렵지만, 염소자리 여성의 그 차분하고 안정된 감정이라는 감옥에 갇힌 것 같은 느낌을 받습니다. 그녀의 헌신이 그에게는 마치 모욕처럼 느껴질 수도 있습니다. 하지만 그것은 그가 결코 그녀와 같은 헌신을 따라할 수는 없다고 스스로 의심하기 때문입니다. 그 때문에 한편으로는 두렵고 한편으로는 슬픈 것이지요. 쌍둥이자리 남성은 마음속으로 염소자리 여성의 '너무' 믿음직스러운 애정에 분개합니다. 도망을 가지요. 하지만 오래가지는 못합니다. 얼마의 시간이 지나면 그는 다시 그녀의 애정을 받기 위해 돌아온답니다. 그것은 쌍둥이자리 남성의 마음속에서 쌍둥이 자아들이 혼란스러워하는 모습이기도 합니다.

두 사람의 섹스는 강렬한 화산 폭발 같지는 않습니다. 하지만 두 사람이 가지고 있는 육체적인 사랑에 대한 희망 사항, 즉 위로가 되고 친밀하면서도 너무 강렬하지 않기를 바라는 마음을 잘 충족시켜줍니다. 물론, 그렇게 가장 친밀한 순간에도 쌍둥이자리 남성은 자기만의 독립과 자유를 느낄 수 있어야 합니다. 놀랍지만 염소자리 여성도 그렇답니다. 염소자리 여성은 토성이 단단하게 그녀를 잡고 있기 때문에, 어떤 누구에게도 자신을 끝까지 모두 내던지지는 못한답니다. 본질적으로는 두 명인 쌍둥이자리 남성도 마찬가지이지요. 쌍둥이 자아 중 한 명은 약간 거리를 두면서 다른 자아가 감정적인 몰입을 경험하는 것을 지켜본답니다. 아무튼 쌍둥이자리 남성은 염소자리 여성에게 육체적으로 끌립니다. 쌍둥이자리 남성에게 염소자리 여성은 여덟 번째 별자리로서 삶과 죽음의 비밀과 더불어 성의 신비를 의미하기 때문입니다.

전형적인 염소자리 여성은 실용적인 활동으로 이루어진 평화롭고 전통적인 세상 속에서 살고 있습니다. 그곳에선 지혜가 여왕이지요. 쌍둥이자리 남성은 활발한 지적 활동을 하는 수많은 공상 속 인물들로 가득 찬 마법의 나라에 살고 있으며, 그곳에서는 호기심이 왕입니다. 두 사람이 서로의 세상에 대해 단점을 지적하고 비판을 하는 대신, 가끔은 낯설고 이국적인 아름다움을 즐기기 위해 서로의 세상을 방문한다면 꽤나 유익한 실험이 될 것입니다. 그런 후에는 다시 익숙한 자기 집으로 돌아가면 되니까요.

두 사람이 여행을 많이 하면, 쌍둥이자리 남성은 더 행복해질 겁니다. 하지만 염소자리 여성은 더 불행해집니다. 이 여성은 밖에 나가서 텐트를 치고는 그걸 집이라고 부를 수 있는 사람은 아니랍니다. 하지만 토성이 준 선물로 그녀는 나이가 들수록 젊어지지요. 그래서 그녀는 나이가 들수록 여행을 좋아하게 될 겁니다. 물론 반드시 집으로 돌아온다는 보장이 있어야 합니다. 염소자리 여성은 직업을 갖고 있는 경우가 많지만, 기본적으로는 집시처럼 떠도는 생활을 하기보다는 난롯가에 앉아서 안락하게 보내는 것을 더 좋아한답니다.

쌍둥이자리 남성은 집이 자신을 쫓아내기 전까지는 집 안에 앉아서 꿈을 꾸는 일을 특별히 싫어하지는 않습니다. 다만 그의 부단한 갈망이 느닷없이 그의 마음을 사로잡을 때는 예외입니다. 그는 몇 달이나 몇 년 동안 완벽한 남편과 아빠의 역할을 할 수 있답니다. 그러다가 갑자기 휙 하고 어디선가 바람이 불어오고, 새로운 모험을 하고 싶은 그의 꿈들을 부채질하기 시작하지요. 인근에 있는 다른 도시에 가서 며칠 동안 길을 잃는 것에 불과하더라도, 그는 자신을 다시 찾기 위해 길을 잃을 필요가 있는 사람이랍니다.

대부분의 6-8 태양별자리 관계에서 그렇듯, 이 두 사람은 누군가 일부러 소개를 해줘서 만났을 것입니다. 쌍둥이자리와 염소자리가 저절로 자석처럼 끌리는 일은 드물답니다. 하지만 두 사람이 일단 서로의 존재를 알고 나면 6-8 태양별자리 관계의 에너지가 두 사람 사이에서 진동하기 시작하고 그 파동은 꾸준히 증가해서 점점 강력해질 것입니다.

쌍둥이자리는 언제나 극단적인 두 가지 관점과 모습을 가지고 있습니다. 하지만 염소자리는 총체적인 정직함에 쏠려 있지요. 거기에는 양면을 가진 진실을 위한 공간은 거의 없습니다. 하지만 쌍둥이자리 남성은 염소자리 여성의 태도가 너무 가혹하다고 느낄 수 있습니다. 그의 자유로운 아이디어가 계속적으로 흐를 수 있는 것은 개인적인 해석에 그 뜻을 맡기는 열린 구조로 두기 때문입니다. 그 아이디어들이 어디에서 오는지는 모르지만 멈추지 않고 생겨나며, 그것이 바로 자기 존재의 핵심이라는 것을 쌍둥이자리 남성은 알고 있습니다. 그러니 그의 생각과 표현의 자유를 억압하는 것은 이 남성을 사랑하는 방법이 아니랍니다.

염소자리 여성이 쌍둥이자리 남성에게 바라는 것은 확실합니다. 우선, 장래성이 있으면서도 지금 당장 금전적으로 적절한 보상이 있는 직업을 가져주기를 바랍니다. 그리고 언젠가는 단독주택을 소유할 수 있어야겠지요. 염소자리는 다닥다닥 붙어살아야 하는 아파트는 별로 좋아하지 않는답니다. 반면 쌍둥이자리 남성은 그런 유형의 보장은 별로 필요하지 않습니다. 그는 뿌리를 내리는 것에는 관심이 없습니다. 그는 현금을 은행에 두는 것보다는 손에 들고 있는 걸 더 좋아합니다. 현금을 손에 쥐고 있는 것이 훨씬 더 도전적이라고 생각하지요. 염소자리 여성은 정확하게 그 반대로 생각합니다. 쌍둥이자리는 자신의 아이디어와 상상력이 본인이 가지고 있는 가장 소중한 자산이라고 생각합니다. 그는 염소자리 여성이 가지고 있는 안정감에 대한 욕구를 이해할 수 없고 평생 그럴 것입니다. 그는 어느 날 갑자기 떠오른 어떤 새로운 아이디어나 꿈, 목표, 기대 때문에 은행 잔액를 몽땅 쏟아부을 가능성이 있습니다.

두 사람의 관계가 깨어진 후, 염소자리 여성은 그 관계를 정리하는 것이 쉽지 않을 것입니다. 그녀는 쌍둥이자리 남성만큼 쉽게 변화하지 못하는 사람입니다. 그녀가 사랑을 하면 그것은 영원한 것이어야 합니다. 하지만 염소자리 여성이 그 '영원한' 사랑을 끝내기로 했다면, 엉엉 울거나 상대방을 비난하는 등 감정을 과도하게 드러내는 식의 신경질적인 장면은 거의 볼 수 없습니다. 그저 눈물을 감추고 돌아서서 걸을 뿐입니다. 절대로 돌아오지 않지요. 다른 대안은 전혀 없고 자신의 감정에 수술이 필요할 때, 염소자리 여성처럼 그렇게 무감해 보이는 별자리는 없을 것입니다. 하지만 그녀의 마음은 찢어지고, 가슴속에 그 모든 고통을 감추며 혼자 감당하려하기 때문에 더 힘들답니다.

쌍둥이자리 남성은 시를 낭송하며 웁니다. "얻은 건 보잘 것 없고 잃은 것은 막대하구나!" 자신이 잃어버린 경험에 대해서, 낭비한 기회에 대해서, 사라져버린 기회들과 짝사랑과 잘못 만난 사랑에 대해서, 그는 눈물을 흘리며 공허함 속에 푹 빠집니다. 하지만 곧 쌍둥이자리의 미소와 수성의 경쾌한 웃음이 다시 돌아옵니다. 내일은 밝은 약속이 있는 또 다른 날이 될 테니까요. 어떤 기적이 일어날지 누가 알겠어요? 어쩌면 수줍음 많은 이 염소자리 여성이 화해와 용서를 구할지도 모르지요. 그러면 다시 노력해볼 기회가 생길 테고, 그러면 이번엔 그녀에게 더 다정하게 대해주겠다고 생각합니다.

염소자리가 웃음을 찾기까지는 시간이 더 걸립니다. 그녀에게 내일은 더 슬퍼만 보입니다. 토성은 너무나도 멀리 떨어져 있는 별이지요. 그래서 염소자리 여성은 두 사람의 관계를 잘 풀어보려고 더 열심히 애를 쓴답니다. 그녀의 마음속에는 토성이 있기 때문에, 일시적으로 마음이 맞지 않거나 폭풍이 몰아쳐도 충분히 이겨내며 탄탄한 사랑을 만들어갈 수 있답니다.

쌍둥이자리 Gemini

공기 · 변화하는 · 능동적
지배행성: 수성
상징: 쌍둥이
양(+) · 남성적

Aquarius 물병자리

공기 · 유지하는 · 능동적
지배행성: 천왕성
상징: 물병을 들고 있는 사람
양(+) · 남성적

쌍둥이자리와 물병자리의 관계

골문은 무지개의 양쪽 끝에 모두 있었다.

이 관계는 5-9 태양별자리 유형으로 두 사람의 태양별자리는 서로 120도를 맺고 있습니다. 그런 이유로 쌍둥이자리와 물병자리는 일반적으로 원앙처럼 잘 맞고 편안하답니다. 하지만 서로의 주파수에 합선이 일어날 수도 있지요.

최근에 저는 한 젊은 물병자리 독자로부터 편지를 받았습니다. 그는 '너트와 볼트'라는 장비 가게 직원이었는데 그 일터에서 아주 편하다고 했습니다. 편지는 특유의 물병자리 스타일로 쓰여 있었는데 마지막에 흥미로운 서명이 적혀 있었습니다. SAT NAM. 그 서명 아래에는 친절하게 그 말을 설명해두었더군요. 그 뜻은 "세상에는 신이 오직 한 명이다. 그 이름은 **진실**이다. There is only one God—and He is Truth."

감을 잡으셨나요? 쌍둥이자리와 물병자리 사이에 주된 다툼의 원인은 바로 '진실'입니다. 쌍둥이자리는 진실을 피합니다. 쌍둥이자리에게 진실은 복잡한 의미로 된 복잡한 거미줄이지요. 물병자리는 지속적으로 진실을 추구합니다. 명쾌하고 솔직한, 상상의 형용사를 더하지 않은, 개인적인 의견이 가미되지 않은, 있는 그대로의 진실을 추구하지요. 쌍둥이자리에게 진실은 거대하게 굽이치는 대양으로서 무지개색으로 빛납니다. 거기엔 여러 측면을 가진 진실과 '어쩌면', '만약', '가능할지도' 같은 말들이 가득하지요. 물병자리에게 진실은 아름답게 반짝이는 물방울입니다. 모양이 뚜렷하며 무채색이고 투명하지요. 현미경 같은 천왕성의 예리한 눈으로 봐도 있는 그대로 또렷하게 보이는, 그래서 신을 도와줄 수 있는 그런 것입니다. 기억하시죠? SAT NAM.

어디서든 가능한 장면을 소개하겠습니다. 쌍둥이자리와 물병자리가 서로 전화 통화를 하고 있습니다. 쌍둥이자리는 물병자리에게 아주 중요한 우편물을 보내주기로 약속했었지요.

> **물병자리**: 어젯밤에 줬던 그 편지 잘 보냈어요?
> **쌍둥이자리**: 네, 보냈어요. 한 시간쯤 후에 만나서 점심 같이해요. 알았죠?
> **물병자리**: 보냈다는 게 정확하게 무슨 뜻이에요? 지금 그게 Saratoga로 가고 있는 건가요?
> **쌍둥이자리**: 음, 그건 아니지만 몇 분 후에는 그럴 거예요.
> **물병자리**: 그럼, 아직 안 보낸 거네요? 그런데 왜 보냈다고 했어요?
> **쌍둥이자리**: 사실은 주소도 적었고 우표도 붙였고 우체국으로 막 나가려던 참인데, 전화벨이 울린 거예요.
> **물병자리**: 그럼 사실은 당신은 아직 편지를 부치지 않았다는 거잖아요. 우체통에 넣고 난 후에 다시 저한테 전화해주세요. 그럼 이만. **딸깍**.

물병자리는 유지하는 에너지를 가진 별자리입니다. 유지하는 에너지라는 뜻은 완고하다는 뜻이 강하지요. 물병자리가 하는 말이 처녀자리의 차분한 목소리를 연상시키거나 사수자리의 진실을 추구하는 목소리처럼 들린다면, 다시 한번 들어보세요. 물병자리의 태도에는 극히 미묘한 차이가 있답니다. 정확하게 어떻게 설명해야 할지는 모르겠지만 아무튼 차이가 있습니다. 물병자리가 하는 모든 일에는 평범한 사람들이 말하고 행동하는 것과는 뭔가 약간 다른 점이 있습니다. 물병자리들은 평범한 사람들이 아닙니다. 물병자리들은 비범한 사람들입니다. 아첨을 해도 별다른 효과가 없습니다. 그저 원래 주제로 돌아가게만 만들지요. 진실은 분명히 쌍둥이자리와 물병자리 사이에 가끔씩 논쟁이 생기는 부분입니다.

물병자리들이 진실에 대해 각별하다는 것을 모든 사람들이 이해하지는 못합니다. 처녀자리와는 달리, 물병자리는 진실에 흑백논리를 적용하지 않습니다. 황소자리나 염소자리와도 달리, 물병자리는 폐쇄적이지도 않습니다. 물병자리의 정신은 늘 긍정적인 태도로 모든 것에 대해 열려 있습니다. 인간의 뇌가 상상할 수 있는 모든 것에 대해서요. 과학적으로 너무나 요원하고 어리석은 일처럼 보이는 일도 물병자리는 가능한 것으로 받아들입니다. 하지만(이 말을 일부러 강조하고 있습니다.) 물병자리가 어떤 것이든 열린 마음으로 그 가능성을 인정하기는 하지만, 현존하고 있는 이론이라도 본인들 스스로가 사실을 통해 그것을 입증함으로써 그 가설의 실행 가능성을 스스로 만족하기 전에는 최종적인 진실로 인정하지 않을 것입니다.

이제 쌍둥이자리와 물병자리, 이 두 사람이 각각 환상과 사실이 합쳐진 호기심 많은 존재라는 것을 알게 되었을 것입니다.

이렇게 서로 망원경의 다른 양쪽 끝에서 진실을 바라본다는 것 외에는, 쌍둥이자리와 물병자리는 대체로 정말 잘 맞습니다. 두 사람은 같은 파장과 같은 주파수로 공명하며 교감하고 사고하고 교제합니다. 두 사람은 서로의 잘 변하는 기분이나 괴팍함, 감정 기복, 혹은 갑자기 옆길로 새는 것 같은 것들로는 사이가 벌어지지 않습니다. 드물게 서로 특별히 싫어하거나 지루해하는 경우가 없지는 않습니다. 이런 예외는 모든 태양별자리 관계 유형에서 나타나지요. 하지만 5-9 관계에서 가장 드물게 나타납니다.

물병자리가 일반적으로 물병을 나르는 사람으로 표현되고는 있지만, 구성 원소로 볼 때 물 별자리가 아니라 쌍둥이자리와 마찬가지로 공기 별자리입니다. 그렇다면 왜 물병자리는 무릎을 꿇고 물 항아리에서 물을 따르는 모습으로 표현되어 있을까요? 구성 원소가 물이 아니라 공기인데 말이에요. 그 이유는 저도 알 수가 없습니다. 사실 말이 안 된다고 생각합니다. 완전히 비논리적이고 모순되기도 하고 이상하기도 합니다. 하지만 물병자리 자체가 그렇지요. 물병자리는 모두, 어느 정도는 미친 사람들이랍니다. 쌍둥이자리는 이런 사실을 눈치채는 몇 안 되는 사람들 중에 하나입니다. 그 자신들도 가끔은 제정신이 아니라는 평가를 받으니까요. 이 별난 쌍둥이자리와 물병자리가 같은 리듬을 타며 함께할 때는 서로 위안이 됩니다. 어느 쪽도 자기에 대해 구구절절 설명할 필요가 없지요. 삶이 훨씬 단순해집니다. 아니, 이 말은 취소해야 할지도 모릅니다. 삶은 이 두 별자리에겐 절대로 단순한 법이 없으니까요. 흥미롭고, 매혹적이며, 심지어 마법 같기도 하지만 절대로 단순한 적은 없습니다.

두 사람은 어른의 모습을 하고 있지만 어린아이의 감정을 가진 사람들입니다. 두 별자리는 실은 지구인이 아닙니다. 근거지는 다른 행성에 있는데 지구에는 약 5분 간격으로 혹은 며칠 간격으로만 착륙하는 사람들이지요. 그러니 두 별자리는 기회가 될 때마다 뭉칠 것입니다. 외계어로 얘기할 수 있는 기회를 놓치면 안 되니까요. 쌍둥이자리와 물병자리의 진정한 세상은 요정의 나라입니다. "요정과 난쟁이들뿐만 아니라 악마, 거인, 용이 살고 있고, 바다, 태양과 달, 하늘, 땅이 모두 있으며 나무와 새, 물과 돌, 와인과 땅 그리고 우리 유한한 인간들이 함께 살고 있는 곳"이라고 중세학자 톨킨이 설명하는 그런 곳입니다.

우리는 모두 마법에 걸린 것 같은 순간을 경험해본 적이 있습니다. 하지만 쌍둥이 자리와 물병자리는 거의 지속적으로 마법에 걸린 상태랍니다. 그래서 마법을 이해하고 활용하며 그에 대한 경외심과 호기심으로 가득 차 있습니다. 천문해석학에서 쌍둥이자리는 진정한 어린아이이고 물병자리 또한 제2의 어린이 시절이라고 할 수 있습니다. 그러므로 이들은 요정 나라의 영주권을 가지고 있다고 해도 과언이 아닙니다. 이 두 별자리가 팀을 이루면 거의 한 사람처럼 합쳐져서 어느 시기에는 자신들만의 고유한 방식으로 삶을 살다가, 또 어느 시기가 되면 다시 돌아오곤 한답니다. 두 사람의 관계는 대체로 바람이 살랑살랑 부는 관계입니다. 약간은 서로 무심하기도 하지요. 가끔은 논쟁으로 인해 여름 폭풍처럼 거센 바람이 몰아치는 때도 있지만, 두 사람 관계에 심각한 해를 입힐 정도로 오래가지는 않는답니다.

쌍둥이자리와 물병자리는 둘 다 거의 모든 주제와 상황에 대해 철저하게 이해합니다. 하지만 쌍둥이자리는 유려한 언변 능력을 타고났고, 물병자리는 그만큼의 천재성을 타고났지요. 따라서 쌍둥이자리는 자기가 이해한 것을 다른 사람들에게 더 정확하게 전달할 수 있답니다. 하지만 두 사람은 모두 말을 배배 꼬아 사람들을 정신없게 만드는 재주가 있습니다. 물병자리는 가만히 있지 못하는 쌍둥이자리의 행동을 냉담하게 관찰하고선 이런 식으로 표현합니다. 밤에 비행을 하면 그림자는 남기지 않지만 의심을 남긴다. 네? 뭐라고요? 처음 얘기할 때 귀 기울여 들어야 합니다. 물병자리는 반복해서 얘기하는 걸 싫어하니까요. 쌍둥이자리는 언제라도 유쾌하게 다시 얘기해주겠지만 같은 방식으로 다시 말하지는 않지요. 어법을 바꾸고 말들을 가로 세로로 나열하는 능력을 가지고 있기 때문에, 쌍둥이자리와 물병자리 커플은 중국식 행운의 쿠키에 들어갈 내용을 쓰는 일에 탁월한 능력을 발휘할 것입니다.

두 사람은 다른 사람들에게는 짜증스러운 수수께끼 같은 커플이지만, 서로에게는 너무나 잘 이해가 되는 유쾌한 커플이 될 수 있습니다. 두 사람은 모두 책의 맨 마지막 페이지부터 먼저 읽고는 그 책이 별로라고 결론을 내리기도 하고, 각자만의 경쾌한 방식으로 움직이다가도 다시 출발 지점으로 돌아와 각자가 마음에 드는 방식으로 결말을 다시 쓸지도 모릅니다. 이 두 사람은 예측하는 것이 불가능합니다.

대부분 사람들은 쌍둥이자리와 물병자리를 좋아합니다. 정작 본인들은 그렇지 않지만요. 이들은 보통의 지구인들에 비하면 너무 복잡합니다. 하지만 대체로 시끄러워서 화가 나는 것이지 이들을 싫어하는 건 아니랍니다. 두 사람이 서로 수다를 떨 때는 빠른 두뇌 회전과 빠른 발걸음이 합쳐져 음악에 맞출 수 있답니다. 가사는 매력적이겠지만 기억하기는 어려울 것입니다. 특히나 물병자리는 기억하기 어렵지요. 모든 물병자리는 정신이 딴 데 팔려 있는 경우가 많으니까요. 하지만 걱정 마세요.

쌍둥이자리는 그 특유의 기민함으로 두 사람 모두의 기억을 감당할 수 있으니까요.

가끔 두 사람은 함께 돈을 벌기도 하고 함께 돈을 잃기도 합니다. 손해인지 이득인지를 정확히 확인할 길은 거의 없습니다. 두 사람 모두 손해와 이득을 바꿔버릴 수 있는 사람들이기 때문입니다. 극과 극은 통하는 법이지요. 이 두 사람은 종교, 해외 여행, 진학 문제, 전생 경험, 젊은 세대, 항공 우주, 예술 활동 등에 대해 공통된 관심사를 가지고 있거나 이런 분야에서 서로 긴장감이 형성될 가능성이 높습니다.

쌍둥이자리와 물병자리는 서로 타고난 공감 능력에도 불구하고 완벽하게 원만한 관계를 유지하는 것이 불가능해 보일 때가 있습니다. 너무 원만해도 두 사람은 행복하지 않을 것입니다. 두 사람은 잘 맞기는 한데 그게 좀 지나칠 정도입니다. 두 사람은 종종 서로 다른 목적을 가지기 때문에 서로의 신경을 거슬릴 수 있습니다. 하지만 두 사람은 지친 지구에 함께 꽃을 수놓으며, 동시에 같은 궤도로 날아다니면서 무척 즐거워할 것입니다. 전광석화같이 빠른 두뇌 회전도 번뜩이는 직관력도 없는 다른 사람들을 골려 먹으면서요.

쌍둥이자리와 물병자리는 **탄생**처럼 진지하고 **죽음**처럼 즐겁습니다. 또는 탄생처럼 즐겁고 죽음처럼 진지하기도 하지요. SAT NAM의 영적인 개념에 대해서는 쌍둥이자리는 진실은 사람마다 다른 것이라고 생각합니다. 그러므로 신의 이름이 '진실'이라면, 그는 여러 얼굴을 지니고 여러 명의 자아를 가진 하나의 신이겠지요.

물병자리는 쌍둥이자리보다 현명합니다. 그들은 쌍둥이자리의 논리에서 한발 더 나아가, 그 여러 진실을 가진 신들 위에 하나의 유일한 진실이 있는데 그것이 바로 사랑이라는 것을 알려줍니다. 단순히 남녀 간의 사랑이 아닙니다. 물병자리가 말하는 사랑은 인류애를 뜻합니다. 이 세상에 살아 있는 모든 것들에 대한 연민을 의미한답니다. 쌍둥이자리는 밝은 표정으로 답하겠지요. "그다음엔 알겠다, 알겠어! 여신도 있는 거야. 창조주가 두 명이야. 쌍둥이 자아인 거지. 거기서부터 우리한테까지 다 이어져 내려온 거구!"

어쨌거나 물병자리가 쌍둥이자리에게 더 원대한 진실에 대해 눈뜨게 해준 것이랍니다. 네, 무척이나 총명한 쌍둥이자리도 물병자리에게는 배울 것이 많습니다. 물병자리는 지혜의 샘물을 나르는 사람들이니까요. 물병자리는 젊은 시절에 사인을 SAT NAM이라고 했을지도 모릅니다. 하지만 어른이 되면서 아마도 사인을 이렇게 바꿨을 것입니다. EVOL NAM REH-SIH('전형적인 물병자리 방식으로 그대의 이름은 사랑이다.'라는 뜻을 거꾸로 쓴 말이랍니다.).

물병자리의 항아리는 바닥이 없어서 놀라운 신비를 많이 담고 있습니다. 그들의 신비를 가장 **빨리** 찾아내는 사람은 다름 아닌 쌍둥이자리지요.

쌍둥이자리 여성과 물병자리 남성

이제는 피터가 이해할 수 있을 법도 했다. 하지만 전혀 그렇지 못했다.

웬디가 물었다. "피터, 내가 너와 함께 날아가기를 바라니?"

"물론이지, 그러려고 내가 왔잖아." 피터는 약간 윽박지르는 투로 덧붙였다.

"지금이 봄 대청소 때라는 걸 잊어버린 거야?"

그동안 얼마나 많은 봄 대청소 기간이 지나갔는지 그에게 말해봤자

아무 소용없다는 것을 웬디는 알고 있었다.

봄은 우리 모두에게 유혹이지만, 양자리와 물병자리 그리고 쌍둥이자리에게는 설명하기 힘든 특별한 경이입니다. 쌍둥이자리 여성은 참을성이 없기 때문에 대자연이 그녀를 실망시켰을 때, 자기만의 봄을 만들어냅니다. 예컨대 겨울의 동장군이 전혀 물러날 기미가 보이지 않을 때가 있지요. 이럴 때 쌍둥이자리 여성은 단 하루도 더 기다릴 수 없답니다. 그래서 캘리포니아나 플로리다 같은 따뜻한 남쪽으로 내려가서는 봄이 일찍 오게 만들지요. 아주 어릴 적에 그녀는 행복이 게으름을 피우고 있을 땐 직접 마법을 부릴 수 있다고 배웠답니다. 그 마법 중 대부분은 여기저기로 날아다니거나 움직이는, 즉 주로 변화를 담고 있습니다.

쌍둥이자리 여성의 이런 면에 대해 물병자리 남성보다 잘 이해해주는 남성은 없습니다. 양자리, 천칭자리 그리고 쌍둥이자리 남성들도 가끔 그녀를 이해하기는 하지만 물병자리만큼 흥미롭게 여기지는 않지요. 물병자리는 세상에 변화를 가져오기 위해 태어났습니다. 하지만 여기엔 작은 문제가 하나 있지요. 물병자리는 자신을 둘러싼 세상과 모든 사람들이 변하기를 원하지만, 자기 자신의 기본적인 태도나 본질은 변하지 않기를 바란답니다. 그의 기분과 태도는 변할 수 있지만 궁극적인 자신은 변하지 않지요. 물병자리는 유지하는 에너지를 가진 별자리랍니다. 이 사실을 잊으면 안 됩니다.

처음 사랑에 빠졌을 때, 그는 쌍둥이자리 여성의 주변을 쾌활하게 날아다닐 것입니다. 시간이 지나면 자신의 틀에 박힌 생활에 좀 더 안주하게 됩니다. 물병자리의 일상생활은 다른 별자리보다는 훨씬 매력적일 수 있지만, 반짝이는 아이디어로 넘쳐나는 쌍둥이자리 여성에게 일상생활은 일상생활일 뿐입니다. 그래서 물병자리 남

성이 집 안에 틀어박혀 난롯가에 앉아 있으면, 쌍둥이자리 여성은 기운이 **빠집니다.**

하지만 지리적으로 어느 곳에 정착할 수 있다고 해서 물병자리 남성이 예측 가능한 사람이라고 추측해서는 안 됩니다. 물병자리 남성의 활동은 물론이거니와 기분이나, 표현, 성향들을 얘기하자면 주사위 두 개를 던져서 나오는 조합을 맞추는 일만큼이나 예측이 불가능하답니다. 쌍둥이자리 여성이 물병자리 남성의 마법에 **빠**지는 것은 너무나 당연한 일이지요. 그녀는 평생을 불나방처럼 이리저리 방황하면서 변덕을 부려서, 연인이나 친구들로 하여금 그녀의 인간미 없는 성격 때문에 절망의 한숨을 쉬게 만들어왔습니다. 그런 그녀가 천왕성이 지배하는 물병자리 남성과 연애를 시작하게 되면, 그녀 자신이 꽤나 많은 약을 삼켜야만 할 것입니다.

물병자리 남성은 함께 저녁을 먹고 새로 나온 스티브 맥퀸이나 폴 뉴먼 영화(전형적인 물병자리들이 좋아하는 영화들이지요.)를 보자고 합니다. 그녀가 꽃단장을 마치고 머리에 노란 핀을 꽂고 나오면, 갑자기 문 앞에 개구리 같은 차림을 한 어떤 사람이 전신 수영복에 오리발까지 신은 채로 나타납니다. 이게 뭐죠? 아, 물병자리 남성입니다. 서핑이라도 하러 가려는 걸까요? 아니요. 영화를 보러 가기 전에 외식을 하기로 했던 계획을 바꾼 것입니다. 식사는 그녀의 집에서 하기로요. 그녀가 저녁식사를 준비하는 동안, 그는 그녀에게 목걸이를 만들어주기 위해 소라 껍데기를 주우러 다이빙을 하러 갈 거랍니다. 그녀가 서둘러 냉동된 채소를 녹이고 요리를 해서 그가 돌아왔을 때 저녁 식사를 할 준비만 다 되어 있다면, 그들은 영화 시간에 늦지 않을 것입니다. "아마 바다에 소라게의 껍데기가 많을 거예요." 그는 신나서 이렇게 외치면서 떠납니다. "소라게들은 빨리 자라서 새 집을 찾아 들어가거든요. 전복 껍데기도 정말 아름답긴 한데, 탐욕스러운 미적 취향을 위해 전복을 죽일 수는 없으니까요."

뭐라고 한 거냐고요? 영화를 보고 난 후에 그가 먹이사슬의 비애에 대해 모두 설명해주기를 기대해보지요. 그 개구리는 오리발로 철퍼덕거리는 소리를 남긴 채 해변으로 가는 길로 이미 사라졌으니까요. 물병자리 남성과 살거나 사랑할 때는 정말 미칠 것 같은 순간들이 있답니다.

다른 사람들에게 이런 말도 안 되는 상황이 얼마나 멋진지 믿게 할 방법이 있을까요? 없습니다. 하지만 두 사람은 신기하게도 자주, 동시에 똑같이 느낍니다. 쌍둥이자리 여성은 물병자리 남성이 어떤 속임수를 쓰려고 하는지 이미 알아차리는 경우가 많습니다. 당연히 이런 면은 물병자리 남성을 열광하게 만듭니다. 물병자리는 사람들에게 충격을 주는 걸 즐기는데, 전혀 충격을 받지 않는 쌍둥이자리 여성을 보면 도전 의식이 솟구치겠지요. 마치 여자 친구에게 감동을 주려고 담장 위를 따라 걷고 있는데, 그 소녀가 하품을 하더니 물구나무서기로 담장을 걷는 것 같은 느낌이랄까요? 물병자리 남성은 계속 쌍둥이자리 여성을 능가하는 뭔가를 해야 한답니다.

두 사람이 해변과는 거리가 먼 산악 지대에 산다고 해도 물병자리 남성의 충격요법이 불가능한 것은 아닙니다. 문 앞에 개구리가 나타나는 대신, 어느 날 아침 스누피가 그려진 후드 티셔츠를 입고 범퍼에 "유에프오 환영"이라고 쓰인 노란색 스포츠카를 몰고 와 그녀를 태울 것입니다. 지난번에 봤을 땐 자동차가 회색 아니었던가요? 네, 그랬죠. 하지만 오늘은 날씨가 너무 화창하잖아요. 자동차 색깔을 바꿀 때가 됐지요. 그는 갑자기 턱수염을 기르기 시작하기도 합니다. 몇 년 동안 턱수염을 길렀다면, 어느 날 갑자기 확 밀어버릴지도 모르고요. 머리에 검은 색 털모자를 푹 뒤집어쓰고 나타나, 길거리에서 그녀를 갑자기 붙잡아서 사람을 기겁하게 만들기도 합니다. "아가씨, 저 몰라요? 당신을 사랑하는 헐크예요." 이런 식으로요.

마침내 쌍둥이자리 여성은 감정 기복이 심하고 기분이 금방 변하는 사람 곁에 있는 무고한 구경꾼이 어떤 기분인지를 이해하게 될 것입니다. 약속 시간에 맞추려면 자신의 지적인 곡예는 좀 누그러뜨려야 한다는 것을 배우게 될지도 모르지요.

두 사람은 모두 신뢰성과 안정감을 길러야 합니다. 그래도 여전히 재미있을 겁니다. 이 두 사람은 5-9 태양별자리 관계 유형이지요. 즉, 두 사람은 서로가 자신의 쌍둥이 영혼이라는 것을 알게 될 가능성이 높답니다. 설사 그리 조화롭지 못한 경우라고 하더라도, 두 사람은 자신들이 알고 있는 다른 어떤 사람들보다도 서로 공통점이 많다는 것을 알게 될 것입니다.

쌍둥이자리 여성은 가끔 자신의 변화하는 에너지로 물병자리 남성의 유지하는 에너지를 성가시고 초조하게 만들 것입니다. 하지만 그래도 쉽게 용서받는답니다. 쌍둥이자리보다 더 매력적으로 사과를 하는 사람은 없지요. 그녀가 사과하는 모습을 보는 것 자체로 의미가 있으므로, 그녀는 실수를 좀 할 필요가 있습니다. 물병자리 남성은 가끔 그녀가 그런 사실을 알고 그러는 건 아닌지 궁금해진답니다. 물론 알고 있지요. 물병자리 남성은 사과를 하는 게 조금은 더 어렵습니다. 유지하는 에너지를 가진 별자리(황소자리, 물병자리, 전갈자리, 사자자리)치고 "미안해요."라는 말이 쉬운 사람은 없습니다. 이들은 사과를 하는 것이 뜨거운 석탄 위를 맨발로 걷는 것만큼이나 힘들게 느껴집니다. 그러니 쌍둥이자리 여성은 물병자리 남성이 자주 자신을 낮출 거라고 기대해서는 안 됩니다. 그러면 그는 두려움을 갖게 됩니다. 지금 사과를 자주 해줘서 그녀의 버릇을 잘못 길들이면, 다음에는 무얼 기대하게 될까요? 물병자리 남성은, 그게 무엇이든 어떤 식이든, 상대방이 자신에게 뭔가를 기대하게 되는 상황을 좋아하지 않습니다. 이미 말씀드렸지요? 꼭 기억해두시는 것이 좋습니다.

두 사람이 만나서 함께할 수 있는 것이 섹스밖에 없다면 아마도 무척 지겹겠지요.

물병자리 남성과 쌍둥이자리 여성은 그런 위험을 감수하지 않습니다. 쌍둥이자리와 물병자리는 늘 얘기할 거리가 있고 서로 가르쳐줄 것도 너무나 많습니다. 더 좋은 점은 서로를 가르쳐주고 있어도 가르침을 받고 있다고 의식하지 못한다는 것이지요. 섹스는 이 두 사람에게는 별로 큰 화두가 아닙니다. 전혀 중요하지 않다는 것은 아니지만, 어쨌거나 두 사람의 관계에서는 우선순위가 아닙니다. 섹스가 축복인지 저주인지를 파악하기 위해 섹스가 미치는 영향에 대해 토론하지는 않습니다. 섹스는 섹스일 뿐이지요. 행복하게 잘 맞는 쌍둥이자리와 물병자리 커플은 섹스를 마치 어린아이들이 노를 젓거나 연을 날리거나 나비를 쫓아다니는 일처럼 즐거워합니다. 그것은 황홀하고 흥분되며 온전한 쾌락인데다, 복잡하지 않고 단순하며, 어둡거나 불가사의한 부분도 없고, 마음속에 밝은 햇살이 비치는 것 같은 경험이지요. 물론, 물병자리 남성 중에는 짝짓기 게임에 대해 가끔 상기시켜주어야 하는 경우도 있습니다. 육체적인 사랑의 즐거움에 빠지기에는 머릿속에 다른 생각이 너무 많은 경우이지요. 쌍둥이자리 여성도 관능적인 열정에 푹 빠지기보다는, 서로 얘기를 나누며 지적인 결합을 하는 것으로 만족을 느끼는 경우가 있습니다. 그럼에도 불구하고, 두 사람이 육체적인 사랑을 나눌 때에는 두 사람 모두에게 만족스러운 경우가 많답니다. 섹스를 얼마나 자주하느냐는 중요하지 않지요.

어떤 물병자리 남성은 섹스에 대해 극단적인 생각을 가지고 있을 수도 있고, 혹은 성생활은 하지 않고 플라토닉한 사랑을 추구할 수도 있습니다. 하지만 보통의 물병자리 남성은 사랑에 빠지면 온 마음을 다 줍니다. 그는 육체적인 사랑을 포함해서 모든 사랑의 언어를 이해하며, 서로의 욕망에 대해서도 아주 쉽게 의사소통할 수 있는 사람이랍니다. 한편 쌍둥이자리 여성은 밤에는 그를 위해 아주 특별하고 은밀한 여성이 되어주고, 그다음 날에는 완전히 다른 여성이 될 수 있는 능력이 있지요.

쌍둥이자리 소녀-여성(그녀는 이 두 가지를 오갑니다.)은 적어도 1개 이상의 외국어를 구사할 줄 압니다. 쌍둥이자리는 타고난 언어 능력자들이지요. 또한 가명이나 별명도 1개 이상 가지고 있을 것이고, 남편도 한 명 이상일 가능성이 있습니다. 물론 모든 쌍둥이자리 여성이 그런 것은 아니지만 많은 수가 그렇답니다. 쌍둥이자리는 모든 게 두 개 이상이라야 만족하는 경우가 많습니다. 마찬가지로 물병자리 남성 또한 적어도 한 번 이상 결혼하는 경우가 많습니다. 하지만 확신을 갖게 되면, 그때는 한 여성에게 완전하게 신의를 지킬 수 있습니다. 역시나 문제는, 물병자리 남성이 쌍둥이자리 여성을 대할 때 가끔씩 그가 두 사람을 대하고 있다는 느낌이 든다는 것입니다. 그는 아마도 쌍둥이자리 여성에게 있는 두 사람 모두에게 반할 것입니다. 쌍둥이자리 여성은 유혹에 능하거든요. 본인들도 어쩔 수 없습니다. 하지만 물병자리 남성에게는 그런 유혹을 하지 않아도 됩니다. 가볍고 친절한 정도의 추파로는 그다지 그의 관심을 끌 수 없답니다. 물병자리 남성은 우정이라는 것에 대해 잘 이해하고 있으니까요. 사실 쌍둥이자리 여성은 우정에 대해 그가 그렇게 잘 이해하지 않으면 좋겠다고 생각하기도 합니다. 그의 친구들 중에는 쌍둥이자리 여성으로 하여금 질투심을 느끼게 하는 여성들도 있답니다. 하지만 그녀는 물병자리의 우정을 이해해야 합니다. 물병자리는 우정에서 사랑을 떼어내는 것이 어렵답니다. 하지만 전형적인 물병자리 남자라면, 사랑의 맹세를 하고 난 후에는 육체적인 관계는 사랑과 함께하고 우정에는 포함하지 않습니다.

쌍둥이자리 여성이 정말로 두려워해야 하는 딱 한 명은 물병자리 남성이 처음으로 사랑했던 여성입니다. 그는 첫사랑을 절대로 잊지 못합니다. 그 첫사랑 여인은 그의 기억 속 깊은 곳에 묻힌 채, 언제나 그곳에 있지요. 그녀는 초등학교 1학년 때 담임 선생님일 수도 있고, 세 살 때 갔던 동물원에서 그에게 윙크했던 고릴라 아가씨나 하마 아가씨일 수도 있습니다. 물론 그의 첫사랑은 진짜 여성일 수도 있습니다. 그녀는 어느 날 갑자기 나타나서 그의 마음을 확 뒤집어놓을 수도 있지요. 그렇다고 해도, 물병자리 남성은 오래전에 겪었던 희미한 고통의 기억을 그냥 내버려두는 쪽을 더 선호합니다. 그렇지만 예외적인 경우도 있을 수 있지요.

물병자리 남성이 쌍둥이자리 여성에게 바라는 것은 딱 하나, 바로 진실입니다. 쌍둥이자리 여성에게서는 절대로 바라서는 안 될 유일한 한 가지가 될 수도 있지요. 쌍둥이자리 여성은 자신의 소망과 꿈으로 채색된 다양한 상상의 렌즈를 통해 진실을 봅니다. 순전히 해석의 문제이지요. 그것만 빼면, 쌍둥이자리와 물병자리는 기본적으로 유사한 파장을 가지고 있습니다. 두 사람의 에너지는 기분의 우주 속에서 합쳐져서 같은 '모선mother ship'의 주파수에 맞춰져 있으며, 마음이 변하는 계절에만 가끔 그 주파수가 달라지는 정도입니다. 두 사람의 차이점은 아주 섬세하고 복잡합니다. 물병자리 남성은 쌍둥이자리 여성보다 반응이 좀 더 복잡합니다. 쌍둥이자리 여성은 눈물을 폭포수처럼 쏟다가 갑자기 박장대소를 터뜨려서 물병자리 남성을 깜짝 놀라게 만듭니다. 그러면 물병자리 남성은 그 박장대소에 이어 폭풍 같은 눈물로 상대하지요. 물병자리는 쌍둥이자리가 아직 배울 것이 있다는 사실을 이미 알고 있습니다. 기쁨과 슬픔은 마치 동전의 양면처럼 붙어 다닌다는 진실 말이에요.

쌍둥이자리 남성과 물병자리 여성

"그래서 나는 켄싱턴 가든으로 도망을 갔지. 그러고는 오랫동안 요정들과 살았어."
웬디는 강한 부러움이 담긴 시선으로 피터를 보았다.
피터는 자기가 도망을 갔다는 것 때문에 그런 줄 알았지만,
실은 그가 요정들을 알고 있다는 게 부러운 거였다.

쌍둥이자리 남성과 물병자리 여성은 사람들이 많이 모여 있는 중에서도 서로를 분명히 알아봅니다. 그 이유는 많지만, 가장 주된 이유는 두 사람이 듣는 희미한 화음 소리 때문입니다. 물병자리 여성은 늘 자신을 진정으로 이해해주는 사람은 없다고 느꼈지요. 사람들 대부분은 그녀에 대해 공정하게 평가해주지 않는답니다. 그녀가 엉뚱한 상상으로 가득 차 있으며, 몇 백 년 일찍 태어난 미치광이라고 평가하지요. 사실 쌍둥이자리 남성을 제외한 모든 사람이 그렇게 생각합니다.

쌍둥이자리 남성은 자신의 꿈을 진정으로 이해해주는 사람은 아무도 없다고 느껴 왔습니다. 사람들은 그에 대해 공정한 판단을 해주는 법이 거의 없었지요. 그는 믿을 사람이 못되고, 말이 너무 많고, 기분이 너무 쉽게 변하고, 어른스럽지 못하며, 완전히 무책임하다고 평가받아왔습니다. 물병자리 여성을 제외한 모든 사람이 그렇게 생각하지요.

쌍둥이자리와 물병자리가 처음 만났을 때 서로 느끼는 동질감은 생텍쥐페리의 어린 왕자와 비행기 조종사가 처음 만났을 때를 떠오르게 합니다. 조종사는 코끼리를 삼킨 보아 뱀을 그렸는데, 불행하게도 그건 모자처럼 보였지요. 사는 동안 누구에게 그 그림을 보여주어도 그게 코끼리를 삼킨 보아 뱀이라는 걸 알아채는 사람은 없었지요. 사람들은 늘 "그래, 모자 잘 그렸네."라고 말하곤 했습니다. 애써 노력했는데 사람들이 그것을 이해하지 못하면 상처가 되지요. 외롭기도 하고요. 그러던 어느 날, 조종사는 어린 왕자를 만난 겁니다. 어린 왕자는 조종사에게 양의 그림을 그려달라고 부탁하지요. 조종사는 어린 시절에 그렸던, 사람들이 늘 모자라고 생각했던 그 그림을 그려서 보여줍니다. 그런데 어린 왕자는 고개를 가로저으며 말하지요. "아니, 아니, 그게 아니야. 코끼리를 삼킨 보아 뱀을 그려달라는 게 아니라니깐. 양을 그려줘."

이것이 바로 앞서 말한 희미한 화음입니다. 굳이 말로 설명하지 않아도 알 수 있는 그런 거요! 그 오랜 세월 동안 외롭고 헛되이 찾아 헤맨 끝에, 모두가 비웃거나 무시했던 그 비밀스러운 동경을 제대로(거의가 아니라) 알아봐주고 이해해주는 사람을 마침내 만난 것입니다. 샘솟듯 솟구치는 그 순수한 기쁨을 어떻게 설명할 수 있을까요? 말이 아니라 음악으로 표현할 수밖에 없지요.

쌍둥이자리와 물병자리는 태어나 처음으로 화음을 들었지만, 사랑의 교향곡으로 가는 그 길 어딘가에 잘못된 음표가 한두 개쯤은 있을 것입니다. 하지만 그 정도는 서로를 만나기 전에 다른 사람들과 겪었던 불협화음에 비하면 쉽게 견뎌낼 수 있는 부담이지요. 완벽한 관계는 없지만, 5-9 태양별자리 유형은 다른 경우들에 비하면 완벽에 무척 가까운 관계랍니다. 어떤 경우에도 두 사람은 다른 사람들보다 훨씬 잘 맞기 때문에 굳이 로맨스로 이어지지 않더라도 좋은 친구가 될 것입니다.

이렇게 태양별자리가 서로 120도를 이루는 경우에는 그 당사자들만이 알 수 있는 서로에 대한 호감과 고마움이 있습니다. 하지만 천문해석학에서 볼 때, 영혼의 단계에서 둘 중 더 앞서 있는 사람이 있기 마련입니다. 이 경우에는 물병자리 여성이 무의식과 영적인 면에서 쌍둥이자리 남성보다 조금 더 현명할 수 있습니다. 그러므로 둘 중에서는 물병자리 여성이 더 많이 주고 더 참아야 하는 사람입니다. 물병자리는 관용을 베푸는 것이 쉬운 편이지요. 기본적으로 편견이 없고, "네 형제의 배를 위해 노를 저어라. 그러면 너의 배도 함께 강기슭에 닿을 것이니."라는 경구의 의미를 잘 알고 있기 때문입니다. 천왕성은 물병자리에게 인류애와 형제애(자매애)를 불러일으킵니다. 그래서 물병자리 여성은 어쩌면 친구가 너무 많을 수도 있습니다. 적어도 다른 별자리 여성들보다는 훨씬 많을 수 있지요. 하지만 쌍둥이자리 남성은 물병자리 여성이 주변에 모으는 그 수많은 이상한 친구들에 대해 놀라거나 관심 가질 시간이 없을 것입니다. 그 자신도 사람들과 사귀느라 무척 바쁘니까요. 물병자리와 쌍둥이자리의 집은 조용할 날이 거의 없습니다. 둘 다 전형적인 쌍둥이자리와 물병자리라면, 그들의 집은 늘 사람들로 가득 차 있을 것입니다.

두 사람 사이에도 갈등이 없을 수는 없습니다. 예컨대, 쌍둥이자리 남성은 자신이 하는 선의의 거짓말을 물병자리 여성이 참아주기를 바랍니다. 하지만 물병자리 여성은 진실을 과장하거나 왜곡할 때 몹시 분노합니다. 그녀는 사람들이란 모름지기 모든 면에서 정직하고 공명정대해야 한다고 주장합니다. 스스로도 그렇게 행동하며 절대로 거짓을 말하지 않습니다. 사회가 알아주든 알아주지 않든 상관없습니다. 하지만 쌍둥이자리 남성은 너무나 똑똑하기 때문에 물병자리 여성이 저지르는 독특한 부정직함을 날카롭게 분석해낸답니다. 그 부정직함은 주로 생략의 기술입니다. 그녀는 진실을 말하긴 하지만, 가끔은 그중의 일부만 말하고 전체 진실은 감추는 특징이 있답니다. 그녀가 말하고 싶은 부분만 말하고, 카드를 한꺼번에 다 내보이지 않는 것이지요. 쌍둥이자리 남성이 이런 행동을 비난하면 물병자리 여성은 놀라고 상처를 받습니다. 심지어 쌍둥이자리 남성은 그녀가 별로 정직하지 못하다고 공격하기도 합니다.

이렇게 쌍둥이자리와 물병자리 사이의 정직성 게임은 복잡합니다. 당사자들만이 그 매듭을 풀 수 있지요. 가끔은 풀고 가끔은 못 풉니다. 하지만 풀어보려는 시도는 절대 멈추지 않을 겁니다. 두 사람 모두 지적인 게임을 즐기는 아마추어 탐정이며 본능적으로 모든 뉘앙스에 민감하지요. 쌍둥이자리는 이런 능력이 누가 봐도 뚜렷하게 드러납니다. 물병자리는 순진해 보이는 큰 눈망울과 무심한 듯 어리숙한 이미지 속에 그런 능력을 감추고 있답니다.

두 사람 사이에서는 너무 순수해도 문제가 됩니다. 예컨대, 물병자리 여성이 쌍둥이자리 남성의 말을 있는 그대로 받아들이는 것은 실수입니다. 쌍둥이자리 남성의 말은 있는 그대로를 의미하는 법이 절대로 없습니다. 그는 사람들을 유혹하고 설득하고 회유하는 수단으로 언어를 사용합니다. 또는 조롱하고 놀리고 상처를 주기 위한 무기로 사용하기도 하고요. 쌍둥이자리 남성은 물병자리 여성을 말로 완전히 홀려서는 마법에 걸린 상태로 만들어버릴 수 있습니다. 그리고 쌍둥이자리 특유의 냉소적인 말로 그녀의 마음을 찢어놓을 수도 있습니다. 쌍둥이자리 남성 앞에서 눈물을 보이는 것도 실수에 해당합니다. 쌍둥이자리 남성은 눈물 앞에서 어쩔 줄 몰라합니다. 누가 지나친 감정을 드러내면, 그는 어린아이처럼 놀란답니다. 그래서 냉정하고 무자비한 말로 반응을 하지요. 이번에는 말을 연민을 동반하는 고통으로부터 스스로를 보호하기 위한 무기로 삼는 것입니다.

쌍둥이자리 남성은 할 수만 있다면 어떤 고통도 맛보고 싶지 않습니다. 풍자의 예술은 쌍둥이자리가 만들어낸 것입니다. 마치 마법사가 모자 속에서 토끼가 나타나게 만드는 것처럼, 소매 속에서 또 다른 스카프가 계속 줄줄 빠져나오게 만드는 것처럼, 그는 말들을 마치 구슬을 꿰듯 하나의 문장으로 엮어서 사람들의 탄성을 자아냅니다. 또한 그는 오늘은 행복해 보이지만 내일이 되면 비참해 보일 것이며, 그다음 날은 다시 경쾌하고 생동감이 넘칠 것입니다. 하지만 쌍둥이자리 남성의 감정도 진짜입니다. 그저 오래 지속되지 않을 뿐이지요. 물병자리 여성은 이런 쌍둥이자리의 쉽게 변하는 기분을 다른 여성들보다 잘 참아줄 수 있답니다. 다 이유가 있지요. 물병자리 여성은 꽤 오랜 시간 동안, 쌍둥이자리 남성의 그런 감정 변화를 전혀 눈치채지 못하기 때문입니다. 그녀의 몽롱하고 어딘가 멀리 가 있는 듯한 눈빛을 보세요. 그녀는 자기만의 파장을 타고 구름 위를 항해하고 있습니다. 어쩌면 지구와 지구인들의 손이 닿지 않는 저 먼 미래에서, 당연히 쌍둥이자리 남성의 변덕스러운 기분과는 전혀 상관없이 항해를 하는 중일지도 모릅니다. 물병자리 여성은 쌍둥이자리 남성이 생사를 오가도 모를 수 있답니다.

젊은 시절에 물병자리 여성은 무지갯빛으로 찬란하게 빛나는 후광을 가진 사람을 꿈의 연인으로 생각했습니다. 일반적인 단점들이나 성격의 결함이 있는 평범한 남성들의 머리에는 그런 후광이 빛나지도 않고 어울리지도 않겠지요. 하지만 그녀는 상처받기 쉬운 내면을 무심한 태도로 위장하는 법을 배우게 됩니다. 누구에게나 친구 같은 태도를 취하면서요. 그러므로 나이가 든 후에 쌍둥이자리 남성을 만났다면 그의 가벼운 태도에 상처를 덜 받습니다. 그녀도 쌍둥이자리 남성만큼이나 사랑에 대해 가벼운 태도를 취할 수 있게 되었으니까요. 물병자리는 거의 모두 이렇게 이상한 변화를 겪습니다. 한 번 이상 결혼을 하는 경우라면 마지막 결혼은 대체로 나이가 들어서 하게 되는데, 물병자리(천왕성)의 지혜를 필요로 하는 누군가와 하는 경우가 많답니다. 물병자리 여성은 그 사람을 영적인 친구로 삼아서, 사랑과 우정의 조합이라는 독창적인 이상을 만족시키게 되지요. 쌍둥이자리 남성은 물병자리 여성만큼이나 사랑과 우정을 결합하고 싶어하며, 동시에 그 두 감정을 헷갈려하지요. 그래서 물병자리 여성의 마지막 연인은 쌍둥이자리 남성이 될 수도 있습니다.

쌍둥이자리 남성과 물병자리 여성은 모두 본인들의 성적인 매력에 대해 내적인 공포와 의구심을 가지고 있습니다. 아마도 불이나 흙, 또는 물의 별자리와 연애를 할 때 불감증이 아니냐는 모욕적인 질문을 받은 적이 있을지도 모릅니다.

이 두 사람이 함께라면, 이전의 연인들로부터 받았던 비난이 엉뚱하고 잘못된 것이었다는 사실을 서로에게 증명할 수 있답니다. 쌍둥이자리와 물병자리는 서로 필요로 하고 기대하는 만큼만 주는 경향이 있습니다. 준 것보다 더 많이 요구하는 경우는 없지요. 그래서 육체적인 결합에서 두 사람은 행복한 균형을 이룰 수 있답니다. 물론 가능성이 있다는 것이지 확실하다는 것은 아닙니다. 그럼에도 불구하고 그냥 가능성보다는 훨씬 더 강력한 가능성이랍니다.

하지만 쌍둥이자리와 물병자리의 사랑은 감각보다는 마음의 열정 쪽으로 향해 있습니다. 느낌에 순수하게 온몸을 내던지는 쪽은 아니라는 뜻입니다. 그러기에는 감정이 너무 복잡하지요.

두 사람은 사랑이 깨어져도 처음과 비슷한 친밀감을 그대로 가진 채로 가까운 관계를 유지할 수 있는 경우가 대부분입니다. 쌍둥이자리와 물병자리가 상처를 받으면, 두 사람은 모두 감정적으로 더 안전한 우정이라는 형태로 후퇴하는 경우가 많지요. 우정은 멋진 것이지만, 더러 쌍둥이자리와 물병자리는 우정 때문에 사랑을 희생시키기도 합니다. 사랑은 친구 사이보다 더 많은 신뢰와 용기를 필요로 하기 때문이지요.

이 두 사람이 진정한 짝이라면, 모든 5-9 태양별자리 관계에서처럼 두 영혼을 연결하는 희미한 빛으로 된 실이 반짝입니다. 그들이 원한다면 그 실을 서로 당겨서 다시 만날 수도 있지요. 5-9 태양별자리 관계는 모두가 그런 것은 아니지만 쌍둥이 영혼일 가능성이 아주 높습니다. 쌍둥이 영혼들은 다른 별자리 관계의 커플들보다 서로의 영혼의 짝을 더 쉽게 알아보고 쉽게 의사소통할 수 있답니다.

그리고 두 사람의 사랑에는 고통보다는 기쁨이 더 많을 것입니다. 물병자리 여성이 웃고 있을 때에도 마음속으로는 흐느낄 수 있다는 것을, 아니면 그녀가 울고 있어도 마음으로는 즐거울 수 있다는 것을 쌍둥이자리 남성이 이해해줄 수만 있다면요. 그리고 쌍둥이자리 남성이 오늘은 어디론가 날아가버렸지만 내일 다시 돌아올 수 있다는 것을(내일이 아니라 다음 주 혹은 다음 날, 혹은 내년이 될 수도 있지만 언젠가는 꼭) 그녀가 이해해주기만 한다면요. 쌍둥이자리와 물병자리는 함께 기적을 만들 수 있습니다. 몇 개의 현실을 섞어서 하나의 마법으로 만들 수 있지요. 두 사람 사이에는 광기도 외로움도 공유할 수 있는 연대 의식이 존재합니다. 코끼리를 삼킨 보아 뱀의 그림을 그냥 평범함 모자로 볼 일은 절대로 없답니다.

그리고 이 두 사람은 모든 보아 뱀이 점심 식사로 코끼리를 먹어치우다니 참 나쁘다거나 혹은 자연스럽지 못하다는 주장을 서로에게 펼칠 가능성도 높습니다.

쌍둥이자리 Gemini

공기 · 변화하는 · 능동적
지배행성: 수성
상징: 쌍둥이
양(+) · 남성적

Pisces 물고기자리

물 · 변화하는 · 수동적
지배행성: 해왕성
상징: 물고기, 고래
음(−) · 여성적

쌍둥이자리와 물고기자리의 관계

그들의 목소리가 사라져가고, 호수는 차가운 정적으로 뒤덮였다.

그때 가냘픈 소리가 들려왔다.

"도와줘, 도와줘."

조그만 형체 두 개가 그 바위와 씨름하고 있었다.

쌍둥이자리와 물고기자리가 아무리 딸기와 크림처럼 궁합이 잘 맞는 척해도 별로 소용이 없습니다. 다 그런 것은 아니지만, 이 커플은 아랍과 유대인처럼 고통스러운 관계로 만날 수도 있습니다. 평화로운 관계도 있기는 합니다. 아무리 조상 대대로 앙숙 같은 쌍둥이자리와 물고기자리라도 타협은 가능하니까요. 두 사람의 태양과 달별자리가 서로 조화롭다면 두 사람은 사이좋게 지낼 수도 있답니다. 쌍둥이자리가 가끔 물고기자리와 친구가 되어주기 위해 해왕성의 바다를 함께 헤엄치겠다고 동의하고, 물고기자리도 가끔은 수성의 새인 쌍둥이자리와 함께 하늘을 날겠다고 해준다면요.

그럼에도 불구하고, 공기 별자리는 물 별자리가 그리 편하지는 않답니다. 물에 빠질 가능성이 늘 있으니까요. 물 별자리가 낙하산 없이 하늘을 나는 것이 좀 두려운 것과 같습니다. 이 관계는 4-10 태양별자리 관계로서 공기와 물이라는 서로 다른 원소의 만남입니다. 물과 공기를 섞을 때는 아주 조심스러워야 한다는 점을 명심해야 하지요. 특히 조화롭지 못한 경우라면, 그 결과는 끔찍한 안개가 되거나 위험한 스모그가 될 수도 있습니다. 눅눅해지거나(물고기자리가 쌍둥이자리를 이렇게 할 수 있지요.) 숨 막히는(쌍둥이자리가 물고기자리를 이렇게 만들 수 있습니다.) 것은 누구라도 불쾌한 경험이 될 것입니다.

쌍둥이자리: 당신이 하는 말은 모두 당신에게 불리하게 사용된다는 거 모르겠어요?

물고기자리: 상관없어요. 늘 그랬으니까.

쌍둥이자리: 신세 한탄 좀 그만둬요. 그래서 본인의 죄를 인정한다는 거예요? 말해봐요. 늘 말이 없잖아요. 그렇게 뿌루퉁해 있는 건, 날 괴롭히기 위해서 일부러 그러는 거예요?

물고기자리: 물론 내가 잘못한 거죠. 인간으로 태어난 죄, 인간의 욕구와 욕망을 가진 죄, 인간의 약점들… 다 그런 거 아니에요?

쌍둥이자리: 경우에 따라 다르죠. 당신은 다른 사람들보다 약점이 더 많아요. 논리적인 추론 능력도 없잖아요. 문제를 회피하기만 하고 뿌루퉁해져서는 뭘 의논하는 것도 피하고요. 당신은 정신적인 방랑자예요. 어제도 내가 당신한테 해달라고 한 걸 세 번이나 무시했잖아요. 지금도 계속 피하고. 다른 사람들의 불행한 얘기란 얘기는 다 들어주고 다니는 동안, 정작 당신 인생은 망가지고 있잖아요. 당신은 자학의 대가에다가 모든 일들을 질질 끌기만 해요. 당신은 밖에 나가서 비눗방울이나 쫓아다니고 꽃향기나 맡으면서, 정작 중요한 일들은 하나도 처리하지 않잖아요. 그래서 행복해요?

물고기자리: 물론이죠! 아무도 이보다 더 행복할 순 없을 거예요. 배심원들하고 판사님께 내가 그동안 얼마나 행복했는지 말해주세요.

쌍둥이자리: 그 배심원하고 판사 얘기 좀 하지 말아요. 이게 무슨 재판이 아니라는 걸 당신도 알잖아요. 우리는 그냥 토론을 하는 거라고요.

물고기자리: 미안해요… 하지만 당신은 무슨 재판관처럼 말하잖아요.

쌍둥이자리: 제발 주제에서 좀 벗어나지 말아요. 당신은 행복하다고 했죠? 그건 당신의 해왕성이 하는 또 다른 거짓말이에요. 당신은 분명 지금 이 순간에도 슬플 거예요. 분명히 우울하다구요. 지금 왜 불행한 거예요?

물고기자리: 내가 다른 사람을 행복하게 해주지 못하니까요. 심지어 당신도요.

(혹은 다음처럼 진행될 것입니다.)

물고기자리: 이렇게 추궁해서 미안해요. 제발 용서해줘요. 하지만 당신을 믿지 못하기 때문이에요. 당신이 두려워요. 당신의 말이 나를 얼마나 잔인하게 난도질 하는지 모르겠어요? 당신이 얼마나 불친절한지, 가끔 얼마나 심한 혹평을 해대는지 전혀 모르는 거예요?

쌍둥이자리: 남들도 다 그렇지 않아요? 난 그저 내 생각을 명확하게 표현하고, 내 느낌을 전달하기 위해 말하는 것뿐이에요. 난 당신처럼 마음속에 뭘 담아두지 않아요. 당신처럼 교활하지 않다구요.

물고기자리: 네, 그건 맞아요. 당신은 똑똑하죠. 나보다 단어들을 훨씬 더 잘 쓸 수 있잖아요. 가끔은 정말 멋지기도 해요. 대부분은 그렇죠. 하지만 행복한 적 있어요? 내 말은 당신에게 만족하고 평화로운 순간이 있냐구요. 그런 적 있어요? 단 한 번이라도요?

(침묵)

쌍둥이자리: 난… 음… 물론이죠. 당연히 있죠. 그건 왜 물어봐요?

물고기자리: 그냥 궁금했어요. 행복이란 건 당신한테 어떤 의미가 있을지….

쌍둥이자리: 행복이요? 그게 나한테 어떤 의미냐고요? 그건… 글쎄요. 당신은 이해 못할 여러 가지 것들을 의미하죠.

물고기자리: 예를 들면 어떤 거요?

쌍둥이자리: 예를 들면, 내가 정확하게 어디로 가고 있고 내가 도착하기로 계획한 순간에 그곳에 도착한다는 걸 아는 것, 나는 누구이고 무엇인지 아는 것.

물고기자리: 당신은 누군데요? 당신이 원하는 건 뭔데요?

쌍둥이자리: 당신은 일부러 나를 혼란에 빠뜨리려고 해요. 더 이상 대답하지 않겠어요.

쌍둥이자리와 물고기자리는 닮은 부분들이 있답니다. 둘 다 회피하는 데는 일가견이 있지요. 그들은 카멜레온처럼 위장술을 써서 손 닿지 않는 곳으로 미끄러져 가버립니다. 쌍둥이자리는 나방처럼 붙잡기 어렵고 물고기자리는 피라미처럼 잘 빠져나갑니다. 이들의 정신적이고 육체적인 술책은 재빠르고 기민하며 잡기 어려워서, 처음에는 눈앞에서 그 빛을 반짝이는 것 같은데 다음 순간 사라져버립니다. 어디로 간 걸까요? 글쎄요, 어느 쪽을 말하는 거죠? 물고기자리는 방금 깊은 감정의 바다로 헤엄쳐 들어가버렸답니다. 더 이상 질문을 받고 상처를 입지 않으려고요. 그리고 수성의 새는 같은 이유로 당신 머리 위에 있는 정신의 구름 속으로 솟아올라가 버렸답니다.

물고기자리가 오래된 영혼이라는 말을 들어보셨을 겁니다. 사실입니다. 물고기자리는 오래된 영혼입니다. 이들은 여러 차례 윤회를 거쳤기 때문에, 세상의 모든 이치와 모든 사람을 이해합니다. 자기 자신만 빼고요. 우리 영혼이 물고기자리로 태어나려면, 나머지 11개 별자리를 최소한 한 번 이상 경험해야 합니다. 어떤 영혼들은 그 별자리의 정수를 완전히 터득하기 위해 여러 번 윤회합니다. 그래서 물고기자리를 '오래된 영혼'이라고 하는 거랍니다. 또한 왜 물고기자리가 모든 카르마의 시험 중에서도 가장 어려운 시험을 직면하고 있는지 이해할 수 있습니다. 해왕성의 이상한 영향 아래에 있는 물고기자리 영혼은 그렇게 고생해서 얻은 나머지 열한 개 교훈 중 일부를 잊어버릴 수도 있답니다. 그러면 특정 별자리로(문법 시험을 통과하지 못하면 다시 문법 수업을 들어야 하는 것처럼) 다시 환생하거나, 아니면 그 교훈을 완전히 터득할 때까지 물고기자리로 계속해서 다시 태어나게 됩니다.

물고기자리들이 그렇게 이상한 사람들인 것은 당연합니다. 전체적으로 볼 때, 물고기자리는 성자나 죄인 두 그룹으로 나뉩니다. 평범한 순례자는 거의 보이지 않지요. 네, 물고기자리는 가장 연약한 별자리이기 때문에 천사들에게도 몹시 유혹적입니다. 그 결과 '타락한 천사'들이 생기지요. 물고기자리는 잘하다가도 어느 날 갑자기 양자리, 사수자리, 사자자리 때 배웠던 관대함을 잊어버리고 인색해집니다. 또는 깨우친 삶을 잘 살다가도, 어느 날 갑자기 마치 기억상실증에라도 걸린 것처럼 천칭자리의 공정함을 잊어버려서 타인을 부당하게 판단하기도 합니다. 혹은 희미하게 기억하고 있던 황소자리의 인내심을 잊어버리고 충동적인 결정을 내리고는 나중에 뒤늦은 후회의 눈물을 흘리지요. 물고기자리로 사는 일이 꼭 재미있다고만 할 수가 없답니다. 물고기자리의 삶에서는 알아야 할 것들이 너무나 많습니다. 카르마의 명예 졸업 제도 같은 것이어서, 그 시험을 통과하는 것이 무척이나 어렵답니다. 겉으로는 자유로운 것처럼 보이지만 영적으로나 도덕적으로 무척이나 제약이 많은 별자리이기도 합니다.

그래서 물고기자리는 그 존재의 복잡한 미로 속을 떠다니며 자신의 정체성을 애절하게 찾아 헤매곤 합니다. 삶의 거울에 반영된 본인들의 진짜 이미지를 힐끗 보기라도 하면, 처음에는 공포에 떨고 그다음에는 그것을 불신하게 됩니다. 그들이 보는 것은 신과 같은 존재인데 해왕성의 겸손함으로는 받아들이기 어렵지요. 그래서 그것을 부정하고, 숨고, 마침내는 그것으로부터 도망칩니다. 그들은 주로 연기나 음악 속에 파묻힙니다. 때로는 마약이나 알코올 혹은 환상 속으로 도망치기도 하지요. 적지 않은 물고기자리는 물질세계의 일상적인 야망 속에 안주하기도 하는데, 상상력이 풍부한 해왕성에게는 완전히 다른 에너지이지요. 그 길은 분명히 물고기자리가 행복해지는 길은 아니랍니다. 또 다수의 물고기자리는 창조적인 노력, 대중을 위한 서비스, 과학, 종교, 치료, 교사와 같은 직업으로 도망을 가거나 아니면 친구나 이웃 혹은 가족들을 위해 개인적으로 헌신하기도 합니다.

물고기자리가 자신을 이해하지 못하면 쌍둥이자리가 그 수수께끼를 풀고 싶어합니다. 수성이 지배하는 쌍둥이자리는 자기들이 뭐든 해결할 수 있고 알아낼 수 있다고 생각합니다. 뭐든 분해해서 어떻게 작동하는지 파악한 뒤에 다시 조립해놓을 수 있다고 생각하지요. 물고기자리에 대해 냉혹하고도 비판적인 분석을 한 후에도 그럴 수 있으면 좋겠지요. 하지만 쌍둥이자리들은 종종 자신들이 분해한 조각들을 처음 그대로 다시 조립하지 않고, 흩어진 채로 그대로 두는 경우가 있습니다. 쌍둥이자리에 의해 산산조각 난 물고기자리는 몇 년 동안이나 자존심을 회복하기 위해 속절없이 허우적거릴 수 있지요. 쌍둥이자리는 날카로운 수성의 우뇌로 물고기자리 위에 걸려 있는 영원한 혼란을 걷어내고 싶어하지만, 일부 쌍둥이자리는 심해의 해초들 사이로 수영할 수 없기도 합니다. 그들은 마치 인간 도요새처럼 허공에다 부리를 찔러댈 뿐, 대양의 바닥을 보거나 그 깊이를 알지는 못하는 상태가 됩니다.

현명한 물고기자리는 쌍둥이자리의 괴짜 같고 유치한 행동들을 아주 좋아하지는 않더라도, 그대로 내버려두는 경우가 많습니다. 쌍둥이자리가 상상 속 마법의 세상 속에서 산다면, 물고기자리는 기쁘게 그곳을 방문하고 싶어할 것입니다. 하지만 쌍둥이자리는 그 속에서 즐거운 시간을 보내는 동안에도 물고기자리의 신비한 왕국을 분석하고 파헤치는 경향이 있답니다. 물고기자리의 기쁨을 망치는 행동이지요. 꿈은 꿈일 뿐입니다. 왜 그렇게나 가까이 가서 그렇게나 자세히 들여다봐야 할까요? 물고기자리는 호기심 많은 쌍둥이자리의 사적인 질문들이나 끝없는 탐문을 참아주지 않습니다. 너무 자주 압박하면, 물고기자리는 다른 물줄기로 미끄러져 가버리거나 기만이라는 보다 쉬운 도피 방법을 택합니다. 교묘하게 회피하기도 하고 대범한 거짓말을 하기도 하지요. 사생활을 침범당했을 때의 단순한 자기 보호 수단일 뿐이라고, 해왕성은 그런 행동을 정당화시켜줍니다.

물고기자리가 쌍둥이자리에게 무의식적으로 앙갚음을 하는 경우가 있습니다. 쌍둥이자리가 멋진 아이디어나 계획을 얘기해주려고 신나 있을 때 별로 열성적인 반응을 보이지 않는 식으로요. 이런 행동은 두 사람 관계의 끝을 알리는 시작이 될 수도 있습니다. 쌍둥이자리는 그 열정과 반짝이는 영감들이 물고기자리의 비관주의에 영향을 받거나, 해왕성의 축축한 담요로 젖게 되는 것을 오래 참을 수 없답니다. 물고기자리는 마음만 먹는다면 잘 돕고 격려해주며 신뢰와 용기를 듬뿍 줄 수 있는 사람입니다. 하지만 물고기자리가 그러지 않겠다고 마음을 먹는다면, 쌍둥이자리는 날개를 펴고 혼자 노래를 부르며 날아가버릴 것입니다.

이 두 사람이 행복하게 공유할 수 있는 것들이 있습니다. 어떤 면에서는 무척 닮은 부분들이지요. 그중 하나는 아름다움에 대한 공감입니다. 우리들 대부분은 아름다움을 충분히 잘 보지 못하지요. 하지만 쌍둥이자리와 물고기자리는 둘 다 계절의 변화나 일몰과 일출 같은 자연의 아름다움을 강렬하게 느낍니다. 두 사람 모두 미술이나 시, 음악, 언어와 활자 등에 푹 젖어 있는 경우도 많지요. 물고기자리는 아무 말 없이 조용하게 황홀경에 빠진 채로 아름다움을 흡수합니다. 쌍둥이자리는 경외감과 놀라움으로 미소를 짓지요. 어떤 식이든 아름다움은 물고기자리와 쌍둥이자리를 엮어주는 다리를 만들어줍니다. 그 다리 위에서 두 사람이 햇살을 함께 즐길 수도 있고, 서로 반대쪽으로 걸어갈 수도 있지요.

두 사람의 또 다른 공통점은 우리가 말을 할 때 이들을 완전히 집중하게 만들거나, 아주 잠깐이라도 우리를 정면으로 쳐다보게 만드는 것이 어렵다는 점입니다. 쌍둥이자리의 눈은 날카롭고 기민하며 가끔은 비웃는 듯한 느낌을 줍니다. 물고기자리의 눈은 부드럽고 종잡을 수 없으며 촉촉하지요. 상대방에게 집중되어 있을 때는 그 눈빛으로 모든 걸 말해주지만 그런 경우는 자주 없습니다. 쌍둥이자리의 눈도 마찬가지여서, 잠깐 집중하다가는 금세 새처럼 여기저기 눈을 흘깃거립니다. 그 눈빛처럼 쌍둥이자리와 물고기자리의 마음도 다른 우주를 헤매고 다닙니다. 그 이유는 각자 다르지요.

물고기자리는 물고기자리를 제외한 나머지 사람들을 위한 뛰어난 공명판이 되어줍니다. 물고기자리가 영적인 의미에서 열한 개 별자리 또는 카르마를 모두 거쳐 왔기 때문에 가능한 일입니다. 이들은 지속적인 관심과 칭찬이 없이도 잘 사는 법을 이미 배웠습니다. 세상의 관심과 칭찬 없이도 불평 하나 하지 않고 사는 방법을 아는 것이야말로 해왕성의 힘이지요. 그것은 동시에 삶이 주는 실망으로부터 물고기자리가 스스로를 지키는 무기이기도 합니다. 이런 이유로 물고기자리는 보이는 것보다 훨씬 강인하답니다.

물고기자리는 태어나기도 전부터 과소평가되는 것에 익숙하지만, 쌍둥이자리는 아장아장 걸음마를 배우며 옹알이를 할 때부터 사람들의 관심과 칭찬에 익숙해져 있답니다. 이 두 별자리가 정말 잘 맞을 수도 있는 중요한 이유이지요. 쌍둥이자리는 자신을 표현해야 하고 사람들과 의사소통을 해야 하는 사람입니다. 연민이 많은 물고기자리는 언제나 남들의 희로애락에 진심으로 관심을 기울이며 들어줄 시간을 만듭니다. 쌍둥이자리는 수성의 아름다운 리본 같은 자기의 말에 감탄해줄 청중이 없이는 살 수가 없습니다. 물고기자리는 누군가 자신을 필요로 한다는 느낌을 받지 못하면 살 수가 없지요. 하지만 쌍둥이자리가 해왕성의 소박한 염원을 지속적으로 무시한다면, 물고기자리가 주는 이 큰 선물을 잃을 수 있습니다. 그 징후가 나타날 것입니다. 아주 명확하지요. 그런 징후가 나타날 때는 조심해야 합니다. 실수를 만회할 수 있는 가장 좋은 시점은 그 실수가 아직 작을 때이지요.

쌍둥이자리: 내가 쓴 기사를 어떤 잡지에서 실어준대요! 정말 신나는 뉴스죠?

물고기자리: 저쪽 하늘의 구름 좀 봐요. 정말 붉게 물들었어요. 예전에 할아버지가 늘 하시던 말씀이 생각나네요. "황혼에 붉은 하늘은 뱃사공에겐 기쁨이요, 아침에 붉은 하늘은 뱃사공에겐 경고다…."

쌍둥이자리: 잡지에 내 기사 실린다는 말 못 들었어요?

물고기자리: 미안해요. 딴생각하고 있었나 봐요.

쌍둥이자리 여성과 물고기자리 남성

당신이 눈을 감았을 때, 만일 당신이 운이 좋은 사람이라면,
때로 사랑스러운 희미한 빛깔에 모양이 흐릿한 웅덩이가 어둠 속에 떠있는 것을 볼 수 있을 것이다.

물고기자리 남성들은 사랑하는 쌍둥이자리 여성에게 자신의 위치가 어디쯤 되는지 명확하게 알기가 힘듭니다. 쌍둥이자리 여성은 물고기자리 남성이 질투를 느낄 일을 많이 제공할 것입니다.

그렇다고 해서 물고기자리 남성에게 득이 될 일은 하나도 없습니다. 쌍둥이자리의 변덕에 대해 어떻게 할 수 있는 건 없으니까요. 이제는 모든 쌍둥이자리 여성 안에는 두 명 이상의 여인이 있다는 걸 다 아시지요? 쌍둥이자리 여성은 유모차를 타고 다닐 때부터 사람들에게 애교를 부리고, 낯선 사람들에게 뽀뽀를 해대고, 그녀를 쳐다보는 모든 사람들에게 미소를 짓고, 그녀의 반짝이는 별빛 같은 눈망울에 마음을 뺏기게 만든답니다.

쌍둥이자리 여성은 절대로 어른이 되지 않습니다. 쌍둥이자리 여성은 말썽꾸러기 귀여운 꼬마 소녀 같답니다. 누가 혼을 내면 울고 누가 기쁘게 해주면 깔깔거리고 웃으며, 자기가 원하는 것을 얻을 때까지 사람을 꼬드기고 구슬리는 사람입니다. 그러니 물고기자리 남성으로부터 자신이 원하는 것을 얻어내는 건 그리 어렵지 않습니다. 물고기자리 남성은 기본적으로 온화하고 다정다감하며 인내심이 많고 요구하는 게 별로 많지도 않은 사람입니다. 물론 물고기자리도 짜증을 내고 괴팍해지기도 하고, 너무 자주 이용당하면 토라지기도 하지요. 하지만 대체로 그는 쌍둥이자리 여성이 원하는 것을 들어주기 위해 기꺼이 최선을 다할 겁니다. 쌍둥이자리 여성이

원하는 것이 계속해서 자꾸 변하면 혼란스러워하기는 하지만 그래도 계속 노력을 한답니다. 하지만 물고기자리 남성 자신도 흔들림이 없는 탑 같은 사람이라고는 말할 수 없습니다. 이 두 사람 모두 변하지 않는 견고함을 타고나지는 않았지요. 물고기자리는 오랫동안 장애물과 싸워야 하거나 일이 계속 지연되면, 얼마 못가서 안절부절못하는 상태가 됩니다. 쌍둥이자리 여성은 날 때부터 인내심이라고는 쥐꼬리만큼도 갖지 못했지요. 그러니 이런 부분은 당연히 4-10 태양별자리 관계의 원활함 속에서도 잦은 다툼의 원인이 됩니다. 인내심이야말로 행복과 조화를 위해 가장 필요한 구성 요소이니까요.

물고기자리 남성은 마치 길 잃은 사람 같은 눈빛을 하고 있습니다. 쌍둥이자리 여성은 곧 나타날 뭔가를 찾는 것 같은 눈빛을 가졌지요. 물고기자리, 물병자리, 전갈자리 그리고 쌍둥이자리 이렇게 네 별자리는 그 성격과 마음의 상태가 눈빛에 고스란히 드러나는 별자리입니다.

쌍둥이자리 여성의 마음은 유리로 만든 집 안에서 밖을 내다봅니다. 그녀가 꿈꾸는 모든 것들이 3차원 입체의 관점으로 보이지요. 그렇게 선택할 것들이 많다보니 겉으로 드러나는 성격도 다양하게 나타납니다. 대부분은 변덕으로 드러나지요. 쌍둥이자리의 변덕은 번개처럼 빠르고 바람이 변하는 것처럼 예측이 불가능하답니다. 수성이 지배하는 쌍둥이자리의 기분은 해왕성이 지배하는 물고기자리의 깊은 대양과는 다릅니다.

물고기자리의 마음도 역시 창이 많은 집과 같습니다. 하지만 유리창도 없고, 계절의 변화나 변덕 심한 쌍둥이자리의 기분으로부터 보호해줄 셔터나 블라인드도 없습니다. 물고기자리 남성은 남들이 그를 어떻게 대하는지에 따라 쉽게 상처를 받습니다. 뿐만 아니라 그와 가까운 사람들의 감정과 느낌으로부터도 상처를 받습니다. 주변 사람들의 걱정과 근심들이 그의 몸과 마음에 그대로 흡수되기 때문입니다. 그렇기 때문에, 잘 변하고 자주 불안해하며 동시에 두 가지 감정을 드러내는 쌍둥이자리 여성과의 관계는 물고기자리 남성에게는 때로 몹시 피곤한 일입니다.

쌍둥이자리 여성은 정신과 육체 에너지가 마치 충격파처럼 순간적으로 일어나도록 태어났습니다. 물고기자리는 피곤한 상태로 태어났지요. 그들은 이미 수많은 전생을 통해 권력과 영광, 아름다움과 추함을 모두 겪었기 때문입니다. 지칠 만도 하지요. 특히, 환상 속에서 전생의 경험을 반추하며 현생의 칙칙하고 지루한 삶을 바라볼 때 더욱 그렇습니다. 쌍둥이자리 여성은 이런 물고기자리의 마음을 이해할 것입니다. 부드러운 색깔의 색안경을 끼고 세상을 볼 필요가 있는 그의 마음이 그녀의 마음속에서도 메아리치니까요. 그녀도 또한 세상이 현실과는 다르기를, 더 아름다워지기를 바라지요. 하지만 쌍둥이자리 여성의 본성은 세상을 있는 그대로 냉정하고 명확하게 분석해야 직성이 풀립니다. 세상이 어떠하기를 바라는지와는 상관이 없습니다. 반면에 물고기자리는 세상 어떤 것이든 그 끔직한 현실을 있는 그대로 인정하고 싶지 않습니다. 쌍둥이자리 여성이 삶이라는 직물을 조각조각 내서 더 보기 좋게 다시 붙이려고 하면 물고기자리 남성은 불안합니다. 쌍둥이자리 여성이 사랑에 대해서 분석을 시작하면 두 사람 사이에는 문제가 생깁니다. 물고기자리는 사랑이란 분석할 수 있는 것이 아니라는 것을 알기 때문입니다.

모든 4-10 태양별자리 관계에서처럼, 쌍둥이자리와 물고기자리는 두 사람 사이의 긴장에 잘 대처해야 합니다. 두 사람의 타고난 성질이 완전히 다르기 때문에, 두 사람의 동기도 대부분의 경우에 서로에게 잘 설명할 수가 없습니다. 가족이나 일과 관련해서 속상한 상황이라도 생기면, 두 사람의 의견이 부딪히고 폭발하는 계기가 될 수 있습니다. 다행히 화해할 수도 있습니다. 하지만 서로 많은 상처를 받고 그 상처가 치유되기까지 오랜 시간이 걸릴 수도 있습니다.

쌍둥이자리 여성은 물고기자리 남편이 이웃과 너무 오래 수다를 떨면, 밤에 집에 들어오지 못하도록 문을 잠가버릴 수도 있답니다. 그러면 물고기자리 남편은 "쳇, 그러면 뭐 갈 데가 없을 줄 알고?"라고 투덜거리며 길모퉁이 카페에 앉아 괴로워합니다. 그러면 쌍둥이자리 아내는 다시 문을 잠가버리고, 그러면 물고기자리 남편은 다시 근처 술집을 찾지요. 그리고 또 같은 상황이 계속 반복됩니다. 물고기자리 남성이 참지 못하는 유일한 한 가지가 비판과 냉소주의 그리고 비난입니다. 그런데 쌍둥이자리 여성의 부정적인 자아는 풍자적인 비난의 대가이기도 합니다. 쌍둥이자리 아내의 화난 말들과 미묘한 어감을 이용하는 똑똑함은, 물고기자리 남성의 예민한 영혼에 날카로운 우박이 되어 마구 쏟아집니다. 반면에 쌍둥이자리 여성이 참지 못하는 한 가지는 바로 침묵(혼자 남겨지는 것도 마찬가지 결과지요.)입니다. 그리고 물고기자리가 가장 잘하는 것 중 하나가 바로 불쾌한 상황을 회피하는 것이지요. 가끔 이 해왕성의 사람들은 말 그대로 눈앞에서 사라지는 소멸의 신공을 보여주는 때가 있답니다. 뿅 하고 눈앞에서 사라지는 거지요. 그러면 쌍둥이자리 여성은 혼자 남습니다. 아, 혼자라고 하기는 좀 그렇군요. 또 다른 자아가 있으니까요. 그 쌍둥이 자아는 물고기자리 남성보다 그녀를 더 잘 이해하지요. 그녀가 고통을 어떻게든 표현해야만 한다는 것을요. 하지만 물고기자리 남성은 왜 그렇게 많은 시간을 말하는데 낭비해야 하는지 이해할 수가 없습니다. 물고기자리는 느끼는 것으로 고통에 대처합니다. 쌍둥이자리는 말로 풀어내야 하는 사람이지요. 두 사람이 아무리 진정으로 사랑한다고 해도, 가끔은 서로 완전히 낯선 사람처럼 느껴질 때가 있습니다. 쌍둥이자리는 말을 합니다. 하지만 물고기자리가 항상 듣는 것은 아니지요. 물고기자리는 흐느낍니다. 하지만 쌍둥이자리는 언제나 연민을 느끼지는 않는답니다. 하지만 두 사람은 서로 절실하게 상대방이 자신을 받아주고 이해해주기를 바라지요. 스스로도 자신을 잘 이해하지 못하니까요. 두 사람은 서로의 자아를 탐구해줘야 합니다. 두 사람 모두 이중성의 에너지를 가지고 있기 때문입니다. 마치 한 지붕 아래 네 사람이 함께 사는 것과 같습니다. 두 사람은 보이지만, 다른 두 사람은 어딘가 내면에 갇혀 있으면서 세상에 알려지려고 노력을 하지요.

두 사람의 섹스는 노력이 필요합니다. 물고기자리 남성은 쌍둥이자리 여성을 너무 숨 막히게 하거나 지나치게 소유하려 들지 않으면서, 사랑의 욕구를 만족시켜줄 수 있습니다. 쌍둥이자리 여성은 물고기자리 남성이 바라는 다양한 애정 표현을 제공해줄 수 있습니다. 그렇지 않으면 물고기자리 남성은 곧 지루해할 것입니다. 두 사람의 섹스에서는 불타오르는 열정이 반드시 필요하지는 않습니다. 그리고 두 사람 모두 상대방의 순간적인 기분과 희망 사항에 잘 적응할 수 있습니다. 하지만 이 둘의 관계에서는 진정하고도 깊은 육체적 합일이 빠져 있을 수 있습니다. 물고기자리와 쌍둥이자리가 가지고 있는 끝도 없는 열망은, 사랑으로는 만족시킬 수 없는 것일까요? 아니면 공기 별자리와 물 별자리가 육체적인 열망을 좀처럼 느끼지 못하기 때문일까요?

그 이유가 무엇이든, 이 두 사람은 육체적으로 하나가 되는 것이 그리 쉽지가 않답니다. 이상적인 합일은 자기희생 없이 불가능하지요. 또 그것은 사랑과 우정에서뿐 아니라 섹스에서도 필요한 덕목이랍니다. 물고기자리는 이런 사실을 잘 이해하지만, 보다 어린아이 같은 쌍둥이자리 여성은 이해하지 못할 때가 있습니다. 따라서 두 사람의 은밀한 순간들은 두 사람의 상호적인 본능에 부응하기보다는, 전적으로 쌍둥이자리 여성의 충동적인 욕망에 달려 있을 가능성이 높습니다. 그녀가 이타적인 배려의 진정한 의미를 배운다면, 두 사람의 육체적인 친밀감은 더 깊고 만족스러울 것입니다. 섹스를 통해 두 사람은 내면세계를 서로 교환할 수 있을 것입니다. 물고기자리 남성은 쌍둥이자리 여성처럼 더 즉흥적이 될 수 있고, 쌍둥이자리 여성은 물고기자리 남성처럼 더 차분해질 수 있답니다.

두 사람은 어떤 태도에서는 무척 닮았습니다. 둘 다 전화번호부에 번호를 등록하는 걸 싫어하고 사생활과 자유를 선호하지요. 그리고 둘 다 시와 음악과 미술 혹은 춤을 즐깁니다. 그리고 둘 다 정해진 일정을 무척이나 싫어하지요. 지루함은 두 사람 모두에게 적입니다. 그리고 안타깝게도 두 사람은 모두 진실을 과장하는 경향이 있습니다. 아주 사소한 선의의 거짓말부터 사전에 기획된 기만까지, 그들에게는 늘 스스로를 정당화하기 위한 길고 긴 변명거리가 준비되어 있습니다. 그러니 쌍둥이자리가 물고기자리에게 진실을 왜곡한다고 비난하거나 또는 그 반대로 물고기자리가 쌍둥이자리에게 진실을 왜곡한다고 비난하는 것은, 한마디로 똥 묻은 개가 겨 묻은 개를 나무라는 격입니다.

쌍둥이자리 여성은 삶과 사랑을 **감각**만으로 이해하는 것은 불가능하다고 생각합니다. 쌍둥이자리의 지배행성인 수성은 그 수수께끼를 풀 때 그녀의 지성을 이용하라고 주장합니다. 누군가 그녀의 의심과 절망을 그리고 그녀의 환상과 아이디어를 진심으로 들어주기만 한다면, 쌍둥이자리 여성은 어쩌면 삶과 사랑의 수수께끼를 다 풀 수 있을지도 모릅니다. 어쩌면 물고기자리 남성이 그걸 할 수 있을지도 모르지요. 인내심과 연민을 가지고 그녀의 이야기를 들어주고, 그녀가 얽혀 있는 추론의 과정을 풀어내서는 마침내 제대로 된 방향을 잡을 수 있을 때까지 기다려줄 수만 있다면요. 그러면 쌍둥이자리 여성은 그와 함께 나란히 걸으며 그의 손을 잡아줄 것입니다. 물고기자리 남성의 눈빛도 더 이상 길 잃은 사람처럼 보이지 않겠지요. 자기 옆에 매력적이고 발랄하고 여성스러운 여인이 한 명도 아니고 두 명씩이나 있는데, 어떻게 길 잃은 표정이 나오겠어요? 쌍둥이자리 여성과 사랑을 하면, 가끔 정신 사납고 당황스러울 수는 있지만 절대로 심심할 일은 없을 겁니다.

물고기자리 남성에게 사랑은 그저 또 다른 꿈에 불과합니다. 그는 그 꿈속에서, 자신이 상상으로 만들어놓은 세상에서 즐겁게 꿈을 조종합니다. 그것은 차분한 파스텔 톤의 깨어지기도 쉽고 변하기도 쉬운 그런 꿈이지요. 그러니 쌍둥이자리 여성이 너무 자주 불평을 하면, 그 꿈은 산산조각 날 수 있습니다. 그러면 물고기자리 남성은 그것을 다시 붙여보려고 애를 쓰겠지요. 하지만 꿈은 한번 깨지고 나면 쉽게 복구되지 않습니다. 너무나도 신비로운 재료들로 만들어졌으니까요.

쌍둥이자리 여성이 조금만 더 부드럽게 말하고 다정하게 대하고 느리게 움직인다면, 물고기자리 남성의 꿈속으로 들어가서 그의 사랑을 볼 수 있을 것입니다. 차분하고 아름다운 물고기자리의 사랑을요. 그곳은 오랫동안 찾아 헤맸지만 절대로 찾지 못했던 마법의 정원 같은 안식처랍니다. 물고기자리 남성의 정원에서는 자신을 보호하기 위해 가시를 드러내지 않아도 되지요.

쌍둥이자리 남성과 물고기자리 여성

피터가 없을 때면 네버랜드 섬은 대체로 무척이나 조용했다.
요정들은 아침에 한 시간씩 더 늦잠을 잤고, 동물들은 어린 새끼들을 돌보았다.
하지만 지루한 것을 싫어하는 피터가 나타나면, 모든 것이 원래대로 돌아갔다.

물고기자리 여성은 연애 관계나 결혼 생활을 평화롭게 유지하기 위해서라면 무엇이든 할 것입니다. 그녀는 자신의 모든 일과와 습관을 사랑하는 쌍둥이자리 남성의 편의에 맞출 것입니다. 주변의 친구들이 분개를 해도 소용없습니다. 친구들은 불쌍하다고 동정하겠지만 물고기자리 여성은 그저 웃으며 무시할 것입니다.

하지만 그녀가 채찍에 따라 움직이는 자학적인 노예는 아니랍니다. 그녀를 동정하는 주변 지인들은 그렇게 생각을 하겠지만요. 그들뿐만이 아닙니다. 쌍둥이자리 남성도 같은 인상을 받습니다. 그리고 그게 바로 남들에게 늘 맞춰주며 부드럽게 말하는 이 사랑스러운 물고기자리 여성이 바라던 것입니다. 그와 그녀가 아는 모든 친구들과 이웃과 가족들에게 그녀가 심어주고자 했던 인상이 바로 그런 것이지요. 그녀는 본인이 뭘 하고 있는지 잘 안답니다. 그녀는 스스로를 위해 삶을 좀 더 쉽게 만들고 있는 것입니다.

쌍둥이자리 남성과 물고기자리 여성의 사랑은 4-10 태양별자리 관계이지요. 이 해왕성의 여인은 이 관계에서는 선택이 두 가지밖에 없다는 것을 잘 이해하고 있습니다. 첫 번째 선택은 떠나는 것입니다. 물고기자리 여성은 쌍둥이자리 남성이 요구하는 것들이 본인의 섬세한 마음에 비추어 가치가 없다고 판단하면 떠날 수 있습니다. 그가 없는 어느 날 아침에 그냥 살짝 빠져나가지요. 두 번째 선택은 남는 것입니다. 쌍둥이자리 남성을 사랑하는 즐거움과 행복, 만족감과 평화로움 그리고 쌍둥이 자아 중 적어도 한 명 이상으로부터 받는 사랑과 헌신이 충분히 가치 있다고 판단할 수도 있으니까요. 후자를 선택한다면 그녀는 그 관계가 잘되도록 노력할 것입니다. 복잡한 계획이 좀 필요하겠지만 어쨌거나 그녀는 해낼 것입니다.

수동적인 저항은 물고기자리 여성이 가진 해왕성의 비밀 중에 하나입니다. 그녀는 이 분야에서 놀라운 재주가 있답니다. 어떤 사람들이 절대 음감을 가지고 태어나는 것과 같습니다. 그녀는 쌍둥이자리 남성과의 관계에서 언제 뒤로 물러서야 하고 얼마나 물러서야 할지, 언제 앞으로 나가야 하고 얼마나 함께할 수 있을지를 정확하게 압니다. 안다기보다는 감지한다고 해야겠지요. 그녀에게는 보이지 않는 아주 예민한 안테나가 달려 있어서 인간의 행동 유형에 대해 그녀에게 신호를 보내주는 것만 같습니다.

쌍둥이자리는 두뇌 회전이 가장 빠른 사람들입니다. 늘 예민하게 곤두서 있어서 이들을 속이기란 거의 불가능하지요. 하지만 아무리 총명한 쌍둥이자리 남성들조차도 물고기자리 여성의 전략에는 눈이 멀 수 있습니다. 물고기자리 여성이 뭔가를 원하는데 쌍둥이자리 남성이 반대하는 경우가 있다고 해볼까요. 그녀는 계속 고집을 부리거나 눈물을 흘리면서 둘의 관계를 흔들어버리는 에너지 낭비는 하지 않습니다. 그녀는 쌍둥이자리 남성이 옆에 있을 때는 그가 원하는 것을 합니다. 그가 곁에 없을 때는 그녀가 원하는 대로 하지요. 그 일들은 사악하거나 교활한 일이 아닙니다. 은행을 털거나 다른 남성을 몰래 만나는 일도 아니고요.

그건 그저 한 시간쯤 더 자는 것 같은 작고 일상적인 일이랍니다. 전형적인 쌍둥이자리는 늘 일찍 일어나서는 휘파람을 불어대거나 고약하게 불평을 합니다. 그러니 할 일이 있는데도 자기보다 더 늦게 일어나는 사람들에게 대해서는 상당히 비판적인 태도를 취할 수 있답니다. 또 그것은 물고기자리 여성이 읽고 싶은 어떤 책일 수도 있습니다. 아마도 쌍둥이자리 남성이 그녀에게 권할 만한 책은 아니겠지요. 또는 단지 친구에게 놀러가는 것일 수도 있습니다. 쌍둥이자리 남성은 그 시간을 그녀가 좀 더 유용하게 보내길 바라지요. 아니면 예약 시간에 맞춰 미용실에 가는 일일 수도 있습니다. 쌍둥이자리 남성은 왜 그런 일들에 눈살을 찌푸리는 걸까요? 그는 아마도 물고기자리 여성은 있는 그대로가 아름답다고 생각하는 것일지도 모릅니다. 물론, 미용실에다 돈을 쓰니 그 돈으로 두 사람이 함께 여행을 가는 게 더 좋다고 생각할 수도 있고요. 쌍둥이자리에게 궁극의 황홀경은 바로 자신을 둘러싼 장면을 바꾸는 것이니까요. 어딘가로 떠나는 거지요. 매일매일의 삶에서 벗어나 완전히 다른 어떤 곳으로요.

쌍둥이자리의 똑똑함은 임시방편에도 유용합니다. 예를 들어, 물고기자리 여성이 미용실에 예약이 되어 있다면 쌍둥이자리 남성은 그 예약을 취소하도록 설득할 것입니다. 강력한 설득력과 매력을 활용하거나, 그게 통하지 않으면 짜증 섞인 불평을 해서라도 그렇게 만들지요. 하지만 그녀가 일단 미용실에 가서 머리를 하고 오면 더 이상 불평을 하지 않는답니다. 우선 그녀가 더 예뻐졌으니까요. 두 번째로 이미 일어난 일을 되돌리려고 하는 것은 시간 낭비라는 것을 잘 알기 때문입니다. 쌍둥이자리 남성은 좀처럼 시간을 낭비하지 않는답니다. 그는 시간은 뭔가를 하기 위해 만들어진 것이라고 믿습니다. 그러니 매초를 잘 활용해야 하지요. 잠자는 시간은 빼고요. 쌍둥이자리에겐 잠자는 것도 아주 잠깐씩만 누리는 호사랍니다. 시간은 삶과 꿈을 만드는 재료입니다. 그러니 시간을 낭비하는 일은 쌍둥이자리에게는 범죄와 같은 행위랍니다.

물고기자리 여성은 시간에 대해 완전히 다른 관점을 갖고 있습니다. 시간이란 늘 무궁무진해서 오늘이 아니라도 항상 내일이 있다고 생각합니다. 그리고 시간을 보내는 가장 좋은 방법은 아무것도 하지 않는 것이라고 생각합니다. 남들을 위해 천 개도 넘는 의무를 다하느라 에너지를 완전히 고갈시키고 난 후에, 그녀의 유쾌하던 마음도 완전히 처졌을 때는 특히나 더 그렇지요. 물고기자리 여성에게 시간을 가장 잘 쓰는 방법은 그저 그녀답게 있는 것입니다. 즉, 시원한 푸른빛을 띤 차분한 명상의 물속에서 그저 가만히 자기 존재 그 자체로 있는 것이지요. 또 그렇게 해야만 그녀의 영혼은 다시 생기를 찾게 된답니다.

늘 긴장감이 감도는 4-10 태양별자리 관계인 쌍둥이자리 남성과 살다 보면, 그녀의 영혼은 이렇게 생기를 되찾는 과정이 많이 필요하답니다. 처음에 그토록 매력적으로 끌렸던 쌍둥이자리 남성의 성격은 시간이 지날수록 물고기자리 여성을 극도로 피곤하고 지치게 만드는 원인이 됩니다. 쌍둥이자리 남성은 빠릅니다. 두뇌 회전도 민첩하지요. 그는 보거나 듣거나 읽는 모든 것들을 순간적으로 파악하는 능력을 가지고 있습니다. 가장 예상치 못한 순간에 튀어나오는 아이디어들은 늘 독창적이고 매력적입니다. 쌍둥이자리 남성은 늘 꿈꾸고 생각하고 계획을 짜고 혹은 그것을 실행에 옮기느라 바빠 보입니다. 반면, 물고기자리 여성은 그저 존재하는 것 자체로 바쁘답니다. 쌍둥이자리 남성은 눈 깜짝할 사이에 직업이나 경력을 바꿀 수 있지만, 물고기자리 여성은 다음에 무슨 일이 일어날지 어떤 기대를 해야 할지 전혀 모르지요. 그래서 물고기자리 여성은 쌍둥이자리 남성을 보는 게 흥미진진합니다. 주목할 수밖에 없지요. 그녀에게 쌍둥이자리 남성은 완벽한 불가사의입니다. 물고기자리 여성은 미스터리를 좋아한답니다. 하지만 그녀가 이토록 좋아하는 수성의 남자는, 그녀로 하여금 시간이 지나면 지날수록 고독과 조용함과 한결같음이 주는 안정감을 동경하게 만든답니다. 그녀만의 더 느리고 더 부드러운 꿈과 목표와 고요함 속으로 점점 더 후퇴하게 만들지요.

쌍둥이자리의 놀라운 위트와 마음을 사로잡는 어린 소년 같은 미소와 반짝이는 눈빛과 똑똑함과 다재다능함은 물고기자리 여성의 넋을 완전히 빼놓습니다. 다정다감하고 명랑하고 따뜻하고 관대한 모습에서부터 초조하고 냉소적이고 무뚝뚝하고 퉁명스러운 모습까지 오가는 그를 보고 있노라면, 마치 살아 있는 만화경을 보는 것 같습니다. 그러다 점차로 그의 예측 불가능한 정신적, 육체적, 감정적인 활동의 급격한 변화들에 영향을 받아, 그녀의 고요함이 파괴되기 시작합니다.

아무리 저항하려고 해도, 물고기자리 여성은 가장 가까운 인간 경험의 소용돌이 속으로 빠져 들어갈 수밖에 없습니다. 물고기자리는 마치 스펀지나 예민한 감광판처럼 주변에 있는 사람들의 느낌과 감정을 흡수합니다. (게자리와 전갈자리도 유사합니다.) 그리고 물고기자리 여성 자체의 기운은 더 부드러운 화음에 맞춰져 있기 때문에, 쌍둥이자리의 타악기 소리와 플롯의 높은 음들은 그녀의 신경을 곤두서게 합니다. 그녀의 감정적 균형을 무너뜨려서 우울하게 만들지요. 이럴 때는 어떤 비용을 감수하고라도, 그녀를 위협하는 주변의 감정의 홍수로부터 빠져나와야 합니다. 그녀 내면의 고요한 세상으로 돌아가야만 하지요. 그러고는 힘을 다시 회복할 때까지 그곳에 머물러야 합니다.

바로 이렇게 그녀가 후퇴해야만 하는 때에 쌍둥이자리 남성은 당황스럽기도 하고 상처도 받을 것이며 가끔은 화나기도 할 것입니다. 쌍둥이자리 남성은 자신이 정신적인 후퇴라는 자기방어 기술에 능숙한 사람이라는 생각은 전혀 하지 못합니다. 그는 물고기자리 여성이 그의 관심과 염려를 가장 필요로 할 때, 무심하게 거리를 두거나 사라져버리기 일쑤입니다. 물고기자리는 아주 오래된 영혼이라 현명하게 태어나고, 쌍둥이자리는 아장아장 걷는 유아기를 상징한다는 것을 기억하시지요? (이 책의 앞부분에 있는 열두 가지 사랑의 비밀을 참조하세요.) 그래서 쌍둥이자리는 약간 자기중심적일 수밖에 없습니다. 하지만 '어린아이'를 상징함에도 불구하고, 쌍둥이자리의 통찰력은 가끔 아주 놀라운 수준입니다. 때로 쌍둥이자리 남성은 물고기자리 여성이 겪고 있는 상황에 대해 탁월한 이해를 보여주기도 합니다. 특유의 가벼운 쌍둥이자리식 연민으로 그녀를 이해하고 있다는 것을 알려주지요. 또는 그녀를 웃게 만들거나 여행을 제안하거나 함께 드라이브나 산책을 하자고 이끌기도 합니다. 이런 때가 두 사람의 사랑에 있어서는 드물게, 함께 노래하는 순간들이랍니다.

두 사람의 섹스는 육체적인 면에서뿐만 아니라 모든 면에서 두 사람을 더 가깝게 만들어주는 신비한 마력을 가지고 있습니다. 섹스를 통해 공기와 물이라는 구성 원소가 섞이면, 어떤 이유에선지 쌍둥이자리 남성은 보다 물고기자리 여성처럼 되고 물고기자리 여성은 쌍둥이자리 남성을 닮게 됩니다. 그리하여 두 사람이 사랑을 나누고 난 후에는, 물고기자리 여성은 보다 더 생기가 넘치고 초롱초롱해지고 쌍둥이자리 남성은 더 차분해지고 부드러워집니다. 서로의 팔에 안겼을 때면 두 사람은 뭔가 딱히 규정할 수 없는 조화로움을 자주 느낍니다. 두 사람 사이의 섹스의 신비는 둘 모두에게 강력한 재생의 경험이 될 수 있으며, 서로의 대조적인 차이점을 이해하고자 하는 지속적인 욕구의 은밀하고도 강력한 근거가 됩니다.

자꾸만 문제를 미루려고 하고 회피하려는 그녀의 태도는 쌍둥이자리 남성을 성가시고 화나게 합니다. 하지만 물고기자리 여성은 손바닥 뒤집듯 쉽게 화제를 바꾸는 엄청난 재주를 가지고 있답니다. 쌍둥이자리 남성의 주기적인 비평과 산만한 관심사들이 물고기자리 여성을 힘들고 화나게 하면, 그녀는 불쾌한 상황을 피하는 방법을 잘 찾습니다. 쌍둥이자리 남성은 그녀가 그렇게 피하는 걸 좋아하지 않습니다. 자신의 재치를 갈고닦기 위해, 그는 가끔씩 논쟁과 토론이라는 정신적인 자극이 필요하기 때문입니다.

물고기자리 여성은 쌍둥이자리 남성이 좀 더 느긋하고 걱정을 덜 하기를 바랍니다. 쌍둥이자리 남성은 물고기자리 여성이 좀 덜 쉬고 걱정을 좀 더 하기를 바라지요. 적어도 사물을 볼 때, 그녀가 원하는 대로 보는 것이 아니라 있는 그대로 보기를 바랍니다. 쌍둥이자리 남성 자신은 정작 백일몽을 꾸면서도요. 그는 갑작스러움과 의외성이 모자이크 되어 있는 사람입니다. 분명 초자연적인 것에 대해 비판적인 것처럼 보였는데, 어느 날 피라미드의 비밀에 대한 책을 사오기도 하지요. 제가 아는 한 쌍둥이자리 남성은 신비주의에 대해 거의 저주를 퍼붓는 사람이었는데, 어느 날엔가 크리스마스에 수정 구슬을 선물로 받고 싶다고 하더군요. 실험을 하고 싶었던 것이지요. 실험이야말로 쌍둥이자리가 계속 유지될 수 있는 아드레날린 같은 것입니다. 뭔가 그의 관심을 끌기 시작하면, 그는 그 대상의 개념을 완전히 이해하는 것뿐 아니라 개선할 때까지 멈추지 않는답니다.

쌍둥이자리 남성의 이런 복잡 미묘한 정신과 태도는 물고기자리 여성을 언제나 매료시키고 유혹합니다. 그런 모순들이 오히려 그에 대한 존경심을 배가시키고, 그의 분석적이고 지적이면서도 상상력이 돋보이는 태도는 그녀를 감동시킵니다. 하지만 어떤 때에는 쌍둥이자리 남성을 도대체 이해할 수 없어서 절망에 빠지지요. 이유는 다르지만, 쌍둥이자리 남성도 물고기자리 여성을 정말 제대로 이해할 수 있을지 의아해합니다. 쌍둥이자리 남성도 두 명이고 물고기자리 여성도 두 명이지요. 게임은 끝나지 않습니다. 쌍둥이자리와 물고기자리는 모두 이중성을 가진 별자리입니다. 때로 물고기자리 여성이 정신적으로 육체적으로 그리고 영적으로 지쳤을 때는, 아주 차갑게 변해서 의사소통을 거부합니다. 그러면 쌍둥이자리 남성은 그녀가 아는 것보다 훨씬 더 고통스러워합니다. 하지만 대부분의 경우에 물고기자리 여성은 자신의 다친 감정을 무시함으로써 충돌을 회피합니다. 추함이나 혼란 또는 충돌 상태가 수면 위로 떠올라도, 꿈꾸는 물고기자리 여성은 그런 것이 아예 없는 것처럼 행동합니다. 그러면 그런 것들이 사라지지요. 물고기자리 여성은 안답니다. 인내심을 가지고 기다리면 대부분의 일들은 저절로 해결된다는 진실을 이미 터득했지요. 하지만 쌍둥이자리 남성은 문제들이 존재하지 않는다고 믿는 것이 불가능합니다. 문제를 분석하고 즉각 해결해야만 직성이 풀리지요. 십자말풀이를 보면 어쩔 수 없이 풀어야 하고, 텔레비전에서 퀴즈 쇼가 나오면(출연자보다 먼저) 큰 소리로 정답을 맞혀야 하는 것처럼 저항할 수가 없답니다. 모든 쌍둥이자리 남성의 마음은 지휘자처럼 진흙탕 물을 논리와 추론으로 정화하고 싶은 욕구가 있답니다. 다시 그의 백일몽과는 혼란스러운 모순이 생기는 지점이지요.

쌍둥이자리와 물고기자리는 각각 공기와 물의 별자리이지요. 이들은 불의 별자리 사람들처럼 겉으로 애정 표현을 하거나 따뜻한 사람들은 아닙니다. 하지만 물과 공기의 정수가 결합되기 때문에 서로에게 자유라는 큰 선물을 주지요. 물고기자리 여성은 좀처럼 그의 충동적인 행동에 대해 따지거나, 어디에 있는지 등을 꼬치꼬치 캐묻지 않습니다. 물고기자리 여성은 소유욕이 많은 유형이 아니기 때문이지요. 쌍둥이자리 남성도 마찬가지로 물고기자리 여성에게 행동의 자유를 보장해줍니다. 자기가 없을 때 그녀가 어디를 떠다니는지 상관하지 않습니다. 하지만 본인이 곁에 있을 때에는 그녀가 자기 옆에 있어주기를 바랍니다. 쌍둥이자리는 청중이 필요하니까요. 물고기자리 여성은 남의 말을 정말 잘 들어주기 때문에, 쌍둥이자리 남성에게는 이 점이 그녀의 가장 사랑스러운 장점이 됩니다. 쌍둥이자리 남성은 조용한 비밀과 섬세함을 간직한 이 여성이 자신이 말하는 모든 것에 진심으로 관심을 가지고 있다고 생각합니다. 그는 무엇보다도 그런 관심이 절실하게 필요한 사람이지요.

물고기자리 여성은 기분이 수시로 변하는 이 남성이 늘 그녀를 필요로 한다는 것을 압니다. 그리고 누군가가 자신을 필요로 한다는 것이, 그 무엇보다도 깊은 그녀 자신의 욕구라는 것을 잘 알고 있습니다. 그가 냉소적인 태도를 취하면 그녀의 마음은 찢어집니다. 하지만 그의 눈빛이 다시 반짝이고 피터 팬의 동경을 담은 미소를 짓게 되면, 물고기자리 여성은 자신의 삶의 방식을 포기하고 그를 선택한 것이 옳았다는 것을 알게 되지요. 사실, 물고기자리 여성은 실제로 잃어버린 것은 없답니다. 오히려, 조금만 건드려도 색깔과 모양과 디자인이 변하는 자신만의 인간 만화경을 얻었지요.

쌍둥이자리 남성은 물고기자리 여성이 너무 관대하고 사치스럽다고 계속 혼을 냅니다. 그러다 어느 날은 은행이란 은행을 모두 찾아다니며 대출을 받아서 어려움에 처한 친구에게 빌려주지요. 몇 달 동안 야간대학을 다닐 계획을 세우다가, 갑자기 타자기를 사고는 작가가 되겠다고 선언하기도 합니다. 어느 날 그는 피곤하다며 저녁도 안 먹고 잘 거라고 선언하고는 일찌감치 침대로 가지요. 그런데 채 5분도 지나지 않아 뛰어나와서는 노을이 아름다우니 시내에서 저녁도 먹고 연극도 보자며 마법의 윙크를 날립니다. 물고기자리 여성이 옷을 갈아입고 있는데 쌍둥이자리 남성은 서두르라고 재촉을 해댑니다. 어딜 가려면 준비하는 데만 온종일 걸린다느니 하면서 불평을 늘어놓기 시작하지요. 하지만 그녀가 준비를 다 마치고 나오면, 그는 그녀를 바라보며 지금껏 중에 가장 아름답다고 칭찬합니다. 그러고는 또 말하지요.

"당신이 없었으면 내가 어떻게 살았을까요?" 물고기자리 여성은 아무런 대꾸도 하지 않고 그저 미소만 짓습니다. 그녀는 언제나 알고 있었거든요. 이 남성은 자기가 없으면 안 된다는 사실을요. 그래서 지금껏 그 옆에 있는 것이고요.

게자리와
열두 별자리가 만났을 때

Cancer, the Crab

게자리 Cancer

Cancer 게자리

물 · 시작하는 · 수동적
지배행성: 달
상징: 게
음(-) · 여성적

게자리와 게자리의 관계

작은 집은 어둠 속에서 너무나도 아늑하고 안전해보였다.

창문의 차양 사이로는 환한 불빛이 비치고, 굴뚝에서는 아름다운 연기가 피어올랐다….

어린 시절에 왜 부모님이 당신을 그렇게 대하셨는 지 궁금했던 적이 있나요? 제 말은 어린 시절 부모님이 했던 일들에 대해 속상하다고 느끼는지 묻는 겁니다. 아니라고요? 게자리는 그렇답니다. 밤에 잠자리에 들기 바로 전이나 마침내 잠이 들었을 때, 그런 일들에 대한 꿈을 꾸거나 심지어 악몽을 꾸기도 한답니다.

달의 영향 아래 태어난 게자리에게 어제는 여전히 생생한 현실입니다. 20년 전이든 100년 전이든 상관없어요. 그래서 게자리 대부분은 역사에 정통합니다. 역사는 그들이 학교 다닐 때 가장 좋아하는 과목이고, 나이 들어서도 취미로 역사에 몰두하는 경우가 많답니다. 게자리 중 다수는 골동품을 수집하기도 하지요.

이들의 부모가 천문해석학자가 아니라면 이 예민한 어린아이들에게 충분할 만큼 자주 "사랑해."라고 말해주지 않았을 것입니다. 달의 영향 아래 태어난 게자리에게 얼마나 많은 "사랑해."가 필요한지 몰랐을 테니까요. 부모님들은 게자리 아이가 얼마나 예쁘고 잘 생겼는지에 대해서만 너무 자주 말했을 것입니다. 또 어쩌면 용돈을 너무 조금 줬을지도 모릅니다. 게자리 아이는 용돈이 적으면 불안한 느낌을 받는답니다. 그래서 게자리 아이는 여덟 살부터 이웃집 잔디를 깎아주고 용돈을 벌어야만 했을지도 모릅니다. 또 어쩌면 부모님은 밤에 잘 자라고 키스를 자주 해주지도 않았고, 잠자리에 들기 전에 동화책도 충분히 읽어주지 않았을 겁니다.

이런 모든 것들이 게자리 아이를 감정적인 안정감이 부족한 사람으로 자라게 합니다. 감정 기복이 심하거나 예민한 청소년기를 보내도록 만들지요. 같은 물 별자리인 전갈자리나 물고기자리를 제외하면, 누구도 게자리가 느끼는 끔찍한 외로움과 끈질긴 불안감을 이해하지 못합니다. 같은 달의 영향 아래 태어난 게자리만이 게자리를 진정시킬 수 있는 위로의 말과 행동을 알고 있지요. 전형적인 게자리 사이의 대화를 상상해볼까요?

게자리 1: 저런 저런 또 우울 모드구만. 널 아끼는 사람들은 네가 왜 그렇게 외로워하는지, 왜 사람들이 너를 도울 기회를 주지 않는지 의아해하고 있다는 거 아니?

게자리 2: 아무도 날 이해하려고 하질 않아. 난 어린 시절이 우울했다구. 내가 늘 말했잖아. 심지어 너도 신경도 안 쓰잖아. 아무도 신경 안 쓴다구.

게자리 1: 내 말 좀 들어봐. 우선 너희 부모님은 네가 그렇게 감정이 여린 줄 모르셨을 거야. 둘째로 네 친구들은 네가 충분히 사랑받고 있다는 느낌을 받지 못한다는 걸 알 수가 없어. 왜냐구? 네가 입을 다물고 전혀 말을 하지 않으니까!

게자리 2: 내가 왜 그걸 얘기해줘야 해? 사람들은 다 냉정하고 잔인해. 난 늘 엄마한테만 말했어. 엄마는 가끔 날 이해해주셨으니까. 근데 이젠 엄마도 안 계시지. 엄마처럼 나를 사랑해줄 사람은 아무도 없을 거야. 엄마가 살아계시지 않다니 정말 끔찍해. 엄마가 돌아가신 후로 아무도 나한테 산딸기 잼을 만들어주지 않았어. 흑흑.

게자리 1: 울지 마. 자, 여기 손수건. 너희 어머니는 그래도 살아계실 때 너를 이해하려고 노력이라도 하셨지. 우리 엄마는 내 인생 전체를 비뚤어지게 만드셨잖아. 평생 날 무시하셨거든. 우리 엄마가 나한테 준 애정을 보면, 난 차라리 고아로 지내는 편이 나았을지도 몰라. 엄마가 돌아가신 사람보다는 나처럼 엄마가 거의 없었던 거나 마찬가지였던 사람이 훨씬 더 외로울걸?

게자리 2: (마음 깊이 연민을 느끼며) 정말 마음이 공허하겠구나.

게자리 1: 어린 동생을 재우기 전에는, 나한테 잘 자라는 키스도 안 해주신 거 알아? 그리고 한 번은 이빨 요정이 나한테 주고 간 돈을 베개 밑에 뒀는데, 엄마가 그 돈을 훔쳐서 글쎄 여동생 옷 세탁비로 썼지 뭐야. 못 믿겠지만 사실이야. 흑흑.

게자리 2: 정말 심했네! 울지 마. 여기 네 손수건 다시 줄까?

게자리 1: 아냐, 괜찮아. 손수건은 네가 가져. 감정을 주체하지 못해서 미안해. 근데 우리 내 얘기가 아니라 네 얘기 하고 있었잖아. 이렇게 말해도 괜찮을지 모르지만, 이젠 너도 사랑을 얻는 가장 좋은 방법은 사랑을 주는 것이라는 걸 알만큼 나이가 들었어. 그지?

게자리 2: 알았어, 알았어, 알았다구. 하지만 사람들이 나를 사랑하게 되든 말든 이제 와서 그게 다 무슨 소용이야. 세상이 경제 위기로 다 무너지게 생겼는데? 내 거래 은행이 가장 먼저 문을 닫을지도 몰라. 내 돈과 주식을 다 잃고 완전 빈털터리가 될 거야.

(게자리 2가 여성이라면 바로 위의 대사는 아마도 이렇게 바뀔 것입니다.)

게자리 2: 해리와 나는 우리 집과 저축을 모두 잃게 되겠지. 해리는 아마 직장도 잃을 거야. 우린 집도 없이 맨발로 거리를 헤맬지도 몰라. 아니면 노숙자를 위한 시설에 들어가야 할지도 모르고. 그럼 정말 치욕스러울 텐데. 차라리 죽는 게 나을까?

게자리 1: 걱정 마. 네가 빈털터리가 되는 일은 없을 거야. 넌 은행 계좌를 두 개로 분리해 놨고, 차고 밑에 금덩어리도 12개나 묻어놨잖아. 게다가 스위스에 있는 계좌도 있고, 아파트도 세 채나 있잖아! 다른 사람들은 다들 네가 부자라고 생각하거든.

게자리 2: 그 사람들은 돈은 오늘 있다가도 내일이면 완전히 사라질 수 있다는 걸 모르니까 그런 거야. 누가 내가 금덩이를 묻어놓은 곳을 알기라도 하면 어떻게 되겠어!

게자리 1: 걱정 좀 그만해. 난 대출금 못 갚아서 지금 부도가 날 지경이야. 은행 담당자가 날 얼마나 미워하는지 몰라. 딱 보면 알거든. 올여름에는 캐나다로 가기로 한 휴가 계획도 취소했어. 굶어 죽게 된 사람은 네가 아니라 나라니깐.

게자리 2: 넌 정말 이기적이야. 넌 내 문제는 신경도 안 쓰고 네 문제나 생각하잖아. 우린 돈을 아끼느라고 버터 대신 마가린을 쓰기 시작했는데, 넌 아직도 버터를 쓰잖아. 그러니 누가 더 가난하겠어. 당연히 나지!

게자리 1: 나한테 뭐라고 하지 마! 너한테도 똑같이 갚아줄 테니까! 그리고 우리 집에서도 버터 안 쓰고 마가린 쓰거든? 됐지?

게자리 2: 버터 쓰잖아!

게자리 1: 마가린 쓰거든!

게자리 2: 버터, 버터, 버터, 버터, 버터!

게자리 1: 그만 좀 해! 우리 집에서 빵에 뭘 발라 먹든 그게 무슨 상관이냐고!

그건 우리 집 사정이야!

게자리 2: 거 봐. 넌 좀 심하게 비밀이 많아! 남들이 엿볼까 봐 늘 전전긍긍하지. 사람들한테 좀 솔직하고 열린 마음으로 대하는 걸 배워야 해. 나처럼 말이야.

게자리 1: 열린 마음이라고? 네가? 흥! 무슨 개소리야! 네가 얼마나 음흉한 사람이면 설문 조사에도 응하지 않잖아! 다들 네가 피해망상 환자라고 생각해. 그러니까 주변 사람들이 너를 보면 불편한 거야.

게자리 2: 뭐라고? (흑흑) 다들 날 미워한다고 내가 그랬잖아. 이제야 네 입으로 직접 그걸 시인하는구나. 너도 그저 내 친구인 척했던 거야. (흑흑)

게자리 1: 물론 난 네 친구지. 제발 코 좀 풀어. 그만 훌쩍거리고. 넌 피해망상 환자가 아니야. 네가 나한테 뭐라고 하니까, 그냥 너한테 한바탕 해주려고 한 말이었어. 사람들이 널 얼마나 좋아하는데. 나도 널 좋아해. 대체로는. 사람들이 왜 너를 그렇게 좋아하는지 아니?

게자리 2: 왜? (옷 속에 들어가서 여전히 흐느끼면서) 왜 날 좋아하는데?

게자리 1: 네가 좋은 사람이니까 그렇지. 게다가 넌 능력도 많잖아. 사람들은 다들 널 우러러본다구. 그리고 웃긴 얘기도 많이 하고, 너희 집은 늘 아늑하고, 네가 해주는 닭요리도 끝내주고, 또 사람들이 돈이 없으면 너는 돼지 저금통을 갈라서 돈도 빌려주잖아. 네가 얼마나 친절한 사람인지 알겠지? 넌 돈도 많고 외모도 근사하고 똑똑하고 인기도 많고….

게자리 2: 내가 정말? 내가 정말 인기가 많은 사람이라고?

게자리 1: 그럼! 우리 집사람도 널 좋아해. 우리 애들도 좋아하고, 또….

게자리 2: (껍질 속에서 밖을 조심스럽게 내다보며) 정말? 정말 정말?

게자리 1: 당근이지! 내 명예를 걸고!

게자리 2: (힘이 나서 껍질을 열고 조심스럽게 애정과 인정의 따뜻한 모래 위로 기어 나오며) 그래? 닭죽 한 그릇 먹고 갈래? 빵에다가 버터도 발라줄까?

전형적인 게자리는 금괴를 보관하는 저장소가 따로 있어도, 여전히 재정적인 안정감을 느끼기 힘들 것입니다. 록펠러 가문의 창시자인 존 록펠러와 그의 아들 넬슨 록펠러를 비롯한 록펠러 가문 사람들은 게자리가 많습니다. 그들은 평생 그 엄청난 돈이 줄어들지 않게 하는 투자 방법에 대해 걱정하며 시간을 보냈지요. 하지만 동시에 어떻게 하면 전 세계인들에게 따뜻한 죽을 나누어줄지에 대해서도 고민을 했답니다. 그들은 (본인들이 믿기로는) 평생을 기아와 빈곤, 그리고 이런저런 정치적인 문제들을 해결하기 위해 최선을 다했지요. 그들은 사람들이 자신들의 동기를 오해했기 때문에 그들을 탐욕스러운 독점 자본가라고 부른다고 믿었답니다. 끔찍한 일이지요. 아무도 자신들을 이해해주지 않고 누구도 진정으로 자신들을 아껴주지 않다니요.

감정적인 불안은 게자리가 괴팍해지도록 만듭니다. 그들이 사람들에게 쏘아붙이게 하고 껍데기 속으로 들어가서 틀어박히게 합니다. 또 현금을 침대 밑에 숨겨두게 하고 타인의 사랑을 받는 일에도 겁을 내게 하지요. 이런 경우엔 같은 게자리가 위로를 해주는 것이 가장 좋습니다. 하지만 때로는 다른 별자리 친구들이 필요합니다. 게자리와는 다른 새로운 시각을 통해, 그들 자신의 복잡한 성격에 균형을 잡아줄 필요가 있으니까요. 게자리가 둘이 모이면 서로에 대한 연민으로 유대감은 커질 것입니다. 하지만 서로를 성장시킬 수 있을까요? 두 사람이 상대방의 실수를 이해하고, 그것을 바로잡아줄 만큼 현명한 경우에만 가능합니다. 그렇지 않다면 두 사람의 실수가 합쳐져서 서로 악화시킬 뿐입니다.

게자리는 날 때부터 수줍음이 많습니다. 하지만 목적에 집착하는 힘은 놀라울 정도로 강합니다. 위기 상황이 닥치거나 사랑하는 사람이 그들의 용기가 필요할 때는 그들의 모든 두려움과 평상시의 과묵함이 사라지지요. 그들은 놀라울 정도로 강하고 단단해집니다. 물론 그러다가도 상처를 받으면 다시 껍데기 속으로 들어가 버리지만요. 게자리들은 어떤 관계로 맺어지든 서로 불평하고, 울고, 웃으며 함께 나눌 것들이 무궁무진하답니다.

모든 게자리는 골동품과 박물관 그리고 정치에 매료됩니다. 일반적으로 게자리는 애국심이 무척 강합니다. 그들은 조국을 위해 봉사하고 헌신하는, 열렬한 애국자가 될 가능성이 높습니다. (이런 면에서는 황소자리도 만만치 않지요.) 게자리 중에는 교사, 과학자, 예술가 그리고 사진작가가 많습니다. 물론 당연히 금융업계 종사자들도 많습니다. 여성의 경우에는 이상적인 주부가 될 수 있습니다. 소유욕은 좀 있지만 훌륭한 엄마가 될 수 있지요. 남녀 게자리 모두 아무 가치 없는 쓰레기부터 귀중한 물건까지 수집하는 것을 좋아하는 경향이 있습니다. 게자리는 믿을 수 없을 정도로 괴팍해지기도 하고, 감동적으로 친절해지기도 하며, 너무너무 웃긴 사람이 되기도 합니다. 그들은 처음에는 수다스럽다가 잠시 뒤엔 조용해지고, 또 잠시 뒤엔 완전히 시무룩해지고 우울해집니다. 가끔은 공격적인 태도를 보이다가 또 어떤 땐 조심스럽고 보수적입니다. 수줍음에 얼굴을 붉히며 소심해지다가는 또 아주 정중하고 상냥하기도 합니다. 게자리는 좀 구식이기도 합니다. 엄마, 아빠처럼 행동하기도 하고 남들을 보호하려는 태도를 가지고 있기도 하지요. 하지만 학구적이기도 하고, 사람들을 잘 위로하기도 하고, 다정다감하기도 합니다. 그들은 비밀을 많이 감추는 사람들입니다. 또한 우아하고, 시적이며, 음악적인 재능이 있는 몽상가이기도 합니다. 그들은 눈물을 뚝뚝 흘리다가도 갑자기 웃음을 터뜨리기도 합니다. 돈과 음식만 있으면 그들을 유혹하기가 아주 쉽습니다. 하지만 사자자리, 천칭자리 그리고 황소자리보다는 감수성이 훨씬 예민하답니다. 그리고 게자리는 늘 아끼고 근검절약합니다. 당신도 이런 모든 모습을 지닐 수 있습니다. 감정이 달의 모든 변화에 동기화되어 있다면요.

제가 만난 게자리는 모두 다 천문해석학적으로 매우 전형적인 모습을 보여줬습니다. 개인적으로 알게 된 게자리 중의 한 명은 슈퍼마켓을 운영하고, 한 명은 음악가이고, 한 명은 꿈에 관한 전문가였습니다. 또 한 명은 엄청난 부자에 영향력이 막대한 정치인이었답니다. 그는 저에게 가끔 천문해석학의 조언을 부탁했고, 늘 편지로 아주 정중하고 우아하게 고마움을 전하던 사람이었지요.

물론 그 집요하고 바위 같은 게자리는 행성들의 지혜를 신뢰했던 미국 대통령은 아니었습니다. 실제로 링컨 대통령을 비롯한 조지 워싱턴, 토머스 제퍼슨, 그리고 프랭클린 루스벨트 같은 미국의 대통령들은 행성들의 지혜를 믿었던 대통령들입니다. 미국을 건설하고 독립선언서에 서명하고 입법 체계를 만든 사람 중 다수는 천문해석학자였거나 천문해석학을 진지하게 공부했던 사람들이었습니다. 프랭클린 대통령도 그중에 한 사람이었지요.

조금 다른 얘기지만, 미국은 전형적인 게자리 국가입니다. 독립기념일이 7월 4일이니까요. 동쪽별자리가 쌍둥이자리여서 다중적인 성격과 이랬다저랬다 하는 욕구로 인해 좀 혼란스러운 상태이기는 하지만요. 자유를 설파하면서도 흑인과 여성 그리고 인디언들의 평등함을 부정했던 것처럼요. 어쨌거나 미국은 태양별자리가 게자리이기 때문에 달의 특징들이 알게 모르게 국가 전반에 내재되어 있습니다. 개개인의 태양별자리가 아무리 다르더라도 사람들은 세 가지 카르마를 살게 됩니다. 개인적이고, 인종적이며, 국가적인 카르마입니다. 그것들은 개인의 감정과 행동에 영향을 미치지요. 따라서 미국 같은 게자리 국가에서 두 명의 게자리가 만난다면 ─ 태양별자리 관계의 강렬함은 훨씬 커지겠지요.

달의 지배를 받는 게자리 중 다수가 실제로 집에 있는 것이 편하다고 느끼는 이유 또한 아마도 미국이 전형적인 게자리 국가이기 때문일 겁니다. 미국인들 중에, 특히 게자리 중에 왠지 모르게 딱딱한 영국식 영어를 동경하지 않는 사람이 있을까요? 혹은 2차 대전에 있었던 블리츠 공습 내내 런던을 지켰던 사람들이나, 처칠의 용기를 자랑스러워하지 않는 사람이 있을까요? 미국 정부를 포함해 CIA, FBI, NASA 같은 기관들이 (워터게이트 사건으로 판단해 보건대) 너무 불필요하게 비밀이 많다고 생각하지는 않으세요? 게자리 지배행성인 달에 가장 먼저 착륙한 나라는 바로 미국 아니었던가요? 미국은 세계의 기아 인구를 충분히 먹여 살리지 못하는 것에 대해 계속 죄책감 같은 것을 느끼고 있지 않나요? 긴급 구호물자를 보내는 제도를 처음으로 시행한 것도 미국이었지요? 미국은 왜 다른 나라의 개인적인 문제까지 참견하면서, 어려운 나라를 도우려고 하는 걸까요? 그런데 그 나라들은 미국에 대해 정말 고마워하고 있을까요? 미국은 왜 막대한 예산을 국가 방위에 투자하는 걸까요? 게자리의 지나친 조심성 때문은 아닐까요? 또한 미국은 정말로 끈질기게 자유를 위해 싸웠지요.

만일 우리가 돈에 관한 게자리식의 집착을 극복하고 진정한 의미로 나눌 수 있는 방법을 배울 수 있다면, 사랑을 얻으려면 먼저 사랑을 줘야만 한다는 사실을 진정으로 배울 수 있다면, 서로서로 그토록 심술궂고 차갑게(어떤 게자리들은 정말 그렇지요.) 대하지 않고도 잘 살아갈 수 있다고 생각합니다. 생각할수록 예전에 배고프던 시절이 더 아름다웠던 것 같습니다. 뒤뜰의 나무에 그네를 매어서 타고, 깨끗한 강물에서 헤엄을 치던 시절 말이에요. 링컨처럼 검소하고 정직한 소년이 자라서 대통령이 되고, 국민을 안전하게 보살펴주던 그런 시절이지요. 당신이 더이상 추억하지 않더라도 게자리들이 여전히 그러고 있다고 해서 무슨 큰 문제가 생기는 건 아닐 겁니다. 어쩌면 좋았던 시절이란, 집요하게 꼭 잡아두어야 할 그 무엇인지도 모릅니다. 때로 게자리가 가지고 있는 두려움과 공포심은 단순한 상상이 아니랍니다. 실제일 수도 있습니다.

게자리 여성과 게자리 남성

"그에겐 정말 엄마가 필요해요…."
"그래. 나도 알아." 웬디는 다소 쓸쓸하게 인정했다.
"누구도 나만큼 그 사실을 잘 알지는 못하지."

게자리 여성과 게자리 남성이 사랑에 빠질 만큼 충분히 오랫동안 껍데기 밖을 살펴볼 때는, 감정적인 안정감이 서로에게 가장 중요한 부분이 됩니다. 그리고 두 사람은 대체로 결혼하고 싶어질 것입니다. 어떤 게자리는 동거라는 조금 더 느슨한 관계를 시도해볼 수 있습니다. 하지만 그 기간은 길지 않을 것입니다.

게자리 커플은 사회적으로 인정받고, 법적으로도 확고하게 맺어진 관계를 선호하고 필요로 합니다. 그래야만 편안함을 느끼고 안전하다고 느끼지요. 게자리는 법적으로 보호받지 못하는 관계가 주는 심리적인 부담을 오래 견디지 못합니다. (엄마가 어떻게 생각하겠어요?) 드물게 부모와 소원한 경우에는 동거에 적응할 수도 있을 것입니다. 하지만 그런 상황에도 이웃 사람들 앞을 지날 때는 고개를 잘 들지 못할 것입니다.

물병자리 시대에 들어와 성에 대한 인식이 많이 바뀌었습니다. 자유로운 섹스도 보편화되고 있지요. 하지만 전형적인 게자리 남녀에게는 해당 사항이 없습니다. 게자리에게는 가정생활의 전통과 신성함이 무의식에 너무나 깊이 각인되어 있기 때문에, 이런 것들을 버리면 상당한 불안감이 뒤따르게 됩니다. 가끔 경솔한 게자리들도 있지만 겉으로 그렇게 보이는 것뿐입니다.

게자리와 게자리가 만나 1−1 태양별자리 관계가 형성되고 사랑의 꽃이 피기 시작하면, 두 사람이 함께할 수 있는 일들이 무척 많다는 것을 알게 됩니다. 공통적인 관심사가 있기 때문이지요. 예를 들면 가족 사진첩을 찬찬히 들여다본다거나, 서로의 아기 시절 사진을 보면서 킬킬거리거나, 우표나 오래된 동전을 모으거나, 상대방의 따뜻한 어깨에 기대 울거나, 서로의 집을 방문하거나, 집을 꾸미거나, 정원을 가꾸거나, 여행을 함께하거나, 꿈이나 악몽에 관해 얘기하거나, 시를 읽거나 쓰거나, 노래를 부르거나 듣거나, 해변을 따라 달리거나, 스쿠버다이빙을 하거나, 초승달을 보며 소원을 빌거나, 보름달이 뜨는 날이면 같이 미친 짓을 하거나 등등입니다. 게자리 여성은 게자리 남편을 위해 요리를 할 수 있고, 게자리 남성은 게자리 부인을 위해 돈을 벌어다 줄 수 있습니다. 아니면 게자리 남성이 요리하고 게자리 여성이 밖에 나가서 돈을 벌어올 수도 있지요. 두 가지 다 가능합니다. 게자리는 여성적인 별자리니까요. 모든 게자리 남성은 좋은 음식을 먹고 싶어 하고 또 대부분이 요리를 잘합니다. 모든 게자리 여성은 추가분의 수입이 있기를 바라며, 또 대부분이 돈을 잘 법니다.

두 사람 사이에서는 감정적인 폭발로 울거나 시무룩해지는 것이 가장 첫 번째 문제가 될 수 있습니다. 화장지를 늘 넉넉히 사 놓아야 합니다. 두 사람 모두 훌쩍거리거나 펑펑 우는 경우가 자주 있을 것입니다. 슬픈 영화를 보거나, 상대방에게 무시당하거나, 그저 상대방에게 무시당하는 상상을 하거나, 어린 시절 얘기를 하던 중이거나, 가끔은 아무 이유도 없이 눈물을 흘립니다. 달의 변화에 따라 기분이 변하는 건 말할 필요도 없지요.

둘 사이에서 두 번째로 중요한 문제는 음식입니다. 어느 식당에 가서 밥을 먹을지, 혹은 특정 채소를 어떻게 요리해서 먹을지 같은 문제지요. 두 사람의 의견이 잘 맞을 때도 있고 눈물까지 흘리는 논쟁이 벌어질 때도 있습니다.

언제 어디서 어떻게 먹을지에 대해 별로 관심이 없는 게자리도 드물게 있기는 합니다. 하지만 이런 경우는 달별자리나 동쪽별자리가 쌍둥이자리, 물병자리, 사수자리 혹은 양자리일 가능성이 높습니다. 그것도 아니라면 생일이 잘못되었을 겁니다. 기가 막히게 맛있는 음식을 많이 먹는 것이야말로 게자리가 타고난 권리랍니다. 전형적인 게자리는 굶주리는 사람들을 생각하는 것만으로도 충격을 받습니다. 하물며 본인들이 굶주리는 것이라면 무서운 일이 됩니다. 그런 생각만으로도 눈물을 터뜨릴 사람들이지요. 가난한 나라의 기아 문제에 대해 진심으로 걱정하고 도우려고 하는 사람 중 다수는 게자리입니다. (체중계를 가장 많이 사는 사람들도 게자리입니다. 이 부분은 황소자리와 천칭자리도 해당하는 이야기입니다.)

감정적인 문제와 음식에 대한 유난함 다음으로는 아기가 문제가 될 수 있습니다. 만일 둘 중 한 명이 자녀에 대한 욕심이 부족하다면, 나머지 한 명은 우울해질 것입니다. 두 사람 모두 자녀를 원하는 경우라도 자녀가 집을 떠날 때가 되면 두 사람 사이에 불화가 생길 수 있습니다. 어떤 게자리 엄마들은 자녀가 서른이나 서른 중반이 되었어도 그들이 독립해서 혼자 사는 것에 반대하는 경우가 있답니다. 게자리 아빠들은(엄마들도) 아주 건강하고 부유하고 현명해 보이는 미래의 사윗감이 자신의 딸을 귀한 보석처럼 대해주기를 바랍니다. 사윗감은 평판도 좋아야 하고 연봉도 수억을 받는 사람이어야 한다고 주장하기도 합니다. (태양과 달별자리가 모두 게자리인 부모라면, 아마 자기 딸을 데려갈 수 있는 남자는 대통령밖에 없다고 생각할 것입니다.)

사랑하는 두 게자리 사이에서 조화와 긴장감을 동시에 조성할 가능성이 있는 또 다른 주제는 바로 돈입니다. 돈은 게자리의 우선순위에서도 가장 첫 번째에 올라 있습니다. 하지만 사랑에 빠져드는 초기에는 재정적인 고뇌를 숨기게 됩니다. 사랑의 아름다움을 너무 심하게 침해하는 것처럼 보이기 때문이지요. 실제로 그렇지요. 그렇지만 게자리 커플이라면 처음부터 돈 문제에 관한 것은 솔직하게 해두는 것이 좋습니다. 그리고 돈 관리는 각자가 따로 하는 것이 좋습니다. 각각 독립된 수입과 저축 계좌와 주식 통장 등을 관리하는 것이 좋지요. 그러면 자신이 원하는 만큼 저축을 할 수 있고 상대방이 그 내용을 다 알 필요도 없습니다. 게자리는 정말로 예민한 사람들입니다. 돈에 대해서는 특히 더 예민하지요. 어쩌면 서로의 재정 관리를 따로 하는 것도 소용이 없을지도 모릅니다. 두 사람 모두 비밀을 잘 지키는 사람들이지만, 비밀을 캐내는 것도 똑같이 잘하거든요.

마지막으로 결코 무시할 수 없는 부분이 남았습니다. 바로 두 사람의 육체적인 사랑의 궁합입니다. 게자리인 두 사람은 별자리의 상징인 게의 독특함을 지니고 있습니다. 게는 원하는 목표가 생겼을 때, 처음에는 뒤나 옆으로 움직여서 마치 관심이 없는 듯한 태도를 보입니다. 그러다가 갑자기 목표물을 향해 돌진하지요. 두 사람은 이런 독특한 별자리의 성향을 잘 기억해두어야 합니다. 그러면 게자리 여성은 게자리 남성이 개기월식을 보기 위해 거실 소파에서 자겠다고 말할 때, 무시를 당했다는 느낌을 덜 받을 것입니다. 대신 그녀는 혼자 흐뭇한 미소를 지을 수 있습니다. 그가 정말로 원하는 것이 무엇인지 잘 알고 있으니까요. 그녀는 남편이 가장 좋아하는 잠옷을 입고 향수를 뿌리고는 거실 소파로 가서 그에게 굿나잇 키스를 하고 방으로 들어옵니다. 그러면 그는 개기월식을 맘껏 감상하며 에너지를 충전해서 아주 행복해진 상태로 침실로 돌아올 것입니다. 마찬가지로 게자리 남성도 게자리 여성의 무심한 말에 상처를 덜 받을 수 있습니다. 어느 결혼기념일 오후 내내, 그는 게자리 아내에게 무언의 신호를 보냈습니다. 결혼 첫날밤의 그 떨림을 재현할 수 있는 멋진 밤을 보내자는 무언의 메시지였지요. 그런데 아내는 잠자리에 들더니 "잘 자요. 알람 맞추는 거 잊지 말고."라고 말하며 돌아눕습니다. 그는 우울해하는 대신 미소 지으며 기다리면 됩니다. 게자리 아내가 차가운 발을 자신의 따뜻한 발에 가져다 대기 위해 다가올 때까지요. 게자리 남편과 게자리 아내는 둘 다 거부당할 것에 대한 두려움을 감춘 채 추측 게임을 즐깁니다. 두 사람은 상대방이 먼저 움직이도록 수를 쓰는 경우가 많습니다. 침실에서의 숨바꼭질 습성만 없다면, 두 사람은 육체적인 사랑을 통해 아주 드문 만족감을 얻을 수 있습니다. 둘 중 누구도 성적인 욕망을 드러내 놓고 추구하거나 요구하지 않습니다. 두 사람 모두 관능에 대해서 잘 받아주고 아주 강렬하게 응답할 수도 있지만, 두 사람이 사랑을 나눌 때 원하는 것은 관능보다는 애정입니다. 사랑을 나누기 전에 부드러운 애무로 적절한 분위기를 만들지 못하거나, 사랑을 나눈 후에 애정을 재확인하며 따뜻한 시간을 갖지 못하면, 게자리 남성과 여성은 상처를 받습니다.

게자리가 성적인 흥분과 만족을 느끼려면 마음이 설레는 낭만적인 느낌이 반드시 필요합니다. 게자리가 온종일 사랑받지 못한 기분을 느꼈다면, 밤에 상대방을 향해 집게발을 쳐든 채로 자신의 딱딱한 껍데기 속으로 외롭게 숨어들어 갈 것입니다. 그러면서 상대방이 수도 없이 사랑을 속삭여주고 사과해주기를 바라지요. 이런 게자리 두 사람이 처음 만나면 수줍음과 신중함이 두 사람 관계의 전반적인 분위기를 형성합니다. 그러다 게자리들이 아주 이상하고 취한 것 같은 기분이 드는 보름달이 뜨는 어느 날, 두 사람은 누가 먼저랄 것도 없이 서로의 앞으로 다가가지요. 마치 게가 신중하게 움직이다 갑자기 앞으로 나가는 것처럼요.

시와 음악은 언제나 게자리 사랑의 속도를 높여주는 장치입니다. 하지만 돈 문제로 걱정이 생기면 육체적인 사랑도 나눌 수 없습니다. 게자리는 재정적인 결핍이 발생하면 육체적인 사랑도 일시적으로 중단됩니다. 그러니 두 사람의 육체적인 관계가 시들해진다고 해서 섹스클리닉에 가거나 홍삼 원액을 마실 필요는 없습니다. 물론 상대방으로부터 인정받고 감사받지 못하는 상태도 또한 사랑의 열정을 식게 만들지요. 게자리는 돈도 많이 필요하고, 애정도 듬뿍 받아야 하고, 동정도 많이 필요하며 그리고 달의 주기를 기록한 달력도 필요합니다. (게자리의 감정은 달의 영향을 많이 받으니까요.) 그리고 게자리는 신의를 잘 지킵니다. 게자리 커플 중에 부정을 저지르는 경우는 거의 없지요. 설혹 그런 경우가 생긴다 해도, 달의 소유욕 때문에 절대로 질투심을 드러내지 않습니다. 경쟁자가 떨어져 나갈 때까지 끈질기게 버티지요.

두 사람은 서로가 가지고 있는 비밀스러운 성향을 좀 자제해야 합니다. 게자리는 남녀 모두 비밀을 간직하는 걸 좋아하기는 하지만, 이 관계에서는 서로 비밀을 가지고 있는 것은 별로 좋지 않습니다. 더 열린 마음으로, 무엇이든 너무 에둘러 모호하게 표현하는 대신 보다 직접적으로 표현한다면 서로가 상처받는 일을 많이 줄일 수 있을 것입니다. 게자리 남성은 어쩌면 게자리 여성이 몰래 남자 친구를 만난다고 생각할지도 모릅니다. 하지만 그녀가 뭔가 딴생각을 하는 것처럼 보였던 이유는 다른 데 있었지요. 아마도 그녀의 엄마가 전화를 받지 않았고 다시 걸지도 않았기 때문이었을 겁니다. 아니면 그녀가 해준 요리에 대해 그가 고맙다고 말해주지 않았기 때문일 수도 있습니다. 어쩌면 새로 산 잠옷을 알아봐주지 않아서일지도 모르고요. 한편 게자리 여성도 게자리 남성이 애인이 생겼을지도 모른다고 의심할 수 있습니다. 게자리 남성은 자동차 할부 요금에 대해 걱정하고 있거나, 그녀가 3주째 아침에 일어나서 사랑해줘서 고맙다는 말을 해주지 않았다는 것을 마음에 걸려 하고 있겠지요. 어느 쪽이든 솔직하게 고백을 하면 모든 게 제자리로 다시 돌아옵니다. 눈물은 다시 웃음소리로 바뀌지요. 두 사람 모두 타고난 유머 감각을 지니고 있어서, 두 사람이 너무 진지해질 때 안전하고도 확실한 해결책이 되어줄 것입니다.

다른 1-1 태양별자리 관계의 연인들보다도 게자리 여성과 남성의 조화는 두 사람의 달별자리 영향을 더 많이 받습니다. 달별자리가 조화롭다면 두 사람은 서로 무척 편안하게 느낄 것입니다. 하지만 그렇지 않은 경우라도 두 사람은 함께 부를 축적할 수 있습니다. 또 게자리 남성과 여성은 서로를 다정하게 대하고 어떤 누구에게 받은 것보다 훨씬 따뜻한 사랑을 서로에게 줄 수 있습니다. 달이 기우는 시기에는 더러 서로에게 괴팍하게 굴 수도 있지만, 두 사람은 함께 사랑스러운 라벤더 향이 그윽한 상상의 바다를 항해할 수 있을 것입니다. 그렇게 두 사람은 달빛처럼 어우러질 것입니다.

게자리 Cancer

물 · 시작하는 · 수동적
지배행성: 달
상징: 게
음(−) · 여성적

Leo 사자자리

불 · 유지하는 · 능동적
지배행성: 태양
상징: 사자 혹은 수줍은 고양이
양(+) · 남성적

게자리와 사자자리의 관계

"… 그리고 네가 나한테 잘 대해주려고 했다는 걸 알아…."

달의 여인과 사자자리 남성. 게와 암사자. 게자리와 사자자리. 여러분들은 이렇게 서로를 부르고 있나요? 그렇다면 엄청난 실수를 하는 것입니다. 별일 아닌 것처럼 보이지만 나중에 어마어마한 문제가 될 수 있답니다. 자, 제대로 고쳐봅시다. 사자자리 남성과 달의 여인. 암사자와 게. 사자자리와 게자리. 이 관계에서는 어느 쪽을 존중해줘야 하는지가 정해져 있답니다. 천궁도상의 별자리 순서는 잊어주세요.

불과 물이라는 구성 원소가 긴밀한 관계로 만나는 경우에 발생할 수 있는 위험에 대해서는 이미 앞에서 언급한 바 있습니다. 만일 잊으셨다면, 지금이라도 다시 이 책 뒤편에 나오는 불 별자리와 물 별자리 관계 부분을 다시 한번 확인해주시기 바랍니다.

두 사람이 원한다면, 사자자리와 게자리 커플은 서로 아주 많은 인내심과 깨달음을 교환할 수 있습니다. 다른 모든 2–12 태양별자리 관계의 사람들처럼요. 하지만 두 사람이 그런 것을 원하지 않는다면 서로에게 상처를 줄 수 있습니다. 사자자리의 불과 게자리의 물은 각각 서로를 파괴할 수 있는 힘을 가지고 있지요. 두 사람은 스스로가 그 힘을 사용하고 있는지도 모르는 채 사용할 수 있습니다.

게자리와 사자자리가 만나는 2–12 태양별자리 관계에서는 게자리는 사자자리에게 있어 열두 번째 하우스인 카르마를 의미합니다. 일반적으로는 이런 관계에서 뒤에 있는 별자리(사자자리)가 앞에 있는 별자리(게자리)에게 관대하고, 앞에 있는 별자리는 뒤에 있는 별자리에게 뭔가 배울 것이 있다는 것을 알지요. 하지만 이 두 사람의 관계에서는 사자자리가 게자리에 대해 그리 관대하지 않습니다. 오히려 사자자리는 게자리를 가르치고 싶어서 안달할 가능성이 높습니다. 한편 게자리도 일반적인 경우와는 달리 자신의 다음 별자리인 사자자리로부터 딱히 뭔가를 배우려고 노력하지 않습니다. 하지만 배울 의향이 있건 없건, 게자리는 (비록 절대로 인정하지는 않겠지만) 속으로는 사자자리의 태양의 지혜로부터 배울 것이 있다는 것을 압니다.

모든 사자자리 여성과 사자자리 남성이 이 부분에서 미소를 지으며, 동의한다는 뜻으로 머리를 끄덕이고 있을 것이라 짐작이 갑니다. 아마 모든 게자리들은 얼굴을 찌푸리고 있겠지요. 하지만 게자리 여러분, 이것은 사실이랍니다. 게자리는 사자자리로부터 배울 것이 많습니다. 당신이 그동안 사자자리를 무의식적으로 가르치려고 하거나 제압하려고 했다면 숙명을 거스르고 있는 것입니다. 또 사자자리에게 그런 식으로 행동하는 것은 별로 현명하거나 안전한 방법이 아니랍니다. 게자리라면 현명함과 안전함에 대단한 자부심을 가지고 있잖아요. 우리는 다만 앞으로 나아가기 위해 따분한 카르마의 의무를 다하고 있다는 사실을 잊지 마시기 바랍니다.

자, 이번에는 사자자리 여러분이 그 미소와 허영심을 거둘 차례입니다. 천문해석학은 사자자리에게 드릴 충고도 가지고 있으니까요. 사자자리 여러분은 우선 주변의 게자리 친구나 가족들의 게자리 성향에 대해 충분한 인내심을 가지고 참아주고 이해해주었는지를 돌아보시기 바랍니다. 사자자리의 영혼은 게자리의 정수를 누구보다 잘 이해합니다. 천문해석학적 윤회의 수레바퀴에서 가장 최근에 경험하고 지나온 별자리거든요. 그러니 사자자리라면 게자리를 보호하고 이해해야 하는 사명이 있습니다. 그러지 못하고 짜증을 냈다고요? 혹은 게자리로 하여금 당신을 가르치도록 내버려 두었다고요? 둘 다 옳지 못한 태도입니다. 게자리가 조심성을 가르쳐주어야 할 별자리는 바로 앞에 있는 쌍둥이자리입니다. 사자자리인 당신은 이미 게자리의 민감한 감수성과 조심성에 대해 잘 알고 있습니다. 이번 생에서 당신은 게자리에게 다른 것을 가르쳐야 합니다. 인간의 마음에서 햇빛이 얼마나 중요한 지를 그들이 깨닫도록 해주어야 하지요. 게자리가 당신의 지배행성인 태양의 불타는 광채를 꺼뜨리게 내버려두었다고요? 게자리가 지닌 물의 비관주의 때문에 사자자리의 타고난 자부심을 포기했다고요? 정말 그렇게 했나요? 부끄러운 줄 알아야 합니다. 사자의 포효를 잊으면 안 된답니다. 당신의 사자 갈기를 흔들고 눈을 부릅뜨세요. 당신이 이 땅에 태어나 첫 숨을 들이마실 때 예정된 태양의 운명대로 행동하세요. 그렇다고 너무 흥분하라는 것은 아닙니다. 당신의 게자리 친구나 가족의 구성 원소인 물을 당신의 불꽃으로 모두 증발시켜 버릴 필요는 없습니다. 게자리는 가까이 지내면 쓸모가 많답니다. 자장가를 불러줄 사람이 필요할 때나 맛있는 닭죽이 먹고 싶을 때 특히 유용하지요. 그리고 어떤 누구보다도 매력적인 꿈 얘기를 들려줄 수 있고 아주아주 웃기는 얘기도 많이 알고 있답니다. 하지만 절대로 당신의 열정을 익사하게 하거나, 당신의 아드레날린을 없애버리도록 내버려두어서는 안 됩니다. 당신은 당신다워야지요. 게자리 여러분도 마찬가지입니다. 누구라도 자기답게 살면 훨씬 더 행복합니다. '자신의 태양별자리의 에너지에 솔직하게 살 것.' 이것이 바로 천문해석학이 제시하는 첫 번째 황금률이랍니다.

슬프게도 어떤 게자리—사자자리 커플은 역할이 서로 뒤바뀌어 버린 경우가 있습니다. 게자리의 구성 원소인 물이 너무 오랫동안 사자자리의 불 위로 똑똑 떨어지면, 사자자리의 자신감은 말 그대로 불처럼 꺼져버릴 수 있습니다. 사자자리는 게자리의 완전히 다른 기질과 지향을 견디지 못할 수 있습니다. 자신이 충분히 존중받고 사랑받지 못한다고 느끼고는 무기력 상태에 빠져들 수 있지요. 사자자리의 카리스마는 결국 완전히 침몰할 수도 있습니다.

아니면 게자리의 잘못일 수도 있습니다. 게자리가 '시작하는 에너지를 가진 리더'의 별자리라는 것을 우리는 자주 잊습니다. 겉으로는 참으로 온화하고 말수도 적어보이니까요. 게자리가 가진 인내심, 집요함, 끈질김은 사자자리 같은 불의 별자리를 정신적으로 피로하게 해 지치게 만들 수 있답니다. 특히 더 강력한 의지력을 가진 게자리라면, 섬세하면서도 결연한 전략을 오랫동안 지속적으로 구사해서 사자자리의 자존심 강한 성격을 심각하게 훼손할 수 있습니다.

이런 일이 고의적이고 악의적인 동기에서 시작되는 경우는 거의 없습니다. 불과 물이라는 구성 원소가 오랫동안 섞일 때는 지속해서 주의를 해야 하는데 그렇게 하지 못해서 생기는 문제입니다. 자존심과 위엄을 빼앗긴 사자자리처럼 슬픈 것은 없습니다. 물론 온화하고 예민한 성향과는 반대로, 게자리가 자급자족해야 하는 상황을 계속 강요받아서 역할이 바뀌는 경우도 있을 것입니다.

또 다른 상황도 있습니다. 사자자리가 게자리의 깊고 조용한 감정의 모든 아름다움을 불태워버릴 수도 있습니다. 타인을 지배하려는 사자자리의 오만한 요구에 게자리는 말없이 순종하며 괴로워하다가 종종 내성적인 성격으로 숨어버립니다. (심각하면 정신병적인 상태가 될 수도 있습니다.) 가끔은 톡 쏘아붙이기도 하고 짜증을 낼 수도 있지만, 게자리는 거의 늘 회피하고 말지요. (게자리는 도망의 대가들입니다.) 이렇게 두 사람은 의도하지 않았지만, 서로에게 깊은 상처를 줄 수 있습니다. 하지만 두 사람은 창의적이고 상상력이 풍부하며 서로를 잘 지켜주는 짝이 될 수도 있습니다. 사자자리는 세상의 거친 바람에 맞서 게자리의 예민한 감정을 보호해줄 수 있습니다. 게자리는 사자자리를 지극한 애정으로 보살펴줄 수 있고요. 두 사람은 각각 태양(사자자리)과 달(게자리)을 지배행성으로 갖지요. 그래서 두 사람은 하늘에서처럼 평화와 조화 속에 공존할 수 있답니다. 또한 태양(아버지) 에너지와 달(어머니) 에너지가 결합한 것이기 때문에 사자자리와 게자리는 비록 서로 부딪히는 관계라 할지라도 훌륭한 부모가 될 수 있습니다.

어쨌든 두 사람이 반드시 알아두어야 할 사실이 있습니다. 게자리는 시작하는 에너지를 가졌으므로 이끌기 위해 태어난 사람들입니다. 하지만 조용하고 야단스럽지 않게 이끄는 사람들이지요. 사자자리는 이를 반드시 기억해야 하며 또한 인정해야 합니다. 한편, 사자자리는 유지하는 조직가의 별자리이지요. 그래서 두 사람 관계에서는 사자자리가 게자리의 삶까지도 관리할 수 있도록 해주어야 합니다. 사자자리는 이 일을 잘할 것입니다. 두 사람이 이 기본을 지킨다면, 사자자리는 사자자리답게, 게자리는 게자리답게 모든 자질을 발현시킬 수 있을 것입니다. 게자리는 다정함과 타의 추종을 허락하지 않는 유머 감각을 활용해서 사자자리를 사랑과 웃음으로 달래줄 것입니다. 사자자리의 관대함은 게자리의 오락가락하는 기분을 이해하고 용서하며, 비 온 후의 찬란한 햇빛처럼 두 사람 관계를 환히 비춰줄 것입니다.

두 사람은 이따금 돈 문제로 충돌할 수밖에 없습니다. 게자리는 속으로 사자자리가 낭비가 심하다고 생각할 것입니다. 사자자리는 노골적으로 게자리가 지나칠 정도로 절약한다고 생각할 수 있지요. 신중하고 근검절약하는 게자리는 "낭비 좀 그만하고, 제발 좀 그만 사요."라며 잔소리를 할 것입니다. "카펫 좀 새로 사요. 안 그러면 집을 나갈 거예요." 사자자리는 이렇게 으르렁댈 것입니다. 왕다운 기품이 중요한 사자자리는 초라한 생활을 받아들이기 힘듭니다. 사자자리가 필요하다고 여기는 것(남들은 사치라고 생각하는 것이지만)을 거부당하는 상황이 지속되면 몹시 우울해지거나 아니면 몹시 화가 날 것입니다. 물론 사자자리 중에서도 아주 드물게 씀씀이가 신중해서 거의 구두쇠 수준인 경우도 있긴 합니다. 이런 경우에는 게자리와 잘 지낼 수 있지요. 하지만 대다수 사자자리는 남녀노소를 불문하고 자신에게(남들에게도요. 사자자리는 관대하니까요.) 물건을 사주는 일을 거부하기가 힘듭니다. 사자자리는 자기 능력으로 번 돈을 쓸 권리가 당연히 있지요. 하지만 게자리가 번 돈을 사자자리가 쓰기 시작하면 진짜 문제가 시작됩니다.

전형적인 게자리는 모든 것에 집착합니다. 오래된 사진들, 옛사랑, 낡은 테니스공, 오래된 텔레비전, 낡은 지폐들 등등… 무엇보다 돈이라면 가리지 않고 집착합니다. 낡았건 새것이건 중요하지 않지요. 게자리는 돈은 무조건 간직하는 것이 좋다고 생각합니다. 게자리는 가족이나 자녀에게 무척이나 관대한 사람들입니다. 그리고 정말로 도움이 필요한 친구라면 거절하지 못합니다. 게자리는 돈을 경솔하게 쓰는 것은 무척 싫어합니다. 하지만 이상하게도 음식과 관련해서는 별로 절약 정신이 발휘되지 않습니다. 식당에서는 돈을 많이 쓰기도 합니다. 예상치 못한 관대함에 사람들이 깜짝 놀랄 정도로요. 물론 웨이터는 제외하고요. 웨이터에게 주는 팁은 절대로 지나치게 후한 편이 아닙니다. 사자자리가 그 자리에 함께 있다면, 웨이터에게 몰래 후한 팁을 줄 수도 있겠지요. 몰래 주는 것이 현명합니다. 사람들 앞에서 게자리를 민망하게 만드는 것은 좋은 생각이 아니니까요.

사자자리와 게자리는 모두 사진을 좋아합니다. 세상의 모든 게자리와 사자자리가 카메라를 갖고 있지는 않겠지만 90% 정도는 그렇답니다. 사자자리는 분명히 아주 비싼 카메라를 가지고 있을 것입니다. 사자자리가 사진을 좋아하는 가장 큰 이유는 단지 사진 찍히는 것을 좋아하기 때문입니다. 카메라를 가지고 다니면서, 아마도 늘 친구들에게 자기를 찍어달라고 주문할 겁니다. 그러고선 과장된 표정이나 자세를 취하겠지요. 게자리는 아마도 값싼 사진기를 가지고 있을 것입니다. 하지만 거기에 아주 높은 사양의 비싼 렌즈를 장착하고 있을 수도 있습니다. 게자리도 실용적이고 타당한 물건에는 돈을 투자한답니다. 게자리에게 카메라는 분명히 실용적이고 합리적인 물건이지요. 카메라는 현재를 포착해줍니다. 내일이 되면 오늘은 과거가 되지요. 그리고 게자리에게 과거는 보물과 같습니다. 카메라는 모든 기억을 영원으로 빚어줍니다. 그리고 게자리의 마음은 아주 섬세한 필름과 같아서 모든 것을 아주 생생하고 또렷하게 기억한답니다.

게자리와 사자자리 사이에 갈등이 생기면, 사자자리는 자신이 게자리보다 더 우월하다는 것을 증명하기 위해 더 큰 성취를 이루려 합니다. 두 사람의 창의적인 부분이 서로 잘 맞는다면, 게자리의 정확한 본능과 집요한 목적의식은 사자자리의 거창한 계획이 성공하도록 인도할 수 있을 것입니다. 사자자리가 마침내 꿈을 이루도록 도울 수 있지요. 아마 사자자리는 나중에 게자리에게 감사의 편지를 쓸 겁니다. 이런 식으로요.

"친애하는 게자리에게, 오늘의 제가 있는 것은 당신 덕분입니다. 뭐, 꼭 그게 아니더라도 당신을 좋아합니다."

게자리 여성과 사자자리 남성

피터에게 감사를 받기 위해서는 아니었다. 하지만 네버새는 공중에 그대로 떠 있었다.

피터가 둥지에 잘 오르는지를 보려는 것도 아니었다.

피터가 그녀의 알들을 어떻게 하는지 지켜보려는 것이었다.

게자리 여성과 사자자리 남성이 사랑에 빠져 남은 평생을 함께하겠다고 생각합니다. 이런 경우 두 사람에게는 세 가지 시나리오가 가능합니다. 첫째, 몇 년이 지나면 사자자리 남성이 거만하게 게자리 여성 위에 군림합니다. 게자리 여성은 사자자리 남성의 채찍에 굴복해서 눈물을 짓게 되지요. 결국 게자리 여성은 두 사람이 처음 만났을 때보다 더 감정 기복이 심해질 것입니다. 둘째, 게자리 여성의 나긋나긋하지만 끈질긴 잔소리로, 몇 년이 지나면 사자자리의 자신감은 짓밟히고 맙니다. 결국 사자자리 남성은 슬프고 우울한 침묵 속으로 빠져들게 되겠지요. 셋째, 두 사람은 서로의 차이점들에 대해 타협하고 조정해서 행복한 삶을 살게 됩니다. 함께 사랑하고 함께 웃고 함께 슬퍼하며 함께 배워나갑니다.

세 번째 시나리오를 현실로 만드는 것은 그리 쉬운 일은 아닙니다. 비겁하거나 이기적인 사람이라면 아예 불가능합니다. 불과 물이 섞일 때는 서로에 대해 섬세한 배려가 필요하지요. 사자자리 남성은 게자리 여성의 이해할 수 없는 감정 기복을 견뎌내야 합니다. 또 무조건 소유하려 드는 그녀의 태도가 어디에서 비롯된 것인지, 그 근본적인 원인을 이해하려고 노력해야 합니다. 게자리 여성은 사자자리 남성이 가지고 있는 이기적인 태도를 좀 눈감아줘야 합니다. 때로 그가 게자리 여성의 감정에 대해 무신경한 태도를 보이더라도, 자기 연민에 빠져들지 않도록 애써야 합니다.

게자리 여성의 소유욕 중에서 절반쯤은 아기를 돌봐주느라 바빠지게 되면 사라집니다. 그 나머지 반도 사자자리 남성이 그녀의 두려움을 달래주고 정서적인 안정감을 든든하게 만들어주면 완전히 사라질 것입니다. 한편, 게자리 여성은 사자자리 남성이 자기의 능력을 스스로 믿지 못하기 때문에 더 오만하게 행동한다는 것을 알아차려야 합니다. 그의 자존심을 짓눌러서는 아무것도 얻을 수 없다는 사실을 깨달아야 하지요. 또한 사자자리 남성이 가진 장점에 대해 칭찬하고 감사를 표해야 하며, 거의 모든 면에서 그가 주도권을 선택할 수 있도록 해주어야 한다는 사실을 받아들여야만 합니다. 그녀 자신의 위엄과 개성은 속에 담아두도록 조심해야 하지요. 모순 같지만, 이것이 사자자리 남성을 이길 수 있는 유일한 방법이랍니다.

이런 모든 이야기가 성인군자라도 되라는 것처럼 들리나요? 사실이랍니다. 게자리와 사자자리가 서로의 마음을 믿게 되기까지는 마음의 평정과 사랑과 인내심이 무척 많이 필요합니다. 두 사람의 꿈이 너무나 다르기 때문이지요. 그렇다고 너무 우울해하지는 마세요. 이 관계에서 행복이라는 튼튼한 기반을 만들어줄 수 있는 믿을만한 천문해석학적인 청사진이 있으니까요. 그런 청사진의 샘플을 소개하겠습니다.

제 친구인 에일린 골드먼을 처음 만났을 때, 그녀는 게자리 특유의 유머 감각을 빛냈습니다. 에일린은 빌 골드먼과 결혼한 상태였지요. 빌은 베스트셀러 책과 텔레비전 드라마의 작가이자 오스카상을 두 번이나 받은 유명한 시나리오 작가였습니다. 빌은 사자자리였는데 소심한 고양이과도, 으르렁거리는 야생의 사자 유형도 아니었습니다. 빌은 그냥 사자자리였지요. 그의 왕국이 있고 그는 왕이었답니다. 예외적으로 마음이 아주 친절하고 관대한 사자자리였지만, 어쨌거나 사자는 사자였습니다. 빌은 눈에 띄는 미남이었고 에일린은 다들 반할 정도의 미인이었습니다. 에일린은 맛난 파이를 잘 구웠고, 그럴 때면 빌은 가르릉거렸습니다. (물론 빌도 으르렁거릴 때가 있었지만 주로 가르릉거리는 경우가 더 많았답니다.)

"별자리가 뭐예요?" 제가 처음 인사를 한 후에 에일린에게 물었습니다. (생각해보니 거의 십 년 전 일이네요. 시간이 참 빨라요.) 에일린은 저를 바라보며 그 큰 눈을 깜박였답니다. 그녀는 슬픈 표정을 지으며 한숨을 크게 내쉬고는 이렇게 말했지요. "전 게자리예요. 그런데 애들은 둘 다 불 별자리고, 개와 고양이도 다 사자자리예요. 친척 중에서도 서너 명은 사자자리고요. 주방 아줌마도 사자자리고 남편도 사자자리예요. 그러니 제가 무척 자주 운답니다."

"정말 그러시겠네요." 저는 동정심이 발동해서 이렇게 말했답니다. 물론 그녀가 농담을 하고 있다는 것을 알고 있었습니다. 운다는 부분 말이에요. 별자리 얘기는 사실이고요. 그녀가 게자리식 유머 감각을 발휘했던 거지요. 그렇지만 에일린의 말에서 게자리가 사자자리에 둘러싸여 살 때 치러야 하는 희생에 대해 그녀가 잘 인식하고 있다는 것을 알 수 있었습니다. 실제로 그녀는 사자자리와 원만하게 살기 위해 그녀의 카르마를 감내하고 있었지요. 그녀는 이번 생의 노예 생활 동안, 그녀가 천문해석학적으로 배워야 하는 교훈들을 터득하고 있었던 것입니다. 물론 노예 생활은 농담입니다. 하지만 게자리 에일린은 사자자리 남편에게 정말로 헌신적이었습니다. 남편을 존중했고, 그에게로 가야 할 관심을 그녀가 가로채는 일은 절대로 없었지요. 그 대가로 남편은 그녀가 여왕이라는 것을 알려주는 반짝이는 왕관을 쓰도록 해주었고요. 그녀는 비굴하지 않았습니다. 여성으로서 자신의 독립성을 확보했으며 노예도 아니었지요. (가끔 여종이 되어주긴 했지만요.)

　모든 게자리 아내나 엄마가 그렇듯이, 아이들이 어릴 적에는 에일린도 좀 유난을 떨기는 했습니다. 상처가 나면 연고를 매시간 발라주고 맛난 음식을 갖다 바치며 사랑을 퍼부었답니다. 따뜻한 옷을 입히고, 늘 집 안 온도를 확인하고, 장난감도 잔뜩 사주고, 생일이면 잊지 않고 사랑한다는 문구를 넣은 커다란 케이크를 만들어주었지요. 하지만 시간이 좀 지나자, 에일린은 그녀의 역할을 단호히 수정했습니다. 그녀는 길거리 행진에 참여했고 친구와 함께 생태 운동을 위한 단체를 만들었답니다. 생태 운동가로 라디오와 텔레비전 등에서 인터뷰도 했지요.

　1974년에 그녀는 처녀 시절 이름인 에일린 존스라는 이름으로 사진작가로 성공했습니다. 그녀의 또 다른 게자리의 꿈을 이룬 것이지요. 하지만 에일린은 자기 일 때문에 사자자리 남편이 필요로 하는 뒷바라지에 방해가 되는 일은 절대로 없도록 했답니다. 정말 현명했지요. 그녀는 너무나도 이상적인 안주인이었고 나날이 더 아름다워지고 더 젊어졌으며, 사자자리 남편과 함께 얘기할 수 있는 주제는 백 가지도 넘었습니다. 당연히 주방 세제나 우울증보다는 더 재미있는 주제였지요.

　두 사람은 서로의 지성과 재능과 성취에 대해 진심으로 존경했답니다. 게자리 아내의 바쁜 스케줄에도 불구하고 사자자리 남편은 아내로부터 받아야 할 대접을 언제나 잘 받았지요. 아카데미 행복상이 있다면 아마도 에일린이 받아야 할 것입니다. 아무리 바쁜 일이 있어도 에일린은 늘 저녁 식사 준비 시간에 맞춰 집에 돌아왔고, 배고픈 사자와 그 새끼들에게 저녁을 먹였다고 하니까요. 정말 대단하지요!

　이제 여러분은 게자리와 사자자리가 잘 지낼 수 있는 청사진을 얻었습니다. 이것은 어떤 사자자리나 어떤 게자리에게도 통용되는 진실입니다. 사자자리는 **모든 전투**에서 이기고 싶어 합니다. 게자리는 **전쟁**에서 이기는 것을 더 선호합니다.

　게자리 여성은 여성적인 태양별자리의 영향을 받습니다. 더구나 그 지배행성은 변화가 극히 심한 달이지요. 이런 이유로 그녀는 '여성이라는 미스터리'의 전형을 보여줍니다. 온갖 복잡하고도 미묘한 동경과 도무지 설명할 수 없는 이브의 행동을 보여주지요. 사자자리 남성은 남성적인 태양별자리로서 가장 남성적인 지배행성인 태양의 영향을 강력하게 받습니다. 그러므로 사자자리 남성은 정복하기를 바라는 남성의 카리스마와 모든 지혜와 힘을 보여줍니다. 모든 아담이 지닌 모순과 자존심의 전형을 보여주지요. 그러니 처음에 게자리 여성이 어떻게 사자자리 남성을 유혹할 수 있었는지, 그녀가 집에서 만들어온 파이에 그가 왜 그렇게 쉽게 넘어갔는지 이해할 수 있습니다. 하지만 게자리는 시작하는 에너지를 가진 별자리입니다. 그래서 그녀는 이브 중에서도 대장 역할을 하는 이브랍니다. 사자자리 남성은 유지하는 에너지를 가진 별자리이지요. 그래서 좀 고집이 센 아담이 됩니다. 게자리 여성이 사자자리 남성의 강한 성격과 경쟁하려 드는 대신 그녀의 부드럽고 차분한 성격을 더 많이 발현시키면, 두 사람은 잘 지낼 수 있습니다. 달(게자리)이 태양(사자자리)의 빛나는 광선을 흡수해서 더 부드럽고 더 은은한 달빛으로 다시 반사하는 것처럼요.

자연을 모방하면 인간은 절대로 잘못된 길로 가지 않습니다. 물론 두 사람은 태양과 달의 역할을 지나치게 과장하는 덫에 빠지지는 말아야 합니다. 많은 게자리—사자자리 커플이 이런 종류의 위험에 무심코 빠지게 됩니다. 사디스트와 마조히스트가 합쳐진 관계는 절대로 '자연'스럽지 않습니다. 게자리 여성과 사자자리 남성은 서로의 다른 성격을 누그러뜨리려 노력해야 합니다. 섬세하면서도 지속적으로 서로의 의견을 공유해야 하지요. 사자자리 남성은 지나치게 점유하려고 하지 말아야 하고 게자리 여성도 지나치게 순종적으로 행동하지 말아야 합니다. 두 사람의 달별자리나 동쪽별자리가 쌍둥이자리나 천칭자리 같은 공기별자리라면 관계의 균형을 잡는데 훨씬 도움이 될 것입니다.

두 사람이 처음 서로에게 느꼈던 매력은 시간이 지나면서 썰물과 밀물처럼 오르락내리락합니다. 육체적인 끌림은 강력합니다. 두 사람 사이의 육체적인 친밀도는 정말로 좋을 수 있습니다. 게자리 여성은 잘 수용하고 사자자리 남성은 따뜻하고 다정다감하지요. 두 사람이 교환하는 열정은 매우 깊어질 수 있답니다. 하지만 두 사람은 서로를 섬세하게 이해할 필요가 있습니다. 사자자리 남성이 사랑을 나눌 때 너무 충동적이거나 요구가 많고 경솔하다면, 게자리 여성의 마음은 알 수 없는 어둠 속으로 도망가버릴 것입니다. 게자리 여성이 지나치게 예민하거나 수동적이거나 애매한 태도를 보인다면, 사자자리 남성의 마음은 방황할 것입니다. 게자리 여성에게 걱정이 생겼을 때는 변덕을 부려서 사자자리 남성에게 상처를 줄 수 있지요. 사자자리 남성에게 고민이 있을 때는 무심함으로 게자리 여성에게 상처를 줄 수 있습니다.

두 사람이 함께하면 눈물이 자주 등장합니다. 사자자리가 게자리 여성의 악몽을 달래주고 익숙한 친밀감으로 위로해준다면, 그것은 기쁨의 눈물이 됩니다. 게자리 여성은 사자자리 남성의 품 안에서 잠이 들 때 늘 더 아름다운 꿈을 꿉니다. 무의식 속에서 기억하고 있던 어린 시절의 외로움에 대한 공포로부터 잠깐이라도 안전해졌으니까요. 그러면 사자자리 남성도 게자리 여성에게 자신이 얼마나 많이 필요한 존재인지 알게 됩니다. 그도 기쁨의 눈물을 흘리겠지요. 하지만 게자리 여성은 잠들어 있기 때문에 그걸 모른답니다. 그리고 사자자리 남성은 그 사실을 절대로 그녀에게 말하지 않을 겁니다. 게자리 여성은 비밀이 많지만 사자자리 남성의 비밀은 딱 하나입니다. 바로 자신이 상처받기 쉬운 존재라는 것이지요.

어느 여름밤, 사자자리 남성은 게자리 여성에게 홀립니다. 그녀는 그의 힘을 필요로 하는, 너무나 연약한 존재처럼 보였지요. 어린 토끼처럼 여리고 겁이 많아서 누군가 지켜주어야 하는 사람처럼 보였답니다. 그는 그녀를 보호해주고 싶은 마음이 들었지요. 시간이 지나고 나면 그는 놀랍니다. 그녀가 보호를 필요로 하는 여린 사람이 아니라, 진정으로 여성적인 사람이라는 것을 알게 됩니다. 게자리 여성은 매혹적인 **여성**이기보다는 푸근하고 **엄마** 같은 사람입니다. 라벤더 향이 나는 포근한 담요를 덮은 느낌을 주지요. 그녀는 그의 생각과 느낌을 잘 알아챕니다. 그가 설명하지 않아도요. 시간이 더 많이 지납니다. 이제 사자자리 남성은 또 다른 뭔가를 느낍니다. 어렴풋하고 뭐라 규정하기 힘든 느낌이 들지요. 혼란스러워집니다. 그가 그 관계를 잘 통제한다고 확신하는 바로 그 순간에 게자리 여성은 그를 빠져나가 버립니다. 사자자리 남성이 실제로는 게자리 여성의 주인이 아니라는 느낌을 갖게 합니다. 게자리 여성은 절대로 저항하는 법이 없습니다. 하지만 그녀의 마음속에는 비밀 장소가 있는 것 같은 의심이 듭니다. 그가 그녀에게 상처를 주거나 두 사람이 다투었을 때 그녀가 도망가서 숨는 곳입니다.

그곳으로 찾아가 미안하다고 말하고 싶어도 그는 그녀의 비밀 장소로 가는 길을 모릅니다. 그러니 그녀가 스스로 돌아올 때까지 기다릴 수밖에 없습니다. 게자리 여성은 달래도 소용없고 재촉해도 소용없습니다. 사자자리 남성은 그녀가 다시 현실로 돌아와 평상시의 재미있고 쾌활하며 초롱초롱한 사람이 될 때면 늘 기뻐합니다. 그녀는 애플파이를 구워주며 노래를 흥얼거리고 그의 뺨에 키스해주지요. 그러면 그녀의 향기로운 머리카락에 그의 마음은 설렙니다. 그는 느닷없이 여행을 가자고 제안합니다. 잠자던 방랑벽이 깨어나니 그녀는 "가요!"라고 말하지요. 사자자리 남성은 신나서 여행 계획을 세웁니다. 두 사람은 다음 날 아침이 되자마자 여행을 떠나게 될까요? 그러지 말라는 법도 없지요!

두 사람이 함께 여행을 가는 일은 사랑을 통해 신선한 바람을 불러일으키는 것과 같습니다. 게자리 여성은 사자자리 남성을 자기가 좋아하는 방식으로 혼자 독차지할 수 있습니다. 사자자리 남성은 그녀에게 온갖 종류의 새로운 것들을 가르쳐줄 수 있지요. 어디를 가든 사자자리 남성은 그곳의 사람, 언어, 가게들, 주변 지리 등에 전문가일 것입니다. 그녀는 그저 듣기만 하면 됩니다. 사실 그녀는 완전히 매료되어 그의 이야기에 빠져듭니다. 그런 어느 순간, 처음에 그녀가 왜 이 남자에게 반했었는지를 떠올리게 되지요. 그의 곁에 평생 웅크리고 앉아서 그가 말하는 것을 들을 수 있기 때문이었습니다. 그는 아는 것이 정말 많고, 참으로 흥미진진하게 이야기를 들려주는 재주가 있답니다. 너무나도 자신감 넘치고 너무나도 확신에 찬 모습으로요. 그녀가 늘 부러워하지만 잘 따라 할 수는 없는 모습이지요. 하지만 그 확신에 찬 모습은 어딘지 모르게 그녀를 좀 불편하게 했습니다. 오랫동안 그랬는데 그 이유가 뭔지 몰랐지요. 어느 날, 그녀는 그 이유를 깨닫게 됩니다. "그렇게 자신이 있고, 그렇게 아는 게 많고, 늘 자신이 옳다고 확신한다면서 왜 늘 내가 인정해주기를 바라는 거지?"

그렇게 갑자기 깨달음이 옵니다. "아, 그 사람은 그저 용감하고 강인하고 현명한 척하는 것뿐이었어. 내가 그렇다고 믿어줄 때만 자기 자신도 그렇다고 믿을 수 있는 거야." 그 깨달음은 쓰라린 사랑의 고통을 안겨줍니다. 이브가 흘렸던 눈물을 그녀도 흘리게 되지요. 이브가 에덴에 있던 지혜의 나무로부터 여성의 가장 은밀한 비밀을 처음으로 깨달았던 그 순간 흘렸던 눈물입니다.

게자리 남성과 사자자리 여성

"가지 마, 피터, 난 재밌는 이야기를 많이 알고 있어."
웬디는 간청했다. 그것은 정확히 웬디가 한 말이었다.
그러니 누구도 피터를 먼저 유혹한 것이 웬디였다는 사실을 부인하기는 힘들 것이다.

사자자리 여성은 뮤즈입니다. 그런데 이 게자리 남성은 음… 좀 이상합니다. 그는 온화하고 민감한 남성입니다. 그녀가 아는 어떤 남자들보다도 그녀를 여성으로 잘 배려해줍니다. 그는 전혀 자기주장을 내세우지 않습니다. 두 사람이 의견이 다를 때는 언제나 그녀가 원하는 대로 하게 해줍니다. 그는 기분 변화가 좀 심하기는 합니다. 하지만 늘 그녀를 걱정해주고, 그녀가 어떻게 느끼는지 진심으로 관심을 가져줍니다. 그는 또 그녀를 화나게 하는 주변의 무심하고 무례하며 잔인하고 천박한 사람들로부터 그녀를 보호해줍니다. 살면서 누가 자신을 그토록 소중하게 대해준다고 느껴본 적은 없습니다. 그는 그녀를 그렇게나 소중하게 대해줍니다. 그런데도 뭔가 그녀를 힘들게 하는 게 있다는 느낌이 듭니다. 그게 뭔지 설명할 수는 없습니다. 그것 때문에 사자자리 여성은 약간 불안합니다. 뭔가가 경고를 하는 것 같습니다. 도대체 무슨 경고일까요?

그녀가 감지한 그 뭔가는 바로 게자리 남성이 가지고 있는 시작하는 에너지입니다. 게자리는 리더십을 지닌 시작하는 에너지의 별자리입니다. 천문해석학 전문가들은 특히 불의 별자리들에게 지겨울 만큼 이 얘기를 반복해서 상기시켜 줍니다. 다시 말하자면, 게자리 남성이 가지고 있는 그 깍듯하고도 정중한 태도와 풍부한 유머 감각 이면에 아주 섬세하게 전체 상황을 관리하는 게자리의 리더십이 있다는 뜻입니다. 물론 그녀의 삶까지 포함해서요. 게자리 남성은 절대로 그녀에게 소리를 지르는 법이 없습니다. 불같이 화를 내지도 않고 남성 우월주의적인 주장을 펼치지도 않습니다. 그런 태도라면 사자자리 여성은 쉽게 감당할 수 있지요. 사자자리 여성은 공개적이고 직접적인 도전에 대해서라면, 겁을 먹거나 혼란스러워하는 대신 오히려 자극을 받는 편이니까요. 그런 그녀가 게자리 남성의 이 부드러운 리드에 대해서만큼은 이상하게도 그냥 따라야만 할 것 같다고 느낍니다.

크건 작건 두 사람이 이끄는 왕국은 협조적으로 운영될 것입니다. 사자자리 여성은 그녀가 원하는 모든 파티에 참석할 수 있고, 그녀가 원하는 모든 화려한 축하연을 열 수 있을 겁니다. 여왕의 위엄을 갖춘 의상을 입고 왕관과 몇 가지 보석도 걸칠 수 있을 것입니다. 집에 오는 배달부(우체부, 우유 배달원 등)들에게 명령을 내리는 사람은 그녀일 것이고, 행차가 있는 날에는 그녀가 맨 앞 왕좌에 앉아서 미소를 지으며 손을 흔들 것입니다. 하지만 그 모든 장면의 뒤에서 실질적인 관리를 맡아서 하는 사람은 게자리 남성일 것입니다. 게자리 남성은 사자자리 여성의 변덕과 환상의 98% 정도는 잘 이해해주고 받아줄 것입니다. 하지만 나머지 2% 정도는 아닐 수도 있습니다. 그녀의 충동적인 행동이 게자리의 신중함과 부딪힐 때는 최종적인 거부권을 행사하지요.

게자리 남성이 정말 단호하게 거부하기도 하냐고요? 네. 정말로 그렇답니다. 사자자리 여성은 게자리 남성이 게자리의 구성 원소인 물의 특징을 가졌을 거라고 기대합니다. 친절함, 동정심, 온화함, 섬세함 등등을 가졌을 거라고요. 물론 게자리 남성은 이런 특징들을 모두 가지고 있습니다. 문제는 대장이 되어야만 하는 기질, 즉 리더십이지요. 하지만 사자자리 여왕 폐하 여러분, 물의 미덕을 모두 가지고 있으면서도 리더십은 가지고 있지 않은 남성을 원하신다면 물고기자리나 전갈자리 남성으로 찾아보세요. 변화하는 에너지를 가진 물고기자리는 절대로 당신을 쥐고 흔들지 않을 것입니다. 하지만 게자리 남성처럼 믿음직스럽지는 않지요. 전갈자리 남성도 당신을 앞서 이끄는 데에 자기 인생을 사용하지는 않을 것입니다. 전갈자리는 유지하는 에너지를 가진 물의 별자리이니까요. 하지만 전갈자리에게는 그 특유의 독침이 있지요. 혹여 당신이 그의 자존심을 건드리거나 화나게 만들 때는 조심해야 한답니다. 당신의 다정한 게자리 남성은 당신에게 독침을 쏘지 않습니다. 가끔 토라져서 몇 시간 혹은 며칠 동안 자기 껍데기에 들어가서 나오지 않을 수는 있지만요.

생각해보세요. 당신의 게자리 남성은 구성 원소가 물인 별자리의 모든 긍정적이고도 아름다운 특징을 가지고 있습니다. 전갈자리처럼 당신에게 복수의 독침을 쏠 염려도 없고 해왕성이 지배하는 물고기자리 남성들보다 정서적으로 훨씬 안정되어 있지요. 게자리 남성은 달의 지배를 받기 때문에 당신의 태양 빛을 받아들여서는 다시 부드럽게 반사해줄 것입니다. 사자자리 여성은 유지하는 에너지를 가진 조직가로 태어났으니, 리더십은 게자리 남성에게 주세요. 그게 게자리 남성에게 그토록 중요하다면요. 대신 당신은 그의 지도력을 관리해주면 됩니다. 그는 당신의 빛을 가리지 않을 겁니다. 오히려 그것을 반사하지요. 태양은 당신입니다. 그는 달이고요. 당신은 낮을 책임지고 그는 밤을 책임집니다. 두 사람의 관계에서 섹스 이야기를 이렇게 빨리하려고 했던 건 아니었지만, 이렇게 얘기가 나온 김에 한번 말해볼까요?

사자자리의 태양이 낮을 지배하고 게자리의 달이 밤을 지배한다는 말은 흥미롭습니다. 그 말은 밤에 게자리 남성이 육체적인 사랑의 표현을 이끌도록 해주면 행복하다는 뜻이 될 수도 있습니다. 또한 사자자리 여성은 게자리 남성을 잘 달래서 태양이 지배하는 낮에도 육체적인 합일이라는 특별한 친밀감을 느끼게 해줄 수 있다는 뜻이 될 수도 있지요. 이 관계에서는 태양과 달의 복합적인 영향력으로 두 사람은 전통을 깨고, 오래되고 낡은 무의미한 관습을 깨는 신나는 경험을 즐기게 됩니다. 밤에만 사랑을 나누라는 법은 없지요.

이런 생각은 사회의 제약이나 규범과 관련해서 더 많은 새로운 생각을 낳을 수 있습니다. 사자자리 여성은 게자리 남성이 그저 꿈으로나 여기던 창의적이고 대범한 세상으로 이끌어 갈 수 있습니다. 그것은 그에게도 그녀에게도 유익한 경험이 될 것입니다. 전통을 깨고 낡고 오래된 관습을 깨는 섹스는 몸과 마음을 황폐하게 하는 무의미한 자유주의하고는 다릅니다. 그것은 한 남성과 한 여성의 섹스를 통한 새롭고 신선한 관계를 뜻하는 것입니다. 관능과 선정성은 달콤한 풀 냄새가 나는 헛간이나 크리스마스 아침의 눈송이, 별빛, 울창한 숲, 산속의 투명한 계곡물, 나른한 시골 길의 다리, 부활절 아침의 일출, 숲속에서 마주친 백합, 캠프파이어, 그리고 여름 소나기 후에 현관 앞에 놓인 신문 등등의 추억과 이어져 있을 수 있습니다. 나무를 태우는 향기나 아기 다람쥐와도요. 이런 것이 바로 진정한 의미에서 멋지고 특별한 섹스의 의미가 아닐까요?

게자리 남성과 사자자리 여성 사이의 육체적인 합일은 감동적인 경험이 될 수 있습니다. 게자리 남성의 성적인 감정은 시적이고 통찰력이 있으면서도 차분하고 깊습니다. 사자자리 여성의 성적인 감정은 강렬한 욕망이고 열정적이면서도 때로는 여름날처럼 나른합니다. 게자리의 감정적인 깊이와 사자자리의 감정적인 따뜻함은 두 사람의 결합을 더없이 행복하고 평화로운 순간으로 만들어줄 것입니다.

하지만 두 사람은 각각 불과 물이라는 구성 원소가 가진 위험을 잊어서는 안 됩니다. 사자자리 여성은 자존심에 상처를 입으면 딱딱하게 굳어버릴 수 있습니다. 게자리 남성은 자신의 감정이 거부당했다는 상상만 해도 시무룩해지거나 심지어 눈물을 보일 수도 있지요. 거칠어지거나 수동적인 태도로 변할 수도 있고요. 게자리는 상대방이 의도하지 않은 마음에 대해서도 상상력이 뛰어나답니다. 사자자리 여성도 잘 못된 자존심을 키우는 데는 선수고요. 이런 이유로 두 사람 사이에서는 다정함이 친밀감의 기초가 됩니다. 다정함이 빠지면 두 사람의 섹스에서도 평화와 만족은 없을 것입니다.

게자리 남성은 달의 변화에 따라 기분이 바뀝니다. 그 기분에 따라 생각과 감정도 완전히 달라지지요. 이런 모습을 보면, 사자자리 여성은 가끔은 걱정이 되고 가끔은 화가 납니다. 하지만 그녀의 마음은 사랑하는 사람에게는 한없이 넓고 관대하지요. 그녀는 쉽게 용서하고, 오랫동안 앙심을 품고 있는 일이 별로 없습니다. 하지만 사자자리와 게자리는 모두 원한을 품는 경향이 있지요. 서로에 대해서보다는 다른 사람들을 대상으로 하는 경우가 많아서 친구들이나 친척들에게는 좀 힘들 수 있습니다. 물론 게자리 남성의 어머니는 절대로 그 대상이 되지 않습니다. 그의 어머니는 늘 성자와 같은 사람이랍니다. 사자자리 여성은 이 점을 마음속 깊이 새겨두어야 합니다. 한편, 사자자리 여성은 과거의 상처에 별로 매달리지 않지만 게자리는 좀 오래 집착하는 편입니다. 몇 시간이 아니라 몇 년 동안 집착을 버리지 못하는 경우도 있지요. 게자리가 사자자리 여성의 넓은 아량을 배울 수 있다면 더 행복한 사람이 될 수 있을 텐데요. 이런 점이 바로 게자리가 사자자리로부터 배울 것이 있다고 하는 이유입니다.

게자리 남성은 사자자리 여성이 뭔가를 통치해야 하는 사람이라는 점을 명심해야 합니다. 사자자리 여성을 진심으로 사랑한다면 아내가 일을 계속하도록 장려하거나, 최소한 가정이라도 완벽하게 통치하도록 해주어야 할 것입니다. 그렇지 않으면 사자자리 여성은 불행할 것이고, 게자리 남성도 우울한 달의 남자가 되어 가끔 뜨거운 태양 볕에 화상을 입게 될 것입니다. 또 그렇게 되면 게자리 남성은 일식이 있는 날 한밤중에 수영하거나 다른 동네로 피신해 가서는 사자자리 여성이 사과를 할 마음이 생길 때까지 돌아오지 않을 수도 있답니다. 사자자리가 사과를 잘 못한다는 사실을 고려한다면 그 기간은 무척 길어질 수도 있을 것입니다. 사자자리 여성이 크고 안락하게 꾸며진 집에서 혼자 용감하게 버티며 마음의 고통을 숨기려는 사이에, 게자리 남성이 초라한 월세방에서 싸구려 수건과 비누와 와인병에 둘러싸여 있는 모습을 상상해보세요. 참으로 안타까운 일이지요. 재산 분할도 문제입니다. 어머니가 그에게 만들어주신 퀼트 이불은 누가 가져갈 것이며 링컨 자필 사인본과 낚싯대는 어떻게 해야 할까요? 또 그녀가 산 헤어드라이기와 루비로 된 왕관, 오리엔탈풍 러그, 공작새 깃털, 그리고 둘이 함께 샀던 고양이와 개, 수족관, 식기세척기, 잔디 깎는 기계, 스피커 시스템, 그리고 자동차는 어떻게 할까요? 더 있습니다. 사자자리 아내가 남편에게 사줬던 해변의 별장과 게자리 남편이 아내에게 사줬던 초승달 모양의 금덩어리는 또 어떻게 할까요? (이 두 사람은 서로에게 전혀 다른 종류의 선물을 줍니다. 사자자리 여성의 선물이 훨씬 더 규모가 크지요. 마음이 후하니까요. 게자리 남성의 선물은 좀 더 작습니다. 하지만 다정한 마음에서 우러나온 사랑스러운 선물들입니다.) 그리고 마지막으로 두 사람의 공동 계좌와 저축, 보험, 연금, 부동산 자산 등은 어떻게 하나요? 신이시여, 제발 이 두 사람이 재산을 분할해야 하는 그런 끔찍한 날은 오지 않게 해주소서!

사자자리 여성이 자신의 헛된 자존심을 좀 참는 것이 게자리 남성이 보호 껍데기에서 나오는 것보다 훨씬 쉬울 것입니다. 게자리 남성과 사자자리 여성은 바다에서도 초원에서도 편하지 않습니다. 바다에선 사자자리 여성이 불편하고 초원에서는 게자리 남성이 불편하지요. 두 사람은 하늘 위에 함께 있을 때만 둘 다 편안합니다. 두 사람의 정신이 친하게 사귈 수 있는 곳이지요. 또는 서로의 품속에서도 두 사람은 진정한 교감을 나눌 수 있습니다. 서로의 품 안이야말로 불과 물이 원소 본연의 성질을 거부하고 서로 섞일 수 있는 곳입니다.

게자리 Cancer

물 · 시작하는 · 수동적
지배행성: 달
상징: 게
음(−) · 여성적

Virgo 처녀자리

흙 · 변화하는 · 수동적
지배행성: 수성
상징: 처녀
음(−) · 여성적

게자리와 처녀자리의 관계

그들은 나룻배를 발견하고는 그 배를 타고 집으로 향했다.

그들의 목소리가 잦아들고 호수에는 차가운 침묵이 내려앉았다. 그때 가냘픈 소리가 들려왔다.

"도와줘, 도와줘!" 작은 물체 두 개가 바위에 계속 부딪치고 있었다.

도대체 게자리가 처녀자리와 함께 뭘 할 수 있을지 궁금하시지요? 가끔 집게발을 딱딱거리거나 처녀자리의 매혹적인 발가락을 꽉 물어볼까 생각하는 것 말고요. 마찬가지로 처녀자리는 대체 게자리와 뭘 할 수 있을까요? 그냥 무시하고 휙 지나가 버리거나 아니면 게를 애완동물 삼아 집에 데려가는 것 말고요.

처음에는 게자리와 처녀자리에게 공통점이 있다고 생각하기가 어렵습니다. 하지만 따지고 보면 처녀자리는 다들 좀 '괴팍한'(불만이 많다는 점에서) 면이 있고, 게자리도 보통 사람들이 처녀자리들에게서 연상하는 '소심함'을 가지고 있지요. 둘 중 하나는 바다에 사는 야행성이고, 다른 하나도 밤의 에너지를 가진 야행성이라고 할 수 있고요. 물론 구성 원소는 다릅니다. 하나는 물이고 하나는 흙이지요. 어쨌든 이 관계에서는 물의 별자리인 게자리가 흙의 별자리인 처녀자리의 성격이나 개성을 풍부하게 만들 수 있습니다.

대부분 처녀자리는 혼자 있을 때 더 행복해합니다. 그들을 예민하고 불편하게 만드는 어리석고, 낯설고, 충동적인 인간들을 위해 그들의 잘 정돈된 생활 방식을 포기해야 하는 상황보다는요. 그런데 게자리와 어울릴 때는 이런 불편함을 느끼지 않습니다. 어쨌든 처음에는 그렇답니다. 처녀자리에게는 게자리의 물 원소가 뭔가 위안을 줍니다. 게자리가 온화하고 다정한 태도를 보이면 처녀자리는 고요한 호수 위를 떠다니는 기분이 듭니다. 때때로 예쁜 백합을 꺾으려고 손을 뻗거나, 지나가는 인어나 어린 물고기들을 놀리기도 하면서요. 게자리와 함께 있으면 처녀자리는 자유롭고 편한 느낌을 받습니다. 제약을 받거나 끌려다니거나 자신을 소유하려 들까 봐 두려워하지 않아도 될 것 같지요. 또한 처녀자리는 게자리의 괴상한 유머에 쉽게 매혹됩니다. 그것은 목소리가 크지도 않고 그리 재미있지도 세련되지도 않지만, 그렇다고 너무 저속하지도 않지요. 딱 처녀자리가 받아들일 수 있을 정도로 웃긴 유머 감각에 게자리 특유의 비판 의식과 풍자 감각이 더해진 게 게자리의 유머입니다.

정말 멋지지요? 이 두 사람은 마치 초록 배에 올라타서 함께 행복의 강을 노 저어가는 사람들 같습니다. 두 사람의 별자리의 정체성이 무엇이든 간에 달빛 아래 이들이 함께 항해하는 목적은 바로 조화로움입니다. 게자리는 분명히 간식으로 먹을 꿀이나 케이크를 챙겼을 것입니다. 처녀자리는 게자리가 노래할 때 반주를 맞춰줄 기타를 챙겼을 거고요. 그리고 당연히 현금도 많이 챙겼을 겁니다. 게자리에게는 현금처럼 안정감을 주는 게 없으니까요. 숨 쉬는 공기보다 더 중요한 게 현금이지요. 뭐, 먹고 마시는 것보다는 덜 중요하겠지만요. 그리고 그다음으로는 다양한 나이와 몸집의 아이들이 두 사람을 뒤따를 겁니다.

초록 배를 탄 처녀자리는 달콤한 분위기의 음악에 대해서는 뭐라고 하지 않을 것입니다. 하지만 게자리가 가져온 꿀단지와 케이크에 대해서는 자리를 너무 차지한다며 불평과 잔소리를 할지도 모릅니다. 처녀자리 자신도 갖가지 비타민과 소화제 등등을 챙겼으면서 말이에요. 또 처녀자리는 게자리가 가져온 케이크가 자기가 챙겨온 천연 벌꿀만큼 몸에 좋은 것이 아니라고 트집을 잡을 것입니다. 결국 게자리는 케이크을 좀 덜어내서 공간을 만들어야 합니다. 처녀자리의 '수입산' 천연 벌꿀을 더 많이 배에 싣기 위해서지요. 처녀자리가 쓰는 제품이라면 단연 최고여야 합니다. 그들은 다른 물품에 대해서는 인색할 수 있지만, 자신의 삶의 질과 관련해서는 최고를 고집하지요. 또한 대부분 처녀자리는 직업에 대해 거의 강박에 가까운 책임감을 가지고 있습니다. 혹시 직장에 질병으로 인한 휴가라도 써야 하는 경우에는, 이들은 막대한 죄책감을 느끼며 스스로를 혹독하게 벌주기도 한답니다. (게자리는 이런 강박을 정말 훌륭한 자질이라고 생각할 가능성이 높습니다.)

하지만 이미 말씀드린 것처럼, 처녀자리는 게자리가 보름달 아래 연주하는 것에 맞춰 기타로 반주를 해주는 것을 마다하지 않습니다. 케이크와 천연 꿀 같은 경우처럼 옥신각신하는 부분이 좀 있기는 해도, 게자리가 어디든 가지고 가는 '충분한 돈'

에 대해서 반대하는 일도 없을 것입니다. 아마 처녀자리 자신도 돈 가방을 챙겨올 것입니다. 처녀자리는 경제적인 파산에 대한 두려움이 있답니다. 이런 면에서는 처녀자리와 게자리는 완벽한 짝이지요. 둘 중에 누가 더 돈을 중요하게 여기는지는 비교가 불가합니다. 막상막하지요.

또 처녀자리와 게자리는 함께 아주 강력한 치유의 에너지를 만들어냅니다. 이 두 사람이 어떤 형태라도 각자의 에너지를 합치면 세상 사람들이 가진 정신적, 감정적, 육체적 질병 중 다수를 치료할 수 있는 마법의 힘을 발휘하게 됩니다. 아섭게도 그들 자신의 질병은 제외하고요. 혼자일 때 두 사람은 각자 심각한 우울증이나 만성질환을 키우는 경향이 있습니다. 하지만 두 사람이 함께하면 서로의 우울증을 예방해주고 치료해줄 수 있지요. 그뿐 아니라 다양한 고통과 다른 불평들도 줄여줄 수 있답니다.

게자리와 처녀자리 관계는 아주 사이가 좋은 3−11 태양별자리 관계입니다. 이들은 함께 바닷가를 산책하고, 처녀자리의 할머니와 게자리의 엄마네 집을 함께 오가면서 수다를 떨 것입니다. 그러다 보면 서로가 정말 잘 어울리고 편안하다는 것을 알게 될 것입니다.

달이 이지러지는 기간에 게자리는 과거에 대한 기억 때문에 눈물을 흘리거나 미래에 대한 두려움으로 악몽을 꾸게 됩니다. 그러면 상냥한 처녀자리는 그런 게자리를 달래고 위로해줍니다. 처녀자리는 늘 깨끗한 손수건을 가지고 다니지요. 그 손수건을 눈물이 많은 게자리 친구나, 친척, 혹은 연인이나 사업 파트너에게 권할 때면 게자리는 늘 감동한답니다.

게자리와 처녀자리는 모두 눈에 띄게 믿음직스럽고 의지할 수 있는 일꾼입니다. 두 별자리는 대체로 의무와 책임을 아주 진지하게 받아들이지요. 두 사람 모두 일을 부담으로 여기기보다는 즐기는 경향이 있습니다. 처녀자리는 일이 제대로 마무리되는 것 자체가 보상이라고 생각하기 때문에 일을 즐깁니다. 게자리는 일이 은행 잔액을 불려주는 수단이기 때문에 즐깁니다. 혹시 모를 끔찍한 재앙에 대비해 늘 저축이 필요하니까요. 이를테면 홍수, 화재, 지진, 화산 폭발, 토네이도, 허리케인, 전쟁, 납치, 전염병, 주식시장 붕괴, 강도, 강간, 폭력 그리고 기근 등등에 대비해서요. 처녀자리도 저축 면에서는 절대 뒤지지 않습니다. 처녀자리가 정말로 싫어하는 게 있다면, 그건 바로 노후에 어떤 식으로든 남에게 의지해야 하는 상황일 것입니다. 이런 이유로 엄마 같은 혹은 아빠 같은 게자리를 보면 전형적인 처녀자리는 무언지 모를 안도감과 편안함을 느끼게 됩니다. 마찬가지로 게자리는 차분한 처녀자리 곁에 있으면 시끄러운 바깥세상과 사람들로부터 멀리 떨어진 피난처처럼 안온한 느낌을 받습니다. 처녀자리는 아주 총명하고 재치있고 보수적이지요. 그들은 소풍 준비도 깔끔하게 잘하고 소금이나 냅킨을 잊지 않으며, 아주 작은 깜짝 선물도 언제나 잘 챙긴답니다. 시원한 포도와 브리 치즈 같은 것들이지요.

게자리와 처녀자리가 숲속에 있는 시원한 연못으로 가는 길에 반드시 넘어야 하는 장애물이 있습니다. 게자리는 소유욕과 따뜻하고 다정한 보살핌과 관심을 따로 떼어놓고 생각할 수 없습니다. 게자리는 지난번 보름달이 떴을 때 개구리로 변했던 것을 절대로 아무에게도 얘기하지 않습니다. 그러면서도 자기들은 남들의 비밀을 잘 캐내고 다니지요. 처녀자리는 누가 자신의 삶을 들여다보거나 공개하는 것을 좋아하지 않습니다. 시간이 지나면, 처녀자리는 게자리의 세심한 배려와 보살핌을 감옥으로 여기게 될 것입니다. 그러면 처음에는 정중하게 그 감옥에서 석방해줄 것을 요구합니다. 게자리는 잠깐 옆으로 움직이거나 뒤로 움직여서, 처녀자리가 자유롭다고 느끼게 해주지요. 몇 주 혹은 몇 달 동안 처녀자리가 혼자서, 심지어 외로운 사람처럼 살게 해줍니다. 그러면 처녀자리는 결국 게자리에게로 돌아오고, 다시 게자리에게 잔소리를 하기 시작하지요. 비록 깍듯하게 예의를 갖추었지만, 처녀자리의 비판은 게자리가 괴팍하게 반응하도록 만듭니다. 처녀자리는 눈물 한 방울을 흘립니다. 게자리는 그보다 수천 배 많은 눈물을 흘리며 미안하다고 사과하지요. 그러면 처녀자리도 너무 예민하게 굴어서 미안하다고 할 것입니다.

게자리는 처녀자리의 상상력을 자극해서 어쩌면 지킬지도 모를 약속을 하도록 마음을 움직입니다. 그리고 처녀자리는 게자리가 혼자 해변에 남겨져 무시당하고 외로움에 떨며 굶어 죽게 되는 일은 없을 것이라는 믿음을 줍니다. 현실적인 처녀자리는 늘 우정을 갈고닦아서 그 관계가 상하지 않도록 하는 방법을 잘 알고 있습니다. 둘은 3-11 태양별자리 관계이므로 조금만 노력해도 조화로운 친구가 될 수 있는 에너지를 가지고 있습니다. 3-11 관계에서는 잠시 사라졌다가도 전혀 예상치 못한 순간에 다시 나타나 관계를 지속해갈 수 있는 힘을 가지고 있답니다.

게자리 여성과 처녀자리 남성

"도대체 뭐라고 꽥꽥거리는 거야?
왜 평소처럼 둥지가 그냥 떠다니도록 내버려 두지 않는 거야?" 피터가 말했다.
"나는… 네가… 하기를…." 새는 그 말만 계속해서 반복했다.

처녀자리와 게자리가 감정적으로 강력하게 얽이면 꽤 다양한 경험을 나누게 됩니다. 그중에 하나를 골라볼까요? 꾸며낸 이야기가 아니라 실제로 있었던 이야기입니다. 실재 인물을 보호하기 위해(이야기에 등장하는 두 사람 모두 실존 인물로서 서로에게 상처를 줄 마음은 전혀 없었다는 것을 미리 밝혀둡니다.) 가명을 사용하고 지역도 바꾸겠습니다. 게자리 여성과 처녀자리 남성이라는 것만 그대로 사용하겠습니다. 진실은 가끔 허구보다 더 가짜처럼 들릴 때가 있지요. 우리가 제한된 상상력을 가지고 있기 때문일 것입니다.

처녀자리 남성의 이름은 제럴드라고 해두지요. 그리고 게자리 여성의 이름은 호프라고 할게요. 두 사람은 십여 년 전에 일리노이에서 처음 만나 기적처럼 사랑에 빠졌답니다. 지금은 다섯 자녀를 둔 무척 행복한 부모가 되었고요. 하지만 두 사람은 아직 결혼을 하지 않았답니다. 어떤 이유에선지 두 사람은 함께 살 수도 없고 떨어져 살 수도 없습니다. 3-11 태양별자리 관계의 운명에 따라 두 사람은 팔짱을 끼고 몇 개월 동안 나란히 걷습니다. 그러다가 제럴드의 갈증이 시작되고 호프의 한숨도 시작되지요. 두 사람은 슬프지만 익숙한 갈림길에서 서로 다른 방향을 선택하고는 작별 인사를 합니다. 그러고는 천천히 혼자서 갑니다. 하지만 시간이 흘러도 운명은 계속 두 사람 곁을 떠나지 않고 맴돕니다. 처녀자리 제럴드는 게자리 호프의 경쾌한 웃음소리가 떠오릅니다. 그녀가 만들어주던 버섯 수프와 애정이 담뿍 담긴 퀼트 이불도 생각납니다. 그의 외로움이 한계점에 도달할 즈음, 마침 호프도 초승달을 보며 늘 하던 대로 소원을 빌고 있었습니다. 그때 제럴드가 그녀의 문 앞에 나타나지요. 두 사람은 아기를 안고 자장가를 불러주며 재결합의 기쁨을 만끽합니다. 더는 서로 못마땅해하는 것도 없고 인상을 찌푸리지도 않는 가족으로 돌아간 것입니다. 하지만 제럴드는 또다시 그녀를 떠납니다. 두 사람의 사랑의 살아 있는 증거로서 9개월 후에 탄생할 새로운 아기를 뒤로하고요.

다섯 번이나 같은 일이 반복되었답니다. 다섯 명의 천사가 태어났지요. 다음번에는 여섯 번째가 될 것입니다. 6은 금성의 숫자입니다. 어쩌면 달라질 수도 있을 겁니다. 금성은 게자리의 변덕스러운 달과 처녀자리의 가만있지 못하는 수성을 극복할 수 있는 계획을 가지고 있을지도 모르니까요.

게자리 여성과 처녀자리 남성의 관계는 종종 이런 식으로 흘러갑니다. 특히 처녀자리 남성이 다른 사람과 깊은 관계를 맺기 두려워하는 유형인 경우라면요. 또 게자리 여성이 가장 저항이 적은 길, 즉 모성애의 길을 선택할 때 그렇습니다. 게자리 여성은 초승달이 떠올라 마법 같은 기억을 다시 불러일으키기를 기다립니다. 생각이 많은 처녀자리 남성을 유혹할 수 있을 때까지 기다리지요. 처녀자리 남성은 게자리 여성에게 머무를 만큼 강하지도 못하지만 그녀의 유혹에서 벗어나지도 못 한답니다. 전형적인 게자리 여성은 아기나 돈이 운명의 타격을 완화해준다고 믿습니다. 어떤 종류의 고통이든 덜어준다고요.

다른 유형의 게자리 여성과 처녀자리 남성 커플도 있습니다. 결혼에 대해 가지고 있는 반감을 조절할 필요가 있다는 사실을 받아들이고, 상대방의 리듬에 보조를 맞춰나가는 그런 처녀자리 남성도 있답니다. 사생활을 좀 잃어버리더라도 짝이 있을 때 얻는 것이 더 많다는 계산이 선 것이지요. 그는 가끔 떨어져 혼자만의 생각에 빠질 수 있는 시간만 보장해달라고 요청합니다. 그 시간은 혼자 방황하면서 목표를 재점검하는 때입니다. 마치 성직자들에게 은둔의 시간이 필요한 것과 같습니다. 모든 처녀자리 남성들은 태어날 때부터 혼자만의 침잠과 명상의 시간이 필요합니다. 그런 후에는 다시 활력을 얻어 상큼하게 돌아오지요. 게자리 여성은 사랑하는 처녀자리 남성이 이런 욕구를 가지고 있다는 것을 이해합니다. 그가 꿈을 꾸는 동안에는 조심조심 걸어 다니려고 애를 쓰지요. 그리고 누군가 곁에 다가와주기를 수백 년째 기다리고 있는 소나무 아래 혼자만의 은신처를 만들어놓고, 나무와 많은 이야기를 나눕니다. 나무들은 아는 게 많답니다. 마음을 열고 잘 들어줄 뿐더러 마음씨도 곱지요. 또 나무는 용서를 가르쳐주는 멋진 스승입니다.

처녀자리 남성이 어디론가 사라져서 혼자 생각에 잠기거나 계획을 세울 동안 게자리 여성도 혼자 방황할 수 있는 한여름 밤의 꿈을 찾아야 합니다. 그러면 그 관계는 계속 유지될 것이고 두 사람은 함께 조화로운 속도를 유지할 수 있을 것입니다. 작별을 고하고, 돌아오라고 애원하고, 서로의 잘잘못을 따지는, 그런 감정적인 순간들로 관계가 덜컹거리지 않을 것입니다. 두 사람 사이를 흐르는 밀물과 썰물을 따라 차분하게 그 위에 떠 있으면 됩니다. 너무 위험하게 거친파도를 타려고만 하지 않으면 되지요.

게자리 여성 중에서 사랑하는 사람과의 관계가 삐걱댈 때 자기 일에 집중함으로써 관계를 보완하려고 하는 부류가 있습니다. 게자리의 시작하는 에너지가 가진 카리스마를 정확히 사용할 줄 아는 여성들이지요. 그러면 그녀의 야망이 생생하고 구체적으로 주목받습니다. 아주 완벽하지는 않지만 나름 반짝였던 연애나 결혼 생활은 이제 그녀의 삶에서 은은한 배경이 됩니다. 이런 것도 좋습니다. 두 사람의 사랑에 힘을 더해주지요. 아침이면 둘은 헤어집니다. 게자리 여성은 자신의 결연한 길을 가지요. 처녀자리 남성은 행복하게 휘파람을 불며 여기저기 집 안을 손봅니다. 요가 수련도 하고, 사전도 다시 쓰고, 지도를 그리고, 혹은 숫자라고 불리는 오래된 글자들로 계산기도 두드려보지요. 이렇게 두 사람은 매주 주말이면 사랑에 빠지는, 친하지만 낯선 커플로 삽니다. 게자리 여성은 변화에 대한 자신의 욕구를 충족시키고, 처녀자리 남성은 자신과의 우정(처녀자리 남성이 가장 의지하는 사람은 바로 자신입니다)을 유지할 수 있는 혼자만의 시간을 가질 수 있지요. 두 사람은 이런 식으로 서로를 사랑할 수도 있습니다.

처녀자리 남성과 게자리 여성의 육체적인 사랑은 어떨까요? 흙과 물은 잘 섞이지요. 자연에서처럼 게자리 여성의 물과 처녀자리 남성의 흙은 서로에게 깊게 몰입할 수 있습니다. 특히 달이 게자리 여성의 감정에 좋은 영향을 미치고, 처녀자리 남성 또한 고유의 차분한 상태일 때는 두 사람은 서로의 욕망을 조화롭게 잘 소진할 수 있습니다. 하지만 달의 광기가 게자리 여성을 지배해서 괴팍하고 기분 변화가 심해지면 달라지겠지요. 그녀는 지나치게 감정적인 행동과 요구로 처녀자리 남성의 애정 어린 의도를 가라앉게 만들어버릴 수 있습니다. 처녀자리 남성 또한 걱정이 너무 많아 몸도 마음도 진정하지 못하는 때에는 게자리 여성의 민감한 열정에 상처를 줄 수 있습니다. 불안은 전염성이 강한 감정이지요. 두 사람은 인식하지 못하는 사이에 서로에게 그 상태를 전달하게 됩니다. 그러면 게자리 여성은 시무룩해져서 자기 껍데기 속으로 숨어 들어가 버립니다. 처녀자리 남성이 아무리 간절히 원해도 소용없습니다. 그러면 처녀자리 남성은 그녀가 너무 냉정하게 반응한다고 비난할 수 있습니다. 바로 이런 때야말로 처녀자리 남성의 분석 능력과 게자리 여성의 인식력이 필요한 때입니다. 두 사람은 무엇이 문제인지를 파악하고 해결점을 찾아내는 뛰어난 능력을 지녔지요. 하지만 얄궂게도 이렇게 성적으로 좌절감을 느끼는 바로 이 시기야말로, 두 사람의 가장 훌륭한 자질을 발휘하지 못하는 때랍니다.

처녀자리 남성과 게자리 여성은 비가 와도 해가 나와도 함께 걸을 수 있습니다. 사랑의 계절이 변화할 때 더 힘이 나기도 합니다. 밸런타인데이도 함께 보내고, 초승달 모양의 쿠키를 함께 만들고 함께 철자 놀이나 동작 알아맞히기 놀이도 할 것입니다. 처녀자리 남성은 단어를 가지고 생각하는 것을 좋아하고, 게자리 여성은 다른 사람이 되는 것처럼 상상하는 것을 좋아하기 때문이지요. 게자리 여성은 기분에 따라 이런저런 모습으로 변하는 것을 좋아합니다. 한밤의 침묵 속에서는 진주조개가 되기도 하고, 한낮에는 밝은 웃음을 터뜨리는 반짝이는 인어가 되기도 하고요. 두 사람의 열망이 충분히 간절하다면 함께 새로운 목초지를 찾을 수 있을 것입니다. 천문해석학에서 3-11 태양별자리 관계는 기회입니다. 두 사람의 관계는 가끔 흠이 생기고 금이 갈 수도 있겠지만, 더 단단하게 수리할 기회 또한 많을 것입니다.

게자리 여성이 괴팍해지고 처녀자리 남성이 비판적이고 신랄해질 때면, 숲속으로 함께 피할 것을 권합니다. 두 사람이 함께 누워 달빛을 쬐면 좋을 것입니다. 햇볕을 쬘 때는 빨갛게 탈 수도 있고 아프기도 하지만 달빛은 그럴 염려가 없지요. 특히 달이 차오르는 시기에 달빛은 당신을 마치 나비의 날개처럼 아름답게 반짝이도록 할 것입니다. 그러면 당연히 날 수도 있겠지요.

처녀자리가 게자리 여성으로부터 느리긴 하지만 확실하게 배우는 것이 있습니다.

태양을 정면으로 똑바로 바라보면 눈앞이 안 보인다는 것입니다. 하지만 게자리의 은은하게 빛나는 달을 정면으로 똑바로 바라보는 일은 전혀 다르지요. 그것은 휴식이 됩니다. 또 가끔은 태양이 숨겨놓은 한밤의 신비를 볼 수 있는 제3의 눈까지 뜨도록 하는 기적을 일으킬 수도 있답니다. 함께 달빛 샤워를 하고 나면, 두 사람은 작은 배에 함께 올라 사라진 바빌론으로 항해를 떠날 수 있을 것입니다. 두 사람이 뭘 발견할지 누가 알겠어요? 에스드라서의 예언처럼요.

천사 우리엘이 나에게 와서 말하기를 "꽃들의 들판으로 가거라. 그곳은 아직 집이 지어지지 않은 곳이니, 오직 들판의 꽃들만을 먹으라. 육식을 하지 말 것이며 술도 마시지 말고 다만 꽃을 먹으라. 그러면 내가 너에게 가서 들려줄지니." 그래서 나는 아르다스라 불리는 들판으로 나아갔다.

게자리 남성과 처녀자리 여성

금세 피터는 이상한 점을 발견했다. 그것은 아무런 목적도 없이 호수에 떠 있는 것이 아니었다.
왜냐하면 그것은 물살과 싸우고 있었고, 때로는 물살을 거슬러 올라오기도 했다.
그것이 물살을 이길 때면, 항상 약한 자의 편을 드는 피터는 손뼉을 치지 않을 수 없었다.
정말로 엄청 용감한 종잇조각이었다.
그것은 그냥 종잇조각이 아니었다. 그건 피터에게로 오려고 안간힘을 쓰고 있는 네버새였다.

게자리 남성은 그들을 거의 증오합니다. 정말입니다. 그들은 잔인하고 감정도 없습니다. 누구 얘기냐고요? 우주 비행사와 미국 항공 우주국NASA 말입니다. 우주에 대한 계획은 그 자체로 게자리를 떨게 하였습니다. 하지만 게자리 남성은 그 얘기를 아무에게도 하지 않았지요. 그는 그 끔찍한 허탈감을 마음속에만 간직했답니다. 그 감정을 사람들에게 어떻게 설명해야 할지 몰랐기 때문입니다. 인간이 달에 착륙했을 때, 그가 왜 그렇게 의아할 정도로 허탈하고 외로워하는지 사람들은 전혀 이해하지 못했었거든요. 그는 말할 수 없는 깊은 좌절감 때문에 자신감을 완전히 상실했습니다. 두 번째로 인간이 달에 착륙했던 순간은 더 끔찍했지요.
그는 울었답니다. 아무도 그를 볼 수 없는 혼자일 때요. 그는 그 오랜 세월 동안 혼자 묵묵하게 짐을 짊어졌습니다. 아무와도 그 고통을 나눌 수 없었지요. 어떤 누구도 그가 필요한 만큼의 후한 위로를 베풀 거라 믿을 수 있는 사람이 없었기 때문입니다. 그런데 그녀가 나타났습니다. 처녀자리 여성이 말이에요! 둘은 그렇게 사랑에 빠졌답니다.

시간이 지나면서 게자리 남성은 믿게 됩니다. 자기의 비밀을 털어놓아도 처녀자리인 그녀는 비웃지 않을 거라는 사실을요. 어쩌면 그녀는 그의 두려움이 사라지도록 도와줄지도 모릅니다. 그가 가진 나사 악몽이 아직은 해피엔딩이라는 사실을 일깨워주면서요. 처녀자리 여성은 너무나도 조용하고 침착합니다. 아마 그녀 또한 비밀을 좋아할 거라고 게자리 남성은 생각합니다. 또한 그녀는 정말 똑똑합니다. 여성인데요! (대부분 게자리 남성들은 여성에 대해 봉건주의적인 태도를 가지고 있답니다. 이들에게 '어머니'라는 이미지가 완전히 변하기 전에는 게자리 남성들이 여성에 대한 태도를 바꾸리라 기대하는 건 어려울 것입니다. 많은 세월이 더 지나야겠지요.) 처녀자리 여성은 총명하고 두뇌 회전도 빠르며, 상냥하고 온화하고 동정심도 많습니다. 말참견을 너무 많이 할 때만 제외하고는요. 그럴 땐 약간 까칠하고 비판적인 태도로 변합니다. 차갑고 냉정해지지요. 게자리 남성은 그녀가 가끔 보이는 이런 모습은 그냥 무시하기로 합니다. 자신도 기분이 자주 변하니까요. 기분이 엉망일 때 하는 말은 진심이 아니라는 걸 게자리 남성만큼 잘 이해하는 사람도 없지요. 결국 그는 용기를 내어 처녀자리 여성의 귀에 속삭입니다. 자신의 슬프고도 무서운 비밀, 그리고 공포와 두려움에 대해 털어놓고 위로를 기다립니다. 그리고 기쁨과 환희의 순간을 맞이합니다. 처녀자리 여성은 정말로 그에게 연민을 느끼고 그를 이해해줍니다. 비웃지도 않고 심지어 그 두려움에 대한 해답도 가지고 있습니다. 아주 논리적이고 상식적이며 실용적인 동시에 심오하기까지 한 해답입니다. 그녀에게 비밀을 털어놓기로 한 것은 정말 잘한 결정이었습니다.

달 착륙에 대한 게자리 남성의 걱정과 근심은 근거가 충분히 있습니다. 게자리인 그는 달의 지배를 받습니다. 모든 시대를 통틀어 천문해석가들과 철학자들은 물론이고 모든 신화와 고대인들, 역사 기록자들, 예언가들, 그리고 시인들은 달을 신비로운 여인으로 묘사해왔지요. 그 여인은 마법을 부리고 예언 능력을 가지고 있으며 치명적인 매력을 보유한 존재였습니다. 그래서 달이 보름달로 커졌다가 이지러지고 다시 초승달로 커지는 모습을 바라볼 때마다 게자리 남성의 마음은 동경과 염원으로 가득 찼습니다. 그는 어릴 때부터 초승달을 보며 소원을 빌었답니다. 그랬는데 갑자기 고약한 미국 항공 우주국과 시끄럽고 요란한 우주 비행사들이 등장한 것입니다. 그들은 게자리 남성의 사랑스러운 지배행성인 달의 맨 얼굴과 몸을 만천하에 공개해버렸지요. 온갖 신문과 잡지들은 그의 사랑스러운 여인의 모습을 담은 사진들로 불경스럽게 도배되었습니다. 그녀는 단지 마맛자국 같은 분화구들과 끝도 없는 모래와 따분한 바위들로 이뤄진 존재로 격하되었습니다. 어떤 광채도 불꽃도 없었지요. 마법도 신비로움도 더는 없었습니다. 그 사건은 게자리 남성의 스스로에 대한 신념을 무참히 깨버렸습니다. 도저히 설명할 길이 없는 감정이었지요.

처녀자리 여성은 다른 여성들처럼 중간에 방해하는 일 없이 그의 말을 끝까지 경청했습니다. 그녀는 그의 이야기를 완벽하게 이해했답니다. 그녀의 초롱초롱한 눈빛은 그녀가 그의 마음을 이해하고, 그의 이야기에 진심 어린 관심이 있다는 것을 잘 보여주었지요. 그녀는 말합니다. 사람들이 그렇게 운치 없고 세속적인 설명으로 달에 대한 이미지를 난데없고 무례한 방식으로 만천하에 공개한 것에 대해, 게자리가 감정적으로 분개하는 것은 너무나 당연하다고요. 그녀는 또한 사람들이 자신의 지배행성에 자신을 동일시하는 것은 자연스러운 일이라고 말합니다. 우주 비행사들이 양자리의 지배행성인 화성에 도착했는데, 그 별에는 과자점들이 즐비해 있고 마시멜로 나무가 가득 차 있다고 설명하는 것을 계속 들어야 한다면 양자리 남성도 똑같은 느낌을 받을 것이라고 그녀는 지적하지요. 잠깐만요. 화성이요? 위대한 전사의 별이자 용맹함의 별인 화성에 마시멜로가 가득하다고요? (게자리 남성은 기분이 훨씬 좋아져서 킥킥 웃음이 납니다.)

처녀자리 여성은 달의 마법과 신비에 대한 이야기는 사실이라고 생각한다고 단호하게 선언합니다. 우주 항공사가 걸었던 그 표면은 '진짜'가 아니었습니다. 그 바위와 분화구들로 인해 여전히 신비로운 달의 힘으로 지속되고 있는 밀물과 썰물에 어떤 변화라도 생겼나요? 지구의 삶에 어떤 영향이라도 미쳤나요? 전혀 그렇지 않습니다. 그럼 지구는 어떻고요? 우주에서 지구를 바라보면 무척 아름답게 빛나는 푸른 별이라고 합니다. 하지만 누군가 실제로 지구에 상륙해서 길거리에 널린 핫도그 판매대와 자욱한 스모그, 공해, 텔레비전, 탐욕, 잔인함, 전쟁, 마약 밀매, 빈곤과 굶주림, 범죄, 알코올, 살충제 등등 지구의 추한 모습을 본다면 어떻게 될까요? 환멸을 느끼지 않을까요? (게자리 남성은 처녀자리 여성이 해피엔딩으로 이야기를 매듭짓기를 기다리며 열심히 머리를 끄덕입니다.)

달은 태양 빛을 반사하는 거라고 그녀는 말합니다. 달은 반사체이지요. 달은 태양계에 있는 다른 어떤 별이나 행성과도 다른 특별한 존재입니다. 달은 아무리 오랜 세월이 지나도 여전히 특별하고 신비스러운 존재이며, 이전과 똑같은 힘을 보유하고 있습니다. 심지어 굴이 껍데기를 여닫는 시간마저도 달에 정확하게 맞춰져 있지요. 그녀는 말합니다. 달의 참된 진실은 그 표면에 있는 것이라 아니라 참된 눈으로 보아야 알 수 있는 거라고요. 참된 진실은 제3의 눈과 마음으로만 볼 수 있으며 달을 면밀하게 관찰한 끝에야 얻을 수 있는 것이라고요. 그래서 온전한 진실은 나중에야 보이는 거라고요. 그리고 나서 처녀자리 여성은 게자리 남성에게 묻습니다. 우리에게는 터무니없는 미친 축제 같고 소음뿐인 이 지구가 어쩌면 우리가 한 번도 생각해 보지 못한 막강한 힘을 가지고 있어서 우주 전체의 운명을 바꿀 수 있을 거라는 생각해본 적은 없는지를요. 그리고 그녀는 대고모님으로부터 들었던, 자신이 가장 좋아하는 불변의 진리를 말해주며 얘기를 마무리 짓습니다. '네가 보는 것은 반만 믿고, 듣는 것은 전혀 믿지 말아라.' 처녀자리 여성은 그다음 날 생텍쥐페리의 『어린 왕자』를 선물할 것이며, 그 책을 보면 모든 것이 다 명확해질 것이라고 약속합니다. (대부분 처녀자리는 『어린 왕자』를 무척 좋아합니다. 처녀자리는 어떤 것이든 '어린' 과 '작은'이란 말이 들어가면 거부할 수 없는 매력을 느낀답니다.)

처녀자리 여성은 거의 늘 게자리 남성에게 안전하고 따뜻하고 든든한 느낌을 줍니다. 세상 모든 것이 상쾌하고 제대로 돌아가고 있으며 자신의 궤도를 잘 돌고 있는 것처럼 느끼게 해주지요. 그는 마치 어린 시절 느끼던 그런 포근함 같은 것을 느낍니다. 엄마가 달래주면서 다 괜찮다고 말해주던 순간처럼요. 밤에 꾸었던 그의 악몽은 바보 같았습니다. 아침이 되면 세상은 변함없이 굴러갈 것입니다. 아침 식사에는 엄마가 늘 구워주는 팬케이크가 나오고, 신문도 늘 같은 시간에 배달될 것입니다. 처녀자리 여성은 게자리 남성을 아늑하고 포근하게 만들어줍니다. 욕실 한쪽에 늘 걸려 있는 부드러운 목욕 가운처럼 든든하지요. 게자리 남성은 처녀자리 여성이 믿을만한 사람이며 책임감과 도덕성이 높다는 것을 알게 됩니다. 모두 다 자신과 무척 닮은 모습입니다. 처녀자리 여성이 잔뜩 긴장해서 불필요하게 조심성을 발휘하고 있을 때만 빼고요. 대부분의 경우 처녀자리 여성은 안심해도 될 정도로 예측이 가능한 사람들이랍니다.

처녀자리 여성은 게자리 남성이 자기와 똑같이 예측 가능한 사람이기를 바랄 것입니다. 바위와 분화구 등이 있는 그 달은 게자리 남성을 계속 지배할 것입니다. 그의 웃음과 눈물, 우울함, 즐거움, 시무룩함, 농담, 열정, 다정함, 괴팍함 그리고 단순한 반대 등 그 모든 기분의 변화를요. 그런데도 처녀자리 여성은 그녀의 실용적이고도 상식적인 방법으로, 그 모든 게자리 남성의 방황과 말 못할 외로움에 잘 대처할 수 있답니다. 때로 게자리 남성을 인색하게 만드는 말할 수 없는 두려움과 갑자기 아주 관대한 사람으로 만들어주는 타인에 대한 연민, 뭐 그런 것들을 말이에요. 그녀는 게자리 남성의 조심스러운 성격은 전혀 문제 삼지 않습니다. 본인도 조심스러우니까요. 그녀는 사치와 낭비를 싫어하고 책임감이 있고 집에서의 생활을 즐기는 그의 성격도 공유합니다. 그에게는 음식이 감정적인 안정감과 연결되어 있다는 사실도, 그녀는 곧 알게 됩니다.

두 사람이 다툰다면, 대개 게자리 남성의 소유욕 때문일 것입니다. 처녀자리 여성이 일을 하고 싶어할 경우, 두 사람이 함께 사업을 하거나 바로 옆에서 일하는 경우가 아니라면 못마땅해할 것입니다. 게자리는 시작하는 에너지이고 처녀자리는 변하는 에너지를 가진 별자리이지요. 그래서 처녀자리 여성은 게자리 남성이 두 사람 사이의 규칙을 대부분 만들고 몇 발짝 앞서서 나가는 것을 잘 받아줄 것입니다. 그가 너무 지나치게 대장 노릇을 하려고 들지만 않는다면요. 게자리는 리더형이고 처녀자리는 의사소통형입니다. 그러므로 처녀자리 여성은 자신을 위해 독립성을 주장하고 싶은 욕구를 크게 느끼지는 않는답니다. 하지만 자유가 침해당할 때는 그녀도 당연히 맞설 것입니다. 게자리 남성은 꽤 옛날 스타일로 처녀자리 여성을 이끌겠지만 그녀는 그런 그의 태도에 모욕감을 느끼거나 문제 삼지는 않을 것입니다. 하지만 그녀는 마음에 드는 제안만 따를 것입니다. 그녀 마음에 들지 않으면 그렇다고 솔직하게 말할 것이며, 자기 방식대로 일을 진행할 것입니다. 게자리 남성처럼 예의는 갖추되 제법 단호한 태도로요.

두 사람은 성적으로 잘 어울리는 짝입니다. 흙과 물이라는 평화로운 친밀감으로 두 사람은 서로의 몸과 마음속에 아주 자연스럽게 잘 녹아들 것입니다. 다른 사람들에게는 처녀자리가 불감증처럼 보일 수 있습니다. 하지만 게자리 남성의 풍부한 감성과 섬세함은 처녀자리 여성에게 잠재된 열정의 샘을 발견할 수 있답니다. 게자리 남성은 처녀자리 여성만이 가진 특별한 감수성을 끌어낼 수 있답니다. 크리스탈처럼 순수하고 투명하며 절대로 무겁지 않은 감수성을 활짝 피어나게 도울 수 있지요. 처녀자리 여성은 자신도 몰랐던 그런 깊고 섬세한 감정들에 자신도 놀랄 수 있습니다. 처녀자리 여성은 기본적으로 차분하고 특히 낯선 사람 앞에서는 속마음을 잘 드러내지 않는 성격이지요. 하지만 일단 깨어나기만 하면 게자리 남성의 감각적이고도 다정다감한 섹스에 대한 강렬한 욕구를 만족하게 하고도 남을 것입니다. 처녀자리 여성은 모든 게자리 남성들이 가지고 있는 다정함과 부드러움에 본능적으로 응답할 것입니다.

게자리 남성은 감정적으로 상처를 잘 받고 예민합니다. (게자리 남성은 단단한 껍데기로 이런 약한 내면을 잘 감추고 있지요.) 하지만 전체적으로 꾸준하고 신중하고 총명합니다. 게자리 남성은 빈틈없는 사업가이며 모든 인간관계에 관한 한 뛰어난 전략가입니다. 처녀자리 여성은 이런 자질을 무척 존경한다고 분명히 밝힐 것입니다. 처녀자리는 자기가 존경하지 않는 남성을 사랑할 수 없답니다. 게자리 남성은 처음부터 그녀의 존경을 얻지요. 하지만 그가 자신의 두려움을 잘 통제하지 못하고 약물이나 술, 몽상에 빠져 있는 불안정한 게자리라면 처녀자리 여성은 아주 작은 일에도 불만을 표시하기 시작할 것입니다. 잔소리를 시작한다는 뜻입니다. 아무리 예의를 갖춘 잔소리도 잔소리이지요. 그녀는 작은 쪽지들을 쓰고 눈살을 찌푸리고 시무룩해질 겁니다. 그러다가 체념하지요. 아니면 게자리 남성이 전혀 예상치 못한 순간에 도망쳐버릴 수도 있습니다. 처녀자리 여성은 한번 떠나기로 마음먹으면 전혀 감정의 흔적을 남기지 않습니다. (처녀자리는 지나친 감정 표현을 지각이 있거나 실용적인 태도라고 생각하지 않는답니다.) 게자리 남성은 상처에 무척이나 예민하고, 처녀자리 여성은 남을 비판하는 경향을 타고났지요. 따라서 이 관계는 늘 위험이 내재되어 있습니다. 하지만 그런 점을 인식하고 서로 피하려고 노력한다면 전혀 문제가 되지 않을 수도 있지요. 게자리 남성은 직관이 있어서 이런 점들을 충분히 인식할 수 있습니다. 처녀자리 여성도 충분히 분석적인 사람들이어서 이런 부분을 잘 감지합니다. 그러니 두 사람은 극단적인 상황으로 커지도록 내버려둘 이유가 전혀 없는 사람들이기도 하지요.

처녀자리 여성의 눈은 수성의 재능 덕분에 아주 투명하고 총명하게 반짝입니다. 처녀자리 여성의 체형은 뭐라 설명할 수는 없지만 섬세하고 순결한 느낌을 줍니다. 그녀는 뭔가 고민거리가 생겨 눈썹을 잔뜩 찌푸리고 있을 때만 제외하면 대체로 차분하고 얌전한 편입니다. 그러니 그녀가 달빛을 받으며 게자리 남성의 품에 안겨 있을 때면, 게자리 남성은 마치 꿈속에 늘 그리워하던 달의 여신이 내려온 거라고 상상하게 됩니다.

처녀자리 여성이 게자리 남성과 있을 때 안전하다는 느낌을 받으면, 그녀는 연약한 여성성의 화신으로 변합니다. 결국 처녀자리는 여성적인 별자리이니까요. 그녀의 독립성과 냉정함은 부드러움으로 가려져 있어도 분명히 존재합니다. 끈기 있고 지속적인 헌신을 가진 게자리 남성이 그 마음을 따뜻하게 녹여줄 때를 기다리고 있지요. 처녀자리와 게자리는 헤어지더라도 3-11 태양별자리 관계의 강력한 카르마로 인해 예상치 못한 인생의 어느 한 지점에서 다시 만날 수 있답니다. 두 사람은 서로를 용서하고 다시 우정을 확인하지요.

게자리 Cancer

물 · 시작하는 · 수동적
지배행성: 달
상징: 게
음(−) · 여성적

Libra 천칭자리

공기 · 시작하는 · 능동적
지배행성: 금성
상징: 천칭
양(+) · 남성적

게자리와 천칭자리의 관계

울음을 터뜨리는 아이가 있었을지도 모른다.

그랬다 하더라도 그 울음소리는 노랫소리에 묻혀버렸을 것이다.

게자리와 천칭자리는 구성 원소가 서로 친화적이지 않은 물과 공기입니다. 각각의 태양별자리가 90도 각도인 − 태양별자리 관계이지요. − 태양별자리 관계는 흥미진진하고 장애가 많습니다. 또한 서로 조화를 이루기가 가장 어려운 관계이기도 합니다. 하지만 그렇게 다른 점이 많지만 두 사람이 영혼의 짝을 이루는 위업을 달성한다면, 그 보상 또한 헤아릴 수 없을 만큼 큽니다.

천칭자리와 게자리의 관계는 인생 그 자체와도 같습니다. 어떻게 타협할 것인가라는 어려운 일을 배워야 하기 때문입니다. 하지만 그 교훈을 완벽하게 익힌다면 더쉬운 길을 택하는 다른 사람들은 상상도 할 수 없는 행복이 보장되어 있답니다. 이두 별자리가 서로를 이해하는 것은 전쟁과도 같습니다. 그 전쟁에서 승리하는 것은 달성할 만한 가치가 있는 목표이지요. 가끔은 관계가 덜컹거리기도 하고 문제가 생기겠지만, 진정으로 노력한다면 시간이 많은 부분을 해결해줄 것입니다. 궁극적으로 자기 자신을 정복하고 다른 사람의 성향을 이해할 수 있으면 성취감도 무척 클것입니다. 그리고 그 과정에서 두 사람은 천사에 한 발짝 더 가까워졌음을 느끼게될 것입니다. 그 천사가 날개가 있다고는 장담할 수 없지만 분명 후광은 비칠 것입니다. (두 사람이 서로 아름답게 조화를 이룰 때 나오는 빛이지요.)

이 두 사람이 서로의 머리에서 그 후광을 보는 게 그리 쉬운 일은 아닙니다. 오히려 상대방에게서 뿔과 갈퀴를 볼 확률이 더 높지요. 노력하지 않으면 그렇게 됩니다. 인간의 본성에 굴복하면요. 기억하시지요? 이 특별한 카르마 여행은 천사 흉내 내기랍니다. 게자리와 천칭자리가 가장 먼저 배워야 할 교훈은 아시시의 성 프란시스코가 진심 어린 마음으로 가르쳤던 것입니다. 두 사람은 상대방이 자기를 이해해 주기를 바라기 전에 먼저 상대방을 이해하려고 노력해야 합니다. 두 사람 모두요. 그것이 두 사람 사이를 가로막고 있는 그 신비의 문을 열 유일한 열쇠입니다.

이 책 앞부분의 '열두 별자리 사랑의 비밀'에서 설명한 것처럼 게자리는 영혼의 청소년기입니다. 게자리는 자신들이 표현할 수 없는 너무나 많은 것들을 느끼지요. 행복에 다가가는 것과 동시에 슬픔에 다가가는, 어른이 되어가는 과정에 대한 심란한 예지몽과 과거에 대한 생생한 꿈이 그를 괴롭힙니다. 게자리는 이런 모든 것들을 느끼지만 말로 설명할 수가 없지요. 그 결과 게자리는 기분이 자주 변합니다. 달이 주기적으로 게자리의 감정을 끌어당기면 설명할 수 없는 우울함과 두려움에 눈물짓게 됩니다. 바다에 밀물과 썰물이 생기는 것처럼요. 게자리는 때로는 말이 없고 수용적이다가도, 때로는 자신들의 걱정을 전염성이 강한 유머 감각으로 감추기도 합니다. 게자리가 재미있을 땐 주변 사람들도 모두 기분이 좋아지지요.

게자리와 천칭자리가 만나면 유쾌한 선율로 채워진 장면이 연출될 수 있습니다. 천칭자리는 즐거운 웃음을 사랑하지요. 게자리의 유머 감각은 천칭자리의 지배행성인 금성의 달콤한 멜로디와 어우러져 운율이 잘 맞는 시가 됩니다. 이 두 별자리가 사이좋게 지내는 모습은 즐겁습니다. 두 사람을 지켜보는 가족이나 회사 동료들은 운이 좋은 사람들이랍니다. 제가 가족이나 회사 동료라고 말한 까닭은 4-10 태양별자리 관계는 주로 가족 관계나 일터에서 생기기 때문입니다. 이 관계는 친구나 연인일 때보다는 가족이나 회사 동료일 때 더 쉽게 조화를 이룹니다.

게자리와 천칭자리는 다른 4-10 태양별자리 조합보다 이 관계의 어려움을 극복하는 데 도움이 될 수 있는 공감 능력을 더 많이 가지고 있답니다. 두 사람의 지배행성인 달과 금성이 이해심이 많기 때문입니다. 두 사람은 감정을 통해 서로에게 더 쉽게 다가갈 수 있습니다. 문제는 게자리의 껍데기를 뚫고 그 진실한 감정에 다가가는 것이 절대 단순하지 않다는 것입니다. 게자리는 상처로부터 자신을 잘 보호하기 때문에 아주 신중하게 구슬려야 하지요.

천칭자리는 게자리의 감정에 부드럽게 다가갈 가능성이 높은 사람들입니다. 그들은 인내심이 있고 기다릴 줄 알지요. 하지만 그것만으로는 충분하지가 않습니다. 달이 지배하는 사람들은 믿을 수 없을 정도로 예민합니다. 천칭자리는 친절함을 타고

나기는 했지만 공기 별자리인 탓에 지나치게 논리적이지요. 그들은 게자리를 포함해 타인의 감정에 대해서는 잘 인식하지 못하는 경향이 있답니다. 천칭자리는 훌륭한 변호사나 판사가 될 수는 있지만 훌륭한 심리학자는 되기 어렵습니다. 천칭자리는 이면에 숨겨진 의미에는 별로 관심이 없습니다. 겉으로 드러나는 인간의 행동과 반응이라는 매력적인 게임에만 관심이 있지요. 그런데 이런 태도로는 게자리의 단단한 껍데기 속으로 들어갈 수 없습니다. 게자리를 이해하고 싶다면 천칭자리는 게자리가 지닌 깊은 공감을 더 연습해야 할 겁니다. 게자리들이 왜 바로 요점으로 다가가지 않고 옆으로 움직이는 것처럼 행동하는지, 그 상징적인 의미를 진정으로 이해하고 싶다면요.

두 사람이 타고난 성향 중에서 가장 두드러진 차이점은 천칭자리는 '타인'에게 관심이 집중되어 있고, 게자리는 '자신'에게 관심이 집중되어 있다는 것입니다. 게자리가 천칭자리보다 더 자기중심적이라고 말하는 것처럼 들린다고요? 맞습니다. 보통의 천칭자리는 자기 문제보다는 친구나 사업 혹은 전반적인 세상사에 대해 더 관심이 많습니다. 자기 자신의 문제에 대해서는 그저 어깨나 한 번 으쓱하거나, 바닥을 치면 다시 위로 올라갈 수밖에 없다는 논리로 정리하지요. 천칭자리는 기본적으로 외향적인 성격입니다. 반면 게자리는 내향적이고 극도로 방어적인 성향을 가지고 있습니다. 많은 게자리는 다정하고 상상력이 풍부하며 민감한 사람들입니다. 또 아주 사랑스러운 사람들이지요. 하지만 그들의 가장 중요한 관심사는 자기 자신인 경우가 많습니다.

자신에게 집중하는 것은 감정적으로 건강하지 않은 태도여서 결국은 건강을 나쁘게 만들지요. 그래서 게자리는 필요 이상으로 자주 아픕니다. 천칭자리의 질병은 지나치게 자유방임적인 태도와 방종에서 비롯되지요. 파티와 사교 활동을 과도하게 좋아하는 생활 습관과 폭식과 폭음과 과로 등으로 인한 것입니다. 이런 모든 것들에 대해 게자리는 야단을 떨고 걱정을 하지요.

두 사람이 완전히 반대 방향을 바라보고 있는 또 다른 주제는 돈입니다. 천칭자리는 지나치게 낭비를 하거나 사치스럽지는 않습니다. 하지만 그들에게는 돈이 그리 중요한 주제도 아니지요. 적어도 게자리만큼은 아닙니다. 게자리에게는 경제적인 안정과 감정적인 안정이 똑같이 중요하고 결정적인 문제입니다. 이 둘 중에 하나만 있고 다른 하나가 없다면, 게자리는 무척 괴팍하고 비참한 사람이 됩니다. 만약 두 가지가 다 없다면, 게자리는 완전 구제 불능이 되어 심지어 그들의 엄마라도 그를 사랑할 수 없는 상태가 될 것입니다. 하지만 게자리가 경제적인 안정감과 정서적인 안정감을 둘 다 가지고 있다면, 그는 세상 그 어떤 사람이 원하는 것보다도 유순하고 사랑스럽고 다정다감한 사람이 됩니다.

게자리는 건강도 나쁘고 체력도 약합니다. 하지만 그런데도 천칭자리보다 정신적으로 육체적으로 그리고 감정적으로 훨씬 더 강인합니다. 천칭자리가 정신적인 압박에 더 쉽게 굴복하고, 감정적으로 실망하는 일이 생기면 더 크게 상처를 받습니다. 천칭의 균형이 깨질 경우에는 심각한 질병으로 쓰러지게 되지요. 게자리가 아프면 오래 갑니다. 하지만 그것은 게자리가 모든 것에 너무나 강하게 집착을 하기 때문이지요. 좀처럼 부정적인 면과 긍정적인 면을 분리하지 못하기 때문입니다. 게자리는 거의 맹목적으로 팔을 뻗어 꽉 붙잡고는 절대로 놓지 않는답니다. 무언가를 놓아버리기가 쉽지 않지요. 그래서 천칭자리는 고생을 좀 해야 할 것입니다. 나쁜 습관이나 잘못된 생각, 그리고 밑도 끝도 없는 두려움 같은 것들로부터 게자리의 그 집게발을 풀게 하려면요.

이런 식의 줄다리기는 눈에 보이지 않게 천칭자리의 불안하고 섬세한 균형을 약화시키는 결과를 초래합니다. 마음이 지쳐버린 천칭자리는 무기력증과 깊은 불행감에 빠지게 되지요. 천칭자리의 쾌활하고 다정다감하며 낙천적인 성격은 훼손됩니다. 자연의 이치와 같습니다. 물이 너무 많으면 공기를 눅눅하고 뿌옇게 만들지요. 적당한 양의 물은 공기를 촉촉하고 상쾌하고 숨쉬기 좋게 만들어주지만요.

천칭자리가 게자리로부터 뭔가 비밀을 간직하려고 한다면 시간 낭비입니다. 알고 싶은 것이 있을 때, 게자리는 교묘한 방법을 모두 동원하여 캐내고야 맙니다. 게자리는 이렇게 묻지요. '아무개는 나에 대해서 어떻게 생각하는 것 같아?' 천칭자리는 대답합니다. '내가 어느 한편을 드는 건 옳지 않은 것 같아.' 게자리는 말하지요. '네가 필요하다고 한 정보들을 내가 얼마나 많이 제공해줬는데, 네가 그렇게 말하면 나한테 공평한 게 아니지!' 천칭자리는 망설이다가 한숨을 쉬며 굴복합니다. 게자리가 알고 싶어 하는 걸 말해주지요. 좋은 점과 나쁜 점을 조심스럽게 균형을 맞춰서요. 원하는 답을 듣고 나면 게자리는 심술을 부리며 이렇게 말할 것입니다. '그럴 줄 알았어. 두 번 다신 그 사람한테 말도 하지 않을 거야.' 그러곤 토라져서 휙 하고 방을 나가버립니다. 남은 천칭자리는 불화를 일으킨 장본인이 된 것만 같아 울고 싶은 심정이 됩니다. 천칭자리는 평화의 중재자로 태어난 사람들인데 말이에요. 아주 사소한 비판에도 게자리는 울트라 슈퍼급으로 예민합니다. 그리고 비밀을 캐내는 수완이 아주 좋지요. 그리고 나서는 그 진실 중의 반쪽 때문에 상처를 받고 눈물짓습니다. 노여움에 화를 내며 집게발을 딱딱거립니다. 무언가의 반쪽만 강조하는 것이 천칭자리를 얼마나 미치게 만드는 일인지 잘 알고 계시지요?

천칭자리와 게자리가 달콤한 곡을 함께 연주할 수 있는 가장 좋은 방법은 두 사람이 각자 서로의 장점에만 집중하는 것입니다. 천칭자리는 게자리의 엄청난 집요함과 상상력이 풍부한 꿈들이 지닌 가치를 알아야 합니다. 그것이야말로 태어난 지 19

개월 만에 귀도 안 들리고 앞도 보이지 않게 된 헬렌 켈러로 하여금 그 역경을 딛고 일어나 승리를 쟁취할 수 있도록 해 준 힘이었습니다. 게자리 헬렌 켈러는 삼중고였지만 대학을 우등으로 졸업했지요. 바느질할 줄 알았고, 크로켓 경기를 했으며, 타자기를 사용했고, 수영과 조정은 물론이고 자전거도 탔답니다. 또한 세계를 여행하며 영감을 주는 어록을 남겼고, 수많은 저술과 집필 활동으로 사람들의 신념을 북돋워주었습니다. 게자리 니콜라 테슬라는 뛰어난 기억력과 천재적인 상상력으로 시대를 앞선 전기를 발명했지요. 테슬라는 교류 전기를 최초로 실용화했고, 세상 사람들에게 가치가 있는 140가지 발명 특허를 이뤄냈습니다. 그중에는 오늘날 사용 중인 라디오 방송의 송수신 개념도 포함되어 있습니다. 모두 다 그가 게자리의 자세로 꿈에 매달린 덕분이지요. 모든 게자리는 헬렌 켈러와 니콜라 테슬라를 만든 똑같은 성질로 이루어져 있답니다.

한편, 게자리는 천칭자리의 정의에 대한 열망과 창조적인 표현 욕구가 없다면 우리 삶이 어떻게 되어 있을지를 생각해봐야 합니다. 우리의 세상은 드와이트 아이젠하워, 조지 웨스팅하우스, 쥬세페 베르디 같은 천칭자리의 융통성과 평화를 수호하는 능력의 축복을 받지 못했을 것입니다. 영혼을 위해 음악을 만들어내는 금성의 능력이 없었다면, 도덕적인 가치를 훼손시키지 않으면서도 공정한 타협을 할 수 있는 능력을 금성이 주지 않았다면, 우리는 아직도 2차 세계대전을 겪고 있을지도 모릅니다. 오늘날의 철도 시스템은 안전하지 않을 수도 있지요. 게자리는 마음을 진정시킬 때 베르디의 오페라를 들을 수 없었겠지요. 또 천칭자리 평화주의자였던 마하트마 간디는 힌두교의 가르침을 '산상수훈'의 가르침과 절묘하게 혼합했습니다.

게자리와 천칭자리가 서로를 진정으로 고맙게 여기는 방법을 배우고 나면 멋진 기적이 일어날 수 있답니다. 예를 들어볼까요? 게자리 테슬라가 천칭자리인 조지 웨스팅하우스에 대해 언급했던 말입니다. "다른 기업들이 조지만큼만 공정하고 자유롭다면, 내가 세상에 훨씬 더 많은 것을 줄 수 있었을 것입니다."

게자리와 천칭자리는 이 말을 아주 오랫동안 깊이 곱씹어야 합니다. 깊은 뜻이 있는 말이니까요. 두 사람 모두에게 아주 똑같이 중요한 뜻이 들어 있지요.

게자리 여성과 천칭자리 남성

네버새는 피터를 구하기 위해 자기 둥지를 내줄 작정으로 온 것이었다.
둥지에 그녀의 알들이 있는데도 말이다. 알 수 없는 일이다.
비록 피터가 그녀에게 잘 대해준 적도 있었지만, 때로는 그녀를 괴롭히기도 했었는데 말이다.

게자리 여성은 기분이 잘 변하고, 비밀도 많고, 가끔은 괴팍하기도 합니다. 사랑은 그런 게자리 여성을 사랑스럽고, 배려심이 깊으며, 상냥하고 다정한 달의 여인으로 바꾸는 힘이 있지요. 게자리 여성이 천칭자리 남성과 사랑에 빠진다면 그녀는 일단 그를 걱정하기 시작할 것입니다. 천칭자리 남성은 일을 너무 열심히 하고, 놀 때도 너무 열심히 놀고, 몸에 나쁜 음식만 먹으며, 술도 너무 많이 마시지요. 또 충분한 휴식을 취하지 않고, 사람들이 자신의 착한 성격을 악용하게 내버려두고 너무 느긋합니다. 장화도 신지 않고 그렇게 비를 맞고 다니면 감기에 걸릴 것이고, 자꾸 우산을 잃어버려 매번 우산을 사고 또 사지 않도록 유념해야 합니다. 그가 지난해 잃어버린 우산 값을 다 합치면 아마 녹즙기를 사고도 남을 것입니다. 먹고 마시는 습관이 안 좋으니 주스라도 만들어 마시면 건강에 도움이 될 텐데 말이에요. 게자리 여성은 신경이 쓰입니다. 그래서 그의 생일에 밤에 따뜻하게 잘 수 있도록 전기매트를 사줬답니다. 그것은 사실, 겨울에 그 누군가와 함께 껴안고 잔다면 훨씬 따뜻할 거라는 암시였지요.

천칭자리는 남성적인 별자리입니다. 그래서 그는 상대방이 자신을 점유하거나 잔소리하도록 내버려두지 않겠다고 결심합니다. 하지만 천칭자리는 여성적인 행성인 금성의 지배를 받지요. 그는 게자리 여성의 변덕스러운 달과 잘 조화를 이루고, 그녀가 감정적으로 안정감이 들도록 해준답니다. 그 결과 게자리 여성이 가진 멋진 자질들, 즉 충성심과 인내심 그리고 헌신을 끌어내게 되지요. 그렇게 한동안은 평화롭고 고요할 것입니다.

전형적인 천칭자리라면 사랑에 빠진 후 결혼을 생각하기까지 그리 오래 시간을 끌지 않을 것입니다. 둘 사이의 기질과 성격이 아무리 달라도 상관없습니다. 금성이 지배하는 남성이 어떤 여성에게 강하게 끌릴 때면, 그녀에게로 가야 하는 논리적 타당성을 수천 개도 더 만들어낼 수 있습니다. 그는 어떻게 해서든, 유혹을 없애버리는 유일한 길은 그 유혹에 굴복하는 것이라는 결론을 도출합니다. (로맨스에 대한 욕망과 충동이 천칭자리의 논리를 어떻게 왜곡하는지 보여주는 예입니다.)

천칭자리 남성은 부드럽고 이슬을 머금은 듯한 눈동자를 가진 게자리 여인에게 청혼하기로 결심합니다. 그녀는 딱딱한 껍질을 가졌지만, 너무나도 상처받기 쉽고 너무나도 연약한(하하!) 여인이지요. 이 민감하고 통찰력이 강한 여인은 유난스럽게 천칭자리 남성의 건강을 염려해주고 그의 깊은 감정을 뒤흔들어 놓은 사람입니다. 설령 두 사람의 태양과 달별자리가 조화롭지 못하다 해도, 천칭자리 남성은 자신의 영혼의 안녕을 위해 현명한 결정을 내린 것입니다. 물론 이런 경우에는 그의 마음과 몸과 감정적인 측면에서는 좀 힘들 수도 있습니다. 하지만 본 장의 서두에서 언급한 것처럼 서로의 차이를 잘 조율할 수만 있다면, 두 사람은 천사들이 누리는 그런 사랑을 할 것입니다. 충분히 노력할만한 가치가 있지요.

게자리 여성과 천칭자리 남성 여러분, 지금부터 집중하세요. 천문해석학적으로 여러분께는 좋은 소식이 있고 나쁜 소식이 있답니다. 어떤 소식부터 먼저 듣고 싶으세요?

천칭자리: 좋은 소식부터 먼저요.
게자리: 나쁜 소식부터 들려주세요.

나쁜 소식부터 먼저 드리는 게 낫겠네요. 두 사람의 답이 그걸 완벽하게 증명해주니까요. 두 사람은 그 어떤 상황에 대해서도 받아들이는 방식이 극명하게 다르다는 사실을요.

어떤 다른 별자리도 게자리만큼 단호하게 비관적인 천성을 가지고 있지는 않습니다. 황소자리, 처녀자리, 염소자리 정도가 좀 비슷하겠지만 게자리의 비관지수에 미치지는 못합니다. 그리고 어떤 별자리도 천칭자리만큼 경쾌하고 끝도 없이(가끔은 미친 듯이) 낙관적이지는 못합니다. (양자리나 사수자리도 낙관적이지만 최종적으로는 천칭자리가 일등을 할 겁니다.)

우리는 두 사람이 각자의 뼛속 깊이 각인되어 있는 성격을 서로 바꿔서 문제를 해결하기를 바라는 게 아닙니다. 비관적인 천칭자리는 끔찍하게 불행한 사람이 될 것이고, 신중함이라고는 없는 낙천적인 게자리 여성도 원래 천성과는 너무나 맞지 않으니까요. 어쩌면 서로에게 이렇게 조언을 해주면 좀 도움이 될까요? 먼저, 게자리 여성이 천칭자리 남성에게 충고합니다. **지나친**(이 부분이 강조되어야 합니다.) 낙천주의는 현실을 안개 속에 덮어버리기 때문에 그의 꿈도 빛이 바래게 할 것이라고요. 게자리 여성은 사랑하는 천칭자리 남성의 꿈이 이루어지길 간절하게 바란답니다.

이번에는 천칭자리 남성이 게자리 여성에게 조언합니다. **지나친**(마찬가지로 이 부분이 중요하지요.) 비관주의는 두 사람이 함께 나눌 수도 있는 많은 행복을 놓치게 만들 수도 있다고요. 천칭자리 남성은 게자리 여성을 무척 사랑하기 때문에 그런 일이 생긴다면 비극이 되겠지요. 해결책은 천칭자리의 균형입니다.

자, 이제 두 사람 사이의 문제를 해결했으니 나쁜 소식 두 번째로 넘어갈까요? 좋은 소식은 맨 마지막으로 남겨두고요. 그래야 걱정거리들을 한 번에 날려버릴 수 있을 테니까요.

게자리 여성은 감정적으로 소유욕이 있고, 천칭자리 남성은 감정적으로 자유를 사랑합니다. 이런 모습은 절대로 극복할 수 없는 갈등처럼 보입니다. 하지만 두 사람이 극복할 수 있다고 믿는다면 그렇게 어렵지 않을 수도 있습니다. 두 사람이 서로를 진정으로 사랑한다면요. 천칭자리 남성에게 드리는 조언입니다. 게자리 여성은 당신을 질식시키고 싶어서 소유욕을 드러내는 것이 아닙니다. 그저 오랫동안 시달려온 어린 시절 악몽들이 다시 그녀를 괴롭히는 것입니다. 당신이 그녀를 사랑하는 것이 그저 신기루일 뿐일까 봐, 언젠가 당신이 그녀를 혼자 남겨둔 채 홀연히 사라질까 봐 두려워하는 것입니다. 아무도 그녀를 사랑해주지 않고 그녀를 보호해줄 사람 하나 없던 상태로 돌아가 버릴까 봐 두려워하는 것입니다. 게자리 여성은 어릴 때부터 '눈에 보이지 않으면 마음도 멀어진다'는 거짓말에 무척 겁을 먹었답니다. 그러니 당신이 눈에 보이지 않으면 당연히 이런 두려움도 커질 거라는 걸 이해하시겠지요?

이번에는 게자리 여성에게 드리는 조언입니다. 천칭자리 남성은 당신을 떠날 궁리를 하기 위해 자유 시간을 가지려는 게 아니랍니다. 다른 여인과 사랑에 빠져서도 아닙니다. 천칭자리의 구성 원소는 공기이지요. 공기는 갇혀 있으면 퀴퀴한 냄새가 나기 시작한답니다. 눈에서 멀어지면 어떻게 된다는 등 하는 그런 잘못된 경고는 잊어버리세요. 대신 '부재는 사랑을 더 크게 만든다'는 사실을 명심하세요. 절대로 바뀔 수 없는 불변의 진리랍니다. 누군가가 눈에서 멀어질 때 그를 잃을 위험이 있다면, 그 사람이 당신을 사랑하지 않을 때밖에 없습니다. 그가 당신을 사랑하지 않는다면 어떻게든 당신은 그 사람을 잃을 수밖에 없겠지요. 그가 당신을 사랑한다면, 두 사람이 헤어져 있을 때도 그 사람은 당신이 걱정하는 것보다 훨씬 더 당신을 그리워할 것입니다.

게자리 여성을 진정으로 사랑하고 이해하는 천칭자리 남성이라면 어디든 그녀와 함께 가려고 할 것입니다. 아무리 따분한 출장이라도요. 그의 초대는 진심이랍니다. 사람들이 사랑에 빠지는 건 함께 있기 위해서니까요. 둘이 함께하는 즐거움을 가로막는 것이 있다면, 그게 무엇이든 두 사람의 행복에 방해가 되는 적이지요. 세상이 뭐라 해도 신경 쓸 필요 없습니다. 두 사람이 집에서만 서로를 볼 수 있다면 신나는 모험들을 어떻게 공유할 수 있겠어요? 두 사람이 공유하는 모험이 새로 난 아기 치아라거나 지붕이 샌다거나 하는 그런 사건뿐이라면요. 천칭자리 남성이 진심으로 출장에 함께 가자고 그녀를 초대하면 그에게는 감동적이고도 놀라운 일이 벌어집니다. 천칭자리 남성이 진정 원하는 것이 그녀와 함께하는 것이라는 것을 알게 되면, 게자리 여성은 특유의 소유욕이 보여주는 행동을 모두 버리게 됩니다. 그녀는 그가 출장을 간 동안에 본인도 할 일이 많으니 혼자 다녀오는 게 좋겠다고 말할 것입니다. 그냥 최대한 빨리 집으로 돌아오면 된다고요. 그녀의 말은 진심이랍니다. 천칭자리 남성이 그녀를 진심으로 원한다는 그 사실만으로도 게자리의 두려움은 사라져버렸으니까요. 음, 그러고 나면 이제 천칭자리 남성 쪽에서 그녀가 왜 자신의 초대에 응하지 않는지에 대해 걱정을 시작할 수 있습니다. 연인이란 참 이상한 사람들이지요. 모순투성이랍니다!

이제 다음 문제는 돈과 관련된 것입니다. 이 문제에 대해서는 저는 중재자가 되기를 거부합니다. 그저 간단하게 이렇게 조언해드릴게요. 천칭자리 남성은 게자리 여성에게 저축 계좌를 별도로 개설해주고 납부 완료한 연금보험 계좌를 두어 개 더 만들어주세요. 그녀를 행복하게 해줄 것입니다. 그리고 게자리 여성은 천칭자리 남성이 마치 곧 파산할 것 같은 느낌이 들게 하는 걸 그만두세요. 그리고 가난해질 거라는 생각 좀 그만하세요. 자꾸 그렇게 생각하면 그게 현실이 될 수 있으니까요. 그리고 돈이 생기면 길거리에 있는 낯선 사람에게 주세요. 네, 잘못 읽으신 게 아닙니다. 낯선 사람 맞습니다. 그러면 곧 그 돈이 세 배로 불어나서 당신에게 돌아올 겁니다. 시도해보세요. 시도해보지도 않는다면, 제가 틀렸다는 걸 어떻게 증명하겠어요?

두 사람의 섹스는 천사들이 주는 선물처럼 시작할 수 있습니다. 하지만 끝날 때는 아주 공허할 수 있지요. 그런 비극을 미리 방지할 수 있는 시간은 두 사람이 만드는 연극의 첫 번째 장이 시작되기 전입니다. 게자리 여성의 끝없는 의심은 천칭자리 남성으로 하여금 자신을 무용지물로 느끼게 하여, 결국은 발기부전으로 이어질 수도 있습니다. 마찬가지로 천칭자리 남성이 게자리 여성의 감정을 잘 이해하지 못하면, 그녀는 자신을 보호하기 위해 껍데기 속으로 들어가버리고 불감증이 될 수도 있습니다. 두 사람이 서로를 존중한다면 육체적인 사랑은 부드러운 열정을 아름답게 경험하는 기회가 될 것입니다. 서로의 눈빛만 보아도 가슴이 떨리는 친밀감과 평화와 만족감을 느끼게 됩니다. 서로 사랑하는 여성과 남성이 갖는 육체적인 합일은 말로 표현할 수 없는 기쁨과 말이 필요 없는 만족감이 만들어내는 멜로디 같은 것이지요. 그것은 기적처럼 두 사람을 치유해줍니다. 다른 커플들과는 달리 금성이 지배하는 천칭자리와 감수성의 게자리는 사랑의 언어로 시를 사용할 수도 있습니다. 또한 음악도 두 사람이 사랑을 나눌 때 그 감정의 깊이를 더욱 증폭시켜 줄 수 있지요.

다음번에 천칭자리 남성이 며칠 동안 게자리 여성을 떠나 있어야 한다면 그녀에게 '쥬 흐비엥' 향수 한 병과 불어 사전을 줘도 좋을 것입니다. 'je reviens'이 '나는 돌아올 것이다'라는 뜻이라는 걸 그녀가 사전에서 찾아볼 수 있게요. 게자리 여성은 과거를 무척 소중히 여깁니다. 그녀에겐 오늘이나 내일보다는 어제가 훨씬 더 사실적이고 더 안전하게 보이지요. 게자리 여성은 어린 시절 인형에게 자장가를 불러줄 때부터 누군가 이런 자신의 마음을 이해해줄 사람이 필요했답니다. 그런 남성에게는 가치를 따질 수 없는 선물을 줄 것입니다. 그 선물은 바로 완벽한 신뢰랍니다.

자, 드디어 좋은 소식 얘기를 할 때가 왔네요. 그 소식은 바로 두 사람 모두 감상적이라는 것입니다. 두 사람 모두 기가 막힌 상상력을 가지고 있고 두 사람 모두 꿈을 믿는답니다. 게자리 여성은 멋진 유머 감각을 가지고 있고 천칭자리 남성은 멋진 미소를 가지고 있지요. 두 사람 모두 기분이 잘 변하지만, 두 사람 모두 친절함에는 마음이 약하답니다. 그리고 마지막으로 천사들은 늘 이들의 편이랍니다! 4–10 태양 별자리 관계인 두 사람이 행복으로 가기 위해서는 아주 가파른 언덕을 오르는 희생이 필요하다는 사실을 천사들은 이미 알고 있기 때문이지요. 하지만 그 언덕의 정상에서 바라보는 풍경은 그야말로 완벽한 아름다움 그 자체일 것입니다.

게자리 남성과 천칭자리 여성

인어들이 사는 산호 동굴의 모든 문에는 열고 닫힐 때 딸랑거리는 작은 종이 있었다.
피터는 그 종소리를 들었다.

천칭자리 여성은 사랑과 매력으로 가득 찬 사람입니다. 천칭자리 여성이 나타나면 마치 종소리가 나는 것만 같지요. 그 종소리는 쌍둥이자리 여성과 처녀자리 여성한테서도 들을 수 있지만, 천칭자리 여성에게서 나는 종소리가 가장 우아하답니다. 천칭자리의 종은 더 깊은 소리가 나는데 마치 부활절 일요일 아침에 해가 뜰 때 나는 종소리 같지요. 모두 금성이 빚어내는 음악의 일부랍니다. 그러니 그 종소리가 아주 섬세하고 감성적인 마음을 지닌 게자리 남성에게 어떤 영향을 미칠지 짐작이 가시지요?

천칭자리 여성은 게자리 남성에게 천사처럼 보인답니다. 그는 완전히 넋을 잃어버리지요. 금성은 그녀의 자녀들에게 절대로 잊을 수 없는 아름다운 외모를 물려줍니다. 외모가 아니더라도 최소한 지친 영혼들을 행복하게 해줄 달콤한 미소를 선사하지요. 어떤 천칭자리 여성은 이런 금성의 축복을 모두 받고 태어납니다. 이런 경우에 게자리는 달리 방도가 없답니다. 그 눈부신 미모에 넋이 나가고 숨 막히는 미소에 온통 마음을 빼앗긴 상태에서 짤랑거리는 종소리를 듣는다고 생각해보세요. 그것은 달이 주는 온갖 느낌들을 넘어서는 굉장한 경험이랍니다.

게자리 남성은 놀랄만한 유머 감각을 가지고 있지요. 그는 이 매력적인 여성에게 잘 보이기 위해 가장 먼저 재미있는 이야기를 들려줍니다. 천칭자리 여성은 웃을 것입니다. 그런데 그 웃음소리는 평범한 웃음소리가 아니랍니다. 그것은 피터 팬이 웬디에게 얘기했던 것처럼, 수천 조각으로 갈라져서 요정이 태어나는 것 같은 소리랍니다. 그녀의 웃음소리만 음악인 것도 아닙니다. 그녀의 미소는 교향곡이고 그녀의 취향마저도 게자리 남성의 유머를 즐길 만큼 훌륭하지요.

그리 오래지 않아, 그녀가 아름답고 재치가 있다는 것 이외에 많은 것을 알게 됩니다. 천칭자리 여성은 향기가 좋고 여성적인 신비로움이 넘친다는 것을 알게 되지요. 그뿐일까요? 천칭자리 여성은 또한 무척 똑똑해서, 체스를 비롯해 어떤 게임에서도 자신과 총명함을 겨룰 수 있는 사람이라는 것도 알게 됩니다. 천칭자리 여성은 게자리 남성의 모든 사업적인 문제에 대해서도 놀라울 정도로 신중하고 창의적이면서도 묵묵한 파트너로서의 능력도 가지고 있습니다. 실제로 파트너일 수도 있고요. 게자리 남성의 농담에 웃어주지도 않고, 아주 간단한 일에 대해서도 수십 번도 더 가르쳐야했던 기존의 멍청이 파트너들보다 천칭자리 여성은 분명 더 총명합니다.

게자리 남성이 이렇게 매혹되어 있는 동안 천칭자리 여성은 어떨까요? 그녀도 마찬가지랍니다. 천칭자리 여성은 파티도 사람도 무척 좋아하지요. 그동안 많은 남성들을 만났답니다. 다 끔찍할 정도로 지루하고 재미없는 사람들이었지요. 무신경하고 무례하고 원하는 것도 많은 남성들이었습니다. 자기 사업이나 직업에 대해 그녀에게 조언을 부탁한 적은 한 번도 없었습니다. 그녀가 여성이니 그런 문제에 대해서는 모른다고 생각했기 때문이지요. 이런 사고방식은 늘 천칭자리 여성을 분노하게 만든답니다. 그녀는 양성평등을 종교처럼 믿는 사람이지요. 그렇다고 여성해방운동에 앞장서는 것은 아니지만, 천칭자리에게 평등과 공정함만큼 중요한 것은 없습니다.

그런데 여기 아주 매력적인 남성이 나타난 것입니다. 게자리 남성은 총명함과 유머 감각으로 빛나는 눈빛에 다정다감한 태도를 지녔답니다. 생각도 깊고 섬세하지요. 그는 그녀를 여성으로 잘 대해주는 동시에 그녀의 총명함을 존경하고 심지어 북돋워줍니다. 게자리 남성은 진정으로 그녀가 필요하다는 느낌을 줍니다. 천칭자리 여성은 그와 함께 있으면 무척 안전하고 든든하다고 느낍니다. 게자리 남성은 약간 구식에 정중한 느낌을 풍기는데 그런 면도 그녀를 기분 좋게 만듭니다. 기분 좋게 보호받는 듯한 느낌이랄까요. 게다가 게자리 남성은 천칭자리 여성의 저울이 외로움과 사랑스러움 사이를 오르락내리락하고, 행복과 미움 사이를 왔다 갔다 하는 것을 이해합니다. 그 자신도 기분 변화가 심하므로 그녀를 보면 연민을 느낀답니다.

게자리 남성은 대부분 시간 동안은 조용하고 인내심이 많은데, 천칭자리 여성에게는 그 또한 무척이나 매력적으로 느껴집니다. 천칭자리는 늘 위안과 평화를 찾아 헤매기 때문이지요.

결혼해도 되지 않을까?(천칭자리 여성은 처음에 이렇게 생각할 수 있습니다.) 게자리 남성은 망설입니다. 아마도 그의 어머니가 허락하지 않으시거나, 그녀가 자신의 어머니를 대체할 수 있을지 확신이 서지 않을지도 모릅니다. '세상 누구보다 그를 사랑하고, 가끔은 그렇지 않을 수도 있지만, 대체로는 그 정도로 사랑하는' 그의 어머니 말입니다. 어쩌면 그는 아내와 가족을 충분히 먹여 살릴 수 있을 만큼 경제적으로 안정이 될 때까지는 자기 일이나 사업에 더 집중해야 한다고 생각할지도 모릅니다. 게자리 남성은 돌다리도 두들겨보고 건너는 사람이라 어떤 것도 성급하게 추진하지 않는답니다. (정서적이고 재정적인 보호를 원하는 게자리 여성이라면 결혼은 이상적인 해답입니다. 게자리 남성은 결혼이라는 족쇄를 기꺼이 받아들이기 전에 충분히 오랫동안 연애 기간을 가지면서, 자신이 필요로 하는 정서적인 안정감과 애정을 추구하려는 경향이 있답니다.) 결혼이라는 그 막중한 책임감은 게자리 남성을 두렵게 합니다. 그녀를 사랑하고 안 하고는 문제되지 않습니다. 물론 그녀를 사랑하지요. 하지만….

게자리 특유의 이런 주저함과 뒷걸음질을 보면 천칭자리 여성은 차가워집니다. 그의 육체적인 접근을 거부하거나 아니면 다른 남성에게 관심이 있는 척 행동해서 게자리 남성을 고문하지요. 질투심과 그녀를 잃을 수도 있다는 두려움으로 게자리 남성이 신중함을 넘어서기를 희망하면서요. 천칭자리 여성은 '결혼에는 여러 고통이 따르지만 독신 생활에는 즐거움이 전혀 없다'는 격언에 담긴 진실이 게자리 남성을 설득하기를 바랍니다. 그녀의 전략은 먹힐 수도 있습니다. 아니면 그런 전략 때문에 그가 더 괴팍해질 수도 있습니다. 결국은 껍데기 속으로 후퇴하는 결과를 초래하게 될 수도 있지요. 그런 모습에 천칭자리 여성은 화가 날 것입니다. 비록 화가 났다는 것을 드러내지 않으려고 노력하겠지만요. 천칭자리 여성은 금성의 매력을 활용하여 게자리 남성을 부드럽게 다시 조종하기 시작합니다. 그녀의 부드러운 목소리와 보조개가 생기는 미소를 이용하는 거지요. 그리고 논리와 즐거움을 적절히 섞어 게자리 남성을 다시 굴복하게 하려고 시도합니다. 하지만 게자리 남성이 누굽니까?

눈치가 200단입니다. 그는 그녀의 의도를 파악합니다. 그는 자신의 신중함에 더욱더 집요하게 매달리면서 저항할 것입니다. 게자리 남성의 어머니는 좀 미안하더라도 안전한 것이 더 합리적이라고 늘 말씀해주셨지요. 또 이 험난하고 무정한 세상에서는 마음 좋은 것보다는 똑똑해야 성공한다고도 말씀하셨지요. 그래서 그는 늘 안전하고 합리적이며 똑똑해지려고 노력했습니다. 그런데 여기 아름답고 똑똑한 여인은 자신을 경솔하고 충동적인 동시에 자유롭게 만들려고 하고 있습니다. 게자리 남성은 혼란스러워져서 더 괴팍해집니다.

  게자리 남성은 내심 천칭자리 여성의 사치스러운 성격이 마음에 걸립니다. 천칭자리 여성은 자기가 남들과 나누는 순수한 우정에 대해 그가 부당하게 의심하는 것이 화가 납니다. (물론 가끔은 일부로 그런 의혹을 부추겼기 때문에 완전히 부당한 건 아니지만요.) 그녀는 그가 자신의 영혼을 숨 막히게 하고 있다며 그의 전화를 받지 않을 것입니다. 하지만 그녀는 여전히 그가 보고 싶고 그가 필요하지요. 그래서 그녀는 게자리 남성의 방식을 이해해보려고 노력하고 노력합니다. 한편, 게자리 남성은 두 사람이 다퉜을 때 적잖이 놀랐답니다. 두 사람이 떨어져 있는 동안에도 천칭자리 여성과 함께했던 순간들이 머리에서 떠나지 않았거든요. 그녀의 행복한 낙관주의와 두 사람이 함께 웃고 사랑할 때 느끼던 순수한 즐거움들 말이에요. 그건 삶이 참으로 행복하고 단순하던 어린 시절에 느꼈던 바로 그런 느낌이었답니다. 다른 사람을 만나도 그런 감정들을 다시 느낄 수 있을까요? 그는 두려움에 빠집니다. 사실 게자리 남성은 마음속으로는 그것을 확신합니다. 바로 그게 두 사람의 사랑에 있어 적이지요. 게자리 남성이 자신의 감정과 생각을 마음속에만 간직하고 그녀에게 드러내고 직접 표현하지 않는 것 말입니다. 그렇게 할 수만 있다면 천칭자리 여성은 이 특별한 달의 마법을 게자리 남성이 이해할 수 있도록 도와줄 수 있을지도 모릅니다. 자기 안에 있는 선함을 신뢰할 수 있는 길을 찾을 수 있도록 말이지요. 하지만 게자리 남성은 자신이 정말로 어떤 생각을 하고 있는지에 대해 그녀가 추측하도록 고집스럽게 내버려둡니다. 게자리는 천칭자리처럼 솔직하게 마음을 드러내는 것이 참 쉽지 않답니다.

  두 사람이 사랑을 나눌 때는 서로 무언의 대화를 나눌 것입니다. '생각하지 말고 그냥 느껴요.' 그래서 두 사람이 육체적인 사랑을 나눌 때는 잠깐이지만 걱정도 사라집니다. 게자리 남성이 순수한 감정과 느낌에 의존하며 본연의 모습에 진실해지면, 그가 가지고 있는 두려움, 근심, 걱정으로부터 해방됩니다. 연인으로서 게자리 남성은 천칭자리 여성에게 평화와 만족을 줍니다. 게자리 남성이 가지고 있는 감정적인 성향의 깊은 물 덕분이지요. 가끔 두 사람이 육체적인 사랑을 나눌 때면 천칭자리 여성은 시원한 물 위에 떠다니는 나뭇잎 같은 느낌이 들 것입니다. 이 관계에서 천칭자리 여성이 가진 부드러움과 상상력은 마찬가지로 게자리 남성을 차분하고 느긋하게 만들어줍니다. 둘 사이에는 순수한 즐거움 외에는 끼어들 틈이 없지요. 이런 때 그녀가 그에게 주는 느낌을 그는 절대로 잃어버리지 않으려 합니다. 하지만 열정이란 왔다가 가기도 하지요. 그렇게 열정이 지나가고 나면 문제가 남고요.

두 사람은 어려운 4-10 태양별자리 관계이지요. 두 사람 사이의 갈등과 긴장감, 결혼으로 가는 길에 빠지는 미로, 그리고 서로 다른 관점 등은 극복하기가 쉽지 않습니다. 게자리 남성의 집요함과 천칭자리 여성의 공정함을 서로를 이해하기 위해 사용할 수 있다면 참 좋을 텐데요. 노력한다면 두 사람은 함께 시의 운율을 맞추고 서로 화음을 맞춰 노래할 수 있답니다. 게자리와 천칭자리가 타협에 이르는 과정은 고통스러울 것입니다. 하지만 게자리 남성은 부활절 아침에 들리던 그 종소리를 다시 들어야 하지요. 그는 다시 기회를 잡으려고 할 것입니다. 천칭자리 여성은 자신을 소중히 여기고 존중해주는 남성으로부터 사랑을 받고 싶습니다. 그녀는 게자리 남성의 품으로 돌아가 자신이 얼마나 아름다운지에 대한 얘기를 다시 듣고 싶을 것입니다. 그녀가 없는 동안, 게자리 남성은 가끔 그녀가 그의 어깨에 기대어 있는 듯한 느낌이 들곤 했답니다. 물론 꿈속에서였지만요. 그리고 지난밤에는 그녀가 말하는 소리를 분명히 들었다고 생각했지요. 하지만 그녀의 목소리가 무척 슬펐답니다. 게자리 남성은 천칭자리 여성이 더 현명한 마음으로(천칭자리는 게자리보다 카르마 순서에서 더 앞선 별자리이니까요.) 꿈속에서 말하는 걸 들었다고 생각했답니다. '당신은 아직 배워야 할 게 참 많아요. 하지만 전 당신이 그런 것들을 절대로 배우지 않으면 좋겠어요. 삶에 대해 더 많이 알수록 고통만 뒤따를 뿐이니까요. 난 당신이 더 이상 다치는 것을 참을 수가 없어요. 그래서 제가 떠났던 거지요.' 잠에서 깼을 때 그는 실제로 울고 있었습니다. 그녀의 모습이 너무나 생생해서 절대로 잊을 수 없는 음악을 들은 것 같았으니까요.

달은 게자리에게 생생한 기억력을 주어서 저주와 축복을 동시에 줍니다. 그 기억들은 마치 사진처럼 선명하지요. 천칭자리 여성과 게자리 남성의 요구와 인내심이 똑같이 강렬하다면, 두 사람은 함께 집으로 돌아오는 길을 찾을 수 있을 것입니다. 하지만 그렇지 않고 두 사람 사이의 노래가 끝나더라도, 게자리 남성의 달의 기억력으로 그 노래의 가사들은 뇌리에서 떠나지 않고 남을 것입니다. 그러면 게자리 남성은 그녀가 곁에 있을 때 말해주지 못한 어떤 것들을 후회하게 되겠지요. 그래서 혼자 있을 때는 가끔 생각하게 됩니다. 그녀가 어디에 있든 그의 말을 들어주기를 바라면서요.

언젠가 당신이 내게 말했듯

우리가 다시는 서로를 보지 못하게 되더라도
달라지는 건 아무것도 없을 거예요.
당신은, 헤어지면 그뿐이라고 말하지 않았지요.
당신은, 헤어지더라도 아무것도 달라지지 않을 거라고 말했었지요.
당신은 알고 있었나요? 내가 그 말의 의미를 이해했다는 사실을.
이젠 너무나도 오래전 일이지만… 당신은 알고 있었나요?
　_『금성은 한밤에 120도를 맺는다』(린다 굿맨)

게자리 Cancer

물 · 시작하는 · 수동적
지배행성: 달
상징: 게
음(−) · 여성적

Scorpio 전갈자리

물 · 유지하는 · 수동적
지배행성: 명왕성
상징: 전갈 또는 독수리
음(−) · 여성적

게자리와 전갈자리의 관계

이상하게도 그들이 만난 것은 물속에서가 아니었다.

게자리와 전갈자리는 어느 나른한 오후, 어떤 바위에서 햇볕을 쬐다가 만날 수 있습니다. 물론 바닷속 어딘가에서 만날 수도 있습니다. 두 사람은 만나면 곧 서로 끌리도록 운명 지어져 있으므로 어디서라도 만날 수 있습니다. 어느 강둑에서 만날 확률이 가장 높습니다. 아니면 재무부 건물, 어쩌면 식당이나 유치원, 혹은 어느 역사 수업에서 만날 수도 있겠네요. 전갈자리에게 장소를 고르라고 한다면 고대 유물 발굴 현장에서부터 교회까지, 티베트의 라마승들 틈이나 도서관의 '성과 인간 정신' 섹션까지 다양합니다. 전갈자리에게는 모두 성스러운 주제들이지요.

두 사람은 축복받은 5-9 태양별자리 관계랍니다. 두 사람이 몇 킬로 이내에 함께 있는 경우 서로에게 끌릴 확률이 무척 높지요. 물론 100% 장담은 못 합니다. 인간 행동에 대한 것인데 100% 보장이라는 것은 있을 수 없지요. 또 100% 보장이라는 말은 재미가 없는 말이기도 하고요. 그렇게 생각하지 않으세요? 양자리−사자자리, 쌍둥이자리−물병자리 커플이라면 확실히 그렇게 생각할 것입니다. 100% 보장이니 보증이니 하는 말은 재미없다고요. 하지만 게자리와 전갈자리 커플은 다릅니다. 전갈자리는 누구보다도 확실한 것을 좋아합니다. 게자리는 마치 그 말을 머릿속에 다이아몬드로 새겨 넣은 사람들처럼 보일 정도지요.

자, 다시 시작해볼까요? 게자리와 전갈자리 여러분께 말씀 드립니다. 두 별자리는 다른 어떤 별자리 사람들보다도 서로 조화를 이룰 가능성이 높습니다. 아주아주아주 높답니다. 이건 하늘의 별들이 두 사람에게 한 약속입니다. 두 사람은 별다른 노력을 하지 않아도 아주 쉽게 호흡을 맞출 수 있습니다. 이제 좀 안심이 되나요? (쉿, 보이세요? 이제야 게자리가 호기심을 느끼고 껍데기 밖으로 머리를 내미네요. 전갈자리는 경계심 때문에 치켜 올라갔던 한쪽 눈썹을 내렸고요. '보장'이나 '확실'이라는 말은 언제나 이 두 별자리의 마음을 누그러뜨리는 효과가 있답니다.)

가끔 게자리-전갈자리 커플 중에서도 불행한 종말을 맞는 커플이 있기는 합니다. 하지만 대부분의 게자리와 전갈자리 커플은 그런 파국을 걱정할 필요가 없답니다. 다른 커플이라면 오래전에 포기했을 사이가 되어도, 이들은 여전히 건강하고 강력한 관계로 남아 있을 테니까요. 출판, 종교, 우주여행, 법, 여행, 외국, 주식시장, 젊은 세대, 학교, 영화 등 이들이 만나서 함께할 수 있는 영역은 정말 다양합니다. 좀 덜 진화된 커플이라면 조심조심 기어 다니거나 껍데기 속에 숨어 있을지도 모르지만요.

게자리와 전갈자리는 본능적으로 서로를 잘 이해합니다. 믿을 수 없을 정도지요. 이 두 사람은 장점도 단점도 거의 유사하답니다. 한 사람이 어떤 단점을 가지고 있다면 상대방도 그런 면을 가지고 있거나, 그렇지 않더라도 그 부분을 너무나 잘 이해해주지요. 또한 한 사람이 가진 장점이나 능력은 다른 한쪽도 가지고 있거나, 그렇지 않다고 해도 상대방이 그 장점을 열렬히 존경하지요. 게자리와 전갈자리는 아이와 어른, 일이나 로맨스, 배우자나 친구, 형제자매, 친척 등 그 어떤 관계로 만나더라도 서로를 지지해주는 역할을 합니다.

또 두 사람의 관계에서는 어떤 식으로든 어린아이(들)가 중요한 역할을 하게 됩니다. 골칫거리가 될 수도 있고 행복한 마법이 되어줄 수도 있지요. 가끔은 간절하게 소망하지만 아이를 가질 수 없는 식으로 나타나기도 합니다. 하지만 대개는 이 두 사람에게 있어 어린아이와 젊은 사람들은 축복 같은 역할을 하게 됩니다.

게자리와 전갈자리 모두 누군가 자신에게 베푼 친절을 절대로 잊지 않는답니다. 누군가 상처를 주었거나 해를 가했을 때도 마찬가지로 오랫동안 기억합니다. 이들의 상처는 오랫동안 잊히지 않고 절대로 희미해지지도 않습니다. 가끔은 평생을 가기도 합니다. 하지만 두 사람의 공통점은 여기까지입니다. 게자리는 앙갚음을 하기보다는 혼자 울면서 다친 마음을 달래는 경향이 있습니다. 자기 연민에 빠져 외롭게 상처를 달래지요. 반면에 전갈자리는 '눈에는 눈, 이에는 이' 방식으로 되갚아주어야 합니다. 멍이 들면 상대방도 멍이 들어야 하고, 자동차 범퍼가 찌그러지면 상대방의 자동차도 찌그러져야 합니다. 모욕을 당하면 상대방도 모욕을 당해야 하지요.

게자리의 상처는 좀처럼 상대방을 공격하려는 충동으로 이어지지 않습니다. 상처 입은 게자리의 반응은 후퇴인 경우가 많습니다. 그리고 상대방이나 그 상황에 대해 영원히 불신하지요. 전갈자리는 '후퇴'라는 말을 모릅니다. 전갈자리가 포기하는 것처럼 보일 때가 있습니다. 물러나거나 사라져버린 것처럼 보일 때가 있지요. 하지만 반드시 돌아옵니다. 전갈자리는 대결에서 지거나 손해를 보니 문자 그대로 차라리 죽음을 택하겠다고 생각한답니다. 로맨스에서든 사업에서든, 축구 시합이나 구슬치기에서도 마찬가지랍니다. (연령과 성별에 따라 상황은 다양하겠지요.) 하지만 전갈자리가 늘 **의식적으로** 복수를 통한 만족감을 얻으려고 하는 것은 아닙니다. 다시 말해, 전갈자리가 자신을 공격한 사람에 대해 언제나 (물론 일부는 고의로 복수를 하겠지만) 복수를 위한 행동을 할 필요는 없습니다. 전갈자리를 지배하는 명왕성의 힘은 너무 강렬하기 때문에 생각하는 것만으로도 그 일이 일어나기도 하기 때문입니다.

이런 복수 성향에도 불구하고 전갈자리에게는 특이한 상냥함이 있습니다. 그런 상냥함과 다정함 그리고 섬세함 때문에 게자리는 전갈자리를 신뢰합니다. 하지만 출생차트가 조화롭지 못한 게자리와 전갈자리가 만나면 두 사람은 술이나 약물에 함께 빠질 수도 있고, 문란한 성생활을 포함해서 여러 형태의 현실 도피적인 삶으로 빠져들 수 있습니다. 바다 저 깊은 곳에 있는 바닥에 닿을 때까지 한없이 내려갈 수 있지요. 다시 헤엄쳐서 올라오기는 쉽지 않습니다. 이런 경우에는 5-9 태양별자리 관계의 유별난 끌림이 덫이 됩니다. 어떤 경우에는 최면 통제, 심리적인 공격, 흑마술과 같은 어둠의 기술의 희생자가 되기도 합니다. 최면을 걸어 진행하는 강령회 같은 모임은 두 사람이 함께 참여하지 않는 것이 좋습니다.

정서적으로 성숙하고 영적으로 깨어 있는 게자리와 전갈자리라면 5-9 태양별자리 관계의 모든 기쁨과 즐거움을 누릴 수 있을 것입니다. 두 사람은 어린아이처럼 느끼고 행동할 것이고, 요정 이야기를 믿는 순수함과 즐거움에 함께 빠져들 것입니다. 이 커플은 이런저런 작은 오해가 생겨도 곧 해결되고 서로 용서해줄 수 있는, 마치 무지개와 같은 관계가 될 수 있습니다. 두 사람의 태양과 달 별자리가 조화롭다면 서로를 용서해줄 뿐만 아니라 쉽게 잊어버리기도 하지요. 이런 면이야말로 게자리와 전갈자리에겐 진정한 기적이라 할 수 있습니다. 게자리가 절대로 남들에게 주지 않는 신뢰를 전갈자리에게는 쉽게 줍니다. 또한 전갈자리는 남들에게는 절대로 가능하지 않은 용서라는 엄청난 선물을 게자리에게는 쉽게 줍니다. 게자리와 전갈자리는 둘 다 몹시 예민하지만 서로에게는 그런 취약한 점들을 기꺼이 드러냅니다. 게자리와 전갈자리에게 이런 모습은 큰 의미가 있답니다. 남들이 그 약점을 알아채고 자신들을 악용하지 않도록, 두 사람 모두 오랫동안 단단한 껍데기 속에 그 약한 점을 감춰두고 살아왔기 때문이지요.

게자리와 전갈자리는 절대로 남들에게 얘기하지 않던 비밀을 서로에게 털어놓습니다. 아무도 게자리에게서 비밀을 캐내지 못한답니다. 하지만 전갈자리라면 알아낼 수 있습니다. 그리고 게자리도 가끔은 전갈자리의 가면 같은 무심한 표정 이면에 있는 정확한 의미를 읽어내는 마법을 부리지요. 두 사람은 모두 어느 정도 텔레파시가 있습니다. 특히 두 사람 사이에서는 그게 더 잘 통한답니다.

두 사람의 목적이 서로 충돌한다면 그 주제는 돈이 될 가능성이 많습니다. 전갈자리는 '타인의 돈'에 관심이 많습니다. 게자리는 '돈' 자체에 관심이 많지요. 그게 누구의 돈이든 상관없이 초록색 지폐라면 늘 관심을 갖습니다. 전갈자리는 돈을 어떻게 확보할 것인가에 대해 걱정이 많고, 게자리는 돈을 잃을까 봐 걱정이 많답니다.

모든 게자리는 남녀노소를 불문하고 어머니로 타고난 사람들입니다. 모든 전갈자리는 남녀노소를 불문하고 무척 방어적이지요. 그래서 두 사람은 서로의 보호막 속에서 아주 편안함을 느낄 것입니다. 즉, 그토록 중요한 안정감을 얻게 되지요! 게자리의 다정다감한 성향에 비하면 전갈자리는 너무 자신을 억제할 수도 있습니다. 게자리는 가끔 전갈자리에게 큰 집게발을 딱딱거릴 수 있지요. 하지만 이런 정도는 언제든 해결할 수 있는 사소한 갈등에 불과합니다. 둘이 함께 누리는 보상은 훨씬 크고 견고하지요. 영원할 것만 같은 이 무한의 바다를 헤엄쳐 가다가 누군가를 만난다는 것, 그것도 당신의 마음속 깊은 동경을 너무나 잘 이해해주는 그 누군가를 만나 함께한다는 것, 그것이 바로 축복 아닐까요.

게자리와 여성과 전갈자리 남성

밤이 온 것은 아니었다. 그녀는 알고 있었다.
하지만 그것은 밤의 어둠만큼이나 어두운 어떤 것이었다.
아니, 그보다 더 나쁜 것이었다. 그것은 아직 오지 않았다.
하지만 바다의 물살을 통해 전율을 보내고 있었다.
그게 곧 올 거라는 것을 말해주고 있었다. 도대체 뭘까?

좀 수수께끼 같긴 하지만, 게자리 여성은 분명히 흥미로운 사람입니다. 그 침착하고 냉정해 보이는 겉모습 뒤에 즐거운 것을 좋아하고 멋진 유머 감각을 발휘하는 모습이 숨어 있지요. 게자리 여성은 이기심이나 허영심은 거의 없습니다. 하지만 이상하게도 냉정하고 자기중심적이라는 오해와 비난을 자주 사지요. 그녀는 미스터리에 매혹됩니다. 하지만 자신이 모르는 미지의 세상에 너무 깊이 파고드는 것은 꺼리지요. 그런데 그 미지의 세상이 전갈자리 남성을 둘러싼 세상이라면 예외랍니다. 그녀는 전갈자리 남성에 대한 관심을 뿌리칠 수 없답니다. 전갈자리 남성을 더 잘 알기 위해서라면 그녀의 타고난 두려움도 떨칠 수 있습니다. 게자리 여성이 자기 내면의 두려움을 통제한다는 것은 쉬운 일이 아닙니다. 성공 여부를 떠나 그런 노력을 하는 것만으로도 마음공부 과목에서 A 학점을 줘야 합니다. 게자리의 두려움은 늘 게자리 주변을 맴돕니다. 너무나 복잡하고 무의식 속에 너무나 깊이 뿌리박혀 있지요. 그러니 그 두려움을 극복하려는 시도 자체로 훌륭하다고 칭찬해줘야 합니다.

비록 본인은 좀처럼 인정하지 않겠지만, 누군가에게 인정받는 것은 게자리 여성의 가장 중요한 소망이랍니다. 그녀를 인정해주는 건 고사하고 그녀를 이해하려고 시도하는 사람조차 거의 없으니까요. 그런데 전갈자리 남성은 그 두 가지를 다 할 것입니다. 아마도 그래서 게자리 여성은 전갈자리 남성의 강렬한 눈빛을 마주 볼 용기를 낼 수 있을 것입니다. 게자리 여성은 바로 이 남자가 지구상에서 자신을 정말로 아는 유일한 사람이라는 것을 감지합니다. 게자리 여성의 직감이 맞습니다. 전갈자리 남성은 바로 그런 사람이랍니다.

만약 다른 남성이 그녀의 은밀한 내면을 꿰뚫어 보겠다고 이글이글 불타오르는 눈빛으로 그녀를 쳐다본다면, 게자리 여성은 얼음장처럼 차가운 반응을 보일 것입니다. 그의 머리를 자신의 집게발로 잡아챌지도 모릅니다. 게자리 여성은 그녀가 믿지 않는 어떤 사람이 그녀의 껍데기를 열고 들여다보려고 하면 몹시 괴팍해집니다. 하지만 그녀는 같은 물 별자리인 게자리나 전갈자리 혹은 물고기자리에게는 훨씬 더 부드럽게 대합니다. 그리고 처녀자리와 황소자리에게도 짜증을 덜 냅니다. 심지어 염소자리 남성에게는 반하기도 하지요. 하지만 양자리나 천칭자리 남성에게는 분명히 큰 집게발을 높이 들고 딱딱거릴 것입니다.

전갈자리는 도전을 사랑합니다. 게자리 여성이 자신을 믿게 만드는 것은 전갈자리에게는 아주 쉬운 도전이지요. 하지만 놀라운 것은, 의심이 많은 전갈자리가 게자리 여성에 대해서는 처음 눈빛이 마주친 그 순간부터 신뢰한다는 것입니다. 이 두 별자리는 만나자마자 서로에게 강하게 공감합니다. 그렇지 않은 경우가 없는 것은 아니겠지만 매우 드물답니다.

과거에 사람들은 이 두 사람을 냉정한 사람들이라고 비난했습니다. 그럴만한 이유가 있지요. 그들은 실제로 그렇습니다. 두 사람 모두 물이라는 구성 원소로 이뤄진 게자리와 전갈자리지요. 따라서 이들은 감정을 공개적으로 드러내는 것이 어렵습니다. 하지만 로맨스는 서로를 어떻게 해석하는가에 달려 있지요. 남들이 차갑다고 말하는 것을 게자리 여성과 전갈자리 남성은 따뜻하거나 심지어 뜨겁다고 해석할 수 있지요. 물이라는 구성 원소로부터 부정할 수 없는 서늘한 에너지를 물려받았지만, 그것을 보상하기 위해 이 두 사람은 내면이 아주 감성적입니다. 심지어 황소자리와 사자자리보다 더 감성적입니다. 게자리와 전갈자리는 그런 감성을 숨기려고 하지만 때로는 실패합니다. 감정이 복받치면 눈물을 흘리기도 하지요. 사실 그런 일이 무척 자주 있답니다.

게자리 여성은 눈물이 잦기 때문에 비밀이 들통나는 경우가 많습니다. 전갈자리 남성은 눈가가 촉촉해질 때 남자답게 꾹 참고 자기를 통제하지요. 그는 아무도 알아채지 못하게 재빨리 눈물을 말려버립니다. 이 세상에서 전갈자리 남성만큼 완벽하게 자기감정을 통제하는 사람은 없습니다. 그는 자신의 감정을 끊임없이 지켜보는 훈련을 통해 놀라움이나 기쁨, 상처나 슬픔 등 어떤 감정도 표정에 드러나지 않도록 자제합니다. 거의 늘 성공하지요. 전갈자리가 감정을 숨기는 데 실패한다면, 그 감정의 깊이는 어마어마하게 압도적인 경우여서 실제로 통제가 불가능할 때입니다. 다른 사람들은 이런 것들을 눈치채지 못하지만 게자리 여성은 알지요. 그리고 그런 모습에 게자리 여성은 깊이 감동합니다.

자, 이제 게자리 여성도 전갈자리 남성도 감정적으로 차가운 사람들이 아니라는 걸 아셨지요? 이 두 사람은 내면에서 느끼는 것을 겉으로 보여주는 것이 어려울 뿐입니다. 아무리 강한 감정이라도 이들의 단단한 껍데기를 뚫고 나오기는 쉽지 않답니다. 두 사람 모두 자신을 보호하기 위해 단단한 껍데기를 가지고 있지요. 사실, 이들은 너무나 섬세해서 상처도 심하게 받기 때문에 특별한 안전장치가 필요하답니다. 이것이 바로 두 사람이 서로에게 공감하는 실질적인 바탕이 됩니다. 그런데도 서로의 숨기는 기질에 대해서는 늘 고려해야만 합니다. 게자리 여성은 가끔 전갈자리 남성이 실제 감정과는 상관없이 냉정하고 무심하며 잔인해 보이기까지 하다는 사실을 잊으면 안 됩니다. 전갈자리 남성은 게자리 여성이 스스로 사랑받고 있다는 확신이 들기 전까지는 믿을 수 없도록 방어적일 수 있다는 사실을 늘 기억해야 하지요. 게자리 여성과 전갈자리 남성보다 더 간절하게 사랑을 추구하고 사랑이 필요한 사람들은 없습니다. 그들은 모든 종류의 사랑을 필요로 합니다. 헌신, 친절함, 충의 등이 모두 해당하지요. 특히 충의는 두 사람 모두에게 정말로 중요하답니다.

겉으로 보이는 무심함이나 무표정과는 정반대로 전갈자리 남성은 극단주의자랍니다. 전갈자리 남성의 부드러운 목소리나 평소 생활에서의 섬세한 태도를 보면 절대로 상상할 수 없는 모습이지요. (상상하기 힘들더라도 믿는 게 좋을 겁니다.) 전갈자리 남성은 우울함의 깊은 바닷속에 빠질 수도 있고 너무나 기뻐서 황홀경에 빠질 수도 있답니다. 하지만 겉으로는 아주 단조로운 삶을 사는 것처럼 보이지요. 감정 기복도 좀처럼 없고, 예상치 못한 일들로 냉정함을 잃는 경우도 거의 볼 수 없습니다. 그런 모습에 속지 마세요. (이 조언은 게자리 말고 다른 별자리를 위한 것입니다. 게자리 여성은 이런 조언이 필요 없답니다. 전갈자리 남성을 잘 알고 있으니까요.) 물론 그런 침착한 자세는 오랫동안 훈련한 결과랍니다. 전갈자리 남성도 자기 통제를 터득하기 전이었던 10대 시절에는 아주 거친 분노를 드러내기도 했지요. 그의 어머니께 물어보세요.

전갈자리 남성이 꿈꾸던 이상형인 게자리 여성은 그의 가장 큰 단점이 의심과 질투라는 것을 곧 알게 됩니다. 또한 그는 연인을 포함해 모든 사람 위에 군림하려는 욕망을 가지고 있지요. 아무리 위장을 하려 해도 숨길 수 없는 부분이랍니다. 반면, 전갈자리 남성도 게자리 여성의 약점을 금세 알게 됩니다. 그녀는 비밀이 너무 많고, 지나치게 상대방을 소유하려 하고, 실제든 상상이든 쉽게 상처를 받는 사람이지요. 게자리 여성은 신체든 마음이든 상상 속의 상처가 진짜 상처만큼이나 고통스럽답니다. 예를 들어, 의사가 사지가 절단되는 고통에 관해 얘기하면 게자리 여성은 너무나 생생하게 그 고통을 느낍니다.

성적인 면을 보자면, 전갈자리 남성은 대부분의 다른 남성들보다 더 강렬하고 갈망이 많습니다. 게자리 여성의 사랑은 대부분의 여성들보다 더 낭만적이고 섬세하지요. 두 사람이 상대방에게 원하는 것은 명확합니다. 정서적인 안정감과 안심입니다. 게자리 여성은 눈에 보이는 애정 표현을 바랍니다. 예상치 못한 장미 꽃다발이나 작은 애완동물을 어느 날 아침 깜짝 선물로 받고 싶어 하지요. 어린 시절의 기억을 되살리는 그런 경험을 원합니다. 그리고 이런 사소한 선물들은 그녀의 육체적인 욕망에 엄청난 영향을 미친답니다.

두 사람이 서로의 말하지 않는 욕구를 잘 이해하는 상태라면, 두 사람의 섹스도 초월적인 경험이 될 수 있답니다. 하지만 통제된 열정은 열정이 아니지요. 두 사람은 그 사실을 배우게 될 것입니다. 두 사람은 모든 면에서 서로를 온전하게 신뢰할 때만 사랑으로 충만한 섹스를 나눌 수 있습니다. 두 사람은 침대에서뿐 아니라 모든 생활에서 사랑을 지속해서 표현해주기를 간절히 바라지요. 하지만 어느 쪽도 그런 욕구를 말로 표현하지는 않습니다. 두 사람 모두 가슴속 깊이 감추어둔 이런 욕구가 충족될 때, 두 사람은 섹스를 통해 지구상에 있는 모든 인간이 소망하는 궁극의 행복을 맛볼 수 있을 것입니다.

게자리 여성은 2월에는 밸런타인데이 선물이 필요하고, 부활절에는 하얀 히아신스 꽃다발을 받고 싶고, 크리스마스에는 자신의 쾌활한 웃음소리 같은 경쾌한 썰매 종소리가 듣고 싶고, 새해 선물로는 귀여운 다이아몬드 같은 반짝이는 작은 보석을 선물로 받고 싶은 여인이랍니다. 아직 더 있습니다. 독립기념일에는 추억의 불꽃놀이 상자가 필요하고, 추수감사절에는 과거의 기억들을 회상할 수 있는 시간을 많이 필요로 하지요. 핼러윈의 깜짝 도깨비는 사절이랍니다.

전갈자리 남성은 기념일을 무시하는 것처럼 보일 수 있습니다. 하지만 어느 아침 그의 차 위에 사랑하는 여인이 올려놓은 재미있는 동물 인형을 보게 된다면, 그의 무표정한 얼굴은 기쁨으로 환하게 밝아질 것입니다. 아주 잠깐이겠지만, 전갈자리 남성이 수수께끼 같은 무표정을 갖추기 전의 모습을 포착할 수 있을 것입니다. 어린 시절의 그 천진난만한 웃음을요.

게자리 남성과 전갈자리 여성

때로 피터는 꿈을 꾸었는데, 그것은 다른 소년들의 꿈보다 더 고통스러운 것이었다.
피터는 몇 시간 동안이나 꿈에서 헤어나지 못하고 애처롭게 울고는 했다.
내 생각에 그 꿈들은 피터의 수수께끼와 관련된 것이었다.
그럴 때면 웬디는 피터를 침대에서 끌어내어 무릎에 앉히고,
순전히 그녀가 고안해낸 방식으로 그를 달래주었다.
그리고 피터가 진정이 되면 잠에서 깨지 않도록 조용히 그를 침대에 다시 눕혔다.
피터가 모욕감을 느끼지 않도록 말이다.

게자리와 전갈자리 관계는 여성이 게자리이고 남성이 전갈자리일 때 더 잘 맞습니다. 하지만 5-9 태양별자리 관계이므로 성별이 바뀐다고 해도 두 사람의 조화로움에는 심각하게 영향을 미치지 않는답니다. 전갈자리 여성의 지배행성인 명왕성은 게자리 남성의 지배행성인 달보다 훨씬 강력하지요. 하지만 게자리는 시작하는 에너지를 가진 별자리이고 그 에너지는 전갈자리 여성의 유지하는 에너지보다 상호작용에서 더 강력하지요. 시작하는 에너지는 주도한다는 뜻이고 유지하는 에너지는 따라가지 않는다는 뜻입니다. 이런 차이는 두 사람 사이에서 기본적인 문제의 원인으로 작용합니다. 이 부분을 여러 번 소리 내어 읽어보시기 바랍니다. 그러면 둘 사이에 예정된 문제들이 결국 어떻게 해결될지 알게 될 것입니다. 하지만 통찰력이 필요하지요.

두 사람은 모두 상냥하고 의리를 지킵니다. 감정을 격렬하게 느끼고 상상력이 풍

부하지요. 두 사람은 온갖 멋진 것들을 함께 만들어낼 수 있습니다. 열렬한 사랑도 할 수 있고, 은총을 받은 자녀도 만들 수 있고, 멋진 경력도 함께 만들어갈 수 있습니다. 여기서는 '만든다'라는 말이 중요합니다. 게자리와 전갈자리가 두 에너지를 합치면 엄청난 재생력이 생깁니다. 성경의 사라와 아브라함은 분명히 게자리와 전갈자리 조합이었을 것입니다. 사라가 오랫동안 임신하지 못하다가 마침내 아브라함의 아이를 잉태한 것은 바로 강렬한 열망 덕분이었습니다. 생물학적인 나이는 중요하지 않았지요. 아기가 태어났을 때 두 사람의 나이는 칠백 살 정도였으니까요. 현대를 사는 우리는 아브라함의 이야기를 기적이라고 생각하지만요.

실제로 게자리와 전갈자리는 장수하는 공통점이 있답니다. 염소자리와 황소자리도 장수하는 별자리지요. 사실 모든 태양별자리는 오백 년이나 천 년 정도 살 수 있는 잠재력이 있다고 합니다. 이 별자리들은 우리를 깨우침의 길로 인도하지요. 염소자리는 나이를 거꾸로 먹는 것을 보여줍니다. 그들은 시간이 지날수록 외모가 더 젊어지지요. 황소자리는 차분하고 인내심을 갖는 것이 신체를 더 적게 훼손한다는 것을 보여줍니다. 실제로 황소자리는 다른 사람들과 비교할 수 없는 강인한 체력을 가지고 있지요. 게자리는 불굴의 끈기가 있습니다. 전갈자리는 무의식 단계에서 세포 재생을 통해 오래 살 수 있도록 하는 연금술적 비밀을 알고 있답니다. 하지만 우리가 아브라함과 사라의 비결을 알게 된다면 당연히 인구 문제를 유발하겠지요. 제게는 이런 뻔한 수학적 문제에 대한 해결책이 있지만, 이 책에서 탐구하기에는 너무 복잡한 주제이므로 다음 책에서 다루기로 하겠습니다.

어쨌거나 게자리 남성과 전갈자리 여성이 모든 다른 사람들보다 더 오래 살 가능성이 높기 때문에, 이들이 다른 커플들보다 더 잘 맞는다는 것은 무척 다행스러운 일입니다. 처음 몇 십 년 동안은 절대로 서로 지루해질 일이 없을 테니까요.

두 사람에게는 장점도 단점도 공통된 것이 많습니다. 하지만 다른 점도 상당히 많기 때문에 그런 점들이 가끔 골칫거리가 될 것입니다. 전갈자리의 명왕성으로 인한 강렬한 감정이나, 화가 났을 때 충동적으로 되받아치는 행동은 두 사람의 행복에 위험한 요소가 될 수 있습니다. 전갈자리 여성의 꼬리에서 독이 너무 많이 나오면 게자리 남성은 단단한 껍데기 속으로 영원히 들어가버릴 수도 있기 때문입니다. 두 사람의 관계를 흔들 수도 있는 중요한 차이 중 하나는 게자리 남성이 너무 조심하고 너무 소심하다는 사실입니다. 전갈자리 여성은 도전에 정면으로 맞서야 하는 순간에 용기를 내지 못하는 게자리 남성을 이해하지 못합니다. 두 사람 관계에서도 마찬가지지요. 전갈자리 여성은 모든 게자리가 앞으로 돌진하기 전에 몇 걸음은 후진하거나 옆으로 움직인다는 점을 기억해두어야 합니다. 게자리는 모든 가능성을 검토할 시간을 벌기 위해 그런 행동을 취하는 것입니다. 그 신중함 덕분에 게자리 남성은 물질적인 면이나 감정적인 면 모두에서 뛰어난 전략가가 되는 것입니다. 겉으로 보기엔 여성적이고 내성적이지만, 전갈자리 여성은 그 어떤 것도 두려워하지 않습니다. 그래서 게자리 남성이 주저하는 모습을 볼 때, 그녀는 당황스럽기도 하고 괴롭기도 합니다. 반면 전갈자리 여성이 감정의 소용돌이나 위험할 수도 있는 어떤 상황 속에 기꺼이 몸을 던지는 모습을 볼 때, 게자리 남성은 놀라고 괴로워집니다.

두 사람 사이에 갈등이나 충돌이 있을 때면 대부분은 게자리 남성의 유머 감각으로 금세 해결됩니다. 게자리 남성은 우울하고 조심스럽고 괴팍하고 짜증을 내던 상태에서 갑자기 웃음을 터뜨린답니다. 참 놀랍고 참신한 광경이라고 할 수 있지요. 전갈자리 여성은 그런 게자리 남성의 웃음이 필요합니다. 전갈자리는 삶의 미스터리에 너무 푹 빠져 있기 때문에 웃음이 부족하지요. 유머는 사람을 치유합니다. 어떤 오해도 풀어줄 수 있는 가교지요.

그런데 유머에는 두 가지 측면이 있습니다. 적을 파괴하는 가장 빠른 방법은 언어 남용이나 독설이 아니라 아주 섬세한 조롱이지요. 게자리 남성은 자신의 신성한 유머를 전갈자리 여성을 괴롭히는 데 쓰지 않도록 노력해야 합니다. 그녀가 모멸당했다고 느끼게 해서는 안 된답니다. 전갈자리 여성은 자존심이 강하고 기본적으로 진지한 성격이지요. 그녀는 자신을 겨냥한 농담에 웃는 것이 어렵답니다. 전갈자리를 화나게 하면 복수를 당한다는 것쯤은 알고 계시지요? 그녀가 정말로 화가 나면(물론 자주 있는 일은 아닙니다. 엄청난 노력을 통해 감정을 통제하는 법을 터득했으니까요.) 게자리 남성은 그 폭풍이 가라앉거나 화산 폭발이 멈출 때까지 두꺼운 껍데기 속에 숨어 있을 수 있다는 것이 참으로 다행이라는 것을 알게 될 것입니다.

게자리 남성의 성격도 만만치는 않습니다. 게자리의 다정하고도 섬세한 감정이 다치면, 그는 며칠, 몇 주, 몇 달, 심지어는 몇 년 동안이나 시무룩해지거나 괴팍해질 수 있답니다. 그가 결심하면 명왕성의 강력한 힘도 보호 껍데기 속으로 들어가버린 게자리를 다시 불러낼 수 없답니다.

자, 드디어 나왔습니다. 저는 이 얘기를 최대한 미루려고 했답니다. 이 두 사람이 대체로는 아주 조화로운 5-9 태양별자리 관계라는 사실은 알고 계시지요? 하지만 두 사람 사이에는 어마어마하게 커다란 바위가 존재한답니다. 두 글자로 된 단어입니다. 바로 비밀입니다. 게자리 남성도 전갈자리 여성도 비밀을 간직할 때 엉뚱하게도 기분이 좋답니다. 그리고 두 사람 모두 상대방이 뭔가 비밀을 간직하고 있는 것을 참지 못합니다. 상상이 가시나요? 생각해보세요. 누군가는 분명히 조금이라도 양보를 해야 합니다. 누가 몇 발자국이라도 양보를 하고 더 다가설까요? 두 사람의 달별자리에 달려 있습니다.

물론, 두 사람은 다른 어떤 누구에게보다도 서로에게 훨씬 더 많은 비밀을 털어놓을 것입니다. 하지만 전갈자리 여성이 미치도록 캐내고 싶어 하는 비밀을 게자리 남성이 깔고 앉아서 알려주지 않는 그런 순간이 분명히 있을 겁니다. 반대로 게자리 남성이 너무나도 알고 싶은 그런 비밀을 전갈자리 여성이 몰래 간직하고 있는 때도 있지요. 특히 자신의 배우자가 자기에는 말해주지 않는 비밀을 간직하고 있다면, 게자리 남성은 말 그대로 잠을 이루지 못할 것입니다. 그것이 아무리 사소한 비밀이고 자신과는 전혀 상관이 없는 그런 비밀이라도 마찬가집니다. 전갈자리 여성도 같은 상황이라면 호기심에 거의 미칠 지경이 됩니다. 하지만 둘의 방식은 다릅니다. 게자리 남성은 손톱을 물어뜯거나 얼굴을 찌푸리거나 손가락을 까닥거리는 식으로, 그 열망 어린 호기심을 드러냅니다. 반면에 전갈자리 여성은 무심하고 냉담한 표정 뒤에 호기심을 숨겨놓고 드러내지 않지요. 그래서 게자리 남성의 비밀을 캐내는 것이 전갈자리 여성의 비밀을 캐내는 것보다 더 쉽습니다. 전갈자리 여성은 상대방이 무의식적으로 비밀을 실토할 때까지, 아주 교묘하고도 앙큼한 취조 기술을 사용하니까요. 이런 점 때문에 게자리 남성은 좌절할 수밖에 없답니다. 평상시에는 비밀을 영리하게 잘 간직한다고 스스로 무척 자부심을 가졌던 게자리 남성이니 그럴 수밖에요.

그런데 천문해석가로서 이 문제에 대한 제 조언은 무엇이냐고요? 미안하지만 조언해드릴 수 있는 게 없답니다. 서로에게 모든 비밀을 털어놓으라고 말해드릴 수는 있겠지만, 두 사람은 절대로 그렇게 하지 않을 것입니다. 그러니 두 사람은 싸울 수밖에 없을 겁니다. 싸우고 나서는 잠자리에 들고 화해하는 수밖에 없지요.

두 사람의 섹스로 말하자면, 게자리 남성과 전갈자리 여성은 함께 육체적인 만족감을 얻을 수 있는 축복을 타고났답니다. 이들의 에너지는 다채로운 색상으로 이루어져 있지요. 특별한 문제가 없다면 두 사람의 섹스는 무지개색으로 아름답게 빛나는 경험이 될 것입니다. 5-9 태양별자리 커플 사이에서 태어나는 아이들도 이런 우호적인 에너지의 영향을 받아 사랑스러운 아이들이 될 가능성이 높습니다. 물론 어떤 별자리 관계에서도 사랑스러운 아이들은 태어나지만, 5-9 태양별자리 관계에서 그럴 확률이 더 높답니다. 왜냐하면 두 남녀가 성적인 결합을 할 때는 특별한 빛이 발산되기 때문입니다. 그것이 사랑이라면 더 상냥하고 진화된 영혼을 끌어당기게 됩니다. 반면에 욕정에만 이끌린 섹스는 덜 진화된 무감각한 영혼을 탄생시킵니다. 두 가지 영혼 모두 카르마의 바퀴 속에서 탄생하고 결국은 깨우침으로 가는 길에 놓이게 됩니다. 각자가 선택한 속도에 따라 그 길을 가게 되지요. 아무리 욕망에 이끌린 섹스라고 해도 우주의 계획은 모든 탄생에 그 목적을 새겨 넣습니다. 그러니 우리는 성적인 욕망에 진정한 사랑을 더해야 하는 의무를 지고 있는 것입니다.

게자리와 전갈자리 커플에게는 그런 우주의 책임을 상기시켜 줄 필요가 별로 없습니다. 두 사람의 기본적인 조화로움은 두 사람 모두 지각하고 있으며, 서로에게 영감을 주는 그런 성적인 에너지를 만들어내기 때문입니다. 게자리와 전갈자리는 본능적으로 정신과 감정을 육체와 함께 섞기 때문에 감각만을 추구하는 다른 사람들과는 차별되는 황홀한 경험을 할 수 있습니다. 전갈자리와 게자리가 섹스에 더하는 다른 차원의 애정과 정신적인 친밀감은, 비교적으로 적은 수의 남녀만이 깨닫게 되는 그런 사랑이 됩니다. 5-9 태양별자리 관계의 두 남녀가 처음에 왜 그렇게 강렬한 매력을 서로 느끼게 되는지, 또 헤어졌을 때 그 고통이 왜 그렇게 오래가는지를 설명해주는 대목입니다. 바로 이런 이유로, 두 사람은 다투고 나서도 화해할 수 있는 기회가 많은 것이기도 하지요.

전갈자리 여성은 사랑의 약속을 무척 진지하게 받아들입니다. 거의 종교를 대하듯 진지합니다. 하지만 그 사랑을 제대로 돌려받지 못하면 후회 없이 떠납니다. 그녀를 소중히 여기는 남성에게 드리는 경고라고 해두지요. 게자리 남성은 기분이 잘 변하고, 유난스럽고, 까다롭습니다. 그가 다정하고 재미있는 사람이 되기 위해서는 그가 자주 꾸는 악몽을 잘 달래줄 필요가 있습니다. 그렇지 않으면 그는 점점 더 괴팍스럽고 폐쇄적인 사람이 되어갈 것입니다. 다정한 마음과 아름답고 낭만적인 상상력은 완전히 사라져버릴 것입니다. 낙심한 나머지 게걸음으로 기어서 엄마가 있는 집으로 돌아가겠지요. 엄마라면 언제든 그를 이해해주니까요. 엄마가 살아계시건 이미 돌아가셨건 상관없습니다. 게자리 남성의 어머니는 그를 온전히 이해해주는 유일한 여성이랍니다. 가끔 게자리 남성에게 어머니에 관해 물어보세요. 그러면 어머니의 모든 것에 대해 얘기해줄 것입니다. 그가 입양된 경우이거나 유아일 때 어머니가 돌아가신 경우라면, 어머니에 대한 꿈을 꾸면서 어머니라면 자신을 이해해주었을 것이라고 생각한답니다. 게자리에게 있어 모성에 대한 동경은 강력합니다.

게자리의 꿈은 전갈자리의 통찰력처럼 몹시 연약해서 냉혹한 현실로부터 보호가 필요합니다. 그래서 이 두 사람은 서로를 소중히 아껴주어야 합니다. 두 사람은 진정한 사랑이 얼마나 귀한지를 깨달아야 하지요. 그 어떤 누구도 전갈자리 여성을 게자리 남성만큼 숭배하지 않을 것입니다. 게자리 남성의 꿈을 전갈자리 여성만큼 다정하게 이해해주는 사람은 없답니다. 물론 게자리 남성의 어머니만 제외하고요.

평소 너무나 조용한 전갈자리 여성이 가끔 분노의 폭풍이 몰아치거나 상대방을 아프게 하는 말이나 복수를 감행할 때, 게자리 남성은 어떤 다른 남성보다도 더 잘 용서해줍니다. 그는 어린 시절에 절대로 잊을 수 없는 교훈을 배웠답니다. 사랑의 반대는 증오가 아니라 무관심이라는 것을요. 명왕성이 지배하는 이 여인에게서 받는 것이 무엇이든 절대로 무관심은 아닐 것입니다. 맞습니다. 전갈자리 여성은 자신이 경멸하는 사람들을 완벽하게 무시할 수 있는 능력을 갖췄습니다. 마치 그 사람들이 존재하지 않는 것처럼 행동하지요. 실제로 그녀에게는 그들이 존재하지 않는 것이나 마찬가지입니다. 그런데 한번 자신의 모든 것을 바쳤던 이 게자리 남성에 대해서만큼은 아무리 지나간 사랑이라도 명왕성의 그 능력을 발휘하지 못합니다. 이런 사실은 전갈자리 여성이 가슴 깊이 숨겨놓은 비밀이랍니다.

겉으로 보이는 전갈자리 여성의 냉정함은 무시하세요. 그것은 자신의 고통이나 고민을 위장하기 위해 쓰고 있는 가면에 불과합니다. 그녀의 열정은 사랑과 증오 사이에서 널뛰기합니다. 하지만 전갈자리 여성은 절대로 게자리 남성에게 무관심해질수 없답니다. 게자리 남성은 이 사실을 잘 기억하고 있으면 됩니다.

게자리 Cancer

물 · 시작하는 · 수동적
지배행성: 달
상징: 게
음(−) · 여성적

Sagittarius 사수자리

불 · 변화하는 · 능동적
지배행성: 목성
상징: 궁수와 켄타우루스
양(+) · 남성적

게자리와 사수자리의 관계

"아아, 그게 나라니…." 한 목소리가 말했다. 그러자 다른 목소리가 말했다.
"오오, 정말 슬픈 날이다."

여기, 겉은 바위처럼 단단하지만 속은 버터처럼 부드러운 게자리가 있습니다. 엄청 예민하지요. 아니, 엄청엄청 정말정말 예민합니다. 그들은 사람들이 하는 모든 말의 의미를 정확하게 파악합니다. 다른 의도가 아주 조금만 내포되어 있어도 금방 알아차리지요. 그렇기 때문에 너무나 쉽게 상처를 받는 사람들이랍니다.

여기, 쾌활하고 따뜻한 사수자리가 있습니다. 기본적으로 무척 친절하지만 가끔은 잔인할 만큼 솔직하고, 기교라고는 찾아보기 어려운 사람들이지요.

엄청나게 민감하고 신중한 게자리와, 무신경하고 태평하며 고의는 아니지만 늘 진실의 화살을 날려 사람들을 아프게 하는 전문가인 사수자리가 만나면 어떻게 될까요? 달의 상태에 달려 있습니다. 게자리는 변하는 달의 파장에 따라 달라지니까요. 게자리의 반응을 예상해보자면, 우선 큰 집게발을 딱딱거리며 신경질적으로 후퇴하거나 꽉 물어버릴 수 있습니다. 아니면 단단한 껍데기 속으로 들어가버리고는 모욕당한 것에 대해 치를 떨 수도 있습니다. 그것도 아니면 너무나도 깊이 상처를 받은 나머지 꼼짝도 못 하고 그대로 주저앉은 채, 닭똥 같은 눈물을 뚝뚝 흘리고 있을지도 모릅니다. 자신에게 냉담하게 행동하는 사람 때문에 마음을 다친 게자리는 아마도 지구상에서 가장 처연한 모습일 것입니다. 그들이 웅크린 채 흐느끼는 모습을 보면 정말 마음이 아프지요. 아무리 다친 마음을 감추려고 해도 턱이 덜덜 떨리기 때문에 어쩔 수가 없답니다. 그들이 원망에 가득 찬 표정으로 바라보면 당신도 따라 울고 싶어질 것입니다.

게자리에게 어떤 말이나 행동으로 실수했다는 것을 막 깨달은 사수자리 마음이 바로 그렇습니다. 사수자리는 생각 없이 한 말 때문에 그런 피해를 준 것을 바로 뉘우칩니다. 그리고 '위로'의 말로 상대방의 상처를 달래보려고 합니다. 이런 식으로요. "야, 바보라고 해서 네가 마음을 다쳤다면 미안해. 울지 마. 네가 천재가 아닌 건 맞잖아. 하지만 똑똑한 거보다 더 중요한 게 세상에 얼마나 많은데. 그렇게 생각하면 좀 기분이 나아지지 않아?"

이상하게 들릴 수도 있겠지만, 통찰력이 뛰어난 게자리는 곧 사수자리에게 그들의 기교 없는 말에 대해 깨닫도록 하는 것이 얼마나 공허한 일인지 알게 됩니다. 그게 얼마나 바보 같은 일인지 깨닫고 나중엔 웃음밖에 나오지 않는 상황이 되지요. 길게 보면 게자리에게는 사수자리를 알고 지내는 것이 도움이 많이 된답니다. 처음에는 좀 고통스럽겠지만, 결국에는 게자리가 그렇게 예민하게 굴지 않아도 된다는 소중한 교훈을 배울 수 있으니까요. 세상 모든 일은 상대적이지요. 사수자리를 알고 지내다 보면 다른 별자리 사람들이 하는 무심한 말들은 마치 장미 꽃다발 같은 칭찬으로 들린다는 보너스도 있답니다. 그러니 게자리 입장에서는 삶이 좀 더 원만해질 수 있겠지요.

치통 때문에 울고 있었는데 갑자기 다리가 부러진 경우라고나 할까요? 그러면 치통에 대해선 잊게 되지요. 혹은 벌에게 코끝을 쏘여서 난리를 피우고 있었는데, 갑자기 사수자리가 와서 야구방망이로 당신의 머리를 내리친 경우라고나 할까요? 그럴 때 할 수 있는 거라곤 사수자리에게 감사의 인사를 하는 것밖에 없을 겁니다. 벌에 쏘인 것 때문에 괴로웠는데 잊게 해줘서 고맙다고요. 사실 그렇지요. 머리를 몇 바늘 꿰매고 나면 당신의 머리는 분명 새로워질 테니까요. 사수자리는 고개를 끄덕일 것입니다. 그런 모든 상황이 상당히 논리적이면서도 철학적이라고 생각하면서요. 어떤 사수자리는 이렇게 말할지도 모릅니다. "정말 그렇군! 모든 구름 뒤에는 빛이 있는 법이지!" (사수자리는 천칭자리만큼이나 낙천주의자들의 말을 좋아한답니다.) 하지만 사수자리가 그들의 화살을 당신의 아킬레스건에 겨냥하고 있는데, 그걸 항상 낙천적으로만 보기는 쉽지 않지요. 어쨌거나 사수자리 자신들은 무척이나 낙관적이랍니다. 물론, 천칭자리보다는 약간 회의적이라고 할 수 있지만요.

게자리의 민감함과 동정심이 사수자리의 솔직함을 만나면 명확한 사고라는 좋은 결과로 이어질 수 있습니다. 한 사람의 내면에 두 별자리가 다 있을 때도 비슷한 효과를 냅니다. 예를 들어, 제 친구 중 한 명은 태양별자리가 게자리이고 달별자리와 동쪽별자리가 사수자리입니다. 어느 날, 그 친구가 우리 집에 들러서는 그 당시 유행하던 주간지에서 한 광고를 찾아서 저에게 보여주었습니다. "이것 좀 봐." 그녀의 눈에는 게자리의 눈물이 가득 차 있었지만, 목소리는 전형적인 목성의 분노를 담고 있었지요.

그 광고는 어느 화학제품 회사의 광고로 일리노이에서 열리는 가축 경연 대회를 칭찬하는 내용이었습니다. 두 쪽에 걸친 광고는 '트로이'라는 여덟 살짜리 꼬마의 컬러사진이 중심이었는데, 그 소년은 행복한 미소를 지으며 블루리본상을 받은 자기 돼지 옆에 서 있었지요. 그 돼지는 100킬로가 넘는 베찌라는 돼지였는데, 포동포동 살이 쪘고 꼬리가 위로 말려 올라간 아주 믿음직스러운 눈빛을 가진 돼지였답니다. 어린 소년은 사랑스러운 자기 친구 베찌를 순수한 사랑과 애정을 듬뿍 담아 쓰다듬고 있었지요.

게자리–사수자리 친구는 말했습니다. "내가 궁금한 건 말이야, 사람들이 과연 이 어린 트로이가 애완동물처럼 키우는 이 돼지가 결국엔 도살장에 끌려가 사람들의 아침식사에 베이컨으로 오르는 과정을 지켜보는 모습도 찍어서 이렇게 광고로 낼 수 있을까 하는 거야. 자기가 그렇게 아끼는 베찌가 잔인하게 도살당하는 장면을 보고 있는 트로이의 충격과 고통까지도 이렇게 찍어서 광고로 낼 배짱이 있느냐 말이지. 아마도 트로이 같은 애들한테는 베찌가 어딘가 좋은 곳에 갔다가 그냥 돌아오지 않는 걸로 해두겠지. 사랑하는 애완동물이 왜 도살장으로 끌려가 도륙당하는지 제대로 된 설명 같은 건 해주는 일이 없겠지. 그건 정말 위선이야. 동물 친구들을 도살하는 것이 그렇게 아름다운 전통이라고 생각하면, 그 이야기의 결말도 정확하게 보여줘야 하는 거 아냐? 자기가 사랑하는 애완동물에게 어른들이 무슨 짓을 할 계획인지, 그 잔인한 진실에 대해 알게 될 때 꼬마의 표정이 어떨지 우리한테 보여줘야지. 도살장에서 돼지가 두려움에 꽥꽥거리며 소리를 지르고 피가 온 사방으로 튀는 그런 장면을 보면 그 꼬마는 어떨까? 도살하고 나서 고기를 매달아 놓으면 그 악취는 또 어떻고!"

그런 말들을 다 쏟아붓고 난 다음에도 그녀는 여전히 동정심과 분노로 몸을 떨고 있었습니다. 그녀의 태양별자리는 모성애를 뜻하는 게자리이기 때문에 그 어린아이의 얼굴을 보며 마음이 찢어지는 고통을 느꼈을 것입니다. 그리고 달별자리와 동쪽별자리가 사수자리이기 때문에(사수자리는 동물 애호가들이 많지요.) 그녀의 말은 퉁명스럽고 솔직하며 꾸밈이 없었답니다.

게자리와 사수자리는 6–8 태양별자리 관계이지요. 아마도 두 사람은 돈이라는 주제 때문에 여러 번 충돌할 것입니다. 돈은 사수자리 주머니에 늘 구멍을 내지요. 돈이 게자리 주머니에 구멍을 내는 법은 좀처럼 없습니다. 게자리라면 돈의 무게 때문에 실밥이 터져서 주머니에 구멍이 날 수는 있겠지요. 게자리는 현금을 많이 쌓아두는 걸 좋아하고 가능한 한 늘 가까이 두고 싶어 하니까요. 아무튼 두 사람은 재정 문제로 자주 다투게 될 것입니다. 하지만 대체로 원만한 합의점을 찾을 것입니다. 가장 이상적인 것은 게자리가 어머니의 마음으로 사수자리의 주머니에 구멍이 날 때마다 열심히 꿰매주는 것입니다. 사수자리는 게자리의 주머니가 터지려고 할 때마다 넘치는 돈을 어딘가에 투자하도록 친절하게 제안해주면 좋겠지요. 사수자리는 도박이나 주식시장 같은 분야에서 놀라울 정도로 운이 좋답니다. 그로 인한 혜택도 많습니다. 게자리는 더 관대한 사람이 될 수 있는 훈련을 할 수 있고, 기대하지 않았는데도 사수자리가 빨리 돈을 두 배로 불려준다는 것을 알게 되면서 그에게 호기심을 가질 수도 있을 겁니다. 물론 돈을 잃을 수도 있습니다. 드물게 사수자리가 돈을 잃을 때는, 게자리가 너무 신경질적으로 반응하거나 꾸짖지 않도록 조심해야 합니다. 그렇지 않으면 사수자리는 게자리의 인색함에 대해 정곡을 찌르는 뼈아픈 말을 해서 게자리를 울게 만들 테니까요. 사수자리 본인은 씩씩거리면서 떠나버릴 것입니다. 고마움을 모르는 사람에겐 더는 호의를 베풀 필요가 없다고 생각하면서요.

두 별자리 사이에서는 여성이든 남성이든 게자리가 관계를 이끄는 사람이 됩니다. 게자리는 시작하는 에너지를 가진 리더의 별자리이고 사수자리는 변하는 에너지를 가진 별자리이기 때문이지요. 시작하는 에너지를 가졌다는 것은 상황을 장악하고자 하는 욕구를 가지고 있다는 의미입니다. 타인으로부터 지시를 받아야 하는 상황에 드러내놓고 불쾌하게 여긴다는 뜻이지요. 그래서 좀 어려움이 있을 수 있습니다. 왜냐하면 사수자리는 변하는 에너지를 가지고 있어서 리더가 되는 것에는 큰 관심은 없지만(사수자리는 여기저기 돌아다니며 생각을 나누는 걸 더 좋아하지요.), 남의 명령을 받아야 하는 상황을 별로 좋아하지 않기 때문이지요. 반인반마의 모습 중에 인간 쪽은 남의 명령이라도 유쾌하게 혹은 철학적으로 받아들일 수 있을 겁니다. 하지만 말인 쪽은 앞발을 치켜들고 껑충거리며 반항할 것입니다. 아시다시피 사수자리의 상징은 반인반마잖아요. 이중성을 가진 별자리에 포함되지요. 인간의 모습인 쪽은 상당히 똑똑하고 학구적이고 지적이며 또한 낙천주의적인 철학을 가지고 있지만, 말의 모습인 쪽은 고집스럽고 예측이 불가능하며 문제가 발생하면 놀라운 속도로 빨리 달아난답니다. 또한 자유가 위협당할 때는 위험하게 발길질을 해댈 가능성도 높고요.

게자리는 타고난 소유욕을 어찌할 수 없지요. (물론 이런 성격이 긍정적으로 사용되면 상대방을 세심하게 배려하고 돌보는 따뜻한 성격으로 나타납니다.) 그래서 의도와 상관없이 사수자리의 자유를 옭아매서 숨 막히게 하지 않도록 조심해야 합니다. 사수자리는 타고난 모습을 유지하기 위해 자유가 필요한 사람들이니까요. 물론 게자리도 원초적으로 조심스러운 사람들이지요. 그러니 사수자리의 자유를 제약하지 않도록 하기 위해서는 그저 게자리가 타고난 천성을 잘 활용하면 됩니다. 반면에 사수자리는 퉁명스러운 말로 게자리의 예민함에 상처를 주기 전에 열이나 스물까지만 셀 수 있는 여유를 가지도록 노력해야 합니다. 그렇게만 할 수 있다면 두 사람은 잘 지낼 수 있습니다. 어떤 면에서 사수자리는 게자리에게 봉사하게 되어 있습니다. 도와줄 수 있지요. 사수자리는 달이 지배하는 게자리가 가지고 있는 신비함을 감지하고 그 비밀을 풀고 싶어 합니다. 그렇게 사수자리는 해변의 게자리 주변을 어슬렁거리게 됩니다. 그러다가 어느 보름달이 뜨는 밤, 파도치는 바다를 바라보던 사수자리는 몸이 근질근질해지고 결국엔 바람에 맞서 경주를 시작하게 되지요. 간발의 차이로 사수자리는 늘 이긴답니다. 그리고 게자리는 이런 모습에 매혹됩니다.

사수자리는 목성의 상냥하고 자비로운 유머 감각을 가졌습니다. 특히 사람들에 대한 농담을 무척 즐깁니다. 하지만 게자리는 가끔 그 유머의 핵심을 놓치는 경우가 있지요. 사수자리는 게자리를 슬쩍 찔러서 알려줍니다. 그러면 마침내 게자리도 함께 웃지요. 농담 때문만은 아닙니다. 게자리는 용감하고 낙천적인 사수자리의 순수와 이상주의에 깊이 감동을 한답니다. 사수자리는 어설프게 잘 넘어지지만 언제나 해맑은 미소를 지으며 일어납니다. 승리자들의 그룹에 들어가려고 언제나 또다시 노력하지요. 목성이 사수자리에게 승리를 허락하면 행복하고 관대한 사수자리는 바로 해변으로 돌아와 자기가 얻은 재물의 절반을 게자리 친구에게 나눠줄 겁니다. 게자리의 주머니에 어린아이 같은 천진난만함을 가득 채워줄 것입니다. 목성은 거대함과 확장을 관장하지요. 가끔은 게자리만이 목성의 마음이 얼마나 거대한지를 알 수 있답니다. 언젠가 어떤 식으로든, 사수자리는 나눔의 결과가 얼마나 아름다운 보답으로 돌아오는지에 대해 게자리에게 가르쳐줄 것입니다. 소심하고 두려움이 많은 게자리를 사수자리의 진실이라는 종교로 즐겁게 안내해 줄 것입니다. 그러면 슬픔도 한숨도 더 이상은 없을 것입니다. "신께서 눈물을 모두 닦아줄 테니까요." 사실, 용감한 사수자리가 귀여운 실수를 하는 모습을 보고 웃느라 울 시간이 없을 것입니다.

게자리 여성과 사수자리 남성

"나는 엄마가 없거든." 피터가 말했다.

그는 엄마가 없을 뿐 아니라, 엄마가 있었으면 좋겠다는 생각조차 한 적이 없었다.

피터는 엄마라는 사람들이 너무 과대평가되었다고 생각했다.

"피터, 그래서 울고 있었던 거구나." 웬디는 말했다. 그리고 침대에서 나와 그에게 달려갔다.

"엄마 때문에 우는 거 아냐." 피터는 조금 퉁명스럽게 말했다.

"내가 울었던 건 내 그림자를 붙일 수가 없어서였어. 그런데, 나 안 울었거든."

게자리 여성과 사수자리 남성은 돈과 물질적인 안정에 대한 시각이 매우 다릅니다. 하지만 그보다 더 기본적이고도 뿌리 깊은 차이점이 있지요. '가족'에 대한 생각과 태도가 너무나 다르다는 것입니다. 게자리 여성은 가족을 중심으로 한 생활에 헌신과 숭배에 가까운 태도를 가지고 있습니다. 형제자매보다는 부모님 쪽으로 그 에너지가 훨씬 더 많이 쏠려 있기는 하지만요. 게자리는 염소자리만큼이나 조상에 대한 예를 올리는 일에 열성이랍니다.

사수자리 남성도 그 넓은 목성의 마음으로 가족에 대해 기본적인 애정을 가지고 있기는 합니다. 하지만 몇 년에 한 번 정도 선물을 사서 집에 들러 인사나 하는 정도이지, 게자리 여성이 느끼는 것처럼 가족에 대한 의무감을 강하게 느끼지는 않는답니다. 사수자리 남성은 가족과 일가친척들에게 도움이 필요할 때, 또는 돈이 필요할 때 가장 먼저 도움의 손길을 내미는 사람입니다. 하지만 가족이라는 혈연관계가 자신의 자유를 구속해서는 안 된다고 생각합니다. 그는 세상을 떠돌아다니며 진리와 즐거움과 다양한 관심사와 이상과 야망을 추구해야 하는 사람이랍니다. 강한 유대 관계는 제약이 따를 수밖에 없지요. 구속할 수 있고요. 혈연관계든 어떤 관계든 마찬가지입니다. 사수자리 남성에게는 그런 관계가 마치 자기 목을 두르고 있는 쇠사슬 같이 느껴진답니다. 자신의 개체성을 목 조르는 것 같은 느낌이지요. 사수자리 남성은 가족과 힘든 일이 생기면 참지 못하고 그냥 매듭을 잘라버립니다. 그러고는 목성의 부름에 따라 이곳저곳을 질주하며 어떤 알 수 없는 위대한 업적을 달성하려고 분주히 쏘다닙니다. 하지만 그는 가족과의 문제를 신속하고 영리하게 풀 수 있는 능력도 갖추고 있답니다. 또 가끔 실수하기는 하지만 대체로는 같은 실수를 두 번 반복하지 않을 만큼 영리하지요.

게자리 여성은 서로를 구속하는 관계를 사랑하지는 않더라도 존중합니다. 강한 소속감은 게자리 여성에게 편안함을 주지요. 익숙함과 위안을 줍니다. 그녀에게는 서로를 구속하는 관계가 보호와 안전을 의미합니다. 그녀는 친구나 가족이나 연인 또는 남편, 그리고 부모와 관계를 끊는 것을 무척 두려워합니다. 그런 일은 최대한 뒤로 미루는 편이지요. 이런 면 때문에 사람들은 게자리 여성이 소유욕이 강하다고 생각합니다. 하지만 원하지 않았는데 관계가 끊어지고 닻도 없이 이리저리 떠다녀야 하는 상황을 고려하면, 그녀가 소유욕이 강하다고만 말할 수는 없지요.

천문해석학이 이런 문제를 해결해줄 수는 없습니다. 게자리 여성과 사수자리 남성은 싸울 수밖에 없습니다. 서로 타협해서 더 가까워질 수 있기를 바랄 뿐입니다만, 그 전까지는 꽤 야단법석일 것입니다. 그들은 논쟁하고(사수자리 전문이지요.) 토라져 있기(이건 게자리 전문입니다.) 일쑤일 것입니다. 부모님을 무시하거나(사수자리 잘못일 확률이 높지요.) 가족들과 너무 시간을 많이 보내서 정작 두 사람의 관계를 약하게 만드는(주로 게자리의 잘못입니다.) 일들이 빈번하게 일어날 것입니다. 시간이 흐르면서 두 사람은 이런 차이점들에 대한 타협점을 찾겠지요. 아니면 둘 중한 사람이 떠나든지요. 하지만 그런 경우라도 영원히 떠나는 것은 아닐 겁니다. 이유가 뭐냐고요?

우선, 사수자리 남성이 화가 나서(물론 나중에 후회하지만요.) 게자리 여성을 떠나는 경우가 그 반대의 경우보다는 가능성이 높습니다. 늘 그런 것은 아니지만 주로 그렇지요. 사수자리 남성은 게자리 여성보다는 관계를 끊기가 쉽습니다. 물론 그에게도 사랑의 매듭은 가족들과의 매듭보다 끊기가 더 어렵습니다. 사랑은 무심하고 태연자약한 사수자리마저도 달아나기 싫게 만드는 그 무엇이지요. 어쨌거나 혼자가 된 사수자리는 그 상태를 오래 유지할 수 없습니다. 게자리 여성이 지닌 달의 마력은 최면 같아서, 둘이 헤어져 있어도 꿈속에서 그를 쫓아다닐 테니까요. 두 사람은 6-8 태양별자리 관계이지요. 사수자리 남성에게 게자리 여성은 여덟 번째 영역인 미스터리(성적인 측면을 포함한 여러 면에서)와 미지의 세계를 의미합니다. 혼자남은 게자리 여성이 무얼 하고 있을지 사수자리 남성은 무척 궁금해집니다. 게다가 자신이 불같은 성격을 참지 못했다는 생각에 몹시 상심도 하지요. 게자리 여성의 비밀을, 그 시시각각 변하는 기분과 자신의 감정을 놀라울 만큼 잘 파악해내던 그 신비함을 완전히 풀지 못하고 헤어졌다는 사실에 그는 절망합니다. 그녀에게 답을 듣지 못한 질문들도 많이 남아 있습니다. 그는 너무나 성급하고 충동적으로 게자리 여성과의 그 힘든 매듭을 잘라버렸던 것입니다! 결국 사수자리 남성은 그 관계를 다시 회복하기 위해 돌아가는 경우가 많답니다.

게자리 여성은 자신을 신비롭고 최면적이라고 생각하는 사수자리 남성의 말이 이상하게도 위안이 되고 기분이 좋습니다. 하지만 그녀는 그가 자신에 대해 알아내려는 것에 대해서는 고집스럽게 거부합니다. 게자리 여성은 지금까지 그랬듯이 앞으로도 수많은 비밀을 간직할 것입니다. 그 비밀 중 어떤 것들은 본인도 모르는 채 간직하고 있습니다. 달의 딸들은 누군가 자신의 비밀에 대해 너무 깊이 파고들려고 하면 본능적으로 입을 다무는 경향이 있습니다. 그 '누군가'가 바로 자신이 사랑하는 남자라고 할지라도요. 예를 들어 사수자리 남성이 옆집에 이사 온 새 이웃에 대해 어떻게 생각하는지, 그녀의 첫 남자 친구는 어땠는지 아무 생각 없이 물어온다면 게자리 여성은 본능적이고도 자동으로 침묵의 껍데기 속으로 들어가버린답니다. (물론 마지막 질문의 경우에는 그렇게 생각 없는 질문은 아니었을 것입니다. 사수자리 남성은 소유욕이 있는 타입은 아니지만 성깔이 좀 있는 편이고 확실히 질투심이 있답니다.)

  자신의 비밀에 대해서는 좀처럼 입을 열지 않지만, 게자리 여성은 사수자리 남성이나 다른 모든 사람의 비밀을 캐내는 일에는 전문가랍니다. 이상하게도 사람들은 남들에게는 잘 고백하지 않는 이야기를 게자리 여성에게 털어놓곤 합니다. 연민을 가진 물고기자리처럼 남의 이야기를 잘 들어주기 때문은 아닙니다. 물고기자리는 무슨 얘기를 들어도 동정과 연민으로 반응해주고 기꺼이 들어주지요. 게자리 여성은 다릅니다. 게자리 여성이 당신이 들려주는 비밀에 대해 냉담하거나 중립적인 태도를 보인다는 뜻은 전혀 아닙니다. 다만, 그녀는 타인에 대해 뭔가를 알게 되는 것 자체를 즐기지요. 그녀는 상대방에 대해 알기 위해 의식적으로 전략을 펼칩니다. 무얼 알아내고 싶은지도 잘 인식하고요. 그녀가 가진 달의 치명적인 매력 때문에 사람들은 생각지도 않았던 비밀을 모두 털어놓게 된답니다.

  게자리 여성의 이런 달의 전략은 사수자리 남성에게 가장 잘 먹힙니다. 사수자리는 말하는 것을 무척 좋아하지요. 특히 자신에 관해 이야기하는 것을 좋아합니다. 자신의 꿈과 은밀한 감정에 대해, 그리고 세상의 모든 주제에 대해 자신의 견해를 밝히는 것을 좋아하지요. 그러니 게자리 여성 앞에서 너무나 열정적으로 생각을 마구 얘기하다 보면 완전히 길을 헤매서 원래 의도했던 것보다 지나치게 말을 많이 할 수 있습니다. 감정의 파도에 휩쓸려버렸다는 것을 뒤늦게 깨닫게 되지요. 사수자리 남성이 조심해야 하는 것이 바로 이 부분입니다. 무척이나 예민하고 상상력이 풍부한 게자리 여성은 그가 말한 내용을 과장하거나 오해할 수 있습니다. 또한 게자리식으로 의심하거나 상처를 받을 수 있습니다. 그러니 그녀에게 말할 때는 항상 열까지 세는 습관을 갖는 것이 좋습니다. 열이 아니라 천까지라도 세는 것이 좋습니다. 하지만 자기 생각을 편하게, 가끔은 불필요할 정도로 솔직하게 말하는 것을 자제하는 것 자체가 사수자리에게는 쉬운 일이 아니지요. 게다가 게자리 여성은 상대가 뭔가를 감추고 있다고 느끼면 그게 뭔지 반드시 알아내려고 합니다. 그리고 반드시 알아내고요. 어쩌면 사수자리 남성은 뭔가 죄책감을 느낄만한 말이나 행동을 하지 않았을 수도 있습니다. 게자리 여성은 가끔 상황을 오해하고 혼자만의 두려움이나 생각으로 채색하기도 하니까요. 그 결과, 그녀는 원래의 의도나 진정한 의미와는 멀어진 채 평화를 잃게 되지요.

사수자리 남성이 자신의 말보다 행동을 더 크게 해도 되는 시간은 아마도 두 사람이 사랑을 나눌 때일 것입니다. 게자리 여성이 몸으로 자신의 다채로운 사랑을 표현하는 방식은 감각적이지요. 그녀는 말을 별로 하지 않습니다. 말이 아니라 느낌이 더 중요합니다. 그녀는 두 사람의 섹스가 열정의 바다에 부서지는 달빛 같은 감상 속에 푹 빠져 영혼이 말없이 섬세하게 교감하는 과정이기를 원합니다. 하지만 게자리 여성은 성적인 욕망을 적극적으로 드러내지 않지요. 서로의 욕구가 격렬하지 않고 부드럽고 다정하게 낭만적으로 표현될 때에만 자신을 온전히 내줄 수 있습니다. 혹여 그날 하루 중에 어떤 식으로든 거절당했다는 느낌을 받은 순간이 있었다면 그날 밤은 섹스할 수 없습니다. 게자리 여성과 사랑을 나누는 것은 영원히 계속되는 추측 게임과 같은 것입니다. 그녀에게 다가가기 전에 달력을 잘 확인할수록 그 게임에서 승산도 커집니다. 게자리 여성은 상징적으로만 달의 영향을 받는 것이 아니라 실제로 달의 변화에 심각한 영향을 받는답니다. 성적인 면에서 게자리 여성의 이런 특징은 사수자리에게는 흥미로우면서도 불편할 수 있습니다. 사수자리는 불의 별자리이기 때문에 보다 충동적이고 강렬한 욕망을 가지고 있기 때문입니다. 하지만 사랑을 나누는 일에 있어 사수자리 남성은 섬세함을 배우려고 의식적으로 노력해야 합니다. 특히나 물 별자리인 게자리 여성과 사랑에 빠졌을 땐 이런 노력이 더더욱 필요하지요.

게자리 여성은 마치 고대의 비밀을 간직한 것 같은 초승달이 은은하게 빛나는 듯한 눈빛으로 하나가 되고 싶은 소망을 말하곤 한답니다. 사수자리 남성은 알게 됩니다. 그녀의 눈에서 달빛이 비치는 때는 아무 말 없이 그녀를 꼭 안아주어야 하는 때이지요. 그녀가 안전하고 보호받고 있다는 느낌이 들 때까지요. 그녀 곁에서 함께 신비로운 밤바다를 떠다니며 언젠가 함께 들었던 그 노래를 듣겠지요. 게자리 여성의 이런 수수께끼를 그는 어쩌면 영원히 풀지 못할 것입니다. 하지만 그 수수께끼는 늘 그를 유혹할 것입니다.

이제 두 사람만 남겨둘까요? 게자리 여성은 자신이 사랑하는 남성에게 자기의 비밀을 말해주지 않더라도, 그녀의 눈빛이 신비롭게 변할 때 우리가 함께 있기를 바라지는 않을 것입니다. 두 사람만 남겨두고 떠나기 전에 그녀에게 상기시켜 줄 것이 있습니다. 게자리 여성은 하늘에 구름이 조금만 낄 것 같아도 눈물을 흘리지만, 그 사이 사수자리 남성은 목성의 눈물을 숨기며 참고 있다는 것을요. 절대로 그녀보다 적지 않은 눈물을 참고 있다는 것을요. 무서운 밤길을 갈 때 일부러 휘파람을 부는 어린 소년처럼, 사수자리 남성은 자신이 울었다는 것을 절대로 인정하지 않을 것입니다. 그는 용감하니까요. 하지만 겉으로는 아무 일 없어 보이지만, 사수자리 남성도 마음속으로는 눈물을 흘린다는 걸 명심하세요.

게자리 남성과 사수자리 여성

그들은 신데렐라에 관해 얘기했다.
투틀즈는 자기 엄마가 그녀와 무척 닮았을 게 틀림없다고 확신했다.
팅커벨이 소리쳤다. "바보 같아!" 그러고는 쏜살같이 도망가버렸다.

천문해석학에서는 사수자리가 종교를 다스립니다. (물고기자리와 전갈자리도 종교와 연관이 있습니다. 하지만 종교는 하나가 아니고 아주 다양한 인식의 단계가 있지요.) 실제로 사수자리는 인생의 어느 대목에서 종교적 믿음에 깊이 관여하게 되는 때가 있답니다. 하지만 사수자리 여성이 게자리 남성과 사랑에 빠졌을 때는 종교적으로 가장 중요한 영적 조언인 '범사에 감사하라'는 말을 잊어버릴 수도 있습니다.

게자리 남성을 만나기 전 사수자리 여성이 만났던 사람들은 사랑을 진지하게 대하지 않았을 겁니다. 그녀를 무심하거나 어쩌면 잔인하게 대했던 남성들 때문에 목성의 믿음과 이상주의가 무참히 깨졌던 경험을 했을 것입니다. 어쩌면 6학년 때 그녀를 괴롭히던 못된 남자애들에 맞서 싸워주고 연필도 빌려줬던 따뜻한 눈을 가진 그 특별한 소년을 제외하고는, 그녀가 충동적으로 사랑에 빠졌던 어떤 남자도 그녀가 꿈꾸던 이상형과는 거리가 멀었답니다. 사수자리 여성이 꿈꾸는 이상형은 그녀를 정중하게 숙녀로 모셔주고, 영원하고도 3일 더 사랑하겠다는 언약의 키스로 그녀의 영혼을 일깨워주는 사랑입니다. 그는 그녀를 숲속 마법의 궁전으로 모셔가 함께 호숫가에 앉아 백조들에게 먹이를 주고 그녀를 웃게 만들어줄 것입니다. 그녀가 자신의 유일한 사랑이며, 그녀에게 충직할 것이며, 평생토록 그녀만을 사랑할 것이라는 믿음을 주는 그런 기사님이지요. 사수자리 여성은 그 특별한 꿈을 거의 포기하고 싱글로 남기로 막 결심했거나, 그녀의 이상형에는 좀 모자라지만 전용기를 태워 석유

광산으로 데려다주고 노을을 배경으로 낙타에게 먹이를 줄 그런 터번 쓴 아랍의 왕자 정도를 찾고 있을지도 모릅니다. 꿈의 기사님은 없던 일로 하지요, 뭐. 다 부질없으니까요. 그런데 바로 그때 믿을 수 없는 기적이 찾아옵니다.

어느 날, 그녀는 혼자 조깅을 하는 중에 아침 산책을 하고 있던 게자리 남성과 정면으로 마주칩니다. 그는 헬멧도 없고 갑옷도 입지 않았고 백마를 타고 있지도 않았답니다. 터번을 쓰고 있는 것도 아니었고요. 백조는커녕 낙타 한 마리도 없었지요. 하지만 그는 해 질 녘 공원 호숫가에 그녀와 나란히 앉아 비둘기들에게 팝콘을 던져주기는 했답니다. 전용기에 대해서라면, 그 게자리 남성을 더 잘 알고 난 후에 깨달은 바로는 언젠가는 전용기 한 대쯤 갖고도 남을 무한한 잠재력이 있는 사람이라는 것이었지요. 돈에 그렇게 집착하는 걸 보면요. 그렇게나 돈을 쓰지 않으면 결국엔 쌓이지 않겠어요? 게자리는 어떤 것에도 돈을 잘 쓰지 않지요. 아, 가끔 비싼 수입 와인이나 샴페인을 사기는 하지만요.

게자리 남성이 꿈속의 기사 이미지와는 전혀 맞지 않는다는 점은 잊으세요. 대신 이 남자에겐 뭔가 특별한 분위기가 있답니다. 영원을 약속하는 키스는 생략되지 않았고, 그가 사수자리 여성을 쳐다볼 때면 이상하게 무릎이 간질거린답니다. 연필에 대해서는 좀 인색하게 굴었지요. 감자 칩처럼 막 나눠주지는 않았으니까요. 결국 연필도 사려면 돈이 들잖아요? 특히 연필 끝에 잘 지워지는 지우개가 달린 연필은요. 하지만 이 남자는 6학년 때 만났던 그 특별한 사내아이 같은 따뜻한 눈빛을 가지고 있답니다. 괴롭히던 다른 아이들로부터 자신을 보호해주려 했던 그 소년 말이에요. 그래서 그녀는 게자리 남성의 마음을 진심으로 감사히 받아들이지요. 이 사람이라면 그녀를 세상 모든 위험으로부터 영원히 안전하고 따뜻하게 보호해줄 테니까요.

꿈꾸던 이상형과 모든 게 맞아떨어질 수야 없는 법이지요. 하지만 게자리 남성은 그녀가 그동안 만났던 터프가이, 바람둥이들 그리고 너무나 지루했던 고상한 샌님들보다 훨씬 더 그녀의 이상형에 가깝습니다. 돈키호테는 아니지만 그 수줍은 미소와 조용한 자태 뒤에 그 사람만이 품고 있는 꿈도 있답니다. 그래서 사수자리 여성은 게자리 남성을 보자마자 신중해야 한다는 건 모두 잊어버립니다. 완전히 사랑에 빠져서 정신을 못 차리게 되지요. 바로 사수자리가 늘 사랑에 빠지는 방식이랍니다. 그녀는 사랑뿐만 아니라 다른 걸 할 때도 물불을 못 가립니다. 사수자리로 산다는 건 하반신은 말이고 상반신은 인간으로 사는 것이지요. 그 결과 사수자리 여성은 평상시에는 마치 종마처럼 우아하게 걸어 다녀서 게자리 남성의 감탄을 자아내지만, 무척 자주 넘어지고 어설픈 행동도 많이 한답니다.

이 남자에게 반해버림으로써 자신을 놀라게 한 얼마 후 그녀는 한 가지 진실을 깨닫게 됩니다. 두 사람이 처음 만났을 때, 그녀가 신중함을 모두 잊은 것은 결코 실수가 아니었습니다. 왜냐면 신중함이라면 게자리 남성이 충분히 가지고 있으니까요. 그녀뿐만 아니라 전 세계 사람들에게 모두 나눠줄 수 있을 만큼 충분히요. 거의 무한할 정도지요. 시간이 지나면 사수자리 여성은 게자리 남성이 그 신중함을 좀 깜박 잊어버리면 좋겠다고 생각할 것입니다. 물론 전부는 아니고요. 사수자리 여성은 그녀 자신이 가끔 무책임해지려는 마음이 들 때, 그가 특유의 신중함으로 올바른 방향을 잡아주는 것을 좋아하게 됩니다. (우리를 진정 아끼는 사람이 우리를 구해주는 것처럼 기분 좋은 일은 없지요.) 하지만 그 신중함은 아주 조금이어야 효과가 있답니다. 너무 신중하면 사수자리 여성은 질식할 것 같은 기분이 들어서 안절부절못하게 됩니다. 사수자리를 불안하게 만드는 건 절대로 현명한 일이 아니지요.

두 사람의 관계는 6-8 태양별자리 관계 유형입니다. 사수자리 여성은 게자리 남성에게 말로는 설명할 수 없는 뭔가 신비롭고 비밀스러운 매력을 느끼지요. 강력한 성적 매력도 함께 느낍니다. 사수자리 여성은 호기심을 타고난 사람이기 때문에 게자리 남성의 예측을 허락하지 않는 감정 기복도 흥미진진하기만 합니다. 다른 여성들은 대부분 짜증스러워하지만요. 또 사수자리 여성은 게자리 남성 앞에서는 평상시와 달리 아주 유순한 태도를 보이게 됩니다. 하지만 가끔 그가 그녀를 자신의 어머니와 비교하거나, 사치스럽다고 비난하거나, 남의 말을 잘 듣지 않고 자기 얘기만 많이 한다고 불평을 하는 그런 순간은 제외입니다. 목성은 모든 것을 확장하는 에너지를 가지고 있습니다. 사수자리 여성은 화를 내도 무척 크게 낸답니다. 정말로 화가 날 때는 감당하기가 쉽지 않을 정도이지요. 그런 상태에서 그녀는 뭔가 예리하고 가슴을 찌르는 말을 할 것이고(사수자리 여성은 무슨 말을 해야 할지 모르는 경우는 절대로 없답니다.) 그 말은 너무나도 섬세한 게자리 남성의 감정에 깊고 깊은 상처를 주게 될 것입니다. 그는 집게발을 딱딱거리며 반격을 하겠지요. 그러면 사수자리 여성은 그 반격에 대한 응답으로 또 다른 진실의 화살을 날려 그를 맹비난할 것입니다. 그러면 게자리 남성은 그녀가 쫓아올 수 없고 그녀의 날카로운 말들도 들리지 않는 자기만의 공간으로 후퇴합니다. 그곳에서 오랫동안 우울한 침묵의 시간을 보내게 되겠지요.

이때는 사수자리 여성이 혼자 숲속으로 산책하러 가야 하는 시간입니다. (자연은 언제나 사수자리의 머릿속에 얽힌 거미줄을 정리하는 데 도움이 되지요.) 그녀는 게자리 남성이 다정하게 그녀를 보살펴주고 그 특유의 유머 감각으로 그녀를 웃게 해주기 전에 그녀의 삶이 어떠했는지를 객관적인 시각에서 돌이켜보아야 합니다. 그녀 마음속에는 뭔가 막연하면서도 외로운 마음이 늘 있었지요. 하지만 게자리 남성이 따뜻하고 빛나는 눈빛으로 그녀를 향해 처음 웃어주던 날, 그녀의 갈망도 함께 녹아 없어지는 것 같았답니다. 그렇게 따뜻한 추억들이 새록새록 떠오릅니다. 물론 게자리 남성에게도 단점이 있습니다. 하지만 그는 정이 많고 섬세하며 다정다감한 사람입니다. 시무룩해 있을 때보다는 재미있고 흥미로운 대화를 나누는 때가 더 많았지요. 그리고 그는 절대로 한눈팔지 않는 성실한 사람이고요. 그는 고의적으로 그녀에게 상처를 주려고 한 적도 없고, 지킬 수 있는 약속이라면 반드시 지켰습니다. 그녀를 즐겁게 해주고 싶은 마음 때문에 그 자신도 점점 더 관대한 사람이 되어갔지요. 지난주에 그녀가 순종 양치기 개를 거금을 주고 샀을 때도 그는 아무 말도 하지 않았답니다. 그 돈은 일 년 동안 그가 카메라를 사려고 저금했던 돈이었는데도 말이에요. 무엇보다도 게자리 남성은 위선적이지 않습니다. 진실하고 참된 사람이지요. 그리고 사수자리 여성은 위선적인 사람을 견디지 못한답니다.

사수자리 여성은 자기가 누렸던 그 모든 축복을 일일이 다 헤아린 후, 바로 그에게 달려가서 소리치고 불쾌한 행동을 해서 미안하다고 사과할 것입니다. 그러고 나서 그녀가 뭔가 아주 섬세한 배려가 깃든 것을 제안하면, 그제야 게자리 남성도 껍데기 바깥으로 머리를 내밀고 다시 그녀를 믿어줄 것입니다. 얼굴엔 다시 그 사랑스러운 미소를 짓겠지요. 어머니가 늘 만들어주던 것 같은 맛난 버섯 요리라도 있다면, 두 사람이 가까워지는 데 더 도움이 되려나요?

아니요. 게자리 남성은 버섯 요리보다는 그녀가 더 필요할 겁니다. 게자리 남성은 사수자리 여성이 그 친절함으로 그를 감동하게 한 덕분에 보름달이 떴을 때와 같은 특별한 느낌이 들게 되었답니다. 두 사람의 환상적인 섹스 궁합도 그녀가 까먹은 축복 중의 하나입니다. 그녀의 욕구는 게자리 남성보다 더 열정적이고 뜨겁지만, 게자리는 시작하는 에너지를 가진 별자리이고 사수자리는 변하는 에너지를 가진 별자리입니다. 시작하는 에너지는 먼저 이끈다는 뜻이지요. 게다가 물이라는 구성 원소는 신비한 매력을 지녔답니다. 그래서 게자리 남성은 그녀를 아주 깊은 곳으로 이끌어서 그녀 자신도 아직 탐험해보지 못한 자신의 고요함에 대해 알게 해줍니다. 그는 이 모든 것에 대해 아주 천천히 부드럽게 다가갑니다. 관능이라는 것이 순간적으로 타올랐다 금세 꺼져버려서 아무런 행복한 기억을 남기지 않는 성급한 불꽃이 아니라, 은은하게 속삭이고 기다리는 약속이며 모든 유혹의 떨림이 마치 꿈속에서처럼 오랫동안 남는 것임을 알게 해주지요. 불은 터져버릴 것처럼 자극적이고 황홀합니다. 물은 진정시키고 식혀서 오랫동안 여운을 남깁니다. 두 가지가 적절히 섞일 때, 게자리 남성과 사수자리 여성의 사랑은 강렬하면서도 충만한 경험이 될 수 있답니다.

하지만 육체적인 사랑은 인간관계의 여러 모습의 하나일 뿐입니다. 게자리 남성과 사수자리 여성은 두 사람의 물과 불이라는 구성 요소를 다른 방식으로도 조화롭게 섞는 방법을 배워야만 합니다. 게자리 남성은 그녀의 용기를 무척이나 존중하게 되고 그녀의 솔직함도 사랑하게 될 겁니다. 사수자리 여성은 정직하지요. 따라서 그는 그녀가 말하는 바와 그녀의 모습 그대로를 믿을 수 있게 된답니다. 사수자리 여성은 그가 조심스럽게 손을 잡아주어서 예전 같으면 못 보고 그냥 빠졌던 깊은 수렁을 피할 수 있게 해주는 것에 대해 감사하게 됩니다. 두 사람은 서로를 신뢰하는 것을 배우게 되지요. 그것은, 이 전혀 다른 두 사람이 서로 만나기 오래전부터 공통적으로 바라던 바로 그것이기도 합니다. 두 사람은 모두 자신을 있는 그대로 한결같이 사랑해주는, 믿을 수 있는 누군가를 찾아 헤매었습니다. 그것보다 더 중요한 건 아무것도 없답니다.

게자리 Cancer

물 · 시작하는 · 수동적
지배행성: 달
상징: 게
음(−) · 여성적

Capricorn 염소자리

흙 · 시작하는 · 수동적
지배행성: 토성
상징: 염소
음(−) · 여성적

게자리와 염소자리의 관계

문제들은 아주 평범했다.

"엄마의 눈은 무슨 색이었는가? 아빠와 엄마 중에 누가 더 컸나?

'지난 휴가에 무엇을 했는가' 또는 '엄마와 아빠의 성격 비교' 중에서 택하여

40단어 이내의 에세이를 쓰시오.

(A)엄마의 웃음을 설명하시오. (B)아빠의 웃음을 설명하시오.

(C)엄마의 파티 드레스에 대해 설명하시오."

그런데, 문제들은 모두 과거 시제로 쓰여 있었다.

모든 다른 7−7 태양별자리 관계의 사람들처럼 게자리와 염소자리는 천궁도에서 180도로 마주 보고 있습니다. 천문해석학에서 180도라는 것은 원의 절반 혹은 반대 지점을 의미하지요. 그렇다면 인간관계에서는 어떨까요? 인간관계에서는 딱히 부정적인 의미로 해석할 필요는 없습니다.

정반대에 있다는 것은 두 가지 상반되는 힘이 '전쟁' 중이라는 것을 뜻합니다. 이 경우에 그 상반되는 힘은 각각 게자리와 염소자리의 지배행성인 달과 토성입니다. 달과 토성이 서로 멀리 떨어져 있는 만큼이나 둘 사이의 거리는 멉니다. 게자리의 지배행성인 달은 여러 가지 중에서도 꿈, 변화, 이동 혹은 여행, 기억, 반영, 부드러움, 의존 등을 의미합니다. 염소자리의 지배행성인 토성은 현실성, 안정감, 신중함,

기다림, 결단력, 단단함 그리고 자급자족을 의미하지요. 다른 모든 7-7 태양별자리 관계처럼 이 관계에서는 달과 토성을 대변하는 이 상반되는 두 가지 힘 중에서 누가 우위를 점할 것인지를 언젠가는 결정해야 합니다. 가능한 한 빨리 결정되는 게 좋겠지요? 그렇지 않으면 둘 사이에서는 포탄이 날아다니는 전쟁 상황이 지속해서 연출될 것입니다.

그러므로 게자리와 염소자리는 두 사람의 관계를 지배하는 것이 달인지 토성인지를 결정해야만 합니다. 아무리 두 지배행성의 힘이 팽팽해도 반드시 한쪽으로 결정되어야 합니다.

독자 여러분께는 너무 복잡하게 들릴 수도 있습니다. 누구도 7-7 태양별자리 관계가 쉽게 조화를 이룰 거라 장담할 수 없는 게 사실이랍니다. 하지만 제 할머니께서는 늘 '쉽게 얻은 것은 가치가 없다'고 말씀하셨지요. 모든 게자리와 염소자리 여러분, 여러 번 크게 읽어주세요. '쉽게 얻은 것은 가치가 없다.'

정반대라는 것은 장점도 있습니다. 서로 보완해줄 수 있지요. 실제로 두 사람은 각각 상대방이 동경하고 절실히 필요로 하고 원하는, 그래서 마음속으로 간절히 얻고 싶은 그런 모습을 가지고 있답니다. 두 사람 모두 관대해서 서로 평등하게 나눌 수 있다면 그보다 더 행복할 수 없을 것입니다. 두 사람이 서로의 '요술 램프의 요정'이 되어줄 수 있다면, 그는 당신이 필요한 모든 걸 제공해주고 당신 또한 상대방이 필요로 하는 모든 걸 줄 수 있다면, 그것은 정말 멋진 일일 겁니다. 세상에 존재하는 모든 극과 극의 존재와 같지요. 예를 들어 온도를 볼까요? 뜨거운 것도 있고 차가운 것도 있습니다. 그 두 가지가 가운데서 만나면 따뜻함이 됩니다. 바로 만물이 소생하는 봄 온도가 되는 것이지요. 그게 바로 겨울(토성)과 한여름(달)이 중간에서 만났을 때 일어날 수 있는 가장 멋진 현상이랍니다.

게자리와 염소자리 관계에서는 서로 다르다는 것이 서로 보완하는 의미가 있기도 하고, 어떤 면에서는 두 사람이 무척 닮은 점들도 있습니다. 물론 무척 다른 점들도 여전히 많고요. 그 다른 점과 닮은 점이 게자리와 염소자리의 7-7 관계에서는 특히 아주 두드러지게 나타납니다.

게자리와 염소자리의 공통점은 모두 음(-)의 에너지와 밤의 에너지를 가지고 있다는 점입니다. 즉, 두 사람 모두 부드러운 내면의 힘을 가지고 있으며 두 사람 모두 그 부드러움을 잘 감추고 있습니다. 다른 말로 하면 두 사람의 감정과 느낌은 아주 깊은 곳에서 흐른다는 뜻입니다. 한편, 두 사람은 모두 시작하는 에너지를 가지고 있으므로 둘 다 이끄는 것을 좋아합니다. 염소자리는 너무 나서지 않으면서 이끄는 것을 선호합니다. 게자리 또한 섬세한 방식으로 이끌지요. 그래서 두 사람은 모두 리더십이라는 동기를 가지고 있으면서도 처음 만났을 때는 그런 모습이 잘 보이지 않을 것입니다. 하지만 오래 가지 않아 드러나게 되지요.

어떤 관계에서 힘이 같은 두 사람의 리더가 있다면 문제가 될 수 있습니다. 둘 중 한쪽은 져줄 필요가 있습니다. 그 사람은 아마도 게자리가 될 확률이 높습니다. 하지만 한동안 그 두 사람을 지켜보면 재미있을 겁니다. 상상해보세요. '대장' 두 명이 각각 은밀하게 상대방을 끌고 가려고 시도하면서, 상대방이 그 사실을 눈치채지 못하게 하려고 애를 쓰는 모습이라니요! 시간이 지나면 아무리 영리하게 숨긴다고 해도 서로가 서로를 끌고 가려고 하는 의도가 들통나게 되어 있습니다. 그러면 서로 우위를 점하고자 하는 전쟁이 조용하지만, 강렬하고도 결연하게 벌어질 것입니다. 아마도 할리우드 블록버스터보다 훨씬 더 재미있을 것입니다.

아주 신중하게 계산된 수많은 전략 중에서도 게자리는 염소자리의 확고하고 단단한 평판을 주의할 필요가 있습니다. 또한 염소자리는 게자리가 정면을 향해 돌진하기 전에 늘 한두 걸음 옆으로 움직인다는 사실을 기억해둘 필요가 있지요. 그것은 긴장감 넘치는 의지력의 싸움이 될 것입니다. 불과 공기 별자리로 구성된 7-7 태양 별자리 관계에서와 같은 요란한 불꽃놀이는 없겠지만, 이들의 투쟁은 긴장감이 넘치고도 남을 만큼 끈질깁니다.

게자리와 염소자리의 특징 중 일부는 상호보완적입니다. 예를 들어 게자리는 위안과 안정감을 몹시 필요로 합니다. 염소자리는 야망이 아주 크지요. 그런데 야망이야말로 모든 종류의 위안과 안정감으로 가는 빠른 길 중의 하나입니다. 이것이 두 사람이 처음 만났을 때 매력을 느끼게 되는 이유입니다.

또한 게자리와 염소자리는 둘 다 과거에 집착합니다. 게자리는 역사를 좋아하고 개인적으로도 과거의 향수를 좋아하지요. 염소자리는 과거의 경험으로부터 교훈을 배울 수 있고 영웅을 숭배하는 경향이 있습니다. (염소자리는 현재의 영웅도 물론 좋아하지만 그래도 과거의 영웅을 더 높이 삽니다.) 게자리와 염소자리는 모두 가족과 친척들과의 유대 관계가 무척 끈끈합니다. 게자리는 모성애에 대한 감성을 가지고 있고, 염소자리는 모성애와 부성애 그리고 가계 전체에 대한 감성을 가지고 있습니다. 어떤 염소자리는 명성과 특권에 대해 매우 속물적인 태도를 보이기도 합니다. 그것들은 전형적인 염소자리의 수줍은 미소와 다정한 태도 뒤에 숨어 있기 때문에 알아차리기가 쉽지는 않습니다. 하지만 분명히 그런 모습이 있답니다.

게자리와 염소자리가 함께 역사적인 건물을 재건축한다거나, 박물관을 새로 건설하거나, 역사책을 저술하거나, 사업 제국을 건설하거나, 골동품을 수집하거나, 정치에 활발하게 참여하는 모습은 무척 흔합니다. 이 커플은 또한 서점에서도 자주 만날 수 있고(물론 서점을 운영하는 사람들이겠지요.) 은행에서도 자주 볼 수 있습니다(은행의 임원으로요.). 개인적으로 게자리는 해상 스포츠에 끌릴 수 있어서 물 가까이에 있는 경우도 많습니다. 염소자리는 근처에서 가장 높은 산에 오르는 경우가 많을 것입니다. 염소자리는 보석 산업이나 골동품 수집을 직업으로 하는 경우도 많습니다. 염소자리는 다이아몬드에서부터 거의 부식한 낡은 고물 자동차 부품에 이르기까지 다양한 것에서 실용적이고 가치 있는 뭔가를 발견하는 독특한 방식이 있답니다. 염소자리는 미술에도 조예가 깊습니다. 하지만 전형적인 염소자리는 앤디 워홀의 팝아트에는 별로 관심을 기울이지 않습니다. 미술품이란 견고하고 가치 있는 것이어야 하지요. 미켈란젤로, 레오나르도, 렘브란트 같은 사람들이 진정한 화가입니다. 피카소나 달리 같은 화가는 화가도 아니랍니다. 인생의 다른 모든 것들처럼 미술 역시 토성이 지배하는 염소자리들에겐 아주 진지한 주제랍니다. 동기는 다르지만 게자리 역시 아름다운 미술품과 음악을 좋아합니다. 그래서 갤러리를 산책하고 공연장에 다니는 사람들 중에 다수가 게자리와 염소자리랍니다.

게자리와 염소자리가 아이들이라면 같은 규칙이 적용됩니다. 두 사람 모두 역사 과목에서 월등할 것이며. 둘 다 일찍부터 우유나 신문 배달로 용돈을 벌어서 서랍 속에 쌓아둘 것입니다.

염소자리 중 다수가 태어날 때부터 냉정하고 의심이 많답니다. 토성의 영향이지요. 그래서 동정심이 많고 예민한 게자리는 염소자리에게 사랑의 연고를 제공해줄 수 있습니다. 게자리는 가정과 가족에 대해 헌신하기 때문에, 이런 모습은 역시나 가족에 대해 무척이나 충실한 염소자리를 기쁘게 해줄 것입니다. 게자리와 염소자리는 노후에 무료 급식소에 줄을 설 확률이 거의 없습니다. 경제적인 문제에 있어서는 똑똑할 뿐 아니라 노동에 대해 아주 진지한 태도를 가지고 있기 때문이지요. 두 사람은 돈이라는 주제에 대해서는 비슷한 태도를 가지고 있습니다. 두 사람 모두 돈을 아주 많이 쌓아두는 것을 좋아하며 돈을 쓰는 것보다는 저축하는 것을 더 좋아하지요.

게자리와 염소자리는 둘 다 겉으로는 아주 절제되어 있고 엄격한 사람들이지만 내적으로는 마음이 여리고 외로운 사람들입니다. 염소자리는 게자리의 풍부하고 신선한 유머 감각 덕분에 자신의 심각함으로부터 물러나 휴식을 찾을 수 있습니다. 게자리의 웃음은 전염성이 강하고 저항할 수 없는 매력이 있답니다. 게자리는 어릿광대 역할을 하고 염소자리는 그 모습을 보고 즐거워합니다. 대부분 시간 동안 절제된 감정으로 슬프게 갇혀 있던 단단한 염소자리의 마음이 따뜻해지면서 조금씩 빨리 뛰기 시작하지요.

염소자리가 토성의 구속으로부터 도망치고 싶은 열망을 내면에 지니고 있다는 것을 눈치채는 사람은 거의 없습니다. 그 열망이 아주 잘 통제되어 있기 때문이지요. 게자리는 외롭다는 것이 어떤 것인지를 너무나 잘 이해합니다. 그래서 게자리의 따뜻한 미소는 염소자리에게 밝은 새 세상으로 가는 문을 활짝 열어줄 수 있답니다.

게자리는 (달이 부정적인 각도를 맺고 있지만 않다면) 처음부터 자신과 180도 위치에 있는 염소자리의 강력한 에너지를 느낄 수 있습니다. 어디서 어떤 관계로 만나든 마찬가지로 게자리는 느낍니다. 마침내 집을 찾아낸 것이지요. 그것은 강인하면서도 애정 어린 염소자리의 보호를 받는, 세상에서 가장 안전한 집이랍니다.

게자리 여성과 염소자리 남성

"이봐요, 여보."

난로 옆에서 불을 쬐던 피터가 양말을 뒤집으며 앉아있는 웬디를 내려다보며 말했다.

"힘든 하루를 보내고 난 저녁에 불가에 앉아 휴식을 취하면서

아이들을 지켜보는 것처럼 멋진 일이 또 있을까?"

"이게 행복이지요, 피터. 안 그래요?" 웬디는 정말로 감사하며 말했다.

"피터, 내 생각엔 컬리가 당신 코를 닮은 것 같아요."

"마이클은 당신을 닮았지."

게자리 여성이 염소자리 남성에게(혹은 다른 남성이라도) 반할 때는 세 가지 사항을 염두에 두고 있습니다. 그녀가 소원을 비는 분수대에 동전을 던질 때마다 비는 소원도 세 개입니다. 단단한 껍데기 속에서 늘 간직하고 있는 꿈이지요. 같은 게자리 여성이라도 각자 그 우선순위는 조금씩 다를 수 있을 겁니다. 하지만 모든 게자리 여성들은 다음과 같은 세 가지 꿈을 간직하고 있답니다.

결혼 – 아이 – 돈
아이 – 돈 – 결혼
돈 – 결혼 – 아이
결혼 – 돈 – 아이
아이 – 결혼 – 돈
돈 – 아이 – 결혼

사람에 따라 우선순위가 다를 테니, 게자리 여성의 세 가지 목표는 6가지 조합이

가능합니다.

게자리 여성이 **필요**로 하는 것은 그녀의 **목표**와는 조금 다릅니다. 세 가지가 있는데 이번에는 우선순위가 따로 없습니다. 모든 게자리 여성에게 다음 세 가지는 모두 똑같이 중요하답니다.

공감 – 평온 – 안정

게자리 여성은 모든 관계에서 위의 세 가지를 절실하게 필요로 하고 추구합니다. 그녀의 최종 목표는 결혼, 돈, 아이지만 그 대가로 그녀는 자신의 남자에게 정서적인 위안이라는 포근한 요람을 기꺼이 제공해주려고 합니다. 게자리 여성은 세상에서 가장 동정심이 많고, 다정다감하며, 충실하고, 상대방을 보호해주려는 마음이 큰 사람일 수 있습니다. 또 그녀는 헌신적이면서도 차분하고 융통성이 있으면서도 인내심이 많아서, 염소자리 남성에게는 환상의 동료가 될 수 있답니다. 황소자리 여성도 인내심이 많지만 융통성이 별로 없지요. 쌍둥이자리 여성은 융통성이 많기는 하지만 인내심은 별로 없지요. 게자리 여성은 둘 다 가지고 있습니다. 헌신에 대해서 말하자면, 많은 여성들이 사랑하는 남성에게 헌신하는 모습을 보여주지만 게자리 여성을 따라갈 사람은 없답니다. 염소자리 남성은 따뜻한 가정의 온기를 누구보다 좋아합니다. 게자리 여성이 가지고 있는 '가족'을 특별하게 아끼는 태도를 사랑할 수밖에 없지요. 이런 이유로 두 사람은 처음부터 서로에게 강력하게 끌립니다.

게자리 여성에게는 뭔가 도와주어야 할 것만 같은 묘한 매력이 있지요. 그녀가 필요로 하는 사람은 기댈 수 있는 강인한 남성입니다. 자신의 모든 걱정을 날려주고 그녀의 모든 두려움을 잠재워줄 수 있는 그런 사람이지요. 가끔 기대서 울 수 있는 듬직한 어깨를 가진 그런 남성 말이에요. 하지만 게자리 여성은 보이는 것처럼 그렇게 속수무책인 사람이 아니랍니다. 제가 계속 말씀드리지만 게자리는 리더십을 가진 시작하는 에너지를 가진 별자리이지요. 게자리 여성은 자신이 사랑하는 남성의 운명을 조용히 이끌어주고 싶어 한답니다. 뒤에서 부드럽게, 방해하지 않으면서요. 그녀가 사랑에 빠져 있지 않을 때는 자기 일에서 엄청난 야망을 펼칩니다. 산 정상에 도달할 때까지 결코 포기하는 법이 없지요.

모든 게자리 여성은 내심 능력이 뛰어난 부양자를 찾아 헤매는데 염소자리 남성이야말로 아주 훌륭한 부양자 역할을 할 사람이지요. 염소자리 남성은 게자리 여성만큼이나 야심가이며 대부분 성공합니다. 염소자리 남성은 실은 게자리 여성이 되고 싶은 바로 그 사람이랍니다. 하지만 그녀로서는 너무 상처를 잘 받기 때문에 그렇게 될 수가 없지요. 한편 게자리 여성 또한, 염소자리 남성이 은밀하게 자신의 내면이라고 말하고 싶지만 그렇게 할 수 없는 그런 모든 성격을 대변합니다. 그러므로 이두 사람은 만나는 그 순간부터 서로의 진가를 알아봅니다. 두 사람이 사랑하게 되는가장 강력한 이유지요.

염소자리 남성은 정도가 지나칠 정도로 보수적이고 지배하려는 태도를 가질 수 있습니다. 게자리 여성은 보수적인 태도에 대해서는 별로 신경 쓰지 않습니다. 자신도지나칠 정도로 보수적인 사람이니까요. 하지만 남이 자신을 지배하려 든다면 참지못합니다. 사랑할 때 빼고는요. 게자리 여성이 사랑에 빠지면 처음에는 염소자리 남성의 지배하려는 태도에 복종할 것입니다. 평화를 유지하고자 하는 마음에서 비롯되는 행동이지요. 하지만 그녀는 점점 자신의 역할을 잊고 영원히 수동적인 자세로빠져들게 될 것입니다. 이것도 뭐 그리 나쁜 건 아니지요. 게자리 여성은 자신이 좋아하는 남성에 의해 조정당하고 정복당하는 것을 내심 즐기니까요. (물론 그런 것을가장 좋아하는 여성은 물고기자리 여성일 것입니다.) 세상의 남자 중에서 지배하려들면서도 동시에 부드럽고 다정다감한 남성이 있다면 그게 바로 염소자리 남성입니다. 그러니 대개는 염소자리 남성과 게자리 여성의 관계는 조화롭습니다. 물론 게자리 여성의 달별자리나 동쪽별자리가 불기운이 강하거나 공격적인 별자리라면 다른상황이 펼쳐질 수도 있겠지요.

염소자리 남성에게는 흥미로운 부분이 있습니다. 아무리 토성의 단단한 규율을 피하려고 멀리 나간다고 해도, 중요한 문제들에 대해서는 다시 그만큼 돌아온다는 점입니다. 그네가 앞으로 나간 만큼 뒤로 가는 것과 같지요. 다른 말로 설명하면, 일시적으로 어떤 색다른 행동을 할 수 있지만 결국 염소자리의 모습을 크게 벗어날 수는 없다는 뜻입니다. 일반적으로 염소자리 남성은 부부가 서로의 사회적, 성적 독립을 승인하는 개방적인 결혼 형태에 대해 강하게 반대합니다. 평소 그에 관한 표현을하든 안하든 또는 전혀 반대로 표현한다고 해도 염소자리의 본질은 달라지지 않습니다. 염소자리 남성은 기본적으로 여성의 위치는 가정이라고 믿는답니다. (1978년에 저술된 책이라는 점을 고려해주세요. 이 책이 한국에서 출간되는 시점은 약 40년이 흐른후이니 남녀의 역할에 대한 개념은 많이 달라졌지요. —옮긴이) 자신의 아내가 직업을 갖고경력을 쌓아갈 수 있도록 허락해주었더라도 자녀가 생긴다면 달라질 것입니다. 아내가 자기의 일을 하는 동안 다른 사람이 육아를 담당해야 한다는 사실에 못마땅해할 테니까요. 전형적인 염소자리 남성은 엄마는 자녀들과 함께 있어야 한다고 믿습니다. 적어도 자녀가 어린 동안에는 그래야 한다고 생각하지요. 그는 또한 자신의돈이건 아내의 돈이건 상관없이 돈을 경솔하게 혹은 지나치게 소비하는 것에 대해서는 불만을 표할 것입니다. 아내가 번 돈을 자신이 관리하려고 하거나 소비에 대해 자꾸 훈계할 것입니다.

하지만 돈 쓰는 문제에 대해 잔소리를 할 기회가 많지는 않을 것입니다. 게자리 여성도 돈에 대해서는 염소자리 남성만큼이나 신중하니까요. 게자리 여성과 함께라면 염소자리 남성의 경제학 강의는 주로 두 사람이 버는 수입의 저축 비율과 현명한 투자 방법에 대한 것이 됩니다. 염소자리는 흙 별자리이기 때문에 미래를 위한 안전한 투자 방법은 부동산을 사는 것이라고 믿는 편입니다. 게자리 여성이 이에 반대한다면 염소자리 남성은 '땅은 더 만들 수 있는 게 아니라 한정되어 있다'는 논리로 그녀를 설득할 것입니다. 이런 식의 실용적이면서 현실적인 주장을 펼치면 논쟁에서 이길 수밖에 없습니다. 대체로 염소자리는 반박할 수 없는 뛰어난 관찰력으로 기지를 발휘하며 논쟁을 마무리하곤 하지요.

그는 게자리 여성의 절약 습관을 좋아할 것입니다. 염소자리는 뭐든 두면 다 쓸 곳이 생긴다고 굳게 믿지요. 알뜰하게 다 쓸 때까지는 어떤 물건도 쉽게 버려서는 안 된다고 생각합니다. 전형적인 게자리 여성이라면 그의 이런 철학을 열렬히 지지할 것입니다. 둘 중 한쪽이라도 출생차트상에 좀 더 '느슨한' 행성의 영향을 받는 경우가 아니라면, 아들이 커서 배구 선수가 될지 모른다며 다 쓴 치약 튜브도 버리지 않을지도 모릅니다. 배구 선수가 된 아들이 그 빈 치약 튜브를 쓰레기통에 던지면서 훅 샷을 연습할 수 있으니까요! 지어낸 얘기가 아니랍니다. 저는 달별자리와 동쪽별자리가 염소자리인 게자리 여성을 알고 있는데요, 그녀는 어쩌다 생긴 비닐봉지들을 모두 깨끗하게 씻어서 찢어질 때까지 계속 쓰고 다시 쓴답니다. 씻은 비닐을 말리느라 주방 곳곳에 널어놓지요. 비닐봉지 하나를 거의 2년 동안 씁니다. (양자리인 저는 일주일도 못쓴답니다.)

게자리 여성은 어떤 다른 여성들보다도 더 쉽게 염소자리에게 적응할 것입니다. 내향적인 성격과 '일을 잘 처리하는' 태도와 합리적인 모습 같은 것들에요. 하지만 변화에 너무 무덤덤한 모습에는 잘 적응하지 못할 것입니다. 계속 변하는 달의 지배를 받는 게자리 여성은 살면서 가끔 변화와 여행이 필요하답니다. 그녀는 부자가 되려면 한곳에 너무 오래 머물러 있거나 한 가지 아이디어에만 집착하지 않는 편이 더 낫다고 염소자리 남성을 설득하려고 할 겁니다. 하지만 그리 쉬운 일은 아니랍니다. 염소자리 남성은 아무리 노력해도 토성의 제약을 크게 벗어날 수 없기 때문입니다. 겉으로 보기에는 아무리 외향적인 염소자리라도 그 가면 뒤의 모습은 근엄한 노인이지요. 피할 수 없는 염소자리의 모습입니다. 그 보수적인 에너지가 좀 덜할 수는 있지만 완전히 없어지는 일은 결코 없지요. 염소자리 남성도 애정 깊고 다정다감할 수 있습니다. 부드럽고 신사적이거나 엉뚱하기도 하고 재미있기도 합니다. 하지만 토성의 지배를 받는다는 사실은 피할 수 없지요. 염소자리 록 가수의 화려한 스팽글과 청바지 속에는 노인의 모습이 숨어 있답니다.

염소자리 남성이 섹스에 임하는 태도는 아주 노골적이고 선정적일 수도 있고, 부드럽고 다정다감할 수도 있습니다. 전형적인 염소자리는 연애를 거의 하지 않을 뿐더러, 한다 해도 그 목적은 언제나 오래가는 관계를 목표로 합니다. 이런 면은 게자리 여성의 사랑도 마찬가지지요. 그녀가 자신이 원하는 것보다 더 잦은 실험과 실수를 겪게 될 수는 있습니다. 하지만 그 과정을 통해 그녀가 정말로 원하는 것은 오래 지속되는 관계랍니다. 둘 사이에서 한 가지 분명한 사실이 있습니다. 게자리 여성은 염소자리 남성에게 육체적인 사랑의 즐거움을 만끽할 수 있도록 해줄 수 있습니다. 염소자리 남성도 심오한 육체적인 사랑과 친밀감을 표현할 수 있는 사람이기는 하지만, 두 사람의 사랑을 더욱 황홀하게 만들어줄 섬세한 상상력은 좀 부족하지요. 그런 부분을 바로 게자리 여성이 더해줄 것이며, 염소자리 남성은 그런 새로운 세상에 눈뜨게 된 것을 고마워할 것입니다. 또 염소자리 남성이 가지고 있는 강인함과 충실함 그리고 안정감은 게자리 여성이 그의 품에서 편히 쉴 수 있도록 해줄 것입니다. 상처에 대한 두려움 없이요. 그는 그녀가 필요로 하는 감정적인 안정감을 줄 수 있고, 그녀는 그가 필요로 하는 섬세함과 낭만을 제공할 수 있습니다. 그렇게 서로의 사랑을 주고받다 보면, 두 사람은 아주 강인하고도 오래 지속되는 관계로 단단히 결속될 것입니다.

제가 아는 어떤 게자리 여성은 염소자리 남편과 끝내 헤어졌습니다. 두 사람에겐 문제가 많았지만 그 어떤 것도 극복하지 못할 만큼 치명적인 것은 없었지요. 서로 조금만 덜 이기적이었다면 충분히 극복할 수 있었을 겁니다. 실제로 염소자리 남성은 상대방에게 상처를 줄 정도로 이기적으로 행동할 수 있습니다. 상대방이 어떻게 느끼는지 아랑곳하지 않고 상대를 이용하는 경향이 있지요. 두 사람이 결별한 원인 중의 하나는 아무리 사소하더라도 두 사람이 다투고 나면 염소자리 남성이 육체적인 사랑 표현을 할 수 없었다는 것이었습니다. 그녀가 말하기를 그는 마치 돌처럼 딱딱해져서는 그녀가 부끄러움을 무릅쓰고 용기를 내서 다가가려고 시도해도 전혀 반응이 없었다고 합니다. 그녀는 그때를 회고하면서 이렇게 말했답니다. "그때는 정말 내가 너무나 불쌍했어요. 울면서 혼자 잠들어야 했으니까요. 전 그 상처로 인해 점점 더 껍데기 속으로 들어갔어요. 하지만 그 사람하고 헤어진 이후에 생각을 많이 해봤는데요. 지금 생각해보면 더 불쌍한 건 그 사람이었어요."

그녀는 마침내 염소자리 남편의 마음을 여는 마법의 열쇠를 찾은 것입니다. 이제 그 열쇠를 쓰기만 하면 되는데 두 사람은 아직 다시 결합하지 못하고 있습니다. 두 사람이 다시 만난다면 전보다 훨씬 더 가까워질 수 있을 텐데 안타까운 일이지요. 자신에 대한 연민을 거두고 그 동정심을 자신이 사랑하는 염소자리 남성에게 돌릴 수 있다면, 게자리 여성은 그가 내면에 가지고 있는 감정과 사랑을 얼마나 표현하고 싶어 하는지를 발견하게 될 것입니다. 그리고 그런 그의 감정을 표출할 수 있도록 도와준다면 그것처럼 가치 있는 일도 흔치 않을 것입니다. 염소자리 남성의 사랑은 세상 그 어떤 사랑보다도 위대하고 오래 지속될 것이며, 저기 먼 산 정상에서 오랫동안 인내심을 가지고 기다린 보람이 있을 큰 축복이기 때문입니다. 결코 쉬운 여정은 아닐 것입니다. 험준한 바위 절벽들이 즐비해서 떨어질 위험이 항상 도사리고 있답니다. 하지만 정상에서 보는 경치는 말로 표현할 수 없는 장관일 것입니다. 마치 잠깐이지만 영원을 보는 듯한 순간이 될 것입니다. 토성은 그렇게 늘 호된 시험을 거치게 하지만, 그 보상은 세상 어떤 것보다도 달콤하니까요.

게자리 남성과 염소자리 여성

"내가 잘 수 있도록 아이들 방의 피아노를 연주해주지 않을래요?"
그는 부탁했다. 그리고 아이들 방으로 가는 그녀에게 생각 없이 덧붙였다.
"그리고 창문 좀 닫아요. 바람 들어오니까."

게자리 남성은 아기처럼 극진한 관심과 보살핌을 받고 싶어 합니다. 그가 뭐라고 말하든, 뭐라고 부인하더라도 그렇습니다. 가끔은 염소자리 여성이 가지고 있는 강한 책임감을 교묘하게 이용할 수도 있답니다. 염소자리 여성은 자기가 사랑하는 남자를 기쁘게 하려고 열심히 노력하지요. 어떤 불평이나 자기 연민도 하지 않습니다. 하지만 게자리 남성이 변화무쌍한 기분을 맞춰주기 바라며 지나치게 의지해오면, 염소자리 여성은 아무리 그를 사랑한다 해도 망설일 수밖에 없습니다.

공평하게 말하자면 두 사람 모두 약간 이기적인 모습을 보일 수 있답니다. 얼핏 보면 게자리와 염소자리처럼 이타적인 사람들이 없지요. 게자리 남성은 여성을 대할 때 대체로 다정하고 사려 깊고 깍듯하고 약간 구식입니다. 특히 자기 여성을 대할 때 더욱 그렇지요. 어떤 면에서는 자기가 사랑하는 여성을 마치 자신의 소유물인 것처럼 대한답니다. 게자리는 자신의 소유물을 무척 소중하게 여기지요. 그렇지만 게자리 남성은 종종 자신이 주는 것보다 더 많이 받기를 원합니다. 기분이 괴팍해질 때마다 혹은 조금만 재채기를 해도, 그녀가 자신을 달래주고 보살펴주기를 바라지요. 만약에 상대 여성이 그렇게 해주지 않는다면 그 사람은 자신을 사랑하지 않는다는 뜻이랍니다. 적어도 자신의 엄마만큼은 사랑하지 않는 것이지요.

　전형적인 염소자리 여성이라면, 그녀는 조용하고 차분하게 그리고 자신을 내세우지 않으면서 문제가 생길 때마다 기꺼이 그를 도와주려고 할 것입니다. (염소자리는 위기 상황에서 진정 빛을 발합니다. 응급 상황이야말로 염소자리의 전문 분야로, 가지고 있는 최고의 능력을 발휘합니다.) 그렇지만 그녀는 상식적인 선을 넘어 자신을 이용하려 드는 상황은 받아들이지 않습니다. 사랑이라도 마찬가집니다. 그녀는 자신의 인권에 대해 정확하게 인지하고 있지요. 누군가의 발판이 되는 것은 거부합니다. 염소자리 여성은 겉으로 보기에 사랑스럽고 순해 보이며 여성적인 매력의 소유자이지만 강한 정신도 함께 소유하고 있답니다. 그녀는 속눈썹을 깜박이며 어떤 힌트를 주는 그런 사람이 아닙니다. 정말로 원하는 것이 있다면 그녀는 솔직하게 요구합니다. 그녀가 좋아하는 것은 취하고 싫은 것은 삶에서 배제해버립니다. 염소자리 여성은 고분고분하거나 순종적이지 않습니다. 물론 자신을 화나게 하는 것이 있다고 해도 시끄럽게 싸우지는 않습니다. 그냥 관심을 꺼버리지요. 또는 그런 사람이나 상황을 피하거나, 가끔은 영원히 마주치지 않도록 애쓸 뿐입니다. 이런 면에서는 전갈자리 여성과 유사합니다. 다른 점이 있다면 염소자리 쪽이 이런 과정에서 감정적인 에너지를 훨씬 덜 사용합니다. 전갈자리 여성은 겉으로 보이는 것과는 다르게 실제로는 무척 영향을 많이 받는답니다.

　염소자리 여성은 절대로 지나치게 섬세하지 않습니다. 그래서 게자리 남성과 함께할 때는 조심해야 합니다. 게자리 남성은 지나치게 예민하고 쉽게 상처를 받으니까요. 혹시 그녀가 게자리 남성을 비판하기라도 하면 그는 그녀가 한 말을 '취소'하고, 그를 사랑하며, 그녀가 아는 한 그는 단점이 하나도 없다고 통사정을 할 때까지 용서하지 않을 것입니다. 게자리 남성은 처음에는 그냥 농담처럼 가볍게 얘기하겠지만, 점점 뉘앙스를 분명하게 하다가 마침내는 뿌루퉁해질 것입니다. 자기 뜻을 항변하려고 다양한 근거를 댈 것입니다. 어떤 형태든 다툼이 있고 난 후에는 일종의 합의로 마무리가 되어야 마음이 편해지는 사람이기 때문입니다. 그녀가 계속 몰아붙이면 그는 껍데기 속으로 들어가버립니다. 그때는 이미 타협의 여지가 남아 있지 않게 되지요. 게자리는 논쟁에서 자신의 의견에 강하게 집착하는 편입니다. 삶의 대부분의 모습이 그렇습니다.

　하지만 게자리 남성은 유순한 사람이지요. 조금이라도 칭찬을 해주고 격려해주면 얼굴을 붉히며 기뻐한답니다. 염소자리 여성은 게자리 남성이 그녀에게 얼마나 멋진 사람인지, 그녀가 얼마나 그를 사랑하는지 인정하도록 강요할 필요가 없을 때까지 계속 확인시켜주어야 합니다. 게자리 남성의 어머니는 그렇게 했거든요. 어머니는 늘 그가 얼마나 착한 아들인지 말하곤 했답니다. 그를 싫어하는 사람들은 모두 그를 제대로 이해 못해서 그렇다고 늘 말해주었지요. 게자리 남성은 어른이 되어서도 어린 시절에 받았던 그런 이해심을 똑같이 원한답니다. 그런 요구가 불합리하다는 생각은 전혀 못합니다. 사실 우리 모두 남들이 이해해주기를 바라지만 대부분은 일찌감치 그런 기대를 접었지요. 하지만 게자리는 남들이 다 포기하는 때가 되어도 절대로 포기하지 않습니다. 존중과 이해, 사랑, 애정 그리고 감사를 평생 요구하지요.

이런 종류의 일은 염소자리 여성의 전문 분야가 아닙니다. 그녀는 실용적이고 상식적이지요. 그녀는 굳이 말로 하지 않아도 그를 사랑한다는 사실을 그도 알 거라고 생각합니다. 가끔 그의 의견에 동조해주지 않는다고 해서 그를 미워하는 게 아니라는 것을 그도 이해할 거라고요. 지나친 예민함과 극단적인 감정 표출은 염소자리를 불편하게 만듭니다. 심장이 없어서가 아닙니다. 그녀는 그저 그런 상황에서 어떻게 반응해야 하는지, 정확하게 무슨 말을 해야 하는지를 잘 모르는 것입니다. 또 잘못 반응할까 봐 두려워합니다. 그래서 의도치 않게 상처를 주느니 아무것도 하지 않으려고 하는 것입니다.

염소자리 여성은 지나치게 겸손하지요. 그녀는 매우 실용적이고 효율적인 사고방식을 가지고 있습니다. 그 덕분에 남들은 실패하는 문제에도 해답을 찾아낼 때까지 집중하고 심사숙고하는 능력을 갖추고 있지요. 또한 그녀의 판단은 대체로 정확하답니다. 이런 능력을 그녀의 감정에도 적용할 수 있도록 좀 더 노력해야 합니다. 그래야 두 사람 모두에게 삶이 훨씬 더 쉬워질 테니까요.

인정받고 감사를 받고 싶은 게자리 남성의 욕구가 절대 해결할 수 없는 장애물은 아닙니다. 다만 그는 조금 덜 예민해지도록 노력해야 하지요. 염소자리 여성은 좀 더 다정하게 대해주려고 애써야 하고요. 진실을 말하자면, 실은 염소자리 여성도 감사를 받고 싶은 사람이랍니다. 하지만 그녀는 절대로 그런 사실을 인정하려 들지 않을 것이며 요구하지도 않을 것입니다. 게자리는 염소자리만큼이나 상대방을 다독여주는 일에는 재주가 없답니다. 엄마를 다독여드리는 건 그의 역할이 아니었으니까요. 그냥 누가 잘해주면 그것을 받는 것이 전부였지요. 그러니 두 사람이 서로에게 줄 수 있는 가장 멋진 선물은 한 번 더 안아주고, 다정한 말을 몇 마디 더 해주고, 더 자주 웃어주는 것이랍니다. 두 사람 모두 관심을 똑같이 필요로 합니다. 그런데 염소자리 여성은 그런 감정적인 요구를 공개적으로 드러내거나 인정하기를 싫어하지요. 게자리 남성은 그걸 드러내고 요구하는 것이 전혀 부끄럽지 않고요.

염소자리 여성은 어릴 적에는 좀 평범하지만 나이가 들수록 눈에 띄게 아름다워지는 편입니다. 지배행성인 토성이 확실한 보상을 해주지요. 토성은 염소자리 여성에게 아름다움뿐만 아니라 냉철한 지성까지 선물해주었답니다. 또한 투철한 불굴의 정신력으로 무장되어 있지요.

게자리 남성은 어린 시절에는 부끄러움이 많습니다. 하지만 자라면서 더 자신감이 넘치고 확신에 찬 어른으로 성장합니다. 환상적인 유머 감각도 갖추게 되고, 매력이 넘치며 나긋나긋하게 말하고, 상대방을 달래주는 듯한 태도를 가지고 있지요. 하지만 게자리 남성의 두뇌는 회전이 빠르고 총명합니다. 그는 염소자리 여성만큼이나 냉철한 지성의 소유자랍니다. 그래서 게자리는 마음은 부드럽고 머리는 단단하다고들 말하지요. 그런데 염소자리 여성은 머리도 마음도 바위처럼 단단하다고 말합니다. 사실 이건 공정한 평가가 아니랍니다. 아마도 염소자리 여성에게서 어떤 감언이설을 원했지만 듣지 못했던 사람들이 이런 말을 퍼뜨린 게 아닐까 생각합니다. 염소자리 여성의 마음은 당연히 다른 여성들의 마음처럼 부드럽습니다. 다만, 그 마음을 겉으로 드러내지 않을 뿐입니다. 이리저리 바람이 불 때마다 휘둘리지 않을 뿐이지요. 왜냐고요? 어쩌면 너무나 연약해서 쉽게 상처를 받기 때문이 아닐까요? 그럴 수도 있겠다고요? 아니, 실제로 그렇답니다.

지배행성인 토성 덕분에 염소자리 여성은 지혜와 신중함 그리고 자기 보호라는 덕목을 타고났습니다. 그래도 여성은 여성이지요. 여성으로서 갖는 다양한 감정과 꿈 그리고 열망을 그녀 역시 간직하고 있습니다. 사실 그녀는 아주 소심한 감성을 가지고 있답니다. 그리고 그것은 거짓된 감성이 아니라 그녀의 마음속에서부터 우러나오는 아주 진실한 감성이랍니다.

게자리와 염소자리는 다른 모든 것들을 대할 때와 마찬가지로 육체적인 사랑 또한 아주 진지하게 받아들입니다. 하지만 이 두 사람은 육체적인 친밀감이 자신에게 어떤 의미인지를 솔직하게 털어놓지 못합니다. 이들은 사랑을 나눌 때면 세상의 아름다운 것들이 눈에 더 잘 보인다는 것을 어떻게 말해야 할지 모른답니다. 염소자리 여성은 아마도 이렇게 단순하게 말하겠지요. "저기 저 햇살이 소나무 꼭대기에 비치는 모습 좀 보세요. 여기서도 소나무 냄새가 나는 것 같아요. 우리 산책하러 갈까요?" 이 말은 실제로는 이런 뜻일 것입니다. '우리가 가까워진 후로 나는 정말 특별해진 느낌이에요. 세상이 이전보다 훨씬 더 밝아 보여요.'

게자리 남성도 아마 이렇게만 답할 것입니다. "그래요, 산책이나 하러 가요. 당신 말이 맞아요. 아름다운 아침이네요." 실제로는 아마도 이렇게 말하고 싶었을 것입니다. '당신 정말 아름다워요. 사랑해요.' 두 사람의 육체적인 사랑은 특히 두 사람의 태양과 달별자리가 조화로운 경우에는 아주 풍요롭고 의미 있는 경험이 될 것입니다. 극과 극의 위치에 있는 두 별자리의 극성이 서로 이끄는 강력한 자성에 따른 심오한 경험이지요. 가끔은 겁이 날 정도로 뜨거운 경험이어서 두 사람이 실제로 경험한 것인지 아니면 그저 꿈을 꾼 것인지 헷갈릴 정도일 것입니다.

어느 날 아침, 그녀의 옆에 누운 게자리 남성이 의아해하면 염소자리 여성은 그 특유의 실용적이고 상식적인 말투로 말할 것입니다. "글쎄요, 뭔가를 믿을 수 없을 때는 분명 특별하고 좋은 일일 거예요. 왜냐면 나쁜 일이라면 의아해할 게 없잖아요. 실제로 일어났다는 것이 너무나 확실하니까요." 그녀는 그렇게 말하고 그의 품으로 파고들며 덧붙일 것입니다. "그런데 정말 지난 밤 일은 잘 모르겠어요. 정말 우리가 사랑한 게 맞을까요?" 그녀의 얼굴은 조용한 미소를 띠고 있을 겁니다. 그건 마치 두 사람 사이의 암호 같은 것이지요. 그러면 그는 그 모든 의심을 확실하게 없애버리기 위해 그녀의 미소에 응답할 것입니다.

두 사람은 모두 어느 정도는 과거를 동경하는 경향이 있습니다. 염소자리 여성보다는 게자리 남성이 과거에 대한 향수를 더 많이 가지고 있는 편이지요. 그는 가끔은 과거로 돌아가서 살고 싶다는 생각마저 한답니다. 자신의 모든 과거 기억을 다시 복원할 수 있도록 과거 속에 있는 집을 소개해주는 부동산 업체가 있기를 바랄 정도지요.

염소자리 여성은 상식적인 사람이라서 과거는 늘 실제보다 더 미화된다는 사실을 잘 알고 있습니다. 그래서 그녀는 현재를 만들어내는 일에 더 관심을 둡니다. 그래야 과거보다 오늘을 더 발전시킬 수 있으니까요. 그리고 어차피 과거는 두 사람이 서로를 발견하기 전이니까요. 하지만 현재에는 서로가 존재하지요. 그리고 미래에도 함께할 것이고요. 염소자리 여성이 게자리 남성의 생생한 상상력을 과거에서부터 미래로 바꿔주면, 두 사람은 나선형 모양을 따라 미래로 함께 여행하면서 사랑의 수수께끼에 대한 모든 답을 풀 수 있을 것입니다.

게자리 Cancer

물 · 시작하는 · 수동적
지배행성: 달
상징: 게
음(−) · 여성적

Aquarius 물병자리

공기 · 유지하는 · 능동적
지배행성: 천왕성
상징: 물병을 들고 있는 사람
양(+) · 남성적

게자리와 물병자리의 관계

이것은 어려운 질문이다.

왜냐면 네버랜드에서 시간이 어떻게 흘러가는 것인지를 안다는 건 거의 불가능하기 때문이다.

네버랜드에서는 해와 달이 바뀌는 것으로 시간을 가늠한다.

그런데 거기에는 해와 달이 한 개씩만 있는 게 아니라 여러 개가 있다.

　게자리와 물병자리는 6-8 태양별자리 관계지요. 물병자리는 게자리가 어떤 면에서 도움이 된다고 느끼고, 게자리는 물병자리가 좀 신비롭게 느껴집니다. 물론, 물병자리를 신비하다고 생각하는 별자리가 게자리만은 아닙니다. 대부분 별자리에게 물병자리는 알 수 없는 사람들이지요. 그런데 그중에서도 게자리가 가장 물병자리를 신비롭다고 느낍니다. 그 이유는 물병자리가 게자리에게 천궁도의 여덟 번째 영역을 의미하기 때문입니다. 양자리가 전갈자리를, 황소자리가 사수자리를, 그리고 쌍둥이자리가 염소자리를 우러러보는 것처럼, 게자리는 물병자리를 대단하다고 여깁니다. 모두 상대적인 것이지요.

　얼핏 보면 두 별자리 사이에는 아무 공통점도 없는 것처럼 보입니다. 하지만 이들에게는 '기이함'이라는 공통점이 있답니다. 이들은 낯설고 난해하지요. 물병자리는 갑작스럽고 충격적인 방식으로 낯설고, 게자리는 변덕스럽고 몽환적인 방식으로 난해하다고 할 수 있습니다. 물론 게자리는 겉으로는 상당히 실용적인 태도를 가지고 있습니다. 하지만 내면에는 이해하기 어려운 변화와 예측 불가능의 에너지가 있답니다. 이런 모습을 물병자리도 가지고 있지요. 하지만 두 별자리에게서 나타나는 양상은 완전히 다릅니다. 게자리의 변화무쌍함은 달의 변화를 따릅니다. 간단하지요. 그래서 어느 정도는 예상할 수 있습니다. 요약해볼까요? 보름달이 뜰 때는 괴팍하고 눈물을 잘 흘림, 초승달에는 가만히 있질 못하고 상상력이 풍부해짐, 상현달에는 향수에 젖고 고향을 그리워함, 보름에 가까워지면 장난기가 발동하고 귀여워짐, 달이 이지러지기 시작하면 괴팍해짐, 달이 차오르기 시작하면 적극적이고 배가 자주 고파짐, 월식에는 시무룩해지고 은둔형으로 변함, 이런 식입니다. 이해하시겠지요? 물론 보름달인데도 장난기가 발동하고, 초승달인데 향수에 젖고, 월식 기간에 공격적으로 변할 수도 있습니다. 때에 따라서는요. 이런 변화를 모두 기록하려면 더 많은 칸으로 나뉜 노트가 필요하지요. 그래도 게자리의 변화는 물병자리의 변화보다는 훨씬 더 예측하기 쉽습니다.

물병자리의 변화무쌍함과 예측 불가능한 행동은 천왕성의 천둥에 맞춰져 있습니다. 제 아무리 에디슨이나 테슬라라고 해도 언제 천둥이 칠지 예측하는 것은 쉽지 않을 것입니다. 어느 순간에는 하늘이 구름 한 점 없이 파랗다가도 갑자기 구름 사이로 번개가 치고, 이윽고 요란한 천둥소리가 뒤따를 수 있으니까요. 그러니 물병자리 번개의 주기를 파악하는 일은 게자리만큼이나 복잡하면서도 그보다 더 예측하기 어렵습니다. 자, 이쯤 되면 게자리와 물병자리 관계가 본인들에게조차도 당황스러운 면이 있다는 것을 이해하시겠지요? 그런 만큼 지루할 일은 절대로 없답니다.

게자리는 반응을 잘하는 사람들이지요. 감정의 높낮이도 차이가 크게 나고요. 어쩌면 물병자리는 이런 게자리들에게 장난을 치고 싶어질지도 모릅니다. 전혀 예상치 못한 순간에 놀라게 하는 거지요. 사실, 물병자리는 나이에 상관없이 게자리를 여러 번 놀라게 할 것입니다. 어쩌면 태어나기도 전부터요. 물론 물병자리는 사전에 힌트를 줍니다. 비록 게자리가 그런 힌트를 전혀 알아채지 못하긴 하지만요. 물병자리는 게자리가 알아차리지 못하는 걸 더 즐거워합니다. 자신들은 어쨌거나 경고를 했는데 상대방이 관심을 기울이지 않은 것이니까요. 물병자리들은 위선이나 기만을 좋아하지 않습니다.

예를 들어, 제니퍼 스미스의 첫 아이는 1978년 3월에 태어날 예정이었답니다. 샌디에고에 살고 있을 때였지요. 제니퍼는 게자리였답니다. 게자리는 모성애를 관장하지요. 그녀가 얼마나 그 탄생을 고대하고 있었는지 상상이 되지요? 아이가 태어난다는 것은 세상 모든 여성에게, 특히나 게자리 여성에게는 무척 중요한 일이랍니다. 산부인과에서는 제니퍼 부부에게 아이의 예정일이 3월 28일(양자리)이라고 얘기했습니다. 임산부들은 산부인과 의사의 말을 철석같이 믿습니다. 하지만 첫 아이

일 때는 예정일이 많이 달라지기도 하지요.

어쨌거나 제니퍼와 빌은 양자리 아기가 태어날 거라고 준비하고 있었답니다. 즉, 아기가 성질이 급할 테니 기저귀도 더 많이 준비해놓고 한밤중에 젖병을 찾을 것을 대비해서 여러 개 사놓았지요. 모든 신생아가 그렇지만, 그중에서도 양자리 아기는 좀 더 유별나니까요. 양자리 아기들은 본인의 요구가 해결될 때까지 부모가 잠을 자든 말든 상관하지 않고 울어댄답니다.

문제는 의사와 부모가 태어날 아기의 태양별자리를 잘못 계산하고 있었다는 것입니다. 물병자리 아기 바비는 예정일보다 거의 두 달 먼저인 2월 3일에 태어났답니다. 미숙아였냐고요? 아니요. 아주 건강한 아기였습니다. 그런데 이 아기는 처음부터 물병자리로 태어나려고 했고, 그런 사실을 부모에게 사전에 경고하려고도 했지요.

이런 사실을 사전에 경고하려고 노력했다는 게 무슨 뜻일까요? 갑자기 산통이 느껴져서 서둘러 병원으로 가기 전 제니퍼는 거실 탁자 옆을 지나갔는데, 탁자에 도서관 책이 한 권 놓여 있었답니다. 그리고 책 표지가 열려 있었지요. 물론 제니퍼는 아기를 낳고 집으로 돌아온 후에야 그 표지 속에 빨갛게 찍혀 있던 도장 속 글자를 봤답니다. **반납일: 1978년 2월 3일.** 그것은 물병자리 지배행성인 천왕성으로부터의 메시지였던 것이지요.

게자리와 물병자리가 어떤 관계이든, 친구든 부부든 부모 자식 관계든 남녀노소를 불문하고, 물병자리는 가끔 이런 식으로 게자리를 놀라게 하는 장난을 친답니다. 그러곤 게자리의 반응을 그냥 지켜보지요. 게자리의 성격은 그 스펙트럼이 무척 넓어서 즐거움, 슬픔, 웃음, 의혹, 비밀, 공포, 분노, 다정함, 희망, 좌절, 기대 등등 인간 삶에서 가능한 모든 감정이 담긴 영화를 보고 있는 것만 같습니다. 눈물을 짓다가도 갑자기 깔깔대고 웃고, 호탕하게 웃다가도 갑자기 흐느끼지요. 괴팍하게 굴다가도 다정다감하게 돌변하고, 친절하다가는 느닷없이 고약하게 굴기도 합니다. 그런데 물병자리는 그런 모든 변화를 진심으로 즐긴답니다. 물병자리가 즐길 수 없는 게자리의 기분 상태가 딱 하나 있습니다. 게자리가 사생활을 지나치게 감추려고 하는 것입니다. 물병자리는 감출 게 하나도 없습니다. 그래서 게자리가 그렇게 지나치게 자기방어를 하고 상대방을 의심하는 태도를 보이는 것을 이해할 수가 없답니다. 이렇게 한쪽이 괴팍한 행동으로 상대방의 신경을 거스르기 시작하면 잠깐씩 떨어져 있을 필요가 있지요.

뉴욕에 사는 친구 중에 게자리 남성과 물병자리 남성이 있습니다. 둘은 아주 가까운 친구 사이지요. 한번은 캘리포니아에 있는 집을 하나 빌려 둘이 함께 살기로 한 적이 있었습니다. 그동안 물병자리 친구는 입학할 만한 대학이 있는지 살펴보기로 했지요. 그런데 게자리 친구는 외출할 때 자기 방문을 잠그는 버릇이 있었답니다.

물병자리 친구의 정직성과는 아무 상관이 없었지요. 게자리는 그저 비밀 유지에 대한 강박 같은 것이 있답니다. 물병자리 친구도 별로 대수롭지 않게 받아들였습니다. 친구들의 별난 성격에 대해 물병자리는 전혀 마음을 쓰지도 놀라지도 않는 편이었습니다. '다 각자의 방식으로 산다'가 물병자리의 철학이지요. 하지만 어느 날, 게자리가 실수로 물병자리의 기타와 테니스 라켓을 자신의 방에 둔 채로 방문을 잠그고 영화를 보러 나가는 일이 발생하고 말았습니다. 물병자리가 집에 와서 노래 연습을 한 후 테니스를 하려고 했는데 자신의 장비들이 모두 친구의 방에 갇혀버린 걸 알게 되었지요. 어떻게 되었냐고요? 천둥 번개를 동반한 분노가 치밀어 물병자리가 게자리의 방문 유리창을 부수고는 자신의 물건을 모두 꺼내왔답니다. 게자리는 자신의 방에 누군가 침입한 흔적을 발견하고 분노했지요. 그는 경찰을 불렀답니다. 두 사람의 우정은 거의 산산조각날 뻔했지만 다행히 둘은 대화로 풀었습니다. 하지만 그다음 날 물병자리는 지혜롭게도 이사를 나갔답니다. 게자리가 시무룩해하다가 결국에는 마음에 상처가 너무 깊어 절대로 잊지 못할 거라고 말하리라는 걸 알았던 거지요. 두 사람이 언젠가는 다시 예전처럼 가깝게 지낼 수 있을지도 모릅니다. 하지만 이 일화에서 우리가 얻을 수 있는 교훈은 물병자리와 게자리는 서로 너무 세게 상대방을 몰아붙이면 안 된다는 것입니다. 두 사람은 가끔씩 좀 떨어져 지내는 것이 좋답니다. 각자 한숨 돌릴 수 있도록 말이에요.

게자리는 물병자리의 캐묻는 방식과 무뚝뚝한 말투를 극도로 싫어합니다. 물병자리는 게자리가 말없이 뿌루퉁해지는 모습에 질색합니다. 물병자리는 게자리가 변덕을 부리고 괴팍해지거나 예측할 수 없는 상태가 되면 혼자 시무룩해집니다. 그러면 게자리는 정정당당하게 반박하지요. '누가 누구한테 변덕스럽다고 불평하는 거야!' 하지만 불행하게도 물병자리는 자신들이 이상한 사람들이라고는 꿈에도 생각지 못한답니다. 물병자리는 고정된 에너지를 가진 별자리라는 걸 잊지 마세요. 게자리는 시작하는 에너지를 가진 별자리입니다. 그러므로 게자리는 가능한 모든 방법을 동원해 물병자리를 끌고 가려고 애를 씁니다. 물병자리는 가능한 상대가 원하는 대로 이끌려가지 않으려고 노력하지요. 그게 바로 앞에 나서려는 에너지와 변하지 않고 유지하려는 에너지가 만날 때 발생하는 현상입니다. 결과는 어떨까요? 예측할 수 없답니다.

달이 지배하는 게자리와 천왕성이 지배하는 물병자리가 만날 때 가장 일반적으로 저지르는 실수가 있습니다. 게자리가 아주 은밀하고 교묘한 수단과 전략을 동원해서 물병자리로 하여금 자신의 견해를 따르도록 조종하려고 한다는 것입니다. 하지만 물병자리가 원하지 않는 일을 하게 만드는 것은 불가능에 가깝습니다. 그걸 깨닫기까지는 시간이 필요하지요. 어쨌거나 게자리가 거의 늘 시간 낭비를 할 확률이 높습니다. 게자리는 낭비를 싫어하니 특히나 이 점을 염두에 두어야겠지요. 게자리는 돈을 낭비하는 것만큼이나 시간도 낭비하는 것을 싫어하니까요. 하지만 물병자리를 부드럽게 회유하면서 설득하면 전혀 예상치 못한 결과가 나오기도 합니다. 또 그렇게 할 수 있는 사람은 놀라울 정도의 집요함을 가진 게자리밖에 없지요. 게자리는 사물이든 사람이든 한번 집게발로 잡으면 놓기란 거의 불가능하니까요.

이 두 사람은 음식을 먹는 습관도 극과 극인 경우가 많습니다. 물병자리는 대부분 가벼운 스낵류를 좋아합니다. 게자리는 엄마가 만들어 배불리 먹여주던 영양이 높은 음식다운 음식을 선호합니다. 게자리를 행복하게 해주고 싶은 물병자리라면 명심해야 하는 공식이 있습니다. 게자리에게는 '사랑도 듬뿍, 음식도 듬뿍, 돈도 듬뿍' 주고, 맞장구치면서 이야기를 많이 들어줘야 합니다.

물병자리와 잘 지내고 싶은 게자리에게 주고 싶은 조언이 있습니다. (다른 사람들에겐 비밀입니다.) 자기 일에만 신경 쓰고, 남 얘기는 하지 말고, 질문하지 마세요. 그저 가끔 물병자리에게 그들의 이름과 주소를 상기시켜주면 됩니다. 물병자리는 그런 사소한 것들을 까맣게 잊어버릴 정도로 정신이 나갈 때가 가끔 있으니까요. 이런 규칙들을 잘 연습하면 두 사람은 제법 잘 어울릴 수 있습니다.

게자리가 외로워하거나 달의 영향을 받을 때면 물병자리는 발랄하게 이렇게 받아주면 좋습니다. "어이! 젤리빈 과자로 마블 게임 할래?" 그러면 대부분 게자리는 씨익 미소를 지을 것입니다. 그러곤 아주아주 옛날 '아무것도 모르고 행복하던 시절'의 밤에 엄마가 이불을 따뜻하게 덮어주고, 두려움에 흘리던 눈물을 닦아주던 그때를 회상할 것입니다.

게자리 여성과 물병자리 남성

피터는 그게 식량을 구하는 방법으로는 좀 이상하다는 것을 모르는 것 같았다.
심지어 다른 방법, 즉 웬디가 더 선호하고 더 항구적일 수 있는
방법이 있다는 사실조차 모르는 것 같았다.
웬디는 그게 좀 걱정스러웠다.

물병자리 남성도 남들과 마찬가지로 애정을 갈구하지만 감정의 바다에 도넛처럼 던져지는 일이라면 질색하고 도망갈 것입니다. 무슨 생각을 하실지 짐작이 갑니다.

사람들은 도넛을 바다에 던지지 않는다고 생각하시겠지요? 물병자리는 그렇게 한답니다. 그리고 한번 바다에 빠뜨리고 나면 그 도넛은 먹지 않지요. 소금물이 얼마나 빨리 도넛에 스며드는지를 꿀이 녹는 것과 비교해보고 싶어 실험하는 것뿐이랍니다. 하지만 정작 자신은 질척거리는 상태를 불편해합니다. 상대방이 지나치게 달라붙거나 집착하면 자유라는 신선한 공기를 마시고 싶어하는 게 물병자리랍니다.

전형적인 물병자리는 사람들이 자신에게 왜 덧신을 신었는지 묻거나, 아침 식사로 뭘 먹었는지 어제 가지고 있던 35달러로 뭘 했는지 등등을 캐물으면 화가 납니다. 처음에는 게자리 여성이 호들갑스럽게 관심을 표명하면 고마워할 것입니다. 하지만 곧 그런 관심이 이 세상과 사람들에 대한 자신의 개인적인 조사 활동을 위협한다는 것을 깨닫지요. 그러면 물병자리 남성은 아주 완고해지거나 마음의 문을 완전히 닫고 떠나버릴 것입니다.

물병자리 남성에게 몇 시까지 귀가하라고 말하는 것은 부질없는 행동입니다. 그는 자유롭게 날아다녀야 합니다. 날아다니는 동안에는 옛날의 지배행성인 토성의 비관주의에 빠지지 않지요. 이런 물병자리 남성의 행동은 게자리 여성을 너무나 당혹스럽게 합니다. 그녀는 눈물을 흘릴 겁니다. 하지만 물병자리 남성은 그녀가 울고 있는 건 고사하고 거기 있다는 것조차 모르는 것처럼 행동하기도 합니다. 특히 그녀가 연어 스테이크를 너무 익혔거나, 신발 끈을 잃어버렸는데 못 찾고 있을 때는 마치 화난 사람처럼 보일 수 있습니다. 그녀의 잘못입니다. 그녀가 매번 적당히 연어를 잘 구웠기 때문에 거기에 길들었고, 신발 끈도 늘 그녀가 찾아서 잘 매어주곤 했거든요. 그가 게자리 여성의 비밀을 캐내려고 할 때도 마음이 불안해집니다. 그녀에게 비밀이 없어도 불안한 건 마찬가지입니다. 가끔 게자리 여성은 아무 이유 없이 말수가 없어집니다. 그녀의 생각이 달에 가 있기 때문이지요. 그러면 물병자리 남성은 그녀를 따라 달까지 가려고 합니다. 하지만 게자리 여성은 달나라로 가는 여행만은 혼자 하고 싶어 합니다. 아니면 옆에서 그저 아무 말 없이 손만 잡아줄 친구면 족합니다. 그녀가 반쯤 꿈꾸고 있을 때, 귀에 대고 팝콘 터지는 소리처럼 이런저런 질문으로 놀라게 하는 대신 말이지요.

여러분도 눈치채셨겠지만, 두 사람은 상대방이 자신의 비행 습관을 침범하지 않기를 바랍니다. 함께하는 건 괜찮지만 방해하는 건 사절입니다. 물병자리 남성이 여러 사람들과 어울리고 싶어 하거나 가끔 혼자 하이킹을 가고 싶어 하는 것을 게자리 여성이 제약하려 들지 않는다면, 두 사람 사이에 있는 문제의 반 정도는 이미 해결된 셈이랍니다.

게자리 여성은 사랑하는 남자에게 '엄마' 역할을 해주고 싶은 충동을 가지고 있답니다. 물병자리 남성은 누군가 엄마처럼 자신을 따라다니며 돌봐준다면 환영할 겁니다. 하지만 게자리 여성이 알아두어야 할 것이 있습니다. 물병자리 남성을 돌보기 시작하면 다른 일은 전혀 못 합니다. 어린 물병자리건 나이 든 물병자리건 마찬가집니다. 제가 아는 젊은 물병자리 빌은 최근 몇 년 동안에도 꿈이 여러 번 바뀌었지요. 해양학자가 되고 싶었다가, 음악가가 되고 싶었다가, 엔지니어가 되고 싶었다가, 스쿠버 다이버가 되고 싶었다가, 잠깐은 우주 비행사도 되고 싶었다가, 목사도 되고 싶었다가, 아주 최근에는 사자자리 생물학자와 만나서 해양생물학자로서의 길은 어떤지 알아보려고 기다리고 있습니다. 그 생물학자가 잠시 하와이에 거주하고 있기 때문에 빌은 계속 초조하게 기다리는 중이었습니다. 기다리는 동안 빌은 안경을 네 개 잃어버렸고, 콘택트렌즈 세 쌍을 잃어버렸고, 급성 맹장 수술을 받았답니다. 또 집을 나가서 8주 동안 피자 가게에서 일을 했고, 교회 예배가 진행되는 동안 기타를 연주해주는 아르바이트를 했고, 머리를 길렀다가 자르기도 했으며, 자기 방 천장을 새까만 색으로 칠했고, 데비라는 이름의 물고기와 사랑에 빠지기도 했답니다. 그리고 지금까지 그 누구도 데비가 실제 물고기인지 아니면 물고기자리 여성인지 확인하지 못했답니다.

제가 이 글을 쓰고 있는 시점을 기준으로 한 달 전, 빌은 오하이오의 데이튼에 있는 친구와 함께 기타를 수리하는 가게를 함께 열기로 했던 직후에 갑자기 록 밴드를 구성해서 투어를 떠나기로 했지요. 물론, 모두가 하와이에 있는 그 생물학자에게 돌고래 등등에 관해 물어보려고 기다리는 동안에 벌어진 일입니다. 저는 도무지 잘 이해가 되지 않더군요. 여러분은 이해가 되나요? 지금 이 문단을 막 쓰던 차에 빌이 다시 전화를 했답니다. 다시 마음을 바꿨다네요. 혼자 명상도 하고 곡도 좀 쓸 겸 해서, 숲속에 들어가 당분간 은둔 생활을 하겠다고 합니다. 하지만 콜로라도 숲에 가야 할지는 잘 모르겠다고요. 콜로라도 숲에는 두 종류의 나무밖에 없고, 꽃도 두 가지밖에 없으며, 바위도 두 종류밖에 없어서 벌써 지루해지는 것 같다나요? 그러니 차라리 그랜드캐니언에 가서 기타를 연주해보겠다네요. 메아리도 녹음하면 좋겠다고요.

제가 무슨 말을 하려는지 이해하시겠어요?

게자리 여성이 맞닥뜨릴 문제가 바로 이런 것입니다. 물병자리 남성의 생물학적 나이와 상관없습니다. 물론 다 이렇지는 않습니다. 평생 직업을 가지고 있는 물병자리 남성도 있습니다. 그는 안경을 잘 잃어버리지 않을 수도 있지요. (그렇다면 안경을 아예 쓰지 않는 사람이기 때문일 확률이 높지만요. 그런 경우엔 아마 다른 걸 잃어버릴 것입니다. 다이버 면허증이나 은행 통장, 열쇠 등등.) 다섯 살이건 쉰 살이건, 스무 살이건 이백 살이건, 물병자리 남성은 챙겨줘야 할 것이 무궁무진하답니다. 하지만 이런 물병자리 남성을 사랑하는 게자리 여성이라면 '챙겨준다'는 말과

'간섭한다'는 말의 차이를 명확하게 알고 있어야 합니다.

　물병자리를 사랑하게 된 게자리 여성은 그를 따라 이상한 나라를 깡충거리며 여행할 각오를 해야 합니다. 지리적인 의미가 아니더라도 적어도 정신적인 의미의 이상한 나라로 함께 떠나야 하지요. 세상 어떤 방법도 그를 이리저리 길을 우회하지 않도록 만들 수 없답니다. 누구도 그를 한 방향으로 곧게 살게 하지는 못합니다. 물병자리는 어떤 식으로든 지그재그 방식으로 살게 됩니다. 그게 바로 천왕성의 번개 에너지와 맞는 것이지요. 번개가 직선으로 때리지 않는다는 건 누구나 다 알지요? 그러니 그 영향을 받는 물병자리 남성에게 어떻게 직선을 따라갈 것이라 기대할 수 있겠어요?

　하지만 이상하게도 물병자리 남성은 나이가 들수록 버릇들이 점점 고정적으로 변해갑니다. 한편, 게자리 여성은 어린 시절 꿈꾸던 먼 곳으로 가보고 싶은 욕망이 점점 더 강렬해집니다. 타협을 할 수 있는 상황이 되는 것이지요. 오해는 마세요. 물병자리 남성이 나이가 들수록 이웃 사람들 같은 정상인으로 변한다는 뜻은 아니랍니다. 그는 나이가 들어도 여전히 괴짜로 남아 있지만, 그런 괴짜의 모습에 유지하는 성향이 조금 더 더해진다는 뜻입니다. 예를 들면, 더는 검은색 정장을 입고 뒷마당에서 잔디를 깎지는 않을 겁니다. 하지만 그의 독창성과 특별함은 여전히 남아 있지요. 아무리 태도가 부드러워진들 삶을 흥미롭게 만들기 위해 이따금 당신을 깜짝 놀라게 할 것입니다.

　가끔은 그 괴팍함이 도를 지나치는 것 같은 순간이 있지만, 대체로 게자리 여성이 보기에 물병자리 남성은 무척 재미있는 사람입니다. 그녀는 우스꽝스러운 것을 재미있다고 여기는 경향이 있으므로 물병자리 남성에게 반하는 것이 어쩌면 당연한 귀결일 것입니다. 한편, 게자리 여성의 유머 감각은 물병자리 남성을 첫눈에 반하게 할 수 있지요. 그는 게자리 여성의 미소가 처음엔 잔잔한 물결처럼 찰랑거리다 갑자기 경쾌하게 미칠 듯 터지는 폭포수 같은 웃음으로 변하는 모습을 사랑합니다. 그 외에도 그녀의 여성스러운 은밀함 또한 그를 사로잡는 부분이지요. 물병자리 남성은 게자리 여성의 기분 변화 때문에 가끔은 무척 당황하고 정말 화가 날 수도 있습니다. 하지만 진정 노력한다면 자신의 삶을 그녀와 맞출 수 있답니다. 물병자리는 공기 별자리이기 때문에 다른 사람들에 비해서는 적응력이 뛰어나니까요. 또 다른 한편으로는 물병자리는 고정된 에너지를 가지고 있어서 가끔은 게자리 여성처럼 그의 삶을 뒤흔들어주는 게 필요할 수도 있습니다.

　두 사람은 6-8 태양별자리 관계입니다. 게자리 여성은 물병자리 남성의 입장에서 보면 여섯 번째 영역인 서비스를 의미하지요. 그러므로 물병자리 남성은 게자리 여성이 자신을 위해 아주 섬세한 방식으로 봉사해주기를 바랄 수 있습니다. 변덕스러운 물병자리의 카리스마를 위해 그녀가 자신을 희생해주기를 기대하는 버릇이 생길지도 모릅니다. 반면, 게자리 여성의 입장에서는 물병자리가 여덟 번째 영역의 에너지를 뜻합니다. 그래서 그녀에게는 물병자리 남성이 뭔가 규정하기 어려운, 손에 잡히지 않는 사람으로 비칠 것입니다. 또한 그녀는 그에게 쉽게 설명할 수 없는 성적 매력을 느끼게 됩니다.

이 두 사람 사이에는 부인할 수 없는 성적 끌림이 존재합니다. 아주 강력한 화학작용으로 두 사람은 처음 보는 순간 끌립니다. 물병자리는 남성적인 천왕성의 지배를 받는 남성적인 별자리이고 게자리는 무척 여성스러운 달의 지배를 받는 여성적인 별자리입니다. 천문해석학에서는 이렇게 남성적인 에너지와 여성적인 에너지를 두 배로 가지고 있는 사람들에게 경고하는 것이 있습니다. 약자를 지배하려는 경향입니다. 이런 성향은 가학적이고 피학적인 경향으로 흐를 위험이 있지요. 하지만 두 에너지를 잘 조화시키면 행복한 조합이 탄생할 수 있을 것입니다. 두 사람은 특히 섹스를 즐길 수 있을 것입니다. 섹스는 두 사람에게 평화와 만족감을 모두 주지요. 이 커플은 대부분 섹스를 아주 특별한 결합이자 경험으로 간주합니다. 게자리 여성은 물병자리 남성의 지극히 부드러운 모습을 발현시켜 줍니다. 그 자신조차 몰랐던 모습이지요. 그리고 물병자리 남성은 게자리 여성이 내내 감추고 있었던 강렬한 열정을 이끌어냅니다.

물병자리의 지배행성인 천왕성은 연금술사랍니다. 그 힘을 빌려 물병자리 남성은 게자리 여성의 갑작스러운 기분 변화를 해석할 수 있습니다. 천왕성은 두 사람의 기분을 바꿀 수 있는 노래를 알려주지요. 그 노래는 게자리 여성을 은둔에서 열정으로 이끌고, 슬픔을 평화로, 지루한 절망을 신선한 희망과 웃음소리로 바꿔주지요. 물병자리 남성은 번쩍하고는 사라지는 번개처럼 아주 잠깐 그녀를 바라볼 뿐입니다. 그러고는 마법 같은 주문을 외지요. 게자리 여성은 그 주문을 알아듣는답니다. 마치 보름달이 한껏 부풀어 올랐다가 부서지고 또 부풀어 오르는 파도 소리를 들을 수 있는 것처럼요. 그녀는 그의 눈을 마주 보며 그 주문에 응답하지요. 그러니 두 사람의 육체적인 합일은 당연히 특별하고 예측할 수 없으며 아주 심오하고도 만족스러운 관계가 되는 것이랍니다. 특별히 서로의 달별자리가 조화로운 각도를 맺을 때는 더욱 그렇습니다.

이 두 사람은 아주 특이한 방식으로 늘 서로를 자극합니다. 달과 천왕성의 강력한 파장이 서로 불가해한 방식으로 맞물려 눈빛만으로도 서로에게 무언의 메시지를 전달하지요. 상대방을 묶어두기 위해 마법을 부리는 것은 아닙니다. 물병자리 남성은 도망갈 수 있을 거로 생각하지만, 게자리 여성의 아주 섬세한 안개가 그를 붙잡고 있습니다. 그녀의 눈빛은 마치 달의 주문을 읊조리고 있는 것만 같습니다. 아브라카

다브라….

게자리 여성은 이따금 겪게 되는 사랑의 고통으로부터 도망갈 수 있을 거라 생각할 것입니다. 하지만 물병자리 남성은 설명하기 힘든 충동으로 그녀를 재빨리 붙잡습니다. 무언의 경고를 하는 거지요. 만약 당신이 떠나면 당신이 마법을 거는 것처럼 나도 당신을 끝까지 쫓아갈 거예요. 당신의 머리카락 사이로 넘나들고 당신의 빛나는 눈앞에서 어른거릴 거예요.

그러고 나면 이제 다시 물병자리 남성이 그녀를 떠날까 고민할 차례입니다. 그러면 게자리 여성은 나지막이 속삭이겠지요. 안 돼요! 당신이 떠난다면 난 달빛으로 변해 당신이 어디를 가도 쫓아갈 거예요. 그러면 물병자리의 천왕성의 마법은 힘을 잃고, 시작하는 에너지를 가진 게자리 여성을 지켜주는 달빛의 주문에 마법처럼 응답하게 될 것입니다.

게자리 여성과는 쉽게 이별할 수 없답니다. 그녀의 보랏빛 노래는 물병자리 남성이 어디를 가도 아무리 멀리 가도 따라다닐 것입니다. 심지어 그의 꿈도 라벤더 빛깔과 은은한 은빛 웃음으로 물들일 것입니다. 물병자리 남성의 친구들은 그가 예전보다 더 이상해졌다고 생각할 것입니다. 그럼 정말 이상한 거겠죠? 하지만 이상한 동시에 멋지기도 할 것입니다. 달빛에 매료되고 바다에 갇힌, 호기심 많은 죄수가 되는 건 아주 드문 일이니까요. 그는 공기 별자리답게, 물병을 나르는 그의 상징답게 그녀를 혼란스럽게 합니다. 천문해석학에선 이런 것을 인과응보라 하지요.

게자리 남성과 물병자리 여성

이것이 엄마들에 관한 진실이었다. 이런!

피터는 몹시 화가 났고 어른들이 미웠다. 그들은 언제나 모든 것을 망쳤다.

그는 나무 안으로 들어가자마자 일부러 빠르게 숨을 쉬었다.

일 초에 다섯 번이나. 네버랜드에서는 아이가 숨을 한 번 쉴 때마다 어른 한 명이 죽는다는 말이 있었다.

그래서 피터는 가능하면 빨리 어른들을 다 죽이려고 그렇게 했던 것이다.

웬디는 마음이 아팠다.

물병자리 여성이 게자리 남성을 만났을 때 할 수 있는 첫 번째 실수는 게자리 남성을 집과 엄마에 대한 추억으로부터 떼어내려는 것입니다. 물병자리식의 사고방식을 주입하려고 하는 것이지요. 물병자리가 생각하기에는 과거는 과거일 뿐이고 현재는 중요하지 않으며 중요한 것은 미래에 있습니다. 이미 지나간 것에 집착할 필요가 없고, 지나간 것은 절대로 같은 형태나 모양으로 되돌아올 수 없다는 것을 아는 게 성숙한 인식이지요. 물병자리 여성은 심지어 좀 어른이 되라고까지 말합니다. 물병자리의 무뚝뚝한 말투는 사수자리에 뒤지지 않을 정도랍니다.

게자리 남성은 자신의 감정적인 태도를 어른스럽게 만들겠다는 시도에 몹시 분개합니다. 그는 어쩌면 물병자리 여성의 뺨을 한 대 후려쳐 주고는 아늑한 기억의 나무로 기어 올라가 다시는 내려오지 않을지도 모릅니다. 그녀가 천왕성의 사실주의로 계속 그를 바꾸려 하고 괴롭히고 상처를 준다면요. 안타깝게도 그가 사랑하는 여인은 험난한 세상과 주변 사람들의 무심함에 지쳤을 때, 아늑하고 행복했던 어린 시절의 추억 속으로 잠시 여행을 다녀올 필요를 전혀 못 느끼는 사람이랍니다. 반면에 게자리 남성은 실제로는 어른이 되고 싶은 적이 없었답니다. 쌍둥이자리처럼, 모든 게자리 남성은 마음속 깊은 곳에 늘 소년으로 남아 있고 싶은 은밀한 소망을 품고 있습니다. 나이나 물질적 성공과는 관계없이요. 어린 시절은 놀랍고 신기한 것이 너무나 많아서 울기도 하고 웃기도 했지요. 그렇게 다양한 감정 속에 풍덩 빠져 있는 것은 무척이나 즐거운 일이었답니다. 그 덕분에 상상력을 맘껏 펼치고 마치 그의 꿈의 조각들로 짜인 날아다니는 양탄자처럼 환상 여행도 갈 수 있었으니까요.

게자리 남성은 물병자리 여성이 '딱딱한' 사람이라고 생각합니다. 그녀는 도대체 상상력이라곤 없는 사람이라는 결론을 내립니다. 그리고 그녀는 남자처럼 생각하고 말하고 행동합니다. 그러니 남성적인 사실주의자인 그녀와는 사랑에 빠질 일이 없겠지요? 게자리 남성은 사랑스럽고 다정하며 아주 여성스러운, 바로 엄마 같은 여인을 만나 사랑에 빠지기를 고대하고 있으니까요.

게자리 남성의 생각은 틀렸답니다. 물병자리 여성은 '딱딱한' 사람으로 따지자면, 가장 마지막에 거론될 사람들입니다. 하지만 게자리 남성과 함께 울거나 웃지 않고, 그의 물결치는 감정의 파도에 전혀 동조해주지 않는 사람이니 당연히 딱딱하다는 평을 들을 수밖에요. 앞서 말씀드린 바 있듯이, 천왕성이 지배하는 물병자리들은 마음이 찢어지게 아플 때 미친 듯이 웃는 아주 희한한 버릇이 있답니다. 게자리 남성이 이런 버릇을 이해하려면 시간이 좀 걸립니다. 말괄량이였다가 갑자기 공주님으로 변신하고, 다정하고 나긋나긋하다가는 갑자기 팔팔하게 변하는 그런 여성을 어떻게 대해야 하는지 잘 파악이 되질 않습니다. 사실 게자리 남성이 불평할 자격은 없지요. 그 자신도 기분이 무척 빠르고 다양하게 변하니까요. 하지만 그가 보기에 물병자리 여성은 자신보다 훨씬 더 변화무쌍하고 변덕이 심해 보입니다. 두 사람은 분명히 잘 어울리지 않는 짝입니다.

물병자리 여성이 동정심이 없는 건 아닙니다. 하지만 물병자리의 동정심은 좀 더 거창한 인류애에 쏠려 있어서 그녀의 주변 사람들에 대해서는 잘 잊어버리는 편이랍니다. 그렇다고 그녀가 무정한 사람은 아닙니다. 감정이 있지요. 자신이 사랑하는 게자리 남성의 마음을 아프게 했다는 사실을 깨달았을 때는 그걸 보상하려고 안간힘을 쓸 것입니다. 문제는 그녀가 친구에게 사랑과 헌신을 보여주는 방식에 있습니다. (누구나 그녀의 친구랍니다. 연인이나 남편도 친구에 해당하지요. 뭐가 다른가요? 물병자리 여성은 그 차이를 구분 짓는 게 더 어렵습니다.)

예를 들자면, 물병자리 여성은 상처 입은 남자 친구를 위로해주겠다며 숲속 피크닉에 다른 친구들 열댓 명과 함께 그 사람을 초대합니다. 혹은 게자리 남편을 깜짝 놀라게 해주려고 주방에 색색의 풍선을 달아놓고는 시리얼을 가득 담은 대접에 장난감 애벌레를 장식해서 식탁을 차리지요. 그의 얼굴이 새파랗게 질린 다음에야 그녀는 진짜 애벌레가 아니라고 말해줍니다. 아니면 그녀의 은밀한 소망을 고백할 수도 있습니다. 그 은밀한 소망이란 바로 인도의 타지마할에 한밤중에 가서는, 몰래 벽에다 '나를 잊지 마세요'라는 꽃말을 가진 제비꽃을 그려 넣고 싶다는 것이지요. 사랑했던 아내를 기념하기 위해 타지마할을 건설한 그 왕도 아마 마음에 들어 할 거라나 뭐 그러면서요.

"뭐라고요? 그건 법에 어긋나는 일이잖아요!" 게자리는 염소자리와 황소자리처럼 법을 어기거나 전통을 깨는 일을 무척 싫어합니다. 반면에 대부분 물병자리는 법은 개나 줘버리고 전통은 죽이나 쑤어 먹으려고 하는 사람들이지요. 아주 드물게 수줍음을 많이 타는 물병자리들도 적어도 규칙을 어기는 상상을 한답니다.

물병자리 여성이 애써 다정하게 굴려고 노력해도 게자리 남성은 더 피곤해질 뿐입니다. 하지만 그녀는 노력하고 있는 거랍니다. 그 가상한 노력에 대해서 좀 인정해줄 수는 없을까요? 게자리 남성이라면 인정해줄 수도 있을 겁니다. 억지로 애써서 이 흥미로운 정신 구조를 가진 매력적인 여인에게 노력에 대한 칭찬을 해주려고 노력할 것입니다. 하지만 다른 방식으로 보상했다면 후회하게 될지도 모릅니다. 예를 들면 신용카드 같은 것이지요. 전형적인 물병자리가 은행 잔액을 관리하는 방식은 마치 서커스 곡예사가 몇 개의 컬러 볼을 저글링 하는 방식과 유사합니다. 게자리 남성이 보면 경악할 일이지요. 게자리는 일반적으로 돈이 들어오고 나가는 일에 관해서라면 거의 강박증에 걸린 사람처럼 유난스럽게 굽니다. 수입과 지출은 게자리에게는 똑같은 일입니다. 잘 지켜보세요. 돈에 대해 이렇게 유난스럽게 구는 게자리 남성이 물병자리 여성에게 유난스럽다고 할 자격이 있을까요? 없지요.

물병자리 여성은 게자리 남성이 사랑스러운 괴짜라는 얘기를 어디선가 들었기 때문에 처음 본 순간부터 그를 좋아합니다. 물병자리는 괴짜라는 말이 들어 있는 건 뭐든 끌린답니다. 사람이든 사물이든 가리지 않지요.

섹스가 남녀 사이의 충만한 만족감을 위해 필요하다는 것을 이해하고 나면, 그녀는 다정한 게자리 남성과의 섹스를 아주 잘 즐길 것입니다. 두 사람의 출생차트에서 동쪽별자리와 달별자리가 서로 충돌하지만 않는다면, 게자리 남성과 물병자리 여성은 육체적인 사랑 표현에 있어 몽롱하고도 낯선 무언의 부름에 서로 응답할 것입니다. 두 사람 모두 약간 특이하면서도 틀에 박히지 않은 다양한 방식에 끌립니다. 그래서 상상력이 섹스를 이끌어가도록 해주는 사람들만 알 수 있는 다채로운 색깔의 황홀경과 열정으로 그들을 인도해줄 것입니다.

게자리 남성은 점차 물병자리 여성은 지각이 없다고 판단한 것이 잘못되었다는 것을 깨닫습니다. 그녀는 겉으로 보기에만 자신의 깊은 열망을 이해하지 못하는 것처럼 보였던 거랍니다. 그녀는 어쩌면 그의 단단한 껍데기 속에 숨겨져 있는 속마음을 볼 수 있는, 몇 안 되는 사람 중의 한 명인지도 모릅니다. 물병자리 여성은 겉으로 보기엔 점잖고 진지해 보이지만, 그 딱딱한 겉모습 속에는 상상을 즐기는 다정한 영혼이 숨어 있지요. 그녀가 자신의 내면을 이해한다는 사실에 게자리 남성은 놀랄 것입니다. 물병자리 여성은 늘 놀랍고 예상치 못한 일들을 합니다. 그리고 바로 이런 예외성이 게자리 남성에게 큰 매력으로 작용합니다. 물병자리 여성만큼이나 게자리 남성도 단조롭고 지루한 것을 싫어한답니다. 그의 직장 동료들은 이런 점을 전혀 눈치채지 못하겠지만, 물병자리 여성은 굳이 추측할 필요도 없이 그냥 압니다. 그가 아무리 구식이고 점잖은 태도를 보여도 그녀는 한순간도 속지 않는답니다. 그녀는 게자리 남성이 그녀와 함께 멀리 시원한 폭포수와 평화로운 숲이 있는 곳으로 도망치고 싶어한다는 것을 압니다. 이런 본능적인 느낌들이 두 사람이 사랑을 나눌 때도 스며들지요. 두 사람의 섹스는 마치 한여름 밤 시원한 산들바람처럼 위안을 줍니다. 적어도 물병자리 여성의 장난기가 발동하기 전까지는지요. 어느 밤, 그를 위한 깜짝 생일 선물로 그녀가 목에 방울을 달고 침대로 들어올 수도 있습니다. 그 방울에는 두 사람이 처음 만난 날의 날짜가 새겨져 있지요.

두 사람 관계에서 문제가 발생할 때는 늘 시작하는 에너지와 유지하려는 에너지 사이의 충돌로 시작됩니다. 게자리는 시작하는 에너지를 가지고 있지요. 겉으로는 아무리 다정다감하고 수동적인 사람으로 보여도 누군가 그를 점유하려 하거나 이끌고 가려고 하면 완강하게 거부합니다. 물병자리 여성은 유지하는 에너지를 가지고 있지요. 그녀 자신만의 구불구불한 길을 갈 수 있도록 내버려두면, 그녀는 활기차고 즐거운 마음으로 생활할 수 있습니다. 하지만 게자리 남성이 그녀의 방향을 바꾸려고 하거나 어떤 길로 가야 하는지를 제시하려고 하면, 그녀는 황소보다 더 고집 센 사람으로 변할 것입니다. 그녀는 무심하게 거리를 두기 시작하거나 아니면 천왕성 특유의 갑작스러운 분노의 폭풍을 일으킬 겁니다. 그럴 땐 게자리 남성이 그녀를 혼자 있을 수 있게 해주어야 합니다. 그녀가 상처 난 마음을 스스로 치유할 수 있도록 해줘야 하지요. 그가 계속 그녀의 자유를 제약하려 든다면 그녀의 행동은 점점 불합리해질 것입니다. 물병자리 여성의 구성 원소인 공기를 어떤 특정한 형태에 가두려 애쓰는 건 무의미합니다. 게자리 남성이 이런 사실을 빨리 깨달으면 깨달을수록 두 사람 사이는 더 빨리 조화로움을 회복할 수 있을 것입니다.

물병자리 여성도 이해해야 할 부분이 있습니다. 그녀가 미래의 이상하고도 새로운 희망으로 신나게 여행을 다니는 동안, 게자리 남성은 과거에 남아 자꾸만 과거의 익숙함을 뒤돌아볼 수밖에 없는 사람입니다. 게자리 남성을 달래줄 수 있는 유일한 방법은, 그가 한 번도 꿈꿔보지 않은 저 지평선 너머에 더 밝은 별들이 반짝이고 있다는 것을 알게 해주는 것뿐입니다. 물병자리 여성은 그의 비밀을 캐려고 하지 말아야 하며, 그가 꿈을 꾸고 있는 동안에는 방울을 흔들어대는 걸 그만둬야 합니다. 적어도 잠깐은 방울 소리가 나지 않게 해주는 것이 좋답니다.

게자리 Cancer

물 · 시작하는 · 수동적
지배행성: 달
상징: 게
음(−) · 여성적

Pisces 물고기자리

물 · 변화하는 · 수동적
지배행성: 해왕성
상징: 물고기, 고래
음(−) · 여성적

게자리와 물고기자리의 관계

희미한 빛이 물 위를 살금살금 걷고 있었다. 차츰 무슨 소리가 들려왔다.
그것은 세상에서 가장 아름다우면서도 구슬픈 소리였다. 인어들이 달을 부르고 있었다.

　물고기자리와 게자리는 5-9 태양별자리 관계의 조화로운 리듬에 맞춰 함께 걷거나, 일하거나, 놀거나, 대화를 나눕니다. 언제나 그렇듯 예외가 없는 것은 아니지만, 대체로 게자리−물고기자리 관계는 원만하고 여유롭습니다. 대개 두 사람은 보는 순간 서로 호의를 느낍니다. 그들은 그 어떤 다른 사람들보다도 서로를 더 잘 이해하는 것처럼 보입니다. 달의 지배를 받는 게자리와 해왕성의 지배를 받는 물고기자리가 만나면 세 명이 됩니다. 물고기자리는 두 마리의 물고기를 상징하는 이중성을 가진 별자리이기 때문이지요. 게자리와 물고기자리는 둘 다 똑같이 비밀스럽고 섬세하며 기분의 변화가 심합니다.

　물고기자리의 기분은 물고기자리 감정의 조수에 영향을 받습니다. 그 감정의 조수는 바다의 조수와 아주 복잡한 동시성을 가지고 있지요. 따라서 물고기자리의 정확한 성격을 파악하려 하는 것은 진주의 정확한 색깔을 규정하려는 것과 같습니다. 진주는 핑크색일까요? 아니면 흰색? 엷은 노란색? 아니면 연한 파란색 혹은 약간 회색 같기도 하지요. 어떤 한 가지 색으로 규정했다고 생각하는 순간, 또 다른 빛이 반사되어 진주의 색깔은 다시 변하고 맙니다. 물고기의 상상력은 신비롭게도 조수에 따라 영향을 받기 때문에, 간접적으로는 달의 영향을 받는다고도 말할 수 있습니다.

게자리는 달의 영향을 직접 받습니다. 그러므로 예측이 조금 더 쉽습니다. 물고기자리 남성이나 여성은 게자리의 기분을 제법 정확하게 예지할 수 있답니다. 달이 어떤 단계에 있는지만 보면 되지요. 하지만 게자리들은 물고기자리의 기분 변화를 예측하는 것이 좀 더 어려울 수 있습니다. 그 결과 두 사람 사이에서는 아주 흥미진진한 추측 게임이 가능합니다. 돈을 어떻게 벌고 어떻게 쓸 것인가 같은 일상적인 문제로 다투는 그런 무료함을 줄여줄 수 있지요. 물론 가끔은 서로의 무단 침입을 용서해 주기가 어려울 때도 있지만요. 분노와 그에 따른 상처가 오래갈까요? 아니면 반복 순환되는 감정의 여운이 더 오래갈까요?

5-9 태양별자리 관계가 서로 우호적이긴 하지만, 두 사람이 늘 잘 지낼 수 있다고 보장할 수는 없습니다. 어느 정도는 다툼이 있고 타협이 필요할 것입니다.

이 두 물의 별자리 사이에서는 돈이라는 주제가 아마도 가장 주된 논쟁거리일 것입니다. 물고기자리는 일반적으로 돈이라는 것이 필요하기는 하지만 좀 귀찮은 방해 요소이자 필요악이라고 생각합니다. 가능하다면 신경 쓰지 않으려고 하지요. 어쩔 수 없이 관심 가져야 하는 순간이 올 때까지는 잊고 사는 것이 좋다고 생각합니다. 물고기자리는 별로 절약하지 않습니다. 돈을 축적하거나 잘 세어서 모아두는 법이 없고, 이득과 손실 같은 것을 세세하게 따지는 일도 없습니다. 물고기자리에게 돈이란 별로 창의적이지도 상상력이 풍부하지도 않은, 좀 따분한 주제랍니다.

게자리는 어떨까요? 게자리는 경제적인 문제를 물고기자리보다 훨씬 더 중요하게 여깁니다. 거의 숭배하지요. 전형적인 게자리에게 있어 짤그락거리는 동전 소리는 달콤한 음악이며, 지폐가 바스락거리는 소리는 거의 교향곡이랍니다. 이들은 복잡한 복리이자 계산법을 정확하게 이해하고 있습니다. '조심'과 '절약'은 게자리의 좌우명이지요. 모든 게자리는 가난에 대한 무의식적인 공포를 느끼고 있습니다. 그래서 가끔씩 아주 독특하고 재미있는 버릇을 지니고 있는 게자리도 있답니다.

제가 아는 한 물고기자리 남성이 있습니다. 오래전에 돌아가신 그의 아버지는 게자리였지요. 그 물고기자리는 아버지와 옷을 사러 갔던 어느 날을 아주 생생하게 기억하고 있었습니다. 옷을 사는 것은 일 년에 한 번, 크리스마스 직후에 세일 행사가 있을 때였지요. 게자리 아버지는 매번 자신의 치수보다 훨씬 큰 외투와 바지를 달라고 해서 점원을 당황스럽게 했다고 합니다. 아버지는 새로 산 옷을 입고 무척 행복하게 가게를 나왔는데 그 모습이 가관이었다지요. 너무 긴 소매는 접어 올렸고, 바지는 멜빵이 없으면 흘러내릴 지경이었고, 외투는 옷이라기보다는 마치 어깨에 두른 담요 같았답니다. 물론 입고 갔던 옷은 소중하게 싸서 들고 있었고요.

그는 아버지에게 키가 계속 자라는 어린아이도 아니면서 왜 늘 두 사이즈나 큰 옷을 사는지 용기를 내서 물어보았다고 합니다. 아버지는 아주 논리적이고도 상식적인(게자리에게는) 답변을 들려주었답니다. "모직은 비싼 옷감이거든. 그렇게 하면 같은 가격에 더 큰 모직 천을 얻을 수 있지." 어린 물고기자리는 그게 도대체 무슨 소린지 이해하려 애썼답니다. 하지만 아직도 그 수수께끼를 풀지 못했다고 하네요.

조심과 절약이 게자리의 주제어라면 무심함과 관대함 그리고 가끔은 지나침이 물고기자리의 지배행성인 해왕성의 주제어랍니다.(출생차트의 주요 행성이 게자리, 처녀자리, 황소자리 혹은 염소자리인 경우는 제외하고요.) 물고기자리의 관심을 끄는 유일한 것은 개인의 사생활과 자유를 보장받는 것뿐입니다. 남들에게 방해를 받거나 남들을 방해하는 일 없이요. 물고기자리의 '각자 자기 방식대로 살기' 태도는 물병자리와 비슷한데 어쩌면 더 단호할 수도 있습니다. 대부분 물고기자리는 다른 사람에게 인생을 어떻게 살아야 한다고 말하는 법이 절대로 없습니다. 물론 친구들이나 가족의 삶에 대해 좀 궁금해하는 경향은 있지요. 그렇다고 해서 캐묻거나 염탐하지는 않습니다. 다만 들리는 소문에 만족하는 정도보다는 더 관심이 있답니다.

게자리는 더 소유욕이 강하고 바라는 게 많습니다. 이들은 자신들이 바라는 형태로 타인의 삶을 꿰맞추려 하지요. 또한 자신의 비밀은 호기심 많은 사람들로부터 지키기 위해 이중 삼중으로 자물쇠를 채워둔 채, 타인의 비밀을 캐는 것을 무척 즐깁니다. 게자리는 아주 미묘한 방식으로 남들이 무슨 생각을 하고 있는지 알아내는 능력이 있답니다. 하지만 그들이 무슨 생각을 하고 있는지 여러분이 알아내려고 하면, 그 단단한 게의 껍데기 속으로 들어가서는 절대로 아무 말도 하지 않지요. 하지만 물고기자리는 다른 별자리들(전갈자리는 빼고요.)보다는 운이 좋아서 게자리가 숨기려 하는 비밀을 알아내는 능력이 있답니다. 물고기자리는 상대방의 이야기를 편하게 잘 들어주기 때문입니다. 게자리와의 관계에서는 연민이 많은 해왕성의 잘 들어주는 태도가 무척 도움된답니다. 게자리만큼 악몽을 많이 꾸고, 아름다운 추억과 슬픈 추억을 많이 가지고 있는 사람도 없습니다. 두려움과 꿈, 그리고 떨리는 희망을 이들처럼 많이 가지고 있는 사람은 없지요. 게자리의 이야기에는 엄마에 대한 부분이 있을 것입니다. 다정한 엄마였는지, 가혹한 엄마였는지, 성인과 같은 엄마였는지는 중요하지 않습니다. 그리고 "아무도 날 이해하지 못해."라는 대사가 있을 것이고, 폭포수 같은 눈물과 갑자기 미친 듯 터지는 웃음과 농담과 훌쩍임이 있을 것입니다. 얼마나 즐거운 순간일까요! 누군가 진심으로 걱정하며 자신의 이야기를 들어주고, 사랑받지 못해 불안하고 외로운 상태가 어떤 느낌인지를 잘 이해해주는 사람과의 대화라니요! 게다가 그 사람은 타인의 성공과 영광에 대해서 함께 행복해하고 타인의 좌절과 실패에 대해서는 진심으로 위로해주는 그런 사람이랍니다. 게자리는 안도감으로 가슴이 벅차오를 것입니다. 물고기자리의 겸손함과 친절함도 함께 넘쳐날 것입니다. 해왕성의 에너지가 바닥날 때까지요. 하지만 물고기자리는 그렇게 다 소진되어도 늘 다시 회복된답니다. 게다가 대부분 물고기자리는 그런 상태를 속상해하지도 않습니다. 물고기자리는 게자리의 고백에 대해 겉으로만 관심 있는 척하는 것이 절대로 아닙니다. 그 관심은 진심이며 걱정도 진심입니다. 열두 별자리 누구라도 물고기자리와의 상담 시간을 아주 편안하게 즐길 것입니다. 하지만 하루 24시간 일주일 내내 언제든 할 수 있는 물고기자리와의 상담을 게자리만큼 더 애틋하게 감사하는 별자리는 없을 것입니다.

물고기자리와 게자리는 가끔 돈 문제로 뿌루퉁해지는 때를 제외하고는 대체로 원만합니다. 하지만 이 5-9 태양별자리 관계에는 한 가지 위험이 있습니다. 술이나 약물 중독, 혹은 현실도피 같은 것들이지요. 지나친 사교 활동으로 인한 음주 문제는 게자리와 물고기자리 둘 다 조심해야 합니다. 또한 두 사람 모두 흑마술이나 최면술, 강신술 및 기타 다양한 신비주의 분야와는 안전한 거리를 유지하는 것이 좋습니다. 사람을 현혹하는 주제에 도취되어 비극으로 이어질 수도 있으니까요.

게자리의 진정한 사랑은 집과 난롯가입니다. 물고기자리는 주변 환경의 변화를 추구하고 방랑과 여행의 유혹에 응답하는 사람이지요. 하지만 게자리도 저 멀리 반짝이는 것들에 매혹되어 동굴집을 떠나기도 합니다. 여기저기 살펴보고 다니다가 모래 언덕 어딘가에서 길을 잃고는 집으로 다시 돌아가는 길을 찾지 못하는 경우가 발생하기도 하지요. 그러면 외롭고 길 잃은 게자리는 뒤늦은 후회를 제대로 하게 된답니다. 누가 뭐래도 게자리 여성과 남성은 유목민처럼 생활하는 것을 힘겨워합니다. 게자리는 안락한 자기 집에서 과거의 친숙한 향기를 맡으며 오랜 친구와 이웃에 둘러싸여 지내기 위해 태어난 사람들이랍니다. 부모님과 자녀들과도 가까워야 한다는 건 말할 필요도 없지요.

야망 때문에 게자리가 익숙하고 믿을 수 있는 그런 요람을 버릴 때가 있습니다. 특히 돈은 전형적인 게자리를 반 최면 상태로 만들어 몇 달 혹은 몇 년까지도 심각한 병적 긴장 상태를 유지하게 하기도 합니다. 돈을 벌어서 막대한 부를 축적하겠다는 희망으로 많은 게자리가 아늑한 난롯가와 뒷마당의 사과나무를 떠나지요. 하지만 그들의 마음은 몸을 따라가기를 거부한답니다. 아주 고집스럽게 뒤에 남아서, 꿈속에서 집으로 돌아오라고 속삭이지요.

물고기자리에게는 집이 감성적인 집착의 대상이 되지 않습니다. 게자리와 다릅니다. 물고기자리도 집이 주는 포근한 안정감을 즐기기는 하지만, 해왕성은 물고기자리에게 저 멀리 있는 북소리를 계속 들려줍니다. 아무리 평범한 삶을 살고 있더라도 물고기자리라면 다 같습니다. 그들은 아주 살짝만 도발해도 다른 호수를 향해 길을 나서지요. 지루하게 반복되는 일상으로 자신의 상상력을 억누르는 대신, 강을 거슬러 헤엄쳐 가거나 광활한 대양 위를 떠다니는 위험을 기꺼이 감수한답니다.

　게자리와 물고기자리는 한동안은 어디를 가든 기가 막히게 멋진 시간을 함께 보낼 것입니다. 그러나 곧 뒤에 두고 온 게자리의 마음이 계속 집으로 돌아오라고 밤마다 재촉합니다. 특히 보름달이 뜨는 날 심해지지요. 물고기자리는 게자리를 기쁘게 해주기 위해 함께 집으로 돌아갈 것입니다. 하지만 좋아서 그렇게 하는 것은 아니랍니다. 해왕성이 지배하는 물고기자리에게 변화는 삶을 구성하는 일부입니다. 물고기자리 남성과 여성은 반짝이는 상상력으로 꿈을 짜는 사람들입니다. 하지만 다른 사람이나 어쩔 수 없는 의무 같은 것에 자주 발목 잡히지요. 자신들의 꿈은 접어서 서랍장에 넣어둔 채 먼지만 쌓이게 두고는, 어느 날 갑자기 자유가 찾아오는 기적 같은 아침을 기다린답니다. 이상하게도 그 중요한 순간에조차 물고기자리는 망설입니다. 그 꿈이 미지의 세계로 가는 여행에서 보호 장치가 될 만큼 강렬한 것인지 확신이 서지 않습니다. 망설임의 시간이 길어지면 자유의 기회도 떠나버리고 말지요. 그러고 나면 물고기는 다시 평범한 일상이라는 암초에 붙잡혀 살아갑니다. 다시 한 번 반짝이는 아침이 찾아올 때를 기다리면서도. 어떤 때는 또 다른 기회가 오지만 어떤 때엔 오지 않기도 하지요. 하지만 물고기자리는 계속 기다린답니다. 새로운 기회에 대한 소망을 멈추지 않지요.

　기다리는 동안에도 물고기자리의 삶은 지루하지는 않습니다. 게자리의 매혹적인 이야기들을 들어줘야 하니까요. 때로는 전화로 혹은 편지로 길을 잃고 집을 그리워하고 있다는 소식을 들어줄 수도 있지요. 아니면 주변 가까이에 있는 게자리 친구와 많은 이야기를 나눌 수도 있습니다. 그 게자리 친구는 기회가 지나가버리기 전에 물로 뛰어들어야 한다고, 그게 신기루일까 봐 걱정하지 말라고 물고기자리를 설득합니다. 그러면 물고기자리는 그 친구의 말에 미소 지을 것입니다. 왜냐면 그 게자리에게 미래에 대한 걱정을 멈추라고 가르쳤던 장본인이 바로 자신이었으니까요.

게자리 여성과 물고기자리 남성

그녀가 잠들었을 때 꿈을 꾸었다. 그 꿈속에서 네버랜드가 아주 가까이 다가왔다.

그리고 이상한 소년이 하나 뛰어나왔다. 소년은 그녀를 놀라게 하지는 않았다.

왜냐면 그전에도 그를 본 것처럼 생각되었기 때문이다.

소년은 아직 아이가 없는 여성들의 얼굴에서 여러 번 본 듯했다.

어쩌면 어떤 아이 엄마들의 얼굴에서 본 듯도 했다. 꿈 자체는 특별할 것이 없었다.

하지만 그녀가 꿈을 꾸는 동안 창문이 휙 열리더니 한 소년이 마루에 내려섰다.

소년은 이상한 불빛과 함께였다.

게자리 여성과 물고기자리 남성은 둘 다 물 별자리로서 5-9 태양별자리 관계입니다. 두 사람은 다른 구성 원소로 된 5-9 태양별자리 관계보다 여러 면에서 더 강렬한 매력을 느끼고 끌립니다. 두 사람이 가진 신비스러운 물의 성향은 아주 섬세하답니다. 서로를 빠져들게 하는 동시에 서로의 이미지를 반영해주지요. 그래서 두 사람의 사랑은 종종 아무리 오랫동안 함께해도 꿈처럼 환상적입니다. 혹시라도 다퉈서 잠시 떨어져 있을 때면, 두 사람은 다른 커플들보다도 훨씬 더 많이 그리워하고 서로의 빈자리를 크게 느끼지요. 헤어진 지 얼마 안 되는 게자리와 물고기자리 커플이라면 세상 누구보다도 슬프고 우울할 것입니다.

희망을 좀 가져도 괜찮습니다. 게자리와 물고기자리는 서로 화해할 가능성이 높으니까요. 하지만 게자리 여성은 뿌루퉁하게 구는 걸 멈추고, 물고기자리 남성은 자신으로부터 도망가려는 시도를 그만둬야 합니다. 자신을 회피하는 것은 절대로 해결책이 될 수 없지요. 자신의 또 다른 반쪽을 평생 회피하는 것은 불가능한 일이니까요. 두 사람 사이의 달별자리, 동쪽별자리, 화성, 금성 중에 하나 이상이 부정적인 각도를 맺고 있다면, 두 사람은 다시 화해하지 못한 채 살아갈 수도 있습니다. 하지만 두 사람이 사랑했던 기억은 언제나 남아 있을 것입니다.

별자리를 구성하는 네 가지 원소 중에 물이 가장 신비로운 성향을 가지고 있습니다. 저는 놀랍게도 제 안에 작은 '물의 명상'이라는 예상 밖의 성향이 있다는 것을 발견했답니다. 저의 명상은 주로 갈증이 날 때 시원한 물을 한 모금 들이키거나 아니면 손에 묻은 잉크 자국을 비누와 물로 씻어내고 수건으로 닦을 때, 혹은 따뜻한 물로 샤워를 할 때 이뤄집니다. 그럴 때면 내 몸뿐만이 아니라 내 영혼도 함께 깨끗해지고 활력이 차오르며 신선해지는 기분이 들지요. 이런 '물의 명상'이 마음속에서 반짝거릴 때는 마치 새하얗기도 하고 초록빛을 띠기도 한 빛줄기가 섬광처럼 지나가는 것 같습니다. 그리고 나면 기적처럼 물이 우리의 가장 기본적이고 중요한 원소라는 것을 새삼 깨닫게 되지요. 물이 없다면 어떻게 될까요? 어떻게 살아갈까요? 갈증을 해결해줄 물도 없고, 손을 씻거나 몸을 씻을 물도 없다면요? 모든 부정적인 에너지와 추함과 더러움을 깨끗하게 씻어주고, 세상을 다시 새롭고 깨끗하게 반짝이게 만들어주는 것이 물이지요. 신선한 내음이 나는 부드러운 빗줄기가 내 얼굴에 쏟아지는 상상을 해봅니다. 갑자기 최근에 물과 관련한 지구촌 재앙이 떠오르네요. 산성비와 폭설 같은 것들 말이에요. 산업 발달로 인한 공해와 자동차 매연, 원자력 쓰레기 그리고 황산화 가스 등이 꾸준히 증가하고 있지요. 산성비로 호수의 물고기가 죽어나가고 푸르렀던 들판이 황폐화되는 경우가 발생하고 있습니다. 1960년대만 하더라도 산성비는 일부 유럽 국가와 캐나다 그리고 미국의 북동부 지역의 문제였습니다. 하지만 지금은 미시시피 강 전역과 캘리포니아 남부에 내리는 비도 생태계에 치명적인 수치에 빠르게 근접한다고 합니다. 이 지역에서는 금속과 석조 건물의 부식도 빠르게 진행되고 있지요. 인간이란 참으로 어리석지요. 독성분을 그렇게나 많이 하늘로 올려 보내다니요. 그러니 구름은 더는 우리를 보호해주지 못하고 산성비를 내리고, 지구는 서서히 죽음으로 향해 가고 있는 것만 같습니다.

소중한 무엇인가를 잃는다는 것이 바로 이런 것입니다. 게자리 여성과 물고기자리 남성이 서로 깊이 사랑하다가 상대방을 잃을 때 바로 이렇게 느낍니다. 물고기자리 남성이 게자리 여성을 잃게 된다면 어떻게 세상을 살아갈까요? 그녀의 행복한 눈물이 쓰디쓴 산성비가 된다면 어떻게 될까요? 또 게자리 여성은 물고기자리 남성 없이 어떻게 살까요? 게자리 여성과 물고기자리 남성은 겉으로 보기엔 말 없고 조용하지만, 믿을 수 없을 만큼 강렬한 감정을 느낀답니다. 두 사람은 서로를 잃을 가능성이 현실로 닥치면 너무나 큰 충격을 받습니다. 이성과 마음 그리고 영혼까지도 말로 표현할 수 없는 감정에 휩싸입니다.

다행히 두 사람은 은총을 받은 5-9 태양별자리 관계이지요. 이들에게는 서로 간의 차이가 비교적 사소한 것들이어서 쉽게 양보하고 원만하게 조정할 수 있습니다. 또 두 사람 모두 해피엔딩을 좋아하지요. 처음에는 두 사람 사이의 문제들이 커 보일 수 있겠지만, 두 사람이 공통으로 가지고 있는 물의 장점들 덕분에 두 사람의 끌림은 무척이나 강력하답니다.

두 사람이 사는 정원에 처음 세운 허수아비는 이상한 재질로 만들어져 있을 것입니다. 도대체 뭘까요? 분명 원래 허수아비를 만드는 지푸라기는 아닙니다. 녹색을 띠고 있고, 약간 지저분하기도 하고, 접힌 주름도 보이고, 여기저기 금속으로 고정해놓은 것도 보입니다. 뭔지 아시겠어요? 바로 돈이랍니다. 당연하겠죠! 뭐 길게 보면 돈은 지푸라기보다도 더 가치가 없을 테니까요. 돈이라는 허수아비는 일부 게자리 여성과 그들이 사랑하는 물고기자리 남성을 두렵게 할 수도 있습니다. 두 사람 사이에 높은 장벽을 쌓을 수 있는 매개체가 될 가능성이 있거든요.

게자리 여성은 돈을 절약하고 모으고 은행에 보관하거나 주머니에 넣어둡니다. 또 투자를 통해 돈이 꾸준히 늘어나는 것을 보는 걸 무척 좋아합니다. 전형적인 게자리 여성은 돈을 단순히 절약하는 수준을 넘어섭니다. 그녀는 물고기자리 남성에게 잔소리를 할 수도 있습니다. 그가 돈을 긁어모으는 일에 너무 관심이 없고, 친구들에게 너무 잘 나눠주며, 온갖 취미 생활을 위해 돈을 펑펑 쓰는 것에 대해서요. 게다가 식당이나 호텔의 직원들이나 짐꾼 같은 사람에게는 또 어찌나 팁을 과하게 주는지요. 게자리 여성이 보기에는 그렇답니다.

그는 게자리 여성이 정말로 인색한 것이 아니라 안전에 대한 걱정 때문이라는 것을 이해하도록 노력해야 합니다. 세상이 얼마나 불안한 곳인지는 그도 인정할 수밖에 없을 겁니다. 그리고 게자리 여성도 돈 문제에 지나치게 집중하면, 물고기자리 남성의 자유로운 발상과 상상력을 동시에 갉아먹게 된다는 사실을 이해하도록 노력해야 합니다. 그리고 두 사람은 각각 다른 은행 통장을 관리하면서 상대방의 돈 문제에는 관여하지 않는 것이 좋습니다. (그렇게 해도 물고기자리 남성보다는 게자리 여성 쪽이 상대방의 은행 잔액에 더 관심이 많을 것입니다.)

또 다른 허수아비가 달빛에 어렴풋이 나타납니다. 달빛을 받으면 사물은 더 신비스럽지만 으스스해 보이거나, 신비스러우면서도 아름답게 보이거나 둘 중에 하나입니다. 이번 허수아비는 두 사람 모두 서로에게 불평하는 변덕스러움입니다. 물고기자리 남성이 해왕성의 침묵 속으로 명상을 하러 들어가면 게자리 여성은 화가 납니다. 그가 도대체 무슨 생각을 하고 있는지 말해주지 않기 때문이지요. 반대의 경우도 생깁니다. 달이 이지러지는 때에 그녀가 설명할 수 없는 우울함 때문에 시무룩해져서는 게자리 껍데기 속으로 기어들어가 버리고 나면, 물고기자리 남성은 우울해집니다. 물고기자리는 주변에 있는 사람들의 감정을 모두 흡수합니다. 게자리는 마치 사진 건판처럼 감정을 그대로 반사하지요. (대부분 게자리가 사진작가이거나 사진에 무척 관심이 많은 건 우연이 아니랍니다.) 그런 이유로 게자리 여성은 그의 침묵을 반사하고, 물고기자리 남성은 그녀의 우울함을 그대로 흡수합니다. 그는 그녀가 아무 말 없이 가만히 있을 땐 무슨 생각을 하는지 궁금합니다. 물론 그의 호기심은 게자리 여성처럼 많이 드러나지는 않지요. 이 두 사람은 모두 비밀을 지키고 싶어 하면서도 동시에 상대방의 비밀은 알고 싶어합니다. 둘 다 자신들의 비밀은 잘 감춰두면서 남들의 비밀은 아주 잘 캐내지요. 두 사람이 서로에게 이런 특징이 있다는 걸 알고 나면, 그냥 웃어넘길 방법을 배울 수 있을 것입니다. 그러면 이런 점 때문에 두 사람 사이에 긴장감이 생기도록 내버려두는 일은 줄어들겠지요. 이럴 때 게자리 여성의 광기 어린 유머 감각이 두 사람의 문제를 막을 수 있는 은총 같은 장점으로 작용할 수 있습니다.

두 사람이 사랑을 나눌 때 방해가 되는 '성적인 허수아비'는 없을 것입니다. 두 사람의 달별자리와 동쪽별자리 사이에 심각한 충돌 각도만 없다면요. 일반적으로 게자리와 물고기자리는 육체적인 면에서 이상적인 짝입니다. 두 사람은 주기만 하거나 받기만 하는 것이 아니라, 성적인 결합을 통해 만족감이라는 선물을 서로 주고받는 아주 희귀한 경험을 하게 됩니다. 다른 연인들은 절대로 얻지 못하는 그런 체험입니다. 두 사람은 너무나 가깝고, 서로의 필요와 욕망을 텔레파시처럼 잘 이해하고 있지요. 그래서 열정은 떨림을 잠재우고 심오한 평화를 가져다줍니다. 나중에 두 사람이 헤어지면 그 합일의 순간이 눈앞에 어른거리게 될 겁니다. 그것은 말로 설명하기에는 너무나 깊은, 마법 같은 기억이지요. 그래서 언제까지나 가슴 깊이 간직하고 싶은 그런 기억이랍니다.

게자리 여성이 때때로 느끼는 공포와 불안에 대해 물고기자리 남성은 참으로 다정한 인내심으로 귀를 기울입니다. 게자리 여성은 따뜻하고 부드러운 배려의 담요로 자기 의심의 계절인 겨울에 물고기자리를 덮어줍니다. '물의 명상'이 두 사람의 관계를 보호해줄 수 있다는 사실을 기억하시죠? 서로를 얼마나 필요로 하는지 기억한다면, 두 사람이 서로에게 의지할 때 느끼는 특별한 안정감을 잃는 것은 생각할 수도 없지요. 두 사람은 서로의 생각에 대해 놀라울 정도로 민감해서 말 그대로 상대방의 마음을 읽을 수 있을 정도입니다. 하지만 게자리 여성의 반사하는 성향과 물고기자리 남성의 흡수하는 성향 때문에 정신적이고 감정적인 공해는 지속적인 위험 요소로 작용합니다. 두 사람은 자신들의 좌절을 안전한 수치보다 너무 높거나 너무 낮아지게 내버려두지 않도록 해야 합니다. 긴장감의 구름이 분노와 좌절 그리고 이기심이라는 산성비를 내리면 행복을 죽일 수 있으니까요. 실제로 자연 속에서 산성비가 모든 생명을 죽이는 것과 마찬가지 이치랍니다. 시원한 여름 소나기를 맞으면 풀들이 상큼한 향기로 진동하지요. 그처럼 사랑도 늘 새롭게 가꾸고 보호할 가치가 있답니다.

게자리 남성과 물고기자리 여성

그리하여 그들이 앉아 있는데 뭔가가 마치 키스처럼 가볍게 피터의 뺨을 스쳤다.
그러고는 마치 수줍게 "제가 무슨 쓸모가 있지 않을까요?"라고 말하는 것처럼 뺨에 머물렀다.
그녀는 그의 눈물이 너무 좋아서 그녀의 아름다운 손가락을 내밀어
그의 눈물이 손가락을 타고 흐르도록 했다.

모든 게자리 남성은 누군가 아기처럼 자신을 돌봐주는 것을 좋아합니다. 심지어 그렇게 해달라고 요구하기도 하지요. 마치 엄마가 애지중지 자신을 키워줬던 것처럼요. 아주 간단합니다. 어릴 때 양말은 알아서 빨래통에 넣고, 설거지도 직접 하고, 자기가 할 일은 자기가 알아서 하면서도 사랑을 듬뿍 받으며 자랐다면, 그 게자리 아이는 커서도 그렇게 합니다. 사랑하는 여인이 자신에게 다정다감하고 충실하게 대해줄 거라 당연히 기대하고, 가사에도 함께 참여할 것입니다. 또한 가까운 사이에서 발생할 수 있는 분노나 긴장감에 대해서도 한쪽이 아니라 모두에게 책임이 있다고 생각할 것입니다. 부모와 자식 사이거나 연인 또는 부부, 어떤 관계라도 두 사람은 동화처럼 오래오래 행복하게 잘 살 것입니다.

하지만 게자리 남성이 어린 시절에 '엄마'로 인해 버릇없이 길러진 경우라면, 어른이 되어서도 사랑하는 여인이 모든 걸 다 해주기를 기대합니다. 사랑을 주고 다정다감하게 대해 주는 것만으로는 안 됩니다. 그녀는 그가 벗어놓은 양말도 대신 정리해 주어야 하고, 가사를 분담할 것을 요구해서도 안 되며, 밥은 일일이 차려줘야 하고 옆에서 이런저런 잔심부름도 해줘야 하며, 동시에 그를 숭배하고 흠모해줘야 하지요. 그가 틀렸을 때도 옳다고 말해줘야 하고, 그를 비난하는 사람들에 맞서 그를 옹호해주어야 하며, 정서적으로도 지지해주어야 하고, 두 사람 사이에 생길 수 있는 불화에 대해서도 그에게 절대로 책임을 물어서는 안 된답니다.

다행스럽게도 물고기자리 여성은 다른 사람을 다정하게 돌보는 능력을 타고났기 때문에 대부분의 경우에 이 모든 일을 잘해낼 것입니다. 하지만 그녀 자신의 개성은 억눌러야 하겠지요. 그녀의 꿈은 게자리 남성의 꿈보다 덜 중요해질 것이고, 두 사람이 다투었을 때는 그녀가 늘 먼저 화해를 시도하고 오해를 풀기 위한 노력을 하겠지요. 그녀가 게자리 남성의 어깨에 기대어 울기보다는 그가 그녀 어깨에 기대어 우

는 경우가 훨씬 더 많을 것입니다. 물고기자리 여성은 아름다운 겸손함과 동정심, 그리고 다른 사람들에게 행복을 주고 싶은 순수한 마음과 이타심으로 가득 찬 사람입니다. 그래서 두 사람의 관계는 제법 잘 맞을 것입니다. 하지만 물고기자리 여성은 아주 천천히라도 게자리 남성이 좀 더 성숙한 인간이 될 수 있도록 가르쳐야만 합니다. 그녀 또한 감정이 있는 사람이며 가끔은 상대방의 배려가 필요한 사람이라는 것을 그가 알 수 있도록 가르쳐야만 합니다. 그렇게 하지 않으면, 그녀는 게자리 남성의 어머니가 겪었던 것과 똑같은 문제로 고생하게 됩니다. 물고기자리 여성은 겸손함과 자기 학대 사이를 넘나들고 복종과 희생을 혼동하기 쉽지요.

다른 유형의 게자리 남성도 있습니다. 어린 시절에 어떤 식으로든 타인으로부터 거절당한 경험이 있는 경우입니다. 고아로 자랐거나 입양된 경우, 혹은 부모가 너무 바빠서 게자리 자녀의 모든 요구에 일일이 부응하지 못한 경우 등입니다. 어쩌면 엄마가 감정적으로 차가운 사람이었을 수도 있습니다. 그래서 게자리 아이는 잠들기 전에 누군가 동화책을 읽어주기를 간절히 바라고 따뜻한 포옹과 입맞춤이 절실히 필요했지만, 혼자 울면서 잠들어야 했을 수도 있습니다. 아니면 경제적으로 어려운 가정이어서 밤마다 어른들이 돈 문제로 걱정하는 소리를 들으며 자랐을 수도 있습니다.

이런 게자리 남성을 사랑하는 물고기자리 여성이라면 할 일이 무척 많답니다. 그녀는 그의 심리상담가이자, 정신과 의사이자, 가장 친한 친구이자, 그의 어머니와 아버지 역할을 해야 합니다. 물론 궁극의 여인상이어야 하는 건 말할 것도 없지요. 그녀는 그가 아무리 악마처럼 굴어도 등 돌리지 않고 그를 미워하지도 않는 순백의 천사이기도 해야 합니다. 간단히 말하자면 물고기자리 여성의 지속적인 인내심과 연민으로 게자리 남성이 과거에 입은 모든 상처를 낫게 하는, 사랑의 기적을 행해야 한다는 뜻이지요. 어느 날 게자리 남성이 잠에서 깨면, 더디긴 했지만 확실하게 스스로에 대한 신념과 자신감을 되찾았다는 것을 깨닫게 될 것입니다. 그런 후에라야 그 또한 그녀를 이타적으로 사랑할 수 있게 됩니다. 진실로 자신을 좋아하고 존중해야 타인을 진정으로 사랑할 수 있답니다. 사랑에 있어서의 불변의 법칙이지요.

5-9 태양별자리 관계는 마법 같은 힘이 있습니다. 그래서 물고기자리 여성은 자신이 사랑하는 게자리 남성이 앞서 말한 불우한 환경에서 자란 경우라는 것을 알게 되어도 별로 당황하지 않을 것입니다. 그리고 그녀는 다른 대부분의 사람보다 인간관계의 복잡함을 훨씬 더 잘 이해합니다. 그녀는 크든 작든 모든 문제를 받아들이지요. 얼마나 끈기 있고 침착하게 문제를 해결할 것인지 결정을 내리는 능력도 있고요. 이 모든 것이 해왕성에게 받은 장점이랍니다. 그녀는 지나치게 화를 내는 법이 없으며, 그 모든 일을 담담하고 쉽게 받아들입니다. 그녀의 내면이 차분하고 침착하

기 때문이지요. 그녀는 자신의 소망과 꿈을 실현하기 위해 자신보다 더 지혜로운 존재의 안내를 받아들일 준비가 되어 있답니다. 그녀가 가는 길에 놓인 장애물을 극복하기 위해 그녀가 할 수 있는 일을 할 겁니다. 더 뭘 어떻게 할 수 있을까요? 자신이 할 수 있는 만큼 노력하고 나서도 결과에 대해 계속 걱정하는 것은 에너지 낭비이지요. 물고기자리는 걱정을 많이 하는 타입은 아닙니다. 그녀가 절망 따위는 전혀 하지 않거나 두려움과 불안함을 잘 극복하는 사람이라는 것은 아닙니다. 물고기자리 여성은 종종 우울함에 푹 빠져 있기도 합니다. 하지만 대체로는 오래가지 않아 툭툭 털고 다시 차분하고 밝은 자신을 되찾습니다. 다 잘 될 거라는 긍정적 사고로 다시 돌아오지요. 그녀는 피할 수 없는 상황을 받아들이고 결국엔 다 괜찮아질 거라고 믿는답니다.

해왕성의 본능 외에도 물고기자리는 통찰력이 있습니다. 다이아몬드가 다듬어지기 전 원석인 상태에서도 그 가치를 알아볼 정도로 통찰력이 뛰어나지요. 이럴 때는 상상력의 도움도 크게 받습니다. 이런 식으로 물고기자리 여성은 그녀가 사랑하는 게자리 남성이 가진 장점을 볼 수 있습니다. 인생의 동반자로서 그가 지닌 다양한 가능성과 잠재력을 볼 수 있지요. 그녀는 그와 함께 있는 게 편안합니다. 그는 공격적이지도 않고 지나치게 비판적이지도 않지요. 물론 달이 모양을 바꿀 때 우울해지는 며칠은 예외로 하고요. 게자리 남성은 뭔가 부드러운 면이 있어서 그녀를 감동시키기도 합니다. 동시에 그에게는 확고한 목적의식이 있고 책임감도 있기 때문에, 그녀는 미래에 대해 안정감을 느끼게 됩니다. 그는 똑똑하기도 하고 멋진 유머 감각도 지니고 있습니다. 물고기자리 여성을 웃게도 하고 울게도 하지요. 그는 재치가 넘치고 총명합니다. 그는 기분이 잘 변하지만, 물고기자리 여성은 그 때문에 더 관심을 갖고 그를 궁금하게 여깁니다. 게자리 남성의 기분 변화는 사랑이 습관처럼 반복되는 것을 막아줍니다. 또한 그는 그녀가 그에게 그러하듯 그녀의 마음을 읽어낼 수 있습니다. 그는 언제 그녀를 안아야 하는지, 언제 두 사람만의 은밀하고 친밀한 비밀과 열정의 세계로 도망을 가고 싶어 하는지를 잘 아는 것처럼 보입니다.

말 한마디 하지 않아도, 두 사람은 언제 육체적인 사랑을 표현해야 하는지 잘 안답니다. 두 남녀의 자연스러운 결합은 늘 그렇듯 불안한 마음을 고요하게 해주지요. 두 사람의 육체적인 결합에서 문제가 발생하는 유일한 경우는 게자리 남성이 물고기자리 여성을 움츠러들게 만들 때입니다. 그가 얼마나 물고기자리 여성을 필요로 하는지 그녀에게 알려주지 않고, 자신의 이름 모를 두려움과 걱정에만 너무 빠져 있을 때 이런 현상이 발생합니다. 하지만 물고기자리 여성은 게자리 남성이 다시 다정해질 때까지 기다려줄 것입니다. 시간이 걸려도, 마치 비를 기다리는 꽃의 마음으로 가만히 기다려줄 것입니다. 또는 게자리 남성이 무관심을 가장하며 껍데기 속으로 기어들어가 버릴 수도 있습니다. 말다툼 후에 물고기자리 여성이 그에게 단호하게 대하거나 냉소적으로 대할 때 이런 경우가 생기지요. 물고기자리 여성이 말을 불친절하게 하거나 단호하게 하는 경우는 무척 드물기 때문에, 예민한 게자리는 더 크게 충격을 받을 수 있고 거부당한 느낌이 들게 됩니다. 하지만 이런 일들은 그리 심각하지 않습니다. 얼마 가지 않아 게자리와 물고기자리 사이의 강력한 흡인력이 다시 돌아올 것이고 서로를 다시 끌어당기게 될 테니까요.

게자리와 물고기자리는 각각 다른 방식으로 강인한 면이 있습니다. 물고기자리 여성의 강인함은 실패해도 그걸로 끝이라고 믿지 않는 태도에서 나옵니다. 물고기자리 여성은 행복은 경험이라는 나무에서 열리는 과실이라고 믿는답니다. 아무리 힘든 시기도 결과적으로는 얼마든지 좋은 결실을 맺을 수 있다고 믿지요.

게자리의 강인함은 자신이 진실로 원하는 것이라면 그게 무엇이든 절대로 그냥 가게 내버려두지 않는 태도에서 비롯됩니다. 게의 집게발은 원하는 대상에 강력하게 매달려 놀라울 인내심으로 버티지요. 게자리가 한번 붙잡으면 아무리 먼 거리에 떨어져 있어도 도망치기가 쉽지 않습니다. 물고기자리 여성은 한두 번 펄떡거릴 순 있겠지만 계속 피하기는 어렵답니다.

하지만 대체로 물고기자리 여성은 게자리 남성이 끌어당기는 힘에서 벗어나려고 애를 쓰느라 힘을 낭비하지 않습니다. 그녀는 누군가가 자신을 간절히 원하는 것이 아름답다고 생각합니다. 실제로 그렇지요. 그것은 전형적인 물고기자리 여성에게 생길 수 있는 일 중에 아마도 가장 아름다운 일일 것입니다. 하지만 누군가가 자신을 간절히 원한다는 것이 정말 행복한 일이기는 하지만, 소유하려 들면 숨이 막힐 수도 있지요. 가끔 물고기자리 여성은 사랑하는 게자리 남성에게 이런 사실을 친절하게 설명을 해야 하는 때가 있답니다. 그러면 게자리 남성은 아무 말 없이 돌아서서 흐느끼며 외로워할 것입니다. 분명 거부당한 느낌을 받겠지요. 그녀가 개인적인 시간이 좀 필요하다고 느끼게 된 원인이 자신의 집요함 때문이라는 생각은 전혀 하지 못할 겁니다. 그러면 물고기자리 여성은 말하겠지요. "미안해요. 당신을 속상하게 하려는 맘은 없었어요. 당신은 이 세상에서 제가 가장 좋아하는 사람인 걸요. 이리 와요. 우리 새로 뜨는 초승달을 보며 소원 빌러 가요!" 그러면 게자리 남성은 다시 환하게 웃으며 그녀의 손을 꼭 잡고 이렇게 말하겠지요. "좋아요, 어서 가요! 당신 소원이 뭔지 내가 맞혀볼까요?"

물고기자리 여성은 부드럽게 미소 지으며 이렇게 답할 것입니다. "그래요. 당신은 늘 내 비밀을 다 알고 있잖아요. 나도 당신이 무슨 소원을 빌지 알 것 같아요." 게자리 남성은 신이 나서 속삭일 것입니다. "쉿! 아무한테도 말하면 안 돼요." 물고기자리 여성은 하늘에 대고 맹세할 것입니다. 그 누구에게도 그의 비밀을 말하지 않겠다고요. 그리고 두 사람은 어느 초원으로 가서 하늘에 뜬 달을 보며 소원을 빕니다.

하지만 게자리 남성은 물고기자리 여성의 소원에 대해 자기가 추측한 것이 틀렸다는 사실은 모르고 있답니다. 해왕성은 달에게 말하지 않는 것이 아주 많지요. 네, 물고기자리는 늘 뭔가를 뒤로 감추거나 어딘가에 숨겨놓습니다. 그건 게자리 남성도 마찬가지랍니다. 모든 비밀을 그녀와 함께 공유하지는 않지요. 그런 척할 뿐입니다.

두 사람이 가장 지키고 싶어 하는 각자의 비밀을 제가 여러분께 알려드릴게요. 두 사람이 서로 알아맞히기 게임을 그렇게 많이 하는 이유는 바로 그렇게 해야만 상대방의 관심을 잃지 않는다고 믿기 때문이랍니다.

사자자리와
열두 별자리가 만났을 때

Leo, the Lion

사자자리 Leo

불 · 유지하는 · 능동적
지배행성: 태양
상징: 사자 혹은 수줍은 고양이
양(+) · 남성적

Leo 사자자리

불 · 유지하는 · 능동적
지배행성: 태양
상징: 사자 혹은 수줍은 고양이
양(+) · 남성적

사자자리와 사자자리의 관계

"와, 멋지다!"

"와, 끝내준다!"

"나 좀 봐!"

"나 좀 봐!"

"나 좀 봐!"

두 사자자리는 '서로 칭찬하는 모임'을 만드는 데 필요한 최고의 회원입니다. 회비를 내야 하냐고요? 물론 숭배라는 회비를 내야 하지요. 그게 사자자리에게는 돈보다 가치가 있으니까요.

열두 개의 모든 별자리는 소극적인 유형과 적극적인 유형이 있습니다. 당연한 일이지요. 사자자리 또한 소극적인 유형이 있고 적극적인 유형이 있습니다. 하지만 어느 유형에 속하든, 제가 만난 사자자리는 모두 방을 환하게 밝히는 멋진 사자의 능력을 지녔답니다. 태양의 지배를 받는 사자자리의 울림은 실제 감각으로 느낄 수 있습니다. 사자자리 남성이나 사자자리 여성과 함께 있을 때면 당신의 몸 전체를 통해 실제로 느껴지지요. 햇빛이 쨍한 바닷가에 누웠을 때, 당신의 몸이 에너지와 밝은 햇살을 흡수하는 것과 같습니다. 따뜻함을 쬐는 일은 분명히 느긋한 휴식이지요. 당신 주변의 사자자리가 당신을 따뜻하게 감싸주는 것을 단 한 번이라도 알아차린 적이 없나요? 그들이 못된 독재자처럼 굴며 당신의 단점에 대해 훈계를 늘어놓거나, 주변에서 거들먹거릴 때조차 따뜻하다는 사실을 알아차린 적이 없나요? 따스하고 다정하며, 애정이 넘치고, 놀기 좋아하는 고양이와 새끼 고양이를 거부하기란 어렵지요. 따스하고 다정하며 애정이 넘치고 명랑한 사자도 마찬가지로 거부하기 어렵답니다.

대부분의 사자자리는 고양이를 신비스럽게 여깁니다. 자석처럼 끌리지요. 저는 무척 현명하고 품위 있으며 숭배받을 자격이 있는 사자자리 중의 한 명을 알고 지내는데, 그는 종종 애석한 듯이 말합니다. "새끼 고양이가 유일한 낙이라니까요." 저는 꽤 사나운 콜로라도산 새끼 고양이들을 기르는데, 이 녀석들은 누구든지 자기 발톱을 깎으려는 사람이 있으면 눈을 할퀴려고 달려들곤 하지요. 그런 녀석들이 그 사자자리한테만은 평화롭게 가르릉거리면서 발톱을 깎도록 허락한답니다. 제 생각에는 모든 고양잇과 동물은 대자연이든 뒤뜰이든 또는 천문해석학의 동물원이든, 어디서든 짝을 이룰 때면 서로를 이해하고 신뢰하는 것 같습니다.

한 팀이 된 사자자리들은 타의 추종을 불허하는 충성심과 헌신을 보일 뿐 아니라 적으로부터 서로를 맹렬하게 보호합니다. 두 사자자리는 둘의 우정을 지속하는 데 필요한 자질들을 모두 지녔지요. 사실, 일반적인 세상의 기준을 훨씬 뛰어넘는 우정은 큰 고양이의 공통된 특징입니다. 사자들은 우정, 사랑 또는 신성한 믿음의 이름으로 영웅적인 희생과 고통을 감내할 수 있습니다. 그것은 사자자리의 속물적인 우월감 콤플렉스와 군림하려는 태도와는 모순되는 일종의 불굴의 헌신이랍니다.

15세기에 리처드 3세가 랭커스터 당에 속한 충신 헨리 위아트 경을 감옥에 보내라고 명령했습니다. 그런데 한 여성이 헨리 경이 갇힌 어둡고 축축한 지하 감옥으로 들어가는 길을 찾아내었고, 두 사람은 굳건한 우정을 키워갔습니다. 헨리 경의 충직한 친구가 된 그 사자자리 여성이 날마다 방문하지 않았더라면 헨리 경은 추위와 굶주림의 고통을 견뎌낼 수 없었을 것입니다. 그녀는 가능한 한 자주 그에게 음식을 가져다주었습니다. 본래 고양이는 안락함을 좋아하지요. 그녀가 그 일을 할 수 있었던 것은 분명 죄수에 대한 애정 때문이었을 것입니다. 헨리 경의 감옥은 결코 따뜻하고 아늑하고 매력적인 난롯가가 아니었지요. 모든 사자자리는 충성심과 고결함을 마음속에 지니고 있답니다.

헤어진 짝과 만나기 위해, 고양이는 수백 킬로미터 또는 수천 킬로미터를 여행하고 극도의 고난을 감수한다고 합니다. 사자자리 남성과 여성 또한 한때 사랑했던 연인을 되찾기 위해서 엄청난 희생과 끈기를 발휘합니다. 둘 사이에 놓인 장애가 아무리 극복할 수 없을 것처럼 보여도요. 가끔 짜증을 유발하는 자부심 강한 태도와 냉담한 독립심에도 불구하고, 고양이는 기이하고 경이로운 존재이지요. 고양이와 사자자리 모두 그렇습니다. 제 말이 미덥지 않다면 그들에게 직접 물어보세요! 사자자리는 겸손하거나 자신을 감추는 사람들이 아니니까요.

사자자리에게는 그다지 칭찬할 수 없는 다른 자질도 있습니다. 곤경에 처했을 때는 강하고 용맹스럽지만, 사자자리는 참을 수 없도록 거만하고 종종 허영심에 눈이 먼답니다. 그들의 따뜻한 천성과 쾌활한 성격은 예고 없이 왕의 냉랭한 위엄으로 변하곤 하는데, 특히 평민들이 감히 왕과 왕비를 비판하려고 할 때가 그렇습니다. 사자자리는 존경하고 복종해야 마땅한 왕족의 권리를 침해하는 자라면 누구에게라도 사납게 포효하며 경고를 할 것입니다.

사자자리 두 사람이 삶을 함께한다면, 다른 어떤 1-1 태양별자리 관계보다(양자리를 제외하고) 더 자주 싸우고 소리를 지르고 화해할 것입니다. 이것은 내적으로나 외적으로나 멈출 수 없는 패권 전쟁입니다. 그들은 가르릉거리면서 친하게 지내고 기분 좋게 만족합니다. 그들은 서로의 부푼 허영심과 어리석은 자존심을, 그리고 칭찬받기 원하는 마음을 이해합니다. 그러나 그들은 작은 동물들의 투표에 출마하지 않을 수가 없지요. 그들은 오직 둘이 있을 때만 서로가 동등하다는 점에 동의합니다. 서로에게 존경을 표하고 관계를 돈독하게 합니다. 제3자(그리고 네 번째, 다섯 번째)가 나타나면 잠재적인 관중 앞에서 영토와 관심을 놓고 벌이는 싸움이 시작됩니다. 결국 두 사자자리 중 한쪽은 주연이고 다른 사자는 대역이나 조연 배우라는 사실을 깨닫지요. 이것은 과장이 심하고 외향적인 사자자리 남녀뿐 아니라 내성적인 사자자리 커플에게도 적용됩니다. 유일한 차이점은 후자가 전자보다 요란한 소리를 훨씬 덜 낸다는 것이지요. 모든 사자자리는 숭배받고 존중받아야 합니다. 권력의 홀을 내주기 전에는, 어떤 사자자리도 다른 사자를 숭배할 수 없답니다. 사자자리는 타인에게 절을 할 수 없는 운명을 타고났습니다.

두 사자자리는 자기들끼리 있을 때조차 매료된 청중 앞에서처럼 모든 일에 격식을 갖춥니다. 만약 사자자리 정치가가 주지사에 출마한다면 가장 큰 주에서 출마할 것입니다. 사자자리는 우리네 보통 사람들보다 더 크고 사치스러운 선물을 주며, 대개는 더 큰 차를 운전하기를 좋아합니다. 그들은 더 멋진 식당에서 식사하기를 좋아하고, 더 큰 꿈을 꾸며, 결정적으로 더 큰 자아를 가지고 있습니다. 폭스바겐 같은 경차를 운전하는 사자자리를 본다면, 이 특별한 사자자리가 과시욕과 우월감 콤플렉스를 용케 통제하고 있다고 판단해도 무방합니다. 하지만 그런 기질은 여전히 내부에 잠재되어 있답니다. 그 차를 추월이라도 해보세요. 그는 틀림없이 눈을 찌푸리며 당신에게 경고를 보낼 것입니다.

사자자리 남성인 시드니 오마르가 있습니다. 유능하고 폭넓은 존경을 받지만, 내성적인 고양잇과 인물이지요. 그는 천궁도 만드는 법을 배우고 싶어하는 초보자를 위해 최고의 천문해석학 입문서를 썼습니다. 이 특별한 목적을 달성하려는 사람들에게 제가 추천하는 유일한 책입니다. 이 책이 지닌 명료함과 정확성 때문입니다. 어떤 책도 이 책에 담긴 만큼의 기술과 과학을 가르치지는 않습니다. 그 책은 초급 교재가 대부분 무시하고 지나가는 정확성을 위해 절대로 필요한 책이랍니다. 저는 정말 대단한 책이라고 생각합니다.

저자인 사자자리 시드니도 분명히 그렇게 생각했던 것 같습니다. 그가 이 유용한 입문서에 어떤 제목을 달았을까요? 『나의 천문해석학 세계』랍니다. 당연하지요. 오직 사자자리만이 모든 것을 아우르는 제목을 달 수 있습니다. 지구인에게 알려진 가장 오래된 과학이자 천문학, 의학, 수학과 종교의 근원인 천문해석학에 대해서, 오직 사자자리만이 당당하고 배타적인 소유권을 암시할 수 있지요. 사자자리는 그의 지배 영역 바깥에 뭔가가 있다는 것을 상상할 수 없답니다.

사실, 여러분이 지금 읽고 있는 책의 제목(Linda Goodman's Love Signs『사랑의 별자리』)은 물론이고, 저의 첫 번째 책 제목(Linda Goodman's Sun Signs『당신의 별자리』)에서도 양자리인 제 자아가 드러나지요. 그래서 사자자리인 시드니로부터 반격을 자초하고 있다는 생각이 들기도 합니다. 하지만 제 책의 제목은 천문해석학의 전 분야에 대한 소유가 아니라 단지 태양별자리에 대한 개별적인 소유를 암시할 뿐이지요. 확실히 사자자리 오마르 것보다는 더 겸손하다고 생각합니다. 양자리의 자기도취가 사자자리만큼 하늘 높이 날아오르지는 않는다는 증명이지요. 명예를 짓밟혔다고 생각하는 사자자리가 비버리 힐즈에서 으르렁대는 소리가 벌써 들려오네요. 그는 TV에 나가겠다고 할 것이고 상당한 시간을 배정해달라고 할 것입니다. 그는 훌륭한 사자자리의 능력을 라디오와 텔레비전과 강연을 통해 보여준 바 있지요. 천문해석학을 싫어하는 과학자들과 벌인 지적인 대결과 열렬한 토론에서 그는 여러 차례 그 능력을 증명했습니다. 그는 천문해석학을 훌륭하게 옹호했고 언제나 놀라운 승리를 거두었지요. 사실 사자자리의 이런 면이 불화를 부릅니다. 하지만 여러분이 사자자리의 자만심에 아무리 분개하더라도, 그들은 본인들이 기대하고 요구하는 것보다 더 많은 존경을 받을 자격이 있답니다.

사자자리의 허영심에 대해 이러한 예들을 드는 이유가 있습니다. 가족의 거실, 사무실 또는 사랑의 둥지와 같은 무대에서 주연을 놓고 피할 수 없는 경쟁을 해야 하는 모든 사자자리 커플을 위해서랍니다. 그 둘에게는 (무엇이 되든지) '나의' 세계가 될 것입니다. 만약 둘이 타협해서 왕관을 공유하면서 그들 공동의 노력을 (무엇이 되든지) '우리의' 세계라고 부를 방법을 찾지 못한다면, 둘 중 누군가는 경비원을 불러야 할지 모릅니다. 대명사 '나의'와 '우리의'는 뚜렷하게 다른 의미입니다. 그 차이가 두 사자자리가 함께하는 모든 노력의 성공 또는 실패를 가르는 결정적인 요소가 될 것입니다. 사업이든 우정이든 사랑이든 마찬가집니다.

사자자리 나폴레옹 보나파르트는 전례 없이 전형적인 사자자리였으며, 모든 것을 내려다보는 타고난 군주였지요. 나폴레옹의 거만함과 위엄은 그의 위풍당당한 표정을 캔버스에 담아낸 화가들의 유화에서 분명하게 드러납니다. 많은 사자자리처럼 그는 '무조건 잘 보이려는 사람들'에게 둘러싸여 자신에 대한 이미지를 끊임없이 강화했지요. 틀리지도 않고 실수도 없다는 자기 생각을 거듭 확인했고요. 결국에는 자만심이라는 약점 때문에 불가피하게도 워털루 전쟁을 일으켰습니다. 그는 눈곱만큼도 의심하지 않았을 것입니다. 하지만 그는 자신의 힘을 과대평가했던 것입니다. 모든 사자자리가 적어도 한 번쯤은 그런 실수를 하지요.

나폴레옹은 대담하고 극적인 행동과 몸짓으로 자신의 태양별자리를 구현했습니다. 제 친구이며 편집자인 찰스 뮤지즈 박사는 귀중한 고대의 역사적 애장품들을 많이 가지고 있는데, 저는 그의 소장품을 살펴볼 특별한 기회를 얻었습니다. 그중 하나가 이집트 문명을 주제로 한 아주 훌륭한 네 권짜리 전집이었답니다. 나폴레옹이 이집트를 정복한 후 발행하라고 지시했던 책이지요. 그 전집은 웅장한 사자자리의 카리스마를 아낌없이 완벽하게 반영하고 있었습니다. 책은 태양빛처럼 오렌지색과 붉은색으로 호화롭고 사치스럽게 제본되어 있었고, 너비는 92센티, 높이는 137센티나 되는 크기였지요. 그 책은 아마 파리의 베스트셀러는 아니었을 것입니다. 하지만 확실히 '웅장하고', '거대하며', '인상적'이었답니다.

대부분의 사자자리 남성과 여성이 자신을 낮추며 기꺼이 어울리는 보통 사람들보다 여러 면에서 우월한 것은 의심의 여지가 없습니다. 사자자리는 지적이며 잘생겼거나 예쁜 경우가 많습니다. 풍성한 머리카락을 자신감 있게 뒤로 넘기면서 우아하게 걸어갈 때면 로맨틱하고 뇌쇄적입니다. 친절하고 관대하며, 현명하고 기댈 만하며, 용감하고 고귀하며, 충직하고 사랑스럽지요. 하지만 그들이 "왕(또는 여왕)은 틀리지 않아."라고 위엄과 거만을 부릴 때면 당신은 그 왕의 엉덩이에 애정 어린 발길질을 하고 싶을 겁니다. 사자자리가 실수를 인정하도록 해보세요. 어서 해보세요. 행운을 빌어요. 실수를 인정하는 것은 겸손을 요구하지요. 조심스럽게 말하자면, 겸손은 사자자리에게 부족한 미덕이랍니다.

두 사자자리가 깜짝 놀랄 정도로 잘 지내는 까닭은 꽤 간단합니다. 왕족은 열등한 사람(다른 태양별자리)과 있을 때보다 같은 신분의 사람과 있을 때 언제나 더 편안함을 느낍니다. 그들은 서로를 이해하지요. 진심이 깃든 칭찬으로 날마다 서로를 충족시키는 법을 알고 있습니다. 순수한 존경 대신 싸구려 아첨으로 상대를 모욕하지 않지요. 그들은 진가를 인정받은 진귀하고 귀한 보석과 비교했을 때 장신구 이상의 가치가 없는 겉치레의 아첨을 경멸합니다. 둘은 서로에게 번쩍거리는 모조품 대신 진짜 다이아몬드를 줄 수 있지요. 이를테면 양장본의 초판 같은 거지요. 저렴하고 미적 감각이 떨어지는 문고판이 아니라요. 사자자리 커플이 서로에 대해 보여주는 충직함과 헌신은 깊고 강렬합니다. 또한 그들의 불같은 성미는 서로의 도전에 부응하도록 디자인되었으며 가치 있는 것을 추구하지요. 그들은 모든 진정한 군주가 그렇듯이, 자신과 같이 고귀한 사람을 대할 때 얼마나 세심한 주의를 기울여야 하는지를 본능적으로 이해합니다. 왕에 대한 예의범절을 위반하는 법 없이 적절한 안전선이 어딘지를 정확하게 판단하지요. 만일 눈에 보이지 않는 선을 우연히라도 넘게 되면, 두 사자자리는 책임을 떠넘길 제3의 희생양을 찾아다닐 겁니다. 사자자리 커플이 서로에게 전쟁을 선포한 기간에 성 주변을 어슬렁거리는 짓은 그다지 좋은 생각이 아니랍니다. 두 사람이 휴전한 후에, 죄 없는 구경꾼들에게 혁명을 조장했다는 죄를 뒤집어 씌워서 지하 감옥에 내동댕이칠지도 모르거든요. 전쟁을 시작한 사람은 왕과 여왕이 결코 아니랍니다. 그걸 몰랐다고요? 전쟁을 시작한 사람들은 언제나 온갖 문제를 일으키는 선동적인 백성(친구, 이웃 또는 친척)이랍니다.

　피할 수 없는 패권 다툼에서 서로에게 상처받은 자존심의 흔적이 깊게 남는 것은 당연합니다. 그들은 곧잘 화가 나서 서로에게 으르렁거릴 것이고, 어떤 영지라도 통치권을 똑같이 분할하는 일은 어려울 것입니다. 하지만 사자자리를 지배하는 태양의 멋지고 따뜻하며 너그러운 자비심은 모든 사자자리의 말과 행동을 통해 빛날 것입니다. 최소한 고귀함이 넘치는 존재들이라는 사실을 보여주기 위해서라도 승리에 관대하고 패배에 의연하려고 애쓸 것입니다. 자부심 강한 두 사람이 서로의 손에 날카로운 가시를 아무리 많이 박는다 해도 대개는 불화를 조정해낼 수 있을 것입니다. 왜냐하면 사자자리는 가슴을 다스리니까요. 그곳은 행복의 왕국이 언제나 발견되는 곳이랍니다.

사자자리 여성과 사자자리 남성

"조지." 달링 여사가 그에게 간청했다.

"소리 좀 지르지 마세요. 하인들이 듣겠어요."

어떤 이유인지 모르지만, 달링 부부는 리자를 '하인들'이라고 불렀다.

"들으라고 해요." 달링 씨는 아랑곳하지 않았다.

"세상 사람들 다 들으라고 해요.

어쨌든 저 개가 내 아이들 방에서 주인 행세를 하는 것은 한시도 더 허락하지 않겠어요."

이런 상황을 한번 생각해보세요. 사자자리 남성이 아이들의 관심을 개에게 빼앗긴 굴욕 때문에 분노한 자존감으로 포효합니다. 그는 크게 소리 지르겠지요. 분명히요! 더 연약한 구성원에게 관심을 빼앗기는 모욕에 대해서 그가 어떻게 반응할지 상상이 가실 겁니다. 뭐, 이런 이야기는 좀 이른 감이 있지만 그냥 처음부터 시작하기로 하지요.

제가 직설적이고 솔직해도 좋을지 망설여집니다. 물론 정직은 최고의 방책이지요. 그러니까 직설적이고 솔직하게 말하겠습니다. 사자자리 여배우가 인생이라는 무대에서 주부 역할을 연기한다면 너무 아까운 일입니다.

'세상은 무대이고, 우리는 모두 한낱 배우일 뿐이다'라는 것은 형이상학적인 명제이지요. 이와 관련된 심오한 비의적 진실을 하나 알려드리겠습니다. 당신은(물론, 당신이에요.) 초월적 의식에 속하는 고차원의 세계에서 스스로 희곡을 쓰고, 공연을 제작하고, 무대에 올리고, 연출하고, 주연인 당신과 조연들을 다 캐스팅했습니다. 하지만 막이 오르고 나면 당신이 그동안 한 일은 모두 잊어버린답니다! 당신, 나, 우리 모두, 모든 태양별자리 사람들이 마찬가지입니다. 평범한 인간과 신비스럽고 현명한 구루나 스승, 교사와 천사들 사이에는 차이점이 있지요. 평범한 인간과 달리 후자에 속하는 이들은 자신들이 무대 위에 있다는 사실을 압니다. 그들은 인생이라는 연극에서 자신들이 이미 써둔 시나리오를 연기하고 있다는 사실을 깨닫고 있답니다. 하지만 우리들 대부분은 자신이 선택한 마지막 장을 언제 어떻게든 다시 쓸 수 있는 능력을 지녔음을 모른 채로, 각각의 장면에 아주 심각하게 몰입하지요. 슬퍼하기도 하고 즐기기도 합니다. 마치 무대 위 불빛이 사람들에게 주문이라도 건 것처럼 환상과 현실 사이를 구분할 수 없는 것이지요.

그러나 거의 모든 사자자리 여성은 알게 된답니다. 주부라는 역할은 여자로서 궁극의 성취감을 맛볼 수 있는 역할이 아니라는 것을 말이에요. 작품 전체에 대한 자신의 영향력을 제대로 이해하지 못했더라도 어쨌든 그녀들은 깨닫는답니다. 어쩌면 다행스러운 일입니다. 왜냐하면 사자자리는 모든 권한이 자신들에게 있다는 것을 알게 되면 잔뜩 흥분하지요. 그녀는 자만하게 될 것입니다.

빗자루와 쓰레받기는 보석이 박힌 왕관과 훌륭한 대관식에 어울리지 않습니다. 사자자리는 본질적으로 왕족이라는 점을 잊지 마세요. 사자자리가 음식을 요리하고 빨래하는 일에 얽매이는 것은 남녀를 불문하고 모두 자유롭게 태어났다는 천문해석학적 계율과도 어울리지 않습니다. 대부분의 사자자리 여성은 이 사실을 본능적으로 감지합니다. 그래서 그녀들은 대부분 직업을 갖게 됩니다. 3분의 2 정도는 확실히 그럴 것입니다. 통계로 말하자면, 여성해방운동 단체의 회원 조사에서 사자자리가 가장 많은 수를 차지한다는 사실을 덧붙일게요.(양자리도 그리 뒤처지지는 않습니다.) 뭐, 좋습니다. 저는 사자자리 여성이 상업적인 경쟁 사회에서 온갖 약탈자들과 경쟁하는 쪽을 택하는 것에 반대하지 않습니다. 제가 왜 비판을 하겠어요? 그럴 이유가 없지요. 저 또한 청소기를 돌리고 살구 통조림을 따는 계약된 노예라는 제 현실에 대한 분노와 천문해석학자라는 제 직업 사이에서 갈등하는데 말이에요. 부엌 창틀에 놔둔 유리병의 알팔파 싹이 얼마나 빨리 자라는지 온종일 지켜보고 서 있는 것을 누가 원하겠어요? 그게 과연 영리한 사자자리 여성이 해야 할 도전일까요? 맙소사, 그렇게 지켜보는 일은 알팔파 싹을 불안하게 할 겁니다. 제가 클 때도 누군가 저를 지켜보면 불안했거든요.

네, 저는 반대하지도 비판하지도 않습니다. 단지 천문해석학적인 경고를 할 뿐이지요. 단역으로 주부 역할에 출연하는 건 괜찮습니다. 사자자리 여성이 사자자리 남성과 사랑에 빠지는 일만 없다면 말이에요. 그 뒤 상황은 좀 골치 아파집니다.

그가 그녀의 인생에 살금살금 다가올 때, 그녀는 그가 누구인지 어렵지 않게 알아볼 수 있습니다. 이건 그녀의 역할이지요. 그녀 스스로 그 남성을 포함해서 자기 배역을 정했다는 걸 기억하세요. 그녀는 그의 생일을 몰라도 즉각 알아봅니다. 왜냐하면 그는 그녀보다 훨씬 더 풍성하고 세심하게 잘 손질된 정말 멋진 머리카락을 가졌기 때문입니다. 실제 수사자의 갈기를 보셨다면 제 말뜻을 이해하실 것입니다. 사자자리 남성은 용맹스럽고, 그녀를 다정하게 보호해주며, 세상 사람이 알아주든 말든 자신의 가치를 그녀에게 확신시켜줍니다. 세상 사람들도 조만간 깨닫게 되겠지요. 그의 미소는 아찔할 정도로 매력적이고 그의 치아는 눈이 부실 정도로 하얗습니다. 하지만 기분 좋게 가르릉거리는 그의 평정심은 흉포한 성질과 강한 의지를 감추고 있지요. 그는 진실로 관대하고 따뜻하고 쾌활하며 자부심이 강합니다. 하지만 남성성을 공격받으면 쉽게 상처받고, 그런 공격에 극도로 취약하지요. 자, 이제 그녀의 직업으로 다시 돌아가볼까요?

둘이 처음 만났을 때 그녀가 더 많은 돈을 벌고 있다면, 그는 그 사실을 웃어넘기려 할 것입니다. 그의 수입이 곧 그녀와 같아질 거라고 자신감 넘치게 확신할 겁니다. 아니, 같아질 뿐만 아니라 그것보다 많아질 거라고 확신합니다. 아름답고 우아하며 관능적이고 유혹적인 사자자리 여성과 낭만적인 사랑에 빠져 넋이 나간 사자자리 남성은, 돈 같은 사소한 문제에 구애받지 않는답니다. 돈 때문에 그가 선택한 짝을 향한 구애와 정복 활동에 방해를 받지는 않지요. 그래서는 절대 안 되지요. 사랑이 퍼뜨리는 향기와 흐릿한 안개의 소용돌이는 혈기왕성한 사자자리 남성을 걷잡을 수 없는 환희의 무아지경에 빠뜨립니다. 하지만 서로가 달콤한 하나됨을 맛본 이후, 최초의 순간에 타오른 흥분과 열정의 불길이 조용하고 친밀한 애정으로 기분 좋게 타오르는 탄불로 잦아들면 돈과 같은 '사소한 것'은 둘 관계에서 더 큰 문제가 될 겁니다.

사자자리 남성의 수입이 사자자리 여성의 수입과 곧 같아지거나 뛰어넘을 거라는 사자자리 남성의 예상이 옳았다면, 두 사람 사이에서 돈은 단지 '사소한 것'으로 남을 것입니다. 직업 전선에서 그녀가 거두는 성공과 업적도 문제가 되지 않을 겁니다. 하지만 만약 사자자리 남성의 경제적이고 개인적인 직업 계획표가 빗나간다면 돈은 아주 재빠르게 '대단한 것'이 되어갑니다. 어느 한쪽이 아주 조금 건들기만 해도 '거대한 것'으로 바뀌고 나중에는 '어마어마한 것'이 되며, 마침내 그들 사이에서 프랑켄슈타인 같은 괴물이 됩니다. 돈은 둘의 사랑을 파괴하고 공통의 자부심을 파괴합니다. 둘을 떼어놓겠다고 협박하지요. 여러분은 감정의 덫에 걸렸을 때 괴물에게서 어떻게 도망치나요?

만약 사자자리 여성이 사자자리 남성보다 더 많은 돈을 갖고 있다면(또는 어떤 것이 됐든지), 관계를 지키기 위해서는 영웅적인 희생이 이루어질 게 틀림없습니다. 누구의 희생일까요? 맞습니다. 그녀가 희생한답니다. 그가 희생하는 것이 아니랍니다. 사자자리 여성은 다른 모든 태양별자리 남성을 지배합니다. 하지만 사자자리 여성과 남성이 만나면, 사자자리 남성이 사자자리 여성을 지배합니다. 자연에서도 그렇지요. 어머니인 자연과 싸우는 것은 좋지 않습니다. 싸우는 건 실용적이지가 않지요. 그렇다면 사자자리 여성은 어떤 종류의 희생을 할까요? 분명한 한 가지는 속임수를 쓰지는 않을 거라는 점입니다. 이를테면 사자자리 여성이 자신의 수입이나 쓰임새에 대해 거짓말을 하지는 않을 겁니다. 그녀가 그에게 말하지 않고 수입의 절반을 미국 인디언 조직에 기부하거나 뉴펀들랜드의 아기 물개를 구하는 데 기부하는 일도 없을 겁니다. 인디언과 아기 물개에 관심이 없어서가 아니랍니다. 그녀의 의도가 아무리 칭찬받아 마땅할지라도, 사자자리와의 관계에 전혀 도움이 되지 않는다는 점이 핵심입니다. 조금만 정직하지 못해도 둘 사이의 모든 사랑과 존경은 사라질 테니까요.

제가 생각하는 영웅적인 희생은 이런 겁니다. 사자자리 여성이 둘의 행복을 다른 무엇보다 우선시하고, 그녀의 일 또는 경력에 대해 그에게 도움을 요청하는 것입니다. 그러고는 그의 지도 편달 없이는 결코 성공할 수 없었기 때문에 그녀가 번 돈을 똑같이 나눠야 한다는 확신을 그에게 주는 거지요. 그리고 그녀의 직업이나 경력이 둘 사이를 지리적으로 또는 감정적으로 심각하게 갈라놓는다면, 그 일을 과감하게 포기하는 결정도 생각해두어야 합니다. 그냥 올라가다가 필요하면 멈추세요. 더도 덜도 말고 그렇게 하세요. 그녀가 정말로 그를 사랑한다면 그의 커다랗고 따뜻하고 듬직한 손을 잡고 공원을 산책하는 편이 더 좋지요. 고급 펜트하우스에서 외롭게 시들어가며 캐비어를 우적우적 씹어 먹는 것보다는 분명 나을 겁니다. 그토록 격렬하게 사랑했던 사자가 그녀에게 입은 상처에서 벗어나려고 애쓰면서 어딘가를 어슬렁거리고 있는 것은 아닌지 괴로워하는 것보다는 훨씬 낫지요. 정확히 말하자면, 어느 동정심 많고 아름다우며 유혹적인 여성이 그의 상처받은 자부심을 달래주고 있는 것은 아닌지 의심하는 거겠지만요.

그녀가 상처를 주면 그는 열렬한 연애를 하는 중인 것처럼 그녀가 믿게 합니다. 그가 상처를 주었을 때 그녀가 새 연인을 찾았다고 그에게 믿게 하고 싶은 것처럼 말이에요. 하지만 십중팔구 그들은 둘 다 혼자이며 외롭습니다. 서로에게 교훈을 주려고 불성실이라는 협박을 이용할 뿐이지요. 사자자리는 그렇게 합니다. 물론 일부는 짝과의 고통스러운 별거 기간에 실제로 불성실하기도 합니다. 하지만 왕관을 나누어 쓸 자격이 있는 다른 왕(또는 여왕)을 찾는 일이 어렵다는 걸 알기 때문에, 대개의 사자자리 남성과 여성은 평민과 엮이는 것을 꺼려합니다. 게다가 자존심이 너무 강하기 때문에, 사랑하는 사람에게 자신이 고독과 외로움을 견디지 못했다고 비쳐지는 것을 원치 않지요.

사자자리 남성과 여성 사이의 많은 다툼은 경제력과 사회적 성취에 있어서의 경쟁으로 유발된 질투심에서 비롯됩니다. 특히 사자자리 남성의 남성성이 타격을 받을 때가 문제지요. 사자자리 남성은 이겨야 합니다. 달리 방도가 없습니다. 그러지 못하면, 사자자리 남성은 무기력한 낙담에 싸여 시무룩하게 입을 내밀 겁니다. 엘바 섬에 유배되었던 나폴레옹이 꼭 그랬을 법한 모습이 되겠지요. 어떤 여성이 억울해하고 툴툴대는 사람과 함께 진짜로 행복할 수 있을까요? 사자자리 여성은 그럴 수 없습니다. 앞에서 말씀드렸듯이 사자자리는 자유롭게 태어났답니다. 그러니 사랑하는 여성에 대한 통제권을 잃고, 그 훌륭한 자긍심과 자신감을 상실한 채 고통의 감옥에 갇힌 사자자리 남성을 지켜보는 것은 슬픈 일입니다.

두 사람 중에서 어느 쪽이 집 안에 있을 것인가와 같은 문제는 원만하게 처리할 수 있을 것입니다. 둘이 함께 일하면서 똑같은 이익과 경력을 공유할 수도 있고요. 그가 자신이 선택한 직업을 완벽하게 수행하는 방법도 있지요. 은퇴한 후에는 둘 다 시골 농장으로 내려가는 겁니다. 그가 달걀을 모아서 팔기로 하고 그녀는 기꺼이 집에 있는 걸 감수하는 것도 좋겠지요. 그가 잠깐씩 눈을 붙일 수 있도록 그녀가 굴을 아늑하게 만들어놓겠지요. 또는 둘이 함께 남녀평등 당의 공천 후보자가 되어 대통령(그)과 부통령(그녀)으로 입후보하는 방법도 있습니다. 뭐든지 가능합니다. 음, 둘 다 선생님이 될 수도 있습니다. 밤이면 번갈아 가면서 가르치고 서로에게 훈계를 늘어놓는 거지요. 새로운 교육 이론에 보조를 맞추기 위해서 말이에요.

어쩌면 마지막 가능성은 버리는 편이 좋겠군요. 두 사람이 서로 잘 적응하고 경쟁으로 인한 갈등을 줄인다면, 밤에는 섹스 이외의 다른 일을 할 시간은 없을 것입니다. 두 사람의 육체적 사랑은 따뜻하고 즐거우며 거의 완벽한 경험이 될 것입니다. 둘 다 섹스와 애정을 똑같은 비율로 조합해서, 마법 같은 낭만을 희생하지 않고 성적인 만족을 주고받는 방법을 찾아낼 겁니다. 육체적 결합은 진실한 사랑의 정점인 완전한 하나됨에 그 목적이 있지요. 서로 조화로운 사자자리 커플이라면 끝없는 헌신으로 서로에게 커다란 기쁨을 줄 수 있답니다. 사자자리 남성은 온화함과 열정으로 섹스에 접근합니다. 사자자리 여성은 본능적인 야성의 지혜로 그녀가 해야 할 역할을 정확하게 알아차립니다. 그녀는 기꺼이 순종하고 그녀의 남자가 자신을 통제하고 정복하도록 놔두지요. 그렇게 두 사람은 함께 무아지경의 황홀경으로 향할 것입니다.

하지만 그들이 다른 일로 빚어진 경쟁적인 갈등을 해결하지 못한다면, 환희 대신 고뇌를 겪어야 할 수도 있습니다. 자존심에 상처를 받고 적절히 존경받지 못한 사자자리 남성은 그의 남성성을 잃고 일시적으로나마 성적으로 무력할 수도 있습니다. 남성의 성 불능은 감정에서 비롯되지만 심각한 육체적 고통으로 발전하기도 하지요. 그러면 사자자리 남성은 굴욕감을 숨기려고 차가운 비꼬기와 냉담한 무관심의 마스크를 쓰고 그녀의 마음을 아프게 할 겁니다. 마찬가지로, 적절하게 숭배받지 못하고 긍지에 상처를 입은 사자자리 여성은 그녀의 여성성을 유지할 수 없으며 한동안 불감증을 겪을 겁니다. 그러면 그녀는 거만한 고집스러움과 따분함의 가면을 쓰고, 굴욕감을 숨기려고 그를 비웃으면서 그의 마음을 아프게 합니다.

이 두 사람이 연기를 하는 장면이 우스꽝스럽지 않나요? 이 남성과 여성은 자신의 본성 안에 태양의 모든 힘과 영광을 담고 있습니다. 사랑을 대표하고, 모든 인간의 마음을 지배하는 사자자리 아래에서 태어난 사람들이지요. 이 두 사람이 무척이나 이기적이고 불필요한 고통에서 벗어나는 유일한 방법은, 거짓의 자만이 사랑의 진실을 가두었다는 사실을 깨닫는 것입니다. 자만심이 사랑을 잔인하게 굶겨 죽이고 있다는 진실을 깨닫는 것입니다. 자존심이 그만한 가치가 있나요? 물론 아니지요. 그런데 이 두 사람은 왜 그렇게 자존심에 필사적으로 매달릴까요? 스스로 대답해보시기 바랍니다. 혼자 남을지 함께할지. 과장 없이 서로를 정직하게 직시하고 서로의 눈에서 진실을 읽어내세요.

완벽한 정직은 사자자리에게 특히 굴욕적일 수 있습니다. 하지만 일시적인 굴욕과 평생 동안의 외로움을 비교한다면, 올바른 선택은 분명해집니다. 때로 단순한 진실이 사랑을 원래 자리로 되돌려놓는답니다.

보통 다정하고 애정이 넘치는 사자자리 남성과 사자자리 여성 사이에 감정적인 교착 상태를 불러오는 사건은, 서로에 대한 칭찬을 충분히 해주지 못하는 데서 비롯합니다. 혹은 (실제든 상상이든) 서로에게 충실하지 못했거나 성실하지 못했던 어떤 사건을 겪을 때, 화가 나서 비난하는 말을 성급하게 내뱉는 것에서 시작됩니다. 어느 쪽인지는 중요하지 않습니다. 두 경우 모두 깊은 상흔을 남기지요. 두 경우 똑같이 질투와 불신이라는 고통스러운 고뇌를 일으키며, 치유하는 데 아주 오랜 시간이 걸립니다. 물론 그녀의 경력에 견주어 더 뛰어나거나 최소한 엇비슷한 성공과 업적을 이루려는 그의 욕구로 인해, 해묵고 단조로운 갈등이 생길 수도 있습니다.

지난밤, 명상을 통해 저는 셰익스피어를 만날 수 있었습니다. 그에게서 알아낸 비밀을 여러분께 전해드리고 싶습니다. 셰익스피어는 「말괄량이 길들이기」(윌리엄 셰익스피어의 희곡. 파두아의 유명한 말괄량이 처녀 카트리나를 페트루치오가 최고의 요조숙녀로 길들여서 결혼한다는 내용―옮긴이)의 마지막 장이 끝나고 난 뒤 무대 뒤에서 일어난 일을 제게 말해주었습니다. 페트루치오는 사자자리 여성 카트리나를 온화하고 순종적인 짝으로 길들이는 일에 성공했지요. 셰익스피어에 의하면, 그 후로도 오랫동안 그녀는 그를 존경하고 그에게 감사하며 복종했다고 합니다. 그래서 그녀는 섬세하고 진귀한 기술인, 오래된 책과 사본을 채색하는 시간제 직업을 갖도록 허락받았답니다. 그 얼마 후, 그녀는 모든 걸 지배하려 드는 예전 방식으로 돌아가지는 않았는지 알아보는 시험을 다시 한번 통과했지요. 그 상으로 그녀는 파두아의 여성 보석 디자인을 하도록 허락받았답니다. 결국 그녀는 꽤 유명해지고 성공했습니다. 하지만 그녀의 남편은 조금도 동요하지 않았지요. 알다시피 그녀가 남성의 권리에 결코 다시는 이의를 제기하지 않았기 때문입니다. 그녀의 왕이자 주인인 남편이 "이리 와서 내게 키스해줘요, 카트리나!"라고 제왕답게 명령할 때면, 그녀는 언제나 행복한 마음으로 냉큼 뛰어갔답니다.

사자자리 남성이 그의 여인에게 교훈을 가르치면, 그녀는 쉽게 잊어버리지 않습니다. 제가 여러분께 말씀드리지 않았던가요? 셰익스피어는 페트루치오가 사자자리일 거라는 제 추측 또한 사실이라고 확인해주었답니다. 그러니 가련한 케이트의 운명은 1막 1장부터 예정되었던 것입니다. 하지만 끝이 좋으면 만사가 좋지요. 무대위에서든 인생에서든 말이에요.

사자자리 Leo

불 · 유지하는 · 능동적
지배행성: 태양
상징: 사자 혹은 수줍은 고양이
양(+) · 남성적

Virgo 처녀자리

흙 · 변화하는 · 수동적
지배행성: 수성
상징: 처녀
음(−) · 여성적

사자자리와 처녀자리의 관계

몇몇 선원은 배를 선량한 배로 바꾸자고 했지만,
다른 선원들은 계속 해적선으로 두기를 원했다.
하지만 선장이 그들을 함부로 다루었기 때문에 선원들은 감히 자신의 바람을,
심지어 글로도 표현할 수 없었다.

둘의 출생차트에서 태양과 달 그리고 동쪽별자리가 조화롭다면, 사자자리와 처녀자리는 서로에게 밝은 미소를 짓고 꽃다발을 던질 것입니다. 행복하고 희망에 차서 노란 벽돌 길을 따라 함께 춤추며 걸어갈 것입니다. 사자자리는 우쿨렐레를 치고 처녀자리는 피콜로를 불 겁니다. 맞지 않는 음이 몇 소절 있다면, 처녀자리가 다시 조율을 해서 정확한 음이 나도록 상황을 바로잡을 것입니다. 사자자리는 자애로운 동의의 뜻으로 환하게 미소 짓겠지요.

하지만 이들을 따라 에메랄드 도시로 가기 전에, 우리는 몇 번 더 멈춰서 두 사람을 도와줘야만 합니다. 이들이 헐거워진 벽돌에 걸려 넘어져서 도움이 필요한 순간이 올 테니까요.

드물게, 가학적−피학적 관계로 너무 빨리 뛰어드는 사자자리와 처녀자리가 있는 것은 사실입니다. 이런 경우에 사자자리가 언제나 비열한 사디스트이고, 처녀자리는 무기력한 마조히스트일 것이라는 섣부른 추측은 금물입니다. 이 두 사람 다, 어

느 쪽이든 될 수 있으니까요. 잠깐 천칭자리가 되어 양 측면을 살펴보겠습니다.

먼저 사자자리부터 볼까요? 사자자리는 가학적인 면을 타고나지 않았답니다. 사실은 어느 누구도 정말로 가학적인 사람은 없습니다. 가학 성향은 혼란과 공포라는 내면의 복잡함이 감정적으로 꼬일 때 생기는 일그러진 행동이지요. 물론 사자자리 남성과 여성은 고의적으로 가학적이지는 않더라도, 때로 다른 사람이 자신을 우월하게 여기기를 기대하거나 요구하는 경향이 있습니다. 그럴 때 그들은 가학적인 태도를 취할 수 있고 정말로 그렇게 행동하기도 합니다. 그리고 그 '다른 사람'이 처녀자리라면, 사자자리는 심각한 지시와 명령을 하고 싶은 유혹을 받습니다. 처녀자리는 굉장히 다정한 태도로 말없이 그리고 예의 바르게 따르는 것처럼 보입니다. 처음에는 그렇지요.

사자자리가 타고난 사디스트가 아닌 것처럼 처녀자리도 타고난 마조히스트가 아닙니다. 그렇게 보일 뿐이지요. 처녀자리의 온화하고 예의 바른 말투와 자기를 내세우지 않는 태도는 마조히스트의 행동과 유사해 보일 수 있습니다. 사자자리는 자주 거들먹거리는 데다 거만한 기질이 있기 때문에 내향적인 처녀자리는 이에 짓이겨져서 피학적인 존재가 된 것처럼 보입니다. 실제로 처녀자리는 계속 움직이며 왕과 여왕에게 절을 합니다. 처음에는 그렇지요.

처녀자리의 "네, 폐하." 증세에, 사자자리의 "시키는 대로 해. 내가 가장 잘 아니까." 식이 패턴으로 굳어지면 슬프고 영구적인 협정이 되어버리는 경우도 물론 있습니다. 하지만 대체로는 이른바, '지렁이도 꿈틀한다'는 식의 상황이 벌어지지요. 그때가 되면 사자자리는 말문이 막힙니다. 짓밟힘을 견디고 복종하던 처녀자리가 정말은, 아량을 베풀었던 것을 알게 되지요. 오랫동안 고통받으며 조용했던 처녀자리가 '꿈틀하는 지렁이'가 되면 놀랍게도 말이 꽤 많아집니다. 그(또는 그녀)는 사자자리의 결함과 단점 목록을 고통스러울 정도로 정확하게 지적합니다. 그러고는 조용히, 하지만 여전히 예의 바르게, 비위에 거슬릴 만큼 침착하고 결단력 있게 왕의 성을 떠납니다. 아마도 어딘가에서 구둣방을 열겠지요. 그런데 이 구둣방 주인은 국왕 폐하나 여왕 폐하의 발에 맞는 장화나 슬리퍼를 만드는 일을 거부할 것입니다.

다음은 반대의 장면입니다. 그러니까 불행한 사자자리 남성이나 여성이 차갑고 현실적인 처녀자리로부터 굉장히 미묘하게 가학적인 대우를 받는 경우입니다. 처녀자리는 사자자리의 갈기를 끊임없이 죄다 뜯어놓습니다. 불쌍한 사자자리가 상징적인 의미에서 거의 대머리가 될 때까지요. 처녀자리는 사자자리의 성과를 계속해서 질책하고 과소평가합니다. 사자자리의 꿈이 터무니없으며 스위스 치즈처럼 구멍만 가득하다고 끊임없이 지적하지요. 사자자리의 모든 말과 몸짓이 지나치게 연극적이라고 비판합니다. 모든 위엄을 빼앗기고, 자존심이 바닥나고, 자신감을 강탈당한 사자자리는 집이나 교실 또는 사무실이나 아기 놀이터 주변을 처량하게 배회합니다. 「오즈의 마법사」에 나오는 훌쩍거리는 사자처럼, 자기 꼬리를 신경질적으로 말아서 앞발 아래에 방어적으로 밀어 넣고는 폭포수 같은 눈물을 흘리지요. 자부심 강한 초원의 왕이나 여왕이 그렇게 벌벌 떠는 피학적인 고양이가 된 것보다 더 불쌍한 장면은 없답니다.

물론 극단적인 예이지만 실제로 일어날 수도 있는 상황입니다. 그리고 이 이야기도 앞에서 든 예와 마찬가지로 오 헨리의 결말처럼 끝날 수 있지요. 사자자리 지렁이가(비유일 뿐이라도, 사자를 지렁이라고 불러도 되는지 모르겠네요. 제가 오늘 굉장히 용감하다는 느낌이 듭니다.) 꿈틀하고는 거대한 괴물 사자로 변하는 겁니다. 사자는 으르렁거리며 귀가 멀 정도로 포효하지요. 모든 고양잇과 동물이 쥐를 덮칠 때 그러는 것처럼, 사자자리는 전혀 낌새조차 모르는 처녀자리를 확 덮칩니다. 하지만 겁에 질려 끽끽거리는 처녀자리가 도망갈 수 있도록 관용을 베풉니다. 이제 승리한 왕은 장엄한 분노에 휩싸인 채로 성문(또는 격자 울타리로 된 아기 놀이터 쪽)을 향해 성큼성큼 걸어 나갑니다. 그러고는 다시 돌아오지 않습니다. 무척 슬픈 결말이지요. 흙 요소와 불 요소의 2-12 태양별자리 유형이 막아내야 하는 위험이랍니다.

두 사람이 잘 지낼 수도 있습니다. 서로의 차이를 극복한 사자자리와 처녀자리는 보기에도 즐겁지요. 사자자리는 그들의 미덕에 진심으로 감사하는, 온화하고 헌신적인 동료를 얻을 것입니다. 처녀자리는 사자자리를 잘 섬길 것이고, 그 보답으로 왕의 충실한 보호를 받기 원하는 지적인 신하가 되어줄 것입니다. 처녀자리는 진정으로 존경할 가치가 있는(처녀자리의 기준은 높습니다.) 상대를 마침내 찾아낸 것입니다. 사자자리는 따뜻한 마음씨를 지닌 관대한 사람들이지요. 또한 사자자리는 현명하고 다정하며 어떤 위급 상황에서도 의지할 수 있을 만큼 강합니다. 하지만 이들은 처녀자리의 끊임없는 잔소리와 보살핌이 필요할 정도로 상처받기 쉽습니다. 누군가 그(또는 그녀)의 도움이 필요하다는 걸 알게 될 때, 처녀자리의 영혼은 들뜨지요. 그러니 두 사람은 아주 유익한 관계가 될 수 있답니다.

하지만 사자자리는 그저 잔소리를 들으며 끊임없이 비판받지 않겠다는 점을 처녀자리에게 분명히 해두어야 합니다. 또한 처녀자리는 사자자리의 거만한 요구와 변덕의 노예가 되려는 생각이 없다는 사실을 명백히 해두어야만 합니다. 그러면 두 사람은 따뜻하고 활기찬 대화를 나눌 수 있습니다. 그것은 마법 같은 일이랍니다. 천문해석학에서 처녀자리는 처녀를 상징하며, 작물을 거두어들이는 '인간의 모습을 한' 태양별자리입니다. 천문해석학에서 사자자리는 초원의 용맹한 지배자인 사자를 상징하며, '짐승의' 태양별자리입니다. 제가 '마법' 같다고 하는 이유가 여기에 있습니다. 상징적인 의미로든 실제로든 인간과 동물이 진실로 대화하기는 결코 쉽지 않지요. 두 별자리가 진실하게 대화할 수 있다면 그것은 에덴동산의 풍경일 것입니다. 또는 아시시의 성인 프란체스코가 늑대와 새와 양과 그를 신뢰하는 온갖 동물들과 함께 숲속을 거닐었던 것과 비슷할 정도로 감동적인 장면이 될 것입니다.

사자자리는 굉장히 극적이고 과장이 심하지만 아주 능력 있는 데다 매우 신중한 조직가입니다. 사자자리의 자부심과 허영심이 방해하는 때만 빼면, 사자자리는 놀라울 정도로 풍부한 상식을 지니고 있답니다. 실리적인 처녀자리는 이 점을 은밀히 존경합니다. 하지만 결코 사자자리에게 그렇다고 말해주는 법이 없지요. 때때로 힘든 상황이 닥쳤을 때 처녀자리가 최선을 다하기 위해 조용하고도 진실한 노력을 기울이는 모습을 보면, 사자자리는 그들을 인정하고 좋아하게 됩니다. 하지만 사자자리는 처녀자리의 합리적이며 신뢰할 만한 노력에 대해 정직하게 고마움을 표현하는 일에는 인색합니다.

게리라는 처녀자리 어린이가 있었습니다. 게리는 핼러윈에 커다랗고 축 처진 귀가 달린 토끼 옷을 억지로 입어야 하는 것에 모욕감을 느꼈답니다. 게리보다 더 힘이 세고 지배적인 큰형들이 그를 토끼 옷 속에 쑤셔 넣었지요. 한 사람은 불같은 양자리였고 다른 한 사람은 힘이 센 사자자리였답니다. 게리는 내내 불평 한마디 없이 가만히 있었습니다. 하지만 마지막 순간에 순하고 어린 처녀자리는 그 자리에 멈췄습니다. 게리는 침실 밖으로 한 발자국도 움직이려고 하지 않았지요. 우스꽝스러운 옷을 입었기 때문에요.

미국 서부의 작은 도시에 사는 자부심 강한 사자자리 아빠가 눈물을 글썽이며 훌륭한 시를 읽고 있습니다. 너무 오랜 세월 동안 떠나 있었던 처녀자리 아들이 그에게 바친 시였지요. 하지만 아들이 집에 오자 사자자리의 눈물은 곧 말랐습니다. 그는 아들의 일거수일투족에 대해 거만하게 명령했고 엄격한 복종을 요구했습니다. 아들에게 어떤 애정이나 감사한 마음도 드러내지 않았지요. 한편, 처녀자리 아들은 아버지를 칭찬하기 위해 썼던 감수성이 풍부한 시를 잊어버렸습니다. 오직 사자자리의 허영심과 거만함만을 보았지요. 아버지의 단호한 명령과 기대 뒤의 표현되지 않은 사랑과 따뜻한 관심을 알아보는 일을 완강히 거부했답니다.

사자자리 영화배우 메이 웨스트(1893~1980, 미국의 연극·영화배우—옮긴이)는 오랜 세월 동안 다정하고 도움이 되어주었던 한 처녀자리 친구에 대해 인터뷰를 했습니다. 사자자리가 으레 그렇듯, 그녀는 30분의 인터뷰 시간 내내 리포터에게 자신에 관한 얘기만 늘어놓았답니다. 그녀는 자신의 자아도취를 전혀 깨닫지 못했는데, 어쨌든 재밌고 사랑스러웠지요.

이미지의 파편들, 작은 부스러기와 조각들이 천문해석학의 수레바퀴를 돕니다. 눈부시고 따뜻한 노란 황금색과 제왕의 자줏빛이 감도는 사자자리의 삶에 처녀자리의 순수하게 빛나는 흰색과 차분한 푸른색과 향기 짙은 숲의 진한 초록색이 섞여듭니다. 모든 태양별자리처럼 그들만이 뿜어내는 고유한 색조에는 그들의 운명을 빚어내는 조화로움이 담겨 있답니다.

사자자리 여성과 처녀자리 남성

피터도 엄청 예의 바르게 행동할 수 있었다.
그는 일어서서 허리를 숙여 멋지게 절을 했다.
웬디도 무척 기분이 좋아져서, 답례로 침대에서 머리를 숙여 멋지게 인사를 했다.

나른하게 침대에 누워 있는 사자자리 여성에게 허리 굽혀 절하는 게, 혹시 처녀자리 연인이나 친구나 동료나 남편의 입장에서는 너무 지나친 요구라고 생각되시나요? (행복한 결혼이라면 그는 네 가지 역할을 다 할 수도 있습니다.) 어쩌면 그에게는 너무 지나친 요구이겠지만 그녀 입장에서는 전혀 과도한 것이 아닐 수도 있답니다. 여러분 중 일부는 미소를 띨 것이고 다른 분들은 믿지 못하겠다고 생각하실 겁니다. 하지만 천문해석가로서 저는 더 결정적인 발언을 하겠습니다. 사자자리 부인과 살고 있는 남성들은 내일 아침에 한번 시도해보시기 바랍니다. 그녀를 너무 놀라게 하지는 말고, 그저 과일 주스와 차 또는 커피에 불과한 아침 식사이더라도 쟁반에 올려 침실로 가져다주면서 시작하세요. 그녀는 섬세하게 올라간 눈썹으로 놀라움을 표하겠지만, 당신에게 우아하게 고맙다고 할 것입니다. 바로 그 순간에 농담 반 진담 반처럼 마루에 무릎을 꿇으세요. 그녀의 손을 잡아 당신의 뺨에 대고는 부드럽게 말하는 겁니다. "당신이 내게 얼마나 큰 의미인지 보여주고 싶었어요. 이게 바로 내가 생각한 유일한 방법이에요."

아무리 '자연스럽지 못하고' 연극적으로 들리더라도, 그녀가 사자자리 여성이라면 (그녀가 입양된 경우라서 실제로는 염소자리라면 당신을 미쳤다고 생각할 게 틀림없습니다.) 무척이나 환한 미소를 지을 겁니다. 그녀의 눈동자는 빛나고 뺨은 기뻐서 붉게 물들 겁니다. 그녀는 사랑을 듬뿍 담은 눈으로 당신을 바라볼 겁니다. 그러면 당신은 잠시 할 말을 잃고 어리석은 기분 따위는 다 잊어버리게 될 겁니다. 누구라도 직접 해보면 경험할 수 있습니다. 이런 장면에서 당황하는 사자자리 여성은 세상 어느 곳에도 없답니다. 모든 사자자리는 숭배의 표시를 지극히 자연스럽고 당연하게 받아들이지요. 그들은 놀라울 정도로 무심하고 우아하게 숭배를 받아들입니다. 일부 사자자리는 숭배받기를 요구하고, 일부는 다만 열망합니다. 사자자리는 숭배를 거부하지 않습니다. 이것은 절대적인 사실이랍니다.

이제 숭배받고자 하는 극도의 욕구를 가졌으며 처녀자리 남성과 사랑에 빠진 한 사자자리 여성을 상상해보도록 하지요. 그도 그녀를 사랑합니다. 하지만 그녀의 생일에 보낼 감상적인 카드를 선택하는 일은 어렵습니다. 그는 지나치게 소심해서 다른 사람 앞에서 애정 어린 눈빛으로 그녀를 바라보는 것조차 힘듭니다. 다른 누군가 보고 있을 때, 그녀의 손을 잡거나 포옹하는 일은 말할 것도 없고요. 그는 어쩌면 "사랑해."라는 말은 일 년에 한 번 할까 말까 하면서 그녀의 사치스러움에 대해서는 끊임없이 비난할 것입니다. 자부심이 강한 사자자리 여성은 울음을 참으며 그저 씩씩하게 그의 앞에 서 있을 것입니다. 그녀는 새 스웨터를 입었고 머리 모양을 바꿨으며 새로 유행하는 립스틱을 바르고 있지요. 그리고 그녀의 눈동자는 아름답다 칭찬해 달라고 그에게 애원하고 있답니다. 하지만 허사지요. 이런 장면들을 마음속으로 그려보셨나요? 이 그림이 여러분을 슬프게 했다고요? 기다려보세요. 슬픈 그림이 더 있답니다. 손수건을 계속 가지고 계시는 게 좋겠습니다.

처녀자리 남성은 어수선하고 혼란스러운 곳에서 억지로 살아야 될 때, 현기증과 고혈압 때문에 실제로 고통받습니다. 처녀자리 남성의 생활과 환경에는 질서가 있어야 합니다. 그렇지 않으면 그의 신경계는 고장이 나지요. 그는 실리적이며 신중하게 태어났기 때문에 낭비와 사치를 혐오합니다. 그는 자신의 건강을 걱정하고 소소한 일들로 고민합니다. 그는 자신의 생활 패턴이 깨지거나 잠깐 방해받을 때조차 현기증이 나고 심장이 조여오지요. 자신의 소지품이 잘못 놓였거나 파손될 때면 그는 공황 상태에 빠진답니다. 큰 목소리와 극적이고 감정적인 장면은 그의 평온함을 갈라놓습니다. 그는 온화하고 좀 내성적이며 예민합니다. 그래서 뭔가가 그를 모욕하면 차라리 자신이 죽었으면 하고 바랍니다. 아니면 차라리 의식을 잃기를 바랍니다.

이제 처녀자리 남성이 마음속에 그려지나요? 바로 이 남성이 사자자리 여성을 사랑하게 된 것입니다. 그녀 역시 그를 사랑하지요. 그런데 그녀는 둘의 수입보다 두 배나 많은 돈을 맘에 드는 사치품을 구입하는 데 씁니다. 그의 책상과 사무실을 주기적으로 바꾸고, 그의 양말과 넥타이가 그녀 맘에 들지 않는 색깔이면 버립니다. 그에게 이야기도 하지 않고요. 그림에 좀 더 붓질을 해볼까요? 이 따뜻하고 다정한 사자자리 여성은 자기 화장품을 욕실용 세면대에 아무 생각 없이 펼쳐두고, 침대 주변에는 속옷을 부주의하게 흩어놓습니다. 마치 하인들이 그 모든 것을 정리하고 말끔하게 치워주기를 기대하는 것처럼 말이에요. 그리고 처녀자리 남성이 별것 아닌 일로 그녀의 품위를 해치기라도 하면 벌컥 화를 내지요. 배관공 앞에서, 혹은 둘이 기르는 앵무새 앞에서 사자자리의 훈계로 그를 벌합니다.

게다가 그녀는 밤마다 잠자리에 들기 직전에 예전 남자 친구 얘기를 들려줍니다. 감수성 풍부한 처녀자리 남성의 기분은 어떨까요? 상상이 되나요? 그는 그녀 앞에 그저 초라하게 서 있을 뿐이랍니다. 게다가 그는 표백제 때문에 얼룩이 진 잠옷을 입고 있지요. 아랫단이 크게 터져서 그가 직접 바느질하려고 어설프게 시도했지만, 한쪽 길이가 다른 쪽보다 4인치 더 짧아져버린 잠옷이랍니다. 그녀가 과거의 사연을 읊조릴 때, 그는 갑자기 알람 시계가 고장 난 것을 깨닫습니다. 그가 늦잠을 잘 수도 있고, 내일 아침 직장에 지각할 수도 있다는 의미지요. 또한 그는 그날 오후에 그녀가 차의 뒤쪽 범퍼를 박살 낸 사건을 잊어보려고 애씁니다. 게다가 집을 다시 꾸미느라 지난달 자동차 보험료를 내지 못한 것은 어떻게 해야 할지 모르겠습니다. 보험료를 내기 위해 또 다시 주택 담보 대출을 받아야 할까요?

다음 장면은 어떻게 되냐고요? 불이 꺼지면 사자자리 여성은 상처를 받습니다. 그녀가 사랑하는 남자가 잘 자라는 인사도 없이 바로 잠들었기 때문이지요. 그녀는 신경쇠약을 지속하는 성향이 있기 때문에 아침에는 더 불쾌해질 가능성도 있습니다. 왜냐하면 그 가련한 남자가 밤새 잠꼬대를 했기 때문이지요. 그녀가 아름다워지기 위해 반드시 필요한 숙면을 방해한 것입니다. 그녀는 거울을 통해 눈 밑에 다크서클을 바라보면서 모두가 그의 잘못이라고 말합니다.

네, 이건 모두 극단적인 경우입니다. 하지만 극단적인 사례는 경고가 됩니다. 서로의 아킬레스건에 더 주의를 기울이라는 경고이지요. 둘이 처음 만났을 때 느낀 사랑을 굶겨 죽이지 않고 잘 키우고 싶다면요.

그녀를 소중히 여기고 흠모할 때, 그녀의 감정을 존중할 때, 다시 말해 그녀를 숭배할 때, 사자자리 여성의 자기중심주의나 허영이나 자만심은 마치 마법을 부린 것처럼 우아한 배려와 다정한 관대함으로 바뀝니다. 처녀자리 남성의 까다로운 비판과 냉정한 초연함도 그가 예의 바른 대우를 받고 진실로 존중받을 때면, 다정한 염려와 조용하면서도 우호적이고 사교적인 방식으로 마법처럼 바뀝니다.

만약 이 관계를 잘 풀고 싶다면, 처녀자리 남성은 비판적인 천성을 다스려야 합니다. 완전히 버리지는 못하더라도요. 사자자리 여성을 비판하는 일은 고통을 부르는 짓이니까요. 그녀가 지닌 사자자리의 자부심은 아주 미미한 비판조차 받아들이기가 힘듭니다. 그녀는 그가 짐작하는 것보다 훨씬 고통을 느낀답니다. 특히 자신이 사랑하는 남자에게 외모나 성격에 대해 비판을 받는 것을 몹시 괴로워하지요. 사자자리 여성을 바꾸는 유일한 방법은 절대 노골적인 비판을 하지 않는 거랍니다. 최대한 재치를 활용해서, 잔소리가 아니라 미묘하게 힌트를 줘보세요. 그녀가 자신은 비난받지 않는 사람이라는 환상을 계속 유지할 수 있도록 해주는 걸 잊지 마세요. 사람들은 통치자가 틀렸다고 말하지 않습니다. 아주 조심스럽게 더 나은 계획을 제안할 뿐이지요. 처음에는 처녀자리의 비판적인 본능을 통제하기가 쉽지 않을 겁니다. 좌절감을 느낄 수도 있겠지요. 하지만 방법을 터득해야만 합니다. 아니면 그가 사로잡은 사자자리 여성은 다시 자유롭게 방랑하기 위해 비판의 감옥에서 도망치고 말테니까요. 선택은 명확합니다. 처녀자리가 누군가에게 찬사를 바치는 일은 쉽지 않지만, 칭찬에 목마른 이 여성을 만족시키기 위해서는 어쩔 수 없습니다. 그는 칭찬하는 기술을 빠른 속도로 익힐 수 있을 것입니다. 그리고 그의 진지한 칭찬은 그녀의 성격을 다정하고 부드럽게 바꿀 것입니다. 사자자리 여성의 성난 포효와 자부심으로 삐죽 내민 입술이 가르릉거리며 만족해하는 소리로 바뀌겠지요. 적절한 순간에 던져진 몇 마디 애정 어린 말은 그녀의 가장 훌륭한 면인 따뜻한 성격을 낳습니다. 사자자리는 고상한 '동물'입니다. 그런 방식으로, 태양이 지배하는 그녀의 자질은 고무될 것입니다. 세속적이고 보수적인 처녀자리의 무게에 묻히지 않고요. 그녀가 근처에 있기만 해도 희망과 행복이 영원히 솟아오르는 분수가 되어줄 겁니다. 하지만 따분해지고 인정받지 못할 때면, 그녀는 게을러지고 무관심해진답니다.

당연히 그녀도 권좌에서 내려와 중간 지점에서 그를 만나야 합니다. 그녀는 식사 시간에만큼은 그와 다투지 말아야 합니다. 강렬한 감정은 처녀자리 남성에게 심각한 소화불량을 일으키니까요. 그녀도 그의 지극히 독특하고 감정적인 신진대사에 신경을 써야만 합니다. 처녀자리 남성은 매사가 훌륭하고 완벽하지 않다면 자기 세계가 무너질 거라고 믿습니다. 그는 자기 앞길을 방해하는 사소하거나 중요한 모든 문제를 해결할 의무가 있다고 생각하지요. 그런 느낌을 이해하려고 노력한다면, 사자자리 여성의 관대한 마음은 그의 찌푸린 눈썹을 펴주고 그 긴장을 풀어줄 방법을 찾을 수 있을 것입니다. 그녀는 인생이 빛과 그림자로 수놓인 최고로 흥미진진한 드라마라는 사실을 그에게 상기시켜줄 수 있을 것입니다. 그가 그토록 중시하는 '완벽함'이란 것이 이토록이나 멋진 삶의 드라마를 밋밋하고 따분하게 만드는 결함일 뿐이라는 사실을 일깨워줄 것입니다. 하지만 그녀는 온화하고 거만하지 않게 설명해야 합니다. 그의 의견을 존중하는 일에도 신경 써야 합니다. 자신이 말할 차례를 그저 기다리는 대신에 그가 하는 말에도 정말로 귀를 기울여야 하지요.

섹스에 대해서라면, 사자자리 여성의 자연스럽고도 자발적인 욕구에 비해 처녀자리 남성의 태도는 지나치게 기계적일 때가 있습니다. 그때 그녀가 못마땅함을 드러낸다면 그의 굴욕과 좌절은 커지겠지요. 그녀의 냉담함은 그의 성적 욕구를 억압하게 됩니다. 한편, 조용한 처녀자리 남성의 비판도 효과적인 정력제는 아닙니다. 그는 성적 표현을 할 때 더 자유롭고 열정적일 필요가 있습니다. 섹스는 거절에 대한 공포 없이 친밀하게 나눌 수 있는 것이어야 하지요. 단순히 감정의 부분적인 해방이 아니라요. 사자자리 여성은 열정이 속삭임처럼 때로는 조용한 것임을 깨달을 필요가 있습니다. 둘의 마음을 한데 모으고 함께 완전한 충족감을 누릴 수 있는 유일한 방법은 태도를 바꾸는 것이랍니다. 서로의 깊은 욕구를 이해하려는 약간의 노력이 필요합니다. 그 욕구는 보이는 그대로와 별로 다르지 않지요.

두 사람은 2-12 태양별자리 관계입니다. 이 관계에서 처녀자리 남성은 사자자리 여성에게 물질적이고 감정적인 안도감을 줍니다. 또한 사자자리 여성은 이 지적이고 양심적인 남자로부터 행복에 관한 교훈을 많이 배워야 한다는 사실을 감지합니다. 두 사람이 친밀해질수록, 처녀자리 남성은 독립적이며 충동적인 사자자리 여성의 기질에 더욱 상냥하고 관대해집니다. 그는 그녀의 아름다움과 자질에 자부심을 느낀답니다. 그녀가 인내심이 있다면 이 사실을 알아차리게 될 겁니다. 사자자리와 처녀자리의 사랑은 느리지만 해마다 꾸준히 더 밝아지는 불꽃과 같습니다. 하지만 이기심이라는 바람으로부터 세심하게 보호하고 돌봐야 하지요.

처녀자리 남성은 이상하게 쌀쌀맞은 남자입니다. 어떤 때는 극도로 감수성이 풍부하다가 다른 때는 고집스럽도록 둔감합니다. 그의 감정은 엄밀히 두 개의 정반대의 패턴을 가지고 있습니다. 하지만 그의 영혼은 평화로운 고요함 속에서 살지요. 그가 사는 차가운 대리석의 홀은 그녀의 영혼이 방문하기에 평화로운 곳입니다. 때로 그는 정말로 엄청나게 감동적인 일을 지극히 조용한 방식으로 해냅니다. 함께하는 삶이 너무나 깔끔하고 정확해야 한다는 위협에 시달릴 때도 있겠지요. 그때 햇볕이 쏟아져 들어오도록 창문을 활짝 열고, 둘의 사랑에 더욱 생기 넘치는 감정을 주는 일은 사자자리인 그녀의 몫이랍니다. 어느 날 아침, 그녀가 침실에 있는 그에게 아침 식사를 가져다줘서 그를 놀라게 한다면 어떤 일이 일어날까 궁금하네요. 그건 아주 이른 아침. 새벽도 오기 전이어야 할 것입니다. 그는 그녀에게 감사를 표할 특별한 방법을 생각할 것이고, 그러느라 시간이 꽤 오래 걸릴 수 있을 테니까요. 행여 그러느라 그가 직장에 늦을까 걱정하는 일이 없도록, 그녀는 아주 이른 시간부터 서둘러야 할 것입니다.

사자자리 남성과 처녀자리 여성

"이름이 뭐야?" 그가 물었다.

"웬디 모이라 안젤라 달링." 웬디는 꽤나 만족스러운 듯이 말하고는 되물었다.

"네 이름은 뭔데?"

"피터 팬."

웬디는 이미 그가 피터일 거라고 확신했다. 하지만 이름이 좀 짧은 것 같았다.

"그게 다야?"

"그래." 피터가 조금 날카롭게 대답했다.

피터는 자기 이름이 짧다는 생각은 한 번도 해본 적이 없었다.

　사자자리 남성이 처녀자리 여성을 만났을 때 맨 처음에는 이런 마음이 생긴답니다. 자신의 강력한 힘과 다정한 마음으로, 이 사랑스럽고 섬세한 여성을 인생의 누추하고 불행한 경험으로부터 보호해주고 싶다고요. 다음 단계에서 그는 희미한 불안감을 느끼기 시작합니다. 거울을 볼 때면 이발을 할 때가 지나지 않았을까 불안해하는 걸 스스로 의식합니다. 그의 가장 좋은 외투에서 지금까지는 전혀 개의치 않았던 작은 얼룩 몇 개도 발견합니다. 그는 서둘러서 옷을 세탁소에 보내지요. 하지만 신발도 문제입니다. 갑자기 창피스러울 정도로 낡아 보입니다. 구두 몇 켤레를 사려고 작정합니다. 쇼핑하는 동안 불현듯 그는 깨닫습니다. 자신이 여태 즐겨 입던 선명한 색깔의 셔츠보다 약간 더 은은한 색깔(처녀자리 여성이 좋아하는 취향이지요.)의 셔츠들을 고르고 있다는 사실을요. 점차적으로 그에겐 모호하고 불온한 의심이 스며듭니다. 그가 지금까지 살아온 삶의 방식이 완벽함의 모델은 아닐지도 모른다는 의심이 듭니다. 그는 때때로 침묵의 주기에 빠집니다. (사자자리가 침묵한다고요? 네, 그렇다니까요.) 그녀가 안 보는 게 확실할 때, 그는 사전을 들여다보기 시작합니다. 둘이 대화할 때 방금 사용한 낱말이 본인이 늘 그 뜻이라고 생각했던 게 맞는지를 확인하려고요.

　처녀자리 여성이 실제로 어떤 말을 한 것은 아닙니다. 여러분도 아시다시피 그녀는 직접적으로 비판하지 않습니다. 그러기엔 지나치게 예의 바르지요. 최소한 그녀가 그에 대해 더 잘 알기 전까지는요. 하지만 그녀는 그 맑고 아름다운 눈동자로 차갑게 그를 응시합니다. 못마땅한 기색이 적나라하게, 그녀의 고요하고 차분한 얼굴을 순식간에 스치고 지나갑니다. 그렇게까지 불쾌하지는 않습니다. 하지만 사자자리 남성의 허영심에는 아슬아슬하게 스칩니다.

사자를 길들이는 것은 아슬아슬한 일입니다. 게다가 그녀에게는 채찍도, 공포탄으로 장전한 총도 없습니다. 음악이 사나운 맹수를 길들인다고 하지요. 처녀자리의 세심한 천성과 식별력과 아름다움에 대한 예리한 감각은 부드러운 음악과도 같습니다. 이 음악은 처녀자리의 친절함과 온화함과 예의 바른 태도로 연주됩니다. 그녀는 그녀만의 사랑스러운 방식으로 사자자리 남성의 미덕을 존경하고 찬탄하지요. 처녀자리 여성의 연주는 자기중심적이며 포효하는 사자자리 남성을 바꾸어놓는답니다. 박하 같은 그녀의 매력에 도취된 그는 만족스럽게 가르릉거리며 구르고, 유순하고 장난치기 좋아하는 다정다감한 사람으로 변신한답니다.

만약 그녀가 박하를 남용하지 않는다면 그녀의 기술은 사자자리에게 기적을 만들 것입니다. 그는 자신이 숭배받는다는 느낌을 갖게 해준 그녀를 칭찬할 겁니다. 그의 생활 방식의 점진적인 변화 뒤에 그녀가 있다는 건 의심의 여지가 없지요. 시간이 지나면 그는 불안감에서 벗어나 편안해집니다. 자신의 새로운 이미지와 어느 때보다 넘치는 자신감 때문에 즐거움을 느끼기 시작합니다. 사자자리에게 자신을 개선하라고 설득하고, 그 과정에서 그의 자부심을 파괴하지 않고 오히려 높여준 일은 참으로 진귀하고 가치 있는 성과라고 할 수 있습니다. 처녀자리 여성은 칭찬받아 마땅합니다. 하지만 자신의 성공에 흥분해서 심각한 비판과 잔소리에 몰두한다면 그녀는 안전선을 넘어간 것입니다. 앞서간다 싶으면 멈춰야 합니다. 그가 시작한 훌륭하고 새로운 모든 변화를 칭찬하는 정책으로 전환하는 게 좋습니다. 모든 사람이 사자자리처럼 그렇게 대단한 자기 개선 능력을 지닌다면 좋을 텐데요. 그는 굉장히 자기 성찰적입니다. 그에게는 무척 놀라운 자기 규율이 있답니다. 정말로 경이로운 일이지요!

그렇습니다. 사자자리의 거대한 자아를 그토록 쉽게 수축시킨 것은 놀라움 그 자체이며, 그가 얼마나 강하고 영리한지를 말해주는 또 다른 이유가 되지요. 처녀자리 여성 여러분, 정말 대단합니다. 그러니 부디 이 모든 것을 망치지 말아주세요. 남성적인 완벽함에 관한 당신 생각에 맞추어 그를 바꾸고 개량했다면 이제는 비판을 억제하시기 바랍니다. 단점 몇 개는 그냥 지나치세요. 그래야 그는 여전히 인간으로 남을 수 있답니다. 그렇지 않으면 그는 당신이 한 짓을 알게 될지도 모릅니다. 그리고 당신이 계속 비판한다면, 그는 분노하여 위엄을 떨칠 것이고 당신은 말 그대로 다시 처녀가 될 겁니다. 비유가 아닙니다. 당신이 다정다감하고 충직한 짝을 잃고 혼자가 될 거라는 뜻입니다. 당신이 마지막 하찮은 것까지 분석하고 비판하기를 주장한다면 정말로 최악입니다. 왜냐하면 문자 그대로의 처녀는 진정한 사랑의 성취감을 경험하지 못했기 때문에 그녀가 놓친 게 뭔지를 모르겠지만, 이제 당신은 알고 있으니까요. 당신은 예전의 행복한 기억 때문에 고통스러울 것입니다. 그가 가끔은 실수를 하도록, 때로는 요란한 셔츠를 입고 은행 잔액를 과대평가하도록 내버려 두는 편이 낫습니다. 그가 어떤 이야기를 좀 과장해서 이야기할 때면 미소를 지어주고, 본인 생각대로 훌륭한 운전자라고 믿게 하세요. 그에게 도로 지도를 맡겼을 때 간혹 고속도로를 잘못 탄 일 같은 것들은 다시 상기시키지 않는 편이 훨씬 좋습니다. 그가 부엌에서 어슬렁거리면서 만든 양갱은 너무 질척거리고, 냄비국수는 너무 딱딱하고, 샤워하면서 부른 노래는 맞지 않는 바리톤 음조라는 사실을 말해서 대체 뭘 하겠어요? 당신이 얻을 수 있는 게 뭘까요? 아무것도 없답니다. 하지만 많은 것을 잃을 수 있지요. 예를 들어, 그를 잃을 수 있습니다. 사자자리 남성이 바로 그 많은 것이랍니다.

이 관계가 잘 되어간다면 무척 평온하고 아름답습니다. 처녀자리는 다른 사람에게 대단히 비판적이며, 자기 자신에게는 잔인할 정도로 비판적인 성향을 지녔지요. 하지만 2-12 태양별자리 관계인 처녀자리와 사자자리 사이에 흐르는 기운은 좀 다릅니다. 처녀자리 여성이 이 남성에 대해 판단할 때는 예외적으로 관대하고 인내심을 발휘합니다. 무척이나 이질적인 그의 사고방식에 대해 그녀는 공감하지요. 사자자리를 바로 최근에 경험했던 전생의 기억 때문입니다. (사자자리는 처녀자리 바로 전에 지나는 별자리입니다. 처녀자리에게는 12번째 하우스이고 카르마 영역이 되지요.) 처녀자리 여성이 가끔 실수로 그에게 잔소리할 가능성은 언제나 있습니다. 하지만 사자자리 남성은 대체로 그녀를 잘 받아줄 것입니다. 그녀가 예민한 사자 꼬리를 너무 세게 밟는다면, 그는 중간 크기로 경고하겠지요. 그녀가 다정하게 사과하면 됩니다. 사소한 오해가 있었더라도 둘 사이의 조화는 쉽게 회복됩니다.

최후의 순간에 사자자리는 자기 방식대로 할 것입니다. 처녀자리 여성은 미묘한 암시를 할 것이고 그는 가끔 이 암시에 흔들리겠지만, 그가 그렇게 하고 싶을 때만 그녀에게 따를 것입니다. 선택은 그의 것입니다. 사자자리 남성은 의심의 여지가 없는 권력이지요. 그의 말은 모든 중요한 결정과 질문에 관해 가장 현명한 말임에 틀림없답니다. (그러는 편이 낫습니다. 그의 허영심이 상처를 받아 뾰루퉁하게 입술을 내민 것을 보고 싶지 않다면.) 실제로 처녀자리는 대부분의 경우 원만하고 즐거운 태도로 위풍당당한 폐하가 선호하는 것을 따릅니다. 정말로 멋진 일은 그 보답이 무척 크다는 사실입니다. 사자자리 남성은 최고로 따뜻하고 밝은 햇볕을 그녀에게 기꺼이 쏟아붓습니다. 그는 예의 바르고 지적이며 맑은 눈동자를 가진 여성을 커다란 자비심으로 대합니다. 처녀자리 여성은 세상 누구보다도 확실하게 사자자리의 진실한 고귀함과 관대함을 경험할 수 있답니다. 그러니까 그에 대한 그녀의 흠모는 지나쳐 보일 수도 있지만 가식은 아니랍니다. 그녀 마음에서 우러나온 것이지요.

모든 사자자리는 '사랑과 사랑에' 빠집니다. 그들은 타의 추종을 불허하는 연인으로서의 자질을 타고나지요. 사자자리 남성은 관능적인 동시에 감상적입니다. 그의 욕망은 에로틱하지만 그의 섹스에는 정직과 천진난만함 같은 요소들이 늘 함께합니다. 이런 점 때문에 처녀자리 여성은 그를 신뢰하고 그의 팔 안에서 편안하게 쉴 수 있답니다. 그녀는 평소의 성향보다 더 헌신적으로 그에게 자신을 바치지요. 사자자리 남성의 성적인 행동에는 아늑하고 편안한 면이 분명히 존재합니다. 그는 육체적인 사랑의 표현을 온화한 몸짓으로 바꿀 줄 압니다. 그의 섹스는 열정적인 동시에 따뜻하고 보호받는 느낌을 주고 정서적인 안정감마저 느끼게 합니다. 무의식의 차원에서 이런 그의 능력은 처녀자리 본성 내부의 순결하고 순수한 모든 것을 일깨웁니다. 그래서 그녀는 그의 온화함에 대해 감동적인 믿음을 갖고 열정적으로 대응하지요. 결국 그녀의 성적 태도에 자리한 매력적인 단순함은 그가 지닌 섹스 재능에서 최고의 면모를 불러일으킵니다. 두 사람의 육체적인 조화를 질식시킬 한 가지 사항이 있습니다. 그가 은밀히 로맨스를 계획하고 있을 때, 사소한 사건에 대해 그녀가 불필요하게 노골적으로 말하는 것이지요. 그러면 사자자리의 냉랭한 위엄에 찬 시선을 부를 것이고, 그는 상처 입은 은둔을 선택할 것입니다. 이럴 가능성은 언제나 도사리고 있답니다.

이상하게도 이 두 사람은 다 잠이 많습니다. 밤에 여덟 시간 이상의 수면이 필요한 신진대사를 공유합니다. 전형적인 사자자리 남성과 처녀자리 여성이라면, 그들은 일찍 퇴근하고 일찍 일어납니다. 이유는 좀 다릅니다. 사자자리 남성은 자신의 멋진 육체에 힘을 보충하기 위해 오랫동안 자야 합니다. 처녀자리 여성은 온종일 여러 가지 일에 대해 너무 많이 걱정합니다. 게다가 그런 면을 남에게 안 비치려고 애를 쓰지요. 그러니 정신적 에너지를 보충하기 위해 여분의 수면이 필요하답니다. 사자자리는 늦은 오후에 몰래 토막잠을 자기도 합니다. (처녀자리는 이 때문에 그가 게으르다고 생각하지요.) 하지만 하품을 하고 고양이처럼 나른하게 기지개를 켠 다음에는 이내 물건을 고치고, 톱질을 하고, 뭔가를 개조하고, 신이 나서 돌아다니고, 여행이나 새로운 모험을 제안하기도 하며 부지런하게 활동할 것입니다. 한 마디로 말해 할 일은 한답니다.

처녀자리 여성은 고장 난 것은 무엇이든 잘 고치는 사자자리 남성의 능력이 참 좋습니다. 상처받은 그녀 마음에 생긴 작은 틈새도 잘 고치지요. 그녀를 포함해서, 그의 보살핌이 필요한 일이 있을 때는 미루지 않아서 정말 기쁩니다. 사자자리 남성은 처녀자리 여성의 깔끔한 외모와 사람들 앞에서 늘 드러나는 차갑고 매력적인 이미지를 즐거워합니다. 사자자리는 자기의 여인(그의 업적처럼)에 대한 자부심을 과시하는 것을 정말 좋아한답니다. 그는 특히 그녀의 섬세한 정신을 자랑스러워할 겁니다. 많은 사자자리 남성은 지적으로 우월하지도 동등하지도 않은 여성과 결혼하는 경향이 있지요. 훈련하고 가르치고 설교할 대상이며 자신을 찬양하는 신하를 갖기를 원하지요. 하지만 가장 행복한 사자자리는 영감을 주고 정신적인 도전을 제시하는 연인이나 부인을 둔 사자랍니다. 처녀자리 여성이 바로 그런 연인이나 아내가 될 수 있지요.

사자자리 남성의 개성은 강력한 태양의 지배를 받습니다. 그와 함께 있을 때면 그녀가 종종 무척 아늑하고 따뜻해지는 기분을 느끼는 이유입니다. 가끔은 좀 그을리기도 합니다. 처녀자리 여성의 개성은 현재의 지배행성인 수성과 처녀자리의 진정한 지배행성인 (곧 발견될) 벌컨, 이렇게 두 행성에 의해 만들어지고 영향을 받습니다. 두뇌 회전을 빠르게 만드는 수성은 그녀를 기민하며 다재다능하고 지속적으로 활동하도록 하지요. 천둥소리를 내는 벌컨은 더 깊은 차원에서 그녀의 마음속에 일종의 낯선 음악을 불러일으키고 있습니다. 벌컨은 그녀의 영혼을 구속으로부터 자유롭게 해주겠다고 약속합니다. 그녀가 언젠가는 용감하고 대담해지며, 사자자리처럼 독립적인 사람이 될 거라고 알려주지요. 이것은 마음을 들뜨게 하는 생각이며 변화에 대한 예감입니다. 그날이 멀지 않아 보입니다. 그때 그들은 훨씬 더 높은 곳으로 함께 날아오르겠지요.

지금처럼 편안한 시절은 이렇게 흘러갑니다. 사자자리 남성은 고요한 존재인 처녀자리 여성이 가져다준 현실적인 꿈에 대해 고마워합니다. 그녀의 침착한 부드러움과 우아함에 대해 만족합니다. 은빛 썰매 종소리 같은 그녀의 웃음소리는 축복이고요. 서로의 품속에서 깨어나는 새로운 아침마다 사자자리 남성은 햇빛 한 조각을 선물합니다. 그것은 그의 용기로 포장되고, 그의 흔들리지 않은 낙관주의와 언제나 아름다운 하루가 될 것이라는 확신의 황금색 리본으로 묶여 있지요. 언제나처럼 그가 옳습니다. 그런데 그가 항상 옳을까요? 네, 날씨가 어떻든 오늘은 아름다운 하루가 될 겁니다. 당신은 그를 사랑하고, 그도 역시 당신을 사랑한다는 것을 당신이 알고 있잖아요. 그때 내리는 부드럽고 깨끗한 비는 향기로운 축복이며, 반짝거리고 차가운 눈은 기적이 되지요.

사자자리 Leo

불 · 유지하는 · 능동적
지배행성: 태양
상징: 사자 혹은 수줍은 고양이
양(+) · 남성적

Libra 천칭자리

공기 · 시작하는 · 능동적
지배행성: 금성
상징: 천칭
양(+) · 남성적

사자자리와 천칭자리의 관계

> "그럼 팅크한테 불을 끄라고 해."
>
> "팅크는 불을 끌 수 없어. 그녀가 잠이 들면 그때 저절로 꺼지거든. 별들이랑 같아."
>
> "그럼 어서 자라고 말해." 존은 거의 명령했다.
>
> "팅크는 졸릴 때만 잘 수 있어."

    위에 인용된 장면의 등장인물들은 요정 팅커 벨 이야기를 나누는 중입니다. 그런데 사자자리와 천칭자리의 경우, 대화의 주제가 위의 인물들과 별로 다르지 않습니다. 어떤 주제를 다루든지 사자자리는 잘난 척하겠지요. 천칭자리는 종종 동시에 양쪽 편을 들 겁니다. 중요한 어떤 사실도 놓치지 않았다고 확신하면서 논쟁하지요. 사자자리는 열을 내고 천칭자리는 공기를 제공합니다. 이 두 가지가 결합되면 둘 사이에 따뜻하고 뜨거운 대화의 산들바람이 됩니다.

    사자자리는 자신의 결정이 무조건적으로 수용되어야 합니다. 존경의 뜻으로 한쪽 무릎을 꿇는 노골적인 찬양은 없더라도요. 천칭자리는 아무리 하찮더라도 가능한 모든 논점에 대해 논쟁하기를 좋아합니다. 그들은 토론이라고 하지요. 하지만 선택은 사자자리가 말하기도 전에 벌써 끝났습니다. 물론 현명한 선택이었죠. 여러분은 모르셨나요? 네, 천칭자리는 몰랐습니다. 적당한 시간 동안 찬성과 반대를 놓고 이런저런 토론을 하지도 않고서, 어떻게 현명한 선택을 할 수 있을까요? 하지만 천칭자리의 경우 '적당한 시간'이 꽤 긴 시간 동안 계속된다는 게 문제랍니다. 사자자리는 짜증을 내거나 조바심을 내면 안 됩니다. 그 모든 우유부단함 때문에 천칭자리는 억지로 토론에 참여한 사람보다 더 고통스럽답니다. 저울에 무게를 재고 상식을 운운하는 일에서 더 고통받는 건 천칭자리입니다.

사자자리는 '토론'을 통해 배워야 합니다. 천칭자리에게 토론이란 극적인 장면이나 분노의 폭발을 의미하지 않습니다. 그런 일은 도대체 천칭자리의 성미에 맞지가 않지요. 하지만 그 성격이 멋지고 균형 잡힌 관계를 방해하며 모든 조화의 가능성을 파괴할 수 있답니다. 조화, 균형, 평화는 모든 천칭자리 남성이나 여성 또는 어린이에게 성스러운 삼위일체입니다. 천칭자리는 다투기 위해 논쟁을 벌이는 것이 아닙니다. 토론의 목적은 모든 사람이 해당 사안을 논리적이고 공정하게 인식하는 데 있지요. 사자자리가 이 사실을 매번 알아채지는 않더라도 다른 사람들보다는 더 잘 이해할 것입니다. 공평함은 천칭자리가 지닌 신성한 미덕이지요. 천문해석학에 대해 전혀 모르는 많은 작가들이 태양별자리에 따른 성격을 어떻게 알게 되었는지 흥미롭습니다. 예를 들어, 천칭자리 지미 카터에 대해 글로리아 스타이넘(1934~, 미국의 여권 운동가이자 작가—옮긴이)은 이렇게 썼습니다. "카터는 인생이 불공평하다고 생각한다." 저는 그가 정말 그렇게 생각한다고 확신한답니다. 1978년 『피플』 잡지에 실린 사자자리 여성 재클린 오나시스에 대한 기사의 맺음말은 이렇답니다. "하지만 한 가지는 분명합니다. 재키가 무얼 하든 그녀는 그것을 훌륭하게 해낼 거예요. 모든 대중이 그것을 원합니다." 그리고 그녀의 태양별자리가 요구하는 것이라고 덧붙일게요.

사자자리와 천칭자리 커플은 3-11 태양별자리 관계입니다. 두 사람은 다양한 관점에서 엄청나게 많은 대화를 할 겁니다. 아주 순수한 종류의 우정은 다른 사람들보다 사자자리와 천칭자리 관계에서 쉽사리 성취됩니다. 삶은 거의 영원히 함께할 끊임없는 기회를 두 사람에게 선물합니다. 기회를 잡을지 말지, 또 기회를 어떻게 이용할지는 각자의 달별자리와 행성의 각도에 달려 있지요.

두 사람이 힘을 결합할 때, 사자자리와 천칭자리는 성공적인 연애와 결혼에서부터 건전한 우정이나 사업 거래에 이르는 거의 모든 일을 성취할 수 있습니다. 그들은 공기와 불 요소로 이뤄진 별자리입니다. 공기가 불을 부채질해서 불꽃을 피우면 둘 다에게 이득이 되지요. 사자자리가 천칭자리의 공기 같은 정신 활동에 필요한 모든 산소를 태워버리지 않으려고 노력한다면요. 또 사자자리의 드센 성격이 불쾌하게 표현된다면 천칭자리는 떠나고 말 겁니다. 모든 종류의 부조화는 천칭자리의 저울을 넘어뜨립니다. 금성의 지배를 받는 팀의 반쪽이 우울한 상태로 방치되는 거지요. 대체로 밝고 낙관적이며 쾌활한 천칭자리에게 우울은 낯선 감정입니다. 하지만 두 사람은 관계가 순조롭기를 바랄 겁니다. 평탄치 않아지는 건 사양할 거예요. 사자자리와 천칭자리는 모두 어떤 종류의 부당함에 대해 똑같이 격분합니다. 사자자리는 따뜻하고 도량이 넓습니다. 천칭자리는 공정하고 공평합니다. 둘의 이러한 성격이 합쳐지면 약자를 짓밟는 일은 없을 것이고, '잃어버린 대의'를 잃어버린 채 그대로 두는 일도 없을 것입니다. 약자와 잃어버린 대의는 두 사람에게 이상한 매력이 있습니다. 하지만 이들은 자신의 이상주의에 대해 비현실적이지는 않습니다. 이들은 현실적입니다. 이들 둘이서 굉장한 성공을 거둘 수 있는 이유랍니다. 누군가 이미 질 것이 뻔한 사람의 패배를 승리로 바꿔줄 수 있다면, 그건 사자자리와 천칭자리입니다. 그들은 막상 일이 닥치면 당신 편을 들어줄 선량한 사람들입니다. 태양의 지배를 받는 사자자리는 충직하게 당신을 보호해주고, 금성의 지배를 받는 천칭자리는 당신의 상처를 진정시켜줄 향유를 부어줄 것입니다.

천칭자리가 "아니요."라고 잘라 말하기 어려운 만큼이나 사자자리는 "네."라고 말하기가 어렵습니다. 이것이 두 사람이 꽤 잘 지내는 한 가지 이유입니다. 설명을 드리는 게 좋겠지요.

남자든 여자든 자부심 강한 사자자리의 개성은 어떤 일을 하라는 명령을 받을 때 "네."라고 하는 대신 "아니요!"라고 말합니다. 왕과 여왕은 명령을 따르려고 태어난 것이 아니라 명령을 내리도록 태어났지요. 천칭자리는 사자자리의 자아를 다룰 방법을 본능적으로 알고 있습니다. 명령을 부탁처럼 보이게 하는 간단한 처방으로 포효를 가르릉거리는 소리로 바꿀 수 있답니다. 아첨이라고 부르는 것이지요. 천칭자리는 좀처럼 명령하지 않습니다. 그들은 아첨하고 회유하며, 아주 다정하게 **제안합니다**. 천칭자리가 원하는 바로 그 행동을 하도록 조종된다는 사실을 사자자리는 추측조차 할 수 없답니다. 천칭자리는 그야말로 온화합니다. 믿을 수 없을 정도로 원숙하고요.

천칭자리의 한결같은 낙관주의는 다른 태양별자리를 불안하게 하지만, 사자자리는 그것을 즐깁니다. 두 별자리는 모두 남성적인 에너지이고, 긍정적인 낮의 힘을 지녔지요. 이들은 어둠 속에서 주변을 우울하게 만들기보다는 빛과 햇살을 널리 퍼뜨립니다. 모든 사자자리 남성과 여성은 약하고 자신을 방어할 힘이 없는 사람을 보면 보호해주고 싶다고 느낍니다. 모든 천칭자리에게는 정의가 이루어지는 것을 보고 싶은 강렬한 욕구가 있지요. 두 별자리는 창의적인 표현을 하고 싶은 강한 욕구도 공유합니다. 예술 분야면 더 좋습니다. 창의력을 자유롭게 분출한다면, 이들은 둘 다 병원이나 신발 가게 또는 가정을 운영하면서도 행복하게 바쁜 생활을 한답니다. 하지만 이들이 정말 만족하려면 각자의 쇼를 진행해야 합니다. 그래서 가끔 마찰이 일어날 수 있지요. 천칭자리는 시작하는 별자리이기 때문에 책임을 맡기를 좋아합니다. 사자자리도 책임을 맡는 것을 좋아합니다. 왕이나 여왕이 어떻게 책임을 맡지 않을 수 있겠어요? 사자자리는 시작하는 별자리에서 태어나지 않고 유지하는 별자리에서 태어났지만, 우리는 '유지하는 에고이스트'를 지도자와 똑같은 것으로 이해해야만 합니다. 사자자리와 천칭자리가 지닌 이러한 기본적인 욕구가 부정된다면, 사자자리는 입술을 삐죽이거나 으르렁거리는 사자가 될 겁니다. 천칭자리는 혼란과 좌절에 빠진 괴팍스러운 악어가 될 수 있지요. 그렇게 되면 사자자리의 관대함은 거만한 요구로 바뀌고, 천칭자리의 온화한 **대화**는 **말다툼**으로 변질되어서 둘 사이의 조화가 깨어집니다.

보다 다정하고 온화한 태도를 지닌 천칭자리가 다루기에는 사자자리의 자부심과 허영이 지나칠 수도 있습니다. 하지만 상대에게서 잠재된 열정을 불러일으키는 사자자리의 능력 덕분에 대체로 관계의 균형을 유지할 수 있습니다. 천칭자리는 사자자리 남성이나 여성 또는 어린이에게는 적절한 존경과 칭찬이 필요하다는 점을 기억해야 합니다. 쉬운 일이 아닙니다. 하지만 천칭자리는 비너스의 모든 매력을 활용할 수 있지요. 어느 누구도 천칭자리보다 더 다정하게 칭찬해줄 수 없고, 어느 누구도 사자자리만큼 솔직한 환희로 고마워할 수 없답니다.

천칭자리는 아름다운 것이라면 무엇이든 숭배합니다. 사자자리는 가장 크고 좋은 것을 좋아합니다. 그래서 둘 다 좀 사치스러울 수 있습니다. 두 사람은 돈을 흥청망청 쓰고 사치품을 밝히기도 합니다. 그러다 보면 돈의 사용처에 대해서도 약간의 다툼이 있을 수 있지요.

천칭자리는 필요하다면 산도 옮기려는 사자자리의 용기와 의지를 숭배합니다. 가끔은 위풍당당한 사자자리가 산을 무너뜨리는 것을 지켜보는 즐거움을 위해 산을 몇 개쯤 만들고 싶은 유혹을 받기도 합니다. 그 산은 흙과 돌이 아니라 말로 만들어질 것입니다. 두 사람이 좋아할 만한 게임이지요. 두 사람은 위트 게임에서 서로에게 도전하기를 대단히 즐깁니다. 하지만 게임을 대하는 태도에 차이가 있습니다. 사자자리는 자신이 농담의 주인공이 되는 것을 못 참습니다. 천칭자리는 즐거움이라는 목표를 위해 더 균형 잡힌 관점을 취하지요.

태양과 금성은 조화로운 관계입니다. 태양의 사자자리와 금성의 천칭자리 역시 그렇습니다. 이들의 자질과 성격적인 특성은 잘 섞이지요. 둘 다 예술가 기질이 있으며 감상적입니다. 둘 다 칭찬과 흥분을 좋아하지요. 사자자리는 삶과 사랑을 위해 행복을 요구합니다. 천칭자리는 당연히 행복할 것이라 기대합니다. '요구하는 것'과 '기대하는 것'은 좀 다르지요. 만약 사자자리가 자신의 권리를 너무 많이 주장하면서 너무 자주 포효한다면, 천칭자리는 균형을 잡기 위해 논리적인 태도로 대응할 수밖에 없습니다. 고무 밴드는 한쪽으로만 늘어나는 것이 아니라 양쪽으로 늘어나며, 모든 것은 올라가면 내려와야 하고, 교통사고를 예방하기 위해서는 빨간 불과 파란 불 둘 다 필요하다는 사실 등을 사자자리에게 상기시켜주겠지요. 천칭자리 스스로도 놀랄 정도로, 사자자리는 유순하게 경청하고 사과할 것입니다. 어떤 태양별자리도 사자자리를 이토록 부드럽게 이끌 수는 없답니다. 천칭자리가 최고지요.

동물 훈련의 비밀은 눈과 채찍에 있습니다. 천칭자리의 눈은 다정하고 우호적입니다. 천칭자리는 눈에 보이지 않게 채찍을 휘두른답니다. 그리고 그 채찍은 그저 벨벳이 닿는 느낌이고요. 그러면 사자자리가 가르릉거리기 시작합니다. "당신은 정말 대단해요!" 사자자리는 감탄하지요. 천칭자리의 보조개가 쏙 파입니다. 이제 두 사람은 왕의 마차를 타고 출발하지요. 어디로 가냐고요? 글쎄요. 사자자리가 가고 싶어하지 않았고 단호히 거부했던 어떤 곳이겠지요. 믿어지세요? 온화한 설득과 눈에 보이지 않은 벨벳 같은 채찍으로 이끌어낸 이 성과가 놀랍지 않은가요?

사자자리 여성과 천칭자리 남성

그래서 그들은 춤을 춰도 된다는 허락을 받았다.
하지만 그 전에 먼저 잠옷으로 갈아입어야 했다.

사실입니다. 이 커플이 집에 함께 머문다면 둘의 관계는 영원할 수 있습니다. 매일 밤은 아니어도, 외출하는 날보다는 집에 머무는 날이 더 많은 게 좋답니다. 그들의 본성은 조화롭지만 너무 많은 파티는 마찰과 분노를 일으키는 원인을 제공할 수 있습니다. 대부분의 천칭자리 남성은 썰매 경주부터 파티까지 온갖 종류의 축제에 참석하기를 아주 좋아합니다. 그는 학교의 새 도서관 기금 마련 모임이나 선호하는 정당의 파티 같은 지적인 모임에도 끌립니다. 그가 우연찮게 그 정당의 후보가 된다면 더 좋겠지요.

사자자리 여성도 사교 모임의 초대를 좀처럼 거절하지 않습니다. 그녀는 관심과 흥분을 무엇보다 좋아하지요. 큰 모임이든 작은 모임이든, 모든 사교 모임은 그녀를 즐겁게 합니다. 중요한 것은 숫자지요. 손님이 많을수록 더 많은 칭찬이 가능합니다. 모든 천칭자리 남성은 그의 본성에 바람둥이 기미가 있으며, 모든 사자자리 여성에게도 바람둥이 기미가 있습니다. 제가 '기미'라고 했습니다. 그들에게 진지한 순간이 없다는 것은 아닙니다. 좀 힘들긴 하겠지만 두 사람은 서로에게 헌신적일 수도 있습니다. 하지만 진실을 받아들여야겠지요. 두 사람 중 어느 쪽도 현명한 올빼미와 함께 영원히 살도록 태어나지는 않았답니다.

특히, 지나치게 많은 파티는 그들의 태양별자리 교향곡에서 불협화음을 일으킬 위험을 불러옵니다. 무엇이 문제일까요? 사자자리 여성의 질투입니다. 그리고 여성들을 매혹시키는 천칭자리 남성의 매력입니다. 어쩌면 질투를 뒤쪽에 놓는 게 좋겠지요. 문제의 첫 번째 원인은 여성들을 매혹시키는 그의 매력이고, 그다음이 그녀의 질투입니다. 사자자리 여성이 아무런 이유 없이 질투하지는 않습니다. 이유가 있어야 하지요. 천칭자리 남성은 그녀에게 많은 이유를 제공할 것입니다.

천칭자리 남성이 지닌 어떤 매력이 모든 여성을 클레오파트라처럼 여기게 만듭니다. 그것은 '카리스마적인 어떤 매력'이라고 표현할 수 있을 뿐, 정말로 정의할 수가 없습니다. 필시 그의 지배행성인 금성이 장본인입니다. 천칭자리 남성의 녹아내리는 매력은 여성들에게 낯설고 낭만적인 느낌을 불러일으킵니다. 심지어 그가 한 말이라고는 "피클 좀 주시겠어요?" 뿐이어도 그렇습니다. 만약 그가 보조개가 들어가는 웃음을 짓는다면, 피클을 건네주는 사람은 곧 그에 대한 관심으로 심장이 두근거립니다. 그리고 이 장면은 사자자리 여성을 가르릉거리게 하는 설정이 아니지요. 그녀가 앙증맞게 작고 잘 손질한 발톱을 드러내어 할퀼 만한 그런 장면이랍니다! 두 사람이 함께 외출할 때 사자자리 여성 주변에 모여들며 숭배하는 남성 추종자들도 문제입니다. 윌크스의 바비큐 파티에서의 스칼렛 오하라를 생각하시면 됩니다. 그녀가 지닌 최고의 외모와 우아한 태도, 그리고 시선에서 쏟아지는 햇빛이 남성들을 부추기는 건 부인할 수 없습니다. 이런 장면에서 또다시 질투가 문제가 됩니다. 사자자리 여성의 인기에 대해 천칭자리 남성이 질투하기 때문이 아닙니다. 그녀가 괴로운 까닭은 그의 질투가 부족하기 때문이랍니다.

대부분의 천칭자리 남성은 질투를 부당한 짓이라고 믿습니다. 천칭자리는 양 측면을 모두 보지요. 그가 파티 장소에 들어서는 순간, 그곳의 모든 여성들이 깃털을 가다듬기 시작합니다. 그러할진대, 사자자리 여성이 남성들로부터 별 의미 없는 추파를 받는다고 해서 그녀를 비난할 권리가 있을까요? 하지만 이런 관용은 사자자리 여성을 전혀 기쁘게 하지 않습니다. 왜냐하면 그녀는 질투를 받을 때 더 우쭐해지는 경향이 있기 때문입니다. 불 요소의 별자리 여성이라면 이런 점을 이해할 수 있을 겁니다. 질투는 그 남성이 신경을 쓴다는 증거지요. 그러니 "괜찮아요. 당신은 어서 가서 저 재미난 스키 챔피언과 춤춰요. 나는 이 멋진 조각가와 그리스 예술에 대해 이야기할게요. 그녀는 대리석으로 인간의 몸을 조각한다네요. 굉장하죠?" 천칭자리 남성이 이런 식으로 나온다면, 사자자리 여성은 치명적인 경고의 눈빛을 번득이게 됩니다. 여왕 같은 미소는 서릿발 같은 냉랭함으로 바뀌지요. 그에게 조금이라도 눈치가 있다면, 다음번 춤판에 끼어들어 그녀를 되찾아야 한답니다.

다행히도 천칭자리 남성은 사람과의 관계에서 생기는 모든 사소한 문제를 해결할 수 있는 비책을 갖고 있습니다. 중재자로서의 그의 재능이 타의 추종을 불허한다는 사실을 잘 아시지요? 그 자신과 배우자 간의 싸움을 중재할 때조차 그렇습니다. 어떤 식으로든 그는 감동적이고 감상적인 말을 끄집어낼 겁니다. 열정적이고 유쾌하며 터무니없고 놀라운 것을 생각해내서 행동할 겁니다. 그는 이것들을 굉장히 우아하게 해내면서 음악을 들려주듯 그녀에게 속삭일 것입니다. 결국 사자자리 여성은 상처를 잊고 그의 팔 안으로 다시 녹아들게 될 것입니다. 사랑은 또 한 번 승리합니다. 사실 우리는 순조로운 승리를 처음부터 예견할 수 있답니다. 이 커플은 다툴 가능성이 산재해 있지만, 화해할 가능성이 더 많은 3-11 태양별자리 유형이니까요.

사자자리 여성과 천칭자리 남성의 공존 가능성을 분명하게 입증하는 유명 인사가 있습니다. 이 책을 1978년에 쓰고 있으니까 지미 카터 대통령과 그의 부인 로잘린을 예로 들어볼게요. 지미 카터는 천칭자리이고 로잘린은 사자자리입니다. 지미 카터의 마음 한편에서는 간통이 잘못이라고 생각합니다. 훌륭한 남편이라면 해서는 안되는 짓이라고 믿습니다. 그리고 암사자에 대한 그의 순수한 사랑은 틀림없습니다. 그는 그녀에게 헌신적이며 여전히 낭만적으로 그녀를 사랑합니다. 하지만 다른 한편으로, 지미 카터는 간통을 한 사람들을 판단할 어떤 권리도 자신에게는 없다고 생각합니다. 그는 실제로 '마음속에서 다른 여성에 대한 욕망을 느끼는 것'을 즐긴다고 말한 적이 있답니다. 공정하려고 필사적으로 분투하면서 말이에요.

양면을 보려는 천칭자리의 모습이 또 있습니다. 지미 카터는 ERA(미국의 남녀평등 헌법 수정 조항—옮긴이)의 목표에 진심으로 공감을 표하면서, 1976년 6월에 이렇게 말합니다. "낙태에 대한 대법원의 판결을 뒤집으려는 어떠한 헌법 개정에도 지속적으로 반대할 것입니다." 하지만 그는 몇 개월 후에 공개적으로 발표합니다. "낙태 주제에 대해 제안한 모든 헌법 수정을 적극적으로 반대한다고는 결코 말하지 않았어요." 그는 공정하게 양면을 보려고 애쓸 뿐이랍니다! 사자자리인 로잘린 카터는 여왕답게 그를 책망했을 수도 있습니다. 하지만 알 수 없지요. 지미 카터가 사자자리 부인인 로잘린과의 사이에 어떤 다툼이나 논쟁, 혹은 의견의 불일치가 있었는지에 대해 질문을 받았던 적이 있습니다. 그때 그는 천칭자리의 쾌활함과 절대적인 낙관주의를 가지고 태평스럽게 대답했답니다. "아니요, 절대 그렇지 않아요. 우리는 완벽한 결혼 생활을 하고 있죠. 우리 사이에 어떤 부정적인 일이 일어날 거라고는 상상도 하기 어렵습니다." 이런, 이런! 참 완벽하군요. 금성의 저울다운 아름다운 균형 잡기입니다. 아주 전형적인 천칭자리 방식으로 장밋빛 거품을 얹은 관점이지요. 하지만 악의 없는 거짓말이지요.

지미 카터는 전형적인 천칭자리로, 균형을 잡는 사람입니다. 카터 여사는 전형적인 사자자리 여성으로, 독립적이지요. 남편의 그림자이기보다는 더 대단한 사람으로 인정받고 싶어하는 자부심 강한 사자자리 여성입니다. 텍사스에서 열린 세계 여성 페미니스트 첫 회합에서 그녀는 20세기의 여성주의 활동가들과 함께 카메라를 향해 미소 지었습니다. 그녀의 천칭자리 짝이 언급한 '자신의 마음속에서 욕망하는 것'에 대한 소문이 널리 퍼지는 동안, 그녀는 위엄 있고 초연하게 침묵을 유지했지요. '욕망'이라는 주제에 대한 천칭자리 남편의 관점을 그녀가 어떻게 생각하는지, 어떤 언론사도 감히 그녀에게 물어보지 못했답니다. 로잘린 카터도 재클린 케네디 오아시스도 사자자리 여성이지요. 그녀들은 대중 앞에서 개인적인 감정이나 사생활을 늘어놓지 않는답니다. 왕족은 그런 식으로 행동하지 않습니다. 국민은 하고 싶은 대로 말하겠지만, 왕은 소문을 긍정하거나 부정하거나 해서 그것이 중요한 것처럼 보이게 하지 않습니다. 그건 교양 없는 짓이지요. 평민들은 맘껏 수군대라고 놔둡니다. 군주는 그런 야비한 일에 연루되지 않습니다.

천칭자리인 남편에 비교한다면, 로잘린 카터의 관점은 그다지 폭이 넓지도 않고 우유부단하지도 않습니다. 그녀는 자신이 믿는 게 무엇인지 알고 있고 의견을 분명히 피력하는 일도 전혀 어렵지 않습니다. 천칭자리 남편이 모든 일은 공평해야 한다고 주장하면서 그녀를 이해시키려고 노력한다면, 그녀는 화를 낼 겁니다. 평민들이 그들을 성심껏 돌봐주는 사람들과 동등하다고요? 평민이 지배 계층과 동등하다고요? 말도 안 되지요! 분명 이런 태도는 여성해방운동을 지지하는 그녀의 입장과는 모순이 됩니다. 하지만 이런 모순을 그녀에게는 알리지 않는 게 좋을 것 같네요.

천칭자리 남성은 그의 사자자리 여성에게 가끔씩 선물을 하곤 합니다. 그녀를 무척 소중히 여기고 그녀를 기꺼이 숭배한다는 사실을 느끼게 해주는 선물이지요. 선물은 사자자리 여성에게 참 중요합니다. 그녀가 메트로폴리탄 무대에 서는 오페라 스타이든, 페루의 안데스 산맥 꼭대기에 사는 당나귀 조련사이든지 간에요. 그녀는 선물을 좋아합니다. 천칭자리 남성은 자기의 여인을 소중하게 다룹니다. 여인도 그가 자신을 소중하게 여긴다는 걸 느끼지요. 천칭자리 남자의 대단한 재능입니다. 그는 매력덩어리이지요. 둘 사이의 육체적 끌림이 상당한 만족스러움을 넘어 도취될 정도로 자극적인 이유입니다. 그가 자신을 전적으로 욕망하고 소중히 여긴다고 느껴질 때, 사자자리 여성은 무척 야성적이고 호색적인 욕정을 지닌 사람이 됩니다. 그리고 천칭자리 남성은 섹스를 사랑하는 여성 덕분에 즐겁습니다.

금성의 지배를 받는 이 남성은 그녀의 풍부한 감정을 해방시키는 방법을 알고 있습니다. 그녀에게 달과 별을 따다 준다고 약속하는 거지요. 태양은 태어날 때부터 이미 그녀의 것이니까 따로 원하지 않는답니다. 다른 남성들과 함께할 때보다 그와 함께 있을 때, 그녀는 냉담한 태도를 쉽사리 떨쳐냅니다. 성적 상호작용은 그들에게 따뜻하고 놀랄 만한 친밀함을 선사하지요. 논쟁조차 그들의 섹스에 화려함을 더해 줍니다. 그는 그녀를 불쾌하게 한 일에 대해 매력적으로 깊이 뉘우치는 에식스 경처럼 그녀에게 사과할 것입니다. 그녀는 엘리자베스 여왕의 자애로운 우아함으로 그를 용서할 거고요. 여왕의 연인은 그녀의 왕권에 반역했었지요. 하지만 그가 그녀를 사랑하는 동안에 잠시라도 딴생각을 해서는 안 됩니다. 그의 마음이 오직 그녀에게 집중되었는지 알고 싶어지는 떨림의 순간, 그 열정의 한가운데에서 천칭자리 남자의 시선이 먼 곳을 향하게 되는 일은 유죄입니다. 그녀는 분노해서 명령합니다. 멀리 헤매는 생각과 함께 영원히 잠이나 자라고요! 그는 얼어붙고 말겠지요. 그녀는 혼자 잠듭니다. 사자자리 여성은 천칭자리 남성의 백일몽을 위해 제2 바이올린이나 제2 플롯 주자로 연주하지는 않을 겁니다. 특히 그가 밤에 꾸는 꿈을 위해서는 아니지요. 그의 경력을 위해서도 안 됩니다. 언제나 그녀는 제1 연주자랍니다. 그는 이 사실을 기억할 필요가 있습니다. 그녀는 공기의 성질을 가진 이 남성의 얼굴에 흘깃 지나가는 어떤 표정도 놓치지 않습니다. 몽롱하고 넋 나간 남자의 표정을 포착하고는 그녀가 명령합니다. "지금 무슨 생각하는지 말해주세요, 당장." 호기심 많은 고양이에 대해 들어봤겠지요? 잊지 마세요. 그녀는 그 사촌인 사자랍니다.

"내가 무슨 생각을 하는지 당신은 전부 다 알잖아요, 여보."
"아니요, 몰라요. 말해주세요."
"어느 화창한 봄날을 생각하고 있었어요. 여느 때와 다름없는 날이었지요. 그때 당신을 처음 보았죠. 태양이 그 어느 때보다 밝게 빛났어요."

그녀는 얼굴을 찌푸립니다.
"우리가 처음 만났던 때는 1월이잖아요. 봄이 아니었어요. 눈보라가 치던 날이었다구요." (그는 지금 정말로 곤란합니다.)

"하지만, 곧 봄이 오려는 참이었어요. 나는 공기 중에서 봄의 냄새를 맡을 수 있었죠. 그렇게 느끼게 만든 건 당신이에요. 그래서 내가 그렇게 기억하는 거예요. 당신은 눈 속에서도 히아신스를 피울 테니까요. 내 마음이 겨울일 때 당신은 거기에 히아신스를 키웠죠." (그의 뺨에 보조개가 파입니다.)

그녀는 미소를 띠고 한숨을 내쉽니다. 그러고는 관능적으로 기지개를 켭니다. 새끼 고양이처럼 가르릉거리면서요. 천칭자리 남성의 매력이 다시 승리를 거두었네요. 하지만 그는 'p'자와 'q'자를 기억해야 합니다. 이 알파벳이 자부심 강한 여왕 Proud Queen을 나타낸다는 사실을 명심하지 않는다면, 이 문자는 삐죽거림Pouting 과 다툼Quarrel을 뜻하게 될 테니까요.

사자자리 남성과 천칭자리 여성

"넌 정말 다정하구나!" 웬디가 감탄했다.
"그래, 나는 다정해. 다정하고말고!" 피터는 또 예의를 잊어버렸다.

　그녀는 정말 멋지게 칭찬한답니다. 배경음악으로는 하프를 상상하면 됩니다. 천 칭자리 여성은 우아하고 품위 있는 태도로 으스대고 거만할 수도 있습니다. 하지만 좀 으스대면 어떤가요? 좀 거만하면 또 어떻고요? 사자자리 남성은 고양이가 크림 을 덥석 무는 것처럼 그녀의 칭찬을 냉큼 받아들일 겁니다. 하지만 그녀가 금성인의 교묘한 솜씨로 너무 심하게 그를 조종하려 든다면, 그는 갈기를 흔들고 상처 입은 표정을 할 것입니다. 즉 그녀가 그의 삶을 지배하려 든다면요. 무엇이 최선인지를 그에게 말하면서 모든 사안을 논리적이고 공평하게 보도록 만들려고 한다면 말이에 요. 이건 그녀의 방식이지요.
　사자자리 남성은 자기 방식을 좋아합니다. 다른 방식도 있기야 하겠지만, 분명히 그의 방식이야말로 합리적이고 올바르며 유일한 것입니다. 사자자리 남성은 자기 의 방식을 처음에는 부드럽게, 나중에는 단호하게 그녀에게 가르치려고 합니다. 천 칭자리 여성은 배우는 척하겠지요. 하지만 그의 방식이 옳다고는 결코 인정하지 않 을 겁니다. 그녀는 언제나 무엇이 적절한지를 그 자신이 잘 알고 있다고 믿는답니 다. 천칭자리 여성은 시작하는 공기 별자리이고, 사자자리 남성은 유지하는 불 별자 리입니다. 행진할 때 누가 앞장서서 말을 타야 하는지 결정하려면, 두 사람이 제비 뽑기를 여러 번 해야 할 것입니다. 천칭자리 여성이 할 일은 사자자리 남성에게 드 럼을 맡겨서 행진의 박자를 이끌게 하는 거랍니다. 권위 있는 겉모습을 유지하지 못 하면, 사자자리 남성은 구석에서 뿌루퉁해진 채 행진하기를 거부할 테니까요. '사랑 은 타협입니다'는 문구가 박혀 있는 깃발은 들지 않을 겁니다. 그녀가 아무리 멋지 게 색칠을 해줘도요. 그는 천칭자리의 표어를 믿지 않을 겁니다.
　천칭자리 여성은 보통 흑설탕을 녹여 만든 사탕 같은 달콤한 목소리, 별빛 같은 미소 그리고 그녀의 색인 가을빛 황금 진홍색을 띠고 온화하게 등장합니다. 그녀를 보면 이런 이미지들이 떠오릅니다. 축구 시합, 부드러운 캐시미어 스웨터, 모닥불로 구운 마시멜로, 반질반질해진 나뭇잎을 밟고 산책하기, 늦가을의 햇살 좋은 날, 석양같은 것들 말이에요. 그리고 그녀는 텔레비전 뉴스 프로그램을 생각나게 합니다.(바바라 월터스가 천칭자리라는 걸 모르셨다고요? 이제는 아셨지요.) 잘 보고 귀를 기울여보세요. 그녀의 안개 자욱한 몽롱함 사이로 누비고 지나가는 것은 틀림없는 '대장 기질'입니다. 어쩌면 사자자리 남성에게는 그렇게 안 보일지도 모릅니다. 사실, 그는 한동안 이 점을 놓칩니다. 사자자리 남성은 아름다움에 쉽게 매혹되지요.

천칭자리 여성은 그녀의 매력, 보조개, 달콤한 목소리, 볼륨 있는 몸매와 총체적인 아름다움을 지배행성인 금성에게서 받습니다. 하지만 남성적인 태양별자리이므로 남자 같은 기질도 그대로 지니고 있지요. 또 저울이라는 상징은 천칭자리 여성에게 우유부단함이라는 트라우마와 고문을 안겨줍니다. 그것은 그녀에게는 고통이 아닐 수도 있겠지만 주변 사람에게는 확실히 정신적 외상을 초래합니다. 특히 그녀가 둘 중 하나를 결정하려고 심사숙고할 때는요.

사자자리 남성이 가진 태양의 통치권은 그의 관대함, 따뜻함과 함께 자부심과 열정의 원천이 됩니다. 태양은 태양계라는 조직에서 영적으로나 물질적으로나, 그 영향력이 가장 강력하지요. 태양계라는 이름도 거기서 따온 거고요. 남성적인 성격의 태양별자리는 그에게 용기와 남자다움을 부여합니다. 사자라는 상징은 관능과 우월감 그리고 왕 같은 거만함에 일조합니다. 그래서 그는 박하의 맛 같은 칭찬을 굉장히 좋아합니다. 하지만 동시에 관능적인 연인이기도 하지요. 천칭자리 여성에게 금성도 똑같은 역할을 합니다. 그들은 둘 다 무척 다정하고 서로에게 감정을 숨기지 않는답니다.

지금처럼 개방된 시대의 동회에서는 사자자리 남성과 천칭자리 여성이 결혼한다면 둘 다 일을 할 것입니다. (빅토리아 시대의 천칭자리 주부는 가정과 남편, 아이들 치다꺼리 외에 할 만한 일을 찾기가 쉽지 않았지요.) 둘의 직업이 법률 일이든 건축, 극장, 출판업이나 상업이든 간에 그들의 목표는 독립 또는 타인에 대한 권위입니다. 전자가 바람직합니다. 만약, 천칭자리 여성이 회사에서 임시직인 타이피스트나 보조직으로 너무 많은 시간을 보내야 한다면 비참하다고 느끼며 만족하지 못할 것입니다. 한편, 사자자리인 그가 디즈니랜드 여행단을 끌고 다니는 가이드를 하고 있다면 결코 만족하지 못할 겁니다. 그에게는 '디즈니랜드를 만드는 것' 같은 도전이 어울리지요. 그는 다른 사람이 이미 꾸었던 꿈속을 걸어 다니는 사람이 아닙니다. 자기 자신을 이끄는 대장이 되지도 못하고 직장에서도 다른 사람을 부리는 대장이 못된 사자자리 남성이라면, 그 우월감을 집에서 자기 부인에게 과도하게 주장할 겁니다. 천칭자리 여성이 그 이유를 분석해본다면, 그의 모습이 그렇게 거만해 보이지는 않을 것입니다. 그가 가끔 하루쯤 자신의 굴에서 왕 노릇을 한다 해도 그녀에게는 상처가 되지 않습니다. 하지만 그녀의 순종과 부드러움이 상처 입은 그의 자존심을 위한 의도적인 처방이라는 사실을 들켜서는 안 됩니다.

사자자리 남성과 천칭자리 여성, 이 두 사람 사이에는 정말로 심각한 경제적인 소동은 일어나지 않습니다. 기본적으로 둘 다 돈에 대한 관점이 상당히 비슷하기 때문입니다. 그들은 돈으로 아름다움과 안락함을 삽니다. 둘 다 좋아하고 필요한 것이지요. 그가 조금 더 인색할 것입니다. 돈이 아니라 그녀에게요. 쇼핑과 물건 구매에 관한 사자자리 남성의 법칙을 기억해두시기 바랍니다. 그건 이렇습니다. 어떤 물건을 그녀가 원한다면 그것은 불필요한 사치랍니다. 그는 이렇게 말할 겁니다. "우리는 고풍스러운 청동 촛대가 필요하지 않아요. 여보, 게다가 값도 비싸잖아요."

만약 그가 원하는 것이라면, 그게 무엇이든 가격이 얼마이든 '실용적'인 것입니다. 게다가 그것은 '결국에는 돈을 아끼는' 일입니다. 밤에 조깅을 할 때 손목에 차는 탁 소리가 나는 세 가지 빛깔의 섬광등, 약간 중고인 롤스로이스, 새 영사기는 물론이고 집에서 명화를 보기 위해 목재 판자를 댄 새 영상실 같은 것들을 포함해서, 그가 원하는 것은 모두 그럴 만한 가치가 있답니다. 잘 아셨지요? 대부분의 여성들은 그런 말도 안 되는 이기적인 행동에 대해 화가 나고 불쾌할 것입니다. 천칭자리 여성이라면 저울이 정상으로 작동하지 않을 때에만 폭발합니다. 아주 피로한 수요일쯤이지요. 하지만 보통은 밝게 미소 지으며 유쾌하게 그에게 동의하고 장단을 맞출 겁니다. "당신이 정말 옳아요, 여보." 나중에 그녀는 가게에 혼자 들러서 청동 촛대를 삽니다. 그는 촛대를 알아보지 못할 겁니다. 집으로 꽤 중요한 사람들을 초대한 어느 날, 몇몇 사람들이 촛대가 아름답다고 열광적으로 감탄하는 밤이 올 때까지는요. 그는 그때서야 알아채지요. 실은 그녀가 오늘같이 특별한 날을 위해 세탁 방에 숨겨두었던 촛대를 꺼내왔거든요. 사자자리 남성은 활짝 웃으며 말합니다. "그녀의 세련된 취향이야말로 제가 그녀를 사랑하는 이유 중 하나이지요." 천칭자리 여성은 버터도 녹여버릴 보조개가 들어간 미소를 그에게 지어 보입니다. 그는 한숨을 쉽니다. 화면이 서서히 흐려집니다.

이런 경우는 천칭자리 여성의 특성인 '벨벳 장갑 안의 강철 주먹'에 대해 제가 이 책에서 누누이 말한 수많은 예 중 하나에 불과합니다. 누가 먼저 에스컬레이터에 오르는지와 같은 소모전 따위는 제외하고 말하면, 그녀는 사자자리 남성에게 섬세하며 지적인 동료입니다. 조화에 대한 우아한 재능은 그의 여인으로서 그녀가 갖춘 가장 중요한 미덕이지요. 그녀는 언제라도 그의 마음을 달래줄 정확한 방법을 알고 있답니다. 그녀는 대단히 침착한 여성이지만 화가 나면 완전히 비이성적으로 변합니다. 그럼에도 그녀는 결혼에 잘 어울립니다. 천칭자리는 굉장히 결혼하고 싶어하기 때문에 종종 어울리지 않은 짝과 성급하게 결혼으로 돌진합니다. 하지만 완벽해지려면 연습을 해야겠지요.

천칭자리 여성은 남성적인 기질도 있지만, 침대에서는 로맨스를 많이 원합니다. 사자자리 남성은 그녀의 그런 면을 충족시켜줍니다. 그가 원한다면요. 사자자리 남성은 마치 발렌티노(1895~1926, 미국의 영화배우. 1920년대에 '위대한 연인'으로 우상화되었음—옮긴이) 같습니다. 그의 나른한 관능이 쾌락적인 열정을 요구하는 그녀에게 답합니다. 태양과 금성이 영원한 우주적 조화를 이루는 것이지요. 천칭자리 여성은 주도적이며 사자자리 남성의 충동적인 면에 민첩하게 반응하는 짝이랍니다. 그녀는 그의 불같은 욕망을 예측할 수 있습니다. 또한 그 욕망을 채워줄 수 있지요. 하지만 둘의 관계에 문제를 일으키는 특별한 성격은 성생활에까지 이어질 수 있습니다. 그들이 아무리 분리하려고 해도 소용이 없답니다. 상품 구입에 관한 이들의 법칙을 기억하시는지요? 두 사람의 섹스에도 이 법칙이 교묘하게 적용됩니다. 사자자리 남성이 특히 육체적으로 피곤한 어느 밤입니다. 그녀가 그를 원하지요. 천칭자리 그녀는 성적으로 요구하는 것이 많고, 그를 배려하지 않습니다. 그 반대 경우를 볼까요? 천칭자리 그녀가 특히 피곤한 어느 밤입니다. 사자자리 남성이 그녀를 원하지요. 하지만 이때 두 사람은 평범하고 건강한 사랑을 하는 표본이 됩니다. 두 사람 다 잠을 잘 자고 아침에도 더 잘 쉽니다. 이런 정도의 불공평함을 제외한다면 둘의 성적 끌림은 멋지게 균형을 이룹니다. 섹스는 둘 다에게 달콤한 체험일 것입니다.

사자자리 남성은 결혼 후에 더 듬직하고 더 온화하며 더 편안해집니다. 누군가를 보호할 성이 있고, 매일 밤 그곳에서 그를 기다리는 사랑하는 이가 있기 때문이지요. 사자자리 남성에게는 이러한 확실함이 필요합니다. 천칭자리 여성은 파트너십이라는 상호 관계에 불가항력적으로 끌립니다. 그래서 결혼은 이 연인들에게 유익합니다. 아주 좋습니다. 결혼 생활은 절대 무료하지 않을 것이고 언제나 이점이 있을 것입니다. 사랑은 흥미진진한 것으로 지켜질 것입니다. 물론, 엄청나게 터무니없는 일을 그녀가 아름다운 침착함으로 수용하는 때가 있을 겁니다. 정말 하찮은 이유로 그녀가 격분하거나 논쟁적인 분위기에 빠지기도 할 겁니다. 감정의 균형이 무너질 때도 있습니다. 아마 자신의 머리카락 색이 더 진하기를 혹은 더 연하길 바랄 때겠지요. 아니면 커피 테이블 다리가 휘어서일 수도 있고요. 그런데 그가 다리를 고치지 않았고, 침대보 색깔은 그녀를 불안하게 합니다. 또는 유리 주전자의 이 빠진 자국이 심술의 촉매제일 수도 있습니다. 괜찮습니다. 그는 따뜻하고 아늑한 사자자리의 방식으로 그녀를 다정하게 껴안아줄 겁니다. 그녀가 빛나는 천칭자리의 미소를 되찾을 때까지 말이에요. 그들은 바보처럼 행복한 사람으로 다시 돌아갈 것입니다. 바보는 언제나 우리보다 더 행복하지요.

　사랑했던 사람들이 서로에 대한 흥미를 완전히 잃을 수도 있습니다. 섹스의 대상으로만 여기고 낭만적인 상대로는 생각하지 않았던 경우지요. 사자자리 남성과 천칭자리 여성은 서로에 대해 결코 무관심해지지 않을 것입니다. 언제나 대화의 소재가 풍부하지요. 천칭자리 여성은 그에게서 받은 지혜에 대해 예의 바르고 매력적인 태도로 감사를 표해서 사자자리 남성이 그 사실을 잘 알도록 해줍니다. 실은, 사자를 가르치느라 그녀가 온 인생을 보내더라도 그는 전혀 알아채지 못합니다. 못 알아채는 게 좋답니다. 여인으로부터 얼마나 많이 배우는지를 남자가 알아차려서 좋을 일이 별로 없답니다. 특히 그가 왕이라면 더 그렇지요.

사자자리 Leo

불 · 유지하는 · 능동적
지배행성: 태양
상징: 사자 혹은 수줍은 고양이
양(+) · 남성적

Scorpio 전갈자리

물 · 유지하는 · 수동적
지배행성: 명왕성
상징: 전갈 또는 독수리
음(−) · 여성적

사자자리와 전갈자리의 관계

"건방지고 버릇없는 꼬맹이 녀석. 죽을 준비나 해라." 후크가 소리쳤다.
"음흉하고 사악한 인간." 피터는 대답했다. "당신이나 준비하시지."

긍정적인 면부터 시작하지요. 사자자리와 전갈자리가 공유하는 한 가지는 서로에 대한 정직한 존경입니다. 모든 불의 별자리는(왕이라고 해도 이 규칙에서 예외가 될 수 없습니다.) 자신의 밝은 열정이 전갈자리의 깊은 물에 빠져 죽을 수도 있다는 걸 본능적으로 압니다. 전갈자리와 같은 모든 물의 별자리는 사자자리의 불이 통제되지 않고 활활 타오른다면, 자신의 감수성을 위험할 정도로 메마르게 할 수 있다는 사실을 본능적으로 압니다. 전갈자리는 사자자리 배우자나 친척 또는 친구 때문에 메말라 죽느니, 밤의 어둠 속으로 기어 들어갈 것입니다. 전갈자리는 자신을 대단히 철저하게 보호하지요.

두 태양별자리는 유지하는 에너지로 태어났습니다. 양쪽 다 지배하고자 하는 은밀한 욕망을 가졌지요. 전갈자리의 경우 그것은 내밀한 욕망일 것입니다. 사자자리는 노골적입니다. 이런 본성을 깊이 감추는 사자자리라면 불건전한 일을 벌일 가능성이 높습니다. 사자자리와 전갈자리 커플을 우연히 목격한 사람은, 사자자리 남성 또는 여성을 그 관계의 지배자로 볼 가능성이 높습니다. 사자자리는 속이 들여다보이기 때문이지요. 하지만 건성으로 지나치지 않는 목격자도 있습니다. 천문해석학자이지요. 천문해석학자라면, 전갈자리의 교묘하고 장기적인 전략, 동기를 숨기고 얻는 힘, 전혀 예상치 못한 기습 공격의 효율성을 과소평가하지 않으려고 주의할 것입니다. 두 사람의 관계에서 그 결과를 예견하기란 쉽지가 않답니다.

전갈자리는 예민합니다. 사자자리의 자부심이 언제 상처 입는지를 본능적으로 감지하지요. 전갈자리는 외부인이 사자자리를 아프게 할 때, 엄청나게 위로하고 보호하려 듭니다. 하지만 전갈자리 그 자신이 상처를 입혔을 때는 다릅니다. 사자자리는 훈족의 아틸라(406~453, 로마 제국을 침략한 훈족의 왕. 서구에서는 잔인한 야만인의 왕으로 기억되어 왔음—옮긴이)가 동정심이 더 많다고 생각할 겁니다. 하지만 다른 누구의 잘못이 아니라 사자자리, 당신의 잘못입니다. 제가 이미 여러 차례 경고했지요? 전갈자리가 화를 낼 때는 진심이라고요. 그들은 보복으로 독침을 쏩니다. 전갈자리가 이미 제정신이 아닐 때 침을 쏘지 말라고 울며 애원해봤자 소용없답니다. 잠잠해질 때까지 멀리 떠나는 것도 도움이 안 됩니다. 분노는 당신이 돌아올 때까지 계속될 테니까요. 전갈자리는 관대하게 눈감아주는 유형이 아닙니다. 명왕성의 지배를 받는 전갈자리를 잘 다루고 그 침에 쏘이지 않을 유일한 방법은 이들을 너무 자주 몰아붙이지 않도록 조심하는 겁니다.

불행하게도 사자자리는 이런 충고를 좀처럼 듣지 않습니다. 전갈자리 주변을 조심스럽게 걷는 건 겁쟁이나 하는 짓이라고 생각하지요. 자부심 강하고 겁 없는 사자자리는 경고를 비웃습니다. 아무 거리낌 없이 행동하지요. 될 대로 되라는 식입니다. 다시 한번 친절하게 말씀드립니다. 주의하세요.

이상하게도, 이 특별한 4-10 유형에 속하는 어린이와 어른의 관계는 친척이든 아니든 종종 아주 친밀하며 감동적이기까지 합니다. 어린 전갈자리나 사자자리에 대한 나이든 사자자리나 전갈자리의 태도에는 아버지나 어머니와 같은 점이 있답니다. 보기에도 좋고 무척이나 흐뭇한 경험이지요. 아마도 나이 어린 사자자리가 맹렬한 자존심을 성취할 시간을 아직 갖지 못했고, 그래서 나이든 전갈자리의 강렬한 보호의 몸짓에 화내지 않기 때문일 겁니다. 또 나이 어린 전갈자리는 명왕성의 완전한 보복 본성을 아직 발휘하지 않기 때문에, 사자자리의 극적인 면을 더 자연스럽게 받아들일 것입니다. 그러나 나이가 들수록 이 두 별자리가 조화를 이루는 것은 노력을 필요로 합니다.

저는 나이 든 사자자리에게 깊은 애착을 지닌 한 전갈자리 소년을 알고 있습니다. 전갈자리가 존경할 만한 무언가를 발견할 때, 그 누구도 어린 독수리(이미 말씀드렸듯이 독수리는 전갈자리의 또 다른 상징 동물이지요.)보다 더 많이 존경할 수는 없습니다. 전갈자리 마이크는 자기보다 나이 많은 사자자리 친구를 정말 많이 존경했습니다. 사자자리 밥은 줄로 도마뱀을 잡은 뒤 근처 연못에 풀어주는 법을 인내심을 갖고 가르쳐주었지요. 연을 날려 독수리처럼 구름 사이로 솟아오르게 하는 방법도 다정하게 가르쳤습니다. 밥은 마이크에게 호빗 얘기를 실감나게 들려줬으며, 자동차의 핸들 작동법에 대한 질문에도 무척 성실하게 답해주었답니다. 그는 소년의 어머니에게 이렇게 충고했습니다. 마이크가 더 어리다는 이유로 엄마의 노예가 될 수는 없으며 예의를 갖춰서 그를 대우해야 한다고요. 심부름을 시킬 땐 무례하게 명령하지 말고 부탁해야 한다고 충고를 했답니다. 이 모든 것이 천천히 확실하게 명왕성의 무의식에 새겨졌지요. 어느 날 그들이 캘리포니아의 피스모 바닷가 바위 위에 함께 서 있을 때, 갑자기 거대한 파도가 덮쳐서 그들을 완전히 집어삼켰습니다. 만약 사자자리 밥이 전갈자리 마이크를 꽉 붙잡지 않았더라면 소년은 바다 멀리로 휩쓸려 나갔을 것입니다. 마이크는 수영을 못했답니다. 그 일은 관계를 결정지었지요. 소년은 사자자리 친구가 자기 목숨을 구했다고 확신했고 그를 영원히 숭배하기로 결정했습니다.

나중에 사자자리는 자기 잘못이 아닌 일로 어린 전갈자리를 떠나야만 했습니다. 그의 부재는 거의 7년이나 계속되었지요. 전갈자리 소년도 해가 갈수록 어린 시절과 작별했습니다. 하지만 멀리 떠난 사자자리에 대한 전갈자리 소년의 맹렬한 충성심은 단 한 번도 흔들리지 않았답니다. 둘 사이에 어떤 연락도 없었지만, 마이크는 자기의 사자자리 친구에 대한 어떤 부정적인 말도 들으려 하지 않았습니다. 그는 밥이 돌아올 거라고 믿었지요. 어느 날, 결국 밥이 돌아왔답니다. 전갈자리는 좀처럼 사람을 잘못 판단하지 않습니다.

그다지 운이 좋지 않은 사자자리와 전갈자리가 결합할 경우, 최초의 갈등은 두 사람의 예상보다 더 일찍 시작됩니다. 둘 중 한 사람은 금세 환멸감을 느끼기 시작할 테니까요. 굳이 말로 하지는 않더라도, "내가 언제나 옳지."라는 전갈자리의 태도는 사자자리에게 우선은 좌절감을 안기고 그 뒤에는 분노를 일으킵니다. 전갈자리는 우월감을 말로 나타낼 필요가 없답니다. 침착한 자신감으로 가득 찬 집요하고 가혹한 눈초리가 그의 우월감을 꽤나 분명하게 보여주기 때문이지요. 사자자리의 분노는 일면 부당하게 보입니다. 사자자리 또한 자신은 절대 오류가 없다는 식의 특권의식에 대해서라면 익히 알려진 대가니까요. 하지만 사자나 암사자는 자신의 특권에 대해 전갈자리만큼 확신하지는 않습니다. "내가 최고야."라는 식의 독선적인 태도는 두 사람이 거의 다르지 않습니다. 그래서 이들이 서로의 자의식에 더 관대할 거라고 생각할 수도 있지만, 언제나 그렇지는 않습니다. 인간관계에서는 오직 한 사람만 옳을 수 있으니까요. 사자자리와 전갈자리가 자기들이 언제나 옳다고 여기는 것과 같은 방식으로요.

이 두 별자리 관계에서 두 별자리가 가진 유지하는 힘은 문제에 도움이 되지 않습니다. 변하지 않는다는 것은 고집과는 다릅니다. 의미상 좀 더 부드럽지요. 그렇지만 사자자리나 전갈자리를 그 고정된 위치나 생각에서 벗어나게 하거나 흔들리게 하기는 어렵습니다. 시간이 허락한다면, 그들을 흔들려고 시도해보세요. 천문해석학이 유지하는 별자리라고 말할 때의 진짜 의미를 곧 이해할 수 있을 것입니다. (사자, 전갈, 황소, 물병자리가 유지하는 별자리입니다.)

전갈자리는 사자자리가 독백을 하는 동안 조용히 있을 것입니다. 하지만 속임수에 넘어가면 안 됩니다. 전갈자리는 타당성을 완전히 확신하지 않고서는 사자자리의 의견을 결코 받아들이지 않으니까요. 전갈자리는 거만하게 압력을 가하는 사자자리의 견해에 대해 정직하게 거절하고 노골적으로 반대합니다. 또는 그 상황 자체를 피하는 방법을 찾아낼 겁니다. 교활하지요. 맞습니다. 하지만 이 단어는 사자자리가 채택한 단어지요. 전갈자리가 폐하의 명령을 따르지 않고 몰래 빠져나가서는, 스르르 달아나는 방식을 묘사하려고 택한 표현이랍니다. 사자자리에게는 교활함이 전혀 없습니다. 전갈자리도 그 점을 인정할 것입니다. 이 왕과 여왕이 욕망하고 요구하는 것은 누구라도 알 수 있습니다. 네, 사자자리는 교활하지 않습니다. 약간 으스댈 뿐이지요. 그리고 제멋대로고요. 새끼였을 때부터 자기 방식대로 하는 것에 익숙해져 있지요. 하지만 그들은 무척 따뜻하고 쾌활하며 굉장히 관대하고 친절합니다. 그 때문에 통찰력 있는 전갈자리조차, 자신의 물이 말라가는 위험이나 최악의 상황을 곧장 감지하지 못하는 경우가 생기지요. 반면에 전갈자리는 실제로 한 치도 양보하지 않으면서도 항복한 것처럼 보이는 절묘한 재능을 부여받았습니다. 그 때문에 사자자리는 또 다른 워털루 전투가 벌어진 상황임을 곧장 깨닫지 못합니다.

사자가 다쳤을 때는 시무룩하거나 포효합니다. 그리고 사자의 포효하는 행동은 전갈자리의 예민한 영혼을 불안하게 합니다. 처음에 몇 번 당하고 나면 전갈자리는 숨어듭니다. 하지만 사자자리의 시무룩하거나 포효하는 일이 불필요하게 반복되면, 전갈자리는 차가운 명왕성의 시선으로 사자자리의 과장된 행동을 질타할 것입니다. 좌절감을 느끼게 만드는 집요하고 가혹하며 차가운 시선이지요. 하지만 사자자리는 이런 시선을 거미로 가득 찬 모래 상자에서 진흙 파이를 만드는 일이라도 되는 것처럼 즐깁니다. 사자자리의 자만심은 전혀 손상되지 않습니다.

더 높은 공동의 목표를 향해 노력을 집중한다면, 둘은 아주 좋은 팀이 될 수 있습니다. 사자는 불길로 휩싸고 전갈은 물결을 일으켜서, 그들을 정복하려는 외부인에게 가공할 만한 위력을 발휘할 것입니다. 하지만 사자의 충동적인 이상과 관대한 영혼이 전갈자리의 물에 너무 자주 젖게 된다면, 그래서 훌륭한 사자의 꿈이 산산조각으로 허물어진다면, 전갈자리는 왕국에서 추방될 겁니다. 아니면 사자가 떠나버리든가요. 사자는 왕좌에 맞는 적절한 존경을 받을 수 있는 다른 성을 찾아갈 것입니다. 사자자리 또한 전갈자리 앞에서 거들먹거리는 태도를 덜 하도록 스스로를 잘 다스러야만 합니다. 사자자리 남성이나 여성은 다른 태양별자리로부터는 그렇게 깊은 충성과 헌신을 받지 못할 겁니다. 받기는 하겠지요. 하지만 오직 명왕성이 지배하는 전갈자리만이 줄 수 있는 강렬한 숭배를 얻기 위해서라면, 사자가 자만덩어리를 삼킬 만한 가치가 있답니다.

사자자리 여성과 전갈자리 남성

어떤 모험을 택해야 할까? 제일 좋은 방법은 동전 던지기일 것이다.
동전을 던졌더니 호수 이야기가 뽑혔다.
협곡이나 케이크 이야기, 또는 팅크의 나뭇잎 이야기가 뽑히기를 바란 사람도 있을 것이다.
물론, 동전을 다시 던져서 그 세 개 중 하나를 뽑을 수도 있다.
하지만 그냥 호수 이야기를 하는 것이 가장 공평할 것 같다.

전갈자리 남성의 내면에 자리한 깊은 호수는 둘 사이의 어떤 심각한 갈등에서도 반드시 이깁니다. 사자자리 여성의 격렬한 방어의 불꽃을 젖게 만들지요. 전갈자리는 물 별자리입니다. 물은 모든 요소 중 가장 강한 요소이지요. 불은 소멸합니다. 하지만 물은 그저 똑똑 떨어지며, 물이 원하는 정확한 방식으로 바위와 화강암의 표면을 뚫고 들어갑니다. 개울에 바위를 던져 넣는다고 개울의 경로를 바꾸지는 못하지요. 타오르는 횃불을 바다에 던져보세요. 불꽃이 얼마나 오래 갈까요?

물론, 물의 크기가 결과를 바꿉니다. 거대한 모닥불은 물 몇 방울 정도는 지글지글 소리를 내며 사라지게 할 뿐이지요. 하지만 대부분의 사자자리 여성과 전갈자리 남성은 공평하게 어울립니다. 사자자리 여성과 전갈자리 남성의 관계는 일반적으로 호수가 지배합니다. 전갈자리는 천궁도의 바퀴에서 사자자리보다 앞서 가지요. 그 때문에 사자보다는 훨씬 더 풍부한 영혼의 경험을 지니고 있답니다. 물론 천문해석학의 공부가 깊어질수록 사안은 더 복잡해질 수 있습니다. 윤회의 수레바퀴를 도는 여행의 횟수를 감안한다면, 두 태양별자리 중 어느 쪽이 어느 쪽의 앞에 가고 있는지 누구도 확실히 알지 못하기 때문이지요. 그러나 윤회의 수레바퀴를 백만 번째 여행하는 사자자리 여성이라 해도, 그녀의 초자아는 어느 특정한 전생의 사자자리 파장 안에 놓여 있는 것이 확실합니다. 앞서 가는 일곱 별자리의 교훈을 아직 완전히 습득하지는 못했다는 의미지요. 천 번째 여행밖에 못한 전갈자리라도, 이 특별한 존재 내의 관계에서는 사자자리 여성보다 영적으로 앞서 있습니다. 그 때문에 전갈자리 남성은 사자자리 여성이 꼭 배워야 할 몇 가지를 숙명적으로 가르쳐야 한답니다. 그녀가 좋아하든 말든 상관없이요. 장담하건대 사자자리 여성은 그의 가르침에 열광하지는 않을 겁니다. 하지만 누구도 별의 숙명과 싸워 이길 수 없지요. 그러니 느긋하게 수용하는 게 현명합니다.

사자자리 여성의 외적인 태도는 따뜻하고 관대하고 사교적이며 친절합니다. 그렇다고 해서 그녀의 육체는 물론이고 정신과 마음과 영혼의 참된 깊이까지를 시험하려는 전갈자리의 대단히 깊고 집요한 시선 아래, 자신이 나비처럼 분해되는 것까지 기뻐할 거라는 의미는 아닙니다. 전갈자리 남성의 눈이 너무 빨리 다가오면, 사자자리 여성은 냉혹한 여왕의 위엄으로 전갈자리의 물을 얼어붙게 만들 수도 있습니다. 그녀가 자석에 이끌려가는 듯 보이더라도 실상은 그렇지 않습니다. 사자자리 여성은 낯선 사람이 친근하게 구는 것을 싫어합니다. 그러니까 그녀를 더 잘 알게 될 때까지 기다리는 게 좋답니다. 전갈자리 남성은 그녀를 명왕성의 무아지경에 빠뜨릴 때까지는 기다려야 합니다. 그 누구도 여왕을 그렇게 응시하지는 않지요. 여왕이 거만한 손짓 한 번만 해도 당신은 무도회장에서 쫓겨날 수 있습니다.

사자자리 여성과 전갈자리 남성 커플이 최초로 충돌하는 지점은 돈에 관한 것입니다. 그녀는 돈 쓰기를 좋아합니다. 하지만 돈을 어디에 어떻게 쓸지를 분배하는 방식은 놀랄 만큼 실용적이지요. 아주 가끔 화려한 사치품에 열광해서 흥청망청 쓰긴 하지만요. 전갈자리 남성 또한 때로는 감동적일 만큼 관대합니다. 하지만 그녀가 그의 지출에 간섭하려 한다면 인상을 찌푸릴 겁니다. 그러면서도 그는 전혀 거리낌 없이 그녀의 지출을 통제하지요. 두 사람은 불행하게도 돈에 대해 매우 모순적이며 이기적인 성향을 공통적으로 가지고 있답니다. 특별한 사자자리 여성도 있기는 합니다. 분노를 표현하지 않고 전갈자리의 방식을 따르는 사자자리 여성이 있지요. 하지만 대개의 경우, 이 두 사람은 공동 예산 때문에 갈등을 빚는 경우가 많습니다. 사자자리 여성은 거침없이 씁니다. 한 달 만에 모든 현금을 다 써버렸다고 전갈자리 남성이 불평을 제기하면, 그녀는 심술을 부리거나 적대감을 드러내지요. 전갈자리 남성은 극히 제한된 시간 동안만 이 상황을 봐줍니다. 그 뒤에는 위협적인 침묵과 무표정한 시선 뒤로 숨어버립니다. 사랑이 피어날 수 있는 분위기는 절대 아니지요.

돈에 대해서라면, 두 사람은 어떤 질문도 하지 않는 것이 나을 것입니다. 누가 얼마를 어디에 썼는지에 관해 어떤 설명도 요구하지 않는 편이 좋습니다. 어쩌면 은행 계좌를 분리하는 것이 좋을 수도 있습니다. 전갈자리 남성이 수입을 사자자리 여성의 계좌로 좀 보내줄 수도 있겠지요. 하지만 그런 필요는 좀처럼 없을 것입니다. 전형적인 사자자리 여성이라면 이미 돈을 좀 모아두었을 테니까요. 사자자리 여성의 95퍼센트가 직업을 가진 여성이지요. 사랑하는 남성과 결혼한 후에는 한동안 가정에 흠뻑 빠져 즐거움을 만끽하겠지만, 오래지 않아 그녀는 자신의 강한 햇살을 밖에 퍼뜨리고 싶은 충동을 느낀답니다. 그녀는 사자자리의 자존감을 높여줄 집 밖으로 관심을 돌리기 시작할 것입니다.

사자자리 여성이 진짜로 행복한 가정을 영위하는 유일한 방법은 백악관에 사는 것입니다. 혹은 비바람이 몰아치는 언덕 위에 높게 지어진 성이나, 그리스 선박왕의 광대한 제국의 안주인이 되는 것입니다. 재클린 케네디 오나시스를 생각해보세요. 재클린이 백악관에 있을 때나 두 번째 결혼을 했을 때, 그녀는 경제 활동을 위해 일하러 나갈 필요가 없었지요. 그런데 슬프게도 두 번째로 남편을 잃게 되었고 주인 노릇을 할 가정도 더 이상 존재하지 않게 되었습니다. 이제 그녀는 자신만의 순수한 가치를 사람들에게 증명해야만 했지요. 그녀는 즉시 사무실로, 책상으로, 작가의 길로 성큼성큼 걸어갔습니다. 그런데 최근에는 아무 소식도 들리지 않는군요.

사자자리 여성과 전갈자리 남성 사이의 성적인 적응은 민감한 문제입니다. 전갈자리 남성의 강렬하고 신비스러운 섹스는 처음에는 사자자리 여성 안의 낭만적인 성향을 기쁘게 해줍니다. 하지만 시간이 갈수록, 그녀는 말로 하는 애정 표현이 좀 더 많아지기를 바라게 됩니다. 그의 헌신이 더 다채롭고 상상력이 풍부하면서도 손에 잡힐 듯 표현되기를 원하게 되지요. 전갈자리 남성은 냉정함과 불꽃이 묘하게 섞인 사자자리 여성과 함께하는 것이, 저항을 못할 정도로 신나는 일임을 알게 됩니다. 그녀를 정복하는 끊임없는 모험에 대해, 그는 좀처럼 싫증을 내지 않을 것입니다. 하지만 사자자리 여성의 차가운 도도함 때문에 너무 자주 퇴짜를 맞으면, 처음에 그녀를 황홀하게 해주었던 전갈자리 남성만의 동물적인 매력을 잃게 될지도 모릅니다. 어쩌면 그는 그녀에게 벌을 내릴 것입니다. 사자자리 여성이 너무나도 공허하고 외롭다고 느끼며 자기 옆에 누워 있는데도, 전갈자리 남성은 잠만 잘 겁니다. 복수의 방법으로 섹스를 거부하는 것이지요. 전갈자리 남성이 상처받았을 때 가장 냉혹하게 앙갚음을 하는 방어 전략입니다. 어쩌면 무의식적인 선택일 수도 있지만요.

4-10 태양별자리 유형은 어려운 관계이지만, 정말로 노력한다면 아름다운 장면을 함께 만들 수도 있습니다. 여기, 달빛을 받은 조용하고 맑은 호수가 있습니다. 호수 표면을 떠도는 무수하게 밝은 불꽃과 벨벳처럼 부드러운 밤하늘에 쏘아 올려진 눈부신 색깔의 불꽃을 상상해보세요. 불꽃이 꺼지지 않고 어떻게 물 위에 남아 있을까요? 통나무배 위에 불이 붙었기 때문이랍니다. 불인 사자자리 여성과 물인 전갈자리 남성에게 호수에 떠 있는 통나무배는 공동의 목표를 상징합니다.

전갈자리 남성과 사자자리 여성이 공동의 목표(또는 직업), 즉 두 사람 모두의 꿈에 부합하는 목표를 찾아내서 함께 추구한다면 고통을 기적으로 바꿀 수 있습니다. 사자자리 여성의 열정과 전갈자리 남성의 힘을 결합하는 연금술의 마법을 부릴 수 있지요. 아니면 그의 열정과 그녀의 힘일 수도 있겠지요. 그건 중요하지 않답니다. 그들 각자에게는 두 가지가 다 있으니까요.

전갈자리 남성이 사자자리 여성을 다리미판 앞에 있도록 내버려두고, 그녀 없이 어떤 신나는 모험을 하러 출항할 때가 문제입니다. 아니면 사자자리 여성이 8월에 충동적으로 여행을 떠나서는 11월의 추수감사절을 전갈자리 남성 혼자서 축하하라고 내버려둘 때, 문제가 생기지요. 극심한 불안정이 사자자리 여성의 밝고 용감한 개성 아래에 묻혀 있습니다. 개인으로서 지닌 그녀의 권리를 거부당하면, 그녀는 동물원 우리에 갇힌 사자처럼 몹시 고통스럽고 불안해집니다. 한편 전갈자리 남성은 그의 인생을 밝혀주는 그녀의 밝음을 맹렬히 욕망합니다. 그것은 때로 명왕성의 질투와 소유욕으로 인해 폭력적인 발작을 불러올 수 있답니다. 전갈자리 남성은 사자자리 여성이 이따금씩 사람들의 감탄을 듬뿍 받아야 한다는 사실을 알아야 합니다. 그렇지 않으면 말 그대로 그녀는 시들어갑니다. 때로 그녀를 추앙하는 사람이 남성이라 해도 그녀가 헤픈 사람이어서는 아닙니다. 그녀는 그냥 숭배받을 여왕의 권리를 행사하는 것뿐이지요. 소유욕이 강한 독수리(전갈)는 다른 남성이 그의 여인에게 아부하는 것을 견딜 수 없지만, 그가 그녀를 혼자 두고 떠난다면 어쩔 수 없습니다. 사자자리 여성은 불 옆에 앉아 코바늘로 양말을 뜨고, 밤이면 그의 열정에 윤기를 내주고, 그가 바깥세상을 향해 헤엄쳐 가기 전에 아침마다 그의 힘을 돋우어주는 일 등으로는 전혀 만족하지 않습니다. 두 사람이 함께 일하지 않는다면 이 커플의 행로는 때때로 바위투성이가 될 수 있습니다. 그 바위를 어떻게 할까요? 바위를 제거하세요. 바위를 들어 올려 둑 너머로 던져버리는 겁니다.

전갈자리 남성이 안겨주는 감정적인 안정감과 예외적인 헌신에 대해 그녀가 고마워할 줄 안다면, 사자자리 여성의 따뜻하고 관대하며 쾌활한 영혼을 그가 진실로 소중히 여긴다면, 두 사람은 타고난 태양별자리 사이에 존재하는 긴장과 갈등을, 강력한 힘을 뿜어내는 에너지로 바꿀 수 있답니다. 두 사람은 둘을 묶어주는 놀랍도록 강력한 유대감을 만들 수 있습니다. 물 위를 떠다니는 배가 그런 것처럼, 사랑은 항해에 적합하다고 증명이 된 후에 더 안정되고 강해지기 때문입니다.

사자자리 여성이 너무 엄격하지 않은 온화한 조련사의 손에 일단 길들여지면, 그녀는 배우자에게 충직하고 성실합니다. 전갈자리 남성은 성에 대한 집착이 강하다고 알려져 있지만, 이들의 내면에 자리한 진짜 충동은 성의 신비를 탐구하고 그 경험을 영적인 수준으로 끌어올리는 것입니다. 두 사람이 서로의 진실한 본성을 들여다본다면, 서로 질투하고 경쟁할 필요가 전혀 없다는 사실을 깨닫게 될 것입니다.

다른 커플은 종종 자녀 문제에서 어려움을 겪습니다. 하지만 사자자리와 전갈자리의 경우, 반드시 필요하고 간절히 원한다면 운명은 신비롭게 선언할 것입니다. "아이가 하나됨의 길로 그대들을 인도하리라."

사자자리 남성과 전갈자리 여성

"내가 해야 한다고?" 웬디가 얼굴을 반짝이면서 말했다.

"물론 그건 너무너무 멋진 일이야. 하지만 보다시피 나는 그냥 어린 여자아이인걸.

실제로 해본 경험은 전혀 없단 말이야."

"문제없어." 피터는 마치 그 일에 대해 다 알고 있는 유일한 사람인 것처럼 말했다.

실제로 그는 그 일에 관해 가장 모르는 사람이었다.

전갈자리가 가끔 그렇듯이 그녀는 거짓말을 하고 있습니다. 자신의 가장 은밀한 기분을 필사적으로 숨기려고 합니다. 경험이 없다고요? 그녀에게는 명왕성의 지혜와 함께 수많은 시대를 윤회해온 경험이 있답니다. 그러니 그녀가 자신을 일부러 낮추는 말은 무시하세요.

좀 기이하게도, 위에 인용된 피터의 모습이 바로 사자자리 남성의 자아입니다. 아니, 자아는 딱 맞는 말이 아니네요. 그것은 아주 자연스럽게, 무심코 드러나는 사자자리 남성의 자기 확신입니다. 전갈자리 여성이 카리스마 넘치는 사자에게 최초로 매료되는 순간이기도 하지요.

전갈자리 여성에게도 자기 확신이 있습니다. 실제로 사자자리보다 더 강합니다. 하지만 그녀는 자신의 확신을 내보일 수가 없습니다. 이 말이 혼란스럽게 들릴지도 모르겠네요. 하지만 인용한 대목을 다시 읽어보세요. 그 의미를 아시게 될 겁니다. 그래서 전갈자리 여성은 사자자리에게서 감탄하고 존경할 점을 많이 찾아냅니다. 그녀와는 다르게, 사자자리 남성은 자신이 확신하는 것을 사람들에게 알리는 방법을 알지요. 심지어 그다지 확신하지 않을 때조차도요. 하지만 언제나 확신하는 바를 마음속으로 알고 있는 그녀의 확신은, 그녀 안에 영원히 갇힌 채로 있을지도 모릅니다. 어쩌면 그가 열쇠를 가졌을지도 모릅니다. 정말 그렇다면, 그는 그녀에게 즐거운 자유를 선물할 수 있답니다.

사자자리 남성은 차가운 전갈자리 여성에게 거의 똑같은 이유로 끌립니다. 그녀

스스로는 깨닫지 못하지만, 그녀의 강한 시선에는 침착한 평정과 내면의 지혜가 담겨 있습니다. 그 시선을 받는 대부분의 사람은 움츠리며 곧장 얼굴을 돌리지요. 그게 딱히 무엇인지 확신하지 못하지만, 사람들은 어쩐지 그것을 피하고 싶다고 느낍니다. 아주 용감하고 충직한 사자는 다릅니다. 전갈자리 여성의 눈길은 그를 매혹시킵니다. 때로 사자자리 남성은 그녀 눈동자의 차갑고 고요한 물속으로 빠져드는 느낌입니다. 때로는 그가 말없는 지식의 전수자에게 신비한 비밀을 배우는 느낌입니다. 또 다른 때에 그는, 전갈자리인 그녀의 눈길 뒤에 거세게 휘돌며 후려치는 풍랑 속으로 위험스럽게 휩쓸려가는 기분을 느낍니다. 사자자리에게 그 눈길은 으스스하거나 핼러윈처럼 오싹한 것이 아니라, 완전 신나는 것입니다.

전갈자리 여성은 엄청난 따뜻함을 퍼뜨리는 사자자리 남성의 능력을 부러워합니다. 그녀는 물 별자리이지요. 그래서 아무리 따뜻함을 바라더라도, 그녀가 느끼는 따뜻함은 어느 정도 초연한 차가움으로 바뀝니다. 가장 사랑하는 사람에게조차 그렇습니다. 하지만 사자자리 남성은 화나거나 뿌루퉁해질 때에도 불타는 태양의 지배를 받습니다. 사자자리 가까이에 있을 때 태양의 열기를 못 느끼는 일은 불가능하지요. 그가 행복할 때는 아늑한 난로 앞에서 불을 쬐는 것 같습니다. 그가 그저 그럴 때는 빨갛게 타는 장작 앞에 있는 것 같습니다. 그가 흥분했을 때는 거대한 산불을 보는 듯한 스릴을 느낍니다. 전갈자리 여성은 지나친 초연함 때문에 감정을 깊게 느끼지 못합니다. 그녀는 자기감정을 더 솔직하게 보여주려고 애쓰지만 실패하지요. 그때 이 멋진 남성이 다가옵니다. 사자자리 남성은 자신의 자부심과 편견을 아무것도 아닌 것처럼 편하게, 하지만 무척이나 품격 있게 드러냅니다. 그는 초원을 으스대며 걷는 사자처럼 걸음걸이에도 기품이 있습니다. 틀림없는 왕의 위엄이 서려 있지요. 전갈자리 여성이 그와 열정적으로 사랑에 빠지는 것은 전혀 놀랄 일이 아닙니다. 그녀가 그를 숭배한다고 해도 놀랍지 않습니다. 사자자리 남성이 전갈자리 여성에게 끌리는 것도 마찬가지로 놀랄 일이 아니지요. 사자자리는 이 세상에서 사랑받는 일을 가장 좋아합니다. 사랑받거나 숭배받는 것을 가장 좋아하지요. 하지만 이 두 사람의 상쾌한 초록빛 에덴동산에 몰래 뱀이 들어오자, 둘 다 깜짝 놀라고 상처받고 실망했답니다. 무슨 일이 일어났을까요? 도대체 뭐가 잘못된 걸까요?

문제를 확인하는 것은 어렵지 않습니다. 저는 최근에 콜로라도 주의 크리플크리크에서 식당을 운영하는 사자자리 캐롤과 그의 부인인 전갈자리 바바라를 만났습니다. 두 사람은 그 며칠 동안 사소한 갈등을 좀 겪고 있던 중이었지요. 저는 그들에게 일종의 단어 게임을 제안했고, 그들은 조금 어리둥절하면서 따라왔답니다. 저는 먼저 전갈자리에게 물었습니다. "당신은 캐롤의 어떤 면을 가장 싫어하나요? 이를테면 그와의 관계에서 당신을 가장 화나게 하고 긴장하게 만드는 모든 요소를 한 단어로 표현할 수 있겠어요?"

　전갈자리 바바라는 잠깐 생각하더니 사자자리 짝에게 차갑고 매정한 눈길을 휙 던졌답니다. 그러고는 분명하고 단호하게 '거만함'이라고 말하더군요. 저는 사자자리 캐롤의 표정을 자세히 보지 않으려고 애쓰면서 되도록 명랑하게 질문을 던졌답니다. "바바라의 습관과 행동에서 당신이 싫어하는 점을 한 단어로 요약할 수 있겠어요, 캐롤?" 한 치의 망설임도 없이, 그는 그녀에게 인상을 쓰면서 으르렁거리듯 말하더군요. "침묵이에요." "정확합니다." 저는 소리쳤답니다. "영락없군요!" 그들은 어리둥절해서 저를 쳐다봤지요. 저는 서둘러서 설명했습니다. "제 말은, 두 분이 방금 말한 단어가 사자자리와 전갈자리 사이에서 벌어지는 불화의 원인을 완벽하게 표현했다는 뜻이에요." 저는 덧붙여 설명했습니다. "그러니까 모든 사자자리와 모든 전갈자리 사이에서요." 그런 후에 제가 다시 사자자리 캐롤에게 질문했습니다. "이제, 바바라가 지닌 가장 매력적인 자질을 요약할 수 있나요? 당신이 가장 존경하고 사랑하는 자질은 한 단어로 무엇이지요?" 지긋이 억눌러 온 그의 분노가 햇살 쨍쨍한 날에 얼음 녹듯이 녹았답니다. 그는 근사한 말을 살포시 내뱉으면서 진심으로 온화하게 그녀를 바라보았지요. "제 생각에 그 한마디는 '헌신'이 아닐까 해요." 그는 잠깐 멈추었다가, 감정에 북받친 채로 말을 이어나갔어요. "저는 부러진 다리 때문에 굉장히 아파서 지난달에 병원에 있었어요. 발가락부터 엉덩이까지 깁스를 하고 진통제 때문에 몸을 가누지 못하고 누워 있었지요. 눈을 뜰 때마다 그녀가 그곳에 앉아 있었어요. 혹시 내게 필요한 것이 있을까 봐 그런 거죠. 크리플크리크에 있는 집에서 콜로라도 스프링스에 있는 성 프란시스 병원까지는 먼 거리예요. 그녀는 식당 일이며 아이들(그들은 네 명의 아들을 두었습니다.) 뒤치다꺼리며 집안일까지, 할 일이 굉장히 많지요. 그녀가 병원에 있을 시간과 에너지를 어떻게 찾아냈는지 모르겠어요. 하지만 그녀는 언제나 그곳에 있었어요. 제가 바라는 순간에 그녀는 언제나 그곳에 있었지요." 사자자리 캐롤은 얼굴을 붉혔습니다. 사람들 앞에서 낭만적인 고백을 했다는 걸 깨달았거든요. 그는 좀 머뭇거리면서 마무리했답니다. "제 생각에 그녀는… 음, 제가 말한 그대로예요. 헌신 외에 다른 말은 생각나지 않는군요."

　그가 말하는 동안 전갈자리 여성의 눈에는 눈물이 맺혔습니다. 바바라는 침을 꿀꺽 삼키더군요. 이미 두 사람 사이에 흘렀던 골치 아픈 긴장감은 기적처럼 사라졌답니다. 그들은 서로를 바라보며 짧지만 의미 있는 눈빛을 교환했지요. 사자자리의 눈에도 눈물이 빛났지요. 둘 사이의 귀한 순간을 방해하고 싶지 않았지만, 그럼에도 저는 게임을 계속 이어나갔습니다. 바바라에게 물었지요. "그럼, 당신은요? 그의 어떤 점 때문에 사랑에 빠졌을까요? 캐롤이 지닌 모든 긍정적인 자질을 한마디로 설명해주는 단어는 무엇인가요?"

그녀는 일 분 동안 말이 없었습니다. 또 일 분이 흘렀지요. 몇 분이 흘러도 그녀는 여전히 침묵을 지켰답니다. 그녀는 쑥스러워졌고 생각하는 바를 있는 그대로 표현하지 못하는 자신의 무능함을 불편해했지요. 그녀는 변명하듯이 우리 둘에게 중얼거렸습니다. "미안해요. 그러니까 있기는 한데, 그게 무엇인지 생각해낼 수가 없어요. 정말 모르겠어요." 사자자리에게는 영원히 계속될 것처럼 느껴진 침묵의 시간이 몇 분 더 흘렀습니다. 캐롤은 사자자리입니다. 그는 전형적인 사자자리의 너스레로 빈 공간을 채웠답니다. "자, 바바라, 부끄러워하지 말아요. '매력적'이라는 말이 있잖아요?" 그러나 전갈자리는 여전히 침묵을 지켰지요. "당신이 찾는 한마디가 '매력적'이라는 단어 아닌가요? 아니면 혹시 '완벽한'이라는 말이 더 맞나요?"

우리는 초조하게 웃었답니다. 그러니까 사자자리와 저만 웃었지요. 전갈자리 부인은 엷은 미소를 지으려고 애쓰다가, 실례한다고 말하고는 부엌으로 가버리고 말았습니다. 이제 사자자리도 저도 입을 다물었습니다. 방 안에는 불편한 기류가 흘렀지요. 그때 바바라가 갑자기 불쑥 튀어나왔습니다. 그녀는 마른 행주를 손에 쥔 채로 미소를 지었지요.

"방금 한 단어가 떠올랐어요." 그녀는 안도감에 차서 큰 소리로 말했습니다. "그한 마디는 '신뢰감'이에요. 그는 아주 믿음직한 사람이에요. 그는 저나 다른 사람을 결코 실망시키지 않아요. 그가 한 번 약속했으면 지키려고 열심히 애쓴다는 걸 알고 있지요. 그는 제가 만나 본 사람 중에 가장 믿음직한 사람이랍니다. 저는 '믿음직한'이라는 단어를 선택하겠어요."

그녀가 폭포수처럼 말을 쏟아냈지요. 진실한 감정을 마침내 표현할 수 있어서 그녀는 마음이 편안해졌답니다. 그녀의 얼굴에 행복한 표정이 어렸습니다.

즐겁지만 약간 수줍음을 탈 때 사자자리가 으레 그러듯이, 그 사자는 활짝 웃으며 장난스럽게 말했습니다. "'믿음직한'이라는 말에 '매력적인'과 '완벽한'이라는 말을 덧붙이고 싶지는 않나요?" 그는 박하 꽃밭을 뒹굴면서 황홀경에 빠진 채 둥둥 떠다녔답니다. 그가 너무나도 굶주렸던 성찬을 마침내 그의 여인이 차려준 거지요. 진실한 칭찬 말입니다. 그다음 30분 동안은 두 사람 주위에 엄청난 사랑이 모락모락 피어올랐지요. 저는 핑계를 대고 일찍 자리를 떴습니다. 때로 천문해석학을 잘 활용하면 기적을 만들 수 있습니다. 그날이 그런 날이었지요.

캐롤과 바바라의 경우에서도 봤듯이, 전갈자리 여성의 침묵은 사자자리 남성을 좌절하게 하고 화가 치밀게 합니다. 그는 즐거움과 불쾌감을 사교적으로 표현합니다. 그는 자신의 행복과 슬픔에 관해 말하고 싶어하지요. 명왕성의 지배를 받는 그의 여인이 그 자신의 끊임없는 독재와 우월한 태도 때문에 침묵한다는 생각을 전혀 못합니다. 그가 싫어하는 전갈자리 여성의 특징을 자신도 똑같이 가지고 있다는 사실을 그는 모릅니다. 그것은 뿌루퉁하기입니다.

전갈자리 여성은 사자자리의 참을 수 없는 거만함 때문에 몹시 상처받고 분노합니다. 하지만 그의 거만한 잔소리는 그녀가 진실한 칭찬 같은 선물을 주려고 노력할 때 멈춘답니다. 사자는 자신이 무엇 때문에 포효했는지 완전히 잊어버리고 즐겁게 가르릉거리지요. 그것만 해주면 되는데, 그녀는 좀처럼 깨닫지 못합니다. 필요한 것은 약간의 자기 성찰입니다. 당연히 전갈자리는 사자자리보다 자기 성찰을 더 잘할 수 있지요. 하지만 사자자리는 전갈자리보다 용서를 더 잘합니다. 그렇게 멋지게 균형을 이루는 겁니다. 만약 두 사람이 이런 사실을 받아들인다면 좋은 관계를 유지할 수 있답니다.

사자자리 남성과 전갈자리 여성 사이의 성적 관계는 다소 간헐적일 것입니다. 뜨겁고 차가운 바람이 교대로 불지요. 전갈자리 여성은 그의 따뜻한 힘이 아늑하고 다정하며 에로틱하다고 생각합니다. 사자자리 남성은 그녀의 비밀은 말없는 열정의 강렬함에 있다고 생각합니다. 자신의 충동적이고 로맨틱한 본성에 대한 관능적인 도전이라고 여기지요. 전갈자리 여성이 말로 좀 더 표현을 하고 사자자리 남성이 좀 더 민감하게 배려한다면, 둘은 처음 만나 사랑했을 때 느꼈던 갈망을 유지할 수 있을 것입니다. 하지만 그녀가 지나치게 침묵하고 그가 너무 거만을 떨면, 둘 사이의 진정한 섹스가 점점 줄어들 것입니다. 최초의 강력한 끌림은 가볍고 따분한 애정으로 흘러가겠지요. 그녀의 불감증과 그의 발기부전으로 이어질 수도 있습니다. 전갈자리 여성은 만족감을 주는 섹스란 육체의 순간적인 충동에서 시작되지 않는다는 것을 이미 알고 있습니다. 그것은 정신과 마음에서 시작되고, 감정적인 평화와 만족을 빚어내는 육체적 욕구로 점차 자라나지요. 사자자리 남성들이 이런 사실을 알아야 할 텐데요.

두 사람 사이에 종종 성적인 냉랭함을 불러오는 또 한 가지 이유가 있습니다. 사자자리 남성을 열렬히 연모하며 따르는 여성들이 그 이유입니다. 그녀는 그를 숭배하는 여성들에 대해 맹렬한 적개심을 느끼며 그가 그 여성들을 추방하기를 원합니다. 하지만 그는 차갑게 묵살하지요. 사자자리 남성은 여성들의 사랑을 즐깁니다. 그는 숭배라는 박하 꽃밭 속에서 뒹굴고 싶어합니다. 하지만 그것이 불성실함으로 이어지는 경우는 좀처럼 없습니다. 그의 여인이 이런 위협에 대해 무엇보다 강력한 무기인 사랑의 힘으로 싸운다면, 그는 결코 딴짓을 하지 않습니다. 자신의 소굴에서 숭배와 즐거움을 충분히 누리는 사자자리 남성은 결코 방황하지 않지요. 사자자리 남성을 연모하는 다른 여성들을 떼어놓는 방법은 이것뿐입니다. 전갈자리 여성은 그저 웃어넘겨야 합니다. 사자자리의 미덕은 충성심이라는 사실을 믿어야 합니다. 사자자리 남성이 그를 추종하는 여성들이 그를 원한다고 해서 그도 그 여성들을 똑같이 원한다고 믿어서는 안 됩니다. 그것이 논리적인 추론인 것처럼 보이기도 하지만요. 그러나 상처와 분노 때문에 부정한 행위를 하는 것은 좋지 않습니다. 이런 문제에 좌절해서 극단적으로 반응하는 일을 자제해야 한답니다. 왜냐하면 사자자리 남성은 육체적인 불성실을 절대 용서하지 않기 때문입니다. 설사 그 자신이 육체적인 불성실을 저질렀더라도 결과는 같습니다.

네, 그건 이기적이지요. 하지만 이것이 사자자리의 방식입니다. 지극히 드물게 예외적인 경우도 있지만, 대개는 자기 여인이 다른 남성과 함께 자신을 배신한 것을 알게 되면 끝입니다. 하지만 사자자리 남성이 명심해야 할 사실이 있습니다. 사자는 자신이 얼마나 거만한지 잘 모릅니다. 그리고 그녀의 가장 깊은 욕구에 대해 그 자신이 얼마나 무신경한지 알아차리지 못합니다. 사자자리 남성의 이런 면이 전갈자리 여성을 다른 누군가의 품으로 내몬답니다. 만약 그런 일이 일어난다면, 그녀가 뭔가를 애타게 원했는데 그가 무심하게 거부했던 것은 아닌지 스스로에게 물어야 합니다. 전갈자리 여성은 자녀를 원했을 수도 있고 직업을 원했을 수도 있습니다. 어쩌면 다만 그녀의 감정을 이해해주고 좀 더 온화하게 대해주기를 바랐을 수도 있습니다. 단지 조금 더 부드럽게 대해주기를 원했을 수도 있고요.

자부심과 뾰루퉁함 사이의 간격이 너무 넓어서, 그것을 뛰어넘는 모험을 하기가 망설여질 것입니다. 먼저 움직여야 하는 사람은 거의 항상 전갈자리 여성이랍니다. 아무리 간절히 화해를 바라더라도, 사자자리 남성은 사과하며 자신을 낮추는 일은 못합니다. 우월함과 통치자라는 자신의 위상을 잃게 될까 봐 두렵기 때문입니다. 두 사람 관계의 지배자로서 자신의 정체성을 지키려고 분투하기 때문에, 그는 종종 그녀의 죄 없는 양어깨에 책임을 전가합니다. 그녀가 그걸 받아들이기를 필사적으로 바라지요. 그렇게 되면 그는 제왕답게 그녀를 용서할 수 있습니다. 둘 사이의 모든 것에 다시 햇살이 비치고 따뜻해집니다. 애석하게도 많은 사자자리 남성이 관계를 회복하는 방법을 잘 모릅니다. 그를 사랑하는 전갈자리 여성이 화해를 시작하는 일이 더 쉬워지도록 시를 하나 소개해드리겠습니다. 영화 「왕과 나」에서 왕의 첫 번째 부인이 여주인공인 안나에게 읊어주는 시랍니다. 왕의 진짜 모습이 어떤지를 알려주는 내용이지요.

그가 늘 말하지는 않겠죠. 당신이 그에게 듣고 싶은 말을.
하지만 가끔 그는 아주 멋진 말을 한답니다!

그는 배려심이라곤 없이 굴겠죠. 당신에게 상처를 주고 걱정시키는 일들.

그러고는 갑자기 그는 굉장히 멋진 일을 한답니다!

그에게는 이룰 수 없는 수많은 꿈이 있죠.
당신도 알 거예요. 그가 꿈을 믿는다는 걸. 그거면 충분하죠.

당신은 언제나 나아가지요. 그가 잘못됐을 때 그를 보호하려고.
그가 강할 때 말하세요. 훌륭해요!

그는 언제나 당신의 사랑이 필요해요. 그리고 당신의 사랑을 얻지요.
당신의 사랑을 원하는 그 남자는 아주 아주 멋지답니다.

언제나 햇빛이 드는 순간은 있을 것입니다. 사자자리 남성이 아주 멋지게 말하고 행동할 때지요. 가끔씩 경솔하고 거만하게 굴었던 일을 보상해주려고 말이에요. 사자자리 폐하께서는 이 노래 몇 줄을 기억해주세요.

그녀는 지칠 거야. 여자들은 지치거든.
똑같은 낡은 옷을 입은 채.
그녀가 지칠 때는 조금만 더 부드럽게 대해주세요.

그녀는 기다릴 거야. 그저 바라지.
그녀가 결코 소유할 수 없는 것들을.
그녀가 기다리는 동안 조금만 더 친절하게 대해주세요.

전갈자리 여성은 평범하지 않은 여성이랍니다. 그녀의 감정은 깊지요. 사자자리 남성에게는 얼마만큼의 애정이든 간에 침묵이나 외로움보다는 더 좋습니다. 하지만 전갈자리 여성은 반쪽의 마음을 갖기보다는 차라리 외로움을 택합니다. 4-10 태양별자리 관계에서 두 별자리 사이에는 광대한 바다와도 같은 차이가 자리합니다. 사랑의 다리만 그 바다를 건널 수 있답니다.

사자자리 Leo

불 · 유지하는 · 능동적
지배행성: 태양
상징: 사자 혹은 수줍은 고양이
양(+) · 남성적

Sagittarius 사수자리

불 · 변화하는 · 능동적
지배행성: 목성
상징: 궁수와 켄타우루스
양(+) · 남성적

사자자리와 사수자리의 관계

대장 따라 하기 놀이를 할 때….

    사자자리는 유지하는 에너지를 가진 별자리입니다. 사수자리는 변화하는 에너지의 별자리입니다. 둘 중 리더십이 있는 시작하는 에너지의 영향을 받고 태어난 사람이 없으므로, 그들 사이에는 영원한 승자가 없다는 사실을 조만간 깨닫게 될 거라고 생각해볼 수도 있습니다. 누가 앞장을 서고 누가 따를 것인지 경쟁하느라 시간을 보내며 피곤할 일도 없이, 사이좋게 즐거운 일들을 함께하며 지낼 수도 있겠지요.

    실제로 사람들과의 관계에서 현명한 태도를 지닌 사자자리들과 사수자리들이 있습니다. 하지만 누가 명령을 하고, 누가 명령을 받을지를 결정하는 일에 타오르는 에너지(둘 다 불 별자리네요.)를 집중하는 이들도 상당히 많습니다. 하지만 이런 경우에도 두 사람 사이의 경쟁은 호의적이고 온화한 경향이 있습니다. 왜냐하면 사자자리와 사수자리는 타고난 공감으로 쉽게 조화를 이루는 5-9 태양별자리 관계이기 때문이지요. 둘 사이에 타오르는 경쟁의 불꽃은 질투와 분노가 아니라 원기를 북돋우는 일종의 유쾌한 분위기를 낳습니다.

    이 두 남성적인 태양별자리의 기질이 얽힐 때, 옆에서 지켜보는 제3자는 당사자들만큼이나 즐겁습니다. 친구나 연인처럼 본인이 원해서 맺은 관계든 일가친척이나 사업 동료처럼 운명의 계획에 의한 관계든 마찬가집니다. 사자자리는 명령하고 잔소리하고 이끌고 충고하게끔 태어났지요. 자유롭게 태어났습니다. 사수자리는 명령받는 것, 잔소리 듣는 것, 따라야 하거나 충고를 받는 일에 반항하도록 태어났지요. 그리고 또한 자유롭게 태어났습니다! 그래서 둘의 관계는 원만합니다만, 언젠가는 무언가를 포기해야 하는 순간이 옵니다. 하지만 사자자리는 아닙니다. 사수자리도 아니고요. 켄타우루스와 사자는 영원한 무승부의 극치를 보여줄 겁니다.

두 사람의 태양과 달이 출생차트에서 조화롭다면, 둘의 기운은 최고로 빛나는 조합이 되어 아름다운 무지개를 빚어냅니다. 갈등이 있더라도 부드러운 용서와 새로운 시작으로 이어지지요. 사수자리는 목성의 팽창하는 관대함과 이상주의의 지배를 받습니다. 사자자리는 태양의 자애로움과 따뜻함의 지배를 받습니다. 이들에게는 서로 주고받을 수 있는 전염성 강한 열정과 순수한 애정이 많지요. 이들이 개별적으로 혹은 공통으로 추구하는 모든 목표나 야망은 외관상 불가능해 보이더라도, 제트기처럼 빠르게 나아가게 해줄 힘을 서로에게서 얻습니다. 물론 똑같이 불같은 성질이므로 두 사람은 열띤 다툼을 벌이기도 합니다. 하지만 사자자리와 사수자리는 서로에게, 그리고 세상 사람들에게 많은 행복을 가져다줄 수 있답니다.

이 5-9 태양별자리 조합의 평온함을 위협하는 분쟁이 일어날 수도 있습니다. 가장 포악한 용의 이름은 선홍색의 불타는 듯한 '자부심'이라는 글자입니다. 전형적인 사수자리는 다행히도 이 낱말의 의미를 모릅니다. 사수는 혈기 왕성하며 투지가 넘치지요. 이들은 약자를 괴롭히는 사람에게 괴롭힘 받기를 거부합니다. 하지만 진실은 이들이 어리석은 자존심에 신경 쓰지 않는다는 것입니다. 사수들은 본인에 관한 농담에 쾌활하게 웃습니다. 종종 그런 농담을 말하는 사람이 바로 자신이기도 합니다. 목성의 철학적인 세계관 덕택에, 이들은 자신에게 단점이 몇 가지 있다고 해서 죄책감을 느끼거나 당황하지 않습니다. 사실 누구에게나 단점은 있잖아요?

아니요, 모든 사람이 다 그런 것은 아닙니다. 사자자리에게는 어떤 단점도 없답니다. 직접 물어보세요. 사자는 단점이 없습니다. 결점도 없고요. 사자자리 남성과 여성은 결코 틀리는 법이 없습니다. 이들의 말과 행동은 다 옳답니다. 언제나요. 왕족은 결코 틀리지 않으며 모든 실수로부터 보호됩니다. 사자자리의 판단은 언제나 완전하며 합리적이고 현명합니다. 실용적이기까지 하지요. 그리고 다른 모든 별자리 사람들의 판단보다 더 우수합니다. 모든 사람이 이 사실을 알지요. 사수자리만 빼고요. 사수는 사자자리의 불룩한 벨벳 베개에 강력한 언어의 라이트훅을 몇 번이고 날려서 구멍을 내는 일이 즐겁습니다. 사자자리의 자존심에 구멍이 나면 날수록 이들은 더 크게 포효합니다. 불이 불을 부채질할 때, '팽창하는' 목성의 성질은 사자자리의 거만한 울부짖음 때문에 불이 붙을 것입니다. 그러면 폭발이 일어나지요.

사자자리와 사수자리는 잘 지낼 가능성이 많습니다. 하지만 너무 많은 가시가 앞발에 박히면, 사자자리는 상처 입고 격분해서 영원히 떠나버릴 수 있습니다. 이 점을 신중하게 생각하지 못하고 조화로운 공존을 망쳐버린다면, 그 사수자리는 부끄러워해야 합니다.

사자자리의 지극히 예민한 태양의 자부심을 무시한 결과를 보여주는 고전적인 사례가 있습니다. 전형적인 사수자리의 무해하고 무미건조한 농담이 과녁을 놓치면, 그 화살은 부메랑이 되어 가해자 자신에게 돌아오지요. 이 이야기 속의 사자는 로스쿨 3년째였습니다. 그는 같은 학교에 다니는 미술학과의 사수자리 여성과 교제하는 중이었지요. 그 교제는 정신적인 것으로서 낭만적인 면은 전혀 없었답니다. 그 사자자리는 실은 유부남이었는데, 그 무렵 부인과 다투고는 시험 삼아 별거를 하는 중이었습니다. 당연히 그는 시무룩하고 침울한 기분이었지요. 초원을 배회하든, 아이비리그의 캠퍼스라는 문명화된 정글을 돌아다니든, 제 짝과 헤어진 사자를 지켜보는 일보다 더 슬픈 장면은 없지요. 그래서 자신감 넘치고 낙관적인 사수자리 여성과의 대화는 그 사자자리에게 생기와 활력을 불어넣어주었답니다.

어느 화창한 토요일 오후에 사자자리는 사수자리 여학생과 함께 바닷가의 태양을 만끽하기로 했습니다. 바닷가에 도착하고 한 시간 정도 지났을 때, 사수자리 여학생은 사자자리의 부인이 근처에서 일광욕하는 장면을 목격했습니다. 사자자리는 자신의 짝(그녀는 사자자리 여성이었답니다.)이 거기 있다는 걸 몰랐지요. 문제를 일으키려는 의도는 전혀 없었을 것입니다. 하지만 사수자리 여학생은 커다란 파도를 타고 싶다고 하면서 사자자리 남성에게 목마를 태워서 물속으로 옮겨달라고 부탁했습니다. 사자자리는 좀 당황했지만, 끈 비키니를 입은 그녀가 자신의 어깨 위에 두 다리를 벌리고 뛰어오르도록 허리를 구부렸답니다. 사수자리의 상징인 켄타우루스는 반은 인간이고 반은 말인 전설의 존재이지요. 절반이 말인 이 켄타우루스 여학생은 갑자기 이해할 수 없는 기마 전술을 사용하기 시작했답니다. 그녀는 사자자리의 어깨를 때렸답니다! 말을 더 빨리 뛰게 하려고 채찍질하는 기수처럼요. 사자자리의 부인이 지켜보고 있다는 걸 알면서도 말이에요. 사자자리는 친절하고 따뜻한 마음씨를 지녔기에 주저하면서도 그 모든 수모를 견뎌냈답니다. 나중에 그는 사수자리 여학생에 의해 연출된 목마 태우기를, 그가 사랑한 여성이 지켜봤고 깊이 상처받았다는 사실을 알게 되었습니다. 그 무모한 장난은 결국, 이 사자자리 남성과 사수자리 여성 사이에 싹틀 수도 있었던 영원한 우정의 가능성을 완전히 제거했지요.

다행히도 그 곤란하고 모욕적인 경험에도 불구하고, 사자자리 커플은 화해했습니다. 하지만 사자자리 남성은 영원한 속죄와 엄청나게 많은 설명을 해야만 했지요.

사수자리는 사자자리와의 관계에서 때로 사자자리의 단점과 실수를 거울에 비추듯 잡아냅니다. 이런 목성의 기질은 건강한 취미가 될 수 있습니다. 너무 지나치게

만 하지 않는다면요. 사자자리가 자신의 근엄한 태도를 좀 누그러뜨리고 자기 평가를 좀 더 현실적으로 할 수 있도록 도와주지요. 하지만 요령껏 해야만 합니다. 연습을 좀 해서라도요. 사수자리의 솔직하고 정직한 기질이 이성적으로 통제되고 사자자리에게 좋은 영향을 주게 되면, 사자자리는 더욱 관대하고 친절해집니다. 천문해석학적 동물원의 작은 동물들과 더 상냥하게 어울릴 수 있지요.

물론, 사수는 실수를 저지르는 일에 죄책감을 느끼지 않습니다. 사자자리는 명랑하면서도 제멋대로인 사수자리를 다루는 일에서 몇 가지 실수를 합니다. 사자자리의 연설은 대단히 잘난 체하고 독선적인데다 장황하지요. 사수자리는 사자자리의 현학적인 충고를 반복해서 들어야만 하는 것이 힘듭니다. 결국 진실의 과녁을 맞히는 화살 하나가 '핑!' 날아가서 상처받기 쉬운 사자의 가슴에 곧바로 꽂힙니다.

사수자리는 아마도 이렇게 말할 겁니다. "당신이 그렇게 똑똑하다면, 왜 고등학교 때 낙제를 했죠? 당신 아버지가 학과장이랑 아는 사이라서 겨우 학점을 받았다면서요." 또는 이렇게 말하겠지요. "저는 당신이 말한 것처럼 재정 관리를 깔끔하게 할 수는 없을 거예요. 하지만 저는 적어도, 당신처럼 세 번이나 파산하지는 않았지요." 아마도 이렇게 말할지도 모릅니다. "제가 당신 친구 앞에서 말을 너무 많이 해서 당신을 난처하게 한다면 어떨 것 같아요? 당신 때문에 내가 얼마나 당황스러운지 알기나 해요? 당신은 언제나 잘난 체하면서 진부한 농담을 반복하지요. 사람들이 다 지루해질 때까지 말이에요. 당신이 입었던 끔찍하게 요란한 옷은 또 어떻고요! 꼭 농장 마당에서 으스대고 돌아다니는 공작 같더군요. 그리고 기름기 많은 음식 좀 그만 먹어요. 허리에 비곗덩어리 튜브가 생기기 시작했잖아요. 허겁지겁 입안에 음식을 쑤셔 넣는 짓을 멈추기 힘들다면, 나처럼 하루에 몇 마일만이라도 뛰어보세요. 아니면 나랑 가끔 테니스를 하든지요. 그 나이에 근육이 축 늘어지도록 놔둘 순 없잖아요."

하지만 사자자리는 오래지 않아 사수자리의 개성에 고삐를 매는 방법을 배울 것입니다. 사자자리는 자유로운 표현에 대한 사수자리의 욕구를 알게 됩니다. 그러니 끊임없는 충고로 그들을 속박하지 않을 겁니다. 사자자리 여성과 남성은 빨리 배우지요. 사수자리는 강하고 말솜씨가 민활한 조련사고요. 유지하는 에너지의 별자리인 사자자리는 사수자리보다 고집이 더 셉니다. 둘 중 한 사람이 다른 사람을 우울하게 만들었을 때, 이 관계의 일시적인 균열을 수리하기 시작하는 사람은 사수자리일 겁니다. 틀림없지요. 그러지 않는다면, 냉전은 점차 심각해지고 마음이 풀리는 데는 상당한 시간이 걸립니다. 하지만 두 불의 별자리가 지닌 열이 결국에는 얼어붙은 마음을 녹여줄 것입니다. 두 마음은 사수자리의 목성과 사자자리의 태양처럼 크고 따뜻하니까요.

시간이 지날수록, 사수자리는 더 긍정적으로 표적을 겨누는 요령을 개발할 겁니다. 목성이 지닌 진실의 화살로 사자 왕이 간절히 기다리는 정직한 평가와 솔직한 존경을 줄 수 있지요. 좀 늦더라도 사자자리 남성과 사수자리 여성은 분명히 그 점을 이해하게 될 거랍니다. 때로 사수자리가 충고를 무시해서 많은 문제에 좌충우돌 엮이게 되더라도, 이 커플에게는 놀랍고 순수한 행운이 연속으로 주어집니다. 그래서 이들의 이야기는 종종 예기치 않게 행복한 결말을 맞이한답니다. 두 사람이 서로 신뢰하기만 한다면요.

사수자리는 경험이 풍부하고 자애로운 사자자리의 지도 편달을 남몰래 원합니다. (물론 그것은 '명령'이 아니어야 하지요.) 그들이 흔들리는 공중그네에서 떨어질 때 사자자리가 잡아주기를 바랍니다. 두터운 방어막이 되어주기를 기대하지요. 한편, 초원의 고귀한 왕과 여왕은 사수자리의 화려한 공중제비에 남몰래 열광합니다. 사수자리의 진실성을 존경하고 목성의 흔들리지 않는 믿음에 따뜻하게 반응합니다. 이 용감하고 관대한 두 태양별자리가 자신들의 이상을 협력의 사슬로 연결하게 된다면, 서로의 독립에 대한 요구를 참을성 있게 받아들이며 확고하게 뭉칩니다. 그리고 이들의 서커스 행진에는 결코 비가 내리지 않지요.

사자자리 여성과 사수자리 남성

"나는 그렇게 재밌게 살 거야." 피터가 웬디를 곁눈질하면서 말했다.
"그래도 저녁에 난롯가에 앉아 있을 때는 좀 외로울 걸." 웬디가 말했다.
"내겐 팅크가 있어."
"팅크는 스무고개의 첫 번째 고개도 못 넘잖아."
웬디가 조금은 심술궂게 일깨워주었다.

음, 이봐요, 사수자리 씨. 당신은 청하지도 않았고 아마 반갑지도 않겠지만, 당신에게 꼭 필요한 천문해석학의 충고를 하나 드릴게요. 남을 괴롭히고 비웃는 당신의 화살을 집어넣으세요. 사자자리 여성의 질투심 많은 천성을 흔들어서 그녀의 사랑을 얻으려는 짓을 멈추세요. 또 사자자리 여성의 분노를 고의로 일으키는 것도 하지 마세요. 질투를 불러일으키거나 분노를 불러일으켜서 그녀를 유혹하는 것은 최악의 방식입니다. 그러니 절대로 하지 마세요. 당신의 눈치 없는, 하지만 매력적인 농담으로 그녀를 얻으려고 하는 일도 별로 좋은 성과를 기대할 수 없습니다. 그녀를 마치 당신의 어린 여동생이나 되는 것처럼 괴롭히는 것도 하지 마세요. 구제 불능이지만 사랑스러운 큰오빠처럼 굴지도 마세요. 사자자리 여성은 보호받을 필요가 없고 보호받고 싶어하지 않습니다. 왕족은 보호를 원하지 않는답니다. 왕족은 보호를 **베풀지요.** 사자자리 여성은 당신의 어린 여동생이 아니고, 당신은 그녀의 큰오빠가 아닙니다. 그리고 당신은 이런 사실을 이미 잘 알고 있습니다. 그러니 모르는 척하지 마세요. 사수자리 남성은 믿을 수 없을 정도로 천진합니다. 당신을 매력적으로 만드는 특징이지요. 하지만 당신은 또한 현명하고 철학적이기도 합니다. 당신의 천진함을 천 번은 다친 끝에 얻은 자질이지요. 그래서 회의주의로 엷게 물들어 있고요. 하지만 당신의 천진함은 거의 변색되지 않았지요. 애초에 사자자리 여성을 매혹시키는 것은 당신의 본성에 자리한 이런 이중성이랍니다. (사수자리는 두 부분으로 이루어진 태양별자리입니다. 반은 말이고 반은 인간이지요.) 어린 소년의 웃음을 짓는 당신, 광대 짓을 하는 당신, 현명한 현자와 같은 당신, 이 모든 태도들이 뭉쳐져서 독립심과 관대함으로 튀어 오르는 공이 되지요. 사자자리 여성은 사수자리 남성의 이런 모습에 완전히 매료되고요.

　당신은 천문해석학을 좀 공부해두는 게 좋습니다. 아니면 적어도 아프리카 대초원의 자랑거리인 사자에 대해서 공부하세요. 그 친척뻘인 고양잇과의 습관에 대해서도 공부하고요. 이 사자자리 여성이 당신에게 가르릉거리게 하는 데 도움이 될 테니까요. 당신이 계속 실수해서 암사자를 괴롭히면, 그녀는 가르릉거리는 대신 사자의 발톱을 드러냅니다. 그리고 그것은 당신에게 예상보다 더 고통스러운 흉터를 남길 겁니다. 사자의 분노한 자부심에 당하는 입장이 어떤 것인지를 당신은 추측조차 할 수 없습니다. 차라리 어디 다른 데 있기를 바라는 게 분명 더 나을 것입니다. 만약 당신이 그녀를 정말 사랑한다면 그렇습니다. 그런데 당신은 그녀를 사랑하지요. (당신은 그녀를 속일 수 있지만, 천문해석학자를 속일 수는 없습니다.)

　사수자리인 당신은 5-9 태양별자리 관계 유형의 영향을 받기 때문에, 사자자리 여성을 정말로 사랑한답니다. 모든 사수자리와 사자자리 여성이 5-9 태양별자리 관계의 축복을 받는 것은 아닙니다. 하지만 많은 켄타우루스와 여왕 사자가 5-9 태양별자리 관계로서 많은 혜택을 누리지요. 당신 두 사람도 틀림없이 그럴 거고요. 그렇지 않다면, 이 장을 읽고 있지도 않을 테지요. 사수자리인 당신은 목성의 활을 가지고 바깥 어딘가에 있을 것입니다. 당신의 온 열정을 사방팔방으로 동시에 겨누면서요. 사수자리 남성은 세상의 온갖 따분하고 고루한 것들에 반짝거리는 별무리처럼 독창적인 생각을 뿌리면서, 등불도 없이 지구 곳곳(또는 당신의 머릿속)을 여행합니다. 당신은 어린이들과 아주 잘 지내지요. 아이들은 당신을 사랑하고, 당신은 당신 기질과 어울리는 어린이의 정직과 성실과 단순함과 믿음을 존경합니다. 아이들이 당신을 이해하는 것처럼 당신은 아이들을 이해하지요.

하지만 아이들이 아무리 사랑스럽더라도, 당신만 한 크기의 누군가와 당신 자신을 공유하고 싶을 때가 오지요. 누군가와 어른의 사랑과 존경을 나누기를 원하게 되지요. 당신과 함께 대화하고, 당신을 괴롭히는 온갖 것들에 대한 해답 찾기를 함께 할 수 있기를 바랍니다. 믿을 수 있는 동료와 가짜가 아닌 진실한 생각을 교환하기를 원하지요. 어쩌면 깡통 차기나 프리스비보다 더 복잡한 여러 가지 게임들을 하고 싶겠지요. 그리고 당신은 그 모든 요구에 딱 맞아떨어지게 설계된 누군가를 발견했습니다. 그녀는 고상하고 충직하지요. 당신만큼 그렇게 완벽하게 스스로에게 정직하지는 않지만, 확실히 기만적이지는 않습니다. 그녀도 게임을 좋아하지요. 그리고 게임을 잘합니다. 테니스, 지적인 체스, 모노폴리, 브리지나 소프트볼, 그 어느 것이든 그녀는 이길 수 있습니다. 이런 점 때문에 그녀는 당신에게 더욱 신나는 파트너가 됩니다. 이기기 위해 더 노력하게 만드는 적수와 함께여서 당신은 게임이 더 즐겁습니다. 마침내 당신에게 어울리는 사람을 찾은 것입니다. 이 사람은 당신의 조깅 타임을 능가할 수 있답니다. 그녀가 게으르고 나른한 생각을 없애려고 마음만 먹는다면 말이에요. 그녀는 정말로 굉장히 특별합니다. 아름답게 활짝 피어난 여왕 그 자체지요. 자, 이제 여왕이라는 이 멋진 트로피를 어떻게 대접해야 할까요?

당신이 그녀에게 해야 할 첫 번째 일은 어린 여동생처럼 대하는 일을 멈추는 것입니다. 천문해석학이 하지 말라는 행동은 그만두는 게 좋답니다. 사수자리는 목성이 주는 거대한 행운 때문에 지극히 운이 좋지요. 자부심 강한 사자자리 여성이 당신과 사랑에 빠지게 되는 것은 그중 가장 큰 행운의 무지개일 테고요.

사자자리 여성은 켄터키 경마에서 승리한 순종 말들처럼 털이 반들반들 윤기가 나고 우아합니다. 그녀는 장난기 많고 따뜻하며 쾌활합니다. 관대하고 현명하며 분별이 있지요. 그녀는 또한 감수성이 무척 풍부한 자의식의 소유자이자 대단한 자부심을 지녔습니다. (어떤 때는 어리석고 어떤 때는 순수하지요.) 그녀는 남을 좀 얕보고 오만할 수도 있습니다. 사수자리한테는 솔직해야 하니까, 좀 더 말할게요. 사자자리 여성은 버릇없고 제멋대로입니다. 모든 군주는 제멋대로지요. 그녀는 대초원의 자랑거리입니다. 그녀가 눈에 보이는 모든 것의 여왕이라는 점을 기억하세요. 적어도 그녀 관점에서는 그렇습니다. 사자자리 여성이 당신을 바라보며 여왕의 부군이 될 자격이 있는지를 결정하려고 할 때, 당신이 이 점을 늘 염두에 두면 도움이 될 겁니다.

사자자리 여성은 자신을 사랑하는 남성에게 지나치게 많은 걸 기대하는 경향이 있습니다. 한낱 인간은 결코 완수할 수 없는 힘든 과제 속으로 사수자리 남성을 밀어

넓습니다. 사수자리 남성은 용감하며, 다른 태양별자리에 비해 정말로 두려움이 없는 편입니다. 그는 그녀에게 루비와 에메랄드를 가져다주기 위해 무척 열심히 노력할 것입니다. 그녀의 골칫거리인 적들을 정복해나갈 겁니다. 그녀의 왕국에서 그는 성공적인 탐험가가 될 겁니다. 엘리자베스 여왕의 에식스 경이나 이사벨라 여왕의 콜럼버스가 될 것입니다. 그의 여왕에게 그의 충성심과 지성을 보여줄 겁니다. 하지만 사수자리인 그가 주기 힘든 한 가지 선물이 있습니다. 굽실거리는 숭배지요. 이 남자는 존경과 경외를 표하기 위해, 누군가의 발아래에 엎드리는 짓은 정말로 할 수 없답니다. 궁전이든 바티칸이든 그 어느 곳에서도요. 집이나 부엌, 특히 침실에서는 더욱 안 됩니다. 사수자리 남성은 그의 여인에게 완전히 동등한 존경을 기꺼이 표합니다. (알다시피 어떤 남성은 그렇지 않지요.) 그는 그녀를 얕보지도 않거니와 우러러 보지도 않습니다. 그녀를 자신보다 열등한 사람으로도 우월한 사람으로도 대하지 않습니다. 다만 자신의 개나 말을 대하는 것처럼 헌신적인 애정과 따뜻함, 열정적인 충성심과 부드러움을 바칠 겁니다. 사자자리 여성 여러분, 코웃음을 치면서 비웃으면 안 됩니다. 사수자리 남성은 진실한 감정으로 열정을 다해 동물을 좋아한답니다. 대부분의 사람들이 다른 사람을 대하는 태도보다 훨씬 낫지요.

그래서 즐겁게 눈을 반짝이는 이 궁정 광대이며 행운을 찾아다니는 전사로부터, 사자자리 여성은 대단히 귀중한 선물을 받게 될 겁니다. 하지만 거기엔 진정한 의미에서의 숭배는 빠져 있을 것입니다. 사수자리가 변화하는 에너지의 별자리라는 사실은 신경 쓰지 않아도 됩니다. 변화하는 에너지의 별자리는 대개 유순하며 겸손하답니다. 그리고 그의 '변화하는 성질'은 불에 의해 상당히 완화되지요. 게다가 사수자리는 남성적인 별자리이고 또한 남성적인 행성인 목성의 지배를 받기 때문에, 원래 가진 변화하는 성질이 상당히 완화될 수 있답니다. 사수자리가 성질이 급하다는 점은 상기시켜드려야 하겠네요. 모든 것을 부풀리는 목성이 사수자리의 모든 감정과 행동 방식까지 부풀리기 때문에 그렇답니다. 하지만 사수자리 남성의 분노는 금세 자신이 뱉은 충동적인 말에 대한 후회로 이어집니다. 사수자리 에너지는 그런 식으로 **변화합니다**. 또 사수자리 남성은 거의 원한을 품지 않습니다. 일단 타협하고 나면 용서하고 잊어버리지요. 그는 언제나 도량이 넓습니다. 사자자리 여성은 용서하고 잊어버리는 부분에서 훨씬 느리지요. 왜냐하면 사자자리는 유지하는 별자리니까요. 하지만 만약 그가 정말로 미안해한다는 걸 그녀에게 확신시킨다면 그녀도 금방 기분을 풀 겁니다. 사자자리를 지배하는 태양이 준 친절함과 자비심으로, 여왕은 그녀의 광대이자 탐험가를 용서할 것입니다.

이 두 사람이 걱정해야 하는 것은 둘의 화학적인 끌림입니다. 몸의 갈망이 이끄는 둘 사이의 육체적인 표현은 처음에는 장난기 가득하고 육감적입니다. 그리고 따뜻한 여름날 산들바람의 키스를 받은 빗방울처럼 신선하고 부드럽고 온화해집니다. 그 마지막은 원시의 숲에서 만난 듯 거칠고 거리낌 없으며 야생적입니다. 물론, 두 사람은 차분하고 고요한 평화가 흐르는 분위기에서 사랑을 나눌 수도 있습니다. 이 두 사람의 육체적인 행복과 관련해서 경고음이 들려오는 유일한 원인은 사수자리 남성의 지나친 정직함입니다. 그는 적절하지 못한 때에(사수자리의 타이밍 감각은 최악이지요.) 그녀에게 상처를 주는 솔직한 말을 하지요. 그가 생각할 수 있는 것보다 훨씬 많이 상처 입은 사자자리 여왕은 냉담하고 초연한 침묵에 잠깁니다. 그녀는 상처를 치료하기 위해 어딘가로 혼자 사라지는 태양별자리 중 하나입니다. 그리고 그 기간 동안, 그녀는 성적으로 완전히 차가워지지요.

이 남성은 광대입니다. 이 여성은 아름다운 암사자고요. 이들이 함께할 때면 화려하고 신나는 서커스 행진의 이미지를 자아냅니다. 사수자리 남성의 광대 웃음, 재주 넘기, 곡예사 같은 말투와 움직임 그리고 사자자리의 사랑스러운 매력과 느릿하며 관능적인 우아함, 따뜻하고 이지적인 눈동자 등을 생각해보세요. 어렸을 때 우리를 흥분에 사로잡히게 하고 숨조차 쉴 수 없게 만들던 대형 천막 쇼가 떠오르지 않나요? 이 관계가 종종 지상 최대의 쇼가 되는 이유가 여기에 있답니다. 또한 사자자리와 사수자리는 둘 다 결정적으로 연극적입니다. 사자자리 그녀의 핏속에는 연극이 흐르고, 사수자리 남성의 핏속에는 무대가 있지요. 이들은 함께 아주 즐거운 시간을 보낼 겁니다. 온갖 소도시를 돌며 순회공연을 하고 있지만, 유럽 대륙과 더 큰 도전을 꿈꿀 것입니다.

하지만 팔리아치(이탈리아의 레온카발로가 작곡한 오페라의 제목이자, 오페라 속 유랑극단에서 등장하는 광대의 이름—옮긴이)부터 에밋 켈리(웃지 않은 광대로 유명한 어릿광대—옮긴이)에 이르는, 모든 광대의 분장한 웃음 뒤에는 애절한 슬픔과 눈물이 있습니다. 사자자리 여성은 이 사실을 기억해야 합니다. 위대한 탐험가, 용감한 사자 조련사, 흰말을 탄 기사, 뜨내기 모험가인 체하는 모든 역할 속에서 사수자리 남성의 진짜 정체는 돈키호테라는 사실을 알아야만 합니다. 그는 불가능한 꿈을 증명할 용기가 자신에게 있음을 상기시켜줄 사랑하는 여성이 필요했지요.

사수자리는 결코 이것을 잊지 않습니다. 그와 사자자리 여성이 서로에게 자신의 모든 것을 다 바치는 사랑을 한다면, 둘이서 다툰 후에 그가 화가 나서 성급하게 활과 화살통을 챙겨 달려나가더라도 문제가 되지 않을 것입니다. 그가 아무리 멀리 떠나 있더라도요. 그가 내뱉은 경솔한 말로 인해 사자자리 여성이 얼마나 끔찍한 고통을 받았는지를 마침내 이해하게 되었을 때, 사수자리 남성은 눈물을 흘릴 겁니다. 그는 그녀를 끔찍하게 그리워할 것입니다. 그녀의 밝은 햇살과 따뜻함을 기억할 것이고, 떨리는 강렬함과 차분하고 냉담한 평정이라는 기이한 조합으로 이뤄진 그녀의 모습을 잊지 못할 겁니다. 그리고 많은 다른 것들도 기억할 겁니다. 그녀가 고요하고도 웅변적인 메시지를 그에게 보내기 때문이랍니다. 그들이 진정한 연인이라면 5-9 태양별자리 관계의 파동 속에 있는 황금 코드를 사용해서, 두 사람이 멀리 떨어져 있을 때조차 신호를 주고받을 수 있지요. 어느 날 밤, 사자자리 여성의 속삭임이 그의 마음속에서 고동칩니다. 그녀의 머리카락과 눈동자에 대한 기억의 향기가 퍼지는 깊은 꿈을 꿀 때입니다. 사수자리 남성은 낯설고 차가운 침대에서 일어나 창가로 걸어갑니다. 그는 동이 틀 때까지 다이아몬드처럼 작고 빛나는 별이 희미하게 빛나는, 벨벳처럼 부드러운 어둠 속을 바라보겠지요. 어느새 떠오른 태양이, 새벽녘에 그녀 얼굴 위로 천천히 떠오르던 미소를 그에게 떠올려줍니다. 마침내 그는 자부심 강한 사자자리 여성에게 돌아가야 할 시간임을 깨닫습니다. 그녀가 영적 세계에서 건네는 진실의 말에 그는 저항할 수가 없답니다. 그는 그녀에게서 도망칠 수 없습니다.

사자자리 남성과 사수자리 여성

많은 아이들이 손뼉을 쳤다.
어떤 아이는 치지 않았다.
몇몇 짓궂은 아이들은 "우우" 하며 야유했다.

지구는 꽤나 크고 둥근 공이지요. 그래서 그 위에 사는 5-9 패턴의 태양별자리를 가진 모든 남성과 여성이 황홀한 연인 관계를 맺는 것은 아닙니다. 어떤 커플은 정말로 관대하고 다정하며 보기 드문 공감대를 이룰 것입니다. 많은 이들은 이번 생의 길목에서 만나지 못하고 이방인이 되겠지요. 또 아무리 5-9 패턴의 태양별자리를 가지고 있어도, 달별자리 또는 동쪽별자리가 조화를 이루지 못하는 사람들은 결코 가까워질 수 없습니다. 서로에게 최고의 행복이 못되는 것은 물론이고, 심지어 고통의 원인이 될 만큼도 서로 가까워지지 못합니다. 오래된 동요와 같지요.

들어보세요, 잘 들으세요.
전 당신이 싫어요, 펠 박사.
왜 그런지 분명하게 말할 수는 없어요.

하지만 전 당신이 싫어요, 펠 박사.

　물론 사자자리와 사수자리뿐 아니라 모든 5-9 태양별자리 관계에 해당되는 이야기입니다. 결과적으로 말하자면, 모든 사수자리 여성이 사자의 영리함과 우월함에 감탄하면서 손뼉을 치지는 않습니다. 심지어 몇몇은 재능을 과시하는 백수의 왕에게 감히 야유를 보낼 것입니다. 반면에 자석처럼 강력하게 이끌리고 폭풍처럼 열정적으로 짝이 되는 운명을 지닌 여성 켄타우루스와 사자자리 남성이 있습니다. 이런 커플에게 우리의 관심을 집중하기로 하지요. 뭐, 나머지 사람들은 다른 곳에서 행복을 찾도록 놔둬야겠지요.

　모든 사자자리 남성과 사수자리 여성이 만나서 순수하게 사랑에 빠지는 운명은 아니더라도, 두 사람은 파기하기 쉽지 않은 관계를 맺을 가능성이 높습니다. 하지만 두 사람은 굉장히 다양한 방식으로 서로의 열등감을 자극합니다. 속지 마세요. 겉으로 드러나는 모습은 진실이 아닙니다. 두 사람은 서로에 대해 긍정과 부정을 동시에 추구하는 기이한 조합을 통해 자신들의 관계를 시험하는 중이랍니다. 서로에 대한 충직과 헌신이라는 부분은 긍정적인 면입니다. 사랑에 빠졌을 때, 서로에 대한 믿음이 기만당하고 말 거라는 두려움이 똑같이 자리하고 있다는 것은 부정적인 면이지요. 이런 것은 불의 별자리들에게는 꽤 자연스러운 게임입니다. 사자자리와 사수자리 둘 다 불 별자리이므로, 이들은 규칙을 곧바로 습득한답니다.

　두 사람이 운이 좋다면(고맙게도 대부분의 사자자리와 사수자리는 운이 좋습니다.) 테스트 게임을 하면서 보낸 많은 시간이 얼마나 행복했는지를 곧 깨닫게 됩니다. 만약 운이 없다면, 자신들이 얼마나 어리석게 행동했는지를 깨닫기까지 꽤 오랜 시간 동안 서로 많은 감정적 상처를 주고받을 것입니다.

　예를 들어, 사자자리에 대해 사람들이 보는 모습은 이런 것들일 것입니다. 사자자리는 그가 사랑하는 사수자리 여성에게 거만하게 거들먹거리고, 그가 원하는 대로 복종하도록 그녀에게 강요합니다. 그러지 않으면 그의 밝은 웃음과 따뜻하고 강한 품에서 쫓아냅니다. 그녀를 부엌데기처럼 부리며, 폐하의 즐거움에 그녀가 아주 조금이라도 불복종하기라도 하면 비난하거나 잔소리를 퍼붓습니다. 그녀가 그의 성과와 어깨를 나란히 할 만큼 동등해지거나 뛰어넘을 만한 외부 활동과 사상의 자유를 그녀에게 전혀 허락하지 않습니다. 그러면서 그게 공평하다고 주장합니다.

　하지만 이런 모습은 사자자리의 실제 모습과는 거리가 멉니다. 사자자리는 독재자가 아니랍니다. 그는 잔인하거나 전제적인 사람이 되기를 바라지도 않고 의도하지도 않습니다. 그는 그저 필사적으로(종종 무의식적으로) 테스트 게임을 하는 중입니다. 사수자리 여성의 충직함에 대한 확신과 헌신의 증거를 찾는 중이지요. 그녀가 얼마나 기꺼이 복종하는지, 둘이서 함께 얼마나 멀리까지 갈 수 있는지를 알아보려는 것뿐입니다.

그런 뒤에 그는, 이번에는 긍정적인 확신이 아닌 부정적인 증거를 찾으려고 그녀를 시험할 것입니다. 그녀가 다른 남성에게 "안녕."이라는 인사만 해도, 그는 몹시 화를 내며 포효하거나 입을 삐죽이며 시무룩해질 것입니다. 실낱 같은 근거나 이유도 없이 명백한 부정 이외의 모든 경우를 들어 그녀를 비난할 것입니다. 그러면서 그녀가 거듭해서 부인해주기를 비밀스럽게 바랍니다. 그를 배반하는 일은 한 번도 생각조차 안 했다고, 그녀가 거듭 확인해주기를 마음 아플 정도로 원하지요. 그녀가 화를 더 많이 내고 더 분개할수록 부인한다는 점은 더 명확해집니다. 그러면 그는 더욱 안심하지요.

순서를 바꿔보겠습니다. 사수자리 여성은 사자자리 남성이 진실한 칭찬에 언제나 굶주려 있다는 사실을 잘 압니다. 그녀의 정신은 아주 영리하고 기민하지요. 그녀는 그를 일부러 굶깁니다. 그가 아무리 열심히 감동을 주려고 애써도 그녀는 아주 작은 존경의 부스러기조차 주지 않습니다. 그가 성공을 위해 얼마나 맹렬하게 애쓰는지, 얼마나 높이 오를 수 있는지 알아보려는 것입니다. 사수자리 여성의 관심과 갈채를 얻기 위해 사자자리 남성이 어떤 불가능에 도전하고 정복하는지 시험해보는 것이지요. 이런 게임이 그에게도 가치가 있을까요? 만약 사자자리 남성이 그녀의 평가에 대해 관심을 끊는다면, 그가 더 이상은 그녀를 사랑하지 않는다는 의미일 것입니다. 그는 분명 사랑한다고 맹세했었지만 이제는 처음만큼 그녀를 사랑하지는 않는다는 뜻이지요. 자신의 친구들 앞에서 남성적인 자부심이 짓밟힐 때, 사자자리 남성이 얼마나 고통받는지 그녀는 아주 잘 압니다. 그래서 그녀는 일부러 사람들이 있을 때 그를 깎아내립니다. 그를 우스꽝스럽게 만드는 어떤 사적인 얘기를 꺼내서 그를 당황하게 하지요. 사자자리 남성이 나중에 큰 소리로 화를 내고 격렬해지기를 바라면서요. 단둘이 있을 때, 오직 흥분한 사자만이 할 수 있는 분노에 찬 표현을 퍼부어주기를 원합니다. 그리고 그녀는 은밀하게, 어쩌면 무의식적으로 바랍니다. 그가 그녀를 사랑한다는 사실을, 그녀야말로 그의 감정에 활활 타오르는 불을 지필 힘을 가진 유일한 사람이라는 사실을 증명해주기를. 게임의 부정적인 면에 관해 말하자면, 규칙은 그나 그녀나 똑같습니다.

사자자리 남성이 혼자서 어딘가로 떠날 때마다 사수자리 여성은 몹시 빈정대고 비난할 것입니다. 그가 그녀를 속이지 않는 게 분명해도 마찬가집니다. 사수자리 여성은 자신이 보지 않을 때면, 사자자리 남성이 그를 숭배하는 여성들과 난잡한 행동을 한다고 여깁니다. 사자자리의 강한 욕정을 만족시키기에는 한 여성만으로 충분하지 않을 테니까요. 사실 그녀의 마음은 그가 충실하다는 사실을 이미 알고 있습니다. 말로나 행동으로나요. 하지만 그녀는 열렬하게 부인하는 말을 듣기를 바랍니다. 그의 눈에서 진심을 볼 수 있기를 간절히 원하는 것이지요.

미성숙한 게임이지요. 사랑하는 사람들이 서로에게 좌절감을 안겨줄 뿐 아무 도움도 되지 않는 게임입니다. 사자자리 남성은 '유지하는(고집이 센)' 에너지의 별자리지요. 사수자리 여성은 '변화하는(더 융통성 있는)' 에너지의 별자리고요. 그래서 이런 종류의 시험에 대한 피로감을 호소하고, 예전에 둘이 함께였던 때로 돌아가서 다시 시작하자고 먼저 제안할 수 있는 사람은 사수자리인 그녀일 것입니다. 예전에 두 사람은 행복한 어린아이처럼 아무런 의심 없이 손을 잡았지요. 아침마다 새로운 기적을 함께 발견하는 기쁨에 가득 차서 부드럽게 애무했답니다. 사자자리 남성의 모든 행동은 훌륭했고 사수자리 여성의 마음은 그에 대한 숭배로 가득 차 있었지요. 그녀의 모든 말은 마법 같았고 사랑스럽고 재미있었지요. 그의 따뜻한 힘과 침착한 지혜는 그녀를 떨리게 했답니다. 그녀의 용감한 광대 웃음은 그의 마음을 뒤흔들고 말문이 막히게 만들었고, 그때 그는 그녀를 영원히 보호하겠다고 결심했지요. 이 쾌활하고 상처받기 쉬운 여성이 결코 다시는 상처 입는 일이 없도록 지키겠다고 자신과 약속했습니다. 사자자리 남성을 만나기 전에 그녀가 많은 사람으로부터 받았던 그런 상처는 다시는 없을 거라고요.

사수자리 여성이 해야 할 일은 간단합니다. 먼저 대화를 시도하는 것이지요. 그녀는 그저 정직한 진짜 자신이 되면 됩니다. 그리고 자신의 느낌을 정확하게 말하면 됩니다. 사수자리가 가장 잘하는 것이지요. 그러면 사자자리 남성도 움직일 겁니다. 그는 어느 누구에게도 하지 못했던 일을 그녀에게 할 것입니다. 자신이 얼마나 잘못했는지, 얼마나 많은 실수를 했는지, 얼마나 미안해하는지 고백할 것입니다. 그가 확신과 차가운 무심함을 내비치는 바로 그 순간에 속으로는 얼마나 두려운지 털어놓을 것입니다. 그러면 사수자리 여성도 사과할 겁니다. 그의 크고 사랑스러운 발에 가시를 찔러 그를 무척 아프게 했던 일에 대해서, 그리고 그의 충직함을 의심하는 척했던 시간들에 대해서 말입니다.

그리고 두 사람은 인정할 것입니다. 그 고통스러웠던 시험 기간을 거치는 중에도, 서로의 눈동자 안에 있는 진실은 언제나 읽을 수 있었던 사실을요. 내뱉는 말은 상관이 없었던 사실을요. 마침내 더 이상 터놓을 말이 없어지면 두 사람은 함께 잠이 들 겁니다. 아침이면 어느새 아주 친해져버린 두 이방인들처럼 잠에서 깨겠지요. 서로의 외로운 탐색이 끝났음을 알려주는 햇빛에 잠을 깬 그 첫 아침에 두 사람은 예전에 함께 들었던 음악을 듣습니다. 하지만 서로의 신비를 탐구하는 일은 이제 막 시작되었답니다. 음악은 더 달콤해지고 화음도 더 잘 맞추게 되었지요. 두 사람이 리듬과 멜로디를 이미 외웠기 때문입니다. 무엇보다 정직이라는 새로운 노래의 가사를 배웠지요. 그렇게 언젠가는 교향곡을 완성할 수도 있을 겁니다.

그들은 거의 서로를 잃을 뻔했습니다. 하지만 진실이 그들의 눈을 떠나기 전에 게임을 멈췄지요. 사자자리 남성과 사수자리 여성은 열정과 애정을 서로 나눌 수 있습니다. 그들의 욕망은 처음에는 온화했다가 그 후에는 강해진답니다. 육체의 만남에서든 영혼이나 정신의 만남에서든 마찬가지로 그렇습니다. 사수자리 여성과 사자자리 남성이라도 에너지가 충돌할 수 있습니다. 서로에게 무관심할 수 있지요. 하지만 사랑의 상대로 운명 지워진 사자자리 남성과 사수자리 여성에게 삶은 마법의 축제랍니다. 이념과 이상 그리고 꿈과 발견으로 이루어진 축제지요. 그들은 서로의 육체적인 욕망과 지적인 추구와 영혼의 지향을 격려합니다. 사자자리 남성의 헛된 자만과 사수자리 여성의 냉소주의를 허물고 따뜻한 그의 열정과 미래에 대한 그녀의 신선한 믿음을 서로 북돋운다면, 그들은 게임할 시간이 없을 겁니다. 함께 여행을 가든(그들은 여행을 많이 갈 거예요.) 아니면 여름날 밤 뒤뜰 잔디밭에 그저 드러누워서 별을 세든, 그들의 낮과 밤은 수천 개의 모험으로 가득할 것입니다. 사수자리 여성은 자신이 영리한 사자의 덫에 사로잡혔다는 사실을 깨달을 것입니다. 하지만 그가 밤하늘의 스피카(처녀자리에서 가장 빛나는 일등성—옮긴이)를 가리킬 때면 그녀는 수정해주고 싶은 충동을 참아야 합니다. 그가 실제로 가리킨 별은 대각성(목동자리에서 가장 큰 별—옮긴이)이라고 말해주고 싶은 유혹을 받더라도요. 하지만 사자자리 남성은 알고 있답니다. 그는 지금 그녀의 천문학 지식을 시험하는 중이거든요. 그녀가 마침내 그 사실을, 그가 언제나 알고 있었다는 사실을 깨달을 즈음이면 그들은 집으로 돌아가는 길 중간쯤 온 것입니다.

사자자리 Leo

불 · 유지하는 · 능동적
지배행성: 태양
상징: 사자 혹은 수줍은 고양이
양(+) · 남성적

Capricorn 염소자리

흙 · 시작하는 · 수동적
지배행성: 토성
상징: 염소
음(−) · 여성적

사자자리와 염소자리의 관계

"인디언이 이겼다면 북을 쳤을 거야. 그게 승리의 신호니까."

그 북은 해적 스미가 찾아냈고, 지금 그는 그 북을 깔고 앉아 있었다.

"네 녀석들은 북소리를 다시는 듣지 못할 거다." 스미는 입속으로 중얼거렸다.

소리를 내는 것은 엄격히 금지되어 있었기 때문이다.

제가 사자자리를 특히 좋아하기 때문에, 제가 알고 있는 불유쾌한 천문해석학 정보를 전달하려니 좀 슬퍼집니다. 사자의 커다랗고 부드러운 앞발에 날카로운 가시가 될 이야기거든요. 하지만 저는 천문해석학자입니다. 그러므로 진실과 온전한 진실 그리고 유일한 진실에 전념하겠습니다. 토성 앞에 맹세할게요.

토성이시여, 저를 도와주세요. 얼음처럼 차가운 푸른빛을 반짝거리며 하늘에 걸려 있지만 말고요. 은하계의 어떤 불가사의한 법칙 때문에, 당신이 사자자리의 북에 올라타기로 예정되었다는 사실을 큰 고양이에게 설명하도록 도와주세요.

토성이 눈을 찡긋하네요. 저에게 동의한다는 의미입니다. 저는 이 장에서 어떤 이야기보따리를 엄격하고 현명하게, 하지만 다정하게 풀려고 합니다. 하지만 잊지 말아주세요. 이제 여러분이 읽으려는 이 장의 작가는 제가 아니랍니다. 작가는 토성입니다. 토성이 지닌 아주 단단한 화강암의 힘은 사자자리의 지배자인 태양의 눈부신 찬란함에도 굽히지 않는답니다.

토성은 염소자리의 지배행성입니다. 이 책 어딘가에서 잠시 언급한 것처럼, 염소자리는 천문해석학에서 히브리인과 유일신 사상이 농후한 유대교의 전통과 불굴의 유대 정신으로 표현됩니다. 다시 말해 유대 정신은 염소자리의 상징이라고도 할 수 있습니다. 염소자리는 모든 형태의 교육과 학문을 존중합니다. 대부분의 염소자리는 타고난 학생이지요. 학위나 성적 등 모든 학문적인 것에 대한 이들의 태도는 숭배에 가깝습니다. 이들은 또한 모양이 정사각형이든 직사각형이든 집안을 숭배합니다. 그리고 돈을 숭배합니다. 네, 황소자리, 게자리와 더불어 염소자리는 돈을 숭배합니다. 염소자리는 인간의 고통에 대비하는 유일한 보장이 돈이라고 생각합니다. 저축예금 계좌는 염소자리 인생에서 절대적인 필수 품목이랍니다.

염소자리는 그들의 족보, 공동체의 명성, 신분 등에 대해 속물적인 태도를 취하는 경향이 있습니다. 슬프지만, 유대인에 대해 편견으로 물든 염소자리도(다행히 아주 극소수예요.) 드문드문 흩어져 있다는 걸 고백해야겠습니다. 만약 그러한 염소를 알고 있다면, 그들의 태양별자리가 '선택된 사람'을 상징한다는 걸 상기시켜주시기 바랍니다. 위선적인 물질적 가치가 아니라 존경할 만한 가치가 있는 것 그리고 존경할 만한 사람을 존경해야 한다는 걸 깨닫게 도와주시기 바랍니다. 여러 가지 이유로 염소자리라는 태양별자리로 태어난 건 자랑스러운 일이랍니다. 그래서 저는 아일랜드계 양자리인 제가 유대인으로 태어난 것을 자랑스럽게 여긴답니다.

조금만 기다리세요, 사자자리 씨. 금방 우리를 열고 당신들을 밖으로 내보내줄게요. 보셨지요? '자랑스러운'이라는 단어가 나오자마자, 토스터 안에서 안절부절못하는 식빵처럼 사자자리가 불쑥 튀어나옵니다. 사자자리들은 그들에게 명예가 되는 일뿐만 아니라, 잔인함과 부당함이 언급될 때도 튀쳐나오거나 혹은 불려나옵니다. 그들은 고상한 머리를 높이 쳐들고 굉장히 분노하며 포효합니다. 그들은 늘 약자를 방어하고 탄압받은 자들을 보호하며 감옥에 갇힌 인간의 정신을 해방시킬 준비가 되어 있지요. 하지만 지금은 아니랍니다, 사자자리 씨. 우리는 지금 염소자리에 대해 설명하는 중입니다. 사자자리와 염소자리가 서로를 더 잘 이해할 수 있도록 말이에요. 바로 이것이 이 장의 전체 목적입니다. 우리는 또한 당신에게 필요한 토성의 인내심이라는 교훈을 가르치려고 한답니다.

염소자리의 주문은 "나는 사용한다use."입니다. 그래서 염소자리는 좀 이기적일 수 있습니다. 그들은 정당방위라고 말합니다. 사자자리도 참을 수 없이 거만한 면에 대해 정확히 똑같은 이유를 제시하지요. 그것은 정당방위이며 모든 열등한 사람들로부터 자기를 보호하는 것이라고요. 이 둘은 6-8 태양별자리 관계입니다. 사자자리가 염소자리에게 여덟 번째 하우스의 사안을 의미하고, 염소자리는 사자자리에게 여섯 번째 하우스의 사안을 의미하지요. 둘은 꽤 재미있는 관계를 만듭니다. 사자자리에게는 다소 듣기 힘든 내용일 수도 있겠지만, 몇 가지 사실을 밝혀두어야 하겠습니다.

사자자리는 자신의 밝은 열정과 따뜻하고 쾌활한 성격을 구속하려는 토성을 만나, 탈출구가 전혀 없는 현실에 직면할 것입니다. 자신의 위대한 공적에 대해 자긍심으로 두들겨대는 북소리에도 염소자리는 그다지 감동받지 않습니다. 사자자리는 염소자리를 능가할 수 있는 방법이 없답니다. 천문해석학적 윤회의 바퀴에서 염소자리가 사자자리보다 앞서 있기 때문이지요. 사자자리는 의심의 여지없이 현명하지만, 염소자리는 더 현명합니다. 사자자리는 유지하는 별자리이며 따라서 다소 고집이 세지요. 하지만 흙 요소의 염소자리는 더 고집이 셉니다. 그뿐 아니라 염소자리는 시작하는 별자리이기 때문에 권위적이랍니다. 사자자리보다 더 권위적이지요. 다만, 염소자리는 사자자리보다 훨씬 덜 나서고 더 과묵합니다. 사자자리는 확실히 실용적인 조직가입니다. 하지만 염소자리가 훨씬 더 그렇습니다.

수줍은 고양이와 사자자리 신사 숙녀 여러분, 기운을 내세요. 이런 얘기들이 여러분의 자부심에 상처가 된다는 사실을 압니다. 하지만 6-8 태양별자리 관계인 염소자리와 사자자리의 만남이 재미있을 거라고 했던 것을 기억하시지요? 제 생각은 이렇습니다. 염소자리가 사자자리보다 조금 더 현명하고, 더 고집이 세며, 더 실용적이고, 훨씬 더 권위적이라는 것은 사실입니다. 하지만 그럼에도 불구하고, 염소자리는 사자자리에게 여섯 번째 하우스의 역할을 한답니다.

천문해석학적으로 여섯 번째 하우스는 봉사를 나타내지요. 그러므로 어떤 식으로든, 아무리 감지하기 힘들고 미미하더라도, 염소자리는 자신과 가깝게 지내는 모든 사자자리에게 일종의 '봉사'를 제공해야 한다고 행성은 명령합니다. 그것 봐요, 사자자리 씨! 기분이 좀 나아졌죠? 그러니까, 음, 부모와 아기 같은 관계를 생각하면 비슷합니다. 부모들은 작은 아기보다 더 현명한 존재이지만 그럼에도 아기에게 '봉사'를 해야 하지요. 사자자리들이 자존심 상한 눈빛으로 저를 째려보고 계시다는 것을 압니다. 미안해요. 훌륭한 비유는 아니네요. 타당한 비유이기는 하지만, 염소자리 때문에 쓰라린 사자자리의 상처 난 앞발을 진정시켜주지는 못한다는 것을 압니다. 하지만 저는 사자자리보다 염소자리가 우월하다고는 말하지 않았다는 점을 다시 확인해두지요. 감히 그렇게 할 수는 없어요. 어쩌면, 염소자리를 친절하지만 엄격한 조부 정도로 상상하는 건 어떨까요? 지혜로 충고를 하고, 산꼭대기에서 보는 시선으로 사자자리에게 봉사하는 사람 정도로요. 사자자리가 받아들이기엔 이 편이 나을까요? 염소자리를 받아들이는 것은, 어릴 때 시금치 혹은 아스파라거스를 먹는 것과 같답니다. 즐겁지는 않지만 받아들이는 게 최선이지요. 본인에게 도움이 될 테니까요. 그러니까 괴로워하지 마세요.

사자자리와 염소자리는 서로에 대한 호기심이 강합니다. 사자자리는 염소자리의 마음을 사로잡습니다. 염소자리는 그들이 왜 그렇게 되었는지를 알고 싶어하지요. 염소자리는 보통 호기심이 강하지 않습니다. 하지만 염소자리에게 사자자리는 수수께끼처럼 보입니다. 반면에 사자자리는 속으로 염소자리의 충고가 좋은 의도라는 것을 감지합니다. 그래서 가끔은 귀 기울입니다. 항상은 아니지만 가끔 그렇게 하지요.

염소자리는 사자자리의 발언과 의상의 지나침에 대해 관찰하기를 좋아합니다. 염소자리의 마음 깊숙한 곳에서는 사자자리의 대담함을 조금은 부러워하지요. 또 염소자리는 사자자리의 목표가 지닌 원대함에 묘하게 감동합니다. 경제적인 안정에 대한 사자자리의 관대함과 무관심 때문에 당혹해하지만, 한편으로는 거창한 꿈을 꾸는 사자자리의 용기를 부러워합니다. 그 사자자리 왕은 꿈을 향해 "실현될 지이다."라고 거만하게 명령하지요. 그러니 어떻게 감히 이루어지지 않겠어요?

사자자리 사람들은 만일의 경우를 대비하는 일을 대단찮게 생각합니다. 가난이나 실패의 가능성에 대해 그다지 힘들어하지도 않습니다. 전형적인 염소자리에게서 드러나는 내일에 대한 신중함이나 걱정 근심과는 완전 판판이지요. 이 두 사람 사이에는 다른 점이 너무나도 많습니다. 머리 모양부터 옷 입는 습관, 참을성(염소자리는 잘 참지요. 사자자리는 못 참습니다.), 돈을 다루는 방식(염소자리는 좀 인색하지요. 사자자리는 좀 방만합니다.), 말투(염소자리 말투는 좀 수줍고 온화하며, 사자자리 말투는 웅변적이며 극적이지요.), 회전목마 위 놋쇠 고리를 잡는 방법(염소자리는 지켜보고 신중하게 계산하면서 잡지요. 사자자리는 용감하고 충동적으로 잡습니다.) 등 두 별자리는 거의 모든 것이 다릅니다. 때때로 이들은 두 개의 다른 우주에서 온 것처럼 보일 정도랍니다.

서로의 달별자리와 동쪽별자리가 조화롭지 않은 경우, 사자자리와 염소자리는 서로를 무척 불편하게 여길 수도 있습니다. 사자자리는 염소자리가 차갑고 이기적이며 고루하다고 생각합니다. 염소자리는 사자자리가 낭비가 심하고 경솔하고 자기중심적이며 허영심이 많다고 생각합니다. 그들은 '유리창을 사이에 두고 음울하게 쳐다보면서' 서로 겉으로 드러난 성격의 부정적인 측면만을 인식합니다.

두 사람은 물론 잘 지낼 수도 있습니다. 염소자리는 정신적이고 정서적인 면에서 견고한 토대를 제공할 수 있습니다. 사자자리는 거기에다 영원히 타오르는 불을 피울 수 있지요. 상징적으로 그렇다는 겁니다. 현실적으로 말하자면, 염소자리는 사자자리의 비전과 믿음을 실행으로 옮겨서 이익을 낼 수 있습니다. 사자자리는 그들이 절망할 때, 염소자리가 믿음직하고 안정적이며 아늑한 안식처가 되어줄 수 있다는 사실을 알게 됩니다. 두 별자리가 경쟁적인 관계라면 공개적이든 은밀하게든 서로에게 힘든 적이 될 수 있습니다. 하지만 협력한다면 둘 사이는 강하고 지속적인 관계로 자랄 수 있습니다. 염소자리는 조용한 기다림이라는 풍부한 흙 기운으로 북돋아주고, 사자자리는 자애로운 태양의 생명력과 온기로 데워줍니다. 둘은 서로의 감정을 배려하면서 서로의 낯선 관점들을 수용하는 인내를 배울 수 있습니다.

6-8 태양별자리 관계로서 사자자리는 염소자리에게 성의 신비, 죽음, 탄생, 부활과 '타인의 돈'을 관장하는 여덟 번째 하우스의 인생 영역을 기묘하고도 인상 깊게 보여줍니다. 이런 점은 둘의 관계에서 독특한 체험을 제공합니다. 예컨대, 여덟 번째 하우스가 관장하는 경험들은 종종 사자자리를 통해 염소자리에게 드러납니다. 죽음이나 죽음과 연관된 문제에 대한 경험이 둘의 만남과 관련될 수도 있습니다. 염소자리는 사자자리가 지닌 고도의 쌍안경을 통해 주기적으로 삶을 바라보면서 진실을 투시할 겁니다.

사자자리는 염소자리의 차분하고 집요한 눈을 통해 세계를 바라보면서 진실을 더 분명하게 볼 것입니다. 자신과 완전히 다른 누군가의 진실한 생각에 대해 갑자기 이해하게 되는 순간이 있습니다. 마법처럼 놀라운 경험이지요. 그렇게 마음의 문이 열려서 이해심이라는 신선한 공기가 들어오면 서로에 대한 공감과 연민이 싹트기 시작합니다. 사자자리는 온화한 겸손과 인내심을 배우고 모방해야 합니다. 토성이 염소자리에게 아주 완고하고도 무척 현명하게, 특별히 잘 가르쳐놓은 미덕이지요. 염소자리도 역시 사자자리의 자질이 필요합니다. 토성의 영혼에 깃든 외로움에는 사자자리의 태양이 비추는 따뜻한 빛이 몹시도 필요하지요. 어느 누구라도 자유롭게 태어난 사자자리만큼 그렇게, 염소자리의 갇힌 갈망을 기적적으로 풀어줄 수는 없을 것입니다.

이 장의 이야기가 늙은 아버지 토성에 의해 현명하게 통제되었다고 저는 생각합니다. 좀 답답하기는 했지만요. 아닌가요? 우리는 토성에게 고마워하고 그를 안아줘야 합니다. 토성이 지배하는 염소자리 남성, 여성, 어린이에게는 정직하고 애정 어린 칭찬이 필요하답니다. 그럴 때면 그(또는 그녀)의 가슴은 소리 없이 두근거리고 조용한 기쁨으로 터질 것만 같답니다. 토성은 당황한 나머지 얼굴을 수줍게 붉히며 칭찬을 외면하는 경향이 있긴 하지만요.

물론 행성도 인간 염소처럼 얼굴을 붉힐 수 있답니다. 오늘 밤 하늘에서 토성을 찾아보세요. 그 고대의 별이 평소보다 더 반짝반짝하는 것은 아닌지 살펴보세요. 그 차갑고 푸른 광휘가 사랑 때문에 희미한 분홍빛으로 물들었을지도 모릅니다. 금성만이 소원을 들어주는 별은 아니랍니다. 가끔은 토성에게도 소원을 빌어보세요. 꿈이 실현될 때까지는 영혼의 테스트를 받느라 시간이 좀 걸릴 겁니다. 하지만 소원이 이루어진 후에는 영원히 끝나지 않는 행복이 기다린답니다.

사자자리 여성과 염소자리 남성

그는 사악한 짓을 할 때일수록 더 예의 바르게 굴었다.
이렇게 예의 바른 태도야말로 그가 가정교육을
잘 받았다는 것을 보여주는 가장 확실한 증거일지 모른다.
그의 고상한 말투는 (심지어 욕을 할 때조차도) 남다른 몸가짐만큼이나
그가 그의 패거리들과는 질적으로 다른 사람이라는 것을 말해주었다.
그의 태도는 너무나도 예의 바르고 기품이 넘쳤기 때문에,
그녀는 매혹된 나머지 소리를 지를 수가 없었다.

염소자리 남성과 사자자리 여성이 가까운 사이가 되거나 결혼하게 될 때, 주위의 모든 사람들은 당혹하고 놀라워합니다. 종교적 신념이나 국적이나 사회적 신분과 상관없이 이 두 사람은 눈에 띄게 다르게 보입니다. 염소자리가 고물상을 하든, 유조선 선단이나 수많은 중고차를 소유하고 있든, 신발 가게나 영화 회사에서 일하든 마찬가집니다. 사자자리 여성이 구세군이든, 화장품 회사나 유명 디자이너 의상실을 경영하든, 미크로네시아의 코코넛 주스 가판대를 여왕처럼 감독하든 말든 상관없습니다. 사람들은 그들의 사연을 궁금해하고 속닥거리고 추측할 것입니다. 사자자리도 염소자리도 자기 사생활을 논하거나 사적인 행동을 설명하는 것을 싫어하지요. 이 두 별자리는 아주 사소한 소문으로 주목을 받는 일조차 품위 없는 짓으로 여깁니다. 그럼에도 사람들은 계속 알고 싶어하지요.

그런데 보수적인 염소자리가 어떻게 화려한 사자자리의 마음을 사로잡을 수 있을까요? 사자자리는 말이나 행동이 무척 충동적이며 극적입니다. 여왕답게 그녀의 모든 변덕이 허용되기를 요구하며, 사람들이 그녀를 숭배하고 우러러보기를 기대합니다. 하지만 그녀 자신은 그 어떤 남자도 숭배하거나 우러러보지 않지요. 사자자리 여성은 다른 사람을 경시하거나 대충 훑어보거나 합니다. 결코 남자들을 우러러보지 않지요.

이 따뜻한 마음씨에 도량이 넓은 사자자리 여성이 신중한 염소자리에게서 무엇을 본 것일까요? 화려하고 사교적(사자자리 본성에 자리한 두 가지 면이지요.)인 사자자리와는 달리 염소자리는 말이 없고 음울합니다. 그녀가 색종이 조각처럼 내버려

는 동전을 그는 줍지요. 그는 아주 드물게 칭찬을 하고, 보통은 파티를 싫어하고, 실용적이지 못한 사치품에는 이마를 찡그립니다. 그는 자신의 감정과 기분에 관해 별다른 내색을 하지 않거니와 연극적이지도 않은 사람입니다.

두 개의 질문에 대한 답은 천문해석학에 있습니다. 염소자리와 사자자리 여성에게는 천문해석학을 모르는 사람들의 눈에 보이는 것보다 공통점이 많답니다. 사자와 염소는 서로에게 매력적인 자질과 특성을 많이 가지고 있지요.

우선 염소자리의 본성과 욕구를 생각해보세요. 전형적인 염소자리 남성은 신분이 낮아지는 결혼보다 사회적 지위를 상승시키는 결혼을 더 선호합니다. 지역 사회 차원이든, 국가적이거나 세계적인 기준에서든, 그는 명성과 성공에 남몰래 감동받습니다. 심지어 경외심을 느끼기도 합니다. 그는 다른 사람이 감탄하고 부러워하는 자질과 가치를 소유하는 것에서 대단한 만족을 얻습니다. 그것이 물건이든 부동산이든 여성이든 마찬가집니다. 염소자리 남성은 특별한 수완으로 그를 매혹해서 정서적인 지평선을 넓혀주고, 그의 마음에 많은 햇빛을 가져다줄 거라고 약속하는 여성을 가슴 아플 정도로 열망합니다. 그가 아무리 무뚝뚝하게 부정하더라도 이것이 진실입니다.

사자자리 여성이 가진 조건을 고려해보세요. 전형적인 사자자리 여성은 사회적 특권과 지위, 대중의 주목과 명성을 얻을 수 있는 방법을 비교적 일찍 터득합니다. 이 소녀의 활동은 다양합니다. 그녀는 무도회의 여왕, 맨 앞쪽의 치어리더, 소도시의 지방 소방관 대장에서 시작해서 정치가, 유명 여배우, 교육기관의 지도자, 선구적인 과학자 등 다양한 방면의 성공적인 직업인이 될 수 있습니다. 동료들 사이에서 그녀는 거의 언제나 감탄과 부러움의 대상이 됩니다. 사실, 그녀 생각에는 그녀보다 더 우수한 여성은 없답니다. 그리고 그녀는 풍부한 햇빛을 지녔지요. 그녀는 보수적인 사람을 인도해서 더 신나는 지평선으로 이끌고 가기를 무척 좋아합니다.

이제, 사자자리 여성의 본성과 욕구를 살펴보세요. 공급과 수요에 대한 감정의 법칙으로 전환해보면, 사자자리 여성은 성공의 광휘 속에 존재하기를 원합니다. 그녀는 존경할 만한 짝이 있어야 하며(그녀는 어중이떠중이와 어울릴 수도 있겠지만 진심은 아닐 겁니다.), 그 남성은 진짜 사회적으로 성공한 사람이어야 합니다. 그녀는 자신의 경솔한 거만함과 극적인 태도에 대해 침묵하는 참을성 있는 남자에게 애처로울 정도로 끌립니다. 그녀는 가정교육이나 훌륭한 매너가 부족하다는 이유로 사람들 앞에서 그녀를 모욕하지 않을 남자를 찾습니다. 비교적 사치스럽게(대부분의 평범한 사람의 삶에 비해서는 비교적) 그녀를 지원해줄 만큼 충분한 돈을 벌고, 그녀의 행동에 완전한 자유를 더 멀리까지 허락해줄 남자를 원합니다. 그녀의 여성스러운 매력은 온 세상 사람들에게 감명을 주지요. 그런 그녀를 영원히 소유하는 일만으로도 얼마나 만족스러운 일인지를 부정하지 않을 남성을 찾습니다.

염소자리가 가진 조건을 생각해보세요. 염소자리 남성은 오하이오나 오스트레일리아 출신의 사자자리 여성이 바라는 세속적인 인정과 물질적인 보장을 얻을 잠재력이 많습니다. 다른 어떤 태양별자리 남성(게자리, 황소자리, 사자자리 남성을 제외하고는)보다 더 많습니다. 가장 가까운 곳에 있는 언덕부터 가장 높은 산꼭대기까지, 꼭대기에 오르려는 그의 조용한 야망과 강인한 결단력은 그녀의 눈동자에서 여왕의 열정을 발견할 것입니다. 염소자리 남성의 냉정하고 현실적인 두뇌가 사자자리 그녀의 냉담하고 나른한 몸가짐에 어울린다는 사실을 그녀는 감지할 수 있지요. 그 자신이 전혀 게으르지 않기 때문에, 이 남성은 그녀가 주기적으로 게을러지는 것을 허용합니다. (사자자리는 아름답게 보이기 위해, 그리고 그들의 강력한 태양 에너지를 충전하기 위해 대단히 많은 휴식이 필요합니다.) 평소에 그가 보여주는 위엄 있는 행동은 왕으로 인정할 만합니다. 또한 그가 소수의 사람에게(그녀는 운 좋은 사람이에요.) 보여주는 수줍은 부드러움은 그녀의 따뜻함과 감싸주고 싶은 마음을 불러일으킬 겁니다. 충성심에 대한 그의 철학은 그녀와 완전히 같습니다. 게다가 그녀의 불같은 기질에 대해 그가 보여주는 인내심은 끝이 없습니다. 그런 모습은 그녀에게 여유를 갖게 하고 감정적인 안정을 가져다주지요.

지금까지는 두 사람 사이의 모든 것이 원만하며 경이롭게 잘 어우러졌습니다. 그러나 그들의 태양과 달별자리가 서로 비우호적이라면, 두 사람이 사이좋게 지내기 위해서는 열심히 분투해야 합니다. 염소자리 남성은 그녀더러 허영심이 많고, 우쭐대며, 끔찍하게 제멋대로이고, 이기적이라고 비난할 겁니다. 사자자리 여성은 그가 냉정하고 잔인하며, 인색하고 감정을 드러내지 않으며, 이기적이라고 비난할 것입니다. 이기심은 두 사람의 공통점입니다. 두 사람은 다른 모든 커플처럼 긴장 상태에 직면할 때가 있습니다. 바로 '사자자리 여성의 본성과 욕구'에 대해 말한 단락의 끝부분에서 언급한 문제 때문이랍니다. 둘 사이에 갈등을 일으키는 일은 "… 더 멀리까지…"라는 말에서 비롯됩니다. 그것이 전부는 아니지만, 그것만으로 많은 갈등을 불러일으킬 수 있지요. 그 대목으로 다시 돌아가 읽어보시기 바랍니다. 문제를 발견하셨나요? 제가 설명드리지요.

사자자리 여성은 굉장히 육감적이고, 우아하며, 품위 있고, 관대하며, 무척 명랑하고, 쾌활하며, 자부심이 강합니다. 이 여성은 특히 두 개의 G, 즉 화려하고 Glamorous 사교적인Gregarious 것을 좋아합니다. 그녀는 주기적인 파티와 가끔씩 열리는 축제가 필요합니다. 그래야 그녀가 자신의 크고 작은 왕관을 쓰고 사람들과 어울릴 수 있지요. 또한 그녀는 가끔 태양을 자유롭게 따르고 싶어합니다. 세례와 대관식, 빵 바자회, 아니면 말 쇼에 혼자 참여하고 싶어하지요. 그런데 그것을 누구의 허락도 받지 않고 독자적으로 하려는 맹렬한 욕구가 있습니다. 그녀의 남자 친구든, 남편이든, 아이들의 아빠든, 그 누구에게도 형식적인 허락을 받지 않고요. 그녀는 오로지 혼자서 크로스컨트리 스키를 즐기고 싶습니다. 과장한다고 생각하는 염소자리 남성은 그녀의 부모님께 물어보시기 바랍니다. 그들이 잘 알려줄 테니까요.

그녀는 또한 어떤 창의적인 직업이나 도전적인 경력을 쌓는 일에서, 그녀만의 명예를 개척하고 쌓을 기회를 바랄 겁니다. 그렇지 않으면, 밖으로 표현하지 못해서 위험할 정도로 억눌린 맹렬한 욕망을 남몰래 간직합니다. 사자자리 여성은 결혼 후에도 자신의 성을 유지하려고 합니다. (이 때문에 정작 그녀 자신이 고통받을 수도 있지요. 새틴 베갯잇, 비단 휘장, 황금 욕실 수도꼭지 등에 이니셜을 어떻게 새겨 넣어야 할지 고민이 될 테니까요.) 일반적인 염소자리 남성은 자신의 연인이나 아내에게 좀 강한 소유욕이 있습니다. 그래서 소소한 말다툼을 할 수 있습니다. 게다가 염소자리는 공개적이거나 적극적인 경쟁을 싫어합니다. 그가 사랑하는 여성의 행방을 확실히 알아야겠다고 주장할 때면, 그들 사이에 지진이 일어날 수도 있습니다. 염소자리 남성은 그녀가 가족의 이름을 불명예스럽게 할 만한 그 어떤 일도 하지 않는다는 보장을 받으려고 할 겁니다. 유일한 해결책은 타협이지요.

염소자리 남성이 행복하고 조화로운 가정을 원한다면 사자자리 여성에게 어느 정도의 자유를 줘야 합니다. 그녀는 날 때부터 충분한 위엄과 자부심을 지녔다는 사실을 믿으세요. 가령 그녀가 혼자서 초원을 배회할 때도, 염소자리 남성의 명예에 먹칠을 하거나 불성실한 경우는 없을 것입니다. 만약 그녀가 패션 디자인이나 낙농업에 대한 강좌를 수강하기 원한다면, 그는 마지못해 허락할 게 아니라 눈에 보이게 열광적인 지지를 보내야 합니다. 그의 지지가 열광적이지 않거나 주저하기라도 한다면, 둘의 관계에서 정서적인 평온함이 깨져버릴 테니까요. 그녀가 몇 블록이나 몇 마일 떨어져 사는 친구를 방문하거나 그로서는 도통 관심이 없는 영화를 보고 싶어 할 때, 그는 자신의 오랜 친구 세 명 중 한 명에게 전화를 걸어 집으로 초대하는 게 좋습니다. 아니면 친구의 집에 기분 전환 삼아 들러도 좋습니다. 그녀가 그녀의 차를 운전하면서 나가 있는 동안 그는 그의 차를 타고 어슬렁거리면 됩니다. 그리고 이것은 다른 얘기지만, 그들은 두 대의 자동차를 원할 겁니다. 사자자리 여성은 매끈하고 강한 인상을 주는 새 차를 원할 것이고, 염소자리 남성은 중고 지프나 스테이션왜건이나 픽업트럭이 어울립니다. 어쨌든 염소자리 남성이 타협할 부분은 굉장히 많습니다.

사자자리 여성은 타협할 때, 자신의 입장을 우아하게 피력하려고 애씁니다. 왕족이 모든 일을 다루는 방식이 그렇듯이요. 그녀가 하고 싶은 일에 그의 허락을 요청해야 할 어떤 이유도 알지 못하겠다고 거만하게 얘기할 때도 있습니다. 그럴 때 중요한 것은 승인이 아니라 협의이며, 여왕조차 수상이나 왕에게 최소한의 자문을 요구한다는 점을 알려주면 됩니다. 염소자리의 두 눈을 장난스럽게 반짝거리며 차분하고 다정하게 말하면 좋겠지요. 이런 사실을 증명하기 위해 몇몇 역사적인 장면을 인용하면 더 좋습니다. 왕이 자문을 구하는 일이 꼭 필요하다는 점을 그녀에게 상기시켜주는 것이지요. 어떤 중요한 결정이 그들의 성이나 왕국을 위험하게 할 정도로 편파적이거나 충동적이어서는 안 된다는 점을 확실히 해두는 겁니다.

염소자리 남성은 온화한 연인이지만 그의 열정은 표면에 보이는 것보다 더 깊이 흐릅니다. 염소자리를 속속들이 아는 여성만이 그의 감정의 진실한 깊이를 느끼게 됩니다. 또한 그의 성생활이 가진 잠재적인 힘을 알지요. 그러기 전이라면, 사자자리 여성은 지나치게 자신에게만 몰두하기 때문에 그녀의 온 마음을 다해 육체적으로 사랑을 표현할 수 없을 겁니다. 초기에 그녀의 성적인 행동 방식은 좀 이기적이고 얄팍한 면이 있을 것입니다. 그러나 그는 인내심을 가지고 기꺼이 기다릴 것입니다. 그는 알지요. 그녀의 여성적인 허영심 바로 아래에 그들의 관계를 심화시켜주고 공통의 경험으로 개척해갈 비옥한 대지가 놓여 있다는 것을요. 염소자리 남성의 조용히 기다리는 태도와 웅변적인 침묵은 점점 그녀의 마음을 움직입니다. 결국 그녀는 사자자리 여성의 무관심 안에 숨은 애정과 부드러움 그리고 관능을 드러내어 보여주지요. 그녀는 사자자리 여성이며 섹스의 순수하고 치명적인 황홀감은 그녀 본성의 일부입니다. 토성의 지배를 받는 남성에게는 사자자리 여성 내부의 이러한 감정을 불러일으킬 남성적인 자질이 있습니다. 두 사람은 궁극적인 표현에 다다를 수 있답니다. 그녀에 대한 그의 분명한 욕망이 열쇠지요. 사자자리가 성의 신비(다른 것들 중에서도)를 다루는 여덟 번째 하우스를 염소자리에게 보여주는 별자리이기 때문입니다. 그리고 사자자리 여성은 그녀가 진실로 숭배받으며 욕망의 대상이 되었다는 사실을 알아차리면 언제나 불가항력적으로 동요합니다. 그러니 둘 사이에서 초기의 모든 어려움을 해결하는 가장 좋은 방법은 토성의 인내입니다. (그가 그녀에게 줄 수 있는 대단한 선물입니다.) 그리고 빛나는 것만으로 구름과 그림자를 사라지게 하는 태양의 능력이지요. (그녀가 그에게 주는 대단한 선물이지요.)

태도에서 드러나는 사자자리 여성의 타고난 기백과 고귀함은 염소자리 남성이 그녀를 존경하는 이유입니다. 그는 그녀의 고상함을 사랑합니다. 관대함과 용서라는 그녀의 위대한 능력은 염소자리 남성이 지닌 우울함을 약화시키고 경계심을 풀어준답니다. 염소자리 남성이 사자자리 여성의 따뜻함과 용기를 필요로 하는 것과 마찬가지로, 사자자리 여성은 염소자리 남성의 힘과 안정감이 필요합니다. 이 두 사람은 굉장히 다릅니다. 하지만 '비슷한 사람끼리 맺어질 때', 사랑은 가르칠 교훈이 적습니다. 초등학교에 영원히 머무르고 싶은 사람이 있을까요? 서로 사랑하는 남녀가 함께 배우고 성장하는 일은 신나는 모험입니다. 사자자리의 타는 듯이 뜨거운 평원은 험난한 바위의 끝없는 단조로움에 익숙한 염소자리에게 유혹적이고 황홀한 새로운 지형입니다. 염소자리의 '자줏빛 산의 장엄함'은 호기심 많은 사자자리 여성에게 손짓합니다. 정상에서 누리는 웅장한 전망을 그녀에게 약속하지요. 인간 정신에 알려지지 않은 영원하고 강렬한 외침이란 것은 바로 이런 것이겠지요.

사자자리 남성과 염소자리 여성

그는 살아가면서 고통스러운 순간이 많았지만 자부심도 많았다.
"내가 기적이 아닌가. 오, 나는 기적이야!"
그는 그녀에게 속삭였다.
하긴 그녀도 그렇게 생각했다.
그녀는 누구도 들어보지 못한 그의 명성 때문에 정말로 기뻤다.

사자자리 남성은 단연코, 자신이 최고로 실리적인 사람이라고 믿습니다. 진실이 무엇이든지 간에 이것이 그의 생각입니다. 그가 거울을 흘끗 쳐다봅니다. 거기에 비춰진 이미지는 매력적이고 동요되지 않는, 잘생긴 영웅 타입이지요. 그는 이런 면을 분명히 가지고 있습니다. 운을 덜 좋게 타고난 사람들과 교제할 때, 우쭐대는 그의 마음속에 지닌 사진이랍니다. 그런 그가 어느 날, 염소자리 여성과 사랑에 빠집니다. 느닷없이, 그는 자신의 발과 엄지발가락이 불편하고 충동적이며 비현실적이라고 느껴집니다. 약간 바보가 된 듯 느껴지기도 합니다. 사자자리에게 그것은 굉장히 불쾌한 감정의 혼합이지요.

사자자리 남성은 자신이 굉장히 당혹스럽다는 걸, 그녀 앞에서 곧바로 드러내지 않습니다. 그는 여전히 상황을 장악하고 있는 척합니다. 전혀 그렇지 못하면서도 차분한 평정을 가장해서 계속 활짝 웃고 허세를 부리며 자신의 불안감으로부터 도망갑니다. 낯설게도, 그녀가 '가르치려고 한다는 것'을 그가 감지할 때면 그는 불안해지기 시작합니다. 그런 모습은 그녀가 비판하기를 좋아한다는 뜻일까요? 자신의 어머니나 4학년 때의 학교 선생님, 혹은 그를 항상 무시하던 큰누나를 대하는 기분이 드는 것 같기도 하고 아닌 것 같기도 합니다. 어쩌면 그녀가 어떤 일을 할 때, 그에게 떠오르는 사람은 아버지일까요? 바보 같네요. 그렇게 부드럽게 말하는 여성이 어떻게 그의 아버지를 떠오르게 하겠어요? 하지만 그녀가 추상적인 예술과 대가의 작품에 대해서, 오늘날의 교육 시스템에 무엇이 잘못됐는지에 대해서, 자신의 집을 짓는 것이 얼마나 강렬하고 총체적인 경험인지에 대해서, 그리고 어쩌면 합법적 낙태에 대해서까지 그녀의 생각들을 그에게 조용히 털어놓기 시작할 때, 그는 놀라지 않을 수 없습니다. 그녀는 이 모든 생각을 털어놓을 만큼 사자자리 남성을 믿습니다. 그의 따뜻하고 남을 보호해주는 기질 덕분이지요. 보통 염소자리 여성은 자신의 의견을 공개적으로 발표하거나 거리낌 없이 논의하지 않습니다. 그녀가 사자자리 남성을 전적으로 믿기로 결정한 것에 그는 깊이 감동받아야 할 것입니다. 그러기 위해 이 소심한 여성은 오랫동안 신중하게 안정성을 확인했답니다. 그런데 그가 감동을 받았냐고요? 아니요. 보통은 그렇지 않습니다. 사자자리 남성은 자신의 남성적인 자아의 요청에 대해 생각하느라 너무 바쁩니다.

사자자리 남성은 즐겁게 인내하면서 자애롭게 그녀의 말에 귀 기울입니다. 염소자리 여성의 여성스러운 매력을 연구하고 마음속으로 유혹적인 전략을 세우기 위해, 그녀의 진지한 집중력을 이용합니다. 그녀가 그의 팔에 기쁘게 안기게 될 때까지 얼마나 걸릴지 계산합니다. 그런 후에 그는 잠깐 기다릴 것입니다. 그녀는 잠시 이야기를 멈추고, 그가 귀 기울이고 있는지를 봅니다. 그러면 그는 한 마디도 놓치지 않았다는 걸 그녀에게 증명하기 위해 이야기합니다. 애정이 담겨 있지만 일부 의견에 대해서는 단호하게 그녀를 꾸짖고, 그녀가 어디서 틀렸는지 자신 있게 가리킬 겁니다. 이런 식으로 가볍게 흥을 돋운 뒤, 그는 그녀에게 어떤 머리 모양을 해야 할지에 대해 얘기합니다. 지금 입고 있는 옷보다 그가 생각하는 종류의 스웨터가 그녀에게 더 어울릴 거라고 조언하지요. 염소자리 여성은 말수가 없고 그의 말에 끼어들지 않습니다. 그래서 지금부터 그녀의 생활 방식을 조언해도 좋다고 허락한 것으로 여깁니다. 그녀의 정신과 외모와 건강을 향상할 수 있는 방법에 대해, 그는 용감하게 얘기합니다.

그런데 뭔가가 잘못되었습니다. 그녀가 지나치게 조용합니다. 그는 그녀가 무척 부드럽게 빛나며 미묘한 유머로 반짝거리는 다정한 눈을 가졌다고 생각해왔습니다. 그런데 그녀의 두 눈이 왜 갑자기 총알이나 반짝거리는 유리구슬 한 쌍을 생각나게 하는 걸까요? 그녀의 목소리는 날카로운 응시만큼이나 차갑습니다. "늦었군요. 이만 일어나야겠어요. 다음 주에 봐요, 가능하다면."

어설픈 거북함과 어리석은 기분이 사자자리 남성을 둘러싸는 찰나입니다. 그는 거절당하고 모욕받은 기분입니다. 그럴 필요 없습니다. 염소자리 여성의 거절은 토성의 본성에 의해 통제되고 지도받는 것일 뿐입니다. 그녀는 지극히 방어적이랍니다. 사랑이 심각하게 상처받거나 끝장나기 전에, 다가오는 전쟁에서 물러서려는 사고

방식을 갖고 있지요. 그녀의 고요한 메시지는 이겁니다. "헤어져서 생각할 시간을 갖도록 해요. 당신을 사랑하는 것을 멈추고 싶지 않기 때문이랍니다. 하지만 당신이 나를 계속 밀어붙인다면, 저는 그만 두겠어요. 제가 다시 당신에게 속마음을 털어놓는 것이 거의 두려울 정도예요. 당신이 지금 무슨 일을 하고 있는지 깨닫기를 바랍니다. 저는 당신과 함께하기 전의 외로운 생활로 돌아가고 싶지 않지만, 어쩌면 일주일 정도 서로 떨어져 있는 게 좋겠네요. 일주일쯤이면 당신이 제게 상처를 준 행동과 말을 스스로 깨닫게 되겠지요."

그날 밤 사자자리 남성이 그녀의 창문을 들여다볼 수 있었다면, 단호한 결심을 드러냈던 그녀의 눈동자가 더 이상 차갑지 않다는 것을 알았을 것입니다. 두 눈에 맺힌 눈물이 부드럽게 빛나는 모습을 볼 수 있었을 테지요. 그녀는 눈물을 멈추려고 애씁니다. 그녀는 대개 성공합니다. 하지만 항상은 아니지요. 영원히 쌀쌀맞고 침착할 것처럼 보이는 이 조용한 여성을 사자자리가 정말로 이해하는 유일한 방법은, 이렇게 그녀가 완전히 혼자일 때 지켜보는 거랍니다. 그녀는 어린 소녀였을 때에도 토성과 어른들이 요구하는 이미지를 보여줬지요. "정말 예의 바른 어린이예요." 그들은 언제나 이렇게 말했습니다. 그녀의 어린 마음은 사람들이 그런 것을 좋아한다고 생각했지요. 토성은 모든 염소자리에게 아기 때부터 사람들 앞에서 예의 바르게 행동하라고 가르칩니다. 그들은 그 교훈을 결코 잊지 않습니다. 염소자리 여성은 사람들 앞에서 자기감정을 보여준 일에 죄책감을 느끼고 꾸중을 듣게 될 거라고 무의식적으로 느낍니다. 자기통제의 습관은 상당한 불쾌감을 주면서 해마다 심화되고, 그녀가 무엇을 잘못했는지 남몰래 궁금해하도록 만듭니다.

그녀만 고통스러운 것은 아닙니다. 사자자리 남성은 자신이 무엇을 잘못했는지 알고 싶어서 고문을 받습니다. 그가 신중하게 자기 성찰을 한다면, 염소자리 여성에게 실수한 일 몇 가지를 깨닫게 될 것입니다. 이를테면 그는 자신이 가진 절대적인 힘으로 그녀를 마음대로 조종할 수 있다고 믿었습니다. 다양한 관심사에 대한 타당하고 신중한 그녀의 생각에 존경을 보여주지 않았지요. 그가 지닌 이상적인 여성 이미지에 맞춰 그녀가 찰흙처럼 자신을 반죽하기를 요구하면, 그녀가 기뻐할 거라고 기대했습니다.

이 여성은 자신을 반죽할 사자를 기다리는 찰흙이 아닙니다. 그녀는 단단한 돌로 만들어졌답니다. 거기에다 흙덩이도 있지요. 염소자리는 흙의 별자리이니까요. 흙은 따뜻하고, 안전하며 방어적인 원소입니다. 끌이나 다이너마이트 묶음 몇 개는 있어야 그녀의 사고방식과 습관의 구조를 (약간) 바꿀 수 있습니다. 다른 것으론 안 되지요. 염소자리 여성은 잘난 체하고 확신하는 사자의 경솔하고 거만한 잔소리로는 바뀌지 않습니다. 그가 아무리 매력적이고 그녀를 안달하게 만들더라도요. (염소자리에게 사자자리는 성의 신비를 관장하는 여덟 번째 하우스 사안을 의미합니다.) 그녀는 자신의 옷이나 머리 모양, 또는 모든 남자에 대한 견해를 바꾸려 하지 않습니다. 하지만 그가 웃는다면, 틀림없이 그녀의 무릎에 힘이 빠질 겁니다. 그의 슬픔을 그녀가 감지하게 되면 그녀 또한 우울해질 겁니다. 말로 표현하지 않더라도요. 사자자리 남성은 그녀를 천천히 바꿀 수 있습니다. 한 번에 살짝 한 발씩, 아주 느리게요. 즉각적인 변화는 생각도 하지 말아야 합니다. 염소자리 여성은 어떤 일도 즉시 하지 않습니다. 아무리 다정할지라도 명령은 안 됩니다. 그건 이미 강철같이 굳은 그녀의 의지를 강화시키고 더 고집스럽게 만들 뿐입니다.

하지만 사자자리 남성의 따뜻한 성격과 확신에 찬 태도는 그의 예상보다 더 자주 그녀를 누그러뜨립니다. 그녀에게 영감을 주고 토성의 우울을 걷어내지요. 사자자리 남성이 자신의 거창한 목표와 미래의 야망에 대해 얘기할 때, 염소자리 여성은 한 마디도 놓치지 않기 위해 귀 기울인답니다. 그녀는 선과 올바름의 편이지요. 그래서 그의 이상주의는 그녀를 기쁘게 합니다. 그리고 그녀는 분명히 야망의 편입니다. 그의 목표가 커질수록 그녀는 더욱 그를 지지할 것입니다. 그리고 목표를 비현실적으로 만들 만한 문제점들을 찾아내겠지요. 그는 그녀의 합리적인 충고에 감사하고, 그녀의 직관적인 지혜를 유념해야 합니다. 그녀의 지적에 분개해서는 안 됩니다. 염소자리는 꿈을 현실로 바꾸어놓는 놀라운 재주가 있으니까요.

시계를 반대 방향으로 돌리자면, 염소자리 여성은 사자자리 남성의 용감한 조언을 좀 더 자주 듣는 것이 좋습니다. 그녀의 부정적인 태도로 둘 다 숨이 막히게 되기 전에 그의 말에 귀를 기울여야 합니다. 종달새의 노래를 따르고 인생을 더욱 서정적으로 만드는 기회를 놓치지 않는 자유로운 영혼에게만 알려진 기쁨이 있습니다. 행복의 왕국은 실망이나 엄청난 불행에 대비한 보험 증권으로 가득 차 있지 않답니다. 사자자리는 이걸 알고 태어났지요. 그는 왕이며, 그러므로 그녀에게 고결함의 의미를 가르칠 수 있습니다. 하지만 우울이라는 어두운 지하 감옥 밖으로 그녀를 꺼내는 과정에서, 그는 부드러운 햇빛으로 이끌어야 합니다. 너무 세게 밀지 말고요.

염소자리 여성과 사랑에 빠진 사자자리는 거북이와 토끼의 이야기를 기억해야 합니다. 비록 끝부분에서 화가 나더라도요. 그녀가 거북이고 그가 토끼랍니다. 만약 그가 게임에서 정말로 이기고 싶다면 그 자신을 거북이로 바꿀 수도 있겠지요. 사자자리 남성은 그만큼 마법적이며 강력하니까요. 하지만 거북이를 재촉하면 그 자신의 진행이 늦어질 뿐입니다. 그는 결승선을 통과하려는 염소자리의 느리고 신중한 걸음을 방해하면 안 됩니다. 시간은 염소자리의 친구랍니다. 염소자리의 지배행성인 토성은 오래된 시간의 아버지니까요. 어느 누구도 아직은 그를 이기지 못했지요. 두 사람이 돈에 대해 한 달에 한 번꼴로 논쟁하리라는 것은 거의 확실합니다. 애정이 넘쳐야 할 시간에 굉장한 낭비이지요. 논쟁을 피하는 일은 정말 쉽습니다. 사자자리와 염소자리가 돈 문제를 해결하는 가장 단순한 방법은, 경제적인 문제를 완전하고도 영구히 분리하는 것이랍니다.

두 사람이 아무리 잘 지내더라도, 염소자리 여성은 자기 돈을 자유롭고 원하는 방식으로 투자해야 합니다. 원한다면 밤마다 저축 이자를 세어볼 수 있어야 합니다. 그리고 사자자리 남성은 그녀를 구두쇠라고 비난하면 안 됩니다. 대신 사자자리 남성도 자신이 원하는 방식으로 돈을 사용할 수 있어야 합니다. 지폐로 연을 만들고, 돈을 필요한 사람에게 건네주고, 사치스러운 선물을 사고, 꿈이나 잃어버린 대의명분을 위해 많은 돈을 잃기도 하고, 추운 겨울밤 불을 피우기 위해 돈을 사용할 수 있을 정도로 자유로워야 합니다. 염소자리 여성은 불만스럽고 혹독한 표정으로 그를 괴롭히지 않는 게 좋겠지요. 이것이 두 사람이 돈 때문에 다투지 않을 유일한 방법이랍니다. 돈에 미치는 것은 사랑을 죽이는 짓이지요. 돈은 옛날 대통령 얼굴이 들어 있는 초록색 종잇조각일 뿐이랍니다. 오직 사랑만이 진짜지요. 돈은 환상이며 신기루입니다. 가능하다면 두 사람은 돈을 잊어버리고 무시하는 게 낫습니다. 돈에 대해서는 절대 대화하지 마세요.

두 사람의 본성이 무척 다르기 때문에 이들의 육체적 관계는 경우에 따라 다릅니다. 사자자리 남성은 그의 감정적 육체적 갈망에 염소자리 여성이 제대로 반응하지 않는다고 느낄 수 있습니다. 사자자리 남성이 염소자리 여성의 단점을 발견해서, 그녀가 성적으로 무능한 기분이 들게 할 수도 있습니다. 그러면 그녀는 자신의 사랑을 육체적으로 표현하기 힘들어질 것입니다. 물론 그녀는 감정을 드러내지는 않을 겁니다. 하지만 이런 일은 그녀의 마음을 부수고 감정을 얼어붙게 하는 이중의 불행한 결과를 낳지요.

측은할 정도로 왜곡된 성적 태도를 지닌 염소자리 여성도 소수(극소수) 있습니다. 어느 때 가족으로부터 거부당한 경험 때문이지요. 이런 경우 염소자리 여성은 섹스를 악수하는 것처럼 무심하게 받아들입니다. 그녀의 감정과 양심을 모두 냉담하게 만드는 토성의 부정적인 측면에 의해 초래된 태도랍니다. 그녀는 기계적인 태도로 섹스나 에로틱한 행동에 임해서, 함께하는 상대의 감정을 차갑고 공허하게 만듭니다. 하지만 그녀 자신이 그 누구보다 더 차갑고 공허해지지요. 그녀는 호의 또는 그녀가 원하는 어떤 것을 얻기 위해 무의식적으로 섹스를 이용하기도 합니다. "나는 사용한다."라는 토성의 본질이 지향하는 긍정적인 실용성을 왜곡하는 행동이지요.

하지만 이런 염소자리 여성은 자부심 강하고 질투심으로 똘똘 뭉친 사자자리를 매혹할 수 없겠지요. 실제로 대부분의 염소자리 여성은 낭만적인 수줍음과 성적인 충실함을 지니고 있습니다. 따라서 사자자리 남성과 염소자리 여성의 성적 표현은 영원한 황홀감이 될 수 있습니다. 그가 토성이 억제하는 그녀의 감정이 천천히 해방되기를 기다려주고, 그녀가 그를 신뢰하는 법을 배운다면 말이에요. 때가 오면 그녀는 마침내 섹스의 기쁨을 알게 될 겁니다. 그러면 그는 놀라운 깊이를 가진 그녀의 숨은 열정을 깨운 것이 바로 그 자신이라는 사실만으로도 충분히 보답받을 것입니다. 그녀의 섹스는 그때부터 쭉 오직 그와만 공유될 겁니다. 자신만이 이 여성의 비밀스러운 성생활을 소유하고 있다는 인식은 사자자리 남성에게는 더없는 마음의 위로가 되지요.

염소자리 여성은 이런 말이 인쇄된 작은 카드를 그녀의 예금통장에 끼워두어야 합니다. 그녀가 가장 확실히 볼 수 있도록요. "지나친 비관주의나 우울, 불필요한 신중함이 그의 열정과 관대함을 삼켜버리지 않게 조심할 것. 차가운 비판으로 그의 위엄과 자부심에 상처주지 말 것. 그는 이것을 거절이라고 해석할 테니까."

그는 작은 카드를 그의 자동차 유리에 끼워두어야 합니다. 그가 확실히 자주 볼 수 있도록요. "그녀의 가족에게 친절하고 존경을 표할 것. 잔소리를 억누르고 그녀의 조용한 마음을 온화하게 대할 것. 그녀의 보수주의가 가난과 외로움에 대한 내적인 공포에서, 그리고 일부는 잊히지 않은 카르마의 기억에서 나온 것임을 이해할 것. 그녀는 진실한 칭찬과 감사를 사자가 원하는 것보다 더 많이 원한다는 걸 잊지 말 것. 그녀는 다정다감함과 따뜻한 포옹을 싫어하는 척한다는 사실을 기억할 것."

돌이켜보니, 사자자리 남성은 좀 더 큰 카드를 만드는 게 좋겠네요. 폭 2.5미터에 길이 3미터쯤으로요. 여기에 황금 테두리를 두른다면 더 좋겠지요. 24캐럿짜리 황금 테두리면 그에게 안성맞춤이 될 겁니다. 염소자리 여성을 행복하게 하려면 골동품이 좋습니다. 그녀는 장인정신을 지닌 전문가가 만든 더 튼튼하고 더 오래된 어제의 물건에서 더 안정감을 느낍니다. 이것은 두 사람이 만난 날을 기념할 때, 그가 그녀에게 줄 만한 선물에 대한 힌트입니다. 그녀는 전혀 말이 없지만 그날을 알고 있답니다. 일기에 적어놨거든요. 그 일기장은 그에게서 받은 첫 러브레터와 함께 침대 매트리스 아래 숨겨놓았지요. 그는 진즉에 버렸을 거라고 생각했겠지요. 사자자리 남성이 그녀를 더 잘 안다면 좋을 텐데요. 염소자리 여성은 진짜 가치 있는 것이라면 어떤 것도 결코 버리지 않습니다. 그녀에 대한 그의 사랑이 여기에 포함될지 아닐지는 그에게 달렸답니다.

사자자리 Leo   Aquarius 물병자리

불 · 유지하는 · 능동적
지배행성: 태양
상징: 사자 혹은 수줍은 고양이
양(+) · 남성적

공기 · 유지하는 · 능동적
지배행성: 천왕성
상징: 물병을 들고 있는 사람
양(+) · 남성적

사자자리와 물병자리의 관계

그때 그들은 '밤들 중의 밤'에 일어난 일 중에서 가장 놀라운 장면을 보았다.

　1978년 여름에, 저는 리처드 엘스베리라는 물병자리 독자에게 편지 한 통을 받았습니다. 처음에 편지를 읽고 나서 저는 스피카(처녀자리의 일등성—옮긴이)나 악투루스(대각성, 목동자리의 가장 큰 별—옮긴이) 아니면 항성 시리우스의 소인이 찍혔을 거라고 생각했답니다. 그러나 봉투에는 매릴랜드 주, 피닉스의 우표가 붙어 있었지요. 물병자리 리처드는 이렇게 편지를 썼답니다.

　친애하는 린다 굿맨 여사님, 물병자리 사람은 별난 생각을 한다고 주장하는 당신의 책 『당신의 별자리』에 있는 논평은 꽤 놀랍습니다. 물병자리 어린이 장에서 "그는 시계와 손목시계를 좋아합니다. 이것은 타임머신과 약간 관계가 있을 수 있습니다. 공통된 물병자리의 집착이랍니다."라고 말씀하셨지요.
　자, 제가 알고 싶은 것은 이 점이에요. 제가 타임머신에 관심이 많다는 걸 도대체 당신이 어떻게 알았지요??!! 저는 꽤 오랫동안 타임머신 작업을 했거든요. 이것은 미래에서 온 종족과 접촉을 시도한다는 의미랍니다. 제 생각은 이렇습니다. 만약 우리가 그들에게 갈 수 없다면, 그들이 우리에게 와야 한다는 것이에요. 어쨌든 그들에게는 타임머신이 틀림없이 있겠죠, 안 그런가요?

(계속하세요, 리처드! 완벽하게 천왕성의 논리예요.)

이 개념은 제가 열일곱 살 때, 그러니까 17년 전에 제 머릿속에서 자라나기 시작했어요. 1982년이 되기 전까지 앞으로 4년 동안 진행될 거예요. 저는 그것을 시간 항해 모임이라고 부릅니다. 저는 서기 1982년 3월 9일 화요일에 당신과 이 일에 관심을 가진 모든 친구를 미래에서 온 사람과의 만남에 초대하고 싶군요. 이것은 거짓말이 아닙니다. 우리는 미래에서 온 사람을 기념하기 위해 가장 멋진 환영회를 열 겁니다. 그들은 미래에 있기 때문에, 벌써 우리의 노고에 대해 듣고 참석하기 위해 시간을 역행해 여행할 겁니다. 그들에게 줄 선물이 있어야겠죠. 음악, 미술 그리고 자원자 같은 선물 말이에요.

(자원자라니요!!??)

이러한 대담한 실험에서 접촉에 성공할 확률은…

(대담하다고요? 이제 사자자리가 관심을 가질 차례군요!)

이 대담한 실험에서 증거자료(문학, 사진, 테이프 등)가 더 많이 수집되면서 개연성이 증가하고 있습니다. 모임 장소는 아직 정하지 않았어요. 제가 당신에게 알려줄게요. AM 라디오와 비디오로 얽혀 있는 지구 신도들의 연락망이 필요할 테지요. 1982년 3월 9일이라는 날짜는 주목할 만한 천체의 사건들과 동시에 존재하도록 정했습니다. 이를테면 태양의 모든 행성이 같은 쪽에 있는 보기 드문 순간인 목성 효과, 물병자리 시대의 도래, 해왕성과 명왕성의 궤도의 일시적인 겹침, 코호테크 혜성과 핼리 혜성 사이의 12년 중간기 그리고 보름달 같은 것이지요. 시간 항해 모임은 비영리적이며, 예술가, 과학자, 주술사와 예언자로 구성된 개방적인 연맹입니다. 이 모임의 상징은 나뭇가지 형상으로, 원칙을 상징하는 머리 둘 달린 뱀이에요. 이 명상적인 명제는 시간이 일직선이 아니며 가지를 뻗치고 있다는 말입니다. 결정학자는 "모수석(퇴적암이나 화성암의 단층이나 절단면을 따라 수산화망간이 침전되어 나뭇가지 모양으로 만들어진 것—옮긴이)의 성장"이라고 합니다. 그러나 우리가 어떤 이념적인 교리에 매여 있다는 뜻은 아니랍니다. 우리는 진심으로 모든 비판과 제안을 받습니다. 미국, 매릴랜드 21131, 피닉스 사서함 번호 231이에요. 불행하게도, 우리는 아직 국회의 후원을 받거나 록펠러 재단의 도움을 받고 있지는 않습니다. 그러니까 당신이 회신을 원한다면, 우표를 붙이고 자기 주소 앞으로 받을 수 있는 봉투를 보내주세요.

리처드 엘스베리, 축복받으세요! 당신은 "물병자리 사람이 당신이 말한 것처럼 정말로 극단적인가요?"라고 묻는 모든 이들의 질문에 대한 저의 답이랍니다. 지금 이 질문에 대해 저는 큰 소리로 "네!" 하고 답하겠습니다. 저는 이 물병자리에 대한 '사실 확인'을 끝마쳤습니다. 단언하건대, 리처드는 완전히 진지합니다. 아직 유명해지지 않았더라도, 그는 통찰력이 있고 예지 능력이 있습니다. 그는 '평범한' 많은 사람들뿐만 아니라, 영향력 있는 과학적 업적을 쌓았거나 박식하고 존경받는 명망가들 몇몇과 개인적인 친분과 연줄이 있답니다. 타임머신을 꿈꾸는 물병자리 여러분, 이제 출발하세요! 리처드에게 편지를 쓰고 내일은 우주의 친구가 되기 바랍니다. (아니면 어제요. 그게 그거지요. 모순석의 원칙을 기억하세요.)

이 물병자리가 보낸 타임머신 이야기를 알리는 몇 가지 중대한 이유가 있습니다. 첫째, 1982년과 1992년이라는 그 십 년 사이에는 천문해석학적으로나 천문학적으로, 그리고 다른 식으로도 충격적인 일이 많이 일어날 것입니다. 리처드의 편지는 그 시기를 준비하는 훌륭한 아이디어가 되어줄 것이라고 생각합니다. 또한 이 이야기는 사자자리와 물병자리의 관계에 대해서도 힌트를 줍니다. 시간 항해 모임에는 물병자리 못지않게 사자자리들도 많은 관심을 가질 것입니다. 중간 이름으로 '용기'를 쓰는 큰 고양이들의 마음을 끄는 것은 대담한 생각이지요. 물론, 모든 사자자리 참가자는 '가까운' 미래에서 온 사람을 위한 1982년 전체 환영회를 어떻게 조직하고 진행해야 할지에 대해 자신들의 의견을 피력할 겁니다. 시간 항해 모임에 내는 이력서에 써내겠지요. 그리고 1982년 3월 9일에 이 모임이 열리게 되면, 이 모임의 기조 연설자는 위엄이 있어야 할 겁니다. 명백히 중요하고도 광대한 우주 프로젝트의 리더 자격이 있는 사람이어야 합니다. 한마디로 사자자리지요. 어쨌든 부분적으로나마, 태양계의 행성들이 모두 같은 쪽에 있는 보기 드문 순간에 시간이 맞춰졌다고 했지요? 태양은 사자자리의 지배자 아니던가요? 누가 그보다 더 적절할 수 있을까요? 시간 항해 모임 계획과 같은 훌륭한 프로젝트를 갈팡질팡하며 실수하는 평민들에게 맡길 수 없다는 건 확실합니다. 오직 고귀한 신분만이 이렇게 엄청난 시도에 따르는 무거운 책임을 짊어질 준비가 되어 있답니다.

다소 차이는 있겠지만, 이것이 바로 물병자리 사람과 물병자리의 온갖 계획을 대하는 모든 사자자리 남성이나 여성이 가진 사고방식이랍니다. 그 일이 중요하든 사소하든 관계없습니다. 아이들의 모래 상자를 채우는 일이든, 새 집을 짓는 일이든, 학교 무도회를 계획하거나 선거 캠페인 문구를 작성하는 일이든, 대기업 사이에 주식 합병을 결정하는 일이든 상관없습니다. 무슨 일이든 사자자리는 앞에 설 것입니다. 그럴 수 없다면 사자자리는 그들의 우월함이 환영받고, 그들이 지배할 수 있는 다른 왕국을 찾아갈 겁니다. 존경받고 숭배받을 곳으로요.

전형적인 물병자리들은 앞에 나서는 일 같은 것은 전혀 관심 없습니다. 그들은 단체장이 되는 것에는 그다지 관심이 없습니다. 그들은 새로운 레인 댄스(일부 아메리카 원주민이 기우제에서 추던 춤—옮긴이)를 발명하거나, 더 멋진 토템 기둥(토템의 상을 그리거나 새긴 것으로 인디언들이 집 앞 따위에 세우는 나무 기둥—옮긴이)을 디자인하는 방법에 관심이 있지요.

사자자리와 물병자리는 둘 다 유지하는 별자리입니다. 그래서 이들 둘 다 특수 접착제처럼 고집이 세지요. 본인이 옳고 정당하다고 생각하면, 있는 자리에서 1인치도 움직이려 하지 않는답니다. 그래서 이 두 태양별자리가 어떤 일 때문에 충돌할 때면, 그 결과는 물소 무리가 코끼리 무리와 정면으로 마주친 것에 비유할 수 있습니다. 아주 고집스럽게 교착 상태에 빠진다는 얘기지요. 사자자리와 물병자리 둘 다 놀라게 하기를 무척 좋아합니다. 둘 다 진보적인 정신을 가졌으며, 둘 다 관대하고 도량이 넓으며, 약자를 보호하고 소수집단의 목소리를 보호합니다. 둘 다 키가 크고 아름답거나 잘생겼습니다. 둘 다 상당히 똑똑하며, 상냥하고, 꽤 사교적이며 매력적인 좌담가지요. 두 사람 모두 약자를 보호하는 것을 좋아하고 자연을 사랑하며 존경합니다.

그렇지만 이 두 별자리는 천궁도의 수레바퀴에서 정반대에 자리하고 있습니다. 한쪽이 없는 것을 다른 한쪽이 가지고 있지요. 사자자리는 물병자리에게 없는 어떤 장점이 있을까요? 인간적인 따뜻함이 있습니다. 확신해 마지않는 자존감이 있고, 안정성이 있고, 신뢰감을 주지요.

사자자리에게 없는 어떤 장점이 물병자리에게 있을까요? 사자자리는 남녀를 불문하고 자신에게 뭔가 부족한 점이 조금이라도 있다는 생각을 하기가 어렵습니다. 태양(그들의 지배자) 아래 모든 장점은 그들이 부여받았다고 생각하기 때문입니다. 그런데 맙소사, 그들에게 없는 신의 선물이 하나 있답니다. 겸손이지요. 그들은 실수를 고백하거나 비판을 우아하게 받아들이는 능력을 타고나지 못했습니다. 이런 면에서는 젬병이지요.

사자자리는 물병자리로부터 겸손을 배우는 게 좋습니다. 비판에 대한 초연함과 자신의 단점을 유쾌하게 기꺼이 고백하는 태도를 빌려 써보아도 좋고요. 물병자리에게 그들이 천재라고 얘기해보세요. 그들은 전혀 감명받지 않고 어깨를 으쓱할 것입니다. 물병자리에게 그 또는 그녀가 미쳤다고 말해보세요. 그러면 물병자리는 그 정신 분석에 즐거워할 것입니다. 전혀 감정이 상하지는 않습니다. 하지만 사자자리에게 그 또는 그녀가 그다지 우월하지 않다고 넌지시, 아주 부드럽게 말해보세요. 그들은 포효하거나 시무룩해집니다. 이런 태도는 왕에게 어울리지 않지요.

반대로 물병자리는 개인적인 관계에서, 때로 사랑하는 사람에게조차 좀 차갑게 굴 수 있습니다. 그들은 사자자리의 밝고 따뜻한 자비심을 배워야 합니다. 사자자리의 믿음직스러움과 침착함과 위엄을 따라한다면 엄청난 이득을 얻을 수 있답니다. 너무 진중해지라는 것은 아닙니다. 그렇게 자주 전신주에 부딪히지 않도록 걸을 때 좀 더 조심스럽게 걷고, 음악회를 보면서 고개를 쳐드는 일을 그만두고, 보랏빛 머리카락 색깔을 너무 진하게는 염색하지 않도록 하고, 교회에 갈 때 케찰(중미 지역에서 사는 꼬리가 긴 고운 새—옮긴이)은 집에 두고 가는 정도면 됩니다. 이런 식으로 조금만 더 침착하고 위엄을 지키는 거지요.

사자자리와 물병자리는 둘 다 '유지하는 조직가'의 별자리 아래에서 태어났습니다. 그래서 이들은 사업이나 모험에서, 낭만적인 관계에서, 또는 정신 여행이나 시간 여행에서 조직의 책임감을 공유합니다. 하지만 목적의 확고부동함은 지키더라도 개인적인 확고부동함은 좀 더 완화할 필요가 있습니다. 사자자리는 그 거대한 자아를 충족시켜줄 조직을 어떻게든 이끌어야 합니다. 사자자리에게는 직위를 줘야 합니다. 그게 전부지요. 비를 만드는 대장, 토템 기둥 디자이너 대장, 미래에서 온 사람과 대화하는 사람들의 대장, 미용사 대장, 전도사 대장, 불 대장, 물 대장, 공기 대장, 흙 대장, 요정의 왕인 오베론, 요정의 여왕인 티타니아, 초원의 왕, 사업의 여왕, 하렘의 지배자, 성의 군주, 뭐 이런 것들이지요.

그러면 물병자리도 깨닫게 됩니다. 지구상 어디에서도 사자자리 남성이나 여성보다 더 영리하고, 창의적이고, 지적이고, 용감하며, 충직한 '친구'를 찾을 수 없다는 사실을요. 과거, 현재, 미래를 통틀어 우리 태양계나 다른 은하계에서도 그런 친구는 찾을 수가 없지요. 그러한 친구를 얻고 싶다면, 물병자리는 자신의 고정성에 탄력을 좀 기를 필요가 있습니다.

저를 믿지 못하는 물병자리라면 서기 1982년의 3월 9일에 있을 리처드 엘스베리의 행사를 그냥 기다려도 됩니다. 미래에서 온 사람이 계획대로 도착했을 때, 현재 세계를 대표해 인사를 건네는 그 사람은 자부심 강하고 고상하며 위풍당당한 사자자리일 것입니다. 물론 미래에서 타고 온 타임머신은 미래 세계의 물병자리에 의해 고안된 것일 테지요. 하지만 물병자리는 스스로 비행을 하고 자신이 원하는 어딘가에 도착할 수만 있으면 그걸로 족합니다. 누가 공을 가로채더라도 상관하지 않지요. 사자자리는 언제나 일등석에서 여행을 할 것입니다. 하지만 레이저 빔 조종석에 앉게 될 사람은 누구일까요? 맞혀보세요.

"신사 숙녀 여러분, 기장입니다. 사자—오시리스 피닉스 15호에 타신 것을 환영합니다. 우리는 지구 시간당 300고도에서 100만 마일을 더하거나 빼서, 1조 마일을 순항할 것입니다. 말데크(화성과 목성 사이에 있었을 것이라 일부에서 추정하는 상상의 행성—옮긴이)에서 떨어지는 먼지에 따라 수광년의 속도로 날아갑니다. 스튜어디스가 여러분의 머리를 사용하는 방법을 설명하기 위해 여러분 사이를 지나갈 겁니다. 우리는 정확히 도착할 것입니다. 에머리 러빈스(1947년 출생한 미국의 물리학자이자 환경과학자—옮긴이)의 생일을 축하하기 위해, 작년의 내주 토요일 3시 15분 전에 정확히 목적지에 도착할 것입니다. 저와 쌍둥이 조종사인 하워드 그리고 로바드와 함께 즐거운 여행이 되시기 바랍니다. 당신의 좌석 벨트가 잠겨 있는지, 우주 랩을 통과할 때 볼트는 죄어졌는지 계속 확인해주세요. 둥근 창으로 보이는 광경을 즐기는 것도 잊지 마세요. 맑은 날이면 당신은 영원을 볼 수 있으니까요. 안녕하세요! 잘 가세요! 알았다, 오버!"

사자자리 여성과 물병자리 남성

피터는 한동안 즐겁게 피리를 불었다.
그렇지만 그것은 단지 자신이 아무렇지도 않다는 것을 보여주려고 한, 좀 쓸쓸한 시도였다.
피터는 웬디를 슬프게 하기 위해 약을 먹지 않겠다고 결심했다.
그러고는 웬디를 더 괴롭히기 위해 이불도 덮지 않고 침대에 누웠다.

처음에는 제트기의 속도로 끌려가는 막대자석처럼, 그녀가 그에게 끌립니다. 물병자리 남성은 그의 꿈꾸는 듯한 눈동자 깊은 곳으로, 말 그대로 그녀를 끌어당기는 것처럼 보였습니다. 사자자리 여성이기 때문에 당연히 그녀는 저항했지요. 하지만 아무 소용이 없었답니다. 그녀는 카리스마 있는 공기 별자리인 물병자리의 부드러운 바람 때문에 하늘 높이 떠밀리는 기분이고, 그의 백파이프 음악은 그녀를 진정시킵니다. 백파이프 소리는 위병 교대식이나 대관식 같은 걸 떠올리게 해서 사자자리의 마음을 편하게 해준답니다. 한동안 모든 것이 분홍빛으로 물들고 믿기지 않을 만큼 아주 멋집니다. 물병자리 남성은 진정한 성자처럼 행동합니다. 때때로 그녀가 그의 후광을 볼 수 있다고 확신할 정도로요.

한동안 물병자리 남성에게도 거의 똑같은 일이 일어납니다. 그는 사자자리 여성의 자주색 벨벳 옷자락 위를 맨발로 걷고, 그녀의 작은 왕관에 박힌 다이아몬드에 키스하지 않을 수 없는 기분이 듭니다. 그녀의 멋진 코에서 흘러나오는 노래의 향기에 취해, 그는 공중에 떠다니는 것 같습니다. 그의 불안정한 발가락과 귀는 그녀의 나른함으로 진정됩니다. 그녀의 침착함에 그는 말문이 막히고 가슴이 떨립니다. 물병자리 남성은 종종 그녀의 빛나는 황금빛을 띤 붉은 후광을 볼 수 있다고 확신합니다. 그것은 너무나 눈이 부셔 그의 눈을 멀게 하고, 너무나 매력적이어서 그의 넋을 빼앗아버리지요.

그러던 어느 날, 갑자기 하늘이 회색으로 변합니다. 번갯불이 번쩍이고 천둥이 내리칩니다. 공기 별자리인 물병자리 남성의 공기가 토네이도를 불러일으키고, 불 별자리인 사자자리 여성의 불이 불타는 폼페이처럼 활활 타오릅니다. 아름답기만 하던 두 사람의 로맨스에 바람이 불고, 모든 것이 시들고, 질척거리기만 하는, 그런 계절이 도래한 것이지요. 물병자리 남성은 답답하고 지루하며, 인색하고 냉소적인 남자가 됩니다. 사자자리 여성은 무례하고, 여왕이나 된 것처럼 몹시 화를 내고, 잘 분개하는 여인이 되지요. 그는 그녀를 따분한 사람이라고 여기고 그녀는 그를 비천한 사람이라고 단정합니다. 어떻게 된 걸까요?

두 사람의 양극성이 얽히고 뒤틀린 것이랍니다. 사자자리와 물병자리는 천궁도 즉 윤회의 수레바퀴에서 정반대편에 자리하고 있습니다. 두 별자리는 정반대의 특성을 지녔지요. 두 사람은 처음에는 끌어당기고 나중에는 밀어내는 7-7 태양별자리 관계입니다. 이 관계에서는 두 사람을 괴롭히는 부정적인 특성을 제거해야 하지요. 사자자리 여성은 물병자리 남성을 부러워하는 대신, 그의 장점과 특성을 모방하고 흡수하려고 애써야 합니다. 마찬가지로 물병자리 남성도 사자자리 여성의 미덕을 인정해야 합니다. 서로 정반대라는 것은 서로 적대적이라는 의미가 아닙니다. 행복하게 섞일 수 있지요. 하지만 사자자리 여성과 물병자리 남성이 함께할 때면 서로 한 발자국 앞서려고 끊임없이 애쓴답니다. 그 때문에 모든 잠재적인 즐거움과 행복이 사라질 수 있지요. 서로 주고받는 것이 답입니다. 너무 많이 주거나 적게 받으면 안 됩니다. 순종과 명령을 딱 알맞게 섞는 것이 좋습니다. 평등하게요.

대부분의 사자자리 여성은 물병자리 남성과 거리를 유지합니다. 하지만 물병자리 남성은 사자자리 여성에게 말로 다 표현하기 힘들 정도로 매력적인 존재입니다. 그는 삶과 사람을 쉽게 수용합니다. 그녀도 그렇게 하고 싶지요. 하지만 쉽지 않습니다. 그녀는 자신의 어리석은 허영심으로 종종 진실한 내면의 따뜻함을 가둔다는 사실을 알고 있습니다. 사자자리 여성은 때때로 긴장을 풀고 데이지 꽃 속에 푹 파묻히기를 바랍니다. 다른 사람들이 그녀를 어떻게 생각하는지 신경 쓰지 않고요. 물병자리 남성이 하는 것처럼요. 그녀는 정말로 솔직하게 터놓고 싶습니다. 상상으로든 실제로든 별이 빛나는 초원을 그와 함께 달리고 싶습니다. 그녀는 그가 지닌 자유로움과 초연하고 감정을 드러내지 않는 능력이 부럽습니다. 그녀의 이성은 으레 열정에 지배됩니다. 그래서 결국에는 후회하지요. 그는 비극과 실망에 대해 어떻게 그렇게 냉정하고 동요되지 않을 수 있을까요? 그녀가 그의 일부가 된다면, 어쩌면 그녀도 그의 마법을 이해하고 그처럼 될 수 있을지도 모릅니다.

물병자리 남성은 사자자리 남성을 친구로 여기지 못한다는 게 언제나 당혹스럽습니다. 그런데 아주 흥미로운 사자자리 여성이 나타났습니다. 이 자부심 강하고 초연한 고양잇과 여성과 단순한 지적인 대화 이상의 친밀한 관계를 만들 수 있지 않을까요? 그녀는 그의 호기심을 불러일으킵니다. 나아가, 그녀는 그에게 사랑에 대한 궁금증을 자아냅니다. 그는 사랑을 성인 남성이 몰두할 가치가 없는 '어린애 같은 짓'이라고 생각해왔지요. 이제 그는 그렇게 감정을 묵살한 일이 잘못이었다는 것을 깨닫습니다. 그는 자연의 법칙이 시키는 대로 그녀의 일부가 되고 싶은 충동에 저항할 수 없게 됩니다. 물병자리 남성에게 이런 느낌은 낯선 경험이지요. 감정과 육체 양쪽 면에서 다 그렇답니다. 그는 이해하지 못합니다. 이런 일은 신비에 속하기 때문에 그는 그 비밀을 풀려고 나설 것입니다. 물병자리의 탐정 본능을 발휘해 이 여성이 자신에게 건 매혹적인 주문의 비밀을 찾으려 합니다. 가장 합리적인 방법으로 시작하겠지요. 그녀를 소유하는 것입니다. 감상주의자들이 늘 말하던 꼭 그대로, 믿을 수 없을 정도로 기쁘게 격정적으로요.

놀랍지요. 물론 그가 그러기로 결정한 첫 순간에 바로 그녀를 소유하지는 못했습니다. 사자자리 여성은 그녀를 사랑하는 남성이 상당히 오랜 시간에 걸쳐 수많은 방법으로 그 마음을 증명하기까지 굴복하지 않습니다. 하지만 마침내 한 남자를 기사로 선택하면 그녀의 전 존재와 사랑을 온통 다 바치지요. 두 사람은 강렬한 성적 기쁨을 함께 누릴 수 있답니다.

종종 물병자리 남성은 다른 어떤 사람들보다 노골적으로 감정을 표현하며 다정합니다. 종종 사자자리 여성 또한 자신이 물병자리 남성과의 섹스를 한껏 즐기고 있음을 깨닫습니다. 그녀는 누군가 자신을 품위 없다고 여기지 않도록 늘 애쓰지요. 세상 사람들 눈으로 보든 자신의 눈으로 보든 자존심을 잃지 않으려고 자신을 억누르고 있답니다. 하지만 물병자리 남성과 함께할 때는 여왕다운 품위를 지키려고 자신을 억누르는 일이 없습니다. 그녀는 이 남성이 자기를 비웃거나 무시하지 않는다는 것을 느낍니다. 그래서 섹스를 할 때도 그녀는 솔직해질 수 있습니다. 이런 이유로 두 사람의 육체적 합일은 둘 사이에 강한 유대감을 안겨줍니다. 두 사람은 다툰 후에도 서로에게 끌립니다. 두 사람 사이에서 섹스는 사소한 아픔과 좌절에 대처할 강력한 치유제가 됩니다.

그럼에도 불구하고 섹스만으로는 두 사람의 영원한 행복을 보장할 수 없습니다.

물병자리 남성과 사자자리 여성은 여러 부분에서 타협해야 하고 서로 적응해야 합니다. 그렇지 않으면 사자자리 여성의 열정은 천천히 얼어붙을 것입니다. 물병자리 남성이 보여주던 부드럽고 즉흥적인 반응은 전형적인 천왕성의 몽롱한 무관심으로 되돌아가겠지요.

사자자리 여성은 틀림없이 주기적으로 칭찬받아야 합니다. 그녀의 연인이 그녀를 소중히 여긴다는 걸 확인해야 합니다. 칭찬과 존중을 갈구하는 사자자리 여성은 먹이에 굶주린 자연의 사자만큼 애처롭습니다. 그리고 마침내 위험하게 되지요. 배고픔은 배고픔이지요. 그것은 사람을 이상한 방식으로 행동하게 만들 수 있습니다. 물병자리 남성은 그가 미친 듯이 사랑에 빠진 여성에게 맞추기 게임을 합니다. 타고난 기질이라 어쩔 수 없습니다. 그는 힌트를 줍니다. 제안을 하지요. 그가 그녀를 자신의 마음(다른 사람들은 '들어오지 마시오.'라는 푯말을 발견하는 장소이지요.)으로 초대합니다. 이렇게 하면 그녀가 그에게 얼마나 중요한 사람인지 그녀에게 확신시킬 수 있다고 생각합니다. 하지만 효과가 없습니다. 사자자리 여성은 맞추기 게임을 좋아하지 않습니다. 그녀는 애매한 것을 싫어한답니다. 왜냐하면 그녀는 아주 직설적이며 외향적이기 때문이지요. 물병자리 남성이 정말로 그녀를 지키고 싶다면 표현하는 법을 배워야 합니다. 쉽지 않지요. 칭찬과 아첨은 물병자리 남성에겐 힘든 일입니다. 그는 자신의 가장 깊은 감정을 말로 표현하는 것이 불편하다고 여깁니다. 그 감정을 농담이나 재미난 오행시로 만드는 편이 더 편안하지요. 그녀에게 낭만적인 맹세를 담은 직접적인 말을 하는 것은 그를 당황하게 하고 때로는 고통스럽게 합니다.

사자자리 여성은 물병자리 남성이 예측할 수 없으며, 기이한 방식으로 빚어진 특별한 사람이라는 사실을 이해해야만 합니다. 그에게 사랑은 흔하고 쉬운 것이 아닙니다. 물병자리 남성이 "당신을 사랑해."라고 말했다면, 그가 그 관계를 매우 진지하게 여긴다는 뜻입니다. 사자자리 여성은 이 사실을 알아야 합니다. 그가 자신을 얼마나 갈망하는지 확인하기 위해 그에게 맹세를 반복하게 하면 안 됩니다. 그가 한번 말한 것은 철회될 때까지 유효합니다. 말, 행동, 생각, 또는 그 밖의 어떤 것이든 뭔가를 반복한다는 것은 이 남성에게 끔찍한 일입니다. 그가 생각하는 예절과 친절의 규칙은 좀 다릅니다. 그는 위선을 혐오합니다. 사회적이거나 낭만적인 습관에 따라 입에 발린 말을 하는 위선적인 사람이 있다면, 그가 바로 예절과 친절의 기본적 규칙을 어기는 사람이라고 생각하지요.

어느 밤 침대에서 그녀 옆에 누워, 혹은 어느 정오에 그녀의 손을 잡고 바쁜 거리를 건너다가 그는 말할 것입니다. "있잖아요." 그는 방금 머리에 떠오른 생각을 온화하고 조용하게 얘기할 겁니다. "사람들이 중요하다고 말하는 것은 중요하지 않아요. 사람들이 중요하게 행동하는 것은 중요해요." 그리고 그는 천왕성의 깊은 통찰력이 담긴 눈빛으로 그녀를 응시할 겁니다. 그녀의 영혼에 각인될 만한 장면이지요. 그는 이런 순간을 결코 반복하지 않을 겁니다. 물병자리 남성이 자신의 영혼을 정말 드물게, 한순간 그녀에게 보여준 것이랍니다. 만약 그녀가 너무 바쁘거나 자기 연민에 빠져서 정말로 귀 기울일 수 없다면 그 순간은 영원히 사라지고 말겠지요.

어떤 사람은 애완동물로 강아지를 선택합니다. 그 동물은 선택받은 것에 대해, 집이 생긴 것에 대해 고마워할 겁니다. 하지만 어느 누구도 고양이를 애완동물로 '선택하지' 않습니다. 고양이는 스스로 자기 주인을 선택합니다. 그녀가 먼저 결정하고 그다음에 당신이 그녀에게 존경받을 자격이 생깁니다. 그녀는 기대합니다. 당신이 그녀를 적절하게 기쁘게 해주고, 소중히 여겨주고, 자주 머리를 쓰다듬어줄 거라고요. 그녀가 당신 곁에 머무르며 가르릉거리고, 당신의 집이 그녀 덕분에 돋보이기를 원한다면 말이에요. 물병자리 남성은 그가 사랑하는 사자자리 여성이 비슷한 생각을 가지고 있다는 사실을 알아야 합니다.

예측 불가능하고 괴짜이며 독특한 물병자리 남성에게 안정성을 기대할 수 있을지, 사자자리 여성은 의심합니다. 음, 그는 약간 제정신이 아니기는 하지만, 바로 그 때문에 정말로 미친 이 세상에서 그가 미치지 않을 수 있는 거랍니다. 잠깐만 생각해보면, 그녀는 이 말을 이해할 겁니다. 그녀의 밝은 웃음도 돌아올 것입니다. 늦기 전에요. 그는 바깥에서 혼자 얼어붙어 있답니다. 그녀도 없이요. 하지만 그는 이 사실을 결코 그녀에게 알리지 않습니다. 그는 정말로 뒤돌아서 떠났을 겁니다. 용감하게 외로운 휘파람 노래를 불면서, 괜찮은 척하면서요. 나중에 그는 궁금해질 것입니다. 그녀가 정신 나간 듯이 자신을 불렀던 까닭이 무엇인지요. 그는 그녀의 생일이나 기념일에 선물을 챙겨준 적도 없는데 말이에요. 하지만 사자자리 여성은, 물병자리 남성이 사랑한다고 그녀에게 이미 말했던 사실을 잊어버리게 만든 유일한 여성이랍니다.

사자자리 남성과 물병자리 여성

그것은 피터의 용기도 매력적인 외모도 아니었다. 다들 이미 잘 알 테니 돌려 말하지 않겠다.

그것은 피터의 잘난 척하는 태도였다.

"나는 키스 애기를 한 게 아니야." 웬디는 말했다. "골무를 말한 거야."

"그게 뭔데?"

"그건 이런 거야." 웬디는 피터에게 키스했다.

"재미있네!" 피터가 심각하게 말했다. "이제 내가 너한테 골무를 줄까?"

정말이랍니다. 사자자리 남성은 물병자리 여성의 독특한 말투와 행동 때문에 '보통' 남자들처럼 깜짝 놀라고 혼란스러워질 겁니다. 하지만 그의 반응은 전형적인 사자와 같을 겁니다. 그는 아닌 척합니다. 혼란을 겉으로 드러내는 일은 약하다는 것을 의미하지요. 그래서 그는 물병자리 여성의 별난 행동을 당연한 듯이 받아들입니다. 침착하고 태연하게, 다소 자애로운 태도로(혹은 살짝 깔보듯이) 행동하지요.

만약 그녀가 키스를 골무라고 부르고 싶어한다면 그도 그렇게 부를 겁니다. 사자자리 남성의 태평스러운 자연스러움은 굉장히 설득력이 있지요. 그래서 그녀는 그를 어리둥절하게 만들었던 그 처음 순간에 대해 아무 것도 모를 것입니다. 사자자리 남성은 '당황했을' 뿐 아니라 끌렸다는 사실을 선뜻 털어놓을 수가 없습니다. 만약 뒤뜰에 있는 체리모야가 좀 필요하다고 그녀가 말하면, 그는 하품을 하고는 나중에 알려주겠다고 말할 겁니다. 그다음 날 만났을 때 그는 체리모야 전문가가 되어 있습니다. 그녀가 사진관에 가야 하기 때문에 집에 오는 길에 요거트를 사오라고 그에게 애기하면, 그는 요거트와 카메라가 어떤 관계인지 알고 싶어 속이 타지만 물어보지 않습니다. 그다음 날 그녀가 말합니다. "내가 사진관에 가기 전에 요거트를 사용해도 될까요?" 그는 아무 일도 아니라는 듯 답할 겁니다. "왜 안 되겠어요?" 그는 어리둥절한 느낌을 전혀 드러내지 않을 겁니다. (요거트를 사용한다고?! 왜?!) 마침내 그녀가 요거트를 얼굴에 사용한다는 걸 알게 되면 그는 안도의 숨을 몰래 내쉽니다. 그리고 냉장고의 냉동 칸에서 새로 깎아놓은 연필이 들어 있는 동양풍의 꽃병을 발견했을 때도 그는 전혀 놀라지 않습니다. 눈썹을 치켜뜨지도 않았지요. 이쯤 되면, 사자자리 남성은 물병자리 그녀의 정신 작용에 맞는 자물쇠 번호의 일부를 알게 됩니다. 그는 수수께끼를 쉽게 맞힐 수 있답니다. 그녀는 연필심이 차가울 때 더 잘 써진다고 생각했을 거라고 이해하지요. 그는 그녀를 알아가기 시작했습니다. 네, 두 사람은 더 선명하고 맵시 있게 그들의 역사를 기록하기 시작했습니다.

물병자리 여성이 그의 팔에 뛰어 들어와 슬픔을 가누지 못하고 울면서 "그가 죽었어요. 조가 죽었어요!"라고 소리칩니다. 사자자리 남성은 얼굴이 창백해진다든지 하는 방식으로 정체를 드러내지 않습니다. 결국 그는 천천히 알게 됩니다. 그녀가 말한 "그"는 정원에 사는 작은 도마뱀입니다. 그 도마뱀에게 "조"라는 이름을 붙인 것은 물론 그녀지요. 그녀는 옷단을 접착제로 붙여서 꿰매고, 맥주로 머리를 헹구고, 신비로운 기분을 내려고 욕실의 불을 끄고는 초 하나만 켜놓고 샤워하는 것을 좋아하고, 외식하러 나가기 전에는 부엌으로 달려가 그녀가 제일 좋아하는 향수인 바닐라 농축액을 귀 뒤에 바릅니다. 하지만 사자자리 남성은 그 모든 일에 심드렁할 겁니다. 무의식적으로 놀라움을 드러내는 일은 품위를 떨어뜨리는 짓이지요. 그 모든 일은 그가 아직 논리적으로 파악하지 못한(사자자리는 모든 걸 다 알아야만 하는데!) 무언가가 있다는 의미입니다. 그러니 어느 누가 그를 놀라게 할 수 있겠어요?

물병자리 여성은 사자자리 남성을 놀라게 합니다. 그가 놀라움을 드러내든 말든 상관없어요. 그녀는 완벽하게 그를 당황시킵니다. 사자자리 남성은 그녀 같은 사람을 전에는 만나본 적이 없답니다. 그녀는 모든 규칙을 깨고 예기치 못한 패턴에 따릅니다. 그는 거의 쉬지 않고 추측을 해야 하지요. 사자자리 남성이 자신의 진심을 드러내지 않기 때문에, 물병자리 여성은 그를 놀래줄 방법을 찾게 됩니다. 평정이 깨졌을 때 그가 어떤 모습일지 보고 싶기 때문입니다. 절대 동요되지 않고, 느긋하게 확신에 차 있고, 허를 찔려도 영향을 받지 않는 이 남성의 모습이 그녀에게는 무척이나 매력적입니다. 그는 언제나 기민하며 늘 경계 태세이지요. 그는 자신의 안녕과 '자부심'에 조금이라도 위협이 될 만한 낌새마저 알아챕니다. 위험이 그를 불시에 덮치기 전에 먼저 그 위험을 물고 늘어질 준비가 돼 있지요. 사자는 백수의 왕이라 불릴 자격이 있습니다.

물병자리 여성은 그를 존경하지 않을 수 없습니다. 그렇지만 자신의 시도를 중단하지는 않을 겁니다. 어떻게 해서든 사자의 평정함을 혼란시키고, 위엄을 흐트러지게 하고, 그 위풍당당한 태도를 좌절시켜 보려고 하지요. 그러면 정말 신날 거라고 생각합니다. 하지만 어리석은 짓일 수도 있습니다. 그는 새끼 고양이가 아니고 어른 고양이입니다. 이 남자를 바보처럼 보이게 하려는 사람이 있다면 어느 누구든 즉각 인상적인 교훈을 배우게 될 겁니다. 그는 고상하고 관대하며 다정하고 온화하지만, 위협을 받을 때는 가장 맹렬한 수준까지 타올라서라도 자신의 권위를 되찾을 것입니다. 그는 패배나 실패에 결코 굴복하지 않습니다. 결국에는 그가 승리하지요. 사자자리는 잔인하지 않습니다. 하지만 또한 부드럽지도 않고 겸손하지도 않으며 자신을 감추거나 순종하는 법도 없습니다. 그는 자신의 훌륭한 에너지를 이유 없이 낭비하지 않습니다. 하지만 정당한 이유가 생겼을 때는 강한 의지로 밀어붙이는 힘이 있지요. 사자자리 남성은 그가 관심을 갖기에 너무 하찮고 사소하다고 생각하는 문제에 감정을 소모하는 일을 무시할 뿐이지 물러서지는 않습니다. 그는 자신의 감정과 반응을 효율적으로 조직할 줄 아는 사람입니다.

사자자리 남성과 물병자리 여성은 서로 정반대인 7-7 태양별자리 관계입니다. 그래서 그들의 견해는 정반대이며, 감정적으로도 온도계의 양극단에 종종 자리하게 됩니다. 하지만 태양별자리가 정반대임에도, 이 경우는 두 사람이 가진 두 배의 남성적인 도전이 서로 어울리고 균형을 이루도록 도와줍니다. 두 사람은 모두 유지하는(고집이 센) 별자리와 남성적인 별자리 아래에서 태어났지요. 또한 사자자리를 지배하는 태양은 남성적이며(굉장히!) 물병자리 여성의 지배행성인 천왕성도 역시 남성적입니다. 이런 이유로 이 커플은 긍정적이고 적극적이며 단호한 울림을 만들어 냅니다. 이들의 관계에 소위 '여성적인' 자질을 더하려는 공통의 노력을 해야 하는 것은 분명합니다. 이를테면 수용성, 온화함, 인내심과 관용 같은 것이지요.

물병자리 여성은 호기심 많은 공기 별자리답게 모든 것에 관심을 갖습니다. 하지만 사자자리 남성이 자신의 이미지에 그렇게까지 관심을 기울이는 까닭은 이해하기 힘듭니다. 그의 허영심은 그녀를 당혹스럽게 합니다. 그가 적절한 존경을 받지 못했을 때 부루퉁해하는 모습도 당혹스럽긴 마찬가지입니다. 물병자리 여성은 자신의 외모에 대해 상당히 태평스럽습니다. 다른 사람들의 생각에 관해서라면, 그녀는 전혀 궁금한 게 없습니다. 존경받는 것을 원하지도 않습니다. 그녀는 스스로를 존경하지요. 다른 사람이 당신을 어떻게 생각하느냐가 아니라 당신이 스스로를 어떻게 생각하느냐, 이게 중요한 것 아닌가요? 이런 면은 사자가 배워야 할 귀중한 교훈 중 하나입니다. 사자자리가 이런 천왕성의 지혜를 조금이라도 이해하게 되면, 훨씬 더 행복할 텐데요.

물병자리 여성도 사자자리 남성에게 꽤 중요한 교훈을 배울 수 있습니다. 그중 자기 통제가 으뜸이지요. 그녀의 갑작스러운 충동과 감정의 토네이도는 사자의 맹렬한 본성을 폭발하게 만듭니다. 그래서 그들은 어떤 문제도 차분하게 논할 수 없지요. 공기는 불을 후려쳐서 미쳐 날뛰게 할 수도 있지만 불을 더 밝게 타오르게 할 수도 있습니다. 그녀가 긍정적인 방향으로 그를 자극할 것임은 의심의 여지가 없답니다. 전형적인 물병자리 여성은 겉으로 보기에 오로지 평온과 평화와 고요함을 추구하는 것처럼 보입니다. 많은 물병자리 여성이 부드럽게 말하고 온화한 태도를 지녔지요. 그러다가 갑자기, 아무런 예고도 없이, 어떤 실제적인 화낼 이유도 없이 폭풍 같은 장면을 터뜨립니다. 방이나 창문을 가로질러 뭔가를 던지거나 아니면 문을 쾅 닫아걸고는 몇 시간이든 며칠이든 은둔자 놀이를 합니다. 하지만 부루퉁해지는 건 명백한 실수랍니다. 왜냐하면 부루퉁하기 게임이라면 누구도 사자를 이기지 못하기 때문이지요.

사자자리 남성은 강력한 감정(긍정적이든지 부정적이든지)을 무의식적으로 성적인 욕망과 연관 짓습니다. 그래서 그들의 관계에서 가장 놀라운 것 중 하나는 싸움의 방식입니다. 그들 사이에선 가장 맹렬한 다툼조차 서로에 대한 갈망을 새롭게 만들어서 육체적 욕구가 충족되는 것으로 끝납니다. 육체의 열정에 정신과 감정이 항복하는 이런 종류의 섹스에는 치명적이며 원초적인 면이 있습니다. 결국 폭풍 뒤에 오는 고요처럼 모든 것이 다시 평화롭고 고요해집니다. 아니, 모든 것이 이전보다 더 산뜻하고 달콤합니다. 그래서 두 사람의 개성이 아무리 많이 다르거나 충돌하더라도 이들은 언제나 조화를 회복할 수 있답니다. 사자자리 남성과 물병자리 여성이 공유하는 성적 끌림은 굉장히 힘이 세기 때문에, 여러 가지 갈등으로 인해 둘의 관계가 파국으로 가는 것을 대개는 막을 수 있습니다. 물론, 사자자리 남성의 자부심이 몹시 상처받을 때가 있을 겁니다. 물병자리 여성이 주기적으로 그가 바라는 만큼 다정하지 못할 때가 있기 때문이지요. 사자자리 남성은 섹스에 따뜻함과 부드러움이 가득하기를 원합니다. 물병자리 여성은 가끔 무의식적으로 차갑고 무심할 수 있지요. 그녀의 내면적 자아는 공기 원소에 진동합니다. 그것은 사자자리 남성의 성적인 열정을 이끄는 불의 열기나 밝음에 결코 어울릴 수 없지요. 하지만 그녀는 다른 누구와 있을 때보다 그와 함께할 때 더 따뜻합니다. 사자자리 남성도 그 사실을 압니다. 7-7 태양별자리 간의 대립은 그녀 안에서 육체적 합일을 가능하게 하는 진심 어린 몰입을 불러일으킨답니다.

이 연인들은 호화로운 선물과 정신을 차리기 힘든 놀라움을 예기치 못한 순간에 서로에게 퍼부어줄 것입니다. 이들은 둘 다 변화에 의해 재충전되고, 영감을 받고, 흥분합니다. 이들은 함께 여행을 계획하고 창의적인 프로젝트를 구상할 수 있습니다. 하지만 둘만의 사적인 공간에 남녀 친구를 한가득 모으는 물병자리 여성의 성향이 사자자리 남성을 불쾌하게 한다는 점에 주의해야 합니다. 사자자리 남성은 오랫동안 질투로 감정을 끓입니다. 그러다가 갑자기 분노를 터뜨리지요. 하지만 그녀 자신이 되려는 물병자리 여성의 욕구를 그는 결코 억누르지 못할 것입니다. 이 여성이 자신의 충동을 따르는 일을 허용하고 격려하는 게 낫습니다. 그렇지 않으면 그녀의 유쾌한 성격이 억압을 받게 되지요. 모든 물병자리가 그렇듯이, 그녀 또한 충동적인 행동을 하는 자유로운 영혼입니다. 이런 천왕성의 본성을 숨 막히게 하면 심각한 신경증을 유발할 수 있답니다.

사자자리 남성은 정기적으로 관심을 받지 못하면 신경질적이 되고 시무룩해집니다. 물병자리 여성의 마음은 너무 많은 주제에 퍼져 있기 때문에, 그녀는 가끔 그가 거기에 있다는 사실을 잊기도 합니다. 그러지 않는 게 좋습니다. 사자자리 남성을 너무 자주 무시하면, 그를 확실히 잃게 될 테니까요. 그는 고드름이 되어 얼어붙을 겁니다. 그리고 바깥세상 어딘가에는 정직한 평가로 그를 녹여주려고 기다리는 누군가가 언제나 기다리고 있답니다.

현자들은 말하기를, 현명한 이에게 하는 조언은 충분해야 한다고 했습니다. 천문해석학은 사자자리가 현명한 이들이라고 말하지요. 그러니 물병자리 여성을 사랑하는 사자자리 남성에게 몇 마디만 더 충고하겠습니다. 가능하다면 물병자리의 첫사랑이 되는 것을 목표로 하는 게 좋습니다. 물병자리 장에서 여러 태양별자리에게 이미 여러 번 충고했습니다만, 물병자리는 언제나 애틋하게 첫사랑을 기억합니다. (아마 정신적인 사랑이었을 겁니다.) 하지만 다른 실질적인 이유가 있습니다. 도로시 파커가 쓴 탄식은 물병자리 여성이 처한 낭만적인 곤경을 간결하게 묘사합니다.

오, 첫사랑은 용감했지요. 반짝거렸고 멋있었답니다.
두 번째 사랑은 물이었어요. 깨끗하고 하얀 컵에 담긴.
세 번째 사랑은 그의 것이었고. 네 번째 사랑은 나의 것이었지요.
그리고 그다음엔, 저는 항상 그 모두를 혼동한답니다.

모든 것을 신중하게 고려해볼 때, 사자자리 남성은 이 여성의 세 번째 사랑이 되려고 애쓰는 게 좋습니다. 네, 분명히 사자자리 남성이 세 번째인 게 확실합니다. 그 사랑을 거기에서 봉쇄하세요. 그 지점을 넘어서면 상당히 위험해집니다. 반짝거리는 빛과 하얀 컵은 잠깐 동안의 황홀경일 뿐입니다. 그리고 네 번째란 사자에게는 있을 수 없는 숫자지요. 3은 마법의 숫자랍니다. 물병자리 여성의 중국식 주판을 잠그고, 열쇠를 던져버리세요.

사자자리 Leo

불 · 유지하는 · 능동적
지배행성: 태양
상징: 사자 혹은 수줍은 고양이
양(+) · 남성적

Pisces 물고기자리

물 · 변화하는 · 수동적
지배행성: 해왕성
상징: 물고기, 고래
음(-) · 여성적

사자자리와 물고기자리의 관계

"네, 대장님이라고 말해야지."
"네, 대장님!"
… 누가 대장인지는 말할 필요가 없다.

이야기를 시작하기 전에 물고기자리 남성이나 여성에게는 사자자리 남성 또는 여성을 정복할 희망이 전혀 없다는 걸 애초에 알아두는 게 좋겠습니다. 정말이랍니다. 천문해석학과 자연의 질서에 반하는 일이니까요. 그런데 왜 그렇게 많은 물고기자리가 사자자리와 어울리는 걸까요? 물고기자리는 지는 것을 그다지 불쾌하게 여기지 않기 때문입니다.

사자자리는 패배자에게 관대합니다. 그들은 거만하긴 해도 잔인함이나 악의적인 생각이 없는 자애로운 군주지요. 사자자리가 사랑으로 지배하는 한, 물고기자리는 지배받는 걸 은밀히 좋아합니다. 사실, 지배받는 편이 삶은 더 수월하지요. 무엇을 해야 할지 말해주는 사람이 있으니까요. 물고기자리는 해왕성의 백일몽에 더 많은 시간을 사용할 수 있습니다. 책임이 따르는 의무적인 결정에는 더 적은 시간을 보내도 되지요. 전형적인 물고기자리는 자유롭게 헤엄칠 수 있는 여지가 많은 관계에 대찬성합니다. 상류로든 하류로든, 다음 여정에 대한 계획은 그런 문제를 좋아하는 누군가가 도맡습니다. 물고기자리는 그런 걸 좋아하지 않습니다. 지배하고 정복하는 행위는 피곤한 활동이고, 일반적으로 물고기자리가 가진 것보다 더 많은 에너지와 자의식을 요구하니까요.

사자자리 남성이나 사자자리 여성을 정복하는 꿈을 꾸는 물고기자리가 간혹 있습니다. 화성의 영향을 강하게 받는 어떤 물고기자리는 따르기보다는 이끌기를 더 좋아할 수 있습니다. 화성은 물고기자리를 덜 겸손하고 덜 순응적으로 만들지요. 하지만 화성이 지닌 모든 힘과 용기와 대담함에도 불구하고, 빛나는 태양신 아폴로를 패배시키거나 지배하지 못합니다. 게다가 화성이 아무리 힘을 발휘하더라도, 본질적으로 물고기는 물고기지요.

감사와 존경은 사자자리의 햇빛 같은 천성을 강화시킵니다. 그런데 어느 누구도 물고기자리보다 더 매력적으로 고마워하고 존경할 수는 없답니다. 한편, 사자자리의 따뜻한 태양빛은 부드럽게 보호받기를 원하는 물고기자리를 그 누구보다 온화하고 다정하게 보살펴줍니다. 해왕성이 지닌 섬세한 매력의 꽃봉오리를 활짝 피어나게 하지요. 그래서 이들은 서로 최선을 다하도록 격려하고 서로의 본질을 칭찬하는 관계가 됩니다. 서로 협력해서 즐거움과 위안을 찾지요. 물고기자리는 사자자리의 삶에 온화함과 통찰력을 주고, 사자자리는 물고기자리의 삶에 대단히 많은 감정을 불러일으키는 동시에 안정감을 줍니다.

하지만 큰 고양이가 놀이에 싫증이 나면, 사자자리는 물고기자리를 삼킬 수 있습니다. 이 두 별자리는 서로 공존하기 힘들게 태어났답니다. 조화를 이루려면 열심히 노력해야 하지요. 사자자리는 덥고 건조한 서식지에서 편안함을 느낍니다. 물고기는 차갑고 그늘진 물속에서 편안함을 느끼고요. 둘 사이에는 근본적인 차이가 존재합니다. 함께하려면 둘 중 한 사람이 환경의 익숙함을 포기해야 합니다. 상징적으로 말하자면 그렇다는 겁니다. 만약 사자자리의 동쪽별자리나 달별자리가 물 별자리라면, 초원을 포기하고 해왕성의 깊은 물속으로 뛰어들 수 있을 것입니다. 만약 물고기자리의 동쪽별자리나 달별자리가 불 별자리라면, 감정적인 망각의 바다로 도망치는 걸 갈망하는 대신 고결한 사자자리 남성이나 여성 옆자리를 지키는 것이 그다지 어렵지 않겠지요.

사자자리와 물고기자리의 6-8 태양별자리 관계는 잠재력이 있습니다. 그들이 노력한다면, 인생의 어느 영역에서 만나더라도 잘 지낸답니다. 사업, 우정, 가족 그리고 결혼, 그 관계가 무엇이든지요.

물고기자리에게 사자자리는 천문해석학적 12궁도에서 봉사를 뜻하는 여섯 번째 하우스입니다. 그래서 사자자리는 물고기자리에게 어떤 식으로든 흔쾌히 봉사하려는 특이한 충동을 느끼지요. 사자자리의 정상적인 행동 유형은 아닙니다. 그렇다고 해서 사자자리가 지닌 우월주의가 사라질 정도는 아니지만, 그런 면을 좀 약화시킨답니다. 군주란 신하에게 우아하고 지속적으로 봉사하는 사람들이지만, 그럼에도 불구하고 군주이지요.

대부분의 물고기자리는 자신이 하고 싶거나 되고 싶은 것이 정확히 무엇인지를 잘 모릅니다. 그걸 결정하기까지 힘든 시간을 보내지요. 그들은 거의 모든 사람의 충고에 기꺼이 귀 기울입니다. 하지만 잠깐 동안만 충고를 따르거나 아무것도 하지 않습니다. 물고기자리의 이런 면 때문에 문제가 시작되지요. 사자자리는 누가 자기 명을 따르지 않으면 비참해합니다. 물고기자리는 누군가 비참한 모습을 지켜보는 것을 참을 수 없습니다. 그리고 사자자리는 누군가 목적 없이 방황하는 모습을 지켜보는 것을 참을 수 없습니다. 이 때문에 교착 상태는 시무룩한 사자자리와 눈물 흘리는 물고기자리로 끝날 수 있답니다.

물고기자리는 종종 두 가지를 한꺼번에 시도하고 싶어합니다. 양쪽에 똑같이 끌리기 때문이지요. 사자자리는 물고기자리의 이런 면을 용납해야 합니다. 물고기자리는 여러 가지 다양한 경험들을 시험 삼아 해볼 시간이 필요하답니다. 그 자신을 발견하기 위해서지요. 물고기자리에게 이런 권리를 허용하는 사자자리 남성이나 여성은 현명합니다. 어쨌든 그들은 위엄과 지혜를 타고났지요. 물고기자리는 아첨하기를 좋아하지 않기 때문에, 물고기자리를 위해 몇 가지 중요한 점을 이쯤에서 말해야겠습니다.

사자자리와 어떤 식으로든 관계를 맺고 있는 물고기자리가 반드시 기억해둘 것이 있습니다. 진정한 감사(아첨)는 부루퉁하고 사나운 맹수를 달래줍니다. 감사는 눈물이나 침묵보다 더 효과적이지요. 반면에 사자자리는 다음 사항을 잊지 않아야 합니다. 예민한 물고기자리를 유혹할 가장 좋은 미끼는 온화함이며, 으르렁거리는 소리는 단지 물고기자리의 지느러미를 미친 듯이 파닥거리게 할 뿐이랍니다. 이 두 별자리가 서로에게 적응하고 행복을 찾는 일은 어렵지 않습니다. 두 사람이 부정적인 측면보다는 긍정적인 측면을 서로 보여주면 됩니다.

사자자리는 타고난 조직가이기 때문에 돈에 대한 통제를 요구합니다. 하지만 사치가 심하지요. 물고기자리는 종종 복잡한 경제를 놀라울 정도로 잘 다룹니다. 하지만 실제로는 돈을 존중하지 않지요. 어쩌면 둘이서 수입과 지출을 교대로 다루는 게 더 좋을 겁니다. 거의 모든 것에 대한 해왕성의 태도는 이성적이라기보다는 직관적입니다. 이런 태도는 태양이 지배하는 사자자리에게 언제나 좌절감을 줍니다. 그에게 모든 생각과 행동의 유일하고 현명한 근거는 합리성이지요. 그런데 문제가 더 있습니다. 정해진 순서대로 일상을 수행하는 일은 유지하는 조직가의 별자리인 사자자리에게 자연스럽습니다. 그러나 물고기자리에게는 성공적인 조직에 필요한 질서와 규율이 자연스럽지가 않답니다.

물고기자리는 사자자리가 보기에 완전히 엉망인 상황에서 올바른 답을 찾아냅니다. 이런 면은 사자자리를 극도로 화나게 만듭니다. 엉망인 수표책이나 엉망진창인 책상과 집 같은 것들 말이에요. 어쩌면 엉망이란 말 대신에 '혼란스러운'이라는 단어를 사용하는 게 맞을 수도 있습니다. 사자자리는 모든 것에는 거기에 맞는 자리가 있다고 생각하지요. 물고기자리는 물건이나 시간을 엄격한 체계로 깔끔하게 조직하는 일에 시간을 보내는 것은 인생을 낭비하는 거라고 생각합니다. 오히려 주변이 좀 혼란스럽고 무질서할 때 마음이 편안하고 더 여유 있다고 느낍니다.

물고기자리가 실제적인 적의를 가지고 누군가와 대립하는 일은 거의 일어나지 않습니다. 해왕성의 남성과 여성은 숨겨진 불안에 압도됩니다. 적극적인 행성의 영향을 많이 받는 경우, 한동안 터무니없는 행운이나 부당한 대우의 물결을 탈 수도 있겠지요. 하지만 이 사람들도 결국에는 더 조용한 만으로 헤엄쳐갈 겁니다. 도피는 이들의 불가피한 최종 해결책이자 최후의 선택이랍니다. 물고기자리를 정확히 이해하기는 어렵습니다. 해왕성은 다른 무엇보다 기체를 지배하지요. 그것이 날아가려고 할 때는 도저히 가둘 수가 없답니다.

모든 것을 집어삼키는 고래가 되려는 물고기자리 유형이 있습니다. 때로 설명할 수 없는 해왕성의 변형이 있지요. 하지만 이런 경우에도 사자자리를 집어삼키기란 불가능합니다. 사자자리가 의기양양하게 등장하거나 물고기자리가 멀리 떠납니다. 일반적으로 물고기자리는 손에 붙잡기 어려운 사람들이지만, 사자자리는 이 동물의 뒤를 몰래 밟는 일에 능숙합니다. 물고기자리는 사람들 손이 닿지 않는 안전한 곳에 있다고 생각하겠지요. 하지만 예기치 못한 사자의 앞발이 그를 꼼짝 못하게 누르고 맙니다. 사자자리와 물고기자리의 모든 심각한 충돌의 끝은 불 보듯 훤합니다.

물고기자리와 조화를 이루어 평화롭게 살고 싶은 사자자리는 그들을 도와줘야 합니다. 해왕성의 이중성을 조합하는 방법을 찾도록 도와줘야 하지요. 그들을 부드럽게 위로하고, 그들의 감정적인 불안을 진정시키는 연고를 발라줘야 합니다. 백일몽의 자욱한 안개로부터 진실과 현실의 햇빛 속으로 나오도록 그들을 온화하게 이끌어야 합니다. 별들이 얼마나 현명한지 이제는 아시지요? 첫머리에 말씀드렸던 것처럼, 사자자리가 이 관계에서 리더가 될 것입니다. 그렇게 하는 것이 양쪽 모두에게 최선이지요. 물고기자리에게는 그(또는 그녀)를 꼭 붙잡아주는 손 혹은 앞발이 필요합니다. 그들이 인생의 깊은 숲을 통과하는 동안, 덤불 속에 숨은 어떤 보이지 않는 위험이 예고 없이 달려들 때 다치지 않도록요. 위험에 직면했을 때, 누가 사자보다 더 강할 수 있을까요? 사자는 지켜주고 보호해줍니다. 물고기는 감동적인 감사를 담아 흠모합니다. 멋진 날 아닌가요? 비만 오지 않는다면요. 비가 좀 와도 괜찮습니다. 영적으로 성숙한 물고기는 인생의 예기치 못한 소나기에 흠뻑 젖지 않을 방법을 사자에게 가르쳐줄 수 있으니까요. 어쨌든 도움을 받았으면 갚아야지요.

사자자리 여성과 물고기자리 남성

제일 먼저 입을 연 것은 슬라이틀리였다.
"이건 새가 아니야." 그는 겁에 질린 목소리였다.
"내 생각에 이건 여자인 것 같아."

그녀의 손길과 마음을 구하는 낯선 사람을 대할 때면 사자자리 여성은 차갑고 초연한, 전형적인 여왕의 태도를 보입니다. 이런 이유로 물고기자리 남성은 놀라서 멀리 도망가버릴 수도 있습니다. 그녀가 그를 붙잡을 기회를 주지도 않고요. 여러분은 그렇게 생각할 것입니다. 하지만 이 여성에게 또 다른 측면이 있다는 것을 잊으신 겁니다. 사자자리 여성은 원한다면, 그녀의 지배자인 태양만큼 따뜻하고 자비심 넘칠 뿐 아니라 총명하고 장난기 많은 성격을 발산한답니다. 게다가 모든 물고기자리가 이 천문해석학적 여왕과 함께 있을 때 벌벌 떠는 것은 아니지요. 모든 것을 집어삼키는 고래가 되려는 물고기도 있으니까요.

하지만 대부분의 물고기자리 남성은 '모든 것을 집어삼키는' 고래 유형이 아닙니다. 평범한 물고기가 사자에게 걸려들었을 때는 약간의 도움이 필요하지요. 우리는 이 물고기들의 관점에서 상황을 볼 겁니다. 평균적인 물고기자리 남성이 사자자리 여성과 관계를 맺을 때의 문제를 생각해볼까요? 그냥 두렵습니다. 건강하고 아름다운 사자자리 여성에게는 자신에게 구애하려는 남성들로부터 용기와 도전 의식을 잃어버리게 만드는 힘이 있습니다. 그녀는 무언의 명령을 내립니다. "당신이 내게 자격이 있는지 보여주세요."

여기서 멈추면 안 됩니다. 그것은 그저 왕관을 탐내는 평민들을 무시하고 불신하는 여왕의 방식에 불과합니다. 물고기자리 남성은 평민이 아니라는 사실을 그녀에게 증명하면 됩니다. 그런데 어떻게 증명해야 할까요?

글쎄요, 우선 최고로 좋은 식당에서 그녀와 함께 왕처럼 포도주를 마시고 식사를 할 수 있겠지요. 훌륭한 취향을 반영하는 선물들을 그녀에게 바칠 수도 있습니다. 싸구려 와인이나 모조 다이아몬드 팔찌나 카니발에서 딴 가짜 돈 따위는 안 됩니다. 선물은 맨해튼 5번 가에 있는 티파니 가게에서 사는 게 좋습니다. 너무 겁먹지 마세요. 티파니에도 십 달러나 이십 달러에서 시작하는 흥미로운 품목들이 꽤 있답니다. 뭐, 그가 막 사랑하기 시작한 이 여성에게 감명을 주려고 큰돈을 쓸 수도 있겠지요. 어쨌거나 중요한 것은 상자입니다. 만약 상자에 티파니라는 이름이 박혀 있다면 사자자리 여성은 활짝 미소를 지을 것이고, 그 눈동자에는 햇빛이 빛나는 여름의 약속이 담겨 있을 겁니다. 그녀는 우아하게 고맙다고 말할 겁니다.

물고기자리 남성이 선택할 수 있는 다른 훌륭한 취향의 선물도 있습니다. 집 없는 아기 고양이도 좋고, 여섯 살 때의 자기 모습이 담긴 사진 액자도 좋습니다. 금빛 장미 한 송이가 가운데에 꽂힌 데이지 꽃 한 다발도 좋답니다. 그녀를 상징하는 선물이지요. 비싸거나 고급스럽지 않더라도 교양 있고 감수성이 풍부한 영혼의 취향이 반영되어 있다면 훌륭한 선물이 됩니다. 하지만 그녀에게 무엇을 주든지 일반적인 휴일에 주면 안 됩니다. 가끔 줘서도 안 됩니다. 생일과 크리스마스도 빼세요. 그때는 모든 평민이 선물을 주고받는 날이니까요.

물고기자리 남성은 선물 속에 이런 말이 적힌 카드를 넣어야 합니다. "수요일 아침이잖아요, 당신을 사랑해요." 아니면 1년 전 혹은 5년 전이나 더 오래전, 그들이 만난 시간과 분을 축하하기 위해서라고 적는 것도 좋습니다. 아니면 엘리자베스 여왕의 대관식을 축하하기 위해서라고 쓰는 것도 좋습니다. 그녀는 왕족과 관련된 일이라면 무엇이든 무척 즐거워하니까요. 사자자리 여성은 따뜻하고 멋진 유머 감각을 가졌습니다. 하지만 고급스럽고 세련된 좋은 취향이지요. 잊지 마세요. 말장난은 안 됩니다. 상스러운 이야기도 절대 안 되고요. 그녀는 감성적입니다. 그래서 이 모든 사소한 것이 그녀에게는 중요하지요. 지적이고 낭만적이며 특별한 것에 대한 그녀의 욕구를 무시하면 안 됩니다. 이 여성은 말 그대로 여자랍니다. 일상적이고, 평범하며, 놀랄 만하지 않은 것에 대해서는 눈물을 흘릴 만큼 따분해한답니다.

물고기자리 남성은 평민이 아니지요. 그는 고귀한 사람이거나 지배계급이랍니다. 그래서 사자자리 여성의 관심과 존경을 받을 자격이 있다는 걸 증명할 방법은 많습니다. 그는 음악이나 시에 대한 해왕성의 타고난 재능(또는 취향)을 보여줄 수 있습니다. 진정한 왕은 뒤죽박죽인 상황에서도 결코 움찔하지 않고 언제나 위엄을 유지한다는 사실도 그는 잘 기억하고 있습니다. 하지만 무엇보다, 무례하고 조잡하고 존경할 가치가 없는 태도로 말을 뱉거나 행동을 해서는 안 됩니다. 그런 언행을 저질러서 그녀가 지닌 여왕의 본성에 상처를 주는 일만은 절대 삼가야 합니다. 설사 질타와 매질을 받아 마땅한 일을 그녀가 저지르더라도요. 사실, 그런 순간이 빈번할 겁니다.

그럴 때는 그가 먼저 나서서, 그녀가 벌 받아 마땅하다는 걸 신사적인 태도로 전해야 합니다. 무례하지 않고 상스럽지 않게요. 하층계급과 지배계급의 차이를 이해하면 꽤 쉽습니다. 여왕에게 이미 기사 작위를 받은 귀족만이 할 수 있는 일이 있지요. 그녀가 나쁜 짓을 할 때, 엉덩이를 찰싹 때리는 용감한 행동으로 그녀의 분수를 알게 해줍니다. 아시겠지요? 요컨대 사자자리 여성은 자신과 동등하지 않은 남성에게는 순종하지 않습니다. 그녀에게는 통제가 필요합니다. 그리고 그녀를 통제할 수 없는 남성에게는 결코 순종하지 않는답니다. 그녀는 친구 앞에서 사과하게 만드는 남성을 사랑하지 않습니다. 공개적으로 혹은 사적으로 그녀를 모욕하고 상처를 준 남성과는 절대로 사랑할 수 없지요. 고귀한 신분을 길들이고 훈육하는 일은 분명히 고도의 술책이 필요한 일입니다.

사자자리 여성은 그녀의 모든 변덕에 굴종하면서도 충분히 지적이고, 언제나 그녀와 동등한 수준의 자기 확신을 가진 남성하고만 섹스하려는 욕망이 있답니다. 불가능한 요구처럼 보입니다. 하지만 해왕성의 지배를 받는 남성은 그것을 성공적으로 해낼 가능성이 꽤 많습니다. 대부분의 물고기자리는 봉사라는 겉모습에 신경 쓰지 않지요. 물고기자리의 자기를 감추려는 태도가 오히려 도움이 됩니다. 그녀와 동등해야 한다는 점에 대해서라면 걱정할 것 없습니다. 물고기자리의 텔레파시 능력과 지성의 무수한 측면들(다른 열한 개 별자리로부터 모은)은 사자자리 여성의 관심과 존경을 충분히 끌 정도로 확실하게 반짝거립니다. 그뿐이 아니지요. 그는 쾌활하고 훌륭한 청취자랍니다. 사자자리 여성은 청중을 즐기지요. 해왕성의 남자는 인생과 사랑이라는 무대에서 연출되는 인간 본성의 연기에 순수하게 매료됩니다. 그래서 최선을 다해 매력적인 청중 역할을 하지요. 그녀는 완벽한 이상형을 찾았다고, 적어도 한동안은 생각하게 됩니다.

그리고 붉게 타오르던 로맨스가 약간 흐릿해집니다. 이제 두 사람은 불(사자자리)과 물(물고기자리)이라는 서로 다른 별자리 원소의 차이를 알아채기 시작합니다. 과학 시간에 배운 것처럼, 물과 불은 한쪽이나 둘 다에게 소멸의 위험 없이는 섞이지가 않지요. 물고기자리 남성은 그가 지닌 물의 본성 때문에 혼자서 성찰할 시간이 많이 필요합니다. 그의 섬세한 감수성은 때때로 거슬리는 사자자리의 외향성을 발견합니다. 사자자리 여성의 불의 본성은 더 사교적입니다. 그녀에게는 키스하고 화해할 극적인 전쟁이 많이 필요합니다. 그러니까 그녀가 격분했을 때 그가 거절의 뜻을 분명히 하면, 그녀만의 균형이 무너져버립니다. 두 사람 사이 갈등의 가장 큰 이유를 꼽자면, 물고기자리 남성이 그의 모든 사적인 생각을 그녀와 공유하는 것을 꺼리는 것입니다. 사자자리 여성은 모든 것을 알아야 하지요. 누가 여왕에게 비밀을 지킬 수 있을까요? 물고기자리 남성은 할 수 있습니다. 그리고 자주 그렇게 합니다. 그러면 사자자리 여성은 그가 굴복하고 양보할 때까지 분노하거나 얼어붙습니다. 사자자리 여성은 좌절당하거나 무시당할 때 엄청 부루퉁해지지요. 물고기자리 남성의 영혼이 산산이 부서질 때 그도 부루퉁한 상태로 들어가는데, 사자자리 여성 못지않게 심각하답니다.

두 사람의 성적인 조화에 대해 얘기하자면, 그녀의 마음에 다가가는 길은 음악과 시로 돌아가는 것입니다. 시저와 안토니우스도 그것으로 클레오파트라에게 구애했고 정복했답니다. 그리고 클레오파트라는 사자자리임에 틀림없습니다. 사자자리 여성은 그저 상징적인 것일 뿐이라도 세레나데가 부드럽게 연주되는 걸 좋아합니다. 사자자리 여성은 로맨스에 따르는 과시적인 요소들을 사랑합니다. 이국적일수록 더 좋습니다. 그녀는 평범한 만남으로는 진정한 만족감을 느끼지 못합니다. 전형적인 사자자리 여성은 좀처럼 난잡하지 않습니다. 그녀가 일단 자격 있는 여왕의 부군을 선택하게 되면 암사자처럼 일부일처제를 지향하지요. 그래서 그녀는 불성실한 연인이나 남편을 질투의 포효로 삼켜버릴 겁니다. 물론, 그녀는 자신의 시야에 들어오는 모든 남성에게서 숭배받고 감탄받는 것을 바라고 즐깁니다. 하지만 그녀의 배우자는 그래서는 안 되지요. 그녀는 다릅니다. 이미 알다시피 그녀는 왕의 특권을 가졌으니까요. 사자자리 여성은 여왕의 권리로 어떤 남자도 유혹할 수 있습니다. 그 남성에게 연인이 있든 없든 상관하지 않지요. 하지만 그 남성이 이전 연인에게 했던 것처럼 그녀에게 불성실하다면 상처를 받습니다. 그녀의 상대에게는 괴로운 일이지요. 사자자리 여성이 사랑하는 남성이 그녀와 가장 친한 친구에게 별 뜻 없는 윙크를 날릴 수는 있습니다. 누가 말리겠어요. 하지만 그는 그렇게 했던 것을 살면서 내내 후회하게 될 겁니다. 사자자리 여성은 자신의 짝이 아주 가볍게라도 다른 여성과 시시덕거리는 것을 결코 참아주지 않는답니다. 이러한 종류의 아주 가벼운 상처조차도 전형적인 사자자리 여성에게는 불감증을 불러올 수 있답니다. 그녀로 하여금 사랑의 육체적인 표현에서 상대에게 반응할 수 없게 만들지요. 슬프지만 사실입니다.

질투는 사자자리 여성을 성적으로나 감정적으로 냉정한 여신으로 바꿔놓을 수 있습니다. 반면에 여왕 폐하의 지나치게 잦고 거만한 잔소리는, 물고기자리 남성의 육체적인 무반응을 불러옵니다. 두 사람의 성생활은 따뜻함과 냉랭함 사이를 오갑니다. 물고기자리 남성은 사자자리 여성이 그에게 바치는 보기 드문 충직함에 감사해야 합니다. 그 보답으로 그녀가 불쾌함과 불행에 빠지지 않도록 애써야 합니다. 그는 정직하고 충직해야 합니다. 하지만 물고기자리 남성은 너무 미묘하고, 신비스럽고, 손에 잘 잡히지 않습니다. 만일 사랑을 나눌 때 그가 이런 태도를 취한다면, 사자자리 여성 안에 있는 원초적인 여성을 만족시킬 수가 없습니다. 그녀는 압도적인 열정과 낭만적인 노예 상태가 지속되기를 바라지요. 좀 지나치게 많이 바라고 집요할 수도 있습니다. 그래서 물고기자리 남성은 더 초연해지고, 미묘해지며, 알 수 없고 손에 잡히지 않게 됩니다. 그는 사랑을 나누는 동안에도, 실은 그곳에 있지 않을 수 있답니다. 이런 식으로 시작도 없고 끝도 없이 문제가 돌고 돕니다. 누가 이걸 시작했냐고요? 아무도 모릅니다.

힌트는 있습니다. 이 커플은 6-8 태양별자리 관계입니다. 사자자리 여성에게 물고기자리 남성은 천문해석학의 8번째 하우스를 의미하지요. 8번째 하우스는 성적 매력, 신비, 영적인 문제를 관장합니다. 그래서 사자자리 여성은 물고기자리 남성에게 강력한 성적 매력을 느낍니다. 반면에 사자자리 여성은 물고기자리 남성에게 봉사(다른 무엇보다)를 의미합니다. 그래서 이 자부심 강한 여성은 헌신적인 '봉사'를 물고기자리 남성에게 바칠 수 있습니다. 하지만 사자자리 여성은 오랫동안 순종하지는 못한답니다.

그들의 출생차트에서 태양-달과 다른 행성들이 서로 조화로운 경우, 모든 갈등은 쉽게 해결됩니다. 해왕성의 남성이 지닌 섬세함과 로맨스와 온화함 그리고 태양의 여성이 지닌 따뜻한 애정과 열정으로 조화를 이루지요. 두 사람의 성적 합일은 풍부해집니다.

반대로 그들의 출생차트가 조화롭지 못하다면, 사자자리 여성은 극도로 신중해야 합니다. 자신의 맹렬한 관능과 강력한 태양의 빛으로 물고기자리 남성의 모든 욕망을 누렇게 말려버리거나 얼어붙게 할 수 있으니까요. 물고기자리 남성 또한 지극히 조심해야 합니다. 해왕성의 백일몽과 사랑을 나눌 때 집중하지 못하는 태도 때문에, 그녀의 따뜻한 본성이 차갑게 바뀔 수도 있습니다.

남성이 감상이나 통찰력, 감수성과 같은 여성적 자질을 갖는 것은 유익합니다. 여성이 용기와 단호함, 독립심과 같은 남성적 자질을 갖는 것도 마찬가지로 유익하지요. 하지만 사자자리 여성은 두 배로 남성적인 에너지를 갖습니다. 남성적 태양별자리 아래에서 태어나고, 남성적인 태양의 지배를 받기 때문이지요. 그리고 물고기자리 남성은 두 배로 여성적 감응력을 지니고 태어납니다. 여성적인 태양별자리 아래에서 태어나고, 여성적인 행성인 해왕성의 지배를 받기 때문입니다.

여성적인 것은 '계집애 같은 사내'도, '사내답지 못한' 것도 아닙니다. 그러나 두 배의 여성적인 성향을 부여받은 물고기자리 남성은 지나치게 소극적일 수 있습니다. 마찬가지로 남성적인 것은 '적극적'이거나 '강압적'인 것이 아니지요. 하지만 두 배의 남성적 성향을 부여받은 여성은 지나치게 추진력이 강할 수 있습니다. 그리고 두 사람 다 균형을 잃을 수 있습니다. 두 사람은 감정상의 균형을 유지하기 위해 의식적이고 지속적인 관심을 기울여야 합니다.

사자자리 여성을 사랑하는 물고기자리 남성의 도전에는 인간의 마음에 관한 모든 지식이 필요하답니다. 이런 면에서 그는 천부적인 재능이 있지요. 그는 화난 고양이처럼 쉭쉭거리는, 지나치게 감정적인 암사자와 싸우고 있었습니다. 잠시 후, 분노를 터뜨리는 일에 지친 그녀가 부드럽고 다정한 아기 고양이로 바뀌지요. 물고기자리 남성이 애정을 담아 머리를 쓰다듬어주기를 바라며 매혹적으로 가르릉거립니다. 사자자리 여성은 당혹스럽기도 하고 눈부시기도 한 존재입니다. 그녀는 서늘한 왕의 위엄을 지녔지요. 그리고 따뜻합니다. 태평스럽고 즐거울 뿐 아니라 관대하지요. 그녀는 거만하게 분노하기도 하지만 맹렬하게 충직하기도 합니다. 그녀는 건강하게 웃으면서 아름답고 풍성한 머리칼을 넘깁니다. 그러고는 상처받은 자부심 때문에 눈물을 터뜨립니다.

매력적이면서도 차가운 그녀에게 사로잡힌 물고기자리 남성은 고양이가 고대 사회에서 숭배받는 대상이었다는 걸 알아도 놀라지 않습니다. 그는 피라미드 사이로 들어가 이집트인이 만든 고양이 머리 여신의 전당에 무릎을 꿇고 싶을 겁니다. 사자자리 여성은 대단히 여성적일 뿐 아니라, 타고난 여자입니다. 그가 그녀를 눈곱만큼이라도 휘어잡으려 한다면 그녀는 '자존심'을 지키려고 할 것입니다.

물고기자리 남성을 사랑하는 사자자리 여성의 도전에는 따뜻함과 햇살 같은 지혜가 필요하답니다. 이런 면에서 그녀는 천부적이지요. 그의 비밀이나 고독을 그녀가 캐내려고 하면 그는 해왕성의 기운과 차가운 무관심을 보여줄 겁니다. 그는 온화하지요. 그리고 아름답고 겸손한 영혼으로 흔쾌히 봉사합니다. 그녀의 분노에 찬 질투와 끝없는 비난과 잔소리 때문에 소진되지만 않는다면 말입니다. 질투와 잔소리가 계속된다면 그는 여왕의 성품이 자기 기질에 비해 지나치게 강렬하다는 결론을 내릴 겁니다. 그러고는 평민 여성을 찾아 저 멀리 헤엄쳐가겠지요.

이 두 사람이 차이라는 과제를 극복하기 위해서는 다른 사자자리와 물고기자리 커플의 슬프고 불행한 실패에서 배워야 합니다. 전형적인 사자자리 여왕인 영국의 공주 마가렛 로즈와 그녀의 물고기자리 남편인 안토니 암스트롱 존스, 즉 스노든 백작의 이야기랍니다.

잘생긴 물고기자리 안토니와 그녀의 결혼은 행복한 결말이 될 수도 있었습니다. 그는 감수성이 풍부한 사진가였답니다. 사자자리 공주는 사진을 아주 좋아했지요. 사진 찍는 포즈를 취하는 건 더 좋아했고요. 하지만 이 물고기자리 남성은 왕관을 쓴 부인 외에도 다양한 모델의 사진을 찍었습니다. 이것이 질투심 많은 사자자리 여성과의 관계에서 문제의 시작이 되었지요. 그런데다 그는 직업상 혼자서 세계를 여행할 일이 많아서, 그녀와 함께 왕가의 웅장한 파티에 다 참석할 수가 없었답니다.

함께하는 공간은 많은 연인들에게 바람직한 역할을 하지요. 그런데 사자자리 여성과 물고기자리 남성에게는 그렇지 않았지요. 어찌 됐든 무관심만 계속되었답니다. 이 부분을 읽고 있는 사자자리와 물고기자리 연인들은 진짜 동화 같은 왕실 로맨스의 불행한 결말에서 조언을 얻을 겁니다. 똑같은 실수를 저지르지 마세요. 두 사람이 따로따로 휴가를 보내면 안 된답니다.

사자자리 여성은 어리석은 자존심이 굉장히 강하고, 해왕성의 남성은 자존심이 세지 않답니다. 그래서 그는 자주 상처받는 그녀의 기분을 온화하게 달래줄 수 있습니다. 물고기자리는 확신이 약하고, 사자자리 여성은 확신이 강하지요. 그래서 그녀는 그의 내밀한 공포를 부드럽게 진정시킬 수 있습니다. 이렇게 장점을 서로 교환하는 것이 누군가를 사랑하는 최고의 방법입니다. 그러려면 두 사람이 서로의 약점에 대한 동정심도 공유해야겠지요.

사자자리 남성과 물고기자리 여성

그녀처럼 예쁜 여자가 이렇게 아첨하는 것은 대단한 일이었다.
하지만 피터는 당연하다고 생각했다. 그는 거들먹거리며 말하곤 했다.
"좋아. 피터 팬이 말씀하셨다."

모든 물고기자리 여성이 사자자리 남편이나 연인의 명령에 실제로 위축되지는 않습니다. 하지만 그들 대부분은 사자자리를 존경하지요. 될 수 있으면 그의 포효를 불러내지 않으려고 애쓴답니다. 두려움 때문에 신중을 기하는 건 아닙니다. 다만, 사자자리의 극적인 울부짖음과 냉랭한 부루퉁하기 같은 소모적인 소동을 피하고 싶어합니다.

물고기자리 여성은 전하에게 복종해야 한다는 걸 직관적으로 압니다. 물고기자리는 무척이나 현명하지요. 왕에게 맞서는 것은 애정이 멀어지게 할 뿐이라는 사실을 잘 알고 있답니다. 그래서 물고기자리 여성은 사자자리 남성에게 맞서지 않습니다.

영화 「왕과 나」에서 시암 왕국의 왕에게 맞섰던 영국 여인 안나가 생각납니다. 아마 그녀는 화성이 양자리에 있는 물고기자리였을 겁니다. 그녀는 자기 입장을 고수하기 위해 아주 열심히 싸우지요. 거만하지만 관대한 사자자리 군주에 대항합니다. 표면적으로는 별 소용이 없지요. 하지만 왕은 그녀의 용기를 남몰래 존경합니다. 그럼에도 왕은 최후의 날까지 그들의 관계를 통제합니다. 왕을 제어하기 위해서는 용기보다 더한 것이 필요합니다. 명령하는 사자자리의 한심한 욕구 뒤에 가려진 면, 즉 측은한 면과 상처받기 쉬운 점을 감지할 필요가 있지요. 물고기자리 안나는 그렇게 합니다. 하지만 죽어가는 사자자리 군주는 끝까지 안나에게 절을 하라고 명령하지요. 존경의 마음으로, 하지만 왕의 다른 신하들처럼 비참하게, 안나가 절을 하는 이 영화의 끝 장면에서 저는 언제나 펑펑 운답니다. 그녀는 절을 합니다. 네, 안나는 확실히 화성이 양자리에 있는 물고기자리였습니다. 그녀는 화성의 위엄을 지키지요. 동시에 그녀가 사랑한 남자가 어떤 사람인지를 이해했고, 물고기자리답게 항복합니다.

사자자리는 대단한 감상주의자이며 구제할 길 없는 낭만주의자입니다. 오직 황소자리만이 사자자리보다 더 감상적이고 낭만적입니다. 처음에 사랑에 빠진 사자는 숭배에 찬 복종으로 물고기자리 여성을 유혹합니다. 하지만 단지 일시적인 항복이지요. 그는 결코 왕좌를 영원히 포기하지는 않습니다. 황금 홀을 흔쾌히 내주지도 않을 거고요.

이 관계에서는 사자자리가 불 별자리이고 물고기자리가 물 별자리라는 사실을 유념해야 합니다. 이 책 뒷부분의 "구성 원소 사이의 조합"이라는 장에서 설명해두었듯이, 불은 물이 자신을 꺼버릴 수 있다는 사실을 남몰래 두려워합니다. 사자자리 남성이 사랑하는 물고기자리 여성 앞에서 아무리 잘난 체를 하더라도, 그녀가 그의 불타는 열정을 '축축하게' 만들 수 있다는 내면의 공포는 남아 있지요. 입장을 바꾸어 생각해도 마찬가지입니다. 물 별자리인 물고기자리 여성은 거센 불기운 때문에 물이 말라버릴 수 있다는 것을 압니다. 두 사람 사이가 지속되려면 서로에 대한 존경심이 필요합니다. 모든 물과 불의 관계에서 마찬가지지요. 둘은 서로를 꺼뜨리거나 말라버리게 할 수 있는 힘을 가졌으니까요. 하지만 감정적인 차원에서는 사자자리 남성이 물고기자리 여성을 이끄는 위치를 차지할 것입니다. 표면적으로는 확실히 그럴 것입니다.

물고기자리 여성은 남성을 이끌거나 밀어붙이려는 시도를 좀처럼 하지 않지요. 그녀는 미묘한 방식으로 사자자리 남성의 기분을 맞춰줄 것입니다. 그러면서 다정하게, 지속적으로 그를 설득하지요. 만약 그것이 효과가 없다면, 냉담한 침묵으로 상처받은 마음을 드러낼 것입니다. 그러면 다정한 사자자리 남성은 좌절감을 느끼고 분노하게 되지요. 그러니 그녀는 계속 그의 비위를 맞춰주는 편이 좋답니다. 그렇지 않으면 타오르는 분노와 쏟아지는 눈물이 기다릴 테니까요.

사자자리 남성은 그가 사랑하는 여인을 여신급으로 이상화하는 경향이 있습니다. 그러고는 그녀가 자신의 이미지에 부응해주기를 기대하지요. 그는 자기 여인이 개별적인 인격체라는 사실을 깨닫기가 어렵습니다. 그녀를 자신의 이상대로 미화된 자신의 반영이라고 여기지요. 사자자리 남성은 물고기자리 여성을 받침대에 올려놓고 거기에 계속 머무르도록 요구합니다. 그것은 물고기자리 여성을 가끔 절망에 빠뜨리지요. 그가 그녀의 감춰진 약점을 알아본다면 얼마나 좋을까요?

모든 불 별자리가 그렇듯이 사자자리는 극적이랍니다. 자신의 감정을 유창하고 아름다운 언어로 표현하는 행운의 능력을 천부적으로 타고났지요. 반면, 물고기자리 여성은 자신을 표현하기가 좀처럼 쉽지 않습니다. 반복적으로 연습한 후에 포기하고 말지요. 그녀는 가장 저항하기 쉬운 방식을 택합니다. 도망치는 거지요. 지속적인 반감이나 심각한 감정상의 압박을 받으면, 물고기자리 여성은 그저 사라지고 싶어합니다. 거만하게 훈계를 끝낸 사자자리 남성은 희생양이 적절하게 겸손해지고 혼이 났는지를 알기 위해 주변을 흘깃 둘러봅니다. 그리고 물고기자리 여성이 참을성 있게 미소 지으며 웅크리고 앉아 있던 장소가 텅 비어 있는 걸 발견하겠지요. 그녀는 어디로 갔을까요? 그녀는 멀리 갔답니다. 아주 멀리요.

저는 오하이오에 사는 한 사자자리 남성을 알고 있습니다. 그의 아내는 온화한 물고기자리였는데, 결국은 폐하의 잔소리를 더 이상 참을 수 없게 되었지요. 그녀는 눈물을 머금고 떠나기로 결정했습니다. 그녀는 뉴욕으로 갔지요.

사자자리 남편은 그녀가 심각한 선택을 하기 전에, 자신에게 현명한 조언이나 충고를 구하지 않았다는 것을 굴욕적으로 생각했고 괴로워했습니다. 그는 진심으로 그녀를 사랑했지요. 그래서 그녀가 입은 상처에 버금가는 고통을 겪어야 했지요. 연인이나 배우자에게 버림받은 사자보다 더 불쌍한 사람은 세상에 없답니다. 그는 정말로 슬프고 외롭고 가슴이 찢어질 듯 아팠지만 드러내지 않으려고 필사적으로 애를 썼지요. 그는 예상보다 훨씬 더 그녀를 그리워했습니다. 그녀는 물고기자리이기 때문에 그의 고통을 알았습니다. 그래서 그녀도 아팠지요.

그의 친한 친구들은 둘 사이가 이전과 같지 않다는 걸 알아차렸습니다. 우아한 검은 머리의 물고기자리 부인은 해왕성의 매력을 지닌 사랑스러운 사람이었습니다. 지성, 위트, 다정함, 공감 능력을 다 섞어놓은 듯했지요. 그녀는 사자에 대한 솔직한 감탄과 존경심을 가졌답니다. 하지만 그 감탄과 존경심은 마침내 그녀가 참고 견딜 수 없을 때까지, 사자자리 남편의 단점을 계속 간과하게 만든 요인이었지요.

어쨌거나 저는 그의 잃어버린 물고기자리 여인이 사자의 품으로 다시 헤엄쳐 돌아오기를 바랐습니다. 사자가 어떤지 아시지요? 우리는 그를 동정하지 않을 수 없답니다. 그럴 자격이 없을 때조차도요. 결국 재결합은 이루어지지 않았습니다. 하지만 마법 같은 일이 벌어졌지요! 사자자리 남성은 자그마하고 우아한, 다른 검은 머리 여성을 찾았답니다. 그녀는 전 부인과 거의 똑같이 위트, 지성, 온화함을 섞어놓은 사람이었지요.

저는 사자자리 남성이 교훈을 얻었기를 바랍니다. 아픈 경험을 통해 얻은 지혜로 그의 새로운 여인과 진정한 사랑을 일궈내기를 바랍니다. 한편, 그의 생기 넘치고 온화하던 물고기자리 부인은 어떻게 되었을까요? 그녀도 새로운 물속으로 뛰어들어 행복하게 헤엄치고 있답니다.

행복하고 아름다운 결말이지요. 경솔한 거만함과 자만심 때문에 물고기 짝을 잃어버린 모든 슬픈 사자에게 겸손함을 얻을 행운의 기회가 주어지길 바랍니다. 겸손함은 물고기자리가 잘 가르쳐줄 수 있는 교훈이지요. 그리고 사자자리라면 반드시 배워야 할 교훈이고요.

물고기자리 여성과 사자자리 남성 사이에서 갈등이 없는 부분은 '수면'입니다. 수면 문제를 연구한 사람의 주장에 따르면, 자연의 사자는 24시간 중 17시간 동안 잠을 잔다고 합니다. 인간 사자도 이와 비슷합니다. 그리고 물고기자리도 새벽에 정확히 일어나는 유형은 아니지요. 이들은 둘 다 잠자기를 좋아합니다. 알람 시계가 둘 사이의 다툼거리가 되는 경우는 드물 겁니다. 특히, '굿모닝'이라는 아침 인사가 사랑 나누기의 서막을 알릴 때라면 더욱 그렇습니다. 두 사람에게는 잦은 일이랍니다.

사자자리에게 물고기자리는 섹스(다른 무엇보다)라는 여덟 번째 하우스 영역을 나타냅니다. 그래서 사자자리는 첫눈에도 물고기자리의 독특한 매력을 알아차리는 경향이 있습니다. 처음 만난 그 순간에 그가 그녀에게 굴복하는 이유지요. 시간이 지나면 사자자리 남성은 궁금해지기 시작합니다. '차가운 물고기'라는 말은 근거 없는 표현이 아닙니다. 어쨌든 자연의 물고기는 따뜻하지 않지요. 온혈 동물도 아니고요. 물고기자리 여성이 냉혹하다는 뜻은 아닙니다. 다만, 사자자리 남성이 좋아하고 요구하는 만큼 그의 정열적인 열정에 지속적으로 부응하지 않을 뿐입니다. 하지만 사자자리 남성은 성적인 합일을 위해 관능과 로맨스를 적절히 섞는 법을 배워야만 합니다. 물고기자리 여성은 둘 중에서 로맨스를 많이 제공할 겁니다. 또한 그들의 가장 친밀한 순간에 신비하고 초월적인 느낌을 불어넣을 것입니다.

성적인 질투는 이 조합의 연인 사이에서 흔한 일입니다. 전형적인 물고기자리 여성은 약간 바람둥이 기질이 있습니다. 그리고 사자자리 남성은 어떤 경쟁자가 그의 여인에게 눈독을 들이는 아주 사소한 기미만 보여도 으르렁대지요. 하지만 그녀는 그의 허영심과 칭찬에 대한 욕구에서 비롯된 모든 사소한 무분별한 행동을 간과할 것입니다.

물고기자리 여성은 성적으로 문란한 유형부터 한 남자에게 전적으로 충실한 헌신적인 부인까지 그 범위가 무척 넓습니다. 사자자리 남성 또한 마찬가집니다. 잦은 성적 모험에 대해 떠들어대는 카사노바 유형에서부터 자신의 부인만을 받들어 모시는 진실하고 충직한 남편까지 다양한 사자자리 남성이 있지요. 아서 왕이 충직했던 시기에 왕비인 귀네비어가 란슬롯에게 추파를 던졌던 일이 문득 떠오릅니다. 말씀드리고자 하는 것은 이겁니다. 그녀의 불성실함은 사자의 분노를 일으킵니다. 그의 불성실함은 물고기자리에게 깊은 상처를 주지요. 하지만 두 사람은 전갈자리나 양자리와는 다르답니다. 두 사람 사이에서는 별것 아닌 부정행위는 용인됩니다. 예컨대, 양자리나 전갈자리는 친밀한 웃음소리만 들어도 육체적인 부정행위를 목격한 것처럼 고통을 느낍니다. 하지만 물고기자리 여성과 사자자리 남성은 대체로 가벼운 추파에는 잘 대처한답니다.

물고기자리와 사자자리는 사랑을 숭고한 영적인 고양으로 여깁니다. 이들에게는 사랑 그 자체가 중요합니다. 그 중요성에 이들이 어떻게 반응할지는 종종 예측하기 어렵습니다. 물고기자리 여성은 수녀도 창녀도 될 수 있습니다. 프리섹스를 주장하는 사람일 수도 있고 믿기지 않을 만큼 훌륭하고 다정한 부인이 될 수도 있지요. 사자자리 남성도 똑같습니다. 요컨대 충직함이라는 주제는 사자자리 남성과 물고기자리 여성이 서로 깊은 관계를 맺기 전에, 정직한 대화를 통해 꼭 짚고 넘어가야 하는 과제랍니다.

물고기자리 여성은 섹스에서 감정의 완벽한 융합과 신비한 통일감을 열망합니다. 사자자리 남성은 따뜻함과 애정과 열정 같은 더 실질적인 충족감을 추구합니다. 그는 섹스 전후에 감상적인 말로 나누는 표현을 원합니다. 하지만 사랑의 신비에 대한 해왕성 여인의 생각에 따르면 섹스를 할 때 많은 말은 필요치 않습니다. 두 사람이 함께 도달할 조화와 행복의 단계는 각자의 달별자리 위치에 따라 많이 다릅니다. 그녀의 달별자리가 불 별자리이고 그의 달별자리가 물 별자리라면, 혹은 두 사람의 달별자리가 어떤 구성 원소이든 상관없이 똑같은 별자리라면, 그들은 서로를 이해합니다. 그리고 서로의 욕망을 이상적으로 충족시킬 수 있습니다. 그렇지 않으면 상당한 인내심과 관용이 필요합니다.

사자자리 남성과 물고기자리 여성은 감정적인 자유가 필요합니다. 그것도 큼직하게 퍼 올린 신선한 자유가 필요합니다. 서로에게 이 소중한 선물을 관대하게 줄수록 그들은 더 가까워질 것입니다. 하지만 자유는 항상 신뢰와 충실함이 함께해야 하지요. 그렇지 않은 자유는 한쪽에게는 도피이며, 다른 한쪽에게는 끔찍한 고문일 뿐입니다. 지구를 탐구하는 일은 언제나 시작한 곳에서 끝납니다. 왜냐하면 지구는 둥그니까요. 사랑 또한 원을 그리며 여행합니다. 진실한 사랑이라면, 그것은 멀리 떨어져 있을 때 당신이 정말로 그리워하는 유일한 것이 될 겁니다. 그것은 다시 돌아온다는 약속이기도 하지요.

처녀자리와

열두 별자리가 만났을 때

Virgo, the Virgin

처녀자리 Virgo

흙 · 변화하는 · 수동적
지배행성: 수성
상징: 처녀
음(-) · 여성적

Virgo 처녀자리

흙 · 변화하는 · 수동적
지배행성: 수성
상징: 처녀
음(-) · 여성적

처녀자리와 처녀자리의 관계

당신이 아침에 일어나면, 지난밤 잠자리에 가져갔던 궂은일과 나쁜 감정은

작은 조각으로 개어져 마음속 맨 아래에 내려가 있을 것이다.

그리고 맨 위에는 더 예쁜 생각들이 꺼내 입기 좋도록 잘 펼쳐진 채 놓여 있을 것이다.

아침에 일어나, 평화롭고 아름답고 완벽한 하루에 대한 순결한 새벽의 서약을 맞이하는 것은 모든 처녀자리가 정말로 좋아하는 방식입니다. 안타깝게도 그들 대부분은 그렇지 못합니다.

처녀자리 대부분은 침대에서 우울하게 기어 내려와 부엌으로 쑥 들어가서는 자두 주스를 더듬어 찾습니다. (규칙적인 배변을 위해선 자연이 주는 치료제가 최고지요. 변비약은 습관이 될 위험이 있는 데다 심각하게 의존할 수 있으니까요.)

지난밤, 두 처녀자리는 부정적인 생각과 걱정들을 마음의 바닥에다 신중하게 개어 넣었습니다. 하지만 불행하게도, 다음 날 아침이 되자마자 그것들이 기다렸다는 듯이 터져 나옵니다. 서로에 대한 예쁘고 긍정적인 생각들은 엉클어지고 맙니다. 어쩌면 걱정거리들을 충분히 작게 개어 넣지 않았던 탓이겠지요. 아니면 그들이 문제가 있는 서랍을 닫을 때, 조금 열어둬서 틈을 남겨두기를 좋아하기 때문일지도 모르겠네요. 그들은 서랍 속을 주기적으로 엿보고 당면한 문제가 정확히 몇 개인지 세는 걸 좋아한답니다. 처녀자리는 자신의 문제에 지속적이고 성실하게 관심을 갖습니다. 소중한 실내용 화초에 결코 잊지 않고 물을 주는 것처럼, 그들의 문제를 다루지요. 그렇게 온화하고 애정 어린 보살핌을 받는다면 뭐라도 잘 자랄 겁니다. 화초든 걱정거리든 마찬가지로요. 그 둘 다 너무 빨리 싹이 트고, 너무 무성하게 자라서 심심찮게 가지치기가 필요해지겠지요.

독자들이 너그럽게 봐준다면, 처녀자리 분석을 잠깐 중단하고 먼저 제가 기도를 드릴까 합니다. 제 기도는 성 안토니에게 올리는 것입니다. 신께 직접 개인적인 약속을 요구할 만큼 그다지 중요하지 않은 문제니까요. 성 안토니는 전능하신 주님과 저의 하찮은 요구 사이에서 믿음직한 중재자일 뿐 아니라, 인내심 있고 동정적인 분이랍니다. 성 안토니는 겸손하고 남을 판단하려 들지 않는 영혼이지요. 저의 종교적 신념이 천문해석학인지, 가톨릭이나 모르몬교, 크리스천 사이언스, 유대교, 또는 선불교인지에 대해서는 다행히도 관심이 없답니다.

사랑하는 성 안토니, 양자리인 제가 부주의해서 지난 수년간 돈, 균형, 안정, 인내심과 사랑하는 사람과 같은 귀중한 것을 잃었을 때, 당신이 저를 위해 얼마나 자주 자비롭게 중재해주셨는지 알고 있습니다. 그때마다 제 실수의 크고 작음에 따라 위대하거나 소소한 기적을 베풀어주셨지요. 이제 다시 당신의 도움을 구합니다. 저는 이 책이 널리 읽히길 바랍니다. 사람들이 천문해석학을 통해 서로를 사랑하는 방법을 더 잘 이해할 수 있기를 정말 바랍니다. 하지만 저는 처녀자리가 이 책을 금지할까 봐 두렵습니다. 왜냐하면 처녀자리는 전체 독서 인구의 1/12보다 더 많기 때문입니다. (변화하는 에너지의 태양별자리가 다른 별자리보다 책을 더 많이 읽는답니다.) 그게 다가 아닙니다. 당신은 모르시겠지만, 저는 천문해석학이라는 단어가 로마에서 이미 금지되었다고 추측합니다. 모든 가톨릭교도가 천문해석학 책을 그저 흘낏 보기만 하는 것조차 고해성사를 통해 용서받아야 할 사안일 것이라고 추측합니다. 비록 친구가 쓴 책이라도요. 만약 가톨릭과 처녀자리 양쪽이 제 책에 대해 반대한다면, 두 배의 심각한 재앙이 되겠지요. 그뿐 아니라, 매우 도덕적인 모르몬교에서도 사악한 것에 대한 금지 목록에 제 책을 넣을 것 같습니다. 그러니 재앙은 세 배로 커질 수도 있습니다. 그런데도 당신은 철자를 잘못 쓰거나 구두점이 부정확하거나 문법적으로 불완전한 문장, 혹은 처녀자리를 불쾌하게 할 수 있는 다른 엄청난 실수들로부터 어떻게든 이 책을 보호해주실 수 있을까요?

사랑하는 성 안토니, 문제는 이 글을 교정하는 분의 태양별자리가 어떤지를 모른다는 거랍니다. 물론 제가 운이 좋다면 그는 처녀자리일 겁니다. 하지만 양자리라고 상상해보세요! 그가 쉼표나 마침표를 찍는 것을 빠트리고 페이지 수를 거꾸로 쓸 때, 당신이 그의 옆구리를 쿡 찔러주실 수 있을까요? 당신은 얼마나 많은 처녀자리가 제 첫 번째 책 『당신의 별자리』에 두서너 개의 실수와 오자를 지적하는 편지를 보냈는지 모를 겁니다. 제게는 콤플렉스가 생겼답니다. 삼가 바라옵건대 이 책이 완전무결하도록 저를 이끌어주시고, 태양별자리를 확인할 수 없는 교정자를 잘 이끌어주십시오.

여하튼 저는 당신의 노고에 감사드리며, 늘 바쁘시다는 걸 알면서도 당신을 방해해서 죄송합니다. 기적을 행하는 일은 분명 기도하는 것보다 훨씬 더 시간이 많이 걸릴 테니까요. 어쨌든 성 프란체스코 메달, 주소록, 타자기의 새 리본 박스 그리고 스웨터와 지난주에 잃어버린 사회보장 카드를 찾는 일을 도와주셔서 감사드립니다. 성 프란체스코 님께도 안부 전해주세요. 그리고 저의 이런 사소한 요구 때문에 신을 귀찮게 하지는 말아주시기 바랍니다. 성 안토니께서 직접 해결해주실 거라고 믿습니다. 아멘.

독자 여러분, 기다려주셔서 고맙습니다. 이제 우리는 처녀자리와 그 관계에 대한 분석에 들어갈 겁니다. 하지만 이 책을 읽고 있는 모든 처녀자리와 달별자리 또는 동쪽별자리가 처녀자리인 모든 분께 먼저 말씀드릴 게 있습니다. 만일 성 안토니가 제 기도를 100% 들어주지 않을 경우, 그것은 우주가 우리에게 어떤 메시지를 전하는 것이라고 생각해야 합니다. 즉, 신은 자신의 이름 철자를 좀 틀리게 쓰더라도 별로 신경 쓰지 않을 뿐더러 우리의 실수를 용서하신다는 뜻이지요. 제 말을 이해하셨나요?

인간관계에서 오해를 피하기 위해 되도록이면 언어를 가장 정확한 형식으로 말하고, 쓰고, 인쇄하는 것이 맞습니다. 하지만 아무리 최선을 다해도 완벽하기란 어렵지요. 타인의 의도치 않은 실수를 눈감아주는 친절이 필요하답니다.

처녀자리 두 명이 친구, 사업 동료, 친척 또는 연인으로 만났을 때, 두 사람은 서로의 모든 감정과 행동과 반응, 의견과 태도를 평가하고 판독합니다. 무오류의 사전 같은 그 자신의 선입견 또는 사회의 선입견을 사용해서요. 정말 끔찍한 시간 낭비가 아닐 수 없습니다. 차라리 연을 날리거나 눈사람을 만드는 게 낫지요. 아니면 강과 바다를 최후의 멸망과 오염으로부터 구하는 물 없는 화장실을 설치하거나, 어린 동물들이 워싱턴의 보건 교육 후생부가 후원하는 실험실에서 잔인하게 고문당하지 않도록 도와주는 일에 시간을 쓸 수도 있지요. 아니면 그저 산책을 하거나, 잔물결이는 개울에 발을 담그거나, 또는 진짜 현실이 될 꿈을 엮는 데 시간을 쓰는 것이 더 낫지요. 누군가는 처녀자리에게(제법 많은 수의 천칭자리에게도요.) 온화하게 지적해줘야 합니다. 논리는 전능한 신이 아니라는 것을요. 왜냐하면 모든 논리는 위험한 오류를 내포하기 때문입니다. 전혀 존재하지 않는 것은 **그러므로** 결코 존재할 수 없다는 가정 그리고 항상 존재해온 것은 **그러므로** 반드시 언제나 존재한다는 상반된 가정입니다. '그러므로'라는 단어는 난해한 철자 바꾸기 놀이를 할 때, 빈틈없는 선

수조차 걸려 넘어지게 하는 논리의 수단입니다. '그러므로'라는 접속사는 열린 마음을 닫게 만드는 경고 신호입니다. 이 말은 열린 마음을 닫아 잠근 후, 진실의 열쇠를 던져버리게 만들지요. 현실을 불확실하게 이해하는 사람들에게 선입견의 오류에서 생겨난 엉터리 논리만큼 나쁜 것도 없습니다. 이를 무조건적으로 수용한다면, 대중의 정신을 통제하려는 나쁜 사람들에게 우리 모두가 쉬운 제물이 될 수 있답니다. 다양한 형태의 약물과 최면술 그리고 텔레비전 화면을 통해 부지불식간에 전해지는 메시지가 그런 것들이지요.

처녀자리는 과학적이고 형이상학적인 탐구에 틀림없이 훌륭한 자질을 가지고 있습니다. 그러나 때때로 '그러므로'라는 접속사를 오용하면서 발을 헛디디거나 덫에 빠지는 경향이 있습니다. 그래서 그들만의 창의성을 발견하기 힘들 수 있습니다. 선(善, Good)과 함께할 기회와 더 심오한 진리를 경험할 기회를 잃을 수도 있지요. (교정을 하시는 분께 보내는 편지: 저는 선(Good)이 아니라 신(God)을 생각했는데, 그냥 그대로 조판해주세요. 의미는 똑같으니까요. 고마워요.) 때때로 실수는 큰 도움이 될 수 있답니다. 처녀자리가 이런 사실을 깨닫는다면 좋을 텐데요.

물론 통찰력으로 빛나는 눈으로 다양한 분야에 관여하는 자유로운 처녀자리들도 있습니다. 그들은 무의미한 걱정의 서랍을 닫고, 새로운 시대의 새벽을 지켜봐야 한다는 것을 압니다.

둘의 열린 영혼은 더 넓고 바람이 몰아치는 공간 안에서 처녀자리의 놀라운 식별력을 결합합니다. 두 처녀자리는 그들의 진짜 지배행성인 벌컨에서 늘 계속되는 우레 같은 소리를 함께 이해할 수 있습니다. 태양과 수성 근처를 선회한다고 알려진 이 행성은 곧 발견되고 확인될 것입니다. 벌컨의 발견은 '때마침' 아주 가까워졌으며, 벌써 우주를 통해 강력한 자성을 띤 힘을 부분적으로 방출하고 있습니다. 보이지 않는 이러한 강한 파장은 모든 지구인에게 점점 더 영향을 끼치지만, 특히 처녀자리 마음속에 낯설고 때로는 불안감을 주는 반응을 일으킵니다. 그들 중 대부분은 이 새로운 에너지를 어떻게 다루어야 할지 배울 시간이 필요합니다. 하지만 일부는 방금 언급한 것처럼, 이미 고주파에 적응해서 그들의 직업뿐 아니라 개인적이며 감정적인 생활에 활용해 놀라운 결과를 낳고 있습니다.

우리의 글자 수수께끼 놀이에서, '경화하다'라는 단어는 고무를(그리고 사람을) 유황과 열로 처리하여 더욱 단단하고 탄력 있게 만드는 과정을 뜻합니다. 그 의미는 행성 벌컨에서 추론한 것입니다. 그래서 모든 종류의 교제 또는 관계에 있는 두 처녀자리가 일시적으로 혼란스럽더라도, 결과적으로 이 경화의 과정에서 다시 젊어지는 것을 경험하는 까닭은 진짜 지배행성의 신비스러운 감응력 때문입니다. 점차적으로, 더 많은 탄력(관점)뿐만 아니라 전에 없던 힘(목적)이 처녀자리에게 있다는 점이 드러나게 됩니다. 이러한 면은 덜 고집스러운 행동과 훨씬 줄어든 자아비판의 충동에서 확연해집니다.

행성 벌컨의 새로운 울림은 (벌써) 처녀자리뿐 아니라 다른 태양별자리를 가진 어떤 사람들도 세포의 미묘한 재생을 곧 경험하게 할 것입니다. 흥미로운 사실이지요. 이것은 결국에는 연대기적인 나이를 알아내는 것을 불가능하게 할 겁니다. 이는 천궁도에서 아직 알려지지 않은(아직 천문학적으로 계산되지 않았기 때문에) 벌컨의 위치와 사람들 체험의 각도에 따라 달라집니다. 이것은 생제르맹 백작으로 알려진 연금술 신봉자가 일으킨 기적 같은 연금술과도 흡사합니다. 18세기 역사학자에 따르면, 생제르맹 백작은 프랑스 궁전의 특정한 여인들을 회춘시켰습니다. 일부 여성은 여든 살이 넘었는데도 십 대 후반과 이십 대의 뭇 남성들이 그녀의 총애를 놓고 결투까지 벌일 정도로 외모가 젊고 아름다웠다고 합니다.

생제르맹의 연금술이든 벌컨의 새로운 울림이든지 간에, 이 물병자리 시대에는 엄청난 놀라움이 돌연 나타날 겁니다. 우리가 원자력과 생태학적인 어리석은 짓으로 우리 자신을 멸망시키지 않겠다고 재빨리 결정한다면 말이에요. '새로운'(전혀 새로운 것은 아니지만, 심각한 지구의 대재앙 후에 재발견되고 확인된) 행성은 언제나 계획대로 정확히 '발견'되었습니다. 이 강력한 행성의 영향을 받아들일 정신적인 성숙함이 진화하기를 기다려왔지요. 이런 식으로 오래전에 정해진 인류의 자유 의지 시간표에 때를 맞춰왔습니다. 운명적인 '발견' 이전에는 그들의 울림이 약했지요. 부분적이고 일시적으로 통제되었지요.

하지만 두 처녀자리가 함께 있을 때면, 여전히 크고 작은 걱정거리가 많지요. 그리고 걱정의 대부분은 '헛소동'입니다. (고마워요, 윌리엄 셰익스피어, 이 한 문장 말이에요.) 잠시만 생각해보면 그들도 알 것입니다. 그들이 지나치게 많은 시간을 비생산적이고 역효과만 내는 **걱정하는** 일에 허비하고 있다는 사실을요.

약속 시간 또는 출근 시간을 알려주는 알람이 울리지 않았습니다. 그 결과로 변명할 수 없는 지각과 용서할 수 없는 정확성의 부족이 초래되었습니다. 누구의 실수일까요? 틀림없이 누군가가 잘못했겠지요. 네, 맞습니다. 값비싼 도자기 램프가 깨지고, 중요한 편지가 발송되지 않았고, 계좌에서 돈이 초과 인출되었고, 자동차 범퍼가 긁혔고, 현관문 열쇠를 잃어버렸고, 백일홍을 화분에 심지 않았습니다. 분명히 처녀자리 중 한 사람이 그렇게 한 것입니다! 누가 물 주는 것을 잊었을까요? 누가 램프를 깨고, 열쇠를 잃어버리고, 예금통장을 혼동하고, 차를 망가지게 하고, 토스트를 태웠을까요? 그리고 걱정하는 것은 누굴까요? 처녀자리입니다. 틀림없어요.

처녀자리는 상대방을 전적으로 탓하기를 꺼립니다. 그래서 두 처녀자리는 기소되는 대로 유죄를 선고받는 가혹한 판결에 스스로 피의자가 되고, 또한 동시에 피해

자가 될 수밖에 없습니다. 그들은 자진해서 엄격하게 선고를 내립니다. 이를테면 과도한 속죄의 가시 옷을 걸치고, 억압된 분노와 팽팽해진 불안감으로 가득 찬 감정의 문을 닫아버립니다. 미래를 위한 행동이 일시적으로 중단되고 자기 응징이 시작되는 것이지요. 제가 보기에 처녀자리는 인간의 능력으로 불가능한 일도 있다는 걸 이해하지 못하는 것 같습니다. 완벽한 행동을 위해 계속 노력하는 것은 훌륭합니다. 하지만 계속해서 스스로와 타인에게 이를 요구하다 보면, 감정적으로 지치고 에너지를 고갈시킬 뿐 아니라 백해무익합니다.

1-1 태양별자리 관계 유형에서 두 처녀자리가 직면하는 가장 큰 문제는 '배출'이라는 한 단어로 요약됩니다. 배출은 단순한 변비에서부터 심각한 장의 통증까지 포함해, 우리를 불편하게 만드는 배설과 관련된 증상입니다. 더 나아가 앞에서 언급한 문제들로 인한 감정의 봉쇄로 나타날 수도 있습니다. 후자의 경우라면 쉬운 치료법이 있습니다. 다음과 같은 사항들을 정신과 마음에서 제거할 필요성을 깨달으면 끝이지요. 즉, 일시적 무능함 때문에 생긴 바람직하지 못한 상황들에 대해 죄책감과 좌절감 같은 부적절하고 어리석은 느낌을 갖지 않도록 하는 것입니다.

모든 1-1 태양별자리 커플들처럼 처녀자리 커플은 공통점이 많습니다. 때로는 지나치게 많지요. 그러나 공통의 관점을 지녔고 서로의 콤플렉스를 잘 이해하므로, 노력한다면 조화로운 관계에 이를 수 있습니다. 긴장을 좀 풀고, 삶에서 일어나는 작은 말다툼과 싸움 때문에 생겨난 실망감을 더 편안하게 유머를 좀 가미해서 받아들인다면, 그 자신과 타인을 그렇게 강제적으로 판단하지 않는다면, 굉장히 복잡한 분석은 프로그램된 로봇과 컴퓨터에 맡긴다면, 긴장으로 인한 복통에 시달리지 않을 겁니다.

처녀자리는 성인(聖人)의 예를 보고 배우는 것이 좋습니다. 왜냐하면 성인들이야 말로 완벽에 가까운 존재들이니까요. 인간으로 가능한 가장 이상적인 상태에 가까워질 때 성인이 되지요. 다시 말해 성인은 어떤 일에도 실제로 동요하지 않습니다.

저는 성 안토니와 아시시의 성 프란체스코와 무척 가깝게 지낸답니다. 두 성인을 통해 알게 된 사실이 있습니다. 성 크리스토퍼가 자신의 성인 추대를 철회한다는 소식을 바티칸으로부터 처음 들었을 때, 크리스토퍼(그는 전통적으로 여행자의 수호자입니다.)의 반응이 어떠했는지를 말이죠. 그의 천사 지위가 강등된 일은 이 땅 위에 살아가는 수백만의 충직한 친구들에게 상당한 충격이었지요. 종교적 논쟁이 달아올랐습니다. 크리스토퍼는 그 모든 일에 크게 웃었다고 합니다. 성인의 지위를 잃은 일에 그는 조금도 마음이 상하지 않았습니다. 이유는 단순했답니다. 그는 자신이 성인으로 추대된 사실을 애초에 몰랐습니다.

성 크리스토퍼에게는 모든 것이 사소한 일로 벌어진 헛소동이었지요. 그는 타인을 위한 기적과 이기적이지 않은 봉사라는 자기 업무를 계속하고 있습니다. 바티칸의 승인을 받은 성인 추대 도장이 찍히든 안 찍히든 상관없어요. 성 안토니와 성 프란체스코는 크리스토퍼의 유머 감각이 여전하며, 언제나 그랬듯 남을 비판하는 일이 전혀 없으며, 그 자신이 겸손하다는 사실조차 전혀 깨닫지 못하고 있다고 제게 전했습니다. 또한 성 크리스토퍼는 주님을 뜻하는 다양한 대명사의 첫 번째 철자가 대문자이든 소문자이든 조금도 걱정하지 않는다고 하네요.

저는 모든 처녀자리에게 성 크리스토퍼를 공식적인 스승으로 택하라고 제안합니다. 처녀자리 말고 누가 동의할까요? 있나요? 신(God)입니다! 이제 이 문제는 끝났습니다. 제 말은 좋다는(Good) 뜻입니다. 그럼, 이 문제는 종결되었군요. 나중에 투표할 수는 있습니다.

처녀자리 여성과 처녀자리 남성

달링 씨는 그녀를 대단히 자랑스러워했다. 하지만 그는 매우 고지식한 사람이었다.
그래서 그는 달링 여사의 침대 가장자리에 걸터앉아서
그녀의 손을 잡고, 이런저런 비용을 계산했다.
달링 여사는 그런 남편을 애절한 눈빛으로 바라보았다.

처녀자리 남성은 지출이나 소득세를 계산하느라 바쁠 수 있습니다. 아니면 조금은 덜 따분한 다른 계산을 하느라 바쁠 수도 있지요. 문제는 그가 사랑하는 여인의 애처로운 표정에 담긴 메시지를 놓친다는 사실입니다. 그녀의 눈은 그들이 함께하기로 한 진정한 목적이 어디에 있는지를 온화하게 상기시켜주지요. 하지만 그는 너무 바빠서 볼 수가 없습니다.

저는 처녀자리 연인과 함께 매일 밤 자정의 하늘을 천체력(천체의 위치를 기록한 달력—옮긴이)과 비교하면서 시간을 보낸 처녀자리 천문해석학자를 압니다. 그는 달의 움직임에 따른 분할 비율 및 다른 행성과 맺는 각도를 오 분에서 십 분 간격으로 계산했답니다. (이 이야기는 진짜이며, 과장이거나 농담이 아닙니다.) 이런 극도로 정밀한 행성의 관측 및 계산은 놀라운 정확성을 제공하기 때문에, 그가 수학적으로 능숙하고 직관적이며 재능이 있다면 어떤 천문해석학자라도 믿기 힘들 정도의 예지 능력을 얻을 수 있습니다. 하지만 오직 처녀자리만이 이런 일을 하는 데 일생(또는 사랑과 열의)을 바치고 싶어하지요. 그 모든 천문학적 계산들과 삼각함수에 대해서 한번 생각해보세요! 처녀자리를 제외한다면, 도대체 누가 그런 연구를 하고 싶을까요?

어쨌든 그동안, 그는 꽤 환상적인 천문해석학의 마술로 연인의 심리를 감쪽같이 읽어내곤 했답니다. 어느 여름밤에 있었던 장면을 소개하겠습니다. 먼저, 그는 전화가 울릴 정확한 시간과 전화를 건 사람이 그녀의 어머니라는 사실 그리고 그녀가 담석에 걸렸다는 소식을 전할 것이라는 사실을 맞췄습니다. 그리고 신문 배달하는 소년이 상수도관 공사 장소를 지나가다가 자전거에서 떨어질 것이며, 그 때문에 석간신문 배달이 6분 늦을 거라고 정확하게 예언했지요. 그는 또 그녀가 한바탕 딸꾹질을 하게 될 것이라고 예언했는데, 정말로 그랬답니다. 그러고는 여름 폭풍의 첫 번째 천둥소리 시간을 맞히는 것으로 마지막을 의기양양하게 장식했는데, 실제로 몇 시간 후 천둥과 함께 여름 폭풍이 시작되었지요. 예언한 그 정확한 시간에요. 하지만 제가 이 이야기를 들을 무렵 그는 여자 친구와 헤어진 직후였습니다. 그녀는 대략 일주일쯤 지나서 사자자리 남성과 결혼했지요.

그는 마지막까지 자신의 옆을 지키던 인내심 많은 연인이 언제 첫 번째로 분노의 번개를 칠 것인지, 그 정확한 시간을 계산하는 일에는 소홀했던 것입니다. 자신의 천문 연구에 몰두한 나머지 처녀자리 연인의 마음에서 일고 있는 여름 폭풍을 전혀 눈치챌 수 없었지요. 처녀자리 여성에게는 순결한 태도에 대한 소문과는 달리, 스킨십을 바라는 지극히 인간적인 충동이 있답니다. 그는 그날 밤 그녀 침대에 앉아 있었습니다. 그가 앉은 위치에서는 벽에 걸린 시계가 잘 보였고, 그는 그날 밤 내내 그 시계의 초침에서 시선을 뗄 수 없었다고 했지요. 여러 가지 예언이 이뤄지는 정확한 시간을 확인해야 했으니까요. 하지만 그의 연인인 처녀자리 여성이 간절히 원했던 것은 아마도 그의 더 구체적이며 실질적인 애정 표현이었을 것입니다.

너무나도 아름답고 깨끗한 눈동자로 바라보기만 하는 것으로는, 그녀의 의중이 처녀자리 남성에게 전해지기 어렵습니다. 처녀자리 여성이 같은 태양별자리에서 태어난 남성과 사랑에 빠진다면 곧 깨닫게 될 겁니다. 그녀는 좀 더 적극적인 뭔가를 해야만 한답니다. 이를테면, 앙증맞은 손가락으로 그의 팔에 모스 부호를 치고는 그의 뺨에 작은 눈송이 같은 키스를 하는 거지요. 매력이 서로에게 통한다면, 더없이 행복한 섹스를 할 기회로 자연스럽게 이어질 겁니다. 그렇지 않다면, 그는 자신의 시간을 그녀에게 쏟을 생각이 없거나 고독한 생활을 벗어날 어떤 모험도 원하지 않는 남성입니다. 아무리 처녀자리 남성이라도 사랑의 강력한 끌림에 영원히 무심한 채로 남아 있을 수는 없습니다. 조만간 그는 열정에 굴복할 것이며, 똑딱거리는 지성을 감정이 지배하게 될 것입니다. **조만간**에는요. 비관적인 처녀자리 여성이 기대하는 것보다는 더 빨리, 하지만 대부분의 다른 태양별자리 남성이 그런 것보다는 나중이 되겠지요. 모든 것은 상대적이니까요.

물론 이 모든 상황은 반대가 될 수도 있습니다. 처녀자리 여성이 처녀자리 남성의 애원하는 눈빛을 무시한 채, 천문력이나 신문이나 책이나 뜨개질에만 코를 빠뜨리고 있을 수 있지요. 그때는 그가 그녀의 팔을 온화하게 두드려야 한답니다. 영민한 처녀자리 남성의 두뇌에서 튀어나오는 남성적이고 적극적인 아이디어를 덧붙이면 더 좋습니다. '사랑'처럼 공동의 노력이 필요한 일에서는 마뜩잖은 일이라도 가끔은 해야만 한답니다. 의심할 것 없이, 처녀자리 남성은 영리합니다. 처녀자리 여성도 마찬가지고요. 그들은 서로의 정신을 칭찬할 것이고 대화의 소재가 떨어지는 일은 결코 없을 겁니다. 그들은 교대로 사랑의 둥지에 윤을 내고, 강철 수세미가 몇 개인지 세고, 서로에게 책을 읽어주고, 십자말풀이를 하고, 철자 바꾸기 놀이를 할 것입니다. 함께할 수 있는 일은 경이로울 정도로 많고 끝이 없습니다.

처녀자리 남성과 처녀자리 여성의 성적인 조화에 관해서 말하자면, 달별자리와 동쪽별자리가 서로 조화롭다면 섹스는 강렬해집니다. 이 두 사람은 서로를 기쁘게 해주는 법을 정확히 알고 있습니다. 출생차트의 금성 또는 화성에 문제가 없다면, 상스러움이나 외설스러움으로 서로를 불쾌하게 하는 일은 없습니다. 전형적인 처녀자리는 격이 떨어지는 섹스를 피합니다. 이들의 섹스에는 감각적인 에로티시즘이나 맹렬한 열정보다는 부드러운 기운이 감돌 것입니다. 하지만 경직된 관점과 태도, 또는 냉랭함 같은 처녀자리의 오랜 문제점이 나타날 수는 있습니다. 이것은 섹스의 상세한 부분에서 둘의 의견이 일치하지 않는 원인이 되지요. 또 두 사람 사이의 섹스가 한쪽에게는 너무 짧고 다른 쪽에게는 지나치게 길게 느껴질 수도 있습니다. 불평거리는 다양합니다. 하지만 두 사람은 어떤 감정이나 열정도 계획된 스케줄의 범위에 정확하게 들어맞도록 초시계로 재거나 강요할 수 없다는 사실을 깨달아야 합니다. 사랑하는 사람들이 나누는 섹스는 분석이나 비판의 대상이 아니라는 점을 깨달아야만 하지요. 그것은 뻔뻔스러울 정도로 주고받아야 하며, 즐겁고 감사하게 누려야 하는 그 무엇이랍니다. 하나가 되고 싶은 두 영혼을 위한 가장 자연스러운 행위이지요. 한 몸이 되는 행위를 통해 그들 공통의 꿈은 더욱 공고해지고 새로워진답니다.

그러나 요즘 시대에는 순수한 성적인 진실을 찾아보기 어렵습니다. 처녀자리 남성과 처녀자리 여성을 비롯한 모든 연인을 뒤덮고 있는 외설물의 안개 때문이지요. 세상은 제정신을 못 차리고, 난잡할 정도로 혼란스러워졌습니다. 사실, 시대의 변화 속에서 충동적인 성적 모험에 나서는 처녀자리도 늘어나는 추세입니다. 하지만 성에 관한 혐오스러운 표현은 내적으로든 외적으로든 처녀자리의 격에 맞지 않습니다. 그런 것들은 순진함과 순수한 마음이라는 이들 태양별자리의 타고난 권리와는 정반대되는 극성을 지녔지요. 처녀자리의 곤경은 성을 무감각한 방탕함으로 깎아내리는 데서 시작합니다. 이는 성을 억제하기로 결정을 내린 것처럼 보이는 사람들에 의해 부추겨진 것이지요. 하지만 섹스에 대한 이 계획적인 살인은 사랑에 대한 범죄 행위입니다.

천문해석학은 없어서는 안 될 자연의 한 부분이며, 자연은 당신이 처녀자리의 본질을 우롱하는 것을 좋아하지 않습니다. 처녀자리의 파동은 뒤에 따라오는 별자리인 천칭자리의 성적인 저울이 적절하게 균형을 유지하는 데 필요한 무게와 척도를 제공하도록 디자인되고 계획되었습니다. 섹스의 놀라운 에너지에 대한 통제력을 잃지 않기 위해서지요. 이미 쇠약해지고 치유 불능의 상태로 돌고 있는 이 지구에서, 통제력을 이미 상실한 다른 폭발적인 에너지들과 섹스 에너지가 결합하도록 놔둬서는 안 되기 때문입니다. 하지만 우주는 현명합니다. 행성의 영향력은 윤회라는 방식을 통해 매우 공정하게 디자인되고 실행됩니다. 그래서 섹스를 남용하는 사람들에게는 신비와 지옥으로 통하는 고문과 같은 길이 만들어집니다. 반면에 섹스가 사랑에 의해 찬미될 때, 천국으로 가는 가장 빠른 별빛으로 타오르는 유성의 무리가 되지요. 진정한 연인이 일체가 되는 경험을 주는 성적인 조합은 온 우주의 하나됨이라는 깨달음의 새벽을 불러옵니다. 그것이야말로 모든 남성과 여성의 타고난 즐거운 권리라는 사실을 깨닫는 순간이지요.

처녀자리 커플에 대한 장에서 섹스에 대한 담론을 펼치게 되다니요! 여러분은 아마도 전갈자리 장에서 이런 이야기를 하게 될 거라고 예상하셨겠지요? 하지만 섹스의 어떤 측면에 대해 논하느냐에 따라 모든 것이 달라진답니다. 섹스의 순수함은 처녀자리에, 그 미스터리는 전갈자리에, 로맨스는 사자자리에, 그 감각성은 황소자리에, 섹스의 불가사의함은 쌍둥이자리에게 속합니다. 어떤 태양별자리도 '섹스'를 통째로 소유하지는 못합니다.

처녀자리 커플의 성공 여부는 서로의 거울에 반사된 자신의 단점을 깨닫고, 그 단점을 얼마나 고치는가에 달렸습니다. 동시에 그 거울에 비친 자신의 장점을 보고, 얼마나 솔직하고 자랑스럽게 자신의 매력을 인정하는가에 달렸습니다. 모든 처녀자리는 다른 사람으로부터 사랑받는 자질이 있지요. 그러니 서로에게도 사랑받을 수 있습니다. 두 사람 모두 타고난 공손함과 지성과 반짝이는 유머로 빛이 나지요. 뭐라 설명하기 어려운 온화함과 영혼의 순수함은 맑고 안정되었으며 몹시도 차분한 눈동자를 통해 부드럽게 반짝입니다. 이들은 상대방이 얘기를 잘 들어주고, 상대방 처녀자리가 놀려도 화내지 않고 흔쾌히 즐겁게 일한답니다.

때로 처녀자리의 너무 진실한 비판과 발언이 문제가 될 수 있습니다. 닉슨 대통령을 물러나게 했던 마사 미첼(존 미첼 법무부 장관 부인. 남편이 1972년 워터게이트호텔에 있는 민주당 선거본부 사무실 침입 사건에 연루되자, 그녀는 남편을 희생양으로 삼으려는 '음모'에 맞서기로 하고, 기자들에게 전화를 걸어 사건을 배후 조종하고 은폐하려는 음모가 있으며 그 주역은 리처드 닉슨 대통령이라고 주장했다. 닉슨 정부는 그녀를 겁박하고 정신병자로 몰았고, 세상은 그녀의 말을 믿지 않고 그녀를 비판했다. 나중에 그녀의 말은 모두 사실로 밝혀졌음—옮긴이)도 처음엔 문젯거리로 받아들여졌지요. 그녀와 남편 존 미첼 법무부 장관은 처녀자리였고 부부는 1-1 태양별자리 커플이었답니다.

분명 그녀의 모든 언동은 사람들을 불쾌하게 했습니다. 하지만 그녀의 맑고 밝은 처녀자리의 눈동자는 진실로 가득 찼고, 교활함이라고는 전혀 찾아볼 수 없었습니다. 아직 진실이 밝혀지기 전, 그녀는 자신에 대해 비판적인 대학생들을 향해 공식적으로 토론하자고 제안했었지요. 학생들이 거부하고 사람들이 그녀를 비판하자 그녀는 진짜로 어리둥절해져서 이렇게 말했습니다. "맹세컨대, 이 나라의 젊은이들이 왜 그렇게 화를 내는지, 내가 왜 그들의 이상에 반대한다고 생각하는지 알 수 없어요. 내가 한 일은 그저 옳거나 틀리다고 내가 믿는 것에 대해 솔직하게 이야기한 것뿐이에요. 그들이 좋아하는 것을 좋아한다고 말하고, 하고 싶은 것을 할 권리를 주장하는 것과 뭐가 다르지요?"

맞습니다. 정확해요, 마사. 사람들의 비판적인 공격에 대해 마사가 드러낸 반응은 처녀자리의 사고방식을 생생하게 보여줍니다. 천문해석학에서 처녀자리는 비판하고 분석하고 의견을 밝히는 사람들이랍니다. 어떤 나쁜 의도도 없이, 다만 그렇게 타고났기 때문에 그렇게 하는 것입니다. 또한, 이들은 기꺼이 타인에게도 똑같이 비평하고 분석할 자유를 허용합니다. 하지만 처녀자리의 식별력은 굉장히 정밀하기 때문에, 이들은 본인이 했던 분석의 단점도 재빨리 파악할 수 있답니다. 그러면 더 세밀한 현미경으로 실험을 거친 후에 친절하고 예의 바르게 분석한 내용을 수정하지요.

처녀자리는 말뜻의 명확함을 추구하기 때문에, 그들을 위해 사랑의 정의를 여기에서 다시 내려봅니다. 사랑은 다른 한 사람에 의해 총체적으로 받아들여지기를 바라는 모든 남성과 여성의 깊고 어쩔 수 없는 욕구를 보여주는 살아 있는 증거입니다. 창조주는 온화한 갈릴리 사람을 통해 처녀자리(우리 모두)에게 현명한 메시지를 보냈습니다. **서로 사랑하라, 내가 너희를 사랑한 것처럼.**

그 사랑에는 기벽, 단점, 실수, 엄청난 실책, 죄, 엉뚱한 짓 등 그 모두가 다 포함될 것입니다. 그러니 처녀자리 여러분, 어서 가서 신을 비판해보세요. 얼마나 많은 단점을 찾아낼지 한번 해보세요. 그리고 이제 제발 입을 다물어주세요. 서로에게 또 우리 모두에게 작은 일로 트집 잡고 잔소리하는 것을 이제는 그만 멈춰주세요.

추신. 설령 당신이 멈추지 않더라도, 우리는 어쨌든 여전히 당신을 사랑해요.
때때로 처녀자리의 비판은 용감하며 꼭 필요합니다.
애정을 담아서 서명합니다.
나머지 열한 개 태양별자리 성인들과 죄인들이.

처녀자리 Virgo

흙 · 변화하는 · 수동적
지배행성: 수성
상징: 처녀
음(-) · 여성적

Libra 천칭자리

공기 · 시작하는 · 능동적
지배행성: 금성
상징: 천칭
양(+) · 남성적

처녀자리와 천칭자리의 관계

갓난아기가 처음으로 웃을 때, 그 웃음이 수천 조각으로 쪼개져서 이리저리 통통 뛰어다닌다.

그리고 그게 요정이 된다… 진부한 이야기다, 이건….

천칭자리 남녀는 유쾌하고 지적인 동시에 대단히 즐거운 낙천주의자들입니다. 그래서 천칭자리와 함께 있으면 즐겁습니다. 천칭자리의 웃음만으로도 칙칙하던 파티장은 멋진 공간으로 바뀌지요. 그들은 여러분의 사고를 자극하고, 여러분의 생각에 논리라는 신선한 공기를 불어넣어 기운차게 달리도록 만듭니다. 덕분에 여러분의 정신을 날카롭게 훈련시킬 수 있지요. 천칭자리는 빗방울도 수정처럼 보이게 할수 있습니다. 샤워할 때 생기는 평범한 비눗방울도 분홍색 풍선이라고 여겨질 정도로 화려한 표현을 빚어낼 수 있지요. 풍선 말이 나와서 말인데, 한 번이라도 풍선을 주먹으로 치려고 해보신 적이 있으신가요? 아무도 성공할 수 없을 겁니다. 아무리 여러 번 주먹으로 쳐도 풍선은 그냥 빠져나갑니다. 불룩한 모습으로 밝고 가볍게 둥둥 떠다니지요. 좌절감을 느끼지 않을 수 없습니다. 그 풍선에게 조금이라도 인상을 남기려면, 유일하게 효과적인 방법은 날카롭고 뾰족한 핀이나 바늘을 사용하는 것입니다. 그 하찮은 물건의 공기를 빼는 것이 정말로 소원이라면요.

처녀자리는 확실히 날카롭고 뾰족한 핀과 바늘, 이렇게 완벽한 세트로 무장한 사람들이지요. 교정을 위한 비판이라는 처녀자리의 작은 핀과 바늘은 천칭자리의 풍선처럼 부푼 행복과 자애로운 비눗방울에서 빠르고 확실하게 바람을 뺍니다. 이 일을 처녀자리보다 더 잘할 수 있는 사람은 없답니다. 뻥! 한때는 둥글고 가볍고 행복하도록 만들어졌지만, 이제 남은 것은 분홍 풍선의 조각들뿐입니다. 어디에도 쓸모가 없습니다. 처녀자리표 사실주의의 매서운 집중포화에 굴복한 천칭자리는 한동안 상태가 좋지 않을 것입니다.

천칭자리는 시작하는 별자리이고 처녀자리는 변화하는 별자리입니다. 그래서 처녀자리는 천칭자리의 논리와 장시간의 토론과 낙천주의를 오랫동안 수용합니다. 전형적인 처녀자리는 말이 없는 평화로운 사람이며, 천칭자리는 지배행성인 금성의 은은한 불빛 아래에서 유쾌하게 꽃을 피우는 사람입니다. 한동안은 모든 것이 순조롭고 평온합니다. 두 사람은 서로 만족스럽습니다. 그리 환상적이라고 할 수는 없지만 불안하거나 속상할 일 또한 없습니다. 천칭자리와 처녀자리는 훌륭하고 깔끔한 조화를 이룹니다. 천칭자리는 모든 것이 공평하고 매력적인 것을 좋아합니다. 처녀자리는 모든 것이 똑같아지는 걸 좋아합니다.

두 사람은 더없이 행복하게 사무실, 집, 학교, 또는 공연장을 함께 오갈 것입니다. 흡연자와 도박꾼과 시끄럽고 무례한 사람들을 적절히 피해서요. 이들은 서로의 양말 서랍을 정리하고 교착상태를 해결할 것입니다. 서로의 희망에 윤을 내고, 서로의 머리카락을 매만져주며, 칫솔과 세제를 선물로 교환하겠지요. 책도 주고받을 겁니다. 사진 액자는 대칭 모양으로 걸어둘 것이고 서로 목청을 높이는 일도 없을 겁니다. 모든 것은 잘 흘러갈 것이며 믿기 힘들 정도로 평범할 겁니다.

천칭자리는 점차적으로 자신의 저울의 정확한 수평을 유지하는 일을 처녀자리에게 의존합니다. 처녀자리의 유용함에 점점 더 기대기 시작하지요. 보통의 처녀자리는 많은 사람이 있는 파티를 정말로 싫어합니다. 웃거나 한담을 나누고 싶은 기분이 전혀 들지 않을 때, 웃고 수다를 떨어야 하는 공식 행사를 싫어하지요. 천칭자리는 보통 그런 떠들썩함을 좋아합니다. 천칭자리는 온갖 즐거움을 누리고 싶어하지요. 재미없는 고된 일이나 인간관계에서 생기는 지루한 의무 같은 것들은 처녀자리가 알아서 해줄 거라고 기대하는 버릇이 있습니다. 수입과 지출의 균형을 유지하고, 설거지를 하고, 숙모와 삼촌을 즐겁게 해드리고, 아기를 돌보고, 잔디를 깎고, 식기세척기를 고치는 것 같은 일들 그리고 그 밖의 수많은 일들 말입니다. (대부분의 처녀자리는 마법의 손가락을 가졌으며 기계를 잘 아는 마법사랍니다.) 이 모든 즐거운 일들은 천칭자리의 까다로운 취향과는 별로 어울리지 않으니까요.

하지만 오래지 않아 땅 아래에서 우르릉거리는 불길한 소리가 날 겁니다. (처녀자리는 흙 별자리지요.) 지축을 흔들 정도까지는 아니고, 그냥 몇 번 미진이 느껴질 것입니다. 처녀자리는 처음에는 참을성 있고 예의 바르게 천칭자리에게 말합니다. 자신은 당하기만 하는 사람이 아니며 그저 보통 사람이라고 설명할 겁니다. 그리고 여전히 공손하게, 장밋빛 귀에 보조개가 쏙 들어가는 미소를 짓는 분홍색 풍선을 설득하려 할 것입니다. 자신이 어린 시절부터 간직해온 꿈은 주차 요원, 하녀, 운전기사, 집사가 되는 것이 전혀 아니라는 사실을 이해시키려고 애쓸 것입니다. 실제로 처녀자리는 굴뚝 청소부나 관리인에 만족하지 않습니다. 그들은 다양한 야망을 지녔거든요. 천칭자리는 인내심 있고 예의 바르게 처녀자리 권리장전에 귀 기울입니다. 꽤 긴 시간 동안 숙고한 후에 천칭자리는 마침내 처녀자리의 불평은 정당하다고 판단하지요. 자신이 처녀자리를 공정하게 대하지 않았다는 결정을 내릴 겁니다. 고맙게도 천칭자리는 의무와 책임의 절반쯤은 분담하겠다고 제안하겠지요. 이제 처녀자리는 여유 시간이 늘어나 바쁘고 활기차게 보낼 수 있게 됩니다. 완벽한 해결책이자 이상적인 타협처럼 보입니다. 한동안은요.

하지만 천칭자리는 이 모든 일에서 처녀자리의 완벽함에 미치지 못합니다. 그래서 처녀자리는 천칭자리의 일거수일투족을 비판하기 시작합니다. 양치기 개의 털은 뒤로 빗질해야 더 윤기가 돈다는 걸 모르는 사람이 세상에 어디 있어요? 그렇게 잔디에 물을 너무 많이 주면 풀은 익사하고 만다니까요. 그렇다고 물을 충분히 주지 않으면 말라 죽는다고요! 자동차에 왁스 칠을 했다더니, 후드 위에 생겨난 눈에 띄는 자국 세 개는 뭐죠? 천칭자리의 빌어먹을 반지가 바람막이 위에 흠집을 냈을 게 빤하지요. (대부분의 천칭자리는 보석을 지나치게 좋아합니다.) 천칭자리가 마루 깔개를 고정하더니 압정 몇 개가 마루에 떨어졌네요. 아니나 다를까, 처녀자리가 침실에서 맨발로 나와 우유를 가지러 부엌에 가는 중에 한 개를 밟고 말지요. 결국 처녀자리의 핀과 바늘이 튀어나옵니다. 가련한 천칭자리는 카펫 위에 지쳐 쓰러지거나, 긴 벨벳 의자 위에 아무렇게나 몸을 던지겠지요. 천칭자리는 그 모든 끔찍하고 잔인한 지적에 흐느낍니다. 하지만 처녀자리는 그다지 동정적이지 않을 겁니다. 보통 때는 친절한 처녀자리지만 변비, 우울증, 불면이라는 세 가지가 한꺼번에 찾아오면 완전히 바뀝니다. 하지만 두 사람은 결국 화해할 것입니다. 모든 것은 다시 깔끔하게 정리될 겁니다. 그리고 다음 차례가 오겠지요. 다음번에 짜증을 내는 사람은 천칭자리가 될 수 있습니다. 그러면 궁지에 몰린 처녀자리는 훌쩍거리며 천칭자리를 미워하겠지요. 하지만 처녀자리와 천칭자리 커플은 또 화해할 것입니다.

이 관계는 2-12 태양별자리 유형이기 때문에, 처녀자리는 천칭자리의 결점을 찾기보다는 존경합니다. 삶을 덜 혼란스럽게 할 방법을 천칭자리가 안다는 것을 감지하기 때문입니다. 실제로 천칭자리는 압니다. 천문해석학적 윤회의 바퀴에서 처녀자리를 먼저 통과했기 때문에, 천칭자리는 처녀자리에게 여러 가지를 가르칠 수 있습니다. 특히, 이상과 실현 가능성 사이의 불일치에 대해 조금 더 넉넉하고 열린 마음을 지니는 게 낫다는 사실을 가르칠 수 있습니다. 그리고 삶이란 누리는 것이지, 그 결점에 대해 체계적으로 분류해야 하는 대상이 아니라는 사실도 가르칠 수 있지요. 천칭자리는 이러한 깨달음의 빛을 처녀자리에게 비춥니다. 천칭자리에게는 앞선 별자리가 뒤에 오는 별자리에게 언제나 느끼는 기이하게도 자애로운 관용이 있답니다.

전체적으로 볼 때, 이 두 사람은 공통점이 대단히 많습니다. 처녀자리는 천칭자리의 엄격한 직업의식에 찬성하며(원칙상) 다소는 부러워합니다. 또한 천칭자리의 정의와 공평함을 지지합니다. 그러나 천칭자리의 동요와 예, 아니요, 어쩌면 그럴 테지요, 하는 식의 망설임과 지나치게 오래 끄는 의사 결정 방식에는 반대합니다. 지나친 신중함은 짜증스럽고 불필요하며, 지극히 귀중한 시간을 낭비하는 짓이라고 생각하기 때문입니다. 그리고 분명 천칭자리가 게으르다고 생각할 때도 있을 겁니다. 이 부분에서 처녀자리는 공정하지 못합니다. 천칭자리의 무기력한 시간은 감동적인 에너지와 열의의 소진 뒤에 따라오는 것이기 때문입니다. 사람이라면 누구나 가끔 쉬어야 하지요. 특히, 천칭자리처럼 열심히 놀고 치열하게 일한다면 당연히 쉴 때가 있어야 합니다. 어쨌거나 천칭자리와 처녀자리는 서로의 지성을 무척 찬미하고 존경합니다. 두 사람 모두 유연하고 원활하게 활동하는 두뇌 세포를 타고났지요.

문제는 처녀자리와 천칭자리의 성격이 비슷하다는 점, 그래서 때로는 구별하기 어렵다는 것입니다. 예를 들어, 천칭자리의 아름다운 균형과 처녀자리의 질서 정연한 성향입니다. 동쪽별자리가 헷갈리는 친구가 한 명 있는데, 그는 혼잡한 거리를 지날 때 자기 지갑을 확인하는 특이한 집착 때문에 자신의 동쪽별자리가 천칭자리라고 주장합니다. 그는 지폐가 정돈되어 있지 않으면 1달러 다음에 5달러, 다음에 10달러, 다음에 20달러 식으로 돈을 다시 정리하려고 거리 한복판에서 바로 멈추어 선다고 합니다. 그는 이것을 천칭자리의 콤플렉스라고 확신합니다. 그렇지 않습니다. 그것은 처녀자리 증후군입니다. 정확한 숫자 순서대로 지갑의 지폐를 배열하는 것은 명백히 처녀자리답지요. 천칭자리의 문제는 좀 다릅니다. 천칭자리도 거리 한복판에 멈추어 설 겁니다. 왜냐하면 길을 계속 건너야 할지, 아니면 식당으로 돌아가서 레몬 크림 파이 한 조각을 먹어야 할지, 불현듯 결정할 수 없기 때문이지요.

처녀자리와 천칭자리의 개성이 어우러진 집이나 사무실은 대개 행복하고 조화롭습니다. 거기엔 천칭자리가 섬세하게 조절한 파스텔 색조의 평화와 은빛 웃음을 띤 처녀자리의 차분하고 맑은 눈동자가 함께 있지요. 천칭자리의 보조개와 훌륭한 목소리, 달콤한 안개, 온화한 구름, 향수와 함께 처녀자리의 아이보리 비누향, 아름다운 그림, 반짝거리고 깨끗한 유리창, 잔잔하게 흐르는 음악이 있고요. 처녀자리가 쓰다듬듯 계산기를 두드리는 리듬에 맞추어, 컵에는 천칭자리 얼음 조각이 맑게 울리는 소리가 담겨 있는데 그것들은 잘 조화를 이룬답니다. 그리고 마루 위에는 길을 잃은 압정도 몇 개 떨어져 있겠지요?

처녀자리 여성과 천칭자리 남성

비아냥거리는 웬디를 상상해보라. 하지만 그녀도 할 만큼 했다.
게다가 그날 밤, 무슨 일이 벌어질지 그때는 몰랐다.
만약 알았더라면 피터에게 그렇게 대하지 않았을 것이다.
피터는 당황했다. 고통 때문이 아니라 그 부당함 때문이었다.
피터는 어찌할 바를 몰랐다. 그저 겁에 질린 채 빤히 바라볼 뿐이었다.

처녀자리 여성은 단점을 찾아내고, 비판하고, 교정하려는 본능이 있습니다. 하지만 사소한 것에 신경을 쓰고 까다롭게 구는 것에 자신의 모든 시간을 허비하지는 않습니다. 대부분의 시간 동안, 그녀는 온화하고 애교 있는 성격에 부드러운 미소와 반짝이는 눈동자를 지닌 매력적이고 여성적인 사람입니다. (모든 처녀자리 여성의 눈동자는 쌍둥이자리와 마찬가지로, 말 그대로 눈에서 작은 별이 빛나는 것 같습니다. 반짝거리는 날개 달린 신발을 신은 수성이 두 태양별자리에게 남긴 마법의 흔적이지요.) 처녀자리 여성에게는 상쾌하고 서늘한 초록색 숲과 같은 어떤 것, 순수한 백색의 부드러운 뭔가가 있습니다. 이것이 그녀 주변으로 스며들어 고통받고 우울한 영혼을 진정시켜주는 듯 보이기도 합니다. 단지 가까이만 있어도 마음이 편안해지지요. 그녀는 위로가 되는 존재랍니다.

지인 중에 까다로운 천칭자리 남성이 있습니다. 아내와 이혼한 지 5년이 지났는데도 그는 끔찍한 공허감과 외로움에서 아직 회복되지 못하고 있답니다. 그의 아내는 처녀자리였지요. 천문해석학은 세상의 수많은 처녀자리-천칭자리 커플이 겪을 수 있는 고통을 미리 예방할 수 있도록 노력을 기울여야 합니다. 실용적이고 합리적인 처녀자리라면 이렇게 말할 것입니다. "1mg의 예방이 수백 kg의 치료보다 낫다." 네, 처녀자리는 좀 진부한 경향이 있습니다. 어쨌든 처녀자리는 이렇게 밀리그램 단위까지 생각합니다. 천칭자리의 사고방식으로는 실수는 화해를 낳습니다. 나중에 언제나 속죄하고 바로잡을 수 있지요. 그러나 처녀자리는 다르게 생각합니다. 그녀는 실수를 정말로 참을 수 없답니다. 실수를 애초에 하지 않아야 한다고 생각하지요.

실수를 하지 않으면 속죄하거나 바로잡아야 할 일도 없지요. 투명하고 군더더기 없는 논리입니다. 엄격한 철학을 가진 이 여성은 비상한 노력을 기울입니다. 그녀 스스로 나중에 후회할 실수를 피하고, 그녀의 천칭자리 남성이 그들 관계와 관련한 실수를 피하는 것을 돕기 위해 최선을 다합니다. 그 남다르고 위대한 노력이 실패한다 해도 사람들은 그녀가 노력(그녀의 조용한 끈기를 표현하기에는 너무 온건한 단어입니다.)했다는 사실을 압니다. 그래서 처녀자리의 가위로 인연을 잘라내기가 쉬워지지요.

여러 해 동안 처녀자리 여성은 관계를 흔들어대는 억압과 실망 그리고 상처를 즐겁고 흔쾌하게 받아들입니다. 사랑에 따르는 의무를 훨씬 넘어선 수준까지 받아들이지요. 그녀는 자신의 모든 갈망을 희생합니다. 그녀의 자아와 자부심과 사람을 판별하고 싶어하는 욕구를 희생하지요. 사랑하는(물론 존경도 합니다. 존경은 처녀자리의 사랑과 떨어질 수 없고 없어서는 안 될 요소입니다.) 천칭자리 남성의 안락과 만족, 성공과 행복을 위해 그녀의 온 인생을 헌신합니다.

천칭자리 남성 역시 열심히 노력합니다. 왜냐하면 천칭자리에게 어느 특별한 누군가와 공유하지 않는 인생이란 거대한 영(0)이기 때문입니다. 천칭자리 남성은 처녀자리 여성이 두 사람의 관계를 유지하기 위해 노력하는 만큼이나 자신의 상반신(상징적으로)을 뒤쪽으로 비틀 것입니다. 주고받는 사랑이 없다면, 다시 말해 협력이 필요한 일에 몰두하지 못한다면 낭만적인 천칭자리는 죽은 거나 다름없습니다. 이 남성에게 사랑은 값을 매길 수 없는 귀한 보물이랍니다. 그래서 이 보물에 대한 손해 또는 손실에 대비한 보험으로 이 관계에 최선을 다합니다. 공정하게 말하자면 그의 '최선'은 썩 괜찮습니다. 금성의 지배를 받는 천칭자리 남성은 자신의 처녀자리 여성에게 온화함, 관대함, 배려와 애정을 풍부하게 쏟아붓습니다. 그가 괴팍하고 흉포한 악어로 변하는 어떤 수요일들과 금요일들은 빼고요. 누군가가 (반드시 그녀 때문이 아니더라도) 그의 저울을 쳐서 균형을 잃게 만들 때면 그는 온통 비참하고 뒤죽박죽이 된 기분을 느낍니다. 하지만 천칭자리 남성은 재빨리 자신을 회복하고는 평소의 행복하고 즐겁고 다정한 모습으로 돌아갑니다. 그러면 삶은 다시 시적이며 사랑스러운 것이 되지요. 물론, 그는 여전히 양말을 마룻바닥 이곳저곳에 늘어놓습니다. 컵과 유리잔을 그녀더러 치우고 설거지하라고 놔두지요. 파티에서 수다를 좀 많이 떨거나, 너무 오래 열심히 숙고하거나, 드물게는 샴페인에 지나치게 탐닉하기도 합니다. 하지만 이 모든 가벼운 단점에도 불구하고 천칭자리 남성에게는 애교, 보조개, 눈부신 미소와 유쾌한 대화 같은 매력이 많습니다. 놀라운 지성은 말할 것도 없지요. 그는 정말로 매력적인 남성입니다. 처녀자리(어떤 형태의 훌륭함에도 엄격한 잣대를 사용하는)조차 인정하지 않을 수 없을 정도지요.

두 사람 사이의 섹스는 온통 마음을 빼앗기는 것도 아니고 가볍기만 한 것도 아닌 그 사이 어딘가에 자리합니다. 이 두 남녀는 성적인 포옹 안에서 보기 드물게 고요한 만족감과 성취감을 발견할 수 있습니다. 처녀자리 여성은 때로 천칭자리 남성이 지나치게 낭만적이고 관념적이라고 느낍니다. 천칭자리는 처녀자리 여성이 지나치게 무미건조하다고 느낄 때가 있지요. 하지만 부드러운 애무를 받으면 처녀자리 여성은 서서히 깨어납니다. 그녀는 열정을 감각적으로 이해합니다. 그녀의 기본 천성은 '현실적'이며 그가 예기치 못하는 차원의 반응을 담고 있습니다. 하지만 천칭자리 남성의 섹스는 처녀자리 여성의 잠재적인 욕망을 끌어낼 만큼 충분히 섬세하고 절묘합니다. 그는 곧 그녀의 신뢰를 얻습니다. 그녀는 실제로 천칭자리 같은 감상주의자로 바뀔 정도로 변화합니다. 그는 '현실주의'를 본능적으로 따르는 일은 성적 표현과 상관없는 것이라고 그녀에게 가르치겠지요. 결국 처녀자리 여성은 금성의 인도를 받는 천칭자리 남성만큼이나 마음에서 우러나온, 억압받지 않는 사랑을 주고받게 될 겁니다.

대체로 천칭자리 남성은 처녀자리 여성의 순종적이며 불평 없는 헌신을 당연시합니다. 그녀는 언제나 거기에 있을 거라고 생각하지요. 그녀는 자신을 위해 많은 것을 요구하지 않을 것이며, 그다지 적극적이거나 완강하지도 않다고 생각합니다. 하지만 그녀는 가끔씩 머리를 쓰다듬어주면 되는, 천칭자리 남성의 그림자 같은 여성이 아니랍니다. 그의 방식과 야망대로 쉽게 바꿀 수 있는 그런 여성이 아니지요. 다정하고 수줍은 내연의 처나 공손하게 무릎을 꿇는 게이샤도 물론 아니고요. 처녀자리 여성 역시 천칭자리 남성이 그렇듯 한 개인입니다. 처녀자리 여성은 언젠가, 그저 떠나는 것으로 천칭자리 남성의 무신경에 답할지도 모릅니다.

처녀자리 여성이 자신의 마음을 조금만 내줘도 행복해하고, 순종적인 신데렐라처럼 전통적인 여인의 모습으로 영원히 난롯가에 다소곳이 앉아 있을 거라고 믿는 천칭자리 남성은 상황을 논리적으로 재검토해야 합니다. 그런 천칭자리 남성은 캐나다의 수상이자 천칭자리였던 피에르 트루도의 처녀자리 부인 마가렛 트루도를 주목해야 합니다. 트루도 부인은 사랑스럽고 온화한 태도를 지녔지요. 부인과 어머니로서 현실에 안주하며 만족해하는 바로 그 이미지였습니다. 하지만 그녀는 다정하고도 슬프게(하지만 분명하게) 남편과 아이들을 떠날 것이라고 통지했지요. 갑작스러운 통보에 그녀의 남편도 놀랐고 세상 사람들도 놀랐습니다. 그동안 보여줬던 그녀의 이미지와는 너무 달랐기 때문이지요. 하지만 그녀는 압박을 더는 참을 수 없었답니다. 그 뒤 그녀는 오랫동안 갇혀 있던 꿈이 손짓해 부르는 하늘로 날아올랐지요. 한시도 가만히 있지 못하는 불안정한 새가 어느 눈부신 아침에 새장의 문이 우연히 열릴 때 날아오르는 것처럼 말이지요. 마가렛 트루도는 오늘날 처녀자리 여성의 '완벽한' 화신이라고 할 수 있습니다. 자신의 능력을 실제로 실행해보라고 벼락같이 고함치는 벌컨의 집요한 부름을 받은 처녀자리 여성의 화신이지요.

마가렛 트루도는 자신의 개인적인 독립선언에 들어 있는 더 심오한 암시를 의식하지 못할 수도 있습니다. 그러나 1979년 잡지사와의 인터뷰에서 한 말을 들여다보면, 벌컨이 이끄는 새로운 자아를 그녀가 이해하기 시작했으며, 천칭자리 짝의 황금 저울에서 배운 교훈을 실천하고 있음을 보여줍니다. 처녀자리의 이성적인 추론과 현실적인 상식, 사실주의가 전례 없는 창의적인 대담성과 '삶, 자유와 행복'에의 충동적인 추구와 균형을 이루려고 애쓰는 모습을 보여주지요.

그녀는 말했습니다. "저는 아이들이 몹시 그리워요. 남편을 사랑하고요. 제 인생에 있어 최고의 관계입니다. 제가 떠난 이유는 자유에 대한 의지뿐입니다. 저는 어떤 일이 일어날지 정말로 몰랐어요. 제가 그를 결코 떠날 수 없었기 때문이에요. 하지만 우리 두 사람은 어떤 형태로든 우리 두 사람에게 도움이 되는 관계를 이어갈 수 있을 거예요. 그 관계가 결혼이든지, 아니면 쉽지 않은 인생에서 살아남기 위해 서로 돕는 가장 가까운 사이든지 상관없어요. 제게 마술 지팡이를 휘두를 힘이 있었다면, 함께 빵을 굽고, 병조림을 만들고, 피클을 담고, 행복하게 노래 부를 어린아이가 많은, 행복한 결혼을 했겠지요."

그런 말 뒤에 그녀는 한마디 덧붙였습니다. 그녀가 메시지를 의식했든 아니든 그것은 분명 벌컨의 메시지였습니다. 어쩌면 그것은 한때 자신이 사랑했지만 떠나야만 했던 천칭자리 남성에게 보내는 처녀자리 여성을 대변하는 메시지였을 겁니다. "어쩌면 언젠가, 다시 번개가 저를 치면 제가 가장 사랑하는, 진정한 내 사랑 피에르에게 돌아갈 거예요."

처녀자리를 사랑하고 황금으로 만든 새장의 문을 아직도 열어주지 않은 천칭자리 남성이라면 금성의 공정함과 정의를, 무엇보다 천칭자리의 지혜를 모아서, 현명하고도 진심이 우러나는 그녀의 말에 귀를 기울일 겁니다. 그리고 오랫동안 곰곰이 생각할 것입니다.

1969년에 저는 기이한 경험을 했습니다. 처녀자리 친구가 섬세하면서도 마음을 뒤흔드는, 잊히지 않은 멜로디를 작곡했는데 가사는 없었지요. 눈 폭풍이 부는 어느 12월 오후, 그가 녹음실에서 멜로디를 연주할 때 제 손이 메모지와 연필에 가 닿았답니다. 이 처녀자리 노래에 맞추어 시를 써내려가지 않을 수 없었지요. 5분도 채 안 걸려, 단어들이 완벽한 운율로 종이 위에 쏟아져 나왔답니다. 제가 만들어낸 말이 아니었습니다. 그것들은 더 높은 곳에서 저를 통해 전해지는 것 같았지요. 처녀자리 작곡가에게 경의를 표하는 뜻에서, 저는 그 노래를 「벌컨의 노래」라고 불렀습니다. 그가 다시 부드럽게 연주하면서 새로운 가사를 불렀을 때 놀라운 현상이 일어났습니다.

갑자기 그의 목소리가 반복되는 커다란 우렛소리에 삼켜 들리지 않았답니다. 12월에 천둥이라니요? 눈이 내리는데요? "벌컨이 지지한다고 천둥을 치나 봐요." 처녀자리가 웃으면서 말했지요. 그다음 날 아침, 뉴욕 신문에는 전날 폭설이 내리는 동안 '뜻밖의 천둥'이 친 이야기가 실렸습니다.

벌컨의 천둥 같은 목소리가 일 년 전에 『당신의 별자리』에서 양자리답게 충동적으로 썼던 느낌이 타당한 예언이었음을 확인시켜준 것은 아니었을까요? 그 책에서 저는 태양과 수성(현재 처녀자리의 지배행성) 근처를 도는 이 행성이 대략 십 수년 안에 재발견될 거라고 말했습니다. 저는 예언자가 아니며, 한 번도 예언자가 되고 싶은 적이 없었기 때문에 궁금했지요. 그때는 1969년이 끝나고 1970년이 시작할 무렵이었답니다. 지금 이 책을 쓰고 있는 해는 1978년이며, 저는 여전히 궁금합니다. 마가렛 트루도에게, 임박한 변화를 감지하며 어떤 억압에서 풀려나는 막연한 갈망이 꿈틀대는 모든 처녀자리 남성과 처녀자리 여성에게, 보잘것없고 거의 잊혀진 1969~1970년경에 지은 시를 헌정하고 싶은 설명할 길 없는 마음이 들었기 때문이에요. 벌컨은 내일이나 그다음 날도 아니고, 한 주 또는 한 달 이내에는 발견되지 않을 것입니다. 아주 오랫동안 발견되지 않을 수도 있습니다. 아무도 모르는 일이지요. (2017년 현재 벌컨은 아직도 발견되지 않음—옮긴이)

벌컨의 노래 – '처녀자리의 모험'

한 번도 보지 못한 별이 떴네.
기도하는 사람의 마음속에서 잃어버린
어쨌든 사랑에 대한 답이 그곳에 있다네.

여러 해 전에 저 별이 태어난 곳으로 나는 가야 하네.
사랑에 대한 답을 알게 될 테니까.

한밤중에는 숨어 있지만
멀리 높은 구름 위의 태양 가까이에.
멀어버린 눈으로 어떻게 볼 수 있을까?
사람들을 따라 비틀거리며 갈까?

그래도 내 별을 홀로 찾아야 한다네.

하나 또는 둘의 꿈 너머
어딘가에 있을 사랑에 대한 답을.
나는 알지, 내가 찾아낼 거라네.

　지금도 천칭자리의 금성은 좀 더 밝게 빛납니다. 힘든 기다림의 시간은 거의 끝났고, 잃어버린 것은 곧 다시 발견되고, 오래전에 분리된 것은 곧 다시 합쳐질 거라는 말없는 메시지를 보냅니다. 그래요, 벌컨의 시간이 임박했습니다. 과학적인 천문학자가 하는 말은 신경 쓰지 마세요. 많은 달이 떴다가 지기 전인 황혼녘에, 그 어딘가에서 한 사람이 다정하게 노래하는 하늘을 향해 흥분해서 가리킬 겁니다. "봐요! 저 위, 수성 근처예요! 새로운 별이에요!"

　처음에 그들은 다른 이름으로 부를 겁니다. 괜찮습니다. 물병자리에 대한 고대 예언을 모르고 '허셜(1738~1822, 영국 천문학자, 천왕성을 발견함―옮긴이)'이라고 이름 붙인 행성을 천왕성으로 결국 바꿨을 때와 마찬가지로, 천문학자가 초자아의 지도를 받고 과학의 통제를 넘어서는 힘의 지도를 다시 한번 받아서 새로운 별을 마침내 '벌컨'이라고 부를 겁니다. 이렇게 천문해석학에서 예정된 또 다른 탄생이 일어날 것입니다. 천둥의 절름발이 신인 벌컨은 태양신 아폴로의 보호를 받으며 근처에서 돌기 때문에 밝은 대낮이나 밤에는 볼 수 없습니다. 벌컨은 '한밤중에는 숨어 있지만, 태양에 가까운' 별입니다. 그러니 일출 또는 일몰에 발견될 겁니다. 일출이 더 낫겠네요. 그래요, 일출이 더 좋겠습니다. 새벽에 새로운 하루가 막 시작하려는 때, 샛별(천칭자리의 금성)이 황혼녘에 다시 나타나기 전까지 꿈을 꾸기 위해 지평선 너머로 희미하게 사라지는 때입니다.

처녀자리 남성과 천칭자리 여성

나는 웬디가 그걸 특별히 좋아했을 거라고 짐작하는데….
아이들이 들었던 이야기들은 잠자기 전에 웬디가 들려주는 이야기였다.
하지만 웬디가 이야기를 시작할 때면, 피터는 대개 방을 나가거나 손으로 귀를 막았다.

　천칭자리 여성은 다양한 것들을 떠오르게 합니다. 어떤 사람은 떠다니는 풍선과 폭신한 베개를 생각합니다. 부드럽고 푹신한 베갯속은 오리털로 채워졌고, 새틴이나 벨벳으로 베갯잇을 씌웠고, 비단 술이 달렸으며, 기분 좋게 불룩해서 누워보고 싶은 마음이 들지요. 뚱뚱하다고는 말하지 않았습니다. 그냥 불룩하다고요. 모양이 둥글고 휘어졌다는 뜻이지요. 미켈란젤로, 렘브란트, 다빈치 같은 대가들이 그리기 좋아했던 보조개가 있는 여성들처럼 말이에요. 모두 아름답고 풍만한 여성들이지요. 어떤 사람은 그녀를 보며 황금 하프를 떠올립니다. 이 이미지는 때때로 그녀가 정신적으로 흥분했을 때, 다양한 일에 대해 '같은 말을 반복하는' 습관 때문에 연상될 수 있습니다. 하지만 대개는 그녀의 선율 같은 목소리와 아름다운 태도에서 비롯되지요. 그녀는 무척 매력적이며 우아하고, 단호하며 활기찬 사람입니다. 그녀에게는 아주 상쾌한 냄새가 납니다. 거의 모든 천칭자리 여성은 향기 나는 비누, 향수, 분, 향초와 이국적인 향기로 넘쳐납니다. 많은 천칭자리가 침대에 사원의 종을 달아놓지요. 알다시피 천칭자리는 신비롭고 지혜로운 동양을 관장합니다. 이런 이유로 많은 천칭자리가 동양의 선불교와 제논(그리스의 철학자, 금욕을 강조한 스토아학파의 시조—옮긴이)에게 기울게 되지요. 이런 면이 금성의 영감을 받은 그녀의 정서나 다정다감한 본성과는 모순되어 보인다면, 그러한 모순이야말로 천칭자리 저울의 온전한 목적이라는 점을 기억해야 합니다.

한쪽 접시에 잘게 부순 수정가루 같은 선불교의 선이나 제논의 금욕주의를 놓고, 다른 쪽 접시에는 분가루 같은 유쾌함과 다정한 감정을 수북하게 쌓아놓습니다. 그런 다음 균형을 잡습니다. 정확하게 수평이 될 때까지요. 행운이 많이 필요하겠지요. 천칭자리는 단순하지 않지만 평범하지도 않습니다. 그들은 종종 행복한 막대사탕 같아 보입니다. 밝은 웃음과 반짝반짝 빛나는 매력으로 가득하지요. 하지만 언제나 중용을 따지는 경향이 있습니다. 사원의 종, 초, 향, 고대의 지혜와 함께요.

천칭자리 여성은 그녀를 사랑하는 남성에게 이 모든 사랑스러운 이미지를 떠오르게 합니다. 불룩하게 속이 채워진 베개, 풍선, 막대사탕, 구름, 대화가 그린 그림 같은 것들이지요. 그녀의 저울이 그 방향으로 기울어졌을 때는 그렇습니다. 하지만 다른 것들이 떠오르는 때도 있답니다. 예를 들면 군대에서 만났던 선임 병장이 떠오르는 경우가 있습니다. 명확하고 간결한 처녀자리의 사고로는 좀 터무니없는 생각입니다. 잘 이해되지 않습니다. 뭔가 조화롭지 않다는 생각이 듭니다. 이유는 모르겠지만 아무튼 뭔가 좀 잘못된 것 같은 생각이 들지요.

천칭자리 여성을 보면서 주장이 강한 군인이 떠오른 것은 천칭자리 여성이 주변에 있는 좀 더 순종적인 사람들을 조종해서 자신이 원하는 방식대로 밀어붙이기 때문일 것입니다. 물론, 천칭자리 여성은 절대로 목소리를 높이지도 욕을 하지도 않습니다. 금성은 천칭자리가 소리를 지르거나 욕을 하면 호되게 야단을 치지요. 그런 과격한 행동을 하고 나면 늘 죄책감이 드니까요. 하지만 천칭자리 여성이 가진 매력에도 불구하고, 그녀는 거의 모든 크고 작은 사안들에 처녀자리 남성이 자신의 방식을 따르도록 만듭니다. 그리고 그런 경우 문제가 될 수 있지요. 처녀자리 남성을 상대방의 사고대로 움직이는 것 자체가 무척 불편하기 때문입니다. 천칭자리 여성의 사고방식은 주로 두 가지 생각을 동시에 저울질하다가 한쪽으로 기울어질 때까지 기다리는 것입니다. 기울어지는 쪽이 승자가 됩니다.

전형적인 처녀자리 남성은 전혀 입장이 다른 두 가지 생각을 동시에 머릿속에 담을 수가 없습니다. 집중해서 두 가지 중에 한쪽으로 선택하려 합니다. 두 가지의 장단점을 아주 신중하게 분석한 다음 한쪽을 선택하고 다른 한쪽은 재빨리, 효과적으로 버리지요. 결론을 내리지 않은 채로 그 무거운 부담을 지고, 어떻게 그렇게 오래 버틸 수 있는지 도무지 상상할 수 없습니다. 처녀자리는 결정을 내리지 않는 것을 마치 침대 이불을 정리하지 않는 것만큼이나 싫어합니다. 정말 드물게 대충대충 하는 성격의 처녀자리라고 해도 그런 상황은 고문이나 마찬가지입니다. 자책감과 자기모멸감에 사로잡히게 됩니다. 정리하는 과정이 지연되면 될수록 상황은 점점 나빠지고 악순환이 반복됩니다. 사소한 걸로 유난 떨고 걱정하는 성향에도 불구하고, 처녀자리 남성은 천칭자리 여성만큼이나 모순되는 괴팍함과 평화로움을 동시에 가지고 있답니다. 처녀자리 남성은 천칭자리 여성의 영혼을 자신만이 가진 특별한 꿈의 자장가로 달래줄 수 있습니다. 처녀자리 남성의 눈빛은 뭔가 차분하고 고요하고 신선합니다. 아주 차분하고 조용하게 움직이고 말합니다. 처녀자리 남성은 함께 있으면 야단스럽지 않으면서도 아주 위안이 되고 편안하며 행복감을 줍니다. 천칭자리 여성이 무기력해지고 자신감이 떨어질 때 처녀자리 남성과 함께 있으면, 그는 그녀의 저울의 균형을 잡아주고 타고난 금성의 쾌활함을 되찾아줍니다. 처녀자리 남성의 다정한 관심은 눈물을 미소로 바꿔놓고, 세상을 다시 밝은 무지개 색으로 칠해줘서 새롭게 시작할 수 있는 기분이 들게 하지요.

천칭자리 여성은 다른 별자리보다 우울함으로 인한 고통이 더 큽니다. 천칭자리에게는 익숙하지 않은 상태이기 때문입니다. 천칭자리의 저울이 밑으로 내려가면 아주 심각한 절망감을 느끼고 몹시 외로운 상태가 됩니다. 정확한 이유를 알 수도 없지요. 그저 세상이 모두 우울한 회색빛으로 보입니다. 천칭자리 여성의 생생한 상상력에는 뭔가 두려운 일이 생길 것 같은 무거운 안개가 뒤덮이고 허무함이 자리 잡으며 육체적인 힘도 모두 고갈되어버립니다. 그래서 그냥 누워서 아무 생각도 할 수 없는 상태가 됩니다. 그럴 땐 맑은 풍경소리조차도 날카로운 경찰 사이렌 소리처럼 들립니다. 좋아하던 향도 고무 타는 냄새처럼 느껴지고요. 그럴 땐 처녀자리 남성이 정말 위로가 된답니다. 열이 나고 힘들 때 그의 시원한 손을 이마에 올려주는 것만으로도요. 실제로 처녀자리는 좋은 의사나 간호사가 많습니다. 이들은 마치 인간 치료제 같습니다. 처녀자리의 핵심 에너지가 녹색이나 뭔가를 키우는 에너지와 일맥 상통하기 때문입니다. 그들은 자연의 깊은 울창한 소나무 숲이나 평화로운 호수 같은 존재들이지요. 천칭자리 여성의 핵심 에너지는 가을의 황금빛 향수와 일몰의 황홀한 아름다움 같은 동경입니다. 인디언 섬머의 빛깔과 아주 잘 어울립니다.

육체적인 사랑을 표현할 때도 이런 에너지가 잘 섞여 메아리를 만들어냅니다. 천칭자리 여성과 처녀자리 남성이 사랑을 나눌 땐 뭔가 평화롭고 고요한 분위기가 있습니다. 두 사람의 사랑에는 휴식과 편안함이 함께 하지요. 두 사람의 출생차트에서 달별자리가 불의 별자리라면 사랑을 나눌 때도 좀 더 강렬하고 극적인 욕망이 함께 할 것입니다. 하지만 전형적인 처녀자리-천칭자리 결합에서는 뜨거운 열정은 없지만 따뜻한 위로와 조용한 만족감이 있을 것입니다. 두 사람의 사랑에는 사랑을 표현하는 다양한 단계가 있을 것입니다. 각각의 단계마다 아주 특별한 즐거움과 놀라움을 만끽할 것입니다.

하지만 처녀자리 남성은 천칭자리 여성을 비난해서 화가 나도록 만들지 않게 조심해야 합니다. 말로 비난하지 않더라도 마음에 들지 않는다는 눈빛도 조심해야 합니다. 특히나 두 사람이 사랑을 나눌 즈음에는 말이에요. 천칭자리 여성은 마치 사람들이 신을 사랑하는 것처럼 찬양과 전적인 충성을 바치는 사랑을 갈구하고 또 필요로 하는 사람입니다. 사랑받는 것 자체를 사랑하지요. 그러니 그런 그녀를 비난하는 일은 그 사랑에 찬물을 끼얹어버리는 행위입니다. 처녀자리 남성은 넘치는 열정으로 사랑하는 사람이 아니기에 두 사람 사이에는 점점 더 높은 장벽이 생기고 냉담해질 것입니다. 두 사람이 다시 서로의 감정과 느낌을 소통할 수 있으려면 그 장벽부터 없애야 합니다.

천칭자리 여성은 처녀자리의 전형인 하워드 자비스(미국의 사업가, 로비스트, 정치인-옮긴이)를 생각해보면 처녀자리 남성에 대해 제대로 이해할 수 있을 것입니다. 하워드 자비스는 곧 발견될 처녀자리의 진정한 수호 행성인 벌컨의 강력한 천둥을 경험한 사람이지요. 또한 지치지 않는 노력과 인내심으로 마침내 1978년 캘리포니아 시민 발의 제13호(고정 자산세를 과세하는 권한을 축소하는 법안-옮긴이)를 통과시킨 축복과 저주를 함께 받은 인물이기도 합니다.

하워드 자비스는 벌컨의 메시지를 받고 새롭게 태어나, 자신이 가진 모든 힘을 꿈쩍도 하지 않는 터무니없는 세법으로부터 사람들이 자유를 쟁취할 수 있도록 만든 처녀자리 남성이지요. 처녀자리답게 그는 주정부가 불필요한 곳에 과도하게 세금을 낭비한다는 것을 아주 명확하게 비판했습니다.

물론 하워드 자비스의 투쟁 중에 그가 처녀자리의 전형적인 예의와 유순함을 잊고 처녀자리의 전형적인 신경질과 괴팍함 그리고 심술을 부릴 때도 있었습니다. 남들은 모르는 걱정으로 너무나 지쳐서 자신이 마치 거대한 골리앗 정부에 맞서야 하는 외로운 다윗처럼 느껴졌을 때였지요. 또한 13호 법안의 통과가 원치 않는 결과를 초래한 부분도 있었지요. 아무리 처녀자리라 해도 결함이 많은 법 체제 자체를 무결점의 완벽한 제도로 바꿀 수는 없으니까요. 어쨌거나 최소한 하워드의 13호 법안은 워싱턴 정가에까지 개혁이라는 자유의 종을 크게 울릴 수 있는 시발점이 되었습니다. 자비스에 영감을 받은 성난 군중들이 나태하고 사치스러운 정부의 과소비를 비난하는 성명서를 붙이기 시작했지요. 정부가 국민들의 피와 땀으로 거둬들인 세금을 낭비하고 있으며 자신들의 노동에 대해 정당한 보상을 지급하지 않는다는 주장이었습니다.

1978년의 위대한 승리 이후, 하워드 자비스는 텔레비전 쇼에서 '13호 법안'에 관해 인터뷰를 했습니다. 진행자가 질문을 했을 때, 뜻밖에도 이 처녀자리 남성의 목소리는 떨리기 시작했습니다. "나이 일흔다섯 살인 저 같은 사람이 캘리포니아 사람들을 위해 어떤 사람도 하지 못했던 일을 해냈다는 것은 정말 놀라운 일입니다." 그러고는 지켜보던 시청자들보다 그 자신이 훨씬 더 충격을 받은 듯, 하워드 자비스는 감정을 주체하지 못하고 왈칵 눈물을 쏟았습니다.

이것은 처녀자리를 사랑하는 천칭자리 여성이 오래도록 자랑스럽게 여기게 될 처녀자리 남성의 선명한 이미지입니다. 그녀가 사랑해주는 만큼, 그는 그녀에게 보답할 것입니다. 그런데 그는 마음과 정신과 영혼을 다해 자신의 태양별자리에게 진실해야 하는 사람이지요. 자신의 욕구보다는 타인에게 봉사해야 하고, 의무와 책임에 헌신해야 한답니다. 때로는 그런 것들이 그가 사랑하는 천칭자리 여성보다 더 우선하지요. 그의 빛나는 탐색은 어쨌든 이 세계를 발전시킬 겁니다. 그는 최선을 다해 혼란과 혼돈 속에서 지혜를 가져오고 지구인의 실수를 명확히 하고자 하며, 인간 생각에 퍼진 안개와 오염을 거둬내어 천칭자리 그녀가 조화와 균형을 이룰 수 있는 신선한 공기가 되게 만들 겁니다. 그들이 개인적으로 사랑하는 사람이든지 아니면 완전히 낯선 사람이든지 상관없어요.

이것이 처녀자리 남성의 운명입니다. 벌컨에서 새롭게 느껴지는 파장은 그의 행성을 따르고 처녀자리로서의 소명을 완수하라는 충동을 키웁니다. 처녀자리 남성은 천칭자리 여성이 순간순간 추구하는 관심과 감정과 애정을 전혀 주지 않을 때도 있습니다. 그럴 때면 그녀는 그의 온화한 마음과 순수한 동기를 공정하게 판단하고, 종종 그의 고통스러운 생각에 동정심을 보여주려는 노력을 더 열심히 해야 합니다. 그의 비판하려는 충동 안에는 그 자신과 세계, 관계를 위한 새로운 종류의 자유의 씨앗이 들어 있음을 이해해야 합니다.

그녀 역시 가장 중요한 방법으로 그를 도울 수 있습니다. 명민한 지성과는 상관없이 걱정하는 성향 때문에 전형적인 처녀자리 남성은(다른 태양별자리보다 더 많이) 가짜 연대기적인 나이를 가리키는 프로그램과 세뇌 작업의 희생자가 될 위험이 있습니다. 처녀자리는 이 독단적인 시간에 휘둘려서 몇 십 년 '나이 먹은 것'이라고 믿어 의심치 않지요. 이건 마치 죽으라는 명령을 받은 것과 다름없습니다. 하워드 자비스가 틀렸어요. 그는 자신의 임무를 끝마치지 않은, 여전한 청년입니다. 그렇게 계속해서 늙었다고 상상하지 않고, 이미 고정된 사고의 쇠사슬에서 해방되기를 꿈꾼다면 말이에요.

천칭자리 여성에게는 사랑하는 처녀자리 남성을 온화하고 부드럽게 설득하는 아주 훌륭한 자격이 있습니다. 그의 젊어 보이는 외모 또는 젊은 에너지를 희생하지 않고, 우리 공동의 창조주가 의도한 대로(처녀자리-처녀자리 장을 보세요.) 한 세기를 지나서도 살아 있는 쪽을 택하라고 말이에요. 그녀가 그의 호기심을 용케 불러일으킨다면, 그는 하워드 자비스가 13호 법안을 밀고 나간 것처럼 위대한 기적을 성취할 방법과 수단을 단호하게 추구할 거예요. 강력한 벌컨이 이끌기 때문에 그는 비밀 공식을 발견하고 이해할 겁니다. 영겁의 시간 동안 재발견되기를 기다리고 있는 비밀 말입니다.

처녀자리 Virgo

흙 · 변화하는 · 수동적
지배행성: 수성
상징: 처녀
음(−) · 여성적

Scorpio 전갈자리

물 · 유지하는 · 수동적
지배행성: 명왕성
상징: 전갈 또는 독수리
음(−) · 여성적

처녀자리와 전갈자리의 관계

아무도 몰랐다. 어쩌면 모르는 게 나았다.
몰랐기 때문에 한 시간은 더 즐거웠으니까.

모든 처녀자리는 어떤 일이든지 별난 습관이나 뒤틀림을 바로잡고, 구김살이 낀 사람들의 성격을 펴줄 정확한 공식을 자신이 갖고 있다고 믿습니다. 처녀자리가 전갈자리를 만날 때 그 공식은 컴퓨터에 끼여 꼼짝하지 않습니다. 그들의 스팀 다리미는 퓨즈가 나갑니다. 뭔가 잘못되었습니다. 뭘까요?

그 무엇은 전갈자리가 어떤 종류의 분석에서도 빠져나간다는 점입니다. 게다가 그들은 캐물어도, 잔소리를 들어도, 무례한 성향 때문에 비난을 받아도, 음울하게 바라만 봅니다. (앙심을 품은 듯 무섭고 으스스하게 사람들을 노려보는 것 같지요.) 명왕성의 다스림을 받는 사람은 비판받는 것에 신경 쓰지 않습니다. 그 비판이 아무리 온화하고 예의 바르더라도 마찬가집니다. 만약 그들이 담배를 피운다면, 끊으라는 소리를 참지 못하고 더러운 담뱃재를 비우라고 하는 것도 참지 않습니다. 반대로 담배를 피우지 않는다면, 그렇게 지저분하고 건강에 좋지 않은 습관을 멀리한다고 해서 착한 사람이라는 소리를 들을 필요는 없다고 생각하지요. 전갈자리는 의심 많은 본성뿐 아니라 측정할 수 없는 자기만족을 여분으로 가지고 태어납니다. 그들은 자신이 '괜찮은' 사람이라는 사실을 이미 압니다. 그래서 누구에게 인정받고 싶어하지도 않거니와 칭찬이나 기분 좋은 말을 들어도 신뢰하지 않습니다.

전갈자리는 퓰리처상이나 노벨상을 받아도 고마워서 몸을 떨지 않습니다. 그들은 작은 소리로(때때로 작은 소리가 아니라 꽤 들릴 정도로) 누군가 자신의 우월함을 더 일찍 알아차려야 했다고 투덜거릴 것입니다. 그들은 철자법 대회, 모노폴리 게임, 100m 단거리 경주, 개구리 뛰기 대회, 당나귀 꼬리 달기, 정치 캠페인, 아카데미상, 4H 클럽(Head, Hands, Heart, Health를 모토로 하는 세계적인 청소년 단체-옮긴이) 리본 따기에서 언제나 완승을 예상합니다.

그들을 놀래주는 일은 불가능합니다. 더 정확히 말하자면 놀라게 하는 건 가능하지만 전갈자리의 목소리, 말, 또는 표정에서 그걸 알아내는 건 불가능합니다. 이유는 이중적입니다. ① 그들은 어떤 일이든지 당신보다 몇 걸음 앞서 추측할 만큼 예지력이 강합니다. ② 당신이 허를 찌를 때 그들의 얼굴 표정은 실제로는 그렇지 않더라도 미리 준비된 것입니다. 전갈자리는 모든 일에서 재미를 빼앗습니다. 깜짝 생일잔치를 열어줘도 행복해하지 않습니다. 어쨌든 즉흥적인 활력은 없을 겁니다. 하지만 그들 마음속에 샴페인 내부처럼 거품이 인다는 걸 당신이 기억한다면, 거품이 병 안에 꽉 담겨 있더라도 아슬아슬할 겁니다.

처녀자리에 대해 말하자면, 뜻밖의 일은 그들에게 신경과민을 불러옵니다. 계획에 없는 일은 그들을 균형에서 벗어나게 하지요. 전갈자리와 다르게 처녀자리는 의심하지 않습니다. 처녀자리는 마음속 공포의 응석을 받아주는 데 시간을 낭비하지 않습니다. 하지만 여기에서 의심이 만들어집니다. 또한 처녀자리는 전갈자리 같은 자기 확신이 없습니다. 자기 확신은 어떤 사람이 거의 완벽하다는 의미이지요. 하지만 처녀자리는 일반적인 인간 본성의, 특히 그 자신의 불완전함을 지나치게 깨닫고 있답니다. 다른 누구보다 자기 자신을 더욱 비판하고 개선해야 한다는 걸 확신하지 않는 처녀자리는 단 한 사람도 없습니다. 전갈자리가 처녀자리의 이런 매력적인 특징을 알게 된다면(전갈자리가 어떤 사람의 정신력을 측정하거나 누군가의 혼을 빼놓는 일은 오래 걸리지 않습니다.) 상세하게 기억하고 제안하며 관찰하려는 처녀자리의 충동이 덜 짜증스러울 것입니다. 전갈자리는 이 요정 같은 선의의 인간에게 애정 어린 미소를 짓습니다. 처녀자리가 너무 노골적으로 비판하고, 잔소리하고, 야단치며, 골치 아프게 따지지만 않는다면, 이 두 사람은 아주 사이좋게 지내며 예기치 못하게 가까워질 겁니다. 타인에 대한 '친밀함'은 처녀자리나 전갈자리에게는 가볍게 여겨지지도 않고 쉽게 얻어지는 것도 아니지요.

다른 사람들은 전갈자리의 비밀스러운 본성과 신비의 장막을 파헤치고 탐사하는 일을 두려워하겠지만, 처녀자리는 호기심이 많고 탐구하는 정신을 가졌지요. 전갈자리의 마스크를 무례하게 떼어내지는 못하더라도 보이는 것 뒤에 숨은 것을 밝히려고 조심스럽게 시도할 겁니다. 어쨌든 다른 태양별자리 사람들과는 달리 처녀자리는 전갈자리를 두려워하지도 경외하지도 않습니다. 처녀자리는 전갈자리만의 비판적이며 분석적인 능력을 솔직하게 존경하지요. 처녀자리는 전갈자리와 여러 이유로 불화를 일으키기 전에 논쟁적인 사안을 피하려고 의식적으로 노력할 겁니다. 우선 처녀자리는 전갈자리가 조심스럽고 신중하며 더 현명하고 예민하다고 믿습니다. 전갈자리의 관점이 정확할 가능성을 믿지요. 두 번째로 처녀자리는 전갈자리와의 위트 대결에서 이길 가능성의 비율을 미리 계산해보고는 아무리 낙관해도 이길 가능성이 별로 없다는 결정을 내립니다. 더구나 처녀자리는 전갈자리가 지나치게 수세에 몰리거나 불필요하게 도전을 받을 경우 확실히 불쾌한 결과를 낳는다는 사실을 잘 알지요. 이렇게 야기된 불쾌한 상황은 그들 공통의 목표에 역효과를 낳습니다. ('역효과를 낳는'이라는 말은 처녀자리가 좋아하는 말 중 하나입니다.)

처녀자리는 그런 일에서 엄청나게 실리적입니다. 이 분별 있는 자질은 전갈자리를 미소 짓게 하지요. 처녀자리는 멋지고 합리적인 사람들입니다. 눈을 반짝이고 미소를 지으며 주변에 전혀 위협을 가하지 않는 친절한 사람들이지요. 다소 설명하기 어려운 방식으로, 처녀자리는 명왕성의 영혼을 진정시켜주는 듯 보입니다. 처녀자리가 다른 사람을 조마조마하게 하거나 그의 불완전함에 대해 책임을 느끼게 하는 경우와 달리 전갈자리에게는 그 반대 효과를 냅니다. 사실 전갈자리는 종종 처녀자리와 함께 있을 때 기이하게도 여유롭고 편안한 기분이 듭니다. 전갈자리가 '속박에서 벗어난' 것처럼 느끼게 하는 일은 결코 작은 성공이 아니랍니다.

이 커플은 흙 원소와 물 원소가 만난 3-11 태양별자리 유형이지요. 상징적인 것에서 현실적으로 바뀐다는 것은 전갈자리가 처녀자리와의 관계에서 어쨌든 '정착하게 되었다'고 느끼게 된다는 의미입니다. 처녀자리는 명왕성과의 관계에서 여러모로 풍부해졌다고 강하게 느낄 겁니다. 예기치 못한 독특한 방식으로, 처녀자리는 전갈자리가 자신의 희망과 소원과 꿈을 이루도록 돕습니다. 나서지 않으면서 조용하게요. 전갈자리는 새로운 생각과 진보적인 이론에 처녀자리의 마음을 열리게 하고 이런저런 아이디어에 대해 편안하게 대화할 겁니다. 뭐, 어떻게 만나든 두 사람은 서로의 눈에 잘 띌 겁니다.

전갈자리는 처녀자리의 걱정 많고 잘 토라지는 성향을 다른 사람(황소자리, 게자리, 염소자리)보다 잘 참습니다. 그 결과 처녀자리는 전갈자리와 함께일 때 더 침착하고 평온하며 덜 불안합니다. 두 사람은 다른 사람에게 오싹함(전갈자리)과 불안(처녀자리)을 일으키는 데 비해 서로에게는 확실히 도움이 되는 영향을 끼칩니다. 만약 그들의 달별자리나 동쪽별자리가 출생차트에서 부정적인 각도를 이루고 있다면 당연히 더 짜증내고 갈등할 겁니다. 하지만 평범한 상황이라면 짧은 기간 동안만 그럴 것입니다. 전갈자리는 말없이 오랫동안 고통을 견디는 사람이 아닙니다. 태도의 변화를 확고하게 제시하고 변화가 곧바로 마련되지 않는 경우라면 관계의 파경을 요구하겠지요. 처녀자리 역시 오래 꾸물거리지 않습니다. 환상이 깨진 후라면요. 이상한 나라의 체셔 고양이나 맥아더의 그 유명한 '늙은 병사'처럼 이 두 사람 모두 사라져서 결코 돌아오지 않습니다.

친척, 형제자매, 부모와 자식, 친구 또는 연인으로 우연히 만나게 될 때, 그들 사이에 이해의 문을 열어줄 공통적인 어떤 특성이 각자에게 있습니다. 예를 들어 처녀자리와 전갈자리는 자신의 채무뿐만 아니라 자산 가치도 압니다. 둘 다 스스로 값싸게 굴거나 과장하지 않지요. 그들은 자신의 재능과 능력을 압니다. 또한 그들은 자신의 단점과 내적 자아의 한계 또한 잘 알고, 그 한계를 넘어서지 않는답니다. 전형적인 처녀자리는 신중함 외에는 행운을 바라는 마음이 그다지 절박하지 않을 것입니다. 이런 면은 전갈자리에게도 똑같습니다. 전갈자리가 큰 기회를 잡을 때면 "여기 자신감 있는 독수리가 있어요!"라고 장담할 수 있습니다. (그는 성공 비율을 신중하게 계산합니다.) 전갈자리가 가끔 틀리기도 합니다. 하지만 잘못 계산할 때보다는 정확할 때가 더 많습니다. 처녀자리가 흠모하고 존경하는 자질이지요. 처녀자리는 변화하는 에너지의 별자리이기 때문에 기회를 바로 알아채는 전갈자리를 질투하거나 그에게 심각하게 도전하지 않습니다. 전갈자리가 이 별자리와 함께 있을 때 편안함을 느끼고 다른 태양별자리에게 치는 방어벽을 없앨 수 있는 이유 중 하나입니다. 전갈자리가 처녀자리와 함께 있을 때는 지나치게 자기 방어적인 수단을 강구할 필요가 없지요. (혹시 방한용 귀마개가 필요할지도 모르지만 그건 잔소리 때문입니다.)

처녀자리는 전갈자리가 무자비하고 차가우며 위험하다고 하는 다른 별자리의 말에 결코 동의하지 않을 겁니다. 처녀자리가 전갈자리를 보는 방식은 전혀 다르지요. 처녀자리 눈에 명왕성의 사람은 공감도 잘하고 동정적일 뿐 아니라 따뜻하고, 관대하며, 남을 보호해주는 사람입니다. 누군가 처녀자리가 까다롭고 신경질적이며 예민하다고 깎아내린다면 전갈자리는 이를 내버려두지 않을 겁니다. 처녀자리와 함께일 때 전갈자리는 더 평화로울 뿐 아니라 평소보다 더 침착합니다. 어떻게 그런 일이 가능하냐고요? 처녀자리가 아니라 다른 누군가에 대해 이야기하고 있는 건 아니냐고요? 아닙니다. 둘 사이에 관계가 확립되면 처녀자리는 명왕성의 보호를 온전히 받습니다. 받을 자격이 있는 사람에게만 주어지는 전갈자리의 맹렬한 충성도 누리게 됩니다. 전갈자리의 헌신을 받는 처녀자리에게 누군가 해를 입히려고 하면 그 사람은 당장 물러서라는 경고를 받게 될 겁니다. 남성이든 여성이든 모든 처녀자리에게는 온화하고 무방비적인 면이 있지요. 누군가가 이 예의 바르고 무기력한 사람을 말로나 다른 어떤 식으로든 공격하거나 학대하려고 한다면, 전갈자리는 명왕성이 가진 온 에너지를 동원해서 개입할 것입니다. 전갈자리는 물러선 적이 거의 없답니다.

처녀자리로 태어난 덜 진화한 지구인은 가끔 비꼬거나 신랄한 말을 던질 때도 있습니다. 신랄한(감정이 마비된!) 비판은 처녀자리가 지닌 단 하나의 단점이지요. 물론 그들은 결단코 여기에 동의하지 않습니다. 처녀자리는 다른 모든 이들에게 있는 모든 단점과 결함이 자신에게도 있다고 믿습니다. 뭐라도 한번 지적해보세요. 그들은 유죄를 인정할 것입니다. 하지만 자기를 내세우지 않는 처녀자리라도 이기적이라는 비난까지 감수하지는 못합니다. 어떠한 비난도 이보다 더 부당할 수 없지요. 처녀자리는 만나는 모든 사람에게 봉사하려는 충동을 가지고 있습니다. 그들은 이기적이지 않다고, 처녀자리의 마음과 영혼에 새겨져 있습니다. 때로는 괴팍하지만, 처녀자리는 우리가 봉착한 문제에 적절하고 품위 있는 방법을 베풀어주는 사람입니다. 대개는 친절하고 언제나 기꺼이 도움을 주는 사람들이지요.

만약 제가 당신이라면, 오랜 시간 처녀자리의 온화한 헌신을 경험한 전갈자리가 듣는 데서 그들을 감히 '이기적'이라고 말하지는 않을 겁니다. 그건 극도로 어리석은 짓이랍니다.

처녀자리 여성과 전갈자리 남성

웬디가 이야기를 끝내자 그는 힘없이 신음을 내뱉었다.
"무슨 일이야, 피터?" 피터가 아픈 줄 알고, 웬디는 소리치면서 피터에게 달려갔다.
"어디가 아파?"
"몸이 아픈 게 아냐." 피터가 우울하게 대답했다.

처녀자리 여성의 가장 탁월한 미덕 중 하나는 사랑하는 남성에게 온화하고 이타적으로 헌신한다는 것입니다. 전갈자리 남성의 가장 칭찬할 만한 자질 중 하나는 사랑하는 여성에게 충실하고 열정적으로 헌신한다는 것입니다. 여기, 별처럼 빛나는 눈동자에 맑은 종소리 같은 목소리와 우아한 자태를 지닌 여성이 있습니다. 그리고 깊고 현명한 눈동자에 부드럽고 그윽한 목소리와 매력적인 태도를 가진 남성이 있습니다. 이 두 사람은 온화하면서도 이기적이지 않은 방식으로 충직하고도 진지하게 서로에게 헌신합니다.

아름다운 그림이지요? 그건 연분홍과 초록과 파랑, 어른거리는 흰색에 진하고 아주 부드러운 바탕색, 진홍색과 짙은 황록색이 담긴 드가의 풍경화 같습니다. 시적인 즐거움과 아름다움과 평온함이 한꺼번에 다 갖춰진 절대적으로 완벽한 창작품이랍니다.

잠깐만요! 멈춰요! 어머나, 세상에!

저건 혹시 얼룩 아닌가요? 부주의하게 다뤄서 생긴 흙 자국이나 긁힌 자국이 아닐까요? 오른편 상단 모서리의 하얀 구름과 파란 하늘로 이루어진 천국처럼 화사한 색 위에, 끔찍하게도 누군가 파리를 찰싹 때려 짓이긴 자국이거나 아니면 지문일지도 몰라요. 물론 캔버스를 가로질러 가는 개미일 수도 있지요. 하지만 움직이는 것처럼 보이지는 않는군요. 좀 더 가까이 가서 볼까요? 확대경 좀 빌려주실래요? 고마워요.

얼룩이네요. 분명히 얼룩입니다. 눈곱만큼도 의심의 여지가 없답니다. 당신도 보이지요? 얼룩이라니… 작가가 의도하지 않은 어떤 것… 아니면 작가가 일부러 그런 걸까요?

맞습니다. 작가가 의도한 거랍니다. 예술 작품의 진실과 아름다움에 불완전의 시를 더하기 위해 고의적으로 디자인되었지요. 알다시피 불완전함은 천사들과 우리를 이어줍니다. 천사도 다양한 단계로 불완전하지요. 당신의 교회학교 선생님은 이렇게 말하지 않았을 것입니다. 성서에 누락되었기 때문에 교회학교 선생님이 얘기하지 않은 진실도 많습니다.

사소한 단점과 불완전함을 참고 서로에게 있는 부족한 점을 상냥하게 대하는 것은 진실의 위대한 영적 가르침 중 하나입니다. 하지만 처녀자리는 결정적으로 이걸 배우기를 싫어합니다. 전갈자리는 날 때부터 이걸 이해했지요. 아마도 그는 이점을 설명할 수 있을 것이고 그녀는 그의 말에 귀 기울일 겁니다. 그녀는 그의 의견과 판단을 존경하며 그녀가 길을 잃게 만들지 않을 거라고 믿기 때문입니다. 네, 그녀는 이 남성을 신뢰합니다. 그녀가 사랑하는 전갈자리 남성이 그런 신뢰를 받을 가치가 있기를 바랍니다.

꽤 비슷하게 그도 그녀를 신뢰합니다. 전형적인 전갈자리는 성실함에 대한 의식이 강합니다. 전갈자리가 흔들리지 않는 충실함을 의미한다고 믿는 다른 사람의 기대에 부응하지 못할 일은 거의 없습니다. 최소한 그는 자신의 본모습에 진실하고, 있는 그대로의 상황에 진실한 용기를 보여줍니다.

처녀자리 여성은 전갈자리 남성이 '그 자신에게 진실'하다면 그가 어떤 것도 전혀 숨기지 않는다고 믿습니다. 반드시 그렇지는 않습니다. 그가 절대 하지 않겠다는 것은 그녀에게 거짓말하지 않겠다는 뜻이지요. 차이가 있습니다. 그는 개별적이고 개인적인 규범에 따라 충실합니다. 그 규범은 다른 전갈자리와 다를 수도 있지요. 하지만 충실함은 언제나 그가 중시하는 덕목의 위쪽에 있습니다. 전갈자리가 어떤 관계를 맺기로 일단 약속을 하면 그는 사랑의 맹세에 충실할 것입니다.

전갈자리 남성과 사귀고 있는 처녀자리 여성이 그와 오래 갈 건지 말 건지 아직 결정하지 못했다면 한 가지는 확실합니다. 그의 인생에 다른 여성이 개입한다면, 둘의 관계는 일시적이 되거나 그녀는 그에게 진실한 고백을 듣게 될 겁니다. 그는 유혹받을 수 있고 유혹에 굴복할 수도 있습니다. 하지만 시간이 너무 많이 흐르기 전에, 그는 신중하게 관계를 평가할 겁니다. 만약 전혀 미래가 없다고 믿는다면 그는 관계를 즉시 끝낼 것입니다. 그의 마음이 있어야 할 곳인 그녀에게 돌아오고 자신의 실수에 대한 후회의 아픔으로 고통받을 겁니다. 새로운 애정의 대상이 진짜라고 여기면, 그는 가능한 부드럽게 자신의 마음이 변했다는 사실을 고백할 겁니다. 헤어지기 전에 그녀에게 진실을 알릴 것입니다. 하지만 그것이 짧고 후회스러운 관계에 불과하다면, 그녀는 결코 모를 겁니다. 전갈자리는 다른 사람을 아프게 하거나 도움이 되지 않는다고 생각하는 경우에는 비밀을 지킵니다. 결혼 전이든 후든 마찬가지입니다. 그 비밀은 연애사만은 아닙니다. 그 비밀은 낭만과는 동떨어진 인간의 수많은 복잡한 감정들과 연루된 것들이지요. 그는 모든 것을 그녀와 나누지는 않습니다. 하지만 다른 사람보다는 처녀자리와 함께할 때 자신을 더 많이 나누어 가집니다.

처녀자리 여성의 눈에 띄는 성격 중 하나는 자급자족입니다. 그녀는 세상 사람에게든 남자에게든 신세질 생각이 없습니다. 전갈자리의 눈에 띄는 성격 중 하나는 자기 확신입니다. 그는 세상이 그의 진가를 평가해줄 때까지 빈둥거리며 기다리지 않습니다. 그는 자신의 가치를 알며 세상 사람도 결국은 알게 될 거라고 확신합니다. 그의 여인이 될 여성도 그럴 겁니다.

두 사람이 처음 만나자마자 서로의 품으로 돌진해서 적극적으로 사랑을 추구하는 일은 거의 일어나지 않습니다. 둘 다 수줍어하며 때때로 심하게 소심합니다. 처녀자리 여성은 무수히 많은 주제로 친구들과 수다를 떨 것이고 전갈자리 남성 또한 친척이나 가까운 친구들, 동료들과 많은 대화를 나누겠지만, 감정적인 부분에서는 둘 다 과묵한 경향이 있습니다. 처녀자리 여성의 자급자족과 전갈자리 남성의 자기 확신은 세상이 그들을 실망시킬 때 몰래 의지하는 숨겨둔 보물처럼 겉모습 아래에 묻혀 있습니다. 두 사람은 서로를 실망시키지 않을 겁니다. 다른 사람을 신뢰한다는 것은 둘 모두에게 아주 중요하기 때문이지요.

서로 더 잘 알기 전까지 전갈자리 남성은 별 이유 없이 처녀자리 여성의 동기를 의심합니다. 하지만 나중에는 보이는 그대로의 그녀를 신뢰합니다. 보이는 모습 그 이상도 그 이하도 아니라고 그녀가 말해왔던 것이(그 자신처럼) 공정했다는 사실을 알게 되지요. 이 단순한 사실을 깨닫는 일은 생각보다 더 많은 마음의 평화를 가져다 줍니다. 수수께끼 같은 분위기를 가진 이 남성이 다가갈 때 그녀는 항상 거기에 있습니다. 그에게 위안을 주고 비밀스러운 공포의 날을 부드럽게 해주지요.

전갈자리 남성이 지닌 사랑의 본성은 보통 남성보다 더 강렬합니다. 당연하지요. 전갈자리는 조금도 '평균적'이지 않으니까요. 처녀자리 여성이 지닌 사랑의 본성은 관념적입니다. 하지만 그녀의 친밀한 행동에는 상당히 '현실적'인 부분도 많습니다. 왜냐하면 처녀자리는 흙 원소이기 때문이지요. 그가 좀 더 적극적으로 반응해야 할 관계입니다. 그의 성적인 욕구에는 두 측면이 있지요. 한 면은 남성과 여성 사이의 결합을 신비한 경험이며 신성하게 보는 겁니다. 또 다른 면은 감각적이며 에로틱하고 절대적인 만족을 위한 모든 차원의 열정을 추구하지요. 두 사람의 섹스에는 적응해야 할 부분이 있습니다. 상처나 거부에 대한 공포 없이 서로에게 있는 그대로의 그들 자신의 모습이 될 수 있어야 합니다. 그러면 모든 문제는 사라집니다.

이상하게도 이 두 사람은 사랑을 육체적으로 표현하는 일을 망설입니다. 그의 어떤 부분이 육체의 욕망에 빠지지 않고 엄격한 통제하에 남아 있습니다. 그녀의 일부는 순결하고 훼손되지 않은 채 본래 그대로입니다. 둘은 마치 사랑의 막연한 기적을 기다리는 것 같습니다. 그들의 마음과 몸을 결합함으로써 영혼이 자유로워지기를 바라면서요. 여러 해 동안 행복한 결혼 생활을 하고 남편과 함께 아이들을 키운 처녀자리 여성에게조차 그녀의 '처녀'는 여전히 마음속 어딘가에서 깨지 않은 채 잠들어 있습니다. 여러 해 동안 헌신적인 남편과 아버지로 살아온 전갈자리 남성의 내부에는, 사랑의 신비에서 가장 심오한 씨앗이 플루토의 해방을 기다리며 늦잠을 자고 있습니다. 그것은 알 수 없는 그 어떤 순간까지 동요하지 않고 고요히 그의 내부에 남아 있지요. 파스칼의 말에 그 기다림의 끝에 대한 힌트가 있습니다. "마음에는 그 이유가 있습니다. 그것에 관해서 이성은 아무것도 모릅니다."

두 사람은 경제적인 모든 문제에 동의할 가능성이 있습니다. 둘 다 돈을 낭비한다든가 미래에 대한 걱정을 조금도 하지 않는 유형은 아니지요. 둘 다 신중한 다람쥐의 모범을 따르기 때문에 모든 면에서 안정감을 느낍니다. 저는 지구상 어느 곳에도 예금계좌가 없는 처녀자리와 전갈자리 커플은 없을 거라고 생각합니다. 이 여성은 순간의 화려함보다는 경제적으로 안정된 미래에 더 신경 씁니다. (그녀의 달별자리나 동쪽별자리가 낭비가 심한 별자리에 있는 경우를 제외하고요.) 이 남성은 수표를 쓰기 전에 오래 숙고합니다.

긴 휴가에 쓸 만큼 충분한 현금을 보유하는 일은 두 사람 모두에게 중요합니다. 그는 바다 근처에서 조용한 낮과 밤을 느긋하게 보내는 것으로 심적 에너지를 새롭게 하고 감정의 평화와 정신적 평정을 추스릅니다. 이런 휴식은 그의 영혼을 되찾게 합니다. 그녀는 자신의 영혼을 달래기 위해 종종 환경의 변화를 시도하는 게 좋습니다. 변화 없음과 단조로움은 처녀자리의 본질에 몹시 치명적입니다. 말 그대로 정신적으로, 감정적으로, 육체적으로 건강에 해롭습니다. 수성과 벌컨이 조합된 에너지는 처녀자리에게 신경과민과 불안감을 만듭니다. 상당히 오랫동안 변화가 없는 기간을 보낸 후에는 이런 면이 눈에 띄게 증가합니다. 길거나 짧은 여행 후에는 극적으로 줄어듭니다. 그 여행이 쉬러 가는 휴가이든 보통 때보다 더 많은 업무를 요구하는 정신없는 출장이든 상관없습니다. 그녀는 다시 활짝 피어나고 그녀의 다정한 눈동자는 더 반짝일 겁니다. 환경의 변화 덕분입니다. 휴식을 취해서가 아니랍니다. 이것이 그녀를 치유합니다. 개선문이나 파리의 시끄러운 거리 한복판이든 아니면 멀리 인적이 끊긴 조용하고 한적한 바닷가든 장소는 중요하지 않습니다. 처녀자리에게 중요한 것은 평범하고 따분한 틀에 박힌 일상과 다르다는 사실입니다.

다른 사람은 전갈자리가 감정을 잘 드러내지 않고 냉담하다고 할지 모르지만 두 사람은 잘 못 느낍니다. 그가 일단 그녀와 사랑에 빠지면, 그가 지닌 감정의 깊이와 대단한 관대함을 그녀는 알게 됩니다. 다른 사람은 처녀자리 여성이 지나치게 분석적이며 창의적이지 못하다고 하겠지만 두 사람은 잘 못 느낍니다. 그녀가 일단 그를 사랑하게 되면, 다른 사람은 거의 볼 수 없는 그녀의 본성에 있는 상냥하고 시적인 측면이 드러납니다. 구약성서의 잠언에 쓰인 말과 같습니다. **"독수리가 공중으로 날아간 자취 또는 남자가 여자와 함께한 자취를 누가 알겠느냐?"** 처녀자리와 전갈자리는 특별한 누군가를 위해, 영원한 사랑을 위해 자신의 본모습을 남겨두는 경향이 있습니다. 많은 부족한 점들과 무척 귀중한 불완전함이 바로 그것이지요.

처녀자리 남성과 전갈자리 여성

"여기 1파운드 17실링이 있고, 2파운드와 6펜스가 사무실에 있어요.

사무실에서 먹는 커피값 10실링을 아끼면 2파운드 9실링 6펜스가 되고,

당신 돈 18실링과 3펜스를 더하면 3파운드 9실링 7펜스…

8파운드 9실링 7펜스, 점 찍고 7을 옮기면, 가만 좀 있어 봐요…

저번에 현관에 찾아온 사람에게 빌려준 것까지…

자, 끝났어요! 내가 9파운드 9실링 7펜스라고 했나요?

맞아요, 그랬지요. 이제 문제는 우리가 9파운드 9실링 7펜스로 1년을 버틸 수 있느냐는 거예요."

"물론 버틸 수 있고 말고요, 여보!" 그녀가 소리쳤다.

이것은 전갈자리 여성에게 보내는 천문해석학의 메시지입니다. (전갈자리 여성은 열두 살 때라도 실제로는 소녀가 아닙니다. 다른 전갈자리 장에서 그녀를 소녀라고 말했더라도, 이 장에서 그녀는 특별히 여인일 필요가 있습니다.) 그러니까 어떤 처녀자리 남성에게서 눈을 떼지 못하고 덫에 걸린 듯 그에게 마음이 사로잡혀버린 전갈자리 여성에게 보내는 메시지입니다. 어서 가서 그를 사랑해주세요. 그는 당신이 필요합니다. 당신은 그를 도울 수 있답니다.

이 남성에게는 문제가 있습니다. 어떤 유형의 처녀자리 남성이든지 그에게는 언제나 문제가 있습니다. 모든 문제는 그의 개인적인 욕구와 정확히 일치하지요. 실제로 처녀자리 남성에게는 한 가지 이상의 문제가 있습니다. 엉망진창으로 살고 있는 지인들의 혼란스럽고 어수선하며 부주의한 문제가 있고, 다양한 방식과 크기로 일어나는 그의 개인적인 문제가 있지요. 전갈자리 여성에게 중요한 것은 바로 그의 사적인 문제입니다. 신비한 성향과 강력한 영적인 투시력을 지닌 그녀는 그 문제를 도울 유일한 사람입니다. 그것은 섬세하고 사소한 일이거나 진지한 것일 수도 있지요. 무엇이 됐든지 그녀가 필요합니다.

하나만 예를 들면, 그녀는 정말로 깜짝 놀랄 정도로 너무도 생생한 상상력을 가진 처녀자리 남성을 만날 수 있습니다. 수성과 벌컨이 지배하는 그의 정신세계에는 이 차원에는 없는 온갖 종류의 존재가 삽니다. 그는 그 세계를 소름 끼칠 정도로 세세하고 선명하게 묘사할 수 있지요. 그의 달별자리 또는 동쪽별자리가 전갈자리라면,

그리고 이 수수께끼 같은 전갈자리 여성에게 끌린다면 특히 그럴 겁니다. 그녀는 그를 지켜주고 존경하고 사랑하기를 한꺼번에 바랍니다. 출생차트에 있는 전갈자리의 영향으로 생겨난 처녀자리 남성의 상상 세계는 그다지 유쾌하지 않을 수 있습니다. 그의 상상의 놀이 친구는 어둡고 사악하고 기이한 형태를 취할 수 있습니다. 이들은 주술과 최면과 생물 복제에 이르기까지 모든 것을 탐구하려는 처녀자리의 충동을 불러올 수 있지요. 일부 처녀자리 남성은 타고난 순수함과는 상관없이 악에 대한 호기심이 탐욕스러울 정도로 강합니다. 그들은 인간 정신의 어두컴컴한 지역으로 정말로 기이한 여행을 하지요. 그림자의 세계에 대해 순수하고 신중하며 고통스러운 탐구를 하다가, 그가 문득 겁을 먹을 때가 온다면 무조건 환영할 일입니다. 너무 놀란 나머지 감당하기 힘든 막연한 불안감에 압도되어, 그가 머리끝까지 담요를 뒤집어쓰고 앉아 있을 때가 올 겁니다. 전갈자리 여성은 그를 텐트 밖으로 나오게 하려면 어떤 버튼을 눌러야 하는지 알아차립니다.

"맙소사!" 그녀는 짐짓 놀란 체 소리를 지르겠지요. "저것 좀 봐요. 이불 구석에 실오라기가 다섯 개 있네요. 아니, 정확히 여섯 개예요. 새틴으로 된 가장자리 장식에는 구멍이 났고요!" 처녀자리 남성은 초콜릿색 담요 밖을 살피고는 그녀가 지적한 문제들을 재빨리 고칠 것입니다. 전갈자리 여성은 참 현명하지요?

또 다른 유형의 처녀자리 남성을 만날 수도 있습니다. 그는 대부분의 경우와는 약간 다릅니다. 그가 아무리 열심히 노력해도 가시나무에 있는 꽃과 진창 속의 눈을 볼 수 없습니다. 그의 지성은 아주 날카로울 겁니다. 모든 처녀자리는 예리하고 분석적인 두뇌를 가진 영리한 사람이니까요. 하지만 그의 예민한 행성의 감각은 조율이 안 되어서, 파도 소리를 볼 수 없거나 보름달을 들을 수 없습니다. 거슈인의 '랩소디 인 블루'를 볼 수 없거나 앤드루 와이어스(1917~2009, 미국의 화가—옮긴이) 그림에서 음악을 들을 수 없는 건 말할 것도 없고요. 이 점은 당신이 생각한 그대로, 진짜 불리한 조건입니다.

이 두 번째 경우는 첫 번째 예에서 묘사한 지나치게 왕성한 상상력을 가진 처녀자리와는 다릅니다. 더 전형적인 이 처녀자리 남성은 상상력이 정말 작은 조각에 불과하지요. 언급하는 것이 슬플 정도입니다. 이런 처녀자리 남성의 예로 적합한 무척 잘생기고 굉장히 지적인 남성을 제가 압니다. 그는 강아지와 아기들에게 친절하고 온화하며 칭찬받을 만한 많은 장점으로 활기가 넘칩니다. 겉모습만 보고는 그의 평판에 문제가 있다는 사실을 전혀 알아차리지 못합니다. 그런데 그에게는 문제가 있답니다. 그렇게도 잘생긴 데다 무척이나 지적이지만, 그에게는 더 현명하고 감성적인 사자자리 형이 있지요. 형은 생텍쥐페리의 『어린 왕자』를 그에게 줬고 이 책이 동생에게 새롭고 신나는 전망을 열어주기를 바랐습니다. 헛된 희망이었지요.

책을 읽고 난 후 이 처녀자리 남성이 보인 유일한 반응은 소행성에는 어떤 생물체도 존재할 수 없다는 점을 형제자매에게 신중하게 설명한 것이었습니다. 그는 과학적이고도 논리적으로 꽤 멋지게 설명했고 물론 예의 바른 태도를 보였지요.(처녀자리는 모두 공손합니다.) 형이 그에게 이 책의 진짜 메시지를 놓쳤다고 이야기하자 완벽한 조각 미남은 얼굴을 찌푸리며 어리둥절한 표정을 지었답니다. "아이들 동화책에서 어른이 어떤 교훈을 배울 수 있다는 거죠?" 그는 의아해했습니다.

더 많이 깨우친 처녀자리도 물론 많습니다. 하지만 어떤 유형이든, 처녀자리는 인생에서 진짜 중요한 것은 오직 마음으로만 볼 수 있다는 사실을 배워야만 합니다. 전갈자리 여성은 실체가 없는 것들에 대해 가르칠 수 있는 훌륭한 교사지요.

처녀자리 남성에게 하늘과 공기 중에 더 많은 일이 있다는 것을 가르치는 과업은 전갈자리 여성의 집중력을 필요로 합니다. 처녀자리 남성이 계산자와 맥아와 두부와 소화제에 대해 꿈꾸는 것보다 더 집중력이 필요하지요. 어떤 처녀자리 남성은 대형 그림 위의 작은 보푸라기까지 알아보는 세밀한 관찰력으로 사람들을 놀라게 합니다. 그에게 소행성, 오로라, 중력의 반전, 별의 투사에 대해 가르칠 때, 그를 참아낼 수 있는 여성이 필요합니다. 그녀가 첫 번째 유형의 처녀자리 남성을 사랑한다면 꿈에 계속 나타나는 저 모든 작은 요괴 때문에 고통받는 그를 먼저 진정시켜줘야 합니다. 이런 종류의 일에 대한 지나친 집중은 처녀자리의 영원한 고통인 심각한 변비를 초래할 수 있으니까요. 제 지저분한 솔직함을 양해해주세요.

전갈자리 여성의 가장 중요한 수업은 처녀자리 남성에게 성에 관한 지식을 가르치는 겁니다. 성교육은 섹스를 설명하는 보조적인 단어로 오랫동안 사용했습니다. (그녀는 의심의 여지없이 그 주제에 대해 할 말이 아주 많을 것입니다.) 하지만 저는 문자적 의미(영어로 성교육을 의미하는 The birds and bees를 문자 그대로 해석한다는 뜻—옮긴이) 그대로 성교육이라는 말을 사용하겠습니다. 시작하기 좋은 예로, 호박벌에 대한 자연의 수수께끼입니다. 몸무게나 날개의 길이 등과 관련한 물리학과 공기역학 같은 확고한 법칙에 의하면, 호박벌은 도저히 날 수 없도록 디자인되었습니다. 다행히도 처녀자리 혹은 어느 과학자도 반박할 수 없는 이 논리를 호박벌에게는 아직 전달하지 못했습니다. 그래서 그들의 끝없이 깊은 무지 속에서, 이 쾌활하고 신뢰할 만한 작은 친구들은 잘도 날아오릅니다!

처녀자리 남성이 형이상학의 이 위대한 비밀을 깨우치려면 극도의 인내심이 필요합니다. 수수께끼에 답하려고 애쓰다 보면, 마침내 그가 답할 수 없는 문제임을 인정할 수밖에 없기 때문이지요. 결과적으로 미미한 신경쇠약에 걸릴 수 있습니다. 변비와 늘 있는 소화불량은 물론이고요. 그가 이 세 가지를 한꺼번에 감당하게 하는 것은 참으로 심술궂은 짓이지요.

전갈자리 여성이 이 지적이며 온화한 남성에게 가르치는 수업이 무엇이든지 간에 그녀가 알아둬야 할 것이 있습니다. 처녀자리 남성이 그녀의 향수 냄새를 맡을 정도로 가까이 있을 때, 손을 뻗어 그녀를 만질 정도로 가까이 있을 때, 그의 정신 활동이 혼미해지고 맥박이 빨라질 만큼 가까이 있을 때, 그의 생각은 다른 종류의 성교육을 숙고한다는 사실을요.

이 3-11 태양별자리 커플의 성적 관계는 보통 양쪽 모두가 조절해야 할 필요가 있습니다. 하지만 일단 적응되면 서서히 숭고한 아름다움을 경험할 수 있지요. 사랑을 육체로 증명하는 것은 전갈자리 여성이 처녀자리 남성보다 더 쉽게 표현합니다. 만약 성적 관계가 매번 완벽하지 않다면, 그는 자신을 비난하면서 무엇이 잘못인지를 곱씹고 궁금해합니다. (처녀자리는 거의 모든 것을 비난합니다.) 그녀는 본능적으로 압니다. 섹스는 사랑하는 사람 사이의 인간관계에서 겪는 다른 모든 부분과도 같아서 가끔은 함께 누리는 즐거운 기적이 되기도 하고, 때로는 그저 조용한 애정의 교환이고, 어떤 때는 열정적으로 강렬하지요. 하지만 이 모든 순간은 서로의 깊은 꿈과 욕구의 수수께끼를 풀려고 애쓰는 두 사람을 더 가깝게 만들기 위한 것이랍니다. 그의 감성적인 본성은 그녀보다 더 차갑고 통제적입니다. 하지만 그는 그녀가 본능적으로 알고 있는, 실체도 없고 표현할 수도 없는 섹스의 비밀을 알아내기를 갈망합니다. 결국 그녀는 둘 사이를 친밀하게 이끈 그의 순수한 정직함과 소박함에 끌립니다. 왜냐하면 전갈자리는 섹스의 감각적인 측면이 몹시 궁금하더라도, 그 신비한 의미의 순수성과 잠재력을 내적으로 감지하기 때문입니다. 처녀자리도 전갈자리도 성적인 조합에 자신의 자아를 통째로 바치지 않습니다. 각자 다른 이유로 사적이며 손상되지 않은 존재의 핵심을 감춥니다. 사랑의 완전한 정점을 함께 성취하는 일은 그들이 사랑하며 함께 살아가는 동안은 매순간 그들을 끊임없이 자극하는 도전입니다. 언젠가는 감추는 일이 끝나고 그들이 진짜 하나가 되겠지요. 표현하지 않아도 깊게 느껴지는 그런 기대는 당연하게도 관계의 성적인 측면을 풍요롭게 합니다. 남성과 여성의 포옹은 이해를 초월합니다. 그렇지 않다면 천국이 무슨 소용인가요?

처녀자리 남성은 천성적으로 캐묻기를 좋아하기 때문에 전갈자리 여성의 침묵에 상처받습니다. 이 남성은 호기심이 강합니다. 그는 주변에 있는 모든 것, 특히 사랑하는 여성에 대해 알고, 이해하고 싶어합니다. 하지만 그녀는 가늠하기가 쉽지 않습니다. 예측 가능한 공식이 인간이라는 방정식을 풀기에 늘 효과적이지는 않다는 점을 그가 깨닫는다면 한층 성공적일 것입니다. 삼각법 문제와는 달라서 이해할 수도 없고 답을 미리 산출할 수도 없습니다. 과학 이론과 재무제표는 머리로 이해할 수 있지요. 하지만 한 여성을 이해하는 일은 오직 마음으로만 할 수 있답니다. 그리고 마음은 좀처럼 논리적이지 않습니다.

처녀자리 남성은 다정다감하고 온화한 태도를 보이다가도 꼬치꼬치 캐묻고 빈정대며, 냉정하게 분석하는 태도로 변할 수 있습니다. 뒤쪽으로 기분 변화가 지나칠 때 그는 후회할 겁니다. 한 번 이상 상처를 받은 전갈자리 여성은 상처를 준 사람에게 무의식적으로 교훈을 가르칠 수밖에 없습니다. 그가 배우지 않고 실수를 계속해서 반복한다면 그녀는 떠날 겁니다. 그는 오래전부터 그녀가 불행하다는 경고신호를 받습니다. 그가 사랑의 주파수를 그녀에게 맞추면 상처를 치유할 시간에 늦지 않게 신호를 알아채고 둘의 사랑을 구할 겁니다. 이 두 사람은 공통점이 무척 많습니다. 기본적인 정직함과 충실함, 지식에 대한 갈망, 강한 목적의식과 같은 것이지요. 그들은 연인뿐만 아니라 친구도 되며 외부의 위협으로부터 서로를 지켜줍니다. 어느 한쪽이 불행할 때면 그는 그것에 대해 이야기하자고 그녀를 설득할 만큼 합리적이며, 감정이 이성을 완전히 지배하게 두지 않을 겁니다. 물론 그들이 부정적인 태양과 달 등을 가졌다면 둘 중 누구도 그다지 합리적이지 않습니다. 그는 뿌루퉁하고 냉담한 엄격함으로 숨어서 자신에게 파고들 겁니다. 그녀는 맹렬하고 무섭게 화를 내겠지요. 하지만 화해는 연인보다는 친구 사이에 언제나 더 쉽습니다. 두 사람은 3-11 태양별자리 관계이기 때문에 연인인 동시에 친구지요. 격렬한 의견의 불일치가 곧 관계의 끝을 의미하지는 않을 겁니다. 오히려 새로운 이해의 시작이 될 수 있지요.

처녀자리 남성과 전갈자리 여성은 서로에게 가르쳐줄 많은 지혜를 가졌습니다. 예전에 많은 사람이 그가 자기 마음을 보게 하도록 애썼지만 실패했지요. 그녀라면, 그는 흔쾌히 노력합니다. 과거에 사람들은 그녀더러 행복에 대해 덜 의심하고 자기 기분에 더 솔직하라고 설득했지만, 성공하지 못했지요. 하지만 그가 말한다면 그녀는 기꺼이 노력할 겁니다. 괴테가 말했듯이, 우리는 정말로 사랑하는 사람으로부터 배우기 때문입니다.

처녀자리 Virgo

흙 · 변화하는 · 수동적
지배행성: 수성
상징: 처녀
음(−) · 여성적

Sagittarius 사수자리

불 · 변화하는 · 능동적
지배행성: 목성
상징: 궁수와 켄타우루스
양(+) · 남성적

처녀자리와 사수자리의 관계

"덤불 속에 있는 게 뭐지?"

"엄마 늑대랑 새끼야."

… 그런 생각은 개도 할 수 있지 않을까.

당신은 처녀자리가 흙 별자리이기 때문에 지구와 관련된 것이라면 그들이 거의 모든 것을 알 거라고 생각하겠지요. 그들이 다른 모든 것에 대해 모두 아는 것처럼요. 그렇지는 않습니다. 또한 사수자리는 불 별자리이지만 로빈 후드의 셔우드 숲이나 다른 이름으로 불리는 숲과 관계가 있지요. 결과적으로, 사수자리는 온화한 처녀자리에게 여러 종류의 '흙의 마술'을 보여줄 수 있습니다. 대개 그들은 동물을 사랑하며, 자연에 아주 친밀하게 조율되었고, 흙의 리듬에 일치하기 때문입니다. 또한 새로운 생각을 시험 삼아 해보는 것을 두려워하지 않지요. 그러므로 사수자리는 처녀자리를 가르칠 위대한 지복과 같은 모든 종류의 땅의 교훈을 발견할 수 있지요.

음악에 대해 생각해볼까요. 우주와 전체 태양계 안의 모든 것은 그 자신의 고유한 음 또는 음표, 2분 음표, 4분 음표, 16분 음표 등에 한 치도 틀림없이 대응합니다. 모든 사물과 사람, 건물과 다리조차 그렇습니다. 가끔 당신이 어떤 교향악을 들을 때, 어떤 음이나 화음에 있는 음의 조합이 아주 짧은 순간 당신의 뒷목을 서늘하게 하고 전율과 작은 떨림을 느끼게 하지요. 음이 당신의 고유한 울림과 '맞부딪쳐서' 당신의 육체가 그것에 반응하는 거랍니다. 형이상학의 과학에서 이론적으로(실제로) 당신의 개인적인 '소리' 또는 '음' 또는 '음표'가 정확한 음색으로 울릴 때(처녀자리는 정확성의 필요를 이해할 것입니다.), 뚜렷하게(또는 큰 소리로) 연주되고 오래 지속되는 진동으로 강력하게 당신에게 영향을 주면 심지어 살인도 할 수 있습니다. (영혼은 몸을 떠나 소리를 따라갈 것입니다.) 역으로 긍정적인 측면에서 충분히 부드럽게 연주되고(또는 들릴 때) 처녀자리가 말하는 정확한 시간 동안 유지될 때, 당신은 즐겁고 평화롭게 변모되어 '성자'가 하는 것처럼 정말로 '공중 부양'도 가능합니다.

어떤 가수가 특정한 조의 특정한 음을 발성할 때 그 소리가 유리를 즉시 산산조각 낸다는 사실은 잘 알려져 있지요. 작곡가 펠릭스 멘델스존의 손자가 바로 이런 사실에 기반한, 다소 처녀자리와 닮은 개념을 가지고 어떤 실험을 했습니다. 그의 연구는 여호수아(구약의 인물, 이스라엘 민족의 지도자—옮긴이)가 어떤 특정한 음을 '뿔피리'로 불었을 때 예리코의 벽이 "진동하면서 무너졌다."라고 성경에 기록된 것의 진짜 의미를 명확히 이해하게 했습니다. 군인 행렬이 박자에 맞춰 다리로 행진할 때, 부서지기 쉬운 다리라면 지도자가 "멈춰!"라고 소리칠 겁니다. 왜냐하면 함께 박자에 맞춰 땅을 세게 치는 발의 리듬은 실제로 다리를 파괴하거나 손상을 줄 수 있으니까요. 멘델스존은 다음과 같은 결론을 내렸습니다. 여호수아가 지휘한 군대가 '발 맞추어' 예리코의 벽을 향해 함께 진군하면서, 박자를 맞춘 수천 개의 발이 땅속에 강력한(그리고 특별한) 울림을 유발한 거라고요. 그래서 (형이상학적으로 아는 것이 많았던) 여호수아가 그때 정확한 음을 뿔피리로 불자 진군하는 발의 울림과 벽 구조물의 개별적인 '소리'의 조합으로 예리코의 벽이 반응하고 계획에 따라 "진동하면서 무너지게 했다."라는 것입니다. 거대한 바위를 실제로 움직일 수 있는 '힘과 영광'(그리고 에너지)은 오직 정확한 음정과 진동수에 있습니다. 이 이야기는 전설적인 '열려라 참깨'와 '수리수리 마수리' 주문의 이면에 있는 잊혀진 고대의 수수께끼이며 비의적인 진실입니다. (우리에게 왜곡된 형태로 전해져 왔지만 이제는 더 이상 순수하게 정확하지 않습니다.) 이제 당신은 기자의 거대한 피라미드를 짓기 위해 그 어마어마한 돌이 어떻게 공중에 뜨게 되었는지 아셨지요! 오시리스의 지시 아래 음악과 선율로 지어졌답니다. (이집트의 왕 쿠푸가 지은 게 아닙니다. 그는 나중에 등장했으며 위대한 오시리스를 약간 창의적으로 표절했답니다.)

처녀자리는 형이상학과 같은 이 음악의 지혜에 있는 정확성과 정밀성에 매혹되며 사수자리는 목성의 이상을 적용할 모든 가능성 때문에 흥분할 것입니다. 사수자리가 처녀자리에게 묻지요. "만물은 고유의 소리를 가졌지요. 흙의 음은 무엇이라고 생각해요?" 만일 처녀자리가 답을 못한다면 사수자리는 안심하고 대답할 것입니다. "D를 반음 내린 음이에요." 물론 처녀자리는 사수자리에게 증명을 요구할 것입니다. 처녀자리는 일반화된 표현법에 꽤 비판적입니다. 또 형식의 어떤 과장에도 동의하지 않지요. 과장은 사수자리의 많은 재능 중 하나이기는 합니다. (사수의 지배 행성인 목성은 천문해석학적으로 '팽창'과 동의어입니다.) 사수자리가 처녀자리에게 깊은 인상을 남기고 싶다면, 그(그녀)는 언제나 실질적이며 사실에 근거하는 증거로 목성의 포괄적인 진술을 뒷받침할 준비를 해야 합니다. 모순적이지만 켄타우루스는 강박적으로 정직하기도 합니다. 왜냐하면 사수자리는 이원성을 지닌 '이중적인' 태양별자리 중 하나이기 때문입니다. 반은 말이고 반은 인간의 모습이지요. 인간 부분은 정직합니다. 말 부분은 때때로 진실을 약간 왜곡합니다. 그래서 언제든지 당신이 대하는 사수자리가 켄타우루스의 어느 쪽인지를 아는 것이 중요합니다. 'D플랫' 상황에 관해서라면, 당신은 꼼꼼하게 정직하고 찬란하도록 창의적인 사수자리의 절반인 인간을 대하고 있는 것입니다. (처녀자리 여러분, 상상력은 정직과 양립할 수 있답니다. 모순되지 않습니다. 상상력과 진실은 영혼의 단짝이지요. 어느 것도 그 반대가 없이 존재할 수 없습니다.)

동물을 사랑하는 사수자리가 흙 원소 마술의 'D플랫' 교훈으로 처녀자리에게 도움을 준 증거가 있습니다. 1975년 사수자리의 달인 11월 말 어느 늦은 저녁에 재즈 음악가인 폴 윈터가 심오하고도 경이로운 사수자리답게 목성의 영감을 받은 생각을 했습니다. 그는 의기충천해서 알토 색소폰을 들고 시에라네바다 야생동물센터로 터벅터벅 걸어 들어가 즉석에서 블루스풍의 연주를 했지요. 처음에는 쥐 죽은 듯이 고요하더니, 조금 후에는 얼룩무늬 이리 암컷 몇 마리가 따라 부르기 시작했습니다. 그들의 울부짖는 소리는 윈터가 내는 음의 길이 및 종류와 조화를 이루었으며 완벽하게 어울렸지요. 그의 연주 중에서 가장 감동적인 듀엣이 탄생했지요. 원래 혹등고래의 노래를 녹음하며 영감을 받았던 윈터는 그 이후 여러 종류의 동물과 사이좋게 공연을 했습니다. 그 동물들은 음과 음색, 박자나 반음을 결코 놓치지 않고 색소폰에 정확하게 리듬을 맞춰주었지요. 예전에 윈터는 브리티시 콜롬비아에서 고래를 위해 연주했습니다. 그런데 놀랍게도 고래가 음악을 듣기 위해 물 밖으로 머리를 내밀고 빙빙 돌면서 모여들었답니다. 그린피스 사람들이 놀라서 지켜봤고, 동물들과 함께한 달밤의 듀엣에 대해 고루한 과학자들도 관심을 갖게 되었지요. 그들은 처음에는 따분해하고 나중에는 즐거워하더니, 이제는 윈터가 동물이 대화하고 이동하고 짝짓고 무리를 형성하는 법에 대한 '열쇠'(목성의 말장난을 용서해주세요.)를 주었다고 생각하기 시작했답니다.

재즈 연주가인 윈터의 새로운 앨범은 르네상스까지 거슬러 올라가는 악기들로 연주되었습니다. 「동감」이라는 제목의 이 앨범에는 늑대와 고래 그리고 독수리까지 합창한 곡도 몇 개 들었지요. 그들 모두 D플랫 소리를 내며, 그 음은 동물들이 조화를 이루는 유일한 음입니다. 윈터(그리고 모든 명상적인 사람)는 D플랫이 '흙의 음'이라는 결론을 내렸습니다. 까다로운 처녀자리는 약간 불쾌해질 겁니다. 아니면 당황하겠지요. 하지만 유쾌한 켄타우루스는 앨범이 윈터의 농장에 있는 마구간에서 녹음되었으며, 음향적인 이유 때문이 아니라 박쥐가 하프시코드 밖으로 떨어지지 않게 하려고 천장에서부터 침대 시트를 걸었다는 사실을 알고 즐거워할 겁니다.

자, 사수자리가 흙 원소의 마술 같은 경험을 처녀자리에게 제시했습니다. 틀을 벗어난 사수자리의 터무니없는 행동과 즉흥적인 열정에 처녀자리도 어느 정도 경의를 표할 거라고 믿습니다. 이제 사수자리는 피라미드와 '열려라 참깨'와 '수리수리 마수리'의 기적이, 음향에 관한 처녀자리의 정확성 없이는 결코 완성될 수 없음을 알게 되었습니다. 사수자리는 처녀자리의 만사를 평가하려는 경향과 완벽주의 성향, 비판적이며 때로 사소한 일을 골치 아프게 따지는 태도를 놀리는 짓은 그만두기 바랍니다. 결국 처녀자리는 판별력이라는 자신의 태양별자리의 본질에 부응하는 것입니다. 만약 우리의 정신을 질서 정연하게 해주고 계획을 정돈해주는 처녀자리가 없다면 우리 모두 혼돈과 혼란이라는 곤경에 빠질 겁니다. 음악은 감미로운 진정제 역할을 하지 못하고 틀린 음정과 귀에 거슬리는 화음으로 뒤섞일 것입니다. 처녀자리가 없다면 말이에요.

즐겁고 장난기 많으며 부엉이처럼 현명하고 예지적인 사수자리가 오랜 세월 동물에게 친절하고 동정적이지 않았다면, 자연의 새와 온순한 동물 중 누구도 폴 윈터의 재즈 색소폰에 맞추어 듀엣으로 노래할 만큼 그를 신뢰하지 않았겠지요. 우리의 동물 형제와 새 자매와 바다 생물이 사람에게서 받은 사랑과 보호는 처녀자리, 사수자리(그리고 물병자리)와 같은 흙의 울림에서 나옵니다. 이 별자리들이 윈터의 호의적인 울림의 선율에 감동적으로 협동하고 사랑의 몸짓을 취할 수 있는 믿음을 그들에게 주었지요.

사수자리와 처녀자리는 변화하는 별자리 아래에서 태어났습니다. 그래서 그들은 처녀자리의 비판과 목성의 솔직함을 주고받으며 서로 쉽게 대화할 수 있습니다. 편안한 대화는 서로의 다른 접근과 관점에 대한 이해로 가는 첫걸음입니다. 이 두 사람은 분명히 많은 이야기를 할 것이고 오락가락하며 많이 헤매기도 할 겁니다. 둘 중에서는 처녀자리가 더 안정적이며 사수자리보다 한 장소에 더 오래 남을 겁니다. 하지만 곧 발견될 처녀자리의 진짜 지배자인 벌컨과 함께라면, 처녀자리 남성과 여성은 욕구 불만으로 인한 마음의 동요로 들뜨기 시작합니다. 알고 싶어서 방황하고, 오래된 유형과 습관을 바꾸고, 놀라운 것을 보여주는 세계를 탐험하려는 충동을 느끼지요. 이것은 멋진 일입니다. 왜냐하면 호의적인 사수자리는 말을 타거나 걷거나 비행기 또는 기차로는 탐험되지 않은 인생의 셔우드 숲을 행복한 호기심에 차서 지날 때, 마음 맞는 친구와 함께하는 것을 대단히 좋아하기 때문이지요. 만약 4-10 태양별자리 유형의 도전을 성공적으로 풀어낸다면, 켄타우루스와 처녀자리의 조합은 그들에게 극히 예외적인 특별한 보답을 약속합니다. 처녀자리는 예의범절, 공손함, 인내심을 사수자리에게 가르치고 사수자리는 영혼의 관대함이 지닌 가치, 열린 생각, 관용 그리고 무엇보다도 명예로운 자유를 처녀자리에게 가르칠 겁니다. 처녀자리와 켄타우루스 커플은 다른 사람에게는 분명히 '기이한 커플'로 보일 테지요. 하지만 사수자리는 처녀자리에게 사람들의 말이나 생각 따위에 너무 신경 쓰지 말라고 가르칩니다. 당신 자신에게 진실하세요. 그러면 만사는 제자리를 찾습니다. 어느 누구라도 모든 사람을 기쁘게 할 순 없답니다. 목성이 지배하는 사수자리는 온 세상 사람을 '완벽하게' 기쁘게 하려고 애쓰는 건 부질없는 목표라고 처녀자리를 가르칠 수 있는 유일한 사람입니다. 사수자리는 처녀자리가 긴장을 풀도록 달래주고, 처녀자리는 사수자리가 서투르게 넘어지지 않도록 좀 더 느리게 가는 법을 가르쳐줍니다. 말로 그리고 또 다른 방법으로요.

이 지상에서 동물과 새를 친구로 삼은 가장 위대한 분은 프란체스코회의 프란체스코 베르나르도네였습니다. 그는 중세 시대에 대단하고 하찮은 모든 생물에게 평화와 친절을 베푼 겸손한 삶을 살았습니다. 젊은 시절에 그는 유랑하는 음유시인이었지요. 그는 젊은이답게 '가난한 부인회(성녀 클라라와 함께 세운 수녀 공동체—옮긴이)'의 성녀 클라라에게 르네상스 리듬과 악기에 맞춰 자신이 작곡한 서정시를 부드럽게 불러주었습니다.

봄의 귀환에 대한 겨울 흙의 마술 같은 약속은 처녀자리와 사수자리 관계에 가장 적절한 주제가입니다. 하지만 먼저 사수는 자신의 활을 묻고 인간(특히 처녀자리!)과 동물, 그 어떤 생물에게도 결코 화살로 고통을 주지 않겠다는 맹세를 해야 합니다. 그 뒤에야 처녀자리와 켄타우루스는 길에서 우연히 만난 고래, 독수리, 늑대, 새와 함께 우주 음악의 첫 번째 합창을 부르기 위해 손을 잡을 수 있습니다. 그렇게 우리 모두가 평화의 교향악에 좀 더 가까워집니다. 달별자리가 처녀자리에 있는 아시시의 사수자리 프란체스코 베르나르도네가 미소를 머금은 기도로 축복하며, D플랫 음으로 그들과 함께 즐겁게 노래할 것입니다.

처녀자리 여성과 사수자리 남성

그는 그녀가 보이지 않을 때까지 재미있는 모습으로 껑충껑충 뛰어가겠다고 생각했다.

그리고 다시는 그녀에게 돌아가지 않겠다고….

웬디가 떠나도 아무렇지도 않다는 걸 보여주려고,

피터는 무심한 피리를 즐겁게 불며 방 안을 이리저리 뛰어다녔다.

그 때문에 웬디는 품위 없는 모습으로 피터를 쫓아 뛰어다녀야 했다.

4-10 태양별자리 관계는 처녀자리와 사수자리를 갈등하게 하고 힘겹게 만듭니다. 하지만 이 장의 시작에서 두 사람이 갈등을 성공적으로 이겨내고 조화를 이룰 수 있는 방법으로 음악의 비밀에 대해 말씀드렸습니다. 켄타우루스와 처녀자리는 이 특별한 페이지를 읽기 전에 먼저 행간을 주의 깊게 읽으면서 연구해야 합니다. 그 비밀은 둘 다 사랑 노래를 'D플랫' 음으로 계속 노래해야 한다는 것입니다. 음정이 틀리면 안 되니까 약간의 연습이 필요하겠지요. 카네기홀에 서려면 연습 또 연습뿐이지요! (물론 당신은 57번가와 7번가 모퉁이만 돌면 거기에 도착할 수 있습니다. 하지만 당신이 매력 있는 주연이 되기로 했는지, 아니면 관객의 한 사람으로 그저 발코니에 앉아 있기로 했는지에 따라 다릅니다.)

카네기홀이나 그 어느 곳에라도 도착하는 방법에 관해서라면, 처녀자리 여성은 지하철, 버스, 도보로 목적지에 도착하는 쪽을 더 좋아할 겁니다. 사수자리는 충동적으로 (사치스럽게) 택시를 손짓해서 부르거나 차를 빌릴 겁니다. 어쩌면 차를 사겠다는 결정을 갑자기 내릴 수도 있지요. (전형적인 사수자리라면 빠르고 화려한 스포츠카에 마음이 기웁니다.) 둘이 함께 극복해야 하는 차이 또는 장애 중 하나지요. 그는 비교적 무심하고 속 편하고 관대하게 돈을 쓰는 성향이고 그녀는 신중하게 5달러를 세고 재정을 긴축하려는 성향입니다. 무척 다르지요. 처녀자리는 실제로 구두쇠가 되려는 생각도 없고 원하지도 않습니다. 하지만 그녀의 달별자리나 동쪽별자리가 불 원소나 공기 원소가 아니라면, 그녀는 진짜 구두쇠같이 굴 겁니다. 그러면서 자신은 경제적이고 검소하며 합리적이고 신중하다고 말할 겁니다. 우리 모두 알다시피 사수자리는 자기가 본 대로 말하지요. 그는 그녀의 '합리적인 검소함'을 분명히 인색하다고 여길 것이고 생각한 그대로 직언을 내뱉을 겁니다. 물론 이런 면은 그가 처녀자리에게 사랑받기 어려운 이유가 되지요.

보셨지요? 벌써 그는 좀 서툴렀고 본의 아니게 실언을 했답니다. 하지만 그녀의 경제관념에 관한 그의 솔직함 때문에 얼어붙은 그녀를 누그러뜨리고 설득할 방법이 하나 있습니다. 우선 아주 진지하게 그녀를 바라봅니다. (그녀의 눈동자를 똑바로 들여다보세요. 처녀자리는 시선을 피하는 사람을 믿지 않습니다.) 그리고 그의 수입 중에 일부를 꽉 쥐고 있을 방법을 제안해달라고 부탁합니다. 만일의 경우에 대비해 (또는 안정적인 미래를 위해) 이자가 붙는 저축을 하려면 어느 정도 금액을 책정해야 할지 도와주겠냐고 정중하게 물어봅니다. 지방채 펀드, 주식, 유가증권, 은행에 저축하는 방법, 또는 집에 있는 돼지 저금통 중에서 어느 쪽이 더 나을까요? 그녀는 질문받는 것을 좋아한답니다. 그녀는 일련의 사려 깊고 상세한 제안을 할 겁니다. 이미 그에 대해 좀 안다면 돼지 저금통은 바로 반대하겠지요. 그가 그녀에게 저금통을 맡기지 않는 경우라면요. 그는 유혹에 잘 빠지니까요.

대부분의 사람은 미래에 대한 야망을 가지고 시작합니다. 각자의 선택에 따라 직업이나 경력을 시작하고 목표를 향해 일하지요. 그리고 성공의 기쁨을 상당히 누린 뒤에 (어느 정도의 현금을 안전한 곳에 넣어두고) 결국 은퇴합니다. 사수자리는 직업의 관념에 거꾸로 접근합니다. 그들은 은퇴로 시작하든지 아니면 최소한 즐거운 일로 시작하기를 좋아합니다. 만약 직업 때문에 즐거움이 지나치게 억압받는다면 그들은 안정을 등 뒤로 던져버리고는 어깨를 으쓱할 겁니다. 사수자리는 느낌대로 살다가 필요해지면 언제든 더 느슨한 다른 직업을 구할 수 있다고 생각하지요. 그리고 이것은 근면하고 효율적이며 책임감 있는 처녀자리 여성을 경악하게 하는 태도입니다. 그녀는 먼저 온화하게 비판할 겁니다. 그 뒤에도 그가 계속해서 미래에 전혀 관심이 없다는 듯 행동하면, 그녀는 아주 현실적인 판단으로 그의 단점을 더욱 예리하게 지적할 것입니다.

그는 잔소리라고 여기면서 맹렬하게 분개합니다. 활과 화살통을 꺼내 그가 본 대로 진실의 정직한 화살을 그녀의 한복판에 겨눕니다. 단지 경제적인 안정을 얻기 위해 원치 않는 직장에서 일하는 것은 영혼을 천천히 죽이는 일이라고 그는 말합니다. 그는 다른 남성들이 어떻게 살아가든 상관하지 않습니다. 남자에게 일이나 경력은 즐길 수 있어야 한다고 믿습니다. 즐길 수 있다면 그는 돈 한 푼 안 받고도 일할 겁니다. 왜냐하면 그는 그러한 도전에 무척 매료되며 그것이 바로 자신을 표현하는 방식이니까요. 그렇지 않은 일에서는 성취감을 느끼지 못합니다. (성취감을 못 느끼는 사수자리는 슬프고 공허한 남성입니다. 이런 면이 다른 사람들보다 훨씬 강하지요.) 저는 연인 사이의 논쟁에서 편들기를 싫어합니다. 하지만 천문해석학은 직업에 관한 한 켄타우루스의 철학에 동의합니다. 그리고 켄타우루스의 철학이 주는 부수적인 혜택으로 금전상의 보답이 자주 따라오지요. 그런 철학임에도 불구하고가 아니라 바로 그 철학 때문이랍니다. 경제적인 안정을 최종 목표로 돈을 많이 벌기로 작정한 사람이 성공하고 부자가 되는 것은 결코 아닙니다. 가장 위대한 부는 가장 위대한 성공과 일치합니다. 행운의 여신은 한 가지 생각에 사로잡혀 열중하고 현금이나 보수 따위는 까마득히 잊어버리는 사람들에게 임하지요. 우주는 그들에게 미소 짓습니다. 그들은 따분함과 무관심 또는 좌절된 적개심을 갖고 일하는 대신 애정을 가지고 일하기 때문입니다.

자신의 일을 열정적으로 사랑하며, 다른 일을 하는 건 도저히 상상조차 할 수 없는 배관공과 전기기술자가 있지요. 요리를 사랑하는 주방장, 병을 고치려고 필사적으로 애쓰는 의사, 수시로 변하는 인간의 얼굴에 매혹되어 사람들과 이야기하기를 즐기는 종업원이 있습니다. 네, 마룻바닥을 북북 문지르고 창문을 깨끗이 닦을 때 개인적인 만족감을 느끼는 사람도 있습니다. 그들은 먼지와 지저분한 것들이 마술을 부린 것처럼 청결해지고 빛나는 질서로 바뀌는 모습을 볼 때, 영혼이 고양되는 것을 느끼지요. 대통령이 되는 것보다 집을 페인트칠하는 것이 진심으로 더 좋다는 사람을 제가 알고 있습니다. 그 일은 자기 자신에게, 또한 다른 사람에게 굳이 설명하려고 애쓰지 않아도 그를 신나게 만듭니다. 슈바이처는 크롬으로 도금한 연구실보다 암흑의 정글에서 고생하는 걸 더 좋아했지요. 반면에 정글에 있는 미개한 연구소보다 크롬으로 도금한 현대적인 연구소를 더 좋아하는 사람들도 있습니다. 괴로움과 허무감으로 공장의 출퇴근 기록부에 구멍을 뚫는 사람도 있지요. 이들은 누구에게도 물려주기 어려운, 몇 달 뒤에는 원래 주인에게도 어울리지 않는 보기 흉한 가구를 만듭니다. 하지만 자신의 일을 사랑하는 사람은 장인이지요. 장인은 수세기 동안 소중히 여겨질 나무와 여러 재료로 기적을 만들어냅니다. 그런 식이지요. 사람들이 직업보다 자신의 마음을 더 따르던 때가 있었습니다. 그 시절에는 애정을 갖고 일하는 것이 더 쉬웠습니다. 이제 우리에게 남은 건 억지로 일하는 사람들뿐입니다. 결국은 기만적인 상표인 것으로 판명된 '성공'이라는 극심한 생존경쟁 때문이지요. 수많은 사람들이 개인적으로 묻습니다. "왜 성공이 대단한 실패인가요?" 애초에 잘못 정의되었기 때문입니다. 그게 이유입니다. 텔레비전 광고와 잡지의 그럴듯한 선전 때문입니다.

처녀자리의 생각과 의도와 행동에는 순수성의 씨앗이 들었기 때문에, 부단히 활동하는 독립적인 사수자리와의 논쟁에 감동받고 점차 그처럼 낙관적이 될 겁니다. 두 사람이 타고난 4-10 태양별자리 관계의 영향으로 인해 생기는 마찰을 감수할 가치가 있는 최종 결과이지요. 그녀는 인내심 있는 진실성과 책임감, 꿈을 멋지고 깔끔하게 번쩍번쩍 광을 내서 빛나게 유지하는 능력으로 사수자리 연인 또는 배우자에게 강한 인상을 남길 가능성이 상당히 많습니다. 그래서 꿈이 향나무 서랍 밖으로 나와 현실이 될 때면 진짜 아름다워집니다. 이런 식으로 처녀자리와 켄타우루스는 갈등의 4-10 울림에 붙은 '저주'라는 잘못된 꼬리표를 축복으로 바꿀 수 있습니다. 서로의 '악덕'을 제거하는 것을 도와주고, 개인적인 장점을 서로 단순히 교환하는 것만으로도요.

두 사람 사이에는 일시적인 갈등을 일으켜서 불화로 이끄는 사소한 문제도 많습니다. 하지만 생각만큼 큰 문제가 아닌 일로 힘들어하는 남녀의 아픔을 언제나 달래줄 수 있는 연금술이 있지요. 육체적인 사랑은 일상의 분노와 짜증스러움을 감싸줍니다. 그것은 여름 소나기에 깨끗하게 씻긴 정원에 핀 장미의 진한 향기와 같지요. 지속적인 오해로 피폐해진 두 마음과 영혼을 촉촉한 흙과 젖은 잔디처럼 상쾌하게 만들어준답니다. 처녀자리가 그녀를 지켜주는 사수자리의 팔에 기댈 때, 그녀는 그의 잘못을 용서하게 됩니다. 그는 비판받고 의심받은 일에 불같이 화를 낸 것을 잊지요. 그의 불 원소 별자리의 열정과 욕망의 불꽃, 흙 별자리인 그녀의 '현실적 기질'에 있는 더 깊고 말없는 욕구는 사소한 갈등을 덮어줍니다. 서로에게 더 많은 관용을 이끌어내며 조화롭게 어우러지지요. 하지만 그녀는 본능적인 처녀자리의 차가움과 육체적인 고립감으로 그가 거부당한다는 느낌을 갖지 않도록 주의해야 합니다. 그는 육체적 표현에 대해 더 열정적인 반응을 추구하고 바란답니다.

빅토리아 여왕이 통치하던 시기에 갓 결혼하는 젊은 여성들은 신혼여행에 적합한 숙녀의 태도에 대해 수줍게 충고를 구할 때, 그녀의 어머니들로부터 이런 권고를 들었습니다. "그저 누워서 영국을 생각하렴." 사수자리 남성은 밝고 온화하며 약간 차가운 처녀자리 여성에게서 빅토리아 시대가 투영된 느낌을 받을 때가 있습니다. 처녀자리 여성도 그와 똑같이 강렬하게 그를 사랑하지만 표현 방식은 좀 다릅니다. 그는 자신의 감정을 무척 자연스럽게 표현하지만 그녀는 자기감정을 여유 있게 자발적으로 표현하지 못합니다. 그녀더러 냉담하다고 말한다고 해서 문제가 해결되지는 않습니다. 재치가 없다고 타박한다면 그 어떤 문제도 결코 해결하지 못합니다. 그는 온 마음으로 자신을 신뢰하라고 인내심 있게 그녀를 가르쳐야만 합니다. '잔인한 정직함'이 아니라 인내심이 모든 것을 해결하지요. 처녀자리 여성이 사랑하는 남성과 함께할 때 그녀 자신이 되는 법을 알게 되면, 때때로 서툴지만 성적인 일체감을 안겨줄 것입니다. 유쾌하고 관대한 사수자리를 위해 여운이 오래가는 심오한 경험을 겪게 해줄 겁니다. 사수자리는 모든 일에서 최고에 도달할 능력이 있습니다. 섹스도 포함해서요.

두 사람 사이의 모든 의사소통에서 리듬 맞추기에 익숙해진 후(그들은 의사소통을 잘합니다. 둘 다 변화하는 에너지, 즉 의사소통의 별자리지요.), 처녀자리 여성은 사수자리 남성의 팔을 베고 누워 영국이 아니라 다른 걸 생각할 겁니다. 두 사람은 아이디어가 반짝이며 지적이고 탐구하는 정신이 있습니다. 어느 깊은 밤, 사랑을 나눈 후에 그가 갑자기 물어봅니다. "당신의 신중함과 실용성을 모두 잊고, 내일 당장 옷가방을 싸서 앞문을 잠그고, 가끔씩 화분에 물을 줄 수 있도록 이웃에게 열쇠를 맡기고, 정오를 알리는 빅벤의 종소리 시간에 맞추어 런던행 아침 비행기를 타면 어떨까요?" 만약 그녀가 타고난 대로 현명한 처녀자리라면, 2와 1/3초 만에 유성의 불꽃 같은 그의 제안을 신중하게 분석하고는 코에 키스하며 불을 끌 것입니다. 그러고는 진심을 담아 그의 눈동자를 보고 웃으면서 말할 겁니다. "뭘 기다리는 거예요? 내가 샤워하는 동안 당신이 가방을 꺼내고 공항에 전화하세요."

처녀자리 남성과 사수자리 여성

그녀가 그에게 어디 사느냐고 물었다.
"오른쪽으로 두 번째, 그리고 아침이 올 때까지 곧바로."
"참 이상한 주소네!"
피터는 풀이 죽었다. 그게 이상한 주소라는 생각은 한 번도 해본 적이 없었던 것이다.
"아냐, 안 이상해." 피터는 말했다.

독특한 주소를 가진 처녀자리 남성에게 다정한 악수를 건네고 따뜻한 포옹을 해주세요! 그는 반은 말이고 반은 사람인 여성 켄타우루스와 경주를 시작합니다. 그녀의 존경과 사랑을 얻기 위해 그의 소중하기 이를 데 없는 고독한 삶을 기꺼이 포기한 것입니다. 그녀를 위해서라면 그는 독신자 아파트의 평화와 고요함까지 희생할 겁니다. 하지만 그녀를 위해(또는 어느 누구를 위해서도) 그 자신의 개인적 존엄성과 자기 확신, 특히 자존심은 결코 희생하지 않습니다. 남자는 자존심이 필요합니다. 그래서 그가 흠모하는 여성이 자존심을 앗아가는 것은 합리적이지 않습니다.

처음에 그는 머뭇거릴 겁니다. 밝고 쾌활하지만 괴로울 정도로 솔직하고 단도직입적인 사수자리 여성은 처녀자리 남성의 명치에 아무 생각 없이 한 방 먹이겠지요. 그녀의 부적절한 지적에 처녀자리 남성은 거의 굴복하는 듯 보일 수도 있습니다. 하지만 우리의 영웅은 임박한 열등감의 위험, 즉 그의 남성성에 대한 도전과 위협을 극복합니다. 완벽하게 정확한 그의 주소에 대해 솔직한 그녀가 뭐라 말하든 신경 쓰지 마세요. 그의 아파트, 양말, 귀, 머리, 코, 직업, 신중하고 수수한 꿈, 자동차, 곽에 든 아이보리 비누를 사는 습관, 또는 '가벼운 처치'에 도움이 되는 구급상자에 대해 그녀가 어떻게 생각하는지 신경 쓸 필요는 없습니다. 그의 주소가 이상하다고 그녀가 말했나요? 그가 그녀에게 알려줄 차례입니다. 그는 확고하게 서슴지 않고 말합니다. "아니요, 그렇지 않아요. 그건 이상한 주소가 아닙니다."

사수자리 여성에게 주는 그의 첫 번째 충고입니다. 두 번째 충고는 그녀가 말을 뱉기 전에 입을 다무는 법을 먼저 배워야 한다는 것입니다. 입을 다물고 자신이 말하려는 내용을 분석해야 한다는 뜻입니다. 그녀가 조금이라도 배려하고 심사숙고한다면, 그에게 멋지고 친절한 말을 하기 전까지는 전혀 입을 열지 않기로 마음먹을 수도 있겠지요. 놀랍게도 그녀는 그렇게 하는 것을 좋아할 겁니다. 사실 이 여성은 자기 분수를 알게 해줄 단호하면서도 온화한 남자를 찾고 있답니다. 그는 그녀의 강아지 같은 귀여움과 낙천적인 열정과 불꽃 같은 이상을 뭉개지 않습니다. 그녀를 사랑하는 처녀자리 남성은 섬세한 사교의 재능을 부여받았고 그것을 다룰 유일한 사람입니다. 그에게는 일을 능숙하게 처리해서 부드럽게 마무리하는, 거의 신비에 가까운 재능이 있지요.

다행히 그는 갈등에 처한 4-10 태양별자리 유형에서 발생하는 한 가지 문제를 벌써 해결했습니다. 그는 목성의 화살 끝을 부드럽게 만들고 활을 그렇게 세게 당기지 말도록 그녀를 가르쳤습니다. 비난할 때조차 부드럽고 친절한 처녀자리의 유별난 능력으로, 그녀의 생각 없는 언급이 정말로 상처가 될 수 있다는 사실을 알려줬지요. 그는 물론 그녀에게는 악의적인 의도가 없으며 기본적으로는 선한 의도로 순진하게 말했다는 사실을 이해합니다. 그리고 그가 이해한다는 것을 그녀 또한 깨닫게 되지요. 그녀는 진심으로 조용해져서 눈물을 흘립니다. 그녀는 자신의 진짜 자아를 이해해주는 누군가를 아주 오랫동안 기다렸습니다. 그녀가 느낌에 충실하고 표현이 충동적이라고 해서 그녀를 가혹하게 판단하지 않을 그 누군가가 나타나주기를 기다렸지요. 그래서 처녀자리 남성의 단호함은 둘 사이의 싸움으로 번지기보다는 예전보다 더 가깝게 둘을 이어주는 반대 효과를 낼 겁니다. 아름답지 않나요? 브라보! 그를 위해서도 그녀를 위해서도 잘 됐습니다. 이제 그다음 문제입니다. (당신은 이미 그들이 딱 한 가지 문제로만 다툴 운명이 아니라는 사실을 잘 압니다. 그렇지요? 어쨌든 그들이 타고난 태양별자리는 90도를 이룬다는 걸 기억하세요.)

그녀의 짓궂은 농담이 다음 문제입니다. 사수자리 남녀는 말장난과 짓궂은 농담에 굉장히 빠져 있습니다. 코네티컷 시가 ERA(남녀평등권 헌법 수정안) 탄생 기념일에 '남성man'이라는 말의 사용을 신중하게 피하느라, 공공사업을 '도로의 맨홀Mannhole' 건설이 아니라 '도로의 퍼슨홀Personhole'이라고 공식적으로 바꾸어 표현한 일에 대해 그녀는 말장난 치고는 유쾌하다고 생각합니다. 하지만 처녀자리 생각에는 이런 일이 무척 이상합니다. 어느 날, 그가 편지를 부치려고 우편집배원 mailperson의 근무 시간을 그녀에게 물어봅니다. 그녀는 "사람 사람personperson"을 뜻하는 거냐고 되묻지요. 그는 "편지mail"는 "남성male"이 아니라고 답합니다. 하지만 그녀는 철자를 어떻게 쓰는지는 중요하지 않다고 말합니다. 그가 철자가 다른 걸 어떻게 알았냐고 그녀에게 다시 물어봅니다. 원래 그녀의 단어 실력이 별로라는 것을 꼬집는 겁니다. 그리고 둘은 함께 웃음을 터뜨립니다. 사수자리의 가장 좋은 면중 하나는 자신에 대한 농담을 순수하게 받아들이고 즐길 수 있다는 점이지요. 이런 면은 이 음울한 세상에서 너무도 진귀한 빛나는 덕목이랍니다. 그도 인정해야 합니다. 좋아요, 우리는 말장난을 무척 좋아하는 사수자리 여성의 성향을 다뤘습니다. 처녀자리 남성은 이 문제 또한 굉장히 멋지게 풀었습니다. 그렇게 생각하지 않으세요? 아프게 하는 진실 꼬집기도 있고 적당한 쾌활함과 놀려먹기도 있었지요. 그리고 그녀는 웃었습니다. 그녀는 즐거웠고 부루퉁해지지 않았지요. 그들은 여전히 친구입니다. 짓궂은 장난은 약간 더 거칠어지겠지요.

되도록 짧게, 사수자리의 짓궂은 장난이 얼마나 엄청난 것인지 예를 들어볼게요. 대체로 장난이란 조금도 해를 끼치지 않는 재밌고 바보 같은 짓입니다. 하지만 사수자리의 지배행성인 목성이 팽창과 관련한 행성이기 때문에 때때로 사수자리의 장난은 통제할 수 없는 일을 불러오기도 합니다. 스티븐 매소버라 불리는 남성이 있습니다. 그는 버클리(캘리포니아) 대학에서 물리학의 고차 방정식을 연구 중이었습니다. (그는 장학금을 받았으며, 고등학교에서 졸업생 대표였지요.) 그런데 스티븐이 사수자리의 경박한 행동을 벌였습니다. 그는 장전되지 않은 총과 유사 폭탄으로 은행을 강탈해서 7만 8천 달러의 현금을 가지고 도망갔답니다. 보도 기사는 이 일을 "로빈 후드 말장난"이라고 언급했습니다. (로빈 후드는 모든 사수자리와 밀접한 관련이 있습니다.) 그는 돈을 훔칠 생각은 전혀 없었으며, 인간이 공해와 인구과잉으로부터 벗어나는 방법으로, 우주에 건설할 식민지에 투자하기 위해 돈을 빌렸던 것이라고 주장했지요. 그리고 빌린 돈은 20년 안에 갚을 계획을 세웠다고도 말했지요. 배심원단은 매소버에게 무죄를 선고했습니다. (목성이 지닌 뜻밖의 행운이었지요.) 왜냐하면 그의 행동만으로는 "은행에서 돈을 영구히 강탈하려 했다는 것"(절도의 필요조건)을 증명할 수 없었기 때문입니다. 하지만 배심원단은 "상식적으로(처녀자리식으로) 생각했을 때, 우주정거장에 돈을 쓰는 것이야말로 은행에서 영원히 돈을 빼앗는 것과 똑같다."라고 논평했지요. 이 사건은 사회에 큰 공포를 불러왔습니다. 제정신은 아니지만 설득력 있는 짓궂은 장난을 친 이 사람의 '운 좋은' 무죄 방면이 다른 '로빈 후드 강도질'을 조장할 거라는 공포지요. 공포에는 근거가 없습니다. 진짜 범죄자에게는 보이지는 않지만 아주 정교한 진실에 기반한 상상력이나 천재성이 없습니다. 하지만 짓궂은 농담을 즐기는 다른 사수자리를 확실히 부추기기는 하겠지요. 신이여, 도와주세요.

처녀자리 남성은 사수자리 여성의 장난기 많고 익살맞은 말괄량이 기벽을 경고한다면서 왜 제가 짓궂은 농담을 하는 남성을 예로 들었는지 의아할 것입니다. 그럴 만한 이유가 있지요. 처녀자리 남성이 '여성적'인 태양별자리 아래에서 태어나고 또한 실제로 여성적인 행성 벌컨의 지배를 받는다고 해서, 그가 여성 같은 남성이라거나 감수성이 풍부하고 통찰력이 있다는 뜻이 아니라는 점을 강조하고 싶었답니다. 사수자리 여성은 남성적인 태양별자리 아래에서 태어났고 또한 남성적인 행성인 목성의 지배를 받습니다. (말장난, 진실의 화살, 성실성, 짓궂은 농담하기 모두) 각자가 지닌 두 배의 여성적인 영향과 두 배의 남성적인 영향은 분명한 결론을 보여줍니다. 그녀가 그의 주소를 갖고 놀릴 때, 그는 틀림없이 곧바로 솔직하게 응수할 겁니다. 그는 이 켄타우루스 여성에 대한 확고한 통제권을 유지해야 하기 때문이지요. 그렇지 않으면 그녀는 제멋대로 굴기 시작할 겁니다. 이미 드러났듯이, 그녀는 여기에 분개하기보다는 오히려 남몰래 즐거워합니다. 물론 그 통제권이 다정하고 친절하며 사려 깊은 사람의 수중에 있는 경우에 한해서지요. 그리고 그녀를 정말로 사랑하는 처녀자리 남성이 바로 그런 사람입니다.

온화한 지혜를 지닌 처녀자리 남성은, 두 배의 여성적인 에너지로, 사수자리 여성이 의심할 줄 모르며 상처받기 쉬운 사람이라는 것을 압니다. 그녀가 지닌 두 배의 남성적인 기질과 상관없어요. 그래서 그녀는 모든 경기에서 이기는 게 아닙니다. 그녀가 가장 필요할 때 상처를 주고 실망시킨 사람들 때문에 여러 차례 비틀거리고 넘어집니다. 처녀자리 남성은 사수자리 여성의 고통스러운 기억을 애정 어린 관심으로 위로하지요. 오래된 흔적만 남은 일에 불과하다고, 그 모든 일을 잊어야 하는 이유를 분석하며 그녀를 돕습니다. 그녀가 과거를 돌아보지 않고 미래를 본다면 그것은 곧 사라질 거라는 확신을 주지요. 그런 후에 그는 자신을 믿어준 일을 결코 후회하지 않게 하겠다고 그녀에게 약속할 겁니다. 그에게는 의미가 있는 일입니다. 사수자리 여성은 깨끗하고 고요한 처녀자리 남성의 눈동자를 들여다봅니다. 그녀는 그가 정말 완벽하게 정직하다는 것을 압니다. 그녀가 맞습니다. 처녀자리는 인간의 힘으로 지킬 수 없는 일을 기꺼이 하겠다는 약속은 결코 하지 않습니다. 이것은 굉장히 중요합니다. 그녀는 드물게 이 사실을 깨닫는 사람입니다. 이 시대에는 겉과 속이 다르지 않은 정직한 사람이 드뭅니다. 그런데 그녀는 위선자나 사기꾼을 참을 수 없답니다. 그녀는 처녀자리 신사(온화한 사람을 뜻합니다.)의 사랑을 받는 행운에 감사해야 합니다. 그런데 깜박하고 그에게 말하지 않은 것이 있습니다. 이 여성은 행운을 가져다줍니다. 그녀가 아무리 많은 실수를 하더라도, 그녀의 잘못된 판단은 발아래 착지할 방법과 우승마 표창식장에 당당하게 들어갈 방법을 찾아줍니다. 이러한 천문해석학적 확실성을 알게 되면, 그녀의 선의의 충동적인 열정이 야기한 엄청난 실수로 인해 그가 고통받을 때 위로가 될 것입니다.

두 사람이 함께 나누는 육체의 친밀함에는 두 가지 요소가 있습니다. 열정적인 사수자리 여성의 불 원소 천성과 차갑고 깊은 처녀자리 남성의 흙 원소의 욕망이 둘 사이에 일체감을 만듭니다. 그는 견제의 고삐를 계속해서 확고하게 쥐어야 하고, 그녀는 순수함에 대한 그의 감수성과 무의식적인 욕망에 상처주지 않아야 합니다. 그는 그녀의 갈망이 충족되는 방향으로 향하도록 우아하게 길을 내줍니다. 낭만적인 도전에 속한 모든 게임에서 이기는 것보다 애정과 평화가 훨씬 더 중요하다고 그녀에게 알려주는, 차분함과 고요함 같은 것이 그에게 있습니다. 그녀 곁에 있는 그의 따뜻함은, 만약 둘이서 충돌하는 개성 때문에 헤어지게 되더라도 그녀가 공허함을 느끼게 할 것입니다. 말로 표현하지 않더라도, 그들이 때때로 감수해야 하는 감정상의 폭풍에 그의 영혼이 노력하는 일에 지치고 싫증이 날 수도 있습니다. 하지만 만약 그녀가 떠나기라도 한다면, 누가 크리스마스 아침에(그녀와 처음으로 12월을 함께 보냈을 때) 머리에는 호랑가시나무 관을 쓰고 손에 쥔 담요를 들춰보라고 숨죽여 말하면서 그를 깨울까요? (아무도 없지요.) 담요 아래 보이는 것은 갓 태어나 꿈틀거리는 여섯 마리 강아지의 여섯 개의 반짝이는 검은색 코였답니다. 전날 밤 그가 잠든 동안, 정확히 크리스마스 이브 자정에 세인트버나드 종인 아멜리아(대서양을 단독 비행한 최초의 여성인 아멜리아 에어하트를 기념하여 지은 이름이랍니다.)가 낳은 거라고 말하면서, 그녀는 흥분과 천진난만한 경이로움으로 눈을 반짝반짝 빛냅니다. 그는 항상 기억합니다. 뽀드득 뽀드득 눈 밟는 소리가 들리는 차가운 겨울 아침… 그녀가 어린 소녀처럼 그를 놀래주려고 호랑가시나무를 머리에 밀어 넣은 모습… 눈송이가 내려앉은 그녀의 눈썹…. (그녀는 뜰에 쌓인 눈이 눈사람을 만들 만큼 깊은지 확인해보고 방금 들어왔습니다. 눈이 깊었지요. 그래서 나중에 눈사람을 만들었답니다.) 또한 그는 그녀의 냄새를 항상 떠올립니다. 그녀가 그의 이마에 가볍게 키스하고 아래층에 서둘러 내려오라고 즐겁게 얘기할 때, 깨끗하고 차가운 산소 같은 냄새가 났었지요. 그녀는 불로 만들어졌기 때문에 크리스마스트리 아래 순록이 남기고 간 것을 빨리 보고 싶어서 그를 기다리지 못하고 먼저 내려갔습니다. 그는 억누를 수 없이 가슴 벅찬 느낌을 받습니다. 이 사랑스럽고, 우아하며, 재밌고, 상처받기 쉽고, 명민하며, 지적이지만 꼴사나운 여자 광대를 이해하려고 애쓰는 일은 얼마나 당연한 일인지요. 그녀가 울 때면 코가 빨개집니다.

사수자리 여성이 어떤 일로 인해 마음 아파할 때였지요. 처녀자리 남성이 알 거라고는 생각지도 못했는데, 속사정을 알고 있던 그가 작은 제비꽃 다발을 수줍어하며 내밀었답니다. 그 아침을 기억할 때마다 그녀는 감동으로 목이 메어옵니다. 그는 한 마디 말도 없이 그녀에게 제비꽃을 주었지요. 어떤 남자가 처녀자리 남성처럼 할 수 있을까요? (아무도 없답니다.) 그가 때때로 괴팍스럽고, 기분이 언짢고, 돈에 좀 엄격하다는 게 무슨 상관이에요? 그는 애정의 모든 단계와 차원에서 과묵한 사람이지요. 그는 다른 사람들과 많은 얘기를 나누지 않습니다. 하지만 그들은 둘 다 변화하는 에너지지요. 그래서 그는 그녀와 많은 말을 하며, 어느 누구와도 나누지 않은 것을 그녀에게 얘기한답니다. 그녀가 비밀을 지켜주는 신뢰할 만한 사람이라는 사실을 알기 때문이지요.

처녀자리 남성은 사생활의 가치에 귀 기울이고 이해하도록 사수자리 여성을 가르쳐야 합니다. 사수자리는 굉장히 지적이기 때문에(목성은 대학 교육에 관한 아홉 번째 하우스를 지배합니다.) 그가 가르친 많은 것을 재빨리 습득합니다. 그녀는 가끔 '약속commitment'을 쓸 때는 연달아 두 개의 t를 쓰고, '약속했다committed'를 쓸 때는 t를 하나만 쓰지요. 그렇게 가끔 철자를 틀리는 것은 그녀가 사소한 일에 관심을 기울이지 않기 때문이랍니다. 하지만 그녀가 철자는 틀리게 쓰더라도 그 단어의 의미는 알고 있습니다. 그건 약속promise과 똑같은 의미지요. 아닌가요? 맞아요, 그렇습니다.

만약 처녀자리 남성과 광대이자 철학자인 사수자리 여성이 정말 서로를 사랑한다면, 갈등을 유발하는 4-10 태양별자리의 90도는 거대한 목성과 벌컨이 이루는 120도로 바뀌어서 일 년 내내 좋은 관계를 지속할 수 있답니다. 두 사람은 매일 아침 크리스마스를 축하할 수도 있답니다. 선물이나 뭐든 다른 걸로요.

처녀자리 Virgo

흙 · 변화하는 · 수동적
지배행성: 수성
상징: 처녀
음(−) · 여성적

Capricorn 염소자리

흙 · 시작하는 · 수동적
지배행성: 토성
상징: 염소
음(−) · 여성적

처녀자리와 염소자리의 관계

피터가 그들에게 주의를 줬다. "가장 멋지게 보여야 돼. 첫인상이 아주 중요하니까."
피터는 아무도 첫인상이 무슨 뜻이냐고 묻지 않아서 기뻤다. 아이들은 다들 멋지게 보이려고 바빴다.

처녀자리와 염소자리 사이를 단단하게 결속시키는 한 가지 욕구가 있습니다. 두 별자리는 예의 바른 사람이라고 인정받고 싶어하고, 최대한 올바르게 생각하고 행동하면서 살고 싶어합니다. 친구, 친척, 이웃으로부터 반감이나 비웃음을 사지 않기 위해서지요. 그들은 되도록 웃음거리가 되지 않도록 애씁니다. 노력하면 누구나 할 수 있습니다. 존경받고 싶다면 행실이 바르면 됩니다. 그보다 더 단순하고 정확할 수는 없습니다.

발은 못이 박히지 않고도 서 있을 수 있지요. 상징적인 네 개의 발이 땅 위에 확고하게 딛고 있는 이 두 명의 흙 별자리를 강하게 묶어주는 것은 돈에 대한 공통의 사고방식입니다. 돈은 벌어야 하는 것이며, 저축해야 하는 것이고, 아껴서 현명하게 써야 하는 것입니다. 돈은 낭비하거나 부주의하게 없애버려야 하는 것이 결코 아닙니다.

그들 사이를 견고하게 이어주는 다른 하나는 의무와 책임에 대한 태도입니다. 그들은 의무와 책임을 좋아하고 숭배합니다. 그게 없다면 처녀자리와 염소자리는 둘 다 길을 잃고 목적 없이 방황할 겁니다. 성스러운 신뢰와 이행할 의무와 완수할 책임을 그들에게 주세요. 그러면 그들은 그지없이 행복할 겁니다. 그들이 자리한 제7천국(유대교, 이슬람교는 여기에 하느님과 천사가 있다고 생각함—옮긴이)은 흥미로운 장소입니다. (특히 염소자리에게) 고대인뿐 아니라 신비주의자들은 염소자리의 지배자인 토성이 7차원의 행성이라고 오랫동안 주장해왔지요. 하지만 저는 당신에게 토성이 7차원의 행성이라는 게 무엇을 의미하는지 상세하고 정확하게 설명할 수 없습니다. 대략적으로 설명할 수는 있겠지요.

우리 모두 알다시피, 우리는 여기 지구상의 3차원의 행성에서 존재하며 살아가고 대부분이 (진실에 대해) 3차원적으로 의식합니다. 4차원은 시간 그 자체입니다. 말하자면 직선의 개념이지요. 4차원 다음은 (논리적으로) 5차원입니다. 깨달음이라는 5차원 단계는 처녀자리의 진짜 지배자인 벌컨과 관계가 있는데 왜 그런지 정확하게 말할 수는 없답니다. 계속해서 6차원과 그다음 차원으로 나아갑니다. 그런데 한번 생각해보세요. 만약 우리가 5차원과 6차원에 대해 아무것도 모른다면, 토성의 7차원을 도저히 이해할 수 없는 건 당연한 일 아닐까요? 당신이 5차원과 6차원에 대해 티끌만큼도 모르는데 7차원을 어떻게 이해하겠어요? 안 그런가요?

처녀자리와 염소자리가 공유하는 올바른 상식은 별개의 문제입니다. 두 별자리는 어깨 위에 합리적인 머리를 얹고 다니지요. 하지만 지금 우리는 실질적이며 현실적인 일을 하게 만드는 차원에 대한 얘기를 나누는 중입니다. 우리 모두는 좋든 싫든 차원과 연관되었지요. '차원dimension'이라는 말 안에 '죽다die'와 '주사위dies'라는 단어가 들었다는 점이 흥미롭지 않나요? 실제로도 인간은 고차원에 이르기 위해 일종의 죽음을 경험해야 하지요. 하지만 반드시 육체의 죽음일 필요는 없습니다. 그런데 염소자리의 지배자인 토성은 천문해석학적으로 죽은 자와 연관된 행성이랍니다. 토성과 명왕성은 모든 다양한 형태의 죽음을 관장합니다.

우리의 차원 논의는 주제를 벗어나지 않았습니다. 적어도 염소자리와 처녀자리에게는 아니지요. 이들은 가끔 '지적' 근육을 사용하는 것이 무척 유익하다는 사실을 지극히 잘 압니다. '영적' 근육은 말할 것도 없지요. 그림자를 예로 들게요. 무엇이 그림자인가요? 길이와 넓이는 있지만, 깊이가 없는 2차원 대상입니다. 맞나요? 그래요, 맞습니다. 처녀자리가 동의하면서 머리를 끄덕이는군요. 처녀자리는 무엇이 옳은지 언제나 알지요. 염소자리는 여전히 말이 없네요. 염소자리는 오랫동안 충분히 깊이 생각하기 전까지는 의견을 낸다거나 무언가를 지지하는 일이 결코 없습니다. 반면에 처녀자리의 위탁 지배자인 수성은 처녀자리가 좀 더 빠르게 발설하도록 만듭니다. 하지만 결코 경솔하거나 충동적이지 않지요.

처녀자리와 염소자리에게는 우리와 공통으로 나누어 가진 것이 있습니다. 지구라는 3차원의 행성에서 우리 모두 3차원적인 존재이지요. 우리는 높이(길이), 넓이, 깊이가 있습니다. (깊이는 3차원에 세 번째로 필요한 요소입니다.) 물론 건물도 3차원이지요. 3차원이라는 것은 그다지 특이하지 않게 보입니다. 우리(그리고 뉴욕 공공 도서관)는 3차원의 사물입니다. 그리고 형제인 태양(이 사유의 중요한 측면)이 우리를 통과해 무엇이든지 뒤에서 비추는 그때, 3차원의 사물은 2차원의 그림자를 거리나 땅 위로 드리웁니다. 그렇지요? 처녀자리가 옳다고 말합니다. 그럼 우리가 맞는 겁니다. 염소자리는 여전히 말이 없군요.

1차원 존재는 오직 높이만 있고, 넓이는 전혀 없고 분명히 깊이도 없습니다. 우리는 상상하기 힘들지만, 1차원에서 존재하는 것은 가느다란 선입니다. 문제는 이렇습니다. 만약 우리가 2차원의 그림자를 드리우는(태양 혹은 태양보다 더 약하지만 밝은 전구의 도움으로) 3차원 사물이라고 생각해보세요! 우리 자신이 우리의 4차원 존재에 의해 만들어진 3차원의 그림자라는 결과를 유추할 수 있지 않을까요? 이제 처녀자리와 염소자리 모두 말이 없군요. 그들의 찬성 여부와 관계없이 얘기하겠습니다. 우리 모두는 분명히 그런 존재랍니다. 초의식적인 것, 초자아, 자기 자신의 천사라고 불리는 4차원의 존재가 만든 3차원의 그림자가 바로 우리의 정확한 모습입니다. (태양보다 여러 배 더 밝고 강한, 빛이라는 연금술을 통해) 우리를 그들의 그림자로 만드는 4차원의 실체에는 많은 이름이 있습니다. 염소자리는 그럼 건물은 어떻게 되는지 궁금하고, 처녀자리는 뉴욕 공공 도서관은 어떤지 궁금합니다. 아니요, 건물에는 초의식적인 면이 전혀 없습니다. 건물이 만드는 2차원 그림자와 우리가 만드는 그림자 사이의 차이점은 빌딩의 그림자는 움직일 수 없다는 사실이지요. 그보다 더 높은 어떤 빌딩도 이 문제에 의심의 여지가 없습니다. 우리가 빌딩에게 안정된 부동의 그림자를 부여했지요. 빌딩은 3차원이 허용된 것을 기뻐할 것입니다. 우리가 그것을 분명히 허용했습니다. 우리 자신의 '3차원' 이미지로 이러한 생명 없는 객체, 인형, 장난감 기차, 그 비슷한 것들을 만들었지요. 우리 자신의 즐거움, 주거지, 피신처 그리고 그 밖의 사소하거나 중요한 목적을 위해서요.

우리의 그림자에게는 어떤 종류의 선택이 있을까요? 그들은 우리의 결정 없이 움직일 수 없습니다. 초자아가 우리 자신을 통제하는 것처럼 우리는 그림자를 통제합니다. 우리 자신(우리의 운명)에 대한 그런 식의 통제를 우리 스스로가 할 수 있는 유일한 방법이 있다면, 우리의 '그림자 자아'를 통제하는 4차원적인 것과 접촉하고 이해하고 협력하고 우리의 '그림자 자아'에 대해 즉 우리 자신인 단순한 그림자에 대해 약간의 선택권을 요구하는 것입니다. 작가 제임스 배리가 지은 피터 팬과 그의 그림자가 갖는 상징성은 단순히 아이들을 위한 재밌는 이야기가 아니라 훨씬 더 심오하게 계획된 것이랍니다.

물론, 다차원의 실체 중 어느 것도 태양과 태양을 넘어서는 훨씬 더 거대한 빛이 없다면 전혀 힘을 쓸 수 없습니다. 그렇지 않다면 우리 모두를 포함한 모든 존재는 어떤 차원의 의식 단계든지 무기력한 꼭두각시 인형에 불과하지요. 태양을 찬미하세요! 우리의 강력한 4차원의 초의식적 자아가 '우리의 그림자를 만드는' 강력한 힘을 위해 태양보다 훨씬 더 환한 빛에 전적으로 의존하는 것과 마찬가지입니다. 빛이 없다면 프리즘이나 수정은 밝게 춤추는 색을 결코 만들 수 없습니다. 어둠 속에 무지개는 존재하지 않습니다. 어둠 속에서 스테인드글라스 창문은 칙칙할 뿐입니다. 반사가 없으니까요. 당신의 그림자에게 친절하세요. 그림자는 당신이 필요합니다. 당신은 그림자의 창조주입니다. 당신이 행동하고 생각한 것을 그림자도 행동하고 생각합니다. 처녀자리와 염소자리 씨, 당신들은 그림자가 생각하지 않는다는 사실을 증명할 수 있나요? 저를 믿으세요. 당신이 당신의 그림자에게 지속적으로 의식적인 관심을 갖지 않을 수는 있습니다. 하지만 토성이나 처녀자리의 책임감 없이, 그림자 없는 당신이 된다면 당신은 길을 잃고 헤매게 될 것입니다. 당신은 그림자를 몹시 그리워할 겁니다. 왜냐하면 그림자 없이 산다는 것은 어둠 속에서 사는 것과 다름없기 때문이니까요. 이제 당신은 피터 팬이 그의 그림자를 잃어버렸을 때 엄청 화를 냈던 일을 이해하시겠지요. 피터가 그림자를 다시는 잃어버리지 않도록 웬디가 그의 발에 꿰매 붙여준 것은 훌륭하고 친절한 일이었답니다. 웬디가 안전하게 피터의 그림자를 바느질해준 것은 아주 실용적인 생각이었지요. 그녀의 태양별자리는 게자리지만 아마도 동쪽별자리가 처녀자리이고 달은 염소자리였을 것입니다.

5차원 또는 7차원의 존재가 어떻게 생겼을지 상상해본다면, 7차원의 '존재'가 염소자리와 꽤 비슷해 보인다고 하더라도 크게 틀리지 않을 겁니다. 그들은 엄격하지만 다정합니다. 현명하고 인내심 있으며, 과묵하고 안정적이며, 의지할 수 있고 신뢰할 수 있지요. (좀 고집불통이기도 합니다.) 5차원의 '존재'는 처녀자리와 많이 닮았습니다. 엄격하지만 다정합니다. 현명하고 인내심 있으며, 과묵하고 안정적이며, 의지할 수 있고 신뢰할 수 있습니다. (약간 비판적이고 괴팍스러우며 불안정합니다.) 이제 당신은 더 높은 차원의 '천사'가 어떤 것인지 압니다. 염소자리와 처녀자리랍니다. 차원에 대해 처음보다 더 많이 알았겠지만, 제가 그 모든 것을 상세하게 설명할 수는 없다고 말씀드렸지요. 단지 대강만 설명했을 뿐입니다.

처녀자리는 일반론을 몹시 싫어합니다. 그들은 기민한 정신과 예리한 통찰력과 정교한 식별력을 가진 정확한 사람들입니다. 모든 감정을 분석한 뒤 자신은 전혀 그렇지 않다고 말합니다. 그들은 자신에 대한 당신의 분석을 분석하지요. 염소자리는 처녀자리의 태도에서 어떤 잘못된 점도 발견하지 못합니다. 처녀자리는 시계를 '사고', 문제를 해결하고, 어떤 사람과 친구가 되기로 결정하기 전에, 그 제작품의 상태가 좋은지 확인하기 위해 시계와 문제와 사람을 뜯어보는 시간과 수고를 들입니다.

그런 점이 염소자리에게는 상당히 신중하게 보이지요. 처녀자리와 염소자리는 서로에게 부드럽고 온화합니다. 염소자리는 처녀자리가 지나치게 많은 걱정을 하고 과하다 싶을 정도로 얘기를 많이 한다고 생각할 때도 있겠지요. 처녀자리는 염소자리가 지나치게 완고하고 자신의 방식에 고착되었으며, 지적 자극이 줄 수 있는 흥분에 대해 닫혀 있다고 생각할 때도 있을 겁니다. 그럼에도 이 두 사람은 서로 다른 것보다 닮은 점이 훨씬 더 많고 썩 잘 어울립니다. 그들의 관계는 서로 공명하는 5-9 태양별자리 유형이며 서로의 실수를 더 수월하게 받아들이고 용서합니다.

모든 염소자리에게는 일종의 보기 드문 초연함이 있습니다. 장애물이 나타났을 때, 염소자리는 그 장애를 딛고 자신의 목표인 정상을 향해 꾸준히 길을 갑니다. 이런 면 때문에 토성의 지배를 받는 사람들은 때때로 차갑고 무정한 것처럼 보입니다. 그들은 스트레스와 긴장을 겉으로 드러내는 정서적 반응이 부족하지요. 불필요한 감정 표현은 소모적이며 지극히 비생산적이라고 생각합니다. 대부분의 태양별자리는 염소자리의 그런 태도를 이해할 수 없습니다. 그래서 오해하지요. 잔인하며 최소한의 따뜻함이 부족하다고 해석합니다. 하지만 처녀자리는 염소자리가 철의 장막 같은 토성의 평정심 아래에서 진실로 가슴 아파하며 애처로울 정도로 감사하는 것을 본능적으로 압니다.

같은 방식으로 사람들이 처녀자리를 비판적이고 까다로우며 자의식이 강하다고 말할 때, 염소자리는 처녀자리가 느끼는 아픔을 이해합니다. 의무와 책임을 소홀히 한 것에 대한 처녀자리의 죄의식과 자기 응징을 어느 누구도 토성의 사람들보다 더 잘 이해할 수 없습니다. 염소자리는 외적인 과묵함과 수줍음 아래 단단하게 봉인되어 있는 처녀자리의 온화한 꿈과 갈망을 감지합니다. 그들은 무척이나 닮았답니다. 그들에게도 표현하기 힘든 갈망이 있습니다. 혼자가 더 좋다고 한 처녀자리의 선언은 진심이 아니라는 사실을 염소자리는 압니다. 그것은 사람들로부터 외로움을 숨기는 쉬운 방법이지요. 그들이 상처받기 쉽고 때때로 공허함을 느낀다는 사실을 다른 사람들이 모르게 하려는 거랍니다. 네, 염소자리는 실제보다 더 자기 충족적인 척하는 처녀자리의 마음속을 잘 알며 그것이 상처받지 않기 위한 보호 방식이라는 사실을 알아차립니다. 염소자리와 처녀자리는 둘 다 인생을 진지하게 여깁니다. 둘 다 성실하고 진실하며 충직하고 신뢰할 수 있습니다. 사람들은 '할 일을 하는 것'을 따분하다고 생각하며 즉흥적이고 경솔하게 삶을 살아가지요. 그 사이에서 염소자리와 처녀자리는 아무도 인정해주지 않는 상식과 실용성의 수호자로 살아갑니다. 때때로 좌절감을 느끼지요.

네, 의식의 5차원과 7차원에는 많은 공통점이 있습니다. 한 가지 예를 들자면 5와 7은 홀수odd number입니다. 짝수even number가 아니지요. 홀수에는 '특이한odd'

것으로 인한 고립에 대한 암시가 들었지요. 반면 '평범한even' 사람은 더 융통성이 있습니다. 처녀자리와 염소자리는 둘이 함께 있을 때 마음이 편합니다. 그들은 서로의 비밀을 알지요. 상대방의 비밀스러운 자아를 신뢰합니다. 이 때문에 그들은 함께 웃고 울면서 신나는 일과 백일몽과 오직 흙 원소의 별자리만이 즐기는 풍부한 경험을 공유할 수 있습니다. 땅 아래로 깊이 내려가면 순수한 황금 광맥이 언젠가 발견되기를 기다리면서 그곳에 있지요. 처녀자리와 염소자리의 조용한 심장 아래로 깊이 들어가면 어떤 금속보다 아름답고 순수한 지혜의 황금 광맥이 있답니다. 그걸 어디서 찾을지 아는 인내심 있는 사람을 기다리지요.

처녀자리 여성과 염소자리 남성

"아이참! 가끔은 혼자 사는 여자가 부럽다니까."
웬디가 이렇게 푸념할 때조차 얼굴에선 환하게 빛이 났다.
당신은 그녀의 애완용 늑대를 기억할 것이다. 늑대는 그녀가 섬에 왔다는 것을 곧 알았고,
그녀를 찾아냈다. 그리고 둘은 다만 서로의 품 안으로 달려들었다.

천문해석학의 다른 모든 경우와 마찬가지로 처녀자리가 처녀로 상징되는 이유가 있습니다. 남성과 여성 모두 그렇습니다. 사실대로 말하자면, 거의 모든 처녀자리는 영원히 혼자 사는 것을 더 좋아합니다. (물론 반드시 문자 그대로 처녀일 필요는 없지만 결혼은 하지 않은 채로요.) 처녀자리 여성은 그녀의 삶의 방식을 다른 사람의 습관에 맞추려고 노력한다는 생각에 별로 감동받지 않습니다. 특히 상대방에게 지저분한 습관이 있다면 그녀에게는 끔찍한 딜레마입니다. 왜냐하면 그녀 또한 여느 다른 여성처럼 깊게 그리고 즐겁게 사랑에 빠질 수 있기 때문입니다. 그녀가 일단 사랑에 빠지면 온갖 갈등으로 고문받습니다.

우선, 처녀자리 여성은 자신이 법과 사회가 인정하고 존중하는 관계에서 훨씬 더 안정감을 느낀다는 것을 압니다. 다시 말해 합법적인 결혼이지요. 두 번째로 그녀가 어떤 남자를 진실로 사랑할 때는 그와 결혼해서 아이를 낳고, 그의 양말을 꿰매고, 그가 먹을 샐러리와 당근을 갈고, 셔츠 깃이 구겨져서 그가 창피한 일이 없도록 하며, 그의 소득세나 불가피한 모든 인간적인 부담을 도와주는 것이 그녀의 의무라고 생각합니다. 그녀의 사랑스럽고 맑은 눈동자는 흐려지고 깨끗한 이마는 이런저런

걱정으로 찌푸려집니다. 상황을 분석할수록 그녀는 더 고통스럽습니다. 다행히 그녀는 천칭자리 같은 공기 별자리가 아니라 흙 별자리입니다. 만약 어떤 천칭자리 여성에게 처녀자리 같은 문제가 있다면, 그녀는 어떻게 할지 결정하려고 애쓰다 머리가 돌아버릴 겁니다. 처녀자리는 결혼의 딜레마에 있는 모든 세부 사항을 분석하는 동안 냉정함을 유지하며 모든 것들을 매우 침착하게 고려합니다. 그녀는 손톱을 많이 물어뜯을 것이고 걱정으로 생긴 주름은 그녀의 내적 혼란을 드러냅니다. 대개 그녀는 혼란을 마음속에 넣어두고 확신이 설 때까지 혼자서 철저하게 검토하지요.

결혼을 할 것인지 말 것인지에 대한 갈등의 긍정적인 측면은 이미 언급했던, 그녀가 독신 상태를 포기해야 한다고 생각하는 이유들입니다. 부정적인 측면은 결혼이 뜻하는 것 또는 아마도 처녀자리인 그녀에게 의미하는 것들이지요. 결혼은 그녀의 생활을 다른 사람의 일시적인 기분에 맞춰야 하며, 하루 24시간 내내 요리하고, 바느질하고, 한담을 나누고, 사랑을 하고, 아이를 갖고 키우며, 먼지를 쓸고 청소하라는 요구를 끊임없이 받는 것에 익숙해진다는 의미입니다. 그 뒤에는 세탁물, 고지서, 사회 활동 그리고 그녀가 좋아하는 것과 남편이 좋아하는 것이 부딪칠 수많은 분야들과 관련해서 피할 수 없는 타협이 있고요. (처녀자리는 갈등을 싫어합니다. 갈등은 그들을 신경과민이 되게 합니다.)

그녀는 질서 정연하고 깔끔하며 단정하다고 잘 알려져 있지만 세상의 모든 처녀자리가 타고난 주부는 아닙니다. 실은 극히 일부만이 그렇습니다. (왜 그런지는 나중에 토론할 겁니다.) 결과적으로 단순 가사를 하는 사람이 될 가능성은 그녀가 결혼하고 싶지 않은 이유를 적은 목록의 위쪽에 잘 나타나 있습니다. 게다가 많은 처녀자리 여성이 결혼 제도는 마음이 약한 사람들을 위한 것이라고 인생 초반에 결정합니다. 하지만 그녀를 주시하는 친구, 친척과 이웃이 있습니다. 그들은 그녀가 혼자 살기로 결정한 이유를 무엇이라고 생각할까요? 그리고 사랑하는 남성에 대한 그녀의 책임은 어쩌지요? 과연 그가 아침저녁으로 곁에 그녀 없이, 어떻게 살 수 있을까요? 그에게 뭔가 필요하다면, 그녀는 온 힘을 다해 도시를 가로질러야 할까요? 만약 그들이 법적으로 결혼하지 않았지만 둘의 직장 가운데쯤에 적당한 아파트를 구해서 함께 산다면, 실제로 결혼하지 않았더라도 어쨌든 그녀는 모든 아내가 해야 할 일(단순 가사를 하는 사람이 되는 일)을 그를 위해 해야 한다고 강요받지 않을까요? 저는 많은 시간을 들여 분석하지 않고도 답할 수 있습니다. 아니요, 그녀는 하지 않습니다.

처녀자리는 처녀로 남거나 그의 신부가 되는 선택의 기로에 놓여 있습니다. 이것은 연인에게 대단한 의무감을 느끼는 여성을 위한 유일한 두 가지 합리적인 해결책이지요. 그를 이틀에 한 번 정도 보는 것은 그들이 헤어져 있는 동안 그에게 그녀가 필요할 거라는 그녀의 계속되는 걱정을 없애기에 충분하지 않습니다. 대부분의 처녀자리 여성은 필요한 사람이 되는 일을 남몰래 즐깁니다. 그 사실을 몰랐다면(그들이 그것에 대해 불평하는 건 잊어버리세요.) 이제라도 알아두시기 바랍니다.

사랑하는 남자가 우연히도 염소자리라면 그녀는 분석을 하지 않아도 됩니다. 100퍼센트는 아니지만 최소한 열에 여덟 번 정도는요. 어떤 여성을 진짜로 사랑하는 염소자리 남성은 그녀를 자신에게 맞는 존경받을 만한 부인으로 만들든지 아니면 차라리 헤어지는 쪽을 택합니다. 그는 법적으로, 사회적으로, 종교적으로 인정받지 못하거나 일반적인 관습에 역행하는 관계에 동의하지 않습니다. 특히 그가 신성시하는 가족이 이마를 찌푸릴 것으로 생각되는 관계에는 동의하지 않지요. 차라리 그녀와 헤어진 후 여러 해 동안 마음속에 상실감을 품고 고통스러워하는 쪽을 택합니다. 성의 혁명은 기존의 많은 전통, 유형, 개념을 바꿨습니다. 하지만 염소자리의 기본적인 개성에 영향을 주지는 못했습니다. 가까운 미래에 영향을 줄 것 같지도 않습니다. 동거하는 것은 죄를 짓는 것이 아니라고 염소자리를 설득하려면 아마도 몇 세대가 더 걸릴 겁니다. 그가 마지못해 동거할 때조차도요. 게다가 그는 거의 항상 가족을 원할 겁니다. 이 남성은 그의 아들과 딸을 법에 어긋나게 키우려고 하지 않습니다. 그의 가족의 이름을 쓸 위대한 권리를 빼앗지 않습니다. 그것은 상상도 할 수 없는 일입니다. 신성모독이지요.

처녀자리 여성이 염소자리 남성과 만났을 때 결혼을 피하기 어려운 또 다른 이유가 있습니다. 두 사람이 5-9 태양별자리 관계이기 때문입니다. 즉, 가장 잘 지낼 수 있는 울림이지요. 행복에 대한 절대적인 보장은 아닙니다. 5-9 유형이더라도 열심히 노력해야 합니다. 그들의 태양, 달별자리가 부정적인 각도에 있는 극소수의 5-9 커플도 언제나 있습니다. 이런 경우라면 서로에게 특별히 공감하는 것 같겠지만 의견의 불일치를 타협하기는 어려울 수 있습니다. 그럼에도 불구하고 사랑의 기초를 놓는 데는 이로운 영향을 줄 겁니다. 어떤 경우라도 5-9 태양별자리 커플이 헤어지면 이런저런 이유로 헤어지는 대부분의 남성과 여성보다 더 비참합니다.

처녀자리 여성과 염소자리 남성이 만나면 서로의 관점에 대한 거의 즉각적인 공감과 이해심이 동반되는 숙명적인 끌림을 느낍니다. 이제 둘을 떼어놓는 일은 페르시아 고양이의 털실 뭉치를 푸는 것만큼 어렵고 섬세한 일이지요. (대부분의 처녀자리는 고양이 한두 마리를 키웁니다. 처녀자리는 고양이를 무척 좋아하지요. 어떤 고양잇과 동물을 방 안에 두는 걸 도저히 못 참는 경우라도 새끼 고양이는 분명히 좋아합니다.)

이 두 사람은 의사소통을 아주 잘합니다. 함께 춤을 추거나(그들은 자주 춤을 추지 않습니다. 특히 두 사람이 다음 날 아침 일찍 출근해야 하거나 학교에 가야 하는 전날 밤에는 춤을 추지 않습니다.) 그저 이야기를 하고 휴식을 취하거나, 어떤 프로젝트를 함께 맡거나, 두 사람의 공동의 노력이 필요한 섹스를 하거나 간에, 두 사람은 의사소통이 잘됩니다. 두 사람은 섹스에 대해 자연스러워지는 것이 쉽지 않다는 것을 압니다. 그들 각자는 어떻게 불충분하다는 것을 언제나 몰래 두려워합니다. 하지만 처녀자리 여성이 사랑하는 염소자리 남성의 안정적인 품속에 아늑하게 안길 때면 그녀의 냉담함과 초연함과 어색함을 해제하는 것처럼 보입니다. 그도 마찬가지입니다. 이 여성이 어둠 속에서 그의 어깨에 비빌 때면 그는 머뭇거리면서도 더 가까이 갑니다. 그들의 욕망은 깊어져서 저항할 수 없을 때까지 천천히 자라납니다. 두 흙 원소의 별자리가 자신의 욕망을 육체적으로 서로에게 표현할 때, 그들의 감각은 대단히 강력할 수 있습니다. 한마디로 지축을 흔드는 것 같습니다. 그가 한때 알았고 어쩌면 사랑했다고 생각한 여성들 그리고 그녀가 예전에 알았고 사랑했을지도 모를 남성들은 놀랄 것입니다. 왜냐하면 온전히 서로 신뢰하는 감정을 깨닫기 전까지 두 사람은 다른 사람들의 짐작보다 훨씬 차갑고 둔감할 수 있기 때문입니다. 이 커플의 성적 결합이 종종 둘만의 남다른 일체감의 차원에서 무척 따뜻하고 친밀한 단막극이 되는 이유랍니다. 그들은 자기 자신이 되는 해방감을 느끼며 아무것도 억누르지 않습니다. 이전에도 알고 싶고 공유하고 싶어서 갈망했지만, 다른 사람과는 결코 성취할 수 없었던 시간을 만들 겁니다. 자신을 내어주고 인간적인 완전성을 느끼면서 사랑하는 최초의 시간이 될 수 있지요. 결국 그들은 서로를 발견하고 예기치 못한 지진 같은 열정을 경험할 수 있습니다.

제가 시작 부분에서 많은 처녀자리 여성이 단순 가사에 감동받지 않는 이유를 당신에게 얘기해준다고 약속했지요. 물론 그들 중 일부는 가사를 대단히 즐깁니다. 하지만 대부분은 즐기지 않습니다. 무질서하게 사는 것을 싫어하는 사람이라고 해서 질서 정연하게 유지하는 일을 반드시 즐기지는 않습니다. 티끌 하나 없는 집에 사는 처녀자리 외에도 많은 사람들이 일상생활의 지속적인 혼란을 보는 것만으로 신경과민이 됩니다. 침대를 정돈하고, 설거지를 하며, 마루에 걸레질을 하고, 세탁 바구니에 쌓인 빨래를 하지만, 그게 채 끝나기도 전에 침대는 다시 엉망이 되고, 그릇은 또 더럽고, 마루에는 누군가의 진흙 묻은 장화 발자국이 있으며, 세탁한 옷은 입자마자 지저분하게 되지요. 맥이 빠집니다. 더욱 효과적으로 대처하는 법을 영원히 고민하게 만들지요. 가사는 머리를 피로하게 하며, 당신을 지치게 하고, 당신의 일을 할 수 없게 합니다. 악순환이지요. 결코 정리된 모습으로 있지 않는 침대, 깨끗하게 유지되는 것을 거부하는 접시, 왁스 칠을 하고 광을 내서 상쾌하게 만든 지 몇 시간도 안 돼 심술궂게 쓸고 닦기를 요구하는 마루, 깨끗하게 세탁하고, 표백하고 말리는 것이 반복적으로 필요하다고 주장하는 옷의 문제에는 정말로 답이 없습니다. 그러니까

단정하고 청결한 많은 처녀자리 여성이 모순되게도 가사를 거의 신경질적으로 싫어하는 이유는 그들 모두가 완벽주의자이기 때문이랍니다. 당신이 겨우 정리하고 깨끗하게 해놓은 것들이 깔끔하고 깨끗한 대로 전혀 유지되지 않는 것만큼 완벽주의자를 낙담시키는 것은 없습니다. 문제는 단순합니다. 누군가의 뒤를 쫓으면서 귀중한 시간을 낭비하는 것이 합리적이며 실용적일까요? 합리적이지도 실용적이지도 않다고 마침내 결정하면, 처녀자리는 접시를 개수대에 쌓은 채로, 침대는 정돈되지 않은 채로, 빨래는 하지 않은 채로, 발을 질질 끌고 간 흔적이 있는 마루도 그냥 그대로 내버려둡니다. 그러고는 혼돈과 혼란에서 질서를 만드는 자신의 재능을 발휘해 뭔가 뜻있는 일을 하려고 밖으로 필사적으로 달려나가지요. 불행하게도 항상 잘되지는 않습니다. 왜냐하면 그때 처녀자리는 '의무'를 소홀히 했다는 무의식적인 죄책감 때문에 온갖 종류의 육체적, 정서적인 불만을 키워가기 시작하기 때문입니다. 이 여성은 동정심에 호소할 수 있습니다.

염소자리 남성이 특별히 민감하지는 않지만, 그들을 묶어주는 5-9 울림은 그가 처녀자리 여성을 작은 아기처럼 대하게 합니다. 그는 그녀가 겪는 고통과 상처를 평소 그들이 보여주던 정도보다 더 많이 순수하게 배려합니다. 그는 책임을 소홀히 했다는 죄책감과 좌절의 고뇌를 견디는 게 어떤지 알고 있습니다. 사실, 친절하고 정직한 염소자리가 주기적으로 겪는 우울증은 처녀자리의 그것과 같습니다. 그는 그녀만큼 혹독하게 자신을 벌줍니다. 그녀처럼 자기 아픔은 속으로 감추고 그녀가 그러는 것처럼 자신의 감정을 억제하지요. 감정을 자연스럽게 표현하도록 자유롭게 두지 않습니다.

그들 사이에 드문드문 갈등을 일으키는 일이 있다면, 처녀자리 여성이 염소자리 남성의 가족에 대해 지나치게 비판적이거나 잔소리를 할 경우입니다. 모든 염소자리는 잔소리를 듣거나 압박받을 때 갑자기 멈춰서 고집스러운 뿔로 들이받습니다. 둘 사이의 어떤 다툼은 적극적이고 부지런하게 정신을 고무하는 그녀가 읽고 들은 수많은 것에 관해 그와 충분히 이야기를 나누고 싶은데, 그가 이런 시간을 거절하기 때문에 일어날 수 있습니다. 처녀자리 여성은 늘 말로 뭔가를 분석하거나 육체적으로 무엇인가 하는 것을 좋아합니다. 게으름은 그녀를 따분하고 불안하게 만듭니다. 반면에 염소자리 남성의 신진대사와 행동은 훨씬 더 여유롭고 편안한 속도를 유지하지요. 그럴 때에도 자기 보호적인 토성식의 이기심은 존재합니다. 염소자리의 '내가 먼저'라는 이기적 태도지요. 하지만 그는 자신에게 그런 면이 있다는 사실을 거의 깨닫지 못합니다. 만약 염소자리 남성을 돌보려는 처녀자리 여성의 이타적인 충동을 그가 부당하게 이용한다면, 둘의 관계는 균형을 잃을 수 있습니다. 그녀는 심각한 대립으로 번지기 전까지 오랫동안 속으로만 그 점에 분개할 수 있지요.

처녀자리 여성은 합리적이며 평화롭게 사는 유일한 방법으로 역시 독신 생활이 옳다는 결정을 내립니다. 자신의 비타민, 사전, 휴대용 계산기, 다른 소지품을 챙겨 그를 떠날 겁니다. 별거는 오래가지 않습니다. 길어야 한 달 정도지요. 그녀는 독신자 여성 아파트에 자리 잡고 다시 혼자가 된 것을 즐깁니다. 하지만 평화로울 거라던 기대 대신에 공허감이라는 끔직한 고통만이 밀려드는 어떤 밤, 조용히 흘러내리는 눈물 때문에 그녀는 스스로 깜짝 놀랍니다. 그의 품 안에 안겼던 일, 부드럽고 반짝이는 그의 눈동자와 수줍은 유머, 가끔 보이는 무뚝뚝함까지 그리워집니다. 그의 못마땅한 듯한 기분과 온화하고 헌신적이며 충직한 마음을 감춘 이기적인 순간들까지 그리워하지요. 그는 그녀만큼 온화하고 헌신적이며 충직하답니다.

지금 초인종 소리가 들리나요? 네, 놀랍게도 그 사람입니다. 그녀가 잘 지내는지 보려고 완벽한 변명거리를 가지고 들렀네요. 그녀가 떠날 때 실수로 그의 칫솔을 가져갔답니다. 그녀는 한순간 놀라서 그를 바라보다가 소리칩니다. "그걸 내가 알아보지 못했네요. 당신 칫솔을 거의 한 달이나 이미 사용했거든요!" 그는 자신도 곧바로 알아채지 못했기 때문에 여태 그녀 칫솔을 썼다고 말합니다. 둘은 서로 포용하겠지요. 더 이상 싸울 필요가 없다는 걸 알게 되었지요. 그들은 사랑합니다. 만약 그들이 사랑하지 않았다면 서로의 칫솔을 사용할 수 있을까요? 절대 그럴 수 없지요. 처녀자리 여성과 염소자리 남성에게 그것은 최고의 친밀감이며, 일체감을 보여주는 결정적인 증거랍니다. 그들에게 그것은 규칙을 어기는 것이지요. 어린 시절에 그렇게 하면 절대 안 된다고 경고를 받았거든요. 뜻밖에 두 사람은 새처럼 자유로워진 느낌입니다. 그는 그녀와 함께 차를 타고 집으로 돌아옵니다. 다정하고 친숙하지만 여전히 자유로움을 느끼면서 그들은 안으로 들어가는 대신 뒤뜰로 달려갑니다. 그는 답답한 넥타이를 풀어 가장 가까운 나무의 가지 위로 내던집니다. 그녀는 처녀자리의 딱딱한 샌들을 벗습니다. 그리고 그들은 깜짝 놀란 별들 아래에서 달빛을 받으며 맨발로 춤을 춥니다. 잔디가 발가락을 간질이고 인동초 덩굴의 진한 향기에 취한 채, 마침내 그들은 나무 아래 쓰러져 동시에 웃다가 울다가 합니다. 갑자기 아무 예고 없이 그들 사이에 침묵이 찾아옵니다. 들리는 건 귀뚜라미 울음소리뿐입니다. 둘 다 침묵의 의미를 압니다. 때로는 기다릴 필요가 없지요. 어쨌든 높은 벽과 키 큰 가문비나무와 생 울타리로 둘러싸인 그들의 뒤뜰이고, 이웃은 잠들었으니까요.

억압의 사슬을 깰 시간이네요. 사랑은 누군가의 규칙으로 가두어지지 않는다는 걸 배울 시간입니다. 아주 먼 곳에서 처녀자리의 진짜 지배행성인 벌컨이 동의한다는 의미로 번개를 칩니다. 머리 위 하늘에서 토성은 낯설고 익숙하지 않은 기쁨으로 눈물을 흘립니다. 얼마 후 부드럽고 차분한 비가 내리기 시작합니다. 그들은 알아채지도 못했답니다. 그의 최고로 좋은 넥타이가 분명히 엉망이 될 거예요. 하지만 무슨 상관이죠? 그의 처녀자리 여성이 새로운 타이를 짜줄 텐데요. 그녀가 있어야 하는 곳인 집으로 돌아왔으니까요.

　물론, 그날 밤 지진이 일어났을 겁니다. 리히터 척도로 잴 수 있는 그런 종류는 아니지만요.

처녀자리 남성과 염소자리 여성

하지만 일단은 몸이 나무 구멍에 딱 맞아야 한다.
피터는 마치 옷을 만들 때처럼, 신중하게 치수를 잰다.
옷을 맞출 때와 유일하게 다른 점이 있다면 옷은 몸에 맞춰서 만들지만,
지금은 나무에 몸을 맞춰야 한다는 거다. 대개는 꽤 간단하게 해냈다.
옷을 많이 입든지 적게 입든지 해서 말이다.
하지만 몸의 어떤 부분이 특이하게 불룩 튀어나왔거나 쓸 만한 나무가 이상한 모양이라면,
피터가 손을 봐준다. 어떻게든 나무에 맞게 만들어주는 거다.
일단 몸을 나무에 맞추면 그 몸을 유지하기 위해 대단히 주의를 기울여야 한다.
이걸 알고는 웬디가 무척 기뻐했는데, 이것이 온 가족의 건강을 완벽하게 유지해주었다.

　염소자리 여성은 물러서지 않고 사실에 맞서는 걸 좋아합니다. 그래서 이 여성은 사랑하는 처녀자리 남성을 그녀가 생각하는 적합한 이미지의 연인, 남편, 아버지 그리고 돈벌이가 꽤 괜찮은 사람으로 바꿀 수 있다고 믿습니다. 천문해석학적인 조언을 하자면 그 모든 것이 생각만큼 쉬운 일은 아닙니다.

　처녀자리 남성의 진짜 지배행성인 벌컨은 그녀의 지배행성인 토성만큼 강하고 인내심 있으며 몹시 다루기 힘듭니다. 아직 벌컨이 발견되지 않았기 때문에, 처녀자리 남성은 현재 지배행성인 수성의 영향을 여전히 받지요. 그래서 그는 단호하게 저항하는 벌컨의 영향을 받을 뿐 아니라, 빠르고 부지런하고 정신적인 영리함을 가진 수성의 특별 보너스를 받습니다. 불편한 상황에서 빠져나가는 방법으로 수성의 날쌔고 날개 달린 발을 사용하는 것은 당연하지요. 결과적으로 처녀자리 남성의 생각에 염소자리 여성을 적응하게 만들 가능성이 상당히 많습니다. 최소한 처음에는 그의 생각 안에 결혼이 없습니다. 결혼은 그를 혼란스럽게 만드는 장기간의 약속이라는 개념이며 그의 자유를 구속하는 것이지요. 낯설고 잘 모르는 타인의 취향 때문에

그의 개인적인 취향을 통제해야 하는 일입니다. 그러니까 결혼은 사생활의 결핍을 가져오지요. 만약 그녀가 욕실 약장을 화려한 소품이나 화장품 따위로 채우고, 그의 소화제, 제산제, 벌 꽃가루, 비타민, 반창고, 요오드, 붕대, 액상 소화제, 파라아미노벤조산, 천식 치료제, 발톱 깎기, 해초 치약을 넣을 공간을 남겨주지 않는 그런 사람이라면 어떻게 될까요? 하지만 그녀는 그런 사람이 아닙니다. 화려한 것에 빠지는 염소자리 여성은 극소수입니다. 토성은 그들에게 나이를 먹을수록 더 좋아지는 티 없는 피부를 베풀었지요. 대부분의 염소자리가 나이가 들어갈수록 더 어려 보이기 때문에 그녀는 화장품 같은 술책이 필요하지 않습니다. 화장은 따분하고 게다가 비싸지요. 그녀는 화장품 회사를 후원할 생각이 없습니다.

음, 좋습니다. 하지만 그녀에게는 그를 화나게 할 습관이 열 개 정도 있습니다. 예컨대 그는 특정한 방식으로 요리한 삶은 달걀을 좋아하며, 단골 식당의 종업원에게 달걀이 안성맞춤으로 나오도록 가르치는 데 여러 해가 걸렸습니다. 그녀를 훈련하는 데는 얼마나 오래 걸릴까요? 그녀는 전화로, 더구나 침대에서 끊임없이 수다를 떠는 그런 여성일 수 있습니다. 그러면 그의 편두통이 다시 발생하거나 소화기 장애가 재발할 겁니다. 그는 천식과 향 비누에 대한 알레르기와 두통과 소화기 장애(실제로는 심각한 변비)를 치료하기 위한 동종 요법에 2개월치 월급을 썼지요. 할 수만 있다면 그런 시련을 두 번 다시 겪고 싶지 않습니다. 그는 전혀 걱정하지 않아도 됩니다. 염소자리 여성은 삶은 달걀을 잘 다룰 수 있고, 침실이 아니라 어떤 장소에서든 전화로 수다를 떠는 일은 분명히 좋아하지 않습니다.

만약 처녀자리 남성이 그녀를 정말로 사랑한다면 그만 혼란에서 벗어나야 합니다. 염소자리 여성은 진짜 숙녀이며 무척 유능하고 충직하며 매력적이며 온화하지요. 그런 여성을 놓고 둘의 사랑을 형식화하고 합법화하는 일에 지나치게 신경 쓰고 불안해하고 있는 것입니다. 그는 이런 사실을 깨달아야 합니다. 그녀는 영원히 로맨스를 지속하려고 태어나지는 않았습니다. 그녀는 관습을 어기는 일에 막연한 불안감을 느끼고 자신의 가족이 동의하지 않는 일을 하는 것을 견딜 수 없습니다. 그리고 그녀에게는 미래에 대한 확실한 야망이 있지요. 그녀의 삶과 사랑에는 정확한 방향과 목적지가 있어야 합니다. 게다가 언젠가는 엄마가 되고 싶기도 합니다. 많은 수는 아니고요, 한 명 정도가 좋습니다. 아니면 두 명 정도요. 그리고 그녀는 아이들이 아버지의 이름을 따르기를 바란답니다.

가족에 대한 염소자리 여성의 타고난 경외심과 그것이 문명의 요새로 그 자체로서 보호되어야 한다는 그녀의 완강한 확신을 바꾸려면, 앞으로도 많은 세대가 흘러야 할 겁니다. 물론 그녀가 옳습니다. 염소자리는 대개 옳지요. 그녀의 지배자인 토성은 경험과 오래되고 신뢰할 만한 것에 대한 믿음을 통해 얻어진 지혜를 상징합니다.

검증되지 않은 새것과 의심스러운 것에는 별 관심이 없지요. 결국 토성의 판단은 언제나 유익한 것으로 판명됩니다. 때때로 수십 년이나 수 세기가 걸릴 수는 있지만 토성은 결코 틀리지 않습니다. 그 때문에 염소자리는 우울해질 수 있습니다. 토성에게서 병처럼 감염되었지요. 사리 분별이 이토록 확실한데 이를 공유하기 위해 기다려야 한다는 건 분명 외롭고 우울한 일입니다. 그동안 모든 사람이 당신을 화나게 하고 당신더러 고루하고 엄격하다고 합니다. 설상가상으로 그들은 시간이 당신의 지혜를 확인시켜줄 거라는 사실을 이해하지 못해서 당신을 조롱하기까지 합니다. 이쯤 되면 어느 누구라도 우울할 수 있지요. 노현자 토성은 영겁의 세월 동안 우울했답니다. 그의 영향하에 태어난 염소자리가 주기적으로 얼음처럼 차갑고 푸른 우울 속으로 물러나, 아무런 뚜렷한 이유 없이 수심에 잠기는 것은 전혀 이상하지 않습니다. 염소자리 여성의 침묵의 시간은 이유가 있지요. 이제 당신은 그것이 무엇인지 압니다. 하지만 그녀는 모를 수도 있습니다. 그녀는 자신이 때때로 설명할 수 없는 슬픔과 외로움과 허무함을 느낀다고 생각할 뿐입니다. 그런 때에는 세상에서 가장 행복한 뉴스라도 그녀를 웃게 할 수 없습니다. 그 기분이 지나가기 전까지는 안 되지요. 그들이 결국에는 결혼하지 않을 거라고 사람들이 입방아를 찧는 일은 그녀를 걱정에 빠뜨립니다. 염소자리 여성을 우울하게 만드는 일은 그녀를 사랑하는 처녀자리 남성에게 전혀 도움이 되지 않습니다. 가끔씩 결혼이라는 제단을 피하는 사람은 염소자리 여성일 겁니다. 왜냐하면 결혼은 그녀의 야망이나 경력을 추구하는 일에 방해가 될 수 있으니까요. 하지만 그 반대가 될 경우는 거의 드뭅니다.

　일반적으로 처녀자리 남성과 염소자리 여성의 관계는 서로에게 주는 애정이 넘치며 영구적일 가능성이 충분합니다. 5-9 태양별자리 유형의 기본적인 조화 때문에 둘의 사랑은 다른 사람들보다 더 안정적이고 지속적입니다. 물론 똑같은 고집 때문에 의견이 맞지 않는 때가 가끔 있겠지요. 하지만 경제적인 문제로 다투지는 않을 겁니다. 두 사람의 달별자리나 동쪽별자리가 불 원소이거나 공기 원소인 아주 드문 상황이라도, 이 두 사람의 경제관념은 비슷할 것입니다. 정직하게 말하자면, 처녀자리와 염소자리는 현금에 점검 표시를 할 만큼 인색한 사람이 될 수 있습니다. 이것은 행운이기도 합니다. 왜냐하면 그녀가 직업을 갖는다고 해도 그는 신경 쓰지 않을 테니까요. 변화하는 별자리 아래에서 태어난 처녀자리 남성은 대부분의 남성보다 더 융통성이 있기도 하지만, 직업이 두 개면 두 배의 수입을 의미하지요. 저축도 두 배, 투자도 두 배, 이자도 두 배가 됩니다. 두 사람이 전형적인 염소자리와 처녀자리여서 시골로 이사 가서 살고 싶어한다면, 단지 일생의 절반만 저축하면 된답니다. 아시겠지요? 결혼에는 장점도 있답니다! 물론, 두 사람이 처음에는 자연의 숲으로 떠나고 싶어하는 자신들의 욕구를 모를 수 있습니다. 나중에 깨닫지요. 한동안 염소자리 여성은 사회에서 안정된 입지를 구축하느라 바쁠 겁니다. 조용하고 차분하게 직업에 종사하면서 다른 사람을 이끌거나(그녀는 시작하는 별자리지요.) 최소한 사장의 인정을 받을 겁니다. 처녀자리 남성 역시 바쁠 겁니다. 기민한 정신과 비판적인 재능이 필요한 다양한 일거리를 찾아내고 이것저것 조금씩 해보지요. 하지만 대개는 어떤 일이 처음 상태보다 순조로운 흐름이 되고 나면 관둡니다.

둘 사이가 순조롭게 진행될 것을 확실하게 만드는 한 가지는 성적 끌림입니다. 흙 원소는 그들을 행복하게 해줄 정확한 방법을 압니다. 두 사람의 출생차트가 조화롭지 않다면 둘 사이에 주기적인 냉담이 발생할 수 있지만, 그런 경우조차 성적 합일을 통해 상대방에게 평화와 만족을 줄 방법을 알 수 있지요. 만약 둘의 태양, 달, 동쪽별자리가 조화롭다면 그들의 열정은 깊고 감동적인 경험이 될 것입니다. 섹스는 처녀자리와 염소자리에게 종종 말이 없는 감정이지만 관계를 지속적으로 강화하는 강력한 매력입니다. 모든 흙 원소 커플처럼 그들의 친밀함은 시간이 흐를수록 깊어집니다. 그들의 섹스에는 친밀함을 풍부하고 의미 있게 만드는 느린 관능성이 있지요. 처녀자리 남성도 염소자리 여성도 자신의 감정을 말로 표현하기 어려워하기 때문에 말없이 공유하는 관능성은 점차 그들끼리의 은밀한 암호가 됩니다.

둘 사이의 친밀함은 배우거나 경험을 통해 서로를 가르쳐서 아는 게 아닙니다. 그들 사이에서는 처음 만나는 전율이 일어난답니다. 굳이 말로 하지 않아도 알 수 있지요. 그들은 그저 알아차립니다. 많은 5-9 태양별자리 연인처럼 처녀자리와 염소자리는 즉각 친숙해집니다. 성경이 말하는 것처럼, 그들은 **서로 알아봅니다.**

5-9 태양별자리 관계 중에서도 흙 별자리 커플이 헤어지면 공허함을 느낍니다. 모든 흙 원소 별자리들처럼 그들은 자신들의 갈망을 초연한 침묵 아래 숨깁니다. 하지만 헤어짐은 그들의 뿌리까지 흔듭니다. 결국 상처는 낫겠지만, 아주 많은 시간이 걸립니다. 이별은 흙 원소의 5-9 커플에게 몹시 고통스럽기 때문에, 그들은 서로의 차이를 타협하기 위해 많이 노력할 가치가 있습니다. '언제나 예외는 있다.'라는 규칙을 감안하더라도 처녀자리와 염소자리(또는 흙 원소의 어떤 커플)가 둘의 관계를 끝낼 때, 사랑의 소멸이나 제3자의 개입으로 그렇게 되는 경우는 아주 드뭅니다. 상대방을 저버리는 이유는 거의 항상 야망이나 직업 또는 목표와 관계가 있습니다. 대개 문제의 씨앗이 되는 것은 이런 것들이지요. 그걸 숨기고 다른 이름으로 부르더라도 말이에요.

처녀자리 남성과 염소자리 여성은 둘 다 고집이 셉니다. 상처받거나 상처를 되갚을 때, 두 사람 모두 냉담함을 무기로 씁니다. 둘 다 속을 터놓지 않으며, 각자에게 사랑은 비밀스러운 일입니다. 하지만 둘 중 누구도 어떻게든 상대방을 실망시키지 않을 겁니다. 그들은 충실합니다. 그리고 충실함은 지속적인 사랑을 만드는 가장 강한 토대입니다. 사랑이 깨질 것처럼 보이는 때조차, 언제나 변함없는 충실함의 단단한 토대 위에서 다시 사랑을 지을 수 있습니다. 아무리 추운 날씨에도 결코 무너지지 않고 분노의 불길과 온갖 기분의 홍수를 이겨내는 것이 충실함입니다. 염소자리와 처녀자리가 서로의 의견이 갈리면 노래가 끝난 것처럼 생각할 수도 있습니다. 하지만 그렇지 않습니다. 그것은 첫 소절에 불과했답니다. 아직 부르지 못한 합창곡이 있지요.

어느 날 밤 어떤 파티에서 둘은 우연히 만나게 됩니다. 각자는 속으로 사람이 많은 것을 싫어하며, 사람들이 아무것도 아닌 일로 수다를 떠는 혼잡한 곳이 아닌 다른 곳에 있고 싶어합니다. 그때 염소자리 여성은 그곳의 유일한 침묵이 처녀자리 남성의 눈동자에 있음을 깨닫습니다. 그는 그녀를 부드럽게 바라보지만, 그저 기다리지요. 처녀자리 남성은 그곳의 유일한 정적과 평화가 염소자리 여성의 머뭇거리는 미소에 있다는 것을 깨닫습니다. 그는 그녀를 처음 만났던 몇 년 전보다 지금이 훨씬 더 어리게 보인다는 사실을 알아챕니다. (물론 염소자리는 해가 갈수록 점점 어려집니다. 토성이 나이를 거꾸로 먹는 믿을 수 없는 특징을 베풀었습니다.) 그녀는 세련된 궤변과 저돌적인 행동, 지겨운 농담, 진저리나는 태도를 지닌 다른 남성에 비해 그가 더 지적이고 사려 깊으며 독립적이라는 사실을 분명하게 깨닫습니다.

얼마 후 처녀자리 남성은 천천히, 하지만 아주 확실하게 걸어가서 그의 염소자리 여성에게 다시 인사할 겁니다. 그녀는 삼가는 듯 품위 있는 인사로 답하려고 하지만 뜻밖에도 목이 메어서 말이 나오지 않습니다. 그녀는 말없이 그저 미소 지을 겁니다. 아무래도 괜찮습니다. 그들 사이에 떨림, 이해, 친밀함이 여전히 남았으니까요. 오래되고 익숙한 멜로디지만, 새로운 가사가 있는 그들의 두 번째 합창곡을 부를 시간입니다.

처녀자리 Virgo

흙 · 변화하는 · 수동적
지배행성: 수성
상징: 처녀
음(−) · 여성적

Aquarius 물병자리

공기 · 유지하는 · 능동적
지배행성: 천왕성
상징: 물병을 들고 있는 사람
양(+) · 남성적

처녀자리와 물병자리의 관계

방 한가운데에는 기를 쓰고 자라는 네버 나무 한 그루가 있다.
하지만 그들은 매일 아침 나무 밑동을 잘라내서 바닥과 높이를 맞춘다.

처녀자리는 혼돈에 질서를 부여하는 것을 좋아하고, 물병자리는 질서에 혼란을 일으키는 것을 즐거워합니다. 그래서 두 태양별자리는 서로에게 최악의 문제를 의미합니다.

물병자리는 일기 예보관처럼 즐겁게(그리고 굉장히 정확하게) 예언하고 예보하려고 궁리합니다. 그들은 개인주의자가 될 권리를 주장하고, 그 자신 또는 누군가를 진지하게 여기기를 거부하며, 즐겁고 꾸밈없이 초연한 태도로 삶을 대합니다. 당연히 이 모든 점은 체계적인 정신의 소유자이며 질서 지향적인 처녀자리를 매혹합니다. 처녀자리는 감히 미래를 예언하거나 예측하지 않지요. 그들은 과거를 분석하고 현재를 트집 잡느라 무척 바쁩니다. 그들은 자기 자신과 매사를 꽤 진지하게 여기며 그 어떤 것도 부주의한 무관심으로 대하지 않습니다.

처녀자리는 게티즈버그 연설을 쉼표 하나 안 빼고 외울 수 있습니다. 또 수표책의 멋진 균형을 잃지 않게 유지하고 복잡한 비행기 스케줄도 잘 기억합니다. 혹시라도 당신이 영화관에서 주차 시간이 다 됐는지 자동 표시기를 확인하려고 밖에 나갔다 올 경우에 대비해, 영화표 반쪽을 버리지 않고 소지하고 있지요. 당연히 이 모든 것은 건망증이 심한 물병자리를 매혹합니다. 물병자리는 '국민의, 국민에 의한, 국민을 위한'(링컨 게티즈버그 연설의 한 대목—옮긴이) 이 나라가 지구상에서 사라지지 않을 거라고 생각한 사람이 링컨인지 프랭클린 루즈벨트인지 결코 확신할 수 없습니다. (두 대통령은 물병자리지요. 그래서 둘을 혼동하기 쉽습니다.) 물병자리의 수표책은 균형을 이루기를 절대적으로 거부하며, 그들은 비행기 승무원에게 영화표 반쪽을 건네고 극장의 좌석 안내원에게 비행기 표를 건넵니다. 자신의 자전거 또는 비행접시를 어디에 주차했는지 기억해낼 수 없는 것은 말할 필요도 없지요.

이 두 사람은 가급적이면 멀리서 서로를 살펴보는 것을 좋아합니다. 상대방이 하는 게임의 규칙을 알아내기 전까지 어느 누구도 아주 가까워지기를 원하지 않습니다. 그들이 만나기 위해서는 한 가족으로 태어났기 때문에 선택의 여지가 없는 운명 같은 도움이 좀 필요합니다. 하지만 일단 관계를 맺으면 지루할 일은 거의 없지요.

대공습의 행성인 천왕성의 지배를 받는 물병자리는 다른 사람처럼 생각하고 말하거나 행동하는 것을 고집스럽게 거부합니다. 하지만 모든 사람이 자신을 좋아하기를 바라지요. 그들은 자신의 지그재그형 파동을 이해하지 못하는 사람들에게 그들 자신이 수수께끼 같은 사람으로 보인다는 사실을 이해하기 어렵습니다. 물병자리는 코앞에서 날아다니는 모든 개념과 아이디어에 끌립니다. 거기에서 얻을 수 있는 모든 진실을 얻어내고는 싫증이 나서 그다음 유혹으로 넘어가기 전까지 그렇습니다. 어제 호기심을 불러일으킨 것은 내일은 정신의 칠판에서 지워집니다. 새롭고 신나는 다음 방정식을 위해 깨끗하게 닦여지지요.

둘 사이에서 신비스러운 부분은 세부적인 것에 대한 처녀자리의 놀라운 재능입니다. 처녀자리는 이름, 얼굴, 총액, 날짜, 주소를 거의 잊어버리지 않습니다. 물병자리는 사람, 장소, 펜, 애완동물, 우산, 삼촌 이름을 곧잘 잊어버립니다. (하지만 둘 다 지갑을 잊어버리진 않을 겁니다.) 물병자리가 잊어버리는 경향을 보이는 이유는 탐구하고 풀어야 할 무수히 많은 문제가 있기 때문입니다. 불필요한 날짜와 세부 사항으로 머릿속을 채우는 일을 싫어하지요. 콜로라도 주 크리플 크리크에 사는 물병자리 친구 거트루드 다이얼은 자신의 지갑, 수첩과 도난 경보기를 매번 간신히 기억해냅니다. (그녀는 골동품과 인도 터키석 보석 가게를 운영합니다.) 하지만 전형적으로 모호한 천왕성의 지도로 추억을 되짚으려고 할 때, 그녀가 어떤 경우에 좀 멍해지는 것으로 유명합니다. 저는 어느 겨울날의 한 장면을 잊을 수가 없습니다. 그때 우리는 그녀의 가게에서 수다를 떨고 있었는데, 눈을 뒤집어쓴 남자가 문을 부수듯이 열고 들어와 거트루드를 힘차게 끌어안고 외쳤지요. "거트루드, 이 고구마야. 어떻게 지냈어?"

그녀도 그를 힘차게 껴안으면서 대답했습니다. "잘 지내고 있어. 널 보니 정말 좋구나." 그러고는 그녀가 돌아서서 말했지요. "린다, 제 오랜 친구를 소개할게요. 이쪽은, 그러니까 이쪽은… (그녀는 그를 바라봤습니다. 그녀의 눈동자가 천왕성의 혼란스러운 안개로 흐릿해졌지요.) 이쪽은 짐이에요. 아니, 리차드 같네요. 톰인가? 어 그러니까, 어… 어쨌든 이름이 뭐였지?"

물병자리가 지닌 이런 종류의 정신적인 흐릿함이 천재를 구성하는 요소라는 사실에 주목해주세요. 중요하지 않은 자료에 신경 쓰기를 거부하는 습관은, 이들이 깜짝 놀랄 만큼 독창적인 생각과 초자연적으로 정확한 예감과 삶에서 진짜로 중요한 사실에 대해 번개처럼 빠른 이해력을 낳을 수 있는 자유를 줍니다. 그들의 생각이 구름 속에서 방랑할 때, 물병자리가 보여주는 방심 상태를 비웃거나 깔아뭉개서는 안 됩니다. 하지만 처녀자리는 비웃을 겁니다.

그들은 비웃으며 물어보겠지요. "어떻게 친한 친구 이름을 잊어버릴 수 있어요?" 지적 훈련이 부족한 것과 훌륭한 매너를 위반하는 것은 정신적으로 꼼꼼하며 세심하고 예의 바른 처녀자리에게 충격을 줍니다. 그들은 정말로 이해할 수 없습니다. 그런 지적인 게으름과 무질서를 도저히 이해할 수 없지요. 물병자리 거트루드 다이얼은 수백 개의 터키석 보석 하나하나의 정확한 가격, 제작 연도, 보석을 만든 인도 사람, 정확하게 몇 개의 돌이 각각에 박혔는지 눈을 감고도 기억할 수 있습니다. 그들에게 이 얘기를 해주면 어떨까요? 네, 그러지요. 천왕성의 행동에 대해 불합리한 추론을 하는 처녀자리에게는 가끔 귀띔해줄 필요가 있습니다. 처녀자리가 물병자리의 직관적인 지성에 있는 예측 불허의 명민함을 과소평가해서 그들 자신이 만든 파리지옥에 붙잡히지 않게 도우려면요. 물병자리는 에티켓 책에 나오는 훌륭한 태도에 관심을 쏟을 시간이나 인내심이 없습니다. 그들에게는 더 중요한 면, 즉 훌륭한 마음이 있습니다.

처녀자리 역시 훌륭한 마음과 지적인 면이 있습니다. 하지만 물병자리보다 소심하지요. 또한 그 사실을 증명하는 일에 대해 놀라울 정도로 무관심합니다. 물병자리는 자비심을 표현하거나 뛰어난 지적인 결론에 이를 때, 일종의 보이지 않은 텔레파시를 통해 본능적으로 도달합니다. 반면에 처녀자리는 똑같은 결론에 도달하기 위해 부지런히 연구하고 분석합니다. 물병자리처럼 즉각적이 아니라 제시간에 맞춥니다. 몇 시 정각인가요? 누가 시간을 물어봤나요?

처녀자리: 정확히 오후 6시 19분 전이에요.
물병자리: 시간이요? 몇 시인가요? 어, 음, 오후군요. 안 그래요? 그래요, 밤이 가까워지고 있어요. 저는 태양이 지는 걸 방금 알았어요. 그런데 태양이 지구 주변을 돌지 않고, 지구가 태양 주위를 도는데, 왜 태양이 뜨고 진다고 말할까

요? 그러니까 태양이 뜨고 진다고 말하는 대신에 지구가 뜨고 진다고 말해야 하지 않을까요?

정말로, 왜 그럴까요? 이 질문은 처녀자리에게 최소한 다음 14분 3초 동안 곰곰이 생각하고 분석할 거리를 제공할 겁니다! 평범하고 흔히 볼 수 있는 물병자리에게서 무심결에 불쑥 나오는 뛰어난 다른 논평처럼, 실제로는 답을 안고 있는 질문이 전형적인 천왕성식으로 쏟아져 나옵니다.

어떤 물병자리는 자신의 결점이나 별난 행동에 대해 거의 사과하지 않습니다. 반면에 전형적인 처녀자리는 전통이나 행동의 통상적인 생각에 어긋나는 사소한 불쾌감을 줄 때마다 우아하고도 매력적인 태도로 "미안해요."라고 말합니다. 부주의하게 팔꿈치를 부딪친 후에 "미안합니다."라고 말하는 처녀자리를 예전에 본 적이 있습니다. 그것은 분명히 사랑스러운 특성이지요. 자신들이 말하고 행동한 어떤 일에 다른 사람이 동의하지 않는다고 생각할 때, 처녀자리의 머리와 마음은 걱정으로 주름이 잡힙니다. 하지만 물병자리는 소문을 퍼뜨리는 사람들에게는 거의 귀 기울이지 않습니다. 특히 그 소문이 자신에 관한 것이라면 무시합니다. 그들은 모든 사람을 기쁘게 하는 것이 불가능하다는 사실을 알지요. 그런 식으로, 물병자리는 자신이 가장 좋아하는 일을 하며 누구를 기쁘게 해주려고 애쓰지 않습니다. 그들은 환영받는 것을 아주 좋아합니다. 그래서 친구들이 비난할 때면 당황하고 상처받습니다. 하지만 반응은 오래 가지 않습니다. 아마도 2~3초 정도지요. 물병자리는 행복하게 뒤돌아서 휘파람을 불면서 총총 걸어갑니다. 그리고 동전 우물로 소원을 던집니다. (아니요, 소원의 우물에 동전을 던진다고 하지 않았어요. 동전 우물로 소원을 던진다고 말했습니다. 당신은 거꾸로 하는 대화 요령을 배워야 합니다. 당신이 이 사람과 오목이라도 두고 싶다면요.)

물병자리는 당신이 만나게 될 사람들 중 가장 호기심을 발동시키는 사람입니다. 처녀자리도 종종 신중함과 호기심 사이에서 분열합니다. 그들은 행동하기 전에 분석하고, 사안에 대해 심사숙고하기를 원합니다. 이런 면은 즉흥성을 빼앗아갑니다. 물병자리에게서 배워야 하는 자질이지요. 반면에 물병자리는 처녀자리에게서 식별력이라는 대단히 필요한 교훈을 배울 수 있습니다. 두 사람이 대체로(비교적) 동의하는 한 가지는 돈을 쓰는 법입니다. 둘 다 신중하게 쓰지요. 처녀자리가 물병자리보다 좀 더 신중할 겁니다. 그들은 아량을 베풀고 싶다면 우선 절약해야 한다고 믿지요. 친구와 낯선 사람에게 돈을 뿌리고 다니는 양자리와 사자자리 그리고 물고기자리와 사수자리는 처녀자리를 화나게 합니다. 처녀자리는 경솔한 씀씀이에 반대하며, 낭비가 심한 별자리에게 자선은 집에서 시작하는 거라고 경고할 겁니다. 만약 효과가 없다면 다시 경고합니다. "당신이 낭비할수록 당신은 덜 관대해질 거예요."

저는 양자리입니다. 그래서 그런 철학에 한 순간도 찬성할 수 없답니다. 단지 천문 해석학적인 특징을 보고할 뿐이지요. 어쨌든 처녀자리도 물병자리도 돈을 함부로 쓰거나 방탕하게 쓰지는 않습니다. 하지만 물병자리는 강력한 인도주의적인 충동에 영향을 받지요. 그래서 인류의 미래와 기근에 굶주리는 지구 별 형제자매에 대해 정말 많이 걱정합니다. 처녀자리도 마찬가지로 걱정합니다. 걱정은 처녀자리의 특기지요. 그들은 그것에 자부심을 갖고 예술의 경지로까지 승화시킵니다. 알다시피 두 사람의 공감대는 비슷하지만 그것을 표현하는 방식은 약간 다릅니다. 둘 다 진지하게 관심이 있지만, 처녀자리는 확실히 더 구체적입니다.

물병자리: 다른 나라의 어린이들이 우리 미국 청소년들에 비해 얼마나 더 적은 음식을 섭취하는지 생각해보세요. 비참하고 충격적이랍니다.

처녀자리: 맞아요, 예를 들어 정확히 30명의 비아프라(나이지리아의 동부 지방─옮긴이) 어린이들이 한 명의 건강한 미국 어린이가 먹는 음식량으로 생존한다고 해요. 정말로 끔찍한 일이죠.

물병자리: 골프장이나 잔디밭이나 화원처럼 한동안 비료가 없어도 되는 관상 식물 용도로 우리가 해마다 이 나라에서 사용하는 모든 비료가, 삶과 죽음의 기로에 선 어떤 국가에 중대한 영향을 끼칠 수 있다는 걸 알아요?

처녀자리: 전적으로 맞는 말이에요. 단지 12개월 동안 사용하는 관상식물 용도의 비료를 인도에서 사용한다면 곡물 수확량을 두 배 이상으로 올릴 수 있지요. 이 점을 미국 사람들에게 알릴 방법이 있다면 좋을 텐데요. 하지만 인도에서는 수백 만 명의 사람이 실제로 죽어가잖아요.

물병자리: 제가 생각해봤는데요. 곡식을 고기로 전환하면 많은 비용이 들지요. 그런데 미국인이 만약….

처녀자리: 바로 그거예요! 소고기 1파운드를 얻기 위해 곡식 20파운드가 필요하답니다. 어머나, 당신 말을 끊어서 죄송해요.

물병자리: 괜찮아요. 제가 말한 것처럼 미국인이 고기를 덜 먹는다면, 이 세계는….

처녀자리: 만약 미국인이 단지 52주 또는 한 해만이라도, 고기를 10퍼센트만 덜 먹는다면, 1천2백만 톤보다 더 많은 곡식을 배고픔 때문에 배가 부풀어 오른 지구상의 사람들을 위해 나눠줄 수 있을 텐데요. 사람들이 그걸 알고도 어떻게 햄버거와 스테이크를 여전히 즐길 수 있을까요? 용서하세요. 당신 말을 또 끊었네요. 미안해요.

물병자리: 별 말씀을. 우리가 전혀 고기를 먹지 않는다면 어떤 상황이 벌어질지 궁금해요.

처녀자리: 질문해줘서 기뻐요. 고기를 먹지 않는다면 우리가 사는 세상이 더 행복한 곳이 될 뿐 아니라 우리 모두 더 건강하게 오래 살게 된답니다. 잔인하게 살해되고 도축된 우리의 동물 형제자매의 살을 먹는 일은 거의 모든 질병을 일으키는 원인이에요. 육식을 중단하지 않는다면 우리는 지구상의 기아의 고통을 치유할 수 없거나 우리 자신의 육체를 치유하지 못할 거예요. 오! 당신은 고기를 먹는군요? 미안해요. 불쾌하게 할 생각은 없었어요.

물병자리: 음, 저는 고기를 먹었어요. 그런데 지금… 아, 제 말은, 당신은 채식주의자예요?

처녀자리: 네, 그래요. 당근 샐러리 주스 한 잔 드시겠어요? 한번 마셔보세요. 정말로 맛있거든요.

물론 모든 처녀자리가 고기를 먹지 않는 건 아닙니다. (많은 처녀자리가 안 먹기는 합니다.) 하지만 머지않아 이 까다롭고 예의 바르며 박식한 처녀자리는 인간의 건강에 대한 현명하고 타고난 감각으로, 호기심 많은 물병자리의 식단을 고기 없는 식단으로 바꿀 겁니다. 그러면 물병자리는 전형적인 인도주의적 열정으로 그 신나는 새로운 발견을 널리 퍼뜨리겠지요. 채식은 당신의 건강을 유지하고 젊어 보이게 만들며 수명을 늘려준답니다. 동시에 배고픈 사람을 도울 수 있지요. 햄버거, 핫도그, 구운 고기와 스테이크로 당신의 몸을 늙게 만들고 천천히 죽이는 대신에 신선한 과일과 채소로 당신의 몸을 대접하면 된답니다. 그 뒤에 물병자리는 더 깊이 연구해서 (훌륭한 물병자리 탐정처럼) 한두 달 간격으로 사흘 동안 포도 주스만 먹는 일을 주기적으로 하면, 질병을 예방하고 치료할 수 있을 뿐 아니라 영적으로 더 깨우치게 되며 초자연적이 될 수 있다는 새로운 지식을 처녀자리에게 쏟아낼 것입니다. 처녀자리는 그와 같은 지혜에 기꺼이 고마워할 겁니다.

네, 이 두 사람이 함께 늙고 병든 어머니 지구와 어리석은 인간을 어쨌든 구할 겁니다. 형제애와 자매애의 물병자리 시대입니다. 처녀자리가 천왕성의 클럽에 가입하면 안 된다는 법이 어디 있겠어요? 물병자리의 풍부한 창의력과 천재성에 처녀자리의 영리함과 냉철한 사고가 결합된다면, 우리에게 필요한 마술 같은 연금술이 된답니다. 두 태양별자리가 타고난, 타인에 대한 친절과 배려도 물론 소중하지요. 친절함은 모든 질병을 치유하니까요.

처녀자리 여성과 물병자리 남성

그녀는 그에게 이름을 한 번 더 말해야 했다. "나는 웬디야." 그녀는 흥분해서 말했다.

피터는 몹시 미안해하며 속삭였다.

"저, 웬디, 내가 너를 잊어버리면, 언제든지 '나, 웬디야.'라고 말해줘. 그럼 기억이 날 거야."

물론 이것도 그다지 만족스럽지 않았다.

물병자리 남성의 별난 행동은 종종 제단 바로 앞에서 멈춥니다. 평생의 짝을 선택할 때, 그는 약간 구식인 경향이 있습니다. 아마도 그의 시계 안에는 오직 한 마리의 뻐꾸기를 위한 공간만 있기 때문입니다.

처녀자리 여성은 뻐꾸기시계 대회에서 경쟁하지 않기 때문에, 두 사람의 짝짓기는 멋지게 이루어질 겁니다. 왜냐면 처녀자리에게 섹스는 여러 가지 관심거리 중 하나에 불과하기 때문이지요. 그녀는 아마도 그의 양말을 빨아 짝을 맞추고, 그의 옷에 단추를 달아줘서 자신의 이름과 전화번호를 생각나게 만들고, 세심한 엄마이자 지적인 커리어 우먼인 동시에 그의 친구들에게는 재치 있는 대화 상대가 된답니다. 그녀는 이 모든 일을 동시에 해내지요. 둘의 관계에는 성공을 위한 모든 요소가 있습니다. 하지만 두 사람이 열심히 노력해야 합니다. 수정할게요, 그녀는 열심히 노력해야 합니다.

한 가지 예를 들지요. 그녀는 너무나도 분별력이 있기 때문에 그가 아무 때나 집에 데려오는 기이한 여러 종류의 친구들에게 마구 화를 낼 수가 없답니다. (제가 어떤 처녀자리 부인을 아는데요, 물병자리 남편은 파키스탄에서 온 뱀 레슬링 조련사를 초대하고 그녀에게 2주 동안 안주인 역할을 해주기를 기대했답니다. 세계 뱀 경기를 준비하기 위해 그의 뱀을 지하실에서 훈련하는 동안이었지요. 진짜 있었던 일입니다.)

물병자리 남성은 처녀자리 여성을 대할 때 실수하기 쉽습니다. 그녀는 그가 정신적으로 아프거나 감정적으로 고갈되었을 때 아주 많이 참아주고 공감하며 이해해 줍니다. 그는 그녀의 상냥한 배려를 이용하려는 유혹을 느끼지요. 그녀가 게이샤 아닌 게이샤 역할을 기꺼이 하는 것처럼 보이니까요. 하지만 그녀 인생의 목표는 밤마다 예기치 못한 그의 성적 도착을 숨죽이고 기다리는 일이 아닙니다. 그가 "당신 팬

찮지? 친구." 하고 툭 말을 내뱉으며 황송하게도 그녀를 아는 체할 때, 그의 품 안에서 말없이 정신이 아찔해지는 것도 아닙니다. 완전한 사랑에 대한 그녀의 생각은 그렇게 얄팍한 것이 아닙니다.

처녀자리 여성이 물병자리 남성을 사랑하는 이유는 아무도 모르는 무지개가 저 밖에 있다는 걸 알기 때문입니다. 그녀는 그와 함께 무지개를 좇는 것이 황당하고 아주 멋진 일이라고 생각했답니다. 그녀가 그의 양말을 빠는 일을 비롯해 그에게 헌신하는 이유는 그의 무지개를 비웃지 않기 때문입니다. 무지개가 실현 가능한 색으로 칠해진 것을 알 만큼 그녀가 지각이 있기 때문이지요. 하지만 합리적이든 그렇지 않든 무지개는 무지개입니다. 그래서 그들은 세탁기, 쓰레받기, 청소기, 빨래통 주변에서 꽤 결핍을 느낍니다. 물병자리 남성은 처녀자리 여성을 약간 무시할 수 있습니다. 밖에서 보라색 소를 찾아다니거나, 피곤할 때 걸어가지 않고도 직접 와주는 침대를 구상하거나, 사방치기 놀이를 할 때, 그의 정신을 사로잡는 다양하고 매력적인 계획을 궁리하는 동안 말이에요. 만약 그가 미래를 위한 영원한 탐구에 그녀를 끼워주기를 거부한다면, 이 두 사람을 처음에 붙여준 풀은 모서리 주변부터 벗겨지기 시작할 겁니다.

정직하게 말해(처녀자리가 주장하는 것처럼, 아무리 고통스러워도) 두 사람이 직면하는 교착상태는 그녀의 잘못일 수도 있습니다. 처녀자리 여성은 으레 책임을 떠맡습니다. 그녀 자신의 선택으로 구석의 먼지를 쓸어 담으면서 그녀의 연인을 말없이 비난하지요.

그녀는 의무의 길을 지나쳐서 지칠 때까지 걷습니다. 그러다가 마침내 웁니다. 그의 변덕을 시중드는 숲에서 그만 길을 잃었기 때문입니다. 그것은 그녀가 사랑하고 존경하고 봉사하겠다고 약속한 남성에 대한 그녀의 뼛속 깊이 밴 성실함을 보여줍니다. 그녀는 성직자 수당을 받든지 안 받든지 상관없습니다. 이제 당신은 처녀자리가 약속을 어떻게 생각하는지 압니다. 성실에 대해서 말하자면 그녀는 진정한 괴짜랍니다. 이 여성은 가끔 비판적입니다. 사실 많은 경우에 비판적이지요. 하지만 그녀는 무척 다정하게 비판합니다.

둘 다 마음속으로는 꿈을 꾸는 사람이라는 것이 중요합니다. 정신적 능력이 얼마나 예리한지, 또는 습관이 얼마나 확고한지는 상관없습니다. 그들의 꿈은 물고기자리의 안개 같은 이미지이거나 양자리의 무모한 목표가 아닙니다. 그들에게는 더 구체적인 토대가 있습니다. 하지만 그 꿈을 잘 보관해야 합니다. 서로를 꽉 붙잡기를 원한다면요.

지나치게 염려하는 처녀자리는 그녀의 물병자리 남성이 콩나무에 혼자 오르도록 독려해야 합니다. 만약 그녀가 현실적인 책임감 때문에 그를 계속 감싸기만 하면,

그는 가학적이며 약자를 괴롭히는 독재자로 변하거나(특히 그의 달별자리 또는 동쪽별자리가 전갈자리, 사자자리 또는 양자리라면) 기회가 될 때마다 시내에서 한두 시간씩 보내고 올 겁니다. 물병자리는 공기 별자리이며 이들에게는 활기를 불어넣어주고 정신을 팔 수 있는 대상이 많이 필요하다는 점을 기억하세요.

두 사람의 섹스 궁합에는 은밀한 놀라움이 있습니다. 제가 아는 어떤 처녀자리 여성은 여러 해 동안 남편 없이 혼자 지냈고 외로웠습니다. 보통 처녀자리 여성은 자기와 상관없는 일에는 잘 끼어들지 않지요. 당신이 지금까지 본 대로 처녀자리 남성과 여성은 기본적으로 혼자 있기를 더 좋아하는 사람입니다. 하지만 그녀의 출생차트에 사자자리에 있는 어떤 행성이 있었고 그녀는 삶에 로맨스가 필요하다고 생각했지요. 그녀는 어느 데이트 소개업체에 등록해 여러 해 동안 매주 몇 통의 편지를 받았습니다. 편지에는 신랑감으로 괜찮은 적당한 남성의 사진 대여섯 장과 그들의 성격, 직업, 취미 등에 대한 분석이 들어 있었지요. 그녀는 신중하게 한 명씩 그들을 살펴보았습니다. 하지만 그들 모두를 딱 잘라 거절했답니다. 그들은 그녀가 찾던 사람이 전혀 아니었지요. 321명의 남성이 기대에 차지 않았으며 그녀가 원했던 이미지에 못 미쳤습니다. 이것이 바로 분별력 있고 까다로운 처녀자리 여성에게 물병자리 남성의 다양성의 공식이 적중하는 이유입니다. 두 사람의 성적 어울림의 놀라운 비밀이지요.

두 사람은 6-8 태양별자리 관계이기 때문에 성적인 면에서 예기치 못한 보상을 받습니다. 하지만 다른 6-8 태양별자리 관계보다 더 독특한 방식이지요. 물병자리 남성의 천왕성식 충격 요법과 창의력이 풍부한 기습 술책은 그녀 안의 불꽃을 일으킵니다. 그가 나타나기 전에는 존재하는지도 몰랐던 불꽃이지요. 물론 그는 성공하지 못합니다. 그녀는 흙 원소이고 그는 공기 원소지요. 하지만 노력하는 것만으로 그의 호기심 충만한 정신은 즐겁습니다. 그럼에도 그가 성공할 확률이 높은 일은 그녀를 성적으로 충족시키는 것입니다. 물병자리 남성의 변덕스러운 성적 태도는 그녀의 요구에 완벽하게 들어맞습니다. 처녀자리에게는 물병자리 탐정의 호기심을 유발하는 신비한 분위기가 있지요. 그는 여러 해 동안 그녀의 비밀스러운 자아를 추측합니다. 추측은 그가 가장 좋아하는 취미입니다. 육체적 친밀함에 관한 그의 공기처럼 가벼운 무심함은 (파격적인 실험과 뒤섞일 수 있더라도) 성적인 것에 관한 그녀의 냉담한 태도와 꽤 잘 어울리지요. 드물지만 충분히 가능하고 틀에 박히지 않은 시도도 있을 겁니다. 잔디 냄새를 맡고 별을 셀 수 있는 뒤뜰에서 섹스하기를 더 좋아하는 식의 시도지요. 두 사람 관계에서 열정은 부족하지 않습니다. 처녀자리 여성은 물병자리 남성에게 성의 신비를 의미하는 여덟 번째 하우스를 보여주기 때문이지요. 그녀는 그에게 과거의 그 어떤 여성보다 더 많은 욕망을 일으킬 수 있습니다.

이런 점은 그녀를 돋보이게 하고 그녀로 하여금 사랑받는다는 느낌이 들게 합니다. 누군가가 그녀를 원한다는 사실이 처녀자리 여성을 얼마나 행복하게 하는지 당신도 알 겁니다. 그래서 두 사람의 성적 관계는 둘 모두에게 예기치 못하게 만족스러운 방식이 된답니다.

물병자리는 놀려주는 것을 좋아하지요. 하지만 그녀가 자주 울 정도로 놀리는 것은 실수입니다. 처녀자리는 오랜 고민 끝에 관계를 끊을 결심을 하고 다른 남성을 찾을 수 있습니다. 그때 그녀는 얼음처럼 차갑고 외과 의사처럼 정확하게 행동합니다. 그녀의 아름답고 맑은 눈동자가 가끔은 장면의 변화를 요구한다는 사실을 알아야 합니다. 매번 "오늘 저녁 메뉴는 뭐예요, 친구?"라고 묻는 건 별로랍니다. 당연히 그녀에게도 작은 결점이 있습니다. 낭만적인 여름밤에 쓸데없이 담요의 보풀을 골라내는 것 같은 일이지요. 물병자리 남성으로서는 결코 상상할 수조차 없는 일입니다. 아니면 그녀는 검은색 구두에 갈색 양말을 신는 것은 제정신이 아니라고 그에게 잔소리할 수도 있습니다. (이런 잔소리에 그는 꿈쩍도 하지 않습니다. 그는 괴짜 같은 것이 장점이라고 생각하지요. 누군가 그의 개인적 취미를 방해할 때는 즉각 반응합니다.) 그녀는 좀 심각하게 순교자 증후군에 매달리고 시간을 정확히 지키는 일에 너무 신경을 쓸 겁니다. 그가 재채기를 하면서도 연고로 목욕하기를 거부하면 걱정하고 조바심을 낼 겁니다. 하지만 이 모든 것은 처녀자리 여성의 지극히 자연스러운 기질이랍니다. 만일 그녀가 더러운 부엌에서 늦은 저녁을 차리고 밤마다 백 번씩 머리카락 빗는 일을 소홀히 한다면, 그녀가 따분하다는 경고 신호를 보내는 겁니다.

두 사람이 처음 만났을 때, 그는 물구나무를 선 채로 땅콩을 먹으며 텔레비전을 보곤 했습니다. 이제 그는 보통의 여느 지구인들처럼 두 발로 걸어 다닙니다. 그런 일이 일어나면 때가 온 것입니다. 물병자리 남성은 지체하지 말고 그의 처녀자리 연인의 손목을 잡고 이끌어야 합니다. 수수께끼를 풀고 기자의 대 피라미드의 신비를 꿰뚫기 위해 이집트로 가는 비행기를 전세 낼 때가 온 거지요. 물론 그는 왕의 방 혹은 무덤이 있는 방에서 물구나무도 서겠지요.

그리고 두 사람은 달빛을 받으며 나일강을 산책합니다. 그녀가 부드럽게 속삭이지요. "여보, 내게 환상적인 생각이 있어요. 당신이 우리 침대 머리맡에 알람 시계를 만드는 건 어때요?" 그가 웅얼거리면서 답합니다. "그냥 지금처럼 꿈을 계속 꾸기로 해요. 누가 일어나고 싶대요?" 그녀가 처녀자리처럼 말합니다. "하지만 우린 벌써 일어났는걸요." 그가 천왕성처럼 짐짓 놀란 체하며 소리칩니다. "정말이에요? 나는 우리가 별세계에 왔다고 생각했는데요."

처녀자리 남성과 물병자리 여성

그는 팅크를 설득하려고 했다.
"네가 내 요정이 될 수 없다는 것을 알잖아, 팅크. 나는 남자고 너는 여자야."
그 말에 팅크는 이렇게 대답했다. "바보 멍청이." 그러고는 욕실로 사라져버렸다.

한 가지는 꽤나 분명합니다. (이 두 사람에게 확실한 점이 몇 가지 더 있지만) 처녀자리와 물병자리는 진실한 사랑이 없다면 평생 계약을 지키지는 않을 겁니다. 진실한 사랑의 여부는 둘의 달별자리와 다른 행성들의 조화에 달려 있지요. 평생 계약이라는 규칙은 이 커플과 같은 6-8 태양별자리 관계에는 좀처럼 적용되지 않습니다. 이 관계 유형의 독특한 본성 때문입니다. 진실하고 깊은 사랑이 아니면 결코 오래가지 않습니다. 당신은 어떤 별자리 아래에서 태어난 커플도 마찬가지라고 말하겠지만, 그렇지 않을 수도 있습니다.

많은 다른 태양별자리 커플은 더 깊은 관계를 추구하는 에너지, 욕망, 불타는 욕구가 없더라도, 혹은 젊은 시절에 꿈꾸는 '뜨거운 연애'가 아닐지라도, 서로를 존경하고 위안이 되는 공감대를 공유하며 그다지 나쁘지 않으면 대체로 만족하면서 여러 해 동안 함께합니다. 처녀자리와 물병자리는 그런 사람들이 아닙니다.

만약 처녀자리 남성이 전혀 쓸모없는 일로 혼란스러워지기 시작하면 감정의 유대를 끊을 겁니다. 오직 특별하고 의미 있는 로맨스만이 처녀자리 남성을 열중하게 합니다. 만약 자기 생각이 틀렸다는 것을 알게 되면, 그는 고집스러운 침묵으로 숨어서 마음 나누기를 거부할 겁니다. 그리고 대개는 평생 혼자로 남을 겁니다. 처녀자리는 기본적으로 혼자 있기를 좋아하는 사람이기 때문이지요. 그는 첫 번째 결혼의 실수로부터 탈출할 수 있어서 운이 좋았다고 생각할 겁니다. 공유하는 삶이 가져올 또 다른 실패의 위험을 각오하기보다는 독신으로 간간이 가벼운 연애를 하면서 혼자 사는 것이 더 안전하다고요. 처녀자리 가수 모리스 슈발리에(1888~1972, 프랑스 출신의 가수 겸 영화배우—옮긴이)는 이러한 천문해석학적 진실의 완벽한 예입니다. 그는 생명이 다하는 날까지 여성들에게 온화하고 미묘한 섹스 심벌로 남았습니다. 그는 수년간 여러 건의 일시적인 연애와 불륜에 관련되었지요. 하지만 그는 젊었을 때 첫 결혼이 실패한 후부터 똑같은 실수를 범하는 유혹에 넘어갈 생각이 없었습니다.

처녀자리 남성이 사랑에 환멸을 느낄 때가 있습니다. 환멸감은 이 지구상에 완벽한 관계는 존재하지 않는다는 자신의 본능적인 의심이 옳았다는 것을, 그의 분석적인 정신과 마음에 증명해줍니다. 너무도 빤하게 반복되는 실망을 왜 자초해야 할까요? 물론 그가 틀렸습니다. 하지만 처녀자리가 틀렸다는 것을 증명하는 데 성공해본 적 있으세요?

전형적인 물병자리는 한 번 실수를 했더라도 사랑을 계속 찾는 일에 죄책감을 느끼지 않습니다. 젊은 날의 첫사랑을 꼭 닮은 사람을 발견할 때까지 새로운 관계를 위해 기존의 관계를 청산하는 일에 전혀 죄책감을 갖지 않지요. (물병자리의 첫사랑은 초등학교 시절의 낭만적인 기억이거나 고등학교 때의 풋사랑일 수 있습니다. 그들은 여기에 너무 고집스럽게 집착해서 진짜 어른다운 최초의 연애 또는 결혼이 잘 이루어지지 않는 이유가 될 수 있지요. 누가 귀신이 붙은 짝을 원하겠어요?)

모두가 그런 건 아니지만 일부 물병자리 여성은 처녀자리 남성에게 충격을 줘서 관심을 기울이게 합니다. 또는 그의 지속적이며 짜증나는 감정상의 독립 선언을 저지하기 위해 예기치 못한 기이한 행동을 보이며 상당히 신랄한 말로 불쑥 기습 공격을 할 수도 있습니다. 태양별자리가 무엇이든지 간에, 지금은 예측 불가능한 천왕성 폭발의 울림이 있는 전위적인 물병자리 시대의 여명을 맞았습니다. 시대가 달라졌기 때문에 전통적으로 '달콤하고 묘미가 있으며 멋진 것'으로 이미지화된 섹스에 대해 물병자리 여성이 가볍고 불경스러운 농담을 던졌을 때, 처녀자리 남성은 얼굴을 붉히며 낭만적으로 당황할지도 모르겠습니다. 하지만 성의 혁명이 일어나기 전 '먼 옛날'에 처녀자리 남성은 여성의 외설적인 말이나 관습을 벗어난 행동을 미심쩍게 바라보았지요. 처녀자리의 상징은 여전히 처녀이며, 변화하는 시대조차 완벽하게 지울 수 없는 내적 본성의 타고난 본질을 표현한다는 점을 잊지 마세요.

제가 물병자리 여성을 저속하다고 비난한 거라고 비약하지는 마세요. 그렇지 않답니다. 그녀는 보통의 다른 태양별자리 자매보다(사수자리를 제외하고) 더 거리낌 없고 솔직할 뿐입니다. 또한 더 독립적이며, 비관습적이고, 예측 불가능하며 독특합니다. 좀 더 정신이 나간 괴짜지요. 나이든 세대는 담배를 피우는 물병자리 탈루아 뱅크헤드를 기억할 겁니다. 그녀는 충격의 한계점을 시험하기 위해 아무것도 걸치지 않은 알몸으로 리포터와 인터뷰하는 것을 좋아했지요. 그녀의 아버지는 하원 의원의 대변인이었던 것으로 기억합니다. 젊은 세대는 귀여운 얼굴에 부드러운 목소리를 가진 물병자리 헬렌 걸리 브라운을 잘 알 겁니다. 그녀는 『코스모폴리탄』 잡지에 최초로 남성 나체사진을 좌우 양 페이지에 특별 부록으로 넣어서 적자를 흑자로 바꾼 여성 편집자입니다. 제가 가장 좋아하는 물병자리 영화배우 미아 패로도 있네요. 그녀는 주근깨가 나고 깨끗하게 세수한 것처럼 말간 얼굴의 물병자리지요. 동화

속 공주님을 닮은 그녀는 소녀 같은 순진함을 프랭크 시나트라와 함께 영화에서 보여주었지요. 시나트라가 그녀를 화나게 하자 자신의 아름다운 긴 머리를 잘라버렸고요. 수녀원에 들어가기 전에 머리를 깎은 예비 수녀처럼 짧게 잘라서 공주보다는 불쌍한 부활절 달걀 같아 보였지요. 하지만 그녀의 머리는 길게 자라 다시 빛납니다. 그녀는 여러 편의 영화에서 호평을 받았고, 「로즈메리의 아기」에서는 사탄에게 강간당하는 역을 맡았지요. 그녀는 결혼하지 않은 채 앙드레 프레빈의 쌍둥이를 낳았고(물병자리답게 사회의 위선적인 규범을 무시하면서), 나중에야 그와 결혼했습니다. 문득 생각난 것처럼요.

물병자리 여성은 여론이나 입소문에 휘둘리지 않고 정직과 품위 같은 내적인 평가에만 신경 씁니다. 사회가 지시하는 대로 산다는 것은 모든 물병자리에게 위선의 극치로 여겨집니다. 천왕성의 인습에 얽매이지 않은 언행과 기질의 정도는 다양합니다. 너무 멀리서만 예를 찾을 필요는 없습니다. 조용하고 분명히 온순한 물병자리 주부가 느닷없이 남편을 떠나 댄서, 화가, 영화배우가 되거나, 태국에서 건강용품점을 열어서 친척과 이웃에게 충격을 주는 일은 언제나 있습니다.

처녀자리 남성에게는 재미있는 점이 있습니다. 천문해석학이 '인간의 모습을 한 태양별자리들' 중 하나라고 부르는 별자리로 태어났기 때문에('인간' 처녀를 상징합니다.) 사랑에 빠졌을 때 그를 이끌어줄 동물적인 본능이 없습니다. 그는 흙 별자리이기 때문에 이 새로운 감정을 분석할 시간을 가질 때까지 더 깊은 자아의 차가운 숲으로 물러납니다. 그를 사랑하는 여성이라면 처녀자리 남성이 가장 욕망하는 것에 대한 두려움과 의심을 깨치는 데 도움을 줄 수 있지요.

물병자리 여성에게도 재미있는 점이 있습니다. 천문해석학이 '인간의 모습을 한 태양별자리들' 중 하나라고 부르는 별자리로 태어났기 때문에('인간' 물병을 든 사람을 상징합니다.) 사랑에 빠졌을 때 그녀를 이끌어줄 동물적인 본능이 없지요. 그녀는 공기 별자리이기 때문에, 이 새로운 느낌을 분석할 시간을 갖기 전까지 깊은 자아의 구름 속으로 물러납니다. 그녀를 사랑하는 남성이라면 물병자리 여성이 그녀가 가장 원하는 것에 대한 두려움과 의심을 깨치는 데 도움이 될 겁니다. 이 커플이 어떤 점에서는 잘 어울린다는 걸 아셨겠지요?

두 사람 중에서 어느 쪽도 결혼에 대해 강렬한 관심을 보이지는 않습니다. 이 두 태양별자리의 남녀 중에 독신 생활을 하는 이의 수가 다른 별자리에서 태어난 남녀들보다 더 많습니다. 하지만 일단 물병자리가 마음에 드는 배우자를 신중하게 골라서 결혼하기로 결심한다면, 그들은 대개 앞뒤 가리지 않고 먼저 뛰어듭니다. 이런 면은 처녀자리의 결혼 유형에서는 보기 드뭅니다. 두 사람의 로맨틱한 타이밍은 약간 어긋날 수 있으며, 자신들의 특이한 성격을 결혼이라는 제단에 맞춰야 합니다.

그렇지 않으면, 둘은 같은 침낭을 공유할 뿐이며 "타잔과 제인은 동거합니다."라고 쓰인 포스터를 걸어놓고 즐거운 일이라고 웃을 겁니다. 다시 말해 그렇게 웃어넘기려고 애쓰는 거지요. 처녀자리도 물병자리도 사랑 같은 심각한 문제에 대해서, 또는 그보다 더 중요한 침낭, 머리빗, 수표책, 비타민, 맥아와 달콤한 고독을 공유하는 일과 같은 문제에 대해 웃고 떠드는 사람들이 아닙니다.

여성의 부드러움을 남성에게서 발견하기는 드뭅니다. 하지만 어떤 남성은 어떤 여성보다 더 부드러울 수 있지요. 처녀자리 남성이 그렇습니다. 이 남성의 부드러움은 성적 표현을 포함해서, 그가 사랑하는 여성과 관계된 모든 부분에서 감지할 수 있습니다. 많은 여성은 이 점이 처녀자리 연인 또는 배우자의 소중한 특징이며, 귀중하고 위안이 되는 장점이라는 걸 알게 됩니다. 하지만 물병자리 여성은 사랑이 육체적으로 성취되는 일정한 시간 동안만, 그녀의 연인이 주는 부드러움을 즐겁고 고맙게 받아들일 겁니다. 그 뒤에는 변화를 원합니다. 그녀는 모든 경험이 순식간에 지나가고 지나치게 오래 끌지 않는 걸 더 좋아합니다. 그녀는 그 즐거움을 음미하지요. 그러고는 다음 경험으로 넘어갑니다.

당연히 어떤 경험은 여러 번 반복할 가치가 있습니다. 부드러움도 분명히 그중 하나입니다. 하지만 그녀는 부드러운 섹스를 오직 간헐적으로 나누기를 기대합니다. 그녀는 원시적인 열정과 관능을 따르는 자기 망각에서부터 영혼의 결합을 추구하는 섬세하고 통제된 탄트라 방법에 이르기까지, 색다른 성적 실험을 모색합니다. 물병자리 여성의 관심을 얻고 쉽게 그녀를 유혹하고 싶다면, 그는 모든 행위에서 변화를 갈망하는 그녀의 기본적인 성향을 기억해야 합니다. (그녀는 섹스를 좋아해서 그것에 몰두하는 것도 좋아하지만, 숲에서 도보 여행을 하고 얼룩 다람쥐와 노래하는 것도 좋아한답니다. 이것이 문제의 핵심이지요.) 전형적인 처녀자리 남성이 지닌 문제는 야성미 넘치는 터프한 남자가 되기를 자포자기해버리는 겁니다. 즉 스스로 통제하기 어려운 일이나 총체적인 자아의 굴복을 요구하는 일이라면 무엇이든 쉽게 단념해버리는 겁니다.

물병자리 여성은 처녀자리 남성이 이틀에 한 번씩 사랑의 기술을 바꿔주기를 기대해서는 안 됩니다. 그가 지닌 우아함이 괴팍스럽게 변하지 않는 선에서 두 달에 한 번 정도 바꾸는 건 가능합니다. 물병자리 여성은 여성적인 순수함과 겸손함이 침대 안에서나 밖에서나 처녀자리 남성의 관심을 끈다는 사실을 명심하세요. 팅크처럼 "바보 멍청이."라고 건방진 욕설로 애정을 표현하는 건 별로랍니다. 예를 들어, 라디오에서 나오는 날씨 예보를 들으며 재주넘기를 하는 괴짜 습관이나 욕설은 그의 부드러운 카리스마가 지속될 수 없게 만듭니다. 부드러운 카리스마는 그가 지닌 가장 사랑스럽고 낭만적인 매력입니다. 모든 것을 경험한 이후에(어쩌면 독신주의에 대한 몇 가지 자신 없고 외로운 실험을 포함해서) 결국에는 가장 만족스럽고 충족감이 있다고 그녀가 깨닫게 될 매력이랍니다.

모든 물병자리는 이 세계보다 몇 광년이나 앞서 있으며, 평범한 대화와 평균적인 담화의 맥락을 앞서갑니다. 그녀가 방금 씻은 컵과 접시에 남은 작은 얼룩에 대해 그가 질문을 던지면 그녀는 즉각 우주에 대한 질문으로 바꿔서 그를 당황하게 만듭니다. 이런 식으로 그녀는 즐겁게 앞서갑니다. '접시(saucer─받침 접시를 뜻하는 말로 비행접시 flying saucer를 떠올리게 함─옮긴이)'라는 단어는 그녀를 황홀하게 합니다. 물병자리가 질문할 때면 어떤 정보를 찾는 것처럼 보이지만 실제로는 당신의 지식을 드러내도록 애쓰는 겁니다. 이것이 처녀자리 남성의 질문에 물병자리 여성이 언제나 항상 다른 질문으로 답하는 이유입니다. 그녀는 영리한 소크라테스식 대화의 달인입니다. (소크라테스는 분명히 물병자리일 겁니다.) 두 사람이 다툴 때나 혹은 한동안 헤어져 있자고 합의할 때, 그녀는 이러한 당황스러운 재능을 사용합니다. 이 대화법을 사용할 때, 그녀는 처녀자리가 게임의 실제 의도를 간파할 수 없을 거라고 믿습니다. (그녀는 그의 태양별자리를 살펴보지 않았군요. 처녀자리는 모든 것을 꿰뚫어 볼 수 있답니다.)

예컨대 둘이 헤어진 채로 최종적인 이별을 맞이할지 화해할 계획인지를 각자 곰곰이 생각하고 결정하는 동안, 그녀는 시험 삼아 그에게 편지를 쓸 수 있습니다. 그때 그녀는 영리한 소크라테스식 질문으로 마무리하지요.

"무슨 일이 생기든 우리가 여전히 친구이길 바랍니다. 우리는 언제나 친구일 수 있어요. 그렇죠, 여보?"

처녀자리 남성은 영리한 물병자리가 실제로 묻고 싶은 것이 무엇인지, 즉 그의 애정에 대한 천왕성의 테스트라는 사실을 곧바로 알아차립니다. 그녀가 되돌아오기를 그가 진실로 원한다면, 그 또한 소크라테스식으로 교묘하게(확실하게) 딱 부러지게 말할 겁니다. 그는 이렇게 답장을 보냅니다.

"아니요, 우리는 여전히 친구일 순 없어요. 분명히 아닙니다. 우리 사이에는 사랑만 있어야 해요. 그렇지 않으면 아무 사이도 아니에요. 당신도 이 사실을 이미 알아요. 내가 그걸 아는지, 당신이 알아내려고 애쓰는 거잖아요. 안 그래요, 여보?"

당신은 이제 이 전술을 이해하나요? 그녀의 질문에는 그녀처럼 다른 질문으로 답해주세요. 그러면 그녀는 멋진 여자가 될 것이며 그녀에게 필요한 교훈을 얻을 겁니다. 만약 그가 진실로 돌아오기를 원한다면, 그녀는 그에게 전화를 걸어서 그는 전혀 '바보 멍청이'가 아니라고 얘기하겠지요. 그런 뒤에 재채기에 효과가 좋은 비타민 한 병을 가지고 그에게 달려갈 겁니다. 가는 길에 얼룩 다람쥐와 놀기 위해 멈추지도 않고요. 그녀가 기록을 내는군요. 이번에는 늦으면 안 된답니다.

처녀자리 Virgo

흙 · 변화하는 · 수동적
지배행성: 수성
상징: 처녀
음(−) · 여성적

Pisces 물고기자리

물 · 변화하는 · 수동적
지배행성: 해왕성
상징: 물고기, 고래
음(−) · 여성적

처녀자리와 물고기자리의 관계

··· 요정의 가루를 뿌리지 않고는 아무도 날 수 없다.

물고기자리는 두 배의 여성적인 기운을 받고 태어났습니다. 여성적인 별자리이고, 여성적인 행성인 해왕성의 지배를 받지요. 처녀자리 또한 두 배의 여성적인 기운을 받고 태어났습니다. 하지만 우리가 알아야 할 약간 다른 점도 있지요. 처녀자리도 여성적인 태양별자리입니다. 그의 진정한 지배자는, 아직은 발견되지 않았지만 곧 발견될 여성적인 (강력한) 행성인 벌컨이지요. (처녀자리−처녀자리 장을 보세요.) 하지만 아직까지는 남성적인 행성인 수성의 지배를 받습니다. 당신은 처녀자리가 적극적이고 긍정적(즉, 남성적)으로 주도하는 면에서 물고기자리보다 유리하다는 점을 바로 알 수 있을 겁니다. 하지만 물고기자리는 손해라고 생각하지 않습니다. 모든 물고기자리는 적극적으로 주도하는 것에 대해 기껏해야 힘을 고갈시키는 피곤한 일 정도로 생각하지요. 특별히 어떤 일을 '적극적으로 주도해야' 하는 천문해석학적인 필연성에 부담을 받지 않는 쪽입니다. 그래서 그들은 수성의 울림에 따라 남성적인 역할을 처녀자리가 맡는 것에 꽤 만족한답니다.

하지만 물고기자리가 기억해야 할 것이 있습니다. 처녀자리는 남성적(수성)이거나 여성적(벌컨)인 무기를 둘 다 마음대로 사용할 수 있지요. 그래서 그들은 교활할 수도 있습니다. (물고기자리도 회피적이고 교묘하게 빠져나가는 해왕성의 영향을 받기 때문에 더 교활할 수 있지요.) 제가 '무기'라고 표현한 이유는 물고기자리와 처녀자리가 서로 대립하는 7-7 태양별자리 관계이기 때문입니다. 물고기자리와 처녀자리가 서로 전쟁 중이라는 뜻은 아닙니다. 그들 각자에게는 (무의식적인 차원에서) 상대방에게 없는, 그 때문에 부럽고 얻고 싶은 어떤 특질이 있다는 의미입니다.

우선 처녀자리는 정신적인 색인 카드를 만드는 재능이 있습니다. 그들은 모든 종류의 사람, 상황, 걱정, 문제와 좌절에 관한 상세한 기록을 분류하고, 효율적으로 정리해서 보관합니다. 모든 게 깔끔하게 기록되어 있기 때문에 필요할 때면 정확한 위치를 재빨리 찾아낼 수 있지요. 처녀자리의 수표책은 거의 항상 적절하게 균형을 이룹니다. (달별자리나 동쪽별자리가 물고기자리에 있는 처녀자리처럼 예외적인 경우를 헤아리더라도요.) 고지서 지불은 보통 만기일 결제이며, 출근은 정시에 도착하거나 몇 분 일찍 가고, 매일 밤 적정한 수면 시간을 취합니다. (변비나 신경과민으로 인한 불면증에 걸리지 않았다면요.) 그들은 예의 바른 답장을 바로바로 쓰고, 의복과 개인 소지품은 종류별로 질서 있게 정리합니다. 자동차, 치아 등에서 발생할 수 있는 결함에 대비해 규칙적으로 확인하지요. 그들은 한 블록 떨어진 곳에서도 옷깃의 얼룩을 발견하며, 세탁기에 넣는 표백제와 세제를 신중하게 측정해서 많지도 적지도 않게 사용합니다. 그들은 주차 위반 딱지나 속도위반 호출장을 거의 받지 않습니다. 백일몽, 부질없는 공상, 휴식, 무사태평 같은 비생산적인 활동에 에너지를 낭비하지 않습니다. 또한 그들은 과도한 지출을 하지 않는 것으로도 유명합니다.

전형적인 물고기자리는 앞에서 말한 모든 사항에서 정반대입니다. 정확함이나 질서에 대해 말하자면, 대부분의 물고기자리의 개인 소지품은 피카소의 추상화를 닮았습니다. 주거지의 깔끔함을 보자면, 원룸, 아파트 주택 또는 맨션, 그 어디에 살든지 간에 전형적인 물고기자리의 거주지는 살바도르 달리의 캔버스만큼 위대합니다. 대혼란이지요. 사랑스럽고 매력적인 무지개 줄무늬가 있는 총체적인 혼란덩어리입니다. 하지만 정돈과 관련해서 그렇다는 겁니다. 물고기자리에게는 무질서의 한가운데에서 최면적으로 초대하는 평화와 고요의 느낌이, 모순적이지만 틀림없이 있습니다. 물론 가끔은 예외인 경우도 만나겠지요. 저는 콜로라도의 한 남성 독신자 같은 해왕성의 사람을 압니다. 그의 집은『멋진 가정과 정원』잡지사에서 나온 카메라 기자가 미리 알리지 않고도 문에서 플래시를 터트릴 수 있게 언제나 준비되어 있답니다. 하지만 그는 처녀자리에 몇 개의 행성이 있고 동쪽별자리도 처녀자리입니다. 어쨌거나 천문해석학은 대부분의 물고기자리 집이 엉클어진 색상 리본 같다고 주장합니다. 모양이 고르지 않은 따뜻한 코바늘 뜨개질, 아늑함, 따뜻한 차와 공감 그리고 부주의한 무질서, 집 안 구석마다 무심하게 쌓인 먼지… 누가 구석구석의 먼지 알갱이를 신경 쓸까요? 물고기자리는 구석구석에 이상한 크기의 많은 비밀을 처박아놓습니다. 처녀자리의 먼지떨이로 방해받기를 원하지 않지요.

앞에서 언급한 처녀자리의 모든 특징은 물고기자리가 의식적으로 가지려고 애쓰는 습관은 아닙니다. 하지만 내면으로 깊이 들어가면 다릅니다. 물고기자리는 자신이 백일몽과 휴식을 좀 줄이고 미루는 습관을 약간 고친다면, 정신적으로 더 질서 있고 정서적으로 더 깔끔해질 수 있다는 것을 알지요. 그들은 단지 그 사실을 인정하기 싫은 겁니다. 그렇지만 느끼지요. 이것이 물고기자리가 처녀자리에게 매혹되는 이유이기도 합니다. 하지만 이것은 서로가 반대의 성별일 때 얘깁니다. 물고기자리는 같은 성별의 처녀자리와 있을 때는 좀 불안합니다. 왠지 모르게 경쟁적인 느낌을 받기 때문이지요. 물고기자리를 무엇보다 초조하고 불안하게 하는 것은 어떤 식이든 누군가와 경쟁하는 것입니다. 그들이 생각하기에 경쟁은 '역효과'이며 시간과 에너지를 낭비하는 짓이지요. 하지만 처녀자리와 물고기자리는 둘 다 변화하는 별자리 아래에서 태어났기 때문에, 양극화된 개성의 엄청난 차이에도 불구하고 의사소통이 잘 돼서 서로 놀랍습니다. 또한 둘 다 과묵한 편이고 낯선 사람과 말을 잘 하지 않지요.

물고기자리에게도 처녀자리가 배우면 좋은 면이 있습니다. 물고기자리와 다르게, 처녀자리는 이런 부분을 의식적인 차원에서 깨닫는 것이 확실합니다. 처녀자리의 정신은 아주 예리하고 기민해서 잠재의식 아래에 남겨진 것이 거의 없습니다. 자신의 모든 생각과 감정을 바닥에서 끌어올리지요. 발설하기 위해, 주기적으로 살펴보기 위해, 그리고 어떤 사항도 간과하거나 무시하지 않고 엉뚱한 곳에 두지 않았다는 점을 분명히 하기 위해서 그렇게 합니다. 처녀자리는 대개 물고기자리에게 막연한 부러움을 느낄 뿐만 아니라 그 이유를 고통스럽게 의식합니다. 백일몽을 꾸고, 희망하고, 그 꿈과 희망을 낯선 연금술 같은 모습으로 '짠' 하고 나타나게 하는 힘이 해왕성의 재능이지요. 복잡한 쇼핑몰에서 주차 공간이 마법처럼 생긴다든지, 행복하게 결혼한다든지, 노벨 평화상 혹은 퓰리처상을 받는 일까지도요. 처녀자리는 인상을 찌푸립니다. 음, 그들은 어떻게 그런 일을 할까요? 요정의 가루라도 뿌리는 걸까요?

처녀자리 씨, 당신의 추측이 정확히 맞습니다. 당신의 판단은 자주 맞잖아요. (그 판단이 당신이 어떤 추측을 하기 전에 모든 가능성을 분석하고 또 분석한 결과라는 사실을 누가 알까요?) 물고기자리는 '모든 사람(대중, 무의식적인 집단)'에 대한 본질적인 선량함과 불평 없는 인내심이라는 영원한 지혜에 대한 그들의 믿음을 지속적으로 확신하는 단순한 과정을 통해서 자신의 꿈과 희망을 현실로 나타나게 만듭니다. (처녀자리도 인내심에서는 뒤지지 않지만, '불평 없는' 인내심은 아니지요.) 처녀자리인 당신에게 이 말을 하고 싶지는 않지만, 물고기자리는 꿈과 희망이 무용함의 그림자 속으로 사라질까 봐 조바심을 내지 않고도 해냅니다. 사실 이러한 해왕성의 특징은 확실히 요정의 가루의 중요한 요소입니다.

처녀자리는 감탄하면서 관심을 기울이지만 여전히 곤혹스럽습니다. 어디서 이 마법의 가루를 조금이라도 살 수 있을까요? 무지 비싼 건 아닐까요? 당신은 방금 바보 같은 실수를 했습니다. 미안해요, 저는 당신이 실수를 싫어하는 것을 압니다. 하지만 당신은 실수를 했답니다. 요정의 가루는 살 수 없습니다. 다만 어떤 사람은 그걸 충분히 갖고 태어나고 어떤 사람은 그렇지 않지요. 만약 타고났다면(물고기자리처럼) 당신이 운이 좋은 겁니다. 하지만 그 때문에 불행해질 수도 있습니다. 요정의 가루를 갖고 태어난 사람은 눈에 보이지 않는 요정의 가루 때문에 자신의 아우라에서 어떤 빛을 발합니다. 그 때문에 영적 세계의 악한과 나쁜 존재들이 쉽게 찾아낼 수 있지요. 그 존재들은 당신에게로 모여들어 당신의 가치를 시험하는 온갖 종류의 엄청난 문제로 당신을 괴롭힙니다. 그들은 또한 당신에게서 요정의 가루를 훔치려고 계속 애씁니다. 요정의 가루는 어둠을 불러일으키는 고대의 형이상학적인 빛의 법칙입니다. 만약 요정의 가루 없이 태어났다면, 당신은 어떻게든 최소한 1그램 정도는 비상사태를 대비해 얻어두어야만 합니다. 그걸 얻기 위한 가장 확실한 방법은 그 가격을 묻거나 비용 따위를 걱정하지 않는 겁니다. 당신이 까다로운 돈 세기를 시작하자마자 그것은 사라진답니다. 요정의 가루는 전혀 반대니까요. (장난기가 발동했을 때 믿을 수 없을 만큼 반대로 행동하는 요정처럼요.) 요정의 가루를 얻는 최상의 방법은 물고기자리 친구, 사업 동료, 친척, 연인 또는 짝과 친밀한 관계를 맺는 것입니다.

이제 저는 정직하게, 완벽하게 사실에 입각해서 고백할 겁니다. 그렇지 않으면 처녀자리가 결코 용서하지 않을 테니까요. 물고기자리에게 마법의 요정 가루가 아무리 풍부하게 공급됐더라도, 그리고 그들이 대개는 꿈과 희망을 '무용함의 그늘로 사라지게' 하는 일을 거부하더라도, 그들은 가끔 정체모를 걱정과 공포와 겁에 질려 굴복한 일에 대한 죄책감을 느낍니다. 처녀자리 씨, 당신을 혼란스럽게 했다고 비난하지는 마세요. 당신도 알다시피, 물고기자리는 이중성의 태양별자리입니다. 물고기자리는 두 마리의 물고기로 상징됩니다. 한 마리가 아닙니다. 그런데 설상가상으로 이 상징적인 물고기가 다른 방향으로 헤엄치는 겁니다. 서로 다른 방향으로 동시에 당겨지는 일은 전혀 편안하지 않습니다. 처녀자리인 당신은 두 방향으로 동시에 끌어당겨진다면 아마도 틀림없이 돌아버리겠지요. 그러므로 당신이 아는 모든 물고기자리를 동정해야 합니다. 그들은 언제나 모든 사람에게 동정심을 끊임없이 흘려보냅니다. 하지만 그들은 확실히 스스로에게도 동정심을 이용합니다. 자신의 영혼을 구하려고 그렇게 하지요. 당신이 다소 거친 표현을 허락한다면, 간단히 말해서, 이중성이란 것은 끔찍한 장애가 될 수 있답니다.

예를 들어, 물고기자리의 민감함에 대해서 말해볼까요. 물고기자리는 놀라우리만치 통찰력이 있으며 선험적입니다. 그들은 당신이 한마디 하기도 전에 당신의 정신과 마음을 읽을 수 있습니다. 당신이 친구이든 낯선 사람이든 상관없어요. 그들은 당신의 기운을 알아챕니다. 뿐만 아니라 몇 피트 이내에 있는 모든 사람의 즐거움과 슬픔, 의기양양함과 실망감을 빨아들입니다. 한편으로 보면, 그것은 축복이지요. 물고기자리는 인정 많고 현명하며 이해심 있고 영적입니다. 다른 면을 보자면, 그것은 저주가 될 수도 있습니다. 다른 사람의 생각과 감정에 민감한 능력은 천문해석학에서 볼 때 지속적인 위험을 초래합니다. '민감하고' 심령적인 재능에는 반드시 생생한 상상력과 매우 예외적인 창의성이 동반됩니다. 어린 시절에 나타나지 않더라도 모든 물고기자리에게는 이런 성향이 잠재되어 있습니다. 민감한 물고기자리라면 자신이 지닌 강한 상상력과 창의적인 재능에 대해서 늘 경계해야 합니다. 그들은 타인에게서 끊임없이 받는 '이미지'를 왜곡하는 경향이 있지요. 인상만 보고 부정적인 그늘을 드리우는 잘못을 저지를 가능성이 늘 있습니다. 상상력이라는 것은 마치 불이 그런 것처럼 '좋은 하인'이지만 '나쁜 주인'이기도 합니다.

처녀자리가 그런 왜곡을 허용할 가능성은 별로 없습니다. 그러므로 처녀자리는 물고기자리를 많이 도와줄 수 있습니다. 남을 돕는 일은 처녀자리가 지구상에서 부여받은 임무이기도 하지요. 처녀자리는 기쁠 겁니다. 그들은 물고기자리가 지닌 그다지 부정적이지 않은 이미지, 상상력, 또는 생각이 있는 쪽을 예의 바르고 온화하게 짚어줍니다. 현실에 대한 부정적인 시각을 수정해주고, 온갖 밝은 생각을 끄집어내도록 도와줄 수 있지요. 그렇게 하면 처녀자리에게 정말 경이로운 일이 일어납니다! 물고기자리와 함께, 그들 또한 긴 의자에 누워서 위로받던 시기에서 벗어나지요. (때로는 위안이 간절하게 필요하지요. 물고기자리는 그런 위안을 다른 사람에게 아낌없이 겸손하게 내줍니다.) 게다가 한결 행복하고 쾌활해지고 기분이 좋아집니다. 그런데 한밤중에 갑자기 처녀자리는 자기 손이 모래투성이 같다고 느낍니다. 뿐만 아니라 전체 몸, 머리부터 발끝까지가 모래투성이 같다고 느끼지요. 이상합니다. 깨끗하지도 않고 윤이 나지도 않는군요. 어떻게 그럴 수 있을까요? 처녀자리는 서둘러 손을 씻으러 욕실로 갑니다. 그런데 보세요! 기적이 일어났답니다. 처녀자리의 손이 반짝반짝 빛이 나는 미세한 물질, 작은 별 조각 같은 걸로 덮여 있네요. 요정의 가루입니다. 물고기자리에게서 떨어져 나온 거지요. 돈은 한 푼도 들지 않았지요. 이제 처녀자리는 물고기자리처럼 약간 신비해질 수 있습니다. 즐거운 일 아닌가요? 물고기자리는 다른 사람에게 잘 베풀지요. 그 자신도 간구하는 동정과 순수한 관심을 보이며 '들어주는 일'을 해준 슬프고 외로운 처녀자리에게, 물고기자리가 요정의 가루를 좀 나누어주었답니다. 이것이 당신이 요정의 가루를 얻는 방법입니다.

요정의 가루는 가게에서 팔지 않는답니다.

이제 처녀자리는 신비한 해왕성의 묘약을 조금 가졌기 때문에 불가피하게 일어날 일에 대해서 알아두어야 합니다. 물고기자리의 경우와 마찬가지입니다. 요정의 가루라는 비밀스러운 물건을 숨긴 사람이 이곳에 있다는 사실을 알려주는 그 이상한 색깔의 띠가 처녀자리의 아우라에 즉시 둘러질 테지요. 머지않아 처녀자리는 물고기자리가 받는 테스트와 마찬가지로 친구나 사랑하는 사람, 이웃과 낯선 사람이 지닌 온갖 심적인 고통, 음모와 복잡한 문제의 타래에 얽히게 될 거랍니다. 즐거워라! 물고기자리가 처녀자리에게 줄 수 있는 최고의 선물이지요. 상상해보세요. 분석하고 효율적으로 해결해야 하는 수백 가지의 새로운 걱정들은 오직 처녀자리만이 할 수 있는 거랍니다. 아시겠지요? 처녀자리가 벌써 기뻐 춤을 추면서 책상 쪽으로 가네요. 언제나처럼 고마운 마음을 전달하려고 물고기자리에게 즉시 답례 편지를 쓰는군요.

물고기자리 씨, 멋진 요정의 가루를 나눠줘서 정말 고마워요. 제가 당신에게 빚을 진 건 아니겠지요? 당신은 그렇게, 모든 것을 선물로 줘서는 정말로 안 돼요. 관대하고 상냥한 일이지만 "1페니를 저축하면 1페니를 번 것이다."라는 말을 기억하세요. 어쨌든 저는 당신이 제게 허락한 모든 새로운 문제에 대해 감사하다는 말을 하지 않을 수 없군요. 세 살 때 산타가 크리스마스트리 아래 커다란 조립식 장난감 세트를 놓고 간 이후로, 누구도 제게 이토록 놀라운 선물을 주지는 않았답니다! 그 모든 조각을 함께 맞추는 데 분명히 몇 개월이 걸렸지요. 지금까지 제 인생 중 가장 행복했던 시간이었답니다. 우리가 말을 나눈 이후에 당신의 기분이 좋아졌길 바랍니다. 당신에게 필요한 것이 없는지 볼 겸 며칠 안에 들를게요. 어쨌든 그 이상의 도움이 되고 싶군요. 고마워요.
처녀자리 올림.

추신. 제가 산타클로스, 부활절 토끼, 드루이드, 요정, 난쟁이와 소원을 비는 별을 믿었던 때로 돌아가서, 정말 신이 났다는 사실을 방금 알았어요. 당신이 옛 꿈들을 기억나게 해줬답니다. 게다가 시간이 많이 흐른 지금까지도 그 꿈들이 제게 소중하다는 사실을 깨닫게 해줬지요. 그것들을 정리해야겠어요. 조립식 장난감은 지금도 지하실에서 끔찍한 두께의 먼지에 쌓여 있을 거예요. 아무것도 부서지지 않았으면 좋겠어요. 물론 그렇다 해도 저는 그걸 신중하게 붙일 수 있지요. 아무도 알아채지 못하게 감쪽같이요. 이제 정말 편지를 마쳐야겠군요. 자정까지 대략 2분 30초 밖에 남지 않았기 때문이에요. 알람은 다섯 시에 맞췄어요. 아침 여덟 시까지 직장에 출근해야 하니까요. 당신은 제가 내일 뭘 할지 아나요? 저는 내일 직장을 쉬고 읽고 싶었던 책을 읽을 거예요. 맙소사, 그 요정의 가루는 강력해요. 정말로 꽤 도취되는군요. 아마 건강에도 좋을 거예요. 장담하건대 신경과민으로 생긴 소화불량을 없애줄 거 같아요. 제가 당신에게 뭔가 보답하거나, 당신이 좋아하는 자선에 조금이라도 기여하게 해주세요. 그렇게라도 하지 않으면 요정의 가루를 그냥 받은 일에 정말로 죄책감을 느낄 테니까요.

처녀자리 여성과 물고기자리 남성

그는 어떤 여성도 네버랜드에 억지로 있게 하지 않았다.

저는 이 말이 기묘하고 이상하게 들린다는 걸 압니다. 하지만 이 남성과 여성이 처음 서로에게 끌렸을 때 함께 토의할 첫 번째 주제는, 글쎄요, 그다지 낭만적이지 않습니다. 그들은 자신들의 발에 대해 대화를 나누며 열중하게 될 거랍니다.

두 사람이 공통으로 가진 관심이랍니다. 발 문제나, 그들이 좋아하는 발병 전문가에 대한 이야기나, 맞는 신발 찾기의 어려움 같은 이야기 말이에요. 이 셋 중 최소한 한두 가지는 공통의 관심사입니다. 알다시피 물고기자리는 발을 '다스립니다.' 모든 태양별자리는 신체의 특정 부위에 공명합니다. 인간이 창조주의 이미지로 만들어졌기 때문이지요. (히포크라테스가 현명하게 알았던 것처럼, 의술의 천문해석학이 한 치의 오차 없이 정확하고 유용한 이유입니다.) 물고기자리가 발과 연관되기 때문에 신발과 특이 체질의 발은 전형적인 물고기자리에게 아주 흥미로운 주제입니다. 전형적인 처녀자리에게도 마찬가지입니다. 발과 신발에 대한 그녀의 관심은 몇 가지 이유로 시작됩니다. 그중 하나는 그녀의 지배행성인 벌컨이 '절뚝거리는 천둥의 여신'이기 때문이지요. (그렇게 부르는 까닭에 대해 설명할 지면이 부족해요. 다음 책에서 다룰게요.) 또한 대부분의 처녀자리 여성은 실용적인 신발에 꽤 집착합니다.

처녀자리는 자기 신발을 아무 생각 없이 구입하지 않습니다. 대단히 합리적인 돈을 내고 구입한 신발이기 때문에, 십 년만 신고 망가질 만큼 약해서는 안 되고 그저 화려한 전리품이어서도 안 됩니다. 신발은 오래오래 신을 수 있고 계속 수선을 할 만한 가치가 있어야 합니다. 이런 이상한 기벽에서 자유로운 처녀자리 여성도 당연히 있습니다. 하지만 그런 여성이라도 신발을 맹목적으로 숭배하는 점에서는 별 차이가 없답니다. 그들은 아껴서 생활하고 옷, 가구, 취미, 오락과 사치품을 절약합니다. 하지만 건강식품, 약, 화장지와 신발에 관해서는 깜짝 놀랄 정도로 사치스럽습니다. 처녀자리의 욕실 선반은 가장 부드러운 브랜드의 화장지와 아이보리 비누가 넘칩니다. 약상자 선반은 약국 규모의 약병 단지와 반창고와 재고품 때문에 탄성이 절로 나지요. 부엌 정리장은 비타민으로 채워져 있고, 냉장고에는 여러 박스의 자주개자리와 밀싹이 들어 있습니다. 냉장고는 얼어붙은 온실과 닮았습니다. 그리고 벽장은 신발로 가득 차서 종종 문이 닫히지 않습니다. 그들은 사치스럽지 않습니다. (처녀자리가 사치스럽다니, 당치도 않은 소리지요.) 벽장이 신발로 가득 찬 건 그 많은 신발을 사서가 아니라, 놀랄 정도로 신발이 쌓일 때까지 그 모든 신발을 모았기 때문입니다. 아이들과 손자들을 위해 보관한 것이지요. 그들은 아이들의 발이 헌 신발을 신기에 안성맞춤으로 자라기를 바라면서 해마다 신중하게 아이들의 발 치수를 잰답니다.

처녀자리 여성은 그녀의 신데렐라 구두 이야기를 물고기자리 남성이 관심 있게 들어줘서 기뻐합니다. 그도 마찬가지입니다. 그가 발에 관해 꾸며낸 이야기를 듣고 그녀가 매혹되는 모습을 그는 좋아할 겁니다. 물고기자리는 무척 친절해서 모든 사람의 이야기를 들어줍니다. 하지만 그가 하는 이야기를 좋아해주고 귀 기울여 들어주는 사람을 발견하는 것은 보기 드문 큰 기쁨이지요. 그는 더 가까이 다가갑니다. (이 장의 시작에서 해왕성의 지배를 받는 사람은 영리하고 기만적일 수 있다고 말했지요. 그의 마음속에는 그녀의 발 이상의 부분과 관련된 낭만적인 전략이 있답니다.) 그는 그녀에게 이야기를 들려줍니다. "언젠가 맨발로 해변을 산책한 후에 집에 들어왔지요. 여름날인데도 발이 너무 차가워져서 불을 쬐어야 했죠. 그런데 제 발이 워낙 특이하게 커서 얼마나 창피했는지 몰라요." 그가 전혀 야단스럽지 않게 이야기합니다. (아니면 발이 특이하게 작을 경우도 있습니다. 물고기자리 남성의 발은 크거나 작거나 둘 중 하나입니다. 중간 크기는 없지요.) 그녀는 그에게 매력을 느낍니다. 그의 이야기가 이어집니다. "익명으로 닥터 숄의 발바닥 패드 남성 모델로 포즈를 취한 적도 있어요. 그 돈으로 대학 수업료를 벌었지요." 그녀는 수성의 은빛 종소리 웃음을 터트립니다. 그는 좀 더 가까이 자리를 옮기고 그녀의 맑은 눈동자에서 일렁이는 불꽃에 흥분됩니다. 그래서 그는 비밀을 털어놓습니다. "밤이 되면 언제나 발이 차가워져서, 탕파를 찾거나 전기담요 플러그를 꽂기 위해 때때로 일어난답니다." 그녀도 다정하게 속삭입니다. "담요와 이불을 잔뜩 덮고 자는데도, 제 발도 때때로 밤에 차가워져요." 그의 목소리가 이제는 아주 온화하고 부드럽습니다. "혼자 자는 사람이 지닌 공통의 불평거리라고 생각해요. 연인들에게는 그런 문제가 전혀 없는 것이 분명해요. 그들은 밤새 온몸을 서로 따뜻하게 해줄 테니까요."

이렇게 물고기자리는 첫 전투에서 이깁니다. 무심하며 차가운 처녀자리조차 그 말에 감동받지 않을 수 없지요. 그녀가 아무리 억제하고 의구심을 갖더라도요. 물론, 그때는 이미 그녀가 그를 알고 있을 때이며, 그녀는 상당히 오랜 시간 동안 그를 남몰래 원해왔답니다. 절대 처음 만난 날이 아니지요. 어쨌거나 물고기자리 남성의 매력은 뜻밖에도 유혹적이며, 특히 정반대편 태양별자리 아래에서 태어난 여성에게 그렇습니다. 정반대로 타고난 태양별자리들은 그러니까 막대자석처럼 정확하게 끌어당깁니다. 철물점 아무데서나 자석 두 개를 사서 실험해보세요. 당신이 자석을 양극끼리 또는 음극끼리 마주보게 할 때는 아무리 애를 써도 자석이 붙지 않습니다. 하지만 당신이 하나를 반대로 하면 두 막대자석은 강렬하게 돌진해서 붙습니다. 당신이 떼어놓으려고 아무리 애써도요. 실제로 두 개의 막대자석을 사서 쉬는 시간에 실험하는 일은, 물고기자리 남성과 사랑에 빠진 처녀자리 여성(그녀는 보통 시간이 별로 없어요.)에게 아주 실용적인 투자입니다. 이 실험은 홀로 마음에 품어온 이 남성에 대한 기대를 저버리지 않는 극적인 증거가 될 겁니다. 그리고 그들은 별에 대한 대화에 휘말려 들어갔지요. 그는 이미 그녀의 마음을 점령했답니다. 이건 필연입니다. 하지만 준비는 해야지요. 준비하는 게 상식이니까요. (처녀자리는 정말 합리적이지요.)

처녀자리와 물고기자리 사이의 성적 공감대는 정말 좋습니다. 이 두 사람은 출생 차트의 태양과 달이 부정적인 각도를 이룰 때조차 타고난 연인입니다. 그들은 서로 싫증을 내지 않습니다. 다툰다면 섹스를 제외한 일에 대해서랍니다. 정반대의 화학 반응은 강렬합니다. 그녀는 너무 적극적인 배우자 또는 연인에게는 별로 반응하지 않지만, 물고기자리 남성의 순수하고 섬세한 성적 접근에는 전적으로 응답합니다. 해왕성의 욕망에는 처녀자리의 마음이 거부할 수 없는 부드럽고 시적인 영묘함이 있습니다. 한편, 노골적인 열정과 벌컨의 쿵쿵대는 번개와 합쳐진 처녀자리의 고요함은 물고기자리 남성을 놀라게 하고 흥분시킵니다. 그가 희미하게 기억하는 과거의 익숙한 선율처럼 무아지경의 아름다운 꿈을, 사랑하는 여성과의 성적 합일을 통해 발견하고 싶은 그의 모든 갈망을 불러일으키지요. 그들은 사랑을 나눌 때 이기적이지 않습니다. 그들의 성적 결합은 좀처럼 까다롭지도 않습니다. 두 사람의 섹스는 서로를 충족시키며 평화롭습니다. 서로에 대한 사랑의 깊이를 나타내는 친밀함과 육체적인 표현에 관해 상대방의 욕구를 배려하며 순수한 애정과 흔쾌함을 온화하게 베풉니다.

하지만 이 두 사람은 마음과 몸이 아닌 돈을 공유하는 일에 관해서라면, 그다지 공감하지 못하고 행복하지 않을 수도 있습니다. 그는 나누어갖는 것을 좋아합니다만 그녀는 자기 것을 나누는 일을 꺼릴 겁니다. 더러 드물게 인색한 물고기자리나 수입에 무심하고 지나치게 낭비가 심한 처녀자리를 만날 수도 있겠지요. 하지만 많은 수는 아니랍니다. 처녀자리 여성은 물질적인 면에서 그가 어처구니없게 미성숙하며 경솔하다고 생각할 수 있습니다. 그녀 생각에, 상식적인 근거가 부족한 모험에 그가 돈을 낭비하거나 갚을 능력이 없는 친구나 친척이나 이웃에게 돈을 내줘서 장래를 대비하지 않는다는 생각이 들 때면, 그녀는 주저하지 않고 그를 비난할 겁니다. (그는 그들이 갚을 것이라고 정말로 기대하지 않습니다. 물고기자리는 돈을 빌려주지 않고 거저 줍니다.) 물고기자리 남성은 그녀가 돈에 지나치게 신경 쓴다고 속으로 생각할 겁니다. 돈에 대한 끊임없는 걱정과 경제적 안정에 대해 그(그리고 그녀 자신)를 계속 괴롭히는 일은, 그녀의 눈동자에서 그를 위한 부드러운 빛이 사라지게 합니다. 그녀의 목소리가 은빛 종소리처럼 들리기보다는 그의 자유를 제한하는 경고의 벨처럼 들리지요.

거의 완벽한 인간인 처녀자리 여성에게서 가장 눈에 띄는 단점은 사랑하는 남자에게 지나치게 비판적이며 잔소리를 하는 성향입니다. 가장 불행한 점이지요. 이 남성이 진짜로 참을 수 없는 여성의 한 가지 단점은 잔소리랍니다. 그는 자신이 어떤 식으로든지 그녀를 실망시켰다는 생각이 들 때 불만스럽습니다. 그래서 그는 통명스러워지며 시무룩해지고 끊임없이 짜증을 내는 식으로 앙갚음하거나 다른 방식으로 고통에서 달아나고 싶어합니다. 이를테면 집에 오는 길에 선술집에 들러 자신의 발 이야기나 다른 이야기들을 잘 들어주는 사람에게 얘기하지요. 모르는 사람이라도요. 그런 후에는 발을 비틀거리며 집으로 헤엄쳐 돌아오는 습관에 빠질 수 있습니다. 아니면 약물이라는 위험하고 치명적인 도피에 의지할 수 있지요. 어쩌면 백일몽으로 도피하든지요. 결국 둘이 한때 나누던 친밀한 대화는 따분해지고, 침묵이 점점 자라나서 서로를 향한 냉소와 분노의 높은 벽이 생깁니다. 처녀자리 여성은 상식을 아주 소중하게 여깁니다. 너무 늦기 전에 그녀가 이 남성과 사랑에 빠질 결심을 했던 것은 합리적이었습니다. 그에게는 그녀를 데리고 신비하고 비밀스러운 네버랜드로 항해할 마법과 같은 방법이 있었으니까요. 그곳은 그녀가 꿈꾼 온갖 종류의 꿈이 실현되는 곳이지요. 아니면 최소한, 그는 꿈이 실제로 이루어진 것처럼 해줄 수 있지요. 두 사람이 열심히 믿고 충분히 오래 기다린다면 말이에요. 예전에 부드러운 눈물을 흘릴 정도로 감동적이었던 물고기자리 남성의 바로 그 매력을 생각 없이 없애버리는 것은 그다지 합리적이지 않습니다. 돈의 손실도 돈의 축적도 그것에 비하면 아무런 가치가 없지요. 지나친 비판은 물고기자리 남성에게서 자기 존중을 빼앗고, 그를 슬프게 합니다. 그녀가 처음에 그를 사랑하게 만든 그 모든 놀라운 모습들을 기억해야 합니다. 그리고 그 나머지는 잊으세요.

물고기자리 남성은 비밀을 숨기는 것이 처녀자리 여성을 몹시 아프게 할 수 있다는 점을 깨달아야 합니다. 흙 원소의 별자리는 모든 것을 깊이 느낍니다. 때때로 물고기자리 남성은 특별한 이유 없이 비밀을 간직합니다. 낯선 사람에게 비밀을 말하지 않는 것처럼요. 하지만 그녀는 낯선 사람이 아니지요. 그녀는 맑고 반짝이는 눈을 가진 여성입니다. 어느 누구보다 그를 이해하며, 누구도 관심 갖지 않을 때 애정 어린 관심으로 그의 이야기에 귀 기울입니다. 처녀자리 여성이 하는 대부분의 걱정은 그를 행복하게 해주고 싶기 때문이지요. 게다가 물고기자리 남성은 그의 미래와 마음의 평화를 정말로 걱정하는 처녀자리가 조금만 보살펴주어도 도움이 된다는 사실에, 말 그대로 동의해야 합니다. 실제로 이익을 따질 때, 당신은 자신의 이익을 최우선으로 요구하는 일에 그다지 재능이 없잖아요. 관계가 명확하게 정의되지 않고 의미 있는 목표가 안 보일 때, 그녀는 내적으로 대단히 불안합니다. 한동안 그녀가 배를 우아하게 이끌어도 그에게는 상처가 되지 않지요. 그들의 배를 위협하는 폭풍우를 통과할 때까지요. 나중에 그녀는 해왕성의 미스터리, 손짓하는 폭포를 찾기 위해 그와 함께한다면 행복할 겁니다. 그때 그녀는 안전함과 안정감을 느낄 겁니다. 하지만 그녀는 티켓을 신용카드로 사는 대신 현금으로 계산하는 편이 좋습니다. 그렇지 않으면 빚의 나락으로 떨어질 테니까요.

처녀자리와 물고기자리는 둘 다 변화하는 별자리이지요. 그래서 그들은 함께 여행하고 함께 이야기하면서 즐거운 시간을 보낼 겁니다. 보통 그들은 의사소통을 무척 잘합니다. 자신의 문제나 의견 차이에 대해 얘기를 나누며 그것들을 분석하고 해결책을 찾을 겁니다. 그들 사이에 모든 일이 다시 원활하고 행복하게 되면, 예전의 믿음이 돌아오고 그들은 첫 발가락 이야기 기념일에 선물을 교환하겠지요. 젖은 모래 해변을 걸을 때, 그녀는 그에게 감상적인 샌들을 선물합니다. 그는 그녀에게 작은 상자에 담긴 막대자석 한 쌍을 주겠지요. 그와 함께 있는 네버랜드에서 그녀가 불안정하고 불행해할 때, 그는 마음이 아팠답니다. 그녀를 불행하게 만드느니 차라리 떠날까 싶기도 했지요. 막대자석 선물은 그가 떠나면 그녀가 잃는 게 무엇인지를 교묘한 해왕성의 방식으로 상기시켜줍니다. 그녀는 그의 작은 선물을 열자마자 메시지를 이해합니다. 어쨌든 그녀는 처녀자리이니까요. 그녀의 정신은 기민하고 민첩합니다. 그리고 현명합니다. 그녀는 이불과 담요 아래에 있는 전기담요가 네 개의 발과 스무 개의 발가락을 덥히기 위한 외로운 대용품임을 잘 압니다. 여러 해 동안 무척 가까워진 서로의 발과 발가락이 어떤 바람을 전달하기 위해서는 오직 감촉만이 필요하답니다.

처녀자리 남성과 물고기자리 여성

"피터." 그녀가 확실하게 말하려고 애쓰며 물었다. "나에 대한 네 느낌은 정확히 뭐니?"

"착한 아들이 갖는 그런 느낌이지."

"나도 그럴 거라고 생각했어." 웬디는 그렇게 말하고는 방 한쪽 구석으로 가서 혼자 앉았다.

천문해석학이 해왕성의 비밀 일부를 누설하는 것은 약간 나쁜 짓입니다. 하지만 처녀자리 남성이 그의 물고기자리 여성을 더 잘 이해하는 데 도움이 된다면 얘기해야겠지요. 언젠가는 둘 다 만족할 겁니다. 알다시피 그녀는 비난받을까 두려워서 대부분의 시간을 작은 천사처럼 행동하지요. 그녀는 극히 작은 친절에도 대단히 고마워하며, 몹시 소심하고 자신감이 없으며, 변덕스럽고 의존적입니다. 그녀에게는 기댈 수 있는 그의 강한 어깨가 필요합니다. 뭔가를 가장할 때조차도, 그녀는 자신이 무엇을 하는지 정확하게 안답니다. (물고기자리는 뭔가를 가장하는 데 꽤 노련합니다.) 그녀는 이브의 화신이며 남성에게는 자연의 선물입니다. 그녀는 매력적이며, 여성적인 포장지에 싸여 있고, 연한 핑크 리본으로 묶여 있지요.

처녀자리 남성의 무심한 대답에 물고기자리 여성이 방 한구석으로 옮겨간 데에는 타당한 이유가 있습니다. 그녀가 화를 낼 때는 이유가 있고 그녀의 감수성 뒤에는 영리한 전략이 언제나 있지요. 우리는 그녀가 머페트 양(영국의 전래 동요에서 큰 거미에 놀란 겁 많은 여자아이―옮긴이)처럼 방 한구석에 앉아 있는 비밀스러운 까닭을 설명할 겁니다. 의심하지 않는 처녀자리 남성에게 우선 연한 핑크 리본으로 묶인 앙증맞은 꾸러미 안에 무엇이 있을지 생각하게 하는 것이 중요합니다. 그러면 그는 구석진 곳에 있는 그녀의 계교에 더 잘 대처할 수 있습니다.

열두 여성이 있습니다. 처녀자리 남성이 조심스럽게(처녀자리는 모든 일을 신중하게 합니다.) 리본을 풀 때 기대하는 것은 이겁니다. 이 다정하고 기만적으로 순종적인 여성은 스스로 온전한 하렘(회교국의 후궁, 처첩들―옮긴이)입니다. 그가 처녀자리답게 천문해석학의 수업 내용을 정확히 떠올려본다면, 물고기자리는 윤회의 바퀴에 있는 다른 열한 개 별자리의 씨앗을 지녔다는 사실을 기억할 겁니다. 물고기자리 여성이 아주 훌륭한 청취자인 이유이지요. (이 점은 그녀가 제일 먼저 그를 유혹하는 방법이기도 합니다.) 그녀는 현명하기 때문에 잘 듣습니다. 그녀는 압니다. 그녀는 이미 경험했지요. 모든 물고기자리는 그들의 무의식적인 자아와 비교적 친밀하게 교류하기 때문에, 현 생애에서는 실제로 경험하지 못한 많은 일을 기억한답니다. 당연히 그녀는 훌륭한 청취자가 될 수 있지요. 인정 많고 모든 것에 공감할 줄 하는 그녀에게 고백할 수 없는 사람은 이 지구상에 단 한 명도 없답니다. 설사 그녀가 열한 개의 카르마의 기억을 모두 이해하지는 못한다 해도 그 열한 개 중 몇 개는 이해하지요.

물고기자리 여성이 (드물게) 적극적이거나 (물고기자리답지 않게) 부자연스럽고 제멋대로 굴며 요구하는 것이 많다면, 그것은 그녀 안에 작은 은색 양자리가 있기 때문입니다. 그녀가 때때로 고집스럽게 굴며 1인치도 움직이지 않을 때는 그녀의 본성에 들어 있는 황소자리 기질 때문입니다. 황소자리 기질은 그녀의 마음을 주기적으로 시멘트처럼 굳혀서 그의 온화한 설득력을 확고하게 거부하게 만듭니다. 그가 조용한 처녀자리의 매력으로 시멘트를 간신히 깎아내면 그녀는 쌍둥이자리처럼 변덕스러운 나비로 바뀝니다. 굉장히 변화무쌍한 모습의 그녀는 재빠르고 날개 달린 발을 가진 수성(처녀자리의 현재 지배행성)조차 느리고 신중한 것처럼 보이게 합니다. 그 뒤 그녀는 슬프게 울다가는 예고 없이 낭랑하고 따뜻한 웃음을 터뜨립니다. 처음에는 그에게 톡 쏘고 나중에는 엄마 닭처럼 지나친 관심을 보입니다. 확실히 기분 변화가 심합니다. 그녀는 지금 자기 영혼에 있는 달 처녀를 드러내는 중입니다. (그녀가 최초로 모성에 대해 생각하기 시작한 것은 게자리 단계일 때 같네요.)

또한 그녀가 발목을 삐었다는 이유로 그가 지극정성으로 시중들어주기를 거만하게 바라는 때가 있을 겁니다. 그녀가 너무 오만해서 그녀의 고통이 의심스러운 이상한 한 주였지요. (그때 그녀는 사자자리의 영향을 받았답니다.) 그 뒤 언젠가 한 달동안은 그녀는 무척 겸손하고 공손했지만, 동시에 그가 하는 말마다 비판적으로 받아들였지요. 그는 마치 자신의 모습을 거울로 보는 것 같다는 생각이 막연하게 들었습니다. 그녀 안에 그가 있었답니다. 우연히도 12막 드라마 중 처녀자리 장면이었거든요.

엔진과 차체를 수리하느라 길고도 피로한 시간이 걸린 후, 그가 새것처럼 고친 티포드(포드사가 만든 초기의 T형 자동차—옮긴이) 구식 모델을 보여주려고 수줍은 자긍심을 느끼며 차를 타고 갔을 때, 그녀는 찬탄해야 할지 싫어해야 할지 결정할 수 없었습니다. 우선 그녀는 자동차를 타보고 싶었지요. 그런 뒤에 그녀는 차가 검은색이어서 우울하다고 말했습니다. 그녀의 새 드레스에 어울리게 연보라색 같은 화사한 색깔로 자동차를 칠하는 게 좋겠다고 했지요. (그녀는 천칭자리의 균형감 있는 행동의 짧은 숨결을 느끼는 중이었습니다.) 그가 깜박 잠이 들어서 전화하겠다는 약속을 잊어버렸을 때, 그다음 날 그녀는 그의 전화번호를 지워버리고는 현관문을 열어주지 않았지요. 그녀는 자신과의 약속을 깬 대가로 전갈자리의 작은 복수의 침을 쏘았습니다. 그 후 그녀가 그를 용서하고 무척이나 섹시하고 긴 밤 인사를 할 때, 그녀가 보여준 전갈자리 열정에 그의 무릎은 후들거리고 충격으로 거의 까무러칠 지경이었지요.

어느 날엔가는 그녀가 그의 어머니와 두 친구 앞에서 이발 좀 하라며 아침부터 갑자기 퉁명스럽게 굴었습니다. (그녀가 사수자리 진실의 활을 당긴 거지요. 드물게 쏘아대는 찌르듯이 아픈 화살입니다.) 그 이후로 한동안 그녀는 평상시와 다르게 말수가 적어지고 조용했지요. (그가 예전에 알았던 염소자리 여성을 생각나게 합니다.) 그녀는 일말의 감정이나 동정심도 없이 유럽으로 미술 공부를 하러 갈 계획을 세웠다며, 그와 결혼하고 싶지 않다고 냉정하게 말합니다. 한낱 로맨스보다 그녀의 경력이 더 중요하다면서요. 그녀를 신중하게 분석해서 아주 잘 안다고 생각하던 그는 이 평범하고 겸손하고 헌신적인 사람 안에 자리한 차갑고 토성적인 야망의 기미를 포착하고는 엄청난 충격을 받았답니다.

그가 모든 일을 다시 평탄하게 해놓고 둘이 친숙해지고 편안해졌을 때, 그녀는 갑자기 새 아파트로 이사하기로 결심했습니다. 이틀 만에 이사를 갔지요. 그런데 그녀는 이사한다는 사실을 그에게 말하는 걸 깜박했답니다. 예전 집주인에게 새 주소를 남기고 떠났지만 거리와 번지수를 바꿔 적는 실수를 저질렀지요. 그가 당시 오하이오에 살던 그녀의 어머니를 통해 다시 그녀를 찾아내는 데 3개월이나 걸렸습니다. 간신히 그녀를 찾아냈을 때, 그녀는 자신의 요가 선생님과 데이트 중이었지요. (그녀는 연례행사인 물병자리의 번쩍이는 번개 같은 기억상실증과 기벽으로 고통받는 중이었습니다.)

궁극적이고도 본질적으로, 그녀는 평범하며 다정한 물고기자리입니다. 그녀에게 열두 종류의 순간이 있었을 뿐이지요. 그것은 단지 순간일 뿐입니다. 대부분의 시간 동안 그녀는 세상에서 가장 사랑스럽고, 인정 많고, 평온하며, 침착한 여성입니다. 감성적이며 세심하고 평온하며 믿음직하지요. 하지만 그녀를 사랑하는 처녀자리 남성은 여러 명의 그녀가 있다는 사실을 아는 것이 좋습니다. 특히, 그녀가 평생 반려자로 맞는지 알기 위해 그녀를 평가하고 있다면요.

그녀가 자신에 대한 그의 감정이 정확히 무엇인지를 물어보고, 답변에 실망해서는 후다닥 방 한구석으로 간 이유를 알고 싶은가요?(이 장의 시작 부분에 있는 피터 팬 이야기입니다.) 그녀는 상처받아서 거미와 함께 울려고 구석으로 갔을까요? 아닙니다. 화가 나서 입을 부루퉁하게 내밀고는, 그에게 먹어보라고 권하지도 않고 혼자서 희고 부드러운 치즈를 먹기 위해 구석으로 갔을까요? 정말로 아닙니다. 기억하세요, 제가 그녀는 현명하다고 말했지요. 그녀는 그들 태양별자리 사이의 강력한 양극성에 대해 의식적으로 알았거나 느꼈답니다. 물고기자리인 그녀는 그것이 어떤 의미인지 알았지요. 잠시 후에 극성은 저항할 수 없이 끌어당겨집니다. (막대자석의 예를 살펴보세요.) 그녀는 천문해석상의 '반대'의 자성이 한데 모이는 데 채 몇 분도 걸리지 않는다는 점을 아주 잘 압니다. 만약 그녀가 물리적으로 그와 정확히 반대에 있다면, 상황은 훨씬 더 빠르게 '육체적'으로 변한답니다. 그는 자신의 대답을 '착한 아들'보다는 더 진지한 것으로 분명히 바꿔야 할 겁니다. 그녀는 그의 행동이 그를 대변하며, 그 말은 틀렸다고 분명히 취소할 것임을 알았지요. 처녀자리 남성은 태어날 때부터 아침에 일찍 일어납니다. 하지만 그는 물고기자리 여성 앞에 머무르기 위해서 정말로 아주 일찍 일어나야 한답니다.

물론 그녀가 옳았습니다. 해왕성의 전략은 비단처럼 부드럽고 리본 같은 핑크 빛깔이며, 완벽하게 효과적이었습니다. 10분(다소 조용하고, 불안한) 만에 그가 놀랄 만큼 충동적인 방식으로 행동했으니까요. (처녀자리 남성의 평소 행동에 비해서요.) 그는 방을 돌진하듯 가로질러 그녀를 팔 안에 쓸어 담습니다. (빗자루로 한 게 아니에요. 은유랍니다.) 그는 정말로 울면서, 그녀에게 '착한 아들' 같은 감정을 느끼기보다는 알렉산더 대왕처럼 그녀의 신비한 세계를 정복하고 싶다고 밝힙니다. 놀라지 마세요. 그는 몽롱한 해왕성의 눈에 얼굴이 빨개진, 또 다시 여성적이며 순종적인 모습으로 돌아온 물고기자리 여성에게 청혼합니다.

흙 원소와 물 원소의 별자리는 거의 언제나 아주 자연스럽게 성적으로 완전한 무아지경에 이릅니다. 이 두 사람 사이의 열정은 깊지 않은 적이 거의 없으며, 흙과 물이라는 위안을 주는 자연의 혼합을 충실하게 모방해서 사랑을 풍요롭게 합니다. 그녀는 그의 팔 안에서 안정감을 느끼고, 그는 섹스를 통해 새로운 자각을 느낍니다. 종종 처녀자리 남성은 그의 마음을 앗아간 물고기자리 여성에게 평범한 자기통제마저 잃습니다. 하지만 그건 그에게 일어날 수 있는 일 중 최고의 것입니다. 그녀에 관해서라면, 자신이 그를 평화롭게 해준다는 사실을 아는 것만으로도 만족합니다. 어떤 여성과 함께 그의 갇혀진 감정을 해방시킬 때 그것이 어떤 강렬함을 담고 있는지를 알게 될 때까지, 그는 외로움에 필사적으로 매달려왔지요. 그녀는 그의 상처받기 쉬운 부분을 아프게 하지 않고, 섹스의 순수성에 대한 그의 내밀한 환상을 결코 깨뜨리지 않을 거라는 믿음을 주는 여성입니다. 처녀자리와 물고기자리는 자신들의 꿈이 따뜻하고 서로에게 안정적이라는 사실을 이해하기 때문에 완벽하게 사랑할 수 있습니다. 그들은 지혜롭기 때문에 그들의 몸은 비밀스럽고 친밀하며 거리낌 없이 반응하지요. 7-7 태양별자리 관계에는 울퉁불퉁한 지점이 많지 않습니다. 그는 무척 영리하고 그녀는 아주 현명해서(1그램 정도의 차이는 있지만요.) 두 사람이 노력한다면 튀어나온 부분을 매끄럽고 평평하게 할 수 있지요. 또 그들은 둘 다 **변화하**

는 에너지이기 때문에 문제에 관해 대화를 나누기가 어렵지 않습니다. 대화는 언제나 큰 도움이 되지요. 그녀는 유혹합니다. 유혹하는 일을 피할 수가 없습니다. 여섯 살 때부터 그래왔지요. 남자들은 그녀에게 강하게 끌리며 매력을 느낍니다. 그녀는 애정이 넘치게 대하지요. 그녀를 사랑하는 처녀자리 남성은 남녀 친구 모두에게 그녀가 아낌없이 베푸는 보편적인 연민과 이야기 들어주기를, 불충실함이나 부정직함으로 확대해석하지 않도록 주의해야 합니다. 그가 화가 나서 입을 계속 내밀며 확대해석하고, 그 때문에 염려하는 일이 실제로 일어나지 않는 한 그럴 리 없습니다. (우리가 두려워하는 일은 확실히 우리에게 일어납니다.) 물고기자리 여성은 무심한 경제관념으로 그에게 불필요한 갈등과 걱정을 일으켜서는 안 됩니다. 수표책의 균형을 맞추기 위해 좀 더 열심히 노력하세요. 돈이 필요하다고 생각하는 첫 번째 사람에게 휴가를 위해 저축한 돈을 모두 내주는 짓은 그만두세요. 반면에 처녀자리 남성은 절약에 대한 집착 때문에, 그녀의 관대함에 대해 지나치게 인색해서는 안 됩니다. 너그러운 사람이 되도록 노력하세요. 돈과 감정, 두 가지 모두에 대해서요.

이 여성은 돈이나 감정에 인색한 남성을 계속 사랑할 수 없답니다. 그녀는 구두쇠와 빠듯한 은행 잔액과 완고한 성격을 존경하거나 좋아할 수 없습니다. 그런 것들은 그녀를 얼어붙게 합니다. (슬프게도 일부 해왕성 사람들은 몹시 우울하고 좌절하면 술을 마십니다.) 만약 열두 가지 모습을 지닌 그녀가 행복하기를 바란다면, 그녀가 그를 기쁘게 하려고 애쓸 때 쉬는 법을 배우고 여유를 가져야 합니다. 그녀를 비난하는 짓은 그만두고, 더 베풀고 자연스러워지세요. 물고기자리 여성은 손님이 왔을 때 소파 뒤에 그가 좋아하는 잡지와 스웨터를 숨기는 짓은 그만하세요. 그리고 그에게 짝이 맞는 양말을 주세요. 그의 알람 시계를 맞추는 일도 잊지 말고요.

천칭자리와

열두 별자리가 만났을 때

Libra, the Scales

천칭자리 Libra

공기 · 시작하는 · 능동적
지배행성: 금성
상징: 천칭
양(+) · 남성적

Libra 천칭자리

공기 · 시작하는 · 능동적
지배행성: 금성
상징: 천칭
양(+) · 남성적

천칭자리와 천칭자리의 관계

> "그들은 나무 꼭대기 위에 있는 둥지에서 살고 있다.
> 연한 자주색은 남자고, 하얀색은 여자다.
> 파란색은 자기가 여자인지 남자인지도 모르는 멍청한 아기 요정들이다."

천칭자리는 나이가 들수록 더 현명해집니다. 천칭자리는 판사뿐만 아니라 피고인 역할도 해보고, 맞는지 아닌지, 옳은지 그른지, 멈출지 갈지에 관한 결정을 수천 번도 더 따져봅니다. 그런 후에야 자신이 하는 일에 점차 확신을 갖기 시작한답니다. 연습이 필요하지요.

천칭자리 남녀(그리고 어린이)는 자기가 모르는 것을 아는 척하지 않습니다. 일부 다른 태양별자리 사람들은 종종 그렇게 하지요. 그들은 질문하고 신중히 생각하며 토론합니다. 만약 확신이 서지 않으면, "난 확신할 수 없어요."라고 솔직하게 인정합니다. 천칭자리는 공정하게 행동하려는 도덕적 압박감에 사로잡혀 있습니다. 도덕적으로 틀렸다고 생각하는 어떤 일을 하는 것은 그들의 양심을 심각하게 흔들어놓지요. 그래서 천칭자리가 드디어 뭔가를 말하면, 사람들은 그것이 가치 있다고 믿습니다. 열에 아홉은 그렇습니다.

하얀색이든 연한 자주색이든 파란색이든, 천칭자리라면 다 같습니다. 믿기 힘들겠지만, 돈을 받고 살인하는, 소위 천칭자리 '암살자'(암살자 중 일부는 10월에 태어났지요.)라도 마찬가집니다. 그런 개탄스러운 직업적 행동에도 명분이 있답니다. 그들의 변명이 무엇인지는 모르지만 변명이 존재한다는 사실만은 분명합니다. 그가 천칭자리라면 공정함과 도덕성이라는 저울로 심사숙고한 겁니다.

예컨대 천칭자리 군인과 장교는 인간의 목숨을 빼앗는 전쟁을 살인 행위로 생각하지 않습니다. 자신들을 애국심이 강한 영웅으로 간주하고, 어떤 위대한 명분을 옹호하는 것은 정당하다고 진심으로 믿습니다. 그들은 가끔 옳습니다. 가끔은 틀리지요. 하지만 그들은 적절한 숙고를 하고 나서 판단에 이르기 때문에 언제나 자신이 옳다고 믿습니다.

어떤 천칭자리는 포르노 영화배우 또는 플레이보이 잡지 모델 일을 합니다. 그리고 그녀들 또한 본인의 직업을 누차에 걸쳐 검토합니다. 자기 과시욕이 덜한 유형의 다른 천칭자리 자매들이 하는 것과 똑같이요. 그녀들이 낯선 사람을 흥분시키고 성적으로 자극하기 위해 자기 몸을 사용하고 돈을 벌기로 '결정'했을 때는 아마도 그 일을 선택하는 것에 대해 논리적이고도 도덕적인 명분을 찾았기 때문일 겁니다. 여러 측면에서 생각해본 후에 자신이 누릴 수 있는 금전적 혜택이 자신의 여성다움을 실추하는 것과 균형을 이룬다는 결정을 내렸을 겁니다. 그 직업이 정당하다고 판단한 것이지요. 그 이유 중에서 일부는 상식적으로도 이해할 만할 것이고, 일부는 순전히 자기 기만적일 겁니다. 하지만 그들 모두 결정을 내리기 전에는 천칭자리의 저울로 심각하게 비교하고 검토했을 것입니다. 확실합니다.

이러한 면이 천칭자리를 굉장히 매력적으로 만듭니다. 그들의 판단에는 크고 작은 실수가 있지만, 우리는 그들이 옳고 공정하고 정당한 것을 하기 위해 진심으로 노력한다는 사실을 알고 있지요. 뭔가를 위해 노력하는 것은 미덕입니다. 그것이 진심이라면요. 천칭자리는 그렇답니다.

불행하게도, 다른 태양별자리 사람들은 그렇게 보지 않을 수 있습니다. 어떤 이들은 천칭자리에게 신뢰할 수 없는 사람들이라는 딱지를 붙이기도 합니다. 그들은 천칭자리가 지난주 월요일에 말한 것을 화요일까지 마치지 않았다고 비난하지요. 천칭자리가 같은 별자리를 상대할 때 더 편안하다고 느끼는 이유랍니다. 적어도 천칭자리끼리는 개인적인 의견 차이와는 상관없이 의도의 적절함을 서로 인정해주니까요. 천칭자리들은 한쪽이 비록 우유부단한 모습을 보이더라도 이해한답니다. 그(그녀)가 마침내 결심했을 때는 대포알이나 겨우 멈출 수 있을 만큼 냉혹한 결정이 따른다는 사실을 잘 알기 때문이지요. 천칭자리는 상대방 천칭자리의 마음이 일단 굳어진다면 확고하다는 것을 너무나 잘 압니다. 그것은 점토와도 같아서 마지막으로 형태를 잡고 흙을 덮어주기 전까지는 쉽게 변합니다. 그리고는 유약을 바른 뒤 도자기 가마에 넣지요. 그렇게 구워져서 나오면 점토는 완전히 굳어져서 단단하고 저항력 있고 내구성 있는 도자기가 되어 있지요.

천칭자리 두 명이 만나면 성별이나 나이 차를 불문하고 대단히 많은 시간을 함께 대화하면서 보낼 것입니다. 어떤 주제라도 분석적이고 논리적인 천칭자리에게는 매력적인 소재가 될 수 있습니다. 그 대화 또는 논쟁은 정치와 생태학 등을 포함한 그날의 생생한 사건에 관한 것일 수도 있고, 기타나 테니스 라켓에 쓰이는 줄의 재질에 관한 토론일 수도 있습니다. 또는 잠잘 때 창문을 닫을지 열어놓을지 같은 대단히 사소해 보이는 문제일 수도 있지요. 그 마지막 논쟁에 대해서는 그들을 위해 제가 해결해드리겠습니다. 열어놓으세요, 꼭 열어두시기 바랍니다. 모든 공기 별자리는 혈액 순환이 원활하지 않은 경향이 있습니다. 특히 천칭자리는 잠자고 있는 동안에도 신선한 공기를 호흡해야만 합니다. 그렇지 않으면, 그들은 결코 안정적인 건강을 누리지도 못하고 오래 살지도 못할 것입니다.

어쨌거나 금성이 지배하는 이 두 사람 사이의 대화에서 주제는 중요하지 않습니다. 누가 이기고 지느냐 하는 것도 중요하지 않지요. 천칭자리에게 중요한 것은 서로를 자극하는 지적인 토론의 흥분이랍니다. 천칭자리는 그것이 정신적인 활력이 솟아나게 한다는 것을 알고 있지요. 다른 태양별자리와는 달리 천칭자리 사이의 논쟁은 대개 동점으로 끝납니다. 시작할 때는 각자 한쪽의 입장을 선택합니다. 하지만 논쟁이 진행되면서 그들은 다른 편을 들기 시작하고 마지막에는 각자 편을 바꿉니다. 보는 사람은 완전히 혼란스러워지지요. 하지만 두 천칭자리 적수들은 그 모든 과정을 행복하게 즐긴답니다. 이 두 사람에게 문제를 논의하고 결정할 수 있는 합리적인 긴 시간이 주어지는 한 문제는 없습니다. 다른 태양별자리가 그들의 결정을 재촉하면 천칭자리는 정신적, 감정적, 육체적인 장애를 일으킵니다. 저울은 균형을 잃지요. 금성의 지배를 받는 모든 사람은 한꺼번에 다양한 주제들로 고민하고 모든 주제가 다 똑같은 중요성을 갖고 있습니다. 그래서 결정을 재촉하는 것은 이들에게 견디기 힘든 압박이 될 수 있습니다. 지미 카터 대통령이든 천칭자리 남자 친구이든 친척, 이웃, 사업 동료, 연인 또는 배우자이든, 천칭자리라면 같습니다.

한번 내린 결정을 고수하는 천칭자리의 역량을 보여준 훌륭한 예를 말씀드릴게요. 인도의 마하트마 간디가 보여준 놀라운 의지력입니다. 그는 압제로부터의 해방과 평화를 얻는 유일한 길로 수동적인 무저항을 택했지요. 그리고 단식을 통해 이에 대한 확고한 믿음을 고수했습니다. 그가 '불가촉천민'의 딸을 입양한 일은 천칭자리의 정의감을 극적으로 증명합니다. 천칭자리의 평등 정신은 카스트제도(인도의 엄격한 신분제도. 이 제도에 따라 인도 사람들은 날 때부터 신분이 정해져 있고 그 신분이 허락하는 한도 내에서만 자유와 권리를 누릴 수 있음—옮긴이)를 용납하기 어렵지요.

천칭자리와 천칭자리의 가장 눈에 띄는 공통점은 둘 다 보조개가 있고 입꼬리가 귀에 걸리게 웃는다는 것, 우유부단하다는 것, 공정성에 대해 관심이 많다는 것입니다. 두 사람이 함께 사용하거나 머무는 공간들, 즉 집이나 사무실이나 가게나 교실 같은 곳들은 아마 무척 멋있게 장식되어 있을 것입니다. 분명히 파스텔 풍의 색조를 띠거나, 최소한 은은한 색채의 배합이 조화를 이루고 있을 겁니다. 만일 그렇지 않다면, 천칭자리는 그곳에 오래 머물지 않을 것입니다. 천칭자리는 시끄럽거나 귀에 거슬리는 소리가 나는 곳에서도 편안하지 않습니다. 극소수의 천칭자리만이 건설 노동자랍니다. 천칭자리를 지배하는 금성의 영향으로, 천칭자리는 콘크리트를 부을 때 나는 소음에 불쾌함을 느낄 뿐 아니라 지저분한 모습을 극도로 견디기 힘들어하지요. 모든 형태의 얼룩은 천칭자리의 심미안을 불쾌하게 합니다. 어떤 종류의 추함도 천칭자리의 평정심을 빠르게 흩뜨리지요. 구급차를 운전하는 천칭자리가 있다면 그(또는 그녀)는 세상에서 가장 불행한 사람입니다. 사이렌의 날카로운 비명과 그 일의 성질을 생각해보세요! 천칭자리가 절대 선택하면 안 될 직업 목록에 경찰과 소방관의 사이렌과 업무를 추가하시기 바랍니다. 이런 직업에 이미 종사하는 천칭자리는 되도록 빨리 변화를 시도하려고 벌써부터 저울질을 할 겁니다.

천칭자리 두 명이 만났을 때, 두 사람을 괴롭히는 어려운 문제 중 하나는 신진대사 증후군입니다. 예를 들어 어떤 천칭자리가 균형을 이룬 상태라면, 그의 생활에는 나쁘게 말해서 '게으름'을 피우는 기간도 똑같이 포함됩니다. 하지만 이것은 정력과 에너지를 모두 소진한 뒤에 오는, 휴식이 필요한 진정한 고갈 상태랍니다. 천칭자리는 쟁기질하는 말처럼 온 힘을 다해서 능률적으로, 불평하지 않고 일합니다. 어느 기간 동안은요. 그러고는 갑자기 기어를 바꿔서 거의 최면에 걸린 것 같은 무기력 상태로 들어갑니다. 이때가 되면 이들은 말하는 것조차 힘들어한답니다.(믿거나 말거나!) 이들이 침대로 가는 것을 누구도 막을 수 없지요. 이런 무기력한 시기에 대해 죄책감을 가질 필요는 전혀 없습니다. 생리학적으로 균형이 필요하기 때문에 그런 것이니까요. 천칭자리의 건전지는 평온하고 조용한 환경에서 완벽한 휴식을 통해 재충전되어야 한답니다. 만약 이런 휴식을 가질 수 없는 상황에서 마지못해 일을 계속해야 한다면, 그(그녀)는 굉장히 불쾌하고 비참할 것입니다. 또한 노골적으로 심술 궂어집니다. 주변 사람들은 천문해석학의 천칭자리에 대한 해석이 맞는지 의아해질 겁니다. 천칭자리는 부드러운 기질과 너그러운 태도를 가진 평화롭고 온화한 영혼이라면서요! 저를 비난하지 마세요. 저는 분명히 경고를 드렸답니다. 천칭자리는 그가 원하고 필요할 때 몸과 마음이 적절한 휴식을 취하지 않으면 완전히 까다로운 사람이 됩니다. 제가 바로 천칭자리에게 '괴팍한 악어'라는 새로운 별명을 만들어준 사람이랍니다. 저는 그들 본성의 좋은 점만 얘기하는 것으로 여러분을 헷갈리게 만들고 싶지 않습니다.

천칭자리 커플이 함께할 때 가장 중요한 것은 각자의 '밀어붙이고 물러서는' 시기를 기록하고, 이 시기가 서로 다르게 일어나도록 기도해야 한다는 것입니다. 이를테면 한 천칭자리가 지치고 따분하고 무기력할 때, 다른 천칭자리는 상대방의 시중을 들어줄 정도로 기운이 넘치는 시기여야 합니다. 축 늘어진 한쪽 천칭자리를 다른 한쪽이 잘 달래주고 소중히 보살펴줘야 하지요. 만약 둘이 오르내리는 주기가 똑같다면 둘 중 한 사람이 '주기를 바꿔서' 상대 기분의 변화와 균형을 맞추기 위해 애를 써야 할 것입니다. 이렇게 해서라도 신진대사의 균형이 이뤄지지 않는다면 이 두 사람은 함께 어울리기 힘들 테니까요.

두 천칭자리가 동시에 상승기류를 탔을 때를 상상해보세요. 두 사람은 맹렬하게 시를 쓰고, 옷장을 청소하고, 마룻바닥을 닦고, 개를 산책시키고, 자동차에 왁스 칠을 하고, 5분 간격으로 아기를 목욕시킵니다. 그리고 와인을 만들기 위해 빨래 통에 가득 찬 포도를 모두 네 개의 발로 행복하게 밟아 으깨지요. 줄곧 노래를 부르면서요. 너무나 눈이 부시게 빛나는 그들의 웃음 때문에 온 집 안의 커튼과 가구의 모든 색이 바래서 파스텔 색이 될 때까지(색이 바래지기 전부터 파스텔 색이었지만요.) 그들은 웃고 또 웃습니다. 무슨 일을 할 때는 여러 달 동안 준비하고, 함께 춤을 추고 의기양양하게 걷습니다. 진짜 미친 듯이 강렬하고 활력이 넘치는 활동, 이를테면 자전거 타기, 세발자전거 타기, 조깅하기, 점프하기, 일광욕하기, 헤엄치기, 이기기 등을 합니다. 그들은 밤새 내내 생기가 넘치고 낮 동안 내내 뛰어오르기를 한답니다. 생각만으로도 마음 약한 사람들은 충분히 피로해집니다.

이번에는 두 천칭자리가 동시에 함께 하강하는 과정을 그려볼까요? 두 사람은 슬프게도 똑같은 모습을 보입니다. 좀비처럼 무감각하고 힘없이 걸어 다니고, 네 개의 눈동자는 하염없이 짜증스럽기만 하지요. 수표책에는 실수를 하고 직장에서는 상사에게 말대답을 합니다. 길을 건널 때도 주의하지 않아 위험하기 짝이 없고, 무기력하고 창백하고 연약하며 파리한 게 웃음기라고는 없습니다. 두 사람은 갑자기 줄이 끊긴 무력한 꼭두각시 인형처럼, 움직이거나 말할 수도 없는 일종의 마비 상태로 마룻바닥에 털썩 널브러집니다. 상상하기에도 우울한 장면 아닌가요? 이 천문학적인 그림을 제가 좀 과장되게 그리긴 했습니다. 이 장을 읽고 있는 두 천칭자리를 놀라게 하려고요. 천칭자리 두 사람이 오랫동안 함께하기 위해선 그들이 생활 리듬을 서로 맞추려는 노력이 얼마나 중요한지를 깨달아야만 합니다.

천칭자리는 천문해석학에서 중재자로 알려져 있습니다. 그들이 지닌 가장 아름다운 재능 중 하나는 상대방의 영혼과 마음에 평화를 가져다주는 놀라운 능력이지요. 희망과 낙관주의는 금성의 가슴에서 영원히 솟아납니다. 감수성이 풍부한 천칭자리는 시와 예술과 음악으로 사유합니다. 그래서 그들의 사유는 가장 어두운 지옥에서 한없이 드높은 천국으로 날아오르게 하는 힘을 지닌 날개를 가지고 있답니다. 그러나 이 두 사람은 스스로에게는 엄격하게 판단합니다. 변명 따위는 결코 허락하지 않지요. 다행히 그들은 자신의 도덕심을 다른 사람에게 강요하지는 않습니다.

천칭자리는 진실과 정의에 대한 판결을 고집스럽게 선고합니다. 하지만 천칭자리를 지배하는 금성은 온화하게 충고하지요. 선고를 중지하고, 깊이 뉘우치는 피고와 슬퍼하는 가해자에게 또 다른 기회를 주라고 말이에요. 누군가의 연민에 찬 말이 희미한 기억의 저편에서 메아리쳐옵니다. 심판하지 말라, 그러면 그대 또한 심판받지 않으리라. 이것이 천칭자리의 저울이 인간의 나약함과 세속적 열망을 판단하는 방법이랍니다. 적어도 천칭자리 저울이 균형을 이루고 있을 때는 그렇답니다.

천칭자리 남성과 천칭자리 여성

팅크가 꼭 나쁜 요정이라고는 말할 수 없다.
지금 당장은 무척 나쁘지만, 어떤 때는 엄청 착하다….
피비린내 나던 이 싸움은, 피터의 희한한 버릇을 보여준다는 점에서 특히 재미있다.
그 버릇이란 싸움 도중에 피터가 갑자기 편을 바꾸는 것이다.

이 책에서 1-1 태양별자리 관계의 남성과 여성 편에서는, 여성을 앞에 놓고 남성을 뒤에 놓았습니다. 그게 공평하지요. 오랜 세월 동안 남성은 여성을 억압하고 무시했고 불공평한 임금을 줬습니다. 너무나 오랫동안 부당한 대우를 해왔지요. 여성들이 분명히 '과잉 보상'이라는 걸 받을 만하다고 생각합니다. 그러나 이 장에서 저는 천칭자리 남성을 천칭자리 여성 앞에 지정했습니다. 일부러 그렇게 했지요. 이유가 있답니다.

천칭자리는 여성적인 행성인 금성의 지배를 받지만 남성적인 태양별자리입니다. 이것은 천칭자리의 본성이 남성 또는 여성에게 확고하게 속한 것이 아니라, 남성적 자질과 여성적 자질을 거의 동등하게 지니고 있다는 사실을 의미합니다. 때때로 신체가 발달하는 과정 중에 나타나는 목소리에서도 이런 특징을 발견할 수 있지요. 불쾌해하지 마세요. 이 덕분에 천칭자리 여성은 대단히 감성적이면서도 잘생긴 사람이 되고, 천칭자리 남성은 대단한 힘을 가진 무척 아름다운 사람이 되는 결과를 낳으니까요. 물론 천칭자리 남성도 굉장히 매력적으로 감상적이고, 천칭자리 여성도 무척이나 감탄할 정도로 강하지요. 얼마나 혼란스럽게 되어가는지 보이시죠? 이 두 사람이 최소한 수백 킬로까지 방출할 수 있는 최강의 금성의 미소를 가졌다는 사실에 이르면 문제는 더 복잡해집니다.

이 장의 제목에서 천칭자리 남성을 먼저 언급한 이유에 관한 논의로 가면, 뭔가는 포기해야 한다는 겁니다. 공정을 기하기 위해서는 천칭자리 여성을 포기해야 하지요. 그녀가 천칭자리 남성을 진심으로 사랑한다면, 두 사람 사이에서 최소한 그녀와 똑같은 지위를 그에게 내어주고 그의 남성성이 도전받거나 의심받지 않도록 해줄 것입니다. 그러면 그는 그녀의 여성적인 자질에 감사하며, 한 사람의 남자로서 한 사람의 여성인 그녀를 사랑할 수 있지요. 자연의 설계도에 따른 순서를 거스르는 것은 현명하지 않습니다. 하지만 천칭자리 여성은 가끔씩 둘 중 한쪽은 정말로 남성이라는 사실을 스스로 상기할 필요가 있습니다. 일단 이런 사실의 중요성을 그녀가 깨닫는다면 그다음은 쉽습니다. 천칭자리 여성은 평생 사용하고도 넘칠 정도의 타고난 매력과 본능적인 요령 그리고 다정한 설득의 재능을 부여받았으니까요. 천칭자리 남성의 요구를 다소곳하게 묵인하거나 그의 남성 우월주의를 자극하라고 충고하는 것은 아닙니다. 그녀의 내적인 강함을 외관상의 온화함과 조화시키려고 노력하라는 의미입니다. 또 그녀가 어떤 분야에서든 그의 지성에 필적한다는 사실을 너무 자주 그에게 드러내지 않는 것이 좋답니다.

이 커플은 둘 다 지적인 공기의 별자리이므로 생각과 의견을 말로 표현해야 합니다. 그래서 두 사람은 주기적으로 오랜 대화를 나눌 겁니다. 더러는 심각한 논쟁으로까지 치달을 수 있지요. 논쟁을 피할 수 있는 방법이 있습니다. 논리적인 사고를 가진 사람이라면 누구라도 절대 부딪치지 않을 주제만 토론하기로 협정을 맺으면 됩니다. 그러면 두 사람의 토론은 둘 사이에 문제를 일으키는 수다스러운 여행이 아니라 서로의 지성을 일깨우는 단련의 장이 되지요.

선택할 만한 주제는 수백 가지가 있습니다. 해트필드 집안과 맥코이 집안(돼지 한 마리로 시작된 유혈 복수극으로 유명한 두 가문—옮긴이) 또는 캐퓰릿 집안과 몬터규 집안이라도 합의할 주제들이지요. 예를 들어, 운디드니(미국 사우스다코타 주 남서부의 마을. 1890년 백인들에 의한 인디언 대학살이 일어난 곳—옮긴이)에서 벌어진 인디언에 대한 미국 정부의 비열한 행위나 마벨 사(미국의 전신 전화 회사 AT&T—옮긴이)의 억압적인 횡포와 잠재적인 전화 도청 가능성 같은 것들이 대화 주제가 되면 좋겠지요.

천칭자리 남성과 여성은 최소한의 노력만으로도 서로 정신적인 자극을 주고받을 수 있는 동시에 평화롭고 정서적으로 안정적인 관계 또한 이룰 수 있습니다. 이 두 사람은 조화를 이루기 위해 기꺼이 타협합니다. 선천적으로 협동을 잘하지요. 하지만 도덕적으로 문제가 되는 경우에는 다릅니다. 그럴 때는 두 사람 다 똑같이 결정을 내리는 게 어렵습니다. 만약 상대방이 자신을 불공평하게 대한다고 느껴지거나 어떤 상황이 부당한 것처럼 보인다면, 천칭자리의 '타협'과 '협동'은 토네이도 같은 노기와 허리케인 같은 분노로 바뀔 수 있습니다. 천칭자리는 화가 났을 때 말을 합니다. 둘 중 누구도 구석에서 뚱하게 있거나 말없이 움츠려 있지 않을 겁니다. 불만이 해결될 때까지, 두 사람은 이야기를 나눌 겁니다. 그러느라 밤을 새기도 하겠지요. 하지만 이건 좋은 생각이 아닙니다. 둘 다 대부분의 사람들보다 더 많은 휴식과 수면이 필요하기 때문입니다. 휴식을 제대로 취하지 않는다면, 보통 때는 명석하고 기민한 천칭자리의 정신은 무뎌지고 모호해집니다. 비논리적이기까지 할 겁니다.

좋은 주제를 놓고 벌이는 천칭자리의 논쟁은 두 사람 관계를 긴장시키는 대신 행복을 강화합니다. 우리에게도 좋습니다. 이들이 심사숙고한 사안에 대해, 적극적으로 뭔가 긍정적인 일을 하기로 결정할 테니까요. 예컨대 두 천칭자리 연인은 워싱턴의 원자력 위원회에 대해 이야기를 나눌 수 있습니다. 독점할 수 없고 이윤을 낼 수 없다는 어처구니없는 이유 때문에 태양에너지로 바꾸기를 거부하는 원자력 산업에 대해 논리적인 대화를 할 수 있지요.

이들이 함께 미국 영화 「조스」의 도덕성을 따져볼 수도 있습니다. 영화의 제작자는 상어 살육을 엄청나게 급증하게 만든 장본인으로, 인간의 분노와 증오를 촉발시킴으로써 떼돈을 벌었지요. 영화의 성공 이후에 스릴을 추구하는 캘리포니아 사람들이 떼를 지어 오스트레일리아로 갔습니다. 그들은 그곳에서 상어에게 구멍 뚫린 깡통 음식을 먹이고, 고기로 싼 폭탄을 던지면서 즐거워했지요. 가련한 동물이 고통으로 몸을 비트는 것을 보고 행복해하고 상어 머리가 날아가는 걸 보고 기뻐했답니다. 천칭자리는 정의를 다스리지요. 두 천칭자리 연인은 상어가 인간을 공격하기 위해 숨어서 기다리고 있다는 거짓말을 세상에 퍼뜨린 사람들에게 어떤 어마어마한 벌을 내려야 할지 숙고할 것입니다. 진실을 말하자면, 상어는 인간을 공격할 어떤 본능이나 욕망도 없답니다. 상어가 인간을 해친다면 실수이지 결코 의도적인 것이 아니지요. 이 드문 경우도 거의 스피어피싱(스쿠버다이빙을 하면서 총으로 물고기를 잡는 레포츠—옮긴이)할 때 흘린 피 때문에 일어난답니다. 영화 「조스」의 제작자와 감독과 배우들이 백상어만이 아니라 얌전한 청새리상어까지도 빠른 속도로 멸종시키고 있는 것에 기여한 탁월함으로 은하계에서 어떤 종류의 오스카상을 받을 만한지 결정하는 데, 천칭자리의 공정함을 활용할 수 있습니다.

두 천칭자리 연인에게는 서로 더 가까워지기 위해 이야기할 수많은 주제가 있답니다. 건전한 상식을 가진 사람이라면 누구라도 동의할 것이 틀림없는 모든 문제를 다룰 수 있지요. 서로에게 상처를 줘서 둘의 사랑을 위축시키지 않을 주제라면 무엇이든 좋습니다.

흥미롭게도 천칭자리 연인이나 부부는 종종 두 운을 맞춘 한 쌍의 이름을 가지고 있습니다. 헨리와 헬렌, 맥과 메리, 짐과 자넷처럼요. 이 사람들은 저와 좋은 친구로 지내는 실제 천칭자리 커플이랍니다. 저는 이런 한 쌍의 이름을 가진 천칭자리 커플에 너무 익숙해서 더러 어떤 천칭자리 커플이 그레그와 멜린다라고 하면, 그들이 정말 천칭자리인지 의심할 정도랍니다. 어쨌거나 천칭자리 커플인 제 친구들한테로 돌아가보면, 이들은 공평하게도 헬렌과 헨리, 메리와 맥, 자넷과 짐으로 불리기도 한다는 사실을 기억해주세요. 천칭자리는 여성적인 행성인 금성의 지배를 받는 남성적인 별자리라는 점을 잊으면 안 됩니다. 한 성이 다른 성에 앞서 언급의 우선권을 갖는 것은 공평하지 않지요. 모든 것이 멋지게 균형을 이루어야 합니다. 천칭자리의 시와 아름다움과 조화에 대한 감각은 관계에서의 평등으로까지 확장됩니다. 남성을 항상 먼저 지명한다거나, 남성의 희망을 여성의 희망보다 우선순위에 놓는 건 분명히 '조화로운' 일이 아니지요. 공평해야 공정한 것입니다. 남성 우월주의는 결코 균형 잡힌 생각이 아니며 결코 시적이라고 할 수 없지요. 그렇게 생각하지 않으세요?

헬렌과 메리와 자넷은 그렇게 생각할 겁니다. 헨리와 맥과 짐도 그렇게 생각하는 편이 더 좋습니다. 만약 그들이 천칭자리의 기나긴 토론을 시작하기를 원하지 않는다면요. 그녀가 거의 항상 이깁니다. 누가 벨벳 장갑에 들어 있는 철의 주먹과 싸워서 승리할 수 있을까요? 영리한 천칭자리 남성조차 그러지는 못합니다. 결국, 어느 쪽이 금성에서 온 사람일까요? 맞습니다. 그녀랍니다.

모든 1-1 태양별자리 관계에서처럼, 천칭자리 남성과 여성이 만났을 때는 두 사람이 공통적으로 가진 부정적인 경향을 두 배로 키울 수 있습니다. 두 사람은 그다지 자랑스럽지 않은 자질을 서로에게 강조하지 않으려고 애써야 한답니다. 다양한 형태의 탐닉과 방종으로 이어질 수 있는 파티를 좋아하는 것이나, 과체중 문제를 일으킬 수 있는 달콤한 것에 대한 사랑을 서로 조장하지 않도록 주의해야 합니다. (그녀는 케이크 굽는 것을 좋아하고 그는 케이크 먹는 것을 좋아합니다. 반대도 마찬가지지요.) 이미 언급했던 것처럼, 논쟁하기를 좋아하는 천칭자리의 성격도 조심해야 합니다. 그 에너지를 긍정적인 방향으로 이끌려고 애쓰지 않는다면 끊임없는 갈등으로 이어질 수 있으니까요. 결국에는 몸이 닿는 것만으로도 서로에게 알레르기를 일으키는 상황까지 갈 수 있지요. 심하면 병원의 부부용 침대에 누워야 하는 신경쇠약에 이를 수도 있고, 이 모든 것을 차례차례 겪을 수도 있답니다. 왜냐하면 계속되는 갈등은 천칭자리의 정신적인 안정과 감정의 건강을 심각하게 해치기 때문입니다. 마지막으로 금성의 로맨스 충동을 조심해야 합니다. 자칫 불성실함과 질투라는 바람을 일으켜 모란 앵무새의 아늑한 둥지를 날아가버리게 할 수 있지요. 두 사람은 항상 밸런타인데이 카드를 서로에게 보내야 하며, 낭만적인 교태를 부리는 일은 서로에게로 한정해야 합니다. 그러면 두 천칭자리의 사랑은 다른 태양별자리 커플이 정서적으로 게을러져서 더 이상 낭만적이지도 않고 서로 따분해진 후에도 오랫동안 살아 있고 긴장감 넘치는 즐거움을 줄 것입니다.

이 관계에서 금전의 사용에 관해서는 문제가 없습니다. 두 사람은 모두 선하고 관대하지요. 이들은 칭찬을 갈망하지 않습니다. 두 사람은 상대의 감정을 상냥하게 배려하고, 다양한 공통의 관심사를 즐길 것입니다. 대개 음악이나 미술 또는 다른 형태의 예술이나 오랜 산책 그리고 많은 독서 같은 것들이지요. 천칭자리 커플이 결혼하면 상당한 규모의 도서와 음반을 수집합니다. 그들은 함께 영화관에 갈 것이고 그 영화의 대본, 연기, 감독, 조명, 카메라 작업과 플롯에 대한 의견을 공유하는 멋진 시간을 가질 겁니다. 천칭자리는 타고난 비평가랍니다. 달별자리나 동쪽별자리가 처녀자리나 쌍둥이자리에 있다면 특히 더 그렇지요. 물론 극장의 과자 판매점에서는 좀 떨어져 있는 게 좋겠지요.

천칭자리는 아름다움의 별자리입니다. 이는 모든 천칭자리가 어떤 식으로든 두드러지게 아름답거나 잘생겼으며 적어도 한 가지 정도는 완벽한 형태를 가졌다는 뜻입니다. 또한 천칭자리는 다른 사람의 아름다움을 감상하는 것을 즐긴다는 의미이기도 합니다. 그래서 둘 중 한 사람 또는 양쪽 다 바라보는 것이 더 이상 즐겁지 않은 외모가 되었을 때는 다른 곳에서 아름다움을 찾을 수 있답니다. 하지만 천칭자리는 일시적으로 방황할 때, 대개 불편함을 느낍니다. 비록 정신적인 배신이라도 천칭자리의 도덕심과 공정함은 충분히 스스로를 괴롭히지요. 결국 그(그녀)는 폭포 같은 눈물을 흘리며 익숙하고 친밀한 서로의 미소와 보조개로 돌아옵니다. 천칭자리는 결혼식에서 항상 눈물을 흘린답니다. 해피엔딩 지점에서는 거의 흐느끼지요.

두 사람의 성적인 끌림에 대해 누군가 실험실에서 분석한다면, 70퍼센트의 정신적 친밀함과 20퍼센트의 애정과 감상 그리고 10퍼센트의 육체적인 열정으로 이뤄졌다고 확인할 것입니다. 오해는 마세요. 그 10퍼센트 안에 다른 남성과 여성 사이의 열정보다 더 강력한 잠재력이 있을 수 있으니까요. 그리고 정신적인 친밀성과 애정과 감상이라는 성분들이 합쳐지면 성적 충만감을 위한 공식에 완벽한 촉매제로 작용합니다. 천칭자리의 사랑은 언제나 이런 과정을 통해 상상의 마술을 부리며, 둘의 육체적 결합에서 온갖 종류의 변화와 다양한 가능성을 열어놓게 합니다. 그들의 섹스는 결코 권태롭거나 식상해지는 법이 없습니다. 천칭자리 남성이 과도한 업무에 치이게 되거나 혹은 천칭자리 여성이 바깥일이나 가사 또는 엄마 역할에 몰두할 때라면 서로 냉담한 시기를 겪을 수도 있습니다. 하지만 서로에 대한 욕망을 아무리 오랫동안 방치해두었더라도, 두 사람은 지극히 작은 몸짓이나 사소한 계기로도 다시 불타오를 수 있답니다. 영원히요.

그것은 그가 결코 잊을 수 없는 그녀의 향기처럼 미묘한 것일 수도 있습니다. 그 향수는 그것이 사랑의 묘약이 될 거라고는 전혀 생각지 못한 이웃이 준 크리스마스 선물인데, 그녀가 무심코 머리에 뿌린 것이었지요. 그것은 둘 중 한 사람이 책에서 우연히 발견한 시일 수도 있습니다. 시는 오래전 그가 그녀에게 속삭였던 어떤 밤의 추억을 되살려줍니다. 그것은 서랍에서 우연히 발견한 옛사랑의 편지, 황금빛 푸른 시월의 어느 날 공기 중에 떠도는 서리와 사과 냄새, 축구하기에 좋은 날씨일 수도 있습니다. 그런 순간들에 두 사람은 「그들의 노래」라는 음악을 듣게 되지요.

그들만의 특별한 노래를 정하지 않은 천칭자리 커플은 태양계 어디에도 없습니다. 그 노래는 그들이 함께하는 내내, 처음 사랑했을 때 느꼈던 떨림의 성스러운 상징이 되지요. 두 사람의 감정에 향수를 불러일으키는 노래의 힘은 해가 갈수록 커진답니다. 어떤 노래를 불렀든지 간에, 그날 밤 둘이 함께 들었던 노래를 부른 가수는 두 사람의 영웅이 됩니다. 프랭크 시나트라, 밥 딜런, 헬렌 오코넬, 엘비스 프레슬리, 린다 론스타드 또는 링고 스타, 누구든지 말이에요. 둘만의 주제가를 들려준 사람이 페기 리라면 지구 끝까지라도 그녀의 음악회에 찾아가고, 추억을 되새기기 위해 그녀의 외모를 따라할 겁니다. 그가 만약 고인이 된 냇 킹 콜이라면, 두 사람은 그의 딸인 나탈리의 열광적인 팬이 되지요. 천칭자리는 다락방의 트렁크 안에 넣어둔 라벤더 향주머니만큼 감상적이랍니다.

전형적인 천칭자리 남성은 전문 직종에서 독립적으로 일하거나 상당히 중요한 프로젝트를 이끄는 권위 있는 지위에 안정적으로 뿌리를 내립니다. 그는 대개 현실적인 의미로 성공합니다. 그는 고용인으로서 명령받는 일은 거의 견디지 못합니다. 그런 상태에서는 행복할 수 없지요. 천칭자리는 리더십을 뜻하는 지도자의 별자리이며 그 자신이 직접 책임질 일이 필요합니다. 고용인 역할을 억지로 해야 하고 별다른 대안이 없는 시기라면, 천칭자리는 집에서 가족을 쥐고 흔들 수 있습니다. 왜냐하면 그는 누군가의 상관이 되어야 하는 사람이니까요. 하지만 그는 대장 노릇을 해도 대체로 다정하게 할 겁니다.

전형적인 천칭자리 여성은 가정주부로서 원더우먼입니다. 그들이 사는 집은 절대 누추한 오두막이나 어수선하고 좁은 방이 되지는 않을 겁니다. 천칭자리의 재능과 취향은 그들의 공간을 평화와 매력의 오아시스로, 우아하고 아름답고 다양한 물건들로 가득 채워진 조화로운 안식처로 바꿉니다. 그곳은 고통받은 영혼에게 위로를 주는 공간이 되지요. 그녀는 위기에 처하면 오히려 냉정하고 차분해집니다. 나중에 위기가 지나면 그의 품에서 무너질 수 있습니다. 그녀는 지독하게 성실하고 변화에 매우 즐겁게 적응하지요. 그의 꿈은 그녀의 꿈입니다. 천칭자리 여성은 자신이 사랑하는, 온화한 몸가짐과 태도를 지닌 이 남성을 위해 그 꿈이 이루어지도록 충분히 강하고 헌신적으로 돕습니다. 그녀가 사랑하는 남성은 무척 지적이며 종종 짜증을 내기도 하지만 언제나 낙천적이어서 내일은 더 밝을 거라고 믿는답니다. 그녀와 많이 닮았지요.

천칭자리 남성은 그녀에게 다이아몬드를 선물하거나 시를 낭만적으로 읊어줄 사람입니다. (어느 쪽이 진짜 중요한 거죠?) 왜냐면 어느 가을날 오후, 그가 출장에서 돌아오는 비행기 안에서 뜻밖의 진실을 깨달았거든요. 천칭자리 그녀의 '벨벳 장갑 안의 철의 주먹'이 없었다면, 그는 여전히 뷰익 자동차를 팔러 다니는 판매원이었을 것이라는 사실을요.

천칭자리 Libra   Scorpio 전갈자리

공기 · 시작하는 · 능동적
지배행성: 금성
상징: 천칭
양(+) · 남성적

물 · 유지하는 · 수동적
지배행성: 명왕성
상징: 전갈 또는 독수리
음(-) · 여성적

천칭자리와 전갈자리의 관계

… 이걸 계산에 넣어야 공정한 것이다.

    천칭자리와 전갈자리는 2–12 태양별자리 관계입니다. 이 관계에서 중요한 것 중 하나는 천칭자리가 전갈자리에게 신비에 대한 것을 배워야 한다는 사실입니다. 우주의 명령이랍니다.

    스승과 제자의 역할은 곧 드러납니다. 꽤 공정한 법칙이지요. 전갈자리가 천칭자리의 교사인 것처럼, 천칭자리는 처녀자리에게 교사 역할을 합니다. 이렇게 모든 태양별자리가 윤회의 바퀴를 따라 공평하게 역할을 나눈답니다. 천칭자리는 전갈자리에게 천궁도의 열두 번째 집을 주관하기 때문에, 전갈자리는 천칭자리의 실수와 실패 또는 그들의 개성과 기질상의 차이에 아주 관대합니다. 전갈자리는 상대적으로 보면 꽤 최근에 천칭자리를 지나왔기 때문에 금성의 울림에 대해 아쉬움과 포용력을 함께 지니고 있지요. 그러나 명왕성의 영향을 받는 더 크고 본질적인 문제로 넘어왔기 때문에 그곳으로 다시 돌아가는 일은 없을 겁니다.

    전갈자리의 가차 없는 눈빛을 접했을 때, 천칭자리는 "이 사람에게는 뭔가 배울 게 있다는 느낌이 들어." 하고 바로 압니다. 전갈자리는 천칭자리를 주의 깊게 살펴본 후에, "나는 이 사람을 이해해. 다른 사람이 이해하는 것보다 더."라고 생각합니다.

    처음에는 서로 머뭇거립니다. 하지만 천칭자리 입장에서는 미지의 것에, 전갈자리 입장에서는 알아챘다는 사실과 그 여림에 매혹되지요.

전갈자리는 천칭자리의 낙관주의, 정의와 공명정대함에 뒤따르는 실망을 무의식 속에서 기억합니다. 그래서 늘 긍정적인 면을 보고자 하는 천칭자리의 노력에 연민을 느끼지요. 전갈자리는 금성의 유혹에 시달리는 이 태양별자리에게 기꺼이 도움의 손길을 내밉니다. 천칭자리의 저울이 균형을 이루기 위해 애쓰는 몸부림을 전갈자리는 이미 경험했기 때문입니다.

천칭자리는 전갈자리의 지혜로부터 도움을 받을 필요가 있다는 것을 예민하게 감지합니다. 이들은 명왕성의 비밀을 꿰뚫어 보고 싶어하지요. 그러나 천칭자리는 지적인 공기의 별자리인 탓에 어느 정도의 건전한 말다툼(천칭자리는 이걸 토론이라고 부르지요.)과 정신적 체스 게임 없이는 전갈자리의 말을 받아들이지 않습니다.

전갈자리는 천칭자리가 월요일, 수요일, 금요일에 더 매력적이고 유쾌하며 밝다는 것을 곧 알게 됩니다. 화요일, 목요일과 토요일의 천칭자리에게선 그 반대의 모습을 발견하지요. 일요일은 그때그때 다르고요.

대부분의 천칭자리는 이야기하는 걸 정말 좋아하는데 천칭자리 여성이 더 그렇습니다. 어떤 천칭자리 남성은 수줍어하고 말을 삼가는 것처럼 보이기도 합니다. 하지만 그에게 편파적인 주장을 해보세요. 그는 곧바로 자신의 수줍음을 던져버릴 겁니다. 엄청 흥분해서, 모든 질문과 문제와 상황에는 양면이 있다는 사실을 당신에게 주지시키기 위해 애쓸 것입니다. 조용하고 말수 적은 천칭자리는 머릿속으로 대단히 복잡한 생각을 하는 동안 잠시 침묵하는 것뿐이랍니다. 그다음 논쟁에서 이길 준비를 하는 중이지요.

전갈자리는 좋아할지 싫어할지를 결정합니다. 그들의 호불호는 결코 모호하지 않습니다. 그들의 견해는 종종 마치 시멘트로 된 것처럼 굳어 있습니다. 전갈자리의 구성 요소는 물이고 물은 순응성을 지녔지만, 이는 전갈자리의 또 다른 속성인 고정적 성격을 결코 이기지 못합니다. 물의 별자리 중에서 적응을 잘하는 건 변화하는 에너지를 가진 물고기자리이지요.

전갈자리의 확고부동한 견해와 좋고 싫음이 단호한 면은 천칭자리의 타고난 정의감과 공정함에 배치될 때 갈등을 유발할 수 있습니다. 그러면 리브라는 저항감을 표현하지요. 이런 경우에 전갈자리는 천칭자리에 대한 그의 관용을 일시적으로 잊어버립니다. 그들이 관대하고 대충 넘어가는 사람이라고 판단했던 것에 대해 좌절하거나 남모르게 괴로워합니다. 잘못된 판단을 한 게 맞습니다. 천칭자리는 주기적으로 게을러집니다. 대개 믿을 수 없을 만큼 왕성한 활력의 오랜 상승세 뒤에 따라오는 현상이지요. 이러한 기복은 천칭자리 저울의 균형을 고르게 맞추기 위해 필요합니다. 하지만 천칭자리의 정신은 결코 게을러지는 법이 없습니다. 그 모든 결정에 대해 그렇게 과도하게 생각하고 이리저리 따져야 하는데, 어떻게 정신이 게을러질 수 있겠어요? 건강을 위해 검정콩 아이스크림을 먹는 게 나을지 아무것도 안 먹는 게 나을지에서부터, 민주당을 찍을지 공화당을 찍을지, 아니면 아예 투표를 하지 말지, 또는 새로운 정당을 만드는 게 나을지, 그렇게도 고민해야 할 게 많은데 말이에요. 매일 매순간 의사 결정이라는 정신적 외상 같은 두뇌 활동을 치르며, 천칭자리는 그들 정신의 근육을 더욱 주름지게 더욱 유연하게 단련한답니다. 미안하지만 전갈자리 여러분, 천칭자리가 정신적으로 게으르다고 한 것은 부당한 판단이랍니다. 하지만 관대하다고 생각했던 부분에 대해서라면 여러분이 불평할 만합니다.

천칭자리가 실패와 실망 그리고 재난에 직면했을 때 '내일은 더 나을 것'이라는 낙관주의적인 태도를 지속하는 능력은 정말 놀라울 정돕니다. 이것은 가까이(또는 멀리서조차)에서 관찰할 만한 진실로 아름다운 일이지요. 하지만 시간이 지나면 짜증이 나기 시작합니다. 보다 더 신중하고 통찰력 있는 전갈자리는 천칭자리가 진지하긴 한 건지 자문합니다. 물론 천칭자리는 무척 진지합니다. 어떻게 사람이 그렇게 영원히 계속해서 매사에 밝은 면만 볼 수 있을지 전갈자리는 의문스럽습니다. 기다리세요. 결국 천칭자리의 저울이 기울어질 테니까요. 그들의 어두운 면을 보게 될 겁니다. 못 믿겠다면 천칭자리에게 매우 긍정적인 의견을 던져보세요. 아무것이나요. 하지만 매우 공격적인 태도로요. 그(그녀)가 반대쪽 입장을 취하는 것을 보게 될 겁니다. 또는 중간 입장을 취하거나요. 때때로 그들은 한번에 양쪽 입장을 다 취하기도 합니다. 천칭자리에게 다가가면서 손가락을 겨누고 큰 소리로 말해보세요. "당신은 천칭자리예요. 모든 일에 논쟁하는 것을 좋아한다는 뜻이죠, 그렇죠?" 천칭자리는 답할 겁니다. "글쎄요, 그렇기도 하고 아니기도 해요."

저는 천칭자리들이 『당신의 별자리』를 토론하기 위해 제게 말을 걸어주는 것을 좋아합니다. 그들은 30분 정도에 걸쳐 천칭자리 장이 자신과 맞지 않다고 생각하는 이유를 제게 설명하지요. 그들의 이야기가 끝나면 저는 부드럽게 말합니다. "하지만 당신은 제가 쓴 모든 말에 일일이 반론을 제기하는 것으로 당신이 천칭자리라는 걸 증명하셨네요." 한순간 침묵한 뒤에 천칭자리는 말을 이어갑니다. "제가 모든 말에 대해 따지지는 않았어요. 책에는 제게 완전히 들어맞는 것들도 있었으니까요." 제가 묻지요. "어떤 점인가요?" 그러면 천칭자리는 『당신의 별자리』의 내용이 얼마나 정확한지에 대해 얘기하면서 또 30분 정도를 보냅니다. 결국, 저는 정확히 양분된 듯한 기분을 느낀답니다. 천칭자리가 언제나 우리에게 주는 느낌이지요. 하지만 그들은 공정하답니다!

전갈자리는 일시적으로 괴팍한 악어처럼 행동하는 천칭자리를 의외로 매끄럽게 다룰 수 있습니다. 2-12 태양별자리 관계가 지닌 특별한 힘이지요. 전갈자리는 본능적으로 아는 것처럼 보입니다. 천칭자리에게는 격려가 필요하며, 그들이 창의적이거나 지적인 표현을 발산할 수단을 발견했을 때는 상대에게 조력을 아끼지 않는 사람이 된다는 사실을요. 천칭자리는 조화를 유지하고 갈등을 피하기 위해서라면, 지극히 우호적이고 융통성 있는 태도로 기꺼이 타협할 수 있는 사람들이지요. 하지만 그런 최종 목표에 도달하기까지, 전갈자리에게는 많은 인내심이 필요합니다. 전갈자리의 모든 전략과 전술에는 훌륭한 이유가 있지요. 타인과의 모든 교제에도 숨은 동기가 따로 있답니다. 물론, 천칭자리가 우호적이고 융통성 있게 협조하는 것이 가끔은 그저 원하는 것을 얻기 위한 수단에 불과할 수 있습니다. 전갈자리는 이 점을 경계해야 합니다. 천칭자리는 자신의 목적을 위해 상황을 조작하는 일에 믿을 수 없을 만큼 능수능란합니다. 그들은 누가 봐도 해롭지 않은 의도이고 전혀 공격적인 태도를 취하지 않으면서 그들의 매력을 한껏 방출시킵니다. 그들은 너무 능숙하기 때문에 의심할 줄 모르는 영혼들은 그들의 꼬임에 넘어가서 그들이 원하는 대로 하게 됩니다. 그 매력적인 목소리와 천사 같은 미소를 생각해보세요! 그러면서도 그들 자신이 천칭자리의 계획에 따라 조종되고 있다는 사실은 전혀 깨닫지 못하지요. 그러나 전갈자리는 '의심을 모르는 영혼'이 아니랍니다. 전갈자리는 '의심하는'이라는 말을 발명한 별자리지요. 그들은 쉽게 속일 수 없습니다. 강한 통찰력의 행성인 명왕성의 지배를 받기 때문에, 대부분의 전갈자리는 천칭자리의 계략과 유혹을 숨김없이 들여다볼 수 있답니다. 천칭자리는 고작해야 오직 한 번 전갈자리를 속일 수 있습니다. 한 번 속고 나면, 전갈자리는 금성의 달콤한 전략을 기억해둡니다. 그리고 다음번 유혹에 맞서기 위해 무장을 한답니다.

천칭자리: (만면에 미소와 보조개를 띤 채) 당신이 쓴 편지 정말 훌륭해요. 아주 매끄럽게 읽히네요. 그런데 당신이 말하고 싶은 것을 편지에 정말로 표현했나요?
전갈자리: 그럼요, 제가 말하고 싶은 것을 정확히 표현했답니다. 그래서 우편으로 부치려고요. 당신 맘에 들었다니 기쁘네요. 우표 있어요?

전갈자리는 천칭자리의 매력에 쉽게 넘어가는 사람이 전혀 아닙니다. 그들이 원한다면 목적을 달성하기 위해 훌륭한 전략을 구사할 수 있습니다. 정신적으로 기민하고 무척이나 지적인 천칭자리와 똑같이 영리하지요. 그리고 훨씬 더 집요하답니다. 전갈자리 내면의 독수리는 결코 패배를 인정하지 않습니다. 그러나 전갈들은 예민하지요. 천칭자리가 그들을 잊어버리고 있을 때, 그들은 말없이 상처 입을 수 있습니다. 천칭자리는 인간의 본성을 깊이 있게 분석하는 것으로 유명한 별자리는 아닙니다. 그들은 주식 시장 보고서와 법적인 변론 취지서, 걸작 예술품과 정치적 여론을 분석하는 일을 더 잘합니다. 예를 들어, 천칭자리는 주변의 캥거루 때문에 신경과민이 된 전갈자리에게 다정한 연민을 느낍니다. 하지만 왜 그런지 물어볼 생각은 떠오르지 않습니다. 전갈자리는 질문을 받고 싶어합니다. 왜 그런지 물어주기를 바라지요. 그(또는 그녀)는 어릴 적 동물원에 갔던 무서운 기억에 관해 이야기하고 싶습니다. 그 이야기를 정말로 들어줄 배려심이 많은 누군가를, 전갈자리는 오랫동안 외롭게 기다렸답니다. 어린 시절에 관해 말한다면, 여기 엄마 거위가 어느 날 깃털을 가다듬으면서 쓴 시가 있습니다. 각각 금성과 명왕성의 지배를 받는 사람들을 위해 쓴 건데 출판되지는 않았답니다.

> 물과 공기는
> 천칭자리가 아주 조심조심 걷고
> 전갈자리가 공정하게 행동할 때에만
> 조화를 이룰 수 있다네.

천칭자리 여성과 전갈자리 남성

그는 네버랜드를 흐릿하게 가리는 얇은 장막을 찢어버렸다.
그는 의기양양했을 것이 틀림없다. 하지만 표정으로 드러내지는 않았다.

총명하고 지적이며 논리적인 천칭자리 여성은 전갈자리 남성의 내밀한 감정을 얼굴 표정에서 읽으려고 애쓰면서, 평생을 불행하게 보낼 수 있습니다. 그녀는 그의 무표정한 가면 뒤에 있는 모든 비밀을 결코 꿰뚫어 보지 못할 겁니다. 그는 걸어 다니는 수수께끼랍니다. 최후의 정답에 이르기를 영원히 거부하지요. 만약 그가 그녀를 사랑한다면, 다른 누군가와 함께 있을 때보다 자신의 많은 부분을 그녀와 함께 공유할 것입니다. 그렇다고 해서 그의 정신이나 마음 또는 영혼의 지극히 깊숙한 사적 공간까지 그녀를 초대한다는 뜻은 아닙니다. 그 비밀의 공간은 그 자신과 그의 신을 위해 따로 남겨둔 자리랍니다.
만약 전갈자리 남성이 천칭자리 여성에게 이러한 주제를 입에 올린다면, 그녀의 뛰어난 천칭자리 정신은 아마도 논쟁을(죄송합니다, 논의지요.) 벌일 좋은 구실을 찾아낼 것입니다. "당신의 신이라고요? 우리에게는 공동의 창조주가 있으며, 남성과 여성 신이 존재하고, 온 우주의 만물처럼 당신의 창조주에게도 여성 짝이 있다는 걸 모르나요?(그러니 '신'이라는 단수를 쓰면 안 된다는 뜻—옮긴이)" 천칭자리 여성은 그녀의 향기로운 여성성과 보조개가 파이는 미소로 가장했을 때를 포함해서 언제나 조금은 여성해방 운동가랍니다.

하지만 그녀는 너무 많은 분노의 벼랑으로 그를 몰아가지 않도록 주의해야 합니다. 전갈자리 남성은 가장 진화한 경우에도 차가운 겉모습 바로 아래에 복수의 징후가 감춰져 있답니다. 자족적이며 자신감에 찬 이미지 뒤의 실제 모습은 지극히 예민하지요. 상처받고 분노한 전갈의 기습적인 보복은 천칭자리 여성의 평정심을 심각하게 흔들 수 있습니다. 이제 전갈자리 남성에게 경고할 차례네요. 그녀의 다정한 목소리와 아름다운 얼굴과 치약 광고 같은 반짝거리는 미소에도 불구하고, 천칭자리는 남성적인 태양별자리이며 시작하는 에너지의 태양별자리랍니다. 전갈자리 남성은 총명하니까 '남성적인'과 '시작하는'의 사전적 정의를 알 것입니다. 그러니 그녀의 여성적인 태도와는 별개로, 그녀가 항상 자신의 상대에게 만족을 느끼지는 않을 것이라는 점을 이해해야 합니다. 처음에는, 특히 그녀가 정말로 그를 사랑한다면 틀림없이 부드럽고 순종적인 여성적 태도를 보여줄 겁니다. 하지만 중요한 책임이 주어지지 않는다면 그녀는 비참해집니다. 빗자루, 대걸레, 식기세척기, 냅킨, 기저귀는 그 범주에 들어가지 않습니다. 그러니까 중요하기는 하지만 그녀의 도전 의식을 불러일으킨다거나 지적인 자극을 주지는 않는 일이라면요. 지적인 자극을 받지 못할 때 그녀는 슬픈 여성이 됩니다. 물론 전갈자리 남성의 사랑을 차지하려고 애쓰는 것보다 더 자극적인 도전은 없지요. 하지만 일단 사랑을 쟁취하고 난 뒤에 그녀는 들썩거리기 시작할 겁니다. 천칭자리 여성은 여자 율리시스랍니다.(그리스 신화 「오디세이」의 주인공. 오랜 모험의 주인공으로 유명함—옮긴이) 하지만 이 여성에게는 일곱 바다를 항해한 율리시스에게는 없던 문제가 하나 있습니다. 그녀는 동료가 필요합니다. 혼자인 상태에서 그녀는 활기를 잃는답니다. 천칭자리는 결혼과 협력을 관장하지요. 아늑한 결혼 생활이 절실하게 필요하지만 동시에 바깥으로 뛰쳐나가 세상을 정복하기를 끊임없이 갈망하는 상태를 한번 상상해보세요. 왜 그녀의 저울이 망설임과 좌절로 언제나 기울어져 있는지 이해하셨지요?

전갈자리는 천문해석학에서 여덟 번째 하우스를 주관합니다. 이 하우스는 여러 사안들 중에서 특히 타인의 돈을 다스리지요. 또 천칭자리 입장에서 전갈자리는 돈과 물질적인 소유를 나타내는 두 번째 하우스가 되기 때문에, 금전 문제는 대부분의 사람들보다 이 커플에게 더욱 중요한 주제가 됩니다. 그것이 긍정적으로 나타날지 부정적으로 나타날지는 여러 변수에 달렸습니다. 확실한 것은 둘 사이에서는 종종 돈 문제가 긴급한 토론이나 결정의 주제로 부각될 거라는 사실입니다. 각자의 예금 계좌를 가지세요. 저는 예금 계좌를 따로 가질 것을 강력하게 권고합니다. 사실, 이것은 태양별자리와 상관없이 모든 커플에게 좋은 방식입니다. 하지만 이 커플에게 특히 그렇습니다. 천칭자리 여성은 잡지를 구독하거나 쇼핑하러 가고 싶을 때 배우자에게 몇 달러를 요구하는 일이 행복하지 않습니다. 물고기자리 여성조차 더 이상 그렇게 하지 않지요. 그런데 천칭자리 여성은 그녀가 태어나는 순간부터, 우리가 남녀평등에 관한 법률에 대해 들어보기도 전에 이미 해방되었답니다.

만약 그녀가 일하고 싶어한다면 전갈자리 남성은 열렬히 지지해야 합니다. 어쨌든 그녀는 할 테니까 좋아하는 편이 낫습니다. 전갈자리 남성은 위협적으로 나올 수도 있겠지만 천칭자리 여성은 쉽게 무서워하지 않는답니다. 그녀는 한동안 오락가락할 겁니다. 그녀가 직업을 가지면 그는 화를 낼 것이고 가정생활을 망쳐놓을 수도 있다고 걱정하는 척하며 망설이고 우유부단한 모습을 보일 겁니다. 또 그를 탓할 것입니다. 하지만 모든 것은 그녀의 저울이 균형을 이루지 못하는 불가피하고 혼란스러운 시기를 가리기 위한 구실이지요. 결국 그녀는 정확히 그녀가 바라는 그 일을 할 겁니다. 그게 뭐든지요. 추측하기는 어렵습니다. 하지만 그녀가 마침내 결정했다면 그 일에 대해 대단히 확고할 것입니다. 직함이 있고 예술과 관련한 직업이라면 훨씬 더 좋겠지요. 그녀는 행복할 겁니다. 천칭자리는 어떤 방식으로든 앞장서야 하는 사람들이고, 게다가 예술적인 분야나 아름다운 것을 다루는 일은 천칭자리에겐 일이 아니라 놀이니까요.

천문해석학에서 천칭자리는 법과 밀접한 관계가 있습니다. 의견 차이가 있어서 둘이 논쟁할 때(제 말은 대화할 때요.) 그녀가 가끔 법관처럼 말하더라도 놀라지 마세요. 전갈자리 남성이 변호사라도 그녀는 천칭자리의 논리로 그를 흔들고 강타할 것입니다. 그는 자신이 사랑하는 그녀가 옛날에 다녔던 대학의 법대 교수님이 아닌가 하는 의구심마저 들 겁니다. 그는 가까이 다가가 확인해볼지도 모릅니다. 그러면 별처럼 빛나는 눈동자, 조각처럼 예쁜 이목구비, 관능적인 비너스의 몸매에 안심을 하겠지요. 물론 그녀는 여성이랍니다. 그러나 그녀의 남성인 사고방식은 종종 그를 깜짝 놀라게 할 것입니다. 그녀는 달콤하게 사람을 쥐고 흔들다가 고분고분해지기를 번갈아가면서 한답니다. 전갈자리를 혼란에 빠뜨릴 수 있는 것은 거의 없지만, 그녀에 대해서는 그도 혼란스럽습니다. 그래서 그는 설명할 수 없는 우울한 시기를 겪을 수 있습니다. 그는 관계의 주도권을 누가 갖고 있는지에 대해 자문할 겁니다. 타당한 질문입니다. 반면에 칭찬은 말없이, 비판은 객관적으로 냉정하게 하는 전갈자리 남성의 습성은 천칭자리 여성을 고통스럽게 합니다. 그녀는 자신의 장점을 큰소리로 칭찬하는 말을 듣고 싶어하지요. 그녀는 전갈자리 남성이 예상하는 것보다 훨씬 고통스러워 한답니다.

그의 어두운 분위기와 오랜 침묵에 관대해지는 법을 배우기 위해 그녀의 매력과 재치를 상당히 자제할 때도 필요합니다. 그는 그녀를 떠나지 않았으며, 보통 때보다 해안가로부터 약간 더 멀리 더 깊은 물속으로 헤엄쳐갔을 뿐입니다. 삶의 신비를 명상하기 위해서지요. 그렇게 떠다닐 때는 옆을 지키는 사람이 필요하지 않습니다. 그는 혼자 하는 밤의 여행을 더 좋아합니다. "어떻게 생각해요?" 또는 "왜 그렇게 말이 없어요, 여보?" 하는 식으로 질문을 하거나 수다를 떨면, 그는 냉담한 응시와 더 깊은 침묵으로 대답할 것입니다. 쌍둥이자리나 양자리 또는 사자자리에 몇 개의 행성이 있어서 더 말이 많은 전갈자리조차 은둔하는 때가 있습니다.

때로 전갈자리 남성은 흘깃 한번 바라보는 것이나 한 순간의 접촉만으로도 의사소통을 아주 잘할 수 있습니다. 반면에 그녀는 모든 인간의 의사소통을 위해 만들어진 '언어'를 사용할 때, 의사소통을 가장 잘합니다. 처음에는 이런 차이가 두 사람 사이에 어떤 작은 긴장도 일으키지 않을 것입니다. 하지만 전갈은 인생의 다른 영역에서는 아무리 사교적인 사람일지라도 감정적이고 성적인 느낌, 또는 로맨틱한 기분을 표현할 때 말로 하는 것이 무척 어렵습니다. 둘의 출생차트에서 태양과 달이 조화를 이룬다면, 그녀는 이런 면을 이해하고 자신의 말을 조절할 것입니다. 아찔한 천칭자리의 미소와 웅변적인 침묵으로 더 자주 의사소통을 시도하겠지요.

그러나 만약 그들의 태양과 달이 부조화를 이룬다면 관계를 지속하기 어려울 수 있습니다. 만약 그에게 약물이나 술과 같은 전갈자리의 취약점이 있고, 그녀가 영원한 '파티 걸'형 천칭자리라면 난관이 생기지요. 천칭자리 여성은 전갈자리 남성의 숨어 있는 약점을 부추기는 사교적인 분위기를 만듭니다. 즐거움과 사람들과 유흥에 대한 그녀의 맹목적인 사랑은, 술이나 환각제 또는 훨씬 더 위험한 다양한 도피처에 쉽게 유혹받는 전갈자리에게 몸에 잘 들러붙는 거미줄과 같습니다. 삶은 명왕성의 지배를 받는 사람들을 언제든 어두운 물속으로 유인할 수 있습니다. 그중에서도 보조개가 있는 매력적인 천칭자리 여성은 대단히 큰 유혹이지요.

그러나 사이렌의 노래에 저항할 수 있는 고집과 목적이 있는 진화한 전갈자리 남성(이런 사람이 많습니다.)과 현명하고 정신적으로 안정적이며 정서적으로 균형을 이루고 있는 천칭자리 여성(파티 걸보다 훨씬 더 많습니다.)은 정말로 강력한 유대관계를 만들 수 있습니다.

전갈자리 남성은 때때로 그녀가 의심스러울 것입니다. 그녀가 진짜로 생각하는 것을 말하지 않고 완벽하게 털어놓지 않는다고요. 그녀가 얼마나 많은 말을 했느냐는 중요하지 않습니다. 그 말들이 그녀의 진짜 감정을 드러내는 걸까요? 그는 궁금합니다. 의심하도록 태어났기 때문입니다. 이런 성향은 이중의 문제를 낳습니다. 그녀의 질문에 즉각적인 대답을 피하는 그의 미묘한 태도로 인해 그녀가 고통을 받기 때문입니다. 저 무표정한 얼굴 뒤에 뭐가 있을까요? 그녀는 궁금합니다. 그녀는 원래 호기심이 많지요. 전갈자리 남성이 실제보다 더 고집스럽게 보일 때가 있습니다. 그가 갑자기 어떤 일을 해야 한다고 주장합니다. 논리적인 그녀에게 왜 그렇게 해야 하는지에 대해선 한마디 설명도 하지 않지요. 그가 하는 일은 무조건 옳다는 사실을 그녀가 믿어야 한다고 주장합니다. 사실은 대체로 그렇기도 하지요. 그녀가 그를 의심하는 대신 믿어준다면 그들의 결혼은 더 안전할 겁니다. 네, 제가 결혼이라고 말했습니다. 그들은 아직 그 말을 안했습니다. 그녀는 잠시 동안의 동거에는 합의할 수도 있습니다. 하지만 천칭자리 여성이라면 결국에는 결혼을 하든지 아니면 떠날 겁니다. 그녀와 결혼하세요. 아니면 그녀를 잃게 될 테니까요. 그녀는 절대로 혼자 지내지 않는답니다.

많은 천칭자리 여성은 결혼한 후에도 자신의 원래 성을 유지합니다. 어떤 사람들에게는 이게 대단한 문제가 됩니다. 만약 어떤 전갈자리가 이것을 허용한다면, 그가 아주 드물게 진화한 독수리들 중 한 사람이라는 것에 당신의 돼지 저금통에 있는 모든 동전을 안심하고 걸어도 됩니다. 이길 테니 돈이 더 불어날 겁니다. 그녀는 결정하기 전에 주저하겠지요. 애들이 태어나면 어떻게 하죠? 그리고 개인으로서 그녀의 독립심을 온전하게 유지하는 동안, 그의 이름이 갖고 있는 따뜻한 친밀감을 그녀가 놓치는 것은 아닐까요? 실제로 두 가지 측면이 있네요….

그녀는 몇 시간, 며칠 또는 몇 주에 걸쳐 심사숙고할 겁니다. 고집 센 황소자리 남성도 두 손 두 발 들 겁니다. 그는 말하겠지요. "하세요! 하라고요!" 전갈자리 남성도 똑같을 것입니다. 그녀가 이리저리 재는 것에 지친 나머지 소리를 지르겠지요. (그가 소리치는 일은 무척 드물지요.) "해요! 어떤 이유가 됐든지 하세요! 내가 처음에 제안했을 때 이미 말했던 것처럼, 나는 그게 좋은 아이디어라고 생각해요." (그는 속으로 그 아이디어를 싫어할 수도 있습니다.)

재미있는 건 그 아이디어 자체가 원래는 그의 것이 아니라 그녀의 것이라는 사실입니다. 천칭자리 여성이 전갈자리 연인의 마음속에 절묘하고 부드럽게 그 생각을 심은 것입니다. 그는 애초에 그 생각이 어디서 생겨났는지를 잊어버리고는 순진하게도 그것이 애초에 자신의 제안이었다고 확신할 것입니다. 이것이 천문해석학이 말하는 천칭자리 여성의 '벨벳 장갑 속의 강철 주먹'이 가진 의미입니다. 강철 주먹이 전갈자리의 통찰력을 한 방 먹일 때, 아무리 벨벳처럼 부드럽더라도 대단히 강하답니다.

이 두 사람은 정신적으로 일치하는 만큼 감정적으로도 열정적이지는 않습니다. 성적으로, 그들은 서로가 바라는 것을 미리 알 수 있습니다. 좋은 일이지요. 그러나 서로가 바라는 것을 만족시켜주는 방법에 대해서까지 항상 알고 있는 것은 아닙니다. 유감스럽게도요. 이 전갈자리 남성은 「전도서」의 이 구절을 잘 읽어둬야 합니다. "포옹할 시간과 포옹을 삼갈 시간이 있다." 포옹을 삼가야 할 시간 중 하나는 그녀가 상당히 중요한 결정으로 괴로워하고 있을 때입니다. 그는 그녀가 편하게 쉴 수 있도록 돕기 위해 강렬한 섹스로 긴장을 풀어줄 수 있겠지요. 하지만 그의 노력이 그녀를 꽈배기처럼 더 꼬이게 만들고, 더 불안하고 신경과민이 되게 했다는 사실을 알고는 깊이 상처받을 수 있답니다. 사랑의 행위는 평화와 만족을 낳아야 하지요. 저울이 균형을 이루었을 때의 그녀는 이상적인 파트너입니다. 두 사람의 육체적인 일체감은 영적으로도 서로를 가까워지게 만들지요. '하나의 육체가 되는 것'을 통해 영혼의 아름다움에 이르게 하는 사랑의 힘이 가진 경이로움에 눈물을 흘리게 될 것입니다. 하지만 그녀의 저울이 기울어져 있을 때는 맥베스 부인과 섹스하는 것과 비슷한 기분을 느끼게 될 것입니다.

전갈자리 남성은 천칭자리 여성이 꿈꿔온 감각적이며 에로틱한 갈망과 애정에 대한 비밀스러운 욕구와 맹렬한 헌신을 만족시켜줄 것입니다. 한 가지만 빼고요. 그는 사랑을 나누는 중간에 시를 암송해주지는 않는답니다. 그녀에 대한 사랑의 맹세를 소리 내어 속삭이지도 않지요. 어쩌면 그녀가 이렇게 저렇게 해달라고 요청하거나 가르쳐줄 수도 있겠지요. 그는 따라해보려고 하지만 이런 일에는 자연스럽지가 않습니다. 그래서 그녀는 그가 자신을 정말로 사랑하지 않는다고 생각하기 시작합니다. 그는 사랑합니다. 하지만 그는 감상과 로맨스를 솔직하게 보여주는 것이 불편하답니다. 전갈자리 남성은 자신의 성실함과 성적인 강렬함으로 그녀를 사랑한다는 것을 증명한다고 생각합니다. 그런데 왜 그녀는 끊임없이 반복해서 "당신을 사랑해." 하는 말을 들어야만 하는 걸까요? 왜 그런지 모르지만, 그녀는 그 말이 정말로 필요합니다. 타협이 필요하지요. 천칭자리 여성은 그에게 더 온화해지고 덜 요구하려고 애써야 합니다. 전갈자리 남성은 그녀가 침대로 수정 구슬을 가져오지는 않는다는 것을 알아야 합니다. 그러니 그가 그녀에게 말하지 않는다면, 사랑의 기쁨 때문에 처음으로 함께 울었을 때처럼 그의 감정이 여전히 깊고 확실하다는 사실을 그녀가 어떻게 알겠어요? 천칭자리의 논리를 차용한다면, 사랑이 담긴 말을 조금이라도 하는 것이 많은 양의 비합리적인 질투를 예방한답니다. 자신의 사랑에 대해 끊임없이 맹세하는 로미오를 줄리엣이 의심할 수 있을까요? 줄리엣은 의심하지 않았지요. 줄리엣에게 했던 로미오의 맹세를 전갈자리 남성으로부터 받을 수만 있다면, 천칭자리 여성도 의심하지 않을 것입니다.

서로의 에너지를 조화시키려는 두 사람의 노력에 행운을 빌어주세요. 두 사람이 사랑에 빠지는 것은 우리 모두에게 축복일 수 있답니다. 통제되어 있지만 강력한 전갈자리 남성의 야망에 천칭자리 여성은 이상적인 출구를 제공할 수 있지요. 너무 강한 행성의 힘 때문에 지친 영혼을 정의를 실현할 수 있는 방향으로 이끌 수 있습니다. 한편, 전갈자리 남성의 심오한 지혜는 천칭자리 여성의 공기처럼 가벼운 우유부단함을 꿰뚫어 봅니다. 그녀를 부드럽게 이끌어서 보다 현실적인 태도로 백일몽을 다루도록 도울 것입니다. 또한 그녀의 논리적인 정신은 직장에서의 복잡한 다툼이나 가족 문제 같은 곤란한 사안들에 그가 잘 대처할 수 있도록 도울 수 있답니다. 정도의 차이는 있겠지만, 모든 물 원소의 별자리가 빠르든 늦든 직면하는 일들이지요. 천하의 전갈자리조차 피해갈 수 없습니다.

전갈자리 남성의 훌륭한 자신감과 천칭자리 여성의 탁월한 공정함의 조합은 그 영향력의 범위 안에 있는 모든 사람에게 도움이 될 것입니다. 그들의 개인적인 사랑은 모든 남성, 여성, 인류를 위한 엄청난 에너지로 확장될 가능성이 있습니다. 만약 두 사람이 피라미드 안에서 함께 조용히 명상한다면, 또는 고대 잉카 사원에서 만트라를 함께 속삭인다면 어떤 놀라운 일이 일어날지 아무도 예측할 수 없답니다! 우리의 창조주들만이 아시겠지요.

천칭자리 남성과 전갈자리 여성

그게 무엇 때문이었는지 나는 모른다. 어쩌면 너무도 아름다운 저녁이라서였을까?
그는 갑자기 비밀을 털어놓고 싶어졌다….

전갈자리 여성이 이미 알고 있는, 천칭자리 남성에 대한 천문해석학적 통찰이 있습니다. 그는 대부분의 남자보다 더 부드럽고 더 온화하며 더 쉽게 상처받습니다. 반면에 천칭자리 여성은 대부분의 여성보다 내면적으로 더 강하고 더 단단합니다. 두 사람은 뭔가가 조금 뒤바뀌었지요.

천칭자리는 여성적인 행성인 금성의 지배를 받는 남성적인 태양별자리입니다. 그래서 천칭자리 여성은 보통보다 남성적이고 천칭자리 남성은 보통보다 여성적입니다. 반대의 경우도 해당됩니다. 하지만 어떤 남성이 눈물을 흘릴 만큼 감수성이 풍부하다고 해서 덜 마초적인 것은 아닙니다. 또 어떤 여성이 자신의 정신을 자각하고 있으며 신념에 대한 용기를 가지고 있기 때문에 덜 여성적인 것도 아니고요.

일관성이 있는 태양별자리에도 문제는 있습니다. 예컨대 양자리, 사자자리, 사수자리, 물병자리는 태양별자리도 남성적이고 지배행성도 남성적인 행성입니다. 그 영향 아래 태어난 여성들은 그녀가 사랑받기를 원하는 소녀라는 사실을 연인에게 확신시키기 어렵습니다. 반면에 황소자리, 게자리, 처녀자리, 물고기자리는 여성적인 태양별자리로서 여성적인 행성의 지배를 받지요. 그 영향 아래 태어난 남성은 그의 연인에게 강하고 용감한 남성적 모습을 인정받고 존경받기가 어렵습니다.

같은 맥락에서 남성적인 행성의 지배를 받는 남성적인 태양별자리는 지나치게 남성적인 색깔이 강한 남자들을 만들어냅니다. 즉 균형을 잃은 거지요. (천칭자리는 이 점을 이해할 거예요!) 반면에 여성적인 행성의 지배를 받는 여성적인 태양별자리는 지나치게 여성적인 색깔이 강한 여성들을 만들어냅니다. 이들은 여성해방론자들을 분노하게 하며 남편에게 순종하는 것을 좋아하지요. 자신의 '자유'를 원하지 않는 여성들이랍니다.

쌍둥이자리는 넘어가겠습니다. 쌍둥이자리는 쌍둥이요. 그것만으로도 이미 설명이 필요 없으니까요. 이들의 지배행성인 수성은 장난꾸러기 같은 말로 사람을 어리둥절하게 만드는 마술사지요. 그들은 필요하다면 눈 깜짝할 사이에 성별도 바꿀 수 있답니다.

그렇다면 전갈자리는 성적으로 뒤바뀌어 균형을 잃거나 혹은 지나치게 균형이 잡힌 태양별자리들 중 하나일까요? 물론 전갈자리는 명백하게 여성적인 별자리입니다. 하지만 그 지배행성인 명왕성은 어떨까요? 명왕성의 놀라운 힘과 폭발력은 어머니 자연이 지닌 그것입니다. 그런데 어머니 자연을 누가 남성이라고 부르나요? 하지만 명왕성과 같은 엄청난 에너지는 보통 남성적인 것에 해당하지요.

숙고와 명상이 필요합니다. 명왕성은 진실을 숨기는 행성입니다. 진정한 목적을 감추려고 숨겨진 진실의 반대 극성을 보여주기도 합니다. 그러다가 예기치 못한 순간에 진실을 폭발시키지요. 전갈자리의 어둡고 조용하고 수수께끼 같은 지배인 명왕성이 지닌 성의 비밀을 정말로 알고 싶은가요? 명왕성의 성적 정체성에 관한 심도 있는 설명은 이 책 앞부분에 나오는 "열두 별자리 사랑의 비밀" 안에 숨겨져 있답니다. 제가 명왕성은 숨기는 것을 좋아한다고 말씀드렸지요? 전갈자리는 자신에게조차 숨기는 것이 있답니다. 그리고 나서는 놔둔 곳을 잊어버리지요. 사실 명왕성은 잊지 않습니다. 그러므로 여러분은 명왕성의 비밀에 대한 답이 전갈자리 장에 들어 있다는 답을 기대해서는 안 됩니다. 그 비밀은 전갈자리 장에도 들어 있고, 당신이 보기를 원한다면 어디에나 숨어 있지요. 명왕성(그리고 전갈자리)과 관련된 다른 모든 것들처럼 그것은 눈에 띄지 않게 조용히, 그것을 찾아낼 만큼 충분히 관심 있는 누군가를 기다리고 있답니다.

제가 성에 대한 심도 있는 고찰로 이 장을 시작한 것은 두 가지 훌륭한 이유가 있답니다. 한 가지는 천문해석학이 분명하게 '양성 평등'의 편이라는 힌트를 주기 위해서입니다. 두 번째는 이 주제를 놓고 천칭자리와 전갈자리가 몇 시간 동안 서로 논쟁하게 하려는 겁니다. 우리가 그들이 어떤 점에서 잘 맞고 어떤 점에서 맞지 않는지에 대해 논의하는 동안에요. 시간이 좀 지난 후에 보면 천칭자리 남성은 그 주제에 관해 여전히 이성적이고 공정하며 논리적인 태도로 점수를 따고 있을 겁니다. 그어느 순간 전갈자리 여성은 얼어붙은 듯 꼼짝 않으며 그를 빤히 바라보거나 노려보면서 중얼거릴 겁니다. "나는 알아요. 당신은 모르지요." 그러고는 전갈자리의 깊고확고한 침묵으로 들어갑니다. 이 두 사람 사이의 많은 다툼이나 토론은 이런 식이지요. 천칭자리 남성은 자신의 견해에 찬성하라고 강요하고, 전갈자리 여성은 그의 논리적이며 매력적인 설득에 전혀 감명받지 못한 채 고집스럽고 맹렬하게 자신의 깊은 내적인 확신을 고수합니다.

이런 점은 천칭자리 남성에게 그가 다른 누구 아닌 전갈자리 여성과 마주하고 있다는 사실을 분명하게 느낄 수 있게 해줍니다. 그가 활짝 웃으며 자신의 명석한 지성을 낭만적인 레이저처럼 여성들에게 쏘아댈 때, 그의 보조개와 매력적인 매너는수많은 여성들의 심장을 두근거리게 할 수 있습니다. 하지만 전갈자리 여성은 그를꿰뚫어 보려고 할 것입니다. 공기 별자리가 늘 하던 버릇대로 이 남성이 그녀와 게임을 하고 있는 것인지, 아니면 진지하게 그녀에게 끌리는지를 전갈자리 여성은 곧바로 알아차립니다. 전갈자리 여성은 천칭자리 남성의 의도가 진심인지 아닌지를알 수 있답니다.

그녀가 그의 의도를 알게 될 거라고 말씀드렸는데, 그렇다고 해서 그녀의 결정이그 의도가 지닌 고결함의 정도에 반드시 근거하지는 않습니다. 고결함은 그녀에게결정적인 요소가 아닐 수 있습니다. 그녀는 그냥 상황을 인식하고 싶을 뿐입니다. 전갈자리에게 지식은 힘이지요. 그의 의도가 명예로운 것이 아니더라도 그녀는 강한 흥미를 느낄 수 있습니다. 전갈자리는 그들을 도전하게 만드는 감정적인 상황을즐깁니다. 그리고 천칭자리 남성이 지금은 진심이 아니더라도 그녀가 지닌 엄청난매력으로 진심이 되도록 만들 수 있습니다. 그래서 천칭자리 남성은 전갈자리 여성과 우연히 장난삼아 시작한 연애가 오랜 기간 책임져야 하는 관계로 이어질 수 있다는 사실을 알아야 합니다. 그는 그 일이 어떻게 그렇게 되었는지 궁금할 것입니다. 만약 두 사람의 태양과 달이 조화롭다면, 그는 어떻게 된 일인지 신경 쓰지 않을 겁니다. 그저 일이 그렇게 된 것에 기뻐하겠지요. 그 자신이 깨닫기도 전에 그의 감정이 순수하다는 사실을 그녀가 알아차렸다며 행복해할 겁니다. 하지만 둘의 태양과달이 조화롭지 않다면, 그는 그녀의 깊고 감정적인 물속으로 빠져든 자신의 가볍고즐거운 여행을 후회하게 될 수도 있습니다.

잠깐 사귀는 것이 아니라 그녀를 정말로 사랑한다는 사실을 천칭자리 남성에게 깨우쳐주기 위해서는 명왕성의 힘이 필요할 수 있습니다. 하지만 그가 그녀와 결혼하기를 바란다는 사실을 깨닫게 하는 것은 그렇게 어렵지 않습니다. 전형적인 천칭자리는 사업에서든 결혼에서든 파트너 정신을 타고났답니다. 그의 낭만적인 천성은 결혼이라는 파트너십을 더 좋아하지요. 지구상에서 가장 불행한 사람은 어떤 이유로든 결혼하지 않은 천칭자리랍니다. 천칭자리 남성에게 결혼은 아름다운 족쇄입니다. 하지만 문제는 결혼 생활에는 필요 이상으로 많은 족쇄가 있다는 사실이지요. 바로 이것이 전갈자리 여성과 결혼한 천칭자리 남성에게 정당한 불만이 될 수 있습니다. 그녀는 모든 것을 무척 강렬하게 느끼지요. 그녀의 강한 소유욕과 질투는 일시적인 기분이나 지나가는 감정의 수준을 넘어섭니다. 그가 그녀에게 충실하다는 것을 알고 싶은 그녀의 욕구는 맹렬합니다. 그녀는 의심으로 고통에 몸부림칠 수도 있습니다. 전갈자리 여성은 모든 여성 중에서 가장 의심이 많은 여성입니다. 천칭자리 남성은 무척 잘생기고 로맨틱하고 온화하지요. (대체로는 그렇습니다. 짜증낼 때는 빼고요.) 여성들은 자주 그에게 매혹되며 그중 일부는 딴마음을 품고 지적인 대화로 그를 끌어들이려고 할 것입니다. 여성에게 그렇게 매력적인 건 그 자신도 어쩔 수 없겠죠?

하지만 그가 전갈자리 여성과 어떤 약속을 했다면 지키는 게 상책이랍니다. 그녀를 정말 마음 아프게 하고 그녀의 자존심에 상처를 줬다면, 그녀가 어떻게 나올지 어떤 복수를 할지에 대해 그는 상상조차 할 수 없을 겁니다. 그것은 포착하기 어려울 수 있습니다. 하지만 그녀는 반드시 쏜답니다. 천칭자리는 천문해석학에서 '중재자'로 알려져 있지요. 그들은 친구들 사이의 분쟁을 별 노력 없이 산뜻하게 해결할 수 있을지 모릅니다. 하지만 그의 상처받은 전갈자리 여성이 분노로 속이 끓고 있을 때는 외부인의 중재가 필요합니다. "나를 유혹할 생각은 하지 마요. 당신을 알고 있으니까요." 그녀는 차갑게 말할 겁니다. 이 여성은 대부분의 시간에는 기만적일 정도로 부드럽고 조용하지만 그런 모습은 그녀 안의 혼란을 숨기기 위한 가면일 뿐입니다. 전갈자리 여성은 바람피운 연인이나 배우자를 가만히 참아내는 사람이 결코 아닙니다. 그녀는 이런 일을 절대로 그냥 넘어가지 않는답니다.

긍정적으로 보면, 그가 그녀와의 섹스를 기뻐할 것이 거의 확실합니다. 왜냐하면 섹스할 때 그녀가 보여주는 열정은 너무나도 강해서 전율을 일으킬 정도니까요. 그녀는 열락을 누리는 법을 그에게 가르쳐줄 것입니다. 그녀가 없었다면 육체적인 사랑에 대한 그의 생각은 어느 정도 피상적인 채로 남았을 테지요. 그는 더 오랫동안, 어딘가에 있을 거라고 믿지만 어디에서도 찾을 수 없는 그런 사랑을 찾아다니고 다녔을 것입니다. 반면에 연인으로서 이 남성은 어떨까요? 그는 민감하고 감수성이 풍부합니다. 낭만적이며 다정하지요. 이런 그의 매력은 진정으로 사랑할 수 있는 남성을 완전히 소유하기를 진심으로 갈망하고 바랐던 전갈자리 여성을 만족시킨답니다. 초기에는 전갈자리 여성이 다소 지배적인 파트너가 될 수도 있습니다. 그래서 천칭자리 남성의 균형감을 좀 흔들 수 있지요. 하지만 결국에는 두 사람이 동등한 역할을 할 때 섹스가 더 강해진다는 사실을, 그가 그녀에게 가르칠 것입니다. 아주 부드러운 방법으로요. 전갈자리의 관능에는 거의 영적인 차원에 육박하는 다정함이 있습니다. 또한 모든 전갈자리는 섹스와 종교가 상당히 신비스러운 방식으로 밀접하게 연관되어 있다는 사실을 무의식 차원에서 지각합니다. 이런 점은 천칭자리 남성의 마음에 묘한 감동을 줍니다. 네, 이 두 사람은 서로 육체적으로 끌리는 사이이며 대개 궁합이 좋습니다. 그들의 출생차트에 심각한 문제가 없다는 전제하에서 그렇습니다.

천칭자리 남성의 공정성에 대한 의식은 전갈자리 여성의 정의감과 판단력으로 볼 때 매력적입니다. 전갈자리는 충직하고 고결하지요. 그래서 다른 사람의 그러한 면에 대해서도 존경심을 가집니다. 대부분의 일반적인 문제에서 두 사람은 일치할 겁니다. 하지만 개인적인 문제에서 그는 그녀의 품위에 상처를 주지 않도록 조심해야 합니다. 재앙을 초래하는 실수를 범할 수 있답니다. 그녀는 전갈자리니까요. 천칭자리 남성이 어떤 사안에 대해 말로 논쟁하고 토의하여 해결하고 싶어한다면, 그녀는 동의하고 사적인 논쟁을 즐기기조차 할 것입니다. 하지만 토론 중 어떤 논쟁이 정점에 달해서 그녀가 말없이 응시하는 태도를 보이거나, 혹은 그녀가 입을 다물고 그 문제는 끝났다는 태도를 보인다면 더 계속하지 않는 편이 현명합니다.

드물게 분노를 터뜨릴 때가 있지만, 전갈자리 여성은 대체로 모든 물 별자리가 그렇듯 훌륭한 인내심을 지녔습니다. 그녀는 천칭자리 남성의 저울이 아래로 위로 오르내릴 때 그의 기분 변화에 대처를 잘합니다. 그가 다시 균형을 맞추도록 도울 방법을 알고 있고 온화하게 설득할 수 있는 여성이 있다면 바로 이 여인이지요. 미묘하다고 하든 교활하다고 하든 상관없이, 그것은 그녀의 재능이랍니다. 천칭자리 남성은 다른 사람과 있을 때보다 그녀와 함께 있을 때 상황이 더 쉽고 빠르게 다시 원상 복구가 된다고 느낄 것입니다. 그는 그녀의 아우라에 기이하고 불가해한 어떤 울림이 있다고 생각합니다. 그것은 거의 최면을 걸 듯 그녀가 심어놓은 암시의 힘이지요. 그가 가라앉으면 언제든 다시 돌아오도록 만드는 정신적 암시랍니다. 이런 사실을 그가 알 필요는 없습니다. 결과가 중요하지요.

천칭자리 Libra   Sagittarius 사수자리

공기 · 시작하는 · 능동적
지배행성: 금성
상징: 천칭
양(+) · 남성적

불 · 변화하는 · 능동적
지배행성: 목성
상징: 궁수와 켄타우루스
양(+) · 남성적

천칭자리와 사수자리의 관계

그들 모두를 묘사하려면 영어–라틴어 사전, 라틴어–영어 사전만큼 큰 책이 필요하다.

천칭자리와 사수자리는 때로 난해합니다. 그들이 함께 있을 때는 특히 그렇지요. 그들에 대한 천문해석학상의 여권 기재 사항은 쌍둥이자리와 물고기자리만큼이나 변화무쌍합니다. 이 네 태양별자리는 천문해석학에서 '이중 별자리' 또는 이중성의 별자리라고 불리지요. 실제로 많은 천칭자리와 사수자리에게는 정의하기 어려운 자질과 기벽이 있습니다.

파티를 좋아하는 바람둥이 천칭자리가 있고, 책을 좋아하고 학구적인 법조인 또는 판사 유형의 천칭자리가 있습니다. 또 과학적이며 지적인 천칭자리와 예술적이고 감수성이 풍부하며 헛된 꿈을 안고 사는 천칭자리가 있습니다. 저울이 아래로 갈지 위로 갈지, 어디서 그들이 균형을 이룰지 알기는 어렵습니다. 하지만 이들 모두 공정하려고 애쓰는 치료 불가능한 낙천주의자라는 사실은 분명하지요. 마지막 한 명의 천칭자리까지 그렇답니다.

사수자리에 관한 한, 우리가 확실히 아는 사실 중 하나는 그들이(거의 항상 순수하게) 공평하며 솔직하고 요령이 없다는 것입니다. 그는 몇 마디 말로 당신 의견을 방금 뒤집었다는 사실을 다행히도 눈치채지 못하고 있습니다. 만약 그 몇 마디가 의견을 뒤집지 못했다는 것을 알게 되면, 고통스럽게 핵심을 찌르는 말의 다발로 뒤집기를 끝내지요. 야호! 우리는 그들이 재미있고 아주 지적이며 이상주의적인 동시에 다소 투박하다는 사실을 알고 있습니다. 그들은 천칭자리보다 훨씬 더 낙관적입니다. 그리고 그들은 어떤 점에서 확실히 순진무구하지요. 그러나 이렇게 믿을 만한 사수자리 성격의 이정표 사이에는 수 마일의 지름길과 우회로가 있답니다.

부엉이 같은 외모에 기만적으로 과묵하며 통찰력 있는 사수자리가 있습니다. 이들은 당신을 고집스럽게 노려보며 갑자기 눈을 빛내기도 하고, 위아래로 튀어 오르며 우산꽂이를 쓰러뜨리고, 아주 재미있거나 그저 단순히 뛰어나게 영리한 뭔가를 말합니다. 겉으로 보기에 보수적이고 심각한 척하는 사수자리도 있습니다. 이런 태도로 오랫동안 잘 지내다가 아무런 예고도 없이, 목성의 진실의 활을 빼서 하늘을 향해 겨누고는 꿈을 향해 화살을 쏘아 올립니다. 그 꿈은 오직 어린아이만 거기에 도전할 수 있을 정도로 너무나도 거대하지요.

책 읽기와 사색 말고는 아무것도 하지 않는 사수자리도 있습니다. 그런가 하면 대부분의 시간을 노래하거나 춤추고, 친구에 관한 무미건조한 농담을 하면서 보내는 사수자리도 있습니다. 탐험가, 작가, 과학자에게서 영감을 받는 사수자리가 있고, 질문에 또 질문으로 친구나 친척이나 이웃을 미치게 만드는 사수자리도 있지요. 그들 모두는 어느 정도 곤혹스러울 정도로 호기심이 많습니다. 다시 말하자면, 그들이 아니라 주변 사람들이 당혹스럽다는 뜻입니다. 사수자리를 당황하게 하는 일은 쉬운 일이 아닙니다. 그들은 얼굴을 붉히는 사람이 아니랍니다. 이건 외계인이다 싶은 사수자리도 있습니다. 이 말 외에는 스타 트렉의 인물 같은 그들의 본성과 행동을 설명할 다른 방법이 없을 때가 있지요.

이런 모든 난해함을 해결하기 위한 시도를 해볼까요? 우선 천칭자리와 사수자리의 공통점, 이를테면 둘 다 이야기하기를 좋아한다는 면에 집중하기로 하지요. 네, 이들이 대화를 좋아한다는 건 아주 분명한 사실이랍니다.

천칭자리와 사수자리는 정신적인 기민함과 빼어난 말솜씨가 동일한 비율로 혼합되어 있습니다. 대단히 과묵한 천칭자리와 사수자리조차(물론 이런 경우는 거의 없지만) 정신적인 기민함을 지녔습니다. 다만 생각을 큰 소리로 표현하는 대신 메모장이나 책 또는 일기장에 자신의 철학을 기록하겠지요. 그러면서 계속해서 생각하고 또 생각하는 거지요. 두 태양별자리의 대다수를 이루는 수다쟁이들에 대해 말하자면, 이들은 대화에 대해 조금 다르게 접근합니다.

천칭자리와 사수자리는 사람들의 마음을 몇 시간이나 사로잡는, 절대적으로 매력적인 좌담가일 수 있습니다. 정말 즐거운 사람들이지요. 하지만 그들은 당신의 속을 부글부글 끓게 만들 수도 있습니다. 예컨대 천칭자리는 당신이 하는 말 한마디마다 토를 달고 오락가락하며 사안의 양쪽 편을 들어서, 그 중간 어디쯤에서 당신이 배회하도록 만드는 것을 좋아합니다. 신경쇠약에 걸릴 정도로 당신을 몰아갈 수 있지요. 더 나쁜 점은 그들이 이렇든 저렇든 언제나 이긴다는 거랍니다. 그들의 냉정하고 변덕스러운 논리로든 아니면 마지막 순간까지 아껴둔 끝내기 미소를 사용하든 그렇게 된답니다. 그 미소가 너무 아찔해서 당신을 화나게 했던 말이 무엇이었는지 완전히 잊어버리게 되지요. 당신은 그에게 웃어주기까지 할 겁니다. 이런 이유로 천칭자리는 치명적인 토론 상대랍니다.

사수자리가 당신을 제정신이 아니게 몰아가는 방법은 약간 다릅니다. 사수자리는 재치는 없지만 정직한 논평으로 당신을 철저하게 비판합니다. 캘리포니아의 지진이나 콜로라도의 금값에 관한 대화 도중에 그들은 당신이 왜 가발을 쓰고 있는지, 또는 몇 살 때부터 머리카락이 빠지기 시작했는지를 단도직입적으로 물어봅니다. 이런 종류의 질문은 대화를 갑자기 중단시킬 수 있지요. 두 번째 질문을 한 이유는 사수자리 자신의 머리카락이 일찍 빠지는 경향이 있기 때문입니다. 모두는 아니지만 많은 경우에 그렇습니다. 그러고는 그는 그 주제에 온통 마음을 빼앗깁니다. 자외선 차단제를 쓰세요. 파라아미노벤조산이지요. 건강 식품점에서 살 수 있어요. 하루에 200밀리그램에서 600밀리그램을 바르세요. 600에서 1000단위의 디 알파 토코페롤(혼합된 토코페롤 말고) 비타민 E도 매일 복용하세요! 친애하는 사수자리 여러분, 여러분은 사자의 자랑스러운 갈기만큼 풍부한 머리카락을 조만간 가지게 될 겁니다. 머리카락이 자연스럽게 빠지는 것처럼 회색이 되었던 머리카락이 보통 색으로 돌아갈 가능성도 있답니다. 그러니 제발, 이제 좀 조용히 해주세요. 질문 좀 그만 하시고요.

전형적인 천칭자리와 사수자리가 함께 있을 때 조용하거나 말하지 않고 있는 일은 드물 겁니다. 그들은 열정을 갖고 활기 있게, 몇 시간이라도 계속해서 대화를 나눌 것입니다. 정신 활동이 주는 그 모든 순수한 기쁨을 서로 주고받지요. 천칭자리는 지적인 공기 별자리이기 때문에 정신적인 자극이 필요합니다. 사수자리는 불 별자리이기 때문에 어떤 종류의 것이라도 자극이 필요합니다. 천칭자리의 공기 원소는 사수자리의 불 원소를 부채질할 것이고 불꽃은 즐겁게 춤을 춥니다. 하지만 사수자리가 솔직함을 너무 심하게 강요하면 천칭자리의 저울은 균형을 잃고 엎어집니다. 공기인 천칭자리는 토네이도와 같은 분노에 이를 수 있지요. 천칭자리는 시작하는 별자리이고 사수자리는 변화하는 별자리이기 때문에, 두 사람의 관계에서는 천칭자리가 거의 항상 교제를 주도합니다. 사수자리는 이런 것에 별로 분개하지 않습니다. 그들은 리더십에 필요한 지루하고 억압적인 책임감 때문에 꼼짝 못하기보다는 희망의 메시지가 있는 대화를 나누고, 파도를 타며 기분 좋게 방랑하는 것을 더 좋아하지요. 그 모든 따분하고 재미없는 의무에 발목을 붙잡힌다면 말을 타고, 동물 수용소에서 개와 고양이를 구하고, 사람들을 고귀한 이상으로 고무시키며, 진실을 찾아 세계 곳곳을 여행하고, 길을 따라 즐거움을 퍼 올리는 기회는 결코 가질 수 없습니다. 사수자리는 철학적인 사람들이지만 그만큼이나 환경의 변화와 재미를 추구하는 사람들입니다. 사수자리는 수녀님이나 목사님이 되어도 고루한 부류가 아니랍니다. 자신의 사명이 다양하고 도전적이기를 바라지요.

사수자리는 철학을 좋아하는 만큼 종교도 아주 좋아합니다. 이들에게 철학과 종교는 거의 같은 말입니다. 거의 모든 사수자리가 수녀나 목사나 수도승의 신분이 되는 것에 대해 한번쯤 또는 영원히 심사숙고합니다. 실제로 사수자리 상당수가 영적인 생활을 직업으로 삼지요. 성직자가 아니더라도 사수자리는 무신론부터 선(禪)까지, 모든 종교에 대해 천칭자리와 토론하느라 상당한 시간을 보낼 겁니다.

천칭자리와 사수자리는 거의 예외 없이 아주 사이좋게 지냅니다. 천칭자리 엘리노어 루스벨트와 사수자리 베티 포드, 또는 천칭자리 영화배우 찰튼 헤스톤(모세, 벤터 역)과 현명하고 즐겁고 동정심 많고 거침없이 말하는 사랑스러운 사수자리 교황 요한 23세의 인도주의적 에너지가 한 팀을 이룬다면, 우리가 얼마나 많은 도움을 받을 수 있을지 상상해보세요. 영적으로 진화한 천칭자리의 위대한 정의감과 사수자리의 위대한 이상주의와 정직함은 시간이 갈수록 강해지는 기적을 만들 수 있는 조합이랍니다.

우리 곁에 더 이상 천칭자리 엘리노어 루스벨트와 간디 또는 사수자리 윈스턴 처칠과 마크 트웨인이 없지요. 그래서 천칭자리 영화배우 브리짓 바르도와 사수자리 연예인 프랭크 시나트라가 캐나다 수상인 천칭자리 트루도와 함께 동물을 보호하기 위한 여러 활동을 하고 있습니다. 브리짓 바르도는 영화배우 중 거의 혼자, 가장 오랜 기간 동안 이 성스러운 활동에 적극적으로 관여하고 있지요.

천칭자리와 사수자리는 추구할 대의명분이 전혀 없을 때조차 같은 길을 걸어갑니다. 그들의 지배행성인 금성과 목성이 이끄는 대로 그들이 할 수 있는 만큼 어둠 속에 빛을 펼치지요. 사수자리의 지배행성인 목성은 팽창하는 성질을 가졌지요. 그래서 목성의 사수자리가 천칭자리의 지배행성인 금성의 모든 아름다움과 균형과 온화함과 조화를 만나면 그것들은 천 배로 늘어난답니다. 사수자리는 정의의 저울이 계속 수평 상태가 되도록 천칭자리를 도울 수 있습니다. 천칭자리는 진실의 활을 잡은 손이 떨리지 않도록 사수자리를 도울 수 있습니다. 이 두 사람은 서로가 필요합니다. 그리고 우리 모두는 이 커플이 필요합니다.

천칭자리도 사수자리도 결코 서로를 따분하게 하지 않습니다. 사수자리는 아주 총명하며, 사냥개처럼 호기심이 많고, 기민하고 영리하며, 천칭자리가 제공한 답을 추구하기를 열망합니다. 이 답은 신중하게 생각해낸 것이며 거의 항상 현명합니다.

두 사람이 그다지 잘 지내지 못한다면, 둘 중 한 사람이 흙 원소가 강해서 상대방에게 찬물을 끼얹는다거나 꽉 막힌 답답함으로 벽을 쌓는 경우입니다. 천칭자리와 사수자리는 둘 다 파티를 좋아하고 사교적인 사람들로 타고났습니다. 약간 심하게 단 것을 좋아하는 경향이 있는 천칭자리는 사수자리와 함께할 때 몸무게가 늘지 않도록 주의해야 합니다. 사수자리는 천칭자리에게 빌 더프티의 『슈가 블루스(설탕을 과다 섭취하여 발생하는 육체 및 정신의 복합적 질환—옮긴이)』책을 건네주며 쾌활하게 무심코 한마디 합니다. "당신 배불뚝이가 되어가는 중이에요. 알고 있어요? 당신이 그렇게 살이 찐 이유는 하얀 설탕이 마약이기 때문이지요. 당신은 중독된 거고요. 그런 사실을 모르고 있겠지만 당신은 설탕 밀매업자의 희생양이 된 거예요." 이런 독설은 두 사람의 조화에 조금 해롭지요. 한편 천칭자리는 어디로 가자거나 무얼 하자고 약속해놓고는, 몇 시간 또는 몇 날 동안이나 애매한 태도를 취하고 사안의 찬반을 저울질할 수 있습니다. 이런 행동은 둘의 관계에 대단한 긴장을 유발할 수 있지요. 마침내 천칭자리가 말합니다. "좋아요, 가요." 하지만 곧 이어서 "그런데 다른 한편으로는 가지 않는 게 좋겠어요. 왜냐하면…."이라고 합니다. 마침내 천칭자리가 말합니다. "아니에요, 가요." 그리고 잇달아서 말하지요. "다른 한편으로는, 당신이 먼저 가는 게 더 좋겠어요. 왜냐하면…." 이때쯤이면 사수자리는 벌써 채널을 다른 데로 돌리고 다른 누군가와 새로운 계획을 세웠답니다. 두 사람은 돈키호테의 불가능한 꿈과 영원한 풍차 공격을 다룬 뮤지컬 얘기를 하다가 「라만차의 남자」라는 공연을 보러 가려던 참이었지요. 천칭자리는 갔어야 했습니다. 사수자리의 동기와 목표에 대해 더 넓은 이해심을 가지고 극장으로 출발했어야 했지요.

그러나 걱정하지 마세요. 관대하게 넘어갈 테니까요. 두 사람은 화해할 겁니다. 이 커플의 에너지는 60도를 이루는데 천문해석학에서 60도는 기회를 의미합니다. 천칭자리와 사수자리에게는 함께 행복해질 기회가 부족할 일은 결코 없습니다. 만약 사수자리가 말하기 전에 열까지 세는 법을 배운다면, 천칭자리가 모든 결정을 지나치게 숙고하는 일을 멈출 수 있다면, 그들은 아늑하면서도 독창적인 방식으로 사이좋게 지낼 수 있답니다.

천칭자리 여성과 사수자리 남성

"제가 파티를 좋아한 탓이에요, 조지."
"나의 치명적인 재능인 유머 탓이에요, 여보."

일반적인 사수자리 남성은 젊은 시절에 결혼하는 성향이 아닙니다. 최소한 그가 생각하는 만큼, 또는 그와 결혼하고 싶어하는 천칭자리 여성이 바라는 만큼 빨리 결혼하지는 않지요. 천칭자리 여성은 함께한다는 말을 총체적인 의미로 생각합니다. 누군가와 사랑에 빠지면 그녀는 반지와 맹세를 상상합니다. 잘못된 것은 없습니다. 아니, 사실 두 사람의 결혼은 성공적이며 고무적일 것입니다. 하지만 만약 이 남성이 결혼하기 전에 방랑벽과 호기심을 충분히 발산하지 못했다면, 그는 강력한 목성의 충동을 결혼 후에라도 만족시킬 겁니다. 어느 쪽이 더 나을까요?

저는 결정했습니다. 천칭자리 여성에게 기회를 주겠습니다. 그녀가 그 모든 것을 구분해서 결정하는 데는 시간이 걸리겠지요. 하지만 그녀가 질문의 모든 측면을 신중하게 고려하는 동안 우리가 그저 빈둥거리며 기다릴 수는 없지요. 그러니까 그녀와 사수자리 남성과의 관계를 계속해서 설명하는 것이 좋겠네요. 그녀는 나중에 우리와 합류할 겁니다.

많은 사수자리 남성은 사랑이라고 그들이 확신하는 첫 순간에 합법적인 관계로 뛰어드는 걸 망설입니다. 결혼하기 싫어서가 아닙니다. 그의 지적, 정서적, 육체적 활동을 숨 막히게 지배한 가족이라는 손아귀에서 방금 벗어났기 때문입니다. 그래서 다시 자유를 잃어버리기 전에 그는 어느 정도 자유의 햇볕을 쬘 시간이 필요하답니다. 그는 세상이 분명히 둥글다는 것을 확인하고 두세 가지 직업이 자신에게 맞는지 시험해볼 것입니다. 그는 티베트의 신비주의를 공부하고, 열두 대 정도 차를 사고팔 것이며, 로키 산맥에서 행글라이딩 기술을 습득하고, 크로스컨트리 스키 타기에 도전하고, 스무 마리 정도의 버려진 개들을 입양할 것입니다. 그는 공직에도 출마할 겁니다. 그리고 만나는 모든 여성들을(거리를 두고요.) 살펴볼 겁니다. 그러면 처음에 생각했던 대로 그의 천칭자리 여성이 최고로 부드럽고 뛰어나다는 자기 의견을 더 확고히 하게 되지요. 그런 다음에야 사수자리 남성은 영구적인 책임에 대한 대화를 시작할 준비를 할 것입니다.

사수자리 남성이 먼저 하늘을 향해 화살을 한 차례 쏘게 해주는 게 더 현명하고 안전합니다. 그렇게 자신이 품었던 호기심과 갈망을 충족시키고 돌아오면, 그는 이제 모든 것에 대한 탐색을 다시 시작하기를 열망하지요. 그리고 이번에는 어떤 여인과 함께하기를 바란답니다.

하지만 그를 너무 자유롭게 놔주면 그는 멀리까지 방랑하다가 돌아오는 것을 잊어버릴 수도 있습니다. 그를 손짓하는 꿈속 저기 어딘가에서 길을 잃을 수도 있지요. 반면에 그녀가 처음부터 확고하다면, 그는 여전히 그녀를 팔에 안고 지붕 위로 떨어지는 맑은 빗소리를 듣게 될 것입니다. 또는 그녀의 손을 잡고 달빛 아래 말을 타고 산책하며 달콤한 건초 냄새를 맡고 차가운 밤공기를 느낄 수도 있지요. 저는 잘 모르겠군요. 천칭자리 여성분들의 생각은 어느 쪽인가요? 지금쯤이면 그녀가 우리에게 돌아왔고, 결정을 내렸어야 할 텐데요. 저런, 아직 결정하지 못한 것 같네요. 그녀가 사랑스러운 이마를 찡그리고 있으니까요. 그녀를 재촉하지 않도록 하지요.

당연히 예외는 있습니다. 하지만 결혼을 할 것인지 말 것인지는 이 특별한 3-11 태양별자리 관계의 남성과 여성이 직면한 중요한 문제 중 하나입니다. 인생의 기쁨과 슬픔, 희망과 혼란을 누군가와 함께 나누지 못한다면, 천칭자리 여성은 무의식적으로 좌절감을 느낍니다. 혼자인 천칭자리 여성은 접시 하나를 잃어버린 저울과 같습니다. 장비의 절반을 잃으면 결코 완벽한 조화와 균형을 이룰 수 없지요. 그래서 그녀는 자신을 쓸모없다고 느낍니다. 그녀가 직업에 헌신적이고 사이좋은 사업의 동료가 있는 경우가 아니라면 그렇습니다. 그런 경우라면 꽤 오랫동안 짝이 없는 상태를 견딜 수 있겠지만 영원히는 아닙니다.

사수자리 남성 역시 누군가와 함께하는 것에 반대하지는 않습니다. 그 또한 혼자 있는 것을 좋아하지 않지요. 그가 광대 짓을 하고, 뛰어오르고, 내일의 고속도로로 이어지는 오늘의 오솔길을 따라 자신의 길을 찾을 때, 곁에 동료가 있으면 훨씬 더 행복합니다. 만약 그 동료가 아름답고 보조개가 있으며 사랑스러운 데다가 껴안을 수도 있다면 훨씬 더 좋겠지요. 만약 그녀가 또한 위트의 상대가 되고, 철학적인 의견을 교환할 만큼 충분히 총명하다면(이 여성은 분명히 그 이상이지요.) 그녀가 카메라, 휴대용 소형 쌍안경, 소형 텐트, 슬리핑 백, 물통과 손전등을 가지고 그와 붙어 다니더라도 전혀 거부하지 않을 것입니다. 그녀가 부동산을 산다거나 오래 다닐 직장을 갖는 문제 등 막다른 내용의 대화를 시작할 때 비로소 그는 구속에 반발합니다. 사수자리 남성도 더 나이가 들면 여느 남자들처럼 잔디를 깎고 세금을 낼 겁니다. 하지만 그 전에는 저기 바깥 세상에 그의 사이렌이 있답니다. 사이렌은 천칭자리 여성의 샤넬 향수, 매력, 아름다운 보조개보다 더 유혹적인 노래를 그의 가슴에 불러주지요. 슬프게도 사이렌의 노래가 천칭자리 여성의 부드러운 포옹보다 훨씬 더 매혹적이랍니다. 천문해석학에서 목성은 은퇴를 관장합니다. 이런 이유로 목성의 지배를 받는 남성은 종종 먼저 쉬고 나중에 일하는 경향이 있습니다. 인생을 거꾸로 가는 거지요.

천칭자리 여성이 얼굴을 찌푸리는 것을 멈췄네요. 그녀는 지금 웃고 있답니다. 최종 결론에 도달한 천칭자리 여성이 늘 보여주는 그 표정, 달콤한 행복이 스민 미소를 지으며 웃고 있습니다. 그녀는 양자택일을 거부하고 가운뎃길을 고안했습니다. 이 방식은 거의 비슷한 결과를 가져다주지요. 그녀는 그를 붙잡으려고 애쓰지 않겠지만, 그가 카드나 편지 따위를 보내면서 자기 혼자 도시와 국가 또는 세계 곳곳을 떠돌아다니게 두지도 않을 겁니다. 그녀는 그와 함께 갈 거랍니다. 멋진 여성이지요! 봤죠? 그녀가 우릴 따라잡을 거라고 제가 말씀드렸잖아요.

사수자리를 사랑하는 천칭자리 여성이 그에게 그녀가 원하는 사람이 되라고 강요하는 대신 함께 나서기로 한 건 정말 훌륭한 생각입니다. 그녀가 아무리 부드럽고 온화하고 벨벳처럼 매끄럽더라도, 그는 질식할 듯한 위험을 감지하고 불안해질 테니까요. 꿈에 부풀어 반짝거리는 두 눈을 가진 이 켄타우루스의 광대를 완전히 정복할 수는 없다는 사실을, 그녀는 처음부터 알아야 합니다. 그는 남성적인 태양별자리의 울림 사이에서 태어났으며 또한 남성적인 행성인 목성의 지배를 받습니다. 천칭자리는 남성적인 별자리이지만 그 지배행성인 금성은 최고로 여성적이지요. 어떻게 보면 이런 점이 그녀에게 유리해 보이네요. 그녀는 남자처럼 생각할 수도 있는 동시에 저항할 수 없는 여성적인 매력으로 그에게 호소할 수도 있을 테니까요. 정말 강력한 조합이지요. 하지만 이 조합으로도 남성적 울림이 두 배나 되는 사수자리를 여성의 치마폭으로 끌어들일 수는 없답니다. 혹시 강요한다면 그는 불행해질 것입니다. 숨기려고 애쓸 테지만요. 그런데 사랑의 목적은 불행이 아니라 행복이지요.

사수자리 남성은 천칭자리 여성의 섬세한 영혼에 끌리고, 자신과 무척 비슷한 색깔의 낙관주의에 감동할 것입니다. 그녀는 모든 구름에서 똑같은 은색 줄무늬를 찾지요. 그도 그렇답니다. 그녀는 상상의 세계에서 사는 경향이 있기 때문에 불행은 그다지 현실적이지 않습니다. 그녀의 영리한 마음과 논리적 추론 능력은 어떤 문제든 해결하지요. 아니면 심각한 혼란으로 커지기 전에 고의적으로 폐기할 방법을 찾을 겁니다. 결코 아름다워질 수 없는 것이라고 그녀가 결정을 내리면, 그녀는 놀랍게도 획 돌아섭니다. 또한 천칭자리 여성은 가끔 감탄의 말을 듣고 싶어합니다. 그것이 아첨이며 어느 정도 거짓이라는 사실을 알고 있을 때조차도 그렇답니다. 그녀는 자신이 소중히 여겨진다는 느낌이 들게 만들어주는 것이라면 어떤 것이라도 믿으라고 자신을 설득합니다. 천칭자리 여성이 일찌감치 또는 실수로 결혼하는 이유 중 하나입니다. 하지만 그녀가 지닌 바로 그 낙관주의가 부정적 측면을 진짜로 긍정적인 측면으로 바꾸어버리는 유쾌한 기적이 일어날 때가 있답니다. 항상 그런 건 아니지만 노력해볼 만한 가치가 있지요.

그러나 천칭자리 여성은 상처받는 것과 신랄한 말에 예민합니다. 그녀는 회색 구름에 무지개 색을 칠하는 능력을 지녔고 무슨 일이 있어도 평화와 조화를 이루려는 천칭자리의 타고난 갈망을 가졌지요. 그럼에도 불구하고 사수자리 남성이 그녀의 부드러운 가슴에 아픈 화살을 너무 많이 쏘아댄다면, 그녀는 천칭자리 논리의 냉정한 빛으로 그를 평가할 것입니다. 그녀는 그의 사랑이 균형을 잃었다는 사실을 깨닫게 되지요. 사수자리 남성의 영리함과 예리한 기지를 아무리 존경하더라도, 천칭자리 여성은 그의 바늘꽂이나 다트 판으로 남지는 않을 것입니다.

천칭자리 여성은 사수자리의 정직과 이상주의를 존경합니다. 그녀에게도 있는 자질이기 때문이지요. 그녀는 독서, 공부, 토론 그리고 온갖 형태의 정신적인 도전을 즐깁니다. 그리고 사수자리 남성만큼이나 파티와 사람, 사교 모임, 예술과 음악을 즐깁니다. 사수자리 남성은 그녀의 필요와 욕망에 맞추어 똑같은 모양으로 바뀝니다. 그에게 완벽한 여성은 관대하고 외향적이며 사교적이어야 하고, 그의 정신과 동등하고, 그의 마음과 쌍둥이처럼 닮아 있어야 합니다. 그녀는 그가 믿는 것처럼 내일은 더 나은 날이 될 것이라고 믿어야 하고, 즉흥적인 충동으로 하는 일도 신나게 여겨야 하지요. 사수자리 남성은 그에게 잔소리하는 일이 없고 그의 꿈을 믿어주며, '자유'라는 단어를 이해하고 그의 동물 친구에게도 친절한 여성을 원합니다. 천칭자리 여성은 사수자리 남성이 찾는 바로 그 모습으로 바뀝니다. 그런데 바로 그 모습이긴 하지만 다른 식으로도 바뀝니다. 그녀는 '밀로의 비너스'와 무척 가까운 친척이지요. 대부분의 천칭자리 여성은 매력적인 굴곡과 여성적인 신비로움과 고전적인 아름다움을 물려받았답니다. 이런 것들은 대리석으로 조각한 것보다 실제의 몸으로 조각되었을 때 훨씬 더 인상적이지요.

사수자리 남성은 말로 표현하지 않지만, 지적이고 정서적이며 또한 감각적인 그녀의 모든 욕망을 본인도 알아채기 전에 감지할 만큼 예민합니다. 그의 천칭자리 연인이 발산하는 매력에 주변 모든 남성들은 그녀를 숭배합니다. 또한 그들은 그녀의 정신에도 감탄을 금치 못하지요. 그녀는 그런 칭찬을 즐기고 그들을 실망시키지 않으려 합니다. 마침내 사수자리 남성은 그녀가 한 짓에 대해 따져 묻지요. 그녀는 사수자리 남성만큼 흥분하지는 않을 겁니다. 또 다른 여성이 그런 항의에 처했을 때보다는 더 관대합니다. 하지만 두 사람 다 너무 매력적이고 삶과 사람에 대한 사랑이 넘치기 때문에 이런 식의 질투는 그들 관계의 위험 요소에서 배제할 수 없답니다.

공기 원소와 불 원소는 성적으로 잘 어울립니다. 천칭자리 여성은 그저 한 번 온화하게 쳐다보거나 지적인 호기심을 자극하는 토론이라는 양극단을 오가며, 사수자리 남성 속에 열정의 파도를 일으킬 수 있습니다. 첫 번째 경우는 줄리엣의 발코니를 오를 때 로미오가 느꼈던 일종의 부드러운(또한 불타는) 욕망을 그에게 일으킵니다. 두 번째 경우에도 똑같은(불타오르는) 욕망을 일으키지요. 하지만 부드럽지는 않습니다. 왜냐하면 어떤 여성이 지적으로 동등하다는 것은, 거의 항상 남성에게 그 사실에 대응하고자 하는 통제할 수 없는 욕망을 자극하기 때문입니다.

천칭자리 여성에게는 사수자리 남성의 불안한 영혼을 진정시켜주는 어떤 평온함과 달래주는 힘이 있습니다. 사수자리 남성과의 육체적인 관계에는 그녀의 상상력을 자극하는 뭔가가 있지요. 이런 이유로 둘 사이의 성적인 결합은 행복합니다. 그녀가 막연하게 그를 피하는 것처럼 보이는 때가 있을 겁니다. 몸은 그의 품 안에 있지만 그녀의 일부는 다른 곳에 있는 것처럼 말이에요. 이 때문에 그는 고통스러울 겁니다. 빠져나가는 공기 원소의 본성 때문은 아닙니다. 그는 그녀의 이러한 면에 매혹되었지요. 섹스에 있어서 사수자리 남성의 격렬함이나 요구가 많은 태도가 때때로 그녀의 보다 고요한 성정을 휘저을 수 있지만, 반드시 그 때문만도 아닙니다. 이것은 그녀가 그를 사랑한다는 것을 처음 알았을 때 순종에 대한 갈망으로 그녀를 떨게 만들었던, 그의 열정적이며 정직하고 솔직한 감정의 또 다른 반영에 불과합니다. 세상에서 가장 기이한 일은 한 남성과 여성이 어떤 특별한 이유로 서로 사랑에 빠지는데, 시간이 지나면 서로가 지닌 여러 가지 면들 속에서 그 특별한 면이 무엇이었는지 기억해낼 수 없다는 것입니다.

사랑에 빠진 사람은 그들이 빠르게 사랑에 빠졌던 만큼 사랑에서 빠르게 빠져나올 수도 있습니다. 서로에게 관심을 가진 이유가 오직 성적인 끌림이었을 때가 그렇습니다. 천칭자리 여성과 사수자리 남성은 그럴 가능성이 그리 많지 않지요. 그들에게는 나눌 이야기가 항상 많으니까요. 그녀는 그의 허세 뒤에서 어린 소년을 보고, 자신의 온 삶을 그를 가르치는 일에 바치고 싶어합니다. 모든 천칭자리 여성은 그녀 마음속 어딘가에 선생님이 숨어 있답니다. 사수자리 남성은 온갖 것을 알고 싶습니다. 여성들은 어떻게 느끼는지 또 그녀의 감정이 그에게 흥미를 불러일으키는 이유는 무엇인지 등 다양하지요. 그에게 천 가지 질문이 있다면 그녀에게는 적어도 이천 개의 답이 있습니다. 하지만 사수자리 남성 또한 그녀를 많이 가르칠 수 있답니다. 그는 정말로 중요한 게 뭔지를 재빨리 파악하지요.

그녀가 걱정합니다. "어쩌면 좋을까요? 나는 우리가 연인 사이인지 아닌지 모르겠어요. 내 마음은 우리의 미래에 대해 낙관적이지만 정신은 비관적이에요."

"우리의 미래를 당신의 지성에 따라 결정할 순 없어요." 그의 눈동자는 더욱 친밀하게 말합니다. "사랑이라는 지극히 특별한 감정을 정확하게 판단하려면 지성만으로는 적합하지 않습니다. 정신은 영리하지만 마음은 더 현명하지요. 당신의 느낌을 믿으세요."

천칭자리 여성을 자신의 두 팔로 껴안고 얼굴을 아주 가깝게 댄 채, 사수자리 남성은 그녀의 코에 가볍게 키스합니다.

"지붕에 떨어지는 빗소리를 들어봐요. 우리가 함께했던 첫날밤에도 그랬지요. 당신의 마음은 지금 이 순간 당신에게 뭐라고 말하나요?"

천칭자리 남성과 사수자리 여성

"이걸 봐." 피터가 말했다.

"화살이 여기에 꽂혔어. 이건 내가 그녀에게 준 키스야. 이게 그녀의 목숨을 구했어."

쌍둥이자리나 처녀자리 남성에게 환멸을 느꼈거나 다른 사수자리 남성이 쏜 부주의한 화살에 심한 상처를 입은 사수자리 여성이라면, 치유 경험이 많은 천칭자리 남성의 다정한 보호 본능과 온화한 사랑을 깨달을 수 있답니다. 그의 헌신은 더 냉담하고 덜 배려하던 옛 연인들이 남긴 많은 아픔을 그녀 마음속에서 지워줄 수 있지요.

하지만 낙원은 아직 멉니다. 두 사람의 로맨스에서 반드시 해결책을 찾아야 하는 첫 번째 문제는 이런 겁니다. '얼마나 오래 지속될 수 있을까?' 결코 붙잡을 수 없는 기적의 순간처럼, 추억 속으로 사라지도록 운명 지워진 마법의 순간일 뿐일까요? 그저 강렬한 끌림으로 유발된 수많은 밀회 중 한 번에 불과한 것일까요? 그러다가 그 끔찍한 결정 장애 증후군에 맞닥뜨립니다. 둘이서 함께 살아야 할까요? 그러면서 감정이 정해질 때까지 기다려야 하는 걸까요? 그들의 사이가 깊어지거나 끝날 때까지? 만일 그렇다면, 그들은 비밀리에 함께 살아야 할까요, 아니면 공개적으로? 어느 쪽일까요?

둘이 바로 결혼하는 건 어떨까요? 그 모든 고민은 즉시 끝나게 될까요? 상황이 더 복잡할 수도 있습니다. 그 또는 그녀가 이미 결혼했고 배우자와 헤어져 있는 경우라고 해보지요. 그들이 느끼는 이러한 욕구는 단지 일시적인 열정이 아닐까요? 아직 불확실한 상태에 있는 이전 관계를 깰 만큼 두 사람이 진실한 걸까요?

더 악화될 수도 있습니다. 둘 중 한 사람 또는 두 사람 다 몇 년 전에 이혼한 상태입니다. 그래서 둘의 사랑에 이의를 제기할 사람은 없습니다. 하지만 첫 번째 결혼을 비참과 불행을 불러온 아주 중대하고 슬픈 실수로 여긴다면 두 번째 결혼을 감행해야 할지 말아야 할지라는 문제가 있지요. 만약 이 두 사람이 십 대에 만난 경우가 아니라면, 특히 연애의 반쪽이 천칭자리일 때 문제가 됩니다. 이전에 한 번 이상 결혼한 경험 때문에 천칭자리 남성은 '사랑한다, 사랑하지 않는다.'의 결정을 뒤집을 가능성이 있습니다. 대부분의 천칭자리는 어릴 때 결혼을 하지요. 그 시기의 절반은 원만하게 잘 지내지만 그 나머지 시기는 그렇지 못하답니다. 천칭자리의 저울은 일반적인 통계에서마저도 균형을 이루어야 합니다.

두 사람이 만났을 때 사수자리 여성 쪽은 결혼하지 않았을 가능성이 높습니다. 물론 항상 예외는 있습니다만, 대개의 사수자리 여성은 천칭자리 남성처럼 무모하게 일찍 결혼하지 않습니다. 그녀는 자유를 지나치게 좋아합니다. 깃털 이불 같은 부드러운 웃음으로 그녀를 감싸주고 부드럽게 말하는 천칭자리 남성을 만나기 전에 그녀가 다른 사랑을 했을 것은 거의 분명합니다. 그녀가 고등학교에 다니는 경우라도 그럴 수 있습니다. 왜냐하면 사수자리는 삶의 모든 단계와 양상에 대한 관심만큼 로맨스에 대해 호기심이 많고 실험적이기 때문입니다. 이 여성을 사랑하는 천칭자리 남성 입장에서 보자면, 그녀가 감정적으로 성숙한 이후에 만나는 게 더 낫습니다. 그녀를 붙잡을 가능성이 더 많으니까요. 물론 그녀의 첫사랑이 된다는 건 아주 멋진 경험일 것입니다. 하지만 영원한 사랑을 성취하기는 매우 어렵답니다. 그녀의 마음이 영원한 사랑을 이해하고 소중히 여길 수 있으려면 더 성숙해야 하지요.

아무리 많은 로맨스를 경험했더라도 사수자리 여성은 여전히 사랑을 가볍게 여기지 않습니다. 사수자리는 이중성의 별자리인 동시에 진리를 추구하는 별자리이지요. 그래서 일부 사수자리 여성은 그들의 탐색의 여정에서 성적 문란에서 독신까지, 또는 종교적 공동체의 맹세까지를 모두 아우르는 정서적 우회로를 택할 겁니다. 하지만 우리는 이 장에서 일반적인 성향의 사수자리 여성에 대해 이야기하고 있지요. 그녀는 사랑에 관해 경박하거나 우발적이지 않습니다. 사랑을 할 때마다, 이 사랑이 아주 멋진 경이로움을 느끼는 최초의 시간이 될 거라고 진심으로 믿지요. 그녀는 낭만적인 모험에 걸려 넘어질 때마다, 어릴 적 읽곤 했던 동화처럼 사랑이 진실하며 영원하기를 진심으로 바랍니다. 이 점에서 영원한 사랑이 최우선이 아닌 일반적인 사수자리 남성과 그녀는 약간 다릅니다. 사수자리 남성은 영원함이 결핍된 쪽으로 유혹되는 게 틀림없습니다.

이 사랑스럽고 측은한 광대 같은 여성과 사랑에 빠진 천칭자리 남성은 목성의 지배력이 그녀의 핏속에 배우의 피가 흐르도록 만든다는 점을 기억해야 합니다. 많은 사수자리는 전문적인 영화배우입니다. 많은 천칭자리가 법조인, 판사, 경찰, 작가, 또는 서점 주인인 것처럼요. 말 그대로 진짜 배우는 아니더라도 그녀에게는 '배우 기질'이 있답니다. 본인이 의식적으로 깨닫지 못하더라도, 그녀는 아카데미상에 준하는 연기를 할 수 있지요. 하지만 삶은 그녀에게 결코 오스카상을 주지 않습니다. 그녀는 사랑하고 신뢰하고 믿습니다. 그리고 그녀의 불꽃 같은 이상주의와 투지를 가지고 노력한 끝에 그녀를 잡아줄 그물도 없는 슬픔의 나락으로 떨어집니다. 왜냐하면 사수자리는 예방책이나 확실한 보장에 대해 고민하기보다는 행복을 믿기 때문입니다. 추락을 막아줄 그물이 없이 떨어지면 다칠 수밖에 없지요. 그래서 이 명랑하고 낙천적인 여성의 마음속에는 베인 상처와 멍과 흉터가 많답니다. 그럼에도 그녀는 비서, 과학자, 또는 가수 등 상당한 재능으로 쾌활한 웃음을 지으며 슬픔이 사라진 척 연기하지요.

그녀의 쾌활한 목성의 웃음이 천칭자리 남성의 끝내주게 멋진 미소와 얽힐 때, 두 사람이 함께 있는 곳에는 더 이상 인공적인 조명이 필요 없습니다. 이 두 사람의 빛으로 방을 환하게 밝힐 것이고 한밤중이라도 대낮처럼 보일 테니까요. 만약 어떤 천칭자리와 사수자리가 은행을 강탈한다면(그들이 그런 일을 할 것 같지는 않습니다. 왜냐하면 천칭자리는 도주 차량을 어디에다 주차할지 결정할 수 없고, 사수자리는 돈 가방에 걸려 넘어지고 총도 떨어뜨릴 테니까요. 하지만 만약 그들이 은행을 턴다면, 그들은 목성의 웃음과 금성의 미소 조합을 재빨리 보여줄 것입니다.) 수납원은 그들에게 현금을 내주며 마주 웃어줄 것이고, 심지어 쾌활하게 손을 흔들며 작별인사를 할 것입니다. 이 두 사람은 전염성이 강한, 결코 저항할 수 없는 팀이랍니다. 불가항력적인 정도는 아닐 수도 있지만, 서로에 한해서라면 아마도 그럴 것입니다.

두 사람이 일단 '할까 말까, 언제 어떻게 할까?'라는 문제를 해결하면, 이들은 둘의 사랑이 주는 이자를 충분히 받을 수 있답니다. 은행을 털러 가거나 삶을 공유할 누군가를 찾으러 되돌아갈 필요가 없지요. 물론 이들도 다른 사람들처럼 열심히 노력해야 하겠지만 힘은 좀 덜 들 것입니다. 모든 3-11 태양별자리 관계에서처럼 두 사람의 관계 역시 축복을 받았답니다. 두 사람은 연인일 뿐 아니라 좋은 친구가 될 수 있지요. 두 사람은 비슷한 목표와 공감대, 공통의 이상과 변화와 흥분에 대한 욕망을 가지고 있습니다. 모든 진실한 연인은 친구이지만, 모든 연인이 낭만적인 의미에서 사랑하기를 멈추었을 때도 여전히 친구인 것은 아니지요. 하지만 천칭자리와 사수자리는 그럴 수 있답니다.

우정은 여성과 남성 사이의 감정적 유대에 풍부한 차원을 더해주고, 두 사람의 성적인 경험을 더 깊어지게 합니다. 사수자리 여성은 충동적이고 때때로 부주의한 태도를 가졌지요. 하지만 천칭자리 배우자나 연인에게는 몹시 사려 깊고 부드러우며 여성적이랍니다. 두 사람의 강한 우정은 육체적 합일을 일종의 행복한 공유로 만듭니다. 둘의 섹스는 행복하고 솔직하며 자유로울 때 가장 멋지답니다. 그것은 가을날의 깨끗하고 차가운 공기처럼, 하늘이 너무 푸르러서 누군가 당신의 눈에 청록색 액체를 떨어뜨렸다는 기분이 들게 하지요. 당신이 정말 사랑하는 동시에 친구이기도 한 누군가와의 육체적 합일은 깨끗하고 정화된 느낌을 줍니다. 편안하고 좋은 기분 이지요. 목성과 금성 사이의 사랑은 항상 어떻든 특별합니다. 두 사람은 사랑의 기 적이 서로를 특별히 친절하고 달콤하고 관대하게 느끼게 한다는 사실을 대부분의 커플보다 더 잘 알고 있습니다. 사랑은 그런 겁니다. 남성과 여성이 서로만이 아니 라 세상을 껴안고 싶게 만들지요. 두 사람은 물론이고 모든 사람을 행복의 품에 안 기고 싶게 만듭니다. 부정적인 모든 것들이 더 긍정적으로 변화하고, 내일에 대한 공포는 어리석은 것이 되지요. 터무니없는 일도 가능한 것처럼 보이지요. 천칭자리 와 사수자리는 이런 느낌들을 서로에게 말로 표현하는 일을 다른 무엇보다 잘한답 니다. 그리고 느낌을 표현하면 그 느낌을 더 지속할 수 있지요.

두 사람은 함께 대화하는 방법을 잘 압니다. 그들도 다른 커플처럼 싸울 수 있습니 다. 어쩌면 훨씬 더 자주 격렬하게 싸우겠지요. 하지만 중요한 것은 이야기를 하는 거랍니다. 서로 터놓고 속상함, 질투, 성적인 적응 문제, 경제적인 걱정거리와 불평 거리 등을 토론할 때 두 사람은 문제 해결에 한 걸음 더 다가갑니다. 때로는 둘이 이 야기를 나눈 것만으로도 문제를 사라지게 합니다. 천칭자리와 사수자리의 불화는 종종 섹스와 웃음으로 끝납니다. 당신의 허물에 진실의 거울을 비추어줄 만큼 당신 을 사랑하는 누군가가 충분히 정직할 때, 자신을 들여다보는 일이 훨씬 덜 고통스럽 답니다.

천칭자리 남성이 초과 근무를 하는 바람에 사수자리 여성을 혼자 남겨두는 때가 있을 수도 있습니다. 그녀는 그의 잘못을 직설적으로 지적해서 그를 아프게 하고 화 나게 할 수 있지요. 그러면 그는 누가 대장인지 가르쳐주려고 일부러 며칠 밤을 훨 씬 더 늦게까지 일한답니다. 반면, 사수자리 여성은 천칭자리 남성의 우유부단함에 분통이 터질 때가 있습니다. 그녀는 자신이 원하는 것을 금방 알아차리니까요. 그녀 는 그에게 결정을 빨리빨리 내리고 보다 효율적으로 일하라고 말할 수 있겠지요. 그 러지 않으면 그를 떠나겠다고요. 그러면 그는 그녀에게 예쁘지 않다고 말하고는 파 티 몇 군데를 혼자서 갈 겁니다. 저울이 다시 균형을 이룰 때까지 술을 마시고 먹는 것으로 고민을 해결하려고 하겠지요.

숨 쉴 공기가 필요한 것처럼, 천칭자리 남성은 원만하고 조용하며 평화롭고 편안 한 집을 원합니다. 사수자리 여성은 힘들고 단조로운 집안일을 경멸합니다. 하지만 그녀는 유쾌한 여주인이 될 수 있답니다. 천칭자리 남성은 텔레비전과 오디오 소리 가 너무 크다고, 부엌이 엉망이라고, 커튼이 침대 시트와 어울리지 않는다고 불평할 수도 있습니다. 그녀는 왜 이런 물건들을 샀을까요? 그는 작은 불평이 많습니다. 그 러면 사수자리 여성은 그를 비꼬면서 자기 인생을 하녀 노릇이나 하며 보내지는 않을 거라고 재치 있게 대구하지요. 하지만 두 사람은 그 문제에 대해 대화를 나눌 것이고, 결국 둘 사이에서는 조화로움이 다시 한번 콧노래를 흥얼거리게 될 겁니다.

천칭자리 남성은 그 존재 자체만으로도 사수자리 여성의 불안정함을 훌륭하게 진정시킨답니다. 일이 잘 되어가지 않을 때면, 그는 인내심을 더 가지라고 그녀를 다독이지요. 사수자리 여성의 존재는 천칭자리 남성이 사소한 일에도 결정력 없이 초조해하는 버릇을 잊어버리게 합니다. 일종의 건강한 기억상실이지요. 천칭자리는 균형 잡힌 판단을 잘하고 사수자리는 철학을 관장하는 별자리지요. 그래서 둘의 대화는 인간관계에 대한 아주 건전한 소크라테스식 논평이 될 수 있답니다. 그들이 서로를 알기 전에 각자가 사랑한다고 생각했던 사람들에 관해 토론할 때처럼요.

천칭자리: 당신이 사랑했던 마지막 남자에 대해 어떻게 생각해요?

사수자리: 어쩐지 나 자신이 창피하게 느껴졌죠. 그는 나를 혼란스럽게 했어요.

천칭자리: 무엇이 당신의 정체성을 덜 혼란스럽게 이끌었나요?

사수자리: 바로 당신이죠. 당신과 함께 있으면 내 자신에 대해 신경 쓰지 않아요. 그 남자는 나를 나답지 못하게 했지만, 당신은 나를 보다 나답게 느끼게 해요.

천칭자리: 당신도 마찬가지예요. 그 여자는 나 자신을 덜 느끼게 했지만, 당신은 나에 대해 더 잘 느끼게 만들어줘요. 그건 좋은 일이죠. 스스로를 부끄럽게 여기는 대신에 자신을 되찾는 건 행복한 일이에요.

사수자리: 사랑이 뭘까요?

천칭자리: 잘 모르겠어요. 하지만 우리 사랑이 뭔지는 알아요. 처음부터 알고 있었죠.

사수자리: 오, 그럴 리 없어요! 당신 마음을 결정하는 데 엄청난 시간이 걸렸잖아요. 나는 마빈에게 거의 돌아갈 뻔했다고요. 적어도 그는 자기 마음 정도는 알고 있었으니까요.

천칭자리: 그건 공정하지 못해요. 나는 내 마음을 완전히 잘 알고 있어요.

사수자리: 당신은 공정함에 대해 이야기하는 훌륭한 사람이에요. 그런데 당신이 나와 결혼할지 안 할지를 결정하려고 툴사에 가 있는 동안, 내 애간장을 태웠던 건 공정한 건가요?

천칭자리: 툴사가 아니에요. 나는 툴사에는 절대 안 가거든요. 그건 오하이오 주에 있는 코쇼튼이었어요.

사수자리: 어딘지는 상관없어요. 차라리 날 내버려두고, 당신이 그곳으로 가버리면 좋겠어요!

이제 이 두 사람과 헤어질 시간이네요. 그들은 전형적인 불과 공기의 관계를 보여 준답니다. 한 시간 정도 지나면, 그들은 커튼이 침대 시트와 어울리지 않은 것 따위는 잊어버리고 일종의 열정적인 화해를 하고 있을 겁니다. 그 후에 오디오에서 그들이 좋아하는 노래인 「당신은 내 삶에 빛을 비추네」가 흐르고, 그는 설거지하는 그녀를 도울 것입니다. 목성과 금성을 위한 주제가가 한 곡 있다면 바로 이 노래랍니다.

천칭자리 Libra

공기 · 시작하는 · 능동적
지배행성: 금성
상징: 천칭
양(+) · 남성적

Capricorn 염소자리

흙 · 시작하는 · 수동적
지배행성: 토성
상징: 염소
음(-) · 여성적

천칭자리와 염소자리의 관계

지상에서의 대혼란은 사나운 돌풍이 일었다 지나간 것처럼 갑자기 멈췄다.

하지만 그들은 그 결과가 자신의 운명을 결정한다는 걸 알고 있다.

모든 4-10 태양별자리 관계는 꽤나 힘든 관계입니다. 특히 시작하는 에너지를 가진 별자리 사람들에게는 4-10 관계에서 요구되는 영혼의 테스트가 유난히 힘겨울 수 있습니다. 4-10 관계의 시작하는 별자리는 양자리-게자리, 양자리-염소자리, 게자리-천칭자리, 천칭자리-염소자리입니다. (더 자세한 내용은 이 책 뒷부분의 부록을 참조하시기 바랍니다.)

변화하는 에너지의 별자리로 4-10 관계인 두 사람은 다소 시끄럽게 '의사소통'을 할 수 있습니다. 자칫 '이중생활'을 영위할 수도 있지요.

유지하는 에너지의 '조직가'인 두 사람이 4-10 태양별자리 관계를 맺으면, 최상의 노력으로 공통의 조화를 이루는 데 성공할 수 있습니다. 하지만 서로를 고집스럽게 피하거나 자신들의 삶을 '재조직'하기 위해 떠나서 다시 돌아오지 않을 수도 있습니다.

시작하는 에너지의 태양별자리 두 사람의 4-10 관계는 주도권을 두고 벌어지는 승부입니다. 두 사람은 결승점에 막상막하로 들어가 무승부에 만족할 수도 있습니다. 아니면 한 '리더'가 다른 '리더'를 완전하지만 불행한 승리로 정복하고, 한 사람은 슬프게도 패배한 채로 남겨질 수 있지요. 그러면 패자가 된 쪽은 내향적이며 마지못해 따르는 사람('리더' 기질의 시작하는 별자리 사람에게는 지극히 부자연스럽게도) 이 되어 자신의 운명을 받아들이거나, 아니면 도망칩니다. 동시에 결승점에 들어가는 것은 시작하는 별자리의 모든 관계 조합에서 좋은 목표가 되지만, 특히 천칭자리와 염소자리에게 좋습니다. 물론 '무승부'를 만드는 것은 결코 쉬운 일이 아닙니다.

우주의 법칙은 4-10 태양별자리 관계의 사람들에게 대단히 어려운 길을 제시합니다. 하지만 전에도 말씀드렸다시피, 잘 이겨낸다면 그 보상은 실로 막대하답니다. '운 좋게도' 공존 가능성을 더 많이 가진 조합에 부여된 것보다 훨씬 더 달콤한 보상이 따르지요. 만약 여러분이 천칭자리와 염소자리 같은 4-10 태양별자리 팀을 알고 있는데 그들이 여러 해 동안 행복하고 조화롭다면, 다음 중 한 가지는 확실합니다. ① 그들의 태양과 달 또는 동쪽별자리가 조화롭거나 ② 그들 중 한 사람이 잘못된 생년월일을 알고 있거나 ③ 그 두 사람이 존경받아야 마땅할 영웅적인 자질과 능력을 지닌 경우입니다. 왜냐하면 그들 자신의 개성과 품성을 상대방의 완전히 다른 생각과 동기에 적응하기 위해 관대함을 발휘하고 성인군자에게나 요구되는 자기통제와 연민을 발휘하는 일에 성공했기 때문입니다. 물론 두 사람은 완전한 성인군자는 아닐 것입니다. 하지만 다른 대부분의 사람들에 비해, 이들은 순수한 내적인 행복의 차원에 훨씬 더 가까워질 수 있을 것입니다. 직접 해보기 전까지 그렇게 믿는 사람은 극소수이지요. 그리고 사람들은 믿지 않기 때문에 노력하지도 않는답니다!

한 사람만 노력하고 상대방이 동조하지 않는다면, 재미없고 지루한 실험일 수 있습니다. 두 사람이 함께 희생하지 않는 상태에서의 순교는 불공평하지요. 게다가 혼자 힘으로 성인과 천사의 반열에 든다는 것은 힘든 일입니다. 조심하지 않으면 '달콤한 겸손'이 자기 학대로 바뀔 수도 있습니다. 미묘한 경계이지요. 하지만 자기를 학대하는 사람과 성인은 전혀 다릅니다.

염소자리는 여성적인 태양별자리입니다. 하지만 남성적인 행성인 토성이 지배하지요. 천칭자리는 남성적인 태양별자리입니다. 하지만 여성적인 행성인 금성의 지배를 받지요. 그래서 두 별자리는 매우 조화롭게 어울릴 수 있습니다. 온화함, 인내심, 민감함이라는 '여성적' 자질과 힘, 단호함, 이상주의라는 '남성적' 자질이 서로 적절하게 어우러질 수 있지요.

자, 여기에 행복한 균형, 만면의 웃음과 보조개의 부드러운 산들바람에 흔들리는 천칭자리의 저울과, 갈등보다는 평화에 현명하게 동의하며 즐겁게 고개를 끄덕이는 염소자리가 있습니다. 이들 두 경쟁심 강한 사람은 함께 예정된 시간에 순조롭게 출발할 겁니다. 결승점까지 우호적인 경주를 해야 하지요.

하지만 이 두 사람의 '좋은 출발'은 오래 가지 못한답니다. 그들을 비난해서는 안 됩니다. 탓하려면 그들의 지배행성에 해야 하지요. 천칭자리가 어떻게 불공평할 수 있겠어요? 염소자리가 어떻게 어리석거나 저돌적일 수 있겠어요? 두 사람은 정말 좋은 사람들이랍니다. 하지만 그 성가신 지배행성은 다릅니다. 그들이 온갖 문제의 원인이지요. 솔직히 말해서 금성과 토성은 천문학적으로 볼 때 결코 사이좋은 동료는 아닙니다. 천칭자리의 금성에게는 온화한 관대함, 아낌없는 부드러움, 때때로 과다한 지출과 향락, 가끔씩 약간 미루는 경향이 있습니다. 염소자리의 토성은 엄격한 규율, 보수적인 완고함, 어떤 것이든 결코 과하지 않으려는 경향이 있지요. 특히 쾌락에 엄격합니다. 그는 감정과 행동보다는 주머니 사정 쪽으로 분명하게 더 기울어지지요. 미루는 버릇에 관해 말하자면, 전형적인 염소자리에게 그것은 게으름이나 책임 회피와 동의어입니다. 극소수의 염소자리만이 오늘 중에 억지로라도 끝마칠 수 있는 일을 내일까지 연기하는 죄를 짓지요. 염소자리가 좋아하는 말은 "시간은 우리 편이다." "인내는 미덕이다." "급할수록 돌아가라." "가질 가치가 있는 것은 기다릴 가치가 있다." 등입니다. 반면에 천칭자리가 좋아하는 금성의 말들은 "정말 멋진 날이네요!" "내일은 더 좋아질 거예요." "다 괜찮아질 거예요." "내일 일을 걱정하지 마세요." "괴로움 뒤에는 기쁨이 있다." 등이랍니다.

토성과 금성의 이 특별한 철학이 조화를 이루면, 서로에게 적절한 양의 빛과 그림자를 더해 더욱 선명하고 멋진 그림을 완성할 수 있습니다. 앞에 예시한 진부한 말들은 서로 충돌하는 것처럼 보이지만 도리어 상호 보완적이며 서로를 풍요롭게 할 수 있지요. 이런 이유로 이들 두 시작하는 별자리를 가진 사람들이 만나서 한 팀이 되면, 엄청난 양의 힘을 확실히 방출할 수 있습니다. 대문자 'P'로 시작하는 힘(Power, 매우 특별한 힘)을 만들지요. 그들은 둘 다 원하는 것을 얻고, 가고자 하는 곳에 도착하고, 다른 사람이 자기 뜻을 따르게 하려고 확고부동한 결심을 합니다. 일단 천칭자리와 염소자리가 힘을 합쳐서 같은 방향을 향해 가기로 결정한다면 그들이 원하는 거의 모든 것을 성취할 수 있답니다. 개인적인 야망이든 다른 사람들을 행복하게 해주는 축복받은 소명이든, 두 사람은 다 이룰 수 있습니다.

천칭자리와 염소자리가 거대한 긍정적 에너지와 힘을 만들 수 있다는 주장은 천문 해석학의 과장이 아닙니다. 이들이 서로에게 협력하고, 4-10 관계의 어려움을 피하기보다 맞서 극복하려고 한다면 분명히 그렇습니다. 그 확실한 증거는 1978년 9월에 지미 카터 대통령이 주최한 정상회담(이집트와 이스라엘의 평화협정을 이끌어내어 일시적으로나마 중동의 위기를 불식시킨 역사적 회담—옮긴이)입니다. 이 회담에는 천칭자리 지미 카터 미국 대통령, 염소자리 안와르 사다트 이집트 대통령, 염소자리 미국 부통령 월터 먼데일, 사자자리 메나헴 베긴 이스라엘 총리가 참여했지요. 미래에 어떤 일이 벌어질지 모르지만, 이들이 함께한 기억할 만한 가을 회담을 계기로 온 세계는 상당히 많이 밝아졌습니다.

천칭자리인 카터 대통령은 '끊임없이 그의 마음과 입장을 바꾸는' 것 때문에 분노하고 실망한 미국 비평가들로부터 많은 비난을 받아왔습니다. 하지만 그는 변덕이 심하고 결정하는 데 상당한 어려움을 겪는 다른 모든 천칭자리 사람들처럼 자신의 태양별자리에 진실했을 뿐이랍니다. 자신의 인생에서 가장 훌륭하고도 중요한 결정(천칭자리는 언제나 최후에 결정합니다.)을 내리기 전까지는 그랬지요. 결정을 할 때까지는 천칭자리가 당신을 미치게 할 수도 있습니다. 하지만 그들이 저울 위에 놓인 황금 접시의 균형을 이루고 마침내 확고한 결정을 한 뒤에는 더 이상 빈둥거리지 않습니다. 그 결정은 심오하며, 그들이 그동안 보여준 모든 동요에는 그만한 가치가 있답니다.

결정을 내리는 과정에서 지미 카터는 천칭자리의 최후 소명인 중재자의 자리에 도달했습니다. 그는 염소자리 먼데일 부통령과 염소자리 사다트 이집트 대통령을 맞아 4-10 태양별자리 관계의 시험에 차분하게 직면했습니다. 그 결과, 그 자신의 태양별자리를 영광스럽게 했고 천문해석학의 아주 오래된 가르침을 증명했지요. 인내심 있고 현명하지만 때때로 고집스러운 염소자리 사다트와 관대하고 자비심 많지만 때때로 거만한 사자자리 베긴 사이에 발생한 문제가 무엇이든지 간에, 천칭자리 중재자 카터는 그들 사이의 의견 차이에 성공적으로 균형을 이뤄냈습니다. 금성 특유의 만면의 웃음을 띤 채 그들을 설득했고, 전 세계가 보는 앞에서 그들이 애정 어린 포옹을 하게 만들었지요. 사실 모두 제 역할을 했을 것입니다. 염소자리인 먼데일 미국 부통령은 염소자리인 안와르 사다트 이집트 대통령에게 기분 좋은 위안이 되어주며 안정감을 느끼게 해주었지요. 두 염소자리만이 서로를 느낄 수 있지요. 반면에 매력적인 미소의 천칭자리 카터 대통령은 자존심이 강한 사자자리 메나헴 베긴 이스라엘 총리의 헝클어진 갈기와 태도를 편안하게 쓰다듬어주었습니다. (카터와 베긴은 3-11 태양별 관계로 서로에게 우호적이지요.) 그리고 금성의 평온함은 토성이 지배하는 사다트에게 향했으며, 그들 사이에 타고난 4-10 태양별자리 관계의 시험에서 승리를 거두었지요. 모든 긴장이 해소되었고, 천칭자리의 행복한 결말이 만방에 드러난 것입니다. 언제나 '가정적인 남자'인 염소자리 사다트 이집트 대통령은 베긴 이스라엘 총리에게 자필 서명을 한 자신의 그림을 주고, 베긴의 손자들에게는 베긴과 카터의 사진을 보냈답니다. 그 보답으로 항상 자부심 강한 사자자리 왕족 메나헴 베긴은 안와르 사다트에게 이스라엘의 예술가 아감의 작품인 대형 메달을 선물했지요. 그 주제는 '평화의 꿈'이었고요.

천칭자리의 영원한 꿈은 평화입니다. 염소자리의 영원한 미덕은 인내심과 지혜입니다. 사자자리의 영원한 축복은 선행, 자비, 따뜻함과 관대함이지요. 모든 사람이 자신의 태양별자리 본질이 가진 가장 긍정적인 자질에 적합한 방식으로 행동할 때 어떤 기적이 일어나는지 보셨지요! 물론 제가 그곳에 있지 않아서 확신할 수는 없지만, 천칭자리 카터는 정상회담의 암울한 시기 동안 늘 암송하던 천칭자리 만트라를 반복하면서 금성의 낙관주의를 지켰을 것입니다. 카터의 창밖 소나무 꼭대기에 둥지를 튼 새는 어쩌면 그가 여러 번 노래하는 것을 들었을 것입니다. "고생 끝에 낙이 온다네!" 말할 것도 없이 천칭자리는 자신의 이 진부한 문구를 증명했지요!

염소자리와 천칭자리가 공유하는 또 다른 한 가지는 미술 또는 예술에 대한 관심입니다. 모든 염소자리가 예술가는 아니지만, 거의 모든 염소자리는 그림에서 영감을 받습니다. 대부분의 천칭자리도 그렇지요. 이들은 음악에 대한 관심도 공유합니다. 그리고 두 사람은 현대적인 예술보다는 '대가의 작품'을 더 선호합니다. 늘 그렇듯 예외는 있겠지만, 거의 대부분은 그렇답니다. 천칭자리는 섬세하고 우아한 가구와 장식품들을 사랑합니다. 의자와 테이블, 도자기와 크리스털 같은 것들이지요. 염소자리는 장인 정신을 존중합니다. 아름다울 뿐 아니라 몇 개월씩 오랜 시간을 들여서 만들어낸 물건을 숭배한답니다. 그 외에도 염소자리는 의복에서 카펫에 이르기까지 그 가격표와 실용성에 더 관심이 있습니다. 반면에 천칭자리는 색상과 질감, 균형미와 심미적 가치에 더 끌리지요. 두 사람은 이렇게 다르지만 차이 때문에 갈등할 필요는 없습니다. 찾아보면 서로 어울릴 수 있는 부분도 많을 테니까요.

그러나 염소자리는 천칭자리의 영원한 낙관주의와 춤추는 우유부단함에 대한 거부감만은 도저히 숨길 수 없을 것입니다. 그리고 천칭자리는 염소자리와 많은 시간을 보내는 것이 싱싱 형무소의 교도관이나 학교의 선도부와 사귀는 것과 비슷하다는 기분이 들 것입니다.

하지만 머지않아 천칭자리는 염소자리의 심각함에 희망이라는 파스텔 색조의 물감을 한 번 더 칠해줄 것입니다. 그리고 염소자리는 천칭자리가 침착하고 아늑하게 보호받는다는 느낌이 들도록 해줄 것입니다. 두 사람은 함께 내일을 기대할 것입니다. 물론 더 나은 내일이지요. 그리고 시간은 그들의 편이라는 사실을 깨닫게 될 것입니다. 어쨌든 그들의 관계는 견고할 것이고, 두 사람은 함께 마지막 결승점을 향해 경주할 것입니다.

천칭자리 여성과 염소자리 남성

… 웬디는 피터와 함께 침대에 걸터앉았다. 그리고 피터가 원한다면 키스해주겠다고 말했다.
피터는 그녀가 무슨 말을 하는지 몰랐지만, 기대감에 차서 손을 내밀었다.
"너 키스가 뭔지 알고는 있니?" 어안이 벙벙해져서 웬디가 물었다.
"네가 그걸 주면 알게 되겠지." 피터는 뻣뻣하게 대꾸했다.

처음에 천칭자리 여성은 염소자리 남성이 지나치게 완고한 구식이며, 뻣뻣하고 따분하고 진부하다고 생각합니다. 그녀의 장밋빛 환상 속에서 은실로 짠, 그녀가 꿈꾸던 연인의 이미지와는 전혀 어울리지 않는다고 판단하지요.

그녀는 그가 극단적으로 보수적이고, 자기 방식에 갇혔으며, 고집 세고, 평범하고, 유머도 없고, 우울하다고 생각할 것입니다. 게다가 지나치게 비관적이고, 독선적이며, 감정적으로 냉담하다고 평가하지요. 접시 한쪽에 이 모든 판단을 던져놓은 뒤에는 반대편 접시에 그가 지닌 몇 개의 미덕을 담아야 하겠지요. 그렇지 않으면, 염소자리와 천문해석학계 그리고 제가 함께 나서서 그녀의 불공평한 처사를 비난할 겁니다. 우리들 모두가 당신을 싫어하기를 원하는 것은 아니겠지요, 사랑스러운 천칭자리 여성분? 여기 당신을 위한 토성의 미덕이 꽤나 있답니다. 당신의 주의를 사로잡은 그 염소자리 남성에 대해 당신이 잘 분석할 수 있도록 더 많은 통찰력과 균형을 제공해드릴게요.

그중 한 가지는 그가 고집이 세다는 겁니다. 그는 당신 같은 공기 별자리가 아니라 흙 별자리 아래에서 태어났답니다. 어떤 생각을 머릿속에 넣게 되면 요지부동일 수 있지요. 그는 어느 정도 구식이기도 합니다. 하지만 매력 있지 않나요? 염소자리 남성이 지닌 편안하고 평화로운 면들 중 하나랍니다. 그리고 천칭자리 여성인 당신은 편안함과 평화에 전혀 반대하지 않지요. 재미없고 보수적이라고요? 글쎄요, 보기 나름이지요. 어떤 사람이 단지 보수적이기 때문에 재미없는 사람일 필요는 없습니다. 천칭자리인 당신 태양별자리의 소임을 더 신중하게 검토해보세요. '보수적'이라는 말의 의미는 상대적이지요. 해변에서 공개적으로 알몸을 노출하는 것은 특정 식당 체인점이 새롭게 선보인 로마풍의 방탕한 섹스 궁전을 찾는 고객에 비하면 '보수적'입니다. 포르셰와 BMW는 새로운 페라리 또는 랜시아에 비하면 '보수적'이지요.

비틀즈는 롤링스톤즈에 비하면 '보수적'이고, 롤링 스톤즈는 키스에 비하면 '보수적'입니다. 모든 것은 원처럼 둥글지요. 당신이 원주를 측정하려고 할 때 어디서 시작하느냐가 문제지요.

예컨대 원을 시계 반대 방향으로 측정할 때, 링컨의 전기 작가인 염소자리 칼 샌드버그는 염소자리 리차드 닉슨과 비교해 '보수적' 이미지를 제시할 겁니다. 문어발식 기업을 운영하는 사람에 비하면 염소자리 하워드 휴이는 '보수적'입니다. 과거에는 그렇지 않았지요. 목록을 신중하게 살펴보고 깊이 생각해본다면, 당신의 결정을 뒤집기로 결심할 수도 있을 겁니다. '보수적인'이라는 말을 '구식'인 것이 아니라, 아무 것도 아니고 아무 데도 아닌 곳으로 가는 도중의 어떤 것이 됐든 그보다 덜 앞선 것으로 분류할 수 있지요. 어쩌면 당신은 마음을 바꿔서 당신의 천칭자리 저울에서 염소자리 남성의 보수주의를 긍정의 접시 위로 바꿔 올려야 할지도 모릅니다.

물론 염소자리 남성이 눈에 띄게 독선적이기는 합니다. 하지만 당신은 긍정의 접시에 그가 흐리멍텅한 사람이 아니라는 반대 사항도 올릴 수 있지요. 가끔 그는 감정적으로 차갑습니다. 인정합니다. 하지만 그는 성급하거나 충동적이지 않으며 열정적이거나 분노를 폭발하는 성향이 아니라는 사실을 추가하면서, 그의 미덕을 담은 접시를 더 많이 채울 수 있지요. 이제 괜찮다면, 당신 저울의 부정의 접시에서 '유머가 없는'이라는 말을 지워주세요. 당신이 잘못 알고 있으니까요. 그를 더 잘 알게 될 때까지 기다려보세요. 그에게는 인간의 우스꽝스러운 행동을 예리하게 파악하는 기발한 유머가 있다는 사실을 알게 될 겁니다. 보기 드문데다 좀 애매하긴 하지만, 그의 코미디 감각은 타이밍이 절묘하답니다. 그는 또한 온화하고 성실합니다. 믿음직한데다 정직하고요. 열심히 일하는 사람이며 게으르거나 무능하지 않습니다. 그에게는 예술과 음악에 대한 감식력이 있지만, 그에 대해 떠벌이지 않지요. 또한 그는 인간 본성에 대한 깊고 원초적인 자신의 지혜를 알리기 위해 광고판을 빌리지도 않는답니다.

지금 당신의 저울에서 염소자리 남성은 어디쯤 있나요? 단점과 장점을 얹은 접시 두 개가 거의 평평해졌나요? 그의 비관주의가 당신에게 미칠 우울한 효과에 대해 아직 결정을 못했다고요? 그렇다면 다른 측면은 생각해보셨나요? 이를테면 그의 편에서 비관주의를 바라보는 일이 어떤 건지 생각해보셨나요? 사실 이 남성은 자신의 회의주의가 당신의 낙관주의 쪽으로 몇 등급 오르기를 은밀히 바란답니다. 당신이 느끼는 것보다 더 간절히요. 슬프고 외로운 사람의 기운을 북돋워주고 허무의 무용함을 가르치는 것은 당신이 좋아하는 역할 아닌가요? 그는 당신이 필요하답니다. 억압으로부터 자신을 해방시켜주고, 종종 느끼는 공허감을 채워주는 당신의 마술 같은 손길과 유쾌한 지적 도전이 정말로 필요하지요. 하지만 그는 고백하지 않을 겁니다. 자기 자신에게조차도요. 그는 너무 부끄러움이 많아서 당신의 웃음이 그를 울게 한다는 말을 당신에게 할 수 없답니다. 수천 개의 촛불이 한꺼번에 타오르는 것처럼 방을 환하게 밝히는, 천칭자리 여성만의 방식으로 당신이 그를 보고 웃을 때 그가 어떻게 하는지 관찰해보세요. 그가 바쁜 척하는 와중에도 얼마나 재빨리 당신을 바라보는지를 보세요. 그런데 혹시 당신이 그의 일이나 생각을 방해한 건가요? 그의 태도는 어쩐지 더 퉁명스럽고 목소리도 더 거칠어졌네요. 자기를 통제한다는 일이 어떤 남성에게는 이런 식이랍니다. 염소자리 남성에게 심어진 토성의 자기 규율은 서늘한 카리스마로 자신을 감싸고는 사람들을 쫓아버리지요. 그들이 남아주기를 그가 얼마나 간절히 바라는지 들키지 않으려 하지요.

그러나 만약 당신이 그의 눈동자를 깊이 들여다본다면 거기에 숨어 있는 것들을 볼 수 있을 겁니다. 행복하기를 바라는 조용한 반짝임과 당신과 함께 웃고 싶은 그의 갈망을요. 눈동자는 영혼의 창문이랍니다. 그가 방심했을 때, 당신은 그의 내면의 따뜻한 불을 볼 수 있을 겁니다. 그는 서리 내린 겨울 같은 겉모습 뒤에 그 불꽃을 감추고 있지요.

천칭자리 여성과 염소자리 남성의 섹스 궁합은 당연히 두 사람의 첫 번째 포옹과 맞아떨어지지는 않습니다. 그에게 있는 뭐라고 정의내리기 힘든 차가움 때문에, 그녀는 상처받고 거부당한다고 느낄 수 있습니다. 그녀는 무관심으로 잘못 해석하지요. 염소자리 남성 역시 자신의 구애에 대한 그녀의 냉담한 반응이 냉정함이라고 느낄 수 있습니다. 자연에서 공기와 흙 원소가 이질적인 것처럼, 천칭자리의 공기 원소와 염소자리의 흙 원소라는 인간의 본성은 서로에게 이해하기 어려울 수 있습니다. 그러나 노력한다면 좀 느리더라도 확실하게 두 사람의 섹스에 진귀한 황홀함을 줄 수 있답니다. '다름'이 주는 매력은 강력한 성적 끌림이 될 수 있습니다. 실제로 그들은 자신에 대해 서로 가르쳐줄 것이 무궁무진하지요. 염소자리 남성의 과묵한 태도는 처음에 그녀를 불안하게 하지만, 나중에는 그의 고요함 속으로 뚫고 들어가 그 깊이를 헤아리고 싶은 낯선 욕망으로 그녀를 끌어당깁니다. 천칭자리 여성의 공기처럼 자유로운 행동과 표현의 모호함은 그를 강렬한 매혹으로 사로잡습니다. 바닷가를 걸을 때 들었던 갈매기 소리처럼요. 둘 다 감질나고 잊히지 않지요. 설령 평생을 함께하더라도, 천칭자리 여성은 그의 더 깊은 자아를 완전히 알아내지 못할 겁니다. 염소자리 남성 또한 그녀의 변화하는 열정을 완전히 이해할 수 없을 테지요.

그러므로 완전히 충족되지 않은 욕망은 두 개의 길 중에서 하나를 택할 수 있습니다. 성적인 표현을 언제나 기대감으로 흥분하게 하는 말없는 도전으로 둘의 친밀감을 강화할 수 있습니다. 친밀감은 언제든 다시 불붙을 수 있습니다. 아니면 서로를 만족시킬 방법을 알 수 없다는 좌절감 때문에 섹스에 대한 흥미를 점차적으로 잃어갈 수도 있습니다. 어느 쪽 길을 택하는지는 그들의 출생차트에 있는 태양과 달, 화성과 금성의 관계에 달렸습니다. 하지만 그보다 더 많은 부분은 둘이 얼마나 많이 사랑하는지에 달렸지요.

어떤 천칭자리 여성은 음악적으로 말하며 시적으로 행동합니다. 그녀는 우아하고, 부드러우며, 감상적입니다. 향이 강한 장미처럼 사람을 취하게 만듭니다. 하지만 그녀는 단호하고 독립적이기도 합니다. 비록 자신의 맹렬한 야망과 지적인 정신을 벨벳처럼 부드러운 금성의 웃음이나 보조개가 들어가는 미소를 띤 새틴 같은 얼굴 뒤에 아무리 잘 숨겼더라도요. 그녀는 어떤 남성이든 그녀의 방식을 흔쾌하게 (넋을 잃어서) 따르도록 달래고 회유할 수 있습니다. 하지만 현실적인 염소자리 남성은 '그녀의 방식'과 '그의 방식'이 부딪칠 때, 그녀의 매력에 저항할 수 있답니다.

염소자리 남성은 재미있고, 사랑스럽고, 헌신적이며, 다정할 수 있습니다. 하지만 모든 염소자리는 자신의 인생 안에 있는 여성에 대해서는 조금 남성 우월주의입니다. 토성이 지배하는 남성은 자신이 선호하는 사고방식에 대해서 요지부동일 수밖에 없습니다. 천칭자리 여성은 더 융통성 있고 공기 요소가 이끌기 때문에, 그가 변하기보다 그녀가 입장을 바꾸는 편이 더 쉽습니다. 결과적으로, 두 사람 관계의 성공 여부의 상당한 책임은 그녀의 앙증맞지만 강한 어깨에 지워질 수 있지요. 그녀가 진실로 노력한다면, 그녀에게 진심으로 고마워하는 염소자리 남성은 그녀의 개성과 그 자신의 것을 혼합한 조화로운 '미술'에게 주는 낭만적인 명예 학위로, 혹은 라틴어로 된 달콤한 말이 새겨진 황금 팔찌로 보답할 것입니다. 그러면 천칭자리 여성은 그의 위엄 있는 외모를 한층 더해줄 오래된 시곗줄이 달린 구식 시계를 선물하겠지요. 시계는 과거의 달콤함을 상기시킬 겁니다. 케이스 안쪽에는 이런 말이 새겨질 테지요. "따분하고 보수적인 것은 평온하고 아늑하다." 아니면 그들끼리의 더 사적인 암호가 새겨질 수도 있습니다. 이를테면 이런 말이지요. "4-10은 천사들의 행운의 수이다."

천칭자리 남성과 염소자리 여성

어떤 아이가 당신에게 올 때, 그 아이가 기대한 권리는 공정함뿐이다.

당신이 아이에게 불공정하게 대한 이후에도 그 아이는 당신을 다시 사랑할 수 있겠지만,

결코 이전과 똑같은 아이로 돌아갈 수는 없다.

기이하고 불행하게도 또는 다행스럽게도(저는 정말 어느 쪽인지 결정할 수 없답니다.), 많은 점에서 강렬하고 도전적인 4-10 태양별자리 유형의 영향을 받은 이 관계에서 천칭자리 남성과 염소자리 여성이 이용하지 않을 타고난 양(+)적인 요소가 있습니다. 천칭자리는(그가 만약 드물고 삐딱한 예외 중 하나가 아니라면) 여성해방운동이 제안하는 많은 강령에 동의할 수 있는 여섯 개의 남성적 태양별자리 중 하나입니다. 나머지 남성적 태양별자리는 양자리, 쌍둥이자리, 사수자리, 물병자리와 사자자리입니다. 천칭자리 남성은 공평하고 공정하고 관대합니다. 그 자신의 개인적인 영역이든 사회의 전면적인 변화에 관해서든 변화에 대한 융통성이 있지요. 또한 그는 사려 깊고 논리적이며 합리적입니다.

흔들리는 시계추의 다른 한쪽에 있는 염소자리 여성은 언제나 뭔가를 또는 누군가를 어디로든 이끌어야 합니다. 그녀는 자신의 인생과 뇌리를 떠나지 않는 '할머니가 제일 잘 알고 계신다.'라는 생각으로 모든 일과 모든 사람을 현명하게 인도하고 훈련시키며 책임지는 것을 즐깁니다. 대략 여섯 살 때부터 그녀는 이런 모습이 되었답니다. 그녀는 자본주의 시대의 직업인으로 그 자격이 놀라울 정도로 충분합니다. 그녀는 능력 있는 경영자이며, 모든 일을 차분하고 현실적이며 합리적인 방식으로 제 기능을 다하도록 유지합니다. 빈민가의 한 부모 가정을 돕는 가슴 아픈 일이나 지역 사회 발전을 위한 힘들고 고된 일에서부터 골동품 가게, 주유소, 화물 운송회사의 업무를 관장하거나 종합 증권회사, 세차장 운영, 또는 양치기 개를 위한 학교를 졸업하는 일까지 전부 다요. 그녀는 성공적인 직업인이 될 수 있는 교양 있는 목소리와 태도(그녀의 실제 배경이 무엇이든지) 그리고 멋진 상식을 절묘하게 갖췄답니다.

이제 그녀의 천칭자리 남성을 생각해보세요. 그는 여성이 일한다거나 커리어를 추구하는 일에 대해 개방적인 견해를 가지고 있습니다. 두 사람 사이에 양(+)적인 요소가 있다고 말했지요? 그들이 언제나 이 점을 유리하게 이용하지 않는 이유는 천

칭자리 남성보다는 염소자리 여성의 단점 때문이랍니다.

이미 우리가 잘 알고 있는 것처럼 염소자리 여성은 시작하는 별자리입니다. 자신이 통솔하기를 원하지요. 하지만 허세를 부리며 앞장서려는 생각은 없습니다. 염소자리(남성 또는 여성)는 구석의 '거미'가 되기를 더 좋아합니다. 그들은 막후에서 조종하고 실행에 옮기는 사람들입니다. 법석 떨지 않고 축하곡도 없이 성공하지요. 염소자리 여성은 사업 영역에서 그녀가 추구하는 일종의 지도자 지위를 찾기가 어렵습니다. 세상은 아직 이상적인 환경을 조성할 만큼 충분히 진보하지 못했지요. 굉장히 드물고 운 좋은 경우를 제외하면, 염소자리 여성은 성공으로 가는 길에서 자신에게 열린 두 가지 가능성을 발견합니다. 하나는 여성이기 때문에 낮은 급여를 받는 하급 직원이 되는 것입니다. 다른 하나는 그녀의 능력에 상응하는 지위를 얻는 것입니다. 후자는 그녀가 적극적으로 앞으로 나아갈 때만 가능하지요. 하지만 일단 그렇게 된 후에는 세상의 많은 관심(『비즈니스 위크』에 실리거나 미국 국세청에 주목받거나)을 받는 것을 감수해야 합니다. 그녀는 유순하게 명령을 따르고 바퀴의 작은 나사가 되기를 거부합니다. 하지만 또한 사생활의 희생을 요구하는 권력의 정점은 그녀가 추구하는 리더십이 아닙니다. 따라서 수줍음이 더 많은 염소자리 여성은 예술 분야의 전문가가 되거나, 그와 비슷한 고독한 직업에 종사하게 됩니다. 또는 집안의 '구석에 있는 거미'가 되기로 결정하지요. 드러나지 않게 전략의 그물을 짜고 막후에서 '지휘하면서' 자기 태양별자리의 야망을 충족시킵니다. 그녀의 남편, 아이, 친척과 친구가 거의 의심할 수 없는 미묘한 방식으로 그들을 지휘한답니다.

자, 여기 그들이 있습니다. 자신의 여인이 집 밖에서 일하는 것을 즐겁게 허락하는 천칭자리 남성과 남성을 뒷바라지하는 것을 기꺼이 자신의 직업으로 삼으려는 염소자리 여성입니다. "모든 성공한 남성 뒤에는 여성이 있다."라는 공리를 알고 계시지요? 그 '여성'이란 종종 염소자리 여성이랍니다. 염소자리는 성공할 수 없는 일에는 결코 귀중한 시간을 낭비하지 않지요. 이 야심찬 여인이 그녀의 남자를 이끈다면 분명히 실패할 일은 없을 겁니다. 그를 성공시키기 위해 그녀가 하는 일이 무엇이든지 간에 그녀의 목적은 가장 생산적인 결과를 내는 것입니다. 문제는 천칭자리 남성입니다. 그는 염소자리 여성이 자신의 지도자적인 본능을 집 안에서보다 밖에서 추구하는 것을 더 좋아하지요. 물론 그는 그녀가 충실하고 헌신적이고 남자를 사랑하고 소중히 아껴주고 보호해주는 것을 좋아합니다. 하지만 뒷바라지가 그녀의 '평생 직업'이 되는 것에는 반대할 것입니다.

천칭자리 남성은 공기 원소의 별자리입니다. '흙'의 여성인 염소자리 여성이 그녀가 사랑하는 '공기' 같은 남성에 대해 배워야 할 첫 번째 교훈입니다. '공기'(특히 지도자의 별자리라면 더욱)는 행동의 자유를 추구하며 억압을 참을 수 없답니다. 그게 안 되면 퀴퀴한 냄새가 나지요. 그뿐 아니라 뚜껑이 열리자마자 달아날 겁니다. 공기 별자리 남성이 혼자 떠다니면서 꿈을 꾸고, 그가 좋아하는 산들바람을 따라 정신적으로 방황하도록 놔두세요. 그는 그리 멀지 않은 곳에 행복하게 남을 것입니다. 그를 병에 담거나 상자에 담으려고 해보세요. 그러면 그는 시비를 걸고 화를 잘 내게 됩니다. 아니면 분노의 토네이도와 허리케인을 일으키겠지요. 그런 다음에는 폭풍처럼 떠나버릴 것입니다.

만약 그녀가 진심으로 깊이 뉘우치고 그가 돌아오길 바란다면, 그는 돌아옵니다. 그녀는 자신의 실수를 인정할 만큼 공정해야 하며 그에게는 그녀의 입장을 이해해달라고 요구해야겠지요. 아니 좀 바꾸겠습니다. 그녀의 실수를 인정하는 것과 그의 이해를 요구하는 것은 괜찮습니다. 그는 아마도 천사처럼 반응할 테니까요. 하지만 그에게 그녀의 입장을 봐달라고 하는 것은 현명하지 않을 수 있습니다. 천칭자리와 타협할 때는 어떤 특정한 입장을 옹호해서는 안 됩니다. 그 특정 입장에서 온갖 긍정적인 요소를 열거해보세요. 그러면 이 남성은 그의 저울이 평평해지도록 균형을 잡으려고 할 겁니다. 본능적으로 그의 모든 지적 능력, 즉 연역적 추리와 훌륭한 논리를 반대편을 옹호하는 수단으로 사용하지요. 원래 그가 어느 쪽을 지지했는지는 잊어버리세요. 흥미진진한 토론에서 이기기 위해서라면 그는 자신의 마음(오랫동안 고수한 확신이라도)도 바꿀 겁니다. 도전적인 논쟁은 천칭자리 남성의 넋을 나가게 만든답니다. 그래서 종종 그는 '대화'를 시작하기 전에 자신이 있었던 곳을 잊어버리지요.

이것이 천칭자리의 치명적인 급소랍니다. 그들 중 소수만 이런 사실을 자각하고 있지요. 저는 개인적으로 태양별자리의 약점을 이용하는 것은 비겁하고 공평하지 않다고 생각합니다. 하지만 목적이 수단을 정당화할 수 있을 정도로 정상참작이 가능한 상황도 있지요. 그러니 현명한 염소자리 여성이라면 완전히 그의 편이 되어 그녀 자신이 명백히 틀렸다고 말할 것입니다. 그가 옳고 그녀가 전적으로 틀린 온갖 이유를 대면서 자신에게 유리한 최소한의 근거도 주지 않는 겁니다. 모든 면에서 그녀 자신에게 명백하게 일방적이며 불공평해 보이는 일종의 독백을 읊조리는 거지요. 염소자리에게는 좀 어렵겠지만, 그의 말솜씨를 관찰하며 실천할 수 있답니다. 마법처럼 효과가 있을 것입니다.

천칭자리 남성은 자기 태양별자리의 강력한 '판사' 본능을 발휘할 수밖에 없답니다. 그는 염소자리 여성의 말 속에 있는 모든 단점을 지적하기 시작할 겁니다. 그녀가 스스로에게 지나치게 불공평한 부분을 지적하고, 최소한 비난의 절반만 감수하라고 권할 것입니다. 그러고는 원래 그녀가 토라지게 된 원인이 되었던 일, 즉 그가 그녀에게 상처를 주고 걱정시켰던 일에 대해 이제 이해했다고 공표하면서 연설을 끝낼 것입니다. 그녀가 원했던 바로 그 결론이지요. 그는 무슨 일이 일어난 것인지 거의 알아차리지 못합니다. 그녀가 했던 행동이 충분히 그럴 만했다는 사실을 그가 공정하게 보기 시작한 것을 제외하면요. 그는 평소의 부드럽고 감상적인 그로 돌아와 그녀에게 용서를 구하고 새로운 시작에 믿음을 가지도록 설득할 것입니다. 그때 그는 정말 멋진 금성의 미소를 짓는답니다. 그리고 무슨 일인가가 벌어지지요. 익숙한 떨림과 갈망이 다시 살아나 터져 나옵니다. 슬픔도 밀려듭니다. 상처주려고 한 건 아니었지만 결국 서로에게 상처를 주게 되었다는 사실을 이해하게 된 것에서 오는 고통입니다. 슬픔 뒤에는 동정심과 용서하고 용서받고자 하는 압도적인 욕구가 언제나 따라오지요. 염소자리 여성은 인간 영혼을 시험하기 위한 모든 유혹을 이길 수 있습니다. 하지만 천칭자리의 웃음처럼 눈을 멀게 하는 밝음에는 오래 저항할 수 없지요. 그녀는 염소자리의 작고 수줍은 미소로 답합니다. 그녀의 눈동자와 마음은 동시에 부드러워지겠지요. 그리고 1월의 눈 속에서 장미가 피어날 것입니다.

하지만 그의 팔 안에서 그녀가 쉽게 녹아내리지 않을 수도 있습니다. 여전히 그녀 안에서 눈이 내리고 있을 수 있습니다. 천칭자리 남성이 그녀를 거부하는 듯한 기분이 들게 한 것 때문이지요. 그녀의 얼어붙은 움츠림을 녹이기 위해 그는 자신의 모든 다정함과 매력을 사용해야 할 것입니다. 마찬가지로 염소자리 여성이 차갑고 못마땅해하는 태도로 그의 낙관적인 천성에 상처 주었던 것을 치유하려면, 그녀의 모든 온화한 설득력을 동원해야 하지요. 하지만 사랑을 나누는 남성을 신뢰할 때, 이 여성은 놀라울 정도로 부드러워진답니다. 두 사람의 성적인 조화는 때때로 포착하기 어려울 수 있습니다. 낭만적이며 말로 표현하는 것을 좋아하는 천칭자리 남성에게 염소자리 여성은 지나치게 내성적이고 반응이 없는 것처럼 보일 수 있습니다. 섹스에 대한 그녀의 접근은 느린 관능성이지요. 천칭자리 남성의 가볍고 경쾌해 보이는 무심함은 그녀를 공허하게 하고 보다 감각적인 열정을 갈망하게 만듭니다. 하지만 그가 노력한다면, 그는 그녀 안에 묻혀 있는 예기치 못한 애정과 감정으로 기뻐하고 놀라게 될 것입니다. 이를 끌어내기 위해서는 오직 그의 인내심이 필요합니다. 그는 육체적 합일과 성적 친밀함이 지닌 심오한 감각에 대해 그녀로부터 배우기를 마음 깊이 바랍니다. 그녀는 이 남성에게 가르칠 것이 많다는 사실을 알게 되지요. 그들 각자가 상대방처럼 되기 위해 노력을 한다면 도움이 됩니다. 염소자리 여성은 더 많이 표현하도록 노력해야 하고, 천칭자리 남성은 사랑을 나누는 동안 더 집중하도록 노력해야 합니다. 그렇게만 하면 모든 일이 잘될 겁니다.

천칭자리 남성에게는 바닥이 보이지 않은 감성의 우물이 있습니다. 하지만 그는 염소자리 여성의 조용한 비밀에는 그다지 예민하지 않을 수 있습니다. 천칭자리 남성의 논리와 명징한 사고는 인간의 마음을 이해하는 데 가끔 걸림돌이 될 수 있지요. 그는 공정하고 공감을 잘하지만 무척 관념적입니다. 그래서 그녀가 행동하고 말하는 것 뒤에 있는 동기를 이해하는 일을 종종 무시합니다. 천칭자리는 인간 감정에 대한 통찰력으로 유명하지도 않지만, 감정의 결과인 말과 행동에 드러나는 인간의 외적 징후를 분석하는 일에는 더욱 소질이 없답니다. 그의 우아한 교양과 예술적인 지식과 '연애' 수완에도 불구하고, 그는 염소자리 여성에게 '차갑게' 보일 수 있습니다. 그녀의 본성에는 모든 인간적인 욕망의 높은 곳과 깊은 곳에 있는 다양한 음영과 음색과 단계가 더 풍부하기 때문이지요.

두 사람 모두 기분 변화가 심합니다. 천칭자리 남성은 일주일 중에 여러 날, 아니면 하루 동안에도 기분이 좋았다 나빴다 그네를 탑니다. 즐겁고 다정한 모습에서 짜증을 내고 지배적인 모습을 오가지요. 염소자리 여성의 감정은 순간순간 변하지도 않고 다양하지도 않습니다. 하지만 토성의 우울함은 단계적으로 쌓이지요. 그녀는 더 심각하게 불안하고 훨씬 더 오래 지속된답니다.

염소자리 여성에게는 천칭자리 남성이 지닌 희망의 무지개가 필요합니다. 천칭자리 남성은 그녀라는 의지할 수 있는 안식처가 필요합니다. 누군가가 말했지요. 필요한 사람이 된다는 것은 사랑받는 것만큼 좋은 것이라고요. 하지만 때로는 사랑받는 것보다 필요한 사람이 되는 쪽이 훨씬 나을 수도 있지요. 왜냐하면 부서지기 쉬운 꽃처럼 너무 빨리 피고, 너무 짧은 기간 아름답고, 서리에 너무 쉽게 멍이 들며, 폭풍의 첫 바람조차 견뎌낼 수 없는 사랑도 있으니까요. '필요하다는 것'은 더 견고하고 더 친숙한 사랑의 씨를 뿌립니다. 그 사랑은 대지에 뿌리를 내리고, 그늘을 만드는 나뭇가지와 나뭇잎이 있는 강한 나무로 조용하게 자라지요. 천칭자리에게는 충분히 아름답고, 염소자리에게는 충분히 현실적인 아름다운 시가 나뭇가지 사이에 부는 바람결에 노래합니다. 나무는 하룻밤에 자라지 않는답니다. 나무는 여러 해를 참고 기다리면서 키워져야 합니다. 하지만 그들은 견뎌냅니다. 나무는 영원하지요. 천칭자리 남성과 염소자리 여성은 인도 시인 타고르의 말에 숨어 있는 신비스러운 진실을 명상해야 합니다. "… 씨앗의 고갱이에서 기다리는 믿음은, 증명할 수는 없으나 분명히 존재하는 삶의 기적을 약속합니다."

천칭자리 Libra

·공기 · 시작하는 · 능동적
지배행성: 금성
상징: 천칭
양(+) · 남성적

Aquarius 물병자리

공기 · 유지하는 · 능동적
지배행성: 천왕성
상징: 물병을 들고 있는 사람
양(+) · 남성적

천칭자리와 물병자리의 관계

그들이 공처럼 가지고 노는 형형색색의 비눗방울은 무지개 물로 만들어졌다.

그들은 비눗방울을 즐겁게 이쪽에서 저쪽으로 꼬리로 치면서 터질 때까지 무지개를 보려고 애쓴다.

천칭자리는 영원히 비눗방울을 불고 물병자리는 영원히 그걸 터뜨리려고 하지요. 한동안은 엄청 신나고 기쁨이 가득합니다. 마치 재미있는 게임을 하는 것 같지요. 시간이 좀 지나면 열의가 조금씩 사라집니다. 그러면 천칭자리는 짜증을 내고 물병자리는 오해받은 것 때문에 불같이 화를 낼 겁니다.

천칭자리는 물병자리가 고집이 세다고 비난할 겁니다. 사실입니다. 물병자리는 유지하는 별자리니까요. 물병자리는 천칭자리 맘대로 하려는 걸 비난하겠지요. 이것도 사실입니다. 천칭자리는 시작하는 리더십의 별자리지요. 서로에게 진실을 이야기한 후에, 천칭자리는 공정한 태도로 돌아가 자신이 잘난 척한 사실을 인정할 겁니다. 그 태도가 너무도 상냥해서 물병자리는 자신이 고집 세지 않다고 계속 주장하는 행위에 꺼림칙한 기분이 든답니다. 하지만 물병자리는 자기 성격의 단점을 인정하지 않고 계속 심술궂게 굴 것입니다. 왜냐하면 유지하는 에너지의 별자리에서 태어난 사람은 자신이 미덕 말고 단점도 있다는 것을 인정하는 일이 거의 불가능하기 때문입니다. 게다가 물병자리는 그러한 토론은 시간 낭비라고 생각합니다. 사람들이란 잘 지내거나 아니면 사이가 나쁘지요. 만약 누군가와 사이가 좋지 않다면 굳이 함께 이야기를 나눌 필요가 없답니다. 작별 인사를 하고 가던 길로 가면 그뿐이니까요. 그러면 서로 다투느라 에너지를 낭비할 일이 없지요. 인생에는 재미있는 일이 차고도 넘치니까요. 이것이 물병자리가 논쟁에서 이기는 방법이랍니다. 이 사람들은 몸을 쓰는 일에 관한 거라면 극도로 실용적입니다. 또 자신의 관점 이외에 다른 면을 보는 것에 관해서 다소 이기적이지요. 하지만 지금까지는 물병자리가 대부분의 사람들과의 논쟁에서 이기는 방법에 대한 얘기였습니다. 천칭자리가 토론의 상대라면 이기기가 쉽지 않습니다. 지극히 극소수의 사람만이 논쟁적인 토론이나 대화에서 천칭자리를 이길 수 있답니다.

특이하게도 물병자리는 모자를 통해 싸움에서 이기곤 합니다. 그들은 모자를 쓰고 떠나버리지요. 천칭자리가 논리적으로 이기고 있다는 사실을 감지했을 때 물병자리가 사용하는 전략이랍니다.

천칭자리와 물병자리는 모두 공기 또는 지적인 원소의 별자리이기 때문에, 이들이 논쟁을 하지 않을 때는 긍정적인 대화로 자신들의 섬세한 정신을 갈고닦습니다. 그 대화는 신나는 것에서 영감을 주는 것까지 언제나 고무적이며 도전적인 것입니다. 또한 이들은 5-9 태양별자리 관계이기 때문에 두 사람 사이에 불화가 심각하거나 지속되는 일은 드뭅니다. 용서와 새로운 출발이 언제든 가능하지요. 헤어진 관계이거나 어떤 이유로 사이가 멀어지고 있는 경우라 해도, 천칭자리와 물병자리는 서로를 쓰라린 상처로 여기거나 상대방을 혹평하지 않을 것입니다. 두 사람이 서로를 너무나도 잘 이해하기 때문입니다. 천칭자리와 물병자리는 종종 어린이, 동물, 대학 교육, 외국 여행, 종교, 철학과 예술에 공통의 관심을 보입니다. 이들의 태양별자리는 120도를 이루고 있으며, 이 각도는 개인적인 차이에도 불구하고 두 사람으로 하여금 매우 유사한 꿈이나 이상을 품게 한답니다.

물병자리가 인정하든 안 하든, 그(그녀)는 천칭자리가 공정하고 편파적이지 않으려고 언제나 열심히 노력한다는 사실을 이해하고 존중합니다. 천칭자리가 인정하든 안 하든, 물병자리의 관용과 천왕성의 인도주의적인 목표를 이해하고 존중하지요. 불가피한 찬탄과 존경이 이들 사이에 언제나 존재한답니다. 지적인 대결을 할 때조차 그 감정들은 여전하지요. 두 별자리는 기본적으로 잘 어울립니다. 서로의 동기를 이해하지요. 그들이 아무리 열을 내서 그 사실을 부인하려고 해도요.

천칭자리 저울의 섬세한 균형이 천왕성이 지배하는 물병자리의 엉뚱한 행동 때문에 일시적으로 뒤집어지는 경우가 있을 겁니다. 물병자리는 화가 나면 극도로 감정적인 방식으로 행동하는 경향이 있지요. 그럴 때면 천칭자리는 실제로 몸이 아플 수 있답니다. 긴장 때문입니다. 금성의 사람은 조화가 필요합니다. 긴장하면 눈에 보일 정도로 신경과민이 될 수 있지요. 한편, 물병자리가 보기에 사안의 양 측면을 보려는 천칭자리의 성향은 불성실한 것처럼 보일 수 있습니다. 이미 말씀드렸듯이 물병자리는 오직 한 면, 본인의 관점만을 믿는 사람이지요. 유지하는 별자리의 의견은 당연하게도 유연하기보다는 고정되어 있답니다. 또 물병자리는 진실로 완전히 선입견이 없으며 관대한 사람들이지만, 인격적인 또는 감정적인 반대에 직면하면 전혀 달라지지요.

온화한 금성의 영향을 받기 때문에, 대부분의 천칭자리는 헤밍웨이가 말했던 "시련 속에서도 사라지지 않는 품위"를 지녔습니다. 이 점은 물병자리가 예기치 않게 천왕성의 화를 폭발했을 때 도움이 됩니다. 물병자리는 우주에서 오는 전기 충격에 민감하지요. 그래서 그가 무엇을 하든 충동적으로 갑자기 하는 경향이 있습니다. 그런데 천칭자리는 공연한 일로 긁어 부스럼을 만드는 경향이 있지요. 그러면 물병자리는 엉뚱한 행동과 함께 전형적인 전기 폭발을 일으키고는 사라져버립니다. 그리고 일정 기간 동안 대화하기를 완전히 거부합니다. 이런 때는 그냥 가만히 내버려두는 게 좋습니다. 물병자리는 곧 자신을 힘들게 한 것이 뭐였는지 잊어버리고 평소의 괴짜에 사랑스럽고 매력적인 자신으로 돌아옵니다. 하지만 천칭자리는 지속적으로 설명을 요구하거나 결정적인 승리를 얻으려고 할 것입니다. 의견 충돌을 용서하거나 잊는 대신 말이에요. 물병자리는 대답을 강요받는 것을 싫어합니다. 굉장히 불편해하지요. 하지만 천칭자리는 대답을 강요받는 것을 전혀 싫어하지 않습니다. 그것은 옳고 그름을 평가할 수 있는 절호의 기회이며, 그들에게 활력을 불어넣어주는 활동이지요. 모두가 예의 바르고 사려 깊은 태도로 임하고 서로 무례한 태도로 소리 지르지 않는 한 말이에요. 갈등과 언쟁에 대한 두 별자리의 다른 태도는 둘 사이에 근본적이고도 중요한 차이를 만듭니다. 하지만 일단 이런 사실을 이해하고 참작한다면, 천칭자리와 물병자리는 함께 솜털 같은 구름을 타고 집, 교실, 실험실, 우주 캡슐, 사무실 또는 헛간을 날아다닐 수 있답니다.

천칭자리는 물병자리에게 차분함과 평정을 가르칠 수 있습니다. 물병자리는 천칭자리에게 모든 것은 회색이며 섞여 있다는 사실을 가르칠 수 있습니다. 세상의 어느 것도 검지 않으면 흰 것만은 아니며, 이것이 아니면 저것인 것만도 아니지요. 그래서 오직 관용만이 인생의 균형을 맞추는 유일한 방법이라고 가르칠 수 있답니다. 또한 물병자리는 새로운 아이디어의 창안자인 반면 천칭자리는 그 아이디어를 실제로 응용하도록 디자인하는 건축가입니다.

천칭자리의 감수성은 쉽게 상처를 받습니다. 하지만 인간의 정신은 물병자리의 감수성에 상처가 될 수 있는 어떤 것도, 아직은 생각해내지 못했답니다. 그래서 물병자리가 충격받을 일은 전혀 없습니다. 반면에 천칭자리의 세련된 취향은 파스텔 색조로 칠해진 꽃이 없는 그 모든 생각이나 대화 또는 물건에 경악합니다. 물병자리는 지구의 미래에 깊은 관심을 갖지요. 그들이 물 없는 화장실과 같은 생태학적인 개념에 열광하는 것은 자연스러운 일입니다. 물병자리는 천칭자리에게 시급한 문제인 수질오염으로부터 지구의 물을 구할 유일한 방법인 멀뱅크(Mullbank, 퇴비형 변기)에 대해 흥분해서 알려줍니다. 그 주제에 대해 제대로 경고하기 위해 이론을 자세히 설명하지요. 모든 가정이 물 없는 화장실을 사용하게 만드는 법을 정부가 통과시켜야 하며, 현재의 수세식 화장실 대신 퇴비형 변기를 설치한 각 가정은 그 해에 미국 국세청에 내야 하는 세금에서 퇴비형 변기에 대한 비용을 공제받아야만 한다고요. "생각해봐요." 물병자리가 외칩니다. "단연코, 냄새가 전혀 없어요. 6인 가족이 일 년에 한 번 폐기하는 유일한 쓰레기는 커피 깡통에 담긴 재 정도예요. 게다가 이걸 잔디나 정원에 뿌리면 식물이 더 잘 자랄 수 있다니까요!"

사실 천칭자리는 생태학적 '균형'을 유지하고 보장한다면 그 어떤 것도 아주 많이 지지하고 싶습니다. 하지만 배설과 관련된 매우 지저분한 어떤 것들에 상세한 설명 때문에 천칭자리의 얼굴은 화가 난 것처럼 붉어집니다. 불쾌한 표정이 아름답고 균형 잡힌 천칭자리의 얼굴을 스칩니다.

"좋아요, 좋아." 물병자리는 화가 나서 어깨를 으쓱입니다. "다른 사람의 배설물로 오염된 물을 마시거나 목욕하는 것이 좋다면, 당신 자신과 아이들과 손자들이 얼마 가지 않아 깨끗한 물이라고는 한 방울도 마시지 못하게 되어도 좋다면, 계속 수세식 화장실을 사용하고 지구 주위의 오존층을 파괴하는 에어로솔 캔에 들어 있는 인공적인 향을 목욕탕에 뿌려요. 하지만 이 경고를 기억해두세요. 지구를 구하는 것은 향수 냄새가 나는 사치품이나 거품 욕조나 당신의 모든 꿈의 예술과 음악이 아니라, 이탄 이끼와 퇴비와 똥거름이라는 사실을요."

이제 물병자리는 밖으로 성큼성큼 나가버립니다. 남겨진 천칭자리는 생존과 심판의 날이라고 적힌 두 개의 접시에서 정신적인 균형을 이뤄내야 한다는 시련에 직면해 거의 신경쇠약에 걸린 상태입니다.

몇 분 뒤에 물병자리는 갑자기 돌아와서 큰 소리로 외칩니다. "나는 분명 똥거름이라고 말했어요!" 그러고는 문을 쾅 닫고 다시 떠납니다. 천칭자리의 보조개는 충격으로 일그러집니다. 물병자리가 논쟁을 이기는 방법이랍니다.

천칭자리의 오락가락하는 망설임은 물병자리를 격분하게 만듭니다. 완전한 반전을 끌어내려고 하는 천왕성의 성향은 일단 결정이 이미 내려졌다면(천칭자리는 결코 결정하지 않지요.) 천칭자리 사람을 고양이 쥐 몰듯 다그칠 겁니다. "결심해요." 물병자리가 외칩니다.

"글쎄요, 일단 결정한다면, 내 마음을 바꾸지는 않겠어요. 당신이 늘 그러는 것처럼." 천칭자리가 다소 방어적으로 부드럽게 대답합니다.

"어떻게 알지요?" 물병자리가 대꾸합니다. "당신은 평생 결정이라고는 해본 적이 없을 것 같은데요."

천칭자리는 밝게 웃습니다. 수천 개의 촛불과 무수한 태양을 밝힌 것처럼 사방이 환해집니다. "저는 당신의 친구가 되려고 결심했잖아요, 안 그래요? 한 번도 후회한 적은 없어요. 다른 사람은 당신이 미쳤다고 하지만, 나는 당신이 천재라고 생각해요. 내가 물 없는 변기를 주문했다고 당신한테 말했나요?"

물병자리는 부끄러워서 입을 다뭅니다. 천칭자리는 다시 웃습니다. 보조개가 팹니다. "이봐요, 미안해요." 마침내 물병자리가 깊이 뉘우치며 중얼거립니다. "가끔 내가 제정신이 아니기는 해요. 당신 없이 내가 뭘 할 수 있을지 정말 모르겠어요."

천칭자리가 논쟁에서 이기는 방법이랍니다. 꾸준한 노력이 필요합니다.

천칭자리 여성과 물병자리 남성

"팅크." 피터가 소리를 질렀다.
"일어나서 당장 옷을 입지 않으면 커튼을 걷을 거야. 그러면 우리 모두 네 잠옷 입은 모습을 보겠지."
이 말에 그녀는 마루로 뛰어내렸다. "내가 안 일어난다고 누가 그래?" 그녀가 소리쳤다.

두 사람이 모두 감정이 연달아 일어나는 토네이도와 허리케인 같은 상황으로 몰리는 것을 즐기는 경우가 아니라면, 이 대장 놀이에서 누가 앞에 걸을지를 처음부터 정하는 게 가장 좋습니다. 대장이 앞장섭니다. 부하는 몇 발자국 뒤에서 걷습니다. 평온을 위해, 당신의 평화의 담뱃대(아메리카 인디언은 화친의 상징으로 담뱃대를 돌려가며 피웠음—옮긴이)를 피워주세요.

천칭자리 여성은 자신이 여성이고 숙녀이며 아내라는 사실과 상대방은 이중주의 반쪽을 담당한 남성이라는 점을 담백하게 받아들여야 합니다. 그는 바리톤으로 노래하고 그녀는 소프라노로 노래합니다. 그녀는 남성적인 태양별자리 아래에서 태어났으나, 온화하고 여성적인 금성의 인도를 받습니다.

물병자리 남성은 남성적인 태양별자리로 태어났습니다. 그리고 그는 남성적인 행성인 천왕성의 강하고 다소 오만한 지침을 따릅니다. 남성의 카리스마는 언제나 약간 오만하지요, 안 그런가요?

천칭자리 여성은 유리한 지점을 차지하기 위해 물병자리에게 다정하고 부드러운 책략을 쓸 것입니다. 그녀의 계획과 생활 방식에 그가 따라오도록 조종하려고 애를 쓰지요. 물병자리 남성은 처음에는 그녀 방식을 따를 겁니다. 폭발하는 별빛 웃음과 그녀의 보조개와 그녀의 온갖 멋진 매력에 넘어갔기 때문이지요. 하지만 그가 뒷걸음칠 때가 옵니다. 지나칠 만큼 유지하는 별자리인 물병자리 남성은 그 고집스러움이 노새를 능가합니다. 오히려 노새를 세상에서 가장 유순하고 잘 설득되며 쉽게 다룰 수 있는 피조물로 보이게 만들 정도지요. 이 남성은 자신이 옳다고 믿으면 1인치도 움직이려고 하지 않습니다. 남성성이라는 개인적인 규정과 도덕성이라는 공적인 규정은 돌로 된 명패에 새겨져 있지요. 어쩌면 모세 친척의 것일 수도 있겠네요. 불타는 관목 뒤에서 뻗어 나온 손이 그에게 이 명패를 전해주었을지도 모릅니다. 누가 알겠어요? 하지만 그는 그날을 잘 기억하고 있답니다. 그가 태어나기 전이었지요. 이 지구상의 어떤 힘도 물병자리가 정말로 옳고 정당하다고 생각하는 행동 방침을 동요시킬 수 없습니다. 당신은 제가 말한 것이 (그의 개인적인 규정에 따라) 옳고 정당했음을 알아차리게 될 것입니다. 저는 공정함에 대해서는 아무 말도 안했습니다. 공정은 천칭자리 여성의 분야이니까요. 그리고 이 사실은 공정함에 대한 정의를 두고 진실로 경쟁적일 수 있는 이 두 사람 사이에 상당한 문제를 일으킬 겁니다. 예를 들어보겠습니다.

수년 전 뉴욕에서, 제가 한 천칭자리 여성과 그녀의 물병자리 남자 친구를 알고 지냈습니다. 저는 그들이 친구였다고 추측합니다. 둘은 연인이라고 한 적이 없었거든요. 하지만 누구도 물병자리에 대해 알 수 없지요. 이 남성은 사랑과 우정 사이를 구분할 수 없기 때문입니다. 만약 사랑이라도, 사랑을 알리기 위해 광고판을 사는 종류의 남자는 아니지요. 어쨌든 그녀는 그에게 토실토실하게 살찐 세인트버나드를 선물했습니다. 강아지는 잘 자랐지요. 그 녀석에 대한 물병자리 남성의 헌신이 커질수록 강아지는 멋진 개로 자랐답니다. 결국 두 사람은 다투었습니다. 세인트버나드와 물병자리가 아니라, 천칭자리와 물병자리가요. 그녀는 전체 상황을 저울 위에 놓고 공정한 결론을 내리고 애쓰면서 주의 깊게 평가했답니다. 진심으로 그랬을 거예요. 여러 시간에 걸쳐 고통스러운 숙고를 한 끝에, 그녀는 공정한 결정이라고 여긴 지점에 이르렀습니다.

예전에 그는 항상 그녀의 친구가 되겠다고 약속했습니다. 그런데 그는 네스 호의 괴물처럼 행동하면서 그 자신의 약속을 완전히 무시하기 시작했지요. 그런데 그는 우정의 고결함이나 신성함에 관해 지겹도록 반복해서 말하는 사람이었답니다. "당신이 정말 내 친구라면 양자택일을 해야 해요." 또는 "당신이 진짜 내 친구라면, 이런 짓 또는 저런 짓은 하지 않아야 해요."라고 그녀에게 언제나 말했지요. 그녀는 둘이 친구라고 생각했을 때 세인트버나드를 그에게 주었습니다. 그리고 이제 다른 결정을 내렸지요. 천칭자리가 마침내 결정을 내렸다면, 더 이상 꾸물대지 않습니다. 그녀는 보안관을 불러서 개를 돌려달라고 주장했답니다.

물병자리 남성은 화가 났습니다. 그는 이 부당함에 대응할 온갖 종류의 방법을 생각했습니다. 그녀의 머리카락을 초록색으로 물들이거나 침실 창문으로 살아 있는 벌집을 던지는 것 같은 일들이었지요. 세인트버나드는 그에게 세상에서 가장 좋은 친구였는데, 이제 와서 그녀가 자신의 선물을 회수하려고 하다니요! 그녀가 그의 친구를 유괴하다니요!

물병자리 남성의 내부에서 상처받은 감정이 격렬하게 들끓었습니다. 그는 진정될 때까지 여러 달 동안 뉴욕을 떠날 수밖에 없었지요. 만약 이 천칭자리 여성이 자신의 판단과 행동이 그를 정신차리게 할 거라는 희망을 갖고 있었다면, 물병자리 남성을 잘못 판단한 것입니다. 그녀는 그의 마음뿐만 아니라 우정도 산산조각 냈답니다. 이런 일은 물병자리와 천칭자리의 관계에서 거의 불가능한 일입니다. 5-9 태양별자리 관계의 본질적인 이해심은 그들이 맞닥뜨릴 수 있는 거의 모든 난관을 견뎌내기 때문입니다. 하지만 이 문제에서는 그럴 수 없었지요. 누구도 물병자리와 그의 개 친구를 헤어지게 하지 못한답니다. 돌로 된 명패에 새겨진 천왕성의 법 중의 하나지요. 그런데 지금 그것에 금이 갔군요.

천칭자리 여성은 심각한 실수를 한 것입니다. 언젠가 피해를 복구할 수도 있겠지만 많은 인내심과 겸손이 필요할 겁니다. 그녀가 좀 더 기다리기만 했더라도 네스호 괴물 같은 물병자리 남성의 행동은 멈췄을 겁니다. 물병자리 남성이 물구나무를 서고 우주를 묵상하고 땅콩버터 과자를 씹고 있을 때는, 그가 돌아올 때까지 기다려줘야 합니다. 결국 그는 자신이 보여준 터무니없이 기이한 행동에 대해서 사과할 겁니다. 하지만 떠밀려서 뉘우치지는 않는답니다. 강아지 유괴 같은 일이라면 특히 그렇지요. 천칭자리 여성에게는 값비싼 경험이었지요.

천칭자리 여성과 물병자리 남성은 5-9 태양별자리 관계 유형이 주는 모든 혜택을 누릴 수 있습니다. 일단 이 두 사람이 공정함에 대한 개인적인 개념의 차이에 관해 타협하고, 그들의 관계에서 정의를 측정하는 공통의 잣대를 사용한다면요. 그들이 함께하는 모든 활동의 배후에서 울리는 사이좋은 두 태양별자리의 음악 때문에 두 사람은 두 배의 공기 원소가 가진 마법 같은 연금술을 이해할 수 있습니다. 음악은 천칭자리와 물병자리를 엮어주는 황금의 실이랍니다. 그들은 공통적으로 음악에 관심을 갖고 있거나 한쪽이 음악을 하려고 할 때 다른 쪽이 격려할 수 있습니다. 아니면 미술이나 종교나 철학, 또는 외국 여행이나 더 수준 높은 배움에 대한 관심, 아이들, 젊은이들, 또는 극장 같은 것도 그들을 잇는 황금실이 될 수 있지요. 사유와 이상에 대한 공감과 어울림이 있는 두 사람만의 정원으로 들어가는 디딤돌은 다양한 분야에서 언제나 발견할 수 있답니다.

물병자리 남성은 천칭자리 여성이 아름답다고 생각합니다. 사랑에 빠지면 맹목적이 된다고는 하지만 이 금성의 여성이 가진 외모를 아름답다고 여기는 건 아마도 옳은 판단일 겁니다. 대부분의 천칭자리 여성은 넘치도록 풍부한 천상의 아름다움을 지녔지요. 압도적인 미모의 소유자가 아니더라도, 그녀는 한 남성의 시야를 어지럽히고 상식을 마비시키는 아주 멋진 미소를 짓는답니다. 천칭자리 여성은 물병자리 남성이 자기가 아는 사람 중 최고로 똑똑하다고 생각합니다. 당연하지요. 물병자리 남성의 지성은 때때로 이해하기 어려우며, 그 한계를 알 수 없는 진정한 천재의 자유로운 상상력으로 낯선 우회로를 누비고 다닌답니다. 그러고는 그의 명민함의 호수로 녹아들어 논리를 넘어선 추론이 폭풍처럼 터져 나오지요. 가끔씩 논리가 부족한 그의 사고는 그녀를 약간 혼란스럽게 합니다. 하지만 그녀는 명석하지요. 그래서 그의 예측할 수 없는 영감 안에서 현실의 발판을 모색 중인 지성의 의도를 알아차릴 수 있답니다. 물병자리 남성 역시 천칭자리 여성의 섬세한 정신을 높이 평가합니다. 그녀가 그와 함께 다양한 주제에 관해 대화할 수 있다는 것을 금세 알게 되지요. 그런 면이 그녀의 몸매와 보조개보다 더 그를 매혹합니다.

하지만 지적이고 철학적인 차원에서 일부 현저한 의견 차이가 있습니다. 그녀는 사치품과 아름다움과 안락함을 좋아합니다. 그녀는 낙관적인 천성 때문에 추하고 불행하고 우울한 것에서는 불쾌한 기분으로 돌아섭니다. 천칭자리의 이런 나른한 기질은 물병자리 남성의 광범위한 인도주의적 추진력과 충돌을 일으킬 수 있습니다. 그는 세계의 굶주리는 어린이, 위험한 생태학적인 불균형, 공기와 물의 오염, 미국 인디언의 곤경에 관심 있으며 인간적인 모든 종류의 악과 퇴폐를 자연과 관련하여 걱정합니다. 그는 불쾌한 것에 대처할 때 그녀가 힘들어하는 것은 그녀의 이기심과 방종 때문이라고 믿습니다. 게다가 이 점에 대해 아주 직설적으로 말할 것입니다. 천칭자리는 어떤 형태의 부당함에도 관심이 많습니다. 세상에 평등과 선이 실현되기를 본능적으로 열망합니다. 하지만 모든 천칭자리가 그런 것처럼, 그녀는 처음에는 세상의 질병의 구체적인 면에 직면하기를 거부합니다. 그녀의 금성은 인생의 부정적인 측면에 직면하고 받아들이기를 꺼려하지요.

물병자리 남성은 천칭자리의 정의감을 잘 실현하도록 그녀를 이끌어야 합니다. 온화하게요. 그가 쳐든 횃불에 의지해 빛으로 향하는 그녀의 길을 발견하기도 전에, 그녀에게 "게으른" "떼쟁이" 혹은 "무신경한" 사람이라는 등 거친 말을 해서는 안 됩니다. 반면, 천칭자리 여성이 이 남성과 행복하게 살고 싶다면 그녀의 우선순위를 바꿔야 합니다. 최신 유행, 가장 세련된 자동차, 파티, 문화, 예술보다는 세계의 가난과 불행에 정말로 더 관심을 기울여야 합니다. 모피 코트나 특히 물병자리 남성의 살해된 동물 친구의 피부로 만들어진 물개 가죽 코트를 입겠다고 주장하는 천칭자리 여성은 전형적인 물병자리 남성의 존경을 결코 받지 못한답니다.

두 사람 사이에 이런 잠재적인 긴장의 영역들이 있지만, 성적인 면에서 둘은 고요와 평정을 찾을 것입니다. 두 사람의 몸과 마음은 완벽한 조화에 동의하며, 두 영혼이 가끔씩 벌이는 대결에는 결코 신경 쓰지 않을 겁니다. 이들이 육체적인 사랑을 주고받을 때 느끼는 기쁨에는 치유의 힘이 있답니다. 최소한 지적 불화로 인한 예민함을 누그러뜨리는 힘이 있지요. 그들의 섹스는 아름답게 화음을 이루고, 그들의 육체는 하나로 녹아들지요. 그리고 두 사람은 영혼의 평화에 도달합니다. 그들은 예전에도 여러 번 바로 이런 식으로 조화를 이룬 것처럼 느낍니다. 실제로 그랬답니다. 모든 5-9 태양별자리 관계에서 섹스는, 지나온 생의 언제인가에서 경험했던 친밀함을 부활시키고 막연한 향수를 불러일으킵니다. 영혼이 기억하는 것입니다. 두 사람 사이 육체적 결합의 최초의 순간은 결코 '처음' 같지 않답니다. 서로를 느끼는 방식에 굉장히 친숙한 뭔가가 있지요.

천칭자리 여성은 물병자리 남성과 손에 잡히지 않는 사랑을 지속하고 싶다면, 그가 이끌도록 놔둬야 합니다. 다른 방법이 없답니다. 하지만 그 모든 다툼, 상처, 심적 고통과 자아 전쟁이 끝난 이후에는 그녀가 결정권을 갖게 될 가능성이 더욱 많습니다. 그녀가 인내심이 있다면요. 그녀가 할 수 있는 가장 현명한 행동은 그녀에게 헌정하는 이 시로 요약할 수 있습니다. 「평화의 담뱃대를 주세요」 또는 「시작하는 별자리의 항복 문서」라는 제 시입니다.

앞서 가고 싶은가요? 좋아요, 말을 타세요.
저는 세 걸음 뒤에서 공손하게 걸어갈게요, 훌륭한 아내처럼.
당신이 결정하세요.
광란의 물줄기가 흘러가는 경로와 샛길이 어떻게 휘돌아갈지
언제 어디로 노래하는 물의 나라로 흘러 들어갈지.

저는 짚신을 삼을게요.
오두막집 옆에 앉아 창백한 초승달 아래에서 조가비 구슬을 꿰겠어요.
당신의 새소리, 둥둥 소리, 피어오르는 연기를 기다릴게요.

하지만 기억하세요, 용감한 마음속의 비 추장님.
당신이 태양 춤을 추며
자부심과 열정, 진실과 거짓의 출정길로 우리를 이끄는 동안

바람과 별의 영혼은 바라봅니다.
마지막 말을 외치는 이는 마니토(북아메리카 원주민의 혼령—옮긴이)지요.
당신도 나도 아니랍니다.
_『금성은 한밤에 120도를 맺는다』(린다 굿맨)

천칭자리 남성과 물병자리 여성

그녀의 입가 오른쪽에 있는 뭔가가 피터의 이름을 입에 올리는 것을 바라지 않았기 때문이다.

그녀의 실제 이름은 데보라가 아닙니다. 하지만 데보라라고 부르기로 하지요. 그의 이름은 실제로 스티브가 아니지만, 스티브라고 부르겠습니다. 두 사람은 실제 인물이랍니다. 데보라는 포니테일식으로 머리를 묶은 자그마한 물병자리 여성입니다. 귀여운 어린아이 같고 여성적이지요. 하지만 그녀는 남성적인 태양별자리로 천왕성의 다스림을 받습니다. 스티브는 금성의 다스림을 받는 천칭자리이며, 그의 지성과 천재성은 그녀와 대등합니다. 그는 부드럽고 온화하고 친절하지만, 때로 그녀가 예측할 수 없는 천왕성식 행동으로 그의 섬세한 천칭 저울의 균형을 깨는 경우에는 심술궂고 야비하기도 합니다. 두 사람은 함께 의학 박사 학위와 박사 학위를 따려고 공부 중입니다. 인류에게 커다란 도움이 될 뭔가를 발견하는 의학도이자 과학자가 되려는 공통의 목표를 가지고 있답니다. 퀴리 부부 같은 커플이지요.

퀴리 부부를 생각할 때, 항상 퀴리 부인과 그녀의 남편이라고 여기는 게 이상하지 않나요? 여기에는 틀림없이 교훈이 있을 겁니다. 짐마차가 마을에 도착했다면, 어떤 말이 화환을 쓰는지는 중요하지 않다는 교훈이지요.

우리는 스티브와 데보라 커플 관계를 모든 천칭자리 남성과 물병자리 여성을 위한 거울로 삼으려고 합니다. 모두 이 거울을 들여다보고 있나요? 잘 보시기 바랍니다.

천칭자리 스티브는 망설입니다. 그녀와 결혼해서 함께 살지 말지, 그녀를 무시할지 떠날지 결정할 수가 없습니다. 물병자리 데보라에게는 그런 문제가 없답니다. 그녀는 그런 일을 어떻게 정리해야 할지 확실히 알지요. 그녀의 마음은 돌처럼 단단합니다. 일요일에 그녀는 그와 결혼하고 싶어합니다. 두 번째와 네 번째 화요일에는 학위를 받기 전까지 그냥 동거만 하기로 한 건 잘했다 싶습니다. 천왕성의 태풍이 몰아치는 어느 수요일에는 그가 그녀를 무시하기를 바랍니다. 그녀가 전화 수화기를 내려놓고 문짝에다 이중 방범용 자물쇠를 집어던질 때면 고통스럽게도 이런 마음이 분명히 듭니다. 천왕성의 번개가 번쩍이는 지루한 토요일에는 차라리 그가 떠나버렸으면 하는 간절한 마음이 들어서, 그의 새 시계며 모든 옷가지를 이층 침실 창문 밖으로 내던집니다. 그녀는 이런 식으로 자신의 요구를 정확하게 전달합니다. 새 시계는 불행하게도 추락을 견뎌내지 못했고, 그의 학기말 과제는 눈과 얼음 속에 파묻혀 끔찍하게도 진흙투성이가 되었지요. 전부 다시 타이핑해야만 했습니다. 하지만 그녀가 공평하다는 점에 대해서는 아무도 비난하면 안 됩니다.

엄청 지루한 토요일에 그녀는 오랫동안 심혈을 기울였던 학위 논문을 조각조각 자릅니다. 극적으로 종잇조각을 변기에 넣고 물을 내려버린 후에, 그녀는 유럽을 가로질러 히치하이킹을 하다가 집시들의 포장마차와 합류할 거라며 고래고래 소리를 지르지요. 도대체 누가 지루하고 낡은 의학 학위 같은 걸 원할까요?

그는 그녀의 말에 신경이 쓰입니다. 그래서 그녀가 화해의 의미로 특별히 집에서 요리한 라자냐를 먹자고 그를 초대했을 때, 마냥 행복해하는 대신 유럽에서 합류하자고 그녀를 초대한 집시의 이름을 알려달라고 합니다. 그는 계속 조릅니다. 마침내 그녀는 풍부한 상상력으로 한 남자의 이름을 지어내고, 그는 화가 나서 떠납니다. 그녀가 온종일 준비한 저녁 식사는 조금도 먹지 않고 말이에요.

서로 다시는 보지 말자고 그가 최종 결정을 내릴 때도 있었습니다. 그는 개와 현미경과 싹양배추를 챙겨서 영원히 떠났지요. 친구와 함께 다른 도시로 이사를 갔고, 전화번호부에 아직 실리지 않은 전화번호를 새로 받을 정도였답니다. 하지만 그녀는 재빨리 그의 주소와 전화번호를 알아냈지요. 물병자리는 타고난 탐정입니다. 몇 개월 뒤, 그는 꽃과 시와 박제된 원숭이를 가지고 돌아왔고 일주일에 두 번은 촛불이 켜진 식당으로 그녀를 데리고 나갔습니다. 얼마 뒤에는 개, 현미경, 싹양배추와 세 명의 남자 친구(그를 보호하기 위해)까지 데리고 다시 이사를 왔지요.

하지만 그 첫날밤에 세 명의 친구들은 스티브를 보호하는 데 실패했습니다. 둘만의 행복한 보금자리를 하숙집으로 바꿔놓았다는 사실 때문에 둘 사이에 다툼이 생겼지요. 그와 세 친구는 문이 잘 잠겼는지를 확인한 후에 아지트의 마루에서 잠을 잤습니다. 그녀는 역시 풋내기 과학자가 아니었답니다.

새벽 세 시쯤이었지요. 그녀는 부엌 싱크대에서 실험 과제용 튜브 몇 개와 암모니아 화학물질을 혼합했습니다. 그러고는 조심스럽게 그 끔찍한 화학물질을 물총에 부었지요. 이 일은 실제로 일어났던 일입니다. 그녀는 잠긴 아지트의 문 아래로 물총을 뿜었답니다. 다행히도 아지트에는 창문이 있었습니다. 깊은 잠에서 그들을 깨운 향기를 피해 네 남자는 헐떡이면서 창문을 통해 탈출했지요. 그들은 처음에 UFO가 공격하는 거라고 생각했답니다. 물병자리의 무분별한 행동은 행성 간의 대결이라고 착각하기 쉽지요. 그들은 창문 밖으로 기어 나와서는, 마당에 흩어진 채 그들을 기다리고 있던 천칭자리 남성의 옷과 시계를 아무렇게나 밟고 탈출했답니다. 당연하게도 두 사람 모두 그날 수업에 늦었지요.

여러분은 이 이야기를 믿고 싶지 않을 겁니다. 만약 천칭자리 남성 또는 물병자리 여성이 아니라면요. 하지만 데보라와 스티브는 그 몇 주 후에 화해를 하고 키스도 했답니다. 마지막에는 다행스럽게도 그들이 해부학과 생화학을 함께 공부한다는 소식을 들었지요.

보다시피 그들은 사랑합니다. 서로가 필요합니다. 그녀의 마음을 천칭자리 남성처럼 햇살 같은 웃음으로 부드럽게 치유해줄 사람은 아무도 없기 때문이지요. 또한 천칭자리 남성의 그 모든 단점과 악덕에도 불구하고, 변덕스러운 물병자리만큼 그를 맹렬하고 충실하게 사랑해줄 사람은 이 세상에 없답니다. 또 그들만큼 지적으로 서로를 존경하는 사람은 어느 누구도 없을 겁니다. 그녀는 매우 지적이며 꼭 껴안고 싶은 여인이며 다정합니다. 작은 강아지처럼 귀엽고 갖고 싶을 정도지요. 방문 아래로 물총을 쏘지 않을 때는 그렇답니다. 냉담하고 괴팍하고 무신경한 모습을 보이지 않는다면, 그는 온화하고 재미있고 영리하며 무척 다정합니다. 그런 때면 그녀가 직접 요리한 라자냐도 있지요. 그는 눈동자에 순수한 눈물이 맺힌 채로 "당신을 사랑해요."라고 말할 유일한 남성입니다. 감상적인 기분으로 시곗바늘이 영원히 자정에 맞춰진 부서진 손목시계를 차고 다닐 사람이지요. 그녀가 준 선물이니까요.

이 물병자리 여성은 천칭자리 남성과 싸울 때마다 나에게 전화합니다. 새벽녘에 울먹이면서 가슴 아픈 말을 하지요. "그는 내 친구라고 말했어요. 친구는 서로를 이해해야 하잖아요, 안 그래요? 나머지는 상관없어요. 내 친구라고 말했다니까요."

물병자리는 남녀를 불문하고 우정에 높은 가치를 부여합니다. 당신은 연인이나 남편 또는 부인으로서 마음 내키는 대로 행동할 수 있지만, 우정은 불변의 규범을 따라야 합니다. 친구가 해야 하는 일이 있지요. 친구라면 하지 말아야 할 일도 있고요. 친구는 다른 사람에게 당신 얘기를 하지 않습니다. 친구는 당신의 단점을 상관하지 않고 받아들입니다. 친구는 결코 불성실하지 않으며 당신이 필요로 할 때 그곳에 있지요. 물병자리는 그들이 생각하는 우정의 정의가 사랑의 정의와 호환 가능하다는 점을 거의 깨닫지 못합니다. 물병자리는 본인이 보답할 수 있는 것보다 더 많은 것을 우정에 요구하지 않습니다. 천왕성 사람들에게 이상적인 우정과 사랑 사이의 유일한 차이점은 성의 조합이랍니다.

천칭자리 남성에게는 평화와 조화가 있는 환경이 절대적으로 필요합니다. 이게 없으면 그는 반드시 아픕니다. 육체적으로나 정신적으로나 정서적으로 또는 한꺼번에요. 금성의 사람들에 대한 천문해석학의 불문율이랍니다. 그러니 이 남성을 진실로 사랑하는 물병자리 여성은 기발함(고무적이고 도전적인 것은 제외하고)을 억누르려는 진지한 시도를 하고, 두 사람의 관계가 평온하고 고요하도록 맹렬하게 노력해야 합니다. 물병자리 여성에게 쉬운 일은 아니겠지요. 천칭자리 남성은 모든 사람을 기쁘게 하려고 지나치게 애쓰고, 쓰러지기 직전까지 여러 달 동안 심하게 일하며, 어떻게 하면 모든 사람이 그를 좋아하고 서로를 좋아하게 만들지를 언제나 걱정하기 때문에 자신 안에 많은 불협화음을 만들어냅니다. 그는 모든 친구들에게 헨리 키신저가 되고 모든 사람의 짐을 지려고 애씁니다. 적어도 자신이 최선을 다했다는 것을 세상에 증명하려고 애쓰며 창의력을 낭비합니다.

견디기 힘들 정도로 좌절할 때면 천칭자리 남성은 술과 파티에 지나치게 의지할 수 있습니다. 그 뒤에는 연인과 공부와 일과 건강 등을 소홀히 한 것에 죄책감을 느끼고 고통을 받지요. 천칭자리 남성은 본능적인 정확성으로 의견의 차이를 중재하고, 문제 있는 상황을 유연하고 수월하게 바꿔놓지요. 하지만 정작 자신의 정신과 몸이 평정에 이르는 요령을 습득하는 일이나 균형을 이루기는 어렵습니다. 그는 열심히 일하고 열심히 놉니다. 이 남성은 오랜 기간 동안 맹렬하게 한순간도 쉬지 않고 활동하지요. 그러고는 침대 위 이불 더미에 쓰러집니다. 그곳에 꽤 오랫동안 죽은 듯이 누워 있지요. 그를 사랑하는 물병자리 여성은 그가 긴장성 혼수상태에 빠지거나 치명적인 수면 질환으로 쓰러질까 봐 두렵습니다. 그는 그저 쉬고 있을 뿐이랍니다. 그냥 내버려두세요. 일단 활력을 되찾고 영혼이 생기를 회복하면, 그는 곧 평소대로 돌아올 테니까요. 음악을 틀어주거나, 부드러운 목소리로 책을 읽어주거나, 방이 깔끔하고 밝고 쾌적하며 공기는 신선한지 확인해주세요. 그리고 어떤 부정적인 이야기도 하지 마세요. 지금은 당신 편을 만들자고 그를 회유할 시간이 아니랍니다. 누워 있는 그를 위로해줄 즐거운 방법이 많을 거예요. 금성의 방식들 말이에요.

편차가 있겠지만, 천칭자리 남성에게는 성적인 측면을 확실히 포함하는 사랑이 숨쉬는 것만큼이나 필요합니다. 물병자리 여성에게는 우정이 숨쉬기처럼 필요하지요. 만약 그가 진짜 친구가 되려면 그녀는 진심으로 그를 믿을 수 있어야 합니다. 그러면 그녀는 그가 꿈에서 갈망하던 로맨틱하고 열정적인 연인이 되지요. 열정은 이 남성이 많이 꿈꾸는 주제입니다.

천칭자리 남성은 물병자리 여성이 희망하는 최고의 충실하고 성실한 친구가 될 수 있습니다. 만약 그녀가 리본 달린 밸런타인데이 카드의 주인공이 되고, 그가 미화한 여성성의 이미지에 부응하며(지어낸 집시 남자 얘기로 그를 협박하기를 멈추고), 그가 꿈꾸는 섹스에 어울리는 욕망으로 응답해준다면요. 그녀의 희망은 우정 부분에서 거대합니다.

이 여성은 천칭자리 연인 또는 배우자가 어떤 식으로든 우정의 규범을 깨뜨렸을 때, 성적으로 흥미를 잃게 됩니다. 마찬가지로 이 남성은 지적인 논쟁에서 그녀에게 져서 바보가 된 것 같은 느낌일 때, 사랑을 육체적으로 증명하는 일이 불가능해집니다. 두 사람은 서로에게 의도치 않은 상처를 준 것에 대해 사과해야 합니다. 그리고 아주 오래된 금언을 기억해야 합니다. "태양이 분노에 차서 저물게 하지 마라."

천칭자리와 물병자리는 부드럽고 겸손하고 시적으로, 결코 적극적이거나 부담스럽지 않게 다가갈 때 그들의 육체적인 사랑이 더욱 충만하다는 걸 알게 됩니다. 두 공기 별자리의 섹스 방식은 무척 섬세합니다. 두 사람의 정신이 일치할 때 두 사람의 몸이 반응하고 아름다운 조화를 이루며 노래합니다. 정신이 고통받고 혼란스러울 때 강요하는 사랑은 연약한 마음을 멍들게 하거나 지루함으로 얼어붙게 만들지요.

이 두 사람은 가끔 서로에게 상처를 줄 수밖에 없답니다. 서로 너무 많이 사랑하기 때문이지요. 하지만 5-9 태양별자리 관계에서는 기회가 조금만 주어지면 곧 관대함을 회복합니다. 천칭자리 남성은 혼자 있는 것을 견딜 수 없습니다. 그래서 그는 결혼해야 하지요. 또는 결혼한 것처럼 살아야 합니다. 그렇지 않으면 좌절감으로 자신을 소진해버릴 겁니다. 자신 안에 있는 본능적인 욕구와 싸우는 천칭자리 남성은 정말 불쌍한 남성이랍니다.

천칭자리 반대편에 있는 양자리는 일출에 마음이 설레지만 천칭자리는 일몰에 동요합니다. 황혼은 천칭자리 남성이 외로워지는 시간이랍니다. 지는 해의 눈부신 황금빛에는 마음을 아프게 하는 아름다움이 있지요. 천칭자리 남성에게 함께이고 싶은 특별한 누군가가 없고 정말로 사랑하는 누군가가 없을 때라면, 어떤 다른 빛이라도 이토록 괴롭지는 않을 겁니다. 그는 끔찍하게 외로운 어둠에 둘러싸인 채, 빌딩 밖으로 나온 사람들이 석양빛에 줄지어가는 것을 지켜봅니다. 모든 사람이 어딘가로 가고 있습니다. 이 남성만 빼놓고요. 그때 그는 불현듯 그녀를 봅니다. 석양빛에 물든 그녀가 머뭇거리면서 그에게로 다가오지요.

이렇게 그녀를 마주칠 줄은 전혀 예상하지 못했답니다. 그녀와 관련해서는 모든 것이 예상 밖입니다. 그는 그녀에게 급히 다가가고, 그녀의 걸음 역시 빨라집니다. 그는 그녀에게 울었냐고 묻지요. 그녀의 코가 빨갛기 때문입니다. 그녀는 무지 커다란 상자를 끌고 왔는데 그 상자는 그녀 몸집보다도 큽니다. 그를 위한 깜짝 선물이지요. 뭘까요? 믿거나 말거나(믿으셔도 됩니다.) 5번가에 있는 유명한 장난감 가게에서 산 전기 기차 세트랍니다. 어느 땐가 천칭자리 남성이 몇 시간 동안이나 그 가게 유리창 앞에 서서 그 장난감 기차를 들여다봤답니다. 그때 둘은 함께 있었는데, 그는 아홉 살 때 크리스마스트리 아래 산타가 두고 떠난 것과 똑같다고 말했었지요.

울어야 할지 웃어야 할지 모르겠지만, 그는 일단 웃습니다. "당신, 제정신이 아니라는 거 알아요?" 그녀가 고개를 끄덕입니다. 그녀도 알고 있습니다. "우리가 여전히 친구일 수 있을까요?" 그녀가 자신 없이 묻습니다. 그는 깊이 생각합니다. 그리고 말합니다. "당신이 나와 함께 집에 가서 기차 트랙을 설치하는 것을 도와준다면요." 그녀가 웃습니다. 둘은 손을 흔들어서 지나가는 노란 택시를 잡아서는 함께 뛰어 들어가 문을 닫습니다. 그녀가 그의 어깨에 기대는 바로 그 순간 태양이 하늘에서 사라집니다. 정말 아슬아슬했지요.

천칭자리 Libra

공기 · 시작하는 · 능동적
지배행성: 금성
상징: 천칭
양(+) · 남성적

Pisces 물고기자리

물 · 변화하는 · 수동적
지배행성: 해왕성
상징: 물고기, 고래
음(−) · 여성적

천칭자리와 물고기자리의 관계

이 마법의 해안에 어린아이들은 끊임없이 조각배를 가져다댄다.

우리도 한때는 그곳에 간 적이 있다. 아직도 그 파도 소리는 들을 수 있다.

하지만 그곳에 갈 수는 없다.

물고기자리는 모든 종교의 배후에 있는 신비한 진실과 연결되어 있습니다. 천칭자리는 정의와 평화와 동정심이 균형을 이루는 일과 연관이 있지요. 그래서 이 관계는 종종 기이하게 위로를 주는 사이가 됩니다. 가끔은 천칭자리와 물고기자리 두 사람의 삶뿐 아니라 두 사람과 관련된 다른 사람의 삶에도 지대한 영향을 미칩니다. 그들의 삶, 꿈, 야망 등 다양한 방식으로요.

천칭자리와 염소자리 장에서 저는 이미 지미 카터의 예를 들어 천칭자리가 중재자라는 수백 년 된 천문해석학의 주장을 했습니다. 1978년 데이비드 캠프 정상회담에서 이스라엘의 메나헴 베긴과 이집트의 안와르 사다트와 만난 자리에서 천칭자리의 '중재자'로서 활약한 그의 역사적인 역할을 소개해드렸지요. 그리고 이 책에서 천칭자리를 다룬 장마다(그리고 저의 첫 번째 책 『당신의 별자리』에서도), 모든 천칭자리 사람은 마지막 한 사람까지 상대를 무장해제 시켜버리는 아찔한 금성의 미소를 지녔음을 상기시켰답니다. 결코 상징적인 말이 아니랍니다. 있는 그대로의 사실이지요. 천문해석학의 신성함을 깨닫기를 거부하는 회의적인 사람들마저도 아무리 못마땅하더라도 그 존재를 주목하고 인정할 수밖에 없을 정도로 분명한 특징입니다. 이제 다시 한번 주목할 때입니다.

교황 요한 바오로는 1978년 늦은 여름에서 초가을까지 가톨릭의 정신적 지도자로 재위했습니다. 애석하게도 34일이라는 짧은 기간 동안이었지요. 그의 태양별자리는 천칭자리였습니다. 천칭자리는 전통적으로 도서관과 책과 출판에 연관됩니다. (더 낮은 정도지만, 쌍둥이자리와 사수자리도 이러한 특성을 공유합니다.) 교황이 된 직후에, 요한 바오로는 자신의 문학이라는 개인적인 보물을 수줍어하며 세상에 내놓았습니다. 그것은 마크 트웨인에서부터 비틀즈와 셰익스피어와 디킨스에 이르기까지, 많은 유명인들 앞으로 보내진 짧지만 웅변적이며 위트 있는 편지 형식의 글이었지요. 바쁘고 헌신적인 일생 동안, 요한 바오로는 문학에 대한 천칭자리의 전형적인 사랑과 '순수문학'에 대한 천칭자리의 천부적인 재능을 발휘해, 과거와 현재에서 무언가를 이룬 사람들에게 보내는 이 작은 편지들을 써왔던 것입니다.

물론, 자신의 겸손한 편지가 아주 대단한 것이 될 거라고는 결코 기대하지 않았을 겁니다. 다만 자신의 편지가 책으로 만들어져 널리 읽혀지고, 개인적인 꿈이 실현되는 것을 보고 그저 소년처럼 기뻐했지요. 언론에 그 편지글들을 공개한 것은 교황이 된 후에 그가 제일 처음 했던 일이었습니다. 그는 자신의 소박하고 비밀스러운 소망을 내보인 것에 대해 깊은 내적 만족을 느꼈을 것입니다. 사랑스러운 시와 산문을 남몰래 쓰면서 몇몇 지인에게만 보여주고 더 많은 대중과 공유할 기회가 없는 많은 천칭자리 남성과 여성들이 요한 바오로의 수줍은 행복을 이해할 수 있을 겁니다.

하지만 그에 대한 더 감동적인 소식이 그의 죽음 뒤에 전해졌답니다. 그는 9월 29일 갑작스럽게 심장마비로 죽음을 맞이합니다. 그날 『LA 타임』은 전면 기사를 통해 로마의 애도를 전했지요. 그중 한 칼럼에 교황 요한 바오로의 태양별자리에 대한 세 가지 명쾌한 언급이 실렸습니다. 기사는 교황이 밤 11시 심장마비가 온 후 아침에 침대에서 돌아가신 과정을 발표하면서, "불은 켜져 있었고, 주변에 명상록이 펼쳐져 있었으며, 그분의 얼굴에는 여전히 평소와 같은 **미소**가 남아 있는 것을 수석 추기경이 보았다."라고 썼답니다.

같은 기사 안에는 성 베드로 바실리카 성당에서 기도 중이던 한 여성이 울먹이면서 "그의 전 생애가 **미소** 속에 들어 있어요."라고 말한 것이 인용되었지요.

기사 끝에는, 성 베드로 대성당에서 열리는 교황 미사에 참석한 수많은 사람에게 어느 대주교가 이야기한 말이 인용되었습니다. "요한 바오로는 주님의 미소를 가진 사람이었습니다. 그의 **미소**는 한 줄기 빛처럼 남을 것입니다."

네, 강력한 힘과 빛을 지닌 천칭자리의 금성 미소는 누구라도 볼 수 있습니다. 아무도 그 미소에 저항할 수 없고, 누구도 부정할 수 없지요. 금성의 미소는 천칭자리 엘리노어 루스벨트를 그녀의 평범한 얼굴과는 상관없이 아름다운 여성으로 만듭니다. 그 미소는 천칭자리 아이젠하워가 대통령직을 거머쥔 것이나, 천칭자리 지미 카터의 업적과도 커다란 관계가 있답니다.

천칭자리의 미소, 꿈꾸는 듯한 해왕성의 눈동자, 행성의 지울 수 없는 두 개의 각인된 표시는 인간의 얼굴에 영향을 줍니다.

천칭자리와 물고기자리는 6-8 태양별자리 관계를 형성하며, 두 사람 모두 왜 상대방이 그(그녀)처럼 생각하고 행동하지 않는지 등의 혼란스러운 생각은 하지 않습니다. 천칭자리의 동기, 태도, 성격과 개성은 물고기자리에게 완전히 이질적이며 당혹스럽습니다. 마찬가지로 천칭자리에게 물고기자리는 하나의 거대한 수수께끼입니다. 다른 모든 6-8 태양별자리 관계의 영향을 받는 사람들처럼, 천칭자리와 물고기자리는 '외부의 힘'이 어떻게든 두 사람을 만나게 하지 않는다면 "안녕."이라는 첫인사를 하는 일이 없을 겁니다. 하지만 어떤 식으로든 서로 만나게 되면 그다음에는 자력이 작용합니다. 일단 '운명'이 서로의 낯선 행동에 대해 일시적으로라도 탐색하도록 밀어붙이면, 그들 중 상당수는 서로의 차이점에 너무도 매혹되어 한동안 머물게 된답니다. 결국에는 영원한 취미인 미스터리를 탐구하기로 결정하지요.

그렇게 되는 원인 중 하나는, 물고기자리가 천칭자리에게 어떻게든 기꺼이 봉사하고 싶어한다는 사실을 천칭자리가 재빨리 알아채기 때문입니다. 반드시 집사나 하녀 또는 하인일 필요는 없지만, 물고기자리는 어떤 방식으로든 천칭자리 사람들에게 '서비스'를 제공합니다. 실제적이고 구체적일 수도 있고 미묘하고 보이지 않는 방식일 수도 있지만, 분명히 '희생, 봉사'에 해당하는 것이지요. 6-8 태양별자리 관계의 영향이 없을 때조차 물고기자리는 누구에게든 봉사하려는 경향이 있지요. 그래서 이 봉사 증후군은 다른 6-8 조합보다 물고기자리와 천칭자리 사이에서 훨씬 강합니다. 다시 말해 모든 사람에게 겸손과 순종을 대변하는 물고기자리가 천칭자리를 만났을 때, 천칭자리의 인생에 유용하고 도움이 되려는 경향이 훨씬 커집니다. 하지만 좋은 것도 지나치면 곤란합니다. 그렇지요? 물고기자리는 대체로 친절하고 공평한 천칭자리를 경계해야 합니다. 이 두 배로 강화된 '서비스'를 천칭자리에게 이용당하지 않도록 조심하는 게 좋습니다. 가련한 물고기는 계속 제자리를 돌며 헤엄치는데 천칭자리만 즐겁고 편안해지는 경우가 생기지 않도록 말이에요. 그러다 결국 소원 뼈다귀(새 요리를 먹을 때 Y자형 뼈 양끝을 둘이서 잡아당겨 긴 쪽을 갖게 되는 사람은 소원이 이루어진다고 함—옮긴이)의 짧은 쪽을 잡지 않도록 해야지요. 제가 기억하기에, 긴 쪽을 잡은 사람은 소원을 먼저 빌 수 있고 짧은 쪽을 잡은 사람은 먼저 결혼합니다.

그건 공평하지가 않습니다. 결혼해서 누군가와 함께 삶의 균형을 이루고 싶은 불타는 욕망을 가진 사람은 물고기자리가 아니라 천칭자리이기 때문이지요. 사실, 천칭자리는 오렌지 꽃과 로엔그린의 「결혼행진곡」에 무척이나 운을 잘 맞추는 사람입니다. 너무 오래 혼자 살게 되면 기울어진 저울과 심각한 우울로 고통받는답니다. 반면에 전형적인 물고기자리의 관점에서 보면 결혼은 자유를 옭죄는 위험하게 번쩍이는 갈고리 같은 것입니다. 성공적으로 피할 수도 있지만 그렇지 않을 수도 있지요. 결혼이라는 그물에 들어갈 수도 있고 나올 수도 있습니다. 많은 물고기자리는 사색적인 독신자이거나(자진해서 선택한 것입니다. 물고기자리 남성과 여성은 늘 이성의 유혹을 받거든요.) 아니면 물속 같은 결혼 생활로 뛰어들어 놀랄 만큼 다양한 모험을 합니다. 단 한 번 결혼하는 물고기자리는 드뭅니다. 물론 그런 사람도 있겠지만, 그런 이들은 무척 특별한 종류의 '진홍색 벨벳 나비' 물고기와 같습니다. 비교해서 말하자면, 일생에 단 한 번 결혼한 물고기자리는 일생에 단 한 번 결혼한 쌍둥이자리만큼 흔치 않답니다. 아무튼 이 경우엔 물고기자리와 천칭자리 양쪽 다 실망입니다. 물고기자리는 짧은 쪽을 잡았고 천칭자리는 긴 쪽을 잡았네요. 먼저 결혼하게 되는 사람은 물고기자리입니다. 그리고 이건 아마도 물고기자리가 가장 원치 않는 일이지요. 천칭자리는 바라던 일일 수도 있을 겁니다. 하지만 천칭자리는 먼저 소원을 이루는 대신 먼저 결혼하지는 못하게 되었습니다. "이런, 바보 같은!" (천칭자리는 너무 세게 잡아당겨서 긴 쪽을 잡은 것이 불만스럽습니다.) 하지만 알고 보면 두 사람 모두에게 공정합니다. 둘 중 아무도 소원 뼈다귀 따위에 바보처럼 놀아나지 않을 테니까요. 원래 닭고기는 인간이 먹는 음식으로 정해지지 않았답니다. 씨앗, 땅콩, 허브, 곡식, 과일과 채소는 모두 먹는 것입니다. 물고기, 닭, 새와 동물은 먹는 것이 아닙니다. 윤회를 인정한다면 당연하지요. 천문해석학은 육식에 반대합니다. 그리고 충고합니다. 이 문제에는 진지한 관심이 필요합니다. 심각한 견해 차이를 일으키는 이 사안은 사람들이 심사가 뒤틀려 서로 노려보는 것으로는 결코 해결되지 않지요. 우리는 물고기자리의 동정심과 천칭자리의 웃음 또는 유머가 가미된 더 나은 의견을 내놓아야 합니다.

채식 논란은 이 두 사람이 다음 주 수요일에 논쟁(대화)의 주제로 선택할 수 있을 겁니다. 그 대화에서 물고기자리는 채식의 종교적인 측면에 대해서 얘기할 겁니다. 천칭자리는 판사 역할을 자청하며 물고기와 닭과 새와 동물들이 먹이사슬의 일부가 될 것을 강요받지 않고 살아갈 도덕적 권리를 천칭자리의 저울로 평가할 것입니다. 논쟁거리가 한 보따리는 될 겁니다. 천칭자리의 저울은 좌우로 흔들리며 공평한 균형을 이루려고 애를 쓰겠지요. 물고기자리는 우선 한쪽 접시에 소수의 반대 견해를 얹고, 다른 접시에 찬성 의견을 조금씩 추가하는 식으로 천칭자리를 도울 겁니다. 이런 식으로 물고기자리는 천칭자리가 결정에 이르는 과업을 도와준답니다. 그들은 다음 주 수요일쯤 종교적이고 영적인 채식주의자에 관해 토론을 시작하겠지만 토론을 마치려면 상당한 시간이 걸릴 겁니다.

그들이 이 사안에 관해 토론하는 동안, 천칭자리는 보조개가 있는 금성의 웃음을 살짝 보여주며 전략상의 점수를 좀 따낼 겁니다. 물고기자리는 달콤한 과자를 만들어 섬세한 도자기 접시에 얹어서 하늘색 냅킨과 함께 천칭자리에게 내밀겠지요. 모든 것이 온화하고 부드러운 목소리와 함께 매끄럽게 조화를 이룰 것입니다. 물고기자리의 친구인 어떤 황소자리가 우연히 찾아와, 아무 생각 없이 모두들 밖에 나가 스테이크를 먹지 않겠냐는 제안을 하지 않는다면요. 황소자리는 물고기자리와 천칭자리의 경악하는 얼굴을 보고는 포기하겠지요. 황소자리를 그만두게 하려면 많은 것이 필요하답니다. 그러면 천칭자리는 황소자리에게 금성의 웃음을 날려주고, 물고기자리는 달콤한 당근 쿠키를 상냥하게 권할 것입니다. 그리고 이제 곧 물고기자리와 천칭자리는 새로운 개종자에게 세례를 내려주게 될 겁니다.

천칭자리 여성과 물고기자리 남성

그녀의 낭만적인 마음은 작은 상자와 같았다.

신비한 동양에서 온, 상자 안에 또 다른 상자가 들어 있고

아무리 많이 꺼내도 언제나 하나가 더 있는 상자 말이다.

그리고 그녀의 새침하면서도 달콤한 입술에는 키스가 하나 있었다.

입가 오른쪽 구석에 선명하게 보이는 키스였다.

이제 그들은 흔들의자에 함께 앉아 있고, 웬디는 그에게 질문을 퍼붓는다.

"켄싱턴 가든에 살지 않으면, 지금은?"

"아직도 가끔 그곳에 가."

"그럼 지금은 어디서 살고 있니?"

"집 없는 애들이랑 같이 지내."

이번에는 빨리 결정을 내려야 할 때 천칭자리 여성이 겪는 고통과 어려움에 관한 이야기입니다. 물고기자리 남성은 어떤 문제를 해결하는 데 있어 확고하고 적극적인 행동을 하는 것으로 잘 알려져 있지는 않지요. 그를 그물로 유인해놓고는 망설이기만 하는 천칭자리 여성에 대처하는 확실한 해법을 드리겠습니다. 정말로 꽤나 쉽

답니다. 일단 요령을 알아야겠지요. 실제 사건을 통해 이야기해볼까요?

캘리포니아에서 이 책을 쓰는 동안, 저는 재능 있는 화가이며 디자이너인 신시아 설리번이라는 염소자리 여성에게 이집트의 신혼여행을 묘사한 대형 태피스트리를 만들어달라고 요청했답니다. 최근에 결혼해서 뉴욕에 살고 있는 친한 친구 두 명에게 결혼 선물로 주기 위해서였지요. 신부 수잔은 보조개가 있고, 아름답고 지적이며, 망설임이 많은 천칭자리 여성입니다. 신랑 아서는 전갈자리 변호사인데 이 이야기에서 아주 중요한 사람은 아닙니다.

아무튼 선물을 받고 난 후에 천칭자리 수잔은 제게 전화를 했지요. 그녀는 진짜로 감탄했다고, 너무나도 감탄해서 새로 꾸민 아파트 벽에 걸어야 할지 메트로폴리탄에 있는 자기 사무실에 걸어야 할지 결정할 수 없다고 아름다운 목소리로 말했답니다. 그녀는 메트로폴리탄 미술관 특별 전시의 책임자입니다. 물론 그녀는 경영진이고 당연히 자신의 집무실도 따로 있습니다. 천칭자리는 시작하는 에너지의 리더십의 별자리니까요. 물고기자리 남성 여러분, 지금은 전략 수업을 받는 중이랍니다. 제발 끄덕끄덕 졸지 마세요.

수잔이 선물에 감동한 것이 기뻤던 저는 그녀가 망설임 때문에 고통받는 걸 그냥 두고 볼 수 없었지요. 그래서 그녀가 좋아하는 오페라를 묘사한 두 번째 태피스트리를 선물해주겠다고 말했답니다. 그러면 그녀는 이집트 피라미드 작품은 집에, 오페라 장면은 사무실에 걸 수 있을 테니까요. 그녀는 감동했지요. 저도 그랬고요. 한 가지 고비는 지나간 거지요.

그런데 이집트 태피스트리의 여러 색조가 그녀의 새 야회복과 완벽하게 어울렸고 조만간 사람들이 그녀의 사무실에 들를 가능성이 생기는 바람에, 그녀는 이집트 피라미드 태피스트리를 그녀의 사무실에 걸어야 했습니다. 그러면 오페라 장면은 집에 걸어야 하겠지요? 제가 무슨 생각을 했을까요? 그건 분명 딜레마였답니다. 물고기자리 남성 여러분은 집중해주세요! 제가 얼마나 솜씨 있게 첫 번째 고비를 해결했는지 기억하지요? 이번에도 저는 무척 온화하게 그녀가 다른 결정을 내리게 했답니다. 첫 번째 결정은 깡그리 잊게 만들었지요. 저는 그녀에게 어떤 오페라를 가장 좋아하냐고 물었답니다. 신시아에게 주문할 두 번째 태피스트리의 주제로 사용하겠다고 했지요. 예상한 대로 수잔은 신중하게 생각하기 시작했습니다. 저는 한 가지만 시도했지요. 천칭자리가 저울의 균형을 잡으려고 할 때, 한 번 이상은 돕지 않는 것이 좋습니다. 이 점을 기억하세요. 그렇지 않으면, 아주 많은 시간을 낭비하게 됩니다. 저는 재빨리 「나비 부인」을 제안했답니다. 그런 뒤 최종 결정은 나중에 알려달라고 했지요. 어차피 결정하는 데 며칠 걸릴 테니까요.

거의 2주 전에 제안했는데 그녀는 아직까지 결정하지 못했답니다. 그래서 오늘 저는 아름다운 천칭자리 신부에게 쪽지를 보냈지요. 이것은 전략상 매우 중요한 단계랍니다. 그녀가 결정하기 힘들어 보여서 제가 대신 결정했고, 그녀가 좋아하는 오페라 중 하나를 택했다고 편지에 썼답니다. 그녀가 편지를 받는 날과 거의 똑같은 날에 신시아가 태피스트리 작업을 시작할 거라고도 덧붙였지요. 이제 어떤 일이 일어날지 말해드릴까요? 저는 수잔이 하루 이틀 내로 전보나 전화를 할 거라고 절대적으로 확신합니다. 그녀가 마침내 스스로 결정을 내리기 위해서지요. **시작하는 지도자**의 별자리이기 때문에, 천칭자리 여성은 자신의 특권을 다른 사람에게 위임하는 일을 참을 수 없답니다. 그런 상황이 되면 그들은 놀라우리만치 신속하게 결정하지요.

요약하자면, 천칭자리의 망설임을 대하는 전략은 ① 망설이는 한 가지 주제가 있다면 이를 다른 것으로 대신합니다. 두 번째 결정은 종종 첫 번째 결정이 더 이상 중요하지 않게 만들기 때문이지요. ② 천칭자리가 두 번째 결정을 내리도록 도울 때는 오직 한 가지만 제안합니다. 그 이상은 안 됩니다. ③ 적당한 시간을 주세요. 천칭자리가 일단 결정을 한다면, 가능한 대안 중 최고의 선택이니까요. 금성의 지혜, 공정성, 정의, 논리와 예리한 감각 덕분에 최고의 선택을 하게 되지요. 그리고 마지막으로 ④ 만약 적정한 시간 동안 어떤 결정도 못한다면, 당신이 직접 결정하세요. 결정을 미적거리면 당신이 처리할 것처럼 확실하게 가장하세요. 네 가지의 단순한 단계입니다.

물고기자리 남성이 힘들어할 유일한 한 가지는 네 번째일 겁니다. 물고기자리가 과단성 있게 신속히 뭔가를 처리하거나 '즉시' 무언가를 하는 것은 결코 쉽지 않지요. 하지만 '가장하는' 것은 전형적인 해왕성의 남자에게는 쉬운 일이지요. 그는 믿게 만드는 일과 가장하는 일을 꽤 잘한답니다. 모든 물고기자리는 중도에 포기한 배우이거나, 어느 날 그림 형제 동화책 표지에서 빠져나와서 방랑하는 주인공입니다. 물고기자리만 빼고 모든 사람이 현실이라고 말하는 이 환상의 세계에서 무슨 일이 일어나는지 보기 위해서지요. 물고기자리는 뭐가 뭔지 구분 못하는 사람이 아니랍니다. 그는 꿈이 비현실적이고 상상으로 만들어낸 판타지의 세계라고 결코 생각하지 않습니다. 삶이야말로 진정한 실재라고 생각하지 않는답니다. 절대로요. 이 남성은 정반대로 생각합니다. 우리가 살고 있는 이곳이 꿈이고, 꿈이야말로 진짜 세상이라고 믿지요.

이제 우리에게 주어진 두 가지(꿈과 현실) 때문에 천칭자리와 물고기자리는 몇 개월 혹은 여러 해 동안 신나게 토론할 수 있습니다. 이 주제는 금성과 해왕성 커플을 위한 완벽한 논쟁감입니다. 꿈은 당연히 해왕성과 밀접하게 관련되었지요. 반면에 금성은 사랑스럽고 천상의 것 같은 상상력의 징후를 보이는 어떤 것이든 찬양합니다. 그런데 천칭자리의 논리는 분명하게 '실제적'인 것의 편입니다. 물고기자리는 신비주의적인 것을 옹호하는 자신의 의견을 바꾸지 않지요. 물고기자리 남성은 저울 접시가 현실의 편인 천칭자리의 논리와 천상적이고 낭만적인 편인 금성의 부드러움 사이에서 균형을 이루려고 노력하는 그녀를 지켜보는 일이 흥미진진할 겁니다.

사실, 그가 그녀를 속수무책으로 사랑하게 되는 것은 바로 이런 면 때문이랍니다. 차가운 지성과 부드러운 감성이 뒤섞인 천칭자리의 매력은 그를 그녀의 그물에 무기력하게 사로잡히도록 유혹합니다. 그는 그녀의 향기로 가득한 하늘색 구름 속으로 둥둥 떠가지요.

물고기에게 호기심을 일으키는 막연히 동양적인 요소가 천칭자리 여성에게 있습니다. 그녀는 축구하기 좋은 가을 날씨, 사과같이 붉은 볼을 가진 장미, 캠프파이어 같은 건강함을 느끼게 합니다. 그러나 어떤 때에는 알 수 없는 향냄새와 만트라, 티베트나 중국 또는 일본을 떠오르게 합니다. 물고기자리 남성은 무척 민감하기 때문에 이런 면을 잘 알아차립니다. 천칭자리라는 별자리 자체가 천문해석학에서 동양을 지배하지요. 천칭자리 여성은 금발의 치어리더 이미지와 고대 의식의 신비로운 암시 사이에서 균형을 이룬답니다. 물고기자리 남성이 지닌 해왕성의 현은 여기에 조용하게 반응하지요.

천칭자리 여성은 남성적이며 시작하는 별자리 아래에서 태어났습니다. 그리고 물고기자리 남성은 여성적이며 변화하는 별자리 아래에서 태어났지요. 그렇기 때문에 그녀가 지극히 조심스럽고 상냥하고 그가 지극히 강하고 현명하더라도, 천칭자리 숙녀가 관계를 지배하는 결정권을 가질 것입니다. 하지만 진정한 마지막 말인 "안녕."에 관한 거라면 물고기자리 남성이 하게 될 겁니다. 물고기자리 남성은 어딘가 고요함이 있는 평화스러운 강의 깊은 곳으로 점점 떠내려갈 수 있지요. 만약 그가 깊이 사랑하는 천칭자리 여성이 지나치게 권위적이고 요구하는 것이 많아지면 이런 일이 생길 수 있습니다. 동등한 파트너여야 하는 관계에서 그녀가 대장 역할을 지나치게 강조한다면요.

하지만 물고기자리 남성은 인내심을 갖고 그녀를 대할 겁니다. 그가 다른 여성과 도망가는 경우는 거의 없습니다. 6-8 태양별자리 관계의 영향 때문이지요. 그는 정신적, 육체적으로 그녀에게 강력하게 끌리며 그녀도 그에게 끌린답니다. 그녀의 매력에 그는 전에 없이 열정적이며 통제할 수 없는 욕구로 그녀를 욕망합니다. 그녀 또한 자신의 모든 논리와 이성에 어긋나게, 그가 지닌 파스텔 빛깔 무지개 같은 애정과 감수성의 매력에 이상할 정도로 끌리지요. 그의 해왕성의 노래는 달래듯 부드럽게 그녀의 금성의 영혼에게 약속합니다. 그녀는 그의 눈동자를 보며, 다시 가고 싶어 눈물 흘리던 잊지 못할 어떤 장소에 대한 기억을 떠올립니다. 그곳은 그녀가 네 살 무렵에 잘 알았던 곳이지요. 그녀는 전날 밤 춤추던 요정들이 축축하고 달콤한 향기가 나는 잔디 속에 부주의하게 흘리고 간 다이아몬드 목걸이를 그곳에서 찾아내곤 했답니다. 지나가던 어른이 차가운 목소리로 그것은 단지 이슬에 불과하며 아무것도 아니라고 말했던 어느 봄날 아침을, 그녀는 여전히 마음 아프게 기억하지요. 그때 갑자기 비가 내리기 시작했고, 그녀가 좋아하는 핑크색 줄무늬의 스커트가 흠뻑 젖었지요. 이제 그녀는 다 자랐고 이성적인 사람이 되었습니다. 그런데 왜 비가 올 때마다 그날 아침의 날카로운 고통이 마음속에 다시 찾아오는 걸까요?

그녀의 물고기자리 남성은 사생활이라는 그 자신만의 성역을 주장하면서 어느 정도 비밀을 간직합니다. 그런 '기만'은 그녀를 화나게 하고 고통스럽게 하지요. 하지만 그는 이슬방울에 대한 거짓말은 결코 하지 않을 겁니다. 그는 요정의 모든 다이아몬드를 알고 있지요. 그녀는 그와 함께 사랑을 나눈 첫날밤에 그런 사실을 알게 된답니다. 그는 그녀와 함께 요정의 다이아몬드를 손으로 집어 올리려고 노력하지요. 하지만 손을 대자마자 다이아몬드는 곧바로 사라집니다. 그러면 그는 그녀의 머리카락에 키스하고 속삭입니다. 다이아몬드는 사라진 것이 아니라 마법을 부려 새로운 차원으로 옮겨간 거라고요. "여길 봐요." 그는 가만히 웅얼거립니다. "사라지지 않았어요. 여기 있잖아요. 작은 빗방울로 변한 것뿐이에요." 그리고 그는 그녀 뺨에 흐른 눈물을 부드럽게 어루만지지요.

오, 그가 떠나기라도 한다면, 그녀는 무척이나 그를 그리워할 겁니다! 그가 그녀의 웃음 위로 드리워진 황금빛 새벽을 그리워하는 만큼이나요. 그녀의 목소리는 가장 평범한 말을 할 때에도 그가 기억하는 오래전 자장가처럼 들리지요. "여보, 이 방에 색을 덧칠할 방법을 정말로 찾아야겠어요. 너무 단조롭고 우울하네요. 서쪽 벽에 당신이 벽화를 그려보면 어때요? 아침마다 태양빛과 부딪히는 곳 말이에요. 당신은 할 수 있잖아요. 알죠? 당신이 원한다면 무엇이든지 할 수 있다는 걸요. 지난 번 작업에 좋은 평을 받지 못했던 건 신경 쓸 필요 없어요. 언젠가, 머지않아 당신 때문에 세상이 더 행복해질 테니까요. 당신만의 특별한 방식으로 창조해낸 아름다움 때문에 말이에요. 저는 이렇게 확실하게 뭔가를 믿어본 적은 없어요. 당신 안에 간직한 모든 것을 마침내 표현할 수 있으리라는 걸 나는 알아요. 당신이 계속 노력한다면, 당신의 기적은 모퉁이만 돌면 거기에 있을 거예요. 모퉁이를 돌기 전에 포기하지 않는다면요. 모퉁이를 돌 때까지는 보이지 않는 게 당연하죠. 이제 거의 다 왔어요. 그러니 멈추지 말아요. 저는 당신의 미래를 아주 많이 믿어요. 내가 얼마나 확신하는지 당신, 알고나 있나요?"

네, 그는 알고 있답니다. 가끔씩 그녀가 오만불손한 태도를 보이고 변덕을 부려서 속상할 때도 있지요. 하지만 그녀는 정말로 그를 믿어주는 여인이며, 그의 열정을 불러일으키는 정확한 암호를 지닌 유일한 사람이라는 사실을 알고 있답니다. 물고기자리 남성이 반복되는 실망감 때문에 "아무 소용없어."라고 느낄 때, 게다가 기분 변화도 변덕도 무척이나 심한 그를 어느 누구도 그녀처럼 온화하게 이끌어줄 수는 없지요. 그의 천칭자리 여성에 관해 말하자면, 그녀도 잘 알고 있답니다. 그녀가 차가운 별빛 세례를 받고는 예전보다 더 생기 있고 강해진 기분으로 돌아올 수 있는, 비밀스럽고 아득한 곳으로 가는 길을 알려줄 유일한 사람이 이 남성이라는 사실을 알고 있지요. 요정의 다이아몬드가 있는 곳을 그녀에게 알려주고, 다이아몬드가 돌아오도록 키스해줄 유일한 사람이 바로 그라는 사실을 알고 있답니다.

천칭자리 남성과 물고기자리 여성

황금 종소리처럼 사랑스럽게 딸랑거리는 소리가 그에게 답했다.
그건 요정의 언어다. 평범한 아이들은 결코 들을 수 없다.
하지만 만일 듣게 된다면, 예전에 한 번쯤 들은 적이 있다는 걸 알게 된다.

네, 맞아요. 황금 종소리랍니다. 천칭자리 남성과 물고기자리 여성은 함께 그 소리를 듣지요. 서리가 아름다운 크리스털 무늬를 창유리에 만드는 아주 추운 겨울밤, 그들은 탁탁 소리를 내며 타는 장작불 앞에 앉아 서로를 껴안은 채 노래를 부릅니다. 밖에는 하얀 눈이 가로등의 노란 불빛을 받으며 소리 없이 내리지요.

이 남성과 여성이 무심코 빚어낸 한 폭의 그림 같은 아늑한 풍경입니다. 물고기자리와 천칭자리는 대지 여신의 '평범한' 아이가 결코 아니랍니다. 천칭자리 남성은 쾌활하면서도 몽상적이지요. 극동 지역의 신비로운 백단 향기를 희미하게 풍기지만, 친숙한 애플파이나 현관 앞에 걸린 작은 장식물에도 감동합니다. 물고기자리 여성은 모호하고 공상적인데, 천칭자리 남성보다 훨씬 더 공상적입니다. 그녀의 눈동자에는 해안에 부드럽고 가볍게 부서지는 파도 소리가 담겨 있지요. '시적 허용'이라고 불리는 것입니다. 모든 천칭자리와 물고기자리의 낭만적인 마음속에는 깔끔하게 액자에 넣은 시인 자격증이 걸려 있답니다.

갑자기 방에 한기가 스며듭니다. 두 사람 사이에 작은 고드름이 생겼네요. 따뜻하고 평화로운 풍경이 얼어붙습니다. 그들의 사이좋은 대화가 예기치 못한 불협화음에 봉착합니다. 물고기자리 여성이 친구와 낯선 사람에게 지나치게 동정적이기 때문입니다. 그녀의 친구 중 한 명이 코카인 '흡입'이라는 습관에 빠지게 된 것에 관해 그녀는 심각하게 걱정했지요. 그녀는 코카인이 코의 조직과 연골을 어떻게 파괴하는지, 코카인 때문에 성형수술을 받을 수밖에 없는 사람들이 놀랄 정도로 증가 추세에 있으며, 심한 경우 나중에는 코가 함몰된다는 사실을 친구에게 설명하려고 노력했답니다.

그녀는 몸을 떨면서 천칭자리 남성에게 바싹 기대면서 묻습니다. "끔찍하지 않아요?" 하지만 그는 질문에 곧바로 대답하지 않지요. 계속해서 그녀는 그 친구가 충고에 감사하는 대신, "신경 쓰지 말아줘."라고 차갑게 말했으며 그렇게 불친절한 대우를 받아서 자기 마음이 얼마나 아픈지 그에게 이야기합니다. 그녀는 단지 도우려고 했을 뿐인데 말이에요. 물고기자리 여성은 지나치게 많은 동정심을, 너무 많은 시간을 들여 주변에 베풉니다. 가끔씩만 그녀 자신을 조금 돌보지요. 그녀는 그의 공감 어린 말을 고대합니다. 그는 여전히 침묵하고 있습니다. 하지만 물고기자리 여성은 인내심이 있지요. 그를 압박하지 않습니다. 그녀는 기다립니다.

마침내 천칭자리 남성이 한숨을 쉽니다. 그러고는 그녀의 눈동자를 똑바로 들여다보면서 엄하게 말합니다. "코카인 중독자의 코 때문에 그렇게 충격을 받았어요? 담배 때문에 축적된 검은색 풀 같은 타르와 싸우고 있는 당신의 폐가 어떤 모습일지는 생각해봤어요? 당신은 언제 담배를 끊을 건가요? 폐도 코만큼이나 건강에 중요해요. 두 개 모두 당신이 숨쉬기 위해 필요하지요."

그녀가 기대한 반응과는 멀어도 너무 멉니다. 몇 개 안 되는 약점을 공격하다니요! 그는 어떻게 그렇게 부당할 수 있을까요? 그녀가 원한 건, 그녀의 괴로움에 대해 그가 약간이라도 이해해주는 것뿐이었는데 말이에요. 그녀는 뒷걸음질칩니다. 모든 물고기자리가 종종 그렇듯이 '냉담한 물고기'로 바뀌지요.

이 일로 몇 주 전 사건이 떠오릅니다. 두 사람은 방금 영화를 보고 나왔고 차를 타고 집으로 돌아오는 중이었지요. 물고기자리 여성은 그 영화가 얼마나 좋았는지에 대해 삼십 분가량 열변을 토했답니다. 천칭자리 남성 역시 그 영화를 좋아했습니다. 극장에서 그의 행동으로 알 수 있었지요. 객석의 조명에 불이 켜졌는데도 그는 스크린에서 눈을 떼지 못했고, 마지막 크레디트가 올라갈 때까지 자리를 뜨지 않고 가만히 앉아 있었거든요. 그런데 뜻밖에도 그는 인상을 찌푸렸습니다. "나는 굉장히 따분하다고 생각했어요." 그는 말했답니다. "워렌 버핏과 줄리아 크리스티는 괜찮았지만, 시작이 자연스럽지 않았어요. 플롯이 너무 빈약하고 콤플렉스는 충분하지 못했지요. 대사도 끔찍했고요."

이 남성은 대체 어떤 일에 찬성하는 걸까요? 가학증에 관한 박사 학위가 있는 걸까요? 어쩌면 그는 밤에 침대에 누워서 그녀를 무시할 연구만 하는 게 아닐까요? 그는 코카인을 권하는 친구들을 방문하지 말자고 확고하게 주장했던 사람이랍니다. 바로 어제 자신에게 그 친구의 남편을 한 방 먹일 좋은 생각이 있다고 말했었지요. 어떻게 자신의 견해를 그렇게 싹 바꿀 수 있을까요? 혹시 그에게 정신분열증이 있는 걸까요? 정신과 의사를 찾아가봐야 할까요?

물고기자리 여성은 모든 점에서 틀렸습니다. 그는 가학증도 아니고 그녀를 싫어하지도 않습니다. 그녀를 어떻게 잔인하게 무시할지 연구하면서 밤을 새우지도 않지요. 자신이 그녀를 마음 아프게 했다는 걸 알면 그도 마음이 아플 겁니다. 그런데 왜 그런 행동을 하냐고요? 그는 정신분열증 환자가 아니고 천칭자리랍니다. 저울이지요. 그래서 판단을 내려달라고 진술하는 모든 것이 균형을 이루도록 무의식적으로 강요받습니다. 천칭 저울은 균형이 잡혀야만 합니다. 어떤 일의 한쪽과 그 반대편이 균형을 이루려고 시도하지 않는 것은 불공평하지요.

만약 이야기를 다르게 했다면 그녀는 원하는 반응을 얻을 수 있었을 것입니다. 만약 그녀가 친구에게 충고한 것을 말한 뒤 한숨을 내쉬고, "나는 그녀에게 충고할 자격이 없어요. 나도 결코 흡연을 포기할 것 같지는 않은 걸요. 내 폐가 그녀의 코 조직보다 훨씬 나쁜 상태일 거예요."라고 덧붙였다면, 그녀의 천칭자리 연인은 이렇게 말했을 겁니다. "결코 못하다니, 말도 안 돼요. 예전에 한 번 끊었잖아요. 다시 끊을 수 있어요. 게다가 당신은 해가 될 만큼 담배를 피우지는 않잖아요. 당신이 여태껏 담배를 피워온 시간을 모두 더한 것보다 더 짧은 시간 안에 코카인이 신디의 코를 망가지게 할 거예요. 당신은 도우려고 애쓴 것뿐인데, 그렇게 무례하게 대한 것은 배은망덕했어요. 내일 전화해서 그녀에게 말해야겠어요."

또 영화를 보고 돌아오는 길의 차 안에서 물고기자리 여성이 이렇게 말했다면 어땠을까요? "왜 사람들이 「천국은 기다릴 수 있다」에 열광하는지 모르겠어요. 옛날 영화 줄거리의 재탕인데 말이에요. 나는 영화에서 그렇게 특별한 점을 찾지 못했는데, 당신은요?" 집으로 돌아가는 내내, 천칭자리 남성은 영화에 관해 연기, 연출, 줄거리, 영상과 음향 등 모든 면을 칭찬했을 겁니다. "무슨 소리예요? 특별한 것이 없다니요, 어떻게 그렇게 말할 수 있어요? 그토록 편안하고 즐거운 영화는 오랜만에 봤어요. 끔찍했다니요?"

모든 6-8 태양별자리 유형에서와 마찬가지로, 이렇게 서로 다른 동기 때문에, 물고기자리 여성과 천칭자리 남성이 사랑에 빠지는 일은 결코 쉽지 않습니다. 그러나 일단 사랑에 빠지면 서로의 차이점은 둘 다에게 공평하게 유익함을 주면서 조화를 이룹니다. 둘은 아름다움에 대한 사랑을 비롯해 많은 정서와 감수성을 공유하고 있지요. 두 사람은 적극적인 행동과 이어지는 논쟁보다 평화와 조화를 더 좋아합니다. 천칭자리가 논하는 것은 결코 '논쟁'이 아니랍니다. 그저 즐거운 대화지요! 두 사람은 팽팽한 갈등으로 빚어진 날카로움을 오래 견디지 못합니다. 만약 갈등이 심각해지면, 둘 중 한쪽이 구름처럼 떠가거나(천칭자리) 헤엄쳐가서(물고기자리) 결코 돌아오지 않을 겁니다.

이 두 사람은 섹스를 통해 낭만적인 유대를 형성하는 것으로 많은 장애를 극복할 수 있습니다. 서로 다른 개성과 생활 방식에 적응할 때 생기는 그 어떤 곤란함도 완화시킬 수 있지요. 천칭자리 남성은 연약한 물고기자리 여성의 마음을 채웁니다. 그는 그녀가 지금껏 갈망해온 애정을 줄 수 있지요. 그는 자신의 사랑을 그녀가 원하는 방식으로, 즉 육체적으로 온화하고 사려 깊은 방식으로 표현할 줄 압니다. 그녀가 그를 신뢰하도록 만들지요. 물고기자리 여성은 천칭자리 남성의 마음을 채웁니다. 그녀는 그의 욕망을 거의 이심전심으로 감지하지요. 두 사람의 섹스에는 환상적인 면과 풍부한 열정이 함께 어우러집니다. 항상은 아니지만, 대부분의 경우 시인들이 표현하려고 애쓴 황홀감의 단계에 이를 수 있습니다. 또한 두 사람은 서로가 느낀 황홀감을 자연스럽게 표현할 수 있지요. 그들만의 독창적인 음악을 작곡하고 시도 지을 수 있답니다. 한 번도 같은 법이 없고 분위기에 따라 늘 변화하지만, 언제나 한결같이 부드러운 시이며 음악이지요.

두 사람은 해야 할 일을 미루거나 즐거움을 추구하는 일에 너무 빠지지 않도록 조심해야 합니다. 천칭자리와 물고기자리는 둘 다 어떤 형태의 유혹에도 쉽게 넘어간답니다. 대표적으로 게으름, 약물, 술 또는 전혀 근거 없는 백일몽 같은 것들이지요. 이런 점을 조심한다면, 물고기자리와 천칭자리는 아주 행복한 관계를 이룰 수 있습니다. 두 사람은 서로의 심장이 똑같은 리듬으로 뛰는 것을 점차적으로 알아갈 것입니다. 그녀는 그를 향해 신비하고 변함없는 믿음을 보여주고, 그는 가끔씩 그녀가 부적응하더라도 낙천적이고 쾌활한 지지를 보냅니다. 이러한 믿음과 지지는 사랑을 지속해주는 강하고 아름다운 토대가 됩니다.

물고기자리 여성은 때때로 그에게 불평합니다. 천칭자리 남성은 그녀의 기분과 감정 뒤에 있는 이유를 알아내는 통찰력이 부족하고, 구애할 때도 너무 냉정하고 논리적이며 초연하다고 투덜대지요. 하지만 그는 단지 절반의 시간 동안만 그렇답니다. 그리고 그녀는 이 사실을 깨달을 만큼 충분한 통찰력을 지녔지요. 그녀가 조금만 더 인내심을 발휘하고 기다린다면, 그의 따뜻한 마음이 그의 미소 속에서 다시 빛을 발할 것입니다. 한편, 천칭자리 남성은 집 안이 제대로 정리되어 있지 않아서 불쾌해질 수 있습니다. 하지만 그녀는 그가 해줬으면 하는 일을 우연찮게도 계속 미루고 있을 뿐이랍니다. 그가 어떤 일에 대해 합리적으로 설명할 때 그녀의 시선이 먼 곳을 향하고 있어 당황할 때도 있지요. 하지만 그녀는 그가 바라 마지않는 감정적인 평화와 아늑함으로 만들어진 조각 이불로 그를 감싸줄 수 있답니다. 이것으로 나머지 모든 문제가 해결될 것입니다. 그녀는 본질적으로 동정적이며, 그는 본질적으로 아주 공정합니다. 둘 사이의 불화를 해결할 방법은 늘 있지요.

　물고기자리 여성과 천칭자리 남성은 모두 현명하지만 서로 다른 종류의 지혜를 지니고 있습니다. 그의 지혜는 예리하고 지적이며(감상적이며, 낭만적인 성향에도 불구하고), 그녀의 지혜는 몹시 감정적이고(외적인 차분함이나 냉정한 태도에도 불구하고) 마법 같은 연금술이지요. 둘 다 대체로 기꺼이 타협하기 때문에 서로에게 행복을 가져다줄 수 있습니다. 하지만 그녀가 담배를 피운다면, 그녀의 사랑을 그에게 증명하기 위해 담배를 포기하는 게 좋습니다. 그리고 그는 지나치게 남을 비판하는 일을 멈춰야 합니다. 그녀는 가정부, 세탁부, 주차 요원이 아니랍니다. 그의 파트너이며 그의 여인이지요. 눈동자에 파도 소리가 담긴 바다의 요정이고요. 불은 따뜻하게 타오르고, 지금 그녀는 아늑한 그의 품에 안겨 있습니다. 밖에는 눈이 내립니다. 황금 종소리가 들리나요? 저는 우리가 한 바퀴를 돌아, 두 사람의 시작으로 돌아왔다고 믿는답니다.

전갈자리와
열두 별자리가 만났을 때

Scorpio, the Scorpion,
Eagle or Gray Lizard

전갈자리 Scorpio

물 · 유지하는 · 수동적
지배행성: 명왕성
상징: 전갈 또는 독수리
음(−) · 여성적

전갈자리 Scorpio

물 · 유지하는 · 수동적
지배행성: 명왕성
상징: 전갈 또는 독수리
음(−) · 여성적

전갈자리와 전갈자리의 관계

그러나 그를 두려워하지 않는 한 사람이 있었다.

그 원 안으로 들어갈 준비가 된 사람이었다.

어느 쪽이 이길까?

이 조합은 '도롱뇽의 눈알과 개구리 발가락, 박쥐의 털과 개의 혓바닥'으로 마법의 약을 만들려고 멀린과 맥베스를 짝지어주는 것과 같습니다. 개성의 난해한 조합이지요. 두 사람을 지켜보는 사람들만큼 두 전갈자리 본인들도 당황스럽습니다. 네, 시합이 있을 겁니다! 당신의 박쥐 털을 걸고 내기를 해도 좋습니다.

전갈자리 두 사람은 신중하게 그리고 의심스럽게 상대방의 강력한 힘을 의식합니다. 설령 자신을 정말로 이해하는 누군가를 마침내 발견했다는 사실 때문에 굉장히 기쁘더라도요. ('굉장히 기뻐하다'가 이 두 포커페이스를 묘사하기에 적절한 단어인지는 모르겠지만) 서로를 이해하는 것은 적절한 선을 넘지 않을 겁니다. 이해받기를 바라는 동시에, 자기를 제일 잘 이해하는 사람에게 사적인 비밀을 들키지 않기를 바라거든요. 어려운 일이지요. 이러한 면이 밖에서 지켜볼 뿐 개인적으로 관계가 없는데도, 지켜보는 일만으로도 오싹한 심리전을 만듭니다.

저는 그들이 서로를 발견해서 기쁩니다. 하지만 한 사람이 우연히 상대방을 공격할 때는 어떤 일이 일어날까 하는 생각으로 마음이 심란해지네요. 공격받은 쪽은 보복할 것을 결심합니다. 그러면 복수를 당한 쪽은 다시 복수를 돌려주겠다고 결심하고, 또한 두 번째 사람의 복수를 능가해야 한다는 압박을 받습니다. 그때쯤이면, 복수하는 것은 경쟁이 되어 있지요. 상상만 해도 몸서리치는군요. 문제는 전갈자리가 반드시 이겨야 한다는 사실입니다. 그들은 이기기 위해서라면 자신의 목숨만 빼고 뭐든지 걸지요. 일부는 생명도 불사한답니다.

당신이 전갈자리 커플을 사무실이나 교실, 또는 옆집 가족 모임에서나 거리에서 만난다면(어린이든지 어른이든지) 제가 아무것도 아닌 일에 야단을 떤다고 생각하실 겁니다. 당신은 그들이 온순하며 법을 잘 지키는 시민이고, 부드럽게 말하며, 전혀 위험하거나 사악하지 않다고 말할 겁니다. 그리고 그들이 무슨 일이든 이기려고 맹렬하게 전념하는 것처럼 보이지 않는다고도 말하고 싶을 겁니다. 이해합니다. 하지만 당신이 전갈자리를 모르는 겁니다.

당신은 전갈자리와 결혼해봐야 합니다. 아니면 그의 가족이나 친척이 되든지요. 전갈자리를 알려면 그러는 수밖에 없답니다. 모든 사람이 전갈자리의 가면만 봅니다. 전갈자리가 명왕성의 비밀스러운 본성을 감추기 위해 쓰기로 결정한, 특별히 좋아하는 핼러윈 가면이지요. 당신은 그들이 자랄 때 다정하고 과묵하지만 부드럽게 말하는 작은 천사였는지, 그의 엄마에게 물어보는 것부터 시작할 수 있습니다. 어서 물어보세요. 여배우 테리 앤 무어에게 그녀의 전갈자리 아들 그랜트에 대해 물어보세요. 그가 얼마나 '온화한지'를요. 실은 제게 물어봐도 됩니다. 제게도 마이클이라는 전갈자리 아들이 있거든요.

최근에 한 뉴욕 은행에서 마이클이 계좌 만드는 걸 거부하는 실수를 했습니다. 마이클이 은행 계좌를 열기에 충분한 나이가 아니라는 이유였지요. 마이클은 은행과 평생 인연을 끊었답니다. 그는 (꽤 진지하게 그리고 실제로) 나중에 자신의 현금을 보관할 금고를 사려고 쇼핑을 했지요. 은행이 그를 원하지 않았다? 좋아요. 그러므로 그 또한 은행이 전혀 필요하지 않답니다. 지금은 물론 앞으로도요. 일이 그렇게 되었답니다. 전기담요와 달걀 젓는 기구 같은 선물로 그를 꾀려고 애써 봐도 소용없습니다. 전갈자리는 거절을 당하면 잊지 않습니다. 콜로라도스프링스 국립은행이라면 그가 한번쯤 기회를 줄지도 모르겠네요. 그 은행은 그의 어머니에게 정직하고 공정하니까요. 하지만 그 은행은 마이클과의 거래를 정말로 원한다는 공손함과 신중함을 가지고 그에게 간청해야 할 겁니다.

전갈자리는 남성이든 여성이든, 성인이든 어린아이든, 오래 기억합니다. 황소자리만이 이들보다 더 오랫동안 기억하지요. 그들은 친구나 가족 중의 누구 때문에 억울하게 고통받은 것을 알게 되면 조용하게 분노합니다. 그 일이 반복되지 않도록 노력하지요. (노력한다고요?) 일종의 마피아 대부의 저음 같은 침착함으로요. 여기 전갈자리에 대한 중요한 성찰이 있습니다. (그들을 상대하는 모든 사람을 위한) 특별한 사람이 둘 있지요. 저는 이 사람들이 결코 화를 내지 않고, 계속해서 냉정함을 잃지 않고, 아주 침착하게 그리고 항상 부드럽게 말했기에 자신의 목표를 성공적으로 성취했으며 또한 그런 사실 때문에 유명해졌다고 생각합니다. 마피아의 대부와 목수인 예수입니다. 이 위대한 진실은 숙고할 가치가 있답니다. 어떤 전갈이라도 그 메시지를 이해합니다. 핵심은 "그들의 목표를 성취했다."라는 구절에 있지요.

전갈자리가 부당한 일을 당하면 응징은 훨씬 더 분명합니다. 바로 다음 순간일 필요는 없습니다. 물 원소의 별자리인 전갈자리는 기꺼이 기다립니다. 이 사람들의 복수는 늘 눈에 보이는 방식을 필요로 하지는 않습니다. 강력한 힘을 가진 명왕성이 지배하기 때문에, 이들이 무의식의 차원에서 복수를 바라는 것만으로도 그 일이 일어나기도 합니다. 전갈자리를 지배하는 명왕성은 지하 세계, 탄생, 죽음, 섹스의 신비, 환생과 부활을 지배하는 별이기도 하지요. 여러분은 한 전갈자리가 다른 전갈자리에게 화가 났을 때 어떤 일이 일어날지 상상할 수 있을 겁니다. 상상이 안 된다면 제가 이야기해드릴게요. 복수한다는 것은 '거대한 부메랑'이랍니다. 특히 전갈자리에게 향해졌을 때는요. 그들이 빨리 알아야 될 법칙은 바로 그것입니다. 전갈자리조차 바꾸거나 취소할 수 없는 우주의 법칙에 따라 부정적인 언행은 반드시 보낸 사람에게 되돌아옵니다.

군이 복수하지 않으려고 하는 때라도, 최소한 전갈자리는 자신에게 불친절했던 사람을 피하려고 애씁니다. 그들은 마치 그 사람이 존재하지 않은 것처럼 행동하지요. 가해자는 그런 태도를 느끼고 불안해집니다. 자신이 없는 사람처럼 느껴지지요. 실제로 전갈자리에게 그들은 실재하지 않습니다. 전갈자리는 자신들이 존경하지 않는 것에 대해 온갖 경멸하는 태도로 무시합니다. 희생자는 자기가 귀신인지 확인하려고 스스로를 꼬집어보고 싶어집니다. 누군가 유리 창문을 통해 들여다보는 것 같은 전갈자리의 꿰뚫어 보는 시선을 경험해본 적이 있나요? 다르답니다. 그들이 당신을 지그시 바라보는 때보다 어쨌든 훨씬 더 으스스합니다. 결정적인 차이가 있지요. 지그시 바라보는 쪽이 훨씬 더 나은 거랍니다. 전갈자리에게 일단 믿음을 상실했다면 신용과 확신을 다시 얻는 건 쉬운 일이 아닙니다. 전갈자리가 다른 전갈자리에게 상처를 줬을 때라면, 신뢰는 대개 더 빨리 회복됩니다. 전갈자리끼리는 그들 명왕성의 지혜의 원 밖에 있는 사람에게 허용하는 것보다 더 많은 동정과 용서를 서로에게 베풀거든요. 물고기자리와 게자리도 가끔씩 예외입니다. 제 저작권 대리인과 편집자 두 사람, 제작 편집자와 하퍼 앤 로우 사의 디자이너까지 모두 전갈자리랍니다. 그래서 제가 보통 (항상은 아니고 대체로) 조심스럽게 걸어 다니는 걸 여러분도 이해하시겠지요.

그들이 지닌 잠재력의 조합으로 얻어지는 엄청난 힘을 고려할 때, 전갈자리와 전갈자리는 경이로운 일을 많이 성취할 수 있습니다. 바닷가에 있는 꿈의 저택을 구입할 만큼 저축을 엄청나게 불리는 일에서 상을 받을 만한 영화를 제작하는 것, 뉴펀들랜드에서 어린 물개가 학살되지 못하도록 구하는 일까지 뭐든 할 수 있지요. 바쁘지 않은 전갈자리 커플을 안다고요? 그들의 도움이 필요한 슬프고 병든 세계가 밖에 있다고 전해주세요. 물론, 그들의 공통적인 기질 중에서 부정적인 면을 부풀리는 1—1 태양별자리 관계의 어두운 면을 먼저 극복해야 합니다. 이는 지속적이며 혼신을 다하는 노력을 요구하지요. 만약 그들이 이를 통제하면서 협력할 수 있다면, 팀으로 또는 구성단위로서 그들의 성공은 감동적일 것입니다.

두 전갈자리가 부정적이든 긍정적이든 어떤 일에 그들의 마음을 집중할 때, 그들의 행로를 살짝 우회하게 한다면 어떤 결과를 가져올까요? 저도 어떻게 될지 모르겠네요. 어떤 다른 불가능한 일을 시도하는 것과 같지 않을까 싶습니다. 화성에 착륙하는 일 같은 것은 아닙니다. 그건 가능한 일이지요. 홍해를 가른다거나 물 위를 걷는 것 같은 일도 아닙니다. 이 일도 가능하지요. 뭐가 있을까요…. 쏟아지는 비를 맞고도 비 한 방울 젖지 않는 건 어떨까요? 불가능한 '위업'의 예에 걸맞지 않나요? 어쨌든 두 전갈자리가 천국의 열쇠를 발견했을 때, 불가능한 일은 거의 없습니다. 갑작스러운 폭우 속에서도 젖지 않고 남아 있는 일조차 아마도 어쩌면 가능하겠지만, 지금은 그 예를 드는 것으로 넘어가지요.

여러분은 제가 전갈자리를 두려워한다는 인상을 받았을 겁니다. 제가요? 화성의 지배를 받는 양자리인 제가 명왕성을 두려워한다고요? 다부진 숫양이 전갈자리처럼 단순한 생물을 두려워한다고요? 솔직히 말씀드리면 두렵습니다. 저는 불 원소이고 전갈자리는 물 원소이지요. 이 책 어딘가에서 설명한 것처럼, 불 원소는 그의 불꽃을 물 원소가 끌 수 있다는 사실을 알지요. 네, 맞습니다. 저는 전갈자리 사람들의 명왕성의 힘이 무섭답니다. 하지만 저는 그들을 존경하기도 합니다. 그리고 저는 항상 공포를 이기는 사람들을 존경합니다. 저는 아직까지 제가 필요할 때 변함없는 충성심과 지지를 보여주지 않은 전갈자리를 만난 적이 없습니다. 그들 중 일부는 과묵하고(기만적일 정도로 말이 없는) 도움이 되는 친구들로서 저를 다정하게 대해줬지요. 몇몇은 그들 인생의 힘겨운 시기에 보여준 강인함과 목표 의식으로 저를 놀라게 했습니다. 그리고 제가 아는 거의 모든 전갈자리는 제 영혼이 고통받을 때 깊이 동정해주었지요.

이번 생에서 바닷가 모래사장을 함께 뛰어가는 두 명의 전갈자리가 그들 출생차트에서 조화로운 태양, 달별자리를 공유한다면, 그들은 홍해도 가를 수 있습니다. 예전에 이미 갈라진 적이 있는데, 왜 다시 할 수 없겠어요? 그게 아니면, 두 전갈자리는 웨스트 코스트에 예고된 대재앙을 어떻게든 막는 일을 염원할 수도 있습니다. 이 재앙은 다음 십 년 안에 다시 일어날 수 있지만 멈추게 할 수도 있지요. 지구의 미진을 멈추기 위해 제안된 한 가지 방법은, 땅 아래의 핵과 수소 실험을 중단하는 것입니다. 전갈자리 커플이 할 수 있는 또 다른 일은, 캘리포니아에 지나치게 집중되는 섹스의 과도함과 경제적인 탐욕의 지배에 대해 반대한다고 공개적으로 말하는 일입니다. 명왕성은 섹스의 부정적인 면과 긍정적인 면을 다스리지요. 그리고 실제 하늘에서 명왕성은 곧 종교의 더 심오한 신비를 관장하는, 자신의 원래 별자리인 전갈자리로 다시 들어갑니다. 전갈자리인 빌리 그레이엄(1918~, 미국의 침례교 목사—옮긴이)이 그가 직접 본 바대로 진실을 '공개적으로 말해야 하는' 상황을 개선하려고 애쓰는 이유입니다. 그는 천문해석학을 믿지 않지요. 그래서 자신의 '영혼을 위한 싸움'에 왜 그렇게 집요하고 완강한지 그 자신은 모릅니다. 하지만 우리는 그 이유를 알지요, 그렇지요?

전갈자리에서 진화된 독수리 유형의 사람들은 복수의 비열함과 사소함을 비웃습니다. 복수는 이 태양별자리의 더 낮은 수준으로 진화된 회색 도마뱀이 때때로 의지할 수밖에 없는 것이지요. 하지만 이 도마뱀들조차 그 자신의 상징인 불사조처럼 완전히 밝게 날아오를 수 있답니다. 날아오르고 싶은 때가 오면 언제라도 말이에요.

명왕성의 힘이 두 평범한 사람들 안에 담길 때, 설령 둘 다 회색 도마뱀이더라도 위험은 많습니다. 만약 한쪽이 회색 도마뱀 유형의 전갈자리이고 다른 한쪽이 독수리라면 후자는 전자 안의 '타락 천사'를 끌어올릴 힘과 영광을 가지고 있습니다. 실제로 이러한 일은 자주 일어납니다. 저는 이런 종류의 기적과도 같은 사건들을 직접 목격했답니다. 마치 마술을 보는 것처럼 아주 멋진 경험이었지요. 만약 두 사람 모두 전갈자리에서 진화한 독수리라면 두 사람이 함께 얼마나 높이 날 수 있는지는 가늠할 수 없습니다. 그들은 영감을 주는 훌륭한 우정과 사업의 관계를 만들어낼 수 있습니다. 아주 멋지고 강렬한 로맨스 또는 결혼도 이룰 수 있고, 아니면 지상에서 역사적인 종교적 사명을 이룰 수도 있지요.

이 책을 읽는 두 전갈자리에게: 당신의 지배행성인 명왕성을 기억하세요. 행복을 최고에 이르게 하는 힘이나, 핵폭발 같은 위력으로 행복을 파괴하는 힘을 명왕성이 가지고 있다는 사실을 기억하세요. 당신이 원하든 원하지 않든 그런 의지의 힘은 당신 것이랍니다. 현명하게 사용한다면 말 그대로 당신에게 불가능한 꿈은 없습니다. 이제부터가 아니라 여기, 지금 이 순간에 이미 그렇답니다.

전갈자리 여성과 전갈자리 남성

그들 사이에 슬픈 작별 인사는 없었다.
그녀가 이별을 마음 아파하지 않는다면,
자기도 괜찮다는 것을 피터는 그녀에게 보여주고 싶었다.
하지만 물론 그는 아주 많이 마음이 상했다.

이 두 사람은 1-1 태양별자리 관계이므로 서로 공통적으로 지닌 자질과 개성들이 더 강화되는 길을 함께 걸어갑니다. 그중에서도 '가벼움'이라는 성향이 다소 부족하다는 특징이 있지요.

전갈자리는 영원히 연합합니다. 그들은 영원히 헤어집니다. 그들은 영원히 화해합니다. 그들이 아무것도 하지 않는 건 일시적이라는 의미입니다. 행동을 취할 때는 그 목표가 완강한 영원성이지요. 만약 뭔가가 그들이 헤엄치는 방향을 바꾼다면, (둘 다 고정적인 별자리라는 것을 감안할 때, 거의 신만이 그렇게 할 수 있습니다.) 행동의 새로운 흐름은 즉시 옛것 또는 이전 것의 영구성을 띠게 됩니다.

여러분은 혹시 제가 혼란에 빠진 것은 아닌지, 또는 쌍둥이자리 커플이 전갈자리와 전갈자리 부분으로 깡충깡충 뛰어 들어오게 하는 실수를 했는지 궁금하실 겁니다. 아니요, 저는 헷갈리지 않았답니다. 실수하지도 않았고요. 전갈자리 연인은 아주 드문 경우에만 그들 관계에서 변화를 만듭니다. 그리고 그들이 변화를 수용하는 드문 경우에도 '영원히'라는 단어를 여전히 적용한다는 사실을 지적하려고 했을 뿐이랍니다. 전갈자리들이 단언한 목표에서 그들을 벗어나게 하는 일은 거의 불가능할 뿐 아니라, 명왕성의 마음에 변화를 만든다는 것 자체가 위험하기도 합니다. 왜냐하면 새로운 균열은 대개 원래의 결합만큼 영원한 것이 되기 때문입니다. 또한 전갈자리의 분노는 영원하기 때문입니다. 다른 태양별자리 커플보다 두 전갈자리 커플의 경우에 '키스하고 화해하는' 일이 훨씬 적게 일어납니다. 이들은 양쪽 다 두 번 독침에 찔리는 걸 바라지 않을 만큼 충분히 자기 방어적이지요.

전갈자리 커플이 만나서 친구가 되고 결혼을 했는데(또는 만나서 결혼하고 친구가 되든지) 이혼으로 헤어졌다면, 두 사람이 법적으로 재혼할 가능성은 아주 희박합니다. 저는 두 전갈자리 사이에서 이런 일이 일어난 경우를 압니다. 그 커플은 이혼하기 전보다 지금 더 깊이 사랑하고 있지요. 같은 사람과 이혼했다가 다시 결혼하는 일은 종종 일어납니다. 그 실제 통계를 알면 놀랄 정도로 이런 경우가 많습니다. 하지만 명왕성의 지배를 받는 남성과 여성은 거의 그렇게 하지 않습니다. 이들에게 어울리는 유형이 아니지요. 애정 문제에 변화를 초래할 수 있는 어떤 일이든 두 사람은 매우 신중하게 고려합니다. 두 사람이 각자가 지닌 **고정 불변성**을 잘 인지하기 때문입니다.

다른 태양별자리 커플들은 세 번 그리고 네 번 정도까지 또는 더 많이 결혼하고 이혼하고 다시 결혼할 수도 있습니다. 만약 이런 경우에 전갈자리 커플이 혹시라도 끼여 있다면, 두 번째 기회가 그들이 서로를 허용할 수 있는 절대적이며 최종적인 한계입니다. 만약 그 기록을 깬 전갈자리 커플을 보게 된다면, 그 두 사람은 쌍둥이자리, 물고기자리, 사수자리의 영향을 많이 받았거나 입양된 전갈자리일 것입니다. 특히 후자는 매우 빈번하게 일어나는 경우이지요. 어떤 사람의 출생차트가 도저히 그 본인의 것일 수 없는 상황이 있답니다. 저는 이런 경우를 아주 많이 봤습니다. 그래서 많은 비밀 입양이 밝혀지는 결과를 낳았지요. 그렇지 않았다면 그 비밀은 영원히 묻혀버렸을 수도 있었겠지요. 적어도 전혀 의심하지 않은 양자 본인이 살아 있는 동안에는 말이에요. 하지만 저는 모든 사람이 본인의 생일 기록과 관련한 절대적인 진실을 알 권리가 있다고 생각합니다. 그것이 모든 인간의 양도할 수 없는 권리 중 하나라고 믿는답니다.

천문해석학에서 수성, 목성, 명왕성은 입양의 문제를 관장합니다. 전갈자리 남성과 전갈자리 여성이 자녀를 입양하거나 파양하는 일에 연루되는 이유가 여기에 있답니다. 당연히 모든 전갈자리 커플이 입양을 하거나 고려하는 것은 아닙니다. 전갈자리 커플이 가장 많이 입양하는 태양별자리도 아닙니다. 하지만 다른 커플들보다는 전갈자리가 훨씬 자주 입양에 연관되지요. 그래서 이 문제를 여기에서 언급해둘 가치가 있다고 생각합니다. 전갈자리는 개인적인 문제를 비밀로 하는 것이 확고한 미덕이라고 믿지요. 그들에게는 아이들이 성인이 된 후에는 그 문제에 대해 목소리를 낼 자격이 있다는 점을 상기시켜줄 필요가 있습니다. 일반적으로 전갈자리가 비밀을 잘 유지하고 사적인 문제는 완전히 사적인 것으로 지키는 성향은 긍정적인 자질입니다. 하지만 입양의 예에서 이런 성향은 결정적으로 좋지 않습니다. 신중한 것도 좋지만, 솔직함이 필요할 때도 있다는 사실을 잊지 말아야 합니다. 입양은 아름답고 칭찬받아야 할 일입니다. 부모 없는 어린이에게 배려와 사랑을 주는 것보다 더 아름답고 칭찬받을 만한 일은 별로 없지요. 하지만 인간의 감정을 이해할 만큼 충분히 나이가 들었을 때, 그 어린이는 자신의 입양과 관련된 이타적인 헌신을 알아야 합니다. 어른의 감정과 사생활을 보호하려고 어린이를 속이는 것은 애초의 선택이 지닌 아름다움과 자비심에 오점을 남기는 일이지요. 저는 이러한 진실이 전갈자리 뿐만 아니라 이 부분을 읽고 있는 다른 모든 태양별자리에게 전해지기를 바랍니다.

출산과 입양을 관장하는 것 외에도, 명왕성은 죽음을 관장합니다. 우리가 소위 죽음이라 부르는, 의식의 다른 차원으로 옮겨가는 것, 또는 한 사람의 영혼이 다른 사람의 몸으로 옮겨가는 것을 관장합니다. 연인이나 배우자 사이의 어울림을 다루는 장이 죽음에 대해 언급하는 낯선 장소가 되었네요. 하지만 그 연인 또는 배우자가 둘 다 전갈자리일 때는 다릅니다. 그들에게 죽음은 아주 자연스러운 주제입니다. 사실, 이 주제는 종종 그들 서로를 끌어당기는 단초가 됩니다. 비록 이 주제 때문에 만나지는 않았더라도 이 남성과 여성 사이에 깊은 유대를 형성할 수 있습니다. 전갈자리는 죽음에 관해 굉장히 독특한 견해를 가지고 있답니다. 하지만 다른 사람들은 이것을 난해하다고 생각하지요. 그래서 그들이 서로를 이해하기 전까지 스스로를 외롭고 불확실하게 느끼게 만드는 요소가 됩니다. 아마 그들 각자는 어린 시절 또는 청년기에 한 번 이상의 중요한 사별로 인해 마음에 깊은 상처를 받고 고통을 겪었을 것입니다. 한 사람 또는 두 사람 모두 전에 결혼했을 수도 있습니다. 둘 중 한 사람은 한때 거의 죽을 뻔했을 수도 있고, 그(그녀)는 아직 해결하지 못한 어떤 목적 때문에 자신이 '되돌아온' 것이라고 느낄지도 모릅니다. 죽음은 언제 어떤 방식으로든, 부정적인 측면뿐 아니라 긍정적인 측면에서도 상당히 특별한 방식으로 두 사람 관계에 강력한 영향을 줄 것입니다.

1-1 태양별자리 유형의 모든 관계에서 그렇지만, 특히 전갈자리 사이에서는 사랑에 추가되는 경지가 있습니다. 오랫동안 다른 사람들이 괴상하고 미친 것이라고 여긴 일에 대해 전혀 설명할 필요가 없는, 자신과 아주 많이 닮은 누군가를 발견함으로써 느끼는 말할 수 없는 기쁨입니다. 누군가가 이해합니다. 누군가가 보고, 안답니다! 그렇게 가슴 떨리는 기쁨의 순간은 드물지요. 이 남성과 여성은 그들의 비밀스러운 자아를 서로 깊이 응시한 뒤에 깨닫습니다. 그러고는 "내가 마침내 집에 왔네." 하는 따뜻한 느낌을 경험하지요. 한 인간이 다른 인간에게 줄 수 있는 가장 아름다운, 소중히 여겨야 할 선물입니다.

천문해석학에서 명왕성은 또한 종교와 부활이라는 더 심오한 신비를 관장합니다. 모든 전갈자리가 이 조용하고 강력한 별의 지배를 받기 때문에, 많은 전갈자리 남녀는 그들의 사랑을 통해 비범한 환생 또는 다른 종교적인 깨달음을 경험합니다. 신비주의적이며 영적이거나 불가사의한 일부 측면들은 대개 그들의 감정적인 유대의 맥락에서 엮여집니다.

종교는 자연스럽게 (전갈자리의 경우에는) 섹스라는 주제로 이어집니다. 다른 태양별자리를 가진 독자는 섹스와 종교 사이에 도대체 어떤 관계가 있는지 궁금할 것입니다. 이 두 사람은 궁금하지 않습니다. 그들 사랑의 육체적인 표현에는 잊을 수 없고 설명하기도 어려운 측면이 있지요. 그것은 그들을 의식의 차원으로부터 이끌고 나가, 그들의 마음과 영혼과 정신을 노래하는 조화의 하나됨으로 신비롭고 아름답게 매혹합니다. 극소수의 남성과 여성만이 경험하는 경지이지요. 두 사람이 지닌 민감성과 깊은 욕망의 샘은 그들의 섹스를 만족으로 이끄는 비범한 원천이 됩니다. 물론 각자의 출생차트에서 태양이나 달 또는 다른 행성이 조화롭지 못하다면, 그들 사이 섹스는 그렇게 황홀하지 않을 수도 있습니다. 강력한 명왕성의 영향으로 불감증, 발기부전, 또는 난혼이라는 극단적인 문제가 생길 수도 있지요. 그러나 섹스는 그 자체로 전갈자리의 본질과 불가분의 관계이므로, 전갈자리 커플의 관계에서 결코 미미한 역할을 하지는 않을 겁니다.

두 전갈자리의 행복에 가장 심각한 위험 중 하나는 상처받았을 때 복수하려는 경향입니다. 그리고 더 나쁜 것은 뒤틀린 자존심과 약한 면을 드러내는 것이 싫어서 상대방에게 자신의 진실을 숨기려는 성향이지요. 정말 유감스러운 일입니다. 왜냐하면 이것이 그들을 지속적인 오해로 이끌기 때문입니다. 마치 출구가 없는 원과 같아서 빠져나갈 길이 없지요. 고통은 그 원을 깨뜨리고 그들로 하여금 각자의 갈 길을 찾으라고 재촉합니다. 화해하기를 바라는 각자의 진심을 서로에게 가르쳐주지 않고요.

몇 주, 몇 달, 심지어 몇 년 동안이나 독수리와 그의 명왕성의 숙녀는 자신들 내부에 갈망을 담고 있습니다. 그들은 진실을 마주해야 합니다. 하지만 그들은 그렇게 하는 대신 비밀을 지키며, 별 세계인 양 서로를 대합니다. 전혀 만족스럽지도 않고 함께하는 것도 아니지요.

내가 간직한 기이한 모양의 것들…
우리의 냄새와 우리의 느낌이 배어 있는 것들이지요.

으스러진 피자집의 종이 성냥과
시든 꽃 몇 송이…
방문 앞에서 집어왔지요.

당신은 들어올 수 없었지요.
해변의 모래 위로 쓸려왔던
하얗게 말라비틀어진 나뭇가지…
그곳에서 당신은 처음 외롭다고 말했지요.

저는 놀라서 울음을 터뜨렸지요.

호텔방 열쇠…
비행기 표가 들어 있는 봉투 안에 있었지요.

저는 생각해요.
당신이 새의 노래와 제 마지막 웃음의 기억을 간직했을 거라고.
당신의 앨범에서 그건 아주 작은 공간만을 차지하겠지만.
　_『금성은 한밤에 120도를 맺는다』(린다 굿맨)

　슬프고 불필요한 장면 아닌가요? 서로 사랑을 나누는 대신 그들의 사랑을 앨범에
서나 추억하다니요. 전갈자리는 자신의 재에서 날아오르는 불사조가 나타내는 재
생과 부활의 영혼이랍니다. 불사조는 전갈자리의 더 높은 경지를 나타내는 천문해
석학적인 상징이지요.
　무관심이라는 명왕성의 차분한 가면은 두 사람이 기대하는 만큼 고통을 완벽하게
방어해주지는 못합니다. 그 가면은 밸런타인데이를 끔찍한 핼러윈으로 만들어버리
지요. 두 사람 모두에게요. "난 아무렇지도 않아요."라는 전갈자리의 가식적인 태도
이면에는 퇴짜와 거절에 대한 공포가 있습니다. 저는 이 지독하게 감정적인 두 연인
에게 묻고 싶습니다. 만약 당신이 서로의 마음을 신뢰할 수 없다면, 당신이 신뢰할
수 있는 사람은 대체 누군가요? 언젠가는 어떤 식으로든, 당신은 누군가를 믿어야
만 합니다. 아무도 전갈자리보다 더 부드럽게 당신의 비밀을 대해주고 더 충직하게
지켜줄 수는 없답니다.
　모든 커플 관계에서처럼 이 두 사람에게도 상당수의 위험이 잠재되어 있습니다.
이 경우에 그런 위험은 불성실함(명왕성의 지배를 받는 사람이 가장 극심한 비참과
혼란에 빠졌을 때 여기에 의지하지요.), 최면, 세뇌, 술, 약물 그리고 주술의 부정적
인 측면과 어떻든 관련되어 있습니다.
　이들은 둘 다 너무 자주, 불필요하게 의심합니다. 서로에게 완전하게 정직할 때만
제거될 수 있는 문제지요. 이들은 둘 다 좀 이기적입니다. 폭력적인 모습도 좀 많이
가지고 있지요. 또 이러한 기질은 전갈자리와 전갈자리가 만났을 때 증폭됩니다. 하
지만 동시에 전갈자리의 용기, 견고함, 온화함, 방어적인 기질도 극대화됩니다. 두
사람이 지닌 개성의 부정적인 면을 통제하고 긍정적인 면들을 강조하려고 의식적인
노력을 기울인다면, 이들이 가진 모든 꿈을 실현할 수 있습니다. 두 사람은 별이나

달 대신에 서로에게 소원을 빌어도 된답니다. 이뤄질 테니까요.

용서는 전갈자리의 모든 어려움을 해결하는 마법의 열쇠입니다. 이들이 그 모든 자질 중에서도 가장 위대한 이 덕목을 통달할 수 있다면, 두 사람의 사랑을 오래 지속할 수 있습니다. 영원히요.

전갈자리는 반드시 기억해야 합니다. 그는 자신이 자처하는 만큼 자급자족적이거나 침착하지 않으며, 자신의 감정을 잘 제어하지도 못합니다. 그녀는 그녀의 침묵이나 무심한 태도가 말해주는 것처럼 그렇게 냉담하거나 몰인정하지 않습니다. 가면을 쓴다는 건 아주 불편한 일입니다. 다른 사람들 앞에서는 필요할지 모르지만, 당신이 사랑하는 사람의 품 안에서는 가짜 얼굴과 위장을 위한 검은 안경을 벗어야 합니다. 그저 당신 자신이 되어야 하지요. 그것이 사랑한다는 의미입니다. 다른 사람을 받아들인다는 것은 그 사람이 가진 불완전성도 함께 받아들이는 것 아닌가요? 사실, 당신이 사랑하는 사람의 불완전성이 때로는 그(그녀)를 더욱 더 사랑하게 만든답니다. 비밀스러운 단점은 믿을 수 있는 사람에게만 보여줄 수 있지요. 그들을 비웃거나 판단하지 않는 누군가에게요.

전갈자리 남성과 전갈자리 여성이 다툰 후에 사랑을 되돌릴 기회를 비밀스럽게 열망할 수 있습니다. 그건 아주 슬픈 일이지요. 왜냐하면 둘 중 누구도 감히 먼저 움직이거나 말하지 못할 테니까요. 누구도 먼저 "당신에게 상처를 줘서 미안해요." 또는 "제발 돌아와 줘요."라고 말하지 못할 테니까요. 하지만 두 사람은 그저 방법을 모를 뿐입니다. 두 사람은 온 세상을 상대로 너무 오래 자급자족을 해왔고, 의존은 결코 용납하지 않지요. 어쩌면 어린아이의 지혜가 도움이 될지도 모르겠네요.

1975년에 코네티컷 주 폴스 마을에 사는 여덟 살짜리 전갈자리 소녀가 뉴욕에 사는 몇 살 더 먹은 전갈자리 소년과 사랑에 빠졌습니다. 명왕성의 사랑의 유형을 따라 이 두 어린 독수리 유형의 전갈자리 사이의 '사랑의 관계'에도 그림자가 드리워졌답니다. 소녀가 사랑하는 개들이 일 년 사이에 네 번이나 잇달아 우연히 죽었기 때문이지요.

여러 달 동안, 그 작은 소녀는 자신의 감정을 드러내는 일을 삼가는 전갈자리의 타고난 과묵함과 싸웠습니다. 거부당하거나 놀림감이 되는 것이 두려워서요. 하지만 굉장히 고통스러웠을 게 틀림없는 영혼의 탐구 후에 그 소녀가 감동적인 용기의 나팔을 불었고, 마침내 사랑이 승리했답니다. 그녀는 책상에 앉아 전갈자리 소년에게 편지를 썼습니다. 전형적인 명왕성의 방식에 따라 편지는 짧고 직설적으로 핵심을 말하는 것이었지요. 헛소리로 시간을 낭비하지 않고요.

저는 세상의 모든 전갈자리 연인과 그 내용을 나누기 위해 그녀에게 허락을 구했습니다. 감동적이고 아름다운 승리감에 취한 그들은 사생활을 지키려는 태양별자리의 타고난 감각을 극복하고 공개를 허락했답니다. 두 사람은 독수리(전갈)자리 어른들이 마음속에 터질 듯 힘든 일이 생겼는데 어떻게 표현해야 할지 모를 때, 그 편지를 지침으로 사용하기를 희망했지요.

여기 그녀의 편지가 있습니다. 진실과 용기가 담긴 순수한 편지랍니다.

전갈자리가 전갈자리에게. 그녀의 철자법까지 포함한 그녀의 말입니다.

안녕, 마이크. 이것은 짧은 쪽지가 될 거야. 왜냐면 내용이 짧으니까.

내 친구들은 내가 너한테 빠진 건 바보 같은 짓이래. 하지만 그게 내가 널 사랑하는 것을 방해하진 못해. 나는 네가 좋아. 우리 둘 다 동화와 요정과 마법사를 믿기 때문이야. 그리고 우리 둘 다 마술과 제3의 눈을 믿으니까!!! 내 생각에 이건 우리가 서로 사랑한다는 뜻이야. 안 그래?

수잔 키나티.

전갈자리 Scorpio

물 · 유지하는 · 수동적
지배행성: 명왕성
상징: 전갈 또는 독수리
음(−) · 여성적

Sagittarius 사수자리

불 · 변화하는 · 능동적
지배행성: 목성
상징: 궁수와 켄타우루스
양(+) · 남성적

전갈자리와 사수자리의 관계

모두가 앞쪽을 경계했다.
위험이 뒤에서 살금살금 기어올 수 있다고는 누구도 의심하지 않는다.

사수자리에 관해서는 모든 것이 항상 열려 있습니다. 호의적이고 솔직하게요. 전갈자리에 관한 모든 것은 가끔씩만 열려 있습니다. 그리고 겉으로만 호의적이고 직접적이지요. 제발 천문해석학에 항의하지 마세요. (이 부분을 읽는 모든 사수자리가 소란을 피우는 소리가 들리시나요? 질문 있어요! 질문, 질문이요!) 네, 사수자리 씨, 당신처럼 호의적이고 밝고 마음에 들고 솔직한 전갈자리들이 있습니다. 당신이 알든 그렇지 않은 간에요. 이를테면, 해롤드 헤른, 돌로레스 사이먼, 스티브 쿡, 캐서린 하이드, 아더 클레반오프, 리디아 링크, 로저 굿, 버즈 웨드와 밥 헨슨이 그런 전갈자리입니다. 당신은 확신하지 못하는군요? 이런 독수리들을 만나본 적이 없기 때문이에요. 저는 만나봤답니다. 믿을 수 없다고요? 그럴 겁니다. 사수자리는 어떤 일에 관해서든 어떤 사람의 말도 결코 받아들이지 않지요. 그들이 더 이상 질문할 게 없어질 때까지는요. 이런 주장을 증명하기 위해서는 시간이 필요할 것 같네요. 우리가 사이좋게 평화로운 시간을 보낼 수 있으려면요.

좋아요. 사수자리 씨, 이 사람들을 생각해보세요. 일부는 살아 있고 일부는 이제 더 이상 우리와 함께하지 않지만, 그들 모두 당신이 잘 아는 사람입니다. 그들 모두 전갈자리이고요. 비비안 리(영화 「바람과 함께 사라지다」의 스칼렛 오하라, 양자리 역할을 한 전갈자리 배우입니다.), 리차드 버튼(셰익스피어 극의 전문 배우였으며, 가끔 악동 역할을 했지요.), 쾌활한 테디 루스벨트 대통령(프랭클린이 아닙니다. 그는 물병자리였지요.), 마리 앙트와네트, 영국의 찰스 왕자, 모나코의 우아한 왕비 그레이스 켈리, 영화배우 캐서린 헵번. 이 특별한 전갈자리 남성들과 여성들이 솔직하고 친근한 이미지가 아니라고 논쟁하고 싶으신가요? 그들 대부분이 밝고 기분 좋은 인물로 간주되며, 가끔은 직설적이고 정직하며 솔직한 부류의 사람들로 여겨진다는 점에 동의하지 않나요? 반대의 소리가 들리지 않는군요. 사수자리가 앉은 외야석이 갑자기 조용해졌네요. 찬성의 침묵이라고 믿어도 될까요? 멋지네요. 사수자리가 침묵을 선택했으니 논리와 지성의 힘이 승리를 거둔 것입니다.

제가 천문해석학적 요지를 증명해서 의견이 다른 사수자리들을 조용하게 만들었으니, 우리는 이제 사수자리와 전갈자리의 관계에 대한 분석으로 들어갈 수 있겠네요. 많은 전갈자리가 (표면상으로) 사수자리의 밝고 쾌활하며 개방적이고 호의적인 솔직함을 공유하는 것은 진짜로 사실입니다. 차이는 있지요. 연예인 플립 윌슨의 영원한 연인인 제랄딘이 한 말을 빌리면, 사수자리에 관한 한 "보이는 그대로입니다." 그러나 전갈자리의 경우, 보이는 것은 절대로 실제가 아닙니다. 절대로, 결코 아니지요.

그들의 실제가 어떤지 정확히 말하는 건 어렵습니다. 경우에 따라 다르지요. 하지만 그 실제가 여러분이 기대한 대로가 아니라는 사실은 확신할 수 있습니다. 명왕성의 지배를 받는 남성, 여성, 어린이는 모두 태어나는 그 순간부터 가면을 쓴답니다. 전갈자리에게는 매일이 핼러윈이지요. 전갈자리를 친구, 사업 동료, 친척, 연인과 배우자로 둔 사람들에게는 '장난 또는 보복'이 주어집니다. 당신이 그들에게 장난을 치거나(불을 끄고 집 안에 숨는다거나, 유령과 마귀가 나오는 밤 또는 아무 밤에라도 집에 없는 척한다거나) 또는 비슷한 일로 그들이 분노할 만한 모욕을 주는 잘못을 저질렀다면, 당신이 보는 '마술'은 자동차 바퀴의 바람이 빠지는 정도로 비교적 해롭지 않을 겁니다. 학교나 사무실이나 공항에 늦은 어느 눈 내리는 아침, 당신은 네 개의 바람 빠진 타이어를 보게 되겠지요. 아니면 당신이 전갈자리에게 빌려주기를 거절한 헤어 드라이기가 의도적으로 숨겨진 사실을 알게 될 수도 있습니다. 그 헤어 드라이기를 찾아내는 데 몇 주가 걸리지요. 약간 더 심각한 보복으로는 예기치 못한 순간에 해고된다든지, 납득할 수 없는 이유로 은행 융자가 거부된다든지, 당신의 도서관 카드가 아무런 설명 없이 취소되는 것 같은 일들이 포함될 수도 있습니다. 하지만 그 모든 방식 중에서 가장 소름끼치고 무시무시한 명왕성의 복수는 당신에게 마법의 주문을 거는 것이랍니다. 그 주문은 전갈자리의 눈에 당신이 완전히 보이지 않게 만듭니다. 당신은 들리지도 보이지도 않게 되지요. 상처 입은(또는 화가 난, 똑같은 거지요.) 전갈자리는 차갑게 당신 곁을 그저 지나갈 겁니다. 마치 당신이 말뚝 울타리나 버려진 포도 껍질이나 빈 쓰레기통이기라도 한 것처럼(비어 있는, 다 차지 않은), 그리고 무기력하게 서 있는 20피트 높이의 깡마르고 외롭고 쪼개진 나무조각으로 가득 찬 전신주인 것처럼 취급하지요. 또는 개미처럼 작은 곤충을 보듯 합니다. 너무 작고 너무 하찮아서 당신은 누군가의 커다란 발아래 짓밟힐 위험에 처했군요. (누구 발인지 맞혀보세요.)

이것이 전갈자리의 드러나지 않은 부분의 부정적인 면에 대한 일반적인 생각입니다. 물론 전갈자리에게는 긍정적이고 행복한 면도 있습니다. 전갈자리와 만나게 된 사수자리는 둘 중에서 어느 한 측면을 받아들여야 하는 입장이 되겠지요. 하지만 명왕성의 가면 뒤에서 언뜻 보이는 뜻밖의 긍정적인 면에 대해 말하기 전에, 사수자리로 잠깐 화제를 돌리겠습니다.

사수자리는 결코 뒤에서 살금살금 전갈자리에게 다가가지 않습니다. 전갈자리와는 다르지요. 사수자리는 전혀 교활하지 않습니다. 모든 사람이 보는 앞에서 당신을 죽이려고 할 정도로(물론 상징적인 표현입니다.) 대단히 정직합니다. 전갈자리에게 독침을 쏘았다 해도, 사수자리는 그에 대한 앙갚음을 행동으로 하지 않습니다. 말로 하지요. 큰 소리로, 분명하게, 감정을 담아서, 퉁명스럽게, 아주 퉁명스럽게(또는 있는 그대로 솔직하고 진실하게) 말할 겁니다. 전갈자리는 감정적으로나 경제적인 이유로 상처받거나 모욕당했을 때 악의적인 **행동**을 합니다. 사수자리는 **말로만** 기분을 상하게 하지, 결코 행동으로 표현하는 일은 없지요. 그래서 모든 점을 고려했을 때, 두 사람 중 사수자리가 훨씬 위험하지 않은 것처럼 보입니다. 그렇게 보일 수 있지만, 반드시 그게 진실은 아닙니다. 왜냐하면, 전갈자리는 사수자리로부터 어떤 일의 피해자가 됐을 때만 '장난 또는 보복'으로 명왕성의 행동을 연출하기 때문입니다. 반면에 사수자리는 아무런 특별한 이유 없이도 찌르듯 아프게, 불에 덴 것처럼 고통스러운 말의 화살을 독수리에게 쏠 수 있지요. 이유는 필요 없습니다. 사실 더 행복한 사수자리일수록 활과 화살을 더 많이 겨누지요. 사수자리는 더 밝고 쾌활한 기분일수록 더 호의적이며 말이 많고, 이를테면 사교적이랍니다. 정말입니다.

사수자리는 뒤에서 몰래 다가가지 않습니다. 하지만 전갈자리는 그들이 뒤에서 몰래 다가와주기를 바랍니다. 그게 덜 공개적이니까요. 항상은 아니지만, 대개 윙윙 소리가 나는 사수자리의 화살에는 좋은 뜻이 있지 상처주려는 의도는 거의 없답니다. 그럼에도 불구하고 상처가 됩니다. 사수자리가 사람들이 많은 자리에서 독수리에게 말하지요. 그 자리에는 독수리의 부인도 있습니다. "이봐요, 당신이 지난달에 내게 했던 이야기를 사람들에게 들려줘요. 당신 옛날 여자 친구가 사무실에 나타나서는 저녁 먹으러 나가자고 꼬드긴 이야기 말이에요." 악의는 없었습니다. 그저 친구들과 유쾌한 이야기를 나누고 싶었을 뿐이지요. 이 이야기의 결말은 그 전갈자리 남성은 옛날 애인과 저녁 먹으러 가지 않았다는 것 그리고 현재 그의 부인은 남편이 이 일을 설명하기 전에 파티장을 혼자 떠났다는 겁니다. 네 개의 타이어를 펑크 내는 전갈자리의 무분별한 보복을 당하는 정도는 사수자리에게 비교적 가벼운 상처일 겁니다. 전갈자리 남성이 천진난만하고 악의 없는 사수자리의 희생양이 된 그날 밤, 집에서 부인을 만나는 장면보다는 훨씬 가벼울 겁니다. 전갈자리는 물론 거기에서 멈추지는 않겠지요. 그다음 날부터 불쌍한 사수자리는 상처받은 독수리에게 곤충, 쪼개진 전신주, 포도 껍질, 또는 다른 무엇으로라도 변신할 겁니다. 그 상태가 얼마나 오래갈지는 하늘만 알겠지요. 아마도 사수자리가 충분히 고통받았다고 전갈자리가 생각하는 때까지일 겁니다. 죄의 크기에 따라 아주 긴 기간이 될 수도 있지요.

이런 유형의 예를 한 가지 더 들어볼까요. 실제로 일어난 사건입니다. 제가 아는 사수와 독수리가 1975년도 가을에 뉴욕의 카페에 앉아 있었습니다. 연극이 끝난 뒤 간단한 요기를 하기 위해 그곳에 갔었지요. 독수리는 그 무렵 살이 좀 쪘습니다. 5파운드 아니면 10파운드 정도? 대단히 눈에 띌 정도는 아니고요. 하지만 그는 거기에 좀 민감했지요. (전갈자리는 모든 일에 극도로 예민합니다.) 사수자리는 둘이 함께 앉았던 자리를 떠나 사방으로 즐겁게 자리를 옮겨 다녔습니다. 온갖 사람들에게 안부 인사를 하면서 말이지요. 어느 순간, 사수자리가 사람들로 붐비는 식당을 가로질러 유쾌하게 전갈자리에게 소리쳤답니다. "초콜릿 파르페 중 하나는 휘핑크림 **빼**달라고 해. 그게 다 네가 빼야 할 살이라는 사실을 명심해!"

사람들 사이에 갑자기 침묵이 내려앉았습니다. 전갈자리는 거기 있던 사람들이 다 알 정도로 꽤 명성이 있는 사람이었지요. 정확히 10초가 지났습니다. 독수리가 깊고 풍부한 목소리로 모두에게 들리도록 소리쳤답니다. "종업원에게 우리 두 사람 계산서를 내 앞으로 청구하라고 할게. 고지서를 지불하지 못해서 네 신용카드는 정지됐잖아." 이번에는 식당 안의 모든 눈동자가 모욕으로 얼굴이 붉어진 사수자리에게 향했지요. 아, 참! "벌은 죄에 맞게."가 전갈자리의 표어랍니다.

정말로 상처받아서 결코 잊지 못할 교훈을 가해자에게 가르쳐주겠다는 마음이 들 때, 일부 전갈자리는 매우 단호하고 잔인합니다. 반면에 독수리 유형의 전갈자리는 한 번이라도 친절을 베푼 사람들에게는 믿을 수 없을 만큼 충직하며 맹렬하게 보호해주려고 합니다. 사수자리가 전갈자리의 명왕성의 가면 뒤에서 발견할 수 있는 또 다른 깜짝 선물이지요. 전갈자리는 따뜻하고, 친구를 사랑하며, 진지하게 헌신할 줄 아는 사람이랍니다. 그는 좋을 때만 친구가 되어주는 사람들이 우리에게서 떠나버렸을 때 여전히 그 자리에 있어주는 사람입니다. 사수자리가 말로 인한 재난을 피하는 법을 배운다면, 폭풍우 속에서 전갈자리보다 더 안전한 항구를 발견할 수는 없을 겁니다. 이 사람들은 대의명분을 위해서 또는 위험에 처한 누군가를 보호하고 지키려고 할 때 말 그대로 목숨을 건답니다.

하지만 가만히 있을 수 없는 사수자리라면, 다시 말해 전갈자리에게 대놓고 불쑥 불편한 논평을 던지기 전에 열까지(가급적이면, 스물까지) 셀 수 없는 사수자리라면 그에 상응하는 고통을 받아야 할 겁니다. 아니면 전갈자리한테서 영원히 추방되거나요. 전갈자리가 일단 끝이라고 하면 모두 끝난 겁니다. 독수리가 궁극적이고 냉정하며 결코 철회하지 않을 결정을 하기까지 얼마나 걸릴지는 아무도 정확하게 예측할 수 없지요. 그래서 사수자리는 조심조심 걷고 자기의 운을 너무 멀리까지 밀어붙이지 말아야 합니다. 그게 문제지요. 사수자리는 항상 자신의 운을 경계 너머까지 밀어붙인답니다. 그들은 자주 한계까지 과감하게 가기 때문에 모든 종류의 큰 성공을 거둡니다. 하지만 전갈자리와 있을 때는 다릅니다.

이 두 사람에게는 몇 가지 공통점이 있습니다. 질문에 대한 모든 답을 알고 싶어 하는 성향이 그중 한 가지입니다. 사수자리의 경우, 그것은 '탐구심'이라고 할 수 있습니다. 전갈자리의 경우, 그것은 알고 싶은 불타는 욕구이며 묻혀 있거나 감춰져 있고 신비스러운 것을 증명하려는 충동이며 비밀을 캐내려는 성향입니다. '호기심'은 지나치게 밋밋한 단어지요. 제가 이미 여러 번 말씀드렸던 것처럼 독수리(전갈)는 '지식이 힘'이라는 것을 압니다. 그것은 축적할 수 있지요. 사수자리는 영원히 솔직하고도 무례하게 질문합니다. 그들은 논리적인 답을 요구하고, 모든 것의 '이유'를 알고 싶어하며, 확신하기 전까지는 결코 쉬지도 않을 겁니다. 전갈자리는 더 미묘한 방식으로 진실을 발견하는 일을 시작합니다. 열정은 똑같지만 진정한 욕망은 위장한 채로요. 사수자리와 전갈자리가 서로에 대해 모든 것을 발견하려고 시도하는 모습을 관찰하는 일은 꽤 재밌을 겁니다. 사수자리는 전갈자리의 방어적인 가면을 벗기려고 작정합니다. 전갈자리 또한 사수자리 내면의 온갖 성격들과 다양한 배우들의 마지막 흔적까지 알아내기 전까지 멈추지 않지요.

전형적인 사수자리와 전갈자리는 대개 경쟁하는 스포츠를 좋아합니다. 이 점에서도 그들은 닮았지요. 두 별자리의 다른 점은 패배했을 때 나타납니다. 사수자리는 칭찬받을 만한 꽤 괜찮은 패자입니다. '다음번에 이기는 것'에 대해 보통 용감하고 낙천적이지요. 전갈자리는 "지느니 죽겠다."라고 종종 말하는 몹시 불쌍한 패자입니다. 전갈자리에게 진다는 일은 중죄를 짓는 것과 마찬가지랍니다.

두 사람은 2–12 태양별자리 관계입니다. 그래서 전갈자리는 사수자리로부터 자유, 낙관주의, 대담함, 정직이라는 교훈을 배웁니다. 그런데 이것들은 전갈자리가 적극적으로 배우고 싶어하지 않은 것이지요. 사수자리는 전갈자리의 단점과 실패에 관대합니다. 삶을 그렇게 강렬하게 바라보는 게 어떤 느낌인지, 사수자리의 무의식이 기억하기 때문입니다. 그 기억 때문에 이번 생에서는 무거운 감정적 부담을 피하려고 전념하지요. 사수자리가 일반적으로 무지 태평하며, 인생을 무심하게 보고, 가능한 한 넓은 세상을 보기 위해 시간을 보내고, 모든 일에 진짜로 심각해지는 상황을 거절하는 이유가 여기에 있답니다. 종교 생활에 입문하는 일부 사수자리는 제외하고요. (하지만 신나는 탐험이 끝나기 전에는 거의 하지 않습니다.) 보통의 사수자리는 이번 생에서(특히 젊었을 때는) 전갈자리의 강력한 의무감과 연대 책임이 있는 가정생활에 구속되지 않으려고 합니다. 사수자리는 바람을 타고 방랑하고 싶어하지요. 거친 모험의 부름에 응답하기 위해 자유로워지고 싶어합니다. 그러나 그들은 전갈자리의 다른 모습에는 순수하게 동정합니다. 독수리(전갈자리)의 비상이 무척 자주 이륙하지 못하고 때때로 취소되는 모습에 사수자리는 어쨌든 깊이 동정심을 느낍니다. 책임감과 비밀스러운 공포심 그리고 명왕성의 명예를 위해 지켜져야 하는 약속 때문이지요.

하지만 사수자리는 자신의 연민을 큰 소리로 불쑥 말하지 않도록 애써야 합니다. "안됐네."라는 말을, 누구도 감히 전갈자리에게 말해서는 안 됩니다. 이 커플은 불과 물의 조합이지요. 이런 실수는 찻주전자에서 수증기를 많이 만들어낼 겁니다.

전갈자리 여성과 사수자리 남성

가장 위대한 영웅들 중 일부가 고백했다. 싸우기 직전에는 마음이 가라앉는다고.
그러니 피터가 이 순간에 그렇게 느꼈다고 해도 이해할 수 있다.
하지만 피터의 마음은 가라앉지 않았다.
그에게는 한 가지 느낌만 있었다.
기쁨이었다. 피터는 자신의 예쁜 젖니를 즐겁게 갈았다.

전갈자리는 고정적이고 사수자리는 변화하는 에너지의 별자리입니다. 고정적인 것과 변화하는 것은 완전히 다른 의미를 가진 말이지요. 전갈자리는 명왕성의 지배를 받고 사수자리는 목성의 지배를 받습니다. 명왕성은 비밀스럽고 감지하기 힘듭니다. 목성은 개방적이며 팽창하는 별이지요. 전갈자리는 물 원소의 별자리이고 사수자리는 불 원소의 별자리입니다. 물과 불은 굉장히 넓은 관용과 인내심 같은 일종의 촉매제 없이는 쉽게 섞이지 않지요. 전갈자리 여성과 사랑에 빠진 사수자리 남성이 이들 중 어떤 문제로 괴로울 거라고 생각하시나요? 전혀 그렇지 않습니다. 이건 그냥 천문해석학에서 말하는 문제들이지요. 그런데 사수자리는 도전을 아침으로 먹는답니다.

장애가 클수록 목성의 눈동자 속의 불꽃은 더 밝아집니다. 전갈자리 여성이라는 난제는 그 자체의 반경, 복잡함, 음모와 미스터리의 깊이, 또는 그 위험에서 사수자리를 확실히 실망시키지 않을 겁니다. 오히려 그를 매혹하지요.

사수자리 남성은 인생의 어떤 특정한 시기에 개, 말, 경력, 취미, 꿈, 여행 계획, 또는 연구 과정(종교적인 철학에서 동종 요법 또는 수비학까지)에 열정적으로 관여합니다. 그래서 전갈자리 여성을 만났을 때, 그는 마치 쇄빙선처럼 이야기할 것이 아주 많습니다. 저를 믿으세요. 모든 전갈자리와의 관계의 시작 단계에서는 부숴야 하는 상당량의 얼음이 항상 있답니다.

우선 그녀는 낯선 사람에게 거리를 둡니다. 하지만 대개의 남성들과는 다르게 사수자리 남성은 그것 때문에 그녀를 싫어하거나 당황하지는 않을 겁니다. 그는 불쾌해하지 않습니다. 그는 오히려 그녀의 차가운 온도를 몇 도 올리기 위해 자신의 매력과 설득과 논리와 쾌활함을 이용할 생각에 들뜨지요. 게다가 사수자리는 거절 때문에 고통받는 일은 거의 없습니다. 거절을 모욕이라고 여기지 않기 때문이지요. 그는 당신이 자신에게 정직한 것일 뿐이라고 생각합니다. 그 자신도 그런 것처럼요. 그가 하는 것과 똑같이 솔직한 다른 사람의 정직한 논평과 언사에 대해 누구에게 항의하겠어요? 사수자리 남성은 대단히 관대한 사람입니다. 낙관주의라는 헬륨으로 가득 찬 목성의 풍선에 구멍을 내는 것은 어려운 일입니다. 그들의 햇빛 같은 마음에 축복을. (그리고 그들의 잔인한 솔직함에 저주를.) 이례적인 경우가 아니라면, 사수자리는 실망이나 비판에 대해 길게 숙고하지 않습니다. 그저 어깨를 한 번 으쓱하고는 문제를 어깨 너머로 휙 집어던진 후에 상황이 더 나아지기를 기다릴 겁니다. 기상예보는 오늘 비가 오고 눈이 내리고 바람이 심하게 분다고 전할 겁니다. 하지만 내일은 틀림없이 해가 비치고 청명하고 따뜻할 겁니다. 날마다 뜨는 해는 불가능한 꿈을 꾸고 오래된 문제에 대한 예기치 못한 해결책을 찾을 수 있는 새로운 새벽을, 그에게 안겨준답니다.

틀림없이 전갈자리 여성이 대단히 유익하게 따라할 수 있는 철학입니다. 만약 날씨가 좋다는 기상예보를 듣는다면 그녀는 비밀스럽게 의심할 겁니다. 그녀가 도보 여행을 떠나도록 기상 캐스터가 속임수를 썼을지도 모른다고요. 그녀가 억수 같은 비를 만나고 감자 샐러드가 물에 젖는 것을 보고 비웃으려고요. 인간의 본성이란 그런 거라고, 그녀는 자신에게 조용히 말합니다. 신중해서 나쁠 일은 절대 없지요. 사람을 겉으로 보이는 대로 믿어서는 안 된답니다. 또는 그들이 약속을 지킬 거라고 믿어서도 안 되지요. 여러분은 이 세상 물정에 밝고 의심하는 습성을 가진 그녀와 사수자리의 순진함과 맹목적인 신뢰의 황금빛 기운이 때때로 어떻게 충돌을 일으키는지 지켜볼 수 있을 겁니다.

사수자리 남성이 보이는 것과는 다른 사람이라고 의심한다면 그녀가 잘못 생각한 것입니다. 그는 가끔 배우 화장을 상징적으로 덕지덕지 바르고, 우스운 모양의 코를 하고 광대처럼 옷을 입고는 연기를 할 겁니다. 이건 그가 좋아하는 악의 없는 행동이랍니다. 그의 피에 배우의 기질이 흐르기 때문이지요. 누군가 그의 역할이 뭔지 스무고개를 할 때처럼 추측하면 그는 어린아이처럼 즐거워합니다. 사수자리가 이런 가면을 썼을 때 보통의 인지력을 가진 사람이라면 누구라도 쉽게 간파할 수 있습니다. 특히 꿰뚫어보는 통찰력이 있는 전갈자리 여성이라면 정말 쉽지요. 네, 이 남성은 고의적으로 그녀를 속이는 일은 없습니다. 그가 거짓말하지 않는다는 사실을 신은 알지요. (사실, 그녀는 그가 가끔 거짓말하기를 바랄 수 있습니다. 그의 공격적이고 모난 언사가 조금 부드러워질 수 있을 테니까요.)

그녀에게 슬픔이나 걱정거리가 될 만한 그의 모든 단점은 그의 이마에 생생한 빛깔로 써 있기 때문에 처음 만난 그 순간부터 보일 겁니다. 최악의 경우 그것들이 그의 유쾌한 웃음 바로 아래 숨겨져 있더라도, 전갈자리의 엑스레이 같은 시야에는 선명하게 보인답니다. 사수자리 남성의 단점과 약점은 그의 미덕이나 장점과 마찬가지로 당신에게 거의 손을 흔드는 것처럼 보이지요. 대화를 나누기 시작한 지 얼마 지나지 않아 그것들은 두려움 없이 말합니다. "안녕! 날 알아보겠어?" 누가 사소한 몇 개의 단점을 불허할 수 있을까요? 누구에게나 어느 정도의 결점은 있는 것 아닌가요? 네, 모두가 어느 정도의 단점을 가지고 있지요. 사수자리 덕분에 이 위대한 진실을 깨닫네요. 사수자리(그리고 처녀자리)가 아니었다면, 어쩌면 우리는 우리 모두가 완벽에는 조금 못 미치는 존재라는 사실을 모르고 살아갈 뻔했답니다.

전갈자리 여성이 사수자리 남성을 처음 만났을 때, 그녀에게 "안녕." 하고 인사하며 나타나는 단점 중 한 가지는 그가 여성에 관해 사교적이라는 점입니다. 그는 여성을 좋아합니다. (남성도 좋아합니다.) 그는 사람을 좋아하지요. 그는 사람들과 함께 테니스, 축구, 배구, 야구, 축구 하는 것을 좋아합니다. (섹스도 좋아합니다. 그는 까다롭거나 가리는 사람이 아니랍니다.) 사람들 사이에서 자기 의견 말하기, 사람들과 함께 경기와 영화 관람하기, 사람들과 논쟁하기, 모든 일의 방식에 관해 사람들에게 질문하기 등 사람들과 친하게 지내고 함께하는 것을 좋아합니다. 전갈자리 여성은 인상을 찌푸릴 수 있습니다. 그녀가 이상적으로 여기는 시간보다 더 많은 시간을 그와 떨어져서 지내야 하기 때문입니다. 이 여성은 다소 질투를 하는 편이며 소유혹도 있답니다. (의심이 많지요.) 하지만 그가 원하는 대로 떠돌아다니는 것을 그녀가 기쁘게 믿고 허락하지 않는다면, 그녀는 사수자리 남성의 사랑을 붙잡을 수 없습니다. 그에게는 목줄을 많이 줘야 합니다. 결국에는 그가 반드시 그 줄을 잡을 것을 확신하면 문제될 게 없습니다. 사수자리 남성은 외도의 유혹을 받는다고 해도 숲속에 숨지는 않습니다. 바로 와서 그녀에게 말한답니다. 전형적인 사수자리라면 그렇게 하지요. 어딘가로 떠나버리기 전에 그를 돌려세울 기회를 그녀에게 줄 겁니다. 최소한 "정말로 모르면 아프지도 않다."라는 사실을 그녀는 알게 되겠지요. 그가 집에 매일 밤 들어오는 한, 그녀의 코에 아침마다 키스하고 아무 고백도 하지 않는 한, 그의 마음은 여전히 그녀의 것임을 확신할 수 있습니다. 그의 모든 다른 부분, 특히 가장 중요한 부분인 그의 영혼까지도요.

보통은 사수자리 남성은 전갈자리 여성에게 함께 가겠냐고 물어볼 겁니다. 그는 친한 친구와 함께 달아나는 것을 훨씬 좋아합니다. 옛 친구를 방문하거나 낯선 사람과 어울리며 고생하는 것보다는요. 만약 그녀가 펑 소리가 나면서 펴지는 텐트와 도로 지도와 비행기 스케줄을 행복하게 받아들인다면, 그는 다른 누구보다 그녀를 옆에 앉히고 싶을 겁니다.

물론 타협이란 게 완전히 일방적이면 곤란하지요. 그러면 타협이 안 됩니다. 사수자리 남성도 어느 정도는 내줘야만 합니다. 전갈자리 여성의 깊은 헌신과 긴장감 넘치는 신비의 자랑스러운 소유자가 되기를 원한다면요. 그녀는 그의 정직성을 대단히 숭배합니다. 그런데 그녀는 슈퍼 울트라 급으로 대단히 예민하지요. 그래서 그의 부주의하고 생각 없는 언사들은 그가 추측하는 것 이상으로 그녀의 상처받기 쉬운 마음에 상처가 됩니다. 하지만 전갈자리 여성은 깊은 상처를 보이지 않는 내면에 간직합니다. 그녀는 그 고통을 말없이 오래오래 지니고 있지요. 이게 명왕성의 첫 번째 단계랍니다. 다음은 두 번째 단계입니다. 이때는 사수자리 남성이 전갈자리의 타는 듯이 아픈 독침을 예상할 수 있습니다. (하지만 그가 예상하지 않는다는 게 문제지요.) 그것이 어떤 형태를 취할지는 예측할 수 없습니다. 하지만 그 형태가 무엇이든지 간에, 그의 화살 몇 개가 실패하리라는 점은 확신할 수 있습니다. 그는 자신이 쏜 진실의 화살이 한동안 심하게 휘어진 것을 발견하게 될 겁니다. 마지막 단계는 그녀가 그를 떠나는 것입니다. 그래도 그가 여전히 깨어나지 못하면 그녀는 돌아오지 않을 겁니다. 다른 나무에서는 열리지 않는 이 여성의 희귀한 사랑의 가치를 그가 여전히 모르고, 그녀의 존재를 고마워하지 않는다면요. 전갈자리가 일단 결심하면 철회하는 일은 극히 드물지요.

사수자리 남성은 선천적으로 약간 충동적이며 경솔합니다. 하지만 영원한 사랑일 수도 있는 그녀를 잃을 정도로 경솔하다면 구제불능이지요. 그는 그녀의 감정을 더 부드럽게 더 많이 배려해야 합니다. 그러면 잃어버린 것을 찾을 수 있답니다.

성에 관한 태도는 두 사람이 무척 다릅니다. 그렇다고 서로 맞지 않는 것은 아닙니다. 그의 섹스는 열정적이지요. 하지만 때로는 감동적일 정도로 순수하고 이상주의적입니다. 그녀의 섹스는 혼신을 다해 집중해야 하는 것입니다. 그것은 마법 같은 기억할 만한 순간이며 더 이상 깊을 수 없을 정도로 깊지요. 갈등이 생기는 한 가지 부분은 그녀가 사랑의 행위를 성스러운 것이며 침묵하는 것으로 여기는 경향입니다. 말없이 함께 느끼는 황홀감이지요. 하지만 그는 가끔 자신의 마음에 담아둔 뭔가를 말하기 위해 친밀감을 기회로 이용할 수 있습니다. 그에게는 이 순간이 뭔가 말하기에 부적절한 때라는 생각이 떠오르지 않지요. 그는 이런 실수를 너무 자주 합니다. 그러면 그녀는 예전에 그가 했던 상처가 되는 말이나 행동에 대한 보복으로 섹스의 친밀함을 이용할 것입니다. 그의 포옹에 고의로 차갑게 굴거나 반응을 하지 않거나 해서 그의 기분에 찬물을 끼얹지요. 감정을 익사시키는 물의 능력으로 그의 불타는 욕망을 완전히 꺼버립니다. 이것은 물 원소 별자리와 불 원소 별자리의 관계에서 늘 있는 위험입니다. 섹스에서만이 아니라 그들이 함께 적응해야 할 모든 분야에서요. 어쨌든 두 사람의 마음과 몸이 사랑이라는 합일의 기적을 드러내려고 할 때, 서로를 부드럽게 대해주지 않은 것에 대해서 두 사람은 부끄러워해야 합니다.

이 커플은 2-12 태양별자리 관계입니다. 그래서 두 사람이 자각을 하든 못하든, 전갈자리 여성은 사수자리 남성에게 배울 것이 있습니다. 사수자리 남성은 압니다. 그는 다른 태양별자리 사람보다 그녀가 보여주는 차이에 더욱 관대합니다. 전갈자리의 본성에 대한 그의 무의식 차원의 기억 때문이지요. 만약 그가 이런 관용을 베푼다면 두 사람의 관계를 원활하고 조화롭게 만들 수 있습니다. 하지만 이러한 관용은 그에게 배울 점이 있다는 사실을 그녀가 우아하게 받아들일 때 무의식에서 생겨나는 것입니다. 그는 공포와 의심이라는 어리석은 감정이 어떻게 불행을 부르는지, 흥분과 열정 그리고 낙천주의가 꿈을 실현하는 데 얼마나 강한 동력인지를 그녀에게 가르칠 것입니다.

돈은 중세의 역병처럼 처음부터 피해야만 하는 주제입니다. 그가 전형적인 사수자리라면, 그녀가 직장 여성으로서 자신의 독립심을 발전시키고 싶어하는 것에 개의치 않습니다. 그의 사랑스러운 특징 중 하나는, 자신이 사랑하는 여성에게 개성을 표현할 자유를 기꺼이 허용하는 마음이지요. 하지만 그의 사치하는 경향과 그녀의 절약하는 경향 때문에, 그들은 각자 예금계좌를 가지는 게 좋습니다. 그리고 서로에게 수입과 지출에 대해 결코 물어보지 말아야 합니다.

사수자리 남성이 그녀의 사랑을 귀하게 여긴다면 그녀의 감정에 결코 무관심하지 않을 겁니다. 그녀의 온화함, 침착함과 차분함에도 불구하고, 가끔 그녀가 최고로 말이 없을 때는 내부의 화산이 가장 활발할 때입니다. 그녀의 비밀스러운 감정은 강력합니다. 이것은 그녀를 분노하게 만들고 냉정한 복수를 계획하도록 자극할 수 있습니다. 하지만 바로 이것 때문에, 그가 도달하려고 꿈꾸는 더 높은 하늘을 향해 자신을 발사하도록 지속적으로 헌신할 수도 있습니다. 그가 그녀의 마음을 충분히 배려하며 부드럽게 다루고, 현명한 원숭이처럼 '험한 말은 안 한다'면요.

전갈자리 여성은 그의 솔직하며 정직한 사랑을 소중하게 여겨주고, 의심과 비난으로 그를 숨 막히게 하는 일이 없도록 해야 합니다. 그녀는 그의 정신을 부수면 안 됩니다. 푸른 하늘 같은 꿈, 황금 같은 낙천주의, 별이 빛나는 목성의 이상주의가 거기에서 처음 태어나고 키워지기 때문입니다. 정신이 망가지면 그는 화살을 똑바로 겨눌 수 없습니다. 그는 희망 없이 셔우드 숲을 방랑하는 낙심하고 불행한 로빈 후드가 되겠지요. 생각만 해도 슬프네요. 오월의 공주 메이드 마리안(민담 속 로빈 후드의 연인—옮긴이)이 그녀의 용감하고 수심에 어린 사수자리에게 불친절하게 대했을까요? 절대 아니랍니다.

전갈자리 남성과 사수자리 여성

두려움 때문에 웬디는 피터의 기분이 어떤지 생각할 겨를이 없었다.
그래서 조금 날카롭게 말했다. "피터, 필요한 준비를 해줄래?"
"원한다면, 그러지." 웬디가 마치 땅콩이라도 건네 달라고 요구한 것처럼,
피터는 아무렇지 않게 대답했다.

제가 언젠가 어떤 모임에서 사수자리 여성과 동쪽별자리가 전갈자리인 남성 사이의 대화를 우연히 듣게 되었습니다. 그때 그들은 서로를 소개하고 있었습니다. 그녀는 대략 18세 정도였고, 자신이 영원히 빛나는 황금 시절에 머물 거라 믿었지요. 그는 목소리가 부드럽고 지적이었으며, 아마 그녀보다 서른 살 정도 나이가 들었을 겁니다. 안경을 끼고 머리가 좀 벗겨진 눈에 띄는 외모의 과묵한 남성이었지요. 서로 소개할 때, 그는 완전히 친절하며 예의 바른 사람이었습니다. 하지만 그녀는 곧바로 자신의 동행에게 몸을 돌려 속삭였지요. "정말 저승 세계의 살아 있는 증거네, 안 그래?" 그런 뒤 그녀는 자신의 영리함에 폭소를 터뜨렸답니다.

천문해석학은 때로 사수자리의 촌철살인 능력이 유쾌하고 관대하다고 생각합니

다. 하지만 사수자리의 솔직함이 감수성과 좋은 취향을 넘어가는 때가 있지요. 그럴 때는 비인간적이며 온당치 않은 잔인함을 보인답니다. 이런 사수자리는 진실의 매로 한 대 맞아야 합니다. 매섭게요. 좋은 취향을 가진 전갈자리 남성의 경계를 넘어 버린 사수자리 여성은 그녀의 로맨스가 첫 장이 펼쳐지기도 전에 불행한 결말임을 알게 되겠지요.

다행히 대부분의 사수자리 여성은 목성의 가호 아래 고통보다는 기쁨과 햇빛을 더 많이 펼치도록 태어난 사람들입니다. 그들은 호랑가시나무 열매 같은 개성, 감동적인 정직과 관대함을 독수리(전갈자리)에게 진심으로 베풀 수 있지요. 그녀는 반인반마인 켄타우루스로 상징되지요. 때로는 서투르게 넘어지지만, 때로는 그의 인생에 우아하게 미끄러져 들어옵니다. 희망과 낙천주의로 밝게 색칠된 가늘고 긴 테이프를 뒤에 끌면서 말이에요. 행복한 시절에 부르던 노래처럼 전염성이 있는 그녀의 쾌활한 웃음은 그의 영혼의 어두운 구석을 비춥니다. 그의 묻혀버린 꿈에 불을 밝히고 새로운 삶에 대한 약속으로 그의 꿈을 다시 살아나게 하지요. 그가 그녀를 들어오지 못하도록 막지 않는다면요.

전갈자리 남성은 겉으로 보기에 유쾌하고 부드럽게 보입니다. 하지만 그만큼이나 우울한 기분에 자주 잠기고 말로 설명할 수 없는 침체의 시기와 자기 회의를 겪는 사람입니다. 그는 그녀의 마음을 본의 아니게 아프게 합니다. 그는 그녀의 열정에 동참하기를 거절하지요. 그런데 사수자리 여성은 행복의 비눗방울을 반대편에서 함께 튕겨줄 누군가가 필요합니다. 아니면 비눗방울들은 그냥 터져서 공기 중으로 사라지니까요. 그녀는 비눗방울을 충분히 진하게 제조했고 그게 한동안은 떠다닐 거라고 생각했지요. 그녀는 거기에서 무지개를 볼 수 있을 것이고, 그것들이 새롭고 신나는 아이디어로 바뀔 거라고 생각했답니다. 당신과 함께 비눗방울을 좇지 않은 사람과 함께 비눗방울을 부는 것은 굉장히 재미없는 일이지요.

사수자리 여성은 여행을 아주 많이 다녀야 합니다. 애완동물도 많이 필요하고 사람들도 아주 많아야 합니다. 만약 그녀를 둘러싼 풍경이나 동물이나 사람들을 자주 바꾸지 못하면, 그녀는 침착성을 잃고 불만에 찬 여성이 됩니다. 새장에 갇힌 목성의 사람보다 더 슬픈 것은 없답니다. 어떤 이유로든 사수자리의 열정과 사교성을 가두거나 억압한다면 그들은 절망으로 이어질 수 있는 심각한 고통에 빠질 것입니다. 그것은 현실적인 위험이지요. 사수자리는 말 그대로 희망과 행복의 분위기에서 살아야 한답니다. 그렇지 않으면 정신은 죽어가고 건강 또한 모든 차원에서 심각한 고통을 겪게 됩니다.

그녀와 달리, 전형적인 전갈자리 남성은 사람들이 붐비는 것을 싫어합니다. 하지만 동물들에게는 친절합니다. 출생차트의 목성이나 해왕성에 문제가 없다면요. 그는 고독과 고요 속에 잠긴 채 명상을 하며 자기 마음속으로 들어갈 시간이 필요합니다. 그는 사생활이 필요합니다. 이런 점이 두 사람 사이에 갈등을 만들 수 있습니다. 하지만 해결할 수 없는 문제는 아니지요. 전갈자리 남성은 소유하려는 충동을 통제해야 합니다. 사수자리 여성이 원하는 밝은 빛과 풍경의 변화, 흥미로운 대화를 누릴 수 있도록 허락해야 하지요. 애완동물처럼 그녀를 가죽 끈으로 매어두려고 애쓰지 말고요. 진짜 애완견조차 가죽 끈을 좋아하지 않는답니다. 그리고 사수자리는 강아지와 아주 많이 닮았지요. 물론 사람들과 교제할 때 그가 함께 있다면 그녀는 더 행복할 겁니다. 하지만 그것이 그의 평온함을 방해한다면, 서로의 생활 방식을 일치시키기보다는 각자의 생활 방식을 유지할 권리를 서로에게 허락하는 편이 더 낫겠지요. 그녀가 개를 데리고 산책하고, 말을 달리고, 카메라로 사슴을 좇으며 혼자서 숲속을 돌아다닌다고 해서 불성실할 거라고 걱정할 필요는 없습니다. 자연에 가까이 갈 때 그녀에게는 알 수 없는 평화가 찾아온답니다. 전갈자리 남성이 그토록 원하는 고독을 그녀가 허락한다면 그녀의 영혼도 치유될 것입니다.

전형적인 사수자리는 비밀스러운 사랑은 하지 않습니다. 비밀 유지는 전갈자리의 분야이지 그녀의 것이 아니지요. 만약 그녀가 한 번이라도 그와의 사랑에서 빠져나와 다른 누군가와 사랑에 빠진 느낌이 들었다면, 뭔가 잘못되었다는 것을 그가 의심하기도 전에 그녀가 먼저 털어놓을 거랍니다. 전갈자리는 '태어날 때'부터 의심이 많고 초자연적인 통찰력이 있지요. 그들은 가까운 사람들에 관한 모든 일을 다른 누군가가 알기 전에 알아차립니다. 당신은 그녀가 얼마나 빨리 진실을 털어놓는지를 볼 수 있을 겁니다. 어떤 것을 아는 일과 관련해서, 전갈자리보다 먼저 선수를 친다는 건 대단한 재주랍니다.

지루함은 어떤 무엇보다도 빠르게 사수자리 여성이 사랑에서 빠져나가게 만듭니다. 반면에 전갈자리 남성은 그의 여인이 자신의 헌신을 더 이상 받을 가치가 없다고 결정했을 때만 사랑을 멈춥니다. 그가 바라는 기준에 그녀가 부합하지 못했을 때이지요. 전갈자리 남성은 나약하거나 쉽게 포기하는 사람을 존경하지 않습니다. 패자들을 동정할 수는 있지만 그는 오직 승자만을 존경합니다.

그들이 육체적 친밀함을 공유하는 동안은 두 사람 사이에 따분함은 없습니다. 이 부분에서 사수자리 여성의 솔직함은 빛나는 미덕이 됩니다. 그녀의 성적 표현은 자신의 느낌에 솔직하고 개방적일 것입니다. 이런 면이 전갈자리 남성을 끌어들이는 강력한 매력이 되지요. 그는 그녀의 불같은 열정에 열렬하게 반응할 겁니다. 그녀는 그의 불가사의한 성적 기질이 지닌 다양한 측면에 대해 진지하게 관심을 가지고 비위를 맞추겠지요. 그것은 실로 온화하고 부드러운 애정에서 강렬한 관능성을 오가는 특별한 기질이지요. 만일 그들 출생차트가 조화롭지 않다면, 그녀는 아무 생각

없이 비판적인 말을 내뱉을 겁니다. 그들이 섹스를 하기 직전이나 하는 동안 또는 그 직후예요. 이것은 전갈자리 남성의 떨리는 예민함을 망치로 여러 차례 내려치는 것과 같지요. 그에 대한 보답으로 그는 갑작스러운 차가움과 무관심으로 복수할 겁니다. 그러면 그녀는 그가 자신을 사랑하지도 원하지도 않는다고 느끼면서 눈에 눈물이 가득하도록 자책을 하지요. 왜냐하면 그녀는 내면의 좌절감을 견디지 못하는 사람이니까요. 전갈자리 남성이 성적으로 수동적인 태도를 취하면, 불의 별자리인 그녀는 질투의 불길에 자신을 소모하면서 그가 다른 누군가와 사랑에 빠졌다고 비난할 겁니다. 아마도 아닐 겁니다. 그녀가 정직한 것만큼이나 그는 명예심이 강하지요. 거짓된 생활을 할 수 있는 전갈자리는 드뭅니다.

두 사람이 얘기를 나눈다면 갈등의 진짜 이유를 알게 되겠지요. 그 상처가 얼마나 작은 것인지 그리고 얼마나 쉽게 치유되는지를 보고, 그들은 깜짝 놀랄 겁니다. 정말이랍니다. 하지만 사수자리 여성이 항상 기꺼이 이야기하는데 반해 전갈자리 남성은 감정을 꼭꼭 억누르고 뿌루퉁해서 곱씹는 편이지요. 이런 것은 그가 이 여성에게 할 수 있는 최악의 행동이랍니다. 무심한 듯한 가면 아래, 그의 내부에서 뒤틀리고 끓어오르는 감정들을 생각할 때도 최악이지요.

돈에 대한 이야기는 해도 소용이 없답니다. 사수자리 여성이 자기 돈을 쓰도록 그냥 놔두고 이 주제는 생략하도록 하지요. 그는 자기 돈을 저금하거나 금고에 넣어두고 싶어할 겁니다. 그녀는 자기 돈을 쓰고 싶어할 거고요. 세상 사람들이 뭐라고 말해도, 서로 다른 이 두 사람의 경제관념을 화해시키지는 못합니다. 출생차트에 특별한 변수가 없다면요. 그들은 만나기 전에 그랬던 것처럼 각자의 돈을 알아서 관리하게 될 겁니다.

두 사람이 어떤 일 때문에 다투고 몇 시간 동안 말을 하지 않는다면, 그 상황은 전갈자리 남성보다는 사교적인 사수자리 여성에게 훨씬 더 힘듭니다. 전갈자리는 혼자 있는 것에 익숙하며 충분히 연습이 되었지요. 하지만 외로움은 그 기간이 아무리 짧은 경우라도 행복한 감정이 아닙니다. 사수자리 여성은 대개 예측이 가능합니다. 통찰력 있는 전갈자리는 그녀의 폭발적인 분노, 충동적인 관대함과 용서, 진지하고 철학적인 시간들을 쉽게 예상할 수 있습니다. 하지만 사수자리 여성은 전갈자리 남성의 감정에 대해 불안합니다. 명왕성을 상대한다는 것은 당신이 백일몽을 꾸고 있을 때 노란색 정지 신호에 다가가는 것과 같지요. 당신은 그다음 신호가 빨간색일지 초록색일지 맞히려고 애씁니다. 그녀는 결코 그의 침묵을 완전히는 헤아리지 못할 겁니다. 노란색 교통 신호 단계는 항상 그녀를 어리둥절하게 하지요. 그는 물의 별자리이고 그녀는 불의 별자리이기 때문입니다. 하지만 이 커플은 2-12 태양별자리 관계입니다. 그래서 전갈자리 남성은 그가 인정하는 것보다 더 많이 사수자리 여성에게 배웁니다. 반면에 사수자리 여성은 전갈자리 남성의 감정에 대해 예기치 않은 관용을 베풉니다. 그것은 그녀 내부 어딘가에서 영원히 솟아오르는 윤회의 기억의 깊은 우물에서 길어 올리는 것이지요.

전갈자리 남성은 자신이 바라고 상상한 것을 현실로 만드는 방법을 압니다. 충분히 강렬하게 원한다면요. 사수자리 여성은 내일이나 다음 주 또는 다음 해에 바로 성취할 수 있는, 비교적 단기간에 이룰 수 있는 목표가 필요합니다. 그녀의 믿음이라는 재능은 그의 거대한 의지력과 아주 잘 조화를 이루지요. 그래서 이 두 사람은 함께 많은 것을 이룰 수 있습니다. 서로를 향한 사랑의 영원성까지 포함해서요. 그때, 신호등의 모든 불빛은 '가도 좋다'는 초록색일 테지요.

전갈자리 Scorpio

물 · 유지하는 · 수동적
지배행성: 명왕성
상징: 전갈 또는 독수리
음(−) · 여성적

Capricorn 염소자리

흙 · 시작하는 · 수동적
지배행성: 토성
상징: 염소
음(−) · 여성적

전갈자리와 염소자리의 관계

그들은 자기 종족의 명성에 걸맞지 않는 행동의 흔적은 어디에도 남기지 않았다.

전갈자리도 염소자리도 누군가와 대화를 하는 게 쉬운 일은 아닙니다. 하지만 3-11 태양별자리 유형의 영향을 받기 때문에, 대부분의 다른 사람들과 함께 있을 때보다 두 별자리가 함께 있을 때 일상적인 대화가 더 편하게 느껴집니다. 또 다른 3-11 태양별자리 관계인 처녀자리나 5-9 태양별자리 관계인 게자리와 물고기자리와 있을 때만, 전갈자리는 그 자신 또는 그녀 자신이 되는 자유로움을 느낍니다. 염소자리에도 똑같은 원리가 적용됩니다. 다른 3-11 태양별자리 관계인 물고기자리와 5-9 태양별자리 관계인 처녀자리나 황소자리와 있을 때 편하지요. 또는 1-1 태양별자리 유형인 같은 태양별자리와 함께 있을 때 자유로움을 느낍니다.

전갈자리와 염소자리는 개인적인 일이나 공통의 희망과 꿈 같은 것들을 함께 이야기하면서 대부분의 시간을 보냅니다. 두 사람이 지닌 삶의 목표는 그 본질에서 비슷하지요. 하지만 목표를 달성하는 이상적인 방법에 관해서는 서로 다를 수 있습니다. 이들은 둘 다 존경받기를 은밀히 바랍니다. 또한 가정에서든 학교나 직장에서든 조용하고 드러나지 않으면서도 강력한 힘을 갖기를 열망합니다. 하지만 염소자리는 전갈자리의 내적인 강인함을 유감스럽게 생각할 수 있습니다. 그는 그것이 힘을 낭비하는 거라고 믿지요. 반면에 전갈자리는 염소자리가 정서와 예민함이 부족하다고 생각할 수 있습니다. 하지만 두 별자리는 실용적인 정신을 가졌지요. 방법이야 무엇이든, 그것이 최종적인 결과보다 중요한 것은 아니라고 생각합니다. 일단 그들이 서로를 신뢰하기로 결정했으면, 성공할 기회를 더 확대하기 위해 자신들의 능력을 합칠 수 있습니다.

다행히 염소자리는 전갈자리의 복수의 침에 다른 사람들보다 조금 덜 찔릴 겁니다. 그리고 몇 번 찔리다보면, 어깨를 으쓱여 보이는 것도 더 쉬워진다는 사실을 알게 될 겁니다. (앞길을 가로막는 일이나 과도한 감정 반응으로 귀중한 시간을 쓸 때 염소자리는 어깨를 으쓱이는 경향이 있답니다.) 반면에 전갈자리는 염소자리의 음울함을 이해하고 참아줍니다. 전갈자리도 우울한 시기에는 예민하니까요. 이런 동조 현상은 어른뿐 아니라 어린이들에게서도 분명하게 나타납니다. 대부분의 형제자매는 가벼운 불화에서부터 격한 반감을 보이는 수준까지 서로 경쟁하는 단계를 겪습니다. 그러나 전갈자리와 염소자리는 형제자매 간에 설사 라이벌 의식을 갖더라도 어려움을 더 빨리 해결하는 방법을 알아낼 겁니다. 대개 제3자를 꺼려하는 이들은 서로에게 의지하는 상황에 처하게 될 겁니다. 똑같은 관계 유형이 일터나 친구 관계나 연인 관계에서도 나타납니다. 그 관계가 항상 완벽하게 조화롭지는 않겠지만 서로의 내면적 본성에 대한 무의식적인 이해 때문에 항상 타협의 여지가 있습니다.

전갈자리와 염소자리는 둘 다 몹시 개인적인 사람들입니다. 전형적인 전갈자리는 염소자리보다 좀 더 말을 많이 합니다. 하지만 전갈자리는 말을 연막처럼 이용합니다. 그들의 수다는 그 또는 그녀가 실제로 생각하는 것을 표현하는 대신 보호합니다. 전갈자리는 모든 종류의 위장을 좋아하지요. 진짜로 중요한 것만 빼고 모든 것에 관해 이야기하는 그들의 방식은 잘 모르는 사람들을 속이기 위한 명왕성의 많은 가면 중 하나입니다. 하지만 염소자리는 이 능력을 알고 숭배합니다. 심지어 질투합니다. 왜냐하면 염소는 본질적으로 수줍어하기 때문입니다. 냉담한 겉모습 아래에서 전갈자리 역시 수줍어합니다. 사적인 느낌과 감정에 관해서는 더더욱 자기 속내를 보이지 않습니다. 그래서 염소자리의 고통스러울 정도의 소심함은 때때로 전갈자리를 깊이 감동시킵니다. 이런 점은 그들 사이의 공감을 위한 토대가 됩니다.

예외는 항상 있겠지만, 일반적인 전갈자리와 염소자리는 사교상의 경박함을 보이거나 비생산적인 행동을 하기보다는 인생에서 성공하는 일과 개인적인 성취를 확실하게 하는 일에 더 많이 집중할 것입니다. 그게 지나치면 종종 그림자가 생기지요. 인간은 빵만으로 살 수 없답니다. 두 사람의 영혼을 위해 그들의 삶에 히아신스 꽃과 함께 시와 미술을 더 많이 가미한다면 헤아릴 수 없는 이익을 얻을 것입니다. 염소자리의 지배행성인 토성은 염소자리 사람들에게 '거꾸로 나이를 먹는' 과정을 살도록 선물했지요. 전갈자리와 염소자리는 점점 나이가 들어갈수록 염소가 독수리

(전갈)에게 더 신나는 모험을 하자고 유혹하게 될 것입니다. 이 두 태양별자리의 관계에서는 단조로운 생활 방식이 자꾸 반복되고 판에 박힌 생활에 고착될 위험이 있습니다. 그러면 염소가 뒷발길질하고 싶은 충동을 느낄 것이고, 독수리에게 더 과감한 곡조에 맞춰 춤을 추자고 부추기게 됩니다. 관계의 시작에서는 같은 역할을 전갈자리가 염소자리에게 했지요. 미식축구의 규칙과 조금 닮았네요. 하프타임입니다. 운동장을 교체하세요!

사람들이 이 조합의 긍정적인 면이라고 말하는(물론 보기에 따라서 다르지만), 한 가지 재밌는 사실이 있습니다. 전갈자리의 강박적인 비밀 유지 성향이 둘 사이에서는 마찰의 원인이 되지 않는다는 것입니다. 염소자리는 다른 사람의 비밀에 거의 관심이 없기 때문이지요. 염소자리는 맞히기 게임이 따분합니다. 달별자리나 동쪽별자리에 게자리나 전갈자리가 없다면, 대부분의 염소자리는 "누군지 맞혀볼래요?"라고 쓴 밸런타인데이 카드를 무시할 겁니다. 전갈자리가 염소자리에게 "무엇인지 맞혀보세요!"라는 말로 시작하면서 말을 건넨다면, 그 반응은 아마도 정중한 하품일 것입니다. 염소자리는 전갈자리가 "무엇인지"에 대해 말할 때까지 그냥 기다릴 겁니다. 염소자리는 그런 유치한 도전에 끌려 들어갈 생각이 없습니다. 음모에 관한 전형적인 토성의 철학은 시간이 결국 모든 해답을 준다는 것입니다. 시간의 아버지가 밝히지 않은 대답은 그의 지혜의 관점에서는 추구할 가치가 없는 것이지요. (자녀에 관한 정보를 찾아 헤매는 염소자리 엄마만 빼고요. 이 경우라면 그녀는 일시적으로 다소 집요한 탐정으로 변할 수 있습니다.)

보통의 염소자리는 불타는 호기심의 저주에는 걸리지 않았답니다. 전갈자리가 외계에서 온 생명체의 별 모양의 꼬리를 따라가거나 외계인과의 조우를 비밀스럽게 갈망하는 것을 그냥 놔두지요. 염소자리는 영화「스타워즈」에 나오는 무기를 지니고 다닐 것 같은 사람들과 노닥거리는 건 위험하다고 생각합니다. (염소자리는 그 영화를 보러 가고 싶지 않았답니다. 하지만 전갈자리가 레이저 눈빛을 쏘며 가자고 했지요. 염소자리는 항복했고 평화를 지키기 위해 보러 간 거랍니다.) 개인적으로나 사적으로나 염소자리는 모든 UFO 소동이 약간 어리석다고 느낍니다. 사실이 아니라 환상에 근거하기 때문이지요. 만약 외계 생명체가 존재한다면 염소자리는 기꺼이 뒤뜰로 나가 딸기가 심어진 작은 땅에 그들이 착륙하는 걸 보겠지요. 하지만 간접 경험은 염소자리에게 긴장감을 주지 못합니다. 염소자리는 어린이든 어른이든 까꿍 놀이나 술래잡기 놀이가 필요 없답니다. 지구인이든 외계인이든 할 말이 있는 사람은 지금 똑바로 말하세요. 염력이나 텔레파시 같은 걸 사용해서 간접적으로 하지 말고요.

모든 형태의 호기심에 대한 염소자리의 무덤덤함은 명왕성의 지배를 받는 전갈자리를 기쁘게 합니다. 전갈자리 입장에서는 일기장이나 수표책, 양말 서랍, 또는 사적인 생각을 들여다보는 누군가를 발견하는 것보다 더 화나는 일은 없기 때문이지요. 하지만 가끔 극단적으로 예민한 전갈자리는 염소자리의 이런 성향을 자신에 대한 공격이라고 간주합니다. 관심 부족으로 해석하는 것입니다. 사실, 정확히 그렇지요.

염소자리의 관심 부족이 배려가 부족하다는 의미는 아닙니다. 하지만 전갈자리의 관점에서는 관심이 부족하다는 것은 배려가 부족하다는 것을 가리킵니다. 전갈자리는 그들이 뭔가를 배려할 때만 궁금하기 때문입니다. 전갈자리가 배려하지 않을 때는 그 물건이나 사람은 그들 눈에 보이지 않습니다. 하지만 전갈자리가 지닌 호기심은 의심으로 확장되는 경향이 있지요. 그들은 약간의 의심은 건강한 거라고, 남을 잘 믿는 걸 이용하려는 사람들로부터 보호하는 거라고 스스로에게 말합니다. 하지만 의심은 부정적인 측면도 있지요. 의심은 전갈자리를 근거도 없는 수많은 두려움으로 고통받게 할 수 있습니다. 반면에 염소자리는 지나친 의심으로 스스로를 괴롭히는 일이 전혀 없습니다. 토성의 신중함 덕분에 그다지 신경 쓰지 않고도 자기 보호라는 목적을 성취할 수 있기 때문이지요.

헤아릴 수 없는 불안한 의심 때문에 전갈자리는 형이상학적이고 종교적인 방향으로 가게 됩니다. 그들은 모든 종류의 실패를 건너 신앙의 힘을 강렬하게 믿습니다. (그들이 공개적으로 신앙을 인정하지 않더라도요.) 이 점은 명왕성이 지배하는 전갈자리와 토성이 통제하는 염소자리 사이의 중요한 차이를 만듭니다. "만약 당신이 진짜로 원한다면", 전갈자리가 염소자리에게 설교합니다. "당신이 그것을 얻을 거라고 믿으세요. 그러면 당신은 확실히 얻을 겁니다." 하지만 염소자리는 넘어가거나 흔들리지 않고 토성만의 종교적 산상수훈 중의 하나로 답합니다. "아무것도 바라지 않는 자는 축복받습니다." 염소자리가 설교합니다. "왜냐하면 그들은 실망할 일이 없기 때문입니다."

이 두 사람 사이에서 가끔 벌어지는 철학적 토론은 우울한 일요일의 교회 예배와 어느 정도 닮았답니다. 영감을 받은 전갈자리가 설교를 하고 실용적인 염소자리는 모금함을 건넵니다. 그래도 합창과 오르간 소리에는 둘의 영혼이 부드러워집니다. 비록 그들이 서로 다른 찬송가를 부르더라도요. 음악에는 그들의 생각 사이의 빈 공간을 채우는 힘이 있습니다. 음악은 그들 마음에는 들리지만 말로는 표현할 수 없는 언어로 말하기 때문이지요. 그래서 그들이 음악의 축복 없이 살아가는 일은 없을 것입니다. 가능한 가장 섬세한 스테레오는 이 태양별자리 조합의 견실한 행복과 조화를 위한 투자가 될 겁니다. 전갈과 염소에게: 세일 때까지 기다리지 마세요. 지금 사세요. 가격은 신경 쓰지 말고요.

가격은 신경 쓰지 말라고요?!!! 그들을 좀 보세요. 전갈자리는 인상을 찌푸렸고, 염소자리는 창백해졌네요. 보이세요? 이 두 사람은 공통점이 있답니다.

전갈자리 여성과 염소자리 남성

오랫동안 답이 없었다. 그런데 다시 노크 소리가 들렸다.
"누구세요?"
답이 없다. 그는 긴장했다. 그런데 그는 긴장하는 것을 좋아했다.

염소자리 남성은 그의 교도소장인 토성에 의해 수갑이 채워졌습니다. 그는 통제받는 감정의 모범수로 불평하지 않고 봉사하지요. 하지만 가석방을 갈망합니다.

긴장의 조짐을 보이는 것은 무엇이든 그의 상상을 자극하고 야생의 부름이 그의 피를 휘젓습니다. 그는 당신이 의심하는 것보다 상상력이 풍부합니다. 단지 사람들 앞에서 동화 같은 얘기를 하거나 자작시를 액자에 넣어 자기 집 벽에 걸어놓지 않을 뿐이지요. 그가 여름 폭풍 속의 라일락 또는 스위트피 냄새를 맡을 때 신선하면서도 비에 씻긴 내면을 느낄 수 없다는 뜻이 아닙니다. 그는 감각의 매력에 영향을 받습니다. 잔디 냄새나 따뜻한 봄 향기는 그의 심장을 더 빨리 뛰게 합니다. 어렸을 때는 별을 보고 소원을 빌어본 적도 있지요. 아무도 보는 사람이 없다는 확신이 들 때는요. 그는 음악과 미술도 사랑합니다. 물론 잘 알려진 음악이며 고전 미술입니다. 팝아트 같은 낙서를 끼적이며 시간을 보내지는 않지요. 그는 펑크 록을 고통스러워하지는 않을지도 모릅니다. 하지만 드뷔시의 「달빛」이나 거쉬인의 「랩소디 인 블루」를 들려주거나 그리스의 조각상이나 아름답게 변형된 터키석 조각을 보여주세요. 그의 얼굴에 수줍은 웃음이 나타나는 걸 목격할 수 있을 것입니다. 염소자리의 웃음과 비교할 만한 것은 없습니다. 단지 그 웃음을 보는 것만으로도 당신 내면이 선해지는 느낌일 것입니다. 아마 그가 아주 드물게 웃기 때문이겠지요. 그 웃음이 순수하며 사교적인 겉치레 웃음이 아니라는 사실을 당신은 알 수 있습니다. 염소자리는 행복하거나 즐거울 때, 또는 웃을 만한 일이 있을 때 웃습니다. 계속해서 '행복한 얼굴'을 하거나 친절해 보이려고 웃음 짓는 것은 염소자리에게는 위선적인 일입니다. 아마 어느 정도는 그럴 겁니다. 하지만 그것은 더 솔직하고 조심스럽게 초대하는 우정입니다. 염소자리는 아무 생각 없이 우정을 초대하지 않는답니다.

그는 대화를 독점하지 않습니다. 자주 말하지는 않지만, 그가 말할 때면 염소자리의 위트가 염소자리의 지혜와 혼합되어 빛납니다. 그가 드물게 던지는 위트 있는 말은 받아쓰고 싶은 그런 종류입니다. 나중에 써먹으려고 기억해두게 되지요. 엄격한 지혜와 영리한 유머는 매혹적인 조합을 이룹니다.

토성의 기운이 전갈자리 여성을 끌어당기는 것은 놀랄 일이 아닙니다. 염소자리는 그녀와 상당히 닮았습니다. 그가 가까이 있을 때 그녀가 이상하게도 안정감을 느끼는 이유입니다. 서로에 대해 실제로 알기도 전부터 그렇지요. 전갈자리 여성은 자신이 어떻게 느끼는지를 즉시 그가 알게 하지는 않습니다. 사실, 그가 존재하는 것조차 그녀가 깨닫지 못하는 것처럼 보이게 상당한 자기 통제력을 발휘하지요. 염소자리 남성은 그녀가 자신을 바라본다는 걸 느낍니다. 하지만 그가 뒤돌아보면 그녀의 눈동자는 다른 곳을 향할 것입니다. 그래서 그는 그녀가 자기를 바라보던 건 상상이라고 믿습니다. 그는 상상한 게 아닙니다. 그녀는 그를 바라보았답니다. 그가 그녀를 보지 않는 동안에요. 그를 충분히 오랫동안 고문했다고 결정하면 그녀는 그를 바라볼 뿐만 아니라 지긋이 응시할 것입니다. 염소자리 남성의 침착함을 허둥지둥하게 만드는 집요한 시선이지요. 염소자리 남성의 침착함을 흩뜨리는 능력은 결코 하찮은 것이 아니랍니다. 전갈자리 여성에게는 그런 능력이 있지요.

염소자리 남성은 관심을 갖습니다. 그의 완고하게 통제되는 감정에 대해 그런 힘을 지닌 이 신비한 여성은 누구일까요? 이상하게도 많은 남성이 이 여성을 '소녀'라고 생각하기 어렵다는 사실을 알게 됩니다. 그녀가 십 대일 때조차도요. 그녀에게 있는 무언가가 '소녀'보다는 '여성'에 적합한 사람으로 보이게 합니다. 그녀가 태어나 처음 눈을 떴을 때부터 그녀의 눈은 비밀의 속삭임을 담고 있으며, 살아가는 동안 그 깊이가 더해집니다. 그것은 가늠하기 힘들고 불가해한 것입니다. 염소자리 남성은 그녀 앞에서 긴장이 되고 작은 전율을 느낍니다. 반드시 공포의 전율은 아니랍니다. 호기심 때문도 아니고, 그냥 전율입니다.

염소자리는 가난 말고는 아무것도 두려워하지 않습니다. 염소자리는 호기심이 없기 때문에 어떤 수수께끼나 비밀과 마주치더라도 그것을 쫓지는 않습니다. 때가 되어 내막이 밝혀질 때까지 기다리지요. 그러니 그의 전율은 어떤 다른 것 때문에 일어납니다. 대개는 누군가 그의 비밀과 신중한 평온함 뒤에 아주 잘 지켜온 내적 자아를 꿰뚫고 들어올 수 있다는 예기치 않은 자각 때문이지요. 그는 생각합니다. 그의 차갑고 완고한 겉모습 속에는 다정한 본성이 감추어져 있다는 것을, 결코 드러내는 일은 없지만 그의 마음 또한 다른 사람들과 똑같이 상처받으면 고통을 느끼며 어쩌면 더 많이 고통받는다는 사실을 그녀가 알 거라고요. 그의 생각이 맞습니다. 그녀는 정말 이해한답니다.

염소자리 남성이 보이는 첫 번째 반응은 평소 그녀를 대하는 것보다 더 딱딱하게 행동하는 것입니다. 그의 타고난 수줍음은 깊어지고, 소심함에 떨리며, 정중한 태도는 훨씬 더 형식적으로 느껴질 것입니다. 하지만 그는 점차 온화해질 것이고 함께 나누는 느긋한 대화 속에서 서서히 편안해질 것입니다. 그리고 마침내 그녀에게 특별한 웃음을 전하겠지요. 그의 눈동자는 말보다 훨씬 더 많은 것을 그녀에게 말하면서 빛납니다. 그녀의 심장은 느닷없이 요동칠 겁니다. 전갈자리의 마음을 요동치게 하는 일은 쉽지 않답니다. 하지만 그의 부드러운 눈동자와 수줍은 웃음은 해낼 수 있지요. 그의 침착함 뒤에 있는 고요한 지혜 역시 도움이 될 것이고요. 이렇게 염소자리와 전갈자리가 사랑에 빠집니다. 결코 눈에 띄지 않게 거의 소리 없이 이루어지지요.

두 사람의 친구들과 가족들이 무슨 일이 일어났는지 깨닫는 데는 약간 시간이 걸립니다. 친구라고 해봤자 토성이 평균적으로 할당해준 친한 친구 세 명입니다. 그리고 그의 가족과 그녀의 가족이 있지요. 하지만 중요한 것은 그의 가족입니다. 염소자리 남성은 가족을 불쾌하게 만들거나 불행하게 하는 어떤 일도 하지 않습니다. 사랑에 빠졌다는 이유로 가족과 함께하는 시간이 더 줄어들지도 않지요. 제 말은, 그는 늘 가족 주변에 있고 못해도 일주일에 한 번은 전화 또는 편지로 안부 인사를 주고 받는 것에 익숙하다는 사실입니다. 그리고 가족들이 가끔 그의 경제적인 원조를 필요로 한다면, 글쎄요….

네, 두 사람 사이에서 이게 문제가 될 수 있습니다. 하지만 **전갈자리** 여성은 해결 방법을 찾아낼 겁니다. 그녀는 한동안은 착하게 인내심을 발휘하겠지요. 하지만 그 뒤엔… 여기에 대해서는 더 말하지 않는 게 좋겠습니다. 잠재적인 문제 영역을 지적했으니 알아서 하라고 놔두도록 하지요. 그게 좋겠지요?

염소자리는 태어날 때부터 확실히 소유욕이 강합니다. 어떤 관계를 영원한 것으로 만들기 위해 헌신을 다하지요. 전갈자리 여성은 이 때문에 행복하지는 않습니다. 왜냐하면 그녀는 항상 소유욕이 자신만의 독점적인 권리라고 느끼기 때문이지요.

타협이 꼭 필요하다면, 아마도 타협해야 하는 사람은 그녀일 것입니다. 정말로 사랑에 빠진 염소자리 남성은 절대로 집 밖에서 배회할 자유나 시간을 필요로 하지 않습니다. 그런 일로 상대의 소유욕을 자극하는 일이 없지요. 비정상적인 소유욕을 지닌 이 여성 말고요. 말장난하는 게 아니랍니다. 전형적인 염소자리는 가정으로부터 멀리 떨어져 방황하지 않습니다. 그는 사랑하는 사람과 함께 조용히 밤을 보내는 것을 다른 어떤 활동보다 좋아합니다. 어떤 염소자리가 사무실에서 밤늦게까지 일한다고 말하면 정말 일을 하는 것입니다. 만약 그가 정치에 관련된 일을 하는 사람이거나 어떤 종류의 세일즈맨이어서 거대 합병을 위해 여행을 자주 한다면 그녀가 화를 낼 좋은 구실을 줄 만큼 자주 떠나 있겠지요. 하지만 일반적인 염소자리는 그녀에게 구실을 주지 않는답니다. 오히려 그녀가 어디 있는지 그가 걱정하지요.

전갈자리 여성은 독립적인 삶을 주장합니다. 다른 사람에게 쥐어 살지 않지요. 그녀가 그를 사랑하지 않는다거나 다른 남자가 필요하다는 뜻이 아닙니다. 그녀가 일하고 싶을 때나 분위기에 사로잡힐 때, 자유가 필요하다는 의미입니다. 그녀는 일일이 설명하지 않습니다. 친구를 방문하고 쇼핑하고 도서관에 들르고 혼자 영화를 볼때 허락을 구하지 않지요. 학교 다닐 때 우리는 손을 높이 들고 물어봤지요. "선생님, 해도 될까요?" 그런 것은 갇힌 삶입니다.

그녀는 모든 사람이 정도는 다르지만 이러한 종류의 자유를 원한다는 사실을 이해해야 합니다. 또한 소유욕이 강한 사람을 상대하는 방법은 그(또는 그녀)를 온전히 사랑하고 있다는 사실을 그 사람이 알게 하는 것임을 이해해야 합니다. 더 빈번할수록 더 좋습니다. 소유욕과 그 자매인 '질투'를 치료하는 것은 정말로 전혀 어렵지 않답니다. 필요 이상으로 자주 안심을 시켜주면 해결됩니다. 아주 간단하지요. 질투 때문에 고문받는 사람에게(소유욕이나 질투심은 이것으로 고통받는 사람에게는 말그대로 고문이랍니다.) 그렇게 안심시키는 일을 거부한다면 어딘가 가학적인 구석이 숨어 있는 것입니다. 질투와 소유욕으로 만들어진 넘쳐나는 공포를 제거하기는 정말 쉽습니다. 아주 많이 원하는 것을 잃을지도 모른다는 공포, 사랑을 잃는 것에 대한 공포 말입니다. 당신이 누군가를 진심으로 사랑한다면, 그 사람이 그런 끔찍한 공포에서 벗어나게 해주는 일을 거부할 이유가 어디에 있나요? 충분히 진지하고 다정하며 애정 있는 말 그리고 육체적인 접촉이 있다면, '사로잡힌' 사람은 그(그녀)가 바라던 '자유'를 얻을 수 있을 것입니다. 이런 일에는 여분의 시간과 수고를 들일만한 가치가 있습니다. 그럴 가치가 없다면 그 두 사람은 연인이 아니지요. 슬픔을 기쁨으로 바꿀 수 있는 마법의 연금술을 사용하지 않는다면 현명하지도 친절하지도 않은 겁니다. 친절은 사랑에서 가장 중요한 것입니다.

성적으로, 전갈자리 여성은 염소자리 연인 또는 배우자의 감정적인 인식 범위를 풍부하게 해줍니다. 염소자리 남성은 전에는 결코 경험하지 못한 느낌 속으로 섞여 들어갑니다. 주고받으려는 그녀의 육체적 욕구의 깊이 때문이지요. 그녀 또한 그와 함께 있을 때 아늑하고 편안하게 느낄 것입니다. 그의 조용한 힘과 온화한 위로는 그녀를 괴롭혀온 불특정의 공포를 진정시켜줍니다. 그녀는 가끔 그가 상상력이 더 풍부하기를, 사랑을 나눌 때 말로 더 표현해주기를 바랄 것입니다. 그는 때때로 그녀가 자신에게 너무 많은 것을 기대한다고 생각할 수 있지요. 이것은 말로 나타내기 힘든 우울함의 원인이 될 수 있습니다. 3-11 태양별자리 관계이므로 두 사람은 연인일 뿐만 아니라 친구이기도 합니다. 그러니 두 사람은 대화를 더 자주 더 정직하게 나눌 필요가 있습니다. 그러면 오해가 풀리고 서로가 자기 본래의 모습이 될 수 있지요. 두 사람은 호기심 많고 냉담한 사람들부터 자신의 실제 자아를 숨기는 경향이 있습니다. 하지만 두 사람이 하나가 되는 순간에는 다른 그 무엇도 되어서는 안 됩니다. 그 순간은 처음부터 끝까지 서로 신뢰하고 무엇이든 진실하게 행동하고 말하는 시간이지요. 전갈자리 여성과 염소자리 남성은 둘 다 자기 규율과 자제심에 숙련된 사람들입니다. 하지만 통제된 열정은 당신이 사랑하는 사람과 사랑을 나눌 때 충만감을 발견하는 방법이 아니라는 사실을 배워야만 합니다. 이사를 가든 여행을 가든, 이 커플에게는 어떻게든 상황을 변화시키는 것이 필요합니다. 때때로 그들의 감정 에너지를 재충전할 필요가 있지요.

전갈자리 여성과 염소자리 남성은 서로에 대한 사랑을 통해 명왕성과 토성의 영향을 받습니다. 이것은 아주 오래전부터 연결된 화음을 되살려줍니다. 죽음이나 옛 추억… 또는 친척이나 아이들에 관한 슬픔이 그들의 마음을 움직이고 사랑을 깊어지게 만듭니다. 이 커플에게는 그들의 사랑을 더 강하게 해주는 어떤 비밀이 거의 항상 존재합니다. 이것이 그들 주위에 힘의 원을 만들고 더 많은 인내심을 갖도록 서로를 도와줍니다. 인내심은 사랑의 제일 좋은 친구 중 하나지요.

전갈자리 남성과 염소자리 여성

그러나 불행하게도 달링 여사는 그림자를 창밖에 널어두게 할 수 없었다.
그건 꼭 빨래처럼 보여서, 집 전체의 분위기를 흐렸기 때문이다.
그녀는 달링 씨에게 그걸 보여줄까도 생각했지만,
그는 존과 마이클을 위한 겨울 코트값을 계산했다.
머리를 맑게 하려고 물에 젖은 수건을 머리에 두른 채로.
그래서 그를 방해하는 것은 부끄러운 짓 같아 보였다.

매우 드문 경우를 제외하고, 전갈자리 남성과 염소자리 여성이 서로 좋아하고 사랑에 빠질 때, 그들은 규칙에 따라 처신합니다. 그들은 값이 너무 많이 오른 것에 불평하면서도 허가증에 돈을 지불할 것입니다. 바서만(독일의 세균학자, 미국에서는 주에 따라서 결혼 전 성병 확인을 위해 바서만 테스트를 요구함―옮긴이) 바늘에 의연하게 복종하며, 성직자의 인자한 축복이나 적어도 법적으로 권한을 부여받은 치안 판사의 존경할 만한 동의를 구할 겁니다. 그들은 결혼할 것입니다. 이 커플은 확실히 끝없는 연애를 계속하려고 하지는 않습니다. 거기에 어떤 미래가 있겠어요?

친구와 이웃들은 순진하게 한숨을 내쉬며 행복이 넘치는 완벽한 결합이라고 이 결혼을 부러워하겠지요. 더 가까운 친척들은 다른 면을 알아차립니다. 다시 말해, 결혼이라는 친밀한 감옥 안에서 각자의 본성과 습성의 조화를 이루기 위해 애쓰는 모든 다른 남성과 여성들처럼, 이들도 적응하기 위해 어려움을 겪는답니다.

전갈자리 남성과 염소자리 여성의 친구와 이웃들이 속임수에 넘어가는 까닭은 이 두 사람이 '더러운 잠옷을 사람들 앞에서 세탁하는' 그런 커플이 아니기 때문입니다. 이 커플은 손수건이나 옛날 양말 한 켤레조차도 사람들 앞에서 세탁하는 일이 없습니다. 그런 일은 꿈도 꾸지 않습니다. 자신들의 불화를 낯선 사람과 이웃, 우체부와 전화 수리공, 지나가는 보행자와 호기심 많은 조깅하는 사람들이 보는 바깥에 내걸지 않습니다. 그들은 닫힌 문 뒤에서 자신들의 다툼을 조용하고 조심스럽게 씻어낼 것입니다. 상처의 모든 흔적이 제거될 거라고 확신하며 원래 모습이 될 때까지 가차 없이 표백할 겁니다. 그러고는 참을성 있게 기다립니다. 그들 관계에서 눈물이 완전히 마르고 다시 입을 수 있게 될 때까지요.

염소자리와 전갈자리는 다른 모든 분야와 마찬가지로 사랑에 대해서도 실용적입니다. 그들의 로맨스는 엄격한 진실 테스트를 통과해야 하며 신뢰성 테스트에서도 높은 점수를 받아야 합니다. 튼튼한지, 내구성이 있는지, 오래 사용 가능한지도 봅니다. 이 두 사람은 가구, 옷, 대학 학위, 중고차, 브로콜리, 부동산 등에 대해 쓴 돈만큼의 가치를 요구합니다. 그들의 관계나 결혼 증명서에 들인 돈도 예외가 아닙니다. 목사에게 팁으로 준 2달러는 말할 것도 없지요. 결혼식 날 그가 그녀에게 사준 꽃값을 계산할 때 결혼 첫날밤을 보낸 호텔 방값도 더하세요. 특가품이기는 했지만요. 왜냐하면 그들은 여름철 주말 요금을 이용했거든요. 비용을 아끼려는 모든 노력을 기울이지 않고 많은 비용을 들이게 되는 상황을 둘 중 누구도 용납하지 않습니다. 물론 비공개적으로요.

두 사람은 작은 균열이 중요한 문제로 확대되어 천장이 무너지게 될 때까지 그냥 방치하지도 않을 겁니다. 아주 작은 균열도 보이는 즉시 회반죽을 바르고 페인트칠을 해야 하지요. 염소자리와 전갈자리 사이의 아주 사소한 의견 갈등도 마찬가지입니다. 둘의 조화를 실제로 위협하기 전에 수습할 겁니다. 대단한 인내심과 의지력이 없다면, 그렇게 끊임없이 조심하다가는 사람이 지치고 말 겁니다. 하지만 이 남성과 여성은 인내심과 의지력을 풍부하게 지녔답니다. 그들의 지배자인 명왕성과 토성의 결합된 힘으로부터 넘치도록 공급받거든요.

물병자리 시대는 혁명적인 변화로 사회를 흔들어놓았습니다. 하지만 전갈자리와 염소자리는 기본적으로 천왕성의 울림에 영향을 받지 않습니다. 전갈자리와 염소자리의 보수적인 본성은 어떤 연대기적 시대나 어떤 천문해석학상의 시대에도 본질적으로 똑같습니다. 새로운 사회의 관습은 많은 염소자리 여성을 독립적인 여성 해방 운동가로 변하게 할 수도 있습니다. 하지만 이 해방된 염소자리 또한 사적인 생활을 과시하거나 그들의 소매에 ERA(평등권 헌법 수정 조항—옮긴이) 단추를 달지 않습니다. 새로운 시대는 많은 남성을 자기 회의에서 해방시키고 더 솔직해지도록 만들었지만, 전갈자리 남성의 내면의 확신은 개선할 필요가 전혀 없었지요. 그는 '더 솔직해지는 것'을 바라지도 않습니다. 그는 항상 자신이 하고 싶은 대로 해왔답니다. 앞으로도 늘 그럴 거고요. '시대들'이 오고 가더라도 말이에요.

저는 전갈자리 아버지와 염소자리 어머니를 둔 캐나다 사람을 압니다. 그가 대학을 다니기 시작했을 때, 어떤 소녀와 사랑에 빠졌지요. 하지만 그들은 서로의 감정을 확신할 수 없었습니다. 그래서 관계를 시험해보려고 일 년 정도 함께 살기로 결정했지요. 전갈자리 아버지와 염소자리 엄마는 소스라치게 충격을 받았습니다. 가족회의가 열렸고, 청년과 여자 친구는 부모님이 제안하는 충고를 공손하게 들을 수밖에 없었지요. 염소자리 엄마는 여자 친구에게 미래를 생각해야 한다고 설명했습니다. 나중에 진짜 사랑이 아니라고 판단되면 어떻게 될까요? 그녀의 평판은 이미 손상되었으며 어떤 괜찮은 남자도 그녀와 결혼하지 않을 겁니다. 그녀는 나머지 인생을 외로운 노처녀로 보낼 수도 있습니다.

"게다가" 염소자리 엄마가 그녀에게 말했습니다. "너희 둘 다 동물학 박사 학위를 따기 위한 공부를 계획하기 때문에 명사 인명록에 올라갈 자격을 얻을 수도 있잖아. 과학 분야의 업적을 너희 둘 다 언젠가 성취할 수도 있어. 그런데 만약 너희 둘이 결혼하지 않고 일 년 동안 함께 살았다는 걸 누군가 알게 되면 너희는 블랙리스트에 오를 거야. 너희도 알다시피 그런 종류의 일에는 규칙이 있단다. 분명히 그들은 그렇게 할 거야. 말은 하지 않더라도 그들은 꼭 그렇게 한단다."

이제 전갈자리 아버지의 차례가 되었습니다. 그는 이기기 위한 준비를 마치고 가족회의에 참석했지요. 둘을 응시하면서 말했습니다. "들어봐, 법적으로 결혼한 커플의 경우, 자동차나 생명보험, 입원 보험에 내야 하는 보험료가 훨씬 더 싸단다. 단일 년이면 상당한 액수의 돈을 그 차액으로 저금할 수 있지. 너희가 이 계산을 검토한다면, 결혼이 유일하게 합리적인 해답이라는 것을 알게 될 거다."

그 젊은 커플은 부모님의 염려에 감사하며 떠났습니다. 그들은 함께 살았지요. 결혼하지는 않고요. 나중에는 마침내 헤어졌답니다. 나쁘지는 않게요. 그녀는 프랑스에서 온 동물학자와 결혼해 유럽으로 이사를 갔습니다. (아무도 그녀의 떳떳하지 못한 과거를 모르는 곳으로) 그리고 행복한 아이들의 엄마가 되었지요. 청년은 자동차 보험 등에 대한 '독신 남성' 할증료를 물었는데도 불구하고 가까스로 가난을 피했지요. 나중에 여성 변호사와 결혼했으며 동물학은 그만두고 고고학으로 전공을 바꿨고 그의 이집트 원정은 세계적인 찬사를 받았답니다. 부부는 둘 다 개인적인 업적 때문에 명사 인명록에 올랐지요. (명사 인명록 위원회는 그의 대학 시절 여자 친구와의 비합법적인 막간극 때문에 그를 블랙리스트에 올리지는 않았습니다.) 나중에 전갈자리와 염소자리 부모는 세쌍둥이의 조부모가 되는 충격을 극복해냈지요.

어떤 천문해석학자들은 전갈자리 남성이 성욕이 지나치며 너무 열정적인 수컷이고, 그들이 보는 모든 여성을 유혹하거나 성폭행조차 할 준비가 되어 있다고 암시합니다. 저는 이 장이 그 인상을 바꿀 거라고 믿습니다. 사실, 그는 내적으로 강한 성적 충동을 가졌습니다. 하지만 '성적'이라는 단어에는 한 가지 의미보다 더 많은 뜻이 있습니다. 그리고 명왕성의 지배를 받는 남성의 사랑과 결혼에 대한 생각은 완전히 구식일 수 있습니다.

전갈자리는 물의 별자리이기 때문에 독한 술이나 약물의 유혹에 일시적으로 빠질 수 있습니다. 하지만 대개의 전갈자리 남성은 자신의 위엄과 사리 분별의 통제력을 결코 잃어버리지 않습니다. 그는 자신이나 자기 가족이 바보 같은 행동을 하도록 놔두지도 않습니다. 그는 사람들이 자신의 이미지를 어떻게 생각하는가에 아주 많이 신경 씁니다. 하지만 그는 자신의 개인적인 행동은 그들이 상관할 바 아니라고 믿지요. 그런데 염소자리 여성도 마찬가지입니다. 그녀가 하는 모든 일은 인생에서 성공하려는 목적과 관련이 있지요. 그녀 또한 자신이 속한 집단에서 자신의 명성에 신경을 씁니다. 해이해진 도덕심으로 쾌락에 빠져 자유분방하게 행동하는 소수의 염소자리 여성이 있을 수도 있습니다. 아마도 지구에 대략 열두 명 정도일 겁니다. 하지만 그들은 잊어버리세요. 우리는 전갈자리 남성의 강하고 충직한 헌신을 받을 가치가 있는 염소자리 여성에 대해 이야기하는 중이니까요. 이 여성은 숙녀가 될 겁니다. 숙녀가 아니라면 전갈자리 말고 다른 남자를 찾겠지요.

염소자리 여성은 내면의 감정을 거의 드러내지 않습니다. 전갈자리 남성의 사적인 느낌 역시 그의 얼굴에 새겨져 있거나 말이나 행동으로 드러나지 않습니다. 그들이 사랑에 빠지기가 쉽지 않은 까닭이 여기에 있지요. 두 사람이 처음 만날 때 둘은 모두 가면을 쓰고 있습니다. 두 사람이 가면을 벗어버릴 만큼 충분히 서로를 신뢰하기까지는 시간이 걸리지요. 그들이 있는 그대로의 자신이 되고, 서로 사랑하는 것을 알게 되고, 충분히 오래 걸린 고백을 하면서 방어적인 평정의 위장을 버릴 때조차, 두 사람은 솔직한 자기감정을 보여주는 일에 무척 신중합니다. 그들은 서로를 포옹하고 서로에 대한 필요를 선언하며 결혼할 겁니다. 하지만 그럴 때는 다시 가면을 쓸 겁니다. 모두의 앞이니까요. 그들은 둘이 함께 있을 때만 가면을 벗는답니다.

물 원소와 흙 원소로 구성된 이 3-11 태양별자리 관계의 사랑에는 그들을 지배하는 행성인 토성(염소자리)과 명왕성(전갈자리)이 만든 기이한 측면이 있습니다. 크든 작든, 어떤 죽음과 비밀이 그들의 마음을 이어줄 겁니다. 그들이 함께하는 삶은 아무리 희미하더라도 과거의 메아리 때문에 상처받을 겁니다. 이런 일은 처음 몇 년 안에 일어나지는 않겠지만, 결국 그림자가 집니다. 그리고 잊을 수 없는 방식으로 둘의 사랑을 약화시키는 것처럼 보입니다. 친척과 형제자매라는 가족의 문제는 종종 모성과도 연루됩니다. 명왕성은 죽음 자체의 전 과정 즉 탄생, 부활, 환생을 관장하고 때때로 입양도 관장합니다. 토성은 죽은 자들에게 속한 모든 문제와 자기 규율과 의무를 지배합니다. 두 행성은 마음속 깊이 오래 지켜온 비밀에 강하게 끌립니다. 이 두 태양별자리 사이에서는 그러한 울림의 영향을 피할 수 없습니다. 거의 모든 염소자리 여성과 그녀의 전갈자리 남성에게는 어떤 말하지 않은 숨겨진 과거와 공통으로 경험한 슬픔이 내부에 있습니다. 그것은 둘의 관계가 공유하는 기억의 강한 유대감을 만들어줍니다. 어쨌든 더 가깝게 그들을 당깁니다.

자족적인 태도, 자신과 가족을 위한 냉정한 야망, 눈에 보이게 부족한 그녀의 감성 아래에서 염소자리 여성의 마음은 애정 때문에 소리 없이 아픕니다. 그녀의 감정은 그녀가 말로 표현할 수 있는 것보다 더 고통스럽습니다. 그녀는 위대한 음악과 미술로 표현할 수 있는 것보다 더 마음이 흔들립니다. 전갈자리 남성의 꿰뚫어 보는 통찰력은 이것을 감지합니다. 이 재미있고 작은 사람을 즐거운 유머와 부드럽게 빛나는 눈동자로 사랑하고 보호하려는 격렬한 욕망이 그의 마음으로부터 솟아나지요. 그는 아주 충직하고 의지할 수 있으며 정직합니다.

그는 그녀의 차분한 태도와 온화한 방식 때문에 더 깊은 욕망을 느끼기도 합니다. 전갈자리와 염소자리의 성적인 매력은 복잡하지 않습니다. 설명할 수 없는 외로움이 그들에게 있지요. 그것은 우정을 통해 감정적인 안정감에 도달하려는 욕구를 불러옵니다. 전갈자리 남성이 지닌 부드러움, 신비함, 통제된 강렬함의 기이한 혼합은 염소자리 여성을 최면에 빠뜨립니다. 그녀는 그의 팔 안에서 쉴 수 있습니다. 그녀의 토성적인 모든 부분이 그의 더 열정적인 본성으로 풍부해집니다. 전갈자리 남성은 무어라 정의할 수 없는 비밀스러운 열망과 모호한 갈망을 느낍니다. 그 갈망은 두 사람이 육체적으로 함께하는 동안 평화의 느낌으로 바뀝니다. 먼 곳에서 집으로 돌아오는 것처럼요. 그곳은 두 배로 안전하고 친숙한 곳이지요.

그들은 친숙하다고 해서 멸시하는 마음을 키우지는 않습니다. 하지만 커플로서 전갈자리와 염소자리는 수년 동안 매너리즘에 빠지는 경향이 있습니다. 성적 표현뿐만 아니라 그들 사랑의 모든 면에서 진부해지고 활기를 잃고 지낼 수 있지요. 하지만 모든 3-11 태양별자리 커플처럼 그들은 연인뿐만 아니라 친구가 될 수 있습니다. 우정이라는 자연스러운 편안함은 서로에게 돌아가는 길을 찾을 다리로 이용될 겁니다.

변화는 전갈자리 남성과 염소자리 여성의 사랑을 다시 살아나게 하는 아주 신나고 차가운 샤워입니다. 여행은 이 두 사람에게 아주 좋은 강장제입니다. 아주 작은 변화라도 이들을 자유롭게 할 수 있습니다. 두 사람은 몇 년 동안이나 밤이면 침대에 눕고 아침이면 늘 같은 시간에 일어나기를 반복했을 겁니다. 일과를 과감하게 바꿔 보세요. 일주일의 몇 밤은 일본 식당에 가서 외식을 하고, 마룻바닥에 앉아 홍채 진단법을 함께 연구하고(그게 뭔지 찾아보세요. 게을러지지 마세요.) 서로에게 좀 다른 선물을 주세요.

그녀는 왜 크리스마스나 그의 생일이나 기념일에만 지갑을 선물할까요? 어떤 엉뚱한 날에 아무 이름이나 붙여서 그에게 망원경을 선물해보세요. 그는 그저 화요일이기 때문에 그녀에게 만화경을 선물할 수 있습니다. 하지만 홍채 진단법이 최고지요. 그들이 이 매력적인 고대 과학의 전문가가 되는 동안 서로를 상대로 연습할 필요가 있을 테지요. 그는 아주 오랫동안 그녀의 눈동자를 깊고 꾸준하게 바라봐야 합니다. 그것이 전갈자리 남성에게 어떤 의미인지 당신은 알지요.

매일 밤 열한 시 뉴스 후에 불이 꺼지는 이웃집의 커플이 전갈자리 남성과 염소자리 여성이라고요? 그래서 당신 시계를 맞출 수 있다고요? 행복한 것처럼 보이는 사람들인가요? 버나드 젠센의 『홍채 진단법』 책을 사서 해 뜨는 시간에 그 집 현관에 놔두세요. 그들이 달라졌는지 잘 모르겠다면, 다음번에 울타리에 물을 뿌리러 밖으로 나올 때 보세요. 서로를 보고 웃는 그들의 태도에는 공유된 비밀과 같은 무언가가 있답니다. 일주일 정도가 지난 후에는 그녀가 헤어스타일을 바꾼 것과 그가 밝은 무지개 줄무늬 셔츠를 입은 것을 알게 될 겁니다. 당신은 더 이상 시계를 그들에게 맞출 수 없을 겁니다. 그들은 다시 자유롭답니다! 모두 당신의 조용한 선물 때문이지요. 천문해석학이 당신에게 사랑을 회생시킨 '좋은 이웃상'을 보내드릴게요. 노벨 평화상보다 또는 명사 인명록에 오르는 것보다 훨씬 중요하지요.

전갈자리 Scorpio

물 · 유지하는 · 수동적
지배행성: 명왕성
상징: 전갈 또는 독수리
음(−) · 여성적

Aquarius 물병자리

공기 · 유지하는 · 능동적
지배행성: 천왕성
상징: 물병을 들고 있는 사람
양(+) · 남성적

전갈자리와 물병자리의 관계

그들은 다가가기에 굉장히 거칠고 까다롭다.

맞습니다. 그들은 둘 다 거칠고 까다롭습니다. 그래서 미리 말씀드리고 싶은 것은, 4-10 태양별자리 관계인 이 두 별자리 중 어느 쪽도 편들지 않겠다는 것입니다. 이 장이 끝날 때까지 캐나다와 스위스처럼 한가운데에 중립으로 남겠습니다. 다시 생각해보니, 중앙이 그렇게 안전한 곳은 아닌 것 같네요. 완전히 개방되고 노출되어서 두 사람이 서로에게 던지는 것은 무엇이든 받아야 하는 상황에 직면하게 될 테니까요. 이를테면 오가는 말, 야구 방망이, 부메랑, 요요, 훌라후프, 프리스비, 모욕, 칭찬, 분노, 존경 그리고 예기치 못한 많은 것들이지요.

정말로 물병자리는 대단히 거칠고 전갈자리한테 다가가는 것은 까다롭습니다. 그러니까, 그러므로 다시 말하자면, 물병자리와 전갈자리 커플은 무척 거칠고 까다롭습니다. 따로따로 있을 때든 함께 있을 때든 그렇습니다. 그런데 특히 함께일 경우에 더 그렇습니다.

무엇보다, 애초에 이 두 별자리가 어떻게 만날 수 있었는지 궁금하실 겁니다. 그리고 이 둘이 함께 만나는 것이 현명한 일인지도 알고 싶을 겁니다. 두 태양별자리는 천궁도에서 90도를 맺기 때문에 둘 사이에 일정 정도의 긴장이 생기는 것은 확실합니다. (이를테면, 각자는 상대방이 카드를 절반만 가지고 게임을 하며, 머리가 좀 돌았고 완전히 미쳤다고 생각합니다. 일반적으로 그렇지요.) 그러나 천문해석학에서 긴장은 에너지와 같은 뜻이지요. (물리학에서도 그렇지요. 그러니까 형이상학에서는 훨씬 더 그렇겠지요.) 그래서 전갈자리와 물병자리처럼 모든 4-10 관계의 태양 별자리 유형 사이에는 더 많은, 음… 뭐랄까, 에너지가 있다고 할 수 있습니다. (단어를 신중하게 선택해야 합니다.) 문제는, 아니, 긍정적으로 바꾼다면, 의문은 이런 겁니다. 물병자리와 전갈자리는 그들 사이에 오가는 이 엄청난 긴장의 흐름으로 무얼 하려는 걸까요? (그러니까 에너지요.) 의미 없는 갈등으로 만들까요? 아니면 풍차를 돌리고, 배가 출항하도록 하고, 기차를 달리게 하며, 새를 날게 하고, 우주선이 시간의 장벽을 깨도록 하는 일종의 강력한 에너지로 바꾸게 될까요?

누군가 망원경의 한쪽을 통해 인생을 바라볼 때, 당신이 그 반대편을 통해 들여다보게 되었다고 해서 다투고 소란을 피울 이유가 없답니다. 똑같은 망원경이라면 당신들 둘 다 서로 응시하는 모습을 보게 됩니다. (안녕하세요! 망원경 한가운데서, 많은 사람들 중에, 당신을 만나다니요!) 물론, 한 쌍의 눈은 더 작아 보이고 다른 쪽은 더 크게 보입니다. 왜냐하면 망원경은 그렇게 만들어졌지만 당신들은 망원경이 아니기 때문이지요. 당신은 물병자리입니다. 당신은 모든 전갈자리가 교활하고 보수적이며, 무자비하고 구두쇠이며, 불쾌한 사람이라는 왜곡된 시선을 갖지 않아야 합니다. 당신은 전갈자리입니다. 당신은 모든 물병자리가 동물원의 원숭이 가족에 속한 사람이라고 왜곡해서 보는 것을 멈춰야만 합니다. 원숭이가 반대하지 않는다면요. 그런 에너지로는 풍차가 절반밖에 돌지 못하고, 기차는 정거장 밖에서 칙칙 소리를 내고, 나뭇가지에서 새를 떠오르게 하지도 못하지요. 날개가 있든지 없든지 간에요.

「미지와의 조우」(스티븐 스필버그 감독의 SF영화. 1977년 작—옮긴이)라는 영화를 본 사람이라면 지구의 인간들이 낯선 생명체를 엄청나게 두려워하고 의심하며 경계하면서 바라보던 장면을 기억할 것입니다. 지구인에게 그들은 젤리로 된 기이한 물방울 모습이며 섬뜩한 생물체지만 해를 끼칠 것 같지는 않았지요. 하지만 그 존재가 이상한 철학을 가지고 있지는 않은지 아무도 확신할 수 없었습니다. 전형적인 전갈자리는 전형적인 물병자리를 정확히 이런 식으로 봅니다. 그가 방금 우주선에서 내려온 사람인지, 아니면 아파트나 옆집, 울워스의 빌딩, 아스펜의 스키 리프트에서 온 사람인지 의심하지요.

물병자리는 비슷하게 머뭇거리면서 전갈자리를 봅니다. 전갈자리는 비교적 온순하고 조용합니다. 하지만 뭘 생각하는지는 결코 알 수 없습니다. 아주 드물긴 하지만, 말이 많고 쾌활한 전갈자리는 훨씬 더 으스스합니다. 당신이 남들에게 숨기고 싶은 것을 그들이 이미 알기 때문입니다. 게다가 그들 모두는 레이저 광선을 쏘듯이

제3의 눈으로, 솔직히 말해 당신의 몸 전체를 꿰뚫는 느낌이 들게 하는 이상한 시선으로 당신을 바라봅니다. 그들은 항상 방어적이고 너무 예민한 것처럼 보여서, 그렇게 쳐다보는 것에 대해 무슨 말을 할 수도 없지요. 게다가 당신은 그의 꼬리라도 밟게 되면 복수를 당할 것이라는 종류의 무서운 이야기를 많이 들었을 겁니다.

이 두 사람이 서로에게 다가갈 때 안전벨트를 안전하게 맸는지 확인하는 것은 당연합니다. 물병자리는 만약을 대비해 낙하산을 싸고 전갈자리는 물총을 숨길 겁니다. 하지만 물총은 별로 소용이 없습니다. 물병자리는 물로 끌 수 있는 불의 별자리가 아니거든요. 물병자리는 공기 별자리이고 전갈자리의 물로는 젖지도 않을 겁니다. 물 별자리와 공기 별자리는 서로를 파괴할 수 없습니다. 물과 공기는 어느 편인가 하면, 서로를 무시합니다. 공기가 시내, 호수, 강, 대양, 오리 연못 또는 물웅덩이 위로 움직이는 모습을 보세요. 물이 아래에서 흐르는지조차 알지 못하며 관심도 없답니다. 빗물이 공기를 바로 통과해서 아래로 떨어지는 모습을 생각해보세요. "괜찮다면 떨어져도 될까요?"라고 물어보지 않습니다. 마치 공기가 존재하지도 않는 것 같지요. 물 별자리와 공기 별자리가 만나 조화를 이루면, 그 결과는 봄의 공기에 섞인 갓 베어낸 건초와 풀 위로 떨어지는 신선한 비 냄새만큼 영감을 주고 행복을 느끼게 해줄 수 있습니다. 이보다 더 멋지고 기적으로 가득 찬 향기는 지구상에 없을 겁니다. 시골 농장에서 살 필요는 없습니다. 봄의 따뜻한 공기와 하나가 된 비가 싱그럽게 내린 도시의 젖은 보도 역시 감성적인 영혼에게는 시골 농장과 똑같이 아찔한 효과가 있을 겁니다. 생각하는 것만으로도 타자기를 놔두고 어딘가로 신나게 달리고 싶네요. 어디로든 말이에요! 그런데 저의 출생차트에는 적어도 한 개의 행성이 황소자리에 있답니다. 요정 대모에게 축복이 있기를! 그래서 저는 충동을 억누르고 여기 고독한 감옥에 남아야만 하지요. 이 단락이 전갈자리와 물병자리가 노력할 때, 그들 관계에서 생겨날 아름다움의 가능성으로 당신을 감동시켰기를 진심으로 바랍니다. 상당한 자기희생이 필요하지만 그만한 가치가 있지요.

4−10 관계의 다른 태양별자리 커플처럼, 물병자리와 전갈자리는 직업 또는 가족과 관련한 모임에서 주로 만납니다. 친구나 연인 관계로 만나는 일이 좀 더 드물지요. 하지만 이런 경우에 일단 둘 사이의 긴장감이 적절하게 다뤄진다면 유익한 관계가 될 수 있습니다. 4−10 태양별자리 관계에서는 특별한 노력이 필요합니다. 그들이 주로 직장이나 가족처럼 선택의 여지가 별로 없는 관계로 맺어지는 이유지요.

전갈자리와 물병자리가 함께 있을 때 두 사람이 즐기는 한 가지 취미는 서로의 비밀을 캐묻는 것입니다. 둘 다 타고난 탐정이며 상대방에 대해 모르는 상황을 참을 수 없지요. 그들은 시계 장치처럼 서로를 분해할 겁니다. 전갈자리는 미묘하게 무심한 척하면서, 물병자리는 때때로 무례하고 언제나 직접적인 방식으로요. 물병자리가 이 책을 읽는다면, 자신은 다른 사람의 일에 관심이 없기 때문에 이것저것 캐묻지 않는다고 항변할 것입니다. 사실, 그들은 소문을 퍼뜨리거나 비판하는 일에는 관심이 없습니다. 하지만 흥미로운 일을 조사하고 자료를 모으는 데에는 지대한 관심을 갖지요.

문제는 전갈자리와 물병자리 두 사람이 되도록 서로에 관한 모든 것을 알고 싶어 한다는 것입니다. 그(또는 그녀)가 비밀스러운 베일에 가려져 있기를 원하지 않지요. 다른 사람의 비밀을 파헤치는 일에 관한 한 전갈자리가 물병자리보다 약간 우위를 점합니다. 자기 자신의 개인적인 별난 점과 사적인 특이한 성격은 안전한 곳에 감추려고 애쓰면서 말이에요. 항상은 아닙니다. 대부분은 그렇다는 거지요.

두 사람이 극복해야 하는 또 하나의 아주 작은 어려움은 전갈자리와 물병자리가 둘 다 고정적 에너지라는 사실입니다. 고정적인 것은 '고집 센'과 비슷합니다. 이를테면, 움직이지 않는 거지요. 양보가 없습니다. 한 사람 또는 둘 다, 보다 융통성 있는 달별자리 또는 동쪽별자리이기를 바랍니다. 그러면 상당한 도움이 됩니다. 어쩌면 조금이라도요. 출생차트에 변화하는 에너지의 별자리가 있다면 어떻게든 그 영향이 나타나니까요. 물론, 고정적인 것은 안정적이며 지속적이라는 뜻도 있습니다. 다른 모든 것과 마찬가지로, 긍정적인 측면이 있지요.

둘 사이에 한 가지 다른 점은 전갈자리가 오래오래 기억한다는 것입니다. (오직 황소자리의 기억만이 그보다 오래가고, 게자리는 세 번째 정도입니다.) 물병자리는 자신의 차가 어디에 주차돼 있는지 아주 잘 잊어버리지요. 천왕성의 재능인 방심 상태는 옛날 상처를 잊어버리는 일에서는 편리합니다. 전형적인 물병자리는 원한을 갖는다거나 복수하려고 나서는 일이 거의 없습니다. 전갈자리는 물병자리의 이런 모습을 따라하는 것이 현명합니다. 반면, 전갈자리는 자기 통제와 자신의 감정을 절제하는 섬세한 기술에 능숙하지요. 물병자리는 전갈자리의 침착함과 평정을 본받는 것이 현명합니다. 일반적인 물병자리는 자기 통제가 별로 없으며 번갯불처럼 예기치 않게 분노의 불길이 일어날 수 있으니까요.

전갈자리는 물병자리보다 더 느린 속도로 돈을 쓰는 경향이 있습니다. (물론 예외는 있습니다.) 그리고 전갈자리는 대개 돈을 어디에 어떻게 써야 하는지 압니다. 반면에 물병자리는 돈을 썼는지, 도둑을 맞았는지, 아니면 지하실 선반에 놔뒀는지를 기억하지 못합니다. 물병자리는 열쇠를 언제나 잘못 놓아둡니다. 매일이라고 해도 좋을 만큼 자주 그러지요. 전갈자리는 자기 열쇠고리를 잃어버리는 일은 감히 상상도 못합니다. 왜냐하면 열쇠고리에 적어도 50개의 열쇠가 달렸으니까요. 냉장고, 옷장, 욕실 열쇠까지 포함해서요. (전갈자리는 알 수 없는 침입자에 대비해 물건을 안전한 곳에 넣어두고 잠그는 일을 아주 좋아합니다.)

그러나 뒤섞이고 얽힌 각자의 자질에도 불구하고, 전갈자리와 물병자리의 관계는 서로에게 잠재적으로 흥미로운 실험이며 경험입니다. 순진한 행인과 구경꾼에게조차 그렇지요. 교육적이며 계몽적입니다. 명왕성과 천왕성이 전갈자리와 물병자리 둘 모두에게 부여한 한 가지 자질이 있지요. 한마디로 말해서, "예측할 수 없다."라는 점이랍니다. 이 단어는 둘이 어울려서 할 수 있는 어떤 게임에서 가능한 점수를 완벽하게 보여줍니다. 하지만 전갈자리도 물병자리도 자기 방법을 바꾸지는 않을 것입니다. 전갈자리와 물병자리는 확실한 일을 두고 내기 거는 걸 즐기는 사람은 아니랍니다.

전갈자리 여성과 물병자리 남성

피터는 별들과 엄청 재밌는 얘기를 나누고는 웃으며 내려오곤 했다.
하지만 그게 뭐였는지는 벌써 잊어버렸다. 아니면 인어의 비늘을 매단 채 올라오고는 했다.
하지만 여전히 무슨 일이 있었는지는 정확히 말할 수 없었다.
그건 정말이지 꽤나 짜증스러운 일이었다.

아마 그에게 필요한 것은 잠망경일 겁니다. 적어도 꼭 필요한 물건이지요. 전갈자리 여성의 심오한 신비에 이끌려 물병자리 남성이 어쩔 수 없이 그녀의 물속으로 가라앉는다 해도, 그는 여전히 바깥세상에서 무슨 일이 일어나는지 알고 싶을 테니까요. 처음에 그는 낭만적이며 긴장감 넘치는 이 초록의 세계를 뒤에 두고 자신이 정말로 떠나기를 원하는지 확신할 수 없습니다. 내일이나 또 그다음 날에 무슨 일이 벌어질지 결코 알 수 없는 곳이지요. 설령 그가 숨 막히게 아름다운 산호초, 어슴푸레한 빛 사이로 반짝반짝 빛나는 믿을 수 없을 만큼 많은 보물, 갑자기 나타난 황금색 물고기 떼, 즐겁게 헤엄쳐 나아가거나 또는 노란 가오리 등에 올라타고 그녀의 음울함처럼 엉클어진 해초 사이로 말려드는 것이 즐겁더라도 말이에요. 그는 다시 돌아갈 길을 찾을 수 없을까 봐 수면으로 떠가는 것을 주저합니다. 전갈자리 태양의 깊이는 항상 움직이고 변화하며 기만적이지요. 친숙한 것처럼 느끼는 그 순간에 당신을 낯선 곳으로 현혹하지요.

게다가 물병자리 남성은 저 위에서, 새들과 선원들과 배에 무슨 일이 일어나는지 알고 싶어서 견딜 수가 없습니다. 잠망경은 전갈자리 여성과의 시작 단계에 유일한 해답입니다. 잠망경을 가지고 있다면, 그는 그녀와의 로맨스에 열중한 채로 계속해서 노를 저어 나갈 수 있는 동시에 현실 세계에서 무슨 일이 일어나는지도 알 수 있습니다. 그는 잠망경을 어깨에 멘 채로 그 끝을 물결 위로 내놓습니다. 잠망경 렌즈의 눈은 그에게 동서남북의 풍경을 보여주지요. 그러면 그는 소외감을 느끼지 않아도 됩니다.

하지만 잠망경이 있더라도 숨 쉴 공기가 많이 필요한 물병자리 남성은(상징적으로 그리고 말 그대로입니다. 물병자리는 육체적으로 순환 능력이 달리지요.) 자신의 인내심 탱크에 산소가 부족하다는 사실을 알게 됩니다. 전갈자리는 사랑할 때 소유욕이 강해집니다. 하지만 물병자리는 긴 시간 동안 사로잡히지는 않지요. 물론, 그가 아주 흥미롭고 매력적인 이 여성에게 진짜로 관심이 있다면 사로잡히는 편이 더 좋다는 것을 알게 됩니다. 그가 그녀에게 너무 많은 자유를 요구해서 상처를 준다면, 그녀는 그가 어디 가는지 뭘 하는지 신경 쓰지도 않을 테니까요. 그녀는 그가 아예 없는 것처럼 행동할 수도 있습니다. 그녀의 문을 쾅쾅 두드려도 소용없고 전화를 하거나 편지를 써도 소용없답니다. 그는 그녀가 다시 그를 소유해주기를 바라기 시작합니다. 차갑고 잔잔한 그녀의 '깊은' 곳에서 헤엄치는 쪽이 그녀의 반감 아래 덜덜 떠는 것보다 훨씬 더 즐거우니까요.

물론, 그녀의 차가운 무관심은 아마 위장일 것입니다. 나중에 받을 수도 있는 상처에 대한 보호막이자, 그가 잘 기억하도록 교훈을 주는 그녀의 방식이지요. 어떤 사람이 전갈자리 눈에 보이지 않으면 계속 그대로 있게 됩니다. 하지만 그녀의 마음이 관련된 경우에는 복수를 시도합니다. 나중에는 자신이 정말로 복수하려는 생각은 아니라는 걸 깨닫게 되지만 어떻게 멈춰야 할지 모르지요. 결국 그에게도 그녀에게도 유쾌하지 않은, 절망적인 상황이 될 때까지 골이 깊어집니다. 감정적인 교착 상태가 되지요. 이런 종류의 잠긴 문을 누군가 열 수 있다면 바로 이 남자입니다. 물병자리 남성의 섬세한 재능은 사물을 부수고, 보수적인 것을 깨고, 관습을 어기지요. 그는 천왕성의 번개와 변덕스러운 톱으로, 전혀 예기치 못한 말과 행동으로 사람들을 놀라게 하는 데에 일가견이 있습니다. 그는 그녀가 막다른 골목에서 빠져나올 수 있도록 꽤나 별난 방식으로 그녀의 정신이 들게 합니다. 그러면 두 사람은 다시 함께 헤엄치러 갈 것이고 이번에는 더 신중하겠지요. 하지만 전갈자리 여성이 알아두어야 할 것이 있습니다. 그는 강렬한 감정을 거의 견디지 못합니다. 조심하지 않으면, 그는 극도로 빈약한 자기 통제력을 상실하고 말 겁니다. 그는 그녀와 같은 극기의 전문가가 전혀 아니랍니다. 반면, 물병자리 남성이 알아야 할 것은 전갈자리 여성의 감정이 속으로는 부글거리고 불타오르더라도 그 얼굴은 침착하고 평온한 채로 있다는 사실입니다. 그녀가 더 조용할수록 더 화가 났다는 뜻이지요.

물병자리는 그런 위장을 거부합니다. 그가 화가 났다면 그녀는 추측할 필요가 없습니다. 그가 굉장히 분명하게 보여줄 테니까요. 감정을 가리려고 가면을 사용하지는 않지만, 물병자리는 사람을 놀라게 하는 것을 즐깁니다. 그가 자신의 생각을 늘 큰 소리로 말하지 않는 것은 여러 가지 이유가 있습니다. 어떤 경우에 그의 생각은 불쑥 튀어나왔다가는 금방 사라지곤 하지요. 생각이 너무 빨리 움직여서 말로 표현하기는커녕 기억하기도 힘듭니다. 그래서 그는 생각을 발설하는 일을 현명하게 자제합니다. 자신의 마음이나 생각이 곧 바뀔 것을 알기 때문에 그렇게 일시적인 것을 표현하는 일에 에너지를 낭비할 이유가 없다고 생각하지요. 또 어떤 때에는 자기 생각을 그저 비밀로 간직하기도 합니다. 리허설이 전혀 없는 특별한 것을 그가 말하거나 행동할 때, 그녀가 놀라거나 충격을 보이는 것이 재미있다고 생각하기 때문입니다. 그를 비난하면 안 됩니다. 전갈자리를 충격에 빠뜨리는 것보다 영혼을 더 만족시키는 것은 없으니까요.

전갈자리 여성은 여러 주 동안 자동차가 낡고 기능도 부실하다고 불평합니다. 물병자리 남성은 어떤 공감이나 동의의 말 한마디도 들려주지 않지요. 그의 공허하고 먼 곳을 향한 시선은 그가 다른 일을 생각하는 중이고 그녀의 말은 듣지도 않는다는 표시입니다. 그런데 이게 웬일일까요! 어느 천지개벽할 아침, 그녀가 창밖을 내다보니 간밤에 없던 새 차가 앞뜰에 있습니다. 그것도 그녀가 좋아하는 진한 와인색입니다. 그녀가 그에게 달려가 포옹하며 고맙다고 말하면 그는 모르는 척할 겁니다. 그게 어떻게 거기 있는지 모른다고 시치미를 떼며 요정이 두고 갔다고 주장하겠지요.

어떤 사람은 물병자리가 제정신이 아니라고 말합니다. 하지만 물병자리를 사랑하는 전갈자리 여성은 그의 미친 짓들이 정말 멋지다고 생각할 겁니다. 그리고 그의 이런 면은 그녀가 신나는 여행을 떠날 수 있게 만들어주지요. 그녀에게 부족한 표현의 자유를 얻고 영혼을 해방하는 데 도움이 됩니다. 그녀는 그를 만나기 전부터 독립적인 성격이었습니다. 전갈자리는 자신이 살고 싶은 대로 살지요. 다른 사람의 생각을 따르기를 사적으로 거부합니다. 명왕성은 자신의 진실한 감정을 보여주거나 내밀한 기분을 말로 하는 것을 자제합니다. 개인적인 방식으로 그녀의 행동을 부추기거나 통제하려는 것은 무엇이든 명백하게 경멸합니다. 이런 면은 전갈자리와 물병자리 사이에 마음이 맞는 것 중 한 가지입니다. 천왕성이 지배하는 남성 또한 다른 사람의 의견과 조화를 이루며 살아가야 한다는 사회의 요구를 경멸합니다. 차이점이 있다면, 그의 독립심은 공공연하게 드러나고 그녀의 독립심은 대개 닫힌 문 뒤에서만 드러난다는 사실입니다. 결과적으로 그들의 불화는 그의 사적인 행동보다는 공적으로 무분별한 행동 때문에 발생하는 경우가 많습니다. 그가 기발하고 터무니없는 행동을 친구, 친척, 이웃 또는 낯선 사람 앞에서 보여줄 때 그녀는 몹시 당황합니다. 하지만 둘만 함께 있을 때라면 그녀는 그에게 감탄하면서 활짝 웃습니다. 그가 이 차이를 깨닫기 전까지는 다소 혼란스러울 것입니다.

당한 만큼 돌려주려는 명왕성의 복수 충동은 문제의 사건이 일어난 몇 년 후에라도 나타날 수 있습니다. 전갈자리는 적당한 기회가 올 때까지 기꺼이 기다리기 때문입니다. 어떤 전갈자리 여성을 알고 있습니다. 그녀는 헤어진 물병자리 남자친구가 자기 눈앞에서 다른 처녀자리 여성과 사랑에 빠진 것 때문에 상처를 받았지요. 그녀는 아무 말 없이 뒤로 물러섰답니다. 몇 년 뒤에 그녀는 그 처녀자리 여성을 우연히 만났는데, 마침 그녀는 물병자리 남성과 방금 싸웠던 참이었지요. 전갈자리 여성은 그녀에게 한때 그녀의 연인이었던 남성에게서 목격한 온갖 결점과 나쁜 점을 온종일 알려주었답니다. 물론 실제보다 훨씬 더 안 좋게 들리도록 말이에요. 전갈자리의 독침은 지연됐던 핵반응처럼 마침내 터지고야 말았습니다. 물병자리 남성이 무척 친절하며 특별하다고 믿었던 처녀자리 여성은 결코 이전과 같은 감정을 느낄 수 없게 되었지요.

두 사람 사이의 육체적인 끌림은 그들이 처음 만난 순간부터 서로를 매혹시키지는 않습니다. 두 사람은 다른 종류의 유대를 맺습니다. 이를테면, 기이하고 흔치 않은 공통의 관심이거나 두 사람이 공유하는 어떤 의무나 책임이나 직업 같은 것이지요. 처음에 그녀는 그의 인도주의적인 이상에 찬성할 겁니다. 하지만 그가 그 이상을 펼치는 데 시간을 들이기보다는 그녀와 더 많은 시간을 보내기를 바랄 겁니다. 점차 그들의 관계는 더 감정적이 되고 이상에 대한 열정은 뒤처지지요. 전갈자리 여성의 성은 깊고 강하지만, 그가 소문으로 들은 것처럼 반드시 문란하지는 않다는 사실을 알아야만 합니다. 상처받은 전갈자리 여성이 가벼운 불륜으로 마음을 돌릴 수는 있습니다. 진심으로 사랑했던 또는 사랑한다고 생각했던 남성의 불성실함 때문에 그녀의 순수함이 충격을 받았기 때문이지요. 하지만 전형적인 전갈자리 여성은 섹스를 거의 종교적인 의미로 생각합니다. 말로 정의하기는 힘들지만, 그 잠재력과 영적인 진실과의 유사성을 무의식적으로 인식하지요.

남녀의 성적 관계에 대한 물병자리 남성의 태도는 거의 객관적인 호기심 중 하나라고 생각해야 합니다. 절대 그녀의 개인적인 매력에 대한 모욕이 아닙니다. 하지만 다른 모든 면에서 그녀가 정말로 그의 친구라는 것이 증명되면, 그는 훨씬 더 만족스러운 연인이 됩니다. 물병자리 남성은 우정이 분명하게 확립되었을 때에야 비로소 육체적인 사랑에 온전히 집중합니다. 그는 완벽하게 신뢰할 수 있는 여성과 함께할 경우에만 성적인 만족을 주고받을 수 있지요.

물병자리 남성과 전갈자리 여성의 관계에서는 가정생활, 거주지, 그들의 직업, 각자의 가족 중에 한 가지 또는 이 모두가 가장 중요한 문제가 됩니다. 그녀는 종종 불행했거나 실망스러웠던 지난 기억 때문에 그에게 복수하고 싶은 충동에 빠질 때가 있을 겁니다. 그런데 그는 과거는커녕 바로 직전 일도 잘 기억하지 못한답니다. 그러니 지난 세월 동안 일어났을 어떤 실수도 후회하지 않습니다. 그의 길은 내일을 향해 일직선으로 나 있기 때문입니다. 그가 명확하게 오랫동안 기억하는 것 중 하나는 그가 사랑했다고 생각한 가슴 아픈 첫사랑입니다. 그것은 흐릿하고, 부서질 것처럼 이상화된 이미지이지요. 전갈자리 여성이 두려워하거나 화낼 필요는 전혀 없습니다. 그녀는 라이벌을 사라지게 하는 최면술을 가졌으니까요. (그녀가 이 능력을 쓰려고만 하면 바로 사용할 수 있습니다.)

출생차트에 전갈자리에 있는 행성을 가진 물병자리 남성이라면 가끔 원한을 가질 수도 있습니다. 하지만 전형적인 물병자리는 앞에 보이는 도전에 지나치게 매혹되기 때문에, 뒤를 돌아보며 용서할 수 없다는 시선을 던지는 일에 에너지를 낭비할 수가 없습니다. 그는 아마 넘치는 자유를 기쁘게 그녀에게 허용할 겁니다. 물론 그는 돌이 아니기 때문에 가끔은 질투할 때도 있을 겁니다. 하지만 타당한 이유 없이는 그러지 않지요. 반면에 그녀는 작은 힌트만 가지고도 아무것도 아닌 일로 고통받을 수 있습니다. 자기 부인을 가장 친한 친구라고 믿는 물병자리는 시험 삼아 하는 장난 연애에 전혀 신경 쓰지 않습니다. 일단 그가 한 사람에게 충실하기로 약속했으니까요. 그러나 단순한 정신적인 우정에 대해 반복적으로 부당하게 비난받는다면, 그는 정말로 일을 벌이는 것처럼 가장할 수도 있습니다. 그의 명예를 건 맹세에 대해 한 번 이상 질문하는 것은 품위 있는 행동이 아니라는 점을 그녀에게 보여주기 위해서지요. 그의 천왕성 번갯불 중의 하나는 신기하게도 그녀가 지닌 복수의 침과 닮았답니다.

전갈자리 여성의 내부에는 헤아릴 수 없이 많은 억압된 욕망과 감정의 깊이가 있습니다. 물병자리 남성의 내부에는 억누를 수 없는 흥분과 창의적인 생각이 무궁무진합니다. 하지만 두 사람은 서로 다른 만큼이나 강한 자기 확신과 의지를 가지고 있지요. 두 사람이 영원히 함께하기로 결정한 이유랍니다. 의지가 있는 곳에선 마음의 지혜가 언제나 길을 찾을 수 있지요.

전갈자리 남성과 물병자리 여성

기이한 웃음이 피터의 얼굴에 떠돌았다. 웬디는 그 웃음을 보고 몸이 떨렸다.

물병자리 여성은 직관적이기 때문에(그녀는 최고로 직관적이지요.) 전갈자리 남성의 암호 같은 웃음의 의미를 이해하는 데 오래 걸리지는 않을 겁니다. 그의 얼굴은 명왕성의 강철 같은 통제를 받기 때문에 그 얼굴에 드러나는 모든 표현은 분명한 목적이 있어야 합니다. 이유 없이 무의식적으로 눈썹을 치켜 올리는 일은 없습니다. 모든 윙크와 끄덕임은 정확한 이유에 맞춰 계획된 거지요. 전갈자리는 거의 인상을 찌푸리지 않습니다. 대부분의 사람들이 불쾌할 때면 인상을 찌푸리지만 전갈자리는 무표정하게 응시합니다. 다시 말해 그의 눈은 공허합니다. 자신의 마음속에 들어 있는 것에 대한 힌트를 주지 않지요. 그의 눈은 비밀을 담고 있지만, 당신에게 어떤 감정이 생겨날 때는 마치 최면을 거는 것처럼 강렬하게 당신을 응시하지요. 설령 그의 눈동자가 마음속에서 무슨 일이 일어나는지 힌트를 주더라도, 당신은 거의 알았다고 생각했던 것을 곧 잊어버리게 되는 꿈결 같은 상황에 빠집니다.

그의 웃음은 모든 행동 중 가장 복잡한 암호이며 아마추어가 해석하기에는 가장 어려운 것입니다. (물병자리 여성에게는 조금 더 쉽겠지요.) 그것은 어린 시절의 모든 순수한 즐거움을 담고 있는, 마음을 끌어당기는 미소랍니다. 그 미소는 그가 무표정한 속임수를 완전히 익히기 전 아직 어린 소년이었을 때 소리 없이 짓곤 했던 그것입니다. 하지만 너무 드물게 보여주기 때문에 그녀는 결코 확신할 수 없지요. 진짜로 보았는지 아니면 그저 꿈에서 본 것인지를요. (현실입니다. 아무리 드물고 순간적이더라도, 진짜랍니다.) 그렇듯 그는 즐거움, 행복, 찬성의 뜻으로 빠르게 활짝 미소 짓습니다. (재빨리 봐야 합니다. 그렇지 않으면 놓치지요.) 그리고 그의 웃음소리가 있습니다. 한동안 지속되는 웃음소리는 무척 부드러운데다 잘 조절하기 때문에 거의 들을 수 없을 겁니다. 또 기억하기에는 힘들 정도로 극히 짧은 순간에 큰 소리로 즐겁게 윙 하는 듯한 소리를 내며 웃는 웃음이 있습니다. 이 웃음소리는 잘 잊히지 않고 여운이 오래 남지요. 그것은 마치 부지불식간의 메시지 같답니다. 맨 눈과 귀로는 아무것도 보고 듣지 못하더라도 때때로 잠재적인 위험이 있지요.

마지막으로 의심할 여지없이 중요한 말이 있습니다. 그에게는 '음흉한'이라는 가혹한 형용사가 따라 다닙니다. 그런데 이 단어는 완전히 진화하지 못한 회색 도마뱀 유형의 전갈자리 남성에게만 적용됩니다. 그러니 그의 경고성 웃음이 말하는 게 무슨 뜻인지 제가 대신 해석해줄게요. 회색 도마뱀 유형의 전갈자리는 당신에게 이렇게 말합니다. "조심해요, 아가씨, 당신은 벼랑 끝으로 지나치게 나를 내몰고 있소. 그건 현명한 짓이 아니죠. 아무래도 한 수 가르쳐드려야 할 듯한데, 내키지는 않지만 뭐 어쩔 수 없다면 그래야겠죠."

흥미롭게도, 물병자리 여성은 때때로 눈빛만으로 전갈자리조차 혼란하게 만드는 일에 성공합니다. 상당히 인상적인 재능이지요. 그녀는 그가 쳐다보는 것처럼 그의 영혼까지 태울 것 같은 꿰뚫는 시선으로 쳐다보지 않습니다. 그녀의 속임수는 다르지요. 물병자리의 눈은 예고 없이 안개처럼 흐려집니다. 한 겹의 베일처럼 말이에요. 아니면 여러 겹으로 된 베일일 수도 있고요. 그가 눈앞에서 손을 흔들어봐도 그녀는 눈을 깜박이지도 않습니다. 그가 말하지요. "불이야!"(시험 삼아) 그런데도 그녀의 꿈결 같은 모습은 변하지 않습니다. 마치 그가 한 말을 못 들은 것 같지요. 실은 그녀는 그가 한 말을 정말로 못 들었답니다. 이 여성이 저 먼 곳으로 시선을 던질 때는 전갈자리조차 그녀의 눈 속에 비친 곳까지 따라갈 수 없습니다. 그녀는 때때로 은하수보다 높은 곳에, 모든 무지개 그 너머에 있습니다. 어쩌면 스피카나 레굴루스 또는 천왕성에서 떠다닐 겁니다. 분명 여기 지구, 이 세계는 아니랍니다. 그는 좌절할 것이며 충분히 그럴 만합니다. 숨바꼭질 놀이에서 좌절하는 게 어떤 느낌인지 이제 그가 배울 차례입니다.

물병자리 여성을 신중하게 연구한 후에, 전갈자리 남성은 그녀의 독립심과 개인주의와 순응을 거부하는 자질을 존경한다는 판결을 내립니다. 이건 그 자신과도 일치하는 자질이지요. 물론 그녀는 그와는 다른 방식으로, 공공연하게 그런 기질을 드러냅니다. 한편 예민함과 신중함은 창피할 정도로 부족하지요. 하지만 그는 자신의 길을 가려는 그녀의 결단력과 인격 그리고 사람들에게 세 발 자전거를 타보라고 말하는 방식 때문에 그녀를 몰래 존경합니다. 그녀가 평화롭게 돌차기 놀이를 하도록 놔두지요. 누구도 고정적인 에너지의 별자리 아래서 태어난 이 여성에게 그녀가 하고 싶어하지 않는 어떤 일을 강요할 수는 없답니다. 설령 그녀가 당밀처럼 속삭이는 듯 부드러운 목소리를 지닌, 더 수줍음을 타고 말이 없는 편인 물병자리 여성이더라도 마찬가지입니다. 또한 "사람들이 수군대요."라는 경고로는 그녀의 행동을 전혀 제어할 수 없습니다. 그녀는 그저 어깨를 으쓱하고는 말하겠지요. "말하라고 해요. 그들이 나를 소유한 것은 아니니까요. 나의 주인은 나인걸요." 네, 그녀의 주인은 그녀 자신입니다.

그녀의 생각이 전갈자리 남성에게 왜 강렬한 매혹인지 알겠지요? 이 남성 역시 그 자신의 주인이랍니다. 겉으로는 방 안 가득한 사람들 속에 있는 평범한 지구인에게 기대하는 정도에 맞춰주지요. 하지만 혼자 있을 때는 틀림없이 자신이 하고 싶은 대로 합니다. 자신이 하고 싶은 일을 언제나 정확히 생각하는 사람처럼요.

두 사람은 4-10 태양별자리 관계이기 때문에 그들 사이에서 최초의 관심을 끌었던 건 다른 이유였을 겁니다. 두 사람은 각자의 직업이나 가족과 연관되었거나, 그게 아니라면 기이하고 평범하지 않은 것과 관련되었을 겁니다. 이를테면 영적 세계 여행, 코끼리, 또는 이집트 왕 투탕카멘에 공통으로 매혹되었겠지요.

이 두 사람 사이의 연애와 결혼은 아주 교훈적이고 계몽적이며 흥미로운 것이 될 수 있습니다. 시간이 지나면서 조화를 이루지 못할 수도 있지만, 적어도 처음부터 그런 건 아닙니다. 하지만 두 사람이 조화를 이루려면 천문해석학의 지혜를 적용해야 하지요. 사실, 두 사람 사이의 갈등은 대개 감정과 지성을 확장시키고 자라게 해줍니다.

물병자리가 윤회의 수레바퀴에서 전갈자리보다 앞서 있기 때문에 전갈자리 남성은 물병자리 여성에게서 배워야 할 교훈이 있습니다. 그는 십억 년 동안은 그 사실을 결코 고백하지 않을 것입니다. 하지만 그는 이런 사실을 감지할 만큼 충분히 현명하고 통찰력이 있지요. 그는 자기도 모르게 슬그머니 그녀를 모방할 겁니다. 문제에 사심 없이 접근하는 그녀의 태도, 기억 창고에 새겨질 기회를 갖기도 전에 용서하고 잊어버리는 능력, 비참함과 고통을 대수롭지 않게 일축하는 모습, 내적인 감정에 순응하는 무심함 등이 모두 전갈자리가 얻을 수 있는 물병자리의 미덕이지요.

약간 정신 나간 천재 같은 그녀의 사랑스러운 버릇과 이상한 나라의 앨리스와 같은 호기심에도 불구하고, 이 여성은 한성질합니다. 때때로 토네이도처럼 대단히 파괴적이지요. 처음에 이런 일을 접하면 전갈자리 남성은 놀라서 뒤로 물러서지요. (전갈자리가 물러선다고요? 그렇답니다.) 그녀의 성질 자체가 그를 놀라게 한 건 아닙니다. 그에게도 성질이 있으니까요. 하지만 그녀의 성질은 토네이도 같고 그의 성질은 드물게 분출하는 화산을 닮았지요. 그녀가 소동을 일으키기 위해서 걸리는 시간은 지극히 짧습니다. (그가 성질내는 횟수가 드문 만큼이나요.) 반면에 그는 언제나 자신의 냉정함을 잃을 만한 구체적인 이유가 있습니다. 그리고 그것을 드러내는 것은 내면에 끓어오르는 분노를 오랜 기간 통제한 이후랍니다. 이런 점에서는 그녀가 그를 모방하는 게 좋습니다. 모든 물병자리는 통제력이 거의 없지요. 만약 그녀가 그의 존경을 유지하기를 원한다면, 토네이도는 그만 일으키고 그의 평정심을 배우도록 해야 합니다. 특히 사람들 앞에서는요.

두 사람 관계에서 성적인 부분은 갈등하는 욕망의 끊임없는 다툼이 되든지, 반대로 둘만의 부드러운 사랑의 메시지가 되든지 할 겁니다. 이 부분은 두 사람의 태양별자리와 달별자리 관계가 많은 것을 좌우합니다. 만약 둘 중 한 사람의 태양별자리가 상대의 달별자리와 부조화라면, 섹스에 대한 그녀의 반응은 공기처럼 가벼울 겁니다. 그의 깊은 갈망의 표면을 스치듯 지나치기만 하겠지요. 성적인 표현에 대한 그의 농밀한 구애는 오히려 그녀를 긴장하게 만들 겁니다. 하지만 만약 두 사람의 태양과 달이 사이가 좋다면, 두 사람의 섹스는 서로가 주고받은 부드러움 중에서도 기억할 만한 부분이 될 겁니다.

두 사람의 태도에서 가장 중요한 차이점은 전갈자리 남성이 사랑의 육체적인 행위에 강렬한 감정으로 몰두하려는 성향인데 반해 물병자리 여성은 공기 별자리가 으레 그러듯 감정적으로 초연한 감각을 전적으로 잃지 않으려는 것처럼 보인다는 것입니다. 그녀의 일부는 느낌을 육체적으로 드러내는 것에 적극적이고 열정적으로 참여하더라도, 그녀의 다른 부분은 무덤덤하고 객관적인 상태로 남아 있지요. 또한 물병자리 여성의 마음은 두 사람이 일체감을 느낀 이후에 빨리 분위기를 바꾸고 싶어합니다. 반면에 전갈자리 남성의 마음은 열정의 단계에서 현실로 돌아올 때까지 더 천천히 유영하는 분위기가 필요합니다. 이런 부분에서 의식적인 노력을 해야 하는 쪽은 그녀겠지요. 육체적 일체감에 뒤따르는 정신적인 친밀감을 즐기기 위해서는 약간의 시간이 필요하니까요. 마치 그녀가 알래스카행 비행기를 타기 위해 그를 뒤에 남겨놓고 작별 인사를 하는 것처럼 갑작스럽게 '떠나면' 안 되겠지요. 물론 상징적으로 말씀드린 겁니다. 하지만 명왕성의 복수 충동을 잊으면 안 됩니다. 전갈자리는 그런 낭만적인 유기에 대해 정말 복수할 수도 있답니다. 성적으로 빈번하게 무시받던 어느 날, 그가 말 그대로 알래스카행 비행기를 타거나 중국으로 가는 기선을 타는 일이 벌어질 수도 있습니다. 그를 사랑한 물병자리 여성은 전갈자리 남성의 극단적으로 예민한 정서와 과민한 감정을 좀 더 동정하고 이해하는 편이 혼자 남겨지는 것보다는 훨씬 좋다는 걸 뒤늦게 배울 겁니다. 중국에 있는 그를 어떻게 찾아내겠어요? 물론 물병자리 여성이 타고난 탐정이기는 하지만, 셜록 홈스라고 해도 불탑 안에 숨기로 작정한 전갈자리는 찾아내지 못할 겁니다.

서로 사랑하는 전갈자리 남성과 물병자리 여성은 그의 직업(또는 그녀의 직업)을 그들 목표 리스트의 제일 위에 놓을 것입니다. 두 번째는 가정의 안정입니다. 세 번째는 각자의 가족이고요. 그들의 개인적인 욕망, 희망, 꿈, 바람은 맨 뒤에 고려할 겁니다. 이것은 4-10 태양별자리 관계의 모든 커플에게서 볼 수 있는 일반적인 모습입니다. 4-10 태양별자리 관계는 '직업과 가족'이 그 주제이지요.

물병자리 여성은 속도와 마음 또는 대화의 주제를 바꿀 준비가 항상 되어 있습니다. 전갈자리 남성은 그렇게 쉽게 한 기어에서 다른 기어로 이동하지 않습니다. 하지만 그는 그녀의 잦은 변화에 성공적으로 맞출 수 있는 충분한 인내심과 관대함을 갖추고 있지요. 그가 노력하기만 하면요. (명왕성을 활용하면 전갈자리는 뭐든지 할 수 있습니다.)

전갈자리 남성은 모순, 신비, 예기치 못한 분위기로 가득 차 있습니다. 이 남성은 물병자리 여성과 무척 많이 닮았지요. 천왕성의 영향은 그녀로 하여금 그의 울림에 직관적이고도 즉각적으로 동조할 수 있도록 도와줍니다. 이제 두 사람은 처음에 봤던 것처럼 그렇게 멀리 떨어져 있지 않습니다. 두 사람이 가장 경계해야 하는 점은 유지하는 별자리로서 둘 다 지닌 고정성이지요. 둘 중 어느 한쪽도 사과하기가 어렵기 때문에 두 사람은 말보다는 행동으로 후회한다는 것을 보여주려고 합니다. 전갈자리는 시인의 말을 믿습니다. "아무 말 하지 않는 것이 상책이다. 그래야 빨리 잊는다." 그렇지만 물병자리 여성을 대할 때는 벤 존슨의 경구를 기억하는 것이 현명합니다. "여인의 침묵은 남자에게는 말과 같다."

물병자리 여성이 침묵하는 시간이 길어지면, 천왕성의 바퀴가 어느 방향으로 돌고 있는지 의심해야 할 때입니다. 그는 그녀가 예상하지 못한 일을 벌이려고 한다는 사실을 알아야 합니다. 그녀가 이름을 바꾸거나, 집을 보라색으로 칠하거나, 베트남 고아를 양자로 들이거나, 야간 학교의 컴퓨터 프로그램 과정에 등록한다면, 그때가 둘이 함께 알래스카행 비행기를 타거나 중국으로 가는 기선을 타야 하는 시기입니다. 왜 알래스카로 함께 가냐고요? 물병자리를 누가 알겠어요? 북극광에 소원을 빌거나 백야를 쬐고 싶어할 수도 있지요. 왜 중국이냐고요? 둘이 싸운 후에 전갈자리 남성이 그녀를 남겨두고 찾아갔던 중국의 불탑을 그녀는 항상 보고 싶었답니다. 그때 그는 수수께끼처럼 돌아왔습니다. 그녀라는 조각 그림 맞추기를 미처 완성하지 못했기 때문이었지요. 전갈자리는 문제가 해결되기 전까지는 결코 포기하지 않는답니다.

전갈자리 Scorpio

물 · 유지하는 · 수동적
지배행성: 명왕성
상징: 전갈 또는 독수리
음(−) · 여성적

Pisces 물고기자리

물 · 변화하는 · 수동적
지배행성: 해왕성
상징: 물고기, 고래
음(−) · 여성적

전갈자리와 물고기자리의 관계

그들이 가장 인상적인 모습을 보여줄 때는 달이 뜨는 시간이다.

이때가 되면 그들은 엄청 이상한 소리로 울부짖는다. 하지만 호수는 인간에게 위험하다.

　이들보다 더 초현실적인 존재가 있다면, 그것은 오직 중간계에만 존재할 것입니다. 물고기자리와 전갈자리보다 더, 덧없는 것들과 말할 수 없는 것들에 사로잡힌 존재가 있다면요. 정말 이 둘은 그들만의 상상의 중간계에서 살아간답니다. 물론 중간계에 있는 어떤 호수에서 가까운 곳이지요. 아주 극소수의 친구만이 이 커플을 완벽하게 이해할 수 있지요. 하지만 두 사람은 서로를 깊고도 완전하게 이해합니다.

　이 커플은 5-9 태양별자리 관계이며, 물 별자리의 특별한 울림을 가지고 있습니다. 불 별자리, 공기 별자리, 흙 별자리의 5-9 관계보다 더 신비하고 더 불가사의하며 더 모호하고 이해하기도 어렵습니다. 물고기자리와 전갈자리는 서로를 조용하고도 강하게 이해하며 자석처럼 서로에게 빨려듭니다. 제가 어떤 물고기자리와 전갈자리를 아는데요. 두 사람은 이런 공감을 이루지 못했습니다. 전갈자리의 동쪽별자리와 달별자리가 물고기자리 반대편에 있는 처녀자리에 있고, 출생차트의 다른 행성들 또한 조화롭지 못했기 때문이지요. 이런 경우도 있습니다. 하지만 5-9 태양별자리 관계에서는 거의가 서로를 이해하려고 아주 열심히 노력합니다. 부정적인 요소들이 다소 있더라도, 둘 사이에 명백한 적대감이나 부조화는 거의 없을 겁니다.

전갈자리와 물고기자리는 그 관계가 무엇이든 대개는 서로 마음을 잘 맞춥니다. 부모와 자녀, 선생님과 학생, 친구, 사업상의 지인, 연인 또는 배우자 등 어떤 관계에서라도요. '영원히 지금'이라는 주파수에 채널을 고정한 단파 무선 라디오와 비슷합니다. 이들 사이에 일단 가벼운 친구 이상의 관계가 확립되면, 보통은 둘 사이에 놀라운 텔레파시를 이용한 의사소통이 가능합니다. 두 사람이 이 방과 저 방 또는 이 대륙과 저 대륙에 떨어져 있더라도 교신할 수 있지요. 삶과 죽음으로 헤어지더라도 마찬가지입니다. 이런 종류의 영적인 관계에서는 거리는 상관없습니다. 지구상의 거리도, '삶'과 '죽음'이라는 3차원과 4차원 사이의 거리도 문제되지 않습니다.

이들 두 사람은 서로의 존재를 안다는 어떤 외적인 표시도 없이 교실과 사무실과 집을 오갈 수 있습니다. 주위 사람들은 두 사람이 서로를 알아본 적은 한 번도 없었다고 맹세할 수도 있을 겁니다. 때로 이들이 거의 말을 하지 않고 지내기 때문입니다. 전형적인 전갈자리와 물고기자리는 종종 입 밖으로 소리 내지 않고 말합니다. 둘은 조용한 공감의 방식을 공유하지요. 그래서 그들은 말하지 않고도 의사소통을 할 수 있습니다. 말하자면 외계인이 텔레파시를 사용하는 것과 비슷합니다.

전갈자리 엄마는 물고기자리 아들 또는 딸에게 문제가 있다는 사실을 듣지 않고도 압니다. 때로는 그 이유까지도 알지요. 거꾸로도 마찬가지입니다. 물고기자리 사장은 전갈자리 종업원의 갈등과 그 이유를 이해합니다. 그 반대도 마찬가지고요. 물고기자리와 전갈자리 연인과 배우자 또는 친구는 서로의 기쁨과 슬픔을 감지할 수 있습니다. 그들은 서로의 침묵을 다른 사람들이 대화로 서로를 이해하는 것보다 더 쉽게 이해합니다.

아마 당신은 이러한 공감력 덕분에 이 두 사람의 평판이 나빠질 일은 없을 거라고 생각하실 겁니다. 불행하게도 그렇지는 않습니다. 우리가 사는 지상은 아직은 낙원이 아니지요. 물고기자리와 전갈자리 관계에서 생기는 첫 번째 문제는 **약함**과 **강함**입니다. 마지막 회에서 누가 그 싸움에 이길지 맞혀보세요. 어느 쪽이 더 강하고 어느 쪽이 더 약할까요? 두려워 말고 시험 삼아 한번 추측해보세요. 당신은 이제 시험을 봐도 될 만큼 천문해석학을 충분히 아니까요.

전갈자리가 더 강하고 물고기자리가 더 약할까요? 아닙니다. 그 반대랍니다. 처음에는 확실히 전갈자리가 둘 중 더 강하게 보입니다. 두 사람은 모두 물 원소의 별자리지요. 물은 별자리를 구성하는 4원소(불, 흙, 공기, 물) 중에서 제일 강합니다. 이것은 둘 모두에게 지구력이 있다는 의미입니다. 게다가 전갈자리는 이 책에서 설명했듯이, 또는 당신이 어디서 들었거나 읽은 적이 있듯이 명왕성의 힘을 가지고 있습니다. 하지만 명왕성의 힘은 대체로 인간의 자아EGO에 근거합니다. 해왕성의 힘(해왕성은 물고기자리의 지배행성입니다.)은 하늘과 지상, 모든 태양계 및 은하계와 우주 전체를 무기 없이 정복할 수 있는 힘을 토대로 합니다. 그 이름은… 겸손 humility이랍니다. 제가 자아EGO를 대문자로 쓰고 겸손humility은 소문자로 쓴 것을 알아보셨나요? 그것이 바로 모든 점수를 결산할 때 후자가 전자보다 더 강한 이유랍니다. 성경의 "먼저 온 자들이 나중되고, 나중에 온 자들 중에 먼저가 될 자가 많으리라."라는 구절과 관계가 많지요. 이 메시지는 명상을 필요로 합니다.

인간적인 개성의 차원에서 물고기자리와의 관계를 시작하는 전갈자리는 자신의 강하고 열정적인 본성으로 이 가련한 작은 물고기를 삼킬 수 있다고 믿습니다. 그래서 나중에 크게 놀라지요. 전갈자리를 놀라게 하는 게 얼마나 어려운지 아실 겁니다. 하지만 전갈자리를 놀래줄 수 있답니다. 물고기자리가 그렇게 할 수 있지요. 전혀 예상하지 못했기 때문에 더 충격적일 겁니다.

생각해보세요. 당신이 자연에 사는 전갈자리와 물고기자리가 하는 싸움을 본다면, 둘 중 어느 쪽이 더 빨리 그리고 더 예측할 수 없이 움직일까요? 전갈자리의 또 다른 상징인 독수리를 예로 사용하고 싶나요? 그러지요. 계속 보세요. 둘 중 누가 더 빨리, 떠났다는 표시나 흔적도 없이 사라질 수 있을까요? 물속의 물고기일까요, 하늘에 떠 있는 독수리일까요? 보세요, 물고기는 이미 가버렸지만 독수리는… 저 구름 뒤로 작은 점 하나가 보이지요? 당신의 두 눈으로 볼 수 있지요? 하지만 그 눈으로 물고기를 찾으려고 애쓰지는 마세요. 우리 눈은 '깊은' 곳은 볼 수 없으니까요.

이들이 돈 때문에 싸우는 일이 없기를 바랍니다. 하지만 싸울 수 있지요. 전형적인 물고기자리는 잘못에 관대합니다. 잘못의 정도를 따지지 않고 관대합니다. 전갈자리도 마찬가지지요. 가까운 친구와 가족 그리고 명왕성의 지배를 받는 사람이 선택한 '받을 만한' 자격이 있는 사람들에 대해서 전갈자리는 아낌없이 관대합니다. 하지만 그 밖의 모든 사람에게는 약간 인색합니다. 물고기자리는 자신이 주는 것을 받는 사람들이 누구인지 정말로 신경 쓰지 않습니다. 전부는 아니지만 대부분의 해왕성 사람은 사과나무 철학을 무의식적으로 따릅니다.

사과나무는 자신의 과일을 먹으려는 사람에게 질문하지 않지요. "당신은 먹을 자격이 있나요, 당신은 친구인가요, 친척인가요?" 설령 그 사람이 비밀번호를 모르더라도 가지를 뒤로 당기지는 않습니다. 사과나무는 자격이 있는 사람과 없는 사람에게도 똑같은 이유로 내줍니다. 주지 않으면 나무가 죽기 때문입니다. 일반적인 물고기자리는 바로 이런 식으로 느낍니다. 물고기자리는 자신의 영혼이 원할 때 자유롭게 주는 것을 허락받지 못하면 그들의 마음속에서 무언가가 시들어 죽어버립니다.

물고기자리는 예수가 한 말의 의미를 전갈자리가 이해하도록 도와줄 수 있습니다. "너는 왜 그렇게 너의 부를 걱정하느냐? 너는 믿음이 부족하구나! 너는 무엇을 먹고 무엇을 입을지 묻는구나, **제일 먼저**(네 안에 있는) 하늘나라를 구하라. **그러면**

그 나머지도 모두 네 것이 되리라."

전갈자리는 모든 종교적인 신비가 가진 진실 뒤의 진실을 증명하고 싶은 불타는 욕망을 가졌지요. 그러니 이 말을 심오하게 숙고한다면 도움받을 것입니다. 전갈자리가 이 메시지에 공감하고 진실로 이해할 때, 비로소 물고기자리와 손을 맞잡고 마음을 솔직하게 열 수 있습니다. 깨달음으로 밝아진 길을 함께 여행할 수 있지요. 그 길은 평탄한 길이고, 불화나 경쟁이나 오해 같은 자갈이 깨끗하게 치워진 길이랍니다. 대부분의 물고기자리는 진실로 '내일에 대한 생각'이 없습니다. '그날의 괴로움은 그날로 충분하다.'라고 진심으로 믿지요. 물고기자리의 주장에 따르면 괴로움은 충분하고도 넘칩니다. 실제로 물고기자리는 그 자신의 문제 외에도 다른 모든 사람의 문제들과 영원히 얽히고설키는 것처럼 보입니다. 거기엔 우체부, 이웃의 개 또는 고양이, 식료품점 주인, 미국의 대통령, 사만다 아줌마, 비행기, 무하마드 알리와 다양한 여러 종류의 친구, 친척, 유명 인사들의 것까지 포함되지요.

정반대로 유지하는 에너지인 전갈자리는 '내일에 대한 생각'을 무척 많이 합니다. 거의 강박적인 수준이지요. 전갈자리의 고정성은 어려운 때를 대비해 반드시 뭔가를 안전한 곳에 챙겨두라고 종용합니다. 운명 또는 불가항력(같은 것이지만)으로부터 불행을 당할 경우를 대비한 일종의 보험 같은 것이지요. 전갈자리는 미래에 일어날 모든 재난에 대비하기 위해 훨씬 멀리 내다보는 경향이 있습니다. 게자리도 이렇게 하지만 전갈자리만큼 신중하지는 않습니다. 또 게자리의 공포심이 예상한 대재앙이나 비극이나 비상사태는 상대적으로 실제 일어날 확률이 적지요. 반면에 전갈자리가 예지력으로 감지한 것은 거의 언제나 (불행하게도) 예정대로 일어납니다. 노아는 아마도 태양별자리가 전갈자리였을 겁니다.

누구라도 이런 관점에서 벗어나라고 전갈자리를 설득하는 게 쉽지는 않습니다. 물고기자리가 가부장적인 전갈자리 예언자에게 하는 말은 별 영향이 없을 겁니다. "보세요, 노아. 내일 아침이면 사라질 작은 물웅덩이를 가지고 당신이 그렇게나 야단법석을 부리니 다들 당신이 미쳤다고 생각하잖아요." 물고기자리는 상상 속에 있는 미래의 문제 때문에 소란을 피우거나 초조해하지 않습니다. 매우 드물게 전갈자리의 걱정을 공유할 수도 있겠지만 아주 드문 경우랍니다. 대개의 물고기자리는 전갈자리가 괜한 소동을 벌인다고 믿습니다. 하지만 기억해두어야 할 사실이 있습니다. 전갈자리는 성찰의 기간이 지난 후에도 침묵하려는 경향이 있습니다. 반면에 물고기자리는 성찰의 기간이 지나면 말이 많아집니다. 두 사람은 불일치에서 시작해서 차츰 잦아들다가, 목적지에 도달하기 전 어딘가에서 서로 닮은 모습으로 만날 수 있습니다. 아니면 조화롭게 시작하지만 길이 끝나기 전에 서로 다른 방향으로 점점 사라져갈 수도 있습니다. (이것은 심오하고 절대로 필요한 중대한 명상입니다. 깊이 생각해볼 가치가 있으니까 허투루 넘어가지 마세요.)

물론 예외는 있겠지만, 전갈자리는 일반적으로 물고기자리보다 학위를 얻으려고 좀 더 애쓰는 것처럼 보입니다. "생각해보세요." 전갈자리는 주장합니다. "마키아벨리가 최근에 제가 시달린 그런 압박을 받았다면 어떻게 했을까요? 그가 만약 저였다면 말이에요."

물고기자리는 생각해볼 수 없습니다. 왜냐하면 마키아벨리가 누구인지 잘 모르기 때문입니다. 하지만 나중에 찾아볼 겁니다. 사람들이 물고기자리에게 무슨 이야기를 할 때, 이들은 끝까지 들어주는 것을 좋아합니다. 물고기자리는 대학에 대해서 우습게 생각하지만 다른 사람들이 담쟁이덩굴이 있는 대학 건물에서 공부하는 것에 대해서는 남몰래 감명을 받는답니다. 다시 말해 학사나 석사 또는 박사 학위를 가진 전갈자리에 대해 물고기자리는 감명을 받습니다. 그 전갈자리가 인간의 목소리가 어떻게 아틀란티스의 크리스털 조각에 기록될 수 있었는지에 대해서 전혀 이해하지 못한다는 사실을 알기 전까지는요.

"음." 물고기자리가 말합니다. "봐요, 이렇게 하는 거랍니다."

전갈자리 여성과 물고기자리 남성

"오늘 밤 이 어두운 호수를 헤매는 귀신아, 내 말 들리나?"
그가 외쳤다.

어리석은 질문이네요. 물론 그녀는 그가 하는 말을 듣습니다. 그 전갈자리 여성과 물고기자리 남성이 단순한 친구가 아니라 연인이나 배우자라면, 그녀는 오래전부터 그가 부르는 소리를 들었답니다. 아마도 전갈자리 여성이 아주 어린 소녀였고 영혼의 짝에 대해 꿈꾸기 시작했을 때였을 겁니다. 지구 어딘가에서 누군가가 그녀 꿈을 꾼다는 것을 그녀는 확신할 수 있었지요. 그들은 어디서 만날까요? 언제 만날까요? 어떻게 만날까요? 그녀는 이 모든 것들이 걱정스러웠지만, "만약 그들이 만난다면"이라는 질문은 한 번도 하지 않았답니다. 그녀는 알았지요. 그녀는 마음과 영혼 그리고 미래에 관한 많은 것들을 항상 알고 있답니다.

지금은 희미해졌지만, 물고기자리 남성이 어린 소년이었을 때 해왕성이 그의 귀에 속삭였지요. 언젠가 어느 곳에선가 어떻게든, 누군가를 만나게 될 거라고요. 그녀는 그가 사물을 보는 방식을 이해할 거라고요. 그는 사물을 실제의 모습대로가 아니라 어쩌면 그럴 것이라고, 혹은 그랬던 것이라고 믿어지는 모습을 보지요. 그래서 그는 이것을 거의 잊어버린 오래전의 희미한 세상에서, 아마도 꿈속에서 본 것이라고 기억합니다.

그리고 그는 매혹적인 소녀들, 예의 바른 소녀들, 버릇없는 소녀들, 마음이 정직하거나 부정직한 소녀들, 수줍음이 많고 용감한 소녀들을 만났지요. 하지만 꿈속의 소녀와 비교할 때 그 소녀들은 모두 너무 가벼웠답니다. 마침내 그녀를 발견했다고 그가 생각한 순간, 그녀는 말과 행동을 통해 꿈속의 그 사람이 전혀 아니라는 사실을 깨닫게 해주었습니다.

그러니 한번 상상해보세요. 물고기자리 남성이 처음으로 이 낯선 생명체를 보았을 때 부드러운 보랏빛 황혼이 그에게 어떻게 느껴졌을지를요. 전갈자리 여성은 무척이나 조용하고 온화하지만 어떤 점에서는 매우 강해 보이기도 합니다. 무엇보다, 그녀는 속이 깊고 전혀 경박해 보이지 않습니다. 그녀가 강렬하게 그를 봅니다. 다른 모든 소녀처럼 유혹적으로 추파를 던지는 식으로 보는 게 아닙니다. 전갈자리 여성은 분명하고도 두려움 없는 눈빛으로, 마침내는 그가 차가운 초록의 물속으로 빠지는 게 아닐까 하는 느낌이 들 때까지 바라봅니다. 물고기자리 남성은 그녀의 시선에 답했고 무슨 일인가가 생겼습니다. 둘 중 누구도 그게 무엇인지 정확하게 설명할 수는 없습니다. 그들은 다만 어떤 일이 일어났다는 것을 알았지요.

물론 그들은 사랑에 빠집니다. 전형적인 물고기자리와 전갈자리식으로, 대부분 물 별자리 사람들이 하는 방식으로요. 같은 5-9 태양별자리 울림의 불 별자리 커플처럼 하늘 높이 날아오르는 힘과 하늘 가득한 별은 없습니다. 같은 5-9 영향의 공기 별자리 커플처럼 구름 속을 떠다니지도 않고, 흙 별자리 커플처럼 쿵쿵 두드리는 번개도 없습니다. 전갈자리와 물고기자리 커플은 그저 신비에 잠긴답니다.

일단 이 두 사람이 사랑에 빠지면, 인생은 다시 예전과 같은 모습일 수 없습니다. 인생에는 수많은 꿈과 환상이 있지요. 반면에 상당한 고통과 분노와 좌절도 있고요. 잘 어울리는 5-9 태양별자리 관계에서조차도 절대적인 조화가 보장되지는 않습니다. 두 사람은 서로에게 배워야 할 것들이 있지요.

예를 들어, 물고기자리 남성은 자신이 오랫동안 키워온 습관이 문제라는 사실을 깨달을 겁니다. 그는 사실에 상상력을 입히거나 직접적인 질문을 교묘히 피해가는 습관이 있지요. 하지만 편의상 또는 예의상 하는 아주 사소하고 선한 거짓말조차 이 여성에게는 아무 효과를 발휘하지 못합니다. 그녀는 아주 작은 부분에서도, 수마일 밖에서도 거짓말을 알아챌 수 있습니다. 몇 광년이나 떨어져 있어도 알아챌 수 있지요. 그리고 사랑하는 사람이 뭔가를 감춘다고 느끼는 것만큼 그녀를 화나게 하는 일은 없습니다. 아무리 사소하고 중요하지 않은 일이라도 마찬가집니다. 하지만 이 여성의 모순은 그녀 자신의 비밀은 비밀 그대로 유지하기를 바란다는 것입니다. 그녀자신의 일부를 숨기는 것은 괜찮지만 그가 그렇게 한다면 칠거지악 중 하나가 되지요. 전갈자리 여성은 그다지 공평하지 않답니다. 그런데 전형적인 물고기자리 남성은 사적인 일을 비밀로 하고 싶습니다. 그가 어떤 계획을 실천할 준비가 되기 전까지 자신의 계획에 대해 말하기를 그리 좋아하지 않지요. 문제가 뭔지 아시겠지요?

어떤 남성이 사랑하는 여성에게 비밀로 하는 것은 어떤 종류의 계획일까요? 그는 직업을 바꾸는 것을 생각할지도 모르겠네요. 꿈의 직업을 위해 안정된 자리를 그만두려고 하는 것인지도 모르지요. 그런데 아직은 분명하지 않습니다. 어쩌면 그는 채식주의자가 되려고 생각할 수도 있습니다. 하지만 그가 정말로 원하는 게 뭔지는 확실하지 않습니다. 그는 다이어트를 계속해야 할지 그만둘지, 별꽃을 뽑고 라일락 관목을 심을지에 대해 숙고하고, 요가 수업에 등록할지 말지 고민하지요. 이런 것들은 어둡고 사악하지도 않을 뿐더러 두 사람 관계를 위협하는 문제도 아닙니다. 하지만 물고기자리 남성의 흐릿한 태도는 종종 사안을 더 심각하게 보이도록 하지요.

전갈자리 여성은 그녀가 원하는 게 뭔지 어디로 가고 싶은지를 압니다. 그녀가 대중 앞에서 그 사실을 발표하거나 사람들에게 끊임없이 말하지 않더라도 그녀 자신은 압니다. 그리고 그녀는 자신의 성공을 위한, 또는 그의 성공을 도울 수 있는 추진력을 가졌지요. 그녀는 놀라운 에너지와 지치지 않는 노력으로 목표에 도달할 것입니다. 참을성과 신념이 있다는 말 정도로는 그녀의 강인함을 설명할 수 없습니다. 그것은 순수한 의지에서 나오는 특별한 내적 강인함입니다. 장애물은 전갈자리에게는 아무것도 아니지요.

물고기자리는 어디에라도 도착해야겠다고 열정적으로 결심하지 않습니다. 그는 여행을 좋아하지요. 하지만 여행을 너무 좋아하기 때문에 목적지에 대해 신경을 쓰는 일은 거의 없답니다. 그는 인생의 그 어떤 것이 한 사람의 정신적 육체적 영적인 에너지를 소모할 만한 가치가 있다고 확신하지 않습니다. 그래서 그는 종종 너무 미루고 너무 느립니다. 이런 면은 그녀를 기쁘게 하는 것과는 거리가 멀지요. 가끔은 그의 아드레날린을 뒤흔들어 깨워주는 것이 그에게도 도움이 됩니다. 한편, 전갈자리 여성에게는 내면의 강렬함을 줄이라고 충고하고 싶네요. 그것은 궤양의 원인이 될 수 있답니다. 아무리 겉으로는 통제되더라도 그녀 내면의 혼란은 그녀를 사랑하는 남성을 몹시 지치게 할 수 있지요. 속에서 연기를 피우는 화산은 물고기자리를 신경쇠약에 걸리게 합니다. 선택 가능한 상황이라면, 물고기자리 남성은 가능한 한 빨리 불쾌한 상황을 피하는 것을 좋아하지요.

그에게 선택의 기회가 없을 수도 있습니다. 그녀는 때때로 조용하게, 하지만 엄청나게 그를 압박합니다. 또 위협을 느낄 때는 소유욕이 무척 강해지지요. 정말로 화가 났을 때 그녀의 분노는 폭발적입니다. 그래도 그는 그녀를 사랑합니다. 당신이 누군가를 정말로 사랑하면, 상처가 된다고 해서 달아나지는 않습니다. 타협을 하고 어쨌든 해결할 방법을 찾지요. 외로움의 고통이 더욱 가혹하며 누군가와 함께하지 않는 공허함이 더 끔찍하다는 사실을 알기 때문입니다. 그러니 다시 한번 노력해보세요. 계속 노력하세요. 물고기자리는 무척 인내심이 있지요. 하지만 물고기자리라도 어느 순간에는 예고 없이 물속 깊이 들어가 사라져버릴 수 있습니다. 그러면 둘 다 비참해지지요. 그러니 좀 더 열심히 노력하는 편이 더 좋습니다.

모든 사랑과 결혼이 폭풍우에서 살아남지는 못하지요. 하지만 전갈자리 여성은 자신의 놀라운 의지력으로 그 관계를 온전하게 유지해야겠다고 결심합니다. 그리고 사랑에 빠졌을 때는 물고기자리 남성도 전갈자리처럼 강해집니다. 물론 전갈자리보다는 덜 격렬하고 더 온화한 방식이지요.

물고기자리 남성은 그와 그의 여인의 안정을 어떻게 이룰 수 있을까에 대해 매우 개인주의적인 생각을 가지고 있습니다. 전갈자리 여성은 그가 지나치게 자주 이곳저곳으로 옮겨 다니며 야심이 부족하다고 걱정하지요. 그는 그녀에게 말합니다. 그가 다들 하는 식으로 했더라면, 통신강좌를 들었더라면, 학위 몇 개를 땄더라면, 자기계발 책을 읽었더라면, 자기 일만 신경 쓰고 예의 바르게 행동했더라면, 쇼핑센터의 어느 가게에서 세 번째 부지배인이 될 수도 있었을 거라고요. 하지만 금고에서 허가 없이 잔돈을 내줄 수 있는 권한까지는 갖지 못했을 거라고요.

물고기자리 남성은 어떤 경우에든 자기 식으로 피해나갈 수 있습니다. 전갈자리 여성이 허락하지 않는 경우는 빼고요. 따라서 그녀와 함께라면 그는 해왕성의 다른 환상을 시도할 겁니다. 그녀를 추켜세우고, 자신의 일면을 부드럽게 보여주며, 그녀의 의견이 그에게 얼마나 큰 의미인지 말하겠지요. 하지만 이것도 효과가 없답니다. 결국 그는 알게 됩니다. 명왕성이 지배하는 그의 여인을 대하는 유일하게 효과적인 방법은 항상 있는 그대로 말하고 자기 확신과 용기를 갖는 것이라는 사실을요. 자신의 매력으로(또는 물고기자리의 다른 무기들로) 문제를 피해보겠다고 애쓰지 마세요. 물고기자리는, 비가 안 온다면 매일 밤 백 달러를 받으며 야외 음악회에서 입장권을 받는 자리를 제안받은 사람과 같답니다. 그러면 23일 동안 계속해서 비가 퍼붓지요. 물고기자리는 그런 운이 있습니다. 그러니까 물고기자리 남성은 자신의 운을 믿고 지나치게 밀어붙이면 안 됩니다. 전갈자리 여성 앞에서는요. 그에게는 아껴둔 현금이 많지 않으니까요.

때때로 전갈자리 여성은 물고기자리 남성과 섹스할 때 눈물을 흘립니다. 섹스할 때를 제외하고는 완벽하게 그들 자신이 되는 일이 가능하지 않다는 사실을 깨달았기 때문입니다. 서로의 포옹으로부터 멀어지면 거기엔 온갖 억압과 외부 영향이 존재합니다. 하지만 그들이 하나됨을 경험할 때는 세상 그 모든 것들에 대한 해답을 얻은 것처럼 느껴집니다. 두 사람만 있을 때, 그녀는 그가 얼마나 많이 그녀를 원하는지 압니다. 자신이 그에게 평화를 준다는 것을 알지요. 그것은 그녀에게 기쁨을 줍니다. 물고기자리 남성은 자신이 그녀를 아주 많이 원한다고 생각합니다. 그는 거의 깨닫지 못하겠지만 그녀 또한 그만큼 자주 그를 원합니다. 그녀가 무관심을 가장하는 때조차도 그렇지요. 그 때문에 그는 그녀를 더욱 더 원하게 된답니다.

이 연인들이 서로에게 항상 정직하기는 어렵습니다. 하지만 괜찮습니다. 그들은 재빨리 서로의 속임수를 추측해내고는 전혀 모르는 것처럼 행동합니다. 말하지 않은 뭔가가 있다는 게 두 사람의 섹스에 신비로운 느낌을 더해줍니다. 둘 사이에선 무수히 많은 말보다 침묵이 더 효과적입니다. 두 사람은 침묵으로 섹스에 이르고 침묵으로 더 많은 대화를 나눕니다. 아무것도 방해하지 않을 때 물은 잔잔하고 깊습니다. 물 별자리인 이 두 사람 사이의 육체적인 사랑도 이와 같습니다. 그것이 무엇이든지 간에 매우 특별합니다. 어쩌면 그것은 그들의 사랑이 커질 때 같이 커지기를 기다리는, 강렬함을 숨긴 조용한 열정일 겁니다.

저는 언젠가 한 외과 의사가 다친 손을 수술하는 복잡한 과정에 대해 말하는 것을 들었습니다. 그는 환자에게 흉터는 걱정할 필요가 없다고 말했습니다. 수술할 때 그가 충분히 시간과 공을 들였기 때문에, 그 흉터는 손목의 자연스러운 주름 중 하나처럼 묻혀서 아무도 눈치채지 못할 것이라고요. 그는 확신했지요.

모든 남녀 관계에 있는 그런 상처로 말하자면, 물고기자리 남성과 전갈자리 여성에게도 그런 것이 있습니다. 그들의 추억에는 약간의 상처가 있을 겁니다. 하지만 그것은 자연스러운 주름이 될 겁니다. 두 사람은 한결같이 사랑하는 법을 알지요. 그리고 그게 바로 사랑하는 최고의 방법입니다. 하지만 전갈자리 여성은 그에게서 용서하는 법을 배워야만 합니다. 해왕성의 지혜를 타고난 그는 거의 무심하게, 무척 쉽게 용서합니다. 그녀는 자신의 자부심 강한 영혼을 희생하고 용서하지요. 마찬가지로 물고기자리 남성은 폭풍우를 무사히 헤쳐나가는 능력을 그녀로부터 배워야만 합니다. 배가 안전하게 항구에 닿기를 바라지만 말고, 그렇게 만드는 방법을 알아야 합니다.

전갈자리 여성은 물고기자리 남성에게 자기 확신을 가르칠 수 있습니다. 그가 반드시 익혀야 하는 자질이지요. 물고기자리 남성은 전갈자리 여성에게 믿음과 신뢰를 가르칠 수 있습니다. 의심은 고요함이 아니라 슬픔으로 이끈다는 사실을 부드럽게 보여줄 수 있지요. 퓰리처상을 못 받더라도 그는 시인이랍니다. 만약 그녀가 그를 믿는다면 상을 받을 수도 있겠지요. 물고기자리인 알베르트 아인슈타인처럼 노

벨상을 받을 수도 있고요. 아니면 무엇과도 견줄 수 없는 인생 최고의 상, '행복'을
선물받을 수도 있지요.

전갈자리 남성과 물고기자리 여성

웬디가 잠시 후크에게 마음을 빼앗겼다고 말하는 게 고자질처럼 느껴질 수도 있다.

그러므로 우리는 그녀가 그냥 미끄러졌을 뿐인데 뜻밖의 결과로 이어졌다고 말하기로 해두자.

만약 웬디가 후크가 내민 손을 거만하게 뿌리쳤더라면

(물론 우리는 여기에 대해 신나게 얘기했을 테지만), 다른 아이들처럼 공중으로 던져졌을 것이다.

전갈자리 남성과 물고기자리 여성이 함께 이르게 되는 '뜻밖의 결과'는, 종종 결혼
이 뒤따르는 사랑입니다. 이런 경우가 아니라면, 대개는 강렬하고 결코 잊히지 않은
연애 사건이 됩니다. 최소한 두 사람은 강하고 지속적이며 정신적인 우정으로 이어
질 겁니다. 물론, 행성들의 배치가 조화롭지 않다면 두 사람이 나쁘게 끝날 수도 있
습니다. 하지만 행성들의 조합이 협조적이라면 두 사람은 서로를 위해 만들어졌다
고 할 수 있지요.

모든 5-9 태양별자리 커플의 경우에서처럼 둘 사이의 사랑은 잠재적으로 신에게
서 받은 선물입니다. 하지만 슬프게도 이런 축복을 받은 일부 물고기자리 여성과 전
갈자리 남성은 미루는 버릇이나 은밀한 두려움으로 그들에게 내려진 은총을 망칩니
다. 만약 그들이 제때에 눈을 뜨지 않는다면 신은 이 두 사람을 위한 축복을 철회할
것입니다. 평생토록, 어쩌면 그 이후까지 아름다운 관계를 이어갈 수도 있을 텐데
요. 이런 비극에는 몇 가지 이유가 있습니다.

이유 중 한 가지는 그들이 처음 만났을 때, 한 사람 또는 둘 다 배우자가 있는 경우
입니다. 그들은 의무감 때문에 마음의 갑작스러운 인식을 고백할 용기가 나지 않을
겁니다. 때로는 잘못된 판단으로 적절치 않은 상대에게 신성한 서약을 하지요. 다
른 곳에 속한 누군가에게 진실한 마음을 갖는 것은 무척이나 외로운 소유의 방식입
니다. 간통 또는 이혼을 옹호하는 게 아닙니다. 나쁜 상황이 되는 것을 피하는 방법
을 알려주려는 거랍니다. 사람들은 실수를 합니다. 성급한 감정으로 종종 엉뚱한 길
로 접어들지요. 그들은 한 차원만 가진 작은 사랑에 만족하기보다는 인간 감정의 모
든 차원에 대한 더 깊은 열정을 느낄 때까지 기다렸어야 했다는 사실을 나중에서야

알게 됩니다. "예방이 치료보다 낫다."라는 금언은 앞으로도 영원할 지혜의 말입니다. 이 책 어딘가에서 말한 것처럼, 충분히 성숙해지기 전에 급하게 뜨거운 사랑으로 빠져든 사람들은 '신이 짝 지어주신 사람들'이 아닙니다. 인간관계는 항상 복잡하지요. 특히 물고기자리와 전갈자리 사이가 그렇습니다. 하지만 오직 실제로 관련된 사람만이 그 감정이 얼마나 복잡한지 알 수 있지요. 겉으로 보이는 것으로는 문제의 진실을 판단할 수 없습니다. 카르마는 한눈에 대충의 분석으로 가늠될 수 없는 깊은 우물입니다. 정신의 불성실을 선행으로 바꿀 방법은 없습니다. 전적으로 불가하지요. 하지만 진실이 있는 곳에는 어떤 불성실도 있을 수 없습니다. 불성실하다는 것은 정직하지 않다는 것이니까요. 솔직함과 연민을 가지고 진실을 직면한다면 어떤 문제도 해결할 수 있지요.

때때로 아이들이나 다른 고려할 문제들로 물고기자리 남성과 전갈자리 여성이 함께하지 못할 때도 있습니다. 물고기자리와 전갈자리에게 이런 일이 일어나면, 그 고통은 시간조차 결코 완전히 치유할 수 없을 정도로 극심할 겁니다. 복잡한 천문해석학적 이유와 두 별자리가 지닌 성격과 개성의 느낌으로 인해 물고기자리와 전갈자리 연인에게는 이런 상황이 종종 발생합니다. 불로 지져 상처를 치료하는 것처럼, 그들 중 일부는 정직으로 문제를 해결합니다. 또 다른 일부는 그렇게 못하지요.

이런 문제들 중 어느 것에도 직면하지 않은 물고기자리 여성과 전갈자리 남성에게는 무료하거나 따분한 순간이 거의 없는 관계를 가질 멋진 기회가 주어집니다. 하지만 한 가지 경고가 있지요. 두 사람은 다양한 형태의 과도함에 대한 강력한 유혹을 극복해야 합니다. 이를테면, 약물과 술과 주술의 어두운 측면에 대한 어리석은 몰두 또는 성적인 문란이 그것들입니다. 덜 진화한 해왕성과 명왕성의 사람들이 어쩌다가 걸려드는 어둡고 깊은 틈이랍니다.

두 사람이 이런 영혼의 시험마저 극복했거나 그들을 방해하는 것이 처음부터 하나도 없다면, 그들의 인생은 고요함과 기쁨과 평화와 즐거움의 교향악입니다. 그들의 로맨틱한 음악회의 한 악장에는 타악기도 당연히 등장하겠지요. 모든 악절이 플루트와 바이올린으로 연주되지는 않을 테니까요. 전갈자리 남성은 강한 의지, 열정적인 감정과 깊은 확신을 가지고 있습니다. 그가 가고 싶지 않은 곳으로 데려가려는 어떤 시도에도 그는 저항합니다. 그는 그녀를 좀 의심하기도 할 겁니다. 그리고 자신은 그녀를 의심하더라도 그 자신은 성적인 면을 포함한 모든 면에서 절대적으로 신뢰받고 싶어할 것입니다. 네, 그는 좀 이기적입니다. 사실 아주 이기적이지요. 하지만 다른 여성들과 달리 물고기자리 여성은 이 지배적인 남성의 이중 잣대를 억울하게 생각하지 않는답니다. 물고기자리 여성이 고래 유형의 물고기자리라서, 그녀를 감히 비판하거나 개조하려는 전갈자리 남성을 집어삼키려는(또는 삼키려고 애쓰는) 경우도 간혹 있을 겁니다. 하지만 늘 그렇듯이 우리는 전형적이며 일반적인 해왕성과 명왕성의 관계를 살펴보고 있습니다.

일반적인 물고기자리 여성은 전갈자리 남성이 가끔 나타내는 마초 기질을 두려워하지 않습니다. 그녀는 은밀히 즐기기까지 합니다. 어떤 경우든 그녀는 그것을 제어할 수 있지요. 자기 생각대로 되어간다고 그가 믿는 동안, 그녀는 달콤하고도 부드럽게 그를 더 가까이 유인할 겁니다. 여리지만 강한 해왕성의 그물로 말이에요. 그녀는 천칭자리 여성보다 훨씬 더 깊은 의미에서, 최초의 여성 이브 이래로 남성들이 두려워하는 모든 여성적인 책략을 그녀 내부에 지니고 있답니다.

명왕성의 강력한 투시력조차 그녀의 완전한 여자다움 앞에서는 힘없는 갑옷입니다. 전갈자리는 그가 만나는 모든 신비를 풀고 싶어합니다. 그럴 가치가 있다면요. (가치 없는 것이라면, 그는 냉정하게 무시하지요.) 하지만 해왕성 여인의 여성적이며 비밀스러운 신비는 언제나 그의 손이 닿지 않는 곳으로 달아납니다. 이것은 그에게는 엄청난 고문이나 마찬가지지요. 하지만 역설적으로, 그것은 또한 무척 유혹적입니다. 그는 이 다양한 분위기와 매력적인 색깔과 관능성과 순수성의 음영을 모두 가진 이 여성에게 한없이 이끌립니다.

하지만 전갈자리 남성을 그녀에게 더 가까이 끌어당기는 대신, 명왕성의 어두운 분위기나 침울하고 불길한 도피로 그를 몰아가는 것이 있지요. 바로 그녀의 잔소리입니다. 귀에 거슬리게 새된 소리로 하지는 않습니다. 물고기자리 여성은 그렇게 하지 않지요. 그녀는 조곤조곤하게 잔소리하고 깃털 채찍으로 부드럽게 휘두릅니다. 부드럽고 겸손하게요. 그래서 대부분의 남성은 모르고 넘어갑니다. 하지만 전갈자리 남성의 감정은 굉장히 섬세하게 조절되어서 그녀의 말 속에 담긴 느낌을 알아챌 수 있습니다. 계속 떨어지는 물방울처럼, 그녀는 아주 서서히 남성의 저항을 진압합니다. 그래서 그는 거의 알아채지도 못하지요. 하지만 이 남성은 알아챕니다. 낙숫물 같은 그녀의 미묘한 암시를 지속적으로 접하다보면, 그의 위대한 자기 규율과 평정에 대한 통제력을 상실할 때가 오지요. 그는 때 아닌 홍수를 터뜨리며 반응할 겁니다. 명왕성의 분노는 위험합니다. 그들의 사랑을 익사시킬 수 있지요. 그가 내뱉는 말은 너무도 신랄해서 상처받기 쉬운 그녀의 감정을 갈가리 찢어놓을 만큼 잔인합니다. 반면에 그녀는 넘치는 눈물과 공포와 모호함으로 그를 절망과 허무함으로 몰아갈 수 있지요. 그녀의 유혹적이고 신비한 카리스마에도 불구하고 말이에요. 만약에 그녀가 고래 유형의 물고기자리여서 이 남성을 심각하게 위협한다면 그는 자신의 남성성을 희생하기 전에, 또는 날아오르는 명왕성의 영혼에 족쇄가 채워지기 전에 그녀를 떠날 것입니다. 비록 그의 영혼이 갈기갈기 찢기는 아픔을 겪더라도요.

하지만 그는 다시 돌아올 수 있습니다. 다른 여성이라면 그는 돌아가지 않지요. 하지만 이 여성은 이해할 수 없을 정도로, 그의 뇌리에서 잠시도 떠나지 않습니다. 모든 5-9 태양별자리 관계에서 헤어지는 것은 반복되는 화해를 의미하기도 합니다. 이별과 화해 사이는 몇 시간 또는 며칠이라는 짧은 기간일 수도 있지만 때로는 여러 주나 수개월, 가끔은 여러 해가 걸릴 수도 있습니다. 기다리기에는 긴 시간이지요. 하지만 물고기자리와 전갈자리의 영혼은 인내심이 있으며 궁극을 추구하는 데 필요한 희생에 익숙합니다. 두 사람은 모두 마음속 믿음의 끈기에 대한 보상이 크리라는 것을 본능적으로 감지합니다.

감정적인 체스 게임이 부른 입씨름과 뿌루퉁한 침묵으로 인한 부조화가 주기적으로 일어나더라도, 그들 사이에는 행복한 시간이 불행한 시간보다 더 많을 겁니다. 그들이 성적 교감을 통해 주고받는 결합과 황홀감은 둘을 아주 분명하게 묶어줍니다. 그들이 스스로에게 정직하기만 하다면, 과거 어느 누구와 나눴던 경험과도 다른 체험을 그들은 함께 누릴 수 있습니다. 이후에도 그런 경험은 없을 겁니다. 영원히요. 그들이 이미 오른 곳보다 더 높은 곳은 없다는 사실을 둘 다 압니다. 두 사람이 함께할 만한 아주 훌륭한 이유지요. 전갈자리 남성의 섹스에 대한 말없는 강렬함과 완벽한 집중 그리고 그를 신뢰하기에 그녀의 온 자아를 내어주는 걸 기꺼이 허락하는 기적. 이와 같은 마술이 서로 사랑하는 이 남녀 사이에 피어오르는 자연스러운 열정과 뒤섞일 때, 욕망은 언제나 그 시작점으로 돌아오는 원을 제외하고는 그 어느 방향으로도 진행할 수가 없지요.

물고기자리 여성과 전갈자리 남성이 정말로 불행해질 수 있는 유일하고도 중요한 원인(다른 모든 것은 사소합니다.)이 되는 것은 '이기심'입니다. 너무 늦었을 때에야 비로소 후회하게 되는 경솔한 말, 서로가 신중하게 감췄더라도 여전히 떨리는 감수성에 대한 인식의 부족 같은 것들이지요. 때로는 정당화하기 힘든 의심과 질투, 때로는 고통과 절망으로부터 벗어나기 위해 선택한 술과 약물로의 도피, 또는 상대방에게 깊은 상처를 주는 속임수나 무관심을 가장하는 짓 같은 가벼운 형태일 수도 있습니다. 이 남성과 여성의 사랑이 시작될 때 울리던 화음의 아름다움을 잊어버린다면 얼마나 슬플까요. 두 사람의 태양별자리는 완벽한 각도를 이뤘고 함께 노래하는 드라마가 처음으로 막이 올랐지요.

전주곡이었던 캐롤을 기억해보세요. 그녀가 깊은 우물 속으로 떨어진 사람처럼 그의 눈 속으로 곧장 들어왔던, 그리고 헤엄쳐 나가려고 하지 않던 그날 아침의 예기치 못한 음악이지요. 황금빛 오후에 그녀가 어린 소녀처럼 기쁨에 겨워 웃던 때, 그가 다이아몬드 아닌 봄비에 젖은 히아신스 한 다발을 그녀에게 내밀던 때, 그가 그녀를 처음 만졌던 그때… 그녀는 떨었지요. 그녀가 그를 올려다보자 그녀와 똑같은 눈물이 그의 뺨에서 흐르는 걸 보고 놀랐을 때… 그때는 모든 것이 길들여지지 않은 자유롭고 강한 바람을 맞은 듯했지요. 부드러운 잔디 위를 맨발로 달리는 것처럼, 머리 위에서 나는 독수리처럼, 분홍색 줄무늬가 들어 있는 박하사탕 모양의 서커스 풍선 수천 개가 그들 주변을 떠다니는 것처럼 말이에요. 두 사람이 종달새가 나는 것처럼 80일 동안 세상을 날아다닐 수 있다는 것을 알았고, 순간이야말로 영원이라는 것을 믿던 그때, 서로의 포옹이 곧 두 사람의 '집'이던 때를 떠올려보세요. 어딘가에 있을 모든 5-9 태양별자리 유형의 연인들처럼, 처음에 물고기자리 여성과 전갈자리 남성은 장엄한 열정을 위해 왕국을 희생할 수 있었지요. 함께하기 위해서라면 온 우주에 저항할 수 있었답니다.

그들의 이름이 스미스, 글래스버그, 멘덴할, 오말리, 조피, 마샬 또는 브루스터거나 말거나, 물고기자리와 전갈자리라면 전생의 기억이 연극의 3막을 쓰도록 할 겁니다.

명왕성: 리지 슈바르츠코프 양, 맞습니까? 실례지만, 제가 당신을 어디서 알았던 느낌이 드는군요. 혹시 나일강에서 만났던가요? 아니면 농산물 직판장에서? 혹시 아카풀코(멕시코 남서부 태평양 연안의 항구이며 휴양지—옮긴이)에 가본 적 있으세요?

해왕성: (부드럽게, 무척 부드럽게) 네, 물론이에요! 그럴 수도 있겠네요. 당신 눈이, 아주 친숙해요. 거기가 어디였는지 기억해내는 중이랍니다.

명왕성: 이제 생각이 나요! 영국의 황야였지요.

해왕성: 비가 내렸어요.

사수자리와

열두 별자리가 만났을 때

Sagittarius, the Archer

사수자리 Sagittarius

불 · 변화하는 · 능동적
지배행성: 목성
상징: 궁수와 켄타우루스
양(+) · 남성적

Sagittarius 사수자리

불 · 변화하는 · 능동적
지배행성: 목성
상징: 궁수와 켄타우루스
양(+) · 남성적

사수자리와 사수자리의 관계

식사할 때는 절대 공격하면 안 된다는 게 엄격한 규칙이었다.

그들은 서로의 뒤를 쫓으면서 수 마일을 즐겁게 달렸다.

그러다가는 결국 사이좋게 인사하면서 헤어졌다.

이 장의 마지막 부분에서 우리 모두 '사이좋게 인사하며' 사수자리와 작별하게 되기를 바랍니다.

1-1 태양별자리 관계에 대해서는 태양별자리 자체의 독특한 자질을 먼저 신중하게 고려하고 연구해야 합니다. 왜냐하면 1-1의 에너지는 성격과 개성의 긍정적인 측면과 부정적인 측면 모두를 아주 강하게 심화시키기 때문입니다. 이 특별한 1-1 관계는 더욱 섬세한 연구가 필요합니다. 변화하는 에너지를 가진 이 두 사람은 험난한 세상에 평화 또는 갈등의 메시지를 전달하는 데 필요한, 매우 비범한 잠재력이 있기 때문입니다. 두 가지 중 어느 쪽 메시지가 전달되는가가 핵심이지요. 이제 사수자리 스타일에 관한 솔직하고 생생한 천문해석학 수업에 들어가지요.

뒤따라오는 몇 개의 단락에는 확고한 목적이 있습니다. 당신은 이 수업이 끝나기 전까지는 제 말에 대해 어떠한 판단도 해서는 안 됩니다. 암호를 사용하도록 하지요. 당신이 **'룸펠스틸츠킨'**이라는 단어를 읽으면 우리의 천문해석학 수업을 마치는 겁니다. 그전까지는 아니에요. 그때까지 정신 바짝 차리고 감정에 치우치지 않도록 해주세요. 만약 사수자리가 아니라면 이 장을 읽지 않아도 됩니다. 목성의 천문해석학 수업은 다른 별자리 사람들에게 지나치게 솔직할 수 있으니까요. 아무리 심하게 솔직하더라도 사수자리라면 어떤 경우에도 진실을 기대하고 요구합니다.

사수자리는 무척 다재다능하며 못하는 게 없기 때문에 진실과 자기 인식을 추구하는 매우 다양한 직업에 종사합니다. 사수자리가 그래도 더 선호하는 직업으로 범위를 좁혀도 그 목록은 여전히 깁니다. 대단히 많은 사수자리의 남성과 여성이 예술, 스포츠, 교육, 주식, 종교, 연극, 법조계, 의료계, 광고 매체, 출판업과 정치에 매료됩니다.

이 모든 직업 분야는 많은 사수자리 커플 혹은 팀으로부터 받을 혜택을 다 받고 있으며, 일부 사수자리의 정직과 폭로 때문에 더욱 빛나지요. 오늘날 이 직업들은 부패로 가득 찼고, 범죄적인 요소가 넘쳐나며, 윤리라고는 전혀 찾아볼 수 없습니다. 최근에 어떤 사람은 정직하고 헌신적인 변호사나 출판인을 찾아내려고 점치는 막대기를 썼다지요. 제 개인 변호사와 이 책의 출판사는 칭찬받을 예외에 속하지만, 그들을 찾아내기 위해서 저 역시 점치는 막대기를 사용했답니다. 두 갈래로 갈라진 막대기 끝이 갑자기 세게 끌어당기는 곳으로 갔더니 그들이 거기에 있지 뭐예요! 그렇지만 막대기 점으로 법과 문학의 도덕성을 찾아내기는 어렵지요.

의료 분야에서 의료 과실 소송이 꾸준하게 늘어나는 추세를 감안하면(그중 많은 소송이 사수자리 의뢰인과 이상주의적이며 분개한 사수자리 법률가에 의해 시작됩니다.), 진심으로 질병을 예방하고 치료하고자 하는 소수의 의사(그들 대부분이 아마 목성의 지배를 받을 겁니다.)만 남겨놓고 대다수의 외과 의사와 내과 의사는 자리에서 물러나야 합니다. 우리 모두 더 건강해지고 더 오래 살기 위해서는요.

정치요? 사수자리의 정직이 몹시 필요한 분야지요. 목성의 힘으로 대걸레를 밀고 때를 박박 문질러 떼어내려고 끊임없이 분투하지 않았다면, 기존의 상황보다 더 엉망이 됐을 분야입니다. 극소수의 성실한 정치인과 선출된 공무원이 있기는 합니다. 엄지손가락과 약지를 빼고, 손가락으로 셀 정도지요. 그런데 그런 사람들의 태양별자리 또는 달별자리와 동쪽별자리가 사수자리에 있는 경우가 많답니다. 그 나머지는 뻔뻔한 거짓말쟁이이며, 뇌물받은 사람이고, 길거리 장사꾼이며 사기꾼입니다.

물론 모든 사수자리 의사, 법률가, 정치인, 상인, 인디언 추장과 프란체스코회의 수도승이 다 완벽하다는 얘기는 전혀 아닙니다. 사수자리도 우리 모두처럼 실수를 하지요. 하지만 사수자리는 결코 의식적으로 또는 계획적으로 위선적이지는 않습니다. 이것은 중요한 차이를 만듭니다. 사수자리 정치가인 윈스턴 처칠이 그 적절한 예이며, 또한 정치인의 아내이자 사수자리였던 메리 토드 링컨과 베티 포드 같은 사람들이 보여준 생기발랄한 정직함도 좋은 예입니다.

조직화된 종교에 대해서 말하자면, 종교는 사수자리와 목성(전갈자리는 종교의 신비를, 물고기자리는 종교의 신비주의를 관장합니다.)이 천문해석학적으로 관할하고 있답니다. 솔직하고 이상주의적인 사수자리의 온화하고 자비심 넘치는 영향이 없었다면 종교는 지금보다 훨씬 더 더러워졌을 게 틀림없습니다. 이를테면 모든 종교를 가진 사람들의 영적 지도자로서, 진실과 관용과 인류애를 가톨릭교에 한정 짓지 않고 가르쳤던 친애하는 교황 요한 23세 같은 분들이지요. 또한 아시시의 성인 지오바니 프란체스코는 태양별자리가 사수자리인 1182년 12월 중순에 태어났으며, 과시적인 겉치레로 부풀어 오른 풍선 안으로 진실의 핀을 찔러 넣어 위선적인 로마의 지배 계층에게 충격을 줬던 사수자리로 전해집니다. 평화와 선이 함께하길! 이러한 진정한 지도자들과는 별개로 모든 교회와 종파는 슬프게도 예외 없이 위선적 형식과 도덕적 독재를 팔고 있습니다. 그들은 동정과 용서를 실천하거나 기쁨과 행복을 전파하는 데 힘을 들이기보다는 부와 번영을 획득하는 데 경쟁적으로 더 많은 시간과 노력을 들이는 듯 보입니다.

도덕을 수호하는 소수의 훌륭한 사수자리의 은총과 은혜를 받았음에도, 세계 대부분의 종교는 차별과 박해와 살인으로 기록된, 피로 물든 그들의 역사를 이어가고 있습니다. 세상이 진실을 모를 거라고 믿으면서요. 어리석은 타조처럼 그 집단의 책임자들을 침묵의 모래 속에 숨기고 있습니다. 그 책임자들은 자기 입으로 설교한 내용을 실천하기를 거부하고, 오만하게 자신의 죄를 부인합니다. 많은 젊은이들이 지적이며 영적인 좌절감에 빠져 불가지론과 무신론의 회의적인 혼란으로 돌아서고 있습니다. 사탄 숭배와 마녀 집회가 늘어나는 것도 놀랄 일은 아니지요.

룸펠스틸츠킨! 자, 솔직하고 생생한 천문해석학 수업이 끝났습니다. 제 개인적인 견해만 반영한 것은 아닙니다. 어떤 것은 그렇지만 어떤 부분은 그렇지 않답니다. 어쨌든 사수자리처럼 정직하면서도 훨씬 더 직설적인 저, 양자리의 화성을 통해 전달된 생생하고도 진실한 수업이었다고 믿습니다.

서로에게 진실의 화살을 날리는 두 사수자리는 타오르는 불꽃을 점화할 수 있습니다. 하지만 두 사람 중 한 사람의 달별자리나 동쪽별자리에 양자리가 있다면, 목성의 솔직함에 화성의 빠르고 확실함이 더해지면서 공기 중에 떠다니는 오해, 기만, 망상의 모든 흔적이 확실히 제거될 것입니다. 1-1 태양별자리 관계에 얽혀 있는 두 사수자리 중 한 사람이 그(그녀)의 출생차트에서 양자리의 영향을 심하게 받는 경우, 다른 한쪽이 염소자리나 물고기자리의 영향을 받는다면 도움이 될 수 있습니다. 후자는 토성의 훈계로 누그러지거나 해왕성의 동정심을 발휘할 수 있을 테니까요. 달별자리나 동쪽별자리에 양자리가 있는 사수자리는, 출생차트에 천칭자리 또는 물병자리를 가진 사수자리 친구나 친척 또는 배우자의 영향으로 누그러뜨릴 필요가 있습니다. 각각의 공평함과 관용을 위해서입니다. 그렇지 않으면 타오르는 불꽃은 무시무시한 대규모의 화재로 바뀔 수 있습니다. 목성의 정직이 문제를 치유하기보다는 더 많은 문제를 만들어낼 가능성이 있지요. 두 사수자리가 세계와 그 자신들에게 평화가 아닌 갈등의 메시지를 전달할 수 있습니다. 종교 집단이나 포르노 또는 외설을 파는 사람들 그리고 정치인들에게 사수자리의 방식대로 실수를 지적할 수 있지만, 그들을 끓는 기름에 넣거나 화형에 처한다고 해서 그들이 전향하지는 않을 겁니다. 또한 개인적 차원에서 한 사수자리가 다른 사수자리를 잔인하게 공격하는 일도 그들 사이의 조화를 깨뜨리지요. 이와 관련해서 천문해석학의 진짜 목적은 모든 사수자리 커플과 팀이 책임감을 자각하도록 하는 것입니다.

지금까지 사수자리 커플이 지나치게 눈치 없는 점과 자제심이 부족한 솔직함이 갖는 위험을 다루었습니다. 하지만 사수자리는 선한 성품을 가진 사람이라는 사실을 잊으면 안 됩니다. 사수자리 여성은 친절하고 쾌활합니다. 사수자리 남성은 솔직하고 낙천적이지요. 사수자리 아이들은 넘치는 활력으로 가득 차 있답니다. 그래서 모두 엄청 뛰어다니지요. 사수자리의 발걸음에는 탄력이 있습니다. 그들 중 일부는 진짜 고무공이 생각나게 합니다. 때때로 사회의 제약과 금기의 울타리를 뛰어넘으면서, 머리를 자랑스럽게 높이 세우고 저벅저벅 걸어 다니는 모습은 경주마를 생각나게도 합니다. 모든 사수자리는 자세와 움직임이 인상적으로 우아합니다. 그럼에도 그들이 신체로든 말로든 어색하게 돌부리에 걸려 넘어지는 일은 피할 수 없어 보입니다. 의심의 여지없이 모든 사수자리는 켄타우루스 증후군을 갖기 때문입니다. 상체는 인간이고 하체는 말의 모습을 한 신화적 존재인 켄타우루스의 몸은 활을 아치 모양으로 만들어 화살을 곧게 쏠 정도로 길어서, 스스로 균형을 잡으려고 노력하는 모습이 괴상할 수 있지요. 당신이 직접 그런 포즈를 취해보면 뭐가 문제인지 바로 알아차리게 될 겁니다.

사수자리는 이중성을 지닌 난해한 별자리 중 하나이기 때문에 그들의 천성에는 항상 모순적인 면이 있습니다. 그래서 우리가 이 장에서 분석하는 팀이 어떤 종류의 팀이 될지는 정말로 예측하기 어렵습니다. 어떤 사수자리는 노는 것을 좋아하고 장난기가 많으며, 어떤 사수자리는 진지하고 학구적이지요. 어떤 사수자리는 과묵하고 사색적이며 염소자리만큼 정말 거의 '부엉이 같은' 모습입니다. 하지만 대다수의 사수자리는 실용적인 농담을 아주 좋아하고, 자신의 명성에 대한 걱정이나 두려움이 없는 태평한 사람입니다. 그들에게 인생은 하나의 거대한 도박 또는 불법 도박입니다.

사수자리 커플이 1-1 관계로 함께한다면, 그들이 어떤 유형의 사수자리인지가 굉장히 중요합니다. 우리가 확신할 수 있는 한 가지는 이런 것입니다. 모든 사수자리는 이중성과 별개로 선의와 친절한 의도로 가득 차 있습니다. 가끔 그들이 화가 나서 좀 잔인한 말을 할 수 있지요. 하지만 그들이 무심코 뱉은 말과 신랄하게 밀어붙이는 비난으로 서로를 갈기갈기 찢어놓을 때조차도, 그들의 동기는 악의에서 연유한 것이 절대 아니랍니다. 그들은 그저 삽을 삽이라고 부를 뿐이지요.

사수자리의 방식은 처음에는 진실을 찾고, 그다음에는 그것을 인식하고, 마지막으로 그것을 대담하게 표현할 수밖에 없는 것입니다. 활기 넘치는 사수자리든 극도로 희귀한 조용하고 내향적인 사수자리든, 목성의 사람이면 같습니다. 그들은 또한 크게 성공할 기회를 얻으려고 노력하며, 달리는 중에 말에서 떨어지고, 별똥별에게 소원을 빌며 행운의 십자 표시를 하는 사람들입니다. 모든 사수자리는 이상주의자이면서 도박꾼인 면모를 반반씩 지니고 있습니다. 이 사람들은 노래하고 그림 그리고 춤추는 것을 좋아하고, 놀기와 도박을 좋아합니다. 그들은 또한 독서, 공부, 관찰, 배우기, 가르치기 그리고 여행을 좋아합니다. 두 사람이 이 모든 일(또는 일부라도)을 함께한다면 삶은 결코 지루하지 않습니다. 지쳐 쓰러질 수는 있지만 결코 따분해질 수는 없답니다.

모든 1-1 태양별자리 울림의 커플들과 마찬가지로, 사수자리와 사수자리는 일시적인 갈등이 있더라도 대개 우호적인 관계로 남을 겁니다. 그들은 거의 적이 되지 않습니다. 조금 전까지 서로에게 심한 말을 퍼붓고 서로의 가장 예민한 부분을 반복해서 공격했더라도요. 다른 두 불의 별자리인 양자리와 사자자리처럼, 용서는 사수자리의 미덕입니다. 셋 중에서 용서의 미덕이 약간 덜하긴 하지만요. 하지만 용서와 사과는 별개의 문제이지요. 두 사수자리는 서로에게 사과하는 방법을 잘 모릅니다. 하지만 그들은 어느 한쪽의 후회를 감지하게 되면, 사과를 강요하는 대신에 이러쿵저러쿵 입에 발린 말을 그냥 시작할 겁니다. 전혀 마음이 상하지 않았다는 표시로요. 사수자리는 뒤끝이 없답니다. 그들은 자신이 틀렸다(그가 틀렸다는 것을 진짜로 믿을 때)는 걸 말보다는 행동으로 보여주지요. 사수자리는 쾌활한 미소를 보여주는 식으로 자신의 잘못을 솔직하게 인정합니다. 상대가 불화를 잊고 친구로서 모든 걸 다시 시작할 수 있도록요. 사수자리는 "미안해."라는 말을 하지 않고도 마음을 전하는 방법을 찾습니다. 이런 방법은 둘 모두의 체면을 살려주고, 서로의 자존심을 손상시키지 않으면서 가능한 다툼이 없는 쪽으로 유도하지요.

이 장의 시작에서 제가 극장을 언급했었지요. '합법적인' 무대와 '불법적인(?)' 영화 둘 다 사수자리를 유혹합니다. 사수자리는 남성이든 여성이든 연기자, 극작가, 연출가와 감독에서부터 촬영기사, 소품 담당, 의상과 무대 디자이너, 조명 담당과 카메라 담당에 이르기까지 모든 역할에서 각광을 받습니다. 그들은 인간의 본성을 연구하는 것을 좋아하며, 모든 사람이 때때로 영화배우라는 사실을 전적으로 깨닫고 있습니다. 그들은 친구들이 맡은 역할을 알아맞히는 걸 엄청나게 즐거워합니다. 특히 다른 사람과 함께 역할의 일부를 스스로 연기하는 걸 훨씬 더 즐거워하지요. 그역이 스코틀랜드의 여왕 메리이든 돈키호테이든 서커스 광대이든 또는 안장 없이말을 타는 사람이든 상관없답니다.

사수자리는 재미있는 정신과 의사가 됩니다. 아마추어일 수도 전문가일 수도 있지요. 천칭자리나 물고기자리 같은 재치 있는 별자리가 달별자리나 동쪽별자리에 있어서 사수자리의 눈치 없는 말을 조절했을 때 특히 그렇습니다. 사업 동료, 이웃, 친구, 유치원 친구들, 친척, 연인 또는 배우자로 만난 두 사수자리는 서로를 분석하면서 많은 시간을 보낼 것이고, 희극과 비극의 역할을 교대로 맡을 겁니다. 한 사람이울고 있을 때, 다른 사람은 슬퍼하는 사람의 기운을 북돋기 위해 코미디언 역을 맡지요. 이런 면은 두 켄타우루스의 나이나 성별과 상관없이, 사수자리 커플 관계에서 제일 좋은 점 중의 하나랍니다. 이중성을 지닌 태양별자리의 영향 아래 태어났다는 건, 시인 칼릴 지브란이 말한 것처럼 '기쁨과 슬픔은 쌍둥이'라는 진실을 영원히깨닫는 겁니다. 사수자리 각자는 상대방에게 다음의 한 가지를 상기시켜주기 위한준비가 항상 되어 있고 기꺼이 그렇게 합니다. 실패와 슬픔이 그(또는 그녀)의 꿈이희미해지도록 위협할 때, 기쁨과 성공이 무대 위로 깡충깡충 뛰어나가 연기하기 위해 기다리고 있는 거지요. 그 반대의 경우도 마찬가지입니다. 사수자리가 믿을 수 없을 정도로 운이 좋은 것처럼 보이는 까닭이랍니다. 실제 행운과는 아무 상관없지요. 그저 사수자리가 판돈이 큰 도박을 두려워하지 않게 만들어주는 것뿐입니다. 그들은 결국 승산이 따라붙을 것이며, 승자가 될 것이라고 믿습니다. 이들이 운에 맡기는 걸 아슬아슬하고 재미있다고 느끼는 건 흔한 일입니다. 목성의 타고난 낙천주의가 모든 것을 연속으로 잃어버리는 상황조차도 일시적인 일이라고 믿도록 사수자리를 북돋워주기 때문입니다.

이런 타고난 면들을 생각할 때, 서로 도와주면 성공할 수 있다는 것을 알면서도 두사람이 모든 것을 운에 맡기고 함께 도박을 하지 않을 이유가 어디에 있겠어요? 그건 전혀 위험한 모험이 아니지요. 사수자리는 노아 웹스터(1758~1843, 수록된 낱말이7만 개 규모인 『미국영어사전』을 발간함—옮긴이)에게 다음 낱말의 의미를 얘기해준 바로 그 사람입니다. 처음 노아가 사전을 편찬할 때 사수자리가 알려줬던 '모험적인'이라는 낱말은 '대담한, 용감하고 두려워하지 않은, 모험을 사랑하는, 위험이며 운이며 다 감당할 수 있는 용기를 갖는, 개인의 자아를 위험하게 하거나 노출시키는' 것이었지요.

"바로 우리들이지요!" 유쾌한 사수자리가 노아에게 말했답니다. "당당하게 그렇다고 밝혀두세요."라고요. 하지만 노아 웹스터는 사수자리라는 이름을 인쇄된 사전내용에서는 삭제해버렸지요. 이건 정말 비열한 짓이라고 생각합니다. 목성을 대신

해서 말씀드리는데, 이건 꼭 정정해야 할 부분이라는 사실을 여러분이 고려해주기 바랍니다.

사수자리 여성과 사수자리 남성

그래서 그들은 오랜 세월 떠나 있었으며 그 시간을 행복하게 보냈다.

둘의 관계는 모든 종류의 특성, 이를테면 그들의 정직함, 호기심 많은 천성, 솔직하고 독립적인 개성, 특히 이 남성과 여성이 불 원소의 영향을 받는다는 점과 둘 다 태어날 때 남성적인 태양별자리의 특징이 새겨졌다는 점, 남성적인 행성인 목성의 지배를 받은 말과 행동을 고려했을 때, 결코 지루하지 않을 겁니다.

두 배의 불 원소, 두 배의 남성적인 힘, 마지막으로 두 배의 변화하는 에너지, 이것은 두 사람 다 의사소통의 언어적 능력을 사용하는 경향이 강하다는 의미입니다. 그들은 단어 게임을 하며 노는 것을 좋아하지요. 게임의 대부분은 그들 중 누가 서커스 행진에서 코끼리를 이끌고 갈 것인가, 어느 쪽이 빗자루와 (매우 커다란) 쓰레받기를 들고 떨어지는 코끼리 똥을 치우면서 뒤따라갈 것인가 하는 질문에 대한 답을 얻고 싶은 욕망에 따릅니다.

제 비유가 고상하지 못하다고 생각하신다면, 용서하시기를. 하지만 이 장을 처녀자리, 천칭자리, 염소자리나 그 밖의 다른 별자리를 위해 쓰는 건 아니니까요. 사수자리를 위한 거지요. 어떤 사수자리도 겨우 코끼리 배설물을 언급한 것 때문에 불쾌하거나 뒷걸음질 치지는 않는답니다. 사수자리는 충격에 훨씬 더 강하지요. 그다음이 물병자리입니다. 제게는 짜증이 나거나 화가 날 때면 흔히들 하는 욕설을 내뱉는 사수자리 여자 친구가 있습니다. "닥쳐, 암소 똥이나 뒤집어쓰든지!"라고요. (때때로 이렇게도 바꾸지요. "닥쳐, 암소 파이나 뒤집어쓰든지.")

사수자리 남성과 여성은 거짓말 탐지기의 도움 없이 교대로 거짓말 탐지 테스트를 할 겁니다. '전기적 충격을 가해 피부의 반응을 보는 거짓말 탐지기 기계'가 왜 필요하겠어요? 목성이 발산하는 엄청난 전기적 반응으로 충분히 알 수 있는데요. 그들은 또한 농담과 수수께끼로 서로를 테스트하고, 도덕적으로 철학적으로 그리고 지적으로 서로 어떤 입장인지 알아보기를 좋아합니다.

그녀: 좋아요, 험프리. 당신이 이 수수께끼의 답을 아는지 보겠어요. 어떤 남자가 그의 아들과 함께 차를 운전했어요. 사고가 일어났고, 아버지는 그 자리에서 죽었지요. 소년은 병원 응급실로 실려갔어요. 의사가 환자의 얼굴을 보더니 소리쳤어요. "나는 이 소년을 수술할 수 없어요! 제 아들이에요."

그: 쉽네요. 그 소년은 입양되었거나, 차에서 죽은 아버지가 양아버지였을 거예요. 그 의사는 실제 아빠고요. 맞죠?

그녀: 틀렸어요. 다시 생각해봐요. 여보, 맙소사, 정말 멍청하군요.

그: 기다려봐요. 이제 알겠어요! 그들은 그 소년을 같은 시간대에 응급실에 들어온, 키와 나이가 같은 다른 소년과 혼동했던 거예요. 두 번째 환자가 진짜 의사의 아들이었고요.

그녀: 당신, 포기하는 게 좋겠네요. 당신은 절대 모를 거예요. 그 의사는 소년의 엄마였어요. 남성 우월주의자 같으니라고. 여자가 의사일 정도로 지적일 거라는 생각은 떠오르지도 않았죠, 그렇죠? 당신은 모든 여자가 벼룩의 지능을 가졌다고 생각하고 있어요. 나 이혼할래요.

그: 모든 여자가 벼룩의 지능은 아니겠지만, 당신이 가끔 그렇게 행동한다는 걸 알잖아요. 우선, 그건 그냥 시시한 수수께끼일 뿐이에요. 두 번째로, 나는 당신이 외과 의사나 수술에 반대한다고 생각했어요. 당신은 항상 그에 대해 말이 많았잖아요. 게다가 당신이 조용하게 있었으면, 내가 맞힐 수도 있었어요. 계속 떠들어대는 당신 때문에 누가 생각을 할 수 있겠어요? 당신이 말을 꺼냈으니까 하는 말인데, 나도 이혼하는 게 좋다고 생각해요.

그녀: 당신은 내가 항상 말이 많다고 생각하는군요? 그거 정말 웃기네요. 그런 말을 당신이 하다니. 그리고 그건 시시한 수수께끼가 아니에요. 상상으로 만든 상황이기 때문에 전혀 부정적일 것도 없어요. 수술 반대에 관한 거라면, 내 주장의 요지는 모든 수술의 대략 90프로가 실제로 불필요하다는 점이에요. 전문가의 수술 치료를 요구하는 골절, 파열된 맹장 등과 같이 틀림없이 사람에게 흔히 일어나는 위급 상황이 있다는 걸 모르는 게 아니라고요. 나는 단지 가학적인 외과 전문의에 반대하는 거죠. 그들은 무의식적으로 사람들을 절개하는 걸 즐기죠. 엄청나게 많은 사람들이 불필요한 맹장 수술, 편도선 절제술, 자궁 절제술과 유방 절제술까지 시술받기 때문에 의사들의 값비싼 차와 집을 위해 많은 수수료를 내는 거라고요. 우리 주치의는 이와 달리 지적이며 예리하고 동정심이 있는 사람이라는 걸 모르는 게 아니에요. 문제는 당신이 내 말에 전혀 귀 기울이지 않고, 항상 말 중간에 끼어든다는 점이에요. 당신 머리카락이 빠지기 시작한 이후로, 함께 산다는 것이 불가능해졌어요.

그: 그래요? 당신이 작년부터 뚱뚱해지기 시작하면서 사는 게 그다지 즐겁지 않다고 아는데요?

그녀: 맞아요! 오늘 안으로 짐 싸서 이 집에서 당장 나가요. 개도 데리고 가요.

그: 적반하장이네요. 당신이야말로 24시간 안에 짐 싸서 나가야 할 사람이에요. 당신이 아니라, 내가 이 2인용 텐트 같은 곳의 집세를 내는 사람이니까요. 나갈 때 당신 개는 데려가도 좋아요.

(사수자리라면, 각각 개 한 마리를 키웁니다. 어쩌면 말이라도 키울걸요.)

다른 태양별자리 독자들을 위한 주석: 마음 졸이지 마세요. 이 불같은 성미의 연인은 몇 시간 뒤에 화해했으니까요. 그러니까 둘 다 짐을 싸던 중이었지요. (떠나는 것보다 뒤에 남겨지는 것이 훨씬 모욕적이라고 각자 결정을 내렸기 때문이지요.) 그가 충동적으로 그녀를 껴안으며 그녀가 뚱뚱하지 않다고 인정했답니다. 그녀가 예전에 너무 말랐기 때문에, 엉덩이 쪽에 찐 살이 도드라져 보여서 좀 놀린 것뿐이라고 말하면서요. (그녀의 엉덩이 얘기를 해서, 그는 다시 게임에서 거의 질 뻔했는데 가까스로 모면할 수 있었답니다.) 그녀는 애정을 담아 그의 머리를 쓰다듬으며, 머리카락이 빠지는 건 그저 그의 상상이며 설령 그의 머리카락이 빠지더라도 그를 더 잘생겨 보이게 할 뿐이라고 말해주었지요. (그는 그녀를 더욱 세게 껴안아줍니다.) 그녀는 계속해서 그에게 일깨워줍니다. 미국 텔레비전 스타인 코자크 역의 텔리 사바스가 「왕과 나」에 나오는 율 브리너처럼 완전히 대머리라는 사실을요. 그녀 생각에는 대머리거나 머리가 벗겨지고 있는 남자들은 이스라엘의 장군이며, 안대를 하고 다니는 섹시한 모세 다얀처럼 정력적인 섹스를 상징한다고 논평합니다. 이 남성의 남성적인 이미지는 항상 그녀를 매료시키며 그녀 다리가 후들거리게 만든다고요. (다른 이유로 둘 사이의 싸움이 시작될지도 모르겠네요.)

종종 사수자리는 불화를 수습하려고 애쓸 때조차 원래보다 더 곤란한 바보 같은 실수를 저질러서 일을 더 엉망으로 만듭니다. 그들은 약간 과장하려는 자신의 경향을 가끔은 주의 깊게 볼 필요가 있습니다. 목성은 확장의 별이지요. 그 영향으로 사수자리는 매사를 실물보다 약간 더 크게 과장하도록 부추기는 경향이 있습니다. 조금 과장하는 경향이 있는 다른 두 태양별자리는 사자자리와 쌍둥이자리입니다. (뚜렷하게 다른 이유로 과장하지요.) 하지만 과장하는 분야에서는 사수자리가 단연 으뜸입니다. 만약 사수자리 남성이나 여성의 달별자리나 동쪽별자리가 사자자리 또는 쌍둥이자리라면, 어떤 일을 이야기할 때마다 꽤 부풀려질 겁니다. 그렇지 않은 경우라면, 사수자리는 그 충동을 대부분은 통제합니다. 하지만 가끔씩은 테스트에 직면하지요.

당신 두 사람, 들어보세요. 당신이 그 대단한 진실을 말하는 일과 관련이 될 때, 목성이 사실보다 조금 더 보태서 말하도록 당신을 유혹한다는 점에 주의해야 한다고 생각하지 않나요? 그건 바로 당신의 특별한 태양별자리(모든 태양별자리가 하나씩 갖고 있는 특별함이지요.)에 부과된 천문해석학의 테스트랍니다. 진실과 도덕성에 관련한 당신의 강력한 충동이 과장으로 왜곡되는 것을 당신이 허용할 것인지 아닌지에 대한 시험이지요. 힌트를 드릴게요. 유혹은 늘 논쟁에서 어떻게든 이기고 싶은 이기적인 욕망에서 온답니다. 이기기 위해서 당신의 도덕성을 잃는 대가를 치르지는 마세요.

  이 두 사람은 어떤 일도 소심하게 하거나 건성으로 하지 않습니다. 대담하고 모험을 사랑하는 사수자리의 본성으로 연결된 두 배의 남성적인 울림은, 반드시 좋은 면과 나쁜 면으로 가득 찬 긴밀한 관계로 이어지지요. 또한 그것은 즐거움과 다툼, 흥분과 분노와 스릴, 웃음과 눈물, 실패와 승리로 가득 찬 관계지요. 마치 풍부한 경험으로 짠 거대하고 다채로운 색상의 아프가니스탄 담요 같습니다. 스릴(그리고 망치는 일)에 대해 말하자면, 사수자리 여성은 그가 운에 맡기는 걸 좋아하는 그런 사람이라고 생각하지요. 그는 위험이 많아질수록 더 좋아합니다. 선수로 뛰든 관중으로 참여하든, 그들은 스포츠를 무척 즐깁니다. 그런데 목성의 울림은 때로는 매우 강해서 출생차트의 대부분 다른 행성들을 가립니다. 심지어는 짧은 기간 동안 태양의 빛을 가리기도 할 정도지요. 제가 한 가지 예를 들게요. 사실, 그녀가 사랑하는 사수자리에 관해서는 어떤 것도 증명할 수는 없습니다. 하지만 다소 설명을 해볼 수는 있겠지요. 이 예를 통해 그녀의 사수자리 남성이 가진 대담한 본성에 대해 조금은 더 이해할 수 있을 겁니다. 그가 그녀에게 대담한 본성을 비밀로 했을 경우라면요.

  클레브 벡스터(1924~2013, 미국 CIA 심문 전문가였으며, 식물을 거짓말 탐지기로 실험하여 식물이 고통을 느낀다고 주장함—옮긴이)는 태양별자리가 물고기자리입니다. 그는 세포의 일차 인지 능력에 대한 이해의 장을 열었지요. 과학에서 '벡스터 효과'(다른 생명체에게도 인지 감각과 동조 능력이 있다는 이론—옮긴이)에 대한 격렬한 논란을 일으켰던 장본인이며, 폴리그래프를 통해 식물에게 이야기한 물고기자리이기도 하지요. 클레브의 출생차트를 살펴보면, 달별자리를 포함해 몇 개의 중요한 행성이 사수자리에 있습니다. 또한 그의 출생차트에는 천문해석학에서 말하는 대 삼각(같은 원소를 가진 세 개의 행성이 120도로 만나서 정삼각형을 이루는 구조—옮긴이)이 두 개 들어 있습니다. 물 원소의 대 삼각과 불 원소의 대 삼각입니다. 대 삼각이 작동하는 방식은 사수자리 남성의 마음을 사로잡습니다.

  클레브는 자라면서 물에 빠지는 것에 대한 두려움과 불에 대한 공포 그리고 고소공포증에 시달렸습니다. 그런데 그가 열일곱 살이던 어느 날, 그가 가진 여러 개의 사수자리 별들과 사수자리 달이 말했지요. 공포를 극복하려면 공포가 주는 도전을 받아들이는 것이 유일한 방법이라고요. 그의 무의식은 그렇게 호소했답니다. 그의 해왕성(물고기자리 지배행성)은 무서워 떨면서 울었지만 사수자리 별들이 그를 뒤에서 떠밀었습니다. 그는 뉴저지에 있는 모호크 호수에서 대담하고 스릴 넘치는 모험을 완벽하게 해냅니다. 클레브는 운동복 바지에 불을 붙이고, 25미터 높이에서 불꽃으로 활활 타오르는 풀장 속으로 다이빙을 했답니다. (휘발유는 미리 부어놓고, 묘기가 시작되기 2초 전에 불을 붙였지요.)

정말 대단하지요? 물의 대 삼각과 불의 대 삼각을 동시에 달성하다니! 그는 스스로 모험을 하고 직접 경험해야 직성이 풀리는 사수자리식 충동에 대한 완벽한 예입니다. 하지만 클레브는 그의 공연이 비겁한 연기인지 진짜 용감한 것인지에 대한 확신이 없었습니다. (물고기자리의 겸손함 때문이지요.) 하지만 그는 몇 번이나 수많은 관중들이 지켜보는 가운데 그 장면을 재현했답니다. 그는 정말로 엄청난 스릴을 제공했지요. 하지만 그렇게 하기까지 결코 쉬운 장면만 있었던 것은 아니랍니다. 그는 그 어려움을 사수자리식으로 돌파했지요.

뉴저지 시절로 시간을 돌려볼게요. 그때 그가 25미터 공중에 서서 아래에 있는 물과 불을 어지럽게 내려다보며 동작을 연습할 때, 그의 태양별자리인 물고기자리는 거꾸로 떨어지는 것을 거부하려고 했습니다. 그는 겁에 질렸지요. 그때, 갑자기 그에게 먼저 운동복 바지에 불을 붙여야겠다는 생각이 떠올랐답니다. 그리고 엉덩이에 정말로 불이 붙었을 때, 다이빙을 하기 싫던 마음이 갑자기 사라졌다고 클레브는 말합니다. 떨어지는 것 말고는 다른 방도가 없었지요. 어서 서둘러! 실제로 엉덩이에 불을 붙여야겠다는 그의 생각은 실용적이고 유머를 사랑하는 사수자리 달의 영향이었을 겁니다.

사수자리 여성은 사수자리 연인이나 배우자에게 짓궂은 농담의 대상이 되는 걸 각오하는 게 좋습니다. 그의 유머와 놀이 취향을 건드리지 말고 놔두는 쪽이 현명하답니다.

또 둘 중 한 사람 또는 두 사람 모두 현금을 신중하게 다루지 않습니다. 출생차트의 동쪽별자리와 달별자리가 물 원소나 흙 요소가 아니라면요. 그들은 즐겁게 돈을 쓰고 투자도 하며, 빌려주기도 하고 도박도 합니다. 그들은 돈 버는 일도 좋아합니다. 하지만 불쾌한 일이나 직업에 남아 있는 사수자리는 희귀한 경우입니다. 사수자리는 따분한 직업은 재빠르게 그만두고 흥미롭다고 생각하는 직업으로 옮겨갑니다. 그들은 때로는 부당함 때문에 분노에 차서 떠납니다. 때로는 모욕을 받거나 또는(이 편이 더 많겠지만) 그가 상사를 모욕했기 때문에 떠납니다. 그도 그녀도 일시적인 실업 상태에 대해 지나치게 화를 내지도 않고, 직업이 바뀌는 위험을 대단히 걱정하지도 않습니다. 두 사람 모두 미래에 대해 낙관적이고 비 오는 날을 예상하면서 우울하게 돌아다니는 일은 거의 없지요. 상징적으로 말해, 사수자리는 늘 햇빛을 기대하고 거의 항상 햇빛을 받습니다.

양쪽 다 불 원소이므로, 이 두 사람은 약간의 적응만으로도 육체적 만족을 얻을 수 있습니다. 이변이 없다면 사수자리 남성과 사수자리 여성은 거부받을까 봐 두려워하거나 거부당했다고 실망하지 않습니다. 두 사람은 서로를 믿고 손을 내밀지요. 그들은 서로를 만지는 행위에서 일종의 본능적인 친밀감을 느낄 것이고 서로의 욕망에 대해 이해하는 데에는 말이 필요 없을 겁니다. 애정이 담긴 힘차고 따뜻한 포옹 그리고 웃음과 베개 싸움은 종종 장난기 많은 두 켄타우루스 사이의 섹스를 위한 의식입니다. 그들의 열정에는 따뜻함과 마음에서 우러나오는 즐거움이 있지요. 어쨌든 그들은 서로의 팔 안에서 '집과 같은' 편안함을 느낄 겁니다. 두 사람의 섹스에서는 질투심이 문제가 될 수 있습니다. 한 사수자리가 다른 사수자리에게 옛 사랑을 논할 때 느꼈던 아픔과 분노가 나중에 수면 위로 떠오를 수 있지요. 그들은 둘 다 개인으로서 자유가 필요하다고 요구합니다. 하지만 그런 호의를 항상 기꺼이 상대에게 되돌려주지는 않습니다. (이기심이라고 하지요.) 사수자리는 공공연하게 질투심이 많은 별자리는 아니지만, 두 사수자리가 서로 솔직하게 묻고 대답할 때 너무 멀리까지 가도록 내버려둔다면, 대화의 결과는 돌부처조차도 질투라는 짜릿한 통증을 느끼게 만들 겁니다.

두 사람 사이에 종교적인 다툼이 생길 수도 있습니다. 하지만 조금만 신중하다면, 이를 통해 두 사람은 인생이 무엇인가에 대한 이해에 더 가까워질 수 있습니다. 서로 점차 더 가까워지겠지요. 둘 중 어느 누구도 한 사람이 모험을 찾아 밖으로 나가 있는 동안 혼자 남겨진 상태를 견딜 수 없습니다. 그래서 그들은 모든 것을 함께 계획하는 게 낫습니다. 이 남성과 여성이 따로 떨어져 휴가를 보낸다면, 특히 둘 중 한 사람 또는 둘 다 달별자리 또는 동쪽별자리가 공기 원소인 경우에 엄청 놀라운 결과가 생길 수 있습니다. 한 사람 또는 둘 다 돌아오는 것을 잊어버릴 수 있지요! 한 팀으로서, 그들은 둘만의 친밀함이 해가 갈수록 깊어지고 있다는 확신을 가져야 합니다. 만약 그들이 자유결혼이라는 모험을 좇기라도 한다면 사수자리가 게임에서 지는, 보기 드문 사건이 될 수 있습니다.

어딘가로 함께 여행을 가는 건 이 커플에게 언제나 영원히 강력한 마법과 같습니다. 그저 야외에서 밤을 새고 한 침낭에서 잠을 자는 것만으로도 좋습니다. 차갑고 깨끗한 강가에 있는 깊은 소나무 숲 같은, 바람은 향긋한 냄새를 실어오고 별은 머리 위에서 반짝이는 그런 곳에서요. 아니면 좀 멀리 떨어진 태국이나 스코틀랜드 같은 비현실적인 장소(스코틀랜드에 가 본 적이 없다면 거기는 비현실적인 곳이랍니다. 당신이 한 번도 방문한 적이 없는 곳이라면 어디든 비현실적인 곳이지요.)로 일정한 기간을 두고 이동하고, 탐구하고, 제비를 쫓아가고, 낯선 곳에서 조약돌이 깔린 거리 위의 산호색 줄무늬가 그려진 하늘을 보려고 새벽에 일어나는 일은 두 사수자리 연인 또는 부부에게 꼭 필요한 삶의 방식이지요. 회사에서 두 사람에게 '휴가'를 허락하지 않는다면, 저 감춰진 날개들이 퍼덕이는 바로 그 순간에 그들은 그저 통보만 하고 회사를 그만둘 겁니다. 걱정 마세요. 그들이 여행에서 돌아올 때쯤이면 목성의 행운이 새로운 일과 직장을 무릎 위에 툭 떨어뜨려줄 테니까요. 저하고 내기 하실래요?

사수자리 Sagittarius　　　　Capricorn 염소자리

불 · 변화하는 · 능동적　　　　　　　　　　　흙 · 시작하는 · 수동적
지배행성: 목성　　　　　　　　　　　　　　　지배행성: 토성
상징: 궁수와 켄타우루스　　　　　　　　　　　　　　상징: 염소
양(+) · 남성적　　　　　　　　　　　　　　　　음(−) · 여성적

사수자리와 염소자리의 관계

··· 하지만 진실이 최선이다. 그러므로 실제로 일어난 일만 말하겠다.

그러니까 그들은 서로의 말을 이해할 수 없었을 뿐만 아니라, 대화하는 예절까지 잊어버렸다.

　사수자리는 우스꽝스러운 존재여서, 어떤 때는 광대처럼 재미있고 어떤 때는 슬퍼하며 갈망합니다. 염소자리는 분별력이 있고, 곤경에 처해서도 실수하지 않습니다. 이 두 가지는 사수자리가 몹시 갖고 싶어하는 재능이지요. 사수자리는 모두 약간 '투박한' 신발을 신고 있기 때문에 자신의 발이나 자신이 뱉은 말에 걸려 넘어지는 일이 많으니까요. 하지만 이런 모습은 염소자리의 애정 어린 미소를 유발하지요. 사수자리에게는 거부할 수 없는 어떤 매력이 있습니다. 염소자리는 자기가 가야 할 곳으로 정확히 갑니다. 사수자리는 이런 면 역시 부러운 재능이라고 생각하지요. (약간 짜증이 나기는 하지만요.) 왜냐하면 사수자리는 그들이 가려는 곳이 어디인지 좀 알면 좋겠다고 생각하기 때문입니다. 설령 안다 해도 목적지에 도착한 지 얼마 되지 않아, 다른 어딘가를 향해 잰걸음으로 떠나겠지만요. 2−12 태양별자리 관계이기 때문에, 이 두 사람은 많은 시간을 서로 배우고 가르치면서 보냅니다. 염소자리가 가르치는 일의 대부분을 담당하고 사수자리는 마지못해서 배우는 쪽이 되겠지요.

　둘은 서로에게 매력적인 자질이 많습니다. 예를 들어, 사수자리는 치과 진료 의자 같은 곳에서도 놀라운 자기 통제력을 보여주는 염소자리에게 절대적인 경외심을 갖

습니다. 염소자리는 한판 도박과도 같은 인생이라는 게임에서 높은 판돈을 거는 사수자리의 배짱을 은밀하게 부러워합니다. 사수자리의 성급한 언동에 대해 염소자리가 못마땅한 소리를 내고 투덜거리지만, 속으로는 부러워하지요. (만약 그 사수자리가 머릿속으로만 항상 여행을 가고 모험을 하며, 어린 시절에 받은 지나친 훈육 때문에 절대로 뛰려 하지 않고, 그저 뛰는 것을 상상만 하는, 비정상적으로 조용한 켄타우루스 중 하나가 아니라면요.) 하지만 사수자리에게는 고개를 돌리게 만드는 다른 자질도 있습니다. 너무 지나치다 싶은 경우입니다. 예컨대 여행은 이 둘 사이에 상당한 충돌을 야기합니다. 대부분의 사수자리는 세계를 탐험할 때는 몸으로 분주하게 돌아다니고, 철학과 종교를 탐구할 때는 느릿느릿 걷는 것을 좋아합니다. 반면, 염소자리는 심하게 활동적이거나 부산스럽게 움직이는 생각을 하는 것만으로도 초조해집니다. 공항 터미널에서 살다시피 하고 언제든 떠날 준비가 된 여행 가방 꾸러미를 보면 염소자리는 기겁합니다. 또 염소자리는 철학과 종교에 대해 장난삼아 생각하는 것도 찬성하지 않습니다. 아버지와 어머니가 만족하던 것이 바로 염소자리가 만족하는 것입니다. 「그 옛날의 종교를 제게 주세요」(1873년으로 거슬러 올라가는 전통적인 찬송가―옮긴이)는 요새 듣기 힘들지만 전형적인 염소자리가 좋아하는 찬송가랍니다. 그가 어린 시절 다녔던 교회는 견실하고 안정적이었지요. 그런데 대체 왜 교회의 교리에 대해 질문을 해야 할까요? 플라톤은 실용적이고 소크라테스는 합리적이었지요. 그런데 왜 새로운 가설을 실험해야 하지요?

사수자리가 신랄하게 반박합니다. "당신이 더 공부해보면 관념의 세계가 얼마나 흥미로운지 알게 될 거예요! 저는 진실을 찾고 있답니다. 당신은 진실을 구해본 적이 없나요?"

염소자리가 하품을 합니다. "찾는다, 찾는다, 찾는다라… 그래서 뭐라도 발견했나요?" (주의: 고대 천문해석학의 전설에 따르면, 염소자리는 항상 헤브루족을 다스렸습니다.) "온 세계를 돌아다니는 것은," 염소자리는 고집스럽게 말을 이어갑니다. "당신이 알지도 못하는 무언가를 찾아다니는 것은 시간 낭비라는 죄를 짓는 일이에요. 그 에너지로 가치 있는 일을 성취할 수 있을 텐데요. 저는 당신처럼 방향 감각도 없이 헛바퀴를 돌리기보다는 분명한 계획에 따름으로써 진짜 필요한 가치를 배우지요. 저는 느린 사람이 아닙니다. 답답한 사람도 아니지요. 사실 내년에 미술 공부를 위해 유럽 여행을 하려고 해요. 그런데 저는 제가 왜 가는지, 어디로 가는지, 비용은 얼마나 들 것인지를 알고 갑니다. 그곳에서 뭔가가 저를 기다리고 있을 거라는 망상 따윈 하지도 않고요. 물론 로마까지 들러서 트레비 분수에 세 개의 동전을 던지면서 소원을 비는 일도 없을 거예요." 전부는 아니지만, 대부분의 염소자리는 확고하게 땅에 중심을 둡니다. 그들 중 일부는 지나치게 군건하다 못해 너무 오래 한곳에 서 있었기 때문에, 땅속에 뿌리를 내리고 수세기 동안 조상의 집 주변을 휘감아 올라간 거칠거칠한 덩굴손이 있는 담쟁이 같은 인상을 주기도 하지요.

염소자리와 사수자리의 대화 유형이 항상 정해져 있는 것은 아닙니다. 드물긴 하지만, 보다 조용하고 내성적인 사수자리들은 염소자리와 함께 일상적인 이야기를 나누며 잘 지냅니다. 하지만 대부분의 사수자리는 더 열정적인 대화를 좋아하지요. 그들은 다정한 강아지처럼 계속해서 질문을 하고, 모든 것에 대해 알고 싶어합니다. 처음에는 염소자리도 질문에 대답하는 걸 귀찮아하지 않지요. 이 진지한 영혼에게 지혜를 전해주는 건 즐거운 일이니까요. 하지만 시간이 좀 지나면 한 가지 사실이 분명해집니다. 독립적인 사수자리는 토성이 전해준 모든 지식을 무시하지요. 염소자리는 그 모든 걸 게임일 뿐이라고 생각합니다. 그는 게임에 귀중한 시간을 낭비하는 걸 즐기지 않지요. 사수자리는 염소자리가 너무 과묵하며 속마음을 결코 터놓지 않는다고 불평할지도 모릅니다. 염소자리는 사수자리가 가만히 있는 법이 절대 없으며, 남의 말에 귀 기울이지 않는다고 불평할 겁니다.

목성의 이상주의와 탐구심이 토성의 지혜와 신중함과 부딪힐 때 종종 일어나는 일입니다. 그런데 조절하는 지혜가 없는 이상주의는 무엇이 될까요? 또는 길잡이가 되어줄 신중함이 없이 탐색만 하면 뭐가 될까요? "산만해요." 염소자리가 으르렁거리듯 말합니다. "훨씬 재미있어요."라고 사수자리가 대꾸합니다. 이런 식입니다. 하지만 두 사람은 끊임없는 논쟁으로 일을 망치는 대신, 영예로운 업적을 함께 쌓을 수도 있습니다. 염소자리가 모든 걸 아는 체하는 저 높은 절벽에서 내려오고 사수자리가 그의 성급함을 억누른다면요. 두 사람에게 필요한 건 그들에게 유익한 훈계를 하는 사자자리이며, 소란을 멈춰달라고 요구하는 양자리이며, 그들이 하는 불평의 양쪽 측면에 공감하고 공평하게 들어주는 천칭자리이고, 둘 다에게 상당히 필요한 겸손의 교훈을 가르쳐줄 물고기자리입니다. 두 사람은 어느 쪽도 겸손이 대단한 미덕이라고 여기지 않지요. 사수자리는 가까스로 그 단어를 이해할 뿐이고, 염소자리는 단지 겸손한 척합니다. 겸손하게, 앞으로 나서지 않는 토성의 겉모습 밑에는 모든 주제에 관해 깊이 몸에 밴 모종의 확신이 있지요. 자신의 가치에 대해서는 제외하고요. 이 부분에서 염소자리는 가슴이 아플 정도로 자신감이 없답니다.

인간관계에 있어 엄격한 토성의 회계장부에서 긍정적인 면을 살펴보자면, 염소자리는 사수자리의 결코 꺼뜨릴 수 없는 신념을 칭찬하며 존경합니다. 말로는 표현하지 않지만요. 사수자리 또한 날아오르기 전에 주위를 둘러보는 염소자리가 옳다는 걸, 마음 깊숙이 알지요.

두 사람은 돈에 관해서는 완전히 다른 태도를 갖습니다. 저는 이 규칙을 증명하는 예외를 발견하려고 애써왔답니다. 언젠가는 예금계좌가 없는 염소자리(아이들도 포함해서)를 만나기를요. 많은 염소자리가 여러 은행에 한 개 이상의 여러 계좌를 가지고 있습니다. 사수자리는 예금통장보다는 현금을 모으는 걸 더 좋아합니다. 하지만 저축할 만큼 충분히 남아 있을 때는 드물지요. 당신이 만약 사수자리 회계원이나 공인회계사나 은행가를 알고 있다면, 그 사람은 입양되었든지 아니면 달별자리나 동쪽별자리가 흙 별자리일 겁니다. 사실 사수자리는 영리합니다. 계산도 빨리 할 수 있고요. 하지만 돈을 모으기보다는 쓰는 일에 더 빠르답니다. 예금계좌를 가진 소수의 사수자리도 있겠지만, 이 경우에도 인출하는 게 예금하는 것보다 앞섭니다. 달별자리나 동쪽별자리가 황소자리, 처녀자리, 염소자리에 있는 사수자리라면, 경제적인 면에서 염소자리와 더 조화로운 울림을 갖게 될 겁니다. 그렇지 않다면, 돈은 둘 사이에 '모든 악의 근원'이라고 여겨질 겁니다.

　사수자리와 염소자리가 함께할 때 좋은 면을 한 가지 찾자면, 사수자리의 잔인할 정도의 솔직함입니다. 찌르는 화살과 같은 정직함은 덜 두꺼운 피부를 가진 다른 태양별자리를 맞히고 튕겨 나오는 것보다 염소자리에게서 훨씬 쉽게 튕겨져 나옵니다. 사수자리 친구, 연인, 배우자, 어린이, 친척 또는 사업 동료가 염소자리를 향해 고통스러운 진실에 대한 가시 돋친 의견을 연거푸 퍼붓는 데 대부분의 시간을 쓰더라도, 염소자리는 그저 어깨를 으쓱하고 말지요. "그래서요?" 염소자리는 대꾸합니다. 이 사람을 동요시키는 건 쉽지 않습니다. 그럼에도 불구하고 사수자리는 자제해야 합니다. 지나치게 많은 부주의한 발언을 듣는다면, 아무리 염소자리라도 토성 특유의 진실에 관한 심각한 견해를 밝히며 사수자리를 비난할 수 있습니다. 이것은 태평스러운 사수자리를 방구석에서 몇 달 동안 곰곰이 생각하게 만듭니다. 토성의 지배를 받는 염소자리는 충동적이며 지나치게 솔직한 사수자리에게 필요한 훌륭한 교사랍니다.

　처음에 얼핏 봤을 때는 사수자리가 염소자리를 이리저리 휘두르는 것처럼 보입니다. 적어도 밖에서 봤을 때는 그렇게 보이지요. 하지만 그런 동안에도 내내, 염소자리는 조용하고도 단호하게 자기 일을 하고 있습니다. 요컨대 사수자리는 아무 실익을 거두지 못합니다. 모든 흙 원소 별자리처럼 염소자리는 논쟁을 피하려고 일시적으로 굴복할 뿐입니다. 충분히 참았다고 생각한 순간, 대지를 파헤치는 염소자리의 발을 보세요. 끓어오르는 분노덩어리처럼 음침하게 주저앉은 채, 사수자리를 일 인치라도 더 밀어내려 바라보는 반짝이는 눈동자를 보세요. 어서 밀어붙여봐! 이제 무슨 일이 일어났는지 보세요. 대부분의 사수자리는 밀어내기를 멈춰야 할 때를 알아차릴 정도의 상식은 있답니다. (염소자리가 진짜로 화내기 전이지요. 그때는 멈춰야 할 때입니다.)

　사수자리는 마음으로부터 광대랍니다. 자전거를 타고 서커스 주변을 어슬렁거리는 걸 동경하지요. 인생의 여러 문제들을 가볍게 여기는 태도를 지녔답니다. 그들은 지나치게 조바심을 내거나 걱정하는 것을 힘들어하며, 기본적인 천성이 명랑하고 용감하며 희망에 차 있습니다. 그들이 무지개의 어두운 면을 발견했을 때 끔찍하게 고통스러워하는 이유지요. 염소자리의 천성은 우울하며 제한적(스스로 부과한 제한이지요.)입니다. 지나침에 대한 경고 신호와 인생이라는 바위 절벽 위에서 넘어지지 않을 균형 감각을 타고났지요.

말하고 행동하는 모든 면에서 사수자리는 낙천적이고 염소자리는 비관적입니다. 사수자리의 낙천주의는 조심성 많은 염소자리를 괴롭힙니다. 염소자리의 비관주의는 사수자리의 날아오르는 영혼을 우울하게 만들지요.

하지만 행복한 사수자리 광대가 목성의 믿음과 관대함을 공유해주지 않는 무정한 사람들 때문에 마음의 상처를 받을 때, 염소자리는 다정한 부드러움과 지혜로 아픔을 치유해주기 위해 그 자리에 있을 것입니다. 사수자리가 기억하는, 어렸을 때 조부모님이 해주신 그 방식과 아주 많이 닮은 방식으로 말이지요. 자신의 이상주의적인 머리 위로 온갖 종류의 비통함을 뚝뚝 떨어뜨리는 경솔한 사수자리가 염소자리의 토성이 주는 충고를 무시할 때면, 염소자리는 무뚝뚝하게 꾸짖고 야단치지요. 하지만 어느 누구도 그보다 더 온화하고 더 다정할 수 없답니다.

"그만, 그만 됐어요." 염소자리가 달랩니다. "슬퍼하지도 침울해하지도 말아요. 좀 있으면 모두 잘 될 거예요. 비 온 뒤에는 항상 해가 뜨잖아요, 당신이 제게 가르쳐줬잖아요."

그렇습니다. 사수자리가 염소자리에게 가르쳐준 게 정확히 그거지요. 그래서 염소자리는 사수자리에 비해 훨씬 현명하답니다.

사수자리 여성과 염소자리 남성

"그를 쓸데없이 짜증나게 하지 마."

그러니까 당신은 진실을 좋아한다는 거지요? 진실이 아무리 상처를 주더라도 말이에요. 안 그런가요, 사수자리 씨? 그 대가가 아무리 고통스러울지라도, 당신은 정직을 믿는 것 아닌가요? 좋아요, 마음 단단히 먹으세요. 당신은 정직을 청했고, 이제 그걸 얻으려는 참이랍니다. 이 지구상에는 아기 때나 어린 소년이었을 때 슬프게도 고아가 된 염소자리가 있을 겁니다. 그리고 자신의 부모가 싫다고, 아직 어릴 때 집을 멀리 떠나 서커스단에 들어간 염소자리도 있겠지요. 아마 5~6명 정도는 될 겁니다. 지구 전체에서요. 보다 일반적인 염소자리는 성 패트릭 성당 건너편에 있는 뉴욕 5번가의 아틀라스 동상이 그의 어깨에 세계를 지고 있는 것과 아주 똑같은 방식으로 그의 가족을 떠받들 겁니다.

이것은 쾌활하고 의심할 줄 모르는 사수자리 여성에게 주는 경고입니다. 그녀는 자신의 연인인 염소자리 남성이 그녀를 우주에서 가장 사랑한다고 생각하지요. 물론 그는 그녀를 사랑합니다. 심지어 그녀를 숭배하고 기념일에는 꽃다발을 가져올지도 모릅니다. (꽃집 주인이 반값으로 세일하고 있을 때라면) 그의 차를 운전하도록 허락해줄 수도 있지요. (만약 그렇다면, 그는 진짜 그녀를 사랑하는 겁니다.) 하지만 그녀는 이 우주에서 그에게 가장 중요한 존재가 아니며 결코 그렇게 되지도 않을 겁니다. 그 명예는 그의 가족에게 있지요. 염소자리 남성이 숨 쉬고 있는 동안은 바뀌지 않습니다. 가족들이 그의 기쁨이든, 서로 잘 지내지 못해서 그에게 짐이 되든 상관없답니다. 가족은 가족이지요. 어떤 염소자리 남성이 형제자매나 부모님에게서 돌이킬 수 없는 상처를 받은 경우, 그는 영원히 가족을 보지 않을 수 있을 겁니다. 하지만 상처는 평생 동안 남습니다. 게자리 남성과는 달리, 염소자리는 부모가 살고 있는 실제 공간에 쓸데없이 집착하지는 않습니다. 염소자리는 가족이 살고 있는 도시나 주 밖으로 이사하기도 합니다. 하지만 가깝게 지내든 멀리 떨어져 지내든, 이 남성을 그의 가족으로부터 떼어내려고 애쓰는 것은 폭스바겐을 공중에 떠받친 접착제를 떼려고 애쓰는 짓과 같습니다. 미친 접착제라고 부르는 것이 좋겠네요. 그런 불가능한 일을 시도한다면 제정신이 아닌 거지요.

사수자리 여성에게 가족은 확실히 행복한 것이며 그 주변에 살면 분명히 편리합니다. 돈을 꿀 수도 있고 때로 주말에 잘 곳이 필요할 때 찾아갈 수도 있지요. 하지만 그녀는 개인주의자입니다. 아마도 그녀는 일찌감치 가족을 떠날 겁니다. 멀리서 울리는 뮤즈의 노랫소리를 따라 서둘러 떠나지요. 그녀가 가끔씩 우편엽서로 안부 인사를 전하기만 한다면 전혀 문제될 건 없습니다. 새는 어차피 둥지를 떠나는 것 아니겠어요? 사실, 자연에서는 부모가 아기 새를 둥지 밖으로 밀어 떨어뜨린답니다. 아기 새가 날 수 있도록요. 그래야 아기 새가 독립할 수 있으니까요. 사수자리는 이 이야기가 합리적이고도 흥미로운 자녀 양육 이론이라고 생각하지요.

하지만 염소자리는 잔인하고 소름끼치며 냉정한 일이라고 생각합니다. 염소자리는 그 생각만으로도 너무나 끔찍해서 새파랗게 질립니다. 겨울이 오면 누가 그들을 먹여주고 보살펴주나요? 아기 새 말고 부모 새 말이에요. 게자리는 걱정스러운 상황이 될까 봐 걱정합니다. 염소자리는 자신의 가족을 보살핍니다. 자신이 보호받으려는 게 아니라, 그들에게는 보호가 필요하다고 생각하기 때문입니다. 둘은 다른 얘기지요. 최종 결과는 같습니다. 게자리나 염소자리는 가족과 떨어져 살기 어렵습니다.

염소자리 부모와 게자리 자녀에게 아니면 그 반대 경우라도, 과연 어떤 일이 일어날지 상상이 되시나요? 끔찍하지요, 진짜 끔찍하답니다. 게자리와 염소자리 부분을 읽어보세요. 하지만 지금은 말고요. 우리는 가련한 사수자리 아가씨를 아직 그녀의 사랑하는 염소자리 남성에 대한 낭만적인 생각에서 구해내지 못했으니까요.

염소자리 남성은 적극적인 유형이 아닙니다. 그들 중 대부분은 측은할 정도로 보수적이며 정중합니다. 이 남성은 정글의 타잔처럼 그녀를 재빠르게 잡아채어, 달빛 아래 조용한 호숫가에서 구애하는 그런 남자가 아닙니다. 다른 사람이 보고 있거나 아니면 낯선 고릴라가 한밤중에 산책하다가 우연히 그곳을 지나가게 되면 어쩌지요? 염소자리는 '사람들이 어떻게 생각할 것인가?'에 대해서 꽤나 신중하며 항상 염려합니다. 그가 낭만적이지 않다는 뜻이 아닙니다. 단지 그의 로맨스에는 소심함이 섞여 있다는 의미입니다. 하지만 그가 수줍은 웃음을 지으며 모험하듯 조심스럽게 말할 때, 그가 조용히 눈동자를 반짝이며 오직 두 사람만 알고 있는 방식으로 친밀한 이야기를 건넬 때, 그를 사랑하는 사수자리 여성에게 그는 놀랄 만큼 정글의 영웅과 닮아 보일 것입니다. 그가 덩굴에 매달려 있지 않아도요. 다른 남성들은 죄다 서투르고 말만 번지르르하며 강압적이고 미성숙한 원숭이처럼 보이겠지요. 만약 염소자리 남성이 절대로 아닌 면이 있다면 미성숙한 것입니다. 그의 감정적인 성숙함은 그녀가 그에게 가장 많이 바라는 것이지요. 이것을 감지할 수 있기 때문에 그녀가 그를 신뢰하는 겁니다.

염소자리 남성은 어린 소년일 때조차 어린 소년처럼 행동하지 않습니다. 지나치게 술을 마시거나 마약을 복용하거나 사람들 앞에서 자기감정을 쏟아놓는 염소자리가 있다면, 출생차트에 심하게 상처 입은 별이 있을 겁니다. 그의 행동은 질책받을 게 아니라 동정받아야 하지요. 그런 행동은 그 누구보다 자신의 마음을 더 괴롭힐 테니까요. 무엇보다 그런 모습은 염소자리의 천성이 아닙니다. 누군가가 자기 태양별자리의 본질에 진실하지 않는 상황은 매우 심각한 차원의 경고 신호입니다. 게으른 처녀자리, 자신감이 부족한 사자자리, 강압적인 물고기자리, 허풍이 심한 황소자리 등이지요. 이런 사람들의 삶은 슬픈 길로 이어질 수 있답니다.

사수자리 여성이 염소자리 연인이나 배우자가 자기에 대해 띄엄띄엄 기억하고 있는 것이 불만이더라도, 그녀의 솔직하고 무뚝뚝한 성격을 통제할 줄 알아야 합니다. 유의어 사전을 공부해두면 좋습니다. 화가 났을 때 머릿속으로 유의어 게임을 한다면 많은 위험을 피할 수 있지요. 이런 식입니다. '이기적'이라는 뜻의 다른 말이 없을까요? '제멋대로'라는 말은 어떨까요? '차갑고 무정한'이라는 말을 다르게 표현하는 방법은요? '합리적이라거나 무감각하다'는 표현은 어떨까요? '인색한'이라는 말은 가혹하지요. '실속 있는' 또는 '절약하는'이라고 바꾸는 게 더 부드럽게 들릴 거예요. 또 '고루하다'는 말 대신에 '신중하고 점잖은'이라고 말하기로 하지요.

예컨대 그녀가 그에게 이렇게 소리 지른다면 어떨까요? "당신은 이기적이에요! 냉정하고 무심한 사람이라고요! 게다가 인색하고 답답하기 짝이 없어요." 그녀는 그를 잃게 될 겁니다. (또한 그의 견실하고 참을성 있는 지도를 받아 성숙해질 기회까지 잃는 것이랍니다.) 대신에 그녀가 이런 식으로 차분하게 말한다면 어떨까요? "있잖아요, 당신 가끔 무척 제멋대로예요. 그리고 조금 지나치게 실용적이며 실속 있고 세심한 사람이고요. 그거 알아요?" (설령 그녀가 작은 소리로, 그가 인색하고 이기적이며 무정한 괴물이라고, 들리지 않게 툴툴거리더라도) 그녀가 불만을 이런 식으로 표현한다면, 그는 아마 날카로운 면을 약간 부드럽게 해야겠다고 생각할 겁니다. 심지어 그는 웃음을 터뜨릴 수도 있습니다. 네, 웃을 겁니다.

놀랍게도, 자신의 태양별자리가 지닌 달갑지 않은 면을 묘사할 때 사람들은 무척 즐거워한답니다. 황소자리에게 충동적이라고 말하면 인상을 찌푸립니다. 똑같은 말을 양자리에게 하면 즐거워하지요. 사자자리에게 자부심이 강하다고 말하면 활짝 웃을 겁니다. 똑같은 말을 처녀자리에게 하면 불쾌하게 생각할 거고요. 쌍둥이자리에게 변덕이 심하다고 말하면, 그들은 찬성하는 의미로 씩 웃지요. 똑같은 말을 전갈자리에게 하면 억울해서 화를 냅니다. 전갈자리가 변덕이 심하다고요? 절대로 그렇게 말하면 안 됩니다. 그러니 염소자리에게 보수적이라고 말하면, 자신의 신중한 태도에 대한 칭찬으로 받아들입니다. 사수자리 여성에게 보수적이라고 말하면, 그녀는 쇠똥이나 밟으라고 쏘아붙일 겁니다. 다른 사람의 눈에는 단점으로 보이는 많은 것들이 그 자신에게는 장점으로 느껴질 수 있습니다. 그게 좋지요. 그렇지 않으면 아무도 스스로를 용납할 수 없을 테니까요, 그렇지 않나요? 맞아요! (양자리는 항상 옳고, 결코 틀린 적이 없답니다. 자기중심적이라고 생각하세요? 저는 양자리랍니다. 저는 그게 정말 멋진 자질이라고 생각하지요! 여기에 부정적이라면 당신이 질투하는 거랍니다.)

염소자리 남성이 냉정해 보이는 건 의심의 여지가 없습니다. 왜냐하면 자신의 감정이 짓밟힐까 봐 남한테 드러내 보여주기를 두려워하기 때문이지요. (사수자리 여성은 때때로 그의 마음을 아주 세게 짓밟고 지나갈 수도 있습니다.) 하지만 그는 완전히 이기적이지는 않습니다. 그 자신에게 가장 사려 깊다는 건 사실이지만, 그가 이기적이라고 끊임없이 지적하는 것은 그로 하여금 그 이미지대로 행동하게 만들 뿐이지요. 당신이 사랑하는 그 사람은 당신이 생각하고 마음속에 그린 그 이미지와 점차 일치해갈 겁니다. 그걸 모르셨다고요? 사랑이라는 강력한 울림의 영역에서 일어나는 인간 감정의 상호 반응과 관련해 주목해야 할 형이상학적인 법칙이랍니다.

사랑에 대한 이야기는 우리를 섹스로 이끕니다. 두 가지는 분리될 수 없는 것이지요. 섹스만 있으면 우리 영혼은 병들 것이고 극도의 공허감을 느끼게 됩니다. 반대로 사랑만 있고 섹스가 빠지면 성취감을 느낄 수 없으며 외롭습니다. 왜냐하면 사랑과 섹스는 쌍둥이와 같기 때문입니다. 흙 원소와 불 원소로 이루어진 이 2−12 태양별자리 관계의 섹스는 어떻게 적응하느냐에 따라 달라집니다. 좋을 수도 있고 나쁠 수도 있지요. 처음에는 만지려는 충동도 강하고 서로의 신체에 대한 호기심도 강합니다. 이런 점이 그들 사이의 화학반응에 많은 매력을 더해주지요. 염소자리 남성은 굉장히 다릅니다. 연인으로서는 어떤 사람일까요? (그녀는 생각합니다.) 사수자리 여성은 너무나도 다릅니다. 그녀를 완전히 소유한다는 것은 어떤 걸까요? (그는 생각합니다.)

서로에 대한 강렬한 호기심은 둘 사이에 강력한 성적 매력을 만들어냅니다. 두 사람의 사랑이 첫 단계를 지나 익숙한 단계에 들어서면, 두 사람의 육체적 측면은 그 호소력을 상실하기 시작합니다. 호기심이 충족되면 떨리는 기대감은 무뎌지지요. 하지만 그가 좀 더 많은 상상력을 발휘하고 그녀가 좀 더 인내한다면, 익숙함이 반드시 모멸감을 자라게 하지는 않는다는 사실을 알게 됩니다. 익숙함은 낯선 것에 대한 단순한 호기심에는 없는 따뜻한 애정과 깊은 정열을 안겨주지요. 염소자리 남성은 섹스 뒤에 곧바로 잠들어버리는 것 같은 눈치 없는 행동을 경계해야만 합니다. 아니면 애정 어린 표현도 없이 섹스를 하려고 한다든지요. 사수자리 여성은 말로 쏟아내는 눈치 없는 성향을 주의해야 합니다. 그가 그녀를 안으려는 순간에 마음 상하게 하는 진실의 화살로 그를 사정없이 제압해버리는 따위의 일을 피해야 하지요. 그러면 그녀는 "냉정하다."라고 그에게 불평을 터뜨리겠지요. 그녀야말로 그의 에로틱한 의도에 찬물을 끼얹은 장본인입니다.

그들을 지배하는 행성이 말합니다. 염소자리 남성의 행성은 토성이며, 토성은 지나치게 억압적입니다. 사수자리 여성의 행성은 목성이며, 목성은 과도하고 압도적입니다. 토성과 목성이 두 에너지를 합칠 때, 이 두 행성은 (말 그대로, 천문해석학에서) 지진을 일으킵니다. 모든 행성은 다른 종류의 힘을 지니고 있습니다. 어떤 행성도 단조롭거나 따분하지 않습니다. 염소자리 남성은 그녀의 충동적이고 열정적인 천성을 더 원숙해지도록 이끌어야 합니다. 더 깊고 더 만족스러운 환희로 이끌어야 하지요. 그리고 그 과정에서 그녀의 욕망이 얼어붙지 않도록 조심해야 합니다. 사수자리 여성은, 그가 신중함이라는 토성의 감옥에서 풀어줄 누군가를 얼마나 마음 아프게 열망하는지를 알아야 합니다. 신중함을 버리고, 그녀처럼 감정적으로 자유로워져서 그가 느끼는 열정을 더 강렬하고 깊게 즐길 수 있기를 간절히 바라지요.

그녀가 아는 것 이상으로요.

염소자리 남성은 산꼭대기 높은 곳의 둥지에서 혼자일 때(또는 그녀와 함께) 더 편안함을 느끼는 사람입니다. 시끄럽고 사람들로 북적이는 삶의 한복판을 걷는 것보다는요. 그는 어느 정도의 명성과 세속적인 성공이 필요합니다. (자서전에 서명하는 일만 없다면요. 그런 것은 싫어합니다.) 그는 그의 여인이 그의 공적인 성취와 사적인 업적을 모두 인정하고 존경해주기를 원합니다. 이것은 필수적인 욕구이며 아무리 강조해도 지나치지 않을 정도입니다. 그는 유명한 사람과 성공한 사람을 존경하고 부러워합니다. 적어도 보통 높이의 언덕 꼭대기에라도 도착하지 못한다면, 그는 스스로 실패한 것으로 여깁니다. 굳이 에베레스트 정상일 필요는 없습니다. 그의 감정을 결정짓는 것은 그 자신에 대한 실망입니다. 자신이 이룬 성취의 수준에 대한 실망이지요. 즉, 그가 실제로 이룬 성취와 그가 마음먹었던 목표 사이의 간극이 문제입니다.

염소자리 남성의 과묵하며 통제된, 필사적으로 산 정상에 오르려는 욕구를 사수자리 여성은 공유하지 않습니다. 하지만 신뢰와 이상을 좇는 그녀가 목성의 활로 쏘아 올리는 빛나는 희망이라는 화살이 가끔 과녁에 명중되고는 하지요. 뭔가를 찾아 헤매는 그녀의 마음은 가끔 기적을 일으킨답니다. 그렇지 않으면 불같은 영혼은 그녀를 떠나버릴 테지요. 불과 영혼이 없는 사수자리를 어디에 쓰겠어요? 무척이나 가련한 여자 광대에 불과하겠지요. 밝고 화려한 분장용 화장이 눈물로 얼룩져버린 광대의 얼굴로 변한 것보다 더 슬픈 것은 없답니다.

성공이 여전히 안개 속에 숨어 있어서 그의 기분이 언짢을 때, 꿈이 지독히도 느리게 실현되기 때문에 그녀가 우울할 때, 두 사람은 좀 멀리 가는 비행기를 타야 합니다. 마법이 느껴지는 이국적인 곳으로요. 이제 더 이상 서로 잘 자라는 키스를 하지 않게 된 염소자리 남성과 사수자리 여성이라면 꼭 함께 여행을 떠나야 합니다. 때로 소원을 들어주는 별을 다시 만날 수 있으니까요.

사수자리 남성과 염소자리 여성

피터의 심장이 귀에 들릴 만큼 쿵쿵 뛰었다. 웬디가 묶여 있다.
그것도 해적선에. 그토록 착한 그녀가!
"웬디를 구하겠어." 피터는 무기를 집으러 뛰어갔다.
그런데 문득 웬디를 즐겁게 해줄 만한 일이 생각났다. 약을 먹는 거였다.

인생에서 원하는 게 무엇인지 그리고 그걸 얻으려면 어떻게 시작할지를 정확히 아는 것처럼 보이는 매혹적인 여성이 여기 있습니다. 사수자리 남성은 염소자리 여성의 목표가 자신의 것만큼이나 거대할 수도 있음을 느끼고 긴장합니다. 그녀는 조용하고 겸손합니다. 그가 자신의 생각과 꿈에 대해 말할 때 끼어들지도 않습니다. 그래서 그는 그녀가 아주 특별한 숙녀라고 인정합니다. 하지만 그의 눈에 그녀는 온화하고 고분고분한 여성처럼 보입니다.

사수자리 남성은 크게 실수하는 겁니다. 그녀는 여성적인 태양별자리 아래에서 태어났지만, 그 본성은 남성적인 행성인 토성의 영향 아래 있습니다. 어떤 행성도 토성보다 남성적이지는 않지요. 상냥한 태도를 지녔더라도 그녀는 결코 유순하지는 않습니다. 그녀는 물론 매력적입니다. 하지만 뒤뜰 사과나무 아래에서 후프스커트를 입고는 레이스 달린 양산을 빙빙 돌리면서 발끝으로 걸으며, 그를 놀려주려고 향수 뿌린 손수건을 떨어뜨리는 모습을 상상하면 안 됩니다. 이 여성은 강하답니다. 결국 그녀는 자신의 성별과는 전혀 상관없이, 산 정상을 오르는 염소랍니다. 그녀가 가는 길에서 얻는 것은 뭐든지 소화합니다. 그녀를 화나게 하는 한 가지 음식만 빼고요. 그것은 '어리석음'이라는 상표가 붙은 캔에 들어 있지요. 염소자리에게 '어리석다'는 것은 시간을 낭비하게 하는 모든 것이며 구체적인 목표가 없다는 뜻입니다. 여기에는 물론, 장난삼아 하는 게으른 로맨스와 계획 없이 하는 우발적인 로맨스도 포함됩니다. 장난삼아 하는 로맨스를 그녀가 싫어한다고 말한 게 아닙니다. 장난삼아 하는 **게으른 로맨스**라고 했지요. 저는 그녀가 로맨스를 싫어한다고 말하지도 않았습니다. 계획 없이 하는 **우연한** 로맨스라고 했지요. 거기에는 중요한 차이점이 있답니다. 핵심은 염소자리 여성은 로맨스를 시작하기 전에 상대의 의도가 무엇인지 알고 싶어한다는 사실입니다. 사수자리 남성이 그녀를 향하는 의도에 대해 곰곰이 생각하기 전에 제가 팁을 전해드릴까 합니다. 전형적인 사수자리 남성은 로맨스에 있어서 좀 과하게 개방적인 편입니다. 세상에서 가장 믿음직스러운 유형은 아니지요. 적어도 그가 로맨스 분야를 탐구하고 조사하는 동안은요. 그는 귀네비어(아더 왕의 왕비이며, 기사 란슬롯의 연인—옮긴이)나 메이드 마리안(로빈 후드의 연인—옮긴이) 같은 이상의 여인을 찾은 후에야 순수한 헌신과 충성을 다할 수 있답니다. 하지만 그가 말을 타고 꿈의 여인을 찾아 헤매는 동안 그의 빛나는 갑옷은 빛이 바래고 낡을 수도 있지요. 물론 진실한 사랑은 그 갑옷을 다시 번쩍번쩍 빛나게 할 수 있습니다.

빛바랜 갑옷은 이 여성을 단념하게 하지 않습니다. 염소자리 여성은 모든 일에서 그런 것처럼 사랑에서도 실용적이랍니다. 갑옷이 녹슬면 박박 문질러 닦아 새것처럼 깨끗하고 빛나게 만들지요. 아무도 그 차이를 모를 겁니다. 약간 녹이 슬 정도는요. 녹을 없앨 수만 있다면 야단법석을 떨 일은 아니지요. 어제는 지나가고 오늘은 여기에 있답니다. 내일은 조심해야겠지요. 그녀는 사수자리 남성이 저지른 지나간 과오를 용서합니다. 오늘은 그를 믿을 만큼 충분히 합리적이며 감정적으로 안정돼 있으니까요. 하지만 이후에는 어떤 바보 같은 짓도 그냥 넘어가지 않습니다. 그녀는 길고 여성적인 속눈썹을 한 번 깜박이고는 그를 과거 속으로 가차 없이 버립니다. 그녀가 살아오면서 저지른 몇 가지 실수와 함께요. (신중한 염소자리의 경우 실수한 횟수가 고작 한 손으로 셀 정도지요.)

염소자리 여성의 강인함이 사수자리 남성을 당장 멈추게 하지는 못합니다. 그는 남성적인 태양별자리에서 태어났고, 남성적인 행성인 목성의 지배를 받는다는 사실을 기억하세요. 두 배나 남성적이지요. 하지만 이 여성은 용기 없는 남성에게는 굴복하지 않습니다. 사수자리 남성은 용기 없는 남성이 아니지요. 하지만 그는 기교면에서 좀 서툽니다. 그는 그녀의 자존심을 상하게 하는 솔직한 논평을 생각 없이 불쑥 내뱉지요. (염소자리 여성은 대단히 품위가 있답니다. 특히 사람들 앞에서요.) 그녀가 위트를 싫어하는 편은 아닙니다. 하지만 급소를 찌르는 촌철살인이 없는, 듣기에 지루하기 짝이 없는 얘기에는 눈살을 찌푸리지요. 무례한 매너에는 등을 돌리고요. 그녀는 자신의 단점을 다른 사람들 앞에서 솔직하게 분석하는 얘기를 듣는 것도 좋아하지 않습니다. 그런데 이것은 분명히 사수자리 재능 중의 하나이지요.

그래도 염소자리 여성은 그의 정직함은 인정해줍니다. 그리고 사수자리 남성은 그녀의 정직함을 칭송하지요. 이런 점에서 둘은 아주 잘 맞습니다. 그녀는 합리적이고 실용적이며, 현실을 있는 것보다 더 장밋빛으로 보는 성향은 아니지요. 그는 진실을 허무맹랑한 말로 꾸미기를 거부하기 때문에, 항상 눈에 보이는 그대로를 큰 소리로 얘기하지요. 비슷하게 직설적인 두 사람의 성격은 둘 사이의 공감대를 위한 튼튼한 토대가 되어줍니다. 비록 주변 친구들은 힘들어하더라도요.

이 두 사람은 공통적으로 음악과 미술, 법과 종교에 관심을 갖습니다. 그는 그녀가 마음속에 바라는 꿈을 위해서 어떤 희생도 감수할 거라는 인상을 받습니다. 그는 제대로 봤습니다. 예를 들어, 그녀가 소도시에 살기 때문에 그녀가 원하는 예술 수업을 받을 수 없는 학교를 다닌다면, 그녀는 가스탱크를 채우거나 창을 닦는 일을 할 겁니다. 그녀가 원하는 것을 가르쳐줄 뉴욕으로 가기 위해 돈을 모으려고요. 대부분 염소자리 여성은 정규 교육을 받는 동안에는 어떻게든 가족과 지내며, 그녀 힘으로 독립하게 되면 마지못해서 집을 떠납니다. 사수자리는 목표에 대한 그녀의 무시무시한 헌신을 이해할 수 있습니다. 그 또한 자기 자신에 대해 엄청난 양의 헌신을 합니다. 하지만 그가 에메랄드 도시로 가는 길은 약간 다릅니다. 사수자리는 언제든 마법사가 있는 오즈의 나라나 꿈의 이상향인 샹그릴라로 떠나갈 준비가 되어 있지요. 팔 아래 터틀넥 스웨터를 끼고 주머니에 칫솔을 챙기면 끝이랍니다.

염소자리 여성이 사수자리 남성과 함께 떠나지는 않을 겁니다. 그녀에게는 수백만 가지의 핑계가 있지요. "계획이 없잖아요." 그녀가 말합니다. "그러니까 더 재밌지요." 그가 답합니다. 그녀는 얼굴을 찌푸리고 그는 구슬립니다. 그녀는 완고합니다. 그는 대략 이때부터 그녀가 답답한 사람이라고 생각하기 시작합니다. 하지만 그 순간 그녀가 수줍은 토성의 웃음을 그에게 던지고 그의 마음은 풀립니다. 그는 그녀를 이길 방법이 분명 있을 거라고 생각하면서 밝고 낙천적인 마음이 되어서는 다시 그녀에게 다가가지요. 방법이 있습니다. 당신이 진지하다는 사실만 증명하면 됩니다. 하지만 그녀에 대한 사랑뿐 아니라 당신이 이 사회에 어떻게 기여할 것인지에 대해서도 진지해야 합니다. 그리고 그 보상을 당신이 얼마나 진지하게 기대하는지도 증명해야 합니다. 사수자리 남성은 백일몽이 넘쳐나지요. (인생이 주는 실망감으로 질식할 때까지요.) 그가 그녀에게 한 바구니의 백일몽을 주면 그녀는 감동받겠지만, 기다립니다. 백일몽도 좋습니다. 그런데 청사진은 어디에 있지요? 청사진 없이 집을 지을 수는 없답니다. "바라기만 하면 뭐든지 할 수 있어요!" 사수자리 남성은 휘파람을 붑니다. "그건 디즈니 만화에나 나오는 더블 아이스크림콘 같은 착각일 뿐이에요." 염소자리 여성은 반박합니다. "바라는 것만으로는 부족해요. 당신의 노랫말처럼 우리가 깨어 있을 때 꾸는 꿈이 소원이라면, 그 소원에도 청사진이 필요하답니다. 만약 일이 당신의 생각대로 진행되지 않아서 우리가 결혼했는데 아무도 직업이 없다면, 우리는 뭘 먹고 뭘 입으며 집세는 또 어떻게 내겠어요?"

하지만 염소자리 여성은 나이가 들어갈수록 사수자리 연인 또는 배우자와 함께 별을 횡단하는 일을 즐거워할 것입니다. 그녀는 어렸을 때 기쁨과 자유의 결합을 잃어버렸답니다. 그녀가 105살을 먹고 태어났기 때문이지요. 몇 년 더하거나 빼도 됩니다. 현실적이지만, 비밀스러운 그녀의 열망은 사랑하는 남성과 함께 잃어버렸던 그것을 경험한다는 생각만으로도 심장이 더 빠르게 두근거립니다. 그녀 마음을 여는 열쇠는 인내심입니다. 하지만 모든 충고가 일방적일 수는 없습니다. 사수자리 남성이 일단 그녀의 마음을 정복했다면, 염소자리 여성은 그녀 자신의 행복을 위한 청사진이 필요합니다. 그는 그녀를 어리둥절하게 만들고 종종 직설적인 말로 심한 상처를 줍니다. 염소자리 여성은 그가 그녀를 불쾌하게 하려는 생각이 아니었다는 사실을 이해하도록 노력해야 합니다. 그의 솔직한 말은 진실을 말하고자 하는 충동에서 나온 즉흥적인 것이지요. 그녀가 그린 고대 드루이드교 사제 그림을 배불뚝이 난로 같다고 그가 말하거나, 그녀의 코가 약간 휘었으며 머리카락은 길 때보다 짧을 때가 더 나아 보이고, 그녀의 친한 친구가 바보 같다고 그가 언급했을 때는 실제로 그가 그렇게 생각한 것입니다. 이 남성은 아무리 애를 써도 거짓말은 할 수 없습니다. 어떻게 보면 사수자리 남성에게 사랑받는 건 낭만적인 보험증서 같은 것입니다. 그가 당신을 사랑하지 않는다고 말할 때까지 보장받는 것이지요. 그와 함께라면 적어도 당신도 알고 있지요. 그게 바로 일종의 청사진이 아닐까요, 안 그래요? 사랑하는 여인에게 거부당한 사수자리 남성은 프란체스코회의 수도승이 되거나 상선을 탈 것입니다. 하지만 그는 자신과 그녀에게 정직하려고 하겠지요. 만약 그가 한 번이라도 거짓말을 한다면, 그게 진실이라고 확신을 했기 때문입니다. 그런데 그런 일은 드물답니다. 왜냐하면, 음, 당신이 한 번이라도 어떤 일이든 그를 설득해보려고 한 적 있나요? 쉽지 않답니다. 그가 언쟁에서 이기려고 애쓰는 사람이 그 자신일 때조차도요. 그가 고집이 세다는 게 아니고 (그녀는 확실히 고집이 있지요.) 그는 새로운 생각을 하려고, 상황에 대한 최초의 개념을 바꾸려고 다른 관점을 항상 생각하고 있을 뿐이지요.

이 두 태양별자리가 섹스로 함께 어울릴 때면 두 가지 때문에 고통받습니다. 하지만 원한다면 어느 문제든 해결할 수 있습니다. 하나는 염소자리 여성의 감정을 얼어붙게 만드는 말을 생각 없이 내뱉고 나서, 몇 시간(또는 몇 분) 뒤에 그녀가 자신의 팔에 안기기를 기대하는 사수자리 남성의 성향입니다. 다른 하나는 섹스를 즐거운 필수 항목으로 분류하려는 염소자리 여성의 성향입니다. 섹스는 계획표를 따라야 하고 절대 이를 어겨서는 안 됩니다. 열정이 이성을 지배하도록 허용하는 것에 대한 그녀의 두려움과 결합하지요. 섹스에 임하는 그녀의 태도는 그가 보기에는 지나치게 절제되어 있습니다. 그녀는 사랑의 신비를 느끼는 것이 아니라 자기 몸의 욕구를 그저 견뎌내고 있는 것처럼 보이지요. 이런 식으로는 결코 육체적 합일이 주는 기쁨을 발견할 수 없답니다. 그녀가 포옹을 신뢰하도록 온화하고 부드럽게 그가 돕는 것이 좋습니다. 자신의 내적 자아를 포기하는 것이 오히려 안전하다는 걸 그녀가 확신할 수 있도록요. 하지만 그녀가 그를 신뢰하기 시작하는 바로 그때, 그는 진실이라는 불필요한 화살을 그녀 심장에 쏩니다. 말하지 않는 편이 더 좋았을 그런 말이지요. 토성의 마음이 상처를 받으면 다른 마음들보다 치료하는 시간이 더 길어집니다. 훨씬 더 길답니다.

염소자리 여성은 사수자리 남성의 잔인한 말에, 혹은 친절하고 칭찬하는 말이더라도, 그저 어깨를 으쓱할 뿐인 것처럼 보일 겁니다. 마치 어느 쪽이든 신경 쓰지 않는 것처럼 보이지요. 그런데 그녀는 신경 쓴답니다. 심하게 신경 쓰지요. 그녀는 결코 남에게 내비치지 않지만, 불쾌한 말은 그녀에게 상처를 남깁니다. 친절한 말은, 그가 보고 있거나 듣지 않고 있다고 확신할 때, 그녀를 수줍게 소리 없이 웃음 짓게 하고 행복에 겨운 낮은 탄성을 지르게 합니다. 이 사랑스럽고 진지하며 자족적인 여성의 차가운 겉모습은 표현할 길 없는 깊은 외로움을 내면에 감추고 있습니다. 이 여성은 사실 친절함이 아주 많이 필요합니다. 그녀가 예쁘다고 말해주거나 칭찬하는 말들은 그녀 인생을 훨씬 밝게 만들어주지요. 그녀가 하는 말은 잊어버리세요. "지나치게 눈물 나는 감성이군요!" 그런 말은 믿지 마세요. 그녀가 감사하는 마음을 표현하거나 부드러움을 보여주는 일을 토성이 억제하고 있으니까요. 하지만 그가 필요로 할 때, 그녀는 항상 거기에 있지요. 토성처럼요. 그녀의 사랑은 지속적이며 의지할 수 있고, 괘종시계처럼 영원히 똑딱거린답니다. (그가 그녀의 가족을 모욕하지만 않는다면요.)

사랑의 고통이 커가더라도, 사수자리 남성의 비상하는 이념은 염소자리 여성의 영혼에게 가르칩니다. 그가 그녀의 손을 잡고 함께 더 높이 날아올라 시리우스별까지 달려갔다 오게 하지요. 그녀 스스로 용기를 내어 모험을 했던 이전보다 훨씬 의미 있는 인생의 영역으로 날아오르게 합니다.

사수자리 남성에게는 그녀를 토성의 우울함이 깃든 칠흑 같은 주문으로부터 벗어나게 해줄 마법이 진짜로 있답니다. 그녀의 눈동자와 영혼을 그를 다스리는 별 목성이 반짝이는 하늘 쪽으로 향하게 만드는 밝은 햇살과 같은 생각이 있지요. 어느 우울한 일요일, 그의 쾌활한 낙천주의와 모든 문제를 해결해줄 초월적인 힘에 대한 그의 밝은 믿음에 대해 그녀가 반응할 수 없을 때, 그녀는 그에게 말할지도 모릅니다. 그가 아주 많이 믿는 신과 기적을 자신은 믿지 않는다고요.

"당신이 옳을지도 몰라요." 그가 목성처럼 대답할 것입니다. "어쩌면 우리는 신에게 의지할 필요가 없을지도 모르지요. 어쩌면 진짜 진실은 신이 우리에게 의지하고 있을지도 모른다는 거예요. 일종의 궁극적인 기적을 위해서요."

그의 말은 그녀의 마음을 움직입니다. 그녀가 천천히 대답합니다. "그렇게 생각해 보지는 못했어요." 좀 더 긴 시간 동안, 그녀가 침묵합니다. 신 역시 아마 외롭고 불확실합니다. 모든 존재 중 가장 외로운 유일자겠죠. 누가, 무엇이 최고의 힘을 믿고 의지할까요? 그래요, 신은 토성에 묶여 있는 염소자리 여성의 영혼에게, 불가능한 꿈과 끝없는 의문을 가진 이 사수자리 남성에게 손을 내밀 겁니다. 의심할 줄 모르는 신이 신뢰하고 믿어준다는 건, 책임감 있는 염소자리에게 사랑스럽고 새로운 개념입니다. 그건 그녀가 알고 있는 것보다 훨씬 더 진실하며, 사수자리가 추측하는 그녀의 바람보다도 더 진실합니다.

　사수자리 남성의 사랑은 염소자리 여성에게 고통이자 환희로 가득한 경험입니다. 만약 그녀의 켄타우루스가 어색하게 건네준 재미있는 밸런타인데이 카드를 뒤집으면, 뒷면에 그가 직접 그린 그의 마음을 보게 될 겁니다. 무척이나 정직하게 건넨 그 카드에는 그의 나이가 몇 살인지와 상관없이 학교 운동장의 다루기 힘든 소년처럼, 그녀가 카드 내용을 결코 발설하지 않을 거라는 믿음이 담겨 있지요. 저는 그녀가 이걸 읽으면서 하는 말이 들립니다. "웃겨, 진짜 웃겨!" 그녀가 일축하듯이 어깨를 으쓱이며 돌아섭니다. 하지만 그녀를 자세히 보세요. 그녀의 모나리자 미소를 보셨나요?

사수자리 Sagittarius   Aquarius 물병자리

불 · 변화하는 · 능동적
지배행성: 목성
상징: 궁수와 켄타우루스
양(+) · 남성적

공기 · 유지하는 · 능동적
지배행성: 천왕성
상징: 물병을 들고 있는 사람
양(+) · 남성적

사수자리와 물병자리의 관계

… 의자에 앉아 있기, 공중으로 공 던지기, 서로 밀기, 나가서 산책하고 돌아오기….

   사수자리와 물병자리가 숙명적인 3-11 빅밴드 사운드(태양별자리 관계)의 활기 넘치는 드럼 소리에 맞춰 사이좋게 춤을 춥니다. 그들의 울림은 때로는 소란스럽고 약간은 이상하지만 흥미진진합니다. 불 원소와 물 원소가 만나면 늘 그런 것처럼 그들은 불꽃 튀는 아이디어를 생각해내고, 터무니없는 기이함으로 혼란스럽게 하며, 때로는 서로의 기지가 빛을 발하도록 해주고, 어떤 때는 서로의 날카로운 면을 뭉툭하게 만듭니다. 그리고 다른 사람들을 항상 당황하게 합니다.

   사수자리는 기본적으로 쾌활할 수밖에 없습니다. 그들은 낙천주의자로 태어났습니다. 하지만 동시에 그들은 회의주의자이기도 합니다. 낙천주의와 회의주의라는 모순적인 자질을 동시에 다루기 위해서는 균형을 잘 잡아야 합니다. 켄타우루스는 그걸 해낼 수 있지요. 천문해석학이 '두 부분으로 된' 별자리 또는 '이중성'의 별자리라고 부르는 그대로입니다. 사수자리 몸의 절반은 말이고 절반은 사람이기 때문에, 사수자리는 절반은 행복하고 절반은 슬프답니다. 절반은 경솔하고 절반은 진지하지요. 절반은 바보 같은데 절반은 현명하고요. 절반은 광대이고 절반은 철학자랍니다. 쌍둥이자리 같은 완전한 복제 인간은 아니지만 사수자리는 두 가지 특징을 가지고 있지요.

물병자리는 천문해석학적으로 이원성의 별자리는 아닙니다. 하지만 그들은 때때로 사수자리보다 훨씬 더 양면적이며 모순적입니다. 천왕성이 지배하는 남성과 여성에게는 두 측면만으로 충분하지 않습니다. 두 가지로는 너무 따분하지요. 전형적인 물병자리는 열두 면 혹은 그보다 많은 수의 인격을 지니고 있습니다. 단 두 가지 인격은 평범하지요. 물병자리는 평범한 것과는 전혀 관계가 없는 별자리랍니다. 물병자리는 평범함을 거부합니다. 그리고 위선을 증오합니다. 물병자리는 모든 경이로운 것들과 모든 마법과 광기에 밀접하게 연관되어 있지요. 한마디로 그들은 다릅니다.

원만한 관계를 유지하며 함께 성공하고 싶은 사수자리와 물병자리 커플 상담에서 천문해석학자로서 드리는 행성의 지혜를 짧은 말로 요약하겠습니다. 어떤 상황에서도 차분함과 냉정함 그리고 침착함을 유지하기 위해 노력하세요. (그냥 생각만 하거나 원칙적으로 동의하지만 말고 꼭 실천하세요.) 정말 짧지요? 하지만 이 두 명의 지구인에게는 아주 중요합니다. 사수자리는 불 원소의 별자리입니다. 그래서 지극히 격한 성품이지요. 양자리만큼 쉽게 불타오르지는 않겠지만 그럼에도 지극히 휘발성이 강합니다. 한편, 물병자리는 공기 원소의 별자리입니다. 물병자리가 바람을 일으켜서 사수자리의 불같은 성미가 폭발하도록 부추기면, 그 결과 대화재가 발생합니다. 물병자리의 공기 원소는 분노의 태풍을 자극할 수 있지요. 귀가 밝은 사람이 몇 블록 떨어진 곳에서 일어나는 두 사람의 다툼을 우연히 듣는다면, UFO가 착륙해서 공격 개시를 준비한다고 생각할 겁니다. 이 두 사람의 만남은 틀림없이, 때로 전면전과 다름없답니다. 아니면 외계인 침공과 비슷하거나요.

보통 물병자리 남성과 여성은 선한 성품이고 참을성 있는 영혼이며, 터무니없고 천재적인 일들로 시간을 때우고, 적극적으로 살고 아무도 방해하지 않으며, 멋지고 쾌활하고 매혹적인 태도로 행동합니다. 일반적으로 사수자리 남성과 여성은 태평스러운 영혼이며, 발랄하고 다정하며, 모든 사람과 모든 일에 똑같이 참을성이 있고, 농구공이나 훌라후프처럼 뛰어오르며, 소리 없이 활짝 웃으며, 사람들에게 호감을 줍니다. 그 두 사람이 농산물 직매장이나 동물애호가협회 또는 그린피스 회의에 가는 도중 우연히 마주쳤다면, 그들은 더욱 쾌활하고 생기 넘치며 우호적일 겁니다. 그들의 관계는 기분 좋은 억양과 호감으로 가득하겠지요. 하지만 물병자리의 공기 원소가 사수자리의 불 원소를 우연히 좀 많이 부추기고, 사수자리 불 원소는 물병자리의 공기 원소가 강하게 반응하도록 자극하는 때가 있지요. 드문 경우이고 일반적이지는 않지만 조심하는 게 상책입니다.

3-11 태양별자리 관계의 울림은 그들 관계가 무엇이든지 그 아래에는 진정한 우정이라는 토대가 자리하고 있습니다. 그들이 단순한 친구이든지(그렇다면 매우 친

한 친구일 거예요.), 친척, 사업 동료, 연인 또는 배우자이든지 간에요. 3-11 태양별자리 관계의 울림은 그들이 다퉜을 때에도 지나간 적개심 때문에 고통스러워하지 않게 만들어줍니다. 시간을 만회하고 다시 시작할 기회가 쉽게 주어지지요. 그들은 대개 마지막에는 화해를 합니다. 이 두 사람이 맺은 3-11 태양별자리 관계의 전생의 영향 때문이지요. (이 책의 뒤에서 더 자세하게 소개하겠습니다.)

두 사람이 함께할 때 좋은 점은 사수자리가 진실이라는 정직한 화살을 물병자리를 향해 쏘더라도 고무로 된 화살촉이 된다는 사실입니다. 왜냐하면 전형적인 물병자리는 진실에 대해 그렇게 많이 신경 쓰지 않기 때문입니다. 다른 대부분의 태양별자리가 상처를 받고 혼란스러워하는 것과는 다르지요. 물병자리는 그저 어깨를 한 번으쓱하고는 귀를 꿈틀대며 그 말에 동의한답니다. 왜냐하면 물병자리는 삶을 뒤죽박죽으로 만들거나 시대에 뒤떨어진 방식으로 바라보고(현재는 그들을 항상 혼란스럽게 하지요. 왜냐하면 그들은 미래에 살기 때문입니다.), 슬플 때 웃고 즐거울 때 눈물을 흘리는 경향이 있으며, 또한 모욕을 칭찬으로 생각하는 경향이 있기 때문입니다.

반대로 비록 칭찬일지라도 자신들이 느끼기에 모욕이라고 판단되면 호의적으로 받아들이지 않습니다. 그런 때는 천왕성의 태풍이 속도를 올려서 사수자리의 불이 격렬한 반응을 하도록 바람을 일으킵니다. 달갑지 않은 만남의 공습경보 순간이지요. 산불과 같은 거랍니다. 이런 때는 '냉정하고 차분하고 침착하게'라는 천문해석학의 충고를 따라야 하지요.

사수자리와 물병자리 둘 다 본질적으로 인도주의자라서 형제애와 자매애 그리고 동물 사랑을 장려하는 조직에 가입하기 쉽습니다. 둘 다 야영과 도보 여행을 즐기고 자연과 벗하기를 좋아하지요. 둘 다 즐거움과 파티와 사람들을 좋아합니다. 둘 다 외로운 사람이라고는 할 수 없지요. 하지만 삶의 방식에 있어서는 사수자리가 물병자리보다 융통성이 있는 편입니다. 물병자리는 자신의 사생활과 습관은 확고하게 유지하는 반면 타인과 세상에 대해서는 전면적인 변화를 지지합니다. 이런 점이 때때로 둘 사이에 떠들썩한 언쟁의 원인이 될 수 있지요.

사수자리는 변화하는 에너지이고 물병자리는 고정적인 에너지의 별자리입니다. 변화하는 에너지라는 말은 사수자리가 의사소통을 좋아하며 거들먹거린다거나 군림하는 성격이 아니라는 뜻입니다. 물론 사수자리는 그들 방식대로 하는 것을 좋아하지요. 경계가 다소 모호하다는 건 압니다. 하지만 차이점이 있습니다. 사수자리는 확실히, 과중한 책임이 있는 보스 대접을 받는 것을 좋아하지는 않습니다. 무엇을 하라는 지시를 받는 것도 부정직하다고 의심받는 것도 좋아하지 않고요. 그럴 때면 '약간' 격분합니다. 고정적인 에너지라는 것은 물병자리가 가끔 고집불통 직전의, '약간' 확고부동하다는 의미입니다. 잘 변한다는 것과는 정반대지요. 물병자리는 지배하기를 싫어하지만 지배받는 것도 싫어합니다. 물병자리는 하고 싶지 않은 일을 하라고 몰아붙이거나 강요받는 것을 사수자리만큼 싫어합니다.

물병자리의 괴짜 같고 관습에 얽매이지 않는 행동은 사수자리를 화나게 하기보다는 즐겁게 만들어줍니다. 마찬가지로 여행과 자유와 솔직함을 사랑하는 사수자리는 물병자리를 기쁘게 해줍니다. 사수자리는 결코 위선자가 아니며 천왕성의 사람에게 평생 친구가 될 자격이 있지요. 물병자리는 즉시 알 수 있답니다. 천왕성의 사람은 위선 비슷한 어떤 것도 경멸합니다. '당신의 본래 모습으로 당신이 느끼고 당신이 생각한 것을 말하세요.'는 목성과 천왕성이 똑같은 열정으로 지지하는 표어랍니다.

사수자리와 관계를 맺은 물병자리는 가끔 그(또는 그녀)만의 호기심이라는 약을 삼켜야만 하는 경우가 있을 겁니다. 사수자리는 물병자리가 가진 지식의 작은 갈색 항아리에 많은 질문을 던지겠지만, 대답 대신 다른 질문도 받게 될 겁니다. (모든 공기 별자리는 기술을 사용하는 경향이 있습니다.) 사수자리가 답하는 데 오래 걸리지는 않지요.

사수자리: 왜 그렇게 조용하죠?
물병자리: 머리카락을 새로 잘랐는데 왜 아무 말이 없어요?
사수자리: 더 잘 알아볼 수 있게 되었다고 방금 말하려고 했어요. 이제, 그들 중 누군지 알아맞히는 데는 문제가 없겠네요.
물병자리: 뭐가 더 잘 보인다는 거죠? 그들이란 건 누구예요?
사수자리: 일곱 난쟁이요. 당신 귀가 도우피(『백설 공주』에 나오는 일곱 난쟁이 중 하나. 멍청이라는 뜻—옮긴이)처럼 튀어나왔잖아요. 그 머리 모양은 귀를 두드러지게 하는군요.

현명한 물병자리라면 번뜩이는 천왕성의 직관으로 사수자리가 항상 좋아하는 캐릭터가 도우피라는 사실을 알아차려야 하지요. 좀 있으면 사수자리는 물병자리에게 칭찬의 다른 변화구를 즐겁게 던질 것입니다.

사수자리: 당신 눈도 도우피 눈을 떠오르게 해요. 그 눈 속에는 무표정한 데가 있지요. 항상 멍한 것 같은 눈이에요. 그런데 당신 성질은 그럼피(『백설 공주』에 나오는 일곱 번째 난쟁이. 심술이라는 뜻—옮긴이)를 더 닮았군요. 당신의 꽃가루 알레르기는 재채기를 생각나게 해요. 당신이 수줍어하는 사람이 아니라는 걸 아무도 모르겠죠.

물병자리: 당신 알아요? 왜 당신이 절대 도우피를 떠오르게 하지 않는지?

사수자리: 왜죠?

물병자리: 도우피는 말하는 법이 없는 난쟁이잖아요. 그는 항상 입을 다물고 있지 않았나요?

사수자리: 그래요. 하지만 그는 말할 필요가 없었죠. 눈으로 말했으니까요.

물병자리: 영리한 난쟁이지요.

사수자리: 좋아요, 행복해요, 알겠어요. 내가 졌네요.

설명할 수 없는 공감이 주는 3-11의 우정의 울림이랍니다. 다른 누군가였다면 사수자리가 한 대 쳤을 거예요. 하지만 물병자리는 잘 빠져나가지요. 때로는요.

사수자리 여성과 물병자리 남성

한순간 빛이 사라졌다. 그런데 뭔가가 피터를 다정하게 살짝 꼬집었다.

천왕성부터 시작하지요. 그의 지배행성입니다. 목성(그녀의 지배행성)보다 더 강하다거나 더 부드럽게 궤도를 돌지는 않지만 더 빠르지요. 천왕성은 전기와 번개를 다스립니다. 이것은 당신이 떠올릴 그 어떤 것보다도 더 빠르지요. (어쩌면 사수자리의 성질은 제외하고요.) 물병자리 남성은 그가 어디서 무슨 일을 하든지 집요한 과학적 취향이 있습니다. 그가 정원사라면 공중에 걸려 있는 정원을 설계할 겁니다. 예기치 않은 장소에 매달려 있는 정원이지요. 거실의 샹들리에처럼 매달려 있답니다. 만약 그가 배관공이라면, 그는 식기세척기 배수관을 텔레비전에 전선으로 연결하는 방법을 생각해낼 겁니다. 여유를 부리느라 오늘 밤 접시가 쌓여 있어도 투모로 쇼에 나오는 톰 스나이더(NBC의 The Tomorrow Show 진행자—옮긴이)를 볼 수 있도록 말이에요. 만약 그가 도서관에서 일한다면, 그는 과학적으로 책장을 배열할 겁니다. 그래서 모든 책 제목이 위에서 아래로, 그가 읽는 방식대로 읽혀지고, 아마도 독특한(하지만 그에게는 합리적인) 방법으로 책 제목을 분류할 겁니다. 감상적인 넋두리란 뜻의 'M' 아래는 사랑 이야기를, 엄청나게 최상급이라는 의미로 표시된 'S' 아래에는 톨킨의 책을, 그리고 '언제' 또는 '와!'를 뜻하는 'W' 또는 어쩌면 '끔찍한'이란 뜻의 'T'라는 라벨이 붙은 책장에는 우주와 UFO 목격에 관한 책을 꽂을 겁니다. 루이자 메이 올컷의 「작은 아씨들」은 외설 문학의 'P' 아래에서 발견될지도 모릅니다. 구별하기가 어렵지요. 그런 식이랍니다.

제가 펜실베니아 존스타운의 라디오 방송사에서 대본을 쓸 때였습니다. 어느 날 밤, 열한 시 스포츠 방송을 진행하던 아나운서는 절망적인 상태가 되었지요. 방송에 틀어야 할 주제 음악을 찾을 수가 없었거든요. 물병자리 음악 담당자가 레코드를 정신없이 정리해놓고 집에 가버렸던 것입니다. 공포와 대혼란이었답니다! 방송 시작은 30초밖에 안 남았는데 주제가 레코드판이 없다니요. 그 주제가의 제목이 「노트르담 대학 승리의 행진」이었기 때문에, 아나운서는 당연히 'ㄴ'(노트르담) 아래를 봤지만 거기에 없었습니다. 그는 승리 행진의 'ㅅ' 아래를 봤고, 다음엔 혹시 행진일까 하고 'ㅎ' 아래를 봤답니다. 하지만 운이 없었지요. 살아 있는 동안 저는 이 순간을 결코 잊지 못할 겁니다. 제가 방송 시작 정확히 일 초 전에 녹음실로 들어가, 기적적으로 찾아낸 주제가 레코드를 진행자에게 전할 때 목격한, 땀으로 범벅이 된 불쌍한 아나운서의 얼굴에 어린 애처로운 감사의 표정을요. 저는 이상한 예감 때문에 'ㅍ'이 붙은 서랍을 열어봤답니다. 레코드가 거기에 있었지요! 「파이팅 아이리쉬」 아래에요. 그다음 날, 물병자리 레코드 담당자는 전날의 대소동을 전혀 이해할 수 없었답니다. 대체 다른 어떤 곳에 그 레코드를 분류한다는 거죠? 'ㅍ' 서랍이 가장 논리적인 장소 아닌가요?

물병자리는 생태에 관심이 많은 인도주의자입니다. 저는 샌디에이고 주립대에서 생물학을 전공하는 학생을 알고 있습니다. 그는 생물학 학위를 딴 후에 법대에 들어가 변호사직을 취득해 개업 변호사가 되는 계획을 갖고 있습니다. 그런 후에 식물과 동물을 대신해 집단 소송을 제기하려는 게 그의 생각입니다. 사실이랍니다. 지어낸 얘기가 아니고요.

천왕성이 지배하는 남성은 굉장히 창의적입니다. 보통 사람은 한 번도 생각해보지 못한 완전 새로운 개념을 가지고, 언제나 불쑥 튀어나옵니다. (성큼성큼 다가오는 것이 아니라 불쑥 튀어나오지요.) 그의 정신은 명석한 동시에 고집불통이며 그의 지성은 고도로 독창적입니다. 독특하다고도 할 수 있고요. 사수자리 여성은 '매력적으로 요령 있게' 말하겠지요. 그가 정신이 약간 나갔으며 특이하다고요. 그때는 어쩌다 일시적으로 그에게 몹시 화가 났을 때랍니다. 하지만 물병자리 남성의 과학은 지금의 과학이 가진 사고방식과 방법론에서 나오는 것이 아닙니다. 당연합니다. 물병자리는 미래에 살고 있으니까요. 그가 현재의 규칙에 대해 고려해야 할 이유가 없답니다. 현대 과학자들은 새로운 생각을 들어주기 전에 모든 것이 적절하게 증명되어야 한다고 주장합니다. 물병자리는 인류가 결코 진보하지 않을 것을 본능적으로 알고 있지요. 아무리 무모해 보이더라도 먼저 꿈을 꾸고, 그다음에 꿈을 증명하는 일에 착수하지 않는다면 진보란 요원하지요. 물병자리 남성은 그렇게 합니다. 그는 정확히 거꾸로 순서를 밟아가지요. 이 순서가 그의 생각에는 당연하니까요.

모든 영역에서 지식의 도약과 발전에 기여했던 많은 위대한 사람들이 진보적인 행성인 천왕성의 지배를 받는 사람들이었습니다. 다행스럽게도, 지구라는 행성은 천왕성이 이끌어주는 물병자리에서 태어난 남성과 여성 그리고 혼성(물병자리는 남녀혼용의 별자리예요. 그들은 남성의 일부와 여성의 일부를 합친 모습이지요. 그들이 무척 매력적인 이유랍니다.)을 지닌 많은 사람들의 축복을 받았지요. 그렇지 않았다면 우리는 동굴 너머로 진보하지 못했을 수도 있습니다.

이제 사수자리 여성에 관한 이야기로 넘어가려는데 벌써 문제가 약간 있군요. 그녀는 똑같은 보라색 열정으로 그녀가 사랑하고 증오하는 물병자리 남성이 정확히 거기에 있다고 생각할 수 있습니다. 동굴 말이에요. 그는 동굴 거주인이니까요. 울타리가 둘러쳐진 동물원에 있으면 좋겠네요. 그러면 도망갈 수 없을 테지요. 물론, 그녀는 관습에 얽매이지 않은 그의 생각과 괴짜 행동을 내심 흠모합니다. 그녀의 마음을 쿵쾅거리게 하고, 그를 처음 만났을 때 안녕이라고 손을 흔들게 만든 것은 바로 그의 예측 불가능한 면이었지요. 그가 그녀에게 우산을 건넸던 비오는 날, 그녀는 감사의 뜻으로 소리 없이 웃어줬답니다. 그가 억수로 쏟아지는 비보다는 비를 좀 맞는 걸 좋아하기 때문에 우산에 구멍을 숭숭 뚫어놓은 것을 발견하기 전까지 말이에요. "비를 좀 맞는 건 상쾌하고 즐거운 일이에요." 그가 그녀에게 말했지요. "그런데 엄청 쏟아지는 것은 진짜 짜증스러워요. 그렇게 생각하지 않나요?"

그녀는 확신이 가지는 않았습니다. 고개를 끄덕였지만요. 확신하기까지는 시간이 더 걸렸지요. 마침내 확신이 섰을 때, 그녀는 자신의 우산에 작은 구멍을 뚫었답니다. 그 우산은 백화점에서 세일할 때 사려고 몇 개월 동안 저금해서 구입한 물건이었지요. 당신이 눈치챈 것처럼, 그녀는 물병자리 남성의 광기에 사로잡힌 거랍니다. 그것은 전염성이 매우 강하고, 더 나쁜 건 사용가능한 면역혈청이 전혀 없지요.

사수자리 여성은 한때 물병자리 남성의 괴짜다운 익살스러운 행동이 모든 장점 중에 가장 고결한 것이라고 생각했던 것을 잊어버리고, 그게 모든 단점 중에서 가장 부도덕한 것이라고 생각할 때가 올 겁니다. 그런 때가 오면, 그녀의 목성이 지닌 과장하는 기질은 자신의 분노를 진실(또는 특별한 순간에 그녀가 진실이라고 생각한 진실)의 화살 공세로 확대해서 그를 찔러댈 겁니다. 하지만 곰곰 생각해보니 자신이 너무 성급했다는 결정을 내리게 되면, 그녀는 후회하며 아낌없이 사과하지요. 촛불처럼 켜진 머리를 가질 필요가 있다고 그에게 말한 일이나 위층에서 그의 구슬 몇 개를 잃어버린 일을 미안해합니다. 그는 그녀를 용서할 겁니다. 사실 그는 그녀가 그 말을 했던 일조차 기억하지 못해서 그녀를 어리둥절하게 만들 겁니다. 그가 잊었다고요? 화가 나서 그녀 머리 위에 접착제 한 병을 부었던 때를요? 어떻게 그걸 잊을 수 있을까요? 하지만 '어떻게' 잊었는지는 묻지 마세요. 그는 잊었답니다. 물병자리는 불필요한 기록을 머릿속에 저장하지 않습니다. 창의적인 생각과 정말 중요한 일에 대한 난해한 생각들 때문에 남는 공간이 없거든요.

사수자리 여성에게는 물병자리 남성의 마음속에 재미난 재주넘기를 하게 만드는, 밝고 용감하고 정직한 무언가가 있습니다. 그는 그녀의 확연하게 가식이 없는 점과 개방적이며 다정한 태도, 그녀의 명백한 도덕성에 순수하게 감동받습니다. 그래서 그녀는 가끔 잔인할 정도로 정직한 말들을 하지요. 하지만 최소한 그녀는 거짓말하지 않고, 그녀가 아닌 무엇인 척하지 않습니다. 그녀는 그녀 자신이지요. 그녀는 진짜이지 가짜가 아니랍니다. 그는 그녀 같은 사람을 제일 좋아하지요. 그는 그녀에게 친구가 되어달라고 청합니다. 다행스럽게도, 그녀는 그것이 남성에게서 받아본 가장 진지한 초대라는 사실을 깨닫습니다. 물병자리는 우정을 가볍게 여기지(주지) 않는답니다. 대부분의 사람이 사랑에 우위를 두지만 물병자리는 우정에 더 높은 가치를 둡니다. 그러니 그에게 친구가 되어달라는 청을 받은 것은 다른 태양별자리 남성이 결혼을 제안하는 것과 거의 맞먹는 일이랍니다. 아마 더 좋은 것일지도 모릅니다. 연인이나 배우자가 진짜 친구가 될 수 있다는 건, 실로 멋진 일이지요. 이 남성과 여성은 이런 류의 바람직한 조합을 성취할 기회를 다른 커플들보다 더 많이 갖습니다. 3-11 태양별자리 관계에 내재된 우정의 진동 유형 덕분이지요.

사수자리 여성은 다정한 사람이며 만나는 대부분의 사람을 신뢰합니다. 낭만적이거나 정신적인 모든 주제에 대해 감정을 전달하고 표현하는 그녀의 개방적이고 솔직한 방법으로 공유하고 싶어하지요. 하지만 인간의 본성 그 자체가 다양하고 변덕스럽기 때문에, 그녀는 반복적으로 실망합니다. 부정적인 경험들이 그녀를 너무 심하게 고통스럽게 만들거나 목성의 열정과 낙천성을 잊어버리게 만들지는 않습니다. 하지만 쓰라린 경험으로 그녀는 약간 회의적이 되지요. **회의적**이라는 것은 '쉽게 확신하지 않고, 의심하거나 의문을 가진다.'라는 의미입니다. 이 여성은 분명히 쉽게 확신하는 사람이 아니며, 확신하기 전까지는 종종 의심하는 사람입니다. 그녀는 질문으로 차고 넘칩니다. 꼬마였을 때부터 세상이 빙빙 회전하면서, 아무 데도 가지 못하고 시작으로 돌아오는 까닭이 무엇 때문인지를 캐묻기 시작했지요. 그녀는 사랑에 대한 것 말고도 많은 걸 질문합니다. 그녀는 정치, 건축, 영화, 책, 광고, 식물학, 동물학, 생태학 그리고 무엇보다도 종교에 대한 의심과 호기심을 가지고 있지요. 그녀는 영적으로 경건하고도 강력한 회의주의자가 됩니다. 하지만 진실을 추구하기 위해 다시 돌아오지요. 그녀에게는 스스로는 깨닫지 못하는 예지력이 있습니다. 그리고 그녀는 진심으로 즐거운 철학자지요. 그녀가 도달한 결론의 대부분은 미래에 대한 긍정적인 생각들과 무지개 색깔의 희망을 포함하는 행복한 것이랍니다. 그녀는 속거나 속이는 것을 좋아하지 않습니다. 빛나는 이상주의에도 불구하고, 그녀는 여전히 있는 그대로를 듣고 싶어합니다. 그러므로 그녀는 환상이 아니라 현실을 다룰 수 있지요. 이중성의 별자리 아래에서 태어났기 때문에 그녀는 수수께끼 같은 모순일 수 있습니다. 물병자리에게조차 그렇지요.

물병자리 남성은 그녀의 관점에 자주 동의할 겁니다. 그 역시 환상이 아니라 현실을 추구하지요. 하지만 현실 자체가 환상이며 다른 사람이 말하는 환상이 진짜 현실이라는 사실을, 그가 그녀보다 더 빨리 깨닫습니다. 이 이론 자체가 그녀를 매혹합니다. 그녀는 흥분해서 밤늦게까지 그에게 수많은 질문을 합니다. 그녀의 호기심 많고 깨어 있는 영혼은 여느 때처럼 새로운 개념에 자극을 받지요.

그 역시 '밤이 깊어지는' 동안 철학적인 토론에 고무되기는 하지만, 새로운 개념 때문이라기보다는 다른 면 때문이랍니다. 물병자리 남성은 보통 성적 측면에 지나치게 집중하지 않습니다. 하지만 우연하게도 에로틱한 생각이 심어지면, 그의 바쁜 정신의 콩 자루에서는 다른 씨앗들처럼 그 생각이 자라 싹을 틔운답니다. 재빨리, 특이하고 다양하게, 아름다운 야생화처럼 피어나지요.

사수자리 여성은 상상력이 부족하고, 독창적이지 않으며, 일상적이고 평범한 섹스에 대해서는 거의 눈물이 날 정도로 쉽게 싫증을 냅니다. 사랑의 육체적인 표현에 관한 한 물병자리 남성이 그녀를 실망시키는 일은 없을 겁니다. 어떤 때 그는 온화하고도 부드러운 터치로 그녀의 마음을 사로잡을 겁니다. 또 어떤 때에는 이상하고 우스꽝스럽게 놀래주는 짓으로 그녀를 웃게 만들 겁니다. 예를 들면 귀에 토시를 씌우고 침대에서 기어 다니기, 그녀의 왼쪽 발의 작은 발가락에 시를 암송해주기 같은 일이지요. 어쩌면 그는 어둠 속에서 그녀에게 키스하기 바로 직전에, 그녀가 싫어하지 않기를 바라면서 다른 여성과 바람을 피운 고백을 할지도 모릅니다. 그는 통제할 수 없었지요. 그 일은 너무나도 갑자기, 전혀 예기치 못한 상황에서 우연하게 일어났기 때문에 그는 자신이 그녀에게 불성실한 짓을 하고 있다는 사실을 깨닫기도 전에 유혹에 넘어간 것이랍니다. 그녀는 딸깍 소리가 나게 불을 켜고는 베개(아니면 좀 더 크고 튼튼한 것)를 방바닥으로 던지며, 떨리는 목소리로 그녀의 이름을 알려달라고 요구하겠지요. 그는 사진을 보여주겠다고 말하고는 즐겨 입는 스웨터의 닳아진 주머니에서 스냅사진을 꺼냅니다. 그러고는 용서를 청하면서 그녀에게 사진을 건네지요.

"그녀가 아름답다고 생각하지 않나요?" 그가 그녀에게 묻습니다. "당신과 많이 닮았어요. 아마 그래서 제 자신을 어쩔 수 없었나 봐요."

그녀는 자신의 모든 용기와 두근거리는 심장을 그러모아 사진을 뚫어져라 봅니다. 그것은 갓 태어난 아기 바다사자의 사진입니다. 앙증맞은 수염이 있고, 작고 둥근, 금방이라도 말을 할 것 같은 눈을 가졌지요. 즉시 불이 다시 꺼집니다. 자줏빛 어둠 속에서 그는 그녀의 귀에 대고 중얼거리겠지요. "저, 우리가 어디까지 얘기했죠? 아, 기억나요! 당신에게 아침 키스를 하고 있었어요." 그녀는 지금은 아침이 아니며, 방금 자정을 넘겼다고 알려줍니다. 그가 그녀를 좀 더 가까이 안고 묻습니다. 그러고는 말하지요. "그런데 나는 왜 방금 전 당신의 눈동자에서 햇빛을 봤을까요?"

네, 켄타우루스와 물병자리 남성 사이의 섹스는 결코 평범하지 않을 겁니다. 아주 약간의 호흡만으로도 공기 원소는 불 원소의 열정이 타오르도록 부채질합니다. 또 그녀의 불은 그의 공기와 같은 냉담함을 깊고 변함없는 욕망이 되도록 북돋울 겁니다. 극소수의 여성만이 그렇게 할 수 있지요. 두 사람은 섹스가 즐겁고 숭고한 것이라는 사실을 알고 있습니다. 그들의 친밀함은 예상할 수 없는 장난기 많은 바람 같지요. 가끔은 깊은 산속에 내리는 눈송이처럼 부드럽고 고요합니다. 조용하고 평화롭지요. 그러다가 갑자기 그녀는 광대가 됩니다. 그는 원숭이, 공중그네, 땅콩, 코끼리까지 갖춘 완벽한 서커스단이 될 겁니다. 야단법석이네요. 그 뒤엔 눈송이로 돌아갑니다. 그리고 한밤중에 아침 인사로 포옹을 한답니다.

공기 원소의 별자리가 가진 비이성적인 분노가 파란 섬광을 번쩍이는 번개처럼 치는 때가 있을 겁니다. 목성의 성미가 분노로 부풀어 오르고, 방을 가로질러 그가 있는 방향으로 차가운 비난을 우박처럼 퍼붓는 순간도 있을 테지요. 하지만 그는 그저 토시를 귀에 끼우고는 그녀의 새 티셔츠에 크레용으로 글씨를 쓴답니다. "이제 진짜로 한밤중이다." 그녀의 마음은 풀려버립니다. 두 사람은 피크닉 가방을 싸고… 숲에서 쏴 하는 소리를 내며 흐르는 시내를 발견하기 위해 함께 출발합니다. 모닥불을 피우고 별빛을 받으며 서로에게 귀신 이야기를 해주고… 놀란 나무에게 기대어 크래커를 아삭아삭 씹어먹겠지요.

사수자리 남성과 물병자리 여성

새로움이 그들을 다시 유혹했다. 언제나처럼.

당신은 사수자리 남성이고 진실과 정면으로 마주하기를 좋아합니다. 전혀 미적거리지 않지요. 당신은 진실에 마주할 만큼 용감하며 가식보다는 진실을 훨씬 더 좋아합니다.

그녀는 비현실적입니다. 의심의 여지가 없지요. 하지만 사랑이란 종종 있는 그대로의 진실에 한두 가지 음영을 주는 일이기도 하지요. '여성적'이며, 연약하고 자유로운 물병자리 여성과의 관계에서 마주치는 모든 것에 대해 당신이 눈을 크게 뜨는 것이 최선입니다. 그녀는 통제하기 어려운 별 천왕성의 안내를 받습니다. (지배받는 게 아닙니다. 그녀는 지배될 수 없답니다. 여태 발명된 어떤 기준으로도 평가받지 않기 때문이지요.) 모든 물병자리 여성은 다르답니다. (그들은 정말 달라요!) 그래서 당신이 다른 물병자리를 안다고 해서 그녀를 안다고 생각해선 안 됩니다. 조금 이해할 수 있는 여지는 생기겠지만요. 제가 항상 당신에게 물병자리는 정신이 다른 곳에 있는 것처럼 보이는 사람이라고 말했는데, 제가 천문해석학을 더 재밌게 말하려고 과장한다고 생각했지요? 저는 천문해석학이 재밌어야 한다는 데 반대하지 않지만, 그 때문에 과장하지는 않습니다. 물병자리가 때때로 잘 잊어버린다고 말한 것은 전혀 과장이 아니랍니다. 사실 이 책 군데군데 흩어져 있는 천왕성의 특징에 관해 제가 든 예들은 다소 소극적으로 다루어졌다고 할 수 있습니다. 오히려 실제보다 더 완화된 예들이지요. 다른 색으로 덧칠도 좀 했고요.

당신은 저의 진정성을 의심하는군요. 당신의 사수자리 눈썹이 목성의 활처럼 회의적으로 휘어졌네요. 사수자리는 우선 스물네 개의 질문을 하지 않고는 어떤 것도 결코 믿지 않지요. 켄타우루스 씨, 당신의 질문을 잠시만 참아보세요. 당신이 질문하기 전에 제가 이심전심으로 질문에 답할 수 있는지를 보세요. 제가 주장한 대로 그녀의 정신이 딴 곳에 있다는 증거를 당신은 원하지요. 전해 들은 말이 아니라 확실한 소식통에서 나온, 그녀에 대한 절대적인 진실을 원하지요, 그렇지요? 글쎄요, 그녀는 말이 아니랍니다. 당신이 말이지요. 최소한 절반은요. (그 나머지 절반은 예언자이며 철학자고요.) 하지만 신경 쓰지 마세요. 당신이 뭘 말하려는지 알고 있으니까요. 시작해볼까요?

당신은 헝가리 태생의 물병자리 영화배우 자자 가보(1917~2015, 헝가리 출신 미국 여배우—옮긴이)에 대해 들어봤겠지요? 그녀는 자그마치 일곱 번이나 결혼했답니다. 물병자리 여성은 어느 정도는 처녀자리와 쌍둥이자리 여성처럼, 사수자리의 겉핥기식으로도 마음을 많이 바꿉니다. 당신이 아무나 만난다는 뜻은 아닙니다. 하지만 장난삼아 연애하는 걸 좋아하기는 하지요. 여성들은 때때로 당신의 감언이설에 휘말리기도 합니다. 불쾌하게 여기지 않기를 바랍니다. 당신이 낭만적인 멍청이 짓을 하는 건 사실이니까요. (제가 사수자리처럼 말하고 있지요? 하지만 저는 양자리입니다. 쾌활하지만, 솔직하고 무심한 논평을 싫어도 받아들여야 하는 쪽이 어떤 심정인지 목성인에게 보여주려고 사수자리인 척한 거랍니다.)

어쨌든 자자의 천왕성의 번갯불 같은 네 번째 결혼은 허버트 헌터라는 이름의 기업인이었습니다. 이 이름을 기억해주세요. 중요한 일이랍니다. 허버트 헌터. 기억했나요? 물병자리 자자 가보는 생각했습니다. 그녀가 한 말에 따르면, "그는 정말 매력적인 남자예요. 그런데 지나치게 좋은 남편이지요. **힘든 게 하나도 없답니다.**" 요점을 가려내셨나요, 사수자리 씨? 계속 들어주세요. 당신은 맞히는 게임을 좋아하니까 자자와 허버트의 신혼여행에서 무슨 일이 일어났는지 맞혀볼래요? 포기한다고요? 현명하네요. 아무리 상상력이 풍부하더라도 결코 맞힐 수 없을 겁니다. 그러니까 제가 말할게요. 허버트와의 결혼식 사흘 뒤에 자자가 직접 고백했답니다. 신랑이 결혼식 예복을 입은 그녀를 남겨두고 사업하러 나갔다고요. (기업가들은 항상 여기저기 분주하게 돌아다니지요. 사업을 하려면 그래야 하지요.) 바깥일을 보는 동안, 그는 자신의 매력적이고 사랑스러우며 달콤한 향이 나고 예쁜 나비 같은 신부가 보고 싶었지요. 로미오 이후로 모든 연인이 그랬던 것처럼 말이에요. 그래서 그녀가 머무는 호텔에 전화를 했답니다.

자자는 "모르는 사람의 전화는 받지 않는다고 헌터 씨에게 전해주세요."라고, 당황하는 전화 교환수에게 차갑게 전했습니다. 그런 뒤 자단목으로 된 거품 욕조로 돌아갔지요. 아니요, 그들은 다투지 않았답니다. 그녀는 새 남편의 이름을 잊어버렸을 테니까요. 그가 온종일 밖에 나가 있는 동안 그녀는 아주 많은 생각을 했지요.

이제 저를 믿으시나요? 당신은 진실을 원했고, 얻었습니다. 절 못 믿겠다면 자자에게 물어보세요. 아니면 허버트 헌터에게 물어보든지요. 자자에게 물어보는 것이 더 신중하겠네요. 헌터 씨는 대화하기에 더 즐거운 다른 주제를 원할 테니까요. 하지만 당신은 사수자리니까 헌터 씨를 우연하게 만날 경우에는 어쨌든 정직하게 물어볼 것 같네요. 좀 조심하는 게 낫겠지요. 그가 당신에게 주먹을 휘두를 수도 있으니까요. 그가 당신처럼 사수자리라면요. 하지만 만약 허버트 헌터 역시 물병자리라면, 당신이 그 이야기를 꺼내더라도 아무런 생각이 없을 겁니다. 그는 호텔, 통화 그리고 아마 결혼마저 잊어버렸을 겁니다. 그의 코를 사로잡은 자단 냄새를 제외하고요. 아, 추억들이란.

저는 물병자리 여성인 당신이 사랑하는 사수자리 남성에 대한 몇 가지 핵심 사항을 알게 됐을 거라고 생각합니다. 뭐 알았다고 하더라도 벌써 잊어버렸겠지요. 제가 기억나게 해줄게요. 그는 걸어 다니는 질문 박스입니다. 그는 당신처럼 정직하며 솔직 담백합니다. 당신처럼 이상주의자이지요. 그는 아무리 고통스러울지라도 진실을 좋아합니다. 그는 여자도 좋아합니다. 대부분은 친구로 교제하지요. 하지만 영원한 사랑에 빠지기 전까지는 지극히 낭만적이고 다양한 관심을 가집니다. 그는 감상주의자랍니다. 그는 남을 속여서까지 바람을 피우려고 하지 않습니다. 바람을 피우게 되면 당신에게 첫 번째로 말할 겁니다. 그는 목성의 성질을 지녔습니다. 목성은 모든 큰 것을 다스리지요. 그는 동물에게 흥미가 있으며, 당신에게 생일 선물로 말이나 강아지를 줄 수도 있습니다. 당신이 그에 대해 기억하지 못하더라도 신경 쓰지 마세요. 사실 당신은 잊어버린 게 아니랍니다. 왜냐하면 이런 이야기를 하는 건 지금이 (이 장에서) 처음이니까요. 때때로 그는 광대이며 믿을 수 없을 만큼 당신을 즐겁게 해줍니다. 평소의 그는 존경할 만한 사수자리이며, 지성과 철학과 위트의 원천이지요.

사수자리는 종교적이며 영적인 카리스마를 가지고 있습니다. 그는 기독교인에서 화환을 쓴 힌두교의 구루까지 뭐든지 될 수 있습니다. 그는 유린당한 크리슈나일 수도 있습니다. 또는 완전한 무신론자일 수도 있습니다. 하지만 그는 아마도 평범한 보통의 신자는 아닐 겁니다. 도전할 게 없잖아요. 보세요. 그는 당신과 많이 닮았습니다! 그는 흥분과 특이한 것과 스릴을 숭배합니다. 설령 그의 겉모습이 학구적인 책벌레 또는 따분한 변호사의 표정이더라도요. 그의 외면에 신경 쓰지 마세요. 그는 이중적입니다. 그는 탐험가가 될 수 있습니다. 왜냐하면 긴장감과 위험을 즐기니까요. 그는 게임과 도박을 사랑하지요. 그리고 특히 여행을 좋아합니다. 그는 마추픽추로 갑자기 떠나면서 당신에게 떠난다고 말하는 걸 잊어버릴 수도 있답니다. (어떤 기분이 들까요?) 그런데 페루에서 전화가 옵니다. 그는 묻지요. 고대 유적지를 들쑤시고 다니는 일에 합류하지 않겠냐고요. 당신, 거의 갈 것 같네요. 바둑판도 가져가세요. 그리고 혹시 모르니 농구공도요. 그는 스포츠도 좋아하니까요. 실내 운동과 실외 운동 모두 좋아한답니다.

사수자리 남성과 물병자리 여성 사이의 섹스 게임은 터치풋볼과 같습니다. 그가 발가락으로 그녀의 발을 건드리지요. 그녀는 손으로 그의 뺨을 부드럽게 어루만집니다. 그리고 그녀가 지닌 공기의 본질은 그의 불같은 본질이 상당한 크기로 확장된 목성의 열정이 되도록 부채질합니다. 욕망은 그들이 함께하는 게임과 진짜로 똑같답니다. 가끔은 정열적으로 가끔은 온화하고 편안하게, 단지 그들 사이의 애정과 따뜻함을 교환하는 게임이지요. 모든 3–11 태양별자리 유형의 커플처럼 그들의 섹스는 서로 우호적이며 베푸는 것입니다. 둘 중 누구도 소유욕이 거의 없지만, 둘 다 질투심은 무지 강합니다. 서로에게 기꺼이 자유를 허락하지만 그들의 것은 그들만의 것이기를 바라지요. 특히 서로의 존재는요. 두 사람은 다른 사람과 마음을 나누는 것은 반대하지 않습니다. 하지만 신체를 공유하는 일에는 선을 그을 겁니다. (만약 그들이 자기 태양별자리에 전형적이라면) 이건 좋은 일이랍니다. 왜냐하면 둘 다 본질적으로 이상주의자이고, 이상은 그들을 아름답게 해주기 때문입니다. 사수자리나 물병자리 중 한쪽이 충동적으로 실수한다면 그들의 이상은 손상되지요. 천문해석학상의 이상주의자에게 손상된 이상은 그 마음과 영혼을 몹시 고통스럽게 합니다.

물병자리 여성은 친구들이 많습니다. 그가 그 친구들을 좋아하기 바랍니다. 왜냐하면 그가 친구를 좋아하지 않는다면 그렇다는 사실을 확실하고 고통스럽게 그녀 (그리고 그들)에게 알려줄 테니까요. 그녀는 정직한 남성을 원합니다. 이 여성은 줄리엣과 같은 나이부터 그녀의 꿈속에서나 현실에서나 정직한 남자를 찾아왔답니다. 사수자리에게서 그녀는 정직한 남성을 발견했습니다. 진실을 말하는 것은 정직의 일부이지요. 진실이 조금 따끔하게 찌를 때조차도, 기만 때문에 깊게 베이는 일보다 나쁘지는 않습니다. 결코 치유할 수 없는 상처를 만드는 것은 거짓말이니까요. 이 두 사람은 종종 싸울 수도 있습니다. 하지만 용서하고 잊어버릴 겁니다. 키스를 하고 재빨리 화해하겠지요. 쓰라림을 간직하지 않고 상처를 잊어버리는 것은 방심 중에서 가장 좋은 것입니다. 이 자질에 있어서는 둘 다 아주 많은 복을 받았답니다. 그의 분노는 빠르게 타오르고 번갯불과 같은 그녀의 분노는 지그재그 모양이지요. 하지만 둘 다 웃음과 사랑 속으로 곧 사라져갑니다.

기억해야 할 사실은, 그녀가 남성적인 태양별자리(그녀의 '여성적인 것'은 연약하지 않지요.)일 뿐만 아니라 고정적인 공기 별자리 아래에서 태어났다는 점입니다. (고집스럽게 변화무쌍하거나 변화무쌍하게 고집스럽거나, 선택하세요.) 또한 그녀는 남성적인 별의 지배를 받지요. 그녀는 두 배로 남성적이며, 고정적인 에너지입니다. 마찬가지로 그도 남성적인 태양별자리 아래에서 태어났고 남성적인 별의 지배를 받습니다. 그는 적극적이며 강하지요. 그래서 그는 누가 쥐고 흔드는 것에 난색을 표합니다. 하지만 그는 고정적인 에너지는 아니지요. 그는 변화하는 에너지를 가진 불 원소의 별자리랍니다. 두 배로 남성적인, 변화하는 에너지지요. 그의 잘 변하는 성질과 그녀의 공기와 같은 순응성은(그녀가 고정적인 에너지를 드러내어 고집스러울 때를 제외하고) 둘 사이의 다양한 감정적인 기복을 잘 다루도록 해줍니다. 그는 다소 성급한 사람입니다. 그녀는 어느 정도 냉정하며 논리적이고 공정한 사람이지요. 하지만 그녀는 가벼운 손길로 그의 달아오른 눈썹을 시원해질 만큼 진정시켜줍니다. 그 일은 꽤 마법처럼 이루어집니다. 그때 그들은 서로를 정말로 사랑하는 거랍니다.

사수자리 남성은 결혼 상담사인 자자 가보 박사(그 예쁜 헝가리 태생의 처녀)의 현명한 충고를 잊지 않았습니다. 그녀는 "여보, 문제될 건 아무 것도 없어요."라고 슬프지만 우아하게 한숨을 쉬었지요. 천왕성의 숙녀에 대해서라면 조금 더 현실적이 되는 게 도움이 될 겁니다. 그녀가 가끔 그의 이름을 잊어버릴 수는 있지만, 그의 부드럽고 강아지 같은 눈동자와 쾌활하게 활짝 웃는 웃음과 밤에 터치풋볼을 하는 최고의 방식은 결코 잊지 않을 겁니다. 그녀는 그가 어디에 있든지 알 수 있답니다. 물병자리 여성은 항상 꿈을 기억하지요. 그 꿈은 오래오래 전에 그녀가 그를 처음 만났던 그곳이랍니다.

사수자리 Sagittarius　　　Pisces 물고기자리

불 · 변화하는 · 능동적　　　　　　　　　　　　　물 · 변화하는 · 수동적
지배행성: 목성　　　　　　　　　　　　　　　　　지배행성: 해왕성
상징: 궁수와 켄타우루스　　　　　　　　　　　　　상징: 물고기, 고래
양(+) · 남성적　　　　　　　　　　　　　　　　　음(−) · 여성적

사수자리와 물고기자리의 관계

> 밤하늘에는 별들이 흩뿌려져 있었다. 별들은 집 주변에 모여들었다.
> 그곳에서 무슨 일이 일어날 것인지 궁금해서다.

당신이 제목에서 벌써 추측한 것처럼, 이 장은 '도전적인'(재치 있는 표현이죠?) 4-10 태양별자리 관계 유형 중의 하나입니다. 사수자리와 물고기자리는 천문해석학에서 90도를 이루지요. 90도는 긴장의 각도입니다. 하지만 긴장은 의지에 따라 에너지로 변할 수 있습니다. 사실 **긴장**은 물리학 실험실에서든 또는 두 사람의 관계에서든, '무언가가 되기' 위해 절대적으로 필요한 에너지이지요. 약간의 긴장감은 의사소통에서 대단히 좋은 역할을 합니다. 하지만 **약간의 긴장**이 그렇지요. 지나친 긴장이라면 분명 다른 결과를 가져옵니다. 똑같은 자극이지만 덜 유익하지요.

사수자리와 물고기자리가 함께 평화롭기를 바란다면, 긴장이 쌓이기 시작할 때 냉정해져야 합니다. 그렇게 할 수 있다면 두 사람의 앞길에 큰 보상이 있을 것입니다.

물고기자리와 사수자리 사이의 화음을 탄탄하게 만드는 시도를 어떻게 시작할까요? 뭔가 긍정적인 화음으로 시작해야겠지요. 하지만 어떤 음으로 시작하지요? 그들의 지배행성인 해왕성(물고기자리)과 목성(사수자리)을 생각하면, 이 두 행성이 상당히 긍정적인 요소를 많이 가지고 있다는 것을 깨닫게 됩니다. 두 행성 자체가 공통점이 많지요. (사실 해왕성이 발견되기 전에는 목성이 물고기자리의 지배행성

이었답니다.) 이 4-10 유형으로 울리는 조합이 어떤 형태와 목적으로 이뤄지든지, 그들은 축복받은 각자의 자질에 집중하자는 단순한 결정으로 슬픔과 분노에서 벗어날 겁니다. 상대방을 솔직하게 존경하고 칭찬할 수 있으며, 둘의 차이점을 덜 강조하는 자질이지요. 예를 들어, 전형적인 물고기자리는 사수자리의 빛나는 이상주의를 존경하고 숭배합니다. 물고기자리가 지닌 해왕성 특유의 동정심은 사수자리가 지닌 이런 기질에 깊이 감동받고 사수자리의 많은 죄를 덮어줍니다.

물고기자리와 사수자리 관계에서 다른 긍정적인 면은 엄밀하게 말해 '종교'라는 것에 공통으로 매혹된다는 사실입니다. 놀라울 정도로 많은 수녀, 목사, 랍비, 수도승의 태양별자리가 물고기자리와 사수자리랍니다. 물고기자리는 겸손과 희생이라는 해왕성의 영향을 받아 신비한 물속으로 끌려 들어가지요. 사수자리는 영적인 진실에 관한 호기심에 사로잡히기 때문에, 그 결과로 불가지론이나 강한 무신론에서 수도원에서의 명상과 은둔에 이르기까지 모든 영역을 아우릅니다. 하지만 종교적인 삶(또는 무신론)을 선택한 물고기자리와 사수자리라도 결코 유머 감각을 잃지 않습니다.

적절한 예가 필요하겠지요. 사수자리와 물고기자리를 똑같이 괴롭히는 종교상의 도덕적 문제에 대한 어느 사수자리의 해법을 들려드릴게요. 결정적으로 기발한 해법이었지요. 사수자리의 유머와 정직과 이상주의를 보여주는 완벽한 실제 사례랍니다. 잔인하리만큼 솔직한 사수자리를 상대하는 장에서는 진실한 실제 사례 말고는 감히 어떤 것도 말해서는 안 된답니다. 사수자리는 모든 덕목 중 진실을 가장 최고의 것으로 분류하지요. 그다음은 용서입니다. 항상 인용을 좋아하는 당신에게(전갈자리도 그렇지요.) 성경에서 좋아하는 구절을 인용합니다. **진실은 위대하며, 무엇보다도 강하다.**

물고기자리는 진실에 전혀 반대하지 않지만, 짜내거나 늘이거나 줄이고 목 주변에 갯버들로 된 몇 개의 화환을 걸어서 약간 꾸미는 것을 좋아합니다. 있는 그대로의 진실은 지루하기 때문이지요. 하지만 해왕성의 진실 여행은 나중에 시작할 겁니다. 먼저 사수자리의 빛나는 이상주의와 진실과 엉뚱한 유머의 실례를 살펴보고 나서요. 사수자리는 목성의 특징을 따르지요. 이 이야기의 주인공은 남성이지만 그가 여성이었다고 해도 차이는 없을 겁니다.

이 일이 진실이라는 것을 물고기자리와 사수자리에게 증명하기 위해 밝혀둡니다. 사수자리 남성의 이름은 댄 윌리엄스이며 이 일을 제보해준 사람은 그의 딸입니다. 그녀의 이름은 메리 앤 윌리엄스 헨슨이며 지금 웨스트 코스트에 살지요.

사수자리 댄은 그의 일생 동안 목성의 진실이라는 화살을 과녁에 똑바로 겨누었지만, 가장 멋진 화살을 예상치 못한 그의 죽음과 함께 자유의 푸른 하늘에 쏘았답니다. 댄의 유언에 특이한 조항이 들어 있었기 때문입니다. 그 당시에는 노스캐롤라이나의 엘리자베스 시에 불행한 관습이 있었습니다. 주말에 성공회 교회에서 백인 교구민은 아래층 신도 석에 앉고 흑인 교구민은 발코니 신도 석에 눈에 띄지 않게 앉아야 한다는 것이었지요.

바로 그 교회에서 댄의 유언이 솔직하고 직설적으로 낭독되었답니다. 자신의 장례식에 마지막 경의를 표하고 싶은 사람은 그의 희망을 따라야만 한다는 내용이었지요. (댄은 백인이었습니다.) 그의 유언에 있는 지시 사항은 성공회 교회에서 열리는 장례식에 참석하는 모든 사람이 그날만은 새로운 좌석 배치에 따라주기를 요청하는 내용이었습니다. 그 요청은 놀랍게도 그의 흑인 친구들(공동체의 대부분이었던 흑인 전체 인구)은 제단 앞의 고급스러운 아래층 좌석에 앉고, 백인 친구들은 불편할 뿐 아니라 발코니에 처박혀서 보이지도 않는 자리에 앉아야 한다는 것이었지요.

댄 윌리엄스를 위한 장례식이 거행되는 날 아침, 교회는 사람들로 넘쳐났습니다. 그의 유언에 따라 좌석 배치가 엄격하게 지켜졌지요. 임종 유언에 따라 발코니 신도 석으로 안내된 백인 친구들의 모욕받고 충격받은 얼굴은 영원히 기억할 만했답니다. 장례식 내내 그들은 그곳에서 분노를 억누르며 꼿꼿하게 굳은 자세로, 얼굴은 벌게진 채로 앉아 있었지요. 사수자리 댄 윌리엄스는 온 힘을 다해 마지막 말을 한 것입니다.

저는 확신합니다. 그 기적이 일어난 오월의 아침에 그 경외할 만한 장소 어딘가에서, 아마도 태양이 여느 때보다 밝게 쏟아져 들어오는 스테인드글라스로 된 창문 근처 위쪽에서, 명예로운 손님이 그의 눈앞에 펼쳐진 장면을 보고 있었을 겁니다. 그는 장난꾸러기 소년처럼 얼굴에 활짝 큰 웃음을 짓고 있었겠지요. 그의 미망인, 아이들, 친구들은 눈물을 흘리면서도 순수한 기쁨에 차서 모두 웃었답니다. 그의 유언으로 벌어진 사건은 그들이 사랑하는 사람을 잃어버렸다는 슬픔을 덜어주었지요. 그리고 신도 그들과 함께 웃었답니다.

이 실화를 들었을 때, 제가 메리 앤에게 물었지요. "당신 아버지가 그 일이 이뤄질 거라고 어떻게 확신할 수 있었을까요? 결국 백인들이 분노에 차서 떠날 수도 있었을 텐데요. 교회의 사제들은 그의 마지막 요구를 거절할 수도 있었고요. 당신의 아버지는 틀림없이 남부 공동체에서 유명한 사람이었나 봐요. 직업이 뭐였나요?" 그녀는 대답했습니다. "그는 민주주의를 보호하는 사람들의 대표, 경찰 서장이었어요." 그녀는 아빠를 닮은 장난기 많은 웃음을 지으면서 눈을 반짝였답니다.

마법이 이뤄졌나요? 형제애와 자매애의 이상향을 꿈꾸는, 그래서 생각보다 사수자리의 이상에 더 가까워진 물고기자리의 마음이 움직였을까요? 당신들 물고기자리와 사수자리는 지금 서로를 바라보며 활짝 웃고 있나요? 당신을 괴롭히는 사수자리가 대단히 짓궂게 장난치는 유형이라는 걸 인정하나요? 설령 당신이 빠져나갈 수 있다 하더라도 당신은 거기에 동참할 거죠? 멋지군요! 우리는 나아가고 있습니다.

사수자리는 친구와 낯선 사람들 앞에서 물고기자리에게 상처를 주는 끔찍한 진실을 무차별로 던지는 습관(때로는 무례하고 불필요한)이 있지요. 물고기자리는 진실을 가지고 미묘한 게임을 하는 습관이 있어서 사수자리의 마음을 아프게 하고 분노하게 만든답니다. 사수자리는 화가 나서 물고기자리가 노골적인 거짓말쟁이라고 비난합니다. 그건 옳지 않지요. 사수자리 씨, 물고기자리는 거짓말을 하지 않습니다. 그들은 그저 가끔 진실을 피할 뿐이랍니다. 잘 생각해보면 두 경우가 전혀 같지 않다는 걸 알게 될 겁니다. 그리고 물고기자리가 진실을 피하는 데는 두 가지 이유가 있지요. 두 가지 이유로, 그들은 명쾌한 해답이나 사실을 진술하는 것으로부터 멀리 헤엄쳐갑니다. 하나는 그 진실이 누구도 관여할 필요 없는, 그 자신만의 사생활에 대한 무척 내밀하고 개인적인 뭔가를 포함하고 있을 때입니다. 또 하나는 물고기자리가 동정심이 많기 때문인데, 아마도 그 진실이 누군가에 상처가 된다거나 해서 아무 쓸모없는 경우랍니다. 어느 쪽이든지, 이것이 당신 것보다는 훨씬 덜 공격적인 그들의 도덕이라는 사실을 당신은 인정해야만 합니다. 아닌가요? 사수자리 목성의 도덕은 정직이지요. 물고기자리 해왕성의 도덕은 도피입니다. 가능하면 갈등(스스로와 타인에 대한)의 감정적 분출을 피하는 것이지요. 어쨌든 도덕은 도덕입니다. 그게 어떤 형태를 취하든지요. 그렇지요?

물고기자리에게 해주고 싶은 말은, 그(또는 그녀)의 목성의 활로 머리를 때리고 싶게 하는 사수자리의 뜨거운, 가시 돋친 말들의 의도에 좀 더 공감하려고 애쓰라는 것입니다. 당신은 그 의도가 항상 진실을 추구하고 표현하려는, 통제할 수 없는 욕구에 있음을 알아야 합니다. 인간이 하는 모든 종류의 말과 행동에서 정말로 중요한 것은 그 뒤에 있는 동기이지요. 사수자리의 의도는 적어도 고귀하답니다.

사수자리의 삶은 자유롭고 느긋하며, 완전히 독립적이며, 자기 연민을 경멸합니다. 그들은 스스로를 찾아가는 신나는 여정을 방해받거나 그들의 목표와 방랑벽에 장애가 되면, 종종 의무와 책임을 무시합니다. 그런데 물고기자리는 이러한 행동에 동의하지 않지요. 물고기자리는 자신을 필요로 하는 사람에게 헌신적인 봉사를 하는 것보다 자기 욕망을 먼저 앞세우는 일은 상상할 수조차 없습니다. 친절하고 온화한 물고기자리는 방해물을 조용히 돌아서, 상류로 거슬러 올라가는 여정을 이어갑니다. 때로는 폭포 뒤에 있는 차가운 고요함 속에서 멈춘 채, 상당한 시간을 지체하기도 하지요. 그들은 공감하며 들어주는 귀(또는 금전)를 필요로 하는 사람들과 얽히고설킨 관계를 피하기 위한 노력을 별로 하지 않기 때문입니다. 그들이 자신의 장거리 계획을 아무리 우회하고 지연시켜도, 물고기자리는 거의 화를 내는 법이 없습니다. 물고기자리는 절망스러울 정도로 변덕이 심합니다. 단번에 꿈을 이루려 하고, 현실적인 목표를 위해 정착하는 것을 거부하지요. 게으르게 계속 미루고, 유익한 기회들이 소리 없이 지나가도록 내버려둔답니다. 이런 일들에 물고기자리는 그저 어깨를 으쓱할 뿐이지만, 사수자리는 화가 나서 비난을 퍼붓습니다.

사수자리는 물고기자리인 그(또는 그녀)가 잠깐이라도 차분하고 안정적으로 느끼는 임시방편의 연못에서 나오도록 설득하려는 시도를 멈춰야 합니다. 물고기자리는 사수자리가 적극적으로 미래의 약속을 따르는 것을 방해하는 해왕성의 고요한 의심을 멈춰야 합니다. 그런 무의미한 대결 대신, 달이나 중국으로 여행을 떠나세요. 정복해야 할 새로운 세계가 그곳에 존재한다는 걸 증명하고, 물고기자리에게 뿌려줄 한 줌의 우주먼지를 가지고 돌아오겠다는 약속을 지키도록 노력하는 게 좋습니다. 사수자리는 그 약속을 지킬 만큼 대담하지요. 나중에 활짝 웃으며 이렇게 말하겠지요. "봤어요? 당신이 나를 믿는다면, 당신을 실망시키지 않는다고 말했잖아요." 물 밖으로 나와서 개구리처럼 뛰어놀기를 거부하는 물고기자리를 유혹하는 가장 효과적인 방법이랍니다.

마지막으로 제가 당신과 함께 나누려는 것은 사수자리 댄 윌리엄스의 유언장에 있던 마지막 내용입니다. 그가 죽었다는 소문이 났습니다. 그는 부유한 사람은 아니었지만 다소 안락한 생활을 할 수 있는 경제력이 있는 사람이었지요. 맙소사, 사수자리 댄은 모든 재산을 지난 수년 동안 곤경에 처한 사람들에게 빌려줬답니다. 남은 돈이 한 푼도 없었지요. 가족에게 남겨진 유산은 무엇이었을까요? 참으로 전형적인 목성다운 말로 유서의 마지막 문장에 이렇게 쓰여 있었답니다. **나의 부인과 아이들이 먹고살 수 있는 온 세계를 남깁니다!**

물고기자리가 댄의 동정심 많은 자선에 감명받더라도, 해왕성의 유언장에 그런 유산을 남기는 일은 없을 겁니다. 수수하고 겸손한 물고기자리는 세계 전체를 기부할 권리 같은 주제넘은 꿈은 꾸지도 않지요. 왜냐면 세계는 그들 것이 아니니까요. 하지만 여기에는 사수자리의 심오한 철학이 있습니다.

물고기자리: 당신들 사수자리는 정말로 세계를 소유한다고 믿나요?
사수자리: 물론이죠, 모든 사람이 그렇지 않나요?

사수자리 여성과 물고기자리 남성

그녀는 이해하지 못했고, 지금도 그렇다. "우리 지금 가야 해."
그녀가 명랑하게 말했다. "그래." 그는 힘없이 답했다.

당황한 사수자리 여성은 혹시 물고기자리가 아닌 쌍둥이자리 남성과 사랑에 빠진 건 아닌지 의아해질 때가 있습니다. 물고기자리와 쌍둥이자리는 둘 다 이중성의 태양별자리이며, 꿈과 목표를 중도에서 바꾸는 능력에 관해서라면 두 별자리가 놀라우리만치 닮았습니다. (그들의 차이점은 다른 부분에 있지요.) 하지만 그녀 또한 이중성의 별자리지요. 사수자리의 사수란 알다시피 반인반마인 켄타우루스입니다. 어느 누가 물고기자리의 변하기 쉬운 성질에 의문을 가지냐고요? 그녀가 바로 그 누구랍니다. 사수자리는 모든 일에 의문을 갖지요. 물고기자리 남성은 그녀에게 목성의 기질을 발휘할 기회를 많이 줄 겁니다.

여러 해 동안 비교적 안정적인 직업을 유지하는 일부 물고기자리 남성도 당연히 있습니다. 하지만 분명히 소수랍니다. 대부분의 물고기자리는 인생의 다양함에 영원히 매료됩니다. 때때로 그들이 만든 변화는 놀라움 그 자체입니다. 몇 가지 예를 들게요.

크리플 크리크에서 자랐지만 덴버에 연고지를 둔(적어도 그 시기에는) 물고기자리 마이크 쏜톤은 그동안 금 채굴자, 말 사육사, 작가와 예술가가 될 가능성을 조금씩 알아봤습니다. 그 뒤에는 정원을 가꾸는 전문적인 조경사로 직업을 바꿨지요. 그 후에는 밤에 기어 다니는 큰 지렁이를 실험했고, 전기 기술자가 되기 위한 실습을 시작했고, 나중에는 집과 사무실 배선을 바꾸는 기술을 가진 전문가가 되었습니다. 지난주에 그가 제게 전화를 했답니다. 오락 시설을 운영하려는데 자신의 천궁도가 어떤지 묻더군요. 밤에 기어 다니는 큰 지렁이 같은 사람들을 위해 핀볼 게임을 하고, 어쩌면 춤도 추고, 바둑과 체스를 할 수 있는 그런 곳 말이에요.

만약 사수자리 여성인 당신이 이걸 읽고 약간 초조함을 느꼈다면, 그의 인내심 있는 예쁜 황소자리 부인 캐롤린은 어떨지 상상해보세요. 그녀는 부드럽고도 사랑스럽게, 그에게 항상 힘을 주는 미소를 짓습니다. 하지만 그녀는 손톱을 아무도 모르게 물어뜯기 때문에 날마다 더 짧아지지요. 불쌍한 캐롤린을 위해 기도해주세요. 뒤로 공중제비를 넘고, 주머니칼을 차고, 묘기 다이빙을 하고, 요리조리 잘 빠져나가는 물고기자리 남성과 함께하려고 애쓰는 여성이라면, 당신의 태양별자리가 무엇이든지 견뎌야만 합니다.

다른 물고기자리 남성도 있습니다. 마크 쇼입니다. 그는 인디애나 대학 로스쿨을 졸업하고, 아스펜에서 5년 동안 잘나가는 시절을 보냈습니다. 그는 바쁘고 촉망받는 변호사로 확실히 만족스럽고 성공적이었지요. 하지만 1978년 봄에 마크는 법률 사무소를 완전히 그만뒀습니다. 그는 사무실 간판을 다락에 던져넣기로 결정하고 밝은 빨강색의 '행운의 테니스 모자'를 썼지요. (그는 양자리에 두 개의 행성이 있습니다.) 그러고는 뉴욕으로 날아가, ABC 방송사의 "굿모닝 아메리카"라는 쇼의 정규직을 맡았습니다. 그는 온 세계를 돌아다니며, 제작자이자 감독이자 작가로서 프로그램을 영상화하기 시작했지요. 그는 텔레비전에도 나왔답니다!

물고기자리 남성과 사랑에 빠진 사수자리 여성은, 이 모든 종류의 놀라움에 대비해야 합니다. 시기마다 달라지는, 정말로 다양한 경험이 펼쳐질 테니까요. 처음에 그녀는 그런 일들을 즐겁게 받아들일 겁니다. 특히, 그녀가 사랑하는 물고기자리가 추구하는 것이 여행과 관련된다면 더욱 그렇습니다. 전형적인 사수자리가 집을 떠나는 나이인 대략 14세 때에 그녀도 방랑벽이라는 치료 불가능한 질병에 감염되었지요. 그렇게 처음에는 즐겁게 짐을 싸고 그의 옆을 낙천적인 걸음으로 따라 걸을 겁니다. 그는 서커스 퍼레이드를 따라다니거나 컴퓨터 프로그래머가 되려고 치과의사 일을 포기하지요. 처음에는 그녀도 그러자고 할 겁니다.

나중에는, 음, 그녀는 너무 오래 걸어서 달아오른 발을 힘들게 내려놓고는 그를 노려보면서 요령 있게 말하겠지요. "이봐요, 멍청이 씨. 나는 이제 당신이랑 집시 놀이 하는 거에 진저리가 나고 지쳤어요. 당신이 직업을 하도 자주 바꿔서 당신의 직업들을 다 기억할 수도 없네요. 당신이 정리하고 정착을 하든지, 아니면 당신을 동물원에 팔면 내게 얼마가 생길지 알아봐야겠어요. 당신은 정신과 의사가 필요해요. 당신은 머리가 돌았어요."

민감한 물고기자리는 충격을 받아 말 그대로 사라져버릴 수 있습니다. 그는 이 길로든 저 길로든 사라질 겁니다. 어느 날, 그녀는 그의 얼굴을 신문에서 보게 되지요. 그는 의원으로 선출되었으며, 새로운 여자 친구가 함께 포즈를 취하고 있답니다.

당연히 모든 사수자리 여성이 위의 예처럼 잔인하게 정직하지는 않습니다. 일부 사수자리 여성은 더 부드럽고 더 조용하고 훨씬 적게 표현합니다. 하지만 그들조차 가끔은 예기치 않게 솔직합니다. 어쨌든 사수자리가 재치 부문에서 일등을 하는 일은 결코 없을 겁니다. 요점을 말하자면, 물고기자리 남성을 사랑하는 사수자리 여성은 그에게 부드럽게 다가가야만 합니다. 그렇지 않으면, 전혀 의도하지 않았는데도 그의 영혼과 마음을 아프게 할 수 있습니다. 그러면 그의 애정과 헌신을 잃게 되지요. 물고기자리 남성은 이 여성이 진실을 말할 때마다 움찔하고 놀라거나 너무 많이 민감해지지 않도록 노력해야 합니다. 그녀는 정직해지려는 욕망을 어쩔 수가 없답니다. 하지만 그녀는 거의 항상 좋은 뜻으로 말합니다. 당신이 얼마나 아픈지 그녀에게 설명해주세요. 그러면 그녀의 목성은 흔들릴 겁니다. 그녀를 깊이 뉘우치게 하고 사과하도록 만들지요. 나중에는 말하기 전에 생각을 좀 하려고 노력할 겁니다. (하지만 그녀에게 주기적으로 문제를 알려주는 노력이 필요합니다.)

사수자리 여성이 제일 먼저 할 일은 그가 어떤 종류의 물고기인지 알아내는 겁니다. 왜냐하면 두 종류의 물고기자리가 있기 때문입니다. 한 부류는 성공과 성취를 향해 상류로 헤엄치는 사람들입니다. 다른 한 부류는 실패가 있는 하류 쪽으로 떠내려가지요. 그들의 꿈은 불행이라는 파도에 좌초되어 결국 해변에 표류한 것들을 주워서 생활한답니다.

부두의 부랑자가 호기심 많고 모험심이 강한 사수자리 여성의 '행복'에 반드시 나쁜 모험이라는 뜻은 아닙니다. 하지만 도시라는 '해변'을 슬프게도 샅샅이 뒤지면서 방랑하는, 잃어버린 자존심을 가슴 아프게도 찾아다니는 부두 부랑자라면 좀 다르지요. 사실 이 사람이 그녀의 믿음과 용기가 필요한 바로 그 물고기자리입니다. 저는 그녀가 그를 피해야 한다고 말하지 않겠습니다. 실망으로 방황하는 영혼을 구하는 목성의 기적보다 더 아름다운 것은 없지요. 다만, 그녀가 대처해야 할 물고기자리가 어느 쪽인지를 처음부터 알고 있어야 한다고 말하는 것뿐이랍니다.

맨해튼에 사는 제 친한 친구인 물고기자리 남성은 다양한 풍경과 그 속의 사람들을 분석하기 위해 종종 타임 스퀘어를 산책합니다. 그는 야식을 먹으려고 브로드웨이에서 어느 유명한 핫도그 가게인 나탄스에 들렀던 어느 날 밤에 대해 제게 얘기해줬지요. 나탄스는 정확하게 테이블이 예약되는 곳이 아니기 때문에, 그는 다소 말이 많은 어떤 사람과 함께 마주보고 앉았습니다. 그 사람의 의복은 낡았고 두 사이즈나 컸지요. 바지 허리춤에는 와인 반병이 있었고요. 하지만 그 사람의 외모는 당신이 지나치게 가까이 들여다보지 않는다면, 제법 말쑥해 보였답니다. 그리고 그는 명랑 쾌활했지요. 이 맨해튼 부랑자는 제 물고기자리 친구가 관심을 갖고 공감하며 들어주는, 전형적인 해왕성의 사람이라는 사실을 알아보았습니다. 그는 자신의 직업을 그에게 털어놨지요. 그는 '뜨거운 보석'이라고 불리는 것을 팔고 있었답니다. 야간 근무 경찰관이 없는지 주변을 은밀하게 살펴본 뒤, 그 부랑자는 자기 상품을 살짝 보여주는 선심을 썼지요. (라인석 팔찌와 그가 다이아몬드라고 주장하는 핀 등) 제 물고기자리 친구는 재치 있게 자신이 '빈털터리'라고 설명한 후에 그의 태양별자리가 무엇인지를 물었습니다. 용감하기 짝이 없는 길 잃은 영혼은 즐거운 눈을 반짝이면서 대답했습니다. "누구요, 저요? 저는 물고기자리예요." 그는 운율을 맞추려고 발음을 꼬아서, 히-시즈 또는 율리시즈라는 운율에 맞추어 발음했지요. "네, 파이-시이즈(무르-고기)예요." 그는 명랑하게 반복했답니다.

제 물고기자리 친구는 말했지요. 그 순간부터 그는 항상 상류를 향해 헤엄쳐 올라가는 물고기자리는 물고기(라임에 맞춰 물-고기라고 발음하세요.)라고 생각하고, 하류로 헤엄쳐가는 물고기자리는 무르-고기라고 생각한다고요. 두 종류의 물고기를 구분하는 데 꽤 도움이 된다나요. 저는 이 의견을 사수자리 여성에게 전해주려고요. 그녀의 해왕성 연인이 가진 잠재력을 판단하는 데 사용하도록 돕기 위해서요. 예를 들어, 아인슈타인은 분명히 물고기자리였지요. 무르-고기가 아니고요.

사수자리와 물고기자리는 4-10 태양별자리 관계이기 때문에, 두 사람은 서로 다른 개성의 간헐적인 충돌로 인한 어느 정도의 긴장을 예상해야 합니다. 자기 연민적인 그의 성향과 자기중심적인 그녀의 성향은, 분명히 서로의 저항을 더 쉽게 해결해주는 대신 문제를 심화시킬 겁니다. 하지만 질투와 소유욕이 물고기자리와 사수자리 사이의 불만을 만드는 중요한 쟁점이 되는 일은 없겠지요. 왜냐면 둘 다 소유욕이라고는 없게 태어났거든요. 둘 다 자신의 자유를 지나치게 즐겨서 상대방의 자유를 인정하지 않을 수도 없답니다. 일반적으로 그리고 전형적으로, 이 두 사람은 서로에게 빈 공간을 기꺼이 허용해줍니다. 작은 초록색 괴물인 질투(또는 거대한 초록색 괴물)로 인해 어떤 사소한 다툼이 있다면, 그녀에게서 시작될 가능성이 더 크겠지요. 지나치지는 않더라도 자극을 받으면 질투를 하는 일부 사수자리 여성이 있으니까요. 질투를 하게 되면 정말 급하게 활활 타오르지요. 하지만 전형적인 사수자리는 강한 소유욕을 느끼지 않습니다. 말뜻 그대로입니다. 질투와 소유욕은 다르지요.

물고기자리는 여성적인 별자리이고, 여성적인 행성인 해왕성의 지배를 받습니다. 그래서 사수자리 여성과 육체적인 조화를 이루기 위해서는 물고기자리 남성이 좀 노력해야 합니다. 덜 수동적이고 덜 무심하며, 더 활동적이고 더 열렬하게 되려고 의식적으로 노력을 해야 하지요. 하지만 여성적인 에너지를 가졌기 때문에 그는 부드럽고 직관적인 연인입니다. 온화하고 상상력이 풍부한 연인이지요. 반면, 사수자리는 남성적인 별자리이고 남성적인 행성인 목성의 지배를 받습니다. 그래서 그녀는 덜 충동적이고 덜 대담하도록 애쓰면서, 그의 감정을 살펴야 합니다. 그렇지 않으면 그녀의 불같은 감정이 그의 능력과 자신감을 꺾어버릴 테니까요. 물론 그녀의 금빛 장에 있는 똑같이 남성적이며 긍정적인 울림은, 그의 욕망을 일깨우고 그에게 잠재되어 있는 물의 열정을 일으키는 힘을 가졌지요. 하지만 자주 생기는 갈등과 긴장은 그녀를 자극할 수 있는 반면에 그의 욕망을 얼어붙게 합니다. 열정적인 반응이 부족하거나 무시받으면 그녀가 얼어붙는 것처럼 말이에요.

소수의 사람만이 즐거운 육체적 표현이 주는 위대한 비밀을 이해하는 법이지요. 그 비밀은 바로, 순수하게 친절한 행동과 말이 마음에 작은 불꽃을 붙인다는 사실이 랍니다. 작은 불꽃이 자라 커다란 불이 되고 결국에는 육체적 욕망을 일깨워 황홀한 정점에 이르게 되지요. 사랑하는 사람들에게 섹스란 기본적으로 서로에게 감사하는 몸짓입니다. 둘로 분리된 이기적인 충동의 단순한 만족이 아니라 합일이라는 위대한 선물을 함께 느끼는 행위지요. 다른 모든 일과 마찬가지로 섹스도 황금률의 지배를 받습니다. 그렇지 못한 섹스는 분리감과 고립감 그리고 불안감만을 두 사람에게 안겨주지요.

목성과 해왕성 사이에는 부드러움의 유대와 공감대가 많습니다. 해왕성이 '발견되기' 전에는 목성이 천문해석학적으로 사수자리와 물고기자리의 지배행성이었지요. 이것은 물고기자리와 사수자리에게 비슷한 에너지 유형이 남아 있다는 것을 의미합니다. 두 지배행성의 비슷한 성질은 사수자리 여성과 물고기자리 남성을 생각보다 더 가깝게 묶어줍니다. 둘 다 동정심이 많고 이상주의적이지요. 둘 다 인내심이 있으며 충격을 잘 받지 않습니다. 하지만 거대한 목성과 잘 빠져나가는 해왕성의 에너지가 충돌하는 곳도 있지요. 목성의 본질은 해왕성의 비밀 유지나 애매모호한 말 그리고 기만의 모든 흔적을 경멸합니다. 반면에 물고기자리의 본질은 치료보다는 상처를 더 많이 주는 목성의 정직함 때문에 몹시 불안해집니다. 또 목성의 부주의하고 지나친 감정을 싫어하지요.

하지만 두 사람이 충분히 사랑한다면 차이를 해결하는 방법을 찾을 수 있습니다. 사수자리 여성은 좀 더 재치 있고 사려 깊으며 온화해지도록 노력해야 합니다. 불 원소의 고결함과 독립심을 잃지는 말고요. 물고기자리 남성은 좀 더 개방적이고 직접적으로 표현하도록 노력해야 합니다. 영적인 개인주의와 그의 천성에 있는 물 원소의 내적 고요함을 희생하지는 말고요. 그때 그들은 서로의 별을 비춰줄 겁니다. 여전히 자기 자신으로 남아 있으면서도 말이에요.

사수자리 남성과 물고기자리 여성

그들이 나란히 누웠을 때, 인어가 웬디의 발을 잡았다.

그리고 물속으로 그녀를 부드럽게 잡아당기기 시작했다.

피터는 웬디가 미끄러지는 걸 느끼고 깜짝 놀라 일어났고,

겨우 늦지 않게 그녀를 다시 끌어올릴 수 있었다. 이제는 그녀에게 사실을 말해야만 했다.

어떤 물고기자리 여성들은 말을 무척 많이 합니다. 반대로 과묵해서 대화를 거의 시작하지도 않는 이들도 있습니다. (하지만 다른 누군가가 대화를 시작하면, 무슨 말을 해야 할지 모르지는 않습니다. 처음에 아무리 수줍어하더라도요.) 하지만 정말 중요한 것은, 그녀가 어느 쪽이든 모든 물고기자리 여성은 훌륭한 청취자라는 사실입니다. 사수자리 남성은 자신이 하는 말을 넋이 나간 듯 들어주는 누군가에게 이야기하는 걸 즐깁니다. 사자자리나 양자리 남성에 필적할 정도지요. 두 별자리는 모두 귀를 기울이는 청중을 아주 좋아한답니다. 그러니 이 여성이 사수자리 남성에게 얼마나 매력적이겠어요? 그녀가 이야기를 들어주고 있는 어느 중간쯤에 그는 한두 번쯤 어느 정도 진실한 말을 해야 할 것 같은 느낌이 듭니다. 만약 그 진실이 지나치게 솔직하면, 그녀는 듣는 일을 멈출 수도 있습니다. 물고기자리 여성은 상처받는 것에 굉장히 민감하답니다. 그녀는 있는 그대로의 진실을 추구하는 것에 그리 많은 에너지를 사용하지 않지요. 이 숙녀는 진실보다는 '아마'와 '~일 거예요.' 또는 '~일 수 있어요.' 같은 얇고 섬세한 베일이 한 겹 드리운 상태를 더 좋아합니다. 어떤 물고기자리도 세게 치기를 좋아하는 사수자리의 방식으로 그녀의 진실이 바위 위로 곧장 올려지는 걸 좋아하지 않는답니다. 그러면 그는 그녀의 우아한 귀를 잃게 될 것이고 자신이 실언하지 않았더라면 하고 후회하겠지요.

듣는다는 것이 진실로 얻기 어려운 기술이라는 사실을 소수가 알고 있습니다. 왜냐하면 대부분의 좋은 청취자는 타고나기 때문입니다. 만들어지는 것이 아니지요. 듣는 일은 대단히 동정심이 많고 이기적이지 않은 본성을 요구합니다. 좋은 청취자는 타인과 외부 사건을 듣는 일에 순수하게 흥미를 갖지요. 말이 끝나기를, 자신이 나설 차례를 기다리는 것이 아니라요. 물고기자리 여성은 일종의 해왕성의 연금술을 통해 말로 묘사되는 상황 속으로 그녀 자신을 투사할 수 있으며 그 상황에 매료

될 수 있습니다. 그녀는 자신이 들었던 것을 그녀의 간접 경험으로 만듭니다. 그 속으로 녹아 들어가고 실제로 그 일부가 됩니다. 사수자리는 그녀가 단지 예의 바른 척하는 게 아니라는 것을 그녀의 눈동자로, 그녀의 표정으로, 그녀의 태도로 알아봅니다. 그가 말하는 것은 진짜로 이 여성에게 중요합니다. 누군가가 관심을 갖고 진실로 귀 기울여 들어주는 것보다 영혼을 만족시켜주는 일은 이 세상에 없지요. 모든 사람은 때때로 그렇게 치유받는 느낌이 필요합니다. 사수자리 남성은 더 자주 필요하지요. 그 느낌은 그에게 너무나도 큰 가치가 있기 때문에 최선을 다해 노력해야 합니다. 물고기자리 여성이 그에게 제공하는 이 희귀한 선물을 산산조각 내지 않도록 말이에요. 이것은 그녀의 본성 중 가장 사랑스러운 부분 중에 하나랍니다.

물고기자리 여성은 누군가가 자신을 표현하도록 설득하는 일에 아주 능숙합니다. 그녀가 왜 정신과 의사가 되지 않았는지 의문이 생길 정도입니다. 일부 물고기자리는 정신의학을 직업으로 택하기도 하지만, 대다수는 그렇지 않습니다. 전형적인 물고기자리는 다른 사람의 비밀을 엿본다는 개념을 싫어하지요. 물고기자리는 누군가가 자신의 사생활 속으로 깊이 파고드는 걸 싫어합니다. 또한 다른 사람의 입장에서 생각하는 걸 아주 당연시하는 경향 때문에, 대부분은 남이 자신에게 하지 않기를 바라는 일을 자신이 다른 사람에게 하는 것을 아주 꺼립니다.

그럼에도 특별한 의식적인 노력 없이, 물고기자리 여성은 처음부터 사수자리 남성에 대해 아주 많은 것을 알게 됩니다. 그녀에게는 강력한 통찰력이 있습니다. 그녀는 그가 아무도 모른다고 여기는 부분을 전혀 애쓰지 않고도 발견합니다. (또는 통찰합니다.) 그녀도 어쩔 수가 없답니다. 다른 사람에게서, 특히 사랑하는 관계에서 비밀을 '감지'하고 '알아차리는' 것은 그녀의 타고난 재능입니다. 마치 그녀가 응시하는 인간 수정 구슬인 양 그를 꿰뚫어 보지요. 하지만 그는 불편을 느끼지 못할 겁니다. 사적인 감정과 의도를 꿰뚫어 보는 그녀의 재능은 미묘하고 우아한 기술이어서, 결코 지나치게 강요하거나 공공연하게 억누르지 않기 때문이지요. 대개는 그런 일이 일어나고 있는지조차 모릅니다. (때때로 물고기자리 여성 자신조차 모른답니다.) 사실을 말하자면, 그녀는 이런 능력을 소유하고 싶지 않았을 겁니다. 그녀에게 반갑지 않은 능력이니까요. 사람들에 관해 그렇게 많은 사실을 감지하는 일은 그녀의 마음을 괴롭힙니다. 그게 없어도 그녀 자신의 걱정거리가 충분하지요. 하지만 다른 사람에게 속한 이미지들이 불청객처럼 그녀의 의식을 뜬금없이 지나가는 것을 막을 도리가 없습니다. 그녀는 그렇게 운명 지어졌지요. 그래서 그녀는 다른 사람의 인생에 지속적으로 연루되는 것처럼 보입니다. 우리는 그녀가 이 운명을 상당히 기품 있게, 그다지 불평하지 않고 받아들인다는 사실을 인정해야 합니다. 불가피한 것에 온화하게 복종하는 기술은 부러워할 만한 자질이지요.

내면의 생각을 들키는 것에 대해 사수자리는 그리 신경을 쓰지 않습니다. 이 남성은 대단한 비밀을 가진 사람은 아니지요. 전형적인 사수자리는 당신이 알고 싶어하는 것에 대해 즐겁게 고백합니다. 때로는 그녀가 듣고 싶어하는 것보다 더 많은 것을 고백하지요. 그는 숨길 만한 것이 거의 없거나 전혀 없답니다. 묻기만 하면, 그는 당신에게 바로 말해줍니다. 만약 그가 무일푼이면 그렇다고 말할 겁니다. 그가 자신의 카르마나 직장 상사에 대해 걱정한다면, 당신에게 그렇다고 말할 겁니다. 그는 진실을 믿습니다. 회피하지 않지요. 그리고 그는 모든 사람이, 특히 그가 사랑하는 여성이 자신의 태도를 따라야 한다고 생각합니다. 그래서 두 사람은 단계별로 적잖은 다툼을 할 수 있습니다. 위선에 대한 그의 정의와 그녀의 정의가 다르기 때문입니다. 그녀는 불필요한 정직함이 지닌 잔인함, 조바심, 경솔한 말, 충동적인 행동에 대해 그와는 다른 정의를 내렸지요. 이 모든 문제에 대한 그들의 생각은, 듣기 좋게 말해 '어느 정도' 다르답니다.

성적인 측면에서는, 두 배로 남성적인 에너지의 사수자리는 두 배로 여성적인 물고기자리 여성이 유혹적이며 매혹적이라는 걸 알게 될 겁니다. 자연도 이 남녀의 육체적 결합에 미소 지으며 협력하지요. 두 사람이 잘 협력한다면 금상첨화겠지요. 사수자리 남성은 물고기자리 여성이 그가 다가갈 때 지나치게 냉정하게 대한다고 비난할 수 있습니다. 그녀의 반응이 열정적이지 않다거나 그의 열정에 맞춰줄 만큼 충분히 자발적이지 않다고요. 그의 분석에는 목성의 진실성이 티끌보다는 좀 더 있습니다. 물고기자리 여성의 달별자리나 동쪽별자리가 불 원소인 경우가 아니라면, 그녀는 정말 감정적으로 '더 냉정할' 수 있습니다. 섹스의 열정에 관해서 무심할 수 있지요. 그가 노력하더라도요. (그는 이제 노력할 생각이 없어졌답니다.) 이제는 애써야 하는 쪽이 그녀라는 의미입니다. 그녀는 그의 갑작스러운 충동에 맞추고, 그와 똑같이 깊은 욕망을 가질 수 있도록 의식적으로 노력해야 합니다. 섹스를 할 때 그녀가 보여주는 민감하고 여성적인 방식을 그는 좋아합니다. 하지만 그녀의 주기적인 냉정함은 그에게 상처가 되지요. 그녀는 그 문제를 해결해야 합니다.

사수자리 남성은 그녀에 대한 그의 욕구가 육체적인 면에 지나치게 집중해 있다고 느껴지지 않도록 조심해야 합니다. 그녀에 대한 그의 감정을 성적인 것 말고 다른 방식으로도 표현하면 좋겠지요. 그러면 그의 섹스에 대해 그녀가 더 열정적으로 응답하게 된답니다. 그러니까 그에게도 몇 가지 책임이 있다는 얘깁니다. 완전히 일방적인 경우는 없지요.

물고기자리 여성은 사랑하는 남성에게서 상냥함과 부드러움을 아주 많이 받아야 합니다. 그녀는 상상력으로 충만한 창조적인 관심 아래에서 꽃을 피웁니다. 이런 것들은 그녀를 매혹하는 힘이 있습니다. 그녀는 그가 여행을 가자고 하거나 현재 상황에 변화를 주자고 제안할 때(그는 그렇게 합니다.) 눈에 띄게 환히 빛납니다. 하지만 거칠고 무뚝뚝한 대접을 받으면 우울함으로 시들어갑니다. 그녀는 뭔가 잘못되었다는 사실을 그가 깨닫기 전까지, 반복적으로 상처받을 수 있습니다. 왜냐하면 그녀는 자신의 상처를 잘 보여주지 않거든요. 그녀는 상처를 숨기거나 억누르려고 하지요. 그걸 받아들이든지 아니면 잊어버리려고 애씁니다. 하지만 시간이 지나면 보여주기 시작하지요. 경고 신호입니다. 그의 강력한 '불'이 서서히, 그러나 분명하게 그녀의 고요한 '물'을 말려가고 있다는 것을 깨달으라는 신호이며 그의 태도(특히 그의 말)를 완화시키라는 경고지요.

물론, 그녀가 고래 유형의 물고기자리라면 상황이 달라질 수도 있습니다. 그녀의 강력한 물 원소의 본성이 타고난 목성의 낙천주의를 삼켜버릴 수 있지요. 서로 다른 외모, 태도, 동기에서 비롯된 문제를 극복하기 위해 열심히 노력하지 않는 불 원소와 물 원소 커플의 운명은 슬픕니다. 그들은 맞대결을 포기할 수도 있습니다. 두 사람은 그저 더 멀리 따로 떨어져 떠돌지요. 한 지붕 아래 함께 사는 이방인이 될 때까지요.

오직 두 가지 방법이 있습니다. 고통스러운 친구가 되기보다는 호의적으로 알고 지내는 사람으로 지내자며 헤어질 수 있지요. 아니면, 그들은 때때로 서로가 이방인임을 인정하는 색다른 태도를 선택할 수 있습니다. 그들은 각자 서로를 더 잘 알고 싶은 흥미 있는 사람이라고 결정하고, 다시 알아가는 과정을 처음부터 시작할 수 있습니다. 이 두 번째 과정에서는 둘 다 더 현명해지겠지요. 행복하기 위해 두 사람이 똑같을 필요는 없으며, 서로의 다른 관점을 존중하는 한 항상 동의할 필요도 없다는 사실을 알 만큼은요. 차이는 관계에 생기를 더해줄 수도 있고 관계를 무디게도 할 수 있지요. 어느 쪽이 좋을까요? 정말로 그들이 체스를 둘 차례입니다. 이제 그들만 있게 해주기로 하지요. 체스 판의 기사와 말들을 어떻게 움직일지 고민할 수 있도록요. 사랑의 전략 전술은 지극히 사적인 일이니까요.

때로는 사적인 것이 가장 중요합니다. 이 두 사람에게는 그들의 관계를 외부의 파괴적인 힘으로부터 보호할 필요가 있을 만큼 사생활이 많이 부족했을 겁니다. 그들이 어딘가 먼 곳으로 함께 날아가서 단순한 것들이 주는, 이를테면 사생활이 갖고 있는 힘을 발견하면 좋을 텐데요. 그러면 한때 그토록 사랑했던 두 '이방인'이 서로에게 상처받은 마음을 치유할 수 있답니다. 체스 판은 그냥 남겨두고 떠나도 됩니다. 게임은 돌아왔을 때 다시 시작하면 되니까요. 아니면 게임을 영원히 멈추기로 약속할 수도 있지요. 그게 더 나을 수도 있습니다. 두 사람의 로맨스나 결혼의 미래를 위해서는 그게 훨씬 좋겠지요. 누구도, 아무리 무모한 도박꾼이라도 이길 수 없는 게임이 몇 가지 있지요.

염소자리와

열두 별자리가 만났을 때

Capricorn, the Goat

염소자리 Capricorn

흙 · 시작하는 · 수동적
지배행성: 토성
상징: 염소
음(−) · 여성적

Capricorn 염소자리

흙 · 시작하는 · 수동적
지배행성: 토성
상징: 염소
음(−) · 여성적

염소자리와 염소자리의 관계

이런 말을 해야만 해서 슬프지만, 그들은 차츰 하늘을 날 수 있는 힘을 잃어갔다.

얼마 후에는 그들의 모자를 쫓아 날아갈 수도 없게 되었다.

그들은 연습 부족이라고 말했다. 하지만 진짜 이유는 그들이 더 이상 믿지 않기 때문이었다.

대부분의 어린이는 별이 빛나는 하늘을 여행하면서 어떻게 날았는지 그리고 이 삭막한 세상에 태어난 이후 10년 또는 12년 정도의 시간 동안 벌어진 대단한 일 모두를 기억합니다. 그런데 염소자리 어린이는 아주 빨리 잊어버립니다. 염소자리 어린이는 자신이 어디에서 왔는지나 자신이 가졌던 놀라운 힘에 관한 모든 기억을 잃어버리는 데, 불과 몇 개월 정도밖에 걸리지 않습니다. 태어난 지 6개월이 지날 즈음에는 12일절 전야제(예수 공현 대축일, 크리스마스 후 12일째의 1월 6일 밤—옮긴이)에, 달빛 속 참나무 아래에서 드루이드교(고대 켈트족의 종교—옮긴이)의 사제들이 춤추는 것을 더 이상 볼 수 없게 되지요. 저는 그 춤꾼들을 몇 년이 지난 뒤에도 기억하는 염소자리 소녀 질과 라엘을 알고 있기는 합니다.

그렇다고 해서 그들을 동정해 눈물 콧물 흘릴 필요는 없습니다. 왜냐하면(염소자리가 나오는 다른 장과 『당신의 별자리』에서 말했던 것처럼) 염소자리는 시간의 법칙을 거스르는 기적이거든요. 그들은 나이가 들수록 점점 어려진답니다. 사실 그들은 날 때부터 위대한 조부모님처럼 바라보고 행동해왔습니다. 오래전에 서류 가방을 겨드랑이에 끼고 총총히 서둘러 걸어가는 따분한 성인이 되었지요. 하지만 어느 순간, 그들은 기어를 뒤로 놓고 시간을 거슬러 여행하기 시작합니다. 활짝 핀 뺨과 밝은 마음, 솔직한 어린이의 즐겁게 반짝이는 눈동자를 가졌던 시절을 향해서요.

그것은 어머니 자연이 토성의 자녀들에게 주는 기적의 선물이랍니다. 염소자리가 더 이상 책임질 것이 없는 때가 되면, 늙은 시간의 아버지 토성의 도움으로 자연은 그의 잃어버린 젊음을 회복하는 일을 시작하게 합니다. 토성의 방식대로 천천히 단계적으로요. 좀 늦더라도 아예 시작하지 않는 것보다는 낫지요. 사실, 젊은 시절을 빨리 보내는 것보다 훨씬 좋을 수도 있고요. 기적이 일어날 정확한 날짜는 염소자리 개개인에 따라 다르겠지만, 이 일은 꼭 일어난답니다.

이 세상에 올 때 우리는 행복해지는 방법에 대한 지혜를 가지고 있었지만 모두 잊고 말았지요. 하지만 우리가 원한다면 나중에라도 우리의 어리석음을 만회할 수 있답니다. 정해진 삶의 주기를 비웃고, 심지어 죽음과 쇠락은 피할 수 없는 과정이라는 잘못된 선전마저 비웃어줄 수 있지요. 염소자리가 바로 이 귀중한 교훈을 가르쳐 준답니다. 염소자리의 지배행성인 토성을 믿으세요. 영혼을 테스트하는 토성의 방식은 힘겹고 가혹합니다. 하지만 그 보상은 순금에 비할 수 있고 오래 지속됩니다.

염소자리 커플은 젊은 시절에는 서로를 숨 막히게 하고 구속할 수 있습니다. 하지만 나중에는 우리에 가득한 개코원숭이들을 구경하는 것보다 훨씬 더 즐겁답니다. 그때가 오기 전까지는 그들의 과도한 성숙함과 신중함을 다정함과 신뢰로 보완해야 할 겁니다. 일부 염소자리는 무뚝뚝함과 엄격함 때문에 이런 면이 더 악화될 수 있습니다. 그럼에도 다정함과 편안함, 든든함 같은 장점은 서로를 짜증나게 만드는 몇 가지 단점들을 견딜 수 있게 해주지요. 한 염소자리 옆에 다른 염소자리가 있다는 것은 위로가 되는 일입니다. 그들은 의지할 수 있는 사람이며, 그 또는 그녀가 지난 토요일에 말한 것을 이번 주 화요일까지 여전히 생각하고 있는 사람입니다. 특히 쌍둥이자리와 천칭자리와 물병자리 무리 속에서 방황하고 있을 때라면, 그것은 축복받은 안도감이겠지요.

두 염소자리가 여러 사람들과 함께 가벼운 이야기를 나눌 때, 아니, 이건 옳은 말이 아니네요. 그들은 어떤 것도 결코 가볍게 논하지 않으니까요. 두 염소자리가 사무실, 집, 교실 또는 은행에 신중하게 함께 들어설 때면 그들은 개미들과 똑같은 방식으로 교신하고 움직입니다. 안테나를 조용히 꿈틀대면서 서로 완벽하게 대화하고 협동하고 이해하면서 분주하게 돌아다니지요. 그들은 어떤 일을 하든지 열심히 훌륭하게 합니다. 그들이 대화를 주고받는다면, 어리석고 피상적인 내용을 그저 교환하는 이상의 중요하고 의미 있는 이야기를 나눕니다. 염소자리는 어리석고 피상적인 이야기는 결코 주고받지 않습니다. 하워드 휴이, 칼 샌드버그, 개리 쿠퍼, 리차드 닉슨, 험프리 보가트, 에드거 후버와 소설가 헨리 밀러(모두 매우 진지한 성격으로 유명한 염소자리 인물들―옮긴이)가 앉아서 함께 길가에서 한담을 나눈다고 생각해 보세요. 그 대화 내용이 어리석고 피상적인 것이라고는 누구도 생각할 수 없겠지요. 실제로 그들은 사소한 잡담이나 종잡을 수 없는 세세한 이야기에 시간을 낭비하지는 않을 겁니다.

천문해석학은 특히 염소자리에 관한 얘기라면 믿을 수 있습니다. 다른 태양별자리는 출생차트의 나머지 행성들의 영향으로 자기 태양별자리의 특성을 이런저런 점에서 벗어날 수 있습니다. 하지만 염소자리는 기본적인 태양별자리의 본질에서 절대로 벗어나지 않습니다. 그들은 지구에 뿌리를 내린 채, 거의 100% 예측대로 행동합니다. 그들은 예측가능한 사람들입니다. 왜 염소자리가 떼 지어 다니기 좋아하는지 아시겠지요? 서로를 신뢰할 수 있기 때문이랍니다. (그들은 서로를 신뢰하는 동안에도, 다른 속임수에 대비해 한쪽 눈을 크게 뜨고 있지요.) 제가 "함께 떼 지어 다닌다."라고 했나요? 그 문구는 취소하고 싶네요. 대부분의 염소자리는 외로운 사람입니다. 염소자리는 일생동안 단 한 명의 아주 친한 친구를 갖습니다. 결코 셋이 넘지 않지요. 그것은 토성 헌법에 적힌 토성의 세 번째 수정 조항이라고 불리는 규범이랍니다. 사람을 선택하는 일에 관해서 말하자면, 염소자리가 제일 먼저 사귀고 싶은 친구는 종종 다른 염소자리입니다. 만약 흙 원소의 다른 별자리가 없다면, 그다음에는 물 별자리를 우선으로 선택할 겁니다. 그들 대부분은 불 별자리와 공기 별자리에게 극도로 신중을 기합니다. 하지만 이것은 그의 잘못된 판단 중의 하나지요. 왜냐하면 흥미로운 인생을 위해서는 다양한 개성이 섞일 필요가 있으니까요.

염소자리는 다른 염소자리의 실수와 실패에 대해 거의 투덜대지 않습니다. 합리적인 선택이지요. 본인 또한 똑같은 실수와 실패를 하기 때문에, 다른 염소자리를 비난하는 것은 곧 자기 자신을 비난하는 것이 될 테니까요. 또한 그들은 서로의 미덕에 대해 상냥하게 웃어줍니다. 이 또한 당연한 일입니다. 다른 모든 태양별자리처럼 대부분의 염소자리는 그들의 결점이 곧 대단한 힘이라고 생각합니다. 그래서 그의 단점을 다른 염소자리에게서 볼 때 그걸 받아들이지요.

거의 모든 염소자리는 친척과 가족에게 헌신적입니다. 때로는 마지못해서 그러기도 하고 체념의 한숨을 내쉬기도 하지만, 그래도 헌신적이지요. 이 가족 숭배자가 어떤 이유로 가족과 인연을 끊고 사는 보기 드문 염소자리와 관계를 맺을 수도 있습니다. 염소자리는 그 때문에 그 보기 드문 염소자리가 귀찮도록 잔소리하지 않는 좋은 센스를 지녔습니다. 하지만 그 또는 그녀는 속으로 무척 깊은 충격을 받았을 것이고, '가족'과 떨어진 그 염소자리를 특별한 온화함과 동정심으로 대할 겁니다.

어릴 때부터 시작된 성인기를 거쳐 거꾸로 나이를 먹는 징후가 시작될 때까지, 염소자리는 철저한 현실주의자입니다. 그들은 뒤로 꽁무니 빼는 법 없이 인생을 정면으로 맞섭니다. 삶이 그들을 곤란에 빠뜨릴 때, 그들은 우는 소리도 하지 않고 다른 누군가를 비난하려고도 하지 않습니다. 그저 일어나서 옷에 붙은 먼지를 떨어내고는, 자신의 실패를 적어도 성공과 비슷한 것으로 만들려면 어떻게 해야 할지에 대해 실제적인 결정을 내립니다. 부서져버린 계획의 잔해에서라도 뭔가 가치 있는 것을 구해내기 위해 신중하게 대처하지요. 염소자리는 다른 사람에게 책임을 떠넘기려고 하지 않지만, 자신에게 비난이 돌아오는 것 또한 싫어한다는 사실을 덧붙이고 싶습니다. 그들이 결코 실수하지 않는 이유랍니다. 혹시 실수를 하더라도 그들은 책임을 열정적으로 인정하지 않습니다. 그들은 엄청 심하게 스스로를 책망할 겁니다. 하지만 사람들 앞에서 "미안해요, 내가 틀렸어요. 용서해줘요."라고 말하지는 않습니다. 염소자리에게 실패를 다루는 가장 좋은 방법은 그것을 묻어버리고, 다시 그런 일이 일어나지 않도록 머릿속에 확고하게 새기는 것입니다. 그리고 그에 대한 관심을 부당하게 환기시킬 만한 어떠한 일도 하지 않지요. 염소자리는 실패를 묻어둔 장소를 가리키는 화살표를 그린 도로 표지판을 세우지는 않습니다. 그들은 다만, 실패가 남긴 못과 부서진 유리 또는 비웃음을 그러모아 테이프나 풀로 붙여서 뭔가 쓸 만한 걸로 만들려고 최선을 다한답니다.

물론 그들이 항상 성공하는 것은 아니지만, 그들은 단호하며 스팀롤러(도로 공사에 쓰이는 동력 장치가 달린 대형 롤러—옮긴이)가 그들을 향해 달려오는 것을 본다면 몰라도 보통은 뒤로 물러나려고 하지 않습니다. 염소자리는 스팀롤러를 보면 움직입니다. 다시 말씀드리지만, 그들은 현실적입니다. 그들은 어떤 일이 됐든지 자신들이 처한 어려움의 정도와 그 상황의 기본적인 항목을 예상할 만큼 현명합니다. 추측하는 것이 아니라 "예상한다."라고 말씀드렸습니다. 염소자리는 결코 추측하지 않습니다. 그들은 평가합니다. 추측은 불확실한 것이고 평가는 데이터와 추론을 바탕으로 하지요. 그 차이입니다. 모든 장애물에도 굴하지 않고 밀어붙이고 스팀롤러가 곧장 달려오더라도 고집스럽게 앉아 있는 황소자리와는 달리, 염소자리는 물러서는 것이 총체적 재난을 피하는 유일한 해결책이라는 사실을 알 만큼 충분히 분별력 있고 현명합니다.

염소자리가 어떤 희생을 치르더라도 피하려고 애쓰는 단 한 가지가 있다면, 총체적 재난입니다. 염소자리는 아무리 실망스러운 상황도 어느 정도는 유리하게 이용합니다. 운명에 의해 뒤틀리고 방향이 바뀌어버린 그 모든 것들을, 버리기 전까지는 활용하지요. 자연의 숫염소와 같습니다. 녀석들은 당신이 어떤 것을 주든지 거기서 영양가를 찾아내거나 최소한 씹는 즐거움이라도 찾지요.

이것이 두 염소자리가 만났을 때, 단지 작은 파편 정도의 가능성으로도 엄청난 성공을 만들어낼 수 있는 이유입니다. 그들은 꼭 필요한 시간보다 더 많은 시간을 이리저리 심사숙고하느라 낭비하는 일 없이 일단 일을 받아들이고, 우선으로 중요한 것들에 엄격한 관심을 기울이면서 천천히 함께 걸어갈 겁니다. 적당한 시간이 흐르면 그들은 합의한 목표에 도달하겠지요. 그들에게 성취보다 가치 있는 것은 없습니다. 그들은 성취하기 위해 일했고 기다렸습니다. 염소자리 커플의 성공에 분개한다거나 그들의 안정된 경제생활을 시기하면 안 됩니다. 당신도 그들이 성공에 이르기 위해 모든 것을 바쳤다는 걸 알고 있잖아요. (돈은 단 한 푼도 바치지 않았지만요.) 실은 염소자리는 구두쇠가 아닙니다. 자신의 진정한 친구들(그 세 명 말이에요.)과 가족에게 관대하고, 누군가에게 줄 수 있도록 약간의 현금을 항상 남겨두지요.

두 염소자리의 관계가 항상 심각하거나 희생적인 것은 아닙니다. 그들이 함께하는 시간의 4분의 3정도만 그렇습니다. 나머지 4분의 1의 기간에는 두 사람도 다른 별자리들이 생각하는 것보다는 인생을 즐깁니다. 염소자리는 자연, 예술, 음악과 자기 영혼을 향상시키는 일에서 깊은 즐거움과 만족감을 느낍니다. 염소자리는 사리 분별에 맞는 일을 할 때 행복과 즐거움을 발견합니다. 그런 일은 무척 많지요. 자동차나 엔진을 땜질하고, 만들고 조립하고, 정원을 가꾸고, 독서를 하고, 평범하고 추한 것에서 아름다움을 만들어내고, 저축한 돈의 이자가 불어나는 것을 보고… 이런 모든 일들이 염소자리를 고무시키고 도전 의식을 불러일으킵니다. 오래된 셔츠를 입을 만하게 다시 수선하고, 고장 난 세탁기를 새것처럼 움직이도록 고치는 일은 그에게 기쁨을 주지요. 염소자리 여성은 양말을 꿰매거나 구멍 난 행주에 헝겊을 덧댑니다. 염소자리 남성은 금이 간 곳을 접착제로 이어붙이고 오래된 유리병을 램프로 바꾸지요. 눈보라치는 겨울 동안 눈 속에 갇히더라도 두 염소자리를 불편하게 하는 것은 거의 없습니다. 그들에게는 바쁘게 보내면서 만족할 만한, 그야말로 무한한 일거리가 있기 때문입니다.

대부분의 염소자리는 애완동물에게 대단히 친절합니다. 애완동물을 버릇없게 키운다거나 소란을 피우게 놔두는 일이 절대로 없고 자신의 남색 스웨터에 온통 털을 묻히도록 내버려두는 일도 없지만, 그들은 동물에게 잘해주려고 합니다. 또한 염소자리는 아기들을 사랑합니다. 아기들을 안고 어르는 일은 결코 하지 않지만요. 제가 아는 로이스 킹이라는 염소자리는 그의 태양별자리 상징인 애완 염소에게 고머라는 이름을 붙여서 크리플 크리크에 있는 집 앞마당에 키웁니다. 로이스와 처녀자리 부인인 라 베른은 고머를 집 안으로 결코 들이는 일이 없지만, 그래도 고머는 분명히 그들의 '가족'이랍니다. 어떤 염소도 그렇게 좋은 가족을 가질 수는 없을 겁니다. 염소자리가 '가족'에게 어떻게 하는지 아시지요? 만약 염소자리의 딱딱한 마음이 부드럽게 변하는 것을 보고 싶다면, 예쁜 고양이나 새끼 강아지 또는 포동포동한 아기를 그들에게 보여주기만 하면 됩니다. 모든 종류의 '눈물 나게 하는' 이야기나 드러내놓고 감상적인 표현이라면 질색하는 염소자리가 2개월 된 강아지를 보고는 자기도 모르게 소리칩니다. "정말 예쁜 녀석이네! 이 통통한 작은 앞발이랑 포동포동한 배 좀 봐, 이 부드러운 작은 눈을 봐." 하지만 잠시 후, 그(또는 그녀)는 화가 난 것처럼 얼굴이 붉어집니다. 표정을 가다듬고는 감정을 그렇게 공개적으로 드러낸 자신에 대한 벌로 한 시간 정도 조용하게 앉아 있지요.

염소자리는 게자리나 전갈자리보다 더 대단한 비밀 유지자들입니다. 그리고 그들이 지키는 (하지만 염소자리 서로에게는 터놓을 수 있지요.) 최고로 깊은 비밀은 토성의 엄격한 평정심과 자기 통제 아래 묻혀 있는 감정입니다. 하지만 그 감정은 억압되어 있기 때문에 더 강렬하지요. 두 염소자리가 서로의 마음에 공명하게 되면, 두 사람 공통의 여린 감수성이 만들어낸 음악은 그들을 서로의 눈동자에 뜻하지 않은 눈물이 맺히는 것을 용인하도록 만들어줄 겁니다.

두 염소자리가 함께 장난치고 어울리는 일은 (그들도 가끔은 유쾌하게 떠듭니다.) 둘 모두에게 유익한 결과를 가져오지요. 염소자리 둘이 만나면, 어린아이라고 하더라도 대부분 눈에 띄게 잘 지냅니다. 크레용으로 조용히 그림을 그리고, 돼지 저금통에 돌아가면서 동전을 넣기도 하면서 대체로 온화하고 즐거운 시간을 보내지요. 어른들의 경우는 좀 다를 수 있습니다. 염소자리가 지도자를 의미하는 시작하는 별자리이기 때문에 어떤 집단에서 실제로 책임지는 사람에게 가끔은 아첨을 할 수도 있습니다. 하지만 그들은 다른 1-1 태양별자리와 달리 서로를 덜 피곤하게 합니다. 그들은 확실히 다른 별자리들과 있는 것보다 둘이 함께 있을 때 덜 부끄러워하고 훨씬 편안해합니다.

전형적인 염소자리에게는 모든 일에 적용되는 규칙이 있습니다. 하나는 '뭔가 의심스러우면, 잘못될 확률이 높으니까 그 일은 하지 마라.'입니다. 다른 규칙은 '무작정 일을 시작하지 마라. 시간은 항상 당신 편이다.'입니다. 염소자리가 (토성이 지배하는) 시간을 적이 아닌 친구로 생각한다는 사실을 지금 막 알게 된 건 아니겠지요? 두 염소자리가 자신들의 근면한 손과 빈틈없는 성격 그리고 따뜻한 가슴으로 맺어지게 될 때, 그들은 견실한 성공, 경제적 안정, 감정적 평안을 보장받습니다. 이 모든 것들을 위해 필요한, 충분히 인상적인 그들의 잠재력을 두 배로 보장받은 것이니까요. 무엇이 이보다 더 합리적이고 현실적일 수 있을까요?

염소자리 여성과 염소자리 남성

(그에게:) "명성, 명성, 저 번지르르한 값싼 장식, 그건 나의 것이다." 그는 소리쳤다.
"뭘 하든 유명해지면 품격을 얻은 게 아닌가?" 그의 학교에서 땅땅 소리가 들려왔다.
무엇보다 불편한 성찰은, 품격을 생각하고 행동하는 것이
품격 없는 짓은 아닌가 하는 생각이었다.

(그녀에게:) 웬디는 어른이 되었다. 안타까워할 필요는 없다.
그녀는 어른이 되고 싶어했던 소녀였으니까.
결국 그녀의 뜻대로 다른 소녀들보다 하루 더 빨리 어른이 되었다.

염소자리 남성은 선물을 받으면 수줍고도 은밀하게 즐거워합니다. 그럼에도 불구하고 그는 그 선물을 의심합니다. 신중하게 살펴보지요. 사랑이라는 선물도 여기에 포함됩니다.

염소자리 남성이 염소자리 여성이 주는 사랑이라는 선물을 약간 의심스럽게 대하더라도, 그녀의 헌신을 받아들이고 거기에 헌신으로 답하기 전까지 매우 조심스럽게 조사하더라도, 그녀는 지나치게 화를 내면 안 됩니다. 우연히도 그의 태도는 사랑을 대하는 그녀의 방식과 정확히 같으니까요. 누가 마음을 먼저 주느냐 하는 문제일 뿐이랍니다. 이 1-1 태양별자리 관계의 울림에서는 어느 쪽이 주도권을 잡더라도 상대의 신중한 태도 때문에 고통받습니다. 하지만 누군가는 언젠가 행동해야 하지요. 강력하게 매력적인 남성과 여성이 영원히 서로의 뒤만 조용하게 밟으면서 살 수는 없으니까요.

염소자리가 첫눈에 또는 하룻밤 사이에 또는 며칠이나 몇 주나 몇 달 만에 사랑에 빠지는 경우는 매우 드뭅니다. 물론 이런 일도 일어날 수 있지요. 어떤 일도 일어날 수는 있으니까요. 하지만 보통의 염소자리 남성과 염소자리 여성은 자신이 다른 사람을 필요로 할 정도로 자기통제를 잃었다는 사실과, 자신의 행복이 다른 사람에게 달렸다는 사실을 스스로 인정하고 허용하기까지는 상당히 긴 시간이 필요합니다. 경우에 따라서는 그 사실을 거부하기도 합니다. 염소자리는 길고 힘든 싸움 없이는 대개 권력의 고삐를 놓지 않지요. 염소자리는 뭔가가 필요한 상태를 좋아하지 않습

니다. 염소자리에게 '필요하다'는 것은 '약하다'는 뜻이랍니다.

그 모든 지혜와 분별력에도 불구하고, 염소자리 남성과 여성은 인간의 감정이라는 과목에서 몇 가지 교훈을 활용해야 합니다. 그들은 현실의 사랑에서 '필요'가 대단한 역할을 한다는 점을 인식하고 배워야만 합니다. 기껏해야 양자리인 제가 토성의 사람들에게 뭔가를 가르치려하는 것이 주제넘어 보일 수 있겠지요. 하지만 그들도 마음속 알 수 없는 영역에서는 때때로 이런 재교육 과정을 견딜 수 있답니다.

누군가를 사랑하고, 그 보답으로 사랑받는다는 것은 우리가 초월적 자아라고 적절하게 이름 붙인 행복의 최고 단계에 근접하지요. 사랑하는 것만으로는 충분하지 않습니다. 단순히 사랑받는 것만으로도 충분하지 않습니다. 서로 주고받는다는 것이야말로 모든 낭만적인 요리법에 필요한 재료이며 누룩이고 효모입니다. 이것이 없다면 감정은 영양 결핍으로 굶어 죽을 것입니다.

자급자족할 수 있는 능력에 자부심을 갖는 토성의 남성과 여성이 제아무리 필사적으로 싸우더라도, 사랑과 필요는 쌍둥이입니다. (물질적인 필요와는 뜻이 다릅니다.) 우리 모두는, 어떤 사람이 반드시 은행가를 사랑할 필요가 없음을 압니다. 은행가가 가끔은 확실하게 필요하더라도 말이에요. 또는 치과 의사, 자동차, 또는 전화 회사가 필요할 수 있지요. 틀림없이 우리는 전화 회사가 필요합니다. 하지만 제가 '필요'라는 말을 '사랑'과 동의어로 썼을 때는, 본질적인 가치가 있는 물건들과는 상관이 없는, 정서적인 감각인 마음에 대한 것이랍니다.

누군가를 사랑하기 원하는 염소자리는 이 사실을 기억해야만 합니다. 당신이 사랑하는 누군가는 어떤 면에서 대단히 연약한 사람입니다. 그 사람은 오직 당신의 힘만이 지탱해줄 수 있고 오직 당신의 동정만이 눈감아줄 약점을 가졌답니다. 간단히 말해, 그에게는 당신이 필요합니다. 반대로 누군가에게 사랑받고자 한다면, 당신은 알아야만 합니다. 당신은 약하고 당신이 사랑하는 오직 한 사람의 힘만이 당신을 지탱해줄 수 있습니다. 또한 당신은 그 또는 그녀의 동정심만이 모른 척해줄 수 있는 몇 가지 약점을 가졌지요. 간단히 말하자면, 그 사람에게 당신이 필요한 것처럼 당신에게는 그 사람이 필요합니다. 이렇게 두 사람이 서로가 필요하다는 사실을 함께 경험하고 나눌 때, 사랑은 자라기 시작합니다.

사랑처럼 민감한 기적은 한쪽으로 또는 다른 한쪽으로 아주 쉽게 균형을 잃을 수 있습니다. 누군가에 대해 존경과 숭배만을 느끼고, 그 또는 그녀에게 자신이 필요한 존재라고 느끼게 만드는 어떤 약점도 발견할 수 없을 때, 사랑은 불가능합니다. 반대로 어떤 사람에게 느끼는 감정이 공감이나 동정뿐이고 존경하거나 숭배할 만한 어떤 점도 발견할 수 없을 때, 자신의 행복에 그 또는 그녀가 전혀 필요하지 않을 때, 사랑은 불가능합니다. 서로 필요한 존재가 된다는 점이야말로, 사랑이 서로 주고받는 것이며 보답을 바라지 않는 순수한 몰입이어야 하는 이유이지요. 염소자리를 위한 양자리의 수업은 여기까집니다.

필요의 필요성을 확립했기 때문에, 서로 사랑에 빠진 염소자리의 남성과 여성의 길에 놓인 가장 큰 바위는 제거되었습니다. 일단 두 사람이 서로가 필요하다는 것을 허용해도 될 뿐더러 심지어 그걸 바랄 수도 있다는 사실을 이해하게 되면, 서로의 사랑을 고백하기 위한 준비가 된 겁니다. 그들은 기꺼이 고백할 겁니다. 그런데 첫 번째의 엄청난 크기와 비교도 안 되는 것이기는 하지만, 제법 큰 다음 장애물이 기다립니다. 우연찮게도 양쪽 가족이 잘 어울리지 못하는 경우입니다. 이것은 힘든 장애물입니다.

여기 염소자리 여성의 사랑이라는 선물을 받을 준비가 된 염소자리 남성이 있습니다. 그녀의 사랑이 얼마만큼 내구성이 있는지를 면밀하게 조사한 끝에 결정을 내렸지요. 그런데 그의 사촌 호레이스가 추수감사절 저녁을 함께하는 것을 거절합니다. 그녀의 다혈질 삼촌인 토니와 말하는 게 싫기 때문이라고 하네요. 여기, 평생을 염소자리 남성에게 헌신할 준비가 되어 있는 염소자리 여성이 있습니다. 그는 신뢰할 수 있는 남편감이고 그럭저럭 살아나갈 만큼 돈을 벌어다줄 것이며, 아이들에게는 좋은 아빠가 될 거라고 그녀는 확신합니다. 그는 분명히 아이들에게 치열 교정기를 끼게 해주고 적당한 비타민도 사주고 대학도 보내줄 겁니다. 그런데 그의 가족이 그녀 가족에 대해 감정적으로 미성숙한 처신을 하면서 이 모든 것을 망치겠다고 협박합니다. 그의 사촌 호레이스와 그녀의 삼촌 토니가 끝내 휴전을 거부하더라도, 두 염소자리는 아마 그 때문에 결혼 약속을 깨지는 않을 겁니다. 하지만 이 악역을 훨씬 가까운 친척들, 이를테면 이모, 고모, 삼촌과 같은 부모님의 형제들이 맡는다면 비극적인 일이 생길 수도 있습니다. 일이 심각해지기 전에, 두 사람은 서로의 가족이 잘 어울리는지 시험해보는 게 바람직할 것입니다. 두 사람 관계가 안정적으로 문제없이 유지되기를 바란다면요.

사랑하는 염소자리 남성과 염소자리 여성이 돈 얘기를 하다가 둘 사이에 문제를 일으키는 경우는 드뭅니다. 그들이 전형적인 염소자리이고 둘이 돈 문제로 다툰다면, 단지 어느 은행이 돈을 저금하기에 가장 안전한 은행인지 어떤 이자법이 가장 튼튼한지 정도입니다.

전형적인 염소자리 여성이 염소자리 남성과 편안하게 어울리는 이유는 그가 그녀만큼 조용한 야심가이고, 그녀의 강인한 겉모습에 정면으로 맞설 준비가 된 유일한 남성이기 때문입니다. 그럼에도 그는 여전히 그녀의 숨겨진 부드러움을 감지하고 여자로서 그녀를 인정합니다. 염소자리 여성은 놀랄 정도로 자급자족하기 때문에, 여성이 더 약한 존재라는 망상을 가졌거나 자급자족을 위협하는 남성을 밀어냅니다. 염소자리 남성은 그러지 않지요. 그는 그녀의 강함과 힘을 숭배합니다. 그녀의 결정을 존중하고 그녀의 인생을 지배하려 하지 않으며, 그와 똑같이 확실하고 안정된 땅을 기반으로 그녀 또한 행복을 찾는다는 사실을 숭배합니다. 염소자리 여성은 극단적으로 여성적인 것이나 과도하게 감상적인 행동에 거의 빠져들지 않습니다. 그녀가 방심해서 자기도 모르게 마음이 움직였을 경우는 제외하면요.

염소자리 남성이 하려는 일이 바로 그겁니다. 설령 그녀 마음이 움직이지 않더라도 그녀가 방심했을 때 그녀를 사로잡는 거지요. 토성의 지배를 받는 염소자리 남성은 본능적으로 자신의 감정을 감추면서 소극적으로 연기하며, 낭만적인 타이밍을 맞추는 뛰어난 감각도 가졌습니다. 그리고 그는 인내심이 대단히 많습니다. 둘 사이를 단지 친구라고 생각하는 그녀가 인생에 없어서는 안 될 부분으로 그를 생각하고 허락하게 되는 적당한 기회가 올 때까지 기꺼이 기다립니다. 현실적인 꿈을 함께 의논할 수 있는 그가 다른 친구들보다 훨씬 더 의미 있다는 사실을, 그녀는 갑자기 깨닫지요. 그는 그녀만큼이나 높은 야망을 가진 사람이고, 말도 안 되는 일에 큰 소리로 웃기보다는 정말 재미있는 것처럼 부드럽게 웃어주는 사람이며, 그녀에게 거짓말하지 않고 고요한 눈으로 그녀의 눈동자를 차분하게 들여다볼 줄 아는 사람이며, 당황스럽게 감정적이지 않고 부드러운 사람이며, 그녀와 그의 가족에게 친절하고, 브레이크가 고장 났을 때 수리할 줄 알며, 미래의 계획에 딸려 있는 적당한 은행 잔고를 가진 사람이지요. 어느 빛나는 오후에 그가 그녀의 부츠를 고쳐주었을 때, 그녀는 저 현실적인 꿈들 중 하나가 바로 그 남성이며, 어쩌면 그중에서도 가장 중요한 꿈이 된 것을 알게 될 겁니다.

그는 이미 아이들의 엄마로, 집(그가 미래를 위해 신중하게 산출한 계획표대로 지으려는)의 관리인으로, 자신이 나무를 자를 때 쓰는 보물 같은 휴대용 전동 톱을 사용하도록 허락할 유일한 여성으로 그녀를 (남몰래) 선택했습니다. 그녀가 그를 사랑한다는 걸 깨닫게 하려고 애써왔고, 그녀 눈동자 속에 새로운 빛이 떠오르길 오랫동안 기다렸을 겁니다. 그는 그 의미가 무엇인지 정확히 알지요. 더욱이 그는 무엇을 해야 할지도 정확히 압니다. 그는 기다리는 내내 이 순간을 계획해왔습니다. 실수할 가능성은 없습니다. 그가 말하고 행동한 모든 것이 바로 그때 이루어질 테니까요.

그들 사이에 '바로 지금'이 될 훌륭한 가능성은 사랑의 육체적인 면에서 찾을 수 있습니다. 그것은 지축을 흔드는 것과 같은 표현이 될 겁니다. 다른 사람들과 함께 생활하면서 엄격하게 억눌러온 모든 감정을 단숨에 표출하는 강력한 느낌을 줄 겁니다. 친밀한 육체관계라는 사생활의 영역을 자신들의 감정으로 채우는 즐거운 발견은, 콜럼버스가 처음 육지를 봤을 때 느꼈을 법한 스릴과 비교할 수 있습니다. 내면에 억눌러온 집요한 욕망을 자유롭게 해주기 위해, 당신이 신뢰하고 당신을 완전히 이해하는 누군가와 함께하는 경험은 마음과 몸에 평화와 만족을 주지요.

사랑의 육체적 표현이 주는 이러한 종류의 충만함은 하룻밤만에 발견될 수 없습니다. 콜럼버스도 미국을 하룻밤만에 발견하지는 못했지요. 그의 꿈이 실현되었음을 알려준 첫 번째 확실한 신호는 수평선 너머에 육지가 있다는 것을 의미하는 나뭇가지들과 새를 봤을 때입니다. 이 여성과 남성도 마찬가지입니다. 그들은 먼저 서로에게서 부드러움과 애정의 첫 번째 신호를 봅니다. 인내심과 유연함은 열정을 위해 꼭 필요한 요소이지요.

극소수의 염소자리 남성 또는 여성만이 선천적으로 질투심을 타고나지만, 대신 이들은 소유욕을 갖고 있습니다. 그들이 이 잠재적인 문제를 경계하지 않는다면, '개인적 자유'가 주는 장점을 놓치더라도 점차 서로를 소유하려고 할 겁니다. 제가 '개인적 자유'라는 단어를 사용할 때, '개방 결혼'을 열광적으로 옹호하는 사람들이 선전하는 관대한 개인적 자유를 의미하는 것은 결코 아닙니다. 관계를 맺고 있는 두 사람 모두 자기 자신을 잃지 않는 지혜를 갖는다는 의미입니다. 그래야지만 서로 즐겁고 흥미롭고 도전적일 수 있지요. 염소자리 남성과 염소자리 여성은 서로를 숨 막히게 하지 않기 위해서 벽난로 위에 포스터 하나를 붙여야 합니다. **정말 당신이 누군가를 많이 아주 많이 사랑한다면, 자유롭게 놔주세요. 만약 돌아오지 않는다면, 그는 절대 당신 것이 아니라는 의미입니다. 만약 돌아온다면, 영원히 소중하게 간직하세요.**

모든 1-1 태양별자리 관계에서는 그 태양별자리의 긍정적 자질과 부정적 자질이 모두 지나치게 강조됩니다. 좋은 점도 과하면 나쁜 점이 될 수 있지요. 그들이 지닌 신중함이라는 장점이 두 사람 사이에서 그 강도가 두 배로 되면, 위험한 구속이 될 수 있습니다. 그것은 그들의 꿈을 천천히 그러나 확실하게 흙더미 아래로 묻어버릴 위험이 있습니다. 선천적으로 낯선 사람을 꺼려하는 두 사람의 공통점이 지나치면, 좋은 친구가 될 수 있었던 사람들에게 진짜 차가운 커플로 보이게 만들 수 있습니다. 그들의 타고난 토성의 절약하는 경향이 더해지면 그들을 정상으로 이끌 수 있는 모든 기회를 억누를 수도 있습니다. 이 두 사람의 관계에서는 가끔은 곤란에 처하는 일이 되더라도 도전이 필요하답니다. 염소자리는 크리스마스 전구처럼 번쩍이는 '명성'을 끈질기게 추구하며, 그 뒤에는 그것이 터질까 봐 거부하는 경향이 있습니다. 스스로 부과한 이러한 제약들 때문에 그들이 상상하는 많은 꿈을 불필요한 신중함이라는 산 아래에 묻어버리지요.

염소자리 남성과 염소자리 여성에게 보험 증권을 현금으로 바꾸라고, 보험이 확신이기보다는 미래에 대한 공포를 가리킨다는 것을 깨닫는 정도까지 인생의 위험을 감수해보라고 요구해도 소용없습니다. 그 자신의 생명보험, 부인과 아이들의 생명보험, 집, 건강, 자동차, 그의 톱, 그녀의 재봉틀, 또는 예술가의 화판, 은으로 테두리가 장식된 액자 속의 가족사진, 위대한 조부모님의 유화, 잃어버리거나 도난을 대비해 보장받을 가치가 있는 모든 물질적인 것에 대해 완불된 보험 증서를 갖고 있지 않은 염소자리는 지구상에 거의 없습니다. 내일을 믿으라고 이 남성과 여성을 설득하려고 애를 쓰는 것은 소용이 없습니다. 그들은 나쁜 일이 일어날 것에 대비해 보험에 든 후에 잘한 일이라고 보장하는 방법은, 그 일이 어차피 일어날 것이라고 예상하거나 걱정하는 거지요. 그리고 어떤 나쁜 일도 결코 일어나지 않을 거라는 생각을 보장하는 가장 믿음직한 보험은, 그렇게 생각하는 마음을 안정되게 만드는 것이고요. 하지만 아무리 상기시켜줘도 염소자리에게는 소용이 없습니다. 전형적인 토성이 지배하는 염소자리는 이러한 영적인 충고를 이해하지 못하기 때문입니다. 많은 수의 게자리, 물병자리, 전갈자리 사람들 역시 이해하지 못한답니다.

대신 그들에게 어떤 진실을 상기시켜주고 싶습니다. 인간의 마음이 생각해낼 수 있는 크고 작은 모든 걱정거리를 예측하여 사람들에게 안정감을 제공하는 것으로 살찐 고양이 무리처럼 되어버린 보험회사 중에서 그 어떤 회사도, 사랑에 관한 보험을 제공하여 이익을 얻을 방법은 결코 생각해낼 수 없었답니다. 연인들 자신이 사랑이라는 운명의 통제하에 있기 때문이지요. 인간적인 요소는 모험을 하기에는 위험 부담이 큽니다. 그래서 사랑에 따라오는 환불 보장은 없습니다. 사랑을 잃어버렸거나 도난당했을 때, 사고가 났다거나 또는 관계가 끝났을 경우에도 막대한 현금 보장은 없습니다.

이런 식으로 생각해본 적은 아마도 없었을 겁니다. 아닌가요, 염소자리 여러분? 상상해보세요. 세상에서 당신이 소유한 가장 절대적으로 가치 있고 소중한 것은 보험을 들 수 없답니다. 진정한 비극이지요. 하지만 당신이 비극이 되도록 놔두지 않는다면 그렇게 되지 않습니다. 사실 당신의 사랑은 두 사람이 항상 보험을 들려고 했던(당신의 건강, 재산, 삶을 포함하여)모든 것처럼, 미래의 재난에 대비해 보장받기 쉽습니다. 다달이 보험료를 낼 필요는 없답니다. 그 보장의 이름은 믿음입니다. 이 낱말은 회사명이 아니기 때문에 전화번호부에서는 발견할 수 없답니다. 대신 당신의 마음속을 잘 들여다봐야 하지요. 그러면 'M'으로 시작하는 낱말들 아래쪽에 있는 Miracle(기적)이라는 말을 찾을 수 있을 겁니다.

염소자리 Capricorn

흙 · 시작하는 · 수동적
지배행성: 토성
상징: 염소
음(-) · 여성적

Aquarius 물병자리

공기 · 유지하는 · 능동적
지배행성: 천왕성
상징: 물병을 들고 있는 사람
양(+) · 남성적

염소자리와 물병자리의 관계

이 모험의 놀라운 결말은….
아, 그런데 우리는 아직 이 모험을 얘기할지 말지 결정하지 못했다.

토성을 상상해보세요. 주름진 얼굴과 수염, 큰 낫과 짧은 낫, 고집스럽고 심각한 표정에 엄격하지만 친절해 보이는 나이 든 남자의 얼굴을요. 이제 천왕성을 그려보세요. 우르릉 쾅쾅 천둥소리 같은 수수께끼를 내고, 눈에서는 번개가 번쩍이고, 머리에는 수선화를 꽂은 채 요요를 가지고 노는 사람들을요. 어떤 비슷한 점이나 둘이 서로 친해질 근거를 찾을 수 있을까요? 뭐, 몇 가지 있기는 하지요.

이 두 태양별자리가 만나서 어떤 결과를 만들어낼지 예측하기란 정말 어렵습니다. 대개는 달별자리와 동쪽별자리 등에 따라 결정되지요. 또는 조금 별난 물병자리의 개성을 염소자리가 얼마나 인내심을 가지고 참아주는지에 달렸습니다. 반대로 물병자리가 현재 상황을 영원히 유지하고 싶어하는 염소자리를 얼마나 빨리 지루해하는지에 달렸을 수도 있습니다. 하지만 물병자리는 상황을 흔드는 것을 좋아하지요. 둘은 2-12 태양별자리 유형입니다. 그래서 염소자리는 윤회의 바퀴인 천궁도에서 자신의 앞에 있는 별자리인 물병자리에게서 배워야 할 것이 있다는 사실을 희미하게 느낍니다. 그리고 물병자리는 다른 열한 개 별자리의 특이한 버릇보다는 염소자리의 작은 단점과 충동을 더 잘 이해해주는 경향이 있습니다. 물병자리는 이미 그 단계를 경험했지요. 그들은 지나온 생애에 최소한 한 번은 토성을 경험했기 때문에 염소자리의 의무, 책임감, 전통에 대한 집착을 이해합니다. 하지만 이번 생에서 그 (또는 그녀)는 물병자리이기 때문에 전통을 버리려고 합니다. 비록 무의식에서는 전통이 지극히 중요하다고 생각했던 삶에 대해 여전히 기억하더라도요.

염소자리가 차분하면서도 즐거운 유머를 흔치않게 보여주는 경우가 있기는 하지만, 그들은 원래 심각한 사람입니다. 반짝이는 눈동자와 수줍은 미소를 동반하지만, 토성의 유머는 건조하며 대체로 비꼬는 방식이지요. 염소자리는 기본적으로 침착한 성향이며 강한 현실주의적 감각을 가졌습니다. 이런 면이 대개 유머보다 더 눈에 띄지요. 물병자리가 유지하는 별자리여서 꽤 단호하지만 염소자리만큼 진지하지는 않습니다. 사실 물병자리는 다른 별자리의 평정심을, 특히 염소자리를 흐트러지게 하는 걸 즐거워합니다. 물병자리는 염소자리가 전혀 예상하지 못할 때 다양한 방식으로 염소자리를 놀래줄 겁니다. 물병자리는 모든 일을 사람들의 기대치가 가장 낮을 때 합니다. 실은 그게 놀래주는 일의 핵심이지요. 어떤 일을 사람들이 예상한다면 놀라움이라는 요소는 사라질 테니까요. 물병자리는 그저 사람들을 놀라게 만드는 사람이 되고 싶을 뿐이랍니다.

물병자리와 사귀는 염소자리라면 이렇게 중얼거릴지도 모르겠네요. "내가 잘 아는 이 사람 때문에 놀라거나 충격받은 적이 없어." 하지만 사실은 이렇게 말해야 합니다. "내가 잘 안다고 생각하는 이 사람"이라고요. 어느 화창한 날, 염소자리는 목욕탕 세면대 위에 걸린, 치약을 넣어 놓는 유리컵 안에서 싹이 난 양배추를 발견하고 깜짝 놀라 다시 쳐다볼 겁니다. 물병자리라면 그게 왜 소동을 벌일 일인지 궁금하겠지요. 대체 무슨 차이가 있다고요? 당신은 양배추가 물컵에서도 싹을 틔우는지 궁금했던 적이 없나요? 그것도 하필 샤워를 시작하는 순간에 그런 의문이 생기는 거지요. 다들 그렇지 않나요?

아니요, 모두가 그렇지는 않습니다. 특히 염소자리는 실용적이지 않은 일에 대해 결코 궁금해하지 않습니다. 염소자리는 양배추가 물에서 싹을 틔우는지 꽃을 피우는지 아무 관심이 없습니다. 그가 정원사이거나 채소 가게를 한다면 또 모르겠네요. 하지만 그럴 때조차 염소자리 최대의 관심사는 이익과 손실입니다. 염소자리 남성과 여성은 극도로 민감하며 사랑스럽고 투명한 피부에 발진이 나는 것을 피하기 위해, 적당한 은행 잔고라는 안전망이 필요합니다. 게자리가 가난의 공포에 떨지 않기 위해 필요한 은행 잔고만큼 엄청나게 많이는 아니지만 적당한 만큼은 필요하지요.

토성의 기준에서 볼 때, 물병자리는 합리적이라 할 만한 일은 거의 하지 않습니다. 물병자리에게 합리적인 것은 지식입니다. 이 세상에 대해 알려주는 모든 지식은 물병자리에게 합리적이지요. 다른 사람이 어떻게 생각하는지에는 관심이 없습니다. 물병자리가 관심 없는 또 다른 사안은 사회적 관습과 개인의 외모입니다. 전형적인 물병자리는 자신만의 관습과 규칙을 세우지요. 그들의 외모에 대해 말하자면, 이 사람들이 때때로 옷이나 머리모양을 선택하는 것을 보면 꽤나 이상하고 비현실적입니다. (실은 기이하다는 말이 더 어울립니다.) 그들 중 얼마나 많은 사람들이 UFO를 타고 와 길을 잃어버린 외계인이라고 오해받는지, 당신이 알게 되면 놀랄 겁니다. 옷과 예절, 공적인 의견에 대한 물병자리의 무관심과 독창성은 염소자리를 굴욕스럽게 하고 고통스럽게 합니다. 이 사람의 인생에서 가장 중요한 것은 다른 사람들에게 잘 보이는 것이거든요. 아니, 제일 먼저 자신의 가족에게 잘 보이고 싶지요. 그 다음이 이웃입니다. 그 뒤는 친구들, 지인들과 사업 파트너들이지요. 잘 생각해보니, 순서를 뒤집어서 사업 파트너를 첫 번째로 두는 것이 맞을 것 같네요. 그리고 마지막으로는 온 세상 사람입니다. 만약 스코틀랜드에 사는 어떤 낯선 사람이 그(또는 그녀)의 신발이 별로라고 말한다면, 전형적인 염소자리는 마음이 불편합니다. 이건 좀 다른 얘기지만, 물고기자리와 처녀자리와 염소자리는 신발에 무척 신경을 씁니다. 그들에게 신발은 주요 관심사이며, 새로운 신발이나 부츠를 구입할 때면 모든 각도에서 신중하게 따진답니다. 값은 적절한지, 잘 맞는지, 얼마나 유용한지 등을 잘 따져보지요.

하지만 염소자리와 물병자리가 닮은 점도 있습니다. 그중 하나는 두 별자리가 똑같이 어떤 확실한 것들에 의해서 마지막 결정을 내린다는 점입니다. 언제나 남다른 물병자리지만 판단을 내릴 때는 확고한 원리와 굳건한 사실(대부분의 사람은 깨닫지 못하는 어떤)에 근거한 것입니다. 하지만 천왕성은 물병자리에게 번뜩이는 직관을 부여했지요. 그 덕분에 물병자리는 모든 쓸데없는 원리나 굳건한 사실을 무시하고 저 너머 어딘가에 존재하는 진짜 진실로 넘어갑니다. 그럼에도 판단의 시작은 확고한 원리와 굳건한 사실에 기초하지요. 저는 이게 약간 '혼란을 일으킨다'는 것을 압니다. '혼란을 일으킨다'는 말은 천왕성 사람들이 만든 말입니다. 물병자리는 실용성과 비전을 이상하게 혼합하여 아주 먼 미래를 내다보며 생각을 하고 계획을 세우지만, 그들의 아이디어와 생각은 수십 년 안에 증명되지는 못합니다. 그래서 그들은 보통 사람들, 특히 신중한 염소자리에게 몽상가로 보이지요. 당신은 물병자리가 천재와 광기의 별자리라는 점을 항상 같은 비중으로 기억해야 합니다. 염소자리는 어느 쪽에도 공감하지 않습니다. 사실 대부분의 염소자리에게 그 두 단어는 같은 뜻을 지닌 말입니다. (복잡한 방식으로 동의어이지요.) 그래서 둘 사이에는 의사소통에 문제가 생길 수 있습니다.

염소자리는 비논리적이거나 불합리한 것이나 실행 불가능한 것, 또는 허구적인 것을 믿기 어렵습니다. 하지만 '불가능한'이라는 말은 천왕성의 사전에 없습니다. 그리고 물병자리는 '불가능한'의 의미를 '반드시 피해야 하는 태도'라고 정의해야 한다고 생각합니다. 그렇게 하지 않을 거라면 그 낱말을 사전에서 삭제해야 한다고 믿습니다. 모든 물병자리는 호기심이 많고 탐구심이 강합니다. 그들은 영감이 주는 계시에 민감하며 조금도 혹은 전혀 선입견을 갖지 않습니다. 천왕성이 지배하는 이들의 정신은 너무나도 개방적이어서 그들의 뇌세포가 폐렴 같은 죽음의 원인을 잡아낼 것이라고 생각될 정도입니다. 에스키모인이 떠다니는 얼음에 의지해서 잘 살아가는 것처럼 물병자리는 뇌세포 덕택에 잘 지내는 것처럼 보입니다. 전기적인 장치이기도 한 뇌세포는 물병자리 그 자신들과 꼭 닮았지요. 비록 토성의 뇌세포라 하더라도, 만약 염소자리가 자신의 뇌세포에게 상상이라는 트램펄린 위에서 더 자주 뛸 기회를 준다면 물병자리를 닮을지도 모릅니다.

UFO 연구, 천문해석학, 환생, 형이상학 같은 문제를 연구하거나 관심이 있는 염소자리들도 있기는 합니다. 상상과 보이지 않는 것들에 대해 아이 같은 믿음을 가진 염소자리도 있지요. 하지만 많지는 않습니다. 전형적인 염소자리는 전혀 어린아이 같은 구석이 없지요. 그들이 어린이의 순수함에 가장 가깝게 가는 때는 인생의 후반기입니다. 그제야 젊었을 때 놓쳤던 자유분방함을 즐기기 시작합니다. 그 무렵에 물병자리는 놀라운 천왕성 특유의 '노년기'(어떤 사람들은 불친절하고 매우 근거 없이 '노망'이라고 말하는)에 한 손을 옆으로 짚고 재주넘기를 할 겁니다. 그래서 그들 두 사람은 나이가 들수록 사이좋게 잘 지낸다고 말할 수도 있습니다. 어쨌든 그들이 더 젊을수록 서로의 개성과 습관이 괴상하다고 생각하는 경향이 더 강할 겁니다.

헨리 밀러(1892~1980, 미국의 소설가―옮긴이)라는 염소자리 작가는 염소자리가 토성의 감옥에서 자신을 풀어준 이후 경험하는 기적과 천진한 환희를 보여주는 전형적인 예입니다. 늙어갈수록 헨리의 눈동자는 더욱 반짝거리고 외모는 더욱 젊어졌습니다. 그리고 더 터무니없이 행동했지요.

헨리의 전 부인들 중 하나가 그를 떠나갈 때, 모든 가구와 살림살이를 가지고 가버렸다지요. 말 그대로 텅 빈 바닥에 나앉은 그를 버려둔 채로요. 그가 한 첫 번째 일은 꽤 토성적이었습니다. 실용적이고 경제적이었지요. 그는 채소 가게에서 박스를 가져와 그 위에 앉아 밥을 먹었습니다. 박스들로 식당 테이블도 만들었지요. 나중에 그는 말합니다. "갑자기 이런 생각이 들었습니다. 나는 혼잣말을 했지요. 제기랄, 헨리, 롤러스케이트를 신고 이 방에서 한번 타보는 건 어때? 저는 정말 즐거운 시간을 보냈답니다."

보셨지요? 헨리는 토성의 예의범절이라는 엄격한 지배력에서 가석방되자마자(모든 염소자리가 그렇듯이, 개인적으로 다 다르지만 대체로는 삼십대 이후나 그 즈음에요.) 구경꾼이 보기에 물병자리와 구분할 수가 없게 바뀌었습니다. 하지만 염소자리는 가석방되어도 여전히 마음으로는 염소자리랍니다. 최근 헨리 밀러는 1960년대의 학생운동을 비판했답니다. 그는 그들의 저항이 너무 나약했다고 말했지요. 그는 "술에 취해서 제정신이 아닌 상태로는 저항할 수 없지요."라고 강조했습니다. "여러분의 지성을 모두 동원해야 합니다. 여러분이 두들겨주고 싶은 사람보다 훨씬 더 영리해야 하고요."라고 주장했지요. 순수한 토성의 철학입니다.

거꾸로 나이를 먹는 걸 고려하더라도, 염소자리는 영원히 염소자리랍니다. 그들은 여전히 자신의 야망을 위해 산꼭대기에 올라가려고 애쓰는 한편, 온갖 종류의 어리석음과 경박함에 눈살을 찌푸립니다. 의미 없는 매력적인 낱말들을 함께 엮는 단순하고 즐거운 버릇을 가졌고, 천재의 놀라운 광기에 감동받으며, 소원을 비는 우물에 별을 던지고, 분홍색 개구리 꿈을 꾸는 물병자리는 세속적인 염소자리에게 정말 이상하게 보입니다. 염소자리는 열심히 일하는 것이 소원을 실현해준다고 믿거든요. 염소자리는 보통 상식적인 말밖에 하지 않습니다. 당연히 천왕성의 주민은 염소자리가 보기에 비합리적이고 평범하지 않습니다. 외계에서 온 생명체로 보일 것입니다. 어떻게 개구리가 분홍색일 수 있지요? 아니, 왜 그래야 하지요? 개구리에게는 초록색이 완벽하게 어울리며 만족스러운 색깔인데 말이에요.

염소자리에게 믿고 맡길 만한 일은, 물병자리가 새로운 발명과 발견을 위해 아무도 가지 않은 길을 개척한 후, 염소자리가 경이로움과 기적을 보호하기 위해 동행하는 것입니다. 그것들을 우리 모두에게 유익하고 지구가 제대로 돌아가는 데 기여하도록 현실화시키는 것이지요. 이 두 별자리 사이에 불화를 일으키는 영역 중 하나는 염소자리가 엄격한 정밀 조사 없이 아무것도 받아들이지 않는 겁니다. 때로는 부정적인 비판까지 합니다. 그들은 믿을 수 없는 것을 믿도록 만드는 거짓이나 앞뒤가 맞지 않는 걸 용납하지 못합니다. 보통 염소자리는 그들이 말하기 전에 분명하게 이해하고 내뱉은 단어만이, 그 자신의 마음속에서 검증한 모든 생각과 제안만이 의미가 있다고 주장합니다. 이러한 엄격한 기준에 충족되지 못하는 제안들은 버려지거나 의도적으로 억압됩니다. 반면에 물병자리는 두 눈을 크게 뜨고 모든 것을 질문합니다. 과학적으로 해부하는 냉철한 눈과 번득이는 직관으로 지각하는 또 하나의 눈을 가지고요. 진정한 물병자리는 염소자리가 억누르려고 애쓰는 생각이 잘못된 거라고 확신하지 않습니다. 설령 잘못된 것일지라도요. 천왕성이 지배하는 사람은 억누름 자체가 악이라고 믿습니다. "살고, 살게 하라."가 물병자리의 표어입니다. "죽은 나무는 버리고 사용할 수 있는 것만 구하라."가 염소자리의 표어지요. "모든 것을 구하라. 새로운 이해의 관점에서 보면 결국 모든 것은 유용하기 때문이다."라고 물병자리가 반박합니다. 저는 두 사람의 다툼에 끼어들고 싶지 않습니다. 그래서 딱 한 가지 제안만 하고 끝내려고 합니다. 물병자리는 양말을 단정하게 끌어올리는 것이 좋습니다. 염소자리는 요요를 갖고 노는 법을 배우면 훨씬 더 즐거워질 겁니다.

염소자리 여성과 물병자리 남성

"나를 놔줘." 그녀가 그에게 명령했다.
"웬디, 나랑 같이 가서 다른 애들에게 이야기를 들려줘."
물론 그녀는 부탁받는 것이 무척 기뻤지만, 이렇게 말했다.
"안됐지만, 난 갈 수 없어. 엄마가 걱정하실 거야!"

저기 맨해튼의 센트럴파크에 그들이 있답니다. 아니면 런던의 켄싱턴 가든에 있거나요. 함께 밴드의 연주를 듣고 있네요. 더 정확하게 말해, 그는 밴드의 연주를 듣고 있고, 그녀는 그 장면을 파스텔로 그리고 있습니다. 낭만적이고, 사랑스럽고, 조화롭게 들린다고요? 한 가지 작은 결점만 빼면 그렇지요. 실은 밴드가 없답니다. 그가 듣고 있는 콘서트는 머릿속에서 열리는 중이지요. 그가 타악기에 맞춰 리듬감 있게 팔을 공중에서 흔들고, 바이올린의 선율에 따라 머리를 앞뒤로 끄덕이며, 박자에 맞춰 가볍게 발을 구르고, 멜로디를 따라 흥얼거리기 시작하면, 그녀는 그를 좀 기이하게 여길 테지요.

정직하게 말하자면, 그녀는 그가 제정신이 아니라고 생각합니다. 하지만 그녀는 전통 있는 대학에서 교양과 예의범절을 배운 염소자리 여성이지요. 그래서 그저 살짝 얼굴을 붉히고는 그림 그리는 일에 더욱 열심히 집중하며 못 본 척할 겁니다. 그가 그녀에게 함께 노래하자고 청하거나 드럼 치는 사람을 어떻게 생각하느냐고 묻기라도 한다면, 그녀는 초조해질 겁니다. 염소자리는 어떤 일에도 쉽게 초조해하지 않지만 정말 터무니없는 경우라면 그럴 수 있습니다.

물병자리 남성이 바로 그 터무니없는 경우가 될 수 있습니다. 그의 이상함은 엄청난 수준이지요. 차분한 품성과 적절한 행동 양식을 가진 염소자리 여성이 고요하고 안정된 눈으로 볼 때 특히 그렇습니다. 『당신의 별자리』의 "염소자리 여성" 편에서 저는 이 여성이 못생긴 개구리를 보고 실제로 그가 변장한 왕자 또는 그와 비슷한 것임을 알아차릴 유일한 여성이라고 말했습니다. 하지만 한 가지 조건이 있습니다. 그 남성이 그녀가 시간과 노력을 들일 가치가 있는 경우에 그렇습니다. 그가 다른 확실한 미덕을 충분히 가졌다고 판단되면, 그녀는 그와 함께 드럼 연주자에게 귀를 기울이고 노래도 하는 척하며 그에게 장단을 맞출 겁니다. 일시적으로는요. 하지만 때가 오면 말한답니다. 그녀 자신은 그의 괴짜 같은 면을 이해하지만, 문제는 다른 사람이 어떻게 생각하느냐 하는 것이라고요. 제 말은, 누구나 자신의 이미지를 존경받을 만한 것으로 지키려고 한다는 겁니다. 존경받는 게 중요한 일이라는 것은 누구라도 아는 단순한 사실이지요. 어떻게 도도새가 존경받을 수 있겠어요? 사랑받는다면 몰라도 존경이라니요?

그녀가 틀렸답니다. 완전 틀렸지요. 이 남성은 존경받는 일에 전혀 신경 쓰지 않습니다. 꼭 반대하는 것은 아니지만 중요하게 여지지도 않습니다. 때로 이런 점이 둘 사이에서 꽤 시끄러운 논쟁거리가 되기도 할 겁니다. 물병자리 남성은 정말 이해하기 힘든 의견과 생각을 가진 고도의 개인주의자입니다. 염소자리 여성 또한 상당히 독창적인 의견과 생각을 지닌, 아주 심한 개인주의자일 수 있지요. 차이는 있습니다. 그녀는 다른 사람의 비난과 가혹한 판단을 피하기 위해 그런 면을 일정한 테두리 안에 가두려고 할 겁니다. 반면에 그는 자신의 괴짜 같은 점을 거리낌 없이 광고하고 다닙니다. 하지만 두 사람은 모두 조금 특이한 성격을 가졌기 때문에 서로의 방식을 강조하게 되지요. 긴장을 일으키는 독특한 성격을 그들이 어떻게 다룰 것인지가 문제입니다.

그녀의 세계는 그의 세계와는 달리 발명된 것이 아닙니다. 그것은 실제로 있는 장소이지요. 평화롭고 실용적인 경계에 의해 정화되며 때때로 예술(많은 염소자리가 예술적인 성향을 가졌지요.)에 의해 정련되어집니다. 귀여운 강아지, 따뜻한 부엌의 꿈, 함께 모여 캐럴을 부르는 가족, 아마도 적당한 자리에 그네가 걸린 사과나무로 채워진 그런 곳입니다. 그녀는 그 그네에 앉은 채, 열심히 일해서 얻을 수 있는 분수에 맞는 성공을 성취하는 정도까지만 솟아오를 것입니다. 염소자리가 바라는 것은 마땅히 받아야 할 것을 결코 넘어서지 않는 겁니다. 반면에 물병자리의 세계는 창의력이 풍부하고, 상상력으로 만들어졌으며, 비현실적이지요. 그곳에서는 웅장한 폭포로 가는 지름길 때문에 갑자기 막힐 수도 있고, 기이한 일이 일어날 수 있으며, 대개는 그런 일들이 일어나고, 각양각색의 모양과 크기를 가진 온갖 성격의 사람들이 살고 있습니다. 이 남성에게는 온갖 종류의 친구가 있습니다. 그는 과거와 미래를, 꿈의 세계와 현실 세계를 넘나들며 여행합니다.

그녀는 그의 친구들과 잘 지내야 합니다. 물병자리 남성과 사랑에 빠진 여성이라면 반드시 그래야 합니다. 그는 자신의 친구들에게 거의 이 세상의 것이 아닌 듯한 충성심과 헌신을 다하지요. 그리고 이것도 기억해두세요. 그는 딱 한 번 만난 문지기에게도 "친구."라고 부른답니다. 물병자리 남성은 '친구'라는 말을 상당히 자유분방한 개념으로 사용하지요. 때때로 그는 자신의 부인을 "나의 좋은 친구, 엘로이."라고 소개하기도 합니다.

천왕성의 남성이 이 여성에게 왜 끌리는지는 쉽게 알 수 있습니다. 염소자리 여성은 대체로 조용하고 참견하지 않은 주부가 되기 때문입니다. 특히 다른 사람을 염탐하거나, 호기심이 많거나, 요구하는 것이 많지 않지요. 물론 그렇지 않더라도 그는 그녀가 그곳에 있다는 사실을 잊어버립니다. 당신도 알다시피 물병자리 남성은 잘 잊기로 유명하지요. 자신의 부인도 완전히 잊어버려서 가끔씩 상기시켜줘야 할 정도로요. 문제는 불성실함에 있는 게 아니랍니다. 자신이 한순간 약해져서 영원한 약속을 했다는 걸 깨달았을 때, 그가 놀란다는 사실이지요.

제가 지금 말하려는 이 남성은 약속에 대해 특별한 감정을 지녔습니다. 약속을 찬성하는 쪽이 아니라 반대하는 쪽이지요. 천왕성의 성실성이 지닌 이상한 혼합물이랍니다. 그는 일주일이나 한 달, 또는 일 년 후의 확신할 수 없는 것에 대해 말하는 건 잘못이고 어리석다고 생각합니다. 어느 누구도 자신이 변하지 않을 것이라고 확신할 수 없습니다. (특히 물병자리는 항상 변하지요.) 그런데 왜 모든 사람을 속여야 할까요? 이 별자리 아래에서 태어난 대부분의 사람은 맹세를 깨거나 친구를 실망시켜서 비난받는 일을 견딜 수 없습니다. 그래서 그는 친구에게 거짓 약속이 될지도 모를 일을 하지 않도록 최선을 다합니다.

한 여성과의 결혼 서약을 지키고, 그 약속을 평생 유지하는 물병자리 남성이 없다는 얘기는 아닙니다. 그런 물병자리가 있습니다. 아내를 깊이 사랑하는 물병자리도 있지요. 하지만 그런 경우가 아니라도, 결혼한 물병자리는 이혼까지 갈 정도로 문제가 커지는 상황을 꺼려 합니다. 물병자리 남성의 배우자에게 '다른 여성'이 문젯거리가 되는 경우는 극히 드뭅니다. 물론 물병자리 남성은 여성에게 관심을 갖습니다. 여성은 인류의 절반을 차지하고, 물병자리는 인류의 다양한 문제에 깊은 관심을 가지니까요. 여성이 매력적인 이성이라는 사실은 애초에는 그의 안중에 없습니다. 그도 섹스에 대해 모르지는 않겠지만 그에게 그것은 부차적인 것입니다. 상상으로의 비행, 잊히지 않은 꿈, 비전, 자기도취, 직업 또는 경력에 헌신하는 것, 언제까지 영원히 함께할 그의 친구들에 비하면요. **그럼에도 불구하고** 어떤 여성이 이 남자를 사랑하려고 보통의 노력이라도 기울인다면, 그녀는 대부분의 경우(전부는 아니지만, 대부분은) 다양하고 흥미롭고 매혹적인 뜻밖의 놀라운 일과 신나는 즐거움을 줄 수 있는 성실한 연인 또는 배우자를 얻게 될 것입니다. 염소자리 여성은 보통보다는 더 많은 노력을 기울이겠지요. 이 여성이 어린 시절부터 따라온 교훈이 있으니까요. '조금이라도 일할 가치가 있는 거라면, 잘할 가치가 있다.'

정말 이상하게도(다시 생각해보니 전혀 이상하지 않지만) 물병자리 남성은 부인의 질투를 살 만한 일을 종종 합니다. 어떤 낯선 사람에게 첫눈에 지적으로 끌리면, 처음 만났다는 사실과는 상관없이 그는 그 낯선 사람을 친한 친구로 대할 수 있습니다. 만약 그 낯선 사람이 여성이라면 어떨까요? 염소자리 부인은, 혹은 어떤 여성이라도 그 만남이 아무 의미가 없다고 생각하지는 못할 겁니다. 하지만 이 남성은 사랑을 육체적인 열정과 분리하려는 경향이 있답니다. 그래서 그는 성적인 부분은 염소자리 연인 또는 아내와 공유하면서 다른 (여성) 친구를 '사랑'할 수 있습니다. 사실, 염소자리 여성은 다른 대부분의 태양별자리보다 물병자리 남성을 참아낼 준비가 잘 되어 있는 편입니다. 하지만 아무리 그렇다 하더라도 화가 날 수 있겠지요. 그녀가 반드시 알아두어야 할 사실이 있습니다. 그가 물리적 현실에서 그녀에게 완전히 전념하는데 왜 그가 다른 여성과 따뜻하고 지적인 우정을 가질 수 없는지, 물병자리 남성은 이해할 수 없답니다. 양자리나 사자자리 여성이라면 그가 왜 그렇게 하면 안 되는지, 그 이유를 그에게 가르쳐주겠지요. 먼저 우정의 반지를 그에게 돌려준 후에요. (또는 그에게 던지겠지요.) 하지만 토성이 지배하는 여성은 반만 노력해도 그 모든 것을 이해할 수 있답니다.

그들의 육체적인 관계는 변화가 많고 예측 불가능합니다. 물병자리의 모든 것이 변화무쌍하며 예상하기 어렵지요. 섹스에 대한 그의 태도는 강한 호기심에서부터 무심한 수용까지 다양합니다. 그녀로 말하자면, 사랑의 의무로 임한다는 태도에서 꾸며낸 가짜 겸손함이나 가식 없는 친밀함의 깊고 건전한 즐거움을 표현하는 것까지 전부 가능합니다. 둘 중 누구도 섹스를 과소평가하거나 과대평가하지 않습니다. 두 사람은 있는 그대로 더하지도 덜하지도 않게 섹스를 받아들이지요. 그들은 과도한 열정이나 감정적인 폭발 없이 섹스를 경험할 수 있답니다. 비록 일부 물병자리가 육체적인 관계에 몽환적인 비현실성의 색조를 띠고, 구애와 준비 단계에서 자극적인 분위기를 조성할 수도 있지만요. 또 일부 염소자리 여성은 성적인 주제에 대해 유난히 얼굴을 붉히거나 맥박이 뛸 수 있지요. 그는 섹스에 대해 어느 정도 환상을 갖고 있을 겁니다. 그래서 그녀는 혼란스럽고 충격을 받을 수도 있겠지요. 하지만 그들이 진정 사랑한다면 어떤 성적인 문제라도 모두 극복할 겁니다.

염소자리 여성의 섹스 본능은 종종 꽤 느리게 발달합니다. 그래서 모두는 아니지만, 많은 물병자리 남성은 그들이 결혼한 후에도 한참이 지나서야 육체적인 사랑에 만족할 기회를 더 많이 갖게 될 겁니다.

두 사람이 논쟁을 하게 되는 이유는 가족에 대한 그녀의 지나친 헌신 때문일 수 있습니다. 또는 이웃과 친척들 앞에서 외모에 신경 써달라는 그녀의 부탁에 그가 협조하기를 거절하기 때문일 수 있습니다. 두 사람은 서로의 미덕에 집중하고 사소한 골칫거리와 차이점은 잊어버려야 합니다. 염소자리 여성은 놀라울 정도로 다정하며 감정적으로 안정적이고 충직합니다. 도덕적 책임감도 강하고요. 그녀는 그에게 고통을 주거나 그를 당황하게 하는 일은 거의 하지 않습니다. 드물게 차가운 마음을 가진 염소자리만 빼고는 모두 그렇답니다.

물병자리 연인이나 배우자의 미덕으로 말하자면, 어떤 사람도 이 남성만큼 오랫동안 지적인 도전을 계속할 순 없습니다. 그리고 사랑은 분명히 마음에서 시작됩니다. 다시 말할게요. 물병자리처럼 공기 원소에서 태어난 사람에게, 사랑은 마음에서 시작합니다. 염소자리처럼 흙 원소에서 태어난 사람에게 사랑은 감정의 안정감에서 시작되지요. 물병자리 남성은 신뢰성과 감정적 안정감이 부족합니다. 하지만 상대가 충분한 관용과 인내심을 가지고 있으면, 그는 배울 수 있습니다. 못생긴 개구리에서 잘생긴 왕자를 볼 수 있는 염소자리 여성은 당연히 그렇게 만들 수 있습니다.

그는 나뭇잎이 결코 떨어지지 않고 태양이 결코 지지 않은 세계를 발견하고 싶어 합니다. 그녀는 그런 세계가 없다는 걸 확신하지요. 그들이 함께 만족하기를 바란다면, 그녀는 그 세계를 찾을 수 있도록, 어쨌든 그를 도와야 합니다. 누가 알겠어요? 어쩌면 그는 그 세계를 발견해서 그녀를 놀라게 만들지도 모릅니다. 그녀가 마음을 연다면, 마음의 빗장을 푼다면, 그리고 '불가능'이라는 낱말을 그녀의 사전에서 버린다면요. 그가 그 낱말을 처음 듣는 순간에 그렇게 했던 것처럼 말이에요.

염소자리 남성과 물병자리 여성

"팅크, 어디 있어?"
그때, 그녀는 물병 안에 있었으며 거기에 완전 반해버렸다.
그녀는 예전엔 한 번도 물병 안에 들어간 적이 없었다.

염소자리 남성과 물병자리 여성의 사랑은 오래도록 순탄하게 유지될 수 있습니다. 그의 친구들이나 그의 신성한(제발 한쪽 무릎을 꿇어주세요.) 가족 앞에서 그녀가 모욕적이고 이해할 수 없는 말을 불쑥 꺼내기 전까지는요. 아니면 그녀가 갑자기 어떤 의견이나 계획을 완전히 변경하거나 뒤집기로 결정하든지요. 그러면 염소자리 남성은 약간 신경질이 됩니다. 아주 드문 상황입니다. 이미 알고 있는 것처럼 염소자리는 거의 신경질을 내는 법이 없지요. 정말 화가 났을 때, 그는 자신의 손톱을 물어뜯거나 몸에서 종기나 사마귀가 돋아납니다. (저는 콜로라도에서 이사 온 염소자리 남성을 아는데, 이 사람은 초조해지면 혼자 자리를 떠서 다이너마이트 캡슐을 터뜨립니다. 그는 달별자리가 양자리에 있답니다.) 물병자리 여성은 초조해지면 물구나무를 서거나 불안한 듯 귀를 꿈틀거립니다. 그녀가 혼란스럽다거나 불안해한다는 천왕성의 섬광 같은 신호지요. 토성의 규율과 무미건조함이 지배하는 단조로운 시기를 겪다보면 이런 일이 생기지요.

물병자리 여성이 염소자리 남성과 사귈 때 알아야 할 첫 번째 사항은 그의 가족을 자기 가족처럼 사랑하고 존경하는 겁니다. 어쩌면 그녀 가족보다 훨씬 더 많이요. 반드시 그래야만 한답니다. 그의 가족이 노먼 록웰(1894~1978, 미국의 대표적 일러스트레이터이자 화가―옮긴이)의 그림이나 보르지아 가문(15세기 말, 바티칸에 큰 영향을 미쳤던 악명 높은 귀족 가문―옮긴이)을 닮았다 해도 어쩔 수 없습니다. 그가 자기 가족의 결함이나 악행을 모르지는 않겠지만 문제 삼지 않을 겁니다. 염소자리 남성은 부모님을 존경해야 하는 의무가 있다고 생각합니다. 그의 부모에게 어떤 결점이 있더라도, 그가 보는 앞에서는 모든 사람들이 그들을 존경해주기를 바라지요. 그러니 염소자리 남성의 마음에 초대받기를 원하는 여성이라면 그의 가족의 단점을 모른 척하는 편이 좋습니다. 자식으로서의 충성심이 존경스럽다는 사실은 부정할 수 없습니다. 특히 그녀와 아이들에 대해 미래에 보여줄 그의 태도를 알 수 있게 해준다는 점에서 그렇습니다. 그것은 똑같이 한 치도 벗어나지 않는 헌신일 겁니다.

이 커플은 2-12 태양별자리 관계이기 때문에 금전이나 경제적 안정, 자기희생이라는 공통의 관심사가 어떤 식으로든 두 사람 관계에 개입됩니다. 염소자리 남성은 자신이 아직 배우지 못한 것(그런데 그녀는 알지요.)을 가르쳐주는, 뭐라고 정의할 수 없는 지혜를 그녀가 지녔다는 사실을 의식하기 때문에 비밀스럽게 그녀를 존경할 것입니다. 반면에 물병자리 여성은 염소자리 남성이 일시적으로 말로 설명하기 힘든 우울과 짙은 감청색의 분위기를 띠거나, 가끔씩 점잖은 척하면서 그녀를 숨막히게 하는 시간들을 잘 참을 것입니다. 지난 생애에 경험했던 토성의 시간을 그녀의 영혼이 기억하기 때문이지요. 하지만 그녀는 자신의 존재를 그렇게 숨 막히는 신중함이라는 끈으로 꽁꽁 묶어둔 채 보내고 싶은 생각이 전혀 없습니다. 이번 단계는 세계의 경이로움을 실험하는 것이 그녀의 삶이지요. 모든 물병자리 여성은 이러한 갈망을 마음속에 지녔답니다.

염소자리 남성은 흙 별자리이고 물병자리 여성은 공기 별자리입니다. 그래서 그들의 기본적 욕구에는 공통점이 거의 없습니다. 때로 이 두 사람은 서로의 일을 위해 노력할 겁니다. 또는 벽난로 앞과 집과 가족이 그들 관계의 중요한 매개가 될 수 있습니다. 일단 사랑에 빠지면, 두 사람은 자신들에게 존재하는 명백한 차이들을 간과하려고 애쓸 겁니다. 만약 한쪽이 다른 한쪽을 변화시키게 된다면, 염소자리 남성보다는 그녀가 변하는 쪽이 되겠지요. 항상은 아니지만 대체로 그렇습니다. 염소자리는 아주 어린 나이에 세속적인 모습으로 벌써 틀이 꽤 굳기 시작했지요. 물병자리는 공기 원소이기 때문에 훨씬 유연하며 상황에 더 잘 적응합니다. 그러니 어떤 모양으로든 만들어지기가 더욱 쉽지요. 그럼에도, 그녀는 유지하는 별자리 아래서 태어났기 때문에 가끔은 예기치 못한 완고함을 보여줄 수 있습니다. 하지만 그와의 사랑을 지키기 위해 그녀가 변해야 한다면 대개는 변할 것입니다. 그렇다고 해서 그녀를 지나치게 칭찬할 것까지는 없습니다. 이 여성에게 그게 자연스러운 과정이니까요. 염소자리에게 변화는 자연스러운 과정이 아니랍니다. 그는 직업(경력 또는 직위), 거주지, 우정 같은 중요한 것들에서 변화를 두려워합니다. 반면에 그녀는 새로운 사람을 만나기를 원하고, 다양한 사람들 사이에서도 집에 있는 것처럼 행복해합니다. 그는 직계가족이나 소수의 친한 친구들을 제외한 사람들과 대화에 끼는 것을 꺼려합니다. 그의 친구들 대부분은 어린 시절부터 사귄 친구들이지요. 결과적으로 두 사람의 사회생활은 다소 활기 없이 가라앉을 수 있습니다. 그 때문에 물병자리 여성은 뭔가 잃어버린 듯한 느낌에 사로잡히게 될 가능성이 항상 있지요.

물병자리 여성은 염소자리 남성의 세속적인 취미와 욕망에 자신의 꿈을 매어놓은 채 살아갑니다. 처음에는 그녀도 자신의 불안정함을 깨닫지 못합니다. 하지만 나중에는 다양한 방식으로 드러나지요. 그녀는 학위를 따려고 대학으로 돌아간다든지, 혼자 고향에 가서 아주아주 오랫동안 머무른다든지, 음악이나 노래 또는 천문해석학 같은 취미 활동을 시작할 겁니다. 또는 아기를 끊임없이 원하기도 하지요. 이 모든 것들은 변화입니다. 물병자리 여성은 변화에 대한 믿음이 있습니다. 물병자리는 제때에 변화해야 합니다. 그러면 모든 것이 쉽게 해결되지요.

두 사람을 만나게 해준 것은 라디오 주파수처럼 종종 그녀가 내보내는, 보이지 않는 진실성의 울림입니다. 염소자리 남성은 경박하고 공격적이거나 정직하지 못한 여성을 참을 수 없습니다. 그래서 그는 그녀의 신호를 선택하고 면밀히 조사했지요. 그리고 그녀가 지닌 진실과 정직이라는 자질이 그 자신과 마찬가지로 아주 풍부하다고 최종적으로 판단했습니다. 청혼하는 건 상당한 기간이 지난 뒤겠지요. 그가 제안하는 것이 무엇이든지(사업상의 파트너 관계든 결혼이든 또는 둘 다) 상당한 기간이 필요합니다. 염소자리는 곧장 뛰어들지 않으니까요.

염소자리 남성이 깨닫지 못하는 게 있습니다. 그녀가 성실한 것은 사실이지만, 그 성실함은 그녀 자신만의 고유한 상표라는 점입니다. 물병자리는 무엇보다 자신에게 진실하고 정직하며, 스스로가 진실이라고 믿는 것에 진실합니다. 그것은 토성의 상표가 붙은 성실함과 정직이라는 전통적인 습관과는 꽤 다르지요. 염소자리는 규칙을 따르며 삽니다. 물병자리도 규칙을 지킵니다. 하지만 그 규칙은 자신만의 사적이며 개인적인 규칙의 집합이랍니다.

두 사람을 이어준 또 다른 요인은 아마도 그녀의 아름다움입니다. 천왕성의 울림 아래에 있는 모든 여성은 이 세상의 것이 아닌 듯한 연약한 아름다움을 지녔지요. 마치 아침 안개 또는 여름날의 무지개와 같답니다. 처음에는 이곳에 있더니 다음엔 보이지 않다가는 또 어느새 되돌아오지요. 그녀는 선명한 이목구비를 가졌고, 어딘가 그리스 여신을 떠올리게 하는 희미한 흔적이 남아 있습니다. 그녀의 눈동자는 마치 자석처럼 그를 끌어당길 겁니다. 물병자리의 눈과 같은 눈동자는 없지요. 꿈꾸는 것처럼 몽롱하고 신비스러우며 항상 저 먼 곳에 있는, 오래전 과거와 먼 미래를 보는 그런 시선이랍니다. 반면에 염소자리 남성의 눈동자는 엄격하게 오늘에 초점을 맞추고 있습니다. 정직하고 진지하지요. 그녀의 눈동자와는 많이 다릅니다. 차이란 매력적인 것이지요.

둘 사이에 어쩌면 문제가 될 한 가지는 전형적 염소자리 남성이 '그의 아내'가 일하는 것에 대해 신경질적으로 반응한다는 점입니다. 대부분의 염소자리 남성은 직장 여성에게 눈살을 찌푸립니다. 그들 중 일부는 눈살을 찌푸리는 데 그치지 않고, 더한 행동도 하며 직접적으로 일을 못하게 말리기도 합니다. 하지만 가족 사업에서 '아내'가 일하는 건 예외적으로 허용하지요.

염소자리 남성이 여성의 독립을 금지하는 일에 집착하는 경우를 제외하면, 이상하게도 물병자리 여성은(그녀가 **유지하는** 별자리 아래에서 태어났다는 것을 기억하세요.) 약간 시대에 뒤떨어진 그의 관점을 존경하게 됩니다. 결국 그녀는 그에게 사랑을 느끼지요. 그녀가 아는 다른 남성들과는 다르게, 염소자리 남성은 언제나 한결같이 그 장소에 있을 거라는 믿음을 주기 때문입니다. 다른 남성들은 그녀만큼이나 예측 불가능하지요. 그녀 자신의 불안정함과 직관적인 예감, 괴짜 같이 뒤죽박죽으로 생각하는 변덕쟁이 자질에도 불구하고, 물병자리 여성은 종종 의지할 수 있고 믿음직하며 안정적인 파트너를 찾습니다. 불합리한 결론 같지만, 제가 반복적으로 지적했듯이 물병자리는 살아 있는 모순덩어리랍니다. 물병자리의 유지하는 에너지 때문에 안정성에 끌리는지도 모릅니다. **유지한다는** 것은 결국 **정해졌다는** 뜻이지요. 비록 당신이 물병자리의 모호한 말과 추상적인 행동 때문에 그 의미를 결코 추측할 수 없을지라도 말이에요.

염소자리 남성과 물병자리 여성은 대개 외부 상황 때문에 다툽니다. 그녀는 관대하지만 그가 엄격하게 대하려고 작정한 사건이나 사람들 때문이지요. 그가 그녀를 바꿔놨지만, 그럼에도 그녀가 그를 지배합니다. 둘이 논쟁할 때면 그녀는 부드럽고 설득력 있는 공기 원소의 매력을 발휘해 그에게 **제안**하지요. 최소한 제안하는 것처럼 보입니다. 이런 방식으로 그녀는 고집스럽고 세속적인 염소자리 남성과의 거의 모든 다툼이나 대결에서 결국 이긴답니다. 그녀는 전혀 힘들이지 않고 결코 요구하지도 않으면서, 그저 제안을 하는 것으로 그렇게 합니다. 남들 모르게요. 그래서 사람들은 염소자리 남성이 둘 관계를 주도한다고 생각하지요. 두 사람의 태양별자리와 달별자리가 조화롭지 못하다면, 염소자리 남성은 어느 비 오는 날 아침에 일어나서 자신이 교묘하게 조종당한다는 사실을 깨닫게 될지도 모릅니다. 남자답지 못한 역할을 거부하고 심각하게 이혼을 고려할 수도 있겠지요. 그는 오랜 시간 깊이 생각에 잠깁니다. 염소자리 남성은 어떤 일도 결코 서두르는 법이 없으며, 특히 가정이 깨질 만한 일에는 더 그렇지요. 이런 일은 그를 산산이 부숴놓습니다. 물병자리 여성에게도 별거나 이혼은 마음 아픈 일입니다. 그럼에도 물병자리 여성은 쌍둥이자리, 물고기자리, 사수자리보다 훨씬 빠르고 쉽게 깨져버린 관계에 적응합니다. 결혼과 마찬가지로, 이혼 또한 본질적으로는 변화이지요. 변화는 이 여성을 결코 두렵게 하지 못합니다.

염소자리 남성과 물병자리 여성의 결합은 성적인 면에서 채워지지 못할 수도 있습니다. 항상은 아니고 가끔 그렇습니다. 물병자리는 남성적인 별자리이며, 또한 남성적인 행성인 천왕성의 지배를 받지요. 그녀는 부드러움에는 신경 쓰지 않습니다. 남성적인 울림이 그녀의 부정할 수 없는 여성적인 신비함으로 변화하는 모습은 처음에 염소자리 남성을 흥분시키지만, 나중에는 그저 짜증날 수도 있습니다. 어쨌든 그녀의 실제 본질은 이해받지 못합니다. 염소자리 남성에 관해 말하자면, 그의 노골적인 관능성은 로맨스가 시작될 때 그녀가 거부할 수 없도록 끌어당기기는 합니다. 하지만 나중에는 견디기 힘든 부담이 될 수도 있습니다. 왜냐하면 성적 표현에 대해 그녀는 훨씬 섬세하며, 풍부한 상상력을 요구하며, 실제 관계를 위한 예비적이고 정신적인 준비라고 여기기 때문입니다. 하지만 사랑은 자갈이 깔린 골목길을 노란색 벽돌이 깔린 길로 만들 수 있습니다. 오직 필요한 것은 약간의 마법이지요. 그들이 정말 사랑하고 싶다면 장애는 극복할 수 있습니다. 그녀가 필요로 하는 것을 염소자리의 참을성 있고 온화한 애정의 능력으로 채우면 됩니다. 그리고 인간 본성에 대한 물병자리의 관대한 이해심은 특히 그를 위한 것이랍니다.

둘의 태양별자리와 달별자리가 조화롭다면, 두 사람의 관계는 해가 갈수록 깊어질 겁니다. 두 사람은 점차적으로 서로의 부족한 부분을 채울 수 있습니다. 그녀는 더욱 평화롭고 안정적이 되고, 덜 불안해하고 덜 동경하게 되지요. 그는 덜 냉담하고 덜 엄격하며, 더 자유롭고 개방적으로 되어가지요. 자신들의 본모습에서 점점 더 멀어지겠지만, 그들은 서로를 닮아갈 겁니다. 친구들이 그들을 한 사람으로, 두 개인이 아닌 하나의 측정 단위로 생각하기 시작할 정도로 둘은 하나로 섞일 겁니다. 물병자리에게는 자연스러운 상태가 아닌 게 분명하지만, 신중하게 균형을 잡는다면 아름다운 효과를 낼 수 있습니다. 또한 염소자리는 더 유쾌하고 가벼워지기를 비밀스럽고도 조용하게 동경해왔답니다. 고집스러운 토성이 그를 방해하고 있었지요.

저는 예전에 오클라호마 출신의 로이라는 염소자리 남성을 알았습니다. 그는 매년 여름 콜로라도를 방문했고, 그곳에서 토성이 구속하는 제약을 깨고 자유를 느꼈지요. 결국 그는 등반가가 되었으며 높은 고도에서 집과 같은 편안함을 느꼈습니다. 콜로라도 주에 있는 크리플 크리크에서 해면 1만 피트 이상인 곳에서, 이 염소자리는 요정이나 늙은 드루이드처럼 즐겁게 까불고 놀았습니다. 오클라호마에서의 직업에 어울리는 옷은 벗어버리고 좋아하는 어떤 옷이든 맘대로 입었지요. 어떤 옷은 엘비스 프레슬리의 옷을 보수적이라고 할 만큼 희한했답니다. 어느 날 새벽녘에 제가 집을 나서다가 보니, 그는 빨강과 노랑의 밝은 색 수영복 팬티만 입은 채 야생화를 꺾고 있었습니다. 또 한번은 폭풍이 몰아치는 어느 사나운 여름날, 우리 집 현관 앞에 그가 갑자기 나타났지요. 그 남성 곁에서 재주넘기를 하는 'T'(그가 애정을 담아서 그녀를 부를 때)와 함께요. 밝은 얼굴로 즐거워하는 그 물병자리의 여성은 그의 사업 동료이자 가장 친한 친구였답니다. 그들은 제게 비에 흠뻑 젖은, 생각지도 못한 사향연리초 꽃다발을 내밀었습니다. 천국에서나 맡아볼 만한 향기가 났지요. 그는 오전 내내 'T'와 함께 차를 타고 비가 쏟아지는 시골길을 운전하면서 천왕성의 천둥과 번개를 즐겼답니다. 그러다가 저를 위한 꽃을 발견하고는 환호했겠지요.

이 염소자리의 즐거움과 웃음에 대한 감각, 아름다운 감수성, 영적인 직관은 자유를 무척이나 열망하고 사랑하는 마음 때문에 빛났습니다. 로이 또한 일반적인 토성의 수줍음과 숫기 없는 시간 때문에 고통받았습니다. 어두운 우울함에 빠진 채로 이유 없이 짓누르는 절망에 잠겨 사념에 몰두하는 날들이 있었지요. 하지만 물병자리 'T'는 그녀가 알던 온화한 무지개가 다시 그에게서 빛나기를 기다릴 만큼 참을성이 있었습니다. 그리고 무지개는 항상 다시 나타났지요.

염소자리 남성을 사랑하는 물병자리 여성은 가끔은 그 남성 안에 있는 토성에게 수갑을 채우고 그의 손을 움켜쥐고는 도전장을 던져야 합니다. "이봐요, 물웅덩이에서 놀고, 거북이들과 술래잡기를 하고, 벽이 없는 집을 만들고, 아무것도 아닌 일에 웃고 싶지 않나요?" 소심한 염소자리는 놀라서 깡충거리며 그녀를 따라갈 겁니다. 그런데 만약 그가 "당신, 벽 없는 집을 어떻게 지을 수 있다는 거예요?"라고 되묻는다면 밀월여행은 끝났고 사랑도 마찬가지랍니다.

설령 그렇게 되더라도 기적적으로 사랑이 다시 태어날 수 있습니다. 그것은 물병자리가 최고로 잘하는 일 아닌가요? 기적을 만드는 것 말이에요.

염소자리 Capricorn Pisces 물고기자리

흙 · 시작하는 · 수동적
지배행성: 토성
상징: 염소
음(−) · 여성적

물 · 변화하는 · 수동적
지배행성: 해왕성
상징: 물고기, 고래
음(−) · 여성적

염소자리와 물고기자리의 관계

이상하게도, 그들 모두 동시에 섬을 알아보았다. 그들은 거기에 환호했다.

오랫동안 꿈꿔온 끝에 마침내 보게 된 것이 아니라,

휴가를 보내려고 집으로 돌아와 다시 만난 친한 친구처럼 말이다.

두려움이 그들을 엄습할 때까지는 그랬다.

염소자리의 차분한 모습에서 물고기자리는 편안하고 기분 좋은 안정감을 느낍니다. 그건 마치 아기 곰이 낮잠을 자려고 겨울 통나무 속으로 들어갔을 때와 비슷합니다. 물고기를 곰으로 생각하는 것이 이상할지도 모르지만, 염소자리를 지배하는 토성이 물고기자리에게 그런 영향을 줍니다. 물고기자리는 불안정하고 민감하며 이해하기 어려운 별인 해왕성의 지배를 받기 때문에 토성의 견고한 안정감을 매우 편안하게 생각합니다. 토성은 물고기자리를 마치 아기 곰인 것처럼 느끼게 해주지요. (또는 엄마 곰이나 아빠 곰인 것처럼요.)

물고기자리의 고요한 모습에서 염소자리는 걱정 근심 없이, 거품처럼 둥둥 떠다니는 듯한 느낌입니다. 염소자리를 거품이라고 생각하는 게 이상하겠지만, 물고기자리를 지배하는 행성인 해왕성은 염소자리에게 영향을 줍니다. 염소자리는 고집스럽고 지나치게 요구하는 것이 많은 토성의 지배를 받기 때문에, 해왕성의 꿈꾸는 듯한 느슨함이 너무나도 매력적이고 자유에 대한 약속으로 가득 차 있음을 알게 되지요. 그가 거품이 된 것처럼 느끼게 해줄 정도로요.

여기 그들이 있습니다. 마법처럼, 물고기자리와 염소자리가 자신들이 닮고 싶은 곰과 거품으로 변신했답니다. 무척이나 아름다운 장면이지요, 그렇지 않나요? 이 3-11 태양별자리 관계에서는 놀랍도록 차분한 서로의 기질이 잘 어우러집니다. 흙 원소와 물 원소는 서로 잘 어울리지요. 염소자리가 가진 흙의 본질은 훨씬 풍요로워지고, 물고기자리가 가진 물의 본질은 안정된 물길을 찾는답니다. 이런 점은 물고기자리와 황소자리, 황소자리와 게자리, 게자리와 처녀자리, 전갈자리와 염소자리 관계에서도 비슷합니다. 모두 물과 흙 원소의 3-11 태양별자리 만남이지요.

염소자리는 그들의 타고난 억압적인 행동에 반대하는 대부분의 태양별자리보다 물고기자리와 함께할 때 훨씬 안전함을 느낍니다. 같은 흙 원소인 황소자리나 처녀자리와도 사이좋게 지내기는 하지만, 그들과 있을 때보다는 물고기자리와 함께할 때 덜 거칠어진다는 걸 느낄 수 있지요. 한편 물고기자리는, 황소자리를 제외한 대부분의 태양별자리와 있을 때보다는 염소자리와 함께할 때 편안합니다. 인생의 가혹하고 거친 경험으로부터 보호받는 느낌을 받으며 타고난 물고기자리의 내성적인 행동을 극복하는 일에서도 더 용감해지는 느낌을 받지요. 같은 물 별자리인 전갈자리와 게자리와도 잘 지내긴 하지만, 염소자리와 함께일 때가 더 든든하고 용감해지는 느낌이랍니다. 여러 면에서 볼 때, 염소자리와 물고기자리는 서로를 위해 만들어졌습니다.

물고기자리와 염소자리는 중요한 사안에 대해 비슷하게 느끼고 생각하기 때문에 의견 차이가 거의 없습니다. 오히려 서로가 마음에 들고, 어려움 없이 협동하고 타협하게 되는 때가 훨씬 더 많지요. 의견이 다르고 불일치하는 분야에서조차, 그들은 서로의 생각을 바꿀 수 있도록 신중하게 설득합니다. 염소자리는 때때로 물고기자리의 혼란스럽고 뒤죽박죽이 되어버린 생각을 바로잡아주는 역할을 합니다. 물고기자리는 염소자리의 완고한 태도를 부드럽게 만들어주지요. 예를 들어, 만약 그들이 천문해석학이나 종교와 같은 보수적인 주제로 대화를 나누게 된다면 아마도 신념이 부딪히는 것을 피할 수 없을 겁니다. 염소자리는 전통과 권위를 지나치게 중요시하고 추상적인 것을 의심스러워하니까요. 이런 경우에는 물고기자리가 염소자리의 잘못된 생각을 부드럽게 돌아서도록 해주는 사람이 될 겁니다. 고집스러운 염소자리의 관점을 바꾸는 데 시간이 많이 걸리기는 하겠지만, 물고기자리는 무한한 인내심으로 또한 설득력 있는 매력을 발휘하여, 오랫동안 지켜온 확신으로부터 흙의 별자리의 마음을 움직이기 위해 노력할 것입니다. 하지만 다양한 주제들에 대한 여러 논쟁에서 물고기자리의 견해를 자신의 의견 쪽으로 바꾸는 사람은 염소자리랍니다.

남녀를 불문하고 나이와도 상관없이, 해왕성의 물고기자리는 일을 미루는 경향이 있고 종종 지나치게 수동적입니다. 이런 태도는 전형적인 염소자리를 매우 혼란스럽게 합니다. 이들은 중요하거나 사소한 일을 거의 미룬 적이 없으며, 종종 지나치게 융통성이 없지요. 이 두 사람이 상대의 천성으로부터 어떤 혜택을 받을 것인지를 제3자가 알아보기는 쉽습니다. 하지만 물고기자리와 염소자리가 그 분명한 사실을 알아보기는 그리 쉽지 않습니다. 만약 물고기자리가 흔치 않은 고래 유형의 사람이라면, 그(또는 그녀)는 염소자리를 압도할 수도 있습니다. 염소자리는 매달릴 만한 단단한 것도 없고, 발 디딜 곳도 보이지 않으며, 아래쪽에 있는 것이라고는 불안정한 모래뿐인 곳으로 들어섭니다. 이 도저히 이해할 수 없고 변덕스러운 땅에서 염소자리는 어찌할 바를 모릅니다. 염소자리는 마지막 순간까지 가서야 결국 수영을 할 수 없기 때문에 가라앉을 수밖에 없다는 사실을 깨닫고는 공포를 느끼지요.

만약 전형적인 물고기자리라면 다른 위험이 있습니다. 더 강한 염소자리가 해왕성의 사람을 지나치게 통제하고 지배해서, 자기 정체성을 상실한 물고기자리가 말없이 고통스러워할 수 있습니다. 그러면 물고기자리는 그저 염소자리의 그림자가 될지도 모릅니다. 겁에 질린 물고기자리는 거짓말을 하거나 약물이나 알코올에 빠질 수도 있습니다. 아니면 조용히, 어떤 예고의 말도 없이 사라져버릴 수도 있습니다. 해왕성의 지배를 받는 사람은 영혼이 감옥에 갇히는 상황이 되었을 때, 도망을 치지요. 그것은 불가항력이랍니다. 하지만 도망은 어떤 쪽으로 가든 즐겁거나 바람직하지 않지요.

하지만 이런 일들은 해왕성과 토성의 만남에서 극단적으로 불행한 경우에 벌어지는 이야기입니다. 출생차트에서 서로의 행성들 위치가 부정적일 때만 이런 일들이 발생하지요. 물고기자리와 염소자리가 오랜 친구가 되는 경우가 훨씬 더 많습니다. (특히 그들의 달별자리가 조화를 이루고 있다면) 그들이 친구든지, 연인이든지, 이웃, 동료, 또는 친척이든지, 둘은 다르다기보다는 여러모로 많이 닮았습니다. 그들이 닮지 않은 방식에서조차 대개 서로를 멋지게 보충해줍니다. 보통 그들은 똑같은 음악을 좋아하고 같은 농담에 웃습니다. 염소자리의 유머는 섬세하고 교양 있으며, 표현력이 풍부한 물고기자리의 얼굴에 항상 웃음을 짓게 합니다.

"당신 혜왕성(Naptune)이 무슨 별인지 알고 있나요?" 염소자리가 묻습니다.

"해왕성(Neptune)을 말하겠죠, 그렇죠?" 물고기자리가 예의 바르게 고쳐줍니다.

"아니오, ㅎㅔㅇㅘㅇㅅㅓㅇ(N-a-p-t-u-n-e)인데요." 염소자리가 반복합니다.

"혜왕성이 뭐게요?"

"포기할래요." 물고기자리가 한숨을 쉽니다. "혜왕성이 뭔데요?"

염소자리가 수줍게 웃습니다. "낮잠-소리는 물고기자리의 자장가예요.(Nap-tune을 단어를 쪼개 번역하면 낮잠-소리라는 뜻—옮긴이)" 갑자기 둘 사이에 다시 마법이 일어납니다. 물고기자리는 곰이 되고 염소자리는 거품이 되지요. 두 사람은 또다시 아늑해지고 고요해집니다. 이제 그들만 있게 해줄까요? 염소자리와 물고기자리는 사람이 많으면 불안해진답니다. 그들은 몇몇 친한 친구들과 있는 것을 더 편안하게 여긴답니다. 그리고 집에서 조용히 저녁 식사 하는 것을 좋아하지요.

염소자리 여성과 물고기자리 남성

"나는 날 줄 몰라."

"내가 가르쳐줄게."

"아, 하늘을 날면 얼마나 멋질까!"

"바람 위에 올라타는 법을 가르쳐줄게. 그런 다음에는 같이 날아가는 거야."

"아!" 웬디는 기뻐서 소리쳤다.

저는 물고기자리가 공기 원소의 별자리가 아니라 물 원소의 별자리라는 것을 알고 있습니다. 그런데 당신은 날아다니는 물고기에 대해 한 번도 들어본 적이 없나요? 이 두 사람은 어디든 함께 날아갈 수 있다는 생각으로 넋을 잃기 전에, 두 사람의 프로펠러와 결정적으로 다른 서로의 관습에 자신들을 적응시키는 것이 좋습니다. 그들이 서로의 기질을 아주 잘 맞춰주는 편이기는 하지만 두 사람이 완전히 같은 것은 아니지요. 예를 들어 지극히 극소수의 물고기자리만 형식을 갖추고 삽니다.

전형적인 물고기자리 남성은 일생을 떠돌아다니지요. 그는 어떤 것도 심각하게 여기지 않습니다. 그 자신을 포함해서, 어떤 관습과 전통도요.

반대로 모든 염소자리는 계획을 세우는 쪽입니다. 할 수 있는 한 계획을 세우지요. 염소자리 여성은 '우수함' 그리고 '품위'의 이미지를 계획합니다. 그녀가 버스 정거장의 매표소(그녀는 오래 머물지 않을 거예요.)에서 일하든 주지사의 대저택에서 살든 이 여성이 하는 모든 일은 계획에 따를 것입니다. 그녀는 심지어 숨 쉬는 것도 계획한답니다. 정확하게 숨을 내쉬고 들이마십니다. 그녀는 양치질도 올바른 방향으로 신중하고 꼼꼼하게 하고 입을 헹굴 때도 교양 있게 합니다. 당신은 어떻게 양치를 하고 입을 헹궈야 교양이 있는지 궁금할 겁니다. 이 여성은 그 방법을 안답니다.

제가 아는 사람의 이웃 중에 로리라는 이름을 가진 염소자리 여성이 있습니다. 그녀는 상반신을 드러내고 영업하는 술집에서 일하지요. 수줍어하고 말을 잘 안하는 보통의 염소자리 여성에게는 비교적 흔치않은 직업입니다. 하지만 평판을 의식하는 염소자리라도 때로 그럴 수 있지요. 하지만 염소자리답지 않은 직업에 종사함에도 불구하고, 로리는 토성인다운 의식과 양식을 잊어버리지 않는답니다. 그녀는 서너 명의 여성들과 함께 록 음악 소리에 맞춰 무대 위에서 작은 바퀴 같은 것들을 돌리면서 곡예 무용을 춥니다. 허리 위로는 발가벗은 채로요. 하지만 염소자리 로리는 그들 중에서 돋보입니다. 한 가지 차이가 그녀를 주목하게 하지요. 다른 여성들은 완전히 상의를 벗은 반면에 로리는 점잖은 검은색 나비넥타이가 묶인 단정한 하얀색 옷깃을 목에 걸쳤습니다.

입장 신호를 알려주는 음악 소리에 맞춰, 염소자리 그녀는 옷깃과 넥타이를 조절합니다. 그리고는 예의 바르고 적절하게(상대적으로) 옷을 입은 것이라고 자신하면서, 품위 있게 고객 앞으로 뛰어나가지요. 주인이 다른 여성들과 통일하기 위해 그녀의 '복장'을 포기하라는 요구라도 한다면, 장담하건대 그녀는 그 요구를 차갑게 거절할 겁니다. 결국 그녀는 숙녀지요. 진실한 품격과 우아함을 가졌으며 모든 상황에 맞춰 정확하게 옷을 입는 가정교육을 받은 여성이랍니다. (분명히 염소자리 로리는 술집을 '검은 넥타이를 맨 파티'라고 생각할 겁니다. 초대받았을 때 입은 옷 그대로 걸치고 가는, 저 버릇없이 자란 사람들의 파티가 아니지요.) 어쨌든 그녀는 그곳에 오래 있지는 않을 겁니다. 로리는 곧 라스베이거스로 이사하려는 중이지요. 미래를 생각해야 하니까요. 자신을 발전시키기 위해 계획을 세워야 하지요. 라스베이거스 이후에는 아마도 브로드웨이나 할리우드로 가게 될 겁니다. 어디서든 주역을 맡아 맘껏 춤추겠지만, 그는 항상 격식을 차려서 옷을 입을 겁니다. 보다시피 염소자리 로리는 자신을 그저 토플리스 댄서(윗옷을 입지 않은 댄서)라고 생각하지 않고, 새로운 진저 로저스(1911~1995, 미국의 배우이자 무용수—옮긴이)나 앤 마가렛(1941~, 스웨덴 태생의 가수이며 영화배우, 1960년대의 섹시 아이콘이었음—옮긴이)이라고 여깁니다. 염소자리는 참을성 있게 한 걸음씩 뚜벅뚜벅 걸어가지요. 성공을 향해 산꼭대기로 가는 길은 고단하고 긴 여행이지만 염소자리는 할 수 있답니다.

로리는 깨닫지 못하겠지만, 그녀는 산비탈 위로 난 단단하고 잘 다듬어진 길을 따라 걷고 있는 겁니다. 모든 사람이 좋아하는 스트랩댄서인 집시 로즈 리(미국의 스트립쇼 연예인—옮긴이) 역시 염소자리였습니다. 로리처럼 집시 로즈 리도 자신만의 개인적인 토성의 명예 의식을 가졌답니다. 그녀는 다른 동료 연예인들과는 달리 완전히 벗은 몸을 결코 드러내지 않았습니다. 전략적으로 달아놓은 지퍼를 강조한, 세심하게 디자인된 옷을 입었지요. 결과적으로, 그녀는 오늘날 섹시한 여성들이 실현하고 싶은 것보다 더 많은 돈을 벌었고 더 오랫동안 명성을 얻었습니다. 그녀의 공연 중 가장 인기 있고 독특한 부분은 염소자리 특유의 비꼬는 유머였답니다.

그녀와 가장 친하고 신뢰하는 친구 중 마이크 토드(1909~1958, 미국의 연극, 영화 연출가, 영화「80일간의 세계 일주」의 감독—옮긴이)라는 기획자가 있습니다. 그는 '집(집시 로즈 리의 애칭)'을 갤러리에 데려가곤 했는데, 그의 브로드웨이 뮤지컬 히트작 중 하나인「당신의 입맛대로」를 성공시켜준 그녀에게 감사를 표하기 위해서였지요. 그는 담배를 우적우적 씹으면서 그녀에게 말했습니다. "그림이든 뭐든, 값어치 있는 어떤 것이든 골라봐요. 사줄게요."

염소자리 집시는 보통 4천 달러쯤 하는(1970년대의 물가 상승률로 보면 네 배의 액수) 작품들 중에서 가장 값진 그림을 고르는 데 성공했답니다. 마이크 토드에 대해 감각 있고 지각 있는 전기를 쓴 작가 아트 코헨에 따르면, 그녀가 고른 모든 그림이 가치 면에서 해마다 엄청나게 상승했습니다. 그녀는 토드의 히트 쇼인「별과 벨트」에서 주연을 맡아 잭팟을 터뜨리자, 앤 반더빌트가 지은 맨해튼 동쪽 63번가에 있는 4층짜리 스물여섯 개의 방이 있는 도시 주택을 적당한 가격에 구입했습니다. 그리고 '그 집의 5천 달러짜리 대리석 마루와 분수대가 있는 안뜰, 일곱 개의 목욕탕과 엘리베이터는 그녀가 한 달에 30달러를 내고 살았던 아파트에 비하면 상당한 발전'이었지요. 나중에 그 집은 그녀가 지불한 값보다 열 배의 가치가 되었답니다. 염소자리 로리처럼 집시는 실용적인 숙녀였으며, 그녀의 정숙함은 오직 그녀의 상식과 야망에 맞춰져 있었지요.

물고기자리 남성은 모든 염소자리 여성이 학교 선생님이나 도서관 사서가 아니라는 사실을 알아야만 합니다. 이런 이야기는 부드럽게 말하고 언제나 빈틈없는 이 숙녀에 대해 물고기자리 남성이 알아야 할 두 번째 사항을 일깨워주지요. 그녀는 격식이 없는 짓과 몹시 감성적인 것과 부적절한 행동에 눈살을 찌푸릴 뿐만 아니라, 야망이 부족한 남자 또는 여성(그녀 자신도 포함하여)을 비난할 거라는 사실을요.

염소자리 여성은 사다리를 올라갈 때 발걸음이 흔들리지 않습니다. 그냥 사다리가 아니라 그녀에게 자부심을 가져다줄 성공과 인정으로 가는 사다리라면요. 만약 사회적으로 성공하지 못하면, 그녀가 냉정하게 채택하는 차선의 목표는 친구, 이웃, 친척의 존경과 인정을 받는 일입니다. 그녀는 아마 한두 명 또는 기껏해야 세 명 정도 친한 친구가 있을 겁니다. 만약 그녀가 시골에 산다면 이웃은 길 아래 멀리 떨어진 구역에 있겠지요. 도시에 산다면, 글쎄요. 대도시 동굴 거주자들은 사이가 썩 좋지 않지요. 그래서 폭넓은 명성을 추구하는 염소자리 여성이 아니라면 그녀가 조용히 감동시킬 대상은 그녀 자신의 가족입니다. 염소자리 여성은 크든 작든 자기 구역에서 '최고의 지위'로 올라갈 겁니다. 그녀는 자기 구역에서 최고의 생산품을 팔 것이고, 그 주변에서 제일 깨끗한 집을 소유할 것이며, 추수감사절이나 휴가를 맞은 가족의 저녁 식사를 위한 최고의 요리사로 인정받게 될 겁니다. 형태야 어떠하더라도 지위는 지위지요.

고아가 아니라면, 염소자리 여성은 끈질기게 달라붙는 도깨비바늘처럼 가족에게 집착할 겁니다. 만약 고아라면, 좌절된 형제자매와 부모에 대한 성실함을 그녀 자신의 직계가족인 자식들과 손자들에게 표현할 겁니다. 또는 양가 식구들을 토성의 강박적이며 헌신적인 의무로 둘러싸려고 하거나요. 이것은 그녀가 가진 사랑스러운 자질 중 하나지요. 하지만 물고기자리 입장에서는 자신이 그녀의 가족 다음이라는 사실을 깨달아야 합니다. 남녀 간의 사랑을 제외하고 그녀가 가장 관심을 가지는 부분에서 그렇습니다.

물고기자리 남성은 아마도 그녀의 가족에 대한 맹목적 숭배에 만족스럽게 적응할 겁니다. 만약 그의 출생차트에 쌍둥이자리, 물병자리, 또는 사수자리가 강조되어 있지 않다면 즐겁게 그녀의 명예 가족이 될 겁니다. 그는 그녀가 가족에게 헌신하기 때문에 더욱 사랑하지요. 그런 모습은 그녀가 믿을 수 있고 의지할 만한 사람이라는 것을 증명해주거든요. 해왕성의 무의식은 이런 면에 강하게 이끌립니다. 한편으로는 저항하면서도요. 그는 더 편안하고 덜 불안합니다. 가족은 안정감을 주지요. 그럼에도 불구하고 가족이 함께하는 일이 지나치면 문제가 생길 겁니다. 물고기자리 남성을 누군가가 어깨 너머로 계속해서 바라보고 그가 움직일 때마다 장단점을 토론한다고 느끼면, 그는 악몽을 꾸기 시작합니다. 모든 물고기자리는 개인의 사생활과 자유에 대해 특별한 감정을 가지고 있습니다. 생각, 행동, 이동의 자유 같은 것들이지요. 모든 종류의 속박은(정신적인, 감정적인, 육체적인) 실제가 아니라 그저 암시에 불과하더라도, 그를 불안하게 하고 짜증스럽게 합니다. 염소자리 여성은 물고기자리가 큰 바다에서 헤엄친다는 걸 기억해야 합니다. 자연의 물고기가 그렇듯, 물고기자리 남성을 작은 어항 안에 가두는 건 가혹하지요. 그곳에서 그가 할 일은 빙빙 돌며 영원히 헤엄치는 것뿐입니다. 결코 앞으로 나아가지 못하지요. 어항 바닥을 귀여운 장식용 조개껍데기들로 채워도 마찬가집니다. 그것은 자연의 물고기와 인간 물고기 모두에게 잔인하고 따분한 것이며, 불쌍한 물고기 종류는 둘 다 신경쇠약에 걸리고 말 겁니다. 새장에 새를 가둬놓는 짓과 같지요. 또는 염소를 담장 기둥에 묶어놓는 짓과 같지요. 담장 기둥에 묶인 채로 가끔씩 누군가가 던져주는 부스러기에 의존해야 한다면, 그런 상황을 어떻게 좋아할 수 있겠어요?

염소자리 여성은 반대의 뜻을 분명하게 나타내는 차가운 표정을 짓거나 아무 말 없이 의사소통을 거부하긴 할 겁니다. 하지만 화를 내고 눈물을 흘리며 질투를 하는 격렬한 소동까지 벌이지는 않습니다. 물고기자리 남성은 감사할 것이고, 멀리 나가는 일도 점점 줄어들 겁니다. 마침내 그는 그녀만큼이나 뿌리를 내리게 되지요. (정착은 그가 정말로 추구하는 것이지만, 그는 그 사실을 모르지요.) 물고기자리 남성은 다들 이런 식입니다. 그들이 필요하다고 주장하는 모든 자유가 주어지면 좀처럼 멀리서 배회하지 않게 되지요. 언제나 믿음직한 연인이자 충실한 남편이 됩니다. 하지만 자유가 억제되면, 그는 신경과민이 되어 불안해지고 근거 없는 질투심의 손아귀를 피해 빠져나가기 시작합니다. 결국 그들은 뜻하지 않게도 오래된 지혜의 경구를 증명하게 되지요. 사람은 그가 사랑하는 사람처럼 되고, 사랑하는 사람이 그에게 기대하고 믿는 대로 된다는 것입니다.

이야기의 교훈은 이렇습니다. 물고기자리 남성을 불성실하도록 만드는 가장 빠른 길은 그가 불성실하다고 생각하고, 당신의 의심을 그에게 알리는 겁니다. 그가 불성실하지 않도록 만드는 가장 확실한 방법은 그의 도덕성을 완전히 믿고, 그의 사랑과 지지가 필요하며 그에게 감사한다는 사실을 알리는 겁니다. 대부분의 태양별자리(아마도 쌍둥이자리와 사수자리는 제외하고)보다 더 많이, 이 남성은 완벽하게 신뢰받는다는 말에 영향을 받습니다. 저 믿음을 배신하는 짓은 그를 부끄럽게 하지요. 하지만 (쌍둥이자리와 사수자리처럼) 만약 그가 의심을 받게 된다면, 그 의심 자체는 (비록 그가 의식적으로 깨닫지 못할지라도) 그의 의지를 약화시키는 동시에 호기심 많은 본성의 어두운 측면을 더 강하게 만듭니다. 의심은 다양하고 많은 경험을 원하는 그들의 성향에 필요한 변명을 만들어내지요.

어느 누구도 사랑에 불성실하고 싶은 사람은 없습니다. 불성실은 죄책감과 엉클어진 감정을 불러올 뿐, 결코 즐거움을 주지 않습니다. 하지만 일부 남성은 끊임없는 도전과 다양한 형태의 흥분을(반드시 육체적인 것은 아니고요.) 느끼고 싶어하며, 그게 안 되면 심각하게 따분해지거나 우울해집니다. 물고기자리를 사랑하는 현명한 염소자리 여성은 이런 점을 이해하고, 상당히 많은 밝음과 경쾌함과 예기치 못한 놀라움을 그에게 안겨줘야 합니다. 그러면 그는 자신에게 필요한 만화경 같은 변화무쌍한 흥미를 그녀와 함께 발견하게 되지요.

이상하게 들릴지 모르겠지만, 물고기자리 남성과 염소자리 여성이 그들의 육체관계에 접근하는 방식은 현실적입니다. 그녀는 처음에 좀 많이 수줍어하지요. '처음에'는요. 제 말은 그녀가 남성에게 안기기 전에, 처음으로 굿나잇 키스를 받아보기 전에 그렇다는 겁니다. 일단 시작이 되면, 이 여성은 수줍어하는 여성이 아니며 낭만적인 게임을 하지도 않습니다. 그녀의 성적 표현은 그녀의 다른 모든 모습처럼 단도직입적입니다. 물론 다른 모든 것처럼 실질적이지요. 물고기자리 남성은 해왕성의 지배를 받는 모든 사람들처럼, 섹스를 포함하여 모든 충격에 강한 면모를 가졌지요. 물고기자리와 염소자리의 이러한 개인적이면서도 공통적인 자질이 더해져, 두 사람의 흙 원소와 물 원소는 열정 안에서 재현되며 그들의 많은 측면을 재발견하게 만드는 육체적 합일의 깊이와 상상력을 증대시켜줍니다. 그들의 태양별자리와 달별자리의 각도가 조화를 이루고 있다면 특히 그렇지요.

　두 사람의 태양별자리와 달별자리 사이에 부조화가 있다면, 그녀의 태도는 그를 만족시킬 만큼 낭만적이지는 않을 겁니다. 그의 태도는 그녀에게는 지나치게 가볍고 덧없이 보이며, 내적 갈망을 만족시킬 만큼 깊어 보이지 않을 거고요. 설령 그렇다 하더라도, 3-11 태양별자리의 울림 때문에 이 두 사람의 우정과 부드러운 대화는 어떤 문제라도 완화시킬 수 있을 겁니다. 아마 한동안은 충분할 겁니다. 때로 이런 신뢰와 그것으로 얻어진 이해심은 놀라운 방식으로 그들 욕망의 심화에 영감을 주기도 하지요.

　그녀가 그를 거부하고 싶어하는 게 아닙니다. 그녀의 첫 번째 본능은 그녀가 알고 있는 모든 것을 사랑하는 남성에게 주려고 애쓰며 모든 차원에서 따뜻한 안정감을 그에게 주는 것입니다. 하지만 그녀는 자신이 바위가 되는 것이 그 유일한 방법이라고 생각합니다. 어떤 폭풍우 속에서도 그가 기댈 수 있는 바위가 되는 거지요. 좋은 생각이고 훌륭하지만 그것으로 충분하지는 않습니다. 그녀가 바위가 되는 것도 좋지만(그는 안정이 정말 필요합니다.) 그녀보다 훨씬 더 많은 편력을 보이는 그의 개성과 욕망의 요구에 어떻게든 맞추도록 해야 합니다. 더 느슨해지고, 더 융통성 있어지고, 덜 신중해지려고 노력하는 일은 그녀에게 쉽지 않습니다. 그러나 그녀가 정말로 그를 곁에 두고 싶다면, 그녀는 결심을 확고하게 해달라고 토성에게 부탁할 수 있지요. 염소자리 여성이라면 원하는 것이 무엇이든지 만들어낼 힘을 충분히 가졌으니까요. 그녀는 정말로 하고 싶다면 어떤 일이든지 모두 할 수 있답니다. 그녀의 인내심과 본능적인 지혜는 가공할 만한 조합이지요. 최종적인 분석의 결과로, 승자가 될 시간과 수고를 들이는 일을 토성이 택한다면 토성은 항상 해왕성을 정복할 수 있습니다.

　상냥한 물고기자리 남성에게 염소자리 여성이 주는 가장 커다란 선물은 그녀를 의지할 수 있다는 따뜻한 편안함입니다. 반복되는 실망감 때문에 의기소침해지고, 차갑고 무심한 세상이 자신의 꿈을 거부해서 지친데다 영혼에 상처를 받았을 때, 자신을 꾸준하게 믿어주는 그녀에게 의지할 수 있다는 사실을 그는 알지요.

　물고기자리 남성이 그녀에게 줄 수 있는 가장 커다란 선물은 놀라운 해왕성의 상상입니다. 그는 그녀가 연꽃잎과 같은(그는 한 번도 연꽃을 본 적이 없습니다.) 피부를 가졌고, 머리카락은 알프스의 해 질 녘 햇살처럼 황금빛 아니면 까마귀의 날개처럼 새까맣다고(그는 한 번도 스위스에 가본 적이 없고, 까마귀도 포우의 시에 나오는 것 외에는 본 적이 없습니다.), 그리고 눈동자는 사파이어 같다고(한 번도 그런 보석은 본 적도 없으며, 푸른색 유리 조각과 사파이어를 구분할 수 없을지라도) 그녀에게 말하겠지요.

그녀의 웃음이 모나리자를 생각나게 한다고 이야기할 때, 다빈치의 독창적인 걸작이 그가 내뱉은 말과 틀림없이 같을 거라고 생각할 필요는 없습니다. 사실, 모든 염소자리의 웃음에는 모나리자의 흔적이 배어 있습니다. 그림에서 포즈를 취했던 여성이 바로 염소자리였기 때문이지요. 어느 곳에서도 결코 읽혀진 적이 없는 진실을 오직 물고기자리 남성만이 감지할 수 있답니다.

염소자리 남성과 물고기자리 여성

"그녀는 우리가 길을 잃었다고 생각해." 그가 퉁명스럽게 대답했다.
"그런데 그녀가 약간 겁을 먹은 것 같아. 그녀가 무서워할 때,
내가 그녀를 혼자 멀리 보낼 거라고 생각하는 것은 아니겠지?"

모든 염소자리 남성이 남성 우월주의자는 아닙니다. 하지만 그들 중 대부분은 그렇지요. 남성 우월주의자가 아닌 사람에 대해 토론하기 전에, 물고기자리 여성이 만나게 되는 남성 우월주의자의 문제점과 좋은 점 둘 다 살펴보기로 하지요. 남성 우월주의자의 모든 면을 가장 적나라하게 보여주는 예는 염소자리 무하마드 알리(1942~2016, 세계 헤비급 챔피언을 세 번이나 따낸 전설의 권투 선수. 통산 61전 56승 5패─옮긴이)입니다. 이름만 들어도 누구인지 알 만큼 대단한 명성과 관대한 마음을 지녔고, 재미있으며 아주 건장한 염소자리입니다. 이 책을 읽고 있을 많은 은둔자와 수십 년간 신문을 읽지 않은 사람들에게 힌트를 준다면, 알리는 챔피언이고 남자이며, 챔피언이랍니다. 제 말은 그가 가장 위대하다는 겁니다. 무슨 챔피언이냐고요? '무슨'이 무엇을 뜻하는지 알고는 있나요, 게으름뱅이 씨? 알리는 모든 것의 챔피언이며, 당신이 생각할 수 있는 모든 분야의 챔피언이랍니다.

그 챔피언이 염소자리라는 점이 놀랍다고요? 순발력과 재치가 넘치는 응답, 빠르고 영리한 위트 때문에 그가 공기 별자리라고 생각하셨다고요? 그렇다면 천문해석학을 다시 공부하세요. 그렇게 확고부동한 힘과 불가항력의 에너지를 지닌 사람이 흙 원소가 아니면 다른 무엇이겠어요? 그가 말을 잘하는 것이 여전히 의아할 수 있겠지만, 이를테면 "나비처럼 날아서 벌처럼 찌른다." 같은 알리의 창의적인 말솜씨는 공기 별자리인 물병자리에 위치한 달에서 자동적으로, 천재처럼, 폭발하듯 쏟아지는 것입니다. 하지만 그의 태양별자리가 염소자리인 것은 분명하고도 확실합니

다. 거꾸로 나이가 드는 토성식의 반전, 점점 더 유치해 보이는 그의 버릇, 나이가 들어갈수록 더욱 잘 생겨지는 얼굴을 유심히 본 적 없나요?

염소자리 알리가 여성과 특히 기혼 여성이라는 주제에 관해 몇 가지 장황한 인터뷰를 했습니다. 그는 적당히 대충 넘어가지 않았지요. 특히 자신의 부인을 화제로 삼을 때, 그는 대단히 남성 우월주의자입니다. 어느 부인이냐고요? (그에게는 세 명의 부인이 있습니다.) 그건 중요하지 않습니다. 왜냐하면 어느 한쪽 또는 양쪽의 권리와 자유에 대한 그의 총체적인 생각은 똑같으니까요. (물고기자리 여성은 집중해 주세요. 당신이 사랑하는 염소자리가 공적인 또는 사적인 챔피언인지 알아볼 테니까요.)

"여성이 있어야 할 곳은 부엌과 침실이며, 집안일을 돌봐야 하고, 남편에게 필요한 것을 성심껏 제공해야 하고, 아이들과 함께 케이크를 만들어야 한다."라는 식의 이야기는 무척 익숙하지만 요즘엔 옛날이야기가 되어버린 주장입니다. 하지만 알리는 이 주장을 계속해서 반복하지요. "부인이 일을 하거나 경력을 쌓는 일을 허용하는 것에 대해 생각해보겠는가?"라는 질문을 받으면, 그는 딱딱해지고 목소리가 커지면서 더욱 단호하고 강경해집니다. "내 아내가요? 일을 한다고요? 내 아내 중 단 한 명도 일하러 갈 일은 결코 없을 겁니다. 첫째, 그녀는 일할 필요가 없어요. 모두를 먹일 만큼 내가 충분히 벌기 때문이지요. 둘째, 만약 그녀가 일을 하게 된다면, 퇴근 후에 아마도 집 대문이 잠긴 것을 보게 되겠지요. 여자는 숙녀가 되는 게 좋아요. 만약 그녀가 자신에게 뭐가 좋은지 잘 헤아려본다면, 유혹에 넘어가지도 않고 남자들과 시시덕거리지도 않겠지요. 저요? 거기에 대해선 당신이 상관할 바가 아니지요. 하지만 알다시피 남자는 여자와는 다르죠. 남자가 다른 여자와 이야기하고 싶어한다고 해서 잘못된 점은 전혀 없지요." (알리는 이중 잣대가 하늘에서 내려온 성스러운 명령이라고 믿습니다.) "남자와 여자는 다릅니다. 피할 수 없는 일이에요. 하나님께서 그렇게 만들었어요. 그분은 그분이 행하신 것을 분명 충분히 알고 계십니다." 그는 이렇게 말합니다.

네, 알리는 처음부터 끝까지 염소자리 남성입니다. '자신의 아내'에 대해 굽힐 줄 모르는 방침과 고집스러운 규율을 내세우는 한편으로 더없이 친절하고 상냥하게 그녀를 보호합니다. 그는 첫 번째 부인에 대해 옛날식의 친절한 말 외에는 아무 말도 하지 않았습니다. 다소 불쾌한 이혼이 진행 중이었는데도요. 또한 현재 배우자인 베로니크나 그와 관련된 모든 여성에 대해 존경을 떨어뜨릴 만한 어떤 말도 결코 한 적이 없습니다. 알리에게 모든 여성은 숙녀입니다. 그들이 숙녀가 아니라는 게 증명되기 전까지는요. 설령 증명이 되더라도, 그는 공개적으로 또는 사적으로 심하게 그들을 모욕하거나 비난하지 않을 겁니다.

그의 강철 같은 자기 규율은 믿을 수 없는 전설이며 토성에게 직접 물려받은 것입니다. 그는 추문에 대한 토성식의 공포도 가지고 있어서 자신의 평판에 대해 끊임없이 신경을 씁니다. 그는 할 수 있는 한 오점 없이 유명해지기를 간절히 바라지요. 광대처럼 유쾌한(세심하게 계산된) 그의 이미지는 우연한 것이 아니라 의도적인 것입니다. 순수하게 재미있는 말은 그의 달이 우스꽝스러운 것에 대한 독창적이며 자유분방한 감각을 가진 물병자리에 있기 때문입니다. 물병자리 달과 메마른 유머 감각을 지닌 염소자리 태양의 기상천외한 조합이지요. 모든 즐거움이나 시합과는 별개로 그의 대중적 이미지는 모범적입니다. 우리의 수준 높은 정치 지도자와 사회 유명인사들보다 훨씬 더 위엄 있고 훌륭하지요. 살아 있는 전설로, 알리는 자신을 숭배하고 모방하고 싶어하는 젊은이들에게 좋은 모범이 되려는 책임감을 지니고 있습니다. 그는 말 그대로 가장 진실한 의미에서 신사입니다.

그는 강철 같은 결단력을 가지고 염소자리의 야망의 산 정상에 올랐습니다. 정상으로 가는 모든 길을 만들었지요. 그는 적절한 시간 관리와 자기 직업에 대한 단계적인 변화를 통해 어떻게 해서든 그 자리에 분명하게 남아 있고자 합니다. 또한 알리에게는 관대함이 있습니다. 토성의 독재에 무의식적으로 복종하면서도 동족과 친구 그리고 공동체를 위해 많은 현금을 자주 기부하는 일은 "왼손이 하는 일을 오른손이 모르게 하라."라는 성경을 따르는 의미입니다. 자랑삼아 얘기할 수도 있을 텐데 무하마드 알리는 단 한 번도 자선을 내세우지 않았지요. 그는 수혜자가 아는 것보다 훨씬 엄청난 액수를 지속적으로 냅니다. 인간이 저지르는 실수와 실패의 확률을 고려해볼 때, 알리는 최고의 유형으로 진화한 염소자리 남성의 완벽한 예입니다. 그러나 또한 남성 우월주의자이기도 하지요.

염소자리를 사랑하는 물고기자리 여성이 깊이 새겨야 할 토성의 성격에 관해, 이보다 더 완벽한 예는 없습니다. 염소자리의 좋은 점이 다른 사람의 코를 납작하게 할 만큼 가치가 있다면 그녀가 결정하는 데 도움이 되겠지요.

물론 모든 염소자리 남성이 여성이 일하는 것에 대해 기를 쓰고 반대하지는 않습니다. 다른 유형의 토성 남자들도 많습니다. 어떤 이는 자기 부인이 바쁘고, 유리한 조건으로 고용되는 일을 아주 멋지고 훌륭하다고 생각합니다. 그들은 전혀 반대하지 않지요. 저는 찰리 도프만이라는 우유 배달부를 압니다. 이 남자는 오하이오 마리에타 외곽으로 시골 배달 노선을 도는 일을 맡았는데, 기쁜 마음으로 부인이 일하는 것을 허락합니다. 그녀는 우유 배달 트럭 안에서 바로 옆에 앉지요. 그녀가 우유 단지를 농가로 끌고 가는 동안, 그는 해가 내리쬐고 비가 오고 진눈깨비가 내리며 엉덩이까지 깊게 쌓인 눈 더미 속에서 엔진이 멈추지 않도록 트럭을 지킵니다. 이와 비슷한 다른 예들도 많습니다. 모든 염소자리 남성이 부인이 일하는 것을 거부한다는 주장은 정말 불공평합니다. 하지만 경제적인 필요 때문에 자기 부인이 일하는 것에 동의하는 염소자리 남성의 대부분이 사실은 마지못해 허락한다는 주장은 타당합니다. 그들조차도 상황이 호전되어서 집 밖에서 일하기 좋아하는 여성이 필요 없어지는 때를 내심 기대하지요. 물론 예외는 있습니다. 소수의 염소자리 남성은 자기 아내가 직업을 갖는 것을 정말로 기뻐하기도 하지요.

물고기자리 여성은 염소자리 남성의 생각에 대해 다른 여자들보다 화를 덜 냅니다. 그의 꺾일 줄 모르는 고집 본능이 그녀에게는 매력적인 내면의 자질이 되지요. 똑같은 근원에서 염소자리 남성이 그녀를 보호해주는 성격과 듬직함과 친절함이 생겨나니까요. 사랑하는 사람에 대한 확고한 충성심과 헌신도 거기에서 나오지요. 그의 안정성은 그녀의 불안한 영혼을 차분하게 만들고 그의 확신은 그녀의 불확실성을 완화시켜줍니다. 그녀는 그의 예의 바른 태도 때문에 설레며 그에게 드리워진 외로움 때문에 감동받습니다. 그가 자신의 엄격해 보이는 겉모습을 방패 삼아 숨기고 싶어하는 슬픔과 욕망까지 그녀는 볼 수 있지요. 해왕성의 가호를 받는 여성은 잘 안답니다. 오직 위대한 마음을 지닌 남성만이 그런 불가능한 목표를 세우고, 오직 위대한 정신력과 결심을 품은 남성만이 온몸을 바쳐 얻으려고 애쓰는 자기완성을 이룬다는 사실을요.

염소자리 남성의 우울과 침묵의 기간 역시 그녀에게는 문제가 되지 않습니다. 다른 사람은 견디기 힘들겠지만요. 그녀만의 부드러움으로 그를 우울한 기분에서 끌어내어 웃게 하고, 악의 없이 놀리기도 하며, 그를 밝게 만들어줄 방법을 찾지요. 이런 노력은 그에 대한 그녀의 사랑을 자라게 합니다. 물고기자리 여성은 토성의 본성을 우아하게 받아들이고, 틀림없이 그 미덕(거의 항상 다른 대부분의 남성을 능가하지요.)을 존경할 겁니다.

물고기자리의 사랑은 자비심과 일방적인 판단을 피하는 심오한 지혜가 조화를 이룹니다. 그녀는 점차적으로 그를 변화시킬 겁니다. 결국 그는 스스로(때로는 다른 사람이) 설정한 엄격한 규칙을 완화시킬 수 있음을 깨닫게 되지요. 어느 누구도 그가 그렇게 여유를 갖는다고 해서 비난하지 않는다는 걸 알게 됩니다. 그즈음이면 그는 전형적인 염소자리처럼 거꾸로 나이 들어가는 시기에 들어설 겁니다. 그러면 그는 온갖 종류의 자유(영혼과 행동의 측면에서)의 가능성에 마음과 정신을 활짝 열기 시작하지요. 그녀와 함께 기꺼이 여행을 떠날 것이고, 격식을 차리지 않으면서 꽃향기를 맡고 바람을 좇을 여유도 가질 겁니다. 토성이 염소자리에게 부과한 규율의 구속을 풀어줄 때, 염소자리 남성은 완전히 매력적으로 변하고 즐거워집니다. 그는 진실로 온화한 사람이 됩니다. 일단 자신이 스스로 부과한 습관의 유형에서 벗어난다면요.

모든 흙 원소와 물 원소 별자리의 조합에서처럼, 물고기자리 여성과 염소자리 남성 사이의 육체적 사랑은 둘 다에게 깊고 풍부한 경험이 될 수 있습니다. 어쨌든 그에게서 신뢰하는 법을 배운 물고기자리 여성과 육체의 결합이 주는 충만감을 느낀 염소자리 남성은 새로워집니다. 친밀함을 공유한 뒤 밀려드는 갑작스러운 행복감은 그의 태도를 명랑하게 만들지요. 반짝이는 그의 눈동자를 보면 분명합니다. 마치 이제 막 순수와 즐거움을 다시 발견하고 걱정과 죄책감을 벗은 것처럼 느끼지요. 그녀 역시 행복합니다. 물고기자리 여성에게 행복이란, 그녀가 다른 사람에게 줄 수 있는 행복의 양에 따라 결정되기 때문이지요. 침묵은 물고기자리 여성과 염소자리 남성 사이의 섹스에서 거의 항상 기본이랍니다. 웅변적인 침묵은 말로 표현할 수 없는 이해와 느낌의 깊이로 만들어집니다. 이 두 사람은 타고난 신중함과 확실함을 가지고 서로에게 손을 뻗습니다. 이것이 그들의 몸과 마음을 평화와 만족이 있는 노래와 평온한 고요함 속으로 섞여 하나에 이르게 되게 하는 비법입니다.

하지만 사랑을 몸으로 표현할 때, 둘 사이의 그 '정적'과 '고요함'이 때때로 차가움과 무관심으로 바뀔 수는 있습니다. 이런 일이 일어나는 경우는, 그가 자신의 육체적 욕망을 그녀의 낭만적인 요구에 대한 배려보다 위에 놓을 때입니다. 또는 그의 감각적인 본성에 그녀가 충분히 반응하기를 거부했기 때문일 수도 있습니다. 하지만 그들은 우정과 편안한 대화가 있는 3-11 태양별자리 울림의 영향을 받지요. 서로가 섹스에서 정말로 기대하는 점에 대해 솔직하게 논의한다면, 두 사람은 전혀 힘들이지 않고 문제를 해결할 수 있답니다.

어쨌든 관계가 악화되게 내버려두지는 말아야 합니다. 물고기자리가 좌절하면 종종 약물과 술 또는 백일몽에 빠지는 유혹을 받습니다. 또는 이혼이라는 더 직접적인 '도피'를 선택하기도 합니다. 염소자리는 몹시 당황했을 때, 말과 행동이 확실히 잔인하게 보이도록 고집스럽고 차가운 비난을 하고 싶은 유혹을 받습니다. 이것은 일을 더욱 나쁘게 만들 뿐이지요.

감정적 부분에서의 많은 문제는, 그들의 달별자리와 동쪽별자리의 조화 여부에 달려 있습니다. 예를 들어, 염소자리 남성의 달별자리 또는 동쪽별자리가 처녀자리에 있다면, 물고기자리 여성이 직업을 갖고 싶어하는 욕망에 분개하지 않을 겁니다. 성별과는 관계없이 일을 한다는 것이 개인의 중대한 권리라는 점을 헤아릴 테니까요. 만약 그의 달별자리 또는 동쪽별자리가 천칭자리나 물병자리에 있다면 해왕성 숙녀의 직업에 대해 상당히 유쾌하고 관대하게 여길 겁니다. 아마 적극 찬성할지도 모르겠네요. 설사 그녀의 직업이 가끔 여행을 해야 하는 경우라도요. 대단히 예외적이긴 하지만 이런 염소자리 남성도 꽤 자주 볼 수 있지요.

물고기자리 여성을 사랑하는 염소자리 남성은 그녀의 부드러운 여성성 때문에 쉽게 오해하는 부분이 있습니다. 이 여성에 대해 그가 꼭 알아두어야 할 사실이 있습니다. 그녀는 물 원소의 별자리이기 때문에 염소자리 남성의 결정을 약화시킬 수 있습니다. 격렬한 감정으로 항의하는 게 아니라, 집요하고 지속적인 설득과 미묘한 제안을 하는 등 보이지 않는 압력을 행사하지요. 물은 모든 원소 중 가장 부수기가 어렵습니다. 그 무저항 때문이지요. 그것은 결국 모든 형태의 저항을 피로하게 만들지요. 그녀는 또한 심술궂고 신경질적일 수 있습니다. 그리고 그녀가 생각하고 느끼는 걸 정말로 알고 싶을 때, 그녀로부터 직접적인 답을 얻어내는 일은 결코 쉽지 않습니다. 회피 전략은 해왕성 사람에 의해 진귀한 예술의 수준으로 정교해졌답니다. 사생활의 침해를 방어하려고 물고기자리가 고안한 몇 개 안 되는 보호 장치이지요. 그녀가 문제를 회피하거나 그를 피하고 싶어한다고 느껴지는 때가 있을 겁니다. 또는 그가 지나치게 소유욕이 강하고 숨이 막히게 하며 다른 의견을 가질 자유를 허락하지 않는다고, 그녀가 속으로 그를 원망할 때도 있을 겁니다.

하지만 이 모든 것은 단지 지나가는 구름이랍니다. 영원한 어둠은 아니지요. 3-11 태양별자리의 조화로운 울림 속에 있는 이 커플의 다툼에는 항상 화해라는 무지개가 따라다닙니다. 가끔씩 소나기가 쏟아질 때와 같지요. 그런데 아직 누구도 무지개를 땅에서 보지는 못했지요. 무지개는 하늘에서 나타납니다. 풍선, 새, 꿈이 자유롭게 나는 곳에서요. 그곳은 자기 연민, 공포, 독단적인 생각의 사슬에 묶여 있지 않은 곳입니다. 하늘을 난다는 것은 무척 아름다운 느낌이지요. 물고기자리 여성과 염소자리 남성이 함께 노력한다면, 하늘을 나는 일이 얼마나 신나는 경험인지 알게 될 겁니다. 하지만 함께 나는 것이 좋겠지요. 혼자 나는 건 외롭답니다. 우리 모두는 우주의 짝이 필요하지요.

물병자리와

열두 별자리가 만났을 때

Aquarius,
the Water Bearer

물병자리 Aquarius

공기 · 유지하는 · 능동적
지배행성: 천왕성
상징: 물병을 들고 있는 사람
양(+) · 남성적

Aquarius 물병자리

공기 · 유지하는 · 능동적
지배행성: 천왕성
상징: 물병을 들고 있는 사람
양(+) · 남성적

물병자리와 물병자리의 관계

살다보면 누구에게나 기이한 일이 일어난다.

하지만 어떤 일이 일어나더라도 한동안은 모르고 지내기도 한다.

네, 이것은 사실입니다. 누구에게나 이상한 일은 일어납니다. 몇 년에 한 번 정도 는요. 그리고 우리는 그런 일이 일어났다는 사실을 바로 알아차리지는 못합니다. 나 중에야 그 일 또는 그 사건의 기이함을 깨닫지요.

그런데 물병자리 사람들에게는 이상한 일이 하루에 한 번 또는 더 자주 일어납니 다. 그리고 무슨 일이 일어났는지 결코 눈치채지 못합니다. 왜 물병자리는 첫 번째, 두 번째, 세 번째, 네 번째, 다섯 번째, 또는 백예순여섯 번째의 친밀한 만남조차 특 별하게 여기지 않는 걸까요? 물병자리에게는 이상한 것이 평범한 것이고, 평범한 것이 이상한 것이랍니다.

두 물병자리가 여러 가지 방식으로—학교에서, 사무실에서, 집에서, 우주선에서, 대회전 관람차 위에서 또는 관광 보트 안에서—연결될 때, 인생은 확실히 무척 이상 해집니다. 마치 엎어진 파인애플 자두 케이크나 빙빙 도는 얼룩말이나 호빗이나 크 리켓 굴렁쇠를 통과하려는 모자 장수 매드 해터(『이상한 나라의 앨리스』에 나오는 등장 인물—옮긴이)처럼요. 사실대로 털어놓을게요. 물병자리는 미친 것 같고, 훌륭하며, 천재적이고 손바닥 치기 놀이를 잘합니다. 두 물병자리가 함께하면 미친 것 같고,

훌륭하며, 천재적인 면도, 손바닥 치기 놀이를 잘하는 것도 정확히 두 배가 되겠지요. 당신도 이제 상상이 될 겁니다. 물병자리는 천재와 광기의 별자리랍니다. 그런데 이 두 자질을 선명하게 구분 짓는 것은 어렵지요.

당신은 우리가 살고 있는 이 괴상한 시대에 대한 비난으로 가득한 바구니를 그들 현관 바로 앞에 놓을 수도 있습니다. 하지만 당신이 그런 일을 해도, 그들은 그저 아침마다 디즈니랜드 쪽으로 걸어갈 겁니다. 바구니는 알아채지도 못하고 뛰어넘을 것이고 정신없이 일터로 걸어가겠지요. 네, 물병자리는 회사로 향합니다. 그들은, 자신은 자신 일에만 신경 쓰고 당신은 당신 일에만 신경 쓰기를 전적으로 기대합니다. 그래서 그들은 매일 아침마다 바구니는 쳐다보지도 않고 뛰어넘습니다. 누군가 그들 현관 앞에 아기를 두고 갈 수도 있습니다. 그런 경우라도 물병자리의 시선을 아래로 향해서 보게 하려면, 아기는 최대한 큰 소리로 울어야만 합니다. 이 사람들은 영원히 하늘 혹은 뒤통수와 옆만 쳐다봅니다. 결코 내려다보지 않지요. 이 때문에 그들은 불법 침입당했을지도 모르는 특별 구역을 알아차리는 일이 굉장히 드물답니다.

어쨌든 두 물병자리가 서로를 가까스로 알아보긴 할 겁니다. 저는 그들이 레이더를 이용할 거라고 믿습니다. 그들은 가게에 들어가서 어떤 음료수인지 어떤 상자인지 눈으로 보고 살 필요가 없습니다. (이미 레이더로 검색했으니까요.) 그러니까 제 말은, 그들이 레이더를 자신들의 제3의 눈으로 만들었다는 뜻입니다.

제가 물병자리를 모욕하기 위해 이 모든 이야기를 하는 것도 아니고, 그들이 제가 내린 결론과 딱 맞아떨어지는 것도 아닙니다. 사실을 (정직하게 진심으로) 말하자면 물병자리는 사자자리와 양자리 다음으로 제가 좋아하는 별자리입니다. 예전에 뉴욕에서 알게 된 훌륭한 천문해석학자는 물병자리를 "인간 존엄의 횃불을 든 자"라고 불렀습니다. 무척 현명한 고대인은 물병자리를 "지구라는 행성의 인도주의자"라고 불렀습니다. 어느 작가는 "인류의 마지막 희망"이라고 불렀고, 천문해석학을 공부한 사람들은 물병자리를 "영리하고 선험적이며 창의력 있는 천재"라고 말했습니다. 물병자리는 또 "새로운 황금시대의 지도자"라고 불리기도 했지요. 이 모든 말은 잊어버리세요. 저는 당신들 물병자리를 니치, 뻐꾸기라고 부를 테니까요. 당신들은 한 발은 하늘에 다른 한 발은 지상에, 머리는 구름 속에 그리고 귀는 반대 방향으로 잡아당겨진 채로 있지요. 한마디로 이상하게요. 덧붙이자면, 당신은 영원히 콘택트 렌즈를 냉장고의 네모난 얼음덩이에 잃어버리면서 살 겁니다.

방백(독자들에게 따로): 걱정하지 마세요. 물병자리는 지금 자신들에게 주어진 수사들 때문에 엄청 우쭐대고 있답니다. 이상하다고요? 전혀 이상한 게 아닙니다. 당신이 염소자리에게 보수적이라고 직설적으로 말하면, 그는 자신에게 노벨상이라도 안겨다준 것처럼 느낍니다. 황소자리에게 접착제처럼 고집이 세다고 말하면, 그는 자부심으로 부풀어 오를 겁니다. 사자자리는 그들의 참을 수 없는 거만에 대해 당신이 솔직하게 말할 때, 상냥하게 웃지요. 무슨 말인지 이해하시겠지요? 모두가 기이하답니다. 여기 이 빙빙 도는 지구 위에는 인생을 열두 개의 다른 방식으로 바라보는 열두 개의 집단이 분명히 존재합니다. 물론, 삶을 합리적이면서 진실하게 바라보는 유일한 방법은 양자리입니다. 이 점은 언젠가 논란의 여지없이 옳다고 증명될 겁니다. 저도 양자리이지만, 이 주제를 여기서 더 논의하는 것은 사절입니다.

많은 사람들이 제게 왜 물병자리가 공기 별자리인지를 편지로 물어옵니다. 물병자리는 물병을 든 사람으로 상징됩니다. 그래서 사람들은 어떻게 물병자리가 공기 원소에 속하는지를 알고 싶어하지요. 이 기회에 답해드리겠습니다.

저도 모릅니다. 이 대답에 불만이라고요? 이 말은 전형적인 물병자리를 설명하는 겁니다. LA 상공에 떠 있는 스모그만큼이나 분명합니다. 공기 원소와 물 원소가 섞이는 것은 천문해석학자인 저를 조금도 놀라게 하지 않습니다. 이 창조적인 혼란에 쌓여 있는, 엇박자의 불행한 사람들에 관해 더 배우면 이해하실 겁니다. 별들과 행성에 관한 지식을 얻으면 뭔가를 편지로 물어보는 행동을 그만두게 됩니다. 그건 2월에 태어난 사람은 대체 왜 그런지 설명하는 일만큼이나 어리석은 짓이니까요. (어떤 물병자리는 1월 하순에 태어나지만, 대부분은 2월에 태어납니다.)

이런 장면을 상상해보세요. 두 물병자리가 상대방을 어린이 놀이터에서, 대학에서, 야구팀에서, TWA 격납고에서, 아니면 스타워즈를 보는 관중 속에서 만났습니다. 그들은 바로 이 책『사랑의 별자리』를 함께 읽고 있습니다. 그중 한 명이, 꽃에 물을 주고 말을 걸면서 방을 돌아다니는 (그러나, 듣고 있는) 상대방에게 책을 큰 소리로 읽어줍니다. 그리고 아마 이쯤에서… 책을 읽던 사람은 읽기를 멈추고 음료수 캔을 든 채 점프 슈트를 입으면서 다른 물병자리에게 말합니다. "이 작가는 도대체 뭘 말하고 싶은 걸까요? 우리한테 이상한 게 있나요? 당신은 핵물리학 박사 학위를 가졌어요. 나는 미 해병대 준장이고요. 우리 둘 다 지적이고, 정상이며, 겸손하고, 조용한 사람들이지요. 이 책은 우리더러 어쨌든 '기이하다'고 암시하는군요. 천문해석학이 이렇게 표현하는 것은 정확하지 않아요. 당신도 제 말에 동의하지 않나요?"

두 번째 물병자리는 아프리카 바이올렛 옆에 멈춰 선 채, 그 질문을 정확하게 분석하려고 신중하게 생각에 잠깁니다. 잠시 후 그(또는 그녀)는 꿈꾸는 듯한 모습으로 다른 물병자리를 바라보면서 대답하지요. "온 세계가 당신과 나만 빼면 이상하지요… 때로는….”(목소리가 약해집니다.)

첫 번째 물병자리 역시 비몽사몽으로 끼어듭니다. “… 때때로 당신도 약간 이상한….”(예문을 완성하세요.)

“고마워요, 친구. 내가 밖으로 나오게 도와줘서! 마지막 말을 잊어버렸어요. 당신은 그 말을 내 무의식에서 가져왔군요.” 두 번째 물병자리가 말합니다. “제가 가끔씩 정신이 없답니다.”

> 첫 번째 물병자리: 우리는 서로의 마음을 많이 아는 것 같아요. 그렇지 않나요? 아마도 초능력 혹은 그 비슷한 것에 관한 강의를 들어야겠어요. 그러면 우리가 왜 그렇게 많은 것을 이해하는지 알 수 있을 거예요.

> 두 번째 물병자리: 전 그렇게 생각하지 않아요. 그런 일은 별로예요. 차라리 죽은 사람의 목소리를 들을 수 있는 책을 사는 게 어때요? 태플링거가 출판한, 아니 다른 사람이든가? 아무튼 『돌파』라는 책이 있어요. 누군가의 목소리를 평범한 녹음기로 듣고, 산 사람인지 또는 죽은 사람인지 어떻게 알 수 있는지를 설명해주는 책이에요. 그들은 몇 개의 중요한 대학에서 그 효력을 인정받았어요. 참, 내가 물이 든 캔을 가지고 무엇을 했는지 당신 봤어요?

> 첫 번째 물병자리: 당신은 방금 캔을 서랍에 넣었어요. 그게 비었나요?

> 두 번째 물병자리: 오 맙소사, 아직 절반이 차 있었는데. 제 스웨터 좀 보세요. 흠뻑 젖었어요.

> 첫 번째 물병자리: 그건 내 사무실 서랍이에요. 그건 스웨터가 아니고 제 고양이 새끼들이고요.

> 두 번째 물병자리: 미안해요… 그런데 고양이는 사무실 서랍에서 뭘 하는 거지요?

> 첫 번째 물병자리: 그곳에서 항상 낮잠을 잔답니다. 고양이는 체다 향을 좋아하잖아요, 기억 안 나요?

> 두 번째 물병자리: 맞아요. 잊어버렸어요. 고양이를 말릴 드라이어를 빌려줄래요?

> 첫 번째 물병자리: 괜찮아요, 제가 말려줄게요. 당신은 서점에 가서 『돌파』라는 책을 사오세요. 내 자전거를 타고 가세요. 뒷바퀴는 없어요. 막히는 도로는 피하도록 하세요.

제가 뭘 생각하는지 아세요? 서너 명의 남녀 중 두 물병자리 사이에서 벌어지는, 오 분에서 수십 년 또는 평생에 걸쳐 지속되어온 모든 관계의 결과는 완전히 예측 불가입니다. 나이, 몸무게, 키, 사회보장 번호, 이전에 했던 말이 무엇이든지, 그들 관계에서 유일하게 예측할 수 있는 것은 그들이 금방 서로를 이해할 수 있다는 겁니다. 그건 정말 위대한 기적이지요. 천왕성의 지배를 받는 두 사람 사이의 만남은 (말 그대로 심각하게) 서로의 눈에 눈물을 맺히게 합니다. 그건 이런 겁니다. 당신은 세상 어느 누구도 당신이 무언가를 느끼는 것처럼 결코 느끼지 못할 것이며, 당신이 왜 모든 것을 안다고 느끼는지를 결코 이해하지 못할 거라고 생각해왔습니다. 그런데 갑자기 당신을 알아보고 웃어주는 누군가를 찾은 겁니다. 그러니 그것은 당신이 예기치 못한 따뜻한 환영을 받은, 평화와 즐거움이 가득한 좋은 축제의 날로 달력에 표시해야 마땅한 일이지요.

마침내 당신과 함께 버섯을 따기 위해 조용히 언덕을 지나고 산을 오르고 싶어하는, 별로 중요하지 않은 문제로 떠들어대지 않는 또 한 사람이 생겼습니다. 그 사람은 별이 총총한 여름날 밤에 레굴루스와 스피카를 어디서 찾아야 하는지를 압니다. 그 사람은 소로우가 쓴 『월든』을 당신처럼 정확히 스물세 번 읽었지요. 그 사람은 인디언의 땅과 나라를 도둑질한 일에 대해 사과도 하지 않는데다, 존경받을 자격이 있는 인디언을 명예롭게 대우하는 것조차 거부하는 미 의회의 모든 의원들에게 기꺼이 주먹을 날릴 수 있습니다. 그 사람은 양성자가 무엇인지도 알고, 왜 아홉 번째 물질이 우주의 용매이며 연금술의 붉은 용인지를 알며, 이 별을 치료하든지 아니면 지구와 작별 인사를 할 때가 되었다는 사실 또한 압니다. 우리의 미래를 위해 물 없이 사용하는 변기에 몰두하거나, 아니면 우리의 일상을 채우는 이 애정 없는 일에 평생을 낭비하기보다는 자유롭기 위해 강에서 헤엄치고 산을 오르고 싶어합니다. 그 사람은 효과가 있기 때문에 동종 요법과 전자공학을 믿으며, 지구를 멋대로 분할하고 그걸 "재분할"이라고 말하는 자들과 전쟁을 하는 중입니다. 그리고 그 사람은 우리의 겁에 질린 동물 친구들이 의학적, 과학적으로 학살되는 것을 중지시키려고 결심한 사람입니다. 한마디로 그 사람은 제정신인 사람입니다.

이제 여러분은 제가 이 장의 시작에서, 세 개의 단락, 예순여섯 개의 문장, 1921개의 단어로 말하고 싶어한 것을 (바라건대) 이해했습니다. 더 많은 물병자리가 이제 막 동트는 그들 자신의 시대인 지금, 서로 만날 수 있기를 조용하고 경건하게 기도합시다. 우리의 기도대로 물병자리인 에이브러햄 링컨, 조안 우드워드, 폴 뉴먼, 아들레이 스티븐슨, 루이스 캐롤, 미아 패로우 프레빈, 프랭클린 디 루스벨트, 레이 네프 교수, 지미 호파 빌 신더, 에디트 벙커, 별명이 셔먼 헴슬리인 조지 제퍼슨, 펄 버트, 토마스 에디슨… 모든 무기력한 식물과 동물과 바다 생물들, 아기 물개와 그들의 엄마, 도살된 소와 돼지, 표범… 물병자리인 찰스 린드버그, 바네사 레드그레프, 호피스의 코요테 부족, 톰 바냐카, 크레이그, 조엘 코헨, 데브라 하에크, 골드필드

드루이드, 노나 슈토다트, 클로디느 론젯, 알프레드 이 노이만, 루스 에드워즈… 그리고 빌보배긴스와 함께하기를. … 또한 명예 물병자리인 클레어 파베론과 아시시의 프란체스코 베르나르돈. … 목수 예수와 마리아 막달레나와 함께하기를.

물병자리 여성과 물병자리 남성

> "당신 말도 안 되는 소리를 하는군요, 여보.
> 문을 두드리지 않고는 아무도 이 집에 들어올 수 없어요."
> "내 생각에는 그가 창문으로 들어온 거 같아요."
> "여보, 여기는 삼층이에요." … 오, 확실히 그녀는 꿈을 꾼 게 틀림없다.

아니요, 그녀는 꿈을 꾼 것이 아니랍니다. 물병자리들은 그들이 하는 다른 모든 일처럼, 독특하고 비일상적인 방식으로 방에 들어옵니다. 사실 창문을 통해 집, 교실, 극장, 경기장, 교회 또는 닭장에 들어가는 건 물병자리들에게는 실망스러울 정도로 평범한 일입니다. 그는 수상스키나 스노우 슈즈를 신고 문을 두드릴 수도 있습니다. 저는 취미로 죽마를 신고 걷는 물병자리(다 큰 어른)를 안답니다. 그는 이웃 사람들 사이에서 죽마 챔피언이지요. 진짜랍니다. 그는 죽마까지 직접 만들었다니까요. 제가 아는 버니 프리드맨이라는 물병자리 배우는 쿠루저가의 브롱크스 구역 주변에서 지역 야구 시합 점수를 체크하면서, 그가 직접 쓴 정말 아름다운 노래 가사를 겨드랑이에 낀 채, 좋아하는 가수 프랑크 시나트라의 문신을 왼쪽 귀 뒤쪽 어딘가에 그려 넣고, 코셔 딜 피클과 방금 구운 베이글을 뜯어먹으면서 "힘이 그대와 함께하기를"이라고 인쇄된 파랗고 하얀 배지를 달고 스케이트 보드를 탑니다.

물병자리 남성은 모두 외계에서 왔습니다. 그들이 아주 이상한 사람들이라는 점에 대한 꽤 논리적인 해명이지요. 첫 글자를 J. C.로 시작하는 물병자리 친구가 있습니다. 그러니까 조엘 코헨이 최근에 저를 방문했답니다. 도착하기 전에 그는 전화를 해서 오전 열한 시에 만나자고 하더군요. 왜 좀 더 일찍 와서 함께 점심을 먹지 않겠냐고 물었더니 그는 약속 시간을 당기는 건 곤란하다고 답했지요. 길을 잃어버려서 만날 장소를 찾으려고 애쓸 충분한 시간을 갖고 싶다는 게 이유였답니다. 덕분에 저는 그가 꽤 합리적인 사람이라는 걸 알게 되었습니다. 물병자리는 종종 지하철에서, 고속도로에서, 공항에서… 때로는 자기 집에서조차 길을 잃습니다.

물병자리 남성이 어떤 방법으로 방에 들어가기로 선택하든지 일단 그가 방에 들어갔을 때 그곳에 물병자리 여성이 있다면, 두 눈동자는 서로에게 생긋 웃어주고는 몇 번 깜박이고 나서 천장을 헤맬 겁니다. (물병자리의 시선을 붙잡아 매는 일은 어렵지요. 물병자리끼리도 그렇답니다.) 만약 두 물병자리 중 한 명에게 이미 짝이 있다면, 두 사람 모두 감정적으로 더욱 친밀한 사이가 될 거라는 꿈은 꾸지도 않습니다. 불성실은 전형적인 물병자리의 규칙이 아닙니다. (비전형적인 물병자리들은 변호할 수 없습니다. 그럼에도 그들이 도덕을 위반한다면, 다른 사람에게는 말도 안 되는 일이지만 그들 자신에게는 완벽하게 의미가 있는 선량하고 논리적인 이유가 있을 거라고 추측된다는 점을 제외하면요.) 어쨌든 전형적인 물병자리 중 한 명 또는 양쪽이 누군가와 이미 로맨틱한 관계라면, 그들은 미친 듯이 사랑에 빠지거나 밀회를 계획하지도 않을 거고 규칙을 깨지도 않을 겁니다. 대신 그들은 친밀한 정신적인 친구가 될 겁니다.

만약 그들이 둘 다 혼자이고 그들이 만나는 바로 그 시점에 진실한 사랑을 찾는 것이 법적으로 자유롭더라도, 정확히 똑같은 일이 일어날 겁니다. 그들은 친밀한 정신적인 친구가 될 겁니다. 종종 상당히 오랜 기간 동안, 서로 다른 성별을 지닌 친구가 되겠지요. 물병자리 소녀와 물병자리 소년은 사랑을 생각하기보다는 그보다 훨씬 차원이 높은 우정을 생각합니다. 우정은 그들 삶의 위대한 목표지요. 우정이란 이 행성의 모든 왕과 여왕, 수상, 대사, 농부, 거지, 선거인, 탁발승, 제빵사와 촛대 만드는 사람… 모든 고양이, 개, 노새, 장미 덤불, 제비, 지빠귀, 어린이, 아기, 대통령, 개미, 파리, 말, 개미핥기, 가수, 무용수, 광대 그리고 코끼리와 친구가 되는 것입니다. 당연히 그들은 이 목표를 완전히 이루지는 못합니다. 하지만 놀라우리만치 거기에 가까이 간답니다.

알다시피 그들은 우정을 신뢰합니다. 로맨스, 그러니까 사랑은 물병자리에게는 의심스러운 마음의 상태를 나타내는 것이지요. 출생차트의 다섯 번째 또는 여덟 번째 집에 있는 악의적인 별들 때문에 심하게 공격을 받는 태양별자리를 가진 소수의 물병자리는, 충격적으로 이단적이며 방탕한 성생활을 영위하기도 합니다. 하지만 대다수의 물병자리는 다음과 같은 태도를 공유합니다. 로맨스는 사랑으로 이어지고 사랑은 섹스로 이어집니다. 성이란 좀 단순하게 말하자면, 두 개의 뚜렷하게 다른 인체 기관을 공부하는 것이지요. 일단 이 차이를 발견하고 조심스럽게 여러 차례 테스트를 하고 나면, 이 연구를 하염없이 지속하는 일은 시간 낭비입니다. 세상에는 연구할 만한 매혹적인 주제가 너무도 많기 때문에 한 가지 주제에 평생을 들일 수는 없지요.

사자자리와 전갈자리 연인들조차 물병자리가 적어도 이론적으로는 거기에 핵심을 둔다는 점을 인정해야 합니다. 이 천왕성의 지배를 받는 사람들이 생각하고 말하고 행동하는 모든 것은 이론적이고 추상적이며 학구적입니다. 그들은 안전하고 합리적이라고 결정할 때 사랑에 빠집니다. 하지만 대개는 호기심이 강하기 때문에, 수수께끼를 견딜 수 없기 때문에 사랑에 빠집니다. 그에 대한 수수께끼, 그녀에 대한 수수께끼를요.

물병자리 남성은 그가 마침내 선택하게 될 그녀가 부인, 여주인, 어머니와 하녀 그 이상이 될 수 있는, '인생이라는 위대한 여정을 함께하는 친구가 되어줄' 그런 여성이기를 바랍니다. 그는 그녀가 게이샤이며, 절친한 여자 친구이며, 비서이며, 고해자이기를 기대합니다. 그의 미친, 자유분방한, 마법 같고 불가능한 계획을 전부 함께해주는 세상에 하나뿐인 절친이자 동료가 되어주기를 기대하지요. 또한 그녀는 그의 친구들(상당히 규모가 클 수도 있습니다.)에게도 관심을 보여야 하고, 수학 문제도 꽤 잘 풀어야 하며, 우리아 히프(디킨스 『데이비드 코퍼필드』 중의 인물로, 위선적인 악인―옮긴이)와 오필리아(셰익스피어 『햄릿』에서 햄릿의 연인으로 순수한 여성의 상징―옮긴이)의 차이도 설명할 수 있어야 하며, 셜록 홈스가 모리아티 교수에게 살해당했는지 아니면 그 반대인지(꼭 답을 할 필요까지는 없고 단지 흥미로운 견해를 내면 됩니다.)를 지적으로 토론할 수 있어야 하지요. 만약 그가 사랑하는 물병자리 여성이 이 모든 것을 해낸다면, 그는 그녀를 위해 몇 가지 기적을 일으킬 겁니다.

물론, 물병자리 여성도 본질적으로 똑같은 마법의 속임수를 그에게 바랍니다. 그녀는 단순히 돈을 잘 벌어오는 남편, 아버지, 연인 등을 넘어서 그에게 더 많은 것을 기대합니다. 그는 그녀의 스승이자 유도 강사, 아버지이자 형제, 세상에서 가장 친한 친구, 티베트의 수도승, 그녀의 로미오이자 발렌티노, 그녀의 클리브랜드 아모리(동물의 권리를 위한 운동으로 나중에 유명해진 미국의 작가)는 물론 그녀의 랄프 네이더(미국의 소비자 보호 운동을 주도한 변호사―옮긴이), 그녀의 아모리 러빈스(태양 에너지와 다른 대체에너지의 권유자)가 되어야 합니다.

또한 그는 모든 의미심장한 방식으로 자신이 바로 그녀의 첫사랑이며, 대수학 시간에 선생님 등 뒤에서 시들어버린 데이지를 건넸던 바로 그 소년이라는 사실을 그녀가 기억하도록 해야 합니다. 마찬가지로 그녀 또한 모든 면에서 그가 처음으로 사랑했던 소녀, 한쪽 눈은 파랗고 다른 한쪽 눈은 갈색인 바로 그 소녀, 어느 날 오후 기하학 수업 시간에 정삼각형을 망쳐서 달랠 길 없이 울던 그 소녀, 그가 손수건을 빌려줬던 세상 가장 아름답던 소녀를 닮아야만 하지요.

물병자리에게는 영원한 사랑을 위해 필요한 것이 너무 많습니다. 그러니 많은 물병자리 사람들이 결혼하지 않은 것도 별로 놀랄 일은 아니지요. 당신이 그의 부인 또는 그녀의 남편이라는 지위에 합당한 자격을 따려면 상당한 현장 경험이 필요합니다. 사랑, 섹스, 또는 불합리한 것에 대한 현장 경험이 아니라 평범한 일상의 현장 경험이지요. 아니, 방금 말한 것에서 '평범한'이라는 말을 지우고 '비범한 일상'으로 바꿔주세요.

일단 서로의 섬세하고 복잡한, 볼록렌즈 같은 그리고 뒤엉킨 능력을 충족시켜서 A 플러스로 통과되면, 이 남성과 여성에게는 성적인 조화를 함께 성취할 훌륭한 기회가 생길 겁니다. 그와 그녀 둘 다 육감적인 사랑의 위대한 비밀 중의 하나를 본능적으로 알지요. 그들은 형제자매처럼 정신적으로 살려고 하는 게 아니랍니다. 그들이 전형적인 물병자리라면 그들의 몸은 관계 자체만을 위한 관계에 만족하지 않을 겁니다. 그들이 사랑을 육체적으로 표현하는 때는 보통, 저녁이나 아침을 먹을 때 서로 웃어주는 눈동자를 시작으로 점차적으로 욕망이 쌓였을 때입니다. 제가 '보통'이라고 말했습니다. 어떤 때에는 (가끔이 아니라 충분히 자주) 두 사람의 육체적 사랑은 서로에게 어떤 경고의 뉘앙스조차 없이 갑작스럽고 예기치 않게 폭발할 수 있습니다. 즉흥적인 욕구 다음에는 조용하고 즉각적인 만족이 따르지요.

만약 이 1-1 태양별자리 커플의 달별자리와 동쪽별자리가 조화를 이루면, 자신의 잠재력을 키워주는 무지개와 작은 요정을 바라는 만큼 가질 수 있습니다. 하지만 달, 태양, 동쪽별자리가 서로 조화롭지 못하다면, 그들의 본성이 비슷한 만큼 감당할 수 없는 것(또는 기이한 것)이 생겨나지요. 함께 평화롭게 살기를 바란다면 두 사람은 몇 가지 중요한 결정을 해야 합니다.

예를 들어 그들은 각자의 친구들을 무척 좋아하지요. 대부분의 커플은 한 사람이 다른 한쪽의 친구들과 잘 지낼 수 없기 때문에 문제가 생깁니다. 이 커플만 그런 게 아니지요. 그런데 물병자리는 유난히 호기심도 굉장히 많고 친구들에게 매력적인 존재이기 때문에, 정작 서로에 대한 호기심과 매력을 완전히 잊어버리기도 합니다. 그래서 어떤 친구와 방황하며 다니느라 온 밤을 지새기도 하지요. 꼭 무슨 일이 있어서가 아니라 UFO 조종사를 위한 디스코텍을 시작한 것에 대한 토론, 또는 기린을 위한 건강 음식 가게의 개점, 물병자리 그(또는 그녀) 자신의 대통령 출마 가능성에 대해 토의하느라 그런 겁니다. 부엌이 친구들로 붐비면 로맨스가 살아남는 건 어려워지지요. 거실은 친구들로 붐비고 침대에는 친구들의 코트와 스카프와 스웨터가 쌓여갈 테니까요.

두 물병자리가 공유하는 **유지하는** 에너지도 문제입니다. 고정성은 완고함이며, 조금 더 고집스러운 거지요. 천왕성의 지배를 받는 남성과 여성이 만나면, 예기치 않은 행동을 벌이면서 창의적이며 관습에 얽매이지 않는 고집을 두 배로 갖게 됩니다. 그는 애완견 지프가 자신의 턱 아래서 웅크리면서 매일 밤 함께 자야 한다고 고집합니다. 래브라도산 리트리버 개를 목 주변에 걸친 남자에게 잘 자라고 키스하는 일은 어렵고 조금 불쾌하겠지요. 사랑하는 그 남자가 나에게 키스하는 건지 아니면 개가 내 코에다 키스하는지, 도대체 알 수 없을 테니까요. 한편 그녀는 미숙한 운전 때문에 일주일 동안 두 번이나 우체통을 찌그러뜨렸는데도 불구하고, 차를 운전할 권리를 계속 고집할 겁니다. 주차와 속도위반 영수증 따위로 장갑 칸을 가득 채워놓고도요. 이런 일은 적절한 안전 수칙하에 교통수단을 보장받기를 원하는 남자에게 실망스러운 일이지요. 무슨 일이 됐든지, 물병자리를 설득해서 그들의 마음을 바꾸는 건 거의(또는 완전히) 불가능합니다.

다행스럽게도 두 사람이 긴장을 해결하는 쉬운 방법이 있습니다. 그들은 공통으로 또는 개별적으로 인도주의 또는 과학 탐구라는 목표에 집중할 수 있지요. 그러면 서로의 고집 때문에 싸울 시간이 많이 없어집니다. 많은 선교사 커플, 남편과 부인이 팀을 이룬 탐험가, 과학 탐구자, 공동 집필 작가 등은 1-1 태양별자리 유형 중에서도 바로 이 물병자리 커플의 몫이지요. 두 사람은 항상 이상적인 목표를 향해 함께 헌신할 수 있습니다. 그러면 불만족과 불편함 때문에 서로를 잃어버릴 위험이 덜해지지요. 그렇다고 아프리카의 사파리에 함께 가고, 라마 고승을 찾기 위해 히말라야를 오르고, 크롬으로 도금된 연구실에서 팀으로 일할 필요까지는 없습니다. 좀 더 일상적이고 평범한 공동 작업도 할 수 있습니다. 예를 들면 아기 고릴라 훈련시키기, 외발 자전거 수리점, 불량 낙하산 테스트하기, 이집트 쿠푸(이집트 제4왕조의 왕—옮긴이) 피라미드에서 접신을 통한 유체 이탈 경험 연구하기, 또는 쿠푸가 기자의 피라미드를 짓지 않았다는 것을 설명하고, 실제로 누가 지었는지를 밝히는 책 쓰기 같은 일을 함께하면서 만족스러운 연대감을 느낄 수 있지요. 물론 둘이 함께할 만한 직업에 대한 이런 제안이 여러분과 저에게는 '정상적이며 평범하지' 않지만, 물병자리 남성과 여성에게는 그다지 전위적이거나 괴상한 것이 아니랍니다.

제가 반복적으로 말씀드렸듯이, 천왕성의 지배를 받는 남성과 여성은 변화를 믿습니다. 그들 자신이 관련됐을 때를 제외하고요. 그는 그녀(그의 친구)를 포함해서 세상의 모든 것과 모든 사람이 변해야 한다고 믿습니다. 하지만 정작 자신의 개인적인 습관을 조금이라도 바꾸는 건 거부하지요. 그리고 그녀 역시 똑같은 경향이 있답니다. 분명히 둘 중 한 명은 이런 맹목적인 생각이 가져다주는 오류를 봐야 할 겁니다. 되도록 둘 다 그럴 수 있으면 좋겠지만요.

그들이 정말 행복한 순간은 서로에게 깜짝 놀랄 일을 했을 때입니다. 물병자리들은 주고받는 것을 좋아합니다. 이 두 사람은 뭔가를 실행하기 전에 자신의 계획에 대한 힌트를 거의 주지 않지요. 그래서 크리스마스 선물로 그가 그녀에게 준 구형 티 포드 자동차는 전혀 기대하지 못했던 선물입니다. 그들의 애완견 지프가 화요일 밤마다 잘 수 있게 침대 옆에 붙여서 만든, 그녀가 직접 지은 개집도 그에게 미리 알려주지 않았지요. 어느 날 아침에 그는 지프가 코에 키스하는 줄 알고 일어났답니다. 그런데 그 강아지가 몇 피트 떨어진 자신의 새집에서 기분 좋게 자는 걸 보고는 깜짝 놀랐지요. 개집은 그렇게 그를 놀래주려고 그곳에 있었던 거랍니다. 그리고 그에게 키스한 사람은 진짜 그의 친구였지요. 오래된 좋은 친구, 최고의 친구, 그의 첫사랑을 아주 많이 닮은 소녀지요. 그가 그녀의 이름을 잊게 만들어야 합니다. 누구 이름이냐고요? 옛 불꽃의 이름이지요. 사실 물병자리 남성이 자기 부인의 이름을 잊는 일 또한 100퍼센트 가능합니다. 이름은 중요하지 않지요. 그는 그녀에 관한 중요한 장면들을 기억한답니다. 이를테면 수영이나 샤워 후에 머리가 젖었을 때 그녀가 어떻게 보이는지, 잠잘 시간에 톨킨을 읽어줄 때 그녀의 목소리가 그의 영혼을 어떻게 달래주는지, 아침마다 그녀가 시금치 수플레와 자두 크림 과자를 준비하는 방식 같은 것들을요.

물병자리 여성 또한 정신이 멍해질 때가 있습니다. 그녀도 연인 또는 남편의 이름을 가끔 잊어버리지요. 다른 일을 하느라 바쁠 때, 이를테면 개집을 만들려고 톱질을 할 때, 수정 렌즈를 사용하여 옛날 장면을 찍는 카메라의 발전에 관한 논문을 쓸 때 그렇습니다. 그래도 그녀는 진짜 중요한 걸 기억해야 합니다. 하늘에 떠 있는 항성 시리우스와 오리온좌를 가리키던 그 사람, 물 없는 화장실 사용의 일반화가 실제로 지구를 구할지를 설명하던 그 사람, 『내셔널지오그래픽』 구독권을 결혼 선물로 주던 그 사람을 기억해야 하지요. 그녀의 생일에 자동차 튜닝에 필요한 공구 세트를 선물로 준 첫 번째 남성이 그였다는 사실도 기억해야 합니다. 또한 즉흥적인 순간들과 예기치 않았던 즉각적인 만족과 그 후 그녀를 보고 웃는 방식도요. 아마도 그녀는 이 모든 것을 영원히 기억할 겁니다. 왜냐하면 몹시 중요한 것들이니까요.

물병자리 Aquarius

공기 · 유지하는 · 능동적
지배행성: 천왕성
상징: 물병을 들고 있는 사람
양(+) · 남성적

Pisces 물고기자리

물 · 변화하는 · 수동적
지배행성: 해왕성
상징: 물고기, 고래
음(−) · 여성적

물병자리와 물고기자리의 관계

아이들은 주먹으로 벽을 쳐서 창문을 만들었다.

그리고 커다랗고 노란색 잎사귀로 차양을 만들어 달았다. 그런데 장미는?

"장미꽃." 피터가 엄하게 외쳤다.

아이들은 재빨리 세상에서 제일 예쁜 장미가 벽을 따라 자라는 것처럼 시늉을 해보였다.

장미라고요? 언제든지요. 왜 안 되겠어요? 당신이 원한다면, 네덜란드 튤립이 들판 가득 피어 바람에 흔들리게 만들 수도 있습니다. 이 두 사람은 자신들이 선택한 어떤 것들에 대해 진짜인 것처럼 믿고, 결국에는 진짜로 나타나게 할 수 있답니다. 물병자리를 지배하는 행성인 천왕성은 천문해석학에서 "연금술사"라고 불립니다. 실제로 대부분의 물병자리는 창의적이며 미친 것 같으며 경이로운 정신의 소유자입니다. 그런데 이 특별한 공기 별자리가 지닌 고정불변의 에너지가 가끔씩 기상천외한 천왕성의 번개가 번득이지 않도록 방해하기도 합니다. 이 고정성 때문에 소수의 물병자리는 고집스러운 취미와 견해 및 무미건조한 생활 방식에 젖어 완전히 시골 샌님처럼 살아가지요. 희미하게나마 빛을 내려고 애쓰는 영예로운 광기와 천재성을 잊은 채로요. 제가 지금 소수라고 말했습니다. 명심하세요.

아! 그런데 변화하는 성질을 지닌 물고기자리가 물병자리의 마술 쇼에 등장하게 되면, 이 희귀한 물병자리의 고정성은 물고기자리의 물 원소 때문에 상당히 완화됩니다. 그러면 천왕성의 본성이 자유롭게 뚫고 나갈 수 있습니다. 물론 일반적인 물병자리는 본성을 드러내기 위해 다른 뭔가가 필요하지 않지요. 한편, 물고기자리에게는 광기와 마술이라는(물병자리가 가지고 있기 때문에) 여분이 좀 늘어날 겁니다.

자연에서 물은 공기를 부드럽게 하고 안개를 만들어냅니다. 소원과 꿈을 선명한 현실로 바꿀 수 있는 신비한 연금술의 능력을 발휘하기에 딱 알맞은 분위기를 만들어내지요. 더 분명히 말하자면, 물고기자리와 물병자리의 만남은 서로에게 도움이 되며 이렇게 지치고 낡은 세상을 위해서도 유익합니다. 그들이 함께 생각하고 만들어낼 수 있는 놀랍고 경이로운 일은 끝이 없습니다. 그 목록은 길고 다양하지요. 그들은 연금술사로서 팀을 이룰 수 있고, 이집트의 고요한 모래 속에 묻힌 투탕카멘같이 매장된 보물을 성공적으로 파낼 수 있습니다. (아프리카나 보르네오의 정글보다 훨씬 위험한) 브로드웨이와 맨해튼에 있는 42번가 또는 8번가에서 목사가 될 수도 있고, 고래나 돌고래와의 통신수단을 발전시켜 고래들에게 그들을 죽이려고 다가오는 배를 주의하라고 미리 경고할 수도 있으며, 색깔을 입힌 과거와 스테레오 음향까지 찍는 미래의 카메라를 발명할 수도 있습니다. 기타를 수리하거나 테니스 신발 또는 물레를 고치는 가게를 열 수도 있지요. 그 밖에도 수많은 놀라운 일을 할 수 있답니다. 그들은 진부하지도 평범하지도 않습니다.

두 사람은 쌍안경과 바보 같은 모자와 괴짜 버릇을 지니고 정확한 사실과 과학적인 단서를 조사하는 셜록 홈스와 같은 물병자리와, 예민하고 선험적이며 영리한 왓슨 박사 역의 물고기자리로 이루어진 훌륭한 탐정 팀을 만들 수도 있습니다. 런던의 축축한 안개는 물 원소(물고기자리)와 공기 원소(물병자리)의 조합이기도 합니다. 그래서 안개는 홈스 미스터리의 훌륭하고 적절한 배경이 되지요. 물병자리가 독창적이면서도 지극히 체계적인 방식으로, 물고기자리의 해왕성의 예감을 따라서 「대기차 도둑」, 「대보석 도둑」 또는 「주홍색 거리의 비밀」을 푸는 것은 식은 죽 먹기입니다. 둘 중 어느 쪽이 남성인지 여성인지는 중요하지 않습니다. 이 팀의 나이와 성별은 미지의 것을 꿰뚫는 잠재력을 바꿀 수 없습니다.

물고기자리와 물병자리가 만날 때(물병자리는 천문해석학에서 양성의 별자리이기 때문에) 다른 사람을 대하거나 서로를 대하는 행동의 기준은 약간 의외의 모습으로 나타날 수 있습니다. 그들이 사무실, 교회, 박물관, 집, 교실 같은 곳들에서 문득 나타나고 문득 사라지거나 헤엄쳐 다니는 모습은 정말 특별하지요.

2-12 태양별자리 관계에서는 물병자리는 물고기자리로부터 배워야 할 것이 있습니다. 하지만 물병자리는 대개 자신이 이미 모든 것을 안다고 믿지요. 그렇더라도 물병자리는 전형적인 물고기자리가 지닌 인내심을 배우는 혜택을 누릴 수 있습니다. 물병자리에게는 인내심이 거의 없지요. 물고기자리는 물병자리의 공상과 약점

과 괴짜 같은 점에 공감하는 관용을 지니고, 2-12 관계의 울림에 적응해야 합니다. 대부분의 물고기자리가 그렇게 합니다. 하지만 일부는 천왕성이 공공의 견해를 무시하는 것에 대해 신경질적으로 반응할 수 있습니다. 물고기자리는 늘 사람들을 즐겁게 하려고 애쓰는데, 물병자리는 자신이 아무도 전혀 즐겁게 해주지 못하더라도 조금도 괴로워하지 않거든요.

두 사람이 조화를 이루기 어렵게 만드는 한 가지 문제는 비밀스럽고 항상 뭔가를 뒤에 감추려는 해왕성의 성향입니다. 이런 태도는 물병자리로 하여금 베일 뒤에 숨겨진 것을 들춰내고 싶게 합니다. 대개 물병자리는 다른 사람의 사생활에 관심이 없습니다. 물병자리는 모든 태양별자리 중 남의 험담을 가장 하지 않는 별자리이지요. 하지만 의도적으로 감춰진 것들은 이 남성 또는 여성을 유혹하며 애를 태웁니다. 그런 일이 생기면 쌍안경이 등장하고 비밀을 조사하고 추적합니다. 물병자리는 판도라의 상자를 잠긴 채로 둘 수 없습니다. 일단 상자가 잠긴 걸 눈치챘다면요.

인생의 수수께끼나 퍼즐에 관해서라면, 물고기자리와 물병자리는 함께 답을 맞히면서 즐거워할 겁니다. 왜 벌은 날기 전에 원을 그리면서 윙윙 소리를 내고 한 줄로 날아가는지, 왜 도시 건너편 사람들은 피라미드 같은 모습의 빌딩을 짓는지… 물병자리는 창문 밖으로 머리를 내밀면서 물어볼 겁니다. 전형적인 물고기자리는 낯선 사람을 그런 식으로 방해하지는 않지요. 하지만 물고기자리는 몇 발자국 뒷걸음질하면서도, 천왕성의 격의 없고 직접적인 접근을 통해 물병자리가 발견한 것을 배우고 싶은 호기심과 흥분으로 가득합니다. 물병자리는 사람들에게 곧바로 걸어가서 가장 충격적인 질문을 합니다. 그들은 일부러 무례한 게 아니고 그저 단순히 알고 싶을 뿐입니다. 대부분의 사람들이 "어렸을 때 물이 가득 찬 풍선을 창문 밖으로 떨어뜨려본 적 있어?"라는 질문을 받으면 굉장히 놀란 나머지, 두 번 생각하지 않고 곧장 대답한다는 것을 물병자리는 아주 잘 압니다. 오직 사수자리만이 물병자리보다 더 호기심이 많습니다. (사자자리와 전갈자리도 호기심이 있기는 하지만 훨씬 조절된 호기심입니다.) 험담이나 염탐하는 짓은 천왕성의 호기심과는 차이가 있습니다. 물병자리는 이웃이 왜 여섯 번이나 결혼을 했는지 또는 그의 은행 잔고가 얼마나 남았는지 같은 일에는 눈곱만큼도 관심이 없습니다. 하지만 그가 왜 집을 분홍색으로 칠했는지, 애완용 뱀을 키워본 적이 있는지, 유전자 복제에 대해 어떻게 생각하는지, 코끼리에게 물을 갖다줘서 서커스 공짜 표를 얻어본 적이 있는지 느닷없이 질문하지요. 호기심을 정의하기는 어렵습니다.

대부분의 물고기자리는 직접적으로 질문하지 않습니다. 대개는 자신의 추측과 영적인 직관으로 알 수 있기 때문에 질문을 많이 할 필요가 없습니다. 물병자리도 천왕성의 예감과 타고난 직관으로 물고기자리만큼 효과적으로 조용하게 추측할 수 있습니다. 하지만 물병자리는 의견을 숨기며, 그 자신의 예상까지 포함하여 모든 것을 푸른색 리트머스지에 실험하고 싶어합니다. 물병자리의 확고함을 다시 한번 생각해보세요. 그들은 자신이 느끼는 것조차 믿을 만한지 확신하고자 합니다. 그래서 질문으로 확인하는 것입니다.

물병자리와 물고기자리는 공통으로 지닌 기벽과 특징이 많습니다. 또한 몇 가지 눈에 띄는 차이점도 있습니다. 예를 들어 해왕성 사람들은 몽상적입니다. 천왕성 사람들도 꿈을 꾸지만 더 거칠고 훨씬 모순되는 형태의 꿈입니다. 물고기자리는 미술, 음악, 시를 좋아하고 직접 창작하는 것도 좋아합니다. 물병자리도 이런 걸 좋아하지만, 고야나 실로폰이나 손풍금보다는 그래픽이나 그라피티(벽에 그리는 낙서)를 좋아합니다. 철학적인 워즈워스나 브라우닝 같은 감상주의 작품보다는 커밍스(미국의 시인 겸 소설가―옮긴이)의 책에 나오는 공상 여행을 더 좋아합니다.

두 사람은 아마 화도 다른 식으로 낼 겁니다. 물고기자리가 화를 낼 때는 불쾌한 말을 청산유수로 쏟아내거나, 부드럽지만 분명한 반대의 뜻을 지닌 몇 개의 문장으로 짧게 표현합니다. 그 후에는 물속 같은 차가운 침묵에 잠기며 해저로 물러나지요. 이런 태도는 물병자리를 당황스럽게 합니다. 물병자리는 의견이 맞지 않다고 이렇게 대응하는 방식을 도저히 이해할 수 없습니다. 오해를 푸는 천왕성의 방법은 공기를 깨끗하게 해주는 태풍이 오기를 기대하면서 재빠르게 그리고 예기치 않게 번개를 몇 번 치는 것입니다. 그렇게 천둥소리를 내주고 나서 잊어버리지요. 하지만 물고기자리는 좀 더 길게 서운한 점을 기억합니다. 산호초 뒤에서 헤엄쳐 나오기 전에 혼자 생각할 시간이 필요하지요.

돈에 관해서는 두 사람이 어느 정도 비슷합니다. 어떤 물병자리는 자신이 버는 돈이든 쓰는 돈이든, 한 푼까지 꼼꼼하게 세어봅니다. 그런 뒤에 총액을 잊어버립니다. 물고기자리도 돈을 혼란스러워하기는 마찬가지입니다. 물고기자리는 종종 은행 잔고를 머릿속이나 봉투 뒷면에 또는 전화기 근처의 벽에 적어둡니다. 하지만 달이나 동쪽별자리가 처녀자리에 있다면, 두 별자리는 이 두 사람을 완전히 인간 계산기처럼 행동하게 합니다. 물론, 우리는 지금 가장 일반적이면서 전형적인 태양별자리에 대해 알아보는 중이라는 사실을 잊지 마세요. 별자리에서 다른 행성들의 위치가 태양별자리의 성격을 조금 또는 많이 약화시킬 수도 있다는 점을 기억해야 합니다. 예외적인 경우가 전형적인 사례만큼 많지는 않지만, 여러분은 여기저기 흩어져 있는 그런 경우들을 만나게 될 겁니다. 하지만 그들의 표면을 살짝 긁으면, 그들 태양별자리에 속한 기본 자질을 발견하게 되지요.

천문해석학은 물병자리와 물고기자리에게 부드러움, 평화, 조용함 그리고 상상력을 많이 가지라고 조언합니다. 해왕성의 사람은 주변이 시끄러우면 쉽게 신경질적이 됩니다. 또한 추상적인 지적 자극이 끊임없이 필요합니다. 웹스터 사전에서 '추상적'이라는 단어의 정의를 찾아보면, 유용하고 도움이 된다는 뜻을 가진 '건설적'이라는 의미도 있을 겁니다.

물고기자리가 물병자리를 어떻게 이해하고 만나야 하는지 도와주기 위해, 저는 에이브러햄 링컨의 말을 기억하라고 조언하고 싶습니다. "그들다운 것이 그들이기 때문에 그들이 해야 할 것을 하는 것이다." 어느 누구도 천왕성의 본성을 이보다 더 간결하게 요약할 수 없습니다. 이렇게 말한 사람 역시 똑같은 물병자리 사람이었지요.

물병자리 여성과 물고기자리 남성

> 그가 생각하기에는, 아니 그가 생각이라는 걸 한다고 믿기는 힘들지만,
> 그림자를 그의 몸에 갖다대기만 하면 물방울처럼 합쳐질 거라고 생각한 것 같다.
> 그런데 그림자가 몸에 붙지 않자 그는 겁에 질리고 말았다.
> 그가 훌쩍이는 소리에 웬디가 잠에서 깼다. 웬디는 낯선 아이가 우는 것을 보고도 놀라지 않았다.
> 다만 즐거웠고 흥미를 느꼈다.

물병자리 소녀는 쉽게 충격받거나 불안해하지 않습니다. 놀라게 하는 것은 더 어렵습니다. 충격, 불안, 놀람은 대개 그녀 쪽에서 만드는 편이지요. 물병자리 여성은 갈색 렌즈를 끼고 갑자기 나타나서는 "도대체 왜 내가 파란 눈이라고 생각하는 거예요, 여보?"라고 말하거나, 점심 시간에 전화로 이런 메시지를 남기기도 합니다. "마음이 안정되지 않아서 집 주위를 돌아다니고 있어요. 멕시코에 가서 서핑을 할까 해요. 일 끝난 뒤에 비행기 타고 나와 같이 갈 수 있어요?" 혹은 그의 빗으로 동양식 양탄자의 실크 올을 빗질하거나, 한밤중에 그의 귀에다 낯선 남자의 육감적인 목소리를 들려주어 깨우는 식의 귀여운 악당 짓으로 그를 긴장하게 만드는 걸 좋아합니다. (그 목소리는 그녀가 잠자면서 이탈리아어를 배우려고 베개 아래 놔둔 작은 테이프 레코더에서 나온 소리였는데, 정작 그에게 말하는 걸 까먹었네요. 맙소사, 그는 집에 돌아와 저녁을 먹고 잘 자라는 인사도 없이 곧장 자러 가버렸는데 어떻게 말할 기회가 있었겠어요?)

첫 번째 규칙! 물병자리 소녀를 따분하게 만들면 안 됩니다. 그녀는 지루함의 문턱이 무척 낮답니다.

물론 물고기자리 남성은 사람을 놀래주는 취미도 없지만, 물병자리 소녀를 놀라게 하는 것만큼 그를 놀라게 하는 것도 어렵습니다. 그는 그녀의 별난 행동에 대해 황소자리, 처녀자리, 염소자리 남성처럼 당황하지 않지요. 물고기자리는 인간의 본성에 대해, 심지어 괴상한 본성까지도 이해할 수 있습니다. 이런 이해심을 바탕으로 그들은 물병자리뿐만 아니라 지구라는 세계에 적응하지 못한 모든 사람들을 받아들입니다. 해왕성이 지배하는 사람들은 기이한 행동에 대해 엄청나게 관대합니다. 모든 물고기자리는 고해 신부나 명상하는 수도자의 흔적을 지녔지요. 그들은 또한 자신의 내면 어딘가에 아인슈타인이 생각했을 법한 추상적인 추리와 장난기 많은 돌고래를 숨겨놓은 곳이 있습니다. 그들은 수학과 기계공학 같은 것에 완전 천재들이기도 하고, 빗속을 걷는 것을 좋아하고, 수선화를 꺾고, 야외에서 자며, 여름날 밤 항성 레굴루스 옆에서 반짝이는 은하수를 관찰하고 민들레꽃으로 반지를 만들기도 합니다. 깊이 생각해보면, 물고기자리 남성은 물병자리 여성이 따분해지지 않을 정도로 충분히 호기심 넘치는 카리스마를 가졌습니다.

대부분의 물고기자리 남성은 (타당한 이유로) 가끔씩 변덕을 부릴 때를 빼고는 대체로 남을 배려하고 사려 깊은 사람들이며, 다소 부끄럼을 타지만 온화하고 자비심 있는 성향을 가졌습니다. 물고기자리는 보통 가족(또는 그가 사랑하는 여성)에게 자신이 가진 모든 것을 줍니다. 물론 그가 물고기자리인 것이 확실하다면, 물질적인 면에서는 줄 만한 게 변변치 않을 수도 있습니다. 아마도 다른 사람이 벌써 빌려갔거나 빼앗아갔기 때문이지요. 또는 그가 자신의 꿈을 다음 날로 우물쭈물 미루려고 하기 때문일 수도 있고요. 그런 상황은 몇 해나 더 길어질 수도 있지요. 물고기자리는 성공을 열망하는 사람들에게 삶이 마련해놓은 차갑고 어려운 요구에 직면해야 할 때, 종종 도망을 갑니다.

그는 전형적인 물고기자리가 아니어서, 모든 노력을 기울여 사회적 지위와 경제적인 성취 둘 다를 이뤄낼 충분한 재능과 방향감각을 타고났을 수도 있습니다. 그러면 그는 기꺼이 책임지려고 할 겁니다. 인생에서 더 좋은 것들을 즐기려 하고, 이를 위해 필요한 물질을 추구할 겁니다. 이런 사람들을 천문해석학에서는 "고래자리"라고 부릅니다. 이들 역시 온화하고, 장난기 넘치며, 영적이고, 자비심이 있습니다. 하지만 일반적인 해왕성의 몽상가들보다 훨씬 더 많은 힘과 적극적인 추진력을 지녔지요. 어떤 물고기자리 남성을 사랑하든지, 물병자리 소녀는 그가 가져다주는 물질적인 것의 가치를 재지는 않을 겁니다. 그는 손으로 만질 수 없는 것들 즉 생각과 꿈, 아이디어와 이상, 전망과 인식, 상처받기 쉬운 자신의 마음까지 모두 그녀에게 주기 때문입니다.

이 모든 것은 전자 오르간, 하빌랜드 도자기, 차갑고 비싼 선물, 집 안의 이런저런 장식품보다 훨씬 가치가 있습니다. 그것은 진가를 알아보는 감각과 더불어 진실과 순수함을 갖춘 물병자리 여성에게 확실히 더욱 가치가 있습니다. 만약 그녀의 출생 차트에 물질주의를 더 추구하는 달별자리나 동쪽별자리가 있는 게 아니라면요. 전형적인 물병자리 여성은 진짜와 가짜를 별 노력 없이 구분할 수 있습니다. 그녀는 안답니다. 손으로 만질 수 없는 것이 때로는 진짜라는 사실을요.

그녀를 사랑하는 물고기자리 남성은 항상 이 여성에게 예기치 않은 일을 기대합니다. 틀에 박히지 않은 행동은 그녀가 뱃속에서부터 타고난 것이지요. 그녀의 이름은 발레리나 레슬리 또는 브룸힐다일 수 있습니다. 직업이 굴뚝 청소부이거나 루스 에드워즈 같은 평범한 이름의 은행 수납원일 수도 있지요. 하지만 반복해서 말하지만, 그녀는 아무리 눈에 띄지 않는 방식이더라도 상당히 독특한 면이 있을 것입니다. 물병자리 여성은 은행처럼 날이면 날마다 근무해야 하는 직업 세계에서 놀랍게도 유용합니다. (일부는 수학을 아주 잘하고, 전체 숫자 기둥을 암산할 수 있지요.) 그럼에도 그들은⋯ 약간 다릅니다. 만약 당신이 2월에 태어난 루스라는 이름을 가진 친절하고 조용하며 보수적인 은행 수납원을 만난다면, 그녀의 직장 동료, 남편, 또는 가족에게 몇 가지 민감한 사항을 물어보기 전에는 그녀를 판단하지 마세요. 충격을 받을 테니까요. 그녀는 눈 오는 날 트랙터를 몰고 일하러 가기도 하고, 체육관 가방에 점심을 던져 넣고, 수납 책상 뒤에서는 스노우 슈즈를 신고, 러시아어로 된 시간표를 보면서 기차가 얼마나 늦었는지 체크하는 취미가 있을지도 모릅니다. 그녀는 에이브러햄 링컨 책상에 있는 진짜 골동품 거위 펜으로 전신 송금을 쓸 수도 있습니다. 또는 비밀리에 앤디 검프(미국 중산층 검프 가족의 이야기를 그린 신문 연재만화, 1917~1959, 앤디는 아버지의 이름—옮긴이)나 틸리 더 토일러(여성복 회사에서 일하는 틸리와 그녀를 사랑하는 맥이라는 동료의 이야기를 그린 신문 연재만화, 1921~1959—옮긴이)의 만화책을 남몰래 수집할 수도 있습니다. 그녀의 오른쪽 팔꿈치 바로 위에 자리한 조그마한 오즈의 마법사 문신이 보이나요? 그녀는⋯ **어쨌든 다릅니다.**

물병자리 여성의 인류애와 타고난 친절함은 말하고 행동하는 모든 면에서 빛납니다. 하지만 그녀가 지닌 인류애를 다른 사람들이 어떻게 생각하는지에 관해서는 관심이 없기 때문에 그 누구에게도 구애받지 않습니다. 그녀의 물고기자리 연인이나 배우자는 이웃의 비위를 맞추려고 하지 않는 그녀 때문에 얼굴을 붉힐 만한 한 가지 이상의 이유를 가졌을지도 모릅니다. 그녀는 사실 불쾌한 일은 하지 않습니다. 그녀가 닭장을 현관 앞에 두겠다고 결정했다면 닭을 귀찮게 하는 진드기 때문일 수 있습니다. 달이 뜬 밤에 뒤뜰에서 고대 잉카의 만트라를 노래하고⋯ 새벽 다섯 시에 모자와 작업복을 입고, 어렸을 때 그녀가 탔던 기차에 대한 향수 때문에 "모두—승—차."라고 외치면서 잔디 깎는 기계를 작동시키는 정도지요.

물병자리 여성과 물고기자리 남성은 약속에 대한 생각이 비슷합니다. 둘 다 약속을 믿지 않습니다. 서로에게든 다른 누구하고든 약속하는 것을 싫어합니다. 하지만 물고기자리 남성은 때때로 자신의 규칙을 깨고 약속을 하기도 합니다. 상황이 바뀌어서 약속을 지킬 수 없게 되면 슬그머니 그 상황에서 빠져나가지요. 물병자리 여성은 자신이 약속을 깰 수도 있기 때문에 약속하는 걸 좋아하지 않는다고 솔직하게 말합니다. 아무도 어떤 일이 일어날지 확실하게 예견할 수 없다는 합리적인 이유로, 물병자리는 어느 누구라도 약속을 하거나 맹세를 하지 않아야 한다고 믿습니다. 이 여성을 설득해서 들을 수 있는 말은, 그녀가 오늘 할 수 있다고 믿은 일을 내일까지 최선을 다해 하겠다는 말 정도입니다. 대략 그 정도는 지킬 수 있다고 생각해서 약속을 하는 거지요. 약속이란 미래의 감정을 완전히 통제할 수 있다고 생각하는 사람들이 스스로와 타인을 바보로 만들고 싶을 때 하는 짓이지요.

천왕성이 지배하는 여성이 물고기자리 남성과 사랑에 빠졌을 때 제일 먼저 하는 일은 자신의 문제, 생각, 이론을 이야기하는 것입니다. 그러고는 그가 어떻게 생각하는지를 봅니다. 그녀는 기대고 울 어깨로 그를 이용하지는 않습니다. 이상하게도 그녀는 그의 충고에 귀를 많이 기울입니다. 하지만 어떤 문제에서는 현명한 충고에도 아랑곳하지 않고 즐겁게 자기 길을 갑니다. 하지만 그녀가 비틀거리며 넘어지려할 때, 그는 부드럽게 잡아주고 위로해줄 수 있습니다. 그녀가 그의 손을 잡으려고할 때면 항상 거기에 있을 겁니다. 예측하기 어려운 물병자리 여성이라도 물고기자리 남성에게는 상냥함과 아늑함을 느끼게 될 겁니다.

솔직히 말하면, 때로는 그가 거기에 없을 수도 있습니다. 그는 갑자기 사라질 수도있는데, 사실은 갑자기는 아니고 점차적으로 사라지는 편이지요. 보통 물고기자리 남성은 감정적으로 신뢰할 수 있습니다. 그는 자신의 한계에 다다르기까지 굉장히 많은 것을 참고 견딥니다. 하지만 고통과 아픔을 더 이상 참을 수 없게 되면 조용히 헤엄쳐서 빠져나갑니다. 소모적인 대결을 피하기 위해서지요.

물병자리 여성도 똑같이 사라질 수 있습니다. 다만 그녀의 방식은 마술사가 무대위에서 사라지는 장면과 같습니다. 빠르지요! 당신은 이제 그녀를 볼 수도 있고, 못볼 수도 있습니다. 그녀는 마술사의 밝은 색 스카프와 하얀색 털이 달린 토끼처럼 기억에서 사라져갑니다. 물고기자리 남성처럼 그녀 역시 감정이라는 감옥에서 자신을 놓아주기로 결정하기 전까지는 어느 정도 긴장을 참아낼 수 있습니다. 이 여성은 다른 사람들과는 다르게, 자신이 바로 그녀의 간수이며 감시자라는 사실 그리고 어느 누구도 아닌 자신만이 그녀에게 자유를 열어줄 열쇠를 갖고 있다는 비의적인 진실을 일찌감치 깨닫습니다.

물고기자리 남성과 물병자리 여성의 섹스는 경험이라기보다는 종종 실험에 가깝습니다. 적어도 처음에는 그렇습니다. 이들은 둘 다 한 사람의 온전한 자아가 다른 자아를 따라야 한다는 가르침에 대해 의심스러워하는 사람들입니다. 육체는 그렇게 중요하지 않습니다. 두 연인은 모든 사랑의 행위를 경험하겠지만, 영혼이 육체의 욕망과 필요를 따라잡을 때까지는 이것이 완전한 합일인지 여전히 확신할 수 없습니다. 영혼이 육체를 이해하게 됐을 때, 사랑의 육체적 표현은 그가 오랫동안 간직해온 꿈의 실현이 됩니다. 그녀에게 그것은 인생의 비의적 즐거움 중 하나이지요. 물론 유일한 하나가 아니라 굉장히 특별하고 황홀한 즐거움 중 색다른 하나입니다. 그녀는 **삶** 자체와 거기에서 일어나는 다양하고 놀라운 모든 것들을 사랑하기 때문에, 삶의 기적 중 오직 한 가지에 모든 희망을 거는 건 얼토당토않은 일입니다. 그럼에도 이 두 사람은 육체적 친밀함이 가져다주는 자연스러움의 시적 의미를 다른 수많은 커플보다 더 많이 발견할 수 있습니다.

하지만 물병자리 여성이 사랑하는 물고기자리 남성에게 완전히 헌신하기 전에, 그는 먼저 자신이 그녀의 친구이며 진짜 친구라는 사실과 단지 그녀의 마음과 몸을 소유하는 것뿐만 아니라 마음까지 합쳐지기 바란다는 사실을 증명해야 합니다. 우정의 수준에서 그가 아주 조금이라도 불성실의 징후가 보이면, 그녀는 겨울 첫서리처럼 차갑게 돌아설 겁니다. 물병자리에게는 우정이 첫 번째이며 사랑은 두 번째이고 섹스는 즐기지만 과대평가하지 않는 세 번째입니다. 그녀가 열정적이지 않다는 의미가 아닙니다. 열정이라는 단어를 정의하기에 달렸지요. 정신적인 친밀성이나 관계는 항상 열정을 더해준답니다. 천왕성 사람들은 자신 안에 있는 이러한 진실을 다른 사람들이 미처 배우기 전에 압니다.

물고기자리 남성의 가장 큰 약점은 부를 등한시하고 자신의 필요와 권리를 부주의하게 외면할 가능성입니다. 그는 자신의 시간과 돈을 도움이 필요한 사람들에게 나눠주려는 성향이 있지요. 하지만 그의 물병자리 여성에게 자기희생은 약함이 아닙니다. 그것은 강함이며 이것이 없는 남성은 남자가 아닙니다. 뿐만 아니라 그녀의 친구가 될 자격도 없지요.

물병자리 여성이 지닌 성격상의 최대 결점은 대세에 따르기를 고집스럽게 거부하는 것입니다. 변화와 모험에 대한 갈증과 허기이지요. 하지만 물고기자리 남성에게 그녀의 틀에 박히지 않은 모습은 단점이 아닙니다. 오히려 그런 면 때문에 그녀를 사랑하게 되지요. 그 모습이 자신과 꼭 닮았기 때문입니다. 둘이 함께 조금 미치는 것, 거기에서 그들의 마법이 시작된답니다.

네, 그들도 종종 다툽니다. 서로 사랑하는 남녀 사이의 다툼은 재미있는 일이지요. 생각해보세요. 당신들은 이런저런 일로 다툽니다. 둘 다 정말로 말하고 싶은 것은 "당신을 원해."라는 것뿐이면서 말이에요. 하지만 결국 그녀의 천왕성 맞추기 게임이 끝났고, 결국 그의 모든 해왕성의 도피도 사라졌습니다. 그게 중요하지요.

물병자리 남성과 물고기자리 여성

위험에 빠지자 그녀는 본능적으로 누구에게 부탁할지 알았다.
"투틀즈 도와줘." 이상한 일이다. 제일 바보 같은 녀석에게 부탁을 하다니.
하지만 투틀즈는 늠름하게 응했다.
그 순간만큼은 자신의 어리석은 모습을 벗어버린 채, 그는 위엄 있게 말했다.
"나 투틀즈야. 아무도 날 대단하게 생각하지 않지.
하지만 웬디 엄마에게 영국 신사처럼 행동하지 않는 녀석이 있다면, 피를 보게 될 거다."

물고기자리 소녀는 덜 예민하고 덜 직관적인 아가씨들이 종종 놓치는 것들을 본능적으로 압니다. 제 말을 믿으세요.

기이함, 확실히 이상한 행동, 귀를 이상하게 꿈틀대기, 정신없이 멍한 상태, 먼 곳을 바라보는 시선에도 불구하고, 물병자리 남성은 남성적인 별자리의 영향을 받고 태어났으며 남성적인 행성의 지배를 받습니다. 뿐만 아니라 그는 이상주의자이고 약자의 보호자입니다. 어느 누구도 물병자리 남성만큼 남성의 역할을 잘할 수는 없을 겁니다. 클라크 켄트(영화 「슈퍼맨」의 주인공—옮긴이)처럼 예기치 않게 재난의 손아귀에 잡혀도 엄청난 용기를 내고, 자신의 여인을 항상 모든 위험으로부터 보호할 수 있도록 완전무장하지요. 엄청난 남성성이 그의 괴짜 같은 외관에 숨겨져 있답니다. 그는 바로 영화에서 여자들을 기절시키고 쓰러지게 만드는 부류의 남성입니다. 「바람과 함께 사라지다」에서 레트 버틀러 역을 했던 클라크 케이블의 태양별자리가 물병자리지요.

먼 곳을 헤매는 그의 시선이 우연하게 해왕성의 여성에게 닿을 때, 이런 일은 더욱 멋지게 일어납니다. 물고기자리 아가씨의 여성성은 물병자리 청년의 남성성과 아름다우면서도 두드러지는 대비를 이룹니다. 기억하세요. 물고기자리는 여성의 별자리이며 여성적인 행성의 지배를 받습니다. 보통 이 두 사람은 만나자마자 해왕성의 매력에 끌릴 수 있습니다. 물병자리 남성은 사람들을 보면서 온갖 연구에 바쁘고, 친밀한 단계에서도 사람들의 개성을 더 깊이 조사하는 취미를 지녔지요. 그런 그의 관심을 단번에 돌릴 여성이 있다면 바로 물고기자리 아가씨랍니다.

제가 이 책 어디에선가 지적했던 것처럼(또한 『당신의 별자리』에서도요.) 보통 물병자리 남성은 남녀 관계의 매력에 지독할 정도로 무덤덤합니다. 하지만 물고기자리 아가씨를 만나는 순간 자신의 남성성을 예리하게 깨닫지요. 그는 갑자기 무척 이상하게 행동합니다. 그의 평소 행동보다 훨씬 더 이상할뿐더러 정말로 무척이나 이상한 행동을 하지요. 어쩌면 그가 적극적으로 그녀를 싫어한다고 생각하게 만들 수도 있습니다.

그녀가 하얀 앙고라 스웨터를 떨어뜨렸는데, 그는 진흙 묻은 장화를 신은 채 그녀의 옷을 밟고 지나갈 수도 있습니다. 그녀를 극장에 데려가서는 혼자 팝콘을 먹으면서 발코니를 어슬렁거릴 수도 있지요. (그녀가 있는 좌석을 잊어버렸기 때문입니다.) 혹은 그녀 집을 방문해서는 그녀에게 함께 나가겠냐고 청하는 대신 그녀의 개와 산책할 수 있는지 물어봅니다. 또는 종이봉투에 바람을 넣어 그녀 귀 언저리에서 펑 소리가 나게 터뜨린 뒤 신경질적으로 웃지요. 하지만 그녀는 이런 일들로 오해를 하지는 않는답니다. 다만 그녀는 새로 뿌린 향수 냄새를 그가 알아차렸는지 궁금합니다. 그는 냄새를 알아챘습니다. 틀림없습니다. 종이봉투에 바람을 불어서 그녀 귀에 대고 터지게 한 것도 실은 그 때문이었지요. 그는 그녀의 뺨을 만져보고 싶었는데 일부러 다른 짓을 한 겁니다. 소녀들만 그렇게 행동하지요. 그는 소녀가 아닙니다. 그의 친구들은 어떻게 생각할까요? 그가 낭만적인 감상주의자들이나 하는 그런 어처구니없는 일을 할 거라고는 상상도 못 할 겁니다.

사랑하는 물병자리 남성이 그녀를 (계획적으로) 무관심하게 대하는 것 때문에 울다 지쳐 잠이 들던 물고기자리 여성이, 이제는 그에 대한 관심을 완전히 끊었을지라도(그녀가 그에게 많은 관심을 쏟은 게 언제였는지조차 기억하지 못합니다.) 이 시를 기억해주세요. 이런 상황을 설명하려고 예전에 제가 쓴 시랍니다.

> 난 지금 가야만 해.
> 날 쳐다보지 말고
> 네 마음을 그렇게 방 너머로 보이지 않게 해줘.
> 그렇지 않으면 내 마음이 아플 거야.
> 널 사랑하느냐고? 물론 사랑해.
> 그것이 지금 내가 가야 하는 이유야.
> 널 얼마나 많이 사랑하는지 네가 알기 전에.

이 두 사람은 정신적 차원에서 좀 더 멋지게 사랑할 겁니다. 그들의 신혼여행에서요. 네, 두 사람은 신혼여행까지 갔습니다. 일단 해왕성의 소녀가 이 남성의 낭만적인 위장에 사로잡히면 울기를 멈추고 유혹하기 시작합니다. 그러면 그에게는 선택의 여지가 없지요. 신혼여행을 하면서도 그들은 바보 같은 질문에 대한 답을 생각해내려고 애쓰면서 많은 시간을 보낼 수 있습니다. 이를테면 "두 개의 미키 마우스 시계가 일정한 속도로 서로에게서 더 멀리 떨어져간다면, 그 두 시계가 똑같은 시간을 가리킬 때까지는 얼마나 걸릴까요?" 같은 질문이지요. 그는 수학으로 풀려고 할 테고 그녀는 명상을 할 겁니다. 혼란스러운 해왕성의 영향으로 그녀는 그런 일이 일어날 수 없다고 말할 겁니다. 왜냐면 그녀의 할머니가 잘못된 둘이 절대 옳은 하나가 될 수 없다고 가르쳤기 때문입니다. 그는 그녀 말을 들으려 하지 않고 계산하느라 바쁩니다. 그때 그녀는 이런 질문에도 답을 할 수 있는지 '해왕성의 혼란스러운 태도로' 그에게 묻습니다. "언제 두 사람의 시계가 똑같은 시간 아니면 정확한 시간을 가리킬까요?"라고요. 물론 이런 질문은 물병자리 남성이 여태까지 하던 신중한 계산을 흐트러뜨리지요. 그는 갑작스러운 천왕성의 분노의 발작에 사로잡혀서는 연필깎이를 마루 한가운데로 집어던집니다. 그녀는 평정을 유지합니다. 그리고 넵튠의 바로 그 혼란스러움으로 그에게 몽롱하게 미소 짓습니다. 그러고는 최대한 섹스와 연관 지어 중얼거리지요. "아무 때든 바로 그때가 될 수 있지요." 그의 귀가 붉어집니다. 그가 씩 웃고는 미키 마우스 시계를 풀어 던지지요… 방의 불빛이 사라집니다. 그리고….

보통은 제가 육체적 관계에 대한 이야기를 이렇게 빨리 시작하지 않습니다. 하지만 가장 남성적인 남성과 가장 여성적인 여성이 만났을 때는 좀 더 빨리 시작할 수 있지요. 두 사람이 섹스를 할 때 얻는 즐거움을 자세히 묘사해서 그들의 얼굴을 붉어지게 만들 필요까지는 없겠지요. (그들은 정말 쉽게 얼굴을 붉힙니다.) 다만 모든 것은 자연이 의도한 대로, 둘로 분리된 개인이 부드럽고 조화롭게 섞여 섹스라는 폭발적인 합일에 이른답니다. 두 사람 출생차트의 태양과 달에 부조화가 있다면, 이 남성과 여성은 육체적 결합에 의한 친밀함을 통해 진정한 행복을 이루는 데 어려움을 겪을 수도 있습니다. 하지만 그들을 그냥 두세요. 물고기자리와 물병자리는 개인적인 사생활에 조금이라도 관여하려는 낌새만 보여도 화를 내기 때문에 그냥 그대로 놔두는 편이 좋습니다.

물고기자리 여성도 완벽하지는 않기 때문에, 가끔 본의 아니게 물병자리 남성이 버럭 화를 내게 만듭니다. 모든 물병자리는 혼자만의 시간을 충분히 가지려는 단점이 있습니다. 또한 물고기자리 여성의 극도로 민감한 감정을 배려해서 사소한 일은 그냥 넘어가는 대신, 자신이 옳고 그녀가 틀렸다는 사실을 증명하려고 온갖 수단을 다 동원하고 싶어합니다. 예를 들어볼게요. 그들은 시골에 살며 커다란 밭을 가지고 있습니다. 어느 날 그는 그녀에게 알리지 않은 채 복잡한 새 윤작 작목법을 실행하려고, 어떤 꽃씨를 양배추와 토마토 옆에 심습니다. 어느 날 그녀는 양배추에 물을 줄 것이고, 물병자리가 심은 것을 냄새나는 잡초라고 생각하면서 뽑아버릴 수 있지요. 그는 천왕성의 폭풍으로 그녀의 눈동자가 흐려지고 손이 덜덜 떨리게 만들 겁니다. 만약 그녀가 자신의 행동을 변호하려고 그건 잡초였다고 주장하는 실수를 한다면, 그는 분명히 뽑아낸 묘목 중 하나를 가져와서 밥그릇에 심을 겁니다. 비밀스럽게 그걸 키우며 말도 걸고 노래도 불러주며 비료를 뿌려주겠지요. 아름다운 벨벳 같은 꽃잎을 가진 노랗고 보라색의 팬지꽃이 피어나면, 그는 아침 식사가 차려진 테이블 위에 쿵 소리가 나도록 그걸 내려놓을 겁니다. 그러고는 자랑스럽게 말할 겁니다. "이것이 당신 맘대로 뽑아버린 그 냄새나는 잡초 중 하나예요." 그녀는 위층으로 달려 올라가 침실 문을 쾅 닫고 울 겁니다. 그녀가 틀렸다는 걸 증명하려고 그가 지나치게 애를 썼기 때문이지요. 하지만 그는 그녀가 왜 화를 내는지 조금도 이해하지 못할 겁니다. 이런 식으로 천왕성의 파괴적인 성향은 때때로 해왕성의 섬세함을 해칩니다. 하지만 더 오래 함께 지내다 보면, 그도 그녀의 여린 마음을 더 부드럽게 대하는 법을 배울 것입니다. 그녀는 단지 그가 크고 작은 모든 일에 철저하게 자신이 옳음을 증명하고 싶기 때문이지, 그녀를 사랑하지 않아서 그러는 건 아니라는 사실을 알게 되지요. 하지만 두 사람 모두 이 모든 것을 배우기 전에는 아픔을 겪어야 할 겁니다.

2-12의 모든 태양별자리 유형 중에서도, 물고기자리 여성은 어떤 다른 별자리들보다 더 물병자리 남성에게 관대합니다. 왜냐하면 그는 그녀의 카르마 영역을 보여주기 때문이지요. 그곳은 그녀가 무의식적으로 기억하는, 가장 최근까지 머물렀던 곳입니다. 그녀는 탐구와 호기심에 몰두하는 그곳으로 돌아가고 싶지는 않습니다. 현재의 생에서 많은 것을 오직 믿음에 근거하여 받아들이는 데까지 나아갔으니까요. 하지만 그녀는 물병자리 천왕성의 울림하에서 경험한 유혹과 공감을 기억합니다. 그녀의 초월적 자아가 거기에 익숙하기 때문이지요. 반면, 물고기자리 여성은 물병자리 남성에게 인간 진화에서 배워야 할 다음 단계의 교훈을 보여줍니다. 하지만 그가 이 수업에 등록하기를 원하는지 확신이 서지 않습니다. 그래도 그는 가끔 그녀의 눈동자를 통해 자신의 교과서를 들여다볼 것이고, 그녀라는 본보기를 통해 많은 걸 배웁니다.

만약 그녀의 출생차트에 상처받은 금성이 있는 경우가 아니라면, 전형적인 물고기자리 여성은 다른 별자리의 자매들을 괴롭히는 질투라는 고문을 피할 수 있습니다. 그녀는 불충실하다는 이유로는 그를 거의 의심하지 않습니다. 물병자리 남성을 의심할 이유가 많지는 않습니다. (물론 그의 출생차트에 상처받은 금성이나 화성이 있을 때를 제외하고요. 이런 일은 간혹 일어납니다.) 전형적인 물병자리 남성은 한 여성과의 관계에 집중하며 주변을 두리번거리지 않습니다. 그는 로맨스와 육체적 정열 면에서 뛰어납니다. 둘 중 어느 것도 싫어하지 않지요. 오히려 그는 그걸 연구하면서, 가능한 다양한 방식으로 놀라우리만치 만족시키는 법을 찾아냅니다. 그렇더라도 그들이 함께 나눌 수 있는 다른 모든 즐거움을 버리고 육체적 만족에만 집중할 위험은 거의 없지요. 이웃 여성이 비키니를 입고 전지가위를 빌리러 문 앞에 있을 때조차 위험하지 않습니다. 물병자리 남성은 그 장면을 즐길 것이고 물고기자리 여성은 이웃이 돌아간 뒤에 짜증을 내겠지요. 하지만 그는 주지사에 입후보하는 계획이라든지, 셜록 홈스 책 읽기, 새로운 태양열 주택 계획 연구하기, 또는 앵무새에게 먹이를 주는 일 같은 최근 관심사로 바로 돌아갈 겁니다.

그녀는 미소를 지을 겁니다. 그러고는 그가 필요로 할 때 돕기 위해 동분서주할 겁니다. 그러지 않을 때는 그가 자신만의 생각에 몰두할 수 있도록 내버려두지요. 천재와 사랑에 빠지는 건―사랑 받는 것도―멋진 일입니다. 인생이 약간 제정신이 아닐 수는 있겠지요. 하지만 결코 단조롭지는 않습니다. 그녀는 다음에 무엇이 올지 도저히 알 수 없습니다. 그가 책상 서랍 아래를 보라고 말하고 있는 지금처럼요. 그녀가 궁금해하면서 서랍을 열었더니, 하얀 앙고라 털을 가진 물 제비가 거기에 어울리는 스카프를 매고 있답니다. 그가 "놀랐지요!"라고 말하면서 윙크를 합니다. "사랑스러워요."라고 그녀가 답합니다. "그런데 내가 선물받을 만큼 오늘이 무슨 특별한 날인가요?"

> **물병자리**: 이유는 없어요. 뭐 특별한 날은 아니에요. 그냥 7, 8년 전에 진흙 묻은 장화를 신고 당신의 하얀 스웨터를 밟고 지나갔던 일이 어제 갑자기 기억났거든요. 당신은 어떻게 그 일에 대해 한마디도 안 하고 지나갔어요?
> **물고기자리**: 오래전 일인 걸요. 시간이 많이 흘렀는데 오늘같이 평범한 날에 특별한 이유도 없이 그런 일을 생각해내다니, 당신 정말 자상하군요. 고마워요! 정말 예뻐요. 사랑스러운 수요일 아침의 깜짝 선물이네요.

사실 오늘은 그들의 결혼기념일이랍니다. 그는 아무것도 모릅니다. (의식의 차원에서는요.) 하지만 그녀는 한마디도 하지 않습니다. 그저 웃으며 상냥하게 키스를 하고 창턱 위의 보라색 팬지에 물을 주지요.

물고기자리와

열두 별자리가 만났을 때

Pisces, the Fish

물고기자리 Pisces

물 · 변화하는 · 수동적
지배행성: 해왕성
상징: 물고기, 고래
음(-) · 여성적

Pisces 물고기자리

물 · 변화하는 · 수동적
지배행성: 해왕성
상징: 물고기, 고래
음(-) · 여성적

물고기자리와 물고기자리의 관계

그들은 그의 주위로 모여들었다. 모든 눈동자가 배를 타고 다가오는 것을 외면했다.

그들은 그것과 싸울 생각을 하지 않았다. 그것은 운명이었다.

네 마리 물고기가 함께 만날 때(물고기자리는 서로 반대 방향으로 헤엄치는 두 마리 물고기를 상징합니다.) 그들은 몇 가지 선택을 할 수 있습니다. 약물이나 알코올 같은 도취적인 피난처로 함께 빠져들 수도 있고, 서로 도우며 예술에서 건축에 이르는 아름답고 창의적인 활동을 할 수도 있습니다. 또한 오즈와 원더랜드 같은 곳을 탐험할 수도 있고, 인내심과 통찰력을 갖고 어린 물고기를 가르치기 위한 팀을 꾸릴 수도 있지요. 아니면 그저 수영을 하거나 상어와 친구가 되거나 돌고래에게 말을 걸 수도 있습니다. 즐겁게 물살을 치고 파도를 가르며 머리 위의 갈매기들과 장난을 하고, 서로 꼬리를 치며 놀기도 하면서요. 물고기자리의 선택은 두 전갈자리의 울림만큼 강렬하지도 않고, 두 게자리의 울림처럼 물질적이거나 소유욕이 강하지도 않습니다. 하지만 그들 커플과 많이 비슷하지요.

물고기자리에게는 타고난 부드러움과 차분함이 있습니다. 이런 면은 변화를 추구하는 활력을 감소시킬 수 있지요. 물고기자리는 대개 극도로 민감하거나 영적입니다. 물고기자리는 꿈, 직관 그리고 그(또는 그녀)가 일상에서 겪는 즉각적인 인상에 의지합니다. 위대한 지도자이자 신비주의자를 만들어내는 추진력과 강인함은 다소 부족하지요. 물고기자리는 오히려 무대 뒤에 숨어 자신들의 빛을 조용히 펼치는 것을 더 좋아합니다.

물고기자리인 알베르트 아인슈타인과 루돌프 슈타이너는 그들을 실용적인 환상가로 만들어준, 다른 강력한 행성들의 조합을 가졌습니다. 그 행성들이 물고기자리의 태양의 몽상적이며 미적지근한 태도를 상당히 약화시켜주었지요. 물고기자리인 두 사람은 항상 자신들이 물려받은 해왕성의 영적 유산인 부정적 양극성의 다양한 측면을 인지해야 합니다. 망상, 잘못된 환상, 나태한 백일몽, 자기기만과 함께 어떤 면에서 타인들을 속이는 미묘한 유혹 같은 것들 말입니다.

두 사람 각자의 운명과 1–1 관계의 운명은 그들의 달별자리에 많이 의존할 겁니다. 두 물고기자리 사이에서 태양과 달별자리가 호의적이면 쉽게 조화를 이루지요. 그렇지 않다면, 그들은 어느 한쪽의 독창성과 야망을 익사시키지 않기 위해 훨씬 많은 주의를 필요로 합니다. 그들은 둘 사이에 가끔 생기는 사소한 말다툼, 심기 불편, 화를 돋우는 문제들을 날려버릴 수 있는 좋은 능력을 가졌습니다. 하지만 상대방의 타고난 성격들을 이해하려고 애쓰는 어려움과는 마주치기 싫어합니다.

해왕성의 지배를 받는 별자리는 쉽게 상대방의 비밀과 뭐라 정의하기 어려운 개성들을 이해할 뿐만 아니라, 타인의 불행과 슬픔에 본능적으로 공감합니다. 두 물고기자리가 만났을 때, 이런 종류의 공감을 서로 감지하지 못하는 일은 흔치 않습니다. 모든 1–1 태양별자리 관계는 상호 유대감을 느끼지만, 그 어떤 별자리도 물고기자리 남성과 물고기자리 여성만큼 그렇게 빠르고 깊게 느끼지는 못한답니다. (전갈자리는 제외하고요.)

두 사람은 서로에게 자연스럽고 부드럽게 끌립니다. 그들은 바닷가에서 만날지도 모릅니다. 배 위에서 물 한 잔, 혹은 탄산수 한 잔을 마실 수도 있겠지요. 물론 음악회에서 만나기도 할 겁니다. 공원이나 병원에서, 신문사에서, 극장에서, 회의장에서, 수도원에서 또는 과학 실험실에서 만날 수도 있습니다. 물고기자리는 최소한의 권위와 최대치의 자유를 가지고 어느 정도 창의적인 봉사(사람들을 즐겁게 할 수만 있다면)를 하는 직업과 관련이 있지요.

물고기자리는 보통 외관상 온화하며 부드러운 말씨를 지녔고 호의적입니다. 그들은 완벽하지 않고 때로는 심술을 부리기도 합니다. 하지만 물고기자리는 대개 사소한 무시를 당했다고 해서 문제를 크게 만들고 싶어하지는 않습니다. 그들은 자신들의 문제들을 다소 가볍고 무심하게 생각하지요. 그러다 그 부담이 너무 힘겨워지면, 문제를 내던지고 멀리 떠나려는 성향이 있습니다. 헛된 열정을 가지고 운명 또는 불가피한 어떤 것들과 싸우는 대신에요.

해왕성의 본성에 깊게 배어 있는, 조화를 추구하는 기질의 실례를 보려면 이 책의 목차를 읽어보시기 바랍니다. 당신은 태양별자리에 따른 각 장의 목차의 길이가 점차 줄어든 것을 보게 될 겁니다. 물고기자리는 각 별자리별 관계 분석에서 마지막에 다뤄지는 별자리이기 때문에 제가 물고기자리에 관한 이야기를 하려고 했을 즈음엔 오직 한 장—물고기자리와 물고기자리—만 남아 있었답니다. 왜냐하면 모든 물고기자리의 관계들은 앞에 나온 다른 열한 개 태양별자리 부분의 마지막에서 이미 논의되었기 때문이지요. 저는 해왕성의 지배를 받는 독자들이 가볍게 여겨지는 것을 원하지 않기 때문에, 가여운 물고기자리가 외견상 부당하게 다뤄지는 것을 막아보려고 여러 방법을 시도해봤습니다. 하지만 그런 시도는 모두 열두 개 태양별자리와의 관계를 혼란스럽게만 했답니다. 마침내 저는 그 변화가 물고기자리에게 전혀 차이를 주지 못한다는 사실을 깨달았고, 그들의 타고난 천문해석학적 질서에 이 문제를 맡기기로 했지요. 평범하고 온화한 물고기자리 영혼은 마지막이 되기를, 최소가 되기를, 당근 케이크의 가장 작은 조각을 먹기를 바랄 것이며, 낮게 나는 비둘기를 좋아하는 사람이 되고 싶을 겁니다. 물고기자리는 12장 전체가 자신들의 이야기로만 쓰인 것을 보게 된다면, 반드시 좋아하지만은 않을 겁니다. 물고기자리는 그런 사람들이지요.

물고기자리는 언제나 그렇듯이 자신들이 다른 태양별자리 사이에 숨어 있는 것을 보면 안정감을 느낄 겁니다. 그로 인해 독자들은 물고기자리의 사랑에 대해서 이해하기 어려울 수도 있습니다. 그들은 그런 것을 좋아한답니다. 아닌가요, 물고기자리 여러분? 하지만 모든 사람들이 당신을 못 보고 지나치더라도, 당신은 어디를 봐야 하는지 스스로 알지요. 항상 그렇지 않나요? '가장 많이 갖고 처음'이 되는 대신 '가장 적게 갖고 나중'이 되더라도 당신의 고요함은 흔들리지 않습니다. 당신은 이 성경의 문구를 기억할 겁니다. "먼저 온 이는 마지막이 될 것이고 마지막에 온 이는 처음이 될 것이다." 성경에서 물고기자리의 또 다른 표어는 무엇일까요? "유순한 자들은 축복받았느니라. 그래서 그들이 지구를 물려받을 것이리라."일까요? 가여운 해왕성의 영혼들! 만약 그들이 지구를 물려받는 일이 정말 일어난다면, 상속세는 줄어들 겁니다. 그들에게는 기껏해야 브롱크스(미국 뉴욕 시의 한 구역—옮긴이) 구역 정도거나 아니면 시베리아의 조그만 땅만이 남을 테니까요.

인디애나 주 출신의 어느 정도 유명세가 있는 물고기자리 록 가수가 있습니다. (자기 고민도 많을 텐데 이름을 밝히고 싶지는 않네요.) 처음으로 텔레비전에 출연했을 때, 그는 아나운서의 대단한 소개말과 스튜디오 관객의 환호 속에서 자신의 히트곡을 연주하며 노래하기 시작했지요. 그런데 두 소절을 부른 후에 그만 기타 피크를 악기 구멍 속으로 떨어뜨렸답니다. 다행히 쇼는 생방송이 아니고 녹화였지요. 물고기자리에게는 이런 종류의 일이 종종 일어난답니다.

물고기자리 남자, 여자, 어린이는 친구나 이웃이나 사업 동료로부터, 때로는 자신의 연인이나 배우자에게서조차 항상 무시를 받습니다. 하지만 그들에게 미안해할 필요는 없습니다. 그들은 자신들이 관심을 받지 않는 동안, 그들 주위로 지나가는 풍경을 즐기는 것을 더 좋아하니까요. 물고기자리는 신중하고 겸손하답니다. 이 커플은 밝은 빨간색과 노란색으로 글씨가 적힌 "나 여기 있어요!"라고 설명하는 깃발을 들고 다니는 버릇이 없습니다. 모임에서 이름표를 매고 다니는 것도 싫어하지요. 그래서 물고기자리 커플은 거의 완전히 눈에 띄지 않게 사람들로 붐비는 방을 지나갈 수 있습니다. 둘 중 한 사람이 테킬라를 너무 많이 마셔서 어항이나 도자기 화분을 넘어뜨리는 일이 일어나지 않는다면요. 술에 취해서 비틀거리거나 꼴사나운 짓을 해서가 아니라 너무 많은 시선을 끌기 때문에, 이런 일은 불행한 물고기자리의 얼굴을 붉히게 만들고 극심한 부끄러움으로 고통받게 합니다. 직업 때문에 사람들이 많은 곳에서 일하는 물고기자리들도 많지만, 그들은 결코 그걸 즐기지 않는답니다. 저는 사람들이 많은 곳에 가고 싶다고 불평하는 물고기자리를 한 번도 본 적이 없습니다. 당신은 물고기자리의 상징을, 다시 말해 자연 상태의 물고기를 항상 생각해야 합니다. 누구라도 송어나 연어 그리고 다른 종류의 물고기들이 단지 시선을 끌려고 물 밖으로 뛰어오른다고 말할 수는 없을 겁니다.

　그들이 숨으려고 하는 것은 당연한 일입니다. 어부들은 물고기의 입에 고통스럽게 갈고리를 걸어서는 밖으로 끌어내고, 그들이 숨을 헐떡이며 바구니 안에서 천천히 죽어가게 내버려둡니다. 그들은 물고기는 '냉혈동물'이기 때문에 괜찮다고 말합니다. 고통으로 몸부림치는 물고기를 지켜본 사람이라면 누구라도, 이 생물이 고통과 공포를 전혀 느끼지 못한다는 그들의 주장에 의아할 것입니다. 냉혈동물은 어부들이지요. 비록 그들이 일부러 불친절하려는 의도는 없었다고 해도요. 자연의 모든 신경계가 똑같지는 않겠지만 살려는 의지는 모두 똑같지요. 무감각한 과학자나 사냥꾼, 어부는 확실히 별로예요.

　물고기자리는 전갈자리, 사수자리와 함께 종교(더 정확하게는 영적 진실)와 떼어놓을 수 없도록 연결되어 있습니다. 이 책에서 물고기자리—물고기자리 장은 여러분에게 예수가 어부가 아니었다는 사실을 상기시켜줄 적절한 곳이라고 생각되네요. 예수는 그의 아버지처럼 목수였답니다! 실제로 그는 자신의 제자들에게 사람을 낚는 어부로 만들어주겠다는 약속을 하면서, 도리어 물고기 잡는 직업으로부터 그들을 끌어냈지요. 또한 예수는 결코 남성 우월주의자가 아니었습니다. 신약성서는 예수와 남성 사도들의 얘기로 가득하지만, 실제로는 거기에 여성들도 있었답니다. 하지만 그는 자신에 대해 기록하는 자들(특히 다양한 이야기를 변질시킨 훗날의 성직자들)을 통제할 수 없었지요. 예언자들의 말들과 최근에 발견되어 번역된 사해문서(히브리 성서를 포함한 900여 편의 초기 기독교 문서들로, 1947년에서 1956년경까지 사해 인근 11개의 동굴에서 발견되었음. 기존 성서의 내용과는 전혀 다른 기록으로 가득해 초기 기독교에 대한 새로운 관점을 제시함—옮긴이)에 따르면 예수는 천문학에 무척 정통했습니다. 그는 또 이렇게 말했습니다. "경전에서 법을 찾지 마시오. 살아 있는 것이 법이기 때문입니다. 반대로 경전은 죽은 것입니다. 내가 여러분에게 진실로 말하고 싶은 것은, 모세는 신이 준 문서가 아니라 살아 있는 말씀을 통해 계율을 받았다는 사실입니다."

초기 기독교 시대로까지 거슬러 올라가는 몇몇 책은 로마 바티칸의 도서관에 있는 잘 알려지지 않은 신약성서 원고에 포함되어 있으며, 다음과 같은 예수의 이해하기 어려운 말을 담고 있기도 합니다. "내가 진실로 너희에게 이르노니 한 어머니로부터 지상의 모든 생명이 나왔노라. 누가 죽이며 누가 그의 형제를 살해하는가. 대지의 어머니는 살인하는 자를 외면할 것이며 그녀의 고동치는 심장에서 그를 떼어낼 것이다… 살해하지 말 것이며 순결한 희생양의 살조차 먹지 말라… 그것은 고통의 길이며 죽음으로 이를 것이다. 그러나 신의 뜻을 행하라. 그의 천사들이 생명의 길을 네게 줄 것이니라. 신의 말씀에 복종하라. 보라! 내가 너희에게 나무의 과일이 열리게 하는 모든 식물의 씨앗과 풍성한 수확을 거두어들일 씨앗을 주지 않았느냐. 너희에게는 그것이 고기가 될 것이다."

누군가는 바티칸 도서관에 소장된 위대한 진실과 지혜에 놀랄 것입니다. 영적으로 굶주리고 목말라하는 대중에게는 아직 널리 알려지지 않습니다만, 그래도 탐구하는 학자들에게 진리에 대한 접근을 허용해주어서 그나마 고마울 따름이지요. 이런 점에서 로마 가톨릭 교회는 밝게 빛나는 황금 별의 자격이 있습니다. 억압받은 진실이 탐구되는 것을 허락함과 동시에 거짓(진실이 여기저기 흩어져 있는)을 가르치는 일은 불합리하게 보입니다만, 그럼에도 의문은 갖지 말고 은총에 감사하도록 하지요. 그들이 이런 은총마저 앗아가지 않도록요.

물고기자리 시대로 인도했던 예수가 물고기 살을 포함하여 육식을 했다고 주장하는 예는 사랑과 생명이라는 그의 실제 가르침에 대한 신성모독이나 다름없습니다. 수세기에 걸쳐 퍼뜨려진 잘못된 이야기는 오랫동안 단순한 목수의 가르침을 모독해 왔습니다. 확실히 예수의 도덕은 분명하게 천문해석학을 존중하고 실천했으며, 물고기와 모든 살코기뿐만 아니라 어린 양을 희생양으로 삼는 일과 그것을 먹는 행위에 반대했던 바로 그 에세네파(기원전 2세기부터 예수 시대까지 있었던 초기 기독교 4대 분파 중 하나로 엄격한 도덕률을 지키며 공동체 생활을 했음. 쿰란 공동체로도 불림—옮긴이) 사람들의 도덕만큼 공정하고 동정적이었습니다. (그들이 직접 쓴 기록은 많이 바뀌거나 세속화되지 않았답니다.)

에덴에서 살생하는 일은 없었습니다. 인간이 육식주의자가 된 것은 나중 일이었지요. 그리고 그에 대한 공포와 두려움은 모든 살아 있는 것 심지어 바다의 물고기에게조차 있었습니다. 이 큰 소리로 울리는 진실은 오늘날 고래, 돌고래, 아기 물개, 여우, 사슴의 희미하고 슬픈 목소리에 반향이 되어 울리지요. 해왕성의 마음을 가진 이는 들을 수 있을 것입니다.

진실과 친절함을 구하고 왜곡된 메시지가 아닌 목수의 진실한 가르침을 이번 생에서 기꺼이 따르고자 하는 물고기자리 사람들이라면, 동물 형제들과 모든 생물의 살을 먹지 않는다는 단순한 규율을 따를 것입니다.

지금까지 말씀드린 물고기자리의 본질에 관한 진실이 어떻게든 씨를 뿌려서 언젠가는 물고기와 바다에 사는 모든 생물의 상징인 물고기자리의 슬픈 카르마를 완화할 수 있을지는 모르겠습니다. 한 줄기 작은 빛이라도 되어주기를 바랄 뿐이지요. 물론 제 글이 많은 어부들을 화나게 하리라는 사실을 잘 압니다. 그들 중 일부는 가까운 친척이고, 다른 일부는 나의 친한 친구이며 정말로 괜찮은 사람들도 있겠지요. 정말 미안합니다. 하지만 이 책은 공격받는 것이 두려워서 부드럽게 다루고 지나가려는 책이 아니랍니다. 숲과 바다, 날짐승의 대량 학살이 생체 해부라는 고문과 공포를 통해 매우 빠르게 증가하는 지금 시점에서 더 이상 예의를 차릴 시간은 없습니다. 모든 차원에서 연민의 마음이 추락한다는 사실을 직시해야 할 때입니다. 진실은 때때로 천둥이 울리는 방식으로 말해야 할 때도 있습니다. 진실은 결코 억압될 수 없습니다. 영원히 억압받는 것은 진실의 본성에 위배되지요.

물고기자리의 내적 본성을 상징하는 자연의 물고기로부터 받은 신비주의적 유산 때문에(열두 개 태양별자리의 내적 본성은 각각의 상징 안에서 알 수 있지요.) 해왕성의 지배를 받는 물고기자리들은 자기 명예를 적극적으로 찾아 나서려고 하지 않습니다. 만약 영광이 스스로 결정하여 말하고 정할 수 있는 것이라면, 그들은 영광의 외투를 입는 일을 거절할 겁니다. 기껏해야 불편하다는 이유로요. 전형적인 물고기자리는 열정적으로 명성을 추구하지 않습니다. 그들은 명성을 인생의 다른 많은 부담처럼, 그저 갖고 있을 뿐이지요. 물고기자리 영화배우 엘리자베스 테일러도 스스로 원해서 명성을 추구하지는 않았답니다. 이런 사실은 그녀가 고백했고 인정한 바 있지요.

이런 겸손함은 섬세하고 영적인 자질입니다. 하지만 그 모든 특징이 1-1 태양별자리 관계의 울림 속에서 강화되기도 하고 때때로 균형을 잃기도 하지요. 대개는 칭찬받아야 할 물고기자리의 특징이 두 물고기자리의 만남으로 과장됐을 때, 삶의 흐름에 적극적으로 참여하려는 모든 동기를 잃게 만들 수 있다는 점을 주의해야 합니다. 하지만 그들의 창의적이고 색다른 기여는 이 지치고 포화 상태인 세계가 무척 필요로 하는 것이지요.

두 물고기자리는 출생차트의 다른 별자리가 무엇이든지 상관없이 친밀한 관계를 맺을 겁니다. 그리고 그들 사이에는 놀라운 초능력 채널이 생길 겁니다. 물고기자리의 초능력은 신비한 해왕성과 연결되었지요. 콜로라도 크리플에 사는 물고기자리 이웃이며 친한 친구인 루스 쿡과 같은 물고기자리인 그녀의 아들 마이크 사이의 텔레파시 체험을 소개해볼까요?

마이크가 십 대였을 때 가끔씩 늦게 들어오곤 했습니다. 마이크는 친구들과 농구 게임, 강물에 뛰어들기, 도보 여행과 같은 다양한 놀이의 즐거움에 빠졌지요. 루스는 아들을 걱정했답니다. 당시에는 전화가 없었기 때문에, 그녀와 남편 로엘은 아들과 연락할 방법이 없었지요. 하지만 두 물고기자리 사이에서 그 문제는 쉽게 해결되었답니다.

물고기자리인 루스는 거실 의자에 앉아 눈을 감고 아들의 얼굴을 상상하며 조용히 명상에 잠겨 메시지를 보냈습니다. "마이크, 내일 학교 가야지. 밤인데 많이 늦는구나. 엄마가 널 걱정하니까 어서 집에 오렴."

어디에서 무얼 하든지, 루스의 물고기자리 아들은 두 눈이 흐릿해지면서 친구들과의 대화 도중 갑자기 이야기를 멈추었답니다. (다시 말씀드리지만, 이것은 실제 있었던 일입니다.) 마침내 그는 멍한 상태에서 중얼거렸습니다. "엄마가 내게 볼일이 있으신 것 같은데 나중에 보자." 그는 그곳을 떠나 집으로 달려가 문을 열었습니다. 그와 어머니는 심오하면서도 해왕성만이 아는 웃음을 교환했습니다. 그녀가 부드럽게 말했지요. "네가 이곳에 있어야 할 시간이란다."

물고기자리 사이의 마법 같은 교신은 오 분 이내, 아니면 더 빨리 일어납니다. 지금 마이크는 결혼해서 덴버에 삽니다. 거리가 좀 더 멀어져서 이제는 십 분 정도 걸릴 것 같네요. 물고기자리는 이런 식으로 전화 요금을 절약한답니다. 게다가 오늘날 미국 우편 업무의 느려터진 전달보다는 확실히 빠르고 더 부드럽겠지요.

해왕성의 영향을 받은 두 사람 사이가 모두 달콤하고 평온하지는 않습니다. 만약 한쪽의 달별자리가 쌍둥이자리나 사수자리여서 부조화를 이룬다면, 틈은 계속 벌어질 수 있습니다. 이 틈은 그렇게 쉽게 메워지지 않습니다. 그들 공통의 태양별자리와 달별자리 사이의 부조화는 그들을 대립하는 관계로 묶어둘 수 있고, 말없는 비난이나 무뚝뚝한 별거로 이어지거나 서로를 속이는 대답 때문에 사이가 냉정해지기도 합니다. 하지만 달별자리가 물 원소나 흙 원소라면, 그들의 텔레파시를 비롯한 둘 사이의 조화는 특별하고 비범해지지요.

두 물고기자리는 자신들한테 교활하며 거짓말하는 사람들이라고 공공연하게 비난하고 싶어하는 사람들의 부당한 태도를 참아내야 하는 고통을 서로 이해합니다.

이런 일이 일어나는 것은, 물고기자리의 이상주의적이고 이타적인 동기들과 목적을 이루기 위해 때로 우회로를 따르거나 일탈하는 그들의 방식이 서로 일치하지 않기 때문입니다. 전부는 아니지만, 많은 물고기자리 사람들은 완전한 진실을 피하고 싶어하는 습관 때문에 크고 작은 자책감을 느낍니다. 하지만 그들은 그저 불필요하게 상처를 입히거나 화나게 만들 뿐인 대결을 피하려는 것입니다.

물고기자리는 격렬한 감정을 드러내는 장면과 추한 개인적 복수를 피하려고 합니다. 그들은 상처주거나 상처받기보다는 없는 것처럼 있는 것을 더 좋아하지요. 하지만 다른 태양별자리로 타고난 사람들과 있을 때와는 달리, 같은 물고기자리와는 서로 속내를 털어놓는 일을 더 좋아할 겁니다. 서로를 속이려는 일은 무익한 노력이라는 사실을 알 테니까요. 둘만 있을 때라면, 두 물고기자리는 아무리 불쾌하더라도 모든 진실을 말할 겁니다.

그들은 겸손하고 인내심 많으며, 이기적이지 않은 성격을 지녔습니다. 하지만 두 사람은 서로에 대한 존경과 관심과 애정을 드러내놓고 보여주지는 않습니다. 이해와 공감이 그들 사이에 자유롭게 흐르겠지만, 눈으로 보고 손으로 만질 수 있는 방법으로 표현하지는 않지요. 둘은 각자를 상대방 안에 투영해서 곧 알아보는 차가운 물고기의 특징을 지녔습니다. 그래도 둘만 있을 때는 꼭 냉랭하지는 않겠지요.

두 물고기자리가 함께 있을 때 물고기자리의 아름다운 천성은 극대화됩니다. 잔잔한 고요함과 동정심을 지니고 들어주는 귀를 필요로 하는 우리 모두를 위해 좋은 일이지요. 그들은 부정적이거나 불쾌한 사람들과 상황을, 그들 자신의 문제를 포함해서 일종의 온화한 체념을 가지고 수용하는 보기 드문 우아함을 가졌습니다. 두 사람은 그들의 인간적인 약점이(다른 사람들의 약점도) 좋은 의도를 가지고도 꼬이게 된다는 사실을 이해합니다. 해왕성은 그들에게 부드럽게 속삭이지요. 저항하면 악에게 더 많은 힘을 준다고요. 물고기자리는 일이 잘못됐을 때도 아무렇지도 않게 어깨를 으쓱해버리는 능력을 갖고 있습니다. 그들은 하찮은 일을 과장하거나 찻잔 속의 태풍을 만드는 일을 벌이지 않습니다. 물고기자리는 아무 이유 없이 불쌍한 잭이 쿵 소리를 내며 땅으로 떨어지도록 내버려두지 않습니다. 콩나무를 자르는 것을 거절하는 물고기자리의 능력은 정말 아름다운 것이지요. 물론 콩나무 꼭대기에는 거인이 있습니다. 그래서요? 거인은 네 마리의 물고기에게 힘을 쓸 수 없답니다. 물고기자리는 거인에게 마술을 걸 수 있습니다. 그러면 거인은 즐거운 노래를 들려주기 위해 사람들을 성으로 초대하는 온순한 사람으로 바뀌지요.

마법을 부리는 데 필요한 물고기자리만의 공식이 있습니다. 사랑과 자비랍니다. 이 마법은 매순간 작동하지만, 전형적인 물고기자리가 웃음을 억압하는 자만심을 떨쳐버리고 웃게 만드는 놀라운 해왕성의 유머를 조금 발휘할 때 훨씬 더 효과적이랍니다. 그것은 극소수만이 가진 재능이지요. 그것은 '가장 적게 가지고 가장 나중에' 나타나지만, 풍부한 지혜를 갖고 태어났으며 내적 능력이라는 전설상의 부를 관대하게 부여받은 사람들의 위대한 황금 보물 중 일부랍니다. 어쩌면 미다스 왕은 굉장히 운이 좋을 수도 있었을 텐데요!

물고기자리 여성과 물고기자리 남성

"아니에요, 그 애는 자라지 않았어요." 웬디는 자신 있게 확신했다.
"그 애는 꼭 나만 해요." 웬디 말은 그의 마음과 몸의 크기가 딱 그녀 또래라는 것이다.
웬디는 어떻게 자신이 그걸 알고 있는지 몰랐다. 하지만 알고 있었다.

모든 바다에서 가장 사랑스럽고 친절하고 용감하고 현명하며 인내심이 강한 물고기자리 소녀가, 뉴욕 브롱크스의 때로는 고요하면서 평온하고, 때로는 파도가 치고 거품이 이는 대기 중을 부드럽게 떠다녔습니다. 그녀의 이름은 파울린 호펜버그 굿맨입니다.

귀여운 파울린의 매력적인 방식을 따른다면, 어떤 물고기자리 여성이라도 원하는 물고기자리 소년을 아무런 어려움 없이 로맨스의 그물 안으로 끌어들일 수 있습니다. 파울린은 물고기자리의 우아함과 유머와 여성적인 매력의 전형입니다. 그녀는 물고기자리 여성들을 세상 모든 물고기자리 남성의 비밀스러운 이상형으로 만드는, 저 미묘한 해왕성의 뉘앙스를 섬세하게 엮어내는 데 필요한 재능을 다 지녔지요. 게다가 그녀는 맛있는 음식을 만드는 요리사랍니다. 남성 물고기자리 몽상가들이 뭘 더 바라겠어요? 시요? 파울린은 시적이며, 분홍색 제라늄처럼 예쁘답니다.

사실 모든 물고기자리 소녀들은 파울린 호프만의 특징과 장점, 재능을 충분히 나눠 갖는답니다. 해왕성 숙녀와 사랑에 빠진 물고기자리 남성이라면, 자신을 잡으려고 애쓰는 적극적인 여성들의 위험하게 대롱거리는 모든 낚시 바늘을 지나서, 마침내 그가 찾아 헤매던 차갑고 깨끗한 사랑의 물속에 도착했다고 느끼는 게 당연합니다. 그곳은 그의 무의식에 기억된 떨어지는 눈물처럼 아름다운 폭포 근처에서 태어난 이후, 그가 내내 찾아 헤매던 곳이지요. 그는 올챙이 시절에 보았던 눈물의 폭포를 기억합니다. 태양빛이 빛나는 폭포수는 사랑스럽고 수정처럼 빛나며 무지개 색이었지요. 그는 이제 다 자랐습니다. 그리고 어느 환하고 기적 같은 아침에 잔물결처럼 일어나는 즐거움으로, 어려운 올챙이 시절의 수수께끼에 대한 대답을 깨달았지요. 사랑은 고요한 슬픔의 눈물을 통해 빛나며 눈물을 반짝이는 빛의 스펙트럼으로 변화시킬 수 있는 햇빛이라는 걸 알게 되었답니다. 물고기자리 소녀의 폭포에 대한 기억도 그와 같습니다. 그녀 역시 그녀 자신이 태어난 순간에 대한 그리움을 간직합니다. 그때, 그녀는 말로 표현하기에는 너무나도 사랑스러운 꿈을 꾸었지요. 그것은 안개처럼 부드럽게 그녀 마음에 스며들어, 그 옛날 에덴처럼 자유롭고 동화 같은 내일을 희미하게 약속했답니다. 그녀는 일생을 비밀스럽고 조용하게, 그 꿈이 진짜였는지 또는 그저 행복과 평온함에 대한 상상의 한 조각이었는지 궁금했지요. 그녀는 조용하고 참을성 있게 그 꿈이 다시 나타나기를, 기억의 안개 속에서 뚜렷해지기를 기다려왔습니다. 그녀가 실망해서 마음을 닫으려고 생각한 때도 셀 수 없이 많았답니다.

그때 그녀는 그의 눈동자를 들여다봅니다. 그러고는 깜짝 놀랍니다. 소나무 향이 나는 초록 숲의 고요한 연못 같은 그의 눈동자 안에서, 그녀의 꿈이 반사되는 것을 봤기 때문입니다. 그 꿈은 그녀를 알아보고 웃음을 지었고, 그녀는 그의 눈동자 속에 있는 자신을 보았답니다. 그가 그녀의 눈동자에서 그 자신을 본 것처럼요.

이쯤에서 "그들은 영원히 행복하게 살았다."라는 동화의 익숙한 결말로 끝나면 아주 훌륭하겠지요. 하지만 안 될 말입니다. 그전에 먼저 어둠의 숲을 통과해야 하고, 이 물고기자리 연인을 잡으려고 숨어서 기다리는 수많은 용과 마녀들과 못생긴 두꺼비들과 늪에 숨어 있는 힘센 헐크를 싸워 이겨야 하니까요. 그들 모두를 떼어내서 끔찍한 고독의 우물 속으로 빠뜨려야만 한답니다. 쿵!

저는 시에서 산문으로 넘어가는 것을 정말 싫어합니다만(지금까지 태어난 모든 물고기가 싫어한 것처럼), 우리는 어려운 올챙이 수수께끼를 푸는 것에 대한 보답을 누리기 전에 해왕성의 어울림에 관한 더 많은 현실 문제를 살펴봐야 합니다.

1-1 태양별자리 관계로 맺어진 다른 연인들처럼, 똑같은 행성의 지배를 받은 두 사람은 자기 개성의 긍정적인 면과 부정적인 면이 더 증가하고 강화되는 상황에 직면합니다. 물고기자리 커플이 함께할 때 더 커지는 긍정적인 자질은 온화함, 민감함, 상상력, 창의성, 공감, 직관 그리고 영리함과 재치입니다. 여기에 더해, 두 사람은 서로의 빛 또는 그림자를 가리는 일도 없지요.

물고기자리 커플의 로맨스를 질식시키지 않고 꽃피우기 위해 가지치기를 해야만 하는(짓밟아서라도) 부정적인 잡초들도 있습니다. 지나친 백일몽, 게으름, 나태함, 혼란, 지저분함, 혼돈, 미루는 버릇, 두려움과 공포증, 다양한 형태의 신경증, 거짓말하고 싶은 유혹, 서로의 바닥 깔개가 되어 떠돌아다니는 이상한 습관 등입니다. 두 물고기자리에게는 어두운 숲을 덜덜 떨면서 지날 때 만나야 할, 상당히 많은 용과 올챙이와 마녀가 있습니다. 걱정 마세요. 물고기자리는 행복을 위협하는 유령을 쫓아내기 위해 사용할 수 있는 모든 종류의 마법을 가졌으니까요. 모두가 아는 것처럼, 최고로 끔찍한 괴물과 멍청이들은 마법을 두려워합니다.

두 사람이 사랑에 빠질 때, 물고기자리의 사적인 걱정들도 배가(그들이 물고기 네 마리라는 점을 고려한다면 네 배)됩니다. 둘 중 한 사람이 흙 원소의 달별자리나 동쪽별자리를 가졌다면, 서로의 안정을 위한 진실한 닻이 될 수 있습니다. (물 원소의 달별자리나 동쪽별자리도 물론 조화롭지만, 지금 우리는 방어적인 안정성에 관해 얘기하는 겁니다.) 이런 도움이 없다면, 두 물고기자리는 대개 안절부절못하면서 공포의 판타지에 빠지든지 아니면 지속되기에는 너무 위태해 보이는 연애나 결혼으로 미끄러집니다.

자신의 그림자조차 두려워하는 물고기자리가 있는 반면에 사람도 동물도 두렵지 않다고 말하는 물고기자리도(고래라고 부르지요.) 있습니다. 적어도 그들은 두렵지 않다고 주장합니다. 하지만 물고기자리가 하는 말이 생각과 반드시 일치하지는 않음을 기억하는 것이 좋습니다. 어떤 물고기자리는 외부 환경이나 주변 사람보다는, 앞으로 나아가지 못해서 정말 하고 싶은 일을 할 기회를 잃어버리고 마는 자신을 오히려 두려워합니다. 반면에 쾌활하고 지각 있으며 절대적으로 영리한 돌고래 유형도 있습니다.

물고기자리 남성과 여성이 특히 공감하는 본성은 때때로 어딘가에 현혹된 상대방의 생각을 알아챌 만큼 초감각적이라는 겁니다. 만약 둘 중 한 사람이 흙 원소의 행성을 더 많이 가졌다면, 이 물고기자리는 상대 물고기자리를 비난할 수도 있습니다. 사실을 직면하기를 거부하고 심각할 수도 있는 상황을 아름답게 빛나는 베일에 둘러싸여 있는 것처럼 본다고요. 즉 그들의 비현실적인 태도에 대해서 비난할 수 있지요. 하지만 두 물고기자리 중 한 사람은 환영이 진실보다 더 실제적인 것이라는 순수한 믿음을 지속합니다. 놀랍게도, 때로는 그것을 실제로도 증명합니다. 그런 일을 기적이라고 하지요. 그토록 많은 성인들이 물고기자리로 태어난 것은 우연이 아니랍니다.

둘 중 한 사람이 마치 인생 자체가 꿈인 것처럼 행동하면서 잘못된 방향으로 헤엄칠 수도 있습니다. 다른 사람에게는 해왕성식의 위장술이 지나쳐 보일 수 있지요. 아니면 둘 중 한 사람이 고래 유형의 물고기자리여서 모든 신비한 것을 비웃고, 모든 영적 진실을 무시하며, 목소리도 크고 말도 많으며 나서기 잘하고 적극적일 수도 있습니다. 고래 유형의 물고기자리는 이 책 앞부분에서 이미 말했던 것처럼, 타고난 태양별자리의 기질과는 극단적으로 정반대 방식으로 행동하지요. 하지만 이런 태도는 마음과 생각과 영혼의 신경증을 불러올 수 있습니다. 눈에 띄게 외향적인 고래처럼 수줍어하는 양, 추진력 있는 황소, 부주의하고 태평한 전갈이 있습니다. 자신의 본질을 부정하는, 내적으로 불행한 사람들이지요. 이 세상에 온 목적을 성취하기 위해서 각자는 주어진 자질을 발현시키며 살아야 합니다. 그러기 위해서는 자신이 어느 별자리 아래에서 태어났는지를 알고 그 타고난 것을 따라야만 합니다.

해왕성 팀의 남성 또는 여성 중 한쪽이 지시하기 좋아하는 고래일 수 있습니다. 아니면 인생의 추한 면을 너무 많이 봐서 방탕에 빠졌거나, 망가진 믿음 때문에 생겨난 상처받은 마음을 숨기기 위해 신랄한 말을 하는 물고기일 수도 있습니다. 이런 경우에는 더 강한 물고기자리가 더 많은 동정심을 가지고 상대를 대해줘야 합니다. 환멸이라는 어두운 물속에서 허우적거리거나, 물고기자리의 진실한 흐름과는 반대로 상류를 향해 거슬러 오르려는 고래 같은 물고기를 구하려면 끝없는 인내심이 필요합니다.

물고기자리 여성은 사랑이라는 그물로 물고기자리 남성을 유혹하여 가두는 일에 능합니다. 대장 노릇을 좋아하는 여성이라면 이 남성을 결코 잡을 수 없습니다. 전형적인 물고기자리 소녀는 순종적입니다. 피학대증후군이 아닙니다. 그녀는 지적이고 현명하지만, 상처받기 쉽기 때문에 남성의 보호에 기댑니다. 다른 한편으로는 그녀만의 초감각적인 감정을 배려하고 잘 다룰 줄 아는 부드러운 동료를 필요로 합니다. 물고기자리 남성만큼 이 역할을 잘해낼 사람은 없지요.

이들의 육체적인 조합은 그다지 정열적이거나 까다롭지 않습니다. 하지만 모든 커플이 매일 밤 야생의 정글일 필요는 없지 않나요? 그들이 메마른 성생활을 한다는 의미는 아닙니다. 사실 두 물고기자리 사이의 성적 경험은 친밀함이라는 측면에서 깊이가 있습니다. 그들은 물질세계의 어둡고 음울하며 세속적인 단조로움으로부터, 그들만의 사랑의 세상으로 함께 도망칠 수 있지요. 물고기들이 썩은 냄새가 나는 선창가에서 벗어나, 태양이 빛나고 달빛 아래 부드럽게 철썩이는 파도가 달래주는 차갑고 푸른 바다로 도망치는 것과 같지요. 두 사람 사이의 섹스는 정확히 이런 모습입니다. 깨끗하고 신선하고 자유로우며, 로맨스의 신비한 시로 쉼 없이 넘쳐나지요. 중세의 기사들과 아름다운 숙녀들은 두 물고기자리가 나누는 육체적 표현을 틀림없이 알 겁니다.

물고기자리 남성이 자신의 일에 불만족을 느껴 불행하고 낙심한 채 집 주변에 머무를 수 있습니다. 그는 점점 더 비밀스럽게 고립되며 차가워지지요. 물고기자리 여성이 이런 사실을 눈치챘다면, 외로운 그의 노래를 더욱 주의 깊게 들어주려고 노력해야 합니다. 그녀는 그에게 그 시를 설명해줄 수 있는 유일한 여성입니다. 물고기자리들은 다른 사람의 감정에 대한 직관력에도 불구하고 자기 분석에는 통 소질이 없지요. 그는 해왕성의 울림 아래에서 태어났으며 본능적으로 인간은 영적 존재라는 사실을 압니다. 그는 영혼을 가졌고, 그가 다시 찾기를 열망하는 것 또한 바로 그 자신의 영혼입니다. 그의 비밀스러운 꿈은 산을 걷고, 강을 헤엄치고, 나무에 오르고 비를 맞으며 잔디밭을 달리는 것이랍니다. 신발을 벗은 채로요. 소유라는 부담감 없이, 사회의 위선적인 명령에 억압되지 않고, 밤과 낮을 살아가는 것입니다. 아시시의 성자 프란체스코처럼 물고기자리 남성은 진정한 영적 구도자입니다. 종달새가 그를 어디로 데려가든지 종달새의 밝은 노래를 따라가는 것을 갈망하지요. 하지만 오늘날의 물질세계는 그의 내적 열망들을 고백하는 것도 표현하는 것도 허용하지 않습니다.

만약 적극적으로 자신의 진정한 목표를 추구할 방법을 찾지 못한다면, 물고기자리 남성은 좌절해서 익사할 수 있습니다. 조용한 자포자기의 심정으로 목적 없는 방황이나 알코올 또는 약물이라는 도피를 통해 절망을 쏟아내게 되지요. 그를 공포의 사슬로 묶는 대신, 그를 이해하고 그가 지닌 영혼에 대한 정열을 비난하지 않을 여성이 필요합니다.

물고기자리 소녀의 변화하는 기분과 간헐적인 눈물과 때로 긴 침묵의 시간들은 그녀 역시 자기 존재를 제한하는 수족관을 뒤로 하고 어딘가로 떠나기를 바란다는 의미입니다. 그녀는 놀라움과 즐거움이 넘치는 더 넓은 곳으로 헤엄쳐가기를 바랍니다. 그러다 잔잔하고 평화로운 고요의 호수를 만나면 잠시 쉬고, 다시 머나먼 수평선 너머에서 손짓하는 신비로의 여행을 계속하지요. 아니, 그러길 바랍니다. 아무리 참을성이 있는 물고기자리 여성도, 과감하게 떠나서 저 너머의 더 거친 바람을 뒤쫓은 다른 이의 모험을 읽기만 하는 일에 지칠 수 있습니다. 너무 지쳐서 스코틀랜드의 '캐서린'(헨리 8세의 아내. 앤 불린 때문에 남편에게 이혼당한 비운의 잉글랜드 여왕—옮긴이)처럼 그녀의 목소리조차 말하기 전부터 슬픕니다.

그녀가 간절히 바라는 것은 가벼운 확인입니다. 그녀가 얼마나 자유를 갈구하고 있는지를 그가 알아주는 것입니다. 그녀의 물고기자리 연인이나 배우자의 눈빛이 그녀의 마음을 알고 있다고 말해주기를 정말로 바라지요. 그러면 그들은 함께 떠날 수 있습니다. 여행을 떠날 만한 때인지 아닌지는 중요하지 않지요. 해왕성은 두 사람에게 지금이야말로 당신들의 꿈을 좇아야 할 때라고 말합니다. 지금 떠나지 않으면 결코 떠나지 못할 거라고요.

그때가 당장 달려 나가 아일랜드, 스코틀랜드, 웨일스, 스위스, 또는 티베트로 가는 두 장의 차표를 살 때입니다. 두 사람에게 필요한 것은 충분한 현금뿐입니다. 음식과 잠자리는 신비롭고 예기치 않은 방식으로, 들판의 백합과 하늘을 나는 새들이 그런 것처럼 신의 뜻대로 얻게 될 테니까요. 해왕성 사람들은 누구보다도 그 사실을 잘 알지만, 내일에 대한 걱정에 떠밀려 숨이 막힐 때면 가끔씩 그걸 잊어버리지요.

물고기자리 남성과 물고기자리 여성이 함께 그들이 좋아하는 뭔가를 하면, 물질적인 안정을 위한 통로는 마치 미래를 위한 창문처럼 넓게 열릴 것입니다.

자유롭게 살고 사랑하는 것을 스스로에게 허락할 때, 두 물고기자리는 완벽한 평화와 만족감에 싸인 채로 행복하고 지혜롭게 뛰노는 돌고래가 될 수 있습니다. 부주의한 물고기를 잡으려고 물속에 날카로운 낚시 고리를 던지는 냉정하고 무감각한 세상의 어부들이 성공할 기회는 줄어들 겁니다. 한쪽이 다른 한쪽에게 유혹하는 미끼를 피하라고 경고할 수 있으니까요.

하지만 만약 모든 황금의 기회를 지나쳐가도록 내버려두는 진부한 습관에 빠지게 되면, 그들은 시간이 지날수록 서로를 속이고 더 멀리 자기 안으로 물러나 앉으면서 감정적 대결에 들이는 노력과 의무를 피하기 시작할 것입니다. 그게 뭔지 아세요? 나태랍니다. 황홀한 이야기의 불행한 결말이지요. 왜 괴물들이 이기게 내버려두나요? 그건 어려운 올챙이 수수께끼를 풀기 위한, 개구리의 사랑 노래 가사를 배우는 방법이 아니랍니다.

열두 별자리의 에너지

시작하는 에너지(지도자)	유지하는 에너지(조직가)	변화하는 에너지(전달자)
양자리	황소자리	쌍둥이자리
게자리	사자자리	처녀자리
천칭자리	전갈자리	사수자리
염소자리	물병자리	물고기자리

양(+) (남성적) 별자리 (적극적이고 역동적인 이상주의자)	음(−) (여성적) 별자리 (비밀스럽고 사색적인 전략가)
양자리	황소자리
쌍둥이자리	게자리
사자자리	처녀자리
천칭자리	전갈자리
사수자리	염소자리
물병자리	물고기자리

불 별자리 − 영감을 주는 사람들	흙 별자리 − 현실적인 사람들
양자리 − 시작하는 불	염소자리 − 시작하는 흙
사자자리 − 유지하는 불	황소자리 − 유지하는 흙
사수자리 − 변화하는 불	처녀자리 − 변화하는 흙
공기 별자리 − 지적인 사람들	**물 별자리 − 감성적인 사람들**
천칭자리 − 시작하는 공기	게자리 − 시작하는 물
물병자리 − 유지하는 공기	전갈자리 − 유지하는 물
쌍둥이자리 − 변화하는 공기	물고기자리 − 변화하는 물

별자리	특징
양자리	불 – 외향적 – 남성적 – 시작하는 에너지 영감을 주는, 적극적인, 역동적인, 이상주의적인 지도자
사자자리	불 – 외향적 – 남성적 – 유지하는 에너지 영감을 주는, 적극적인, 역동적인, 이상주의적인 조직가
사수자리	불 – 외향적 – 남성적 – 변화하는 에너지 영감을 주는, 적극적인, 역동적인, 이상주의적인 전달자
염소자리	흙 – 내성적 – 여성적 – 시작하는 에너지 비밀스러운, 사색적인, 전략적인 지도자
황소자리	흙 – 내성적 – 여성적 – 유지하는 에너지 비밀스러운, 사색적인, 전략적인 조직가
처녀자리	흙 – 내성적 – 여성적 – 변화하는 에너지 비밀스러운, 사색적인, 전략적인 전달자
천칭자리	공기 – 외향적 – 남성적 – 시작하는 에너지 정신적인, 적극적인, 역동적인, 이상주의적인 지도자
물병자리	공기 – 외향적 – 남성적 – 유지하는 에너지 정신적인, 적극적인, 역동적인, 이상주의적인 조직가
쌍둥이자리	공기 – 외향적 – 남성적 – 변화하는 에너지 정신적인, 적극적인, 역동적인, 이상주의적인 전달자
게자리	물 – 내향적인 – 여성적인 – 시작하는 에너지 감성적인, 비밀스러운, 사색적인, 전략적인 지도자
전갈자리	물 – 내향적인 – 여성적인 – 유지하는 에너지 감성적인, 비밀스러운, 사색적인, 전략적인 조직가
물고기자리	물 – 내향적인 – 여성적인 – 변화하는 에너지 감성적인, 비밀스러운, 사색적인, 전략적인 전달자

열두 별자리의 사명

양자리	사람들을 이끌기 위해	영감을 주면서 적극적이고 역동적이고 이상주의적인 태도로
천칭자리	사람들을 이끌기 위해	지적이면서도 적극적이고 역동적이며 이상주의적인 태도로
염소자리	사람들을 이끌기 위해	현실적이고 비밀스럽고 사색적이면서도 전략적인 태도로
게자리	사람들을 이끌기 위해	민감하면서도 비밀스럽고 사색적이면서도 전략적인 태도로
사자자리	사람들을 조직하기 위해	영감을 주면서 적극적이고 역동적이며 이상주의적인 태도로
물병자리	사람들을 조직하기 위해	지적이면서도 적극적이고 역동적이며 이상주의적인 태도로
황소자리	사람들을 조직하기 위해	현실적이고 비밀스럽고 사색적이면서도 전략적인 태도로
전갈자리	사람들을 조직하기 위해	민감하면서도 비밀스럽고 사색적이면서도 전략적인 태도로
사수자리	의사소통하기 위해	영감을 주면서 적극적이고 역동적이고 이상주의적인 태도로
쌍둥이자리	의사소통하기 위해	지적이면서도 적극적이고 역동적이며 이상주의적인 태도로
처녀자리	의사소통하기 위해	현실적이고 비밀스럽고 사색적이면서도 전략적인 태도로
물고기자리	의사소통하기 위해	민감하면서도 비밀스럽고 사색적이면서도 전략적인 태도로

개인이 타고난 사명은 각 별자리의 고유한 권리를 발현하는 것입니다. 이것은 우리를 둘러싼 태양과 달, 여러 행성들이 우리에게 전하는 현명하고도 아름다운 메시지입니다. 오직 진실로 자신의 별자리가 지닌 사명을 받아들일 때, 진정한 통합과 조화를 지구상에 구현할 수 있습니다. '하늘에서와 같이 땅에서도' 그러할 수 있게 되는 것이지요.

열두 별자리는 불, 흙, 공기, 물이라는 네 가지 구성 원소로 이뤄져 있습니다. 그리고 이들은 모두 동등한 에너지를 가지고 있습니다.

불, 흙, 공기, 물이라는 네 가지 구성 원소는 다시 음과 양의 두 가지로, 시작하는 에너지와 유지하는 에너지와 변화하는 에너지의 세 가지로 골고루 섞여 있습니다.

그리하여 열두 별자리는 모두 저마다 다른 에너지를 가졌지요. 하지만 그들 모두 각기 다른 방식으로 위대한 우주의 신비가 전해주는 지혜와 진실을 드러낸답니다 .

구성 원소 사이의 조합

불	양자리, 사자자리, 사수자리	불, 공기 별자리와 쉽게 어울리고 흙, 물 별자리와는 관용이 필요함.
공기	천칭자리, 물병자리, 쌍둥이자리	공기, 불 별자리와 쉽게 어울리고 흙, 물 별자리와는 관용이 필요함.
흙	염소자리, 황소자리, 처녀자리	흙, 물 별자리와 쉽게 어울리고 불, 공기 별자리와는 관용이 필요함.
물	게자리, 전갈자리, 물고기자리	물, 흙 별자리와 쉽게 어울리고 불, 공기 별자리와는 관용이 필요함.

불 별자리와 불 별자리

불 별자리와 불 별자리가 만나면 불길은 더욱 거세지고 뜨거워집니다. 대형 화재를 일으켜 전부 소진되거나 상대방을 태워버릴 수 있습니다. 또는 어둠을 밝혀줄 수 있습니다. 부정적인 생각에 대한 두려움을 없애주고 얼음을 녹여줄 수도 있지요, 결과는 두 사람의 선택에 달렸습니다.

공기 별자리와 공기 별자리

공기와 공기가 만나면 활동에 완벽한 자유가 주어집니다. 거의 제약이 없지요. 이 조합은 정신적인 면, 감정적인 면, 영적인 면에서 서로 엄청난 상승효과를 가져올 수 있습니다. 하지만 공기는 신선한 공기가 없다면 정체되고 오염되지요. 또한 공기는 어떤 상황에서는 토네이도 같은 광란에 휩싸일 수 있습니다. 결과는 두 사람의 선택에 달렸습니다.

흙 별자리와 흙 별자리

흙과 흙이 만나면 신의와 강인함의 거대한 산을 쌓을 수도 있고, 메마른 사막이 될 수도 있습니다. 이들이 불안해지면 지진이 되어 화산 폭발 같은 파급효과가 생기기도 하지요. 역시 두 사람의 선택에 달렸습니다.

물 별자리와 물 별자리

물과 물이 만나면 어떤 저항도 없이 영감을 주는 큰 물길이 되어 깨달음의 바다에 이를 수 있습니다. 부정적인 면은 출구가 없는 썩은 만으로 흘러들어갈 수 있다는 것입니다. 물은 갈증을 해소해줍니다. 하지만 통제가 되지 않을 때에는 파괴력이 있는 홍수가 될 수도 있지요. 두 사람은 과연 어떤 선택을 할까요?

불 별자리와 공기 별자리

공기는 불을 더 잘 타게 만들고, 열정과 흥분을 더 자극합니다. 하지만 격정과 분노를 더 자극할 수도 있습니다. 불이 너무 세면 공기 중의 산소를 다 태워버려 숨을 쉴 수 없게 만들지요. 또한 강한 바람처럼 공기가 너무 거세도 불꽃을 깜박이게 만들거나 꺼지게 만들 수 있습니다. 역시 선택은 두 사람에게 달렸습니다.

불 별자리와 흙 별자리

불과 흙 중에서는 누가 더 강력하고 더 잘 견딜 수 있는지 쉽게 알 수 있습니다. 흙은 내부에서 폭발이 일어나거나 외부의 강력한 힘이 없는 한, 그 자리에 그대로 남아 있지요. 불은 자신만의 길을 만들어 늘 하늘을 향합니다. 불은 흙을 그을게 할 수는 있지만 절대로 완전히 파괴할 수는 없습니다. 흙은 불을 도와 그 불길을 위한 안정적인 토대를 형성해줍니다. 하지만 흙이 너무 많은 경우에는 아무리 밝은 불도 묻혀버릴 수 있지요. 두 사람이 어떤 길을 선택하는가에 달렸습니다.

불 별자리와 물 별자리

큰 불은 지나친 열기로 작은 양의 물을 완전히 말라버리게 합니다. 반면에 큰 물은 불을 꺼버릴 수 있습니다. 그러므로 불은 본능적으로 물을 두려워하거나 존경할 것이고, 물도 불을 두려워하거나 존경할 것입니다. 두 사람은 무의식적으로 상대방에게서 위험을 감지합니다. 서로가 상대방을 완벽하게 파괴할 수 있다는 것을 알기 때문입니다. 모든 것은 두 사람의 선택에 달렸습니다.

흙 별자리와 공기 별자리

흙에는 공기가 내포되어 있고 공기를 필요로 합니다. 하지만 공기는 흙을 포함하지도 않고 필요로 하지도 않습니다. 흙은 있던 곳에 그대로 있을 수밖에 없으며, 지진이나 화산 폭발과 같은 외부의 힘에 의해서만 움직입니다. 공기는 그런 제약으로부터 자유로워서 흙 위로 변덕스럽게 움직입니다. 흙을 바꾸지도 않고 오랫동안 머무르지도 않지요. 흙은 공기에 대해 무심해서 마치 그 존재 자체를 모르는 것처럼 보입니다. 강한 바람이 흙의 가슴속에 뿌리내리고 있는 식물이나 꽃들을 뒤흔들어 대기 전까지는요. 결과는 둘의 선택에 달렸습니다.

흙 별자리와 물 별자리

물은 머물 곳을 찾습니다. 그것을 땅에서 찾지요. 물은 흙을 관통하고 적십니다. 땅에게 그것은 축복이지요. 땅으로 하여금 대지에 살아 있는 모든 식물과 나무와 꽃들의 어머니일 수 있도록 해주는 것은 바로 흙 속에 흐르는 물입니다. 물이 없으면 땅은 메마르고 쓸모없어집니다. 땅이 없다면 물은 아무런 목적도 쓸모도 없습니다. 흙과 물은 서로에게 필요합니다. 하지만 너무 많은 물은 땅을 진흙탕이나 유사로 만들고, 너무 적은 물은 바로 사라지겠지요. 결과는 둘의 선택에 달렸습니다.

공기 별자리와 물 별자리

공기는 물을 뚫고 지나가며 물을 휘저어놓고 파도를 후려치기도 합니다. 그러곤 유유히 사라지지요. 물은 이런 공기의 공격이나 침입을 통제할 수 없습니다. 반면, 물이 습기라는 형태로 공기에 침투하면 공기는 무거워집니다. 하지만 그런 과정 속에서 모든 자연에 비라는 축복과 위안을 가져다주고, 공기의 형태를 물로 바꾸어버립니다. 공기는 이런 변형을 통제할 수 없지요. 결과적으로 두 사람이 만나 어떤 결과를 가져올 것인가를 선택하는 것은 불가능합니다. 운명에 맡길 수밖에 없습니다.

천문해석학의 천궁도

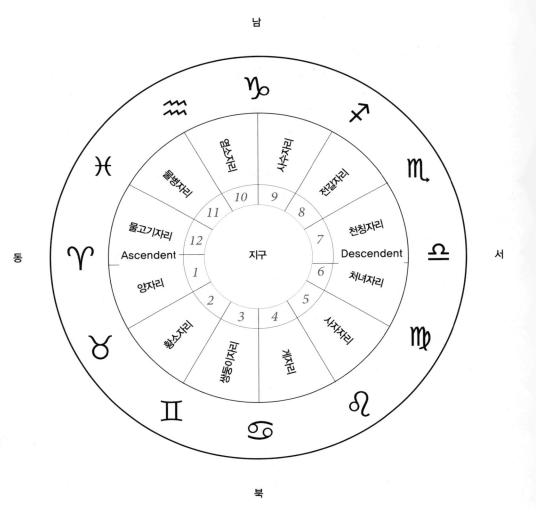

남

동

서

북

천궁도(윤회의 수레바퀴)에서 보는 바와 같이 태양별자리 간의 관계 유형은 다음과 같이 정해집니다.

각 별자리를 숫자 1로 시작합니다. 양자리는 사자자리로부터 아홉 번째에 있는 별자리이고, 사자자리는 양자리로부터 다섯 번째에 있는 별자리입니다. (항상 시계 반대 방향으로 셉니다.) 그러므로 양자리-사자자리 관계는 5-9 태양별자리 관계 유형입니다.

황소자리는 처녀자리로부터 아홉 번째에 있고, 처녀자리는 황소자리로부터 다섯 번째에 있는 별자리입니다. 그러므로 황소자리-처녀자리 관계 또한 5-9 태양별자리 유형입니다.

황소자리-염소자리 관계와 처녀자리-염소자리 관계도 마찬가지입니다. 이렇게 해서 다양한 태양별자리 관계 유형이 만들어집니다.

이렇게 만들어진 각각의 유형을 살펴보면, 두 숫자의 합이 모두 14가 되는 것을 알 수 있습니다. 단 하나의 예외는 1-1 태양별자리 관계지요. 여기에는 심오한 신비가 내포되어 있습니다. 그것은 남성과 여성의 원리와 쌍둥이 영혼에 관한 신비주의적 상징을 우리에게 말해줍니다.

숫자 14는 이집트 주신의 하나였으며 형에 의해 살해당한 오시리스의 열 네 조각의 신체를 상징합니다. 육체가 열네 조각으로 찢기면서 동시에 영혼도 열 네 조각으로 나뉘었다고 하지요. 그래서 오시리스의 아내였던 이시스는 열 네 조각으로 나뉜 남편을 아주 오랫동안 찾아 헤매야만 했습니다. 전설은 물병자리 시대에 들어서면 오시리스의 열네 조각이 모여 다시 한 명의 남성이 될 것이라고 합니다. 그리고 쌍둥이 영혼이었던 이시스와도 다시 결합하게 될 것이라고 합니다.

모든 태양별자리 관계 유형이 최종적으로 추구하는 것은 신화에 나오는 이시스-오리시스의 숫자인 14로 더해지는 것입니다. 각각의 별자리의 조합은 각각의 에너지 유형 안에서 화합을 찾는다는 뜻이지요. 1-1 태양별자리 관계 유형의 영향을 받는 연인들이라면 두 사람 중 한 명이 영적으로 진화해야 조화에 이를 수 있습니다. 둘 중 한 사람이 1에 한 옥타브를 더한 13이 되어야 한다는 뜻입니다. 그 13이 다른 사람의 1에 더해졌을 때 이 조합은 신화의 이시스-오시리스의 쌍둥이 영혼의 숫자인 14가 되는 것이지요. 1-1 태양별자리 유형의 두 사람이 1에 한 옥타브를 더한 13이라는 수가 되면, 두 사람은 13 더하기 13, 즉 26이 되므로 각 자릿수를 합치면 숫자 8이 됩니다. 8이라는 숫자는 사랑의 이중 뱀의 고리를 상징하지요. 두 개의 원, 혹은 두 개의 0이 겹쳐 있는 것입니다. (열두 별자리 사랑의 비밀 장을 참조하세요.) 그러므로 1-1 태양별자리 관계 유형인 두 사람은 영적으로 동등하게 진화되었으며, 카르마를 강렬하게 경험하며 함께 소중한 깨달음의 길을 갈 수 있답니다.

태양별자리 관계 유형

1-1 태양별자리 유형	2-12 태양별자리 유형	3-11 태양별자리 유형	4-10 태양별자리 유형
양자리 – 양자리	양자리 – 물고기자리	양자리 – 쌍둥이자리	양자리 – 게자리
황소자리 – 황소자리	황소자리 – 양자리	양자리 – 물병자리	양자리 – 염소자리
쌍둥이자리 – 쌍둥이자리	쌍둥이자리 – 황소자리	황소자리 – 게자리	황소자리 – 사자자리
게자리 – 게자리	게자리 – 쌍둥이자리	황소자리 – 물고기자리	황소자리 – 물병자리
사자자리 – 사자자리	사자자리 – 게자리	쌍둥이자리 – 사자자리	쌍둥이자리 – 처녀자리
처녀자리 – 처녀자리	처녀자리 – 사자자리	게자리 – 처녀자리	쌍둥이자리 – 물고기자리
천칭자리 – 천칭자리	천칭자리 – 처녀자리	사자자리 – 천칭자리	게자리 – 천칭자리
전갈자리 – 전갈자리	전갈자리 – 천칭자리	처녀자리 – 전갈자리	사자자리 – 전갈자리
사수자리 – 사수자리	사수자리 – 전갈자리	천칭자리 – 사수자리	처녀자리 – 사수자리
염소자리 – 염소자리	염소자리 – 사수자리	전갈자리 – 염소자리	천칭자리 – 염소자리
물병자리 – 물병자리	물병자리 – 염소자리	사수자리 – 물병자리	전갈자리 – 물병자리
물고기자리 – 물고기자리	물고기자리 – 물병자리	염소자리 – 물고기자리	사수자리 – 물고기자리

5-9 태양별자리 유형	6-8 태양별자리 유형	7-7 태양별자리 유형	
양자리 – 사자자리	양자리 – 처녀자리	양자리 – 천칭자리	
양자리 – 사수자리	양자리 – 전갈자리	황소자리 – 전갈자리	
황소자리 – 처녀자리	황소자리 – 천칭자리	쌍둥이자리 – 사수자리	
황소자리 – 염소자리	황소자리 – 사수자리	게자리 – 염소자리	
쌍둥이자리 – 천칭자리	쌍둥이자리 – 전갈자리	사자자리 – 물병자리	
쌍둥이자리 – 물병자리	쌍둥이자리 – 염소자리	처녀자리 – 물고기자리	
게자리 – 전갈자리	게자리 – 사수자리		
게자리 – 물고기자리	게자리 – 물병자리		
사자자리 – 사수자리	사자자리 – 염소자리		
처녀자리 – 염소자리	사자자리 – 물고기자리		
천칭자리 – 물병자리	처녀자리 – 물병자리		
전갈자리 – 물고기자리	천칭자리 – 물고기자리		

별자리 사이의 각도

태양별자리, 달별자리, 동쪽별자리가 서로 120도를 맺는 별자리 (호의적이거나 조화로움)		
양자리 – 사자자리	쌍둥이자리 – 천칭자리	사자자리 – 사수자리
양자리 – 사수자리	쌍둥이자리 – 물병자리	처녀자리 – 염소자리
황소자리 – 처녀자리	게자리 – 전갈자리	천칭자리 – 물병자리
황소자리 – 염소자리	게자리 – 물고기자리	전갈자리 – 물고기자리

태양별자리, 달별자리, 동쪽별자리가 서로 60도를 맺는 별자리 (호의적이거나 조화로움)		
양자리 – 쌍둥이자리	쌍둥이자리 – 사자자리	천칭자리 – 사수자리
양자리 – 물병자리	게자리 – 처녀자리	전갈자리 – 염소자리
황소자리 – 게자리	사자자리 – 천칭자리	사수자리 – 물병자리
황소자리 – 물고기자리	처녀자리 – 전갈자리	염소자리 – 물고기자리

태양별자리, 달별자리, 동쪽별자리가 같은 방향에 있는 경우 (호의적이거나 조화로움)		
양자리 – 양자리	사자자리 – 사자자리	사수자리 – 사수자리
황소자리 – 황소자리	처녀자리 – 처녀자리	염소자리 – 염소자리
쌍둥이자리 – 쌍둥이자리	천칭자리 – 천칭자리	물병자리 – 물병자리
게자리 – 게자리	전갈자리 – 전갈자리	물고기자리 – 물고기자리

태양별자리, 달별자리, 동쪽별자리가 서로 90도를 맺는 별자리 (비우호적이거나 조화롭지 못함)		
양자리 – 게자리	쌍둥이자리 – 처녀자리	처녀자리 – 사수자리
양자리 – 염소자리	쌍둥이자리 – 물고기자리	천칭자리 – 염소자리
황소자리 – 사자자리	게자리 – 천칭자리	전갈자리 – 물병자리
황소자리 – 물병자리	사자자리 – 전갈자리	사수자리 – 물고기자리

태양별자리, 달별자리, 동쪽별자리가 서로 180도를 맺는 별자리 (비우호적이거나 조화롭지 못함)		
양자리 – 천칭자리	게자리 – 염소자리	
황소자리 – 전갈자리	사자자리 – 물병자리	
쌍둥이자리 – 사수자리	처녀자리 – 물고기자리	

열두 별자리 사이의 조화

1-1 태양별자리 관계 유형

양자리 – 양자리
황소자리 – 황소자리
쌍둥이자리 – 쌍둥이자리
게자리 – 게자리
사자자리 – 사자자리
처녀자리 – 처녀자리
천칭자리 – 천칭자리
전갈자리 – 전갈자리
사수자리 – 사수자리
염소자리 – 염소자리
물병자리 – 물병자리
물고기자리 – 물고기자리

이 조합은 1-1 태양별자리 관계 유형으로 우정, 일, 가족 또는 사랑 등 모든 관계에서 이 유형의 영향을 받습니다.

같은 별자리끼리의 관계에서 두 사람은 자신의 장점과 단점을 극대화하는 경향이 있습니다. 두 사람이 가진 긍정적인 성격과 특징은 배가될 것이며, 단점도 부정적인 특징도 마찬가지입니다. 그러므로 두 사람이 공통적으로 가지고 있는 해당 별자리의 좋은 자질을 서로 장려하도록 끊임없이 노력해야 하며, 역시 둘 다 가지고 있는 부정적인 자질은 사용하지 않도록 노력하고 서로 참아주어야 합니다.

두 사람의 달별자리나 동쪽별자리를 비롯한 다른 행성들의 상호 각도에 따라, 제시된 관계에 대한 설명이 조금 달라질 수 있습니다. 그러나 1-1 태양별자리 관계의 기본적인 유형은 변하지 않습니다.

2-12 태양별자리 관계 유형

양자리 – 황소자리: 양자리는 황소자리로부터 배울 것이 많습니다. 황소자리는 양자리의 단점이나 자신과 다른 관점을 잘 이해해줍니다.

황소자리 – 쌍둥이자리: 황소자리는 쌍둥이자리에게 배울 것이 많습니다. 쌍둥이자리는 황소자리의 단점이나 자신과 다른 관점을 잘 이해해줍니다.

쌍둥이자리 – 게자리: 쌍둥이자리는 게자리에게 배울 것이 많습니다. 게자리는 쌍둥이자리의 단점이나 자신과 다른 관점을 잘 이해해줍니다.

게자리 – 사자자리: 게자리는 사자자리에게 배울 것이 많습니다. 사자자리는 게자리의 단점이나 자신과 다른 관점을 잘 이해해줍니다.

사자자리 – 처녀자리: 사자자리는 처녀자리에게 배울 것이 많습니다. 처녀자리는 사자자리의 단점이나 자신과 다른 관점을 잘 이해해줍니다.

처녀자리 – 천칭자리: 처녀자리는 천칭자리에게 배울 것이 많습니다. 천칭자리는 처녀자리의 단점이나 자신과 다른 관점을 잘 이해해줍니다.

천칭자리 – 전갈자리: 천칭자리는 전갈자리에게 배울 것이 많습니다. 전갈자리는 천칭자리의 단점이나 자신과 다른 관점을 잘 이해해줍니다.

전갈자리 – 사수자리: 전갈자리는 사수자리에게 배울 것이 많습니다. 사수자리는 전갈자리의 단점이나 자신과 다른 관점을 잘 이해해줍니다.

사수자리 – 염소자리: 사수자리는 염소자리에게 배울 것이 많습니다. 염소자리는 사수자리의 단점이나 자신과 다른 관점을 잘 이해해줍니다.

염소자리 – 물병자리: 염소자리는 물병자리에게 배울 것이 많습니다. 물병자리는 염소자리의 단점이나 자신과 다른 관점을 잘 이해해줍니다.

물병자리 – 물고기자리: 물병자리는 물고기자리에게 배울 것이 많습니다. 물고기자리는 물병자리의 단점이나 자신과 다른 관점을 잘 이해해줍니다.

물고기자리 – 양자리: 물고기자리는 양자리에게 배울 것이 많습니다. 양자리는 물고기자리의 단점이나 자신과 다른 관점을 잘 이해해줍니다.

이 조합은 2–12 태양별자리 관계 유형으로 우정, 일, 가족 또는 사랑 등 모든 관계에서 이 유형의 영향을 받습니다.

두 사람의 달별자리나 동쪽별자리를 비롯한 다른 행성들의 상호 각도에 따라 위의 설명은 조금 달라질 수 있지만, 기본적인 2–12 태양별자리 관계의 근간은 변하지 않습니다.

3–11 태양별자리 관계 유형

양자리 – 쌍둥이자리, 물병자리
황소자리 – 게자리, 물고기자리
쌍둥이자리 – 양자리, 사자자리
게자리 – 황소자리, 처녀자리
사자자리 – 쌍둥이자리, 천칭자리
처녀자리 – 게자리, 전갈자리
천칭자리 – 사자자리, 사수자리

이 조합은 3–11 태양별자리 관계 유형으로 우정, 일, 가족 또는 사랑을 포함하는 모든 관계에서 이 유형의 영향을 받습니다.

이 관계의 사람들은 서로 각별한 유대 관계를 느낍니다. 서로 신뢰하고 의사소통이 잘됩니다. 두 사람은 매우 다릅니다. 그럼에도 그 차이가 서로에게 별로 방해가 되지 않습니다. 두 사람을 묶어주는 책임감 같은 일종의 피할 수

전갈자리 – 처녀자리, 염소자리

사수자리 – 천칭자리, 물병자리

염소자리 – 전갈자리, 물고기자리

물병자리 – 양자리, 사수자리

물고기자리 – 황소자리, 염소자리

없는 의무감이 두 사람의 연대를 강화시킵니다. 이런 관계에서는 서로 말을 건네기도 쉽고, 서로 습관이나 현재의 상황을 바꿀 수 있도록 지속적으로 격려해줍니다.

제시된 별자리 사람들과는 아주 긴밀한 친구 관계가 형성되며 늘 다정하게 지냅니다. 다툼이 있어도 늘 곧 해결되어 쉽게 용서하고 잊습니다. 두 사람을 묶어주는 책임이나 의무로 인해 자주 다투거나 의견이 충돌할 수 있는데, 그걸 피할 수는 없습니다. 하지만 관계가 끝난 것처럼 보여도 몇 달이나 몇 년이 지나면 관계는 다시 시작될 것입니다.

두 사람의 달별자리나 동쪽별자리를 비롯한 다른 행성들의 상호 각도에 따라 위의 설명은 조금 달라질 수는 있지만 기본적인 3-11 태양별자리 관계의 근간은 변하지 않습니다.

4-10 태양별자리 관계 유형

양자리 – 게자리, 염소자리

황소자리 – 사자자리, 물병자리

쌍둥이자리 – 처녀자리, 물고기자리

게자리 – 천칭자리, 양자리

사자자리 – 황소자리, 전갈자리

처녀자리 – 쌍둥이자리, 사수자리

천칭자리 – 게자리, 염소자리

전갈자리 – 사자자리, 물병자리

사수자리 – 처녀자리, 물고기자리

염소자리 – 양자리, 천칭자리

물병자리 – 황소자리, 전갈자리

물고기자리 – 쌍둥이자리, 사수자리

이 조합은 4-10 태양별자리 관계 유형으로 우정, 일, 가족 또는 사랑을 포함하는 모든 관계에서 이 유형의 영향을 받습니다.

이 관계에 있는 사람은 늘 그런 것은 아니지만, 놀라울 정도로 자주 긴장이나 성격의 충돌을 경험하게 됩니다. 당신이 상대방을 인정하지 못하거나 상대방이 당신을 인정하지 않는다는 느낌을 받는 식입니다. 한쪽은 다른 쪽이 엄격하게 원칙을 지키려고 하기 때문에 마음이 불편해집니다. 이 관계는 다양한 이유로 정신적이고 감정적인 한계가 어느 정도 존재합니다.

두 별자리 사이의 달과 동쪽별자리, 다른 행성들이 조화로운 각도(같은 방향, 60도, 120도)를 맺는 경우에는 두 사람이 서로 극진하게 헌신하고 의리를 지키며, 서로 존중해줍니다. 두 사람 사이의 동기나 성격이 기본적으로 아주 다름에도 불구하고 덜 힘듭니다. 두 사람 사이의 관점이나 목표가 전혀 다르다는 기본적인 차이점은 여전히 남더라도 말입니다.

두 별자리 사이의 달과 동쪽별자리, 다른 행성들이 90도나 180도를 맺고 있는 경우라면 위에 언급된 별자리 관계는 긴장이 넘치고 까다롭습니다. 이를 극복하려면 성자와 같은 인내심이 필요할 것입니다. 하지만 그런 어려움을 극복하고 나면 그 보상은 실로 막대할 것입니다.

5-9 태양별자리 관계 유형

양자리 – 사자자리, 사수자리
황소자리 – 처녀자리, 염소자리
쌍둥이자리 – 천칭자리, 물병자리
게자리 – 전갈자리, 물고기자리
사자자리 – 양자리, 사수자리
처녀자리 – 황소자리, 염소자리
천칭자리 – 쌍둥이자리, 물병자리
전갈자리 – 게자리, 물고기자리
사수자리 – 양자리, 사자자리
염소자리 – 황소자리, 처녀자리
물병자리 – 쌍둥이자리, 천칭자리
물고기자리 – 게자리, 전갈자리

이 조합은 5-9 태양별자리 관계 유형으로 우정, 일, 가족 또는 사랑을 포함하는 모든 관계에서 이 유형의 영향을 받습니다.

늘 그런 것은 아니지만 놀라울 정도로 감정이입이 잘되며 서로 쉽게 격려해줄 수 있고, 정서적으로 친밀감을 느끼거나 사랑의 만족감도 큽니다.

이런 관계에서는 서로 깊이 공감하기 때문에 오해가 생겨도 심각하지 않고 오래가지도 않습니다. 두 사람이 조화를 이룰 가능성도 아주 높고 다른 별자리와의 관계에서보다 더 오래도록 행복한 관계를 유지할 확률이 높습니다.

이 별자리들과의 관계에서 달과 동쪽별자리를 포함해 다른 행성들의 각도가 서로 90도나 180도를 맺는 경우에는 성격이 좀 충돌하거나 긴장 관계가 약간 생길 수 있습니다. 그렇게 되면 두 사람이 가지고 있던 환상의 파트너십이 가끔 흔들리게 됩니다. 하지만 두 사람 사이의 기본적인 공감이나 이해심은 별로 약해지지 않습니다.

달과 동쪽별자리를 포함해 다른 행성들의 각도가 같은 방향, 60도 또는 120도 같은 조화로운 각도를 맺을 때에는 이 별자리 사람들과의 관계는 누구보다 행복하고 원활하며 애정이 넘치는 관계가 될 것입니다.

6-8 태양별자리 관계 유형

양자리 – 처녀자리, 전갈자리
황소자리 – 천칭자리, 사수자리

이 조합은 6-8 태양별자리 유형으로 우정, 일, 가족 또는 사랑을 포함하는 모든 관계에서 이 유형의 영향을 받습니다.

쌍둥이자리 – 전갈자리, 염소자리
게자리 – 사수자리, 물병자리
사자자리 – 염소자리, 물고기자리
처녀자리 – 양자리, 물병자리
천칭자리 – 황소자리, 물고기자리
처녀자리 – 양자리, 쌍둥이자리
사수자리 – 황소자리, 게자리
염소자리 – 쌍둥이자리, 사자자리
물병자리 – 게자리, 처녀자리
물고기자리 – 사자자리, 천칭자리

이 관계에서 여러분은 의사소통에 문제가 좀 있을 것입니다. 하지만 당신은 상대방의 당황스러운 카리스마에 이상하게도 흥미를 느끼며, 그 분위기에 강하게 끌릴 것입니다. 두 사람의 관계가 연애 관계라면 당신은 상대방에게 저항할 수 없는 성적인 매력을 느낄 것입니다.

두 사람의 관계가 연인이 아니라 단순한 친구이거나 동료이거나 가족이라면, 상대방은 성적인 매력이 아니라 초자연적인 세계, 즉 죽음, 탄생, 윤회, 입양, 모든 영적인 문제나 타인의 돈 문제와 관련된 상황 등에서 관심사가 유사하기 때문에 서로 끌리게 됩니다. 상대방은 당신과의 관계에서 불필요하게 비밀이 많다는 느낌을 받을 때도 있을 것입니다.

어떤 면에서 이 별자리 사람들은 당신을 돕고 싶어하고 당신도 그들을 돕고 싶은 마음이 들 것입니다. 둘 중 한 명, 혹은 둘 다 별로 화내지 않고 봉사하려고 할 것입니다. 누군가 상대방을 해하려는 시도를 할 때는 보호해주려고 하기도 합니다. 한쪽이 지나치게 상대방을 위해 희생하고 봉사해야 하는 경우가 생길 때는 좀 화가 나기도 하겠지만, 별다른 도리가 없습니다. 이 별자리 관계 유형에서는 희생과 봉사는 언제나 그 관계의 매력 자체로 보상받습니다. 이 관계에서 한쪽은 상대로 인해 엄청난 혜택을 받기도 하며, 희생하고 봉사하는 쪽은 언제나 의리를 지킬 것입니다.

출생차트상의 달이나 동쪽별자리를 비롯해 다른 행성들의 상호 각도에 따라 이 관계에 대한 설명은 조금 달라질 것입니다. 긍정적일 수도 있고 부정적일 수도 있지요. 하지만 위에서 설명하고 있는 6-8 태양별자리 유형의 기본적인 상호작용은 달라지지 않습니다.

7-7 태양별자리 관계 유형

양자리 – 천칭자리
황소자리 – 전갈자리
쌍둥이자리 – 사수자리
게자리 – 염소자리
사자자리 – 물병자리

이 조합은 7-7 태양별자리 관계 유형으로 우정, 일, 가족 또는 사랑을 포함하는 모든 관계에서 이 유형의 영향을 받습니다.

모두가 그런 것은 아니지만, 당신은 상대 별자리 이성에게 육체적으로 끌리거나 마음속으로 존경하게 될 가능성이 많습니다. 상대방이 당신이 가지고 있지 않은 성격과 자질을 가지고 있기 때문입니다. 그래서 매력적으로 보이고, 닮고 싶은 마음이 커집니다.

하지만 동성인 경우에는 약간 불편하거나 질투가 날 수 있고, 강한 경쟁심을 느낄 수 있습니다.

두 사람의 출생차트에서 달과 동쪽별자리를 포함한 다른 행성들의 상호 각도에 따라 위에 언급된 기본적인 관계에 대한 설명은 조금 달라질 수 있습니다. 하지만 7-7 태양별자리 유형의 상호 에너지의 근간은 바뀌지 않을 것입니다.

처녀자리 – 물고기자리
천칭자리 – 양자리
전갈자리 – 황소자리
염소자리 – 게자리
물병자리 – 사자자리
물고기자리 – 처녀자리

사랑의 별자리

2017년 12월 28일 초판 1쇄

지은이 린다 굿맨 ‖ 옮긴이 고미솔, 김선화, 이순영
편집 이지혜 ‖ 디자인 기하늘 ‖ 마케팅 이상수
펴낸이 이순영 ‖ 출판등록 2009년 6월 25일 (제300-2009-73호)
펴낸곳 북극곰 ‖ 주소 서울시 은평구 진흥로 5길 15 4층 북극곰
전화 02-359-5220 ‖ 팩스 02-359-5221
이메일 bookgoodcome@gmail.com ‖ 홈페이지 www.bookgoodcome.com
블로그 blog.naver.com/codathepolar ‖ 페이스북 facebook.com/bookgoodcome
인스타그램 instagram.com/bookgoodcome
ISBN 979-11-86797-89-1 03180 ‖ 값 78,000원

「이 도서의 국립중앙도서관 출판시도서목록(CIP)은 서지정보유통지원시스템 홈페이지
(http://seoji.nl.go.kr)와 국가자료공동목록시스템(http://www.nl.go.kr/kolisnet)에서
이용하실 수 있습니다. (CIP제어번호: 2017033788)」
잘못 만든 책은 구입하신 서점에서 바꾸어 드립니다.